Deutsches Ortsnamenbuch

Deutsches Ortsnamenbuch

Herausgegeben von
Manfred Niemeyer

De Gruyter

ISBN 978-3-11-057927-7
e-ISBN 978-3-11-025802-8

Bibliografische Information der Deutschen Nationalbibliothek

Die Deutsche Nationalbibliothek verzeichnet diese Publikation in der Deutschen Nationalbibliografie; detaillierte bibliografische Daten sind im Internet über http://dnb.dnb.de abrufbar.

Library of Congress Cataloging-in-Publication Data

CIP catalog record for this book has been applied for at the Library of Congress.

© 2012 Walter de Gruyter GmbH & Co. KG, Berlin/Boston

Dieser Band ist text- und seitenidentisch mit der 2012 erschienenen gebundenen Ausgabe.

Satz: Dörlemann Satz GmbH & Co. KG, Lemförde
Druck und buchbinderische Verarbeitung: Hubert & Co. GmbH & Co. KG
∞ Gedruckt auf säurefreiem Papier

Printed in Germany

www.degruyter.com

Vorwort und Dank

Seit langem fehlte ein historisch-etymologisches deutsches Ortsnamenbuch, in dem der gesamte heutige und ehemalige deutsche Sprachraum behandelt wird. Wenngleich aus zeitlichen Gründen nicht alle Ortsnamen dieses großen Gebietes bearbeitet werden konnten, so liefert das nun vorliegende Deutsche Ortsnamenbuch einen repräsentativen Überblick über die Vielfältigkeit der Ortsnamen, ihres Entstehens und Entwickelns bis in die Gegenwart. Über mehrere Jahre hat eine internationale Gruppe ausgewiesener Namenforscher sich dieser Aufgabe gestellt und anhand von über 3000 Ortsnamen den aktuellen Forschungsstand dokumentiert.

Bei allen Kolleginnen und Kollegen, die mit mir an diesem Werk gearbeitet haben, möchte ich mich ganz herzlich für die gedeihliche und angenehme Zusammenarbeit bedanken. Besonderen Dank schulde ich Herrn em. Univ.-Prof. Dr. Rolf Bergmann, der mir seit Beginn des Projektes in verschiedenster Weise mit Rat und Tat beiseite stand. Zu danken habe ich ebenfalls Frau Prof. Dr. Czopek-Kopciuch, Herrn em. Univ.-Prof. Dr. Rolf Max Kully und Herrn em. Univ.-Prof. Dr. Peter Wiesinger für ihre Unterstützung bei der Gewinnung von Mitautoren und der Auswahl der Ortsnamen ihrer Länder sowie Herrn Dr. J.-M. Becker für verschiedenartige Hilfeleistung in den vergangenen zwei Jahren. Zu besonderem Dank bin ich dem Verlag De Gruyter verpflichtet, der das Projekt stets mit hoher Aufmerksamkeit begleitete und zur Veröffentlichung brachte.

Schließlich gebührt auch den jeweiligen statistischen Zentralämtern[1] Dank für die Erlaubnis zur Verwendung der von uns benötigten Daten.

Greifswald, den 28. 5. 2011　　　　　　　　　　　　　　　　　　　　　　　　　Manfred Niemeyer

---

[1] Algemene Directie Statistiek en Economische Informatie (Belgien), Bundesamt für Statistik (Schweiz), Bundesanstalt Statistik (Österreich), Český statistický úřad (Tschechien), Główny Urząd Statystyczny (Polen), Institut national de la statistique et des études économiques (Frankreich), Institut National de la Statistique et des Études Économiques du Grand-Duché (Luxemburg), Istituto nazionale di statistica (Italien), Statistikos departamentas (Litauen), Statistisches Bundesamt (Deutschland), Федеральная служба государственной статистики (Russland).

Inhalt

Vorwort und Dank	V
1. Ortsnamen. Eine Einführung	1
1.1. Allgemeines	1
1.2. Bildung von Ortsnamen	2
1.3. Namenschichten	5
1.4. Erforschung von Ortsnamen	9
1.5. Darstellung der Forschungsergebnisse	10
2. Einrichtung des Ortsnamenbuches	11
2.1. Grundlagen	11
2.2. Aufbau der Artikel	12
2.3. Schreibung und Lautung	13
3. Wörterbuch	15
4. Autoren und Kürzel	723
5. Abkürzungen	725
6. Verzeichnis der abgekürzt angeführten Quellen und Literatur	729

1. Ortsnamen. Eine Einführung

1.1. Allgemeines

Namen begegnen und begleiten uns Menschen seit alters her und auch im gegenwärtigen, alltäglichen Leben, manchmal weniger vordergründig, immer aber hilfreich mit ihren Grundfunktionen: Differenzierung und Identifizierung. Die Namen gehören zu den Substantiven, die ihrerseits zunächst in Konkreta und Abstrakta gegliedert werden können, wobei die Namen zur Untergruppe der Konkreta gehören und in erster Linie Gegenstand sprachwissenschaftlicher Forschung sind, die sich u.a. mit Fragen der Laut- und Formenlehre, der Etymologie und Wortbildung und solchen nach Alter, Entstehung und geografischer Verbreitung des Sprachmaterials sowie der Beteiligung sozialer Gruppen an diesen Prozessen beschäftigt. Dies geschieht in enger Zusammenarbeit mit Nachbardisziplinen wie Geschichtswissenschaft, Archäologie, Siedlungsgeografie. Zugleich liefern die mit Hilfe sprachwissenschaftlicher Methoden gewonnenen Ergebnisse zu Namen, besonders der Gewässer- und Ortsnamen, wesentliche Erkenntnisse für Probleme beispielsweise der mittelalterlichen Geschichte. Die so ausgestaltete wissenschaftliche Erforschung von Namen reicht bis zum Beginn des 19. Jahrhunderts (J. Grimm) zurück. In der gebotenen Kürze kann hier nicht auf alle in der Namenforschung (Onomastik)[1] diskutierten Ansätze, Methoden, Darstellungsweisen und Termini eingegangen werden, wesentliche Grundzüge sollen jedoch nachgezeichnet werden.

Grundsätzlich lassen sich Wörter in Gattungsnamen (nomen appellativum) und Eigennamen (auch nomen proprium, Onym) unterscheiden. Allerdings sind die Grenzen zwischen den Gattungs- und den Eigennamen oft fließend, da Appellativa nicht selten als Grundlage z.B. für Bei- oder Herkunftsnamen wie auch für Siedlungsnamen dienen können. Ein Gattungsname ist eine Bezeichnung für eine Gattung gleichartiger Erscheinungen wie Personen, Tiere, Pflanzen und Dinge ebenso wie für ein einzelnes Glied der betreffenden Gattung, verkörpert also einen unterscheidenden und charakterisierenden, keinen benennenden sprachlichen Ausdruck (*Mensch, Hund, Baum, Haus*).

Ein Eigenname hingegen ist unabhängig von der Bedeutung des Wortes und eine zunächst arbiträr gewählte Benennung für bestimmte einzelne Objekte, etwas Einzelnes, Einmaliges wie für *einen* Menschen, *ein* Tier, *eine* Pflanze (Anthroponym, Zoonym, Phytonym) oder für *ein* individuelles Kollektiv oder für *ein* geografisches Objekt (Toponym), also z.B. für *eine* Örtlichkeit oder *ein* Gewässer. Zudem existieren Namen für einzelne Gegenstände, Handlungen, Waren u.a. Produkte (Chrematonyme).

Eigennamen identifizieren und orientieren, liefern aber selbst keine begriffliche Information, sondern eine Referenz, abgesehen von manchen Ausnahmen wie z.B. Rufnamen, die das Geschlecht

---

[1] Ausführlicher hierzu u.a.: Namenforschung. In: HSK, Bd. 11. Berlin/New York 1995f.; Namenarten und ihre Erforschung. Hg. von A. Brendler und S. Brendler. Hamburg 2004; Gottschald, M: Deutsche Namenkunde. Berlin/New York[6] 2006.

des Trägers zu erkennen geben. Daneben können Eigennamen positive oder negative Assoziationen auslösen.

Sollte es mehrere Objekte geben, die den gleichen Namen (z. B. *Berlin, Müller*) tragen, existiert jede einzelne identifizierende Beziehung zwischen Name und Objekt auf Grund eines eigenen Benennungsaktes. Übertragen lässt sich diese Aussage auch auf Völkernamen oder Familiennamen im Sinne eines als Gesamtheit benannten Objekts. In manchen Fällen kann der Eigenname auch – neben der Identifikations- und Differenzierungsfunktion – zusätzliche Informationen liefern, z. B. in Richtungsangaben bei Straßennamen (*Stralsunder Straße*) auch Orientierungshilfe sein, im Falle von *Lutherstadt Eisleben* wird ein spezifisches Merkmal herausgehoben.

Zu den Eigennamen zählen zunächst die Personennamen (Anthroponyme), die sich ihrerseits weiter u. a. in Ruf- oder Vornamen, Beinamen, Geschlechts- und Familiennamen bzw. Zunamen untergliedern lassen. Auch Einwohner-, Stammes- und Völkernamen werden den Anthroponymen zugeordnet.

Die geografischen Namen (Toponyme) bilden einen zweiten großen Teil der Eigennamen, wobei oft Personen- oder geografische Namen zur Bildung der jeweils anderen Gruppe verwendet werden, sodass nicht selten Personennamen z. B. Ortsnamen bzw. Bestandteil von Ortsnamen werden wie auch umgekehrt Ortsnamen wiederum Bestandteil von Personennamen werden können.

Betrachtet man die Toponyme insgesamt, so werden damit verschiedene Klassen von Objekten bezeichnet: besiedelte oder nicht besiedelte Objekte, Gewässer oder (Fest-)Land sowie Teile hiervon, Verkehrseinrichtungen. Dementsprechend ergeben sich als zumeist verwendete Namenkategorien:

Ortsnamen im engeren Sinn (Namen menschlicher Siedlungen, auch Oikonyme),
Flurnamen im weiteren Sinn (Fluren, Länder, Straßen usw.) sowie
Gewässernamen (Hydronyme).

Die Ortsnamen in diesem zumeist verwendeten Sinne erfassen also Siedlungen wie z. B. selbstständige Städte und Dörfer, aber auch Weiler, Güter, Häuser und Häusergruppen, Gehöfte einschließlich der Namen für abgegangene Siedlungen (Wüstungsnamen). Allerdings sind auch hier die Grenzen oft fließend, denn zahlreiche Ortsnamen fußen auf Flurnamen, während ein Ortsname über den Weg des Wüstungsnamens zum Flurnamen werden kann. Damit ist also auch ein Wechsel des Geltungsbereichs des jeweiligen Namens verbunden (↗ *Dorf Mecklenburg*, ↗ *Pratteln*).

1.2. Bildung von Ortsnamen

Prinzipiell folgt die Bildung von Namen jener von Appellativa, d. h. mit Hilfe von verschiedenartigen Bildungselementen (Wörter unterschiedlicher Wortarten incl. Teilen hiervon, Suffixe) lassen sich neue Wörter und demzufolge Namen bilden. Allerdings kann bereits ein Appellativ zum Eigennamen werden, wobei eine scharfe Abgrenzung zwischen beiden auf Grund fließender Übergänge nicht immer eindeutig möglich ist. Insbesondere Orts- und Flurnamen besitzen nicht selten Benennungsmotive aus dem Bereich der Appellativa (*Wiese, Gehöft, Gewässer*). Erst wenn mit Individualisierung und Referenz auf nur noch ein Objekt das Benennungsmotiv verloren gegangen ist, kann von einem Eigennamen gesprochen werden.

Ortsnamen sind selten durch einmalige, rückblickend bestimmbare Schöpfungsakte entstanden, sondern in der Regel durch den fortgesetzten, wiederholten Gebrauch einer Örtlichkeitsbezeichnung. Dennoch finden wir, mehrheitlich in der jüngeren Vergangenheit, auch Benennungen mit eindeutig erkennbarem Zeitpunkt und Motiv (↗*Karlsbad*, ↗*Ludwigsburg*, ↗*Ludwigsfelde*).

Strukturell lassen sich die Ortsnamen in folgende drei Haupttypen gliedern:
– einfache Namen (Simplizia),
– zusammengesetzte/zusammengerückte Namen (Komposita) und
– abgeleitete Namen (Derivate).

Die einfachen Namen finden sich im gesamten deutschen Sprachgebiet in vielfältigen Formen. Dabei kann es sich um ehemalige Lageangaben, Flurnamen oder z.B. Verkehrsnamen handeln (↗*Aue*, ↗*Kiel*, ↗*Fürth*), z.T. unter Verlust (↗*Hamm*) oder Bewahrung ehemaliger Flexionsendungen (↗*München*), manchmal – als Analogie zu anderen Namen – unter Hinzufügung von -*n* (↗*Bremen*). Kanzleisprachlich konnte der mundartliche Auslaut -*e* durch -*a* ersetzt werden (↗*Jena*).

Die zusammengesetzten und zusammengerückten Namen treten in verschiedenen Formen auf. Davon bilden die echten Zusammenrückungen nur einen kleinen Teil (↗*Altena*); wegen Zusammenschreibung in der urkundlichen Überlieferung von Anfang an wird die Mehrheit der Zusammenrückungen hingegen zumeist zu den Zusammensetzungen gerechnet (↗*Altenburg*).

Die Zusammensetzungen bestehen generell aus zwei Konstituenten: einem ortsbezeichnenden Grundwort und einem (vorangestellten) vielgestaltigen Bestimmungswort. Zu differenzieren ist zunächst nach
• Zusammensetzungen mit unflektierter Stammform der ersten Konstituente (↗*Freiberg*) und
• Zusammensetzungen mit der ersten Konstituente im Genitiv (auch mit flüchtigem -*s*- wie in ↗*Friedrichroda*).

Beiden liegen wohl ursprünglich syntaktische Gruppen oder Fügungen zugrunde, wobei die echten Zusammensetzungen zumeist früheren Wortfügungen entstammen.

Ausgehend vom Bedeutungsinhalt der Konstituenten einer Zusammensetzung werden verschiedene nominale Zusammensetzungen erkennbar:
• Kopulativkomposita (↗*Rheda-Wiedenbrück*),
• Possessivkomposita (bei Ortsnamen sehr selten, verm. ↗*Mühlacker*) und
• Determinativkomposita.

Die Determinativkomposita mit einem Substantiv (Bestimmungswort, im Genitiv Singular oder Plural) als erster Konstituente besitzen unter den Ortsnamenkomposita die größte Verbreitung. Das Bestimmungswort kann hierbei ein Appellativ (↗*Waldshut-*...) oder – im häufigeren Fall – ein Personenname (↗*Künzell*) sein. Die Nachstellung des Bestimmungswortes (als Appellativ) findet sich in manchen Fügungen, hier z.B. einer Verbandsgemeinde wie *Pirmasens-Land*.

Die adjektivischen Zusammensetzungen gliedern sich ebenfalls in echte (↗*Altdorf*) und genitivische bzw. dativische Zusammensetzungen (↗*Neunkirchen*). Schließlich existieren Ortsnamen auch als Zusammensetzungen mit Präpositionen, Adverbien oder Partikeln als jeweils erster Konstituente (↗*Anröchte*, ↗*Bad Zwischenahn*, ↗*Oberhausen*, ↗*Neverin*).

Eine größere Zahl von zweiten Konstituenten tritt bei der Bildung von Ortsnamen gehäuft und in unveränderter Form auf. Diese Grundwörter bzw. Suffixe sowie die unterscheidenden Zusätze sind zwar heute nicht in jedem Falle mehr etymologisch durchsichtig, erfüllen aber ihre Funktion in zusammengesetzten Ortsnamen konsequent. Dies betrifft neben Ortsnamen deutscher auch solche früherer (z. B. germanischer) oder anderer (z. B. slawischer) Herkunft.

Außerdem finden sich zahlreiche andere Formen wie syntaktische Verbindungen (↗ *Böhmisch Leipa*), Zusammen- (↗ *Althengstett*) oder Rückbildungen (umgangssprachlich *Gryps* für ↗ *Greifswald*). Die nicht seltenen Ortsnamen wie ↗ *St. Andrä* und ↗ *St. Gallen* gehören zu den elliptischen Namen.

Eine dritte Gruppe bilden die abgeleiteten Ortsnamen. Darin ist nach der voranstehenden Basiskonstituente die zweite Konstituente oft ein ursprünglich selbstständiges Wort oder ein Suffix. Ein typisches Beispiel hierfür sind Bildungen mit ahd. ↗ *-aha* ('fließendes Wasser'), das sowohl als selbstständige Bezeichnung für Gewässer (*Ache*) als auch als Grundwort in Flussnamen (*Werra* < *Werraha*) oder Ortsnamen (↗ *Eisenach*) dienen konnte. Recht oft finden sich auch Ableitungen mit ↗ *-ing(en)* bzw. ↗ *-ung(en)*, ursprünglich zumeist ein Ausdruck von bestimmter Zugehörigkeit (↗ *Straubing*, ↗ *Meiningen*), in manchen Fällen jedoch eine Bildung mit einem Appellativ (↗ *Wasungen-*…, ↗ *Unterföhring*).

Wenngleich grundsätzlich vielfältig, so gibt es auch für die Bestimmungswörter Bildungselemente, die wiederholt in gleicher Form auftreten. Hierzu gehören u. a. die Adjektive ↗ *alt-* und ↗ *neu-* (auch in historischen und/oder regionalen Formen, z. B. ↗ *Oldenburg* (Oldenburg), ↗ *Namborn*) oder Farbadjektive wie ↗ *weiß-* und ↗ *schwarz-* (↗ *Weißenburg*, ↗ *Schwarzenfeld*).

Weitere Bereiche, aus denen Konstituenten zur Namenbildung rekrutiert werden, sind Bezeichnungen von

- Pflanzen, (Wappen-) Tieren (↗ *Buchloe*, ↗ *Greifenberg*),
- Personen- und Stammesnamen (↗ *Gütersloh*, ↗ *Frankenberg*),
- Örtlichkeiten wie geografische Gegebenheiten (Gewässer, Erhebung, Moor usw. wie in ↗ *Insterburg*, ↗ *Kahla*, ↗ *Kolbermoor*),
- Produkten menschlichen Wirkens (Burgen, Brücken, wie in ↗ *Burgdorf*, ↗ *Innsbruck*).

Liefern die Bestimmungswörter nicht ausreichende Differenzierungsmöglichkeiten von Ortsnamen mit gleichem Grundwort, so wurden und werden differenzierende Zusätze herangezogen. Dazu gehören neben Ortsnamen mit solch häufigen Zusätzen wie ↗ *Ober-* (↗ *Oberaspach*), ↗ *Unter-* (↗ *Unterschleißheim*), ↗ *Groß-* (↗ *Großostheim*), ↗ *Klein-* (↗ *Kleinmachnow*) auch z. B. ↗ *Kaiserslautern* (seit 1322 mit dem Zusatz *Kaysers-*) oder solche Varianten mit einem Bezug auf geografische Gegebenheiten (in verschiedenen Formen wie ↗ *Frankfurt am Main*/ ↗ *Frankfurt* [*Oder*], 1237 in *Monasterio Eyflie* > ↗ *Bad Münstereifel*).

In der jüngsten Vergangenheit ist – in der Regel durch Fusionen verursacht – eine leichte Zunahme von Kopulativkomposita (so genannten „Bindestrichnamen") festzustellen (↗ *Attnang-Puchheim* seit 1912, ↗ *Ribnitz-Damgarten* seit 1950, ↗ *Rielasingen-Worblingen* seit 1975, ↗ *Möckern-Loburg-Fläming* seit 2007).

Nach dem sachlichen Anlass lassen sich die Ortsnamen unseres Bearbeitungsgebietes (der geschlossene deutsche Sprachraum Anfang des 20. Jahrhunderts) gliedern in:

- Örtlichkeitsnamen
- Ereignisnamen und
- Insassennamen.

Örtlichkeitsnamen betreffen sowohl Simplizia als auch Bestandteile der Komposita und umfassen neben Motiven aus der Natur wie Beschaffenheit und Gestalt der Landschaft, Bodenbeschaffenheit, natürliche Tier- und Pflanzenwelt, Lage usw. (Naturnamen), z. B. *Tal, Grund, Stein, Sand, Bach, Born, See, Moos, Fuchs, Krähe, Eiche, Birke, Ober, Nieder, Brand, Feld* usw. (↗*Birkenfeld*), auch Motive, die sich aus dem menschlichen Wirken ergeben (Kulturnamen), z. B. *Brücke, Furt, Markt, Mühle,* usw. (↗*Maulbronn*).

Ereignisnamen sind unter den Ortsnamen weniger häufig und gehen auf ein den Ortsnamen prägendes, zumeist der natürlichen Umgebung zugehöriges Ereignis zurück (↗*Bad Laasphe*), wobei durchaus auch eine Örtlichkeit und ein Ereignis miteinander verknüpft werden können (↗*Kevelaer*).

Die Insassennamen lassen sich in der Regel auf Siedler (z. B. Anführer einer Sippe oder Gefolgschaft) zurückführen und stehen oft in Verbindung mit Personennamen (↗*Binningen*) oder mit auf Personen verweisende Bezeichnungen wie *Bischofs-* (↗*Bischofsburg*), *Franken-* (↗*Frankenthal*), *Mö(ü)nch-* (↗*München*) usw., oft verbunden mit dem häufig auf solche Zugehörigkeit hinweisenden Suffix *-ing(en)*.

Schließlich ist noch das Prinzip der Namenübertragung anzuführen. Hierbei entstehen zwar in der Regel keine neuen Ortsnamen, aber neue Siedlungen erhalten den Namen (manchmal mit differenzierenden Zusätzen) einer bereits bestehenden, sei es durch den Willen eines Gründers (↗*Brandenburg* > ↗*Neubrandenburg*) oder durch Siedler, die einen neuen Siedlungsplatz wählen (↗*Osterode am Harz* > ↗*Osterode // Ostróda*, PL). Bei der Erforschung der Namenetymologie ist zu berücksichtigen, dass die Schreibung der Ortsnamen (wie auch der Personennamen) nicht der standardsprachlichen Norm der Appellativa unterliegt, sondern anfangs oft noch deutlich die unterschiedliche Herkunft repräsentiert und danach z. T. die Schreibformen vergangener Jahrhunderte, darunter auch kanzleisprachliche Gewohnheiten, bewahrt. Von besonderer Bedeutung ist die Grafie für Namen in den gemischtsprachigen Gebieten und auch für einzelne Namen, für die sich keine Vergleichsnamen finden lassen. Daneben können hier – wie auch in anderen Fällen – Mundartformen sehr hilfreich bei der Suche nach der Etymologie eines Ortsnamens sein. Allerdings konnte – vor allem bei schwindender Bewusstheit über das Benennungsmotiv – durch Mundartgebrauch ein Ortsname allmählich auch verändert werden.

1.3. Namenschichten

Die Namen legen Zeugnis ab von einer langen Geschichte unseres Bearbeitungsgebiets, denn sie führen in einigen Fällen in die indogermanisch-voreinzelsprachliche Zeit bis zum 2. Jahrtausend v. Chr. zurück und lassen sich demzufolge noch keiner einzelnen Sprache zuordnen. Mehrheitlich handelt es sich in unserem Raum hierbei um die Namen bedeutender Flüsse (der älteste Teil unseres Namengutes), die mit wiederkehrenden Wortbestandteilen als Grundlage für die Ableitung von Ortsnamen dienten und somit, z. T. mit einigen Adaptionen, bis in die Gegenwart bewahrt werden konnten (↗*Achern,* ↗*Naters,* ↗*Rheinfelden*).

Bis etwa Mitte des 1. Jahrtausends v. u. Z., in der Zeit der Ausgliederung von Einzelsprachen, entstanden das Keltische, Germanische, Baltische und Slawische. Mit Vergrößerung der Familien und sozialen Gruppierungen sowie deren zunehmender Sesshaftigkeit, mit stabileren Ansiedlungen und deren Namen nehmen auch die sprachlichen Zeugnisse hierfür zu. Solche alten Namen (neben

Fluss- auch Landschafts- und Ortsnamen) entstammen diesen nunmehrigen Einzelsprachen und wurden – manchmal nur mit wenigen Adaptionen durch Sprachgeschichte und Mundart – über Wechsel der Bevölkerung und der Sprachen bis in die Gegenwart erhalten. Andererseits führten Bevölkerungswechsel oder -umsiedlung sowie Sprachwechsel und Sprachkontakt zu umfangreicheren Veränderungen der bisher verwendeten Namen bis hin zum Namenwechsel oder zum Verschwinden einer Siedlung und damit ihres Namens. Aussagen über diese Prozesse lassen sich nur auf der Grundlage schriftlicher Dokumente treffen, die uns antike oder spätere Verfasser/Schreiber hinterlassen haben. Generell ist bei diesen Quellen zu unterscheiden zwischen jenen, bei denen der Verfasser und verwendete Ortsnamen der gleichen Zeit entstammen und solchen, bei denen der Verfasser zu einer späteren Zeit Ortsnamen aus früherer Zeit reflektiert, wobei diese Namenformen dann in der Regel dem jeweils aktuellen Sprachgebrauch mehr oder minder angepasst wurden. So können zwar die Rekonstruktion und die Deutung von Ortsnamen, die offensichtlich aus vorschriftlicher Zeit stammen, einzelne Unsicherheiten enthalten, dennoch liefert die historisch-vergleichende Sprachwissenschaft (u.a. mit Erkenntnissen über bestimmte, regelhafte Lautentwicklungen und ergänzt um die Untersuchung ähnlicher Namenkonstrukte usw.) wesentliche Grundlagen für eine angemessene Analyse. Indes lassen auch heute noch einzelne Ortsnamen (selbst späterer Bildungen) keine eindeutige Erklärung zu, vor allem verursacht durch – für den betreffenden Ortsnamen in früher Zeit – zu wenige oder widersprüchliche Quellen.

Eine erste, einzelsprachliche Gruppe bilden die uns etwa aus dem 2.–5. Jh. überlieferten Ortsnamen mit nachweisbarer keltischer Herkunft. Sie befinden sich fast ausschließlich im Süden und Westen des deutschen Sprachraums (↗*Bad Ischl*, ↗*Dormagen*, ↗*Kempten*, ↗*Thun*).

Teilweise überlagert die nachfolgende lateinisch-romanische Schicht die keltische. Die seit den letzten Jahrhunderten v. u. Z. einsetzende römische Eroberung großer Teile des Südens und Südwestens des Bearbeitungsgebietes führte einerseits zur Adaption keltischer Ortsnamen (↗*Traben-Trarbach*) und andererseits zu römischen Neubildungen (↗*Konstanz*, ↗*Köln*, ↗*Tholey*). In den Gebieten mit römischer Besatzung wurden die vollen, mehrteiligen lateinischen Ortsnamen zumeist verkürzt.

Mit der allmählichen Entstehung des deutschsprachigen Siedlungsgebietes seit dem 5. Jahrhundert, u.a. verbunden mit der einsetzenden Sesshaftigkeit der Alemannen, Baiern und Franken, wird romanisches Namengut zu einem Teil in das Althochdeutsche überliefert und eingedeutscht (↗*Augsburg*), wobei die Art und der Zeitpunkt der Eindeutschung Auswirkungen auf die eingedeutschte Namenform hatten, z.B. Lautersatz von *t* durch *z* (↗*Zürich*) vor dem 7. Jahrhundert.

Ortsnamen germanischer Herkunft haben nördlich des Limes sowie vornehmlich in Westmittel- und Norddeutschland eine kontinuierliche Entstehung und Entwicklung genommen (↗*Bad Pyrmont*, ↗*Uchte*), während im Gebiet östlich von Elbe und Saale einzelne germanische (Gewässer-)Namen über das Slawische in das Deutsche (z.B. *Havel*) gelangten, denn dort waren, im Gefolge der zuvor abgelaufenen Besiedlungsänderungen (Völkerwanderung) im östlichen Teil Mitteleuropas, Slawen nachgerückt. Etwa seit dem 6. Jahrhundert hatten sie sich, aus Ost- und Südosteuropa stammend, in westlicher und nördlicher Richtung bewegt und den Raum vom heutigen östlichen Österreich in nördlicher Richtung über die Slowakei, Tschechien, Polen, Sachsen, Brandenburg, Mecklenburg-Vorpommern sowie Teile Bayerns, Thüringens, Sachsen-Anhalts, Niedersachsens und Schleswig-Holsteins bis etwa Kiel besiedelt und damit den Ausgangspunkt für das seither (wenn auch mit unterschiedlichen Grenzen) existierende deutsch-slawische Kontaktgebiet geschaffen.

Die aus der Frühzeit der Besiedlung stammenden slawischen Ortsnamen werden in der Folgezeit, beginnend am Ende des 8. Jahrhunderts im Donaugebiet, zumeist allmählich eingedeutscht. Der wesentliche Teil der Eindeutschung slawischer Ortsnamen vollzog sich allerdings erst mit der im 11. Jahrhundert einsetzenden und sich bis in das 14. Jahrhundert ausdehnenden deutschen Ostsiedlung, in den westslawischen Landesteilen der Habsburger Monarchie später. Mit den Teilungen Polens im 18. Jahrhundert erfolgen in den nunmehr zu Österreich bzw. Preußen gehörenden Gebieten bis 1918 bzw. 1945 weitere Eindeutschungen. Insgesamt haben wir jedoch in diesem mittleren und östlichen Teil des Bearbeitungsgebiets eine beträchtliche Zahl von Ortsnamen slawischer Herkunft, dem Altpolabischen, Pomoranischen, Altsorbischen bzw. verschiedenen Entwicklungsstufen des Polnischen oder Tschechischen entstammend (↗ *Trebbin*, ↗ *Treuenbrietzen*, ↗ *Belgard*, ↗ *Schkeuditz*, ↗ *Schleiz*, ↗ *Schneidemühl*, ↗ *Schönlanke*, ↗ *Aussig*, ↗ *Bilin*).

Die Bildung der slawischen Ortsnamen folgt generell den o. g. Grundprinzipien, d.h. wir haben hier ebenfalls z.B. Ortsnamen aus einem Appellativ (↗ *Oschatz*) oder Bildungen mit bestimmten Suffixen, u.a. -ica (↗ -*itz*, zumeist alte Örtlichkeitsbezeichnungen, ↗ *Ribnitz*-…), -ov- (↗ -*o[w]*), possessivische Ortsnamen, die mit Personen-, Pflanzennamen oder Tierbezeichnungen abgeleitet wurden, ↗ *Crimmitschau*, ↗ *Grabow*, ↗ *Güstrow*,), -ici (mit Personennamen, ↗ *Kyritz*), ↗ -*in* (mit Personennamen zu possessivischen Ortsnamen, ↗ *Döbeln*). Darüber hinaus können ebenfalls Zusammensetzungen gebildet werden, z.B. ↗ *Belgard* oder ↗ *Kolberg*. Letztere sind allerdings seltener als jene Bildungen mit Suffixen.

Bei den auf gesetzlicher Grundlage nach 1948 amtlich zweisprachig angegebenen sorbischen Ortsnamen (und Straßennamen) handelt es sich z.T. um Übersetzungen, z.T. um semantische und/oder lautliche Angleichungen. Diese Prinzipien sind auch erkennbar in der nach 1945 in den vormaligen ostdeutschen Gebieten durchgeführten Neubenennungen, wenn nicht ohnehin auch dem vorher verwendeten Ortsnamen ursprünglich eine slawische Vorform zugrunde lag oder eine frühe Entlehnung aus dem Deutschen gebildet worden war, die ihrerseits oft bis in die jüngere Vergangenheit von der slawischsprachigen Bevölkerung gebraucht wurde. In diesen Fällen wurde in der Regel der Ortsname der modernen (polnischen bzw. tschechischen) Sprache angepasst (↗ *Mährisch Schönberg*, ↗ *Bunzlau*, ↗ *Gablonz*), ansonsten durch Neubildungen ersetzt (↗ *Ortelsburg*). Die Neubenennung im nördlichen Teil des ehemaligen Ostpreußens unter der damaligen Sowjetregierung erfolgte in der Regel ohne Bezug auf die deutsche oder anderssprachige Herkunft der Ortsnamen. Die eingedeutschten und deutschen Ortsnamen wurden nach dem II. Weltkrieg im Norden durch russische Ortsnamen ersetzt (↗ *Pillau*, ↗ *Tilsit*, ↗ *Insterburg*).

Eine besondere Gruppe stellen die Mischnamen dar, bei denen Elemente nichtdeutscher mit solchen deutscher Herkunft zusammentreten. Den wohl größten Teil hiervon stellen die etwa zwischen dem 10. und 12. Jahrhundert entstandenen slawisch-deutschen Mischnamen. Sie sind in der Regel entweder mit einem slawischen Personennamen als Bestimmungswort und einem deutschen Grundwort oder (seltener) mit einem deutschen Personennamen und einem slawischen Suffix gebildet worden (↗ *Borsdorf*, ↗ *Bad Kötzting*). Grundsätzlich entsprechen derartige Mischnamen strukturell deutschen Komposita des Typs Personenname (im Genitiv) + Grundwort.

Außerdem existiert an den jeweiligen äußeren Grenzen des deutschsprachigen Gebiets mit anhaltender bzw. zeitweiliger gemischtsprachiger Bevölkerung (in der mehrsprachigen Schweiz ohnehin) oft in jeder der beteiligten Sprachen ein sprachspezifischer Ortsname, nicht selten durch wechselseitigen Einfluss geformt.

Aus dem Baltischen stammendes Namengut findet sich im ehemaligen Ostpreußen und dem Memelgebiet, bis zur 1226 beginnenden Eroberung durch den Deutschen Orden und die nachfolgende deutsche Besiedlung von den baltischen Pruzzen bewohnt. Deren altpreußische Ortsnamen wurden (je nach Herkunft der Neusiedler) in das Nieder- bzw. Hochdeutsche integriert. Verbunden mit umfangreicher Rodungstätigkeit und Ansiedlung litauischer Bauern im Gebiet nordöstlich von Insterburg verlief die Entstehung litauischer Ortsnamen, deren Eindeutschung bis in das 18. Jahrhundert währen konnte (↗ *Pillau*, ↗ *Tilsit*, ↗ *Gumbinnen*).

Der Sesshaftigkeit und Christianisierung der Magyaren seit dem 10. Jahrhundert und der nachfolgenden Ansiedlung deutscher Bauern im früheren Westungarn, heute großenteils Burgenland, verdanken wir (in der Regel eingedeutschte bzw. übersetzte) Ortsnamen magyarischer Herkunft (↗ *Oberwart*).

Die Ortsnamen deutscher Herkunft stehen in der sprachhistorischen Tradition des Germanischen, das sich etwa seit 500 zum Altdeutschen (Althoch- und Altniederdeutsch) entwickelt, und sind verbunden mit der Landnahme, zunehmender Besiedlungsdichte, der Ostsiedlung gegen Ende des 1. Jahrtausends u. Z. und mit dem Landesausbau vor allem vom 11. bis 13. Jh. Der Zeit von etwa 1050/1150 bis 1350 bzw. 1650 entstammen Ortsnamen mittelhoch- bzw. mittelniederdeutscher Prägung. Die danach entstehenden Ortsnamen (etwa seit 1350/1650) gehören zur neuhochdeutschen Periode.

Diese Ortsnamen widerspiegeln in vielfältiger Weise u. a. natürliche Gegebenheiten, menschliches Wirken, darunter den Prozess der Ansiedlung einschließlich teilnehmender Personen, und folgen damit den oben beschriebenen Prinzipien der Bildung von Ortsnamen. Während bei den Insassennamen die Zugehörigkeit einer Personengruppe (Familie, Gefolgschaft) zur namengebenden Person Motiv für die Benennung ist und demzufolge in der Regel ein germanischer oder deutscher Personenname (im Dativ Plural) die Basis für den Ortsnamen bildet (↗ *Elchingen*), verzeichnen wir – wohl in etwas späterer Zeit – Bildungen von Siedlungsnamen aus Personennamen in Verbindung mit Grundwörtern wie *-hausen, -heim* o. ä. mit deutlichem Hinweis auf die Sesshaftigkeit (↗ *Sondershausen*, ↗ *Hildesheim*). Die Siedlungsnamen, die auf Örtlichkeitsnamen zurückgehen, haben in der Regel topografische Gegebenheiten oder daran gebundenes menschliches Tun (↗ *Staufenberg*, ↗ *Saterland*, ↗ *Drensteinfurt*) als Motiv. Ereignisnamen sind als Ortsnamen nicht leicht zu deuten und nicht sehr oft zu finden, dennoch nachweisbar, z. B. ↗ *Stadtallendorf* < 782 *Berinscozo* (= 'Bärenschütze'). Die häufigste Bildungsform stellt wohl die Komposition dar. Dabei enthält das Grundwort (Substantiv) als nachgestellte Konstituente meist eine Örtlichkeitsbezeichnung (Siedlung oder Lage), während das vorangehende Bestimmungswort in Determinativkomposita das Grundwort auf vielfältige Weise differenziert und spezifiziert. Seltener sind die zumeist einer älteren Sprachschicht angehörenden Simplizia (↗ *Halle [Saale]*, ↗ *Halle [Westf.]*) und Derivata (↗ *Bad Salzungen*). Seit dem 11./12. Jh. entstandene Siedlungen sind oft an den zu jener Zeit bevorzugten Grundwörtern wie ↗ *-au*, ↗ *-bach/-beck*, ↗ *-berg*, ↗ *-stadt* zu erkennen. Zugleich findet eine Reihe von Bestimmungswörtern zur besseren Differenzierung von bereits vorhandenen Siedlungen vermehrt Anwendung. Dazu gehören *Alt-/Neu-*, *Ober-/ Unter-*, *Markt-*. Kleinere und jüngere Gruppen stellen die Ortsnamen dar, die zu neu gegründeten Residenzen gehören bzw. Dynastien oder einzelnen Personen hiervon gewidmet wurden (↗ *Ludwigslust*, ↗ *Oranienburg*) oder Ortsnamen, die mit Hilfe von Kopulativkomposita gebildet wurden. Nachgestellte Zusätze (oft Örtlichkeitsbezeichnungen) helfen, eine eindeutige Differenzierung und Identifizierung bei Namengleichheit herzustellen (↗ *Berka/Werra*).

1.4. Erforschung von Ortsnamen

Für die Erforschung der verschiedenen Namenarten (Personennamen, Flurnamen, Warennamen usw.) werden – zusätzlich in Abhängigkeit von der jeweiligen Zielstellung – z. T. gleiche oder ähnliche sowie spezifische Methoden angewendet.

Die Erforschung von Ortsnamen zielt in verschiedene Richtungen. So werden Probleme der Laut- und Formenlehre, der Wortbildung und der Etymologie ebenso untersucht wie z. B. siedlungsgeografische oder sprachsoziologische Fragestellungen zum Ortsnamen. Wegen des Charakters der vorliegenden Publikation werden hier lediglich einige Grundprinzipien der (auch insgesamt quantitativ wohl überwiegenden) Erforschung der Etymologie von Ortsnamen aufgezeigt. Dabei geht es in erster Linie um die Aufklärung der ursprünglichen Bedeutung und die weitere Entwicklung des Ortsnamens. In der Regel beginnt die Erforschung eines Ortsnamens mit der aktuellen bzw. letztgültigen Schreibform. Bei Ortsnamenbildungen aus der jüngeren Vergangenheit helfen zumeist Akten der entsprechenden Einrichtungen (Stadtverwaltung, Landesinnenministerium usw.), um Aufschluss über den betreffenden Namen und seine Entstehung zu erhalten, gegebenenfalls ergänzt um Befragungen an der Namenbildung beteiligter Personen. Bei älterem Namengut lässt die heutige Namenform oft nur bedingt Rückschlüsse auf die Ausgangsform und deren Bedeutung zu. Um zur frühesten Schreibform als Deutungsgrundlage zu gelangen, ist ein längerer Weg durch die Jahrhunderte zu beschreiten, sind Karten, vorhandene Literatur, gedruckte und ungedruckte Quellen auszuwerten. Von erstrangiger Bedeutung für den Ortsnamenforscher sind darunter verschiedene historische Quellen wie Urkunden, Urbare und Weistümer, daneben auch Traditionsbücher u. a. Diese Dokumente sind bis in das 13. Jahrhundert hinein ausschließlich in lateinischer Sprache abgefasst, danach beginnt und wächst der deutschsprachige Anteil. Die Bedeutung von Originalen ergibt sich aus der häufig genauen Datierung sowie aus der darin zu findenden zeitentsprechenden Schreibform. Spätere Kopien können zwar diesen Ansprüchen oft weitgehend genügen, es ist aber auch damit zu rechnen, dass einerseits die Rückdatierung unscharf ist und andererseits der Kopist die Schreibform des gesuchten Ortsnamens an seine Schreibnorm und/oder veränderte Aussprache angeglichen hat. Allerdings sind auch Originale nur Wiedergaben von gesprochener Sprache, sodass sie insgesamt zwar ein wichtiges Detail, aber auch nur ein Teil einer längeren, aus verschiedenen Quellen und Zeiten zu erstellenden Belegkette sind. Diese Vielzahl an Belegen ermöglicht, die durch sich verändernde Schreibgewohnheiten, dialektale Einflüsse und bekannte Lautveränderungen geprägten unterschiedlichen Schreibformen einem Ort zuzuordnen. Zu beachten ist hierbei u. a., dass die räumliche Zuordnung zur Identifizierung des betreffenden Ortes jeder Zeit gewährleistet ist. Dieser gesamte philologische Forschungsprozess zur historisch-etymologischen Darstellung, chronologischen und geografischen Einordnung des Ortsnamens nutzt die Erkenntnisse aus Nachbardisziplinen wie der Geschichtswissenschaft, der Siedlungsgeografie, der Archäologie, der Ethnografie usw.

1.5. Darstellung der Forschungsergebnisse

Die Präsentationsformen onomastischer, etymologischer Forschungsergebnisse sind insgesamt recht vielfältig – von allgemein onomastischen Einführungen über Handbücher, Lexika bis zu Ortsnamenbüchern und Ortslexika[1]. Ähnlich vielgestaltig sind die Inhalte – von der Behandlung eines einzelnen Ortsnamens über die Zusammenschau von Ortsnamen bestimmter Regionen verschiedener Größe bis hin zu überregionalen Werken, von theoretisch stark geprägten Publikationen über wissenschaftliche Nachschlagewerke bis zu populärwissenschaftlichen Darbietungen. Trotz z.T. unterschiedlicher Schwerpunkte steht zumeist die Etymologie der betreffenden Ortsnamen im Zentrum. Im Gegensatz zum Vorgehen bei der Erforschung (von der Gegenwart zurück in die Vergangenheit bis zur Entstehung des Ortsnamens) folgt die etymologische Beschreibung dem chronologischen Prinzip seit der Bildung des Ortsnamens, flankiert von einer geografischen Verortung, siedlungsgeografischen und historischen, kommunalrechtlichen u. a. Ausführungen. Dem folgen in der Regel die für die Etymologie wesentlichen Teile der Belegkette mit sich anschließenden Erklärungen von Bildungsmotiv, Entwicklung des Ortsnamens einschließlich möglicher Wandlungen (incl. Volksetymologien) in Inhalt und Form. Einzeldarstellungen und Übersichten mit Ortsnamen kleinerer Regionen (z. B. Landkreise, Bezirke, Kantone usw.) streben in der Regel nach Vollständigkeit des gesamten Namenmaterials. Aus diesem Bereich stammt die Mehrheit der onomastischen Publikationen. Zu größeren Räumen liegen insgesamt weniger Veröffentlichungen vor, in denen in der Regel auch nur eine bestimmte Auswahl an Ortsnamen behandelt wird.

Weitere Darstellungsmöglichkeiten onomastischer Forschungsergebnisse bestehen in vergleichenden inhaltlichen und/oder strukturellen Analysen des Namenmaterials, z. B. einer Region auf seine Herkunft und/oder seiner Bestandteile wie Grundwörter, Suffixe, Zusätze usw. Wichtige Erkenntnisse liefern auch analytische Vergleiche des Namenmaterials verschiedener Regionen, seiner Bestandteile und Entwicklungen nach qualitativen und quantitativen Aspekten, die ihrerseits wieder in etymologische Untersuchungen einfließen können.

---

[1] Z.B. Bach, A.: Deutsche Namenkunde, Heidelberg³ 1978ff.; Koß, G.: Namenforschung. Tübingen³ 2002; Laur, W.: Historisches Ortsnamenlexikon von Schleswig-Holstein. Neumünster² 1992; Nyffenegger, E./ Bandle, O./Graf, M.H. u.a.: Thurgauer Namenbuch. 6 Bde. Stuttgart-Wien 2003ff.

2. Einrichtung des Ortsnamenbuches

2.1. Grundlagen

Das *Deutsche Ortsnamenbuch* ist als Nachschlagewerk konzipiert und enthält Ortsnamen im Sinne von Siedlungsnamen aus dem heutigen und dem zu Beginn des 20. Jahrhunderts bestehenden geschlossenen deutschen Sprachgebiet. Da eine Behandlung aller Ortsnamen den Umfang gesprengt hätte, konnten nur jene Orte berücksichtigt werden, die im heutigen deutschsprachigen Gebiet nach den Angaben der jeweiligen zentralen und offiziellen Statistiken per Jahresende 2004 mindestens 7500 Einwohner hatten. Für vormals selbstständige Orte, die jetzt außerhalb des deutschsprachigen Gebiets liegen, wurde der Auswahlzeitpunkt je nach Zugehörigkeit zum deutschen Sprachraum unmittelbar vor dem Ersten bzw. vor dem Zweiten Weltkrieg gesetzt. Das Kriterium der Einwohnerzahl wurde jedoch nicht starr gehandhabt, sondern im Zweifel wurden mehr Namen (bei Überschreiten des Einwohnerlimits bis 2008 oder, außerhalb Deutschlands, z. B. Kantonshauptorte) aufgenommen, wenngleich noch immer Wünsche nach Erweiterung offen bleiben. Neubildungen der jüngsten Vergangenheit mit zumindest einem Teil eines traditionellen Siedlungsnamens wurden ebenfalls eingeschlossen. Der Arbeitsprozess brachte es mit sich, dass zwar die Einwohnerzahlen per 31. 12. 08 bzw. 1. 1. 09 aktualisiert wurden, die regional unterschiedlichen, z. T. recht dynamischen Strukturveränderungen im wesentlichen nur bis 2007 verfolgt und mit entsprechendem Vermerk im Text versehen werden konnten.

Ziel der Autoren war es, mit wissenschaftlicher Solidität und auf der Grundlage des aktuellen Forschungsstandes die wesentlichen historisch-etymologischen Zusammenhänge des jeweiligen Ortsnamens darzustellen und über Alter, Entstehung und Deutung zu informieren. Wegen der für ein Nachschlagewerk gebotenen Kürze musste auf detaillierte, v. a. archivalische, Einzelbelege verzichtet werden. Wesentliche Hinweise zu Quellen und Literatur werden jedoch geliefert.

Gegenstand der Artikel sind die offiziellen (auch mehrteiligen) Ortsnamen. Diese mehrteiligen Namen (incl. Zusätzen) sind alphabetisch unter dem Anfang des ersten Gliedes zu finden. Lediglich getrennt geschriebene, vorangestellte Zusätze wie z. B. **Hansestadt, documenta-Stadt, Lutherstadt** und **Bad** werden in der alphabetischen Ordnung nachgestellt, sodass z. B. **Bad Abbach** unter **Abbach, Bad** zu finden ist.

Die heute außerhalb der deutschsprachigen Staaten liegenden Orte werden unter ihrem letzten deutschsprachigen amtlichen Namen erklärt, ergänzt um den neuen, fremdsprachigen Namen. Diese fremdsprachigen Ortsnamen ihrerseits werden in lateinischer Schrift zusätzlich in das Alphabet eingereiht. Beim fremdsprachigen Ortsnamen wird auf die ausführliche Behandlung unter dem deutschen Namen verwiesen. Die alphabetische Ordnung der Ortsnamen folgt dem deutschen Alphabet. Die Ortsnamen sind in ihrer amtlichen Form, die zugehörigen Belege in der jeweiligen Originalschreibung wiedergegeben. Ansonsten kommt die neue Rechtschreibung zur Anwendung.

Den Hauptteil des vorliegenden Werkes bilden die alphabetisch angeordneten Namenartikel.

Besonders häufige Grundwörter, Suffixe und unterscheidende Zusätze (z. B. *Alt-*, *Groß-*, *-born*, *-hausen*, *-ing*[*en*], *-lar*, *-o*[*w*], *-witz*) werden in alphabetisch eingereihten eigenen Artikeln behandelt.

2.2. Aufbau der Artikel

Jeder Artikel beginnt mit dem amtlichen Ortsnamen, gegebenenfalls um die fremdsprachige Form, mundartliche Variante oder Aussprachebesonderheiten ergänzt. Die anschließenden Darlegungen sind in fünf Gliederungspunkte aufgeteilt:

Unter **I.** finden sich Angaben zur Einordnung des Ortes in die (im Bearbeitungsgebiet verschiedenartige) Kommunalordnung (Stadt, Amt, Gemeinde usw.), Einwohnerzahl, Lokalisierung und übergeordnete staatliche Zuordnung. Außerdem folgen hier sonstige siedlungsgeschichtliche, siedlungsgeografische, historische u. a. Angaben, die geeignet sind, das Entstehen, Werden und die Bedeutung des Ortsnamens verständlicher zu machen.

Der Gliederungspunkt **II.** liefert mit den chronologisch angeordneten Schreibformen ausgewählter Belege Angaben zu früheren Entwicklungsetappen des Ortsnamens. Der historischen Schreibform ist die entsprechende Jahreszahl jeweils vorangestellt. Der nachgestellte Zusatz *[Or]* verweist darauf, dass der Beleg aus einer Originalurkunde stammt, auf kopiale Überlieferung u. a. Spezifika des Belegmaterials wird ebenfalls hingewiesen. Mit nachgestellter Jahreszahl wird der erstmalige Gebrauch der heute üblichen Schreibform gekennzeichnet.

Unter **III.** erfolgt die Deutung des Ortsnamens. Dafür werden die entsprechenden Namenbestandteile (Bestimmungs- und Grundwörter, Basen, Suffixe, Zusätze) analysiert, deren Herkunft angegeben, die Entwicklung dargestellt und Bedeutung erläutert, je nach Möglichkeit mit einer Paraphrasierung der ursprünglichen Namenbedeutung. In Einzelfällen musste zur Wahrung wissenschaftlicher Solidität wegen zu geringer Zahl an Quellenbelegen und/oder durch z. Zt. noch nicht genügend erforschbare Widersprüchlichkeiten auf eine entschiedene Namendeutung verzichtet bzw. auf die Unterschiedlichkeit der Interpretation hingewiesen werden.

Zur Erweiterung historisch-etymologischer, namenbildender, siedlungsgeografischer und morphologischer Blickwinkel werden unter **IV.** Ortsnamen mit etymologischer und/oder struktureller Ähnlichkeit einschließlich entsprechender Verortung nach Kreis bzw. (Politischem) Bezirk, Bundesland bzw. Kanton oder Woiwodschaft usw. aufgeführt.

Der **V.** Gliederungspunkt liefert wesentliche, der Namendeutung zugrunde liegende Quellen- und Literaturverweise. Dort gebrauchte Abkürzungen werden in einem gesonderten Verzeichnis (s. u. 6.) aufgelöst.

Das abschließende (kursive) Kürzel kennzeichnet den jeweiligen Autor.

Den einzelnen Namenartikeln folgen das Verzeichnis der Autoren mit der Auflösung der Kürzel, das Abkürzungsverzeichnis und das Verzeichnis der abgekürzt angeführten Quellen und Literatur.

2.3. Schreibung und Lautung

Zur Darstellung lautlicher Verhältnisse wurden in der Regel die Zeichen der International Phonetic Association (IPA) genutzt, kyrillische Ortsnamen wurden transliteriert. Im Falle der mit lateinischen Lettern geschriebenen slawischen Sprachen wurden die folgenden, allgemein üblichen Zeichen verwendet:

- c   eine stimmlose Affrikate [ts].
- č   entspricht als stimmlose Affrikate [tʃ].
- ć   stimmlose palatoalveolare Affrikate [t͡ɕ] (im Polnischen).
- ě   Dieser Vokal der vorderen Reihe wurde im Urslawischen offen ausgesprochen (ä). Im Altpolabischen blieb das offene ě erhalten. Im Altsorbischen entwickelte sich die ursprünglich offene Aussprache etwa ab dem 10. Jh. zu einer geschlossenen. Im Tschechischen [jɛ].
- ę   wird als heller (vorderer) Nasalvokal (entstanden aus urslaw. *ę) gesprochen.
- ǫ   wird als dunkler (hinterer) Nasalvokal gesprochen, im Altpolabischen (und Polnischen) jedoch als ą.
- ł   hartes l, vgl. im Polnischen Złoty, wird heute als u̯ gesprochen.
- s   ist ein stimmloses [s].
- š   entspricht im Polnischen sz und wird als stimmloser Reibelaut [ʃ] gesprochen.
- ś   stimmloser palatoalveolarer Reibelaut [ɕ] (im Polnischen).
- ó   ist (im Polnischen) wie [u] auszusprechen.
- ř   Vibrant mit gleichzeitiger Artikulation von (Zungen-) [r] und [ʒ] (im Tschechischen).
- v   stimmhafter labiodentaler Frikativ [v] (im Tschechischen).
- y   ist ein Vokal der hinteren Reihe (entstanden aus idg. ū), der im Altpolabischen vermutlich wie das russische ы (als Mittellaut zwischen i und u) gesprochen wurde. Im Polnischen und Tschechischen kurzes [ɪ].
- z   ist das stimmhafte [z].
- ž   entspricht als stimmhafter Reibelaut sch [ʒ].
- ż   stimmhafter Reibelaut [ʒ] (im Polnischen).
- ź   stimmhafter palatoalveolarer Reibelaut [ʑ] (im Polnischen).
- ъ ь   sind reduzierte Vokale, die (in schwacher Position) im Altsorbischen um die Jahrtausendwende, im Altpolabischen im 12. Jh. vermutlich schon entfielen. In starker Position wurden sie vokalisiert. ъ entsprach im Altslawischen einem schwachen, offenen u. Das ь entsprach einem schwachen, offenen i.

Außerdem finden folgende Laut- und diakritische Zeichen Verwendung:

- æ   offenes e (wie ä).
- œ   offenes ö.
- ø   geschlossenes ö.
- ¯   über einem Vokal (ā) kennzeichnet diesen als lang.
- ˘   über einem Vokal (ă) kennzeichnet diesen als kurz.
- ´   über einem Vokal (á) kennzeichnet allgemein den Wortakzent, im Tschechischen die langen Vokale. Über oder nach einem Konsonanten wird damit dessen Palatalisierung gekennzeichnet.
- ¨   über einem Vokal (ï) kennzeichnet dessen selbstständige Aussprache.

3. Wörterbuch

A

Aachen I. Kreisfreie Stadt, 259 269 Ew., am Nordrand des Hohen Venn in einem Talkessel. Westlichste Großstadt Deutschlands, Dreiländereck, Reg.-Bez. Köln, NRW. Erste Erwähnung 769. Nutzung der Thermalquellen schon in vorrömischer Zeit. Residenz der Karolinger und Krönungsort für mehr als 30 deutsche Könige. Freie Reichsstadt und bedeutender Wallfahrtsort. Im 18. Jh. Ausbau zur Kur- und Badestadt. Tuch- und Süßwarenindustrie. Technische Hochschule (RWTH) und moderner Hochtechnologiestandort. Zentrum für Reitsport. II. 769 *Aquis* [Kop. 10. Jh.], 815 *Aquisgrani*, 972 *Ahha*; franz.: 1150 *Ais em ma chapelle*, *Aix-la-Chapelle* (1784); d.: *Aachen* (1659). III. Erstbeleg ist der in der Romania verbreitete Bade- und Quellortname lat. *Aquis* (> franz. *Aix*); ein Lokativ mit der Bedeutung 'bei den warmen Quellen'. Zur Abgrenzung zu anderen *Aquis*-ON erfolgte der Zusatz mit dem Namen des keltischen Badegottes Granus (*Aquis Granum*). Entgegen vielfach geäußerter Meinung ist allerdings lat. *Aquis* nicht das Etymon. Direkte Grundlage für den ON *Aachen* ist das erbverwandte, jedoch eigenständige ahd. Wasserwort ↗ *ach¹, ah(h)a*. Dieses wurde mit dem -*en*-Suffix versehen, das oftmals der Bildung von Siedlungsnamen insbesondere aus GwN diente. Der franz. Name *Aix-la-Chapelle* zeigt das Differenzierungselement *Chapelle* nach der karolingischen Pfalzkapelle und ist eine eigenständige ON-Bildung des Altfranzösischen. IV. Ähnlich ↗ Aken (Elbe), Lkr. Anhalt-Bitterfeld, ST. V. Kaufmann 1973; Breuer, G.: Aquisgranum ... von den warmen Waessern. Siedlungsnamen der Stadt Aachen. Aachen 2003. *Br*

Aalen I. Große Kreisstadt (seit 1956) und gleichnamige VVG, 78 729 Ew., Sitz der Verwaltung des Ostalbkreises, am Nordostrand der Schwäbischen Alb an der Mündung der Aal in den Kocher, Reg.-Bez. Stuttgart (1952–1972 Reg.-Bez. Nordwürttemberg), BW. Wohl um 1245 von den Staufern gegr., 1360–1803 Reichsstadt, 1803 zum Kurfürstentum Württemberg als Oberamt. Textilindustrie und Metallverarbeitung, Limesmuseum, Urweltmuseum für Geologie und Paläontologie, Schubartmuseum. II. Um 1136 *Alon*, 1300 *Aelun* [Or], 1322 (Kop. 14. Jh.) *Aulun*, 1331 *Alvn* [Or]; *Aalen* (1488). III. Der Name kann einen FlN **Āla* enthalten, der auf lat. *āla* 'Reiterabteilung' zurückgeht und sich auf das um 260 n. Chr. zerstörte röm. Reiterkastell bezogen hat. Mhd. -*ā*- wird im Schwäb. zu -*au*- diphthongiert. Da die Endungen -*on* und -*un* allerdings eine nicht bezeugte schwach flektierte Nebenform voraussetzen und eine Siedlungskontinuität seit der Spätantike nicht gesichert ist, kommen auch andere Deutungen in Frage: zu einer schwäb. bezeugten Baumbezeichnung *Ahlkirsche* 'Traubenkirsche' (*Prunus padus*), als Stellenbezeichnung 'bei den Ahlkirschen' oder zu ahd. *āl* 'Aal' als 'bei den Aalen'. Für einen 'an Aalen reichen Bach' vermisst man in der Belegreihe allerdings Namen wie **Al-aha* oder *Al-bach*. Das Stadtwappen mit gekrümmtem silbernem Aal bezieht sich jedoch auf diese Deutung. Der GwN *Aal* (zum Kocher zum Neckar) ist eine spätere Rückbildung aus dem ON. IV. ↗ Ahlen, Kr. Warendorf, NRW. V. Reichardt 1999; LBW 4; Winter, D. (Hg.): Der Ostalbkreis. Stuttgart 1992; Marzell, H.: Wörterbuch der deutschen Pflanzennamen. Bd. 3. Stuttgart / Wiesbaden 1977. *JR*

Aarau mda. ['a:rau] I. Kantonshauptstadt, 15 758 Ew., an der Aare, Bezirk Aarau, AG, CH. Brückenort seit der Römerzeit. Um 1248 von Kyburger Grafen als geschlossene Ansiedlung gegründet; 1273 habsburgisch, 1283 Stadtrecht durch Rudolf von Habsburg, 1415 bernisch und ab 1464 zur Munizipalstadt degradiert, 1798–1803 erste Hauptstadt der Helvetischen Republik, seit 1803 Hauptstadt des neugegründeten Kantons Aargau. Im 19. Jh. Textilindustrie. Heute Verwaltungs-, Handels- u. Dienstleistungszentrum mit über 20 000 Arbeitsplätzen. II. 1248 *de Arowe* [Or], 1256 (Kop.) *apud Arowo*, 1594 *Aarauw*. III. Sekundärer SiN aufgrund eines Flurnamens, gebildet aus dem FluN ahd. **Ara* < 2. Viertel 5. Jh. *supra Arulam fluvium*, 7. Jh. *Arola*, 778 *Araris* < gallorom. **Arura* < idg. *er-/or-* 'in Bewegung setzen, erregen', und dem Gattungswort ahd. *ouwa* 'Au, Insel, Halbinsel, Land am Wasser'. Die ursprüngliche ahd. Form dürfte **za dëru Araouwo* 'bei der Au an der Aare' gelautet haben. IV. Mehrere zweigliedrige Namen mit dem Bw. *Aare*: Aarberg, BE; Aarburg, AG; Aarwangen, BE. Mit dem Gw. ↗ -*au*: Au, SG; Eglisau, ZH; Gossau, SG; Kirchleerau, AG; Rheinau, ZH; alle CH; Reichenau, Lkr. Konstanz, BW. V. Schweiz. Lex.;

Greule, Flußnamen; Zehnder, Gemeindenamen Aargau; LSG. *RMK*

Abbach, Bad   **I.** Markt im Lkr. Kelheim, 11 061 Ew., Reg.-Bez. Niederbayern, BY. 1007 Schenkung an Bamberg, 1224 Besitz der Wittelsbacher, seit 1934 staatlich anerkannter Kur- und Badeort. **II.** 1007 *Ahabah*, 12. Jh. (Kop. von 1281) *Achbach*, 1231–1234 *Abach*, 1485 *Abbach*, 1952 *Bad Abbach*. **III.** Grundwort des urspr. Gewässernamens ist ahd. *bah*, ↗ *-bach* 'Bach, kleiner Wasserlauf', Bw. *aha*, ↗ *-ach¹*, 'Wasser, Wasserlauf, Fluss'. **V.** HHS 7/1; Reitzenstein 2006. *WvR*

Abensberg   **I.** Stadt im Lkr. Kelheim, 12 629 Ew., Reg.-Bez. Niederbayern, BY. Vorchristliches Feuersteinbergwerk, Burg der Grafen von Abensberg (bis zum Dreißigjährigen Krieg). **II.** vor 1138 (Kopie 12. Jh.) *Habensperch*, 1143 *Abensberch*, 1394 *Abensberg*. **III.** Der Name nimmt im Grundwort ↗ *-berg* Bezug auf die Burg, den Sitz des Herrengeschlechts der Babonen, und im Bw. auf den Fluss Abens (zur Donau), an dem Abensberg liegt. Der GwN wird bereits 847–863 *Apansa*, ca. 1000 *Abensa* genannt. Nach ihm ist auch die röm. Straßenstation (3. Jh.) *Abusina*, 759 (Kopie 824) *Abunsna* benannt, in deren Nähe die Abens in die Donau mündet. *Abens* weist einen ungewöhnlichen Nasalumsprung (**Abus(i)na* > 759 *Abunsna* > 1000 *Abensa*) auf. Der GwN ist eine Bildung mit *abu-* (idg. **ab-/*ap-* < **h₂ep-* 'Wasser') als Basis und einem *-s*-Suffix. Mit dem Suffix *-ina* wurde aus dem GwN der SiN *Abusina* abgeleitet. Weil idg. **abā* 'Wasser' in den kelt. Sprachen gut vertreten ist, liegt die Vermutung nahe, dass der GwN ein keltischer Reliktname ist. **V.** Reitzenstein 2006; Greule, DGNB. *AG*

-ach¹.   Das gemeingerm. Wasserwort germ. **ahwō* 'fließendes Wasser', ahd. *aha* Fem. ist früh bezeugt in anderen germ. Sprachen und urverwandt mit lat. *aqua* 'Wasser'. Mhd. *ach(e)* ist noch eigenständiges Lexem, auch h. landsch. begrenzt: obd. *Aach, Ache, Ohe*, nd. *A(a)*, selten Bw. In der Regel Entwicklung zum Suffix *-ach*, das verkürzt und abgeschwächt zu *-a*, *-e* werden oder ganz schwinden konnte. Schon seit dem 5. Jh. mögliche Verdrängung des Gw. durch das sehr produktive ↗ *-bach* oder später auch durch ↗ *-au*. Im Bair. war *aha* das Wasserwort der ahd. Zeit und wurde erst ab Ende des 10. Jh. von *-bach* abgelöst. Verwechslungen hat es mit ↗ *-ach²* und mit ↗ *-acum* gegeben. Nicht wenige *-ach-* / *-a-*Namen sind in SiN erhalten. Die Bw. betreffen vorwiegend Eigenschaften des Wassers oder dessen unmittelbare Umgebung, doch kommt der in der Forschung oft als nicht existent oder selten bezeichnete Typus PN + *-aha* öfter bereits seit frühfränk. Zeit und bes. im Bair. vor; auch Stammesnamen begegnen als Bw. Wiederholt sind *-aha*-Namen auf ↗ *-ach³* bezogen worden oder mit ↗ *-ach²* verwechselt worden. Literatur: Bach DNK II, 1; Krahe; Kaufmann 1977; Schuster I; Wiesinger 1994; NOB III; Debus / Schmitz, H.-G. *FD*

-ach².   Ahd. *-ah*, mit kollektiver *-ja-*Erweiterung ahd. *-ahi* (germ. **-ahja*), ist von Anfang an Suffix und bildet vorwiegend im Hd. Denominativa und (jünger) Deverbativa; *-ahi* dient hauptsächlich zur neutralen Bez. von Baum- und Pflanzengruppen, woraus sich FlN und SiN entwickeln konnten. Neben *-ach* begegnen *-ch*, *-a*, *-e*, *-ich(t)* / *-ig(t)*, Schwund, dial.-reg. weitere Varianten. Bei der Deutung ist nicht immer von ↗ *-ach¹* oder auch ↗ *-ach³* klar zu trennen. Literatur: Bach DNK II, 1; Schuster I. *FD*

-ach³.   SiN auf *-ach* sind hier im Hd. auf ↗ *-acum* zurückzuführen. *FD*

-ach⁴.   In ehemals slaw. Gebieten, bes. im SO von Österreich, geht *-ach* auf den Lokativ-Pl. der Einwohnernamenbildung slaw. *-jane* zurück (↗ Friesach, KÄ, A). *PW*

Achern   **I.** Große Kreisstadt und gleichnamige VVG im Ortenaukreis, Reg.-Bez. Freiburg, 36 762 Ew., sw von Baden-Baden am Fuße des n Schwarzwaldes, BW. Röm. Gutshof, im MA zu Grafschaft Ortenau, im 14. Jh. zu Baden, Straßburg, Kurpfalz bzw. Fürstenberg, schließlich seit 1551 zu Vorderösterreich. 1805 an das Ghztm. Baden, 1808 Stadtrecht. Große Kreisstadt seit 1974. **II.** 1050 *ad villam Acchara*, 1138, 1139 *Achara*, 1179 *Achare*, 1245 *de Acher*, 1291 *in Achere*, 1339 *de Acheren*. **III.** Die Stadt trägt den Namen des Flusses *(die) Acher* (1471 *uff der Acher*), an dem sie liegt. Die heutige Form zeigt den Namen im Dat. Sg. Der FluN wird auf vorgerm. **Akwara* zurückgeführt und als Abl. mit *r-*Suffix von (idg.) **akʷā* (lat. *aqua*) 'Wasser' erklärt. /w/ ist in der Verbindung /kw/ im Alem. ausgefallen, vgl. den FluN *Kinzig* (< vorgerm./kelt. **Kwentika*). Die naheliegende Deutung des Namens als kelt. ist nicht beweisbar, da idg. **akʷā* im Kelt. nicht belegt ist. Keine lautlichen Probleme entstehen, wenn *Acher* wie die FluN *Agger* (lies *Aacher*) (zur Sieg) und *Oker* (888 *ultra ... Ou-accram*) (zur Aller) auf germ. **Akra* bzw. **Akara* zurückgeführt und als *r-*Ableitung zum Verb germ. **aka-* 'fahren, treiben' erklärt wird. **V.** Greule, Flußnamen; Greule, DGNB. *AG*

Achim   **I.** Stadt im Lkr. Verden, 30 162 Ew., NI. Alte heidnische Kult- und Gerichtsstätte; später sächsisches Gogericht, h. Amtsgericht; durch Brand 1381 zerstört; 1626–1712 wechselweise von Dänen und

Schweden, auch von französischen Truppen besetzt; seit 1815 zum Kgr. Hannover, ab 1866 zur preuß. Provinz Hannover; 1885 Kreisstadt; 1932 Zusammenlegung der beiden Lkr. Verden und Achim zum Lkr. Verden; Stadtrecht 1949. **II.** 1091 *Acheim* (die häufig erwähnte Schreibung *Araheim* entstammt einer unzuverlässigen Edition), 1226 *in Achem*, 1230 *Achem*. **III.** Bildung mit dem Gw. asä. -*hēm* (↗-*heim*) und dem App. *aha* (↗-*ach*¹), mnd. *ā* 'Wasser, Bach, Strom', zu germ. **ahwō* 'Wasser, Gewässer'. Da das -*h*- im Silbenauslaut stand, erscheint früh die Schreibung -*ch*- (vgl. Gallée). Zur Entwicklung des Gw. -*hēm* > -*im* vgl. für Achim, Lkr. Wolfenbüttel, NOB III. **IV.** Achim und † Klein Achim, Lkr. Wolfenbüttel; † Aheim bei Gronau (alt belegt als Ahchem), Lkr. Hildesheim; Achum, OT von Bückeburg, Lkr. Schaumburg, jeweils NI; Aham, Lkr. Landshut, BY. **V.** FO I; HHS 2; Laur, Schaumburg; NOB III; Nds. Städtebuch. *JU*

Achterwehr **I.** Amtsangehörige Gem. und gleichnamiges Amt im Kr. Rendsburg-Eckernförde mit acht amtsangehörigen Gem., 11 017 Ew., in direkter Nähe zu Kiel, am Nord-Ostsee-Kanal und an der Eider, SH. 1375 erstmals urk. erwähnt, 1970 Fusion der Ämter Achterwehr, Westensee und Bovenau zum Amt Achterwehr, Naturpark Westensee. **II.** 1375 *them Achterwere [Or]*; *zum Achterwehr* (1564). **III.** Die Bestandteile des ON *achter-* und -*wehr* stammen aus dem Nd. und bezeichnen die Siedlung 'hinter dem Wehr (Staudamm)'. **V.** Laur; Haefs. *GMM*

-acum. Es handelt sich um eine gallisch-röm. Hybridbildung (kelt. **-akos*, **-akon*, latinisiert -*acus*, -*a*, -*um*). Als Zugehörigkeitssuffix ist es mit germ. **-ingas* vergleichbar (↗-*ingen*) und kennzeichnet den Besitz des damit kombinierten namentlich genannten kelt. oder röm. (Erst-)Besitzers. Das entsprechende Subst. *fundus* 'Grund(stück)' oder *villa* 'Landgut' ist früh geschwunden, die urspr. Adj.-Abl. ist dann substantiviert worden mit vorwiegend neutralem Geschlecht und erscheint dann vielfach im lok. Ablativ auf lat. -*ō*. Es sind also elliptische Formen. Die Variante -*iacum* hat sich sekundär aus der Kombination mit -*ius*-PN (z. B. *Julius > Juliacum* > ↗Jülich, Lkr. Düren, NRW) durch falsche Abtrennung des -*i*- verselbstständigt, so dass auch PN ohne -*i*- damit gebildet werden konnten. Zahlreiche -(i)*acum* / -(i)*acō*-SiN (selten auch von App. oder GwN gebildet) begegnen in Belgien und Frankreich, der röm. Provinz Belgica Prima (in etwa mit der ma. Kirchenprovinz Trier identisch), am Oberrhein und in der Schweiz, einige auch in Bayern und Österreich. Heute erscheint im hd. Raum -(i)*acum*/-(i)*acō* als -*ach*, -*ich*, -*ch*, -*sch* oder ist geschwunden. Dadurch sind teilweise Probleme der Unterscheidung von ↗-*ach*¹ oder

↗-*ach*² möglich. Literatur: Bach DNK II, 1; Buchmüller-Pfaff. *FD*

Adenau **I.** Stadt und gleichnamige VG (seit 1970) im Lkr. Ahrweiler, 13 716 Ew., mit 37 Gem. in der östlichen, der vulkanischen Hocheifel am Fuße der Hohen Acht, RP. Ehem. röm. Straße, früher Verwaltungsmittelpunkt in Adenau, Niederlassung der Johanniter im MA, von denen h. eine Komturei geblieben ist. Nach Zerstörung der Nürburg Sitz eines kurkölnischen Amtes. In der Nähe befindet sich der bekannte Nürburg-Ring. **II.** 992 *ubi Adenoua fluvius cadit in aquam Ara vocatam* (GwN), 1216 *in Adenowe*; *Flecken und Freiheit Adenauw* (1601). **III.** Das Bw. gehört zu einem ahd. PN *Ado*, Gen. Sg. *Aden-* oder älter *Adin-*, das Gw. ist -*aha* (↗-*ach*¹) oder ↗-*au(e)* (< germ. **agwjō*). Sowohl **Aden-aha* als auch **Aden-auwe* bezeichnen das Gewässer, an dem die Siedlung lag, und die fränk. Siedlung selbst (entweder *aha*-Siedlung oder Auensiedlung). Der ON bedeutet demnach 'an einem Gewässer oder in einem Feuchtgebiet gelegene Siedlung des Ado'. Der Name für den Bach wurde durch den SiN verdrängt. **V.** MGH DO III; FP; Keyser, E.: Städtebuch Rheinland-Pfalz und Saarland. Stuttgart 1964; Kaufmann 1973. *JMB*

Adendorf **I.** Gem. im Lkr. Lüneburg, 10 104 Ew., Reg.-Bez. Lüneburg (bis Ende 2004), NI. Entgegen allgemeinen Annahmen gehört der früh belegte Besitz des Klosters Kemnade (1004 *Addunesthorp* usw.) nicht hierher, sondern zu Addenstorf, Lkr. Uelzen; bundesweit bekannt wurde Adendorf 1976 wegen der Überflutungen beim Bruch des Elbe-Seitenkanals. **II.** 1244–1262 *Adendorp [Or]*, 1252 *Adenthorpe*; *Adendorf* (1791). **III.** Bildung mit dem Gw. ↗-*dorf* und dem schwach flektierenden KN *Ado* als Bw. Bis auf Eintreten von hd. -*dorf* zeigt der ON keine Veränderungen. Deutung also: 'Siedlung des Ado'. **V.** Nds.-Lexikon. *KC*

Adliswil **I.** Politische Gem. im Bezirk Horgen, 16 052 Ew. Südlicher Vorort von Zürich im Sihltal mit Hauptort im Talboden und Einzelhöfen am Albis- und Zimmerberghang, Kt. Zürich, CH. Am Zimmerberghang frühmittelalterliche Gräberfunde, der Talboden lange unbesiedelbar. Frühe Industrialisierung dank der nutzbaren Wasserkraft der Sihl (Textilindustrie). 1892 Eröffnung der Sihltalbahn und einer direkten Straßenverbindung nach Zürich. Heute suburbane Wohngemeinde. **II.** 1050 *Adelenswile* (Kop. 16. Jh.), 1101–50 *Adoldiswile* (Kop. 14. Jh.), 1248 *Adeloswile [Or]*. **III.** Primärer Siedlungsname mit Grundwort ahd. *wīlāri* 'kleines Dorf, Weiler; Einzelhof' (↗-*weil* / -*wil*) und dem frühmittelalterlich gut belegten PN *Adalolt* (< *Adalwalt*) im Bestimmungsglied. In der Gesamtdeutung 'Hofsiedlung des *Adalolt'* kommt die Siedlungs- und Gesellschaftsstruktur jener Siedlungsphase zum Ausdruck, in der noch immer die Rufnamen bedeutender Einzelpersönlichkeiten die Benennung kleinerer Ansiedlungen veranlasst haben dürften. **V.** FP; HLS; LSG. MHG

Aerzen **I.** Flecken im Lkr. Hameln-Pyrmont, 11 436 Ew., Reg.-Bez. Hannover (bis Ende 2004), NI. Urspr. Allodialbesitz der Grafen von Everstein; seit 1408 mit Unterbrechungen Ftm. Calenberg, später Hannover; um die Burg eine Fleckensiedlung (1293 *oppidum*); Fleckenrecht 1589. **II.** Um 1200 *in parrochia Artlissen* [Or], Mitte 13. Jh. *Arteldessen* [Kop. 16. Jh.], 1377 *Ertelsen*; *Aerzen* (1619). **III.** Bildung mit dem Gw. ↗-*hausen* und einem stark flektierenden PN, der als *Ardali, *Erdali oder eher *Hardil(i)* mit Schwund des anlautenden *H*- anzusetzen ist. Er zeigt Schärfung des -*d*- zu -*t*- im Silbenauslaut. Nach dem Ausfall des -*el*- entsteht *Ert-sen*, das dann mit -*z*- geschrieben wird. KC

Aesch **I.** Gem. im Bezirk Arlesheim, 10 043 Ew., Kt. Basel-Landschaft, CH. Das Dorf entstand womöglich aus einem Dinghof, zu dem später der Kirchensatz von St. Martin in Pfeffingen gehörte. Übergang des Besitzes an die Grafen von Thierstein, später in die Lehenshoheit des Bischofs von Basel. Anfangs des 17. Jh. Mittelpunkt der Vogtei Aesch-Pfeffingen-Grellingen-Duggingen. Nach der Zugehörigkeit zur Rauraschischen Republik und anschließend zum franz. Territorium zum Kt. Basel (Bezirk Birseck), 1833 zum basellandschaftlichen Bezirk Arlesheim. **II.** 1255 *de Esche* [Or], 1300 *Esch*; *Aesch* (1356). **III.** *Aesch* ist ein urspr. FlN, der sekundär zum ON wurde. Auszuschließen ist dabei eine Herleitung von *Asche*, schweizerdeutsch *Äsche* (mhd. *asche*, *esche*). Eher unwahrscheinlich ist auch ein Bezug zu schwzd. *Esch*, *Äsch*, *Ösch* 'Saatfeld, Flur' (ahd. *ezzisc*, *ezzisk* 'Saat'). Auszugehen ist am ehesten von einer ahd. Gf. *ascahi 'Eschengehölz, Standort von Eschen', gebildet aus ahd. *asc* 'Esche' und der Endung ↗-*ahi*, die eine Stelle bezeichnet, wo das genannte Objekt in großer Zahl vorhanden ist. *Aesch* würde demzufolge 'die Siedlung beim Eschengehölz' bedeuten. **IV.** Äsch, LU, Äsch, ZH, Äschi, SON, Äschi, BE, Äschlen, BE, alle CH. **V.** NGBL Aesch 2005; LSG; Suter. mr

Affoltern am Albis **I.** Politische Gem. und Hauptort des gleichnamigen Bezirks, 10 630 Ew., im Knonaueramt zwischen Zürich und Zug westlich der Albiskette gelegen, Kt. Zürich, CH. Hallstattzeitliche Grabhügel, die Frühgeschichte sonst weitgehend dunkel; Spuren einer Kapelle der Zeit um 1000, Restgemäuer einer romanischen Kirche des 12./13. Jh. Bis in die Neuzeit hinein bäuerlich geprägt, im 18. Jh. zunehmende Textilindustrie, bis 1750 jedoch massive Abwanderung nach Übersee (Pennsylvania, Carolina). Heute moderner Industrie- und Wohnstandort. **II.** 1044 *de Affaltra* (Kop.; Zuordnung unsicher), 1213 *Affoltre*, 1249 *Affoltron*. **III.** Sekundärer Siedlungsname, lokativische Dativform von ahd. *apholtra*, *affaltra* 'Apfelbaum': 'bei den Apfelbäumen'. Die Präzisierung *am Albis* (zur Unterscheidung von Affoltern im Emmental, Kt. Bern) bezieht sich auf die voralpine Hügelkette *Albis*, den wohl keltischen, aber germanisch überformten Namen für ein letztlich vor-idg. Substratwort der Bedeutung 'hochgelegener Weideplatz; Berg'. Auf das angegebene ahd. Wort *apholtra* zurückzuführende Siedlungs- und Flurnamen sind (nicht nur in der Schweiz) verhältnismäßig häufig. **IV.** Affeltrangen, TG, CH; Affoldern, OT der Gem. Edertal, Lkr. Waldeck-Frankenberg, HE; Effelter, OT der Gem. Wilhelmsthal, Lkr. Kronach, BY. **V.** HLS; LSG. MHG

Ahaus **I.** Stadt im Kr. Borken, 38 821 Ew., Reg.-Bez. Münster, NRW. Anfang des 12. Jh. Burg der Herren von Diepenheim, seit ca. 1389 Stadt, 1406 zum FBtm. Münster, Schlossbau im 17. Jh., zeitweilig bevorzugte Residenz der Bischöfe, 1803 zum Ftm. Salm-Kyrburg, 1810 zum Kaiserreich Frankreich, 1813/1815 preußisch, 1816–1975 Hauptstadt des Kreises Ahaus, Textilindustrie bis in die 2. Hälfte des 20. Jh., 1992 Zwischenlager für radioaktive Abfälle. **II.** 1139 *Ahus*, vor 1191 *Ahus*, 1217 *Ahusen*. **III.** *A*- aus germ. *ahwō, 'kleines Fließgewässer', 'Bach', in der „Westfälischen Bucht" (Münsterland) häufig in Konkurrenz zu dem gewöhnlichen ↗ *beke* Fem. 'Bach', zusammengesetzt mit -*hūs* 'Haus', hier im Sinne eines festen Hauses, einer Burg. Der wenig aussagekräftige, an jedem Fließgewässer in Nordwestdeutschland mögliche Name ist als Lagebeschreibung leicht verständlich und besitzt noch Bezeichnungscharakter. **IV.** Im Dat. Pl.: Ahausen, Kr. Olpe, Ahsen, Kr. Recklinghausen, beide NRW; mit anderen Siedlungsbezeichnungen als Gw.: Adorf (zu Brilon), mehrere Ewijk (aus älterem *A-wīk) in den Niederlanden. **V.** WfUB II, III; Bauermann, J.: Altena – von Reinald von Dassel erworben? Zu den Güterlisten Philipps von Heinsberg. In: Beitr. zur Geschichte Dortmunds und der Gft. Mark 67 (1971). schü

-*ahi*. ↗-*ach*².

Ahlen **I.** Stadt im Kr. Warendorf, 54 877 Ew., n Hamm, Reg.-Bez. Münster, NRW. Pfarrgründung unter Bischof Liudger, 1224 Stadt, 1803 preußisch, 1806 Ghztm. Berg, 1813 wieder preußisch, 1880–1891 Strontianitabbau, bedeutende Emailleindustrie, 1909–2000 Steinkohlenzeche. **II.** Frühes 10. Jh. *in Alnon* [Or], um 1150 *de Alnen*, 1209 *Alen*. **III.** Der ON ist eine Bildung aus einem GwN *Alna*, der womöglich ein Abschnittsname der Werse am Zusammenfluss mit der Olfe ist, wo an einer Furt über die Werse dann die Siedlung Ahlen entstanden ist. Der GwN *Alna* ist eine Ableitung mit *-n*-haltigem Suffix zu einer idg. Wurzel **el-/*ol-*, germ. **al-* 'faulen, modrig sein', möglicherweise auch idg. **el-/*ol-* im Sinne von 'fließen'. Ein so bezeichnetes schlammiges oder fließendes Gewässer kann durch die Bildung im Dat. Pl. zu einem SiN werden. Das erste *-n-* der frühen Formen ist assimiliert worden. Die mit Beginn des 13. Jh. regelmäßig belegte Form *Alen* hat sich unverändert erhalten und ist erst sehr spät durch *-h-* zur Kennzeichnung der Vokallänge ergänzt worden. Eine Verbindung mit dem Wappentier der Stadt, dem Aal, ist sprachlich nicht möglich. Deutung: 'Siedlung an der **Alna*, einem schlammigen/fließenden Gewässer'. **V.** Werdener Urbare I; WfUB II, III, VIII; Möller, R.: Zur Bildung von Siedlungsnamen aus Gewässernamen in Niedersachsen. In: Beitr. zur Namenforschung. NF 16 (1981). *kors*

Ahnatal **I.** Gem. im Lkr. Kassel, 8015 Ew., gelegen am Nordrand des Naturparks Habichtswald wird die Gem. von der Ahne durchflossen, Reg.-Bez. Kassel, HE. Gebildet 1972 durch den Zusammenschluss der Gem. Heckershausen und Weimar. Beide Orte gehörten zum Amt Ahna, das seit der Mitte des 13 Jh. im Besitz der hess. Landgrafen ist. **II.** Heckershausen: 1106 (Kop.) *Hekereshusun*, 1107 *Heggereshusun*, 1146 *Hekkereshusun*, 1325 *Hekershusen*. Weimar: 1097 *Wimaro*, 1146 *Winmare*, 1209 *Wimar*, 1252 *Wimmare*, 1343 *Wymor*. **III.** Zum ON Heckershausen: PN *Hagihari* (so Andrießen) oder PN *Agihari*. Die PN mit *Hag(i)-* als Erstglied sind nur sporadisch bezeugt und wohl zu ahd. *hag(an)* 'Einfriedung, Einhegung' zu stellen. Es könnte auch bei der Bestimmung des PN an das besser bezeugte Erstglied *Agi-* gedacht werden, das mit einem prothetischen *h-* erscheint. Der ON zeigt Primärumlaut *-a-* zu *-e-*, Ausfall des Fugenvokals *-i-* und expressive Schärfung *-g-* zu *-ck-*. Der ON *Weimar* ist wohl als ahd. **ze demo wīdinin mare* 'bei dem mit Weiden bestandenen Teich; Sumpf' zu deuten. Zum Zweitglied vgl. ↗*-mar*. Der GwN *Ahne* oder *Ahna* (1154 *Ana*) wohl zu kelt. **on-* 'Wasser, Sumpf, Fluß'. Daraus ahd. **An-aha* > mhd. *Ana* mit Hinzufügung des Zweitgliedes ↗*-ach* an das unverstandene Bw. Zum Zweitglied ↗*-tal*. **V.** FP; Reimer 1926; Eisenträger / Krug; Pokorny I; Andrießen. *TH*

Ahrensbök nd. *Åhrens'bök* **I.** Amtsfreie Gem. im Kr. Ostholstein, 8464 Ew., Nähe zur Ostsee, SH. 1280 gegründet, 1328 erstmals urk. erwähnt, 1397 Gründung eines Kartäuserklosters, im MA Wallfahrtsort (Marienbildnis), 1564 Gründung des Amtes Ahrensbök, im Deutsch-Dänischen Krieg 1864 geriet Ahrensbök für kurze Zeit unter österreichische, dann preuß. Herrschaft, 1912 bis 1933 erhielt Ahrensbök den Status „Stadt II. Klasse", 1933 Stadtrecht verloren und als Gem. gestaltet, 1970 zum Kr. Ostholstein. Landwirtschaftlich geprägt, ländlicher Zentralort, Gedenkstätte Ahrensbök, Marienkirche. **II.** 1331 *de Arnesboke*; 1328/1335 *in villa Arnesboken [Or]*; *villam ... dictam Arnesboken* (1353); 1426 *in parochia Arnsboken*. **III.** Der ON setzt sich zusammen aus der Kurzform eines PN *Arn* für *Arnfried* oder *Arnulf* und dem mnd. *böke* bzw. dem nd. *bök* in der Bed. 'Buchen(gehölz)', so dass mit *Ahrensbök* dem Wortursprung nach die 'Siedlung des Arn im/am Buchengehölz' bezeichnet ist. **IV.** Ahrensberg, Lkr. Mecklenburg-Strelitz, MV; ↗Ahrensburg, Kr. Stormarn, SH. **V.** Laur; Haefs. *GMM*

Ahrensburg nd. Ahrensborg **I.** Stadt im Kr. Stormarn, 30907 Ew., direkte Nähe zu Hamburg, im mittleren Stormarn, SH. Im MA befestigter Herrensitz (Burg Arnesvelde), dabei Dorf Woldenhorn 1314 erstmals urk. erwähnt, bis ins 16. Jh. zum Zisterzienserkloster Reinfeld, 1567 Burg und Umland (darunter Woldenhorn und Ahrensfelde) an den (dän.) Feldherrn Daniel Rantzau, 1867 Umbenennung des Gutsdorfes Woldenhorn in Ahrensburg, 1949 Stadtrecht. Schloss Ahrensburg. **II.** 1314 *Woldehorne*, 1577 *zu Arensborch [Or]*, *datum Arenßburg* (1604); *auf Ahrensburg* (1732). **III.** Die Bed. des urspr. *Woldehorne* lässt sich aus seinen Bestandteilen erschließen: nd. *woold* 'Wald' und *horne* 'Vorsprung', so ergibt sich die Bed. der 'Siedlung am Waldvorsprung'. Der Name *Ahrensburg* geht zurück auf eine Burg bei Ahrensfelde. Der Name *Ahrensfelde* bezeichnete eine Ansiedlung auf dem Gelände eines Arns. Der PN ist eine KF von *Arnold*, die zu mnd. *arn, arne, arent* 'Adler' gehört. Zum Gw. ↗*-felde*. Die *Ahrensburg* bezieht sich auf den PN *Arn*, also die 'Burg des Arn'. **IV.** Ahrensberg, FlN in NI und ON in MV; ↗Ahrensbök, Kr. Ostholstein; Ahrensfelde, OT von Ahrensburg, beide SH sowie ↗Ahrensfelde, Lkr. Barnim, BB. **V.** Laur; Haefs. *GMM*

Ahrensfelde **I.** Gem., entstand 2003 aus dem Zusammenschluss der bisher selbstständigen Gem. Ahrensfelde, Blumberg, Lindenberg, Mehrow und Eiche, Lkr. Barnim, 13 090 Ew., nö Berlin, BB. Im OT Blumberg frühgotische Feldsteinkirche, Lenné-Park. **II.** 1375 *Arnsfelde, Arnsfelt*, 1595 *Zu Ahrensfelde*. **III.** Der Name Ahrensfelde bezeichnete eine Ansiedlung auf dem Gelände eines Arns. Der PN ist eine KF von *Arnold*, die zu mnd. *arn, arne, arent* 'Adler' gehört. Zum Gw. ↗*-felde*. **V.** Landbuch; Krabbo; Riedel A XII; BNB 5. *SW*

Aibling, Bad I. Stadt im Lkr. Rosenheim, 18 052 Ew., Reg.-Bez. Oberbayern, BY. Herzogliche bzw. königliche Pfalz, im 13. Jh. Übergang an die Wittelsbacher, ab 1300 Landgericht, ab 1844 Moorbad. II. 804 (Kop. von 824) *Epiningas*, (Kop. des 12. Jh.) *Eibilingas*, 855 *Eipilingas*, 1078–1091 *Eiplinga*, 1166 *Aibilingen*, 1354 (Druck von 1767) *Aybling*, 1517 *Aibling*, 1904 *Bad Aibling*. III. Es liegt der PN *Êpino* zugrunde, der durch das Zugehörigkeitssuffix ↗ *-ing* abgeleitet ist. V. HHS 7/1; Reitzenstein 2006. WvR

Aichach I. Stadt im Lkr. Aichach-Friedberg, 20 821 Ew., Sitz der Kreisverwaltung, Reg.-Bez. Schwaben, BY. 1177 Burg, ca. 1205 Markt, ca. 1216 Zollstätte der Reichsmarschälle von Pappenheim. II. 1096–1123 *Eyhach*, 1131 (Kop. von 1175) *Aichach*, 1146/47 (Kop. von 1175) *Aicha*, 1147 *Aichahe*, 1147 (Kop. von 1521) *Aiche*, 1153 *Eichach*, 1181–1183 *Eicha*, 1199 *Aich*, ca. 1230 *Aichac*, 1231–1234 *Aeichaech*, 1260 *Aechach*, 1279–1284 *Aeicha*, 1284 *Aicheh*, 1285 *Aichaech*, 15. Jh. (zu ca. 1062–1080) *Aychach*, 1657 *Aicha ... Aichen* und 1796 *Aicha, Aichach*. III. Als lat. Herkunftsbezeichnung begegnet 1561 *Quercetanus*, als Mundartform des Jahres 1860 *Oacha*, die übrigens der heutigen entspricht. Dem urspr. FlN liegt ahd. *eihhahi*, in Glossen mit lat. *quercetum* gleichgesetzt, bzw. mhd. *eichach* 'Eichenwald' zugrunde. Dieses Wort ist wiederum im Beleg von 1561 durch das lat. Suffix *-ānus*, das den Bewohner bzw. die Herkunft bezeichnet, abgeleitet. Schon das älteste Siegel (Abdrucke seit 1315) zeigt den für den Namen redenden Eichenbaum im Schild. IV. ↗ Eichstätt, Lkr. Eichstätt, BY. V. Reitzenstein Schwaben. WvR

Aichtal I. Stadt im Lkr. Esslingen, 9 833 Ew., ca. 14 km ssw Esslingen, s der Filderebene im Tal der Aich gelegen, Reg.-Bez. Stuttgart (bis 1972 Reg.-Bez. Nordwürttemberg), BW. 1975 aus den selbstständigen Gem. Aich, Grötzingen und Neuenhaus gegründet und zunächst Grötzingen benannt, 1978 Umbenennung in Stadt Aichtal. Töpferhandwerk (Häfnermuseum), Aichtalbrücke. II. (Kop. 12. Jh.) *Eichaha*, 1229 *Ech [Or]*, 1275 *Ehe*; *Aichtal* (1978). III. Benannt nach der durch die Ortsteile Aich, Grötzingen und Neuenhaus fließenden Aich. Der GwN ist aus einem Kompositum *ēwa-aha* verkürzt, das sich aus ahd. *ēwa* 'Eibe' und ahd. *aha*, mhd. *ahe* 'fließendes Wasser' zusammensetzt. Die alten Belege für den ON Aich entsprechen der heutigen Mundartform *aeχ* mit *ae* für mhd. *ē*. Das Gw. ↗ *-tal* ist das produktivste bei der Neubildung von Siedlungsnamen im Rahmen der Gebietsreform in Baden-Württemberg. V. Reichardt 1982a; LBW 3. JR

Aichwald I. Gem. (1. 1. 1974) im Lkr. Esslingen, 7 681 Ew., 6,5 km onö Esslingen, zwischen Rem-, Neckar- und Filstal gelegen, Reg.-Bez. Stuttgart (bis 1972 Reg.-Bez. Nordwürttemberg), BW. 1974 durch Zusammenschluss der einst selbstständigen Gemeinden Aichelberg, Aichschieß und Schanbach entstanden. Burg Aichelberg, Aichelberger Feldkirche (Pfarrkirche ab 1482), Krummhardter Kirchlein. II. *Aichwald* (1974). III. Der Gemeindename ist durch die Lage im Waldgebiet der Aichelberg und Aichschieß genannten Ortsteile motiviert. Diese Namen wurde von den Namengebern teils zu Recht (1482 *Aichelberg*, zu ahd. *eihhila*, mhd. *eihhel* 'Eichel'), teils zu Unrecht (1248 Kop. 1499, 1275 in *Ainschieß*, zum Gen. Pl. von ahd. *awi*, *ewe*, mhd. *ouwe* 'Schaf', mit Umlaut und Ausfall des *-w-* und sekundärer Angleichung an *Aich*) mit dem Wort *Eiche*, mhd. *eich* mit mda. *ai*-Schreibung, verbunden. V. Reichardt 1982a; LBW 3. JR

Aidlingen I. Gem. (1972) im Lkr. Böblingen, 9 125 Ew., ca. 8 km wnw Böblingen, durchflossen von Schwippe und Würm, Reg.-Bez. Stuttgart, BW. 1972 durch Zusammenschluss von Dätzingen und Döffingen entstanden und Teil eines GVV mit Grafenau. Aidlingen wurde im 6. Jh. von den Alemannen gegründet, 843 urk. Erstnennung, 1355 an die Herren von Bondorf, 1365 an die Grafen von Württemberg. Nikolaikirche, Naturschutzgebiet Venusberg. Im 13. Jh. ging Dätzingen an den Johanniterorden, ab 1806 an das Kgr. Württemberg. Döffingen fiel 1388 bei der großen Schlacht von Döffingen vom Pfalzgrafen von Tübingen an Württemberg. Ulrichstein, Malteserschloss. II. 843 (F. um 1150) *Otelingen*, 843 *Otelingen*, 1523 *Öttlingen*, 1592 *Eytling*; *Aidlingen* (1676). III. Aidlingen ist zurückzuführen auf eine ↗ *-ing(en)*-Abl. zu dem ahd. PN *Ōtilo*, der Name bedeutet 'bei den Leuten des Ōtilo'. Der Stammvokal *-ō-* wurde zu mhd. *-ȫ-* umgelautet und zu *ae* diphthongiert. Der Diphthong zeigt sich seit Ende des 16. Jahrhunderts in den Schreibungen *ey, ai* und *ay*. Der GwN *Aid* ist eine jüngere Rückbildung. Der Name *Grafenau* erinnert an den hier am 23. August 1388 in einer Schlacht erschlagenen Sohn Ulrich des Grafen Eberhard von Württemberg sowie an den 1811 zum Grafen von Dillen erhobenen Generalleutnant Dillenius, der 1810 das Schloss Dätzingen erhalten hatte. IV. ↗ Grafenau, Reg.-Bez. Niederbayern, BY. V. Reichardt 2001; Haubrichs 2004; LBW 3. JR

Ainring I. Gem. im Lkr. Berchtesgadener Land, 9 907 Ew., Reg.-Bez. Oberbayern, BY. II. 790 (Kop. des 12. Jh.) zu nach 700 *Ainheringa*, 1025–1041 *Einheringa*, 1151–1167 *Ainhering*, ca. 1170 *Ainheringen* und 1831 *Ainring, Ainering*. III. Es liegt der PN *Einher* zugrunde, der durch das Zugehörigkeitssuffix ↗ *-ing* abgeleitet ist. V. Reitzenstein 2006. WvR

Aken I. Stadt im Lkr. Anhalt-Bitterfeld, 8564 Ew., an der Elbe zwischen der Mulde- und Saalemündung, ST. Im Hochmittelalter zeitweise Residenz der askanischen Kurfürsten und Herzöge von Sachsen, herausragende Stadtanlage mit Schachbrettgrundriss, aber später nur regionale Bedeutung, jedoch wichtiges Zentrum der Elbschifffahrt. II. 1219 *Waltherus de Aken*, 1227 (14. Jh.) *in Aquis*, 1270 *civitas Aken*. III. Klassischer Fall einer Namenübertragung: Der Ort wurde nach ↗Aachen benannt, als Krönungsstätte der deutschen Könige von hohem Prestige. Nach Bischoff sollten während des hochmittelalterlichen Landesausbaus mit solchen berühmten Namen Zuwanderer zur Ansiedlung angelockt werden. Ob dies oder aber direkter Zuzug aus der Aachener Region der konkrete Grund der Benennung war, ist nicht mit Sicherheit zu ermitteln. Der Name Aken zeigt unveränderte nd. Lautung ohne den Einfluss der 2. Lautverschiebung, wie er bei Aachen erfolgte. IV. ↗Aachen, NRW. V. DS 38; SNB; Bischoff, K.: Elbostfälische Studien. Mitteldeutsche Studien 14. Halle (Saale) 1954. *ChZ*

Albersdorf nd. Albe(r)sdörp I. Gem. im Kr. Dithmarschen, 3466 Ew., im Osten des Kreises, am Nord-Ostssee-Kanal, SH. Bei Albersdorf befindet sich eine der reichsten vorgeschichtlichen Landschaften des Landes („Steinzeitpark Albersdorf"),1281 erstmals urk. erwähnt. Luftkurort, erste in Deutschland gegr. Volkshochschule. II. 1281 *in Aluerdesdorpe* [Or], 1323 *in Alverdesdorpe; tho Aluerstorp* (1569–1574). III. Der heutige Name der Gem. spiegelt die Bedeutung 'Ort des Altward' wider. Die Kennzeichnung als Dorf entwickelte sich aus dem asä. *thorp*, zu mnd. *dorp* und nd. *dörp*, hd. ↗-*dorf*. Erster Bestandteil ist ein PN *Alverd*, der den Wortwurzeln *athala* 'vornehmes Geschlecht, Adel' und -*ward*, ahd. -*warto* 'Gesetzeshüter' (9. Jh.), asä. *Ward*, mhd. *Warte* 'Hüter, Wächter, Wärter, aufseher', hd. *Wart* als Gw. Im 18. Jh. findet ein Wechsel von /v/ zu /b/ statt (vgl. *wiever > Weiber*). V. Laur; Haefs; Pfeifer. *GMM*

Albesdorf // Albestroff I. Gem. und Hauptort des gleichnamigen Kantons im Dép. Moselle, 683 Ew., 24 km sw Saargemünd, LO, F. Sitz einer Metzer Kastellanei, 1648 im Westfälischen Frieden an Frankreich; 1871 zum Reichsland Elsass-Lothringen, 1918 wieder an Frankreich. II. 1049 *Albertorff*, 1225 *Alberstroff*, 1256 *Albestorf*, um 1405 *Albestroff*. III. Bildung mit dem Gw. ↗-*dorf*, das appellativisch an ahd. *dorf, thorf*, mit Lautverschiebung < germ. *purpa- 'Dorf, Gehöft' anzuschließen ist. Bw. ist der ahd. PN *Al(a)-berht*. Ausgangsform: **Al(a)berhtes-dorf*; weitere Entwicklung mit Synkope des Endsilbenvokals des ahd. Gen. (*Albertsdorf) und anschließender Erleichterung der Vier- und Dreikonsonanzen. Die offizielle franz. Form greift auf die dialektale Form mit Metathese des -*r*- in -*troff* zurück. V. Reichsland III; Hiegel. *Ha*

Albestroff ↗**Albesdorf**

Albstadt I. Große Kreisstadt (1975) und gleichnamige VVG im Zollernalbkreis, 49293 Ew., 14,5 km osö Balingen, NW-Grenze am Albtrauf an der Südwestalb in den Tälern der oberen Eyach und der Schmiecha, Reg.-Bez. Tübingen, BW. Durch Zusammenschluss der Städte Ebingen und Tailfingen 1975 entstanden. Textil-, Werkzeug- und Elektroindustrie, 80 % der Stadtfläche Naturschutzgebiet. II. *Albstadt* (1975). III. Der ON wurde 1975 beim Zusammenschluss der seit 794 bezeugten Orte Ebingen und Taifingen festgelegt. Er bezieht sich auf die Lage der Stadt auf der Schwäbischen Alb. IV. Albstadt (Unterfranken), BY. V. Kannenberg; LBW 2 und 7. *JR*

Aldenhoven I. Gem. im Kreis Düren, 14056 Ew., w von Jülich (Römerstraße Köln – Maastricht) an der A 44, Reg.-Bez. Köln, NRW. Ende 14. Jh. befestigt, 1433 Privilegierung zur „Freiheit", Amtssitz im Hztm. Jülich, 1815 an Preußen, 1951–1992 Steinkohlebergwerk, in der Nähe: Braunkohletagebau Inden. II. 922 (verfälscht letztes Viertel 11. Jh.) *in villa Aldenhouon*, 1027 *iuxta Aldenhouon* [Or]. III. Syntagma aus Adj. ahd. *alt* und Subst. ahd. *hof* 'Anwesen, Bauernhof' in lokativisch zu verstehendem Dat. Pl. 'bei den alten Höfen', ↗-*hofen*, zu einem Wort verschmolzen; -*d*- statt -*t*- < germ. /d/ entspricht dem nordmittelfränk. Sprachraum; -*u*- und -*v*- sind gängige Regionalschreibungen für [f]. Zur Unterscheidung vom benachbarten Freialdenhoven kommt im MA auch 1288 *Martaldinhouen* [Or] zu 'Markt' vor. V. RhUB II; HHS Bd. 3. *Ne*

Aldingen I. Gem. im Lkr. Tuttlingen, 7651 Ew., 15 km nnw Tuttlingen, am Fuß der Schwäbischen Alb und auf Liasplatten der Prim, Reg.-Bez. Freiburg, BW. Besiedlung bis in das 4. Jh. zurückverfolgbar, 802 Schenkung an Kloster St. Gallen, 1444 zur Grafschaft Württemberg. Werkzeug- und Apparatebau, Mauritius-Kirche. II. 802 *in villa qui dicitur Aldingas* [Or]; *Aldingen* (1975). III. Der ON ist zurückzuführen auf eine ↗-*ing(en)*-Abl. zu dem ahd. PN *Aldo*. Der Name bedeutet 'bei den Leuten des Aldo'. IV. Aldingen, OT von Remseck, Lkr. Ludwigsburg, BW. V. Haubrichs 2004; LBW 2 und 6; Schuster, H.-J.: Geschichte des Landkreises im Spiegel von Orts- und Siedlungsnamen. In: Tuttlinger Heimatblätter, NF 59 (1996). *JR*

Alfeld (Leine) I. Stadt im Lkr. Hildesheim, 20460 Ew., NI. 1205 als Archidiakonat erwähnt, Stadtrechte zwischen 1220 und 1258 verliehen; gehörte zum Bistum Hildesheim, nach 1523 zum Ftm. Braunschweig-Wolfenbüttel; Hansestadt; 1643 Wiedereingliederung in das Hochstift Hildesheim; 1803 kurzzeitig preuß., dann an das Kgr. Westfalen, 1815 dem Kgr. Hannover unterstellt, 1866 preuß., seit 1946 zum Land Niedersachsen; Lateinschule, Planetenhaus, Bauten der Weserrenaissance;. **II.** (Ca. 1019–1022, Kop. Ende 12. Jh.) *Alevellon*, 1214 *de Alvelde*, 1378 *van Alfelde*. **III.** Kompositum mit dem Grundwort ⟶ *-feld*. Probleme bereitet das Bw. *Al-*. Aufgrund einer fehlenden Flexionsendung kommt ein PN nicht in Betracht, auch ⟶ *Alt(en)-*, germ. *alt*, asä. *alt*, mnd. *old* bleibt fern, da -*d*- oder -*t*- in den Belegen nicht erscheinen. Man wird daher eher wie bei Ahlten, Lkr. Hannover, 1182 (Kop. 14. Jh.) *de Alethen*, 1182 *de Althen*; Ahlem, OT von Hannover, 1256 *Alem*, 1272 *Alem*; Aalen, Nordbrabant; Ohlum, Lkr. Peine, 1013/27 (F. 12. Jh.) *Alem* und weiteren Parallelen an eine Verbindung mit der in GwN gut bezeugten idg. Wz. **el-/*ol-* 'Wasser, feucht, fließen', vgl. *Aller, Ola, Alster, Elster, Alpe (Al-apa)* usw., denken dürfen. **V.** HHS 2; Nds. Städtebuch; NOB I; NOB III. *JU*

Alfter **I.** Gem. im Rhein-Sieg-Kreis, 22 807 Ew., w an Bonn anschließend, Reg.-Bez. Köln, NRW. 1969 im Zuge der Kommunalreform aus den Gem. Alfter, Gielsdorf, Oedekoven (Verwaltungssitz), Impekoven und Witterschlick gebildet. Alfter mit frühen, auch röm. Besiedlungsspuren, 1067 erstmals erwähnt, 12. Jh. Augustinerinnenkloster gegründet, seit 1196 Ritter von Alfter als Erbmarschälle des Kölner Ebf. bezeichnet, zu Kurköln gehörig, Schloss Alfter 1721 erbaut, dort seit 1973 Alanus-Hochschule für bildende Künste, Obst- und Gemüseanbau (Spargel). **II.** 1067, 1120 *Aluetra*, 1116 *Halechtre* (?), 1126 *Alftre*. **III.** Vielleicht zum Baumnamen *alber* M./Fem. 'Weißpappel' zu stellen aus mittellat. *alburus* zu lat. *albulus* 'weißlich' und dem in rheinischen FlN verbreiteten Suffix -*ter*, das vor allem bei Baumnamen auftritt (*Wacholder, Affolter, Flieder*). Auch ein FluN könnte dahinter stecken (vgl. *Elbe*). **V.** Dittmaier 1963b; Mürkens, G.: Die Ortsnamen des Landkreises Bonn. O.O. 1961; Kluge; HHS 3. *Ho*

Algermissen **I.** Gem. und gleichnamige Samtgemeinde im Lkr. Hildesheim, 8 067 Ew., NI. Die beiden urspr. selbstständigen Dörfer Klein und Groß Algermissen (*curtis maioris* bzw. *minoris Aleg(h)rimesheim*) gehörten ununterbrochen zum Hochstift Hildesheim und blieben von der Reformation daher weitgehend unberührt, sodass auch h. noch eine kath. Bevölkerungsmehrheit besteht; im 19. Jh. Einweihung der Eisenbahnstrecke Hildesheim-Lehrte (1846), Bau des Ziegelwerkes, der Zuckerfabrik und der Molkerei; alter Dorffriedhof, Heimatmuseum.

II. 980–982 (Kop. 15. Jh.) *Algrimsen*, 989–992 (Kop. 15. Jh.) *Alegremishusun*, 1143 *de Alegrimessem*, 1356/57 *Lutteken, to Groten Alghermissen*. **III.** Der Ort bestand bis in die Neuzeit hinein aus den zwei Teilen *Groß Algermissen* und *Klein Algermissen*. Der Name geht auf eine Kompositionsbildung zurück, in dessen Bw. ein stark flektierender PN zu suchen ist. Die Überlieferung schwankt im Gw. zwischen -*husen* (⟶ -*hausen*) und -*hem* (⟶ -*heim*), es ist wohl von asä. -*hēm* auszugehen; jedoch darf man wohl Rosenthal folgen, der – im Gegensatz zu Kretschmann – argumentiert, dass die Hildesheimer Quellen gegenüber dem Corveyer Beleg belastungsfähiger sind und daher von asä. -*hēm* 'Siedlung, Dorf' auszugehen ist. Im Bw. ist ein PN *Ala-grim* zu vermuten, den schon FP unter Hinweis auf einen im 8. Jh. in Reims erwähnten PN *Alecrimmus* als Zusammensetzung aus *alja* + *grim* aufgefasst hat. **V.** Kretschmann; Möller, R., Rezension von: Casemir, K./ Ohainski, U.: Niedersächsische Orte bis zum Ende des ersten Jahrtausends in schriftlichen Quellen. In: BNF NF 32 (1997); Rosenthal. *JU*

Algrange ⟶ **Algringen**

Algringen // Algrange **I.** Gem. und Hauptort des gleichnamigen Kantons im Dép. Moselle, 6 439 Ew., 7 km w Diedenhofen/Thionville, LO, F. Frühbesitz von St. Pierre-aux-Nonnains (Metz) und St. Vanne (Verdun); vielleicht urspr. zum Königsgut von Thionville; 1871 zum Reichsland Elsass-Lothringen, 1918 wieder zu Frankreich. **II.** F 12. Jh. (zu 875) *Alkeringis*, 1139 *Alkiringis, Alkringis*, 1206 *Algerange*, 1473 *Algringen*. **III.** Bildung mit dem PN ahd. *Altgēr* (germ. **alda-* 'alt, ehrwürdig' + **gaiza-*, ahd. *gēr* 'Speer') und dem ⟶ -*ing*-Suffix: Ausgangsform **Altgēringas*. Die weiteren Formen erklären sich durch die Assimilation *ltg* > *ltk* bei nachfolgender Erleichterung der Dreikonsonanz. In 1206 *Algerange* zeigt sich das afranz. Verstummen des Dentals vor Konsonant und die übliche Romanisierung des Suffixes. **V.** Reichsland III; Hiegel. *Ha*

Allenstein // Olsztyn [ɔlʃtɨn] **I.** seit 1999 Hauptstadt der Woi. Warmińsko-Mazurskie (Ermland-Masuren), 176 142 Ew., PL. Im NO Polens, an der Alle (urspr. Alne) // Łyna. 1334 wurde ein Wachthaus von Heinrich von Luther gegr. und *Allenstein* genannt, Bistum Ermland, 1353 kulmisches Stadtrecht, 1466–1772 poln., danach preuß., in der Volksabstimmung nach dem Ersten Weltkrieg stimmten 97,8 % der Bevölkerung für den Verbleib bei Deutschland, seit 1945 poln., 1946–1998 Hauptstadt der Woi. Olsztyn (Allenstein), wirtschaftl., wissenschaftliches und kulturelles Zentrum des Ermlands und der Masuren; Universität Ermland-Masuren (seit 1999, über

40 000 Studenten). **II.** 1349 *Olsten*, 1353 *Allemsteyn*, 1378 *Allensteyn Nowemiasto*, 1433 *Olchsztyn*, 1502 *Olsthin*, 1564 *Olsztin*, 1880 *Olsztyn*. **III.** Der d. Name ist gebildet aus dem FluN *Alna*, *Alne* (aus apreuß. *alne* 'Tier, Hirschkuh') und dem Gw. ↗-*stein*. Ausgangspunkt für die Übertragung ins Polnische könnte die mnd. Form *Olstīn sein (*Al-* > *Ol-* und -*stein* > -*sztyn*). **V.** Czopek-Kopciuch; Przybytek; RymNmiast. *IM*

Allersberg   **I.** Markt im Lkr. Roth, 8 084 Ew., Reg.-Bez. Mittelfranken, BY. 1323 Markt- und Befestigungsrechte, 1475 als eichstättisches Lehen an die Herzöge von Bayern-Landshut. **II.** 1254 *Alrsperch*, 1274 (Kop. des 15. Jh.) *Allersperg*, 1278 *Alrsberg*, 1383 *Allersberg*. **III.** Grundwort des urspr. Burgnamens ist mhd. *bërc* 'Berg', im Sinn von 'Burg' (↗-*berg*, ↗-*burg*), Bestimmungswort wohl der PN *Alaheri*, *Alaher*. **V.** HHS 7/2; Reitzenstein 2009. *WvR*

Allschwil   **I.** Gem. im Bezirk Arlesheim, 19 013 Ew., bei Basel, Kt. Basel-Landschaft, CH. Reste röm. Siedlungen. Funde aus dem frühen MA. Als Teil des fränk. Hztm. Elsass gelangte Allschwil 1004 an den Bischof von Basel. Während der Reformation Konfessionswechsel. Nach knapp hundert Jahren Rückkehr zum alten Glauben. 1792 Anschluss an die Raurachische Republik und 1793 an F. 1815 dem Bezirk Birseck des alten Kt. Basel zugeteilt. Seit der Kantonstrennung von 1833 beim Bezirk Arlesheim. **II.** 1227 *almesvvilre* [Or], 1250 *Almiswilr*, 1295 *almswilre* (Abschrift, der eine Zusammenstellung zugrunde liegt, die Ende 12. / Anf. 13. Jh. entstand). **III.** Im ersten Glied steckt ein ahd. PN, der allerdings bereits im ältesten Beleg nicht mehr eindeutig auszumachen ist. In Frage kommt etwa *Almar*, *Almer* zum Stamm *ala* (FP), vielleicht auch *Alaman*. Zum Gw. ↗-*wil*. Gf. wäre dann ahd. **za demu Almereswilare* oder **za demu Alamaneswilare* 'beim Gehöft des Almar, Almer, Alaman' o. ä. **IV.** ↗Therwil und Oberwil, beide CH, sowie Neuwiller, Wentzwiller, Buschwiller, Attenschwiller, alle F. **V.** NGBL Allschwil 2006; Hänger; LSG. *mr*

Allstedt-Kaltenborn   **I.** VG im Lkr. Mansfeld-Südharz, 10 127 Ew., in der Goldenen Aue zwischen Harz und Kyffhäuser, an der Helmeniederung, gebildet aus der Stadt Allstedt und weiteren Gem. der Umgebung, ST. Allstedt war deutsche Königspfalz seit dem 10. Jh., Stadtrechte seit 1425, Thomas Müntzer hielt hier 1523 seine „Fürstenpredigt" in deutscher Sprache. Kaltenborn existiert nicht mehr als eigenständiger Ort, dort bestand ehemals ein Kloster, das 1539 aufgelöst wurde. **II.** Allstedt: 777 *Altstedi*, 935 [Or] *Altsteti*, 936 [Or] *Alsteti*, 1174 *Alstede*. Kaltenborn: 1107 *Kaldeburne*, 1120 *Caldenborn*, 1251 *Caldenborn*. **III.** Der Name Allstedt ist eine Bildung mit dem Gw. ↗-*stedt*. Im Bw. steht das Adj. asä. *ald*, ahd. *alt* 'alt', demnach bedeutet der Name 'der alte Siedelplatz' o. ä. Die jüngere Form *Alstede* entstand durch eine Assimilation von -*ldst*- zu -*lst*-. Der Name Kaltenborn enthält das Gw. ↗-*born* und als Bw. das Adj. asä. *kald*, ahd. *chalt*, mhd. *kalt* in flektierter Form. Der Name kann so als 'Ort bei der kalten Quelle' o. ä. interpretiert werden. **IV.** Stetten, Lkr. Überlingen (1152 *Altstadi*), BW; Kaltenborn, OT von Bad Salzungen im Wartburgkreis; Kaltenborn, OT von Kraftsdorf, Lkr. Greiz, beide TH. **V.** MGH DH I; FO; SNB; MGH SS XXIII; UB Host. Halberstadt. *GW*

Alpen   **I.** Gem. im Kr. Wesel, 12 929 Ew., Reg.-Bez. Düsseldorf, NRW. Hervorgegangen aus einer Wasserburg. **II.** 1074 *in … Alpheim*. **III.** Zuss. mit Gw. ↗-*heim*. Eine Verbindung des Erstglieds mit germ. **alb-a-* 'Elfe, zauberischer Geist' (mnl. *alf*, auch in PN) oder **alb-i-* 'Flussbett' (mnd. *elve*) ist problematisch, da reg. der Reibelaut erhalten bleiben müsste. Möglicherweise zum FluN *Alp-* (< *Al-apa, ↗*apa*; Belege für diesen FluN bei Dittmaier 1955). Zahlreiche -*heim*-Namen mit germ. **alb-a-* in der zu erwartenden Form *Alf*- erscheinen im nl. und nd. Gebiet. **V.** HHS 3; Gysseling 1960/61; Dittmaier 1979. *Tie*

Alsbach-Hähnlein   **I.** Gem. im Lkr. Darmstadt-Dieburg, 9 167 Ew., 15 km s Darmstadt beiderseits der Bergstraße, Reg.-Bez. Darmstadt, HE. Entstanden 1977 als Zusammenschluss der beiden namengebenden Gem. In Alsbach ist früh reicher Besitz des Klosters Lorsch bezeugt, das hier schon 779 eine Schenkung erhielt; Hähnlein wird zuerst 1333 genannt. Beide Orte stehen seit dem Hochmittelalter unter dem Einfluss der Herren von Bickenbach, dann u. a. der Schenken von Erbach und kommen vom 16.–18. Jh. zunehmend unter die Landesherrschaft Hessen-Darmstadts, bei dem sie bis 1918 verbleiben. **II.** Alsbach: 779 *Altdolfesbach*, 795 *Aldolfesbach* (beide in Kopie E. 12. Jh.), 1130 *Aldesbach* [Or], 1347 *Altspach*, 1493 *Alßbach* [alle Or]; Hähnlein: 1333 *Hennechen*, 1405 *Henech*, 1420 *Henychin*, 1578 *Hainlin*, 1568 *Henlein* [alle Or]. **III.** Alsbach: Das Bw. ist, nicht selten bei ↗-*bach*-Namen, urspr. ein PN, hier ahd. *Altolf*, Zuss. aus *alt* 'alt, erfahren' und *wolf*, wobei hier, wie oft, bes. bei Namen, anlautendes *w* im Zweitglied geschwunden ist. Im Mhd. erfolgte Schwächung und Kontraktion der nichthochtonigen Mittelsilben und Erleichterung der Dreikonsonanz *lts* > *ls*. Hähnlein ist Deminut. vom st. M. ahd. *hagan*, mhd. *Hagen* 'Dornstrauch, eingefriedete Gemarkung' (↗-*hagen*, ↗Hanau). Aus *hagen* wurde durch die mhd. und bes. md. Vokalisierung von *g* in *age* mhd *ei* und dann frnhd. *ai*. Der h. Laut ist wohl der

Umlaut des in der rhfr.-südhess. Mda. für frnhd. *ai* (< mhd. *ei*) eingetretenen *ā*, der zunächst *e* (wie üblich, noch ohne Längenbez.), dann in (volks-)etymologisierender Orthografie *äh* geschrieben wurde. Als Deminutivsuffix wird das md. *-ichin* durch das im 15./16. Jh. beliebtere obd. *-līn* > *-lein* ersetzt, das dann bleibt, während die h. Ortsmda. bei App. *-chen* hat. **IV.** Gebirgsname Hainich, TH. **V.** CL; Mainzer UB I; Simon; Müller, Starkenburg; FP. *HGS*

Alsdorf **I.** Kreisangehörige Stadt im Kr. Aachen, 45 953 Ew., nö von Aachen, Reg.-Bez. Köln, NRW. Ende 12. Jh. erstmals erwähnt als Dorfsiedlung um die Burg der Herren von Alsdorf. Seit Mitte 19. Jh. Hauptort im ehemaligen Aachener Steinkohlenrevier. Seit 1950 Stadt. Schließung der letzten Zeche 1983. Seither Strukturveränderung durch Ansiedlung von Dienstleistungs- und Technologieunternehmen. Bergbaumuseum. **II.** 1191 *Alstorp [Or]*, 1197 *Alisdorp*, 1422 *Aelsdorp*; *Alsdorf* (1582). **III.** Zum Gw. ↗ *-dorf* steht als Bw. die ahd. Personenbezeichnung *Athal(i)*. Durch Spirantisierung, Schwund des intervokalischen Dentals und Kontraktion entstand über **Adal-*, **Adel-* schließlich *Al-*. **Athalis-dorf* ist die Grundlage für den ON *Alsdorf*. Frühbelege wie 1422 *Aelsdorp* weisen auf ein langes anlautendes *A-* im ON hin. Seit Mitte 16. Jh. ist die moderne Form *Alsdorf* belegt. Die Vokallänge im Anlaut ist im Sprachgebrauch teilweise erhalten geblieben. **IV.** Ähnlich u. a. Alsdorf, Lkr. Bitburg-Prüm; Alsdorf, Lkr. Altenkirchen, beide RP. **V.** Kaufmann 1973; Breuer, G.: Alsdorfer Siedlungsnamen. Eine namenkundliche Untersuchung. In: Jahresblätter des Alsdorfer Geschichtsvereins 1992. *Br*

Alsenz-Obermoschel **I.** VG (seit 1972) im Donnersbergkreis, 7138 Ew., Verwaltungssitz in Alsenz, Nordpfälzer Bergland, RP. 16 Gem., von denen Alsenz einen der ältesten urk. nachweisbaren ON in der Nordpfalz trägt. Wechselnde und aufgeteilte Zugehörigkeit zu verschiedenen Häusern im MA, im 18. Jh. an Nassau-Weilburg. Ende 19. Jh. Zentrum der Steinhauerei. Obermoschel und die Moschellandsburg gehörten bis 1444 dem Haus Veldenz, 1349 erhielt die Siedlung Stadtrecht. Die Burg wurde im 30-jährigen Krieg zerstört. Abbau von Quecksilber bis 1945. **II.** Alsenz (ON): 775 *Alisencia* (Kop. um 1190); *Alsenze* (1429–32). Obermoschel: 1122 *Nebelung de Moschelo* (Kop. 14./15. Jh.); *Obermoschel* (1602). **III.** Alsenz geht auf einen vorgerm. GwN **Alsantia/ *Alsontia* zurück, der auch Basis für den ON *Alsenbrück* und somit Grund für die häufige Zuordnung der Erwähnung von 775 zu diesem (h. eingemeindeten) Ort in der Nachbarschaft ist. Obermoschel ist mit dem Zusatz ↗ *Ober(en)-* zur Unterscheidung von anderen ON versehen und basiert auf dem germ. GwN **Muskala* mit *l*-Suffix, das zu germ. **muska-/ *musa-* (ahd. *mos* 'Moos, Schimmel') gehört. **IV.** Alsenbrück, eingem. in Winnweiler, Donnersbergkreis, ↗ Enkenbach-Alsenborn, Lkr. Kaiserslautern; Heiligenmoschel, Lkr. Kaiserslautern, alle RP. **V.** CL; Mainzer UB I; HHS 5; HSP. *JMB*

Alsfeld **I.** Stadt im Vogelsbergkreis, 17 002 Ew., im Alsfelder Becken an der Schwalm, Reg.-Bez. Gießen, HE. Im 8./9. Jh. entwickelte sich die Siedlung verm. aus einem karolingischen Hofsitz, 1069 erstmalig erwähnt, von den Landgrafen von Thüringen zur Stadt ausgebaut, ehem. Ackerbürgerstadt, günstige Lage an der Handelsstraße von Frankfurt am Main nach Leipzig, erlangte Bedeutung durch Woll- und Leinenhandel, ma. Altstadt, europäische Modellstadt im Denkmalschutzjahr 1975, Regionalmuseum, zahlreiche Gewerbebetriebe. **II.** 1069 *Adelsfelt/Adelesfelt*, 1222 *Adelsfelt*, 1233 *Ailesuelt*, 1250 *Alsfelt*, 1370 *by Alsffeild*; *Alsfeld* (1332). **III.** Komp. mit dem Gw. ↗ *-feld* 'freies, offenes Land; Acker- und Wiesenflur'. Das Bw. ist KF eines st. flektierenden PN zu dem Stamm *Athal*, ahd. *adal* 'genus, nobilitas'. Das Erstglied *Adel-* wird zu *Al-* kontrahiert, in der Fuge fällt das *-e-* der st. Genitivflexion *-es-* aus (Synkope); im Auslaut wechselt *-d/-t*. Gelegentlich erscheint das graphische Dehnungszeichen *i*, um die Länge des Vokals zu bezeichnen (1233 *Ailesuelt*, 1370 *Alsffeild*). Der ON bedeutet 'Siedlung an der freien Fläche des Adal'. **V.** HHS 4; LAGIS; Reichardt 1973. *DA*

Altdorf b. Nürnberg **I.** Stadt im Lkr. Nürnberger Land, 15 419 Ew., 25 km sö von Nürnberg, Reg.-Bez. Mfr., BY. Siedlungsanfänge im 7. Jh., um 800 fränk. Königshof, 1129 erste urk. Erwähnung, Reichsgut bis zur Verpfändung an die Burggräfin Anna von Nassau 1299, 1368 Marktrecht, 1387 erstmalig als Stadt bezeichnet, seit 1504 nürnbergisch, 1622 bis 1809 Sitz der reichsstädtisch nürnbergischen Universität, 1806 bayerisch. Erhaltene Altstadt. **II.** 1129 *Altorf*, ca. 1200 *Altorphere*, 1266 *Altdorf*. **III.** Gw. ist die Siedlungsbezeichnung ↗ *-dorf*; das Bw. wird mit dem Adjektiv *alt* identifiziert. Dass das Bw. sich auf das hohe Alter der Siedlung beziehe, die schon zur Merowingerzeit bestanden habe, erscheint als bloße Vermutung. Freilich ist auch nicht erkennbar, von welcher Siedlung der Zusatz *alt* den Namen unterscheiden sollte. Es kann auch nicht ausgeschlossen werden, dass das Bw. wie bei dem benachbarten *Alfeld* urspr. *al-* lautete und erst sekundär zu *alt* umgedeutet wurde. Die Schreibungen mit einem *-t-* oder mit *-td-* haben weder in dieser oder jener Richtung Beweiskraft; auch eine Latinisierung *Villa Vetus* 1749 bezeugt nur das zeitgenössische Namenverständnis, nicht die Namenetymologie. **V.** HHS 7/2; Reitzenstein 2009; Schwarz, S. 392. *RB*

Alt(en)-. Neben dem einfachen unterscheidenden Zusatz nach dem Alter einer Siedlung (*alt : neu*) erscheint häufig die aus einem Syntagma (*zu/an, bei, von der/dem* ...) hervorgegangene Dativform *Alten-* mit den Varianten *Alden-, Allen-, Alen-* (mit Dehnung des Stammvokals). Insbesondere bei der Kennzeichnung nach dem Alter ist öfter nur einer der zu unterscheidenden Orte entsprechend charakterisiert: in der Regel hat der bedeutendere keinen Zusatz, wenn z. B. eine städtische Neugründung neben einer kleineren, dann als *alt* charakterisierten Siedlung entstand. Literatur: Kaufmann 1958. *FD*

Altdorf I. Hauptort des Kantons Uri, 8623 Ew., am Rand der Reussebene am Fuß eines Gebirgszuges, geschützt durch Bannwald vor Lawinen und Steinschlag, ca. 3 km sö des Kopfendes des Vierwaldstätter Sees gelegen. Nachgewiesene alem. Bestattung um 670/680. II. 1223 *de Alttorf*, 1244 *de Altdorf in Huren* (Uri); *in Altorf*, 1247 *de Altorf*, 1263 *von Altorf*. III. Kompositum mit dem Bw. ⁊ *Alt(en)-* und dem Gw. ⁊ *-dorf*. Es handelt sich also um eine alte, gegenüber anderen schon länger bestehende Siedlung. Versuche, das Bw. eine mit ahd. PN bzw. mit germ. **alh-* zur Wz. idg. *aleq* 'abwehren, schützen' zu verbinden, verfangen nicht. Altdorf ist im Sinne der 'Altsiedlung' zu deuten. IV. Gleich Altendorf im Bezirk March, Kt. Schwyz, erst allerdings *Rahprehtesuuilare*, dann *Alten Rapres-* bzw. *Raperswile*, weil der neue Ort Rapperswil auf der gegenüberliegenden Seite des Zürichsees entstanden ist. V. UNB 1; LSG, HLS 1. *VW*

Altdorf I. Markt im Lkr. Landshut, 11 172 Ew., Reg.-Bez. Niederbayern, BY. II. 864 *Altdorf*, 1231–1234 *Altdorf der hof*, ca. 1480 *Altorff bey Landshut*. III. Der Erstbeleg des Jahres 864 zeigt die heutige Schreibform des Siedlungsnamens. Auf die Größe des Ortes weist der Beleg von 1231–1234. Eine Lokalisierung begegnet im Beleg von ca. 1480. Grundwort ist ahd. ⁊ *-dorf* 'Hof, Gehöft, Landgut, Dorf, ländliches Anwesen, Wirtschaftshof', Bestimmungswort das Adjektiv ⁊ *alt-*. IV. ⁊ Altdorf bei Nürnberg, Lkr. Nürnberger Land, BY; Altdorf, Lkr. Südliche Weinstraße, RP; Altdorf, Lkr. Böblingen, BW. V. Reitzenstein 2006. *WvR*

Altena I. Stadt im Märkischen Kr., 19 252 Ew., an der Lenne, Reg.-Bez. Arnsberg, NRW. Entstehung im 12. Jh. am Fuße der für die Grafen von der Mark zeitweilig namengebenden Burg Altena, Freiheitsprivilegien 1367, 1609 zu Brandenburg(-Preußen), 1790 erstmals, dann häufig als Stadt bezeichnet, 1806 zum Ghztm. Berg, 1813 wieder preußisch, 1816–1968 Hauptstadt des Kreises Altena, Metallindustrie, insbes. Stahldrahtproduktion. II. 1122/25 (angebl.) *de Altena*, 1161 *de Alzena*, 1167 *de Altina*, 1177 *Althena*. III. Die Wortgruppe *al te nah 'allzunah' besteht aus zwei Adverbien und einem sinntragenden Adjektiv. Sie beschreibt nicht den Gegenstand, eine Burg, sondern deren Lage im Verhältnis zu anderen Burgen oder sonstigen Besitzungen einer anderen Partei, hier entweder des Erzbischofs von Köln oder des Grafen von Arnsberg. *Altona* und *Altena* sind mehrfach Namen für Burgen, Siedlungen und andere Objekte in Nordwestdeutschland und in den Niederlanden. Gegensatz: *Alteveer* 'allzufern'. Vergleichbar ist der Schimpf- oder Trotzname (Derks) *Ovelgönne / Übelgönne* für ein Objekt (Burg, Siedlung, Acker usw.), das dem Besitzer nicht gegönnt wird. IV. Altena, Kr. Borken, Altena, Ennepe-Ruhr-Kr., beide NRW; Altona, Stadt Hamburg, HH. V. Bockhorst, W. / Niklowitz, F.: Urkundenbuch der Stadt Lünen bis 1341. Lünen 1991; REK II; MGH DD Friedrich I; Rump, A.: Altena – ein niederfränkischer Siedlungsname? In: Der Märker 38 (1989); Derks, P.: Der Burgen-, Orts- und Flurname *Altena* und seine Verwandten. Namen – Namengeschichte – Namenauslegung. Ein Forschungsbericht. (ELiS_e <Essener Linguistische Skripte – elektronisch>). Essen 2000. *schü*

Altenahr I. Gem. und gleichnamige VG (seit 1970) im Lkr. Ahrweiler, 11 346 Ew., mit zwölf Gem. im Ahrtal und in der Ahreifel, RP. Altenahr gehörte im MA zu den sog. „gefreiten Dörfern" mit privilegierter Stellung und wurde als „Tal" bezeichnet. Die Burg gehörte den Grafen von Are, die auch die Nürburg errichteten. Später waren Burg und Dorf Altenahr Sitz eines kurkölnischen Amtes. Die Burg ist h. eine Ruine. II. 770 *ad Ara*, 1121 *Are*, 1336 *Aldenar*, 1458 *Aldenair*, 1506 *Aldenare*. III. Hier liegt ein alter GwN mit idg. Wurzel **er-/or-* 'bewegen; in Bewegung bringen' (z. B. asä. *ăru* 'hurtig, flink') vor, von ihm sind Burg- und FamN herzuleiten. Der BurgN *Ara/Are* bezeichnete zunächst auch das Suburbium im Tal, also das h. *Altenahr*. Dehnungs-*i* in der Erwähnung von 1458. Der Zusatz ⁊ *Alt(en)-* dient der Unterscheidung von Neuenahr. Der ON bedeutet demnach 'alte Siedlung am schnell fließend Fluss'. IV. ⁊ Bad Neuenahr-Ahrweiler, Lkr. Ahrweiler, RP. V. MRUB I; Bach DNK; Kaufmann 1973. *JMB*

Altenbeken I. Gem. im Kr. Paderborn, 9406 Ew., im Ausgang des Beketals am Westhang des Eggegebirges nö Paderborn, Reg.-Bez. Detmold, NRW. Seit 1392 Eisenerzbergbau, 18. Jh. Hütten- und Hammerwerke (1926 stillgelegt), mit benachbartem Neuenbeken ehedem zum bfl. Amtshof *Beken* im Tal der Beke (l. Nfl. zur Lippe), 1691 von Neuenbeken abgepfarrt, 1815 an Preußen. Eisenbahnknotenpunkt (1851/53 Viadukt über die Beke, nach Zerstörung 1944/45 Wiederherstellung, 1861–1864 Bau des Rehbergtunnels für die Strecke Altenbeken-Kreiensen). 1975 Zusammenschluss mit zwei weiteren Gem. **II.** 826–876 (Kop. 1479) *in Bechina*, 1036 (Kop. um 1160) *Bekinun*, 1211 *in Bekene, Burchardus de Aldebekene*, 1231 *Aldebekene*, 1541 *Oldenbecke* (neben *Nienbecke*); *Alden Beken* (1448). **III.** Abl. mit -*n*-Suffix, deren Basis asä. *beki* 'Bach' ist (auch im Namen der dort fließenden Beke). Seit dem 13. Jh. werden zwei benachbarte Siedlungen durch vorangestelltes (im Dat. Sg.) flektiertes Adj. *alde(n)-/olde(n)* (asä. mnd. *ald, old* 'alt') bzw. *nien-/neuen-* (asä. *niuui*, mnd. *nie* 'neu') unterschieden. Die heutige Namenform ist aus einem lok. Syntagma im Dat. Sg. wie **bī/to dem alden Bekene* 'bei, im alten *Bekene*' entstanden. **V.** Schneider; HHS 3. BM

Altenberg **I.** Stadt und gleichnamige VG im Lkr. Sächsische Schweiz-Osterzgebirge mit Verwaltungssitz in gleichnamiger Stadt, 6792 Ew., im Osterzgebirge, am Quellgebiet der Flüsse Gimmlitz, Weißeritz und Müglitz, SN. Jahrhundertelange Prägung durch den Bergbau, der im Jahr 1991 aus wirtschaftl. Gründen eingestellt wurde. H. Zentrum des Fremdenverkehrs und des Erholungs- und Kurwesens. **II.** 1489 [*Or*]*auf dem Aldenberge*, 1555/56 *Altenbergk*. **III.** Bezeichnung einer Berggemeinde, die am Berg Geising für den Zinnbergbau entstand. Zu frühnhd. *alt* und dem häufigen Gw. ↗-*berg*. **IV.** ↗Altenburg, TH. **V.** HONS I; SNB. EE, GW

Altenberge **I.** Gem. im Kr. Steinfurt, 10 212 Ew., nw Münster, Reg.-Bez. Münster, NRW. Im MA Kirchdorf im FBtm. Münster, 1804 Ftm. Rheina-Wolbeck, 1806 Ghztm. Berg, 1810 Kaiserreich Frankreich, 1813 preußisch, vor allem landwirtschaftlich geprägt, seit Ende 20. Jh. verschiedene Gewerbe, u. a. Herstellung von Nutzfahrzeugen und chemisches Laboratorium. **II.** 1142 *de Aldenberge* [*Or*], um 1378 *in parrochia Oldenberge*; *Altenberge* (1842). **III.** Bildung mit dem Gw. ↗-*berg* mit appellativischer Grundlage in asä. *berg*, mnd. *berch* 'Berg, Höhe, Geländeerhebung; Grabhügel'. Bw. ist das Adjektiv asä. *ald*, mnd. *ōld* 'alt', das in den Belegen flektiert erscheint und mithin auf ein ursprüngliches Syntagma **tom alden berge* o. ä. hinweist. Motivierung für den Namen ist die Lage auf einem Höhenrücken. Der Name ist urspr. ein FlN, der auf die dort liegende Siedlung übertragen wurde. Er ist zu deuten als 'auf dem alten Berg'. Im Mnd. wird ˌ*a*- vor -*ld*- zu -*o*-. Die hochdeutsche, heute amtliche Form mit -*t*- tritt erst im 19. Jh. auf. **IV.** Altenberg, Lkr. Sächsische Schweiz-Osterzgebirge, SN; Altenberg, Rheinisch-Bergischer Kr., NRW. **V.** WfUB II, III, VIII; Kemkes, H./Theuerkauf, G./Wolf, M.: Die Lehnregister der Bischöfe von Münster bis 1379. Münster 1995. kors

Altenburg **I.** Kreisstadt des Landkreises Altenburger Land, s Leipzig w der Pleiße, 35 965 Ew., TH. Seit etwa 800 slaw. Zentralort des Gaues *Plisni* (Pleißenland), asorb. Burgwall mit Burgsiedlung (Pauritz); Mitte 10. Jh. d. Burgward, 11.–13. Jh. Kaiserpfalz, seit 11. Jh. frühstädtische Entwicklung (Altstadt) an alter Wegekreuzung, Erweiterung (Neumarkt) und Stadt 1165 (1205 *civitas*); im MA Kloster, später Residenz, Schloss, 1816–1918 Hauptstadt des Herzogtums Sachsen-Altenburg; seit 19. Jh. Spielkartenfabrik, Sitz des Skatgerichts; h. Kleinindustrie. **II.** 976 [*Or*] *Altenburg*, später *Altenburc, Aldenburch*, 1117 *de Plisna*, 1132 *in castro Plysn*, 1209 *Aldenburch, que alio nomine Plisne nuncupatur* (Altenburg, mit anderem Namen *Plisne* genannt). **III.** Der d. ON 'zur alten Burg' erklärt sich im Vergleich zu den neuen Burgen im Rahmen der d. herrschaftlichen Sicherung vom 10. Jh. an und verweist auf die aus slaw. Zeit angetroffene Burg. Vgl. den Altenburger Stadtteilnamen *Pauritz*, 976 *Podegrodici*, asorb. **Podъgrodici*, gebildet aus asorb. *podъ* 'unter' und **grodъ* 'befestigte Anlage' mit Suffix -*ici*, ↗-*itz*, zur Kennzeichnung einer Gruppe von Angehörigen, also 'die Leute unter(halb) der Burg'; der asorb. ultrakurze dunkle Vokal |ъ| wurde nach Übernahme des ON ins D. im 10. Jh. mit *e* wiedergegeben. – Die Form *Plisna* beruht auf dem GwN, der evtl. als **Pilisa* 'die Fließende' bzw. 'die sich Füllende' schon␣vorgerm. Herkunft sein könnte in Verbindung mit der idg. Wurzel **pleh₁-* 'sich füllen, voll werden' (LIV), wozu als Neubildung auch lit. *pìlti, pilù* 'gießen, schütten, fließen' gestellt wird. Entsprechend erfolgte die Erklärung in Zusammenschau mit GwN in Osteuropa. Auf Grund der Nähe von Mulde und Elster als urspr. germ. GwN ist bei dem GwN *Pleiße* wohl aber doch eher von einer germ. Bildung auszugehen. Vergleichbare Namen im germ. Sprachbereich lassen mit Sicherheit eine vorslaw., also germ. GwN-Form **Flīsa* erschließen, gebildet mit germ. **flīsō* 'abgespaltetes Stück (Holz oder Stein), Splitter', das als ahd. **flīs(a)* u. a. auch einem GwN im Egerland zugrunde liegt. Germ. **Flīsa* zu idg. **(s)pelH-* 'spalten, abtrennen' (LIV) als GwN weist wohl auf Steinstücke bzw. Steingeröll im Gewässer hin (vgl. ↗Chemnitz, urspr. slaw. GwN für die 'Steinige') und wurde zur Ausgangsform für asorb. **Plisa* mit dem üblichen Ersatz von anlautend *fl-* durch slaw. *pl-* (Greule, A.: Namenkundliche Informationen 83/84, 2003). Der vom GwN abgeleitete ON lautete asorb. **Plisьn-[grodъ]* bis Ende 10. Jh., nach 1000 dann **Plis'n-*, mit -*n*-Suffix also für den ON im Unterschied zum GwN. Der asorb. ON wurde im 10. Jh. ins D. als [**plīsne*] übernommen, vgl. noch 1209 *Plisne*. Der -*a*-Auslaut wurde in mhd. Zeit abgeschwächt zu -*e*, vgl. 1209 *Plisne*. Diese ältere ON-Form wurde schließlich im 13. Jh. durch den Namen *Altenburg* verdrängt. D. *Pleiße* (GwN) beruht auf Diphthongierung von langem *i* (*ī*) > *ei* im 14. Jh. **IV.** BurgN die Altenburg in Bamberg, BY, und zahlreiche ON *Altenburg*; Pleißa, z.B. OT von Limbach-Oberfrohna, und Steinpleis, OT von Werdau, beide Lkr. Zwickau, SN; GwN *die Fleißen* (tschech. *Plesná*, l. zur Eger), 1185 *Vlizen*; GwN *Fleisbach*, Lahngebiet, HE, 1291 *Flysbach*. **V.** UB Altenburg; SNB; HONS 1; Greule, DGNB, Udolph 1979. *KH*

Altenglan **I.** Gem. und gleichnamige VG (seit 1972) im Lkr. Kusel, 10 284 Ew., am Nahe-Zfl. Glan, Nordpfälzer Bergland, RP. 16 Gem., von denen einige zum sog. „Remigiusland" gehören. Zunächst Teil des Erzbistums Reims, 1444 an Hztm. Pfalz-Zweibrücken. Andere Orte Teil der Wild- und Rheingrafschaft oder der Kurpfalz. Der Potzberg, „König des Westrichs", ist Mittelpunkt der VG und der Westpfalz. Bergbauregion mit Abbau von Quecksilber und bis 1971 von Kalkstein, in Rammelsbach Abbau von Hartstein bis nach 1945. Altenglan ist anerkannte Fremdenverkehrsgem. mit touristischer Draisinenstrecke. **II.** 865/66 *Gleni* (Kop. 13. Jh.), 1124 *Glene*, 1138 *Glana*; *zů Alden Glane* (1364). **III.** Der ON geht auf den kelt. GwN **Glanis* zurück. Durch den Zusatz ↗*Alten-* erfolgt die Unterscheidung von einer ehem. gleichnamigen Siedlung am unteren Glan, h. verm. Hundheim. **IV.** ↗Glan-Münchweiler und Hundheim, beide Lkr. Kusel, RP. **V.** MGH DLdD; Mitteilungen des Historischen Vereins der Pfalz, 85 (1987); HSP. *JMB*

Altenholz **I.** Amtsfreie Gem. im Kr. Rendsburg-Eckernförde, 9 889 Ew., auf der Halbinsel Dänischer Wohld, SH. Die ehemals rein ländliche Gemeinde ist h. eine Stadtrandgemeinde, die sich ihren kleinstädtischen Charakter bewahrt hat; 1854 erstmals urk. erwähnt, 1928 Zusammenschluss mehrerer Güter zur Landgemeinde Klausdorf, die 1933 in Altenholz umbenannt wurde und seit 1963 eine amtsfreie Gem. mit eigener Verwaltung ist. Land- und forstwirtschaftliche Nutzflächen, Sitz der Fachhochschule für Verwaltung und Dienstleistung, Gut Knoop. **II.** 1854 *Altenholz [Or]*. **III.** Aufgrund der späten Ben. kann die Bed. des Gemeindenamens auch ohne etym. Kenntnisse als Siedlung 'zum alten Gehölz, Wald' erschlossen werden. Diese Ben. geht auf die Wälder zurück, die das Gebiet ehemals umschlossen. **V.** Laur. *GMM*

Altenkirchen (Westerwald) **I.** Stadt und gleichnamige VG (seit 1970) im Lkr. Altenkirchen (Westerwald), 23 259 Ew., mit 42 Gem. und Sitz der Kreisverwaltung, am rechten Ufer der Wied und im sog. „Raiffeisenland" am Nordrand des Westerwaldes, RP. An einem alten Verkehrsknotenpunkt zwischen Köln, Frankfurt und Leipzig gelegen, im Besitz der Grafen von Sayn. Altenkirchen geht auf die Gründung einer Pfarrkirche zurück, erhielt 1314 Stadtrechte und war seit dem 15. Jh. Amtssitz, seit dem 17. Jh. Sitz der Grafschaft Sayn-Altenkirchen. Seit 1815 preuß. und Kreisstadt. Die Region ist nach ihrem berühmtesten Sohn, dem Sozialreformer und Begründer des Genossenschaftswesens, Fr.W. Raiffeisen, benannt, der hier die „Raiffeisenstraße" bauen ließ. **II.** 1131 *curtim Aldenkirchen*, 1222 *in Aldenkirchen*, 1254 *de aldinkyrgin*, 1300 *Aldinkirgen*. **III.** Das Gw. ist ↗*-kirchen*. Der Zusatz ↗*Alten-* unterscheidet den Ort möglicherweise vom nahen Kirchen (Sieg) im selben Lkr. Der ON bedeutet demnach 'Siedlung bei der älteren Kirche'. **IV.** Altenkirchen, Lkr. Kusel, ↗Kirchen (Sieg), Lkr. Altenkirchen (Westerwald), beide RP. **V.** CDRM I; Gensicke; Kaufmann 1973. *JMB*

Altenstadt **I.** Gem. im Wetteraukreis, 11 861 Ew., inmitten der Wetterau an der Nidder, Reg.-Bez. Darmstadt, HE. Der Ort dürfte im Kern spätestens seit der fränk. Landnahme im 6./7. Jh., verm. sogar seit röm. Zeit bestehen (Limeskastell!). Seit dem 8. Jh. (zuerst wohl 767) zahlreiche Schenkungen an die Klöster Fulda und Lorsch. Im Hochma. gehörte der Ort zur Gft. Nürings, seit dem 13. Jh. zum reichsunmittelbaren Freigericht Kaichen, dann mit diesem zur Reichsburg Friedberg, seit 1806 zu Hessen-Darmstadt, 1945 zu HE; 1972 Erweiterung um 7 Gem. **II.** 767 *in Aldenstat*, *in Altuntstaten* (Kop. Ende 12. Jh.), 1234 *Aldenstat [Or]*. **III.** Bed.: 'alte Wohnstätte, Siedlung'. Verm. entstand der Name mit Blick auf die Überreste des röm. Kastells; ↗*-stat(t)* findet sich auch bei anderen Kastellorten (*Flor-*, *Kessel-*, *Stockstadt*). *Altunstaten* zeigt im Bw. (Dat. des sw. flekt. Adj.) noch den vollen (im Mhd. abgeschwächten) Nebensilbenvokal des Ahd., außerdem das Gw. im Dat. Pl. (weitere Belege haben *-stete(n)* mit Umlaut). Der Dat. folgt hier wohl nicht (mehr) aus der Präp., sondern ist urspr. wohl lok. Insassenbez. 'bei den Leuten der alten Siedlung', wechselt auch früh schon mit dem ihn dann ablösenden Nom. *-d-* kann unverschobenes rhfr. *-d-* sein, ebenso auch mda., nach *-l-* erweichtes hd. *-t-*; in jedem Fall wird letzteres später im Zuge der nhd. Normierung wieder geschrieben. **IV.** Altenstadt, Lkr. Weilheim-Schongau; Altenstadt, Lkr. Neustadt a. d. Waldnaab, beide BY. **V.** CL; Reimer 1891; Bach DNK; Kaufmann 1958. *HGS*

Altenstadt **I.** Gem. und gleichnamige VG im Lkr. Weilheim-Schongau, 7966 Ew., Reg.-Bez. Oberbayern, BY. 8./9. Jh. fränkischer Königshof, im MA Welfen- und Stauferherrschaft. **II.** 11. Jh. (Kop. des 12. Jh.) *Scongova*, ca. 1100 (Kop. des 15. Jh.) *Sconingaw*, 1183 *Scongowe*, 1188 *Schongev*, 1220 *Shongeu*, 1253 (Kop. von 1766) *ad veterem civitatem Schongau*, 1289 *in antiqua ciuitate Schongaw*, 1312 *ze der Alten Stat zu Schongaŭ*, *ze der Alten Stat*, 1345 *in der alten und der niwen stat ze Schongaẘ*, 1474 *Altenstatt*, 1543 *Altenstadt*. **III.** Gw. des heutigen Siedlungsnamens ist mhd. *-stat* (↗*-statt*) 'Stätte, Stelle, Ort', Bw. das Adjektiv ↗*alt-* 'alt'. Als die neue Stadt Schongau im 13. Jh. gegr. wurde, musste der Name differenziert werden. So erscheint in der Urkunde von 1253 (Kop. von 1766) die lat. Bezeichnung, ebenso 1289 und übersetzt 1312. Im selben Jahr kommt der Name bereits selbstständig als ... *ze der Alten Stat* vor. Da im Ort röm. Skelettgräber gefunden wurden, bekommt die Bezeichnung 'zur alten Stätte' eine zusätzliche Berechtigung. Der urspr. Name setzt sich zusammen aus ahd. *scōni* 'schön, herrlich, angenehm' und *gouue* 'Gau, Land, Flur'; es besteht wohl ein Zusammenhang mit dem Namen des durch den Ort fließenden Gewässers Schönach. **IV.** Altenstadt a. d. Waldnaab, Lkr. Neustadt a. d. Waldnaab, BY. **V.** HHS 7/1; Reitzenstein 2006. *WvR*

Altensteig **I.** Stadt und gleichnamige VVG im Lkr. Calw, 15 215 Ew., ca. 17,5 km ssw Calw, am steilen Hang des Nagoldtals, Reg.-Bez. Karlsruhe, BW. 1280 zu Grafschaft Hohenberg, 1398 an Markgraf Bernhard I. von Baden, 1603 zum Hztm. Württemberg. Deutsche Fachwerkstraße, Altensteiger Schloss. **II.** Um 1100 *in Altensteigun*. **III.** Bw. der für den ON anzusetzenden Ausgangsform ist mhd. ↗*alt* 'alt', dem Gw. liegt ahd. *-stīg*, mhd. *stīc* 'Pfad, Weg' zu Grunde. Altensteig ist urspr. eine zur hochgelegenen Siedlung Altensteigdorf gehörige Burg. Namengebend ist ein Pfad (Steige), der ca. 2 km unterhalb ö der Stadt bei der Einmündung des Köllbachs an einer Nagoldfurt beginnt und als Teil des fränk. Heerwegs von Murgtal nach Nagold von der Furt über den Steilhang des Nagoldtales hinauf nach Altensteigdorf führt. Nachdem für die um 1050/85 erbaute, 2 km vom Dorf entfernte Burg ein neuer befahrbarer Zugang erbaut wurde, wurde der ältere Pfad als alter Steig bezeichnet. **V.** LBW 2 und 5; F. Kalmbach (Altensteig, brieflich). *JR*

Althengstett **I.** Gem. und gleichnamiger GVV im Lkr. Calw, 17 139 Ew., ca. 4 km ö Calw, ö des Nagoldtals auf der Hochfläche im Grenzbereich von Nordschwarzwald und des Oberen Gäuen, Reg.-Bez. Karlsruhe, BW. 1120 Erstnennung im Besitz des Grafen von Calw, 13. Jh. an die Grafen von Zweibrücken, 1303 an Württemberg. Geburtsort des Christian Jakob Zahn. **II.** Um 1120 (Kop. 16. Jh.) *Hingsteten*; *Althengstett* (1711). **III.** Der alte ON besteht aus dem PN *Hingo*, wohl einer Variante des PN *Ingo* und dem Dat. Pl. des Gw. ahd., mhd. ↗*-stat* 'Stelle, Ort, Wohnstätte'. Als 'Wohnstätte des Hingo' bezieht er sich verm. auf Reste einer früheren Siedlung, die durch zwei merowingerzeitliche Gräber am Ostrand der Siedlung bezeugt ist. Die im Hengstetter Wappen anklingende Verbindung mit mhd. *hengist* 'Pferd' ist dagegen volksetymologischen Ursprungs. Der Zusatz ↗*Alt-* dient zur Abgrenzung von der benachbarten jüngeren Straßendorfsiedlung Neuhengstett. **V.** FO 1; LBW 2 und 5. *JR*

Altlandsberg **I.** Stadt, Lkr. Märkisch-Oderland, 8769 Ew., ö Berlin, BB. Stadtanlage vor 1257, da das neumärkische Landsberg an der Warthe, h. Gorzów Wielkopolski, PL, 1257 als *Landisberg Nova* erwähnt wird. An die im N gelegene Burg schloss sich eine Marktsiedlung an, erweitert später zur Stadt. Feldstein-Stadtmauer mit Berliner und Strausberger Torturm (14./15. Jh.), Wall und Stadtgraben, Stadtkirche im Kern 13. Jh., um 1500 spätgotisch umgebaut, im 19. Jh. verändert. **II.** 1300 *Johannes de Landesberg*, 1324 *in Antiqua Landisberg* [Or], 1353 *tu olden landesbergh* [Or]; *Alt-Landsberg* (1805). **III.** Der Name ist übertragen von Landsberg bei Halle (ST), das zeitweilig der Hauptsitz einer Linie der Wettiner war. Er enthält mnd. *lant* 'Land' sowie das Gw. ↗*-berg* und steht für eine Landesburg, landesherrliche Festung. Namen wie Landsberg, Wartenberg bezeichneten Burgen zum Schutze des Landes. Für die Übertragung spricht, dass auch andere Namen aus dem Herrschaftsbereich der Wettiner in den Barnim mitgebracht wurden, ferner die Lage des Burgbereichs in einer Niederung. **IV.** Ähnlich ↗Landsberg am Lech, BY. **V.** Riedel A XVIII, XII, XXIV; BNB 5. *SW*

Altötting **I.** Stadt im Lkr. Altötting, 12 650 Ew., Sitz der Kreisverwaltung, Reg.-Bez. Oberbayern, BY. 748 Herzogshof, in fränk. Zeit Königspfalz, 1228 Gründung eines Kollegiatstifts, ab dem 15. Jh. Marienwallfahrtsort. Der Ort wird in den Annalen des 13. Jh. schon für das Jahr 520 bezeugt; allerdings gehört die dort gebrachte Namensform *Oetingas* in spätere Zeit. Die sprachgeschichtlich älteste Form findet sich in einer Traditionsnotiz von 748, die im 9. Jh. kopiert worden ist. **II.** 748 (Kop. des 9. Jh.) *Autingas*, 785–797 (Kop. des 9. Jh.) *Aotingas*, 806 (Kop. von 824) *Otingas*, 815 *Otingas*, 879 (Kop. von 1302) *Oeting*, ca. 1135–1141 (Kop. des 12. Jh.) *Oetingen*, 1233 *Oting*, 1231 *vetus Odingen ... a porta fori scilicet novi Odingen*, 1336 *ze alten Oetyng*, 1399 *Altenoeting*, 1435 *Altötting*. **III.** Dem Ortsnamen zugrunde liegt der PN *Auto*, abgeleitet durch das Zugehörigkeitssuffix ↗*-ing*, sodass man als Erklärung 'bei den Leuten des Auto' gewinnen kann. Nach der Gründung von Neuötting musste der Name der vorigen Siedlung einen unterscheidenden Zusatz erhalten. Daher ergaben sich die Namensbelege von 1231 'das alte Odingen ... vom Tor des Marktes des neuen Odingen', 1336, 1399 und 1435. **IV.** ↗Neuötting, Lkr. Altötting, BY. **V.** HHS 7/1; Reitzenstein 2006. *WvR*

Altrip **I.** Gem. im Rhein-Pfalz-Kreis, 7749 Ew., sö von Ludwigshafen am Westufer des Rheins, die am weitesten ö gelegene Gem. der Pfalz, RP. Gründung 369 als Kastell *Alta Ripa* unter Kaiser Flavius Valentinian. Die Rheinbegradigung (1865 bis 1874) schuf den h. Flusslauf und w von Altrip den Neuhöfer Altrhein und die sog. „Blaue Adria". Die Gem. ist von Gewässern, Ödland und Auwäldern umgeben. **II.** Um 400 *Alta Ripa* (Kop. 9. Jh.), 496/506 *Altripe*, 860 *Altaripa*, 1065 *Altrippa*; *Altrib* (1571). **III.** Altrip geht möglicherweise auf einen vorgerm. GwN **Altrippiā* zurück, zu dem es nahegelegene und weiter entfernte Parallelen (Altrippe, LO, F; Rheinzabern, Lkr. Germersheim, ↗ Alzey, Lkr. Alzey-Worms, beide RP) gibt. Die seit Quintus Aurelius Symmachus verbreitete volksetym. Deutung lat. *alta rîpa* 'hohes Ufer' (370) ist aufgrund der späteren Belege nicht haltbar. Die spätma. Schreibungen *Altruphen* (um 1106) und *Altruppe* (1243) sind nur temporäre Kanzleiformen. **IV.** Altrippe, Departement Moselle, F. **V.** Notitia Dignitatum. Hg. von O. Seeck. Berlin 1876; HSP; Haubrichs 2000b. *JMB*

Altshausen **I.** Gem. und gleichnamiger GVV im Lkr. Ravensburg, 11 966 Ew., ca. 18 km nnw Ravensburg, Gemarkung im Jungmoränenland zwischen Donautal, Schwäbischer Alb und dem Bodensee, Reg.-Bez. Tübingen, BW. Zum GVV gehören außerdem die Gem. Boms, Ebenweiler, Eichstegen, Fleischwangen, Guggenhausen, Hoßkirch, Königswald, Riedhausen, Unterwaldhausen und Ebersbach-Musbach. Im 11. Jh. gegründet, um 1250 an den Deutschen Orden, 1806 durch Ordensauflösung zunächst an Bayern, 1987 an Württemberg. Oberschwäbische Barockstraße, Schloss als Ruhesitz Hermanns des Lahmen, Zuckerfabrik seit 1837. **II.** 1083 (Kop. 17. Jh.) *Aleshusen*, 1092 *Alshusen*. **III.** Der Name gehört möglicherweise zu einem PN *Alo*, dem Bw. kann aber auch ein nur in ON und PN bezeugtes Substantiv ahd. *alah* 'Tempel' zu Grunde liegen. Hierher gehören wohl ON wie Alsheim (aus *Alahesheim*, *Alesheim*). Dem vorauszusetzenden germ. **alah-* wird die Bedeutung 'abgeschlossener, geschützter heiliger Hain' zugeschrieben. Die Verbindung mit dem Adjektiv alt ist bei dieser Beleglage in jedem Fall volksetymologisch. Das Gw. mhd. *-hūsen*, nhd. ↗ *-hausen* ist der alte Dat. Pl. von ahd. mhd. *hūs*. **IV.** Alsheim, Lkr. Alzey-Worms, RP. **V.** FP; Kaufmann 1968; FO 1; Lloyd, A. L. / Springer, O.: Etymologisches Wörterbuch des Althochdeutschen, 1. Göttingen 1988; LBW 2 und 7. *JR*

Altusried **I.** Markt im Lkr. Oberallgäu, 9973 Ew., Lage im Moränenhügelland w der mittleren Iller, Reg.-Bez. Schwaben, BY. Im Spätmittelalter Gericht, Maierhof und Ehehaften, seit 1692 stiftskemptisch, 1802 an BY. Wirtschaftlicher Schwerpunkt: Landwirtschaft, bekannte Freilichtspiele. **II.** 1180 (Kop. 16. Jh.) *Altungißriedt*, 1190 *Altungesried*, 1349 *Altunsried*; *Altusriedt/Altusried* (1795). **III.** Gw. ↗ *-ried* 'Rodung', Bw.: PN *Altung*, also 'Rodung des Altung'. **V.** Dertsch: HONB Kempten. *TS*

Alzenau **I.** Stadt im Lkr. Aschaffenburg, 18 816 Ew., ca. 25 km ö von Frankfurt a. Main an den westlichen Ausläufern des Spessarts, Reg.-Bez. Ufr., BY. Kelt. Siedlungsspuren, 953 erste Erwähnung des Ortes unter dem früheren Namen *Wilmundsheim*; zwischen 1395 und 1399 errichteten die Erzbischöfe von Mainz gegenüber von Wilmundsheim die Burg Alzenau. Anfang des 15. Jh. wurde das alte Wilmundsheim zerstört und verschmolz mit der Siedlung rechts der Kahl, von der es auch den Namen der Burg übernahm. Bis 1736 gemeinsamer Besitz der Erzbischöfe von Mainz und der Grafen von Hanau, danach mainzisch, 1803 zur Landgrafschaft Hessen-Darmstadt, seit 1816 bayerisch. **II.** 953 *Vuillimundesheim*, ca. 1000 *Uuillimuntesheim*, 1349 *in dem dorffe zu Wilmesheim vnder vnsme nuwen sloße Altzenaue gelegen*, 1515 *Wolmetzheim vel Alzena*, 1529 *Altzenaue*, 1805 *Alzenau*. **III.** Gw. des urspr. Namens ist ↗ *-heim*, das Bw. wird als Gen. Sg. des PN *Willimund* gedeutet; eine hist. Persönlichkeit dieses Namens ist im Zusammenhang mit der Siedlung nicht bezeugt. Der Name der Burg wird als Zusammenrückung aus der Wortgruppe *all zu nah* gedeutet und darauf zurückgeführt, "wie sehr die umwohnende Bevölkerung oder die Gegner der Besitzer unter ihr zu leiden hatten" (Reitzenstein 2009). Später sei dann der letzte Bestandteil zu ↗ *-au(e)* umgedeutet worden. Die Übernahme eines derart motivierten Namens durch die Burgbewohner selbst erscheint wenig wahrscheinlich; die Deutung wirkt eher volksetymologisch. Es könnte sich auch um einen urspr. Gewässernamen auf *-a* handeln. **V.** HHS 7/2; MGH DO I, Nr. 160; Reitzenstein 2009. *RB*

Alzey **I.** Verbandsfreie Kreisstadt im Lkr. Alzey-Worms, 17 902 Ew., in Rheinhessen, w des Rheins, sw von Mainz und nw von Worms, RP. Wegen Erwähnung in der Nibelungensage als HN des Volkers auch „Volkerstadt" bzw. eine der „Nibelungenstädte" genannt. 897 erste urk. Erwähnung als Reichslehen, 1116–1118 Bau der Reichsburg, 1277 Stadtrecht, 15./16. Jahrhunderts Ausbau der Burg zum Schloss, ab 1798 franz. Kantonstadt, 1816 zum Ghztm. Hessen-Darmstadt, ab 1835 hessische Kreisstadt, seit 1969 Kreisstadt des Kreises Alzey-Worms. H. Weinanbau sowie Dienstleistungszentrum. Außerdem Niederlassungen großer deutscher Unternehmen. **II.** 223 *vicani Altiaienses* ('die Bewohner des vicus Altiaium'), 4./5. Jh. (Kop.10. Jh.) *Alteio*, 897 (Kop.12. Jh.) *Alceia*,

1072 *ad Alceiam*, 1140 *Alzeia*, um 1200 *Volker von Alzeye*, 1331 *Altzey*, 1468 *Altzey*. **III.** Grundform kelt. (Lok.) *Altịāi '(Siedlung) auf der Höhe', latinisiert *Alteio*, ahd. *Alzeia*. **V.** Elsenbast, K.: Die Herkunft und Bedeutung des Namens Alzey. In: 700 Jahre Stadt Alzey. Alzey 1977. *AG*

Am Dobrock **I.** Samtgem. im Lkr. Cuxhaven, 12 074 Ew., zwischen dem Höhenzug Wingst und der Oste, Reg.-Bez. Lüneburg (bis Ende 2004), NI. Um 1300 und nach 1507 Wingst Besitz des Bistums Bremen, 1301–1507 Besitz der Herren von Luneberg und von der Oste, 1337 Familie von Bremen/Bremer hat Cadenberge zu Lehen, vor 1626 Gut Dobrock im Besitz der Familie Bremer nachweisbar, 1763 Sitz des Revierförsters und Ausflugsziel, 1965 Zusammenschluss der Gem. Cadenberge, Wingst und Oppeln, Erweiterung 1970 und 1972 durch die Gem. Bülkau, Oberndorf, Belum, Geversdorf und den Flecken Neuhaus/Oste. **II.** 1626 *Dobrock [Or]*, 1659 *im Dohbruche, uff der Wingst [Or]*. **III.** Der ON ist erst spät überliefert. Das Gw. ist asä., mnd. *brōk* 'mooriges, sumpfiges Gelände, Bruchland'. Das Bw. ist wahrscheinlich auf ein mit ahd. *dāha*, mhd. *dāhe*, ae. *thō(he)* 'Lehm, Ton' verwandtes Wort zurückzuführen. Von Tonbodenvorkommen auf der Wingst schreibt Umland. **IV.** Dabrok (12. Jh. *Thabrok*), Hof in Bauerschaft Brömeke bei Lippborg, Kr. Soest; Dabrock und Daberg, OT von Hamm; Doberg (FlN) bei Bünde, Kr. Herford; Darup (1188 *Dotharpa*), OT von Nottuln, Kr. Coesfeld; die Dohkaule in Siegburg, Rhein-Sieg-Kreis; die 1743 bezeugte Dahkuhle (FlN) in Herford, alle NRW. **V.** KD Hadeln und Cuxhaven; Umland, W.: Wingster Chronik. Wingst 1995; 850 Jahre Cadenberge 1148–1998. Otterndorf 1998. *FM*

Amberg **I.** Kreisfreie Stadt und Sitz der Verwaltung des Lkr. Amberg-Sulzbach, 44 059 Ew., ca. 60 km ö von Nürnberg an der Vils, Reg.-Bez. Oberpfalz, BY. Urspr. Burg auf dem Mariahilfberg über der Stadt, im MA bedeutende Handelsstadt (v. a. Eisen und Eisenerz), 1269 wittelsbachisch (als Bamberger Lehen), 1294 Amberger Stadtrecht kodifiziert, bis 1806 Regierungssitz der Oberen Pfalz, sehr gut erhaltene ma. Stadtanlage, Oberzentrum, Fachhochschule. **II.** 1034 *Ammenberg [Or]*, 1109 Kop. Mitte 12. Jh. *Amberg*, 1264 *Æmberch [Or]*; *Æmberg … Amberg [Or]* (1308). **III.** Gw. ist ahd. *bërg* (↗*-berg*), Bw. der PN ahd. *Ammo* im Gen. *Ammin**. Die Bed. der Gf. *Amminbërg kann mit 'Berg(siedlung)' bzw. Burg des Ammo' angegeben werden. Belege mit *æ*-Schreibung (*Æmberch* o. ä.) zeigen den Sekundärumlaut *ä* an, der durch *i* in der Gen.-Endung *-in* bewirkt wurde. Wegen *a* > *ä* ist von einer Namenbildung nach der Mitte des 8. Jh. und vor dem 10. Jh. auszugehen. Der Umlaut wird seit dem 14. Jh. nur noch vereinzelt bezeichnet, was mit der Umdeutung des Namens zu '(Siedlung) am Berg' zusammenhängen dürfte. Durch Synkope des *e* im Gen.-Flexiv *-en* (< *-in*) schwand die Mittelsilbe, sodass sich bereits im 12. Jh. die mit der heutigen Schreibung identische Namenform *Amberg* ergab. **IV.** Andorf (1110–30 *Ammendorf*), Pol. Bez. Schärding, OÖ. **V.** Keyser / Stoob II; Reitzenstein 2006; Schwarz. *WJ*

Amelinghausen **I.** Gem. im Lkr. Lüneburg, 8189 Ew., Reg.-Bez. Lüneburg (bis Ende 2004), NI. Besitz des Billungers und Bischofs von Verden, Amelung, in Amelinghausen ist nicht gesichert; seit etwa 1300 eine Vogtei, später ein Gericht und ein Holzgericht nachgewiesen; hier wird traditionellerweise die „Heidekönigin" gekürt. **II.** 1236 *Amelunchusen* [Kop. 16. Jh.], 1252 *Amelenchusen* [Kop. 16. Jh.], 1293 *Amelinchusen*; *Amelinghausen* (1791). **III.** Bildung mit dem Gw. ↗*-hausen*. Das Erstglied zeigt keine Flexionsendung *-es*, so dass eher von einer ↗*-ing(e)hausen*-Bildung auszugehen ist. Das Bw. enthält den KN **Amal(o)*. Sollte jedoch das *-es* Ende des 13. Jh. bereits geschwunden sein, eine sehr seltene Erscheinung, wäre als PN *Amalung/Amaling* anzusetzen. Deutung also wohl eher: 'Siedlung der Leute des Amal(o)'. **V.** HHS 2. *KC*

Ammerbuch **I.** Gem. im Lkr. Tübingen, 11 664 Ew., ca. 7,5 km wnw Tübingen, am Rande des Naturparks Schönbuch im Tal der Ammer im nördlichen Gau, Reg.-Bez. Tübingen, BW. 1971 durch Zusammenlegung der Dörfer Altingen, Breitenholz, Entringen, Pfäffingen, Poltringen und Reusten entstanden. Hist. Brunnensäule in Breitenholz, Torbogen an der Herrenberger Straße, Sandsteinrelief des Heiligen Georg in Poltringen. **II.** *Ammerbuch* (1971). **III.** Der ON *Ammerbuch* ist nicht hist. gewachsen, sondern ein Kunstwort, das auf die landschaftliche Lage zwischen Ammertal und Schönbuch verweisen soll. Das Gw. ↗*-buch* als Kollektivbildung 'Buchenwald' zu ahd. *buohha*, mhd. *buoche* 'Buche' ist im Waldnamen Schönbuch erstmals 1187 (*cui nomen est Shaienbuch*) bezeugt. Namen dieser Art sind typisch für die Gemeindereformen der 1970er Jahre in Württemberg. **V.** Reichardt 1984; LBW 2 und 7. *JR*

Ammersbek nd. Ammersbeek **I.** Gem. im Kr. Stormarn, 9313 Ew., an der Ammersbek, unmittelbare Nähe zu Ahrensburg und Bargteheide, nö von Hamburg, SH. 1978 durch Zusammenschluss von Bünningstedt und Hoisbüttel; 1314 erstmalige urk. Erwähnung Bünningstedts und 1226 Hoisbüttels als adlige Besitztümer. Der Flussname *Ammersbek*, der bei der Benennung Pate stand, wurde 1880 auf einem Messtischblatt erwähnt. **III.** Trotz der sehr jungen Überlieferung geht die Benennung des Flusses auf eine alte idg. Wurzel *am* 'Flussbett, Graben' zurück. Gw. ↗ *-beke*. **V.** Laur. *GMM*

Amriswil **I.** Stadt im Bezirk Bischofszell, 11 788 Ew., TG, CH. Die Gem. Amriswil umfasst den Hauptort und weitere alte Ortsgemeinden, die bis heute ländlich geprägt sind: Biessenhofen, Hagenwil, Hemmerswil, Mühlebach, Niederaach, Oberaach, Räuchlisberg. Mit dem Anschluss an die Bahnlinie Zürich-Romanshorn (1855) entwickelte sich Amriswil zum Industrieort: im 20. Jh. Schuh- und Textilindustrie. Dino Larese gründete 1937 die Akademie Amriswil, an deren Tagungen und Ehrungen bedeutende Persönlichkeiten teilnahmen: Thomas Mann, Martin Heidegger, Carl Orff, Konrad Lorenz, Astrid Lindgren usw. Damit wurde Amriswil zum „Welt-Dorf". **II.** 799 *in villa que dicitur Amalgeriswilare* [Or.], 812 *in Amalkereswilari*. **III.** Zu **amalgêreswilare*: PN *Amalgêr* + *-wîlare*: 'beim Gehöft des Amalger'. *Amalgêr* ist ein zweigliedriger germ. PN mit den Elementen *Amal* zu ahd. *amal-* zum got. Namen *Amala*, dem Stammvater der ostgot. *Amali* (vgl. die Bezeichnung *Amelunge* für die Goten in der mhd. Dichtung) und *gêr* zu ahd. *gêr* m. M. 'Speer'. Das Bw. ↗ *-wil/-wilen* geht zurück auf ein ahd. *wîlare* st. M./Ntr. und ist ein Lehnwort aus vulgärlat. *villare* 'Gehöft, Vorwerk' zu lat. *villaris* 'zur *villa* gehörig; Gebäude, die zum Landgut gehören'. **V.** TNB 1.1. *Ny*

Amstetten [õmˈʃdedn] **I.** Bezirkshauptstadt, 23 017 Ew., im Mostviertel am Rande des außeralpinen Ybbstales, NÖ, A. Linsenförmige Marktanlage aus der Mitte des 13. Jh., got. Staffelkirche, Ackerbürgerhäuser; h. wichtigste Bezirksstadt (Stadtrecht seit 1897) im sw NÖ mit vielfältigen Verwaltungs-, Wirtschafts-, Industrie-, Verkehrs- und Schuleinrichtungen; Garnisonstadt; kultureller Mittelpunkt (Sommerfestspiele seit 1982) im w NÖ. **II.** 1128 *Ambsteten*, 1162/73 *Amstetin*. **III.** Der Name ist eine Zuss. aus ↗ *-stat* (im erstarrten Dat. Pl. *-steten*) und dem bereits in mhd. Zeit verkürzt belegten App. *ambt*, dem ahd. *ambaht* vorausgeht, das als Maskulinum die Bed. 'Diener, Beamter, Bedinsteter', als Neutrum die Bed. 'Amt, Aufgabe, Dienst' hat. Der ON bedeutet daher etwa 'bei den (Wohn-)Stätten eines Amtmannes' bzw. ' … wo ein Amt ausgeübt wird'. **V.** ÖStB 4/1; Schuster 1. *ES*

Andernach **I.** Große kreisangehörige Stadt im Lkr. Mayen-Koblenz, 29 585 Ew., am linken Rheinufer im Koblenz-Neuwieder Becken, RP. Besiedlung des Stadtgebietes seit frühester Zeit und befestigtes röm. Kastell mit einer Siedlung an der röm. Rheinstraße. Im MA fränk. Königshof. 939 Schlacht bei Andernach Ottos I. mit seinen Gegnern. 1167 ging Andernach als Geschenk an den Ebf. von Köln. 1801 fiel die Stadt an Frankreich und wurde Kantonshauptstadt. Unter Preußen erhielt sie 1856 das Stadtrecht zurück. Im OT Namedy entspringt seit Anf. des 20. Jh. und wieder seit 2003 der größte Kaltwassergeysir der Welt. **II.** Ende 3. Jh. *[ANTV]NNACUM* (Stein von Tongern), ca. 300 *Autunnaco, -nago*, 359 *Anternacum*, 365 *Antunnaco*, 450 *Anternacha*; *Andernach* (1110). **III.** Dem ON liegt ein röm. PN *Antunnus* mit einem lat. besitzanzeigenden Suffix ↗ *-acum* zugrunde, verm. vor zu ergänzendem *fundus* 'Hofgut' im Akkusativ: 'zum Hofgut des Antunnus'. Die aufeinanderfolgenden Silben auf *-n* unterliegen einer Dissimilation, spätestens im 8. Jh. wird aus *-un* ein *-er*. **V.** Corpus Inscriptionum Latinarum; Gysseling 1960/61; Kaspers, W.: Die *-acum*-Ortsnamen des Rheinlandes. Halle 1921; Kaufmann 1973. *JMB*

Angerburg // Węgorzewo [vɛŋɡɔʒɛvɔ] **I.** Stadt im Lkr. Giżycko, Woi. Warmińsko-Mazurskie (Ermland-Masuren), 11 541 Ew., PL. Im NO Polens, an der Angerapp // Węgorapa, nahe der Grenze zum Kaliningrader Gebiet (RUS). 1335 wurde ein Burg vom Deutschen Orden erbaut, 1571 Stadtrecht, verliehen von Albrecht von Hohenzollern. Seit 1945 zu Polen, Kreisstadt 1975–1998 in der Woi. Suwałki (Suwalken) und seit 1999 in der Woi. Warmińsko-Mazurskie, Tourismus, Segelsport. **II.** 1335–1341 *Angerburg, Angirburg*, 1340 *Angerburg*, 1366 *in Angerborg*, 1946 *Węgorzewo* oder *Węgobork*; d. *Angerburg* **III.** Der d. ON leitet sich vom FluN (W-)*Angrapia*, d. *Angerapp*, her, der aus dem apreuß. *angurgis* 'Aal' gebildet wurde; Gw. ↗ *-burg*. Die poln. Variante, eingeführt 1946, knüpft an die Etymologie des apreuß. FluN und den Aalfang in der Angerapp an: gebildet aus dem App. *węgorz* 'Aal' mit dem Suffix *-ewo*. **V.** Przybytek; RymNmiast. *IM*

Angermünde **I.** Stadt, Lkr. Uckermark, 14 598 Ew., am Mündesee an der alten Heer- bzw. Poststraße Berlin-Stettin gelegen, BB. Askanische Burg am S-Ufer des Mündesees, wohl nach 1250 als Grenzburg zum Schutz gegen das pommersche Uckerland n der Welse errichtet (Mauerreste), anschließend Burgort. Seit 1300 Waldenser erwähnt, die später verfolgt wurden, daher die zuerst 1420 überlieferte Bezeichnung Ketzer-Angermünde. **II.** 1263 *Henricus de Angermunde*, 1277 *in Angermünde*, 1286 *Neuen Angermünde*, 1420 *Ketzer-Angermünde*. **III.** Der Name wurde von Tangermünde in der Altmark (ST) übertragen, worauf der Zusatz ↗ *Neu-* hinweist. Tangermünde liegt an der Mündung des Tangers in die Elbe, dessen Name zu mnd. *tanger* 'bissig, kräftig, frisch' gestellt werden kann. Tangermünde wird im MA oft ohne T- überliefert (1305 *Angermunde vpper eluen … dy rath van Premsslaw tu nien Angermunde*), sodass dieses als verkürzte Präposition mnd. *to* 'zu' aufgefasst und weggelassen werden konnte. Zum Gw. ↗*-münde*. In einigen Arbeiten wird als Ausgangspunkt für die Übertragung des Namens Angermund am Niederrhein bei Vermittlung durch Tangermünde angesehen. Da dieses aber am Tanger liegt und der älteste Beleg mit *T-* überliefert wurde, ist der Name zweifelsfrei in der Altmark entstanden, woher viele Namen in die Uckermark übertragen wurden. **V.** Riedel A XIII, VIII; BNB 9. *SW*

Anklam **I.** Kreisstadt des Lkr. Ostvorpommern, 13 423 Ew., an der schiffbaren Peene (zur Ostsee), ca. 35 km s von Greifswald, MV. Slaw. Vorbesiedlung, später pommersche Burg und d. Kaufmannssiedlung, 1264 als Stadt bezeichnet, 1283 Mitglied der Hanse, 1648 zu Schweden, 1720 s bis zur Peene preußisch (1815 gesamter Ort); 1937 Errichtung der ARADO-Flugzeugwerke, im 2. Weltkrieg 70 % der Innenstadt zerstört, 1982 Einweihung eines Denkmals für den hier geborenen Otto Lilienthal; 1994 durch Kreisgebietsreform Kreisstadt des Lkr. Ostvorpommern, Namenszusätze: seit 1991 „Lilienthalstadt", seit 1999 „Hansestadt"; kleine und mittelständische Unternehmen, Zuckerfabrik. **II.** 1243 *Tanchlim*, 1247 *Tanchlym*, 1256 *Thanglim*, 1264 *Tanchlim*, 1272 *Tanclam*, 1284 *Anclim*, 1301 *Anclem*; 1321 *Anclam*. **III.** Dem ON liegt ein apolb. PN *Tąglim* mit einem poss. Suffix *-j* zugrunde, das bei der Eindeutschung des Namens verloren ging. Die Bedeutung des ON lässt sich als 'Ort des Tąglim' rekonstruieren, der PN geht verm. auf den VN *Tągomir* zurück, darin *tąg-* 'stark; fest' und *-mir* 'Friede, Ruhe'. Das anlautende *T-* wurde – wie auch im Namen von ↗ Angermünde (aus dem übertragenen Namen von ↗ Tangermünde) – als nd. Präposition *to, te* 'zu, nach' aufgefasst und seit Ende des 13. Jh. immer häufiger weggelassen. **IV.** Tangeln, OT von Beetzendorf, Altmarkkreis Salzwedel, ST. **V.** Berghaus, H.: Landbuch von Neu-Vorpommern und der Insel Rügen, 4, 2. Anklam 1868; PUB 2, 8; Trautmann ON Meckl.; Eichler/Mühlner; Niemeyer 2001b. *MN*

Annaberg-Buchholz **I.** Große Kreisstadt und Verwaltungssitz im Erzgebirgskreis, 22 248 Ew., im oberen Erzgebirge, am Westhang des Pöhlberges und im Sehmatal, SN. Annaberg entstand als Bergstadt 1496, nachdem der Silberbergbau am Schreckenberg seit 1491 Bergleute anlockte, 1497 Stadtrecht. Der südliche Nachbarort Buchholz entwickelte sich 1501–1515 zum Bergstädtchen. 1949 Vereinigung beider Orte. Seit dem 16. Jh. wirtschaftl. Bedeutung durch Spitzenklöppelei und Posamentenherstellung. **II.** Annaberg: 1492 *vom Schregkennpergk*, 1499/1500 *zu der Newenstadt ader sannt Annabergk*. Buchholz: 1498 *auf dem Buchholtz bey dem Schreckenberge zu Sant Anna*, 1517 *ym Buchholcz*, bis ins 18. Jh. auch *St.-Katharinen-Berg im Buchholz*. **III.** Der Bergname Schreckenberg gehört zu mhd. *schrecken* 'jäh aufspringen' und wurde durch *Sankt Annenberg* (nach der Heiligen Anna) und den ON *Neustadt* abgelöst. Der Name *Buchholz* bezeichnet die Siedlung am Buchenwald: mhd. *buoch* 'Buche, Buchenwald' und mhd. *holz* 'Wald'. **IV.** Buchholz, Lkr. Nordhausen; Bucha, Saale-Holzland- Kr. und Saale -Orla-Kr., beide TH; Buchheim, Lkr. Tuttlingen, BW, BW. **V.** HONS I; SNB. *EE, GW*

Annaburg-Prettin **I.** VG im Lkr. Wittenberg, 7 712 Ew., zwischen Elbe und Schwarzer Elster n von Torgau, ST. 2005 aus den VG Annaburg und Prettin gebildet. Annaburg wohl seit dem 13. Jh. Jagdschloss der askanischen Kf., später Lieblingsresidenz und Sterbeort des wettinischen Kf. Friedrich des Weisen. Ab 1572 Neubau eines Renaissanceschlosses, seit dem 18./19. Jh. gewisse Bedeutung als Militärstandort. Prettin im 11. Jh. Burgward. Über die Grafen von Brehna ab 1290 im Besitz der askanischen Kf., 1423 wettinisch. Seit dem 13. Jh. Präzeptorei, später Generalpräzeptorei des Antoniterordens. Im 16. Jh. Bau eines Renaissanceschlosses durch Kurfürstin Anna von Sachsen. Dann kftl. Witwensitz, 1812–1949 Haftanstalt, davon 1933–1945 Konzentrationslager. **II.** Annaburg: 1339 *Lochow*, 1378 *Lochnow [Or]*, 1424 *zcur Lochow [Or]*, 1575 *Annabergk*. Prettin: 1004 *Pretimi [Or]*, ad 1012 *Pretim [Or]*, 1163 *in pago nostro Pretin [Or]*. **III.** Annaburg hieß urspr. asorb. **Łochov-* (↗ *-o(w)*) zu einem asorb. PN **Łoch*, dessen Herleitung mehrere Möglichkeiten zulässt. *Lochau* häufig mit bestimmtem Artikel, wie im Beleg 1424, gebraucht. Mit dem Neubau des Schlosses erfolgte dessen Benennung nach der sächsischen Kurfürstin Anna von Dänemark, in direktem Zusammenhang mit der Augustusburg ö von Chemnitz, die nach ihrem Gemahl Kf. August I. benannt wurde. Schon nach kurzer Zeit wurde der Name auf den Ort übertragen und verdrängte die urspr. Bezeichnung. Analog oder ähnlich aus **Łoch* gebildete ON sind im slaw. Sprachgebiet häufig. Auch der Vorname *Anna* begegnet in ON. Der Name *Prettin* ist eine asorb. Bildung **Prětimi* aus einem PN **Prětim* und dem possessivischen Suffix *-j-*, also 'Prětims (Ort)'. Der asorb. PN setzt sich zusammen aus einer Wz. aus **prětiti* 'drohen' o.ä. und einem Suffix *-m*, das Partizipien bildet (hier in etwa: 'der bedroht Seiende'). **IV.** ↗ Annaberg-Buchholz, Erzgebirgskr., SN. **V.** DS 38; SNB; SO 2, 3. *ChZ*

Annweiler am Trifels **I.** Stadt und gleichnamige VG (seit 1972) im Lkr. Südliche Weinstraße, 16 943 Ew., im südpfälzischen Wasgau, s Pfälzerwald. RP. 13 Gem. im Trifelsland mit den drei Burgen Trifels,

Anebos und Münz (Scharfenberg). Erstmalige Erwähnung der Burg Trifels im späten 11. Jh. (ein Zentrum des Stauferreiches), von 1125 bis 1298 Aufbewahrungsort der Reichskleinodien, 1193 Aufenthalt des gefangenen engl. Königs Richard Löwenherz. 1219 wird Annweiler Stadt und ist im 18. Jh. kleinste d. Reichsstadt. Die Region wird durch weitere Burgen und Ruinen sowie das Biosphärenreservat „Pfälzerwald" geprägt. **II.** 1176 *Cuonradus de Annewilre*, 1219 *villam nostram Annewilrre*, 1402 *die vesten Anwilere*, 1511 *Anwyler*. **III.** Das Bw. basiert auf dem ahd. PN *Anno*, Gen. Sg. *Annin-*, das Gw. auf ↗ *-weiler*. Der Erstbeleg von 1086 *ad vallem Annovillen* ist verm. eine F. des 18. Jh. Zu deuten ist der ON somit als 'Hof, Vorwerk des Anno'. Seit 1949 Zusatz *am Trifels* (BergN: 1099/1105 *Triuels*, 1155 *Trivelis*, 1219 *Trifels*, 1240 *Drivels*) mit ahd. *drī*, lat. *trī-* 'drei' im Bw. und ↗ *-fels* im Gw. **V.** Würdtwein, St. A.: Nova Subsidia diplomatica ad selecta iuris ecclesiastici germaniae et historiarum capita elucidanda, Bd. XII. Heidelberg 1789; FP; Kaufmann 1971; HSP; Puhl 2009. *JMB*

Anröchte (Án-) **I.** Gem. im Kr. Soest, 10 675 Ew., am Nordrand des Haarstrangs ö von Soest, Reg.-Bez. Arnsberg, NRW. Seit dem MA Grünsandsteinabbau. **II.** 1153 *Anerv̊st [Or]*, 1181 *Anrufte*, 1231 *Anrochte*. **III.** Der Erstbeleg zeigt Verschreibung von langem *-s-* für *-f-*. Erstbestandteil ist die Präp. asä. *an* 'an, in, auf', mnd. *an*, *āne* 'in, an'. Beim Zweitglied wechseln in der älteren Überlieferung *-o-* und *-u-*Schreibungen, weswegen asä. *-ō¹-* anzusetzen ist. Der Umlaut durch das *-j-*haltige Suffix wird erst seit etwa 1400 verschriftlicht. Nach der Kürzung des Langvokals wurde *-ft- > -ht-* velarisiert. Es handelt sich um eine mit Dentalsuffix gebildete Stellenbezeichnung **hrōftja/*hrōf-þja*. Ihre Basis ist an mnd. *rōf* 'Abdeckung, Deckel; Dach' anzuschließen, vgl. ae. *hrōf* 'Dach, Abdeckung; höchste Stelle', afries. *hrōf* 'Dach', anord. *hrōf* 'Dach eines Bootshauses; Bootsschuppen'. Durch Zusammenrückung mit der Präposition asä. *an* entstand der ON. Die sachliche Motivierung des ON ist nicht mehr aufzuhellen. **V.** Müller, H.: Anröchte. [Anröchte] 1993; WOB I. *Flö*

Ansbach **I.** Kreisfreie Stadt, 40 454 Ew., Verwaltungssitz des Lkr. Ansbach sowie des Reg.-Bez. Mittelfranken, BY. In fränk. Zeit Gründung des Gumbertus-Klosters, im 12. Jh. Stadt, ab 1331 Herrschaft der Hohenzollern, 1528 Lateinschule, ab dem 18. Jh. Residenzstadt der Markgrafen, 1806 Sitz der Regierung des Rezatkreises, ab 1837 von Mittelfranken. **II.** 786–794 (Kop. von ca. 1600) *Onoltesbach*, 837 *Onoltespah*, 1141 *Onoldesbach*, 1230 *Onolsbach*, 1338 *Onelspach*, 1508 *Onsbach*, 1732 *Onolzbach oder Ansbach*. **III.** Grundwort des urspr. Gewässernamens, der bereits 786 (Kop. von 1614) als *Onoldisbach* begegnet, ist ahd. *pah*, ↗ *-bach* 'Bach, kleiner Wasserlauf'. Weil die PN *Onoald*, *Aunuald* belegt sind, kann man als Bw. **Ōnold* erschließen. Eine entsprechende Erklärung wurde letztlich schon im Jahr 1782 gebracht: „ ... An dieses Bächlein bauete ein gewisser Onold das erste Haus und darnach nennete man auch die andern Häuser, welche mit der Zeit dahin gebaut wurden". **V.** HHS 7/2; Reitzenstein 2009. *WvR*

-anum. Diese lat./rom. SiN mit PN, die wie die ↗ *-acum / -acō-*Namen im lok. Ablativ auf lat. *-anō* erscheinen, drücken als „Praediennamen" Besitz aus. Sie kommen bes. in Südtirol (↗Bozen, I) und in Oberbayern (↗Garmisch-Partenkirchen, BY) vor. Literatur: Finsterwalder 3 (1995). *PW*

-apa. Das „apa-Problem" ist oft kontrovers erörtert worden. Dieses Wasserwort ist urspr. Simplex, wurde aber früh mit unterschiedlichen Appellativ-Bestimmungswörtern kombiniert, die überwiegend germ. Ursprungs sind. Weitere Aspekte sprechen dafür, dass es sich – dem inhaltlich identischen *-aha*, ↗ *-ach¹*, vergleichbar und von diesem geografisch abgegrenzt – um ein westgerm. Wort handelt mit typischer Verbreitung wohl in ehemals istwäonischem Gebiet (urspr. zwischen Rhein und Weser, Main und nördlichem Weserbergland), aufgekommen in der Völkerwanderungszeit. Etym. ist *apa* mit kelt. *ab* 'Fluss' und lat. *amnis* (< **abnis*) 'Gewässer' urverwandt, also auf die idg. Wurzel **ab-* 'Wasser' zurückzuführen. Wiewohl vom App. *apa* durch Suffigierung neue Namen entstehen konnten (z. B. der GwN *Efze*, 1267 *Effesa* < **Affisa*, HE) und *apa* noch h. in einigen Benennungen als variiertes, unverstandenes Simplex erhalten ist, dürfte schon in ahd. Zeit oder früher *-apa* unproduktiv bzw. unbekannt gewesen sein, was durch gelegentliche Verdeutlichungen durch *-aha* oder ↗ *-bach* belegt wird. Schon lange wird *-apa* als Suffix empfunden, das in unterschiedlicher Form in ON erscheint, bereits in frühen Belegen als *-opa*, *-ipa*, *-ufa*, *-ifa*, *-af(f)a*, *-offa*, *-apha*, *-pa*, *-ba* u. ä., h. als *-phe*, *-aff*, *-off*, *-uf(f)*, *-ef*, *-f*, nd. *-ep(e)* oder ganz geschwunden. Literatur: Bach DNK II, 1; Dittmaier 1955. *FD*

Apen **I.** Gem. im Lkr. Ammerland, 11 021 Ew., Reg.-Bez. Weser-Ems (bis Ende 2004), NI. Wahrscheinlich schon um 1200 Burg und Zollstätte in Apen; 1550 Festung, später Amtssitz; jahrhundertelang der bedeutendste oldenburgische befestigte Ort gegenüber Ostfriesland. **II.** 1233 *Apen [Or]*, 1339 *Apen*, 1428 *Apen*. **III.** Der ON beruht auf einem Simplex ↗ *-apa* '(Fließ)gewässer, Fluss', das häufiger als Gw. von Namen vorkommt. Es gehört zu germ. **ab-* und ist somit eine Wurzelvariante zu idg. **ap-*, das in apreuß. *ape* 'Fluss' usw. belegt ist. Der ON zeigt durchweg auslautendes -*en*, das auf einen Dat. Pl. zurückzuführen ist und als Anzeichen für die an einem Bach entstandene Siedlung zu werten ist. Apen liegt von der Großen Norderbäke und der Großen Süderbäke nahezu umschlossen. **V.** HHS 2; Remmers, Ammerland; Udolph 1994, S. 83 ff. *UO*

Apensen **I.** Samtgem. im Lkr. Stade, 8089 Ew., südwestl. Buxtehude, Reg.-Bez. Lüneburg (bis Ende 2004), NI. Bei der Ortschaft liegen mehrere Hügelgräber, darunter das höchste und größte des Lkr. Stade; außerdem wurde hier ein bedeutendes Fürstengrab aus der röm. Kaiserzeit gefunden; zeitweilig Sitz eines eigenen Gerichtes; die mittelalterliche dem Verdener Andreasstift gehörende Kirche brannte 1740 ab. **II.** 1231 *Abbenhusen [Or]*, 1236 *Abbenhusen*, 1704 *Abensen*; *Apensen* (1823). **III.** Bildung mit dem Gw. ↗ *-hausen* und dem schwach flektierenden Kurznamen *Abbo* als Bw. Das Gw. wird jünger zu *-sen* verkürzt und die Schärfung des *-b-* zu *-p-* ist ebenfalls jung. Ein zweifelnd vom Verdener Urkundenbuch I S. 223 hierher gestellter Beleg *Adelemestorpe* von 1197 ist wegen der weiteren Überlieferung nicht mit Apensen zu verbinden. **IV.** Abbenrode, Lkr. Wolfenbüttel, Abbensen, Region Hannover, beide NI. *KC*

Apolda **I.** Stadt und Sitz der Verwaltung des Landkreises Weimarer Land, nö Weimar, nahe der unteren Ilm, am Ostrand des Thüringer Beckens, 23 386 Ew., TH. Altthüringisches oder bereits germ. Dorf der ersten Jahrhunderte nach Chr.; im 9./10. Jh. Herrensitz (Burg), Entwicklung zur Stadt im 12./13. Jh. (1308 *civitas*); Ackerbürgerstadt, seit etwa 1600 Stickereigewerbe, ab 1700 Strumpfwirkerei, seit 1722 Glockengießerei; Beiname „Glockenstadt". **II.** 1119 *in Appolde*, 1123 *in Appolde*, 1308 *Appolda*, 1335 *Apolde*, 1438 *Appulde*; *Apolda* (1506). **III.** Der ON gehört zu asä. *appel*, *appul* 'Apfel, Apfelbaum' und zeigt mit *-de* mda. abgeschwächt das ahd. Suffix *-idi*, asä. ↗ *-ithi* 'versehen mit', also 'Apfel(baum)ort'. Die Auslautsilbe wird im 15./16. Jh. kanzleisprachlich amtlich zu *-da* (vgl. ↗Kölleda, ↗Sömmerda). In den Schreibweisen des ON ist die urspr. Bildung mit ahd. Suffix sowie die alte nd. Sprechweise mit |p| statt |pf| in der dortigen Region gut erkennbar. Auch 1438 *Appulde* ist mda. beeinflusste Graphie. **IV.** Apeldorn, OT von Meppen, Lkr. Emsland, NI, 9./11. Jh. *Apuldrun*, zu asä. *apuldra* 'Apfelbaum'. **V.** Mainzer UB I; SNB; Berger. *KH*

Appenweier **I.** Gem. im Ortenaukreis, 9829 Ew., ca. 8,5 km n Offenburg, im Übergangsbereich von der Oberrheinebene zur Vorbergzone der Rench aus dem Schwarzwald, Reg.-Bez. Freiburg, BW. 884 Erstnennung, bis 1803 im Besitz des Hanauerlandes, dann zum Ghztm. Baden, seit 1973 zusammen mit den Gemeinden Nesselried und Urloffen an Württemberg. Klassizistische Sankt Martinskirche. **II.** 884 *Abbunuuileri*, 1148 *Appinwilre*, 1287 *Appenwilre [Or]*; *Appenweier* (1812). **III.** Wohl zu einem PN *Abbo*, *Appo*. Nicht auszuschließen ist bei klösterlichem Grundbesitz (hier Kloster Honau) auch eine urspr. oder volksetymologische Verbindung zu lat. *abbās* 'Abt'. Das Gw. geht auf ahd. *wīlāri*, mhd. *wīler* zurück und ist entlehnt aus mlat. *villare* 'Gehöft' zu lat. *villa*. Die ON dieses Typs erscheinen h. in der Form ↗ *-weiler*, *-wiler* und *-weier*. **IV.** Appenweier // Appenwihr, Arrondissement Colmar, Département Haut-Rhin, F. **V.** FO 1; Krieger; LBW 4. *JR*

Appenzell **I.** Gem. im gleichnamigen Bezirk (in AI vergleichbar mit der politischen Gem.), Hauptort des Kantons Appenzell-Innerrhoden, 5787 Ew., AI, CH. Feuerschau-, Kirch- und Schulgemeinde. Die Region wurde seit dem 11. Jh. auf Initiative der Äbte von St. Gallen urbar gemacht (Rodungen). Alter Marktflecken. Im Hauptort Handwerk und Heimarbeit, lokaler Handel, h. kleinere Industriebetriebe und Dienstleistungen, Wandergebiet Alpstein. Die Gebiete außerhalb des Marktfleckens sind land- und alpwirtschaftlich geprägt. Appenzell ist auch Landschaftsname und Name für die Kantone AI und AR. Wenn ausdrücklich der Ort Appenzell gemeint ist, dann benützen die historischen Quellen häufig den Begriff „Flecken Appenzell". **II.** 1071 *Abbacella [Or.]*, 1200 *in Abbatis cella; ze Appenzell* (1323). **III.** Aus *in Abbatis cella* / *abbacëlla* wird *appe(n)zell*: Appellativ *abbat* + Appellativ *zëlla*: 'der Gutshof des Klosters St. Gallen'; *abbat* zu ahd. *abbat* 'Abt' < mlat. *abbatem* zu lat. *abba, abbas*, Gen. Sg. *abbatis* 'Vater, Abt'; *zëlla* zu ahd. *zëlla, cëlla*, mhd. *zëlle* 'Zelle, Kloster, Nebenkloster, Kammer, Speicher, klösterlicher Gutshof' < lat. *cella*. Die heutige Lautung *Appezöll/Appezäll* geht auf die ahd. Form *Appacëlla* zurück. Die häufige Schreibung *Abbacëlla* mit *-bb-* ist auf den Einfluss der daneben stehenden latinisierten Form *Abbatiscella* zurückzuführen. **V.** Sonderegger, Stefan: Der Name Appenzell. Innerrhoder Geschichtsfreund, Jg. 4, Appenzell 1956; Sonderegger, Stefan: Die Orts- und Flurnamen des Landes Appenzell (Bd. 1): Grammatische Darstellung. Frauenfeld 1958. *Ny*

Arbon **I.** Stadt am Bodensee und Hauptort des gleichnamigen Bezirks, 13 427 Ew., TG, CH. Ausgrabung einer frühbronzezeitlichen Siedlung aus dem 4. Jahrtausend v. Chr. (Arbon / Bleiche); aus der Römerzeit gibt es Funde zu einem Kastell aus dem späten 3. oder frühen 4. Jh. n. Chr. 771 wird der *Arbongau* als fränk. Verwaltungsbezirk genannt. Im MA lebte der Ort von der Landwirtschaft, dem Weinbau und lokalem Handwerk. Im Spätmittelalter beginnt in Arbon der Leinwandhandel. Anfangs des 20. Jh. starke

Industrialisierung: Stickerei- und Maschinenindustrie (Saurer). **II.** 300 *Arbor felix Itinerarium Antonini*, 771 *in pago Arbonense* [Or.], 811 *in pago Arbuncauwe*. **III.** Mit größerer Wahrscheinlichkeit leitet sich der ON von vorgerm. *Arbona* zu einem balkanillyrischen Namen, vielleicht FluN, zu illyr. *arb* 'dunkel' (idg. **orbh*, griech. *orphis* 'dunkel', ahd. *erph, erpf* Adj. 'braun, dunkelbaun, dunkel, schwärzlich') ab; vgl. Insel und Stadt *Arba* an der Adria, kroat. *Raab*. Nicht auszuschließen sind auch mögliche Herleitungen von 1. lat. *Arbor felix* 'der glückliche Baum', eigentlich Name eines Wirtshauses oder einer Übernachtungsstätte und 2. zum pannonischen Flussnamen *Arabôn* 'der Sanfte, Milde'. **4.** Gall. **arwonâ* 'Föhrenwald' zu gall. **arwa* 'Föhre' + Suffix *-onâ*. **V.** TNB 1.1. *Ny*

Arel (auch lux.) // **Arlon** (franz.), wallon. Årlon, mda.-wallon. Erlang, nl. Aarlen   **I.** Stadt und Hauptstadt des gleichnamigen Arrondissements sowie der belgischen Provinz Luxemburg, 27 950 Ew., im Quellgebiet der Semois (r. zur Maas) an der Grenze zum Ghzt. Luxemburg gelegen, 185 km sö von Brüssel, Wallonien, B. Röm. Vicus und spätantiker Kastellort an den Römerstraßen Reims – Trier und Tongern – Metz. Zahlreiche antike Bodenfunde. Im MA zunächst Gft., dann Mgft., seit dem 13. Jh. zu Luxemburg, dessen Schicksal es bis 1839 teilte. Als Folge der belgischen Revolution kam das moselfr. Arel mit Umland (Arelerland) aus strategischen Gründen zusammen mit dem frankophonen W Luxemburgs zum Königreich Belgien und wurde Hauptstadt seiner neuen, überwiegend frankophonen Provinz Luxemburg. Im 19. und 20. Jh. allmähliche, inzwischen fast vollständige Französisierung. Franz. ist die einzige offizielle Sprache. **II.** um 300 (Kop. 7. Jh.) *Orolauno*, 1.–4. Jh. *OROL*[*aunenses*], 7. Jh. *Arlonis oppidum*, 1202 *Erluns* [Or], 1390 *zu Arle* (Dat.) [Or]. **III.** Die Etymologie des schon antik bezeugten Namens ist nicht geklärt (zu den älteren Deutungen vgl. Besse). Ein älterer, diskutabler Vorschlag stellt die Sequenz *Oro-* zu kelt. **oro-* 'Spitze, Ecke' (< urkelt. **foro-*, z. B. in mir. *or*, zu idg. **per* 'hinübergehen, durchdringen'). Aus semantischen Gründen wenig wahrscheinlich ist die ältere Deutung der Sequenz *-laun-* mit urkelt. **laweno-* 'fröhlich'. Solange die Morphologie und die Semantik des Namens nicht überzeugend klargelegt sind, kann auch die zumeist angenommene Keltizität des SiN nicht als gesichert gelten, da der Ort im Gebiet der keltisierten Treverer lag, wo auch ältere, nichtkelt. SiN vorkommen. Der Wechsel des anlautenden *o* zu *a* wird meist früher Entlehnung ins Germ.-Vorahd. zugeschrieben (vgl. ↗*Mainz* < *Mogontiacum*). Vielleicht kann die wichtige verkehrstechnische Lage des Kastellortes, obwohl weit hinter der röm. Reichsgrenze, eine frühe Entlehnung des Namens, wohl noch vor der fränk. Besiedelung des Ortes, erklären. Die rom. Formen mit *a* im Anlaut (franz. *Arlon*, wallon. Årlon) wären dann trotz der Lage des zentralen Ortes unmittelbar an der h. germ.-rom. Sprachgrenze als Entlehnung aus dem Fränk.-Ahd. anzusehen. Vortoniges lat. *o* hat sich sonst meist zu franz. *o* oder *u* entwickelt (vgl. franz. *pourceau*, afranz. *porcel* < vulgärlat. *pŏrcellu* 'Schweinchen'). Die franz. Namenformen zeigen teilweise den ofranz. Wandel von vortonigem *a* vor *r* zu *e*: 1202 *Erluns* und mda.-wallon. *Erlang*. Die d. Namenform enstand nach Verlust der Endung (hingegen noch nl. *Aarlen*) über **Arl* (1390 *Arle* Dat.) durch den im Wmoselfr. häufigen Sprossvokal: *Arel* (vgl. wmoselfr.-lux. *Pärel* 'Perle'). Im Lux. ist die Namenform *Arel* gebräuchlich, während sie im D. fast ganz hinter der franz. Form *Arlon* zurücktritt. **V.** Besse; Gysseling; Matasović, R.: Etymological Dictionary of Proto-Celtic (= Leiden Indo-European Etymological Dictionary Series 9). Leiden/Boston 2009. *AS*

Arendsee-Kalbe   **I.** VG im Altmarkkreis Salzwedel, 12 559 Ew., ST. Gebildet am 1. 1. 2005 aus den Städten Kalbe (Milde), Arendsee/Altmark und Gem. der Umgebung. Arendsee-Kalbe liegt im N der Altmark, inmitten von Feucht- und Moorgebieten. Der Arendsee gehört zu den tiefsten Seen Norddeutschlands und ist bedeutend als Naturschutzgebiet und Tourismuszentrum. Namengebend für die VG sind die Stadt Arendsee und die ehemalige Kreisstadt Kalbe (Milde). **II.** Arendsee: 822 *Arnseo*, 1184 *Arnse* [Or], 1373 *Arnsee*; *Arendsee* (1556). Kalbe (Milde): 1012/18 *Calwa*, *Calwo*, 1207 *de Calue* [Or], 1453 *Calve uppe der Milde*. **III.** Der Name Arendsee ist gebildet mit dem Gw. *-see*, zu asä. und ahd. *sēo* 'See'. Das Bw. ist nicht eindeutig zu klären. Möglicherweise liegt der stark flektierende asä. PN *Arn* vor, mit späterer Abwandlung zu *Arnd*, *Arend*. Daneben wird der ON auch zu einer alteurop. Basis **Arn-/*Orn-* gestellt, die als Gewässerbezeichnung an idg. **er-/*or-* 'in Bewegung setzen, erregen' angeschlossen oder mit idg. **er-/*or-* 'in die Höhe bringen (Erhebung, hochgewachsen)' (in der Bed. 'See mit hohen Ufern') verbunden wird. Mit Arendsee sind zahlreiche europ. GwN vergleichbar, z. B. *Arne*, *Arno*, *Orne*. Kalbe (Milde) ist auf germ. **kalwa*, ahd. *cal(a)wa*, mhd. *kalwe* 'kahle Stelle', mnd. *kalewe* 'Kahlheit' zurückzuführen, motiviert durch die Lage des Ortes auf einer Talsandinsel in der Mildeniederung. **IV.** Arentsee, Kr. Steinburg, SH; ↗Calbe (Saale), Salzlandkreis (937 *Caluo*), ST. **V.** Ann. Saxo; Thietmar; Riedel; SNB; Udolph 1990; Sültmann. *GW*

Arlesheim   **I.** Hauptort des Bezirks Arlesheim, 8 909 Ew., Kt. Basel-Landschaft, CH. Der Ortskern um Andlauerhof, Kirche, Pfarrhaus und Dorfplatz ging aus dem Besitz des elsässischen Klosters Niedermünster hervor. 1679 ließ sich der bischöfliche Beirat, das Domkapitel, in Arlesheim nieder. 1681 wurde die Domkirche eingeweiht, in deren unmittelbarer Nähe die Domherrenhäuser entstanden. **II.** Vor 1239 *Arlisheim [Or, F.]*, 1245 *Arloshein*, 1285 *Arlshein*. **III.** Bildung aus einem ahd. PN und dem GW ↗*-heim*. Der zugrunde liegende PN lässt sich nicht mit Sicherheit bestimmen. Aus lautlichen Gründen käme am ehesten **Arilo* oder die weibliche Entsprechung *Arila* in Frage, allenfalls auch *Arolf* oder *Arnolf* (alle zu einem Stamm *ara*). Als Gf. wäre somit **Arilesheim* (**Arolfesheim*, **Arnolfesheim*) anzusetzen. *Arlesheim* würde demzufolge bedeuten: 'Die Siedlung, das Dorf des **Arilo* (oder der *Arila*, des *Arolf*, *Arnolf*)'. **V.** NGBL Arlesheim 2007; Hänger; LSG. *mr*

Arlon ↗ Arel

Arneburg-Goldbeck
I. VG im Lkr. Stendal, 10106 Ew., ST. Gebildet am 1. 1. 2005 aus der Stadt Arneburg, Goldbeck und anderen Gem. der Umgebung. Sie liegt w der Elbe, in der Altmark, im Uchtetal. **II.** Arneburg: 981 *Arnaburch*, 1012/18 *Harnaburg*, *Arnaburg*, 1172 *Arneborch*. Goldbeck: 1285 *de Goltbeke*, 1359 *Goldbeke [Or]*. **III.** Arneburg ist eine Bildung mit dem Gw. ↗*-burg*. Im Bw. liegt wahrscheinlich das App. ahd. *arn*, mnd. *arne* 'Adler' vor. Möglich wäre auch, den ON mit einer alteurop. Basis **Arn-/*Orn-* zu verbinden, zu idg. **er-/*or-* 'in die Höhe bringen (Erhebung, hochgewachsen)'. Der ON Goldbeck geht auf einen GwN zurück und ist mit dem Gw. ↗*-beke* gebildet. Im Bw. steht mnd. *gold* 'Gold, goldfarbiger Sand'. Der GwN bedeutet demnach 'Bach mit goldfarbigem Sandboden' o. ä. **IV.** ↗Arendsee, Altmarkkreis Salzwedel, ST; ↗Arnstadt, Ilmkreis, TH; Goldbeck, OT von Wittstock/Dosse, Lkr. Ostprignitz-Ruppin, BB. **V.** UB EM; FO; Thietmar; Riedel; SNB; Sültmann. *GW*

Arnsberg
I. Kreisstadt im Hochsauerlandkr., 75288 Ew., an der Ruhr im Sauerland, Reg.-Bez. Arnsberg, NRW. Burgen der Grafen von ↗Werl/von Arnsberg (vor 1070 und Anfang 12. Jh.) begünstigten die Siedlungsentwicklung zur Stadt. 1368 an Köln übertragen, seit dem MA administratives Zentrum (Residenz, Landtagsort, seit 1816 Sitz der Bezirksregierung). **II.** Zu 1082 *Conradus comes de Arnesberge*, 1114 *Arnsberg*, um 1150 *in Arneberge*. **III.** Das Gw. ↗*-berg* ist durch die Lage der Stadt auf einem Bergrücken motiviert. Das Erstglied steht im st. flektierten Gen. Sg. und kann sowohl an das Appellativ asä. **arn* (ahd. *arn*) 'Adler' als auch an den darauf beruhenden eingliedrigen PN *Arn* angeschlossen werden. Eine Entscheidung ist weder aufgrund sprachlicher noch historischer Kriterien zu treffen, da ein möglicher Namengeber nicht belegt ist. ON der näheren Umgebung mit demselben Gw. haben sowohl Appellative (auch Tierbezeichnungen) als auch PN als Bw. **IV.** Hirschberg, OT von Warstein, und Echthausen (mit urspr. Gw. ↗*-berg*), OT von Wickede, beide Kr. Soest, NRW. **V.** WOB I; Berger. *Flö*

Arnstadt
I. Stadt, Erfüllende Gem. und seit 1994 Verwaltungssitz des Ilm-Kreises, s Erfurt, an der Gera zwischen den nördlichen Vorbergen des Thüringer Waldes, 30 534 Ew., TH. Altthüringische Siedlung an altem Verkehrsweg über das Gebirge nach Mainfranken; 704 Herrensitz des Thüringischen Herzogs; im 10.–12. Jh. Entwicklung zum Marktort; um 1200 Stadt (1220 *civitas*); im MA Handelsort, seit 20. Jh. Metall- und Elektroindustrie. **II.** 704 *in loco nuncupante Arnestati* [in dem Arnstadt genannten Ort], 726 *Arnistadi*, 954 *Arnistat*, 1176 *Arnstete*; *Arnstadt* (1302). **III.** Der ON ist gebildet mit der Kurzform *Arn* eines PN wie ahd. *Arnifrid*, *Arnheri* und dem Gw. ahd. *-stati* 'Stätte, Ort'(↗*-statt*), also 'Ort, Wohnstätte eines Arn'. Vom 12. bis 16. Jh. tritt im ON das in Thüringen in ON häufige umgelautete *-städt*, *-stedt* mehrfach auf, durchgesetzt hat sich aber infolge des frühen Stadtcharakters des Ortes primäres *-stat* (*-stadt*). **IV.** Arnstedt, Lkr. Mansfeld-Südharz, ST, 993 *Arnanstedi*; Arnberg an der Ruhr, NRW, 1102 *Arnesberge*; zahlreiche ON mit *Arns-*. **V.** UB Arnstadt; Fischer, R.: Ortsnamen der Kreise Arnstadt und Ilmenau. Halle/S. 1956; SNB; Berger. *KH*

Arnstein
I. Stadt im Lkr. Main-Spessart, 8209 Ew., Reg.-Bez. Unterfranken, BY. 1333 Stadt- und Marktrechte. **II.** Erstbeleg des Siedlungsnamens ist wohl 1156 (Druck von 1747) *Arnstein*, wenn es sich nicht um einen gleichnamigen Ort in Hessen handelt; auch der Beleg 1180 *Arnstein* ist nicht zweifelsfrei hierher zu ziehen. Sicher ist der Beleg 1179 *Arnstein*; die Burg ist im Beleg 1225 *castrum in* ('Burg auf dem') *Arnstein* genannt, ebenso im Beleg 1244 *Arinsteine*. **III.** Gw. des urspr. Burgnamens ist mhd. ↗*-stein* 'Stein, Fels, Burg', Bw. wohl der Personenname *Aro*. **IV.** Arnstein, OT von Neu-Eichenberg, Werra-Meißner-Kreis, HE. **V.** HHS 7/2; Reitzenstein 2009. *WvR*

Arnswalde // Choszczno ['xɔʃʧnɔ]
I. Kreisstadt im gleichnamigen Kr. (Powiat choszczeński), 15806 Ew., im s Teil der Woi. Westpommern, PL. In einer Seenlandschaft, am Klückensee // Jezioro Kluki, an der Stübenitz // Stobnica, einem Zufluss der Ihna // Ina. 1939 Kreisstadt im Reg.-Bez. Grenzmark Posen-Westpreußen, Provinz Pommern; 1946–1975 Woi. Szczecin, 1975–1998 Woi. Gorzów Wielkopolski. **II.** 1234 *Hoscno*, 1269 *Arnswolde*, 1281 *Arneswolde*, 1281 *Arniswald*, 1311 *in Arneswold*, 1328 *Arneswald*, 1433 *Choszczno alias Arnsberg*, 1460 *Chossno*, *Choczen*, 1455–80 *Choszczno*, 1486 *Arnszwald*, 1539 *Arenswolde*,

1618 *Arenswalde*, 1789 *Arenswalde*, 1833 *Arnswalde*, 1880 *Arnswalde*, 1951 *Choszczno – Arnswalde*, 1980 *Choszczno*, 2002 *Choszczno (Choczen, Choczno) – Arnswalde*. **III.** Der urspr. slaw. Name *Choszczno* ist topografisch, abgeleitet vom App. *choszcz, chwoszcz* 'Unkraut', lat. *equisetum*, vgl. App. *choszczki, chwoszczki* 'Schachtelhalm', lat. *Equisetum arvense* L., mit Suffix *-ьn- (-no). Der d. Name *Arnswalde*, vom brandenburgischen Markgrafen 1269 eingeführt, kann auf zwei Weisen interpretiert werden: 1. als topografischer Name, wenn die Abl. des ersten Gliedes von mnd. App. *arn, arne, arnt, arent* 'Adler' erfolgte; 2. als poss. Name, wenn im ersten Glied der PN *Arn*, vgl. *Arnold, Arnulf*, im zweiten Glied das ahd. App. *wald*, mhd. *walt*, mnd. *wolt*, d. App. *Wald*, ↗–wald, zugrunde lagen. Nach 1945 Rückkehr zum urspr. ON. Adj. *choszczeński*. **IV.** Choszczak, Choszcze, Choszczów (Woi. Masowien); Choszczna (jetzt Chosna, Woi. Masowien); Choszczno (jetzt Mnichowice, Woi. Großpolen); Choszcznia (jetzt Chocznia, Woi. Kleinpolen), alle PL. **V.** Rospond 1984; RymNmiast; Borek, -ьn-; Rymut NMP II. *BA*

Arolsen, Bad **I.** Stadt im Lkr. Waldeck-Frankenberg, 16 404 Ew., ca. 40 km wnw von Kassel auf einer Hochebene an der Aar, Reg.-Bez. Kassel, HE. Das Dorf Arolsen diente zur Gründungsausstattung eines Augustinerinnenklosters (1131), 1492 Umwandlung in ein Antoniterkloster. Nach Aufhebung des Klosters 1526 durch die Grafen von Waldeck Einrichtung als waldeckische Residenz mit repräsentativen Schlossbauten des 18. Jh. Die Stadtgründung erfolgte 1719. Sitz der waldeckischen Landesbehörden seit 1728, Hauptstadt des Freistaates Waldeck (nach 1918), Anschluss an Preußen 1929. Bis 1942 Sitz des Kreises Twiste. Seit 1997 Bad. **II.** 1131 *Aroldessen [Or]*, 1177 *Haroldessen*, 1234 *Aroldesheim*, 1562 *Aroldtzen*, 1615 *Arolsen*. **III.** Beim Bw. ist aufgrund der nicht eindeutigen frühen Belege entweder der PN *Arold (< *Arawald* in FP) oder der PN *Harold* (FP) anzusetzen. Das Gw. ↗-heim tritt in den Quellen des 13. Jh. nur einmal auf. Stattdessen haben wir hier einen elliptischen ON vorliegen, bei dem das Gw. weggefallen ist und der bestimmende PN im Gen. erscheint. Wegen des Erstbelegs ist davon auszugehen, dass urspr. ein **Aroldeshusen > Aroldessen* zugrunde lag. Darauf deuten die zahlreichen ↗-hausen-Orte der Umgebung. -heim im Beleg von 1234 wäre demnach erst sekundär angefügt worden **IV.** Volkmarsen (1155 *Volkmaressen*, um 1600 *Volkmarsheim*). **V.** Menk, G.: Der Weg zur waldeckischen Residenz Arolsen. Arolsen 1996; Braasch-Schwersmann, U. (Hg.): Hessischer Städteatlas. Lfg. 1,1: Arolsen. Marburg 2005. *TH*

Arth **I.** Gem. im Bezirk Schwyz des Kantons Schwyz. Zur Gem. gehören die Ortschaften Arth, Oberarth und Goldau, 1 040 Ew. insgesamt. Arth liegt in der weiten Ebene zwischen dem Massiv der Rigi und dem Rossberg am Kopfende des Zuger Sees. In Arth befand sich ein Hof der Vogtei von Lenzburg, später von Kyburg, 1036 *curtis ad sanctum Georgium*, der heutige Sankt Georgshof. **II.** 1036 *in loco qui dicitur Arta*, 1267 *zu Artt*, 1275 *in Arte*, um 1306 *ze Arte, ze Arta*. **III.** Der Name Arth gehört zum Komplex ahd. *art* Fem. 'Pflügen, Ackerbau', ahd. *artlîh* 'bewohnt, bewohnbar', ahd. *artôn*, mhd. *arten* 'den Boden, das Feld bearbeiten, zur Saat bereiten; pflügen', altsächsisch *ard* M. 'Wohnung', mnd. *art* Fem., M. 'Land, Pflügen', mnl. *aert* M. 'bebouwde grond', ae. *eard* M. 'Heimat' und anord. *ord* Fem. 'Ernte, Ertrag'. Arth kann deshalb mit gutem Grund mit 'bebautes, gepflügtes Land' gedeutet werden. In dieser Bedeutung ist *Art* gemäß dem Schweizerdeutschen Wörterbuch aus dem appellativen Wortschatz geschwunden. Nicht ganz auszuschließen lässt sich eine Deutung mit 'Grenzland', wenn man in Rechnung zieht, dass im Bezirk Küssnacht, SZ, zwei Bäche *Artbach* hießen und alte territoriale Grenzen gegenüber dem heutigen Kanton LU markierten (1494 *Artbach*, um 1350 (1561) *Artbach*). **V.** Weibel 1973; HLS 1; Projekt SZNB; LSG. *VW*

Arzfeld **I.** Gem. und gleichnamige VG (seit 1970) im Eifelkreis Bitburg-Prüm, 9 754 Ew., mit 43 Gem., im Naturpark „Südeifel" an der Grenze zu Luxemburg, RP. Im Islek, einer ausgedehnten Hochfläche im Dreiländereck Deutschland, Luxemburg und Belgien, gelegen. 1798 Schlacht bei Arzfeld und Niederlage aufständischer Bauern gegen die franz. Revolutionsverwaltung im sog. „Klöppelkrieg". Arzfeld hat h. regen Fremdenverkehr. **II.** 1391 *Ayrtzfelt*, Anf. 15. Jh. *Archeveilt*, Anf. 16. Jh. *Arnßvelt*; *Arzfeld* (1575). **III.** Müller denkt an ahd. PN *Araho oder ahd. PN *Arn(d), Arn(t)*, Gen. Sg. Arnds-, mit dem Gw.: ↗-feld. Die erste Erwähnung von 1391 und der Name seit dem 16. Jh. machen jedoch eine Abl. von ahd. *aruz(i), ariz(i)*, mhd. *eriz(e), erze, arze* 'Erz' wahrscheinlicher. Favorisiert wird deshalb eine Deutung 'Siedlung auf einem erzhaltigen Feld oder auf einer Wiese mit Erzvorkommen'. **V.** FP; Müller, Trier; Jungandreas. *JMB*

Aš ↗**Asch**

Asbach **I.** Gem. und gleichnamige VG (seit 1970) im Lkr. Neuwied, 22 455 Ew., mit vier Gem. zwischen Westerwald und dem Bergischen Land im Rhein-Wied-Tal, RP. Reste einer fränk. Wallanlage weisen auf frühe Besiedlung hin. Seit 13. Jh. Teil des kurkölnischen Amtes Altenwied. 1815 kam Asbach zu Preußen. **II.** 1166 *Aspach*, 1180 *Asbach*, 1250 *Aspas*, 1275 *Aspach*; *Asbach* (1420). **III.** Der ON geht auf einen

FlN zurück, der entweder auf einen GwN mit dem Bw. ahd. *asc*, mhd. *asch* 'Esche' und dem Gw. ↗-*bach* oder auf eine fränk. Flurbezeichnung zurückzuführen ist. In diesem Fall wäre das Gw. ahd. *aspa* 'Espe', das mit dem ahd. Suffix -*ahi* für 'Busch, Dickicht', in ON zu ↗-*ach*² geworden, abgeleitet wurde. Das würde 1166 *Aspach* bzw. auch das mda. *Asbich* erklären. Favorisiert wird jedoch die Deutung 'Siedlung an einem Bach, bei dem Eschen stehen', da durch Asbach ein gleichnamiges Gewässer fließt. **V.** UB NRh I; FO; Kehrein, J.: Nassauisches Namenbuch. Bonn 1872; Müller, Trier. *JMB*

Asch // Aš [ˈaʃ] **I.** Stadt im Kr. Cheb, 13 373 Ew., in Nordwestböhmen, Bezirk Karlovy Vary (Karlovarský kraj), CZ. Das slaw. dünn besiedelte Gebiet wurde im 12. Jh. von Deutschen als Teil des Egerlandes (↗ Eger // Cheb) kolonisiert. 1281 Marktort. 1331 Unterstellung der „Ascher Provinz" unter Böhm. Krone. Im 16. Jh. protestantisch und unter politischem Einfluss Sachsens. Bis 1775 Verwaltungsautonomie. Ab 18. Jh. Textilindustrie. 1872 Stadtrecht. **II.** 1232 *oppidum Asch* [Or], 13.–18. Jh. *Asch*, häufig *Ascha*, seltener *Asche*, tschech. *Aša*, *Aš*, 1854 *Asch*, *Aš*. **III.** Ursprünglich ein GwN für die *Asche* = Ascher Bach / Aschbach, **Asc-aha*: ahd. **asc* 'Esche' und ahd. -*aha* (↗-ach¹) 'Wasser, Bach'; **Ascaha* > **Ascá* > *Ascha, Asche* bedeutet 'Wasser, an dem Eschen wachsen, Eschenbach'. Nach der Übertragung des GwN auf die Stadt fiel aus Unterscheidungsgründen im ON das -*a*, -*e* aus: *Ascha, -e* > *Asch*. So auch in der Entlehnung des ON ins Tschech.: *Aša* > *Aš*. **IV.** Mehrere d. GwN und ON wie *Asch-, Eschach, -bach*, BY, RP, BW; slaw. GwN *Jesenice, Jasenica, Jasionna, Jasinnaja* zu *jasen* 'Esche', CZ. **V.** Pf I; LŠ; HSBM. *RŠ*

Aschaffenburg I. Kreisfreie Stadt, 68 747 Ew., Reg.-Bez. Ufr., BY. Alem. Höhensiedlung des 4./5. Jh. n. Chr., 1144 Marktrecht, 1161 bzw. 1173 Stadtrechte, 1605–14 entstand Schloss Johannisburg (h. Museum), bis 1803 Zweitresidenz der Erzbischöfe von Mainz, seit 1814 bayerisch. Maschinen- und Fahrzeugbau, Bekleidungsindustrie. **II.** 496/506 (Kopie 13./14. Jh. nach Kop. um 700) *ascapha*, 974 (Kop.12. Jh.) *Ascaffenburg*, 982 *Ascafaburg*, 1131 *Aschaphene burch*, 1143 *Aschafenburc*, 1173 *Aschaffenburg*. **III.** Name der Siedlung urspr. identisch mit dem Namen der Aschaff (980 *Ascafa*), die aus dem Spessart kommend bei Aschaffenburg in den Main mündet. Später wird differenzierend das Kompositum *Ascafa-burg* gebildet. Einer Verkürzung des Namens zu **Aschafburg* (h. *Ascheberch*) wurde in der Schreibsprache durch analoge Auffüllung der Kompositionsfuge zu *Aschaff-en-burg* entgegengewirkt. *Aschaff* ist ebenfalls ein Kompositum germ. **Askapa*. Der FluN gehört zu den in Süddeutschland seltenen *apa/affa*-Namen. Germ. **apa* ist ein regionales Flussnamengrundwort wie ahd. -*aha* (↗-ach¹), vgl. *Aschach*. Das Bw. germ. **aska-, *aski-* 'Esche, Eberesche' bezog sich verm. auf das eschenreiche Quellgebiet. **IV.** ↗ Regensburg, BY. **V.** Böhme, H. W.: Zur Bedeutung von Aschaffenburg im frühen Mittelalter. In: Nomen et Fraternitas. Festschrift für Dieter Geuenich. Berlin 2008; Reitzenstein 1991; Greule, DGNB. *AG*

Ascheberg I. Gem. im Kr. Coesfeld, 14 945 Ew., s Münster, Reg.-Bez. Münster, NRW. Im MA Kirchdorf im FBtm. Münster, 1804 preußisch, 1806 Ghztm. Berg, 1813 wieder preußisch, 2. Hälfte 19. Jh. Strontianitbergbau. **II.** 9./10. Jh. *in Ascasberg* [Or], 1142 *in Ascheberge*. **III.** Bildung mit dem Gw. ↗-*berg* mit appellativischer Grundlage in asä. *berg*, mnd. *berch* 'Berg, Höhe, Geländeerhebung; Grabhügel'. Die generelle Austauschbarkeit der Gw. ↗-*berg* und ↗-*burg* hat verschiedentlich zur Annahme einer Burganlage als Namengeber für den Ort geführt. Beide Gw. können auch ohne nennenswerte Erhebung im Gelände eine befestigte und somit dem Schutz dienende Siedelstelle bezeichnen. Bw. ist wegen der genitivischen Flexion im Singular, die in mehreren frühen Belegen nachzuweisen ist, der PN *Asc*, der etymologisch auf asä. **asc*, mnd. *esche* 'Esche' zurückzuführen ist. Müller zählt ihn zu den germanischen Männernamen, die aus appellativischen Simplizia gebildet, oft stark flektiert und insbesondere Waffenbezeichnungen sind, in diesem Fall also etwa ein Speerschaft aus Eschenholz. Der Name meint also einen wie immer gearteten 'Berg eines *Asc*'. **V.** Werdener Urbare; WfUB I, II; Müller, G.: Starke und schwache Flexion bei den eingliedrigen germanischen Männernamen. In: Gedenkschrift für William Foerste. Köln / Wien 1970; Kaufmann 1965. *kors*

Aschersleben I. Stadt im Salzlandkreis (seit 1. 7. 2007), 27 282 Ew., an der Eine im n Harzvorland, ST. Landgerichtssitz im Schwabengau, 9. Jh. Besitzungen des Klosters Fulda, 11. Jh. Besitzungen des Klosters Ilsenburg. Seit dem 11. Jh. im Besitz der Grafen von ↗ Ballenstedt, die sich nach dem latinisierten Namen der Stadt (siehe unten) als *Askanier* bezeichnen. Anlage eines weiteren Stadtteils unter dem Bistum Halberstadt, in dessen Besitz nach dem Erlöschen der Grafenlinie (1315) ganz Aschersleben kam. Seit 1266 Stadtrecht, 1426–1518 im Hansebund, 1648 zu Brandenburg, 1815 zur Provinz Sachsen, Wollweberei/Tuchindustrie. **II.** 9. Jh. *Ascegereslebe*, 1086 *Asscheresleuo*, 1147 *Aschersleve*, 1263 *Asc(h)aria*, 1484 *Ascania*; *Aschersleben* (1537). **III.** *Aschersleben* ist ein für das n Harzvorland typischer ON auf ↗-*leben*, gebildet mit dem stark flektierenden PN *Askgēr*. Der PN findet in germ. **aska-* 'Esche' und westgerm. **gaira* 'spitzer

Stab' seine Wortschatzanbindung. **IV.** Eschershausen im Lkr. Holzminden, NI. **V.** SNB; Berger; Bathe, -leben. *JS*

Aspach **I.** Gem. im Rems-Murr-Kreis, 8290 Ew., ca. 16 km nnö Waiblingen, am Nordrand der Backnanger Bucht am Südrand der Löwensteiner Berge, Reg.-Bez. Stuttgart, BW. 1972 durch Vereinigung von Allmersbach, Großaspach, Kleinaspach und Rietenau gegründet. Hist. Torkelkelter in Kleinaspach. **II.** 856/64 (Kop. 1183–95) *Asbach*, 972 Kop. um 1281 *Aspach*, 1269 *Asbach [Or]*; *Aspach* (1971). **III.** Der erstmals im Lorscher Codex für das heutige Großaspach bezeugte ON gilt seit 1972 für die Großgemeinde. Er besteht aus ahd. *aspa*, mhd. *aspe* 'Espe, Zitterpappel', auch 'Esche' und dem Kollektivsuffix ahd. ↗ *-ach²*, *-ah(i)*. Es handelt sich daher wohl um eine 'Siedlung am Espenwald'. Bei einer Deutung als **aspa-bah* oder **asc-bah* wären Belege wie **Aspa-bah* oder **Asc-bah* zu erwarten. **V.** Reichardt 1993; LBW 2 und 3. *JR*

Asperg **I.** Stadt im Lkr. Ludwigsburg, 13 037 Ew., ca. 4,5 km wnw Ludwigsburg, am Fuße des Hohenaspergs im sw Neckarbecken, Reg.-Bez. Stuttgart, BW. Hohenasperg um 500 fränk. Herrschersitz, 819 Schenkung an das Kloster Weißenburg, 1510 Stadtrecht, 1714 Verlust der Stadtgerechtigkeit an Ludwigsburg, 1875 erneutes Stadtrecht. Weinanbau, Festung Hohenasperg und ehem. Thingstätte. **II.** Um 700 (Kop. 13./14. Jh.) *Ascis [= *Asciburg]*, 819 Kop. um 870 *Assesberg*, 1181 *Ascisberc [Or]*, 1191 *Asperk [Or]*; *Asperg* (13. Jh.). **III.** Das Bw. geht verm. als 'Siedlung auf dem Eschenberg' auf ahd. *ask*, mhd. *asch* (neben *esche*), mda. *aš*, zurück, wenn nicht ein PN *Ask* zu Grunde liegt. Das Gw. gehört zu ahd. ↗ *-berg*, mhd. *berc*. Nur der abgekürzte älteste Beleg wird als **Asci-burg* aufgelöst, alle späteren Belege zeigen *-berg*, *-perg* und Varianten. Für die Auflösung mit dem Gw. ↗ *-burg* kommt nach Reichardt die Deutung 'Befestigung auf dem Eschenberg' in Frage, denn *-burg* bezeichnet zunächst eine (röm. oder kelt.) befestigte Höhe. Eine Burg ist aber erst im hohen Mittelalter erwähnt, wenngleich auch die kelt. Besiedelung sicher schon befestigt war. **V.** Reichardt 1982b; LBW 3. *JR*

Aßlar **I.** Stadt im Lahn-Dill-Kreis, 13 724 Ew., Reg.-Bez. Gießen, HE. Stadtrecht 1978, Aßlarer Eisenhütte 1587 durch Graf Konrad von Solms-Braunfels gegr., bedeutendes Hüttenwerk zwischen Mittelrhein und Fulda (Produktion von Kanonen und Munition), 1606/07 mit Drahtzieherei verbunden, Glockenherstellung im 18. Jh. unter den Familien Rincker und Schmid, eisenverarbeitende Industrie, Kunststoff- und optische Industrie, Herstellung von Vakuumanlagen, Heimatmuseum im Stadtteil Werdorf.
II. (779?) (Kop. 1183–95) *in Haslare*, 782 (Kop. 1183–95) *in Aslare marca*, 1313 *Aslar*, 1333 *Aslor*, 1409 *Aislair*, 1417 *Asselar*, 1497 *Aßler*; *Aßlar* (1486). **III.** Komp. mit dem Gw. ↗ *-lar* in der Bedeutung 'offene, waldfreie Stelle (in, an einem Wald)'. Die Bw. der *-lar*-Namen nehmen keinesfalls auf den Menschen Bezug, sondern beschreiben immer Aussehen, Gestalt und Bewuchs, also die natürlichen Charakteristika der Landschaft. Die Deutung des Bw. ging bisher von einem Wort *ans* 'Gott' aus, führte aber zu keiner befriedigenden Etymologie des ON. Auch der Versuch, das Bw. auf ahd. *asc* 'die Esche' zurückzuführen, kann mit den hist. Formen des Namens schwer in Einklang gebracht werden. Bezieht man weitere Namen mit dem Element *As-* ein, ist ein schlüssiger Ansatz über eine idg. Basis **as-* < **os-* als Ablautform zu idg. **es-* ermittelbar. Diese lässt sich mit lit. *asla* 'gestampfter Lehmboden', lat. *assus* 'trocken', d. *Asche* und *Esse* verbinden. Die Grundbedeutung wird mit 'trocken' angegeben. Nach Schmid handelt es sich um etwas, was getrocknet werden kann (Pflanzen), was getrocknet ist (Lehmboden) oder austrocknen kann (Gewässer). Welche Benennungsmotivation letztlich zugrunde liegt, lässt sich nicht mehr entscheiden. Die älteste Überlieferung zeigt sich mit und ohne anlautend *H-*, auslautend fällt in der weiteren Überlieferung das *-e* aus (Apokope). Die Form *Aslor* (1333) erklärt sich durch mda. *ō* für mhd. *ā*; *Aislair* (1409) zeigt graphisches *i*, um die Länge der beiden Vokale zu markieren, in der Form *Aßler* (1497) wird der Vokal im Nebenton zu *e* abgeschwächt. **IV.** † Aspa, Lkr. Göttingen; † Asseburg, Gem. Wittmar; Assel, Gem. Burgdorf, beide Lkr. Wolfenbüttel, NI; Assen, Gem. Lippetal; Esbeck, Lippstadt, beide Kr. Soest, NRW. **V.** NOB III; NOB IV; WOB I; Schmid, W. P.: Der griechische Gewässername Asōpós. In: Ponto-Baltica 2–3 (1982–83). *DA*

Attendorn (Áttendòrn) **I.** Stadt im Kr. Olpe, 24 839 Ew., n des Bigge-Stausees im s Sauerland, Reg.-Bez. Arnsberg, NRW. An der Kreuzung zweier alter Fernhandelswege in klimatisch günstiger Lage entstanden, Pfarrkirche wohl im 9. Jh., 1222 Stadtrecht, über Soest Teilnahme am Hansehandel, 16. Jh. erstes Gymnasium im kölnischen Hztm.Westfalen. Seit 19. Jh. Industrialisierung. **II.** Zu 1072 (12. Jh.) *Attandarra*, 1124/25 *Attindarra*, 1176 *Attinderre*; *Attendorn* (1543). **III.** Bis in die Neuzeit herrschen beim Gw. die Formen *-darre*, *-darn(e)*, *-derre*, *-dern(e)* vor. Bereits für Urkunden des 13./14. Jh. werden auch *-o*-Schreibungen angegeben, die jedoch der Entstehungszeit der späten Abschriften dieser Stücke entsprechen können. Das Gw. ist vermutlich zu ahd. *darra*, *derra*, mhd. *darre*, mnd. *darre*, *dār(n)e*, *darre* 'Darre, Gestell oder Vorrichtung zum Dörren' zu stellen; ein asä. Appellativ **darra* kann vorausgesetzt werden.

Das Wort ist in der älteren ON-Gebung sonst nur als Erstglied bezeugt. Das Schwanken von *-a-* und *-e-* und der Übergang zu *-o-* sind artikulatorisch durch die Stellung in schwächer betonter Silbe und vor *-r-* zu erklären, wobei auch Einfluss der Wörter mnd. *derren* 'trocknen' und *dorn* 'Dorn' auf die Schreibungen möglich ist. Bw. ist ein sw. flektierender PN *Atto/ Atta*. Die maskuline Form (*-o*) ist im Ahd. bezeugt, die feminine (*-a*) im Asä. Es handelt sich um eine Nebenform des asä. KN *Ad(d)o, Ad(d)a*. Da Umlaut des *A-* ausblieb, ist das *-i-* der nur bis Ende des 12. Jh. belegten Form *Attin-* lediglich Schreibung für den schließlich zu [ə] abgeschwächten Vokal der Genitivendung *-on* (Schreibvariante *-an* im Erstbeleg). Einzelheiten der Motivation bleiben unklar, insbesondere, ob mit dem Gw. eine technische Vorrichtung oder eher ein Trockenplatz für Getreide und dergleichen gemeint war. **V.** FO II, Kaufmann 1968, *Flö*

Attnang-Puchheim ['atnɐŋ – 'puxhaɪm], dial. ['aːdnɔ̃ŋ] und ['b̥u̯ɐx̌ɔ̃m]. **I.** Stadt im Pol. Bez. Vöcklabruck, 8 875 Ew., zwei benachbarte, zusammengewachsene Orte am Fuß des Hausrucks n der Ager, großer Bahnknotenpunkt der Westbahn Salzburg – Linz – Wien, der s Salzkammergutbahn über Bad Aussee nach Steinach-Irdning im Ennstal und der n Hausruck-Innviertler-Bahn nach Braunau am Inn und Ried im Innkreis – Schärding – Passau/Donau, OÖ, A. Nach Grundwörtern beider Namen bair. Besiedlung im 7.–9. Jh. Wohl im 11. Jh. entstand die Burg der Herren von Puchheim, das heutige Schloss. Bedeutung erlangte der Ort Attnang erst mit dem Bau der Salzkammergutbahn ab 1877 als großer Umschlagplatz, was Siedlungsausweitung als *Neu-Attnang* nach Süden gegen Puchheim mit sich brachte und 1912 zur Zusammenlegung beider Orte führte. 1955 Markt, 1990 Stadt. **II.** Attnang: 1242 (Kop. 15. Jh.) *de Otinange, in Ottenange,* ? 1380 *zu Ottnang,* 1385 *Attnang*. Puchheim: 1125–47 *de Pŭcheiman,* ca. 1160 *de Pŭcheim,* 1197 *de Puchan,* 1378 *ze Puechhaim.* **III.** *Attnang*: Gefügtes Komp. mit ahd. ↗-*wang* und dem ahd. PN *Ôto,* jünger *Otto* mit Umlaut durch das Genitivflexiv zu offenem mhd. *oe* = [œː/œ], das dann mit mhd. *æ* zusammenfiel und zu [aː] gesenkt wurde, wie die Dialektaussprache zeigt, 'Ort am abschüssigen Gelände des Ot(t)o'. *Puchheim*: Gereihtes Komp. mit ahd./mhd. ↗-*heim* und bair.-mhd. *puoch* 'Buchenwald' oder *puoche* 'Buche', 'Ansitz am Buchenwald oder bei einer Buche'. Der urk. Beleg von 1197 spiegelt bereits die dial. Aussprache. **V.** ANB 1; OÖONB 4; HHS Lechner. *PW*

-au(e). Germ. **awjō, *agw(i)jō* 'zum Wasser gehörend', ahd. *ouw(i)a,* mhd. *ouwe,* mnd. *ouw(e) / ow(e)* Fem. 'von Wasser umflossenes Land, Insel, wasserreiches Land, Feuchtgebiet', verwandt mit ↗-*ach*¹, von dem es durch gramm. Wechsel unterschieden ist. Zahlreich sind die Bildungen für SiN und FlN, auch für Wasserburgen und als Simplex kommt es vor. In NI, SH und MV begegnet es als Gw. Aufgrund seiner Produktivität hat es oft das slaw. ↗-*o(w) / -ov* verdrängt. Als App. kommt es h. noch im Obd. und sonst nur in gehobener dichterischer Sprache vor. Literatur: Bach DNK II, 1 und II, 2; Schuster I; Kluge. *FD*

Aue I. Große Kreisstadt im Erzgebirgskreis, 17 751 Ew., im Westerzgebirge, an der oberen Zwickauer Mulde, sö Zwickau, SN. Waldbauerndorf (Zelle) seit etwa 1200, Marktanlage 1450/90, 1839 Stadtrecht. Im 16. und 17. Jh. bedeutend durch Abbau und Verarbeitung von Eisen-, Silber- und Zinnerzen sowie von Kaolinerde, Erzeugung von Nickel und Argentan, Industrialisierung im 19. Jh., bedeutende Betriebe der Metallverarbeitung, des Maschinenbaus und der Textilverarbeitung, nach 1945 Abbau von Uran durch die SDAG Wismut. H. Standort des Maschinenbaus und der Textilindustrie. **II.** 1464 *Awe,* 1495 *die Awe,* 1572 *Aue.* **III.** Zu mhd. *ouwe* 'Land am Wasser, nasse Wiese', ↗-*au(e).* **IV.** Auengrund, Lkr. Hildburghausen, TH; Auenwald, Rems-Murr-Kr., BW. **V.** HONS I; SNB. *EE, GW*

Auerbach i. d. OPf. I. Stadt mit 37 Gem.-Teilen im Lkr. Amberg-Sulzbach, 8 929 Ew., 32 km nw von Amberg, 48 km nö von Nürnberg, Reg.-Bez. Opf., BY. Markterhebung (1144) nach Gründung des nahen Klosters Michelfeld (1119), Stadterhebung (1314), Sitz eines Landgerichts, später Amtsgerichts. **II.** 1119 F. 12. Jh. *Vrbach,* 1269 *Aurbach [Or]; Auerbach* (1355). **III.** Gw. ↗-*bach*; Bw. ist die ahd./mhd. Tierbezeichnung *ūr* 'Auerochse'. Nach Diphth. des *ū-* zu *au-* erscheint in frnhd. Zeit vor dem Silbenauslaut *-r* ein Sprossvokal *-e-* (vgl. mhd. *sûr* > frnhd. *sauer*). Als Bed. des wohl urspr. GwN kann 'Fließgewässer, an dem Auerochsen erscheinen/erschienen' angenommen werden. Das Bw. *ūr* wurde in anderen ON auch mit dem alten GwN-Gw. ↗-*ach*¹ verbunden; da jedoch die Auerochsen erst im späten MA ausstarben, kann nicht sicher auf eine Namenentstehung bereits im frühen MA geschlossen werden. Der Zusatz *i. d. OPf.* dient der Differenzierung von gleichnamigen bayerischen Orten. Als SiN begegnet *Auerbach* häufig im hochdeutschen Sprachraum, so gibt es in BY neun andere Orte namens *Auerbach* (ohne Differenzierung). Weitere finden sich z. B. in BW, RP, SN und OÖ. **V.** Reitzenstein 2006; Ziegeler, H.-U.: Das Urkundenwesen der Bischöfe von Bamberg von 1007 bis 1139. In Archiv für Diplomatik. Schriftgeschichte, Siegel und Wappenkunde 27 (1981); 28 (1982). *GS*

Auerbach/Vogtl. I. Große Kreisstadt im Vogtlandkreis, 20 340 Ew., SN, im ö Vogtland an der Göltzsch, ö von Plauen. Ende des 12. Jh. Rodungsdorf, Stadtanlage um 1300. H. vor allem Standort der Textil- und Nahrungsmittelindustrie. II. Um 1280, 1350 *Urbach*, 1578 *Auerbach*. III. Bildung mit dem Gw. ↗-*bach*, das Bw. gehört zu mhd. *ūr* 'Auerochse', zunächst als Bachname (Abschnitt der Göltzsch), dann auf den Ort übertragen. IV. ↗Auerbach i.d.OPf., BY; Auerbach, Erzgebirgskreis, SN; Auer, STR, A. **V.** HONS I; SNB. *EE, GW*

Augsburg I. Große Kreisfreie Stadt, 263 313 Ew., Universitätsstadt, Sitz des Reg. Bez. Schwaben, BY. Gegründet 15 v. Chr. als Legionslager im Auftrag des römischen Kaisers Augustus, 121 n. Chr. römisches Stadtrecht, 1156 erneut Stadtrecht, seit 1276 Freie Reichsstadt. Durch die Handelsfamilie der Fugger seit Beginn der Neuzeit Handels- und Wirtschaftszentrum in Europa. 1806 im Zuge der Mediatisierung an das Königreich Bayern. II. 186 *Ael(ia) Augusta*, 2. Jh. (Kopie 11. Jh.) Αὐγούστα Οὐινδελικῶν, *Augusta Vindelicum*, 3. Jh. (Kopie 7./8. Jh.) *Augusta Vindelicum*, 826 *Augusburuc*, 962 *Augustburg*, 1238 *Augsburg*, 1632 *Gustava*. III. Grundlegend für den ON ist der PN des römischen Kaisers Augustus. Der Erstbeleg 186 zeigt mit dem Beinamen *Aelius* den Gentilnamen des Kaisers Hadrian. Nach eingängiger Forschungsmeinung ist in den antiken Belegen jeweils lat. *civitas* im Sinne von 'Stadt' zu ergänzen, so dass der ON als 'Stadt des Augustus im Gebiet der Vindeliker' zu deuten ist. Die Endung -*um* des Völkernamens *Vindelicum* ist als Gen. Pl. zu interpretieren. Zur Übersetzung von *civitas* wurde im MA dem Namen *Augusta* das Gw. ahd. ↗-*burg* als 'Burg, Stadt' angefügt. Dies führte schon in Belegen des 9. Jh. zur Assimilation von -*t*- des Bw. an den Labial -*b*- des Gw. zu -*b*-. Aufgrund der Erstsilbenbetonung des PN schwand die Nebensilbe des Bw. Mit einer singulären Wortschöpfung hängt der Beleg von 1632 *Gustava* zusammen: Im April des Jahres erschien Schwedenkönig Gustav vor Augsburg. Um ihn gnädig zu stimmen und ihm zu huldigen, benannte die Stadt das lat. *Augusta* in *Gustava* um. Eine eigens hierfür geprägte Denkmünze legt Zeugnis hierüber ab. **V.** Reitzenstein 1991; Paul, H.: Mittelhochdeutsche Grammatik. Tübingen²⁴ 1998; Schmid, W.: Augusta Vindelicorum oder Augusta Vindelicum? In: Zeitschrift des Historischen Vereins Schwaben, 54 (1941). *hp*

Augustdorf I. Gem. im Kr. Lippe, 9 582 Ew., sw des Teutoburger Waldes am Rand der Senne, Reg.-Bez. Detmold, NRW. Im letzten Viertel des 18. Jh. gegr. Sennekolonie, ausgehend vom Dörenkrug (1775 *im Dören*, Meierbrief für den Barntruper Bürger August Simon Struß), seit 1779 planvolle Anlage eines neuen Dorfes durch Graf Simon August zur Lippe (1727–1782). 1892 Truppenübungsplatz, 1937 erweitert zum Truppenübungsplatz Senne. 1937–1945 sog. Nordlager für bis zu 20 000 Displaced Persons (1958 Auflösung), ab 1957 Bundeswehrstandort. 1910 Ansiedlung einer Handweberei, 1925 Ziegelei, 1927 Kalksteinwerk in der Dörenschlucht. II. 1775 *im Dören*, 1805 *Augustdorf oder im Dören*. III. Bildung mit dem Gw. ↗-*dorf*. Der PN *August* im Bw. bezieht sich auf Graf Simon August zur Lippe, nach dem die Siedlung 1789 benannt wurde. Die Siedlung hat im 18. Jh. zeitweise auch *im Dören* (mit sekundärem Sprossvokal -*e*-, < asä. *thorn* M. 'Dorn', als Bez. für Dornengestrüpp, -gesträuch, mnd. *dorn(e)*, insbes. auch für Zäune, Wehren etc., vgl. Wendung *mit horsten und dornen*) bzw. *Neudorf* geheißen. **V.** HHS 3; Stöwer. *BM*

Aukrug nd. *Aukrooch* I. Amtsangehörige Gem. und gleichnamiges Amt im Kr. Rendsburg-Eckernförde, 6 046 Ew., mit vier Gem., Hochmoor, SH. 1970 Gründung der Gem. Aukrug durch Zusammenschluss von fünf Dörfern sowie des gleichnamigen Amtes durch Zusammenlegung zweier Ämter. Bis dahin war Aukrug als Gebietsbezeichnung geläufig. 1128 Erwähnung des heutigen Ortsteils Innien. Spargelanbaugebiet; Naturpark Aukrug ist anerkannter Erholungsort, Wassermühle Bünzen. II. 1875 *Aukrug [Or]*. III. Der sehr junge ON war vorher schon als FlN bekannt. Das Bw. *Au*-, ↗-*au(e)*, geht auf germ. **awjō, *agw(i)jō* 'zum Wasser gehörend', ahd. *ouw(i)a*, mhd. *ouwe*, mnd. *ouw(e) / ow(e)* 'von Wasser umflossenes Land, Insel, wasserreiches Land' zurück. Es ist verwandt mit ↗-*ach*¹, von dem es durch gramm. Wechsel unterschieden ist. Zahlreich sind die Bildungen für SiN und FlN, auch für Wasserburgen und als Simplex kommt es vor. Als App. kommt es h. nur noch in gehobener dichterischer Sprache vor. In NI und SH begegnet es als Gw., das auf Grund seiner Produktivität oft das slaw. -*ov* / ↗-*o(w)* verdrängt hat. Das Gw. -*krug* nd. **krooch* bedeutet im Dithmarsischen ein Stück Weide- oder Saatland, das eingehegt ist'. Damit ist die Bedeutung einer Siedlung, die auf feuchtem Weide- oder Saatland entstanden ist, sehr wahrscheinlich. **V.** Debus, Pfeifer. *GMM*

Aulendorf I. Stadt im Lkr. Ravensburg, 9 837 Ew., ca. 20 km n Ravensburg, im Zungenbecken des Schussentals, Reg.-Bez. Tübingen, BW. Gründung durch die Welfen im 10. Jh., danach staufischer und ab 1806 württembergischer Besitz, 1950 Stadtrecht, 1970 um Zollenreute und 1972 um Blönried erweitert. Kneippkurort, wirtschaftl. Eisenbahnknotenpunkt, Schloss Aulendorf. II. 1091 *Alechdorf*, 11. Jh. *Alidorf*, *Aligedorf*, *Alegedorf*, 1222 *Alidorf*. III. Die mit dem Gw. ahd. mhd. ↗-*dorf* gebildeten ON sind in der Regel alt und beziehen sich auf frühe Siedlungen. Meist sind sie mit PN verbunden, hier dann verm. mit dem PN *Alech* (zu *alah* 'Tempel'). Es kann hier aber auch unmittelbar das nur in ON und PN bezeugtes Substantiv ahd. *alah* selbst zu Grunde liegen (↗Altshausen). Dem vorauszusetzenden germ. *alah-* wird die Bedeutung 'abgeschlossener, geschützter heiliger Hain' zugeschrieben. Das in offener Silbe gedehnte -*ā*- wird im Schwäbischen zu -*au*- diphthongiert. **V.** Kaufmann 1968; FO; Lloyd, A. L. / Springer, O.: Etymologisches Wörterbuch des Althochdeutschen, 1. Göttingen 1988; LBW2 und 7. *JR*

Aurich **I.** Kreisstadt im Lkr. Aurich, 40 447 Ew., nö von Emden, sw von Norden in der ostfriesischen Geest, bis 2004 Reg.-Bez. Weser-Ems, seit 2005 Regierungsvertretung Oldenburg, NI. Wohl im frühen 12. Jh. gegr., seit 1464 Residenz der Reichsgrafschaft Ostfriesland, 1539 Stadtrecht, 1744 zu Preußen, 1808 an Holland, 1810 an Frankreich, 1815 zu Hannover, 1866 zu Preußen. Tourismus, Elektrotechnik und Maschinenbau. Kulturparlament „Ostfriesische Landschaft", Lambertikirche (1270 gestiftet, 1835 neu errichtet). **II.** Um 1276 *Aurec howe* [Kop. 14. Jh.], 1379 *curia Awerichawe* [Kop. 15. Jh.], 1400–1417 *Awreke*; *Aurich* (1735). **III.** Dem ON liegt eine Gebietsbezeichnung zugrunde: 1289 *domini scolastici per Nordam, Herlingam et Affricam*, 1379 *(terra) Averice* [Kop. 15. Jh.]. Diese enthält als Bw. das auch als Gw. vorkommende ↗*-au(e)*, das sowohl '(Fließ-)Gewässer' als auch das 'am Wasser gelegene Land' bezeichnen kann. Gw. ist ein in asä. *rīki*, afries. *rīke* 'Reich', mnd. *rīke* 'Land, Gebiet' bezeugtes App. Der Vokal wird gekürzt und teils zu -*e*- gesenkt. Der Name der Siedlung wird in den älteren Belegen häufig durch asä., mnd. *hof* 'Hof' vom Raumnamen unterschieden. **V.** HHS 2; Nds. Städtebuch; Remmers, Aaltukerei. *TK*

Aussee, Bad **I.** Stadt, 4 865 Ew., Pol. Bez. Liezen, ST, A. Zwei Salzpfannen bei Aussee wurden 1147 dem Kloster Rein geschenkt. Um 1300 verlegte der Markgraf die Salzpfannen von Altaussee nach Bad Aussee. 1868 wurde der Ort zum Kurort, 1994 zur Stadt erhoben. **II.** 1246 *Awse [Or]*, 1265/67 *salina in Aussê*, um 1310 *Ûzsê; Aussee (1669)*. **III.** Der Name ist am ehesten mit urslaw. **ustьje*, slowen. *ûstje*, kroat. *ûšće* 'Mündung' zu verbinden. In Bad Aussee münden Altausseer und Grundlseer Traun in die Kainischtraun. 17. 3. 1914 wurde *Bad* hinzugefügt. **IV.** Ähnlich u. a. *Ustje* in Slowenien. **V.** Lochner, in: Önf 33 (2006). *FLvH*

Aussig // Ústí nad Labem ['uːsciː 'nad labɛm] **I.** Hauptstadt des gleichnamigen Bezirks (Ústecký kraj), 95 289 Ew., in Nordböhmen, CZ. Gegr. im 10. Jh. am l. Elbufer als Markt- und Zollstätte. Um 1260 kgl. Stadt, 1426 von Hussiten zerstört. Got. Stadtkirche, bedeutsamstes Kultur- und Industriezentrum Nordböhmens (Chemie, Nahrungsmittel, Porzellan, Hafen und Werft, Universität seit 1991). **II.** 993 *Navsty super Albiam [Or]* 'in Ústí über der Elbe', 1181 *Vzti*, 1227 *Vsk*, um 1260 tschech. *Vzt*, d. *Usk*, 1393 *Ausk*, 1404 *stat zu Aussk*, 1426 *Ústie, Vssig*; *Aussig* (1720–1945). **III.** Die Ersterwähnung ist eine Zusammenziehung von *na* und *Vsty* 'in Ústí an der Elbe'. Benannt nach der Lage an der Mündung der *Bílina* (↗Bilin) in die Elbe. *Ústí*, 17.–19. Jh. auch *Austí*, dial. *Oustí*, zu urslaw. **ustьje*, atschech. *ústie*, ntschech *ústí* 'Mündung'. Atschech. Variante *Úst'* (= 1260 *Vzt*) entlehnt ins D. mit -*t'* / -*k*-Ersatz (1227 *Vsk*), was über *Ausk* (1393) und *Vssig* (1426) zur Form *Aussig* führte. **IV.** Slk. *Ústie*, poln. *Uście*, sloven. *Ustje*, russ. *Ust'-Dwinsk* u. a.; ↗Bad Aussee, SM, A. **V.** Pf IV; SchOS; LŠ. *RŠ*

B

Baar I. Stadt und Gem. im Kt. Zug, 21 524 Ew., 444 m über dem Meeresspiegel, CH. Älteste archäol. Siedlungszeugnisse im Stadtgebiet aus der Jungsteinzeit (3200 v. Chr.), frühma. Gräberfelder bei der Pfarrkirche St. Martin und an der Früebergstrasse (7. Jh.). Mehrere ma. Mühlen, sicher seit dem 17. Jh. auch Papiermühlen. 1855 Eröffnung der Baumwollspinnerei, welche während kurzer Zeit der größte derartige Betrieb in der Schweiz war. 1897 Anschluss an das Eisenbahnnetz. H. Standort teils international tätiger Produktions-, Handels- und Dienstleistungsbetriebe. II. 1045 *Barra*, 1178 *Barre*, vor 1227 *Barro [Or]*; *Baar* (1596). III. Zu kelt. **barr-* 'Spitze, Gipfel, Anhöhe', mit Bezug auf die Baarburg, eine tafelbergartige Erhebung rund 2,5 km nö des Stadtzentrums, mit archäol. Nachweis einer kelt. Höhensiedlung („Zentralsiedlung"). Der kelt. Typus **barr-* (idg. **bhares-* 'Emporstehendes, Spitze') ist im ehemals kelt. Raum (besonders Frankreich) verbreitet. Baar ist der östlichste Vertreter dieses Typus. IV. Barr, im Département Bas-Rhin (Elsass), Bar-sur-Aube, im Département Aube (Champagne-Ardenne), Bar-le-Duc, im Département Meuse (Lothringen), alle F. V. Dittli, 1; LSG; HLS 1. BD

Babenhausen I. Markt und gleichnamige VG im Lkr. Unterallgäu, Unterzentrum, 11 292 Ew., mittleres Günztal, Reg.-Bez. Schwaben, BY. Spätmittelalterliche Kleinherrschaft, seit 1538/39 in Fuggerbesitz, 1803 Reichsfürstentum, 1806 an BY. II. 1237 *Babinhusin*, 1339, 1350, 1408 *Baubenhusen*; *Babenhausen* (1457). III. Gw. ↗ *-hausen*, Bw.: PN *Babo*, wegen der diphthongierten Formen mit *-au-* im 14. und 15. Jh. ist auch der PN **Bābo* möglich. IV. ↗ Babenhausen, Lkr. Darmstadt-Dieburg, HE. V. Reitzenstein 1991; Landkreis Unterallgäu, Bd. II. TS

Babenhausen I. Stadt im Lkr. Darmstadt-Dieburg, 16 066 Ew., nö Dieburg beiderseits der Gersprenz, Reg.-Bez. Darmstadt, HE. Der Ort, wohl spätestens im 8./9. von den Franken gegr. (Gw.: *-husen* > ↗ *-hausen*), ist 1236 im Besitz der Herren von Münzenberg, fällt 1255 an die Herren von Hanau, erhält 1295 Stadtrecht, kommt 1458 an Hanau-Lichtenberg, 1771 an Hessen-Kassel, 1807 unter franz. Verwaltung, 1810 an Hessen-Darmstadt, 1918 und 1945 zu Hessen; 1971/72 um 5 Gem. vergrößert. II. (Anfang 13. Jh.) *Babenhusen* (Kop. 1211), 1278 *Babinhusin*, 1357 *Bobinhusen [beide Or]*. III. Bw. ist der im Ahd. nicht seltene (vgl. CL) PN *Băbo* im (sw.) Gen., ein Lallname mit kurzem, erst im Mhd. (weil in offener Tonsilbe) gedehnten *ā*, eine Ablautform zu asä. *Bōvo*, ahd. *Buobo* 'Bube' (Kaufmann). 2. und 3. Beleg: Die *i*-Schreibung für unbetontes ə ist im Ahd. und Mhd. weit verbreitet; *Boben-* begegnet vereinzelt im 14. und noch bis ins 18. Jh. und spiegelt die rhfr.-südhess. Mda., in der mhd. Dehnungs-*ā* zu offenem *ō* wurde. Das Gw. im lok. Dativ. Bed.: 'bei den Häusern des Babo'; die Diphth. zu *-hausen* seit dem 15. Jh. IV. ↗ Babenhausen, Lkr. Unterallgäu, BY; ↗ Bobenheim-Roxheim, Rhein-Pfalz-Kreis, RP, ↗ Bamberg, BY. V. Oculus Memorie; Reimer 1891; Müller, Starkenburg; Kaufmann 1965, 1968. HGS

-bach. Früh bezeugte typisch gesamtd., noch h. produktive Bez. für 'fließendes (kleineres) Gewässer', jünger als *-aha*, ↗ *-ach*¹, das gebietsweise unterschiedlich schon seit dem 5. Jh. durch *-bach* ersetzt werden konnte: germ. **baki*, ahd. *bah*, mhd. *bach*, asä. *beki*, mnd. *beke*, nd. *-be(e)ke, -beck*, in bestimmten süd-/md. Gebieten und im Nd. Fem., sonst M. Das geläufige Wort kommt als Name und besonders häufig in SiN und FlN als Gw. mit unterschiedlichen Bw. vor (u. a. nach Farbe, Geruch, Temperatur, Geräusch, Fließgeschwindigkeit des Wassers, Größe des Bachlaufs, Aspekte der Umgebung, Nutzung durch den Menschen – z. B. Mühlbach, OT von Rieschweiler-Mühlbach, Lkr. Südwestpfalz, RP, nach Tieren oder Menschen mit PN im Gen.). Literatur: Bach DNK II, 1 und II, 2; Krahe; Schuster I; NOB III. FD

Backnang I. Große Kreisstadt (1956) und gleichnamige VVG im Rems-Murr-Kreis, 78 072 Ew., ca. 27 km nö Stuttgart und 15 km nnö Waiblingen, am Rande des Neckarbeckens in der Backnanger Bucht, Reg.-Bez. Stuttgart, BW. Hochma. Ausbausiedlung in einer Murrschleife mit einer Burg bei der heutigen Stiftskirche als Kern. 1245 erfolgt die urk. Ersterwähnung als Stadt, noch vor 1324 ging der Ort an Württemberg und war ab 1806 Oberamtsstadt. Bekannt als Gerberstadt, Stiftskirche St. Pankratius. II. 1067 *Hesso de Baccananc [Or]*, 1116 (Kop. 16. Jh.) *in villa Backnang*,

1134 *Baggenanc [Or]*, 1245 Kop. 15. Jh. *Backnang*, 1504 *Backana*. **III.** Der ON enthält als Bw. den PN *Bacco*, das Gw. gehört zu ahd. **wang* 'Feld, Wiese, Weide', das im Kompositum ahd. *holzwang* bezeugt ist. Er ist als 'Siedlung beim Weideland des Bacco' zu deuten. Das anlautende *w-* des Gw. fällt in der Komposition (wie etwa in *Botnang*) frühzeitig aus. Die heutige Mundartform *bágənə*, vgl. 1504 *Backana*, ist aus *Baggenang* durch Dissimilation von *n-n* zu *n* und Abschwächung des schwachtonigen Gw. entstanden. **IV.** Botnang, OT von Stuttgart; Ochsenwang, Lkr. Esslingen, beide BW. **V.** Reichardt 1993; LBW 3. *JR*

Baddeckenstedt **I.** Gem. und gleichnamige Samtgem. im Lkr. Wolfenbüttel, 10 805 Ew., an der Innerste, Reg.-Bez. Braunschweig (bis Ende 2004), NI. In Baddeckenstedt Haupthof der Burg Wohldenberg, seit 1275 im Besitz der Hildesheimer Bischöfe; 1523–1643 welfisch, seit 1643 wieder hildesheimisch; ab 1813 Kurfürstentum bzw. Kgr. Hannover. **II.** 1109 *Batikansteten [Or]*, 1174–95 *Badekenstete*; *Baddekenstedt* (um 1616). **III.** Bildung mit dem Gw. ↗ *-stedt* und dem schwach flektierten KN *Badiko* bzw. wegen des fehlenden Umlautes im Stamm eher *Baduko* im Gen. Sg. Der Erstbeleg entstammt einer Urkunde, die von einem dem hd. Raum angehörenden Schreiber abgefasst wurde. Die aufkommende Dentalgeminata zeigt Kürze des Stammvokals an. Deutung also: 'Siedlung des Baduko'. **V.** NOB III. *KC*

Baden [bo:n] **I.** Bezirkshauptstadt, 25 194 Ew., 26 km s WI an der Thermenlinie, NÖ, A. Seit der Römerzeit aufgrund der warmen Schwefelquellen als Heilbad bekannt; bemerkenswerte Sakralbauten; 1480 Stadterhebung, schwere Schäden durch Türken- und Ungarneinfälle, Pest 1713 und Großbrände 1714 und 1812, danach Wiederaufbau im Biedermeier- bzw. Klassizismusstil. H. Haupterwerb durch Weinbau und Tourismus (Bäder- und Kuranstalten [Aufenthalte von Wolfgang Amadeus Mozart, Ludwig van Beethoven, Franz Schubert, Johann Strauß Vater, Franz Grillparzer und anderen Kunstschaffenden], Konferenz- und Casinobetrieb), Schulstadt; Museen; Rosarium; Stadttheater mit Sommerarena. **II.** 4. Jh. *Aquae*, 869 *palatium* (= [karolingische] Pfalz) *ad Padun; in loco qui lingua nostra dicitur Baden, latine vero Balneum* (nach 1156). **III.** Bei diesem Namen liegt ahd.-bair. *pad* (im Dat. Pl. nach der ursprünglichen *a*-Deklination) als Übersetzung von lat. *aquae* 'bei den Wässern' im Sinn von 'bei den (Heil-) Bädern' vor. **V.** Itinerarium provinciarum Antonini Augusti. Regesta Imperii 1; ÖStB 4/1; Schuster 1. *ES*

Baden mda. ['ba:də] **I.** Stadt und Hauptort des Bezirks Baden, 17 446 Ew., an der Limmat, AG, CH. In römischer Zeit Badeort der benachbarten Garnison Vindonissa/Windisch mit Militärspital und Heilbad. Um 1000 Befestigung des Schlosses Stein. 1273 habsburgisch, um 1297 Stadtrecht. 1415–1798 ohne Schmälerung der alten Rechte unter der Herrschaft der Eidgenossen, die hier ab 1424 jährlich an Pfingsten eine Tagsatzung zur Rechnungsablage abhielten. 1714 Tagungsort des Europ. Friedenskongresses nach dem Spanischen Erbfolgekrieg. Im Ancien Régime waren die Thermalquellen ein gesellschaftlicher Mittelpunkt der Alten Eidgenossenschaft. Kurort, Verkehrs-, Industrie-, Geschäfts- und Kulturzentrum für rund 100 000 Personen. Elektroindustrie und Elektrowirtschaft. Fachhochschulen für Technik, Informatik, Handel und Wirtschaft. **II.** 2./3. Jh *vik(anis) Aquensib(us) [Or]*, 1040 (Kop. 16. Jh.) *de Badin*, 1130 *de Bathen*; *zuo dien Baden* (1362), *ze Baden* (1443). **III.** Sekundärer SiN, gebildet aus der alem. Lehnübersetzung des lat. *Aquae*, ahd. **Badon*, Dat./Lok. Pl., im Sinne von 'bei den Bädern'. **IV.** ↗ Baden bei Wien, NÖ; ↗ Baden-Baden, BW; ↗ Wiesbaden, HE. **V.** Schweiz. Lex.; Zehnder, Gemeindenamen Aargau; LSG. *RMK*

Baden-Baden **I.** Kreisfreie Stadt (seit 1939), 54 777 Ew., etwa 43 km nnö Karlsruhe am n Schwarzwald gelegen und umschließt das Oostal, Reg.-Bez. Karlsruhe, BW. Seit 70 n. Chr. Römersiedlung, im 8. Jh. unter fränk. Herrschaft, ab 1250 Stadtrecht, seit 1306 Thermalquellennutzung für Bäder, Heilquellenkulturbetrieb, Kongressort, Weinbau, Festspielhaus Baden-Baden, Kurhaus, Kloster Lichtenthal, Schloss Hohenbaden. Der Vicus in Baden-Baden war verm. seit Trajan Vorort einer Gaugemeinde, die vielleicht von Kaiser Caracalla, der hier nach seinem Alemannenfeldzug geweilt haben soll, den Beinamen *Aurelia* erhielt. **II.** 197 *Respublica Aquensis*, 217 *Aque*, 220/30 *civitas Aurelia Aquensis*, 987 *Badon*, 1256 *Baden [Or]*, 1356 *Markgrafen Baden*, 1390 *Nydern Baden*; *Baden-Baden* (1931). **III.** Der Name gehört zu ahd. *bad*, mhd. *bat* '(Heil-)Bad' mit der Lokativ- bzw. Dativform auf *-en* und bezeichnet eine natürliche, warme Quelle bzw. den Ort, wo sich eine solche Quelle befindet. Die Übersetzung des röm. Namens ins Deutsche spricht für eine nicht ganz abgerissene Siedlungskontinuität. Der Landschaftsname *Baden* wurde im 19. Jh. auf die Stadt übertragen und führt in Abgrenzung zu gleichnamigen Orten als Kopulativkompositum aus Ortsname und Ländername zum ON *Baden-Baden*. **IV.** ↗ Baden, AG, CH. **V.** Krieger; Bach DNK 2; LBW 2 und 5. *JR*

Baesweiler [Ba:sweiler] **I.** Kreisangehörige Stadt im Kr. Aachen, 28 234 Ew., nö von Aachen in der hier beginnenden Jülicher Börde, Reg.-Bez. Köln, NRW. Im Jahre 1130 erstmals erwähnt. 1371 Schlachtort in der „Brabanter Fehde". 1921 bis 1975 Steinkohlenbergbau. Seit 1975 Stadt. Seither Umstrukturierung durch Ansiedlung von Gewerbe- und Technologieunternehmen. **II.** 1130 *Bastwilren [Or]*, 1289 *Baistwilre*, 1330 *Boistwilyr*; *Baesweiler* (1517). **III.** Das Gw. ↗-*weiler* ist im Rheinland mit einem besonderen Schwerpunkt im Gebiet zwischen Köln und Aachen gut verbreitet. *Bast-* (*Baist-*, *Baes-*) als Bw. dürfte kaum in Verbindung zu nhd. *Bast* (ahd., mhd. *bast*) 'Baumrinde' stehen. Eher wird ein ahd. PN in der Art von **Bast(o)* (nicht *Bosso*, *Basso* und auch nicht *Bast* als Kurzform zu *Sebastian*) die Grundlage bilden. Die in den Altbelegen (*Baistwilre*, *Boistwilyr*) bereits deutlich gemachte und bis in die Neuzeit erhaltene Länge des Stammvokals entstand verm. unter dem Einfluss eines weiteren PN-Stammes wie *Bas-*. **IV.** ↗*Eschweiler*, Kr. Aachen, NRW. **V.** Gotzen. *Br*

Baiersbronn **I.** Gem. im Lkr. Freudenstadt, 15826 Ew., ca. 5 km nnw Freudenstadt im Murgtal im Nordschwarzwald gelegen, mit den früher selbstständigen Gem. Huzenbach, Klosterreichenbach, Röt und Schwarzenberg (seit 1969 bzw. 1974), Reg.-Bez. Karlsruhe, BW. Entstanden um 1300 im Hochmittelalter, kam 1320 an Württemberg und gehört seit 1938 zum Lkr. Freudenstadt. Gastronomiebetrieb, Luftkurort, Murgtalbahn, Münsterkirche des Klosters Reichenbach, Alexanderschanze. **II.** 1292 *Baiersbrunne*. **III.** Als Gw. erscheint ahd. *brunno* 'Brunnen, Quelle, Wasser', die heutige Form ↗-*bronn* ist mit *r*-Metathese aus der gleichbedeutenden Variante ahd., mhd. ↗-*born* entstanden. Das Bw. gehört vielleicht zu schwäb., badisch *baier*, einer regionalen Variante von ahd., mhd. *bēr* 'Eber, Wildschwein'. Sprachlich wahrscheinlicher ist wohl der Anschluss an den PN oder HN *Baier*. **IV.** Baierbrunn, Lkr. München, BY. **V.** FP; Schwäbisches Wörterbuch, bearb. v. Hermann Fischer, Bd. 1, Tübingen 1904; Badisches Wörterbuch, bearb. v. Rudolf Post, Bd. 1, München 2001; LBW 5. *JR*

Balingen **I.** Große Kreisstadt (seit 1974) und gleichnamige VVG im Zollernalbkreis, 40093 Ew., etwa 38 km ssw Tübingen und ca. 70 km s Stuttgart im Tal der Eyach nah der Schwäbischen Alb gelegen und von den Balinger Bergen umgeben, Reg.-Bez. Tübingen, BW. Stadtgründung 1255 durch Graf Friedrich von Zollern, erste Befestigung spätestens um 1377, 1403 Verkauf an Württemberg, komplette Zerstörung der Stadt bei Brand von 1809 und folgender Wiederaufbau im klassizistischen Stil. Maschinenbau, Leder- und Textilhandwerk, Zollernschloss, Klein Venedig, spätgotische Stadtkirche mit Grabmal Friedrichs von Zollern. **II.** 863 *Balginga*, 1140 *Balingin*, 1226 *Balingen*, 1309 *Baldingen*, 1484 *Baldingen*, 1493 *Balingen*. **III.** Der ON ist zurückzuführen auf eine ↗-*ing(en)*-Abl. zu dem ahd. PN *Balgo*, der Name bedeutet 'Siedlung bei den Leuten des Balgo'. Einige der spätmittelalterlichen Belege dürften sekundär an mhd. *balt* 'kühn, mutig' angeschlossen worden sein. **V.** Krieger; FO 1; FP; LBW 7. *JR*

Ballenstedt **I.** Stadt im Kreis Harz (seit 1. 7. 2007), 7605 Ew., am Nordostrand des Harzes, ST. Angelegt bei der Burg der seit 1030 nachweisbaren Grafen von Ballenstedt, dem Stammhaus der Grafen von ↗Aschersleben (Askanier). 1046 Kollegiatstift, das 1125 in ein Benediktinerkloster umgewandelt wurde. Seit 1212 anhaltinisch (seit 1603 Anhalt-Bernburg), seit 1543 Stadtrecht. **II.** 1046 *monasterium Ballenstitense*, um 1060 *de Ballenstede*, *-stide*, um 1073 *Ballenstedi*, *Ballensteti*, 1197 *Ballenstede*. **III.** Im Grundwort (↗-*statt*/-*stedt*/-*stätten*/-*stetten*) zeigt sich der typisch ostfälische Übergang des aus -*a*- entstandenen umgelauteten -*e*- zu -*i*-. Die Siedlung bezieht sich auf eine Person des Namens *Ballo*, verschliffen aus *Baldo* zu germ. *balþa- 'kühn'. **V.** SNB; Berger. *JS*

Baltijsk [Балтийск] ↗**Pillau**

Balve **I.** Stadt im Märkischen Kr., 12 095 Ew., an der Hönne, Reg.-Bez. Arnsberg, NRW. Pfarrort vor 1196 in der Gft. Arnsberg, 1368 zum Kftm. Köln, 1430 Befestigung als Stadt, 1806 Ghztm. Hessen, 1813 Preußen, bis 1975 zu Kreis Arnsberg, Metall-, Holzverarbeitung, Chemieprodukte. **II.** nach 864 *Ballau*, 890 *Ballaua*, 1197 *parochia Balleue*, 1300 *Balve*. **III.** Das -*u*- im Wortinnern ist alte Schreibweise für labiodentales -*v*-. Eine eindeutige Namenerklärung ist nicht möglich. Die älteren Formen erfordern die Aufteilung des Namens in die Silben *bal-* und *-lav-*, wobei die Qualität des Vokals der zweiten Silbe (-*a*-/-*o*- oder -*e*-) unsicher ist. Für die Erstsilbe kommen in Frage *bāl* 'helle Farbe', 'weiß', 'glänzend', and. *balu*, *balwes* Ntr. (-*wa*-Stamm) 'Unheil', 'Übel' und *ball* 'runder Körper', 'Ball'. Für -*lava* später -*leve* werden and. *hlēo*, *hlēwes* '(Grab-)Hügel', *hleo*, *hlewes* 'Decke', 'Schutz', und *lēva* 'Erbe', 'Hinterlassenschaft' oder *lōva* (< *lauba*) 'offenes Bauwerk', 'Laube' erwogen. Sie alle stimmen mit der Vorgabe *lava* nicht recht überein. Das -*w*- in den Flexionsformen von *hlēo*/*hleo* ist bilabial (wie engl. *w*), d. h. anders als das labiodentale *v* in *Ballava*. Auch die Vokale *ē* und *e* machen hier – wie auch bei *lēva* – Schwierigkeiten. Dennoch sind wegen der *v*-Übereinstimmung *lēva* oder *lōva* vorzuziehen, da *lēva* in Hunderten von -*leben*-Ortsnamen an der Elbe und in Thüringen vorliegt, deren Altformen stets das -*n* fehlt. Da das -*ē*- oder -*ō*- in der zweiten Silbe nicht betont wird, kann es zum Murmelvokal degenerieren, der in Anklang an das -*a*- der ersten Silbe als -*a*- erscheinen kann. *Bal-lēva* kann 'schlechtes Erbe' bedeuten. Vorzuziehen ist jedoch *Bal-lōva* 'schlechte Hütte'. *Bāl-lēva*, 'glänzendes Erbe', ist abzulehnen, da 'glänzend' nicht in übertragenem

Sinne, sondern konkret gedacht werden muss und einen – als Motiv für einen Siedlungsnamen kaum wahrscheinlichen – Edelmetallschatz als Erbe voraussetzt. **IV.** † Balhornun, Kr. Paderborn, Balhorn, Kr. Warendorf, † Ballevan, Kr. Soest, alle NRW. **V.** Diekamp, W. (Bearb.): Die Vita Sancti Ludgeri. Münster 1881; MGH, Die Urkunden der deutschen Karolinger; WfUB V, VII; WOB Soest. *schü*

Bamberg **I.** Kreisfreie Stadt und Sitz der Verwaltung des gleichnamigen Lkr., 69989 Ew., auf ö Ausläufern des Steigerwaldes und im Tal der Regnitz kurz vor deren Mündung in den Main, Reg.-Bez. Ofr., BY. Siedlung auf dem heutigen Domberg archäol. bereits für die Merowingerzeit nachgewiesen, im 10. Jh. mehrfach erwähnt, 1007 von Kaiser Heinrich II. zum Bischofssitz erhoben, hochmittelalterlicher Dom mit bedeutenden Plastiken (Bamberger Reiter), barock geprägte Residenz- und Universitätsstadt der Fürstbischöfe, nach der Aufhebung des Fürstbistums 1803 bayerisch, seit 1818 Sitz eines Erzbischofs, Universität 1972 wiedergegründet. **II.** Zum Jahre 902 *Babenberh, Babenberc,* 973 *Papinberc,* zum Jahre 1001 *Bavanberg,* 1007 *Babinberc, Babenberg,* 1174 Bamberg. **III.** Das Gw. ⁊ *-berg* ist in allen Schreibungen eindeutig identifizierbar; die Schreibung *-c* deutet auf Auslautverhärtung zu *-k,* die Schreibung *-h* auf Reibelaut (*-ch*). Belege mit *-burg* kommen in der urk. Originalüberlieferung nicht vor. Das Gw. weist auf eine auf einer Anhöhe (wohl dem heutigen Domberg) gelegene Siedlung. Das Bw. ist als ahd. *Babin-* zu bestimmen; die Schreibungen *Bavan-* und *Papin-* sind nd. bzw. obd. Varianten. *Babin-* ist bestimmbar als Gen. Sg. eines schwach flektierenden PN *Babo; Babin-/ Baben-* entwickelt sich vor dem *b* von *-berg* durch Assimilation von *-n* zu *-m* und durch Kontraktion von *Babem-* zu *Bam-*. Der Name *Babo* könnte als Lallname zu einem PN wie *Adalbert* gehören, und so könnte die Siedlung nach dem Grafen Adalbert benannt sein, der mit seinen Brüdern das *castrum Babenberh* im Jahre 902 nutzte. Für die bereits merowingerzeitliche Siedlung auf dem Domberg ist diese Anknüpfung natürlich nicht möglich. Wenn sie bereits *Babenberg* hieß, muss die Deutung des Namens offen bleiben. (Ein zum Jahre 718 gestellter Beleg *Babenberg* steht in einer erst im späten 13. oder 14. Jh. entstandenen, nur in einem Druck von 1727 überlieferten Vita der heiligen Bilhildis und kann kein Vertrauen beanspruchen). **V.** Bergmann, R.: 138. Bericht des Historischen Vereins Bamberg (2002), S. 7–21; Bergmann, R.: BNF. NF. 44 (2009), S. 415–417; Eichler, E./Greule, A./Janka, W./Schuh, R.: Beiträge zur slavisch-deutschen Sprachkontaktforschung. Band 2: Siedlungsnamen im oberfränkischen Stadt- und Landkreis Bayreuth, Slavica 4. Heidelberg 2006, S. 285; HHS 7/2. *RB*

Bannewitz **I.** Gem. im Lkr. Sächsische Schweiz-Osterzgebirge, 10689 Ew., s Dresden, am Fuß des Osterzgebirges, SN. 1999 durch Zusammenschluss der bisherigen Gem. Bannewitz und Possendorf entstanden. **II.** 1311 *Panewicz,* 1649 *Bannewitz.* **III.** Zu asorb. **Panovici,* abgeleitet von *pan* 'Herr'. **IV.** Panitz, OT von Stauchitz, Lkr. Meißen, SN. **V.** HONS I; SO. *EE, GW*

Banzkow **I.** Gem. und gleichnamiges Amt (mit Goldenstädt, Plate und Sukow) im Lkr. Parchim, 7749 Ew., im Landschaftsschutzgebiet Lewitz, ca. 15 km s von Schwerin, an der Stör-Wasserstraße, MV. Ende 13. Jh. an Grafen von Schwerin, 1872 Errichtung der neugotischen Backsteinkirche; vorrangige Erwerbszweige waren und sind Landwirtschaft und Viehzucht; Banzkow wurde beim Bundeswettbewerb „Unser Dorf hat Zukunft" 2008 mit einer Goldmedaille ausgezeichnet. **II.** 1300 *Bancekowe,* 1307 *Bant[c]ecowe,* 1327 *Banscekowe,* 1350 *Bantzekowe,* 1354 *Bansekowe.* **III.** Dem ON liegt ein apoln. PN *Bǎček (vgl. apoln. Namen **Bąk,* *Bączek) mit einem poss. Suffix *-ov,* ⁊ *-o(w)* (**Bąčkov,* kasch. *Bąkovo*) zugrunde, dessen auslautendes *-v* in der Aussprache verloren ging. Das mittlere *-č-* unterlag bei der Eindeutschung des Namens einem Konsonantenwechsel zu *-c-,* das nasale *-ą-* wurde durch *-an-* ersetzt. Die Bedeutung des ON lässt sich als 'Ort des Bąček' rekonstruieren, der charakterisierende PN geht auf apoln. *bąk 'Rohrdrommel' zurück. **V.** MUB IV, V; Trautmann ON Meckl. *MN*

Bardowick **I.** Flecken und gleichnamige Samtgem. im Lkr. Lüneburg, 16385 Ew., an der Ilmenau n von Lüneburg, Reg.-Bez. Lüneburg (bis Ende 2004), NI. Schon in karolingischer Zeit Vorort des Bardengaues; in ottonischer Zeit Münzrecht, Markt und Zoll belegt; bedeutendes Kollegiatstift; mit dem Aufstieg Lüneburgs und Lübecks seit staufischer Zeit nur noch regionale Bedeutung. **II.** 785 *Barduwic* [Kop. 9. Jh.], 795 *Bardenwih* [Kop. 9. Jh.], 975 *Bardonuuihc,* 1180–88 *apud Bardowicensem ecclesiam.* **III.** Bildung mit dem Gw. ⁊ *-wik.* Das Bw. enthält entweder den schwach flektierenden KN *Bardo* im Gen. Sg. oder aber den Völkernamen der Barden. **V.** HHS 2. *KC*

Bargteheide nd. Bart'heil **I.** Stadt im Kr. Stormarn, 14882 Ew., Sitz des Amtes Bargteheide-Land, nö von Hamburg, direkte Nähe zu Ahrensburg und Bad Oldesloe, SH. 1314 erstmals urk. erwähnt, 1571 in Gottorfer Herrschaft, 1859 Sitz des alten Amtes Tremsbüttel, 1867 zu Preußen, 1957 Erhebung zur amtsfreien Gemeinde, 1970 Verleihung des Stadtrechts. Backsteinkirche. **II.** 1314 *in villis ... Brektehegel* [Or], 1434 *to Berchteheyle,* 1595 *von Berchteheide;*

Bargteheid (1648). **III.** Die Bed. des Namens geht zurück auf das asä. *braka* 'Brache', das von *Brekte-* zu *Bergte-* und schließlich zu *Bargte-* umgedeutet wurde, und nd. *hegel* 'Einzäunung'. So ergibt sich die Bed. der 'Siedlung/ Einzäunung auf dem Brachland'. **IV.** Bargstedt, im Kr. Rendsburg-Eckernförde, SH, sowie im Lkr. Stade, NI; Bargstall, Kr. Rendsburg-Eckernförde, SH. **V.** Laur; Haefs. *GMM*

Barleben **I.** Einheitsgemeinde im Lkr. Börde, 9 217 Ew., ST. Gebildet am 1. 7. 2004 aus Barleben und weiteren Gem. der Umgebung. Barleben liegt am Rande der Magdeburger Börde, n der Landeshauptstadt Magdeburg und s des Mittellandkanals. **II.** 1062 *in villa Partunlep* [Or], 1197 *in Bardenleve*, 1420 *Bardeleue*; *Barleben* (1610). **III.** Der ON ist eine Bildung mit dem Gw. ↗ *-leben*. Im Bw. steht der KN *Bardo* im Gen. (zu germ. **barda-* 'Bart' oder asä. *barda*, ahd. *barta* 'die Barte, kleines Beil, Streitaxt'), demnach also 'Hinterlassenschaft des Bardo'. *Bardenleve* entwickelte sich mit später Abschwächung und Synkopierung der Mittelsilbe *-den-* zu heutigem *Barleben*. **IV.** Eichenbarleben, Lkr. Börde (1180 *in Ekenbardenlove*), ST. **V.** MGH DH IV.; FO; Udolph 2005. *GW*

Barlinek ↗ **Berlinchen**

Barmstedt **I.** Amtsfreie Stadt im Kr. Pinneberg, 9 702 Ew., durchflossen von der Krückau, am Rantzauer See, SH. 1140 erstmals urk. erwähnt, 1650 Reichsgrafschaft unter Christian Graf von Rantzau, nach dessen Tod bis 1867 unter königlich-dänischer Administration, 1867 zu Preußen, 1895 Vereinigung der Flecken Barmstedt und des Dorfes Großendorf zur Stadt Barmstedt. Schlossinsel Rantzau, Heiligen-Geist-Kirche. **II.** Um 1140 *in Barmiste* [Or], 1212 *de Barmetstede*, 1221 *de Barmestide*. **III.** Der heutige ON *Barmstedt* geht zurück auf eine Bildung aus dem nd. *barm* 'Erhebung, Anhöhe, Anhäufung', einem mittlerweile entschwundenen *t*-Suffix und der veralteten Form für 'Stadt/Siedlung' *stede*, ↗ *-stedt*. Somit bezeichnet Barmstedt die 'Siedlung an der Anhöhe'. **V.** Laur; Haefs. *GMM*

Barnstorf **I.** Flecken und gleichnamige Samtgem. im Lkr. Diepholz, 11 764 Ew., an der Hunte, Reg.-Bez. Hannover (bis Ende 2004), NI. Früh Besitz der Klöster Werden und Corvey, dem auch die Pfarrkirche gehörte, in Barnstorf nachzuweisen; das gleichnamige Ksp. umfasst seit den frühesten Zeiten etwa 40 Ortschaften; Freigericht und Vogtei Barnstorf gelangten auf verschiedenen Wegen in den Besitz der Grafen von Diepholz; Fleckenrecht unbekannten Datums; Zentrum der Erdölförderung in NI. **II.** 9./10. Jh. *Bernatheshusen* [Or], 980–982 *Bernestorpe* [Kop. 15. Jh.], 10. Jh. *Bernothingthorpe*, um 1150 *Bernstorp*; *Barnstorf* (1791). **III.** Bildung mit dem Gw. ↗ *-dorf*. Da *-ing-* vor dem Gw. singulär ist und sonst die Flexionsendung *-es* (Gen. Sg.) auftritt, ist kaum von einer Bildung mit dem Personengruppensuffix ↗ *-ing(en)* im Bw. auszugehen, sondern der stark flektierte PN **Bernanþ* anzusetzen, der Schwund des *-n-* vor Spirans aufweist. Die späteren Belege, darunter die Corveyer Abschriften, zeigen Ausfall des intervokalischen Dentals (*Bernes-*). Das vor *-r-*Verbindung stehende *-e-* wird zu *-a-*. Nach stl. *-s-* wird der Anlaut des Gw. ebenfalls stl. Deutung also: 'Siedlung des **Bernanþ*'. **V.** GOV Hoya-Diepholz; HHS 2. *KC*

Barntrup **I.** Gem. im Kr. Lippe, 9 120 Ew., im O des Kreisgebietes, 10 km n Blomberg an Landesgrenze zu NI, Reg.-Bez. Detmold, NRW. Um 1300 Stadtgründung der Grafen von Sternberg, Kirchort (Pfarrkirche St. Peter und Paul), 1317 *oppidum*, 1376 Stadtrechte, nach 1577 Schloss von Kerßenbrock an Stelle des sog. *Niederen Hofes* errichtet, Stadtbrand vernichtete 1858 Reste der landesherrlichen Burg (seit 13. Jh.) ö Barntrup. Seit 1805 Tabakverarbeitung (Blütezeit 1870/80). 1969 Zusammenschluss mit vier weiteren ehem. selbst. Gem. **II.** 1317 (Kop. 1562) *in Berrentorpe*, 1353 [de] *Berninctthorpe*, 1357 *van unsem sclote to Berlinctorpe*, nach 1450 *by Barrentorpe*, 1466 (Kop. 16. Jh.) *tho Barnichtorpe*, 1627 *Bardendorff*; *Barntrup* (1545). **III.** Bildung mit dem Gw. ↗ *-dorf*. Die älteste, aber spät überlieferte Form des Bw. zeigt *Berren-* mit *-rr-*Graphie als jüngerem Assimilationsprodukt < *-rn-*. Spätere Formen wie *Berninc-*, *Berning(h)-*, *Bernynk-*, *Bernync-* bewahren ältere Verhältnisse. Seit Mitte des 15. Jh. sind *Barn(n)-*, *Barnen-*, *Barning-*, *Barninck-*, *Barren-*, *Barrin-* mit *er* > *ar* anzutreffen, im 17. Jh. vereinzelt auch mit *-r-*Metathese zu *Bran-*. Sporadisch auftauchende Formen des 14. Jh. wie *Berlinc-*, *Berlinck-*, *Perlinch-* oder *Berlink-* sind als Varianten mnd. Dissimilation von *n* > *l* zu verstehen. Im 17. Jh. erscheint *Barden-*, was der zeitweise sekundären 'Eindeutung' des Namens als *Nahmen … von der Bardis, welche der Teutschen Priester vnnd Sangmeister gewesen sein / Bardorum Pagus / ein Dorff vnnd Wohnung der Barden* bei Piderit entspricht. Auszugehen ist von einem älteren **Berning-* (abgeschwächt und synkopiert > *Bernen-* > *Bernn-*). Basis der patronymischen Bildung **Berning* ist ein KN **Berno* (neben *Benno*), der auf einen zweigliedrigen germ. Rufnamen mit dem PN-Stamm BERAN- (zu germ. **ber-an-*, ahd. *bero* 'Bär') wie z.B. *Bernhard*, *Berngēr*, *Bernheri* usw. bezogen werden kann. Der Name benennt die Siedlung als 'Siedlung eines Angehörigen oder der Leute eines *Bern(o)*'. **V.** WOB II (Kr. Lippe); Piderit(ius), J.: Chronicon Comitatus Lippiae. Rinteln 1627; HHS 3. *BM*

Barsbüttel nd. Barsbüddel/ Basbüttel **I.** Gem. im Kr. Stormarn, 12 375 Ew., unmittelbar ö von Hamburg, SH. 1228 erstmals urk. erwähnt, 1306 an das Hamburgische Domkapitel, 1609 an das alte Amt Reinbek, 1889 Amtsbezirk Barsbüttel gegründet, 1948 Wandlung zu Amt Barsbüttel, 1973 amtsfreie Gemeinde. **II.** 1228 *in Bernekesbutle [Or]*, 15. Jh. *Barkesbutel*, 1573 *Barsbuttell*. **III.** Der ON geht zurück auf den PN *Berneke* und das veraltete Wort ↗ *-büttel* für 'Siedlung'. Es ist also von einer 'Siedlung des Berneke' auszugehen, umgedeutet zu *Barsbüttel*. **IV.** Barsbek, Kr. Plön, Barsfleth, Kr. Dithmarschen, Barslund Kr. Flensburg, alle SH. **V.** Laur; Haefs. *GMM*

Barsinghausen **I.** Stadt in der Region Hannover, 33 961 Ew., am ö Rand des Deisters, Reg.-Bez. Hannover (bis Ende 2004), NI. Um 1193 Gründung eines Augustinerchorfrauenstiftes, in der Reformation evangelisch und bis h. bestehend; bis 1956/57 Steinkohlenbergbau, danach Ansiedlung anderer Industrien; 1969 Stadtrecht; in die Stadt sind 17 Gemeinden eingegliedert, bis 2001 im Lkr. Hannover. **II.** 1193 *Berkingehusen [Or]*, 1213 *Berscyngehusen*, 1528 *Barsingehusen*. **III.** Bildung mit dem Gw. ↗ *-hausen* und dem PN *Berico* sowie einem patronymischen ↗ *-ing*-Suffix. Das *-k-* des PN wird durch folgendes *-i-* palatalisiert. Später wird *-e-* vor *-r*-Verbindung zu *-a-* gesenkt. Deutung also: 'Siedlung der Leute des Berico'. **V.** Bonk, A.: Urkundenbuch des Klosters Barsinghausen. Hannover 1996; HHS 2; NOB I. *UO*

Barßel **I.** Gem. im Lkr. Cloppenburg, 12 535 Ew., an der Soeste, Reg.-Bez. Weser-Ems (bis Ende 2004), NI. Vor 1300 Eigenkirche, bis 1400 Gerichtsbarkeit der Grafen von Tecklenburg, Bau der Schnappenburg, 1400 Kirchspiel *an den waterstrome* zum Niederstift Münster, Zentrum des Torfhandels vom 16. Jh. bis 1990, Moor- und Fehnmuseum in Elisabethfehn. **II.** 1330 *Bersele [Or]*, 1403 *Bersele, Barseler zehende, Borselers zehendten* (Kop.). **III.** Die Etymologie des spät überlieferten ON ist unklar, da die Endung *-le* als abgeschwächtes Gw. ↗ *-loh(e)* oder als *-l*-Suffix interpretiert werden kann; bei einer Zuss. mit ↗ *-loh(e)* allerdings bleibt das Bw. dunkel. Die Lage Barßels zwischen Soeste, Barßeler Tief und Nordloher Tief (AbschnittsN der Aue) legt einen mit *-l*-Suffix gebildeten GwN oder eine Stellenbez. nahe, die sich auf die Lage am Wasser bezog. Es ist an idg. **bher-* 'aufwallen' für die Bewegung des Fließgewässers oder an **bher-* 'glänzend, braun' für den morastigen Boden, jeweils mit *-s*-Erweiterung, zu denken. Im Mnd. wären dann *-er-* vor Konsonant in *-ar-* und *-a-* nach dem Labial *-b-* temporär in *-o-* übergegangen. **V.** BuK Oldenburg III; Thissen, W.: Bistum Münster; Weyland, J.-H.: Barßel „Gestern-Heute-Morgen". In: Jahrbuch für das Oldenburger Münsterland 2002. *FM*

Bartenstein // Bartoszyce [bartɔʃitsɛ] **I.** Kreisstadt im gleichnamigen Lkr. (seit 1999), Woi. Warmińsko-Mazurskie (Ermland-Masuren), 25 007 Ew., PL. Im Landschaftsgebiet Schippenbeiler Tiefland // Nizina Sępopolska, an der Alle // Łyna, in der Nähe der polnisch-russischen Grenze. 1240 entstand hier eine der ersten Ordensburgen in Ostpreußen, 1326 wurde der Siedlung durch Luther von Braunschweig das Stadtrecht verliehen und der Name *Rosenthal* gegeben, vom 16. bis zum 18. Jh. dank des Handels mit Polen ein wichtiges Wirtschaftszentrum im Hztm. Preußen, 1920 nach der Volksabstimmung Verbleib bei Deutschland, seit 1945 zu Polen, 1975–1998 in der Woi. Olsztyn (Allenstein). **II.** 1325 *in Bartenstein*, 1345 *Barthenstein*, 1880 *Bartelstein*, 1941 *Bartoszyce* oder *Barsztyn*; d. *Bartenstein*. **III.** Der d. ON wurde vom Stammesnamen *Barten* (die Stadt liegt auf deren früherem Gebiet) und dem Gw. ↗ *-stein* gebildet. Der Stammesname geht auf apreuß. *Barta, Bartai* zurück, das von apreuß. **bart* 'fließen' abgeleitet ist. Der ON wurde als *Barsztyn* polon. und mit dem PN *Bartosz* assoziiert, zu dem das Suffix *-yce* gegeben wurde. **IV.** Bartąg, Barciany, beide Woi. Warmińsko-Mazurskie (Ermland-Masuren), PL. **V.** Rymut NMP; RymNmiast; Rospond 1984. *IM*

Barth **I.** Stadt und (mit weiteren zehn Gem.) gleichnamiges Amt im Lkr. Nordvorpommern, 15 961 Ew., am Südufer des Barther Boddens (zur Ostsee) und ö der Barthe, ca. 30 km nw von Stralsund, MV. Slaw. Vorbesiedlung, seit dem 13. Jh. d. Marktsiedlung, 1255 durch Rügenfürsten Jaromar II. lübisches Stadtrecht verliehen, um 1315 Errichtung eines Schlosses, seit dem „Ribnitzer Frieden" von 1369 zu Pommern, im 16. Jh. Errichtung einer Druckerei, in der die niederdeutsche „Barther Bibel" gedruckt wurde, ab 1648 schwedisch, ab 1815 preußisch und seitdem stete Entwicklung des Reedereiwesens und des Schiffbaus, im 2. Weltkrieg Rüstungsproduktion, Kriegsgefangenenlager und Außenstelle des KZ Ravensbrück, nach dem 2. Weltkrieg Ausbau von Konserven- und Zuckerindustrie sowie Gründung eines Zierpflanzen- und Saatgutbetriebes, klein- und mittelständische Betriebe, Flughafen Stralsund-Barth. **II.** 1159 *provincia Barta* (Landschaftsname), 1171 *castrum Bridder (all. Bartk)*, 1178 *uillam unam nobilem in Barth*, 1186 *Bard*. **III.** Die Stadt liegt an der Mündung der Barthe, deren urspr. Name, **Bardik(a)*, 1242 *ad riuum Bartik*, jedoch verm. vom Landschafts- oder Ortsnamen abgeleitet wurde. Nach Witkowski könnte – verursacht durch die geografischen Verhältnisse – ein apolb. Wort für eine Erhebung (slaw. **bʊrdo* 'Anhöhe, Abhang, Hügel') stecken, was durch mehrere kleinere

Erhebungen in der unmittelbaren Umgebung der Stadt gestützt wird. Nicht auszuschließen ist auch eine vorslaw. Benennung von Fluss und Landschaft, die auf den Ort übertragen worden ist. Udolph zählt die poln. GwN *Brda* und *Warta* zur idg. Namensschicht. **V.** MUB I; PUB 1; Trautmann ON Meckl.; Witkowski 1965; Udolph 1990; Eichler/Mühlner; Niemeyer 2007. *MN*

Bartoszyce ↗ Bartenstein

Basel **I.** Hauptort des Kt. Basel-Stadt, 164 937 Ew., CH. Mehrere kelt. Siedlungen aus vorröm. und röm. Zeit, deren Namen nicht sicher überliefert sind. Nach der Gründung der röm. Kolonie Augusta Raurica 44/43 v. Chr. auf dem Gebiet der heutigen Gem. Augst und Kaiseraugst geriet auch die befestigte Siedlung auf dem Münsterhügel unter röm. Herrschaft. Im frühen 7. Jh. ist ein Bischof bezeugt, der wohl bereits die Herrschaft in der Stadt ausübte, die 917 durch die Ungarn zerstört wurde. 1348 starb fast die Hälfte der Bevölkerung während einer Pestepidemie. 1356 vernichtete der Brand im Anschluss an das bis h. schwerste Erdbeben Mitteleuropas große Teile der Stadt. Das Konzil von Basel, das 1439 den Gegenpapst Felix V. wählte, tagte von 1431 bis 1449. Ein eidgenössisches Kontingent unterlag 1444 in der Schlacht bei St. Jakob dem franz.-österreichischen Heer. 1460 stiftete Papst Pius II. in Basel die erste Universität im Gebiet der heutigen Schweiz. Im Schwabenkrieg 1499 wandte sich Basel der Eidgenossenschaft zu, der es am 1501 als 11. Ort beitrat. 1529 trat es zur Reformation über. Im Wiener Kongress wurde das ehemalige Fürstbistum Basel 1815 zwischen Bern und Basel aufgeteilt. Nach der Schlacht an der Hülftenschanz, welche die Stadt verlor, konstituierten sich die Landgemeinden 1833 als eigener Halbkanton Basel-Landschaft. **II.** 237–38 *Basileam* (Kop. vor 1461), 374 *Basiliam*; *Basel* (1291). **III.** Der ON *Basel* geht auf den gut belegten suffixlosen lat. PN griech. Herkunft *Basilius* zurück. Es handelt sich wahrscheinlich um eine elliptische Bildung **(villa) Basilia* 'Landgut des Basilius', wobei irritiert, dass der Primärumlaut nicht eingetreten ist (Indiz für eine länger andauernde romanische Sprachgemeinschaft im Raum Basel?). Kaum in Frage kommt gemäß LSG eine Herleitung von einer nur für Nordfrankreich anzunehmenden Form **basilia* zu spätlat. *basilica* 'Kirche'. **V.** Boesch; LSG. *mr*

Bassersdorf **I.** Politische Gem. im Bezirk Bülach, 10 755 Ew., Dorf am Rande des mittleren Glatttals zwischen Zürich und Winterthur, Kt. Zürich, CH. Standort einer römischen Villa an der römischen und ma. Straßenverbindung zwischen Zürich und Winterthur, die bis in die Neuzeit hinein einen wichtigen Wirtschaftsfaktor darstellt. Bis ins 20. Jh. bäuerlich geprägt, doch früh textile Heimindustrie und Handwerk; seit ca. 1950 Teil der Agglomeration Zürich, heute vorwiegend Wohngemeinde mit 76 % Wegpendlern. **II.** ca. 1010 *Basselstorff*, ca. 1150 *Pascelstorf* (mit späterer Randnotiz: *Bazzilstorf*), 1298 *Passerstorft*. **III.** Primärer Siedlungsname, dessen Grundwort ↗ *-dorf*, ahd. *dorf* 'Weiler, Dorf, Hof', von einem wohl als PN aufzufassenden Bestimmungsglied regiert wird. Während die ältere Forschung einen PN *Basilius* postulierte, geht die jüngere aufgrund der frühen Schreibungen *-ss-*, *-zz-*, *-sc-* eher von einem PN **Bazzilo* (wahrscheinlicher wäre *Bazzilīn*) auf ahd. Grundlage aus (belegt sind von der unklaren Ableitungsgrundlage etwa *Bazzo, Pazzo, Bacila*). Gesamtdeutung wäre 'Dorf, Ansiedlung des *Bazzilīn*'. **V.** FP; HLS, LSG. *MHG*

Bassum **I.** Stadt im Lkr. Diepholz, 16 125 Ew., Reg.-Bez. Hannover (bis Ende 2004), NI. Um das um 860 gegr. und bis h. bestehende Stift Bassum bildete sich die gleichnamige Siedlung, die um 1600 Fleckenrecht hatte; die Gruppensiedlung Bassum besteht aus den Flecken Bassum, Freudenberg und Loge, die 1896 zu einem Flecken vereinigt wurden; 1929 erhielt der Flecken Stadtrecht. **II.** 858–65 *Birxinon* [Kop. 12. Jh.], 937 *Birsina*, 988 *Birchisinun*; *Bassum* (18. Jh.). **III.** Der ON enthält verm. das App. asä. *birka* 'Birke' und ist sowohl mit *-s*-Suffix wie mit *-n*-Suffix abgeleitet, wobei die älteren Belege mehrfach Dat. Pl. zeigen. Dieses spricht für einen vorausgehenden GwN, der jedoch nicht sicher zu bestimmen ist. Evtl. handelt es sich um den Klosterbach w des Ortes. Der ON wird durch Schwund und Abschwächung der Nebentonvokale zu **Berksen*, das *-k-* fällt aus, *-e-* wird vor *-r*-Verbindung zu *-a-* und schließlich das *-r-* vokalisiert sowie das *-en* an die mit *-heim-* gebildeten Namen, die jünger häufig *-um* zeigen, angeglichen. **V.** GOV Hoya-Diepholz; HHS 2; von Hodenberg, W.: Archiv des Stiftes Bassum. Hannover 1848; Nds. Städtebuch. *KC*

Baumholder **I.** Stadt und gleichnamige VG (seit 1970) im Lkr. Birkenfeld, 9 912 Ew., mit 14 Gem. im Nordpfälzer Bergland zwischen Nahe und Glan, nahe der Grenze zum Saarland, RP. Im 14. Jh. Herrschaftsbereich der Grafen von Veldenz, 1444 pfalzzweibrückisch. Trotz vieler Privilegien wurde Baumholder nicht Stadt. Das Gebiet kam 1816 als Ftm. Lichtenberg zu Sachsen-Coburg-Saalfeld und wurde durch Verkauf 1834 preußisch. Bis 1919 zum Lkr. Sankt Wendel, nach Bildung des Saargebiets 1920 zum „Restkreis Sankt Wendel". Nach der Gründung des Saarlandes am 1. 1. 1957 kamen Baumholder und die Orte des ehem. Ftm. zum Lkr. Birkenfeld. Weitläufiger Truppenübungsplatz seit 1937, für den

14 Orte wüst gingen und der seit 1945 von US-Armee und Bundeswehr genutzt wird. **II.** 1156 *Bemundulam*, um 1200 *in banno Bemoldre villa*, 1259 *apud Beimolderen*, 1277 *Beumoldern*, 1440 *zu Baumoldern*. **III.** Im ON steckt mhd. *boumīn* 'mit Bäumen bestanden' zu *boum* 'Baum' sowie mhd. *hól(un)der* 'Holunderstrauch' im h. nicht mehr erkennbaren Bw., das Gw. ist ein zu *-a* kontrahiertes und später verloren gegangenes Suffix *-aha* 'Wasser, Fluss', ↗ *-ach*¹. Die Siedlung befand sich demnach an einem mit Bäumen bestandenen Hol(un)derbach. **V.** MGH DF I; Kaufmann 1973. *JMB*

Baunach I. Stadt und (seit 1972) gleichnamige VG im Lkr. Bamberg, 8 085 Ew., Reg.-Bez. Oberfranken, BY. Frühmittelalterliche Gründung in altbesiedelter Gegend in der Eingangspforte des Baunach-Itz-Hügellandes am Zusammenfluss von Baunach, Lauter und Itz kurz vor deren Einmündung in den Main, in fuldischer Lehenshoheit, (Slawen-?)Kirche mit Fundgut aus dem 8. und 9. Jh., bis 1057 Besitz der Schweinfurter Grafen, bis 1248 durch Heirat an die Herzöge von Andechs-Meranien, danach durch Heirat an die Grafen von Truhendingen; 1328 Bamberger Stadtrecht; 1376 als Pfand, 1396 als Kauf an Hochstift Bamberg; 1388 Lehenshoheit von Kloster Fulda an Hochstift Bamberg, nach 1390 Sitz einer Bamberger Zent mit Ober- und Kastenamt, 1456 Jahrmärkte und Wochenmarkt, 1803 an Bayern. **II.** 804 (Kop. des 9. Jh., Druck 1607) *Bunahu*, 9. Jh. (Kop. um 1160) *Bunaha*, 1124 (Kop. des 12. Jh.) *Punaha*, 1195 (Kop. des 12. Jh.) *Bunach*, [1326–1328] *Baunach*. **III.** Wohl vom Fluss auf die Siedlung übertragener Name, der kaum zu idg. *$b^h ueh_2$* 'wachsen, entstehen' im Sinne von 'schwellen', sondern zu mnd. *būne* 'Flechtwerk zum Uferschutz' zu stellen ist, die in der nd. *Buhne* regional weiterlebt. Das Gw. ↗ *-ach* steht im Erstbeleg im lokativischen Dativ. **IV.** Ähnlich als Simplex: Alten- und Kirchenbauna, OT von ↗ Baunatal, Lkr. Kassel, HE. **V.** Wunschel, H.J.: Baunach. In: HHS Franken; Reitzenstein 2009. *DF*

Baunatal I. Stadt im Lkr. Kassel, 27 738 Ew., s von Kassel, Reg.-Bez. Kassel, HE. Gebildet 1966 durch den Zusammenschluss der Orte Altenbauna, Kirchbauna, Alten- und Großenritte, Guntershausen, Hertingshausen und Rengershausen. Bauna war Sitz eines landgräflichen Amtes und Gerichts. Seit 1966 Stadt. **II.** 1015 *Bunon* [Or], 1123 *Altdenbune*. Kirchbauna: 1123 *Kilechbune*, 1220 *inferior Bunen*, 1255 *Kirhbune*, 1303 *Bůne*, 1379 *Nederbune*. **III.** Namengebend ist der GwN *Bauna*, entweder zu idg. **bhū-* 'anwachsen, schwellen' > **bhū-na* 'die Anschwellende' oder zu mnd. *būne* 'Flechtwerk zum Schutz des Ufers, Bodenerhöhung'. Das Zweitglied ↗ *-tal* trat erst anlässlich der Vereinigung der Orte an den ON hinzu. **V.** FO I; Reimer 1926; Eisenträger / Krug; Bach DNK II; Arnold. *TH*

Bautzen // Budyšin (osorb.) **I.** Große Kreisstadt und Verwaltungssitz im gleichnamigen Lkr., 41 161 Ew., in Ostsachsen, in der Oberlausitz an der Spree, neben Cottbus politisches und kulturelles Zentrum der Sorben, SN. Altes Zentrum des Slawengaues Milzane mit slaw. Burgwall und Burgsiedlung, seit 1031 deutscher Burgward, um 1200 planmäßige Anlage der Stadt durch d. Siedler, führende Stellung im „Lausitzer Sechsstädtebund" (1346–1815), gehört seit 1067 zu Böhmen, nach dem 30jährigen Krieg mit der gesamten Lausitz zum Kurfürstentum Sachsen. Industrieller Aufschwung im 17. und 18. Jh. mit Tuchweberei und Strumpfwickelei. Auch h. noch bestehen wirtschaftl. strukturelle Vielfalt und traditionelle Unternehmen. **II.** 1012/18 *Budusin, Budisin*, 1144 *Budesin*, 1319 *Budischin*, 1419 *Bawdissin*, 1511 *Bawtzen*, noch bis 1868 amtliche Form *Budissin*, dann *Bautzen*. **III.** Aus aosrb. **Budyš* zum PN *Budyš* oder *Budych*, erweitert mit dem Suffix ↗ *-in-*. Das PN-Element *Bud-* ist im Slaw. sehr produktiv. **V.** Thietmar; HONS I; SNB. *EE, GW*

Bayreuth I. Kreisfreie Stadt, 72 935 Ew., Reg.-Bez. Oberfranken, BY. Hochmittelalterliche Gründung auf dem Hügel zwischen Sendelbach, Mistelbach und dem Ufergelände des Roten Mains – wahrscheinlich der Platz des h. Stadtteils Altstadt; 1231 civitas, Grafen von Andechs-Dießen (spätere Herzöge von Meranien) Stadtherrn, 1248 durch Heirat an die hohenzollerischen Burggrafen von Nürnberg, 1283 Zollstelle auf dem Handelsweg der Nürnberger Händler mit Nordböhmen und Sachsen, seit 1298 bis 1942 mehrmals Vertreibung und Wiederansiedlung von Juden, Verheerungen im Hussitenkrieg; im 15. Jh. Gewerbe der Tuchmacher, Zinngießer, Gewandschneider, Leineweber, im 18. Jh. Keramikindustrie; seit 1542 Verlegung der Kanzlei und seit 1603 der Hofhaltung des Hauses Brandenburg-Kulmbach nach Bayreuth, Residenz von Mgf. Friedrich und seiner Gemahlin Wilhelmine, 1769 Bayreuth an die Ansbacher Linie der Hohenzollern, 1792 an Preußen, 1810 an Bayern, Sitz der Regierung von Ofr., seit 1876 Bayreuther oder Richard-Wagner-Festspiele, seit 1975 Universität. **II.** 1194 *Baierrute* [Or], ca. 1200 (Kop. 13. Jh.) *Beirrut*, 1255 *Beiierriud* [Or]; *Bayreuth* (1532). **III.** Dem Gw. ↗ *-reut* ist der Stammesname der Baiern, ahd. *Beiar*, mhd. *Beier*, vorangestellt. Der Name bezeichnet die durch Baiern erfolgte Rodung. **IV.** Baierbrunn, Lkr. München, Baiersdorf, Lkr. Erlangen-Höchstadt, beide BY. **V.** Winkler, R.: Bayreuth. In: HHS Franken; Reitzenstein 2009. *DF*

Bebra I. Stadt im Lkr. Hersfeld-Rotenburg, 14 067 Ew., nö von Bad Hersfeld am Zufluss der Bebra in die Fulda gelegen, Reg.-Bez. Kassel, HE. Früher Besitz des Hersfelder Klosters, Sitz einer Linie der Herren von Baumbach, seit 1386 bei den Landgrafen von Hessen, 1807–1813 Kgr. Westphalen, danach zu Kurhessen, seit 1866 zur preuß. Provinz Hessen-Nassau, seit 1946 Land Hessen. Stadt seit 1935, ein früher Knotenpunkt des Straßen- und des Eisenbahnverkehrs. II. Anfang 9. Jh. (Kop.) *in ... Biberaho*, 1105/06 *Biberacha*, 1182 *Bibera*, 1365 *Bibra*, 1439 *Bebra*. III. Der ON bezieht sich auf den GwN *Biberaha* 'Biberbach'. Die heutige Form ergibt sich aus der Kürzung der Endung ↗-*aha* zu -*a*, der Synkope des -*e*- zwischen -*b*- und -*r*- sowie der mda. Senkung -*i*- zu -*e*-. V. UB Hersfeld; Keyser; Schellhase. *TH*

Beckingen I. Gem. im Lkr. Merzig-Wadern, 15 583 Ew., an der Saar, ca. 40 km nw von Saarbrücken, am s Rande des Saar-Berglands im Naturpark Saar-Hunsrück, SL. Röm. Villa bei Beckingen. Im MA gehörte der Ort zu Lothringen, bedeutender Besitz des Deutschen Ordens und Komtursitz; 1920 Völkerbundsverwaltung, der h. OT Oppen verblieb beim Deutschen Reich; 1935 Rückgliederung ins Reich; 1947 Teil des formal selbst., in polit. und wirtschaftl. Union mit Frankreich stehenden Saarlandes; 1957 zu Deutschland. 1974 wurde die Gem. neu aus Beckingen und acht weiteren Gem. gebildet. II. 1048 (Kop. 13. Jh.) *in Beckingen*, 1048 (Kop. Anf. 14. Jh.) *curtis Bekinguen*, 1071 *curtis ... Beckingen [Or]*, 1071 *in Beckingen [Or]*, 1183 *de Bekingen [Or]*, 1222 *Beckinga [Or]*, 1291 (Kop. 19. Jh.) *de Bickenges*, 1293 *de Bekanges [Or]*. III. Bildung mit dem eine Zugehörigkeit ausdrückenden Suffix ↗-*ingen*: germ. *Bekkingum, zum ahd. PN *Bekko/Becco*, d. h. 'bei den (Gefolgs)-Leuten des Bekko/Becco'. Das Bw. wurde in franz. Urk. als -*enges* bzw. -*anges* romanisiert. IV. Beggingen ([973 *Bekkingen*, nicht verifizierbar], 1278 *Rŭdolf von Beggingen*, 1484 *Beckingen*), Kt. Schaffhausen, CH (LSG). V. ASFSL; Gysseling 1960/61, 112; Henrich, Ch. u. a.: Beckingen im Wandel der Zeit. Beckingen 1991. *MB*

Beckum I. Stadt im Kr. Warendorf, 36 965 Ew., nö Hamm, n der Lippe, Reg.-Bez. Münster, NRW. Im MA Kirchdorf im FBtm. Münster, 1224 Stadt, 1802 preußisch, 1806 Ghztm. Berg, 1813 wieder preußisch, 1816–1975 Kreisstadt, ab 1872 bedeutendes Zementrevier. II. 1134 *Bikeheim [Or]*, 1268 *Bechem*; *Beckum* (1631). III. Kompositum mit dem Gw. ↗-*heim* in der nd. Form -*hēm*, die auf appellativisch asä., mnd. *hēm* '(ständiger) Wohnsitz, Heim' beruht. Als Bw. tritt asä. *beki*, mnd. *bēke* 'Bach, fließendes Gewässer' hinzu. Deutung: 'Bach-Siedlung'. Die Lage am Zusammenfluss mehrerer Bäche ist wohl Motivierung für die Benennung des Ortes gewesen. Das Gw. wurde seit dem 17. Jh. durch Verdumpfung des inzwischen unbetonten -*e*- zu -*um* abgeschwächt. V. WfUB II, III, VIII; CTW V. *kors*

Bedburg I. Stadt im Rhein-Erft-Kreis, 24 879 Ew., w Köln, nw Bergheim an der Erft, Reg.-Bez. Köln, NRW. Röm. Gutshöfe, fränk. Besiedlung, Fronhof der Abtei Prüm, Wasserburg aus dem 12. Jh., dann Schloss mit Renaissancetreppenhaus, Stadtrecht um 1295, ab 1584 bis 1794 Herrschaft der Grafen von Salm-Reifferscheid-Dyck, starke Industrialisierung im 19. Jh., Braunkohleabbau, 1975 mit der Stadt Kaster und weiteren elf Orten zur Stadt Bedburg zusammengeschlossen. II. 893 *Betbure*, 1378 *Bedebure prope Caster [Or]*. III. Ahd. *betabûr* 'Bethaus, -raum', aus germ. *bedo Fem. 'Bitte, Gebet' und *būra M./Ntr. 'Haus, Kammer'. Erst später an ↗-*burg* angeschlossen. IV. ↗*Bedburg-Hau*, Kr. Kleve, NRW, ↗*Burscheid*, Rheinisch-Bergischer Kr., NRW; ↗*Büren*, Kr. Paderborn, NRW; *Beuron*, Lkr. Cochem-Zell, RP. V. Berger; Kaufmann 1973; HHS 3. *Ho*

Bedburg-Hau I. Gem. im Kr. Kleve, 13 219 Ew., Reg.-Bez. Düsseldorf, NRW. Das Prämonstratenserstift Bedburg wurde vor 1138 durch die Grafen von Kleve gegründet, die dort bis etwa 1340 ihre Grablege hatten. 1969 durch Eingemeindung mit Hau vereinigt, der Doppelname schon seit 1908 in der Bezeichnung der Rheinischen Kliniken Bedburg-Hau. II. Bedburg: 1138 *de Betenbur [Or]*, 1138 *in Bedbur*, 1143 *de Beddebur [Or]*; Hau: vor 1417 *uppen houwe*, 16. Jh. *Ophowe*. III. *Bedburg* ist Zuss. aus mnl. mnd. *bēde* 'Bitte, Gebet; Abgabe, Hofdienst; Almosen' und mnl. mnd. *bŭr* 'Gehäuse, Haus' oder *bŭr(e)* 'Bauerschaft'. Die Motivierung geht entweder von einem Kirchengebäude aus (ahd. *betebūra* 'Kapelle') oder von der Bauerschaft, die eine Bede zu leisten hatte. Die Eindeutung von ↗-*burg* ist eine erst neuzeitliche Verhochdeutschung. *Hau* gehört zu mnl. mnd. *hou(w)* 'Holzeinschlag' als Stellenbezeichnung oder im Sinn von '(Ort des) Holzeinschlags'. IV. ON *Bedburg* s. (FO 1); ↗*Bedburg*, Rhein-Erft-Kreis, NRW. V. HHS 3; Gysseling 1960/61; Dittmaier 1963b. *Tie*

Bederkesa I. Samtgem. im Lkr. Cuxhaven, 12 251 Ew., am Bederkesaer See, Reg.-Bez. Lüneburg (bis Ende 2004), NI. Ort zunächst nur durch Herren von Bederkesa, Lehnsmänner der Bremer Erzbischöfe, bezeugt, um 1200 Holzburg, 1295 Pfarrort, 1339 Markt, 1421 Besitz der Stadt Bremen, Bierbrauerei, 1654 unter schwedischer Herrschaft, 1662–1736 Besitz von Hans-Christoph von Königsmarck, 1971 Zusammenschluss des Fleckens Bederkesa mit Drangstedt, Elmlohe, Flögeln, Köhlen, Kührstedt, Lintig und Ringstedt. Flecken Bederkesa ist Luftkurort und Moorheilbad und trägt seit 1996 Zusatz *Bad*. **II.** Geschlecht: 1159 *Marcwardus de Bederekesa [Or]*, 1162 *Marquardus de Bederikesha [Or]*; Ort: 1287 *Bederikesa [Or]*. **III.** Das Bw. enthält den stark flektierenden PN **Badirik*, der mnd. als *Badericus, Bedericus* bezeugt ist. Das Gw. ist nicht sicher zu bestimmen. Möglich wäre ↗-*ach*¹ (-*aha*) in der mnd., afries. Form -*ā*, allerdings bezeichnet es Fließgewässer, der Bederkesaer See kommt demnach als Motiv nicht in Betracht. Siebs zieht aufgrund der vereinzelten Formen auf -*ha* ein Gw. -*hā* 'Anhöhe' nach der erhöhten Ortsanlage heran, wohl zu germ. **hanha-* in der Grundbed. 'spitz oder gebogen Zulaufendes' (in ae. *hōh*, anord. *hā* 'Ferse'), in Geländenamen 'vorspringende Erhöhung, auslaufendes Landstück, Abhang' und mit der Bedeutungserweiterung 'bewaldete Landzunge'. Plausibler erscheint eine Form des Gw. -*au(e)* 'Land am Wasser' (*ō* im Wechsel mit *ā*), vgl. FlN wie *A(h)(e), O(h)(e)* in einer Bedeutungserweiterung von 'Waldgebiet am Wasser' zu 'Wald, Gehölz'. **V.** HHS 2, S. 38 f.; KD Wesermünde 1; Siebs, B. E.: Der merkwürdige Name Bederkesa. In: Jahrbuch der Männer vom Morgenstern 39 (1958); Möller 1979. *FM*

Beelitz **I.** Stadt, Lkr. Potsdam-Mittelmark, 11 963 Ew., liegt an der Nieplitz s Potsdam, BB. 1247 wurde Beelitz dank der Wunderblutlegende im MA Wallfahrtsort. 1898 bis 1902 errichtete die Landesversicherungsanstalt Berlin an der 1879 angelegten Bahnstrecke Berlin-Güsten die Heilstätte Beelitz mit mehreren medizinischen und sozialen Einrichtungen, 1945–1994 Militärhospital der sowjetischen Armee, h. Ortsteil Beelitz-Heilstätten. Zentrum des Spargelanbaugebietes. **II.** 997 *Belizi [Or]* (die Zuordnung zu Beelitz oder Belzig ist umstritten), 1216 *Beliz [Or]*, 1303 *Beeliz [Or]*, 1375 *Belitz*. **III.** Der Name ist slawisch, Gf. apolb. **Bělica* 'Siedlung im sumpfigen Gebiet'. Er ist eine deappellativische Bildung mit dem Suffix -*ica* (↗-*itz*) von apolb. **běl'* 'Sumpf, Niederung, feuchte Wiese', das zum Adj. **běly* 'weiß, hell, schimmernd, glänzend' gehört. Der Lage im Feuchtgebiet der Nieplitz wegen ist eine Herleitung von einem PN **Běl-* wenig wahrscheinlich. **IV.** Ähnlich Klein-Belitz, Lkr. Güstrow, MV; Behlitz, OT von Eilenburg, SN. **V.** Riedel A VIII, X; BNB 1. *SW*

Beeskow [bĕskō] **I.** Stadt, Lkr. Oder-Spree, 8 235 Ew., liegt am W-Ufer der Spree sw Frankfurt/Oder, BB. Seit dem 10. Jh. ist slaw. Besiedlung nachweisbar. Auf einer Spreeinsel deutsche Burg, die den Übergang über die Spreeniederung sicherte. Kreuzung mehrerer Handelswege. Am Rande der Niederlausitz niedersorbisch-deutsches Kontaktgebiet mit Kietz. Seit Mitte 18. Jh. Förderung der Gewerbe, besonders der Tuchmacher, auch Garnisonsstadt. **II.** 1272 *Beskowe [Or]*, 1324 *Bezikow [Or]*, 1327 *Beeskow*. **III.** Gf. asorb. **Bezkov-* 'Ort, der nach einem Mann namens Bezek, Bezik benannt wurde', gebildet mit dem poss. -*ov*-Suffix (↗-*ow*) vom PN asorb. **Bezek, *Bezik*, einer KF von VN wie **Bezmir*. Nicht auszuschließen ist, dass der Name 'Ort, wo Holunder wächst' bedeutet, eine Bildung mit dem adj. -*ov*-Suffix von asorb. **bezk*, einer Deminutivform von **bez* 'Holunder'. **IV.** Ähnlich Beesdau, Basedow, BB, bei denen die Nebenformen **bezd/*bazd* 'Holunder' vorliegen. **V.** UB Dobr.; Riedel A XX; SO 1; Wenzel NL; BNB 12. *SW*

Beetzendorf-Diesdorf **I.** VG im Altmarkkreis Salzwedel, 12 888 Ew., ST. Gebildet aus den namengebenden Gemeinden Beetzendorf, Flecken Diesdorf und anderen Gem. der Umgebung. Die VG liegt in der nw Altmark, in der Jeetzeniederung s der Kreisstadt Salzwedel. **II.** Beetzendorf: 1204, 1319 *Becendorpe*, 1323 *Betzendorp [Or]*. Diesdorf: 1112 *in Distorp*, 1200 *Distorp [Or]*. **III.** Der ON Beetzendorf ist mit dem Gw. ↗-*dorf* gebildet. Das Bw. kann nicht zweifelsfrei bestimmt werden. Eine Möglichkeit besteht darin, hier das App. mnd. *bēke* 'Bach' zu sehen, das in dieser Sprachstufe auch als Fem. auftritt und daher im Gen. *beken* lauten konnte. Die Ortslage an der Jeetze würde eine Deutung als 'Bachdorf' bestätigen. Möglich ist aber auch, von einem schwach flektierenden KN *Bako*, im Gen. **Bakin-*, > **Beken-*, auszugehen. Die Formen *Becen-, Betsen-* usw. können durch den sog. Zetazismus erklärt werden, bei dem -*k*- in Umgebung vorderer Vokale (-*e-*, -*i-*) zu -(*t*)*s*- o.ä. umgestaltet wird. Der ON Diesdorf zeigt ebenfalls das Gw. ↗-*dorf*. Das Bw. kann nicht eindeutig bestimmt werden, möglicherweise ist es an idg. **dheus-* anzuschließen, vgl. anord. *dys* 'aus Steinen aufgeworfener Grabhügel', dän. und norw. *dysse* 'Steinhaufen, Grabhügel'. Der Ort liegt am Abhang eines Berges. **IV.** Beckendorf, Lkr. Börde (1112 *Bicindorp*), ST. **V.** Riedel; HHS 11; Sültmann. *GW*

Behren // Behren-lès-Forbach **I.** Gem. und Hauptort des gleichnamigen Kantons im Dép. Moselle, 8666 Ew., 4 km ö Forbach, LO, F. Früher Besitz von Reims; Dorf der Herrschaft Forbach, 1793 an Frankreich; 1871 zum Reichsland Elsass-Lothringen, 1918 wieder zu F. **II.** 884 und öfter *Berna*, 1301 *in Berne*, 1446 *Berne*, 1594 *Beren*. **III.** Der SiN entstand aus einem Bergnamen gall. **Barrina*, Ableitung zu kelt. **barros* 'Gipfel, Spitze, Anhöhe' mit Suffix -*ina*. Die älteren Formen zeigen den ahd. Umlaut des [a] vor [i] und Synkope. Die Form mit Sprossvokal erscheint erst seit dem 16. Jh. **V.** Reichsland III; Hiegel; Buchmüller/Haubrichs/Spang. *Ha*

Behren-lès-Forbach ↗**Behren**

Beilngries I. Stadt im Lkr. Eichstätt, 8 652 Ew., Reg.-Bez. Oberbayern, BY. II. 1007 *locum Bilingriez dictum in pago Nordgouue*, 1053 *Pilingriez*, 1129 (Kop. von 1514) *Beylngries*, 1188 *Pilengriez*, 1208 *Bilngriez*, 1304 *Peylengriez*, 1470 *Peylingries*, 1632 *Peilngrieß*, 1799 *Beylngries* ... *Beilngries*. III. Grundwort des Namens ist ahd. *grioz* 'Kies, Sand', Bw. der Personenname *Bĭlio*. Der urspr. Flurname bezeichnete wohl eine Stelle, wo feines Geröll angeschwemmt wurde, die wiederum einem Bĭlio zu Eigen war. V. Reitzenstein 2006. WvR

Beilrode I. Gem. und gleichnamige VG im Lkr. Nordsachsen, 6 867 Ew., in der Elbniederung ö der Elbe und am Südrand der Annaburger Heide an der Grenze zum Land Brandenburg, SN. Die VG besteht aus den Gem. Beilrode, Arzberg und Großtreben-Zwethau. Wirtschaftl. Bedeutung durch Tierhaltung. III. Junge Namenbildung. Beilrode ist eine Adaption des ON *Zeckritz*, belegt 1245 *Sekeritz*, zu asorb. **Sěkyric-*, abgeleitet von asorb. **sěkyra* 'Axt, Beil', mit dem häufigen Gw. ↗ *-rode*. V. HONS I; DS 38. *EE, GW*

Belgard // Białogard [bʲaˈwɔgard], pom. Biôłogard, kasch. Biôłogôrd I. Kreisstadt im gleichnamigen Kr. (Powiat białogardzki), 24 361 Ew., im nö Teil der Woi. Westpommern, PL. In einer Tiefebene (Równina Białogardzka) an der Persante // Parsęta und ihrem Zufluss Leitznitz // Leśnica gelegen. 1939 Kreisstadt im Reg.-Bez. Köslin, Provinz Pommern; Woi. Szczecin (1946–1950), Koszalin (1950–1998), Westpommern (seit 1999). II. 1102 *Albam nomine*, 1107–8 *civitatem Albam*, 1140–46 *Belgrod*, 1140–46 *Belgrod*, 1159 *Belegarde*, 1195 *Belegarda*, 1269 *Belgart*, 1282 *Belegarde*, 1324 *Belgard*, 1438 *Belgharde*, 1533–50 *Byalogroth*, 1539 *Belgardt*, 1618 *Belgard*, 1789 *Belgard*, 1880 *Białogród, Białogarda*, d. *Belgard*, 1936–39 *Białogard (Belgard)*, 1951 *Białogard – Belgard*, 1980 *Białogard, -du*, 2002 *Białogard (Białogród) – Belgard*. III. Slaw. Kulturname **Bělogardъ*, gebildet aus Adj. **běli*, poln. *biały* 'weiß' und pom. App. **gardъ*, poln. *gród* mit den Bed.: 1. 'Schloss, Festung', 2. 'Pflicht der Landesbevölkerung zu Burgbau und -reparatur', mit erhaltenem urslaw. Lautmuster **tărt*. Die frühen lat. Schreibungen sind Lehnübersetzung des ersten Gliedes von slaw. Namen, vgl. lat. Adj. *albus* 'weiß'. Der Name wurde früh zu *Belgard* germanisiert. Nach Rospond sind analoge Kulturnamen im ganzen Slawentum bekannt, vgl. serb. *Beograd = Belgrad*, ukr. *Biłhorod*. Adj. *białogardzki*. IV. ↗*Stargard* // *Stargard Szczeciński*, ↗*Naugard* // *Nowogard*, beide Woi. Westpommern, PL. V. LorSNH; Rospond 1984; RymNmiast; RzDuma I; Rymut NMP I; MP I. *BA*

Bellheim I. Gem. und gleichnamige VG im Lkr. Germersheim, 13 558 Ew., Südpfalz, RP. Schon frühe unmittelbare Reichszugehörigkeit des Dorfes. Die benachbarte Burg Spiegelberg (zwischen Bellheim und Hördt, h. Ruine) war in der 2. Hälfte des 12. Jh. Aufenthaltsort d. Kaiser und Könige. Umfangreiche Befestigungswerke aus dem 17. und 18. Jh., die sog. „Queichlinien". 1848 Ort von Gefechten zwischen Freischärlern und Truppen der Festung Germersheim. II. 774 *Bellinheim* (Kop. um 1190), 1103 *Bellenheim*, 1500 *Bellem*; *Belheim* (1468–70). III. Das Bw. wurde vom ahd. PN *Baldo > Ballo*, Gen. Sg. *Bellin-*, gebildet, das Gw. ist ↗*-heim*. Demzufolge ergibt sich als Deutung 'Wohnstätte des Baldo/Ballo'. V. CL; HHS 5; FP; HSP. *JMB*

Belm I. Gem. im Lkr. Osnabrück, 13 806 Ew., nö von Osnabrück, Reg.-Bez. Weser-Ems (bis Ende 2004), NI. Belm war 1556–1807 Sitz einer Vogtei des osnabrückischen Amtes Iburg und von 1814–1852 Sitz einer Vogtei im Amt Osnabrück; die heutige Gem. wurde 1972 aus 5 zuvor selbstständigen Gem. gebildet. II. Um 1150 *Belhem* [Kop. 14. Jh.], 1184 *Bilehem* [Kop. 14. Jh.], um 1200 *Belehem*; *Belm* (1634). III. Bildung mit dem Gw. ↗*-heim*. Das Bw. ist mit dem in ae. *bile* 'Schnabel, Rüssel', mnd. *bille* 'Hinterbacke' belegten App. zu verbinden, das hier auf eine spitz zulaufende Geländeformation Bezug nimmt. Direkt n des Ortes steigt das Gelände rasch an. Urspr. *-i-* wird in offener Silbe zu *-e-* zerdehnt. Dann schwindet das zweite *-e-*, und das Gw. wird durch Ausfall des anlautenden *-h-* und dann des *-e-* gekürzt. IV. *Bilme*, OT von Ense, Kr. Soest, NRW. V. GOV Osnabrück I. *KC*

Belp Mda. [ˈbæʊ̯p]. I. Gem. und Hauptort des Amtsbezirks Seftigen, 9 645 Ew., an der Straße Bern-Thun 8 km sö von Bern am linken Aareufer, an der Einmündung des Gürbetals ins Belpmoos, zwischen Längenberg, Belpberg und Aare, Kt. Bern, CH. Alter Dorfkern etwas erhöht über einer Biegung der Gürbe, dazu Neubauquartiere, Weiler und Außenhöfe. Neolithische Einzelfunde, bronze- und latènezeitliche Gräberfelder. Zwei Burganlagen des Hoch- und SpätMA, darunter die Hohburg am n Abhang des Belpbergs, der 1298 von den Bernern zerstörte Stammsitz der Freiherren von Belp-Montenach sowie dessen Folgebau im Dorf. 1383 Übergang der Herrschaft Belp an bernburgerliche Familien. Nach der Gewässerkorrektion Mitte 19. Jh. Ausbau der landwirtschaftlichen Produktion und Industrialisierung. Regionalflughafen Bern-Belpmoos 1929. II. 1107 *de Pelpa* [undatierte Kop.], 1146 *de Belpo* [Or], 1175 *Conradus Pelpensis*, 1240 *de Belpe*, 1298 *castrum Belp*, 1487 *vonn bälp*. III. Der Name ist etym. noch nicht abschließend gedeutet. Die frühen Belege für den Belpberg, 1248 *de Belperch*, 1254 *de Belperc*, 1256 *ab Pelberge*, 1259 *in monte Belperch*, scheinen eine Trennung *Bel-perch* und analog dazu für das Dorf eine Trennung *Bel-pa/Bel-po* nahe zu legen. Doch ist dies nicht zwingend, da auch phonetische Schreibung angenommen werden kann. Hubschmieds Rückgriff auf ein hypothetisches kelt. **pel-pā* 'Windung, Kehre' (zu idg. **k^uel-* 'drehen' + Suffix), bezogen auf die Biegung der Gürbe, bleibt Spekulation, da Parallelen fehlen. Pokornys Vorschlag einer Herleitung aus lat. *bellum podium* 'schöner Hügel' ist aus lautlichen Gründen abzulehnen. **V.** BENB; HLS; LSG. *eb, tfs*

Belzig **I.** Stadt, Lkr. Potsdam-Mittelmark, 11 308 Ew., sw Potsdam im Fläming, BB. Der slaw. Burgwall mit slaw. und frühdeutschen Funden könnte für die Identifikation des 997 erwähnten Burgwallmittelpunkts *Belizi* mit Belzig sprechen, doch der Namenform wegen ist das umstritten. Neben dem früheren *suburbium* Sandberg (h. Ortsteil) entstand im 13. Jh. eine Marktsiedlung. Beide selbstständigen Siedlungen wurden erst 1914 vereinigt. Belzig litt unter den Kämpfen zwischen Brandenburg und Magdeburg, hat sich 1429 gegen die Hussiten verteidigt, wurde 1450 von den Brandenburgern besetzt, die in den folgenden Jahren eine neue Burganlage (Eisenhardt) errichteten. 1942/43–45 wurde ein Barackenlager für Fremdarbeiter vom Rüstungswerk Roederhof für KZ-Häftlinge und Kriegsgefangene eingerichtet. **II.** 997 *Belizi* [Or] (Zuordnung zu Belzig umstritten), 1161 *de burgwardis ... Beltitz* [Or], 1219 *de beltiz, beltz* [Or], 1487 *beltzigk*. **III.** Apolb. **Bělotici*, 'Ort, wo Leute eines *Bělota* wohnen'. Der Name ist eine Bildung mit dem patronymischen Suffix *-ici-* (↗ *-itz*) vom PN **Bělota*, der zum Adj. apolb. **běly* 'weiß, hell' gehört. Schon 1219 ist das unbetonte *o* ausgefallen. Die Form Belzig ist analog zu anderen Städten, wie z. B. ↗ Leipzig, entstanden. **IV.** Ähnlich Białotice, PL. **V.** DO III; Riedel A VIII, X; BNB 2. *SW*

Bendorf **I.** Stadt im Lkr. Mayen-Koblenz, 17 255 Ew., am r. Ufer des Mittelrheins zwischen Koblenz und Neuwied, RP. In röm. Zeit verlief auf dem Gebiet der h. Stadt die Limesstraße, wurde ein Kastell errichtet. Bis Anf. 17. Jh. ist Bendorf und v. a. sein OT Sayn eng mit den Grafen von Sayn verbunden. Aus dieser Zeit stammt die Burg. Das Schloss ist aus dem 19. Jh. Seit dem 18. Jh. prägt das Hüttenwesen die Stadt, von dem die Sayner Hütte noch h. zeugt. 1900 wird der Rheinhafen mit bedeutendem Mineralöllager gebaut. **II.** 1064 *Bethindorf, Bettendorf*, 1076 *Beddendorf*, 1105 *Bettindorp*, 1152 *Bedendorf; Bendorff* (1588). **III.** Das Bw. ist der KN *Bado, Baddo, Batto*, Gen. Sg. *Bedin-, Beddin-, Bettin-*, zu germ. **bădu-* 'Kampf'. Bei den mit KN gebildeten ON ist ein häufiger Wechsel zwischen sth. und stl. Lauten sowie ihre Verdoppelung zur Steigerung der Expressivität zu beobachten. Die Umlautung des kurzen *-a-* > *-e-* erfolgte aufgrund der Flexionsendung. Gw. ist ↗ *-dorf*. Das *-d-* zwischen zwei Vokalen fiel spätestens im 15. Jh. infolge von Dissimilation aus. Der urspr. ON bedeutete demnach 'Dorf des Bado/Baddo'. **V.** UB NRh I; FO; FP; Gensicke; Kaufmann 1973. *JMB*

Bensheim **I.** Stadt im Lkr. Bergstraße, 39 611 Ew., Reg.-Bez. Darmstadt, HE. Frühe Schenkungen im Ort an das Kloster Lorsch. 956 Verleihung des Marktrechtes durch König Otto I. Stadtrechte wohl seit dem frühen 13. Jh. Bestätigung der Stadtrechte 1320 durch den Mainzer Ebf. Seit 1232 bis zum Ende des Alten Reiches kurmainzisch mit Ausnahme der Verpfändung an die Kurpfalz (1461–1623). Seit 1803 zu Hessen-Darmstadt. **II.** 765, 766, 770 (Kop.) *Basinsheim*, 789 (Kop.) *Basinesheim*, 795 (Kop.) *Besinsheim*, 1213 *Bensheim*. **III.** PN *Baso*, der im zeitlichen Umfeld der Erstnennung von Bensheim auch im Lorscher Codex als Name eines Schenkers erscheint. In der Komposition mit ↗ *-heim* wäre die Form **Basin-heim* mit der schwachen Genitivflexion des PN zu erwarten gewesen. Entweder in Anlehnung an die lat. Deklination (*Basonis*) oder als Analogiebildung zu den Namen mit einem stark flektierenden Erstglied entstand *Basinsheim*. Ein alternativ anzusetzender PN **Basin*, Gen. **Basines* ist nicht bezeugt. Die Deutung von *Baso* ist nicht sicher. **V.** Bensheim. Spuren der Geschichte, hg. von R. Maaß und M. Berg. Weinheim 2006; CL; Keyser; Müller, Starkenburg. *TH*

Bentheim, Bad **I.** Stadt im Lkr. Grafschaft Bentheim, 15 682 Ew., 17 km s Lingen, NI. Erste urk. Erwähnung findet die Siedlung um 1050, ehem. gräfliche Residenz auf der Burg Bentheim, dem Wahrzeichen des Ortes; größte Befestigungsanlage in Niedersachsen; Besitz des Klosters Werden seit dem 16. Jh. Im 17. Jahrhundert erhielt der Ort stadtähnliche Rechte und 1865 das Stadtrecht; bedeutendster Marktort des s Teils der Grafschaft Bentheim. Seit dem 13. Jh. nachweisbarer und ab dem 15. Jahrhundert blühender Handel mit Bentheimer Sandstein, 1711 Entdeckung von heilenden Schwefelquellen, die zur Gründung eines Kurbades führten; seit 1979 Zusatz Bad; zumeist klein- und mittelständische Wirtschaft. **II.** 1116 *Binitheim*, 1152 *Benthem*, 1165 *castrum Bintheim*. **III.** Der ON stellt eine Zusammensetzung aus dem Gw. *-hēm* 'Siedlung, Niederlassung' (↗ *-heim*) und dem Bestimmungswort *Bint-* zu asä. *binut*, ahd. *binuz* 'Binse' dar, das Bw. gehört kaum zu afries., mnd. *bent* 'Pfeifengras', da die alten Belege mehrheitlich /i/ zeigen. **IV.** Bentlage, Stadt Rheine, Kr. Steinfurt, NRW; Binswangen, Lkr. Dillingen an der Donau, BY. **V.** HHS 2; Berger; Wrede, G.: Die Ortsnamen auf -heim im Osnabrücker Land. In: Osnabrücker Mitteilungen 67, 1956; Nds. Städtebuch. *MM*

Berching. I. Stadt mit 45 Gem.-Teilen im Lkr. Neumarkt in der Oberpfalz, 8 617 Ew., 37 km n von Ingolstadt, 46 km sö von Nürnberg, im Tal der Sulz, Reg.-Bez. Opf., BY. SiN (↗-*ing(en)*-Abl.) und siedlungsgeografische Umgebung (weitere -*ing*-Orte in gleichmäßigen Abständen auf günstigen Lagen) lassen eine Gründung zwischen 5. und 7. Jh. vermuten. Lage an wichtiger Nord-Süd-Verbindung bewirkt wirtschaftl. Bedeutung. Noch h. ist die urspr. Siedlung ö der Sulz gut erkennbar; spätere Erweiterung durch Eichstätter Bischöfe w des Flusses mit vollständig erhaltener Stadtmauer. II. 883 *Pirihinga* [Or], 1057–1075 *Birichingen* [Or], 1282 *Perchingen* [Or]; *Perching* (1447). III. Urspr. ein Insassenname, gebildet als Abl. mit dem Suffix ↗-*ing(en)* und dem PN ahd. *Biricho*/abair. *Piricho* (zum PN *Bëro* mit Kosesuffix ahd. -*icho*-, dessen -*i*- die Hebung des -*ë*- zu -*i*- verursachte). Nach Ausfall des unbetonten, zweiten -*i*- erfolgte im späten Mhd. wieder Senkung des ersten -*i*- vor -*rch*- zu -*e*-. Das auslautende Morphem -*a* im ersten Beleg markiert eine Nom.-Pl.-Form ('Leute des Biricho'), hingegen kennzeichnet das später in -*ing*-SiN überwiegende mhd. -*en* < -*ahd.* -*un* eine Dat.-Pl.-Form ('bei den Leuten des Birocho'). Die Endung -*en* schwindet im Bairischen generell etwa ab dem 13. Jh. nach Synkope des Vokals. V. Reitzenstein 2006; FP. GS

Berchtesgaden I. Markt im Lkr. Berchtesgadener Land, 7 662 Ew., Reg.-Bez. Oberbayern, BY. Ca. 1102 Gründung des Augustinerchorherrenstiftes, 1194 Bergregal, also Eigentumsrecht auf Salz- und Erzlager, Verlust der Landeshoheit durch die Säkularisation, 1810 Landgericht. II. 1100–1115 *Berthercatmen*, 1106 (Kop. des 16. Jh.) *uillam scilicet Berchtersgadmen*, 1121 *Perehtgeresgadem*, 12. Jh. *Perthersgadem, Perhthersgadem, Berhtersgadem*, 1266 (Kop. des 15. Jh.) *Berchtesgadem; Berchtesgaden* (1461). III. Die verschriebene Form des Erstbelegs ist auf einen Fehler der päpstlichen Kanzlei zurückzuführen. Zuverlässiger ist die Schreibung der Urkunde von 1121. Grundwort ist ahd. *gadum, gadem* 'Haus, aus einem Raum bestehend', Bestimmungswort der PN *Per(c)htger*. V. HHS 7/1; Reitzenstein 2006. WvR

Berent // Kościerzyna [kɔçtɕɛʒina] I. Kreisstadt in der Woi. Pomorskie (Pommern), 22 976 Ew., PL. Im s Teil der Kaschubischen Schweiz gelegen. 1312–1466 zum Deutschen Orden, 1398 Stadtrecht, 1466 an Polen, 1772 an Kgr. Preußen, 1818 zur Kreisstadt des gleichnamigen Lkr. erhoben., nach dem Ersten Weltkrieg an Polen, 1975–1988 Woi. Gdańsk (Danzig), Handel, entwickelter Tourismus an Garczyn-See, Sudomie-See und Osuszyno-See. II. 1284 *Costerina*, 1289 *in Costerinam*, 1291 *Custrin*, 1412 *Beren, Berren*, 1490 *Bernndt*, 1659 *Berent*, 1712 *Berendt*, 1883 *Kościerzyna*. III. Der poln. ON wurde aus App. *kościerz* 'Busch, Strauch' (urslaw. *kostьra* 'eine Pflanze mit harten, scharfen Sprossen') mit dem Suffix -*yna* gebildet. Die d. Variante *Berent* leitet sich vom PN *Bernard* ab. V. Rymut NMP; RymNmiast. IM

-berg. Das germ. Wort **berga*- (ahd. *bërg / përec*, mhd. *bërc*) M. 'Anhöhe, Berg' steht im Ablautverhältnis zu germ. **burg*- (↗-*burg*), urspr. 'befestigte Anhöhe', und ist durch das Genus von diesem unterschieden (M.: Fem.). Durch semantische Beeinflussung, die bei *Berg* zu 'befestigte Siedlung auf einer Anhöhe' führen konnte, kam es bereits früh zum Austausch der verwandten Wörter bzw. Gw. So erklärt sich der häufige Wechsel von -*berg* und -*burg* in d. ON. Mit -*berg* konnten Siedlungen benannt werden, wiewohl eine Burg vorhanden war (z. B. ↗Nürnberg, ↗Bamberg, beide BY). Dagegen konnte -*burg* urspr. -*berg* verdrängen (z. B. ↗Siegburg, Rhein-Sieg-Kreis, NRW, ↗Dillenburg, Lahn-Dill-Kreis, HE). *Berg* kommt auch als Simplex vor (z. B. ↗*Bergen auf Rügen*, ON im Dat. Pl., Lkr. Rügen, MV), öfter als Bw. (z. B. ↗Bergheim, Rhein-Erft-Kreis, NRW). Literatur: Bach DNK II, 1; Schuster I; NOB III. FD

Berg b. Neumarkt i. d. OPf. I. Gem. mit 35 Gem.-Teilen im Lkr. Neumarkt in der Oberpfalz, 7 593 Ew., 6 km n von Neumarkt i. d. OPf. an der Schwarzach, Reg.-Bez. Opf., BY. Ab Ende 12. Jh. herzogliches Amt, später auch zwei Hofmarken. II. 1129 *de Perege* [Or], wohl hierher, ca. 1285 *in officio Pærn* [Or, hierher!], 1287 *de Berge* [Or], 1326 *officio in Pergen* [Or]. III. Der SiN ist eine Simplexbildung zu ↗-*berg*, die in den frühen Belegen in mhd. Dativformen (Sg. -*e* und Pl. -*en*) im lateinischen Kontext steht. Im ersten Beleg erscheint zwischen -*r*- und -*g*- ein typischer Sprossvokal, der sich ähnlich auch in Belegen des 15. Jh. zeigt. Eine Fehlbildung stellt wohl die kontrahierte Form *Pærn* von ca. 1285 dar. Die Motivation zur Namengebung ist nicht deutlich erkennbar, da nennenswerte Geländeerhebungen nur in einigem Abstand vorhanden sind; möglicherweise liegt eine empfundene Lage 'zwischen den Bergen' zugrunde. Damit wäre auch die Pl.-Form erklärt, obwohl hier eher eine analoge Angleichung an SiN mit anderen Pl.-Formen wie ↗-*hofen* und ↗-*hausen* vorliegt. Der Zusatz *b. Neumarkt i. d. OPf.* dient der Differenzierung von vielen weiteren Orten gleichen Namens. Allein in BY sind über 100 Orte mit dem Simplex *Berg(en)* benannt; keiner von ihnen ist zur Stadt aufgestiegen. V. Reitzenstein 2006; BayHStA, Kurbayern Äußeres Archiv, 4755, 4744/1. GS

Berg I. Gem. im Lkr. Starnberg, 8 173 Ew., Reg.-Bez. Oberbayern, BY. Ab dem 16. Jh. Hofmark, 1640 Bau des heutigen Schlosses, Todesstätte von König Ludwig II. **II.** 828 (Kop. des 12. Jh.) *in loco quae dicitur ad Perke*, 935–955 (Kop. des 11. Jh.) *Perge in Huosi*, 955–975 (Kop. des 11. Jh.) *in Bavuaria in loco Perge nuncupato*, 1020–1035 (zum 10. Jh., Kop. des 12. Jh.) *Peraga*, ca. 1080 *Perga*, 1315 *Perg*, 1377 *Perg, enhalben dez Wirmses*, 1390 *Perg bey dem Wirmsee*, 1560 *Perg am Wirmsee*, 1643 *Berg*, 1689 *Undernperg*. **III.** Dem urspr. Flurnamen liegt ahd. ⟶-*berg*, *perch* 'größere Anhöhe oder Bodenerhebung, bewachsene Höhe' zugrunde. Wegen vieler gleichnamiger Orte musste der Name lokalisiert werden, und zwar mittels des Herrschaftsbereichs, des Landes und des Starnbergersees. Der Beleg von 1689 weist auf einen niedriger gelegenen Ortsteil. **V.** HHS 7/1; Reitzenstein 2006. *WvR*

Bergen auf Rügen **I.** Kreisstadt des Lkr. Rügen und gleichnamiges Amt (mit Stadt Garz und 10 weiteren Gem.), 22 220 Ew., im Zentrum der Insel Rügen, MV. In der Nähe die Erhebung Rugard (91 m ü. M.) mit (seit 1877) Ernst-Moritz-Arndt-Turm und Erdwall als Rest einer 1316 zerstörten slaw. Burg. Die ehem. Klosterkirche St. Marien des 1193 gegründeten Zisterzienserklosters verfügt als einzige Kirche in Norddeutschland über eine vollständige Innenausmalung nach einheitlichem Bildprogramm (Anfang 13. Jh.). An ihrer Nordwand befindet sich eine seltene slaw. Granitstele (12. Jh.). Der Ort entstand aus einer alten slaw. Siedlung. 1325 mit Rügen an Pommern, 1613 lübisches Stadtrecht, 1648 an Schweden und 1815 an Preußen. Mittelständische Betriebe, Störtebeker-Festspiele (im OT Ralswiek, erstmalig 1959). Bis 1995 Bergen/Rügen. **II.** 1232 *Gora*, 1242 *in Monte in Rvja*, 1278 *Berghe*, 1289 *Gora sive Mons in Ruya*, 1302 *Bergh in Ruya*; *Bergen* (1331). **III.** Sowohl der apolb. ON **Gora* (zu **gora* 'Berg') als auch die übersetzte lat. und die eingedeutschte Variante stehen mit der Hügellandschaft im Zentrum der Insel Rügen bzw. mit dem Berg in Verbindung, auf dem das Stadtzentrum liegt. Der h. FlN *Rugard* dagegen könnte auf einen älteren BurgN zurückgehen, darin das apolb. Gw. **gard* 'Burg' und der slaw. Inselname *Ruja*. **IV.** Mit d. Etymologie u. a. ⟶Bergen, Lkr. Celle, NI; Bergen, Lkr. Birkenfeld, RP und Lkr. Traunstein, BY. **V.** PUB 2,1; PUB 2,2; PUB 4; Eichler/Mühlner; Niemeyer 2001c. *MN*

Bergen **I.** Stadt im Lkr. Celle, 13 099 Ew., n von Celle, Reg.-Bez. Lüneburg (bis Ende 2004), NI. Stätte eines herzoglichen Godings, seit dem 15. Jh. Flecken und später Amtssitz; im Spätmittelalter im Wohld bei Bergen eine Marienwallfahrt; 1957 Stadtrecht; sw lag das KZ Bergen-Belsen. **II.** 1197 *Berge [Or]*, 1269 *Berghe*, 1377 *Berghen*. **III.** Der ON beruht auf dem Simplex asä. ⟶-*berg*, mnd. *berch* 'Berg, Erhebung' und zeigt lediglich Übergang von einer Singular- zu einer Pluralform. Die Benennung bezieht sich auf die (kleinen) Erhebungen beiderseits des Berger Bachs. **V.** HHS 2. *UO*

Bergheim **I.** Große kreisangehörige Stadt im Rhein-Erft-Kreis, 62 100 Ew., w Köln, Sitz der Kreisverwaltung, Reg.-Bez. Köln, NRW. Fränk. Besiedlung, älterer dörflicher Kern, ab 1460 *Bergheimerdorf* genannt, Ersterwähnung 1028, einige Ortsteile wesentlich früher bezeugt, bis zur Säkularisation zur Grundherrschaft von Kornelimünster bei Aachen gehörig, 1542 stark zerstört; Braunkohle- u. a. Industrie seit dem 19. Jh., 1975 mit anderen Gem. (u. a. Hüchelhoven, Glesch, Nieder-, Oberaußem, Paffendorf, Quadrath-Ichendorf) zur Stadt Bergheim zusammengelegt. **II.** 1028 *Bercheim [Or]*, 1051 ebenso, 1249 *castrum Berchem*. **III.** ⟶-*berg* und ⟶-*heim*, wohl zunächst gegen die Lage im Tal der Erft. Der ON ist mehrfach im Rheinland vorhanden. **IV.** Berkum, OT von ⟶Wachtberg, Rhein-Sieg-Kr., NRW. **V.** Berger; Dittmaier 1979; Kaufmann 1973; HHS 3. *Ho*

Bergisch Gladbach **I.** Stadt im Rheinisch-Bergischen Kreis, 105 901 Ew., 15 km ö Köln an der Strunde, Sitz der Kreisverwaltung, Reg.-Bez. Köln, NRW. 1975 aus den ehemaligen Städten Bergisch Gladbach und Bensberg und der Ortschaft Schildgen (Gem. Odenthal) gebildet. Erst 1863 wurde Gladbach in *Bergisch Gladbach* umbenannt zur Unterscheidung von Mönchengladbach und anderen Orten dieses Namens. Wie Bensberg im MA bergischer Ort, ab 1582 Papiermühle, ab 1829 Papierfabrik Zanders, Eisenbahnanschluss und weitere industrielle Entwicklung ab 1868, ehemalige Papiermühle "Alte Dombach" Teil des Rheinischen Industriemuseums. Bensberg mit ma. Burg der Grafen von Berg, deren Reste Gottfried Böhm in das neue Rathaus (1965–71) integrierte, 1700–1716 das Neue Schloss des pfälzischen Kurfürsten, h. Hotel; Bergisch Gladbach und Bensberg sind h. auch Kölner Wohnvororte. **II.** Gladbach: 1018 *Gladebeche*, 1144 *Gladebach*; Bensberg: 1136 *Benesbure*, 1210 *de Bensbur*. **III.** In *Gladbach* ist der aus dem Adj. ahd./mhd. *glat* aus germ. **glada-* 'glatt, schlüpfrig' und dem Gw. ⟶-*bach* gebildete FluN direkt als ON übernommen worden. Im ON *Bensberg* ist das Gw. -*būr* Ntr. aus germ. **būra-* M./Ntr. 'Haus, Kammer' wohl erst neuzeitlich durch ⟶-*berg* nach der Lage von Burg und Ort ersetzt worden, das Bw. enthält wohl den germ. PN *Benni*. Bei der ma. Benennung des Ortes Gladbach hat offensichtlich der eigentliche Flussname der Strunde aus der germ. Wurzel **streu-, strū-* 'fließen' keine Rolle gespielt, ist aber für den Namen des OT Herrenstrunden und im ON *Strunden* (Köln-Dellbrück) noch erhalten. Zum Wechsel des Gw. in *Bensberg* vgl. den ON ⟶*Bedburg*, Rhein-Erft-Kreis, NRW. **IV.** ⟶Mönchengladbach, NRW. **V.** Dittmaier 1956; Berger; HHS 3. *Ho*

Bergkamen I. Stadt im Kr. Unna, 51 328 Ew., n von Kamen am Ausläufer eines Höhenzuges (Lüner Höhe), Reg.-Bez. Arnsberg, NRW. Seit dem 19. Jh. rasche Entwicklung vom Dorf zur Industriestadt (Stadtrechte 1966). II. 1220 *Berchkamene [Or]*, 1265 *Berkamen*, 1279 *Berickamene*. III. Der ON ist eine Bildung mit nhd. ↗*Berg* als Bw. und dem ON ↗*Kamen*. Motivation für das Bw. ist die Lage an der Lüner Höhe. IV. ↗*Kamen, Kr. Unna, NRW*. V. HHS 3; Berger. *Flö*

Bergneustadt I. Stadt im Oberbergischen Kreis, 20 000 Ew., 50 km ö Köln, Reg.-Bez. Köln, NRW. Veste Wiedenau (im OT Wiedenest) ab 1301 durch die Grafen von der Mark erbaut, seit 1330 Neustadt und Stadtprivileg, seit 1884 Bergneustadt, ab 1624 zur Herrschaft Gimborn-Neustadt; seit 15. Jh. Eisenverhüttung, ab 19. Jh. Textilgewerbe, 1858 Stadtrechte, nach 2. Weltkrieg industrielles Wachstum. II. 1301 *Niestat*, 1330 *Nyestad*, 1392 *Nygenstait*. III. Die Altbelege zeigen einen noch nicht diphthongierten, entrundeten Stammvokalismus für späteres Adj. *neu-*, ahd. *niuwi* aus idg. *neu-jo*. Die Komposition mit dem Gw. ↗*-stadt* ist die einzige im Bergischen Land. V. Pampus; Dittmaier 1956; HHS 3. *Ho*

Bergzabern, Bad I. Stadt und gleichnamige VG im Lkr. Südliche Weinstraße, 24 300 Ew., an der Deutschen Weinstraße und am w Rand des Rheingrabens zum Pfälzerwald hin, RP. Gründung des Klosters Klingenmünster im 9. Jh. 1286 Stadtrecht, bis Ende 18. Jh. zum Hztm. Pfalz-Zweibrücken, 1792 freiwilliger Anschluss der Bürger an die Franz. Republik, seit 1815 Bayerische Pfalz. Luftkurort seit 1875, Kneippkurort und Namenszusatz *Bad* seit 1964. Bis 1969 Lkr. Bergzabern, bis 1978 Landau-Bad Bergzabern, der in Lkr. Südliche Weinstraße umbenannt wurde. II. Anfang 10. Jh. *de Zaberna* (Kop. um 1280), 1268 *vineis apud Zabernam*, 1309 *Zabern*; *bůrg zů Bergzabern* (1373). III. Der ON geht wohl nicht auf lat. *taberna* 'Laden, Werkstätte, Wirtshaus' zurück (ein röm. Ursprung der Siedlung ist ebenfalls umstritten), sondern ist eine Übertragung des ON von *Rheinzabern* am selben Bachlauf (1176 *Zabrenna aqua*, h. Erlenbach), der wiederum auf einem vorgerm. GwN basiert. Die Unterscheidung erfolgt durch den Zusatz ↗*Berg-*. IV. Rheinzabern, Lkr. Germersheim, RP. V. Liber Possessionum Wizenburgensis. Hg. von Ch. Dette. Mainz 1987; HSP. *JMB*

Berka, Bad I. Stadt im Lkr. Weimarer Land, s Weimar im Talkessel der Ilm, 7522 Ew., TH. Altthüringisches Dorf mit Wasserburg, Herrensitz 12./13. Jh.; Entwicklung zum Marktflecken im 13./14. Jh.; 1414 Stadt; Ackerbürgerstadt; 1812 Entdeckung von Schwefelquellen, seit 1911 Bad Berka, im 20. Jh. weiter ausgebaut zum Heilbad, Herzchirurgie, h. Heilquellenkurbetrieb. II. 1119 *Bercha*, 1144 *Berchaha*, 1154 *Berka*, 1172 *Birka*, 1207 *Bergka*; *Bercka* (1506). III. Der Name ist gebildet aus ahd., asä. *birka* 'Birke' und ahd. *-aha* (↗*-ach¹*) mit der Bedeutung 'fließendes Wasser', also urspr. Bachname 'Birkenbach' (vgl. die Erwähnung von 1144), der auf den Ort übertragen wurde. Die Schreibungen mit <ch> und <gk> sind Varianten zu <k>. Der ON zeigt schon im MA die mda. Senkung von |i| vor |r| > |e|. IV. ↗*Berka/Werra*, Wartburgkreis, 786 *Berchaho*, 1174 *Berchahe*; *Berka*, OT von Sondershausen, Kyffhäuserkreis, beide TH, 1128 *Bercha*. V. Mainzer UB I; Walther 1971; SNB. *KH*

Berka/Werra I. Stadt und gleichnamige VG (mit 3 weiteren Gem. und Stadtteilen Fernbreitenbach, Gospenroda, Herda, Horschlitt, Vitzeroda, Wünschensuhl), im Wartburgkreis, 6921 Ew., am rechten Werraufer, TH. Urk. Ersterwähnung 786, 1184 an Hersfelder Klosterhof, Zoll- und Gerichtsstätte im Mittelalter, 1847 Stadt. II. 786 *Berchaho [Or]*, 1085 *Berchach*, 1268 *Berkahe*; *Berka* (1283/84). III. Aus ahd. *birka* 'Birke und dem Suffix eines GwN *-aha* (↗*-ach¹*) 'fließendes Wasser'. IV. ↗*Bad Berka*, Lkr. Weimarer Land, TH. V. Eichler/ Walther; Kahl. *GR*

Berkenthin I. Gem. und gleichnamiges Amt im Kr. Herzogtum Lauenburg, 8194 Ew., durchzogen vom Elbe-Lübeck-Kanal, SH. 1230 erstmals urk. erwähnt, 1264–1681 in Besitz einer örtlichen Adelsfamilie, 1816 zu Dänemark, 1865 zu Preußen, 1900 Einweihung des Kanals, 1970 entstand das Amt Berkenthin aus elf Gemeinden. Mittelalterliche Dorfkirche, Schleuse. II. 1230 *in parrochia Parketin [Or]*, 1264 *in Parkentin*, 1652 *Barkenthyn*; *Berkenthin* (17. Jh.). III. Die Bed. des ON lässt sich ableiten vom apolb. PN *Parchota* in Verbindung mit ↗*-in* und bezeichnete damit urspr. die Siedlung des Parchota. Mit der Ersetzung des /ch/ durch das /k/ wurde es dann als *Parkentin* ins Mnd. übernommen und weiter zu *Barkentin* und *Berkenthin* umgeformt V. Laur; Haefs. *GMM*

Berleburg, Bad I. Stadt im Kr. Siegen-Wittgenstein, 20 083 Ew., im Rothaargebirge n der Mündung der Odeborn in die Eder, Reg.-Bez. Arnsberg, NRW. Ab 1258 Bau von Stadt und Burg, seit 1322 in Wittgensteiner Besitz. Bis 1605 Haupt- und Residenzstadt der Grafen Sayn-Wittgenstein-Berleburg. Seit 1911 Holzindustrie, seit 1935 Luftkurort, 1971 Kneipp-Kurort und Namenszusatz *Bad*, 1974 Heilbad. II. 1258 *Berneborg(h) [Or]*, 1259 *Bierneburg*, 1261 *Berleburc*; *Berleburg* (1299). III. Der ON ist mit dem Gw. ↗*-burg* gebildet. Das Bw. ist wahrscheinlich zu ahd. *bero*, mhd. *ber* 'Bär' oder dem darauf beruhenden sw. flektierenden PN *Bero* zu stellen. Wenn man annimmt, dass der Name erst Mitte des 13. Jh. als Burgname vergeben wurde, ist, den Gepflogenheiten der Zeit entsprechend, vom Bären als Wappentier oder Jagdwild auszugehen. Nicht gänzlich auszuschließen ist, dass der Burgname auf einem sonst nicht mehr bezeugten älteren Namen des Burgberges beruht. In diesem Fall wäre außer der Tierbezeichnung auch der PN möglich. Der Umsprung von -*n*- zum artikulatorisch benachbarten -*l*- zeigt sich bereits im 13. Jh. am Nebeneinander beider Formen. **V.** HHS 3; Möhn. *Flö*

Berlin **I.** Hauptstadt der Bundesrepublik Deutschland und gleichnamiges Land, 3 431 675 Ew. Berlin liegt am Unterlauf der Spree. Der Ort entstand als Kaufmannssiedlung an einem Knotenpunkt der Handelswege von W nach O und dem Übergang über die Spree von S nach N. Berlin war schon bei der ersten Erwähnung eine Doppelstadt zusammen mit Cölln auf der benachbarten Spreeinsel. Nach einer Trennung der Verwaltung von 1443 bis 1709 wurden sowohl Berlin und Cölln als auch die im 17. Jh. entstandenen Städte Friedrichswerder, Dorotheenstadt und Friedrichstadt zu einer Stadt vereinigt. Im Laufe der Jahrhunderte wurde auch eine Reihe von Vorstädten eingem. Schließlich erfolgte 1920 die Bildung der neuen Stadtgemeinde zu Groß Berlin durch die Eingliederung umliegender Städte und Landgemeinden. 1945 wurde Berlin in vier Sektoren unter den Alliierten aufgeteilt, 1961 durch den Mauerbau in einen Ostteil (Hauptstadt der DDR) und einen Westteil getrennt, 1990 wiedervereint. Wissenschafts- und Kulturstadt mit drei Opernhäusern, vielen Theatern und Museen, Universitäten, Fachschulen, Akademien und Instituten. Seit Mitte des 19. Jh. bedeutender Industriestandort. **II.** Berlin: 1244 *dominus Symeon de Berlin* (*prepositus*) [Or], 1313 *in Berlyn* [Or], 1349 *tu dem Berlin* [Or], 1402 *von dem Berline*, 1472 *zu Berlin*. Schwesterstadt Cölln: 1237 *Symeon, plebanus de Colonia* [Or], 1247 *Symeon, prepositus de Colonia juxta Berlin*, 1344 *in Colne prope Berlin*, 1440 *Collen* [Or]. **III.** Der Name geht auf apolb. *Birlin-/*Berlin- zurück und bedeutet 'Ort in einem sumpfigen Gelände'. Er gehört zu apolb. *birl-/*berl- 'Sumpf, Morast', urslaw. *bъrl-, und ist eine Abl. mit dem ↗-*in*-Suffix. Die Entwicklung von *Birlin- zu *Berlin- kann sowohl im Slaw. als auch im D. erfolgen sein. Die Überlieferung mit dem Artikel spricht für einen urspr. FlN, der von den Siedlern aufgenommen wurde. Für den Namen wurden in der Vergangenheit zahlreiche Erklärungen geboten, sowohl aus dem Nl. als auch aus dem Slaw. und D. So die Verknüpfung mit mnd. *ber(e)lein* 'kleiner Bär', da bereits 1280 im Stadtwappen von Berlin ein Bär erscheint und wohl auch an Albrecht den Bären gedacht wurde. Dies kann nur auf der Umdeutung des slaw. Namens durch deutsche Siedler beruhen. Der Name *Cölln* ist eine Namensübertragung von ↗*Köln am Rhein*

(NRW), der auf lat. *colonia* 'Pflanzstadt in einem eroberten Lande, Kolonie' zurückgeht. Nicht ganz auszuschließen ist eine Gf. apolb. **Kol'no* zu *kol 'Pfahl, Pflock'. **IV.** Die Namen *Berlin*, *Berlinchen* sind zahlreich als ON und FlN vertreten. **V.** Riedel A VIII, XIII, XI, SB; BNB 5; Udolph 1979. *SW*

Berlinchen // Barlinek [bar'linɛk] **I.** Stadt in der Woi. Zachodniopomorskie (Westpommern), im Kr. Myślibórz (Soldin), Gemeindesitz, 14 164 Ew., PL. Die Stadt liegt an der Plöne // Młynówka und am Berlinchener See // Jezioro Barlineckie, Hopfen-See // Jezioro Chmielowe und Üklei-See // Jezioro Uklejno. 1278 wurde von den Brandenburgern zum Schutz der Grenze eine Burg gebaut. Im 15. Jh. gehörte sie zum Staat der Kreuzritter und kam dann an Brandenburg, nachfolgend Preußen, Kreis Soldin, Reg.-Bez. Frankfurt, nach 1945 an Polen. 1975–1998 gehörte die Stadt zur Woi. Gorzów Wielkopolski (Landsberg). Bis zum 19. Jh. Tuch-, Leinenherstellung, nach 1945 Bekleidungs- und Baustoffindustrie, eine Fabrik für Schiffsausrüstungen; holzverarbeitende Industrie. **II.** 1278 *Nova Berlyn*, 1300 *Berlyn*, 1364 *Nigenberlin*, 1413 *Berlin*, 1499 *Berlinichen*, 1508 *Barlyn*, 1608 *Kleinen Berliniken*, 1618 *Berlinecken*, 1789 *Berlinchen*, 1833 *Berlinchen*, 1951 *Barlinek*. **III.** Vom Namen der brandenburgischen Stadt ↗Berlin mit dem lat. Zusatz *nova*, später mnd. *nigen* 'neu', d. *klein*, schließlich mit Verkleinerungssuffix -*chen*. Der Name *Barlinek* wurde nach 1945 amtlich eingeführt und knüpft an den Klang des deutschen Namens an. *Berlin* wahrscheinlich vom App. urslaw. *bъrlo 'Sumpf' mit dem Suffix -*in* abgeleitet, vgl. aber auch mda. *barło* 'Lager; Lagerstätte; Bleibe', *barłóg* 'Strohlager; Hundelager, Bärenlager, etc.'. **IV.** Mit Barlinek sind 4 ON Berlinek verbunden. Sie liegen in den Woi. Śląskie (Schles.), Wielkopolskie (Großpolen), Kujawsko-Pomorskie (Kujawien-Pommern) und Łódzkie (Łódź). **V.** Rymut NMP I; RymNmiast; Rospond 1984. *BC*

Bern Mda. ['bæ:rn], franz. Berne ['bɛʁnə], ital. Berna ['berna] **I.** Bundesstadt der Schweiz, Hauptort des gleichnamigen Kantons und Amtsbezirks, 122 925 Ew., in der Mitte zwischen Jura und Alpen, an der Aare gelegen. Nach ↗Freiburg im Breisgau (1120), BW, und ↗Freiburg im Üechtland (1157), FR, dritte zähringische Neugründung (1160/91), Zentrum der auf dem Gebiet des ö Hochburgund entstandenen Westschweiz. **II.** 1208 *Burcardus de Berne* [Or], 1218 *burgensibus de Berno in Burgundia*, 1223 *in civitate Berno*, 1224 *aput civitatem Bernam*, 1224 *apud Bernum*, 1226 *in ecclesia Berne*, 1228 *in decanatu de Berna*, 1241 *cives de Bernen*, 1251 *burger von Berne*, 1256 *ze Bern*, 1257 *oppidum Berne*, 1365 *datum Verone in Uchtland*, 1623 *statt Bärn*. **III.** *Bern* ist Erinnerungs- und Programmname und nach der nordital. Herrschaft *Verona*, d. *Welsch Bern*, benannt. Der zähringische Hz. Berthold V. scheint ihn unter zwei Gesichtspunkten für seine Neugründung gewählt zu haben: 1. Als Erinnerung an die Verleihung der in Personalunion mit der Markgrafschaft *Verona* verbundenen Herzogswürde von Kärnten an den Stammvater der Zähringer, Berthold I., im Jahr 1061. Damit hatte die Familie dukalen Status erreicht und legte auch nach dem Entzug Kärntens 1077 den Herzogstitel nicht mehr ab. 2. Als programmatische Verknüpfung mit der populären Heldengestalt Dietrich von *Bern*. Dass der Stadtgründer dabei von einem vorgefundenen Flur- oder Flussabschnittsnamen inspiriert wurde, ist nicht ausgeschlossen. Lautliche Gründe ebenso wie fehlende Siedlungskontinuität verwehren eine direkte Herleitung des Namens *Bern* von *Brenodor*, dem durch eine 1984 aufgefundene Inschrift gestützten möglichen Namen des kelt. Oppidums in der großen Aareschlaufe unterhalb Berns. Die Verbindung des Stadtnamens mit dem Bild des *Bären* durch die spätere Gründungssage ist Remotivierung auf heraldischer Grundlage. **IV.** Verona, I. **V.** BENB; LSG; Vetter; Fellmann. *eb, tfs*

Bernau bei Berlin **I.** Stadt, Lkr. Barnim, 36 059 Ew., n Berlin, BB. Seit Anf. des 13. Jh. Marktort, im MA Sitz eines Probstes. Wichtigste städtische Gewerbe waren die Tuchmacherei, Bierbrauerei und Bierhandel. Im 19. Jh. Verlagerung der Baumwollweberei von Berlin nach Bernau. **II.** 1296 *preposito ecclesie de Bernow* [Or], 1300 *in civitate antiqua Bernau*, 1315 *de Barnow*; *Bernau* (1775). **III.** Der Name ist wohl aus dem Deutschen zu erklären. Im Bw. kann sowohl mnd. *bare/bere* 'Bär' als auch mnd. *bēr, bēre* 'Eber' vorliegen. Zum Gw. ↗ *-au*. Es kann sich auch um eine Übertragung des Namens von Bernau, 1355 *de Bernouwe*, einer Wüstung bei Coswig, ST, handeln. Wenig wahrscheinlich ist eine Erklärung aus dem Slaw. als Bildung vom PN *Barn*, da die Form mit *a* nur selten belegt ist. **V.** Riedel A VIII; BNB 5; OBB. *SW*

Bernburg **I.** Kreisstadt und gleichnamige VG im Salzlandkreis, 30 861 Ew., an der unteren Saale, ST. Mehrteilige Stadtanlage – Bergstadt mit Burg/Schloss (auf dem w Saaleufer) und Talstadt, bestehend aus Alt- und Neustadt (auf dem ö Saaleufer), vereinigt erst 1825. Askanischer Besitz, bezeugt seit dem 12. Jh., aber wohl älter, bis zum 18. Jh. anhaltische Residenz, zeitweilig von zentraler Bedeutung für die anhaltischen Fürsten. Stadtentwicklung seit dem 13. Jh. bezeugt, blühend, aber seit dem Dreißigjährigen Krieg stagnierend. Bedeutende Industrialisierung seit dem 19. Jh. **II.** 961 *Brandanburg*, 1138 *Berneburch*, 1186 *Berneborch* [Or], 1330 *Bernburch* [Or]. **III.** Die Schreibung des ersten Belegs weicht von den späteren Nennungen stark ab und ist mit ihnen sprachgeschichtlich nicht zu verbinden. Sie wird als Irrtum des Schreibers gewertet, der wohl versehentlich den Namen des ihm bekannteren ↗ Brandenburgs (Havel) einsetzte. Damit ist er nicht authentisch und kommt für die Erklärung des Namens weniger in Betracht. Der Name *Bernburg* kann 1. aus einem PN *Bero* oder *Berno* (aus *Bernhard* u. ä.), 2. zu asä. *bero 'Bär' oder 3. aus asä. *brannjan bzw. mnd. *bernen* 'brennen' entstanden sein. Eine eindeutige Entscheidung ist nicht möglich, auch im Hinblick auf hist. Anknüpfungspunkte wie die Zerstörung der Burg im Jahr 1138, auf Mgf. Albrecht „den Bären" oder den sächs. Hz. Bernhard I. **IV.** ↗ Berndorf, NÖ, A; ↗ Bernsdorf (Oberlausitz), SN; ↗ Bernau, Lkr. Barnim, BB. **V.** SNB; Freydank/Steinbrück. *ChZ*

Berndorf **I.** Stadt, 8746 Ew., 40 km s WI im Triestingtal im Bezirk Baden, NÖ, A. Mittelalterliches Angerdorf mit Landwirtschaft, Weinbau, Pechgewinnung und Handel mit Harzprodukten. 1843 Gründung einer Metallwarenfabrik durch Alexander Schoeller, 1850 Übernahme durch die Familie Krupp aus Essen und Ausbau zur Großindustrie (h. Berndorf AG: Erzeugung von Besteck, Waffen etc.) mit bemerkenswerter städtebaulicher Entwicklung nach modernen sozialpolitischen Erkenntnissen im Wohnungsbau (Arbeitersiedlungen), Gesundheits- und Bildungswesen (Schule mit Klassenräumen in 11 verschiedenen Kunststilen) und Errichtung eines Stadttheaters. Seit 1886 planmäßig als Industriestadt ausgebaut. 1900 Stadterhebung. **II.** 1133 *Perimdorf*; *Perndorf* (1380). **III.** Zum Gw. ↗ *-dorf*, das Bw. ist der schwach flektierte Gen. des ahd.-bair. PN *Përo*, wodurch der ON 'Dorf des Pero' bedeutet (das diesem PN etymologisch zugrundeliegende App. mhd.-bair. *për* m. mit der Bed. 'Bär' kommt prinzipiell als Gw. auch in Frage, es erinnerte wohl an ein bemerkenswertes Ereignis mit einem Bären in diesem Dorf, da jedoch die gefügten Namen auf -dorf in der Regel mit einem PN gebildet sind, ist wohl eher der ersten Deutung der Vorzug zu geben). **V.** ÖStB 4/1; Schuster 1. *ES*

Bernkastel-Kues [kuːs] **I.** Stadt und gleichnamige VG im Lkr. Bernkastel-Wittlich, 22 857 Ew., zu beiden Seiten der Mittleren Mosel, zwischen Trier und Koblenz, RP. Um 400 Errichtung eines röm. Kastells, 1033/37 Erwähnung von Bernkastel und Kues, ab 1291 Führung eines Stadtsiegels, ab 1794 franz., 1815 zu Preußen, ab 1816 Kreisstadt, 1905 Fusion der Stadt Bernkastel mit der Gem. Kues. Weinanbau und Tourismus. **II.** Bernkastel: 496/506 (Kop. um 700, Kop.13./14. Jh.) *Princastellum*, 11. Jh. *Berincastel*, 1030 *Berencastele*, 1181 *Berncastell*, 1315 *Berncastel*, 1569 *Berncastel*. Kues: 1030 *in Covese*, 1148 *Cobesa*,

1155 *Cuvesa*, 1194 *Cŭvesa*, 1195 *Kuvese*, um 1200 *in Cuvesa*, 1211 *Covese*, 1249 *Chuese, Chuuse*, 1307–54 *Cusa*, 1329 *Cose*, 1330 *Cuse*, 1549 *Coeß*. **III.** Bernkastel: Ausgangsform ahd. **Berinkastel* 'befestigte Siedlung des Bero', Kompositum mit dem Gen. des PN *Bero* als Bw. und dem aus lat. *castellum* entlehnten Grundwort ahd. *kastel*. Kues: Grundform **Kubesa* 'Ort an der Krümmung (der Mosel)', abgeleitet von kelt./idg. **kubo-* 'gehöhlt, gekrümmt', nasaliert in gall. **cum-ba* 'Mulde, Senke'. **IV.** ↗ Blieskastel, Saarpfalz-Kreis, SL. **V.** Jungandreas; Kaufmann 1973; Greule/ Kleiber. *AG*

Bernsdorf (Oberlausitz) // Njedźichow (osorb.)

I. Stadt und gleichnamige VG im Lkr. Bautzen, 7103 Ew., n Kamenz und sw Hoyerswerda, am äußersten westlichen Rand der Oberlausitzer Heide- und Teichlandschaft, SN. **II.** 1494 *Bernsdorff*, 1774 *Wendisch Bernsdorf*; osorb. 1719 *Nischichow*, 1843 *Njedzichow*. **III.** Zum PN *Bernhart*; der osorb. ON wohl zu einem PN wie *Nezdich* o. ä. **IV.** Bernsdorf, Lkr. Zwickau, SN; Bernsdorf, OT von Chemnitz, SN. **V.** HONS I; SNB. *EE*

Bersenbrück

I. Stadt und gleichnamige Samtgem. im Lkr. Osnabrück, 28200 Ew., w der Hase, Reg.-Bez. Weser-Ems (bis Ende 2004), NI. In Bersenbrück wurde 1231 von Graf Otto von Ravensburg ein Zisterzienserinnenkloster gestiftet, das 1786 formal aufgehoben wurde; die Siedlung begann im 19. Jh. als Behörden- und Beamtensitz zu wachsen, war von 1885–1972 Sitz des gleichnamigen Kreises und erhielt 1956 Stadtrecht. **II.** 1221 *Bersinbrugge [Or]*, 1231 *Bersembrugge*, 1301 *Bersenbrucge*; *Berßenbrück* (1723). **III.** Bildung mit dem Gw. ↗ *-brück*. Das Bw. enthält einen GwN **Bersina/*Birsina*, der seinerseits eine Abl. mit *-n*-Suffix ist. Ableitungsbasis ist ein Adj. idg. **bheres-* 'schnell', das zwar appellativisch nicht im Germ. belegt ist, aber in mehreren Namen wie dem GwN *Birs* und mit Schwundstufe in *Börßum* vorauszusetzen ist. Der auslautende Vokal ist bereits im 13. Jh. geschwunden. Gelegentlich erscheint an *-b-* assimiliertes *-m-* statt *-n-*. **IV.** Börßum, Lkr. Wolfenbüttel, NI. **V.** GOV Osnabrück I; NOB III; HHS 2. *KC*

Besigheim

I. Stadt und gleichnamiger GVV im Lkr. Ludwigsburg, 31865 Ew., ca. 25 km n Stuttgart und etwa 13 km nnw Ludwigsburg am Zusammenfluss von Neckar und Enz gelegen, Reg.-Bez. Stuttgart, BW. Erstnennung 1153 im Zuge der Schenkung von Besigheim durch König Friedrich I. Barbarossa an den Markgrafen Hermann III. von Baden, Verleihung des Stadtrechts um 1200, 1277 Bezeichnung als *oppidum*, 1280 als *civitas* und geht 1595 endgültig an Württemberg. Weinbaubetrieb, evangelische Stadtkirche mit prachtvollem Schnitzaltar (Christoph von Urach), Waldhornturm, Schochenturm, ma. Stadtbild. **II.** 1153 *Basincheim*, 1231 *Basenkein [Or]*, 1245 (Kop. 15. Jh.) *Basekain*, 1257 *Besenkein [Or]*, 1443 *Besikem*; *Besigheim* (16. Jh.). **III.** Der ON geht mit Umlaut des Stammvokals /a/ zu /e/ auf eine ↗ *-ing-heim*-Ableitung zu dem ahd. PN *Baso* zurück und bedeutet 'Wohnstätte bei den Leuten des Baso'. **IV.** Pösing, Lkr. Cham, BY. **V.** Reichardt 1982b; FP; LBW 3. *JR*

Bestwig

I. Gem. im Hochsauerlandkr., 11380 Ew., an der Ruhr zwischen Olsberg und Meschede, Reg.-Bez. Arnsberg, NRW. Ma. Kleinsiedlung, durch die Bahnanbindung 1872 zum Zentralort für die umliegenden Dörfer geworden, 1911 Sitz des Amts Bestwig, 1975 Hauptort der neu gebildeten Gemeinde. **II.** 1281–1313 *Henr[icus] Bernestwich*, 1377 *to Bernwech*, 1414 *in Bernswych*; *Bestwig* (1669). **III.** Bildung mit dem Gw. ↗ *-wik/-wiek*. Das Bw. ist der PN *Bern* im st. flektierten Gen. Sg., der zu ahd. *bero*, asä. **bero* 'Bär' zu stellen ist. Der Ort ist also als 'Siedlung des *Bern*' benannt worden. Der ON erreicht erst im 16. Jh. seine heutige Form. In diese Zeit gehört sprachlich auch ein Beleg *Bestwich* einer Fälschung des 16. Jh. zu angeblich 1191, die nicht als Erstbeleg herangezogen werden kann. Das bis Ende des 15. Jh. belegte *-t-* dürfte ein sekundär eingedrungener Übergangslaut sein. Es schwindet zunächst aus den Schreibformen, erscheint aber in der zweiten Hälfte des 16. Jh. erneut, wohingegen die Konsonantengruppe *-rn-* ausfällt. Dieser Vorgang ist vermutlich über eine mda. Zwischenstufe mit vokalisiertem *-r-* zu erklären, in der der Nasal vor *-s-* ausfiel (**Be-^{a}ns(t)-* > **Be^{a}s(t)-*) und der sekundär entstandene Diphthong zu *-e-* gekürzt wurde. **V.** HHS 3; Günther, R.: Der Arnsberger Wald im Mittelalter. Münster 1994; Schütte 2007. *Flö*

Betzdorf

I. Stadt im Lkr. Altenkirchen (Westerwald), 10185 Ew., zwischen Siegerland und Westerwald im Wildenburger Land an der Sieg, Verwaltungssitz einer gleichnamigen VG, RP. Mit dem Ausbau des Schienennetzes wurde das vorher unbedeutende Dorf zu einem größeren Ort und einer Eisenbahnerstadt mit einem Rangierbahnhof für den Erzbergbau in dieser Gegend. Seit 1886 Amtssitz (Bürgermeisterei). Wegen der Bedeutung als Drehscheibe des Güterverkehrs litt der Ort im Zweiten Weltkrieg unter Luftangriffen. 1953 wurde Betzdorf Stadt, verlor aber an Bedeutung als Verkehrsknotenpunkt. **II.** 1236 *in Bettisdorf*, 1249 *Betstorp*, 1382 *Betstorff*; *Betzdorff* (1451). **III.** Als PN in Verbindung mit dem Gw. ↗ *-dorf* bieten sich sowohl das germ. *Beto* bzw. *Betto*, Gen. Sg. *Bettis-*, als auch der KN *Ber(c)ht*, Gen. *Be(rch)tes-* an, wobei ein **Berchtesdorp* erst durch den Ausfall von *-r-* und *-(c)h-* zu *Betzdorf* wird. Aufgrund der Quellenbelege wird hier die Deutung 'Dorf des Beto/Betto' favorisiert. **IV.** Betzdorf, Kt. Grevenmacher, Luxemburg. **V.** MRUB III; FP; Bückart, C.: Beiträge zur Ortskunde und Geschichte von Betzdorf und Umgebung. Betzdorf 1914; Kaufmann 1973. *JMB*

-beund / -bünt(e). ↗-grün.

-beuren / -beuern / -büren.
Zugrunde liegt wohl ahd. *būr*, mhd. / mnd. *būr* Ntr. '(kleines) Haus, Kammer, Hütte; Ansiedlung, Gemeinde' (*Bauer* 'Vogelkäfig'), wovon die Dat.-Pl.-Form vorliegt: 'zu / bei den Häusern / der Ansiedlung'; die ältesten Belege deuten auf den jō-Stamm **būr(r)ia* als Ausgangsform hin. Als Bw. begegnen vorwiegend PN, entweder unflektiert (Benediktbeuern, Lkr. Bad Tölz-Wolfratshausen, BY) oder im Gen. (↗Ibbenbüren, Lkr. Steinfurt, NRW). Auch als Simplex kommt dieser alte gemeind. Bildungstyp vor (↗Büren, Lkr. Paderborn, NRW). Literatur: Bach DNK II, 2; Laur; Prinz. *FD*

Beuthen // Bytom ['bɨtɔm]
I. Kreisfreie Stadt in der Woi. Śląsk, 183 829 Ew., im Ostteil des Muschelkalkrückens auf den Tarnowitzer Höhen, PL. An der „Hohen Straße" um 1123 gegründet, 1254 Magdeburger Stadtrecht. Bis 1289 im Königreich Polen, 1289 an Böhmen, 1526 an Habsburg, 1742 an Preußen. Geprägt von der hektischen Industrialisierung (Bergbau- und Hüttenwesen, Maschinenbau, chemische Industrie), wuchs die Stadt aus mehreren Teilen zusammen. H. nur noch eine Steinkohlenzeche in Betrieb. Die Teilungsgrenze von 1922 schnitt ein Viertel des Stadtkreises ab. In der Volksabstimmung 1921 sprachen sich rund 75 % der Wahlbeteiligten für den Verbleib bei Deutschland aus, obwohl Beuthen ein wichtiges Zentrum des polnischen Lebens war. 1890–1939 Stadtkreis im Reg.-Bez. Oppeln, Reg.-Bez. Kattowitz (1939–1945); 101 084 Ew. (1939). Schlesische Oper, Oberschlesisches Museum. **II.** 1123 *Bitom targoue* [Or], 1223 *Bithom*, 1229 *Bytom*, 1529 *Beuthom*, *Bythom*. **III.** Der 'Ort des *Bytom*', gebildet mit dem besitzanzeigenden Suffix -*j*- zum aslaw. **-jь* aus dem PN *Bytom*, der als KN zu VN *Bytosław*, *Bytogost* anzusehen ist. *Byt-* zu aslaw. **bytъ* 'Wesen, Dasein' und *byti* 'sein' kommen in vielen apoln. PN als Erstglied (*Bytosław*, *Bytomir*) und als zweites Glied (*Radobyt*, *Włościbyt*, *Wielebyt*) vor. Ins Deutsche phonetisch übernommen, seit dem 16. Jh mit dem Diphthong -*eu*- statt -*i*-. **IV.** Beuthen a. d. Oder // Bytom Odrzański, in Niederschlesien; Bytomsko bei Kraków, beide PL. **V.** SU; Rymut NMP. *MCh*

Bevensen
I. Samtgem. im Lkr. Uelzen, 16 283 Ew., an der Ilmenau n von Uelzen, Reg.-Bez. Lüneburg (bis Ende 2004), NI. 8. Jh. Wiek der Wanderkaufleute an der Ilmenau, Warenumschlagplatz, Besitz des Bischofs von Verden, Ausbau zu burgähnlicher Anlage, um 1230 Archidiakonat, 1293 Erwähnung als Marktflecken (*oppidum*), 1336 Ansiedlung eines Zisterzienserinnenklosters in Medingen, 1929 Stadtrecht, Luftkurort, 1975 staatliche Anerkennung als Heilbad, die Stadt Bevensen trägt seit 1976 Zusatz Bad; 1974 Zusammenschluss der Stadt mit den Gem. Altenmedingen, Barum, Emmendorf, Himbergen, Jelmstorf, Römstedt und Weste. **II.** 1162 *Werendagi de Beuenhusen* [Or], 1335 *Iohanni de Bevensen* [Or]. **III.** Bildung mit dem Gw. ↗-*hausen*, zu -*sen* reduziert, und dem schwach flektierenden KN *Bevo*. **IV.** Bevenrode, OT von Braunschweig, NI. **V.** Nds. Städtebuch; HHS 2. *FM*

Beverstedt
I. Samtgem. im Lkr. Cuxhaven, 13 878 Ew., an der Lune, Reg.-Bez. Lüneburg (bis Ende 2004), NI. Verm. 9. Jh. hölzerne Taufkapelle, Wirtschaftshöfe zur Versorgung des erzbischöflichen Hofs in Bremervörde, Gerichtsbarkeit durch Herren von Luneberg, 1661 Flecken, 1971 und 1974 Zusammenschluss des Fleckens Beverstedt mit den Gem. Appeln, Bokel, Frelsdorf, Heerstedt, Hollen, Kirchwistedt, Lunestedt und Stubben. **II.** 1229 *Beversate* [Or], 1310 *Beverstede* [Or], 1319 *Beverste* [Or]. **III.** Die Form des früher bezeugten ON Westerbeverstedt (860 *Westristanbeverigiseti* [Kop. 11./12. Jh.], 1202 *Westerbeversate* [Or]) muss auch für Beverstedt vorausgesetzt werden. Es handelt sich um eine Bildung mit dem Bw. asä. *bibar*, mnd. *bēver* 'Biber' und dem Gw. asä. **gisāti*, mnd. *(ge)sāte*, *(ge)sēte* '(Wohn-)Sitz, Niederlassung', ergänzt durch den Zusatz asä. *westar* 'westlich gelegen' im Dat. Sg. des Superlativs. Das Gw. -*sāte*, -*sēte* verkürzte sich im Nebenton zu -*ste* und fiel so mit dem im Nd. ebenfalls oft zu -*ste* verkürzten Gw. ↗-*stedt* 'Stelle, Stätte, Ort' zusammen, woraus die Umbildung zu -*stede* resultiert. **V.** HHS 2; KD Wesermünde 2; Die Samtgemeinde Beverstedt in Gegenwart und Vergangenheit. Bremerhaven 1983. *FM*

Beverungen
I. Stadt im Kr. Höxter, 14 447 Ew., an alter Weserfurt (Weserbrücke 1902) auf dem Solling gegenüberliegenden Weserseite, Reg.-Bez. Detmold, NRW. Mitte 9. Jh. Schenkung von Gütern in Beverungen durch Haduwy (Witwe des Amalung) an Corvey, 1330 Errichtung einer Burg (unter Mitwirkung von Corvey, Bistum Paderborn und der Herren von Brakel), 14. Jh. Planung einer Siedlung, 1417 Stadtprivileg (mit Corvey); 17./18. Jh. Landestelle an der Weser, über die Eisen, Getreide und Leinen etc. nach Bremen verschifft wurden, 1779 Verzicht Corveys auf Anrechte an Beverungen, 1815 an Preußen. Landwirtschaft. **II.** 826–876 (Kop. 1479) *Beuerungun*, [1018] (Kop. um 1160) *in Ovoronbeverungun*, 12. Jh.

(Kop. 1479) *Beberuggen*, 12. Jh. *Beverunge*, 1155 *Beueringen*, 1283 (Kop.) *in inferiori villa Beuerungen*, 13. Jh. *Beveruggen*, 1339 *inferior Beverungen*; *Beverungen* (1025–1216). **III.** Abl. eines Insassennamens auf ⌐ -*ung(en)* vom GwN der Bever (l. Nfl. zur Weser; 1776/77 *Bever Fluß* < *Beuera*). Im MA zeitweise Unterscheidung von zwei Teilen (*Overenbeverungen* und *Niederbeverungen*) nach ihrer Lage flussaufwärts bzw. flussabwärts der Weser, ab 1356 *Beverungen*. Der Name ist zu erklären als Bez. einer Siedlung 'bei den Leuten an der Bever'. Der GwN wird immer wieder mit asä. *bibar*, mnd. *bever* 'Biber' verbunden, wobei auch ein Anschluss an mnd. *bevern* 'zittern' (Iterativbildung zu *beven* 'zittern, beben, unruhig sein') und Bez. nach Art des bewegten Wasserlaufs möglich ist. **V.** Schneider; Volckmar; Kramer, W.; HHS 3. *BM*

Bexbach **I.** Stadt im Saarpfalz-Kreis, 18 457 Ew., nahe an der Grenze zu RP, je ca. 7 km von den Kreisstädten Neunkirchen und Homburg entfernt, ca. 30 km nö von Saarbrücken, zwischen Blies und Höcherberg, SL. Seit dem 14. Jh. Eisenerz-, seit dem 16. Jh. Kohlebergbau. 1648 an Frankreich, 1697 bis Ende des 18. Jh. Nassau-Saarbrücken, dann wieder bis 1816 franz., danach bayer. Nach dem 1. Weltkrieg zum Saargebiet bis 1935 unter dem Mandat des Völkerbundes, seit 1947 zum in politischer Union mit Frankreich verbundenen Saarland, seit 1957 zum Bundesland Saarland. 1970 Stadtrechte, 1974 Eingemeindung von Niederbexbach, Kleinottweiler, Oberbexbach, Frankenholz und Höchen. **II.** 1192 *Beckensbach [Or]*, 1310 *Beckespach*; *Bexbach* (1384). **III.** Ortsname zum GwN *Bexbach*, welcher einen PN als Bw. trägt. Das Gewässer hieß im 16. Jh. im oberen Teil *Frankenbach*, im unteren Abschnitt *Brühlsbach* und im mittleren Teil einfach *die Bach*, wohl mit Verlust des Namen-Bw. Parallel hierzu gliedert sich der ON heute in *Mittel-*, *Ober-* und *Niederbexbach*. Die sprachliche Entwicklung vollzieht sich von *Beckensbach* < *Bekkines-bach* (zum PN *Bekkin*) mit Erleichterung der Dreikonsonanz zu *Beckes-*, mit Synkope des unbetonten Nebensilbenvokals zu *Bex-* (das Graphem <x> steht für [ks]). Die Variante *Mittelbezbach* (1554) nähert sich lautlich dem auch mda. *Betschbach* an, welches in dieser Schreibweise 1600 überliefert ist. **V.** Christmann; Spang, R.: Die Gewässernamen des Saarlandes aus geographischer Sicht. Saarbrücken 1982. *Lei*

Bezau mda. [beːtsou] **I.** Marktgemeinde im Bezirk Bregenz, Hauptort des Bregenzerwaldes, 1992 Ew., VO, A. Gerichtssitz, Landwirtschaft, Fremdenverkehr. **II.** 1249 *Baezenoue*, 1390 *Bätzenöw*, 1586 *Bezen Bach*, 1547 *zu Beüzow*. **III.** Das Bw. *Bätz(en)* ist Koseform zu *Berchtold* (Besitzer?) o. ä., das Grundwort d.

⌐ -*au* sachlich gesichert durch 1450 *bätzbach*; 1522 *uff der Bätzenegg*, Gerichtssitz. *Hittisau* (1249 *Hittinsowe*) neben *Hittisberg* zum PN *Hild* ähnlich gebildet, vgl. FN *Hilty*; die meisten *Au*-Namen im Bregenzerwald sind aber Naturnamen wie *Lingenau* (1221 *Lindigenowe*) zu *Linde*; vgl. *Betznau* (Friedrichshafen), BW. **V.** Vogt, W.: Vorarlberger Flurnamenbuch. Teil 1, Bd. 8. Bregenz 1984; Brechenmacher. *Plg*

Białogard ⌐Belgard

Biały Kamień ⌐Weißstein

Biberach an der Riß **I.** Kreishauptstadt und VVG im gleichnamigen Lkr., Reg.-Bez. Tübingen, 58 017 Ew., im n Oberschwaben, BW. Seit 1170 Marktsiedlung, seit 1281 Freie Reichsstadt, die jedoch kein Umland besaß. Im 14. Jh. Entwicklung des Weberhandwerks nach Einführung der Baumwolle. Nach dem Westfälischen Frieden war Biberach eine sog. Paritätische Reichsstadt, in der Protestanten und Katholiken gemeinsam die Kirchen nutzten und gleichberechtigt unter sich die Ämter teilten. 1802 zunächst badisch, seit 1806 (nach einem Ländertausch) württembergisch. Kriegsgefangenenlager im Zweiten Weltkrieg. Seit 1962 Große Kreisstadt. **II.** 1083 *Bibra*, 1279 *Biberach*, 14. Jh. *Bibera*. **III.** Kompositum mit Gw. ⌐ -*ach*¹ und ahd. *bibar* 'Biber'; ahd. *Bibar-aha* 'Biberbach' hieß urspr. der in Biberach in die Riß mündende Rotbach (1304 *Byberach*, 1350 *an der Bibrachun*, *diu Biberach*, 1413 *an der Bibrach*). Die Riß (zur Donau bei Rißtissen), 1293–1295 *Rússaigie*, *Russagie*, *Rússaiam*, 1399 *an der Rúß* führt den Namen des röm. Kohortenkastells bei Rißtissen, Mitte 2. Jh. n. Chr. *R[i]usiava*, weiter. Dem Namen des Kastells liegt ein älterer vorgerm. FluN *Rusi̯a* (> mhd. *Rüsse* > *Riß*) zugrunde. *Rusi̯a* ist von der Schwundstufe des idg. Verbs *reus-* 'wühlen, graben' mit *i̯*-Suffix abgeleitet. **IV.** Biberach, Ortenaukreis, BW; Biberach, Lkr. Augsburg, BY; ⌐ Bebra, Lr. Hersfeld-Rotenburg, HE. **V.** Snyder, W.H.: Die rechten Nebenflüsse der Donau von der Quelle bis zur Einmündung des Inn (Hydronymia Germaniae A, 3). Tübingen 1964; Berger; Reichardt, L.: Ortsnamenbuch des Alb-Donau-Kreises und des Stadtkreises Ulm. Stuttgart 1986; Greule, DGNB. *AG*

Biberist mda. [ˈbɪbərˈɪʃt] **I.** Gem. im Bezirk Wasseramt, 7830 Ew., an Emme und Aare, SON, CH. Ausgedehnter röm. Gutshof. Mehrere röm. Ansiedlungen, Graburnen, Münzen. Mindestens 32 frühmittelalterliche Gräber. 962 dem Kloster Payerne geschenkt. 1417 dem St. Ursenstift in Solothurn inkorporiert. Papierindustrie seit 1862. **II.** 762 in *Biberussa* (Kop. 17. Jh. eines Vidimus von 1457), 1251 *de Bubrusche*, 1262 *de Bibervsce*, 1268 *de Bibersche*, 1508 *Bibe-*

rſt; *Biberist* (1982). **III.** Sekundärer SiN, der den alten Namen des Dorfbachs *Biberussa*, gebildet aus der Tierbezeichnung kelt. *bebros* 'Biber' und dem in seiner Bed. umstrittenen Suffix *-issa/-ussa*, weiterführt: A. Bach deutete *-ussa* als vordeutsches Diminutivsuffix, nach A. Greule "drückt das *-issa* die Zugehörigkeit zum Begriff des Kennwortes aus". Der Antritt eines *-t* an einen auslautenden Reibelaut ist im Deutschen verbreitet (*Saft* < mhd. *saf*, *Obst* < mhd. *obez*, ON *Küssnacht* < *Kúsnach* (1321). *Biberussa* muss urspr. der Name des Dorfbachs gewesen sein, der auf die Siedlung übertragen wurde. **V.** Schweiz. Lex.; Grossenbacher Künzler, B.: Wasseramt; Kully, Solothurnisches Namenbuch I; LSG. *RMK*

Biblis **I.** Gem. im Lkr. Bergstraße, 8822 Ew., Reg.Bez. Darmstadt, HE. Kaiser Ludwig der Fromme schenkte 836 seinem Getreuen Werner Besitz in Biblis und Wattenheim, der die Güter an das Kloster Lorsch weitergab. 1232 gelangte Biblis an das Erzbistum Mainz. Von 1461–1623/50 in kurpfälzischer Pfandschaft, danach bis 1803 wieder unter dem Ebf. von Mainz, der den Ort rekatholisierte. Schwere Zerstörungen im Dreißigjährigen Krieg. 1970 Eingliederung von Nordheim und Wattenheim. Inbetriebnahme des Atomkraftwerks 1974. **II.** Biblis: 836, 846 (Kop.) *Bibifloz*, 897 *Biliboz*, 1389 *Bibles*, 1507 *Bibliz*. Nordheim: 830 *Nordheim*, 1129 *Northeim*, 1301 *Nurtheim*. Wattenheim: 836 (Kop.) *Wadtinheim*, 846 (Kop.) *Wattenheim*, 917 (Kop.) *Watenheim*. **III.** Biblis: Zu mhd. *bevliezen* < ahd. **bifliozan* 'umfließen'. Die Siedlung befindet sich in einem Knie des Flusses Weschnitz; Nordheim: „Orientierter" ↗*heim*-Ortsname; Wattenheim: PN *Watto*, dessen Etymologie nicht eindeutig geklärt ist. Das Bw. des expressiven Kurznamens wohl nicht zu got. *wadi* 'Pfand'. Möglicherweise liegt hier eine labial gesprochene Nebenform zum PN *Batto* vor, der seinerseits eine Kurzform eines Namens mit ahd. *badu-* 'Kampf' im Bw. darstellt. **VI.** Der Hof Wasserbiblos (830–850 *Wassen Bibeloz*), sö. von Crumstadt, Lkr. Groß-Gerau, HE, wird von zwei Bächen umflossen. Das Bw. zu mhd. *wasen* 'Wasen'. **V.** CL; Emig, A.: Heimatbuch von Wattenheim / Ried. Biblis 1986; Gobs, C.: Biblis. Geschichte einer Gemeinde 836–1986. Biblis 1986; Knappe; Müller, Starkenburg; Südhess. FlNB. *TH*

Biebergemünd. **I.** Gem. im Main-Kinzig-Kreis, 8343 Ew., ö Gelnhausen im Biebertal bis zur Kinzig, Reg.-Bez. Darmstadt, HE. Entstanden 1974 durch Zusammenschluss von Biebergemünd und Bieber; 1970 hatten sich schon Wirtheim und Kassel unter dem Namen Biebergemünd, 1971 Bieber und 3 Gem. zusammengeschlossen. Wirtheim an der Kinzig und Kassel, beide mit wichtigen Bodendenkmälern, spätestens karoling. Gründungen, kamen 976 von Otto II. an das Stift Aschaffenburg, später an das Erzbistum Mainz, 1815 an Bayern, 1866 an Preußen, 1945 an Hessen. Die übrigen, s gelegenen Orte, alle erst 1339 erwähnt, kamen im Spätmittelalter aus Mainzer Besitz an die Grafen von Rieneck, dann an die Gft. ↗Hanau. **II.** FluN: 1361 *in der Bibra* [Or]. ON: 1339 *Bibera* [...] *Biberach* (Kop. 15./16. Jh.), 1391 *Bibera* [Or]. **III.** Das Bw. des h. ON, der FluN Bieber, ist urspr. eine Zuss. des Bw. ahd. *bibar*, *biber*, st. M. 'Biber' mit dem Gw. ↗*-ach¹*, ahd. *-aha*, das seit mhd. Zeit verkürzt oder kontrahiert wird oder ganz schwindet (vgl. ↗Gründau, Main-Kinzig-Kreis, HE); der h. FluN und ON *Bieber* wird erst seit dem 18. Jh. zur Unterscheidung von der Tierbez. mit Dehnungs-*e* geschrieben. Das Gw. des h. ON *-gemünd* (< ahd. *gimundi*, st. Ntr. 'Mündung') begegnet, auch als Simplex, seit altersher in d. ON, die einen Ort an oder gegenüber einer Fluss- oder Seemündung bezeichnen. Dies gilt für den 1974 verordneten (!) ON *Biebergemünd* nur bedingt, da nur ein OT an der Biebermündung liegt. **IV.** Saargemünd // Sarreguemines, Département Moselle, LO, F. **V.** Reimer 1891; Bach DNK; Grimm; Sperber. *HGS*

Biebertal **I.** Gem. im Lkr. Gießen, 10058 Ew., Reg.-Bez. Gießen, HE. Am 1. 12. 1970 wurde die Gem. Biebertal aus den Gemeinden Fellingshausen, Königsberg, Krumbach, Rodheim-Bieber und Vetzberg gebildet. Frankenbach wurde am 1. 1. 1977 eingegliedert. Burgruine Vetzberg (erbaut um 1100–1150), Dünsberg (498 m), hist. Festungsanlage Sternschanze aus dem Siebenjährigen Krieg, Gailscher Park. **II.** 780–802 *Biberaha*, 1300 *de Bebera*, *in Bebera villa*, 1379 *dye Bebera* (FluN). **III.** Bieber, r. Zfl. der Lahn als Namengeber des heutigen OT Rodheim-Bieber (1954) aus früherem Rodheim an der Bieber. Zahlreiche Fluss-, Bach- und Ortsnamen sind im deutschsprachigen Raum als Vergleichsnamen anzuführen. Der FluN geht auf älteres *Biberaha* (780–802) zurück. Zusammensetzung aus dem Gw. *-aha* 'fließendes Wasser' (↗*-ach¹*, später zu *-a* verkürzt) und der Tierbezeichnung 'Biber' im Bw. aus ahd. *bibar*, mhd. *biber*. Die Veränderung des Stammvokals *-i-* > *-e-* durch Vokalsenkung. Der Name der Großgemeinde bedeutet 'Tal am Biberbach'. Bei den ↗*-tal*-Namen handelt es sich generell um junge Ortsnamenbildungen. Der Typus FluN + *-tal* wurde durch die Verwaltungsreformen der sechziger- und siebziger Jahre begünstigt. **IV.** Hof-, Langen-, Niederbieber, Lkr. Fulda, HE. **V.** LAGIS; HG, A 4. *DA*

Biedenkopf **I.** Stadt im Lkr. Marburg-Biedenkopf, 13 361 Ew., Reg.-Bez. Gießen, HE. An oberer Lahn gelegen, als Burg und Stadt 1254 bezeugt, doch älter. Kunststoff-, Metallindustrie (besonders Modell-/Formenbau), Textilindustrie (19. Jh.-Mitte 20. Jh.),

Landwirtschaft. Grenzgang alle 7 Jahre (seit über 300 Jahren), 1334 städt. Schule erwähnt, seit 1846 Gymnasium. 1972 vier, 1974 vier weitere Orte eingem.; bis 30. 6. 1974 Kreisstadt im gleichnamigen Lkr. **II.** 1196 *Biedenkaph*, 1233 *Bidencap*, 1259 *Beydencap*, 1314 *Bydenkapf*, 1630 *Biedencopf*. **III.** Mehrere Falschdeutungen (z.B. 'Bei den Köpfen'). Auszugehen ist von mhd. *bieten* '(ge)bieten, darbieten, (an)zeigen' und mhd. *kapf* 'Anhöhe, von der man ausschaut': *(ze dem) bietenden cap(f)*, mit Verkürzung der Part. Präs.-Form und -*d*- durch binnendeutsche Konsonantenschwächung, zuletzt Angleichung an *Kopf* (dial. *Birrekob* mit *d*-Rhotazismus und expressiver Verschärfung). Frühe politisch-rechtshist. Grenzlage, daher: 'die den Grenz-/Herrschaftsbereich anzeigende Beobachtungshöhe'. **IV.** ⌐ Schauenburg, Lkr. Kassel, HE; ⌐ Wartenberg, Lkr. Erding, BY. **V.** Debus, F.: Der Name Biedenkopf. In: Geschichten und Geschichte unserer Stadt I, 1254–2004. 750 Jahre Stadt Biedenkopf. Biedenkopf 2004. *FD*

Biederitz-Möser **I.** VG im Lkr. Jerichower Land, 16 717 Ew., ST. Gebildet am 1. 1. 2005 aus den Gemeinden Biederitz, Möser und anderen Gem. der Umgebung. Biederitz-Möser liegt im sw Teil des Lkr. Jerichower Land inmitten von Elbniederungen und dem Landschaftsschutzgebiet Umflutehle-Külzauer Forst. **II.** Biederitz: 948 *Bidrizi [Or]*, 992 *Bridrizi*, 1563 *Bideritz*. Möser: 961–965 *Mozeri*, 1188 *Mosene*. **III.** Der slaw. ON Biederitz ist unklar. Bei der Rückführung Trautmanns auf eine apolb. Gf. **Bedric*-, die zu urslaw. **bedro* 'Schenkel' gestellt wird, treten viele Fragen auf, da die alten Belege stets -*i*- zeigen. Der Name *Möser* ist ebenfalls slaw. und wird zu **mozyt̓* 'Sumpf' gestellt, vgl. slowen. dial. *mozirje* 'Moor'. **IV.** Kirchmöser, OT von Brandenburg/Havel, BB. **V.** UB EM; Brückner; EO; Bathe, Jerichow; Udolph 1979. *GW*

Biel Mda. (['biːəl, 'biːəy], franz. [bjˈɛn] **I.** Zweisprachige Stadt (d. und franz.), seit 1832 Hauptort des gleichnamigen Amtsbezirks, 50 013 Ew., an den Hängen der Juraketten am nö Ufer des Bielersees, 27 km nw von Bern, Kt. Bern, CH. Der ma. Siedlungskern entstand auf einem dem Jurasüdhang vorgelagerten, von der Brunn- oder Römerquelle gebildeten Kalksinterkegel. Münzfund aus der Zeit vom 1. Jh. v. bis zum 4. Jh. n.Chr. bezeugt eine gallorom. Kultstätte. Nach Einwanderung der Alemannen (ca. 6./7. Jh.) rom.-d. Mischzone. Seit 13. Jh. eigentliche Stadt. Nach den Burgunderkriegen (1474–77) Aufnahme als zugewandter Ort in den eidgenössischen Bund. Auf dem Wiener Kongress (1815) dem Kt. Bern zugesprochen. Seit der Mitte des 19. Jh. Industriezentrum (Uhren und Mikromechanik), h. auch Dienstleistungs- und Schulstandort. **II.** 1141 *vineas apud Bielnam [Kop. von 1414]*, 1142 *vineas apud Belnam [Or]*, 1158/60 *Rodulfo de Belno*, 1179 *de Bielno et vicis circumiacentibus*, um 1184 *Bertholdus de Bielne*, 1217–18 *Siginandus de Biene*, 1254 *prope Bielle*, 1260 *Jacobus de Biel*. **III.** Der Name wird mit der h. noch vorhandenen sog. Römerquelle am Rande der Altstadt in Beziehung gebracht. Zugrunde liegen dürfte nach heutigem Forschungsstand eine fem. Form **Belenā*, die sich von einem gleichlautenden Hydronym mit der Wz. idg. **bhel-* 'weiss, hell, glänzend' herleitet. Die Tatsache, dass **Belena* in der Forschung semantisch auch zum Stamm kelt. **bel(l)o* 'stark, mächtig' < idg. **bel-* 'stark' gestellt wird, spielt für die Identifikation des ON Biel/Bienne keine Rolle. Die Identifizierung mit d. *Beil*, die auch im seit 1260 verwendeten sprechenden Stadtwappen ihren Ausdruck findet, basiert auf einer volksetym. Umdeutung. Die übrigen zahlreichen gleichklingenden *Biel*-Namen in der Deutschschweiz sind entrundete Formen zu d. *Bühl* 'Hügel'. **IV.** Beaune (861 *Belna*), Département Côte-d'Or; Beaune (1112 *de Belna*) Département Savoie, beide F. **V.** BENB; LSG; Besse. *eb, tfs*

Bielawa ⌐ **Langenbielau**

Bielefeld **I.** Kreisfreie Stadt, 323 615 Ew., im NO eines tief einschneidenden Passes durch zwei Bergzüge des Teutoburger Waldes, Reg.-Bez. Detmold, NRW. Gründung der Grafen von Ravensberg an der Stelle einer Höfesiedlung des 8. Jh., Schnittpunkt alter Fernstraßen von Köln-Lübeck / Niederlande-Münster-Osnabrück-Mitteldeutschland, 1214 Stadtrecht, Ende 15. Jh. Hansestadt. Zwischen 1240–1250 Sparrenburg auf dem Sparrenberg. Vor 1300 Neustadt unterhalb der Burg (1520 mit Altstadt vereinigt), nach 1346–1511 an Grafschaft Berg (ab 1423 Jülich und Berg), 1511 an Herzöge von Kleve, 1609 Kondominat von Pfalz-Neuburg und Brandenburg, 1666 an Brandenburg-Preußen. 1867 Bethel (Bodelschwinghsche Anstalten); 1904 Stadttheater, 1905 Theologische Schule (1968 Kirchliche Hochschule Bethel). Universität (gegr. 1969), Textil- (seit Ende 16. Jh. Leinengewerbe), Metall-, Maschinenbau-, Lebensmittelindustrie (1890 Dr. August Oetker). 1973 Zusammenschluss von Lkr. und Stadt Bielefeld. **II.** 826–876 (Kop. 1479) *in Bylanuelde*, 1015–1036 (Kop. um 1160) Lxx *agros in Biliuelde*, 1150 *Bylivelt*, 1258 *ante Bileüelde*, 1263 *oppidum Bilenbelde* [!], 1556 *Beilfeldt*; *Bieleveld* (1244). **III.** Bildung mit dem Gw. ⌐ -*feld*, das für einen alten Namen spricht, mit dem urspr. eine (auch naturräumlich bedingte) '(größere), offene und ebene Fläche' oder ein Gebiet bezeichnet sein kann, durch verschiedene Bw. näher bestimmt. Das Bw. kann in Verbindung mit dem s angrenzenden Höhenzug oder Pass stehen, an dem Bielefeld liegt (Bezeichnung nach der Lage), kann sich aber auch auf einen ehemaligen GwN, FlN, ON oder Hofnamen bzw. PN beziehen. Das Feld kann nach seiner Geländebeschaffenheit (Boden, Bewuchs, Form, Größe etc.) benannt sein, was bei -*feld*-Namen in Wf ein breites Benennungsspektrum eröffnet. Das Bw. ist bislang nicht sicher gedeutet, da es seiner Ausdrucksseite nach nicht klar fixierbar ist (germ. *bil- oder *bīl-?) und das urspr. Benennungsmotiv nicht zweifelsfrei bestimmbar ist. Vor dem Hintergrund germ. Appellative sind verschiedene Anschlüsse diskutiert worden, u. a. Verbindungen zu ags. *bill*, asä. *bil* 'Schwert, Streitaxt', *uuidu-bil* 'Holzaxt', ahd. *bīhal*, mhd. *bīhel*, *bīl*, nhd. *Beil* 'Beil' als Ben. nach der Geländeform (?), oder (in Analogie zum FlN *Bilstein*, *Beilstein*) zu einem erschlossenen *bīl 'steiler Fels, Bergkegel'. Die Pflanzenbez. asä. *bilena* sw. Fem., mnd. *bil(l)ene* (*belene*) neben *bilse*, *bille* 'Bilsenkraut' ist nicht in Betracht zu ziehen. Für den Erstbeleg *Bylan*- kommen als Erklärung in Betracht: a) ein im Gen. Sg. sw. flektierter KN *Bylo* (als Variante zu *Bilo*, PN-Stamm BILI-, der auch als Erstglied *Bili*-, *Pili*- alter PN vorkommt und semantisch u. a. mit lat. *lenitas*, *placiditas* oder mit asä. *bil*, ahd. *billi* 'Streitaxt, Schwert' verbunden wird) in späteren Zeugnissen sekundär umgedeutet worden wäre; b) ein im Dat. Sg. sw. flekt. Adj. **bil(i)*- (vgl. ae. *bilewit* 'gütig, milde', asä. *bili-uuit* 'gleichmütig, mild', mnl. *belewit* 'aequanimus', ahd. *bil-līh*, mnd. *billīk* 'billig, angemessen, passend, natürlichem Recht entsprechend, rechtsmäßig etc.'); c) eine Verbindung mit einer Basis *bil*- (vgl. ahd. *bilidi*, asä. *biliđi*, mnd. *bilde* etc.), also mit Appellativen, die etwas 'Entsprechendes' bezeichnen und in zahlreichen Wortbildungen nord. Sprachen vorkommt. Eine lok. Wendung wie *in bilan felde 'in/auf/bei dem ebenen Feld' würde den topographischen Bedingungen Bielefelds n des Höhenzuges entsprechen; spätere Namenformen zeigten dann die Stammform *bil-i-. Eine sekundäre Umdeutung nach asä. *bil* ist nicht ausgeschlossen. Die topographische Lage des mutmaßlich ältesten Siedelplatzes (Waldhof) am Nordausgang des Passes, der auf der Sohle beide Gebirgszüge des Teutoburger Waldes durchschneidet, macht eine Verbindung mit *bile*, engl. *bill* 'Vogel-, Schiffsschnabel', niedersächsisch *Bill²* 'Schnabel' nachvollziehbar (zu anord. *bila* 'sich in zwei Teile teilen', norwegisch *beyla* 'Höcker' und *bali* 'Anhöhe') und der Gebietsname bezeichnete den Raum nach seiner Lage an bzw. n der Spalte des Gebirgszuges mit dem alten Passweg. Der FlN *Bielefeld* ist in Wf häufiger anzutreffen. **V.** Schneider; Schmidt, H.: Der Name „Bielefeld". Ein Beitrag zur Siedlungs- und Ortsnamenkunde Niedersachsens (Sonderdruck des Historischen Vereins für die Grafschaft Ravensberg in Bielefeld). Bielefeld 1928; FP; Berger; HHS 3; Westf. Flurnamenatlas, Lfg. 1; Kluge; EWAhd II; Wolf, A.: Die germanische Sippe *bil*-. Eine Entsprechung zu *mana*. Mit einem Anhang: Zur Gestalt des Bilwis (Uppsala Universitets Årsskrift). Uppsala 1930; Tiefenbach, H.: Xanten, Essen, Köln. Untersuchungen zur Nordgrenze des Althochdeutschen an niederrheinischen Personennamen des 9. bis 11. Jh. Göttingen 1984; NOB I. *BM*

Biesenthal-Barnim **I.** Amt, Lkr. Barnim, 11 712 Ew., nö Berlin, BB. Das Amt besteht seit 1992. Zu ihm gehören neben der Stadt Biesenthal noch 5 Gem. In Biesenthal spätslaw. Burgwall, nach 1200 askanische Burg, dabei als Dienstsiedlung der Kietz, 1317 als oppidum erwähnt. Vorwiegend Landwirtschaft. Nach 1920 kleinere Betriebe. Im 20. Jh. Erholungsgebiet für Berlin. **II.** 1258 *Heinricus de Thenis, Aduocatus de Bizdal* [Or], 1317 *in opido Bysdal*, 1595 *zu Biesenthall*. **III.** Der Name ist mit Sicherheit von Biesenthal in der Altmark, ST, übertragen, das am rechten Ufer der Biese, Nfl. des Aland, liegt. Er bezeichnete eine Ansiedlung im Tal der Biese. Der GwN *Biese*, 786 *Bese*, gehört zu mnd. *bēse*, mnl. *biese*, *bies* 'Binse'. Die Form *Biese* geht auf nl. Einfluss in der brb. Mundart zurück. Zum Gw. ↗-*thal*. Der Zusatz im Namen des neu gebildeten Amtes bezieht sich auf die Lage im Barnim, urspr. der Name einer Landschaft, h. Kreis. Er ist überliefert: zum Jahre 1220 *terras Barnouem …*, 1352 *in districtu Barnym* [Or], 1375 (*territorium*) *Barnym*. Der Name wird in der Literatur auf apolb. **Barnim′* zurückgeführt, 'Land eines Barnim', eine poss. -*j*-Abl. von einem PN apolb. *Barnim. G. Schlimpert stellt den Namen zum App. apolb. *bara 'Sumpf, Morast' und sieht ihn als Lok. Sg. an, *(*v*) *barˈnem*, *barˈnějemь (*kraju*) 'im sumpfigen Land', gebildet vom Adj. *barˈny 'sumpfig'. **IV.** Ähnlich ON Altbarnim und Großbarnim, beide OT von Neutrebbin, Lkr. Märkisch-Oderland, BB. **V.** Riedel A VIII; Landbuch; BNB 5. *SW*

Biessenhofen **I.** Gem. und gleichnamige VG im Lkr. Ostallgäu, 9518 Ew., Lage am Südende des verengten Wertachtales, Reg.-Bez. Schwaben, BY. Im MA zur Herrschaft Kemnat bzw. Ottilienberg, ab 1610 zum Hochstift Augsburg, 1802 zu BY. Zahlreiche Gewerbebetriebe, größter: Allgäuer Alpenmilch. **II.** Ca. 930 *Buosenhova*, 1335 *Búsenhoven*, 1444 *Biesenhofen*; (*Halden*)*Biessenhof(f)en* (1517). **III.** Gw. ↗-*hofen*, Bw.: PN *Buoso*. Gesamtdeutung: 'Höfe des Buoso'. **V.** Dertsch: HONB Marktoberdorf; Dertsch, R.: Die Urkunden der Stadt Kaufbeuren, 1240–1500. Augsburg 1955; Dertsch, R.: Die Urkunden der Stadt Kaufbeuren, 1501–1552. Hg. von Dieter, St. und Pietsch, G. Thalhofen 1999. *TS*

Bietigheim-Bissingen **I.** Große Kreisstadt (seit 1975) und gleichnamige VVG (mit Tamm und Ingersheim) im Lkr. Ludwigsburg, 60 931 Ew., ca. 9 km nnw Ludwigsburg und etwa 19 km n Stuttgart nah der Einmündung der Metter in die Enz gelegen, Reg.-Bez. Stuttgart, BW. 1975 durch Vereinigung der Stadt Bietigheim und der Gem. Bissingen entstanden. Bietigheim war seit 789 im Besitz des Klosters Lorsch, im 12. Jh. ging es an das Kloster Hirsau, im 13 Jh. an die Ortsherrschaft der Grafen von Vaihingen, 1360 an die Grafen von Württemberg und erhielt 1364 das Stadtrecht. Bissingen, im 9. Jahrhundert zunächst im Besitz des Klosters Weißenburg, ging Mitte des 14. Jh. ebenfalls an die Grafen von Vaihingen und 1561 schließlich an Württemberg. Weinbaugebiet, Ulrichsbrunnen, Fräuleinbrunnen, Peterskirche, Hornmoldhaus, Bietigheimer Eisenbahnviadukt. **II.** Bietigheim: 789 (Kop. 1183–95) *Budincheim*, 9. Jh. (Kop. 1280–84) *Buadincheim*, 1277 (Kop. 14. Jh.) *in Bůtenkain*, 1528/29 *Bietikhaim [Or]*. Bissingen: 9. Jh. (Kop. 1280–84) *Bussingen*, 991 (Kop. 1280–84) *Bussinga*, 1293 *Bussingen [Or]*, 14. Jh. *Büssingen [Or]*, um 1355/56 *Bissingen*. **III.** *Bietigheim* ist mit dem Suffix ⌐-*ingheim* vom PN *Buodo/Buoto* abgeleitet und bedeutet 'Wohnstätte bei den Leuten des Buodo/Buoto'. Die Entwicklung von ahd. *uo* zu heutigem *ie* erklärt sich durch Umlaut und mda. Entrundung. *Bissingen* ist eine ⌐-*ing(en)*-Ableitung vom PN *Busso* und bedeutet 'bei den Leuten des Busso'. Die Entwicklung von ahd. *u* zu heutigem *i* verläuft über den Umlaut des Stammvokals (*u* zu *ü*) und mda. Entrundung. **IV.** ⌐ Büdingen, Wetteraukreis, HE. **V.** Reichardt 1982b; FP; LBW 3. *JR*

Bilin // Bílina ['bi:lɪna]   **I.** Stadt im Kr. Teplice, 15 883 Ew., am w Rand des Böhm. Mittelgebirges, Bezirk Ústí nad Labem (Ústecký kraj), CZ. Bilin liegt im Areal der in der 2. Hälfte 10. Jh. angelegten Burgstätte, die Zentrum der *provinzia Belinensis* (993) war. Um 1237 neue Befestigungsanlage. Das Suburbium wird 1263 zur Stadt, in der Prager Vorstadt dominierte das Töpferhandwerk. Sankt-Peter-und-Paul-Kirche unterstand 1302 dem Deutschen Orden. 1421–36 Sitz des Hussitenhauptmannes Jakubek von Wřesowitz. Ab Mitte 19. Jh. intensiver Kohleabbau, Hütte und Glasindustrie. Ende 18. Jh. Gründung des Kurortes *Biliner Sauerbrunnen* (bekannt *Biliner Mineralwasser*, tschech. *Bílinka*). Barockschloss. **II.** 993 *decimas prov. Belinensis [Or]*, 1043 *Eppo Belinensis prefectus [Or]*, 1290 *apud Belinam*, 1330 *Bielina*, 1787 *Bilin, Bílina*. **III.** Benannt durch Übertragung des Flussnamens *Bílina* (um 1057 *Belina*, 1303 *Bielina*): Suffix -*ina* zu atschech. *biel-* > ntschech. *bíl-* (urslaw. *bělъ*) 'weiß' (in GwN auch 'sumpfig'). Der d. Name des Flusses *Biela* ist eine mögliche ältere Namenvariante zu *Bílina*: *Bělá*. Im d. ON fiel im Ausklang das unbetonte tschech. -*a* weg: *Bilin*. **IV.** GwN mit *bíl-*, urslaw. *bělъ* sind in allen slaw. Regionen sehr häufig. Tschech. *Bělá*; slk. *Belá, Belina;* poln. *Biała, Bialina;* slowen. *Belica, Belina;* russ. *Belin´ka* usw. **V.** Pf I; HSBM; LŠ. *RŠ*

Bílina ⌐ **Bilin**

Billerbeck   **I.** Stadt im Kr. Coesfeld, 11 575 Ew., nö Coesfeld in den Baumbergen, Reg.-Bez. Münster, NRW. Im MA Kirchdorf im FBtm. Münster, 1302 Stadtrecht, 1804 Gft. Horstmar, 1806 Ghztm. Berg, 1810 Kaiserreich Frankreich, 1815 preußisch, Wallfahrtsort mit Verehrung des Bistumsgründers Liudger, neugotischer Ludgerusdom, Benediktinerkloster Gerleve, Textilhandwerk, 2. Hälfte 20. Jh. milchverarbeitende Industrie, staatlich anerkannter Erholungsort. **II.** 9. Jh. *Billurbeki*, 1022 *Billarbeki*, 1154 *Billerbeke*. **III.** Ursprünglicher GwN, der auf den Ort übertragen worden ist. Gw. ist ⌐ -*beke*, das auf germ. **baki-* mit dem appellativischen Anschluss an asä. *beki*, mnd. *bēke* 'Bach, fließendes Gewässer' beruht. Dem Bw. liegt die idg. Wurzel **bhel-* zugrunde, die entweder 'schallen, reden, brüllen, bellen' meint oder in einem gleichlautenden Ansatz 'aufblasen, aufschwellen, sprudeln, strotzen'. Zu dieser Wurzel ist eine -*r*-Ableitung **bhel-r̥-* mit Sprossvokal und Verdoppelung des -*l*- nach kurzem Vokal gebildet worden. Motivierung für die Benennung ist also wohl der lebhafte Wasserfluss. Die erste Kirche Billerbecks hat auf einer Insel zwischen zwei Armen der Berkel gelegen. Das verschiedentlich als namengebend angenommene Bilsenkraut kommt für die Deutung nicht in Frage, da es gewöhnlich nicht am Wasser wächst. **IV.** Billerbeck, Lkr. Northeim, NI. **V.** Werdener Urbare; WfUB I, II, III; NOB V. *kors*

Bingen am Rhein   **I.** Große kreisangehörige Stadt im Lkr. Mainz-Bingen, 24 398 Ew., Sitz der VG Rhein-Nahe, w von Mainz in Rheinhessen und gegenüber dem Rheingaugebirge am Zufluss der Nahe in den Rhein, RP. Kelt. Ansiedlung an verkehrgünstiger Lage. Errichtung eines Kastells und einer Holzbrücke durch die Römer an der wichtigen Rheintalstraße. Fränk. Königsgut, das Otto II. 983 dem Ebf. von Mainz schenkte. Mitglied des Rheinischen Städtebundes und Bau der Burg Klopp im 13. Jh. 1792–1813 franz., danach Grenzstadt des Ghztm. Hessen-Darmstadt zu Preußen. 1969 wird der (früher preuß.) Ort Bingerbrück eingem. **II.** Um 107 *Bingium* (Kop. 11. Jh.), um 365 *Bingium*, 7. Jh. *Bingum*, 757 *in Pinger marca*, 817 *necnon et iuxta Bingam uineam unam*, 821 *in castello Pinge*, 824 *in castello Pingua*; *Bingen* (8. Jh.). **III.** Der kelt. Name gehört zu idg. **bheg-/*bheng-* 'zerbrechen', ist eine -*jo*-Abl. (**bheŋg(h)-jo-m*) und bezeichnet eine 'Siedlung bei der Brechung eines Flusses'. Er bezieht sich verm. auf das „Binger Loch", eine Verengung des Rheins. Der

ON hängt auch mit germ. *bingo*, ahd. *binga*, mhd. *binge* 'Vertiefung, Graben' zusammen. Erweiterung durch Zugehörigkeit bezeichnendes Suffix *-ja*. *Pingu(i)a* lässt sich nicht lautgeschichtlich, sondern nur als Kanzleiform (Umdeutung zu lat. *pinguis* 'fruchtbar, üppig') erklären. **IV.** Bingen, Lkr. Sigmaringen, BW; Bingen an der Nied (Bionville), LO, FR; Bingum, OT von Leer, NI; Bingenheim, OT von Echzell, Wetteraukreis, HE; alle unverwandt. **V.** Tacitus: Historiae, IV. Hg. von E. Koestermann. Leipzig 1950; FP; Gysseling 1960/61; Krahe, H.: Bingium „Bingen". In: Beiträge zur Namenforschung 15, H. 1, (1964); Kaufmann 1976. *JMB*

Binningen **I.** Gem. im Bezirk Arlesheim, 14 490 Ew., Kt. Basel-Landschaft, CH. Lange Zeit Straßendorf am Eingang ins Birsigtal. H. Teil der Agglomeration Basel. Das Dorf kam 1004 als Schenkung von Heinrich II. zum Bistum Basel. Es lag im Stadtbann und bildete zusammen mit Bottmingen eine Gem. 1534 verpfändete der Bischof seinen Besitz an die Stadt Basel. In der Helvetik gehörte das Dorf zum Distrikt Basel und 1814 zum Untern Bezirk. Nach der Kantonstrennung wurde es 1833 dem Bezirk Arlesheim angegliedert. Binningen besaß jahrhundertelang mit Bottmingen eine einheitliche Gemeindeorganisation. Die Trennung der beiden Gem. erfolgte nach langwierigen Auseinandersetzungen schrittweise im 18. und 19. Jh. 1837 wurden die Gemeindebänne ausgeschieden. **II.** 1004 *binningun* (Abschrift von 1513), 1004 *Binningen* (Abschrift 14. Jh.), 1102–03 *binningen* [Or]. **III.** *Binningen* gehört zu den zahlreichen Ortschaften mit Insassennamen auf ↗ *-ingen*, die in frühalem. Zeit als Sippensiedlungen gegründet wurden. Der zugrunde liegende ahd. PN lautet *Benno* oder *Binno*. Als Gf. ist *Benningun* bzw. *Binningun* 'bei den Leuten des Benno (Binno), am Ort der zur Sippe des Benno (Binno) gehörenden Siedler/innen' anzusetzen. **V.** NGBL Binningen 2007; Hänger; LSG. *mr*

Birkenau **I.** Gem. im Lkr. Bergstraße 10 093 Ew., Reg.-Bez. Darmstadt, HE. Ersterwähnung 795 in einer Beschreibung der Mark Heppenheim. 846 schenkte der kgl. Gefolgsmann Werner eine klösterliche Zelle bei Weinheim, die Birkenau genannt wird, an das Kloster Lorsch. 897 war Birkenau Lorscher Lehen des Augsburger Bischofs. Im 14. Jh. an die Pfalzgrafen bei Rhein. Nach mehreren Besitzwechseln im 18. Jh. an die Freiherren Wambolt von Umstadt und 1803 an Hessen-Darmstadt. 1771 erbautes Schloss mit einem von Ludwig von Sckell 1789 im englischen Stil gestalteten Garten. In der Gebietsreform Eingliederung der Orte Buchklingen, Hornbach, Kallstadt, Löhrbach, Nieder-Liebersbach und Reisen. **II.** Birkenau: 795 (Kop.) *Birkenowa*, 1392 *Prechauwe*, 1392 *Birkenau*. Belege vor 1200 für: Löhrbach (1071, Kop., *Lerlebach*), Nieder-Liebersbach (877, Kop. *Lieberesbach*) und Reisen (877, Kop., *Rûzondun*). **III.** Birkenau: Siedlung in der mit Birken bestandenen Aue; Löhrbach: die Deutung ist unsicher. Anzusetzen ist ein mittels Diminutivsuffix *-ila* gebildeter Flussname ahd. **Larila*, an den das Gw. ↗ *-bach* erst sekundär hinzugetreten ist. Das Bw. **Lara*, das in zahlreichen d. Fluss- und Ortsnamen zu finden ist (Lohr a. Main), könnte etym. verwandt sein mit lat. *clarus* 'lauttönend; klar'. Vorgeschlagen wurde auch ein kelt. Adj. **lār(a)* 'breit, flach'; Liebersbach: PN *Liebher* + Gw. ↗ *-bach*; Reisen: wohl nicht zu ahd. *ruoz* 'Ruß, schwarze Erde' oder zu mhd. *steinruzze* 'Felsabhang' (so FO), sondern zu ahd. *rûzen* 'rauschen'. **V.** 1100 Jahre Reisen 877 / 1977. Birkenau 1977; 1200 Jahre Birkenau. Ein Dorf und seine Zeit. Birkenau 1994; CL; Müller, Starkenburg. *TH*

Birkenfeld **I.** Gem., 10 541 Ew., ca. 5 km sw von Pforzheim, am flachen Hang w der Enz, Enzkreis, Reg.-Bez. Karlsruhe, BW. 1972 gebildet durch Eingliederung von Gräfenhausen in Birkenfeld. Regionales Gewerbe- und Industriezentrum (Uhren, Schmuck, Präzisionswerkzeuge u.a.). Restauriertes Keltergebäude aus dem 16. Jh. im OT Gräfenhausen, dem Geburtsort des Komponisten Johann Abraham Sixt (1757–97). **II.** 1302 *Birkenvelt* [Or], 1395 *Birckenfelt* [Or]; *Birkenfeld* [Or] (1490). **III.** Bw. der für den ON anzusetzenden Ausgangsform mhd. *Birken-velt* oder **Birkīnen-velt* ist entweder das Subst. mhd. *birke* 'Birke' im Gen. Pl. (*birken*) oder das Adj. mhd. *birkīn* 'von der Birke, Birken-'. Als Gw. fungiert mhd. *velt* '(freies, offenes) Feld, Boden, Fläche, Ebene' (↗ *-feld*). Der ON ist somit entweder als urspr. FlN mhd. *Birken-velt* mit der Bed. 'Feld an/bei den Birken' zu deuten oder aber auch als urspr. Stellenname bzw. SiN mit der Bed. '(Siedlung) an/bei dem Birkenfeld', der aus der Örtlichkeitsangabe mhd. **(ze/bī deme) birkīnen velde* 'an/bei dem Birkenfeld' durch Zusammenrückung, Abschwächung der unbetonten Nebensilbe *-īn-* zu *-en-* und haplologische Kürzung von *-enen-* zu *-en-* hervorgegangen sein kann. **IV.** ↗ Birkenfeld (Nahe), Kreis Birkenfeld, RP; ähnlich u.a. Birkenheide, Rhein-Pfalz-Kreis, RP. **V.** Hackl, St.: Die Bedeutung der Ortsnamenforschung für die Pforzheimer Orts- und Regionalgeschichtsforschung. In: Neue Beiträge zur Pforzheimer Stadtgeschichte. Band 2. Hg. von Christian Groh. Heidelberg [u.a.] 2008; Hackl; LBW II, V. *StH*

Birkenfeld **I.** Stadt und gleichnamige VG (seit 1970) im Lkr. Birkenfeld, 20 020 Ew., mit 31 Gem. und Sitz der Kreisverwaltung, im Gebiet der Nahe unweit der Grenze zum Saarland, RP. Seit 1223 Teil der Hinteren Gft. Sponheim. 1330 Ausbau der Burg und 1332

Stadtrecht. 1584 Residenz von Pfalz-Zweibrücken-Birkenfeld. 1817 gelangte das neue Ftm. Birkenfeld als Abfindung an das Ghztm. Oldenburg. 1821 Bau des neuen Schlosses. Seit 1937 Teil des preuß. Lkr. Birkenfeld, der aus dem oldenburgischen Landesteil und dem Restkreis Sankt Wendel gebildet wurde. Nach der Gründung des Saarlandes kamen die Orte des ehem. Ftm. zum Lkr. Birkenfeld. **II.** Um 1200 *Vlricus de Birkinfelt*, um 1212 *Birkinvelt*, 1263 *Metilde von Birkenfelt*. **III.** Die Erwähnung von 981 *et in Birkenuelt* ist eine F. (MRUB I). Das Bw. kommt von germ. **birkīna* 'mit Birken bestanden', das Gw. ist ↗ *-feld*. Der Name bezeichnet demnach 'eine Siedlung auf einer mit Birken bestandenen Ebene oder Wiese'. **IV.** ↗ Birkenfeld, Enzkreis, BW; Birkenfeld, Lkr. Main-Spessart, BY. **V.** MRUB II; Baldes, H.: Birkenfelder Heimatkunde. Geschichte des Landes. Birkenfeld 1923, ND 1999; Gysseling 1960/61; Kaufmann 1973. *JMB*

Birsfelden **I.** Gem. im Bezirk Arlesheim, 10 294 Ew., Kt. Basel-Landschaft, CH. Mit Muttenz kam das Birsfeld 1515 an Basel. Noch im 17./ 18. Jh. bestand die Siedlung nur aus vier Höfen. Der Aufschwung erfolgte erst nach der Trennung der beiden Basel 1833, als die Birs Kantonsgrenze und Birsfelden Zollort wurde. 1875 wurde Birsfelden selbständige Einwohnergem. Vorher hatte es zu Muttenz gehört. **II.** 1393 *Birsveld [Or]*. **III.** Im MA bezeichnete der Name *Birsfeld* eine Flur. Östlich der Birsmündung (bei der heutigen Kraftwerkinsel) lag der Birsfelderhof, der den Grafen von Homberg und dem Kloster St. Alban gehörte und lat. *minor Rinvelden* oder *villula Rinveldelin* hieß. Im 16. Jh. wurden zwei neue Höfe gebaut, das *Innere* und das *Mittlere Birsfeld*. Seither wird das gesamte Gebiet *Birsfelden* genannt. Der ursprüngliche FlN und spätere ON ist die Verbindung eines GwN mit dem Gattungswort ↗ *-feld*, wobei *-felden* als Pl. zu interpretieren ist. *Birsfelden* bedeutet demzufolge 'die Felder an der Birs'. *Birs* wiederum ist auf den idg. Stamm **bhers-* 'schnell' zurückzuführen – 'die schnell Fließende'. **IV.** ↗ Rheinfelden, CH. **V.** NGBL Birsfelden 2007; LSG. *mr*

Bischheim mda. ['biʃə], franz. [bi'ʃajm] **I.** Stadt im Bezirk Strasbourg-Campagne, 17 827 Ew., Département Bas-Rhin, Region Elsass, F. Im 13. Jh. Besitz des Bistums Straßburg, 1531 reformiert, ab 1648 zu Frankreich, 1871–1918 zu Deutschland, Industrieort n Straßburg. **II.** 1116 *Biscofesheim*. **III.** Frühmittelalterliche Bildung mit dem im Elsass häufigen Element ↗ *-heim*. Bw. ahd. *biscof* im Genitiv. Lässt auf alten Besitz des Bischofs von Straßburg schließen. **IV.** ↗ Bischweiler, Elsass, F. *WM*

Bischofsburg // Biskupiec [b'iskup'jɛts] **I.** Stadt, seit 1999 in der Woi. Warmińsko-Mazurskie (Ermland-Masuren), 10 300 Ew., PL. Im SO Ermlands // Warmia, an der Dimmer // Dymer gelegen. Gegr. von Johann Mockyn, 1395 Stadtrecht, durch den ermländischen Bischof Heinrich III. Sorbon auf Richenbach – einem Feld in der Nähe der bfl. Burg – verliehen. Die im 14. Jh. gebaute Burg sollte den Weg Warschau-Königsberg schützen, 1466–1772 zu Polen, 1772 zu Preußen. Nach dem Ersten Weltkrieg stimmte die Bevölkerung für den Verbleib bei Deutschland. Seit 1945 ist die Stadt poln. und ein regionales Industriezentrum mit entwickeltem Tourismus, kleiner Druckerei, Holz-, Lebensmittel- und Bekleidungsindustrie; 1975–1998 Woi. Olsztyn (Allenstein). **II.** (1389) *castrum Bischofsburg*, 1395 *civitas Bisschofsburg*, 1576 *Bischofsburg*, 1879 *Biskupiec*; d. *Bischofsburg*. **III.** Der d. ON wurde aus dem Subst. *Bischof* und dem Gw. ↗ *-burg* gebildet. Der poln. ON ist eine Übertragung des ersten Namensteils, das d. *Bischof-* wurde ins Poln. als *Biskup-* übersetzt, das Gw. *-burg* durch poln. Suffix *-ec* ersetzt. **IV.** Biskupice, OT von Zabrze, Woi. Śląskie (Schlesien), Biskupie, Woi. Wielkopolskie (Großpolen), Papowo Biskupie, Woi. Kujawsko-Pomorskie (Kujawien-Pommern), alle PL. **V.** Czopek-Kopciuch; Rymut NMP; RymNmiast. *IM*

Bischofsheim **I.** Gem. im Lkr. Groß-Gerau, 12 519 Ew., Reg.-Bez. Darmstadt, HE. Zunächst im Besitz der Herren von Hagen-Münzenberg, wechselten während des späten MA zahlreiche Herrschaftsträger (u. a. Grafen von Wertheim und von Katzenelnbogen, Herren von Eppstein, später Hattstein und das Erzbistum Mainz) einander ab. Seit 1579 ist der Ort hessisch. Der Lage an der Bahnlinie Darmstadt-Mainz verdankt der Ort einen zeitweise bedeutenden Güterbahnhof. 1930–1945 in die Stadt Mainz eingemeindet. Schwere Zerstörungen im 2. Weltkrieg. **II.** 1200 (Kop.) *Bissescheim prope Menum*, 1211 *Biscovesheim*, 1267 *Bischouisheim*, 1659 *Mainbischoffsheim*. **III.** Bw. ist ahd., mhd. *bischof* 'Bischof, Priester'. Obwohl frühe urk. Belege fehlen, liegt die Vermutung nahe, dass Bischofsheim zunächst den (Erz)bischöfen von Mainz unterstand. Die Deutung, wonach der ON nicht auf kirchlichen Besitz verweist, sondern mit der Mainkrümmung zusammenhängt, entbehrt jeglicher philologischer Grundlage. **V.** Andrießen; Huber, W.: Das Mainz-Lexikon. Mainz 2002; Kaufmann 1976; Müller, Starkenburg. *TH*

Bischofshófen **I.** Stadtgemeinde im Pongau, 10 267 Ew., Pol. Bez. St. Johann im Pongau, SB, A. 1151 erste urk. Erwähnung, vom 13. bis zum 18. Jh. zum Erzstift Salzburg, Pfarre zum Heiligen Maximilian, 1808 mit Auflösung des Bistums salzburgisch. 2000 Stadtrecht. **II.** 12. Jh. *Houen, Hofen*, 1290/91 *Hoven* *episcopi Chymensis*, 1439 *Bischolff Hof.* **III.** Die Gegend um Bischofshofen kann als Keimzelle des Pongaus angesehen werden (vgl. urk. *locus, qui dicitur Pongauui*). Bischof Rupert ließ hier die *cella sancti Maximiliani* errichten, woraus sich nach wechselvoller Geschichte etwa Mitte des 12. Jahrhunderts die Bezeichnung *Hove, Houen, Hofen* entwickelt. Nachdem *Hofen* im 13. Jh. dem Bistum Chiemsee als Mensalgut überantwortet wurde, tritt ab 1290/91 die Spezifizierung *Hoven episcopi Chyemensis* auf, also eine herrschaftliche Siedlung im geistlichen Besitz des Bischofs von Chiemsee. Der ON *Bischofshofen* taucht urkundlich erst seit dem 15. Jh. zur Gänze in deutscher Form auf (ahd. mhd. *biscof* mit der mhd.-bair. Nebenform *piscolf* 'Bischof' + Gw. ↗*-hofen*). **IV.** Vgl. ON mit *Pischel(s)-, Bischofs-* etc.; ↗*Hof-,* ↗*-hofen.* **V.** ANB; SOB; HHS Huter. *ThL*

Bischofswerda // Biskopicy (osorb.), mda. Schiebock **I.** Große Kreisstadt und gleichnamige VG im Lkr. Bautzen, 13 851 Ew., im Hügelland der w Oberlausitz, an der Wesenitz, SN. Mögliche Gründung erfolgte bereits zwischen 970 und 1076, planmäßige Stadtgründung des Bischofs von Meißen um 1218/20. Gegenwärtig wird hier ein Standort der Solarindustrie ausgebaut. **II.** 1227 *Bischofiswerde*, 1460 *Bischwerde*, 1671 *Bischoffswerda.* **III.** Im Bw. steht mhd. *bischof* 'Bischof' (Gründung des Bischofs von Meißen), im Gw. *-werd,* ↗*-werder.* Die osorb. Namenform geht von sorb. *biskop, biskup* 'Bischof' aus und ist mit dem Bewohner bezeichnenden Suffix *-icy* aus *-ici* erweitert. Die mda. Nebenform *Schibbock, Schiebock* bezieht sich auf das Wort *Schiebbock* für den Schubkarren, der auf dem Markt häufig zu sehen war und ist nicht sorb. Herkunft (lautliche Schwierigkeiten). Zu vergleichen sind zahlreiche ON mit *Bisch-* im Bw. **IV.** Bischdorf, OT von Bad Lauchstädt, Saalekreis, ST; Bischheim; Bismark, Lkr. Stendal, ST. **V.** HONS I; SNB. *EE, GW*

Bischofszell I. Stadt, Hauptort des gleichnamigen Bezirks, 5492 Ew. am Zusammenfluss von Sitter und Thur, TG, CH. Der Ort wurde verm. im 9. Jh. durch Bischof Salomo I. von Konstanz als (Chorherren-)Stift St. Pelagius gegr. Stadtrecht im 14. Jh.; strategische Bedeutung an der Grenze zur Fürstabtei St. Gallen. Die Stadt unterstand bis in die Neuzeit unmittelbar dem Fürstbischof von Konstanz. Mit der Erschließung der Wasserkraft im 19. Jh. Seidenweberei (Jacquardweberei Niederer) in der Flussniederung unterhalb der Stadt, im 20. Jh. abgelöst durch die Papierfabrik Laager. H. ist Bischofszell bekannt durch die Mostereigenossenschaft Obi und durch die Konservenfabrik (früher Tobler, heute Migros). **II.** 1155 *Prepositura in bischoffescella, curtis in bischoffescella [Or.]*, 1179 *ecclesie sanctj pelagii in biscuoph-cella*, 1221 *Olricus Episcopaliscelle prepositus*, 1222 *Uolricus prepositus de Bischofcelle.* **III.** Zu **des biskofes zëlla*: Appellativ *bischof* + Appellativ *zëlla*: '(Neben)kloster des Bischofs (von Konstanz)'. Das Bw. *bischofs-* zu ahd. *biskof* 'Bischof' st.M. zu kirchenlat. *episcopus* 'Aufseher, Bischof'. Das Gw. *zëlla* zu ahd. *zëlla, cëlla* st. Fem., mhd. *zëlle* st., sw. Fem. 'Zelle, Kloster, Nebenkloster, Kammer, Speicher, klösterlicher Gutshof' < lat. *cella.* **V.** TNB 1.1. *Ny*

Bischweiler // Bischwiller mda. ['bɪʃvilɐʀ], franz. [biʃvi'lɛʀ] **I.** Stadt im Bezirk Haguenau, 12 830 Ew., Département Bas-Rhin, Region Elsass, F. Besitz des Bistums Straßburg, 1525 reformiert, ab 1600 zu Pfalz-Zweibrücken, ab 1680 zu Frankreich, 1871–1918 zu Deutschland, Industrieort an der Moder. **II.** 1236 *Bischoviswilre.* **III.** Spätmerowingische Bildung auf *-villare* (↗*-weil / -wil,* ↗*-weiler*). Bw. ahd. *biscof* im Genitiv. Lässt auf alten Besitz des Bischofs von Straßburg schließen. **IV.** ↗Bischheim, Elsass, F. *WM*

Bischwiller ↗**Bischweiler**

Bisingen I. Gem. und gleichnamige VVG im Zollernalbkreis, 11 439 Ew., ca. 6 km nö Balingen zwischen dem Hohenzollern und dem Hundsrücken am Rande der Schwäbischen Alb gelegen, Reg.-Bez. Tübingen, BW. Urk. Ersterwähnung 786 in einer Schenkungsurkunde des fränk. Grafen Gerold an das Kloster St. Gallen, 1416 an Württemberg, seit Mitte 15. Jh. wieder unter Herrschaft der Grafschaft Zollern. Burg Hohenzollern, Heimatmuseum Bisingen, Ehrenfriedhof für die Opfer des NS-Zwangsarbeitslagers. **II.** 786 *in Pisingum*, 817 *ad Pisingas.* **III.** Es handelt sich um eine ↗*-ing(en)*-Ableitung vom PN *Biso* mit der Bedeutung 'bei den Leuten des Biso'. **V.** FO 1; FP; LBW 7. *JR*

Bismark/Kläden I. VG im Lkr. Stendal, 9430 Ew., ST. Gebildet am 1. 1. 2005 aus der Stadt Bismark (Altmark), Kläden und anderen Gem. der Umgebung. Die VG liegt im Zentrum der Altmark an der Milde und der oberen Uchte. **II.** Bismark: 1209 *Biscopesmark*, 1349 *to Bismarke*, 1513 *Bißmarke.* Kläden: 1170 *Clodene*, 1186 *Clodene [Or]*, 1540 *Cloden.* **III.** Der ON Bismark enthält als Gw. asä. *marka*, mnd. *mark* 'Grenzgebiet, Randgebiet'. Im Bw. stand mnd. *bischop* 'Bischof' und wurde verkürzt zu *Bis-*. Der Name bezieht sich auf den Bischof von Havelberg, zu dessen Bistum das Gebiet gehörte. Der ON *Kläden*, alt *Cloden*, ist auf apolb. **Kłod'no, *Kłod'na* zurückzuführen, vgl. asorb. *kłoda*, nsorb. *kłoda* 'Stock, Stockhaus, Balken'. **IV.** Bishausen, Lkr. Northeim (1055 *Biscopeshusen*), NI; Kläden, sw Arendsee, Altmarkkreis Salzwedel; Klöden, Lkr. Wittenberg, beide ST. **V.** Riedel; SNB; SO; EO. *GW*

Bissendorf I. Gem. im Lkr. Osnabrück, 14 331 Ew., sö von Osnabrück, Reg.-Bez. Weser-Ems (bis Ende 2004), NI. Die um 1160 zuerst erwähnte Kirche St. Dionysius beherbergt zahlreiche ma. Kunstschätze; 1556–1807 Sitz einer Vogtei des osnabrückischen Amtes Iburg und von 1814–1852 Sitz einer Vogtei im Amt Osnabrück. **II.** 1160 *Bissendorpe* [Kop. 14. Jh.], 1266 *Byssendthorpe*, 1295 *Byssendorpe*; *Bissendorff* (1772). **III.** Bildung mit dem Gw. ↗-*dorf* und dem schwach flektierenden KN *Bis(s)o* im Gen. Sg. als Bw. In der frühen Neuzeit tritt hd. *-dorf* für nd. *-dorp(e)* ein. Deutung also: 'Siedlung des Bis(s)o'. **V.** GOV Osnabrück I. *KC*

Bitburg I. Kreisstadt des Eifelkreises Bitburg-Prüm, 12 875 Ew., in der Südeifel, im sog. Bitburger Gutland, n von Trier, RP. Die frühesten Erwähnungen aus spätröm. Zeit als *Bedenses vicani* (so z. B. eine lat. Inschrift von 245) weisen auf die Ursprünge als kelt. Hof bzw. kleine Siedlung hin. Die Station auf dem Weg von Metz und Trier nach Köln wurde zu einem Kastell ausgebaut, welches in. der Fläche des Stadtkerns entspricht. 1262 Stadtrecht. Die Stadt gehörte zunächst zu Luxemburg, dann zu Burgund, seit 1506 zu den spanischen, seit 1714 zu den österreichischen Niederlanden. Unter franz. Herrschaft bis 1815 Kantonssitz, seit dem Wiener Kongress preuß. Kreisstadt in der Rheinprovinz. 1944 wurde Bitburg durch Luftangriffe zu 85 Prozent zerstört. Seit 1953 befindet sich hier ein NATO-Stützpunkt. **II.** Um 300 *Beda vicus*, um 715 *Castrum Bedense*, 895 *Piatahgewe*, 893 *Bideburhc*, 1023/1047 *Biedegouui*, 1239 *in opido Bideburg*. **III.** Der ON geht auf die idg. Wurzel **bedh-* 'in die Erde stechen, graben' zur Bez. eines Wasserlaufes, verm. Baches, zurück; dazu passt angehängtes *-aha* (↗*-ach*¹) in *Piatah-gewe*, dem 'Gau des Beda-Baches'. Später wurde *-e-* zu *-ē-* gedehnt und das Gw. ↗*-burg* angehängt, sodass der Name 'Burg am Beda-Bach' bedeutet. **V.** Itinerarium provinciarum Antonini Augusti. Regesta Imperii 1; Schaus; Kaufmann 1973. *JMB*

Bitche ↗ Bitsch

Bitsch // Bitche I. Stadt und Hauptort des gleichnamigen Kantons im Dép. Moselle, 5 765 Ew., 27 km ö Saargemünd, LO, F. Sitz einer lo. Herrschaft, 1751 Bailliage; 1681 von Vauban als Festung ausgebaut; 1766 an Frankreich, 1871 zum Reichsland Elsass-Lothringen, 1918 wieder an Frankreich. **II.** 1098 *Bitsche*, 1148 *Bitse*, 1150 *Bites*, 1172 *Bytis*, 1183 *Bitschen*, 1186 *Bitches*. **III.** Als Grundform ist ahd. **bī tisk(e)* 'bei dem Tisch' (als Formname für den steil und blockartig als Hochplateau gestalteten Festungsberg) zu ahd. *tisk*, mhd. *tisch* 'Platte, Tisch' < lat. *discus* anzusetzen. In der Konkurrenz einer unsynkopierten Form *Bitis(k)* und einer synkopierten *Bitsch(e)* setzt sich letztere durch; dem regionalen Dialekt entsprechend bleibt langes *ī* undiphthongiert. **V.** Reichsland III; Gysseling 1960/61; Jungandreas; Hiegel. *Ha*

Bi̇tterfeld-Wo̧lfen I. Stadt und gleichnamige VG im Lkr. Anhalt-Bitterfeld, 56 538 Ew., an der unteren Mulde, ST. 2007 durch Eingemeindungen aus Bitterfeld, Wolfen und weiteren Gemeinden gebildet. Bitterfeld zuvor aus mehreren slaw. und hochmittelalterlichen Siedlungen zusammengewachsen, seit dem 14. Jh. als Stadt bezeugt, Amtssitz, ab dem späten 19. Jh. Zentrum der chemischen Industrie. Der Name ist semantisch hochgradig markiert als Symbol für DDR-Umweltschäden, die aber seit 1989 in erheblichem Maße überwunden wurden. Bis 2007 Kreisstadt im Lkr. Bitterfeld. Wolfen war zunächst ein agrarisch geprägtes Dorf, im 19. Jh. durch Braunkohlebergbau- und -verarbeitung, Anilinproduktion und (seit 1910) Herstellung von Filmen starke industrielle Entwicklung, 1958 Stadterhebung. **II.** Bitterfeld: 1224 *Bitterfeldt*, 1244 *Bitterfelt*, 1298 *Piterfelt* [Or]. Wolfen: 1400 *Wulffen* [Or], 1450 *Wulffen*, 1492 *Wolffen* [Or.]. **III.** Bitterfeld: Die Überlieferung zeigt einheitliche Formen, Unterschiede (P- statt B- im Anlaut, -d oder -t im Auslaut) sind mit der Entwicklung der md. Mundarten zu erklären (binnenhochdeutsche Konsonantenschwächung und deren hyperkorrekter Ausgleich). Die Namenerklärung erlaubt nur einen Ansatz aus mhd. und mnd. *bitter* 'bitter'. Wodurch eine Namenbildung 'bitteres Feld' (↗*-feld*) motiviert sein könnte, ist nicht zu klären. Obwohl nl. Siedlungseinflüsse hist. nachzuweisen sind, ist eine Namenübertragung von *Pittefaux* in Flandern unwahrscheinlich. Im deutschen Sprachraum sind mit *Bitter-* beginnende Ortsnamen offenbar sehr selten. Wolfen: Bildung im Dat. Pl. aus asä. *wulf* 'Wolf (Canis lupus)', also etwa '(bei den) Wölfen' oder '(bei) Wolfs'. Möglicherweise liegt eine Namenübertragung bzw. eine Nachbenennung zu dem Namen des 30 km nw liegenden Ortes Wulfen vor. **IV.** Wulfen, Lkr. Anhalt-Bitterfeld, ST; ↗Wolfsburg, NI. **V.** DS 14; SNB; Kieser, O.: Neerlandica an der unteren Mulde. In: Niederdeutsches Jahrbuch 101 (1979). *ChZ*

Blankenburg I. Stadt im Kreis Harz (seit 1. 7. 2007), 15 012 Ew., am Nordrand des Harzes, ST. Planmäßig angelegte Siedlung unterhalb der gleichnamigen Burg auf dem Blankenstein, einem 334 m hohen Kalkfelsen. Sitz eines im 12. Jh. bezeugten Grafengeschlechts, mit dessen Aussterben Blankenburg 1599 an das Hztm. Braunschweig-Wolfenbüttel fiel. Gehörte bis 1946 zum Land Braunschweig, seit 1250 Stadtrecht. **II.** 1123 *Blankenburch*, 1129 *Blanchenburch* [PN], 1139 *Blankenburch* [PN], 1223 *Blankinburc*; *Blankenburg* (1314).

III. Der ON wurde vom BurgN (↗-burg) übertragen, der selbst auf die helle Farbe des Kalkfelsens Bezug nimmt: mnd. *blank* 'weiß, glänzend'. **IV.** ↗Bad Blankenburg, Lkr. Saalfeld-Rudolstadt, TH; Burg Blankenberg bei Hennef, NRW; Burg Blankenberg bei Neufelden, OÖ. **V.** SNB; Berger. *JS*

Blankenburg, Bad **I.** Stadt im Lkr. Saalfeld-Rudolstadt, sw Rudolstadt im Schwarzatal, 7235 Ew., TH. Am Fuß der Burg Blankenburg (seit Mitte 17. Jh. *Greifenstein* genannt), um 1250 angelegte Stadt (1323 *oppidum et castrum*); im MA Ackerbürgerstadt, seit 14. Jh. Bergbau auf Eisen, Kupfer und Silber; seit 1840 Kurort, seit 1911 der Zusatz Bad; im 19./20. Jh. Holz-, Textil- und Elektroindustrie. **II.** 1193 *Blankenberc*, 1229 *Blankenberch*, 1331 *Blanckenburg*, 1512 *Blankenburgk*; *Blankenburg* (1743). **III.** Der Name ist gebildet zu mhd. *blanc* 'blinkend, glänzend, leuchtend' und ↗-*berg*, urspr. ein Prunkname für die Burg, wobei -*berg* wie bei vielen Burgnamen auftritt und auf die Berglage hinweist, später aber durch ↗-*burg* ersetzt wurde, also etwa die 'leuchtende/glänzende Burg'. Der Name ging auf den Ort über. **IV.** ↗Blankenburg, Lkr. Harz, ST, 1123 *Blankenburch*; ↗Blankenhain, Lkr. Weimarer Land, TH, 1252 *Blankenhain*; ferner die Leuchtenburg, Burg im Saale-Holzland-Kreis, TH. **V.** Mainzer UB II; Fischer, R./ Elbracht, K.: Die Ortsnamen des Kreises Rudolstadt. Halle/S. 1959; SNB, Berger. *KH*

Blankenfelde-Mahlow [māló] **I.** Gem., Lkr. Teltow-Fläming, 25501 Ew., s Berlin, BB. Beide namengebende Teile sind zusammen mit Dahlewitz, Groß Kienitz und Jühnsdorf 2003 zu einer Gem. zusammengeschlossen worden. Sowohl im Angerdorf Blankenfelde als auch in Mahlow befindet sich jeweils eine Feldsteinkirche. **II.** Blankenfelde: 1375 *Blankenvelde*, 1583 *Blanckenfelde*. Mahlow: 1280 *zu Malow*, 1375 *Malow, Malo*. **III.** Der Name *Blankenfelde* bezeichnete eine Siedlung auf einem freien, lichten Gelände, Gf. mnd. *Blankenvelde. Im Bw. ist das Adjektiv mnd. *blank* 'blank, glänzend, hell, licht' enthalten. Zum Gw. ↗-*felde*. Der Name *Mahlow* bedeutet 'Ort, der nach einem Mann namens Mal benannt wurde' und ist eine Bildung mit dem poss. -*ov*-Suffix vom PN apolb. *Mal. Er gehört zum Adjektiv apolb. *maly 'klein' und ist entweder ein ZN oder eine KF von VN wie apolb. *Malomir. **IV.** Ähnlich Berlin-Blankenfelde. **V.** Landbuch; Riedel A XI; Curschmann; BNB 3. *SW*

Blankenhain **I.** Stadt im Lkr. Weimarer Land, s Weimar an der Schwarza in waldreichem Hügelland, 6681 Ew., TH. Herrensitz, Burg mit Burgsiedlung aus dem 12. Jh.; Entwicklung zur Stadt im 13./14. Jh.; landwirtschaftlich geprägte Kleinstadt; seit 1790 Porzellanfabrikation. **II.** 1252 *Blankenhain*, 1297 *Blanckenhayn*, 1322 *Blanchinhayn*, 1506 *Blancken-, Blanckhain*; *Blangkenhain* (1549/50). **III.** Gebildet zu mhd. *blanc* 'blinkend, glänzend, leuchtend' und ↗-*hain*, urspr. ein Prunkname für die Burg, wobei -*hain* in seiner urspr. Bedeutung 'umhegter Ort' im Sinne von 'Burg' gleichbedeutend mit ↗-*berg*/ ↗-*burg*, ↗-*stein*, ↗-*eck*, ↗-*fels* verwendet wurde. Die Bedeutung war also die 'leuchtende/glänzende Burg'. Der Name ging schließlich auf den Ort über. **IV.** ↗Bad Blankenburg, Lkr. Saalfeld-Rudolstadt, TH, 1193 *Blankenberc*; ↗Blankenburg, Lkr. Harz, ST, 1123 *Blankenburch*; die Leuchtenburg, Burg in TH. **V.** Dob. III; SNB; Walther, H.: Zur Namenkunde und Siedlungsgeschichte Sachsens und Thüringens. Leipzig 1993; Walther, H.: Die ON Thüringens (Handschriftliche Sammlung. Universität Leipzig). *KH*

Blankenheim **I.** Gem. im Kreis Euskirchen, 8411 Ew., in der Nordeifel an der Ahrquelle, Reg.-Bez. Köln, NRW. Ursprung der Siedlung ist eine Höhenburg des 12. Jh., aus der ein befestigter Talrechtsort (1341 bezeugt) hervorging, spätma. Residenz der Grafen von Manderscheid-Blankenheim mit bedeutender Bibliothek, 1816–18 preuß. Kreisstadt. Der Name ist vom älteren, nahe gelegenen Blankenheimerdorf übertragen. **II.** 1112 (F. um 1200) *de Blankenhem*, 1115 *de Blanchinheim* [Or]. **III.** Bw. des Kompositums ist am ehesten das Adj. ahd./mhd. *blanc* in der Bedeutung 'nackt, baumfrei'; das namengebende Blankenheimerdorf liegt, anders als die Burg, im offenen Gelände der Kalkmulde im Sinne von 'waldfreie Siedlung'. Doch ist auch der (nur selten bezeugte) PN *Blanco*, schwach flektiert, nicht auszuschließen. Gw. ist ↗-*heim*. **V.** UB NRh IV; RhStA, Lfg. II Nr. 11; HHS Bd. 3; Dittmaier 1979. *Ne*

Blau-. ↗**Schwarz(en)-.**

Blaubeuren **I.** Stadt und gleichnamige VVG im Alb-Donau-Kreis, Reg.-Bez. Tübingen, 13849 Ew., am Ostrand der Schwäbischen Alb im Blautal, BW. 1085 Gründung des Benediktinerklosters Blaubeuren mit Marktrecht. Spätestens seit 1267 ist die dazugehörige Siedlung im Besitz der Pfalzgrafen von Tübingen; 1303 Verkauf an das Hztm. Österreich, 1447 an die Grafen von Württemberg. Nach der Reformation Umwandlung des Klosters in eine protestantische Schule. Seit dem 19. Jh. Zementindustrie. H. Hauptsitz des Pharmakonzerns Merckle. Aus einer der tiefsten Quellen in D., dem Blautopf, entspringt die Blau. **II.** 1095 *de Buirron*, 1175–78 (Kop.13./14. Jh.) *Blabivron*, 1267 *in Blaburrvn*, 1288 *Blabúrron*, 1303 *Blaburn*, 1447 (Kop. 16. Jh.) *Blaubeuren*. **III.** Kompositum mit Gw. ↗-*beuren*/-*beuern*/-*büren* und FluN *Blau* (14. Jh. *Blawe, Blaw, Plau*) (zur Donau), ahd.

Blāwa 'die Blaue'. **V.** Reichardt, L.: Ortsnamenbuch des Alb-Donau-Kreises und des Stadtkreises Ulm. Stuttgart 1986; Greule, DGNB. *AG*

Blaustein **I.** Gem. im Alb-Donau-Kreis, Reg.-Bez. Tübingen, 15 427 Ew., w von Ulm auf einer Hochfläche der Schwäbischen Alb, BW. Frühbronzezeitliche Höhensiedlung sowie Besiedlung in röm. Zeit. Im 12. und 13. Jh. Burg Erichstain, von der h. keine Reste mehr existieren. 1215 Errichtung der Burg Klingenstein, Zerstörung 1630 und Wiederaufbau 1756 als barockes Schloss. 1968 Gründung der Gem. Blaustein durch Zusammenschluss von Ehrenstein und Klingenstein. 1974 wurden Bermaringen und Wippingen, 1975 weitere Orte eingemeindet. **III.** Kompositum aus Gw. ↗-*stein* und FluN *Blau* (↗Blaubeuren); das Gw. nimmt Bezug auf die vier ehemaligen Burgen, die im Blautal und im Zentrum der neuen Gem. liegen. **V.** Reichardt, L.: Ortsnamenbuch des Alb-Donau-Kreises und des Stadtkreises Ulm. Stuttgart 1986. *AG*

Bleckede **I.** Stadt im Lkr. Lüneburg, 9649 Ew., an der Elbe, Reg.-Bez. Lüneburg (bis Ende 2004), NI. Eine geplante Stadtgründung durch Hz. Wilhelm von Lüneburg (nach 1209) blieb in Ansätzen stecken; die seit 1271 bezeugte Burg und der Flecken waren verschiedentlich umkämpft; 1293 Münzrecht; im MA und der frühen Neuzeit Amtssitz; 1885–1932 Kreisstadt des gleichnamigen Kreises. **II.** 1209 *ad sclavicum Blekede* [Or], 1248 *Blekede*, 1371 *Blekede*. **III.** Abl. mit dem Suffix ↗-*ithi*. Basis der Abl. ist entweder mnd. *blek* 'Fläche Landes; freie Stelle; Fleck' oder asä. *blēk* 'bleich, glänzend, hell'. **V.** HHS 2; Nds. Städtebuch. *KC*

Bleicherode **I.** Stadt und Erfüllende Gem. im Lkr. Nordhausen, an der thüringischen Wipper sw Nordhausen zwischen Harz und Hainleite an den Bleicheröder Bergen, 9724 Ew., TH. Rodungssiedlung des 11./12. Jh.; 13. Jh. Burg, seit 1322 Marktrechte, 1326 Stadt; im 18. Jh. Leineweberei und Schneckenzucht, 20. Jh. Kaliindustrie. **II.** 1279, 1309, 1326 *Blichenrode*, 1506 *Blicherode*; *Bleicherode* (ab Ende 15. Jh.). **III.** Die Erwähnung von 1130 *Blechenrot* gehört nicht hierher, sondern zu Bleckenrode, nw Worbis. Der ON *Bleicherode* wurde gebildet zu mhd. *blīche* 'bleich', urspr. 'glänzend', vgl. mhd. *blīchen* 'glänzen' mit dem Gw. ↗-*rod(e)*, mhd. *rot* 'urbar gemachter Boden, Rodung'. Der ON weist also wohl auf eine einst gut sichtbare bzw. leuchtende Rodung. Die urspr. gesprochene Form **ze der blīchenrode* führte infolge Anfangsbetonung im ON zur Reduktion der Mittelsilbe von *-en-* > *-e-*. **IV.** Bleichroden, OT von Tannhausen, Lkr. Heidenheim, und Bleichstetten, OT von St. Johann, Lkr. Reutlingen, beide BW, sowie Bleichenbach, OT von Ortenberg, Wetteraukreis, HE, und OT von Bad Birnbach, Lkr. Rottal-Inn, BY. **V.** Dob. IV; SNB. *KH*

Blieskastel **I.** Stadt im Saarpfalz-Kreis, 22 422 Ew., an der Blies, ca. 25 km ö von Saarbrücken und 10 km ö von Zweibrücken in RP, im Bliesgau, SL. Römerzeitliche Spuren, bis zum 13. Jh. Sitz der gleichnamigen Grafschaft, seit 1337 Kurtrier. Zerstörung der Burg im 16. Jh. durch Franz von Sickingen und der Stadt im 30-jährigen Krieg. Seit Ende des 17. Jh. in Besitz derer von der Leyen, die den Ort zur Residenzstadt ausbauen. 1802 Zerstörung des Schlosses. 1918 bis 1935 zum seit 1920 unter Völkerbundsmandat stehenden Saargebiet gehörig und seit 1947 zum in politischer Union mit Frankreich verbundenen Saarland, seit 1957 zum Bundesland Saarland. H. Sitz eines internationalen Unternehmens für elektrotechnische Installationen. **II.** 1126 *Godfridus comes de Castra*, 1350 *Castele uf der Bliessen*, 1440 *Bliesecastel*; *Blieskastel* (1466). **III.** Gebildet mit dem alteuropäischen GwN der *Blies* (spätantik *Blesa*) und lat. *castellum* 'Befestigung, Burg' bzw. ahd. *kastel* 'Stadt, befestigte Siedlung'. In einem Gaunamen ist die Blies bereits 730 als *in pago blesinse* 'im Bliesgau' (862 *in pago Bliasahgouue*, 906 *in pago Blesiaco*, 982 *in pago Bliesichgove*) überliefert. Der GwN erscheint 782 als *fluvius Blesa*, später mit der ahd. Diphth. von [ē] > [ia, ie]. Der Erstbeleg stellt eine gelehrte Latinisierung mit gleichbedeutendem *castra* dar. Als im Tal *uf der Bliessen* ('über der Blies gelegen') eine bürgerliche Niederlassung entstand, unterschied man zwischen der Burg droben und dem Tal. Zur Unterscheidung von gleichnamigen Niederlassungen in der Nähe stellte man ab dem 15. Jh. den GwN vor den SiN. **IV.** Kastel, OT von Nonnweiler, Lkr. St. Wendel, SL; Kastel, OT von Kastel-Staadt, Lkr. Trier-Saarburg; ↗Bernkastel-Kues, Lkr. Bernkastel-Wittlich, beide RP. **V.** Buchmüller/Haubrichs/Spang; Christmann; Spang, R.: Die Gewässernamen des Saarlandes aus geographischer Sicht. Saarbrücken 1982. *Lei*

Blomberg **I.** Stadt im Kr. Lippe, 16 497 Ew., auf einer Anhöhe oberhalb der Diestel (l. Nfl. zur Emmer), an der sog. 'Köln. Landstraße' zwischen Paderborn und Hameln, Reg.-Bez. Detmold, NRW. Um 1231–1255 planmäßige Gründung der Edelherrn zur Lippe, 1283 Stadt; Burg bis zum 15. Jh. Residenz der Edelherrn zur Lippe (vor allem unter Bernhard VII., † 1511), 1447 in der Soester Fehde fast vollständig zerstört; 1460 Wallfahrtsort; 1748–1838 an Haus Schaumburg-Lippe, Burg bis 1962; Schuhmachergewerbe, Textil-, Möbel-, Metall- und Elektroindustrie. 1970 Zusammenschluss mit 18 umliegenden Gem. **II.** 13. Jh. (Kop. 1. Hälfte 14. Jh.) *prope Blomenberg*, 1357 *to deme Blomberghe*, 1482 *oppidi Montisflorum vulgariter Blomberch dicto*, dial. *Blommerg; Bynnen dem Blomberge* (1488). **III.** Bildung mit dem Gw. ↗-*berg*. Burg und Stadt werden bis ins 18. Jh. oft durch ein Syntagma mit Präposition und bestimmtem Artikel bezeichnet (z. B. *to deme Blomberghe*). Die älteste Namenform zeigt das Bw. *Blomen-*, seit der 1. Hälfte 13. Jh. auch verkürzt zu *Blom(m)-* (auch mit sekundärer Verkürzung des alten Langvokals *-ō-* > *-o-*). Das Bw. kann als Gen. Pl. (< *blōmono* zu asä. *blōma* Fem., *blōmo* M., mnd. *blōme*, ahd. *bluoma*, *bluomo* 'Blume') bestimmt werden. Vereinzeltes *Blum-* zeigt md./frühnhd. Lautvariante *-u-*, *Plum-*, hd. Variante mit anlautendem *P-* für *B-*. Namendeutung mit dem Blumenwort spätestens seit dem hohen MA (auch unter Bezugnahme auf die heraldische Blume der Lipper, die lippische Rose). Als alter FlN könnte das Bw. älter sein. Unter der Voraussetzung, dass *-berg* vor Beginn der Überlieferung als verdeutlichendes Element sekundär zu einem älteren BergN *Blomen* hinzugetreten wäre, könnte ein Kompositum *Blo-men* segmentiert werden, in dem *-men* (zu germ. *mend-* neben *mund-* 'Berg, Erhebung', einer Dentalerweiterung zur idg. Wz. *men-* 'emporragen') sichtbar würde (vgl. z. B. ↗*Dortmund*, ↗*Dülmen*, *Hedemünden*, OT von Hann. Münden, NI). Dann wäre von einem alten *Blōmeni* auszugehen und das Bw. evtl. mit idg. *bhleu-* 'aufblasen, schwellen, strotzen etc.' zu verknüpfen. Das Motiv der Ben. läge in dem sich unmittelbar aus der Umgebung erhebenden (Burg-)Berg. Da älteste Namenformen aber keine sicheren Anhaltspunkte für eine solche Deutung bieten, kann es nur bei der Erklärung als 'Berg der Blume(n)' bleiben. **V.** WOB II (Kr. Lippe); HHS 3; Stöwer. *BM*

Bludenz mda. [blúdats] **I.** Hauptort des gleichnamigen Bezirks 13 760 Ew., VO, A. Stadterhebung vor 1270, Zentrum des Walgaus am Ausgang mehrerer Seitentäler (570 m); Teile der alten Stadt unter dem Montikel (Schloss, Laurentiuskirche), der Stadtmauer mit zwei Toren gut erhalten; Bezirksverwaltung des südlichen VO, Märkte, Industrie (Arlbergbahn seit 1872), Schulen. **II.** 843 *in villa Pludono*; *ecclesia in Pluteno*, 940 *ecclesiam in Plutines*, 1147 *ecclesiam s. Laurentii in Pludene*, 1200 *de Pludens*. **III.** Schon L. Steub schloss eine rom. Deutung von *Bludenz* aus (1854), also vorröm. Name mit unbetontem, zweisilbigem Suffix, Gw. vielleicht *plud-* 'Fluss'; wohl Verbalstamm mit partizipialem *-nt-*, im Rom. Lenierung des intervokalen *-t-* zu *-d-*. Wie benachbartes *Nüziders* oder *Bürs* verm. vorröm. Naturname; vgl. auch *Plessur* und FlN *Flîda*. **V.** ANB; Steub, L.: Zur rhätischen Ethnologie. Stuttgart 1954; Planta, R. v.: Über Ortsnamen, Sprach- und Landesgeschichte Graubündens. In: Revue de linguistique romane 7 (1931); Sander, H.: Beiträge zur Geschichte des Frauenklosters St. Peter bei Bludenz. Innsbruck 1901; Tschaikner, M. (Hg.): Geschichte der Stadt Bludenz. Sigmaringen 1996; Plangg in Montfort 59 (2007). *Plg*

Blumberg **I.** Stadt im Schwarzwald-Baar-Kreis, 10 266 Ew., ca. 25 km s Villingen am s Rand des Schwarzwaldes in einem Hochtal zwischen Wutach und Aitrach gelegen, Reg.-Bez. Freiburg, BW. Im Zusammenhang mit der Herrschaftsentwicklung der Herren von Blumberg im 13. Jh. entstanden (erstmalig 1260 bezeugt), seit 1420 Stadt, ab 1537 unter Fürstenberger Herrschaft und seit 1806 badisch. Ehem. Eisenerzabbau, Maschinenbau, Straßenfahrzeugbau, Eisenbahnmuseum, Blauer Stein, Kardinal-Bea-Museum. **II.** 1260 *Blobinberch [Or]*, 1269 *Blůmenberg*, 1336 *Plůmenberch*; *Blumberg* (1529). **III.** In *Blumenberg* wurde der Name der Herren von Blumberg auf den ON übertragen. Der älteste Beleg deutet als sprachliche Grundlage auf ahd. *bluon*, *bluowan* 'blühen' mit *-b-* als Aussprachereleichterung zwischen zwei Vokalen. Es kann sich aber bereits hier, wie die späteren Belege nahe legen, um eine Zuss. *bluomen-berc* handeln. **IV.** Blumberg, OT von Casekow, Lkr. Uckermark und OT von Ahrensfelde, Lkr. Barnim, beide BB. **V.** Krieger; LBW 6. *JR*

Bobenheim-Roxheim **I.** Gem. im Rhein-Pfalz-Kreis, 10 001 Ew., zwischen Worms und Frankenthal, Vorderpfalz, RP. Teil einer Region mit hoher Bevölkerungsdichte im Rhein-Neckar-Dreieck. Fränk. Gründungen des 6. Jh., Besitzungen des Hochstifts Worms. Prägung durch Rhein, Landwirtschaft und Fischerei. 1503 urk. Erwähnung der Rheinschifffahrtsstation Roxheim. 1969 Zusammenlegung der zwei bis dahin selbst. Orte mit weithin gemeinsamer Geschichte. **II.** Bobenheim: 891–914 *Bobenheim* (Kop. 16. Jh.), 1137 *Babenheim*, 1392 *Babinheim*; *Bobenheim* (1587). Roxheim: 813 *Roghesheim*, 888 *in Rocchesheimero marcha*; *Roxheim* (891–914). **III.** Das Bw. in Bobenheim ist der ahd. PN *Babo-*, Gen. Sg. *Babin-*, und in Roxheim der ahd. PN *(H)Rokko*, Gen. Sg. *Rokkes-* zum Stamm- *(H)Roc-*. Die Verdoppelung steigerte die Expressivität. Die Verschlusslaute *-g-*, *-k-*, *-ch-* sowie geminierte Formen wechselten häufig in mit KN gebildeten ON. Beide ON wurden mit dem Gw. ↗*-heim* gebildet. Sie können demnach als 'Wohnstätte des Babo' und 'Wohnstätte des Rokko' gedeutet werden. Die häufig angeführten Belege von 769 und 779–83 *Baben-*, *Babinheim* (CL) sowie von 775 *Rochenheimmarca* (Traditiones Wizenburgenses. Hg. von A. Doll. Darmstadt 1979) gehören nicht hierher. **IV.** Bobenheim am Berg und Wüstung Babenheim, beide Lkr. Bad Dürkheim; Ruchheim, OT von Ludwigshafen, ↗*Rockenhausen*, Donnersbergkreis, alle RP. **V.** Boos, H.: Urkundenbuch der Stadt Worms III. Berlin 1893; Dronke, E. F.: Codex Diplomaticus Fuldensis. 1850 (Nd. 1962); FP; HSP. *JMB*

Bobingen I. Stadt, 16 570 Ew., Lkr. Augsburg, 15 km s von Augsburg gelegen, Reg.-Bez. Schwaben, BY. Aufgrund der Lage an der fruchtbaren Hochterrasse früh besiedelt, Funde aus der Bronze- und Römerzeit; Alemannengräber ab dem 7. Jh. n. Chr. nachweisbar. Als Pflegamt Bobingen zum Hochstift Augsburg gehörig; 1803 zu BY. 1953 Markt-, 1969 Stadterhebung, 1972/75 Eingliederung umliegender Gemeinden. 1899 Gründung einer Kunstseidefabrik; Industriestandort (z. B. Textil- und Faserproduktion). II. 980 *Pobinga*, 1047 *Bobingin*, 1071 *Pobingin [Or.]*; *Bobingen* (1150). III. Der ON besteht aus dem Zugehörigkeit ausdrückenden Suffix ↗-*ingen* und dem PN *Bobo/Pobo*, kann also gedeutet werden als 'bei den Leuten des Bobo/Pobo'. Dass eine Form mit Kurzvokal zu Grunde liegt, lässt sich aus der Dialektform sowie der Tatsache erschließen, dass kein Umlaut entstand (**Böbingen*, **Bebingen*). Der Erstbeleg auf -*inga* ist als Latinisierung zu betrachten. IV. Ähnlich mit anderem Stammvokal, z. B. ↗ *Böblingen*, Lkr. Böblingen, BW; mit Verkleinerungssuffix -*ilo*; *Böbingen an der Rems*, Ostalbkreis, BW. V. Pötzl, W./Wüst, W.: Bobingen und seine Geschichte. Bobingen 1994; Bauer, H.: Schwabmünchen. Historischer Atlas von Bayern, Teil Schwaben, Reihe I, Heft 15, München 1994. Kaufmann 1965. *Kö*

Böblingen I. Große Kreisstadt (seit 1962) und Sitz der Verwaltung des Lkr. Böblingen, 46 380 Ew., ca. 19 km ssw Stuttgart und etwa 25 km n Tübingen an der nö Grenze des Oberen Gäus am Ausläufer des Schönbuch gelegen, Reg.-Bez. Stuttgart, BW. Seit 1100 in Anlehnung eines gleichnamigen alemannischen Adelsgeschlechtes bezeugt, ab 1240 im Besitz der Pfalzgrafen von Tübingen, die Böblingen 1272 zur Stadt erhoben, seit 1344 (bzw. 1357) unter württembergischer Herrschaft. Luft- und Raumfahrtindustrie, Computerindustrie, Zehntscheuer, Gäubahn, Stadtkirche St. Dionysius. II. Um 1100 (Kop. 12. Jh.) *Bebelingen*, 1122 *in Bobelingen* (Kop. 12. Jh.), 1243 *in Beblingen [Or]*, 1275 *Böblingen [Or]*, 1292 *Bebelingen [Or]*. III. *Böblingen* ist eine ↗ -*ing(en)*-Ableitung vom PN *Babilo* und bedeutet 'bei den Leuten des Babilo'. Die alten *e*-Schreibungen stehen für den Umlaut von *a* zu *e* und setzen daher *Babilo* voraus. Die ö-Schreibung ist eine hyperkorrekte mda. Form auf dem Hintergrund der mda. Entrundung von *ö* zu *e*. V. Reichardt 2001; Haubrichs 2004; LBW 3. *JR*

Bobrek-Karb ↗ Bobrek-Karf

Bobrek-Karf // Bobrek-Karb [ˈbɔbrɛk karf] I. Stadtteil von Bytom in der Woi. Śląsk, PL. Bis 1939 Landgemeinde im Kr. Beuthen-Tarnowitz, Reg.-Bez. Oppeln; 1939–1945 Reg.-Bez. Kattowitz; 22 095 Ew. (1939). Am 01. 04. 1928 legte man Landgemeinde und Gutsbezirk Bobrek mit Karf zusammen und nannte es Bobrek-Karf; 1951 Eingemeindung zu Bytom. Rasche Entwicklung und Anstieg der Einwohnerzahl dank Zink- und Eisenerzbergbau sowie Steinkohlenförderung. H. noch 2 Steinkohlenbergwerke und eine Kokerei in Betrieb. Bei der Volksabstimmung 1921 votierten für Deutschland 53 % der Wahlberechtigten in Bobrek und 30 % in Karf. II. Bobrek: 1369 *Bobrek*, 1618 *Bobrek*, 1679 *Bobregk*; Karf: 1845 *Karb*, 1864 *Karf*, 1928 *Bobrek-Karf*. III. *Bobrek* 'Stelle, Wasser, wo die Biber leben' zu apoln. und dial. *bobrek*: *bóbr* 'Biber', vgl. tschech. *bobrek*. Der Name des Dorfbaches **Bobrek* ist nicht erhalten geblieben, jedoch besonders in Südpolen finden sich viele ON *Bobrek*, die von Bachnamen übertragen worden sind. ON *Karb* zum App. *karb* 'Kerbe, Einschnit im Holz, um etwas zu registrieren', hier Stelle, wo die Fuhrwerke mit Holz für die Hüttenwerke gekennzeichnet und gezählt worden sind. Die d. Form *Karf* wurde lautlich von poln. *Karb* mit oft vorkommender Substitution *b > f* übernommen. IV. *Bóbr // Bober*, Zufluss der Oder; *Bobrek // Böberle*, alter Oderarm; *Bobrowiec // Boberwitz*, *Bobrowniki Odrzańskie // Bobernig*; *Bobrów // Boberau*, Orte in Niederschlesien; *Karbowa*, Stadtteil von Kattowitz; *Karbiec // Rimmpelsberg* in Niederschlesien, alle PL. V. SNGŚl; Rymut NMP; Borek, H.: Górny Śląsk w świetle nazw miejscowych. Opole 1988. *MCh*

Bocholt I. Stadt im Kr. Borken, 73 403 Ew., am Rande der Rhein-Hauptterrasse, Reg.-Bez. Münster, NRW. Kirchdorf, 1201 städtische Rechtsorganisation, 1222 münstersches Stadtrecht, Hauptort eines Territorialamtes im FBtm. Münster, 1802 Ftm. Salm-Salm, 1810 Kaiserreich Frankreich, 1816 Preußen, 1923–1975 kreisfrei, Baumseidenweberei, Eisenhütte, Textilindustrie, Metall- und Elektroindustrie. II. (Nach) 788 zum Jahre 779 *Bohholz*, zum Jahre 780 *Buocholt*, 1142 *in villa (…) Bokholte*. III. Im Bw. der Baumname *Buche* (and. *bōka*) und im Gw. eine Bezeichnung für den Wald (and., mnd. *holt*): 'Buchenwald'. IV. Zahlreiche Siedlungsnamen mit *Buche*- als Bestimmungswort: Buchholz, Stadt Dortmund, Ottmarsbocholt, Kr. Coesfeld, ↗ Bochum, alle NRW. V. MGH SS, Scriptores Rerum Germanicarum in usum scholarum 6; WfUB II. *schü*

Bochum I. Kreisfreie Stadt (seit 1876), Universitätsstadt (seit 1962), 378 596 Ew., im mittleren Ruhrgebiet zwischen Ruhr und Emscher am Hellweg, Reg.-Bez. Arnsberg, NRW. Seit dem 12. Jh. erwarben die Grafen von der Mark Rechte an einer Höfegruppe nahe dem bereits um 890 in den Werdener Urbaren genannten Altenbochum und bauten diese aus. 1298 Marktort. Stadtwerdungsprozess seit dem 14. Jh. Vom 18. bis Ende der 1950er Jahre vor allem Bergbau und Stahlindustrie, dann wirtschaftliche Umstrukturierung (Automobilbau, Dienstleistungssektor). Wichtiges kulturelles Zentrum. **II.** 1041 *iuxta villam publicam Cofbuokheim [Or]*, um 1150 *Bukhem, Bokheim*, 1243 *Cobuchem*. **III.** Während die Überlieferung hd. und nd. Schreibformen zeigt, beruht die heutige Form auf asä. *Bōkhēm* mit dem Gw. ↗ *-heim*, dessen Vokal gekürzt und zu *-u-* verdumpft wurde. Bw. ist asä. *bōka*, mnd. *bōke*, nd. *bōke* 'Buche, Buchenwald' mit erhaltenem nd. *-ō-*. Das Erstglied *Cof-* der ältesten Form (so noch gelegentlich bis ins 14. Jh.; seit 1166 bis ins 15. Jh. auch *Kuh-, Ko-, Co-*) ist ein unterscheidender Zusatz und häufig mit asä. *kō* 'Kuh' verbunden worden. Zwar zeigt die Überlieferung eine Umdeutung zu *kō* 'Kuh', doch kann dieses Wort als Erklärung ebenso wenig dienen wie ein KN *Cobbo*, der überdies unflektiert in die Bildung eingegangen sein müsste. Zugrunde liegt vielmehr wie bei † *Kovingen*, NI, germ. **kub-* 'wölben', das in Bezeichnungen für Erderhebungen und -vertiefungen sowie, aus letzterem abgeleitet, auch in Bezeichnungen für Hütten und Verschläge vorliegt, z. B. mnd. *kōve(n)* 'Stallverschlag, Viehstall, Schweinestall', mhd. *kobe* 'Stall', ae. *cofa* 'Kammer, Versteck, Höhle' und anord. *kūfr* 'runde Spitze, Haufen'. Es bleibt unklar, ob zum Zeitpunkt der Namengebung bereits ein Gebäude oder eher eine Geländeformation gemeint war. Der Zusatz diente der Unterscheidung des ON von Altenbochum. **IV.** † *Kovingen*, Region Hannover, NI. **V.** Derks, P.: In pago Borahtron. In: Beiträge zur Geschichte von Stadt und Stift Essen 99 (1984); Udolph, J.: Kyffhäuser. Namenkundliches. In: RGA 17 (2001); NOB I. *Flö*

Bockenem **I.** Stadt im Lkr. Hildesheim, 10 861 Ew., NI. Mittelpunkt des fruchtbaren Ambergaus; 1275 Archidiakonatssitz, 1300 durch den Grafen von Woldenberg zur Stadt erhoben, 1314 in das Bistum Hildesheim eingegliedert; später welfisch, dadurch seit 1542 offen für die Reformation; zahlreiche Brände zerstörten das ma. Stadtbild; Turmuhrenmuseum (Turmuhrenfabrik Weule); Gummiwerke, Herd- und Ofenfabrik. **II.** 11. Jh. *Bukenem*, 1131 *vicus bokenum*, 1240 *in Bokenem*. **III.** Seit FO sieht man in dem ON ein Kompositum aus nd. *bōk* 'Buche' und *-hēm* 'Ort, Dorf, Siedlung' (↗ *-heim*). **IV.** Vielleicht identisch mit den ON Bockenheim, OT von ↗ Frankfurt/Main, und † *Bockenheim* bei Butzbach, Wetteraukreis, beide HE (vgl. jedoch Andrießen und Arnold). **V.** HHS II; Nds. Städtebuch; Udolph 1998. *JU*

Bockhorn **I.** Gem. im Lkr. Friesland, 8 647 Ew., 9 km w Varel, NI. Besiedlung seit der Jungsteinzeit, erstmals urk. erwähnt 1220, bedeutender Marktort an der Straße von Jever nach Oldenburg bis ins 15. Jh., von 1667 bis 1773 unter dänischer Herrschaft. Bis zum 19. Jh. Baumwoll- und Leinenweberei, ab der Mitte des Jh. Aufschwung zu einem überregional bedeutenden Zentrum der Klinkerindustrie. **II.** 1220 *Liudbrandus de Bochorne [Or]*, 1310 *in Bochorna [Or]*, 1312 *in Bockhorna [Or]*. **III.** Zu lesen sind die ersten beiden Belege als Bokhorn. Der ON stellt eine Komposition aus dem Bw. *Bock-* und dem Gw. *-horn* dar. Das Gw. gehört zu mnd. *hōrn, hōrne* 'spitz zulaufendes, keilförmiges Landstück; Winkel, Ecke, Biegung', vgl. nd. *Horn* 'Ecke, Winkel' (in FlN), und im Bw. findet sich mnd. *boke* 'Buche', sodass auf eine Benennung aufgrund der Lage an einem mit Buchen bewachsenen, keilförmigen Flurstück zu schließen ist. **IV.** Bocholt, Kr. Borken, NRW. **V.** HHS 2. *MM*

Bodenheim **I.** Gem. und gleichnamige VG (seit 1972) im Lkr. Mainz-Bingen, 18 454 Ew., mit fünf Gem. in Rheinhessen am linken Ufer des Rheins, s von Mainz, RP. Die Schenkungsurk. mit der Ersterwähnung von Bodenheim ist gleichzeitig Zeuge frühen Weinbaus. Der Ort, früher Groß- und Klein-Bodenheim sowie † Westesheim (Weinlagename „Westrum"), ist noch h. eine der ältesten und größten Weinbaugem. in Rheinhessen. Auch Harxheim, Gau-Bischofsheim oder Nackenheim wurden bereits im 8. Jh. in Urk. des Klosters Lorsch erwähnt. **II.** 754 *Batenheim, Pattenheim*, 785 und 802 *Battenheim*, 1236 *Badinheim, Badenheim*; *Bodenheim* (1303). **III.** Das Bw. geht auf den ahd. PN *Bado*, obd. *Bat(t)o, Pat(t)o*, Gen. Sg. *Baden-, Bat(t)in-*, zu germ. **bădu-* 'Kampf', zurück. Das Gw. ist ↗ *-heim*. Bei den mit KN gebildeten ON ist ein häufiger Wechsel zwischen sth. und stl. Lauten sowie ihre Verdoppelung zur Steigerung der Expressivität zu beobachten. Seit 14. Jh. Verdumpfung und Dehnung des kurzen *-a-* zu langem *-o-*. Der ON bedeutet demnach 'Wohnstätte des Bado/Bato'. **V.** Urkundenbuch des Klosters Fulda, Bd. I. Neu bearb. von E. E. Stengel. Marburg 1956; FO; FP; Kaufmann 1976. *JMB*

Bodenwerder **I.** Stadt und gleichnamige Samtgemeinde im Lkr. Holzminden, 11 575 Ew., zwischen Weser und Vogler, Reg.-Bez. Hannover (bis Ende 2004), NI. Urspr. corveysche Marktsiedlung 1245 durch Kauf an die Edelherren von Homburg; 1287 Stadtrecht (Holzmindener Recht), Ende 13. Jh. planmäßiger Ausbau durch einen Bodo von Homburg, seit 1409 welfisch; im 20. Jh. industrieller Ausbau; Heimat des „Lügenbarons" von Münchhausen. **II.** 1150 *Werdere [Or]*, 1227 *Insula*, 1287 *Bodenwerdhere*. **III.** Der ON beruht auf dem Simplex mnd. ↗ *-werder* '(Fluss)insel', das gelegentlich auch in lat. Form (lat. *insula* 'Insel') erscheint. Im 13. Jh. tritt als sekundäres Bw. der im Gen. Sg. flektierte PN *Bodo* hinzu, das sich auf einen Edelherren von Homburg beziehen dürfte, bei denen *Bodo* ein Leitname war. **V.** HHS 2; Nds.-Lexikon; Nds. Städtebuch; NOB VI. *UO*

Boffzen I. Samtgemeinde im Lkr. Holzminden, 7264 Ew., w des Solling an der Weser, Reg.-Bez. Hannover (bis Ende 2004), NI. Bei Boffzen lag im Mittelalter eine schon in den Sachsenkriegen Karls des Großen bedeutsame Weserfurt. II. 826–876 *Boffeshusun* [Kop. 15. Jh.], 1276 *Boffesen*, 1803 *Bofzen*. III. Bildung mit dem Gw. ↗ *-hausen* und dem stark flektierenden Kurznamen *Boffi* als Bw., der expressive Schärfung aufweist. Das Gw. wird früh zu *-sen* verkürzt. Nach Schwund des nebentonigen *-e-* der Flexionsendung wird das *-s-* des Gw. nach stimmlosem *-f-* ebenfalls stimmlos. Deutung also: 'Siedlung des Boffi'. V. GOV Braunschweig; NOB VI; Pischke, G.: Boffzen im Mittelalter, Jahrbuch für den Lkr. Holzminden 24 (2006). *UO*

Bogen I. Stadt im Lkr. Straubing-Bogen, 10147 Ew., an der Mündung des Bogenbachs in die Donau gelegen, Reg.-Bez. Niederbayern, BY. Bis 1242 Residenz der Grafen von Windberg-Bogen (Gft. im ö Donaugau), 1341 Marktrecht, 1952 Stadterhebung, bis zur Eingliederung in den Lkr. Straubing-Bogen 1972 Sitz des gleichnamigen ehem. Lkr. II. Um 790 Kop. 1254 *uilla Pogana, ad Bogana* (Kop. Mitte 12. Jh. *Pogen*), 864 *Bogana* [Or]; *Bogen* [Or] (1108). III. Der SiN *Bogen* ist von dem gleichnamigen Gewässer übernommen (heute: *Bogenbach*), das s der Stadt in ein Donaualtwasser mündet. Das fem. Genus des GwN wird außer von den ältesten Belegen auch vom SiN *Inderbogen* (1274 *In der Pogen*) am Oberlauf des Gewässers bezeugt. Bisherige Deutungen von *Pogana* als ahd. bzw. alteurop. Hydronym sind morphologisch und hinsichtlich der Namentradierung problematisch. Verm. handelt es sich um die Substantivierung eines schwundstufigen Verbaladjektivs zu germ. **beuga-* 'biegen'. Semantisch vergleicht sich *Pogana* 'die Gebogene' mit Namen wie *Krumm* oder *Reide* 'die Gewundene'. Im Erstbeleg reflektiert <P> noch die Wirkung der hd. Medienverschiebung. Im 12. Jh. sind die für die Entwicklung des Namens bedeutsamen Vorgänge weitgehend vollzogen: Der Suffixvokal erscheint konsequent zu <e~i> abgeschwächt, die Endung bereits häufig apokopiert. V. Prinz, M.: Hedwig und die Grafen von Windberg-Bogen. In: Jahrbuch des Historischen Vereins für Straubing 103 (2001); Prinz 2007. *MP*

Boguszów-Gorce ↗ **Gottesberg**

Böhl-Iggelheim I. Gem. im Rhein-Pfalz-Kreis, 10569 Ew., zwischen Speyer, Bad Dürkheim und Neustadt an der Weinstraße, Vorderpfalz, RP. Bis 1330 reichsunmittelbare Dörfer, danach Verpfändung an die Pfalzgrafen. 1460 Zerstörung im Krieg zwischen Kurfürsten und Leininger Grafen. Bis 1797 kurpfälzisch bzw. Teil des Hztm. Pfalz-Zweibrücken. 1969 Zusammenschluss zweier bis dahin selbst. Gemeinden. II. Böhl: 779/80 *in Buhilo* (Kop. um 1190), Anf. 10. Jh. *ad Buhelen*, 1195–97 *Bohele*; *Böhel* (1467). Iggelheim: 769 *Hughilheim, Hughlinheimer marca* (Kop. um 1190), Anf. 10. Jh. *Vgelenheim*, 1584 *Igelnheim*. III. Der ON *Böhl* ist eine Abl. von ahd. *buhil* 'Hügel'. Das Bw. in *Iggelheim* geht auf den ahd. PN *(H)Ugilo*, Gen. Sg. *(H)Ugilin-*, zurück, das mit dem Gw. ↗ *-heim* verbunden wurde. Zu vermuten ist, dass die Benennung der Siedlung 'auf dem Hügel' von Erkelsheim, h. Wüstung n von Böhl, ausgegangen sein muss. Die Entwicklung des ON *Iggelheim* weist zunächst die *H*-Prothese rom. Schreiber und seit Mitte 16. Jh. eine Entrundung zu *I-* auf. Zu deuten ist er demnach als 'Wohnstätte des Ugilo'. IV. ↗ Rheinböllen, Rhein-Hunsrück-Kreis, RP. V. CL; FP; Christmann 1952; HSP. *JMB*

Böhmisch Leipa // Česká Lípa [ˈt͜ʃɛːska: ˈliːpa] I. Kreisstadt, 38318 Ew., in Nordböhmen, Bezirk Liberec (Liberecký kraj), CZ. Das 1277 am Handelsweg Prag-Zittau liegende Dorf Lipa entwickelte sich rasch zu einer Stadt. Die Herren von Lipa (*Jindřich z Lipé // Heinrich von Lipa* †1329) beeinflussten ebenso wie ihre Nachfolger (*von Dubá*) maßgeblich die Politik des Kgr. Böhmen. Grundriss der Stadt aus dem 14. Jh., Wasserburg 1426 zerstört. Nach 1622 fiel Böhmisch Leipa an Albrecht von Wallenstein, Schloss aus dem 17. Jh., Sankt-Peter-und-Paul-Kirche. Augustinerkloster (1627). 1850 Bezirksstadt. Eisenbahnknotenpunkt. II. 1277 *de Lipa* [Or], 1333, 1421 *von der Leipen* [Or], um 1400 *z lyppeho*, 1515 *město Lipý*, 1720 *Böhmisch Leyppa*, 1787 *Böhmisch Leipa, Czeska Lipa*, 1854 *Česká Lípa, Böhmisch-Leipa*. III. Das fem. Substantiv *lípa* 'Linde' wurde als Bezeichnung einer Lage 'an einer Linde' zum urspr. tschech. ON. Die Homonymie mit dem genusgleichen atschech. Adj. *lipá* 'Linden-' verursachte eine Umwertung des ON in ein Adjektiv: *Lipá* (auch maskulin: *Lipý*). Aus *Lípa, Lipá* ergab sich im D. *Lippa, Lippe* (selten mit *-en*: *Lippen*), mit *ī > ei*-Diphtongierung 1434 *Leip*. Rückwirkend führte die d. ON-Form *Leipa* 1787 im Tschech. zur Wiederbelebung des substantivischen ON *Lípa*. IV. *Lipa, lip-* kommt in slaw. ON, GwN und FlN häufig vor. ↗ Leipzig, SN. V. Pf II; SchOS; LŠ; HSBM. *RŠ*

Bohmte I. Gem. im Lkr. Osnabrück, 13158 Ew., Reg.-Bez. Weser-Ems (bis Ende 2004), NI. Die heutige gleichnamige Einheitsgem. ist 1972 aus dem Zusammenschluss der Gem. Bohmte, Herringhausen, Meyerhöfen, Schwege, Stirpe-Oelingen und Welplage entstanden. II. 1068–70 *Bamwide* [Or], um 1080 *Bomwide*, 1310 *Bomethe*, 1651 *Bombte*. III. Bildung mit dem in asä. *widu-*, mnd. *wēde* 'Wald' belegten Gw. und dem unflektierten App. asä., mnd. *bōm*

'Baum' als Bw. Nach Nebentonsilbenabschwächung schwindet als Aussspracheerleichterung das -w- des Gw., später fällt das vor dem Dental stehende -e- aus. Im 16./17. Jh. erscheint zwischen -m- und -t- ein der Aussprache entsprechendes -b-. **V.** GOV Osnabrück I. *KC*

Boizenburg/Elbe **I.** Stadt im Lkr. Ludwigslust, 10 628 Ew., Verwaltungssitz des Amtes Boizenburg-Land, am r Elbufer, ca. 60 km w von Ludwigslust und 12 km ö von Lauenburg, MV. Anfangs slaw. Burg, ab 12. Jh. d. Burg samt Siedlung, zunächst zu Ratzeburg, danach zu Schwerin, 1267 Stadt, im MA Salzhandel, Fischfang, Holz- und Getreidehandel, Handwerk, Schifffahrt, 1709 durch einen Brand völlig zerstört; seit 1793 Schiffbau, der allerdings in den 1990er Jahren zum Erliegen kommt, Fliesenherstellung. **II.** 1158 *Boyceneburg*, 1169 *Buzeburg* (bis hier wohl noch auf die Burg bezogen), 1195 *in Boyzeneburg*, 1216 *Boiceneburch*, 1267 *in vnser Stad Boysscenborch*, 1280 *Boyzeneburg*. **III.** Das Bw. geht auf asä. *böke*, mnd. *böke* 'Buche' zurück. Der in dieser Region übliche Zetazismus bewirkte das -z- anstelle von -k-. Allerdings heißt der Fluss, an dem der Ort liegt, *Boize*, sodass der ON auch auf den FluN zurückgehen kann. Das Gw. ist ↗-*burg*. Nicht auszuschließen ist außerdem, dass der GwN *Boize* auf apolb. *Byčina* zu *byk* 'Stier' zurückgeht, wobei nach Labialen das *y oft durch *oy* bzw. *oi* wiedergegeben wird. **IV.** Boitzenburg (1240 *Boyceneburg*, Namenübertragung vom o. g. ON), Lkr. Uckermark, BB. **V.** HHS, Bd. 12; MUB I, II; Eichler/Mühlner; Wauer, BNB 9; Berger. *MN*

Bolchen // Boulay-Moselle **I.** Stadt und Hauptort des gleichnamigen Kantons im Dép. Moselle, 4925 Ew., 24 km nö Metz, LO, F. Seit dem 12. Jh. Sitz einer Grafschaft; seit dem 16. Jh. lothringisch; 1766 an Frankreich; 1871 zum Reichsland Elsass-Lothringen, 1918 wieder zu F. **II.** 1184 *Bollei*, um 1194 *Bolche*, 1210 *Boleche*, 1220 *Bollay*, 1265 *Bollechen*, 1306 *Boulay*. **III.** Gallorom. Bildung zum PN *Bollus* mit dem Zugehörigkeit ausdrückenden Suffix ↗-*acum*: Ausgangsform (*fundus*) *Bollacum*. In den rom. und franz. Formen entwickelt sich das Suffix lautgerecht zu *-ei, -ay*. In den d. Formen entwickelt sich die Ausgangsform mit Lautverschiebung k > ch (7. Jh.) zu *Bollach*, mit ahd. Endsilbenschwächung zu *Bollech[en]*, synkopiert *Bolche[n]*. **IV.** Bouillac (1280 *Bolhac*), Dép. Dordogne, F; Bouilly (um 854 *Boliacus*), Dép. Aube, F; Bliesbolchen (1243 *Bolche*), Saarpfalzkreis, SL. **V.** Reichsland III; Jungandreas; Hiegel; Buchmüller-Pfaff, W.: Siedlungsnamen zwischen Spätantike und frühem Mittelalter, Tübingen, 120 (1990). *Ha*

Bolesławiec ↗**Bunzlau**

Bolko // Nowa Wieś Królewska ['nɔva vjɛɕ kru'lɛvska] **I.** Seit 1955 Stadtteil von Opole in der Woi. Opole, PL. Bis 1945 Landgemeinde im Kr. Oppeln, Reg.-Bez. Oppeln. 8347 Ew. (1939). Bis Mitte des 19. Jh. typisches Dorf, das seine rasche Entwicklung dem Eisenbahnbau und der Zementindustrie zu verdanken hat. Bei der Volksabstimmung 1921 gaben fast 77 % der Wahlbeteiligten ihr Votum für Deutschland. **II.** 1295 *Nouavuilla*, 1327 *Neudorf*, 1333 *Nova villa, Koeniglich Neudorf*, 1930 *Bolko*; *Nowi wies Krolewski* (1784). **III.** Die latinisierte Form der ersten urk. Erwähnung *nova villa* 'neues, neu gegründetes Dorf' kann sowohl auf den urspr. polnischen als auch auf den d. Namen hinweisen. Beide kommen in den späteren Urkunden vor. Auf dem Gebiet des Dorfes waren königliche Domänen, deswegen wird zur Unterscheidung von anderen gleichnamigen Ortschaften in der Nähe im 18. Jh. der Zusatz *Königlich* beigefügt. 1930 umbenannt in *Bolko*. Es ist ein KN zum PN *Bolesław* und Name der Herzöge von Oppeln. Zum Gebiet der Landgemeinde gehörte die Oderinsel *Bolko*, eine Schenkung Bolkos I. an das Franziskanerkloster, ein Vorwerk und eine Zementfabrik, ebenfalls *Bolko* genannt. **IV.** Nowa Wieś Królewska // Königlich Neudorf bei Toruń und in Großpolen, PL. **V.** SNGŚl; Rymut NMP. *MCh*

Boll, Bad **I.** Gem. und (mit Zusatz *Raum*) GVV im Lkr. Göppingen, 15 991 Ew., bestehend aus den Gem. Aichelberg, Bad Boll, Dürnau, Gammelshausen, Hattenhofen und Zell unter Aichelberg, ca. 8 km ssw Göppingen, Reg.-Bez. Stuttgart, BW. Bad Boll ist wohl in der älteren Ausbauzeit des 7./8. Jh. entstanden, eine Ministerialenfamilie vom Boll ist zwischen 1243 und 1371 belegt, Stift Boll, Stift Oberhofen, durch die Reformation an Württemberg. Holzspielzeugherstellung, St. Cyriakus, Marstall, Obstlehrpfad, Martinskirche, Schäferbrunnen. **II.** 1155 *Bolla*, 1321 *Bolle unter der Egge*; *Raum Bad Boll* (1970). **III.** Der durch den Zusatz *Raum* als Name eines Gemeindeverbandes gekennzeichnete ON geht verm. auf einen FlN zurück, der einen rundlichen Hügel markiert. Dann liegen ahd. *bolla* 'Flachsknoten', mhd. *bolle* 'Knospe, kugelförmiges Gefäß' zu Grunde, deren ältere Bedeutung 'rundlich erhöhte Form' sich in zahlreichen FlN erhalten hat. **V.** Südhess. FlNB; LBW 2 und 3. *JR*

Bolzano ↗**Bozen**

Bönen **I.** Gem. im Kr. Unna, 18 717 Ew., zwischen Hamm und Unna am ö Rand des Ruhrgebiets, Reg.-Bez. Arnsberg, NRW. 1896–1981 Bergbau, 1951 Bildung der Großgemeinde durch Eingemeindungen.

II. Um 1000 *Boinon*, 1147 *Boine*, 1198 *Boynen*; *Bo^{e}nen* (um 1400). III. Die ältesten Belege führen auf einen Ansatz *Boginon mit der im Asä. bezeugten Entwicklung -*gi*- > -*ji*- > -*i*-, die durch die Qualität des asä. -*g*- als Reibelaut zu erklären ist. Der ON ist eine Bildung mit Nasalsuffix (-*n*-) zu einer Basis, die an mnd. *bōge* 'Krümmung, Biegung, Gelenk, Bug' < asä. *bogi (zu asä. *būgan* 'biegen') anzuschließen ist. Dafür spricht auch der ebenfalls früh überlieferte ON des unmittelbar w benachbarten Altenbögge (11. Jh. *Boggi*), eine -*j*-Ableitung mit Konsonantengemination von der gleichen Basis. Der Bindevokal -*i*- bewirkte den Umlaut des -*o*- zu -*ö*-. Mit dem Suffix können sowohl GwN als auch Stellenbezeichnungen gebildet werden. Für letztere kommen als Motivgeber die Form der leichten Geländeerhebung an der Siedelstelle oder die Form des Geländes an der Biegung der Seseke s des Ortes in Betracht. Da die Gesamtbildung im Dat. Pl. erscheint und auf diese Weise auch sonst ON von zugrunde liegenden GwN unterschieden werden, dürfte der ON eher auf einem älteren, durch die Form des Flusslaufs motivierten Abschnittsnamen *Bogina der Seseke beruhen. **V.** Werdener Urbare I–II; WfUB V; Möller, R.: Zur Bildung von Siedlungsnamen aus Gewässernamen in Niedersachsen. In: BNF NF 16 (1981). *Flö*

Bonn I. Kreisfreie Bundesstadt, 317949 Ew., s Köln beiderseits des Rheins, Reg.-Bez. Köln, NRW. Frühgeschichtliche Besiedlungsspuren, Siedlungsplatz der Ubier, mehrere röm. Militärlager, Legionsvorstadt (Zivilvicus) seit dem 1. Jh., in fränk. Zeit Marktsiedlung um das Münsterstift St. Cassius und Florentius, nach der Schlacht von Worringen (1288) zur Residenz der Kölner Kurfürsten ausgebaut (Schloss, h. Universität), 1818 Neugründung der Rheinischen Friedrich-Wilhelms-Universität durch Preußen, schwere Zerstörungen im II. Weltkrieg, 1949–1999 Hauptstadt der Bundesrepublik Deutschland und starker Ausbau, 1969 Zusammenschluss mit den Städten Bad Godesberg (im Süden) und Beuel (rechtsrheinisch), ab 1999 Bundesstadt mit mehreren Bundesministerien, Ausbau durch Verwaltungszentralen großer Unternehmen (Post, Telekom), Wissenschaftsinstitutionen und UN-Behörden. **II.** Ca. 105/110 *Bonnam, cum castris Bonnensibus* (Tacitus), ca. 110/120 *Bonnam* (Iulius Florus), Ende 3. Jh. *Bunna, Bonna* (Itinerarium Antonini), Mitte 11. Jh. (zu 959) *cisalpinae Veronae, quae vulgo Bunna dicitur*, 1015 *actum Bunno*, 1149 *acta Verona*. **III.** Ein kelt. Ansatz *bonn- 'Anhöhe' scheint aus der Namenüberlieferung nicht erschließbar zu sein, laut Derks (gegen Bursch) ist in den Florus-Handschriften nur einmal *Bormam* und oft *Bonam*, kein *Bonnam* zu finden. Aus einer Florus-Stelle, die *bonam et Gesoniam* (Lesart fraglich) bietet, versucht Bursch eine sprachlich nicht mögliche Verbindung zu dem ab 1301 überlieferten ON für eine untergegangene Siedlung *Gensem* (rechtsrheinisch beim Vorort Schwarzrheindorf) herzuleiten und damit den Bezug dieser Stelle auf Bonn zu bestärken (sonst auf Boulogne-sur-mer bezogen). Die Etymologie des ON Bonn bleibt unklar. Der in der späteren Überlieferung oft anzutreffende Wechsel zwischen -*o*- und -*u*- im Stammvokal geht auf dialektale Varianz zurück. Der Doppelname *Bonna – Verona* (alter deutscher Name *Bern*) seit dem 10. Jh. ist eine gelehrte Bildung nach dem Sagenkreis um den gotischen König Theoderich (Dietrich von Bern), die ähnlich wie Xanten – Troia einer Selbsterhöhung der Stadt diente. Die weiteren Siedlungsnamen der Stadt Bonn, zu denen einige gallo-römische ↗-*(i)acum*-Namen gehören (*Endenich, Kessenich, Lessenich*) sind bei Bursch in einer alphabetischen Katalogisierung behandelt. **V.** Bursch, H.: Die Siedlungsnamen der Stadt Bonn. Bonn 1987; Derks, P.: Die Siedlungsnamen der Stadt Bonn. Ein Widerwort. In: Rheinische Vierteljahrsblätter 53 (1989); HHS 3. *Ho*

Bonndorf im Schwarzwald I. Stadt und gleichnamige VVG (mit den Gem. Boll, Brunnadern, Dillendorf, Ebnet, Gündelwangen, Holzschlag, Wellendingen und Wittlekofen), 8188 Ew., Lkr. Waldshut, ca. 55 km sö von Freiburg im Breisgau und ca. 75 km n von Zürich im s Schwarzwald, Reg.-Bez. Freiburg, BW. Vorgeschichtliche Siedlungsfunde; 1609 vom Kloster St. Blasien gekauft; 1806 Anschluss an das Land Baden. Bonndorfer Schloss: 1592/94 als Wasserschloss errichtet, 1723–1726 barockisiert; zweitälteste Sparkasse Deutschlands; Titel: Löwenstadt. **II.** [1223–1237] *Bôndorf [Or]*, [bis 1237] Kop. *Bôndorf*, 1241(?) *Bondorf [Or]*. **III.** Gw. des Kompositums ist ↗-*dorf*. Als Bw. tritt mhd. *boum/boun/bōm/bōn* (st. M.) 'Baum, Obstbaum' auf. Als Bedeutung ist für den SiN daher anzugeben 'Dorf bei einem (besonderen) Obstbaum, Dorf, das sich durch einen besonderen Obstbaum auszeichnet'. Die Schreibung mit Doppel-*n* dient verm. der Abgrenzung zu anderen Orten gleichen Namens. Die Mundart hat sich der heutigen Schreibung angepasst. **IV.** Bondorf, Lkr. Böblingen, BW. **V.** LSG; Reichardt, L.: Ortsnamenbuch des Kreises Böblingen. Stuttgart 2001 (Veröffentlichungen der Kommission für Geschichtliche Landeskunde in Baden-Württemberg. Reihe B. Forschungen. Bd. 149). *SB*

Bönnigheim I. Stadt und gleichnamiger GVV im Lkr. Ludwigsburg, 15466 Ew., ca. 17 km nnw Ludwigsburg und etwa 19 km ssw Heilbronn in der Mulde des Mühlbachs am ö Ausläufer des Strombergs gelegen, Reg.-Bez. Stuttgart, BW. Ab 1183 in staufischem Besitz, seit 1284/86 Stadtrecht, 1288 an

Albrecht von Löwenstein und seit 1785 württembergisch. Weinbau, Ganerbenburg, Köllesturm, Arzney-Küche, Cyriakuskirche. **II.** 793 (Kop. 1183–95) *Punnincheim, Bunnincheim*, 823 (Kop. 1183–95) *Bunnincheim*, 13. Jh. *Bunnenkeim, Bunenkein, Bünninckeim; Bönnigheim* (1748/52). **III.** Bönnigheim ist mit dem Suffix ⁊-*ingheim* vom PN *Bunno* abgeleitet und bedeutet 'Siedlung bei den Leuten des Bunno'. Der Name zeigt Umlaut von *u* zu *ü*, den mda. Wandel von *ü* zu *ē* in der Mundartform *bēnge* und mda. Rundung des *ē* zu *ö*. **V.** Reichardt 1982b; LBW 3. *JR*

Bönningstedt **I.** Amtsangehörige Gem. im Kr. Pinneberg, 4350 Ew., direkte Nähe zu Hamburg, bis 31.12.2006 gleichnamiges Amt mit 11 719 Ew., SH. 1369 erstmals urk. erwähnt, 1942 Zusammenschluss von Bönningstedt und Winzeldorf, bis 1.8.2008 Sitz des Amtes Pinnau. **II.** 1464/65 *Bunningkstede [Or]*, 1591/92 *Boniestette*. **III.** Der ON setzt sich zusammen aus dem nd. PN *Buni*, dem Patronymsuffix ⁊-*ingen*, das auf germ. *-inga/*-unga als Zugehörigkeitssuffix zurückgeht, und dem Wortstamm *stede*, ⁊-*stedt*, für 'Wohnstätte, Siedlung', so dass mit Bönningstedt urspr. die 'Siedlung der Leute des Buni' bezeichnet wurde. **V.** Laur; Haefs. *GMM*

Bopfingen **I.** Stadt und gleichnamige VVG im Ostalbkreis, 16 503 Ew., ca. 19 km ö Aalen am Nördlinger Ries im Egertal am Fuße des Zeugenbergs Ipf gelegen, Reg.-Bez. Stuttgart, BW. Im 9. Jh. Teilbesitz des Klosters Fulda und urspr. unter staufischer Herrschaft, um 1230 bekam der Ort das Stadtrecht, galt seit 1241 als Reichsstadt und fiel 1810 an Württemberg. Holzverarbeitung, Stadtkirche St. Blasius mit Flügelaltar von Herlin, hist. Seelhaus, Gedenkstätte der ehem. Synagoge Bopfingen-Oberdorf. **II.** 9. Jh. (Kop. 1150–65) *Pophingen*, 1153 *Bophingen [Or]*, 1188 *Bobphingen; Bopfingen* (um 1194). **III.** Bopfingen ist eine ⁊-*ing(en)*-Ableitung vom PN *Popfo, Bopfo* und bedeutet 'bei den Leuten des Popho, Bopfo'. Der Umlaut des Stammvokals von *o* zu *ö* unterbleibt mda. vor *pf*. **V.** Reichardt 1999a; Haubrichs 2004; LBW 4. *JR*

Boppard **I.** Verbandsfreie Stadt im Rhein-Hunsrück-Kreis, 15 921 Ew., im Oberen Mittelrheintal, am linken Ufer des Flusses, RP. 1123 Gründung eines Benediktinerinnenklosters, 1216 erstes Stadtsiegel, 1236 Siegel als reichsfreien Stadt, ab 1497 Unterwerfung durch Trierer Kurfürsten, 1794 Besetzung durch franz. Truppen, ab 1815 zu Preußen. H. vor allem Weinanbau, außerdem Tourismus und Kleinunternehmen. **II.** Ende 3. Jh.(?) *[Bo]vdrobriga*, um 300 (Kop.) *Baudobrica, Boudobrica*, 395/425 (Kop.9. Jh.) *Bodobrica*, um 400 (Kop.13Jh.) *Bontobrice*, 754/68 (Kop.9. Jh.) *in marcu Bodobigrinse*, um 800 (Kop.13. Jh.) *Bodo[b]recas*, 803 (Kop.9. Jh.) *Botbarta*, 814 (Kop.10. Jh.) *Bodobrio*, 10. Jh. *Bootbardun*, 992 *Boparton*, 1074 *Boparten*, 1250 *Bobard*. **III.** Kompositum mit Gw. kelt. *briga* (*-brica*) und PN (kelt.) *Boudos* 'befestigte Anhöhe des Boudos'. Der Name wurde ins Fränkische als *Bōtbricha, *Bōtbarecht übernommen und zu Bobard usw. weiterentwickelt. **V.** Elsenbast, K.: Vor- und frühgermanische Siedlungsnamen am Mittelrhein. In: Nassauische Annalen 94, 1983. *AG*

Borchen **I.** Gem. im Kr. Paderborn, 13 597 Ew., s Paderborn im sö Teil der Westfälischen Bucht, Reg.-Bez. Detmold, NRW. Hünenburg (Wallburg 3. Jh. v. Chr., hochma. Ausbau), in Kirchborchen jungsteinzeitliche Anlage sog. Galeriegräber der Wartbergkultur (um 3000 v. Chr.). 1969 Zusammenschluss mit drei Landgem., darunter Kirchborchen und Nordborchen, 1975 weitere Verbindung mit Dörenhagen und Etteln, Verlegung des Verwaltungssitzes nach Kirchborchen. **II.** [1014–1028] [Hof] *Burgnum*, 1015 (Kop. um 1160) *in Burgnun*, 1031 (Kop. um 1160) *Burgnon*, [1016] (Kop. um 1160) *in Nortburgnon*, 1043 (Kop. um 1160) *de Sutburgnon*, 1127 *Borgnon*, [1128] *in Northburgnon*, 1135 *Burgnon*, 1146 (Kop. 14./15. Jh.) *Burgnon cum ecclesia ... Nortburgnon cum decima*, 1210 *sacerdos in Burchnen*, 1268 *Kericborchnen*, 1269 *in Bvirchnen*, 1290 *Burgnen*, 1305 *de Borgnen; Borchen* (1428). **III.** Eine direkte Verbindung mit dem Namenelement ⁊-*burg* (zu got. *baurgs*, ae. *burg, burh*, asä. afries. ahd. *burg*, mnd. *borch, borg* 'Stadt, Burg, Ort') im Dat. Pl. asä. *Burgun, Bur(u)giun* liegt wohl nicht vor. Der heutige Name bewahrt das Gw., das beiden Namen der älteren Siedlungen gemeinsam ist, wobei eine genaue Identifizierung der nur im 11. Jh. als *Sut-* und *Nort(h)-* unterschiedenen Belege nicht sicher ist (wahrscheinlich ist *Sutburgnon* mit dem h. Kirchborchen identisch). Der seit Beginn der Überlieferung auffällige Nasal wird ein Verbalabstraktum auf germ. *-īni-* repräsentieren, das in ae. *byr(i)gen* Fem. 'Begräbnis(stätte)' (zu ae. *byrgan* 'begraben', schwundstufige Basis zu idg. *bʰergh-* 'bergen, verwahren'; vgl. got. Bildungen auf *-eins*; zu ahd. *borgēn* 'sich hüten, sich in acht nehmen, schonen; anvertrauen etc.', *porga* 'Kult (*observatio*)') belegt ist und dessen Basis mit anfrk. *burgisli* 'Grab' zusammenhängt. Der Name geht auf einen lokativischen Dat. Pl. *burg(i)num* 'bei den Gräbern' (vgl. ae. *byr(i)genum*) eines im appellativischen Wortschatz nicht bezeugten asä. *burgi(n)*, ahd. *burgī* zurück. **V.** Schneider; Casaretto; HHS 3. *BM*

Bordesholm nd. *Bosholm* **I.** Gem. und gleichnamiges Amt im Kr. Rendsburg-Eckernförde, 14 263 Ew., zwischen Kiel und Neumünster, SH. 1330 Umzug des Augustiner-Chorherrenstifts auf die heutige

Bordesholmer Klosterinsel, von da an Entwicklung des Ortes Bordesholm am Rande (Bord) der durch drei Dämme landfest gemachten Insel (Holm), 1566 Schließung des Stifts und Gründung des urspr. Amtes Bordesholm, 1773–1864 unter königlich-dän. Verwaltung, 1867 zu Preußen, 1970 zum Kr. Rendsburg-Eckernförde, 2007 Fusion der amtsfreien Gem. Bordesholm und des Amtes Bordesholm-Land. Landwirtschaftliche Nutzung. **II.** 1302 *in Borsholm [Or]*, 1327 *in Holm*; *zu Bordesholm* (1574). **III.** Der ON setzt sich zusammen aus *bord* 'Rand, Abhang' und *holm* 'Hügel, hier: Insel' und deutet damit auf die Lage am Rande einer h. nicht mehr sichtbaren Insel hin. **V.** Laur; Haefs. *GMM*

Borgentreich

I. Stadt im Kr. Höxter, 9 311 Ew., in der Warburger Börde, zwischen Eggegebirge und Weser, ca. 35 km sö Paderborn, Reg.-Bez. Detmold, NRW. Ca. 1275 Gründung des Paderborner Bischofs Simon I. im Gebiet älterer, später wüstgefallener Siedlungen des 9. Jh. (*Ambrichi*) und 1036 (*Sunriki*). Stadtsiegel 1283, Stadtrat 1288, 1815 an Preußen. Nach 1815 zum Lkr. Warburg. 1975 Zusammenschluss mit Borgholz und 10 weiteren Gem. **II.** 1280 (Kop. nach 1295) *Borguntriche*, 1288 *consules civitatis Borgentric, super munitionibus Berichintrike et Stenhem*, 1293 *Borichintrike*, 1296 *de Burgentrike*, 17. Jh. *Börgentriek*; *vor Borgentreiche* (16. Jh.). **III.** Ob hier eine urspr. Bildung mit dem Gw. *-reich* (zu asä. *rīki*, mnd. *rīke*, ahd. *rīhhi* 'Reich, Herrschaft, Gewalt, (Herrschafts-)Bezirk, Gebiet(steil), Landschaft etc.') angenommen werden kann und eine spätere Umdeutung nach dem Gw. mnd. *-rike, -reke, reycke* 'Linie, Strecke, Gebüschstreifen, (Dornen-)Hecke im Feld' erfolgt ist (vgl. mhd. *ricke* 'ordo, tractus, gestreckte Länge, Reihe; Wegstrecke', wfl. *recke*), kann nicht zweifelsfrei gesichert werden. Vor dem Hintergrund der benachbarten Wüstungsnamen † *Emmerke* (? 822–826, Kop. 1479 *Ambrichi*, [1015–1036], Kop. um 1160 *Embriki*, 12. Jh. *Embrike*) und † *Sünnerke* (1036, Kop. Mitte 18. Jh., *ex re nomen habentem Sunrike, id est regnum singulare*) ist insbesondere eine Verbindung mit † *Emmerke* nicht auszuschließen. Der Name der nur 2 km entfernten Wüstung kann als *(r)-k*-Ableitung von idg. **emb(h)-, *omb(h)-, *mb(h)-* 'feucht, Wasser' verstanden werden. Die in der 2. Hälfte des 13. Jh. neu gegründete Stadt könnte leicht als **Borg Embrike* bezeichnet worden sein, was dem dann erreichten Lautstand des Wüstungsnamens entspräche, der sich in der Zusammenrückung > **Borgem(b)rike* > *Borgenrike* > *Borg-en(t)rike* entwickelt und zur Ausspracheerleichterung ein zwischen Bw. und Gw. sekundär eingeschobenes *-t-* als Gleitlaut erhalten hätte. Ein sekundärer semantischer Anschluss an asä. *rīki*, mnd. *rīke* 'Reich, Herrschaftsgebiet' wäre damit nicht ausgeschlossen. Das zur näheren Bestimmung der neugegründeten Stadt vorangestellte **Borg-* repräsentiert dann einen Namentypus, wie er z. B. in *Burgsteinfurt*, ↗ *Hofgeismar*, *Kirchditmold* etc. gegeben ist. **V.** Schneider; Bach DNK II; HHS 3; Möller 2000. *BM*

Borgholzhausen

I. Stadt im Kr. Gütersloh, 8 688 Ew., am Nordrand der Westfälischen Bucht an einem Pass durch den Teutoburger Wald, Reg.-Bez. Detmold, NRW. 8./9. Jh. Vorgängerbauten der um 1200 erbauten Basilika (vormals St. Pankratius), 1096 Gerichtsort, 1246 Ksp., 1317 *oppidum*, 1488 Ravensberger *Wigbold*, 1719 preuß. Akzisestadt. 18./19. Jh. Textilindustrie. 1969 Zusammenschluss mit 11 Gem. des ehem. gleichnamigen Amtes. **II.** 1096 *Holthus*, 1246 *Holthusen*, 1248 (Kop.) *in Holthosen*, 1317 *Borcholthusen*; *Borgholzhausen* (1688). **III.** Urspr. Determinativkompositum mit dem Gw. ↗ *-haus(en)*, seit Mitte 13. Jh. in Dat. Pl.-Form. Das Bw. ↗ *Holz-* gehört zu asä. mnd. *holt* 'Holz, Gehölz, Wald'. Der Name gewinnt seit Anfang 14. Jh. den Zusatz *Borg-* (zu mnd. *borch, borg* 'Burg', ↗ *-burg*) wegen der benachbarten Burg Ravensberg. **V.** Schneider; HHS 3. *BM*

Borken (Hessen)

I. Stadt im Schwalm-Eder-Kreis, 13 042 Ew., w von Homberg / Efze am rechten Ufer der Schwalm gelegen, Reg.-Bez. Kassel, HE. Alte Hersfelder Besitzrechte im Ort (9. Jh.). Die Dorfsiedlung entstand im Schutz einer Burg. 1317 Stadterhebung, 1469 durch eine Neustadt erweitert. Seit 1302 zur Hälfte landgräfl. hess. Besitz, mit dem Aussterben der Grafen von Ziegenhain 1450 wird Borken vollständig hess. und Mittelpunkt eines Amtssitzes. Seit dem 19. Jh. Braunkohlebergbau. **II.** 9. Jh. *Burcun*, 1108 *Furcum*, 1189 *de Burke*, 1215 *de Borkene*, 1261 *von Borgen*, 1277 *de Berken*, 1285 *de Byrken*, 1523 *Borcken*. **III.** Bw. wohl ahd. *burc* 'Burg, Stadt', das hier allerdings im Dat. Pl. erscheint **ze den burcun*, so dass an Analogiebildung zu denken ist. Der ON zeigt md. Senkung *-u-* > *-o-*. Denkbar ist auch eine Anknüpfung des Namens an die *Birke* (↗ Borken). **V.** Keyser; Bach, DNK II; Küther 1980; Knappe. *TH*

Borken

I. Kreisstadt des Kreises Borken, 41 177 Ew., Reg.-Bez. Münster, NRW. Kirchdorf des 9. Jh., angebl. auf Königsgut, zwischen 1218 und 1226 städtische Gerichtsorganisation, 1257 erstmals Stadt (*oppidum*) im FBtm. Münster, 1803 Hauptstadt des Ftm. Salm, 1811 Kaiserreich Frankreich, 1813 Preußen, Baumwollweberei bis in die 2. Hälfte des 20. Jh. **II.** 10. Jh. *Burke*, 1192 *Burken*, 1270 *Borken*. **III.** Der Name ist ungedeutet (Berger). Die lautliche Nachbarschaft zu *Birke* und zu *Borke* 'Baumrinde' kann einer sachlichen entsprechen und die Annahme einer im 'Holz'-Wirtschaftsbereich (Gewinnung von Gerberlohe?) angesiedelten Bezeichnung für die Namengebung erlauben. Germ. *berkō 'Birke' entspricht eine Schwundstufe *burk- entsprechend den Erstbelegen des Namens. So wie ein Tiername – 'Wiesel' – (nach Derks) der Name der Stadt Wesel ist, so mag ein Baumname oder ein Holzprodukt (Borke) als Name der Stadt Borken dienen. **IV.** Ähnlich kann es sich mit Bork, Kr. Unna, NRW, und mit ↗ Borken, Kr. Kassel, HE, verhalten. Vgl. auch Rhein*berg* < *Berke* 'Birke'. **V.** Werdener Urbare A; WfUB II, III.; Berger, D.: Duden, Geographische Namen in Deutschland. Mannheim ²1999; Derks, Wesel. schü

-born. ↗-brunn / -bronn.

Borna **I.** Große Kreisstadt und Verwaltungssitz im Lkr. Leipzig, 21 211 Ew., im S der Leipziger Tieflandsbucht, an der Wyhra, an ehem. Tagebaugebiet, SN. Im frühen MA slaw. Burgwall und Burgsiedlung, im 10./11. Jh. d. Reichsburg, Ausbau durch d. Bauern und Kaufleute in der Mitte des 12. Jh., um 1180/1200 planmäßige Stadtanlage (Neustadt). Um 1800 begann die Braunkohleförderung und die Industrialisierung der Stadt, bis 1990 Braunkohleindustrie. H. Standort eines Solarkraftwerkes. **II.** 1251 *de Borne*, 1264 *de Burnis* (lat. Lok. Pl.), *Burne*, 1378 *Borne*, erst 1791 *Borna*. **III.** Zu mhd. *borne* 'Quelle', so auch im Mnd. gegenüber *brun*, *brunne* im Obd. Die Endung *-a* tritt erst spät auf und beruht auf dem Einfluss der Kanzleisprache. Der ON bedeutet demnach 'an der Quelle' o. ä. Keinesfalls slaw. Herkunft. **IV.** Borna, OT von Chemnitz, OT der Gem. Bahretal; OT der Gem. Bannewitz und der Stadt Glashütte, alle SN; deminutiv Börnchen, OT von Bannewitz, Lkr. Sächsische Schweiz-Osterzgebirge, SN. **V.** HONS I; SNB. *EE, GW*

Bornheim **I.** Stadt im Rhein-Sieg-Kreis, 48 498 Ew., zwischen Köln und Bonn am linken Rheinufer bis zur Ville mit 14 Stadtteilen, Reg.-Bez. Köln, NRW. Fränk. Besiedlung, 9. Jh. Besitz des Bonner Cassiusstiftes, seit 14. Jh. kurkölnische Unterherrschaft, ab 1798 zur Bürgermeisterei Waldorf, 1969 Zusammenschluss mit Sechtem und Hersel, seit 1981 Stadt; Gemüse- und Obstanbau. **II.** Nach 911 *Brunonheim*, 945 *Brunheim [Or]*, 1215 *Brune-*, *Burneheim*. **III.** Bw. eher zum PN *Bruno* als zu ahd. *brunno* 'Brunnen, Quelle' mit Gw. ↗ *-heim*, da keine besondere Quelle in Bornheim bekannt. Problem des Bw. in Namen wegen der westdeutschen r-Metathese in *Born-*. **V.** Bursch, H.: Die Siedlungsnamen der Stadt Bornheim. Bonn 1983; Dittmaier 1979; HHS 3. *Ho*

Borsdorf **I.** Gem. im Lkr. Leipzig, 8359 Ew., in der Leipziger Tieflandsbucht ö Leipzig an der Parthe, SN. Borsdorf wurde erstmals 1267 in den Akten des Merseburger Domstifts erwähnt. **II.** 1267 *Borsdorph*, 1350 *Borsdorf*. **III.** Im Bw. ist der asorb. PN *Bor* enthalten, zu einem weitverbreiteten Stamm *Bor-* (zu slaw. *bor* 'Kampf'). Somit liegt ein slaw.-d. Mischname vor, dessen Bedeutung als 'Dorf des Bor' o. ä. zu erfassen ist. **V.** HONS I. *EE, GW*

-borstel / -bostel. Es handelt sich um die Zuss. der nicht im Asä. belegten Wörter mnd. *būr* 'Ansiedlung, Gemeinde' (↗ *-beuren*) und *stal* 'Ort, Stelle Platz', mit der Bed. 'Siedlungsstelle'. Leicht in Überzahl kommen die assimilierten *Bostel*-Formen vor, wozu die einzigen größeren Siedlungen gehören (↗ Fallingbostel, Lkr. Soltau-Fallingbostel, und Beedenbostel, Lkr. Celle, beide NI), bei den selteneren Simplizia überwiegt *Borstel*, das dreimal als Bw. begegnet. Hist. ist auch Dentalerweiterung (*-de*) belegt. Meist sind Kleinsiedlungen (oft Einzelhöfe) auf kärglicherem Boden entsprechend benannt, was sich in den appellativischen Bw. andeutet, die gegenüber den PN als Bw. in der Minderzahl sind. Das lässt auf relativ späte Entstehung dieses ON-Typs schließen (früheste Bezeugung 9. Jh.), was auch durch die zahlreichen Wüstungen (ca. 25 %) und das begrenzte Vorkommen auf der Geest in NI und SH (mit Randgebieten, Marsch) bestätigt wird. Mit ↗ *-büttel* zeigt *-borstel* in etwa das gleiche Verbreitungsgebiet, beide Typen grenzen sich darin jedoch weitgehend aus. Literatur: Bach DNK II, 2; Franke; Debus / Schmitz, H.-G. *FD*

Bösel **I.** Gem. im Lkr. Cloppenburg, 7519 Ew., sö von Friesoythe, Reg.-Bez. Weser-Ems (bis Ende 2004), NI. Die Entwicklung des auf einem Geestrücken gelegenen Ortes wurde lange Zeit durch Moore, Sumpf und unfruchtbare Böden gehemmt; 1574 ist erstmals eine Kapelle im Ort nachzuweisen, die 1874 von der Mutterpfarrei Altenoythe gelöst und zur eigenen Pfarrei erhoben wurde; 1876 wird Bösel auch politisch eine selbstständige Gem. **II.** 1080/88 *Borsla [Or]*, 1320 *Borsele [Or]*, 1424/50 *to Bosele [Or]*; *Boesell* (1535). **III.** Die Etymologie des ON ist unklar, da die Endung *-la*, abgeschwächt *-le*, sowohl auf das Gw. ↗ *-loh(e)* als auch auf das Suffix *-l-* als Element einer Stellenbez. zurückgehen kann. Der Umlaut lässt allerdings auf das Suffix *-ila* schließen, dessen *-i-* den Umlaut des Stammvokals bewirkte. Als Basis ist an germ. **burs-* aus idg. **bhr̥s-* 'Emporstehendes, Spitze, Borste' zu denken, das in schwed. *borre*, engl. *bur* 'Klette' erhalten ist: *-u/ü-* vor *-r-* ging in mnd. *-o/ö-* über und die Gf. **Bursila* entwickelte sich über die Abschwächung der Nebentonvokale zu *Borsel(e)*, durch Schwund von *-r-* nach Vokal und vor *-s-* zu *Bösel*. Die Lage Bösels auf dem ca. 15 m hohen Geestrücken inmitten der Moorlandschaft an der Lahe stützt die Deutung als 'erhöht liegende Siedlung'. **IV.** Bursfelde, Lkr. Göttingen, Börßum, Lkr. Wolfenbüttel, beide NI; Börste, Kr. Recklinghausen, NRW. **V.** BuK Oldenburg III; Bösel ... aktiv und liebenswert. Bösel 1997; NOB III S. 102ff.; NOB IV S. 81ff. *FM/KC*

Bothel I. Gem. und gleichnamige Samtgemeinde im Lkr. Rotenburg (Wümme), 8662 Ew., NI. Ma. Gründung, zwischen Wiedau und Rodau gelegen, keine Kirche (Friedhofskapelle); Holzverarbeitung (Spielzeug), Tourismus. **II.** 1236 *de Botlo*, 1237 *de Botelo*, 1340 *Botelo*. **III.** Die Wortbildung des ON ist unsicher, man kann von einem Kompositum mit ↗*-lo(h)* 'Wald' ausgehen oder von einer Bildung mit *-l*-Suffix. Letzteres bevorzugt Scheuermann, der mit dem ON einen FlN *Botel*, 1721 *der Bothell*, 1834 *bey dem Botel*, vergleicht und an eine Bildung mit einem mask. *-l*-Suffix, und zwar zu einer Dentalerweiterung von idg. **bh(e)ŭ-* 'aufblasen, schwellen', denkt. Vielleicht besitzt die Ableitungsgrundlage Entsprechungen in den ON *(Hannover-)Bothfeld* (NOB I) und *Bothmer*, Lkr. Soltau-Fallingbostel, beide NI. **V.** Scheuermann 1971. *JU*

Bottrop I. Kreisfreie Stadt, 117756 Ew., w Gelsenkirchen, nw Essen, Reg.-Bez. Münster, NRW. Kirchspiel im Vest Recklinghausen (Kurfürstentum Köln), 1804 Hztm. Arenberg, 1811 Ghztm. Berg, 1816 preußisch, 1253–1809 Kommende Welheim des Deutschen Ordens, 1821 zum Bistum Münster, 1796 Baumwollspinnerei, ab 1856 Bergbau, 1919 Stadtrechte. **II.** Um 1092 *Borgthorpe*, um 1150 *in Borthorpe*; *Bottrop* (1630). **III.** Kompositum mit dem Gw. *-dorp* (↗*-dorf*), das seine appellativische Grundlage in asä. *thorp*, mnd. *dorp* hat. Gemeint ist eine Siedlung uneindeutiger Größe und Organisation, die mit nhd. 'Dorf', insbesondere mit der heute unter 'Dorf' verstandenen Struktur, nicht exakt wiedergegeben wird. Bw. ist asä. ↗*burg*, mnd. *borch* 'befestigter Bau, Burg, Stadt', außerdem 'Anhöhe, Wall', bei Ortsnamen jedenfalls eine Siedelstelle an sicherer, geschützter Lage. Die Benennung orientiert sich verm. an der erhöhten und dadurch geschützten Lage der Siedlung gegenüber dem Umland. Nach Ausfall des *-g-*, wohl bedingt durch die Konsonantenhäufung, und weiterhin auch Ausfall des *-r-* sowie Metathese des *-r-* im Gw. konnte die heutige Form des Namens entstehen. Das kurze *-o-* des Bw. führte auch zur aktuellen *-tt-*Schreibung. **V.** Werdener Urbare; WfUB; Derks, P.: In pago Borahtron. In: Beitr. zur Geschichte von Stadt und Stift Essen 99 (1984). *kors*

Boulay ↗**Bolchen**

Bous [buːs] I. Gem. im Lkr. Saarlouis, 7290 Ew., am r. Ufer der Saar zwischen Saarlouis und Völklingen, ca. 18 km w von Saarbrücken, SL. Römerzeitliche Siedlungsspuren; im MA Kirchort im Erzbistum Trier, sukzessiver Erwerb des Ortes durch die Abtei Wadgassen, der 1548 abgeschlossen ist. 1794 franz., 1815 preuß.; 1920 Völkerbundverwaltung; 1935 Rückgliederung ins Reich; 1947 Teil des formal selbst., in polit. und wirtschaftl. Union mit Frankreich stehenden Saarlandes; 1957 zu Deutschland. Seit 1887 ein Stahlwerk. **II.** 1147/49 *Bůs*, 1179 *Bos*, 1195 *Bŏs*, 1197 *Boes*, 1211 *Bus [Or]*, 1224 *Bůs [Or]*, 1224 *Bŏs [Or]*. **III.** Die *u/o*-Varianz in den frühen Belegen und ON-Parallelen (s. u. IV.) legen einen Anschluss des ON an ahd. *buhs* 'Buchsbaum' (entlehnt aus lat. *buxus*) nahe. Auszugehen ist von einem FlN **Buhs* 'Stelle mit Buchsbaumbewuchs' bzw. einer anfangs damit konkurrierenden Nebenform **Bohs* mit Senkung [u] > [o] vor ahd. [h]. Hieraus entwickelten sich mit mfr. Ausfall von ahd. [h] vor [s] und mit Ersatzdehnung die Lautungen **[buːs]* bzw. **[boːs]*, von denen sich die *u*-haltige Variante durchsetzte. Formen wie 1469 *Buhß [Or]*, 1482 *Buhs [Or]* zeigen temporäre Restitution des ausgefallenen Reibelauts. Der sekundäre Langvokal [uː] schloss sich der Entwicklung von aus mhd. /uo/ resultierendem [uː] an, wurde rheinfränk. beibehalten und moselfränk. zum „gestürzten" Diphthong [ou], woraus sich das permanente Nebeneinander diphthongischer (*Bouß*, *Bous*) und monophthongischer (*Buß*, *Bus*) Formen des 16. bis 18. Jh. für den der rheinfränk.-moselfränk. Dialektscheide aufsitzenden Ort erklärt. Im 18. Jh. findet die Schreibung *Bous* eine formale Stütze in der franz. Schreibung *Bousse*, die jedoch die rheinfränk. Lautung repräsentiert. 1935 wird die amtliche Schreibung *Bous* als franz. empfunden und in *Buß* geändert, was nach 1945 revidiert wird. **IV.** *Boos* (1128 *Boys*, 1148 *Bohs*), Lkr. Bad Kreuznach, RP; *Buus* (13. Jh. *Bus*, 1311 *Buchs*), Kt. Basel-Landschaft, CH. **V.** Gysseling 1960/61; Jungandreas; Rupp, Ph.: Das Gerichtsbuch von Buß 1550–1742. Bous 1979. *RP*

Bouzonville ↗**Busendorf**

Bovenden I. Flecken im Lkr. Göttingen, 13 529 Ew., n von Göttingen an der Weende, Reg.-Bez. Braunschweig (bis Ende 2004), NI. Stammsitz der Edelherren von Bovenden; später Zentralort der Herrschaft Plesse; im 16. Jh. Flecken; nach Aussterben der Herren von Plesse 1571 hessisch, seit 1816 hannoversch; 1973 Vereinigung von 8 Ortschaften zum Flecken Bovenden. **II.** 949 *Bobbenzunon [Or]*, um 1120 *Bobbantun*, 1297 *Boventen*. **III.** Bildung mit dem Gw. *-tūn*, das s Niedersachsens kaum mehr vorkommt. Es gehört appellativisch zu asä. *tūn*, ahd. *zūn* 'Zaun, Einhegung; umschlossenes Gebiet'. Das Bw. enthält wohl keinen PN *Bobbo*, sondern die Präp. asä. *bi-oban*, mnd. *böven* 'oben'. Der Erstbeleg ist eine Verhochdeutschung. Der Vokal des Gw. wird im

13. Jh. zu -e- abgeschwächt, der Dental h. mit -d- geschrieben. Der Name bezeichnet die oberhalb des Überflutungsbereiches gelegene Siedlage. **V.** HHS 2; Nds.-Lexikon; NOB IV. *KC*

Boxberg **I.** Stadt und gleichnamige VVG (mit Ahorn) im Main-Tauber-Kreis, 9398 Ew., ca. 16 km s Tauberbischofsheim im Umpfertal und dem Schüpfer Grund gelegen, Reg.-Bez. Stuttgart, BW. Zunächst als Wanshofen im 7. Jh. gegr., im Jahre 1287 ging Boxberg an die Johanniter von Wölchingen, erhielt im 13. Jh. das Stadtrecht, wird erstmals 1322 als Stadt erwähnt, 1691 Verpfändung an den Bischof von Würzburg, seit 1803 unter der Herrschaft des Fürstentums Leiningen, das 1806 an Baden ging. NATO-Tanklager (Treibstoffgewerbe), Dinkel- und Grünkernanbau, Burg Boxberg, Frankendom. **II.** Anf. 12. Jh. *Boccchesberg* [Or], 1163 *Bockesberc* [Or], 1166 *Bockesberg* [Or]. **III.** Es handelt sich um eine Übertragung des Namens der Edelherren von Boxberg, die 1144 auf der Burg über dem Ort einzogen. Das Kompositum mit dem Gw ↗-*berg* gehört wohl zu ahd. *bock*, mhd. *boc* 'Rehbock, Ziegenbock', kann aber auch als Burgname zu einem PN *Buggo* o. ä. gehören. **IV.** Boxberg OT von Heidelberg, BW, Boxberg, Lkr. Vulkaneifel, HE. **V.** FO 1; FP; Bach DNK 2; LBW 4. *JR*

Bozen // Bolzano ['bo:tsn], dial. ['pɔɐtsn]. **I.** Landeshauptstadt von STR, 101 919 Ew., im Bozener Becken am Zusammenfluss von Talfer und Eisack, der sw in die Etsch mündet, I. Im 7. Jh. Vorposten der Baiern mit einem Grenzgrafen in den Auseinandersetzungen mit den in Trient positionierten Langobarden, seit 1027 Mittelpunkt einer Grafschaft, die dem Bischof von Trient als d. Reichsfürsten unterstand. In der 2. Hälfte des 12. Jh. wuchsen ältere Siedlungsteile und eine planmäßige Neuanlage zur Stadt zusammen, die ebenfalls dem Bischof von Trient unterstand und von diesem de iure erst 1462 gelöst wurde, obwohl sie 1277 an Graf Meinhard II. von Tirol und mit dem Land 1363 an den Habsburger Hz. Rudolf IV. den Stifter gekommen war. Seit E. des 12. Jh. mit Ausweitung im 13.–17. Jh. Mittelpunkt des Fernhandels zwischen Italien und Süddeutschland an der Kreuzung der s-n Brennerstraße und der o-w Straße durch den Vinschgau und über den Reschenpass, was zum ital. Exonym *Bolzano* führte. Durch diese Verbindung wurde 1272 von Regensburg aus das Dominikanerkloster gegründet, während das urk. 1237 genannte Franziskanerkloster zu den ältesten auf d. Boden zählt. Bis 1919 bei Österreich, nach dem Anschluss an Italien starker südital. Zuzug. 1927 Landeshauptstadt, 1998 Gründung der Universität. **II.** Bozen: 790 für 680 (Kop. 9./10. Jh.) *cum comite Baioariorum ... qui Bauzanum et reliqua castella regebat* (Paul. Diac.), 769 *actum Bauzono*, 785 (Kop. 9. Jh.) *ad Pauzana*, 996–1000 *in Pauzana valle, que lingua teudisca Pozana nuncupatur*, 1024–31 *in Pozana*, ca.1123–27 *in Pocen*, 1133 *Bozen*. Bolzano: 1111 (T. 14. Jh.) *in villa Balçani*, 1178 (Kop. 18. Jh. nach T.1292) *de Bolzano*, 1181 *de Balzano*, 1188 (Kop. 13. Jh. nach T. 1218) *de Bolzano*. **III.** Die Grundlage ist ein kelt./lat. Prädienname auf *-(i)ānum *Baudiānum* oder **Bautiānum* mit dem kelt./lat. PN *Baud/tius*, 'Besitz des Baud/tius', als lok. Ablativ **Baud/tiānō*, rom. **Bauzano*, der ins Bair.-Frühahd. mit Vorverlagerung des lat./rom. Penultimaakzents auf die 1. Silbe als **Bauzana* integriert und dann in der 2. Hälfte des 8. Jh. mit Zweiter Lautverschiebung und Monophthongierung zu bair.-ahd. *Pōzana* weiterentwickelt wurde. Die rom. Form *Balzano* ist hyperkorrekte Auflösung von urk. weiter geschriebenem *Bauzano*, weil im Ladinischen *al* vor Konsonant zu *au* wurde. Für die amtliche ital. Bezeichnung seit 1923 wurde das Exonym aufgegriffen. **V.** ANB 1; Kühebacher 1; Finsterwalder 3; HHS Huter; Hye. *PW*

-bracht / -brecht / -bert / -breth. ↗-**grün.**

Brackenheim **I.** Stadt und gleichnamige VVG im Lkr. Heilbronn, 18 004 Ew., ca. 13 km wsw Heilbronn im Zabergäu gelegen und von der Zaber durchflossen, Reg.-Bez. Stuttgart, BW. Erstmals 1246 urk. erwähnt, seit 1280 durch König Rudolf von Habsburg Esslinger Stadtrecht und seit dem 14. Jh. Sitz eines württembergischen Amts. Weinbau, Stadtkirche St. Jakobus, Brackenheimer Schloss, Obertorhaus, Geburtsort von Theodor Heuss. **II.** 1246 *Brackenheim*. **III.** Es handelt sich um ein Kompositum mit dem Gw. ↗-*heim*; dem Bw. liegt der PN *Bracko* zu Grunde: 'Siedlung des Bracko'. **V.** Bach DNK 2; LBW 4. *JR*

Brake (Unterweser) **I.** Kreisstadt im Lkr. Wesermarsch, 16 065 Ew., NI. 1314 als Deichbruchstelle zum ersten Mal genannt, eine Siedlung entstand erst im 16. Jh. auf drei eingedeichten Inseln am Braker Siel; der daraus entstehende Hafen entwickelte sich allmählich zu einem Umschlagplatz für größere Überseeschiffe, die hier ihre Waren umladen mussten, die dann nach Bremen verfrachtet wurden. Ab dem 17. Jh. wurde *Brake* als Name für einen Wohnort verwendet: *Braksiel* und *Harrierbrake*. 1817 Dampferverbindung mit Bremen, 1835 Freihafen, 1849 Ankerplatz der Kriegsmarine mit Trockendock, 1856 Stadtrecht, 1879 Sitz des Amtes Brake; Schifffahrtsmuseum. **II.** 1384 *unde der Brake to Harghen*, 1404 *der Hargher Brack*, 1589 *Brake*. **III.** Urspr. ein FlN, der sich auf eine Einbruchstelle der Weser bezog, erkennbar noch im Beleg von 1384. Zugrunde liegt mnd., nd. *brake* 'Einbruch-Stelle, Bruchstelle eines

Deichs, Durchfluss durch ein Loch; Durchbruch des Deiches oder Dammes; Stelle, wo vordem ein Deich gebrochen ist'. **V.** Berger; Derks, Moswidi; Nds. Städtebuch. *JU*

Brakel **I.** Stadt im Kr. Höxter, 17 184 Ew., zwischen Eggegebirge und Weser, ö Paderborn, sw Höxter, Reg.-Bez. Detmold, NRW. Alter Marktort am Hellweg, Vorwerk des kgl. Hofes Herstelle (Beverungen), Grundherrschaft des Paderborner Bischofs und des Stiftes Neuenheerse. 1146 werden die Herren von Brakel genannt, um 1140 Errichtung ihrer Burg, an deren Südseite sich die Siedlung entwickelte. Vor 1239 Stadt der Herren von Brakel. 1268–89 hatten Herren von Asseburg, Grafen von Everstein und der Bischof von Paderborn Anteile an der Stadt, 14. Jh. zum Bistum Paderborn, seit 15. Jh. Hansestadt. 1803–08, 1816–1832 preuß. Kreisstadt, 1836 revidierte Städteordnung; 1970 Zusammenschluss von Gem. des ehem. Amtes Brakel zur gleichnamigen Stadt, 1975 Eingliederung von Gehrden und vier weiteren Gem. **II.** Zu 836 (Kop. 15./16. Jh.) *Brechal*, 1036 (Kop. um 1160) *Brecal*, 1136 *Brakele*, 1184 *de Bracal*, 1203 *de Bracle*, 1213 *in castro Brakele*, 1256 *Bracle*; *Brakel* (1272). **III.** Abl. mit ↗-*l*-Suffix von der Basis *bräk- (zu ahd. *brāhha* 'Umbrechen, erstes Pflügen des Ackers', mnd. *bräk(e)* Fem. 'Brache; (neu) umgebrochenes Land', *brākelant* 'neugebrochenes Land'). Die älteren Belege zeigen mit *ē*-Schreibung asä. *ā* an. Eine Verbindung mit mnd. *brāk(e)*, der Bez. einer Deichbruchstelle oder stehenden Wassers (nach Deichbruch), ist kaum anzunehmen. Ein ehemaliger *-lōh*-Name liegt nicht vor. **V.** Gallée; Schneider; Berger; Volckmar; HHS 3. *BM*

Bramsche **I.** Stadt im Lkr. Osnabrück, 31 152 Ew., an der Hase, Reg.-Bez. Weser-Ems (bis Ende 2004), NI. Das große ma. Dorf entwickelte sich bis ins 16. Jh. zum Flecken (ohne Fleckengerechtsame zu erlangen, ein entsprechender Antrag wurde 1765 von der Osnabrücker Regierung abgelehnt), erst 1929 wurde das Stadtrecht verliehen; auf dem Gemeindegebiet liegt Kalkriese, wo eine größere Schlacht zwischen germ. und röm. Truppen um die Zeitenwende stattgefunden hat. **II.** 1097 *Bramezchê [Or]*, 1217 *Brametsce*, 1350 *Bramesssche*; *Bramsche* (1667). **III.** Bildung mit dem in mnd. *ēsch* 'Acker, eingezäunte Weide' belegten Gw. *-esch*, das vor allem in westfälischen FlN häufig ist und hier im Dat. Sg. steht. Bw. ist das unflektierte App. asä. *brām* 'Ginster', mnd. *brām* 'Ginster, Brombeere'. Durch Schwund des anlautenden *-e-* des Gw. entsteht die heutige Form. **V.** GOV Osnabrück I; HHS 2; Nds. Städtebuch. *KC*

Bramstedt, Bad nd. Brâmstêd **I.** Amtsfreie Stadt im Kr. Segeberg, Verwaltungssitz des Amtes Bad Bramstedt-Land, 13 730 Ew., im Städtedreieck Kiel-Lübeck-Hamburg, im Holsteiner Auenland, SH. 1316 erstmals urk. erwähnt, 1910 mit Zusatz *Bad* Stadtrecht. Tourismus, Gesundheitswesen: Kurort, Sole- und Moorheilbad. **II.** 13. Jh. *in villa Bramstede [Or]*, 1303 *de Bramstede*, 1447 *to Bramstede*. **III.** Der ON setzt sich zusammen aus dem dän. Wortstamm *bram* 'Ginster, Dornbusch' und dem dän. und auch im Nd. gebräuchlichen *sted*, hd. ↗-*stedt* '(Wohn)Stätte'. **IV.** Bramstedt und Bramstedtlund, Kr. Nordfriesland, SH; Bramstedt, Lkr. Cuxhaven, NI. **V.** Laur; Haefs. *GMM*

Brand- / -brand. ↗-**schwand / -schwend(i).**

Brandenburg an der Havel **I.** Kreisfreie Stadt, 72 516 Ew., an der Havel, BB. Auf der havelumflossenen Dominsel lag die spätslaw. Burganlage von Pribyslaw-Heinrich, dem 1150 verstorbenen Fürsten der Heveller. Schon 948 gründete Otto I. ein Bistum in Brandenburg, das aber 983 durch den Wendenaufstand verlorenging. Auf dem Harlungerberg (Marienberg) befand sich das slaw. Triglaw-Heiligtum. 1157 eroberte Mgf. Albrecht der Bär die alte „Brandenburg", die auch seinem Herrschaftsbereich den Namen gab. Der gleichnamige Ort bestand im MA aus 3 Teilen, dem Domkomplex, dem suburbium Parduin nw der Dominsel als Keimzelle der Altstadt und der Neustadt (1715 mit der Altstadt vereinigt). Um 1147 hatten sich Prämonstratensermönche aus Leitzkau in Parduin niedergelassen. 1165 wurde der Prämonstratenserkonvent auf die Dominsel verlegt, wo mit dem Bau des Domes Peter und Paul begonnen wurde (bis ca.1190). Er wurde später mehrfach umgebaut. Seit Mitte 19. Jh. industrieller Aufschwung durch Ansiedlung großer Industriebetriebe. Berüchtigtes Zuchthaus Görden. **II.** 948 *Brendanburg [Or]*, um 967 (zum Jahre 928/29 und zu 939) *Brennaburg*, *Brandenbur*, *Brandanburg*, *brandeburh*, 1159 *Brandeneburg*. **III.** Der Name hat bis heute trotz der vielen Versuche, ihn zu erklären, noch keine befriedigende Deutung erhalten. Ein slaw. Name der Hauptburg der Heveller / Stodoranen ist nicht überliefert. Die These, dass Brandenburg zu slaw. Zeit Brenna geheißen habe, ist nicht zu halten. Es gibt umstrittene Versuche, ihn mit dem heiligen Brendan, der auf Grund einer ags. Mission im 9. Jh. eine bedeutende Rolle gespielt hat, in Verbindung zu bringen. Gegen die Auffassung, dass der Name ebenso wie jener der Havel vorslaw. sei und mit einem nicht überlieferten namengebenden Gewässer Brend, das mit der Wurzel idg. *brendh- 'schwellen, quellen' zu verbinden ist, spricht der ruhige Lauf der Havel. Ihr Name (789 *Habola*, 981 *Hauela [Or]*, 1204 *in Obula*, 1394 *in der Havele [Or]*) wurde bisher aus dem Germ. erklärt und mit nhd. *Haff* und *Hafen* in Zusammenhang gebracht. Er ist jedoch den vorgerm. (alteurop.) Namen zuzuordnen. Es ist eine Entwicklung von *Kap/bulā > germ. *Habola > d. Havel anzunehmen, wobei sich das bedeutungstragende Element auf die überschwemmte Uferlinie des Gewässers bezieht. Die Slawen haben den Namen aus dem Westgermanischen als *Obъla mit einer v-Prothese übernommen, also *Vobla. Diese Form ist noch in den Namen der Nebenarme und Zuflüsse als Wublitz enthalten. **V.** DO I; Widukind; BNB 4; BNB 10. *SW*

Brand-Erbisdorf **I.** Große Kreisstadt im Lkr. Mittelsachsen, 10 836 Ew., im nw Teil des Osterzgebirges, s Freiberg, SN. Vereinigung aus dem ehemaligen deutschen Bauerndorf Erbisdorf und der sich daneben seit 1500 entwickelnden Bergbausiedlung Brand. **II.** Brand: 1441 *Brent, Brendstucz*, 1533 *auf dem Brannde*. Erbisdorf: 1209 *Erlwinesberc*, 1226 *Herlluwineschort*, 1250 *Erlwinestorph*, 1404 *Erwisdorff*. **III.** Brand: zu mhd. *brant* 'das Brennen, Feuersbrunst'. Die Erstbezeugung enthält mda. *Stutz* 'steiler Absturz, Steilhang' im Zusammenhang mit dem Bergbau; Brand kann sich auf Brandrodung, Rodung, Köhlerei usw. beziehen. Zu Brand sind zahlreiche ON und FlurN Brand u. a. in Sachsen zu vergleichen. Erbisdorf: Im Bw. steht der PN *Erlwin*, eine and. Bildung aus asä. *erl* 'Edelmann' und asä. *wini* 'Freund'. Wahrscheinlich wurde dieser PN aus dem nd. Bergbaugebiet um Goslar nach Sachsen übertragen. Im Gw. wechselten ↗-*berg*, -*ort*, 'Spitze, Rand' usw. und ↗-*dorf*. **V.** HONS I; SNB. *EE, GW*

Brandis **I.** Stadt im Lkr. Leipzig, 9 618 Ew., im O der Leipziger Tieflandsbucht, seit 1999 mit Beucha vereinigt, SN. Rittersitz mit Dorf des 12. Jh., im Jahr 1150 bekam die Siedlung Marktrechte. Seit dem 13. Jahrhundert wurden in der Gegend Steine abgebaut. In naher Zukunft Standort eines Solarkraftwerkes (im Bau). **II.** 1121 *Brandeitz*, 1209 *de Brandez, Brandeiz*, 1390 *Brandis*. **III.** Offenbar Übertragung vom ON *Brandis* (Schlossruine) bei Meran in Südtirol (dieser ON: 1212 *Branditz*, 1278 *de Brandiez*); der Auslaut -*eis* wurde abgeschwächt und zu -*is* entwickelt. **IV.** Brandeis an der Elbe // Brandýs nad Labem-Stará Boleslav, CZ (Übertragung aus Sachsen). **V.** HONS I; SNB; Pf I. *EE, GW*

Braniewo ↗**Braunsberg**

Braubach **I.** Stadt und gleichnamige VG (seit 1972) im Rhein-Lahn-Kreis, 7 664 Ew., mit fünf Gem. am r. Ufer des Mittelrheins s von Koblenz, RP. Im Zentrum der VG steht die markante Marksburg. Sie ist h. Sitz des Deutschen Burgenvereins. Seit 1276 mit den Rechten einer Freistadt, im 16. Jh. Residenzstadt mit der Philippsburg, h. Sitz eines europ. Burgeninstituts. Seit dem 14. Jh. existiert eine Blei- und Silberhütte – h. eine Wiederaufbereitungsanlage. Weinbau und Rheintal-Touristik. **II.** 691/692 *Briubach* (Kop. 12. Jh. Kop. 16. Jh.), 882 *Bruibach*, um 1000 *Brubach*, 1520 *Brawbach*; *Braubach* (1608). **III.** Übertragung des GwN, 1127 *Brubach*, mit einem Bw. von ahd. *briuwan* 'aufbrausen, gären' (verwandt mit nhd. *brauen* und verm. aufgrund des brodelnden Charakters des Baches so benannt) und dem Gw. ↗-*bach*, auf die Siedlung. Der Diphthong wurde im 12. Jh. zu -*û*- und im Nhd. wieder zum Diphthong -*au*-. Der ON bedeutet demnach 'Siedlung an einem brodelnden Bach'. **V.** Levison, W.: Die Bonner Urkunden des frühen Mittelalters. In: Bonner Jahrbuch 136, 137 (1932), Teil 2; Gysseling 1960/61; Ewig, E.: Trier im Merowingerreich. Trier 1954; Kaufmann 1973. *JMB*

Braunau am Inn [ˈbraunaʊ] **I.** Stadt und Verwaltungssitz im gleichnamigen Pol. Bez., 16 377 Ew., am r. Ufer des Inns zwischen Enknach und Mattig, OÖ, A. Ausgangsort war h. s Stadtteil Ranshofen [ransˈhoːfn], dial. [rɔnsˈhoːfm], 788 Hof *Rantesdorf*, der karolingische Pfalz wurde, die von Kaiser Heinrich III. ca. 1040 als *Ranteshova* an der Kirche St. Pankratius ein Kollegiatstift erhielt. Hz. Heinrich IX. von Niederbayern übergab es 1125 den Augustiner-Chorherren, 1810/11 aufgehoben. Nördlich davon entstand ca. 1110 die Dorfsiedlung Braunau. Hz. Heinrich XIII. von Niederbayern erbaute ca. 1260 über die Enknach eine Feste und legte 1270–90 planmäßig den Straßenmarkt an, der Anf. 14. Jh. Stadtrecht erhielt. 1779 mit dem Innviertel von Bayern an Österreich. 1939/40 Errichtung des Aluminiumwerkes in Ranshofen. **II.** Ca. 1110 (Kop. 17. Jh., Dr 18. Jh.) *de Prunov*, ca. 1130 (ib.), *de Brounouwe*, 1276–78 *in Pravnaw, de Braunau*. **III.** Ranshofen: Gefügtes Komp. mit ahd. ↗-*dorf* bzw. *hova*, ↗-*hofen*, und ahd. PN *Ranti*, 'Dorf des Ranti', dann mit Bezug auf die Pfalz 'Hof'. Braunau: Gefügtes Komp. mit mhd. *ouwe*, ↗-*au*, und Adj. bair.-mhd. *prûn* 'braun, dunkel; glänzend, glitzernd', wohl '(durch Laub von Pappeln, Weiden und Erlen) glitzernde Au'. **V.** OÖONB 1; ANB 1; ÖStB 1; HHS Lechner. *PW*

Braunfels **I.** Stadt im Lahn-Dill-Kreis, 11 163 Ew., 280 m über dem Meeresspiegel auf den hügeligen Ausläufern des n Taunus oberhalb der Lahn gelegen, Reg.-Bez. Gießen, HE. Kurort, Stadt-, Schloss- und Waldmuseum, Fachwerkhäuser bes. aus der Zeit des Barock, Stadtrechte seit dem 17. Jh., Burg (Mitte des 13. Jh. errichtet), Sitz der Grafen von Solms-Braunfels (seit 1743 Fürsten), Stadt- und Schlossbrand (1679), Um- und Neubauten der ehemaligen Burg zu einer ausgedehnten Schlossanlage (äußerlich vom Historismus geprägt), von der älteren Anlage sind Reste eines viereckigen Turmes im Unterteil des sog. Friedrichturmes erhalten. **II.** 13. Jh. *Brunenfels*, 1245/46 *Brunenvelsz*, 1300 *Brunevels*, 1428 *Brunfels*, 1430–31 *zu Brunenfelße*, 1453 *Brunenfelsche/Brunenfels*, 1479 *zu Brunffels*; *Braunfels* (seit dem 15. Jh.). **III.** Komp. mit dem Gw. ↗ *-fels* 'Stein, Fels'. Kontraktion der Form *Brunenfels* (13. Jh.) zu *Brunfels* (1428). Die Diphthongierung von -*ū*- > -*au*- ist in der Überlieferung des Namens erst seit dem 15. Jh. graphisch realisiert. In der Fuge zeigt sich eine sw. Flexion *-en-*. Für die Deutung des Bw. könnte man an ein sw. flektiertes Adj. zu ahd. *brūn*, mhd. *brūn* 'braun' denken und den ON als 'Siedlung am braunen Fels' deuten. Schlüssiger erscheint ein Anschluss an *brūn* 'kantig, scharf' zu altisländisch *brūn* 'Kante', schwed. *bryn*, neunorwegisch *brūn* 'Augenbraue, Kante, Rand'. Man nimmt eine Grundbedeutung 'erhöhte oder hervorragende Kante' an. Diese Etymologie würde zur Lage der Burg passen, die um die Mitte des 13. Jh. errichtet wurde. Sie befindet sich auf dem Scheitel einer Basaltkuppe, die im W steil zum südnordgerichteten Iserbachtal abfällt. *Braunfels* ist damit als 'Siedlung am steilen, kantigen Felsen' zu deuten. **IV.** Braunlage, Lkr. Goslar; Brüne, Lkr. Diepholz; † Brunsel, Lkr. Gifhorn, alle NI; Brunslar, OT in Felsberg, Schwalm-Eder-Kr., HE; engl. Baisbourne. **V.** HHS 4; Udolph, J.: Nordisches in niedersächsischen Ortsnamen. In: Raum, Zeit, Medium – Sprache und ihre Determinanten. Festschrift für Hans Ramge zum 60. Geburtstag, hg. von Gerd Richter, Jörg Riecke und Britt-Marie Schuster (Arbeiten der Hessischen Historischen Kommission, NF 20). Darmstadt 2000; Udolph 2004b. *DA*

Braunsberg // Braniewo [braɲɛvɔ] **I.** Kreisstadt, seit 1999 in der Woi. Warmińsko-Mazurskie (Ermland-Masuren), 17746 Ew., PL. Älteste Stadt im Ermland, an der Passarge // Pasłęka gelegen. Gegr. an der Stelle einer preuß. Siedlung namens *Bruseberge*, 1284 Stadtrecht, Sitz der Bischöfe von Ermland und des ermländischen Domkapitels, 1466 zu Polen, bis zu den Teilungen Polens befand sich hier das berühmte Lyzeum Hosianum (1556 von Bischof Stanislaus Hosius gegr.), 1772 kam die Stadt an das Kgr. Preußen, Kreisstadt im Reg.-Bez. Königsberg. 1945 an Polen, 1975–1998 Woi. Elbląg (Elbing), lokale Elektro-, Leder- und Bekleidungsindustrie. **II.** 1251 *Brunsberk*, 1274–1278 *Brunenberch*, 1344 *Brunsperch*, 1381 *Braunszberge*, 1880 *Braniewo*; d. *Braunsberg*. **III.** Die d. Variante leitet sich vom PN *Bruno*, der auf den Missionar Bruno von Querfurt verweist, sowie dem Gw. ↗ *-berg* ab. Der ON wurde ins Poln. als *Brunsberga*, *Brunsberk* übertragen. Die im 19. Jh. erwähnte Form *Braniewo* wurde aus dem ersten Teil des d. ON *Braun-* (vereinfacht zu *Bran-*) gebildet, zu dem das Suffix *-ewo* gegeben wurde. **V.** Czopek-Kopciuch; Rymut NMP. *IM*

Braunschweig **I.** Kreisfreie Stadt, 246012 Ew., NI. Die Stadt entstand durch das Zusammenwachsen der fünf Weichbilder *Altewiek*, *Altstadt*, *Hagen*, *Neustadt* und *Sack*. Erst seit dem 17. Jh. setzte sich allmählich *Bruneswik / Brunswik / Braunschweig* als Gesamtbezeichnung durch (Ersterwähnung 1031). Zunächst im Besitz der Brunonen, später mit dem Hztm. Sachsen 1142 an Heinrich den Löwen. Unter seinem Einfluss wurde die Stadt zur politischen Zentrale und Handelsmetropole, später Hansestadt und Hauptstadt des Hztm. Braunschweig-Lüneburg (1235–1806), des Hztm. Braunschweig (1814–1918), des Freistaats und des Landes Braunschweig (1918–1946), des Lkr. Braunschweig, des Reg.-Bez. Braunschweig und des Braunschweiger Landes; Technische Hochschule, Physikalisch-Technische und Biologische Bundesanstalt, Luftfahrt-Bundesamt. **II.** 1031 *Brunesguik*, *Brunesivvik*, 1115 *Bruneswich*, 1160 *Bruneswic*, 1360 *Brunswik*. **III.** Es spricht nichts dagegen, in der stabilen Entwicklung des ON von *Brunes-wik* über *Bruns-wik* zu hd. *Braun-sch-weig* eine Siedlung (*wīk*) eines *Brun*, hier im Gen. Sg., zu sehen (mit den *Brunonen* hat der ON aber sicher nichts zu tun). Allerdings ist keine der ↗ *-wik*-Ortsnamenparallelen im ö NI und in ST (*Alte Wiek*, *Bardowick*, *Osterwiek*) mit einem PN kombiniert, so dass erwogen worden ist, wie bei *Braunlage* (< *Brun-la*) und weiteren Namen, im Gw. germ. *brūn* 'Kante, Rand', bezeugt etwa in altisländisch *brūn* 'Braue; Kante, hervorstehender Rand', z.B. eines Gebirges, eines Hügels, neuisländisch *brún*, altschwedisch *brūn*, *brȳn* 'Rand, Kante, Zeugborte', zu sehen. Dafür könnte unter Umständen der Name des OT *Klint*, h. auch Straßenname, sprechen, denn er enthält – ebenfalls? – *klint* 'Anhöhe, Fels, Abhang, steiler Uferrand'. **V.** Meibeyer, W./ Nickel, H. (Hg.): Brunswiek – Name und Anfänge der Stadt Braunschweig. Beiträge des interdisziplinären Kolloquiums über die frühstädtische Zeit am 25. März 2006 (= Braunschweiger Werkstücke, Reihe A, Bd. 51). Hannover 2007; Nds. Städtebuch; Udolph, J.: Der Ortsname Braunschweig. In: Sprache, Sprechen, Sprichwörter. Festschrift für D. Stellmacher zum 65. Geburtstag. Stuttgart 2004. *JU*

Breckerfeld **I.** Stadt im Ennepe-Ruhr-Kr., 9319 Ew., s von Hagen, Reg.-Bez. Arnsberg, NRW. An der Kreuzung zweier Fernhandelswege entstanden, Marktort, 1396 Stadt, Ende 15. Jh. Hansestadt. Im 15./16. Jh. bedeutendes Stahlgewerbe, insbesondere Messerproduktion, 1900 Titularstadt. **II.** 1183/86 *Brecheruuelde*, um 1220 *Brekelevelde*, 1252 *Brekeleuede* [!]; *Breckerfelde* (1396). **III.** Bildung mit dem Gw. ↗ *-feld*. Aufgrund der ältesten Formen ortsnaher Quellen von 1220 und 1252 (letztere mit verschriebenem Gw.) lässt sich das Erstglied nach Derks als Kompositum **breklō* > *Brek(e)le-* erschließen. Es besteht aus dem Gw. ↗-loh(e) und dem Präsensstamm *brek-* des Verbs asä. *brekan* 'brechen'. Bezeichnet wird ein Wald, in dem Holz gebrochen werden kann. Da *-lō* nach Anfügung des Gw. ↗-feld in unbetonte Stellung geriet, konnte der Vokal zu *-e-* abgeschwächt werden; außerdem wurden weitere sekundäre Veränderungen möglich (Einschub eines Sprossvokals vor *-l-*, Ausfall des abgeschwächten *-ō-*, Umsprung des *-l-* nach *-r-*). **V.** Derks, Lüdenscheid. *Flö*

Břeclav ↗Lundenburg

Bredstedt dän. Bredsted, dän. mda. Brestej; nordfriesisch Bräist(er) **I.** Stadt im Kr. Nordfriesland, 5006 Ew., am Rande der Schleswigschen Geest, an der Nordsee, Nähe zur dänischen Grenze, Verwaltungssitz des Amtes Mittleres Nordfriesland, SH. 1231 erstmals urk. erwähnt. 1900 Stadtrecht erhalten. Bis 31. 3. 2008 amtsfrei und namengebend für vormaliges Amt Bredstedt-Land. Luftkurort, Naturzentrum Nordfriesland. **II.** 1231 *in Brethaestath [Or]*; *in Brestede* (1377). **III.** Der Stadtname setzt sich aus zwei Wortstämmen zusammen: einerseits dem dän. *bred*, nd. auch *breed* in der Bedeutung des heutigen 'breit' und zudem aus dem altdänischen *stath*, das neudänisch zu *sted* und mnd. zu *stede*, ↗-stedt, wurde und h. mit 'Stadt' umschrieben würde. Somit bedeutet *Bredstedt* so viel wie 'breite (Wohn)Stätte'. **V.** Laur; Haefs. *GMM*

Bregenz mda. [bréagats] **I.** Bezirks- und Landeshauptstadt von VO am Bodensee, 27309 Ew., A. Einst kelt. und röm. Siedlung in der Oberstadt (Ölrain) am Fuß des Pfänder; ma. Stadt entstand um die Burg der Montforter, erst 1260 sicher belegt; alter Bodensee-Hafen; Verwaltung, Handel, Museen, Festspiele seit 1946. **II.** Um Chr. Βριγάντιον (*Brigántion*); ca. 390 *Brecantia*, 642 *oppidum olim dirutum quem Bricantias nuncubant*, 895 *locum qui dicitur Braegancia*, 1160 *comite de Bregenz*. **III.** Von kelt. oder ligurisch **brigant-* 'herausragend' leitet man außer *Bregenz* auch *Brienz* (CH), *Brianza* (Como, I), *Braganza* (Portugal), *Briancon* (Var, F) etc. her; früh ins Alem. entlehnt wegen *a > e* und Betonungswechsel, 1128 noch *Prigánzia*; primär wohl ON, aber 1249 *in fluvio qui Bregenze nuncupatur*, vgl. *Alfénz*. Als Adjektiv in *Bregenzer Ache* (älter die *Bregenz* = Subersach, Bezau), *Bregenzer Wald* (1138 *ad Brigantinum vel Potamicum lacum*). **V.** Strabo und Vita Columbani. In: MGH, Scriptores rerum Merovingicarum, tomus IV, hg. von B. Krusch. Hannover-Leipzig 1902; Bilgeri, B.: Bregenz. Eine siedlungsgeschichtliche Untersuchung. Dornbirn 1948; ANB; Zehrer 1960; Geiger, T.: Die rechten Nebenflüsse des Rheins von der Quelle bis zur Einmündung des Mains (ohne Neckar) (Hydronymia Germaniae). Wiesbaden 1963; E. Vonbank in Jahresbericht des Bundesgymnasiums Bregenz 1988/89. *Plg*

Breidenbach **I.** Gem. im Lkr. Marburg-Biedenkopf, 6924 Ew., 6 km sw Biedenkopf, Reg.-Bez. Gießen, HE. Alter Kirch- und Gerichtsort. Eisengießerei, Metallverarbeitung, Modellbau/Kunststoff, Landwirtschaft, 1971/1974 sechs Orte eingem.; bis 30. 6. 1974 Lkr. Biedenkopf. **II.** 913 (Kop. Mitte 12. Jh.) *Bre(i)denbach*, 1103 (Kop. Anf. 13. Jh.) *Breidenbac*, 1358 *Breydinbach*, 1433 *Breydenbach*. **III.** An der Perf (800, Kop. um 1190 *Pernaffa*) gelegen, die wohl lokal als *breiter Bach* bezeichnet wurde und die Ben. des Ortes ergab (↗-bach): **am breiten Bach > Breidenbach*, mit *-d-* durch binnendeutsche Konsonantenschwächung. **V.** Reuling 1968; Huth, K.: Die Gemeinde Breidenbach und ihre 7 Ortsteile im Wandel der Jahrhunderte. Biedenkopf 1982. *FD*

Breisach am Rhein **I.** Stadt und gleichnamige VVG im Lkr. Breisgau-Hochschwarzwald, 22766 Ew., etwa 20 km w Freiburg am Oberrhein in der Rheinebene w des Kaiserstuhlberglandes gelegen, Reg.-Bez. Freiburg, BW. Erste Erwähnung um 700 als Stadt, verm. ehemaliger Sitz eines Keltenfürsten, 1185 durch den Staufer Heinrich VI. zur stadtartigen Siedlung erhoben, 1805 unter badischer Herrschaft, seit 1961 mit dem Zusatz am Rhein. Winzerbetriebe, Münster St. Stephan, Museum für Stadtgeschichte im Rheintor, Blaues Haus. **II.** Um 300 (Kop. 6. Jh.) *monte Brisacio* (Itinerarium Antonini) 369 *Brisiaci* (Dekret Kaiser Valentinians I. im Codex Theodosianus), 1299 *Brisacum*, 1367 *Brisach*; *Breisach* (1553). **III.** *Breisach* gehört zur Gruppe der vordeutschen ON und wurde mit dem kelt. Suffix *-ako-*, ↗-acum, von einem kelt. PN *Brīsios* abgeleitet. **V.** Greule 2007; FO 1; Krieger; Bach DNK 2; LBW 6. *JR*

Breisig, Bad **I.** Stadt und gleichnamige VG im Lkr. Ahrweiler, 13074 Ew., am n Mittelrhein zwischen dem Westerwald und der Ahreifel, RP. Der ON und die Reste einer Höhensiedlung weisen auf kelt. Besiedlung hin. Der Vinxtbach, der bei Bad Breisig in den Rhein mündet, war die Grenze zwischen den röm. Provinzen Germania Inferior und Germania Superior. Oberbreisig war ein bedeutender fränk. Siedlungsplatz. Im MA gehörte das sog. „Breisiger Ländchen" zum Reichsstift Essen. Im Unabhängigkeitskrieg der Niederlande diente Breisig als Rückzugsort für die Truppen des Prinzen von Oranien. Seit 1815 zu Preußen. 1958 erhielt Niederbreisig den Titel „Bad", 1969 wurde Bad Niederbreisig mit Oberbreisig und Rheineck zu Bad Breisig vereinigt, das 1970 das Stadtrecht erhielt. **II.** 1041 *ecclesia in Brisiaco*, 1215 *in Briseche*, 1250 *Brisich*, 1276 *Brisege*. **III.** Dem ON liegt ein kelt. PN *Bīsios* mit einem lat.

besitzanzeigenden Suffix ↗ *-acum* zugrunde, verm. vor zu ergänzendem *fundus* 'Hofgut' im Ablativ. Dann wäre die Erwähnung von 1041 als 'Kirche im Hofgut des Brīsios' zu übersetzen. **IV.** ↗ Breisach am Rhein, Lkr. Breisgau-Hochschwarzwald, BW. **V.** MRUB I; Kaspers, W.: Die -acum-Ortsnamen des Rheinlandes. Halle 1921; Kaufmann 1973. *JMB*

Breitenburg **I.** Gem. und gleichnamiges Amt mit elf amtsangehörigen Gem. im Kr. Steinburg, 8695 Ew., von der Stör durchflossen, SH. 1526 erwarb Johann Rantzau die Ländereien des Klosters Bordesholm im Kirchspiel Breitenberg an der Stör, die das heutige Breitenburg ausmachen, 1531 ließ er darauf sein Schloss Breitenburg errichten. Das Amt Breitenburg wurde 1948 aus zunächst neun Gem. gebildet. **II.** 1261 *Bredenberg*, 1526 *etlyke dorpe ... Bredenborch* [Or], 1552 *thor Bredenborch*, 1665 *auf Breytenburg*. **III.** Bei *Breitenburg* handelt es sich um einen sprechenden Namen, abgeleitet vom mnd. *brêden berg*, so dass eine 'Siedlung am breiten Berg' bezeichnet wurde. **V.** Laur; Haefs; HHS 1. *GMM*

Breitungen/Werra **I.** Erfüllende und größte Dorfgemeinde im Lkr. Schmalkalden-Meiningen, n Schmalkalden, an der Werra, zwischen Thüringer Wald im N und Rhön im S, 8832 Ew., TH. Altthüringisches Dorf an alter Werrafurt, seit 1950 Name nach Vereinigung der drei Siedlungskerne Alten-, Frauen- und Herrenbreitungen; Herrensitz (Burg), daher hist. auch Burgbreitungen, dort Gründung eines Benediktinerklosters, danach Herrenbreitungen genannt; Frauenbreitungen wurde als fränk. *villa Königsbreitungen* gegründet, dort 1150 bis 1528 Augustinerinnenkloster, daher dann *Frauenbreitungen* genannt; Basilika. **II.** 933 *Bretinga*, 1016 *Breidingeromarca*, 1137 *Bretinge*, 1350 *Breitingen*, 1506 *Breytingen*. **III.** Gebildet zu ahd. *breit*, asä. *brēd* 'breit, ausgedehnt' und dem Suffix *-inga*, das später an die in Thüringen verbreitete Ablautvariante ↗ *-ungen* angeglichen wurde, also etwa 'Ort der Leute an breiter Siedelstelle'. Beleg 1016 zeigt mit *-marca* zu mhd. *marc* 'Grenzland, Bezirk Gebiet' den ON als Namen für größeres Gebiet. Die Schreibungen lassen nd. und hd. beeinflusste Formen erkennen. Der Zusatz *Werra* dient der klaren Unterscheidung von Breitungen (Südharz) in ST. Der GwN benannte urspr. den Oberlauf der Weser und wandelte sich im Laufe der Zeit: 775 *Uuisera*, 933 *Vviseraha*, 1016 *Wirraha*, 1141 *Werraha*, 1250 *Werra*. Der GwN beruht auf einer Bildung zu einer idg. Wurzel **u̯ei̯s-/*u̯i̯s-* 'fließen' (LIV). Der vorgerm. GwN **Visara/*Visera* o. ä. zeigt in ahd. Zeit vom 10. bis 12. Jh. den verdeutlichenden Zusatz ahd. ↗ *-aha* 'Wasser'. Dies ist ein Zeichen dafür, dass die urspr. Bedeutung des GwN nicht mehr verstanden wurde und die Sprecher durch den Zusatz *-aha* wieder den Bezug auf ein fließendes Gewässer deutlich machten. Etwa Ende des 1. Jahrtausends schwand der Vokal |e| in der ersten nachtonigen Silbe zwischen |s| und |r| und es trat Assimilation von -*sr*- > -*ss*- ein. Die weitere Überlieferung zeigt Senkung von *i* > *e* vor *r* sowie Abschwächung von angefügtem *-aha* > *-a*. **IV.** Breitungen (Südharz), Lkr. Mansfeld-Südharz, ST, 961 *Breitinga*, 973 *Bredinge*; ferner Regis-Breitingen, Lkr. Leipzig, SN, 1265 *in campo Bredingin*. Zur Werra vgl. den GwN *Weser*, NI, ahd. *Wesera*, *Wisara*, *Wisura*, *Wiseraha*. **V.** UB Hersfeld; Walther 1971; Berger. *KH*

Bremen **I.** Stadt und Hauptstadt des Bundeslandes Freie Hansestadt Bremen, 547360 Ew., HB. Bistum 787 unter Karl dem Großen gegründet, seit 845 Erzbistum, Missionsauftrag für Dänemark und Skandinavien, erste Blüte unter Erzbischof Adalbert von Bremen (1043–1072); 1186 eigenständige Stadt; 1358 Hansestadt; seit der 2. Hälfte des 16. Jh. Ausbau des alten Hafens (Balge), 1541 bzw. 1646 Reichsfreiheit, 1648 schwedisch, seit 1715 (mit Unterbrechungen) zum Kurfürstentum Braunschweig-Lüneburg; Entwicklung des Überseehandels; 1815 Beitritt zum Deutschen Bund; Norddeutscher Lloyd 1857, Baumwollbörse 1872; 1866 preuß., 1871 Bundesstaat des Deutschen Reichs, 1945 Teil der amerikanischen Zone inmitten der britisch besetzten Zone, 1947–1949 Land Bremen, seit 1949 zusammen mit Bremerhaven Bundesland; Ausweitung des Stadtgebiets (ON *Utbremen*, 1157 *in Utbrema*); im 2. Weltkrieg sehr stark zerstört; Universität, Übersemuseum. **II.** 782 (Kop. 12. Jh.) *Brema*, 787 *Bremon*, 888 *Brema*, 999 (Kop. 11. Jh.) *Bremun*. **III.** Die hist. Belege weisen auf lokativische Dat.-Pl. und Sg.-Formen. Der ON gehört doch wohl zu asä. *bremo* 'Rand', vgl. mnd. *brem* 'Rand, Saum', *bremen* 'säumen', nhd. *verbrämen* 'mit einem Rand verzieren', mhd. *brem* 'Einfassung, Rand'; die heutige Form geht auf die urspr. Dat.-Pl.-Form *Bremun*, *Bremon* zurück, urspr. wahrscheinlich zu verstehen als 'Siedlung am Rand, in Randlage'. **IV.** Bremen (um 1085 *Bremo*), Kr. Soest, NRW. **V.** WOB I, S. 85 ff.; HHS II; Nds. Städtebuch; Schomburg; Tiefenbach, RGA 3 (mit Diskussion abweichender Meinungen). *JU*

Bremerhaven **I.** Stadt, 114506 Ew., HB. Hafenstadt an der Mündung der Weser, 1827 gegründet; 1830 Eröffnung des Bremer Hafens, 1851 Stadtrecht; 1939 Vereinigung mit der aus den Orten Lehe und Geestemünde gebildeten Stadt Wesermünde, 1947 aufgrund des Besatzungsrechts (amerikanische Zone, Hafen für die amerikanischen Streitkräfte) unter dem alten Namen *Bremerhaven* mit Bremen zum Bundesland Bremen vereinigt. **II.** 1830 *Bremer Haven*. **III.** Junger Name für den Hafen von Bremen, den Bremer Hafen. **V.** Berger; HHS II; Nds. Städtebuch; Schomburg. *JU*

Bremervörde **I.** Stadt im Lkr. Rotenburg (Wümme), 18 939 Ew., NI. Der Ort entstand bei einer kleinen Wasserburg an der Oste; seit 1219 Residenz der Bremer Erzbischöfe und Mittelpunkt ihres Territoriums; um 1300 Marktflecken; zeitweilig schwedisch; die Landesverwaltung wurde 1652 nach Stade verlegt; 1852 Stadt; 1884 Kreisstadt des Lkr. Bremervörde (Provinz Hannover, preuß.), 1932 Zusammenlegung mit dem Lkr. Zeven zum Lkr. Bremervörde, 1977 in den Lkr. Rotenburg (Wümme) eingegliedert. **II.** 1123/1124 *castrum Vorde*, (12. Jh., Kopie 14. Jh., Helmold) *castra episcopi … Vorden*, 1374 *Datum castro nostro Vordis*; *Bremervörde* (1635). **III.** Wie die Überlieferung zeigt, ist der Zusatz *Bremer-*, veranlasst durch die Zugehörigkeit zum Bremer Erzbistum, erst im 17. Jh. hinzugetreten. Die älteren Belege enthalten mnd. *vörde, vörde* 'Durchfahrt, Furt', z. T. in der Form des Dat. Pl. Der heutige ON bedeutet demnach soviel wie 'an der Furt [der Bremer]'. **IV.** Vörden, Kr. Höxter, NRW; Vörden, OT von Neuenkirchen-Vörden, Lkr. Vechta, NI; Voerde (Niederrhein), Kr. Wesel, NRW. **V.** Berger; Helmolds Slavenchronik, 3. Aufl., MGH. SS. in us. schol., 32, Hannover 1937; HHS II; Nds. Städtebuch. *JU*

Breslau // Wrocław ['vrɔtswaf] **I.** Kreisfreie Stadt, 632 162 Ew., Sitz der Woi. Niederschlesien // Dolny Śląsk, PL. Im 10. Jh. als Sicherung eines Übergangs über die Oder unter tschech. Herrschaft befestigt. In der Folge der Eroberung von Schles. durch die Piasten wird Breslau 1000 Sitz eines Suffraganbistums der Erzdiözese Gnesen, Fürstbistum 1270–1945. Nach dem Mongolensturm wird die Stadt erweitert und erhält Magdeburger Stadtrecht (1261). Eine Blütezeit fällt ins 14. Jh., als Schles. wiederum an die Krone Böhmens gekommen ist; 1368–1474 Hansestadt. 1523 wird die Reformation eingeführt. 1741 fällt die Stadt mit Schles. an Preußen. Das 1702 gegründete Jesuitenkolleg Leopoldina wird 1811 mit der aus Frankfurt / Oder verlegten Universität vereinigt. Im 19. Jh. setzt umfassende Industrialisierung ein. Bedeutende Industrie-, Handels- und Messestadt. Kreisfreie Stadt und Sitz des Reg.-Bez. Breslau, NS, (1939) 629 565 Ew. Schwere Kriegszerstörungen der „Festung Breslau" noch 1945. Am 9. 5. 1945 wird die poln. Verwaltung ausgerufen. Wiederaufbau und Ansiedlung kultureller Organisationen aus der von Polen an die Sowjetunion abgetretenen Stadt Lemberg (Lwów). **II.** 1000 *Joannem Wrotizlaensem*, 1175 *Wrezlawe*, 1261 *Brezlauwe*. **III.** Von einem poln. PN *Wrocisław* 'der Ruhm bringt', zu rekonstruieren ist das Possessivsuffix *-jь* (also *Wrocisławj). Dass sich der ON auf den tschech. Herzog Vratislav bezieht, wird von poln. Seite bestritten, da die lautlichen Verhältnisse in den meisten frühen Belegen (wie oben von 1000) eine apoln. Namenform nahelegen. Für das Apoln. ist die Metathese *-or-* > *-ro-* lautgesetzlich; sie kann für die Ausgangsform als gesichert gelten (gegen den Beleg *Wortizlava* von ca. 1017 des Thietmar von Merseburg). Erst die etwas jüngeren Formen zeigen Metathese und Umlaut *-or-* > *-ra-* (z. B. *Wratislay* 1149) nach tschech. Vorbild, eine Lautung, die schließlich in der latinisierten Form *Vratislavia* verfestigt wird. Lange finden sich aber auch kontaminierte Formen mit poln. Lautung des Stamms und lat. Endung (*Vrozlavia* 1202). In der mhd. Form des ON galt der Vokalismus *-re-* (s. o. Beleg von 1175), dial. zu *-ra-* weiterentwickelt (*Brassel* 1738, mit Schwund der Auslautsilbe). Noch im Poln. wird die unbetonte mittlere Silbe *-tis-* > *ts* (*c*) reduziert; einige Belege erhalten *-ts-* auch im D. (*Vreczlau* 1193). Die d. Form des ON beruht auf der Dissimilation *vr-* > *br-* (belegt seit 1261, s. o.), durch die eine für das D. ungewöhnliche Konsonantenfolge im Anlaut ausgeglichen wurde. Schließlich wurde das slaw. zweite Namenglied *-sław* als d. ON-Suffix ↗*-au* adaptiert. Die heutige poln. Namenform folgt der kontinuierlichen innersprachlichen Lautentwicklung. **V.** Schwarz 1931; Jungandreas 1937; Domański. *ThM*

Bressanone ↗**Brixen**

Brettach / Jagst **I.** GVV im Lkr. Schwäbisch Hall, 13 178 Ew., besteht aus den Gem. Kirchberg an der Jagst, Rot am See und Wallhausen, 25 km von Schwäbisch Hall, am Zusammenstoß von Haller und Hohenloher Ebene, Reg.-Bez. Stuttgart, BW. Ehem. Residenzschloss der Fürsten von Hohenlohe-Kirchberg, barocker Hofgarten mit Orangerie, Sophienberg, Stadtturm, Kornhaus, Jakobus-Kirche, Jüdische Gedenkstätte Michelbach/Lücke. **II.** *Brettach* (1974). **III.** Zum GwN *Brettach* (1. Hälfte 15. Jh. *Prettach*), einem „alteuropäischen", d.h. voreinzelsprachlich-idg. GwN, gebildet aus *Breda + *-aha* (↗*-ach*[1]). Der neue Name knüpft an den ON *Brettheim* (OT von Rot am See) an. Der differenzierende Zusatz *Jagst* (GwN) dient u. a. der Abgrenzung zu Brettach, OT von Bretzfeld, Hohenlohekreis, BW. **IV.** Langenbrettach, Lkr. Heilbronn, BW. **V.** Greule 2007; Greule, DGNB. *JR*

Bretten **I.** Große Kreisstadt (seit 1975) und gleichnamige VVG im Lkr. Karlsruhe, 31 704 Ew., ca. 23 km onö Karlsruhe auf der Wasserscheide zwischen Walzbach und Saalbach im Kraichgau gelegen, Reg.-Bez. Karlsruhe, BW. Im 12. Jh. an die Grafen von Eberstein, die Bretten zur Stadt erhoben (Erstnennung 1254), vor 1330 dann in den Besitz der Markgrafen von Baden, geht bereits 1335 an den Pfalzgrafen Ruprecht I. weiter und kommt schließlich 1803 an Baden. Glas- und Computerindustrie, Stiftskirche, Kreuzkirche, Hundles-Brunnen, Melanchthonhaus, Geburtsort von Philipp Melanchthon. **II.** 767 (Kop. 12. Jh.) *Breteheimer marca*, 852 (Kop. 12. Jh.) *Bretahaimer marca*, 855 (Kop. 12. Jh.) *Bredaheim*, 1432 *Bretthaim*; *Bretten* (1504). **III.** Da keine Form **Bretenheim* überliefert ist, scheidet die Zuordnung zu einem PN wohl aus. Das Gw. ↗ *-heim* der älteren Belege ist verm. verbunden mit dem Bw. ahd. *bret* 'Brett, Diele, Bohle, Planke, hölzerner Anbau' bzw. dem Pl. *breta*. Der Name steht dann in Verbindung mit der für die Umgebung Brettens bezeugten ma. Salzgewinnung und wäre als 'Ort, wo das Holz, die Bretter für die Salzgewinnung aufgestellt oder gelagert wurden', oder 'Ort, wo die Salzquelle mit einer hölzernen (bretternen) Brüstung eingefasst wurde' zu deuten. Die westoberdeutsche Kürzung *-heim* > *-en* begegnet auch in Namen wie ↗ *Buchen* < *Buchheim*. **V.** Diemer, M.: Die Ortsnamen der Kreise Karlsruhe und Bruchsal. Stuttgart 1967; Bach, DNK 2; LBW 5; Kleiber 2000. *JR*

Bretzfeld **I.** Gem. (seit 1975) im Hohenlohekreis, 12 211 Ew., ca. 21 km wsw Künzelsau und etwa 22 km wsw Heilbronn gelegen, Reg.-Bez. Stuttgart, BW. Entstanden durch die Vereinigung von 8 ehem. eigenständigen Gem. mit Bretzfeld. 1037 erstgenannt und bis zur Mitte des 15. Jh. im Besitz des Stifts Öhringen und der Herren von Weinsberg, 1423 an die Pfalz verkauft und seit 1504 württembergisch. Wein- und Obstbau, hist. Mühle, hist. Gasthäuser Rößle und Linde. **II.** 1037 *Bretesfeld*, 1257 *Pretzveld*; *Bretzfeld* (1975). **III.** Es handelt sich um eine Zusammensetzung mit dem Gw. ↗ *-feld*; im Bw. liegt wegen der Flexionsendung *-s* verm. kein PN, sondern ein Adj. vor: ahd. *beraht* 'hell, strahlend, glänzend' bzw. die Variante *breht*. Allerdings erscheint im Ahd. nicht selten, meist aber im Fränk. und Bair., geschriebenes *e* für gesprochenes *ei*, vor allem vor Dentalen. Daher ist auch eine Deutung als 'breites Feld' (zu ahd. *breit* 'breit, weit, flach, groß') denkbar. **IV.** Pretzfeld, Lkr. Forchheim, BY. **V.** FP 1; LBW 2 und 4. *JR*

Brieg // Brzeg [bʒɛk] **I.** Kreisstadt, 37 625 Ew., Woi. Oppeln (Opole), PL. An der Stelle eines Fischerdorfs am linken Hochufer der Oder wird zwischen 1246 und 1250 die Stadt zu d. Recht gegründet. 1327 erhält sie Magdeburger Stadtrecht. Von 1311 bis zum Aussterben der schles. Piasten 1675 ist Brieg Herzogssitz und Residenz mit berühmtem Renaissanceschloss, das 1741 weitgehend zerstört wird. Seit 1907 kreisfreie Stadt im Reg.-Bez. Breslau, NS, (1939) 31 419 Ew. Anfang 1945 wird die Stadt beim Übergang der Roten Armee über die Oder schwer zerstört. **II.** 1235 *Vysokebreg*, 1241 lat. *Alta Ripa*, 1279 *antiqua Brega*, 1324 *Brige*, 14. Jh. *Brik*. **III.** Vom poln. App. *brzeg* 'Ufer' (zu urslaw. **bergъ* 'Anhöhe, Abhang'). Im 13. Jh. wurde der ON noch durch adj. Ergänzungen *alta* / *vysoki* 'hoch', *antiqua* 'alt' von gleichnamigen Orten unterschieden (als Gründung am hohen Ufer der Oder); mit dem Aufstieg der Residenzstadt schwinden diese sprachlichen Unterscheidungsmerkmale. Im Poln. wird der ON *Brzeg* kontinuierlich überliefert; der ON behält die gleiche Form bei wie das zugrunde liegende Appellativum. Die fem. Variante *Brega* (s. o.) ist lat. Einfluss zuzuschreiben (nach lat. *ripa* fem. 'Ufer'). **V.** SNGŚl; Rymut NMP. *ThM*

Brieselang **I.** Gem., Lkr. Havelland, 10 794 Ew., w Berlin, BB, urspr. der Name eines Waldgebietes, in dem im 18. Jh. ein Teerofen, später ein Vorwerk errichtet wurde. Die Gem. entstand 1919 nördlich und südlich der Bahnlinie Berlin-Nauen, seit 1925 selbstständige Landgemeinde. Heute gehören zu Brieselang die OT Bredow, Zeestow sowie das Gebiet der Altgemeinde Brieselang. **II.** 1315 *et lignis, jacentibus inter paludes sev mericas Zuzen et Brisenlanck (Wald)*, 1350 *die holte ... den briselang [Or]*, 1775 *Brieselang*. **III.** Der Name ist ein urspr. Flurname, Gf. apolb. **Brezenląg* oder **Brezilą̄g* 'Birkenbruch'. Er ist ein Kompositum von apolb. **breza* 'Birke' und **ląg* 'sumpfiger, morastiger Boden, Luch'. **IV.** Ähnlich Damelang (zu apolb. **dąb* 'Eiche'), OT von Planebruch, Lkr. Potsdam-Mittelmark, BB. **V.** Riedel A VII, IV; BNB 4. *SW*

Briesen // Wąbrzeźno [vɔmbʒɛʒnɔ] **I.** Kreisstadt, seit 1999 in der Woi. Kujawsko-Pomorskie (Kujawien-Pommern), 13 783 Ew., PL. Im Kulmer Seegebiet, 31 Kilometer von Graudenz // Grudziądz und 43 Kilometer von Thorn // Toruń entfernt. Stadtrechte ca. 1331, 1466 an Polen, 1772 an Preußen, seit 1920 zu Polen. 1945–1975 Woi. Bydgoszcz (Bromberg), 1975–1998 in der Woi. Toruń (Thorn). **II.** 1246 *Wambrez*, 1251 *Vambresin*, 1311 *Fredek* oder *Briesen*, 1466 *Wambrzeszno alias Fredek*, 1572 *Wąbrzezno*. **III.** Die erste urk. Erwähnung lässt sich als *Wąbrzeże* mit der Bedeutung 'Siedlung zwischen den Ufern' interpretieren, gebildet aus der Präposition *wą* 'zwischen', dem Subst. *brzeg* 'Ufer' und dem Suffix *-no*. Die d. Variante ist die Adaptation des zweiten Namenteils *-brez* und entstand durch phonetische und morphologische Substitution: *-e-* im Inlaut wurde mit dem Diphtong *-ie-*, *-z* im Auslaut mit *-s*, und Suffix *-no* mit *-en* ersetzt. Nach einer anderen Deutung leitet sich der ON vom App. *brzoza* 'Birke' ab und bedeutet 'Siedlung zwischen den Birken'. **V.** Rospond 1984; RymNmiast. *IM*

Brieskow-Finkenheerd **I.** Gem. und gleichamiges Amt, Lkr. Oder-Spree, 8 218 Ew., an der Oder sö Frankfurt/O., BB. Zum Amt gehören 5 Gem. Nach der

Revolution 1848/49 entwickelte sich das Fischer- und Bauerndorf Brieskow zur Industriegemeinde. 1906 Beginn des Braunkohleabbaus. Die Finkenheerder Schleuse wurde 1716 erbaut. Finkenheerd war Wohnplatz von Brieskow, wurde mit diesem vereinigt und 1949 in Brieskow-Finkenheerd umbenannt. **II.** Brieskow: 1354 *dorff wrissigk*, 1442 *wrissik*, um 1657 *Wrietzkow; Brieseckow oder Wriessig* (1775). Finkenheerd: 1745 *Schleuße am neuen Graben der Finken Heerd*, 1805 *Finkenheerd; Brieskow-Finkenheerd* (1949). **III.** Der Name *Brieskow* bedeutet 'Ort, wo Heidekraut wächst', Gf. asorb. *Vres-ky, Pl. zu *vresk, einer Deminutivform von *vres 'Heidekraut'. Der Name *Finkenheerd* ist ein ursprünglicher FlN und bedeutet 'Vogelherd, ein zum Vogelfang dienender Platz'. **IV.** Ähnlich Friesack, Lkr. Havelland; ↗Wriezen, Lkr. Märkisch-Oderland, BB; Finkenheerd ist ein häufiger FlN in BB. **V.** Riedel A XXIII, XX; BNB 8. *SW*

Brig-Glis **I.** Mda. [ˈbrig], [ɡliːs], franz. *Brigue-Glis*, ital. *Briga*. Hauptort des Bezirks Brig, 12 162 Ew., VS, CH. 1972 Fusion der ehem. politischen Gem. Brig, Glis und Brigerbad zu Brig-Glis. Wichtiger Verkehrsknotenpunkt am Fuße des Simplons. In Gamsen bedeutende Siedlungsspuren aus der Eisenzeit, der Antike und dem frühen MA. Seit 1518 ist Brig Zendenhauptort (Bezirk). Unter dem Handelsherrn und Politiker Kaspar Stockalper erlebt die Gegend im 17. Jh. eine kulturelle und wirtschaftliche Blüte. Zu den Sehenswürdigkeiten von Brig zählen das Stockalperschloss mit seinem Garten, die barocken Bürgerhäuser, die Kollegiumskirche und die Antonius- und Sebastianskapelle, von Glis die Pfarr- und Wallfahrtskirche, die Englischgrusskapelle u.a.m. Aus der einstigen Bildungsstätte der Jesuiten ist für die Region ein bedeutendes Bildungszentrum entstanden. Kapuziner- und Ursulinenkloster. Tourismus und Kleinindustrie. **II.** Brig: 1215 *Briga [Or]*, 1539 *Zbrig*. Glis: 1230 *Glisa*, 1580 *Glÿss*. **III.** Die alem. Einwanderer übernahmen die archaische Namenform *Brig* mit kurzem *-i-*, die noch nicht das Stadium *-e-* erreicht hatte, und das intervokalische *-g-* des Etymons. Der Name kommt von kelt. *briga aus idg. **bh(e)rgh-* 'Berg, Hügel, Burg'. Der Name *Glis* kommt aus lat. *(ec)clesia* 'Kirche', afranz. *glise*. **IV.** Brienz, BE, Breil/Brigels, GR, beide CH; ↗Bregenz, VO, A usw. **V.** Müller W. 2001; HLS 2; Aebischer 1968; GPSR 6. *alb*

Brilon [ˈbriːlɔn] **I.** Stadt im Hochsauerlandkr., 26 689 Ew., auf einer Hochebene in der Nähe der Möhnequellen, Reg.-Bez. Arnsberg, NRW. Mitte 12. Jh. Vorsiedlung mit Markt und Pfarrkirche bei einem Hof des Erzbistums Magdeburg (später Altenbrilon, im N der Stadt aufgegangen), 1220 Stadtrecht, nach der Soester Fehde (1444–49) Aufstieg zur bedeutendsten Stadt im Hztm. Westfalen. Teilnahme am Hansehandel, seit dem MA Bergbau, Metallverarbeitung und Landwirtschaft, bis 1975 Kreisstadt. **II.** 973 *Brilon [Or]*, um 1150 *Brilon*, 1220 *Brilon*. **III.** Der seit Beginn der Überlieferung unveränderte ON wird meist als Bildung mit dem Gw. ↗*-loh(e)* im Dat. Pl. angesehen und ein Wüstungsname 900 *Brihem* (bei ↗Werne a. d. Lippe) als Parallele angeführt, was nicht überzeugt. Die Länge des zweiten Vokals ist nicht gesichert. Da die früh einsetzende Überlieferung gegen ein bereits lautlich verändertes asä. Erstglied spricht und der erste Vokal aufgrund der Graphien (meist *-i-*, *-y-*, gelegentlich *-ii-*) und mda. *-äi-* als altlanges *-ī-* anzusetzen ist, käme als mutmaßliches Bw. einzig asä. *brī* 'Brei' in Betracht. Dieses ist aus semantischen Gründen abzulehnen, führt aber zum korrekten Etymon. Statt eines Kompositums ist eine Bildung mit *-l-*Suffix zu einer Wurzel idg. **bher-*, **bh(e)ri-/-ī-* 'aufwallen, sich heftig bewegen' anzunehmen, zu der auch asä. *brī* 'Brei' (beim Kochen aufwallende Masse) gehört. Als topographischer Bezug der Bildung im lokativischen Dat. Pl. ist das in den Möhnequellen hervortretende Wasser zu betrachten. Die Benennung erfolgte entweder unmittelbar als Ort 'bei emporquellendem Wasser' oder mittelbar als Bildung zu einem alten Abschnittsnamen *Brīla der Möhne, der seinerseits durch die Fließcharakteristik motiviert wurde. **V.** FO I; Berger. *Flö*

Brixen // Bressanone **I.** Hauptort des Eisacktales und drittgrößte Stadt Südtirols, 20 360 Ew., Provinz Bozen, I. Älteste Stadt Gesamttirols (urk. 1115), jahrhundertelang Sitz von Fürstbischöfen, die von 1027 bis 1803 deutsche Reichsfürsten waren. Heute Außensitz der Freien Universität Bozen (FUB) und somit seit 2001 Universitätsstadt. **II.** 828 *Pressena*, 901–909 *Prihsna*, um 935–955 *Prixina*. **III.** Der Name beruht auf idg. **bergh-* 'Höhe', das im Kelt. als **brig-* 'Anhöhe, hoch gelegener Ort' erscheint, mit Suffix *brig-sina. **V.** ANB; HHS Huter; Hye; Anreiter, Breonen; Kühebacher 1. *HDP*

Brochów ↗ Brockau

Brockau // Brochów [ˈbrɔxuf] **I.** OT von Wrocław, Woi. Niederschlesien // Dolny Śląsk, PL. 8,5 km sö von Breslau gelegen. Im MA ein dem Breslauer Sandstift zugehöriges Dorf. Ab 1896 wird in Brockau ein großer Umschlagbahnhof gebaut; 1939 wird der Ort zur Stadt erhoben (8 689 Ew.), Kr. Breslau, Reg.-Bez. Breslau, NS. 1945 werden die Stadtrechte von der poln. Verwaltung aberkannt; am 1. 1. 1951 eingemeindet in die kreisfreie Stadt Wrocław, hier in den Stadtteil Krzyki mit 165 592 Ew. **II.** 1193 *Prochou*, 1204 *Procouo*, 1209 *Procow*, 1353 *Brockow*. Re-Polonisierung des ON: 1946 *Brochów*. **III.** Ableitung von einem westslaw. PN: entweder KN *Proch < Prosimir 'der Frieden erbittet' oder von Broch als KN zu Bronisław 'Ruhmeskämpfer' o.ä. Die genaue Etymologie lässt sich nicht ermitteln, zumal die Namensform früh durch -ch- > -k- vereinfacht wird. Die Lautung des ON schwankt stark, wobei p- / b- im Anlaut auf Schwierigkeiten bei der Wiedergabe des slaw. Konsonantismus durch d. Schreiber deuten. Auch die Endung ist instabil, vgl. poln. Varianten auf -ow (> -ów; s.o. nach 1209) und -owo (s.o. nach 1204) und d. Varianten Brockau, Brock, Brocke (16.–19. Jh.). V. Domański; SNGŚl; Rymut NMP. ThM

Bromberg // Bydgoszcz [bɨdgɔʃtʃ] I. Kreisstadt, seit 1999 Hauptstadt der Woi. Kujawsko-Pomorskie (Kujawien-Pommern), 358928 Ew., PL. An der Brahe // Brda, und an der Bernsteinstraße gelegen. 1038 gegr., 1346 Stadtrecht (durch Kasimir den Dritten verliehen), 1772–1806 und seit 1815 preuß., dazwischen Hztm. Warschau, seit 1920 zu Polen. Chemie-, Lebensmittel- und Elektroindustrie, Telekommunikation, Hochschulen: Kasimir-der-Große-Universität (über 13000 Studenten), Technische und Landwirtschaftliche Universität, Musikakademie. II. 1238 Budegac, 1254 Bidgost, 1306 Bydgoscia, 1386 Broberg, 1558 Bidgosza, 1774 Bydgość, 1880 Bydgoszcz; d. Bromberg. III. Der poln. ON Bydgoszcz (früher Bydgoszcza) leitet sich vom PN Bydgost ab, der aus urslaw. bъd- 'anregen, ermuntern' und gost- 'der Gast' mit dem Suffix -ja gebildet wurde. Der d. ON Bromberg (früher Broburg) leitet sich vom FluN Braa, Brahe (germanisiert vom poln. Dbra – h. Brda) und dem Gw. ↗-berg ab. Nach anderer Deutung entstand das Glied Brom- durch Angleichung an ON wie Brohm, OT von Friedland, Lkr. Mecklenburg-Strelitz, MV, Brome, Lkr. Gifhorn, NI. V. Rymut NMP; Rospond 1984. IM

Brome I. Flecken und gleichnamige Samtgemeinde im Lkr. Gifhorn, 15466 Ew., NI. Ersterwähnung 1202/1203 (zusammen mit der Burg) als urbs, durch Grenzlage wechselvolle Geschichte, u.a. zum Besitz der Welfen, zum Erzbischof von Magdeburg, zum Markgrafen von Brandenburg; als Ort im Amt Gifhorn gehörte Brome später zum Ftm. Lüneburg bzw. zum Hztm. Braunschweig-Lüneburg, danach zum Kgr. Hannover; 1866 preuß. (Provinz Hannover), seit 1885 Lkr. Gifhorn, wobei die Gem. wie ein Sporn in die Altmark (ST, Altmarkkreis Salzwedel) hineinragt; Burg mit Heimatmuseum. II. 1202 Brome, 1295 in Brome, 1451 to Brome; dat Slot brome. III. Der ON Brome ist auch bezeugt in Wendischbrome, 2 km n im Altmarkkreis Salzwedel (ST) gelegen, temporär wüst (1420 czu wendesschen Bröme dacz ist wuste), zur Unterscheidung von Brome wurde dem ON ein Hinweis auf slaw. Besiedlung (wendisch) hinzugefügt.

Früher zumeist mit slaw. brama 'Tor', apoln. broma, atschech. brána, verglichen (Brückner, A.: Die slavischen Ansiedelungen in der Altmark und im Magdeburgischen. Nachdruck Köln-Wien 1984; Kühnel, P.: Die slavischen Orts- und Flurnamen im Lüneburgischen. Nachdruck Köln-Wien 1982; Rost, P.: Die Sprachreste der Draväno-Polaben im Hannöverschen. Leipzig 1907; Trautmann, EO II), jedoch entspricht der dem Vokalismus nicht, denn es wäre *Bram- zu erwarten. Der Vokalismus spricht ebenso gegen eine Verbindung mit nd. braam, mnd. brâm 'Brombeerstrauch, Dornstrauch; Besenginster'. Vielleicht Teilabschnittsname der Ohre. In diesem Fall bietet sich an, von einer Form *Brōma ausgehend, vielleicht als Vrddhi-Bildung, an idg. *bher- anzuschließen, die etwa 'aufwallen, sich heftig bewegen' bedeutet haben wird und vor allem auf quellendes und siedendes Wasser (auch Aufbrausen beim Gären, Kochen sowie vom Feuer) bezogen wurde. Dabei erscheint die Wz. nach Pokorny „oft mit m-Formans [und] auch als schwere Basis bherə- : bhō-, bh(e)rēi-, bh(e)rī-". Hierher gehören u.a. einzelne Wörter wie ai. bhramá-h 'wirbelnde Flamme, Strudel', ae. beorma, englisch barm, nd. barme 'Bierhefe' sowie Namen wie aquae Bormiae, GwN Bormō, spanisch ON Bormāte, dakisch ON Βόρμανον, venetisch FlN Formiō. In ähnliche Richtung gehen Gedanken, die Wiesinger zum GwN Pram, r. zum Inn bei Schärding, angestellt hat. IV. Wendischbrome, Altmarkkreis Salzwedel, ST. V. Bödeker; EO II; Wiesinger, P.: Oberösterreich als mehrsprachiger Siedlungsraum. In: Deutsche Namenforschung auf sprachgeschichtlicher Grundlage. Bd. 1: Namen in sprachlichen Kontaktgebieten, hg. von F. Debus. Hildesheim usw. 2004. JU

Brookmerland I. Samtgemeinde im Lkr. Aurich, 13384 Ew., sö von Norden, n von Emden, bis 2004 Reg.-Bez. Weser-Ems, seit 2005 Regierungsvertretung Oldenburg, NI. Erste Besiedlung der Landschaft um 1200, im 13. Jh. Gründung der Kirchen von Osteel, Marienhafe und Engerhafe. Die Samtgemeinde Brookmerland wurde am 1.8.1969 gegr. und besteht aus den 6 Mitgliedsgemeinden Marienhafe, Leezdorf, Osteel, Rechtsupweg, Upgant-Schott und Wirdum. Verwaltungssitz ist Marienhafe. II. Um 1250 Brocmannia (Kop. um 1300), 1276 terra Brochmanie; 1392 Brocmerlandes (Druck 18. Jh.). III. Der Name geht auf eine Einwohnerbezeichnung (1223 Brokmannis (Kop. 13. Jh.)) zurück, die aus dem Bw. asä., mnd. brōk 'Bruch-, Sumpf-, Moorland' und dem Gw. asä., mnd. man 'Mann, Mensch' im Pl. besteht. Später tritt als Gw. mnd. lant 'Land' hinzu, und der urspr. Name erscheint als Adj. auf -er. Dann wird der Name durch Ausfall des -ann- zu Brokmer- verkürzt IV. ↗Südbrookmerland, Lkr. Aurich, NI. V. HHS 2; Remmers, Aaltukerei. TK

Bruchhausen-Vilsen I. Flecken und gleichnamige Samtgem. im Lkr. Diepholz, 17 002 Ew., zwischen Bassum und Verden, Reg.-Bez. Hannover (bis Ende 2004), NI. Der Ort Bruchhausen (seit dem 14. Jh. Altbruchhausen) war Sitz eines Grafengeschlechtes, das zunächst von den Oldenburgern beerbt wurde, deren Besitz aber 1326 durch Kauf an die Grafen von Hoya fiel; Burg und Flecken Bruchhausen kam zentralörtliche Funktion zu; der Ort Vilsen erhielt im 15. Jh. Fleckenrecht; die beiden Flecken wurden 1929 vereinigt; seit 1976 anerkannter Luftkurort. II. Bruchhausen: 1189 *Bruchusen [Or]*, 1205 *Brokhusen*, um 1700 *Alt Bruchhausen*. Vilsen: 1227 *Villesen [Or]*, um 1300 *Vilsen*. III. Bruchhausen enthält als Gw. ↗*-hausen* und als Bw. mnd. *brōk* 'Bruch'. Vilsen ist nicht sicher zu deuten. Evtl. liegt ebenfalls eine Bildung mit dem Gw. ↗*-hausen* vor. Bw. wäre dann wohl der stark flektierende KN *Fili*. Das App. asä. *felis* 'Fels, Stein' ist nicht gänzlich auszuschließen. Verm. aber besteht eine Verbindung zu Namen wie *Filsum* oder *Vils(hofen)*. Diese werden als GwN auf die idg. Wz. **pel-* 'gießen, fließen' zurückgeführt und enthalten ein *-s*-Suffix. Das *-en* wäre dann als abgeschwächter Dat. Pl. zur Bezeichnung der Siedlung zu interpretieren. Ein größerer Bach ist zwar nicht nachzuweisen; es gibt aber kleinere Fließgewässer, und auch die ö des Ortes fließende Eiter enthält einen alten Namen. IV. Filsum, Lkr. Leer, NI; ↗Vilshofen, Lkr. Passau, BY. V. Möller 1998; GOV Hoya-Diepholz; HHS 2. *KC*

Bruchköbel. I. Stadt im Main-Kinzig-Kreis, 20 621 Ew., n Hanau im Krebsbachtal und n Hügelland, Reg. Bez. Darmstadt, HE. Umfasst 5 ehem. Gem., die sich 1971–1974 zusammenschlossen. Der OT Bruchköbel ist urk. wohl erst 1128 bezeugt; frühere Erwähnungen von 839, 1057 und wohl auch (trotz Reimer) 1062 (s. u.) sind wohl auf (Mar-)köbel (h. OT von Hammersbach-Hirzbach) zu beziehen. In Bruchköbel hatte im 13. Jh. bes. die Abtei Seligenstadt Besitz, es geriet dann unter den Einfluss der Grafen von Hanau, erhielt 1368 Stadtrecht und wurde Teil der Gft. ↗Hanau. II. 839 *Cauilla [Or]*, 1057 *Kebella* (Kop. 15. Jh.), 1062 *Kebilo*, 1128 *in minori Chevela*, 1247 *in inferiori Kebele*, 1247 *Bruchkebele [alle Or]*. FluN: 1263 *Kebele[Or]*. III. Das Bw. ist ein sog. unterscheidender Zusatz, um den Ort vom nö. Marköbel (s. o.) zu unterscheiden: beide Orte wurden urspr. nur nach dem (Krebs)bach genannt, der bis ins 16. Jh. „die Köbel" hieß (zuerst 1263). Das h. Marköbel (*Cauilla* usw.) hat den Zusatz mhd. *marke, march*, st. Fem. 'Grenze, Grenzmark' (urk. zuerst 1272: *Markivele*, 1290 *Marckebele [beide Or]*), Bed. daher: 'Köbel am oder im Grenzgebiet'. Bruchköbel dagegen wird vom anderen (älteren?) Köbel als das „kleinere", „tiefer gelegene" und dann dauerhaft als das Köbel „am Bruche" (nach mhd. *bruoch*, st. Ntr. 'Moor, Sumpf') unterschieden (s. o.); wirklich war damals die Flussaue weithin moorig (Kaufmann). Das Gw., der FluN, ist verm. vorgerm. (u. a. Bach), evtl. alteurop. oder kelt. (Arnold), aber ungeklärt (Greule). Das *-u-* im 1. Beleg und auch das spätere *v* steht für den mda. im Wmd. noch erhaltenen wgerm. sth. Reibelaut. Das nhd. *-ö-* resultiert aus einer hyperkorrekten Verschriftlichung, da man „Kebel" fälschlich als grob mda., von der mittelhess. Umlautentrundung ö > e betroffene Form ansah. IV. ↗Bruchsal, Lkr. Karlsruhe, BW, u.a.m. V. Menke; MGH DH IV; Reimer 1926 und 1891; Mainzer UB I; Sperber; Kaufmann 1958; Bach DNK; Arnold; Greule 1995. *HGS*

Bruchmühlbach-Miesau I. Gem. und gleichnamige VG im Lkr. Kaiserslautern, 10 427 Ew., im Landstuhler Bruch am Fluss Glan, nahe der Grenze zum SL, Westpfalz, RP. 1972 Zusammenlegung der ehem. selbst. Gem., h. OT, Bruchmühlbach (seit 1938 aus Bruchmühlbach, Mühlbach am Bruch und Vogelbach), Elschbach, Buchholz und Miesau (seit 1937 aus Nieder- und Obermiesau). Im Gebiet der VG stießen einst der Nahe-, der Blies- und der Wormsgau und später Kurpfalz, Pfalz-Zweibrücken und die Gft. Sickingen zusammen. Im 20. Jh. wurde die Eisenbahnstation in Bruchmühlbach gleich zweimal zu einem Zollgrenzbahnhof von überregionaler Bedeutung. II. Bruchmühlbach: 1131 *Mulenbach* (Kop. um 1180), 1585 *Millenbach*; *Bruchmühlbach* (1824). Miesau: 1411 *tuschen Mims ŏwe vnd Kebelnberg*, 1436 *Minsauwe*, 1565 *Miesawenn*; *Nieder-/Obermiesau* (1824). III. Das Bw. im ON *Bruchmühlbach* geht auf ahd. *mulin, mulîn* 'Mühle' zurück, in Verbindung mit dem Gw. ↗*-bach*. Es handelt sich hierbei also um eine 'Mühle an einem Gewässer'. Die Unterscheidung durch den Zusatz *Bruch-* mit Bezug auf das Landstuhler Bruch galt bis 1938 nur dem zweibrückischen OT im SW. Im ON *Miesau* ist das Bw. der ahd. PN *Mim(în)*, Gen. Sg. *Mim(în)es*, der sich durch Kontraktion zu *Mims-/Mins-* und durch Konsonantenausfall weiter zu *Mîsau* entwickelte. Das Gw. ist ↗*-au(e)*. Zu deuten ist der ON demnach als 'Wiese, Feuchtgebiet, Gewässeraue des Mim(în)'. V. Neubauer, A.: Regesten des Klosters Werschweiler. Speyer 1921; Landesarchiv Speyer; FP; HSP. *JMB*

Bruchsal I. Große Kreisstadt (seit 1956) und gleichnamige VVG (mit Forst und Karlsdorf-Neuthard) im Lkr. Karlsruhe, 66 064 Ew., ca. 19 km nnö Karlsruhe am Ausgang des Saalbachtals aus dem Kraichgauer Hügelland in die Rheinebene gelegen, Reg.-Bez. Karlsruhe, BW. Aus dem Besitz des Klosters Weißenburg im 10. Jh. an die Salier, von 1056 bis 1802 im Besitz des Bistums Speyer, seit Mitte des 13. Jh. Stadt und ab 1803 badisch. Spargelanbau, Badische Landesbühne, Bruchsaler Schloss mit Zweigstelle des Badischen Landesmuseums, Pfarrkirche St. Peter, Belvedere, Burg Bruchsal. **II.** 9. Jh. (Kop. 13. Jh.) *Bruahselle, Bruohsella, 976 Bruohsele [Or], 980 Brochsale [Or], 996 (Kop. 1002) Broxole, 1232 Brosole, 1238 Bruchsellen, 1361 Brussel; Bruchsal (1447).* **III.** Eine Zuss. aus dem Bw. ahd. *bruoh* 'Sumpf, sumpfiger Boden, morastiges Gelände', mhd. *bruoch* 'Moorboden, Sumpf' und dem Gw. ahd. *sal* 'Haus, Saal, Vorsaal' mit der Nebenform *seli*, mhd. *sal* 'Wohnsitz, Saal, Halle'. Die Schreibungen mit *-sole* enthalten ahd. *sol* 'sumpfige Stelle, Suhle'. Der Name ist als 'Herrenhof beim Sumpfland' zu deuten. Die *-sal, -seli*-Namen gelten als Kennzeichen fränk. Siedlung in karolingischer Zeit; Bruchsal ist verm. der südlichste *-sal*-Name im d. Sprachraum. **IV.** Brüssel, B. **V.** Diemer, M.: Die Ortsnamen der Kreise Karlsruhe und Bruchsal. Stuttgart 1967; FO 1; Bach DNK 2; Adam, Th.: Kleine Geschichte der Stadt Bruchsal. Karlsruhe u.a. 2006; LBW 2 und 5. *JR*

Bruck an der Leitha **I.** Bezirkshauptstadt, 7645 Ew., 30 km sö WI an der Grenze zum Burgenland (bis 1921 Grenze zum Kgr. Ungarn), NÖ, A. Seit alters her überragende Brückenfunktion (Name!) am Kreuzungspunkt einer Abzweigung der römischen Limesstraße mit der Bernsteinstraße, planmäßige mittelalterliche Gründung; Markterhebung 1298, jüngerer Siedlungsteil als Neustadt mit Doppelmauer erbaut; ehemalige mittelalterliche Wasserburg (barock umgebaut durch Lukas von Hildebrandt, Mitte 19. Jh. Fassaden im Tudorstil erneuert); freies Niederlassungsrecht für Handwerker und Kaufleute seit 1363, Weinbau und Weinhandel, Industrialisierung im 19. Jh. (z.B. Tuchfabrik, Baumwollspinnereien, Ziegelfabrik; Zuckerfabrik [bis in die 1980er Jahre, h. Ölmühle]); Tierfuttererzeugung; diverse Verwaltungs- und Bildungseinrichtungen. **II.** 1072/91 *de villis ... Ascrichisbrucca,* 1161/77 *Prukka.* **III.** Das Gw. ⁊ *-brück* begegnet hier in der ahd.-bair. umlautlosen Variante *brugga*, das Bw. ist der ahd. PN *Ascirîch* (im stark flektierten Gen.), der später getilgt wurde (möglicherweise tradiert er den Namen des Erzbischofs von Kalocsa/Ungarn). Der ON bedeutet 'Brücke des Ascirich'. **V.** ANB 1; ÖStB 4/1; Schuster 1. *ES*

Bruck an der Mur **I.** Stadt, 12990 Ew., Pol. Bez. Bruck an der Mur, ST, A. Im 3. und 4. Jh. n. Chr. gab es am rechten Murufer eine römerzeitliche Siedlung, die man mit der Poststation Poedicum gleichsetzt. Die Gründung eines Salzniederlagsrechts um 1240 führte zu einer wirtschaftl. Blüte und zur Stadterhebung 1277. Die Wasserkräfte des Flusses Mürz begünstigten große Industrieanlagen. **II.** 860 *curtes in proprium ... ad Pruccam [Or]; Bruck (1442).* **III.** Nach einem Übergang (ahd. *brugga* 'Brücke') benannt. **V.** ANB. *FLvH*

Bruckmühl **I.** Markt im Lkr. Rosenheim, 15993 Ew., Reg.-Bez. Oberbayern, BY. **II.** 1327 *auf der Mul ze Pruk,* 1346 *Prukmul ... Molitor,* 1474 ... *auf vnnser mul zu Prugk,* 1582 *Prugkhmül ... Diese Mül ... Solche Mül besitzt Hanns Müllner zue Prugkh,* 1811 *Bruckmühl,* 1877 *Bruckmühl.* **III.** Dem Erstbeleg liegt mhd. *pruk* 'Brücke', ⁊*-brück, -bruck*, zugrunde. Später wurde das Gw. *mul* 'Mühle' hinzugefügt. Der Name bezeichnet somit eine bei einer Brücke gelegene Mühle. **IV.** Bruck i. d. OPf., Lkr. Schwandorf, ⁊ Fürstenfeldbruck, beide BY. **V.** Reitzenstein 2006. *WvR*

-brück / -bruck / -brücken. Ahd. *brugga*, asä. *bruggia*, mhd. *brücke / brucke / brügge*, mnd. *brügge* Fem., obd. / bair. ohne Umlaut vor Guttural, < germ. **brugjō(n)* bedeutet urspr. 'Bohlenweg, Knüppeldamm' in sumpfigem Gebiet, erweitert zu 'hölzerne, steinerne Brücke', oft an wichtigen Flussübergängen im Zuge alter Handelsstraßen vorkommend (⁊ Zweibrücken, RP; ⁊ Innsbruck,TR). Der wohl frühna. Bildungstyp hat gelegentlich ON als Bw., begegnet aber öfter auch als Simplex (⁊ Brück, Lkr. Potsdam-Mittelmark, BB; Brügge, Lkr. Rendsburg-Eckernförde, SH; Brücken (Pfalz), Lkr. Kusel, Brücken, Lkr. Birkenfeld, beide RP; Bruck i.d.OPf., Lkr. Schwandorf, Bruck, Lkr. Ebersberg, beide BY). Das Wort ist mit *Prügel*, mhd. *brügel* 'Knüppel' verwandt. Literatur: Bach DNK II, 1; Schuster I; Laur; Kluge; NOB III. *FD*

Brück **I.** Stadt und gleichnamiges Amt, Lkr. Potsdam-Mittelmark, 10513 Ew., in der Niederung der Plane sw Potsdam, BB. Zum Amt gehören neben der Stadt Brück noch 5 Gem. Ehem. Burg auf flacher Bodenwelle im Sumpfgebiet der Plane. Aus dem suburbium erwuchs eine Siedlung, die 1360/74 Stadtrecht erhielt. 1815 kam Brück mit dem Amt Belzig an Preußen. Starke Landwirtschaft, bes. Viehzucht, Fleischhandel. Auch im 19. Jh. noch neben Handwerk Feldbau. Später kleinere Betriebe. **II.** 1249 *Walterus de Brugge [Or],* 1342 *Brugge,* 1459 *Brügge; Brück (1550).* **III.** Der Name kann durch nl. Siedler von Brügge in Westflandern (Belgien), 1122 *Brügge,* übertragen worden sein, da der Ort nicht direkt an einem Übergang über die Plane gelegen hat. Brücke kann aber nach Bach DNK II 1 auch einen Damm durch sumpfiges Gelände bezeichnen, vgl. mnd. *brügge* 'Pflaster, gepflasterter Weg', so dass auch eine Bedeutung 'Ort an einem Damm, der durch sumpfiges Gelände führt', vorliegen kann. **IV.** Ähnlich Brügge, OT von Halenbeck-Rohlstorf, Lkr. Prignitz, BB. **V.** Riedel A IX, VIII; BNB 2. *SW*

Brüggen I. Gem. im Kr. Viersen, 16 121 Ew., Reg.-Bez. Düsseldorf, NRW. 1289 erstmalige Nennung der Burg Brüggen als Besitz der Grafen von Kessel. Später Grenzfestung des Herzogtums Jülich. II. 1289 *Brucge*, 1314 *in Brucke* [Or], 1317 *de Brugghen* [Or, franz.]. III. Lokativischer Dat. Sg., st. oder sw. flektiert, zu mnl. *brugge* 'Brücke' im Sinn von '(Ort) an der Brücke' (über die Schwalm). V. FO 1; Gysseling 1960/61; RhStA XI/58; HHS 3. *Tie*

Brühl I. Gem. im Rhein-Neckar-Kreis, 14 233 Ew., ca. 12 km wsw Heidelberg in der Rheinebene gelegen und von der Leimbach durchflossen, Reg.-Bez. Karlsruhe, BW. 1157 vom Bischof von Speyer dem Domkapitel geschenkt, danach an das Kloster Maulbronn, seit 1709 beim Oberamt Heidelberg und ab 1803 badisch. Ziegeleibetrieb, Maschinenbau, Kollerinsel, Villa Meixner. II. 1157 *Brůvele*, 1268 Kop. 16. Jh. *Bruel*, 1326 *Bruwel*; Brühl (19. Jh.). III. Dem Namen liegt ahd., mhd. *brüel* 'feuchte Wiese' zu Grunde, das kelt. *bro(g)ilos* voraussetzt. Er steht für 'umzäuntes, meist feuchtes, zum Besitz des Dorfoberhauptes gehöriges, oft als Tiergehege benutztes Wald- oder Wiesengelände'. Die älteren *v*- und *w*-Schreibungen dienen der Ausspracheerleichterung in der Stellung zwischen zwei Vokalen. IV. Brühl, Rhein-Erft-Kreis, NRW. V. FO 1; Krieger; Bach DNK 2; LBW 5; Knaus, O.: Achthundert Jahre Brühl. Schwetzingen 1957. *JR*

Brühl I. Stadt im Rhein-Erft-Kreis, 44 491 Ew., sw Köln, Reg.-Bez. Köln, NRW. Vorgeschichtliche und röm. Besiedlung, im 973 bestätigten Wildbann des Kölner Erzbischofs im 12. Jh. angelegter Hof, Stadtrechte 1285, Burg in Brühl bevorzugte Residenz des Kölner Erzbischofs und Kurfürsten bis ins 16. Jh., Zerstörung 1689, 1725–28 Barockschloss Augustusburg errichtet, h. Weltkulturerbe; im späten 19. Jh. Braunkohleabbau, 1965 beendet; Geburtsort von Max Ernst (1891–1976), Museum seit 2005. II. 1159/69, 1189–90 *de Brule*, 1217 *Brůle*. III. App. mhd. *brüel* aus mlat. *brogilus* zu idg. *mrog-* 'feuchte Wiese', dann auch 'grundherrliche Wiese, eingehegter Wildpark'. Häufig in west- und süddeutschen ON und FlN, auch als FN, vgl. nl. *Breugel*, franz. *Breuil*. IV. ↗ Brühl, Rhein-Neckar-Kreis, BW. V. Dittmaier 1952/53; Gysseling 1960/61; HHS 3. *Ho*

Brüx // Most ['most] I. Kreisstadt, 67 438 Ew., in Nordböhmen, Bezirk Ústí nad Labem (Ústecký kraj), CZ. Urspr. lag die slaw. Siedlung *pons Gnewin* an einem durch einen morastigen Abschnitt der Trasse Prag-Chemnitz-Leipzig-Magdeburg führenden Faschinenweg, welche zur Vorstadt der von König Wenzel I. unter Hinzuziehung sächs. Kolonisten gegr. neuen Stadt wurde (*Sankt Wenzelsdorf // Ves sv. Václava*). Nach 1237 got. Burg *Hněvín // Landeswarte*, 1651–53 zerstört. Brüx wurde mehrfach an Sachsen verpfändet; 1515 Vernichtung durch Feuersbrunst. Aufbau einer neuen Kirche, die 1975 mit großem Aufwand 841 m versetzt wurde. Ab 1870 intensiver Kohleabbau und Industrialisierung. Wegen der Braunkohlevorräte wurde 1964 die Stadt fast vollständig abgerissen und durch Neubauten ersetzt. II. 1041 *ad pontem Gnevin (Ghneuin), 1207 in monte Gnewin Most, in Ponte* [Or], 1238 *iudex de Bruchis* [Or], 1253 *in Pruks*, 1278 *Brux*, 1459 *Most*, 1787 *Brüx, Most*. III. Die lat. Erwähnung von 1041 (Chronik von Cosmas, 12. Jh.) bedeutet 'Gněvas Brücke'. Der tschech. und der d. ON erinnern an eine Knüppelbrücke, die über die einstigen Sümpfe bei Brüx führte: tschech. *most* und lat. *pons* 'Brücke', d. *Brux, Brüx < Brück(e)* (↗ *-brück, -bruck, -brücken*) mit einer *-s-*Erweiterung nach dem Modell der genitivischen ON *Arnolds, Heinrichs* u. ä. IV. *Mosty, Mostiště, Mostná* u. a., CZ. V. Pf III; LŠ; HSBM; SchOS. *RŠ*

Brugg mda. ['brʊk] I. Stadt und Hauptort des Bezirks Brugg, 9131 Ew., AG, CH. Aarebrücke zur Römerzeit. Als Ort gegründet durch die Habsburger, 1284 Stadtrecht, 1415–1798 bernisch, seither aargauisch. Betriebe für Kabelproduktion, Stahlbau, Zementröhrenherstellung, Pumpen- und Maschinenbau. II. 12. Jh. *Bruggo* (Kop. 14. Jh.), 1164–1174 *de Brucca*, 1240 *in Brugge*. III. Sekundärer SiN nach der Brücke über die engste Stelle der von senkrechten Felsen gebildeten Aareschlucht. Er geht zurück auf das Gattungswort ahd. *brugga, brucca* < germ. **brugja* (↗ *-brück*). Das *j* bewirkte Dehnung (Gemination) des vorangehenden Konsonanten, in den obd. Mundarten unterblieb häufig der Umlaut des *u* vor [g:] *gg* (Paul, H.: Mittelhochdeutsche Grammatik. Tübingen ²¹1982). IV. Bruck an der Mur, SM; Innsbruck, TR, beide A; Zweibrücken, RP; Brügge, B. V. Schweiz. Lex.; Zehnder, Gemeindenamen Aargau; LSG. *RMK*

Bruneck // Brunico [bruˈnɛk], dial. veraltet [prauˈnɛkŋ], jetzt [pruˈnɛkŋ]. I. Stadt und Verwaltungssitz der Bezirksgemeinschaft Pustertal, 15 170 Ew., l. der Rienz im w Pustertal, STR, I. Gründungsstadt mit Burg des Brixener Fürstbischofs Bruno von Kirchberg (1250–88) kurz nach 1253 zur Sicherung der Rechte im Pustertal und nach ihm benannt. Bis 1919 bei Österreich, seither Italien. II. 1256 *Bruneke*, 1295 *Brauneck*, 1344 *ze Prawnekken, Prunek*, 1500 *ze Prawnegken*, 1768 *Pruneggen*, 1817 *Bruneck*. III. Gereihtes Komp. mit bair.-mhd. *ekke*, ↗ *-eck*, als Burgenname und dem bair.-mhd. PN *Prün/Praun* (ahd. *Brūno*). Obwohl mhd. *ū* zu *au* diphthongiert war und sich dieses in der dial. Form als Dat. Sg. bis in die 1. Hälfte des 20. Jh. erhielt, setzte sich im 19. Jh. schriftlich in Verbindung mit dem geläufigen PN

Bruno dessen Schreibweise durch. Ladinisch *Bu/ornéch* ist d. Entlehnung mit Metathese, ital. *Brunico* eine künstliche Bildung und seit 1923 amtlich. **V.** Kühebacher 1; HHS Huter; Hye. *PW*

Brunico ↗**Bruneck**

-brunn / -bronn. Ahd. *brunno / prunno*, mhd. *brunne* M. 'Quelle, (frisches) Wasser' mit Senkung *-u-* > *-o-*, mnd. / md. *born(e)* durch Metathese (↗Paderborn, NRW). Die auf germ. **brunnō(n)* zurückgehenden Formen begegnen nicht selten auch in FlN mit der Bed. 'Quell-/ Sumpfgebiet'. Literatur: Bach DNK II, 1; Kluge. *FD*

Brunsbüttel ['brʊnsbytəl] **I.** Amtsfreie Stadt im Kr. Dithmarschen, 13 379 Ew., Westküste, an Elbe und Nord-Ostsee-Kanal, SH. 1286 erstmals urk. erwähnt, 1772 politische Selbstständigkeit für Brunsbüttel-Eddelaker-Koog durch dänischen König Christian VII., 1907 Umbenennung des Brunsbüttel-Eddelaker-Koogs in Brunsbüttelkoog, 1948 Stadtrecht, bis 1970 Brunsbüttelkoog, dann Zusammenlegung von Brunsbüttelkoog und sechs umliegenden Gemeinden zu Brunsbüttel. Hafen mit großen Schleusen an der Mündung des Nord-Ostsee-Kanals in die Unterelbe, Kernkraftwerk, chemische und petrolchemische Industrie, Maschinenbau, Schleusenmuseum. **II.** 1286 *in Brunesbutle* [Or], 1447 *to Brunßbuttel*, 1584 *bei Brunßbüttel*; *Brunsbüttel* (1970). **III.** Der ON ist eine Zusammensetzung des aus dem Germ. stammenden ↗*-büttel* für den Grundbesitz, die Siedlung und dem PN *Brun*, vom dän. *brun* 'braun', so dass sich die Bedeutung 'Siedlung des Brun' ergibt. **V.** Laur; Haefs. *GMM*

Bruntál ↗**Freudenthal**

Brzeg ↗**Brieg**

-buch. ↗**-grün.**

Buchau, Bad **I.** Stadt und gleichnamiger GVV im Lkr. Biberach, 8 443 Ew., ca. 14 km wsw Biberach an der Riß am Federsee gelegen, Reg.-Bez. Tübingen, BW. Zum GVV gehören außerdem die Gem. Alleshausen, Allmannsweiler, Betzenweiler, Dürnau, Kanzach, Moosburg, Oggelshausen, Seekirch und Tiefenbach. Zu Beginn des 11. Jh. Siedlung Buchau bezeugt, ab 1320 Reichsstadt, 1803 an die Fürsten von Thurn und Taxis, ab 1806 unter württembergischer Staatshoheit und seit 1963 Bad Buchau. Federseemuseum, klassizistische Stiftskirche St. Cornelius und Cyprianus. **II.** 819 *Buchau* (F. 12. Jh.), 857 *Puahauua*, 930 *Puochowa* [Or], ca. 1022 *Buchouva*, *Puochouva*; *Bad Buchau* (1963). **III.** Ein Kompositum mit dem Gw. ↗*-au*, ahd. *ouwa*, mhd. *ouwe* 'Land am Wasser, Insel' und mhd. *buoch* 'Buchenwald, Wald'. **IV.** Buchau (bei Salzburg), A; Buchau (bei Admont), A. **V.** FO 1; LBW 2 und 7; Das Königreich Württemberg: Eine Beschreibung von Land, Volk und Staat, hg. von dem Kgl. Statistischen Landesamt Württemberg. Stuttgart 1882–86. *JR*

Buchen (Odenwald) **I.** Stadt (seit 1974) im Neckar-Odenwald-Kreis, 18 506 Ew., ca. 23 km nnö Mosbach und etwa 81 km onö Mannheim im Grenzbereich des sö Odenwaldes und des Baulands gelegen, Reg.-Bez. Karlsruhe, BW. Ersterwähnung 773/74 im Zuge der Schenkung an das Kloster Lorsch, danach unter der Herrschaft der Herren von Dürn, die Buchen 1255 zur Stadt erhoben, ab 1309 dem Erzstift Mainz zugehörig und seit 1806 badisch. Siegfriedstraße, Bücherei des Judentums, Limes, Wartturm, Geburtsort von Albrecht Pilgrim von Buchheim und Konrad Wimpina. **II.** 773/4 (Kop. 12. Jh.) *Bucheim*, 9. Jh. (Kop. 12. Jh.) *Bocheimer marca*, 1146 *Buchheim*; *Buchen* (1395). **III.** Eigentlich ein Kompositum mit dem Gw. ↗*-heim*. Dem Bw. liegt wohl ahd. *buohha*, mhd. *buohhe* 'Buche', bzw. mhd. *buoh* 'Buchenwald' zu Grunde. Vereinzelte *u-* Schreibungen für *uo* sind schon ahd. bezeugt. Der Name ist dann als 'Wohnstätte bei den Buchen' zu deuten. Die Kürzung *-heim* > *-en* begegnet auch in Namen wie ↗*Bretten* < *Brettheim*. **V.** Bach DNK; LBW 2 und 5; Kleiber 2000. *JR*

Buchholz in der Nordheide **I.** Stadt im Lkr. Harburg, 38 415 Ew., Reg.-Bez. Lüneburg (bis Ende 2004), NI. Bis in das 19. Jh. dörflich; im 19. Jh. Ausbau zum Eisenbahnknotenpunkt und danach rasche industrielle und Bevölkerungsentwicklung; Stadtrecht 1958. **II.** Nach 1236 *Bocholt* [Kop. 16. Jh.], 1450–51 *Bockholte*, 1567 *Boeckholt*; *Buchholtz* (1791). **III.** Bildung mit dem Gw. ↗*-holz*, das bis ins 17. Jh. hinein in der nd. Entsprechung *-holt(e)* erscheint. Bw. ist das unflektierte App. asä. *bōk*, mnd. *bōke* 'Buche'. Die Schreibungen mit *-ck-* bzw. *-oe-* zeigen die Länge des Stammvokals an. Das Bw. wird im 17./18. Jh. durch die hd. Form *Buch-* ersetzt. Der Zusatz *in der Nordheide*, der sich auf die Lage des Ortes bezieht, ist jung und dient seit 1960 der Unterscheidung von anderen gleichnamigen Orten. **IV.** ↗Bocholt, Kr. Borken, NRW. *KC*

Buchloe **I.** Stadt (seit 1954,) und Sitz der gleichnamigen VG, Lkr. Ostallgäu, 18 401 Ew., Reg.-Bez. Schwaben, BY. Mittelalterliche Stadt um 1280, ab 1311 im Besitz des Hochstifts Augsburg, Hauptpflegamtssitz, 1802 zu BY. Eisenbahn- und Straßenknotenpunkt in der Ebene des Wertach-Gennach-Lech-Tales. **II.** 1153–1162 *Bocholon*, 13. Jh. *Büechellun*, 15. Jh. *Buchlon*; *Buchloe* (1517). **III.** Gw.: wohl ahd. *lōh*, *lō* 'Hain,

Gebüsch, Wald, Gehölz' im Pl., ⇗-*loh(e)*, Bw.: ahd. *buohha* 'Buche', umgedeutet auf mhd. *buoch* st. Ntr. 'Buchenwald'. Gesamtdeutung: 'Siedlung bei den lichten Buchengehölzen'. **V.** Dertsch: HONB Kaufbeuren; Reitzenstein 1991; Ostallgäu Einst und Jetzt. *TS*

Buchs mda. [buxs] **I.** Polit. Gem. und Hauptort des Wahlkreises Werdenberg, 10 954 Ew., mit Dorfteil Altendorf und den dorfähnlichen Weilern Räfis und Burgerau, Streusiedlungen am Buchserberg, SG, CH. Marktort, Industrie-, Einkaufs-, Dienstleistungszentrum des oberen St. Galler Rheintals, regionales Schul- und Bildungszentrum (interstaatliche Ingenieurschule NTB, Berufsschulzentrum), Grenzbahnhof, Bahnknotenpunkt (Bahnanschluss an Österreich seit 1884). Gehörte zur ma. Grafschaft Werdenberg, deren Gebiet 1517–1798 unter der Herrschaft des eidgenössischen Standes Glarus stand. 1803 Eingliederung in den Kt. Sankt Gallen. Jungsteinzeitliche Funde, frühma. rätorom. Dorfsiedlung, Rheinfähre zu Schaan (FL) seit 9. Jh., Kirche Sankt Georg urk. ab 9. Jh., 1484 Bau der Kirche St. Martin, älter mehrere Kapellen. Verdeutschung im Hochmittelalter. **II.** 765 *de Pogio*, 933 *Pugo*, 1395 *Bux*; *Buchs* (1213). **III.** Lat. *pŏdium* 'Tritt, Anhöhe' (bezogen auf den ältesten Siedlungsplatz an erhöhter Stelle) > **podjo*, woraus alträtoromanisch **püög* / **puog* (mit mediopalatalem Quetschlaut im Auslaut) und (durch Anfügung des Ortsnamensuffixes -*s*) > **puogs* entstand, das durch frühe alem. Einwirkung zu *bugs* wurde. Dieses erfuhr schließlich (entsprechend d. *Fuchs*: /fuks/ bzw. lokal mda. /fuxs/) eine Verschiebung zu *buxs*. **IV.** Anders zu bewerten weitere *Buchs*-Namen in den Kantonen AG, LU, ZH (alle CH), die auf lat. *buxus* 'Buchsbaum' beruhen. **V.** Vincenz; LSG. *HS*

Budenheim **I.** Gem. im Lkr. Mainz-Bingen, 8534 Ew., am Rhein w an Mainz angrenzend und gegenüber von Wiesbaden (HE), in Rheinhessen, RP. Bereits in spätröm. Zeit wurden hier *villae rusticae* zur Sicherung der Versorgung der Garnisonsstadt Moguntiacum angelegt. Seit dem 9. Jh. gehörte das Dorf dem Altmünsterkloster in Mainz, 1563 an das Mainzer Erzstift. 1781 wurde das Klostervermögen durch die Mainzer Universität übernommen. Budenheim wird h. aufgrund der landwirtschaftlichen Ausrichtung „Obst- und Blütengemeinde" genannt. Bekannt ist das „Budenheimer Blütenfest". **II.** 1057 *Buodenheim*, 1040–1140 *Butenheim*. **III.** Das Bw. ist der ahd. PN *Bodo*, Gen. Sg. *Boden*-, mhd. *Buodo*, *Bûdo*, das mit dem Gw. ⇗-*heim* zu einem typischen ON dieser Landschaft wird. Der ON bedeutet demnach 'Wohnstätte des Bodo'. **IV.** Bodenheim, OT von Weilerswist, Lkr. Euskirchen, NRW; Bad Bodendorf, OT von Sinzig, Lkr. Ahrweiler, RP. **V.** Scriba, H.E.: Regesten der bis jetzt gedruckten Urkunden zur Landes- und Ortsgeschichte des Großherzogtums Hessen, Bd. III: Regesten der Provinz Rheinhessen. Darmstadt 1851; FP; Kaufmann 1976. *JMB*

Büchen nd. Böken **I.** Gem. und gleichnamiges Amt im Kr. Herzogtum Lauenburg, 13 474 Ew., am Elbe-Lübeck-Kanal, an der Grenze zu Hamburg, SH. 1937 Zusammenlegung von Dörfern zur Gem. Büchen, 1230 erstmals Erwähnung von Büchen-Dorf, im Mittelalter zentrale Bedeutung als Markt-, Kirchspiel- und Wallfahrtsort. Zentrale Bedeutung für ländliches Umland, wirtschaftl. enge Verknüpfung mit Hamburg, Priesterkate. **II.** 1230 *Boken* [Or], 1390 *to der Boken*, 1545 *tor Boken*; *Büchen* (18. Jh.). **III.** Die Wendung *tor Boken* 'zu den Buchen' enthält die flektierte Mehrzahlform zu nd. *book* 'Buche' und beschreibt damit den Ort Büchen als eine 'Siedlung bei den Buchen'. **IV.** Aukrug-Bucken, Kr. Rendsburg-Eckernförde, SH; Bücken, Lkr. Nienburg/Weser, NI. **V.** Laur; Haefs. *GMM*

Bückeburg **I.** Stadt im Lkr. Schaumburg, 20 674 Ew., n des Weserberglandes, Reg.-Bez. Hannover (bis Ende 2004), NI. 1153/70 Erwähnung einer Siedlung *Sutherem*, 1304 *ein Hof zu Zinterem vor der Bukkeborch*, um 1300 Wasserburg der Grafen von Schaumburg zur Sicherung der Herrschaft gegen Minden, 1365 Fleckenrecht, 1609 Stadtrecht, Ausbau der Stadt und des Schlosses zur Residenz, ab 1647 Regierungssitz der Grafen von Schaumburg-Lippe. **II.** 1304 *vor der Bukkeborch* [Or], 1518 *bynnen unserm flecke Bückeborg* [Or]. **III.** Der Name der Alten Bückeburg (1153/1170 *Buckeburch* [Or]) bei Obernkirchen, der Hauptburg des Buckigaues (755 *in pago, qui Bucki vocatur* [Or]), wurde auf Burg und Siedlung übertragen. Der BurgN setzt sich aus dem Gw. ⇗-*burg* und dem asä. Gaunamen *Bucki* zusammen, der als -*ja*-Abl. von **Buk*- (zu idg. **bheug[h]*-, **bhug*- 'biegen') entstanden ist. Der Suffixvokal bewirkte Umlaut und Gemination des -*k*-. Wahrscheinlich verweist die Basis **Buk*- auf die hügelige Landschaft, vgl. nhd. *Buck*, Pl. *Bücke* 'Krümmung, Hügel', mnd. *bucken*, mhd. *bücken* 'bücken, niederbeugen, biegen, krümmen'; bisherige Deutungen gingen von einer Verbindung mit mnd. *buk*, mhd. *gebücke* 'Zaun aus ineinanderverflochtenen (gebogenen) Zweigen, Grenzhag' aus. **IV.** Bücken (937 *Bukkiun*), Lkr. Nienburg (Weser), NI. **V.** Nds. Städtebuch; Laur, Schaumburg; GOV Schaumburg. *FM*

Büdelsdorf nd. Büdelsdörp, dän. Bydelstorp **I.** Amtsfreie Stadt im Kr. Rendsburg-Eckernförde, 10 207 Ew., direkte Nähe zu Rendsburg, am Nord-Ostsee-Kanal und an der Eider, SH. 1779 erhielt Büdelsdorf genaue Ortsgrenzen, 1867 zum Kr. Eckernförde, 1878 zum Kr. Rendsburg, seit 1970 zum Kr.

Rendsburg-Eckernförde, 2000 Stadtrecht. Industriestandort, Eisen-Kunst-Guss-Museum. **II.** 1538 *Budelstorp [Or]*, 1600 *Büdelstorfe*, 1651 *Budelstorp*. **III.** Der ON ist eine Zusammensetzung aus dem PN *Büdel* (von *Bodilo* abstammend) und der mnd. Form *-dorp* (↗*-dorf*), so dass ein 'Dorf des Büdel' bezeichnet wurde. **V.** Laur. *GMM*

Büdingen **I.** Stadt im Wetteraukreis, 21 352 Ew., sw des Vogelsbergs, Reg. Bez. Darmstadt, HE. Zuerst wohl eine im Wesentlichen im 8/9. Jh. gegr. und nach ihrem Gründer benannte fränk. Siedlung. Deren Name erscheint erst ab 1131 und nur als Beiname eines dort begüterten Adelsgeschlechts und ging dann auch auf die von diesem seit der Mitte des 13. Jh. in der Nähe erbaute Burg und die sich bei dieser neu entwickelnde Stadt über; Marktrecht 1330. Stadt und Herrschaft kamen im Spätma. an die verwandten Isenburger, 1816 an Hessen-Darmstadt. **II.** 1131 *Bůedingen [Or]*, 1219 *Bůtingen [Or, so öfter]*, 1147 *Budingen [Or, so öfter]*. **III.** Zugrunde liegt wohl der Stamm der PN-KF: *bōt-i/o* (< *baudi) mit expressiv offenem und daher dann zu *-uo-* diphthongiertem *-ō-*, in der Bed. 'Gebieter' zu *gi-biotan* '(ge)bieten'. Das *-ůe-* und die wesentlich häufigeren (im Mhd. durchaus vieldeutigen) Graphien *-ů-* oder *-u-* bezeichnen hier wohl schon den aus dem Diphthong *üe* (< ahd. *uo*) seit dem 11. Jh. entstandenen Monophthong *ü*, wobei der aufgrund des *-i-*haltigen Suffixes schon im Ahd. gesprochene Umlaut bis ins 15. Jh. meist unbezeichnet bleibt. In vielen Belegen erscheint noch das alte, im frühen Rhfr. weitgehend unverschoben gebliebene *-d-*, in ebenso vielen aber schon die sich zumindest graphemisch weiter ausbreitende Lautverschiebung > *t*; seit dem Spätma. setzt sich – wohl auch durch die binnend. Konsonantenschwächung gestützt – *-d-* durch. Mit dem Zugehörigkeitssuffix *-ing-* (↗*-ingen*) ergibt sich der Insassenname im Dat. Pl.: 'bei den Leuten des Bōti/o'. **IV.** Büdingen, Lkr. Merzig-Wadern, SL; ↗Butzbach, Wetteraukreis, HE. **V.** Mainzer UB I; Falck; Clemm; Kaufmann 1965 und 1968. *HGS*

Bühl **I.** Große Kreisstadt (seit 1973) und gleichnamige VVG im Lkr. Rastatt, 35 573 Ew., ca. 19 km s Rastatt und etwa 47 km ssö Karlsruhe im Grenzbereich vom Oberrheinischen Tiefland und dem Schwarzwald auf dem Schwemmfächer der Bühlott gelegen, Reg.-Bez. Karlsruhe, BW. 1283 Übergang an das Kloster Schwarzach, 1720 ging Bühl an Baden und erhält 1835 von dem Großherzog Leopold von Baden das Stadtrecht. Obst- und Weinbau, Bühler Zwetschgen, Stadtkapelle Bühl, Alt-Windeck, Römischer Meilenstein. **II.** 1275 *Bůle*, 1283 (Kop. 1780) *Bühel*, 1302 *Buhele*, 1373 *Oberbühl*. **III.** Der Name gehört zu ahd. *buhil* 'Hügel, Berg', mhd. *bühel* 'Hügel'. **IV.** ↗Beuel,

OT von Bonn, NRW. **V.** FO 1; Krieger; LBW 2 und 5. *JR*

Bühlertal **I.** Gem. im Lkr. Rastatt, 7997 Ew., ca. 18 km s Rastatt im n Talschwarzwald gelegen und umschließt das Einzugsgebiet der Bühlott, Reg.-Bez. Karlsruhe, BW. Urk. Ersterwähnung 1301, ab 1536 Teilbegüterung der Markgrafen von Baden und seit 1688 komplett badisch. Erholungs- und Luftkurort, Obst- und Weinanbau, Museum Geiserschmiede. **II.** 1325 *Bůheltal*, 1335 *Bůhelertal*. **III.** Bühlertal ist eine Zusammenrückung aus das Bühler Tal 'Tal hinter Bühl'. Der Name erinnert an die von Bühl her immer weiter vorgetriebene Rodung. **IV.** Bühlerzell, Bühlertann, Oberes Bühlertal, alle Lkr. Schwäbisch Hall, BW. **V.** Krieger; LBW 5. *JR*

Bülach **I.** Politische Gem. und Hauptort des gleichnamigen Bezirks, 16 774 Ew., ländliche Kleinstadt im unteren Glatttal und wirtschaftliches Zentrum im Zürcher Unterland, Kt. Zürich, CH. Reiche ur- und frühgeschichtliche Funde, bedeutendes alemannisches Gräberfeld, erste Spuren einer Dorfbildung im 6./7. Jh., Stadtanlage bereits im 13. Jh. ummauert, 1384 Stadtrecht. Frühe Industrialisierung. **II.** 811 *in Pulacha*, 828 *in villa Puillacha*, 1044 *Pulacha*. **III.** Primärer Siedlungsname des galloromischen *-(i)acum*-Typs mit einem lat. PN *Pullius* im Kern und dem Suffix *-(i)acum*; anzusetzen ist **(fundum/praedium) Pulliācum* 'Besitz, Landgut des *Pullius*'. Die *-(i)acum*-Namen entwickeln sich mit der zweiten Lautverschiebung allgemein zu ↗*-ach³* und fallen damit in der Regel mit den Namen auf ahd. *aha* 'Bach, Gewässer' > ↗*-ach¹* zusammen. Ein weiterer Entwicklungsschritt ist die Reduktion der Silbe zu *-i*, daher die ältere mda. ON-Form [bü:li]. Namen dieses Typs sind in der nördlichen und östlichen Schweiz selten. **IV.** Sirnach, TG, Seuzach, ZH und ↗Embrach, ZH, alle CH. **V.** HLS, LSG. *MHG*

Bünde **I.** Stadt im Kr. Herford, 44 675 Ew., 20 km n Bielefeld, Reg.-Bez. Detmold, NRW. Entstehung um eine karolingische Pfarrkirche des 9. Jh. (zum Stift Herford); im Machtbereich der Bischöfe von Minden, Paderborn und Osnabrück; 14. Jh. zur Gft. Ravensberg, seit 1609/47 brandenburgisch, 1719 Stadtrecht, preuß. Akzisestadt, 1816–1831 preuß. Kreisstadt. Ab 1843 Tabakindustrie (1937 Tabakmuseum), Lebensmittel-, Elektroindustrie, Glasverarbeitung, Maschinenbau, Medizintechnik. **II.** Zu 853 (formale F., Kop. 1039) *Buginithi*, 952 *Buinithi*, 1025 *Biunidi*, 1079 *Bvnede*, Ende 12. Jh. *Buinithe*, 1147 *Bunethe*, 1224 *Bugnede*, 13. Jh. *de Bunethen*, 1276 *in Bunede*, 1277 *villa Bunede*. **III.** Abl. mit dem Suffix ↗*-ithi*. Die Basis der Abl. wird bislang mit dem st. Verb mnd. *būgen*, ae. *būgan* 'biegen' (vgl. auch FO 1 zu ahd. *biugo* (lat. *sinus*), mhd. *biuge* Fem. 'Beugung' und asä. *-bōg* 'Band, Reif, Spange', asä. *boga* 'Flöhkraut, Polei', asä. *-bogo*, ahd. *bogo* 'Bogen', wfl. *buage*) oder mit mnl. *Buun*, *bune* Fem. 'Flechtzaun, auch bebautes Land', mnd. *būn(e)* 'Bühne (als Deichschutz), Fischwehr; Zaun', nhd. *Bühne* verbunden. Da in der Basis ein Bezug zu naturräumlichen Gegebenheiten anzunehmen ist (Flusslauf der Else, Elseaue, zahlreiche kleine Bäche in der Elseniederung), liegt ein Anschluss an idg. **bhŏgh-*'Schlamm, Sumpf' näher, sodass mit einer germ. Nasalbildung **bōg-ina* (Bez. für einen schlammigen Wasserlauf oder Wasserlauf in sumpfigem Gelände; vgl. den ON von Bögen, Lkr. Vechta) gerechnet werden kann. Nach Vokalerhöhung von *-ō-* > *-ū-* vor *i* der Folgesilbe ergibt sich die älteste Namenform *Buginithi*, die nach Abschwächung und Synkopie der Nebentonsilben zu *Bunede*, *Bunde*, nach Sekundärumlaut zu *Bünde* wird. Der Namen des in erhöhter Lage liegenden alten Siedlungskernes ist damit aus einer Flurbezeichnung für das mit schlammigen Wasserläufen durchzogene Umland entstanden. V. Bach DNK II; Schneider; Berger; HHS 3. *BM*

Büren I. Stadt im Kr. Paderborn, 21 578 Ew., auf Bergsporn am Zusammenfluss von Alme (l. Nfl. zur Lippe) und Afte, Reg.-Bez. Detmold, NRW. Gründung vor 1194 durch Edelherren von Büren in der Nähe ihrer Burg (gegr. ca. 1150) und dem Paderborner Bischof unterstellt, bis 1220 Ausbau nach Lippstädter Vorbild um ein *novum oppidum*, Markt und Münzprägung (seit ca. 1250), vor 1252 Gründung einer zweiten Neustadt, deren Ausbau misslang, 1326–1374/84 Mitherrschaft der Bischöfe von Paderborn, 1660 paderbornische Landeshoheit. Ma. Brauereigewerbe. Landwirtschaft. 1816 Verwaltungszentrum des Altkreises Büren, 1975 Zusammenschluss mit 11 Gem., darunter Brenken und Wewelsburg. II. 1015 *Burenan*, 1015 (Kop. um 1160) *Burgnan*, 1153 *Buren*, 1252 *in Buren*, 1260 *de Būren*. III. Der Name wird als Dat.-Pl.-Form mit asä. *būr* Fem. 'Bauerschaft, Dorf', mnd. *būr* Ntr. 'Gehäuse, Wohnstätte; Bauer, Käfig' verbunden (vgl. ags. ahd. *būr* M. 'kleines Haus, Kammer', nhd. *Bauer* 'Vogelkäfig') und als Ortsangabe 'bei den (kleinen) Häusern' erklärt. Ausgangspunkt wird eher **buri* (*-ja*-Stamm) sein, für das ein Dat. Pl. **Buriun* zu erwarten wäre (ohne den Nasal der ältesten Zeugnisse mit Sprossvokal hinter *-r-*; *-g-* wird für *-i/j-* stehen). Während *Burenan* um 1160 leicht als **Burcnan* verstanden und zu *Burgnan* umgeschrieben worden sein kann, passt späteres *Buren* als synkopierte Form zum älteren *Burenan*, das als *-n*-Erweiterung aus **Bur-in-an* auch mit idg. **bhar-, bhor-, bhṛ-* 'Hervorstehendes, Borste, Spitze etc.' verbindbar wäre und eine alte Bezeichnung des spitz auslaufenden Bergsporns gewesen sein könnte. Seit dem 12. Jh. erscheinen abgeschwächte und gekürzte Formen, die demgegenüber dann eine sekundäre Umdeutung mit mnd. *būr* Ntr. 'Gehäuse, Wohnstätte etc.' darstellten. Verbreiteter Namentyp von Friesland bis in die Schweiz (↗ *-beuren, -beuern, -büren*). IV. ↗ Ibbenbüren, Kr. Steinfurt, NRW; Buer, OT (seit 1928) von ↗ Gelsenkirchen; Büren an der Aare (817 *Purias*, 828 *Puirron*), Kt. Bern, CH; Beuron, Kr. Sigmaringen, BW; Benediktbeuern, Kr. Bad Tölz-Wolfratshausen, BY; ↗ Blaubeuren, Alb-Donau-Kr., BW; ↗ Kaufbeuren, Kr. Ostallgäu, BY; ↗ Dornbirn, Vorarlberg, A. V. Schneider; Berger; HHS 3. *BM*

Bürstadt I. Gem. im Lkr. Bergstraße, 15 635 Ew.; Reg.-Bez. Darmstadt, HE. Seit dem 8. Jh. im Besitz des Klosters Lorsch. Bevorzugter Aufenthaltsort von Kaiser Ludwig dem Deutschen. 873 Schauplatz eines Reichstages. Das Wormser Konkordat von 1122 wurde auf den „Laubwiesen" bei Bürstadt verkündet. 1232 gelangte Bürstadt an das Erzbistum Mainz; 1461–1623/50 in kurpfälzischer Pfandschaft, danach bis 1803 wieder unter dem Ebf. von Mainz II. 767 (Kop.) *in Birstather marca*, 770 *Birstat*, 770 *Bisistat*, 788 *in Birstettero marca*, 795 (Kop.) *Bisestat*. III. PN *Biso* oder PN **Biri*. In der frühen, ausschließlich kopialen Überlieferung wechseln *s*- und *r*-haltige Formen einander ab. Aufgrund der heutigen Lautung ist von **Biri*, einer stark flektierenden Nebenform von *Bero* (ahd. *bero* 'Bär'), auszugehen. Möglicherweise geht das *-s-* auf Verlesung eines in angelsächsischer Minuskel geschriebenen *-r-* durch den Kopisten des 12. Jh. zurück. V. Bürstadt in seiner Geschichte, hg. von der Gem. Bürstadt. Mannheim 1967; CL; Müller, Starkenburg. *TH*

Bütow // Bytów ['bituf], kasch. Bëtowo I. Kreisstadt im gleichnamigen Kr. (Powiat bytowski), 16 747 Ew., im ö Teil der Woi. Pommern, PL. In einer Seenlandschaft (Pojezierze Bytowskie) und an den Flüssen Boruja und Bütow // Bytowa (Zufluss zur Stolpe // Słupia) sowie am See Jeleń gelegen. 1939 Kreisstadt im Reg.-Bez. Köslin, Provinz Pommern; Woi. Szczecin (1946–1950), Koszalin (1950–1975), Słupsk (1975–1998), Pommern (seit 1999). II. 1321 *bona terre Butow*, 1329 *Butowe*, 1335 *Bytow*, 1474 *Bythow*, 1492 *Butouwe*, 1504 *Beuthow*, 1539 *Butow, Buthow*, 1598 *Bütow*, 1618 *Butow*, 1638 *Bitow*, 1686–87 *Bytowo*, 1789 *Bütow*, 1880 *Bytów*, d. *Beutow*, 1936–39 *Bytowo (Beutow)*, 1951 *Bytów – Butow*, 1980 *Bytów, -towa*, 2002 *Bytów – Bütow*. III. Der slaw. Name **Bytov-*, poss. abgeleitet vom PN *Byt*, vgl. PN *Byt*, mit Suffix **-ov-*; kasch. Ntr. *Bëtowo* (*y* > *ë*, mit der Tendenz zum Gebrauch des Wortbildungssuffixes *-owo*). Adj. *bytowski*. IV. Bütow, Butow // Bytowo (Woi. Westpommern); Bütkau // Bytkowo (Woi. Großpolen), Bittkow // Bytków

(OT von Siemianowice Śląskie, Woi. Schles.), alle PL. V. Rospond 1984; RymNmiast; PMT IX; Rymut NMP I; NmiastPG. *BA*

Büttelborn **I.** Gem. im Lkr. Groß-Gerau, 13 329 Ew., Reg.-Bez. Darmstadt, HE. Die Großgem. entstand 1977 aus dem Zusammenschluss von Büttelborn, Klein-Gerau und Worfelden, die alle erst im 13. Jh. urkundlich erwähnt wurden. Sie waren würzburgisches Lehen der Grafen von Katzenelnbogen und kamen nach deren Aussterben 1479 zur Landgrafschaft Hessen. **II.** Büttelborn: 1211 *[Or] Bŭdelburne, Budelbrunnen, Buthelburnen,* 1225 *Butelborne,* 1613 *Büttelborn.* Klein-Gerau: 1246 *[Or] villa Weneghgerahe,* 1318 *Wenigen Gera,* 1383 *Cleynen Gerauwe.* Worfelden: 1211 *[Or] Wormuelden,* 1225 *Woruelde,* 1319 *villa Urfelt.* **III.** Das Bw. des ON *Büttelborn* ist zur idg. Wurzel *bh(e)u-* 'aufblasen, schwellen' zu stellen, vgl. mnd. *boddelen* 'Blasen werfen, schäumen'. Das Gw. *-born* (↗ *-brunn*). Der eigentliche ON von *Klein-Gerau* ist ein GwN (*Gerach,* heute *Mühlbach*) mit dem Gw. ↗ *-ach¹.* Die Endung ↗ *-au* tritt erst sekundär hinzu. Das Bw. gehört zu mhd. *gēr(e)* 'keilförmiges Landstück'. Der Mühlbach nimmt im Bereich von Groß-Gerau einen keilförmigen Verlauf. Die frühen Belege des ON *Worfelden* zeigen ein uneinheitliches Bild, sodass eine eindeutige Erklärung nicht möglich ist. Mit Sicherheit nicht zu einem nicht bezeugten ahd. Adj. **ūr* 'feucht' (so Müller). Wahrscheinlich liegt eine Klammerform **Worm-(bach)felden* vor. Der heutige *Mühlbach,* der durch den Ort fließt, weist die für die Wurm- / Wormbäche typische Krümmung auf. **V.** Bach DNK II; Kaufmann 1958; Müller, Starkenburg; Oculus Memorie. *TH*

Bützow **I.** Stadt im Lkr. Güstrow, 7 585 Ew., Verwaltungssitz des Amtes Bützow-Land, an der Warnow, ca. 15 km nw von Güstrow, MV. Zunächst slaw. Burg mit zugehöriger Siedlung, seit 1. Hälfte 13. Jh. daneben d. Siedlung, 1239–1540 Hauptresidenz der Bischöfe von Schwerin, ab 1648 zum Hztm. Mecklenburg-Schwerin, 1760–1789 Universität „Fridericiana" in Bützow, 1812 Einrichtung des Kriminalkollegiums im Schloss; früher Papierherstellung, h. vor allem kleine und mittelständische Unternehmen, 1952–1994 Kreisstadt eines gleichnamigen Kreises. **II.** 1171 *terram, que uocatur Butissowe,* 1181 *Botissi[u],* 1189 *Buttessou, Butsowe,* 1224 *Buzhiow(e); Bützow* (1346). **III.** Dem ON liegt ein apolb. KN **Butiš, *Budiš* (vgl. asorb. **Budych, *Budyš* zu Budyšin) mit einem poss. Suffix *-ov,* ↗ *-o(w),* zugrunde, dessen auslautendes *-v* in der Aussprache verloren ging. Die Bedeutung des ON lässt sich als 'Ort des Butiš oder Budiš' rekonstruieren, der KN geht verm. auf einen zweigliedrigen PN mit **Bud-* im Erstglied zurück, einer Form von slaw. **byti* 'sein'. **IV.** ↗ *Baut-*zen // Budyšin, Lkr. Bautzen, SN. **V.** MUB I; HHS, Bd. 12; Trautmann ON Meckl.; OSE; Eichler/Mühlner. *MN*

Bunde **I.** Gem. im Lkr. Leer, 77 571 Ew., im Rheiderland am Dollart, Reg.-Bez. Weser-Ems (bis Ende 2004), NI. Wegen der Lage auf einem Geestrücken blieb der Ort von den großen Sturmfluten des MA verschont; vom 14. bis zum 16. Jh. Hafenort; im 15. Jh. als Häuptlingssitz nachgewiesen, weshalb sich der Ort, wie in Ostfriesland häufig zu beobachten, zum Flecken entwickelte. Auf dem heutigen Gemeindegebiet lag die Johanniter-Doppelkommende Dünebroek. **II.** 1428 *Bunde [Or],* 1448 *Bunda,* 1484–1494 *Hogenbonne; Bunde* (1465). **III.** Der ON ist schwierig. Die von Remmers vorgeschlagenen Deutungen als *biwende, bifang* oder als **bun-ithi* kommen wegen des nicht vorhandenen Umlautes des Stammvokals bzw. bei *biwende* wegen der überlieferten Formen nicht in Betracht. Der ON könnte mit mnd. *būne* 'Anhöhe' verbunden werden und mit einem Dentalsuffix ohne präsuffixalen Vokal (< **būn-þa* o. ä.) abgeleitet sein. Der ON nimmt Bezug auf die Lage auf einem Geestrücken. **V.** Remmers, Aaltukerei. *KC*

Bunzlau // Bolesławiec [bɔlɛsˈwavʲɛts] **I.** Kreisstadt, 40 258 Ew., Woi. Niederschlesien // Dolny Śląsk, PL. In der Nähe einer Furt durch den Bober gründet Herzog Boleslaw der Lange vor 1202 eine Kastellanei. Die d. Stadt wird 1242 durch Herzog Boleslaw II. von Liegnitz gegründet. Im 15. Jh. Zentrum der schles. Tuchherstellung, ab dem 16. Jh. Aufbau einer bedeutenden, bis h. bekannten Keramikproduktion. Geburtsort des Dichters Martin Opitz. Kreisstadt, Reg.-Bez. Liegnitz, NS, (1939) 21 946 Ew. Nach 1946 wurde chemische Industrie angesiedelt, in der Nähe Kupfererzabbau. **II.** 1202 *Bolezlau, Bolezlauezc,* 1230 *Bolezlawicz,* 1334 *Bunczlaw.* Re-Polonisierung des ON: 1845 *Bolesławiec.* **III.** Der ON wurde von der nahegelegenen alten slaw. Burgsiedlung übernommen und leitet sich von einem westslaw. PN *Bolesław* (etwa: 'der sehr Ruhmreiche') her, als ON wahrscheinlich zu Ehren der herzoglichen Stadtgründer. Der Konsonantismus der d. Form entsteht durch Dissimilation (*l – l > n – l*) und einen Übergang *s > ts*. Diese lautliche Entwicklung wird zunächst in latinisierten Formen sichtbar: *Bonzlauia* 1251, *Bunzlavia* 1310. Ein Teil der apoln. Belege zeigt das namenbildende Suffix *-ʼec*, das bei der Eindeutschung schwindet. Im dial. Gebrauch verliert sich später auch die Endsilbe des urspr. PN – vgl. die Form des ON *Bunsel, Bunzel* (17. Jh.), die als App. zur Bezeichnung des Bunzlauer Geschirrs im D., Poln. und Tschech. im Gebrauch war. Die lautliche und morphologische Polonisierung des ON 1946 knüpft an die ältesten Belege an. **IV.** *Bolesławiec,* Woi. Großpolen; *Bolesław*, bei Olkusz, Woi. Kleinpolen; *Bolesław*, bei Tarnów, Woi. Kleinpolen; alle PL; *Stará* und *Mladá Boleslav*, Region Mittelböhmen, CZ. **V.** Mitzka SchlWb; SNGSl; Zych. *ThM*

Burbach I. Gem. im Kr. Siegen-Wittgenstein, 14 641 Ew., w des Höhenzugs der Höh an der Heller, s von Siegen, Reg.-Bez. Arnsberg, NRW. Durch oberflächennahe Erzvorkommen begünstigte frühe Besiedlung, sw des Ortes Reste einer kelt. Wallburg, im MA Pfarrort und nassauischer Verwaltungssitz im gemeinsam mit den Grafen von Sayn verwalteten Gebiet. **II.** 1219 *de Burbach* [Or], 1324 *Burpach*, 1324 *Burchbach*. **III.** Der ON ist mit dem Gw. ↗*-bach* gebildet, das durch einen der Bäche des Ortsgebiets motiviert ist. Das Bw. ist wahrscheinlich zu ahd., mhd. *burg* 'Burg' zu stellen und durch die Wallburg motiviert, dagegen wohl nicht zu ahd., mhd. *būr* 'Haus' wie bei anderen Orten dieses Namens: Die mda. Form *Burbich* zeigt undiphthongiertes *-u-* und den Anlaut des Gw. als Verschlusslaut *-b-*, der durch die urkundlichen Formen (*-b-*, daneben lange *-p-*) bestätigt wird. Bei **Būr-* (statt *Burg-*, *Burch-*) wäre dagegen zum einen ahd., mhd. *-ū-* > nhd. *-au-* > mda. *-i-* und zum anderen *-b-* > *-w-* nach *-r-* zu erwarten gewesen, also mda. *Birwich. Offenbar bewahrt die in Herkunftsnamen des 14. Jh. auftretende Form mit *Burch-* die urspr. Lautgestalt, wobei *-g-/-ch-* die Erweichung *-b-* > *-w-* verhinderte und kurzes *-u-* ohnehin unverändert blieb. Das Fehlen des Gutturals in den sonstigen Belegen kann durch Einfluss der übrigen *Burbach* der weiteren Umgebung oder Ausfall des *-ch-* zur Erleichterung der Dreierkonsonanz erklärt werden. **V.** HHS 3; Möhn; Heinzerling. *Flö*

-burg. Das germ. Wort **burg-* (ahd. *burg / purch*, mhd. *burc*, mnd. *borch* Fem.) wird urspr. in der Bed. 'befestigte Anhöhe' für frühe Fliehburgen oder für Reste alter Befestigungen gebraucht. *Burg* steht im Ablautverhältnis zu *Berg* (↗*-berg*) und ist durch das Genus von diesem unterschieden (Fem.: M.). Die nach dem Vorbild röm. Kastelle und ummauerter Städte befestigten burgartigen Herren- und Gutshöfe der Karolingerzeit konnten zu Siedlungen erweitert werden, die auch im Flachland entsprechend benannt wurden (↗*Regensburg*, BY). *Burg* nahm so die Bed. 'Stadt' an (> *Bürger*). Gelegentlich erinnern SiN an eine ehemals vorhandene Burg (↗*Naumburg* (Saale), Burgenlandkreis, ST), oder statt des auf eine Burg bezogenen Namens wurde das formal-semantisch ähnliche *-berg* verwendet (↗*Nürnberg*, BY). Durch die zahlreichen mit unterschiedlichen Bw. gebildeten adligen *-burg*-Namen festigte sich die heutige Bed. von *Burg*. Nicht selten beggnen statt *-burg* neben *-berg* die Gw. ↗*-stein*, ↗*-fels* oder ↗*-eck*, bei Wasserburgen auch ↗*-au*. Literatur: Schröder; Bach DNK II, 1 und II, 2; Schuster I; Kluge; Wiesinger, P.: Die Namen der Burgen im niederösterreichischen Waldviertel und in der Wachau. In: Österreichische Namenforschung 32 (2003); Debus / Schmitz, H.-G. *FD*

Burg (Spreewald) // Bórkowy (Błota) (sorb.) **I.** Gem. und gleichnamiges Amt, Lkr. Spree-Neiße, 9617 Ew., am Mittellauf der hier sehr verzweigten Spree, BB. Zum Amt gehören neben Burg noch 6 Gem. Alle sind zweisprachig (nsorb. und d.) und führen offizielle Namen in beiden Sprachen. In Burg vor- und frühgeschichtliche Anlage, 1787 als Schlossberg bezeichnet. Neben Burg-Dorf entstanden im 17. Jh. noch zwei Siedlungen: Burg-Kauper, auf den etwas höher gelegenen hochwasserfreien Kaupen (zu nsorb. *kupa* 'flache Erhöhung im Sumpf'), und die Ansiedlung preuß. ausgedienter Soldaten Burg-Kolonie. Wichtige Ausflugs- und Erholungsstätten. **II.** 1315 *Borg* [Or], 1449 *Borgk*; sorb. 1761 *Bórkowy*, 1843 *Bórkowy*. **III.** Der Name gehört zu nsorb. *bórk* 'kleiner Kiefernwald' und bezieht sich auf die Lage im Spreewald, der nach der ihn durchfließenden Spree benannt wurde. Ihr Name ist germ. und gehört zu idg. **spreu-* 'stieben, sprengen, sprühen', germ. **Sprēw-*, das ins Slawische als *Sprēva oder **Sprēv'a* übernommen wurde, d. *Spree*. Nach der Erweiterung durch zwei Siedlungen im 17. Jh. erscheint die Mehrzahlform *Bórkowy*. **IV.** Ähnlich Bork, OT von Kyritz, Lkr. Ostprignitz-Ruppin, Alt und Deutsch Bork, OT von Linthe, Lkr. Potsdam-Mittelmark, Borken, OT von Herzberg/Elster, Lkr. Elbe-Elster, alle BB. **V.** UI; DS 36; BNB 10. *SW*

Burg I. Kreisstadt im Lkr. Jerichower Land, 23 737 Ew., am Ostrand der Elbniederung nö von Magdeburg an der Ihle und dem Elbe-Havel-Kanal, ST. Frühmittelalterliche Burganlage, im 10. Jh. Burgward mit Burgsiedlung. Seit dem 12. Jh. Ober- und Unterstadt unter getrennter Verwaltung beiderseits des Ihleufers, wirtschaftlicher Aufschwung durch flämische Einwanderer, die z. B. Deichbauten an der Elbe und Entwässerungen der Elbniederungen anregten. Im 15. Jh. drittgrößte Stadt der Region nach Halle und Magdeburg. Kreisstadt seit 1950. Sehenswerte mittelalterliche Befestigungsanlagen, liegt an der Straße der Romanik. Wirtschaftlich bedeutend durch die Knäckebrot-Werke und das Walzwerk Burg. **II.** 948 *Burg* [Or], 1176 *de Burch*, 1285 *Borch*. **III.** Der ON ist zum ahd. und asä. App. *burg* 'befestigte Höhe, befestigte Wohnstätte' gebildet, mit mnd. Senkung von *-u-* zu *-o-*. **IV.** Burg, Kr. Solingen-Lennep (1184 *Burge*), NRW; Bürgel im Saale-Holzlandkreis (1133 *Burgelin*), TH. **V.** UB EM; Bathe, Jerichow; SNB. *GW*

Burgau I. Stadt im Lkr. Günzburg, 9307 Ew., Reg.-Bez. Schwaben, BY. Sitz von Markgrafen, Besitz der Habsburger bis zur Mediatisierung. II. 1090 (Kop. von 1685) *Burengowe*, 1147 (Kop. von 1175) *Bvrgv̊*, 1156 *Burgov*, 1162–1165 (Kop. von 1175) *Burgŏ*, 1179 *Pŏrgeawe*, 1238 *Burgŏwe*, 1246 *Burchowe*, 1257 *Burgawe*, 1292 *Burgow ... uf der burc ze Burgowe*, 1324 *Purgawe*, 1342 *Burgau*. III. Der Beleg von 1090 (Kop. von 1685), der schon in Anbetracht seiner Schreibung verdächtig ist, entstammt einer Fälschung des 13. Jahrhunderts. Erstbeleg des SiN ist somit jener von 1147. Grundwort des urspr. Burgnamens ist mhd. ↗ *-au, -ouwe, -owe* 'Wasser, von Wasser umflossenes Land, wasserreiches Wiesenland', hier im Sinn von 'durch Wasser geschützte Burg'. Das Bestimmungswort *burc*, ↗ *-burg*, 'umschlossener befestigter Ort, Burg' ist wohl zur Verdeutlichung hinzugefügt worden. V. Reitzenstein Schwaben. WvR

Burgdorf I. Stadt in der Region Hannover, 30063 Ew., n von Hannover zu beiden Seiten der Burgdorfer Aue, Reg.-Bez. Hannover (bis Ende 2004), NI. Ort im 13. Jh. als Suburbium zu einer Hildesheimer Burg entstanden; langsame Entwicklung zum Flecken und später zur Stadt, ohne förmliche Stadtrechtsverleihung; seit 1428 welfisch, Amtssitz und bis 1974 Kreisstadt im Lkr. Burgdorf, bis 2001 im Lkr. Hannover. II. 1260–79 *Borchdorpe [Or]*, 1476 *Borchtorp*; *Burgdorf* (1600). III. Bildung mit dem Gw. ↗ *-dorf* und asä. ↗ *-burg*, mnd. *borch* 'Burg, befestigter Bau' als Bw. Der Ort verdankt der Gründung als Suburbium seinen Namen. IV. Burgdorf, Lkr. Wolfenbüttel, NI. V. HHS 2; Nds. Städtebuch; NOB I; Scheelje, R.: Geschichte der Stadt Burgdorf. Burgdorf 1992. UO

Burgdorf Mda. ['bʊːrdləf, 'bʊːrduf], franz. *Berthoud* ['bɛʁtu] I. Stadt und Hauptort des gleichnamigen Amtsbezirks, 15238 Ew., beim Austritt der Emme aus dem Emmental ins tiefere Mittelland, Kt. Bern, CH. Neolithische und spätbronzezeitliche Einzelfunde, hallstattzeitliches Erdwerk und Grabhügel, frühma. Reihengräberfeld, Siedlungsschwerpunkt bis ins MA rechts der Emme. Zähringisches Schloss um 1200 in der Nachfolge einer hochburgundischen Anlage am linken Ufer, Stadtgründung Ende 12. Jh., kyburgische Erweiterung Ende 13. Jh. Nach dem Burgdorferkrieg um die Vormacht in der kyburgischen Landgrafschaft Burgund 1384 Erwerbung durch Bern unter Anerkennung beträchtlicher politischer und wirtschaftl. Privilegien. II. 1175 *de Burtorf [Or]*, 1201 *de Burcdorf*, 1210 *in castello Burgdorf*, 1229 *in castro Burctorf*, 1236 *in oppido Burchtorf*, 1256 *de Burgdorf*, 1339 *ze Burdolf*, 1363 *a Burto ... a Burtolf*, 1383 *ze Burgtolf*, *Burgdorf*. III. Zusammensetzung aus ↗ *Burg-* und ↗ *-dorf* 'Dorf bei der Burg'. Vermutungen, der SiN sei eine Simplexbildung aus dem PN *Berchthold*, frz. *Berthoud*, der von mehreren Zähringer Herzögen getragen wurde, steht die Belegreihe gegenüber, die zeigt, dass wohl erst die aus *Burtorf* dissimilierte Form *Burtolf* zur franz. Namenform führte. Eine bewusste lautliche Assoziierung der Stadtgründer und Namengeber ist jedoch nicht auszuschließen. IV. ↗ Burgdorf, Region Hannover, NI. V. BENB; HLS; LSG. *eb, tfs*

Burgebrach I. Markt und (seit 1972) gleichnamige VG im Lkr. Bamberg an der Mittelebrach unweit des Zusammenflusses mit der Rauhen Ebrach, am Ostrand des Steigerwaldes, 8379 Ew., Reg.-Bez. Oberfranken, BY. Wohl frühmittelalterliche Gründung, 1023 von Kaiser Heinrich II. an Bistum Würzburg, 1126 Pfarrkirche St. Veit vom Bischof von Würzburg an Kloster Ebrach, 1377 bis 1390 Erwerb des Ortes mit Zentgericht durch den Bischof von Bamberg, seit dem 18. Jh. bis ca. 1926 hier eine jüdische Gem., 1472 Markt, Amtshaus des bambergischen Oberamtmanns an der Stelle der alten Burg erbaut, 1803 an Bayern, seit 1945 Industrieort durch Strumpf- und Sirupfabriken. II. 1023 (Kop. ca. 1278) *ad urbem Ebaraha*, 1154 (Kop. 15. Jh.) *Burgebera*, 1189 *Burcheberach [Or]*; *Burgebrach* (1303/04, Kop. 1358). III. Der ON leitet sich von dem Namen des Flusses Ebrach, woran er liegt, ab. Dem Gw. ↗ *-ach* ist ahd. *ëbur, ëbar* 'Eber' vorangestellt. Vom Markt Ebrach im selben Lkr. wurde der Ort später durch den Zusatz *Burg-* unterschieden. IV. Ebrach (an der Mittelebrach), Lkr. Bamberg, Ebrach (an der Ebrach), OT von Pfaffing, Lkr. Rosenheim, beide BY. V. Wunschel, H.J.: Burgebrach. In: HHS Franken; Reitzenstein 2009. DF

Burghausen I. Stadt im Lkr. Altötting, 18155 Ew., Reg.-Bez. Oberbayern, BY. Hochmittelalterliche Burganlage, im 12. Jh. Marktrecht, 1307 Stadtrecht, 1392 Residenzstadt der Herzöge von Niederbayern-Landshut, Stützpunkt des Salzhandels, 1914 Ansiedlung des Chemiebetriebs Wacker. II. 1025 *Burchusun*, 1098–1104 *Burchhusen*, 1138 *Purchusen*, 1291 *Burchausen*, 1349 *Purchhausen*, 1430 *Burghausen*. III. In einer Quelle des Jahres 1512 heißt es *oppidum Burgunum, arce et amplissima et munitissima egregium* 'die Stadt Burgunum, hervorragend durch eine sehr weitläufige und stark befestigte Burg'. Hier wird auch gleichzeitig die Erklärung des Bw. gegeben, denn Burghausen unterscheidet sich von dem an der gegenüberliegenden Seite der Salzach in Oberösterreich gelegenen Dorf Wanghausen durch den Zusatz ahd. ↗ *-burg, burch, burc, purc* 'Burg, Stadt, befestigter Ort, mit Mauern umgebene Ansiedlung'; Gw. ist hier wie dort eine Pluralform von *hûs* 'Haus, festes Gebäude', ↗ *-hausen*. V. HHS 7/1; Reitzenstein 2006. WvR

Burgkirchen a. d. Alz I. Gem. im Lkr. Altötting, 10 545 Ew., Reg.-Bez. Oberbayern, BY. Ab 1203 Grundherrschaft des Zisterzienserklosters Raitenhaslach, nach dem 2. Weltkrieg Standort der chemischen Industrie. II. 790 (Kop. des 12. Jh.) *Ad Pohkirch eccl(esia)*, 901 (Kop. des 12. Jh.) *Pohchirihha*, ca. 1180–1190 *Bŭchirchen*, 1219 *Buchkiric(hen)*, 1264 *Burchinchen*, (Kop. von 1439) *Burkirchen*, 1270 *plebanus in Pvrchirchern*, 1272 *Pŭchchirchen*, 1303 *hintz Pŭechchirchen … untz mitten in die Alss*, 1334 *Pŭechirichen*, 1431 *Puehchircher Pfarrei an der Alcz*, 1469 *Puechkirchen*, 1535 *Burgkirchen Auff der Allts*, 1635 *Purgkhirchen*, 1810 *Burgkirchen an der Alz*. III. Grundwort ist ahd. *kirihha, chiricha* 'Kirche', ↗*-kirchen*. Das urspr. Bestimmungswort lässt sich zu mhd. *buoch* 'Buchenwald' stellen, sodass deutlich wird, dass der Name eine Kirche am Buchenwald bzw. eine Siedlung an einem solchen bezeichnet. Weil im Dialekt ahd. *burch*, ↗*-burg*, mhd. *burc* 'Burg, Stadt' in Verbindung mit dem Gw. ähnlich ausgesprochen wurde, konnte es ab dem 13. Jh. zur entsprechenden Umdeutung des Bw. kommen. Interessant ist, dass die verschriebene Namensform der Papsturkunde von 1264 in der 1439 im Kloster Raitenhaslach angefertigten Kop. korrigiert wurde. Wegen des gleichnamigen Pfarrdorfes Burgkirchen (a. Wald) im selben Landkreis wurde die Lokalisierung am Fluss Alz zur Unterscheidung hinzugefügt. V. HHS 7/1; Reitzenstein 2006. *WvR*

Burglengenfeld. I. Stadt mit 48 Gem.-Teilen im Lkr. Schwandorf, 12 309 Ew., ca. 21 km n von Regensburg an der Naab, Reg.-Bez. Opf., BY. Altstadt am Fuß einer Erhebung mit hist. Burganlage, ab 14. Jh. herzogliches Amt. II. 1123 (Kop. 15. Jh.) *Lengenfelt*, ca. 1133 *Lenginuelt* [Or], 1205 *castrum Lengenvelt* [Or]; *Purcklengefelt* (1356). Sehr fraglich ist es, ob die Nennung *de Lengenvelt* zum 11. Jh. aus den Annalen des Klosters Pegau (bei Leipzig) hierher gehört. III. Zum Gw. ↗*-feld*. Das Bw. des urspr. SiN *Lengenfeld*, einer unechten Komposition < ahd. **(bī/za dëmo) lengin fëlde* '(bei/zu dem) langen Feld', ist das Adj. ahd. *lang* 'lang', dessen Stammvokal *-a-* durch das *-i-* des Dat.-Flexivs zu *-e-* umlautet. Die generelle Umlautung des Adj. *lang* in sw. Flexion besteht nur bis zum 9. Jh., so dass der Name wohl davor entstanden ist. Im SiN selbst ist der Umlaut fest geworden. Als Bed. des SiN erschließt sich 'Siedlung bei dem langen Feld', womit ein Flurgebiet mit einer besonderen Gestalt/Größe gemeint sein wird. Der Zusatz *Burg-* dient der Unterscheidung von vielen weiteren Orten namens Lengenfeld. Allein in BY finden sich 10 Siedlungen, die mit oder ohne Zusatz (*Burg-, Krum-*)*Lengenfeld* heißen, 7 weitere der Form *Lengfeld* weisen verkürztes Bw. auf. Ohne Umlautschreibung (*Langen-*) erscheinen in BY nur zwei Orte. V. v. Reizenstein 2006; MGH SS 16. *GS*

Burg-Sankt Michaelisdonn I. Amt im Kr. Dithmarschen, 16 503 Ew., 2008 aus den Ämtern Burg-Süderhastedt und Eddelak-Sankt Michaelisdonn gebildet. Um 1611 St. Michaelis-Kirche erbaut, Besiedlung erfolgte um die Kirche, weitere Bebauung auf dem langgezogenen Donnstrich Richtung Norden und Süden (Norder- und Süderdonn). II. Burg: 12. Jh. *Bokeldeburg* [Or], 1316 *in Bokelenborch*, 1447 *tor Borch*; *Burg* (16. Jh.). Sankt Michaelisdonn: *Sankt Michael* (um 1611). III. Vom mnd. *böklīt* ausgehend bezeichnet der *Bökelde* einen 'Abhang mit Buchen'. Bei *Burg* handelt es sich h. um die Bezeichnung des Ortes, während die Burganlage auch h. noch *Bökelnburg* heißt (↗*-burg*). Sankt Michaelisdonn geht auf die Besiedlung um die St. Michaelis-Kirche zurück. Die Siedlung wurde auf einer langgezogenen Sandablagerung (*Donn* 'Düne', mnd. **don* 'ausgestreckt, straff' erbaut. V. Lübben. *GMM*

Burgstädt I. Stadt und gleichnamige VG im Lkr. Mittelsachsen, 16 616 Ew., zwischen den Tälern der Zwickauer Mulde und der Chemnitz im mittelsächsischen Hügelland, SN. Um 1300 Marktort auf der Flur des im 12. Jh. entstandenen Dorfes Burkersdorf. Seit dem MA Standort von Handwerkerinnungen der Textilherstellung (Kattundruckerei, Strumpfwirkerei und Handschuhherstellung), nach 1990 wirtschaftl. Bedeutung vor allem im Dienstleistungssektor. II. 1378 *Burkirstorff vor dem Stetil*, 1518 *Burkerßdorf*, 1619 *Burckstadt, Borkstedt*. III. Im Bw. ist der PN *Burghart* oder *Burgwart* enthalten; das ältere Gw. ↗*-dorf* wurde durch ↗*-städt* ersetzt. IV. Burkersdorf, u.a. OT von Frauenstein, Lkr. Mittelsachsen; OT von Zittau, Lkr. Görlitz, beide SN; OT von Ortrand, Lkr. Oberspreewald-Lausitz, BB; OT von Küps, Lkr. Kronach, BY; OT der Gem. Harth-Pöllnitz, Lkr. Greiz, TH. V. HONS I; SNB. *EE, GW*

Burgthann I. Gem. im Lkr. Nürnberger Land, 11 321 Ew., sw von Altdorf, Reg.-Bez. Mfr., BY. Ansiedlung um die im 12. Jh. entstandene Burg der Ritter von Thann zu Altenthann, 1335 durch die Burggrafen von Nürnberg erworben; nach dem Krieg 1449/1450 zwischen der Reichsstadt Nürnberg und dem Markgrafen von Ansbach zur Markgrafschaft Ansbach, 1806 bayerisch. II. 1140 *Herman de Tanne*, ca. 1287 *castrum Tanne*, 1381 *Burgthan*, 1799 *Burgthann*. III. Der Zusatz ↗*Burg-* unterscheidet den Namen von dem Dorf *Altenthann* im gleichen Landkreis; die Deutung des Namens im Zusammenhang mit der d. Baumbezeichnung *Tanne* als Örtlichkeit im Tannenwald (↗*-thann*) wirkt volksetymologisch; jedenfalls wird nicht von einer Realprobe berichtet. Plausibler erscheint die Herleitung vom Namen des Ministerialengeschlechts der Tanner, die die Burg erbauten. V. MGH DKIII, Nr. 50; Reitzenstein 2009;

Wedel, H.: Burgthann. Geschichte, Geschichten und Notizen aus den Dörfern der Großgemeinde, Burgthann 1982, S. 15. *RB*

Burgwedel I. Stadt in der Region Hannover, 20 481 Ew., Reg.-Bez. Hannover (bis Ende 2004), NI. Mittelpunkt der Hildesheimer Gft. Burgwedel, später welfischer Amtssitz; Schloss 1371 erbaut (1426 zerstört); urspr. Klein- und Großburgwedel; Gem. Burgwedel (7 Mitgliedsgemeinden) 1974 gebildet; 2003 Stadtrecht, bis 2001 im Lkr. Hannover; wenig Industrie, bedeutende Ikea-Niederlassung. II. 1179 *Burchwide* [Or], 1310 *Parvo Borchwede*, 1324 *Groten Borchwede*; *Burgwedel* (1576). III. Bildung mit mnd. *wēde* 'Wald' als Gw. und asä. ↗-*burg*, mnd. *borch* 'Burg, befestigter Bau' als Bw. Das Gw. kommt als Bildungselement nur im nd. Raum häufiger vor. Im 16. Jh. wird das Gw. an die ON auf -*wedel* angeglichen. IV. Borgwedde, Lkr. Osnabrück, NI. V. NOB I. *UO*

Burkardroth I. Markt im Lkr. Bad Kissingen, 7726 Ew., am Südhang der Rhön nw von Bad Kissingen, Reg.-Bez. Ufr., BY. 1972 durch Zusammenschluss von zwölf Gemeinden, darunter Burkardroth, entstanden. II. 1136 *Burkarterode*, 1183 *Burcharderode*, 1193 *Burchartesrode*, 1799 *Burkardroth*. III. Gw. ist ↗-*rod(e)*, eine Bezeichnung für Rodeland; Bw. der PN *Burkhard*, wobei auffällig ist, dass der PN in den meisten Belegen und auch in der heutigen Form nicht im Gen. erscheint. V. Nikola, A.W.: Die Ortsnamen des Kreises Bad Kissingen, Rüstzeug zur Kulturarbeit auf dem Lande 4.4. (O.O. 1940); Reitzenstein 2009. *RB*

Burladingen I. Stadt im Zollernalbkreis, 12 621 Ew., ca. 20 km onö Balingen im Übergang von der mittleren zur w Alb gelegen und Quellort der Fehla, Reg.-Bez. Tübingen, BW. Im Zuge einer Schenkung an das Kloster Lorsch 772 erstmals erwähnt, seit dem 13. Jh. unter der Herrschaft der Grafen von Zollern und im Jahr 1978 zur Stadt erhoben. Textilindustrie, Metallbaubetrieb, Ruine Lichtenstein, St. Anna Kapelle, Pfarrkirche St. Michael. II. 772 (Kop. 12. Jh.) *Burdlaidingen*, 12. Jh. *Burladingin*. III. *Burladingen* ist wohl eine ↗-*ing(en)*-Ableitung von einem PN *Burdleit* und bedeutet dann 'bei den Leuten des Burdleit'. V. FO 1; FP; LBW 7. *JR*

Burscheid I. Stadt im Rheinisch-Bergischen Kreis, 18 727 Ew., ö Leverkusen, Reg.-Bez. Köln, NRW. Fränk. Besiedlung, Ringwallanlage Eifgenburg 10. Jh., bis 1806 zum bergischen Amt Miselohe gehörig, um 1570 lutherisch, 1856 Stadtrechte, Musikstadt. II. 1180 *Burnseith*, 1283 *Burscheyt*. III. Der Name ist ein Kompositum aus dem Bw. *būr*- Ntr. aus germ. **būra*- M./Ntr. 'Haus, Kammer', h. mit Bedeutungsverengung nur noch in *Vogel-bauer*, und dem Gw. ↗-*scheid*, das zwar wie *Scheide* Fem. auf mhd. *scheiden*, ahd. *skeidan* 'scheiden, Scheide' mit idg. Ursprung zurückgeht, aber als Namenwort in seiner Bedeutung umstritten ist. Nach Dittmaier ist gerade für das Bergische Land wegen der Lage und der hier sehr zahlreichen ON und FlN auf -*scheid* von 'Wasserscheide, Bergrücken' auszugehen. -*scheid* gehört zu den im Mittel- und Niederfränkischen sehr frequenten Namenwörtern für ON und FlN, die zumeist in den Zusammenhang der großen mittelalterlichen Rodungsphasen gehören. IV. ↗ Neunkirchen-Seelscheid, Rhein-Sieg-Kreis; ↗ Bedburg, Rhein-Erft-Kreis; Bensberg, OT von ↗ Bergisch Gladbach, Rheinisch-Bergischer Kreis, alle NRW. V. Dittmaier 1956; Berger; HHS 3. *Ho*

-busch. ↗-grün.

Buseck I. Gem. im Lkr. Gießen, 13 114 Ew., Reg.-Bez. Gießen, HE. Bildung der Gem. Buseck aus den OT Großen-Buseck, Alten-Buseck, Beuern, Oppenrod und Trohe am 1. 1. 1977; ältere, verschwundene Burganlage der Herren von Buseck im Südwesten des OT Großen-Buseck (FlN *In den Burgwiesen*). 1458 wird die Burg erwähnt, auf deren urspr. quadratischen Grundmauern Mitte des 19. Jh. das neugotische Schloss errichtet wurde. II. (802/817) (Kop. um 1160) *Bucheseichehe*, (9. Jh.) (Kop. um 1150) *Bŭcheswiccun*, ca. 1145–1153 (Kop.) *Buhesecke*, 1210 *de Aldenbuchesecho*, (1220–33) *Bucheseken*, 1309 *Buchseke*, 1315 *Buchesecke*, 1326 *zu Grozin Buchesecke*, (14)65 *Bußeck*. III. Komp. mit dem Gw. ↗-*eck*, zu ahd. *egga* st. Fem. 'Schneide, Spitze, Ecke', mhd. *ecke* st./sw. Fem. 'Spitze, Ecke, Kante, Winkel'. In der Überlieferung erscheint es als -*ecke* und einer Pluralform -*eken*, -*echo*, wobei -*e*/-*en* in der jüngsten Entwicklung apokopiert wird. Der Name bezieht sich teils auf die Lage, teils auf den Grundriss der Flurstücke. Inlautend -*es*- ist nicht das Merkmal einer st. Genitivflexion, sondern eine Variante des -*ahi*-Suffixes (↗-*ach*²) zu *Buche*. *Buches* ist eine Stellenbezeichnung im Sinne von 'Ort, wo es Buchen gibt'. Die Namen stehen für Buchenwald. Das Bw. *Bu(c)h*- passt sich der Fuge an und wird zu *Buß*- assimiliert. Die beiden ältesten kopialen Überlieferungen für *Alten-Buseck* aus dem 12. Jh. weisen andere Gw. auf: -*eichehe* und -*wiccun*; der Zusatz *Alden*- erscheint ab 1210, der als Abgrenzung zu dem anderen Ort gleichen Namens hervorgegangen ist, wobei das Attribut *Grozin* erst 1326 urk. erwähnt wird. Bei *Buseck* muss es sich urspr. um einen FlN gehandelt haben, der später auf die Siedlung übertragen wurde. Damit kann der ON als 'Siedlung an der Buchenwaldecke' interpretiert werden. IV. In der Buchwaldsecke, FlN, Gem. Glauburg, Wetterauk., HE. V. LAGIS; Reichardt 1973; Südhess. FlNB. *DA*

Busendorf // Bouzonville dial. [buːzən drhf] I. Gem. und Hauptort des gleichnamigen Kantons im Dép. Moselle, 4289 Ew., 14 km w Saarlouis; LO, F. Um 1030 Gründung einer Benediktinerabtei durch die lothringischen Herzöge; 1706 lothringische Propstei; 1766 an Frankreich; 1871 zum Reichsland Elsass-Lothringen, 1918 wieder an F. **II.** 1033 *Buosonis villa*, 1120 *Bosonisvilla*, 1146/47 *Bosonivillae* (Gen.), 1176 *Bosendorf*, 1179 *Busendorf*, 1197 *Buosendorf*. **III.** Bildung mit dem Gw. ↗-*dorf*, das appellativisch an ahd. *dorf*, *thorf*, mit Lautverschiebung < germ. **þurpa-* n. 'Dorf, Gehöft' anzuschließen ist. Bw. ist der ahd. PN *Bōso*: Ausgangsform *Bōsendorf* > mit ahd. Diphthongierung *Buosen-*, mit der wmd., frühen mhd. Monophthongierung *Busen-*. Die franz. Doppelform ist mit dem häufigen Grundwort lat. *-villa*, franz. *-ville* gebildet: gallorom. Ausgangsform *Bosónevilla* (latinisiert *Bosonis-*, auch mit ahd. entwickelter Hybridform *Buosonis-*). Das nebentonige [o] entwickelt sich afranz. zu [u], das später graphisch mit <ou> wiedergegeben wurde. **IV.** Busendorf (12. Jh. *Pusendorf*), NÖ, A. **V.** Reichsland III; Jungandreas; Gysseling 1960/61; Hiegel; Haubrichs, W.: Warndtkorridor und Metzer Romanenring. Überlegungen zur siedlungsgeschichtlichen und sprachgeschichtlichen Bedeutung der Doppelnamen und des Namenswechsels in Lothringen. In: Ortsnamenwechsel. Hg. von R. Schützeichel. Heidelberg 1986, 276. *Ha*

Buttstädt I. Stadt und Sitz der gleichnamigen VG, Lkr. Sömmerda, ö der Kreisstadt, im ö Thüringer Becken, 7323 Ew., TH. Altthüringisches Dorf an alter West-Ost-Straße, im 13. Jh. Marktort (1331 *stat*); seit 15. Jh. große Vieh- und später Pferdemärkte; 20. Jh. Ohrenschützerproduktion. **II.** (786/815) um 1150 *Butesstat*, um 860 *Butestete*, 876 *Buotestat*, 918 *Butestete*, 1199 *Buthstete*; *Butstet* (1506). **III.** Möglicherweise einfach ein Name für 'Ort mit Hütten, Wohnstellen', zu einer germ. Wurzel **bū-* 'bauen', gebildet mit dem asä. Wort **but-* < **būpō-*, vgl. ags. *botl* 'Anwesen, Haus', asä. *bodal* 'Haus', mnd. *buwete* 'Gebäude', nd. *būte*, hd. *Bauten*, lit. *bùtas* 'Haus, Hütte', und mit dem Gw. asä. *-stedi* 'Stelle, Ort' (vgl. ↗-*statt*). Weniger wahrscheinlich ist Bildung aus asä. **but(t)* zu mnd. *but(te)*, nd. *butt* 'stumpf, plump', vgl. nd. *Butt* 'kurzes, dickes Ende', anord. *butr* 'kurzes Stück eines Baumstammes', etwa als ON dann auf Rodung oder auf plumpe Häuser o. ä. hinweisend. **IV.** ↗Wolfenbüttel, NI, u. a. ON mit Gw. -*büttel*; Buttelstedt, um 800 *Botalastat*, 1052 *Botelstete*, Lkr. Weimarer Land, TH. **V.** Brev. Lulli; Dob. I; Walther 1971; SNB. *KH*

-büttel. Die 222 -*büttel*-Orte mit ↗Wolfenbüttel, Lkr. Wolfenbüttel, NI, als südlichstem Vorkommen zeigen als wohl sächs. Gründungen ungefähr das gleiche Verbreitungsgebiet wie die ↗-*borstel* / -*bostel*-Namen, wobei der Papenteich im Lkr. Gifhorn die ältesten Belege aufweist (wohl bereits aus dem 7. Jh.). Alt belegt sind -*butle*, *gibutli* 'Anwesen, Haus, Wohnsitz' (asä. *bōdal* 'Grundbesitz'), die auf die idg. Wz. **bhū-* 'bauen' bzw. wohl auf ein dentalerweitertes lok. Kollektivum **gibutlia* zurückgehen, welch letzteres den Umlaut in -*büttel* bewirkt haben dürfte. 12 % der Namen haben das Simplex *Büttel*, die übrigen weisen mehrheitlich PN als Bw. auf. Es handelt sich vorwiegend um kleinere Siedlungen, nicht wenige wurden wüst, was auf jüngeres Alter deutet. Die Produktivität des Typs ist im 12./13. Jh. erloschen, weshalb er in der Ostsiedlung keine Rolle gespielt hat. Literatur: Bach DNK II, 2; NOB III; Debus / Schmitz, H.-G. *FD*

Butzbach I. Stadt im Wetteraukreis, 24 985 Ew., am nö Taunusrand, Reg.-Bez. Darmstadt, HE. Besiedlung des Gebiets seit der Jungsteinzeit; vom 1. bis Mitte des 3. Jh. röm. Kastell mit Dorf; der h. Ort wohl im 6./7. Jh. beim merowingischen Landesausbau neugegr. und benannt, Ersterwähnung 773. Früh bezeugte Besitzrechte der Abteien Lorsch und Fulda; seit dem Hochma. unter verschiedenen Territorialherren, 1321 Stadtrecht, ab 1479 teilweise und 1741 endgültig zu Hessen-Darmstadt. **II.** 773 *Botisphaden*, (769-)778 *Botinesbach*, 805–808 *in Butespachere marca*, 821 *Bodespach*, *Buodesbach* (allesamt Kop. Ende 12. Jh.), 1308 *Buzbach* [Or]. **III.** Bw.: In den Belegen 1, 3–6 liegt wohl der Gen. der PN-KF ahd. *bōt-i* (< **baudi-*) bzw. von dessen Nebenform *būt-i* (in der Bed. 'Gebieter' zu ahd. *gi-biotan* '(ge)bieten') vor. In 1 wird für unbetontes -*e*- (wie häufig im Ahd. und Mhd.) -*i*- geschrieben; in 4, 5 steht unverschobenes rhfrk. -*d*-, in 1–3 schon aus dem Obd. eingedrungenes (graphem.) -*t*-; das -*uo*- in 5 kann ahd. *ū* oder ein aus expressiv offenem *ō* entstandenes ahd. -*uo*- oder das aus diesem seit dem 11. Jh. hervorgegangene *ū* bezeichnen. In 2 ist der o. g. Stamm mit dem Kosesuffix -*in* < -*īn* erweitert, verm. die ältere Form des Bw., die entweder zugunsten der kürzeren aufgegeben oder zu dieser durch Schwund des im ON tonschwachen -*in*- verkürzt wurde (↗Hildesheim). In 6 Schwund des tonlosen -*e*- und Stammvokalkürzung vor Dreikonsonanz. Gw: Wechsel von -*phaden* (=Dat. Pl.) -*ph*-: in CL für das im Rhfr. unverschobene -*p*-) mit ↗-*bach* (*b* > *p* oft mhd. und frnhd. im inneren Anlaut nach stl. Kons.). Das Gw. ahd. -*pfad* begegnet nur in wenigen frühbezeugten ON von Wüstungen oder nicht mehr lokalisierbaren Orten. Bed: 'zu den Wegen bzw. zum Bach des Bōti'. **IV.** ↗Büdingen, Wetteraukreis, HE; **V.** CL; Foltz; FO; Kaufmann 1965. *HGS*

Buxtehude I. Stadt im Lkr. Stade, 39 522 Ew., an der Este, Reg.-Bez. Lüneburg (bis Ende 2004), NI. Urspr.

Siedlung in der Nähe des 1196 gegründeten „Altklosters" auf der Geest; Gründung der heutigen Stadt durch Ebf. Giselbert von Bremen in den achtziger Jahren des 13. Jh. n davon auf moorigem Grund; Stader bzw. Hamburger Stadtrecht; Mitte 15. Jh. vollständiger Übergang des Namens *Buxtehude* auf die neue Stadt. **II.** 959 *Buochstadon* [Kop. 11. Jh.], 973 *Buocstadon*, 1135 *Buchstadihude*; *Buxstehude* (1287). **III.** Bildung mit asä. *stað* 'Gestade, Ufer' als Gw., das zunächst im Dat. Pl. zur Kennzeichnung der Siedlung erscheint. Später tritt als weiteres Gw. mnd. *hūde* 'Fährstelle, Holzlager-, Stapelplatz an einer Wasserverbindung' hinzu. Bw. ist das unflektierte Appellativ asä. *bōk* 'Buche'. Die Schreibungen mit *-uo-* weisen auf die geschlossene Aussprache des auf germ. *-au-* zurückgehenden *-ō-* hin. Durch Ausfall des intervokalischen *-d-* entsteht *Buxste-*. **V.** HHS 2; Nds. Städtebuch. *UO*

-by. Dän. *by* 'Dorf', h. 'Stadt', urspr. Bed. 'Ansiedlung' (anord. *-bū* 'Haus'), zu idg. **bhū-* 'bauen' gehörend (⇗ *-büttel*). Der Bildungstyp begegnet öfter in Schleswig, in der Regel mit einem PN als Bw. im Gegensatz zu dän. *-by* mit vorwiegend topografischen Bw. Die elbostfälischen ON auf *-by* / *-bey* liegen an Flusskrümmungen (asä. **bōgī* 'Biegung') und stellen einen anderen Bildungstyp dar. Literatur: Bach DNK II, 2; Laur. *FD*

Bytom ⇗ **Beuthen**

Bytów ⇗ **Bütow**

C

Cadolzburg I. Markt im Lkr. Fürth zwischen dem Biberttal und dem Zenngrund, an die Stadt Fürth grenzend, 10180 Ew., Reg.-Bez. Mittelfranken, BY. Wohl frühmittelalterliche Gründung; 1157 Markt, ab Mitte 13. Jh. häufig Sitz der Burggrafen von Nürnberg (spätere Kf. von Brandenburg), 1349 Sitz des kaiserlichen Landgerichts, 1388 Brand im Städtekrieg, seit 1415 markgräflicher Regierungssitz, 1449 Zerstörung im Markgrafenkrieg und Verlegung der markgräflichen Residenz (1456 auch des kaiserlichen Landgerichts) nach Ansbach, Ausbau der Burg Cadolzburg zur Trutzfeste gegen Nürnberg, 1631 Verwüstungen im Dreißigjährigen Krieg, Wiederaufbau, 1792 an Preußen, 1806 an Bayern, 1945 Brand der Zollernburg, seit 1978 Wiederaufbau. II. 1157 *Kadoldesburc* [Or], 1164 *Kadoltesbvrk* [Or], 1332 *Cadolzburg* [Or]. III. Dem Gw. ↗ *-burg* ist der PN *Kadold, Kadolt* im Gen. Sg. vorangestellt. IV. Cadolzhofen, OT von Windelsbach, Lkr. Ansbach, und Kadeltzhofen, OT von Pfaffenhofen an der Roth, Lkr. Neu-Ulm, beide BY. V. Burger, D.: Cadolzburg. In: HHS Franken; Wießner, W.: Stadt- und Landkreis Fürth (HONB, Mittelfranken 1). München 1963; Reitzenstein 2009. *DF*

Calau // Kalawa (sorb.) I. Stadt, Lkr. Oberspreewald-Lausitz, 8813 Ew., im ehem. sorbischen Kerngebiet s des Spreewalds, BB. In der Nähe einer deutschen Burg entstand in einer sumpfigen Niederung die 1279 als civitas genannte Stadt. Calau war Erzpriestersitz. Wechselnde Herrschaftszugehörigkeit. Um 1800 als bedeutendes Gewerbe die Schuhmacherei. In dieser Zeit noch große Minderheit von Sorben, um 1900 nur noch 3,5 %. Wichtiges Markt- und Verkehrszentrum der nw Niederlausitz. Nach 1990 kleines mittelständisches Gewerbe- und Dienstleistungsgebiet. II. 1279 *Calowe*, 1301 *Kalow*, 1497 *Calawe* [Or]; sorb. 1761 *Calawa*. III. Der Name bedeutet 'Siedlung an einer sumpfigen, morastigen Stelle', Gf. asorb. **Kalov-* bzw. **Kalava*, zu asorb. **kal* 'sumpfige, morastige Stelle'. Es handelt sich hier um eine Bildung mit dem adj. ↗ *-ov*-Suffix. IV. Ähnlich ↗ Kahla, Saale-Holzlandkreis, TH. V. UB Dobr.; UB Lübb. III; DS 36. *SW*

Calbe (Saale) I. Stadt im Salzlandkreis (seit 1. 7. 2007), 10352 Ew., am Unterlauf der Saale, ST. An einer Burg (961) am Flussübergang der Fernstraße Magdeburg-Halle gegründet, 965 Königshof (curia regia), seit 968 zum Erzbistum Magdeburg, 1680 an Brandenburg-Preußen, seit dem 12. Jh. Markt- und Stadtrecht. Wollweberei/Tuchindustrie. II. 936 *Calvo*, 961 *Caluo*, 965 *Calua*, 1105 *in Calven*, 1159 *in Calua*; *Calbe* (1174). III. Die Siedlungsstelle wird durch ihren Namen als 'kahl' charakterisiert, vgl. germ. **kalwa*, ahd. *kalo, kalw-* 'kahl', ahd. *cal(a)wā* 'Kahlheit', mnd. *kale* 'kahl', mnd. *kal(e)we* 'Glatze', mhd. *kal, kalw-* 'kahl', mhd. *kalwe* 'Kahlheit, kahle Stelle'. Handelt es sich bei Calbe zweifellos um eine frühe Siedlung, so ist doch eine Zusammenstellung mit idg. **kel-* 'ragen, hoch' (dazu auch lit. *kalvà*, lett. *kalva* 'kleiner Hügel, Flussinsel') wohl zu weit gegriffen. IV. ↗ Calw, BW; Kalbe im Altmarkkreis Salzwedel, ST. V. SNB; Berger; DS 38. *JS*

Calden I. Gem. im Lkr. Kassel, 7535 Ew., 15 km n von Kassel gelegen, Reg.-Bez. Kassel, HE. Früher Besitz des Klosters Helmarshausen in Calden. Im MA Mainzer Vorposten gegen die Landgrafschaft Hessen. 1526/1583 hessisch. Schloss Wilhelmsthal, 1753–1770 erbaut. Seit 1970 Regionalflughafen Kassel-Calden, II. Anfang 12. Jh. *Chaldun*, 1180 *Caldin*, 1183–1190 *Calde*, 1290 *Johann von Colden*, 1401 *Kaulden*, 1469 *Calden*. III. Wohl zu ahd. *chalt* 'kalt', das sich auf einen Bach ('die Kalte') oder eine kalte Quelle bezieht. Der durch den Ort fließenden Bach trägt noch heute den Namen *Calde* im Gegensatz zu dem wenige km weiter w verlaufenden Warmebach. Eine Zuordnung zu ahd. *chalo* 'kahl' (so FO I) verbietet sich, da das inlautende *-d-* hierdurch nicht erklärt würde. Der ON zeigt konsequent md. *-d-* statt obd. *-t-* und Abschwächung des flexivischen *-un* zu *-en*. V. Reimer 1926. *TH*

Calw I. Große Kreisstadt und gleichnamige VVG im Lkr. Calw, 26258 Ew., Sitz der Kreisverwaltung, ca. 33 km w Stuttgart beiderseits des Nagoldtals im n Schwarzwaldvorland gelegen, Reg.-Bez. Karlsruhe, BW. Zwischen dem 9. und 11. Jh. im Zusammenhang mit der Burg der Hirsauer Klostervögte entstanden, denen die Grafen von Calw nachfolgten, wohl um 1250 Stadtgründung, nach Aussterben derer von Calw an die Grafen von Berg-Schelklingen und die

Pfalzgrafen von Tübingen, 1308 bzw. 1345 an Württemberg. Tuchmachergewerbe (Calwer Zeughandelscompagnie CC), Nikolausbrücke, Hermann-Hesse-Museum, Haus Schäberle, Kloster Hirsau. **II.** 1037 *Kalewa* [*Or*], 1075 *Chalawa, Calwa* [*Or*], 1163 *Chalba*. **III.** Der Name geht auf ahd. *chalawa*, mhd. *kalwe* 'kahle Stelle' zurück und gehört zum Adjektiv ahd. *chalo*, mhd. *kalwes* 'kahl'. Die Stadt entwickelte sich aus einer Ansiedlung von Dienstleuten nach dem Burgbau auf einem kahlen Berg. **IV.** Calbe (Saale), Bördelandkreis; Kalbe (Milde), Altmarkkreis Salzwedel, beide ST. **V.** FO 1; LBW 5. *JR*

Camberg, Bad **I.** Stadt im Lkr. Limburg-Weilburg, 14 184 Ew., 250 m über dem Meeresspiegel, in der Idsteiner Senke am Rand des Taunus, Reg.-Bez. Gießen, HE. 1281 zur Stadt erhoben, ma. Stadtbild, Fachwerkhäuser aus dem 17. Jh., Holzverarbeitung, Mineralquellen im Stadtteil Oberselters (Selterswasser), seit 1927 Kneippkurort, seit 1982 Bad. **II.** 1000 (Kop. 14. Jh.) *curtem Cagenberg*, 1018 *curtem Cagenberc*, 1197 *Kamberc*, 1317 *Kaymberg*, 1370 *Kaynberch*, 15. Jh. *in valle Caimberg*, 1421 *Camperg/Camberg*, 1449 *Caenberg*, 1453 *Kaemburg*, um 1600 *Chaymberg/Chamburgk/Camburgk*; *Bad Camberg* (1982). **III.** Komp. mit dem Gw. ↗ *-berg* 'Berg'. Die ersten beiden Urkundenbelege zeigen eine sw. Genitivflexion *-en-* in der Fuge. Das Gw. erscheint konstant als *-berg* mit verschiedenen graphischen Varianten im Auslaut (*-c*, *-ch*, *-gk*). Erst in den späteren Belegen von 1453 und 1600 stehen beide Gw. *-berg* und *-burg* nebeneinander. Im Bw. wechselt anlautend *C*- mit *K*- als graphischer Variante; *Cagen-* wird ab dem 12. Jh. zu *Kam-* assimiliert. Das *-y-*, *-i-* und *-e-* kennzeichnet die Länge des Stammvokals *-a-*. Für die Deutung des Bw. ist eine Grundform **Cag-* zugrunde zu legen. Bisher ging man von einem PN *Cago* aus, den man mit einem 888 vorkommenden, möglicherweise namengebenden und auch als Konradiner anzusprechenden Gaganhart in Verbindung brachte. Zu beachten ist, dass *-berg-*Namen häufig mit App. und seltener mit PN gebildet sind. Ein app. Anschluss lässt sich aus vordeutsch **kagila-* m. 'Kegel' zu obd. *Kag* 'Strunk', ndl. *keg* 'Keil', engl. dial. *cag* 'Stump', schwedisch *kage* 'Stoppel, Stumpf' finden. Mit dieser Etymologie nimmt der Name Bezug zu den naturräumlichen Gegebenheiten und beschreibt eine stumpfe Erhöhung (= Berg ohne Spitze; abgestumpfter Gegenstand, aufrecht ragender Rest eines Ganzen), was mit der Realprobe korrespondiert. **V.** HHS 4; Keyser; LAGIS. *DA*

Castrop-Rauxel **I.** Stadt im Kr. Recklinghausen, 76 277 Ew., zwischen Emscher und Hellweg, Reg.-Bez. Münster, NRW. Der Hof Castrop 1236 im Besitz der Grafen, dann Herzöge von Kleve in der Gft. Mark, 1484 Freiheitsprivileg für die Siedlung auf dem Hofe, Gerichtsbezirk und Kirchspiel. Rauxel war eine Bauerschaft im Gericht Castrop. 1609 zu Brandenburg(-Preußen), 1806 Ghztm. Berg, 1813 wieder preußisch, 1815 Kr. Dortmund, 1902 Stadt, 1926 Stadt Castrop-Rauxel, 1928–1975 kreisfrei, Kohlebergbau. **II.** Castrop: 834 *villa Castorp*, 9. Jh. *in villa Castorpa*, um 1150 *superior Castthorpe*. Rauxel: 1266 *Roukessele*, 1334 *Roucsel*, 1486 *Roexel*. **III.** Das Erstglied des Namens *Castrop* mit dem Gw. *thorp* > *trop* (*-r-*Metathese und harter Anlaut nach stimmlosem konsonantischen Auslaut der Erstsilbe; vgl. ↗ *-dorf*) ist *kast-* mit der Bedeutung 'Behälter', 'Kornscheune' (Kluge), passend zum Charakter eines zentralen Wirtschaftshofes mit Speichergebäude. *Hrōk-es-sele ist 'Haus', 'Saal' oder 'Wohnsitz' eines Mannes mit dem Tiernamen *hrōk* 'Krähe'. Die Deutung von *rōk* als 'Rauch' ist wenig wahrscheinlich wegen des Genitivformans' *-es*, das sich in zusammengesetzten Siedlungsnamen nur bei Mannsnamen, nicht bei Tiernamen findet. **IV.** Mehrere Siedlungsnamen mit *kast-*: Kastorf, Kr. Herzogtum Lauenburg SH; Kasten bei Böheimkirchen, NÖ, A; Kastl, Lkr. Altötting, BY (alle mit *kast-*); Roxel, Stadt Münster, Bauer *Roxelloe* (1486), Flierich, Kr. Unna, beide NRW (mit *rōk* 'Rauch', *hrōk* 'Krähe' oder *(h)rok* 'Rock'). **V.** Derks, P.: Der Siedlungsname Rauxel. Manuskript; UB NRh I; Werdener Urbare A; Timm, W. (Bearb.): Schatzbuch der Gft. Mark 1486. Unna 1986. *schü*

Cattenom ↗ **Kattenhofen**

Celle **I.** Kreisstadt im Lkr. Celle, 70 745 Ew., zwischen Aller und Fuhse, Reg.-Bez. Lüneburg (bis Ende 2004), NI. Urspr. Stadt Celle 3 km allerabwärts in Altencelle (Stadtrecht um 1249); 1292 Verlegung an die jetzige Stelle und Verleihung des Lüneburger Stadtrechts, 1301 Braunschweiger Stadtrecht; zunächst Nebenresidenz und Witwensitz, 1433–1705 Hauptresidenz der Lüneburger Herzöge. **II.** Vor 1007 *Kiellu* [Kop. 15. Jh.], 1292 *novum opidum nostrum Zcellis*, 1339 *Oldenczelle*, 1471 *Tzelle*. **III.** Der Name ist entweder mit mnd. *kelle* 'Schöpfkelle' zu verbinden oder beruht wie *Kiel* auf einem Simplex, das in anord. *kíll* 'schmale Bucht', neuisl. *kíll* 'Keil; grasbewachsene feuchte Vertiefung' und ablautend mnl. *kille* 'Tiefe zwischen Sandbänken' belegt ist. Durch den nachfolgenden hellen Vokal wird anlautendes *K-* palatalisiert, wofür die Schreibung des Erstbelegs ein Indiz sein könnte. Der Stammvokal von *kíll* wurde durch Zerdehnung zu *-e-*, das anschließend gekürzt wurde. Die genaue Motivation der Benennung bleibt unklar. Wegen der Siedlungsverlegung werden die beiden Ortsteile mit den unterscheidenden Zusätzen *Alt-* und *Neu-* versehen. **V.** Brosius, D.: Urkundenbuch der Stadt Celle. Hannover 1996; HHS 2; Nds. Städtebuch. *UO*

Černjachovsk [Черняховск] ↗**Insterburg**

Česká Lípa ↗**Böhmisch Leipa**

Český Krumlov ↗**Krummau**

Cham [kʰaːm] **I.** Kreisstadt im gleichnamigen Lkr., 17 110 Ew., ca. 55 km nö von Regensburg am Regen, ca. 1,5 km w von der Mündung des Chamb (r. zum Regen), Reg.-Bez. Oberpfalz, BY. 8. Jh. Niederlassung (*cella*) des Regensburger Klosters St. Emmeram in Chammünster (Pfarreisitz bis Mitte 15. Jh.), 10./11. Jh. Reichsburg Cham mit Münzstätte über der Chambmündung an wichtiger Handelsstraße nach Böhmen, 11./12. Jh. Mittelpunkt der Mark Cham, im frühen 12. Jh. Verlegung an heutigen Standort, ab 1204 wittelsbachisch, 1230 als Stadt bezeugt, zentraler Wirtschaftsstandort der Region Oberer Bayerischer Wald. **II.** 819 Kop. Ende 9. Jh. *ad Chambe* (auf Chammünster bezogen), zu 976 Chronik 1013 *Camma*, 1189–97 *Chamb*; *Cham [Or]* (1287). **III.** Der SiN *Cham* beruht auf dem als Gegendname zur Bezeichnung des Gebiets der Chambmündung verwendeten GwN *Chamb*. Dieser ist 1058 als *Kamb [Or]* und 1086 Kop. 12. Jh. in der atschech. Form *Chub* überliefert und geht auf das kelt. Adj. **kambos* 'krumm' zurück. Während beim GwN *Chamb* das auslautende *b* erhalten blieb, wurde beim SiN *mb* in der Dat.-Form *Chambe* zwischen Vokalen zu *mm* assimiliert. Vereinfachung *mm* > *m* und Apokope des vokalischen Auslauts führten zur seit dem 13. Jh. belegten Namenform *Cham*. Zahlreiche Vergleichsnamen zum GwN *Chamb* in (ehemals) von Kelten besiedelten Gebieten. **IV.** Kamp (l. Zfl. zur Donau, NÖ). **V.** Keyser / Stoob II; Reitzenstein 2006. *WJ*

Cham **I.** Stadt und Gem. im Kt. Zug, 14 259 Ew., am Ausfluss der Lorze aus dem Zugersee, mit den Dorfteilen Städtli und Chirchbüel und den Fraktionen Lindencham, Friesencham, Rumentikon und Hagendorn, 418 m über dem Meeresspiegel, CH. Archäol. Siedlungsspuren im Dorfbereich seit 4100 v. Chr. (Seeufersiedlung Eslen), frühma. Königshof, wahrscheinlich mit Zentrum auf der Halbinsel St. Andreas. Seit 1406 und bis 1798 Untertanengebiet (Vogtei) der Stadt Zug. Im Hochmittelalter verschiedene Mühlen an der Lorze, 1657 Bau einer Papiermühle (h. Papierfabrik Cham). 1864 Anschluss an das Eisenbahnnetz, 1866 Gründung der Anglo Swiss Condensed Milk Co., welche 1905 mit der Firma Nestlé in Vevey fusionierte. H. Standort größerer Dienstleistungs- und Produktionsbetriebe (u. a. Firmensitz von Nestlé AG). **II.** 858 *Chama [Or]*, 1036/37 *Chama [Or]*, 1260 *Chame [Or]*; *Cham* (1276). **III.** Wahrscheinlich zu kelt. **kâmâ* 'Dorf' (idg. **kei* 'liegen, Lager, Heimstätte', mit *m*-Erweiterung). Die hd. *k*-Verschiebung ist in den ältesten urk. Nennungen bereits vollzogen. Die frühesten Hinweise auf die Verdumpfung des Stammvokals, welche zur heutigen Mundartform *Choom* (mit offenem -*o*-) führt, stammen aus dem 15. Jh. **V.** Dittli, 1; LSG; HLS 3. *BD*

Cheb ↗**Eger**

Chemnitz **I.** Kreisfreie Stadt und Verwaltungssitz eines gleichnamigen Direktionsbezirkes, 243 880 Ew., im Erzgebirgsbecken, am Nordrand des Erzgebirges am Flusse Chemnitz, SN. Um 1136 Gründung eines Benediktinerklosters am Flussübergang des alten Fernweges nach Böhmen über Chemnitz, dieses erhielt 1143 Marktrecht, nach 1170 stadtähnliche Siedlung, seit 1254/1308 mark-meißnische Stadt und Verkehrszentrum. Wirtschaftl. Aufschwung durch Bergbau im Erzgebirge seit ca. 1470, seit dem 19. Jh. Zentrum des Maschinenbaus. 1953–1990 ON *Karl-Marx-Stadt*. H. drittgrößte Stadt des Freistaates Sachsen, neben Zwickau Kern der „Wirtschaftsregion Chemnitz-Zwickau". **II.** 1143 *Kamenizi*, 1254 *Kemeniz*. **III.** Der ON wurde vom GwN *Chemnitz* (1012/18 *in Caminizi fluvium*, 1280 *aqua Kempnicz*, 1285 *Kemenitz*) übertragen. Der GwN asorb. **Kamenica* gehört zu **kameń* 'Stein' und bedeutet somit 'Steinbach', häufig in der slaw. Namengebung. Die d. Namenform zeigt den Umlaut von -*a*- > -*e*- (seit dem 13. Jh. *Kemeniz* usw.), die mda. Namenform senkt -*e*- > -*a*- (*kams*). Um 1630 beginnt die Schreibung mit *Ch*- für *K*-. **IV.** Dorfchemnitz b. Sayda, Lkr. Mittelsachsen, SN; Kemnitz, Nebenfluss der Zwickauer Mulde. **V.** HONS; SNB. *EE, GW*

Chodzież ↗**Kolmar/Wartheland**

Chojnów ↗**Haynau**

Chomutov ↗**Komotau**

Chorzów ↗**Königshütte**

Choszczno ↗**Arnswalde**

Chur rätorom. Cuera, Cuoira, Cuira, ital. Coira, franz. Coire, mda. [kʰuːr] **I.** Polit. Gem. und Hauptstadt des gleichnamigen Kreises sowie des Kt. Graubünden, Sitz der Kantonsregierung, Bischofssitz, 32 957 Ew., an der Mündung des Seitentals Schanfigg in das Rheintal auf dem Schwemmfächer der Plessur, CH. Die urgeschichtlichen (bronze- und eisenzeitlichen) Siedlungsplätze und der röm. Vicus liegen im Bereich der heutigen Altstadt. 15 v. Chr. röm. Alpenfeldzug (Drusus und Tiberius), danach Eingliederung Rätiens in das röm. Reich. Erste schriftliche Erwähnung von Chur um 280 in einem röm. Straßenverzeichnis (Itinerarium Antonini), im 4. Jh. Anfänge des Bistums, 451 erste Erwähnung eines Bischofs, ab dem 10./11. Jh. übernehmen die Bischöfe die Landesherrschaft in Churrätien. Gebirgsrandstadt mit wenig Industrie, Verkehrsknotenpunkt von Straße und Bahn, Schul-, Spital- und Verwaltungszentrum, eidgenössischer Waffenplatz. **II.** Um 280 *Curia*, 614 *ex civitate Cura Uictor episcopus*, 1278 *Kur*; *Chur* (1279). **III.** In der älteren Forschung gewöhnlich zu lat. *cūria* 'Rathaus, Senatsversammlung' gestellt und als *Curia Raetorum*, Hauptort der röm. Provinz *Raetia prima* aufgefasst. Jedoch lassen sich, wie Hubschmied gezeigt hat, die bündnerromanischen Formen *Cuera*, *Cuoira* nicht von *cūria* herleiten. Er stellt den Namen zu kelt. *curia* (älter **korjā*) 'Stamm, Sippe', evtl. 'Stammsitz'. **V.** Hubschmied 1943; RN 2; LSG. HS

Clausthal-Zellerfeld **I.** Bergstadt im Lkr. Goslar, 14 561 Ew., Reg.-Bez. Braunschweig (bis Ende 2004), NI. Urspr. zwei Städte, 1924 vereinigt; um 1200 Gründung eines Benediktinerklosters in Zellerfeld, 1432 aufgehoben; nach Bergbau bis um 1350 erneuter Aufschwung desselben im 16. Jh.; Zellerfeld 1532 und Clausthal 1554 freie Bergstädte; 1775 Gründung der Bergakademie (h. Technische Hochschule). **II.** Clausthal: 1554 *Bergstadt auf dem Clausberge*, 1558 *Bergstadt uff Klausthall*; Zellerfeld: 1174 *ecclesia de Cella* [Kop. 12. Jh.], 1223 *Cella*, 1557 *auff Zellerfeldt*. **III.** Der Name *Zellerfeld* geht auf den GwN des Zellbaches (1340 *Cellam*, A. 16. Jh.) zurück, wobei lat. *cella* 'Klause' sekundär eingewirkt hat. Erst jünger wird als Gw. ↗ *-feld* angefügt. Zum GwN, der evtl. mit dem Gw. ↗ *-ach¹* gebildet ist, vgl. ↗ *Celle*. Der Name *Clausthal* enthält zunächst das Gw. ↗ *-berg*, dann das Gw. ↗ *-tal* und den PN *Klaus* (*Nikolaus*). **IV.** ↗ Celle, Lkr. Celle, NI. **V.** HHS 2; Nds. Städtebuch. KC

Clerf franz. *Clairvaux*, lux. *Klierf*, mda. *Cliärref* **I.** Gem. und Hauptort des gleichnamigen Kt., 2 025 Ew., an einer Flussschleife der Klerf im Ösling, ca. 60 km n von Luxemburg, Distr. Diekirch, L. Im 12. Jh. Bau der Burg, h. Schloss, als Sitz der Grafen von Clerf, nach deren Aussterben im Besitz lux. Herrengeschlechter, seit dem MA zu Luxemburg, 2008 Abstimmung der Gem. Clerf, Heinerscheid und Munshausen für eine Zusammenlegung im Jahr 2012, touristisches Zentrum. **II.** 1129 *Clerivas*, 1157 *Claravalle*, 1268 *Klerva*, um 1300 *Clerve*. **III.** Der Ort wurde benannt nach der Burg, die, einer zeitgenössischen Mode folgend, von ihren Erbauern einen franz. BurgN erhielt: 1129 *Clerivas* (latinisiert 1157 *Claravalle*) im Erstbeleg mit ofranz. Verstummen von *l* vor *s* (*-vals* > *-vas*), zu afranz. *cler* 'klar, hell, prächtig' und afranz. *val* 'Tal'. Namenmotiv: Lage in einem durch eine Flussschleife geweiteten, lichten Tal im waldreichen Ösling. 1268 *Klerva* (lat. Urkunde) mit Verstummen von auslautendem franz. *s*. Entlehnung ins Mfr.-Mhd.: Akzentverlagerung auf die erste Silbe, der auslautende Vokal *a* der nun schwach betonten zweiten Silbe wurde zu ə (geschrieben *e*) zentralisiert (um 1300 *Clerve*) und später getilgt (h. *Clerf*). Afranz. *v* wurde als *f* entlehnt oder nach der Tilgung des auslautenden Vokals der moselfr. Aussprache von auslautendem *b* > *v* > *f* angepasst (vgl. lux. *Graf* 'Grab'). Der Diphthong lux. *iə* in *Klierf* geht auf Brechung zurück, hier für entlehntes *e* in Analogie zu den Fortsetzern von ahd. *e/ë* (vgl. lux. *Mier* 'Meer' und ↗ Mersch, lux. *Miersch*). Mda. *Cliärref* mit Sprossvokal (vgl. lux. *Dueref* 'Dorf'). Franz. *Clairvaux* wurde über die franz. Verwaltungssprache in Luxemburg tradiert und an die Schreibung des berühmten franz. Klosters angeglichen. Der BurgN bzw. SiN wurde übertragen auf den GwN *Klerf*, auch *Clerve*, und verdrängte den urspr. GwN *Wiltz* (l. zur gleichnamigen Wiltz; vgl. den SiN ↗ *Wiltz*). **IV.** Ehem. Kloster Clairvaux, Gem. Ville-sous-la-Ferté, Arrondissement Bar-sur-Aube, Département Aube (Champagne-Ardenne), F. **V.** Meyers; Vannérus. AS

Cloppenburg **I.** Kreisstadt im Lkr. Cloppenburg, 32 278 Ew., an der Soeste, Reg.-Bez. Weser-Ems (bis Ende 2004), NI. Vor 1297 Bau der Cloppenburg an der Siedlung Krapendorf durch die Grafen von Tecklenburg, Lage am Verkehrsweg von Osnabrück nach Emden und der Flämischen Straße der Hansezeit von Lübeck nach Brügge, 1400 zum Niederstift Münster, 1411 Weichbildrecht, 1435 Stadtrecht, 1855 Zusammenschluss mit Krapendorf, 1934 Errichtung eines Museumsdorfes. **II.** 1297 *nunc de novo castrum est edificatum, quod Cloppenborg dicitur* (Kop. 14. Jh.). **III.** Bildung mit dem Gw. ↗ *-burg*. Das Bw. wird oft auf mnd. *kloppen* 'klopfen, prügeln, schlagen' zurückgeführt, dem BurgN wird zusammen mit der ehem. Grenzburg Schnappenburg am Barßeler Tief (zu mnd. *snappen* 'erschnappen, greifen' gestellt) ein eher raubritterlicher Wortschatz zugrundegelegt. 1400 ist die Schnappenburg noch als *borgh to der Snappen* belegt, es liegt sicherlich ein FlN für ein spitz zulaufendes Landstück zugrunde. Ebenso ist anzunehmen, dass *Cloppenborg* ein FlN vorausgeht, der eine Erhebung bezeichnete; vgl. bair. *klopf* 'Fels', mitteldänisch *klop* 'Klumpen', ae. **clop* 'Klumpen; Hügel, Berg' in ON wie *Clophill, Clopton*, zu idg. **g(e)l-eu-b-* als Erweiterung von **gel-* 'sich ballen; Gerundetes, Kugeliges'. **IV.** † Kloppenheim bei Seckenheim, OT von Mannheim, BW; Kloppenheim, OT von Wiesbaden, HE; Kloppenheim, OT von Karben, Wetteraukreis, HE; (alle vor 10. Jh. als *Clopheim* belegt), ein Berg bei Erbach (819 *Clophenbergk*), Odenwaldkreis, HE. **V.** BuK Oldenburg III; Nds. Städtebuch; Udolph 2001b. FM

Coburg I. Kreisfreie Stadt, 41316 Ew., Reg.-Bez. Oberfranken, BY. Planmäßige Gründung etwa des 11. Jh. an der Altstraße von Bamberg nach Erfurt an der Itz, in direkter Nachbarschaft einer älteren, möglicherweise thüringischen Siedlung Trufalistat; *Coburg* urspr. nur Name für den Vestungsberg und den benachbarten Fürwitz; durch Königin Richeza an Ebf. Anno von Köln; als Gründungsgut dem Chorherrenstift und späteren Benediktinerkloster Saalfeld übertragen; im Verlauf des 12. Jh. Verlegung der zunächst am Rand des Festungsbergs errichteten saalfeldischen Propstei ins Tal – unter Mitnahme des Namens; um 1200 unter der Obervogtei eines Grafen von Andechs-Dießen Bau einer neuen Burg auf dem Festungsberg, bis 1549 (dem Bau von Schloss Ehrenburg in der Stadt) oft fürstlicher Wohnsitz, h. bedeutende Kunstsammlungen; Coburg (befestigter Markt und Festung) 1248 aus dem Besitz der Herzöge von Andechs-Meranien an die Grafen von Henneberg (bis 1353 „Neue Herrschaft"), 1331 Schweinfurter Stadtrecht und eigene Gerichtsbarkeit, 1353 an sächsische Wettiner („Pflege Coburg"), seit 1540 wettinische Residenzstadt im Hztm. Sachsen-Coburg-Gotha, 1918 Freistaat Coburg, 1920 durch Volksentscheid an Bayern; Schul-, Theater- und Kongressstadt, auch Gewerbe- und Industriestadt (Brose Fahrzeugteile). II. 1056 (Kop. 16. Jh.) *Coburg*, 1057 (F. 13. Jh.) *Koburk*, 1182 (Kop. 1421) *Chonburch*, 1182 *Cob*(urg) [Or], ca. 1186 *Choburc* [Or], 1217 (Kop. 1480) *in universo burgo Choburg, quod antiquitus dicebatur Trufalistat*, 1347 *Koburg huse vnd stat*. III. Im Hinblick auf die frühdeutsch-slawische Namenlandschaft um Coburg, auf die beiden Originalbelege des 12. Jh. und die mehrheitlich *Co-* u.ä. geschriebenen frühesten Kopialbelege haben die über den ON reflektierenden Menschen von jeher daran gedacht, dass sich darin das Gw. ↗ -*burg* mit asä. *kō* 'Kuh' – im Sinne 'befestigter Ort, wo Kühe gehalten werden' – zusammensetzt. Die auf dem Land noch zu hörende Mundartform *Kuuëwërich* könnte das alte -*ō*- reflektieren. Dessen Erhalt wäre so zu erklären, dass die Benennung des Berges durch Siedler aus dem nd. Sprachraum erst nach 900 erfolgt ist – nach dem Abschluss der Entwicklung von germ. *ō* > ahd. *uo*. Wegen der relativ späten Belege des 14. und 15. Jh. wie *Kobburg*, *Chonburgh* und *Comburg* ist eine primäre Namensform *Kobenburg* eher unwahrscheinlich. Spekulativ bleibt auch der Versuch, *Co-* in den Umkreis der Abl. von der idg. Nominalwurzel *gēu-* 'biegen, krümmen, wölben' für die Benennung des Bergkopfes zu stellen. IV. Koberg, Kr. Herzogtum Lauenburg, SH; Kuhardt (< 1103 *Cohart*, 1270 *Kuhart*, 1315 *villa Kůhart*), Lkr. Germersheim, RP; Kühbach, Lkr. Aichach-Friedberg, BY. V. Bachmann, H.: Coburg. In: HHS Franken; Graßmuck, H.: Die Ortsnamen des Landkreises Coburg ... Diss. Erlangen 1955; Reitzenstein 2009. *DF*

Cochem-Land I. VG (seit 1970) im Lkr. Cochem-Zell, 10448 Ew., mit Verwaltungssitz in der Kreisstadt Cochem, am linken Moselufer, sw von Koblenz, RP. Ersterwähnung 866, bis 1224 war Cochem Reichsgut und kgl. Zollstätte, 1294–1794 Kurtrierisches Territorium, 1332 Stadtrecht, 1796 Besetzung durch franz. Truppen, ab 1815 preußisch. Weinbau und Tourismus. II. 866 (Kop. 12. Jh.) *Cuchuma*, 1051 (Kop. 12. Jh.) *Chůchomo, Chochumo*, 1130 *Kvchema*, 1139 *Cocheme*, 1139 *Cuchema*, 1250 *Cochme*, 1346 *Cochem*, 1475 *Cochem*. III. Urspr. Name des in Cochem in die Mosel mündenden Endertbachs, kelt. *Kukama* 'die Gebogene', vgl. FluN *Kocher* (zum Neckar) < *Kukana*, *Kocherbach* (zur Rossel zur Saar) mit ON *Cocheren* < *Kukara* (kelt. *kukro-* > air. *cúar* 'krumm'). V. Jungandreas; Wirtz, Verschiebung; Kaufmann 1973; Reichardt, L.: Ortsnamenbuch des Ostalbkreises. Stuttgart 1999. *AG*

Coesfeld [-o:-] I. Kreisstadt des gleichnamigen Kreises, 36558 Ew., w Münster, Reg.-Bez. Münster, NRW. Im MA Kirchdorf im FBtm. Münster, 1197 Stadtrecht, 1804 Hauptstadt der Gft. Horstort (Salm-Horstmar), 1806 Ghztm. Berg, 1810 Kaiserreich Frankreich, 1815 preußisch, 19. Jh. Textil-, Papier-, Lederfabriken, Maschinenbaubetriebe, 20./21. Jh. Textilunternehmen, Konzert-Theater-Neubau 2007. II. 11. Jh. zu 809 *Coasfeld* [Or], 1022–1032 *Cosuelda*, 1201 *Coesfelde*. III. Bildung mit dem Gw. ↗ -*feld*, das appellativisch an asä. *feld*, mnd. *velt* 'freies, offenes Land, Ackerflur, Wiesenflur' anzubinden ist. Eigentlich ein Namenelement zur Kennzeichnung von Flurstellen, wurde -*feld* auch auf Siedlungen übertragen. Bw. können sowohl Appellative als auch Namen (z.B. GwN) sein. Bei Coesfeld liegt ein GwN als Bw. vor, nämlich der GwN *Koisa, ein 'Kuh-Bach'. Dieser ist aus dem App. asä. *kō* 'Kuh' und einem -*s*-Suffix gebildet. Das -*s*-Suffix (mit unterschiedlichen Vokalen, hier -*i*-) findet sich unter anderem als Bildungselement in alten GwN. Eine Deutung nur auf der Basis von asä. *kō* ist aufgrund des stets vorhandenen -*s*- nicht möglich, das kein Flexionselement der -*i*-Deklination ist. Der ON kann also als 'Feld an einem Kuh-Bach' gedeutet werden. V. Die Vitae Sancti Liudgeri. Hg. von W. Diekamp. Münster 1991; WfUB I, II, III; Derks, P.: Der Ortsname Coesfeld. In: Coesfeld 1197–1997. Hg. von N. Damberg. Münster 1999. Bd. 2. *kors*

Cölbe I. Gem. im Lkr. Marburg-Biedenkopf, 7056 Ew., 4,5 km n Marburg, Reg.-Bez. Gießen, HE. Solarindustrie, Holzverarbeitung, Landwirtschaft. Ostereiermarkt. 1972/1974 Zusammenschluss von 6 Orten mit Cölbe als Zentralort; bis 30. 6. 1974 Lkr. Marburg. II. 1244 *Culbe*, 1309 *Kulbe*, 1365 *Kolbe*, 1370/75 *Kœlbe*, 1440 *Kolwe*, 1577 *Kölb*, 1630 *Kölbe*. III. An der

Einmündung der Ohm (alteurop. GwN) in die Lahn (wohl kelt. GwN) gelegen, früher sumpfige Niederung, was der Deutung entspricht: germ. *kulba, ahd. kolbo, colbo, mhd. kolbe 'Stab mit verdicktem Ende, Keule', übertragen auf 'Schilf, Sumpf, Rohrkolben', mit ↗ -aha, also 'Sumpf-, Schilfwasser'. **V.** Reuling 1979. FD

Colmar mda. ['kolmər], franz. [kɔl'maːʀ] **I.** Hauptstadt des Départements Haut-Rhin, 66 560 Ew., Sitz der Départementsverwaltung, Region Elsass, F. Frühmittelalterlicher Königshof, dann Besitz von Konstanz und Peterlingen (Payerne), freie Reichsstadt, im 16. Jh. konfessionelle Unruhen, seit 1673 zu Frankreich, 1871–1918 zu Deutschland, regionales Zentrum des Mittelelsass. **II.** 823 *Columbarium*, 865 *Columbaria*. **III.** Aus lateinisch *columbarium* 'Taubenhaus', eventuell 'unterirdische Totenkammer mit Nischen'. Das massenhafte Auftreten von *Colombey, -ier* im franz. Sprachgebiet deutet auf erstere Bedeutung. Die Herkunft spricht für längeres Überleben der Romanen im Frühmittelalter. **V.** Langenbeck, F.: Vom Weiterleben der vorgermanischen Toponymie im deutschsprachigen Elsass. Bühl/Baden 1967, I. WM

Coppenbrügge **I.** Flecken im Lkr. Hameln-Pyrmont, 7632 Ew., Reg.-Bez. Hannover (bis Ende 2004), NI. Hauptort der Grafschaft Spiegelberg; bei der um 1300 errichteten Wasserburg Entwicklung eines Burgfleckens; nach 1557 im Besitz der Häuser Lippe und Gleichen, dann Nassau-Oranien, 1819 durch Kauf an Kgr. Hannover. **II.** Vor 1007 *Cobbanbrug* [Kop. 15. Jh.], 1062 *de Choppenbrukke*, 1281 *Cobbenbrucke*; *Koppenbrügge* (um 1616). **III.** Bildung mit dem Gw. ↗ -*brück* und dem schwach flektierten KN *Cobbo* im Gen. Sg. als Bw. Während das Gw. bis h. in nd. Form erhalten bleibt, erscheint im Bw. -*pp*- anstelle von -*bb*-, was als Verhochdeutschung zu interpretieren ist. Deutung also: 'Brücke des Cobbo'. **V.** HHS 2. KC

Cosel (Kosel) // Kędzierzyn-Koźle ['koz̧le] **I.** Kreisstadt in der Woi. Opole, 64 960 Ew., an der Mündung der Klodnitz // Kłodnica in die Oder, PL. Als Grenzburg zwischen Polen und Mähren angelegt, 1155 als Kastellanei erwähnt, 1281 Magdeburger Stadtrecht, bis 1327 im Kgr. Polen, danach an Böhmen, 1526 mit Böhmen an Habsburg, 1742 an Preußen, bis 1873 Garnisonsstadt, was die Entwicklung wesentlich behinderte; 1921 bei der Volksabstimmung 93% Stimmen für Deutschland; bis 1945 Kreisstadt im Reg.-Bez. Oppeln. 13 377 Ew. (1939). Seit 1975 Kędzierzyn-Koźle durch Zusammenlegung mit Kędzierzyn // Kandrzin; Hafen mit Werft, Maschinenbau, chemische Industrie. **II.** 1104 *Cosle*, 1155 *Cozli* [Or], 1222 *in Cozli*. **III.** Poln. *koźle* 'Stelle, Ort, wo sich Böcke aufhalten', zu *kozioł*, *kozieł* 'Ziegenbock'. Von diesem Tiernamen wurden frühzeitig PN abgeleitet, poln. *Kozieł* ist im 12. Jh. belegt. Cosel ist eine alte Burgsiedlung, deswegen darf man die Herkunft vom PN nicht ausschließen. **IV.** Cosel, Kosel (Nieder-, Ober-) in der Oberlausitz, SN; Koźle in Großpolen, PL. **V.** SNGŚl; Rymut NMP; SU. MCh

Coswig (Anhalt) **I.** Stadt und gleichnamige VG im Lkr. Wittenberg, 13 617 Ew., an der Elbe zwischen Wittenberg und Dessau, ST. Aus einem Burgward entstandene anhaltische Landstadt mit zeitweiser Bed. als Grablege und Witwensitz. **II.** 1187 (12. Jh.) *Cossewiz*, 1190 *Cosswitz*, 1213 *Cozwic* [Or]. **III.** Asorb. *Kosovik* zu *kos* mit mehreren Bed.; am wahrscheinlichsten ist hier 'Amsel (Turdus merula)'. Der Name entspricht demjenigen von ↗ Coswig, Lkr. Meißen, SN; das Auftreten zweier identisch benannter Städte an der Elbe ist bemerkenswert. **V.** DS 38; SNB; SO 2. ChZ

Coswig **I.** Große Kreisstadt im Lkr. Meißen, 21 853 Ew., im dicht besiedelten Elbtal, zwischen Meißen und Radebeul bzw. Dresden, SN. Bis 1939 dörfliche Siedlung mit ehemaliger Wasserburg, 1939 Erhebung zur Stadt, da es als Industriestandort, Arbeiterwohn- und Gartenstadt im Ballungsgebiet Dresden zunehmend an Bedeutung gewonnen hatte. **II.** 1350 *Koswik*, *Koczwicz*, 1378 *Kozwig*, 1469 *Koßwigk*. **III.** Aus asorb. *Kosovik* zu *kos* 'Amsel', erweitert mit dem Suffix -*ovik*. Kaum zum PN *Kos. **IV.** † Coswig, bei Torgau, SN; ↗ Coswig (Anhalt), Lkr. Wittenberg, ST; Koßwig bei Calau, Lkr. Oberspreewald-Lausitz, BB. **V.** HONS I; SNB; SO II, 63 f. EE, GW

Cottbus // Chośebuz (sorb.) **I.** Kreisfreie Stadt, 101 785 Ew., an der Spree, BB. Auf einem künstlich erhöhten Schlossberg an Stelle einer früheren slaw. Befestigungsanlage befand sich eine d. Burg, an deren Fuße eine Marktsiedlung entstand. Teile der ma. Stadtbefestigung sind erhalten (Münzturm, Spremberger Turm). Anfang 19. Jh. entwickelte sich die Tuchfabrikation als wichtigster Erwerbszweig. Bedeutender Verkehrsknotenpunkt. 1908 wurde das Stadttheater in reinem Jugendstil erbaut. Zentraler Ort mit überregionaler Bedeutung für Wirtschaft, Kultur und Wissenschaft. **II.** 1156 *Heinricus castellanus de Chotibuz* [Or], 1208 *Thimo de Cothebuz* [Or], 1336 *tzu Kothebuz*, 1571 *Kotbuß* [Or]; sorb. 1843 *Chośebuz*. **III.** Asorb. *Chótěbuź* 'Siedlung eines Mannes namens Chotěbud', eine Bildung mit dem poss. -*j*-Suffix vom VN asorb. *Chotěbud*, der im Erstglied zu urslaw. *chotěti* 'wollen', und im Zweitglied zu asorb. *-bud* < urslaw. *-bǫd-*, zu *byti*, 'sein', gehört. **IV.** Ähnlich 1170 *Chotibanz*, h. Adamsdorf, OT von Ankershagen, Lkr. Müritz, MV; Chociebądz, PL; Chotěbuz, CZ. **V.** UI; UB Lübb. III; DS 36; SO 2. *SW*

Crailsheim **I.** Große Kreisstadt und gleichnamige VVG im Lkr. Schwäbisch Hall, 45 912 Ew., etwa 25 km ö Schwäbisch Hall und 47 km ssw Ansbach auf der Hohenloher Ebene an der Jagst in der Crailsheimer Bucht gelegen, Reg.-Bez. Stuttgart, BW. Wohl im 6. Jh. von den Franken an einer Jagstfurt gegründet, ab 1232 Adlige von Crailsheim, nach deren Aussterben an die Herren von Öttingen, seit 1338 Stadtrecht, 1806 fiel der Ort an Bayern und ist seit 1810 württembergisch. Ehem. Gerbergewerbe, (Schwer-) Maschinenbau, Handelsbetriebe, Liebfrauenkapelle, Zeughausturm, spätgotische Johanneskirche, Horaffensage, Geburtsort von Adam Weiß. **II.** 996 (Kop. 13. Jh.) *Kreuwelsheim*, um 1136 *Croweleshem*, 1252 *Crewelsheim*. 1290 *Creulshein*; *Crailsheim* (1716?). **IV.** Eine Zuss. mit dem Gw. ↗ *-heim*; ein Beleg zeigt die im Westoberdeutschen verbreitete Variante ↗ *-hain*. Dem Bw. liegt wohl ahd. *krewil*, *krouwil* st. M. 'dreizinkige Gabel, Dreizack', mhd. *kröuwel*, *krewel* 'Gabel mit hakenförmigen Spitzen, Klaue, Kralle' zu Grunde. Das Wappen von Crailsheim enthält drei aufrecht stehende, oben zugespitzte Stäbe mit einem Handgriff unten und je drei Haken auf der rechten Seite, einen Kreuel (Krail). Das Werkzeug fand im frühen Bergbau Verwendung, eine Beziehung zu Crailsheim ist jedoch unsicher. Nicht auszuschließen ist daher, dass *Kreuwel* in der Bedeutung 'Klaue, Kralle' zum PN oder Beinamen geworden ist und eine Person mit einer markanten Hand o. ä. namengebend wurde. **IV.** Krewelin, OT von Zehdenik), Lkr. Oberhavel, BB. **V.** FO 1; Grimm DtWb 5; LBW 3. *JR*

Cremlingen **I.** Gem. im Lkr. Wolfenbüttel, 12 763 Ew., ö von Braunschweig, Reg.-Bez. Braunschweig (bis Ende 2004), NI. Auf der Gemarkung bedeutende Siedlungsfunde von Römischer Kaiserzeit bis in das 7. Jh. und Urnenfriedhof 3.–7. Jh. **II.** 1296 *Cremmelinghe [Or]*, 1316 *Cremnige*; *Cremlingen* (um 1616). **III.** Abl. mit dem Suffix ↗ *-ing(en)*. Basis ist ein aus anord. *kramr* 'feucht, halbgetaut von Schnee', got. *qrammiþa* 'Feuchtigkeit' zu erschließendes App. **kram(no)-* 'feucht; Feuchtigkeit'. Das *-l*- ist entweder als Erweiterung der Basis zu interpretieren oder aber dem Suffix zugehörig, da die Variante *-ling-* in Ostfalen in einer Reihe von ON vorkommt. **IV.** Cramme, Lkr. Wolfenbüttel, NI. **V.** GOV Braunschweig; NOB III. *KC*

Creußen **I.** Stadt und gleichnamige VG im Lkr. Bayreuth (seit 1978) mit den Gem. Haag, Prebitz und dem Markt Schnabelwaid, 7731 Ew., ca. 10 km s von Bayreuth in der Fränkischen Schweiz am Roten Main, Reg.-Bez. Oberfranken, BY. Burg Creußen um 1000 im Besitz der Grafen von Schweinfurt, 1358 Stadterhebung. **II.** Zu 1003 Chronik um 1013 *ad Crusni castellum … urbem Crusni*, 1130 *Chrusine [Or]*, 1319 *Creusen [Or]*; *Creußen [Or]* (1522). **III.** Der SiN *Creußen* dürfte von Altencreußen (ca. 4 km sö von Creußen), 1320 *Alten Creusen*, übertragen worden sein. Dieser Ort liegt im Quellbereich des Flusses Creußen, 1357 *Crůsen*, dessen Name auf eine germ. Gf. **Krūsina*, eine Ableitung von **krūs-* 'kraus, gelockt' mit dem bei GwN häufigen Suffix *-in-*, zurückgeführt werden kann. Benennungsmotiv war wohl der gewundene Verlauf des Flusses. Die ältere Herleitung aus slaw. **krušina* 'Faulbaum' ist abzulehnen, weil dieses Wort ohne toponymisches Suffix für die Benennung eines Gewässers nicht infrage kommt. **V.** Keyser / Stoob I; Eichler, E. / Greule, A. / Janka, W. / Schuh, R.: Beiträge zur slavisch-deutschen Sprachkontaktforschung. Bd. 2: Siedlungsnamen im oberfränkischen Stadt- und Landkreis Bayreuth. Heidelberg 2006 (Slavica. Monographien, Hand-, Lehr- und Wörterbücher 4); Pokorny, S.: Der Gewässername Creußen. In: Greule, A. / Janka, W. / Prinz, M. (Hg.): Gewässernamen in Bayern und Österreich. 3. Kolloquium des Arbeitskreises für bayerisch-österreichische Namenforschung (Regensburg, 27./28. Februar 2004). Regensburg 2005 (Regensburger Studien zur Namenforschung 1). *WJ*

Crimmitschau **I.** Große Kreisstadt im Lkr. Zwickau, 21 392 Ew., Sitz der VG Crimmitschau-Dennheritz; am w Pleißenufer, im W des Erzgebirgsbeckens, SN. Deutsches Reihendorf mit Herrensitz des ausgehenden 12. Jh., Anfang des 13. Jh. Erweiterung zur Stadt. Bis 1990 Zentrum der Textilindustrie. **II.** 1212 *de Crematzowe*, *Krimaschouwe*, 1306 *Crimazchow*. **III.** Wohl zu einem sorb. PN **Krimaš* oder **Krimač*, erweitert mit dem possessivischen Suffix *-ov-*, mda. *krimše*. Der slaw. PN-Stamm **Krim* ist bisher ungeklärt. **IV.** † Krimschau, bei Schmölln, Lkr. Altenburger Land, TH. **V.** HONS I; SNB; SO II. *EE, GW*

Crivitz **I.** Stadt und gleichnamiges Amt (mit weiteren acht Gem.) im Lkr. Parchim, 9 412 Ew., ca. 15 km sö von Schwerin und 20 km nw von Parchim, MV. Urspr. slaw. Siedlung, bei dieser gegen Ende 12. Jh. Errichtung einer Burg durch Grafen von Schwerin, 1302 erstmals als Stadt erwähnt, 1357 an Herzöge von Mecklenburg, später Mecklenburg-Schwerin, Erwerbszweige (MA und Neuzeit): Ackerbau, Handwerk und ländliches Gewerbe. **II.** Zu 1251 *Criwitz(e)*, 1329 *Criwisc*, 1334 *Crywizse*, 1356 *Krywetze*. **III.** Dem ON liegt ein apolb. FlN oder GwN **Krivica* mit einem Suffix *-ica*, ↗ *-itz*, zugrunde, mit dem das charakterisierende Gw. **krivy* 'krumm' erweitert wurde. Das auslautende, unbetonte *-a* ging bei der Eindeutschung verloren. Die Bedeutung des ON lässt sich als 'krummes Feld, krumme Flur' oder 'krummes Gewässer (Bach, Fluss, See)' rekonstruieren, wobei sich Letzteres auf den Crivitzer See, den Barniner See, den Amtsgraben oder auch die etwas entfernter fließende Warnow beziehen könnte. Trautmann stellt noch einen Bezug zur kurvenreichen Straße her, an der das alte Dorf gelegen haben soll. **V.** HHS, Bd. 12; MUB II, VIII; Trautmann ON Meckl.; Eichler/Mühlner. *MN*

Crossen (Krossen) // Krosno Odrzańskie

['krɔsnɔ ɔ'dʒaɲskʲɛ] **I.** Stadt in der Woi. Lubuskie (Lebus), Kreis- und Gemeindesitz, 11 943 Ew., an der Mündung des Bóbr (Bober) in die Oder, PL. Alte slaw. Burg des Stammes der Dziadoszanie. 1005 erste schriftliche Erwähnungen in der Chronik des Bischofs Thietmar von Merseburg (Kämpfe des Bolesław Chrobry mit Kaiser Heinrich II. in den Jahren 1005 und 1015). Das Stadtrecht wurde vor 1238 (1232?) von Henryk Brodaty erteilt. Bis 1482 zum Ftm. Glogau (Głogów), dann zu Brandenburg, später Preußen (Reg.-Bez. Frankfurt). Die Stadt wurde während des 30-jährigen Krieges und des 3. Schles. Krieges stark zerstört. Nach 1945 zu Polen. **II.** 1012–13 *in Crosno*, 1206 *de Crosna*, 1208 *Crosten*, 1231 *Crozna*, 1329 *Krozzen*, 1416 *Krossen*, 1564 *Krossen*, 1883 *Krosno*, d. *Crossen*, 1946 *Krosno Odrzańskie*. **III.** Vom poln. App. *krosta* in der Bed. 'Ausbeulung, Ungleichheit des Geländes', mit dem Suff. *-no*. Die Stadt liegt auf einem Hügel. Die Form *Krosno* entstand infolge der Vereinfachung der Konsonantengruppe *-stn-*. Gegenwärtig mit einem unterscheidenden Zusatz vom FluN *Odra (Oder)*. Die d. Formen *Crossen*, *Krossen* sind grafisch-morphologische Adaptationen der slaw. Ben. **IV.** Das App. *krosta* wurde auch Basis für mehrere andere ON wie *Krosna*, *Krośnica*, beide Woi. Małopolskie (Kleinpolen), *Krościenko*, Woi. Podkarpackie (Karpatenvorland), alle PL. **V.** Rymut NMP V; RymNmiast; Malec. *BC*

Cuxhaven

I. Kreisstadt im Lkr. Cuxhaven 51 249 Ew., an der Elbemündung, Reg.-Bez. Lüneburg (bis Ende 2004), NI. Schiffer-, Lotsen-, Gastwirt- und Kaufmannssiedlung an einer durch Eindeichung gewonnenen Hafenanlage w der Mündung des Ritzebütteler Priels in die Elbe, 1730 Errichtung des Seezeichens Kugelbake (Wahrzeichen Cuxhavens), 1802/03 Leuchtturm, 1816 erstes Badehaus, Ausdehnung des Seebades nach Döse und Duhnen, 1872 Zusammenschluss mit Ritzebüttel, 1892 Fischereihafen, 1896 Amerikahafen, weitere Eingemeindungen, 1899 erste Fischmarkthalle, 1907 Stadtrecht, bis 1937 zu Hamburg, neben Bremerhaven bedeutendster Fischereistandort Deutschlands, 1964 Seeheilbad, Nationalpark Niedersächsisches Wattenmeer. **II.** 1570 *Kuckshaven*, 1577 *Kuxhaven*. **III.** Der erst spät belegte ON wurde bisher als Zuss. aus *Koog* 'eingedeichtes Land' und *Hafen* erklärt. Das recht konstant mit *-u*- und *-k*- überlieferte Bw. ist allerdings nicht mit nd. *Koog*, mnd. *kōch* (afries. *kāch*, *kāg*, nordfries. *kūch*) zu vereinbaren. Das stark flektierte Bw. findet sich in anderen ON und FlN wieder, vgl. *Kuckshagen* (1247 *Cukeshagen*), Kr. Schaumburg, FlN *Kuckeshagen* bei Essen, Kr. Cloppenburg (1527 bezeugt), BurgN *Kukesburg* bei Springe (1007 bezeugt), alle NI; *Kuskoppermoor* (1277 *Kukescope*), Kr. Steinburg, SH; FlN *Kuckesberg* (ca. 1400 *Kuckesberch*) bei Ohligs, Kr. Solingen, FlN *Kotzberg* (1449 *Kuxberg*) bei Richerzhagen, Rheinisch-Bergischer Kr., in schwacher Flexion in *Kuckenberg*, Rheinisch-Bergischer Kr., alle NRW; *Kuckenburg* (9. Jh. *Cucenburg*), Saalekreis, ST, unflektiert in den FlN † *Kuckehue* (1607 *uff dem Kukkehue*), Kiel, *Kuckwall* (1523 *uppe dem Kuck[walle]*), Kr. Dithmarschen, beide SH. Die Gw. weisen meist auf Erhebungen hin; die Bw. sind wohl auf germ. **kuk-* aus idg. **gug-* 'Kugel, Buckel, Hügel' als Erweiterung von **gēu-*, **gəu-*, **gū-* 'biegen, krümmen, wölben' zurückzuführen. Bei Cuxhaven wird die erhöhte Lage auf dem Schwemmlandufer namengebend gewesen sein. Ob als Gw. wirklich mnd. *have(ne)* 'Hafen' vorliegt, ist fraglich; denkbar ist eine Umdeutung aus mnd. *hove*, nd. dial. *have*, fries., dän. *have* 'Hof, Garten, Einzäunung' oder mnd. *hāge(n)* 'eingefriedetes Landstück'. **V.** Nds. Städtebuch; HHS 2; KD Hadeln und Cuxhaven. *FM*

D

Daaden **I.** Gem. und gleichnamige VG (seit 1970) im Lkr. Altenkirchen (Westerwald), 11 786 Ew., mit neun Gem. an der Grenze vom Westerwald zum Siegerland im Erzbergland, RP. Gelegen im Daadener Land, dessen sternförmig in drei Tälern gelegener Mittelpunkt Daaden ist. Seit dem 13. Jh. ist das Dorf Kirchspielort mit einer im 18. Jh. erbauten Barockkirche. Seit dem 19. Jh. Erzbergbau und Hüttenwesen, bis 1945 auch Eisen- und Stahlindustrie im Daadetal. **II.** 1219 *Gerardus sacerdos de Dadene*, 1344 *Daaden*, 1422 *zu Daeden*, 16. Jh. *Dadenn* (Datierung zerstört). **III.** Germ. GwN **Dād-aha* (↗ *-ach*¹), der noch in *Daadebach*, *Daadetal* weiter existiert. Einstige ON auf *-aha* sind häufig an der Rest-Endung *-a* oder *-e* zu erkennen. Der ON bedeutet demnach 'Siedlung an einem Gewässer mit dem Namen *Dādaha*'. **V.** Siegener Urkundenbuch. Bd. I. Hg. von F. Philippi. Siegen 1887; Gensicke. *JMB*

Dachau **I.** Große Kreisstadt im Lkr. Dachau, 41 678 Ew., Sitz der Kreisverwaltung, Reg.-Bez. Oberbayern, BY. Ab 805 Besitz der Kirche von Freising, ab dem 12. Jh. Herrschaft der Grafen von Scheyern und Bau der Burg, Verkauf an die Wittelsbacher, ca. 1270 Marktrecht, 1933–1945 Konzentrationslager, 1965 Bau der Gedenkstätte. **II.** 805 (Kop. von 824) *Dahauua*, 11. Jh. *Dachowa*, 1130 *Dachowe*, 1142–1155 *Dachau*, 1519–1521 lat. *Dachunum*. **III.** Grundwort ist ahd. *ouwa* 'Insel' bzw. mhd. *ouwe*, *owe* 'Wasser, von Wasser umflossenes Land, wasserreiches Wiesenland', ↗ *-au*, Bestimmungswort ahd. *dāha* 'Lehm', sodass sich der urspr. Flurname als 'lehmige Au' erklären lässt. **V.** HHS 7/1; Reitzenstein 2006. *WvR*

Dahme/Mark **I.** Stadt und gleichnamiges Amt, Lkr. Teltow-Fläming, 6 838 Ew. Die Stadt liegt am Oberlauf der Dahme am Rande des Flämings, BB. Nach der Gemeindereform besteht das Amt nur noch aus drei Gem. Ma. Wasserburg mit Burgflecken, 1265 civitas, die 1348 zu Böhmen, 1636 zu Sachsen, 1815 zu Preußen kam. Historischer Stadtkern. Im MA Ackerbau, Viehzucht und Handel, im 19. Jh. Gewerbestadt. Seit 20. Jh. Seminar für kirchlichen Dienst. **II.** 1186 *ecclesia … Dame [Or]*, 1342 *tzu der dame [Or]*, 1579 *Damm*; *die Stadt Dahme* (1658); sorb. *Dabna*, *Dubna*. **III.** Sowohl die Landschaft (1166 *provincia, que dicitur Dame*) als auch der Ort sind nach der Dahme benannt worden, einem Nfl. der Spree (1336 *des wazzers tzu der dame [Or]*). Der GwN ist vorslaw. Herkunft, germ. **Dām-*, zur idg. Wurzel **dhem-*, **dhemə*, **dhēmo-*, mit der Bedeutung 'dunkel, verschleiert'. Es gibt verschiedene Versuche, den Namen als slaw. zu erklären und mit nsorb. *dub*, apolb. **dǫb* 'Eiche', zu verbinden. Die nsorb. Form *Dubna* ist eine künstliche, die den Belegen nicht entspricht. Da die Dahme vorwiegend durch sorb. Gebiet fließt, wäre mit einer Entwicklung *ǫ > u* zu rechnen. Auch die Länge des Vokals *a* ist für eine apolb. Entwicklung untypisch, vgl. die ON Damme, Damerow, BB. Den Zusatz Mark erhielt Dahme nach 1815 zur Unterscheidung von Dahme in Schleswig. **V.** Riedel A VIII, X, B II; BNB 7, 10. *SW*

Dallgow-Döberitz [dalgō] **I.** Gem., Lkr. Havelland, 8471 Ew., ö Berlin, BB. Bei Dallgow wurde im Elstal von 1934–36 das olympische Dorf errichtet, h. z.T. nur Ruinen, 1990 der Gem. Wusterwitz zugeschlagen und unter Denkmalschutz stehend. Döberitz ist von militärgeschichtlicher Bedeutung. 1892–95 wurde ein Truppenübungsplatz errichtet, dabei sämtlicher Grundbesitz von Gut und Dorf vom Militärfiskus eingezogen, die Bewohner ausgesiedelt. 1945 wurde das Truppenübungsgelände beschlagnahmt und an Neubauern verteilt, das Dorf im Zentrum der Heide angesiedelt. 1957 von der Sowjetarmee übernommen und teilweise geschleift, h. Naturschutzgebiet. **II.** Dallgow: 1271 *dalghe[Or]*, 1375 *Dalge*, 1541 *Dalgow*. Döberitz: 1273 *de dobriz [Or]*, 1375 *Doberitz*; *Döberitz* (1861). **III.** Bei Dallgow ist von einer Gf. apolb. **Dolg-* 'lange (Siedlung)' auszugehen, zum Adj. apolb. **dolgy* 'lang'. Das Suffix ↗ *-ow* ist erst im 16. Jh. sekundär angetreten. Der Name Döberitz ist nicht eindeutig zu erklären. Es kann sowohl eine Gf. apolb. **Dobrica*, zum Adj. **dobry* 'gut' angesetzt werden als auch Gf. apolb. **Dobrici* 'Leute eines Dobr', zu einem KN **Dobr*. Nicht auszuschließen ist eine Verbindung mit apolb. **debr/*dobr*, urslaw. **dъbrъ* 'enges Tal, Schlucht'. Döberitz liegt in einer Talsenke. **IV.** Ähnlich Döberitz, OT von Premnitz, Lkr. Havelland, BB. **V.** Riedel A XI; Landbuch. *SW*

Damme I. Stadt im Lkr. Vechta, 16 451 Ew., w des Dümmer, Reg.-Bez. Weser-Ems (bis Ende 2004), NI. Archidiakonatskirche Damme offenbar Mutterkirche für den Dersigau; in Mittelalter und früher Neuzeit durch Handel und Handwerk geprägt, im 20. Jh. nach Eisenerzfunden Industrieansiedlung; 1982 Stadtrecht. II. 1180 *Damme* [F. 13. Jh.], 1186 *Damme*, 1346 *Damme*. III. Der ON beruht auf dem Simplex mnd. *dam* 'Damm, Knüppeldamm', das im Dat. Sg. steht. Damme liegt zentral n eines ausgedehnten Moorgebietes und s der Dammer Berge. Möglicherweise bezieht sich die Benennung auf diesen Siedelstreifen. V. Bade, K. J. u. a.: Damme. Sigmaringen 1993. *UO*

Dänischenhagen I. Gem. und gleichnamiges Amt im Kr. Rendsburg-Eckernförde mit vier amtsangehörigen Gem., 8 887 Ew., direkte Nähe zu Kiel, in Nähe der Ostsee, SH. Seit 1876 Gem. Dänischenhagen, Amt seit 1948. 1970 fusionieren vier Gemeinden zum Amt Dänischenhagen, gegr. unter dem Namen *Slabbenhagen*, Erwähnung Slabbenhagens im Kieler Stadtbuch 1274, 1632 vom dänischen König Christian IV. gekauft und in *Christianhagen* umbenannt, 1706 Bezeichnung *Zum Dänischen Hagen* in einer Kirchenurkunde, seit 1864 wird der Ort *Dänischenhagen* genannt. II. 1274 *de Slabbenhagen [Or]*, 1652 *Christianhagen*, 1706 *Zum Dänischen Hagen*; *Dänischenhagen* (1864). III. Der urspr. Name *Slabbenhagen* setzt sich zusammen aus dem PN *Slabbe* und ↗*-hagen* 'eingehegte Siedlung'. Die spätere Umbenennung in *Dänischenhagen* bezieht sich auf die Eigentümer. IV. Dänisch Nienhof, OT von Schwedeneck, Kr. Rendsburg-Eckernförde, Dänschendorf auf Fehmarn, Kr. Ostholstein, alle SH; Dänschenburg, OT von Marlow, Lkr. Nordvorpommern, MV. V. Laur. *GMM*

Dänischer Wohld I. Amt im Kr. Rendsburg-Eckernförde, umfasst acht Gem., Verwaltungssitz: Gettorf, 16 066 Ew., direkte Nähe zum Nord-Ostsee-Kanal, SH. 1970 durch Fusion entstanden, urspr. war der Name eine Bezeichnung für die Landschaft zwischen Schlei und Trave. II. 1307 *in Danica silva [Or]*, *den Denschenwolt* (1325) III. *Wohld* geht zurück auf die nd. Bezeichnung für Wald. *Dänisch* wurde dem Ort beigefügt, weil die durch Waldland geprägte Landschaft urspr. im Besitz des dänischen Königs war. V. Laur; Haefs. *GMM*

Dannenberg (Elbe) polb. (bis ca. 1750?) *Sweidelgoehrd, Weidars, Woikam* I. Stadt im Lkr. Lüchow-Dannenberg, 8 230 Ew., NI. Der Ort entwickelt sich als Suburbium einer 1153 erstmals erwähnten Burg; erste Erwähnung als Stadt 1293; 1569 zum selbstständigen Ftm. Dannenberg (welfische Nebenlinie), 1671 zu Braunschweig-Lüneburg; 1867 Kreisstadt des gleichnamigen Landkreises, 1885 in die Lkr. Dannenberg und Lüchow geteilt, 1932 Kreise wieder mit Sitz in Dannenberg zusammengefasst; seit 1951 Kreissitz in Lüchow. II. 1158 (Kop.) *comes de Danneberge*, 1292 *to Danneberghe*, 1419 *Dannenberg*. III. *Dannenberg* basiert auf einer mnd. Gf. *Dannenberge* (Dat. Sg.) oder *Dannenberg* (Nom. Sg). Als Bw. ist wohl asä. *danna*, mnd. *danne* 'Tanne' anzusetzen, vgl. neuniederdeutsch *Dann(e)* 'Tanne, Nadelbaum (meist Tanne, Fichte)', im Gw. steht auf jeden Fall mnd. ↗*berg, berch, barg, barch* 'Berg', auch 'Wald, Holzung; Befestigungswall'. Weniger wahrscheinlich ist die Annahme eines PN im Bw., allerdings ist ein entsprechender Name *Dan(n)o* / *Tan(n)o* auch schon früh bezeugt. – *Sweidelgoehrd* erscheint 1822 in einem Beleg „Dannenberg nannten die Wenden Sweidelgoehrd von Sweidel die Danne oder Tanne und Goehrd der Berg" (Schmitz), wobei nicht sicher ist, ob *Sweidel* = 'Tanne' richtig übersetzt oder wiedergegeben ist; *Weidars* oder *Woidars* kann mit poln. *wydarnia, wydarznia* 'nach der Rodung neu zu beackerndes Land' verglichen werden; *Woikam* geht auf eine apolb. Gf. **k wikam*, Dat. Pl. zu **wika* 'Stadt', dravänopolabisch *vaikă* 'Stadt', zurück. IV. Dannenberg, OT von Falkenberg (Mark), Lkr. Märkisch-Oderland, BB; Dannenberg, Oberbergischer Kr., NRW; Tanneberg, Lkr. Mittweida, SN u. a. V. Debus, F. (Hg.): Deutsch-slawischer Sprachkontakt im Lichte der Ortsnamen. Mit besonderer Berücksichtigung des Wendlandes. Neumünster 1993; HHS II; Nds. Städtebuch; Schmitz. *JU*

Dannstadt-Schauernheim I. Gem. und gleichnamige VG (seit 1972) im Rhein-Pfalz-Kreis, 12 939 Ew., sw von Ludwigshafen in der Rheinebene, Vorderpfalz, RP. Die VG besteht aus drei Doppelgem., die 1969 aus sechs selbst. Gem. entstanden sind. Die Orte wurden zwischen dem 6. und 8. Jh. von Franken gegr., waren bis 1797 teils im Besitz des Hochstifts Speyer, teils der Grafen von Leiningen, teils der Kurpfalz bzw. Pfründe der Heidelberger Universität. Dannstadt und Alsheim waren zunächst reichsunmittelbar, dann kurpfälzisch. Neben Wein- und Gemüsebau wird hier eine der letzten Küfereien betrieben. Zwei Naturschutzgebiete. II. Dannstadt: 765/66 *Dendestat* (Kop. um 860), 769 *Dandistat*, 1297 *Dannestat*. Schauernheim: 768 *Scurheimer marca* (Kop. um 1190), nach 824 *Scureheim*, 1281 *Schurheim*, 1521 *Schauwerheim*. III. Das Bw. im ON *Dannstadt* bildet der ahd. PN *Dando*, Gen. Sg. *Dendin-, Danden-*, das Gw. ist ↗*-statt/-stedt/-stätten/-stetten*. Demnach kann hier ein 'Siedlungsplatz des Dando' angenommen werden. Im ON *Schauernheim* geht das Bw. auf ahd. *sciura, scûra* 'Scheune, Scheuer' zurück, das Gw. ist hier ↗*-heim*, weshalb der Name als 'Wohnstätte mit oder bei einer Scheune' zu deuten ist. **V.** Traditiones Wizenburgenses. Hg. von A. Doll. Darmstadt 1979. CL; FP; HSP. *JMB*

Danzig // Gdańsk [gdaɲsk] **I.** Hauptstadt der Woi. Pomorskie (Pommern) (seit 1999), 455 581 Ew., PL. An der Danziger Bucht und der Einmündung der Mottlau // Mołtawa in die Weichsel // Wisła. Im 10. Jh. als eine Wallburg der Pommerschen Fürsten gegr., 1263 Stadtrecht, 1308–1454 unter Herrschaft des Deutschen Ordens, 1454 durch Kasimir den Jagiellonen an Polen. Seit dieser Zeit entwickelte sich die Stadt sehr stark und wurde eine der reichsten Städte in der Welt. 1793 an das Kgr. Preußen, 1807–1814 Freie Stadt Danzig, anschließend wieder an Preußen, 1920–1939 Freie Stadt Danzig, seit 1945 poln., 1946–1975 Hauptstadt der Woi. Gdańsk (Danzig), Hafen, Werft, Chemie- und Lebensmittelindustrie, Hochschulen (ca. 60 000 Studenten): Universität Danzig (1970), Technische Universität Danzig (1904), Medizinische Hochschule (1945), Musikakademie (1946). **II.** 999 *Gyddanyzc*, 1148 *Kdanzc*, 1173–86 *Gdansk*, 1279 *Danczk*, 1292 *Dantzig*, 1565 *Gdańsk*, 1796 *Danzig*. **III.** Der poln. ON leitet sich vom urslaw. Wortstamm *gŭd-* 'nass, bewachsen', urslaw. *gŭdanŭje* 'bewachsenes Überschwemmungsgebiet' mit dem Suffix *-sk* ab. Abl. auch von apreuß. *gudde* 'Wald' mit Suffix *-an* sowie von *gudan* 'Waldmenschen' mit dem Suffix *-isk* möglich. Der urspr. ON klang verm. *Gudaisk*. Die d. Variante entstand durch Vereinfachung der im Anlaut stehenden Konsonantengruppe: Gd- > D-, und durch Substitution von *-sk* durch *-zig*. **IV.** ↗ Gdynia, Woi. Pomorskie (Pommern), PL. **V.** Rymut NMP; Rospond 1984; RymNmiast. *IM*

Darłowo ↗ **Rügenwalde**

Darmstadt I. Kreisfreie Wissenschaftsstadt, 142 310 Ew., Verwaltungssitz des Lkr. Darmstadt-Dieburg und des Reg.-Bez. Darmstadt, HE. Die Grafen von Katzenelnbogen erhielten 1330 für den Ort das Stadt- und Marktprivileg. Seit 1479 im Besitz der Landgrafen von Hessen, die nach der hessischen Teilung von 1567 Darmstadt zur Residenzstadt machten (Hessen-Darmstadt). Nach dem Ende des Alten Reiches war die Stadt von 1806–1918 Hauptstadt des Ghztm. Hessen, von 1918–1945 des Volksstaats Hessen. Das heutige Schloss aus dem 17.–19. Jh. steht an der Stelle einer aus dem 13. Jh. stammenden Wasserburg. Herausragende Bedeutung erlangte die Stadt als Zentrum des Jugendstils mit der unter Großherzog Ernst Ludwig ins Leben gerufenen Künstlerkolonie auf der Mathildenhöhe. Der 1877 gegründeten Technischen Universität verdankt Darmstadt seinen Ruf als Wissenschaftsstadt (Titel offiziell 1997 verliehen). Eingemeindung von Bessungen (1888), Arheiligen und Eberstadt (1937) sowie Wixhausen (1977). **II.** Darmstadt: Spätes 11. Jh. (Kop.) *Darmundestat*, 1211 *Darmenstat*, 1234 *Darmistat / Darmestat*, 1377 *Darmstad*. Arheiligen: um 1000 (Kop.) *Araheiligon*, 1225 *Arheiligen*. Bessungen: 1002 *Bezcingon*, 1319 *Betzingen*, 1339 *Bessingen*. Eberstadt: 782 (Kop.) *Eberstat*. Wixhausen: 1211 *Wikkenhusen*, 1225 *Wicheshusen*, 1286 *Wickershusen*. **III.** Beim ON *Darmstadt* ist trotz zahlreicher Deutungsvorschläge an der Zuordnung zu einem PN *Darmund* festzuhalten, wobei das schwachtonige Mittelglied in *Dar-mundes-stat* schon in den Belegen des 13. Jh. nicht mehr erscheint. Ein vergleichbarer Fall liegt bei *Darmsheim* (Lkr. Böblingen, BW; 1137/38, Kop., *Darmishaim*) vor. Das seltene PN-Erstglied wohl zu ahd. *tart* 'Lanze, Wurfspieß'. Der ON *Arheiligen* zum PN *Araheil* mit dem Erstglied ahd. *arn* 'Aar, Adler'. Der ON *Bessungen* zum PN *Betzo*, einer KF zu *Ber(h)t-*. Der ON *Eberstadt* zu einem PN *Ebur*, *Eber*. Der ON *Wixhausen* zum PN *Wicco*, *Wīggēr* oder *Wīgher* mit dem Erstglied ahd. *wīg* 'Kampf'. **V.** Keyser; Knappe; Müller, Starkenburg; Stadtlexikon Darmstadt. Hg. vom Historischen Verein für Hessen. Stuttgart 2006. *TH*

Dasing I. Gem. und gleichnamige VG im Lkr. Aichach-Friedberg, 12 126 Ew., Reg.-Bez. Schwaben, BY. **II.** 828 *ad Tegisingas*, ca. 1133–1135 (Kop. des 12. Jh.) *Tegesingen*, ca. 1162–1165 (Kop. von 1175) *Tegisingen*, 1323 *Tesingen*, 1324 *Taesingen*, 1406 *Tāssingen*, 1412 *Dāsing*, 15. Jh. (zu ca. 1200–1204) *Tässingen*, 1527/28 *Tasingen*, 1557 *Thaesing*, 1582 *Tasing*, 1606 *Desing*, 1811 *Dasing*. **III.** Es liegt der erschlossene PN *Tagiso*, *Tegiso* zugrunde, der durch das Zugehörigkeitssuffix ↗ *-ing* abgeleitet ist. **V.** Reitzenstein Schwaben. *WvR*

Dassel I. Stadt im Lkr. Northeim, 10 610 Ew., am nö Rand des Sollings, Reg.-Bez. Braunschweig (bis Ende 2004), NI. Ende 10. Jh. Bau der Sankt-Laurentius-Kirche, 12. Jh. Stammsitz der Grafen von Dassel (Rainald von Dassel war Ebf. von Köln, 1136 Reichskanzler Kaiser Barbarossas), Bau der Burg Hunnesrück, um 1300 zum Bistum Hildesheim, 1315 Stadtrecht, 1523 zum welfischen Fürstentum Calenberg, 1527–30 Bau der Erichsburg als Verwaltungssitz. **II.** 826–876 *Dassila* (Kop. 15. Jh.), 1022 *Daschalon* [Or], 1157 *de Dassele* [Or]. **III.** Der Wechsel zwischen *-ss-* und *-sch-* weist auf germ. *-sk-* hin, die Gf. ist wahrscheinlich *Dask-ala*, ein mit dem Suffix *-ala* gebildeter GwN. Die Basis *Dask-* kann mit schwed., norweg. *daska*, dän. *daske* 'schlagen, klatschen', engl. *dash* 'schlagen, stürzen, spritzen, sprühen' verbunden werden und weist auf ein recht bewegtes Gewässer hin. Möglicherweise handelt es sich um den alten Namen des Spüligbaches, der durch Dassel fließt. **V.** Nds. Städtebuch; HHS 2; NOB V. *FM*

Datteln I. Stadt im Kr. Recklinghausen, 35 852 Ew., am Kreuzungspunkt des Dortmund-Ems-, mit dem Wesel-Datteln- und Datteln-Hamm-Kanal, Reg.-Bez. Münster, NRW. Kirchdorf vor 1147 auf Besitz des Erzbischofs von Köln im Vest Recklinghausen, 1593 Marktrechte, 1803 zum Hztm. Arenberg, 1806 zum Ghztm. Berg, 1813 preußisch, 1936 Stadt, Kohlebergbau bis 1972. II. 1147 *in Datlen*, 1232 *in Datlen*, 1277 *in parrochia Dathlen*. III. Der Name kann nicht verbindlich erklärt werden. Die späte Ersterwähnung zwingt zur Berücksichtigung der möglichen germanischen Anlautvarianten *Th*- und *D*-. Die Kürze des -*a*- wird durch die Verdoppelung des -*t*- nahegelegt. Es ist von einer Altform **That(t)*- oder **Dat(t)-lōhun* auszugehen. Nur **Datt*- ergibt einen aus der mittelalterlichen Arbeitswelt verständlichen Sinn. Der nd. Form entspricht anord. *datta* 'schlagen', 'klopfen' (des Herzens) und hd. *Tatze*. Als *Tatzen* (and. **dattun*) werden in der Neuzeit „die vorstehenden ansätze der stampfer eines pochwerks" (Grimm), also z. B. einer Stampfmühle zur Ölgewinnung (etwa aus Bucheckern) bezeichnet. Vgl. womöglich auch umgangssprachlich ver-*datt*ert. Die bedeutungsmäßige Verbindung der Bezeichnung für ein Arbeitsgerät, das wie eine **datt*- 'Tatze' wirkt, und dem verbreiteten -*lōhun* 'Wäldern' (Dativ Plural) bleibt schwierig. Die von Th. Baader als Ausgangsform seiner Namenerklärung benutzte Schreibung mit -*i*- (1160) ist als kölnische Form mit -*i*- für den Murmelvokal -*e*- anzusehen (vgl. Siegburger Annolied). Baader entscheidet sich nicht zwischen einem „einstämmigen Personennamen in der Koseform", also etwa **Datilo* (mit Dativ-*n*?) oder den (im Dativ) **lōhun* 'Nutzwäldern' eines *Datilo*. Beides ist nicht möglich, weil ein phonetisches -*i*- die Umfärbung des -*a*- zu -*ä*- oder -*e*- (**Dätteln*) bewirkt hätte. IV. Dattenfeld (< *Datele[n]veld* (895), Rhein-Sieg-Kr., NRW. V. Grimm, J. / Grimm, W.: Deutsches Wörterbuch, Leipzig 1854ff; Werdener Urbare A; WfUB VII; Baader, Th.: Örtlichkeitsnamen des Kirchspiels Datteln. In: Vestisches Jahrbuch 56 (1954); Opitz, M. (Hg.): Das Anno-Lied. Diplomatischer Abdruck, besorgt von Walther Bulst. Heidelberg² 1961. *schü*

Daun I. Kreisstadt und gleichnamige VG im Lkr. Vulkaneifel, 23 441 Ew., s der Hohen Eifel, zwischen Bitburg und Koblenz, RP. 1075 Ersterwähnung, 1346 Stadt- und Marktrecht und Hochgerichtsstandort, ab 1794 franz., 1815 zu Preußen, 1817 Kreisstadt, 1965 Garnisonsstadt. H. vorrangig Kleinunternehmen und Kurbetrieb. II. 747 *Duna*, 893 (1222) *Dúne*, 975 *Duna*, 12. Jh. *Duna*, 1340 *Duna*, 1348 *Dune*. III. Grundform **Dūna*, kelt.-lat. *dūnum* 'Hügel, Burg, Festung', air. *dún* 'Festung, Burg'. IV. Dhaun, Lkr. Bad Kreuznach, RP; Thun, Kt. Bern, CH. V. Jungandreas; Kaufmann 1973. *AG*

Dautphetal I. Gem. im Lkr. Marburg-Biedenkopf, 11 833 Ew., 7 km s Biedenkopf, Reg.-Bez. Gießen, HE. Kunststofftechnik, Metall-, Modell-, Formenbau, Heiztechnik, Landwirtschaft. 1974 Zusammenschluss von 12 Orten als Dautphetal mit Dautphe als Zentralort; bis 30. 6. 1974 Lkr. Biedenkopf. II. 791 (Kop. 2. Hälfte 12. Jh.) *in Dudafhero marca*, 780/800 (Kop. 2. Hälfte 12. Jh.) *Dutoffahe*, 1249 *Thudefe*, um 1520 *Dutphe*. III. Germ. ** dūd*- 'Schilf' und *⁊ -apa* 'Wasser' = 'Schilfwasser', was der Realprobe entspricht. Dial. *Dauroff* entspricht exakt dem Erstbeleg (mit Diphth., *r*-Rhotazismus und *a*>*o*). Seit 1974 neuer ON mit *⁊ -tal* im Gw. V. Reuling 1968. *FD*

Davos rätorom. Taváu, Tavó, mda. [tɑˈfaːω], jünger [tɑˈfaːs] I. Polit. Gem. im Kreis Davos, 10 762 Ew., Stadt im Landwassertal mit den 5 Fraktionen Davos-Dorf, Davos-Platz, Frauenkirch, Glaris, Monstein, einigen Weilern im Haupttal, weiteren Siedlungen in den Seitentälern Flüela, Dischma und Sertig, Bezirk Prättigau-Davos, GR, CH. Flächenmäßig zweitgrößte Gem. der Schweiz (254,4 km²), größte im Kanton. Bronzezeitliche Einzelfunde an einer uralten Route ins Engadin. Als Siedlungsland jung, urbarisiert durch rätorom. Bauern aus Albulatal und Engadin (ältestes urk. Zeugnis 1213); 1280 Ansiedlung von Walsern (aus dem Wallis) durch die Freiherren von Vaz. Seit dem 14./15. Jh. herrscht die d. Sprache vor. Erste Kirche urk. 1335; h. 15 Kirchen auf Gemeindegebiet. Hist. Hauptort des 1436 gegr. Zehngerichtenbunds. Viehwirtschaft, Kur- und Ferienort, Wintersportplatz. Regionalspital, Bergbaumuseum, Kirchner Museum, Kongresszentrum (u. a. Weltwirtschaftsforum WEF), Eidgenössisches Institut für Schnee- und Lawinenforschung, Schweiz. Forschungsinstitut für Hochgebirgsklima und Medizin. II. 1213 *in Tavaus valle*, 1300 *Tafaus*, 1398 *Tafâs*. III. Mit Planta wohl zu vulgärlat. **tovum* 'Tobel, Waldschlucht'; ob dabei **ad tovānes* 'bei den Leuten im Tobel' oder **tovātos* 'von Tobelschutt überdeckte Stellen' vorzuziehen ist, lässt sich mangels alter Belege nicht entscheiden. V. Planta 1924; RN 2; LSG 289. *HS*

Děčín *⁊* **Tetschen-Bodenbach**

Deggendorf I. Große Kreisstadt im Lkr. Deggendorf, 31 561 Ew., Sitz der Kreisverwaltung, Reg.-Bez. Niederbayern, BY. Ca. 1000 Besitz des Regensburger Kanonissenstiftes Niedermünster, 1242 Übergang an die Wittelsbacher, 1316 Stadtrecht, ab dem 14. Jh. Residenzstadt. II. 1002 *Deggindorf*, 1180 *Tekendorf*, 1376 *Deggendorf*, 1512 lat. *Tegipagus*, 1519–1521 lat. *Tectodoryphos*. III. Grundwort ist ahd. *⁊ -dorf* 'Hof, Gehöft, ländliche Siedlung, Dorf'; als Bestimmungswort kommen die PN *Takko*, **Daggo*, *Dago* infrage. V. HHS 7/1; Reitzenstein 2006. *WvR*

Deggingen I. Gem. und gleichnamige VVG (mit Bad Ditzenbach) im Lkr. Göppingen, 9209 Ew., ca. 13 km ssö Göppingen und etwa 25 km w Kirchheim unter Teck im oberen Filstal gelegen, Reg.-Bez. Stuttgart, BW. In der Merowingerzeit entstanden, von 1382–1396 an Ulm verpfändet, seit 1806 württembergisch und gehörte bis 1938 zum Oberamt Geislingen. Traditioneller Vertrieb von Spindeln und Aderlasseisen, Rokoko-Wallfahrtskapelle Ave Maria, Nordalb. II. 12. Jh. (Kop. 14. Jh.) *Deggingen*, 1272 *Tekkingen* [Or], 1275 *Deggingen* [Or], 1356 *Teggingen*. III. Der ON ist zurückzuführen auf eine ↗-*ing(en)*-Ableitung zu dem ahd. PN *Taggo/*Daggo, Takko/Dakko* o. ä., der Name bedeutet 'bei den Leuten des Daggo, Takko'. IV. ↗Deggendorf, BY. V. Reichardt 1989; Kaufmann 1968; LBW 3. *JR*

Deidesheim I. Stadt und gleichnamige VG (seit 1972) im Lkr. Bad Dürkheim, 11749 Ew., fünf Gem. am Rande des Pfälzerwaldes, RP. Durch die Stadt führt die Deutsche Weinstraße; Wein- und Obstbau seit der Römerzeit und ma. Jagdreviere, die dem OT Forst den Namen gaben. Der ON *Deidesheim* meinte urspr. das h. Niederkirchen mit Resten einer Bergsiedlung des 8. bis 10. Jh., die sog. „Heidenlöcher". Seit 13. Jh. Nieder- und Oberdeidesheim, das seit 1395 Stadt und Amtssitz ist. Ansiedlung von Einwanderern aus Holland, Dänemark und Österreich. Bis 1803 teils zum Hochstift Speyer, teils zur Kurpfalz, dann zur Bayerischen Pfalz. II. 699 *in villa Didinnes chaime* (Kop. um 860), 770/71 *Didinesheim*, 1360 *Oberndydenßheim*; *Deidesheimb* (1613). III. Das Bw. wurde mit dem ahd. PN **Dîdin*, Gen. Sg. **Dîdines*-, gebildet. Das Gw. ist ↗-*heim*. Anzunehmen ist ein rom. Ersatzlaut -*î*- für germ. -*eu*-, -*iu*-, der später zu -*ü*- gerundet wird (Beleg von 1360), dessen erneute Diphth. im 16. Jh. erfolgte. Der ON bedeutet schließlich 'Wohnstätte des *Dîdin*'. V. Traditiones Wizenburgenses. Hg. von A. Doll. Darmstadt 1979; HHS 5; HSP; Haubrichs 2000b. *JMB*

Delbrück I. Stadt im Kr. Paderborn, 30083 Ew., nw Paderborn im O der Westfälischen Bucht, in Emssandebene, Reg.-Bez. Detmold, NRW. Anfang 13. Jh. Kirchdorf des Bistums Paderborn, bis 1808 Mittelpunkt des Delbrücker Landes (seit dem späten MA durch eine Landwehr gesichert), Amt Delbrück (gegr. Anfang 19. Jh.) wurde vom Oberamt Neuhaus aus verwaltet, 1858 Titularstadt, 1878 Amtsgericht; Landwirtschaft. 1975 Zusammenschluss mit umliegenden Gem. II. 1219/1220 *Thelebrugge*, 1250 *Delbrugge*, 1276 *Delebrugge*, 1289 *in Delbrucgen*, 1292 *in Delebruggen*, 1415 *land to der Delbruge*. III. Bildung mit dem Gw. ↗-*brück*. Das Bw. *Thele*- des Erstbelegs führt auf mnd. *dele* Fem.' (dickes) Brett; Bohle' (vgl. asä. *thili* Bühne; bretterne Erhebung', ae. *ðelu* 'Planke' und *ðelbrycg* 'Plankenbrücke', z.B. im engl. ON *Thelbridge* in Devonshire), wonach der Name als 'Bohlenbrücke' zu erklären ist und einen Bohlendamm im Sumpfgelände bezeichnet. V. Schneider; HHS 3. *BM*

Delitzsch I. Große Kreisstadt im Lkr. Nordsachsen, 26958 Ew., in der Leipziger Tieflandsbucht, n Leipzig am Lober, SN. Asorb. Siedelgebietszentrum mit Burg, seit 10. Jh. d. Burg, um 1200 Landdingstätte, Stadterweiterungen um 1200 und 1250. Traditionell durch Metall-, Lebensmittel- und Chemieindustrie sowie durch Handel und Dienstleistung geprägt. II. 1207 *Dielicz*, 1222 *Delcz*, 1285 *Delz*, 1400 *Deltsch*, 1404 *Delizsch*. III. Zu asorb. **děl'c* 'Hügel' mit Bezug auf Befestigungsanlage des alten slaw. Siedlungszentrums. Die mit dem Suffix -*c* erweiterte Bezeichnung westslaw. *děl* stand neben vielen anderen Wörtern für Erhebungen. IV. Delitz am Berge (!), OT von Bad Lauchstädt, Saalekreis, ST. V. HONS I; SNB; SO I. *EE, GW*

Delligsen I. Flecken im Lkr. Holzminden, 8460 Ew., am Westrand des Hils, Reg.-Bez. Hannover (bis Ende 2004), NI. Vorort der Hilsmulde mit Freiengericht und Herkunftsort eines edelfreien Geschlechtes; frühe Industrialisierung, 1691 Papiermühle, 1735 Carlshütte zur Verhüttung von Erz aus dem Hils. II. 826–876 *Disaldeshusen* [Kop. 15. Jh.], 1189 *Diseldesem*, um 1400 *Deseldissen*; *Delligsen* (1678). III. Bildung mit dem Gw. ↗-*hausen* und dem stark flektierenden PN **Disiwald* als Bw. Das -*w*- des PN-Zweitgliedes ist intervokalisch geschwunden; das -*a*- wird zu -*e*- abgeschwächt und -*ld*- zu -*l(l)*- assimiliert. Das Gw. wird früh zu -*sen* verkürzt; dann tritt gelegentlich Umdeutung zum Gw. ↗-*heim* (-*em*) ein. Der Übergang zur heutigen Namenform erfolgt im 17. Jh. abrupt und ohne nachvollziehbare Gründe. Deutung also: 'Siedlung des Disiwald'. V. GOV Braunschweig; HHS 2; NOB VI. *UO*

Delmenhorst I. Kreisfreie Stadt, 74751 Ew., NI. Der Ort entwickelte sich seit der Mitte des 13. Jh. aus einer Ansiedlung in der Nähe einer von den Grafen zu Oldenburg erbauten Wasserburg; ab 1281 im Besitz der Grafen von Delmenhorst, 1371 (Bremer) Stadtrecht, zeitweise zum Erzstift Bremen gehörig, auch dänisch, sonst zumeist oldenburgisch; 1690 Marktrecht; 1815 Vereinigung mit Hztm. Oldenburg zum Ghztm. Oldenburg; 1884 Norddeutsche Wollkämmerei & Kammgarnspinnerei (Nordwolle) gegr.; 1903 kreisfrei; 1946 geht der Freistaat Oldenburg mit Delmenhorst in Niedersachsen auf. II. 1254 *Delmenhorst*, 1289 *Delmenhorst*, 1294 *Delmendehorst*. III. Der ON ist eine Abl. von dem GwN *Delme*. Im Gw. steht ↗-*horst*, ein Wort, das in Norddeutschland, aber auch in den Niederlanden und Belgien sowie in England in zahlreichen ON begegnet. Es gehört zu mnd., mnl. *hurst, horst*, ae. *hyrst*, mhd. *hurst, hürste*, ahd. *hurst*, asä. *hurst* 'Gebüsch, Gestrüpp', 'Buschwald, Gehölz, Gesträuch, Niederholz', auch 'bewachsene kleine Erhöhung in Sumpf und Moor'. Der GwN *Delme*, 1504 *up de Delme*, ist bisher nicht sicher gedeutet worden, jedoch dürfte eine Bildung mit -*(m)ana* oder -*(m)end-/(m)and-* anzunehmen sein. Dann bietet sich eine Grundform *Del-mena*, *Del-meine* und eine Verbindung zu idg. *dhelbh-* 'vertiefen, höhlen' an. Beschreibungen des Flusses *Delme* bestätigen diese Etymologie: 'Geestflüsse wie die *Delme* und die *Welse* haben sich mit ihren Talauen tief in diese Grundmoränenplatte eingeschnitten ...' **V.** Berger; Borchers, U.: Das Flussgebiet der Unterweser und der mittleren Weser (= Hydronymia Germaniae A, Lfg. 18). Stuttgart 2005; HHS II; Nds. Städtebuch; Schmid; Udolph 1990 u. 1994. *JU*

Demmin, Hansestadt **I.** Kreisstadt des gleichnamigen Lkr., 12 219 Ew., Verwaltungssitz des Amtes Demmin-Land, an der Mündung von Trebel und Tollense in die Peene, ca. 35 km sw von Greifswald, 10 km nö vom Kummerower See, MV. Nachgewiesene vorslaw., nachfolgend slaw. Besiedlung, im 10. Jh. slaw. Burg, lübisches Stadtrecht in 1. Hälfte des 13. Jh., 1283 Mitglied der Hanse (vor allem Umschlagplatz für landwirtschaftliche Produkte), nach 1648 unter schwed. Herrschaft, 1720 zu Preußen, heutige Erwerbszweige: Handel, Baugewerbe, Fischzucht. Seit 1994 Zusatz: *Hansestadt*. **II.** 1075 *Dimine*, 1149 *Dimin*, 1189 *Demmyn*, 1295 *Deymyn*; *Demmin* (1260). **III.** Aufgrund der frühen Erwähnungen bei Adam von Bremen und Helmold von Bosau *civitas Dimine, urbs Dymine, Dimin* kann der ON vom apolb. bzw. slaw. App. **dym* 'Rauch' abgeleitet werden. Das Suffix lautet ↗ -*in* und wurde in slaw. ON häufig zur Erweiterung zu Flurbezeichnungen verwendet. Einige Formen weisen auf einen möglichen Plural *Dyminy* hin. Die Bedeutung des ON lässt sich als 'Rauchstätte' rekonstruieren und eine alte, durch Rodung entstandene Flur vermuten. Eine Herleitung von einem apolb. PN *Dym(a)* mit dem poss. Suffix -*in* kann nicht ausgeschlossen werden. **IV.** Dehmen, OT von Glasewitz, Lkr. Güstrow, MV. **V.** Adam; HHS, Bd. 12; PUB 1.1., 3; Eichler/Mühlner; Trautmann ON Meckl. *MN*

Denkendorf **I.** Gem. im Lkr. Esslingen, 10 532 Ew., ca. 5 km s Esslingen und 18 km ssö Stuttgart am Zusammenfluss von Körsch und Sulzbach auf der Inneren Filderhochfläche gelegen, Reg.-Bez. Stuttgart, BW. Die Entwicklung des Ortes steht in engem Zusammenhang mit der Geschichte des Denkendorfer Klosters, 1142 Schenkung der Pelagiuskirche zu Denkendorf durch den Edelfreien Berthold zur Gründung einer Ordensniederlassung, ab 1305 alle Rechte beim Stift, auf Grund Konkurrenz zwischen Württemberg und Esslingen wurde das Stift 1449 zerstört, 1807 beim Oberamt Köngen und seit 1808 zum Oberamt Esslingen. **II.** 1125/1130 (Kop. 1305) *Denkendorf*, 1142 *Denkendorf* [Or], 1275 (Kop. um 1350) *Denckendorf*. **III.** Als 'Siedlung des Danko' eine Zuss. aus dem Gw. ↗ -*dorf*, ahd. *dorf* 'Hof, Gehöft, Landgut, Dorf', mhd. *dorf* 'Dorf' und dem PN *Danko*, dessen Stammvokal umgelautet wurde. **IV.** Denkendorf, Lkr. Eichstätt, BY. **V.** Reichardt 1982a; LBW 3. *JR*

Denzlingen **I.** Gem. im Lkr. Emmendingen, 13 557 Ew., ca. 6 km s Emmendingen und etwa 10 km nnö Freiburg im Breisgau in der Freiburger Bucht an der Elz und der Glotterbach gelegen, Reg.-Bez. Freiburg, BW. Bildet zusammen mit Reute und Vörstetten den GVV Denzlingen-Vörstetten-Reute (19 576 Ew.). Seit dem 5. Jh. von Alemannen besiedelt, ab 1305 unter der Herrschaft des Markgrafen von Hachberg, gehörte ab 1803 zum Oberamt Hochberg und ab 1809 zum Lkr. Esslingen. Weinbau, Uhrenhandwerk, Storchenturm, Georgskirche, Michaelskirche, Kirchenruine St. Severin, Europabrunnen. **II.** 984 *Denzlinga* [Or], 1147 *Denzlingen*, 1178 *Tenzlingen*, 1341 *in villa superiori Tenzlingen*, 1546 *Langendentzlingen* [Or]; *Denzlingen* (1590). **III.** Es handelt sich um eine ↗ -*ing(en)*-Ableitung zu dem ahd. PN *Danzilo/Denzilo*; der Name bedeutet 'bei den Leuten des Danzilo/Denzilo". **V.** Kaufmann, H.: Grundfragen der Namenkunde. München 1959; Krieger; FO 1; LBW 6. *JR*

Dermbach **I.** Gem. und gleichnamige VG (mit 7 weiteren Gem.) im Wartburgkreis, 7413 Ew., thüringische Rhön, TH. Mittelpunkt eines Gerichtes, 1317 an Fulda, 1455–1483 an die Grafen von Henneberg, 1707 Sitz der Amtsverwaltung Fuldaer Fürstäbte, 1730/35–1818 Franziskanerkloster, 1850 an Ghztm. Sachsen-Weimar-Eisenach, 1866 Ort eines Gefechts zwischen Preußen und Österreich, ältester Eibenbestand Deutschlands (600–800 Jahre). **II.** 1186 *Trinbach*, 1317 *Theyrenbach*, 1481 *Ternbach*, 1549 *Termbach*, 1655 *Dermbach*. **III.** Gw. ↗ -*bach* nimmt Bezug auf einen Wasserlauf; Bw. geht zurück auf ahd. *thurri*, mhd. *dürre, darre* 'trocken'. Anzunehmen ist also eine Grundbedeutung 'am trockenen Bach'. Entrundung -*ü*- zu -*e*- durch Mda. verursacht. Außerdem Assimilation des lokativischen -*n*- zu -*m*-. **IV.** Dernbach, Lkr. Südliche Weinstraße sowie Lkr. Neuwied, beide RP. **V.** Sperber, R.: Die Nebenflüsse von Werra und Fulda bis zum Zusammenfluss. Wiesbaden 1966; Mötsch, J.: Fuldische Frauenklöster in Thüringen. München/ Jena 1999; Kahl; Mötzung, H. P.: Dermbach im Feldatal. Eine Chronik über die Geschichte und Kultur der Region. Fulda 2008. *GR*

Dessau-Roßlau I. Kreisfreie Stadt, 88 693 Ew., an der Mündung der Mulde in die Elbe, ST. 2007 durch administrative Zusammenlegung von Dessau und Roßlau gebildet. Dessau wohl seit dem 12. Jh. Marktsiedlung an Elbe- und Muldeübergang, Burg erst 1346 bezeugt, seit dem 15. Jh. Residenz einer anhaltischen Linie, 1570–1603 sowie seit 1863 des Gesamtfürstentums; anhaltische Landeshauptstadt bis 1945. Insbesondere im 18. Jh. Schaffung zahlreicher Schloss- und Parkanlagen, initiiert von Fürst Leopold, dem „Großen Dessauer", und Fürst Franz, Entstehung des h. sogenannten Dessau-Wörlitzer Gartenreichs (UNESCO-Weltkulturerbe). Im 20. Jh. bedeutender Industriestandort, insbesondere Flugzeug- und Maschinenbau (Hugo Junkers), 1925 Ansiedlung des Bauhauses um Walter Gropius u.a. (bis 1932, ebenfalls UNESCO-Weltkulturerbe). Roßlau seit dem 13. Jh. Ministerialensitz, 1382 erstmals als Stadt bezeichnet, dann Amtssitz. Durch Elbüberquerung und Elbschifffahrt gewisse Bedeutung, im 19. Industrialisierung (Werft u.a.). 1935–1945 nach Dessau eingemeindet, aber 1952–1994 Kreisstadt. **II.** Dessau: 1213 *Bertoldus de Dissowe [Or]*, 1228 *oppidum Dessouwe [Or]*, 1239 (1288) *Dissowe*. Roßlau: 1215 *Albertus de Rozelowe [Or]*, 1315 *de Roslowe, in Roslowe [Or]*. **III.** Der Name *Dessau* ist slawisch. Bedingt durch die spätere sprachliche Entwicklung, die Feinheiten der urspr. Lautung nicht mehr erkennen lässt, kommen die Ansätze *Dyšov-, *Dešov- und *Desov- in Betracht. Unstrittig ist das Endelement -*ov-*, ↗-o(w); der Stamm enthält wohl einen der in den slaw. Sprachen gut bezeugten PN *Dyš(a), *Des o.ä. Alternativ könnte auch asorb. *Desica 'Stelle, wo etwas zusammentrifft' (aus urslaw. *desiti* 'finden, begegnen') vorliegen. Durch die geogr. Lage in der Nähe einer Flussmündung gewinnt diese Variante an Reiz, dürfte aber doch (angesichts von -*i*- in etlichen Belegen) gegenüber der Herleitung von einem PN in den Hintergrund treten. Roßlau liegt an der Mündung des Baches Rossel in die Elbe. Daher stellt sich die Frage, ob der ON oder der GwN urspr. ist. Die Struktur des Namens legt einen ON *Rosłav nahe, der aus einem zweigliedrigen asorb. PN *Rosłav gebildet wurde (aus *rosti 'wachsen' und *slava 'Ruhm'). Der Name von Burg und Siedlung wäre somit auf den Bach übertragen worden. Alternativ ist aber auch ein urspr. asorb. GwN *Rosila denkbar, der auf eine vorslaw. Bildung aus idg. *rēs, *rōs 'fließen, stürzen' zurückgehen würde. **IV.** Neu-Dessau, OT von Milow, Lkr. Havelland, Dessow, OT von Wusterhausen/Dosse, Lkr. Ostprignitz-Ruppin, beide BB; Dessau, OT von Kleinau, Altmarkkr. ST; FluN *Röslau* im Fichtelgebirge, BY. **V.** DS 38; SNB; SO 1. ChZ

Detmold I. Kreisstadt im Kr. Lippe, 73 368 Ew., Stadt am nö Rand des Teuteburger Waldes in der ehem. Werretalaue, Reg.-Bez. Detmold, NRW. Ende des 8. Jh. alter Gerichtsplatz. Gründung der Stadt um 1265 durch die Edelherrn zur Lippe (Lippstädter Stadtrecht), um 1613 Residenz der Grafen zur Lippe (Fürsten ab 1789), seit 1876 Garnisonsstadt. Bis 1947 Hauptstadt des Freistaates Lippe, ab 1947 nach Verlegung von Minden Sitz der Bezirksregierung; 1970 Zusammenschluss mit 25 Landgem. Nordwestdeutsche Philarmonie, Hochschule für Musik Detmold, Hochschule Ostwestfalen-Lippe (bis 2008 Fachhochschule Lippe und Höxter), Lippische Landesbibliothek, Landesarchiv NRW, Abteilung Ostwestfalen-Lippe, Staats- und Personenstandsarchiv Detmold (seit 2007; 1955–2007 Staatsarchiv Detmold und Personenstandsarchiv Westfalen-Lippe, davor Lippisches Landesarchiv), Lippisches Landestheater, Freilichtmuseum des Landschaftsverbandes Westfalen-Lippe, Lippisches Landesmuseum (gegr. 1835), Bundesforschungsinstitut für Ernährung und Lebensmittel (Max Rubner-Institut). **II.** Zu 783 (Kop. ab 9. Jh.) *ad Theotmalli*, 826–876 (Kop. 1479) *in Thiadmelli*, 1263 *Detmele*, 1421 *Detmolde*, 1462 *Depmolde*; Detmold (16. Jh.). **III.** Bildung mit dem asä. Gw. -*maþl/-madl* (< germ. *maþla-, vgl. got. *maþl*, anord. *mál*, ae. *mæðl*, ahd. *mahal*, mnd. *māl*). Der Name beruht auf einer alten Gebietsbezeichnung (Raum ö Detmold) im lok. Dat. Sg. auf -*i*, die nach Gründung der Stadt im 13. Jh. auf die Siedlung übergeht. Das Bw. ist mit asä. *thiod(a)*, ahd. *diot(a)* 'Volk, Menschen, Heiden' (zu germ. *þeudō-, got. *þiuda*, anord. *þjód*, ae. *þēod*; idg. -*t*-Ableitung *teu-tā- Fem. 'Menge; Volk') zu verbinden. Urspr. Bez. für Ort bzw. Raum einer Gerichtsversammlung des Volkes. Beispiel einer sich mündlich fortentwickelnden Veränderung von ältesten Zeugnissen wie *Theotmalli* etc. über *Thietmelli, Thetmele, Detmule, Detmolde, Depmolde, Deiphmolte*, bis zur mda. Form *Deppel(t)*. **V.** WOB II (Kr. Lippe); HHS 3; Stöwer. BM

Dettingen an der Erms I. Gem. im Lkr. Reutlingen, 9 304 Ew., ca. 11 km onö Reutlingen und etwa 39 km ssö Stuttgart quer über das obere Ermstal gelegen, Reg.-Bez. Tübingen, BW. Alemannengründung, durch Abzweigung der Uracher Linie vom fränk. Grafengeschlecht war die Ortsherrschaft lange Zeit geteilt, nach Vereinigung samt der Hälfte der Grafschaft Urach vor 1265 an Württemberg, die andere Hälfte der Vogtei erst 1630 gekauft, bis 1938 Oberamt Urach. Ehemals Wagen- und Papierfabrik, Evangelische Stiftskirche, Garten der Stille, Rathaus Schlössle, Kirschenweg. **II.** 1089/1090 (Kop. 1135/37) *Tetingin*, 1092 (Kop. 13. Jh.) *Detingin*, 1128 *Tetingen*; Dettingen (16. Jh.). **III.** Der ON gehört zu den ↗-*ing(en)*-Ableitungen, hier mit den PN *Tati/Tato, Dati/Dato*: 'bei den Leuten des Tati/Dato'. Die differenzierende Lageangabe *an der Erms* bezieht sich auf den GwN *Erms* (**Armisia), der zu den alteuropäischen GwN zählt. **IV.** Dettingen unter Teck, Lkr. Esslingen, BW. **V.** Reichardt 1984; LBW 7. *JR*

Deutsch Krone // Wałcz [vawtʃ], kasch. *Wôlcz* **I.** Kreisstadt im gleichnamigen Kr. (Powiat wałecki), 26 003 Ew., im sö Teil der Woi. Westpommern, PL. In einer Seenlandschaft (Walzer Seenplatte // Pojezierze Wałeckie) und – zum kleineren Teil (nö Stadtteil) – in einer Tiefebene (Równina Wałecka), am Stadt- oder Großen Radunsee // jezioro Raduń und am Schlosssee // jezioro Zamkowe sowie am Judenfließ // Żydówka. 1939 Kreisstadt im Reg.-Bez. Grenzmark Posen-Westpreußen; Woi. Szczecin (1946–1950), Koszalin (1950–1975), Piła (1975–1998), Westpommern (seit 1999). **II.** 1249 *villam Kron*, 1251 *ad Krono*, 1251 *Kron*, 1303 *iuxta Volzen civitas (...) civitatemque ipsam volumus appellari Arnescrone (...) duo stagna, Raddun et Volzen damus etiam civitati*, 1311 *Arneskrone*, 1313 *terra Arnescrone*, 1330 *oppidum Welcz sive Arneszgrundt*, 1378 *Kron alias Walcz*, 1630 *Krone, Walcz*, 1733 *die Krone, Walcz P.*, 1792 *Krone*, 1892 *Wałcz*, d. *Deutsch Krone*, 1951 *Wałcz – Deutsch Krone*, 1982 *Wałcz, -cza*, 2002 *Wałcz – Deutsch Krone*. **III.** Der früheste, in Dokumenten notierte Name ist *Krone*, primär vom d. App. *Crone* 'Krone'. ZierNmiast interpretiert den d. Namen als phonetische Adaptation des slaw. *Grąd*, primär vom apoln. App. *grąd* 'Gebiet am Sumpf, höher gelegen und trocken, mit Wald bewachsen', urslaw. *grǫdъ 'Gebiet, das man betreten kann, nachdem man den Sumpf überquert hat', vgl. das kasch. App. *grǫda* 'Sandanhöhe auf der Wiese' und das App. *grǫdo* u.a. 'See- oder Flussinsel, mit Gebüsch bewachsen; Büschel, Bülte, Holm'. Seit dem 14. Jh. galt der zusammengesetzte d. Name *Arneskrone* 1. als topografischer Name, wenn im ersten Glied das mnd. App. *arn, arne, arnt, arent* 'Adler', lat. *Aquila*, stand; 2. als poss., wenn im ersten Glied der PN *Arn*, vgl. *Arnold, Arnulf*, enthalten war. Außer dem d. Namen wurde seit dem 14. Jh. der ON in der poln. Variante *Welcz* gebraucht, ein vom Seenamen *Volzen* (jetzt Schlosssee // jezioro Zamkowe oder Wałeckie) übertragener Name, mit urslaw. Wz. **val-* / **vel-* 'Feuchtigkeit, Nässe, Flüssigkeit, Wasser', vgl. apoln. App. *włok* 'Fischnetzsorte', apoln. *wlec (tonie)* 'Fisch fangen durch Netzziehen in der Wasserflut'. Der Name knüpfte an fließendes Wasser an. Seit dem 19. Jh. wurde der d. Name mit einem adj. Glied ergänzt: *Deutsch Krone*. Adj. *wałecki*. **IV.** Garcz, Łebcz, Skurcz, alle Woi. Pommern, PL; ↗*Arendsee-Kalbe*, Altmarkkreis Salzwedel, ↗*Arneburg-Goldbeck*, Lkr. Stendal, beide ST; ↗*Arnstadt*, Ilmkreis, TH. **V.** Rospond 1984; RymNmiast; ZierNmiast. *BA*

Deutschlandsberg **I.** Stadt, 8 207 Ew., Pol. Bez. Deutschlandsberg, ST, A. Im 13. Jh. wurde am Fuß der Bergfeste Landsberg der Markt planmäßig angelegt. Die Burg war lange im Besitz der Salzburger Erzbischöfe und wurde 1820 von den Fürsten Liechtenstein erworben. 1918 Stadt. **II.** 1153 *de Lonsberch*, 1416 *Lanndsperg*. **III.** Höfischer Burgenname, ahd. ↗*-berg* und ahd. *lôn* 'Lohn, Belohnung'. Der Zusatz *Deutsch-* wurde zur Unterscheidung von Windisch-Landsberg (h. *Podčetrtek*, Slowenien) 1822 amtlich beigefügt. **V.** ANB. *FLvH*

Dieburg **I.** Stadt im Lkr. Darmstadt-Dieburg, 15 179 Ew., ö Darmstadt beiderseits der Gersprenz, Reg.-Bez. Darmstadt, HE. Siedlungsspuren aus Bronze- und Eisenzeit, im 2./3. Jh. röm. Straßenknotenpunkt und Hauptetappenort für die Limeskastelle, im 6./7. Jh. von den Franken besiedelt. Die schon staufische Wasserburg w der Gersprenz ist 1239 erstmals bezeugt (durchaus nicht, wie oft irrtümlich angegeben, 1169!), doch dürfte sich der HN *Judda de Dieb(u)rch* (1207) auf sie beziehen. Die hochma. Stadt entstand auf dem ö Gersprenz-Ufer (Stadtrechte 1277), vorher wohl schon deren ö Vorstadt „Altenstadt". Burg und wohl Stadt gehörten im 14. Jh. den Münzenbergern und ihren Erben, ab 1310 dem Erzbistum Mainz; 1803 kam Dieburg an Hessen-Darmstadt, 1918 bzw. 1945 an Hessen. **II.** 1207 *Dieb(u)rch*, 1208 *Ditburg*, 1215 *Ditburc*, 1262 *Dippurch*, 1391 *Dyppurg, Dipurg*, 1395 *Diepurg [alle Or]*. **III.** Als Bw. gilt ahd. *diota, diot* 'Volk', vielleicht verkürzt aus *Dietweg(burg)* 'Burg an der Heerstraße' (Berger). Denkbar erscheint eher die PN-KF Diedo oder Dieto (< PN-Stamm **Theuda-* < germ.*Þeudō 'Volk'); dessen Gen.*-en* (oder auch das flektierte Zweitglied eines VN *Diet-*) wäre dann (wie sonst oft) geschwunden (späte Überlieferung!). Der Wegfall des *t* ergab sich durch die in der Kompositionsfuge manchmal eintretende Assimilation, ggf. mit Konsonantenverschärfung (*Ratbold* > *Rappo*), die hier zugunsten des Gw. später wieder aufgegeben wurde. Gw.: ↗*-burg; -ch* ist Schreibvariante für auslautverhärtetes *-g*, kaum Reflex mda. Spirantisierung. Bed. also: 'Burg des Diedo'. **IV.** Dittwar (< 1169 *Dietebure* [!]), OT von Tauberbischofsheim, Main-Tauber-Kreis, BW. **V.** Falck; Oculus Memorie; Rossel; Böhmer; Müller, Starkenburg; Reimer 1891; Berger; Bach DNK; Kaufmann 1965 und 1968(!). *HGS*

Diedenhofen // Thionville **I.** Stadt und Hauptort des gleichnamigen Arrondissements im Dép. Moselle, 42 002 Ew., LO, F. Karolingischer Pfalzort und Reichsgut; später Probstei des Herzogtums Luxemburg, 1659 an Frankreich und Sitz einer Bailliage; 1871 zum Reichsland Elsass-Lothringen, 1918 wieder an F. **II.** 1) 753 *Theodonisvilla*, 770 *Theudonevilla*, 842 *Theodonis palatio regis*, 913 *Thiedonis villa*, 1096 *Theonvilla*, 1268 *Tyonville*; 2) 836 *Thiodenhoven*, 930

Thiotenhof, 962 *Diedenhovun*, 1150 *Didenhoven*. **III.** 1) Rom. Bildung mit dem Gw. *villa* 'Hof, Siedlung' und dem ahd. PN *Theudo, Theodo* (zu germ. **þeuda-* 'Volk') als Bw.; die heutige franz. Form ergibt sich aus der rom. Entwicklung des Diphthongs *eo* und dem afranz. Schwund des intervokalischen *-d-*. 2) Germ. Bildung mit dem Gw. ahd. ↗*-hof*, Dat. Pl. *hofum* und dem ahd. PN *Theudo*, Gen. *-en*; die d. Doppelform ergibt sich aus der ahd. Entwicklung des Diphthongs *eu > io > ie*. **IV.** Dietenhofen (1139 *Tiudenhovin*), OT von Berg, Lkr. Ravensburg, BW. **V.** Reichsland III; Gysseling 1960/61; Jungandreas; Hiegel; Haubrichs 2000a. *Ha*

Diedorf **I.** Markt im Lkr. Augsburg, 9 896 Ew., Reg.-Bez. Schwaben, BY. Im MA und in der Frühen Neuzeit im Besitz des Klosters St. Katharina zu Augsburg, 1802/03 an Bayern, seit 1996 Markt. **II.** 1085 *Tierdorf*, 1099 (Kopie des 12./ 13. Jh.) *Tierdorf*, 1135 *Tyerdorf*, 1452 *Dierendorf, Dierenndorf*, 1481 *Diedorf*. **III.** Das Gw. ist ahd. ↗*-dorf* in der Bed. 'Hof, Gehöft, Landgut, Dorf'. Semantisch abzuleiten ist die Herleitung des Bw. von ahd. *tior* als 'Tier, wildes Tier'. Als Bw. sollte man somit vom unflektierten PN *Teor* ausgehen. Dabei muss man annehmen, dass sich vorahd. *-eu-* des PN durch nachfolgendes *-o-* des Gw. zu ahd. *-io-* und mhd. *-ie-* entwickelte. Der *r*-Schwund im Bw. ist entweder auf die im Schwäbischen vorkommende reduzierte *r*-Artikulation nach fallendem Diphthong zurückzuführen oder auf den folgenden Dental *-d-* des Gw., da mda. *-r-* oft vor *-d-* schwindet. **V.** Die Regesten der Bischöfe und des Domkapitels von Augsburg, bearb. von W. Volkert und F. Zoepfl. Augsburg 1955 ff.; FP; König, W. (Hg.): Sprachatlas von Bayerisch-Schwaben, Bd. 3 und 7.2. *hp*

Diehsa // Dźěže (osorb.) **I.** Verwaltungsverband im Lkr. Görlitz mit Verwaltungssitz in Waldhufen, 7 434 Ew., zwischen den Königshainer Bergen und der wald- und teichreichen Oberlausitzer Heide- und Teichlandschaft, gegr. 1994, benannt nach dem Ort Diehsa, SN. **II.** 1380 *Deze*, 1422 *von der Dezen*, 1551 *zur Diese*, 1791 *Diehsa*. **III.** Zu asorb. **děža* 'Backtrog' als Bezeichnung für eine Bodenvertiefung, Talmulde. Dieses Wort wurde als *Dese* 'Backtrog' in omd. Mda. entlehnt. Die osorb. Namenform mit dem Anlaut Dź- beruht auf sorb. Lautentwicklung. Die d. Endung *-a* geht auf kanzleisprachlichen Einfluss zurück. **IV.** Großdehsa, OT v. Löbau, Klein-Dehsa, OT v. Lawalde, beide Lkr. Görlitz, SN. **V.** HONS I; SO I. *EE, GW*

Diekirch lux. Dikrech **I.** Stadt und Hauptort der gleichnamigen Gem., Kt. und Distr., 6 450 Ew., an der Sauer an der Grenze zum Ösling, ca. 36 km n von Luxemburg, L. Seit dem MA zu Luxemburg, frühma. Kirche St. Laurentius, während der Ardennenoffensive 1944 fast vollständig zerstört, einziger Standort der lux. Armee, seit 1984 militärgeschichtliches Museum (*Musée national d'histoire militaire*), Kern der *Nordstad* (raumplanerischer Schwerpunkt im lux. N), touristisches Zentrum. **II.** 938 (Kop. 14. Jh.) *Theochirica*, 1182 (Kop. 13. Jh.) *Diecirke*, 1279 *Diekirhen*. **III.** Bildung mit dem Gw. ↗*-kirch(e)*, das appellativisch an ahd. *kiricha*, mhd. *kirche* 'Kirche' anzubinden ist. Bw. ist das App. ahd. *thiota* 'Volk' (zu germ. **þeuđō*). Rekonstruierte Ausgangsform ahd. **Thiotakiricha* 'Volkskirche, insbes. öffentliche Kirche, Pfarrkirche', dann Synkope des Fugenvokals *-a-* und regressive Assimilation des stimmlosen alveolaren Plosivs *t* an den stimmlosen velaren Plosiv *k*: *Theochirica*. Lux. *Dikrech* mit *r*-Umstellung im Gw. **VI.** U. a. Dietkirchen, OT von Limburg, Lkr. Limburg-Weilburg, HE. **V.** Gysseling 1960/61; Haubrichs 2000; Puhl, R. W. L.: Diekirch in Luxemburg. Sein Name und seine urkundliche Ersterwähnung im Jahre 938. In: Jahrbuch für westdeutsche Landesgeschichte 24 (1998). *AS*

Dielheim **I.** Gem. im Rhein-Neckar-Kreis, 8 920 Ew., etwa 14 km s Heidelberg und 24 km nnö Bruchsal im nw des Kraichgauer Hügellandes im Leimbachtal gelegen, Reg.-Bez. Karlsruhe, BW. Bildet zusammen mit Wiesloch eine VVG (34 879 Ew.). Frühe Siedlung des 6. Jh., seit dem 13. Jh. unter Wormser Grundherrschaft, im 14. Jh. jeweils zur Hälfte an den Bischof von Speyer und an Conz Mönch von Rosenberg, 1803 an Baden und 1938 zu Heidelberg. Weinbau, Kapelle im Oberhof. **II.** 767 (Kop. 12. Jh.) *Diuuelenheim*, 794 (Kopie 12. Jh.) *Thiulinheim*, 852 (Kop. 12. Jh.) *Divvelenheimer marca*, 1390 *Duelnheim*; *Dielheim* (17. Jh.). **III.** Eine Zuss., gebildet mit dem Gw. ↗*-heim* und als Bw. der PN *Diwilo*. Der ON bedeutet 'Siedlung des Diwilo'. **V.** Krieger; FO 1; LBW 5. *JR*

Diepholz **I.** Kreisstadt im Lkr. Diepholz, 16 553 Ew., zwischen Hunte, Lohne und Strothe, Reg.-Bez. Hannover (bis Ende 2004), NI. Die gleichnamige Burg zwischen 1120 und 1160 von den Edelherren von Diepholz errichtet; um 1350 Hauptresidenz der Edelherren; 1380 erhielt die Siedlung bei der Burg Osnabrücker Stadtrecht, war aber wohl eher Flecken (erst 1929 Stadtverfassung); nach dem Aussterben der Edelherren fiel Diepholz an die Celler Linie der Welfen. **II.** 1118 *Dijpholt [Or]*, 1160 *Thefholte*, 1177 *Thifholt*, 1198 *Depholte*. **III.** Bildung mit dem Gw. ↗*-holz* in nd. Form. Das Bw. enthält nicht das Adj. mnd. *dēp* 'tief', obwohl es in einigen Belegen hineingedeutet wurde. Vielmehr ist der Name wie auch *Devese* oder *Devern* zu idg. **tib(h)-*, einer Erweiterung zu idg. **tā-*, **ti-* 'schmelzen, weiche Masse', zu stellen, das in gr. *tīphos* 'Sumpf, feuchter Grund' bezeugt ist. Namengebend war das feuchte Land zwischen den drei Flüssen. Silbenauslautendes *-v-* wird stl. **IV.** Devese, OT von Hemmingen, Region Hannover; Devern, OT von Badbergen, Lkr. Osnabrück, beide NI. **V.** GOV Hoya-Diepholz; Udolph 1994, S. 173; HHS 2; Nds. Städtebuch. *KC*

Dierdorf **I.** Stadt und gleichnamige VG (seit 1970) im Lkr. Neuwied, 11 085 Ew., mit sechs Gem. im Vorderen Westerwald, nö von Neuwied, RP. Der nördliche Teil der VG gehörte bis 1806 zur oberen Gft. Wied(-Runkel), der Süden bis 1664 zur Gft. Niederisenburg. 1324 wurde eine Burg „Dyrdorp" erwähnt, der dazugehörende Ort erhielt 1357 die Stadtrechte und eine Stadtmauer mit mehreren Türmen, von denen Reste noch erhalten sind. 1701–1725 entstand hier das Schloss der Grafen von Wied-Runkel. Seit 1825 zu Preußen. Das Schloss zerfiel und wurde 1902 gesprengt. **II.** 1204 *Dyrdorph*, 1236 *Deyrdorph*, 1324 *Dyrdorp*; *Dirdorf* (1344). **III.** Das Bw. wird durch den PN *Dioro* gebildet und lautet somit verm. urspr. *Dierendorf*, da ON auf ↗*-dorf* im Bw. meist einen PN enthalten. Dieser PN kann auf den ahd. Stamm *Theuda-* zurückgeführt werden, der mit einem *r-*Suffix versehen zum KN *Theud(a)ro* wird; dieser wird dann zu *Theudro*, *Theuro* und schließlich zu *Thīro* und *Thēro*, die Endung des Gen. Sg. *Thīrin-* ging verloren. Der ON bedeutet demnach 'Siedlung des Theud(a)ro'. **IV.** Derendorf, OT von Düsseldorf, NRW. **V.** MRUB II; FP; Vogt, P.: Die Ortsnamen im Engersgau. Neuwied 1890; KD 16, 2. Gysseling 1960/61; Kaufmann 1973. *JMB*

Diespeck **I.** Gem. und gleichnamige VG im Lkr. Neustadt a. d. Aisch-Bad Windsheim, 7689 Ew., Reg.-Bez. Mittelfranken, BY. **II.** 1170 *Dihespecke*, 1303/04 (Kop. von 1358) *Diespek*, 1345 *Diesbeke*, *Diespeck*, 1361–1364 *Dyspecke*, 1373–1377 *Dispeck*. **III.** Grundwort des urspr. Flurnamens ist mhd. *spēcke* 'Knüppelbrücke', Bestimmungswort möglicherweise das Adj. *dicke*, *diche* 'dick'. **V.** Reitzenstein 2009. *WvR*

Dießen a. Ammersee **I.** Markt im Lkr. Landsberg a. Lech, 10 239 Ew., Reg.-Bez. Oberbayern, BY. Im 11. Jh. Stammsitz der Grafen von Dießen-Andechs, ab dem 12. Jh. Augustinerchorherrnstift, 1231 als Stadt bezeichnet, im 13. Jh. Übergang an die Wittelsbacher. **II.** 1039–1053 *Diezen*, 1057–1062 (Kop. des 13. Jh.) *zum* 10. Jh.) *Diezvn*, 1122/23 *Diezin*, 1123–1127 *Diezzen*, 1157 *Diezze*, 1336 *Diessen*. 1411 *Bairdyessen*, 1493 *Bayrdiessen*, 1831 *Dießen, Markt, zum Unterschiede vom Schlosse Schwabdießen jenseits des Lechs, auch Bayerdießen genannt, am Ammersee*, 1964 *Dießen a. Ammersee*. **III.** Der urspr. Gewässername ist zu ahd. *wazzerdiezzo* 'Wasserfall' bzw. mhd. *dieze* 'Schall, Wirbel' zu stellen; namengebend ist der Weinbach in der Nähe des Klosters. Als Zusatz dient der Stammesname *Beier*, als Lokalisierung die Lage am Ammersee. **V.** HHS 7/1; Reitzenstein 2006. *WvR*

Diessenhofen **I.** Stadt, Hauptort des gleichnamigen Bezirks, 3260 Ew., TG, CH. Kompakt erhaltene mittelalterliche Stadt am Rhein mit alter Bedeutung als Brückenkopf. Das alem. Dorf erhielt 1178 von Graf Hartmann III. von Kyburg das Stadtrecht. Bis ins 19. Jh. betrieben viele Bürger Ackerbau (Kornkammer des Thurgaus). Mit der Industrialisierung des 19. Jh. begann die Stofffärberei und der Stoffdruck. Seit dem 20. Jh. pendeln viele Einwohner zur Arbeit nach Schaffhausen. **II.** 757 *Deozincova [Or.]*, 822 *Actum in Teazzinhovun*, 839 *Actum in villa Theozinhovun*, 1238 *jn Diezinhovin*. **III.** Zu *deozzinchovun*: PN *Deozzo*, *Diezzo* + *-inchovun*: 'bei den Höfen der Sippe des Deozzo'. *Deozzo*, *Diozzo* ist eine KF zu einem zweigliedrigen germ. PN mit 1. Element *diot/diet* zu ahd. *diot* st. M., st. Fem., st. Ntr. 'Volk'. Die Namen auf ↗*-inghofen* gehören in die erste Ausbaustufe der alem. Besiedlung. Germ. PN + *ing* + *hovun*: 'bei den Höfen der Sippe des …'. Die heutige Mda. zeigt Spirans *-ss-*, so dass eine Entwicklung *Dietto* > *Dietzo* > *Diesso*: *tt* (Geminata)> *tz* (Affrikata) > *ss* (Öffnung zur Spirans) anzunehmen ist. **V.** TNB 1.1. *Ny*

Dietenheim **I.** Stadt und gleichnamiger GVV im Alb-Donau-Kreis, 12 007 Ew., ca. 22 km ssö Ulm und 30 km ssw Biberach an der Riß im unteren Illertal an der Iller gelegen, Reg.-Bez. Tübingen, BW. Zunächst im Besitz der Grafschaft von Kirchberg, 1481 an die Grafen von Rechberg, nach deren Aussterben 1539 an die Grafen Fugger (Anton Fugger), seit 1588 Stadtrecht, 1805 ging Dietenheim an Bayern und 1820 schließlich an Württemberg, Wiederverleihung des Stadtrechts 1953. Handels- und Gewerbetradition, Fuggerschloß, Kirche St. Martin, Heiliges Grab, Geburtsort von Martin Brenner. **II.** 1240 *Tŭetenhein*, 1275 *Tŭtenhain*, 1280 *Tŭtinheim*, 1353 *Tütenhain*. **III.** Die Belege weisen auf einen PN *Dōdo* im Sinne von 'Siedlung des Dōdo'. Die Entwicklung von älterem *uo* zu heutigem *ie* erklärt sich wie in ↗*Bietigheim*(-Bissingen) durch Umlaut und mda. Entrundung. Die Verbindung mit ahd. *thiot*, *diet* 'Volk' ist daher sekundär, wenn *theuda-* nicht dem PN selbst schon zu Grunde liegt. **IV.** Didenheim, Arrondissement Mulhouse, Département Haut-Rhin, F. **V.** Haubrichs 2004; FP; Kleiber 2000; LBW 7. *JR*

Dietikon **I.** Politische Gem. und Hauptort des gleichnamigen Bezirks, 22 954 Ew. Die Stadt liegt am Zusammenfluss von Reppisch und Limmat westlich der Stadt Zürich an der Bahnlinie Zürich-Baden, Kt.

Zürich, CH. Siedlungsspuren seit der Jungsteinzeit, großer römischer Gutshof im Bereich des heutigen Stadtzentrums, alemannisches Gräberfeld des 7. Jh.; Entwicklung des Orts wesentlich von den Klöstern Zwiefalten und Wettingen geprägt; zunächst aargauisch (Grafschaft Baden), erst im 19. Jh. zu Zürich und in der Folge unter dem Einfluss der Stadt Zürich. Standort des Rangierbahnhofs Limmattal. **II.** Ca. 1089 *Dietinchovin*, 1234 *Dietinchon*, 1253 *Dietinkon*. **III.** Primärer Siedlungsname des ↗-*inghofen*-Typs (Zugehörigkeitssuffix ↗-*ing* und alte Dativ-Plural-Form von ↗-*hofen*, ahd. *hof*) mit dem PN *Dieto* im Bestimmungsglied; er ist zu deuten als 'bei den Höfen der Leute des *Dieto*'. Die -*inghofen*-Namen, die in der Nord- und Ostschweiz in der Regel in der kontrahierten resp. reduzierten Form -*ikon* erscheinen, gehören zu den häufigsten überhaupt und dokumentieren die Ausbausiedlungen des 7. und 8. Jahrhunderts. **IV.** Ebikon, LU, Bellikon, AG, Riniken, AG, alle CH. **V.** LSG. *MHG*

Dietmannsried **I.** Markt im Lkr. Oberallgäu, 7966 Ew., Lage: Moränenhügelland ö der mittleren Iller, gegenüber Altusried, Reg.-Bez. Schwaben, BY. Spätmittelalterliche Adelsherrschaft, Lehen des Klosters Kempten, seit 1512 stiftskemptisch, 1586 Wochenmarkt, 1802 zu BY. Wirtschaftl. Schwerpunkt: Landwirtschaft. **II.** 1349 *Dietmarsriet*, 1422 *Dietmansried*, 1515 *Tiethmasried*; *Dietmannsried* (1785). **III.** Gw.: ↗-*ried* 'Rodung', Bw.: PN *Dietmar*, später *Dietmann* eingedeutet, 'Rodung des Dietmar'. **V.** Dertsch: HONB Kempten; Reitzenstein 1991; Urk Kronburg. *TS*

Dietzenbach **I.** Kreisstadt im Lkr. Offenbach, 33 067 Ew., Reg.-Bez. Darmstadt, HE. Die Ersterwähnung steht im Zusammenhang mit einer Güterschenkung an das Kloster Patershausen (bei Heusenstamm, Lkr. Offenbach). Die Ortsherrschaft übten zunächst die Grafen von Hanau aus. Nach deren Aussterben 1736 ging der Ort erst an Hessen-Kassel, 1773 an Hessen-Darmstadt über. Die Gemeinde erlebte in den 60er und 70er Jahren des 20. Jh. ein überhitztes Wachstum als Trabantenstadt am Rande Frankfurts. Ohne Eingemeindungen verdoppelte sich die Einwohnerzahl zwischen 1966 und 1974 von 10 000 auf 20 000 Bewohner. Dietzenbach erhielt 1970 Stadtrechte, seit 2002 ist es Sitz der Kreisverwaltung. **II.** Ca. 1210–1220 (Kop.) *Dicenbah*, 1344 *Dyetzinbach*, 1542 *Dietzenbach*. **III.** PN *Diezo*, die Kurzform eines Namens mit dem Erstglied zu ahd. *diot* 'Volk'. Zum Gw. ↗-*bach*. **V.** Müller, Starkenburg. *TH*

Diez **I.** Stadt im Rhein-Lahn-Kreis, 10 805 Ew., ö von Koblenz, zwischen südlichem Westerwald und Taunus, Verwaltungssitz einer gleichnamigen VG, RP. Der Ort war zunächst im Besitz der Prümer Abtei, seit dem 9. Jh. Sitz und Zentrum einer Gft. 1329 erhielt er das Stadtrecht sowie eine Stadtmauer. Die Gft. kommt im 15. Jh. erst in den Besitz derer von Katzenelnbogen, dann der Landgrafen von Hessen. Auf die Grafen von Nassau-Diez geht das nl. Königshaus zurück. 1806 ist die Stadt nassauisch, seit 1866 preuß. und von 1867 bis 1969 Sitz des Unterlahnkreises. **II.** 799 *Theodissa*, 1073 *Thidesse*, *Didesse*, 1171 *Dietse*; *Diez* (1424). **III.** Abl. von ahd. *theot* 'Volk' oder dem belegten PN *Theodo* mit -*issa*, einem alten hydronymischen, verm. diminutiven Suffix, das mehreren ungedeuteten ON anhängt. Der Name könnte demnach 'Siedlung des Theodo' bedeutet haben. Er galt urspr. dem Siedlungsraum Diezer Mark und verdrängte erst später die frühzeitlichen Namen der dort sich befindenden Siedlungen. **IV.** Altendiez, Rhein-Lahn-Kr., RP; ebenfalls mit -*issa* wurden abgeleitet: ↗Selters (Taunus), Lkr. Limburg-Weilburg, HE, und ↗Selters (Westerwald), Westerwaldkreis, RP. **V.** MGH DKdG; Bach DNK II, 1; Kaufmann 1973. *JMB*

Differdingen franz. Differdange, lux. Déiferdeng **I.** Stadt und Gem., 21 771 Ew., im Dreiländereck mit B und F in der Minette (Eisenerzregion) im Gutland, ca. 26 km sw von Luxemburg, Kt. Esch an der Alzette, Distr. Luxemburg, L. Seit dem MA zu Luxemburg, Schloss aus dem 17. Jh., Aufschwung in der Industrialisierung durch den Abbau und die Verhüttung des Minette-Eisenerzes: „Stadt des Eisens (Cité du Fer)", 1907 Stadtrechte, 1989 Stilllegung des letzten Hochofens. **II.** 1235 *Differtingen*, 1245 *Defferdingen*, 1376 *Dieferdingen*. **III.** Der SiN wurde aus dem zweigliedrigen PN ahd. *Dietfrid* (zu germ. *þeuðō 'Volk' und germ. *friþu- 'Friede') und dem ↗-*ing*-Suffix gebildet: ahd. *Thiotfridingas. Dieses Suffix drückt die Zugehörigkeit zu einer im Erstglied genannten Person aus (Grundbesitzer oder Lokator aus der Gründungsphase bzw. frühen Geschichte der Siedlung). Weiter regressive Assimilation (-*tf*- > -*ff*-) und *r*-Umstellung im unbetonten urspr. Hinterglied des PN (-*frit*- > -*firt*-/-*fert*-). Die d. Form mit md. Monophthongierung von *ie* zu *ī* und Kürzung zu *i*. Die franz. Form zeigt die z.B. aus Lothringen bekannte Endung -*ange*, die lautgerechte franz. Entwicklung des -*ing*-Suffixes. Lux. *Déiferdeng* mit „gestürztem Diphthong": lux. *éi* < mhd. *ie* (wahrscheinlich langmonophthongische Zwischenstufe). Lux. Form mit Verlust der Endung -*en*, wohl durch haplologische Kürzung von -*eŋen* (mit md. Senkung aus -*iŋen*) zu -*eŋ*. Die Differenz im Vokalismus der betonten Silbe zwischen der d. Form *Differdingen* und der lux. Form *Déiferdeng* lässt sich durch diastratisch parallel überlieferte Formen erklären, d.h. eine regionalsprachliche wmd. Form *Differdingen* und eine kleinarealmda. wmoselfr. Form *Déiferdeng*. **V.** Meyers. *AS*

Dillenburg I. Stadt im Lahn-Dill-Kreis, 23 859 Ew., 232 m über dem Meeresspiegel im Dilltal, Reg.-Bez. Gießen, HE. Die um 1130 gegr. Burg sicherte die Fernhandelsstraße Frankfurt-Siegen-Köln; seit 1290 eine der Residenzen der Grafen von Nassau, mehrere Umbauten der Burg (14.–16. Jh.), spätere Schlossanlage, von der nur die Kasematten erhalten sind (zählt zu den größten Verteidigungsanlagen Westeuropas), zahlreiche Barockgebäude, Stadtrechte 1344, seit 1516 ständiger Regierungssitz der nassau-ottonischen Linie, 1606 Hauptstadt von Nassau-Dillenburg, 1742–1806 Regierungssitz der oranien-nassauischen Lande, 1815 zu Nassau, Zentrum des Lahn-Dill-Industrie-Reviers, Edelstahlwerk, Gießerei, Maschinenbau, Metall-, Holz- und Kunststoffindustrie, Hess. Landgestüt (Kutschenmuseum), Hess. Landes-, Reit- und Fahrschule, wirtschaftsgeschichtliches Museum Villa Grün. **II.** 1255 *Dillenberg*, 1279 *de Tyllinberg*, 1341 *mit den vestin Diellinberg*, 1495 *de Dillemburch*, 1500 *Dilnberg/Dylnberg*; *Dillenberg* (1292). **III.** Komp. mit dem Gw. ↗-*burg* 'Burg, Stadt', das in der Überlieferung die Parallelformen -*burg*/-*berg* aufweist. In der Fuge findet sich das Merkmal einer sw. Genitivflexion -*en*-. Das Bw. des ON leitet sich von dem Fluss *Dill* her, der durch die Stadt fließt. Die Überlieferung des FluN zeigt eine altertümliche Bildung mit dem Suffix -*ina*: 790 (Kop. 1183–95) *fluuium Filina* [zu korrigieren in *Dilina*], 1048 (Kop. 12. Jh.) *Dillenam*. Nach Krahe gehört der FluN *Dill* zu der Gruppe älterer GwN mit *Til*-. Dabei ist von einer idg. Doppelwurzel *til*-/*pil*- auszugehen, die als *l*-Erweiterung zu einer Wz. *tī*- in der Bedeutung 'schmelzen, sich auflösen, fließen' gehört. Die *Dill* gehört zum Bestand der „Alteuropäischen Hydronymie" mit zahlreichen europäischen Vergleichsnamen und bedeutet 'die Fließende'. **IV.** Dillbrecht, Offdilln und Fellerdilln, drei OT von Haiger; Dillheim, OT von Ehringshausen, alle Lahn-Dill-Kreis, HE; engl. Flüsse: Till, Nfl. der Wilham; Till, Nfl. der Tweed mit ON *Tilmouth*; Tille, Nfl. der Saône, F; FluN Zihl, bei Neuchâtel, CH; Dijle, Nfl. der Rupel und der Zfl. Thyl, B; Ziller, Nfl. der Inn mit dem FlN *Zillertal*, A; FluN *Tagliamento*, I. **V.** HG, A 4; Krahe, H.: Einige Gruppen älterer Gewässernamen., In: BNF (16, 1965); Anreiter, Breonen. *DA*

Dillingen a.d.Donau I. Große Kreisstadt und Verwaltungssitz des gleichnamigen Lkr., 18 341 Ew., nw Augsburg, Reg.-Bez. Schwaben, BY. Im MA Grafensitz. Stadtgründung durch die Grafen von Dillingen (1252 erstmals ein *civis* genannt, 1257 *oppidum*, 1264 *civitas*), 1257 Schenkung an das Hochstift Augsburg und deshalb seit dem 14./15. Jh. Residenz der Fürstbischöfe von Augsburg sowie Regierungssitz für das Hochstift Augsburg. 1549/51–1803 Universität. 1802 Übergang an das Kurfürstentum (1806 Kgr.) Bayern. Im 19./20. Jh. Behörden- und Schulstadt. Geringe Industrialisierung nach 1945. **II.** 973 (niedergeschrieben ca. 990) *Dilinga*, ca. 1132 *Dilingen*, 1264 *Dilingen* und *Dillingen*. **III.** Der ON setzt sich zusammen aus einem germ. Namen *Dilo und dem Zugehörigkeitssuffix ↗-*ing* ('Zu den Leuten eines *Dilo'). Die heutige Schreibung mit Doppel-*l*- setzt sich erst in der späten Neuzeit durch (amtlich seit 1842); der amtliche Zusatz *a.d.Donau* seit 1932. **IV.** Dillingen (Saar), Kr. Saarlouis, SL. **V.** HONB Schwaben, Bd. 4. *Sz*

Dillingen/ Saar I. Stadt im Lkr. Saarlouis, 21 239 Ew., an der Mündung der Prims in die Saar, in unmittelbarer Nachbarschaft zur Kreisstadt Saarlouis, ca. 30 km nw von Saarbrücken, SL. Im Stadtteil Pachten Relikte des gallo-röm. Vicus Contiomagus und eines spätröm. Kastells. Im MA Kirchort im Erzbistum Trier, Wasserburg des 14. Jh., h. „Altes Schloss"; bis 1766 lothringisch, dann franz., 1815 preuß.; 1920 Völkerbundverwaltung; 1935 Rückgliederung ins Reich; 1947 Teil des formal selbst., in polit. und wirtschaftl. Union mit Frankreich stehenden Saarlandes; 1957 zu Deutschland. Seit Ende 17. Jh. Eisenverhüttung; h. Zentrum der Stahlindustrie im SL, Hafenstadt. **II.** 1131/53 *Dullinga*, 1262 *Dullingen*, 1297 *Dullingin* [Or]. **III.** Dillingen: Abl. mit ↗-*ing*-Suffix vom PN *Dullo (wohl Kontraktion aus *Dūdilo*); lautliche Entwicklung mit Umlaut [u] vor [i] > [y] und Entrundung > [i] (1543 *Dillingen* [Or]). Vicus Contiomagus: Der in einer Inschrift (2./3. Jh. PRO SALVTE VIKANORVM CONTIOMAGIENSIVM) überlieferte Name ist komponiert aus dem kelt. PN *Contios und kelt. *magos 'Feld, Markt'. Dem Areal des Vicus ruht die frühma. Siedlung Pachten auf, deren im d. Sprachraum singulärer Name *Pahta* (1095/1123), *Patta* (1183), mda. [ˈpaːtn̩] mit mfr. Ausfall von ahd. [h] vor [t], entwickelt ist < rom. *Pacta 'Zinsort' (?), Pl. zu lat. *pactum* 'Vertrag, Zins'. **V.** Jungandreas; Kaufmann 1968; Buchmüller /Haubrichs /Spang. *RP*

Dingelstädt I. Stadt und Sitz der gleichnamigen VG, Lkr. Eichsfeld, nw Mühlhausen, in Quellmulde der Unstrut, 8129 Ew., TH. Altthüringische Dorfsiedlung, als Herrensitz seit 1300 bezeugt, 1309 Gerichtsort (*in plebiscito*), bis um 1540 Sitz des Landgerichts, im späten MA Marktflecken, seit 1859 Stadt. Im 19./20. Jh. Textilindustrie, seit 1991 bes. metallverarbeitendes Gewerbe. Katholische Wallfahrtskirche St. Maria im Busch, seit 1866 Franziskanerkloster Kerbscher Berg (Wüstung Kirchberg). **II.** (9. Jh.) 1150/65 *Dingilstat*, 1163 *Dingested*, 1188 *Thingelstat*, seit 1220 *Dingelstede*, -*stete* u.ä. **III.** Die Form von 1163 bietet wohl noch deutlich die Ausgangsform zu asä. *thing*, ahd. *thing/ding* 'Volks- bzw. Gerichtsversammlung' und asä. *stedi* 'Ort, Stelle', also 'Gerichtsort'. Bereits im 12. Jh. zeigen Schreibungen wie *Dingil-* und *Dingel-* entweder eine volkssprachliche Verkleinerungsform oder die Angleichung des ON an PN wie *Dingolf*. Ebenso ist ⟶ *-stat* durch Schreiberangleichung zu erklären. **IV.** Vergleichbar ist Dingstetten, um 1280 *Dinchsteten*; Dinglstadt, beide OT von Bernhardswald, Lkr. Regensburg, BY, noch 1490 *Dingstatt*; wohl auch Dingelstedt, OT von Huy, Lkr. Harz, ST, 993 *Dingelstede*, 1195 *Dingenstide*. **V.** CE II; SNB; Berger. **KH**

Dingolfing **I.** Stadt im Lkr. Dingolfing-Landau, 18 229 Ew., Sitz der Kreisverwaltung, Reg.-Bez. Niederbayern, BY. Zahlreiche vorgeschichtliche Siedlungsspuren, Herzogshof zur Zeit der Agilolfinger im 8. Jh., Besitz von Regensburg-St.Emmeram, im 13. Jh. Übergang an die Wittelsbacher, 1274 Bestätigung des Stadtrechtes, 1838 Wiedererrichtung des Pfleggerichts, im 20. Jh. Ansiedlung von Industrie, 1967 BMW-Werk. **II.** 770 ? (Kop. des 11. Jh.) *Dingoluuinna* (wohl verschrieben für *Dingoluuinga), 773 (Kop. des 12. Jh.) *Thinolfingas* (wohl verschrieben für *Thingolfingas*), 833 *Tinguluinga*, 1114 *Dingoluingen*, 1220–1230 *Dingolving*, kurz vor 1300 *Dingolfing*. **III.** Es liegt ein PN wie *Thingolf, Tingulf, Dingolf* zugrunde, der durch das Zugehörigkeitssuffix ⟶ *-ing* abgeleitet ist. **V.** HHS 7/1; Reitzenstein 2006. **WvR**

Dinkelsbühl **I.** Stadt im Lkr. Ansbach, 11 455 Ew., Reg.-Bez. Mittelfranken, BY. Wohl Königshof in fränk. Zeit, im 12. Jh. Stadtrecht, nach dem Interregnum und bis zur Mediatisierung Freie Reichsstadt. **II.** 1188 (gleichzeitige Kop.) *Tinkelspůhel*, 1240–1256 (Kop. des 14. Jh.) *Dinkepole*, 1251 *Dinkelspuhel*, 1262 *Dinkelsbůhel*, 1282 *Dynkelspvle*, 1319 *Dinkelsbühl*, 1398 *opidi Dinckelspuel*, 1592 lat. *Farricollinus*, 1554 gr. *Zeapolitanus*. **III.** Grundwort des urspr. Flurnamens ist mhd. *bühel, buohel* 'Hügel', Bestimmungswort wohl der PN *Dingolt* oder *Dingolf*; daneben wurde aber auch ahd. *dinkil* 'Dinkel' herangezogen und ein *s*-Gleitlaut angenommen. Den Herkunftsbezeichnungen liegen lat. *far* 'Getreide, Dinkel' und *collis* 'Hügel' bzw. gr. ζέα 'Dinkel' und πόλις 'Burg, Stadt' zugrunde. **V.** HHS 7/1; Reitzenstein 2006. **WvR**

Dinklage **I.** Stadt im Lkr. Vechta, 12 772 Ew., ö von Quakenbrück, Reg.-Bez. Weser-Ems (bis Ende 2004), NI. Herkunftsort des Rittergeschlechtes der Herren von Dinklage; in Mittelalter und früher Neuzeit zum Stift Münster gehörig, 1677 „Herrlichkeit"; 1827 an Hztm. Oldenburg verkauft; 1995 Stadtrecht. **II.** 1231 *Thinclage* [Or], 1242 *Dynclaghe*, 1420 *Dinclage*; *Dinklage* (1805). **III.** Bildung mit dem Gw.

⟶ *-lage* und dem Appellativ asä. *thing*, mnd. *dink* 'Gerichtsstätte' als Bw. Der ON verändert sich kaum. Der Anlaut entwickelt sich von Th- zu D-. Das Bw. zeigt im Silbenauslaut stimmloses -k- anstelle des stimmhaften -g-. **V.** HHS 2. **UO**

Dinslaken **I.** Stadt im Kr. Wesel, 69 731 Ew., Reg.-Bez. Düsseldorf, NRW. Stadtrechte seit 1273. **II.** Späteres 12. Jh. *in Lake*, 1163 *de Dincelachen* [Or], (1189–91) *de Dinzelaken* [Or], 1365 *van Dynslaken*. **III.** Letztglied zu mnl. *lak(e)*, mnd. *lāke* 'Tümpel, Sumpf, morastige Wiese, Wasserlauf (im Sumpfgelände)' im Dat. Sg. oder Pl., nach der Lage der Motte in einem versumpften, von Rotbach und Emscher durchflossenen Bruchgebiet. Das Erstglied kann zu anfrk. *thinsan* 'ziehen' gestellt werden (ostmnl. *dinsen*; nhd. noch in *gedunsen*). Die späten Belege lassen nicht erkennen, ob der Fugenvokal -*e*- urspr. ist. Die Schreibungen *nc*, *nz* beruhen wohl auf einem Gleitkonsonanten [t] zwischen *n* und *s*. Die Motivierung geht entweder vom zeitweiligen Anschwellen des Wassers aus oder von der weiten Ausdehnung des Überschwemmungslandes, wie sie semantisch in dem zum gleichen Etymon gehörigen ablautenden ahd. *duns* 'Ausdehnung' zum Ausdruck kommt. *Lake* kommt häufig allein oder als Bestandteil von ON vor, s. (FO 2). Die Unterscheidung von mhd. *lâche* 'Grenzzeichen' ist bisweilen schwierig. **V.** RhStA XVI/85; HHS 3; Kaufmann 1973. **Tie**

Dippoldiswalde **I.** Große Kreisstadt im Lkr. Sächsische Schweiz-Osterzgebirge, 10 428 Ew., im n Erzgebirge an der Roten Weißeritz, s Dresden, SN. Ende des 12. Jh. d. Bauerndorf, Ausbau und Stadtanlage im Anschluss an markgräflich-meißnische Burg nach 1200, gegenwärtig wirtschaftl. Bedeutung vor allem als Einkaufsstadt und Touristikzentrum. **II.** 1218 *Dipoldiswalde*, 1294 *Dippoldiswalde*, 1453 *Dippelswalde*. **III.** Im Bw. ist der mhd. PN *Dietbald* oder *Dietwald* (zu mhd. *diet* 'Volk' und ahd. -*bald* 'kühn' bzw. -*walt* 'walten') enthalten, dessen Lautgruppe -*t*- + Labial früh zu -*p*-, grafisch -*pp*- assimiliert wurde. In der Mda. und Umgangssprache lautet der ON verkürzt *Dips*. Das Gw. ⟶ *-walde* bezeichnet Rodungssiedlungen, vgl. ON wie Eberswalde, Finsterwalde u. a. Die Bed. des ON ist demnach als 'Rodungssiedlung des Dietbald oder Dietwald' zu erfassen. **IV.** Dippelsdorf, Lkr. Altenburger Land, TH und OT von Moritzburg, Lkr. Meißen, SN. **V.** HONS I; SNB. **EE, GW**

Dirschau // Tczew [tʃɛf] **I.** Kreisstadt in der Woi. Pomorskie (Pommern), 60 119 Ew., PL. In der kaschubischen Region Kociewie, an der Weichsel // Wisła gelegen. Eine der älteren Städte in Pommerellen, 1260 lübisches Stadtrecht, verliehen von Sambor II., 1309 vom Deutschen Orden erobert, mehrfach Herrschaftswechsel, 1466 an Polen, 1772 an Kgr. Preußen, seit 1920 zu Polen, erste polnische See-Akademie (1920), seit 1945 befindet sich in ihrem Gebäude das 1. Allgemeinbildende Lyzeum „Curie-Sklodowska", 1975–1998 Woi. Gdańsk (Danzig). **II.** 1198 *Trsow*, 1252 *Dersowe*, 1263 *Trssew*, 1347 *Dirschau*. **III.** Der poln. ON leitet sich vom apoln. *Trściew* 'Wallanlage am Wassergebiet, das mit Schilfrohr bewachsen ist', urslaw. *trъstь* 'Schilfrohr', *trъstije* 'Binse' ab. Der h. ON entstand durch Assimilation und lautliche Vereinfachungen: *Trściew* > *Trciew* > *Tciew* > *Tczew*. Die d. Variante *Dirschau* entstand durch Adaptation des kasch. ON *Dërszewo* (gebildet aus dem PN *Dersław*) und regelmäßige Substitution: d. Suffix ↗-*au* für poln. -*ewo* und *i* für phonetisch verwandtes *ë*. **IV.** Trzcianna, Woi. Łódzkie (Łodz), Trzcinno, Trzyniec, beide Woi. Pomorskie (Pommern), alle PL. **V.** Bugalska, H.: Toponimia byłych powiatów gdańskiego i tczewskiego. Wrocław 1985; Rospond 1984; RymNmiast. *IM*

Dissen am Teutoburger Wald **I.** Stadt im Lkr. Osnabrück, 9 330 Ew., sw von Melle, Reg.-Bez. Weser-Ems (bis Ende 2004), NI. Wahrscheinlich ist ein spätkarolingischer Königshof in Dissen anzunehmen; seit dem MA Sitz eines Gogerichtes und Gerichtsplatz der Stapelheide; 1556–1807 Sitz einer Vogtei des Osnabrücker Amtes Iburg; 1951 Stadtrecht; 1976 wurde der Namenszusatz *am Teutoburger Wald* vom niedersächsischen Innenministerium angeordnet. **II.** 895 *Tissene* [verunechtet 11. Jh.], 1141 *Dissene*; *Dissen* (1223). **III.** Abl. mit -*n*-Suffix. Die Basis der Abl. ist verm. mit den in mnd. *dīsinge* 'diesiges Wetter', nnl. *dijzig*, nd. *dīsig* 'neblig, grau' bezeugten App. zu verbinden. Diese weisen allerdings auf Langvokal (aus germ. **pems-*), während für den ON eher von Kurzvokal auszugehen ist. **V.** GOV Osnabrück I; Möller 1998. *KC*

Dittelbrunn **I.** Gem. im Lkr. Schweinfurt, 7 248 Ew., unmittelbar n von Schweinfurt, Reg.-Bez. Ufr., BY. **II.** 1282 *Diethelbronn*, 1407 *Tittelbrünn*, 1799 *Dittelbrunn*. **III.** Gw. des Namens ist -*brunnen* (↗-*brunn*/-*bronn*); das Bw. wird als PN angesehen, wobei die KF *Theotila*, *Thiatila* eher in Frage käme als die in der Literatur herangezogene Vollform *Dithold*, *Tiethold*. Ein hist. Träger eines entsprechenden Namens ist im Zusammenhang mit dem Ort nicht bezeugt. Die Erklärung als Ort am Distelbrunnen bei A. Schumm erscheint frei erfunden. **V.** Bierschneider, W.: Unterfranken, historische Daten. Planegg bei München 2003, S. 354; Oeller, A.: Die Ortsnamen des Landkreises Schweinfurt. Würzburg 1955, S. 66 f.; Reitzenstein 2009; Schumm, A.: Unterfränkisches Orts-Namen-Buch, 2.A. Würzburg 1901, S. 50. *RB*

Ditzingen **I.** Große Kreisstadt im Lkr. Ludwigsburg, 24 403 Ew., ca. 12 km sw Ludwigsburg und etwa 14 km nnw Stuttgart im sw Neckarbecken zwischen Strudelbach und Glems gelegen, Reg.-Bez. Stuttgart, BW. Wahrscheinlich aus dem Zusammenschluss zweier Siedlungen entstanden, ab 763 im Besitz des Klosters Lorsch, das Ditzingen 902 an Reginboto im Tausch gab, durch die Glems (schwäb.-fränk. Stammesgrenze) zweigeteilt und mit jeweils einer Pfarrkirche ausgestattet, bereits 1350 beim Amt Leonberg, seit 1966 Stadt. Maschinenbau, Druckgewerbe, Konstanzer Kirche, Speyrer Kirche, Ditzinger Schloss, Drei-Giebel-Haus. **II.** 769 (Kop. 1183–95) *Tizingen*, 772–800 (Kop. 1183–95) *Tizingen, Ticingen*; *Dizzingen* (1275). **III.** Der ON gehört zu den ↗-*ing(en)*-Ableitungen und enthält den PN *Tiz(z)o*: 'bei den Leuten des Tizzo/Tizo'. Der GwN *Ditz* ist aus dem ON rückgebildet. **V.** Reichardt 1982b, Greule 2007; Haubrichs 2004; LBW 3. *JR*

Döbeln **I.** Große Kreisstadt und gleichnamige VG im Lkr. Mittelsachsen, 21 607 Ew., SN, im mittelsächsischen Hügelland in einem Talkessel der Freiberger Mulde, zwischen Chemnitz, Dresden und Leipzig, asorb. Siedlung, seit Mitte des 10. Jh. mit d. Burg und Burgflecken, Stadtanlage kurz nach 1200. **II.** 981 *Doblin*, 1197ff. *de Dobelin*, *Doblin*, 1332 *Dôbelin*. **III.** Der asorb. PN **Dobl* (oder **Dobel*) wurde mit dem possessivischen Suffix -*in*- erweitert: **Dob-lin-*, demnach 'Ort des Dobl' o. ä. **V.** HONS I; SNB. *EE, GW*

Doberan, Bad **I.** Kreisstadt des gleichnamigen Lkr., 11 294 Ew., Verwaltungssitz des Amtes Bad Doberan-Land, ca. 10 km w von Rostock und 6 km s der Ostsee, MV. Alte slaw. Siedlung, in deren Nähe 1171 ein Zisterzienserkloster gegründet wurde, seit 1218 Entstehung eines Marktfleckens, 1296 Weihe des got. Münsters, Verwüstung der Stadt im Dreißigjährigen Krieg, 1793 Gründung des ersten deutschen Seebades Doberan-Heiligendamm, 1823 erste Galopprennbahn auf dem europäischen Festland, 1879 Stadtrecht, seit 1921 Zusatz: *Bad*; h. vorrangig kleine und mittelständische Unternehmen aus den Bereichen Handwerk, Gewerbe und Handel sowie Kur-, Erholungswesen, Fremdenverkehr, Mineralquelle; 1994 durch Kreisgebietsreform Kreisstadt. 2007 G-8-Treffen im OT Heiligendamm. **II.** 1170/71 *Dobrum*, 1178 *Dobbran*, 1350 *Dubbraan*; *(villa Slauica) Doberan* (1177). **III.** Dem ON liegt ein apolb. PN **Dobran* mit einem poss. Suffix -*j* zugrunde, das bei der Eindeutschung des Namens verloren ging. Die Bedeutung des ON lässt sich als 'Ort des Dobrań' rekonstruieren, der PN geht verm. auf den PN *Dobromĕr* zurück, darin slaw. **dobr-* 'gut' und -**mir* 'Friede, Ruhe'. Trautmann denkt eher an einen urspr. ON oder

FlN, abgeleitet von *Dobŕane Pl. (atschech. Dobřené, Dobřan Gen.), und eine Benennung aufgrund der als gut empfundenen Landschaft. **IV.** Dobbertin, Lkr. Parchim, MV. **V.** MUB I–IV; HHS, Bd. 12; Trautmann ON Meckl.; Eichler/Mühlner. *MN*

Doberlug-Kirchhain **I.** Stadt, Lkr. Elbe-Elster, 9342 Ew., an der Kleinen Elster gelegen, BB. 1165 gegr. Zisterzienserkloster, das zur wichtigsten Kulturstätte der einst sorb. Niederlausitz wurde. Nach Auflösung des Klosters 1541 Errichtung des Amtes Dobrilugk, wozu auch Kirchhain gehörte. 1937 erfolgte die Umbenennung von Dobrilugk in Doberlug aus politischen Motiven, 1945 Vereinigung der beiden Städte Doberlug und Kirchhain. In Doberlug war und ist Fischzucht. In Kirchhain eine um 1200 erbaute Kirche. Aufschwung der Lederindustrie seit dem 19. Jh. **II.** Doberlug: 1012/18 (zum Jahre 1005) *Dobraluh*, 1184 *Doberluge*, *Dobrilug*, 1298 *Doberluch* [Or]; sorb. 1843 *Dobryług*, *Dobrjolug*. Kirchhain: 1234 *Kyrkhagen* [Or], 1380 *Kirchhain* [Or]; sorb. 1761 *Kustkow*, 1843 *Kóstkow*, *Góstkow*. **III.** Gf. asorb. *Dobrylug 'Ansiedlung in einem guten feuchten Wiesenland'. Der Name ist ein Kompositum aus asorb. *dobry 'gut, tüchtig' und asorb. *lug 'sumpfige Wiese'. Kirchhain ist eine d. Rodungssiedlung, Gf. mnd. *Kerkhagen, im Bw. mnd. *kerke* ↗ 'Kirch-' und im Gw. mnd. ↗ *-hagen* 'umhegtes gerodetes Land', das sich unter md. Einfluss zu ↗ *-hain* entwickelte. Die sorb. Namenform ist erst später entstanden, sie kann als 'Siedlung eines Kostk' erklärt werden. **V.** Thietmar; UB Dobr.; UB Lübb. III; DS 36; Wenzel NL. *SW*

Döbern-Land **I.** Amt, Lkr. Spree-Neiße, 13 185 Ew. Das Amt liegt im äußersten SO des Landes im Quellgebiet der Malxe, BB. Zum 1992 gebildeten Amt gehören die Stadt Döbern und 7 Gem., alle sind zweisprachig. Seit Mitte 19. Jh. Braunkohleabbaugebiet, auch Glasproduktion. **II.** 1375 *in Dober* [Or], 1466 *Heinrich von der Dober*, 1579 *Dobern*; sorb. 1843 *Derbno*. **III.** Der Name bedeutet 'Siedlung in einer Talsenke, Schlucht', was der Lage in einem kleinen von N nach S verlaufenden Becken entspricht. Er gehört zu einem noch in Orts- und Flurnamen erhaltenen slaw. *debŕ, *dobŕ 'Schlucht, Tal'. Das *n* ist sekundär angetreten. Der Beleg mit dem Artikel deutet auf einen ursprünglichen FlN hin. In der sorb. Form erfolgte eine r-Metathese. **IV.** Ähnlich Alt- und Neudöbern, OT von Luckaitztal, beide Lkr. Oberspreewald-Lausitz, BB. **V.** UI; HOLNL; DS 36. *SW*

Dohna-Müglitztal **I.** VG aus der Stadt Dohna und der Gem. Müglitztal im Lkr. Sächsische Schweiz-Osterzgebirge, 8320 Ew., im Müglitztal, im Erzgebirgsvorland sw Pirna, SN. Dohna ist die zweitälteste Stadt Sachsens, alter sorbischer Burgwall an der Straße vom Elbtal nach Nordböhmen, seit Anfang des 12. Jh. Reichsburggrafensitz, im späten Mittelalter Stadt, wirtschaftl. bedeutend als Standort kleiner Industriebetriebe und durch Garten- und Obstbau. **II.** Zu 1040 (Anf. 12. Jh.) *Donin*, 1107 und 1121 *oppidum Donin*, 1483 *Donen*, 1501 *Don(n)en*, 1569 *Dohna*. **III.** Dohna: Wohl asorb. *Donin- zu einem PN *Don o. ä., möglicherweise auch *Sdon*, *Sdona* o. ä., Entwicklung des *-in-* zu frühnhd. *-en*, dann nach *-n-*Verlust *-e* und in die Schrift mit *-a* umgesetzt. Müglitztal: Zum GwN *Müglitz*, 1431 belegt als *die Mogelitz*. Zu asorb. *Mogylice, abgeleitet von asorb. *mogyla 'Hügel'. **IV.** Müglitz, OT von ↗ Altenberg, Lkr. Sächsische Schweiz-Osterzgebirge, SN. **V.** MGH SS VI; HONS I; SO; SNB. *EE*, *GW*

Dömitz-Malliß **I.** Amt (mit der Stadt Dömitz und weiteren sechs Gem., darunter Malliß) im Lkr. Ludwigslust, 9556 Ew., Verwaltungssitz in Dömitz, am r. Ufer der Elbe, ca. 12 km nö von Dannenberg, 35 km sw von Ludwigslust, MV. Dömitz: Slaw. Vorbesiedlung, etwa seit Ende 12. Jh. bekannte d. Burganlage samt zugehöriger Siedlung, 1559–65 Errichtung einer Befestigung und später weiterer Ausbau zur größten Mecklenburger Festung, bis 1894 in militärischer Verwaltung (1839/40 dort Fritz Reuter in Haft), zum Hztm. Mecklenburg-Schwerin, Erwerbszweige durch den Hafen als Umschlagplatz, im 20. Jh. Errichtung eines Dynamitwerkes, Holzverarbeitung. Malliß: im MA Nutzung eines einträglichen Tonvorkommens und ab dem 14. Jh. reger Salzabbau, zum Hztm. Mecklenburg-Schwerin, zwischen 1817 und 1960 Braunkohleabbau unter Tage im Ortsgebiet. **II.** Dömitz: 1230–1234 *de Dumeliz*, 1269 *ciuitas Domeliz*, 1308 *Domenitz*, 1334 *Dömnitz*, 1341 *Domenitze*. Malliß: 1230–1234 *in villa Melgoz*, 1259 *Melchist*, 1308 *Melegiz*. **III.** Dem ON *Dumeliz*, *Domenitz* liegt ein apolb. KN *Domal oder *Doman mit einem patronymischen Suffix *-ici* (↗ *-itz*) zugrunde, dessen auslautendes *-i* bei der Eindeutschung verloren ging. Die Bedeutung des ON lässt sich als 'Ort des Domal oder Doman' rekonstruieren, die abwechselnd gebrauchten KN gehen beide auf einen zweigliedrigen VN mit dem Erstglied *Dom- zurück, darin verm. das slaw. *dom 'Haus, Heim'. Die Suffixe *-l* und *-n* konnten für Diminutiva, aber auch zur Bildung von KN verwendet werden. Ab dem 14. Jh. wird *-o-* zu *-ö-* umgelautet und ab dem 15. Jh. die verkürzte Form des ON *Dömitz* gebraucht. Die Formen *Melgoz*, *Melegiz*, 1331 *Melgast* des zweiten ON deuten auf einen ihm zugrundeliegenden PN *Miligost mit einem bei der Eindeutschung verloren gegangenen poss. Suffix *-j* hin. Die Bedeutung des ON lässt sich als 'Ort des Miligost' rekonstruieren, wobei der PN aus *mil- 'lieb, teuer' und *-gost 'Gast' besteht (vgl. auch die PN apoln. *Milogost*, atschech. *Milhost*). **IV.** Dümmer,

Lkr. Ludwigslust; Miltzow, Lkr. Nordvorpommern, beide MV. **V.** HHS, Bd. 12; MUB I–VIII; Trautmann ON Meckl.; Eichler/Mühlner. *MN*

Donaueschingen **I.** Große Kreisstadt im Schwarzwald-Baar-Kreis, 21 338 Ew., bildet zusammen mit Bräunlingen und Hüfingen den GVV Donaueschingen (35 200 Ew.), ca. 12 km s Villingen und etwa 31 km wnw Tuttlingen, am Zusammenfluss von Brigach und Breg zur Donau auf der Hochebene der Baar im sö Schwarzwald, Reg.-Bez. Freiburg, BW. Erstnennung im Jahre 889 im Zuge der Schenkung des Ortes an das Kloster Reichenau, 1283 Belehnung der Grafen von Fürstenberg mit Donaueschingen, die hier auch das Brauereirecht besaßen, den Ort 1488 kauften und Mitte 17. Jh. zur Residenz ihres Fürstentums machten. ab 1806 badisch, 1810 zur Stadt erhoben. Bierbrauerei, Fürstlich Fürstenbergisches Schloss, Hofbibliothek, Donauquelle. 1993 Erhebung zur Großen Kreisstadt. **II.** 889 *Esginga* [Or], 1061 *Eschegin* [Or], 1292 *Tůno(u)eschingen* [Or], 1306 *Eschingen* [Or], 1357 *Tunaweschingen*, 1506 *Tunaw Eschingen*, 1508 *Thünoweschingen* [Or]; *Donaueschingen* (1772). **III.** Der ON gehört zu den ↗-*ing(en)*-Ableitungen und enthält den aus ON erschlossenen PN *Asko/Asiko*: 'bei den Leuten des Asko/Asiko'. *Asko* ist Kurzform von PN wie *Asculf*, *Ascwin* usw., die germ. *askaz* 'Esche' enthalten. Bereits im 13. Jh. wird durch Bildung eines Kompositums mit dem FluN als Bw. auf die Entstehung der Donau in Donaueschingen hingewiesen. Der Name *Donau* (lat. *Dānuvius*) ist spätidg. (*Dānou̯i̯os*) und wird als Ableitung von idg. *deh₂nu-* 'Fluss, Flüssigkeit' (ai. *dānu-* '(Herab-)Träufeln, Flüssigkeit', jungavestisch *dānu-* 'Fluss', ossetisch *don* 'Fluss, Wasser', abrit. FluN *Dānu*), erklärt. Er wird früh ins Germ. entlehnt und an germ. *a(g)wjō* fem. 'Land am Wasser, Aue' als *Dōnouwja*, ahd. *Tuonouwe*, angepasst. Der Zusatz *Donau* dient zur Unterscheidung gleichnamiger *Eschingen*-Orte wie Wutöschingen, Lkr. Waldshut, BW. **IV.** Eschikon, OT von Lindau, Kt. ZH, CH. **V.** Die deutschen Königspfalzen, Bd. 3: Baden-Württemberg, bearb. von H. Maurer. Göttingen 2004; Krieger; FO 1; Kaufmann 1968; Berger; ANB; Greule, DGNB; Bach DNK; LBW 6. *JR, AG*

Donau-Heuberg **I.** GVV im Lkr. Tuttlingen, 10 567 Ew., ca, 9 km nnö Tuttlingen und etwa 40 km nw Villingen im Naturpark Obere Donau gelegen, Reg.-Bez. Freiburg, BW. Der Verband wurde 1972 gegründet und besteht aus den selbstständigen Gemeinden Bärental, Buchheim, Irndorf, Kolbingen, Renquishausen sowie den zwei Städten Fridingen an der Donau und Mühlheim an der Donau. **II.** *Donau-Heuberg* (1972). **III.** Zum GwN *Donau* und dem Gebirgsnamen *Heuberg*. **V.** LBW 6; Greule, DGNB. *JR*

Donauwörth **I.** Stadt im Lkr. Donau-Ries, 18 187 Ew., Sitz der Kreisverwaltung, Reg.-Bez. Schwaben, BY. Im 10. Jh. Brückenort, spätestens 1220 Stadtrecht, 1465 Bestätigung der Reichsunmittelbarkeit, 1607 Verhängung der Reichsacht und Besetzung durch Herzog Maximilian von Bayern. **II.** 1030 *in loco Uueride*, 1049 (Druck von 1795) *Manegoldus ... fundauit ecclesiam in petra que ex eius nomine dicitur Manegolstein*, ca. 1130 (Kop. von 1175) *Manegoldus de Werde*, 1121–1126 *Werde*, 1136 (Druck von 1795) *Wörda*, 1139 *Werda*, 1147 *Gverde*, 1162 *Guerde*, 1240–1256 (Kop. des 14. Jh.) *Vorthen*, ca. 1250 *Swebisheword*, 1266 *Swaebischwerde*, ca. 1279–1284 *Swaibisch Werde ... Werdea*, 1327 *Werd*, 1386 *Swäbisch Werd*, 1389 *Tůnaw Werde*, 1401 *zu Swebischenwerde off der Donaw*, 1463 *Schwäbischen Donauwerd*, 1475 *Tannawerd*, 1477 *zu Werde an der Tunaw*, 1478 *Thonawerd*, 1490 *Schwabischenwerd*, 1500 *Wörd*, 1514 *Schwäbischenwerd*, 1522 *Schwebischenwerd*, 1551 lat. *à Danubiana Penninsula*, 1559 *Statt Wörde an der Thonaw gelegen*, 1566 *Thonauwörth*, *Schwebischen Wördt an der Thonau gelegen*, 1599 lat. *Danubiowerdanus*, 1656 *zu Thonau- oder Schwäbischen-Werdt*, 1693 *Donawörth*, 1749 *Donauwörth ... Schwöbisch Wörth*. **III.** Grundwort des urspr. Burgnamens ist ahd. ↗-*stein* 'Stein, Fels'; als Bestimmungswort dient der im Beleg von 1049 genannte Gründername *Manegoldus*. Ausgangspunkt des heutigen SiN ist eine Flurbezeichnung. Ahd. *werid*, bedeutet 'Insel', mhd. *wert* 'Insel, Halbinsel, erhöhtes, wasserfreies Land zwischen Sümpfen, Ufer', ↗-*werth*. Die Unterscheidung gegenüber mehreren gleichlautenden Ortsnamen in Bayern erfolgte durch das Adj. *swaebisch* 'schwäbisch', also durch die adjektivische Bezeichnung nach dem Hztm. Schwaben, später durch Hinzufügung des FluN *Donau*. **V.** Reitzenstein Schwaben. *WvR*

Donzdorf **I.** Stadt im Lkr. Göppingen, 10 878 Ew., ca. 12 km ö Göppingen und 17 km s Schwäbisch Gmünd am Rehgebirge im Albvorland im Talboden der Lauter gelegen, Reg.-Bez. Stuttgart, BW. Zusammen mit Gingen an der Fils, Süßen und Lauterstein im GVV Mittleres Fils-Lautertal (28 026 Ew.). Vor dem 7. Jh. entstanden, ab 1327 wohl überwiegend im Besitz der von Rechberg, 1806 ging Donzdorf an Baden und 1810 an Württemberg. Maschinen- und Stahlbau, Schloss Donzdorf, Windpark, Messelstein, Messelberg, Simonsbachstausee. **II.** 1275 (Kop. um 1350) *Tunestorf*, 1281 *Tunstorf* [Or], 1391 *Donstorff* [Or], 1483 *Donntzdorff* [Or]; *Donzdorf* (15. Jh.). **III.** Wohl als 'Siedlung des Tunīn' eine Zuss. aus dem Gw. ↗-*dorf* und dem PN *Tunīn*. Die Schreibungen *tz* und *z* zeigen einen im Frnhd. nicht seltenen Sprosskonsonanten zwischen *n* und *s*. **V.** Reichardt 1989; Freche, K.: Zur Methodik der Ortsnamendeutung. In: Sprachwissenschaft 20 (1995); LBW 3. *JR*

Dörentrup I. Gem. im Kr. Lippe, 8368 Ew., im Lipper Bergland, 7 km ö Lemgo, Reg.-Bez. Detmold, NRW. Verm. im Frühmittelalter entstandene Siedlung. Urspr. bestand sie (bis ins 19. Jh.) nur aus zwei Höfen; Tonlagerstätten, Braunkohle und tertiäre Quarzsande, zwischen 17. Jh. und 20. Jh. Nutzung der Bodenschätze durch Töpferei und Sandabbau (1897/98 Lippische Thonwarenfabrik von Reden u. Cie. „Litho"; 1901 Dörentruper Sand- und Thonwerke), Rückgang nach Erschöpfung der Vorkommen gegen Ende 50er Jahre 20. Jh., h. noch Produktion feuerfester Keramik. II. 1151 (beglaubigte Kop. Ende 14. Jh.) *Thornigthorpe*, 1424/28 *Dorentorp*, 1618 *Meyer zu Dorentrup*; *Dörentrup* (um 1758). III. Bildung mit dem Gw. ↗ *-dorf*. Im Bw. kann mit zwei Anbindungen gerechnet werden. Zum einen mit einer -*k*-Abl. *thornik/thornig* (vgl. *Doornik*, Provinz Gelderland, NL; *Dornick* bei Kleve, NRW) als Flurbez. *in den Dören* (zu asä. *thorn* 'Dorn(engestrüpp)'), zum anderen ist nach dem Erstbeleg auch ein PN *Thornig* (mit Nasalausfall) für *Thoring* (Variante zum Völkernamen *Thuring*, germ. *þuring-a-*) möglich. Seit dem 15. Jh. erscheinen durchgängig abgeschwächte bzw. synkopierte Formen (*Dor(e)n-*; mda. *Doierntrup*). V. WOB II (Kr. Lippe); HHS 3. *BM*

-dorf. Germ. *þurpa-*, got. *þaurp*, ahd. / mhd. *dorf*, mnd. *dorp* Ntr., durch Akzentverlagerung -*trop*, -*trup*, -*druf*, -*droff* (z.B. ↗ Bottrop, NRW), urspr. '(bebautes) Land, Acker, Einzelhof', erweitert zu 'Gruppensiedlung' entsprechend heutigem Lexem. Im d. Sprachgebiet außerordentlich produktiver Bildungstyp und weit verbreitet (weniger im Alem.), teilweise alt wie die -*heim*-SiN, so im Westen. In den einzelnen Landschaften zeigen sich unterschiedliche Entwicklungen. Im Bair. etwa mit ersten Belegen schon im 8. Jh. wird der Bildungstyp am Ende der älteren Ausbauzeit sehr produktiv, ähnlich auch in SH. In Ostdeutschland bzw. im Bereich der d. Ostsiedlung ist -*dorf* das häufigste Gw. und seit dem 12./13. Jh. besonders zahlreich. Die -*dorf*-SiN haben vorwiegend PN im Gen. als Bw., allerdings z.B. weniger im Wolfenbütteler Gebiet, was neben relativ hohem Wüstungsanteil auf späten Landesausbau hindeutet. -*dorf* kann noch h. bei Neubildungen verwendet werden. Literatur: Bach DNK II, 2; Schuster I; Wiesinger 1994; NOB III; Debus / Schmitz, H.-G. *FD*

Dorf Mecklenburg-Bad Kleinen I. Amt (mit den beiden namengebenden sowie acht weiteren Gem.) im Lkr. Nordwestmecklenburg, 14 328 Ew., Verwaltungssitz in Dorf Mecklenburg, am Nordufer des Schweriner Sees, ca. 5 km s von Wismar, MV. Dorf Mecklenburg: 11./12. Jh. Bischofssitz, 1256 Abriss der slaw. Burganlage, 1277 Neubau einer Burg für Schweriner Fürsten, 1322 Zerstörung der Burg, Mitte des 14. Jh. entstand die heutige Siedlung, zu Mecklenburg-Schwerin; h. Ausbau des Fremdenverkehrs sowie Landwirtschaft, v.a. Milchproduktion. In Bad Kleinen 1895–1922 Kurbetrieb, seit 1915 Zusatz: *Bad*, h. vorrangig Fremdenverkehr. II. Mecklenburg: 995 *Michelenburg*, 1154 *Michelinburc*, 1166 *Magnopolis*, 1171 *Mikelenburg*, 1275–78 *Mekelingeborg*. Bad Kleinen: 1178 *et uillam Cline*, 1186 *Klinen*, 1260–72 *de Clene*. III. Dorf Mecklenburg: Möglicherweise ist der Name des kleinen Dorfes die Übersetzung des urk. nicht exakt nachweisbaren Namens einer apolb. Burg, deren Wallreste h. noch im Ort zu besichtigen sind. In seinem Reisebericht aus der zweiten Hälfte des 10. Jh. erwähnt Ibrahim ibn Jaqub eine Burg, die „Grad" genannt wird und „große Burg" bedeutet, was etwa *Wiligrad* (nicht überliefert) vermuten lässt. Dem d. Namen michil 'groß' und ↗ -*burg* zugrunde. Der Burgname wurde auch auf ein Gebiet (h. Teil eines Bundeslandes) übertragen. Der ahd. Name der ma. Burg wurde im 12. Jh. auf Bistum und Land übertragen. Der Zusatz Dorf (etwa seit Ende des 16. Jh.) dient zur Unterscheidung vom Landesnamen. Dem ON *Kleinen* liegt ein apolb. FlN *Kliny* (im Pl.) zugrunde, der bei der Eindeutschung ein zusätzliches Endungs -*n* erhielt. Das App. lässt sich aus slaw. *klin* 'Keil' rekonstruieren, womit sich eine Bedeutung 'keilförmige bzw. dreieckige Flurstücke' ergibt. IV. Klink, Müritzkreis, MV; Klinke, OT von Badingen, Lkr. Stendal, ST; Klinken, OT von Lewitzrand, Lkr. Parchim, MV. V. HHS, Bd. 12; MUB I–V; Jacob; Helmold; EO; Berger; Trautmann ON Meckl. *MN*

Dorfen I. Stadt im Lkr. Erding, 13 562 Ew., Reg.-Bez. Oberbayern, BY. 1270 als herzoglicher Markt erwähnt. Der Erstbeleg des in der ersten Hälfte des 13. Jh. gegründeten Marktortes stammt aus dem Jahr 1270. II. 1270 *in foro nostro Dorfen*. III. Die neue Siedlung hat ihren Namen von dem unweit gelegenen Pfarrdorf Oberdorfen, das 773 (Kop. des 12. Jh.) *Dorfin*, 806–810 (Kop. von 824) *Dorfa*, 828 *Dorfun* und 1196 *Dorfen* hieß. Wegen der Wallfahrtskirche wurde der neue Ort im 16. Jh. auch *Mariadorfen* genannt. Bereits im Jahr 1723 wurde der Name erklärt: *Dorffen. Ist ein Churfürstl(icher) Marckt ... Allda sollen vor disem nur drey Häuser gewesen / vnd diese die Ursach seyn / dass er den Namen Dorffen habe / welche drey Häuser dieser Marckt in seinem Insigl führet / wie solches auch die alte gemahlte Thor-Wappen anzaigen*. Tatsächlich liegt dem Namen eine Pluralform von ahd. *thorf*, ↗ -*dorf* 'Hof, Gehöft, Landgut, Dorf' zugrunde. V. HHS 7/1; Reitzenstein 2006. *WvR*

Dormagen I. Große kreisangehörige Stadt im Rhein-Kr. Neuss, 63 139 Ew., Reg.-Bez. Düsseldorf,

NRW. Seit röm. Zeit belegt (Itinerarium Antonini), röm. Militärziegelei. **II.** Ca. 300 *Dornomago, Durnomago* (Ablativ). **III.** Kelt. Name mit Letztglied *-magos* 'Feld, Ebene' (↗*-magen*). Im Erstglied ein in den kelt. Sprachen häufigeres ON-Element, das zu abrit., bret. *dorn* 'Faust, faustgroßer Kieselstein' gestellt werden kann. 'Kiesfeld' bezieht sich auf die reichen Kiesvorkommen der Region. Der nach lat. Betonungsregeln als *Durnómagus* ausgesprochene Name hat germ. Hauptakzent im Erstglied und Nebenakzent im Zweitglied angenommen, wodurch unbetontes *-no-* schwinden konnte. **V.** HHS 3; Bayer, W.: Zu Ursprung und Bedeutung des Namens Dormagen/ DURNO-MAGUS. In: BNF NF 27 (1992). *Tie*

Dornbirn mda. [dóαrabìera] **I.** Bezirkshauptstadt und größte Stadt Vorarlbergs, 44 867 Ew., A. Erst 1901 Stadterhebung durch den Zusammenschluss mehrerer Dörfer wie Haselstauden, Hatlerdorf, Schoren etc., seit 1932 mit dem Walserdorf Ebnit (1000 m); aus Heimindustrie entstand ein Zentrum der Textilindustrie, seit den Achtzigerjahren zunehmend durch andere Zweige und Dienstleistungsbetriebe ersetzt; technisch bahnbrechend im Land, Realschule; seit 1948 entwickelte sich die Dornbirner Messe. **II.** 895 n. Ch. *et Torrinpuirron* (dorsal), 957 *in loco Thorrenbiura*, 1380 *von Torenbúren*, 1618 *zu Dornbüren*. **III.** Ahd. PN *Doro > Toro* (772 belegt; Bw. im sw. Gen.) + Gw. ahd. *bûr-* 'Ansiedlung des Toro'. Birnbaum im Wappen (mit Bindenschild) und Übername mda. *Süoßlarschnitz* 'Kletzen' belegen eine irrige Volksetymologie. **V.** ANB; Zösmair, J.: Die Ortsnamen Vorarlbergs und Liechtensteins aus Personennamen. Bregenz 1921; G. Winsauer in Heimat 7/1926, (Sonderheft Dornbirn); E. Thurnher in Bündner Monatsblatt. Zeitschrift für bündnerische Geschichte und Landeskunde, hg. vom Verein für Bündner Kulturforschung,3. Chur 1950. *Plg*

Dornburg **I.** Gem. im Lkr. Limburg-Weilburg, 8412 Ew., zwischen Hadamar und Elbtal, Reg.-Bez. Gießen, HE. Zusammenschluss der Dörfer Frickhofen, Dorndorf und Wilsenroth (1. 2. 1971), später Thalheim und Langendernbach; auf einem leichten Sporn in der Mitte des Dorfes Reste einer früheren Burg, nach welcher der Ort benannt ist; Basaltabbau seit den 1880er Jahren. **III.** Komp. mit dem Gw. ↗*-burg* 'Burg, Stadt'. Der heutige OT Dorndorf (772 (Kop. 1183–95) *in Torndorph*) mit gleichem Bw. zu ahd., mhd. *dorn*, asä./afries. *thorn*, got. *þaurnus* 'Dorn'. Der Name nimmt damit Bezug zum Pflanzenwachstum und bezeichnet einen 'Dornstrauch, Dorngebüsch'. Zusammenfassend ist die Deutung beider Namen mit 'Siedlung am Dornbusch' anzugeben. **V.** HHS 4; Denkmaltopographie Limburg-Weilburg I; LAGIS. *DA*

Dornburg-Camburg **I.** Stadt und Sitz der gleichnamigen VG im Saale-Holzland-Kr, zwischen Jena und Naumburg an der mittleren Saale, s der Ilm-Mündung, 10 949 Ew., TH. Camburg: war wahrscheinlich schon karolingische Reichsburg; seit 10. Jh. Grafenburg mit Burgsiedlung; Entwicklung zum Burgmarkt, planmäßige Stadtanlage in erster Hälfte 12. Jh. (1149 *cives* genannt, 1349 *oppidum*); 12. Jh. Chorherrenstift; an alter Straße von Nürnberg über Jena nach Naumburg; Ackerbürger- und Handwerkerstädtchen, später Ausflugsort. Auch Dornburg wohl schon karolingische Reichsburg an der Slawengrenze im 9. Jh., im 10./11. Jh. Königspfalz mit Pfalzsiedlung, städtische Anlage im 13. Jh. (1343 stat); seit MA Landwirtschaft und Handwerk, vom 16. bis 18. Jh. entstanden die bekannten drei Dormburger Schlösser. Die beiden ehem. selbstständigen Städte wurden am 1. 12. 2008 vereinigt. **II.** Dornburg: 937 *Dornburg*, 958 *Dornburc*, 1012/18 *ad Thornburg*, 1182 *in Thorenburch*; *Dornburg* (ab 1200). Camburg: (1088) um 1135 *Kamburch*, 1116 *Kaemburg*, 1149 *in Camborch*; *Camburg* (1320). **III.** Der ON Dornburg ist gebildet mit ahd. asä. *thorn* 'Dorn(strauch), Stachel, Spitze' und Gw. ↗*-burg*, etwa 'Burg auf dem Dorn' im Sinne von 'Burg auf Bergspitze, -sporn', also nach der Lage für die auf steilem Kalkfelsen errichtete Burg, daher hier nicht mit der Bedeutung 'Dornenhecke, Dornverhau'. Der ON *Camburg* ist gebildet von ahd. asä. *kamb* 'Kamm, Bergkamm' mit dem Gw. ↗*-burg*, also etwa 'Burg auf auffallendem Berg, auf Bergkamm'. Die Bedeutung des Bw. in jener Zeit war noch markiert von einer Bergauffälligkeit, die zwei Zähnen ähnelte: Die Burg liegt auf einem Bergsporn, den ein tiefer Halsgraben in zwei Bereiche teilt. Die r. der Saale errichtete Burg mit ihrer Siedlung zwischen Burg und Saale erhielt ihren Namen wie die anderen Burgen im Saale-Grenzland von den d. Sprechern. Eine slaw. oder eher noch ältere vorgerm. Grundlage ist infolge von Bodenfunden aus der Zeit 1200–1000 v. Chr. in der Gegend sowie der Lage in einem Saalebogen (vorgerm. **kam(b)-* 'Krümmung, Flussbogen', wohl zur idg. Wurzel **kamp-* 'krümmen, biegen', LIV) für den ON nicht ausschließbar, ist dann aber sehr wahrscheinlich entweder mit dem oben genannten Bw. verknüpft worden oder evtl. auch mit mnd. mhd. *käm* 'Schimmel, Schicht, Nebel' ('Burg im Nebel'?) semantisch verbunden worden. Auf Letzteres deutet die mda. Aussprache des ON mit langem *a* hin. **IV.** Dornburg, Lkr. Anhalt-Bitterfeld, ST, 1155 *Dorneburg*; Dornberg, OT von Groß-Gerau, HE, 1189 *Dornburch*; ↗Cham, BY, 819 *Chambe*, 1189/97 *Chambe*, 1369 *Cham* (Reitzenstein 2006); FlN (Bergname) *Kammberg*, HE. **V.** Dob. I; CDS I 1; Walther 1971; Rosenkranz, H.: Ortsnamen des Bezirkes Gera. Greiz 1982; Eichler, E./ Walther, H.: Untersuchungen zur Ortsnamenkunde und Sprach- und Siedlungsgeschichte des Gebietes zwischen mittlerer Saale und Weißer Elster. Berlin 1984; SNB. *KH*

Dornstadt I. Gem. und gleichnamige VVG im Alb-Donau-Kreis, 13 185 Ew., etwa 8 km nnw Ulm und ca. 42 km ssö Göppingen in der flachen Mulde der Flächenalb in der Kuppenalb gelegen, Reg.-Bez. Tübingen, BW. 1334 durch Kaiser Ludwig an Graf Berthold von Graisbach verpfändet, 1347 an das Kloster Lorsch, 1465 an Württemberg durch Tausch, 1803 an Bayern, seit 1810 württembergisch. Business Park Exit 62, Martinskirche in Tomerdingen, Kirche St. Stephanus (Bollingen), Altar von Scharenstetten. II. 1225 *Dorneconstat*, 1330 *Dorgenstat*, 1334 *Dorgunstat*, 1643 *Dornstat*. III. Der Name ist als 'Wohnstätte auf dem dornigen Platz' zu deuten und gehört zu mhd. *dornec* 'dornig' und dem Gw. ahd. mhd. *stat* 'Stelle, Ort, Wohnstätte' (⁊ *-statt*). Die Anlehnung an nhd. *Stadt* ist sekundär, der Ausfall des *g* ist alem. Namengebend waren die alten Dornhecken im Muschelkalkgebiet des Heckengäus, die auf den Lesesteinwällen der Feldraine wachsen. IV. ⁊ Dornstetten, Lkr. Freudenstadt, BW. V. Bach DNK 2; LBW 7. *JR*

Dornstetten I. Stadt im Lkr. Freudenstadt, 8045 Ew., ca 7 km ö Freudenstadt und etwa 22 km nnw Sulz am Neckar im Freudenstädter Graben im Haupttal der Glatt zwischen zwei zur Glatt fließenden Bächen gelegen, Reg.-Bez. Karlsruhe, BW. In fränk. Zeit entstanden, zu Beginn des 12. Jh. Edelfreie von Dornstetten bezeugt, im 12. Jh. an die Grafen von Urach, Stadtgründung Mitte 13. Jh. durch die Grafen von Fürstenberg, seit 1759 Sitz eines württembergischen Amtes, 1807 aufgehoben und an Freudenstadt. Früherer Silberbergbau, Barfußpark, Rundfachwerk, Himmlisch Heer, Geburtsort von Jacob Beurlin. II. 768 (Kop. 12. Jh.) *in Tornigesteter marca*, 771 (Kop. 12. Jh.) *in pago Tornegovve in villa Stedden*, 779/783 (Kop. 12. Jh.) *in Tornigestat*. III. Wie ⁊ *Dornstadt* urspr. zu mhd. *dornec* 'dornig' und dem Gw. ahd. mhd. *-stat* 'Stelle, Ort, Wohnstätte' (⁊ *-statt*), hier im Dat. Pl. *-stetten*. IV. ⁊ Dornstadt, Alb-Donau-Kreis, BW. V. Bach DNK 2; LBW 5. *JR*

Dörpen I. Gem. und gleichnamige Samtgemeinde im Lkr. Emsland, 15 680 Ew., 30 km n Meppen, NI. II. 890 *Dorpun*, 10. Jh. *Thorpun*, um 1000 *Dorpun*, 1350–1361 *in villa Dorpen*. III. Der Name besteht aus dem Simplex asä. *thorp*, mnd. *dorp* im Dat. Plur (Lok.), ⁊ *-dorf*. IV. Dorfen in Bayern und Baden-Württemberg. V. H. Abels; Casemir/Ohainski. *MM*

Dorsten I. Stadt im Kr. Recklinghausen, 77 975 Ew., an der Lippe, Reg.-Bez. Münster, NRW. Kirchdorf im 12. Jh. auf einem Hofe des Stiftes Xanten, 1251 befestigte Stadt im kftl.-kölnischen Vest Recklinghausen, Zugehörigkeit zur Hanse, Schiffsbau für die Lippeschifffahrt, 1803 zum Hztm. Arenberg, 1811 zum Ghztm. Berg, 1813 zu Preußen, 1992 Eröffnung des „Jüdischen Museums Westfalen", Kohlebergbau bis 2001. II. Um 900 *Durstinon*, 10. Jh. *Durstina*, 1251 *Durstene*, 1293 *Dorsten*. III. Nd. *dorst*, heute eingeengt auf 'Durst', hat, wie lat. *torrēre* 'trocknen', 'dörren' und hd. *dörren* und *dürr* zeigen, eine allgemeinere Bedeutung im semantischen Bereich von 'trocken'. Das Suffix *-ina* wird in Siedlungsnamen gern als 'Gewässer' gedeutet, kann aber auch als Verkleinerungssuffix verstanden oder für die Adjektivbildung gebraucht werden. Motiv für die Namengebung mag eine für die Haltbarmachung bestimmter Früchte unabdingbare Darre (Dörranlage) gewesen sein. Die Wortform mit *-st-* lässt auch den Gedanken an einen „alteuropäischen" Gewässernamen zu (Krahe). Die ungewöhnliche Beibehaltung des *-o-* an Stelle des wegen des *-i-* in der Folgesilbe zu erwartenden Umlauts *-ö-* (⁊ Datteln, Kr. Recklinghausen, NRW) hat Parallelen in den benachbarten Niederlanden. IV. Dorstfeld, Stadt Dortmund, NRW; † Dorslon, Hochsauerlandkreis, NRW. V. Werdener Urbare A; WfUB VII; Krahe, H.: Über einige Gewässernamen mit *st*-Suffix. In: Beitr. zur Namenforschung 10 (1959). *schü*

Dortmund I. Kreisfreie Stadt, 584 412 Ew., Reg.-Bez. Arnsberg, NRW. Bis 1802 einzige Reichsstadt Westfalens, mit eigener Stadtrechtsfamilie, an der Fernhandelsstraße „Hellweg" von Köln nach Leipzig und Krakau, Mitglied der Hanse, 1802 zum oraniennassauischen Ftm. Fulda, 1808 zum Ghztm. Berg, 1813 preußisch, ab 1892 Bau des Dortmund-Ems-Kanals, 1928 und 1929 u. a. Erweiterung durch Teile der Landkreise Dortmund und Hörde, größte Flächenstadt des Ruhrgebiets, Kohlebergbau bis 1987, Schwerindustrie, Bierproduktion, 1968 Universität. II. Um 890 *Throtmanni*, 947 *in Throtmennia*, zwischen 1033 und 1050 *moneta Thrutminensis*, 1074 *Drutmunne*. III. Nach vielen, zum Teil dilettantischen Deutungsversuchen des Namens hat P. Derks 1987 eine philologisch vertretbare Erklärung bestätigt, die schon 1919 vorgeschlagen worden war: Ae. *throtu* und ahd. *drozza* 'Kehl', 'Gurgel', 'Schlund' (vgl. nhd. *erdrosseln*) belegen die Existenz eines für das And. zufällig nicht belegten *throt. Das Grundwort *-menni* ist in mehreren Siedlungsnamen als Gewässerwort belegt. Das Schluss-*d* ist, wie die Belege zeigen, erst spät in Anlehnung an *mund* 'Schutz' hinzugetreten. Beim ON Dortmund handelt es sich demnach um eine Bezeichnung für einen in einer kehlenartigen Geländeform (vgl. „Hohlkehle") fließenden Bach. IV. ⁊ Holzminden (< *Holtesminne*), NI; Opmünden (< *Upmenni*), OT von Sassendorf, Kr.

Soest, Volme (GwN, < *Volumannia*), beide NRW. **V.** Werdener Urbare A; MGH DD Reg. et Imp. Germ. I; MGH SS III (Thietmari Chronicon); Derks, P.: Der Ortsname Dortmund. In: Beitr. zur Geschichte Dortmunds und der Gft. Mark 78 (1987). *schü*

Dörverden **I.** Gem. im Lkr. Verden, 9 328 Ew., NI. Die Ortsgeschichte ist eng mit der des Bistums Verden (um 800 gegr.); Mit Hochstift Verden zum Niederrheinisch-Westfälischen Reichskreis. 1648 unter schwedische Herrschaft, mit Unterbrechungen bis 1679 im Hztm. Bremen und Verden; später kurzzeitig dänisch, Verkauf 1715 an das Kurfürstentum Braunschweig-Lüneburg. 1866 zur preuß. Provinz Hannover. 1946 zum Reg.-Bez. Stade, 1978 zum Reg.-Bez. Lüneburg. **II.** 1262 (Kop. 14. Jh.) *Dorverden*, (1300) *Dorverden*, 1378 *Johannes de Dorverden*. **III.** Umstritten ist die Gleichsetzung von *Dörverden* mit dem ON *Tulifurdon* (Τουλίφουρδον) bei Ptolemäus im 2. Jh. n. Chr. Es spricht jedoch viel gegen eine Identifizierung. Es bleibt die Frage, was sich hinter *Dör-* verbirgt. Hier bieten sich Überlegungen an, die im Zusammenhang mit Dorste, ⁊ Dorstadt und Dorestad / Duurstede geäußert worden sind (NOB II; NOB III). Zugrundeliegendes **Dor-* kann auf **Dur-*, bei *Dörverden* aufgrund des Umlauts wohl auf **Duri-* (falls nicht volksetymologische Angleichung an nd. *dör* 'Tür, Tor' vorliegt), zurückgeführt werden und mit Hilfe des Vernerschen Gesetzes, das einen Wechsel *-s-* zu *-r-* zur Folge hat, mit **Dus-* verglichen werden. In diesem Fall ist ein Anschluss möglich an eine in den germ., vor allem den nordgermanischen Sprachen gut bezeugte Wortsippe um norwegisch mda. *døysa* 'aufhäufen', wohl urspr. 'Staub-, Abfallhaufen', anord. *dys* 'aus Steinen aufgeworfener Grabhügel', norwegisch mda. *dussa* 'ungeordneter Haufe', schwedisch *dös* 'Grabhügel', dänisch, norwegisch *dysse* 'Steinhaufen, Dolmen, Grabhügel', wozu auch ON wie ⁊ Duisburg gehören dürften. *Dörverden* wäre dann etwa als das 'höher gelegene Verden' zu verstehen. **V.** Genrich, Dörverden. In: RGA 5; M. Gysseling 1960/61; HHS II; Rasch, G.: Antike geographische Namen nördlich der Alpen. Berlin – New York 2005; Tiefenbach, H.: Furtnamen und Verwandtes. In: Untersuchungen zu Handel und Verkehr der vor- und frühgeschichtlichen Zeit. Teil V (Abhandlungen der Akademie der Wissenschaften zu Göttingen; Philologisch-Historische Klasse Nr. 180). Göttingen 1989. *JU*

Dossenheim **I.** Gem. im Rhein-Neckar-Kreis, 12 144 Ew., ca. 5 km n Heidelberg und etwa 35 km nnw Sinsheim an den Rändern des Oberrheinischen Tieflandes und des Odenwaldes an der Bergstraße gelegen, Reg.-Bez. Karlsruhe, BW. In der Merowingerzeit entstanden, 1319 an den Mainzer Erzbischof, 1460 im Zuge der Mainzer Stiftsfehde durch die Pfälzer erobert, 1803 an Baden. Obst-, Wein- und Gartenbau, Schauenburg, Aussichtsturm Weißer Stein, Steinbrecher-Denkmal. **II.** 766 (Kop. 12. Jh.) *Dossenheim*, 877 (Kop. 12. Jh.) *Dossenheim*, 1206 *Dussinheim [Or]*, 1396 *Tossenheim*. **III.** Eine Zuss., gebildet mit dem Gw. ⁊ *-heim* und als Bw. der PN *Dosso*. Der ON bedeutet 'Siedlung des Dosso'. **IV.** Dossenheim-sur-Zinsel, Arrondissement Saverne, Dossenheim-Kochersberg, Arrondissement Strasbourg-Campagne, beide im Département Bas-Rhin, F. **V.** FO 1; Krieger; LBW 5. *JR*

Dramburg // Drawsko Pomorskie ['dravskɔ pɔ'mɔrskʲɛ] **I.** Kreisstadt im gleichnamigen Kr. (Powiat drawski), 11 439 Ew., im sö Teil der Woi. Westpommern, PL. In einer Seenlandschaft (Draheimer Seenplatte // Pojezierze Drawskie), an der Drage // Drawa gelegen. 1939 Kreisstadt im Reg.-Bez. Grenzmark Posen-Westpreußen; Woi. Szczecin (1946–1950), Koszalin (1950–1998), Westpommern (seit 1999). **II.** 1273 *in ponte Drawe (…) de Dorenborch*, 1297 *Dravenborch*, 1306 *Drawenborch*, 1312 *Dravenborg*, 1320 *Drawenburg*, 1350 *Dramburch*, 1389 *Drauwenburg*, 1618 *Dramburg*, 1789 *Dramburg*, 1834 *Dramburg*, 1881 *Drawenburg*, d. *Dramburg*, 1936–39 *Drawsko (Dramburg)*, 1951 *Drawsko Pomorskie – Dramburg*, 1980 *Drawsko Pomorskie, -ka, -kiego*, 2002 *Drawsko Pomorskie – Dramburg*. **III.** Der urspr. d. Name war *Drawenburg*, seit dem 14. Jh. vereinfacht zu *Dramburg* (*-aven-* > *-än* + *b* > *am*). Das erste Glied wurde vom FluN *Drawa* mit d. *-en* abgeleitet, im zweiten Glied ist mnd. App. *-borch*, d. *Burg*, ⁊ *-burg* enthalten. Nach 1945 wurde der gleiche Name wie der Seename *Drawsko* mit dem adj. Glied *pomorski* angenommen, Adj. *drawski*. Ähnliche neutrale ON auf *-no, -sko* (von Seenamen abgeleitet) waren für Pommern charakteristisch. **IV.** ⁊ Arnswalde // Choszczno; Regenwalde // Resko; Nörenberg // Ińsko, alle Woi. Westpommern; ⁊ Schlawe // Sławno; Preußisch Friedland // Debrzno, beide Woi. Pommern; alle PL. **V.** Rospond 1984; RymNmiast; RzDuma I; Rymut NMP II. *BA*

Dransfeld **I.** Stadt und gleichnamige Samtgem. im Lkr. Göttingen, 9 484 Ew., sw von Göttingen an der Auschnippe, Reg.-Bez. Braunschweig (bis Ende 2004), NI. Seit dem 12. Jh. Sitz eines mainzischen Erzpriesters; seit 1286 zum Ftm. Göttingen; 1305 (Mündener) Stadtrecht durch welfische Herzöge. **II.** 960 *Thrensefelde [Or]*, 1125 *Transfeldun*, 1144 *Dransfelde*. **III.** Bildung mit dem Gw. ⁊ *-feld*. Das Bw. ist auf eine Form **Thranas(a)* zurückzuführen und ist eine Abl. mit *-s-*Suffix. Die Basis ist mit balt. Namen wie *Trani, Tranava, Tronis* zu vergleichen und mit lett. *trenēt* 'modern, verwittern', lit. *trenéti* 'modern, faulen' zu verbinden. Bezeichnet wird also eine Stelle mit vermodernden Pflanzen o. ä. Durch den Ort ziehen sich zahlreiche Gewässer. **V.** HHS 2; Nds. Städtebuch; NOB IV. *KC*

Drawsko Pomorskie ⤴ Dramburg

Dreieich **I.** Stadt im Lkr. Offenbach, 40 432 Ew., Reg.-Bez. Darmstadt, HE. Am 1. 1. 1977 erfolgte der Zusammenschluss der Städte Dreieichenhain und Sprendlingen sowie der Gem. Buchschlag (1905 abgetrennt von der Gemarkung Mitteldick), Götzenhain mit Philippseich und Offenthal zur neuen Stadt Dreieich mit Sitz der Verwaltung in Sprendlingen. Der neue ON nimmt Bezug auf einen Landschafts- und Forstnamen, der als Wildbannbezirk schon im 9. Jh. erwähnt wurde. Im Stadtteil Dreieichenhain liegt die Burg Hain als Stammsitz der Herren von Hagen, nach deren Aussterben 1255 die Grafen von Hanau sowie die Herren von Falkenstein und in der Neuzeit Isenburg-Büdingen das Erbe antraten. Philippseich war seit 1718 die Residenz einer isenburgischen Nebenlinie. Alle genannten Orte kamen 1816 mit dem Isenburg-Birsteinischen Amt Offenbach an das Ghztm. Hessen. **II.** Dreieich: 876–881 (Kop.) *Drieichlahha*, 977 *forestum Trieich*. Dreieichenhain: 1253 [Or] *Hagen*, 1306 *villa Hein*, 1363 *Heyn in der Drieyche*. Sprendlingen: 876–881 (Kop.) *Spirendelinger marca*, 880 *Sprendilingun*, 1300 *Sprendlingen*. Götzenhain: 1428 *Gotzenhain*. Philippseich: 1715 *Philippseich*. Offenthal: 876–881 (Kop.) *Ouendan*, 1421 *Ofindam*, 1428 *Ofendae*. **III.** Der Landschaftsname *Drieichlahha* zu ahd. **lāhha*, mhd. *lāche* 'Grenzzeichen'. Der ON *Dreieichenhain* zum Gw. ⤴ *hagen*. Der ON *Sprendlingen* zum PN ahd. **Sprandilo*, einer Diminutivform zur Wurzel idg. *sp(h)rend(h)-* / *sp(h)rond(h)-* 'zucken, springen' > germ. **sprand-* / **sprant-* in mhd. *spranz* 'Spalt, Riss; Geck, Stutzer'. Es dürfte sich um einen Spottnamen ('der kleine Geck' handeln). Der ON *Götzenhain* zum PN *Gotzo*, einer eingliedrigen Form eines PN mit ahd. *Gōz-* (< germ. **Gaut*) im Erstglied. Gw. ⤴ *-hagen*. Der ON *Philippseich* nach dem Gründer der Siedlung, die zunächst als *Philippsdorf* bezeichnet wurde, Graf Johann Philipp von Isenburg-Philippseich (1685–1718). Der ON *Offenthal* zu *Uffo* / *Offo*, einer KF eines PN mit *Ulf-* im Erstglied. Das Gw. wohl zu ahd. *tanna* 'Tanne'. Die Umdeutung zu ⤴ *-tal* erfolgte im 15. Jh. **V.** CL; Dreieichenhain im Wandel. Hg. von Cives in Hagen. Dreieich 2005; Löffler, Falkenstein; Müller, Starkenburg. *TH*

Drensteinfurt **I.** Stadt im Kr. Warendorf, 15 342 Ew., ö Lüdinghausen, s Münster, Reg.-Bez. Münster, NRW. Im MA Kirchdorf im FBtm. Münster, 1428 Wigbold (Ort mit bestimmtem Besitzrecht), 1804 preußisch, 1806 Ghztm. Berg, 1813 wieder preußisch, 19./20. Jh. Strontianitabbau. **II.** Um 890 *in Stenforda* [Or], 1390 *in parrochia Drenstenvorde*. **III.** Kompositum mit dem Gw. ⤴ *-furt* zu asä. *ford*, mnd. *vōrd(e)* 'Furt, seichte (Durchgangs-) Stelle im Wasser' und dem Bw. asä., mnd. *stēn* ⤴ 'Stein'. Der SiN bezeichnet also eine steinerne Furt, in diesem Fall über die Werse. Zur Unterscheidung von Steinfurt an der Aa (Burgsteinfurt) ist der Name (erstmals 1390) um das Element *Dren-* ergänzt worden, das zunächst in syntagmatischen Formulierungen auftritt (*in regione Dreni, in Dreno, uppen Drene, super Drenum, oppen Dreyn, up den Drein, uppen Drene, upter Drein*). Diese Bez. wird einerseits als Benennung einer Region verwendet, andererseits als Gelände- oder Flurname (auch GwN?), der offensichtlich gegenüber dem Umland erhöht liegt. *Dre(i)n-* beruht auf der idg. Wurzel **dherāgh-* 'ziehen, am Boden schleifen' (vgl. got. *dragan*, engl. *draw* 'ziehen', norwegisch *drag* u. a. 'Wasserlauf; Zugseil', asä. *dragan*, ahd. *tragan* 'tragen, bringen'), zu der mittels *-n*-Suffix zur Kennzeichnung der Zugehörigkeit eine Form *Dragini* gebildet worden ist, aus der sich lautlich durch Umlaut und Ausfall des *-g- Dre(i)n-* entwickelt hat. Benennungsmotiv ist womöglich die eine Landschaft, die sich, in erhöhter Lage, an etwas entlang zieht, vielleicht am Flusslauf der Werse. **IV.** ⤴ Steinfurt mit Schloss Burgsteinfurt, Kr. Steinfurt, NRW. **V.** Werdener Urbare; WfUB III, VII, VIII. *kors*

Dresden **I.** Kreisfreie Stadt, Verwaltungssitz eines gleichnamigen Direktionsbezirkes und Landeshauptstadt von SN, 512 234 Ew., beiderseits der Elbe, in der Dresdner Elbtalweitung, zwischen den Ausläufern des Osterzgebirges, dem Steilabfall der Lausitzer Granitplatte und dem Elbsandsteingebirge. Frühma. sorb. Schiffer- und Fischersiedlung an der Elbfurt, markgräflich-meißnische Burg seit ca. 1150 mit Burgsiedlung, Stadtgründung um 1200/1210, seit dem 17. Jh. Ausbau des heutigen Dresden-Neustadt n des Flusses, Residenzstadt der sächs. Kurfürsten und Könige, Landeshauptstadt von 1918–1952 und wieder seit 1990, Kulturzentrum, Hochschulstadt mit derzeit neun Hochschulen, berühmte Barockbauten und Kunstsammlungen. Dresden ist das Zentrum des gegenwärtig wirtschaftsstärksten Raums der neuen Bundesländer. **II.** 1206 *Dresdene*, 1216 *Dreseden*, 1324 *Dresden*. **III.** Der ON ist ein asorb. Bewohnername **Drežďane*, etwa 'Waldbewohner', zu einem im Sorb. verloren gegangenen Wort **drêzga*, entsprechend russ. *drjazga*, bulg. *drezga* 'Wald, Dickicht'. Im Osorb. heißt der Ort *Drježdźany* (seit dem 18. Jh. bezeugt), im Tschech. *Drážďany* (1368 *Drazan*). In der Mda. existieren unterschiedliche Formen wie *drasnt, dräsen* usw. **V.** HONS I; SNB. *EE, GW*

Driburg, Bad I. Stadt im Kr. Höxter, 19 281 Ew., am Ostrand des Eggegebirges, Reg.-Bez. Detmold, NRW. Im 13. Jh. gegr. unterhalb der Iburg (sächs. Wallburg), 1345 Bestätigung der Stadtrechte. Seit 16. Jh. Mittelpunkt von Glasgewerbe nach Ansiedlung von Glashütten. Forstwirtschaft. Seit Mitte 16. Jh. ist die Heilkraft des im O der Stadt gelegenen Sauerbrunnens bekannt, 1782 Begründung des privaten Kurbades durch Caspar Heinrich von Sierstorpff (1750–1842), das bis h. im Familienbesitz ist (seit 1919 Bad). II. [1231] (Kop. 17. Jh.) *sedem Iburch*, 1253 *Driburch*, 1261 *Driborg*, 1262 *Triborg*, 14. Jh. *Sigillum Civitatis Iburg*; *Driburg* (1256). III. Bildung mit dem Gw. ↗ *-burg*. Der ON ist aus einer lok. Wendung wie *te der Iburg 'zur Iburg' (vgl. Belege des 8. Jh. *Iuburg, Iuberg(h)*, die allerdings eher mit der Iburg bei Osnabrück zu verbinden sind; 1184 *in monte qui dicitur Yburc*) nach Agglutination von Präposition und bestimmtem Artikel entstanden, worauf bereits Gobelinus Persona im 14. Jh. (*Ick ga tho der Iborgh > Ick ga tho Driborgh*) hinweist. Im Bw. wird asä. *īuua, īuu, īuui*, mnd. *īve, yue*, ags. *īw, ēow*, ahd. *īwa, īga* 'Eibe' (Taxus baccata L.) anzunehmen sein. IV. Yberg bei Bad Pyrmont, NI; die Iburg in Bad Iburg s Osnabrück (1070 *Iburg*), NI. V. Schneider; Berger; Volckmar; HHS 3. *BM*

Drochtersen I. Gem. im Lkr. Stade, 11 964 Ew., n von Stade s der Elbe, Reg.-Bez. Lüneburg (bis Ende 2004), NI. Mehrere mittelalterliche Herrensitze vorhanden, seit 1318 Pfarrkirche nachgewiesen; im späten Mittelalter Zentralort von Südkehdingen und Sitz des Grefen; Drochtersen in der Elbe vorgelagert ist Krautsand. II. 12. Jh. *Drochterse [Or]*, 1293 *Drochtersen*, 1351 *Drogterssem*. III. Bildung mit dem Gw. ↗ *-hausen*, das nur in der verkürzten Form *-sen* erscheint und im 14. Jh. mit *-em, -um* (übliche Abschwächungsform von ↗ *-heim*) variiert. Aufgrund der ältesten Belege ist wohl nicht von einem Gw. ↗ *-heim* auszugehen. Das Bw. besteht aus dem stark flektierenden PN *Druhtheri* im Gen. Sg., dessen Stammvokal sich vor *-ch-* zu *-o-* verändert. V. Drewes, F.: Drochtersen. Drochtersen 1978. *UO*

Drolshagen I. Stadt im Kr. Olpe, 12 202 Ew., w von Olpe im Naturpark Ebbegebirge, Reg.-Bez. Arnsberg, NRW. Eine vermutlich im 11. Jh. entstandene Pfarrkirche wurde dem 1235 gegründeten Kloster geschenkt, in dessen Umgebung sich die Siedlung entwickelte. 1477 Stadtrecht. II. 11. Jh. *Droilshageno*, 1214 *Droleshagen*, 1223 *Drolshagen*. III. Der ON ist mit dem Gw. ↗ *-hagen* gebildet. Das Bw. ein st. flektierender PN *Drögil im Gen. Sg., eine Koseform mit *-l*-Suffix zu dem auch im Asä. bezeugten PN *Drögo*. Die asä. Aussprache des *-g-* als Reibelaut führte zunächst zu seiner Abschwächung zum palatalen Vokal und Verschmelzung mit dem Bindevokal des Suffixes, angedeutet noch in der Schreibung des nicht zweifelsfrei überlieferten Erstbelegs *-oi-*, schließlich zum Schwund. Benannt wurde also eine 'Siedlung des *Drögil'. IV. ↗ Hagen, Kreisfreie Stadt, NRW. V. Wigand, P.: Archiv für Geschichte und Alterthumskunde Westphalens 6 (1834); Schlaug 1962; FO I. *Flö*

Duchcov ↗ Dux

Dudenhofen I. Gem. und gleichnamige VG (seit 1972) im Rhein-Pfalz-Kreis, 11 250 Ew., drei Gem. unmittelbar ö der Stadt Speyer, Vorderpfalz, RP. Fränkische Gründung, seit dem 10./11. Jh. Ort des Speyergaus bzw. des Hochstifts Speyer. 1417 wird die Bischofsburg Marientraut in Hanhofen, einem der drei Orte der h. VG, im Streit zwischen Stadt und Hochstift Speyer zerstört. Wiederaufbau der Burg, bischöflicher Verwaltungssitz für die umliegenden Orte. Nach 1813 Teil der Bayerischen Pfalz. II. 1156 *Tůtenhoven*, 1307 *Důdenhoven*; Dudenhouen (1443). III. Dem Bw. liegt ein ahd. PN *Tûto, Dûdo*, Gen. Sg. **Dûden-*, **Tûten-*, zugrunde, dem Gw. ↗ *-hofen* angehängt wurde. Der ON bedeutet demnach 'beim/zum Hof des Tûto/Dûdo'. V. MGH DD, Die Urkunden Friedrichs I.; FP; HSP. *JMB*

Duderstadt I. Stadt im Lkr. Göttingen, 22 114 Ew., Reg.-Bez. Braunschweig (bis Ende 2004), NI. Seit dem 10. Jh. im Besitz des Reichsstiftes Quedlinburg, im 13. Jh. zunächst thüringisch, dann welfisch, seit 1334 beginnend mainzisch, 1802 preußisch, seit 1816 hannoversch; Zentralort des Untereichsfeldes, Stadtrecht im 13. Jh., bis 1974 Kreisstadt; h. Sitz des Weltmarktführers in der Prothetik. II. 927 *Duderseti* [Kop. 17. Jh.], 929 *Tutersteti*; *Duderstat* (1184–1203). III. Bildung mit dem Gw. ↗ *-stadt*, das zunächst als *-steti* erscheint, aber rasch zu *-stad(t)* übergeht. Das Bw. ist ein nur im ON überlieferter GwN, der als germ. *Dudra anzusetzen ist und zu idg. **dheu-* 'laufen, fließen' mit *-dh*-Erweiterung gehört, die in ai. *dodhat-* 'ungestüm, tobend', *dudhra-* 'ungestüm', gr. *teuthós* 'Tintenfisch' belegt ist. Einer der durch den Ort fließenden Bäche dürfte den Namen *Dudra getragen und dem Ort den Namen gegeben haben. V. HHS 2; Nds. Städtebuch; NOB IV. *KC*

Düben, Bad I. Stadt im Lkr. Nordsachsen, 8 450 Ew., am Südrand des Naturparks Dübener Heide, n der Leipziger Tieflandsbucht, an der Mulde, SN. In asorb. Zeit Siedlung am Flussübergang, Schiffer- und Fischerort, seit spätem 10. Jh. deutsche Markgrafenburg mit Burgflecken, Stadtanlage nach 1200, Moorbad seit 1915, seit 1948 Zusatz Bad. Kurort seit 2004. II. 1012/18 *urbs Dibni*, 1220 *Dybene*, 1347 *Diben*, erst im 18. Jh. *Düben*. **III.** Zu asorb. **Dyb'no* 'Pfahlsiedlung' zu asorb. *dyba* 'Pfahl'. **V.** Thietmar; HONS I; SNB; SO I. *EE, GW*

Dübendorf **I.** Politische Gem. im Bezirk Uster, 23 852 Ew. Städtische Gem. östlich von Zürich, an der Glatt gelegen, Kt. Zürich, CH. Neolithische Siedlungsspuren, bronze- und römerzeitliche Funde; Kirche aus dem frühen 8. Jh. (1444 zerstört); bis in die Neuzeit im Wesentlichen bäuerlich geprägt, aufgrund der Nähe zur Stadt Zürich frühe Industrialisierung. 1910 Einrichtung eines Flugfelds, ab 1948 ausschließlich militärisch genutzt, damit zusammenhängend Beschleunigung der wirtschaftlichen und baulichen Entwicklung. H. moderne Agglomerationsgemeinde mit wichtigen Arbeitgebern hauptsächlich des Dienstleistungssektors **II.** 946 *Tuobilindorf*, 1130 *Tuobilndorf*, 1149 *Tuobelndorf*, 1229 *Tübilndorf*. **III.** Primärer Siedlungsname aus dem das Bestimmungsglied bildenden ahd. PN *Tuobilo* und dem Grundwort ↗ *-dorf*, ahd. *dorf* '(kleines) Dorf, Weiler, Landgut': 'Dorf, kleine Siedlung des *Tuobilo*'. **V.** FP; HLS; LSG. *MHG*

Düdelingen franz. Dudelange, lux. Diddeleng **I.** Stadt, 18 295 Ew., an der Grenze zu F in der Minette (Eisenerzregion) im Gutland, ca. 20 km s von Luxemburg, Kt. Esch an der Alzette, Distr. Luxemburg, L. Seit dem MA zu Luxemburg, Aufschwung in der Industrialisierung als „Schmiede des Südens (Forge du Sud)", 1907 Stadtrechte, seit 1995 Migrationsmuseum (*Centre de documentation sur les migrations humaines*). **II.** 1261 *Duedelanges*, 1292 *Dudelenges*, 1390 *Dudelingen*. **III.** Der SiN wurde aus dem PN ahd. **Dudilo* und dem ↗ *-ing*-Suffix gebildet: ahd. **Dudilingas*. Das Suffix drückt die Zugehörigkeit zu einer im Erstglied genannten Person aus (Grundbesitzer oder Lokator aus der Gründungsphase bzw. frühen Geschichte der Siedlung). Der PN ist eine mit dem *-il*-Suffix gebildete Koseform zu einem Lallstamm **dud* mit reduplizierendem Konsonanten, eine expressive Form, die wohl zu PN mit dem Element germ. **þeuđō* 'Volk', wie z. B. *Dietbert*, zu stellen ist. Ofranz. Graphie *ue*, die sonst nebentoniges rom. *ǫ* (< lat. *u* und *ō*) repräsentieren kann, im Erstbeleg 1261 *Duedelanges* analog für entlehntes ahd. *u*. Franz. Formen mit der z. B. aus dem benachbarten rom. Lothringen bekannten Endung *-ange* (*-enges* u. ä.), der lautgerechten franz. Entwicklung des *-ing*-Suffixes. Lux. Form *Diddeleng* mit frnhd. Entrundung von *ü* zu *i* und dem im wmoselfr. Areal nicht seltenen Verlust der Endung *-en* durch haplologische Kürzung. **V.** Meyers. *AS*

Dülmen **I.** Stadt im Kr. Coesfeld, 47 058 Ew., sw Münster, Reg.-Bez. Münster, NRW. Im MA Kirchdorf im FBtm. Münster, 1311 Stadtrecht, 1803 Gft. Dülmen (des Herzogs von Croÿ), 1806 Hztm. Arenberg, 1811 Kaiserreich Frankreich, 1815 preußisch, im 19. Jh. Eisenhütte, Textilherstellung, 1966–2003 Bundeswehrgarnison, Sterbeort der Mystikerin Anna Katharina Emmerick. **II.** Um 890 *in Dulmenni [Or]*, 1121 *Dulmene*, um 1150 *de Dúlmine*. **III.** Bildung mit dem Gw. *-menni*, das auf idg. **ment-/*munt-* 'Berg' zurückgeht und eine germ. Variante **mend-/*mund-* 'Berg, Erhebung' mit Konsonantenwechsel von *-t-* zu *-d-* hat. Die Konsonantenverbindung *-nd-* wird zu *-nn-* assimiliert, was sich auch im Erstbeleg *Dulmenni* zeigt. Als Benennungsmotiv für die Siedlung Dülmen kommt wohl die erhöhte Lage auf dem sogenannten Dülmener Flachrücken in Betracht (das heutige Stadtgebiet weist Höhenschwankungen zwischen 46 und 150 m über dem Meeresspiegel auf). Bw. ist eine Bildung auf der Basis von idg. **teu-* 'schwellen' mit *-l-*Erweiterung, die in den germ. Sprachen appellativisch in ags. *doll* 'Ruderpflock', mnd. *dolle*, *dulle* 'Baumkrone, Pflock', wfl. *dulle* 'Beule' oder schwedisch *tull* 'Baumwipfel' ausgeprägt ist. Auch mit dem Bw. wird also ein Akzent auf die erhöhte Lage der Siedlung gesetzt. Womöglich wird auf die Lage der Siedelstelle am höchsten Punkt des Höhenzugs/Flachrückens gewiesen. **IV.** Dollbergen, Region Hannover, NI. **V.** Werdener Urbare; NOB IV; NOB I. *kors*

Düren **I.** Kreisstadt des gleichnamigen Kreises, 92 904 Ew., in der Jülicher Börde beim Übergang über die Rur zwischen Köln und Aachen, Reg.-Bez. Köln, NRW. Karolingische Pfalz mit bezeugten Reichsversammlungen, 881 oder 882 von Normannen zerstört; die Verpfändung als Reichsgut an die Gft. Jülich (1240) wurde nie ausgelöst; eine der vier Hauptstädte des Hztm. Jülich mit bekannter Tuchproduktion, 1543 Zerstörung im Geldernschen Krieg, 1815 an Preußen, Kantons- und Kreissitz, vollständige Zerstörung am 16. 11. 1944; bedeutende Industrie, bes. Papier, Textil, Chemie, Glas, Zucker. **II.** 747 (Kop. 13. Jh.) *Duna villa* [zu konjizieren in: *Duria*], zu 747 [nicht 748] *in villa quae dicitur Duria*, 843 *actum Duira palatio regio [Or]*, 889 (Kop. 11. Jh.) *Duron*. **III.** Bisherige etym. Anschlüsse bleiben fragwürdig und sind nur eingeschränkt überzeugend. Der Anschluss an einen alteurop. GwN (wie *Thur, Dura, Doire* u. a.) zur Wz. idg. **dheu-* 'rinnen' passt schwerlich zur Lage an einem Fluss, dessen Name *Rur* unter die vorgerm. Gewässernamen fällt, und zum Kenntnisstand über die Siedlungsentstehung. Herleitung aus germ. Sprachmaterial, was dem siedlungsgeschichtlichen Befund näher käme, führt zum Subst. ahd. *turi*, altfränkisch *duri* 'Tür, Tor', was aber die Frage nach dem Benennungsgrund des ON aufwirft. Alle anderen Faktoren sprechen zweifelsfrei für diese

Basis: Fem. Genus, mittels -*a* latinisiert, lokativischer Dat. Pl. auf -*on* (fränk., s. o. *Duron*), initiales *d*- nach fränk. Lautstand und Umlaut des Basisvokals vor -*i*-. Wenn die -*ui*- Graphie von 843 kein bloßer Schreibfehler ist, könnte sie als früher Hinweis auf den Umlaut gelten; das in offener Silbe und vor -*r*- gedehnte [y:] wird vom 16. Jh. an oft hyperkorrekt -*eu*- geschrieben: *Deuren*. Die erst seit dem 13. Jh. belegten finalen -*n* dürften aus den lat. und d. Adjektivableitungen herrühren. In älterer Literatur wird das bei Tacitus (Historien IV 28) genannte *Marcodurum* (*in vico Marcoduro*) mit Düren identifiziert, was u. a. auch wegen der Akzentverhältnisse auszuschließen ist. **V.** UB Stavelot-Malmedy I; UB Düren I; RhStA Lfg. II Nr. 9; HHS Bd. 3; Kaspers; Greule, Flußnamen. *Ne*

Dürkheim, Bad **I.** Kreisstadt des gleichnamigen Lkr., 18 790 Ew., am Rande des Pfälzerwaldes, RP. Ein kelt. Ringwall, die sog. „Heidenmauer", zeugt von früher Besiedlung. Im 11. Jh. wurde die Siedlung von den Saliern an das Kloster Limburg verschenkt, von dem h. noch eine Ruine in der Nähe steht. Stadtrecht im 14. Jh. und noch einmal 1700, seit Mitte 13. Jh. Burgort und seit 1725 Residenzstadt der Leininger Grafen. Nutzung der Salzquellen seit 1595, Bau des Kurhauses im 18. Jh. und seitdem Kurstadt mit sieben Heilquellen. **II.** 778 *Turincheim* (Kop. um 1190), 946 *Thuringeheim*, 1537 *Dirckheim*; *Bad Dürkheim* (1904). **III.** Das Bw. ist vom Stammesnamen *Thuringa* 'die Thüringer', Gen. Pl. *Thuringo*-, gebildet, mit dem wohl die Herkunft der Siedler gemeint war, das Gw. ist ↗-*heim*. Zu deuten ist der ON somit als 'Wohnstätte thüringischer Siedler'. Wegen seiner Heilquellen erhielt Dürkheim 1847 den Zusatz *Solbad*, seit 1904 durfte es sich offiziell *Bad Dürkheim* benennen. **IV.** Dorn-Dürkheim, Lkr. Mainz-Bingen, RP. **V.** CL; HHS 5; HSP. *JMB*

Dürrenberg, Bad **I.** Stadt und VG im Saalekreis, 13 789 Ew., an der Saale, sw von Leipzig, ST. Die Siedlung entstand bei einer 1763 erschlossenen Solquelle, als wichtigste Saline Kursachsens, die 1815 preußisch wurde. Die Quelle wurde ab 1845 als Solbad genutzt. Urspr. ist Dürrenberg der Name des Rittergutes, auf dem die Solquelle erschlossen wurde. **II.** 1710 *Rittergut auf dem dürren Berge*, 1745 *Dürreberg*, 1815 *Dürrenberg*, 1938 *Bad Dürrenberg*. **III.** Ehemaliger FlN 'beim dürren Berg, Dürrenberg', Gw. ↗-*berg*. **IV.** FlN Dürrenberg in Liebschützberg, Lkr. Nordsachsen, SN; Dürrenberg, OT von Hartmannsdorf, Lkr. Greiz, TH; Dürrenberg, OT von Jöhstadt, Erzgebirgskreis, SN. **V.** DS 35; SNB; Berger. *MH*

Dürrheim, Bad **I.** Kurort (seit 1974 Stadt) im Schwarzwald-Baar-Kreis, 12 932 Ew., ca. 7 km sö Villingen auf der Hochebene der Baar nahe der Schwäbischen Alb, Reg.-Bez. Freiburg, BW. Vom 11. bis 14. Jh. Sitz des Adelsgeschlechts Esel, im 13. Jh. an die Villinger Johanniter, 1805 an Württemberg und 1806 an Baden. Ab 1977 trägt Dürrheim das Prädikat Heilklimatischer Kurort. Gesundheits- und Tourismusbereich, Saline, Salinensee. **II.** 889 *Durroheim*, 1092 *Turreheim* [Or], 1183 *Turrihain* [Or], 1256 *Diurrehain* [Or], 1299 *Durhaim* [Or]; *Bad Dürrheim* (1921). **III.** Ein Kompositum mit dem Gw. ↗-*heim*. Dem Bw. liegt urspr. wohl der PN *Durro* zu Grunde. Einige Belege zeigen die im Westoberdeutschen verbreitete Variante -*hain* und wurden zunächst wohl volksetymologisch an das Gw. ↗-*hain* angeschlossen, später als Zuss. mit dem Adjektiv ahd. *durri* 'dürr, trocken, wüst', mhd. *dürre* 'dürr, trocken, mager' aufgefasst. **IV.** Dürrenbüchig, OT von Bretten, Lkr. Karlsruhe, BW. **V.** FP; Krieger; LBW 3; Kleiber 2000. *JR*

Düsseldorf **I.** Kreisfreie Stadt, Verwaltungssitz des gleichnamigen Reg.-Bez. und Landeshauptstadt von NRW, 584 217 Ew., am Übergang vom Niederrhein zum Bergischen Land. 1288 Stadterhebung durch die Grafen von Berg, bergische Residenzstadt bis 1716, Landeshauptstadt seit 1946. Wirtschafts- und Verwaltungszentrum, Kunstakademie. Universität seit 1965. **II.** 1135–59 *de Dusseldorp* [Or, ON radiert], 1162 *in Thusseldorp* [Or]. **III.** Letztglied ↗-*dorf* in der nicht lautverschobenen Regionalform mit *p*; Erstglied zum FluN *Düssel* (r. Zfl. zum Rhein): 'Siedlung (Dorf) an der Düssel'. Der FluN, erstmalig 1065 *Tussale* (in einer nur in Kop. des 14. Jh. erhaltenen Königsurk., die auch *Tusburch* für Duisburg schreibt), wird nachfolgend in der Regel mit *d*- wiedergegeben (Hydr. Germ. 6) und ist wohl -*l*-Suffigierung, entweder zur Basis germ. *thus- 'anschwellen, lärmen' oder zu voreinzelsprachlichem *dus- (Nullstufe zu *deus, ↗*Duisburg*). Der Umlaut *u* > *ü* ist durch Suffixvokal -*i*- bewirkt. **V.** HHS 3; Gysseling 1960/61; Schmidt, Rechtsrhein. Zfl. *Tie*

Duisburg ['dy:s-] **I.** Kreisfreie Stadt, 494 048 Ew., an der Mündung der Ruhr in den Niederrhein, Reg.-Bez. Düsseldorf, NRW. Schon in röm. Zeit besiedelt; Pfalzort seit fränk., Münzstätte seit ottonischer Zeit. 1655–1818 klevisch-brandenburgische Landesuniversität, 1971 als Gesamthochschule neu gegründet. Im 20. Jh. bedeutende Eisen- und Stahlindustrie, größter Binnenhafen Europas. **II.** 883 (zu 884) *Diusburh*, 966 *actum Diuspargo quod vulga*[*r*]*iter dicimus Diusburg* [Or]. **III.** Letztglied ↗-*burg* weist auf eine befestigte Siedlung. *Duis*- kann zu einem häufiger bezeugten Namenelement vordeutsch *deus- gestellt werden, das in FluN auftritt und urspr. vielleicht aus der Bezeichnung einer Wassergottheit herzuleiten ist oder auf einem Farbwort (für 'dunkel'?) beruht. Das Erstglied erscheint mehrfach in frühma. GwN und ON des nl. und nd. Sprachraums, zuerst 373 *Deusone* (Ablativ, zu diesem Namen: RGA 5), adj. auf röm. Münzen: *HERCVLI DEVSONIENSIS*. **V.** RhStA IV/21; HHS 3; Jahn, R.: Der Ortsname Duisburg. In: Duisburger Forschungen 2 (1959); Milz, J. [u.a.]: Urkundenbuch der Stadt Duisburg, I–II. Düsseldorf 1989–1998. *Tie*

Dunningen **I.** Gem. und gleichnamige VVG (mit Eschbronn) im Lkr. Rottweil, 8 067 Ew., ca. 10 km nw Rottweil und etwa 28 km ssw Sulz am Neckar in der Gäulandschaft zwischen Schwarzwald und der Schwäbischen Alb gelegen, Reg.-Bez. Freiburg, BW. Aus dem seit der 2. Hälfte des 8. Jh. bestehenden Besitz des Grafen Gerold an das Kloster St. Gallen, seit 1435 unter der Hoheit der Stadt Rottweil, 1803 fiel Dunningen an Württemberg. Getreideanbau, Maschinenbau, Textilindustrie, Heimatmuseum im Rathaus. **II.** 786 *Tunningas*, 1083 *Tunningen*. **III.** Der ON gehört zu den ⁊*-ing(en)*-Ableitungen und enthält den PN *Tunno/Dunno*: 'bei den Leuten des Tunno/Dunno'. **IV.** Tuningen, Schwarzwald-Baar-Kreis, BW. **V.** FO 1; FP; LBW 6. *JR*

Durmersheim **I.** Gem. im Lkr. Rastatt, 12 186 Ew., ca. 9 km nnö Rastatt und etwa 15 km ssw Karlsruhe in der Rheinebene gelegen, Reg.-Bez. Karlsruhe, BW. Wohl im 6. Jh. entstanden, um 990 im Besitz des salischen Herzogs Otto von Kärnten und im Hochmittelalter an die Grafen von Eberstein, 1288 gingen die Herrschaftsrechte an die Markgrafen von Baden. Industriebetriebe, Keramik-, Glas- und Holzindustrie, Getreide- und Erdbeeranbau, Wallfahrtskirche Maria Bickesheim, Kirche St. Dionysius. **II.** 991 (Kop. 13. Jh.) *Thurmaresheim*, 1247 *Durmersheim* [Or], 1252 *Durmershem* [Or], 1303 *Durmershein* [Or], 1375 *Durmersheim* [Or]. **III.** Es handelt sich um eine Zuss., gebildet mit dem Gw. ⁊*-heim* und als Bw. der PN *Thurmar*. Der ON bedeutet 'Siedlung des Thurmar'. Die Umsetzung des Bw. *-heim* schwankt im Westoberdeutschen. **V.** Krieger; FP; Kaufmann 1968; Kleiber 2000; LBW, 5. *JR*

Dux // Duchcov ['duxtsof] **I.** Stadt im Kr. Teplice, 8 970 Ew., in Nordböhmen, Bezirk Ústí nad Labem (Ústecký kraj), CZ. Gegr. als Stadt nach 1250 neben der Marktstätte *Gra-* // *Grebissin*. Schon 1390 Schule. Im 14. Jh. Stadtrecht. Sankt-Georg-Kirche. 1570 Baubeginn des Schlosses, reiche Bibliothek, der Bibliothekar G. G. Casanova (1785–1798, in Dux verstorben) verfasste hier seine Memoiren. Besuche von Alexander I., Friedrich Wilhelm III., Franz I., Johann Wolfgang von Goethe, Ludwig van Beethoven („Waldstein-Sonate"), Frédéric Chopin u. a. Seit 1763 Kohleabbau. 1872 d. Bergschule. Intensive Industrialisierung (Maschinen, Glas). Teilweise Verlegung der Stadt. **II.** 1207 *Grebissin*, *Grabissin* [Or], 1240 *Tockzzaw* [Or], 1363 *Duchczow*, 1393 *czů Doxaw*, 1833 *Dux*, *Duchcow* (später *-ov*). **III.** Der ON *Grabissin* (= *Grabišín*, *Grab-* > d. *Greb-*) ist ein vom slaw. PN *Grabiša* mit ⁊*-in* abgeleiteter Possessivname für 'Grabišas Dorf, Eigentum'; enthält noch atschech. *g-* statt *h-*. Auf die neugegründete Stadt wurde ein von einer vorslaw. 'Wasser'-Wurzel gebildeter FlN übertragen, der entweder zur sog. alteurop. Schicht (**daks-* / **doks-* 'Wasserfläche', auch 'Sumpf, Nässe') oder – wahrscheinlicher – zu idg. **dhuk-s* 'dunkles Wasser' gestellt wird: d. *Tockzz* + *aw* (< ⁊*-aue*) > *Doxaw*, *Duxau* > 1833 *Dux*. Ins Tschech. entlehnt im 14. Jh. (*Duchczow*). **IV.** Doksany, Doksy in Böhmen, CZ; Dosse, Nebenfluss der Havel, BB. **V.** PF III; SchOS; LŠ; HSBM. *RŠ*

Dzierżoniów ⁊ **Reichenbach (Eulengebirge)**

E

Ebelsbach I. VG im Lkr. Haßberge mit Verwaltungssitz in gleichnamiger Gem., 7501 Ew., an der Mündung des Ebelsbachs in den Main, Reg.-Bez. Ufr., BY. II. Der GwN ist 1172 als *Ebilbach*, 1399 als *Ebelspach* belegt, der ON: zu 804 (Druck 1607) als *in Ebalihbechin*, zu 811/813 (Kop. 12. Jh.) *Ebilbah*, 1347 *Ebelsbach*. III. Dem ON liegt der Bachname zugrunde. Dieser selbst enthält das Gw. ↗-*bach*. Das Bw. wird in der Literatur als PN gedeutet, was bei einem Bachnamen unwahrscheinlich ist. Der Pistorius-Druck des fuldischen Chartulars des frühen 9. Jh. ist zwar recht zuverlässig und deshalb der Beleg ernst zu nehmen, doch erscheint es gewagt, daraus einen sonst nicht bezeugten PN *Ebalih* zu gewinnen. Das Fugen-*s* erscheint in den Belegen erst spät; die ältere Form *Ebilbach* spricht deutlich gegen eine Bildung mit einem PN, der dann im Gen. (also mit *s*) stehen müsste. V. Dronke, Cod. Dipl. Fuld., Nr. 220, 221; Radl, W.: Ortsnamen im Landkreis Haßfurt, Heimatbogen des Bezirksschulamts Haßfurt Nr. 3. 1963; Reitzenstein 2009; Sperber; Traditiones et antiquitates Fuldenses. Hg. v. E.F.J. Dronke, Neudruck der Ausgabe von 1844, Osnabrück 1966, Nr. 42,242. *RB*

Eberbach I. Stadt und gleichnamige VVG im Rhein-Neckar-Kreis, 18 105 Ew., ca. 22 km nnö Heidelberg und etwa 30 km nnö Sinsheim im Odenwald zwischen Laxbach und Itter unmittelbar am Neckar gelegen, Reg.-Bez. Karlsruhe, BW. Vor 1000 in einem Waldgebiet angelegte Siedlung, durch Schenkungen in den Besitz des Wormser Bischofs gekommen, 1227 an König Heinrich VIII., seit 1241 Reichsstadt, 1297 an die Grafen von Katzenelnbogen, danach an die Herren von Weinsberg, 1803 an Leiningen und 1924 schließlich Heidelberg zugewiesen. Ehem. Holzhandel und Flößerei, Drahtwerk, Pulverturm, Haspelturm, Rosenturm, Michaelskirche, Bergruine Ebersbach, Zinnfiguren-Kabinett. II. 1196 *Eberbach* [Or], 1227 *Eberbach* [Or], 1346 *Eberbach* [Or]. III. Die Zuss. mit dem Gw. ↗-*bach* enthält im Bw. verm. die Tierbezeichnung ahd. mhd. *eber* 'Eber'. Bei einem zugrunde liegenden PN wäre eher von *Ebersbach auszugehen. IV. Eberbach-Seltz, Arrondissement Wissembourg, Département Bas-Rhin, F. V. Bach DNK 2; FO 1; Krieger; LBW 5. *JR*

Ebermannstadt I. Stadt und (seit 1972) gleichnamige VG im Lkr. Forchheim, 8078 Ew., Reg.-Bez. Oberfranken, BY. Wohl frühmittelalterliche Gründung auf einer von zwei Wiesenarmen gebildeten Insel mitten in der Fränkischen Schweiz; 981 Immunität für die Untertanen des Klosters St. Peter zu Aschaffenburg, im 13. Jh. im Besitz der Edelfreien von Schlüsselberg, 1323 Stadtrecht, nach dem Tod des letzten Schlüsselbergers 1347 an Hochstift Bamberg, bambergische Amtsstadt, Stadtbrände 1430 durch Hussiten, 1633 durch Schweden, 1796 durch franz. Truppen, 1803 an Bayern. II. 981 (Kop. 12. Jh.) *Ebermarestat*, zu ca. 1059–1064 (Domnekrolog 1285–1287) *Ebermarstat* und *Ebermarsstat*, 1194 *Ebermarstat* [Or], 1323 *Ebermansstat* [Or]. III. Dem Gw. ↗-*statt/ stadt* ist der PN *Ebermar* im Gen. Sg. vorangestellt worden. V. Fastnacht, D.: Ebermannstadt. Ehemaliger Landkreis Ebermannstadt (HONB, Oberfranken 4). München 2000. *DF*

Ebern I. Stadt und gleichnamige VG im Lkr. Haßberge, 10 447 Ew., an den s Ausläufern der Haßberge im Baunachgrund, Reg.-Bez. Ufr., BY. Entstehung der Siedlung im 8. Jh.; die Nennung des Weilers von Lützelebern (1151 *liuzileber*) setzt die Existenz einer größeren Siedlung voraus, die selbst erst 1216 bezeugt ist. 1216 gehörte Ebern dem Hochstift Würzburg, 1335 Stadterhebung; nach Säkularisation des Hochstiftes (1802/03) bayerisch. II. Seit 1216 durchgehend als *Ebern* bezeugt. III. Der Ortsname lässt sich zwar im Kontext des Deutschen als 'bei den Ebern' deuten, doch bleibt eine Motivation für eine solche Bezeichnung unklar. Eine Anknüpfung an einen germ. Eber-Kult ist reine Phantasie. Th. Vennemann stellt die zahlreichen Gewässer- und ON mit *Eber*- in einen vorindogerm. Zusammenhang. V. HHS 7/2; Schmiedel, W.: Landkreise Ebern und Hofheim. In: HONB Ufr. 2. München 1973; Reitzenstein 2009; Vennemann, Th., in BNF. NF. 34 (1999), S. 312–318. *RB*

Ebersbach an der Fils I. Stadt und gleichnamige VVG (mit Schlierbach) im Lkr. Göppingen, 19 295 Ew., ca. 9 km w Göppingen und etwa 30 km osö Stuttgart im unteren Filstal am Nassachtal gelegen, Reg.-Bez. Stuttgart, BW. Im 12. Jh. urk. erstmals erwähnt, für die staufische Zeit sind Herren von Ebersbach mit

Burgbesitz bezeugt, schon 1274 kommt der Ort in den Besitz von Württemberg, seit 1938 gehört er zum Lkr. Göppingen. Industriegemeinde mit Fabrikvierteln, spätgotische Veitskirche, Museum Alte Post, Geburtsort von Friedrich Schwahn. **II.** 12. Jh. (Kop. 14. Jh.) *Ebirsbach*, 1228 *Ebirsbach [Or]*, 1229 *Eberspach [Or]*, 1237 *Ebersbach*; *Ebersbach an der Fils* (1919). **III.** Ebersbach ist nach einem Bach benannt, der in die Fils einmündet. Die Zuss. mit dem Gw. ↗ *-bach* enthält im Bw. verm. den PN *Eber*, wohl nach einem Anwohner. Bei einer zu Grunde liegenden Tierbezeichnung wäre eher von **Eberbach* auszugehen. Im Zusatz *an der Fils* dient der GwN der differenzierenden Verdeutlichung, etwa zu Ebersbach bei Gutach im Breisgau. **IV.** Ebersbach-Musbach, Lkr. Ravensburg, BW; ↗ Ebersbach/Sa., Lkr. Görlitz, Ebersbach, Lkr. Mittelsachsen, Ebersbach, Lkr. Meißen, Ebersbach, OT von ↗ Glauchau, Lkr. Zwickau, alle SN. **V.** Reichardt 1989; Bach DNK 2; FP; Krieger; LBW 3. *JR*

Ebersbach/ Sa. // Habrachćicy (osorb.) **I.** Stadt im Lkr. Görlitz, 8321 Ew., im Lausitzer Bergland, an der oberen Spree, sw Löbau, SN. Im 13. Jh. gegr. als d. Waldhufendorf, Ende des 18. Jh. starkes Wachstum als Weberdorf, 1925 Stadt. **II.** 1419 *Eberßbach*, 1546 *Ebersbach*. **III.** Bildung mit dem Gw. ↗ *-bach*, im Bw. steht ein abgeschliffener PN wie *Eberhard*, *Eberwin* o. ä. (zu mhd. *eber* 'Eber'), kaum das App. *Eber*. Im Osorb. galt im 19. Jh. *Habrachćicy*. **IV.** Ebersbach, Lkr. Meißen, Lkr. Mittelsachsen, beide SN; Lkr. Göppingen, BW. **V.** HONS I; SNB. *EE, GW*

Ebersberg I. Stadt im Lkr. Ebersberg, 11 228 Ew., Sitz der Kreisverwaltung, Reg.-Bez. Oberbayern, BY. Burganlage während der Ungarnkriege, im 10. Jh. Gründung eines Klosters, Wallfahrtsort. **II.** 11. Jh. (zum 9. Jh.) *Eberesperch*, 11. Jh. (zu 934) *comitis Eberhardi, qui primus erat institutor Eberespergensis monasterii*, 1011 *Eparesperc*, 1024–1039 *Ebersberg*, 1043 (Kop. des 12. Jh.) lat. *abbatis Aprimontis*. **III.** Grundwort ist ahd. ↗ *-berg, perg, perch* 'größere Anhöhe oder Bodenerhebung, bewachsene Höhe'. Wie aus dem Beleg von 934 hervorgeht, steht mit dem Bw. der Personenname *Eberhard* in Verbindung. Es kommt freilich auch der PN *Ebar* vor, der als Bw. eher infrage kommen dürfte als die ahd. Tierbezeichnung *ebur, ebar, eber* 'männliches Wildschwein, Eber'. Nach der Klostersage hat allerdings ein Eber dem Grafen Sigihart bei einer Jagd den Ort des späteren Klosters gezeigt. Ähnlich erklärte es Aventin 1519–1521 den Ortsnamen: *... ab apro, quem ibi invenit, Eburobergomum, quod apri montem valet* 'nach einem Eber, den er dort fand, Eburobergomum, was „Berg des Ebers" bedeutet'. Ein schwarzer Eber erscheint auf einem Abtssiegel an einer Urkunde des Jahres 1300. **V.** HHS 7/1; Reitzenstein 2006. *WvR*

Eberswalde I. Stadt, Lkr. Barnim, 41 331 Ew., an der Mündung der Schwärze in die Finow nö Berlin, BB. Straßen von Süden nach Stettin führten seit 1317 über Eberswalde. Anf. 13. Jh. markgräfliche Burg auf Schlossberg. 1300 Stadtrecht, worauf sich das überlieferte *Nova civitas* 'Neustadt' bezieht. Der Name *Neustadt-Eberswalde* bürgerte sich im 14. Jh. gleichberechtigt neben *Eberswalde* ein. Seit 16. Jh. Kupferhämmer, Walzwerk, Messinghämmer, Papierindustrie. **II.** 1276 *Everswolde [Or]*, 1307 *in nova Civitate Everswolde [Or]*, 1375 *Eberswalde vel Nova civitas*, 1421 *der stad Euersvolde, anderss geheyten Nyenstad*, 1861 *Neustadt-Eberswalde*; *Eberswalde* (1993). **III.** Der Name ist im Zusammenhang mit dem Namen der einst auf der Feldmark gelegenen Burg Eversberg 'Ebersberg' zu sehen (1300 *totus campus Eversberch [Or]*), zu mnd. *ever* 'Eber', das auch als PN (KF zu *Everhart*) verwendet werden konnte. Dieses Bw. kann bei Eberswalde, Gf. mnd. **Everswolde*, übernommen worden sein. Im Gw. mnd. *wolt* ↗ 'Wald'. Es muss also nicht die Bedeutung 'die im Wald gelegene Siedlung eines Ever' vorliegen. **V.** Krabbo; Riedel A XII; Landbuch; BNB 5. *SW*

Ebikon [ˈæːbəkxə], [ˈæːbikxə] **I.** Dorf und Gem. im Amt Luzern, Vorortsgem. von Luzern, 11 750 Ew., das Straßendorf liegt an der alten Landstraße Luzern-Zürich im oberen Rontal, Kt. Luzern, CH. Ende des 9. Jh. reichsfreies Lehen des Zürcher Fraumünsters, vor 1321 habsburgische, ab 1472/73 luzernische Vogtei. Zisterzienserinnenkloster in Rathausen von 1245–1848. Im 20. Jh. rasche Industrialisierung. **II.** 893 (Kop. 15. Jh.) *Abinchova*, um 1150 *Abinchofa*, 1245 *de Aebinchon*, 1245 *in Ebinkon*, 1321 *ze Ebikon*. **III.** Alem. SiN, gebildet mit dem ahd. PN *Ābo* (FP I; Kaufmann 1968) und dem Suffix ↗ *-inghofen* > *-inkon* > *-ikon* > schwzd. *-ike*, mit der Bedeutung 'bei den Höfen der Leute des Abo'. Das Suffix bewirkte Umlaut, im Langvokal *ā* in Sekundärumlautqualität. Ebikon reiht sich ein in eine Landschaft von *-ikon*-Namen am Rande der Flusstäler von Ron, Reuss und Lorze, ZG, die ins 7./8. Jh. zu datieren sind. **IV.** Dierikon, Gisikon, Ibiken, Dräliken, Äniken, Rumentikon, Isliken, alle CH. **V.** Hörsch, W.: Ebikon. In: HLS 4, 2005; LSG; Dittli, Bd. 3, 2007. *EW*

Ebreichsdorf I. Stadt, 9554 Ew., im ö Wiener Becken, Bezirk Baden s WI in einer urspr. versumpften, im Spätmittelalter trockengelegten Niederung der Piesting (vgl. Erwähnung von 1430), NÖ, A. Platzdorf, verm. im 10./11. Jh. gegründet. Vierflügeliges Renaissanceschloss, Ende 19. Jh. historistisch umgebaut. Tuchfabrik und Baumwollspinnerei im 18./19. Jh.; 1912 Markt-, 2001 Stadterhebung; h. Industrie- und Gewerbeort (Metall-, Holzverarbeitung); seit 2004 Magna Racino (Pferdepark und Unterhaltungscenter), Golfplatz. **II.** 1120 *Eberrichisdorf,* 1294 *Eberreichsdorf,* 1430 *Eberstorf auf dem Mose.* **III.** Gw.: ↗ *-dorf,* das Bw. ist der stark flektierte Gen. des ahd. PN *Ëburrîch,* dessen Langvokal *î* lautgerecht zu *ei* diphthongiert erscheint. Der ON bedeutet 'Dorf des Eberrich'. **V.** HONB/NÖ 2; Schuster 1. *ES*

Ebsdorfergrund **I.** Gem. im Lkr. Marburg-Biedenkopf, 8 967 Ew., 9 km s Marburg, Reg.-Bez. Gießen, HE. 1151 Kirche bezeugt, früh Gerichtsort. Diätgebäckherstellung, Landwirtschaft; 1974 Zusammenschluss von 11 Orten als Ebsdorfergrund mit Ebsdorf als Zentralort; bis 30. 6. 1974 Lkr. Marburg. **II.** 750/779 (Kop. 12. Jh.) *Ebilizdorf, Eulizedorf, Ebilezdorf,* 9. Jh. (Kop. 11. Jh.) *Ewilizdorf,* 1066 *Eblizdorf,* 1251 *Ebezdorf,* 1305 *Eblesdorf,* 1482/92 *Ewesstorff,* 1708/10 *Ebsdorf.* **III.** Zuss. von PN **Eb-il* (mit Verkl.-Form > nhd. *Ebel*) und ↗ *-dorf* 'Dorf des **Ebil*'. **V.** Reuling 1979. *FD*

Eching **I.** Gem. im Lkr. Freising, 12 929 Ew., Reg.-Bez. Oberbayern, BY. 1212 zur Hofmark Ottenburg, 1311 zum Hochstift Freising. **II.** 773 (Kop. von 824) *Ehingas,* 1039–1047 *Ecchingan,* 1148–1156 *Ehingen,* 1258 (Kop. des 14. Jh.) *Ehing,* 17. Jh. *Eching prope Freysing.* **III.** Es liegt der PN *Echo* zugrunde, der durch das Zugehörigkeitssuffix ↗ *-ing* abgeleitet ist. **V.** Reitzenstein 2006. *WvR*

Echternach lux. Iechternach, mda. Eechternoach **I.** Stadt und Hauptort des gleichnamigen Kt., 5 100 Ew., an der Grenze zu D im Tal der Sauer in der Kleinen Luxemburger Schweiz, auch Müllerthal, im Gutland, ca. 35 km nö von Luxemburg, Distr. Grevenmacher, L. Überreste einer röm. Villa rustica, 638 Gründung der Abtei durch den Heiligen Willibrord, 1236 Stadtrecht, seit dem MA zu Luxemburg, Echternacher Springprozession jährlich am Dienstag nach Pfingsten. **II.** 698 *Epternacus,* 699 *Epternacum,* 715/16 *Efternacum,* 1244 (Kop.) *Echternach.* **III.** Der SiN wurde mit einem erschlossenen PN **Epternus* (Buchmüller-Pfaff) und dem gallorom. Suffix *-acum* als *Epternacum* gebildet. Der Name wurde im frühen MA aus dem Moselrom. ins Mfr.-Ahd. entlehnt: ahd. Lautverschiebung von *p > f;* dann mfr. (wie nl.-nd.) Lautwandel von *ft* zu *xt,* geschrieben meist *cht* (vgl. nhd. *Nichte* < mnd. *nichte[le]* gegenüber frnhd. *Nift[el]*). Diphthong lux. *ie* in *Iechternach* durch so genannte Brechung aus ahd. *e* (vgl. lux. *Biesem* < mhd. *beseme,* ahd. *besamo*) über eine langvokalische Zwischenstufe *ē* (noch in mda. *Eechternoach*). Hebung des unbetonten *a* zu *o* (mit sekundärer Zerdehnung zu *oa*) im mda. Suffix *-oach* seit dem 16. Jh. sporadisch auch in der schriftlichen Überlieferung. **V.** Buchmüller-Pfaff; Jungandreas. *AS*

-eck. Germ. **agjō,* ahd. *ekka / egga* Fem., mhd. *ecke / egge* Fem. und Ntr. (> nhd. *die Ecke, das Eck*) 'Schneide; Spitze, Kante, vorspringender Fels (über einem Fluss)'. Das Lexem ist zum typischen Gw. für Burgennamen geworden, wie ↗ *-burg,* ↗ *-berg,* ↗ *-fels,* ↗ *-stein,* die seit dem hohen MA vom W und S nach O und N ausstrahlten (im Wesentlichen bis zur Grenze des Berg- und Hügellandes). *-eck* konnte zum SiN werden (↗ Waldeck, Lkr. Waldeck-Frankenberg, HE). Literatur: Schröder; Bach DNK II, 2; Reichardt; Schuster I; Wiesinger, P.: Die Namen der Burgen im niederösterreichischen Waldviertel und in der Wachau. In: Österreichische Namenforschung 32 (2003); Debus / Schmitz, H.-G. *FD*

Eckental **I.** Markt im Lkr. Erlangen-Höchstadt, 14 055 Ew., 1972 neu geschaffener Name einer Großgemeinde im Gebiet zu beiden Seiten des Eckenbaches, Reg.-Bez. Mittelfranken, BY. Die zentrale Marktfunktion kommt dem Gemeindeteil Markt Eschenau zu, Stammsitz einer mächtigen Reichsministerialenfamilie im Nordgau am Nordrand des Reichswaldes und im Bistum Bamberg, deren erster und bedeutendster Vertreter uns mit Otnand 1056 entgegentritt; nach dem Interregnum in bischöflich-bambergischen Diensten, 1331 Marktrecht, seit 1383 Aufbau der Herrschaft Eschenau mit niederer und hoher Gerichtsbarkeit durch die Nürnberger Patrizierfamilie Muffel, 1752 Oberamt der Mgf. von Bayreuth, 1810 an Bayern. **II.** 1972 *Eckental.* **III.** Für die durch Zusammenlegung einer Reihe von Gem. (darunter Markt Eschenau und Eckenhaid) im und rund um das Gebiet des Eckenbachs entstandene Großgemeinde wurden zunächst auch die Namensvorschläge *Eckenberg* oder *Eckenbach* diskutiert, bevor sich die Regierung von Mfr. 1972 für den Namen *Markt Eckental* entschied. In diesem verbindet sich das Gw. ↗ *-tal* mit *Ecken-,* wie es in dem das Tal durchfließenden *Eckenbach* vorkommt. *Ecken-* ist wohl auf den PN *Ecko* im Gen. Sg. zurückzuführen. **IV.** Eckenhaid, OT von ↗ Eckental; Egglkofen, Lkr. Mühldorf am Inn, beide BY. **V.** Reitzenstein 2009. *DF*

Eckernförde nd. Eckernföör, dän. Egernförde, seltener Ekernførde oder Egernfjord **I.** Kreisangehörige Stadt im Kr. Rendsburg-Eckernförde, 22 798 Ew., in der Nähe von Kiel, an der Eckernförder Bucht (Ostsee), SH. Der Name *Ekerenvorde* ist zuerst in den Jahren 1197, 1222 und 1288 im Zusammenhang mit dem Namen der Burg des *Godescalcus de Ekerenvorde* und des *Nikolaus de Ekerenvorde* erwähnt worden, Die Siedlung wurde Anf. des 13. Jh. planmäßig als Stadt angelegt, 1302 erstmals zweifelsfrei als Stadt erwähnt, seit 1831 Seebad, 1850 an die dänische Krone, 1864 zu Preußen, 1867–1970 Kreisstadt des Kreises Eckernförde. Starke touristische Prägung (Hafen, Strand).

II. 1197 *de Ekerenvorde [Or]*, 1349 *in Ekelenbergh*, 1533 *tho Ekelenforde*; *Eckernfoerde* (1651). **III.** Der Name spiegelt die Entstehung der Stadt im Schutz der Aselsburg (*Eckernburg* 'Eichhörnchenburg') wider. In Zusammensetzung mit ↗-*furt* oder *Förde* bezeichnete der Name somit eine Siedlung 'bei der Furt an der Eichhörnchenburg'. **V.** Laur; Haefs. *GMM*

-ede. ↗-ithi.

Edemissen **I.** Gem. im Lkr. Peine, 12 473 Ew., Reg.-Bez. Braunschweig (bis Ende 2004), NI. Kurzzeitig hildesheimischer Archidiakonatssitz; bis 1688 an der Dinglinde in Edemissen Gogericht und Landgericht; seit 1880 Erdölförderung (OT Ölheim gegründet). **II.** 1295 *Edemissen* [Kop. 15. Jh.], 1440 *Edemissen*. **III.** Bildung mit dem Gw. ↗-*hausen*, das bereits im ersten Beleg zu -*sen* abgeschwächt ist, und einem stark flektierenden PN, der wohl als **Adim(i)* anzusetzen ist. Allerdings kann der Name vor Überlieferungsbeginn bereits verkürzt worden sein. **IV.** Edemissen, OT von Einbeck, Lkr. Northeim, NI. **V.** GOV Peine; HHS 2. *KC*

Edenkoben **I.** Stadt und gleichnamige VG (seit 1972) im Lkr. Südliche Weinstraße, 19 623 Ew., 16 Gem. zwischen Rhein und Biosphärenreservat „Pfälzerwald", an der Deutschen Weinstraße zwischen Landau und Neustadt am Ostrand des Pfälzerwaldes, RP. Im MA standen die Orte unter verschiedenen Herrschaften, darunter dem Bistum Speyer. Neben dem Kloster Heilsbruck entsteht Edenkoben, im 16. Jh. kurpfälzisch, Gesundheitsbrunnen und Kurbetrieb in Edenkoben seit dem 18. Jh. Ab 1798 franz. und Kantonshauptstadt. 1816 wird die Pfalz bayerisch und nachfolgend das neu errichtete hiesige Schloss Ludwigshöhe Sommerresidenz von Ludwig I. **II.** 769 *in Zot(h)ingower marca* (Kop. um 1190), 10. Jh. *Octinghouen*, 1256 *villa Etencoben*; *Eddenkoben* (1273). **III.** In den frühen Erwähnungen steckt im Bw. ein **Ot(t)inghofen* mit einem ahd. PN *Ôdo*, *Ôto*, *Otto*, der mit dem patronymischen Suffix ↗-*ingen* abgeleitet wurde. Das Gw. ist ↗-*hofen*, vgl. auch ↗-*inghofen*, sodass die Deutung des Namens entweder 'beim/zum Hof des Otto' oder 'beim/zum Hof der Leute des Otto' sein kann. Der Anlaut der ersten Belege kann als Präposition ahd. *zû* 'zu' gedeutet werden. Das -*ct*- des Belegs aus dem 10. Jh. könnte für -*tt*- stehen. **V.** CL; FP; HSP. *JMB*

Edewecht **I.** Gem. im Lkr. Ammerland, 21 006 Ew., s von Bad Zwischenahn, Reg.-Bez. Weser-Ems (bis Ende 2004), NI. Die Gem. besteht aus 15 Bauerschaften; der Ort Edewecht gehörte im Mittelalter zu den größten Siedlungen im Ammerland mit mehreren Adelssitzen; h. sind zahlreiche Firmen der Nahrungsmittelindustrie hier ansässig. **II.** Um 1150 *Adewacht [Or]*, 1242 *Edewacht*, 1331 *Edewechte*. **III.** Wohl Bildung mit dem in asä. *wahta*, mnd. *wachte* 'Wache, Wachtplatz' belegten Appellativ als Gw. und dem in as. *ēd*, ahd. *eit*, ae. *ād* 'Feuer, Feuerstätte' bezeugten Appellativ als Bw. Der auf germ. *-*ai*- zurückgehende Vokal kann auch als -*a*- realisiert werden. **IV.** Edana, Lkr. Leer, NI. **V.** Eckhardt, A.: Geschichte der Gemeinde Edewecht. Oldenburg 2005; Remmers, Ammerland. *UO*

Edingen-Neckarhausen **I.** Gem. im Rhein-Neckar-Kreis, Reg.-Bez. Karlsruhe, 14 258 Ew., am Neckar zwischen Mannheim und Heidelberg, BW. Kelt. Besiedlung, seit Ende 12. Jh. Herrschaft der Pfalzgrafen in Edingen, vom 14. Jh. bis 1705 teilte sich die Kurpfalz die Herrschaft in Neckarhausen mit dem Hochstift Worms, anschließend an Kurpfalz. 1790 wurde Neckarhausen Familiensitz der Reichsgrafen von Oberndorff. 1803 beide Orte an Baden. 1975 Zusammenschluss der bisher selbstständigen Gem. zum neuen Ort mit Doppelnamen. **II.** Edingen: 765 (Kop.12. Jh.) *Eddingun*, 766 (Kop.) *Edingen*, 1265 *Ethingen*, 1397 (Kop.) *Edingen*; Neckarhausen: 733 (Kop.12. Jh.) *ad casas … Husun*, 1288 *Husen*, 1483 *Neckerhusen*. **III.** *Edingen* ist mit Suffix ↗-*ingen* vom PN *Ado/Atho* (Koseform *Addo*) abgeleitet, Bedeutung 'bei den Leuten des Ado'. *Neckarhausen* ist Kompositum mit Gw. ↗-*hausen* und dem FluN *Neckar*. **IV.** Edingen, OT von Ralingen, Lkr. Trier-Saarburg, RP; Edingen, Hennegau, B; Edingen, bei Thionville/Diedenhofen, F; Neckarau, OT von Mannheim, Neckarbischofsheim, ↗Neckargemünd, beide Rhein-Neckar-Kr.; Neckarelz, OT von Mosbach, Neckar-Odenwald-Kr.; Neckargartach, OT von Heilbronn,; ↗Neckarsulm, Lkr. Heilbronn, alle BW; Neckarsteinach, Lkr. Bergstraße, HE. *AG*

Eferding ['ɛfɐdiŋ], dial. älter ['ɛːɣɐxdiŋ], jünger ['ɛːɣɐdiŋ] **I.** Stadt und Verwaltungssitz im gleichnamigen Pol. Bez., 3 664 Ew., im Eferdinger Becken, bis 1582 an schiffbarem, im 18. Jh. versandetem Donauarm, OÖ, A. Röm. Kastell am Limes, frühe bair. Kirchsiedlung auf Grund des Patroziniums zum hl. Hippolyt, ab 1111 an Domstift Passau, 1222 Stadt, 1367 an Grafen von Schaunberg und 1559–1848 an Grafen von Starhemberg. Letztere erbauten das Schloss und förderten 1559–1624 den Protestantismus. Mit ↗ Grieskirchen Mittelpunkt der oö. Bauernkriege 1595 und 1626, angeführt von Stefan Fadinger, woran Denkmäler in der Umgebung erinnern. **II.** 1075 *de Efridingen*, 1144 *ad Euerdingen*, 1210–30 *Euerding*, 1397 *Eferding*. **III.** Ahd. ↗-*ing*-Abl. im Dat. Pl. vom ahd. PN *Êfrid* < *Êwifrid mit *r*-Metathese im 12. Jh. **V.** ANB 1; OÖONB 5; ÖStB 1; HHS Lechner. *PW*

Efringen-Kirchen I. Gem. im Lkr. Lörrach, 8307 Ew., ca. 50 km s von Freiburg im Breisgau und ca. 12 km n von Basel in der Oberrheinebene im Markgräfler Land, direkt an der Grenze zu Frankreich, Reg.-Bez. Freiburg, BW. 1942 Fusion der beiden bisher selbstständigen Gem.; mittelständische Unternehmen (Metallverarbeitung, Maschinenbau, Kalkproduktion u.a.), Obst-, Gemüse- und Weinbau. Jüdischer Friedhof im OT Kirchen. II. Efringen: 1113 Kop. 16. Jh. *Effringen*, 1157 *Eueringin [Or]*. Kirchen: 815 *Chirichheim [Or]*, 1190 *Chilchheim [Or]*, 1272 *Kilchain [Or]*. III. Efringen: Bei dem SiN handelt es sich um eine ↗-*ing(en)*-Ableitung zu dem PN *Evur(o)*. Die Form *Evur(o)* mit -*v*-, die zum Stamm *Ebura* gehört, ist für den alem. Sprachraum nicht typisch, im Asä. und einigen ahd. Dialekten wie dem Mittelfränk. aber zu erwarten. Damit stammte die namengebende Person wohl aus einem dieser Gebiete. Der SiN, dem eine ursprüngliche Dat.-Pl.-Konstruktion zugrunde liegt, bedeutete also 'bei den Leuten des Ever(o)'. Kirchen: Bw. des SiN *Kirchen* ist gemeinahd. *chirihha*, alem. seit dem 9. Jh. *chilihha* 'Kirche', als Gw. fungiert ↗-*heim*. Damit gehört *Kirchen* zu einer Gruppe von -*heim*-Namen, die fränk. Siedler schematisch für neu gegr. oder bereits bestehende Orte bildeten. Der Auslaut des Bw. und der Anlaut des Gw. fielen zusammen und auslautendes -*eim* wurde zu -*en* abgeschwächt, sodass seit dem 15. Jh. *Kirchen* bzw. *Kilchen* erscheint. Formen mit -*r*- und -*l*- wechseln seit den frühesten Belegen, wobei -*l*- dominiert, bis sich schließlich die h. amtliche Form *Kirchen* durchsetzt. V. Boesch, B.: Das Frühmittelalter im Ortsnamenbild der Basler Region. In: Beiträge zur Schweizer Namenkunde. Bern 1977; LKL I; FP; Kaufmann 1968. *MW*

Egelsbach I. Gem. im Lkr. Offenbach, 10308 Ew.; Reg.-Bez. Darmstadt, HE. Das Dorf befand sich seit dem Spätmittelalter unter der Herrschaft der Grafen von Isenburg-Büdingen, die es 1600 als Teil des Amtes Kelsterbach an die Landgrafschaft Hessen-Darmstadt verkauften. Seit dieser Zeit ist der Ort hessisch. 1955 Einrichtung eines Flugplatzes. II. 1275 (hierher?) *Elsbach*; 1396 *Egelßbach*; 1411 *Egelspach*. III. Bw. ist der PN *Agila*, *Egil*, *Egili*, die Kurzform eines Namens mit *Agil*- im Erstglied. Dieser ist zu germ. *agjō-* > ahd. *egga* 'Schneide, Spitze (einer Waffe)' zu stellen. V. Knöß, K.: Egelsbach. Geschichte und Geschichten. Egelsbach 1988. Löffler, Falkenstein; Müller, Starkenburg. *TH*

Eger // Cheb ['xɛp] I. Kreisstadt, 34873 Ew., in Westböhmen, Bezirk Karlovy Vary (Karlovarský kraj), CZ. Zentrum des Egerlandes (umfasste auch das Vogtland, nö vom bayer. sog. Stiftland und dem Sechsämtergebiet). Durch Eger führten alte Handelswege. Im 9. Jh. Besiedlung durch Slawen, im 11. Jh. durch bayer. Kolonisten. Nach 1167 im Besitz von Friedrich I. Barbarossa, Errichtung einer Burg. 1179, 1213–14 finden in Eger Reichstage statt. 1230 Stadt. Unter Karl IV. im Besitz der Böhm. Krone. Im 14.–15. Jh. ist Eger Stadtstaat mit Landtag. 1634 hier Ermordung Albrechts von Wallenstein. Schillerhaus (1791, Drama „Wallenstein"). 1919 fiel das Egerland an die Tschechoslowakei. Nach 1945 Neubelebung der Industrie. Kulturzentrum. Hochschule. Stadtkern unter Denkmalschutz. II. 1061 *Egir, de Egire [Or]*; 1179 *apud Egaram [Or]*, 1261 Provinz *Egerlandt*; 1311 *zu Eger*, tschech. *Cheb*. III. Ein ON aus der vordeutschen Zeit ist nicht belegt. Der Ort wurde von d. Kolonisten durch Übertragung des GwN *Eger* nach der Lage am gleichnamigen Fluss benannt. *Eger* beruht auf dem kelt. Adj. *agro-* 'treibend': *Agria* (Variante zu *Agira*) > 805 *Agara*, 12. Jh. *Ogra*, 1165 *aqua Egre, Oegre* > *Eger*. *Agria* ist auch Basis des tschech. Namens der Eger: *Ohře*. Den tschech. ON *Cheb*, urspr. *Heb*, erhielt Eger im 14. Jh.: atschech. App. *heb* 'Ellbogen' als metaphorische Bezeichnung der Lage an der Flussbiegung. *Ch*- ist sekundär. IV. GwN *Ager*, A; *Aire*, F; Burg *Ohbí*, Ostböhmen, *Loket / Ellbogen*, nö von Eger, beide CZ. V. Pf II, III; SchOS; LŠ; HSBM. *RŠ*

Eggebek nd. Echbek/ Eggebek, dän. Eggebæk/ Echbæk I. Gem. und gleichnamiges Amt im Kr. Schleswig-Flensburg mit acht amtsangehörigen Gem., 8928 Ew., an der Treene, SH. Eggebek ist eines der ältesten Kirchdörfer in der Schleswigschen Geest, 1352 erstmals erwähnt, 1889 Gründung der preuß. Amtsbezirke Eggebek und Jörl, 1968 Gründung des heutigen Amtes Eggebek. Vorwiegend landwirtschaftlich geprägt, Pfadfinderhof Tydal. II. 1352 *Egbeck [Or]*; *to Eggebeke* (1447). III. Der ON setzt sich zusammen aus dem nd. ↗-*bek(e)* 'Bach' und dem dän. *æg* 'Ecke, Rand, Kante', sodass der 'Ort am Rande des Baches' als *Eggebek* benannt wurde. V. Laur. *GMM*

Eggenfelden I. Stadt im Lkr. Rottal-Inn, 12837 Ew., Reg.-Bez. Niederbayern, BY. 1328 Marktrechte, 1440 eigener Landgerichtsbezirk. II. 1125/26 (Kop. von 1203/04) *Etinuelt*, 1130–1150 (Kop. des 12. Jh.) *Etnvelt*, 1158–1184 *Ettenuelde*, 1160–1180 *Ettenuelden*, 12. Jh. *Ettineuelth*, 1335 *Ettenfelden*, 1394 *Ecenuelden*, 1401 *Ekenvelden*, 1423 *Eggenfelden*. III. Grundwort des urspr. Flurnamens ist mhd. *velt* 'Feld', ↗-*feld*, Bestimmungswort wohl der Personenname *Eto, Etto*. V. HHS 7/1; Reitzenstein 2006. *WvR*

Eggenstein-Leopoldshafen I. Gem. im Lkr. Karlsruhe, 15409 Ew., ca. 8 km n Karlsruhe und etwa 19 km ssw Bruchsal an der Rheinaue am Rhein gelegen, Reg.-Bez. Karlsruhe, BW. 1974 durch den Zusammenschluss der beiden namengebenden Gem. entstanden. Eggenstein ist im 13. Jh. in Gottesauer Besitz, dann an den Markgrafen von Baden übergegangen, 1809 mit dem Amt Mühlburg zu Karlsruhe. Vor 1160 gingen Frechstatt und Schröck an Bischof Günter von Speyer, 1362 an Markgraf Rudolf. Ab 1809 gehörte Schröck zu Karlsruhe und erhielt 1833 den Namen Leopoldshafen. Forschungszentrum Karlsruhe, Heimatmuseum, Naturschutzgebiet Altrhein Kleiner Bodensee, St. Vitus-und-Modestus Pfarrkirche. **II.** 766 (Kop. 12. Jh.) *Hecinstein*, 786 (Kop. 12. Jh.) *Eccansten*, 805–813 (Kop. 12. Jh.) *Eckenstein*, 1261 *Eggenstein [Or]. Leopoldshafen* (1833). **III.** *Eggenstein*: Es handelt sich um ein Kompositum mit dem Gw. ↗ *-stein.* Da Eggenstein nahe an der Römerstraße Basel-Neuenheim liegt, kann ein römerzeitliches Steinhaus namengebend gewesen sein. Als Bw. erscheint der PN *Ekko, Eggo.* Der Erstbeleg aus dem Lorscher Codex zeigt im Anlaut eine hyperkorrekte *h-*Schreibung. *Leopoldshafen*: Bei der Eröffnung des Rheinhafens wurde der Ort Schröck 1833 zu Ehren des Großherzogs Leopold in *Leopoldshafen* umbenannt. **V.** Diemer, M.: Die Ortsnamen der Kreise Karlsruhe und Bruchsal. Stuttgart 1967; Krieger; LBW 5. *JR*

Egna ↗ Neumarkt

Ehingen (Donau) I. Große Kreisstadt und gleichnamige VVG im Alb-Donau-Kreis, 31117 Ew., ca. 23 km sw Ulm und etwa 70 km ssö Tübingen am Rand der mittleren Flächenalb zwischen dem Schmiech- und dem Donautal gelegen, Reg.-Bez. Tübingen, BW. Schon früh Sitz der Grafen von Berg, seit 1267 Stadtrecht, 1343 unter der Herrschaft von Österreich und schließlich 1805 württembergisch. Ständehaus, Wolfertturm, Schloss Mochental, Liebfrauenkirche, Mevlana-Moschee. **II.** 760 (Kop., Druck 18. Jh.) *Cachinga* (?), 787 *Heigen, Heingen*, 961 *Ehinga*; *Ehingen* (1253). **III.** Der ON ist zurückzuführen auf eine ↗ *-ing(en)*-Ableitung zu dem PN *Aho*, der umgelautet *Eho* lautet; der Name bedeutet 'bei den Leuten des Aho'. Der Erstbeleg enthält einen Lesefehler, die im 8. Jh. übliche Schreibung *cc* für *a* wurde wohl als *ca* gelesen. Zur Unterscheidung von Ehingen am Neckar hat der ON früh den Zusatz *(Donau)* erhalten, wenngleich die Stadt an der Schmiech liegt, etwa 1 km vor deren Mündung in die Donau. Memminger vermutet dort allerdings schon 1826 einen alten Donaulauf. **IV.** Ehingen, OT von Rottenburg am Neckar, Lkr. Tübingen, BW; Ehingen am Ries, Lkr. Donau-Ries, Ehingen (Mittelfranken), Lkr. Ansbach, Ehingen (Schwaben), Lkr. Augsburg, alle BY. **V.** Reichardt 1986; Haubrichs 2004; LBW 7; Memminger, J. D. G. von: Beschreibung des Oberamts Ehingen. Stuttgart/Tübingen 1826. *JR*

Ehrenkirchen I. Gem. und gleichnamige VVG (mit Bollschweil) im Lkr. Breisgau-Hochschwarzwald, 9495 Ew., ca. 11 km sw Freiburg i. Br. und etwa 30 km sw Emmendingen in der Rheinebene im Bereich des Batzenberges im w Schwarzwald n des Münstertals gelegen, Reg.-Bez. Freiburg, BW. 1973 durch die Vereinigung der Gem. Ehrenstetten und Kirchhofen entstanden. 1974 Eingemeindung von Norsingen, Offnadingen und Scherzingen. Ehrenstetten seit 1805/6 badisch, Kirchhofen im 17. Jh. im Besitz der Abtei St. Blasien, seit 1805 badisch. Weinbau, Computertechnik, Ölbergkapelle, Ölberggrundweg, Wasserschloss, barocke Wallfahrtskirche, Teufelsküche, Laurentiusmarkt, Geburtsort von Christian Wenzinger. **II.** 1139 *Oeristetten [Or], Oristeten [Or]*, 1493 *Eristetten [Or]*, 1554 *Erenstetten*. 1087 *Kilchouen [Or]*; *Ehrenkirchen* (1973). **III.** Der ON ist eine Kontamination aus den Namen der Gemeinden Ehrenstetten und Kirchhofen. Als Gw. erscheint ↗ *-kirchen* aus ahd. *kiricha, kilicha* 'Kirche', im Beleg von 1087 mit lat. *r* zu d. *l* wie in lat. *prūnus*, d. *Pflaume*; dem Bw. liegt der PN **Ōro* zu Grunde. Er entwickelt sich durch Umlaut von *o* zu *ö*, Endrundung des *ö* zu *e* und Einschub von *h* als Längezeichen zu Ehrenstetten. **V.** Krieger; Kaufmann 1968; FO 2; LBW 6. *JR*

Ehringshausen I. Gem. im Lahn-Dill-Kreis, 9368 Ew., im Dill- und Lemptal, Reg.-Bez. Gießen, HE. Eingliederung von Dillheim (1970), Dreisbach und Greifenthal (1971); Großgemeinde mit Breitenbach, Daubhausen, Katzenfurt, Kölschhausen und Niederlemp (seit 1977); größere Bedeutung durch die Verlegung verschiedener Verwaltungsfunktionen nach Ehringshausen (Justizamt Greifenstein 1845, Land- und Forstgericht von Greifenstein 1848, seit 1865 Sitz der Bürgermeisterei Aßlar). Eisenhammer (seit 1600), Hüttenwerk (seit 1710), eine wichtige Rolle spielten die Grube Heinrichsegen und die Eisenwerke Ehringshausen, Aufschwung durch Eisenerz- und Holzindustrie, Anschluss an die Köln-Gießener Eisenbahn 1862. **II.** 1284 *Iringeshusen*, 1418 *Eryngeshusen*. **III.** Komp. mit dem Gw. ↗ *-hausen* 'bei den Häusern'. Es zeigt sich das Merkmal einer st. Genitivflexion *-es-* in der Fuge. Für das Bw. ist damit von einem PN auszugehen, der mit einer Form *Iring* angegeben werden kann, dessen Stamm *Ir-* jedoch unerklärt ist. In der weiteren Entwicklung des Namens verändert sich das Bw. durch Umlaut von *Iring-* > *E(h)ring-* mit Dehnung in offener Tonsilbe; *-y-* ist graphische Variante zu *-i-*. In der Fuge verändert sich *-es-* > *-s-* (Synkope); das Gw. *-husen* wird später zu *-hausen* diphthongiert. **IV.** Ehringshausen, Vogelsbergkreis, Ihringshausen, Lkr. Kassel, beide HE. **V.** LAGIS; Reichardt 1973. *DA*

Eibenstock I. Stadt und gleichnamige VG im Erzgebirgskreis, 8361 Ew., auf einer Hochfläche im oberen Westerzgebirge, SN. Deutsches Bauerndorf vom Ende des 12. Jh., Marktflecken und Bergstädtchen im 14./15. Jh. wirtschaftl. bedeutend durch Bergbau, besonders Seifenbergbau, 1560 freie Bergstadt, Zinn- und Eisenerzabbau, im 19. Jh. bedeutend durch Stickereibetriebe. II. 1378 *Ibenstock, Ybenstock*, 1464 *Eybenstog*. III. Es liegt eine alte Lagebezeichnung in der Bedeutung 'am Eibenstöckicht, Eibenholz' vor, gebildet zu ahd. *īwa* 'Eibe'. V. HONS; SNB. EE, GW

Eich I. Gem. und gleichnamige VG (seit 1972) im Lkr. Alzey-Worms, 12 581 Ew., mit fünf Gem. im s Rheinhessen, n von Worms und am Altrhein in einer Rheinschleife, RP. Ortschaften der h. VG werden erstmals zwischen 767 und 782 im Lorscher Codex erwähnt. Aus dieser Zeit stammt auch eine 1992 geborgene Schiffsmühle. Funde aus der röm. Zeit verweisen auf frühen Weinbau. Spätestens seit dem MA auch Fischerei, Obst-, Gemüse- und Spargelanbau sowie Korbmacherei. Bekannt ist der nach einem OT benannte „Gimbsheimer Spargel". II. 793 *in Aichinu(m)* (Kop. 12. Jh.), 906 *Echina*, um 1120 *Echinen, Aechinun*, 1139 *Echena*, 1494–98 *in Eichene prope Renum veterem*, 1313 *apud villam Eychene*, 1314 *villa Eichene*, 1240 *in villa Eichen*. III. Als Gf. kann *Echinheim* angenommen werden, das mit dem ahd. PN *Aho, Acho*, Gen. Sg. *Ahin-, *Achin-*, im Bw. gebildet wurde. Der Umlaut wurde durch die Endung des Gen. Sg. auf *-in-* in Verbindung mit ↗-*heim* bewirkt. Der urspr. ON bedeutete demnach 'Wohnstätte des A(c)ho'. V. CL; Kaufmann 1976. JMB

Eichenau I. Gem. im Lkr. Fürstenfeldbruck, 11 848 Ew., Reg.-Bez. Oberbayern, BY. II. 1906 *Eichenau*, 1907 *Eichenau*. III. Der Name erklärt sich als 'eichenbestandene Flur am Wasser'. Entstehung und Bedeutung des Namens der jungen Siedlung gehen aus folgenden Aktenstellen (8. 10. 1906) hervor: *Die Beilegung des Ortsnamens »Eichenau« für mehrere Anwesen der Gemeinde Alling, K. Bezirksamts Bruck. Die Besitzer der in der Gemeinde Alling in der Nähe der Bahn bei Puchheim gelegenen Anwesen … haben das Gesuch gestellt, es möchte diesen Ansiedlungen der Ortsname Eichenau beigelegt werden … Der vorgeschlagene Name Eichenau dürfte als passend erscheinen, weil durch den Besitzer der Anwesen Haus-Nr. 79, 86 und 87 eine Eichenpflanzung in der Nähe dieser Anwesen angelegt worden ist*, (7. 1. 1907): *Seine Königliche Hoheit Prinz Luitpold, des Königreichs Bayern Verweser, haben allergnädigst zu genehmigen geruht, daß die in der Gemeindeflur Alling belegenen Anwesen … fortan den Namen Eichenau führen*. V. Reitzenstein 2006. WvR

Eichenzell I. Gem. im Lkr. Fulda, 11 145 Ew., Reg.-Bez. Kassel, HE. Eichenzeller Schlösschen (um 1548 im Renaissancestil erbaut). Schloss Fasanerie als prächtiges Barockschloss der Fuldaer Fürstbischöfe mit Parkanlage (um 1710 von Adolph von Dalberg als Landschloss errichtet, von Amand von Buseck zu einer weitläufigen Residenz durch Andreas Gallasini erweitert), h. gehört es zur Hessischen Hausstiftung mit Schlossmuseum, Kunstsammlung des Hauses Hessen (Privatsammlung antiker Kunst, Porzellansammlung). II. 10. Jh. *Eichencella*, 12. Jh. *Echincella*, 1345 *Eychencelle*; *Eichenzell* (1456). III. Komp. aus dem Gw. *-cella* 'mönchische Ansiedlung'. Der Auslaut wird zunächst zu *-e* abgeschwächt und fällt schließlich aus. In der Fuge zeigt sich *-en-/-in-* als Kennzeichen einer sw. Flexion. Es ergeben sich zwei Deutungsmöglichkeiten für das Bw. Ermittelt man eine Gf. *Haichen-cella*, ist für die weitere Entwicklung des Namens eine Veränderung der Graphie in Bezug auf den Diphthong von *-ai-* > *-ei-* und *h*-Schwund im Anlaut anzunehmen. Damit wäre das Bw. mit einem PN *Haicho* gebildet. Deutet man das Bw. als App. zu ahd. *eih(ha)*, mhd. *eich*, hätte der Name naturräumlichen Bezug. Der ON bedeutet 'Zelle des Haicho' oder 'die mit Eichen bestandene Zelle'. V. HHS 4; Reimer 1926; LAGIS. DA

Eichstätt I. Große Kreisstadt im Lkr. Eichstätt, 14 103 Ew., Sitz der Kreisverwaltung, Reg.-Bez. Oberbayern, BY. Seit dem 8. Jh. Bischofssitz, 1199 königliches Marktprivileg, bis zur Säkularisation hochstiftische Haupt- und Residenzstadt, seit 1980 Katholische Universität. II. 755–768 (Kop. des 9. Jh.) zu 741 *Haegsted*, 762 (Kop. des 8. Jh.) *Achistadi*, 8./9. Jh. (zu 740) *Eihstat*, 804–814 (Kop. des 9. Jh.) *Eichsteti*, 863 *Eistatensis ecclesiae*, 9. Jh. (?) zu 5. Jh.) *Eistetin … civitas Egestensis id est Rubilocus*, 1053 *Eichstat*, 1057–1075 *Eichstete … Eistete*, 1068 (Kop. von ca. 1300) *Aureatenis ecclesie*, 1354 *Eyhstet*, ca. 1488 (Kop. des 16. Jh.) *Areat, das nun Aichstet genant ist*, 1531 *Aichostadium*, 1536 *nouum Aureatum*, ca. 1550 *Ala … cognomine Narisca*, 1744 *Aichstet*, und *Eichstadt*, *Lat. Eistadium oder Aichstadium ingleichen Driopolis, und Alla Narisca … Aistadium und Quercopolis … Eystatt … Aichstatt*, 1799 *Eichstätt*, 1831 *Eichstätt, Eichstädt, Aichstätt*. III. In den meisten alten Formen ist als Bw. ahd. *eih* 'Eiche' und als Gw. *-stat* 'Stätte, Stelle, Ort, Platz, Raum, Wohnstätte, Stadt' (↗-*statt*) bzw. eine Pluralform davon feststellbar. Die Form des 9. Jh. scheint die lat. Übersetzung des Namens und damit die erste Deutung zu sein; denn *locus* bedeutet 'Ort, Platz, Stelle' und *rubus* wird 793 mit *eihi* gleichgesetzt. Keinen Zusammenhang damit lässt die Form *Aureatum* erkennen. Sie ist eine Erweiterung des lat. Adjektivs *aureus* 'golden' und bedeutet auch 'geziert, geschmückt'; mit diesem Namen sollte die

Entstehung des Ortes in die Antike verlegt werden. Die Form *Areat* ist wohl eine Ablautbildung dazu. Keine sachliche und sprachliche Basis hat die Namensform von ca. 1550, die eine nariskische Schwadron zum Inhalt hat. *Driopolis* ist eine Gräzisierung mittels gr. δρῦς 'Eiche' und πόλις 'Burg, Stadt', *Quercopolis* eine Latinisierung mittels lat. *quercus* 'Eiche'. **V.** HHS 7/1; Reitzenstein 2006. WvR

Eilenburg **I.** Große Kreisstadt Eilenburg im Lkr. Nordsachsen, 17 072 Ew., an der Mulde nö Leipzig, s der Dübener Heide am Rand der Leipziger Tieflandsbucht, SN. Slaw. Burgbezirksmittelpunkt, seit dem 10. Jh. d. Burgward mit Burgflecken, Erweiterung zur Stadt um 1210. Bis 1989 Industriestandort, h. als Muldestadt eher auf den Tourismus ausgerichtet. **II.** 981 *Ilburg*, 1012/18 *Ilburg*, 1229 *Ylinburch*, 1314 *Ileborch* 1482 *Eylenburg, -berg*, 1591 *Eulenburg* (erhalten im Namen der Grafen von Eulenburg). **III.** Offenbar zu einem alten (idg.?) Element *Il-*, das auch in GwN wie *Ihle* (zur Elbe) mit dem ON *Ihleburg*, *Ilse* usw. enthalten ist und evtl. zu idg. **el-/*ol-* 'fließen' gehört. Es könnte für einen Abschnitt der Mulde gegolten haben und wurde im Asorb. an **il* 'Lehm, Ton' angeglichen. Appellativa kommen als Bw. in Mischnamen nicht vor. In der Barockzeit wurde *Ei-* zu *Eu-* gerundet (*Eulenberg*). **V.** HONS I; SNB. EE, GW

Einbeck **I.** Stadt im Lkr. Northeim, 27 082 Ew., am nw Leinegraben, Reg.-Bez. Braunschweig (bis Ende 2004), NI. Lage an Leinetalstraße, Gut im 11. Jh. im Besitz der Grafen von Katlenburg, Ende 11. Jh. Gründung des Alexanderstifts, im 13. Jh. des Marienstifts und der Hospitalskapelle St. Spiritus, Grablege der Herzöge von Braunschweig-Grubenhagen, 1252 im Besitz des Stadtrechts, Zentrum der Bierbrauerei, Fernhandel mit Einbecker Bier ab 1351 bezeugt, 1368 Mitglied der Hanse. **II.** 1103–1106 *Enbiche* [Or], 1157 *Einbike* [Or], 1544 *Einbeck* [Or]. **III.** Dem ON liegt ein GwN zugrunde, das Gw. ist ↗ *-be(e)ke*, hier in der ofäl. Form *-bike* überliefert. Das Bw. *En-, Ein-* ist auf germ. **Ain-* < idg. **oi-n-* zurückzuführen, eine Erweiterung der idg. Wurzel **ei-*, **oi-*, **i-* 'gehen', die zahlreichen europäischen GwN zugrunde liegt. Der GwN griff die dahinfließende Bewegung des Wassers auf. Es handelt sich wohl um den alten Namen des Krummen Wassers, das durch Einbeck fließt. **IV.** Eimke (1148 *Embike*), Lkr. Uelzen, NI; † Eimbeck (1309 *Enbeke*), Lkr. Börde, ST; Einbach (1092 *Einbac*), OT von Hausach, Ortenaukreis, BW. **V.** Nds. Städtebuch; HHS 2; NOB V. FM

Einsiedeln **I.** Hauptort des Bezirkes Einsiedeln im Kt. Schwyz, 14 022 Ew. Der Bezirk Einsiedeln besteht aus einer Gem. mit den Ortschaften Einsiedeln, Egg, Willerzell, Gross, Euthal und Trachslau. Das Gebiet ist waldreich und vielfältig gegliedert mit einer ehem. weiten Moorlandschaft, die seit 1937 von einem den Fluss Sihl stauenden See (Sihlsee) überdeckt ist. Besiedelung wesentlich im MA als Besitz des um 934 gegründeten Benediktinerklosters; Fürstabtei, Marienheiligtum, Wallfahrtsort sowie bedeutsame Station der Pilger nach Santiago de Compostela. **II.** 934 (um 1550) *cellulae S. Meginradi*, 947 *Mehinratescella*, 949 *Meginratescella*, 961 *Eberhartes cella*, 975 *cella Meginradi Heremitae*, 1073 *Solitarium vocatur, Teutonice Einsidelen*. **III.** Anfänglich über eine lange Zeit nach der Zelle des ermordeten ersten und heilig gesprochenen Eremiten Meginrad 'Meinrad' (828-um 861) aus der Reichenau, einmal nach dem ersten Abt und Klostergründer Eberhart benannt. Schließlich als Übersetzungsname zu mlat. *heremita* 'Einsiedler, Eremit'. Einsideln ist erstarrter lokativischer Dat. Pl. aus frühmittelhochdeutsch *ze den einsidelen* 'bei den Einsiedlern'. Vgl. ahd. *einsidilo* bzw. *einsidil* m., mhd. *einsidele, einsidel* 'Einsiedler, Eremit'. **IV.** Zur Bildung mit dem Gw. *-zell* 'Kammer, Zelle; Klostergut' u. a. ↗ Appenzell, AI, Bischofszell, TG, Willerzell, SZ, alle CH. **V.** HLS 4; Projekt SZNB; LSG. VW

Eisenach **I.** Kreisfreie Stadt w Erfurt, an der Hörsel und am Fuß der Wartburg am NW-Rand des Thüringer Waldes, 43 051 Ew., TH. Altthüringisches Dorf (Altstadt) im königlichen *Fiscus Lupentia* (Großenlupnitz) an altem Verkehrsweg durch die Hörsel, im 12. Jh. Herrensitz, Stadtentwicklung seit 12. Jh. durch Landgrafen von Thüringen (1189 *civitas*), im 13. Jh. Fernhandelsstadt; Geburtsort von J. S. Bach, h. Bach- und Lutherhaus, Fritz-Reuter- und Richard-Wagner-Museum. Ab Ende 18. Jh. Textilproduktion, seit Ende 19. Jh. Industriestadt (Automobilbau). **II.** Um 1150 *Bertholdus de Isinacha*, 1180 *Isenacha*, Ende 15. Jh. *Eyssenach, Eyßenach*, 1506 *Isennach*. **III.** Ein offenbar sehr alter Name. Da der Name nicht erst in deutscher Zeit gebildet sein kann und außerdem ein Gewässer mit eisenoxidhaltigem Wasser nicht nachweisbar ist, darf am ehesten von einem noch älteren (vorgerm.) Namen des GwN *Hörsel* ausgegangen werden. Gebildet zur idg. Wurzel **h₁ei̯sh₂-* 'kräftigen, antreiben' (LIV). Der ursprünglich voreinzelsprachliche GwN aus idg. Sprachmaterial hatte wohl etwa die Bedeutung 'plötzlich sich heftig bewegendes Gewässer' (vgl. noch heute bei Unwetter und Schneeschmelze die plötzliche Flutwelle der Hörsel). Der GwN ist in der germ. Form **Isina* schließlich im ON bewahrt worden, während der GwN in germ. Zeit durch bedeutungsgleiches *Hursila* verdrängt bzw. ersetzt wurde (vgl. Ersatz des vorgerm. GwN **Lupantia*, 778 *Lupentia*, h. ON *Großenlupnitz*, durch GwN *Nesse*, 1014 *Nazaha*). Wie bei anderen GwN ist in germ. Zeit der GwN **Isina* als **Īsinaha* – also mit langem Anlautvokal – gesprochen und verstanden worden, bis in mhd. Zeit die Form zu *Īsenahe* abgeschwächt wurde. Die Angleichung an mhd. *īsen* 'Eisen' ist also erst sekundär volksetymologisch eingetreten. Die Bewahrung von *-ach* im ON gegenüber sonst ↗*-aha*¹ > *-a* in Thüringen (vgl. ↗*Langensalza*) beruht auf landgräflich-thüringischem Kanzleisprachgebrauch. **IV.** ↗ Eisenberg (Pfalz), (765) 12. Jh. *uilla Isemburc, Isinburc*, zum GwN *Eisbach*, (766) 12. Jh. *Isina*, Donnersbergkreis, RP. **V.** Dob. I; HSP; Walther 1971; SNB; Berger; Larenz, J.: Eisenach in Thüringen – die Erschließung des Ortsnamens. In: Namenkundliche Informationen, Nr. 73 (1998). *KH*

Eisenberg (Pfalz) **I.** Stadt und gleichnamige VG im Donnersbergkreis, 13 527 Ew., im Nordpfälzer Bergland, RP. Eisen- und Bronzeherstellung sowie Tonabbau und -verarbeitung seit röm. Zeit, was einem sehr reinen, weltweit begehrten Klebsand zu verdanken ist. Der Ort war zunächst fränk. Königsgut, gehörte dann zum Bistum Metz, schließlich zu Nassau-Weilburg. Seit 18. Jh. Eisenwerk. 1963 zur Stadt erhoben. **II.** 767 *Hysinburc*, 1552–57 *Eysenburg; Eisenberg* (1824). **III.** Die oft genannte Ersterwähnung von 765 *uilla Isemburc, Isinburc* ist eine F. von vor 1175. Das Bw. entwickelte sich aus einem vorgerm. GwN **Isina/Isana* durch eine volksetym. Umdeutung zu *Eisen-*, das auf mhd. *īsen/īser* 'Eisen' zurückgeht. Das Gw. ist zunächst ↗*-burg*, seit dem 15. Jh. ↗*-berg*. Eine von Germanen *burg* genannte röm. Siedlung, ein *vicus*, ist in Eisenberg nachgewiesen. Der urspr. ON ist demnach als 'Vicus an der Isina/Isana' zu deuten. **V.** Bonin, D.: Urkundenbuch der Stadt Pfeddersheim. Frankfurt/M. 1911; HHS 5; HSP; Puhl 2009. *JMB*

Eisenberg **I.** Kreisstadt des Saale-Holzland-Kreises und Erfüllende Gem., nw Gera zwischen Saale und Weißer Elster, 12 676 Ew., TH. An alter Straße von Jena nach Zeitz und Altenburg entstand in erster Hälfte 12. Jh. Kaufmannsniederlassung, dazu frühe Bergbausiedlung auf Eisen um 1160 (heutige Altstadt, 1274 *antiqua civitas*); Ende 12. Jh. planmäßig angelegte Neustadt mit markgräflicher Burg (1219 *civitas*); 1217 Zisterzienser-Nonnenkloster; im MA Eisengewinnung und -verarbeitung, Eisengießereien bis ins 20. Jh. neben Holzindustrie sowie vom Ende 18. bis 20. Jh. Porzellanherstellung; seit 19. Jh. Klavierbau. Größte Barockkirche von TH (erbaut 1675). **II.** 1190 *Isenberc*, 1219 *Isenberc*, ab 1467 *Eysen-, Eisenberg*, 1563 *Eysenbergk*. **III.** Gebildet mit mhd. *īsen* 'Eisen' und Gw. ↗*-berg*, also zunächst Bergname, der auf den Ort überging: 'Ort am Eisen (enthaltenden) Berg'. Die Diphthongierung von *ī* > *ei* trat etwa im 14. Jh. ein und setzte sich in der Schrift im 15. Jh. durch. Da in der Überlieferung der ON kaum mit dem Gw. ↗*-burg*

vorkommt (13. Jh. *Ysenburch*), ist ein urspr. Burgname 'eisenharte Burg' wie bei ↗*Stollberg* < *Stahlburg* unwahrscheinlich. **IV.** ↗ Eisenberg, Donnersbergkreis, RP, (765) 12. Jh. *Isinburc*, später sekundär *-berg*, urspr. vorgerm. GwN (HSP); FlN (Bergname) *Eisenberg*, 1028 m, im Erzgebirge, bei Oberwiesenthal, SN, 562 m, im Rothaargebirge, HE, 635 m, im Knüllgebirge, HE. **V.** CDS I 2; Rosenkranz, H.: Ortsnamen des Bezirkes Gera. Greiz 1982; SNB; Berger. *KH*

Eisenhüttenstadt **I.** Stadt, Lkr. Oder-Spree, 32 214 Ew., in der Oderaue gelegen, BB. Gegr. durch den meißnischen Mgf. Heinrich den Erlauchten, später zu Kloster Neuzelle gehörig, dann mit der Niederlausitz zu Sachsen und 1815 zu Preußen gekommen. Im 19. Jh. begann eine industrielle Entwicklung mit Glashütten, Säge-, Öl- und Getreidemühlen. Nach der Errichtung des Eisenhüttenkombinats Ost bei Fürstenberg entstand 1953 die kreisfreie Wohnstadt, die *Stalinstadt* benannt wurde. 1961 erfolgte der Zusammenschluss der Städte Fürstenberg und Stalinstadt und die Umbenennung in Eisenhüttenstadt. **II.** 1286 *Forstenberg*, 1293 *civitas Vurstenberg* [Or], 1313 *Vorstenberch* [Or]. **III.** Der urspr. Name bezieht sich auf die Gründung durch den Mgf. von Meißen und gehört zu mnd. *vörste, vürste* 'Fürst, Herzog, Herrscher'. Der 1961 eingeführte Name wurde nach dem Eisenhüttenkombinat geprägt. **IV.** Ähnlich Fürstenberg/Havel, Lkr. Oberhavel, BB. **V.** UI; UB Neuz.; DS 36. *SW*

Eisenstadt [ˈaɪ̯znʃtat], dial. [d̥ˈʒ̊d̥ɔːd̥] 'die Stadt'. **I.** Statutar- und Hauptstadt des BGL, 12 744 Ew., am s Fuß des Leithagebirges, A. Da Ausgrabungen in der St. Martinskirche eine rom. Kapelle des 12. Jh. erbracht haben, wird die Entstehung des Ortes in dieser Zeit angenommen und weist ihr ung. Name *Kismarton* 'Klein Martin' auf zeitgleiche Entstehung mit ↗*Mattersburg* als 'Groß Martin' hin. 1371 Erwerbung durch die Kanizsai, Errichtung der Befestigung und der Wasserburg, 1388 als Stadt bezeichnet und Marktrecht. Seit 1445 die Herrschaft im Besitz der Habsburger, doch mehrfach verpfändet, seit 1622 an die Grafen Esterházy. Die unabhängig gebliebene Stadt 1648 von Kaiser Ferdinand III. zur Freistadt erhoben. 1663–72 Umbau der Wasserburg zum Schloss der Esterházy. 1671 Ansiedlung der aus Wien vertriebenen Juden in Unterberg. 1876 Eingliederung in das Land Ungarn, 1921 mit Deutsch-Westungarn an Österreich. 1925 Landeshauptstadt des neuen Bundeslandes BGL, 1926 Titel „Freistadt". **II.** 1264 *capella S. Martini de minore Martin*, 1296 *feodum in Mortunzzabou*, 1300 *possesio Zabemortun*, 1371 *villa seu oppidum Zabamortun*, 1373 *zu dem wenigern Mertesdorff, Eisenstat*; 1388 *stat zu den wenigen Mertestorff, Eysenstatt, civitas libera Kysmarton*; 1390 *civitas munita in* *vulgari ungarico Kysmarthon, in theutonico Eysneinstat*; 1463, 1478, 1491 *ferrea civitas*; 1618 *Eisenstadium*, 1655 *civitas Kysmarton*. **III.** Lat. *Minor Martin(us)* und d. *Wenig Mertesdorf* leiten sich als 'Klein (St.) Martin' vom Patrozinium der anfänglichen Kapelle bzw. der Ortskirche ab, dem ung. *Kismarton* entspricht. Die zeitweiligen ung. Formen von 1296–1371 enthalten zum Namen des Kirchenpatrons ung. *szabad* 'frei', 'Frei-Martin', so dass es damals bereits gewisse Rechte, „Freiheiten" gab. Der d. Name *Eisenstadt* ist gefügtes Komp. mit mhd. ↗*stat* und dem Adj. mhd. *īsenîn* 'von Eisen, eisern' als *ze [der] Îseninenstat* und nimmt wohl auf die 1371 errichtete Befestigung Bezug, lat. *ferrea civitas*. **V.** Kranzmayer/Bürger; HHS Lechner; ÖStB 2. *PW*

Eisleben, Lutherstadt **I.** Stadt und gleichnamige VG im Lkr. Mansfeld-Südharz, 25 994 Ew., im ö Harzvorland, eingebettet in die Hügellandschaft der Mansfelder Mulde, ST. Althüringische dörfliche Siedlung, um 11./12. Jh. königliches Tafelgut und Burg, 1180 Stadt, nach 1500 Anlage der Neustadt, Zentrum des Kupfererzbergbaus, Entwicklung zur bedeutendsten Stadt der Grafschaft Mansfeld. Geburts- und Sterbeort von Martin Luther. **II.** 780–802 *Isileiben*, 9. Jh. *Islebe*, 994 *Islevo*, 1362 *Ysleiben*. **III.** Bildung mit dem Gw. ↗*-leben*. Das Bw. enthält einen germ. PN *Isi, Iso* (zu asä. *īsan* 'eisern'); also ist als Bedeutung eine 'Hinterlassenschaft des Isi oder Iso' anzunehmen. Die heutige Form zeigt die nhd. Diphthongierung von *ī > ei*. **V.** Dronke Cod. Dipl. Fuld.; MGH DO III; SNB. *GW*

Eislingen/ Fils **I.** Stadt im Lkr. Göppingen, 20 317 Ew., zusammen mit Ottenbach und ↗Salach GVV Eislingen-Ottenbach-Salach mit 30 596 Ew., ca. 4 km ö Göppingen und etwa 18 km ssw Schwäbisch Gmünd im Tal der Fils an der Mündung der Krumm gelegen, Reg.-Bez. Stuttgart, BW. Der Ort entstand 1933 durch die Vereinigung der selbstständigen Gem. Groß- und Klein-Eislingen, erst ab 1437 lassen sich die beiden Ort auseinanderhalten (*Grossen Yßlingen* bzw. *Klaynyßlingen*) und haben wohl eine gemeinsame Geschichte, seit 1492 ist Kleineislingen und seit 1803 auch Großeislingen württembergisch. Industriestadt, Stahlbau, Textilindustrie, Maschinenbau, got. Dorfkirche St. Jakob, Eislinger Schloss, Kreiselkunst, Fischsaurier, Rotwelschsprecher. **II.** 861 (Kop. 16. Jh.) *Isininga*, um 1121 (Kop. 12./13. Jh.) *Isinign*, 1268–86 *Isiningen [Or]*, 1348 *Ysnigen [Or]*, 1438 *Yslingen [Or]*, 1440 *Großeißlingen*. **III.** Es handelt sich wohl um eine ↗*-ing(en)*-Ableitung zu dem PN *Īsino*; der Name bedeutet dann 'bei den Leuten des *Īsino*'. Die Entwicklung zu Eislingen erfolgt über die Diphthongierung mhd. *ī* zu *ei* und die Dissimilation von *n-n* zu *l-n*. Seit der Zusammenlegung von Groß- und Kleineislingen im Jahre 1933 führt der ON als Zusatz den GwN *Fils*. **V.** Reichardt 1989; Haubrichs 2004; Greule, DGNB; Freche, K.: Zur Methodik der Ortsnamendeutung. In: Sprachwissenschaft 20 (1995); LBW 3. *JR*

Eiterfeld **I.** Marktgemeinde im Lkr. Fulda, 7 513 Ew., am Oberlauf der Eitra, Reg.-Bez. Kassel, HE. Burg Fürsteneck (ab 1330 bezeugt; Umbau im 18. Jh.), Schloss Buchenau (Hauptanlage um 1580, Hauptschloss 1611–1618 im Weserrenaissancestil, Fachwerkbau des 17. Jh.), ö von Eiterfeld liegt das „Hessische Kegelspiel" (Kuppenansammlung aus Basaltsäulen mit vulkanischem Ursprung). **II.** 845 *in Eitrungfeldono marchu [Or]*, 1300 *Eitervelt*; *Eiterfeld* (1799). **III.** Der ON ist Komp. mit dem Gw. ↗*-feld* 'freies, offenes Land; Acker- und Wiesenflur' im Gegensatz zum 'Wald'. Der älteste Beleg des ON zeigt eine alte *-on*-Ableitung. Das Bw. bezieht sich auf den FluN, der 780 als *Eitraha* überliefert erscheint. Zusammensetzung mit dem Gw. *-aha* (↗*-ach*¹). Basis des Bw. ist die Gf. **oid-r*, die mit Abtönung erscheint. In der Regel wäre im Idg. bei *r*-Ableitungen eine Schwundstufe **id-* zu erwarten. Der vorliegende Fall bildet eine der wenigen Ausnahmen. Anschluss an den Ablaut **eid-/*oid-/*id-*, zu der idg. Wurzel **oid-* 'schwellen'. Der ON ist als 'freie Fläche an der Eitra' zu deuten, der FluN bedeutet 'Wasser, das anschwillt'. **IV.** Eiterhagen, OT der Gem. Söhrewald, Lkr. Kassel; Eitra, OT der Gem. Hauneck, Lkr. Hersfeld-Rotenburg, beide HE. **V.** LAGIS; Krahe, H.: Eiter- und Zugehöriges in Gewässernamen. In: BNF (7, 1956); Krahe. *DA*

Eitorf **I.** Gem. im Rhein-Sieg-Kreis, 19 615 Ew., ö Bonn an der Sieg, Reg.-Bez. Köln, NRW. Besiedlung seit dem frühen MA, 1145 Markt bezeugt und an die Abtei Siegburg vererbt, Kirche 1167 geweiht, um 1170 Augustinerinnenkloster Merten gegr., später zum bergischen Amt Blankenberg gehörig mit zentralörtlicher Bedeutung, seit 1859 an Rhein-Sieg Bahnlinie angeschlossen, Industriestandort, seit 1969 Gem. mit 58 Ortschaften. **II.** 1144 *Eidthorpf*, 1145 *Eichtorp*, 1218 *Eicdorp*. **III.** Die variierenden Namensformen gehen zurück auf **Eip-dorp*, ein Kompositum aus dem wohl vordeutschen, unerklärten GwN *Eip*, der sich in den zur Gem. Eitorf gehörigen ON *Mühl-eip* und *Ober-eip* erhalten hat, und dem Gw. ↗*-dorf*. Dittmaier vermutet für die unterbliebene Lautverschiebung von *-p* zu *-f* entweder ein aus urpr. **eipjō* geminiertes **eippō* oder eine Reliktform, die sich über **Eiftorp* und *Eichtorp* zu *Eitorf* entwickelt hat. **V.** Dittmaier 1956; HHS 3. *Ho*

Elbe-Parey **I.** Einheitsgemeinde im Lkr. Jerichower Land, 7 402 Ew., ST. 2001 aus Parey und weiteren

Gem. der Umgebung entstanden. Elbe-Parey liegt zwischen den Städten Burg und Genthin ö der Elbe und am Elbe-Havel-Kanal. Namengebend sind der GwN der Elbe und der Name der Ortschaft Parey. **II.** 946 *Porei*, 1014 *Porei*, 1179 *Poregi*; *Parey* (1521). **III.** Verm. zu einer Gf. apolb. *Poraj, aus der Präp. *po* und *raj, dieses evtl. in der Bed. 'Sumpf', in der Urk. als *-rei*, *-reg* geschrieben. **IV.** Rey, OT von Altkalen, Lkr. Güstrow (1225 *Raia*, 1314 *Reye*), MV. **V.** Riedel; Brückner; Trautmann ON Meckl. *GW*

Elbing // Elbląg [elblɔŋk] **I.** Kreisstadt, seit 1999 in der Woi. Warmińsko-Mazurskie (Ermland-Masuren), 126 439 Ew., PL. An der Einmündung der Elbing in das Frische Haff gelegen und 1237 vom Deutschen Orden als Burg und d. Ansiedlung gegr., 1246 Stadtrecht. 1466 zu Polen, 1772 zu Preußen. Seit 1945 zu Polen, 1946–1975 Woi. Gdańsk (Danzig), 1975–1998 Hauptstadt der Woi. Elbląg (Elbing), größter Hafen in der Woi. Warmińsko-Mazurskie (Ermland-Masuren), Schwerindustrie, Eisenbahn- und Verkehrsknotenpunkt. **II.** 1236 *in civitate novelle Elbinc*, 1239 *in Elbingo*, 1242 *in Elbing*, 1624 *do Elbląga*, 1634 *ku Elbiągowi*. **III.** Der ON leitet sich vom FluN *Elbing* (erwähnt auch als *Ilfing*) ab. Der FluN entstand aus apreuß. *Ilawings, das aus apreuß. *il 'schwarz' mit den Suffixen *-aw* und *-ing* gebildet wurde. Der ON *Elbing* entstand durch Substitution *w > b*. In der Adaptation ins Poln. entstand ein sekundäres *l* durch die Angleichung der Konsonanten *l* und *j* (*Elbląg < Elbiąg*) und Substitution: Nasallaut *-ą-* für *-in-*. **IV.** ↗ Iława, Woi. Warmińsko-Mazurskie (Ermland-Masuren), PL. **V.** Rymut NMP; RymNmiast. *IM*

Elchingen **I.** Gem. im Lkr. Neu-Ulm, 9 244 Ew., ö Schwäbische Alb im Ulmer Winkel, Reg.-Bez. Schwaben, BY. Alem. Siedlung, 12. Jh. Gründung Kloster Oberelchingen, 13. Jh. Unterelchingen an Kloster Salem, 1978 Zusammenlegung Thalfingen, Ober- und Unterelchingen zur Gemeinde Elchingen. Mittelständische Wirtschaft. **II.** 1104 *Alechingen*, 1150 *Elchingen*, 1158 *Alchingin [Or]*, 1301 *Aelchingen*; *Elchingen* (1498). **III.** Der Name ist auf den zu erschließenden Rufnamen *Alicho zurückzuführen, der durch das Gruppenzugehörigkeitssuffix ↗ *-ingen* abgeleitet wurde ('die Leute des Alicho'). Später wird der mit *-ingen* abgeleitete Insassenname auch als Siedlungsname verwendet ('Siedlung bei den Leuten des Alicho') und umgelautet. Die in der Benennung der OT Ober- und Unterelchingen noch vorhandenen Unterscheidungsglieder gehen auf die Gründung des Klosters zurück. **V.** Reitzenstein 1991. *JCF*

Eldenburg Lübz **I.** Amt (mit der Stadt Lübz und weiteren 16 Gem.) im Lkr. Parchim, 14 103 Ew., Verwaltungssitz in Lübz, ca. 15 km nö von Parchim und 15 km w vom Plauer See, MV. Durch Fusion 2004 entsteht der Amtsname *Eldenburg Lübz*, der durch die 1308 in Lübz gebaute Eldenburg inspiriert und um den Stadtnamen Lübz ergänzt wurde. Lübz: Im MA zunächst slaw., dann d. Siedlung, 1348 zu Mecklenburg, Stadtrecht nach 1456, erst zu Mecklenburg-Stargard, dann zu Mecklenburg-Schwerin, im 16./17. Jh. wurde die Burg zum herzoglichen Witwensitz umgebaut, Wasserwege und spätere Bahnanbindung begünstigen die wirtschaftl. Entwicklung (z. B. Molkerei und Zuckerfabrik), 1877 wird die bis h. bestehende Brauerei gegründet. **II.** Eldenburg: 1308 *Eldeburgh*, 1310 *Eldeneborch*, 1315 *tů der Eldenbrv̊gge*, 1324 *Eldeneborich*; *Eldenburg* (1348). Lübz: 1224 *Lubicz*, 1274 *Loubze*, 1322 *Lubcze*, 1328 *Lubitze*, 1342 *zu Luptz*. **III.** Lübz: Dem ON liegt ein apolb. PN **L'ubek* mit einem poss. Suffix *-j* zugrunde, das den Auslaut als *-č-* palatalisierte, welches wiederum bei der Eindeutschung des Namens zum *-c-* umgewandelt wurde. Die Bedeutung des ON lässt sich als 'Ort des L'ubek' rekonstruieren, der KN geht verm. auf einen zweigliedrigen VN mit *L'ub-* im Erstglied zurück, zu slaw. **ub-* 'lieb' (in slaw. PN und ON sehr produktiv). Das Suffix *-ek* ist als sekundäre Diminutivbildung des KN zu deuten. Eldenburg: Enthält als Bw. den alten FluN *Elde* (946 *Eldia*, 1150 *Aldia*), darin verm. idg. *el-* 'fließen, strömen' sowie ein idg. *t*-Element; als Gw. ↗ *-burg*. **IV.** ↗ Lubmin, Lkr. Ostvorpommern, ↗ Lützow-Lübstorf, Lkr. Nordwestmecklenburg, beide MV; ↗ Lübeck, SH; ↗ Löbau, Lkr. Görlitz, SN. **V.** MUB I–X; HHS, Bd. 12; Trautmann ON Meckl.; Schlimpert, G.: In: Eichler, E.: Probleme der älteren Namenschichten. Heidelberg 1991 (BNF 32); Eichler/Mühlner. *MN*

Ellwangen (Jagst) **I.** Große Kreisstadt und gleichnamige VVG im Ostalbkreis, 41 198 Ew., ca. 14 km n Aalen und etwa 90 km wsw Stuttgart im oberen Jagsttal im Stubensandstein der Ellwanger Berge (Schwäbisch-Fränkische Waldberge) gelegen, Reg.-Bez. Stuttgart, BW. Um 764 von dem Hochadeligen Hariolf und dessen Bruder Erolf als erstes Benediktinerkloster gegründet, im 12. Jh. entwickelte sich aus den zum Kloster gehörenden Wohnbereichen die Stadt, 1229 erstmals als civitas bezeichnet, seit 1802/3 württembergisch. Einzelhandel, Batterieindustrie, Brauereien, Alemannenmuseum, Pfeilerbasilika, Liebfrauenkapelle, Palais Adelmann, Schloss ob Ellwangen, Schönenberg. **II.** 764 Kop. (9. Jh.) *Elehenfanc*, 814 *Elechenuuang*, 887 *Elenuuanga*, 987 *Elwangen*; *Ellwangen* (1370). **III.** *Ellwangen* ist verm. die 'Siedlung beim Weideland des Alaho'. Es liegt dann eine Zuss. mit dem Gw. ahd. ↗ *-wang* 'Feld' und dem PN *Alaho* vor. Für die weitere Entwicklung wäre eine Ausgangsform *Alahinwang vorauszusetzen, die Genitivendung *-in* löst Assimilation des zweiten *a* zu *i* aus, das den Umlaut des ersten *a* zu *e* hervorruft. Die sprachlich ebenfalls mögliche Verbindung zur Tierbezeichnung ahd. *elaho*, mhd. *elch* 'Elch', hat wohl der Schreiber der Vita Hariolfi von 764 im Sinn, der *-wang* in *-fanc* umdeutet und den Namen auf ahd. **fang*, mhd. *vanc* 'Fang' bezieht. Bei dieser Deutung liegt ein Ereignisname vor. **V.** Reichardt 1999a; LBW 4. *JR*

Elmshorn **I.** Amtsfreie und größte Stadt im Kr. Pinneberg, 48 183 Ew., an der Krückau, SH. 1141 erstmals urk. erwähnt, 1865 zu Österreich, 1866 zu Preußen, 1870 Stadtrechte. Lebensmittelindustrie, Dienstleistungsgewerbe, Nordakademie (private Fachhochschule), Sankt-Nikolai-Kirche. **II.** 1141 *a villa Elmeshorne [Or]*, 1368 *to Elmyshorn*, 1565 *zu Elmeshornn*. **III.** Der ON entstand aus einer Bildung aus dem mnd. *elm(e)* 'Ulme' und dem *horn* 'Landvorsprung', so dass sich etwa die Bedeutung der 'Siedlung auf dem ulmenreichen Landvorsprung' ergibt. **IV.** Elmenhorst (1230 *Elmhorst*), Kr. Herzogtum Lauenburg, SH. **V.** Laur; Haefs. *GMM*

Elsdorf **I.** Gem. im Rhein-Erft-Kreis, 21 306 Ew., w Köln zwischen Bergheim und Jülich, Reg.-Bez. Köln, NRW. Fränk. Besiedlung, 1131 erstmals bezeugt, Ortsteile z. T. älter, bis 1794 zu Jülich, Amt Bergheim, ab 1816 Bürgermeisterei Esch, seit 1975 Gem. mit 15 Ortsteilen; Braunkohle, Kölner Zucker. **II.** 1131 *Echilistorp [Or]*, 1141 *Echilstorph*, 1166 *Eilsdorp*. **III.** Kompositum aus PN *Eichili*, *Aigili* mit *-ili*-Suffix und App. ↗ *-dorf*; nach Tilgung von zwischenvokalischem *-ch/g-* und nur schriftsprachlicher Lautverschiebung *p > f*, heutige Schreibung Elsdorf, mda. *Elzdörp*. **IV.** ↗ Bonn-Poppelsdorf (Schloss, Universität; aus dem PN *Popili*), NRW. **V.** Dittmaier 1979; HHS 3. *Ho*

Elsenfeld **I.** Markt im Lkr. Miltenberg, 8 893 Ew., Reg.-Bez. Ufr., BY. Haufendorf, seit 1232 zu Mainz, 1814 an Bayern, 1. 7. 1971 Eingemeindung von Eichelsbach, Rück und Schippach. Seit 1870 Sägewerk, später Baustoffindustrie, neuerlich Weinbau. **II.** 1248/1249 *Elsaffe, Elsaphe*, 1325 *Elsaffe*, 1345 *Elsaf*, 1594 *Eilsuf*, 1625 *Elsenfeld*. Seit 1232 zu Mainz, 1814 an Bayern. **III.** Ausgangsform ist der GwN ahd. **Elisaffa* 'Erlenbach', eine Zusammensetzung mit dem Gw. *-affa* (↗ Aschaffenburg) und dem Bw. **elisa* (< germ. **alisō*) 'Erle'. Der Name des Marktes war zunächst mit dem Namen des Flusses identisch, an dessen Mündung in den Main Elsenfeld liegt. Im 17. Jh. wurde der ON gleichsam neu geschaffen, indem die Endsilbe als ↗ *-feld* interpretiert und die neue Kompositionsfuge (**Else-feld*) durch *-en-* analogisch aufgefüllt wurde: Els-en-feld. **IV.** Unter-, Oberelsbach, Lkr. Rhön-Grabfeld, BY. **V.** Reitzenstein 1991; Greule, DGNB. *AG*

Elsfleth **I.** Stadt im Lkr. Wesermarsch, 9 206 Ew., NI. Der Ort entstand an einem früher stark befahrenen Weserarm (Westergate). Im 12. und 13. Jh. war Elsfleth Treffpunkt der Vertreter des Rüstringer Landes und der Stadt Bremen, seit 1350 nimmt der Oldenburger Einfluss zu. Mit Wesermarsch 1667 bis 1773 dänisch, seit 1774 oldenburgisch, 1811 bis 1813 französisch besetzt. Als oldenburgische Zollstelle entwickelte sich der Ort, im 19. Jh. Segelschiffhafen, 1856 Stadt; Schiffbau, Reedereien, Seefahrtschule. Seit 1933 im Lkr. Wesermarsch, Kreissitz: Brake. **II.** 1220 *Elsflete*, 1285 *Elsvlete*, (1383) *to Elsflete*. **III.** Umstritten ist die Frage, ob der in den Annales Petaviani (MGH SS I; Ende 8. Jh.?) erwähnte Ort *Alisni* mit Elsfleth gleichgesetzt werden kann (zustimmend Pertz in MGH SS I, vorsichtig optimistisch Möller 1998) und ob *Alisni* und *Elsfleth* aus namenkundlicher Sicht miteinander verbunden werden können. Geht man von dem heutigen Namen und dessen Überlieferung seit 1220 aus, wird man an ein Kompositum aus mnd. *else*, nd. *Else* 'Erle' und mnd. *vlêt* 'fließendes Wasser, Gewässer, Wasserlauf, Lauf, Flusslauf; natürlicher Wasserlauf, Bach, Fluss, Flussarm, Mühlbach; Graben, Kanal mit fließendem Wasser, Entwässerungsgraben, Moorgraben, Bruchgraben', nd. *Fleet* 'größerer Abzugsgraben, schiffbarer Kanal', denken müssen. Dazu passt *Alisni* von der Bildung her und wahrscheinlich auch von der Etymologie her nicht. **V.** HHS II; Möller 1998; Nds. Städtebuch. *JU*

Elsterwerda **I.** Stadt, Lkr. Elbe-Elster, 8 959 Ew., an der Schwarzen Elster unweit der Einmündung der Pulsnitz gelegen, BB. Im 11./12. Jh. zum Schutz des Elsterübergangs angelegte Burg mit Siedlung, im 14. Jh. Städtchen. Bis ins 18. Jh. Kleinkaufleute, Fischer, seit dem 19. Jh. Handwerker und auch Industrie. Wechselnde Besitzverhältnisse, vor 1815 zu Sachsen, dann zu Preußen gehörig. **II.** 1211 *Rudolfus sacerdos de Elsterwerden*, 1372 *daz stetichen Elstirwerde*, 1752 *Elsterwerda*. **III.** Der Name bedeutet 'Siedlung auf oder bei einer von der Elster umflossenen Insel'. Der GwN *Elster* (1017 *Nigra Elstra*, 1200 *Alestra*) gehört zur ältesten Namenschicht und ist zu der idg. Wurzel **el-/*ol-* 'fließen, strömen' zu stellen, gebildet mit dem *-str*-Suffix. Zum Gw. ↗ *-werda*. **IV.** Ähnlich Bad Elster, Vogtlandkreis, Elstra, Lkr. Bautzen, SN; Elster (Elbe), Lkr. Wittenberg, ST; ↗ Bad Liebenwerda, Lkr. Elbe-Elster, BB. **V.** StB; DS 22. *SW*

Eltville am Rhein **I.** Stadt im Rheingau-Taunus-Kreis, 17 333 Ew., 10 km sw von Wiesbaden; die Siedlung befindet sich auf einem breiten Sporn der rechten mittleren Rheintalterasse, die zwischen dem Kiedrichtal im SW und der Mulde der Sülz im O gegen den Strom abbricht, Reg.-Bez. Darmstadt, HE. Burg (1330–44 an der Stelle älterer Anlagen errichtet, seit 1635 Ruine), Stadtrecht 1332, seit Anfang des 14. Jh. bis zur Mitte des 15. Jh. Residenzsitz der Mainzer Erzbischöfe, Adelssitze und Fachwerkhäuser des 16.–18. Jh. (Burg Crass), Schloss Reinhartshausen im OT Erbach, Kloster Eberbach. Weinbauamt mit Weinbauschule; Weinbau und Weinhandel (bereits Mitte des 13. Jh. ist ein Weinmarkt erwähnt), Sektindustrie (seit dem 19. Jh.), Obst- und Gemüseanbau, Maschinenbau, Textil- und Elektroindustrie. **II.** [1060–1072] *in Altauilla*, 1069 (F. 12. Jh.) *Elteuile*, 1097 *in villa Alteuila*, um 1100 *Eldvile*, 1148 *Eltivile*, 1151 *Eltevil*, 1151 *Alteville*, 1297 *in villa Elteuile*, 1373 *Eltvil*, 15. Jh. *in Altauilla*, 15. Jh. *in Elteuil*, 15. Jh. *Ellfeld*; *Eltville* (1812). **III.** Für die Etymologie des Namens gibt es zwei Deutungsvorschläge. Komp. mit dem Gw. *-villa/-ville* zu lat. *villa*, fem. 'Landhaus, Landgut, Vorwerk'. Das Bw. gehört dann zu dem lat. Adj. *altus, -a, -um* 'hoch' oder 'hochragend' als Beiwort großer Städte (wegen der erhöhten Lage oder der hohen Mauern). Gestützt wurde die These dadurch, dass sich Reste eines Landhauses nachweisen lassen. Zweifel an dieser Deutung bestehen aufgrund der regulären Entwicklung von lat. *villa* zu ↗-weil. Bis in die Gegenwart ist die Aussprache mit -f- (mda. *Elfel*, *Elfeld*) bezeugt, was gegen lat. *villa* der Römerzeit spricht, denn sonst würde der Ort heute *Elwel* heißen (analog zu *vivarium* > *Weiher* und dem erst seit ahd. Zeit übernommenen *viola* > *Veilchen*). Ein andere Überlegung geht davon aus, dass sich aus älterem *Hochstat* 'hochgelegener Ort' für *Hochstad* 'hochgelegenes Ufer, Steilufer' die mönchslateinische Übersetzung durchgesetzt hat, von der man annimmt, sie sei in den geistlichen Kreisen von Mainz in ahd. Zeit entstanden. Dabei wollte man den vorliegenden ON wohl von *Höchst a. Main* abgrenzen, der daneben 780 als *Hostat* erscheint. Die hist. Überlieferung zeigt den Wechsel des Anlauts von A- > E- ([1060–1072] *Altauilla* > F. 12. Jh. *Elteuile*) durch das -i- der Folgesilbe (Umlaut) und Abschwächung der unbetonten Vokale zu -e-, später fällt -e- aus (Synkope: um 1100, 1373, 15. Jh., 1812; Apokope: 1151, 1373, 15. Jh.). Das Gw. ↗-feld in der Überlieferung aus dem 15. Jh. entspricht auch der h. mda. Form *Elfel[d]*. In den historischen mda. Formen entwickelte sich -v- > -f- (1303 *Elthefil*), wobei der Vokal -i- > -e- im Nebenton abgeschwächt wurde (1324 *hofe zu Eltfel*). Dabei konnte das Gw. volksetymologisch von -fel zu -feld umgedeutet werden (1525 *Eltfeld*). **V.** LAGIS; Bach, A.: Der Name Eltville. In: Nassauische Annalen (65, 1954); Berger. *DA*

Elz **I.** Gem. im Lkr. Limburg-Weilburg, 7978 Ew., 5 km nw von Limburg, im Lahntal am Fuße des Westerwaldes, der Ort wird vom Elbbach durchquert, Reg.-Bez. Gießen, HE. Fachwerkbauten (17. Jh.). **II.** 1145 *Elise*, 1234 *Else*, 1305 *Else*, 1409 *Else*, 1491 *Elsse*, [1500] (Kop. Anfang. 16. Jh.) *Elß*, 1537 *Elsz*, 1710 *Els*.

III. Die Überlieferung des ON setzt 1145 ein und zeigt kaum Veränderungen. Der unbetonte Vokal -i- aus dem ersten Beleg fällt aus sprachökonomischen Gründen aus (Synkope). 1491 erscheint inlautend -ss-, in der kopialen Überlieferung vom Anfang des 16. Jh. ist das Endungs-e apokopiert, was der h. Form des Namens entspricht. Ein Anschluss *Else* < *Elsena* zu germ. *alizō* 'Erle' ist abzulehnen. Der ON ist unter Einbeziehung der GwN zu beurteilen. *Elz*, r. Zfl. des Neckar, und *Elz*, l. Nfl. der Mosel, usw. gehören zum Bestand der alteuropäischen Hydronymie, anzuschließen an eine idg. Wurzel *el/*ol 'fließen, strömen'. Der ON *Elz* enthält die ererbten Wortbildungsmittel der Hydronymie, denn auch hier ist eine idg. Wurzel *el/*ol anzusetzen, allerdings auf germ. Stufe mit der Bedeutung 'modrig sein, faulen'. Die Abtönung germ. *al- liegt mehreren Namen zugrunde. Verschiedene Erweiterungen der Wz. sind mnd. *ulmich*, mhd. *ulmic* 'verfault', anord. *ylda* 'Modergeruch', norwegisch *ulke* 'Schimmel, Schleim'. Die Schwundstufe ist in germ. App. belegt, vgl. norwegisch *ul* 'verschimmelt', schwed. *ul* 'ranzig', nnl. *uilig* 'verfault'. Bei dem ON *Elz* < 1145 *Elise* liegt eine -s-Erweiterung vor. Da ON mit -s-Suffix FluN nahe stehen, wurde eine diminutive Funktion für diese Bildungen angenommen. Der ON *Elz* ist zusammenfassend als 'Siedlung an der modrigen, sumpfigen Stelle' zu deuten. **IV.** Alfeld, Lkr. Hildesheim; Ahlten, Region Hannover; † Ala, Lkr. Goslar; Oelber, Lkr. Wolfenbüttel, alle NI. **V.** LAGIS; NOB III; Udolph 1994. *DA*

Elzach **I.** Stadt und gleichnamiger GVV (mit Biederbach und Winden) im Lkr. Emmendingen, 11 615 Ew., ca. 18 km önö Emmendingen und etwa 28 km önö Freiburg i. Br. im Tal der Elz w des Flusses gelegen, Reg.-Bez. Freiburg, BW. Wahrscheinlich zwischen 1287 und 1290 durch die Herren von Schwarzenberg gegründet, 1560 ging Elzach an die Herren von Reischach, dann Besitz der Landgrafschaft Breisgau und seit 1805 badisch. Textilgewerbe, Holzverarbeitung, Heimatmuseum, Elztalbahn. **II.** 1178 *Eltavelt* (entstellte Form in einer Papsturkunde), 1275 *Alza*, 1318 *Elzahe*, 1329 *Elzah*, 1351 *Eltzach*. **III.** Der ON ist aus dem GwN *Elz* übertragen, im entstellten ältesten Beleg vielleicht als Kompositum mit dem Gw. ahd. ↗-feld, mhd. *velt* 'Feld'. Das Gw. ↗-ach¹ wurde sekundär eingefügt. **V.** Krieger; Greule, DGNB; LBW 6. *JR*

Elze **I.** Stadt im Lkr. Hildesheim, 9 238 Ew., NI. Aus einer karolingischen Missionszentrale entstanden, geriet der Ort später immer wieder in den Konflikt zwischen dem Bistum Hildesheim und dem Ftm. Calenberg; 1521 calenbergisch (später Ftm. Calenberg-Göttingen), 1579 als Stadt erwähnt; dann mit dem Kurfürstentum Braunschweig-Lüneburg (Kurfürstentum Hannover, Kurhannover) verbunden, ab 1814 Teil des Königreichs Hannover, dann der preuß. Provinz Hannover (ab 1866). Seit 1885 zum Reg.-Bez. Hildesheim, zunächst zum Lkr. Gronau, seit 1932 zum Kreis (später: Lkr.) Alfeld, seit der Gebietsreform 1977 zum Lkr. Hildesheim. 1978 dem Reg.-Bez. Hannover zugewiesen. **II.** 826–876 (Kop. 15. Jh.) *in Aluchi: tertia pars de opere salis* (Zuordnung fraglich), 1068 *Alicga*, (um 1135) *Aulica*, 1151 *in Alitse*, 1160 *de Eleze*, 1204 *de Elze*. **III.** Die Zuordnung von 826–876 usw. *in Aluchi* ist unsicher, jedoch ist dieses das bisher erwogene *Aligse* nicht (s. NOB I). So stehen zwei Überlieferungsstränge nebeneinander: *Aulica / Aulika* und *Alitse, Eleze, Eletse, Elze* u. ä. Bei *Aulica / Aulika* liegt offensichtlich eine Latinisierung mit Hilfe einer Diminutivbildung zu *aula* 'Halle, Fürstenhalle' vor. Lässt man diese Überlieferung beiseite, lösen sich alle Probleme: von einer Gf. **Alika* ausgehend ist mit Umlaut und Zetazismus eine Entwicklung über **Elitse*, **Eletse*, **Eleze* zu *Elze* ohne Frage möglich. Ein Ansatz **Alika* kann am ehesten als -*k*-haltige Suffixbildung zu germ. **al-* verstanden werden. Das Suffix kann entweder als germ. -*k*-Element aufgefasst werden oder aber als idg. **-g*-Suffix. Im letzteren kann ein Anschluss an den Namen der *Wolga* erwogen werden. Die Ableitungsgrundlage ist entweder die in GwN gut bezeugte idg. Wz. **el-/*ol-* 'Wasser, feucht, fließen', vgl. *Aller, Ola, Alster, Elster, Alpe (Al-apa)* usw., oder aber, wohl eher, eine germ. Ablautvariante zu schwundstufig germ. **ul* in norwegisch *ul* 'faul, feucht, modrig'. **IV.** ↗ Alfeld, Lkr. Hildesheim, NI. **V.** HHS II; Möller 2000; Nds. Städtebuch; Udolph, J.: *Wolga – Olše / Olza – Elze*. Ein Nachtrag. In: Acta Onomastica, Bd. 36 (Gedenkschrift V. Šmilauer). Praha 1995 [1996]. *JU*

Embrach **I.** Politische Gem. im Bezirk Bülach, 8 686 Ew. Straßendorf im Embrachertal, einem Seitental des Tösstals, umgeben von mehreren Weilern, Kt. Zürich, CH. In der mittleren oder späteren Bronzezeit kleine Siedlung, die Frühgeschichte liegt jedoch weitestgehend im Dunkeln, im MA in mehreren Kriegen wiederholt geschleift; mit dem Anschluss an die Bahnlinie Winterthur-Koblenz (1876) Entwicklungsschub (Tonwarenfabrik, textile Manufaktur), seit der 2. Hälfte des 20. Jahrhunderts Wohn- und Industriebautätigkeit, seit 1974 Standort der dritten kantonalen psychiatrischen Klinik. **II.** 1044 *ad Imbriaguam*, 1044–52 *de Emberracho*, 1299 *Emrach*. **III.** Es scheint sich um einen Namen des -(*i*)*acum*-Typus zu handeln, bestehend aus einem lat. PN und dem ON-Suffix ↗ -*acum*. Umstritten ist der PN; die Forschung schlägt Namen wie *Ambarrius*, *Imbrius*, *Imbricius* oder *Imber* vor, am wahrscheinlichsten scheint eine Grundform **(praedium) Imber(i)ācum* 'Landgut des Imber' zu sein, eine römische Namenbildung, die jedoch mangels entsprechender Funde weiterhin unsicher bleibt. Der PN *Imber* ist römerzeitlich in der Schweiz epigraphisch bezeugt. **IV.** Namen des -(*i*)*acum*-Typus sind ferner Bettlach, SO, Dornach, SO, sowie ↗ Bülach, ZH, und Seuzach, ZH, alle CH. **V.** HLS; LSG. *MHG*

Emden **I.** Kreisfreie Stadt, 51 562 Ew., NI. Wahrscheinlich um 800 als friesischer Handelsort entstanden, 11. Jh. Münzstätte, 1244 als Zollstätte erwähnt; 1458–1561 Residenz der Reichsgrafschaft Ostfriesland; seit dem 16. Jh. Entwicklung zu einem Hafen von europäischer Bed.; 1595 Emder Revolution, Vertreibung des Grafen nach Aurich; seit dem 17. Jh. starke Bindung an die Niederlande, seit 1744 preuß., 1815 zum Kgr. Hannover, 1866 wieder preuß., 1885 Lkr. Emden, 1905 Stadt- und Landkreis Emden; im 2. Weltkrieg stark zerstört, 1946 zu Niedersachsen (Stadtkreis Emden, Reg.-Bez. Aurich), Aufbau der Werften, Erdölwerke, Volkswagenwerk, Fachhochschule, Kunsthalle, Ostfries. Landesmuseum; 1978 kreisfreie Stadt im Reg.-Bez. Weser-Ems (bis 2004). **II.** 2. Hälfte 11. Jh. *AMVTHON*, 1255 *de Emetha*, 1312 *Emutha*, 1439 *Emeden*, 1794 *Emden*. **III.** Die -*n*-haltigen Formen *Amuthon*, *Emeden* usw. sind Dat.-Pl.-Formen, die eine Stellenbezeichnung ausdrücken. Es liegt ein Kompositum vor aus *ē* + *mūth-*, wobei im ersten Teil entweder der Flussname *Ehe*, älter *Ee*, oder aber das App. afries. *a, e* 'Wasser, Fluss', vgl. got. *ahva*, asä., ahd. *aha*, altniederfränkisch *aha, ā*, steht. Der zweite Teil *mūth-* enthält afries. *mūtha* 'Mündung', vgl. ae. *mūða*, asä. -*mude* u. a. in Anremude (Allermöhe), Müden/Aller u. a. Der Name bedeutet demnach 'an der Flussmündung' oder 'an der Mündung der Ehe'. **IV.** Muiden, 9. Jh. (Kop. 11. Jh.) *in Amuthon*, ö Amsterdam; Emmerwolde, 11. Jh. *in Amutharia uualda, in Emuthero uualda*, nö Groningen; Westeremden bei Groningen, 9. Jh. *de Amuthon*, jeweils NL. **V.** Nds. Städtebuch; Remmers, Aaltukerei; Tiefenbach in: RGA 7. *JU*

Emlichheim **I.** Gem. und gleichnamige Samtgemeinde im Lkr. Grafschaft Bentheim, 14 254 Ew., 25 km nw Nordhorn, NI. 1312 Ersterwähnung; bis h. stark landwirtschaftlich geprägt, ansässig ist der größte europäische Stärkeproduzent. **II.** 1312 *Emminchem*, 1324 *Emlichem*, 1440 *Empninchem*. **III.** Der ON zählt wohl zu den in der Grafschaft Bentheim vergleichsweise häufigen Namen, die mit dem Suffix ↗ -*ing*(*e*)*heim* (↗ -*heim*) gebildet sind. Im Bw. findet sich der PN *Emmel*, der eine suffigierte KF des Personennamenstammes *Am-*, mit durch die Endung -*ing* bedingter Umlautung, darstellt. Möglich ist auch eine Variante des Personennamenstammes *Irmin-*, *Ermin-* mit Assimilation von -*rm-* zu -*mm-* und Suffix -*l*. Im Auslaut ist eine Entnasalisierung von -*ing* zu -*ich* zu verzeichnen. **IV.** Emmelsbüttel, Gem. Hohenaspe, Kr. Steinburg, SH. **V.** HHS 2; Wrede, G.: Die Ortsnamen auf -heim im Osnabrücker Land. In: Osnabrücker Mitteilungen 67, 1956. *MM*

Emmelshausen **I.** Gem. und gleichnamige VG (seit 1970) im Rhein-Hunsrück-Kreis, 14 596 Ew., mit 25 Gem. s von Koblenz im Rhein-Mosel-Dreieck des Vorderen Hunsrücks, RP. Das Zentrum der VG liegt an der schon aus vorröm. Zeit stammenden Straße Bingen-Koblenz. An der Stelle des h. Bahnhofs, ehem. Halsenbach, befand sich seit Mitte des 13. Jh. eine Gerichtsstätte sowie eine Siedlung Emmelshausen, die bis 1619 noch bewohnt war und im 30-jährigen Krieg unterging. Die h. Gem. Emmelshausen entstand 1935 durch Zusammenlegung von Basselscheid, Liesenfeld sowie dem Siedlungsgebiet am Bahnhof Halsenbach, das zum Amt Obergondershausen gehörte. Reg. Einkaufs- und Dienstleistungsmittelpunkt sowie beliebter Tagungsort. **II.** Um 1300 *de Emilshusi*, 1375 *Emelshusen*, 1655 *Emmelßhaußen*, 1925 *Halsenbach, Bahnhof; Emmelshausen* (1937). **III.** Das Bw. enthält den ahd. PN *Amil-*. Der Gen. Sg. auf *-s-* bewirkt die Umlautung zu *Emils-*. Das Gw. ist mit ↗ *-hausen* gebildet. Der ON bedeutet demnach 'bei/zu den Häusern des Amil'. **V.** Landeshauptarchiv Koblenz: Liber don.; FP; Schug, P.: Geschichte der Dekanate Andernach, Gondershausen und Sankt Goar. Trier 1970; Rettinger, E.: Historisches Ortslexikon zum Mittelrhein (unveröff.). *JMB*

Emmen [ˈæmːə] **I.** Dorf und Gem. im Amt Hochdorf, größte Vorortsgem. von Luzern mit den Ortsteilen Emmen, Emmenbrücke und Gerliswil, 27 579 Ew., der Siedlungskern liegt am linken Reussufer, im Mündungsgebiet der Kleinen Emme in die Reuss, Kt. Luzern, CH. Luzernisch-murbachischer Dinghof, 1291 habsburgisch, 1386–1798 Teil des Amtes Rothenburg. Im 19. Jh. Entwicklung zum größten Industriestandort der Zentralschweiz. **II.** 840 *Emau* [Or], 1257 *in Emmon*, 1257 *de Emmen*, 1271 *in Emmun*, 1287 *ze Emmen*. **III.** Der SiN *Emmen* ist eine Übertragung vom Flussnamen *Emme*, im lok. Dat. *Emmun* > *Emmen*. Grundlage des FluN *Emme* ist die idg. Wz. **am-* 'Flussbett, Graben', die Krahe in das System der alteurop. Hydronymie einbezieht und die Geiger auch für den *Emme(bach)* bei Hohenems vorschlägt. Gestützt auf diese Grundlage ergibt sich für die *Emme* die Formenreihe vorahd. **ammjō* > frühahd. **ammia*, neben **emmia* mit lautgesetzlichem Primärumlaut > ahd. *emma* > *Emme*, mda. *Ämme* mit Öffnung zur Sekundärumlautqualität, die vor Doppelnasal allerdings ungewöhnlich ist. Der SiN *Emmen* bedeutet 'Siedlung im Mündungsgebiet der Emme'. **IV.** FluN *Emme(bach)* im VO und FluN *Große Emme* im Kt. BE sowie zahlreiche ON mit dem Bw. *Emme-*, wie *Emmenbrücke, Emmenmatt, Emmental*, und mda. *Ämme-*, wie *Ämmeberg, Ämmenegg, Ämmetälti*, alle CH. **V.** Hörsch, W.: Emmen. In: HLS 4, 2005; Geiger, Th.: Die ältesten Gewässernamen-Schichten im Gebiet des Hoch- und Oberrheins. In: BNF 16/1965; Greule, Flußnamen; LNB 1. *EW*

Emmendingen **I.** Große Kreisstadt und gleichnamige VVG (zusammen mit Malterdingen, Sexau, Freiamt und Teningen) im Lkr. Emmendingen, 48 806 Ew., Sitz der Kreisverwaltung; ca. 90 km sw Baden-Baden und etwa 17 km n Freiburg i. Br. am Südrand der Lahr-Emmendinger Vorberge nö der Elz zwischen Mühlbach und Brettenbach gelegen, Reg.-Bez. Freiburg, BW. 1094 kann Dietrich von Emmendingen als Grundbesitzer des Ortes nachgewiesen werden, ab der 2. Hälfte des 12. Jh. standen die Herren von Emmendingen in den Diensten der Grafen von Nimburg, im 14. Jh. im Besitz der Mgf. von Hachberg, 1415 an Mgf. Bernhard von Baden verkauft, 1590 Stadtrecht. Handel, Gastgewerbe, Weinanbau, Markgrafenschloss, Emmendinger Tor, Goethepark, Hochburg. **II.** 1091 *Anemŏtingen* [Or], 1094 *Anemŏtinga* [Or], 1184 *Anemotingen* [Or], 1236 *Anmutigen* [Or], 1325 *Enmettingen* [Or], 1573 *Ementingen* [Or]. **III.** Es handelt sich um eine ↗ *-ing(en)*-Ableitung zu dem PN *Anemuot*; der Name bedeutet 'bei den Leuten des Anemuot'. Der Name entwickelt sich durch Umlaut von *a* zu *e*, Abschwächung des unbetonten *u* zu *e* und Assimilation von *nm* zu *mm*. **V.** Krieger; FP; LBW 6. *JR*

Emmerich am Rhein nl. *Emmerik*. **I.** Stadt im Kr. Kleve, 29 752 Ew., Reg.-Bez. Düsseldorf, NRW. Stadterhebung 1233. **II.** 828 *in uilla Embrici*, 1378 *van Emberic*, 1406 *Eymerich* [Or]. **III.** Das *E-* ist nach Ausweis von Parallelnamen des Typs *Ambriki* (älteste Belege um 930 im Werdener Urbar für einen Ort in der Nähe von Aurich) das Ergebnis des Primärumlauts. Der im Stadtwappen von Emmerich abgebildete Eimer (asä. *ēmbar*) ist schwerlich die etym. Grundlage. Vielmehr handelt es sich um eine Ableitung mit *-k*-Suffix (als *-ja*-Stamm flektiert) zu dem voreinzelsprachlichen Gewässerwort **ambr-*; *b* zu *m* beruht auf totaler Assimilation. Die *Ambriki*-Toponyme sind somit als 'Ort am Fluss' erklärbar. Der ON ist im nd. Gebiet recht häufig. Parallelen: FO 1, 134 f. **V.** HHS 3; Gysseling 1960/61; Krahe. *Tie*

Emmerthal **I.** Gem. im Lkr. Hameln-Pyrmont, 10 822 Ew., zwischen Emmer und Weser, Reg.-Bez. Hannover (bis Ende 2004), NI. Als Gemeindename mit Wirkung vom 1. Januar 1973 entstanden. **III.** Der junge Name ist mit dem Gw. ↗ *-tal* und dem GwN *Emmer* (784 *super fluvium Ambra* [Or], (822–26) *super fluuium Embrine* [Anf. 15. Jh.], 1005 *Hambrina*,

1226 *in de Emmern*) gebildet. Den GwN enthält auch der an der Emmer liegende ON *Emmern* (1183 *Embere*). Der GwN ist auf *Ambria (wegen des späteren Umlautes) zurückzuführen, wird dann durch -*n*-Suffix erweitert und ist zu idg. **ombh-* 'feucht, Wasser' zu stellen, das in gr. *ómbros*, lat. *imber* 'Regen' enthalten ist. **IV.** Ammerland, NI; Ammersee, BY. *KC*

Ems, Bad   **I.** Kreisstadt und gleichnamige VG im Rhein-Lahn-Kreis, 16 782 Ew., ö von Koblenz an der Lahn im Naturpark Nassau, RP. In röm. Zeit Kastelle am Kreuzungspunkt von Lahn und Limes sowie Beginn des Silberabbaus, fränk. Siedlung seit dem 6. Jh., 1324 Stadtrecht und Anfänge des Kurbetriebes. 1382 erstes Kurhaus. Weitere Kurhäuser gegen Ende des MA für die Landgrafen von Hessen, die Grafen von Nassau sowie die Kurfürsten von Mainz und Trier. Gemeinschaftliche Herrschaft der Häuser Oranien-Nassau und Hessen-Darmstadt bis 1806, seit 1866 preuß. Im 19. Jh. Sommerresidenz europäischer Monarchen. Besuch durch zahlreiche berühmte Künstler, sog. „Weltbad". Seit 1913 offizieller Zusatz *Bad*. **II.** Ca. 200 n. Chr. (inschriftlich) *AVIO MONTE*, 880 *in aumenzu*, 10./11. Jh. *Ovmence*, Anf. 13. Jh. *Ovmeze*, ca. 1220 *omeze, omize*, 1351 *Eumeze*, 1359 *Eymtz*, 1513 *Emes*. **III.** Ohne Berücksichtigung der Inschrift lässt sich an den Belegen die lautliche Entwicklung des Namens *Ems* aus ahd. *Oumenzi ablesen (Umlautung des Diphthongs /ou/, Entrundung des Umlauts /öu/ > /ai, ei/, Monophthongierung zu /ē/ und Kürzung des Langvokals vor Mehrfachkonsonanz). *Oumenzi wird zurückgeführt auf vorgerm. *Aumantia, den Namen des in Bad Ems von rechts in die Lahn mündenden Flusses (*Ems-Bach*, 1503 *uf der Enbs*), der idg. **au̯-* 'Wasser', erweitert um die Suffixkombination idg. **-m̯t-*, enthält. Der Ort wurde nach dem dort mündenden Fluss benannt. Es ist nicht auszuschließen, dass auf der Inschrift der germ. ON **Awjo-munþja-*, romanisiert als *Aviomonte*, fixiert ist. Verm. ist **Awjo-munþja-* eine germ. Eindeutung des vorgerm. FluN *Aumantia. Im zweiten Kompositionsglied kann germ. *-munþ-ja-* 'Mündungsgebiet', im ersten das Appellativ germ. *agwjō f. 'Land am Wasser' oder ein FluN *Agwjō vorliegen. Germ. *agwjō existiert auch, erweitert um das Kollektivsuffix *-atja-*, als FlN *die Aust* (1092 *Ovuûeza*, 1357 *dy autze*, 1442 *in der Aucz* < *Ouwetze < *awjatjō) am Oberlauf des Ems-Bachs. **V.** Bach, A.: Der Ortsname Bad Ems. In: BNF 13 (1962); Krahe; Greule, DGNB. *AG*

Emsbüren   **I.** Gem. im Lkr. Emsland, 9 886 Ew., 16 km osö Nordhorn, NI. Der Ort besaß einen der 12 Amtshöfe der Schenkung Karls des Großen an Bischof Liudger von Münster im 9. Jh. Ersterwähnung im 12. Jh., seit dem 14. Jh. Marktflecken. **II.** 1151 *Buren*. **III.** Der Name basiert auf asä. *būr* 'die Bauerschaft, das Dorf'' im Dat. Plur. (*Buriun*), vgl. ahd. *būr* 'Haus', ags. *būr* 'Zimmer, Behausung, Landsitz'; die Pluralform lässt auf die Bedeutung 'Haus' schließen. Der Zusatz *Ems-* (um 1490) bezieht sich auf den nahegelegen Fluss Ems, der GwN (1. Jh. *Amisia*, 946 *Emisa*) geht auf eine idg. Wurzel **am-* 'Graben, Flussbett' zurück. **IV.** Büren, Kr. Paderborn; Buir, OT von Kerpen, Rhein-Erft-Kr. und OT von Nettersheim, Kr. Euskirchen, alle NRW; Buren, NL; Beyren, OT von Flaxweiler und OT von Lenningen, Luxemburg. **V.** HHS 2; Abels. *MM*

Emsdetten   **I.** Stadt im Kr. Steinfurt, 35 759 Ew., nw Greven, Reg.-Bez. Münster, NRW. Im MA Kirchdorf in der Gft. Tecklenburg, 1400 zum FBtm. Münster, 1803 Fürstentum Rheina-Wolbeck, 1806 Ghztm. Berg, 1810 Kaiserreich Frankreich, 1813 preußisch, 19./20. Jh. Wannenmacherei, Textilproduktion, 1938 Stadtrecht. **II.** 1178 *Thetten*, 1277 *Detten*; 1621 *Embsdetten*. **III.** Urspr. Simplex-Bildung auf der Basis eines GwN, für die eine nicht belegte Ausgangsform *Thiutina (etwa 'die Lärmende, die Rauschende') angenommen werden kann. Sie ist anzubinden an den Stamm von asä. *thiotan 'rauschen, tönen', ae. *þeótan* 'heulen, lärmen'. Es handelt sich um eine Bildung mit *-n*-Suffix, das sich in GwN häufig findet. Bereits der Erstbeleg zeigt eine abgeschwächte Form, so dass auch eine Flexionsendung nicht deutlich erkennbar ist. Der ursprüngliche GwN wird aber als Dativ-Plural-Bildung zum SiN geworden sein. Der im 15. und 16. Jh. noch an den Namen angefügte differenzierende Hinweis über die Lage des Ortes an der Ems (z. B. *Detten super Emesam, Detten Emes*) ist dem Namen später vorangestellt worden und fungiert heute als Bw. *Ems-*. Dieser Name geht zurück auf lat. *Amisia* (daraus im 10. Jh. *Emisa*), das aus der idg. Wurzel **am-* 'Graben, Flussbett' gebildet ist. Es ist nicht klar, ob sich der urspr. GwN auf den Mühlenbach bezieht, der nö von Emsdetten in die Ems mündet, oder auf die Ems (und bei Benennung mit dem differenzierenden Zusatz nicht mehr verstanden wurde). **IV.** Schapdetten, OT von Nottuln, Kr. Coesfeld, NRW. **V.** WfUB II, III, VIII; NOB III. *kors*

Emskirchen   **I.** Markt im Lkr. Neustadt a. d. Aisch-Bad Windsheim, 6 073 Ew., Reg.-Bez. Mittelfranken, BY. 1361 Erwerbung durch die Burggrafen von Nürnberg, 1972 bis 2006 gleichnamige VG. **II.** 1132–1147 (Kop. des 15. Jh.) *Empichiskirchen*, 1136–1139 *Empichischirchin*, 1156 *pro parrochia Enspenkirch … parrochiam Enspenkjrch*, 1158 (Kop. von 1422) *matricem ecclesiam in Emskirchen*, ca. 1305 *plebanus in Emskirchen*. **III.** Grundwort des urspr. Gebäudenamens ist mhd. *kirche* 'Kirche, Kirchengebäude', ↗ *-kirchen*; als Bestimmungswort ist der PN *Empichi zu erschließen. Damit ergibt sich die Erklärung 'bei der von einem Empichi gestifteten Kirche'. **V.** HHS 7/2; Reitzenstein 2009. *WvR*

Emstek I. Gem. im Lkr. Cloppenburg, 11 343 Ew., an der Soeste, Reg.-Bez. Weser-Ems (bis Ende 2004), NI. Um 800 Gründung einer der Hauptkirchen im Lerigau durch Kloster Visbek, Besitz der Grafen von Ravensburg-Vechta, 1252 zum Bistum Münster, Gogericht auf dem Höhenrücken Desum. **II.** 947 *in Emphstete [Or]* [als *Emphstece* zu lesen], um 1000 *in Emsteki* (Kop. 1479 nach Vorlage von Kop. 11. Jh.). **III.** ON mit unsicherer Etymologie. Möller erwägt eine Abl. mit den Suffixen -*st*- und -*k*- zu idg. **am*- 'Flussbett, Graben', einen AbschnittsN der Soeste **Amistika* und einen durch -*ja*-Abl. gebildeten ON **Amistiki*. In Anbetracht des Erstbelegs mit Labial ist wohl eher an idg. **emb(h)-*, **omb(h)-* 'feucht, Wasser', germ. **amb-/*amp-*, zu denken, wie in † *Ember*, *Empede* und *Empelde* (Region Hannover). Als germ. Gf. ist **Ambistika* für einen GwN, **Ambistiki* für den ON anzusetzen; -*i*- bewirkte Umlaut von -*a*-, Nebentonvokale wurden abgeschwächt und schwanden teilweise wie auch der Labial aus der späteren Dreierkonsonanz **-mbs-*. Noch nicht in Erwägung gezogen wurde ein Kompositum, dessen Gw. zu germ. **stiki-* aus idg. **(s)teig-*, **(s)tig-* 'stechen, spitz' gehören könnte, dazu asä. *stiki*, mnd., mnl. *stēk(e)*, afries. *stek(e)* 'Stich, Punkt', mhd. *stich* auch 'abschüssige Stelle, steile Anhöhe', wobei das Bw. unklar bleibt. **V.** Kemkes, H.: Das Kirchspiel Emstek. Cloppenburg 1998; Mecklenborg, M.: Aus der Geschichte der Gemeinde Emstek. In: Jahrbuch für das Oldenburger Münsterland 2000; Möller 2000. *FM*

Endbach, Bad I. Gem. im Lkr. Marburg-Biedenkopf, 8 463 Ew., 18 km sw Marburg, Reg.-Bez. Gießen, HE. Seit 1955 Kneipp-Kurort für Venen und Gelenke, Metallverarbeitung, Flugzeugküchenbau, Landwirtschaft. 1974/75 Zusammenschluss von 8 Orten mit Bad Endbach als Zentralort; bis 30. 6. 1974 Lkr. Biedenkopf. **II.** 1261 *Endebach*, 1577 *Ennebach*. **III.** Benannt nach dem Endebach, an dessen Einmündung in die Salzböde der Ort liegt. ↗ -*bach*. **V.** Reuling 1968; Huth, K.: Die Gem. Bad Endbach und ihre 8 Ortsteile im Wandel der Jahrhunderte. Biedenkopf 1985. *FD*

Endingen am Kaiserstuhl I. Stadt im Lkr. Emmendingen, 9 098 Ew., ca. 11 km wnw Emmendingen und etwa 23 km nnw Freiburg i. Br. am Fuße des Kaiserstuhls am Ausgang des Erletals gelegen, Reg.-Bez. Freiburg, BW. Teil des GVV Nördlicher Kaiserstuhl. Alem. Siedlung, die 762 aus dem Besitz der Straßburger Kirche an das Kloster Ettenheimmünster ging, 1295 wird Endingen als urbs bezeichnet, seit 1094 Herren von Endingen, 1805 von der Landgrafschaft Breisgau an Baden. Weinbau, ehem. Tuchweberei, altes Rathaus, Üsenberger Hof, Käserei-Museum. **II.** 763 (Kop. 1457) *Endingen*, 965/991 *Endingun*, 984 *Endinga*, 1086 *Endingen*. **III.** Es handelt sich um eine ↗ -*ing(en)*-Ableitung zu dem PN *Ando*; der Name bedeutet 'bei den Leuten des Ando'. Er entwickelt sich durch Umlaut von *a* zu *e* und erhält zur Abgrenzung von Endingen, OT von Balingen, den Zusatz *am Kaiserstuhl* (zuerst 1304 *Keiserstuol* als bildlicher Ausdruck für die eindrucksvolle Größe des Berges). **IV.** Endingen, OT von Balingen, Zollernalbkreis, BW; Endingen, Kt. AG, CH. **V.** FO 1; FP; Krieger; Berger; LBW 6. *JR*

Engelskirchen I. Gem. im Oberbergischen Kreis, 20 164 Ew., ö Köln an der Agger, Reg.-Bez. Köln, NRW. Frühe Besiedlungsspuren (Ringwälle, Erburgen), Ersterwähnung 1353, früher die Ortsteile Ründeroth (1174) und Ehreshoven (1280), 1975 mit Ründeroth zur Gem Engelskirchen zusammengeschlossen, ma. Erzbergbau, ab Mitte 19. Jh. Textilfabriken, Rheinisches Industriemuseum. **II.** 1353 *Engellerskerken*, 1363 *Engelerskirchen*. **III.** Kompositum aus PN *Engilher* und Gw. ↗ -*kirchen*. Ob im Erstglied auch 'Angel' aus germ. **angulam* 'Haken, krumm' vermutet werden darf, etwa für den Flussverlauf, ist eher zweifelhaft. **V.** FP; Dittmaier 1956; HHS 3. *Ho*

Engen I. Stadt und gleichnamige VVG im Lkr. Konstanz, 16 042 Ew., ca. 37 km nw Konstanz und etwa 18 km nnö Tuttlingen in den Nordhegauer Waldtälern an der Hegau-Alb gelegen, Reg.-Bez. Freiburg, BW. Die Stadt wurde in der 1. Hälfte des 13. Jh. gegründet, 1086–1138 Edelfreie Herren von Engen bezeugt, dann im Besitz der Herren von Hewen und Fürsten von Fürstenberg und seit 1806 badisch. Alter Stadtgarten, Eiszeitpark, Villa Bargen. **II.** 796/954 (Kop. 15. Jh.) *Engen* (?), 1086 (Kop. 12. Jh.) *Engin*, 1092 *Engin [Or]*; *Engen* (1179). **III.** Der Name ist anzuschließen an ahd. *engi* 'Enge, Engpass', mhd. *enge* 'beengter Weg, schmales Tal, Schlucht'. Namengebend war wohl die Landschaftsformation. **V.** FO 1; Krieger; Bach DNK 2; LBW 6. *JR*

Enger I. Stadt im Kr. Herford, 20 076 Ew., w Herford, Reg.-Bez. Detmold, NRW. Die alte Siedlung entstand im Bereich eines Villikationshofes. Zwischen 930 und 940 Gründung eines Stiftes durch Königin Mathilde († 968), 968 Schenkung Ottos an das Erzstift Magdeburg, Stiftsvogt später Edelherr zur Lippe (auf vorgelagerter Burg); verm. Grab des Sachsenführers Widukind (Grabplatte um 1100), 13. Jh. Marktrecht, 1356 Weichbild, (zumeist verpfändete) lippische Exklave um Enger, 1409 an Gft. Ravensberg, 17. Jh. an Brandenburg, 1721 Stadt, seit 1813 zu Preußen. Widukindmuseum; Zigarren-, Holzindustrie.

II. 947 *monasterium in loco Angeri*, 965 *Angare*, 968 *abbatiam cui nomen est Angerin*, 1209 *Engere*, 1329 *in Angara*; *Enger* (1442). **III.** Der ON steht in keiner Verbindung zum alten Landschaftsnamen *Engern* für das Gebiet der mittleren Weser (978 *Angeron*, 1065 *Engeren* 'bei den Angarii, Angri, d. h. den Anger-, Wiesenbewohnern'). Der ON geht entweder auf einen alten GwN zurück (vgl. die Anger, r. Nfl. zum Rhein bei Duisburg, 876 *Angero*, 1289 *Angera*) oder gehört als Flurbez. zu asä. ahd. *angar* '(Markt-)Platz; Grasplatz, Anger', mnd. *anger* 'Grasland'. **V.** Schneider; HHS 3. *BM*

Engstingen **I.** Gem. und gleichnamige VVG im Lkr. Reutlingen, 9177 Ew., ca. 13 km ssö Reutlingen und etwa 29 km nnw Tübingen in der Reutlinger Alb, dem Nordteil der mittleren Kuppenalb, am Nordrand der Schwäbischen Alb gelegen, Reg.-Bez. Tübingen, BW. Entstand 1975 durch die Vereinigung der selbstständigen Gem. Großengstingen, Kleinengstingen und Kohlstetten, Gewerbepark Hais, Wendelinuskapelle, St. Martinskirche, Sauerbrunnen, Automobilmuseum, Friedenslinde Kohlstetten. **II.** 788 *Anigistingin*, 1137/38 (Kop. 16. Jh.) *Anegestingen*, 13. Jh. *Engestingen*, 1434 *Freyenengsten*, 1482 *Clain Engstingen*, 1582 *Grossen Engstingen*. **III.** Es handelt sich um eine ↗-*ing(en)*-Ableitung zu dem PN *Anagast*; der Name bedeutet 'bei den Leuten des Anagast'. Er entwickelt sich durch Umlaut von *a* zu *e* und Ausfall tonschwacher Mittelsilben. **V.** Reichardt 1983; FP; Haubrichs 2004; Haubrichs, W.: Namenbrauch und Mythos-Konstruktion. Nomen et fraternitas: Festschrift für Dieter Geuenich zum 65. Geburtstag, hg. von Ludwig, U./Schilp, Th. Berlin/New York 2008; LBW 7. *JR*

Eningen unter Achalm **I.** Gem. im Lkr. Reutlingen, 11 017 Ew., ca. 4 km osö Reutlingen und etwa 19 km nnö Tübingen am Rand der Reutlinger Bucht zwischen der Achalm und dem Albtrauf gelegen, Reg.-Bez. Tübingen, BW. Gründung der Alemannen, Ortsadel vom 11. bis 13. Jh., die durch Bempflinger Vertrag geteilte Ortsherrschaft erst an die Grafschaften Achalm und Urach und dann an Württemberg, seit 1912 mit dem Zusatz unter Achalm. Obstanbau, Kurbetrieb, Eninger Weide, Andreaskirche, Sterbeort von Johann Georg Hegel. **II.** 1089/90 (Kop. 1135–37) *Eningin*, um 1090 (Kop. 16. Jh.) *Eningen*, 1274 *Eningen*. **III.** Es handelt sich um eine ↗-*ing(en)*-Ableitung zu dem PN *Ano*; der Name bedeutet 'bei den Leuten des Ano'. Er entwickelt sich durch Umlaut von *a* zu *e*. Dazu kommt als Lageangabe der GwN *Achalm*. **V.** Reichardt 1983; FO 1; Haubrichs 2004; LBW 7. *JR*

Enkenbach-Alsenborn **I.** Gem. und gleichnamige VG (seit 1972) im Lkr. Kaiserslautern, 12 951 Ew., an der Stadtgrenze zu Kaiserslautern, Westpfalz, RP. Vier Gem. mit einer der ältesten Burgen der Pfalz. Die Alsenborner Dieburg an der Alsenzquelle schützte im MA als Niederungsburg die Straßen nach Mainz, Worms und Kaiserslautern. 1148 Gründung eines Prämonstratenserinnenklosters durch die Burgherren in Enkenbach. **II.** Enkenbach: Um 1150 *Enkenbach*, 1361 *Eynkenbach*; *Enckenbach* (1553). Alsenborn: 863/64 *Alsenzbrunne* (Kop. 1144), um 1150 *in Alsenzenburnen*, 1604 *Altzenborn*; *Alßenborn* (1610). **III.** Das Bw. im ON *Enkenbach* geht auf mhd. *enke* 'Viehknecht, Hütejunge' zurück, das Gw. ist ↗-*bach*. Zu deuten ist der Name somit als 'Siedlung an einem Gewässer, dass die Viehhüter nutzten'. Der ON *Alsenborn* ist eine Zusammensetzung mit dem vorgerm. GwN *Alsantia/*Alsontia und ↗-*brunn* bzw. ↗-*born*, beide bedeuten hier 'Quelle (der Alsenz)', weshalb der ON als 'Siedlung an der Alsenzquelle' gedeutet werden kann. **IV.** Alsenbrück, eingem. in Winnweiler, und ↗Alsenz-Obermoschel, beide Donnersbergkreis, RP. **V.** Hauptstaatsarchiv München, Rhpf. Urk.; MGH DD, Die Urkunden Ludwigs des Deutschen. Die Urkunden Konrads III.; HSP. *JMB*

Ennepetal **I.** Stadt im Ennepe-Ruhr-Kr., 31 111 Ew., Reg.-Bez. Arnsberg, NRW. 1949 aus den Gemeinden des Amtes Milspe-Voerde gebildet. **III.** Nach der Lage im Tal der Ennepe gewählter Name für das Stadtgebiet. Der GwN (1235 *Ennepe*) ist eine Bildung mit dem Gw. ↗-*apa*. Der Erstbestandteil ist wegen der spät einsetzenden Überlieferung nicht sicher geklärt. Erwogen wird eine Verbindung mit der vspr. Wurzel **en-*/**on-*, die in einigen europ. GwN anzutreffen ist und verm. der Bildung von inhaltlich nicht genauer bestimmbaren Bezeichnungen für 'Wasser' diente. **V.** HHS 3; Schmidt Rechtsrhein. Zfl.; Udolph 1994. *Flö*

Ennigerloh **I.** Stadt im Kr. Warendorf, 20 178 Ew., n Beckum, Reg.-Bez. Münster, NRW. Im MA Kirchdorf im FBtm. Münster, 1802 preußisch, 1806 Ghztm. Berg, 1813 wieder preußisch, ca. 1850 erstmals Kalksteinabbau, ab ca. 1890 Zementwerke, 1975 Großgemeinde, 1976 Stadt. **II.** Ca. 1050 *Aningera lo, Aningero lo*, 1217 *Enyngerlo*, 1279 *Eniggerlo*. **III.** Zusammenrückung mit dem Gw. ↗-*loh*, das appellativisch auf asä. **lō(h)*, mnd. *lōh* 'Gebüsch, Gehölz, (Nieder-)Wald' basiert. Das Erstglied beruht auf *Aningera* des urspr. Syntagmas, wie es in der Handschrift des Freckenhorster Heberegisters durch Getrenntschreibung der Namenglieder noch deutlich ist. Es ist der Gen. Pl. einer Einwohnerbezeichnung mittels des Suffixes -*ar*- zu einem nicht namentlich belegten ON, der aus einer Personengruppenbezeichnung besteht (**An(n)ingun*). Dieser setzt sich aus dem germ. Kurznamen *An(n)o* und dem Zugehörigkeitssuffix

⌐-*ing-* zusammen. So kann der ON *Ennigerloh* umschrieben werden mit 'Wald der Bewohner des Ortes der *An(n)o-*Leute'. Durch Umlaut und Schwund des *-n-* aus der schwachtonigen Mittelsilbe hat sich eine Form *Ennigeralo* entwickelt, die zeitgleich zum Erstbeleg überliefert ist. Diese Bildung ist (nach Ausfall der unbetonten Flexionsendung für den Gen.) mit nur wenigen Abweichungen als *Ennigerloh* bestehen geblieben. Eine Verbindung zum Landschafts- und Volksnamen Engern besteht nicht. **V.** CTW I; WfUB III; Kaufmann, H.: Genetivische Ortsnamen. Tübingen 1961. *kors*

Enns [ɛns]. **I.** Stadt im Pol. Bez. Linz-Land, 11 276 Ew., auf l. Höhenrücken über der Enns gegen die Donau am Ostrand des Traunviertels, OÖ, A. Ausgangsort ist der 2 km nw in der Ebene gelegene h. Stadtteil Lorch [lɔʁx], wohl kelt. Ort des 4. Jh. v. Chr., wo im 1. Jh. n. Chr. die Römer zur Sicherung des Donau-Limes in Noricum (15 v. – 476 n. Chr.) ein Erdkastell anlegten und E des 2. Jh. ein Castrum und eine Zivilsiedlung, die unter Kaiser Caracalla (211–17) *Municipium* wurde. Die heutige Basilika St. Laurenz des 15. Jh. geht auf eine röm. frühchristliche Kirche des 4. Jh. zurück, wo die Gebeine der 40 Märtyrergefährten des während der letzten Christenverfolgung 304 in der Enns ertränkten hohen röm. Beamten Florian beigesetzt wurden. Um 480 Bischofssitz, 488 unter dem Ansturm der Germanen Rückführung eines Großteils der röm. Bevölkerung nach Italien. Im 8. Jh. Ostgrenze des bair. Herzogtums und 805 karolingischer Umschlagplatz für den Osthandel mit den Slawen (Diedenhofer Kap.). Wegen Magyarenstürme um 900 Siedlungsverlegung auf den Höhenrücken und Anlage der „Ennsburg" auf dem Georgenberg. Dort 1186 Erbvertrag zwischen dem letzten Traungauer Otakar IV. und dem Babenberger Hz. Leopold V., der 1192 zum Anschluss der heutigen Steiermark an Österreich führte. Ausbau des ö gelegenen Marktes (1186 *forum*) zur Stadt und 1212 Stadtrecht. Aufschwung im 14./15. Jh. durch Eisenhandel. 1553 Verlegung der Pfarrrechte von Lorch nach Enns und 1566–70 Bau von Schloss Ennsegg auf dem Georgenberg. **II.** Lorch: 4.–6. Jh. *Lauriaco* (It. Ant., Not. dig., Vita Sev., Mart. Hier.), *classis Lauriacensis* (Not. dig.), *Lauriacum* (Vita Sev.); 791 *Lorahha*, 977 *in Loracho*, 1282 *Lorich*, ca. 1325 *Larch*. Enns (Fluss und Stadt): 2./3. Jh. (Kop. 12. Jh.) *Ani*[*sa*] (Tab. Peut.); 772 (Kop. 9. Jh.) *circa Anisam fluvium*, 791 *ad Enisa*, 977 *Anesapurhc*, 1034 *de Ensinburc*, 1147 *de Ense*, ca. 1200 *in Ens*. **III.** *Lorch*: Kelt. Abl. *-akom*/lat. ⌐*-acum* von kelt./lat. PN *Laurios/-ius* als lat. Nom. *Lauriacum* und lok. Ablativ *Lauriacō*. Frühe germ. Übernahme durch Föderaten als germ. Femininum **Laurakō* mit Vorverlagerung des lat. Penultimaakzents auf die 1. Silbe und Tradierung mit Zweiter Lautverschiebung zu bair.-ahd. **Laurahha/Lōrahha. Enns*: Entweder schon idg.-vspr. **Panisā* zu idg. **pen-/pon-/pn̥-* 'Schlamm, Sumpf, Wasser' mit dann kelt. *p-*Verlust oder erst kelt. **Anisā* zu gall. *anam* 'Sumpf', mir. *an* 'Wasser, Harn'. Im ersten Fall wäre Bildung als 'Gewässer, Fluss' am Unterlauf möglich, im zweiten Fall als 'Sumpffluss' am versumpften steirischen Oberlauf. Bair.-frühahd. Integrierung mit dann bair.-ahd. Primärumlaut der 2. Hälfte des 8. Jh. **IV.** Lorch, Rheingau-Taunus-Kr., HE. **V.** ANB 1; Wiesinger (1990); ÖStB 1; HHS Lechner. *PW*

-ens. ⌐*-ing(en).*

Ense **I.** Gem. im Kr. Soest, 12 740 Ew., s von Werl, n von Ruhr und Möhne, Reg.-Bez. Arnsberg, NRW. Der Ort besteht aus den Siedlungskernen Oberense und Niederense, letzteres Sitz des Rittergeschlechts von Ense. 1969 Bildung der Gem. Ense aus Gemeinden des ehemaligen Amtes Bremen. **II.** 1230 *Ense* [*Or*], 1382 *to Overen-Ense*, 1544 *to Nidderen Enße*. **III.** Bis auf die differenzierenden Zusätze ⌐*Ober(en)-* und ⌐*Nieder(en)-* (nach der Höhenlage am Haarstrang) ist der ON unverändert geblieben. Er hat genaue und früher bezeugte Entsprechungen s von Korbach, Kr. Waldeck-Frankenberg, HE. Die Ausgangsform des ON ist als **An-isa* anzusetzen, eine Bildung mit *-s-*Suffix und Bindevokal *-i-*, der den Umlaut *A-* > *E-* bewirkte. Die Basis ist an die Wurzel idg. **en-/*on-* anzuschließen, die in GwN bezeugt ist. Aufgrund des Anlauts ist die *-o-*Stufe anzunehmen. Der ON wurde durch Übertragung des Namens eines Bachs oder einer verschwundenen Wasserstelle auf die daran gelegene Siedlung gebildet. Näheres ist unsicher. Da Niederense wohl älter ist, wäre ein Abschnittsname der Möhne denkbar. **IV.** Niederense und Oberense, OT von Korbach, Lkr. Waldeck-Frankenberg, HE; GwN *Enns*, Österreich. **V.** Derks, P.: *Trigla Dea* und ihre Genossen. In: Soester Zeitschrift 101 (1989); WOB I. *Flö*

Eppelborn mda. [ˈəbəlˌbɔrə] **I.** Gem. im Lkr. Neunkirchen, 17 614 Ew., im Zentrum des Saarlandes, ca. 25 km n von Saarbrücken, SL. Spuren aus der röm. Zeit. Ende 13. Jh. gehörte die Siedlung zum Herrschaftsbereich der Herzöge von Lothringen, ab der 2. Hälfte des 17. Jh. der Freiherrn von Buseck, ab 1786 des Hztm. Pfalz-Zweibrücken. 1793 franz., 1815 an Preußen, 1920 Völkerbundverwaltung, 1935 Rückgliederung ins Reich, 1947 Teil des formal selbst., in polit. und wirtschaftl. Union mit Frankreich stehenden Saarlandes, 1957 zu Deutschland. 1974 Eingemeindung von Bubach-Calmesweiler, Dirmingen, Habach, Hierscheid, Humes, Macherbach und Wiesbach. **II.** Um 1200 (Kop. 15. Jh.) *de Ypulinire*, 1293 *Ippelbure* [*Or*], 1323 *Yppulburne* [*Or*]; *Eppelborn* (1383).

III. Der Erstbeleg, kopial in einer aus Verdun stammenden Quelle überliefert, zeigt entweder eine Verschreibung oder eine rom. Assimilation *lb* > *ll*. Ahd. *Ippilenbūr. Erstelement ist der PN *Ippilo, eine mit dem Suffix *-ilo* gebildete Koseform zum PN *Ippo*. Gw. ist ahd. *būr* Ntr. 'Haus' (↗*-beuren/-beuern/-büren*), das in der ersten Hälfte des 14. Jh. an das Gewässerwort ↗*-born*, ↗*-brunn* angepasst wurde. Eine als Zwischenstufe anzusetzende synkopierte Form *Ippilnbūr führte aus Gründen der Konsonantenerleichterung zum Schwund des *-n-*. Anlautendes und zwischenkonsonantisches *i* des Gw. wurden dialektal zu ə zentralisiert und als *e* verschriftet. cjg

Eppelheim I. Stadt im Rhein-Neckar-Kreis, 14 589 Ew., ca. 5 km w Heidelberg und etwa 5 km osö Schwetzingen auf dem Neckarschwemmkegel in der Oberrheinischen Tiefebene nahe des Odenwaldes gelegen, Reg.-Bez. Karlsruhe, BW. Merowingerzeitliche Siedlung, Lorscher und Wormser Grundherrschaft, pfälzische Herrschaft bereits vor 1200 und seit 1803 badisch. Bekanntes Maurerdorf, Tabakanbau, Wasserturm, Rhein-Neckar-Halle, Feldkreuz. II. 770 (Kop. 12. Jh.) *Ebbelenheim*, 781 (Kop. 12. Jh.) *Eppelenheim*, 1262 *Epelnheim [Or]*, 1369 *Eppelnheim [Or]*; *Eppelheim* (1539). III. Es handelt sich um eine Zuss., gebildet mit dem Gw. ↗*-heim* und als Bw. der PN *Ebbilo/Eppilo*. Der ON bedeutet 'Siedlung des Ebbilo/Eppilo'. In der Mundartform *Ebele* zeigt sich die Abschwächung von *-heim* zu *-e*. IV. Eppelsheim, Lkr. Alzey-Worms, RP. V. Krieger; FO 1; FP; Bach DNK 2; Kleiber 2000; LBW 5. *JR*

Eppingen I. Große Kreisstadt und gleichnamige VVG im Lkr. Heilbronn, 28 867 Ew., ca. 23 km w Heilbronn und etwa 60 km nnw Stuttgart in der Gipskeuperlandschaft des Eppinger Gäus (Kraichgau) zwischen Elsenz und Hilsbach gelegen, Reg.-Bez. Stuttgart, BW. Siedlung der frühen fränk. Zeit, zunächst im Besitz der Staufer, 1235 Stauferstadt, 1219 an die Mgf. von Baden verpfändet und 1803 ganz an Baden. Brauerei, Maschinenbau, Pfeifferturm, Pfarrkirche Unsere Liebe Frau, Katharinenkapelle, Alte Universität (zzu Heidelberg), Linsenviertel, Ratsschänke, Ottilienberg. II. 985 *Epbingon [Or]*, 1057 *Eppingen [Or?]*, 1101 (Kop. 13. Jh.) *Eppingun*; *Eppingen* (1267). III. Es handelt sich um eine ↗*-ing(en)*-Ableitung zu dem PN *Eppo*; der Name bedeutet 'bei den Leuten des Eppo'. V. Krieger; FO 1; FP; LBW 4; Bad. Städtebuch. *JR*

Eppstein I. Stadt im Lkr. Main-Taunus-Kreis, 13 271 Ew., Reg.-Bez. Darmstadt, HE. Hochma. Talsiedlung unter der 1122 erstmals urk. erwähnten Burg der Herren von Eppstein, die im mittleren Rheingebiet während des MA eine wichtige Rolle spielten. Die Reichsburg, die seit dem 12. Jh. als Mainzer Lehen den Herren von Eppstein unterstand, wurde seit dem Spätmittelalter gemeinsam von der Landgrafschaft Hessen (seit 1492) und dem Erzbistum Mainz verwaltet. Die Siedlung erhielt 1318 das Frankfurter Stadtrecht. 1803 an das Hztm. Nassau-Usingen. 1977 Zusammenschluss von Eppstein mit Bremthal, Ehlhalten, Niederjosbach (schon 1971 zu Bremthal) und Vockenhausen. II. Eppstein: 1122 *[Or] de Ebbensten*, 1124 *castrum Epenstein*, 1219 *Ebbinstein*. Bremthal: 1204–1220 (Kop.) *Bremedal*, 1287 *de Bremetal*. Ehlhalten: um 1226–1239 (Kop.) *Elheldin*, 1290 *Eilhelden*. Niederjosbach: um 1226–1239 (Kop.) *Gospach villa inferior*, 1278 *inferiori Gozpach*, 1619 *Nieder Jospach*. Vockenhausen: um 1226–1239 (Kop.) *Vockinhusin*, 1619 *Vockenhausen*. III. Das Bw. des ON *Eppstein* ist der PN *Ebbo*, die KF eines zweigliedrigen PN mit *Ebur-* / *Eber-* im Erstglied. Der ON *Bremthal* zu ahd. *brāmo* 'Brombeer-, Dornstrauch'. Im Bw. des ON *Ehlhalten* ist der PN *Agilo, Eilo > Eil-* zu vermuten. Das Gw. gehört zu ahd. *helid* 'Hütte', das Bw. des ON *Niederjosbach* zu ahd. mhd. *gōz* 'Guss, Regenguss'. Die dialektale Aussprache *g* > *j* zeigt sich in den neueren Schreibungen. Bei Vockenhausen liegt ein patronymischer ↗*-hausen*-Name zum PN *Vocco* vor. V. Bethke; Keyser; Knappe; LAGIS; Schäfer, Eppstein; Picard, B.: Burg Eppstein im Taunus. Eppstein 1986[2]. *TH*

Erbach I. Kreisstadt im Odenwaldkreis, 13 398 Ew., Reg.-Bez. Darmstadt, HE. Entstanden um die Burg der seit dem 12. Jh. bezeugten Herren von Erbach, die als Vögte des Klosters Lorsch amtierten. Als Erbschenken der Pfalzgrafen zu Rhein (seit 1226) und Reichsgrafen (seit 1532) bestimmten die Erbacher die Geschichte des Ortes bis zum Übergang der Grafschaft 1806 an das Ghztm. Hessen. 1321 erhielt Erbach Stadtrechte. Residenz der Grafen von Erbach-Erbach (seit 1748), die eine Schlossanlage errichteten, in der h. die bedeutenden Sammlungen des Grafen Franz von Erbach (1754–1823) verwahrt werden. Sitz des Deutschen Elfenbeinmuseums. Bereits im Alten Reich Amts- und Zentort, seit 1832 Kreisstadt. II. 1095 (Kop.; Dorf-Erbach) *Ertbach*, 1340 *Erpbach*, um 1345 *Ertpach*. III. Der Erbach verläuft teils unterirdisch durch Erbach und den Stadtteil Dorf-Erbach, bevor er in die Mümling mündet. Auszugehen ist von einer Form ahd. *erdabah 'Erdbach', die zunächst den Fluss bezeichnete und dann auf die Siedlung überging. Der FluN Mümling (798, Kop., *Mimelinga*; um 1012, Kop., *Minimingaha*) nimmt Bezug auf den ON Mömlingen (Lkr. Miltenberg, BY), dessen frühe Formen (9. Jh., Kop., *Miminingen*; 1128 *Mimilingun*) auf einen ↗*-ingen*-ON zu einem PN *Mimino / *Mimilo verweisen. Der FluN ist als Kompositum aus ON und ↗*-ach*[1] zu erklären. V. Keyser; Kleberger; Knappe;

Müller, Starkenburg; Reitzenstein 2006; Sperber; Wagenknecht, P.: Erbach. 900 Jahre Burg und Stadt. Erbach 1995. TH

Erbach I. Stadt im Alb-Donau-Kreis, 13 322 Ew., ca. 11 km sw Ulm und etwa 80 km osö Tübingen am Rand der Donauniederung am Schlossberg und am Südostrand des Hochsträß gelegen, Reg.-Bez. Tübingen, BW. Das ehem. Lehen der Grafen von Berg-Schelklingen fiel 1345 an Österreich, 1388 von Herzog Georg der Reiche von Bayern gekauft, 1622 als Lehen von Österreich an die Freiherrn von Ulm-Erbach, 1805 bairisch und 1810 württembergisch. Handwerk, Dienstleistung, Industrie, Schlossberg, oberschwäbische Barockstraße, Schloss Erbach, Pfarrkirche St. Martin. II. 1254 *Erlbach [Or]*, 1263 *Elribach [Or]*, 1277–94 *Elrbach [Or]*, 1324 *Ellerbach [Or]*; *Erbach* (1360/70). III. Es liegt eine Zuss. vor mit dem Gw. ↗*-bach* und dem Bw. ahd. *elira, erila*, mhd. *erle* 'Erle' im Sinne von 'Ort am mit Erlen bestandenen Bach'. Die heutige Namenform ist durch Erleichterung der Dreikonsonanz *-rlb-* in Erlbach, *-lrb-* in Elrbach entstanden. IV. ↗Erbach, Odenwaldkreis, HE. V. Reichardt 1986; LBW 7. *JR*

Erding I. Stadt im Lkr. Erding, 34 020 Ew., Sitz der Kreisverwaltung, Reg.-Bez. Oberbayern, BY. Im 13. Jh. Marktrecht und Gericht, herzogliche Burg. II. 1231–1234 *Ardingen ... Aerdingen*, ca. 1300 *Aerding*, 1393 *Erding*, 1519–1521 *Ariodunum ... Aerding*. III. Frühere Nennungen beziehen sich auf das heutige Altenerding, in dessen Gemarkung die neue Siedlung gegründet wurde und dessen Namen sie an sich gezogen hat. Es liegt der zu erschließende PN **Ardeo* zugrunde, der durch das Zugehörigkeitssuffix ↗*-ing* abgeleitet ist. V. HHS 7/1; Reitzenstein 2006. *WvR*

Erftstadt I. Stadt im Rhein-Erft-Kreis, 50 714 Ew., 20 km sw Köln, Reg.-Bez. Köln, NRW. Hauptorte Lechenich, 11 977 Ew., Liblar 13 096 Ew., 1969 im Zuge der Kommunalreform entstanden, Kunstname nach dem GwN der Erft. II. GwN: um 700 *Arnefa*, 893, 1075 *Arnafa*, 796 *Arnapi fluvii*, 973 *Arnapha*. Lechenich: 1138 *Legniche*, 1253 *Leggenich, Lechinich*. Liblar: ca. 1150 *Lubdelare*, 1197 *Lublar*. III. Bw. des GwN wohl alteuropäisch *arn-, arl-* 'Wasser', vgl. *Arno* (Italien), mit vielleicht vorgerm. Suffix *-avus, -ava* wie im Namen der Saar < *Sar-avus*, spätere Angleichung an GwN auf *-apa*, Umlaut vor *-r* wohl mda. begründet, auslautend *-t* epithetisch. *Lechenich* aus gallorom. PN *Laconius* und Suffix ↗*-(i)acum*, vgl ↗Jülich, ↗Zülpich. *Liblar*: Kompositum aus germ. Verbalstamm **lub-* 'beschneiden, kastrieren', dazu rheinisch *Lüpp, Lüppstier* 'verschnittener Jungochse', und Gw. ↗*-lar*. V. Dittmaier 1955; Dittmaier 1963; HHS 3. *Ho*

Erfurt I. Landeshauptstadt des Freistaates TH, an der Gera (Zufluss der Unstrut) am Südrand des Thüringer Beckens, 203 333 Ew. Siedlungsspuren seit Altsteinzeit; sehr alter Zentralort; 742–755 sowie h. kath. Bistumszentrum, karolingische Pfalz; frühes Fernhandelszentrum, 805 Grenzhandelsort mit slaw. Ostsaalegebiet; Frühstadt seit 10. Jh., weiterer Stadtausbau im frühen 12. Jh. (1167 *civitas*); Universitätsstadt (1392–1816, neu gegr. 1994), Studienort Martin Luthers; Messestadt (1331 Messeprivileg), Hochschulen, Dom. II. 742 *in loco ... Erphesfurt*, 802 *in palatio publico Erfesfurt* (Königspfalz), 805 *Erpesfurt*, 936 *Erpesfurt*, 1244 *Erphort*, 1350 *Erf(f)urt*. III. Der ON beruht sehr wahrscheinlich auf einem urspr. Flussabschnittsnamen der ↗Gera, asä. **Erpesa* < germ. GwN **Erpisa* zu germ. **erpa-z* 'dunkel, braun', vgl. ahd. *erpf* 'dunkel', also etwa 'braunes, dunkles Gewässer' (vgl. gleichbedeutend jüngere Bildungen wie *Schwarzach, Schwarzwasser*), und dem Gw. ↗*-furt*. Die Möglichkeit eines urspr. GwN ist auf Grund anderer GwN *Erfa, Erpf, Erpe* gegeben. Die Graphien *Erp-* zeigen and. Lautung, *Erph-* und *Erf-* ahd. Sprechformen, die sich letztlich durchgesetzt haben. Allerdings wurden Furten nur selten nach dem zu überschreitenden Wasser benannt. Daher kann im ON *Erfurt* evtl. auch der Gen. *Erpes* bzw. *Erphes* eines PN *Erp, Erph* ('Dunkler, Brauner') vorliegen und damit die Person benannt worden sein, die Verantwortung für die Furt trug, vgl. ↗Straußfurt. In mhd. Zeit wurde die unbetonte Mittelsilbe völlig verschliffen (etwa *Erfesfurt > Erfsfurt > Erffurt > Erfurt*) und verschwand damit. IV. Erfa, h. Friedrichswerth bei Gotha, 1157 *Erpha*, 1170 *Erfaha*; GwN *Erfa*, h. die Apfelstädt, s Erfurt, jeweils TH; Erfeld mit GwN *Erf(a)*, l. zum Main bei Miltenberg, BY, 1234 *in fluvio dicto Erphe*, 1243 *Erfa*; zur Bildung von PN vgl. die ON Ernstroda, Lkr. Gotha, TH, 1114 *Erphesrot*; Erbsen, Lkr. Göttingen, NI, (9. Jh.) 15. Jh. *Erpeshusen*, † *Erpeshusen*, mehrere WgN in den Kr. Höxter, NRW, und Osterode, NI. V. MGH Epp. sel. I; Walther 1971; SNB; Berger. *KH*

Ergolding I. Markt im Lkr. Landshut, 11 691 Ew., Reg.-Bez. Niederbayern, BY. II. 822 (Kop. von 824) *Ergeltingas*, 824 *Erkeltingas ... Erkeltinga*, 888/89 *Ergoltinga*, ca. 1130 *Ergoltingen*, kurz vor 1300 *Ergolting*, 1399 *Ergolding*. III. Es liegt der zu erschließende PN **Ergelt* zugrunde, der durch das Zugehörigkeitssuffix ↗*-ing* abgeleitet ist. V. Reitzenstein 2006. *WvR*

Ergoldsbach I. Markt und gleichnamige VG im Lkr. Landshut, 9189 Ew., Reg.-Bez. Niederbayern, BY. 1403 Marktrecht. II. 822 (Kop. des 9. Jh.) *Ergeltesbah*, 863–885 *Ergoltespah*, 878 *Ergolteshah*, ca. 925 *Ergeltespach*, 1345 *Ergolspach*, 1427 *Ergoltzspach*, 1811 *Ergoldsbach*. III. Grundwort des urspr. Gewässernamens ist ahd. *bah, pah, pach,* ↗*-bach,* 'Bach, kleiner Wasserlauf'; als Bestimmungswort ist der PN **Ergelt, *Ergolt* zu erschließen. **V.** HHS 7/1; Reitzenstein 2006. *WvR*

Erkelenz **I.** Kreisangehörige Stadt im Kr. Heinsberg, 44 606 Ew., sw von Mönchengladbach in der Niederrheinischen Börde, Reg.-Bez. Köln, NRW. Erste Erwähnung 966 im Besitz des Aachener Marienstifts. Marktort an einer bedeutenden Straßenkreuzung. Geldrisches Amt und Grenzfeste. Seit 1326 Stadt. Maschinenbauindustrie. **II.** 966 *Herklenze [Kop. 12. Jh.]*, 1118 *Erkelenze; Erkelenz* (1326). **III.** Der Erstbeleg erlaubt die Erschließungsform **Herc(u)lentiacum*. Die ON-Bildung erfolgte mit dem für das linksrheinische Gebiet charakteristischen galloroman. Suffix ↗*-(i)acum*, das zur Bezeichnung von Besitzverhältnissen an einen PN gefügt wurde; hier an den belegten lat. PN *Herculentius*. Das ↗*-(i)acum*-Suffix wurde rhein. regulär zu *-ich*. Die seltenere Verkürzung zu *-ia(c)* und Weiterentwicklung zu *-z* hat Parallelen z. B. in *Moguntiacum* > *Mainz* und **Divitiacum* > *Deutz*. Die Schreibung des Erstbelegs mit *H*-Prothese zeigt Einfluss der germ. Volkssprache. Der Schwund des Vokals der Mittelsilbe (Synkope) kann in mlat. Zeit angesetzt werden (**Erc'lentiacum*). Ein Bezug zum Namen der germanischen Göttin *Erka* besteht nicht. **IV.** Deutz, OT von Köln, NRW); ↗ Mainz, RP. **V.** Ter Meer; Kaufmann 1973. *Br*

Erkheim **I.** Markt, Kleinzentrum und gleichnamige VG im Lkr. Unterallgäu, 8138 Ew., im Tal der östlichen Mindel in günstiger Verkehrslage, Reg.-Bez. Schwaben, BY. Der Ort ist ein Musterbeispiel von Besitzersplitterung mit Amtssitzen mehrerer Herren, frühes Gewerbe, Markt ab 1741 belegt, 1802 an BY, erneute Marktrechtsverleihung 1906. 1973 Kleinzentrum. **II.** Ca. 1170 *Ober Erckhaim/Vndererckhaim*, 1340 (Kop. 1622) *Erenkain*, 1436 *Erkhain*, 1448 *Erkhaim; Erkheim* (1791). **III.** Als Ausgangspunkt der Deutung setzt v. Reitzenstein **Eringheim* an mit suffigiertem PN *Ero:* **Ering*. Diese Form statt dem belegten *Erin-, Ero-* kann die assimilierte Form mit *-k/ck-* < *-gh-* erklären. Zum Gw. ↗ *-heim*. Gesamtdeutung: 'Heim des Ering'. **IV.** † Jeringheim (1224/28 *Gerincheim*, 1698 *Irckheim*), Ortenaukreis, BW. **V.** Reitzenstein 1991; Hoffmann, H.: Die Urkunden des Reichsstifts Ottobeuren 764–1460. Augsburg 1991; Das Land Baden-Württemberg. Bd. VI. Stuttgart 1982. *TS*

Erkner **I.** Stadt, Lkr. Oder-Spree, 11 645 Ew., an der Spree sö Berlin gelegen, BB. Seit dem 16. Jh. einzelne Fischerhäuser, im 18. Jh. eine Poststation und ein Kolonistendorf. Aufschwung durch den Bau der Eisenbahn und Errichtung einer Teerproduktefabrik. Beliebte Berliner Vorortsiedlung. **II.** 1579 *ein Fischer im Arckenow*, 1680 *aufn Erknow*, 1861 *Erkner*. **III.** Erkner ist ein urspr. GwN (1591 *das waßer ... die Archenow*), Gf. mnd. **Arkeno(u)w(e)*, zu mnd. *arke* 'Wehr, eine kleinere Schleuse, auch Durchfahrt der Schiffe, kastenartiges Gerinne bei Wassermühlen usw. zum Ablaufen des Wassers' und mnd. *ouw(e), ow(e)*, hier 'kleinerer Fluss'. *Arke* kommt in Brandenburg als GwN und FlN mehrfach vor. Der Name wurde zu brb. *Erkner* 'Erker' umgedeutet. **V.** BNB 5. *SW*

Erkrath **I.** Stadt im Kr. Mettmann, 46 340 Ew., Reg.-Bez. Düsseldorf, NRW. Stadt seit 1966, mit alter Besiedlung (Naturschutzgebiet Neandertal). **II.** 1148 *de Euerekrothe, de Euerkrothe*, 1194 *de Erkerode [Or]*. **III.** Zuss. mit Letztglied *-rothe* (↗*-rode*) und *Everrīk* (zweigliedriger germ. PN aus asä. *evur* 'Eber' und *rīki* 'mächtig, stark'): 'Rodungsland des Everrīk'. **V.** HHS 3; Gysseling 1960/61; Dittmaier 1956. *Tie*

Erlangen **I.** Kreisfreie Universitätsstadt, 104 980 Ew., Sitz der Verwaltung des Lkr. Erlangen-Höchstadt, Reg.-Bez. Mittelfranken, BY. Wohl hochmittelalterliche Siedlung am ö Regnitzufer an der Schwabachmündung; Tochtersiedlung des älteren Alterlangen auf der ersten Terrasse am w Rand des Regnitzgrundes; 1002 mit Würzburger Kirchengut Forchheim an Stift Haug, 1017 an Domstift Bamberg, 1361 an Kaiser Karl IV., 1374 Marktrechte, 1383 Auerbacher Stadtrecht, 1402 an Burggraf Johann zu Nürnberg, seit 1413 Verpfändungen, nach 1685 Ansiedlung von Hugenotten und Bau der Neustadt Christian-Erlang mit Schloss als markgräflicher Nebenresidenz, wirtschaftl. Aufschwung durch neue aus Frankreich eingeführte Gewerbe, Bildungseinrichtung Ritterakademie, 1743 Universität, seit 1755 Pfingstmarkt (später: Bergkirchweih), 1792 an Preußen, 1806 unter franz. Herrschaft, 1810 an Bayern, 1945 Ansiedlung der Siemens-Werke, Entstehung moderner Industrie- und Wohnviertel im S und W. **II.** 1002 *Erlangon [Or]*, 1017 (Kop. 14. Jh.) *Erlangun*, 1063 *Erlangen [Or]*. **III.** Zusammensetzung von ahd. *erila* 'Erle' und Gw. ↗ *-wang* im Dat. Pl. **Eril(a)wanga* 'Erlenwiesen' oder 'mit Erlen bestandenes Weideland' dürfte die Flur auf der ersten sandig-lehmigen Terrasse w der feuchten Regnitzauen, der Platz des h. Alterlangen, benannt worden und auf die Tochtersiedlung am ö Regnitzufer übertragen worden sein. In der Gemarkung Alterlangen findet man auch noch FlN wie *am Ehrling, am Ehrlang* (Mundartform: *di ärliegge*), die nur für die Flur „im Erle" bei Alterlangen nachgewiesen werden können, nicht für die vielen auf *Erle* und ahd. *-ahi* (↗*-ach²*) zurückzuführenden FlN im Umfeld. **IV.** Erlbach, Lkr. Altötting; Markt Erlbach, Lkr. Neustadt an der Aisch-Bad Windsheim, beide BY. **V.** Wüst, W.: Erlangen. In: HHS Franken; Reitzenstein 2009; Fastnacht, D.: Der

Ortsname Erlangen. In: Jahrbuch für fränkische Landesforschung 62 (2002). *DF*

Erlenbach a. Main **I.** Stadt im Lkr. Miltenberg, 9987 Ew., Reg.-Bez. Ufr., BY. Vorchristliche Besiedlung, der älteste Siedlungsplatz innerhalb der Gem. wird heute noch durch den FlN *Altdorf* bezeichnet. Ende des 12. Jh. Ansiedlung von Reichsministerialen, um 1183 Marktgerechtigkeit. Bis 1800 zu Mainz, ab 1814 zu Bayern. **II.** 1236 *Erlbach*, 1248/1249 *Erlebach*, 1275 *Erlenbach*. **III.** Benannt nach einem urspr. hier mündenden Bach (?), dessen Name aus dem Gw. ↗ *-bach* und dem Bw. mhd. *erle* sw. Fem. ‚Erle' besteht. Im benachbarten ↗ Elsenfeld (1248/1249 *Elsaffe*) liegt mit *Else* ein anderes Wort für die Erle vor. **IV.** ↗ Erlangen, BY. **V.** Reitzenstein 1991. *AG*

Erlensee **I.** Gem. im Main-Kinzig-Kreis, 12 805 Ew., nö Hanau im Kinzigtal, Reg.-Bez. Darmstadt, HE. Entstanden 1970 durch Zusammenschluss von Langendiebach und Rückingen. Die Orte, 1276 bzw. 1173 erstmals bezeugt, aber wohl schon im Frühmittelalter gegr., waren im 13. Jh. unter der Herrschaft der Herren von Büdingen, kamen im 15. Jh. an Isenburg, 1816 an Hessen-Kassel, 1866 an Preußen, 1945 an Hessen. **II.** FlN [in Langendiebach]: 1338 *for dem Erlehe* [Or]. **III.** Der neue Name – Ergebnis eines Ausschreibungswettbewerbs – orientierte sich angeblich an „örtlichen Gemarkungsbezeichnungen". Das Bw war daher wohl durch FlN mit dem Subst. *Erle* angeregt, wie sie in den Kinzigauen mit ihren ehem. vielen Erlenwäldern und -brüchen häufig sind; ein solcher FlN (der auch sonst begegnet) ist 1338 überliefert (s.o.), eine Abl. mit dem kollektivierenden Suffix ↗ *-ach*² < ahd. *-ahi*, das der Bez. größerer Mengen von Pflanzen und Bäumen dient. Das Gw. bezieht sich wohl auf den See s Rückingens, der durch den Kiesabbau der 1960er Jahre als Baggersee entstand, dann Teil eines Naturschutzgebietes wurde, doch erst 1980 amtlich den Namen Erlensee – nach der Gem. – erhielt. **IV.** GwN *Erlensee* bei Brixen im Thal, TR. **V.** Reimer 1891; Bach DNK. *HGS*

Erndtebrück **I.** Gem. im Kr. Siegen-Wittgenstein, 7357 Ew., im s Rothaargebirge an der Mündung der Benfe in die Eder, Reg.-Bez. Arnsberg, NRW. Rittersitz, 1344 Stadt, ab 1889 Eisenbahnknotenpunkt. **II.** 1296 *Ermingardibrugge* [Or] 1259 *de Irmingardibrugke*, 1343 *Yrmengartebrŭckin*; *Erndtebrück* (1731). **III.** Bildung mit dem Gw. ↗ *-brück(e)* und dem ahd. fem. PN *Irmingard* (Variante *Ermingard*) im Gen. Sg., sodass der ON mit ‚Brücke der *Ermingard*' zu umschreiben ist. Die Glieder des PN sind zu ahd. *gart* ‚Garten, Umhegung, Kreis' und ahd., asä. *irmin-* (nur in Zusammensetzungen, Bedeutung verm. ‚groß') zu stellen. Die heutige Form *Erndte-* beruht auf kontrahierten Formen des PN, wie sie seit Ende des 16. Jh. etwa in *Erntebrucken*, *Erndebrück* bezeugt sind. **V.** Laues, A./Schneider, G. u.a. (Hg.): 750 Jahre Erndtebrück. Erndtebrück 2006; Möhn. *Flö*

Erwitte (Ér-) **I.** Stadt im Kr. Soest, 15 801 Ew., s von Lippstadt an der Kreuzung zweier alter Fernwege, Reg.-Bez. Arnsberg, NRW. Frühma. Pfarrort mit Königshof, 935 bis 1002 von d. Königen aufgesucht. Sitz mehrerer Rittergeschlechter im Konfliktbereich der Erzbischöfe/Bischöfe von Köln und Paderborn. Aufstieg zur Stadt (1936) durch die seit 1927 bestehende Zementindustrie. **II.** 822–876 *in Arwitti*, 935 *Arueite*, 1002 *Aruitdi*; *Erwite* (1433). **III.** Der seit langem wegen der Ähnlichkeit des ON mit dem nd. Wort für ‚Erbse' (mnd. *erwete*, *erwit(te)*, *erwte*, *erfte* u.ä.; sowohl Appellativ als auch ON mda. *ieftə*) auch volkstümlich angenommene Zusammenhang mit diesem Wort ist im Kern zu bestätigen. Die früh bezeugte Doppelkonsonanz lässt auf eine Suffixbildung mit einem Dentalsuffix germ. *-*þja* oder einem germ. *-*j*-Suffix schließen; eine sichere Unterscheidung ist hier nicht möglich und ergibt semantisch kaum einen Unterschied. Das sonst häufig belegte und auch im ON vermutete Suffix *-ithi* liegt dagegen nicht vor. Die Basis ist zur Pflanzenbezeichnung asä. *erwita* < **arwita* ‚Erbse' zu stellen. Die Gesamtbildung benennt eine Stelle nach dem Vorkommen einer so bezeichneten Pflanze, wahrscheinlich der Erbse, möglicherweise der in ahd. Überlieferung ebenso genannten Platterbse. Kulturpflanzen sind auch sonst in ON bezeugt. **V.** WOB I. *Flö*

Esch an der Alzette auch Esch/Alzette, franz. Esch-sur-Alzette, lux. Esch/Uelzecht **I.** Stadt und Hauptort des gleichnamigen Kt. und Distr., 27 186 Ew., an der Grenze zu F an der Alzette in der Minette (Eisenerzregion) im Gutland, L. Seit dem MA zu Luxemburg, Stadtrecht 1292, 1671 Verlust der Stadtrechte, seit Mitte des 19. Jh. Ausbeutung der Erzlager und dynamische Industrialisierung, 1906 erneut Stadtrechte, voraussichtlich ab 2013 Standort der Universität Luxemburg. **II.** 1145 (Kop. Ende 13. Jh.) *Asch*, 1541 *Esch uf der Ailset*. **III.** Der SiN stellt sich zur Baumbezeichnung ahd. *asca* bzw. *asc*, mhd. *esche* ‚Esche' (zu germ. **aski-*, neben **aska-*), hier wohl in kollektivierender Erweiterung als ‚Eschenhain' verstanden. Der Zusatz mit dem GwN *Alzette* diente der Unterscheidung von homonymen SiN der Region. **IV.** U.a. Esch an der Sauer, franz. Esch-sur-Sûre, lux. Esch am Lach, Gem., Kt. Wiltz, Distr. Diekirch, L. **V.** Gysseling 1960/61; Meyers. *AS*

Eschborn **I.** Stadt im Main-Taunus-Kreis, 20 732 Ew.; Reg.-Bez. Darmstadt, HE. Mehrere Güterschenkungen im Ort seit 766 an das Kloster Lorsch. In

Eschborn lag auch ein Königshof, der 1008 von Kaiser Heinrich II. getauscht wurde. In der Folge unter wechselnden Adelsherrschaften (u. a. Herren von Eschborn, Falkenstein, Cronberg und Eppstein). 1389 Schlacht bei Eschborn im Rahmen des Städtekrieges gegen den Pfalzgrafen bei Rhein. Anfang des 18. Jh. an Kurmainz, 1803 an Nassau-Usingen. 1939 Errichtung eines Militärflugplatzes. Verleihung der Stadtrechte 1970, Eingemeindung von Niederhöchstadt 1971, in dem das Kloster Fulda noch im 11. Jh. Besitzungen hatte. **II.** Eschborn: 766 (Kop.) *Haschinbrunne*, 767 (Kop.) *Aschininbrunnir marca*, 770 (Kop.) *Aschenbrunne*, 800 (Kop.) *Askebrunnen*, 1274 *Esscheborn*. Niederhöchstadt: 782 (Kop.) *in Heichsteter marca*, 787 (Kop.) *Ecgistat*, 789 (Kop.) *in Eichesteter marca*, 1046–1056 (Kop.) *Hekistat, Hekestat inferiori*; 12. Jh. *Heggestete*, 1327 *Nedirn Hekkestat*. **III.** Der ON *Eschborn* zu ahd. **ask(i)* 'Esche'. Dem ON liegt die Form des mit *-īn*-Suffix gebildeten Adj. **askīn* 'eschen' zugrunde. Der Name ist als 'Siedlung am von Eschen umgebenen Brunnen' zu deuten. Da die Schreibungen beim ON *Niederhöchstadt* mit und ohne *-h-* im Anlaut schwanken, kommen als Bw. zwei PN in Frage: a) *Hagi* > **Hegi*, eine KF eines zweigliedrigen PN mit *Hagan-* (zu ahd. *hag(an)* 'Einfriedung, Hag'?) im Erstglied; b) *Agi, Egi*, ebenfalls KF zur germ. Wurzel **ag-* mit mehreren Bedeutungen, vgl. etwa got. *agan* 'sich fürchten'. Ein *Egi* ist in den Lorscher Urkunden bezeugt. **V.** Bethke; CL; Haubrichs 1990; Knappe; LAGIS. *TH*

Eschenburg **I.** Gem. im Lahn-Dill-Kreis, 10 606 Ew., Reg.-Bez. Gießen, HE. Neugründung aus den Gemeinden Eibelshausen, Eiershausen und Wissenbach (1. 10. 1971) sowie Hirzenhain, Roth und Simmersbach (1. 7. 1974). **III.** Komp. mit dem Gw. ↗ *-burg* 'Burg, Stadt'. Der Name der Burg bzw. der FlN *Eschenberg* (1447(?) *an den Esschenberch*) nö Dillenburg diente als Namengeber der neuen Gemeinde. In der Fuge zeigt sich das Merkmal einer sw. Genitivflexion mit *-en-*. Das Bw. ist app. an ahd. *ask* 'die Esche' anzuschließen. **V.** LAGIS. *DA*

Eschwege **I.** Kreisstadt im Werra-Meißner-Kreis, 20 153 Ew., Reg.-Bez. Kassel, HE. Schenkung des Königshofs Eschwege am s. Ufer der Werra 974 von Kaiser Otto II. an seine Ehefrau Theophanu. Errichtung der Reichsabtei und Kanonissenstifts Cyriaksberg (vor 1039), das zeitweise Gandersheim unterstellt war. Mitte des 13. Jh. Entwicklung zur Stadt. Meist im Besitz der Landgrafen von Hessen (seit 1264), zeitweise Residenz der Linie Hessen-Rheinfels-Rotenburg. Kreisstadt seit 1821, seit 1974 auch den alten Lkr. Witzenhausen umfassend. **II.** 974 *Eskiniwach in regione Thuringiae* [Or], 994 *Eskinewag in pago Germara marca*, 1064/65 *Iskinwege*, 1070/77 *Heschenewege*, 1070 *Askinewage*, 1188 *Eschenwege*. **III.** Das Gw. zu ahd. *wāg, wāc* 'Wasser, See'. Das Bw. stellt eine adj. *-īn*-Ableitung zu ahd. **ask* 'Esche' dar. Der Name ist demnach als ein 'mit Eschen bestandener Flussabschnitt' zu deuten. **V.** Reimer 1926; Bach DNK II; Keyser; Knappe. *TH*

Eschweiler **I.** Kreisangehörige Stadt im Kr. Aachen, 55 533 Ew., ö von Aachen am Eifelnordrand, Reg.-Bez. Köln, NRW. Erste Erwähnung des karolingischen Königshofes an der Inde im Jahre 828. Steinkohlenbergbau seit dem 14. Jh.; eingestellt 1944. Seit 1858 Stadt. Kraftwerk zur Verarbeitung von Braunkohle aus den umliegenden Tagebauen. Zentrum für Abfalltechnik. Gewerbe und Dienstleistungen. **II.** 828 *Ascvilare* (Kop. 10. Jh.), 1216 *Aschwilre*, 1354 *Eschwylre, Eschweiler* (1463). **III.** Das Bw. *Esch-, Asch-* zeigt den Baumnamen ahd. *Esche* (ahd. *ask*, mhd. *esch*). Die Esche war eine der charakteristischen Baumarten im alten Germanien. Mhd., nhd. *Esch(e)* erhielt seinen Umlaut aus der Pluralbildung. Als Element in ON ist *Ask-* bereits sehr früh nachgewiesen (vgl. *Asciburgium*). Gw. ist das im Raum Köln-Aachen stark verbreitete ↗ *-weiler*. **IV.** Eschweiler über Feld, OT von Nörvenich, Kr. Düren; Eschweiler, OT von Bad Münstereifel, Kr. Euskirchen; Eschweiler, OT von Heinsberg, Kr. Heinsberg, alle NRW. **V.** Kaufmann 1973. *Br*

Esens **I.** Stadt und gleichnamige Samtgemeinde im Lkr. Wittmund, 14 218 Ew., NI. Seit dem frühen 14. Jh. Hauptort des Harlingerlandes, Stadtrecht wahrscheinlich 1. Hälfte 16. Jh. Der Ort gelangte durch Erbschaft unter die Herrschaft der Rietberger, 1600 Vereinigung des Harlingerlandes mit der Grafschaft von Ostfriesland; 1744 preuß., kurzzeitig französisch, 1815 zum Kgr. Hannover, 1866 wieder preuß., seit 1885 Stadt im Lkr. Wittmund, 1977 dem Lkr. Friesland zugeordnet, durch Verfassungsbeschwerde 1980 wieder zum Lkr. Wittmund. **II.** 1310 *Eselingis*, 1420 *Ezelynck*, 1425 *tho Ezense*, 1454 *Esens*. **III.** Der ON ist eine Abl. mit dem afries. Kollektivsuffix *-ingi* von einem PN *Esele*, wobei *-el-* eliminiert wurde. Die Etymologie des PN *Esel-* ist umstritten **V.** Hist.-Landeskundliche Exkursionskarte von Niedersachsen. Blatt Esens, bearb. von H. von Lengen. Hildesheim 1978; Lohse; Nds. Städtebuch; Remmers, Aaltukerei; Timmermann. *JU*

Eslohe (Sauerland) **I.** Gem. im Hochsauerlandkr., 9 201 Ew., zwischen ausgeprägten Hügeln am Esselbach, Reg.-Bez. Arnsberg, NRW. Vermutlich seit 10. Jh. Pfarrort, seit 13. Jh. Sitz der Ministerialen von Eslohe, h. Luftkurort. **II.** 1204 *Wilhelmus de Esloe*, 1263 *Were(m)arus in Esleve*, 1296 *Eslive*; *judicium Eslohense* (1694). **III.** Aufgrund der bis Ende des 17. Jh. herrschenden Formen auf *-leve* ist das Gw. zu asä. *hlēo* 'Hügel' zu stellen, die Annäherung an das Gw.

↗-loh(e) ist durch das Schwinden des Appellativs aus dem Mnd. und die mda. Aussprache des Zweitglieds begünstigt. Der Erstbeleg entspricht sprachlich der Zeit der Abschrift (17. Jh.). Für das Bw. sind die Bezeichnungen für die 'Esche' (Baumart, asä. *asc*), den 'Esch' (Flurtyp, got. *atisk*, ahd. *ezzisc*, mnd. *ēsch*, asä. nur in ON) oder *Es-* < germ. **as-* (zu idg. **as-*, **ās-* 'brennen, glühen, etwa in Esbeck, Kr. Soest) unwahrscheinlich, da weder Reste der entsprechenden Konsonanten noch eines Umlautfaktors erkennbar sind. Wegen der Bäche in und bei Eslohe ist im Erstglied ein GwN auf der Grundlage von idg. **eis-*, **ois-* zu vermuten; eine Verknüpfung mit dem Namen des Esselbachs bleibt jedoch wegen fehlender Altbelege für diesen unsicher. **IV.** Esbeck, OT von Lippstadt, Kr. Soest, NRW; Esebeck, OT von Göttingen, NI. **V.** Jellinghaus; WOB I; NOB IV. *Flö*

Espelkamp I. Stadt im Kr. Minden-Lübbecke, 25 407 Ew., n Lübbecke, Reg.-Bez. Detmold, NRW. 1949 als Vertriebenensiedlung auf dem Gelände einer alten Munitionsfabrik (im Waldgebiet Mittwald) nach Verhandlungen zwischen Ev. Kirche und britischer Besatzungsmacht und in Kooperation mit dem Land NRW in der sog. „Aufbaugemeinschaft Espelkamp" entstanden. 1959 Stadtrechte. 1973 Zusammenschluss mit umliegenden Gem., Entwicklung zum industriellen Kern des Altkreises Lübbecke. **II.** 1229 *de Aspelecampe*, 1240–50 *de Haspelcampe*, 1269 *de Aspelcampe*, 1271 *de Aspelecampe*, 1306 *de Asplecampe*; Espelkamp (1837). **III.** Der Name ist zuerst im HN einer Mindener Ministerialenfamilie (im Rahdener Land) überliefert. Bildung mit dem Gw. *-kamp*. Im Bw. liegt die mit Gw. ↗*-lōh(e)* (zu asä. *lōh*, mnd. *lō* '(lichter) Wald') und Bw. *Aspe-* (zu asä. ahd. *(h)aspa*, *espa*, mnd. *espe* 'Espe') gebildete Flurbezeichnung für (lichtes) Espengehölz vor. **V.** Schneider; Berger; HHS 3. *BM*

Essen (Oldenburg) I. Gem. von 12 Bauerschaften im Lkr. Cloppenburg, 8244 Ew., an der Hase, Reg.-Bez. Weser-Ems (bis Ende 2004), NI. 10. Jh. Eigenkirche der Adligen Aldburg, Erbbesitz der Tecklenburger Grafen, 1322 Kirchspiel, 1400 zum Niederstift Münster. **II.** 968–978 *in villa … Assini* (Kop. 15. Jh.), 1185–1207 *Essene* (Kop. 15. Jh.). **III.** Abl. mit *-n-*Suffix. Das *-i-* des Suffixes bewirkte Umlaut von *-a-*, Nebentonvokale wurden abgeschwächt. Die Basis *As-*, die u.a. auch in Assel, Kr. Wolfenbüttel und Kr. Stade, NI; Asel, Kr. Hildesheim, NI; Haus Assen, Kr. Soest, NRW, und Bad Essen, Kr. Osnabrück, NI, enthalten ist, ist wahrscheinlich an idg. **as-* 'brennen, trocken sein, trocken werden' anzuschließen, dazu d. *Esse*, *Asche*, südd. *Ern* 'Diele, Boden', außergerm. lit. *aslà* 'gestampfter Lehmboden', lat. *ārēre* 'trocken, dürr sein', gr. *azaléos* 'dürr, trocken'. Als Benennungsmotiv ist Essens trockene, erhöhte Lage in ansonsten mooriger Umgebung denkbar, möglich ist auch ein GwN für ein nur zeitweilig wasserführendes Gewässer. **IV.** ↗ Bad Essen, Lkr. Osnabrück, NI. **V.** BuK Oldenburg III; Möller 1998; Udolph 2001b. *FM*

Essen I. Kreisfreie Stadt, 579 759 Ew., an der Ruhr, Reg.-Bez. Düsseldorf, NRW. Mitte des 9. Jh. errichtet Bischof Altfrid von Hildesheim ein bis 1803 bestehendes Frauenstift, die Keimzelle der späteren Stadt (Ummauerung im 13. Jh.). Im 19. und 20. Jh. Zentrum der Kohle- und Stahlindustrie (Krupp). Seit 1958 Sitz des Ruhrbistums. Universität 1972. **II.** (870), 898 [Or] *Astnide*, 966 *in Astnithe* [Or], 1142 *Esnidensis* (adj.), 1218 *de Essende* [Or]. **III.** Suffigierung mit dem Suffix germ. **-iþja* > asä. ↗*-ithi*, mit dem vor allem im nd. und nl. Sprachraum häufig Stellenbez. und Kollektiva gebildet werden. Die Basis ist unterschiedlich gedeutet worden. Vielleicht liegt die Bez. für einen Brennofen zugrunde, die in aflām. *ast* 'Trockenofen, Malzdarre' bewahrt ist (< **azd-*; aus gleicher Wurzel ahd. *essa* 'Esse' < **as-jō-*). Dieses Wort muss mit einem *-n*-Suffix erweitert worden sein, und zwar offenbar mit einem Bindevokal, der bereits vor Einsetzen der Überlieferung synkopiert war. An dieses **ast(a?)n-* (Bez. einer speziellen Ofenanlage oder eines Produktes? Analogiebildung zu asä. *ovan* 'Backofen'?) ist *-ithi* als Stellenbez. angetreten: 'Ort, wo sich **ast(a)n* befindet'. Das verzögerte Auftreten des Primärumlauts kann aus der urspr. erst in dritter und vierter Silbe auftretenden *i* erklärt werden. Jünger ist die Erleichterung der Dreierkonsonanz *-stn-* zu *-sn-*. Eine andere Deutung hat Derks vorgelegt, der die *-ithi*-Ableitung von asä. *ōstan(a)* 'von Osten her, im Osten' ausgehen lässt. Graphie *a* für germ. /au/ ist in Essener Quellen äußerst selten, aber nicht ausgeschlossen. Dennoch müssten sich, wenn diese Zuweisung zuträfe, unter den zahlreichen *Essen*-Belegen auch *o*-Schreibungen finden. Zudem kommen *-ithi*-Suffigierungen zu Himmelsrichtungen (und anscheinend zu Adverbien überhaupt) nicht vor. Schließlich müssten die nachfolgenden Namenformen auch *o*-Umlaute aufweisen, wovon sich keine Spur findet. Ähnlich klingende ON sind in der Literatur häufig als Parallelen angesprochen worden, doch ist ihre Zugehörigkeit je nach Beurteilung der Etymologie von *Essen* umstritten. **V.** HHS 3; Gysseling 1960/61; Derks, P.: Die SiN der Stadt Essen. In: Beiträge zur Geschichte von Stadt und Stift Essen 100 (1985); Der ON Essen, ebd. 103 (1989/90). *Tie*

Essen, Bad I. Gem. im Lkr. Osnabrück, 15753 Ew., am Mittellandkanal, Reg.-Bez. Weser-Ems (bis Ende 2004), NI. Die bis ins 19. Jh. dörflich-landwirtschaftlich strukturierte Siedlung entwickelte sich Ende des 19. Jh. zum Kurort, dem 1902 der Titel *Bad* zuerkannt wurde; seit 1972 Sitz der aus 17 Orten bestehenden Gem. Bad Essen. **II.** 1074–81 *Essene [Or]*, um 1200 *Essene*; *Essen* (1412). **III.** Abl. mit *-n*-Suffix. Basis der Abl. ist ein aus mehreren Namen zu erschließendes App. **As-*, das mit hd. *Esse*, lit. *aslà* 'gestampfter Lehmboden' auf idg. **as-* 'brennen, trocken werden, sein' zurückgeführt werden kann und in GwN einen nur zeitweise wasserführenden Bach bezeichnet. Ob in Bad Essen ein urspr. GwN anzusetzen ist oder eine andere Stellenbezeichnung, ist nicht sicher zu entscheiden. Das *-i-* des Suffixes bewirkte Umlaut im Stamm. Gelegentlich erscheint *Def-/Dep-* (= mnd. *dēp* 'tief') als Zusatz, wohl, um den Ort vom Meierhof Essen oder dem Essener Berg zu unterscheiden. **IV.** (Haus) Assen in Lippborg, OT von Lippetal, Kr. Soest, NRW; Höhenzug Asse, Lkr. Wolfenbüttel, NI. **V.** GOV Osnabrück I; WOB I; NOB III. *KC*

Essenbach **I.** Markt im Lkr. Landshut, 11 166 Ew., Reg.-Bez. Niederbayern, BY. **II.** 928 *Ezinpah ... Ezinpach*, 1133–1146 (Kop. des 13. Jh.) *Essenpac*, 12. Jh. *Essenbach*. **III.** Grundwort des urspr. Gewässernamens ist ahd. *pah, pach,* ↗ *-bach* 'Bach, kleiner Wasserlauf', Bestimmungswort wohl der PN *Etzo* bzw. *Ezzo = Esso*. **V.** Reitzenstein 2006. *WvR*

Esslingen am Neckar **I.** Große Kreisstadt, 91 573 Ew., Verwaltungssitz des gleichnamigen Landkreises; ca. 12 km osö Stuttgart und etwa 18 km wnw Ebersbach an der Fils zwischen Schurwald und Filderebene gelegen und vom Neckar durchflossen, Reg.-Bez. Stuttgart, BW. Merowingerzeitliche Siedlung, im 10. Jh. Münzstätte der Herzöge von Schwaben, 1299 erstmals urk. Stadt, 1802/03 an Württemberg. Weinbau, Elektroindustrie, Maschinenbau, Altes Rathaus, Schwörhaus, Spitalkelter, Stadtarchiv, Dicker Turm, Pliensauturm und -brücke, Wolfstor, Frauenkirche, Münster St. Paul. **II.** 777 *cella ... super fluvium Necrae*, 856 *Ezelinga [Or]*, 866 *Hetsilinga [Or]*, 1157 *Ezelingen [Or]*, 1180 *Esselingen [Or]*, um 1190 *Ezzelingen [Or]*; *Esslingen* (14. Jh.). **III.** Es handelt sich um eine ↗ *-ing(en)*-Ableitung zu dem PN *Azzilo/*Azzili*; der Name bedeutet 'bei den Leuten des Azzilo/*Azzili'. Er entwickelt sich durch Umlaut von *a* zu *e* zu *Ezelinga* mit Affrikata *-tz-*. Die spätere Aussprache *-ss-* dürfte durch das doppeldeutige Schriftbild *zz* hervorgerufen worden sein. Der GwN *Neckar* dient zur differenzierenden Lageangabe. **IV.** Eßlingen, OT von Tuttlingen, BW; Eßlingen, Eifelkreis Bitburg-Prüm, RP; Eßlingen, OT von Solnhofen, Lkr. Weißenburg-Gunzenhausen, BY; Esslingen, Kt. ZH, CH. **V.** Reichardt 1982a; LBW 3. *JR*

Ettenheim **I.** Stadt und gleichnamige VVG im Ortenaukreis, 27 511 Ew., ca. 26 km s Offenburg und etwa 35 km n Freiburg i. Br. im Bereich der Lahr-Emmerdinger Vorbergzone am Ettenbach in der Rheinebene gelegen, Reg.-Bez. Freiburg, BW. Merowingerzeitliche Siedlung, vom 12. bis 14. Jh. ist ein Adel von Ettenheim bezeugt, 1401–1528 im Besitz Straßburgs, im 13. Jh. zur Stadt erhoben, 1803 an Baden. Industriestandort, Weinbau, hist. Ortskern, Klosterkirche, Prinzengarten, Abtei Ettenheimmünster, Geburtsort von Heinrich Knoblochtzer. **II.** 762 (Kop. 12./15. Jh.) *Etinheim*, 826 *Etinheim [Or]*, 926 *Ettenheim*, 1280 *Ethenhein [Or]*. **III.** Es liegt eine Zuss. vor, gebildet mit dem Gw. ↗ *-heim* und als Bw. wohl der PN *Etto*: 'Siedlung des Etto'. Ein Etto, 734 Bischof von Straßburg, gilt als Gründer des Klosters Ettenheim. **V.** Krieger; FO 1; Haubrichs 2004; Kleiber 2000; LBW 6; Bad. Städtebuch. *JR*

Ettlingen **I.** Große Kreisstadt im Lkr. Karlsruhe, 38 731 Ew., ca. 8 km s Karlsruhe und etwa 34 km nnö Baden-Baden im Oberrheinischen Tiefland und dem nw Schwarzwald gelegen und von der Alb durchflossen, Reg.-Bez. Karlsruhe, BW. Zur Zeit Ottos I. wurde dem Ort das Marktrecht verliehen, 1192/93 durch Heinrich IV. Stadtrechte, seit 1966 Große Kreisstadt. Papierfabriken, Textilindustrie, Ettlinger Schloss, St. Martinskirche, Bismarckturm, Narrenbrunnen, Obere Papiermühle. **II.** 788 (Kop. 13. Jh.) *in Ediingom*, ca. 1150 *Etiningun [Or]*, 1234 *Etteningen [Or]*, 1256 *Etheningin [Or]*, 1288 *Ettilingen [Or]*; *Ettlingen* (1532). **III.** Es handelt sich um eine ↗ *-ing(en)*-Ableitung zu dem PN *Attin/Ettin*; der Name bedeutet 'bei den Leuten des Attin/Ettin'. Falls von *Attin* auszugehen ist, entwickelt sich der Name durch Umlaut von *a* zu *e*. **V.** Diemer, M.: Die Ortsnamen der Kreise Karlsruhe und Bruchsal. Stuttgart 1967; LBW 5. *JR*

Eupen **I.** Arrondissement Eupen-Malmedy-St. Vith (Ostbelgien), 18 408 Ew., an der belgischen Weser (franz. Vesdre), B. Parlaments- und Regierungssitz der Deutschsprachigen Gemeinschaft Belgiens (seit 1983), zu etwa 90 % deutschsprachig mit geschützter französischsprachiger Minderheit. Gehörte im MA zum Hztm. Limburg (1288 Personalunion mit Hztm. Brabant); 1387 an Burgund, 1555 an spanische Habsburger, 1795 zum franz. Departement Ourthe, 1815 zu Preußen (Kreisstadt 1815–1920), 1920 zu Belgien; von 1940 bis 1944 vom Deutschen Reich annektiert. FH für Pädagogik und Krankenpflege, Belgischer Rundfunk (d.-sprachig), verschiedene Industrien, Transportgewerbe. **II.** 1213 *Oipen [Or]*, 1376 *Oepen*, nach 1415 *Open*, 1452 *Oupen, Oupey*; *Eupen* (1533); franz. *Néau* (ungebräuchlich außer 1795–1815). **III.** *Eupen* < *Oipen, Oepen, Open* 'das Offene', 'offene, unbewohnte Landschaft'. Die Aussprache des Stammvokals wandelt sich im Laufe der Zeit von [oː] zu [øː], die nl.-franz. Umlautschreibung *-eu-* setzt sich erst im 16. Jh. durch und führt zur heutigen Aussprache nach der Schrift; dial. weiterhin [øᵘpə]. **IV.** Open, Kr. Braunsberg // Braniewo, PL; Upen, Lkr. Trier, RP; Oppen (Brabant), B. **V.** Cramer, F.: Rheinische Ortsnamen aus vorrömischer und römischer Zeit. Düsseldorf 1901. Nd. Wiesbaden 1970; Boehmer, J.: Eupen als Ortsname, sein Ursprung und sein Sinn. In: Zeitschrift für Namenforschung 17 (1941). *LK*

Euskirchen **I.** Kreisstadt des gleichnamigen Kreises seit 1827, 55 611 Ew., im Eifelvorland der Düren-Zülpicher Börde an der Mündung des Veybaches in die Erft, Reg.-Bez. Köln, NRW. Stadterhebung 1302, 1355 durch Tausch zum Hztm. Jülich und eine seiner vier Hauptstädte mit Getreide-, Woll-, Tuch- und Viehmarkt; 1815 an Preußen, seit der 2. Hälfte 19. Jh. Tuch- und Ton- bzw. Steinzeugindustrie, 80 % Zerstörung im 2. Weltkrieg. **II.** 1054 (Kop. Ende 11. Jh.) *de Oweskirike*, 1190 *in Owiskirchen* [*Or*]. **III.** Das oft zu 870 angeführte *Aug(u)stchirche* ist nicht identifizierbar. Bw. des Kompositums ist wohl die PN-Kurzform ahd. *Awi-* wie in *Awi-gaoz*, *Awi-leib*, st. flektiert, doch ist das Subst. ahd. *ouwist*, *ewist* 'Schafstall, -hürde' mit Verlust des auslautenden Dentals als Bw. nicht sicher auszuschließen. Beide ermöglichen Umlaut des Basisvokals, mda. [ø:]. Aus lautlichen und morphologischen Gründen scheidet der (öfters vertretene) Anschluss an ahd. *ouwa* 'Insel, feuchte Wiese am Wasser' mit Sicherheit aus. Einzelne unverschobene Fälle von germ. /k/ im Wort *Kirche* sind ripuarisch nicht ungewöhnlich. Gw. ist ↗ *-kirchen*. **V.** RhUB I; RhStA Lfg. II Nr. 8; HHS Bd. 3; Kaufmann 1973. *Ne*

Eutin nd. Eu'tin, Ei'tin **I.** Amtsfreie Kreisstadt des Kr. Ostholstein, 17 298 Ew., inmitten der Seenplatte des Naturparks Holsteinischen Schweiz, SH. 1156 Marktort und Residenz der Fürstbischöfe von Lübeck, 1257 Stadtrecht, 1803 zum Ghztm. Oldenburg, 1776–1829 kulturelle Blüte („Weimar des Nordens"), 1937 an Preußen, nach dem Zweiten Weltkrieg an SH. Eutiner Schloss, Marktplatz, Bräutigamseiche. **II.** 12. Jh. *Pagus Utinensis*, Ende 12. Jh. *in ... Uthine* [*Or*], 1215 *Utin*, 1389 *tho Oithin*, 1535 *Oytin*, seit 1560 vorwiegend *Eutin*. **III.** Über die Herkunft des ON herrscht noch Uneinigkeit. Die Herleitung aus dem Slaw. und damit die Abl. von dem apolb. PN *Uto* als Benennung des Ortes nach dem Obodritenfürsten dieses Namens, dessen Stamm seit dem 7./8. Jahrhundert n. Chr. das östliche Holstein einnahm und auf der Fasaneninsel im Großen Eutiner See eine Burg errichtete, ist fraglich, da der einheimische Name dieses Fürsten *Pribigněv* war. Eine andere Deutung setzt am apolb. *Utyn* als Zusammensetzung aus *u* 'neben, bei' und *tyn* 'Sumpf, Schlamm, Morast' an und nimmt so die Benennung nach den Gegebenheiten des umliegenden Naturraumes an. In diese Richtung geht auch eine dritte Deutung, nach welcher der Wortursprung im vorslawischen germ. *Ūtinō* mit der Wurzel *Ūd-* 'Wasser' gesehen, womit auf die Lage an den die Siedlung umgebende Seen Bezug genommen würde. **V.** Laur; Haefs; HHS 1. *GMM*

Everswinkel **I.** Gem. im Kr. Warendorf, 9378 Ew., ö Münster, Reg.-Bez. Münster, NRW. Im MA Kirchdorf im FBtm. Münster, 1802 preußisch, 1806 Ghztm. Berg, 1813 wieder preußisch, im 18. und 19. Jh. Leinenweberei, 1975 mit Alverskirchen zu einer Gem. zusammengelegt. **II.** 12. Jh. *Everswinkel* [*Or*], 12. Jh. *Everswinkele*; *Everswinkel* (1375–1434). **III.** Als ursprünglicher FlN Zusammenrückung mit dem Gw. *-winkel* zu asä. **winkil*, mnd. *winkel* 'Winkel, Ecke; Flurstück', das auf eine abgelegene und ggf. erhöht oder eingeschlossen liegende Stelle hinweist. Die Formulierung in einer Urkunde aus dem Jahr 1294 *uppen den Everswinkele* deutet auf eine erhöhte Lage des namengebenden Flurstücks hin. Wegen der Verwendung des bestimmten Artikels ist der Flurnamencharakter noch präsent. Bw. ist entweder die genitivisch flektierte Tierbezeichnung asä. *evur*, mnd. *ēver* 'Eber' oder ein darauf basierender, aus einem Tiernamen abgeleiteteter PN *Evur*, *Ever*, der in der Region für diese Zeit nachgewiesen ist. Der Bezug des Bw. als PN auf Everword, den Gründer des nahe gelegenen Stifts Freckenhorst, kann nicht nachgewiesen werden. **V.** CTW I, III; WfUB III, VIII. *kors*

Extertal **I.** Gem. im Kr. Lippe, 12 391 Ew., im nordlippischen Bergland s Rinteln, Reg.-Bez. Detmold, NRW. 1927 Extertalbahn. Befestigungsanlage Alt-Sternberg; Höhenburg Burg Sternberg: um 1100; 1920/21 Jugendherberge, im 2. Weltkrieg zeitweise Kriegsgefangenenlager, Waffendepot, seit 1945 Instrumentensammlung, Werkstatt und Musikschule gegr. durch Peter Harlan (1898–1966); Burganlage Uffoburg bei Bremke (archäologische Datierung 2. Hälfte 10./11. Jh.). Weitgehend identisch mit altem Amt Sternberg; 1969 aus 12 selbst. Gem. gebildet, Sitz der Verwaltung in Bösingfeld. **III.** Künstliche Namenneubildung (seit 1. Januar 1975) mit dem Gw. ↗ *-tal* (zum Namentyp mit nhd. *-tal* 'Tal' vgl. z.B. entsprechend ↗ *Kalletal*, *Möhnetal* oder ↗ *Wuppertal*), die sich am Verlauf der Exter (l. Nfl. zur Weser) orientiert, die das Gemeindegebiet durchfließt. Das Bw. *Exter-* bezieht sich auf den GwN der Exter (l. Nfl. der Weser, Einmündung bei Rinteln; 1328 *de Eckerste*, *de Eckste*, 1447 *neghest der Eckersten*), zu dem der ON *Exten* (896 *Achriste* für **Akriste*) überliefert ist. Der alte GwN ist aus einer Kombination von *-r-* und *-st*-Suffix von der idg. Wz. **ag-* 'treiben, in Bewegung setzen' (< idg. **Agrista*) abgeleitet. **V.** Kramer, W.; Udolph 1994; HHS 3. *BM*

F

Falkenau (an der Eger) // Sokolov [ˈsokolof] **I.** Kreisstadt, 24 467 Ew., in Nordwestböhmen, Bezirk Karlovy Vary (Karlovarský kraj), CZ. Der im 13. Jh. von d. Kolonisten am Handelsweg Prag-Eger-Nürnberg angelegte Ort mit Wasserburg (im 17. Jh. Schloss) war im Besitz des oberpfälzischen Adels. 1290 Pfarrkirche, 1313 Stadtrecht, 1366 Kammerstadt (zu Pilsen). Im Dreißigjährigen Krieg teilweise verwüstet, nach 1620 intensive Rekatholisierung. Im 18.–19. Jh. Hopfenanbau, seit 1880 Zentrum des westböhm. Braunkohlenreviers. **II.** 1279 *de Valkenowe* [Or]; 1369 *Falknau*; 1553 *město Ffolknow*; 18. Jh. *Falkenau*, tschech. *Falknov*; 1945 bis 1948 *Falknov nad Ohří*; 1948 *Sokolov*. **III.** Der ON ist d. Herkunft und benennt des oder der Falken Aue ⁊-au(e) mit der Bed.: entweder 'einem Falk(e) (Erstbewohner?) gehörende Aue' oder 'Aue, wo sich Falken scharen, wohin man auf Jagd mit Falken gegangen ist' o.ä. Ins Tschech. entlehnt nach dem Modell der zahlreichen -ov-Namen: *Falknov*. Die Umbenennung zu *Sokolov* beruht zwar auf der Übersetzung von *Falke* (tschech. *sokol*), soll aber an das ukr. Dorf Sokolov erinnern, wo im 2. Weltkrieg die Truppen des 1. Tschechoslowakischen Armeekorps Einheiten der deutschen Wehrmacht eine Niederlage zufügten. Zum Attribut *an der Eger* ⁊ Eger. **IV.** Zahlreiche ON und Burgen mit *Falk(en)-* im D. und *Sokol-* im Tschech., Slk., Poln. **V.** Pf I; LŠ; HSBM. *RŠ*

Falkenberg // Faulquemont I. Stadt und Hauptort des gleichnamigen Kantons im Dép. Moselle, 5579 Ew., 10 km sw St. Avold, LO, F. Zentrum der Herrschaft Falkenberg, urspr. wohl Metzer Besitz und Burggründung; 1629 vom Hztm. Lothringen errichtetes Marquisat Falkenberg; 1871 zum Reichsland Elsass-Lothringen, 1918 wieder an Frankreich. **II.** Um 1125 (latinisiert) *Falconis Mons*, 1227 *Faukemont*, 1261 *Fakemont*, 1268 *Falkenberg*, 1268 *Faulquemont*. **III.** Bildung mit dem Gw. ⁊ -*berg* und dem Bw. ahd. *falko*, mhd. *valke, -en*; typischer Burgenname. Der franz. Doppelname ist gleichartig mit franz. -*mont* gebildet; ist aber mit rom. Vokalisierung der Lautgruppe *-al-* > *-au-* von d. *Falken-* abgeleitet und teilübersetzt, nicht von rom. **Falcone-monte*, was zu **Fauconmont* hätte führen müssen. **IV.** Falkenberg (1011 *Valchonaperc*), Lkr. Rottal-Inn, BY; Valkenburg an der Geul/Fauquemont (1041 *Falchenberch*), Limburg, NL. **V.** Reichsland III; Hiegel; Haubrichs, W.: Warndtkorridor und Metzer Romanenring. In: Ortsnamenwechsel. Hg. von R. Schützeichel. Heidelberg 1986, 279. *Ha*

Falkenberg/Elster I. Stadt, Lkr. Elbe-Elster, 7378 Ew., unweit der Schwarzen Elster im Elbe-Elster-Urstromtal, BB. Im MA wechselnde Besitzverhältnisse, 1575 an Sachsen, 1815 an Preußen. Falkenberg bekam erst 1962 Stadtrecht verliehen. Durch den Eisenbahnbau Mitte 19. Jh. wichtiger Verkehrsknotenpunkt. Im 20. Jh. kleinere Industriebetriebe. **II.** 1251 *Valkenberch*, 1438 *Falkenbergk*; *Falkenberg/Elster* (1938). **III.** Namen mit dem Bw. *Falken-*, zu mnd. *valke*, waren Modenamen, die von der Beliebtheit der Falkenjagd zeugten. Bei Falkenberg ist kein Berg vorhanden, zum Gw. ⁊ -*berg*. Einen Hinweis auf heraldische Namengebung gibt es nicht. Zum GwN *Elster* ⁊Elsterwerda. **IV.** Ähnlich zahlreiche Namen Falkenberg in BB, z. B. im Lkr. Märkisch-Oderland; Falkenberg, OT von Halsbrücke, Lkr. Mittelsachsen; OT von Trossin, Lkr. Nordsachsen, beide ST. **V.** DS 22. *SW*

Falkenburg // Złocieniec [zwɔˈtɕɛɲiɛc] **I.** Stadt im Kr. Dramburg // Powiat drawski, 13 199 Ew., im sö Teil der Woi. Westpommern, PL. Gelegen in einer Seenlandschaft (Pojezierze Drawskie), an der Drage // Drawa und ihrem Zufluss Vansow // Wąsawa. 1939 Stadt im Kr. Dramburg, Reg.-Bez. Grenzmark Posen-Westpreußen; Woi. Szczecin (1946–1950), Koszalin (1950–1998), Westpommern (seit 1999). **II.** 1311 *Valkenbůrch*, 1313 *Valkenborch*, 1317 *Valkenborg*, 1337 *territoriorum Valkenborch*, 1343 *de Valkenburg*, 1343 *Falckenberg*, 1345 *de Valckenborg*, 1618 *Falckenborch*, 1733 *Falckenberg*, 1789 *Falkenburg*, 1792 *Falkenberge*, 1881 *Falkenburg*, 1951 *Złocieniec – Falkenburg*, 1982 *Złocieniec, -ńca*, 2002 *Złocieniec (Morzysław, Złocieniec) – Falkenburg*. **III.** Urspr. d. ON, galt 1. als topografischer Name, wenn im ersten Glied mnd., mhd. App. *valke*, d. *Falke*, lat. *Falco*, enthalten war, bzw. 2. als poss. Name, wenn im ersten Glied ein FN *Falk(e)*, *Falck* anzunehmen ist. Zum Gw. ⁊ -*burg*. In hist. Belegen sind Schwankungen zwischen -*burg* // ⁊ -*berg* zu verzeichnen. Nach 1945 entsteht ein neuer, durch die KUNM gegebener ON mit Suffix -*ec* vom App.

złocień 'Chrysantheme', lat. *Chrysanthemum*. Adj. *złocieniecki*. **IV.** Falkenberg, Kr. Rottal-Inn, BY; ↗ Falkensee, Kr. Havelland, BB; ↗ Falkenstein, Vogtlandkr., SN; Falkenberg // Sokolniki im damaligen Hinterpommern, Woi. Westpommern, PL. **V.** Rospond 1984; RymNmiast. *BA*

Falkensee **I.** Stadt, Lkr. Havelland, 39 821 Ew., nw Berlin, BB. 1923 wurden die Landgemeinden Falkenhagen und Seegefeld zur Gem. Falkensee vereinigt, die 1961 zur Stadt erhoben wurde. Zahlreiche Betriebe des Handwerks- und Dienstleistungsbereichs. **II.** 1330 *Zacharia von Falkenhagen*, 1355 *dorff Falckenhagen*, 1450 *Falkenhagen [Or]*; 1265 *Segeuelde*, 1669 *zu Sehefelde*. **III.** Gf. mnd. **Valkenhagen*, zu mnd. *valke* 'Falke' und mnd. *hagen* 'Hagen, Hecke, Buschwerk'. Namen wie *Falkenhagen* waren in der Zeit des d. Landesausbaus sehr beliebt. *Seegefeld* gehört zu mnd. *sēge* 'langgestreckte sumpfige Stelle, Flussniederung'. Zum Gw. ↗ *-feld*. Der Name *Falkensee* wurde aus je einem Bestandteil der Namen *Falkenhagen* und *Seegefeld* gebildet, wobei bei dem letzten durch den Wegfall des intervokalischen *g* in der Mda. das Gw. zu *-see* umgebildet wurde. **V.** Riedel A XI; BNB 4. *SW*

Falkenstein/Vogtl. **I.** Stadt und gleichnamige VG im Vogtlandkreis, 11 974 Ew., im ö Vogtland, an der Göltzsch, SN. Um 1200 d. Ritterburg mit Burgsiedlung, 1460 Stadt, traditionell Zentrum der Textilindustrie, auch h. noch Industriestandort. **II.** 1267 *de Valkinstein*, 1447 *Valkenstein*. **III.** Der Burgenname *Falkenstein*, wohl ein heraldischer Name zum Raubvogel mhd. *valke* 'Falke', ging auf den Ort über. Zu vergleichen sind zahlreiche ON mit *Falke* wie *Falkenbach, -berg, -hain* sowie mit ↗ *-stein*. **IV.** Falkenhain, Lkr. Leipzig, SN; Falkenstein, Lkr. Harz, Falkenberg, Lkr. Stendal, beide ST. **V.** HONS I; SNB. *EE, GW*

Fallingbostel, Bad **I.** Kreisstadt im Lkr. Soltau-Fallingbostel, 11 608 Ew., an der Böhme gelegen, seit 1977 Sitz der Kreisverwaltung, Reg.-Bez. Lüneburg (bis Ende 2004), NI. Seit dem MA als Verwaltungssitz bezeugt (erst Vogtei, dann Amt, seit 1885 Kreissitz); 1949 Stadtrecht; staatlich anerkanntes Kneippheilbad 1976; 2002 Namenszusatz *Bad*. **II.** Um 990 *Vastulingeburstalle* [Kop. 11. Jh.], um 1167 *Vastelingeburstolde* [Kop.], 1293 *Valingheborstelde* [Kop. 14. Jh.]; *Fallingbostell* (1542). **III.** Wie bei den ↗ *-inghausen-* oder ↗ *-ing(e)rode*-Namen liegt hier eine mit ↗ *-ing(en)* abgeleitete Personengruppenbezeichnung vor, die mit dem Gw. ↗ *-borstel* gebildet ist. Das Bw. enthält den KN **Fastul(o)*. Wohl aufgrund der Länge des Namens (siebensilbig) schwindet früh die zweite Silbe (*-stu-/-ste-*), im 14. Jh. dann das *-e-* des Suffixes. Deutung also: 'Siedlung der Leute des **Fastul(o)*'. **V.** HHS 2; Nds. Städtebuch. *KC*

Fameck **I.** Gem. und Hauptort des gleichnamigen Kantons im Dép. Moselle, 12 370 Ew., 6 km s Diedenhofen // Thionville, LO, F. Früher Besitz der Abtei St. Martin in Metz; 1871 zum Reichsland Elsass-Lothringen, 1918 wieder zu Frankreich. **II.** 1157 *Falmacres*, 1186 *Faumacres*, 1295 *Failmacrem*, 1188 *Famequin*, 1254 *Famec*, 1450/1500 *Felmach(er)*, 1609 *Velmacher*. **III.** Bildung mit dem Gw. ahd. *-macher* < lat. *maceria* 'Gemäuer' und dem Bw. ahd. *falo*, mhd. *fal* 'fahl' (?). Die aus Metz stammenden, ausnahmslos romanisierten frühen Formen zeigen Lautersatz von ahd. *ch* durch *k* (*machera* > *macra, -es*) und gelegentlich Vokalisierung von *l* vor Konsonant. Dagegen dürften die späteren Formen mit ofranz. Verstummen des *l* vor Konsonant die rom. Wiedergabe einer d. entwickelten Form **Fal-mach(e)ren* > *Famequin* (Kurzform *Fameck*) spiegeln. **IV.** Macheren (1176 *Machara*, 1289 *Makre*), Kt. Saint-Avold-2, Arrondissement Forbach; Königsmachern bei Diedenhofen (1065 *Machra*, 1222 *Makeren*), beide Dép. Moselle, F; Auersmacher (777 *Auricas Machara*), Lkr. Saarbrücken, SL. **V.** Reichsland III; Jungandreas; Hiegel; Buchmüller/Haubrichs/Spang. *Ha*

-fang. ↗ **-grün.**

Faulquemont ↗ **Falkenberg**

Fehmarn dän. *Femern* **I.** Stadt im Kr. Ostholstein, 12 977 Ew., auf der Ostseeinsel zwischen Kieler und Mecklenburger Bucht, SH. Die Stadt Burg auf Fehmarn und das Amt Fehmarn fusionierten 2003 zur Stadt Fehmarn. Seither ist die gesamte Insel die Stadt Fehmarn. 1076 als Insel *Fembre* erwähnt. Sie war im 11. Jh. von Slawen bewohnt und wurde dann mit deutschen Bauern besiedelt. Seit 1231 Herzogtum Schleswig, 1866 zu Preußen. **II.** 11. Jh. *Fembre [Or]*, Ende 12. Jh. *Vemere* (Helmold von Bosau), 1231 dän. *Ymbria*, 1249 *Imbre*, 1259 *de Vemeren*. **III.** Wahrscheinlich ist ein urspr. germ. Inselname *Fimber*, der mit dem Suffix *-er* gebildet wurde. Die Bedeutung geht auf asä. *Fimba* 'Haufen', verwandt mit anord. *Fimbul* 'groß' zurück, sodass der Inselname als 'großer Haufen im Meer' gedeutet werden kann. Das latinisierte *Ymbria* könnte auf dän. *Imber* zurückgehen, das durch Schwund im Anlaut entstand (**aff Fimbre > *aff Imbre*). **V.** Berger; Laur. *GMM*

Fehrbellin **I.** Stadt, Lkr. Ostprignitz-Ruppin, 8 973 Ew., am Rhin nw Berlin, BB. Seit 2003 gehören zu Fehrbellin noch 16 Gem., von denen Langen eine sehenswerte Backsteinkirche besitzt und Linum als Storchendorf bekannt ist. Fehrbellin war der Hauptort des Ländchens Bellin, seit 12. Jh. d. Burg und Burgward mit Siedlung. Der Name ist mit der Schlacht 1675 gegen die Schweden verknüpft, die aber tatsächlich bei dem Dorf Hakenberg stattfand. **II.** 1216 *Belin [Or]*, 1294 *terram Bellyn cum civitate Bellyn*, 1402 *vp dy fere tu Bellyn [Or]*, 1657 *Land Bellin ... Fehrbellin*. **III.** Der Name apolb. **Bĕlina* bezeichnete eine Siedlung in einer weiß schimmernden Landschaft. Das App. apolb. **bĕlina* ist eine Bildung mit dem Suffix *-ina* von apolb. **běl'* 'Sumpf, Niederung, feuchte Wiese', das zum Adj. apolb. **běly* 'weiß, hell, schimmernd' gehört, was auf den Bewuchs mit hell schimmernden Pflanzen, wie z.B. Wollgras, zurückgehen kann. Der Zusatz *Fehr-* wurde nach der seit Anf. 15. Jh. bezeugten Fähre über den Rhin gegeben. **IV.** Ähnlich Bellin, OT von Krakow am See, Lkr.Güstrow, OT von Ueckermünde, Lkr. Uecker-Randow, beide MV; ↗Beelitz, Lkr. Potsdam-Mittelmark, BB. **V.** Riedel A VIII, VII, SB; BNB 4. *SW*

-feld. Westgerm. **felþa-*, ahd. / asä. *feld*, mhd. / mnd. *velt* '(offene) Fläche, Ebene, Ackerland, Wiese, Boden', im NW 'Fläche mit Heide, Bruch, Moor', gehört zu den wichtigsten neuzeitlichen ON-Typen, die allerdings bereits im MA üblich waren. *-feld*-Namen sind für Siedlungen und Fluren zahlreich, besonders im Bereich der jüngeren Ostsiedlung. Als Varianten beggnen der Dat. Sg. *-felde* und der Dat. Pl. *-felden* sowie die KF *-elt*. *Feld(e)* und *Felden* kommen als Simplizia und als Bw. auch in ON vor (↗Velbert, Lkr. Mettmann, NRW). Literatur: Bach DNK II, 1; Debus / Schmitz, H.-G. *FD*

Feldbach **I.** Stadt, 4662 Ew., Pol. Bez. Feldbach, ST, A. Vor 1188 gegründet und 1265 als Markt bezeichnet, hatte der Ort in den Adelsfehden im 14. und 15. Jh. schwer zu leiden. 1605 kam es zum Überfall und zur Zerstörung durch Hajduken. 1673–1675 gab es den schrecklichsten Hexenprozess der Steiermark mit mehr als 100 Opfern. Stadterhebung 1884. **II.** 1143–1164 de *Velnbach [Or]*, 1188 *Velwinbach*, 1397 *Veltpach*. **III.** Bach (↗*-bach*) mit Bestand von Weiden (ahd. *fël(a)wo* 'Weide, Felber'). **V.** ANB. *FLvH*

Feldkirch mda. [feálkl(e)] **I.** Hauptort des gleichnamigen Bezirks, 30637 Ew., Verkehrsknoten am Ausgang der Illschlucht in die Rheinebene (458 m), VO, A. Als altes Handels- und Schulzentrum, Rivale von Bregenz mit Markt- und Stadtrecht vor 1218; Johanniterkirche im Hinblick auf den Arlbergweg; Neustadt bei der Schattenburg begründet gegenüber dem älteren Dorf (Altenstatt); h. Finanzamt, Bistum, Musikschule. **II.** 807 *in curte ad campos* (unsichere Identifizierung); 9. Jh. *De ecclesia Sancti Petri ad Campos id est Feldchiricha* (Kop. 16. Jh.); 9. Jh. *Beneficium Nordolchi ad Feldchirichun [Or]*; 909 *in loco Feldkiricha dicto ... in illa curte sive basilica (St. Nikolaus)*; 1101 *Veltkilchun*. **III.** Das Exonym rätorom. *Sogn Pieder* 'St. Peter (auf den Feldern)' setzt alten Dorfnamen fort, h. *Altenstadt*; Stadtname *Feldkirch* ist übersetzt, gilt aber für die Neustadt unter der Schattenburg, einer Gründung der Montforter. Ortsnamen nach Heiligen bes. im südlichen, länger rom. VO. **VI.** ANB; Bündner Urkundenbuch, hg. durch die Historisch-Antiquarische Gesellschaft von Graubünden, bearb. von E. Meyer-Marthaler und F. Perret. Chur 1955ff.; B. Bilgeri in Montfort 8 (1956); Zehrer 1957; A. Niederstätter in Montfort 46 (1994); Niederstätter, A.: Altenstadt – eine Dorfgeschichte. Altenstadt 1997. *Plg*

Feldkirchen in Kärnten [fɛlt'kırçən] bzw. [fɛlt'kiəxŋ] **I.** Stadt, 14343 Ew., Pol. Bez. Feldkirchen, am nördlichen Rand des Klagenfurter Beckens, nö des Ossiacher Sees am Beginn des Glantales, KÄ, A. 1166/1176 zum Bistum Bamberg, 1759 landesfürstlich (Hztm. KÄ), Stadterhebung 1930; Bezirkshauptstadt seit 1981, zuvor Expositur des Pol. Bez. Klagenfurt-Land, seit 2002 einer der Standorte der Fachhochschule Kärnten (Studienlehrgänge „Gesundheits- und Pflegemanagement" und „Sozialarbeit"). **II.** 11./12. Jh. *Ueldchiricha*, 1142–68 (Kop. aus 15. Jh.) *Veltkirchen*. **III.** Der Name der urk. erstmals (fälschlich rückdatiert auf 888) *Ueldchiricha* genannten Stadt beruht auf einer Zusammensetzung von ahd. *kirihha* 'Kirche' (↗*-kirchen*) mit ahd. *fëld* 'Ebene, Flachland; Feld'. **IV.** ↗*Feldkirch*, VO, A. **V.** ANB; HHS Huter; Kranzmayer II. *HDP*

Feldkirchen-Westerham **I.** Gem. im Lkr. Rosenheim, 10183 Ew., Reg.-Bez. Oberbayern, BY. **II.** Feldkirchen: 804 (Kop. von 824) *de ecclesia ad Feldkirc*, 1020–1035 (Kop. des 12. Jh.) *Veldchirihha*, 1315 *Ecclesia Veldchirchen*, 1831 *Feldkirchen*. Westerham: 1155–1186 *Westerhaim*. Beide Namen beggnen in den Belegen des 13. Jh. *Westirhaim ... Veltchirchen*, ca. 1583 *Veldkirchen pag(us) et templ(um) ... Westerhaim pag(us), templ(um)*, 1832 *Westerham ... in der Pfr. Feldkirchen*. **III.** Grundwort des ersten Namens ist ahd. *kirihha, chiricha* 'Kirche, Gotteshaus', ↗*-kirchen*, Bestimmungswort ↗*-feld*, *velt* 'Ebene, Flachland, ebenes, offenes, anbaufähiges Land, Feld'. Der Ort ist demnach nach einer Kirche, die im freien Feld lag, genannt. Grundwort des zweiten Namen ist mhd. ↗*-heim* 'Haus, Heimat', Bestimmungswort das Adj. *wëster* 'westlich'. **V.** Reitzenstein 2006. *WvR*

Fellbach **I.** Große Kreisstadt im Rems-Murr-Kreis, 44203 Ew., ca. 4 km sw Waiblingen und etwa 9 km nö Stuttgart am n Schurwald am Fuß des Kappelbergs sowie der Kernen auf dem Schmidener Feld gelegen, Reg.-Bez. Stuttgart, BW. Zunächst durch Erbschaft von den Calwern an die Welfen und 1191 an die Staufer, 1616 durch Württemberg gekauft, 1933 erhielt der Ort Stadtrecht und ist seit 1956 Große Kreisstadt.

Weinbau, Metallbau, Stadtmuseum, Lutherkirche, Alte Kleter, Schlössle Oeffingen, Mörike-Preis. **II.** Um 1121 (Kop. 16. Jh.) *Velbach*, um 1185 (Kop. 16. Jh.) *Velbach*, 1229 *Velbach*, 1257 *Velebach* [Or], 1409 *Felbach* [Or]; *Fellbach* (1895). **III.** Es handelt sich um eine Zuss. mit dem Gw. ↗-*bach* und dem Bw. ahd. *felewa*, mhd. *velwe* 'Weide': 'Siedlung am Weidenbach'. Das *w* in *felewa*- fällt vor *b* in -*bach* frühzeitig aus. **IV.** Fellbach, OT von Reisbach, Lkr. Dingolfing-Landau, BY. **V.** Reichardt 1993; LBW 3. *JR*

-fels. ↗-eck.

Felsberg I. Stadt im Schwalm-Eder-Kreis, 10 792 Ew., gelegen s von Kassel am linken Ederufer am Fuß eines Basaltfelsens (Burgruine Felsburg), Reg.-Bez. Kassel, HE. Mutmaßlich landgräfliche Stadtgründung (frühes 13. Jh.) in Anlehnung an die vorhandene Burganlage (Herren von Felsberg 1090–1286). 1286 als Stadt bezeichnet. Sitz einer Niederlassung des Deutschen Ordens (1247/1386–1809). Strategisch wichtige Lage im Grenzgebiet zu Mainz. Amtssitz seit dem 14. Jh. **II.** 1090 *Velisberg* [Or], 1100 *Filisberg*, 1160 *Veilsberg*, 1247 *Velsberc*. **III.** Bw. ahd. *felisa* 'Fels'. Der gleichnamige BurgN wurde auf den Ort übertragen. **V.** Keyser; Krummel; Knappe. *TH*

Felsöör ↗Oberwart

Fénétrange ↗Finstingen

Fentsch // Fontoy I. Gem. und Hauptort des gleichnamigen Kantons im Dép. Moselle, 3161 Ew., 11 km w Diedenhofen, an der Fentsch, LO, F. Sitz einer Herrschaft; luxemburgisches Lehen; 1668 franz.; 1871 zum Reichsland Elsass-Lothringen, 1918 wieder zu F. **II.** 1040/50 *Funtagium*, 1053 *Fontagium villam*, 1124 *Fontois*, 1336 *Vonzsche*, 1347 *Ventzen*, 1403 *Fenschen*. **III.** Der SiN entstand aus dem gleichlautenden GwN, eine lat. Ableitung zu **fonte* 'Quelle' mit dem Suffix -*agia*. Die d. Doppelform zeigt nicht die ahd. Verschiebung des *t* > *ts* (6. Jh.), sondern knüpft an eine rom. Entwicklungsform **Fontatsch* an, synkopiert und mit Sekundärumlaut > **Föntsch* > mit Entrundung ø > *e Fentsch-*. **V.** RL III; Jungandreas; Hiegel; Haubrichs, W.: Lautverschiebung in Lothringen. In: Althochdeutsch. Hg. von R. Bergmann u. a. Heidelberg 1987. *Ha*

Feucht I. Markt im Lkr. Nürnberger Land, 13 239 Ew., sö von Nürnberg, Reg.-Bez. Mfr., BY. Verm. im frühen MA vom Königshof in Altdorf gegr. Siedlung, die erst 1183/1195 bezeugt ist; zu dem von Nürnberg aus verwalteten Reichsdominium gehörig; aufgrund der Lage im kaiserlichen Reichswald Zentrum der Bienenhaltung und Honiggewinnung; eigene Gerichtsbarkeit der Zeidler (Imker); seit dem Spätmittelalter unter dem Einfluss der Reichsstadt Nürnberg und der Burggrafen, seit 1806 bayerisch. **II.** 1183/1195 *Fûhte*, 1296 (Kop. 1353) *Fewht*, 1308 *Feucht*. **III.** Der Name wird mit der Baumbezeichnung ahd. *fiuhta* in Verbindung gebracht, was lautlich möglich ist. Aus ahd. *fiuhta* entwickelt sich mhd. *viuhte* mit *iu*-Schreibung des Langvokals *ü*, der nhd. zu *eu* diphthongiert wird und in der Mundart entrundet *ei* lautet. (Dieses Wort ist lautlich nicht identisch mit nhd. *Fichte* aus mhd. *viehte*, ahd. *fiohta*). Der älteste Beleg zeigt allerdings eine dazu nicht passende Vokalschreibung. Morphologisch bleiben erhebliche Bedenken, weil ein von der Baumbezeichnung abgeleiteter urspr. Flurname zumindest eine Dativ-Plural-Endung oder ein Suffix haben sollte. Schließlich wäre die Motivation einer derartigen ON-Bildung kritisch zu prüfen. **V.** Beck, S. 82; Heidingsfelder, F.: Die Regesten der Bischöfe von Eichstätt. Erlangen 1938, Nr. 501,69; HHS 7/2; Reitzenstein 2009. *RB*

Feuchtwangen I. Stadt im Lkr. Ansbach, 12 206 Ew., Reg.-Bez. Mittelfranken, BY. Gegen Ende des 8. Jh. Gründung eines Benediktinerklosters, seit dem 13. Jh. Königsstadt und Reichsstadt, ab dem 14. Jh. Sitz eines markgräflichen Oberamts, 1528 Einführung der Reformation. **II.** 819 (Druck von 1629) *Fiuhctinwanc*, 819 (Kop. des 17. Jh.) *Fruhetinbbanc* (für **Fiuhetinvvanc*), 9. Jh. *Fiuhtwanga*, 994–996 (Kop. des 11. Jh.) *monasterium Phyuhtvuangense*, 1180–1190 *Fuhtewanch*, 1197 *Fvhtvanc*, 1256 *Fuhtewanc*, 1273 *Fuhtwangen*, 1312 *Fûhtwank*, 1326 *Feuhtwanck*, 1376 *Feuchtwang*, 1404 *Feuchtwangen*, 1596 lat. *Pinopolitanus*, 1662 gr. *Hygropolitanus oder Feuchtwang*. **III.** Bereits im Jahr 1761 wurde der Name der Stadt erklärt und diese Erklärung mit den natürlichen Gegebenheiten begründet: *weilen, nach dem gemeinen Angeben, auf dem Platz, worauf solche erbauet worden, ehehin ein Wald von Fiechten-Bāumen gestanden*. Grundwort des urspr. Flurnamens ist nämlich ahd. *wang* 'Feld', Bestimmungswort das erschlossene Adj. **fihtîn* 'mit Fichten bestanden'. Als Bestandteile der antikisierenden Namensformen begegnen lat. *pinus* 'Fichte' sowie gr. ὑγρός 'feucht' und πόλις 'Stadt'. **V.** HHS 7/2; Reitzenstein 2009. *WvR*

Fichtenau I. Gem. und gleichnamiger GVV im Lkr. Schwäbisch Hall, 8419 Ew., ca. 35 km ö Schwäbisch Hall und etwa 50 km nö Schwäbisch Gmünd an der Grenze zu Bayern am Rand der Ellwanger Berge im Dinkelsbühler Hügelland, Reg.-Bez. Stuttgart, BW. Zum GVV gehört außerdem Kreßberg. Die Gem. Fichtenau entstand 1973 durch den Zusammenschluss der früher selbstständigen Gemeinden Lautenbach, Matzenbach, Unterdeufstetten und Wildenstein und erhielt das Prädikat staatlich anerkannter

Erholungsort. Wildensteiner Schloss, Unterdeufstettener Schloss, Seefest Fichtenau. **II.** *Fichtenau* (1973). **III.** *Fichtenau* ist eine künstliche Bildung aus dem Gw. ↗ *-au*, ahd. *ouwa*, mhd. *ouwe* 'Land am Wasser, Insel' und dem Bw. *Fichte*, mhd. *viehte* 'Fichte'. **V.** LBW 2 und 4. *JR*

Filderstadt **I.** Große Kreisstadt im Lkr. Esslingen, 44 040 Ew., ca. 9 km sw Esslingen und etwa 20 km s Stuttgart auf der Inneren Filderhochfläche am Randstreifen des Nördlichen Schönbuchs gelegen, Reg.-Bez. Stuttgart, BW. Entstand am 5. Juni 1974 durch die Vereinigung der früher selbstständigen Gem. Bernhausen, Bonlanden auf den Fildern, Harthausen, Plattenhardt und Sielmingen zunächst unter dem Namen Filderlinden und wurde im Zuge der Kommunalwahl im April 1975 in Filderstadt umbenannt, seit 1976 Große Kreisstadt. Etikettenherstellung, Klimatechnik, Alte Mühle, Jakobuskirche, Schlössle, Gottlob-Häußler-Heimatmuseum, Georgskirche, Mörike-Pfarrhaus, Uhlbergturm, Martinskirche. **II.** *Filderstadt* (1975). **III.** Es liegt ein neuer, 1975 nach Ablehnung des Vorschlags *Filderlinden* vergebener ON nach der Lage auf den Fildern vor. Die Zuss. mit dem Gw. ↗ *-stadt* enthält als Bw. einen alten Plural zu ahd. *feld* 'Feld, Fläche' für eine fruchtbare Hochfläche (1292 *super Vildern*). **V.** Bach DNK 2; LBW 3. *JR*

Finnentrop **I.** Gem. im Kr. Olpe, 17 945 Ew., n der Mündung der Bigge in die Lenne nö von Attendorn, Reg.-Bez. Arnsberg, NRW. Ein im MA bezeugter Ministerialensitz war 1861 Namengeber für eine Bahnstation der Ruhr-Sieg-Bahn. Die dort entstandene Siedlung wurde 1969 Gemeindesitz. **II.** 1266 *Vinninctorpe*, 1285 *Vinnincdorp*, 1293–1300 *Winningtorpe*; *Ffynnentrop* (1504). **III.** Der zunächst nur in Herkunftsbezeichnungen bezeugte ON ist mit dem Gw. ↗ *-ingdorf* gebildet; *-dorf* erscheint in der in Westfalen häufigen Variante *-trop* mit Anlautverhärtung und *-r*-Umstellung. Das Erstglied ist der recht seltene PN *Fini/Fino* (Flexion in einer *-ing*-Bildung nicht feststellbar), bei dem die Anlautschreibungen *V*- und *W*- nach ma. Schreibpraxis für *F*- stehen. Im Asä. zeigt der PN in Ableitungen Formen mit *-nn-*, wie sie auch hier vorliegen. Der Ort ist somit als 'Siedlung der Leute des *Fini/Fino*' benannt worden. **V.** HHS 3; FP; Schlaug 1955. *Flö*

Finsterwalde **I.** Stadt, Lkr. Elbe-Elster, 17 861 Ew., in der Nähe der Kleinen Elster, BB. Bei der 1301 erwähnten Burg entstand eine Marktsiedlung. Im MA wechselnde Besitzverhältnisse, 1425 zu Sachsen, 1815 zu Preußen. Seit dem 16. Jh. Entwicklung des Tuchgewerbes. **II.** 1282 *Vynsterwalde*, 1301 *Dinsterwlde* [Or], 1353 *Vinsterwalde*, 1541 *Finsterwald;* sorb. 1761 *Grabin.* **III.** Der Name bedeutet 'Siedlung im finsteren Walde', zu mhd. *vinster* neben *dinster* 'dunkel, düster' aus germ. *Þimstra-*, ahd. *finstar, thinstar*, wobei das *d* vor *n* in den Lippenlaut *f* überging (EWD 1). Zum Gw. ↗ *-walde*. Der Name scheint im Gegensatz zum benachbarten Sonnenwalde entstanden sein. Die sorb. Form *Grabin* ist eine Neubildung und gehört zu nsorb. *grab* 'Weißbuche'. **IV.** Ähnlich Finsterbergen (1034 *Dinstirberg*), OT von Friedrichroda, Lkr. Gotha, TH. **V.** UI; UB Lübb. III; SNB; DS 36. *SW*

Finstingen // Fénétrange **I.** Stadt und Hauptort des gleichnamigen Kantons im Dép. Moselle, 729 Ew., 13 km nw Saarburg, LO, F. Sitz eines Archipresbyteriats der Diözese Metz, früher Besitz der Abtei Remiremont mit Münzstätte; reichsunmittelbare Herrschaft, in deren Schloss 1634–42 der Dichter J.M. Moscherosch als Amtmann wirkte; 1751 lo. Bailliage, dann an Frankreich; 1871 zum Reichsland Elsass-Lothringen, 1918 wieder an Frankreich. **II.** 10. Jh. *Filistinges, Filistengas*, 1070 *Filistengen*, 1134/36 *Filestangis*, 1224 *Vinstingen*, 1224 *Phylestranges*, 13. Jh. Anfang *Fenestranges*. **III.** Bildung mit dem PN *Filisto*, *-a* (fem.) (Superlativ zu ahd. *filo* 'viel, stark') und dem ↗ *-ing*-Suffix: Ausgangsform *Filist-ingas*, Dat. Pl. *Filistingum*. Die d. Form zeigt seit dem 13. Jh. Assimilation der Lautgruppe *-lst-* an den Nasal des Suffixes. Die franz. Doppelform schließt sich an, vermeidet aber die Synkope und entwickelt (wohl in Analogie zu lat. *fenestra*, franz. *fenêtre* 'Fenster') ein unorganisches *r*; das Suffix entwickelt sich zu ofranz. *-enges* und gleicht sich später zentralfranzösischen Formen mit *-a-* an. **V.** Reichsland III; Jungandreas; Hiegel. *Ha*

Fintel **I.** Samtgem. im Lkr. Rotenburg (Wümme), 7509 Ew., an der Fintau, Reg.-Bez. Lüneburg (bis Ende 2004), NI. Der Verwaltungssitz der Samtgem. ist Lauenbrück; im namengebenden Ort ist seit dem MA eine Pfarrkirche bezeugt; wegen der großen Heide- und Moorflächen um Fintel große Heidschnuckenherden und ausgedehnte Bienenhaltung; 1885 hier erste deutsche Imkereischule; seit 1992 ist Fintel staatlich anerkannter Erholungsort. **II.** 1105 *Wintla* [Fä. Mitte 12. Jh.], vor 1246 *Vintlo*, 1443 *Vintlo*; *Fintel* (1823). **III.** Bildung mit dem Gw. ↗ *-loh*, das im Nebenton abgeschwächt wurde und dann durch einen Sproßvokal zu *-el* wurde. Das Bw. ist nicht asä. *wind* 'Wind', da der Anlaut im ON stimmlos war. Es liegt wohl eine Dentalerweiterung zu idg. **pen-* 'Schlamm, Sumpf, Wasser' vor, die germ. als **fint-* erscheint. Verwandt asä. *fen(n)i* (< **fanja*). Der ON nimmt Bezug auf die großen Moorflächen um den Ort. **V.** Hessmann, Rotenburg. *KC*

Flammersfeld **I.** Gem. und gleichnamige VG (seit 1970) im Lkr. Altenkirchen (Westerwald), 11 872 Ew., mit 26 Gem., darunter einige staatlich anerkannte Luftkurorte in gesunder Höhenlage, im sog. „Raiffeisenland" bzw. im Ostteil des Westerwaldes, RP. In Flammersfeld steht das Raiffeisenhaus mit Museum und Bauerngarten. Von 1848 bis 1852 lebte und arbeitete hier F.W. Raiffeisen als Bürgermeister. Zu besichtigen ist auch der „Alvenslebenstollen" als Hinterlassenschaft des Bergbaus in dieser Gegend. **II.** 1096 *Flamesfelt*, 1109 *Flamersfelt*, 1116 *Flamirsfelt*; *Flammersfeld* (1325). **III.** In einer Urk. des 9. Jh. (Levison, W.: Die Bonner Urkunden des frühen Mittelalters. In: Bonner Jahrbuch 136, 137 (1932), Teil 2) taucht ein *Flamersdorf* auf, wobei unklar bleibt, ob es unserem Ort zugeordnet werden kann. Sowohl bei diesem frühen, als auch bei unserem späteren ON mit dem Gw. ↗-*feld* können für das Bw. ahd. PN wie *Flami*, *Flamar*, Gen. Sg. *Flamis-*, *Flamaris-* (wohl KN von *Flavomar* oder *Fladimar*) in Betracht gezogen werden. Auch ein HN aufgrund eines Völkernamens wie in *Flemming/Fläming*, benannt nach zugewanderten Flamen (von germ. *flâm*, *flauma* 'überflutetes Gebiet', Bewohnername *Flaming*, Adj. *flamis*), kann nicht ganz ausgeschlossen werden. Favorisiert wird eine Deutung als 'Siedlung auf der Heide oder Wiese des Flami/Flamar'. **IV.** Flamersheim, OT von Euskirchen, Lkr. Euskirchen, NRW. **V.** UBNRh I; FP; Gensicke; Gysseling 1960/61. *JMB*

Flawil **I.** Politische Gem. im Wahlkreis (früher: Bezirk) Wil, 9 828 Ew. Im Untertoggenburg an der Glatt gelegen, bestehend aus dem namengebenden Ort, einem ausgeprägten Straßendorf, sowie mehreren Dörfern, Weilern und vielen Einzelhöfen, Kt. St. Gallen, CH. Bis in die Neuzeit landwirtschaftlich geprägt (bes. Reb- und Obstbau), daneben bäuerliches Kleingewerbe und insbesondere leistungsfähiges Fuhrmannswesen; im 19. Jh. rasanter Aufschwung mit der Textilindustrie, 1855 Anschluss ans Eisenbahnnetz; h. moderne Industrie- und Dienstleistungsgemeinde. **II.** Mitte 9. Jh. *Flahinwilare* (Kop.), 858 *Flawilare* [Or], 907 *Vlacwilare* [Or], 1323 *Vlawile* [Or]. **III.** Primärer Siedlungsname mit Grundwort ahd. *wīlāri* 'kleines Dorf, Weiler; Einzelhof' (↗-*weil* / -*wil*) und einem PN im Bestimmungsglied, dessen genaue Form unsicher bleiben muss. Erwogen werden ein ahd. PN *Flaco* (Gen. *Flacin*) oder ein lat. PN *Flavinus/Flaccinus*. Denkbar sind jedoch auch andere ([vor-]ahd.) Personennamen mit einer anlautenden Gruppe *Fla-*, die im frühen MA relativ reich bezeugt sind. In der Gesamtdeutung 'Hofsiedlung des *Flaco* (o.ä.) resp. *Flavinus/Flaccinus*' kommt die Siedlungs- und Gesellschaftsstruktur jener Siedlungsphase des frühen Mittelalters zum Ausdruck, in der noch immer die Rufnamen bedeutender Einzelpersönlichkeiten die Benennung kleinerer Ansiedlungen veranlasst haben dürften. **V.** FP; HLS; LSG. *MHG*

Flechtingen **I.** Gem. und gleichnamige VG im Lkr. Börde, 16 528 Ew., ST. Gebildet aus der Gem. Flechtingen und anderen Gem. der Umgebung. Die VG liegt im NW des Landkreises und des Naturparks Drömling, n der Magdeburger Börde und w der Colbitz-Letzlinger Heide. **II.** 961 *Flahtungun*, *Flagtungun* [Or], 1152 *Flectingen*, 1357 *Vlechtingen*. **III.** Der ON ist eine Bildung mit dem Suffix ↗-*ungen* und asä. *flaht-* 'Geflochtenes', vgl. ahd. *flahta* 'geflochtenes Haar', mnd. *vlecht* 'Geflecht, Hürde', in der Bedeutung 'Siedlung mit Flechtwerk' o. ä. **IV.** Flechtorf, Lkr. Helmstedt (925 Flahtorp), NI. **V.** MGH DO I; FO; Udolph 2005. *GW*

Flein-Talheim **I.** GVV seit 1975 im Lkr. Heilbronn, 11 419 Ew., bestehend aus Flein und Talheim, ca. 6 km s Heilbronn und etwa 50 km n Stuttgart in der Kleinen Muschel am Deinenbach u. des Kirchbergs gelegen, Reg.-Bez. Stuttgart, BW. Zunächst war Flein im Besitz der Staufer, im 13. und 14. Jh. teilweise bei den Schenken von Limpurg und Mainz und seit 1802 württembergisch. Vom 13. bis ins frühe 17. Jh. ist eine Adelsfamilie von Talheim belegt, starke Zersplitterung der Herrschaftsverhältnisse und seit 1806 komplett württembergisch. Weinbau, Pfarrkirche St. Veit, Fischerhaus, Kriegerdenkmal, Oberes und Unteres Schloss, Kilianskirche. **II.** Flein: 1188 *Flina*, 1222 *Fline*. Talheim: 1230 *Talheim*. **III.** Das dem ON *Flein* zu Grunde liegende Wort steht verm. im Ablaut mit anord. *flein* 'kahl, nackt, kahler Fleck' und ist dann als *flīna anzusetzen. Flein soll seinen Namen dem mächtigen Nagelfluhfelsen des Kirchbergs verdanken. Eine Verbindung mit ahd. *flins*, mhd. *vlins* 'Kiesel, Feuerstein, Fels' scheitert am fehlenden -*s* in *Flein*. *Talheim* ist eine Zuss. aus dem Gw. ↗-*heim* und dem Bw. ↗-*tal*. **IV.** Flein, OT von Oberndorf am Lech, Lkr. Donau-Ries, BY. **V.** Pokorny; LBW 2 und 4. *JR*

Flensburg dän. und nd. Flensborg, fries. Flansborj **I.** Kreisfreie Stadt, 88 718 Ew., an der deutsch-dänischen Grenze gelegen, durch Flensburger Förde Zugang zur Ostsee, SH. 1240 erstmals urk. erwähnt, 1284 erhält der Ort das Stadtrecht, nach Krieg um das Hztm. Schleswig zwischen Holsteinern und Dänen (1409–1435) ist Flensburg bedeutende Handelsstadt im dänischen Unionsreich, 1626–1721 durch zahlreiche Kriege Bedeutungsverlust, seit 1864 zu Preußen, 1889 kreisfreie Stadt, 1920 per Volksabstimmung Festlegung der heutigen Grenze und Zugehörigkeit zu Deutschland, während des Zweiten Weltkriegs erlitt die Stadt kaum Kriegsschäden. Seit 1952 Kraftfahrt-Bundesamt, reger Handel mit Dänemark. Universitäts- und Fachhochschulsitz, Europäisches Forschungszentrum für Minderheitenfragen. **II.** 1196 *de Flensborgh*, 1251 *Flensaburgh* [Or], 1284 *in Flensaa-*

burgh; *Flensburgh* (1309), 1410 *to Vlensborch*; *bynnen Flenßburg* (1536). **III.** Der Stadtname ist wahrscheinlich aus einer Zusammensetzung des dän. *flen* in der Bedeutung von 'Spitze', was auf den Innenteil der Flensburger Förde bezogen ist, und ↗-*burg*, entstanden, so dass die Burg an der Spitze als Flensburg bezeichnet wurde. Ohne Nachweis bleibt der Bezug auf den GwN *Flensaa*, dän. *Flens¨*, dessen Gen. von altdänisch *Flen* die Bedeutung 'Gabelspitze' enthält. **V.** Laur; Haefs; Berger. *GMM*

Flieden **I.** Gem. im Lkr. Fulda, 8669 Ew., Reg.-Bez. Kassel. HE. Barockkirche St. Goar, Heimatmuseum, „Steinkammer" (Landschaftsschutzgebiet im Naturpark „Hessische Rhön"). **II.** 780–796 (789/94?) *in Fliedena*, 806 *in villa Fliedinu*, 1012 *Fliedenu*, 11. Jh. *Fliden* und *Flidena*; *Flieden* (F. 12. Jh.). **III.** Der FluN der *Fliede* ist Ausgangspunkt der Benennung des ON. Ab dem 8. Jh. ist der Fluss als *fluvio Fliedina* überliefert. Eine ältere Form ist als *Fliod-ina* zu ermitteln. Der ahd. Diphthong -*io*- geht auf germ. -*eu*- zurück, sodass man eine Vorform *Fleud*- rekonstruieren kann. Basis auf idg. Stufe ist eine im Anlaut unverschobene Form *pleud*-. Der auslautende Konsonant idg. -*d*- würde sich allerdings zu germ. -*t*- und ahd. zu -*z*- entwickeln, was der Überlieferung widerspricht. Legt man eine idg. Doppelwurzel *pleud*-/*pleut*- zugrunde, löst sich das Problem. Damit wäre *pleut*- Vorform des vorliegenden FluN auf idg. Stufe. Der Auslaut entwickelt sich von idg. *t* > germ. *d/þ* > ahd. *t*. Der FluN gehört zu der idg. Wz. *pleu*- 'rinnen, fließen, schwimmen, schwemmen'. *Die Fliede* bedeutet 'die Fließende'. **IV.** † Wenigenflieden, OT von Flieden, Lkr. Fulda, HE. **V.** HHS 4; LAGIS; Krahe, H.: Über einige mit F- anlautende (Orts- und) Gewässernamen. In: BNF (9, 1958). *DA*

Flintbek **I.** Gem. und gleichnamiges Amt im Kr. Rendsburg-Eckernförde, 8017 Ew., von der Eider durchflossen, in der Nähe von Kiel, SH. 1220 erstmals urk. erwähnt, bis 1970 zum Kr. Plön, seitdem zum Kr. Rendsburg-Eckernförde. **II.** 1223 *uilla Vlintbeke [Or]*, 1338 *in uilla Lutteken Vlyntbeke*. **III.** Das Bw. des ON zeigt noch h. einen Verweis auf das Vorkommen von Flintsteinen in der Region. Der zweite Teil ↗-*bek(e)* entstammt dem Nd. und entspricht unserem heutigen Bach. Es kann also von einer Siedlung 'an dem Bach mit Flintsteinen' ausgegangen werden. **V.** Laur; Haefs. *GMM*

Flöha **I.** Große Kreisstadt und gleichnamige VG im Lkr. Mittelsachsen, 12090 Ew., am n Rand des Erzgebirges am Zusammenfluss der Flüsse Flöha und Zschopau, SN. In der Mitte des 12. Jh. angelegtes d. Bauerndorf, im 19. Jh. Industrialisierung, Textilindustrie, Spinnereien und Gardinenherstellung, 1933 Stadt. **II.** GwN: 1365 *die Flawe*, 1497 *die Flewe*. ON: 1399 *zcu der Flaw*, 1445 *Fleye*, 1449 *Floye*, 1539/40 *die Flöhe*, 1728 *die Flöha*. **III.** Der ON nimmt den GwN *Flöha* auf und kann auf germ. *Flaw*- o. ä. zurückgehen, das man zu *flawjan* 'schwemmen', ahd. *flewen*, mhd. *vlaejen*, *vlöuwen* 'spülen, waschen' stellt. Ein direkter Anschluss an eine alteurop. Wurzel *pleu-/ *plou*- 'fließen' ist wegen der abgelegenen Lage des Gebirgsflusses eher auszuschließen. Im Asorb. lautete der GwN wohl *Plav(a)* zu *plaviti* 'schwemmen' (s. ↗ *Plauen*), vgl. Plaue, s Flöha, sprachlich in Beziehung zu Flöha. Die Quelle der Flöha liegt in Nordböhmen, wo der ON *Fley*, tschech. *Fláje* (bei Duchcov // Dux), den GwN aufnimmt. Offenbar liegt ein germ.-slaw. oder mhd.-slaw. Namenpaar der Gewässerbezeichnung vor. **V.** HONS I; SNB. *EE, GW*

Flörchingen // Florange **I.** Gem. und Hauptort des gleichnamigen Kantons im Dép. Moselle, 11040 Ew., 4 km s Diedenhofen // Thionville, LO, F. Karolingischer Königshof (893 *curia regia*); später Herrschaft und lux. Lehen; 1692 an Frankreich; 1871 zum Reichsland Elsass-Lothringen, 1918 wieder zu F. **II.** 869 *Florikingas*, 893 *Floringias*, 896 *Florekinga*, Anf.10. Jh. *Florichingas*, 1015 *Florihing*, 1115/26 *Florengis*, 1157 *Florehenges*, 1186 *Floranges*, 1384 *Florchingen*. **III.** Bildung mit dem hybriden PN ahd. *Flor-īcho* (lat. *Flor[us]* + Suffix germ. -*īko*, ahd. -*īcho*) und dem ↗ *ing*-Suffix: Ausgangsform *Florichingas*, Dat. Pl. *Florichingum*. Der ahd. Sekundärumlaut *o* > *ø* vor *i* wird erst spät bezeichnet. In den frühen franz. Formen erscheint ahd. *ch* zunächst mit der Ersatzlautung *k*, später grafisch als <h>, daneben auch mit regulärem rom. *h*-Schwund (zusätzlich d.-franz. Hybridformen wie *Florchanges* 1236); das Suffix zunächst mit der rom. Senkung *i* > *e* als -*enges*, unter dem Einfluss zentralfranzösischer Entwicklungen später -*anges*. **V.** Reichland III; Jungandreas; Gysseling 1960/61; Hiegel; Haubrichs, W.: Das *palatium* von Thionville / Diedenhofen und sein Umland im Spiegel frühmittelalterlicher Siedlungsnamen und Siedlungsgeschichte. In: Septuaginta Quinque. Festschrift für H. Mettke. Heidelberg 2000, 182f.; Ders.: Zur ethnischen Relevanz von rom. und germ. PN in frühmittelalterlichen Siedlungsnamen des Raumes zwischen Maas und Rhein. In: Rheinische Vierteljahresblätter 65 (2001), 175. *Ha*

Flörsheim am Main **I.** Stadt im Main-Taunus-Kreis, 20187 Ew., Reg.-Bez. Darmstadt, HE. Zunächst im Besitz der Grafen von Rieneck als Vögte der Mainzer Erzbischöfe. Von den Eppsteinern ging der Ort 1270 auf das Mainzer Domkapitel über. 1803 an Nassau-Usingen. Überregional wurde der Ort durch die Mitte des 18. Jh. eingerichtete Fayencemanufaktur (1765–1914) bekannt. Zuvor war die Mainfischerei eine wichtige Einnahmequelle. Verleihung der Stadtrechte 1953. 1972 Zusammenschluss von Flörsheim, Weilbach und Wicker. In Weilbach eine Schlossanlage, die auf den Stammsitz der gleichnamigen Adelsfamilie, die 1487 ausstarb, zurückgeht. **II.** Flörsheim: Frühes 9. Jh. (Kop.) *ad Flaritesheim*, 922 *Flaradesheim*, 1184 *Flersheim*. Weilbach: 1112 (Kop.) *Wilibach*, 1222 *inferiori Wylebach*, 1343 *Nydernwylbach*. Wicker: 910 (Kop.) *in Wiccrino marca*, 922 *Vuichara*, 1169 *Wickere*, 1222 *Wicgera*. **III.** Der ON *Flörsheim* zum weiblichen PN **Flādrīt*, vgl. Ober-/Nieder-Flörsheim (9. Jh., Kop., *Flaridesheim*; Lkr. Alzey-Worms, RP). Nach dem Beleg von 922 könnte auch ein PN **Flādrāt* angesetzt werden. Das Erstglied *Flad-* zu ahd. **flād-*, mhd. *vlāt* 'Schönheit, Glanz'. Im ON *Weilbach* gehört das Bw. des auf den ON übergegangenen Bachnamens zu einem vorahd. GwN **Wīlina* (⇗Weilburg, Lkr. Limburg-Weilburg, HE). Erwogen wird auch die Ansetzung eines lat. Lehnwortes *villa* 'Bauernhof' als Bw. (Petran-Belschner). Beim ON *Wicker* dürfte sich die Ansetzung eines genitivischen ON zum PN *Wicker* (aus ahd. *wīg* 'Kampf' und *gēr* 'Speer') verbieten, da sonst ein Genitiv-*s* am Ende zu erwarten wäre. Es ist daher von einem eingliedrigen GwN auszugehen, der zu germ. **wikero-* < idg. **u̯egh-* 'bewegen, ziehen, fließen' zu stellen ist. Der Beleg von 910 zeigt den Gen. Pl. ('in der Mark der Wickerer'). **V.** Bach DNK II; Bethke; Haubrichs 1990; Keyser; Knappe; Petran-Belschner. *TH*

Florange ⇗Flörchingen

Florstadt **I.** Stadt im Wetteraukreis, 8 708 Ew., an Nidda und Horloff, ca. 30 km nö Frankfurt, Reg.-Bez. Darmstadt, HE. Besiedlung seit dem Neolithikum, röm. Limeskastell sö von Ober-Florstadt; Ersterwähnung 830–850; Unterscheidung von Ober- und Nieder-Florstadt seit dem 13. Jh.; 1365 Stadtrecht für Nieder-Florstadt (ohne Bed. geblieben); beide Orte seit dem hohen MA im Besitz der Herren von Büdingen, dann der Isenburger und der Löw, 1806 zu Hessen-Darmstadt. 1970 Zusammenschluss zur Großgem., 1971/72 um 4 Gem. erweitert; ab 2007 Stadt. **II.** 830–850 *Flagestat* (Kop. E. 12. Jh.), 880, 882, 997 *Plagestat [jeweils Or]*, um 1000 *Blagestat*, um 1020 *Flagestat* (beides in Kop. um 1160), 1263 *Vlastat [Or]*, 1278 *Flanstat [Or]*, 1370 *Flarstat [Or]*, 1567 *Flohstadt [Or]*. **III.** Das Bw. wurde bisher nicht überzeugend erklärt. Es lässt sich (wegen der *P*- und *B*-Belege) auch nicht an einen unklaren PN-Stamm **Flag(i)-* (so Kaufmann) anschließen. Es gehört wohl zum ahd. *blāen* (mhd. *blaejen*) 'blasen, wehen (vom Wind)', in Glossen als: *plag[!]en* bezeugt, und ist dann verm. mit dem erst im Mhd. nachweisbaren Fem. *vlāge* 'Stoß, Sturm, bes. von Wind und Wasser' (*sturm unde windes vlāge*) identifiziert worden, daher wohl der *F*-Anlaut. In der zentralhess. Mda. kam es dann zu weiteren Veränderungen (Kontraktion mhd. *-age-* > *-ā-* > *ō*), die ebenso wie die (hyperkorrekte) Wiedergabe eines Gleitlauts als *-n-*, später *-r-*, die h. Schreibform des Namens ergaben. Vergleichbar scheint nur der bei FO angeführte *Flagesbach* [ca. 1076, Kop. um 1160] (verm. † *Flasbach*, nö Büdingen, HE), doch wäre das Bw. nicht auf *vlāge* rückführbar, da im Ahd. an ein Fem. noch kein Fugen-*s* antritt. Zum Gw. ⇗*-stat(t)*. **IV.** ⇗Altenstadt, HE. **V.** CL; MGH DLdD, DK III, DO II; CE; Foltz; Clemm; Kaufmann 1968. *HGS*

Fockbek dän. *Fokbæk* **I.** Gem. und gleichnamiges Amt im Kr. Rendsburg-Eckernförde, 10 942 Ew., Nähe des Nord-Ostsee-Kanals und der Eider, Naturpark Hüttener Berge, SH. 1196 erstmals urk. erwähnt, 1867 zu Preußen (1878 zu Amt und Stadt Rendsburg gehörig), 1948 Gründung des Amtes Fockbek. Hier weltweit größter Wohnwagenhersteller. **II.** 1196 *Fokabik(y) [Or]*, 1337 *in uilla Vockebeke*; *Fockbek* (Mitte 18. Jh.). **III.** Der ON setzt sich zusammen aus einer dän. überprägten mnd. Kurzform des PN *Volquard* und der nd. Form ⇗*-bek(e)*, die unserem heutigen Bach entspricht. So ist mit *Fockbek* die 'am Bach liegende Siedlung des Focke' bezeichnet worden. **V.** Laur; Haefs. *GMM*

Fontoy ⇗Fentsch

Forbach **I.** Stadt und Hauptort des gleichnamigen Arrondissements im Dép. Moselle, 22 176 Ew., 9 km sw Saarbrücken, LO, F. Früher Besitz von St. Vanne, Verdun; später lothringische Lehensherrschaft; 1793 an Frankreich; 1871 zum Reichsland Elsass-Lothringen, 1918 wieder zu F. **II.** 1015 *Forbacum*, 1062 *Forbac*, 1147 *Forsbas*, 1174/79 *Furbach*, 1191 *Forbach*. **III.** Zu einem GwN **For(a)bach* 'Vorderer Bach' (zu germ. **fur-*, ahd. *fora* 'davor' + westgerm. **baki-*, ahd. *bah*). Die Form von 1147 zeigt die normale Romanisierung des germ. GwN. **V.** Reichsland III; Jungandreas; Gysseling 1960/61; Hiegel. *Ha*

Forchheim **I.** Große Kreisstadt des gleichnamigen Lkr., 30 418 Ew., am w Rand des Fränkischen Jura und an der Mündung der Wiesent in die Regnitz (Main-Donau-Kanal), Reg.-Bez. Ofr., BY. Spätestens 805 ö Grenzort des Frankenreichs, ab Mitte 9. Jh. wichtige karolingische Pfalz mit zahlreichen kgl. Aufenthalten (u.a. 874 Friedensschluss Ludwigs des Deutschen mit den Mährern) und zwei Königserhebungen (900 Ludwig das Kind und 911 Konrad I.), 1007 zum Bistum Bamberg, 1077 Ort der Gegenkönigswahl (Rudolf von Rheinfelden) im Investiturstreit, vor 1300 Stadtrecht, seit Ende 14. Jh. fürstbfl. Zweitresidenz mit Schloss und Kollegiatstift, nach 1552/53 Ausbau zur Landesfestung, 1802/03 bayer., im 19. Jh. industrieller Aufbruch (Buntweberei), 1889 kreisfreie Stadt, 1972 zum Lkr. Forchheim. **II.** 805 (Kop. 9. Jh.) *Foracheim*, 880 *Forahheim*, 1007 *Forhheim*; *Forchheim* (1017 Kop. 14. Jh.) **III.** Ahd. *for(a)ha*, 'Föhre'; ↗ *-heim*. **IV.** Forchheim, Stadtteil von Rheinstetten, Lkr. Karlsruhe, BW. **V.** HHS Franken; Reitzenstein 2009. *DG*

Forst (Lausitz) // Baršč (sorb.) **I.** Stadt, Lkr. Spree-Neiße, 21 304 Ew., an der Lausitzer Neiße und der Grenze zu Polen gelegen, BB. Bei der sorb. Siedlung entstand eine d. Kaufmannssiedlung im Schutze einer den Übergang über die Neiße sichernden Burg. Seit dem 17. Jh. Tuchmacherhandwerk vorherrschend. Die 1744 eingerichtete Tuchfabrik war Grundstein der Forster Tuchindustrie und der späteren Textilstadt. **II.** 1350 *Vorst*, 1377 *den Forst [Or]*, 1434 *Forst [Or]*; sorb. 1761 *Barschcz*. **III.** Der d. Name geht auf einen FlN zurück, worauf der Beleg mit den Artikel beim Namen hinweist. Er gehört zu mhd. *forst*, *vorst*, in der urspr. Bedeutung 'Föhren-, Nadelwald'. Die nsorb. Form *Baršč* wird als Angleichung an einen ähnlich klingenden slaw. Namen angesehen. Der Name *Lausitz* ist ein Landschaftsname bzw. ehem. Bewohnername (9. Jh. *Lunsizi*, 948 *Lusici [Or]*, 961 *in terra Lusici*) und geht auf asorb. **Łǫžici > *Lužici*, 'Bewohner eines Wiesenbruches o. ä.' zurück. Er gehört zu asorb. **luža* 'Grassumpf, sumpfige Niederung, Wiesenbruch', nsorb. *łuža* 'Sumpfteich, Grassumpf'. Der die Lage bestimmende Zusatz *Lausitz*, nsorb., osorb. *Łužica*, galt urspr. nur für die Niederlausitz und nicht für das Gebiet der Milzener in der Oberlausitz. **V.** Riedel B II; Bayer. Geograph; DO I; DS 36. *SW*

Forst **I.** Gem. im Lkr. Karlsruhe, 7 571 Ew., ca. 21 km nnö Karlsruhe und etwa 4 km nnw Bruchsal auf der Rheinniederterrasse am Fuß der Kraichgauhügel gelegen, Reg.-Bez. Karlsruhe, BW. Bildet zusammen mit Bruchsal, Hambrücken und Karlsdorf-Neuthard die VVG Bruchsal (65 873 Ew.) Anfänglich wurde Forst zur Bruchsaler Mark gerechnet, gehörte dann zum Amt Kislau, schließlich unter bischöflich-speyerischer Herrschaft und seit 1803 badisch. Erdölförderung, Spargelanbau, Kirche St. Barbara, Jägerhaus, Waldseefest. **II.** Um 1100 (Kop. 12. Jh.) *Forst (?)*, 1161 *Forst [Or]*, 1252 *Vrst [Or]*, 1341 *Vorst [Or]*. **III.** Dem Namen liegt ahd. *forst*, mhd. *vorst* 'Forst, Wald', wohl im Sinne von 'Bannwald' zu Grunde. Der Ort liegt am Rande der Lußhardt, die urspr. Königswald war und 1056 von Heinrich III. – zusammen mit dem Königshof Bruchsal – dem Domstift Speyer geschenkt worden war. Man wird den Ort mit Diemer als eine Rodungssiedlung auf klösterlichem Grund zu betrachten haben. **IV.** ↗ Forst (Lausitz), Lkr. Spree-Neiße, BB; Forst, OT von Essingen, Ostalbkreis, BW; OT von Salem, Bodenseekreis, BW; Forst, bei Wels, OÖ, A. **V.** Diemer, M.: Die Ortsnamen der Kreise Karlsruhe und Bruchsal. Stuttgart 1967; Krieger; FO I; LBW 5. *JR*

Frankenberg (Eder) **I.** Stadt im Lkr. Waldeck-Frankenberg, 18 951 Ew., ca. 35 km n von Kassel am Eder-Übergang im Grenzgebiet zwischen Franken und Sachsen gelegen, Reg.-Bez. Kassel, HE. 1233/34 Errichtung einer Burg durch die thüringischen Landgrafen als Gegengewicht zum benachbarten mainzischen Battenberg. 1335 Gründung einer Neustadt Frankenberg, 1556 Vereinigung der beiden Orte. Schwere Brandkatastrophen (1476, 1507) hemmten die Entwicklung des Ortes, dessen Stadtrecht erstmals 1240 erwähnt wird. Besonders im 17. und 18. Jh. spielte der Bergbau (Kupfer und Silber) eine gewichtige Rolle. Landgräflich hess. Amt. 1821–1973 Kreisstadt. **II.** 1249 (Kop.) *Frankenberg*, 1269 *Frankemberg*, 1269 *Franchenberg*, 1304 (Kop.) *Franckenberg*. **III.** Namengebend für den Berg ist mit einiger Sicherheit nicht eine Einzelperson (PN ahd. *Franco*), sondern der Stamm der Franken, sodass die urspr. Form im Gen. Pl. anzusetzen ist **Francono-berg* 'der Berg der Franken'. **V.** Knappe. *TH*

Frankenberg **I.** Stadt im Lkr. Mittelsachsen, 16 054 Ew., an der Zschopau, im mittelsächsischen Hügelland bzw. Vorerzgebirge, SN. Zu Ende des 12. Jh. als Waldhufendorf gegründet, 1282 Stadt. Seit der frühen Neuzeit geprägt durch Weberei und verwandte Textilgewerbe, im 19. Jh. umfangreiche Textilindustrie, diese ist auch h. noch ein wichtiger Wirtschaftsfaktor. **II.** 1206 *de Frankenberc*, 1214 *Vrankenberch*, 1427 *Franckinberg*. **III.** Bildung mit dem Gw. ↗ *-berg*, im Bw. ist der Landschafts- und Stammesname der Franken enthalten, wohl nicht ein PN *Franke*. Somit weist der Name auf die Herkunft der Siedler. **IV.** † Frankenberg bei Dresden; Frankenhain, Ilm-Kreis, TH. **V.** HONS I; SNB. *EE, GW*

Frankenhausen/Kyffhäuser, Bad **I.** Stadt im Kyffhäuserkr., ö Sondershausen, s vom Kyffhäuser, 9 097 Ew., TH. Fränkische Ansiedlung aus 8./9. Jh. neben altthüringischem Dorf, heutige Altstadt, seit 11. Jh. Herrensitz, Ende 12. Jh. Stadtgründung (1219 *oppidum*); Salzgewinnung schon im 10. Jh. (998 *loca patellarum in quibus sal efficitur* 'Bodenvertiefungen, in denen Salz gewonnen wird'), im MA Salzhandel; Bauernkriegsschlacht 1525 (Gedenkstätte Panorama); seit 1818 Solbad, Kurort, seit 1927 Namenszusatz Bad. **II.** (802/817) 1150/65 *in villa Franchenhusen*, 876 *Ypanhhenus* (verderbt, lies: *Vrankkenhus*), 998 *apud Franconhus*, 1074 *salina Frankenhusen*, ab 1120

Vrankenhusen, Frankinhusen, noch 1506 *Franckenhusen.* **III.** Gebildet wurde der ON mit dem Volksnamen der Franken und dem Gw. ↗*-hausen* zur Kennzeichnung einer fränk. Ansiedlung, wobei *-husun/-hausen* einen erstarrten Dativ Plural 'bei/zu den Häusern' zeigt. **IV.** Frankenhausen bei Crimmitschau, SN; Frankenhausen, Kr. Kassel, HE, ferner ↗Frankenberg/Sa., Lkr. Mittelsachsen, SN; ↗Frankenthal (Pfalz), RP. **V.** CE II; Walther 1971; SNB; Berger. *KH*

Frankenstein // Ząbkowice Śląskie [zɔmpkɔ'vʲitsɛ 'ɕlõskʲɛ]
I. Kreisstadt, 16 116 Ew., Woi. Niederschlesien // Dolny Śląsk, PL. Die Stadt liegt 60 km s von Breslau am Ostrand des Eulengebirges. Sie gilt als Neugründung nach dem Mongolensturm, dem zwei nahegelegene Orte, Frankenberg und Löwenstein (benannt nach fränk. ON) zum Opfer gefallen waren (Frankenberg geht seinerseits auf eine ältere slaw. Siedlung *Przyłęk* – belegt 1189 *Prilanc* – zurück). Um 1286 erhält die Stadt Neumarkter Recht. 1524 wird sie Residenz des böhm. Landesgubernators Karl von Münsterberg. 1654–1791 ist sie im Besitz der Fürsten Auersperg. Kreisstadt, Reg.-Bez. Breslau, NS, (1939) 10 857 Ew. **II.** 1287 *Wrankensten, Vrankensteyn,* 1299 *Franckensteyn,* 1300 *Franckenstain [Or]*. Polonisierung des ON: 1845 *Frankensztyn,* 19. Jh. *Ząbkowice.* **III.** Kompositum aus dem d. PN oder Einwohnernamen *Frank(e), Franko* und ↗*-stein.* Der poln. Name gehört zu einem apoln. PN *Ząbek,* als Abl. zu poln. *ząb* 'Zahn' (vgl. urslaw. *zǫbъ* dasselbe) mit dem geläufigen ortsnamenbildenden Suffix *-owice.* **IV.** Frankenstein, Lkr. Kaiserslautern, RP; Frankenstein, Lkr. Mittelsachsen, SN; Frankenstein // Podhájí, OT von Rumburk, Region Aussig // Ústecký kraj, CZ; Ząbkowice Będzińskie, OT von Dąbrowa Górnicza, Woi. Schlesien; Ząbki, Woi. Masowien, beide PL. **V.** Czopek-Kopciuch; RymNmiast. *ThM*

Frankenthal (Pfalz)
I. Kreisfreie Stadt, 46 948 Ew., Vorderpfalz, zwischen den Städten Worms und Ludwigshafen nahe dem Rhein, RP. Anf. 12. Jh. Gründung eines Augustiner-Chorherrenklosters (*Groß Franckenthal*) und eines Augustinerinnenklosters (*Klein Franckenthal*) im S, deren Namen bis ins 18. Jh. beibehalten wurden. Ansiedlung von nl. und franz. Glaubensflüchtlingen im 16. Jh., Blüte von Weberei, Tuchindustrie und Teppichwirkerei. 1577 Stadtrechte und Ausbau zur Festung der Kurpfalz im 17. Jh., deren dritte Hauptstadt Frankenthal wurde. Die h. Stadt ist ein Zentrum der metallverarbeitenden Industrie. Bis 1969 existierte ein Lkr. Frankenthal. **II.** 772 *in Frankendale* (Kop. um 1190), 792 *Frankondal,* 810 *Franconadal; Francketthal* um 1600. **III.** Das Bw. mit dem ahd. Stammesnamen *Frankon,* Nom. Pl. 'die Franken', unterscheidet die Bewohner des Ortes von ihren Nachbarn. Das Gw. ↗*-t(h)al* weist auf natürliche Bedingungen hin. Eine Bildung mit einem PN kann wegen der Erwähnung von 810 nicht in Erwägung gezogen werden. Der Name ist mit dem Ort verm. nach dem Sieg der Franken über die Alemannen im 6. Jh. entstanden und bedeutet 'Siedlung im Tal der Franken'. **V.** CL; HHS 5; HSP. *JMB*

Frankfurt (Oder)
I. Kreisfreie Stadt, 61 286 Ew., an der Oder und an der Grenze zu Polen gelegen, BB. Bereits vor der Gründung 1253 durch Mgf. Johann I. von Brandenburg (1220–1266) gab es einen Marktort um die Nikolaikirche, wahrscheinlich unter dem Einfluss des schlesischen Piastenherzogs Heinrichs des Bärtigen um 1226 entstanden. Unter Mgf. Johann I. kam es zur Ansetzung von Neusiedlern in der sog. Ober- oder Marienstadt. Beide Siedlungen verschmolzen. Frankfurt war ein Fernhandelsplatz mit Hafen und wichtigen Handelsstraßen. Im 14./15. Jh. Hansestadt. Universitätsstadt von 1506–1811, an der viele bedeutende Gelehrte wirkten. Nach Übertritt des Kurfürsten 1613 zur reformierten Kirche Hochburg des Calvinismus und später der Aufklärung. 1991 Wiedergründung der Universität als Europa-Universität Viadrina. **II.** 1253 *Vrankenuorde, by Stad frankinfurd,* 1364 *zu frankenuorde uff der Odir,* 1476 *zu frankenfordt,* 1745 *Frankfurth an der Oder.* **III.** Der Name ist von ↗Frankfurt/Main (793 *Franconofurt*) durch fränk. Siedler übertragen worden. Er bedeutet 'Flussübergang, der von Franken benutzt wurde'. Der unterscheidende Zusatz *Oder* bezieht sich auf die Lage an der Oder (948/49 *ad flumen Odera,* 1133 *Oderam,* 1253 *trans Oderam,* 1421 *vff der Oder*). Der Name *Oder* gehört zu den alteurop. Namen, *Adrā/**Odrā,* zu idg. **adro-* 'Wasserlauf, Bach, Kanal'. **V.** Riedel A XXIII; PUB I; BNB 8, 10. *SW*

Frankfurt am Main
I. Kreisfreie Stadt, 664 838 Ew., Reg.-Bez. Darmstadt, HE. Erstmals erwähnt 794 in einer Urkunde Karls des Großen, wurde der Ort an einem wichtigen Mainübergang schon bald zur Königspfalz und zum bevorzugten Aufenthaltsort der Karolinger. Der „Kaiserdom St. Bartholomäus", der aus der alten Pfalzkapelle (später Stiftskirche) hervorging, war seit dem MA Wahlort der deutschen Könige und seit 1562 auch Krönungsstätte der römisch-deutschen Kaiser. Die Freie Reichsstadt wurde nach Ende des Alten Reiches Hauptstadt des Dalbergstaates (1806–1810) bzw. eines Ghztm. (1810–1813). Von 1815–1866 Freie Stadt, seit 1867 Teil der preuß. Provinz Hessen-Nassau. Das jenseits des Mains gelegene Sachsenhausen zählte spätestens seit 1318 zu Frankfurt. Eingliederung von Bockenheim (1895), Niederrad, Oberrad und Seckbach (1900). In der Folge Eingemeindung von weiteren 22 Orten

(1910–1977), darunter zahlreiche alte ↗-*heim*-Orte: Bergen-Enkheim (1151 *Berge iuxta Ennincheim* zum PN *Ening*), Berkersheim (795, Kop. *Berchgisisheim* zum PN *Berhtgis*), Eckenheim (795, Kop. *Eccinheim* zum PN *Ecco*), Eschersheim (um 1000, *Enscireshem* zum PN *Ansger, Ansgan*), Fechenheim (881, Fälschung 10. Jh., *Uechenheim* zum PN *Facho*), Ginnheim (772, Kop., *Gennenheim* zum PN **Ganno*), Griesheim (830–850, Kop., *Greozesheim* zu ahd. *grioz* 'Gries, Sand'), Harheim (786, Kop. *Horeheim* zu ahd. *horo* 'Sumpf'), Heddernheim (1132, Kop., *Hetdernheim*; 1242 *Heydersheim* wohl zum PN *Heitar, Hettar*), Praunheim (804, Kop., *Brumheim* wohl zu ahd. **pfrūma* 'Pflaume'), Preungesheim (772, Kop., *Bruningesheimer marca* zum PN *Bruning*), Schwanheim (880 *Sueinheim* zum PN oder Appellativ ahd. *swein* 'junger Mann, Hirte, Knecht'), Sossenheim (um 1150, Kop., *Sozenheim* zum PN *Suzo*), Zeilsheim (794, Kop., *Ciolfesheim* zum PN **Ciolf*). **II.** Frankfurt: 794 [*Or*] *Franconofurd*, 1069 *Franchenvurt*. Sachsenhausen: 1193 *Sassenhusen*. **III.** Der ON *Frankfurt* enthält im Bw. den Gen. Pl. zu ahd. *Franco* 'der Franke'. Der Name 'Furt der Franken' zeigt die Bedeutung des Mainübergangs. Der ON *Sachsenhausen* hat als patronymischer ↗-*hausen*-Name den PN *Sahso, Sasso* 'der Sachse' als Bw. Der ON erlaubt keine Rückschlüsse auf eine sächsische Besiedlung. **V.** Andrießen; CL; Keyser; LAGIS; Müller, Starkenburg. *TH*

Franzburg-Richtenberg **I.** Amt mit den beiden namengebenden Städten und acht weiteren Gem. im Lkr. Nordvorpommern, 8550 Ew., Verwaltungssitz in der Stadt Franzburg, ca. 25 km sw von Stralsund und 15 km nw von Grimmen, MV. Im 12./13. Jh. Zugehörigkeit des Gebietes zum Ftm. Rügen. Franzburg: Am Ort des vormaligen Zisterzienserklosters Neuencamp (1231–1531) wird 1587 (nach herzoglichem Schloss) Franzburg durch Bogislaw XIII. als Stadt gegr., Wollverarbeitung, Brauereibetrieb, 1648–1815 unter schwed. Herrschaft, danach zu Preußen. Richtenberg: Der Ort ging aus einer d. Siedlung hervor, 1297 als städtische Siedlung erwähnt, nach Zugehörigkeit zu Pommern ab 1648 zu Schweden, ab 1815 zu Preußen; h. in beiden Städten Handwerk und Dienstleistungsbetriebe. **II.** Franzburg: 1587 *Frantzburgk, Frantzenburgk*, 1618 *Fransborg, Frantzburg*. Richtenberg: 1231 *villam Richeberg*, 1242 *de Rychenberch*, 1263 *in Rikenberghe*; *Richtenberg* (1618). **III.** Franzburg: Der PN im Bw. geht auf Herzog Franz V. von Lüneburg, Schwiegervater des Stadtgründers Bogislaw XIII., zurück; das Gw. ist ↗-*burg*. Richtenberg: Das Bw. ist mit einem d. PN *Rīko, Rīcho* gebildet oder aber direkt vom entsprechenden Adj. mhd. *rīch*, mnd. *rīke* 'reich' abgeleitet worden. Das Gw. ist ↗-*berg*. **IV.** ↗Reichenbach // Dzierżoniów, Woi. Dolny Śląsk, PL; ↗Reichenbach im Vogtland, Vogtlandkreis, SN. **V.** PUB 1–3; HHS, Bd. 12; Lubin, E./ Geilenkerken, N.: Die große Lubinsche Karte (Pomerania). 1618; Eichler/Mühlner; Niemeyer 2007. *MN*

Frauenfeld **I.** Hauptort des gleichnamigen Bezirks und Hauptstadt des Kantons TG, 22 665 Ew., CH. Älter als Frauenfeld ist der Hof *Erchingen* (813 *Actum in Erichingen*) mit der Kirche *Oberkirch*. Frauenfeld entstand im 13. Jh. beim Schlossturm auf Gebiet, das zum Kloster Reichenau gehörte. Der ON weist auf diesen Besitz hin. 1286 als Stadt bezeugt. Die Kyburger und dann die Habsburger übernahmen die Vogteirechte von der Reichenau, bis 1440 die Stadt an die sieben Eidgenössischen Orte überging. Ab 1504 residierte hier der Eidgenössische Landvogt. 1898 wurde der Thurgau aus den Gemeinen Herrschaften der Eidgenossen entlassen und ein eigenständiger Kanton. Winterthur, Konstanz und Weinfelden wären gerne Hauptort des Kantons geworden. Schließlich obsiegte Frauenfeld, das in der alten Eidgenossenschaft immer wieder Tagsatzungsort gewesen war. Der Große Rat tagt im Sommer in Frauenfeld, im Winter aber in Weinfelden. Sitz der kantonalen Verwaltung ist Frauenfeld. An der Murg entstanden seit dem 19. Jh. Industriebetriebe. Internationale Bedeutung hat die Stadt auch durch den Verlag und die Druckerei Huber erlangt (gegründet 1798). Seit 1865 ist Frauenfeld Eidgenössischer Artilleriewaffenplatz (Grosse Allmend). **II.** 1246 *de Vrowinvelt* [*Or.*], 1255 *Berhtoldus miles, dictus de Boumgarten, in Frowinvelt residens*. **III.** Zu **ze frouwenvëlde*: App. *frau* + App. *fëld*: 'beim Feld, der Ebene der Mutter Gottes Maria'. Das Bw. *frau* zu ahd. *frouwa* sw. Fem., mhd. *vrouwe* sw. Fem. 'Frau, Herrin, oft die Gottesmutter Maria'. ↗-*feld* zu ahd. *fëld* st. Ntr., mhd. *vëlt* st. Ntr. 'Feld, Ebene, Fläche, Gefilde'. Das Bw. kann sich in ON auf verschiedene Frauen beziehen, u. a. auf Klosterfrauen, auf ma. Frauendienst u. a., hier aber ist mit Sicherheit Maria, die Gottesmutter gemeint: Frauenfeld ist eine Kyburger Gründung auf Boden des Klosters Reichenau. Die Kirche von Mittelzell ist eine Marienkirche. **V.** TNB 1.1. *Ny*

Fraustadt // Wschowa ['fsxɔva] **I.** Kreisstadt, 14 407 Ew., Woi. Lebus // Lubuskie, PL. Eine slaw. Burgsiedlung des 13. Jh. an der Fernstraße zwischen Posen und Glogau; Stadtrechte zwischen 1248 und 1273. Die Stadt und ihr Umland wechselten im 13./14. Jh. mehrmals die Zugehörigkeit zu Schles. und Großpolen. Seit 1345 dauerhaft polnisch, behält die Stadt ihren ethnisch d. Charakter. Reformation ca. 1525–1540; im 16. Jh. wird das d. Element durch protestantische Auswanderer aus Schles. gestärkt. 1793 in der zweiten poln. Teilung an Preußen, wo es – nach der Aufteilung des Landkreises – auch nach dem Ersten Weltkrieg verbleibt. Kreisstadt, Reg.-Bez. Grenzmark Posen-Westpreußen 1920–1938, dann zum Reg.-Bez. Liegnitz, NS, (1939) 7740 Ew. **II.** 1248 *Veschow*, 1290 *Frowenstat*, 1310 *Vrowinstat*, 1345 *Vschowa*. **III.** Zur ältesten mhd. Namenform vgl. *vro(u)we* 'Herrin' und ⟶ *-stadt*. Dieser ON bezieht sich auf die Gottesmutter Maria, was das Patrozinium der Pfarrkirche und heraldische Merkmale nahelegen. Schwieriger ist die Erklärung des poln. Namens, der auf einen KN *Wiesz* zu *Wielisław* 'der Ruhmreiche' zurückgeführt wird, mit dem apoln. Possessivsuffix *-ow* (also 'Ort des Wiesz'). Wohl in Zusammenhang mit der Etablierung des D. in der Stadt wird die poln. Namenform stark durch das Schriftbild beeinflusst und ergibt die jetzt noch gültige Form, die volksetymologisch mit dem Verb *(w)schować* 'bewahren, Zuflucht bieten' verbunden wird. Letztere ermöglicht wiederum eine Beziehung auf die Gottesmutter; sie ist aber völlig sekundär. **IV.** Frauenburg Woi. Ermland-Masuren, PL. **V.** Nowakowski, A.: Wschowa i ziemia wschowska w dawnej Polsce. Białystok 1994; Rospond 1984. *ThM*

Frechen **I.** Stadt im Rhein-Erft-Kreis, 49 824 Ew., sw Köln, Reg.-Bez. Köln, NRW. Röm. Spuren, Kirche 877 erstmals bezeugt, Burg 1257 erstmals genannt, bis 1338 zum kurkölnischen Amt Hülchrath, danach jülichsche Unterherrschaft im Amt Bergheim bis 1794, ab 1816 Bürgermeisterei, seit 16. Jh. bedeutendes Töpfergewerbe, ab 19. Jh. Steinzeugindustrie, Braunkohle- und Quarzsandabbau, 1951 Stadtrechte, seit 1975 Zusammenschluss mit den Orten Bachem, Buschbell, Königsdorf u.a. **II.** 721 und 877 [Or] *Frekena*, 1107 *Frekene*, 1134 *Verchene* (mit r-Metathese). **III.** Urspr. GwN (*Frechener Bach*) aus Adj. ahd. *vreh*, germ. **freka-* 'gierig'mit Bedeutungswechsel zu 'wild u.ä.' und zu 'kühn, tapfer', und wohl kelt.-germ. GwN-Suffix *-ana*. **IV.** GwN *Seine* (< *Sequ-ana*), F; ON *Leuven/Louvain* (< GwN *Luv-ana*), B. **V.** Berger; Kaufmann 1973; HHS 3. *Ho*

Fredenbeck **I.** Samtgemeinde im Lkr. Stade, 12 791 Ew., beiderseits des Fredenbecker Mühlenbachs, Reg.-Bez. Lüneburg (bis Ende 2004), NI. **II.** Um 1250 *Vreddebecke* [Or], 1308 *Fredenbecke*, 1364 *groten Vredenbeke und luttiken Vredenbeke*. **III.** Bildung mit dem Gw. ⟶ *-be(e)ke*. Das Bw. ist wohl nicht zu mnd. *vrēde* 'Frieden' oder einem PN zu stellen, sondern mit einem in mittelenglisch *frith* 'Wald' und evtl. mnd. *vīrde* 'Buschwald; Heide mit Holzbestand' belegten Appellativ zu verbinden, das in *Freren*, *Fredelsloh* und *Freden* anzusetzen ist. Deutung also: '(Siedlung am) Waldbach'. **IV.** Freren, Lkr. Emsland; Fredelsloh, Lkr. Northeim; Freden, Stadt Salzgitter, alle NI. *UO*

Fredersdorf-Vogelsdorf **I.** Gem., Lkr. Märkisch-Oderland, 12 678 Ew., ö Berlin, BB. 1993 erfolgte die Vereinigung der bisher selbstständigen Gemeinden. **II.** Fredersdorf: 1375 *Friderichstorff, Frederichstorff*, 1480 *Frederickstorp*, 1536 *das Dorff Frederstorf* [Or]. Vogelsdorf: 1375 *Vogelstorff, Vogelstorp, Vogilstorf*, 1527 *Vagelstorf*, 1775 *Vogelsdorf*. **III.** Der Name Fredersdorf bedeutet 'Dorf, das nach einem Mann namens Friedrich benannt wurde', Gf. mnd. **Frederīk(e)sdörp*. Vogelsdorf ist als 'Dorf eines Mannes namens Vogel' zu erklären. Im Beleg von 1527 mit *a* wird die mnd. Nebenform *vagel* für 'Vogel' widergespiegelt. Zum Gw. ⟶ *-dorf*. **IV.** Ähnlich Fredersdorf, Lkr. Märkisch-Oderland; Fresdorf (1375 *Frederikstorff*), OT von Michendorf, Lkr. Potsdam-Mittelmark, ⟶ Friedersdorf, Lkr. Dahme-Spreewald, alle BB. **VI.** LB; Riedel A XII; BNB 5. *SW*

Freiberg am Neckar **I.** Stadt und gleichnamige VVG im Lkr. Ludwigsburg, 21 944 Ew., ca. 5 km nnö Ludwigsburg und etwa 20 km nnö Stuttgart in der Pleidelsheimer Mulde am Muschelkalktal des Neckars an der Hochfläche des Langen Fels gelegen, Reg.-Bez. Stuttgart, BW. Entstand 1972 durch die Vereinigung der ehemals selbstständigen Gem. Beihingen am Neckar, Geisingen am Neckar und Heutingsheim, seit 1982 Stadtrecht. Landwirtschaft, Weinbau, Afrika-Haus, Geisinger Gutsschlösschen, Amanduskirche, Schloss von Beihingen, Chinagarten. **II.** *Freiberg am Neckar* (1972). **III.** Ein neu gebildeter Gemeindename mit Lageangabe am Neckar nach den Herren von Freyberg (1534 *Ludwig von Fryberg*), die im 16. Jh. Ortsherren in Beihingen waren. **IV.** Freiberg, OT von Stuttgart, BW; ⟶ Freiberg, Lkr. Mittelsachsen, SN; Freiberg, OT von Zell, KÄ, A. **V.** Reichardt 1982b; LBW 2 und 3. *JR*

Freiberg **I.** Große Kreisstadt und gleichnamige VG im Lkr. Mittelsachsen, 43 242 Ew., am Nordfuß des Osterzgebirges unweit der Freiberger Mulde, SN. Älteste und bekannteste Bergstadt des Erzgebirges, hervorgegangen aus dem Dorf Christiansdorf, 1170 Anlage der Altstadt nach reichen Silberfunden. Im hohen MA größte Stadt in der Mark Meißen und wichtiger Handelsstandort, bis 1913 Silberbergbau. 1765 Gründung der Bergakademie, h. TU Bergakademie Freiberg. **II.** 1195 *Vriberge*, 1218 *Friberch*, 1319 *Vriberg*, 1466 *Freiberg*. **III.** Bildung mit dem Gw. ⟶ *-berg* und ahd. mhd. *frī, vrī* 'frei'. Das Bw. bezieht sich auf die Bergbaufreiheit, wonach gegen eine Abgabe jedermann nach Mineralien schürfen und sie abbauen durfte. **IV.** Freiberg, OT von Adorf, Vogtlandkreis; Freiroda, OT von Schkeuditz, Lkr. Nordsachsen, beide SN. **V.** HONS I; SNB. *EE, GW*

Freiburg (franz. Fribourg) **I.** Hauptstadt des zweisprachigen Kt. Freiburg, CH. 34 084 Ew. 1157 von Berthold IV. von Zähringen am Fuß der Voralpen auf der Sprachgrenze gegründet, 1277 an Habsburg, 1452–1477 bei Savoyen, 1481 zur Eidgenossenschaft. Nach der Reformation kath. Enklave in ev. Gebiet. Universität seit 1889. **II.** 1157/1180 *Friborc* (Kartular, 13. Jh.), 1175 *dal Fribor* (Kartular, 12. Jh.), 1176 *dal Fribour* (Kartular, 12. Jh.), 1177 *Friburg* (vidimus von 1300). **III.** Die Bed. des Gw. ↗*-burg* ist noch nicht auf 'Burg, Wehrbau' verengt, das bestätigen die franz. Namensformen von 1175/76 mit dem afranz., mask. *bourg* 'Kleinstadt', frprov. *bòr* (< germ. *burgs, evtl. beeinflusst durch griech. *pyrgos*, FEW I, GPS 2). Das Bw. bezieht sich auf die Stadtrechte, die in wesentlichen Stücken den Privilegien Konrads von Zähringen für Freiburg i.Br. von 1120 entsprechen. Die Namensübereinstimmung verweist somit nicht nur auf dynastische, sondern auch auf rechtliche Gemeinsamkeiten zwischen den beiden Städten. **IV.** Gleich: ↗Freiburg i.Br.; Freiburg/Fribourg (Lothringen); Freiburg (Schlesien); Freiburg (Niederelbe); Freiberg (Mähren). Anders: Freyburg (Unstrut). **V.** LSG; Aebischer, P.: Les noms de lieux du canton de Fribourg. Fribourg 1976; Metzner, E.E.: Freiburg/Fribourg und seine Namensvettern. In: Wortschatzprobleme im Alemannischen, hg. von W. Haas, A. Näf, Freiburg 1983. *Wh*

Freiburg im Breisgau **I.** Kreisfreie Stadt, 219 665 Ew., ca. 60 km w Villingen-Schwenningen und etwa 18 km nnö Bad Krozingen am w Rand des Schwarzwaldes an der Rheinebene in der Freiburger Bucht gelegen, Reg.-Bez. Freiburg, BW. Im Jahr 1091 wurde durch das Geschlecht der Zähringer die Burg errichtet, 1120 wurde durch Konrad und Herzog Bertold III. der Markt und 1218/20 die Stadt Freiburg gegründet, danach im Besitz der Grafen von Urach-Freiburg, im 14. Jh. in österreichischem Besitz und seit 1805 badisch. Universität seit 1457, Solarenergie, Weinbau, Fremdenverkehr, Stadttheater, Konzerthaus, Schwabentor, Freiburger Münster, Alte Wache, Augustinermuseum, Martinstor, Colombischlössle, Münsterplatz, Freiburger Bächle. **II.** 1091 (Kop. nach 1200) *Friburg*, 1120 *Friburg*, 1644 *Freybúrg*. **III.** Zu ahd., mhd. *frī* 'frei' und dem Gw. ↗*-burg*. Wahrscheinlich ist die Erbauung der Burg und eines Burgweilers gemeint. Dabei erscheint *-burg* im Sinne von Stadt als eine bei der Gründung mit allen Freiheiten ausgestattete Ansiedlung. **IV.** Freiburg im Üechtland // Fribourg, Kt. FR, CH. **V.** Krieger; LBW 6. *JR*

Freiburg in Schles. // Świebodzice [ɕvʲɛbɔˈdʑitsɛ] **I.** Stadt im Kr. Świdnica, 22 816 Ew., Woi. Niederschlesien // Dolny Śląsk, PL. 12 km w von Schweidnitz, am Rande des Waldenburger Berglands. Die deutschrechtliche Stadt wurde wahrscheinlich schon vor dem Mongolensturm um 1228 gegründet. Kr. Schweidnitz, Reg.-Bez. Breslau, NS, (1939) 9309 Ew. **II.** 1242 *Vriburg*, 1268 *Vriburc*, 1292 *Vriburch*, 1335 *Wroburg*. Polonisierung des ON: 1900 *Frybork*, 1945 *Świebodzice*. **III.** Die älteste Namenform ist mhd.; vgl. *vrī* 'frei' und ↗*-burg*. Diese Benennung nimmt Bezug auf die juristischen Gründungsverhältnisse des Ortes, möglicherweise liegt auch eine ON-Übertragung von Freyburg (Unstrut)?) vor. Die Rekonstruktion einer poln. Namenform *Frybork* auf mhd. Grundlage der ersten Belege hat sich 1945 nicht durchgesetzt. Der neue poln. Name wurde archaisierend an apoln. *świeboda* 'Freiheit' angelehnt und gibt eine (Teil-)Übersetzung des d. Wortinhalts. Im Poln. der Gegenwart ist *świeboda* nicht mehr geläufig (dafür *wolność*). **IV.** Freyburg (Unstrut), Burgenlandkreis, ST; ↗Freiburg im Breisgau, BW; ↗Freiburg im Üechtland (Fribourg), FR, CH; Freiburg (Elbe), Lkr. Stade, NI; ↗Schwiebus // Świebodzin, Woi. Lebus, PL. **V.** Czopek-Kopciuch; RymNmiast. *ThM*

Freienbach **I.** Gem. mit den weiteren Ortschaften Wilen, Bäch, Hurden und dem Hauptort Pfäffikon, 15 681 Ew., am Zürichsee im Bezirk Höfe des Kt. Schwyz. Bei Hurden liegt der Kopf des alten Übergangs über den Zürichsee nach Rapperswil. Die Existenz von Stegen kann ab der Bronzezeit nachgewiesen werden. Freienbach gehörte zu den Gütern des Benediktinerklosters ↗Einsiedeln. In Pfäffikon befand sich der Sitz des Statthalters des Klosters. **II.** 947/um 1332 (um 1550) *Frienbach*, 972 *Friginbach*, 1018 *Friginbach* … 1308 *Frienbach*. **III.** Kompositum mit der schwach flektierenden KF *Frîo zum germ. PN-Stamm *frija-* in der älteren Bedeutung 'lieb', aus der sich die jüngere 'frei' entwickelt hat, als Bw. mit dem Gw. ↗*-bach*. Der Ort wurde nach einem dort fließenden Bach benannt. Das kann durchaus der heutige Sarenbach sein. Die Übertragung von Gewässernamen auf dabei liegende Orte mit anschließender Umbenennung des Gewässers ist bekannt. **IV.** So ist auch der ON *Rickenbach* in der Gem. Schwyz ein ehem. Bachname. Jetzt heißt jenes Gewässer *Tobelbach*. Weiter ↗Schübelbach im Kt. Schwyz, alle CH. **V.** HLS 4; MHVS 96 (2004); Projekt SZNB; LSG. *VW*

Freienwalde (Oder), Bad **I.** Stadt, Lkr. Märkisch-Oderland, 12 380 Ew., an der Kreuzung der alten Straßen Frankfurt/Oder-Berlin-Neumark-Pommern nahe dem Oderübergang gelegen, BB. 1683 wurde die Heilquelle entdeckt (h. Kurfürstenquelle), die den Grundstein für die Entwicklung des Ortes zur Kurstadt legte. Seit 1925 trägt die Stadt die offizielle Bezeichnung *Bad* im Namen, 2003 endgültige Anerkennung als Moorbad. **II.** 1316 *Vrienwolde [Or]*,

1375 *Vrienwalde* (civitas); *Bad Freienwalde* (1925). **III.** Der Name bezeichnete eine Ansiedlung im freien Walde und enthält mnd. *vrī* 'frei, ungebunden' und mnd. *wolt* ↗'Wald'. Er gehört zu den Wunschnamen der ma. Siedlungszeit oder steht für eine Rodungssiedlung, die frei von Abgaben war. **IV.** Ähnlich Freiwalde, OT von Bersteland, Lkr. Dahme-Spreewald, BB. **V.** Riedel A XIII; Landbuch; BNB 5. *SW*

Freigericht **I.** Gem. im Main-Kinzig-Kreis. 14 809 Ew., ssw von Gelnhausen im nw Spessartvorland. Reg.-Bez. Darmstadt, HE. Entstanden 1970 durch den Zusammenschluss der Gem. Altenmittlau, Bernbach, Horbach, Neuses und Somborn. Die 5 Orte, teils in der Karolingerzeit, teils im 11. und 12. Jh. zuerst erwähnt, gehörten zu einem 1309 zuerst bezeugten und nach dem Gerichtssitz Somborn benannten reichsunmittelbaren Gericht. Dieses war verm. schon im 13. Jh. mit drei benachbarten freien Gerichten zu einer Markgenossenschaft (mit dem Versammlungsort Wilmundsheim, dem späteren ↗Alzenau, BY) verbunden, die nun ihrerseits als ganze seit dem 15. Jh. das Freigericht genannt wurde. Dessen Freiheiten gingen in der frühen Neuzeit allmählich verloren, vor allem nach seiner Verlehnung durch Maximilian I. zugleich an die Kf. von Mainz und die Grafen von Hanau (1500). 1736 wurde das Kondominat geteilt: das Gericht Somborn kam größtenteils an Hessen-Kassel, das übrige an Mainz. 1866 fiel der hessische Anteil an Preußen, 1945 an Hessen, der Mainzer Anteil 1803 an Hessen-Darmstadt, 1816 an Bayern. **II.** *Freigericht* (1970). **III.** Der Name erklärt sich aus der Geschichte der Gem. und soll an sie erinnern: an das ehem. freie Gericht Somborn wie auch an das größere Freigericht. **IV.** ↗Linsengericht, Main-Kinzig-Kreis, HE. **V.** Reimer 1891; HHS 4; Brückner 1929. *HGS*

Freilassing **I.** Stadt im Lkr. Berchtesgadener Land, 15 829 Ew., Reg.-Bez. Oberbayern, BY. Seit 1866 Verkehrsknotenpunkt, seit 1954 Stadt. **II.** 1125–1147 (Kop. des 13. Jh.) *Frilaz*, 1219–1234 *Frilaz*, 1332 *Vreyloz*, *Vreylazzen, Vreilazzen*, ca. 1350 *Vreylazz, Vreylazzen*, 15. Jh. *Freylazz*, 1574 *Freylassen*, 1590 *Freylassen*, 1597 und 1600 *Freylassing*. **III.** Es liegt ahd. *frîlâz* 'Freigelassener, Freilassung' zugrunde, wobei Letzteres mit 'freie (nicht abgabepflichtige oder nichtgebannte) Weide' erklärt wird. Das Suffix ↗*-ing* ist erst später angetreten. **V.** HHS 7/1; Reitzenstein 2006. *WvR*

Freimengen-Merlebach // Freyming-Merlebach **I.** Gem. und Hauptort des gleichnamigen Kantons im Dép. Moselle, 13 381 Ew., ca. 8 km sw Forbach, LO, F. Merlebach zunächst (um 1590) nur Glashütte in der Herrschaft Falkenberg, um die sich der Ort bildete. Freimengen, kirchlich Filiale der Pfarrei Merlebach, wurde 1602 durch Freiherr Peter Ernst von Kriechingen im zum großen Warndtforst gehörigen „Mengenwald" gegründet; 1781 an Frankreich. Wachstum der Siedlung vor allem durch den Bergbau im Warndt; 1871 zum Reichsland Elsass-Lothringen, 1918 wieder an Frankreich. **II.** Merlebach: 1602 *Merlbach*, 1610 *Merleburg*, 1682 *Merlenbach*. Freimengen: 1629 *Freymengen*, 1779 *Freming*, 1869 *Freyming*. **III.** *Merleburg* „Burg an der Merle" in frühneuzeitlicher Manier benannt mit dem Gw. ↗*-burg* nach dem bei Merlebach in die Rossel mündenden Gewässer, der Merle (12. Jh. nach ihr *curtis ... Merle in Warando* am Oberlauf) bzw. dem Merlebach, nach dem sich die Gem. später umbenannte. Bei *Freimengen* wurde der Waldname mit dem werbenden und soziale sowie religiöse Sonderrechte signalisierenden Epitheton *frei* versehen. Der Beleg von 1779 spiegelt die mda. Aussprache ohne nhd. Diphthongierung, die franz. Form ist in der Orthografie hybrid, entspricht aber in der Aussprache der Mundart. **IV.** Merlebach (960 *Merelebach*), Luxemburg. **V.** Reichsland III; Buchmüller/Haubrichs/Spang; Hiegel; Jochum-Godglück 2002; Schorr. *Ha*

Freinsheim **I.** Stadt und gleichnamige VG (seit 1972) im Lkr. Bad Dürkheim, 15 509 Ew., acht Gem. am Rande des Pfälzerwaldes, RP. Seit 1146 Wasserburg in Freinsheim, das von 1471 bis 1525 Stadtprivilegien hatte. Bis 1803 im Besitz der Leininger Grafen, des Fürstbistums Worms und der Kurpfalz. Im pfälzischen Weinbaugebiet gelegen, aber auch Spargel- und Obstanbau. **II.** 773 *Fraineschaim* (Kop. um 860), 778–84 *Freinsheim*, 1278 *Frensheim*. **III.** Das Bw. wurde mit dem ahd. PN *Fragîn, Gen. Sg. *Fragînes-, gebildet, wobei -*agî*- zum Diphthong -*ei*- und weiter in der Mda. zu offenem -*e*- wurde. Das Gw. ist ↗*-heim*. Der Name bedeutet somit 'Wohnstätte des Fragîn'. **V.** Traditiones Wizenburgenses. Hg. von A. Doll. Darmstadt 1979; HHS 5; FP; HSP; Haubrichs 2000b. *JMB*

Freisen **I.** Gem. im Lkr. St. Wendel, 8383 Ew., ca. 15 km n von St. Wendel und 50 km w von Kaiserslautern, im Pfälzer Bergland und im Naturpark Saar-Hunsrück, am äußersten nö Punkt des Bundeslandes, SL. Im MA Hztm. Lothringen, ab 1816 gehörten die h. beteiligten Ortschaften entweder zum Ftm. Birkenfeld oder zum coburgischen Ftm. Lichtenberg (1834 an Preußen verkauft). Seit 1957 zum SL. 1974 Eingemeindung von Asweiler, Eitzweiler, Grügelborn, Haupersweiler, Oberkirchen, Reitscheid und Schwarzerden. **II.** 1230 *de Freseyne* (?) [beschäd. Or], 1235 *de Fresenaco*, 1334 *Frysenach*, 1363 *Freysen*. **III.** Der Name setzt sich aus dem PN *Fresenus, *Fresonus (< *Fresius*) und dem gallorom. Suffix ↗*-acum* zusammen; dieses Suffix ist eine Mischbildung aus kelt. Suffix und lat. Flexionsendung und drückt die Zugehörigkeit einer Siedlung zu ihrem Besitzer aus. Die ältere Forschung deutete *Freisen* noch als urspr. *Fraxinacum, d. h. als *-acum*-Ableitung vom lat. App. *fraxinus* 'Esche'. Im heutigen SiN ist das Suffix geschwunden. Die Form *Freseyne*, die allerdings einer beschädigten Urk. entnommen ist, könnte eine moselrom. Doppelform sein, in der der Verschlusslaut des Suffixes sonorisiert, spirantisiert und schließlich aufgelöst ist, vgl. Fusenich, OT von Trierweiler, Lkr. Trier-Saarburg, RP < **F(u)osoniacum*: d. 1293 *Vusenich* etc., moselrom. 1254 *Fosene*, 1259 *Wuseney* etc. **V.** Buchmüller-Pfaff. *kun*

Freising I. Große Kreisstadt im Lkr. Freising, 45 654 Ew., Sitz der Kreisverwaltung, Reg.-Bez. Oberbayern, BY. Im 8. Jh. Pfalz des agilolfingischen Herzogshauses und Begründung des Bistums, 996 Verleihung von Markt-, Zoll- und Münzrecht für das Suburbium, bis zur Säkularisation Residenzstadt der Fürstbischöfe. **II.** 744 (Kop. von 824) *Frigisinga*, 777 (Kop. des 12. Jh.) *Frisinga*, 1261 *Frisinge*, 1287 *Freisingen*, 1290 *Freising*. Der in einer Quelle von ca. 1291 (Kop. des 15. Jh.) genannte angebliche antike Name *Frixinia* ist eine Erfindung; er findet sich 1493/94 als *Frixivia* und 1519–1521 als *Fruxinum Freising* belegt. **III.** Im Jahr 1724 kritisierte Karl Meichelbeck ältere Namensdeutungen: 'Einige fügen hinzu, der Name „Fruxinium" oder „Fruxinia", der dieselbe Bedeutung wie „Frisinga" habe, leite seinen Ursprung vom Namen eines römischen Statthalters Frussino her; dies jedoch, durchaus ehrgeiziger als vielleicht vernünftig ausgedacht, verdient ohne alte und zuverlässige Fürsprecher kaum Glauben. Und nicht Wahreres behaupten diejenigen, die wollen, dass „Fruxinium" nach dem Wörtchen „frux, frugis" genannt sei, was, wie sie glauben, zur Bezeichnung der Fruchtbarkeit des Bodens herangezogen worden sei'. In Wirklichkeit liegt der zu erschließende PN *Frîgis zugrunde, der durch das Zugehörigkeitssuffix ↗ *-ing* abgeleitet ist. Der angeblich antike Name erinnert an lat. *frux, frugis* 'Frucht, Getreide'. **V.** HHS 7/1; Reitzenstein 2006. *WvR*

Freistadt ['fraɪʃtat], dial. ['ɣraɪʒdoːd̩]. **I.** Stadt und Verwaltungssitz im gleichnamigen Pol. Bez., 7437 Ew., in 560 m Seehöhe am Nordrand des unteren Mühlviertels gegen die tschech. Grenze auf dem Granit-Hochland der Böhm. Masse in einer Talsenke der Feldaist, OÖ, A. Nach anfänglicher Rodungssiedlung in der 2. Hälfte des 12. Jh., worauf der Name des abgekommenen Zaglau (1379 *Zagelau*) und das tschech. Exonym *Cáhlov* (1409) für *Freistadt* zurückgeht, ca. 1200/20 Stadtgründung durch den Babenberger Hz. Leopold VI. und Ausstattung mit besonderen Privilegien („Freiheiten"). Im 14. Jh. Aufblühen des Handels mit Salz, Eisen und Eisenwaren von ↗ Enns nach Böhmen. Nach gewaltsamer Gegenreformation 1627 durch Kaiser Ferdinand II. rascher Niedergang. Seit 1862 die landwirtschaftl. *Messe Mühlviertel* mit seit 1990 wieder grenzübergreifender Bedeutung. **II.** 1200–20 *Libera civitas*, 1255 (F. für 1241) *Frienstat*, 1277 *Freynstatt*, 1590 *Freystatt*. **III.** *Freistadt*: Zunächst gefügtes, dann gereihtes Komp. mit mhd. ↗ *stat* und dem Adj. mhd. *vrî* 'frei, nicht abgabepflichtig', '(von Abgaben) freie Stadt' mit urspr. Bezug auf die Rodungsleute und ersten Stadtbürger. *Zagelau*: Gereihtes Komp. mit mhd. *ouwe*, ↗ *-au*, und mhd. *zagel* 'Schwanz', 'schwanzartig zusammenlaufende Au'. **V.** OÖONB 11; ÖStB 1; HHS Lechner. *PW*

Freital I. Große Kreisstadt im Lkr. Sächsische Schweiz-Osterzgebirge, 39 037 Ew., in einer Talerweiterung der Weißeritz, sw Dresden, SN. Entstanden durch den Zusammenschluss mehrerer Gem. im Plauenschen Grund, 1921 Gründung einer neuen Stadt. Geprägt durch Steinkohlenbergbau und Stahlindustrie. **III.** Junge Bildung aus dem Adj. *frei* und dem Gw. ↗ *-tal*, wohl unter dem Einfluss des benachbarten Freiberg. **V.** HONS I; SNB. *EE, GW*

Freren I. Stadt und gleichnamige Samtgemeinde im Lkr. Emsland, 10 822 Ew., 16 km wnw Lingen, NI. Seit 891 ist Corveyer Schultenhof nachweisbar, entstanden wohl aus Missionarszelle des Heiligen Liudger. Bis zur Gründung von ↗ Lingen war Freren Zentrum des Lingener Raumes und Marktort für umliegende Dörfer. Die offene Landstadt ohne Befestigung erhielt 1724 die Stadtrechte durch König Friedrich Wilhelm v. Preußen. **II.** 976–979 *Friduren*, um 1150 *Vrederen*, um 1000 *Friderun*, 1152 *Vrederen*. **III.** Umstrittene Bildung; evtl. zu asä. *frithu, frethu* 'Friede, Schutz, Sicherheit', hieraus 'umhegter Raum' mit *r*-Suffix im Dat. Plur. (Lok.), so dass von einer Bezeichnung für eine umfriedete Siedlung ausgegangen werden kann. Möglicherweise auch zum in Niedersachsen häufig belegten fem. PN *Friderun, Frederun*. **IV.** ↗ Vreden, Kr. Borken, NRW; Freden (Leine), Lkr. Hildesheim, NI; ↗ Friedberg, Lkr. Aichach-Friedberg, BY; ↗ Friedberg, Wetteraukreis, HE sowie Gem. und OT Friedberg in A, BW, CZ, MV. **V.** HHS 2; Abels; Casemir/Ohainski; Berger; Nds. Städtebuch. *MM*

Freudenberg I. Stadt im Kr. Siegen-Wittgenstein, 18 556 Ew., nw von Siegen, Reg.-Bez. Arnsberg, NRW. Hervorgegangen aus einer Talsiedlung bei der 1389 erwähnten nassauischen Burg, 1456 Freiheit, 15. Jh. Amts- und Gerichtssitz, Anfang 19. Jh. preuß. Titularstadt, 1969 Zusammenfassung der umliegenden Gemeinden zur Stadt. **II.** 1389 *das sloß Freudenberg*, 1421 *Freudenberg*, 1442 *vom Freudenberge*. **III.** Das

Gw. ist ↗-*berg* und durch die Lage am Burgberg motiviert; in der älteren ON-Gebung berühren sich die Gw. ↗-*berg* und ↗-*burg* häufig sehr eng. Das Bw. gehört zu mnd. *vröude, vröide, freude* 'Freude, Frohsinn'. Der ON steht somit in der Tradition der ma. Burgennamengebung, bei der die Gw. die Befestigung oder deren Lage bezeichnen und die Bw. „mit Idealen und Wunschbildern ritterlichen Lebens in Beziehung stehen" (Bach). Die von Heinzerling vorgeschlagene Verbindung mit mhd. *vride* 'Friede' > **Freide-* > mda. **Freude-* als Bezeichnung für eine Einfriedung ist lautlich nicht möglich. **V.** Bach DNK II.2, S. 229 ff.; Heinzerling; Berger. *Flö*

Freudenstadt **I.** Große Kreisstadt und gleichnamige VVG im Lkr. Freudenstadt, 28 322 Ew., Sitz der Kreisverwaltung, ca. 80 km s ↗Karlsruhe und etwa 55 km wsw Tübingen von der Grenze Schwarzwald/Gäulandschaft durchzogen zwischen Forbach- und Glattal gelegen, Reg.-Bez. Karlsruhe, BW. 1599 zur Förderung des Bergbaus durch Herzog Friedrich I. von Württemberg gegründet, 1807 württembergisch, seit 1938 Landkreis und seit 1988 Große Kreisstadt. Dienstleistungssektor und produzierendes Gewerbe, Marktplatz, Stadtkirche, Friedrichsturm, ehem. Silberbergwerk. **II.** *Freudenstadt* (1601). **III.** Der Name wurde vielleicht anlässlich der Gründung vom Bauherrn selbst verliehen, gelegentlich wurde der Ort nach Friedrich I. auch Friedrichsstadt genannt. Nach Matthäus Merian haben österreichische Exilanten den Namen *Freudenstadt* zum Dank für die von Friedrich I. gewährte Unterstützung bei der Ansiedlung gegeben. **V.** LBW 5; Merian, M.: Topographia Sueviae. Frankfurt 1643/1656 (Faksimile 1925). *JR*

Freudenthal // Bruntál ['brunta:l] **I.** Kreisstadt, 17 387 Ew., in Schlesien, Mährisch-Schlesischer Bezirk (Moravskoslezský kraj), CZ. Eine der ältesten d. Stadtgründungen „auf wilder Wurzel" auf dem Gebiet der Länder der Böhm. Krone. 1223–1352 Oberhof Magdeburger Rechtes. Jahrhunderte im Besitz des Deutschen Ordens, 14. Jh. Burg, seit 1560 Schloss. 1731–1778 Gymnasium der Piaristen. Im MA Bergbau, im 18.–19. Jh. Mittelpunkt der Holz- und Leinenindustrie (Staatsfachschule). Um 1923 Nationalitätenprobleme. Nach 1946 neubesiedelt von unterschiedlichen ethnischen Gruppen, Kunststoff- u. Flachsbearbeitungsindustrie. **II.** 1220 *Freudental [Or]*; 1233 *Froudental [Or]*; 1397 *Frewdental [Or]*; 1555 tschech. *Bruntal*. **III.** Der Ort ist ein von den d. Ankömmlingen ihrer künftigen Heimat gegebener Wunschname: 'ein Ort, welcher Freude bereiten soll'. Mit ↗-*t(h)al* gebildete Wunschnamen sind zurzeit der (Ost)Kolonisation Mode geworden und kommen seit dem 12. Jh. oft vor. Der Entlehnung von *Freudenthal* in das Tschech. liegt eine d. (dial.?) Namenlautung mit -*u*- vor: 1263 *Wrudendal* > tschech. *Bruntál* (mit geläufigem W-, F- / B-Ersatz). **IV.** *Rosenthal*, HE, SN; *Wiesenthal*, TH, SN u. a. **V.** HŠ I; SchOS; LŠ; HSBM. *RŠ*

Freyming-Merlebach ↗**Freimengen-Merlebach**

Freystadt **I.** Stadt mit 33 Gem.-Teilen im Lkr. Neumarkt in der Oberpfalz, 8516 Ew., 34 km sö von Nürnberg, 13 km sw von Neumarkt i. d. OPf., an der Schwarzach, Reg.-Bez. Opf., BY. Gründung als Stadt wohl im 13. Jh. durch Reichsministerialen von Hilpoltstein. 1332 kaiserliche Stadtrechtsbestätigung. Die planmäßige Stadtanlage prägt noch h. das Gesamtbild. **II.** 1298 וְדרֵיישטט *[Or]*, 1305 Kop. 14. Jh. *in oppido ... Vreyenstat*, 1312 *von der Vrienstat [Or]*, 1337 *Freinstat [Or]*; *Freystat* (1540). **III.** Das Gw. des SiN, einer unechten Komposition < mhd. **(ze der) vren stat* '(zu der) freien Stadt', ist mhd. *stat* (st. Fem., ↗-*statt*) 'Ortschaft, Stadt', das Bw. mhd. *vrî* 'frei' mit Dat.-Flexiv. Die Motivation des Attributs 'frei' kann in einer „(relativen) Freiheit von Herrschaft" vermutet werden. Der Erstbeleg in hebräischer Schrift zeigt durch Punktierung auch Vokale (unklar im Bw.) und gibt wohl eine jüdische Lautform des d. SiN wieder. Konsequente Artikelverwendung in der lokalen Umgangssprache: „in/von der Freystadt". Der Zusatz 'frei' zu Gw. wie ↗-*hausen*, ↗-*berg* u. ä. tritt in BY häufig auf, jedoch ist selten der wirkliche Grund dafür überliefert. **V.** Reitzenstein 2006; BayHStA, Pfalz-Neuburg Urk., Varia Bavarica, 885. *GS*

Frickenhausen **I.** Gem. im Lkr. Esslingen, 8770 Ew., ca. 17 km s Esslingen und etwa 5 km nnö Neuffen an der unteren Steinbach am Albtrauf gelegen, Reg.-Bez. Stuttgart, BW. Teil der VVG Nürtingen. 1301 zusammen mit der Herrschaft Neuffen an Württemberg, Mitte des 14. Jh. im Besitz der Herren von Speth und der Merhelt von Wurmlingen, seit 1806 dem Oberamt Nürtingen zugewiesen. Weinbau, Metallbau, Jakobsbrunnen, Eduard-Mörike-Weg, Theaterspinnerei. **II.** 1304–1316 *Frickenhusen [Or]*, 1359 *Frickenhusen [Or]*, 1534 *Frickenhusen [Or]*. **III.** Als Zuss. mit dem Bw. ↗-*hausen* die 'Siedlung des Fricko'. Ortssagen, die den Namen mit der germ. Göttin *Frya, Frikka* oder einem unbestimmten kelt. Wort für die Eisengewinnung zusammenbringen, beruhen auf volksetymologischen Namendeutungen. **IV.** *Frickenhausen am Main*, Lkr. Würzburg, BY. **V.** Reichardt 1982a; LBW 3. *JR*

Friedberg **I.** Kreisstadt des Wetteraukreises, 27 880 Ew., ö des Taunus auf einem aus der Ebene aufsteigenden Basaltrücken, Reg.-Bez. Darmstadt, HE. Vom 1. Jh. bis ca. 250 (?) n. Chr. ist ein röm. Kastell mit Dorf nachweisbar; ob Tacitus mit seinem „[castellum] in monte Tauno" dieses Kastell, mit „mons Taunus" den Friedberger Burgberg meint, bleibt fraglich. Die ma. Reichsburg und die s angrenzende Reichsstadt wurden wohl bald nach 1170 von Friedrich I. zum Schutz und Ausbau des Reichsguts der Wetterau gegr.; 1802 fiel die Stadt, 1806 die Burg an Hessen-Darmstadt. **II.** 1216 *Wridburc [Or]*, 1218 *Vretheberch [Or]*, 1223 *Friedeberc [Or]*. **III.** Bw.: zu mhd. *vride* 'Friede, Sicherheit, Schutz'; Gw.: ↗ *-berg, -burg*. Bed. also: 'die Schutz, (Königs-)Frieden gewährende Burg'. Das älteste Siegel von 1243 zeigt den auf dem Berg stehenden kaiserlichen Adler mit ausgebreiteten Flügeln. Bach und andere postulieren für *vrid-* die (im Mhd. viel seltenere!) Bed. 'Einfriedigung, eingehegter Raum' und noch eine Bed.-Gleichheit mit dem – noch dazu auf Friedberg bezogenen (s. o.) – mons Taunus (zu germ.*tuna* 'Zaun, umhegter Raum'?, ↗ Königstein im Taunus), doch bleibt all dies spekulativ. Die Belege zeigen mit W-, V- zeitübliche Schreibvarianten für F-, in *Vrethe-* md. Senkung *i > e* und mfr.(!) *-th-* für *-d-*, in *Frie-* schon das (im Mhd. noch seltene) Dehnungs-*e* für die schon seit dem 12. Jh. gesprochene Dehnung, in der *-c* und wohl auch der *-ch*-Graphie die Auslautverhärtung. **IV.** ↗ Friedberg, BY, ↗ Fritzlar, HE. **V.** Foltz; Schilp; Bach DNK. *HGS*

Friedberg **I.** Stadt im Lkr. Aichach-Friedberg, 29 119 Ew., Reg.-Bez. Schwaben, BY. Ab dem 12. Jh. Burg zur Sicherung der Straßen und des Lechübergangs, Stadtgründung durch Staufer und Wittelsbacher, ab 1404 Landgericht. Als Vorläufer der Siedlung kann einerseits die Winzenburg angesehen werden, deren Name ca. 1135–1140 (Kop. von 1175) als *Winzenburch*, 1146 (Kop. von 1175) als *Winzzenburch*, 1231–1234 als *Winzenpurch* und 1279–1284 als *Wintzenbvrch* genannt ist, und andererseits eine Hofstätte, die 1279–1284 als *tres curie in Punen* bezeugt ist. **II.** 1264 *ciuitatem Fridberch*, 1270 *Ffridberch*, 1279–1284 *Frideberch, Vrideberch*, 1310 *Fridberch div purch vnd div stat*, ca. 1340 *Fridberg*, 1398 *die vestt Fridperch*, 1493/94 *Friberga prope Augustam*, 1512 lat. *Pacimontanus*, ca. 1583 *Fridbergum oppidum in monte*, 1599 *Fridtperg*, 1811 *Friedberg*. **III.** Grundwort des oben genannten BurgN ist mhd. *burc*, ↗ *-burg*, 'umschlossener, befestigter Ort, Burg', Bestimmungswort der PN *Winzo*. Dem zur Lokalisierung der drei Höfe dienende FlN liegt möglicherweise mhd. *bün, büne* 'Erhöhung des Fußbodens durch Bretter, Bühne' zugrunde; es handelt sich hier offensichtlich um eine Bezeichnung für hochgelegene Geländeteile. Das Gw. des späteren Namens ist mhd. *bërc*, ↗ *-berg*, 'Berg', was aber auch 'Burg' bedeuten kann. Als Bw. wurde *vride* 'Einfriedung, eingehegter Raum' herangezogen und der Name als 'umfriedeter Berg' erklärt. Dagegen spricht aber der Bericht von 1493/94 zum Jahr 1260: *Ludovicus hic castrum Friburg contra episcopum et cives Augustenses construxit* 'dieser Ludwig baute die Burg Friburg gegen den Bischof und die Bürger von Augsburg'. Die neue Burg wurde also in politischer Absicht errichtet und erhielt einen programmatischen Namen, wozu die Grundbedeutung von *vride*, nämlich 'Friede, Sicherheit, Schutz', besser passt. Im Einklang damit steht der Beleg von 1512, der die lat. Wörter *pax* 'Friede' und *mons* 'Berg' sowie das Herkunftssuffix *-ānus* enthält. **V.** Reitzenstein Schwaben. *WvR*

Friedeburg **I.** Gem. im Lkr. Wittmund, 10 563 Ew., NI. Die namengebende Burg wurde wahrscheinlich im Jahr 1359 erbaut. Bis 1481 selbständige Herrlichkeit, dann wurden Burg und Ort zu einem ostfriesischen Amt. Zerstörung der Burg in der 2. Hälfte des 18. Jh. In dem heutigen Ort Friedeburg ist auch die Siedlung *Auf dem Endel* aufgegangen. Das alte Amt Friedeburg wurde 1859 an das aus dem Harlingerland hervorgegangene Amt Wittmund angegliedert, 1885 Lkr. Wittmund. Die Zuordnung (1977) zum Lkr. Friesland wurde aufgrund einer Verfassungsbeschwerde wieder zurückgenommen. **II.** 1359 (Kop. 16. Jh.) *Fredeborch*, 1645 *Friedeburg*. **III.** Zusammensetzung mit dem Rufnamen *Fredo* oder – eher – dem mnd. Substantiv *vrede* 'Frieden', am ehesten im Sinn von 'Burg für (den) Frieden'. **IV.** ↗ Friedberg, Wetteraukreis, HE. **V.** Lohse; Remmers, Aaltukerei; Stühler. *JU*

Friedersdorf **I.** Amt, Lkr. Dahme-Spreewald, 7665 Ew. (2004), ö von Königs Wusterhausen gelegen, BB. Das Amt wurde 2003 aus 8 Gem. gebildet. **II.** 1463 *Friedrichsdorff*, 1492 *fredersdorff*, 1518 *Friedersdorf*. **III.** Der Name bedeutet 'Dorf, das nach einem Mann namens Friedrich benannt wurde', Gf. mnd. **Frederīk(e)sdörp*. **IV.** Ähnlich Fredersdorf, Fresdorf (1375 *Frederikstorff*), ↗ Fredersdorf-Vogelsdorf, BB. **V.** BNB 12. *SW*

Friedland **I.** Gem. im Lkr. Göttingen, 10 726 Ew., s von Göttingen an der Leine, Reg.-Bez. Braunschweig (bis Ende 2004), NI. Bildung des Ortes um eine welfische, gegen Hessen gerichtete Burg; Sitz eines großen herzoglichen Amtes; wegen der Zonengrenzlage 1945 Errichtung des bekannten Grenzdurchgangslagers. **II.** 1285 *Vrideland [Or]*, 1305 *Fredelant*; *Friedland* (1791). **III.** Der Name der Burg geht auf das Syntagma mnd. **vrīde/vrēde (dat) land* 'befriede, schütze das Land' zurück und verdeutlicht den welfischen Anspruch auf das Gebiet des Leinetals. Im 18. Jh. fällt das vor dem Gw. stehende *-e-* aus, sodass die heutige Form entsteht. **V.** HHS 2; NOB IV. *KC*

Friedland I. Stadt und gleichnamiges Amt (mit fünf weiteren Gem.) im Lkr. Mecklenburg-Strelitz, 9 911 Ew., Verwaltungssitz in Friedland, ca. 25 km nö von Neubrandenburg an der „Friedländer Großen Wiese", MV. Slaw. Vorbesiedlung, 1244 planmäßige Gründung einer (benachbarten) Siedlung durch Brandenburger Markgrafen, 1276 Zollrecht Neubrandenburgs und 1282 Friedländer Marktzoll, 1304 zu Mecklenburg und Bestätigung der städtischen Privilegien, starke Zerstörung im Dreißigjährigen Krieg, in der Vergangenheit eine typische Ackerbürgerstadt mit Kleinhandwerk, 1870 Gründung eines Fliesenwerkes, Lebensmittelindustrie und Eisengießerei, h. kleine und mittelständische Unternehmen. **II.** 1244 *Vredelant*, 1270 *Vredheland*, 1320 *Fredelande*, 1343 *Fridelan*. **III.** Der ON geht auf mnd. *vrede*, mhd. *vride* 'Frieden, Waffenruhe; Sicherheit' sowie mhd. *lant* 'Land, Heimat' zurück und symbolisiert den Schutz durch den Landesherren. **IV.** U. a. ⁊Friedland, Lkr. Göttingen, NI; Friedland, Lkr. Oder-Spree, BB. **V.** MUB I–X; HHS, Bd. 12; Eichler/Mühlner. *MN*

Friedrichroda I. Stadt, Lkr. Gotha, sw Gotha, in einer Talmulde am Nordrand des Thüringer Waldes, 7 546 Ew., TH. Rodungssiedlung (11. Jh.) an altem Verbindungsweg über den Thüringer Wald bei Burg Schauenburg (um 1044); 1209 scheiterte Stadtgründungsversuch durch Kloster Reinhardsbrunn, dennoch Entwicklung zum Marktflecken; 1597 Stadtrecht; seit MA Textilgewerbe und Eisenbergbau bis 19. Jh.; seit 1837 Kur- und Erholungsort; Möbelfabrikation, Kunststoffverarbeitung; seit 1837 anerkannter Luftkurort. **II.** (11. Jh.) nach 1300 und 1114 *Friderichisrot*, 1114 *Friderichisroda*, 1209 *Friderichrode*, 1506 *Fridericherode*; Friedrichroda (1873). **III.** Der ON ist gebildet zum PN *Friedrich*, älter *Frithurich* u. ä., mit dem Gw. ⁊*-roda*, also 'Rodungsort eines Friedrich'. Die Genitivform des PN im ON schwindet früh, daher ab 1209 ohne <is>. Das *-e-* in der zweiten Silbe des PN fällt erst im 18. Jh. weg. **IV.** Vgl. die zahlreichen ON mit *Friedrich(s)-* in Deutschland sowie 842 *in uilla quae uocatur Fritirihot* (Dronke Cod. Dipl. Fuld.). **V.** Dob I; SNB; Berger; Riese, Chr.: Ortsnamen Thüringens. Landkreis Gotha. Hamburg 2010. *KH*

Friedrichsdorf I. Stadt im Hochtaunuskreis, 24 370 Ew., am Südfuß des ö Taunus, Reg.-Bez. Darmstadt, HE. Gegr. 1687 von franz. Hugenotten auf Einladung und mit Privilegien Friedrichs II. von Hessen-Homburg. Zuerst *(Wälsch-)Neudorf* bzw. *Nouveau village* genannt, seit 1688 Friedrichsdorf nach dem Landgrafen. Stadtrecht 1771, 1866 mit Hessen-Homburg an Preußen, 1945 zum Land Hessen, 1972 Vergrößerung um 3 Gem. **III.** Bw.: *Friedrich* (urspr. < ahd. *fridu* 'Schutz, Sicherheit' + *rīchi* 'Herrscher'), Gw. ⁊*-dorf*. **IV.** (Gütersloh-)Friedrichsdorf (gegr. 1786 und benannt nach dem Bischof von Osnabrück), NRW; Friedrichstadt, Kr. Nordfriesland, SH; ⁊Friedrichshafen, Bodenseekreis, BW. **V.** Keyser; Bach DNK. *HGS*

Friedrichshafen I. Große Kreisstadt und gleichnamige VVG im Bodenseekreis, 64 973 Ew., Sitz der Kreisverwaltung, ca. 20 km sw Ravensburg und etwa 25 km sö Salem am Bodensee am sw Rand des Schussenbeckens gelegen, Reg.-Bez. Tübingen, BW. 1802/03 bayrisch und seit 1810 württembergisch. Industrie, die in die Zeit des Luftschiffbaus zurückreicht, Motorenbau, Zeppelindorf, Zeppelin-Museum, Schloss, Schlosskirche, Dornier-Museum, Klangschiff, Haldenbergkapelle, Medienhaus k42, Zeppelinmuseum. **II.** *Friedrichshafen* (1811). **III.** Der Name entstand 1811 durch die von König Friedrich von Württemberg initiierte Vereinigung der alten Reichsstadt Buchhorn mit dem Dorf und Kloster Hofen. **V.** Bach DNK 2; LBW 7. *JR*

Friedrichshall, Bad I. Stadt (seit 1951) und gleichnamige VVG im Lkr. Heilbronn, 27 479 Ew., ca. 10 km n Heilbronn an den Mündungen von Jagst und Kocher in den Neckar, Reg.-Bez. Stuttgart, BW. Entstanden 1933 durch die Vereinigung von Kochendorf und Jagstfeld, 1935 folgt die Eingemeindung von Hagenbach. Heilquellenkurbetrieb, Salzbergwerk, Schloss Lehen. **II.** *Bad Friedrichshall* (1933). **III.** Namengebend war die 1818 in Betrieb genommene Saline, die König Wilhelm I. nach seinem Vater Friedrich I., der hier von 1812 bis 1816 nach Salz bohren ließ, *Friedrichshall* genannt hatte. Das Gw. ist ahd. *-hall* in (hallsalz) 'Salz', mhd. *hal* 'Salzwerk'. **IV.** Friedrichshall, im OT Lindenau der Einheitsgem. Bad Colberg-Heldburg, Lkr. Hildburghausen, TH. **V.** Bach DNK 2; LBW 4. *JR*

Friedrichsthal I. Stadt im Regionalverband Saarbrücken, 10 969 Ew., ca. 15 km nö von Saarbrücken, im Saarkohlenwald, SL. 1723 Gründung einer Glashütte durch Graf Friedrich-Ludwig von Nassau-Saarbrücken. Abbau von Steinkohle für die Glasschmelze. 1793 franz., 1815 an Preußen, 1920 Völkerbundverwaltung, 1935 Rückgliederung ins Reich, 1947 Teil des formal selbst., in polit. und wirtschaftl. Union mit Frankreich stehenden Saarlandes, 1957 zu Deutschland. 1852 Anbindung an die Eisenbahnlinie Saarbrücken – Neunkirchen und Aufschwung durch Steinkohlenbergbau (1981 Stilllegung der letzten Grube). 1866 Zusammenschluss von Friedrichsthal, Bildstock und der Bergwerkssiedlung Maybach. 1969 Stadtrechte. **II.** *Friedrichsthal* (1732). **III.** Die Siedlung Friedrichsthal entstand 1723 in Verbindung mit der Begründung einer Glashütte (s. o.). Die Gründungsurkunde enthält den Namen der Neugründung noch nicht. Der Name des gräflichen Siedlungsinitiators wurde – wohl als Ausdruck der Verehrung – Erstelement des neu gebildeten Siedlungsnamens. Das Zweitelement ↗-t(h)al, das hier auf das Sulzbachtal referiert, in dem Friedrichsthal liegt, wurde bei (früh)neuzeitlichen Siedlungsgründungen häufiger gewählt. **IV.** Auch das ebenfalls von Friedrich-Ludwig 1725 gegründete Friedrichweiler, OT von Wadgassen, Lkr. Saarlouis, SL, enthält den Namen des Grafen. **V.** Lauer, W.: Die Glasindustrie im Saargebiet. Ein Beitrag zur Wirtschaftsgeschichte des Saargebiets. Diss. Tübingen 1922; Jochum-Godglück 2002. *cjg*

Frielendorf **I.** Gem. im Schwalm-Eder-Kreis, 7 868 Ew., gelegen sw von Homberg / Efze am Ohebach, Reg.-Bez. Kassel, HE. Früher Besitz des Klosters Spieskappel. Sitz eines Gerichts („am Spieß"). Braunkohlebergbau seit dem 19. Jh. **II.** 1197 *Frilingendorf [Or]*, um 1220 *Frilingestorf*, 1247 *Vrilingedorph*, 1333 *Frilendorf*. **III.** Bw. wohl PN *Frilo*, kontrahiert aus *Fridilo* (so Bach DNK I). An das primäre und in den Belegen nicht mehr greifbare *Frilingen (zur Bildung vgl. ↗-ingen) trat zusätzlich noch das Gw. ↗-dorf. Das Bw. ist mit einiger Sicherheit nicht zum App. mhd. *friling* 'Freigelassener' zu stellen (so FO I und Andrießen), da in diesem Fall -ī- zu -ei- diphthongiert worden wäre. Stammvokalisches -i- ist stattdessen urspr. kurz und wurde erst durch die mhd. Dehnung in offener Tonsilbe gelängt. Suffix -ingen- seit dem 14. Jh. zu -en- gekürzt. **V.** FP; FO; Bach DNK I; Gerich, F.: Chronik von Frielendorf. Frielendorf 1956; Reuling 1991. *TH*

Friesach **I.** Stadt, 5180 Ew., Pol. Bez. St. Veit an der Glan, KÄ, A. 860 als Gutshof an der Metnitz genannt, später als salzburgischer Markt bezeugt (1016 Grafschaft). Die Stadt war herrschaftlich lange Zeit zwischen den Gurker Bischöfen und Salzburger Erzbischöfen umstritten, zunächst Teilung in einen salzburgischen und Gurker Markt, seit 1180 zur Gänze salzburgisch mit anschließender Blütezeit, ältestes Stadtsiegel in einer Urkunde vom 1. 3. 1265 und älteste Stadt im Bundesland KÄ mit noch h. erhaltenen Stadtbefestigungen. **II.** 860 *Friesah*. **III.** Der Name ist slaw. (slowen.) Herkunft und beruht auf dem Lok. Pl. des Einwohnernamens *brěž(an)e 'die am Rain, am Ufer wohnen' (zu slaw. *brěgъ* 'Rain, Ufer') oder 'die bei den Birken wohnen' (zu slaw. *brěza* 'Birke'); beide Deutungen sind onomastisch möglich, doch die erstgenannte ist die wahrscheinlichere. **V.** ANB; HHS Huter; Kranzmayer II. *HDP*

Friesenheim **I.** Gem. im Ortenaukreis, 12 779 Ew., ca. 12 km s Offenburg und etwa 51 km n Freiburg im Rheingraben in einem zur Oberrheinebene geöffneten Tal in den Vorbergen gelegen, Reg.-Bez. Freiburg, BW. 1016 durch Schenkung von Kaiser Heinrich II. an das Kloster Schuttern, danach an das Bistum Bamberg, 1502 zu drei Vierteln badisch, seit 1771 bei Baden-Durlach und ab 1806 beim Amt Lahr. Weinbau, Schutterner Kirche, Bildsteine, Leutkirche. **II.** 9. Jh. *Frisenhaim*; *Friesenheim* (1389). **III.** Es handelt sich um eine Zuss. mit dem Gw. ↗-heim. Als Bw. kommt der Herkunftsname *Friese* in Frage. Der ON bedeutet dann 'Wohnstätte der (oder bei den) Friesen'. Namengebend kann auch der vom Herkunftsnamen abgeleitete PN *Friso* sein, doch gibt es mehrere gleichnamige Orte, die alle in Rheinnähe liegen. Daher hängt der Name verm. eher mit einer planmäßigen Kolonisation zusammen und es kommt eine Verbindung mit dem Verb frnhd. *friesen* 'Land mit Gräben durchziehen' in Betracht. Möglicherweise ist dieses Verb etym. zum Herkunftsnamen zu stellen, Tätigkeit und Herkunft sind dann nicht klar zu trennen. Da das Verb aber erst spät bezeugt ist, ist die direkte Verbindung mit dem Herkunftsnamen vorzuziehen. **IV.** Friesenheim (Rheinhessen), Lkr. Mainz-Bingen; Friesenheim, OT von Ludwigshafen, beide RP; Friesenheim (Elsass), Arrondissement Sélestat-Erstein, Département Bas-Rhin, F. **V.** Krieger; FO 1; FP; Riecke, J.: Begegnungen mit dem Fremden. Leipzig 2004; LBW 6. *JR*

Friesoythe **I.** Stadt im Lkr. Cloppenburg, 20 599 Ew., an der Soeste, Reg.-Bez. Weser-Ems (bis Ende 2004), NI. In Altenoythe um 800 Gründung einer der Hauptkirchen im Lerigau durch Kloster Visbek, 1238 *curia Oythe*, tecklenburgischer Hof im Raum Altenoythe, als Morgengabe an Jutta von Ravensburg zur Heirat mit Heinrich von Tecklenburg, ca. 2. Hälfte 13. Jh. Bau der Burg, Entwicklung der Marktsiedlung am Verkehrsweg von Osnabrück nach Emden als Knotenpunkt des fries.-wfl. Handels, 1308 *oppidum* im Sinne einer Minderstadt, um 1366 Stadtrecht, 1400 zum Niederstift Münster, 1470 Mitglied der Hanse, Blüte des Schmiedehandwerks. **II.** Altenoythe: um 1150 *Oythe [Or]*, 1402/03 *Olden Oyte [Or]*; Friesoythe: 1308 *in opida Oyttha [Or]*, nach 1322 *Vrysoyte* (Kop.). **III.** Abl. mit einem Dentalsuffix ↗-ithi (germ. *-iþi̯a) oder germ. *-ti̯a, *-þi̯a ohne suffixanlautenden Vokal. Die Basis gehört zu germ. *agwjō, asä. *awja, mnd. *ouwe, o(i)e, oge, ō* 'Land am Wasser, kleinere Insel', Benennungsmotiv war die trockene, erhöhte Lage des Ortes in sumpfiger Umgebung. Bis ins 16. Jh. galt der Name *Oythe* sowohl für den älteren Ort/das Kirchspiel als auch für die jüngere Siedlung, ab 14. Jh. Verwendung unterscheidender Zusätze: 1. mnd. *Vrēse*, afries. *Frēsa, Frīsa*

'Friese', nach den fries. Handelspartnern, 1314 wurde der fries. Markt von Lingen nach Oythe verlegt; 2. mnd. *olt* 'alt' in flektierter Form für die ältere Siedlung. **IV.** ⁊Oyten, Lkr. Verden; Oythe, OT von Vechta, beide NI. **V.** BuK Oldenburg III; Eckhardt, A. (Hg.): Die Geschichte der Stadt Friesoythe. Oldenburg 2008; Möller 1992. *FM*

Fritzlar **I.** Dom- und Kaiserstadt im Schwalm-Eder-Kreis, 14 556 Ew., gelegen an einem Steilhang über der Eder ca. 25 km sw von Kassel, Reg.-Bez. Kassel, HE. Im Missionsgebiet des Bonifatius (Fällung der Donareiche bei Geismar, h. Stadtteil von Fritzlar, 723). Gründung eines Klosters (724). Auf dem Büraberg (sw der Stadt) Errichtung eines Bistums (Büraberg), das nur von kurzer Dauer war (741/42–746/47). Reichsabtei (seit 782) und Königspfalz. Umwandlung des Klosters in ein Kollegiatstift (St. Peter, Anfang 11. Jh.). Seit dem 11. Jh. Entwicklung einer Kaufmannssiedlung (1180 als *civitas* bezeichnet) n des Stiftsbezirks, wichtiger Mainzer Stützpunkt gegen die Landgrafen. 1803 an Kurhessen. 1821 Kreisstadt, 1932 Zusammenlegung mit dem Kreis Homberg zum Großkreis Fritzlar-Homberg, 1974 zum Schwalm-Eder-Kreis mit Verwaltungssitz in Homberg / Efze. **II.** Um 723 (Kop.) *Fritéslar*, 774 *Frideslar*, 919 *Fridesleri*, 1028 *Fritislare*, 1147 *Friczlar*. **III.** Bw. ahd. *fridu* 'Friede, Schutz' oder 'Einhegung, eingehegtes Gebiet' (so Bach DNK II). Der ON bezeichnet mutmaßlich einen rechtlich geschützten Bezirk; Gw. ⁊-*lar*. **V.** Bach DNK II; Schunder; Fritzlar im Mittelalter. Festschrift zur 1250-Jahrfeier, hg. vom Magistrat der Stadt Fritzlar in Verbindung mit dem Hess. Landesamt für Landeskunde Marburg. Fritzlar 1974; Küther 1980, S. 86–93. *TH*

Frohburg **I.** Stadt und gleichnamige VG im Lkr. Leipzig, 11 073 Ew., am Übergang der Leipziger Tieflandsbucht zum Sächsischen Burgen- und Heideland, s Leipzig, an der Wyhra, SN. Deutsche Burg und Burgsiedlung um 1150, Stadtanlage bald nach 1200. **II.** 1149, 1172 *de Vroburg*, 1233 *Froburg*, 1453 *Frohburg*. **III.** Offenbar übertragen vom BurgN *Frohburg*, Burg bei Olten im Kt. Solothurn, CH. Im Bw. steht mhd. *vrō* 'freudvoll, beschwingt, heiter', im Gw. ⁊-*burg*. Demnach Bezeichnung einer Burg, in der man angenehm, mit Freude leben kann, entsprechend franz. Burgennamen wie *Montjoie* 'Freudenberg', die Vorbildwirkung hatten. Nicht zu mhd. *vrō* 'Herrendienst'. **V.** HONS I; SNB. *EE, GW*

Fröndenberg/Ruhr **I.** Stadt im Kr. Unna, 22 266 Ew., an der Ruhr und am Haarstrang sö von Unna, Reg.-Bez. Arnsberg, NRW. 1225/30 Errichtung eines Klosters beim Dorf. Industrialisierung im 19. Jh., seit 1952 Stadt. **II.** 1197 *Frundeberg*, 1230 *in Wrondeberg*, 1258 *Vrondenberg*. **III.** Bildung mit dem Gw. ⁊-*berg*, das durch die Lage an den steil zur Ruhr abfallenden Hügeln des Haarstrangs motiviert ist. Das Bw. ist asä. *friund*, mnd. *vrünt*, *vrönt* (seltener *vrent*) 'Freund; Verwandter'. Da es zunächst überwiegend im Gen. Pl. vorliegt, ist es eher zum Appellativ als zu dem nicht häufig bezeugten PN *Friunto* auf gleicher etymologischer Grundlage zu stellen. Das zweite -*n*- im Bw. der heutigen Namenform ist im 13. Jh. vereinzelt bezeugt und setzt sich im 15. Jh. durch. **V.** Jellinghaus; FO I, Sp. 955. *Flö*

Fronreute-Wolpertswende **I.** GVV aus den beiden namengebenden Gem. im Lkr. Ravensburg, 8580 Ew., ca. 9 km n Ravensburg und etwa 40 km sö Sigmaringen am Schussenbecken am Rand der Inneren Jugendmoräne am Kirchberg gelegen, Reg.-Bez. Tübingen, BW. Die Herren von Fronhofen waren welfische Ministeriale, seit 1251 unter dem Namen von Königsegg, um 1380 ging Fronhofen an das Kloster Weingarten und ist seit 1806/08 württembergisch. Fronreute entstand 1972 durch den Zusammenschluss der ehemals selbstständigen Gem. Blitzenreute und Fronhofen. Wolpertswende ging im 12. Jh. von den Herren von Wolpertswende an die Herren von Fronhofen und ist seit 1810 württembergisch. Landwirtschaft, Turmruine, St. Konrad von Vinzenz Pfarrkirche, Hatzenturm, Gangolfkapelle. **II.** Fronreute: 935 (Kop. 13. Jh.) *Fronehoven*, 1171 *Fronhove [Or]*. 1265 *Blizunruti [Or]*. Wolpertswende: 1128 (Kop. 12. Jh.) *Vvolvoldisvvendi*, 1275 *Wolpotswendi [Or]*, 1836 *Wolpertschwende*; *Fronreute-Wolpertswende* (1972). **III.** *Fronreute* ist eine künstliche Kontamination aus den alten ON *Fronhofen* und *Blitzenreute*. Sie enthält im Gw. ahd., mhd. *riuten* 'roden' (⁊-*reut(h)*) und im Bw. ahd. *frō* 'Herr' bzw. den Gen. Pl. *frōno*. Wolpertswende ist eine Zuss. mit einem PN als Bw. Da der älteste Beleg verschrieben ist, ist eine genaue Zuweisung unsicher, in Frage kommt ein im Beleg von 1275 genannter *Wolpert* o. ä. Das Gw. kann zu mhd. *wende* in der Bedeutung 'Ende, Grenze' gehören. Vielleicht weist der jüngste Beleg jedoch auf den urspr. Namen. Er ist zu mhd. *swende* 'ein durch Rodung gewonnenes Stück Weide oder Ackerland' zu stellen. Auch die älteren Belege wären dann als *Wolpots-swendi* etc. zu lesen. **V.** FP; LBW 7. *JR*

Fürstenau **I.** Stadt und gleichnamige Samtgem. im Lkr. Osnabrück, 16 568 Ew., am Fürstenauer Mühlenbach, Reg.-Bez. Weser-Ems (bis Ende 2004), NI. Fertigstellung der Stiftsburg 1344 unter dem Osnabrücker Bischof Gottfried von Arnsberg; Amt Fürstenau von 1344–1885 Verwaltungsmittelpunkt des Osnabrücker Nordlandes; von 1550–1650 neben Iburg wichtigste Residenz der Bischöfe; seit 1350 planmäßige Stadtanlage bei der Burg, 1642 Osnabrücker

Stadtrecht. **II.** 1344 *Vorstenowe [Or]*, 1351 *Vorstenouwe*, 1424 *Verstenowe*; *Fürstenau* (1667). **III.** Bildung mit dem Gw. ↗*-au(e)*, das zunächst in der nd. Form *-o(u)we* erscheint. Da sich das App. mnd. *vörste* nicht nur auf weltliche, sondern auch auf geistliche Fürsten beziehen kann und die Stiftsburg von einem Osnabrücker Bischof errichtet wurde, ist dieses App. im Bw. anzusetzen und nicht mnd. *verst*, *vorst* 'Dachfirst, vordere, obere Kante'. **V.** GOV Osnabrück I; HHS 2; Nds. Städtebuch. *KC*

Fürstenfeld **I.** Stadt, 5 993 Ew., Pol. Bez. Fürstenfeld, ST, A. Um 1170 wurde auf einer Talstufe über der Feistritz eine Burg und in ihrem Schutz ein Straßenmarkt errichtet. 1282 wird der Ort *forum* und *civitas* genannt. 1480 kam es zur Eroberung und Ausplünderung durch die Ungarn, 1605 durch die Hajduken. 1664 wurden unweit von Fürstenfeld bei Mogersdorf die Türken besiegt. 1691 wurde die Tabakfabrik gegründet, die auch im 19. Jh. stark zum wirtschaftl. Wiederaufbau beigetragen hat. **II.** Um 1185 *de Furstvelt [Or]*, um 1185 *de Furstenvelt*, 1202 *Fverstenueld*. **III.** Freie Fläche, Feld (↗*-feld*) im Besitz des Markgrafen, der sich ab 1160 zum ersten Mal als Fürst bezeichnet (ahd. *furisto* '(Landes)Fürst'). **V.** ANB. *FLvH*

Fürstenfeldbruck **I.** Stadt im Lkr. Fürstenfeldbruck, 34 033 Ew., Sitz der Kreisverwaltung, Reg.-Bez. Oberbayern, BY. Seit dem 12. Jh. Marktort, im 13. Jh. herzogliche Klostergründung. **II.** Ca. 1140 (Kop. des 12. Jh.) *iuxta pontem sancti Stephani*, ca. 1150 *Brukke*, 1306 *in der Amber ... bi Prugg*, 1315 *Pruk*, 1424 *Bruck an der Amer*, 1472 *Pruck prope Fürstenfeld*, 1481 *Brugk an der Ammer*, 1524 (Kop. von 1618) *Bruck*, 16. Jh. *Prugg*, 1678 *Fürstenfeldbruck*. **III.** Den ersten Bestandteil des heutigen Namens hat die Siedlung vom Kloster übernommen, das wie folgt bezeugt ist: 1263 *Vurstenvelt*, 1266 *Fvrstenvelt*, 1271 *Fŭrstenvelt*, 1273 lat. *cenobio in campo principis*, 1416 *Fürstenfeld*, 1519–1521 *Furstoveltas, hoc est principis campum*, 1644 lat. *in campo principum*. Grundwort ist mhd. *velt*, ↗*-feld*, 'Feld', Bestimmungswort *vürste* 'Herrscher eines Landes'. Da der zweite Bestandteil des ON sehr oft vorkommt, ist die Zuweisung schwierig. Während sich der erste Namensbestandteil auf die Klostergründung bzw. -verlegung durch Herzog Ludwig den Strengen bezieht, liegt dem zweiten mhd. ↗*-brucke, -brücke, -brügge* 'Brücke' zugrunde, wie aus einer Landesbeschreibung des Jahres 1721 hervorgeht: *Bruck ... Hat villeicht seinen Namen daher / weil alldort ein Bruck über den Amper-Fluß ... Sonsten ist dieser Marck gedachtem Closter Fŭrstenfeld zugehörig.* Der genitivische Zusatz in der Form von ca. 1140 erklärt sich damit, dass Pfaffing, die urspr. Pfarrkirche von Bruck, als Patrone die heiligen Stephan und Aegidius hatte. **V.** HHS 7/1; Reitzenstein 2006. *WvR*

Fürstenwalde/Spree **I.** Stadt, Lkr. Oder-Spree, 32 867 Ew., an der unteren Spree, sö Berlin gelegen, BB. Fürstenwalde ist verm. eine Gründung schles. Herzöge, um 1250 aber bereits im Besitz der Mgf. von Brandenburg. Kleine slaw. Siedlung w des Stadtkerns, 1285 *civitas*. 1373 Residenz der Lebuser Bischöfe. Die von Hussiten zerstörte kleine Domkirche wurde 1446–70 als got. Hallenkirche aufgebaut. Nach der Säkularisierung kftl. Amt. Seit dem MA Brauwesen und Tuchmacherei. Im 19. Jh. schnelle Industrialisierung durch Bau der Eisenbahnlinie und des Oder-Spree-Kanals. **II.** 1272 *furstenwalde*, 1348 *Vorstenwalde [Or]*, 1528 *Fürstenwalde [Or]*; *Fürstenwalde/Spree* (1932). **III.** Gf. mnd. *Vörstenwolde, zu mnd. *vörste, vürste* 'Fürst, Herzog, Herrscher'. Benannt zu Ehren des Gründers. Im Gw. mnd. *wolt* ↗ 'Wald'. Zum GwN *Spree* ↗Burg (Spreewald). **IV.** Ähnlich Fürstenwalde, OT von Geising, Lkr. Sächsische Schweiz-Osterzgebirge, SN; Fürstenberg (↗Eisenhüttenstadt), Fürstenberg/Havel, Lkr. Oberhavel, beide BB. **V.** Riedel A XX; BNB 8. *SW*

Fürstenzell **I.** Markt im Lkr. Passau, 7778 Ew., Reg.-Bez. Niederbayern, BY. Im 12. Jh. Einödhof (später zerstört), 1274 Gründung eines Zisterzienserklosters, seit 1975 Markt. **II.** 1120–1130 *Cella*, 13. Jh. *in Celle incultam et desolatam*, 1274 *ad nouellam plantationem Cellam*, 1274 *Fürstencelle*, 1276 *Heinricus ... cenobium, dictum Cella principis ordinis Cysterciensium, cuius fundacionem nobis duximus ascribendam*, 1318 *Heinrich Otto vnd Heinrich ... daz Chloster ze Fvrstenzell, des Stifter wir haizzen*, 1519–1521 *Honoricus dux Boiorum perficit atque bene ominato nomine Furstocellam, quod principis cellam valet, nuncupavit*, 1690 wird bestätigt: *hat Hertzog Henrich in Unter-Bayrn die Stifftung gar vollendet / und dem Closter Cell den Beynahm Fürstenzell ertheilt*. **III.** Dem urspr. Namen liegt lat. *cella* 'Wirtschaftshof' zugrunde, dem späteren Bestimmungswort mhd. *vürste* 'Herrscher eines Landes'. **V.** HHS 7/1; Reitzenstein 2006. *WvR*

Fürth **I.** Gem. im Lkr. Bergstraße, 10 731 Ew., Reg.-Bez. Darmstadt, HE. In dem im Odenwald an der Weschnitz gelegenen Ort gelangte das Kloster Lorsch durch Schenkungen früh zu Besitz. Hier befand sich auch ein Haupthof (*curia principalis*) des Klosters. 1023 kaiserliche Bestätigung der von Lorsch an das Michaelskloster in Heidelberg in Fürth geschenkten Besitzungen. Im Spätmittelalter im Besitz von Mainz und der Pfalzgrafschaft bei Rhein. 1356 kaiserliche Genehmigung an den Mainzer Ebf., aus Fürth eine Stadt zu machen, was in der Folgezeit nicht zum Tragen kommt. 1803 an Hessen-Darmstadt. 1970 wurden 11 Orte eingemeindet. **II.** 795 (Kop.) *villa Furte*, 1023 (Kop.) *Furde*, 11. Jh. (Kop.) *ad curiam Furde*. **III.** Zu ahd. *furt* 'Furt', für das hier eine syntaktischen Fügung ahd. **ze dero furti* ('bei der Furt') anzusetzen ist. Das *-i-* in *furti* bewirkte den Umlaut von *u > ü*. Offenbar war hier eine Überquerung der Weschnitz möglich. **V.** CL; Heimatbuch Fürth im Odenwald 795–1195. Hg. von O. Wagner. Fürth im Odenwald 1994; Müller, Starkenburg. *TH*

Fürth **I.** Kreisfreie Stadt, 114 071 Ew., Reg.-Bez. Mittelfranken, BY. Wohl frühmittelalterliche Gründung beim Zusammenfluss von Rednitz und Pegnitz am Rednitzübergang der Straße Frankfurt–Regensburg. Urpfarrei im bayer. Nordgau, 1007 von König Heinrich II. dem Bamberger Domkapitel geschenkt, 1062 Markt, seit 1238 von den Burggrafen von Nürnberg (spätere Mgf. von Ansbach) gehegte Dingstätte des Landgerichts Nürnberg, seit 14. Jh. Sitz der unierten Pfarrei St. Lorenz zu Nürnberg, seit 1440 jüdische Einwanderer, seit Ende 15. Jh. Sammelpunkt der im nürnbergischen Gebiet nicht zugelassenen Juden, zum Teil von Hugenotten und Holländern mitgebrachte Gewerbe wie Goldschlägerei, Bronzefarbfabrikation, Spiegelglasherstellung, Strumpfwirkerei, Uhrmacherei, 1792 an Preußen, 1806 an Bayern, Stadterhebung, Entwicklung zur Industriestadt, 1835 erste deutsche Eisenbahn zwischen Fürth und Nürnberg, seit 2007 „Wissenschaftsstadt". **II.** 907 *Furt* [Or], 1007 *Furti* [Or], 1238 *Fürthe*. **III.** Der ON, dem das App. ahd. ⁊ *furt* zugrunde liegt, bezeichnet dessen Lage am Rednitzübergang. Im Beleg *Furti* ist noch die alte dativische Form mit lokativischem *-i* sichtbar, welches den Umlaut des Stammsilbenvokals *-u-* zu *-ü-* bewirkt hat. **IV.** Furth (Niederbayern), Lkr. Landshut; ⁊ Furth im Wald, Lkr. Cham, beide BY; Fürth (Odenwald), Lkr. Bergstraße, HE. **V.** Richter, H.: Fürth. In: HHS Franken; Wießner, W.: Stadt- und Landkreis Fürth (HONB, Mittelfranken 1). München 1963; Reitzenstein 2009. *DF*

Füssen [fiəssə] **I.** Stadt im Lkr. Ostallgäu, 14 236 Ew., Lage am Lech, direkt am Alpenrand und der Grenze zu Tirol, Reg.-Bez. Schwaben, BY. Spätröm. Kastell auf dem Schlossberg, an der Via Claudia Augusta. Zellengründung durch den Heiligen Magnus um 750 entwickelt sich zum Kloster St. Mang. Staufische Stadt im letzten Viertel des 13. Jh., bfl. Burg „Hohes Schloss", Verwaltungssitz der bfl.-hochstiftischen Pflege und bis 1972 des Landkreises Füssen, im 16. Jh. europäisches Zentrum des Lauten- und Geigenbaus, 1802 zu BY. Industrialisierung ab 1864: Hanfwerke, 20. Jh. Fremdenverkehr. **II.** 4. Jh. *praepositus militum Fotensium* [Or], 5. Jh. *Foetibus*, 895 *Fauces*, 1146/47 *Fozen*, ca. 1168 *Főczen*, 1182 *Főzzin*, 1263 *Fýszen*, 1289 *Fuezzen*, 1441 *Fűßen*. Füssen als moderne Schreibung, amtlich durchgesetzt, deckt sich nur formal mit gleichen alten Schreibungen (1424).

Sie verdrängt den diphthongischen Charakter des *ü* = *iə*. **III.** Greule: **fōta* (*castra*) zu lat. *fōtus*, Part. Perf. zu *fovere* 'wärmen, hegen, pflegen, begünstigen'.Thalmayr bevorzugt **taberna fota*. **IV.** Vgl. Fützen, OT von Blumberg,Schwarzwald-Baar-Kreis, BW. **V.** Steiner: HONB Füssen; Greule, A.: Besprechung des vorigen in BNF 41, 2006; Thalmair, M.: Die Römerstraßen im Gebiet von Füssen, Schwangau und Pfronten. In: Alt Füssen, Jahrbuch des Historischen Vereins »Alt Füssen«, 2008, S. 27–51, speziell S. 41; Ettelt, R.: Geschichte der Stadt Füssen, Bd. 1. Füssen 1971; Bd. 2. Füssen 1979. *TS*

Fulda **I.** Kreisstadt des Landkreises Fulda, Hochschul-, Barock- und Bischofsstadt, 64 129 Ew., am gleichnamigen Fluss, Reg.-Bez. Kassel, HE. 744 gegr. Benediktinerkloster, 1019 erhielt Fulda Markt-, Münz- und Zollrecht, um 1114 Stadtrecht, kath. Bischofssitz, Sitz des Präsidiums des Deutschen Evangelischen Kirchentages, Theologische Fakultät Fulda, „Hochschule Fulda – University of Applied Sciences" (gegr. 1974, rd. 5000 Studenten), Michaelskirche (820–822), Barockdom St. Salvator (1704–12) mit Dommuseum (Bonifatiusgrab), Schlossmuseum, Vonderau-Museum mit Planetarium, Deutsches Feuerwehrmuseum. Textil- und Lebensmittelindustrie, Reifenherstellung, chemische Industrie, Maschinenbau, Stahlbau, Musikinstrumentenbau, Papierverarbeitung,. **II.** 751 *Fulda*, 760 *ad monastirio noncupante Fulda*, 777 *monasterium Fulta*, 841 *Uulda*, 887 *Fultta*, 1020 *Wldae*, 1217 *in Volda*, 1340 *in Fulda*, 1397 *uff unss Stat Fulde*, 1409 *zu Ffulde*, 1412 *Vulda/czu Fulda*. **III.** Der ON leitet sich von dem Fluss her. Die Urkundenüberlieferung erscheint konstant als *Fulda*, die Formen mit *-aha* (⁊ *-ach¹*) entstammen Fälschungen Rudolfs von Fulda. Die Deutung als 'Feldwasser, Feldfluss' über ein Komp. mit *-aha* erweist sich damit aus Überlieferungsgründen als unhaltbar. Der FluN setzt sich aus einer vom Verb abgeleiteten Wurzel **Pḷt-* als schwundstufige Form und einem Suffix **-ā* zusammen. Für die Deutung kann man von einem idg. Ansatz **pel-to*, **pol-to*, **pḷ-to* 'gießen, fließen' ausgehen. Es gibt zahlreiche Parallelnamen in ganz Europa. Die Besonderheit des FluN *Fulda* besteht in der Erweiterung mit *-t-*, die sich nur in einem begrenzten kontinentalgermanischen Raum, mit Zentrum im Baltikum, finden. Der Name besitzt eine hohe Altertümlichkeit, der die lautlichen Veränderungen des Germanischen aufweist und damit einer voreinzelsprachlichen Schicht zuzuordnen ist. Siedlungsgeschichtlich spricht das für eine kontinuierlich germ. Besiedlung seit idg. Zeit. **IV.** *Fala* in Norwegen; Paglia, Zfl. des Tiber, I; Palà/Pelà, LT; Péla, LV; Palo, F; Palmazanos, Paociana, Portugal; Pielnica, PL. **V.** Stengel, UB; CE; Udolph 1994. *DA*

Fuldabrück I. Gem. im Lkr. Kassel, 8758 Ew., s von Kassel, Reg.-Bez. Kassel, HE. Entstanden aus dem Zusammenschluss der Gem. Dennhausen und Dittershausen im Jahre 1967. Hierbei wurde der Name *Fuldabrück* von den Gemeindevertretern bestimmt, um den symbolischen Brückenschlag zwischen den beiden Kommunen zu symbolisieren. Beide Orte seit dem 14. Jh. in hess. Besitz. Durch die Gebietsreform 1972 Erweiterung um zwei weitere Orte (Bergshausen und Dörnhagen). **II.** Dennhausen: 1253 *Tennenhusen [Or]*, 1289 *Tenhusen*, 1312 *Denhusen*, 1315 *Thennehusen*. Dittershausen: 1253 *Dithareshusen[Or]*, 1346 *Dytershusen*, 1501 *Dutheshusen*. Bergshausen: 1231 *Berchodeshusen [Or]*, 1293 *Berkodeshusen*, 1348 *Berkeshusin*. Dörnhagen: 1253 *Durchain [Or]*, 1304 *Dorichhagen*, 1414 *Dorrenhagen*. **III.** Dennhausen zu den PN *Danno, Tanno*; Dittershausen zum PN *Diethart*; Bergshausen zum PN asä. **Beregod?* Das Bw. ist mit Sicherheit ein PN, dessen Deutung allerdings schwierig ist. Die zwei frühen Belege schließen die Ansetzung eines PN *Berhtold* aus. Stattdessen könnte sich im Zweitglied des PN ein unverschobenes asä. *-gōt* < germ. **-gaud* zeigen. Das Erstglied zu ahd. *bero* 'Bär', vgl. obd. *Perecoz*. Die Grundwörter jeweils zu ↗*-hausen*. Das Erstglied des ON *Dörnhagen* entweder zu ahd. *durri* 'dürr' oder zu ahd. *dorn*, suffigiert mit dem kollektivbildenden *-ich* (*Dornich* 'das Dorngestrüpp'); das zweite Glied zu ↗*-hagen*. Das Bw. im ON *Fuldabrück* zum FluN, der als schwundstufige Bildung *P̣ltā* zu idg. **pel-*/**pol-* 'gießen, fließen' zu stellen ist. Gw. ↗*-brück*. **V.** FP; Reimer 1926; Eisenträger / Krug; Udolph 1994. *TH*

Fuldatal I. Gem. im Lkr. Kassel, 11916 Ew., n von Kassel, Reg.-Bez. Kassel, HE. Entstanden im Rahmen der Gebietsreform 1970 durch den freiwilligen Zusammenschluss der Gem. Ihringshausen, Knickhagen, Simmershausen, Wahnhausen und Wilhelmshausen. 1972 wurde die Gem. Rothwesten eingegliedert. **II.** Ihringshausen: 1043 *Iringeshusen [Or]*. Knickhagen: 1458 *Gnykhagen [Or]*. Simmershausen: 1074 *Simareshusun [Or]*, Anf. 12. Jh. *Simeressun*. Wahnhausen: 880–889 (Kop.) *Wanhuson ... in pago Hassim*, 1107 *Wanenhuson*. Wilhelmshausen: 1580 *Wilhelmshausen [Or]*. Rothwesten: ca. 1020 *Rotwardeshusun*. **III.** ON *Iringshausen* zum PN *Iring*. ON *Knickhagen* zum Bw. *Knick* 'Hecke' und ↗*-hagen*, ↗*-hain*. ON *Simmershausen* zum PN *Simmar*, expressiv gekürzt aus *Sigimar*. ON *Wahnhausen* zum PN *Wano*. ON *Wilhelmshausen*: Benannt nach dem Landgrafen Wilhelm IV. von Hessen-Kassel, der das Dorf an Stelle des 1527 aufgehobenen Klosters Wahlshausen neu begründete. ON *Rothwesten* zum PN *Ruotward*. Zum FluN *Fulda* ↗ Fuldabrück. Die Verbindung mit dem Gw. ↗*-tal* verweist auf die geogr. Lage und ist gegenwärtig recht produktiv. **V.** Reimer 1926; Eisenträger / Krug. *TH*

-furt. Germ. **furdu-* mit verschiedener Stammbildung als ahd. *furt* M., mhd. *vurt* M., md. *furt / fort* M. Fem., asä. *ford* Ntr., mnd. *vörde / vörde* M. Fem. Ntr. 'flache Durchgangsstelle in einem Gewässer, Fluss'. Das Gw. ist bereits durch zwei Namen bei Ptolemaeus (2. Jh. n. Chr.) und in der d. Überlieferung seit dem 8. Jh. bezeugt (↗ Frankfurt am Main, HE). An Rhein und Neckar z. B. kommen keine *-furt*-Namen vor, wohl aber häufiger am Main und an anderen Flüssen. Das Wort begegnet in Namen auch als Simplex (↗ Fürth, BY) und Bw. (↗ Furtwangen im Schwarzwald, Schwarzwald-Baar-Kreis, BW). Literatur: Bach DNK II, 1, II, 2; Kluge. *FD*

Furth im Wald I. Stadt im Lkr. Cham, 9057 Ew., ca. 70 km nö von Regensburg, 17 km nö von Cham an der Grenze zur Tschech. Republik, Reg.-Bez. Oberpfalz, BY. 1086 übergibt Kaiser Heinrich IV. das Dorf Furth dem Regensburger Domvogt, seit ältester Zeit starker Handelsverkehr aus und nach Böhmen, kurz nach 1300 als Zollstätte an der Fernstraße nach Böhmen genannt, Stadt im 14. Jh. als Grenzfestung gegründet (Stadtrechte seit 1332), Grenzbahnhof an der Bahnstrecke nach Pilsen, Further Drachenstich (hist. Volksschauspiel). **II.** 1086 *Uurte [Or]*, 1397 *Furtt in dem wald [Or]*, 1450 *Statt zu Fúrt vor dem walld [Or]*; *Furth [Or]* (1483). **III.** Dem SiN liegt ahd. *furt* 'Furt' zugrunde (↗*-furt*). Im Erstbeleg steht *U-* für *V-*; *-e* ist die Endung des Dat. Sg. Der Ort ist nach einer Furt durch den Fluss Chamb (r. Zfl. zum Regen) benannt. Seit dem späten 14. Jh. sind unterscheidende Zusätze bezeugt, die auf die Lage im oder vor dem Böhmerwald (h. Bayerischer und Oberpfälzer Wald) hinweisen. **IV.** Furth im Lkr. Landshut, Reg.-Bez. Niederbayern, BY; ↗Fürth, Reg.-Bez. Mittelfranken, BY. **V.** Keyser / Stoob II; Reitzenstein 2006. *WJ*

Furtwangen im Schwarzwald I. Stadt und gleichnamige VVG im Schwarzwald-Baar-Kreis, 10618 Ew., ca. 19 km w Villingen und etwa 27 km nö Freiburg im Breisgau im Quellbereich der Breg am sö Schwarzwald gelegen, Reg.-Bez. Freiburg, BW. Zunächst Besiedlung sowie Besitz durch das Kloster St. Georgen im 11./12. Jh., 1355 durch Kauf an Österreich und seit 1806 badisch. Uhrhandwerk, Deutsches Uhrenmuseum, Donauquelle, Hexenlochmühle, Deutsche Uhrenstraße, Gasthaus Arche. **II.** 1179 *Furtwangen [Or]*, 1290 *Furtwangen [Or]*, 1324 *Furtwangenhusen [Or]*, 1347 *Furtewangen [Or]*. **III.** *Furtwangen* ist verm. die 'Siedlung beim Weideland an der Furt'. Es liegt dann ein Kompositum mit dem Gw. ahd. ↗*-wang* 'Feld' und dem Bw. ahd. ↗*-furt*, mhd. *vurt* 'Furt' vor. Dazu tritt die differenzierende Lagebeschreibung *im Schwarzwald*. **V.** FO 1; LBW 6. *JR*

G

Gablonz/Neiße, Gablonz an der Neiße // Jablonec nad Nisou [ˈjablonɛts ˈnad ˌnɪsoʊ] **I.** Kreisstadt, 45 254 Ew., in Nordböhmen, Bezirk Liberec (Liberecký kraj), CZ. Das im Quellgebiet der (Görlitzer) Neiße gegründete tschech. Dorf wurde 1469 zerstört und lag noch 1542 wüst. In der Mitte des 16. Jh. Neubesiedlung durch d. Kolonisten, seitdem (bes. im 18.–19. Jh.) schwunghafter Aufstieg durch weltweit berühmte Glasindustrie, durch Steinschleifen und -handel, im 19. Jh. auch durch Textilindustrie. 1810 Marktort, 1866 Stadt, 1932 neues Rathaus. Nach 1945 ließen sich d. Vertriebene in Neugablonz (OT von Kaufbeuren in Bayern) nieder. 1960 Errichtung eines Ausstellungsgeländes und Glasmuseums. **II.** 1356 *Jablonecz [Or]*, 1568 *zur Jeblontz(e) [Or]*, 1834 *Gablonz, Gablunka, Gablonetz*, 1854 *Jablonec nad Nisou, Gablonz an der Neiße*. **III.** Der urspr. tschech. ON ist ein Diminutiv zu *jabloň* 'Apfel(baum)': atschech. *jabloncě*, der sich im ON zu einer sekundär entstandenen, sog. analogischen Nominativform *Jablonec* entwickelte. Das d. *G-* (aus tschech. *J-*) ist ein in der ON-Entlehnung erhaltenes d. Ausspracherelikt, vgl. *Jaroměř* > *Germer* u.a. Alle tschech. *Jablon*-ON liegen an alten Handelswegen und signalisieren Grenzpässe. **IV.** Jablonné nad Orlicí // Gabel, Jablunkov // Jablunkau u.a., CZ. **V.** Pf II; SchOS; HSBM. *RŠ*

Gadebusch **I.** Stadt und gleichnamiges Amt (mit sieben weiteren Gem.) im Lkr. Nordwestmecklenburg, 10 911 Ew., ca. 25 km nw von Schwerin, MV. Im 8. Jh. Errichtung einer slaw. Burganlage samt Siedlung, daneben im 12. Jh. d. Ansiedlung. 1204 zu Mecklenburg, später Mecklenburg-Schwerin, 1225 Stadtrecht, Durchgangshandel, 1712 Schlacht bei Gadebusch (schwerste Schlacht des Nordischen Krieges), h. mittelständische Unternehmen, Handel, Dienstleistungen. **II.** 1154 *Godebuz* (noch FlN); 1181 *Godebuz*, 1210 *in Godebuz*, 1327 *prope Ghodebusse*, 1337 *prope oppidum Gadebusc; tho Gadebusch* (1348). **III.** Dem ON geht der Landschaftsname (*provincia Godebuz*) voraus. Beiden liegt ein zweigliedriger apolb. PN *Chotěbud* mit einem poss. Suffix -*j* zugrunde, das die Palatalisierung des Auslauts -*d*- zu -(*d*)*z*- bewirkte. Bei der Eindeutschung wurde in den zweiten Namenteil das d. Appellativum *Busch* eingedeutet. Die Bedeutung des ON lässt sich als 'Ort des Chotěbud' rekonstruieren, wobei der PN aus apolb. **chotě-* im Erstglied, einer Form von *chotěti 'wollen, begehren', und *-*bud* im Zweitglied, einer Form von slaw. *byti 'sein', besteht. **IV.** ↗Cottbus // Chośebuz, BB. **V.** MUB I–X; HHS, Bd. 12; Trautmann ON Meckl.; Eichler/Mühlner. *MN*

Gaggenau **I.** Große Kreisstadt im Lkr. Rastatt, 29 213 Ew., ca. 11 km sö Rastatt und etwa 8 km nö Baden-Baden am unteren Murgtal ö und w der Murg gelegen, Reg.-Bez. Karlsruhe, BW. Ausbauort innerhalb der Herrschaft Rotenfels, bereits 1288 badisch und bildet zusammen mit Freiolsheim, Hörden, Michelbach, Oberweier, Rotenfels, Selbach und Sulzbach den Verwaltungsraum Gaggenau. Automobilindustrie, Metallindustrie, Kurpark, Schlossakademie Bad Rotenfels, Fachwerkdorf Michelbach, Schloss Eberstein. **II.** 10. Jh. *Kachinhova*, 1288 *Gakenöwe [Or]*, 1388 *Gackenauwe [Or]*, 1510 *Gackenaw [Or]*. **III.** Abgesehen vom ältesten Beleg, der wohl zu ↗-*hof* gehört, handelt es sich um eine Zuss. mit dem Gw. ↗-*au*, ahd. *ouwa*, mhd. *ouwe* 'Land am Wasser, Insel'. Das Bw. ist vermutlich der PN *Gācho*: 'Au des Gācho'. Ortssagen knüpfen den Namen volksetymologisch an das Gackern von Gänsen an. **V.** Krieger; Haubrichs 2004; FP; Kaufmann 1968; LBW 5. *JR*

Gaildorf **I.** Stadt im Lkr. Schwäbisch Hall, 12 527 Ew., ca. 13 km s Schwäbisch Hall und etwa 30 km nö Backnang im Schwäbischen Wald und der Limpurger Berge an der ö Weitung des Kochertals gelegen und von der Kocher durchflossen, Reg.-Bez. Stuttgart, BW. Fränkische Siedlung aus dem 7. Jh., früh im Besitz der Schenken von Limpurg, 1404 durch König Ruprecht zur Stadt erhoben und seit 1806 komplett württembergisch. Gaildorf bildet zusammen mit Fichtenberg, Oberrot und Sulzbach-Laufen den GVV Limpurger Land. Metallindustrie, Holzverarbeitung, EDV-Dienstleistung, Altes Schloss, Vogteigebäude, Neues Schloss, Schillergarten, Kernerturm. **II.** 1255 (Kop. 16. Jh.) *Geillendorf*, 1286 *Geilendorf [Or]*; *Gaildorf* (14. Jh.). **III.** Eine Zuss. aus dem Gw. ↗-*dorf*, ahd. *dorf* 'Hof, Gehöft, Landgut, Dorf', mhd. *dorf* 'Dorf'. Als Bw. erscheint verm. der häufige PN *Geilo*. Im Spätmittelalter wird der ON volksetymologisch an das Adjektiv mhd. *geil* 'üppig' im Sinne von „fruchtbar" angeschlossen. **V.** FP; Kaufmann 1968; LBW 4. *JR*

Gaimersheim I. Markt im Lkr. Eichstätt, 11 114 Ew., Reg.-Bez. Oberbayern, BY. Im 13. Jh. Entwicklung des Marktes. **II.** 1037 (Kop. von 1281) *Gaeimershaim*, 1087 (Kop. von 1281) *Geimersheim*, 1186/87 *Gaimershaim*, ca. 1280 *Gaimersheim*. **III.** Als Grundwort ist ahd. ↗*-heim*, *haim zu erschließen, das wohl eine neutrale KF zu *heima* 'Wohnung, Behausung, Heimstatt, Aufenthaltsort' ist, als Bestimmungswort dient der PN *Gewimār. **V.** HHS 7/1; Reitzenstein 2006. *WvR*

Gammertingen I. Stadt und gleichnamiger GVV im Lkr. Sigmaringen, 12 695 Ew., zusammen mit Hettingen, Neufra und Veringenstadt sowie den Ortsteilen Bronnen, Feldhausen, Harthausen, Kettenacker und Mariaberg, ca. 18 km n Sigmaringen und etwa 32 km s Reutlingen auf der Schwäbischen Alb rechts der Lauchert gelegen, Reg.-Bez. Tübingen, BW. Wahrscheinlich noch voralemannische Siedlung, seit 7. Jh. im Besitz der Grafen von Achalm, danach bis zum Ende des 12. Jh. Sitz der Grafen von Gammertingen und 1447 durch Kauf an Württemberg. Handwerks- und Dienstleistungsgewerbe, Gammertinger Prunkhelm, Speth'sches Schloss, Kirche St. Leodegar, Ruine Baldenstein. **II.** 1082 *Gamertinga [Or]*, 1101 *Gamertingen [Or]*, 1116 *Gamirtingin [Or]*. **III.** Es handelt sich um eine ↗*-ing(en)*-Ableitung zu dem ahd. PN *Gamert/Gamard*; der Name bedeutet 'bei den Leuten des Gamert/Gamard'. **V.** Haubrichs 2004; FO 1; FP; LBW 7. *JR*

Ganderkesee I. Gem. im Lkr. Oldenburg, 30753 Ew., Reg.-Bez. Weser-Ems (bis Ende 2004), NI. In dem bereits in der Vita Willehadi erwähnten Ort gründete Ebf. Adalbert von Bremen um 1050 eine Sendkirche, die zur Mutterkirche im n Laragau wurde; Ganderkesee war im MA ein wichtiger Marktort; von 1814–1858 Sitz eines oldenburgischen Amtes. **II.** 860 *Gandrikesarde* [Kop. 11./12. Jh.], um 1250 *Ganderikeserdhe*, 1308 *Ganderkeserde*; *Ganderkesee* (1512). **III.** Der ON enthält als Gw. das in asä. *ard*, ae. *eard*, ahd. *art* bezeugte App., das neben 'Acker(bau)' auch 'Ertrag' und vor allem 'Wohnplatz' bedeutet. Bw. ist der stark flektierende PN *Gand(a)rik*. Durch Abschwächung der Nebentonsilben zu *-e-*, Verkürzung bzw. Schwund des Gw. bis auf *-e-* und Ausfall des zwischen *-r-* und *-k-* stehenden Vokals entsteht die heutige Form, die in der Schreibung an hd. *See* angeglichen wird. Deutung als: 'Siedlung des Gand(a)rik'.**V.** HHS 2. *KC*

Gandersheim, Bad I. Stadt im Lkr. Northeim, 10 572 Ew., im Gandetal, Reg.-Bez. Braunschweig (bis Ende 2004), NI. 852 Gründung des Reichsstiftes (bis 881 Sitz in Brunshausen) durch den sächs. Herzog Liudolf an der Kreuzung zweier Fernstraßen, enge Verbindung mit dem Kaiserhaus bis zum 12. Jh., Kaufmannssiedlung, 990 Münz-, Markt- und Zollrecht, 13. Jh. Stadtrecht, um 1300 Bau einer welfischen Burg, 1571 Gründung des „Paedagogium Illustre" (ab 1574 in Helmstedt), 1878 Errichtung des ersten Solbades, seitdem Kurort, seit 1932 Zusatz *Bad*, 1944 Errichtung des Konzentrationslager Bad Gandersheim in Brunshausen als Außenlager von Buchenwald. **II.** Zu 852 *Gandesheim* (Kop. 15. Jh.), 956 *Ganderesheim* [*Or*]. **III.** Der ON bezeichnete urspr. Altgandersheim, 780–802 *Gandesheim* (Kop. 12. Jh.); nach Gründung des Reichsstifts wurde er auf das heutige Gandersheim übertragen. Bildung mit dem Gw. ↗*-heim*. Das Bw. bildete zunächst der GwN *Gande*, ungewöhnlich in stark flektierter Form, im 10. Jh. trat dafür wahrscheinlich ein sonst nicht bezeugter RaumN *Gandara ein. Der GwN lässt sich auf idg. *g^uhen- 'schwellen, strotzen; Fülle' bzw. dessen Ablautform mit Dentalerweiterung *g^uhon-dh-, germ. **gand-* zurückführen und als 'Schwellfluss' erklären. **V.** Nds. Städtebuch; KD Gandersheim; NOB V. *FM*

Gangelt I. Kreisangehörige Gem. im Kr. Heinsberg, 11 711 Ew., in der Region Selfkant an der Landesgrenze zu den Niederlanden, Reg.-Bez. Köln, NRW. Erste Erwähnung 828 als Königsgut. Wird im 14. Jh. als Stadt (oppidum) genannt. Mittelständisches Gewerbe. Wildpark, Feuerwehrmuseum. **II.** 828 *Gangludem* [Kop.10. Jh.], 1144 *Ganchelt*, 1274 *Gangholt*; *Gangelt* (1296). **III.** Der Erstnachweis erlaubt die Erschließungsform *Gangilodunum. Das Gw. *-dunum* ist keltischen Ursprungs; Bedeutung 'Burg'. In ON wird *-dunum* oftmals näher bestimmt durch einen PN zur Benennung des Begründers oder Besitzers der Burg; hier ist es die Nebenform *Cancilius des lat. PN *Cantilius*. *Canciliodunum wird nach rom. beeinflusster Sonorisierung zu *Gangilodunum und nach einem wohl gestaffelt erfolgten Schwund der tonlosen Mittelvokale zunächst zu *Gangld, aus dem nach Auflösung der Dreierkonsonanz durch Vokalentfaltung und Auslautverhärtung *Gangelt* entsteht. Die Ausbildung des palatalen Nasalkonsonanten zu *-ch-* (*Ganchelt*) zeigt nl. Einfluss und führte in der Volkssprache zeitweise zu dem falschen Schluss, dass hier das Gw. *-helt* (< *-holt*, *-holz*) vorliege. **IV.** Ähnlich mit dem Gw. *-dunum* Kastellaun, Rhein-Hunsrück-Kreis; Daun, Lkr. Vulkaneifel, beide RP. **V.** Gotzen. *Br*

Gänserndorf I. Bezirkshauptstadt, 9 902 Ew., 30 km nö WI im n Marchfeld, NÖ, A. Hallstattzeitliche (h. zerstörte) Hausberg- und Grabhügelanlage. Breitangerdorf mit befestigter Kirche; grundlegende Strukturveränderung der urspr. bäuerlichen Siedlung (Ackerbau, Bienen- und Viehzucht) durch Bahnbau (19. Jh.) und Errichtung der Bezirkshauptmannschaft (1901), h. schulisches und verwaltungspolitisches Zentrum des Bezirkes, seit 1959 Erdöl- und Erdgasförderung; Stadtrecht 1959. **II.** 1115 *Genstribendorf [Or]*, 1325 *Alten Gensterdorff*. **III.** Gw.: ↗ *-dorf*, das Bw. ist der schwach flektierte Gen. des ahd. PN *Genstribo*, wodurch der ON 'Dorf des Genstribo' bedeutet (das diesem PN etymologisch zugrundeliegende erschließbare App. ahd. **genstribo* mit der Bed. 'Gänsehirte' kommt prinzipiell als Gw. auch in Frage, es erinnerte wohl an ein bemerkenswertes Ereignis mit einem Gänsehirten in diesem Dorf, da jedoch die gefügten Namen auf -dorf in der Regel mit einem PN gebildet sind, ist wohl eher der ersten Deutung der Vorzug zu geben). Durch mda. Abschwächung wurde der Name über **genstrabm-* zu ['gensten-]/['gensen-] verändert. Der Zusatz von 1325 diente zur Unterscheidung von Obergänserndorf, NÖ. **V.** ÖStB 4/1; Schuster 2. *ES*

Garbsen **I.** Stadt in der Region Hannover, 62000 Ew., w von Hannover am Mittellandkanal, Reg.-Bez. Hannover (bis Ende 2004), NI. 1968 Stadtrecht, 1974 Eingemeindung von 10 Orten; zunächst Lkr. Neustadt am Rübenberge, bis 2001 im Kreis Hannover; im urspr. agrarisch geprägten Garbsen bedeutende Ziegelindustrie, später Gummiwerke und chemische Industrie. **II.** 1220–30 *Germersen [Or]*, 1245 *Gerbernescen*, 1493 *Garbarsen*; *Garbsen* (1791). **III.** Bildung mit dem Gw. ↗ *-hausen* und dem stark flektierenden PN *Gerbern* als Bw. Der Erstbeleg ist als Verschreibung oder Assimilation zu betrachten. Das Gw. erscheint nur in abgeschwächter verkürzter Form. Die *-e-* des PN werden vor *-r-*Verbindung zu *-a-* gesenkt, das *-n-* fällt zwischen Konsonanten aus. Später wird das zweite *-ar-* (gesprochen *-a-*) nebentonig gekürzt. Deutung also: 'Siedlung des Gerbern'. **V.** Kaemling, W.: Stadt Garbsen. Garbsen 1978; NOB I. *UO*

Garching a. d. Alz **I.** Gem. im Lkr. Altötting, 8553 Ew., Reg.-Bez. Oberbayern, BY. **II.** Ca. 790 (Kop. des 12. Jh. zu vor 788) *Gorichhingen*, 1218 *Gevrichingen*, 1219 *Gavrichinge,* 1283 *Geuriching*, 1285 *Gauraeching*, 1370 *Gaeriching*, 1437 *Garching*, 1589 *Gärching ... ad Altzam*, 1831 *Garching, Gärching ... Es wird in Mitter-, Ober- und Untergarching eingetheilt*, 1880 *Garching a./d. Alz*. **III.** Es ist der PN **Gowirich* zu erschließen, der durch das Zugehörigkeitssuffix ↗ *-ing* abgeleitet ist. Wegen der Namensgleichheit mit der Stadt ↗ Garching b. München, Lkr. München, BY, wurde der Flussname Alz als Lokalisierung beigefügt. **V.** Reitzenstein 2006. *WvR*

Garching b. München **I.** Stadt im Lkr. München, 15224 Ew., Reg.-Bez. Oberbayern, BY. Schergenamt des Landgerichts Kranzberg, 1958 erster Atomreaktor der Bundesrepublik, Zweigstandort der Technischen Universität München. **II.** 1020–1035 (Kop. des 12. Jh. zum 10. Jh.) *Gouvirihhinga*, 1034–1041 *Gouviriha*, 1113–1121 *Gourichingin*, 1158–1162 *Gourichingen*, vor 1214 (Kop. des 13. Jh.) *Gavrechingen*, 1260 *Gauriching*, ca. 1300 *Garchingen*, 1315 *Gerching*, 1384 *Gårching*, 1494 *Garching*, 1964 *Garching b. München*. **III.** Es ist ein PN **Gowirich* anzusetzen, der durch das Zugehörigkeitssuffix ↗ *-ing* abgeleitet ist. **IV.** ↗ Garching a. d. Alz, Lkr. Altötting, BY. **V.** HHS 7/1; Reitzenstein 2006. *WvR*

Gardelegen **I.** Stadt und VG im Altmarkkreis Salzwedel, 12710 Ew., in der sw Altmark, am Nordrand der Colbitz-Letzlinger Heide, ST. Frühmittelalterliches Dorf mit Burg des 10. Jh., 1160/80 zur Stadt erweitert, Mitglied der Hanse seit 1358, Kreisstadt von 1816–1994. Tourismus und Naherholung sind die wichtigsten Wirtschaftsfaktoren. Seit 2008 Zusatz Hansestadt. **II.** 1050–70 *Gardeleue*, 1121 *Gardeleve*, 1197 *Gardelege*, 1287 *de Gardelegin*. **III.** Der ON ist urspr. mit dem Gw. ↗ *-leben* gebildet, das sekundär als *-lege* (zu asä. *lāga* 'Lage') umgedeutet wurde. Bedingt war dieser Wechsel durch die ähnliche Aussprache des in *-leve* vorliegenden spirantischen *-v-* und des in intervokalischer Stellung ebenfalls spirantisch gesprochenen *-g-*. Im Bw. ist ein asä. PN **Gardo* (zu asä. *gardo* 'Garten') o. ä. enthalten, demnach 'Hinterlassenschaft des Gardo'. **V.** Riedel; SNB; Udolph 1994. *GW*

Garmisch-Partenkirchen **I.** Markt im Lkr. Garmisch-Partenkirchen, 25995 Ew., Sitz der Kreisverwaltung, Reg.-Bez. Oberbayern, BY. Röm. Straßenstation, im 13. Jh. Kauf durch den Freisinger Bischof, seit dem 14. Jh. Marktrecht, 1936 Austragungsort der Olympischen Winterspiele. **II.** Garmisch: 802 (Kop. von 824) *in Germareskauue*, 907–937 (Kop. des 10. Jh.) *ad Germarescouue*, 1065–1075 *Germarisgowi*, 1071 *Germaresgouue*, 1170–1175 *Germarscou*, 1259 *Germarsgo*, 1295 *Germisgo*, 1305 *Germansgawe*, 1315 *Germansgaew*, 1335 *Germaeschae*, 1409 *Garmaschaw*, 1457 *Germaschgaw*, 1515 *Garmisch*, 1528 *Germischen*, 1536 *Garmisch*. Partenkirchen: 1156/57 (Kop. von 1521) *Barthinchirche*, ca. 1180 *Partinchirchen*, 1204 *Barthenchirchen*, 1237 *Partenchirchen*, 1406 *Partenkirchen*. **III.** Weil ahd. **kouwa* 'Hütte' nur erschlossen ist, kommt als Gw. für *Germareskauue* allein ahd. *geuui, gouuui, gouue* 'Gau, Land' im Sinn von 'Kleinlandschaft' infrage; Bw. ist der Personenname *Germar*. Im Bereich des heutigen Ortes Partenkirchen ist eine röm. Straßenstation bzw. ein Wirtshaus zu lokalisieren, das nach einer Quelle des 3. Jh. (Handschriften des 7./8. Jh.) den Namen *Part(h)ano* trug. Dem urspr. Wirtshausnamen liegt wohl die röm. Personenbezeichnung *Parthus* bzw. der PN *Partus* zugrunde, der durch das lat. Suffix *-ānum* abgeleitet ist. Im MA wurde als Grundwort mhd. *kirche, kiriche* 'Kirche, Kirchengebäude', ↗*-kirchen*, hinzugefügt. Es besteht aber auch die Möglichkeit, dass nach der röm. Straßenstation erst der Bach namens Partnach, der 1476 als *Partnachen*, 1536 als *Parthne* und *Parthnach* bezeugt ist, benannt wurde und dann der SiN **Partnachkirche* erschlossen werden muss. **V.** HHS 7/1; Reitzenstein 2006. *WvR*

Garrel **I.** Gem. im Lkr. Cloppenburg, 13 015 Ew., n von Cloppenburg, Reg.-Bez. Weser-Ems (bis Ende 2004), NI. 1400 zum Niederstift Münster, 1 Meierhof im Besitz des Klosters Corvey, 1 Hof oldenburgisches Lehen, 1582 in Besitz der Familie von Kobrinck. **II.** 1408 *Gardele*, 1462 *by den Gherdeler kerkwege [Or]*, 1613 *Garrel [Or]*. **III.** Der junge Erstbeleg lässt nicht mehr erkennen, ob die Endung *-le* auf das Gw. ↗*loh(e)* oder auf das Suffix *-l-* als Element einer Stellenbez. zurückgeht, der mehrfach überlieferte Umlaut lässt allerdings auf eine Gf. **Gardila* schließen, zu asä. *gard(o)*, afries. *gard(a)* 'Hecke, Zaun, eingefriedetes Landstück'. Das präsuffixale *-i-* bewirkte Umlaut von *-a-*, es setzte sich aber die Entwicklung von mnd. *-er-* vor Konsonant zu *-ar-* durch. **V.** BuK Oldenburg III; Garrel in vergangenen Zeiten. Garrel 1997. *FM*

Gärtringen-Ehningen **I.** GVV der beiden namengebenden Gem. im Lkr. Böblingen, 20 042 Ew., ca. 10 km sw Böblingen und etwa 22 km nw Tübingen im Korngäu gelegen und teilweise von der oberen Würm durchflossen, Reg.-Bez. Stuttgart, BW. Gärtringen wurde 1379 von den Pfalzgrafen von Tübingen zum Teil an die Truchsesse von Höfingen verkauft, der andere Teil ging an Württemberg. Ortsadel vom 12. Jh. bis 1559 bezeugt. Ehningen: Alem. Siedlung, seit dem 13. Jh. unter der Herrschaft von Tübingen und 1357 an Württemberg. Bachlehrpfad, Haus am Pfarrgarten, Schlossstraße, Kirche in Mauren. **II.** Gärtringen: 1155 (Kop. 1521) *Gertringen*, 1271 *Gertringen [Or]*; *Gärtringen* (1334). Ehningen: Um 1130 (Kop. 12. Jh.) 1185 *Ondingen*, 1185 *Ondingin [Or]*, 1270 *Ondingen [Or]*, 1284 *Oendingen [Or]*, 1304 *Endingen [Or]*, 1327 *Oendingen [Or]*, 1495 *Eningen [Or]*; *Ehningen* (1680). **III.** Es handelt sich in beiden Fällen um eine ↗*-ing(en)*-Ableitung zu PN. Gärtringen: Abl. zu dem PN **Gartheri/Kartheri* mit Umlaut von *a* zu *e*; der Name bedeutet 'bei den Leuten des Gartheri'. Ehningen: Abl. zu dem PN **Onto/Ondo*; der Name bedeutet 'bei den Leuten des Ōnto/Ōndo'. Er entwickelt sich durch Umlaut von *o* zu *ö*, Endrundung des *ö* vor Nasal zu *e* und Einschub von *h* als Längezeichen zu *Ehningen*. **V.** Reichardt 2001; LBW 3. *JR*

Gartz (Oder) **I.** Stadt und gleichnamiges Amt, Lkr. Uckermark, 7 098 Ew., am linken Ufer der Oder, BB. Zum 1993 gebildeten Amt gehören die Stadt Gartz sowie vier Gem. Das Amt grenzt im N an MV und im O an Polen, im Nationalpark Unteres Odertal. In Gartz slaw. Burg mit Burgort, 1249 Stadtrecht, gehörte bis 1648 vorwiegend zu Pommern, 1679–1721 zu Schweden, seit 1721 zu Brandenburg-Preußen/Vorpommern. 1990 wurde Gartz dem Land BB angeschlossen. Stadtbefestigung aus der 2. Hälfte des 13. Jh. erhalten. Stadtkirche St. Stephan infolge der starken Kämpfe 1945 zerstört, teilweise mit Veränderungen wiederaufgebaut. **II.** 1236 *Retimarus de Gardiz*, 1320 *Garditz*, 1338 *Gartz*. **III.** Gf. apolb. **Gardec*, eine einfache Namenbildung von apolb. **gardec* 'Burg, Befestigungsanlage'. Seit Anf. 14. Jh. erscheint die verkürzte Namenform. Zum Zusatz Oder ↗Frankfurt (Oder). **IV.** Ähnlich Gaarz, Garz, beide Lkr. Prignitz; Gorz, Lkr. Potsdam-Mittelmark, alle BB; Garz, Lkr. Ostvorpommern und Lkr. Rügen, beide MV. **V.** PUB I; StB. *SW*

Gau-Algesheim **I.** Stadt und gleichnamige VG (seit 1972) im Lkr. Mainz-Bingen, 16 009 Ew., s des Rheins im rheinhessischen Hügelland, RP. Mit acht Gem. mit Weinbau- sowie Fremdenverkehrstradition, von denen Bubenheim eines der ältesten freien Reichsdörfer in RP ist. Im MA wechselnde Herrschaften, u.a. Sitz eines Amtes der Mainzer Ebf. 1332 und 1355 Stadtrechte. Prägend für die VG ist neben dem Wein- auch der Obstbau. **II.** 766 *Alagastesheim*, 1034 *Alginsheim*, 1109 *Algensheim im gaw*; *Gauwealgesheim* (1409). **III.** Das Bw. enthält den ahd. PN *Alagast*, Gen. Sg. *Alagastes-*, wobei die unbetonten Silben ausfallen und die Konsonantenhäufung *-sts-* vereinfacht wird. Seit dem 11. Jh. taucht als ON-bildender PN auch die KF *Al(a)gin-*, Gen. Sg. *Al(a)gines-*, auf. Das Gw. ist ↗*-heim*. Dieser ON bedeutet demnach 'Wohnstätte des Alagast/Algin'. Der Zusatz *Gau-*, der sich auf den sog. „Alzeyer Gau" bezieht, bedeutet 'offenes, flachwelliges, waldfreies, bebautes Land' und unterscheidet den Ort vom nahegelegenen Wald-Algesheim. *Algesheim* war noch bis ins 18. Jh. im Gebrauch, seit 1818 ist *Gau-Algesheim* amtlich. **IV.** Wald-Algesheim, Lkr. Mainz-Bingen, RP. **V.** CL; FP; Kaufmann 1976. *JMB*

Gäufelden **I.** Gem. im Lkr. Böblingen, 9 396 Ew., bildet zusammen mit ↗Jettingen den GVV Oberes Gäu, 26 547 Ew., ca. 20 km ssw Böblingen und etwa 17 km nw Tübingen im Oberen Gäu gelegen, Reg.-Bez. Stuttgart, BW. Gäufelden entstand 1971 durch den Zusammenschluss der ehemals selbstständigen Gemeinden Nebringen, Öschelbronn und Tailfingen. Der merowingerzeitliche Ort Nebringen ging 1382 von den Pfalzgrafen von Tübingen an Württemberg.

Öschelbronn entstand erst 1824 durch die Vereinigung der Weiler Ober- und Unteröschelbronn und ging 1612 an Württemberg. Tailfingen war zunächst im Besitz des Klosters Hirsau und ging 1418/57 an Württemberg. Gewerbeansiedlung, Skulpturengarten. **II.** *Gäufelden* (1971). **III.** Es handelt sich um einen neuen Gemeindenamen mit dem Gw. ↗-*feld* nach der Lage im Gäu auf waldarmem, ebenem Gelände. Das Bw. ist anzuschließen an ahd. *gewi, gouwi,* mhd. *göu, geu* 'Gegend, Landschaft, Gau'. **IV.** ↗Heckengäu, Enzkreis, BW. **V.** Reichardt 2001; LBW 3. *JR*

Gauting **I.** Gem. im Lkr. Starnberg, 19 741 Ew., Reg.-Bez. Oberbayern, BY. Kelt. Viereckschanze, röm. Flussübergang, herzogliche Burg. **II.** Ca. 1080 *Gutingon*, 11. Jh. (zum 8. Jh.) *Goutinga*, 1141 *Gutingen*, 12. Jh. (zum 8. Jh.) *Goutingen*, 1296 *Gavtingen*, 1315 *Gauting*. **III.** Es liegt ein PN *Gūdo, Cūto* zugrunde, der durch das Zugehörigkeitssuffix ↗-*ing* abgeleitet ist. **V.** HHS 7/1; Reitzenstein 2006. *WvR*

Gdingen / Gotenhafen // Gdynia [ˈɡdʲiɲa] **I.** Kreisstadt, seit 1999 in der Woi. Pomorskie (Pommern), bildet mit Zoppot und Danzig den Ballungsraum „Trójmiasto" (Dreistadt), 249 257 Ew., PL. An der Danziger Bucht. Urspr. Fischerdorf, bis 1309 zu Pomerellen, bis 1466 zum Deutschen Orden, danach bis 1772 zu Polen, anschließend bis 1920 an Preußen. Eine der jüngsten polnischen Städte (1926 Stadtrecht), 1975–1998 in der Woi. Gdańsk (Danzig), Seehafen, Lebensmittelindustrie, Tourismus; Akademie der Kriegsmarine (seit 1946), See-Akademie (1930, aus Dirschau verlegt). **II.** 1253 *Gdinam*, 1362 *Gdinno*, 1365 *Gdynyno*, 1400 *Gedingen*, 1921 *Gdynia*; d. *Gdingen*. **III.** Der ON wurde aus dem Wortstamm *gъd-* 'Nässe, Sumpfboden', verm. auch 'Gebüsch im Sumpfboden' mit dem Suffix -*ynia* gebildet. Die d. Variante *Gdingen* entstand durch die Substitution *i* für *y* (entsprechend der Aussprache der poln. Variante). Das Suffix -*en* wurde durch die Angleichung an die häufigen d. ON auf -*en* zugegeben. Der ON *Gotenhafen* war 1939–1945 amtlich gültig und bedeutete 'Hafen der Goten'. **IV.** ↗Gdańsk, Woi. Pomorskie (Pommern), PL. **V.** Rymut NMP; Rym-Nmiast. *IM*

Gdynia ↗ **Gdingen / Gotenhafen**

Gebhardshain **I.** Gem. und gleichnamige VG (seit 1970) im Lkr. Altenkirchen (Westerwald), 11 112 Ew., mit zwölf Gem. im Erzbergland des nö Westerwaldes, RP. Seit der Frühzeit Eisenförderung. Die früheste Erwähnung eines Ortes der VG ist † Weiselstein von 1048 (Siegener Urkundenbuch. Bd. I. Hg. von F. Philippi. Siegen 1887). Der Ort wurde verm. im Herrschaftsbereich Freusburg als Sitz eines Adelsgeschlechts gegr., das zunächst Lehensträger der Grafen von Sayn, danach des Kf. von Trier war. Die Gem. der heutigen VG waren schon früher in einem Ksp. bzw. in der seit 1815 preuß. Bürgermeisterei Gebhardshain vereinigt. **II.** 1218–1221 *Gevarshain, Gevardshagen* (HN), 1220 *Gevertzhagen*, 1227 *Gevartshane* (HN), 1243 *Gewartshain, Gewertshain*. **III.** Der ON wurde aus dem Gw. ↗-*hain* und dem ahd. PN *Geb(ah)ard, Gev(eh)ard*, Gen. Sg. *Gebard-, Gevards-*, gebildet. Bereits 888 wurde der Konradiner Gebhard erwähnt (Thietmar). Mit dem Namen wurde demnach ein 'Besitz des Gebhard' gekennzeichnet. **V.** REB III, 1; FP; Schaus; Gysseling 1960/61. *JMB*

Gebweiler // Guebwiller mda. [ˈɡaːvilər], franz. [gɛbviˈlɛʁ] **I.** Hauptort im gleichnamigen Bezirk, 11 609 Ew., Sitz der Bezirksverwaltung, Département Haut-Rhin, Region Elsass, F. Besitz der Abtei Murbach seit dem Frühmittelalter bis zur französischen Revolution, seit 1648 zu Frankreich, 1871–1918 zu Deutschland, Industrieort. **II.** 774 *Gebunuuilare*. **III.** Spätmerowingische Bildung auf -*villare* (↗-*weil* / -*wil*, ↗-*weiler*). PN *Gebo* als Bw., also 'Hofsiedlung des Gebo und seiner Sippe'. **V.** FO I. *WM*

Gedern **I.** Stadt im Wetteraukreis, 7639 Ew., an einem ssw Ausläufer des Vogelsbergs, Reg.-Bez. Darmstadt, HE. Ein zuerst 780 und wenig später noch mehrfach bezeugtes *Gawirada* usw., in dem Besitz (darunter schon eine Eigenkirche) an die Klöster Lorsch und Fulda tradiert wird, wird h. allgemein (aus hist. und sprachlichen Gründen) auf Gedern bezogen (s. schon CL); dieses und sein Name dürften daher in die Zeit der fränk. Landnahme seit dem 6. Jh zurückgehen. Im Hochma. im Besitz der Herren von Büdingen oder von deren Seitenlinie von Ortenberg (Bau der Burg), danach wechselnde Herren; 1356 Stadtrecht, aber ohne Bed., 1806 an Hessen-Darmstadt, 1864 Stadtrecht. **II.** 780 *Gauuirada*, 797 *Geuuirada, Gauuirida*, 9. Jh. *Geuuiraden* (alle Kop. Ende des 12. Jh.); 9. Jh. (?) *Gêwerede* (Kop. um 1160), 1351 *Gaurdern*, 1357 *Gaudern [beide Or]*, 1517 *Geudern* (Kop. 16. Jh). **III.** Zugrunde liegt wohl ein zweigliedriger PN (germ. **gawja-* 'Siedlung am Wasser, Gau' und -*rīd* 'der Reitende' oder -*rād* 'Ratgeber'). Die Belege auf -*a* und -*e* sind wohl, da ihnen im Kontext meist *villa* vorausgeht, als Gen. Pl. (auf -*a!*, abgeschwächt zu -*ə*) des PN ('der Hof der Leute des Gawirid'), ggf. (ohne *villa*) als elliptischer Gen. Pl., oder als latinisierende Angleichung an *villa* anzusehen, wohl kaum (wie Kaufmann erwägt) als Gen. Sg. eines fem. PN (-*rīda* / -*rāda*). In den -(*e*)*n*-Belegen liegt wohl schon ein Insassenname im Dat. Pl. – 'bei den Gawirid-Leuten' – vor, kaum ein sw. flektierter Gen. Sg. Nicht umgelautete Formen (*Ga-, Gau-*) stehen neben umgelauteten (*Ge-, Geu-*); später wird *-aw-* > frnhd. *-au-* bzw. *-ew-* > *-eu-* und es kommt zu Abschwächung und Schwund der unbetonten Mittelsilbenvokale und zur Metathese *r-d > d-r* (mit Übergangsstufe *rd-r*); das *-e-* im h. ON ist mda. bedingt: in vielen zentralhess., auch Vogelsberger Mda. wurde der frnhd. Umlaut *-eu-* zu /e:/. **V.** CL; CE; Reimer 1891; Müller, Chr.; Kaufmann 1961 und 1968. *HGS*

Geeste **I.** Gem. im Lkr. Emsland, 11 337 Ew., 10 km s Meppen, NI. Besiedlung seit der Steinzeit nachweisbar. **II.** 890 *Gezci*, 9./10. Jh. *Gezei*, um 1000 *Gezzi*, 1350–1361 *in Gheste*. **III.** Obwohl erst im 14. Jh. Formen mit auslautendem *-t* schriftlich nachweisbar sind, gehört der ON wohl zu asä. *gēst*, fries. *gast* 'hohes trockenes Land; wenig fruchtbarer Boden' im Gegensatz zum Marschland, vgl. mnd. *gäste, gäst, güste, güst* 'unfruchtbar (vom Boden)', nd. *güst, güust* 'brach, ohne Ertrag'. Der ON bezieht sich demnach auf die erhöhte Lage und den trockenen Boden im Bereich der Siedlung. **IV.** Geestendorf, OT von Bremerhaven, HB; Geestenseth, Lkr. Cuxhaven, NI. **V.** Abels; Casemir/Ohainski; Möller 1998. *MM*

Geesthacht nd. *Geest'hacht* **I.** Amtsfreie Stadt im Kr. Herzogtum Lauenburg, 29 258 Ew., größte Stadt im Kreis, an der Elbe, sö von Hamburg, SH. 1216 erstmals urk. erwähnt, nach Frieden von Perleberg 1420 Geesthacht an die Hansestädte Hamburg und Lübeck, 1865/66 Gründung der ersten Dynamitfabrik Europas durch Alfred Nobel in Geesthacht-Krümmel, 1924 Stadtrecht, seit 1937 zum Herzogtum Lauenburg. Größter Nuklear- und Energiestandort Norddeutschlands, Forschungszentrum Geesthacht seit 1956. **II.** Ca. 1216 *in Hachede [Or]*, 1230 *in uilla Hagede*; *Geesthachede* (1401). **III.** Zusammengesetzt ist der ON aus dem sylternordfriesischen *gest* 'trocken' als Bez. der unfruchtbaren und weniger fruchtbaren Altmoränen und Sandergebiete und dem mnd. *hage(n)* 'Hecke, Knick, lebender Zaun, Grenzhecke'. Bei dem Suffix *-ede* in *Geesthachede* ist der Auslaut *-e* abgefallen, wodurch das vorhergehende /d/ im Auslaut als *-t* erscheint und der Guttural davor als /ch/, womit sich der Wandel zu *Geesthacht* erklären lässt. Ihm lässt sich also die Bed. der 'Siedlung im eingefriedeten/eingezäunten Land auf trockenem Boden' zuweisen. **V.** Laur; Haefs. *GMM*

Gehrden **I.** Stadt in der Region Hannover, 14 611 Ew., Reg.-Bez. Hannover (bis Ende 2004), NI. Mittelpunkt des Marstemgaues, 1298 Fleckenrecht von Gf. Adolf IV. von Schaumburg, im 14. Jh. welfisch, 1929 Stadtrecht, 1971 Eingemeindung von 7 Orten, bis 2001 Kreis Hannover; 1856–1930 Zuckerfabrik, ab 1872 Ziegelei, h. Teppichwerk. **II.** 1222–27 *Gerdene [Or]*, 1409 *Gerden*; *Gehrden* (1728). **III.** Ableitung mit *-n*-Suffix von der Basis asä. *gard*, mnd. *gärt, gärde* 'eingefriedete Flur, Heimstätte'. Der präsuffixale Vokal *-i-* bewirkte Umlaut des *-a-* der Basis. Der auslautende Vokal schwand im 15. Jh. **V.** HHS 2; Nds. Städtebuch; NOB I. *UO*

Geilenkirchen **I.** Kreisangehörige Stadt im Kr. Heinsberg, 28 110 Ew., am Südrand der Region Selfkant an der Wurm, Reg.-Bez. Köln, NRW. Erste Erwähnung 1170. Wasserburg der Grafen von Heinsberg. Seit 1484 Stadt. Bis 1971 Kreisstadt des ehemaligen Selfkantkreises Geilenkirchen-Heinsberg. **II.** 1170 *Gelenkirchen [Kop. 16. Jh.]*, 1225 *Geylenkirken*; *Geilenkirchen* (1270). **III.** Die ursprüngliche nd. Form *Gelekerke* ist noch in der modernen Mundart erhalten. Das Bw. des ON enthält den ahd. PN *Geilo* (*Gelo*) in flektierter Form (Gen.), *Geilen-, Gelen-*. Das Gw. ↗*-kirchen* (*-kirken*) zeigt ebenfalls eine flektierte Form (Dat.), 'bei den Kirchen' und steht für ein altes oder bedeutendes Kirchengebäude am Ort. Es wird vermutet, dass der PN im Bw. den urspr. Gründer oder Stifter der Kirche angibt. **IV.** Geilenbach, OT von Burscheid, Rheinisch-Bergischer Kr.; Geilenhausen, OT von Waldbröl, Oberbergischer Kr., beide NRW. **V.** Gotzen; Kaufmann 1973. *Br*

Geisa **I.** Stadt und Erfüllende Gem. für Buttlar, Schleid und Gerstengrund, im Wartburgkreis, 7 298 Ew., an der Ulster im Norden der Rhön, TH. Zur Stadt Geisa gehören die OT Apfelbach, Borsch, Bremen, Geismar, Ketten, Otzbach/Geblar, Reinhards, Spahl, Walkes, Wiesenfeld. 814/817 an Kloster Fulda, 1265 Befestigung zum Marktflecken, seit 1330 als Stadt bezeugt (Stat), 1815 an Ghztm. Sachsen-Weimar, 1994 Zusammenschluss der Orte Borsch, Bremen, Geisa, Otzbach zur Einheitsgemeinde Geisa, seit Anf. 20. Jh. Kaliindustrie, Standort des „Point Alpha" (Mahn- und Gedenkstätte an der ehemaligen innerdeutschen Grenze), Teil des Biosphärenreservats Rhön. **II.** 744 *villa Geisaha*, 814 *Geisaha*, 1116 *Geysaha*, *Geisa* (13. Jh.) **III.** Germ. **gais-* 'angetrieben, lebhaft, bewegt, wild', anord. *geisa* 'wüten' und Suffix eines GwN *-aha* (↗*-ach¹*), verkürzt zu *-a*, 'fließendes Wasser, Bach', also der Ort 'am Wildbach'. **IV.** Ähnlich u.a. Geising, Lkr. Sächsische Schweiz-Osterzgebirge, SN; Geismar, Lkr. Eichsfeld, TH. **V.** Eichler/Walther; Haefs, H.: Ortsnamen und Ortsgeschichten aus der Rhön und dem Fuldaer Land. Hünfeld 2001. *GR*

Geisenfeld **I.** Stadt und gleichnamige VG im Lkr. Pfaffenhofen a. d. Ilm, 11 394 Ew., Reg.-Bez. Oberbayern, BY. Im 11. Jh. Stiftung eines Benediktinerinnenklosters, im 13. Jh. Marktrecht. **II.** 1037 (Kop. von 1281) *Gysenuelt*, 1039–1045 (Kop. von 1281) *Gisenuelt*, 1090–1095 *Gisenueld*, 1147 *Gisilnuelt*, 1147–1156 *Gi-*

senvelt, 1186–1190 Gisiluelt, 1231–1234 Gisenvelt, 1276 Geisenvelt, 1492 Geisenfeld. **III.** Grundwort ist ahd. ↗ -feld, -ueld, -uelt 'ebenes, offenes, anbaufähiges Land, Feld, Weideland, Weide', Bestimmungswort der PN Giso. **V.** HHS 7/1; Reitzenstein 2006. *WvR*

Geisenheim **I.** Stadt im Rheingau-Taunus-Kreis, 11 581 Ew., auf einem Schwemmkegel am rechten Rheinufer, Reg.-Bez. Darmstadt, HE. Umschlagplatz der frühen Rheinschifffahrt, 1144 Marktort, Stadtrecht 1864. Kath. Pfarrkirche („Rheingauer Dom"), repräsentative Adelshöfe, Weinbauort Johannisberg, Wallfahrtsort Marienthal (mit Wallfahrtskirche des Klosters), Schloss Johannisberg (Anfang 18. Jh.), ehem. Klosterkirche (Anfang des 12. Jh.; nach Kriegszerstörungen unter Einbeziehung erhaltener Teile 1950–52 neu errichtet). Außenstelle der Fachhochschule Wiesbaden und Forschungsanstalt für Wein- und Gartenbau, Getränketechnologie und Landschaftspflege. Weinbau, Maschinenbau, Herstellung optischer Komponenten, Medizintechnik. **II.** 772 Gisenheim, 788 Gysenheim, 788 Gisanheim, 838 Gisinheim, 1290 zu Geysenheim, 1350 Gysinheym, 1484 Geisenheym. **III.** Komp. mit dem Gw. ↗ -heim 'Wohnsitz, Haus, Wohnstätte', 'Siedlung, Niederlassung'. Bisher ist man für die Deutung des Bw. von einem sw. flektierten PN, KF Gîso, ausgegangen. Die -heim-Namen scheinen überwiegend mit personalem Erstglied gebildet zu sein; dennoch ist für einen Namen mit früher Überlieferung auch ein app. Anschluss denkbar (vgl. ↗ Heuchelheim). Für das Bw. ist von einer Form *Gis-in-ā o. ä. auszugehen. Dabei könnte der Name an eine idg. Wurzel *ghei-s- 'aufgebracht, bestürzt, erschreckt (sein)' und 'antreiben, lebhaft bewegen' angeschlossen werden. Zu dieser Wz. gehören Wörter mit Bed. wie 'schaudern, beben' in ON anscheinend in der Bedeutung 'beben, zittern'. Die Lage der Siedlung in der Rheinuferzone an der Einmündung des Steg- oder Blaubaches würde für diesen Deutungsweg sprechen. Lautlich ist der Name konstant als Gisenheim überliefert, wobei -y- Variante von -i- ist; -en- erscheint 788 auch als -an-, 838 als -in-. Ab mhd. Zeit (1290) wird der Stammvokal -ī- > -ei- diphthongiert. Der ON Geisenheim enthält im Bw. ein germ. Element und ist als 'Siedlung am bebenden, zitternden, wabernden Fluss' zu erklären. **IV.** † Geisenheim, Wetteraukreis, HE; Geismar, Lkr. Eichsfeld; Geisleden, Lkr. Eichsfeld; Geisa, Wartburgkr., alle TH. **V.** HHS 4; Udolph, J.: Geismar. § 1: Namenkundliches. In: RGA 10; NOB IV. *DA*

Geislingen an der Steige **I.** Große Kreisstadt und gleichnamige VVG (zusammen mit Bad Überkingen und Kuchen) im Lkr. Göppingen, 36 724 Ew. Die Stadt ist ca. 16 km sö Göppingen und etwa 11 km ssö Donzdorf in einem Talkessel gelegen, in den die fünf Täler Eybtal, Längental, Oberes und Mittleres Filstal und Rohrachtal einmünden (Fünftälerstadt), Reg.-Bez. Stuttgart, BW. Vor 1275 durch die Grafen von Helfenstein als Stadt gegründet, fiel 1802 an Bayern und wurde 1810 württembergisch. Ehemals Elfenbeinverarbeitung (Geislinger Ware), Metallindustrie, Alte Bau, Evangelische Stadtkirche, Ödenturm, Burgruine Helfenstein. **II.** 1108 (Kop. 1574–78) Giselingen, 1237 Giselingen [Or], 1288 Stat zu Giselingen [Or], 1289 civitas Giselingen [Or], 1319 Geislingen; Geislingen an der Steige (1903). **III.** Es handelt sich um eine ↗ -ing(en)-Ableitung zu dem PN Gīsilo mit nhd. Diphthongierung von ī zu ei; der Name bedeutet 'bei den Leuten des Gīsilo'. Der Zusatz an der Steige (zu ahd. stīga 'Pfad, Weg') bezieht sich auf eine wichtige Albüberquerung („Geislinger Steige"), zugleich das technisch aufwändigste Teilstück der Eisenbahnlinie Stuttgart-Ulm, und dient der Abgrenzung von anderen Orten mit diesem Namensbestandteil. **IV.** Unterschneidheim-Geislingen, Ostalbkreis und Braunsbach-Geislingen, Lkr. Schwäbisch-Hall, beide BW. **V.** Reichardt 1989; FO 1; FP; LBW 3. *JR*

Geithain **I.** Stadt. und gleichnamige VG im Lkr. Leipzig, 7 818 Ew., zusammengeschlossen aus der Gem. Narsdorf und Geithain, in der Landschaft Kohrener Land, im Sächsischen Hügelland, SN. Geithain: um 1160 altes d. Bauerndorf mit Feudalburg bei altsorbischer Vorgängersiedlung, Marktflecken um 1200, von 1952–1994 Kreisstadt, h. Sitz der VG. Kleiner Industriestandort, vor allem Musikelektronik. **II.** 1186 Chiten, 1205 Giten, 1361 Gytan. **III.** Wohl aus asorb. *Chytań, *Chyteń zum PN Chytan o. ä. mit Umgestaltung von -ań usw. zu d. ↗ -hain. **V.** HONS; SO; SNB. *EE, GW*

Geldern **I.** Stadt im Kr. Kleve, 33 709 Ew., zwischen Niers und Fleuth, Reg.-Bez. Düsseldorf, NRW. Als Stadt seit dem 13. Jh. bezeugt, Stammsitz der Grafen, später Herzöge von Geldern. **II.** Um 900 in Gelleron, 1067 in Gelre, 1166 de Gelren [Or]. **III.** Ausgangspunkt einer Deutung ist der älteste Werdener Beleg, den Kaufmann (1973) und andere völlig grundlos zu entkräften suchen. Die von ihm favorisierte Form Geldtaucht in den zahlreichen Originalen bis zum 13. Jh. niemals auf. Sie beruht ersichtlich auf späterem epenthetischen Einschub von d zwischen l und r wie in nl. kelder 'Keller' (mnl. kelre neben kelder). Das Namenglied gell- ist, wie die Geminata vermuten lässt, wohl germ. Herkunft und kann zum st. Verb ahd. asä. gellan, mnl. gellen gestellt werden, mit dem in den germ. Sprachen nicht nur das Erzeugen greller Töne, sondern auch gedämpfter wie das Knurren oder Winseln von Hunden bezeichnet wurde. Von der Wurzel gell- ist mittels des GwN-Elements -ar-

(Krahe) ein FluN abgeleitet, der durch das Geräusch des Wassers motiviert ist. Die *Gelr*-Formen beruhen wohl auf Synkope. Im Erstbeleg kann Pl. vorliegen, sodass der Name des Ortes auf den 'tönenden' Wasserläufen beruht. *Gell-* ist in weiteren GwN belegt. **V.** HHS 3; Gysseling 1960/61; Derks, Weeze. *Tie*

Gellersen I. Samtgem. im Lkr. Lüneburg, 12 398 Ew., w von Lüneburg, Reg.-Bez. Lüneburg (bis Ende 2004), NI. Die 1974 gebildete Samtgem. besteht aus den ehemals selbstständigen Gem. Reppenstedt, Kirchgellersen, Westergellersen, Südergellersen, Heiligenthal und Dachtmissen; auf dem Gemeindegebiet lag das nach Lüneburg verlegte Prämonstratenserstift Heiligenthal (1318–82). **II.** Vor 1117 *Gheldessen* [Kop. 1331], nach 1236 *Kerkgeldersen*, 1252 *tres ville Gellersen* [Kop. 16. Jh.], 1267 *Sutghellerdessen*, 1306 *Westergeldersen*. **III.** Bildung mit dem Gw. ↗*-hausen*, das seit Beginn der Überlieferung zu *-sen* abgeschwächt erscheint. Bw. ist der stark flektierende PN **Geldheri* im Gen. Sg. Teils zeigen die Belege Verkürzung zu *Geldes-* bzw. Umsprung des *-d-* (*Gelerd-*). Die drei Orte gleichen Namens werden durch die Himmelsrichtung anzeigende Zusätze (↗*West-*, ↗*Süd-*) und den Hinweis auf das Vorhandensein einer Kirche unterschieden. Deutung also: 'Siedlung des **Geldheri*'. *KC*

Gelnhausen, Barbarossastadt I. Stadt im Main-Kinzig-Kreis, 21 511 Ew., im Kinzigtal vor dem s Vogelsbergausläufer, Reg.-Bez. Darmstadt, HE. Erstnennung der verm. spätestens seit der Karolingerzeit bestehenden Siedlung 1133 im HN eines Zeugen, der sich wohl schon nach der dortigen Burg nennt. Diese kommt 1158 an das Erzbistum Mainz, kurz darauf an Barbarossa, der die Pfalz erbaut, 1170 die (Reichs-)Stadt gründet. Nach polit. u. wirtschaftl. Aufstieg allmählicher Niedergang seit dem Spätmittelalter; 1803 und wieder 1813 fiel Gelnhausen an Hessen-Kassel, 1807 an Frankreich, 1810 an das Ghzgt. Frankfurt, 1866 an Preußen, 1945 an Hessen; 1971–74 um 5 Gem. erweitert. **II.** 1133 *de Geilenhusen* [Or], 1151 *Geilnhusen* (Kop. 16. Jh.), 1158 *Gelenhusen* [Or], 1180 *Geilinhusin* [Or]. **III.** Das Bw. wird oft als die KF *Geila* oder *Gela* (im mhd. Gen.) vom PN *Gertrud* gesehen (so Schröder, Berger), doch ist dies (so Wagner) lautgeschichtlich unwahrscheinlich. Vielmehr sei (so auch Förstemann) *Gaila*, *Geila* eigenständiger KN zu got. *gailjan* 'erfreuen', ahd. *geil* 'übermütig, trotzig', und dieser oder die m. Entsprechung *Gailo*, *Geilo* (so schon Arnold, vgl. Kaufmann zu ähnlichen ON) dürfte im Bw. vorliegen; beide (!) kommen auch urk. vor, *Geila*, *Gela* häufiger. Beleg 2 zeigt den *e*-Ausfall in der Kompositionsfuge bes. zwischen verwandten Konsonanten, Beleg 3 die im Frnhd. in md., bes. hess. Sprech- und dann Kanzleisprachen verbreitete Monophthongierung von ahd., mhd. *ei* > *ē*, das später durch die nach Synkope entstandene Zweikonsonanz kurz wird, Beleg 4 die frnhd. verbreitete md. *i*-Schreibung für ǝ. Das Gw. *-husen* > (16. Jh.) ↗*-hausen* im lok. Dativ. Die Sage, Barbarossa habe die Stadt nach einer Geliebten *Gela* benannt, entbehrt jeder histor. Grundlage. **IV.** ↗ Geilenkirchen, Kr. Heinsberg, NRW. **V.** Mainzer UB I und II; MGH DF I; Schröder; Bach DNK; FP; Arnold; Kaufmann 1968, 1971, 1973; Wagner, N.: Ungeklärte seltene althochdeutsche Personennamen. In: BNF NF 28 (1993). *HGS*

Gelsenkirchen I. Kreisfreie Stadt, 262 063 Ew., ö Bottrop, Reg.-Bez. Münster, NRW. Im MA Kirchdorf des Oberstifts Essen, 1446 Gft. Mark, 1609 preußisch, 1807 Ghztm. Berg, 1815 wieder preußisch, 1875 Stadtrecht, ab Mitte 19. Jh. Steinkohlenabbau, Schwerindustrie, Heimat des Fußballclubs Schalke 04. **II.** 2. Drittel 12. Jh. *de Geilistirinkirkin* [Or], 1265 *in Gelstenkerken*, 1391 *Gelsekerken*. **III.** Bildung mit dem Gw. ↗*-kirchen*, in den frühen Belegen zunächst in nd. Form auf dem appellativischen asä. *kerika*, *kirica*, mnd. *kerke* 'Kirche, (christliches) Gotteshaus' basierend. Die h. amtliche Form zeigt die hd. Form des Gw., wie auch bei den früheren Belegen als Dativ-Singular-Bildung. Bw. ist (entgegen anderen Deutungen, die das Bw. als Kompositum mit jeweils anderer Erklärung bestimmen, z.B. als 'gelbe Steine', 'im Sumpf Siedelnde' oder auch als 'geile Stiere') ein GwN. Er beruht auf der idg. Wurzel **ghoilo-s* 'aufschäumen(d); heftig; übermütig, ausgelassen, lustig', der etymologisch auch ahd. *geil*, asä. *gēl* 'übermütig, üppig, kräftig' zugrunde liegen. Der Stamm des Bw. zeigt im Erstbeleg wie auch in anderen asä. Appellativa noch *-ei-* als Relikt des westgermanischen Diphthongs *-ai-*. Zu dieser Wurzel tritt neben einem Sprossvokal *-i-* ein *-str*-Suffix hinzu, das, in flektierter Form, wiederum durch einen Sprossvokal, wie er auch sonst vorkommt, zu *-stir-* erweitert ist. Mit dem Bw. **Geilistra* liegt also ein GwN vor, der auf die als besonders lebhaft beobachtete Fließgeschwindigkeit des Wassers Bezug nimmt. Die lautlichen Veränderungen des Bw.-Teils späterer Belege lassen darauf schließen, dass die Bildung und Motivierung des Namens nicht mehr verstanden worden sind. Neben abgeschwächten Formen wie *Gelsterenkerken* gibt es Belege mit Ausfall von *-r-* plus Flexionsendung (*Gelstenkerken*) und schließlich Bildungen, bei denen *-t-* ebenfalls ausgefallen ist (*Gelsen-*). **V.** Werdener Urbare; Udolph 1994. *kors*

Gemünden a. Main I. Stadt im Lkr. Main-Spessart, 10 818 Ew., Reg.-Bez. Unterfranken, BY. Gründung durch die Grafen von Rieneck, Übergang der Lehnshoheit an den Würzburger Bischof, 1316 erstmals als Stadt bezeichnet. **II.** 1243 (Druck von 1808) *Gemunde*, 1277 lat. *apud Gamundiam*, 1289 *Gemunden*, 1339 (Kop.) *Wenige Gemunden ... Gemunden die stad*, 1342 *Gemund, Gemůnd, Gemünden*, 1354 *Gemünden an der Synne und an der Sal*, 1391 *Gmunde an dem Meyne*, 1395 *... zu Gemunden an dem Meun*, 1567 *Gemünden am Mayn*, 1623 lat. *Moenogamundianus*, 1656 *Gemůnd. An dem Måyn / wo die Sal darein kommt / insgemein Gmin / oder Gmina genannt*, 1831 *Gemünden (Groß- und Kleingemünden), Städtchen am rechten Main-Ufer und am Einflusse der Saale in den Main ... und der Sinn in die Saale*, 1973 *Gemünden a. Main*. **III.** Dem urspr. Flurnamen liegt ahd. *gimundi* 'Mündung' zugrunde. Wie aus den Belegen hervorgeht, bezieht er sich auf die Einmündungen der Flüsse Sinn und Fränkische Saale in den Main. Die Ortsteile sind nach der Größe unterschieden. **V.** HHS 7/2; Reitzenstein 2009. *WvR*

Gengenbach **I.** Stadt und gleichnamige VVG im Ortenaukreis, 16 727 Ew., ca. 6 km sö Offenburg und etwa 10 km nnw Zell am Harmersbach im Kinzigtal an der Kinzig und am Rand des Schwarzwaldes gelegen, Reg.-Bez. Freiburg, BW. Siedlung der frühmittelalterlichen Zeit, deren Geschichte eng mit derjenigen des ansässigen Klosters zusammenhängt, das 1007 durch Kaiser Heinrich II. an das Bistum Bamberg übertragen wurde, im Jahre 1360 Stadtrecht, das Klostergebiet fiel 1803 an Baden und wurde 1807 aufgehoben. Weinanbau, Jakobuskapelle, Kinzigtor, Schwedenturm, Niggelturm, Obertor, Prälatenturm, Engelgasse, Posthaus Thurn und Taxis. **II.** Um 820 *Ghanginbach [Or]*, um 845 *Kenginbach [Or]*, 1007 *Genginbah*, 1248 *Gengenbach*. **III.** Die Zuss. mit dem Gw. ↗ *-bach* enthält im Bw. den PN *Gango*. Ein gelegentlich zur Deutung herangezogenes Adjektiv ahd. **gang* 'gängig, rasch, schnell' ist nicht bezeugt; ahd. *genge* 'gebräuchlich', mhd. *genge* 'verbreitet, gewöhnlich' scheidet wegen der Bedeutung und des Vokals *e* (vgl. *Ghanginbach*) aus. Der Name wird erst nach 1200 vom Kloster auf den Ort übertragen. **V.** Haubrichs 2004; FO 1; Krieger; FP; LBW 6; Bad. Städtebuch. *JR*

Genthin **I.** Stadt und gleichnamige VG, Lkr. Jerichower Land, 16 004 Ew., am Elbe-Havel-Kanal w von Brandenburg, n des Fiener Bruchs, ST. Frühmittelalterliche slaw. Siedlung Plote (heutiger Stadtteil Altenplathow) mit deutschem Rittersitz und Wasserburg, 1160 Marktgründung, 1413 Marktflecken, verm. von Niederländern errichtet (1413 *Vlek*, 1459 *oppidulum*), 1950–1994 Kreisstadt. Wirtschaftliche Bedeutung durch das Waschmittelwerk. **II.** 1144 *de Plote*, 1171 *in Plote*, 1171 *Gentien*, 1368 *Gentyn*, 1420 *Jentyn*. **III.** *(Alten)plathow* geht zurück auf apolb. **płot* 'Zaun'. Der Name Genthin ist wahrscheinlich eine Übertragung aus den Niederlanden, wofür auch der auf der Endung liegende Wortakzent spricht. Als Mutterort wird Gentinnes bei Ypern in Flandern angesehen (1100 *Genitines*, 1194 *Genetines*), der wahrscheinlich mit einem keltoromanischen PN gebildet ist. **V.** Riedel; Bathe, Herkunft; SNB. *GW*

Georgsmarienhütte **I.** Stadt im Lkr. Osnabrück, 32 289 Ew., am Nordrand des Iburger Waldes, Reg.-Bez. Weser-Ems (bis Ende 2004), NI. **III.** In die alte Bauerschaft Malbergen wurde 1856 ein kleines Hüttenwerk verlegt; der hier gegründete *Georgs-Marien Bergwerks- und Hüttenverein* erhielt aufgrund der herrscherlichen Förderung des Betriebes seinen Namen nach dem letzten hannoverschen Königspaar Georg V. und seiner Frau Marie. Nach erheblichem Wachstum der Siedlung und des noch h. bedeutenden Stahlwerkes sowie nach einigen Eingemeindungen wurde Georgsmarienhütte 1970 zur Stadt erhoben. **V.** GOV Osnabrück I; HHS 2. *KC*

Georgswalde // Jiříkov [ˈjɪrʒiːkof] **I.** Stadt im Kr. Děčín, 4 018 Ew., in Nordböhmen, Bezirk Ústí nad Labem (Ústecký kraj), CZ. Die in der Schlucknauer Ecke // Šklukovský výběžek im Waldgebiet um den Quellbereich der Spree stattfindende d. Besiedlung beweist auch die Lage von Alt-Georgswalde (geteilt durch die sächs.-böhm. Grenze) im Vergleich zum niedrigeren Neu-Georgswalde (nur auf böhm. Territorium, gegr. 1681) im höheren Talabschnitt eines Spree-Zuflusses. Einer der ältesten Industrieorte Böhmens: Eisengießerei, Webstuhl-, Holzfabrik, Textilindustrie. 1725 Sankt-Georg-Kirche, 1753 Marktflecken, 1914 Stadtrechte. **II.** 1408 *Jeringswalde*; 1410 *Gerigiswalde*; 1544 tschech. *Jorgswald* und 1598 *Gyrykswalde*, 1654 d. *Gergenwald*; 1854 *Städtchen Alt-Georgswalde, Městečko Georgswalde, Neu-Georgswalde, Georgswalde Nová*. **III.** Trotz der Meinung, im ON liege ein vom d. PN *Gērung* abgeleiteter ON (wohl **Gerungswalde*) vor, ist aus lautlichen Gründen von *Georg* auszugehen, vgl. die d. dial. Aussprache *Jorkswalde* und den Beleg von 1544. Vorgänger des ON könnte ein älterer Waldname mit der Bedeutung 'einem Georg gehörend', 'wo Georg als Erster gerodet hat' u. ä. sein. Die Mehrzahl ↗ *-wald(e)* ist typisch eher für die ö der Elbe liegenden Gebiete. Der tschech. ON enthält den PN *Jiřík* 'Georgchen' und das Suffix ↗ *-ov*. **IV.** Zahlreiche ON mit *Georg-* im D. und *Jiřík-* im Tschech. **V.** Pf I; SchOS. *RŠ*

Gera **I.** Kreisfreie Stadt, ö Erfurt im Tal der Weißen Elster, 100 643 Ew., TH. In vorgeschichtlicher Siedelzone, Burgwardmittelpunkt in slaw. und frühd. Zeit (9.–11. Jh.); Burg 12. Jh., städtische Anfänge 12. Jh., Stadtanlage nach 1200 (1237 *cives, oppidum*); Residenz der Vögte von Weida; im MA Gerberei und

Tuchmacherei, seit 19. Jh. bedeutende Industriestadt, h. Kleinindustrie. **II.** (Landschaftsname) 995 *terminus Gera*, 999 *provincia Gera*, 1121 *provincia Geraha*, (ON) 1125 *(Luph de) Ger*, 1148 *(Sibertus de) Gera*; *Gera* (1201). **III.** Dem ON liegt ein alter Landschaftsname zugrunde, der wiederum auf einem GwN beruht. Welches Gewässer diesen Namen trug, ist nicht mehr festzustellen, vielleicht ein Zufluss zur Weißen Elster, der später aber anders benannt wurde. Auszugehen ist von germ. **gera* 'Wasserschall o. ä.', wobei die Wurzel noch h. in Schallwörtern begegnet (vgl. lautnachahmend d. *gerren, girren, garren, gurren*). Onymisch germ. **Gera* wurde in ahd. Zeit verdeutlicht in Zuss. *Geraha* durch Zusatz von Gw. *-aha* (↗ *-ach¹*). Als urspr. Bedeutung lässt sich für den GwN etwa 'die Rauschende, Gurgelnde o. ä.' vermuten (vgl. jüngere GwN wie *Rauschenbach, die Klinge* etc.). Der Name ist von den Slawen ins Asorb. übernommen und ins D. vermittelt worden. Die im Asorb. zu erwartende Palatalisierung des anlautenden *g* vor hellem Vokal ist wohl unterblieben infolge der auch im Slaw. vorhandenen lautnachahmenden Verbindung **gъr-*, vgl. urslaw. **gъrgati, *gъrkati* 'gurgeln, girren', sodass vielleicht die asorb. Form **Gъra* gelautet haben kann (wobei ъ als ein dunkler sowie ultrakurzer Murmelvokal gesprochen wurde) und dann im 10. Jh. als ahd. *Gera* eingedeutscht weitergeführt wurde. **IV.** GwN *Gera* (r. zur Unstrut n Erfurt, TH), 1108 *Gerahe*, 1133 *Geraha*; ON: Groß- und Klein-Gerau, HE, 1319 *maior et minor villa Gera*, 910 *Geraha marca* (< GwN, noch 1258 *aqua Geraha*); Neckargerach, Neckar-Odenwald-Kreis, BW, 976 *Geraha* (< GwN *Gerach*, r. zum Neckar, 1447 *bach genannt die Gerach*. **V.** MGH DO III; SNB; Berger; Greule, DGNB. *KH*

Geretsried **I.** Stadt im Lkr. Bad Tölz-Wolfratshausen, 23 338 Ew., Reg.-Bez. Oberbayern, BY. 1508 Besitz des Klosters Beuerberg, während des 2. Weltkriegs Standort der Rüstungsindustrie, 1946 Ansiedlung von Sudetendeutschen. **II.** 1083 (Kop. des 13. Jh.) *Gerratesriet*, 1297 (Druck von 1767) *Gerhartzrieden*, 1315 *Gerhartsried*, 1530 *Gerolczried*, 1628 *Geroltsriedt*, 1740 *Geretsried*. **III.** Grundwort ist mhd. *riet* 'ausgereuteter Grund, Ansiedelung darauf', ↗ *-ried*, Bestimmungswort der PN *Gerrat*. Der Ortsname erklärt sich somit als 'Rodung eines Mannes namens Gerrat'. **V.** HHS 7/1; Reitzenstein 2006. *WvR*

Gerlingen **I.** Stadt im Lkr. Ludwigsburg, 18 985 Ew., ca. 14 km sw Ludwigsburg und etwa 10 km nnö Stuttgart am Strohgäurand des sw Neckarbeckens am Glemstal an der Gerlinger Heide, Reg.-Bez. Stuttgart, BW. Zunächst im Besitz des Klosters Lorsch, das 902 seinen Besitz an einen Freien namens Reginboto vertauschte, seit 1308/39 württembergisch und 1958 zur Stadt erhoben. Weinanbau, Johannes-Rebmann-Haus, Stadtmuseum, Museum der Deutschen aus Ungarn, Gerlinger Löwe. **II.** 797 (Kop. 12. Jh.) *Gerringen*, 13. Jh. *Geringen, Gerringen* [Or], 1420 *Glemsgerlingen; Gerlingen* (1481). **III.** Es handelt sich um eine ↗ *-ing(en)*-Ableitung zu dem PN **Gērri* mit Dissimilation von *rr* zu *rl*; der Name bedeutet 'bei den Leuten des Gērri'. **IV.** ↗ Holzgerlingen, Lkr. Böblingen, BW. **V.** Reichardt 1982b; LBW 3. *JR*

Germering **I.** Stadt im Lkr. Fürstenfeldbruck, 37 035 Ew., Reg.-Bez. Oberbayern, BY. Röm. Siedlungsfunde, im MA Besitz der Grafen von Andechs. **II.** 859–864 *Kermaringon*, ca. 1139–1147 *Germaringen*, (hierher?) 13. Jh. *curia que dicitur in Monte*, 1315 *Germaring*, 1575 *Germering*. **III.** Möglicherweise ist der Beleg von 769 (Kop. von 824) *Germana vel ad Monte* hierher zu beziehen, wenn man die Namensform **Germaringa* ansetzt. Als Überschrift der Kop. von 824 begegnet *de loco Germania in Monte*. Es liegt der PN *Kermar, Germar* zugrunde, der durch das Zugehörigkeitssuffix ↗ *-ing* abgeleitet ist. Mit dem in den Quellen genannten Berg wird der nahe Parsberg zu verstehen sein. **V.** HHS 7/1; Reitzenstein 2006. *WvR*

Germersheim **I.** Kreisstadt des gleichnamigen Lkr., 20 874 Ew., an der Rheingrenze zu Baden, Südpfalz, RP. Die „Stadt des Flieders und der Nachtigall" ist verbandsfrei und Mittelzentrum für die südpfälzische Region. Historisch ist Germersheim als Militärstadt bedeutsam. Bereits in der Antike war der Rhein Grenze des röm. Reiches gegen Germanien, ein zur Grenzsicherung befestigtes Soldatenlager namens *Vicus Julius* ist bis Ende des 4. Jh. am Ort der h. Stadt nachgewiesen. Eine Reichsburg stand bis 1674 ö des Ortes, der 1276 Stadtrechte erhielt und zeitweise auch reichsunmittelbar war. Mitte des 19. Jh. Ausbau der Stadt durch Bayern zur Festung, deren wichtigste Bauten jedoch infolge des Versailler Vertrages 1922/23 geschleift wurden. In Germersheim befindet sich der Fachbereich Translations-, Sprach- und Kulturwissenschaft der Mainzer Universität. **II.** 1090 *Germersheim* (Kop. um 1650), 1286 *apud castrum nostrum Gernmerßheym*. **III.** Das Bw. enthält den ahd. PN *Gernmâr*, Gen. Sg. *Gernmâres-*, der durch Konsonantenausfall zu *Gêrmâr*, Gen. Sg. *Germâres-*, wurde. Verm. wechselten bis ins ausgehende MA die beiden Formen. Das Gw. ist ↗ *-heim*. Zu deuten ist der Name demnach als 'Wohnstätte des Gernmâr'. **V.** Mone, F.J.: Quellensammlung der badischen Landesgeschichte, Bd. I. Karlsruhe 1848; HHS 5; FP; HSP. *JMB*

Gernrode/Harz **I.** Stadt und gleichnamige VG im Kreis Harz (seit 1. 7. 2007), 9 159 Ew., am Nordostrand des Harzes, ST. Als Rodungssiedlung (*in loco qui Rode dicitur*) im Schatten einer Burggründung des

Markgrafen Gero mit angeschlossenem Frauenstift (seit 961 Reichsabtei) entstanden; vor 1207 Marktrecht, seit 1539 Stadtrecht. **II.** 961 *urbs Geronisroth* (latinisiert), *Geronrod*, 999 *in Gerenrodun*, 1049 *Geronrod*, 1060 *Gerenroth*; *Ghernrode* (1348). **III.** ON des ↗-*rode*-Typs, zusammengesetzt mit dem schwach flektierenden PN des Markgrafen: *Gero* (zu westgerm. **gaira* 'spitzer Stab'). **V.** SNB; Berger. *JS*

Gernsbach **I.** Stadt und gleichnamige VVG im Lkr. Rastatt, 19 690 Ew., ca. 14 km sö Rastatt und etwa 8 km ö Baden-Baden am Austritt der Murg im Schwarzwald, Reg.-Bez. Karlsruhe, BW. Ausbausiedlung des Hochmittelalters, schon vor 1250 zur Stadt erhoben, 1660 an das Bistum Speyer, bis 1803 noch hochstiftlich-markgräfliches Kondominat und seitdem badisch. Papier- und Pappeindustrie (Papiermacherstadt), Weinanbau, Storchenturm, Stadtbrücke, Liebfrauenkirche, Katz'scher Garten, Schlossstraße. **II.** 1219 (Kop. 1558) *Genrespach*, 1254 *Genresbahe*, 1263 *Genresbach*, 1366 *Gernspach*. **III.** Die Deutung ist unsicher. Verm. enthält die Zuss. mit dem Gw. ↗-*bach* als Bw. den PN *Genear*, *Genner*. **V.** Heilig, O.: Die Ortsnamen des Großherzogtums Baden [o.J.]; LBW 5. *JR*

Gernsheim **I.** Schöfferstadt im Lkr. Groß-Gerau, 9550 Ew., Reg.-Bez. Darmstadt, HE. Auf dem im 1. bis 3. Jh. n. Chr. nachgewiesenen Sitz eines römischen Kastells entwickelte sich ein fränkischer Königshof, der durch Schenkungen in den Besitz des Klosters Lorsch überging. 1232 kam der Ort, der 1356 die Stadtrechte erhielt, an das Erzbistum Mainz. Gernsheim war Sitz des gleichnamigen mainzischen Amtes, das 1803 an Hessen-Darmstadt gelangte. Von der einstigen Wasserburg an der Stelle des Königshofes blieb nur ein geringer Rest erhalten. Deren Abbruch erfolgte im Laufe des 18. Jh. nach der Zerstörung des Ortes 1689 durch franz. Truppen. In der Nähe ist die Wallfahrtsstätte Maria Einsiedel. Gernsheim ist die Geburtsstadt des Buchdruckers Peter Schöffer (ca. 1430–1503). Die Verleihung des Namens Schöfferstadt erfolgte durch das hessische Innenministerium im Jahre 2003. 1971 wurden die Orte Allmendfeld (1937 gegründet) und Klein-Rohrheim (um 1200 als *Rorheim minor* erstmals genannt) eingemeindet. **II.** 852 (Kop.) *Gerunesheim*, 977 *Gerinesheim*, 1283 *Gernsheim*. **III.** Bw. des patronymisch gebildeten ↗-*heim*-Namens ist der PN ahd. *Gērin(i)*, eine KF eines zweigliedrigen PN mit ahd. *gēr* 'Speer' im Erstglied. Der ON *Rohrheim* ist als Klammerform zu einem *Rohrbach* (**Ror-bah-heim*; zu ahd. *rōr(a)* 'Schilfrohr'; heute *Winkelbach*) zu erklären. **IV.** Groß-Rohrheim (Lkr. Bergstraße, HE, 782 (Kop.) als *Rorheim / Raureheim* überliefert). **V.** 625 Jahre Stadt Gernsheim am Rhein. Hg. vom Magistrat der Stadt. Gernsheim 1981; Andrießen; CL; Keyser; Knappe; Müller, Starkenburg. *TH*

Gerolstein **I.** Stadt und gleichnamige VG im Lkr. Vulkaneifel, 13 889 Ew., in der w Vulkaneifel an der Kyll, RP. Eine steinzeitliche Höhle mit dem Namen *Buchenloch* in der Nähe der Stadt zeugt von früher Besiedlung. Im OT Sarresdorf befand sich eine röm. bzw. fränk. *villa* (*Sarabodis villa*), die im 14. Jh. zugunsten der Siedlung unterhalb der 1335 errichteten Burg Gerhardstein (auch Löwenburg genannt) aufgegeben wurde. Der neue Ort wurde verm. um 1330 gegr. und erhielt bereits 1336 Stadtrechte, die jedoch von 1856 bis 1952 entzogen waren. Schon in der röm. Zeit wurden die kohlensäurehaltigen Quellen genutzt, seit 1889 ist der Ort vor allem durch den „Gerolsteiner Sprudel" bekannt. **II.** 1330 *Gerarzsteyn*, 1336 *Gerhar(d)tstein*, 1341 *stat Geroltsteyne*; *Gerolstein* (1567). **III.** Bw.: ahd. PN *Gerard* (aus *Gerhard*, *Garehard*), Gen. Sg. *Gerardes*-. Die Dissimilierung ersetzte das zweite -*r*- durch ein -*l*- und den urspr. PN durch ein *Gerald* (aus *Gerwald*, *Gariwald*). Die Nebenform mit -*old* konnte auch in -*hold* übergehen. Das Gw. ↗-*stein* weist wohl auf die erhöhte Burg hin. Der urspr. ON bedeutete demnach 'Burg des Ger(h)ard'. **IV.** Geroldstein, OT von Heidenrod, Rheingau-Taunus-Kreis, HE. **V.** Landeshauptarchiv Koblenz 29 A; FP; Schaus; Kaufmann 1973. *JMB*

Gerolzhofen **I.** Stadt und gleichnamige VG im Lkr. Schweinfurt, 16 065 Ew., sö von Schweinfurt, vor dem Steigerwald, Reg.-Bez. Ufr., BY. Vor- und frühgeschichtliche Siedlungsspuren; verm. karolingische Siedlung der Hausmeierzeit; vor 1350 Ersterwähnung als Stadt und Sitz eines Archidiakonates; nach frühem Verlust der Reichsfreiheit zum Hochstift Würzburg, 1814 zu Bayern. Gotische Stadtpfarrkirche, gotisches Rathaus, Stadtbefestigung. **II.** Um 750/79 (Kop. 12. Jh.) *Gerolteshoue*, 906 *Kerolteshoua*, 1134 (Kop. 14. Jh.) *Geroltzhouen*, 1800 *Gerolzhofen*. **III.** Gw. des Namens ist ahd. ↗-*hof(en)* in der üblichen Dativ-Plural-Form. Bw. ist der Gen. Sg. des PN *Gerold*. Die »Gerolde« waren ein führendes Adelsgeschlecht der Karolingerzeit. Der Beleg von 906 zeigt bairischen Lautstand mit *K*- für *G*-. Die heutige Schreibung mit *z* entspricht der Aussprache *Gerolts*-. **V.** HHS 7/2; MGH DLdK, Nr. 46; Reitzenstein 2009; Schuh, R., in: Das Land zwischen Main und Steigerwald im Mittelalter. Erlangen 1998, S. 49; Stengel, UB, Nr. 95. *RB*

Gerstetten **I.** Gem. im Lkr. Heidenheim, 11 820 Ew., ca. 12 km wsw Heidenheim und etwa 30 km ösö Göppingen auf der Hochfläche des Südalbuchs auf der Ostalb gelegen, Reg.-Bez. Stuttgart, BW. Siedlung der späten Merowingerzeit, um 1116 durch den Edlen Adalbert an das Kloster Rottenbuh bei Schongau, seit dem 13. Jh. im Besitz der Grafen von Helfenstein und seit 1938 zum Lkr. Heidenheim. Zulieferindustrie für die Automobilindustrie, Anhauser Linde, Bahnhotel, Eselburger Tal, Falkenstein, Gerstetter Wasserturm, Eisenbahnmuseum, Heldenfinger Kliff. **II.** Um 1116 (Kop. 13. Jh.) *Gerstetin*, 1225 *Gersteten [Or]*, 1238 *Gerstetin [Or]*; *Gerstetten* (1385–96). **III.** Der Name ist eine Zuss. mit dem Gw. ⟨-stetten⟩ und dem PN *Gēri: 'Siedlung des Gēri'. Das Genitiv-s (*Geris-) ist vor dem anlautenden s des Gw. ausgefallen. Läge der häufigere PN *Gero* zu Grunde, wäre *Gerenstetten* zu erwarten. **V.** Reichardt 1987; LBW 4. *JR*

Gersthofen **I.** Stadt im Lkr. Augsburg, 20319 Ew., Reg.-Bez. Schwaben, BY. Grenzt im Norden an die Stadt Augsburg, 1802/03 an Bayern. Im 20. Jh. Ausbau zum modernen Industriestandort, 1969 Stadterhebung. **II.** 969 *[Or] Gerfredeshoua*, 1063 *Gershoua*, um 1096–1133 *Gereshouen*, 1150 *Gershoven*, 1332 *Gerschouen*, 1424 *Gersthofen*. **III.** Es liegt das Gw. ahd. ⟨-hof⟩ als 'Vorhof, ländliches Anwesen, Besitz, Bauernhof' vor. Ausgehend vom Erstbeleg ist der PN *Gerfrid* im Gen. Sg. herzuleiten. Die weiteren Belege des Typs *Gers-* lassen sich nur mit einer früh verschliffenen Form des zweiten Kompositionsgliedes bei PN erklären. Offenbar bildet dabei die KF *Gar- im Gen. Sg. die neue Grundlage des Bw. Erstmals im Beleg von 1424 wird im Auslaut des Bw. Epithese von -*t*- nach -*s*- zu -*st*- grafisch sichtbar. **V.** Bach DNK; Kaufmann 1968; Paul H.: Mittelhochdeutsche Grammatik. Tübingen²⁴ 1998. *hp*

Gescher **I.** Gem. im Kr. Borken, 17163 Ew., Reg.-Bez. Münster, NRW. Kirchdorf im FBtm. Münster, 1802 zum Ftm. Salm-Anholt, 1811 zum Kaiserreich Frankreich, 1813 preußisch. **II.** 1022 *de Gascheri*, 1090 *de Gasgare*, 1278 *Geschere*, 1280 *Gesgere*. **III.** Der Name ist in die Teile *gās* 'Gans' und *gar(w)i > geri* 'Bereitung', 'Zurüstung' (zum Adjektiv and. *garo* 'gar', 'bereitet' und zum Verbum *gar-/gerwian* 'bereiten', 'zurüsten') zu gliedern. *Gās* ist neben and. *gōs* die ältere, germ. *gans-* näher stehende Form. Das wegen *garo*, *garwes* und *gerwian* zu erwartende -*w*- fällt nach den Liquiden -*l*- und -*r*- früh aus. Zur Form *geri* ist *gi-geri* 'Rüstung' zu vergleichen (Werdener Glossen, hier nach Holthausen). *Gescher* mag somit eine 'Gänse-Zurüstung', etwa eine Gänsemästerei im Rahmen einer Grundherrschaft gewesen sein. **V.** WfUB I, III; Derks, P.: Der Siedlungsname Gaesdonck. In: Gaesdoncker Blätter, 2009. *schü*

Geseke ['ge:səkə] **I.** Stadt im Kr. Soest, 20 810 Ew., zwischen Soest und Paderborn, Reg.-Bez. Arnsberg, NRW. Kanonissenstift St. Cyriakus Mitte des 10. Jh., 1217 Rüthener Stadtrecht, 1294 unter Kölner Herrschaft. 1380 Mitglied der Städtehanse. Bis ins 19. Jh. vorwiegend Agrarwirtschaft, seit 1850 Bahnanbindung und Aufblühen der Zementindustrie. **II.** 833 (?) *Geiske [Or]*, 952 *Gesiki*, 1056/75 *Geseke*. **III.** Die Zugehörigkeit des Erstbelegs zu Geseke oder zum 20 km sw gelegenen Dorf Altengeseke (sicher bezeugt 1198, durch sekundären Zusatz ⟨Alt(en)-⟩ vom nahegelegenen Neuengeseke unterschieden, nicht von der Stadt) ist umstritten und nicht abschließend geklärt, wegen der sprachlichen Identität der beiden ON jedoch unerheblich. Es liegt eine Bildung mit -*k*-Suffix zu einer Basis vord. *jes-* < idg. *jes-* 'schäumen, wallen, sieden' vor, die z. B. im ahd. Verb *jesan* 'gären' und mnd. *gest, jest, gis, giste* 'Gischt, Schaum' bezeugt ist. Die heutige Länge des ersten -*e*- ist aus Dehnung in offener Tonsilbe zu erklären, die durch -*ey*-/-*ei*-Schreibungen seit dem 14. Jh. auch in Schriftzeugnissen angedeutet wird. Als Motivation für die Benennung lässt sich das Vorhandensein emporquellenden, den Eindruck 'siedenden' oder 'wallenden' Wassers annehmen, was zum geologischen/hydrologischen Befund sowohl in Geseke als auch Altengeseke stimmt. **V.** WOB I. *Flö*

Gevelsberg **I.** Stadt im Ennepe-Ruhr-Kr., 31 952 Ew., sw von Hagen im Tal der Ennepe an einer Reihe von Steilhängen, Reg.-Bez. Arnsberg, NRW. 1867 Umbenennung der Landgemeinde Mylinghausen nach dem nahegelegenen ehemaligen Kloster, auf das sich der Name bis dahin bezog und das 1230/36 an der zur Wallfahrtsstätte gewordenen Stelle der Ermordung Erzbischof Engelberts von Köln (1225) gegründet worden war. 1886 Erhebung zur Stadt. **II.** 1235 *Gyeuilberch [Or]*, 1235 *Givelberg*, 1241 *Gevelberc*; *Gevelsberch* (15. Jh.). **III.** Bildung mit dem topographisch motivierten Gw. ⟨-berg⟩. Da das heutige -*s*- erst seit dem letzten Drittel des 13. Jh. in Originalurkunden erscheint und sich seit dem 14. Jh. durchzusetzen beginnt, ist das Erstglied zum Appellativ mnd. *gēvel* 'Giebel' (< asä. *givil*, vgl. ahd. *gibil* 'Giebel, Stirnseite', got. *gibla* 'Giebel') zu stellen und zugleich ein PN auszuschließen. Die schwankenden Schreibungen -*e*-/-*i*- des Stammvokals signalisieren mnd. Zerdehnung. Wegen asä. *givillia* 'Schädel', ahd. *gibil* 'Schädel' und anderen Bildungen des Asä./Ahd. nimmt Derks an, das Kloster habe bei seiner Gründung an einem vorher namenlosen Ort einen überhöhenden Namen nach der Todesstätte Engelberts in Anlehnung an das biblische Golgatha erhalten (vgl. ahd. *gebalstat* 'Schädelstätte' zu lat. *calvariae locus*). Ziel sei es gewesen, die besondere Stellung des Ermordeten zu Gott hervorzuheben. Doch ist weder die alte Namenlosigkeit der umliegenden Hügel sicher, noch gibt es Anzeichen dafür, dass eine Bedeutung 'Schädel' für *gēvel* im ersten Drittel des 13. Jh. noch lebendig war. Für die intendierte Außenwirkung eines solchen Namens wäre das jedoch zwingend erforderlich gewesen. So bleibt die Annahme der Benennung eines Berges nach seiner Form wahrscheinlicher. **V.** Derks, P.: Gevelsberg – ein Sakralname. In: Beiträge zur Heimatkunde der Stadt Schwelm und ihrer Umgebung NF 46 (1997). *Flö*

Geyer **I.** Stadt und gleichnamige VG im Erzgebirgskreis, 8290 Ew., zusammengeschlossen aus den Städten Geyer, Elterlein und der Gem. Tannenberg, nw Annaberg, sw der Greifensteine im mittleren Erzgebirge, SN. Geyer: als Bergbausiedlung um 1350 entstanden, vor allem Zinn- und Silbererzbergbau, 1467 Stadt, h. Sitz der VG. Kleiner Industriestandort (Textilindustrie), bedeutend als Urlaubs- und Erholungsort. **II.** 1395 *zum Gire*, 1407 *von dem Gyher*, 1488 *vom Geyer*, 1586/87 *Geier*. **III.** Zugrunde liegt hier wohl eine bergmännische Bezeichnung, die im Zusammenhang mit dem benachbarten *Geyersberg* steht, möglicherweise zu idg. *$\hat{g}h\bar{e}i$-/*$\hat{g}h\bar{\imath}$- 'gähnen, klaffen, offenstehen' mit der fachsprachlichen Bedeutung 'gähnendes Loch' o.ä., spätere Umgestaltung durch den Namen des Vogels *Geier*. **IV.** Geyersdorf, OT von Annaberg-Buchholz, Erzgebirgskreis, SN. **V.** HONS; SNB. *GW*

Gieboldehausen **I.** Flecken und gleichnamige Samtgem. im Lkr. Göttingen, 14 280 Ew., zwischen Eller und Hahle ö von Göttingen, Reg.-Bez. Braunschweig (bis Ende 2004), NI. Welfische Burg, im 14. Jh. an die Erzbischöfe von Mainz verpfändet und bis 1802 in deren Besitz, nachfolgend preußisch und seit 1816 zu Hannover; seit dem 14. Jh. Sitz des gleichnamigen Amtes; Siedlung Gieboldehausen seit 1450 als Flecken belegt. **II.** 1003 *Gebehildehuson* [Kop. 14. Jh.], 1290 *Geueldehusen*; *Giboldehausen* (1642). **III.** Bildung mit dem Gw. ↗-*hausen* und dem Frauennamen *Gevehild*, *Gebehild* im Gen. Sg. im Bw. Durch Ausfall des -*h*- des Bw. entsteht *Gevelde-*, *Gebelde-*. Das erste -*e*- wird durch Einfluss des davor stehenden *G*- zu -*i*- angehoben. Im 17. Jh. setzt sich im Bw. -*bolde* durch, verm. eine Angleichung an PN auf -*bold*. Deutung also: 'Siedlung der Gevehild'. **V.** HHS 2; NOB IV; Wehking, S. u.a.: Chronik des Fleckens Gieboldehausen. Duderstadt 2003. *KC*

Giengen an der Brenz **I.** Große Kreisstadt und gleichnamige VVG im Lkr. Heidenheim, 21 983 Ew., ca. 9 km sö Heidenheim im unteren Brenztal im Bereich der Lonetal-Flächenalb an der Brenz, Reg.-Bez. Stuttgart, BW. 1216 als *villa* bezeichnet, seit 1252 begann deren Befestigung und seit 1279 *civitas*, seit 1307 Reichsstadt und kam 1803 endgültig an Württemberg. Stofftierfirma, Orgelbau, Armaturenfabrik, Evangelische Stadtkirche, Charlottenhöhle, Burg Kaltenburg, Aussichtsturm. **II.** *Gingen*, 1078 *Giengin*, 1125 (Kop. 12. Jh.) *Gingen*, 1171 *Giengen* [Or]. **III.** Es handelt sich um eine ↗-*ing(en)*-Ableitung zu dem PN *Gigo, der die Form *Gigingen voraussetzt: 'bei den Leuten des Gigo'. Die weitere Entwicklung beruht auf Ausfall des intervokalischem *g* in der Lautgruppe -*igi*- wie in *Sifrit* aus *Sigifrid*. So entstandenes *Gi-ingen erscheint mit grafischer Darstellung des Langvokals als *Giengen*. Die Lageangabe *an der Brenz* dient der Unterscheidung von Gingen an der Fils. **IV.** Gingen an der Fils, Lkr. BW. **V.** Reichardt 1987; Haubrichs 2004; LBW 4. *JR*

Giesen **I.** Gem. im Lkr. Hildesheim, 9909 Ew., NI. Der Ort Giesen besteht aus *Groß Giesen*, *Klein Giesen* und *Siegfried* (ehemalige Arbeitersiedlung am Kaliwerk). Ersterwähnung im 12. Jh., seit dem 14. Jh. werden *Groß* und *Klein Giesen* unterschieden. Fast durchgängig zum Bistum Hildesheim gehörig, daher noch immer kath. geprägt, 1815 zum Kgr. Hannover, 1866 preuß., seit 1885 zum Lkr. und Reg.-Bez. Hildesheim, seit 1977 Lkr., Hildesheim. 1978 zum Reg.-Bez. Hannover. Das größte Unternehmen war bis in die 1990er-Jahre die Firma Kali und Salz AG (Werk Siegfried Giesen), h. noch weithin erkennbar an der Abraumhalde. **II.** 1146 *Ethelgerus de Gesim*, (1100–1200) *In Iesen*; *Jesen*, 1204 *in Gesem*, 1235 *in Iesen*, 1326 *in maiore Gysen*, 1360 (gleichzeitig Kop.) *in minori Ghysen*. **III.** Der Wechsel im Anlaut zwischen *G*- und *J*- weist nicht selten auf ein urspr. *J*- hin. Die Überlieferung des Namens zeigt ferner, dass im Wurzelvokal von -*e*-, nicht von -*i*- wie im heutigen Namen auszugehen ist. Eine Siedlungstrennung führte offenbar seit etwa dem 14. Jh. zu der Aufgliederung in *Groß*- und *Klein-Giesen*. Der ON wird seit FO I mit ahd. *jesan*, mhd. *jesen*, *gesen*, wfl.-nd. *gesen* 'gähren, aufbrodeln', idg. *$\!i\!es$- 'schäumen' verbunden und unter Bezug auf die nahe Innerste als alter GwN aufgefasst. Wahrscheinlich liegt wie bei *Jeetzel*, l. Nfl. der Elbe, ein germ. -*no*-Adjektiv vor. **IV.** GwN *Jeetzel* im Wendland; *Jesa* (die Überlieferung zeigt deutlich, dass kein Langvokal vorliegt und *$geus$ > $g\bar{e}s$- damit ausscheidet) im Lkr. Göttingen, NI; *Geestbeck* (1241 *Gesne*), Kr. Herzogtum Lauenburg, SH. **V.** Möller 2000; Rosenthal, D.: Zur Diskussion über das Alter der nordwestdeutschen Ortsnamen auf -*heim*. Die Ortsnamen des ehemaligen Kreises Hildesheim-Marienburg, BNF. NF. 14(1979); NOB IV; Schmid, W.P.: Zur Schichtung der Gewässernamen. In: Deutsch-slawischer Sprachkontakt im Lichte der Ortsnamen. Neumünster 1993. *JU*

Gießen **I.** Universitätsstadt, 75 140 Ew., Stadt mit komplexem Grundriss beiderseits der Lahn im Mündungstrichter der Wieseck in Tallage, am Südende des Gießener Beckens, Verwaltungssitz des

Reg.-Bez. und des Lkr. Gießen, HE. 1248 Stadtrecht; Justus-Liebig-Universität (1607 von Landgraf Ludwig V. von Hessen-Darmstadt gegr. (Ludoviciana), rd. 24 000 Studenten), Fachhochschule Gießen-Friedberg (rd. 11 500 Studenten), botanischer Garten von 1609, Liebig-Museum (seit 1920), Mathematikum (Eröffnung 2002), Oberhessisches Museum und Gail'sche Sammlung, Stadttheater Gießen, starke Zerstörung des Altstadtkerns sowie der Stadtteile durch Luftangriffe im Dezember 1944 und März 1945. Werkzeugmaschinenbau, Feinmechanik, Elektrotechnik, optische, pharmazeutische und Nahrungsmittelindustrie, Gummiverarbeitung. **II.** 1197 *de Giezzen [Or]*, 1245 *in Giezin*, 1248 *in Gizen*, 1277 *Gyzen*, 1278 *de Giezen*, 1321 *zu Gizzen*, 1332 *zu den Gyssin*, (um 1334–1349) *Giessen*, 1340 *zv Gezin*, 1346 *zu Gysind*, 1356 *zun Gyßen*, mda. *Gieße, Gëiße*. **III.** Einfache Bildung mit app. Anschluss an ahd. *giozo, giezo* sw. M. 'Fluss, Bach, Wasser, See, Flut', mhd. *gieʒe* sw. M. 'fließendes Wasser, schmaler und tiefer Flussarm, Bach' im Dat. Pl. mit der Flexionsendung *-en*. Damit ist der ON als 'Siedlung an den Bächen' zu deuten. Der Stammvokal verändert sich von *-ie-* > *-ī-*. Die Schreibung *Gezin* (1340) gibt den mda. Diphthong *ẹi* graphisch verkürzt als *e* wieder. Die *zz-* und *ss-*Schreibungen sind graphische Varianten für das aus germ. *t* entstandene ahd., mhd. *ʒ*. Die Flexionsendung *-en* erscheint auch als *-in* (1245, 1332, 1340, 1346). **IV.** Giessen, Nordbrabant, NL. **V.** HHS 4; LAGIS; Reichardt 1973. *DA*

Gifhorn **I.** Stadt und Sitz des Kreises Gifhorn, 41 799 Ew., NI. 1196 erste Erwähnung an einer Schutzburg (sichert die einnahmeträchtige Zollstätte). Unter den Welfenherzögen entsteht eine Vogtei, Verleihung des Marktrechts 1275, Erwähnung als *oppidum* 1332, Wikbelde-Rechte 1364; 1428 gehen Schloss und Siedlung an das Ftm. Lüneburg über. Schwere Zerstörungen in der Hildesheimer Stiftsfehde (1519–1523), beim Wiederaufbau wird das Schloss Gifhorn im Stil der Weserrenaissance neu gestaltet. 1539–1549 Residenzstadt des Hztm. Gifhorn, später Teil des Ftm Lüneburg in Celle, seit 1815 zum Kgr. Hannover, 1852 Stadtrecht, 1866 preuß. (Provinz Hannover), 1867 Sitz des Kreises Gifhorn, 1885 zum Reg.-Bez. Lüneburg, 1932 Sitz des neuen Kreises, ab 1939 Lkr., Gifhorn, seit 1978 im Reg.-Bez. Braunschweig (bis 2004). **II.** (vor 1196–1197, Kop. 14. Jh.) *[In Gefho]rne*, 1213 *aput Gifhorne*, 1277 *Gefhorn*, 1349 *to gifhorne*. **III.** Die Etymologie muss von einem Kompositum *Gifhorn* (eher als *Gefhorn*) ausgehen. Das Gw. *-horn* bedeutet in ON zumeist 'Winkel, Ecke, Spitze, Landzunge', oft als Vorsprung einer Landzunge in ein Gewässer oder in einen Wald. Unter Einbeziehung von ON wie *Giften* bei Hildesheim, (1100–1200) *In Giftenhem, in Gheftene, in Giftenem*, NI; *Ghyvelde* bei Dünkirchen, alt *Ghivalden, Givelde, Ghivelda; Giffeld* bei Stormbruch, Ftm. Waldeck (HE); *Giffeln* bei Neede, Gelderland (Niederlande), alt *Giflen, Giflo; Gevenkenhorst* bei Wiedenbrück (NRW), alt *Giflahurst, Givitanhurst, Givetenhorst* u. a. gewinnt man ein Bw. *Gif-*, das wahrscheinlich als nd. und nl. Variante von **gib-* zu verstehen ist und mit ahd. *gibil*, got. *gibla* 'Giebel' verglichen werden kann. Weiter verwandt sind wohl mit unterschiedlichen Ablautstufen und konsonantischen Auslautvarianten nhd. mda. *geifen, geiben, geipen* 'gähnen, gaffen, gierig verlangen', *Geifer*, d. dial. *geifen* 'gähnen, klaffen, verlangend blicken', nordd. *giepern, jiepern*, norwegisch mda. *gipa* 'klaffen machen, nach Luft schnappen', schwedisch dial. *gippa* 'Riss, Spalte', so dass *Gifhorn* als 'Landzunge in Dreiecks-, Gabelform' verstanden werden kann. Namengebend dürfte die Lage im Winkel des Zusammenflusses von Aller und Ise gewesen sein. **V.** GOV Gifhorn; Nds. Städtebuch; Roshop, U.: Gifhorn – das Werden und Wachsen einer Stadt. Gifhorn 1982. *JU*

Gilching **I.** Gem. im Lkr. Starnberg, 17 161 Ew., Reg.-Bez. Oberbayern, BY. **II.** 804 (Kop. von 824) *Kiltoahinga*, 870 *Kiltihhingen*, 1011 *Giltichinga*, ca. 1140–1162 *Giltihingen*, 1152/53 *Giltichingen*, 1212–1216 *Gidilchingen*, 1261 *Gilchingen*, ca. 1279–1284 *Gilchinge*, 1303 *Gilching*. **III.** Es liegt wohl ein PN wie *Geldiko* zugrunde, der durch das Zugehörigkeitssuffix ↗ *-ing* abgeleitet ist. **V.** Reitzenstein 2006. *WvR*

Ginsheim-Gustavsburg **I.** Gem. im Lkr. Groß-Gerau, 16 084 Ew., Reg.-Bez. Darmstadt, HE. Die Altgem. Ginsheim wurde 1248 durch König Wilhelm von Holland als *villa imperii* an die Grafen von Katzenelnbogen verpfändet. Danach im Besitz wechselnder Adelsfamilien (Münzenberg, Falkenstein, Isenburg). Im Jahre 1600 an die Landgrafschaft Hessen. Gustavsburg entstand 1632 als schwed. Festung auf der Mainspitze. Namen gebend war König Gustav Adolf. Noch im 17. Jh. wurde die Anlage geschleift. Im frühen 19. Jh. kam die weitgehend unbesiedelte Gemarkung an Ginsheim. Mit der Anlage des Hafenbahnhofs in Gustavsburg sowie dem Bau der Rheinbrücke entwickelte sich dieser Ortsteil zu einer frühen Arbeitersiedlung. 1930–1945 war die gesamte Gem. ein Stadtteil von Mainz. **II.** 1190 *[Or]* *Gimmensheim*; 1211 *Ginnesheim*, 1279 *Gynnensheim*, 1283 *Ginnisheim*. **III.** Das ca. 10 km südlich gelegene Geinsheim (↗ Trebur, Lkr. Groß-Gerau) zeigt in der kopialen Lorscher Überlieferung des 8. Jh. die Formen *Gemmineshem* und *Gemminisheim*. Hier dürfte derselbe PN ahd. **Gimming / *Gemming* (< **Gamming*?) oder *Gimmīn* zugrunde liegen, der auch bei Gimbsheim, Lkr. Alzey-Worms, RP (770–790, Kop., *Gimminheim, Gimmineshem*) erscheint. Formen wie *Gimminheim* lassen alternativ auf den Ansatz eines schwach flektierenden PN *Gimmo* schließen. Unklar ist die Anknüpfung dieses Namens an ein App. wie ahd. **gaman* 'Vergnügen, Freude' oder *gimma* 'Gemme, Edelstein' oder *ginēn* 'gähnen, brüllen'. V. Kaufmann 1976; Löffler, Falkenstein; Müller, Starkenburg; Oculus Memorie. *TH*

Gladbeck I. Stadt im Kr. Recklinghausen, 75 811 Ew., Reg.-Bez. Münster, NRW. Kirchdorf im kftl.-kölnischen Vest Recklinghausen, 1803 zum Hztm. Arenberg, 1811 zum Ghztm. Berg, 1813 preußisch, 1919 Stadt, 1921–1975 kreisfrei, kurzfristig (1975) Teil der Stadt Bottrop, Kohlebergbau bis 1971. II. Nach 900 *Gladbeki*, 1020(?) *Gladebeche*, um 1150 *Gladebach*, 1229 *Gladbeke*. III. Ursprünglich liegt ein GwN vor, der dann auf die nahe liegende Siedlung übertragen worden ist. Er setzt sich zusammen aus einem Adj. and. *glad*, hd. *glatt* 'glatt, glänzend' als Bw. und im Gw. ↗*-beke*, ↗*-bach*. Das Bw. ist bei GwN häufig. Deutung also: 'glänzender, glatter Bach'. IV. Gladbach, Kr. Düren, ↗Bergisch-Gladbach, Rheinisch-Bergischer Kr., Mönchengladbach, alle NRW. V. Werdener Urbare A; RhUB; Holder-Egger, O. (Bearb.): Thioderici Aeditui Tuitiensis Opuscula. In: MGH SS 14. Hannover 1883 (Nd. 1988); Derks, P.: Zu den Ortsnamen Gladbeck und Gelsenkirchen. In: Vestische Zs. 82/83 (1983/1984). *schü*

Gladenbach I. Stadt im Lkr. Marburg-Biedenkopf, 12 299 Ew., 12 km sw Marburg, Reg.-Bez. Gießen, HE. 1937 Stadtrechte. Eisenverhüttung, -gießerei (Öfen), Modell-, Formenbau, Landwirtschaft. Kirschenmarkt (seit Mitte 20. Jh.). Bis 1974 vierzehn Orte eingem.; bis 30. 6. 1974 Lkr. Biedenkopf. II. 1237 *Gladebach*, 1244 *de Gladenbach*. III. Am Kehlnbach gelegen, früh als *Gladebach* (< mhd. *glat* 'glatt, glänzend', mit -d- durch binnendeutsche Konsonantenschwächung, und ↗*-bach*). IV. ↗Bergisch Gladbach, Rheinisch-Bergischer Kreis, NRW; ↗Mönchengladbach, NRW. V. Reuling 1968; Huth, K.: Gladenbach. Eine Stadt im Wandel der Jahrhunderte. Biedenkopf 1974. *FD*

Glan-Münchweiler I. Gem. und gleichnamige VG (seit 1972) im Lkr. Kusel, 9701 Ew., am Glan (zur Nahe), Nordpfälzer Bergland, RP. 13 Gem. in der Urlaubsregion Ohmbachsee-Glantal, Teil des sog. „Kuseler Musikantenlandes". Der namengebende Hauptort ist eine Gründung des Klosters Hornbach und seit dem MA Amtssitz zweier Schultheißen (Pfalz-Zweibrücken, Haus von der Leyen). 1813 kamen die Orte an das Kgr. Bayern, in dem die Gem. Bettenhausen die kleinste sich selbst verwaltende Gem. war. Seit Anf. 19. Jh. Diamantenschleiferei in Steinbach am Glan und Steinkohleförderung in der Region. II. 1296 *Munchwilr*, 1309 *Wylre, Múnich-wilre*, 1336 *Monichwilre vff dem Glane*; *Münchweiler am Glan* (1824). III. Das Bw. geht auf ahd. *munih* 'Mönch' zurück, das Gw. ist ↗*-weiler*. Der Gesamtname ist als 'Hof, Vorwerk der Mönche, eines Klosters' zu deuten. Der Zusatz meint den Fluss und ist ein kelt. GwN **Glanis*. Er diente zur Unterscheidung von Münchweiler an der Alsenz und an der Rodalb in der Nähe. IV. ↗Altenglan, Lkr. Kusel, RP. V. Pöhlmann, C.: Regesten der Grafen von Zweibrücken aus der Linie Zweibrücken. Bearb. und ergänzt durch A. Doll. Speyer 1962; HSP. *JMB*

Glarus I. Hauptort des gleichnamigen Kantons im Talgrund am Fuß des Glärnisch und am Fluss Linth, 5892 Ew. Im Glarner Dialekt lautet der ON *Glaris*. Ältester Bau der Pfarrkirche aus dem 6. oder 7. Jh. Glarus liegt im n Bereich des Kantons, dessen alte Siedlungsnamen rom. sind. Wirtschaftshistorisch bedeutsam ist der im 18. Jh. einsetzende Textildruck. II. Ende 8. Jh. *Clarona*, Mitte 9. Jh. *Clarona*, 1178 *in Clarona*, 1250 *de Glarus*. III. Glarus wird auf lat. *clarus* 'hell, glänzend, leuchtend' zurückgeführt. Als Ausgangspunkt ist eine Form **Clârôna-s* mit analogem -s in Angleichung an die häufigen echten Bildungen mit dem alten rom. Nominativ -s anzusetzen. Motivisch wird dabei an helle Stellen bzw. unbewaldetes Gelände gedacht. Das Motiv könnte durchaus in der durch die ungebändigte Linth geprägten Flusslandschaft gelegen haben. Die Ortsbewohner werden Glarner genannt. IV. Vgl. den Namen New Glarus im Bundesstaat Wisconsin, USA (auch *New Glaris* genannt, eine typische Auswanderersiedlung mit Übertragung des Namens der alten Heimat in das neue Land). V. HLS 5; Walch; LSG. *VW*

Glatz // Kłodzko ['kwɔdzkɔ] I. Kreisstadt, 28 034 Ew., Woi. Niederschlesien // Dolny Śląsk, PL. Die Stadt an der Glatzer Neiße geht auf eine alte böhm. Befestigung am Weg von Prag nach Schles. zurück; 80 km s von Breslau im Zentrum des Glatzer Bergkessels. Sie ist der älteste hist. belegte Ort in Schles., schon 1114 als Stadt bezeichnet, Anfang 13. Jh. Magdeburger Stadtrecht. Zentrum des gleichnamigen Fürstentums, von 1137 bis 1741 meist von Böhmen abhängig. Stark ausgebaute Festung im 17./18. Jh. Kreisstadt, Reg.-Bez. Breslau, NS, (1939) 20 575 Ew., 1945 weitgehend unzerstört. II. Ca. 981 *Cladsco*, 1175 *Cladesc*, 1252 *Claz*, 1268 *Glaz*. Polonisierung des ON: 1789 *Glozko, Kluczko*, 1945 *Kłodzko*. III. Von tschech. *kláda* 'Stamm, Stumpf, Klotz' (vgl. poln. *kłoda* dasselbe; urslaw. **kolda* 'großes Stück Holz, Stamm, Stumpf'), verm. als Bezeichnung eines gerodeten Platzes im Wald. Der ON hat urspr. das slaw. Suffix -*bsko*, welches im Zuge der lautlichen und morphologischen Adaptation des ON an das D. im 13. Jh. reduziert wird (vgl. auch die Substitution in der latinisierten Form *Glac-ovia* 1253). Alle frühen Formen zeigen die atschech. Lautung; apoln. wäre die Umlautung des Vokals zu *kłod-* zu erwarten. Die atschech. Namenform ist auch Grundlage der Eindeutschung. Repolonisierende Formen der Neuzeit zeigen Schwankungen beim Anlaut, wo die stimmhaften (d.) Formen auf *g-* oder die stimmlosen (slaw.) auf *k-* auftreten. Auch beim Stammvokal zeigt sich Variation: *-a-* (d., tschech.) oder *-o-* (dial. schles., poln.; vgl. bereits den d. dial. Beleg *Glocz* 1405) bzw. *-u-* (dial. poln.). Die heutige Namenform wird erst 1945 amtlich als Rekonstruktion aus den unbelegten apoln. Lautverhältnissen eingeführt. **V.** Schwarz 1931; Jungandreas 1937; SNGŚl. *ThM*

Glauchau **I.** Große Kreisstadt im Landkreis Zwickau, 24 991 Ew., an der Zwickauer Mulde, am Rande des Erzgebirgsbeckens, SN. Um 1170 d. Rittersitz, Mitte d. 13. Jh. planmäßig angelegte Stadt, Zentrum der Schönburgischen Herrschaften bis 1918. Geburtsort von Georg Agricola. Im 19. Jh. Zentrum der Textilindustrie. H. wirtschaftl. bedeutend durch Maschinenbau, Fahrzeugbau und Textilindustrie. **II.** 1240 de *Gluchowe*, 1360 *Gluchow*, 1418 *Glucha*. **III.** Zum asorb. Adj. *głuchy* 'still', in der Bedeutung 'stiller Ort, dichter Wald', vgl. das App. *głušina* 'Waldesdickicht'. Die Gf. *Głuchov-* folgt dem Typ App. + Suffix *-ov*, wobei das App. Wald, Bäume usw. bezeichnete. Nicht zu einem PN. **IV.** Ober- und Nieder-Glaucha, OT von Zschepplin, Lkr. Nordsachsen, beide SN. **V.** HONS I; SNB; DS 39. *EE, GW*

Gleichen **I.** Gem. im Lkr. Göttingen, 9 411 Ew., sö von Göttingen, Reg.-Bez. Braunschweig (bis Ende 2004), NI. Die im 12. Jh. erbauten zwei Burgen auf den Bergen Gleichen waren seit 1235 im welfischen Besitz, kamen jedoch 1270 an die von Uslar(-Gleichen); Alten-Gleichen blieb im Besitz der Familie, während Neuen-Gleichen 1451 an Hessen verkauft wurde; beide adlige Gerichte fielen 1815 bzw. 1816 an Hannover. **II.** 1118–37 *Lichen* [F. 13. Jh., Kop. 15. Jh.], 1196 *Gelichen*; *Gleichen* (um 1588). **III.** Der Name beruht auf dem App. mnd. *līk*, mhd. *līch* 'gleich', das neben gleichbedeutendem mnd. *g(e)līk*, mhd. *g(e)līch* steht und im Namen substantiviert ist. Beide Varianten erscheinen im Namen, bis sich im 16. Jh. die *-g-*haltige Form durchsetzt. Auffällig ist, dass der Name stets in hd. Form erscheint. Der Name bezog sich zunächst auf die beiden Berge und wurde dann auf die dort errichteten Burgen übertragen, die, nach dem Alter unterschieden, als *Altengleichen* (*olden huse to den Lichen*) und *Neuengleichen* (*niegen huse to den Lichen*) bezeichnet wurden. Die heutige Gem. ist nach den Bergen bzw. den dortigen Burgen benannt. **V.** HHS 2; NOB IV. *KC*

Gleiwitz // Gliwice [gli'vitsɛ] **I.** Kreisfreie Stadt (seit 1999) in der Woi. Śląsk, 196 669 Ew., an der Klodnitz // Kłodnica, auf dem westlichen Teil der oberschlesischen Platte, PL. Gegründet 1276 als Stadt mit deutschem Recht neben der älteren slawischen Siedlung, später Alt Gleiwitz. Bis 1289 im Kgr. Polen, danach an Böhmen, 1526 an Habsburg, 1742 an Preußen. Im 19. Jh. zur bedeutenden Industriestadt in Oberschlesien geworden. In der Volksabstimmung 1921 stimmten 78,6 % der Wahlbeteiligten für den Verbleib bei Deutschland. Nach der Teilung Oberschlesiens Verkehrs-, Verwaltungs- und Kulturmittelpunkt des bei Deutschland gebliebenen Industrie reviers. Stadtkreis im Reg.-Bez. Oppeln (bis 26. 10. 1939), Reg.-Bez. Kattowitz (1939–1945); 117 240 Ew. (1939). Eisenindustrie (1813 wurden in der Kunstgießerei die ersten „Eisernen Kreuze" gegossen), Technische Universität (gegr. 1945, z.Zt. ca. 32 000 Studenten). **II.** 1276 *Gliwiz*, 1283 *Gliviche*, 1294 *Gliwice*; *Gleiwitz* (1737). **III.** Die Herkunft des Namens ist nicht eindeutig. Vielleicht urspr. ein patronymischer ON *Gliwicy 'Leute des Gliwa'*, mit dem Suffix *-ice*, d. ↗ *-itz*, zum PN *Gliwa*, abgeleitet vom urslaw. *gliva* 'Staubschwamm, Staubpilz' oder vom Adj. *gliwy* 'lehmig, auch schlüpfrig, glitschig, klebrig'; vgl. *gliwieć* 'faulen, schmierig werden'. Phonetisch ins D. übernommen. Schreibung mit Diphth. *-i-* zu *-ei-* setzt sich im 17. Jh. durch. Neben dem d. Namen *Gleiwitz* war über Jahrhunderte die poln. Benennung *Gliwice* im Gebrauch. **IV.** MV; Hlivice, CZ; Glew, Glewic bei Kraków, PL. **V.** SNGŚl; Rymut NMP. *MCh*

Glienicke/Nordbahn **I.** Gem., Lkr. Oberhavel, 10 461 Ew., an der Nordgrenze von Berlin, BB. Im Ortskern ist Glienicke ein typisches Angerdorf. Durch die Nähe zu Berlin und beträchtliche Zuzüge vergrößerte sich seit Beginn des 20. Jh. die Einwohnerzahl. Großen Einfluss auf die Entwicklung des Ortes hatte die 1877 erfolgte Eröffnung des Streckenabschnitts der Nordbahn Berlin-Oranienburg-Neustrelitz. **II.** 1412 *czu glyneck*, 1450 *Glinickow*, 1624 *Glienicke*. **III.** Der Name bezeichnete einen Ort, wo Lehm vorkommt, Gf. apolb. *Glin'nik*, *Glinik* oder *Glinky*. Der Name wurde von apolb. *glina* 'Lehm' mit einem *-k-*Suffix gebildet. Der Zusatz *Nordbahn* bezieht sich auf die oben genannte Bahnstrecke, um den Ort von den zahlreichen gleichnamigen in Brandenburg abzugrenzen. **IV.** Ähnlich Alt-, Neuglienicke, Klein Glienicke, OT von Berlin. **V.** Riedel C I; BNB 5. *SW*

Glinde nd. Glinn **I.** Stadt im Kr. Stormarn, 16 183 Ew., unmittelbar ö von Hamburg, SH. 1229 erstmals urk. erwähnt, zum Zisterzienserinnen-Kloster Maria Magdalena, 1544 Schleswig-Holstein, Ort Glinde kommt zum neu gegründeten Amt Reinbek, 1867 an Preußen und Gründung des Kr. Stormarn, dem es seitdem angehört, 1896 Ausgliederung aus dem Amtsbezirk Reinbek und zum Amtsbezirk Ohe, 1948–1978 Amt Glinde, 1979 Stadtrecht. Großindustrie, Glinder Mühle (h. Heimatmuseum). **II.** 1229 *villam nostram Glinde [Or]*, 1492 *thom Glinde*, 1696 *in dem Dorf Glinde*. **III.** Der Name *Glinde* geht zurück auf das mnd. *glint*, das sich ins neuniederdeutsche *glind* wandelte und 'Zaun aus Latten, Einfriedung, Umfassung' bedeutet. *Glinde* bezeichnet also eine 'eingefriedete bzw. umzäunte Siedlung'. **IV.** Glinde, Kr. Ostholstein, Glindesmoor, Glindhof, beide Kr. Steinburg, alle SH. **V.** Laur; Haefs. *GMM*

Gliwice ⟶ Gleiwitz

Glogau // Głogów ['gwɔguf]
I. Kreisstadt, 68 016 Ew., Woi. Niederschlesien // Dolny Śląsk, PL. 90 km nw von Breslau an einem Oderübergang gelegen. Schon im 11. Jh. ein befestigter Ort auf einer Oderinsel, der im Zuge der d. Besiedlung erweitert wurde. 1253 Magdeburger Stadtrecht. 1251–1481 ist Glogau Residenz des gleichnamigen Fürstentums. Nach dem Dreißigjährigen Krieg wird 1652 hier eine der drei ev. schlesischen Friedenskirchen erbaut (1758 abgebrannt, Neubau von C. G. Langhans, 1945 erneut niedergebrannt). Unter preuß. Herrschaft seit 1742; kreisfreie Stadt (seit 1920), Reg.-Bez. Liegnitz, NS, (1939) 33 495 Ew. Handelsstadt mit Oderhafen. Schwerste Kriegszerstörungen Anfang 1945. 1957 Entdeckung von Kupfererzen; Hütten- und Buntmetallwerke. **II.** 1010 *Glogua*, 1444 *Glogaw*, 1503 *Grossenglogaw*. **III.** Von einem poln. Beziehungsadjektiv *głogowy* zu *głóg* 'Weißdorn' (< urslaw. **glogъ* 'ein dorniger Busch'), vielleicht auch zu einem entsprechenden PN. ON zu 'Weißdorn' stellen ein verbreitetes Benennungsmotiv in vielen slaw. Ländern dar. Ab dem 15. Jh. wird die Stadt zur Unterscheidung von gleichnamigen Orten in Schles. mit dem Attribut *Groß-* (lat. *maior*) versehen. Im MA finden sich Bildungen auf die Suffixe *-ow* m. (*Glogov* 1134) und *-owa* fem. (*Glogowa* 1157; vgl. die latinisierte Form *Glogovia*). Grundlage für die Eindeutschung ist die m. Namenform. Diese war auch im Poln. kontinuierlich in Gebrauch. **IV.** U. a. Oberglogau // Głogówek, Woi. Oppeln, PL. **V.** RymNmiast; Rymut NMP. *ThM*

Głogów ⟶ Glogau

Głogówek ⟶ Oberglogau

Glonn
I. Markt und gleichnamige VG (mit weiteren 5 Gem.) im Lkr. Ebersberg, 12 690 Ew., Reg.-Bez. Oberbayern, BY. Seit 1901 Markt. **II.** 859–864 *Glana*, ca.1010–1020 *Glana*, 1042–1046 *Clana*, 1127–1147 *Glane*, 1315 *Glan*, 1582 *Glon*, 1671 *Glonn*. **III.** Der Markt liegt an der Glonn (zur Mangfall, zum Inn), 774 (Kop. 824) *Clana*. Der GwN *Glonn* ist der kelt. Reliktname **Glanā*, der dem Fem. des Adj. kelt. **glano-s, -ā*, ai. *glan* 'rein, klar, glänzend', entspricht. **IV.** Glonn, OT von Markt Indersdorf, Lkr. Fürstenfeldburg, BY; Glandorf, Glanegg, Glanhofen, alle drei Kärnten, A; Glanhofen/Maxglan, Salzburg, A. **V.** Reitzenstein 2006; Greule, DGNB. *AG*

Głubczyce ⟶ Leobschütz

Głuchołazy ⟶ Ziegenhals

Glückstadt
dän. Lykstad **I.** Stadt im Kr. Steinburg, 11 707 Ew., an der Unterelbe, vom Rhin durchflossen, nw Hamburgs, direkte Nähe zu Itzehoe, SH. 1617 durch Christian IV., König von Dänemark und Herzog von Schleswig und Holstein, gegr., 1649 Verwaltungszentrum für die dän. Landesteile in Schleswig und Holstein, 1867 zu Preußen. Elbfähre, Hist. Stadtkern (Beispiel für auf dem Reißbrett entworfene Residenzstadt), Brockdorff-Palais (h. Museum und Stadtarchiv). **II.** 1617 *die Glückstadt genannt werden soll [Or]*, 1672 *unsrer Veste Glückstadt*. **III.** Der ON entspricht den in jener Zeit häufig gegebenen Wunschnamen als diejenige 'Stadt, die Glück bringen soll'. **V.** Laur. *GMM*

Gmünd
I. Bezirkshauptstadt, 5 604 Ew., Grenzstadt (zur Tschechischen Republik) im nw Waldviertel, am Zusammenfluss von *Lainsitz* und *Braunaubach* (urk. † *Schrems* [s. **II.**]), NÖ, A. Planmäßig durch Kuenringer angelegte Grenz- und Burgstadt des 12./13. Jh., 1278 Markt, Ackerbürgerstadt; Sgraffito-Häuser des 16. Jh.; 1810 Freikauf der Stadt aus dem Untertänigkeitsverhältnis; bedeutende Industrialisierung (Textilgewerbe) nach Errichtung der Eisenbahnlinie Eggenburg-Gmünd-Budweis (1869) und Verlängerung nach Prag (1871); seit Friedensvertrag von St. Germain 1920 geteilte Stadt (Grenzverschiebung zugunsten der neu entstandenen Tschechoslowakei); Stadtteil Gmünd II entstand aus Barackenlagern (Flüchtlingsunterkünfte des 1. Weltkriegs); im NO Naturpark 'Blockheide' mit bemerkenswert ausgebildeten Granitblöcken ('Restlinge') und tundraartiger Vegetation. **II.** (indirekt:) 1179 Kop. 1290 *Austrie ... et Bohemie ... usque ad concursus duorum rivulorum, quorum unus vocatur Schremelize, alter Lunsenice*, um 1255/59 *judicium in Gimunde*. **III.** Lat. *concursus* bedeutet 'Zusammenfluss', die d. Ben. geht auf mhd. *gemünde* 'Mündung' zurück. Bemerkenswert ist der Erhalt des Umlauts im Gegensatz z.B. zum etym. ident. ON ⟶ *Gmunden*, OÖ. **V.** ÖStB 4/1; Schuster 2. *ES*

Gmunden [ˈg̊munden]. **I.** Stadt und Verwaltungssitz im gleichnamigen Pol. Bez., 13 168 Ew., am Ausfluss der Traun aus dem Traunsee, OÖ, A. Stadtanlage wohl 2. Hälfte 13. Jh., 1270/80 als Salzmaut bezeigt. Mittelpunkt des Salzkammergutes (Name seit 1656) als Umschlagplatz des Salzhandels von Hallstatt und ↗ Bad Ischl und Sitz des landesfürstlichen Salzamtes seit 1335 zur Verwaltung der Salzerzeugung und -belieferung der habsburgischen Donauländer bis ins 19. Jh. 1862 Kurstadt. **II.** Ca. 1270 *muta in Gmunden*, ca. 1335 *vor der stat ze Gmunden*. **III.** Von mhd. *gemunt* 'Mündung' als Dat. Pl. wohl mit Bezug auf einst mehrere Arme des Ausflusses der Traun aus dem Traunsee. **IV.** Gmünd, NÖ. **V.** OÖONB 6; ÖStB 1; HHS Lechner. *PW*

Gnarrenburg I. Gem. im Lkr. Rotenburg (Wümme), 9 396 Ew., NI. Der Ort entstand bei einer wohl im 13. Jh. errichteten, h. verschwundenen Burg, die auch als Zollstelle genutzt wurde. Burg und Ländereien gingen 1605 in den Besitz der Familie von Issendorff über. 1752 erwarb der hannoversche Staat den Hof zur Gnarrenburg, eine Vogtei wurde eingerichtet, der Moorkommissar Jürgen Christian Findorff wählte den Ort als Zentrum für die neu geschaffenen Moorkolonien entlang des Oste-Hamme-Kanals. 1846 Gründung der Glasfabrik 'Marienhütte', Glasmuseum. 1904 wurde der kleinere Ort Gnarrenburg mit Geestdorf zusammengelegt. **II.** Um 1500 *Gnarrenborch by dem more*. **III.** Bildung mit dem Gw. ↗ *-burg*, nd. *-borg* 'Burg, befestigte Stätte'. Im BW ist wohl an nd. *gnarren* 'knarren, knirschen' zu denken, bezeugt auch in nl. *gnarren*, englisch *gnar*, schon mnd. *gnarren* 'knurren (vom Hund)'. Wahrscheinlich steht das Verb hier in einer Partizipialform, ähnlich etwa wie bei *Schulenburg* < *bi der schulenden borch* 'eine verborgene, eine im Versteck lauernde Burg', also zu verstehen als 'die knarrende Burg'. **IV.** Semantisch ähnlich Quakenbrück ('die knirrschende, knarrende Brücke'), Lkr. Osnabrück, NI. *JU*

Goch I. Stadt im Kr. Kleve, 34 043 Ew., an einem Übergang über die Niers gelegen, Reg.-Bez. Düsseldorf, NRW. Als Stadt seit 1261 bezeugt. **II.** 2. Hälfte 11. Jh. *de Gohhe*, um 1200 *de Gogge*, 1297 *Gog [Or]*, um 1300 *Goych*. **III.** Der Name hat mit dem von Kaufmann (1973) vermuteten mnl. *gooc* 'Kuckuck, Narr' nichts zu tun. Die Schreibungen mit den auslautenden Reibelauten können nicht auf die Zweite Lautverschiebung zurückgehen, da sie nicht aus hochdeutscher Überlieferung stammen. Gleichwohl kann der Name, anders als von Derks angenommen, aus dem Germ. erklärt werden. Zugrunde liegt das in mnl. *ooi, ooye*, mnd. *oog* 'Aue, Land am Fluss, Insel' vorliegende Wort (↗ *-oog*), das mit *ge-* (wohl in Funktion eines Kollektiva bildenden Elements) präfigiert ist und dessen Vokal in Kontakt mit dem vokalischen Anlaut ausfiel (wie bei d. *gönnen*, nl. *gunnen*, vgl. ahd. *gi-unnan*). Der ursprüngliche Langvokal im Haupton ist offenbar noch in dem Beleg von 1300 bewahrt, wurde später jedoch verkürzt (h. [gɔχ], wohl wie rhein. *genug* [gəˈnuχ] für standardsprachlich [u:]). Für das auslautende *-g* hat sich die Reibelaut-Graphie durchgesetzt. Der Name ist somit als 'Gelände am Wasser' zu deuten. Ohne das Präfix ist zugrunde liegende germ. **a(g)w-j-ō-* 'Land am Wasser' in Toponymen häufig. **V.** HHS 3; Rooth, E.: Nordseegerm. Studien, I. 1979; Derks, Weeze. *Tie*

Goldap // Gołdap [gowdap] **I.** Kreisstadt im gleichnamigen Lkr. (seit 2002), Woi. Warmińsko-Mazurskie (Ermland-Masuren), 13 275 Ew., PL. Im NO Polens, am Goldaper See // jezioro Gołdap. Gegr. im 16. Jh., um Ostpreußen in der Nähe der Grenze zu Litauen zu schützen, 1570 Stadtrecht. Die Stadt entwickelte sich dank der nahen Flussüberquerung von Litauen nach Königsberg. 1920 stimmte die Bevölkerung in der Volksabstimmung für den Verbleib bei Deutschland; seit 1945 zu Polen., 1975–1998 Woi. Suwałki (Suwalken), seit den 90-er Jahren Entwicklung des Tourismus, seit 2000 Kurort. **II.** 1555–1556 *Caldappe*, 1557–1558 *Goldappe*, 1564 *Goltappen*, 1576 *Goldap*, 1946 *Gołdap, Goldap*. **III.** Der ON leitet sich von apreuß. **Goldape* her, das aus apreuß. *galdā* 'Mulde, Trog' und *ape* 'Fluss' gebildet wurde. Die poln. Form *Gołdap* gehört zu den fem. Bildungen mit dem Suffix *-jь*. **V.** Rymut NMP; Przybytek; RymNmiast. *IM*

Goldbach I. Markt im Lkr. Aschaffenburg, 9 770 Ew., Reg.-Bez. Ufr., BY. Ab Mitte des 15. Jh. zu Mainz, seit 1814 zu Bayern. 1995 Marktgemeinde. **II.** 1354 *zu Golczbach*, 1380 *Golpach*, 1397 *zu Golppach*. **III.** Der Markt ist benannt nach dem Bach, der dort in die Aschaff mündet. Gf. des Namens ist **Goltes-bach* > *Goltsbach*, mit Sprecherleichterung *Golpach/-bach*. *Goltes-* ist der Gen. des PN **Golt*, einer Kurzform für PN mit einer Vollform wie *Herigolt* usw. Der Name ist nachträglich an den häufigen ON *Goldbach* angeglichen worden. **V.** Sperber, R.: Das Flussgebiet des Mains. Stuttgart 1970. *AG*

Goldberg // Złotoryja [zwɔtɔˈrija] **I.** Kreisstadt, 16 479 Ew., Woi. Niederschlesien // Dolny Śląsk, PL. Die 1211 d. gegründete Stadt liegt oberhalb der Katzbach auf einer Anhöhe, 75 km w von Breslau. Eine ältere slaw. Siedlung *Kopacz* (zu *kopać* 'graben') befindet sich im Tal am Fluss, wo schon früh Gold gewaschen wurde. In Goldberg entsteht ein Goldbergwerk, dessen Betrieb allerdings bald zum Erliegen kommt. Magdeburger Stadtrecht erhält die Stadt 1292. 1540 wird hier das erste humanistische Gymnasium in Schles. errichtet. Wirtschaftl. wird die Stadt bis ins 19. Jh. durch Tuchmacher bestimmt. Sitz des Kr. Goldberg-Haynau, Reg.-Bez. Liegnitz, NS, (1939) 7860 Ew. Seit 1939 industrieller Kupferbergbau, der nach 1945 ausgebaut und erst 1974 eingestellt wird. **II.** 1201 *Aurum*, 1217 *in Aureo Monte*, 1262 *Goltberch*, 1325 *Goltberg*. Polonisierung des ON: 19. Jh. *Złota Góra*, *Złotoryja*. **III.** Die ältesten Quellen belegen nur die lat. Namenform, die sich inhaltlich auf den Goldbergbau bezieht. Der mhd. Name *golt* 'Gold' und ↗*-berg* tritt in schriftlicher Form erst in der 2. Hälfte des 13. Jh. auf. Mitunter findet sich die oberdeutsche Lautung (*Goltperk* 1404). Poln. Benennungen der Stadt haben keine ma. Vorlage und treten erst im 19. Jh. auf. 1945 wird die Bildung *Złotoryja* amtlich (zu *złoto* 'Gold' und *ryj-* als Abl. von *ryć* 'graben, wühlen', mit dem fem. Wortbildungssuffix *-a*). **IV.** ↗Goldberg, Lkr. Parchim, MV; Goldberg, OT von ↗Sindelfingen, Lkr. Böblingen, BW; Goldberg, OT von ↗Nieder-Olm, Lkr. Mainz-Bingen, RP. **V.** Jungandreas 1937; RymNmiast. *ThM*

Goldberg-Mildenitz **I.** Amt (Stadt Goldberg und sieben weitere Gem.) im Lkr. Parchim, 7633 Ew., Verwaltungssitz in Goldberg, an der Mildenitz im Naturpark Nossentiner/Schwinzer Heide, ca. 30 km s von Güstrow, MV. Goldberg: Urspr. slaw. Siedlung, 1248 Stadtgründung durch Fürsten von Mecklenburg-Parchim, 1701–1934 zu Mecklenburg-Schwerin, Anfang des 19. Jh. Erschließung einer eisenhaltigen Quelle, für wenige Jahrzehnte Kurbad, Ackerbürgerstadt; h. Handel, Gewerbe, Fremdenverkehr. Mildenitz: Name eines die Region querenden Gewässers und Name eines vormaligen Amtes. **II.** 1227 *in Golss*, 1231 *Goltz*, 1248 *in Goltberch* (Kop.), 1261 *in villa Goltberge*, 1294 *oppidum Goldberghe*. **III.** Dem ON liegt ein apolb. FlN *Golec oder *Golica zugrunde; die unbetonten Vokale in den häufig für FlN genutzten Suffixen *-ec* und *-ica* sind bei der Eindeutschung des Namens verloren gegangen. Das App. lässt sich als slaw. *gola 'kahler Ort; Heide' rekonstruieren. Mit Zuzug d. Siedler wurde der ON vermutlich zunächst mit ↗*-berg* erweitert und schließlich das d. Appellativum *Gold* eingedeutet. Der Zusatz *Mildenitz* ist ein alter FluN (1237 *Milnitz*, 1256 *Milniz*, 1272 *Mildenizce*, 1274 *Milnitze*, 1283 *Mildeniz*) mit für slaw. FluN typischem Suffix *-nica*, Abl. vom Adj. **mil-* 'lieb'. **IV.** U. a. Goldewin, OT von Mistorf, Lkr. Güstrow; Mildenitz, Lkr. Mecklenburg-Strelitz, beide MV. **V.** MUB I–III; HHS, Bd. 12; Trautmann ON Meckl.; Eichler/Mühlner. *MN*

Goldenstedt **I.** Gem. im Lkr. Vechta, 9316 Ew., w der Hunte, Reg.-Bez. Weser-Ems (bis Ende 2004), NI. Die territoriale Zugehörigkeit von Goldenstedt häufig wechselnd und umstritten zwischen dem Hochstift Münster, den Grafen von Wildeshausen, denen von Suthorst, den Grafen von Diepholz und den Herzögen von Braunschweig-Lüneburg; 1803 an das Hztm. Oldenburg. **II.** Um 1080 *Goldensteti* [Kop. 14. Jh.], 1080–1088 *Goldenstide*, 1292 *Goldenstede*; *Goldenstaedt* (1805). **III.** Bildung mit dem Gw. ↗*-stedt* und dem schwach flektierenden KN *Goldo im Gen. Sg., der im asä. Raum nicht bezeugt ist. Das Appellativ asä. *gold*, mnd. *golt* kommt wegen des *-en-* nicht in Betracht; das Adj. *golden* ebenfalls nicht, da es mnd. *gülden* lautet. Deutung also: 'Siedlung des Goldo'. **V.** HHS 2. *UO*

Goleniów ↗Gollnow

Göllheim **I.** Gem. und gleichnamige VG (seit 1972) im Donnersbergkreis, 12 035 Ew., im Nordpfälzer Bergland, RP. 13 Gem., von denen Göllheim im 14. Jh. Stadtrechte erhielt. Aus dem MA stammt ein alter Königshof. 1298 Schlacht auf dem Hasenbühl zwischen Adolf von Nassau und Albrecht I. von Österreich und 1309 Errichtung des Sühne- oder Königskreuzes von Göllheim. Die VG ist von Landwirtschaft, vom Weinbau, Tourismus und Reitsport geprägt. **II.** 770 *Gylnheim* (Kop. 1430), 1533 *Gellheim*; *Göllheim* (1796). **III.** Das Bw. ist der ahd. PN *Gil(l)o*, Gen. Sg. *Gillin-*, der mit dem Gw. ↗*-heim* zum ON wurde und als 'Wohnstätte des Gil(l)o' zu verstehen ist. Im 16. Jh. Ausfall des *-n-*, seit 18. Jh. hyperkorrekte Schreibung mit *-ö-*, die bis h. amtlich ist. **V.** Acta Academiae Theodoro-Palatinae, Bd. VI. Mannheim 1789; HHS 5; FP; HSP; Haubrichs 2000b. *JMB*

Gollnow // Goleniów [gɔˈlɛnˑjuf], pom. Gòlnowò **I.** Kreisstadt im gleichnamigen Kr. (Powiat goleniowski), 22 377 Ew., im w Teil der Woi. Westpommern, PL. 35 km nö von Szczecin, in einer Tiefebene (Równina Goleniowska), am Rande der Gollnower Heide (Puszcza Goleniowska) gelegen. Durch Goleniów fließen die Ihna // Ina (einer der längsten Flüsse Westpommerns) sowie deren Zuflüsse Wiśniówka und Struga Goleniowska. 1939 Stadt im Kr. Naugard, Reg.-Bez. Stettin, Provinz Pommern; Woi. Szczecin (1946–1998), Westpommern (seit 1999). **II.** 1218–33 *Golinog*, 1226 *Golnov*, 1248 *Golenoge*, 1248 *Golenoge // Golnowe*, 1268 *novella civitas Gollenog, que nunc Vredeheide appellatur*, 1291 *Gholnowe*, 1295 *Golnowe*, 1327 *civitatis Golnow*, 1486 *golnow*, 1512 *Golnow*, 1537 *stat Golnow*, 1618 *Golnow*, 1789 *Gollnow*, 1827 *Gollnow*, 1881 *Golinowo*, d. Gollnow, anders *Kładkowo*, 1951 *Goleniów – Gollnow*, 1980 *Goleniów, -niowa*, 2002 *Goleniów (Golanowo, Gołonóg), Gollnow*. **III.** Der slaw. Name *Golъjьnogъ oder *Golonogъ, **Golьnov-* ist als poss. Name anfangs gleich dem PN *Golynogъ, *Golonogъ = *Gołonóg* 'jemand, der bloße Füße hat', vgl. *golobordъ 'Mensch ohne Bart', *gologolъ 'barhäuptiger Mensch'. Man kann den Namen auch als einen topografischen (mit humoristischem Charakter) auffassen: als Bezeichnung für das Gebiet, das ohne Schuhe betreten werden musste, um es nicht schmutzig zu machen, vgl. Adj. *goły* 'nackt, bloß' (vgl. nsorb. App. *góla* 'Steppe, Einöde, Wald') und das App. *noga* 'Bein, Fuss'. Die Formen *Golinoge, Golinog* sind Anzeichen für die Spezifik der altdeutschen Schreibung (-*g*- anstatt -*v*-). Deshalb sind die ältesten Schreibungen als *Golinow, Goleniów* zu lesen und stehen im Zusammenhang mit dem App. *gola* 'kahles Gelände, waldloses Land, Ebene'. In späteren Schreibungen erscheint der verkürzte Name *Golъn- mit Suffix *-*ov*-. Die urspr. Form *Golonogy weist auf die Herkunft vom PN *Golъjьnogъ oder *Golonogъ 'jemand, der blosse Füße hat' hin, vgl. PN vom Typ *Gołobuta, Kosonog, Stonog*. Man kann auch nicht ausschließen, dass es ein Stammesname im Pl. war, vgl. Schreibungen mit Endung -*e*. Parallel zu diesen Formen erscheint nach dem Muster der zahlreichen ON mit Suffix *-*ov*- seit 1226 die verkürzte Form *Golnow // Golnov*. Nach der Verleihung der Stadtrechte 1268 erschien parallel der topografische Name *Vredeheide* (vom mnd. App. *vrede* 'Stille, Ruhe' und dem mnd. App. *heide* 'unbebautes Gebiet, Ödland'). Im 19. Jh. galt zeitweilig der Name *Kładkowo* nach dem Muster: ON mit Suffix -*owo*, vom poln. App. *kładka* 'kleine provisorische Brücke aus Brettern oder Dielen'. Der germanisierte Name *Gollnow* wurde nach 1945 als *Goleniów* wiedergegeben. Adj. *goleniowski*. **IV.** Gołonóg // Goleniowy oder Gołonóg, OT von Dąbrowa Górnicza; beide Woi. Schles.; Goleńsko, Woi. Łódź; alle PL. **V.** LorSNH; Rospond 1984; RymNmiast; RzDuma II; Rymut NMP III. *BA*

Gomaringen **I.** Gem. im Lkr. Tübingen, 8599 Ew., ca. 8 km ssö Tübingen und etwa 12 km ssw Reutlingen im Steinlach zwischen Wiesaz und rechtem Talhang gelegen, Reg.-Bez. Tübingen, BW. Von 1191 bis ins 15. Jh. sind Herren von Gomaringen bezeugt, die auch die Ortsherrschaft besaßen. 1648 an Württemberg verkauft. Gomaringer Schloss, Schloss- und Gustav-Schwab-Museum, Krämermarkt. **II.** Um 1090 (Kop. 1137/38, Kop. 16. Jh.) *Gomaringen, Gomatingen*, 1191 *Gomeringen*, 13. Jh. *Gomaringen, Gomeringen*. **III.** Es handelt sich um eine ↗ -*ing(en)*-Ableitung zu dem PN *Gomari*: 'bei den Leuten des Gomari'. Die Schreibung *Gomatingen* beruht wohl auf einer Verwechslung mit Gomadingen, Lkr. Reutlingen, BW. **V.** Reichardt 1987; LBW 7. *JR*

Gommern **I.** Stadt im Lkr. Jerichower Land, 11 047 Ew., am Ostrand der Elbaue, zwischen altem Elblauf und Ehle, ST. Frühmittelalterlicher slaw. Burgwall und Burgbezirk, seit 948 deutscher Burgward mit Siedlung, im 16. Jh. Marktflecken, Stadtrecht 1713. Sehenswert ist die mittelalterliche Wasserburg. **II.** 948 *Guntmiri* [Or], 973 *Gummere*, 1459 *Gummern*, 1538 *Gomern*. **III.** Der sehr alte ON ist auf eine Gf. *Guntmari zurückzuführen und enthält den asä. PN *Guntmar* (zu germ. *gunþ- 'Kampf' und asä. *mari* 'berühmt') in flektierter Form. Die späteren Belege zeigen Assimilation von -*ntm*- zu -*nn*- und mda. Senkung des -*u*- zu -*o*-. **IV.** † Gommerstedt im Ilm-Kreis, TH. **V.** UB EM; Walther 1971; SNB. *GW*

Göppingen **I.** Große Kreisstadt und gleichnamige VVG im Lkr. Göppingen, 66 270 Ew., ca. 20 km ssw Schwäbisch Gmünd und etwa 40 km osö Stuttgart am flachen Liashang des mittleren Filstales im Grenzbereich zwischen Mittlerem und Östlichem Albvorland gelegen, Reg.-Bez. Stuttgart, BW. Zunächst im Besitz der Staufer, die Göppingen im 12. Jh. als Markt anlegten und anschließend zur Stadt (1284 *civis*) erhoben; 1273/73 von Graf Ulrich II. von Württemberg erobert. Filztuchfabrik, Softwareentwicklung, Maschinenbau, Adelberger Kornhaus, Barbarossakirche, Märklin Museum, Sauerbrunnen, Hohenstaufen, Renaissanceschloss, Stauferbrunnen. **II.** 1110 (Kop. 1574–78) *Goppingen*, 1154 *Geppingin*, 1206 *Göppingen*; *Göppingen* (1324). **III.** Es handelt sich wohl um eine ↗ -*ing(en)*-Ableitung zu dem PN *Geppo*: 'bei den Leuten des Geppo'. Die ö-Schreibung ist dann eine hyperkorrekte mda. Form auf dem Hintergrund der mda. Entrundung von *ö* zu *e*. **IV.** Göpping, Oberösterreich, A. **V.** Reichardt 1989; FO 1; Freche, K.: Zur Methodik der Ortsnamendeutung, Sprachwissenschaft 20 (1995); LBW 3. *JR*

Görlitz // Zhorjelc (osorb.) **I.** Kreisstadt des Lkr. Görlitz, 56 461 Ew., an der Görlitzer Neiße und Grenze zu Polen, in der ö Oberlausitz, SN. Asorb. Siedlung am Flussübergang nach Schlesien, böhmische Burg und Burgflecken im 11./12. Jh., seit alters wichtige Kreuzung der Fernstraßen von Nord-, Süd- und Ost-West, um 1200 planmäßige Stadtanlage im Bereich der heutigen Altstadt, Neustadt um 1250, nach 1945 wurde der ö der Neiße gelegene Teil der Stadt abgetrennt und bildet seitdem die eigenständige poln. Stadt Zgorzelec. Bis 1990 wichtiger Industriestandort, bes. Maschinenbau und Optik. Wissenschaftliche Sammlungen und wertvolle Baudenkmäler. **II.** 1071 *Goreliz*, 1131 *Yzhorelik*, 1241 *de Gorliz, Zgorliz*, 1319 *Gorlizc*, 1474 *Görlitz*. **III.** Aus der asorb. Gf. **Zhorel'c*, die vom westslaw. Verb *zgoreti* 'ausbrennen', älter *izgoreti*, gebildet wurde und in der slowen. Waldbezeichnung *zgorelec* ihre genaue Entsprechung findet und die offenbar im Asorb, Atschech. usw. ebenfalls verbreitet war und eine Rodung bezeichnete. Die osorb. Form *Zhorjelc* ist seit 1700 bezeugt, sie setzt die alte Gf. fort. **IV.** Görlitz, OT von Schrebitz, Gem. Ostrau, Saalekreis, ST. **V.** HONS I; SNB. *EE, GW*

Gorzów Wielkopolski ↗ Landsberg/Warthe

Goslar I. Kreisstadt im Lkr. Goslar, 41 785 Ew., an der Gose am n Harzrand, Reg.-Bez. Braunschweig (bis Ende 2004), NI. Die ma. Bedeutung der Stadt rührte vor allem vom Silberbergbau im Rammelsberg her; unter Kaiser Heinrich II. wird die Kaiserpfalz vom n gelegenen Werla hierher verlegt; im 12. Jh. Stadt, deren Stadtrecht bis nach Obersachsen Verbreitung fand; 1340–1802 Freie Reichsstadt; im 16. Jh. wirtschaftl. Niedergang, der erst im 19. Jh. durch Ansiedlung von Industrie und durch Fremdenverkehr umgekehrt wurde. **II.** 1005 *Goslar* [Kop. 13. Jh.], 1142 *Goslarie*; *Goslar* (1823). **III.** Bildung mit dem Gw. ↗ -*lar*. Das Bw. enthält den GwN der *Gose* (1185–89 *Gosam*), die durch den Ort fließt. Diese ist zu idg. **gheus*- 'gießen, fließen' zu stellen. **V.** HHS 2; Nds. Städtebuch; Urkundenbuch der Stadt Goslar, 5 Bde. 1893–1922. *KC*

Gossau (SG) I. Politische Gem. im Wahlkreis (früher: Bezirk) St. Gallen, 17 314 Ew., bestehend aus der namengebenden Stadtgemeinde sowie mehreren Dörfern und Weilern, Kt. St. Gallen, CH. Keine gesicherten Erkenntnisse zur Siedlungsgeschichte in vorrömischer und römischer Zeit; sicherlich im 7. Jh. durch Alemannen besiedelt, war Gossau wohl seit dem ausgehenden frühen MA Verwaltungszentrum einer umfangreichen Mark des Klosters St. Gallen, die bis in h. weit außerhalb der Gem. liegende Gebiete reichte. Bis in die frühe Neuzeit unter wechselnder Herrschaft, teils in erbitterter Gegnerschaft zum Kloster St. Gallen. Bis in die Neuzeit landwirtschaftlich geprägt, daneben bis ins frühe 20. Jh. Textil-, Metall- und Maschinenindustrie, h. wichtigste Lebensmitteldrehscheibe der Ostschweiz. Regionales Subzentrum im westlichen Einzugsgebiet von St. Gallen mit großem Bevölkerungswachstum seit den 1950er Jahren. **II.** 824 *Cozesouva*, 824 *Cozesaua*, 1222 *Gozowe*, 1346 *Gossow*. **III.** Sekundärer Siedlungsname, bestehend aus dem gut belegten PN *Gozzo* und dem Grundwort ↗ -*au*, ahd. *ouwa* 'feuchtes Gelände; Insel, Halbinsel': 'Feuchtland, Au des *Gozzo*'. **IV.** ↗Gossau (ZH), CH. **V.** FP; HLS; LSG. *MHG*

Gossau I. Politische Gem. im Bezirk Hinwil, 9397 Ew. Gem. im Zürcher Oberland im obersten Glatttal, Kt. Zürich, CH. Bronzezeitliche Grabhügel, alemannisches Gräberfeld, klassisches frühmittelalterliches Siedlungsgebiet. Im ausgehenden MA Freigericht, 1408 mit der Herrschaft Grüningen an Zürich, ab 1525 Zentrum der Wiedertäufer. Bäuerlich geprägt, ab dem 17. Jh. textile (z.T. Heim-)Industrien, Zusammenbruch der Heimindustrie in der zweiten Hälfte des 19. Jh., bis ca. 1950 Einwanderung von Emmentaler Bauern. H. einwohnerstarke kleingewerbliche Wohngemeinde mit 75% Wegpendlern. **II.** 859 *Cozzesouwo*, 877–80 *Cozeshouva*, 1223 *Cosowe* (z.T. problematische Zuordnung der Belege zu Gossau, ZH, oder Gossau, SG). **III.** Sekundärer Siedlungsname, bestehend aus dem häufig belegten PN *Gozzo* und dem Grundwort ↗ -*au*, ahd. *ouwa* 'feuchtes Gelände; Insel, Halbinsel': 'Feuchtland, Au des *Gozzo*'. **IV.** ↗Gossau, SG, CH. **V.** FP; HLS; LSG. *MHG*

Gotha I. Kreisstadt des gleichnamigen Landkreises, w Erfurt, im S des Thüringer Beckens und hügeligen Vorland des Thüringer Waldes, 45 928 Ew., TH. Altthüringische Siedlung; im 8./9. Jh. Königsgut; im 11. Jh. Burg; Entwicklung zu Marktort an Altstraßenkreuzung, 12. Jh. Stadtrecht; bis ins 16. Jh. Waid- und Getreidehandel; 1640 bis 1918 Residenzstadt des Hztm. Sachsen-Coburg und Gotha (Barockschloss Friedenstein); in Neuzeit Landkarten-Verlag, Waggonbau sowie Maschinenbau. **II.** 775 *Gotaha*, 9. Jh. *in villa Gothaho*, 1120 *Gotaha*, 1189 *Godaha*; *Gotha* (1223). **III.** Der ON ist gebildet aus asä. *gota* 'Rinne, Graben, Kanal', mnd. *gōte*, hd. *Gosse* 'Abflussrinne', und dem Zusatz ↗ -*aha* 'Wasser'. Es handelt sich also um den urspr. Namen für ein örtliches Gewässer, dessen Name auf den Ort übertragen wurde. Der ON hat den alten Lautstand bewahrt, die hd. Lautverschiebung ist unterblieben. **IV.** ↗Göttingen, NI. **V.** Dob. I; Walther 1971; SNB; Berger; Riese, Chr.: Ortsnamen Thüringens. Landkreis Gotha. Hamburg 2010. *KH*

Gottesberg // Boguszów-Gorce [bɔˈguʃuf ˈgɔrtsɛ] I. Stadt im Kr. Wałbrzych (seit 1999), 16 298 Ew., Woi. Niederschlesien // Dolny Śląsk, PL. Gottesberg liegt 7 km w von Waldenburg, wird verm. im 13. Jh. von sächsischen Bergleuten bei Blei- und Silberbergwerken gegründet und erhält 1499 Stadtrecht als freie Bergstadt. Im 18. Jh. entstehen Kohlegruben, in Betrieb bis 1928. Außerdem Steinbrüche für Schwerspat, auch nach 1945 weiter betrieben. Kr. Waldenburg, Reg.-Bez. Breslau, NS, (1939) 11 011 Ew. 1972 werden die Stadt Boguszów (Gottesberg) und das Dorf Gorce (Rothenbach) administrativ vereinigt. Rothenbach ist eine Werkssiedlung, die im 18. Jh. entstanden ist. **II.** Boguszów: 1499 *Gottesberg*, 1536 *aufm Gottisberge*. Polonisierung des ON: 1946 *Boguszów*. Gorce: 1845 *Rothenbach in Schles*. Polonisierung 1946 *Gorce*. **III.** Ein d. Appellativum aus *Gott* 'lat. *deus*' (< germ. **guþ*) und ↗ -*berg*. Der ON kommt von einem FlN, der sich auf die Lokalität eines Bergwerks *am Gottesberg* (später auch *Kirchberg*, *Plautzenberg*) bezieht. *Rothenbach* aus dem Farbadjektiv *rot* und ↗ -*bach*. Die poln. Form *Boguszów* wurde 1945 gebildet zu *Bóg* 'Gott' in Anlehnung an den ersten Teil des d. ON. *Gorce* nimmt historischen Bezug auf einen alten poln. ON *Gorcze* 1263 zu apoln.

gora 'Berg', der nicht genau lokalisiert werden kann. **V.** RymNmiast; Rymut NMP. *ThM*

Göttingen I. Kreisstadt im Lkr. Göttingen, 121 455 Ew., Reg.-Bez. Braunschweig (bis Ende 2004), NI. Im MA größte Stadt in Südniedersachsen; im 13. Jh. eigenes Stadtrecht nachweisbar und Mitglied der Hanse; 1737 Einweihung der Georg-August-Universität, der im 18. Jh. renommiertesten d. Universität; 1751 Gründung der Akademie der Wissenschaften; h. bedeutendster Wissenschaftsstandort Niedersachsens (viertgrößte deutsche Bibliothek) und regionales wirtschaftl. Oberzentrum. **II.** 953 *Gutingi*, 1258 *Gotinge*; *Göttingen* (1791). **III.** Abl. mit dem Suffix *ʔ-ing(en)*, das hier ein Neutrum im Dat. Sg. ist. Basis der Abl. ist das App. germ. **guta*, ahd. *gosse*, mnl. *gote*, engl. *gut* 'Wasserlauf'. Das Suffix wird dann an häufigeres *-ingen* angeglichen. Die Form setzt sich Anfang des 15. Jh. durch. Das Suffix bewirkt Umlaut des Vokals der Basis (*-ü-*), der zu *-ö-* gedehnt und gekürzt wird. Der namengebende Wasserlauf wurde in der Innenstadt archäol. nachgewiesen. **V.** Denecke, D. u. a.: Göttingen. 3 Bde. Göttingen 1987–1999; HHS 2; Nds. Städtebuch; NOB IV. *KC*

Gottleuba-Berggießhübel, Bad I. Stadt und gleichnamige VG im Lkr. Sächsische Schweiz-Osterzgebirge, 9548 Ew., SN; s Pirna, im Gottleubatal, an den ö Ausläufern des Erzgebirges in der Übergangszone zur Sächsischen Schweiz, im so genannten Elbtalschiefergebiet, dem Übergangsgebiet zwischen den nö Ausläufern des Osterzgebirges bzw. den sw Ausläufern der Sächsischen Schweiz. Namenszusatz Bad seit 1937. Namengebend ist die Stadt Bad Gottleuba-Berggießhübel, die 1999 durch den Zusammenschluss der beiden Kurorte Bad Gottleuba und Berggießhübel entstand. Die VG ist bedeutend durch Fremdenverkehr und Kurwesen. **II.** Gottleuba: 1363 *Gotlauia*, 1378 *Gotleeb*, 1388 *zcu der Gotelewbe*. Berggießhübel: 1450 *Gißhobel*, 1548 *Gießhübbel*. **III.** Gottleuba: Die Erklärung ist schwierig, evtl. zum PN *Gottlieb*, der als BergN galt und auf den Ort übertragen wurde. Gießhübel: Zu mhd. *giezen* 'gießen' und *hübel* 'Hügel', offenbar mit Hinweis auf häufige Überschwemmungen. **V.** HONS I; SNB. *EE, GW*

Gottmadingen I. Gem. und gleichnamige VVG im Lkr. Konstanz, 14 744 Ew., ca. 31 km wnw Konstanz und etwa 16 km w Radolfzell am Bodensee in der Talwannenlandschaft des sw Hegaus, Reg.-Bez. Freiburg, BW. Im 12. Jh. sind edelfreie Herren von Gottmadingen belegt, die Ortsherrschaft hatten von 1300 bis 1518 die Herren von Randegg inne, um 1660 erwarb Österreich Besitzrechte und seit 1805 württembergisch. Maschinenbau, Industriepark Gottmadingen, Brauerei, Schloss Gottmadingen, Schloss Randegg, St. Ottilia. **II.** 965 (F. 12. Jh.) *Gotemundingen*, 973 *Gŭmŭttingen*, 1100 *Gothmŏtingen*, 1106 *Gŭtmŭtingin*, 1279 *Gottmindingen*. **III.** Es handelt sich um eine *ʔ-ing(en)*-Ableitung, wohl zu dem PN *Guotmuot*: 'bei den Leuten des Guotmuot'. Der nicht mehr verstandene Name wurde sekundär an *Gott* angeschlossen. **IV.** Gutmadingen, OT von Geisingen, Lkr. Tuttlingen, BW. **V.** FO 1; LBW 6. *JR*

Götzis mda. [gêtses], Adj. [gétsner] **I.** Marktgemeinde im Bezirk Feldkirch, 10 657 Ew., VO, A. Die Vorderländer Grenzgemeinde am Kummenberg, einem früh besiedelten Inselberg im Rheintal, gehörte noch zum Bistum Chur; Industrie, Wirkwaren, Tourismus. **II.** 842 *ad Cazzeses* (sprich: *Cazzenes*), 1045 *in villis ... Cheizinis*, 1178 *in Checins*, 1457 *von Gezis*. **III.** Altitalisch **cat-j-a* 'Hütte' als Basis (auch in lat. *casa*, Finsterwalder; G. Devoto: mediterran?) kann mit unbetontem Suffix *Cázenes* ergeben; mehrfach Name geworden, daher geläufiges Namenwort. Dazu *Götzens* (Innsbruck) und zur Basis auch *Cazis* (Domleschg), nach A. Schorta eher zu lat. *cattia* 'Schöpfkelle'(RN 2). **V.** Zehrer 103 (1960); Finsterwalder 2; Devoto, G.: Avviamento alla etimologia italiana. Firenze 1968. *Plg*

Graben-Neudorf I. Gem. und gleichnamige VVG im Lkr. Karlsruhe, 18 307 Ew., ca. 17 km n Karlsruhe und etwa 11 km nnw Bruchsal in der Rheinebene gelegen, Reg.-Bez. Karlsruhe, BW. Entstand 1972 durch die Vereinigung der ehemals selbstständigen Gemeinden Graben und Neudorf. Graben ist verm. eine relativ späte Siedlung und wurde 1310/12 von den Rittern von Ubstadt an den Markgrafen Rudolf III. von Baden verkauft. Neudorf ist eine späte Ausbausiedlung von Graben her, ging zunächst an das Amt Udenheim und ist seit 1803 badisch. Antriebstechnik, Badische Spargelstraße, Kapelle, Pietätspark, Ehrenhain, Usk-Platz. **II.** Graben: 1328 *Graben [Or]*, 1453 *Graben [Or]*. Neudorf: 1531 *zum Newendorf [Or]*, 1541 *Neuendorff [Or]*, 1571 *Newendorff [Or]*. **III.** Graben gehört zu ahd. *grabo*, mhd. *grabe* 'Graben'. Es handelt sich daher wohl um eine Stellenbezeichnung 'am Graben (der Burg, bei der das Dorf entstand)' oder 'am Graben (der Pfinz, die hier in die Rheinniederung abfällt)'. Ein Teil von Neudorf wurde von Graben aus besiedelt und „das neue Dorf" genannt. **IV.** Graben, bei Neulengbach, NÖ. **V.** Diemer, M.: Ortsnamenbuch der Kreise Karlruhe und Bruchsal. Stuttgart 1967; FO 1; LBW 5. *JR*

Grabow I. Stadt und (mit 13 weiteren Gem.) gleichnamiges Amt im Lkr. Ludwigslust, 12 069 Ew., an der Elde (zur Elbe), ca. 5 km sö von Ludwigslust, MV. Im 12. Jh. slaw. Burg mit Siedlung, 1252 Stadtgründung durch die Grafen von Dannenberg, 1320 zu Mecklenburg, im 17./18. Jh. diente das umgebaute Schloss als Witwensitz der mecklenburgischen Herzoginnen, seit Ende des 18. Jh. Ansiedlung von Kleinindustrie mit Brauerei (1770), Leder- (1817), Fass- (1858) und Goldleistenbetrieb (1866); h. kleine und mittelständische Betriebe, darunter Süßwarenherstellung (Beginn 1902). **II.** 1186 *Grabowe*, 1269 *Graboye*; *Grabow* (1189). **III.** Dem ON liegt ein apolb. FlN **Grabov* mit einem Stellen bezeichnenden Suffix -*ov*, ↗-*o(w)*, zugrunde, dessen auslautendes -*v* in der Aussprache verloren ging. Im Gw. steht das apolb. Appellativum **grab* 'Hainbuche, Buche'; die Bedeutung des ON lässt sich somit als 'Ort mit/an (Hain-)Buchen' rekonstruieren. **IV.** U. a. Grabow(-Below), Lkr. Müritz; Grebbin, Lkr. Parchim, beide MV. **V.** MUB I, II; HHS, Bd. 12; Trautmann ON Meckl.; Eichler/Mühlner. *MN*

Gräfelfing **I.** Gem. im Lkr. München, 12 821 Ew., Reg.-Bez. Oberbayern, BY. **II.** 763 (Kop. von 824) *Grefoluinga*, 802 (Kop. von 824) *Grefoluingen*, 1315 *Greffolfing*, ca. 1440 *Greffelfing*, 1811 *Gråfelfing*, 1867 *Gräfelfing (Greffelfing)*. **III.** Es ist der PN **Grefolf* zu erschließen, der durch das Zugehörigkeitssuffix ↗-*ing* abgeleitet ist. **V.** Reitzenstein 2006. *WvR*

Grafenau **I.** Stadt, 8 673 Ew., ca. 25 km sö von Regen, ca. 40 km n von Passau und ca. 40 km ö von Deggendorf, an der Kleinen Ohe im Unteren Bayerischen Wald, Kr. Freyung-Grafenau, Reg.-Bez. Niederbayern, BY. 1376 Stadtrechte (als erster Ort im Bayerischen Wald), seit 1965 staatlich anerkannter Luftkurort, bis 1972 Kreisstadt des Altlandkreises Grafenau, h. Sitz der Nationalparkverwaltung Bayerischer Wald und zweitgrößte Stadt des niederbayerischen Grenzlandkreises Freyung-Grafenau. Regionales Einzelhandels-, Handwerks-, Industrie- und Tourismuszentrum. Lage am sog. Goldenen Steig, einer historisch bedeutenden Salzhandelsverbindung (Säumerstraße) zwischen Österreich, Bayern und Böhmen. **II.** 1376 *Grauenau*, 1396 *Grafenaw [Or]*, 1456 *Graffenaw*; *Grafenau* (1643). **III.** Bw. der für den ON anzusetzenden Ausgangsform mhd. **Grävenouwe* ist eine Gen.-Sg.- oder Gen.-Pl.-Form zu mhd. *gräve* 'Graf'. Als Gw. fungiert mhd. *ouwe* 'Wasser, von Wasser umflossenes Land, wasserreiches Wiesenland' (↗-*au*), sodass sich als urspr. Bed. des ON 'Au(-Siedlung) des oder der Grafen' ergibt. Mit Graf- bzw. Grafen- dürfte(n) wohl einer oder mehrere mittelalterliche Grafen von Formbach (am Inn, s von Passau), höchstwahrscheinlich aus deren Windberger Linie angesprochen sein. Die Schreibung -*u*- im kopial überlieferten Erstbeleg steht für -*v*- (mit Lautwert *f*), -*w* in den Belegen von 1396 und 1456 für -*u*. **IV.** Grafenau, Reg.-Bez. Stuttgart, BW. **V.** Reitzenstein 2006. *StH*

Gräfenhainichen **I.** Stadt im Lkr. Wittenberg, 7 712 Ew., in der Mitte zwischen Bitterfeld und Lutherstadt Wittenberg, ST. Hochmittelalterliche Gründung, zunächst unter anhaltischer Lehnshoheit, seit dem späten 14. Jh. wettinisch. Ab dem späten 19. Jh. Zentrum des Braunkohlebergbaus, 1952–1994 Kreisstadt im gleichnamigen Lkr. **II.** 1285 *domino Burchardo de Indagine [Or]*, 1325 *mit deme Hayn [Or]*, 1381 *Gravinalbrechtishayn [Or]*, 1405 *czum Grefinheynchin [Or]*. **III.** Urspr. simplizische Benennung, vgl. ↗-*hain*. Die Zusätze *Grefin-, Gravonalbrechtis-* u. ä. wurden von der Kanzlei der Wettiner zur Unterscheidung von ↗Großenhain eingeführt. Sie beziehen sich auf den Vorbesitzer, den anhaltischen Grafen Albrecht II. (1316–1362). Mda., umgangssprachlich und in regional verankerten historischen Belegen heißt es hingegen oft *Henichen* o. ä., die Zusätze werden also nicht realisiert. Eine von der älteren Forschung gelegentlich erwogene Namenübertragung von *'s-Gravenhage* ist abwegig und mit den hist. Belegen nicht zu vereinbaren. **IV.** ↗Großenhain, Lkr. Meißen, SN. **V.** DS 14; SNB; Schultheis, J.: (Mönche-)Nienburg – Osternienburg – Walternienburg. In: Onomastica Slavogermanica 19. Berlin 1990. *ChZ*

Grafing b. München **I.** Stadt im Lkr. Ebersberg, 12 682 Ew., Reg.-Bez. Oberbayern, BY. Im 13. Jh. Ausbau zum Markt durch die Wittelsbacher. **II.** Ca. 1110 *Grauingin*, ca. 1205 *Graevingen*, ca. 1400 *Grafing*, 1964 *Grafing b. München*. **III.** Es liegt ahd. *gräfo, grauo, crafo* 'Graf' zugrunde, abgeleitet durch das Zugehörigkeitssuffix ↗-*ing*; man kann an einen Vorfahren des um 1100 hier begüterten Grafen von Kling denken. **V.** HHS 7/1; Reitzenstein 2006. *WvR*

Gramzow **I.** Gem. und gleichnamiges Amt, Lkr. Uckermark, 7 604 Ew., w der Randow an der Bundesstraße 198 gelegen, BB. Das Amt umfasst 6 Gem. 1177/78 wurde im Dorf Gramzow vom pommerschen Herzog Bogislav I. ein Prämonstratenserkloster gestiftet, dessen Konventualen aus Ratzeburg kamen. 1536 wurde es infolge der Reformation ein landesherrliches Amt. Die Klosterkirche wurde 1687 den Hugenotten zugewiesen, brannte 1714 ab und ist seitdem gleich den Klostergebäuden Ruine. **II.** 1168 *villa Gramsowe*, 1263 *in Gramzow*, 1375 *Gramtzow, Grampzo, in Gramsow; Gramzow* (1861). **III.** Gf. apolb. **Grąbašov-/*Grąbošov-* 'Ort, der nach einem Mann namens Grąbaš, Grąboš o. ä. benannt wurde'. Der ZN gehört zum Adj. apolb. **grąby* 'roh, grob' und ist eine Bildung mit einem *š*-Suffix. Die Verbindung *mb* wurde in der Mda. zu *m(m)* assimiliert. **IV.** Ähnlich Gramzow, OT von Gransee, Lkr. Oberhavel, BB und OT von Krusenfelde, Lkr. Ostvorpommern, MV. **V.** PUB I, VI; Landbuch; Enders UM. *SW*

Gransee und Gemeinden I. Amt, Lkr. Oberhavel, 9 656 Ew., liegt w der Havel im NO von BB. Zum 1993 gebildeten Amt gehören neben der Stadt Gransee noch 5 Gem. Bei Gransee slaw. Burgwall sowie Vorburgsiedlung. Stadt als Marktsiedlung mit Schutzfunktion gegen Mecklenburg gegründet, 1262 Stadtrecht. Eine der besterhaltenen ma. Befestigungsanlagen in der Mark Brandenburg. Pfarrkirche St. Marien aus dem 13. Jh. An den Aufenthalt des Trauerzuges der 1810 verstorbenen Königin Luise von Preußen erinnert in der Stadt das von K. F. Schinkel entworfene Luisendenkmal. II. 1262 *Stad Gransoyge*, 1302 *Granzoge [Or]*, 1333 *Gransowe*, 1499/1500 *Cransehe*; *Gransee* (1775). III. Die Erklärung des Namens bereitet Schwierigkeiten. Wahrscheinlich ist der Name mit apolb. **grąz* < urslaw. **grĕzъ/*grązъ* 'Sumpf, Schlamm, Morast' zu verbinden. Das slaw. Suffix ↗ *-ov-* und das d. Gw. *-oie* (mnd. *oie, ouwia* 'Aue, Land am Wasser, Insel') können zusammenfallen sein. *Gransee* wird auch als d. Zusammensetzung aus ahd. (mnd.) *grans* 'Schnabel, Spitze, Horn' angesehen. Die *g*-Schreibungen können für *j* stehen, da mundartliches *g* wie *j* gesprochen wurde. Problematisch ist, dass *grans* im Mnd. nicht belegt ist. Das Gw. *-see* ist sekundär angetreten. Gransee liegt am h. gleichnamigen See (1590 *von dem Jaronschen see*) V. Riedel A IV; VIII; SNB; BNB 11. SW

Grasberg I. Gem. im Lkr. Osterholz, 7 658 Ew., Reg.-Bez. Lüneburg (bis Ende 2004), NI. 1785 wurde auf einem Sandhügel (5 m über NN) im Rahmen der Kolonisierung des Teufelsmoores die Grasberger Kirche errichtet; um sie herum entstand die gleichnamige Siedlung; in die Gem. Grasberg wurden 1974 14 Gem. (allesamt im 18. oder 19. Jh. gegründet) eingem. II. *Grasberg* (1791). III. Der erst Ende des 18. Jh. bezeugte Name enthält als Gw. ↗ *-berg* und als Bw. das unflektierte App. hd. *Gras* 'Gras, Wiese'. Namengebend war der Hügel, auf dem die Kirche erbaut wurde, der offenbar trocken genug war, dass dort Gras wachsen konnte. KC

Graslitz // Kraslice ['kraslɪtsɛ] I. Stadt im Kr. Sokolov // Falkenau, 7108 Ew., in Norwestböhmen, Bezirk Karlovy Vary (Karlovarský kraj), CZ. Vorgänger der von d. Bergmännern an einer Handelsstraße 1370 angelegten kgl. Stadt (Burg schon 1272) waren die d. Kolonisationsdörfer 1185 *Bernhausen* und 1273 *Friedrichsgrün*. Kupfer-, Zinn- und Silbererzbergbau. 1541 freie Bergstadt, 1601 Bergamt. 1671–76 Auswanderung der Protestanten. Im 18. Jh. Niedergang des Bergbaus, Einführung der Baumwollindustrie, Glashütte. Seit 19. Jh. berühmte Musikinstrumentenproduktion. II. 1272 *Greklis, Greslis [Or]*; 13. Jh. *Gresslin, Gressel*; 15.–16. Jh. *Greeslein(s), Gresles*; 1541 tschech. *Kraslice*; 17. Jh. u.a. *Graslitz*. III. Der ON ist eine Verkleinerung zu mhd. *graz* 'Sprossen, junge Zweige vom Nadelholz'. Die dial. Entwicklung d. Suffixes *-līn* (nach dem Modell poss. ON vom Typ *Dietrichs*, *Heinrichs*, erweitert um *-s*: *-līns*) führte über *Gerzli(n)s* > *Gressls* zu *Grässlds* mit Übergangslaut *d*, wodurch die Angleichung an die sich im D. aufgrund der Entlehnung der slaw. mit *-(ov)ici* suffigierten ON herausgebildeten ON-Gruppe auf ↗ *-itz* ermöglicht wurde: *Grässlds* > *Greslitz, Graslitz*. Ins Tschech. entlehnt wie *Kraslice* (1544), als ob es sich um slaw. *-ice* handeln würde. IV. *Grasset // Kraset*, nö von ↗ Falkenau. V. Pf II; SchOS; Schwarz, E.: Graslitz-čech. Kraslice. In: Zeitschr. f. slaw. Phil. 1925; Gradl, H.: Die Ortsnamen am Fichtelberg und dessen Vorlanden I–II. Eger 1891–1892. Sonderdruck aus dem Archiv für Geschichte und Altertumskunde von Oberfranken. I. (= 18. Band, 1, S. 169). RŠ

Graudenz // Grudziądz [gruʤɔnts] I. Kreisstadt in der Woi. Kujawsko-Pomorskie (Kujawien-Pommern) (seit 1999), 99 134 Ew., PL. Am rechten Weichselufer, in Pommerellen. Gegr. im 10. Jh. und von Bolesław I. Chrobry (dem Tapferen) zu einer Wallburg ausgebaut, 1231 zum Deutschen Orden, 1291 Stadtrecht (Kulmer Handfeste), 1466 poln., 1772 preuß. 1920 wieder poln., 1945–1950 Woi. Pomorskie (Pommern), 1950–1975 Woi. Bydgoszcz (Bromberg). II. (1065) *Grudenczch*, (1222) *Grudenc*, 1312 *Grudencz, Grudenzc*, 1772 *Graudenz*, 1881 *Grudziądz*. III. Der ON ist auf apreuß. **graud-* 'Kies, Sand, Klumpen' mit dem Suffix ↗ *-ing* oder auf den Namen eines preuß. oder got. Stammes der Graudinger zurückzuführen. Nach einer anderen Deutung entstand der ON aus dem PN *Grudzièda* mit dem Suffix *-jь*. Es ist auch möglich, dass der Name sich von den ON *Grudzieniec*, *Grudzienica* ableitet, die aus dem App. *gruda* gebildet wurden. Die d. Variante ist eine phonetische Adaptation, mit Substitutionen: *-au-* für *-u-*, *-d-* für *-dź-*, *-en-* für den Nasallaut *ą*. IV. Grudzeń, Woi. Łódzkie (Łódź), Grudynia Wielka und Grudynia Mała, Woi. Opolskie (Opole), alle PL. V. Rymut NMP; RymNmiast; Rospond 1984. IM

Graz I. Landeshauptstadt der Steiermark, 253 994 Ew., A. Am Fuß der Herrschaftsburg auf dem Schlossberg entstand um 1140 der erste Straßenmarkt, 1164 als *forum* 'Markt' genannt, 1281 Stadt. 1411 wurde Graz Residenz der Leopoldinischen Linie der Habsburger, 1452 wurde die Stadt mit der Wahl Herzog Friedrich V. zum Kaiser (Friedrich III.) Residenz des römisch-deutschen Kaisers, bis Friedrich 1484 die Stadt verließ. Im 15. Jh. forderten Türken, Ungarn, die Pest und riesige Heuschreckenschwärme viele Opfer. 1564 wurde die Stadt Residenz von Innerösterreich (bis 1749). Universität (gegr. 1585, z. Zt. 22 000 Studenten), Technische Universität 1975 (1872 als Technische Hochschule gegr., z. Zt. 10 084 Studenten), Universität für Musik und darstellende Kunst seit 1998 (z. Zt. 2190 Studenten; 1963 Hochschule für Musik), Medizinische Universität seit 2004 (z. Zt. etwa 4800 Studenten), 2003 Kulturhauptstadt Europas. **II.** nach 1110 *Grazzin [Or]*, 1136 *Grece*, 1148 *Graze*, 1164–1189 *Gracz; Graz (1189)*. **III.** Als anzusetzendes urslaw. **Gradьcь* zu urslaw. **gradьcь*, slowen. *gradec* 'kleine Burg' Bezeichnung einer kleinen Befestigung auf dem h. Schlossberg genannten Felsen. **V.** Mader; ANB. *FLvH*

Grefrath ['greːf-] **I.** Gem. im Kr. Viersen, 15 800 Ew., Reg.-Bez. Düsseldorf, NRW. Erstmalig erwähnt als Stiftung der Gräfin Aleidis von Molbach (Maulbach) zum Seelgedächtnis ihres verstorbenen Gatten. **II.** 1177 *in Greuerode*. **III.** Zuss. aus mnd. *grēve* 'Graf' und ↗*-rod(e)*: 'Rodung/Rodeland des Grafen'. **IV.** Gräfrath, Stadtteil von ↗ Solingen, NRW. **V.** HHS 3; Gysseling 1960/61; Kaufmann 1973. *Tie*

Greifenberg (Greifenberg in Pommern) // Gryfice [gri'fitse], pom. *Grifiô Góra* **I.** Kreisstadt im gleichnamigen Kr. (Powiat gryficki), 16 632 Ew., im n Teil der Woi. Westpommern, PL. In einer Tiefebene (Równina Gryficka) gelegen, an der Rega, 22 km von der Ostsee. 1939 Kreisstadt im Reg.-Bez. Köslin, Provinz Pommern; Woi. Szczecin (1946–1998), Westpommern (seit 1999). **II.** 1264 *civitatis Griphemberch super Regam*, 1277 *Gryphenberge*, 1302 *Grifenberg*, 1331 *de Griphenberch*, 1538 *Grifenberch*, 1535 *Grinberch*, *stat Griphenberge*, *Grifenberg*, 1539 *Griffenberg, Griffenberch*, 1540 *Griffenberch, Grifenberge*, 1618 *Greiffenberge*, 1789 *Greiffenberg*, 1834 *Greifenberg*, 1951 *Gryfice – Greifenberg*, 1980 *Gryfice, -fic*, 2002 *Gryfice (Zagórze, Gryfów nad Regą) – Greifenberg*. **III.** Ehemaliger d. ON ist *Griphenberch*, das folgende *Greifenberg* ist ein Kulturname, zusammengesetzt aus dem mnd. App. *grīp*, d. *Greif*, poln. *gryf* 'Figur, die sich im Wappen der pommerschen Herzögen befand (auch der h. Woi. Westpommern)' (vgl. ↗*Greifswald*), gebildet aus lat. *gryphus* und mnd. App. *berch*, d. ↗*-berg*. Der ON *Gryfice* wurde 1945 amtlich eingeführt und ist eine phonetisch-derivationelle Substitution des d. ON mit dem poln. Suffix *-ice* anstatt d. *-berg*. Adj. *gryficki*. **IV.** Greiffenberg in Schles. // Gryfów Śląski, Woi. Niederschles.; ↗ Greifenhagen // Gryfino, Woi. Westpommern; beide PL; ↗ Greifswald, MV. **V.** Rospond 1984; RymNmiast; Rymut NMP III. *BA*

Greifenhagen // Gryfino [gri'finɔ], kasch. *Grifëno* **I.** Kreisstadt im gleichnamigen Kr. (Powiat gryfiński), 21 065 Ew., im sw Teil der Woi. Westpommern, PL. An der Reglitz // Regalica (Odra Wschodnia) in einer Tiefebene (Równina Wełtyńska) gelegen; zwischen der Reglitz und der Grenze zu Deutschland (Oder // Odra Zachodnia) befindet sich das Landschaftsschutzgebiet „Dolina Dolnej Odry"// „Unteres Odertal". 1939 Kreisstadt im Reg.-Bez. Stettin, Provinz Pommern; Woi. Szczecin (1946–1998), Westpommern (seit 1999). **II.** 1254 *ciuitatem nostram Gryphenhaghen*, 1270 *Grifengagen*, 1303 *Grifenhaghen*, 1330 *Griphenhagen*, 1535 *Grifenhagen*, 1539 *Griffenhagen, Greiffenhagen*, 1540 *Griffenhagen*, 1618 *Greiffenhagen*, 1789 *Greiffenhagen*, 1827 *Greiffenhagen*, 1951 *Gryfino – Greifenhagen*, 1980 *Gryfino, -na*, 2002 *Gryfino (Gryfin, Gryfów Nadodrzański) – Greifenhagen*. **III.** Der ehem. d. ON *Grifenhagen*, dann *Greifenhagen*, ist ein Kulturname, zusammengesetzt aus dem mnd. App. *grīp* und dem ahd. App. *hag(en)* 'Schanze, Stadt', mnd. *hagen*, d. *Hag*, ↗*-hagen*. In d. Namen ist das Glied *Gref-* > *Greiff-* ziemlich häufig, vgl. ON wie *Greifenberg*, Kr. Landsberg am Lech, BY; *Greifenhagen*, Kr. Mansfeld-Südharz, ST; *Greifenstein*, Lahn-Dill-Kr., HE. Nach 1945 wurde der Name *Gryfino* amtlich eingeführt und knüpft an d. ON, in dem das zweite Glied *-hagen* durch das poln. Suffix *-ino* ersetzt wurde, an. Adj. *gryfiński*. **IV.** Greiffenberg in Schles. // Gryfów Śląski, Woi. Niederschles.; ↗ Greifenberg // Gryfice, Woi. Westpommern; beide PL; ↗ Greifswald, MV. **V.** Rospond 1984; RymNmiast; Rymut NMP III. *BA*

Greifswald, Hansestadt **I.** Kreisfreie (1913–1950 und seit 1974) Stadt, 54 131 Ew., am Greifswalder Bodden, MV. 1199 Gründung des Zisterzienserklosters Hilda (später Eldena), von dort aus ab 1209 mit Gestattung durch Rügenfürsten planmäßiger Aufbau einer neuen Siedlung, 1248 Erwähnung als „oppidum", 1250 Lübisches Stadtrecht, 1281 Mitglied der Hanse, 1648 an Schweden, 1815 zu Preußen, Universität (gegr. 1456, z. Zt. ca. 12 000 Studierende), nach Ende des 2. Weltkrieges Verlegung der pommerschen Kirchenverwaltung nach Greifswald und seit 1947 Sitz des Bischofs der Pommerschen Evangelischen Kirche, seit 1970er Jahren Herstellung von Nachrichtentechnik; Bundesforschungsanstalt für Viruserkrankungen der Tiere (mit Tradition seit 1910) u. a. Forschungsinstitute, mittelständische Betriebe (Jachtwerft, Hafenwirtschaft). Geburtsort von Caspar David Friedrich, Pommersches Landesmuseum. Seit 1990 Zusatz *Hansestadt*, seit 2005 „Universitäts- und Hansestadt". **II.** 1248 *Gripeswald [Or]*, 1249 *Gripeswald*, 1250 *Grifeswolde*, 1280 *Gripeswalt*, 1298 *Gripeswald*; *Greifswald* (1553). **III.** Der ON ist zusammengesetzt aus mnd. *grīp* 'Greif' (Fabelwesen mit Adlerkopf und Löwenpfoten, seit 1214 Wappentier des pommerschen Herzogshauses und Bezeichnung der Herzogsfamilie als „die Greifen"); mhd. *-ph-* bzw. mnd. *-p-* anstelle von *-f-* sind Kennzeichen verschiedener Einflüsse; nd. *-wold(e)* ist hd. ↗*-wald*. Die nhd. Schreibung mit Diphthongierung des -ī- zu -ae- (geschrieben -ei-) und -p- zu -f- setzt sich erst im 17. Jh. durch. Bis h. erhalten ist eine elliptische umgangssprachliche Form *Grüps* (geschrieben: *Gryps*), verm. im Zusammenhang mit älteren Schreibungen mit -y- (vgl. lat. *gryphus*) sowie zur Differenzierung von umgangssprachlichem *Grips* 'Verstand'. **IV.** ↗Greifenberg (jetzt Gryfice), ↗Greifenhagen (jetzt Gryfino), beide PL. **V.** PUB 1, 2; MUB IV; Witkowski 1978; Eichler/Mühlner; Niemeyer 2001b. *MN*

Greiz **I.** Kreisstadt des gleichnamigen Landkreises und Erfüllende Gem., s Gera, im Tal der Weißen Elster an der Mündung der Göltzsch, 22 969 Ew., TH. Schon frühgeschichtlicher Siedelplatz, slaw. Siedlung mit Burg fraglich; d. Siedlung mit Burg 12. Jh., im 13. Jh. Stadtanlage; 1306 bis 1918 Residenz einer Linie des Hauses Reuß; im MA Landwirtschaft und Handwerk, seit 18. Jh. Entwicklung der Textilindustrie, h. Kleinindustrie; Oberes und Unteres Schloss, Beiname „Perle des Vogtlandes". **II.** 1209 *prope Graitz, in Groytz*, 1225 *Groiz (castrum)*, 1350 *Greucz*, 1384 *Graicz*, 1566 *Graitz*; *Greiz* (1802). **III.** Urspr. asorb. ON, gebildet aus asorb. **grod'c* (< *grodьcь < älter *gardьcь) 'Burg, befestigte Siedlung', eine Deminutivform zu asorb. *grod* 'Burg', vgl. poln. *gród*, tschech. *hrad*. Die Bezeichnung für 'kleine befestigte Siedlung' wurde zum asorb. ON **Grod'c*. Nach Übernahme des ON ins D. als [*grodits] ist intervokalisch |d| im 12. Jh. bereits geschwunden und [*groits*] gesprochen worden, was Schreibweisen wie *Groiz, Groez, Greutz, Grewtz, Greuycz* usw. vom 13. Jh. an zeigen. Seit dem 14. Jh. sind die mda. entrundeten Formen mit *ai* und *ei* vertreten, die im ON *Greiz* auch amtlich wurden. **IV.** ↗Groitzsch, Lkr. Leipzig, 1181 *Groiz*; ↗Gröditz, Lkr. Meißen, beide SN, 1217 *Grodiz*. **V.** UB Vögte I; SO 1; SNB; Berger. *KH*

Grenchen mda. ['grænxə] franz. *Granges* ['grɑ̃ʒ] **I.** Stadt und Hauptort des Bezirks Lebern, 15 921 Ew., SON, CH. Ehemaliges großes Bauerndorf am Jurasüdfuß oberhalb der Aareebene, Stadt aufgrund der Einwohnerzahl seit 1929. Zwei römische Gutshöfe und eine weitere römerzeitliche Ansiedlung, frühmittelalterliches Gräberfeld. Gehörte im 11. Jh. den Grafen von Fenis, kam dann an die Grafen von Neuenburg und 1225 an die Linie Strassberg. 1388 bernisch-solothurnisch, 1393 solothurnisch. Seit dem 19. Jh. rasante Entwicklung dank der starken Uhrenindustrie mit zeitweise (1960) bis zu 4501 Zupendlern. Uhrmacherschule. **II.** 1131 *de Granechun*, 1175 *Grenechen*, 1185 *de Grangis*; *Grenchen* (1473). **III.** Primärer SiN, Reliktname von vulgärlat. *granica 'Kornscheuer', gallorom. *graneca. Die letztere Form wurde von den Alemannen übernommen und als Dat./Lok. Pl. verfestigt 'bei den Kornscheuern'. Sie unterlag der zweiten Lautverschiebung und dem Sekundärumlaut, der meistens durch *e* wiedergegeben wurde. Die franz. Form hat sich entsprechend den rom. Sprachgesetzen aus der gleichen Urform entwickelt. Die unmittelbare Nähe zur Sprachgrenze und die franz. geprägte Uhrmacherei begünstigten die Erhaltung des Exonyms. **IV.** Verwandte Namen Gränichen, AG; Grächen, VS, beide CH, und zahllose *Granges* im französischen Sprachgebiet. **V.** Schweiz. Lex.; Besse; Kully, Solothurnisches Namenbuch; LSG. *RMK*

Grenzach-Wyhlen **I.** Gem. im Lkr. Lörrach, 13 787 Ew., ca. 7 km ö von Basel am Hochrhein im Dreiländereck Deutschland-Frankreich-Schweiz, Reg.-Bez. Freiburg, BW. Chemische und pharmazeutische Industrie, Museum Römervilla in Grenzach, Wasserschloss Grenzacher Schlössle, Zehnthaus in Wyhlen, Kraftwerk Wyhlen. **II.** Grenzach: 1275 *Crenzach*, 1281 Kop. *Krenzach*. Wyhlen: 1240 *Wil [Or]*, 1243 *Wilon [Or]*. **III.** Für den SiN *Grenzach* ist die Ausgangsform *Carantiācum anzusetzen. Solche galloromanischen Mischformen, bestehend aus einem PN und dem Suffix ↗-*ācum* zur Bezeichnung der Zugehörigkeit zu einer Person oder einer Sippe, kommen in der Gegend öfter vor. Der zugrunde liegende PN lautet kelt. *Karantos mit der Bedeutung 'Freund, Verwandter', Part. Präs. zu *karajō > *karō 'ich liebe', latinisiert *Carantus*. Das daraus gebildete Gentilium *Carantius* diente als Ableitungsbasis für den SiN. Durch die zweite Lautverschiebung und den -*i*-Umlaut entwickelte sich *Carantiācum über *Cherentzach zur heutigen Form. In der Mundart hat sich anlautendes [x] erhalten, während in der Schriftform wohl *Grenze* eingedeutet ist. Der SiN *Wyhlen* ist wohl auf ein Lehnwort ahd. *wīla*, Dat. Pl. *wīlōn*, aus lat. *vīlla* zurückzuführen. Bezeichnet wurde damit das Gebäude eines Gutshofs, nicht ein wirtschaftlicher Komplex wie mit *vīllāre*. Mit *ze wīlōn* 'bei den (römischen) Landhäusern' war also urspr. eher eine Stelle als eine Siedlung gemeint. **IV.** † Grenzach, bei Niedersept // Seppois-le-Bas, Département Haut-Rhin, F; Grenzingen // Grentzingen, bei Altkirch, Département Haut-Rhin, F; ↗Weil am Rhein, Lkr. Lörrach, BW. **V.** Boesch, B.: Das Frühmittelalter im Ortsnamenbild der Basler Region. In: Beiträge zur Schweizer Namenkunde. Bern 1977; Boesch, B.: Ortsnamenprobleme am Oberrhein. In: Ders.: Kleine Schriften zur Namenforschung: 1945–1981. Heidelberg 1981; Kleiber, W.: Vordeutsche, nichtgermanische Gewässer- und Siedlungsnamen. Beiwort zu Karte III,5. In: Historischer Atlas von Baden-Württemberg. Erläuterungen. Stuttgart 1972–1988; LKL I; Richter, E.: Die Flurnamen von Wyhlen und Grenzach in ihrer sprachlichen, siedlungsgeschichtlichen und volkskundlichen Bedeutung. Freiburg i. Br. 1962. *MW*

Greven I. Stadt im Kr. Steinfurt, 35761 Ew., n Münster, Reg.-Bez. Münster, NRW. Im MA Kirchdorf im FBtm. Münster, 1802 preußisch, 1806 Ghztm. Berg, 1810 Kaiserreich Frankreich, 1813 wieder preußisch, Textilindustrie, Dienstleistungsunternehmen, 1950 Stadt, Flughafen Münster/Osnabrück auf Grevener Stadtgebiet. II. Um 890 *in Greuaon* [Or], 1172 *Greven*. III. Dativisch flektierte Bildung auf Basis der idg. Wurzel *ĝher-, *ĝhrē- 'strahlen, glänzen, schimmern' und deren Erweiterung *ĝhrē-u̯i̯o-s 'grau'. Diese liegt auch dem appellativischen ags. *græg*, engl. *gray*, afries. *grē*, asä. *grē* (neben *grā*) 'grau' zugrunde. Das hohe Alter des Namens lässt eine Aussage über die Motivierung kaum zu. Ein Bezug zur Ems ist denkbar. Möglicherweise sind (grau?) schimmernde Überschwemmungsgebiete der Ems als Benennungsmotiv gemeint oder die Farbe des Flusses in einem bestimmten Abschnitt. Die Erklärung des Namens auf der Basis von asä. *gravo* 'Graben' ist wegen des Stammvokals -*e*-, der schon in den frühesten Belegen auftritt, sprachlich nicht möglich, da die Flexionsformen von *gravo* kein -*i*- aufweisen und somit keinen Umlaut von -*a*- zu -*e*- bewirken können. V. Werdener Urbare; WfUB II, III, VIII. *kors*

Grevenbroich [greːvənˈbroːχ] I. Stadt im Rhein-Kr. Neuss, 64197 Ew., Reg.-Bez. Düsseldorf, NRW. Urspr. im Besitz der Grafen von Kessel, nach deren Aussterben 1307 an die Grafen von Jülich. Stadterhebung um 1300. II. 962 *in villa Bruoche* [Or] (hierher?), 1273 *in Brūche* [Or], 1411 *ze des Greuenbroiche* [Or]. III. Grundwort der Zuss. ist ahd. *bruoch* 'morastiges Gelände, Bruch' in der reg. geltenden Form mit [oː]. Motiviert ist der Name durch die Lage in einem sumpfigen Gelände in einem Bogen der Erft. Das unterscheidende Erstglied, im Beleg von 1411 noch mit deutlicher Genitivfunktion, gehört zu mhd. (mfr.) *grēve* 'Graf' und dient zur Differenzierung von anderen mit gleichem Gw. ON mit *Bruch* sind überaus häufig (FO 1, 578ff.). V. HHS 3; Gysseling 1960/61; Kaufmann 1973. *Tie*

Grevenmacher lux. Gréiwemaacher, mda. Maacher I. Stadt und Hauptort der gleichnamigen Gem., Kt. und Distr., 3733 Ew., an der Grenze zu D im Moseltal im Gutland, L. 1252 Freiheitsbrief durch Graf Heinrich den Blonden, seit dem MA zu Luxemburg, Weinbauzentrum. II. 634 (F. 11./12. Jh.) *Machara*, 973 *Maceria* [Or], 1346 *Grevenmachern* [Or] (Dat.). III. Bildung mit dem Gw. -*macher*, das appellativisch an das regionale Lehnwort *Macher* 'Mauer, insbes. Trockenmauer' (< lat. *maceria*) anzubinden ist (nach den Weinbergmauern der alten Weinbauortes). Lux. -*maacher* mit wmoselfr. Dehnung des urspr. Kurzvokals *a* vor stimmlosen Obstruenten, hier dem stimmlosen velaren Frikativ *x* (*ach*-Laut). Bw. ist das App. *Graf* in der älteren md. Lautform *Grēve* (hier im Gen.). Lux. *Gréiwe-* mit wmoselfr. Diphthongierung von älterem Langvokal *ē* zu *ei* und *n*-Tilgung (Eifler Regel). Der unterscheidende Zusatz *Greven-* bezieht sich auf die alte Zugehörigkeit zur Gft. Luxemburg und dient der Unterscheidung von weiteren *Macher*-SiN der Region (vgl. Buchmüller/Haubrichs/Spang). IV. U. a. Königsmachern (1280 *Machra Regis* [Or]), franz. Koenigsmacker, mda. Maacher, Gem. Metzervisse, Arrondissement Thionville-Est, Département Moselle (Lothringen), F. V. Buchmüller/Haubrichs/Spang; Gysseling 1960/61; Meyers. *AS*

Grevesmühlen I. Kreisstadt des Lkr. Nordwestmecklenburg, 10815 Ew., Verwaltungssitz des Amtes Grevesmühlen-Land, ca. 12 km ssw der Mecklenburger Bucht (Ostsee) und 20 km w von Wismar, MV. Zunächst slaw., dann d. Siedlung, 1262/1267 Erwähnung als „*oppidum*", 1359 Bestätigung des (früher verliehenen) Stadtrechts, im MA Münzpräge- und Brauereiwesen, zu Mecklenburg-Schwerin, im 19. Jh. Errichtung einer Ziegelei sowie Ansiedlung mehrerer kleinindustrieller Betriebe, im 20. Jh. Betonwerk und Getreideverarbeitung. II. 1230 *Gnewesmulne*, 1237 *Gnewismulne*, 1267 *Gneuesmholen*, 1297 *Greuiszmhulenn*, 1376 *Grevismühlen*. III. Der ON bestand urspr. aus einem slaw. und einem d. Bestandteil und bezeichnete die Mühle des Gněv. Der apolb. PN geht verm. auf *Gněvomir* oder einen anderen VN mit dem Erst- oder Zweitglied *gněv- 'Zorn, Wut' zurück und wurde mit der d. Genitivendung -*es* abgeleitet. Spätestens seit Mitte 14. Jh. begann man, in den slaw. Bestandteil das nd. Appellativum *greve* 'Graf' einzudeuten. Der zweite, urspr. d. Bestandteil des hybriden ON ist das mnd. *mole* 'Mühle'. IV. Gneve, OT von Ludorf, Müritzkreis, Gneven, Lkr. Parchim, Gnewitz, Lkr. Bad Doberan, alle MV; Gnevsdorf, OT von Rühstädt, Lkr. Prignitz, BB, und OT von Buchberg, Lkr. Parchim, MV; Gneversdorf, OT von Lübeck, SH. V. MUB I–IV; HHS, Bd. 12; Trautmann ON Meckl.; OSE; Eichler/Mühlner. *MN*

Griesbach i. Rottal, Bad I. Stadt im Lkr. Passau, 8488 Ew., Reg.-Bez. Niederbayern, BY. 1260 Verkauf an die Herzöge von Niederbayern, seit dem 13. Jh. Markt, im 19. Jh. Mittelpunkt eines Landgerichts, 1973 Auffindung heilkräftigen Thermalwassers, seit 2000 Zusatz Bad. II. 1108 *Griezbach*, 1112 *Grizpach*, 1147 (Kop. des 12. Jh.) *Grizbach*, 1354 *Griespach*, 1514 *Griesbach*, 1964 *Griesbach i.Rottal*, 2000 *Bad Griesbach im Rottal*. III. Grundwort des urspr. übertragenen Gewässernamens ist ahd. ↗ -*bach*, *pach* 'Bach, kleiner Wasserlauf', Bw. *grioz*, *griez* 'Sand, Kies'. Die Lage im Rottal dient zur Lokalisierung und Differenzierung von anderen Orten, z.B. Untergriesbach,

Lkr. Passau; Obergriesbach, Lkr. Aichach-Friedberg, beide BY; Griesbach, Ortenaukreis, BW. **V.** HHS 7/1; Reitzenstein 2006; Egginger, J.: Alt-Landkreis Griesbach. (Historisches Ortsnamenbuch von Bayern, Niederbayern 1) München 2011. *WvR*

Griesheim **I.** Stadt im Lkr. Darmstadt-Dieburg, 25 955 Ew., w Darmstadt im Hess. Ried, Reg.-Bez. Darmstadt, HE. Der Ort – mit Bodenfunden seit der Jungsteinzeit, bes. einem merowingisch-karolingischen Gräberfeld – dürfte im 6./7. Jh. als „Griesheim" (neu)gegr. worden sein. Erste urk. Erwähnung 1165, als Friedrich I. dem Kloster Bronnbach den Besitz des Ortes (als Dotation der Grafen von Wertheim) bestätigt. Seit der 2. Hälfte des 14. Jh. war das Dorf unter der Herrschaft der Grafen von Katzenelnbogen und fiel 1479 an Hessen, 1567 an Hessen-Darmstadt, 1918 bzw. 1945 an Hessen; 1965 wurde es Stadt. **II.** 1165 *Griezheim [Or]*, 1218 *Grizheim*, 1381 *Gryesheym [sämtlich Or]*. **III.** Das Bw. ist ahd. *grioz* 'Sand, Kies, Strand', das in ON an Gewässern mehrfach begegnet; es kennzeichnet hier die Ortslage in dem h. naturräumlich als „Pfungstadt-Griesheimer Sand" bezeichneten urspr. Flugsand- und Dünengebiet zwischen n Bergstraße und Neckarried. Der 2. Beleg zeigt schon die md. (und nhd.) Monophthongierung des im 1. noch bezeichneten mhd. Diphthongs an, der 3. schon das orthografische Dehnungs-*e*; *y* ist vom 14.–16. Jh. häufige grafische Variante von *i*. **IV.** Griesheim, OT von Frankfurt am Main, HE; ↗Bad Griesbach, Lkr. Passau; ↗Lenggries, Lkr. Tölz-Wolfratshausen, beide BY. **V.** MGH DF I; Falck; Müller, Starkenburg; Berger. *HGS*

Grieskirchen [ɡ̊riːsˈkhiɐxn], dial. älter [ɡ̊riɐsˈkhiːrɐ], jünger [ɡ̊riɐsˈkhiɐxɐ]. **I.** Stadt und Verwaltungssitz im gleichnamigen Pol. Bez., 4 862 Ew., im n Hausruckviertel am l. Ufer der Trattnach, OÖ, A. Entstehung wahrscheinlich unter Bischof Altmann von Passau (1065–91) als Kirchdorf, vor 1343 (? 1327) Markt, mit ↗Eferding 1561–1626 Zentrum des hier von den Jörgern von Schloss Tollét aus stark geförderten Protestantismus und der oö. Bauernkriege 1595 und 1626; 1613 Stadt. **II.** 1075 *Grizkirichin*, 1111 *Griezchirche*, 1120 *ad Griezchirchen*, 1417 *Grieskirchen*. **III.** Gereihtes Komp. mit mhd. ↗*-kirche* im Dat. Sg. und mhd. *griez* 'Sand', 'Kirche am Sand' mit Bezug auf das sandige Ufer der Trattnach. Die ältere dial. Aussprache weist Sprossvokal auf. **V.** ANB 1; OÖ-ONB 5; ÖStB 1; HHS Lechner. *PW*

Grimma **I.** Große Kreisstadt im Lkr. Leipzig, 19 106 Ew., im Nordsächsischen Platten- und Hügelland sö Leipzig im Muldental, SN. Slaw. Fischersiedlung vor dem 12. Jh., markgräflich-meißnische Burg mit Burgsiedlung um 1330/70, Stadtanlage Ende des 12. Jh., wirtschaftliche Blüte im 14. Jh. H. Standort mittlerer Industrieunternehmen, wie Elektroanlagen- und Apparatebau. **II.** Seit 1160 *Grimme*, auch *Grimma* (lat. Einfluss). **III.** Bildung mit einem asorb. App. *grim, das 'tiefgelegenes, vom Wasser und nassen Wiesen umgebenes Gelände' bezeichnete. Seit dem 16. Jh. kanzleisprachliche Form mit *-a*. **IV.** ↗Grimmen, Lkr. Nordvorpommern, MV; Reinhardtsgrimma, OT von Glashütte, Lkr. Sächsische Schweiz-Osterzgebirge, SN. **V.** HONS I; SNB; DS 13; SO I. *EE, GW*

Grimmen **I.** Kreisstadt des Lkr. Nordvorpommern, 10 655 Ew., ca. 30 km s von Stralsund und 30 km w von Greifswald, MV. Frühe slaw., ca. ab 1220 d. Besiedlung, spätestens 1287 Stadtrecht, zum Ftm. Rügen, 14. Jh. an Pommern, ab 1648 zu Schweden, ab 1815 zu Preußen, bis dahin vor allem Ackerbürgerstadt. Ab 1816 Kreisstadt und Entstehung von Behörden, ab 1962 zeitweilig Betrieb zur Erdöl/Erdgasförderung, h. vorrangig Dienstleistungs-, Handels- und Handwerksbetriebe. **II.** 1267 *Grimme tercio* …, 1278 *Grimmis*, 1279 *zu Grimmenn*, 1304 *Grimme*; *Grimmen* (1618). **III.** Dem ON liegt ein apolb. Subst. *grim mit der Bedeutung 'von Wasser oder feuchten Wiesen umgebene Niederung' zugrunde. Die Endung ist auf den d. Dativ sw. deklinierter Fem. zurückzuführen. **IV.** ↗Grimma, Lkr. Leipzig, SN. **V.** MUB II, X; PUB 2, 4; Lubin, E./ Geilenkerken, N.: Die große Lubinsche Karte (Pomerania). 1618; Trautmann ON Meckl.; Eichler/Mühlner; Niemeyer 2007. *MN*

Gröbenzell **I.** Gem. im Lkr. Fürstenfeldbruck, 19 357 Ew., Reg.-Bez. Oberbayern, BY. **II.** 1437 *die Grebmül zü Dachaw*, 1471 *von wegen des wassers genant Greben das an vnsers Burgers … Mül genant die Grebmül … In dem Greben nämlich von der Grebenprugken pis Indie Ammer*, 1570 *ein Hauß … darinen einer wohnt, der auf dem Gröben und neuen Weg ein fleißig Aufsehe haben soll*, 1612 *das Gröbenhaus*, 1633/34 *Gröbenzollner aufm Gröben-Zohlhaus*, 1675 *Gröbmhauß m. Gröbmweegzohl*, ca. 1700 *Greben Zoll*, 1819 *Georg Zwickl, sog. Gröbenzellner*, 1831 *Gröderszell*, *Grödenzell*, 1867 *Gröbenzell*. **III.** Es ist nicht ganz sicher, ob sich die beiden erstgenannten Belege auf unsere Siedlung beziehen. Der Name erklärt sich als 'Zollstelle am Gröbenbach'. Da diese Zollstelle im 19. Jh. nicht mehr existierte und auch nicht mehr im Gedächtnis der Bevölkerung war, wurde im Jahr 1819 das Grundwort *zell* eingedeutet. Der GwN erklärt sich als 'Bach, der sich sein Bett gräbt'. **V.** Reitzenstein 2006. *WvR*

Gröditz **I.** Stadt und gleichnamige VG im Lkr. Meißen, 8 424 Ew., in der Röderaue zwischen Riesa und Elsterwerda, am Floßgraben zwischen Elbe und

Schwarzer Elster, SN. In slaw. Zeit Burgbezirk und Burgsiedlung, seit 12. Jh. d. Rittersitz und Flecken, infolge starker Industrialisierung seit 1850 Anwachsen zur Stadt, auch h. noch Standort eines Stahl- und Gusswerkes. **II.** 1217 *Grodiz* (Zuweisung unsicher), 1383 *Grodis*, 1436 *Groditz*, 1464 *Grödiß*. **III.** Aus asorb. *grodišče* 'Burgstätte, befestigter Ort', verbreitet im slaw. Siedlungsgebiet (slaw. **grod-* aus urslaw. **gord-*). Das slaw. Suffix wurde als *-is*, dann ↗ *-itz* integriert. **IV.** ↗Groitzsch, Lkr. Leipzig, Gröditz bei Weißenberg, Lkr. Bautzen, beide SN. **V.** HONS I; SNB. *EE, GW*

Groitzsch **I.** Stadt im Lkr. Leipzig, 8 262 Ew., am Rande der Leipziger Tieflandsbucht in der Weiße Elster- und Schnauderaue, SN. Älterer slaw. Burgwall beim nahen Dorf Altengroitzsch, Errichtung einer d. Burg durch Wiprecht von Groitzsch um 1080, mit Burgsiedlung, Stadtanlage durch wettinische Landesherren um 1200. **II.** Um 1150 *Groisca, Groisch*, später *Groisch*, im 12. Jh. *Groiz, Groizh*. **III.** Zu erklären wie ↗Gröditz. Aus asorb. *grod'c, grodišče* 'Burgstätte, befestigter Ort', verbreitet im slaw. Siedlungsgebiet (slaw. **grod-* aus urslaw. **gord-*). Das slaw. Suffix wurde als *-is*, dann ↗ *-itz* integriert. **IV.** Groitzsch, OT von Jesewitz, Lkr. Nordsachsen, OT von Triebischtal, Lkr. Meißen, beide SN. **V.** Pegauer Annalen. In: MGH SS XVI; HONS I; SNB. *EE, GW*

Grömitz nd. **Grööms** **I.** Amtsfreies Ostseebad im Kr. Ostholstein, 7731 Ew., auf der Halbinsel Wagrien, Lübecker Bucht, SH. 1286 als Kirchdorf erwähnt, vor 1440 erstmalig Stadtrecht verliehen, das Grömitz aber bald wieder verlor, 15. Jh. Lübisches Stadtrecht, 1813 Anerkennung als Seebad, 1960 Eröffnung des Jachthafens, seit 1949 Ostseeheilbad. Bedeutender Tourismus, Kloster Cismar, Walkyriengrund. **II.** 1238 *ad riuum qui Grobenize dicitur* [Or], 1259 *Grobenisse*, 1307 *iuxta Grobenitz*. **III.** Vom apolb. *grob'nica* abstammend, bildet sich der ON aus dem Wortstamm *grob* 'Grab' und dem zusammengesetzten Diminutivsuffix *-n-ica,* ↗ *-itz*. Als ursprünglicher GwN ist wohl die Bedeutung 'Graben' gemeint; damit bezeichnet der Name *Grömitz* eine Siedlung am Graben/Bach. **V.** Laur; Haefs. *GMM*

Gronau (Leine) **I.** Stadt und gleichnamige Samtgem. im Lkr. Hildesheim, 14 291 Ew., NI. 1298 als Ort durch Bischof Siegfried II. von Hildesheim planmäßig gegr., nachdem 1279 die s von Gronau gelegene Feste *Empne* zerstört worden war. Zerstörungen im Verlauf der Bischofsfehde 1472/73 und im dreißigjährigen Krieg hemmten die Entwicklung. 1521 calenbergisch (später Ftm. Calenberg-Göttingen), 1643 zum Bistum Hildesheim; hildesheimische Grenzfestung. Ab 1814 zum Kgr. Hannover, ab 1866 zur preuß. Provinz Hannover, Sitz des Amtes Gronau und des gleichnamigen Kreises (bis 1932), dann im Lkr. Alfeld aufgegangen, seit 1977 zum Lkr. Hildesheim. 1978 zum Reg.-Bez. Hannover. **II.** 1298 *in Empne que nunc Gronowe dicitur*, 1299 *in Gronowe*, 1300 *in Gronowe*, 1320 *in Gronowe*, 1392 *Gronow*. **III.** Alter Flurname, Kompositum aus nd. *gron* 'grün', mnd. *grön*, nnd. *grön*, und ↗ *-au(e)* 'Land am Wasser'. **IV.** Gronau, OT von Oberstenfeld, Lkr. Ludwigsburg, BW; Gronau, OT von Bad Vilbel, Wetteraukreis, HE; Gronau (Westf.), Kr. Borken, NRW; Gronau, OT von Bensheim, Lkr. Bergstraße, HE. **V.** FO I; Hartmann, W.: Alt-Hildesheim 16,1937; Nds. Städtebuch. *JU*

Gronau (Westf.) **I.** Stadt im Kr. Borken, 46 645 Ew., Reg.-Bez. Münster, NRW. Burg und vorgelagerte Siedlung auf dem Gebiet einer nur 37 ha umfassenden Herrschaft der Edelherren von Steinfurt, dann Grafen von Bentheim, (vor) 1487 städtische Rechtsordnung, 1771 Unterherrschaft des FBtm. Münster, 1802 zur Gft. Salm-Horstmar, 1808 zum Ghztm. Berg, 1811 zum Kaiserreich Frankreich, 1813 preußisch, 1897 (nach Eingemeindungen) Stadt, Textilindustrie bis 1981. **II.** 1365 *dat hus tho Bocholte*, 1371 *tor Gronowe*, 1490 *Gronowe*. **III.** Der Name ist eine Zusammenrückung von einem Bw. zum Farbadjektiv 'grün', hd. *grün*, mnd. *grone*, und einem Gw. and. **ouwe* > ↗ *-au(e)* aus germ. **ahwjō* 'zum Wasser (**ahwō*) gehörig', 'Gelände beim Wasser': 'grüne Aue', urspr. ein FlN. **IV.** Gronau (Leine), Lkr. Hildesheim, NI; Gronau, OT von Oberstenfeld, Lkr. Ludwigsburg, BW. **V.** Niesert, J.: Münsterische Urkundensammlung V (1834); Archiv Egelborg, Druck nach Photographie. In: Bremer, H. (Hg.): Gronau und Epe. Gronau 1939; INA Wf NF 6 (Burgsteinfurt). *schü*

Grönenbach, Bad **I.** Markt und gleichnamige VG im Lkr. Unterallgäu, 9 020 Ew., erhöht am s Rand der Memminger Ebene gelegen, Reg.-Bez. Schwaben, BY. Alter Adelssitz mit Schloss, stiftskemptisches Lehen, Markt und Gerichtssitz, 1802 an BY, ab 1804 Landgerichtssitz, ausgeglichene Wirtschaftsstruktur, Kneippkurort, seit 1996 mit dem Namenszusatz Bad. **II.** 1127 *Grünenbach*, 1128 *Grönenbach*, 1434 *Grünenbach*; *Grönenbach* (1474). **III.** Gw. ↗ *-bach*, Bw. ahd. *gruoni, gruone* 'grün', Gesamtdeutung: 'am grünen Bach'. Nach A. Bach bezöge sich das Grün auf die Wasserfarbe. **V.** Reitzenstein 1991; Urk Kronburg; UB St. Blasien, Bd. 1; Landkreis Unterallgäu, Bd. II; Bach DNK II. *TS*

Groß(en)-. Westgerm. **grauta-*, ahd. / mhd. *grōz*, asä. / mnd. *grōt* 'groß' dient als unterscheidender Zusatz im Gegensatz zu ↗ *Klein(en)-*. Älteres *michel*, ahd. *mihhil*, mhd. *michel* 'groß', wird durch *groß* verdrängt, bleibt aber in Namen erhalten (↗Michelstadt, Odenwaldkreis, HE; ↗Großenhain, Lkr. Meißen, SN). Literatur: Bach DNK II, 1; II, 13 und II, 2; Kaufmann 1958; Debus / Schmitz, H.-G. *FD*

Groß Kreutz (Havel) **I.** Gem., Lkr. Potsdam-Mittelmark, 8 300 Ew., w Potsdam, BB. Bis zum 14. Jh. bestanden 2 Dörfer. Die slaw. Siedlung auf dem Wolfsberg ist in Groß Kreuz aufgegangen, das ein Kolonistendorf war. **II.** 1275 *slauicam Crucewitz [Or]*, 1300 *minor Crucewitz [Or]*, 1300 *maior cruceuwiz [Or]*, 1479 *Grossen Crucewitz*, 1640 *Großen Creuz*. **III.** Gf. apolb. **Kruš(e)vica/*Kruš(e)vec* 'Ort, wo Birnbäume stehen', zu apolb. **kruša* 'Birne, Birnbaum'. Der Name wurde von deutschen Siedlern an mnd. *kruze* 'Kreuz' angelehnt, später fiel ↗-*witz* weg. Der Zusatz *Groß* blieb, um es von Klein Kreuz bei Brandenburg (1329 *Crutzewitz*) zu unterscheiden. **IV.** Ähnlich Kruszewiec, PL, Krušovice, CZ. **V.** Riedel A X; BNB 1. *SW*

Groß Strehlitz // Strzelce Opolskie [ˈstʃɛltsɛ ɔˈpɔlskjɛ] **I.** Kreisstadt und gleichnamige VG in der Woi. Opole, 33 012 Ew., PL. Um 1305 als Stadt erwähnt. Bis 1327 im Kgr. Polen, 1327 mit Hztm. Oppeln unter böhmische Oberlehnshoheit, 1526 mit Böhmen an Habsburg, 1742 an Preußen. Landwirtschaft, Kalkindustrie, Landmaschinenbau. Bis 1945 Kreisstadt im Reg.-Bez. Oppeln, 11 523 Ew. (1939). Bei der Volksabstimmung 1921 stimmten in der Stadt 85 % der Einwohner für Deutschland, im Landkreis 50 %. **II.** 1246 *Strelci*, 1290 *Strelecz*, 1300 *Strelitz*, 1379 *Major Strelicz*. **III.** Urspr. *Strzelcy* zu poln. *strzelec* 'Jäger, Schütze'. Eine Dienstsiedlung, deren Einwohner die Pflicht hatten, für den fürstlichen Hof das Wild zu liefern und mit dem Landesherrn auf die Jagd zu gehen. Zusatz *Groß* zur Unterscheidung von Klein Strehlitz // Strzeleczki im benachbarten Kr. Krappitz, nach 1945 durch Adj. *Opolskie* (zum ON *Opole*) ausgetauscht. **IV.** Strzelce // Strehlitz in Niederschlesien; Strzelce Krajeńskie // Friedeberg in der Neumark, beide PL; Neustrelitz in MV. **V.** SNGŚl; Borek, H.: Górny Śląsk w świetle nazw miejscowych. Opole 1988. *MCh*

Großaitingen **I.** Gem. und gleichnamige VG, 7 786 Ew, im Lkr. Augsburg, 19 km s von Augsburg gelegen, Reg.-Bez. Schwaben, BY. Die VG umfasst die Gem. *Groß-* und *Kleinaitingen* sowie *Ottmarshausen*. Steinzeitliche Funde deuten auf eine sehr frühe Besiedlung hin; die alem. Siedlung, die den ON prägte, geht auf das 6./7. Jh. n. Chr. zurück. Der Ort war ein Amtssitz des zum Hochstift Augsburg gehörenden Domkapitels, bis er 1803 bayer. wurde. Wirtschaftlich bedeutend ist der Ort dadurch, dass sich hier eines von zwei genutzten Ölfeldern Bayerns befindet. **II.** 980 *Etigga/Ettinga/Eitiga*, 1104 *Eitingen [Or.]*, 1143 *Aitingen [Or.]*, 1259 *Westernaitingen [Or.]*, 1401 *Groz Aytingen*. **III.** Der ON setzt sich aus dem Zugehörigkeit ausdrückenden Suffix ↗-*ingen* und dem PN *Aito/Aido* zusammen, kann also gedeutet werden als 'bei den Leuten des Aito/Aido'. Die frühen Belege auf -*inga* sind als Latinisierungen zu betrachten. Das Differenzierungswort ↗ *Western*- (Dat. zu mhd. *wester* 'westlich', also 'im westlichen Aitingen'), das seit dem 13. Jh. der Unterscheidung des Ortes von *Kleinaitingen* (*Ostern Aytingen*) diente, wurde im Lauf des 15. Jh. durch ↗ *Groß*- abgelöst, da erst zu dieser Zeit das Gegensatzpaar *groß-klein* zur Bezeichnung von Ausdehnungen semantisch möglich wurde. **V.** Volkert, W.: Die Regesten der Bischöfe und des Domkapitels von Augsburg, Bd. 1, Augsburg 1955–85; Ortschronik Großaitingen. Das Erbe unserer Ahnen, hg. von der Gem. Großaitingen. Bobingen 1976. *Kö*

Großalmerode **I.** Stadt im Werra-Meißner-Kreis, 7 021 Ew., gelegen ca. 25 km ö von Kassel an der Gelster in einem ausgedehnten Waldgebiet nw des Hohen Meißner, Reg.-Bez. Kassel, HE. Rodungsdorf, das erst 1775 durch Landgraf Friedrich II. von Hessen-Kassel die Stadtrechte erhielt. Der Ort beherbergte eine bedeutende Tonwaren- und Glasindustrie. **II.** 1386 *Almerodde [Or]*, 1446 *Almerade*, 1537 *Almanrode*, 1558 *Grossen Almerode*, 1562 *Großalmerode*, 1572–1589 *Glaß-Großalmerode*. **III.** Frühere Belege (vor 1150 *in villa Burchalmerod*, 1227 *Almarrot*, 1228 *Almerot*, 1303 *Almunderode*, 1329 *Amolderode*, 1340 *Almunderode*, 1373 *Almerode*, 1428 *Niederalmerode*) gehören zum n von Großalmerode gelegenen Kleinalmerode (Stadt Witzenhausen). Das Gw. (↗-*rode*) verweist auf die Rodungssiedlung. Das in der Lautung stark schwankende Bw. ist entweder mit dem PN *Adalmunt > Almunt* oder aber mit *Adalmar > Almar* in Verbindung zu bringen. **V.** Eckhardt, A.: Die Anfänge von Großalmerode. In: Zeitschrift des Vereins für hessische Geschichte und Landeskunde 80 (1969); Küther 1973. *TH*

Großbottwar **I.** Stadt im Lkr. Ludwigsburg, 8 213 Ew., ca. 14 km nnö Ludwigsburg und etwa 20 km ssö Heilbronn am Neckarbecken und bei den Ausläufern der Löwensteiner Berge im Bottwartal gelegen, Reg.-Bez. Stuttgart, BW. Zwischen 750 und 906 wechselten die Besitzrechte zwischen Kloster Fulda, Stift Neuhausen und Kloster Murrhardt, Ortsadel ist im 12./13. Jh. bezeugt; um 1279 zur Stadt erhoben und seit 1357 württembergisch. Weinanbau, Burg Lichtenberg, Weinlehrpfad, historisches Rathaus, Martinskirche, Schiefes Haus, Schlössle. **II.** 750–802 (Kop. 1150–65) *Boteburon*, ca. 873 (spätere Kop.) *Bodibura*, 950–976 (spätere Kop.) *Bodibura*, 1105–20 *Botebor [Or]*, 1245 *Botwar [Or]*; *Grossen Bottwar*

(1579). **III.** Der Name setzt sich zusammen aus dem Gw. ahd. *būr* 'Wohnung, kleines Haus' und dem PN *Bōdo*. Die Flexionsendung *-en* des PN ist früh ausgefallen, das *b* des Gw. wird mda. zu *w*. Der Zusatz *Großen, Groß-* dient zur Abgrenzung von Klein-Bottwar. Beide Orte liegen an der Botwar, der GwN ist aber erst später nach der Siedlung benannt worden. **IV.** Kleinbottwar, OT von Steinheim a. d. Murr, Lkr. Ludwigsburg, BW. **V.** Reichardt 1982b; LBW 3. *JR*

Großefehn **I.** Gem. im Lkr. Aurich, 13 352 Ew., s von Aurich, bis 2004 Reg.-Bez. Weser-Ems, seit 2005 Regierungsvertretung Oldenburg, NI. Das „Große Fehn", die älteste Fehnsiedlung Ostfrieslands, wurde 1633 von 4 Emder Bürgern gegründet, die mit der Trockenlegung des Moorgebiets begannen. Die Gem. Großefehn wurde 1972 aus 14 bis dahin selbstständigen Gem. gebildet. Bekannt ist die „Mühlengemeinde" für ihre 5 intakten Galerie-Holländerwindermühlen. **II.** 1716 *auf altem und großen Fehne [Or]*, 1716 *auffm großen Fehn*, 1735 *Große Fähn*; *Großefehn* (1818). **III.** Der ON beruht auf einem Syntagma mit dem Adj. mnd. *grot* 'groß' und mnd. *venne, ven* '(mit Gras bewachsenes) Sumpfland', das speziell in Nordniedersachsen häufig für Moorkolonistensiedlungen verwendet wurde. **V.** HHS 2; Remmers, Aaltukerei. *TK*

Großenhain **I.** Große Kreisstadt im Lkr. Meißen, 15 391 Ew., ö der Mittelelbe an der Großen Röder, n Meißen, SN. Burg mit Burgort aus slaw. Zeit, seit 12. Jh. markgräflich-meißnische Burg, um 1200 planmäßige Stadtanlage an Verkehrsknotenpunkt, im 15. und 16. Jh. Blütezeit durch Tuchmacherei. Auch h. noch Industriestandort. **II.** 1207 *Ozzec*, 1224 *de Hagen*, 1235 *Indago*, 1238 *der Hayn*, 1415 *Hayn ober Elbe*, 1663 *Großen Hayn*. **III.** Die asorb. Bezeichnung *osěk 'Verhau' wurde als Hain 'umhegter Ort' übersetzt (lat. *indago*) und reiht sich somit in ON wie *Hain*, ↗ *Hainichen* und in die ON mit dem Gw. ↗ *-hain* ein. **V.** HONS I; SNB. *EE, GW*

Großenkneten **I.** Gem. im Lkr. Oldenburg, 13 576 Ew., s von Oldenburg, Reg.-Bez. Weser-Ems (bis Ende 2004), NI. In der Umgebung bedeutende ur- und frühgeschichtliche Funde; ob eine Nennung von 890 *Gnettum* hierher oder zum 15 km südwestlich gelegenen Kleinenkneten gehört, ist unsicher; die Kirche in Großenkneten ist sehr früh als Corveyer Eigenkirche erwähnt; zur gleichnamigen Gem. gehören h. 20 OT. **II.** Um 1000 *Gnidon* [Kop. 11. Jh.], 1150 *Knethe*, 1160 *Kniten*; *Grossen Kneten* (1805). **III.** Der ON ist schwierig. Es handelt sich um ein im Dat. Pl. stehendes Simplex. Zwar wurde an einen Zusammenhang mit wfl. *knieder* 'Wachholder' gedacht. Es ist jedoch eher ein Anschluss an die idg. Wz. **gen-* 'zusammendrücken; Geballtes' zu erwägen, die vor allem im Germ. bezeugt ist und mit Dentalerweiterung in ahd. *knetan* 'kneten', anord. *knatti* 'Bergkuppe' vorkommt. Ein Anschluss an idg. **ghen-* 'zernagen, kratzen, reiben', das auch eine Erweiterung **ghnei-*, **ghneid(h)-* aufweist (ahd. *gnītan*, mnd. *gnīden* 'reiben', mhd. *gnīst* 'Grund'), ist unwahrscheinlicher, da asä. *-k-* vor *-n-* sth. werden konnte, womit die ältesten Belege zu erklären wären, der umgekehrte Vorgang jedoch kaum belegt ist. Zur Unterscheidung von Kleinenkneten (1462 *Lutteken Knethen*) erscheint im 14./15. Jh. auch der Zusatz *Kerk* (1349 *Kerckneten*), der das Vorhandensein einer Kirche anzeigt. Die Unterscheidung zwischen *Großen-* und *Kleinen-* ist erst jung. **V.** Nds.-Lexikon; Möller 2000. *KC*

Großenlüder **I.** Gem. im Lkr. Fulda, 8 590 Ew., Reg.-Bez. Kassel, HE. Pfarrkirche St. Georg, internationale Krippensammlung. **II.** 816 *Lutra*, 953 *villa Ludera*, 11. Jh. *de Lutera*, 1302 *ville Luthere*, 1328/39 *Luotere*, 1385 *tzu Luter*, 1515 *Luddere*; *Großenlüder* (1570). **III.** Der ON leitet sich von dem FluN ab, der im 9. Jh. als *Lutire* erscheint. Das *-i-* der Folgesilbe lautet den Stammvokal in mhd. Zeit zunächst zu *-iu-* um (um 1160 *Liutra flumen in silva Bochonia*). Später wird der Umlaut als *-ü-* gekennzeichnet. Im Konsonantismus wechseln *-t-* und *-d-* im Inlaut. Dabei erscheint *-t-* durch das nachfolgende *-r-* in der zweiten Lautverschiebung als unverschoben. Der ON ist urspr. eine Abl. mit dem Suffix *-a*, das erst später zu einem Gw. *-aha* (↗*-ach*[1]) verändert wird. Anschluss an das ahd. Adj. *lūt(t)ar, hlūt(t)ar, lūt(t)er, hlūter, lūtir* 'lauter, klar, hell, rein'. Der ON bedeutet 'Siedlung am lauteren, klaren Wasser'. **IV.** Kleinlüder, Lütter, beide Lkr. Fulda; ↗ Lauterbach, † Ober-Lauterbach (sw Lauterbach), beide Vogelsbergkreis; † Lauterbach, Wüstung sö Gießen; Lauter, ö Gießen; Lauterbach, Lkr. Waldeck-Frankenberg; † Lauterbach, Lkr. Marburg-Biedenkopf; Lüderbach, OT der Gem. Ringgau, Werra-Meißner-Kreis, alle HE; Lutter, OT von Neustadt am Rübenberge, Region Hannover, NI. **V.** HHS 4; Reichardt 1973; NOB I. *DA*

Groß-Gerau **I.** Kreisstadt des Lkr. Groß-Gerau, 23 299 Ew., Reg.-Bez. Darmstadt, HE. Laut einer verfälschten Urkunde soll Ebf. Hatto von Mainz 910 sein Gut in der Gerauer Mark an das Kloster Fulda übertragen haben. König Heinrich II. schenkte 1002 seine *curtis Geraha* an die Wormser Kirche (1009 an Bamberg, 1013 an Würzburg). Später hatten die Grafen von Katzenelnbogen die Ortsherrschaft als würzburgisches Lehen inne. Auch die Henneberger meldeten Besitzrechte an, die 1521 zusammen mit dem Schloss Dornberg an die Landgrafschaft Hessen übergingen. 1398 Verleihung der Stadtrechte, die 1663 erneuert wurden. Seit 1832 Kreisstadt. In Groß-Gerau gab es eine traditionsreiche jüdische Gemeinde. Eingliederung von Dornberg (1939), Berkach (1972), Dornheim und Wallerstädten (1977). In Dornberg befindet sich die Stammburg der Herren von Dornberg. **II.** Groß-Gerau: 910 (F.; Kop.) *Geraha marca*, 1257 *Gerahe*, 1355 *maius Gera*, 1371 *Grozen Geraw*. Dornberg: 1236 *castrum Dorenburg*, 1326 *Dorinberg*, 1371 *Dorenborg*. Berkach: 1035 (Kop.) *in loco Birkehe ... in Germare marca*. Dornheim: 779 (Kop.) *Thornheim*. Wallerstädten: 1281 (Kop.) *Waldirsteden*, 1326 *Walderadesteden*. **III.** Der ON *Gerau* stammt von einem GwN (↗ Büttelborn mit Klein-Gerau, Lkr. Groß-Gerau). Die Namen *Dornheim* und *Dornberg* zu ahd. *dorn* 'Dorn(strauch)'. Der ON *Berkach* ist eine Kollektivbildung mit dem Suffix *-ach²* zu ahd. *birka* 'Birke'. Beim ON *Wallerstädten* legt der Beleg von 1326 die Ansetzung eines weiblichen PN *Walderada* als Bw. des Gw. ↗ *-statt* nahe. **V.** CE; CL; Keyser; Knappe; Müller, Starkenburg. *TH*

Großhansdorf nd. Groothansdörp **I.** Gem. im Kr. Stormarn, 8 980 Ew., unmittelbar nö von Hamburg, SH. 1274 erstmals urk. erwähnt, 1435 zu Hamburg, 1872 Zusammenschluss von Schmalenbeck und Großhansdorf zu Großhansdorf-Schmalenbeck, seit 1937 zum Landkreis Stormarn gehörig, 1938 neue Gemeindebezeichnung *Großhansdorf*, seit 1951 amtsfreie Gem. Reine Wohngemeinde, d.h. kein Gewerbe. **II.** Um 1320 *Johannestorp* [Or], 1388 *to dem Johanstorpe*, 1430 *ad usum ... et Hanstorpe*, 1649 *Groß Hansdorp*. **III.** An der urspr. Form *Johannestorp* lässt sich die Bed. als 'Siedlung des Johannes' (↗ *-dorf*) am deutlichsten erkennen. Das unterscheidende Adj. ↗ *Groß-* ist erst in jüngerer Zeit hinzugefügt worden. **V.** Laur; Haefs. *GMM*

Großheide **I.** Einheitsgemeinde im Lkr. Aurich, 8752 Ew., ö von Norden, bis 2004 Reg.-Bez. Weser-Ems, seit 2005 Regierungsvertretung Oldenburg, NI. Die Gem. Großheide wurde am 1.7.1972 aus den ehemaligen Gemeinden Arle, Berumerfehn, Großheide, Menstede-Coldinne und Westerende gebildet. **II.** 1552 *Grote Haeyde* [Or], 1589 *Heide*, 1599 *Groteheide*; *Grosheide* (1645). **III.** Der ON beruht auf einem Syntagma mit dem Adj. mnd. *grot* 'groß' und mnd. *hêide* 'Heide, wildbewachsene Fläche' im Nom. Sg. Durch Zusammenrückung entsteht jünger das Kompositum mit unflektiertem Bw. Die nd. Form wird im 17. Jh. durch die hd. Entsprechung abgelöst. Das Element *Groß-/Grot-* differenziert den Namen von dem w gelegenen Kleinheide. **V.** Remmers, Aaltukerei. *TK*

Großostheim **I.** Markt im Lkr. Aschaffenburg, 16 353 Ew., am nö Rand des Odenwalds, sö von Aschaffenburg, Reg.-Bez. Ufr., BY. Jungsteinzeitlich besiedelt, dann röm. Siedlung. Im 5./6. Jh. fränk. Königshof, seit dem 8. Jh. fuldischer Besitz, seit 1278 zum Kurfürstentum Mainz, seit 1814 bayerisch. **II.** 780/799 (Kop. 12. Jh.) *Ostheim*, 1774 *Groß Ostheim*. **III.** Gw. ist ↗ *-heim*, Bw. die Himmelsrichtung ↗ *Ost-*, wohl von der im Spätmittelalter wüst gewordenen älteren Nachbarsiedlung Ringenheim aus gesehen, zu der ein großes frühfränkisches Reihengräberfeld gehörte; der Zusatz ↗ *Groß-* unterscheidet den Namen von *Kleinostheim* im gleichen Landkreis. **V.** Hartmann, W., in: 1200 Jahre Großostheim, hg. von D. Klinksiek. Großostheim 1999; HHS 7/2; Reitzenstein 2009; Stengel, UB, Nr. 262. *RB*

Großräschen **I.** Stadt, Lkr. Oberspreewald-Lausitz, 10 697 Ew., am N-Rand des Senftenberger Braunkohlegebietes gelegen, am Flüsschen Rainitza und Ufer des künstlichen Ilse-Sees, BB. Seit 1993 gehören zur Stadt 7 OT. 1864 Beginn der Braunkohlenindustrie, um 1900 Ansiedlung der Ziegelindustrie, Glashütten. 1925 Zusammenlegung von Groß- und Kleinräschen, 1965 Stadtrecht. In den 1980er Jahren Umsiedlung der Bevölkerung von Großräschen-Süd/Bückgen wegen Braunkohleabbaus. **II.** 1370 *Grosen Redschin*, 1421 *Redschin ambo*, 1439 *Grossen Retschen*, 1529 *Groß Reschen*; sorb. 1761 *Rań*, 1843 *Rań*. **III.** Die Überlieferung lässt keine eindeutige Grundform zu. Am wahrscheinlichsten ist asorb. *Radšin-*, gebildet von einem PN asorb. *Radša*, *Radiš*, einer KF von VN wie asorb. *Radomir*, *Radibor*, zu asorb. *rad* 'gern'. Nicht ganz ausgeschlossen wird asorb. *Rěčina*, zu asorb. *rěka* 'Fluss, Bach', doch ist die Wiedergabe eines *č* durch *dsch*, *tsch* und *sch* sehr ungewöhnlich. Die sorb. Form ist unabhängig von der asorb. entstanden, Gf. *Rań*, eine Bildung mit dem poss. *j*-Suffix zu einer KF *Ran* vom VN *Ranimir* o.ä., der im Erstglied asorb. *rany* 'früh' enthält, 'Siedlung eines Ran'. **V.** DS 28,1; SO 3; OBB; Wenzel NL. *SW*

Großröhrsdorf **I.** Stadt und gleichnamige VG im Lkr. Bautzen, 10 093 Ew., zusammengeschlossen aus den Stadt Großröhrsdorf und Bretnig-Hauswalde, w Bischofswerda am Rande des Landschaftsschutzgebietes Westlausitz, SN. Großes Bauerndorf, gegr. am Ende des 12. Jh., im 18./19. Jh. stark industrialisiert durch Weberei, Stadt seit 1924, h. Sitz der VG. Industriestandort, Kunststoff- und Metallverarbeitung, Maschinenbau, IT-Dienstleistungen und Solarindustrie. **II.** 1350 *Großen Rudigerstorff*, 1517 *Grosruerßdorff*, 1584 *Grosrörsdorff*. **III.** Bildung mit dem Gw. ↗ *-dorf* und dem ahd. PN *Rüediger* > *Rüdiger*. *Groß-* differenziert die Siedlung vom benachbarten Kleinröhrsdorf. **V.** HONS; SNB. *GW*

Großrosseln I. Gem. im Regionalverband Saarbrücken, 8651 Ew., ca. 15 km sw von Saarbrücken, am ö Rand des Warndts, direkt an der franz. Grenze, SL. Bis Ende 17. Jh. zugehörig zu mehreren Herrschaften im Warndtwald, danach Gft. Saarbrücken, Ende 18. Jh. franz., seit Mitte 19. Jh. Steinkohleabbau und Industrie, 1907 Eisenbahnanbindung an Saarbrücken. 1920 Saargebiet unter Völkerbundmandat, 1935 Rückgliederung ans Deutsche Reich, 1947 Teil des in polit. Union mit F verbundenen SL, seit 1957 Bundesland SL. Partnerschaft mit der franz. Nachbargem. Petite-Rosselle. II. 1290 *de Roussela* (Kop. Ende 15. Jh.), 1293 *de Rossele* [Or], 1332 *Rousselle* [Or]; *Grossrosseln* [Or] 1478. III. Der SiN leitet sich ab von dem Fluss Rossel, der erstmals bereits 777 in lat. Sprache in der Kombination *pagus Rosalinse* 'Rosselgau' (888 *Roslohgouue*, 1046 *in pago Rosselgouwe*) belegt ist. Der GwN ist vorgerm. Ursprungs und entstand aus der idg. *Rōsāla, gebildet zu der idg. Wurzel *rōs- 'fließen' bzw. zu idg. *rosā 'Feuchtigkeit, Tau' mit *l*-Suffix. Der unbetonte Nebensilbenvokal und der Endsilbenvokal [a] wurden jeweils zu [e] abgeschwächt. Die Schreibungen mit <ss> und <ll> erklären sich wahrscheinlich als gelehrt-etymologische Anlehnungen an lat. *russus* 'rot' bzw. *rossellus* 'rötlich' mit Bezug auf den rötlichen Buntsandstein des Rosseltals. Durch den Einfluss von lat. *russus* lässt sich auch das Auftreten der erst spätma. auftretenden Belege mit [u] (gelegentlich unter franz. Einfluss als <ou> verschriftet) statt [o] erklären. Bereits zum Zeitpunkt der ersten Erwähnung 1290 handelte es sich um eine Siedlung, da in der Urk. das „Patronatsrecht an der Kirche des Dorfes Rosseln" *(ius patronatus ... in ecclesia ville de Roussela)* verschenkt wird. Als im SpätMA am rechten Ufer der Rossel eine neue Siedlung, heute Petite Rosselle, entstand, wurde eine Differenzierung durch die Zusätze *Groß-* bzw. *Klein-* notwendig. V. Buchmüller/Haubrichs/Spang, S. 94f. *spe*

Großschönau-Hainewalde I. VG im Lkr. Görlitz, 7888 Ew., zusammengeschlossen aus den beiden namengebenden Gem., w Zittau, an der Mandau, am Zittauer Gebirge, SN. Großschönau: Waldhufendorf des 12. Jh., mit Rittersitz und später auch mit Gut, seit dem 17. Jh. wirtschaftl. Bedeutung durch Damastweberei, h. noch Standort der Textilindustrie, Sitz der VG. Hainewalde: Waldhufendorf an der Mandau, landwirtschaftlich geprägt. II. Großschönau: 1352 *Magnum Sonow*, 1360 *Maior Schonow*, 1515 *zcu Grossen Schone*. Hainewalde: 1326 *in Heyninwalde*, 1359–1399 *Heinwald, Heinwelde*, 1609 *Heinewalda*. III. Großschönau: Bildung mit dem Gw. ↗-*aue* und dem Bw. mhd. *schœn(e)* 'schön, anmutig', 'Siedlung zur schönen Aue'. Der Zusatz *Groß-*, lat. *magnus, maior*, unterscheidet den Ort von dem ehem. Kleinschönau ö Zittau, h. Sieniawka, Woi. Dolnośląskie, PL. Hainewalde: Bildung mit dem Gw. ↗-*walde* und dem Bw. mhd. ↗-*hagen* 'Dornbusch, umhegter Ort', 'Rodungssiedlung im umhegten Wald'. IV. Schönau, OT von Wildenfels, Lkr. Zwickau, SN u.a. V. DS 28; HONS. *GW*

Groß-Tänchen // Grostenquin dial. [ˈgroːstenʃə] I. Gem. und Hauptort des gleichnamigen Kantons im Dép. Moselle, 572 Ew., 14 km s St. Avold, LO, F. Besitz des Metzer Bistums und der Abtei St. Avold; später an Frankreich; 1871 zum Reichsland Elsass-Lothringen, 1918 wieder zu F. II. Zusammen mit dem urspr. zugehörigen Klein-Tänchen // Petit-Tenquin: 1121 Fälschung *Tanney*, 1146 *Tannei*, 1179 *Tannecha*, 1255 *Tenchen*, 1350 *Tenichen*, 1544 *Tanneyo*. III. Gallorom. Bildung zum PN *Tannius* mit dem Zugehörigkeit ausdrückenden Suffix ↗-*acum*: Ausgangsform *(fundus)* *Tanniacum*. In den rom. und franz. Formen entwickelt sich das Suffix lautgerecht zu -*ei*. In den d. Formen entwickelt sich die Ausgangsform mit Lautverschiebung (7. Jh.) *k* > *ch* und ahd. Umlaut (8. Jh.) *a* > *e* zu *Tannecha, Tenich[en]*, synkopiert *Tench[en]*. Von der älteren Stufe der Lautverschiebung *t* > *ts* (6. Jh.) bleibt der SiN – wie im Saar-Mosel-Raum normal – unberührt. Die alte rom. Doppelform stirbt im 16. Jh. aus, die neue Doppelform *Tenquin* ist eine lautliche Adaptation der d. Form. IV. *Tannay* (1121/42 *Tanneio*), Dép. Nièvre; *Tannay*, Dép. Ardennes, beide F. V. Reichsland III; Hiegel; Buchmüller-Pfaff, M.: Siedlungsnamen zwischen Spätantike und frühem Mittelalter. Tübingen 1990. *Ha*

Groß-Umstadt I. Stadt im Lkr. Darmstadt-Dieburg, 21 352 Ew., sö Dieburg vor dem nö Odenwald, Reg.-Bez. Darmstadt, HE. Der altbesiedelte Ort (mit Funden aus Altstein-, Kelten-, Römer- und germ. Landnahmezeit) wird früh erwähnt: zwischen 741 und 746 überträgt Karlmann die dortige Peterskirche dem Bistum Würzburg, 766 schenkt Pippin die Mark Umstadt der Reichsabtei Fulda, die lange die Lehnshoheit hat. Seit dem Hochmittelalter häufige Besitzwechsel, meist auch Kondominate unter Beteiligung u.a. der Münzenberger, Hanauer, der Pfalzgrafen, der hess. Dynastien; 1803 kam Umstadt ganz zu Hessen-Darmstadt, 1918 und 1945 an Hessen; 1255 Stadtrecht, 1971–77 um 8 Gem. erweitert. II. (741–746) 822 *Autmundisstat* [Or], 766 *Autmundisstat* [Or, Rückvermerk 9. Jh.: *Otmuntesstat*, Rückvermerk 15. Jh.: *Omstad; Omenestat* (Kop. um 1160)], 1303 *Maior Omstat*, 1329 *Grozen Omstadt*, 1478 *Vmstatt*. III. Bw.: PN ahd. *Ōtmunt* (im Ahd. mehrfach belegt, s. CE), Zuss. aus ahd. *ōt* (< germ. *auđa-*) st. M. Ntr. 'Besitz, Reichtum' und ahd. *munt* st. Fem. 'Schutz, Beschützer'. Die Belege zeigen: die ahd. Monophthongierung des 8. Jh. von germ. *au* > ahd. *ō* vor Dental, die frühe Assimilation von *tm > m(m)* in der Kompositionsfuge (wie öfter bei PN), Schwächung, Assimilation, schließlich Schwund der nichthochtonigen Mittelsilben und seit dem 15. Jh. den Wandel des im Mhd. vor *mm* gekürzten ahd. *ō* zu *u*, dies wohl eine Hyperkorrektur der (als mda. empfundenen) md. Senkung *u > o* vor Nasalverbindung. Gw.: ↗-*stadt*. Bed.: '(Wohn-)stätte des Otmund'. V. Menke; UB Fulda; CE; Müller, Starkenburg; Kaufmann 1965. HGS

Groß-Zimmern I. Gem. im Lkr. Darmstadt-Dieburg, 13 877 Ew., s Dieburg in der Gersprenzniederung, Reg.-Bez. Darmstadt, HE. Die Gem., in die 1977 das 4 km sö gelegene Klein-Zimmern eingegliedert wurde, ist urk. zuerst 1250 im HN *Georg von Cymmere* erwähnt. Seit dem Hochmittelalter hat bes. die Reichsabtei Fulda in Groß-Zimmern (meist alte) Hoheitsrechte, in Klein-Zimmern das Erzbistum Mainz, doch sind seit dem Spätmittelalter auch zunehmend die weltlichen Territorialherren, oft in Form des Kondominats, an der Herrschaft beteiligt, bes. Bickenbach, Hanau, Erbach, Kurpfalz und beide Hessen; 1803 kamen beide Gem. an Hessen-Darmstadt, 1918 und 1945 an Hessen. II. 1250 *Cymmere* (Kop. 16. Jh.), 1276 *Zymmern [Or]*, 1333 *Obercymern* (unklar, ob Groß- oder Klein-Zimmern), 1333 *in villa Cymmern superiori*, 1380 *Grozin Zymmerin*, 1407 *zu cleynen Zymern [alle Or]*. III. Beruht auf ahd. *zimbar*, mhd. *zimber, zimmer* 'Bauholz, Holzbau, Wohnung, Wohnraum'. Hier im lok. Dat. Pl., Bed.: 'zu den Holzhäusern'. Die Belege zeigen, dass die Assimilation mhd. *mb > nhd. mm*, die schon frühmhd. im Md. beginnt, auch hier schon früh eingetreten ist. Sie zeigen auch noch die schon seit dem Ahd. nicht seltene *c*-Schreibung im Anlaut vor *e, i* für *z*, ebenso auch deren allmählichen Rückgang, weiterhin den im Frnhd. noch häufigen Gebrauch von *c* für anlautend *k* (auch in Erbwörtern), die schon ältere md. *i*-Schreibung für unbetontes *ǝ* und die vom 14.–16. Jh. häufige Verwendung von *y* als bloßer Variante für *i*. IV. U. a. Zimmern, Saale-Holzland-Kreis, TH; Zimmern, OT von Seckach, Neckar-Odenwald-Kreis, BW. V. Demandt; Guden; Müller, Starkenburg; Simon. HGS

Grostenquin ↗ **Groß-Tänchen**

-grün. Germ. **grō-ni-*, ahd. *gruoni*, mhd. *grüene*, asä. *grōni* 'grün'. Die *-grün*-ON beziehen sich auf das dem Wald durch Rodung abgerungene begrünende Land. Sie gehören zu den teilweise im Hoch-MA bezeugten, aber erst im 11.–13./14. Jh. in bestimmten Gegenden besonders produktiven Rodungsnamen. *-grün*-SiN begegnen gehäuft in Nordostbayern, Nordböhmen und dem Vogtland. Weitere einschlägige Namen sind die auf *-beund/-bünt(e)* (< ahd. *biunt(a)* 'umzäuntes Grundstück'), *-bracht / -brecht / -bert / -breth* (< ahd. *brahti* 'abgegrenztes Gelände-/Waldstück', ↗Velbert, Lkr. Mettmann, NRW), *-buch* (< *Buche, -busch* 'Strauch'), *-fang* (< ahd. *(bī)fang* 'umzäuntes Grundstück'), *-hart* 'Wald', *-hau / gehäu* 'freigeschlagenes Waldstück', *-holz* 'Wald, Baum', *-horst* 'Gehölz, Baumgruppe', ↗-*loh(e)*, *-mais* (< mhd. *meiz* 'Holzschlag, Holzabtrieb'), *-schlag* 'durch Holzschlag urbar gemachtes Wadstück', *-seifen/ -siepen* (< mhd. *sīfe*, mnd. *sīpe* 'kleiner Bach, feuchtes Land'), *-stock* (ahd. / mhd. *stoc* 'Baumstumpf, -stamm'), *-thann, -wald(e)*; ferner ↗-*hagen / -(ge)hag*, ↗-*rod / -reut / -ried*, ↗-*scheid / -schied*, ↗*schwand / -schwend*. Literatur: Bach DNK II, 2; Wiesinger 1994; Debus / Schmitz, H.-G. FD

Grünberg I. Stadt im Lkr. Gießen, 13 976 Ew., auf einer Basaltkuppe im NW des Vorderen Vogelsberges oberhalb des zur Wetter entwässernden Äscherbaches, Reg.-Bez. Gießen, HE. Ehem. Burg an höchster Stelle im NO (1186 durch den Thüringer Landgraf Ludwig III. erbaut), zentrale Lage an der Straße durch die „Kurzen Hessen", 1222 als Stadt bezeichnet, 1255 Mitglied des Rheinischen Städtebundes, Stadtbrände (1370/1391) und Beschädigungen im Dreißigjährigen Krieg; bedeutende Textilindustrie im 19./20. Jahrhundert; privates Pädagogisches Institut, Sportschule des Hess. Fußballverbandes; Metallverarbeitung, Feinmechanik. II. 1186 (Chronik 1208, Kop. um 1500–50) *castrum Gruninberc*, 1222 *Gruninberc*, 1251 *Gruninberg*, 1252 *Grunenberc*, 1258 *Grunberc*, 1305 *Gronebergh*, 1342 *Grunemberg*, 1343 *Grŭnenberg*, 1364 *Grunenburg*, 1373 *Grunnenberg*. III. Komp. mit dem Gw. ↗-*berg* 'Berg'. Das Bw. ist adj. an ahd. *gruoni*, mhd. *grüene* 'grün' anzuschließen, sodass sich eine Deutung 'Siedlung am grün bewachsenen Berg' ergibt. Der Auslaut zeigt verschiedene graphische Varianten (*-c, -gh*). 1364 erscheint ↗-*burg*, was durch das enge Verwandtschaftsverhältnis beider Gw. zu erklären ist. Die Fuge zeigt eine sw. Genitivflexion *-(e)n-*, die später zu *-e-* abgeschwächt wird bzw. ganz ausfällt; Assimilation von *-nb- > -mb-* (1342). Das *-i-* der Folgesilbe im Bw. *Grunin-* lautet das *-u- > -ü-* um (*Grün-*). Die Form *Gronebergh* (1305) erklärt sich als mda. Senkung von mhd. *u* zu *o* in geschlossener Silbe. V. HHS 4; LAGIS; Reichardt 1973. DA

Grünberg in Schles. // Zielona Góra [zɛˈlɔna ˈgura] I. Kreisfreie Stadt, 117 557 Ew., Woi. Lebus // Lubuskie, PL. Die Stadtgründung wird zwischen 1222 und 1272 angesetzt. Kreisstadt (kreisfreie Stadt 1922–1933), Reg.-Bez. Liegnitz, NS, (1939) 26 076 Ew. Sitz einer Woiwodschaft 1975–1998. Die Grünberger Höhen gelten als das nördlichste Weinanbaugebiet

Europas; h. ist die Stadt ein wichtiges industrielles Zentrum. **II.** 1302 *Grunenberg*, 1312 *Gruninberg*, 1318 *Grinenberg*. Polonisierung des ON: 1946 *Zielona Góra*. **III.** Ein App., als Kompositum gebildet aus dem Farbadjektiv *grün* (*grun*, der Umlautvokal wird grafisch nicht wiedergegeben) und ↗ *-berg*. Die mhd. Lautung des aus dem Germ. ererbten Adjektivs war *grüene* (< ahd. *gruoni*). Eine wörtliche Übersetzung des ON ins Tschech. ist schon im späten MA belegt (vgl. *Zelena Hora* 1491). Dem gleichen Muster folgt der heutige amtliche poln. ON: *zielony* 'grün', fem. *zielona* und *góra* fem. 'Berg'. Dabei gehen ON mit *grün* etym. oft auf *Grien* 'Sand, Kies' zurück (vgl. Grimm DtWb). Der vorliegende Ort ist jedoch vergleichsweise jung, und der ON orientiert sich an einem schon etablierten Benennungsmuster (möglicherweise liegt eine ON-Übertragung vor). Die Uminterpretation von einer Bezeichnung der Bodenbeschaffenheit auf das Farbadjektiv ist im vorliegenden Fall nicht zu erweisen. **IV.** ↗ Grünberg, Lkr. Gießen, HE; Grünberg, OT von Augustusburg, Lkr. Mittelsachsen, SN. **V.** RymNmiast. *ThM*

Gründau **I.** Gem. im Main-Kinzig-Kreis, 14 704 Ew., im w Büdinger Wald, Gründau- und Kinzigtal, Reg.-Bez. Darmstadt HE. Besteht aus 7 ehem. Gem., die sich 1971/72 zusammenschlossen. Der FluN begegnet zuerst 1173, der identische ON schon 1140 (s.u.). Er bezieht sich auf Niedergründau (zuerst 1219), Hauptort eines reichslehnbaren Gerichts, das seit dem 13. Jh. dauerhaft an die Isenburger kam; zu ihm gehörten u.a. auch die h. (seit dem 13. Jh. bezeugten) OT Hain-Gründau und Mittel-Gründau. 1816 fielen die 7 Gem. an Hessen-Kassel, 1866 an Preußen, 1945 an Hessen. **II.** FluN: 1173 *Grindaha* (Kop. 14. Jh), 1352 *Grinda[Or]*. ON: 1140 *in Grindaho*, 1219 *Grinda [...]inferior*, um 1250 *Grindah*, 1317 *Grindowe*, 1349 *Grindaw*, 1380 *Grinde [sämtlich Or]*. **III.** Das Bw wird allgemein zu mnd., mnl., nnl. *grint* 'Sand, Grind, (Kopf-)Ausschlag' gestellt und demnach als 'Sand, Kies' gedeutet. Doch wird kaum ahd., mhd. *grint* zugrundeliegen, das nur 'Grind (Ausschlag), Glatze' bedeutet, sondern eher ahd. *griont* 'Sand, Kies, tonhaltige Erde' (so auch mnl., nnl. *grient*), wobei -*io*- > mhd. *ie* vor *n* plus Kons. zu *i* gekürzt worden wäre, wie es vor allem in md., bes. hess. Mda. vorkommt. Erst spät, seit dem 17. Jh., kommt *Gründ*- auf, eine hyperkorrekte Verschriftlichung von *Grind*-, das man fälschlich als grob mda., von der mittelhess. Umlautentrundung *ü* > *i* betroffene Form ansah. Der sich so ergebende volksetym. Bezug zum App. *Grund* war wohl willkommen. Das Gw ist ↗ *-ach¹*, ahd. *-aha* (im 1. Beleg st. flektiert), das im 13. und 14. Jh. immer häufiger zu -*ah* verkürzt, zu -*a* kontrahiert oder zu -*ə* abgeschwächt wurde. Zu diesen Varianten tritt seit dem 14. Jh. und wohl zu-

erst beim ON noch eine weitere und setzt sich im 15./16. Jh. allmählich durch: die Ersetzung durch mhd. *ouwe* (< ahd. *auwia*, *ouwa* 'Land am Wasser, Aue' < germ. subst. Adj. **awjō* 'die zum Wasser Gehörige, d.h. Insel, Wiese'), wie sie auch bei anderen urspr. *aha*-Namen vorkommt. Dabei wird *ouwe* bzw. das daraus durch die frnhd.-nhd. Diphthongsenkung entstandene *auwe* meist, wie auch sonst üblich, verkürzt -*owe* bzw. -*awe* geschrieben, wobei das als Laut hier schon mhd. geschwundene *w* nur noch den 2. Diphthongteil *u* bezeichnet; gegen diese historisierende Schreibung setzt sich -*au* erst seit dem 18. Jh. durch. **IV.** Grindau, r. Nfl. der Leine, und OT von Schwarmstedt, Lkr. Soltau-Fallingbostel, NI. **V.** Reimer 1891; Mainzer UB II; Böhmer; FO; Bach DNK; Andrießen. *HGS*

Grünheide (Mark) **I.** Gem., Lkr. Oder-Spree, 7 820 Ew., sö Berlin, BB. Zu Grünheide gehören nach Auflösung des gleichnamigen Amtes (2003) noch die Gem. Hangelsberg, Mönchswinkel und Spreeau mit ihren OT. **II.** 1574 *Zur Grun Heyden einn Jagd Hauß ann der Löcknitz*, 1606 *in der grünen Heiden*, 1861 *Grüneheide*. **III.** Der Name geht auf den FlN *Grüne Heide* zurück, der im Gw. brb. *Heide* 'Wald, vor allem Kiefernwald' enthält. **V.** BNB 5. *SW*

Grünstadt **I.** Stadt im Lkr. Bad Dürkheim, 13 189 Ew., im Leiningerland an der Nordgrenze des Pfälzerwaldes, RP. Zusammengewachsen aus 2–3 fränk. Siedlungen, wurde der Ort Mitte 16. Jh. Marktflecken und ca. 1700 Residenzstadt der Leininger Grafen. Seit 1800 wird hier das Frankenthaler Porzellan hergestellt und bis h. eine Steingutfabrik betrieben. 1816 bis 1946 zu Bayern. Bis 1969 gehörte die Stadt 150 Jahre zum Kreis Frankenthal. **II.** 799/800 *Grimdeostat, Grimmenestat, Grimoltestat* (Kop. um 828), 875 *villam Grinstad in Warmacense*; *Grünstadt* (1824). **III.** Das Bw. ist der ahd. PN *Grimdeo/Grindeo*, Gen. Sg. *Grimdeus/Grimdewes*, das Gw. ist ↗ *-statt/-stedt/-stätten/-stetten*. **Grimde[we]s-stat* führte zu *Grindestat*, wobei das -*d*- in der Konsonantenhäufung verschwand und die Rundung *Grunde-/ Grun-* mit dem Farbwort *grün* assoziiert wurde. Zu deuten ist der urspr. Name jedoch als 'Siedlungsplatz des Grimdeo/Grindeo'. **V.** Stengel, E.: Urkundenbuch des Klosters Fulda, Bd. I. Marburg 1956; HHS 5; FP; HSP. *JMB*

Grünwald **I.** Gem. im Lkr. München, 10 939 Ew., Reg.-Bez. Oberbayern, BY. Im 13. Jh. Anlage der Burg. **II.** 1048–1068 *Derbolfinga*, ca. 1193–1195 *Derbolfingen*, 1288 *von dem Grv̊nemwalde*, 1313 *Grúnwald*, 1515 *Grünwald*. **III.** Über dem Beleg von ca. 1279–1284 *Terwolvingen* ist von späterer Hand *in Grunnwald* eingetragen, sodass die Identifizierung gesichert ist. Während für den alten Namen des Ortes der PN

Derbolf zu erschließen ist, der durch das Zugehörigkeitssuffix ↗ *-ing* abgeleitet ist, geht der heutige auf die Lagebezeichnung der Burg zurück; Grundwort ist mhd. *walt*, ↗ *-wald*, 'Wald', hier in der Bedeutung 'Laubwald', Bestimmungswort das Adj. *grüene* 'grün'. V. HHS 7/1; Reitzenstein 2006. *WvR*

Grund (Harz), Bad I. Samtgemeinde im Lkr. Osterode am Harz mit Sitz in der gleichnamigen Bergstadt, 9119 Ew., w des Iberges, Reg.-Bez. Braunschweig (bis Ende 2004), NI. Im 14. Jh. Forstort; Ende 15. Jh. als Berg- und Hüttensiedlung bezeugt; 1532 Bergfreiheit; zunächst vor allem Eisengewinnung und später Blei-, Zink- und Silberabbau; 1855 Anerkennung als Kurort und seit 1916 mit dem offiziellen Namenszusatz Bad sowie touristisches Zentrum wegen der Iberger Tropfsteinhöhle. II. 1317 *Fundo [Or]*, 1321 *Grunt*, 1579 *Bergstadt Grund*. III. Der Name besteht aus dem Simplex mnd. *grunt* 'Tal, Talgrund' und ist zunächst in lat. Form (zu lat. *fundus* 'Grund, Boden') bezeugt. Die Benennung ist in Bezug auf den oberhalb des Ortes vorgenommenen Bergbau am Iberg zu sehen. V. HHS 2; Nds. Städtebuch; NOB II. *UO*

Gryfice ↗ **Greifenberg**

Gryfino ↗ **Greifenhagen**

Guben I. Stadt, Lkr. Spree-Neiße, 20 049 Ew., an der Lausitzer Neiße und Grenze zu Polen gelegen, BB. Am Flussübergang slaw. Burg und Siedlung, Handelsplatz. Um 1200 Altstadt ö der Neiße, Mitte 13. Jh. Benediktinerinnenkloster gegr., das zur Keimzelle der späteren Klostervorstadt w der Neiße wurde. Hier Anf. der 1920er Jahre Hut- und Tuchmacherindustrie. 1945 Teilung der Stadt, das historische Zentrum liegt rechts der Neiße, h. Gubin, PL. 1961 Umbenennung der Stadt zu Ehren des hier geborenen ersten Präsidenten der DDR in Wilhelm-Pieck-Stadt Guben. Seit 1990 wieder Guben. II. 1211 *Gubin*, 1295 *Gubin [Or]*, 1347 *Gubbin*, 1606 *Guben*, 1761 *Gubin*; sorb. 1761 *Gubin*. III. Der Name bedeutet 'Siedlung an einer Flussmündung', Gf. asorb. **Gubin(a)*, zu asorb. **guba* 'Mund, toponymisch Mündung', vgl. poln. alt *gęba rzeki* 'Flussmündung'. Zum Suffix ↗ *-in-, -ina*. Bei Guben mündet die Lubst in die Neiße. V. SO 1; DS 36; Nitsche, P.: Geographische Terminologie, Köln Graz 1964. *SW*

Gudensberg I. Stadt im Schwalm-Eder-Kreis, 9 112 Ew., gelegen am Nordrand des Fritzlarer Beckens, ca. 20 km sw von Kassel um den steilen Schlossberg (Obernburg), Reg.-Bez. Kassel, HE. Zunächst im Besitz der Grafen Werner und der Gisonen. 1122 an die Landgrafen von Thüringen, 1247 an Hessen. Amts- und Gerichtssitz (Ablösung des Gerichts Maden) seit dem 13. Jh.; Stadtgründung wohl im letzten Drittel des 12. Jh., 1254 als Stadt bezeichnet. 1387 Eroberung von Stadt und Burg durch Mainz. II. 1119 *de Gudensberch [Or]*, 1121 *Udenesberc*, 1123 *Wothenesberc*, 1131 *de Wuodesnberg*, 1209 *Wotensberg*, 1231 *Guttensberg*, 1236 *Gudinsberc*. 1290 *Gotesberg*. III. Der Burgname, der auf die Siedlung überging, wohl zu ahd. *Wuotan*, asä. *Wōden*, eines der wenigen Beispiele für die Verwendung des Namens *Wotan* in ON im südgermanischen Bereich. Bereits in den frühen Belegen ist eine Umdeutung des paganen Götternamens in christlichem Sinne zu beobachten, die aus dem *Wotansberg* einen *Gottesberg* werden lässt (Bad Godesberg). V. Brunner, H.: Gudensberg. Schloß und Stadt und die Grafschaft Maden. Kassel 1922; Bach DNK II; Udolph, J.: Kultische Namen, in: RGA 17 (2001); Küther 1980. *TH*

Guebwiller ↗ **Gebweiler**

Günzburg I. Große Kreisstadt im gleichnamigen Lkr., 19 689 Ew., Reg.-Bez. Schwaben, BY. Für Günzburg sind am Zusammenfluss von Günz und Donau seit claudischer Zeit Kastell, Vicus und spätantike Befestigung nachgewiesen. Verm. 1303 Stadtrecht, seit 15. Jh. Verwaltungsmittelpunkt der Markgrafschaft Burgau, Hofkirche (1579) und Schloss (1609), 1805 an BY. Maschinenbau, elektronische Industrie. II. Panegyrici Latini (297, Handschrift 15. Jh.) *transitum Guntiensem* (Lesart: *contiensem*), Itinerarium Antonini (3. Jh., Handschrift 7./8. Jh.) und Notitia dignitatum occidentalium (425–430, Handschrift 15./16. Jh.) *Guntia*, 802 *castellum Guntionis*, 1065 *Gunceburch*, 1154 *Gunzeburch*, 1307 *Güntzeburg*, 1424 *Güntzburg*. III. In der röm. Zeit ist der ON mit dem GwN identisch. Im MA wird mit Bezug auf die röm. Befestigung ↗ *-burg* angefügt. Der GwN ist zuerst auf einer auf das 2./3. Jh. datierten Inschrift als *Gontiae sacr(um)* zu finden. *Guntia* ist wahrscheinlich ein deverbales fem. Adj., gebildet mit dem *nt*-Suffix von der Schwundstufe des Verbs idg. **gʰeu-* 'gießen' (**gʰu-nt-iā* 'Gießbach'). Der GwN ist idg.-voreinzelsprachlich. V. Reitzenstein 1991; Greule, DGNB. *AG*

Güssing ['ɡ̊ysɪŋ], dial. ['ɡ̊isɪŋ]. I. Stadt und Verwaltungssitz des gleichnamigen Pol. Bez., 3 752 Ew., im Südburgenland um den Burgberg, teilweise noch umgeben vom Sumpfland des Zickenbaches und der Strem, BGL, A. Nach einer teils als Fälschung, teils als T. von 1230 für 1157 beurteilten Urk. bekamen die Brüder Wolfer und Hedrich von König Géza II. den kgl. Besitz und errichteten auf dem Burgberg ein Benediktinerkloster mit Besitzungen im Suburbium zu Füßen, genannt *Quizun*. Für die 1. Hälfte des 12. Jh. wird auch die d. Besiedlung des Umlandes angenommen. Unter König Béla III. (1172–96) entstand nicht nur die Urpfarre St. Jakob (h. Friedhofskirche), sondern wurde das Kloster aufgelassen und statt dessen eine Burg zum Grenzschutz gegen die vordringenden Otakare der Steiermark errichtet, 1198 als lat. *novum castrum*, ung. *Újvár* 'Neuburg' bezeichnet. Das Besitzstreben der Grafen von Güssing im 13. Jh. mit Erwerbung der mittelburgenländischen Burgen und Herrschaften und Einfällen nach Niederösterreich und in die Steiermark führten 1285–89 zur Güssinger Fehde und zur Zurückdrängung durch den Habsburger König Albrecht I., doch verblieben die Landstriche bei Ungarn. Obwohl seit 1427 *civitas Wjwar* genannt, erfolgte keine Stadterhebung. 1524 erhielt Franz Batthyány die südburgenländischen Gebiete von Güssing und Strem, erwirkte 1549 Marktrechte und begann zur Hebung der Wirtschaft die südburgenländische Ansiedlung von Kroaten (↗Oberpullendorf). Bis 1921 bei Ungarn (*Német Újvár*). 1973 Stadterhebung. **II.** 1230 für 1157 (F. oder T.) *Quizun*, 1198 *in territorio novi castri*, 1212 *monasterium Cucin*, 1225 *in monte Quizin*, 1263 *castrum Kwssen, quod nunc Vyuar nuncupatur*; 1272 *Guzzinge*, 1291 *novum castrum Guzink vocatur*; 1322, 1330 *novo castro*; 1339 *castrum Wyuar*, 1418 *zu dem Gussing*, 1427 *civitas Wjwar*, 1458–66 *castrum Nemethuyvar*. **III.** Dem älteren d. ON *Güssing* steht seit 1198 jüngeres ung. *Újvár* 'Neuburg', lat. *novum castrum*, und ab ca.1460 *Németújvár* 'Deutsch Neuburg' gegenüber. Die Etymologie von d. *Güssing*, ein wohl unechter ↗-*ing*-Name, ist unklar, wobei sprachlich idg.-vspr., slaw. und ahd. Herleitungen und sachlich Bezugnahmen auf das Sumpfgebiet, den Burgberg und einen PN versucht wurden, doch die jeweiligen Ansätze und lautlichen Weiterentwicklungen im Einzelnen Schwierigkeiten bereiten. **V.** Kranzmayer/Bürger; ADB 1; HHS Lechner; ÖStB 2. *PW*

Güstrow I. Kreisstadt des gleichnamigen Lkr., 30 445 Ew., Verwaltungssitz des Amtes Güstrow-Land, an der Nebel (zur Warnow), ca. 35 km s von Rostock, MV. Slaw. Besiedlung, 1226 Stiftung des Doms als Kollegiatskirche durch Heinrich Borwin II., 1228 Schweriner Stadtrecht, 1229–1436 Residenz der Fürsten zu Werle, 1556 bis 1695 Residenz der Herzöge von Mecklenburg bzw. mit Landesteilung ab 1621 Mecklenburg-Güstrow, 1701 zu Mecklenburg-Schwerin, 1883 Entstehung der Zuckerfabrik, 1910 bis zum Tode 1938 Arbeitsort von E. Barlach, seit 2005 Zusatztitel: „Barlachstadt", h. vorrangig Bau-, Lebensmittel- und Handelsbetriebe, Fachhochschule für öffentliche Verwaltung, Polizei und Rechtspflege. **II.** 1226 *Gustrow(e)*, 1233 *Guztrow(e)*, 1235 *Govsterov*, 1248 *Guzstrowe*, 1305 *Guzstrow*. **III.** Dem ON liegt ein apolb. FlN *Guščerov* mit einem Stellen bezeichnenden Suffix -*ov*, ↗-*o(w)*, zugrunde, dessen auslautendes -*v* in der Aussprache verloren ging. Im Gw. steckt das App. *guščer* 'Eidechse'. Die Bedeutung des ON lässt sich somit als 'Ort, wo Eidechsen zu finden sind' rekonstruieren. Der *u*-Umlaut setzt sich erst etwa ab 1500 mit dem Übergang zur hd. Schriftsprache durch. Nicht auszuschließen ist auch eine Abl. von einem apolb. PN *Guščer* < dem gleichen App. *guščer* 'Eidechse'. **IV.** † Gusterowe (1427), Gustrowerhöfen, OT von Altefähr, beide Lkr. Rügen, MV. **V.** MUB I, II, IX, X; HHS, Bd. 12; Trautmann ON Meckl.; OSE; Eichler/Mühlner. *MN*

Gütersloh I. Kreisstadt im Kr. Gütersloh, 96 343 Ew., sö von Bielefeld, Reg.-Bez. Detmold, NRW. Siedlung um einen bfl. Meierhof mit Kirche des Osnabrücker Bischofs, 1259 Übertragung der Kirche an Kanonikerstift Wiedenbrück, seit Ende 15. Jh. strittig zwischen Bistum Osnabrück und Gft. Tecklenburg (für Ausbau der Herrschaft Rheda) und 1565 Teilung im sog. „Bielefelder Rezess"; 1825 Stadt, 1970 Zusammenschluss mit sieben Gem.; seit 1973 Kreisstadt; seit Anfang 18. Jh. Textilindustrie, 1824 Steindruckerei Carl Bertelsmann, 1835 Verlag, h. Sitz des Medienkonzerns der Bertelsmann AG, Maschinenbau (Miele). **II.** [1110–1118] (Transsumpt 1229) *de Guterslo*, 1184 *in Guthersло*, 1196 *confinio Guterslo*, 1201 *in Guttersло*, 1282 *Gutereslo*, 1504 *Guttersloe*. **III.** Bildung mit dem Gw. ↗-*loh(e)*. Im Bw. liegt der im Gen. Sg. st. flektierte PN *Güther* (mit Nasalausfall und Ersatzdehnung vor -*þ*- zu ahd. *gund*- 'Kampf') vor. Wegen des nordseegerm. Nasalausfalls vor germ. *þ* zeigt sich eine alte Namenform (in asä. PN sonst Varianten mit *Gund-*, *Gunt-*, vgl. *Gundheri*, *Guntheri*). Mda. *Gütsel* zeigt weitere Kontraktion und Abschwächung. Der urspr. aus einem FlN entstandene ON ist zu erklären als 'Wald des Guther' (vgl. in Gütersloh auch die FlN *Güthsmeer*, 1516 *Guttesmeer*, und *Gütersort*). **IV.** Godshorn, OT von ↗Langenhagen, NI (NOB I). **V.** Schneider; Hartig, J.: Der Name Gütersloh. In: Gütersloher Beiträge zur Heimat- und Landeskunde des Kreises Wiedenbrück 13 (1968); HHS 3. *BM*

Gullen I. GVV im Lkr. Ravensburg, 12 877 Ew., bestehend aus den Gem. Bodnegg, Grünkraut, Schlier und Waldburg, ca. 6 km ssö Ravensburg und etwa 11 km nnö Tettnang nahe des Bodensees am Übergang von Oberschwaben in das Westallgäu gelegen, Reg.-Bez. Tübingen, BW. Entstand 1972 im Zuge der Gemeindereform, jedoch behielten die Gemeinden ihre Selbstständigkeit bei. Der Sitz des GVV befindet sich in Grünkraut. Gewerbegebiet Gullen, Glasfabrik, Stiller Bach, Zundelbacher Linde, Waldburg, Pfarrkirche St. Magnus, Bodnegger Brotfresser. **II.** Um 1055 (Kop. 13. Jh.) *Gulenwilare*, 1155 *Gulinwiler* [Or]. **III.** Der Verband ist nach dem Grünkrauter Ortsteil *Gullen* benannt, in dem er aufgrund seiner zentralen Lage seinen Sitz hat. *Gullen* ist die Kurzform einer Zuss. mit dem Gw. ahd. *wīlāri* 'Weiler'. Das Bw. gehört verm. zum PN *Gulo, Gullo*. Nicht auszuschließen ist aber auch ein Anschluss an mhd. *gülle* 'Lache, Pfütze'. Das Benennungsmotiv stünde dann in einer Reihe mit den Namen der Verbandsgemeinden Bodnegg (1219 *Bodemekke*, zu ahd. *bodem* 'Boden, Grund') und Schlier (1269 *Slierre*, zu ahd. *scliero* 'Brocken', mhd. *sliere* 'Lehm, Schlamm'). Das App. ist aber vergleichsweise spät bezeugt. **V.** FO 1; FP; LBW 7. *JR*

Gumbinnen // Гусев [Gusev] // Gumbinė lit. **I.** Hauptstadt des gleichnamigen Kreises (Gusevskij Rajon), 28 000 Ew., am Zusammenfluss von Pissa und Rominte, 110 km ö von Königsberg // Kaliningrad, Gebiet Kaliningrad, RUS. 1539 wird ON *Kulligkehmen* erwähnt, von dem sich *Pisserkeim* 1558 trennt. Gumbinnen erhält seinen Namen 1580. Seit 1721 Stadt. 1726 Rathaus erbaut. 1739 wird eine Kirche von Reformierten aus der Schweiz errichtet. 1752 werden Kirche und Krankenhaus von Salzburger Umsiedlern gebaut. Zentrum des Litauischen Departments im Kgr. Preußen (1736–1818), Kreisstadt des gleichnamigen Landkreises, später Zentrum des Reg.-Bez. Gumbinnen; 2082 (1738), 24 534 (1939) Ew. Bis zum II. Weltkrieg Kirchen verschiedener Konfessionen, Gebäude lokaler Behörden, Kasernen, Fabrik für Landwirtschaftsmaschinen, Ziegelei, Brauerei. Während des II. Weltkriegs zerstört, von Sowjets umgebaut. **II.** 1580 *Gumbinnen*, 1945 *Gusev*. **III.** Der ON ist vom lit. PN *Gumbis* mit dem lit. Suffix *-inė* herzuleiten oder mit dem lit. PN *Gumbinas* (lit. App. *gumbinas* 'Erhöhung') zu verbinden. Der russ. ON fußt auf dem PN eines 1945 dort gefallenen Offiziers *Gusev*. **V.** Lange, D.: Geogr. Ortsregister Ostpreußen einschließlich des Memelgebiets, des Soldauer Gebiets und des Regierungsbezirks Westpreußen (1919–1939). Königslutter 2000; Goldbeck, J.F.: Volständige Topographie des Königreichs Preussen. Königsberg u. Leipzig 1785, Nachdruck Hamburg 1969; Barkowski, O.: Die Besiedlung des Hauptamtes Insterburg 1525–1603. Hamburg 1993. *DD*

Gummersbach **I.** Stadt im Oberbergischen Kreis, 52 130 Ew., ö Köln, Sitz der Kreisverwaltung, Reg.-Bez. Köln, NRW. Fränk.-sächs. Besiedlung, Kirchbau durch das Kölner Severinstift im späteren 9. Jh., im 16. Jh. lutherisch, ab 1273/87 zum märkischen Amt Neustadt gehörig, Stadtrechte 1857, Verwaltungssitz des gleichnamigen Kreises, seit 1932 des Oberbergischen Kreises, Aufschwung durch Textilindustrie seit 1850, nach dem 2. Weltkrieg mittelständische Industrie, 1969 und 1975 Eingliederung weiterer Gem. (Gimborn) oder Gemeindeteile, Mittelzentrum. **II.** 1109 *Gummeresbracht [Or]*, ca. 1100 *Gummersbreit, Gummersbreth*. **III.** Urspr. Name aus PN *Gunmar* und Gw. ↗*-bracht*, also 'das aus einem Wald ausgegrenzte Geländestück zur Urbarmachung eines Gunmar'. Erst späterer Anschluss an ON auf ↗*-bach*. Bergische *-bracht*-Namen führen in der Neuzeit auch zum scheinbaren Suffix *-ert*. **IV.** ↗Nümbrecht, Oberbergischer Kr.; Helmert, bei Heek, Kr. Borken; Hespert, OT von Reichshof, Oberbergischer Kr., alle NRW. **V.** FP; Dittmaier 1952/53; Dittmaier 1956; HHS 3. *Ho*

Gundelfingen a.d.Donau **I.** Stadt und gleichnamige VG im Lkr. Dillingen a.d.Donau, 11 607 Ew., nw Augsburg, an der Brenz vor deren Einmündung in die Donau, Reg.-Bez. Schwaben, BY. Das aus einer Vielzahl einzelbenannter Kleinsiedlungen zusammengewachsene Dorf wurde nach 1200 von den Staufern auf der Basis der Vogtei über alten Fuldaer Klosterbesitz (seit spätem 8. Jh.) zur Stadt erhoben und wird beim Übergang an das Hztm. Bayern (Konradinisches Erbe, 1268) *civitas* genannt. Seit 1505 Ftm. Neuburg (Pfalz-Neuburg) und mit ihm nach 1799 im Kurfürstentum (1806 Kgr.) Bayern aufgegangen. Landstadt mit geringer Industrialisierung. **II.** Um 750–802 (Kop. 12. Jh.) *Gundelfinden*, 820–845 (Kop. 12. Jh.) *Gundelfingen*, um 1140 *Gundolfingen*. **III.** Der ON setzt sich zusammen aus dem germ. Namen *Gundolf* und dem Zugehörigkeitssuffix ↗*-ing* ('Zu den Leuten eines Gundolf'). Der älteste Namensbeleg beruht auf einer Verschreibung. Der Zusatz *a.d.Donau* nach der Lage nahe der Donau zur Unterscheidung von gleichnamigen Orten kommt schon 1405 vor (amtlich 1949). **V.** HONB Schwaben, Bd. 4. *Sz*

Gundelfingen **I.** Gem. und gleichnamige VVG im Lkr. Breisgau-Hochschwarzwald, 12 574 Ew., ca. 6 km n Freiburg im Breisgau und etwa 10 km ssw Waldkirch an der Freiburger Bucht am Westrand des Schwarzwalds gelegen, Reg.-Bez. Freiburg, BW. Zunächst gehörte das Dorf zur Reichsherrschaft Zähringen, kam jedoch nach 1218 an die Grafen von Freiburg, bis Ende des 15. Jh. im Besitz der Familie Schnewlin Bernlapp von Zähringen und wurde 1507 an den Mgf. Christoph von Baden verkauft. Handwerks- und Dienstleistungsgewerbe, Kulturpfad Gundelfingen. **II.** 1008 (Kop. 14. Jh.) *Gondalvingen [Or]*, 1111 *in pago qui dicitur Gundalvingen*, 1275 *Gundilvingin*. **III.** Es handelt sich um eine ↗*-ing(en)*-Ableitung zu dem PN *Gundolf, Gondulf*: 'bei den Leuten des Gundolf'. **IV.** Gundelsheim, Lkr. Heilbronn, BW. **V.** Krieger; FO 1; FP; LBW 6. *JR*

Guntersblum **I.** Gem. und gleichnamige VG (seit 1972) im Lkr. Mainz-Bingen, 9394 Ew., mit neun Gem. in Rheinhessen, im äußersten Süden des heutigen Lkr., am linken Ufer des Rheins, RP. Guntersblum war einer der wichtigen Orte des Grafen von Leiningen mit einem Schloss sowie einer Niederlassung des Deutschen Ordens. 1797 franz., nach dem Wiener Kongress hessisch und Teil der Provinz Rheinhessen. Mit einem Rheindurchstich entstand 1828–29 die Insel Kühkopf. **II.** 830–50 *Chuntheres frumere*, 897 *Cundheres-prumare*, 922 *Gunteres-pumario*, 1215 *Guntirsblume*; *Guntersblumen* (1494). **III.** Das Bw. enthält den ahd. PN *Guntheri*, Gen. Sg. *Guntheris-*, das Gw. ist mlat. *prûmârium* 'Garten mit Pflaumenbäumen'. Die Wortgrenzen *-r(e)s* und *-pr-* wurden in den Belegen des 10. Jh. zeitweise entglichen. Wie lat. *prūnum* zum Lehnwort *Pflaume*, wurde im ON *-prumari(um)* zu *-p(f)lumari(um)*, das später an das Wort *Blume* angelehnt wurde. Der ON bedeutete urspr. demnach 'Pflaumengarten des Gunther(i)'. **IV.** Ober- und Niederpframmern, Lkr. Ebersberg, BY; Prummern, Lkr. Heinsberg, NRW. **V.** CL; FP; Kaufmann 1976. *JMB*

Gunzenhausen **I.** Stadt im Lkr. Weißenburg-Gunzenhausen, 16 202 Ew., am Oberlauf der Altmühl, Reg.-Bez. Mfr., BY. Bereits in vorgeschichtlicher Zeit besiedelt; in röm. Zeit Kastell am Altmühl-Übergang des Limes bis um 240 n. Chr.; 823 übereignete Kaiser Ludwig der Fromme das Kloster Gunzinhusir dem Reichskloster Ellwangen, das die Familien der Truhendinger und Oettinger mit Gunzenhausen belehnte, bis 1349 die Herrschaft an Burkhard von Seckendorff überging; seit 1368 im Besitz der Hohenzollern und dann der Markgrafen von Ansbach, 1806 bayerisch. **II.** 823 *Gunzinhusir*, 1183–95 *Guncenhusen*; *Gunzenhausen* (1304). **III.** Das Gw. ↗*-hausen* erscheint im ältesten Beleg im Nom. Plur., danach wie auch sonst im Dat. Pl. Das Bw. wird als Gen. des PN *Gunzo*, einer KF zu einem Namen mit dem Erstglied *Gund-*, gedeutet. Ein hist. Träger dieses Namens ist im Zusammenhang mit der Siedlung nicht nachgewiesen. **V.** Heidingsfelder, F.: Die Regesten der Bischöfe von Eichstätt. Erlangen 1938, Nr. 501,72; HHS 7/2; Schuh, R.: Gunzenhausen. Ehemaliger Landkreis Gunzenhausen. In: HONB Mfr. 5; Reitzenstein 2009. *RB*

Gusev [Гусев] ↗**Gumbinnen**

Gvardejsk [Гвардейск] ↗**Tapiau**

H

-haan. ↗ **hagen.**

Haan **I.** Stadt im Kr. Mettmann, 29 149 Ew., Reg.-Bez. Düsseldorf, NRW. **II.** 1312 *in parrochia Hagen* [Or], 1316 *ze Han* [Or], 1352 *up deme Hayn* [Or]. **III.** Mit dem im Stadtwappen erscheinenden Tier *Hahn* hat der ON nichts zu tun. Er gehört vielmehr zu mnd. *hāgen* 'Hag, Grenzhecke, umzäuntes Grundstück' (↗ *-hagen*) und stellt die mda. kontrahierte Form dazu dar. Der ON-Typ *Hagen, Hahn, Hohn* ist in der Region sehr häufig anzutreffen (s. Gysseling 1960/61; Dittmaier 1956). **V.** HHS 3; v. Roden UB Hilden; Kaufmann 1973. *Tie*

Haar **I.** Gem. im Lkr. München, 19 025 Ew., Reg.-Bez. Oberbayern, BY. **II.** Ca. 1050–1055 *Harda*, 1073 (F. des 13. Jh.) *Harde*, 1398 *Hard*, 1517 *Hartt*, ca. 1583 *Har*, 1620 *Haar*. **III.** Dem urspr. Flurnamen liegt ahd. *hard* '(lichter) Wald' zugrunde; der auslautende Dental ging im 16. Jahrhundert verloren. **V.** Reitzenstein 2006. *WvR*

Hachenburg **I.** Stadt und gleichnamige VG (seit 1972) im Westerwaldkreis, 24 210 Ew., mit 33 Gem. im nw Westerwald, zwischen Koblenz und Siegen, RP. Das Zentrum der h. VG bildeten die Ende des 12. Jh. zum Schutz der Verkehrswege von Köln nach Thüringen errichtete Hachenburg und der gleichnamige, seit 1247 als Stadt bezeichnete Ort. Dieser erhielt 1314 Stadtrechte und wurde Residenzort der Grafen von Sayn. Zeitweise im Besitz von Kurköln und dessen Lehnsträgern, fiel es durch den Westfälischen Frieden wieder zurück an Sayn und wurde 1652 Hauptort der Nebenlinie Sayn-Hachenburg. 1815 zu Nassau, 1866 zum Kgr. Preußen. Das h. Schloss wurde im 18. Jh. errichtet, später Sitz einer bekannten Forstschule und h. die Fachhochschule der Deutschen Bundesbank. **II.** 1222 *de Hakenburgh*, 1234 *Hachenberg, Hachenberch*; *Hachenburg* (1240). **III.** Das Bw. beruht auf dem KN **Hag(g)o, *Hakko, *Hahho*, Gen. Sg. **Hag(g)in-, *Hakkin-* oder **Hachin-* in Verbindung mit den Gw. ↗ *-berg* und ↗ *-burg*. Die Verdoppelung steigerte die Expressivität. Die Verschlusslaute *-g-, -k-, -ch-* sowie geminierte Formen wechselten häufig in mit KN gebildeten ON. Die Entwicklung des ON zeigt, dass eine Abl. von ↗ *Hagen-* nicht in Betracht kommt. Vielmehr muss von einer Bedeutung 'Burg des Hahho' ausgegangen werden. **V.** MRUB III; Kehrein, J.: Nassauisches Namenbuch. Leipzig 1891; FP; Kaufmann 1973. *JMB*

Hadamar **I.** Stadt im Lkr. Limburg-Weilburg, 12 330 Ew., im n Teil des Limburger Beckens, Reg.-Bez. Gießen, HE. Stadt seit 1324, 1303–94 Residenz der Fürsten von Nassau-Hadamar, Stadtbrand (1540), Fachwerkhäuser (17./18. Jh.), dreiflügeliges Renaissanceschloss (1612–29, über einer Wasserburg des 13. Jh.), spätgot. Liebfrauenkirche (14./15. Jh.), kath. Pfarrkirche St. Nepomuk (1735–55) mit ehem. Jesuitenkolleg (18. Jh.). Seit 1972 Zusammenschluss mit fünf weiteren Gemeinden; staatliche Glasfachschule und Bundesfachschule des Glaserhandwerks, Ausbildungsstätte der Limburger Domsingerknaben, Stadtmuseum, Zentrum für soziale Psychiatrie, Gedenkstätte Mönchberg; mittelständische Handwerksbetriebe. **II.** 832 *in Hatimero marca*, um 1160 *Hademar*, 1363 *Hadmar*, 1377 *Hadinmor*, 1439 *Obernhadmar*; *Hadamar* (9. Jh.). **III.** Die frühere Anlehnung des Namens an ahd. *hadu* 'Streit, Hader, Zwist' konnte kaum überzeugen und scheint volksetymologische Umdeutung zu sein. Der Name ist Komp. mit dem Gw. ↗ *-mar* 'Binnengewässer, feuchte/sumpfige Stelle'. Das Bw. hat topographischen Bezug und steht mit einer Gruppe von Wörtern in Zusammenhang, deren Grundbedeutung mit 'gebogen, geneigt, ausgehöhlt' angegeben werden kann: nord. *hat*, engl. *hat* 'Hut', griech. κοτύλη 'Becher, Höhlung' und lat. *catīnus* 'Schüssel' (daraus wahrscheinlich entlehnt got. *katils*, d. *Kessel*). Dabei ist eine Wurzel **haþ/*hað* in der Bedeutung 'Neigung, Biegung, Abhang' anzusetzen. Die Basaltkuppe des Galgenberges bildet mit 242 m die beherrschende Erhebung der nächsten Umgebung. Der ON *Hadamar* erklärt sich als 'feuchte Stelle am Abhang'. **IV.** Hadeln, Lkr. Cuxhaven; Hedemünden, OT von Hann. Münden, Lkr. Göttingen; Hattorf am Harz, Lkr. Osterode; Hedeper, Lkr. Wolfenbüttel, alle NI; Hattingen, Ennepe-Ruhr-Kr., NRW. **V.** Udolph, J.: Haduloha. In: RGA 13; NOB II–IV; WOB I. *DA*

Haddeby nd. Harby [haʌbü] **I.** Amt im Kr. Schleswig-Flensburg, Verwaltungssitz der acht amtsangehörigen Gemeinden ist in Busdorf (mit OT Haddeby), 8680 Ew., s von Schleswig, unmittelbare Nähe zu Dänemark, SH. Das Amt ist Teil des alten Amtes Gottorp, das zum Hztm. Schleswig gehörte, 1867 zu Preußen. Wikinger-Museum Haithabu, Ehrenfriedhof Karberg. **II.** 13. Jh. *in Hadæboth [Or]*, 1286 *Haddebothe*; *in Haddebu* (1412). **III.** Der ON ist möglicherweise mit Haithabu in Verbindung zu bringen, obwohl der direkte Nachweis fehlt. Der h. gebräuchliche Name *Haddeby* ist wohl, abstammend vom altdänischen *Haddæboth*, als Zuss. aus dem PN *Hadde* und dem altdänischen *both* 'Bude' zu verstehen. In dieser Deutung wird *Haddeby* verstanden als die 'Siedlung bei der Bude des Hadde'. Eine Herleitung von dän. *hede* 'Heide' und *by* 'Siedlung', also 'Heideort', ist nicht völlig auszuschließen. **V.** Laur; Berger. *GMM*

Hadeln **I.** Samtgem. im Lkr. Cuxhaven, 10143 Ew., ö von Cuxhaven, Reg.-Bez. Lüneburg (bis Ende 2004), NI. Urspr. Name für den Geestrücken zwischen Wesermündung, Geeste, Oste, Moore und unterer Elbemündung, 9.–11. Jh. Teil der Grafschaft Lesum, ab 11. Jh. im Besitz der Grafen von Stade und Erzbischöfe von Bremen, Deichbau und Kolonisierung der Marsch durch holländische Siedler, 1180–1689 Herrschaft der Herzöge von Sachsen-Lauenburg bei eigenständigem Hadler Recht, 15. Jh. hamburgischer Pfandbesitz, Viehzucht, Getreidebau, 17. Jh. Ziegelherstellung, 18. Jh. Rapsanbau, 1974 Zusammenschluss der Stadt Otterndorf mit den Gem. Neuenkirchen, Nordleda und Osterbruch. **II.** 797 *de Haduloha [Or]*, 10./11. Jh. *Hathalaon, Hadalaon [Or]*, 12. Jh. *Hathelen [Or]*. **III.** Ältere Deutungen als 'Streitwald' und 'Sumpfwald' sind abzulehnen. Bildung mit dem Gw. ↗*-loh(e)* (bis h. im Dat. Pl.) und dem auch in Namen wie Hademarschen, Hadamar, Hatten, ↗Hattorf vorliegenden Bw. germ. **haþ-, *hat-* 'Gebogenes, Geneigtes', vgl. ae. *hæt(t)*, anord. *hattr*, ahd. *huot* 'Hut', in ON 'Krümmung, Hügel, Abhang'. Namengebend war der Geestrücken Hohe Lieth, dessen höchster Punkt, die Holter Höhe bei Altenwalde, 30 m über dem Meeresspiegel liegt. Die auf die umgebenden Landschaftsformen verweisenden FlN *Hohe Lieth* (mnd. *līt* 'Abhang'), *Holter Höhe* (mnd. *holt* 'Wald') und *Altenwalde* bestätigen die Bed. Hadelns als 'Hügelwald, Wald am Bergabhang'. **V.** HHS 2; Boeselager, E. von: Das Land Hadeln bis zum Beginn der frühen Neuzeit. In: Dannenberg, H.-E./Schulze, H.-J. (Hg.): Geschichte des Landes zwischen Elbe und Weser 2. Stade 1995; Udolph, J.: Haduloha. In: RGA 13 (1999). *FM*

Hage **I.** Flecken und gleichnamige Samtgemeinde im Lkr. Aurich, 10657 Ew., ö von Norden, bis 2004 Reg.-Bez. Weser-Ems, seit 2005 Regierungsvertretung Oldenburg, NI. Wohl im 12. Jh. gegr., um 1230 bis 1250 Bau der St.-Angari-Kirche, Burg der ostfriesischen Adelsfamilie Hinkena geht 1466 in den Besitz der Kirche über, 1656 Marktrecht. Tourismus, achtstöckige Hager Windmühle, Schloss Lütetsburg. **II.** 1403 *Haghen [Or]*, 1409 *Haga*, 1412 *Haghen*; *Hage* (1432). **III.** Der ON enthält das auch als Gw. vorkommende ↗*-hagen*, das auf asä. *hag(o)*, mnd. *hāge(n)* 'umfriedetes Gelände, Hecke, Gehölz' beruht. **IV.** ↗Hagen am Teutoburger Wald, Lkr. Osnabrück, NI; ↗Hagen, Stadt Hagen, NRW. **V.** Remmers, Aaltukerei. *TK*

-hagen / -(ge)hag. Germ **haga- / hagōn-*, ahd. *hag / hac / hagan*, mhd. *hac / hagen* M. 'Einfriegung, umzäunter Ort, (Dorn-)Hecke' gehört zu den vielfältigen Rodungsnamen (↗*-grün*). Der Bildungstyp begegnet zahlreich vor allem in Mittel- und Norddeutschland, vom Rheinland bis Brandenburg, Pommern, Schlesien, Nordböhmen reichend. *-hagen* und auch die kontrahierten Formen *-hain, -hahn, -hohn, -haan* können sowohl als Simplizia (↗Hagen, NRW) als auch als Bw. (↗Hanau, Main-Kinzig-Kreis, HE; ↗Hainichen, Lkr. Mittelsachsen, SN) vorkommen. Entstehungsgeschichtlich gehen die ↗*-rode*-Namen in der Regel den *-hagen*-Orten voraus, die vielfach von geistlichen (Klöstern) oder weltlichen Herren in Waldgebieten oder in ungünstiger Lage mit besonderen Freiheitsrechten („Hagen- / Hägerrecht") angelegt wurden, hauptsächlich im 10./11.–13. Jh. (selten im 9. Jh.). Nicht wenige wurden wüst. Als Bw. begegnen häufig PN (↗Meinerzhagen, Märkischer Kreis, NRW). Vereinzelt begegnen *-inghagen*-Orte, wohl in Anlehnung an die *-inghausen*-SiN (↗*-hausen*). Literatur: Bach DNK II, 2; NOB III; Debus / Schmitz, H.-G. *FD*

Hagen am Teutoburger Wald **I.** Gem. im Lkr. Osnabrück, 14192 Ew., Reg.-Bez. Weser-Ems (bis Ende 2004), NI. Das osnabrückische Kirchdorf Hagen war 1556–1807 Sitz einer Iburger Vogtei; 1852 wurden Hagen und die Bauerschaft Beckerode unter dem Namen Hagen-Beckerode zusammengefasst, 1954 Namenänderung zu *Hagen am Teutoburger Wald*. **II.** Um 1088 *Hagen [Or]*, 1097 *Hagen*, um 1200 *Hage*; *Hagen* (um 1200). **III.** Der ON beruht auf dem Simplex asä. *hag(o)*, mnd. *hāgen* 'umfriedetes Gelände, Hecke, Gehölz'. Bis auf gelegentliche Schwankungen im Auslaut zeigt der Name keine Veränderungen. **IV.** ↗Hagen, Stadt Hagen, NRW. **V.** GOV Osnabrück I. *KC*

Hagen **I.** Kreisfreie Stadt (seit 1887), 192177 Ew., am Zusammenfluss von Volme und Ennepe, Reg.-Bez. Arnsberg, NRW. Entstanden im Bereich einer von St. Ursula in Köln abhängigen Pfarrkirche und eines

Oberhofs des Erzbischofs von Köln. Der kölnische Besitz ging bis 1375 an die Grafen von der Mark über. Zunehmende Bedeutung des Ortes nach dem Bau der Volmebrücke 1713. Stadtrechte 1746, 1809 Einrichtung des Kantons Hagen des Ghztm. Berg. 1816 Kreishauptstadt bis zur Teilung des Kreises 1887. Seit dem 16. Jh. Metallindustrie, später auch Textil- und Papiererzeugung. Seit Mitte des 19. Jh. Eisenbahnknotenpunkt. **II.** Mitte 12. Jh. *Hagene*, 1161 *Hage*, 1190 *Hagen*. **III.** Dem ON liegt asä. *hagan*, mnd. *hāgen* 'Dornstrauch, Hecke, lebendiger Zaun; Buschwerk, Gehölz; eingefriedetes Feldstück' zugrunde (vgl. ↗ *-hagen*). **V.** HHS 3; Derks, P.: Asmeri – das älteste Hagen? In: Jahrbuch des Vereins für Orts- und Heimatkunde in der Grafschaft Mark (Witten) 98 (1998); Berger. *Flö*

Hagen **I.** Samtgem. im Lkr. Cuxhaven, 11 136 Ew., an der Drepte, Reg.-Bez. Lüneburg (bis Ende 2004), NI. 12. Jh. Wasserburg des Bremer Erzbischofs Hartwig II. beim Dorf Hagen (später Dorfhagen) als Schutz vor den Stedingern, Residenz, 1389 verpfändet an Grafen von Oldenburg, bei Burg entstandene Siedlung Dammhagen wird 1880 in Hagen (im Bremischen) umbenannt, 1974 Eingemeindung von Dorfhagen und Kassebruch, Zusammenschluss der Gem. Hagen im Bremischen, Bramstedt, Driftsethe, Sandstedt, Uthlede und Wulsbüttel. **II.** Dorfhagen: 1110 *Hagan* [Or], 1139 *Hagen* [Or], 1337 *in Dorphagene* [Or]; Burg: 1248 *castrum Hagen* [Or]. **III.** Der ON beruht auf dem Simplex asä. **hagan*, mnd. *hāgen* (vgl. ↗ *-hagen*). **IV.** Hagen in den Lkr. Hameln-Pyrmont, Gifhorn, Uelzen, Celle, Region Hannover, Osnabrück, Stade und Lüneburg, alle NI. **V.** HHS 2; KD Wesermünde 2; Die Samtgemeinde Hagen – Heimat zwischen Marsch, Moor und Moränen. Bremerhaven 2002. *FM*

Hagenau // Haguenau ma. [ˈhaːvenaw], franz. [ag(ə)ˈno]. **I.** Hauptort im gleichnamigen Bezirk, 35 457 Ew., Sitz der Bezirksverwaltung, Département Bas-Rhin, Region Elsass, F. Im ersten Viertel des 12. Jh. auf einer Insel der Moder durch den Staufer Friedrich II. den Einäugigen gegründet, 1164 Stadtrecht durch dessen Sohn Friedrich Barbarossa, Königspfalz, seit 1648 zu Frankreich, 1871–1918 zu Deutschland. **II.** 1153 *Hagenowe*. **III.** Ursprünglicher Flurname aus den Elementen *Hag*, ahd. *hag* (↗ *-hagen*), und *Au* 'wasserreiches Land', ahd. *ouwa* (↗ *-au*). *WM*

Hagenbach **I.** Stadt und gleichnamige VG (seit 1972) im Lkr. Germersheim, 10 750 Ew., im äußersten SO der Pfalz und des Landes RP. Vier Gem., deren Geschichte durch ihre Lage im hist. Dreiländereck Pfalz-Baden-Elsass bestimmt wurde. 1281 wurde Hagenbach freie Reichsstadt, im 14. Jh. Vogtei, 1395 erneut Stadt und reg. Verwaltungssitz. Ende 18. Jh. gingen die Stadtrechte bis 2006 verloren. Die VG ist durch ihre Grenzlage geprägt: einst eine wichtige Zollstation der Kur- und Bayerischen Pfalz, h. Brückenkopf der d.-franz. Zusammenarbeit in der sog. PAMINA-Region. **II.** 1262 *in Hanboch et Vornloch*, 1292 *Hagenbůch*, 1309 *Hagenbůch, Hanbůch, Hambůch*; *Hagenbach* (um 1600). **III.** Das Gw. des mhd. Kollektivums *hagenbuoch(e)* 'Hain-, Weißbuchen' wurde im 16. Jh. zu ↗ *-bach* umgedeutet. Das Bw. wechselte aufgrund der Bedeutungsähnlichkeit zwischen *Hain-* (↗ *-hain*) und *Hagen-* (↗ *-hagen*). Urspr. aber ist die Bedeutung des ON 'Platz, Siedlung bei den Hagebuchen'. **IV.** Hambach, eingem. in Neustadt an der Weinstraße, RP. **V.** Urkundenbuch zur Geschichte der Bischöfe von Speyer, Bd. 1, Ältere Urkunden. Mainz 1852, ND Aalen 1970; HSP. *JMB*

Hagendingen // Hagondange **I.** Gem. und Hauptort des gleichnamigen Kantons im Dép. Moselle, 9 410 Ew., 13 km n Metz, LO, F. Gehörte als alter Besitz des Metzer Domkapitels zum Pays de Metz; im 16. Jh. an Frankreich; 1871 zum Reichsland Elsass-Lothringen, 1918 wieder an F. **II.** 1128 *Angoldenge*, 1173 *Angoldenges*, 1179 *Angodanges*, 1231 *Angoudanges*, 1253 *Angondanges*, 1490 *Hagundange*. **III.** Bildung mit dem PN ahd. *Ang(o)wald* (zu ahd. *ango* 'Hakenspeer' + **walda-* 'Herrscher') und dem ↗ *-ing*-Suffix: Ausgangsform: **Angwald-ingas*. Die d. entwickelten Formen sind spät überliefert: 1473 *Engeldingen* mit Umlaut, 1526 *Angeldingen*, 1583 *Ingeldingen* mit Assimilation an das *ing*-Suffix; die franz. Form lässt *l* vor Konsonant verstummen bzw. vokalisiert es in *-oud-* < *-old-*; das Suffix wird zunächst ofranz. als *-enges* entwickelt, später zentralfranzösisch durch *-ange(s)* ersetzt. Seit dem 15. Jh. wird – wohl nur grafisch – der SiN mit prothetischem <h> realisiert (daraus die d. amtliche Form rückgebildet). **V.** Reichsland III; Hiegel; C. Kollmann, infolux.uni.lu. *Ha*

Hagenow **I.** Stadt im Lkr. Ludwigslust, 11 927 Ew., Verwaltungssitz des Amtes Hagenow-Land, ca. 25 km sw von Schwerin, im W des Bundeslandes MV. Ende des 12. Jh. d. Burg mit Siedlung, zunächst an Grafen von Ratzeburg, ab 1201 an Grafen von Schwerin, 1358 an die Herzöge von Mecklenburg (später Mecklenburg-Schwerin). 1370 *oppidum*, 1754 volle Stadtgerechtigkeit, typische Ackerbürger- und Handwerkerstadt, h. Dienstleistungen, Lebensmittelindustrie. **II.** 1190–95 *in Hagenowe*, 1194 *in Hachenowe*; *Hagenow* (1267). **III.** Der ON entstand möglicherweise durch Übertragung aus der Altmark (z. B. Hagenau, OT von Kalbe (Milde) im Altmarkkreis Salzwedel, ST) im Zuge der Besiedlung Mecklenburgs durch d. Kolonisten. Es ist eine Zuss. aus mnd. *hagen-* (sonst sehr oft als Gw. ↗-hagen) 'Gehege, gehegter Ort, Einfriedung; Dorn-(Hecke)' im Bw. und ↗-au(e), mhd. *ouwe*, mnd. *ouw(e) / ow(e)* Fem. 'von Wasser umflossenes Land, Insel, wasserreiches Land, Feuchtgebiet' im Gw. Das Gw. wurde dann an die vielen ON in Mecklenburg auf *-ov*, ↗-*o(w)*, deren auslautendes *-v* in der Aussprache verloren ging, angepasst. **IV.** ↗ Hainichen, Lkr. Mittelsachsen, SN. **V.** MUB I, II; HHS, Bd. 12; Eichler/Mühlner. *MN*

Hagondange ↗ Hagendingen

Haguenau ↗ Hagenau

-hahn. ↗-hagen.

Hahnstätten
I. Gem. und gleichnamige VG (seit 1972) im Rhein-Lahn-Kreis, 9 686 Ew., mit zehn Gem. ö von Koblenz an der Grenze zu Hessen, zwischen s Westerwald und Taunus, RP. Im 8. Jh. als Schenkung an die Abtei Prüm, seit Mitte des 11. Jh. als Teil des Niederlahngaus zur Gft. Diez, im MA auch die „goldene Grafschaft" genannt, Zentgericht, seit dem 16. Jh. Amt. In der Gegend lässt sich seit dem MA Erzabbau belegen. Durch die VG führt die Strecke der Aartalbahn, h. Nassauische Touristikbahn. **II.** 790 *Haonstatt*, 845 *Hoenstatt*, 9. Jh. *Hahenstat*, *Hachenstat*, 1217 *Hohenstad*; *Hahnstetten* (1523). **III.** Gw.: *-stätten* zu ↗*-statt*, im Bw. vielleicht der ahd. PN *Hah(h)o*, Gen. Sg. *Ha(c)hin-*, was eine hier favorisierte Bedeutung als 'Siedlungsplatz des Hahho' ergeben würde. Bis ins 14. Jh. ON auf *-statt*, die Pluralform zuerst 1236. Zum einen könnte eine spätere Umdeutung des PN im ersten Glied zum Adj. ↗*Hoch-/Hohen-* erfolgt sein, zum anderen könnte aber natürlich auch von einem urspr. 'Hohenstätten' ausgegangen werden. Dem würde die Ortslage entsprechen. Schließlich ist ein ↗*Hain-* oder ↗*Hagen-*Name nicht ganz auszuschließen (vgl. auch ↗*-hahn* oder ↗*-haan*). **V.** MGH DKdG; FP; Kehrein, J.: Nassauisches Namenbuch. Leipzig 1891; Bach, A.: Die Siedlungsnamen des Taunusgebiets. Bonn 1927; Kaufmann, H.: Die Ortsnamen des Kreises Bad Kreuznach. München 1979. *JMB*

Haibach
I. Gem. im Lkr. Aschaffenburg, 8 517 Ew., Reg.-Bez. Ufr., BY. **II.** 1515 *zů Heidbach*. **III.** Benannt nach dem Hai-Bach, der über den Röder-Bach in die Aschaff mündet. Der Bachname enthält als Bw. ahd., mhd. *heide* für 'unbebautes Land'. Von *Heidebach* ausgehend wird über *Heidbach* die Aussprache zu *Heibach* erleichtert. Die Schreibung *Haibach* enthält bair. *ai* statt *ei* wie in *Kaiser*. **V.** Sperber, R.: Das Flussgebiet des Mains. Stuttgart 1970. *AG*

Haiger
I. Stadt im Lahn-Dill-Kreis, 19 534 Ew., im oberen Dilltal, innerhalb einer geräumigen Talweitung münden hier Haiger- und Aubach in die Dill, Reg.-Bez. Gießen, HE. Eingemeindung von 13 Gem. (1. 1. 1977); Stadtrecht (914), Stadtbrände (1723, 1827, 1829), 1945 erlitt die Stadt schwere Zerstörungen durch Luftangriffe; Geburtsort von J. Textor (1582); Heimatmuseum, Leinenmuseum, Verkehrsknotenpunkt; ehem. Eisenerzbergbau; Eisen-, Edelstahl-, Gummi-, Holzverarbeitung, Elektrotechnik, Herstellung von Möbeln, Feinkeramik. **II.** 778 (Kop. 1183–95) *in Haigrahe*, 781 (Kop. 1183–95) *in Heigrehe*, 914 (Kop. M. 12. Jh.) *Heigera*, 1048 *Heigerin*, 1283, 1286, 1307 *de Heygeren*, 1303 *Hegere*, 1316 *in Heigern*, 1328–1329 (Abschrift nach 1348) *Heigere*, 1341 *Heyger*, 1499 *Heyer*, 1500 *Heiger*. **III.** Im Lorscher Codex erscheint der ON mit dem Suffix *-ahe/-ehe* (↗*-ach²*) überliefert, was zur Bildung neutraler Stellenbezeichnungen diente und ausdrückt, dass 'etwas in einer größeren Menge vorhanden ist'. Hauptsächlich tritt das Suffix an Subst. Vielleicht ist auch eine m. Form auf *-er* < *-ari* anzusetzen, also *Hag-ari* > *Haig-er*, um inlautend *-r-* zu erklären. Bisher wurde *Haiger* mit weiteren Vergleichsnamen *Heigerloch* (a. 1095 *Heigerloch*) und *Haigermoos* (1070 *Hegirmoos*) an ahd. *heigir*, mhd. *heiger* 'Reiher' angeschlossen. Für die weitere Deutung ist für das Bw. eine Ausgangsform *Haig-* anzusetzen. Germ. *-ai*- ist Diphthong geblieben und erscheint Ende des 9./10. Jh. als *-ei-*. Verm. gehört das Bw. zu *Hag*, mhd. *hac*, ahd. *hag*, *hac* aus germ. **haga-/ōn* 'Umzäunung, (umzäuntes Grundstück, Weideplatz, Hecke)' und *Hain* als Variante in kontrahierter Form von mhd. *hagen* 'gehegter Wald', vgl. außerdem *Hag-an-ahi* 'Dorngestrüpp'. Die suffixale Endung verändert sich zu *-a* bzw. wird eine sw. Genitivendung *-in/-en* angefügt; später Abschwächung zu *-e* und Apokope. **IV.** Haigerer Hütte (Gewerbesiedlung der Stadt Haiger); FluN *Haiger-Bach* (r. Zfl. der Dill), beide HE. **V.** HHS 4; LAGIS; Südhess. FlNB. *DA*

Haigerloch
I. Stadt im Zollernalbkreis, 10 794 Ew., ca. 11 km nnw Balingen auf der Haigerlocher Gäuebene links der Eyach gelegen, Reg.-Bez. Tübingen, BW. Burganlage der Grafen von Haigerloch-Wieseneck im 11. Jh., 1237 Stadt, 1449 an Württemberg und 1634 an die Fürsten von Hohenzollern-Sigmaringen. Salzbergwerk, Stahlbau, Haag-Schlößle, Römerturm, Unterstadtkirche St. Nikolaus, Wallfahrtskirche St. Anna, Atomkeller-Museum. **II.** 1095 (Kop. 17. Jh.) *Haigerloch*, 1143 *Heigirloch*, 1180 *Heigerlo*, 1305 *Heiarloh*. **III.** Es handelt sich um eine Zuss. mit dem Gw. ahd. *lōh* 'Hain' (↗*-loh(e)*), mhd. *lōch* 'Gebüsch, Wald, Gehölz'. Als Bw. kommt am ehesten ahd. *heigar*, mhd. *heiger* 'Reiher' in Frage: 'Reiherwald'. Die Burganlage war einer der namen-

gebenden Sitze der Grafen von Haigerloch-Wieseneck. **IV.** Anders dagegen ↗Haiger, Lahn-Dill-Kreis, HE. **V.** FO 1; Bach DNK 2; LBW 7. *JR*

-hain. ↗-hagen.

Hainburg an der Donau [hɑ̃ẽˈbʊɐk], jünger [hãˈbʊɐk]. **I.** Stadt, 5 794 Ew., Grenzstadt 40 km ö WI im Industrieviertel, Bezirk Bruck an der Leitha (gegenüber Bratislava, der Hauptstadt der Slowakei), NÖ, A. Kelt. Wallburg auf dem Braunsberg, um 1050 Bau der *Heimenburg* auf dem Schlossberg oberhalb der h. Stadt, Siedlungsausbau unter Babenbergern mit bemerkenswerter Stadtbefestigung (u. a. 'Wiener Tor': größtes mittelalterliches Stadttor Europas), 1236 Markt, nach 1278 habsburgisch und zunehmender Niedergang (Zusammenbruch des Donauhandels, Agrarkrise, 30-jähriger Krieg, 1683 Einnahme der Stadt durch Osmanen); wirtschaftlicher Aufschwung und Neuansiedlung vor allem durch Errichtung der Tabakfabrik seit 1723 (h. Kulturzentrum) und Anbindung an Bahn- und Schifffahrtslinien, seit Fall des 'Eisernen Vorhangs' (1989) zunehmend wirtschaftliche und touristische Bedeutung, ab 1995 Nationalpark Donauauen. **II.** 1071/91 *ad Heiminburch*, 1122/27 *Heimburch*; *Hainburc* (1265). **III.** Der ON bedeutet 'Burg, Befestigung des Heimo', sein Gw. ist ↗*-burg* (die Grafie *-ch* zeigt ahd./mhd.-bair. Auslautverhärtung an), das Bw. der schwach flektierte Gen. des ahd. PN *Heimo*, dessen Gen.-Endung ab der zweiten Nennung an den stammschließenden Nasal assimiliert erscheint. Die erste mda. Lautung reflektiert mit [ɑ̃ẽ] die ältere lautgerechte Entsprechung für den mhd. Diphtong *ei*, die jüngere Form zeigt mit [ã] Wiener Einfluss. **V.** ÖStB 4/2; Schuster 2. *ES*

Hainburg **I.** Gem. im Lkr. Offenbach, 14 528 Ew. Reg.-Bez. Darmstadt, HE. Entstanden 1977 durch den Zusammenschluss von Hainstadt und Klein-Krotzenburg, bei dem der Kunstname *Hainburg* kombinatorisch durch eine Kontraktion der bisherigen Namensbestandteile gebildet wurde. In Hainstadt finden sich Reste eines Römerkastells. Der Ort war im MA im Besitz der Herren von Eppstein bzw. Falkenstein. 1425 kam er an das Erzbistum Mainz, 1803 mit der Amtsvogtei Steinheim an Hessen-Darmstadt. Klein-Krotzenburg, in dem zunächst die Abtei Seligenstadt über bedeutenden Grundbesitz verfügte, hat eine vergleichbare Besitzgeschichte. Die im Jahre 1736 errichtete Kapelle auf der Liebfrauenheide ist bis h. das Ziel von Wallfahrten. **II.** Hainstadt: 1287 *[Or] Henystad* (!), 1288 *Heinstad*, 1569 *Hainstadt*. Klein-Krotzenburg: 1175 *[Or] Cruzenburch*, 1235 *Cruzburg*, 1434 *Klein Crotzenburg*. **III.** Der ON *Hainstadt* ist ein Kompositum aus ↗*-hain* und ↗*-stadt*. Der ON *Klein-Krotzenburg* zu ahd. *kruzi* 'Kreuz'. Gw. ist ↗*-burg*. Zu erwarten wäre in diesem Fall allerdings die Form **Kruziburg*, vgl. etwa den Beleg von 973 *Cruciburg* für Creuzburg an der Werra. Denkbar ist, dass hier eine Analogiebildung vorliegt und sich das Bw. nach dem Vorbild der zahlreichen ON mit schwach flektiertem PN im Erstglied entwickelte. Die Differenzierung zu dem jenseits des Mains gelegenen Großkrotzenburg, Main-Kinzig-Kreis, HE, setzte im 13 Jh. ein. Dieses wurde 1292 als *Crocenburg trans Mogum* bezeichnet. **V.** Müller, Starkenburg; Reimer 1926. *TH*

Hainichen **I.** Stadt im Lkr. Mittelsachsen, 9112 Ew., im mittelsächsischen Hügelland, an der Kleinen Striegis, nö Chemnitz, SN. Ende des 12. Jh. d. Bauerndorf an alter böhmischer Straße, nach 1200 Marktflecken, Stadt seit 1282, Kreisstadt 1952–1994. Gellertstadt. **II.** 1276 *Heynichen*, 1335 *Heynchin*, 1473 *Heynichen*. **III.** Zu mhd. ↗*-hagen* 'Dornbusch, umhegter Ort', kontrahiert zu ↗*-hain* (auch als Gw. in zahleichen ON wie *Lindenhain* usw.), erweitert mit dem Diminutivsuffix *-chen*. **IV.** Hähnichen, Lkr. Görlitz, SN; Hainichen, Saale-Holzlandkreis, TH; Heinichen, OT von Kitzscher, Lkr. Leipzig;, OT von Eilenburg, Lkr. Nordsachsen, beide SN. **V.** HONS I; SNB. *EE, GW*

Halberstadt **I.** Kreisstadt, Kreis Harz (seit 1. 7. 2007), 38 531 Ew., an der Holtemme im n Harzvorland, ST. Entstand an der Kreuzung der Fernstraßen Goslar-Magdeburg und Halle-Braunschweig, vor 827 Verlagerung des Bistumssitzes von Seligenstadt/ ↗Osterwieck nach H., 989 Markt-, Münz- und Zollrecht, vor 1105 Stadtrecht; 1387 im Hansebund, ab 1648 brandenburgisch, ab 1818 zur Provinz Sachsen. **II.** 781 *Halverstede*, 814 *ecclesie Halberstadensis*, 877 *Alberstetensis civitas*, 892 *Halverstidensis ecclesie*, 993 *Halverstidi*. **III.** Ahd. und asä. Formen wechseln in der Überlieferung des ON. Der Anlaut ist instabil. Typisch ostfälisch sind die *-stide*-Formen für ↗*-statt/-stedt/-stätten/-stetten*. Im Bw. ist von einer Form **Halv-r-* auszugehen, die sich als Flussabschnittsname bzw. älterer Name der Holtemme oder als appellativische *-r-*Ableitung an die Wortfamilie um d. *halb* in der Grundbedeutung 'geteilt, zerschnitten' anschließt: ahd. *halb*, asä. *half*, ae. *healf*, anord. *halfr*, got. *halbs*, germ. **halba-*, idg. **(s)kuelp-* 'schneiden'. Der Name kann dann als 'Ort am eingeschnittenen Fluss' oder 'Ort am Einschnitt' etymologisiert werden. **IV.** Halver (11. Jh. *Halvara*), l. Zufl. der Volme, mit den Orten Halver und Halverscheid, sowie Hälver, l. zur Volme, mit dem Ort Hälver, beide im Märkischen Kreis, NRW. **V.** SNB; Berger; Udolph 1994. *JS*

Haldensleben **I.** Kreisstadt im Lkr. Börde, 19101 Ew., am Nordrand der Magdeburger Börde, an der

Ohre und dem Mittellandkanal, ST. Althaldensleben war ein frühmittelalterliches Dorf, seit dem 10. Jh. mit Grafenburg und Burgflecken (1012 civitas), um 1150 planmäßige Anlage der Stadt Neuhaldensleben n des älteren Ortes durch Heinrich den Löwen, 1938 Vereinigung beider Orte zu Haldensleben. Wirtschaftl. bedeutend als Standort des Maschinenbaus und der Kraftfahrzeugindustrie. **II.** 966 *Hahaldeslevo*, 968 *Hooldesleva*, 973 und 1004/12 *Haldesleva*. **III.** Der ON ist eine Bildung mit dem Gw. ↗ *-leben*. Im Bw. steht der asä. PN *Hāhald, *Hōhald (aus germ. *Hauha- zum Stammesnamen der Chauken und *-wald* zu asä. *waldan* 'walten, herrschen'), demnach 'Hinterlassenschaft des Hāhald bzw. Hōhald'. *Hahaldeslevo* entwickelte sich durch Synkope der Mittelsilbe zu *Haldes-*. Die heutige Form *Haldens-*, die sich seit dem späten MA nachweisen lässt, ist verm. auf den Einfluss benachbarter ON wie *Ammensleben* und *Alvensleben* zurückzuführen. **IV.** Hohlstedt, Lkr. Weimarer Land (958 *Haholtestat*), TH; Haltingen, OT der Stadt Weil am Rhein, Lkr. Lörrach (838 *Haholtinga*), BW. **V.** UB EM; Bathe, -leben; SNB. *GW*

Hall in Tirol
I. Ca. 10 km ö von Innsbruck, 12 432 Ew., einzige Stadtgemeinde im Bezirk Innsbruck-Land, TR, A. 1286 Markterhebung, 1303 Stadtrecht; Gerichtssitz, Bezirkskrankenhaus, seit dem 13. Jh. Salzabbau im Halltal und großräumiger Export des „weißen Goldes", 1477 Verlegung der Münzstätte von Meran nach Hall (bedeutender wirtschaftlicher Aufschwung). **II.** 1263 *Halle*, 1283 *Halle*, 1291 *Halle*. **III.** Mhd. *hal* 'Salzquelle, Salzwerk'. Ab dem 14. Jh.: *Hall im Inntal*, 19. Jh. *Hall in Tirol*, 1938 *Solbad Hall*, ab 1974 *Hall in Tirol*. **V.** HHS Huter; ÖStB 5; Anreiter, P./Chapman, Ch./ Rampl, G.: Die Gemeindenamen Tirols. Herkunft und Bedeutung (Veröffentlichungen des Tiroler Landesarchivs 17). Innsbruck 2009. *AP*

Hallbergmoos
I. Gem. im Lkr. Freising, 9 047 Ew., Reg.-Bez. Oberbayern, BY. In unmittelbarer Nähe liegt die heutige Anstalt Birkeneck, deren Name, der 1031–1039 als *Pirhee*, 1424 als *Pirkhach* und 1819 als *Birkeneck* bezeugt ist, zunächst auch für die im 19. Jh. gegr. Siedlung galt, dann aber durch eine neue Bezeichnung ersetzt wurde. König Ludwig I., 1829: *Die Austrocknung des Freysinger Mooses ... Frhrn. von Hallberg ist mein Wohlgefallen darüber zu erkennen zu geben*. 1831 *Birkeneck, Weiler im Erdinger Moose*. 13. 3. 1834 Umbenennung der Kolonie *Birkeneck* in *Hallbergs moos*, 24. 3. 1834 *in der Colonie Hallbergmoos*. **II.** 1834 *Hallbergs moos, Hallbergmoos*. **III.** Dem früheren Namen, einem urspr. Flurnamen, liegt ahd. *birka*, *pircha* 'Birke', abgeleitet durch das Kollektivsuffix *-ahi*, ↗ *-ach²*, zugrunde. Das Gw. des heutigen Namens ist bairisch *moos* 'Moor', das Bw. der Familienname des Koloniegründers *Freiherr von Hallberg*. **V.** Reitzenstein 2006. *WvR*

Halle (Saale)
I. Kreisfreie Stadt, 233 013 Ew., an der mittleren Saale und am Nordwestrand der Leipziger Tieflandsbucht, an altem Saaleübergang, ST. Alter Salzgewinnungsort, in fränkischer Zeit Grenzburg gegen die Sorben, Frühstadt seit dem 10. Jh., Stadterweiterungen seit dem 12. Jh., im Hoch- und Spätmittelalter Residenz der Ebf. von Magdeburg, von 1952–1990 Bezirksstadt. Wichtiger Wirtschaftsstandort und Verkehrsknotenpunkt, Sitz des Mitteldeutschen Multimediazentrums, Sitz der Martin-Luther-Universität Halle-Wittenberg und der Nationalen Akademie der Wissenschaften Leopoldina, Hochschule für Kunst und Design auf der Burg Giebichenstein, einer alten Reichsburg. **II.** Ad 806 *Halla*, 1121 *Halla*, 1308 *Hal*. **III.** Die Diskussion um den ON, der im Zusammenhang mit anderen d. *Hall(e)*-Orten und deren Salzgewinnung betrachtet wird, ist noch nicht abgeschlossen. Traditionell wird er als asä. und ahd. *halla* 'von Säulen getragener Bau' interpretiert, als Bezeichnung für das Siedehaus der Salzwerke (vgl. ahd. *halhus* 'Siedehaus des Salzwerkes'). Andere Deutungen sehen in ihm mhd. *hal* 'Salzquelle, Salzwerk' oder schließen ihn als germ. *hal direkt an idg. *sal 'Salz' an (mit einem ansonsten kaum nachweisbaren Anlautwechsel S- > H-). Daneben wird auch noch nd. *hāl* 'ausgetrocknet, trocken' erwogen. In jüngster Zeit wird ein Anschluss von *halla* an idg. *kel-/*kol- > germ. *hel-/*hal 'abschüssig, schräg' im Sinne von 'Hang' favorisiert, motiviert durch das Gefälle zwischen Marktplatz und dem Ufer der Saale. **IV.** ↗ Bad Reichenhall, Kreisstadt des Lkr. Berchtesgadener Land (760 *Halla*), BY; Halle, Lkr. Holzminden (1033 *Halle*), NI u.a. **V.** DS 15; SNB; Udolph 1999c. *GW*

Halle (Westf.)
I. Stadt im Kr. Gütersloh, 21 066 Ew., am Südrand des Teutoburger Waldes, Reg.-Bez. Detmold, NRW. Entstanden Anfang 13. Jh. bei der Kirche des Bischofs von Osnabrück; seit spätestens 1259 Gerichtsplatz (Gerichtslinde) nw des alten Kirchplatzes; als Salzwerk könnte die Siedlung schon älter sein, Salzquellen sind im 17. Jh. versiegt, urspr. zur Gft. Ravensberg (5 km nw Burg *Ravensberg* (1021); 1488 Weichbildrecht; im 17. Jh. Gogericht des Amtes Ravensberg (von Versmold hierher verlegt), seit 1609 zu Brandenburg, 1719 Stadtrecht, 1811–1813 trennt Grenze zwischen Kaiserreich Frankreich und Kgr. Westfalen die Stadt, 1813 zum Reg.-Bez. Minden der Provinz Westfalen, 1815 preuß. Kreisstadt. Bis ins 19. Jh. Leinenindustrie; 1992/94 Bau des Gerry-Weber-Stadions. **II.** 1246 *Halle*, 1259 *prope ecclesiam Halle*, 1347 *thor Halle*, 1437 *tho der Halle*. **III.** Der ON zeigt ein Simplex, das früher irrtümlich mit einer

Salzhalle (zu asä. *halla,* mnd. *halle* 'Halle, Saal'; mhd. *hal(le)* 'Salzwerk, Salzquelle') in Verbindung gebracht worden ist. Der Name geht auf eine im Dat. Sg. flektierte lok. Wendung mit Präposition und bestimmtem Artikel zurück, in der ein fem. Subst. *halle* erscheint, das als Element *Hal(l)-* gerade in niedersächsischen und wfl. ON oft vorkommt und auf germ. **hal-* (zu idg. **k̂ol-* 'neigen, Schräge, Abhang') führt, das mit Nasalerweiterung zu **hal-na-* oder mit Dentalerweiterung **hal-þa-* zu assimiliertem **Halla,* mnd. *Halle* führen konnte (vgl. asä. *framhald* 'sich vorwärts neigend', *ōhaldi* Fem. 'Abhang, steiler Ort', mnd. *halde, halle* Fem. 'Halde, abfallendes Land', ahd. *halda, helde* 'Bergabhang, schiefe Ebene'). **V.** Schneider; RGA 13; HHS 3. *BM*

Hállein [altmda. 'haja, aktuell: 'halain] **I.** Stadtgemeinde im Tennengau, 19501 Ew., Pol. Bez. Hallein, SB, A. Salznutzung seit der Steinzeit, Ende 12. Jh. Gründung einer neuen Salzpfanne mit zugehöriger Siedlung, die bis 1275 zu Bayern und seitdem bis 1803 zu Salzburg gehörte, bis 1818 bayerisch, seither österreichisch. Mit der Teilung des Flachgaus 1895 neuer Bezirk, Dekanats-Stadtpfarre zum Heiligen Antonius. **II.** 1198 *Mulpach,* 1210 *Haelle* (wohl für *Haellin*), latinisiert 1219 *Hallino* (daneben genuin lateinisch *Salina* passim), deutsch 1237 *Hallein,* 1251 *Hallin.* **III.** Gerade die *Hall-*Namen haben die Forschung immer wieder beschäftigt. Aus indogermanistischer Sicht lässt sich die früher vertretene kelt. Deutung nicht aufrechterhalten, sodass in jüngerer Zeit zu Recht eine genuin germ. Interpretation bevorzugt wird. Die Gründung von Hallein ist verknüpft mit der Wiederbelebung der vorgeschichtlichen Salzgewinnung am Dürrnberg. Die Ortschaft hieß zunächst, bis etwa 1230, *Mühlbach.* Seit dem frühen 13. Jh. begegnet das *Hall-*Deminutiv *hallīn/hällīn,* das appellativisch zunächst die Saline und, davon ausgehend, allmählich die Gegend bzw. Siedlung bezeichnet. Während früher die Funktion des Deminutivsuffixes im Kontrast zu *Reichenhall* gesehen wurde ('großes Hall' vs. 'kleines Hall, „Salinchen"'), deutet jüngst Reiffenstein die *-īn-*Ableitung als Hypokoristikum (im Sinne einer Affektbeziehung, vgl. die stereotype lat. Formel *Salina nostra*). Die Betonung *Hállein* ist ursprünglich, da sie die germ. Verhältnisse widerspiegelt, wogegen das h. außerhalb Halleins recht übliche *Halléin* wahrscheinlich durch das „schwere" Suffix (in Analogie zu *Gastéin* o.ä.) bedingt ist. **IV.** ↗Schwäbisch Hall, BW; ↗Halle (Saale), ST; ↗Bad Reichenhall, Lkr. Berchtesgadener Land, BY u.a. **V.** SOB; HHS Huter; Reiffenstein, I.: Hallein – *salina nostra.* Zur Semantik des Diminutivs. In: Greule, A. / Meineke, E. / Thim-Mabrey, C. (Hg.): Entstehung des Deutschen (Festschrift Tiefenbach). Heidelberg 2004. *ThL*

Hallstadt **I.** Stadt im Lkr. Bamberg, 8512 Ew., n von Bamberg am Main, Reg.-Bez. Ofr., BY. Jungsteinzeitliche Siedlung archäol. nachgewiesen; im 8. Jh. fränk. Königshof; zunächst Würzburger Besitz, 1007 zur Ausstattung des Bistums Bamberg; nach der Säkularisation bayerisch. **II.** Ca 805 (Kop. ca. 830) *Halazstat,* 889 (zu 741) *Halazesstat,* 923 *Halazzestat,* 1007 *Halstat,* 1478 *Hallstadt.* **III.** Gw. ist ahd. *-stat* (↗*-statt/-stett/-stätten/-stetten*). Für das Bw. wird an einen PN *Halaz* gedacht, der allerdings nicht belegt ist. E. Schwarz versucht, die Schwierigkeit der Deutung durch Konjektur zu **Halagesstat* zu umgehen, was angesichts der wiederholten Schreibung mit *-z-* wenig wahrscheinlich wirkt. Es gibt weder eine plausible Deutung aus dem Germanisch-Althochdeutschen noch aus dem Slawischen. **V.** HHS 7/2; MGH Capit. I, Nr. 44; MGH DArnolf, Nr. 69; MGH DHII, Nr. 134; Reitzenstein 2009; Schwarz, S. 72. *RB*

Halstenbek **I.** Amtsfreie Gem. im Kr. Pinneberg, 16502 Ew., direkte Nähe zu Hamburg, kultivierte Moor- und Heidelandschaft, SH. 1296 erstmals in einem Schuldbuch erwähnt, das Dorf gehörte zunächst zur Grafschaft Holstein-Pinneberg und damit zum Dänischen Königreich, 1867 unter preußische Verwaltung. Baumschulen (größtes geschlossenes Baumschulengebiet der Welt). **II.** 1296 *de Halstembeke [Or];* in *Halstenbeke* (um 1310). **III.** Bei der ersten Wortsilbe der Ortsbezeichnung *Halsten-* handelt es sich um eine Wortverdoppelung, denn sowohl der got. Wortstamm *hallus-* als auch das mnd. *stēn* bedeuten 'Stein'. Der zweite Wortbestandteil ↗*-bek(e)* kommt aus dem nd. und bezeichnet den Bach, so dass sich für den Ortsnamen in seiner Zuss. die Bedeutung 'Steinbach (bzw. Steinsteinbach)' ergibt. **V.** Laur. *GMM*

Haltern am See **I.** Stadt im Kr. Recklinghausen, 38029 Ew., an Lippe und Stever, Reg.-Bez. Münster, NRW. 1226 Kirchdorf im FBtm. Münster, 1289 eingeschränkte, später volle Stadtrechte, 1802 zur Gft. Dülmen (Fürsten Croy), 1808 Ghztm. Berg, 1813 preußisch, seit 1929 Stauseen der Stever zur Wasserversorgung des Ruhrgebiets und mit Funktion als Erholungsgebiet. **II.** 1017 *Halostron,* 1217 *Halteren,* um 1260 *Haleteren.* **III.** Es gibt zwischen Elbe und Somme (nach Müller) etwa 10 Siedlungsnamen *Hal(ch)ter(n)* und Verwandte, deren ältere Formen zwischen *hal(e)f-, hal(e)ch-, hal(e)s-* und *hal(e)-tra* bzw. *-tron* (und ähnlich) schwanken. Wenn man den in den Niederlanden üblichen Übergang der Lautfolge *-ft-* zu *-cht-* in Rechnung stellt, ergibt sich ein Übergewicht der Wahrscheinlichkeit, dass mit einer ältesten and. Form *halƀ-* 'Griff', 'Stiel', 'Handhabe' vor dem Suffix *-ðra* oder *-stra* zu rechnen ist. Vgl. jedoch *halba* unter Halver. Die Form **halƀ-ðra* entspricht der ältesten erschlossenen Form des modernen Wortes (Pferde-)*Halfter* 'Handhabe' (zum Lenken eines Pferdes). Diese Erklärung eines Siedlungsnamens ist nicht befriedigend. Das Suffix -*ðra* findet sich in Siedlungsnamen gewöhnlich nach Pflanzennamen (*apul-dra* 'Apfelbaum' im ON Aplerbeck, Stadt Dortmund, NRW, und Apricke bei Hemer, Märkischer Kr., NRW). G. Müller sucht deshalb nach einem bisher noch nicht ermittelten Pflanzennamen, der auf **halb-* zurückgeht. **IV.** Haltern, Lkr. Osnabrück, NI; Haltern, Kr. Borken, NRW (9. Jh. *Halahtron*). **V.** MGH DD II; WfUB III; Müller, G.: Der Name der Stadt Haltern. In: Blätter zur Geschichte. Verein für Altertumskunde und Heimatpflege Haltern, Ausgabe 3 (1986). *schü*

Halver **I.** Stadt im Märkischen Kr., 17 047 Ew., Reg.-Bez. Arnsberg, NRW. Kirchdorf in der Gft. Mark, 1609 zu Brandenburg(-Preußen), 1806 zum Ghztm. Berg, 1813 wieder preußisch, 1968 Stadt. **II.** 11. Jh. *Halvara / -aru*, 1127 *Halvere*, 1243 *Halvere*. **III.** Halver liegt über den Quellbereichen mehrerer Bäche, darunter des Baches Hälver (zur Volme). Es handelt sich somit um einen Gewässernamen, der möglicherweise zu nd. *half* 'halb', and. *halba* 'Seite' mit dem bei Gewässernamen häufigen -*r*-Suffix zu stellen ist und als 'Seitenbach', erklärt werden kann. **IV.** ↗Halberstadt, Harzkreis, ST. **V.** Werdener Urbare A; REK II; WfUB VII; Schmidt, D.: Die Namen der rechtsrheinischen Zuflüsse zwischen Wupper und Lippe, unter besonderer Berücksichtigung der älteren Bildungen. Diss. Göttingen 1970; Diskussion bei Derks, Lüdenscheid. *schü*

Hambergen **I.** Gem. und gleichnamige Samtgem. im Lkr. Osterholz, 11 857 Ew., n von Osterholz-Scharmbeck, Reg.-Bez. Lüneburg (bis Ende 2004), NI. Der zunächst zum Ksp. Scharmbeck gehörende Ort erhält 1335 eine eigene Kapelle, die sich in einem langsamen Prozess (bis in das 17. Jh. andauernd) von der Mutterkirche löst. **II.** 1234 *Hamberge [Or]*, 1308 *Hamberghen*, 1322 *Hamberghe*. **III.** Bildung mit dem Gw. ↗-*berg*. Das Bw. enthält verm. nicht den Namen der Hamme, die ca. 8 km weiter ö fließt, sondern das unflektierte App. asä. *ham* 'Kniebeuge', das in Namen einen Winkel, eine Krümmung bezeichnet. Namengebend war wohl die Lage zwischen zwei Erhebungen n und s des Ortes. *KC*

Hambühren **I.** Gem. im Lkr. Celle, 10 159 Ew., w von Celle n des Wietzenbruchs, Reg.-Bez. Lüneburg (bis Ende 2004), NI. **II.** 1235 *Abbenbure [Or]*, 1360 *Abbenburen*, 1589 *Hamburenn*. **III.** Bildung mit dem Gw. ↗-*büren*, das zunächst im Dat. Sg. erscheint, und dem schwach flektierenden Kurznamen *Abbo* im Gen. Sg. Im 14. Jh. fällt das nebentonige -*e*- des PN aus, -*n*- wird an das folgende -*b*- assimiliert, so dass -*m*- (*Amburen*) entsteht. Seit dem 16. Jh. tritt Vokaleinsatz bezeichnendes *H*- im Anlaut an. Deutung also: 'Siedlung des Abbo'. **V.** Borstelmann, P.: Beiträge zur Dorfchronik Hambühren. Celle 1977. *UO*

Hamburg, Freie und Hansestadt, nd. Hamborg **I.** an der Niederelbe, an der Mündung der Alster und Bille, am Tidehafen, 1 772 100 Ew., Bundesland (Stadtstaat), grenzt an SH und Niedersachsen. 831 Gründung des Hamburger Bistums, 1188 Erweiterung der Stadt durch die Neustadt, 1215 Zusammenschluss von Alt- und Neustadt, eines der ersten Hansemitglieder, 1510 Reichsstadt, 1806 französische Besetzung, 1815 als Freie Stadt zum Deutschen Bund, 1871 zu Preußen, 1937 Bildung von Groß-Hamburg (heutige Grenzen). Handels-, Verkehrs- und Dienstleistungszentrum, wichtiger Industriestandort, Messe- und Kongressstadt, größter Seehafen Deutschlands, Sitz mehrerer Bundeseinrichtungen, Sitz des Internationalen Seegerichtshof, verschiedene Max-Planck-Institute, Bildungseinrichtungen (Universität Hamburg, TU Hamburg-Harburg, fünf Fachhochschulen), zahlreiche kulturelle Einrichtungen (Kunsthalle, älteste Staatsoper Deutschlands, verschiedene Museen, Bibliotheken, Theater), Sankt Michaelis-Kirche. **II.** 831/32 *Hammaburg*, 1175 *Hammenburg*; *Hamburg* (12. Jh.). **III.** Der urspr. Name *Hammaburg* bezeichnete den schon länger besiedelten Ort auf der Südkante eines Geestsporns. Das asä. Wort *ham* bedeutet 'Bucht, Ufer, Sumpfgelände', so dass *Hamburg* also die ↗*Burg* im Sinne eines 'hochgelegenen Ortes am Rande der von Wasserläufen durchzogenen Marsch' bezeichnet. Wahrscheinlich ist ebenso der Bezug auf den FlN *Hamm* 'Bucht, Flusskrümmung', ↗mnd. **havene* 'Hafen, Meeresbucht. **V.** Berger, Laur; HHS 1. *GMM*

Hameln **I.** Kreisstadt im Lkr. Hameln-Pyrmont, 58 267 Ew., an der Einmündung der Hamel in die Weser, Sitz der Kreisverwaltung, Reg.-Bez. Hannover (bis Ende 2004), NI. Um das urspr. fuldische Bonifatiusstift Entwicklung eines Marktes; um 1200 Stadtgründung (Mindener Recht); im MA zahlreiche Mühlen und Mühlsteinproduktion (1196 *Quernhamelen*); im 17./18. Jh. Landesfestung; überregional bekannt durch die Sage vom „Rattenfänger von Hameln". **II.** 8./9. Jh. *Hamelon* [Kop. 12. Jh.], 10. Jh. *Hamala*, 1185–1206 *Hamelen*; *Hameln* (1304). **III.** Der ON beruht auf dem GwN der Hamel (1309 *Hamele*). Die Belege zeigen meist einen Dat. Pl. als Kennzeichnung der Siedlung. Der GwN ist auf **Hamala* zurückzuführen und enthält eine -*l*-Abl. zu asä. *ham* 'Kniebeuge', das in Namen einen Winkel, eine Krümmung bezeichnet. Verm. bezieht sich der Name auf den stark gewundenen Lauf der Hamel. **IV.** ↗Hohenhameln, Lkr. Peine, NI. **V.** HHS 2; Nds. Städtebuch. *KC*

Hamm (Sieg) **I.** Gem. und gleichnamige VG (seit 1970) im Lkr. Altenkirchen (Westerwald), 12 955 Ew., mit zwölf Gem. im „Raiffeisenland" am Nordostrand des Westerwaldes, RP. Bis 1815 als Ksp. Teil der Gft. Sayn bzw. im Besitz der Nebenlinie Sayn-Hachenburg, dann zu Nassau und schließlich als Amt Hamm (Sieg) zum Kgr. Preußen. Geburtsort von Fr. W. Raiffeisen (1818). **II.** 1131 *ecclesiam Hamne*, 1220 *in Hamme*, 1257 *Ham*, 1287 *Hamme*. **III.** Der ON könnte zur idg. Wurzel *ham* 'biegen, krümmen, umringen, einfrieden' mit Urverwandtschaft mit nhd. *Hafen* und zu weiteren Orten dieses Namens gestellt werden, die an Flussschleifen liegen. Vom Fluss umgebene Fluren oder von zwei Flüssen eingefasste Landspitzen wurden im MA *ham(m)* genannt. Hamm ist demnach eine 'Siedlung an einer Flussbiegung'. **IV.** ↗ Hamburg, HH; ↗ Hamm, NRW; Hamm, Lkr. Bitburg-Prüm und Hamm am Rhein, Lkr. Alzey-Worms, beide RP. **V.** CDRM I; Jungandreas; Kaufmann 1976. *JMB*

Hamm **I.** Kreisfreie Stadt (seit 1930), 182 459 Ew., an der Mündung der Ahse in die Lippe, Reg.-Bez. Arnsberg, NRW. 1226 von Graf Adolf I. von der Mark nach der Zerstörung der auf heutigem Stadtgebiet gelegenen Burg Nienbrügge als Plananlage gegründet. Hamm übernahm die städtischen Funktionen des nahegelegenen Burgortes Mark. Seit etwa Mitte des 15. Jh. Hansestadt, später Brandenburgische Festung (bis 1763) und Garnison. Hafen, Metallindustrie, Eisenbahnknotenpunkt. **II.** 1188 *iuxta Hammonem*, 1243 *Hammone*, 1280 *in Hamme*; *Hamm* 1639. **III.** Der ON beruht auf einer Stellenbezeichnung, die zuerst latinisiert als *iuxta Hammonem* erscheint und die im ON noch lange, mda. bis ins 19. Jh. beim Gebrauch von Präp. und Art. (*na deme, vur deme, vam, zum Hamme*) durchscheint. Die Grundform ist wahrscheinlich als **Hamm(a)na* anzusetzen, also eine Bildung mit *-n-*Suffix ohne Bindevokal oder mit *-a-* oder *-u-*, was sich aus lat. *-o-* und dem unterbliebenen Umlaut ergibt. Die Basis ist zu Appellativen mit Bedeutungskern 'gebogen, gekrümmt' zu stellen: ahd. *hamma* 'Knie(kehle)', ae. *hamm* 'Schenkel, Kniekehle; Landstück', anord. *hǫm* 'Hinterschenkel'. Im Ae. ist dieses Element früh in ON bezeugt und bezieht sich u. a. auf Land in einer Flussbiegung oder einen Landvorsprung in Sumpfland oder Wasser. Namengebend für Hamm ist die Landspitze zwischen Ahse und Lippe als solche bzw. die dortige Flusskrümmung. **V.** Philippi, F./Bannier, W. A. F.: Das Güterverzeichnis Graf Heinrichs von Dale (1188). In: Bijdragen en Mededeelingen van het Historisch Genootschap 25 (1904); NOB IV; Berger. *Flö*

Hammelburg **I.** Stadt im Lkr. Bad Kissingen, 11 707 Ew., n von Würzburg, w von Bad Kissingen an der Fränkischen Saale, Reg.-Bez. Ufr., BY. Frühe karolingische Siedlung an einer Kreuzung wichtiger Altstraßen und einer Furt über die Fränkische Saale; seit 777 im Besitz des Klosters Fulda, 1816 zu Bayern. **II.** 716 (Kop. 12. Jh.) *Hamulo castellum*, 768/814 (unecht, Kop. 12. Jh.) *Hamalaburc*, 777 *Hamalum[burg]*, 845 *Hamalunpurc*, 889 *Hamulunburch*, ca. 1160 *Hamelenburc*, 1468 *Hammelburg*. **III.** Gw. ist durchgehend ↗*-burg*; das Bw. wirft morphologisch und semantisch Probleme auf: wenn es mit dem ahd. Adjektiv *hamel* 'verstümmelt' identifiziert wird, ist der schwach flektierte Dat. Sg. Fem. zu erwarten: **zuo der hamalun burg* wie in den Belegen von 777, 845, 889; die älteren Belege sind damit nicht vereinbar, sind allerdings auch nicht zuverlässig überliefert. Semantisch ergibt sich allenfalls eine Motivation, wenn man für das Adjektiv aus mhd. Wörtern auch eine Bedeutung ‚steil, schroff' erschließt. **V.** HHS 7/2; MGH DArnolf, Nr. 67; MGH DKdG, Nr. 116, 289; MGH DLdD, Nr. 41; MGH SS XXIII, S. 60; Reitzenstein 2009; Wagner, N.: in: BNF. NF. 37(2002), S. 271–275. *RB*

Hamminkeln **I.** Stadt im Kr. Wesel, 27 780 Ew., an der Issel, Reg.-Bez. Düsseldorf, NRW. Seit 1995 Stadt. **II.** Ende 10. Jh. *an Hamuuinkile*, 1154 *Hamwinkele* [Or], 16. Jh. *Hamminkele*. **III.** Zuss. aus mnd. mnl. *ham* 'abgezäuntes Stück Weide- und Wiesenland' und mnd. mnl. *winkel* 'Winkel, abgelegener Platz, Versteck', später Totalassimilation von *w* an *m*. Sekundäres *-n* nach regionalen Mustern wie *Haldern, Keppeln*. Das Namenwort *ham* 'vorspringende Landzunge', das mit *ham* 'Weideland' homonym geworden ist, liegt, wenn man die heutige Lage von Hamminkeln an einem geraden Stück der Issel zugrunde legt, offenbar nicht vor. **V.** HHS 3; Dittmaier 1963b; Derks, Wesel. *Tie*

Hanau **I.** Stadt im Main-Kinzig-Kreis, 88 245 Ew., beiderseits von Kinzig und Main vor deren Zusammenfluss, Reg.-Bez. Darmstadt, HE. Ersterwähnung 1143 im HN des Grafen *Tammo de Hagenouwa*, der sich sonst auch „von Buchen" nennt, hier aber erstmals nach seiner (erst 1234 bezeugten) Burg im gleichnamigen Wald- und Rodungsgebiet (1160 *in silva Hagenowe[Or]*). Die urspr. Burg-Siedlung Hanau (Stadtrecht 1303) wurde im 15. Jh. Residenz der Gft. Hanau, kam 1736 und wieder 1813 an Hessen-Kassel, 1806 unter franz. Verwaltung, 1810 zum Ghzt. Frankfurt, 1866 an Preußen, 1945 an Hessen; 1972–1974 um 5 Gem. erweitert. **II.** 1143 *Hagenouwa*, 1293 *Haynowe*, 1296 *Henouwe*, 1297 *Haunauwe*, 1297 *Hanowe*, 1298 *Hagenauwe*, 1366 *Hanaw* [sämtlich Or]. **III.** Bw. ist wohl das ahd. st. M. *hagan*, mhd. *hagen* 'Dorn-(Ge- büsch), Einfriedung', das viel häufiger als Gw ↗*-hagen* vorkommt. Die Belegvarianten spiegeln bes. die im Mhd. und bes. md. eingetretene Vokalisierung von *g* in *-age-* > *ei* > frnhd. *ai* und dann die mda. Entwicklung im s Zentralhess. (mit Hanau) zu *ā* (entsprechend dem Lautwandel mhd. *ei* > *ai* > mda.-hess. *ā*), wobei wohl auch die (seltenen) Varianten *Hen-* und *Haun-* mda. Lautungen im Zentralhess. wiedergeben sollen (mhd. *ei* [< *age*] > mda. *ē* bzw. ˝ə?). Das Bw. könnte auch der (Gen des) PN *Hago* (< germ. *hag- 1.'Dornstrauch, Einfriedung', 2. 'geschickt') gewesen sein (s. Reichardt zu *Hainbach*), der selten in ON-Bw. begegnet (+*Hagenrode* an der Selke), doch spricht hier (s. o.) mehr für das App., also für einen eingefriedeten (Rodungs-)Bezirk (unter Hägerrecht?), der die „Aue", den Auwald an der Kinzig näher kennzeichnen sollte; zum Gw. ↗*-au* ↗Gründau, Main-Kinzig-Kreis, HE. **IV.** ↗Hagenau // Haguenau, Département Bas-Rhin (EL), F. **V.** Mainzer UB II; Reimer 1891; Bach DNK; FP; Kaufmann 1968; Reichardt 1973. *HGS*

Handewitt nd. Hannewitt, dän. Hanved **I.** Amtsfreie Gem. im Kr. Schleswig-Flensburg, 10 700 Ew., n von Schleswig, unmittelbar an der dänischen Grenze, SH. 1231 erstmals erwähnt, die ehem. amtsangehörige Gem. entstand 1974 durch Zusammenlegung von sechs Gem., 2008 Fusion der amtsangehörigen Gem. Handewitt und Jarplund-Weding zur Gem. Handewitt. Vorwiegend landwirtschaftliche Prägung. **II.** 1231 *Hanæwith* [Or], 1285 *in … Handwith*, 1427 *in Hantwit*. **III.** Wahrscheinlich ist der ON aus einer Zusammensetzung des dän. Wortstammes *hane* 'Hahn' mit dem altdänischen *with* 'Wald' hervorgegangen und bezeichnet somit die Siedlung als jene, die 'bei dem Wald liegt, wo Hähne (evtl. Auerhähne) sind'. **V.** Laur; Haefs. *GMM*

Hankensbüttel **I.** Gem. und gleichnamige Samtgem. im Lkr. Gifhorn, 9 516 Ew., n von Gifhorn, Reg.-Bez. Braunschweig (bis Ende 2004), NI. Das an einer wichtigen Handelsstraße gelegene Hankensbüttel schon 1051 als Mittelpunkt eines Ksp. erwähnt; Sitz einer lüneburgischen Gografschaft; auf dem Gebiet der Samtgem. liegt das bedeutende im 13. Jh. gegründete Zisterzienserinnenkloster Isenhagen. **II.** 1051 *Honengesbvthele* [Or], 1221 *Honekesbutle*, 1364 *Honkesbutle*; *Hankensbüttel* (1567). **III.** Bildung mit dem nur im norddeutschen Raum vorkommenden Gw. ↗*-büttel*, das als Dentalerweiterung und Kollektivbildung zum Wortstamm von *bauen* gehört. Das Bw. ist der stark flektierende, nicht belegte PN *Honuk o. ä. Der Erstbeleg ist sekundär an PN auf ↗*-ing-* angeglichen. Im 16. Jh. wird vor dem *-s-* ein *-n-* eingeschoben. Der Übergang des *-o-* zu *-a-* ist im Nd. häufiger zu beobachten. Deutung also: 'Siedlung des *Honuk'. **V.** Casemir, -büttel; GOV Gifhorn; HHS 2; Nds.-Lexikon S. 146. *KC*

Hann. Münden **I.** Stadt im Lkr. Göttingen, 24 612 Ew., am Zusammenfluss von Werra und Fulda, Reg.-Bez. Braunschweig (bis Ende 2004), NI. Urspr. Siedlung in Altenmünden w der Weser; zunächst im Besitz der thüringisch-hessischen Landgrafen, ab 1247 welfisch und eigenes Stadtrecht; wirtschaftl. bedeutend im MA vor allem das Stapelrecht; Burg, später Schloss, eine der Hauptresidenzen des Ftm. Calenberg-Göttingen; bis 1974 Kreisstadt. **II.** Um 800 *Gemunidi* [Kop. 12. Jh.], 1049 *Gemvnde*, 1262 *Munden*; *Münden* (1646). **III.** Der Name beruht auf dem Simplex asä. *gimūði* 'Mündung eines Flusses'. Auffällig ist, dass der ON nicht die nd. Form mit Schwund des *-n-* vor Spirans aufweist, sondern stets die hd. Seit dem 12. Jh. setzt sich Dat. Pl. *-en* im Auslaut durch und das Präfix *Ge-* schwindet. Der ON bezieht sich auf die Einmündung der Fulda in die Werra bei Hann. Münden. Zur Unterscheidung von (Preußisch) Minden kommt seit Anfang des 19. Jh. der Zusatz *Hannoversch* auf. Seit 1991 lautet der ON offiziell *Hann. Münden*. **V.** HHS 2; Nds. Städtebuch; NOB IV. *KC*

Hannover **I.** Hauptstadt des Bundeslandes NI und Sitz der Region Hannover, 519 619 Ew., an der Leine, Sitz des Reg.-Bez. Hannover (bis Ende 2004), NI. Zwischen 1124 und 1141 gegründet, 241 Stadtrecht (Mindener Recht), im MA wenig bedeutend, seit 1636 Residenz der Calenberger Herzöge, später Hauptstadt des Königreichs Hannover und der preuß. Provinz, seit 1947 Landeshauptstadt, bis 2001 kreisfreie Stadt; bedeutender Industrie- und Verwaltungsstandort. **II.** Um 1150 *Hanabruinborgar* [A. 14. Jh.], 1193 *Honnovere*; *Hannover* (1620). **III.** Bildung mit mnd. *ōver* 'Ufer' als Gw. und dem flektierten Adj. mnd. *hō(ch)* 'hoch'. Das Bw. zeigt im Vokal ein Schwanken zwischen *-a-* und *-o-* als typischen Reflex des germ. *-au-* (germ. *hauha-). Der Erstbeleg stammt aus einer isländischen Quelle. Während das Bw. erhalten bleibt, ist *bruin* zu anord. *brūn* 'Kante' zu stellen und die Übersetzung des nd. Gw. Der Name ist ergänzt um anord. *borg* 'größere Siedlung' im Gen. Sg. Deutung also: 'Siedlung am hohen Ufer'. **IV.** Hannöver, Lkr. Wesermarsch, NI. **V.** HHS 2; Mlynek, K. u. a.; Geschichte der Stadt Hannover. Hannover 1992–1994; Nds. Städtebuch; NOB I. *UO*

Hanstedt **I.** Gem. und gleichnamige Samtgem. im Lkr. Harburg, 13 106 Ew., beiderseits der Schmalen Aue gelegen, Reg.-Bez. Lüneburg (bis Ende 2004), NI. Hanstedt ist ein staatlich anerkannter Erholungsort am Rand der Lüneburger Heide. **II.** 1075–76 *Haonstede* [Or], 1197 *Hanstede*, 1252 *Honstede* [Kop. 16. Jh.]; *Hanstedt* (1791). **III.** Bildung mit dem Gw. ↗*-stedt* und dem flektierten Adj. asä. *hōh*, mnd. *hō(ch)* 'hoch' als Bw. Der ON zeigt im Stammvokal ein Schwanken zwischen *-o-* und *-a-* als Reflex des auf germ. *-au- zurückgehenden -ō²-. Wie bei ↗ Hannover setzt sich die -a-haltige Variante durch. Die Benennung bezieht sich auf die erhöhte Lage beiderseits der Schmalen Aue. **V.** Nds.-Lexikon. *KC*

Hardegsen **I.** Stadt im Lkr. Northeim, 8 293 Ew., am Solling, Reg.-Bez. Braunschweig (bis Ende 2004), NI. Lage an zwei Verkehrsstraßen, wohl Ende 11. Jh. Burg, 13. Jh. Besitz der Herren von Rosdorf, 1379 Herzog Ottos des Quaden von Braunschweig, Residenz und Witwensitz bis 16. Jh., Marktflecken erhält 1383 Stadtrecht. **II.** 1015–36 *Hiridechessun [Or]*, 1266 *Herdegessen [Or]*, 1280 *Hardegessen [Or]*. **III.** Bildung mit dem Gw. ↗ *-hausen* und dem stark flektierenden PN *Hēridag* im Gen. Sg. als Bw. Der Erstbeleg zeigt -*i*- für -*e*- bei Zerdehnung vor -*r*-, im 13. Jh. wurde -*e*- vor -*r*- und Konsonant zu -*a*- gesenkt. **V.** Nds. Städtebuch; LK Northeim; NOB V. *FM*

Hardheim-Walldürn **I.** GVV im Neckar-Odenwald-Kreis, 22 443 Ew., bestehend aus der Gem. Hardheim, der Stadt Walldürn und der Gem. Höpfingen, ca. 30 km nnö Mosbach am Hang des oberen Marsbachs gelegen, Reg.-Bez. Karlsruhe, BW. Hardheim ist eine merowingerzeitliche Siedlung und war zunächst im Armorbacher Grundbesitz, 1806 badisch. Maschinenbau, Elektroindustrie, Steinerne Turm, Kappel-Ruine, Hardheimer Schloss, Erfapark, Siegfriedstraße, Historisches Rathaus, Elfenbeinmuseum, Limeslehrpfad. Walldürn: Siedlung in der Nähe eines Limeskastells, zuerst 795 Schenkung an das Kloster Lorsch, um 1170 bauten die Edelherren von Dürne hier eine Herrschaft auf, die hundert Jahre später an das Erzstift Mainz kam; Stadtrecht erhielt der Ort um 1250, seit dem frühen 15. Jh. Heiligblutwallfahrtsort. Wallfahrtsbasilika, Altes Schloss, Historisches Rathaus. **II.** Hardheim: Um 1100 *Hartheim [Or]*. Walldürn: 794 (Kop. 12. Jh.) *in Turninu*, 812 (Kop. 12. Jh.) *in Turninen*, 1172 *Durne [Or]*, 1423 *Waldtdürn*. **III.** Hardheim ist eine Zuss. mit dem Gw. ↗ *-heim*; dem Bw. liegt ahd. *hard* 'Wald', wohl insbes. 'Bergwald, waldiger Höhenzug, lichter Weidewald', mhd. *hart* 'Weidetrift' zugrunde. Walldürn: Der urspr. Name gehört wohl zu ahd., mhd. *dorn* 'Dornstrauch, Dorngestrüpp' (*in Turninu* 'im Dornigen') und wurde im 15. Jh. durch den Zusatz ↗ *Wald* erweitert, der sich wohl auf die Lage im Odenwald bezieht. Die Verbindung mit *wallen* 'pilgern' gilt als volksetymologisch, der Namenszusatz erscheint aber zur gleichen Zeit wie die Erhebung zum Wallfahrtsort. **IV.** Hartham, Weiler in Aschenau, OT von Offenberg, Lkr. Deggendorf, BY. **V.** FO 1; Bach DNK 2; LBW 2 und 5; Berger. *JR*

Haren (Ems) **I.** Stadt im Lkr. Emsland, 23 029 Ew., 12 km n Meppen, NI. Es handelt sich um eine Namenübertragung vom heutigen Altharen sw der Stadt. Um 1000 lässt sich ein Corveyer Haupthof nachweisen; Burg im Besitz des Bischofs von Münster erst- und letztmalig 1304 erwähnt, seit dem 17. Jh. Zentrum der Püntenschifffahrt auf der Ems; zählt bis h. zu den drei größten Schifffahrtsstandorten in Deutschland. **II.** 822 bis 836 *Haren*, 10. Jh. *Harun, [Or]*, 1261 *Johannes de Haren*. **III.** Der ON stellt ein Simplex zu asä. *hara* 'Anhöhe' im Dat. Plur. (*Harun*) dar. Offenbar verweist der Name auf die erhöhte Lage der Siedlung oberhalb der Ems. **IV.** Harderberg (bis 17. Jh. *Harn, Harren*), OT von Georgsmarienhütte, Lkr. Osnabrück; Haaren, im ehem. Lkr. Wittlage, h. zum Lkr. Osnabrück, beide NI. **V.** HHS 2; Casemir/Ohainski; Abels; Möller. *MM*

Harpstedt **I.** Flecken und gleichnamige Samtgem. im Lkr. Oldenburg, 11 148 Ew., ö Wildeshausen an der Delme, Reg.-Bez. Weser-Ems (bis Ende 2004), NI. Bedeutende ur- und frühgeschichtliche Funde in der Gemarkung; wahrscheinlich im 13. Jh. Burganlage vorhanden; Harpstedt ist seit um 1390 zunächst als Vogtei- und später als Amtssitz nachgewiesen; 1396 Weichbildrecht; bis 1977 Landkreis Grafschaft Hoya. **II.** 1242 *Harpenstede* [Kop. 15. Jh.], um 1250 *Harpenstede*, um 1260 *Harpstede*; *Harpstedt* (1583). **III.** Bildung mit dem Gw. ↗ *-stedt* und dem PN *Erpo*, der mehrfach mit prothetischem *H*- belegt ist, wie auch der ON durchweg zeigt. Vor -*r*-Verbindung wird der Stammvokal -*e*- zu -*a*- gesenkt. Die Flexionsendung des PN fällt jünger aus. Deutung also: 'Siedlung des Erpo'. **V.** GOV Hoya-Diepholz I; HHS 2. *KC*

Harrislee nd. Hasle, dän. Harresle(v) **I.** Amtsfreie Gem. im Kr. Schleswig-Flensburg, 11 315 Ew., Nähe Flensburgs, an der deutsch-dän. Grenze, SH. 1352 erste urk. Erwähnung, seit 1864 eigenständige Landgemeinde. **II.** 1352 *in campo Haringslof [Or]*, 1445 *in Harrisleve*; *tho Harrisle* (1564). **III.** Der ON setzt sich zusammen aus dem PN *Hari* und dem dän. Wortstamm *lev* 'Erbe, Hinterlassenschaft, Eigentum'. *Harrislee* bezeichnet somit die 'Siedlung auf dem ererbten Eigentum des Hari'. **V.** Laur; Haefs.

Harsefeld **I.** Flecken und Samtgemeinde im Lkr. Stade, 20 277 Ew., w von Buxtehude, Reg.-Bez. Lüneburg (bis Ende 2004), NI. Um 1002 an Stelle der Burg der Grafen von Stade Gründung eines Säkularkanonikerstiftes, 1101 Umwandlung in ein Benediktinerkloster, 1647 endgültig aufgehoben; als Flecken im 18. Jh. nachweisbar, später Verwaltungsmittelpunkt, 1965 Samtgemeinde. **II.** 994 *Hersevel [Or]*, 983–1018 *Rosafeldan*, 1105 *Hersevelde*, 1363 *Rossevelde*. **III.** Bildung mit dem Gw. ↗ *-feld* und asä. *hors, hross*, mnd. *ors, ros* 'Pferd', das in den germ. Sprachen teils -*r*-Metathese aufweist, wie es auch der ON zeigt. Anlautendes *H*- vor Konsonant schwindet früh. Die Formen mit -e- zeigen einen vor -r-Verbindung stattfindenden Übergang des als -å- gesprochenen -o-. Deutung also: '(Siedlung am) Pferdegebiet'. **V.** Frerichs, K., u. a.: Ein Platz im Brennpunkt der Geschichte. Stade 1989; HHS 2. *UO*

Harsewinkel **I.** Stadt im Kr. Gütersloh, 24 155 Ew., in Emssandebene an der Grenze zum Münsterland in der Westfälischen Bucht, 15 km nw Gütersloh, Reg.-Bez. Detmold, NRW. In Verbindung mit der urspr. bfl. Kirche St. Lucia erstmals 1090 genannt, 1185 wird Kirche an Kloster Marienfeld übertragen. 1605 Ersterwähnung eines Bürgermeisters, 1803 Stadt, ab 1844 Amt Harsewinkel (Stadt und Ksp. Harsewinkel, Gem. Marienfeld, Kirchdorf Greffen). Landmaschinenbau (Fa. Gebr. Claas Landmaschinen). 1973 Zusammenschluss mit Greffen und Marienfeld. **II.** Ca. 1050 *van Haswinkila*, Ende 11. Jh. *de Hasuinkla* (Handschrift *Hasuinkda*), 1186 *in Hoswinkele*, 1214 (Kop.) *Hoswinkele*, 1282 *in Hoswinkele*, 1295 *Hoswingel*, 14. Jh. *Hoyswinkel*, 1592 *Horschwinkel*; *Harsewinkel* (16. Jh.). **III.** Bildung mit dem Gw. *-winkel*, mit dem eine abgelegene, begrenzte Ortslage bezeichnet wird (zu asä. ahd. *winkil*, mnd. afries. *winkel* 'Winkel, Ecke'). Die ältesten Zeugnisse liefern keinen Hinweis auf eine Verbindung mit asä. ahd. *(h)ros*, *hers*, afries. *hors, hars, hers* 'Pferd', was nur unter Voraussetzung eines frühen -r-Ausfalls angenommen werden könnte. Daher wird, auch vom Bildungstypus her, ein Anschluss an die Tierbez. asä. *haso*, mnd. *has(e)* 'Hase' näherliegen, wenngleich eher *Hasen-* zu erwarten wäre, was aber in der verkürzten Form *Has-* im appellativischen Wortschatz vorkommen kann. Andere Verbindungen, etwa mit *Hades-* (zu germ. *haþu-*, ahd. *hadu-* 'Kampf'; germ. *haþ-/haď-*, engl. *hat* 'Hut' als alte Bez. eines Abhangs, einer Biegung; mnd. *has* < *hars* (Variante zu *hart* 'Harz') bedürften weiterer Prüfung. **V.** Schneider; HHS 3. *BM*

Harsum **I.** Gem. im Lkr. Hildesheim, 12 002 Ew., NI. Der Ort gehörte fast ununterbrochen zum Hochstift Hildesheim, so dass auch h. noch eine kath. Bevölkerungsmehrheit besteht; zeitweise Kammer- oder Tafelgut des Fürstbischofs von Hildesheim, seit 1445 dem Domkapitel Hildesheim zugehörig. Ab 1814 zum Kgr. Hannover, dann zur preuß. Provinz Hannover (ab 1866). Seit 1885 zum Lkr. und Reg.-Bez. Hildesheim, seit der Gebietsreform 1977 zum Lkr. Hildesheim. 1978 zum Reg.-Bez. Hannover. **II.** 1224 *de Hardessem*, 1363 *in Hardessem*, 1488 *to Hardessem*. **III.** Auszugehen ist von einer Gf. *Hard-es-hēm*, Schwund der Nebentonsilben und des intervokalischen -d- führten über *Hardes(s)em* und *Hars(s)em* zu *Harsum*, wobei das auslautende -(h)ēm wie in Ostfalen nicht selten als -um erscheint (vgl. NOB

III). Im Gw. des Kompositums steht nd. *-hēm* (↗*-heim*), im Bw. ein stark flektierender PN *Hard-* zum Stamm *hardu-*, der mit asä. *hard* 'kühn, tapfer, stark' verbunden werden kann. **V.** Rosenthal. *JU*

-hart. ↗**-grün.**

Hartberg **I.** Stadt, 6641 Ew., Pol. Bez. Hartberg, ST, A. Schon römerzeitlich besiedelt, entstand hier bei der Burg ein Straßenmarkt; nach 1122 wurde die erste Pfalz der Traungauer Markgrafen gegründet. 1166 wird die Siedlung *forum* genannt, 1286 *civitas*. Einfälle der Ungarn im 13. und 15. Jh. und der Türken im 16. Jh. verursachten schwerste Schäden. **II.** 1141 *versus Karinthiam citra Cerewaldum et Hartbergum* [Or] (Bez. des nordoststeirischen Gebirgszuges von Hartberg bis zum Wechsel), 1147 *de Hartberc*; *Hartberg (1286)*. **III.** Urspr. Raumname für das gesamte nordoststeirische Bergland an der steirisch-niederösterreichischen Grenze w Mönichkirchen, 'Berg im (Eichen)Wald' (ahd. *hart* '(Eichen)Wald', ↗*-berg*). **V.** ANB. *FLvH*

Hartha Stadt im Lkr. Mittelsachsen, 8025 Ew., im mittelsächsischen Hügelland, w der unteren Zschopau auf einer Anhöhe, SN. Ende des 12. Jh. Bauerndorf mit feudalem Herrengut, Städtchen im 13./14. Jh., im 16. Jh. bedeutend durch Textilindustrie, auch h. noch Industriestandort. **II.** 1223ff. *de Hart, Harth*, 1404 *die Harte*, 1590 *Hartta*, 1791 *Hartha*. **III.** Zu mhd. *hart* 'Wald', kanzleisprachliches -*a* seit dem 16. Jh., auch als Gw. ↗*-hart*, vgl. *Lindhardt*. **IV.** Hartau, OT von Zittau, Lkr. Görlitz, SN; Harth, OT von Büren, Lkr. Paderborn, NRW. **V.** HONS I; SNB. *EE, GW*

Harzburg, Bad **I.** Stadt im Lkr. Goslar, 22 187 Ew., n des Harzes an der Radau, Reg.-Bez. Braunschweig (bis Ende 2004), NI. Um 1068 Errichtung zweier reichsgeschichtlich bedeutsamer Burgen durch Kaiser Heinrich IV. auf dem großen und kleinen Burgberg über Harzburg; eine Siedlung – Neustadt – wahrscheinlich ab dem 13. Jh. unterhalb der Burg; 1569 Entdeckung und seitdem Ausbau der Saline Juliushall; im 17. Jh. Stadtverfassung, Stadtrecht und Titel *Bad* 1894. **II.** 1071 *Hartesburg* [Or], 1073 *Harzesburg*, 1218 *in castro Hartisburch*, um 1775 *Harzburg oder Neustadt*. **III.** Bildung mit dem Gw. ↗*-burg* und dem Namen des Harzes. Dieser ist sowohl mit auslautendem -*z*- wie -*t*- belegt. Er ist zu verbinden mit dem in ahd. *hard*, mnd. *hart* 'Bergwald, waldige Anhöhe' belegten App., das wurzelauslautenden Wechsel von sth. und stl. Dental aufweist. **V.** GOV Braunschweig; HHS 2; RGA 14 (1999). *KC*

Hasbergen I. Gem. im Lkr. Osnabrück, 11 167 Ew., am Heidhornberg, Reg.-Bez. Weser-Ems (bis Ende 2004), NI. Im Südwesten von Hasbergen lag die bedeutsame Burg Haslage (um 1200 *Harslage*), deren Belege häufig mit denen von Hasbergen verwechselt werden; im gleichnamigen Dorf wurde 1819 ein Erzschacht eingerichtet; bedeutenderen Aufschwung erlebte der Ort parallel zur Entwicklung des benachbarten ↗Georgsmarienhütte. II. 826–876 *Hasburgun* [Kop. 15. Jh.], 1150 *Hasberge*; *Hasbergen* (um 1200). III. Bildung mit dem Gw. ↗*-berg*. Der Erstbeleg zeigt *-burgun*, entstammt allerdings einer späten Abschrift. Zudem wechseln die beiden Gw. häufiger miteinander. Im Bw. ist ein unflektiertes Adj. in der Bedeutung 'grau, bleich, blank' anzusetzen, das in anord. *hoss*, ae. *haso*, mhd. *heswe* belegt ist. Namengebend dürfte die Lage am Heidhornberg sein. Die Burg Haslage enthält trotz h. gleicher Form ein anderes Bw. V. GOV Osnabrück I. *KC*

Haselünne I. Stadt im Lkr. Emsland, 12 840 Ew., 14 km ö Meppen NI. Corveyer Haupthof um 834 bezeugt, erhielt vor 1252 als erste Siedlung des Emslandes Stadtrechte; 1271 durch Bischof Gerhard von Münster erneuert; 1297 Lateinschule erwähnt; seit 1268 Mitglied der Hanse; seit 1307 Jahrmärkte, h. vornehmlich klein- und mittelständische Industrie. II. 1107–1113 *dominicalia videlicet Lunne, in Lunne*, 1271 *in Lunne*, 1350–1361 *in parochia Haselunne*, 1351 *in der thyd tho Hazelunne*. III. Der urspr. ON *Lunne* wird zu asä., ahd. *lun* 'Achsnagel, Lünse' gestellt, woraus auf eine Bezeichnung für einen runden Stock geschlossen wird. Auszugehen ist folglich von einer Benennung aufgrund von Rundhölzern im flachen Flussbett der *Hase* zum Hinüberrollen von Lasten. Mitte des 14. Jahrhunderts erstmals differenzierender Zusatz *Hase-* nach dem gleichnamigen Fluss, wohl zur Unterscheidung von den Orten Alten- und Plantlünne. V. Hilten, (zu asä. *hiltja* 'Griff', jütisch *haalte* 'Querholz') Lkr. Grafschaft Bentheim, NI. V. HHS 2; Nds. Städtebuch; Möller 1979; Berger. *MM*

Haslach im Kinzigtal I. Stadt und gleichnamige VVG im Ortenaukreis, 16 057 Ew., ca. 24 km sö Offenburg im Kinzigtal gelegen, Reg.-Bez. Freiburg, BW. Hochmittelalterliche Siedlung zunächst unter Zähringer Herrschaft, anschließend unter König Friedrich II., seit dem 18. Jh. württembergisch. Werkzeugbau, Metallbau, Haslacher Altstadt, Goldener Winkel, Klostergarten, Kapuzinerkloster, Bergwerk „Segen Gottes". II. Um 1092 (Kop. 12. Jh.) *Hasela*, 1221 *Hasila*, 1241 *Haselach* [Or]. III. Der Name ist verm. ursprünglich ein GwN und als *hasal-aha* zu deuten. Er gehört dann zu ahd. *hasala, hasal* 'Hasel(nuß)' und ahd. *aha*, mhd. *ahe* 'fließendes Wasser': 'der durch Haselgebüsch fließende Bach' (*-ach¹*). Ein ON in der Bedeutung 'Hasel(nuß)' ist unwahrscheinlich, gleichlautende ON können bei anderer Beleglage allerdings auch auf die Kollektivbildung ahd. *hasalahi* 'Haselstaude' (*-ach²*) zurückgehen. Der geografische Zusatz *im Kinzigtal* dient der Abgrenzung zu gleichlautenden ON. IV. Haslach, OT von Freiburg im Breisgau, BW; Haslach, OT von Oberkirch, Ortenaukreis, BW; ↗Haßloch, Lkr. Bad Dürkheim, RP; Kirchhasel, OT von Hünfeld, Lkr. Fulda, HE. V. FO 1; Berger; LBW 6. *JR*

Haßfurt I. Kreisstadt und Sitz der Kreisverwaltung im Lkr. Haßberge, 13 391 Ew., zwischen Bamberg und Schweinfurt an der Mündung der Nassach in den Main, Reg.-Bez. Ufr., BY. Seit 1230 Amt des Hochstifts Würzburg, 1814 bayerisch. II. 1230 *Hasefurth*, 1303–1313 (Kop. von 1358) *Hasfurt*, 1432 *Hassfurt*. III. Gw. ist ↗*-furt*; das Bw. kommt auch im Landschaftsnamen *Hassgau*, *Hassberge* vor. Es sind verschiedene Deutungen mit Stammesnamen (*Hessen*, *Chatti*) versucht worden, die ebenso wenig wie slawische Etymologien überzeugen. P. von Polenz geht davon aus, dass „die Nassach nach Ausweis der Namen *Hassfurt* und *Hassberge* früher einmal *Hasa* gehießen [sic!] haben muss", da in Ostfranken bei den Gaunamen der Typ Flussname + *-gau* vorherrscht. V. HHS 7/2; Polenz, P. von: Jahrbuch für fränkische Landesforschung. Hg. vom Zentralinstitut für Regionalforschung an der Universität Erlangen-Nürnberg 20 (1960), S. 163; Radl, W.: Ortsnamen im Landkreis Haßfurt. Heimatbogen des Bezirksschulamts Haßfurt Nr. 3. Haßfurt 1963; Reitzenstein 2009; Sperber. *RB*

Haßloch I. Gem. im Lkr. Bad Dürkheim, 20 486 Ew., am Rande des Pfälzerwaldes, RP. Entstehung der Siedlung etwa um 600, seit ca. 1000 Reichsdorf und Vorort einer Pflege, die aus Haßloch, Böhl und Iggelheim bestand, 14. Jh. kurpfälzisch, zeitweise auch pfalz-zweibrückisch bzw. verpfändet an die Leininger Grafen. Die Pflegeorte kamen 1789 an Frankreich und 1816 an das Kgr. Bayern. Bekannt als „größtes Dorf Deutschlands" mit Metall verarbeitender Industrie (Getränkedosenproduktion). Testmarkt für neue Produkte aufgrund einer dem deutschen Durchschnitt entsprechenden Bevölkerungsstruktur. II. 773 *Hasalaha* (Kop. um 860), 902 *Hasalach*; *Haßloch* (1494). III. Das Kollektivum **hasalah(i)*, ↗*-ach²*, gehört zu spätahd. *hasala* 'Haselstrauch'. Im 13. Jh. entwickelte sich *-lach* durch Umdeutung zum verständlichen *-loch*. Urspr. aber ist die Bedeutung des ON 'Platz, Siedlung bei den Haselsträuchern'. V. Traditiones Wizenburgenses. Hg. von A. Doll. Darmstadt 1979; HHS 5; HSP. *JMB*

Hatten I. Gem. im Lkr. Oldenburg, 13 847 Ew., w von Ganderkesee, Reg.-Bez. Weser-Ems (bis Ende 2004), NI. Sowohl in der Gemarkung von Kirch- wie auch Sandhatten, von denen der Gemeindename hergeleitet ist, ist eine Burg nachzuweisen, was auf die strategisch günstige Lage an der Straßenvereinigung von Bremen und Wildeshausen nach Oldenburg deutet. II. 860 *Hahtho* [Kop. 11./12. Jh.], 1291 *Hathen*, 1363 *Kerkhatten*, 1540 *tho Hatten und Sandhatten*. III. Der Name beruht auf einem Simplex, dessen Anschluss von der Beurteilung des Erstbelegs abhängt. Ist das *-h-* zu berücksichtigen, wäre von mnd. *hacht* (< asä. **haft-*) 'Anspruch, Berechtigung' auszugehen. Das Benennungsmotiv wäre unklar. Da die Orte an Erhebungen liegen, ist eher von Anschluss an germ. **hat-*, **haþ-* 'Erhebung' auszugehen, das sich in einer Reihe von Namen nachweisen lässt und etym. mit engl. *hat* 'Hut', gr. *kotýlē* 'Höhlung, Becher' zu verbinden ist. Die späteren Belege zeigen Dativflexion. Die beiden Orte werden durch Zusätze wie *wester* 'westlich gelegen', *Kirche* und *Sand* unterschieden. IV. ↗ Hattorf am Harz, Lkr. Osterode, NI. V. HHS 2; Möller 2000. KC

Hattersheim am Main I. Stadt im Main-Taunus-Kreis, 25 524 Ew., Reg.-Bez. Darmstadt, HE. Seit 1364 zum Erzbistum Mainz, das Hattersheim des öfteren verpfändete. 1803 an Nassau-Usingen. Verleihung der Stadtrechte 1970, 1972 Eingliederung von Eddersheim und Okriftel. II. Hattersheim: 1132 *[Or] Hederesheim*, 1140 *Hedersheim*, 1654 *Hattersheim*. Eddersheim: 1282/83 *Edersheim*, 1290 *Wustenedernsheim*, 1332 *Edirsheym*. Okriftel: 1103 *Acruftele*, 1132 *Acrufdero*, 1324 *Acroftele*. III. Der ON *Hattersheim* zum PN *Heitari, Heitar, Heiter*, ein Kompositum aus ahd. *heit* 'Persönlichkeit, (edle) Gestalt' und ahd. *heri* '(Heer)schar'. Im ON *Edersheim* liegt mutmaßlich derselbe PN wie bei Hattersheim zugrunde, allerdings weisen die Belege die *h*-Aphärese auf. Der Beleg von 1290 zeigt eine Differenzierung zum gleichnamigen Nachbarort. Beim ON *Okriftel* ist das Bw. *O-* zu ↗ *ach¹-* zu stellen, das in diesem Fall die Einmündung des Flusses Kriftel (1043 *Cruofdera*) in den Main anzeigt. Zu dessen Deutung ↗ Kriftel. V. Bach DNK II; Sperber; Struck, W.-H.: Geschichte von Hattersheim. Hattersheim 1964. TH

Hattingen I. Stadt im Ennepe-Ruhr-Kr., 56 119 Ew., im s Ruhrgebiet auf einer Hochterrasse an der Ruhr, Reg.-Bez. Arnsberg, NRW. Entstanden bei einem Hof des Kölner Erzbischofs, 1350–1406 Entwicklung zur Stadt. Regional bedeutender Handelsplatz, 1854–1987 Schwerindustrie, 1885–1929 Kreisstadt. II. Zu ca. 1020 (Fälschung um 1160) *Hatnecghe*, 1147 *Hatnecke*, 1161 *Hatnikke*; *Hattingen* (1519). III. Der Name ist wahrscheinlich mit dem Gw. ↗ *-eck* als Bezeichnung für den Höhenrücken gebildet, auf dem der alte Ortskern liegt. Bw. ist der häufig belegte, sw. flektierende PN *Hato*. Ein von FO I erwogener Anschluss an eine im Deutschen verlorene Entsprechung von ae. *hæt* 'Kopfbedeckung' (engl. *hat* 'Hut') würde zu einer Einteilung *Hat|negge* mit nicht identifizierbarem Gw. führen. Zwar ist auch der Typ PN + ↗ *-eck* in alten ON nicht häufig bezeugt, hat aber vor 1200 vereinzelte Parallelen. Die frühesten Belege zeigen bereits Synkopierung des Vokals der Gen.-Sg.-Endung *-on* in unbetonter Stellung; später erscheint in Formen wie 1204 *Hattenhegge* wohl ein Sprossvokal. Das Zweitglied wurde im 13. Jh. u.a. zu mnd. *hegge* 'Hecke' umgedeutet. Varianten wie 1274 *Hatingghe* begünstigten die Angleichung an ON auf *-ingen* seit dem 16. Jh. V. FO I, Sp. 801f. u. Sp. 1287; Berger. *Flö*

Hattorf am Harz I. Samtgemeinde im Lkr. Osterode am Harz, 7 921 Ew., am Zusammenfluss von Oder und Sieber, Reg.-Bez. Braunschweig (bis Ende 2004), NI. Sitz eines adligen Geschlechtes; weitgehend dörfliche Wirtschafts- und Sozialstruktur, aber seit dem 19. Jh. Ansiedlung von Industrie, vor allem Spinnereibetriebe (bis 1988) und Möbelherstellung. II. 952 *Hattorpp* [F. 13. Jh.; Kop. 16. Jh.], 1272 *Haddorpe*, 1554 *Hattorff*. III. Bildung mit dem Gw. ↗ *-dorf* und einem in Namen wie *Hademarschen, Hadamar* vorliegenden Bw. germ. **haþ-*, **hat-* 'Gebogenes, Geneigtes', das in ae. *hæt(t)*, ahd. *huot*, anord. *hattr* 'Hut' vorliegt. IV. Hattorf, Stadt Wolfsburg; Hatten, Lkr. Oldenburg, beide NI. V. Hattorf am Harz. Duderstadt 2002; NOB II. UO

-hau / -gehäu. ↗ **-grün.**

Hauenstein I. Gem. und gleichnamige VG (seit 1972) im Lkr. Südwestpfalz, 9 068 Ew., im Wasgau im s Pfälzerwald, RP. Acht Gem., die im MA den Leininger Grafen und dem Kloster Hornbach gehörten. Im 10./11. Jh. Errichtung einer Burg zur Sicherung der sog. „Queichstraße". Seit dem 19. Jh. ist die VG durch die Schuhindustrie geprägt. 1886 Eröffnung der ersten Schuhfabriken, seit Mitte des 20. Jh. wirtschaftl. Rückgang, überdauert hat h. nur eine Schuhfabrik. II. 1269 *Cůnradus dictus Howenstein*, 1309 *Bertoldus de Hauwenstein*, 1441 *Houwenstein*. III. Das mhd. Bw. *howen* 'hauen, be-, abhauen' bezieht sich auf einen Burgfelsen sw der Siedlung mit tief in den Felsen eingehauenem Halsgraben, nach dem erst die Burg, später die Siedlung benannt wurde. Das Gw. ist ↗ *-stein*. Die Bedeutung des ON ist demnach 'Burg, Siedlung bei einem in den Fels gehauenen Graben'. Puhl vermutet einen Bezug zu einer aufgelassenen Wehranlage im ON. IV. Burg und Grafschaft Hauenstein, Lkr. Waldshut, BW; Gem. Hauenstein-Ifenthal, SON,

CH. V. Urkunden zur Geschichte der Stadt Speyer. Hg. von A. Hilgard. Speyer 1885; HSP; Puhl 2009. *JMB*

Hausach I. Stadt und gleichnamige VVG im Ortenaukreis, 8 054 Ew., ca. 27 km sö Offenburg im Kinzigtal und Mittleren Schwarzwald nahe der Kinzig gelegen, Reg.-Bez. Freiburg, BW. Urspr. als weilerartiger Mittelpunkt von Einbach, entstand Hausach mit der Erbauung der Burg um 1220, seit 1806 badisch. Ehemaliger Bergbau, Sägewerk, Industriebetriebe, Erzpoche, Burg Husen, Hausacher Dorfkirche. II. 1148 (Kop. 17. Jh.) *Husen*, 1272 *Husen* [Or], 1479 *Husen* [Or]. III. Der urspr. Name geht auf mhd. *hūsen*, nhd. ↗-hausen zurück und ist der alte Dat. Pl. von ahd. mhd. *hūs*: *ze den Hūsen* = 'bei den Häusern'. Wohl erst im 15. Jh. entstand unter Angleichung an die auf GwN zurückgehenden Namen benachbarter Städte wie ↗*Wolfach*, Ortenaukreis, BW, die Namenform *Hausach*. V. Krieger; LBW 5. *JR*

-hausen. Germ. **hūsa-*, ahd. / asä. / mhd. *hūs* ist ein sehr produktives Bildungselement und kommt verbreitet im d. Sprachgebiet vor, teils in recht dichter Streuung, teils seltener (Österreich), teils fast nicht (Ostgebiete). Von Beginn an herrscht der Dat. Pl. *-hūsun* 'bei den Häusern, Wohnsitzen' vor, daneben begegnen zunächst auch die Pl.-Formen *-hūsir* oder *-hūsa*. Der Nom. Sg. *-hūs* kann anfangs mit *-hūsun* für denselben Ort wechseln. In NI zeigt sich früh Abschwächung zu *-sen*. Das Bildungselement kann auch als Simplex erscheinen (↗*Husum*, Lkr. Nordfriesland, SH). Nicht selten begegnen früh, teilweise in starker Verdichtung *-inghausen*-SiN, die entweder Mischformen aus ↗*-ing(en)* und *-hausen* darstellen oder echte *-hausen*-Bildungen sind. Der *-hausen*-Typ ist seit der karolingischen Ausbauphase (8./9. Jh., mit früheren Anfängen) in zeitlich-räumlicher Schichtung produktiv, jedoch vor der d. Ostsiedlung im Altland nicht mehr. Insbesondere die frühen Bildungen, die sich eher den ↗*-ingen-* und ↗*-heim*-ON als den älteren Rodenamen zeitlich zuordnen lassen, sind häufig mit PN zusammengesetzt und weisen weniger Wüstungen auf. Die orientierten Formen mit ↗*Ost-*, ↗*West-*, ↗*Nord-*, ↗*Süd-* dürften, den ↗*-heim-* oder ↗*-hofen*-ON entsprechend, auf Fiskalbesitz der fränk. Zeit hindeuten. Jünger als die *-hausen*-Orte sind die Bildungen auf *-haus*, die 'festes Haus' oder 'Schloss' bedeuten können oder auch für Einzelhöfe stehen. Literatur: Bach DNK II, 2; Schuster I; NOB III; Debus / Schmitz, H.-G. *FD*

Hausham I. Gem. im Lkr. Miesbach, 8 083 Ew., Reg.-Bez. Oberbayern, BY. 1861 Einrichtung eines Bergwerks zur Gewinung von Pechkohle, Gewerbe- und Industriestandort. II. Ca. 1180 *Hushigin*, 1268 *Hushey*, 1317 *Havshaeim*, 1372 *Hausheim*, 1451 *Haußhaim*, 1506 *Haushaim*, 1831 *Hausham*. III. Das Grundwort ist wohl zu mhd. *hege* 'Zaun, Hecke' zu stellen, das Bestimmungswort ist mhd. *hûs* 'Haus'. Der urspr. Flurname bezeichnete offenbar eine beim Haus gelegene Hecke. V. HHS 7/1; Reitzenstein 2006. *WvR*

Hauzenberg I. Stadt im Lkr. Passau, 12 162 Ew., Reg.-Bez. Niederbayern, BY. Ab 1010 Besitz des Klosters Passau-Niedernburg, 1359 Marktrecht. II. 1190–1204 *Huzenperge*, 1220–1240 *Hauzenperge*, 1253 *Hawtzenperg*, 1319 *Hautzenberg*, 1568 *Hauzenberg*. III. Grundwort des urspr. Flurnamens ist mhd. *bërc*, ↗*-berg*, 'Berg', Bestimmungswort der PN *Hūzo*. V. HHS 7/1; Reitzenstein 2006. *WvR*

Havixbeck I. Gem. im Kr. Coesfeld, 11 752 Ew., w Münster, Reg.-Bez. Münster, NRW. Im MA Kirchdorf im FBtm. Münster, 1803 Gft. Horstmar bzw. teilweise auch preußisch, 1807 Ghztm. Berg, 1810 Kaiserreich Frankreich, 1813 wieder preußisch, Steinbrüche für Baumberger Sandstein, Sandstein-Museum, Wasserschloss Burg Hülshoff (Geburtshaus der Dichterin A. von Droste-Hülshoff). II. 1137 *Hauechisbeche* [Or], 1286 *Havixbeche*. III. Urspr. GwN, der auf den Ort übertragen worden ist. Gw. ist ↗*-beke*, das auf germ. **baki-* mit appellativischem Anschluss in asä. *beki*, mnd. *bēke*, 'Bach, fließendes Gewässer' beruht. Bw. kann die Tierbezeichnung asä. *havuk*, mnd. *hāvek* 'Habicht' sein, so dass 'Habichtsbach' der Name für den Bach und später für die Siedlung geworden ist. Die Flexion im Gen. Sg. weist aber auch auf einen möglichen PN **Havek* als Bw. hin, mithin einen auf eine Tierbezeichnung zurückzuführenden PN, der im Nordgermanischen und Ae. nachgewiesen ist, sich westgermanisch aber nur aus zweigliedrigen PN oder aus ON erschließen lässt. In diesem Fall wäre als Motivierung für die Benennung von Gewässer und Siedlung *Havixbeck* ein 'Bach des **Havek*' anzunehmen. V. WfUB II, III, VIII; Müller, G.: Studien zu den theriophoren Personennamen der Germanen. Köln / Wien 1970. *kors*

Hayange ↗*Hayingen*

Hayingen // Hayange I. Gem. und Hauptort des gleichnamigen Kantons im Dép. Moselle, 15 583 Ew., 13 km w Diedenhofen // Thionville, LO, F. Urspr. wohl Königsgut; früher Besitz der Abtei Ste. Glossinde in Metz; Teil der Probstei Thionville; Hauptsitz der lothringischen Eisenindustrie (seit 1260); 1871 zum Reichsland Elsass-Lothringen, 1918 wieder an Frankreich. II. 962 *Haynges*, 1067 *Heinga*, F 12. Jh. (zu 974) *Haingis*, 1248 *Heingen*, 1344 *Haienges*, 1538 *Heyingen*. III. Bildung mit dem PN ahd. *Haio* (so 719 in Weißenburg), romanisierte Form < *Hagio* (zu ahd. *hag* 'Umzäunung, Hegung') und dem ↗*-ing*-Suffix: Ausgangsform **Hai-ingas*. Die franz. Doppelform zeigt die Romanisierung des Suffixes zu ofranz. *-enges*, später zentral-franz. *-ange*. **V.** Reichsland III; Gysseling 1960/61; Jungandreas; Hiegel; Haubrichs 2000a. *Ha*

Haynau // Chojnów ['xɔjnuf] **I.** Stadt im Kr. Legnica, 14 413 Ew., Woi. Niederschlesien // Dolny Śląsk, PL. Verm. wurde der d. Ort schon vor dem Mongolensturm 1241 gegründet. Magdeburger Stadtrecht seit 1333. 1329 gelangt die Stadt mit dem Hztm. Schweidnitz-Jauer unter böhm. Oberlehenshoheit, 1625 direkt an die Krone Böhmen, 1742 preußisch. Kr. Goldberg-Haynau, Reg.-Bez. Liegnitz, NS, (1939) 11 114 Ew. **II.** 1272 *Hagnow*, 1287 *Haynaw*, 1351 *Hayn*, 1677 *civitate Haina*. Polonisierung des ON: poln. 1882 *Hajnów*, 1946 *Chojnów*. **III.** Die Etymologie des ON weist auf mhd. ↗*-hagen* 'gehegter Wald' > ↗*-hain* 'Wäldchen' zurück. Sofern *g* im Erstbeleg den Lautwert [j] hat, ist als Ausgangsform *hajn-* anzunehmen. Diese kontrahierte Form ist eigentlich spätmhd., tritt in ON aber schon früher auf, sodass die Etymologie chronologisch möglich erscheint. Denkbar wäre auch eine slaw. Herkunft des ON aus apoln. *chojna* 'Fichten-, Kieferngehölz' (< urslaw. **chvoja* 'Nadelbaum; Kiefer'). Die konsequente Schreibung *-a-* in den Belegen deutet eher auf die d. denn auf die poln. etymologische Vorlage hin. Die Schreibweisen des Suffixes in den frühen Belegen lassen nicht zwischen d. ↗*-au* und dem apoln. Possessivsuffix ↗*-ow* unterscheiden (vgl. ebenso latinisiert *circa Haynoviam* ca. 1300). Poln. Namenformen kommen erst im 19. Jh. auf. **IV.** ↗Doberlug-Kirchhain, Lkr. Elbe-Elster, BB; Hain, Lkr. Greiz, TH; Haina, OT von Morschen, Schwalm-Eder-Kreis, HE; Hayna, OT von Schkeuditz, Lkr. Nordsachsen, SN; Chojno, Woi. Großpolen, PL; Chojnowo, Woi. Lebus, PL; Chojnów, Woi. Masowien, PL; Chojnówek Woi. Podlachien, PL. **V.** SNGŚl; Rymut NMP. *ThM*

Hechingen **I.** Stadt und gleichnamige VVG (mit Jungingen und Rangendingen) im Zollernalbkreis, 25 850 Ew., ca. 12 km nö Balingen in der Albrandbucht der Starzel, Reg.-Bez. Tübingen, BW. Ort der ältesten alem. Siedlungsschicht, seit 1342 Stadtrecht, 1850 an Preußen. Medizintechnik, Nahrungsmittelindustrie, Burg Hohenzollern, Stiftskirche St. Jakobus, Neues Schloss, Villa Eugenia, Skulpturenpfad. **II.** 786 *in Hahhingum* [Or], 1134 *Hachingen*, um 1154 *Hechingen*, 1347 *Hehlingen*. **III.** Es handelt sich um eine ↗*-ingen*-Bildung mit einem PN *Hacho*; der Name bedeutet 'bei den Leuten des Hacho'. **IV.** Gw. vergleichbar in ↗Geislingen an der Steige, Lkr. Göppingen, ↗Vaihingen an der Enz, Lkr. Ludwigsburg, beide BW.**V.** FO 1; FP; Berger; LBW 7. *JR*

Heckengäu **I.** GVV im Enzkreis, 23 764 Ew., bestehend aus Friolzheim, Heimsheim, Mönsheim, Wiernsheim, Wimsheim und Wurmberg. Das Heckengäu erstreckt sich im Norden von Vaihingen an der Enz bis im Süden zur Nagold bei Haiterbach, w grenzt es an Altensteig und ö an Böblingen, Reg.-Bez. Karlsruhe, BW. Landwirtschaftliche Betriebe, Friolzheimer Riese, Schleglerschloss, Steinerner Turm, Löwenbrunnen, Michaeliskirche, Neubärental. **II.** *Heckengäu* (1973). **III.** Es handelt sich urspr. um einen Landschaftsnamen. Durch Abtragen von im Ackerboden befindlichen Steinen, die zur Grenzziehung verwendet wurden, entstanden Lesesteinriegel, auf denen sich Hecken bildeten. Als Bw. dient daher ahd. *hegga*, mhd. *hegge*, *hecke* 'Hecke, Umzäunung'. Das Gw. ist anzuschließen an ahd. *gewi*, *gouwi*, mhd. *göu*, *geu* 'Gegend, Landschaft, Gau'. Der Name ist wohl nach dem Muster des benachbarten Schlehengäus gebildet, der auf die dortigen Schlehenhecken Bezug nimmt. **IV.** ↗Gäufelden, Lkr. Böblingen, BW.**V.** LBW 5. *JR*

Hecklingen **I.** Stadt im Salzlandkreis (seit 1. 7. 2007), 8 788 Ew., im n Harzvorland und im SO der Magdeburger Börde, ST. Am einstigen Ostrand des Hakel-Waldgebietes, um 1160 Verlegung des im Nachbarort † Kakelingen gegründeten Klosters nach Hecklingen, Klosterbetrieb bis 1559, Klostergut ab 1571 im Besitz derer von Trotha (später mit Schloss); seit 1863 anhaltinisch, Stadtblüte im Zuge der ↗Staßfurter Kaliindustrie Ende des 19. Jh. **II.** 1162 *Hakeligge*, 1176 *Hakelinge*, 1160/1180 *Hekelinge*, 1182 *Hekelingge*, 1209 *Ecklingen*, 1211 *Hekeling*, 1258 *Hekelinghe*; *Hecklingen* (1563). **III.** ↗*-ing*-Ableitung vom Waldnamen *Hakel* (941, 997 *Hacul*), der wohl in Anlehnung an got. *hakuls*, ahd. *hachul*, afries. *hezil* (**hakil*) und ags. *hacele* als 'Waldmantel' zu interpretieren ist. **V.** Walther 1971; SNB; Freydank/Steinbrück. *JS*

Heddesheim **I.** Gem. im Rhein-Neckar-Kreis, 11 555 Ew., ca. 12 km nnw Heidelberg in der Rheinebene und zur Hälfte im Bereich des Neckarschwemmfächers gelegen, Reg.-Bez. Karlsruhe, BW. Größtenteils unter Lorscher Grundherrschaft und wohl schon seit Ende des 12. Jh. im pfälzischen Machtbereich, im späten MA Zent Schriesheim und seit 1803 badisch. Landwirtschaft und Industriebetriebe, Kunsteisbahn. **II.** 917/40 (Kop. 12. Jh.) *Hetensheim*, 1259 *Hetdensheim* [Or]; *Heddesheim* (16. Jh.). **III.** Es handelt sich um eine Zuss. mit dem Gw. ↗*-heim*; dem Bw. liegt der PN *Heto*, *Hedo* zu Grunde: 'Siedlung des Heto'. **IV.** Heddesheim, OT von Guldental, Lkr. Bad Kreuznach. **V.** FO 1; FP; Krieger; LBW 5. *JR*

Heek I. Gem. im Kr. Borken, 8471 Ew., Reg.-Bez. Münster, NRW. Kirchdorf im FBtm. Münster, seit 1969 mit der zeitweilig als „Stadt" geltenden Landesburg Nienborg, 1803 zur Gft. Salm-Horstmar, 1806 zum Ghztm. Berg, 1811 zum Kaiserreich Frankreich, 1813 preußisch, 1989 Landesmusikakademie. II. 1177 *Heyc*, 1193 *Hek*, 1286 *Heeck*. III. Die Schreibung des Vokals schwankt noch in der Neuzeit zwischen *-e-* und *-ei-*. Das *-ei-* bzw. lange *-e-* (*-ee-*) und das niemals durch *-g* vertretene *-k* schließen eine Verknüpfung mit dem semantischen Bereich von *hag*, *heck* und *hegen* aus. Etwas näher liegt die – jedoch – zum Vokalismus nicht recht passende Verbindung mit der Wortwurzel *hāk-/hak-*, dazu *haken* 'Haken' und *heket* 'Hecht'. Eine semantische Brücke von 'Haken' zu einem örtlichen (historischen) Sachbefund ist nicht erkennbar. Nach Sodmann ist „beim gegenwärtigen Wissensstand eine vertretbare Deutung unmöglich". V. WfUB II; INA Wf Beibd. I. 2 Coesfeld; Sodmann, T.: Zur Namenkunde. In: Wermert, J. / Schaten, H.: Heek und Nienborg. Eine Geschichte der Gemeinde Heek. Heek 1998. *schü*

Heide nd. de Heid I. Kreisstadt des Kr. Dithmarschen, 20 821 Ew., auf dem Geestrand (Nordsee), SH. 1434 erstmals urk. erwähnt, 1447–1559 Hauptort des Bauernfreistaates Dithmarschen, 1447 Verkündung des ersten Dithmarscher Landrechts, 1869 Stadtrecht, seit 1970 Kreisstadt. Maschinenbau, elektronische Industrie, Fachhochschule Westküste, größter Marktplatz Deutschlands, Klaus-Groth-Museum. II. 1434 *uppe der Heide* [Or], 1438 *tor Heyde*; *upp der Heide* (1447). III. Der schon im Germ. sich entwickelnde Wortstamm wandelte sich im Mnd. zu *hêde*, *heide*, nd. dann zu *Hei(d)* und nhd. schließlich zu *Heide*. In der Urbedeutung ist mit *Heide* 'unbebautes Land' gemeint und bezog sich auf das die Siedlung umgebende und am Waldrand gelegene Wiesenland. Im Mhd. bezog sich *diu grüene heide* zum einen auf die mit Heidekraut, Büschen und Gehölzen bestandenen Sanderlandschaften der nordwestdeutschen Geest, zum anderen, besonders im Osten, auf große Waldlandschaften. Demnach bezeichnet der Stadtname die Siedlung als eine auf unbebautem Land oder auf der Heide entstandene. Als gesichert gilt, dass die Stadt im 15. Jh. an einer alten Wegekreuzung entstand und sich aus einem Tagungsort der dithmarsischen Landesversammlung und Sitz der 48 Regenten entwickelte. Somit geht der Name der Stadt auf eine Stellenbezeichnung für den Ort politischer Versammlungen zurück V. Laur; Haefs; Berger. *GMM*

Heidelberg I. Stadtkreis, 145 642 Ew., ca. 18 km ssö Mannheim im Neckartaltrichter, an den Bergstraßenhängen s und n des Neckars am unteren Hang des Königstuhlmassivs, Verwaltungssitz des Rhein-Neckar-Kreises, Reg.-Bez. Karlsruhe, BW. Durch die Burggründung des Wormser Bischofs entstanden und bis zum Ende des alten Reiches Lehen von Worms, Entwicklung einer Siedlung unterhalb der Burg, die vor 1180 von Pfalzgraf Konrad zur Stadt erhoben wurde, 1622 von Tilly erobert, danach an Bayern, dann Schweden und Frankreich, 1803 schließlich badisch und seit 1939 Stadtkreis. Universität, Akademie der Wissenschaften, Schloss, Alte Brücke, Heiliggeistkirche, Peterskirche, Kurpfälzisches Museum. II. 1196 *Heidelberch*, 1225 *Heidilberc*, 1268 *Heydelberch* [Or]; *Heidelberg* (1362). III. Es handelt sich um eine Zuss. mit dem Gw. ↗ *-berg*. Die Deutung des Bw. ist dagegen unsicher. Nach herkömmlicher Ansicht wird eine Klammerform *Heidel(beer)berg* oder ein Substantiv süddeutsch *Heidel* 'Heidelbeere' angesetzt. Jedoch sind derartige Obst- und Beerensorten keineswegs so charakteristisch und ortstypisch, dass sie als Benennungsmotiv plausibel erscheinen. Erwogen wird auch die Verbindung mit ahd. *heida* mhd. *heide* 'Heide(kraut); unbebautes Land', doch bleibt dabei das auslautende *-l* in *Heidelberg*, das alle Belege enthalten, unerklärt. Man müsste dann von einer *-l*-Ableitung, etwa als Kollektivbildung wie *Fichten* neben *Fichtel(gebirge)*, *Eichen* neben *Eichel* ausgehen, für die es aber derzeit keine sicheren Hinweise gibt. Auch sollten dann zumindest einzelne Belege Spuren eines Schwankens zwischen häufigem *Heiden* und allenfalls seltenem *Heidel* zeigen. Die gleiche Schwierigkeit des unerklärten *-l* ergibt sich bei einer Verbindung mit ahd. *heidan* 'der Heide'. Möglich ist daher auch die Verbindung mit einem Dialektwort *heddel*, *heidel* 'Ziege'. Der „Heidelberg" wäre dann der unbewaldete Berghang oberhalb der Stadt, auf dem die Ziegen weideten. IV. Heidelberg // Žalý, BergN im Riesengebirge, CZ. V. Udolph, J.: Gedenkschrift für Lutz Reichardt. Stuttgart 2011; Krieger; LBW 5. *JR*

Heiden I. Gem. im Kr. Borken, 8156 Ew., Reg.-Bez. Münster, NRW. Kirchdorf im FBtm. Münster, landwirtschaftlich geprägte Gemeinde. II. Um 1050 *in Heidinon*, 1178 *Heithen*, um 1260 *Heithenen*. III. And. *hēþa* / *heiþa* 'Heide' ist nicht Ödland, sondern genutzte Allmende. Mit dem Suffix *-īn* wird das Wort zum Adjektiv 'heideartig', 'zur Heide gehörig', kann als solches auch wieder substantivisch gebraucht werden. Es erscheint hier mit dem Formans *-on* im Dativ Plural, wörtlich demnach etwa 'bei den zur Heide gehörigen oder heideartigen (Geländestücken)'. IV. Heiden, Kr. Lippe, NRW; ↗ Senden, Kr. Coesfeld, NRW. V. Werdener Urbare A; WUB II; Derks, P.: Die Siedlungsnamen der Stadt Essen. Sprachliche und geschichtliche Untersuchungen. In: Beitr. zur Geschichte von Stadt und Stift Essen 100

(1985); Derks, Weeze; Kremer, L.: 1125 Jahre Heiden. Heiden 1996. *schü*

Heidenau I. Stadt im Lkr. Sächsische Schweiz-Osterzgebirge, 16 405 Ew., im Oberen Elbtal an der Mündung der Müglitz in die Elbe, SN. Ma. Dorf mit Herrengut, erst im 19. Jh. starkes Wachstum infolge der Industrialisierung, 1924 Stadt, auch h. noch Industriestandort. II. 1347 *in Heydenowe*, 1445 *Heidennaw*, 1791 *Heydenau*. III. Im Bw. steht offenbar der urk. bezeugte PN *Heido* in schwach flektierter Form, im Gw. ↗ *-au* aus mhd. *ouwe* 'Land am Wasser'. V. HONS I; SNB. *EE, GW*

Heidenheim an der Brenz I. Große Kreisstadt und gleichnamige VVG sowie Verwaltungssitz des Lkr. Heidenheim, 55 084 Ew., ca. 23 km ssö Aalen in einer Weitung der Kocher-Brenz-Talfurche zu Füßen des Hellensteins, Reg.-Bez. Stuttgart, BW. Die Stadtgründung steht in engem Zusammenhang mit der Erbauung der Burg Hellenstein, erste urk. Erwähnung zwischen 750 und 802, ab 1648 wurde die Herrschaft württembergisch und seit 1955 ist Heidenheim Große Kreisstadt. Maschinenbau, Elektrotechnik, Schloß Hellenstein, Michaelskirche, Wunderbrunnen, Großturbinenhalle. II. Um 750–802 (Kop. 1150–65) *Heidenheim*, 1216–20 *Heidenhein* [Or], 1333 *Haidenhain* [Or], 1434 *Heydenheim an der Brentz gelegen* [Or]. III. Es handelt sich wohl um eine Zuss. mit dem Gw. ↗ *-heim*; einige Belege zeigen die im Westoberdeutschen verbreitete Variante *-hein/-hain*. Dem Bw. liegt urspr. dann der PN *Heido* zu Grunde: 'Siedlung des Heido'. Die verbreitete, auch dem Stadtwappen zugrunde liegende Ansicht, der Name enthalte das Adj. ahd. *heidan* 'heidnisch, barbarisch' bzw. die Substantivform **heidano* 'Heide', passt nicht gut zur archäol. Fundsituation, da die Ansiedlung bereits für etwa 300 n.Chr. bezeugt ist und ein vom Christentum zeugender Name für diese frühe Zeit sehr ungewöhnlich wäre. Man müsste daher annehmen, dass *Heidenheim* das Ergebnis einer Umbenennung sei, die von den christianisierten Franken mit Bezug auf die „heidnischen" Bauten der röm. Vorgängersiedlung *Aquileia* erfolgt sei. Dafür fehlen jedoch Hinweise. Auch sind mit Appellativa gebildete *-heim-*ON so früh sehr ungewöhnlich. Die Verbindung mit dem Wortfeld „Heide, Nicht-Christ" ist daher verm. jünger und damit volksetymologisch. Der Zusatz des GwN *an der Brenz* dient zur Abgrenzung von gleichlautenden ON. IV. Heidenheim, Kr. Weißenburg-Gunzenhausen, BY. V. Reichardt 1987; Haubrichs 2004; LBW 4; Kleiber 2000. *JR*

Heidenrod I. Gem. im Rheingau-Taunus-Kreis, 7939 Ew., im w Taunus, Reg.-Bez. Darmstadt, HE. Am 31. 12. 1971 Gründung der Gem. Heidenrod aus den Gem. Algenroth, Dickschied-Geroldstein, Egenroth, Grebenroth, Huppert, Kemel, Langschied, Laufenselden, Mappershain, Nauroth, Niedermeilingen, Obermeilingen, Springen, Watzelhain, Wisper und Zorn; am 1. 7. 1972 kam Martenroth, am 1. 1. 1977 Hilgenroth hinzu. III. Komp. mit dem Gw. ↗ *-rod* 'Rodung, Rodeland, Neubruch'. Das Bw. ist an einen PN *Heido* anzuschließen, der sich in zahlreichen ON nachweisen lässt. Die KF des PN geht zurück auf einen Stamm *Haidu* zu got. *haidus* 'Art und Weise', anord. *heidhr* 'Ehre, Stand, Würde'. Förstemann vermutet für die germ. Sprachen eine Bedeutung 'schöne Erscheinung'. Die Deutung des ON ist als 'Rodung des Heido' anzugeben. V. Denkmaltopographie Rheingau-Taunus-Kreis II; LAGIS; FO 1. *DA*

Heidesheim am Rhein I. Gem. und gleichnamige VG (seit 1972) im Lkr. Mainz-Bingen, 9796 Ew., im N Rheinhessens, w von Mainz, am linken Ufer des Rheins, RP. Zweite Gem. der VG ist Wackernheim. Heidesheim war bis Anf. des 17. Jh. Vogtei des Mainzer Frauenklosters Altmünster, seit 1609 zunächst zum geistlichen Kft. Mainz. Ende des 18. Jh. für kurze Zeit Teil der Mainzer Republik, mit deren Auflösung zunächst franz., dann rheinhessisch und Teil des Ghztm. Hessen. II. 762 *Hasinis-, Heisinisheim*, 1023–51 *Hesinesheim*, 1454 *Heissesheim*, 1787 *Hedesheim*; *Heidesheim* (1754). III. Das Bw. geht auf den ahd. KN *Has(s)o*, Gen. Sg. *Hes(s)in-*, zurück. Die Genitivendung bewirkt die Umlautung *-a-* zu *-e-*, das diphthongiert wurde. In der weiteren Entwicklung nach einem Ausfall des *-n-* zwischen zwei unbetonten Vokalen kommt es zur Entgleichung, indem das *-d-* im ON das *-s-* ersetzt. Das Gw. ist ↗ *-heim*. Der ON bedeutet demnach 'Wohnstätte des Hasso'. IV. ↗ Heßheim, Rhein-Pfalz-Kreis, RP. V. CL; FP; Christmann 1952; Kaufmann 1976; HSP. *JMB*

Heikendorf nd. *Heikendörp* I. Amtsangehörige Gem. im Kr. Plön, 8248 Ew., Verwaltungssitz des Amtes Schrevenborn, am Ostufer der Kieler Förde, SH. 1233 erstmals urk. erwähnt, 1913 Vereinigung von Alt Heikendorf und Möltenort zur Gem. Heikendorf, 1928 Bildung der Gem. in ihrer heutigen Form (durch Zugang von Neu Heikendorf und dem aufgelösten Gutsbezirk Schrevenborn), 1967 staatliche Anerkennung als Seebad, 2007 Zusammenlegung des (bisher amtsfreien) Heikendorf, Schönkirchen und Mönkeberg zum Amt Schrevenborn. U-Boot-Ehrenmal, Künstlermuseum Heikendorf – Kieler Förde. II. 1233 *Heikendorp* [Or], 1390 *de villa Heykendorpe*, 1652 *Olde Heikendorp*. III. Der ON setzt sich zusammen aus dem PN *Heike* und der mnd. Form *dorp* des heutigen Wortes ↗ *-dorf*, so dass mit *Heikendorf* das 'Dorf des Heike' bezeichnet ist. V. Laur. *GMM*

Heilbronn I. Stadtkreis und Verwaltungssitz des gleichnamigen Landkreises, 122 098 Ew., ca. 50 km n Stuttgart w im Kraichgau am Ausgang des Neckarbeckens am Fuß der Heilbronner Berge gelegen, Reg.-Bez. Stuttgart, BW. Noch im 6. Jh. wurde Heilbronn fränk. Königshof, 841 als kgl. Pfalz bezeichnet, vor 1220 Stadtrecht, seit 1371 Reichsstadt und seit 1802/03 württembergisch. Weinbau, Kilianskirche, historisches Rathaus, Götzen- und Bollwerksturm, Wartberg, Käthchenhaus, Trappenseeschlösschen. II. 741/747 (Kop. 822) *in villa Helibrunna*, 841 *Heilicbrunno*, 13. Jh. *Heylprunn*. III. Eine Zuss. aus dem Gw. ahd. *heilag*, mhd. *heilec* 'heilig, geweiht, heilbringend' und dem Gw. ↗-*brunno*: 'geweihter Brunnen'. Namengebend war der einstige Brunnen in der Kirchbrunnenstraße, der vermutlich auf eine vorchristliche germanische Kultstätte hinweist. IV. ↗Heiligenstadt, Lkr. Eichsfeld, TH. V. FO 1; Berger; LBW 4. *JR*

Heiligenbeil // Мамоново [Mamonovo] I. Stadt im Kr. Bagrationovsk // Preußisch Eylau (Bagrationovskij Rajon), 7393 Ew., am Fluss Jarft // Mamonovka, 45 km südwestlich von Königsberg // Kaliningrad im ehemaligen Ostpreußen, im äußersten Südwesten des Gebiets an der Grenze zu Polen, Kaliningrader Gebiet (Kaliningradskaja oblast'), RUS. In apreuß. Zeit bestand hier wahrscheinlich die Kultstätte *Swentomest*. 1301 gründete der Deutsche Orden die Stadt zu kulmischem Recht. Im 14. Jh. wurden die Kirche und ein Kloster des Ordens der Augustiner-Eremiten erbaut. 1440 Mitglied des Preußischen Bundes. Stadtbrände 1463, 1519, 1677 und 1807. 1522 erhielt die Stadt eine Handfeste, die 1560 erneuert wurde. 1821/24 Rathaus, 1891 katholische Kirche. Bis zum II. Weltkrieg Kreisstadt des gleichnamigen Lkr. im preuß. Reg.-Bez. Königsberg, Ew.: 12 100 (1939); Sägewerke. Fabriken, Brauerei, Fliegerhorst. Während des II. Weltkrieges wurde der Ort stark zerstört und schließlich von den neuen Bewohnern umgebaut. Seit 1945 zu RUS. II. 1330 *Heylgenstatt, Heylgenstat* [Or], 1344 *Heilginbil* [Or], *Heiligenpeyhel* ... *Schwantomest das ist Heyligstet* 1595; *Mamonovo* (1947, nach dem sowjetischen Oberstleutnant N. V. Mamonov). III. Der älteste Beleg weist auf 'Heilige Stätte'. Den Chroniken nach soll der Ort *Swentomest, Schwantomest* geheißen haben, zu apreuß. **sventa-* 'heilig', vgl. apreuß. *swints* 'heilig', und apreuß. *mestan* 'Stadt'. Nicht ausgeschlossen ist die poln. Herkunft von *Swentomest*, zu poln. *święty* 'heilig' und poln. *miasto* 'Stadt'. Die Belege ab 1344 enthalten -*bil*, -*peyhel* im Bw., zu d. *Bühl, Bühel* 'Hügel', vgl. ahd. *buhil*, mhd. *bühel* 'Hügel'. V. PUB II, III; Guttzeit, E.J.: Der Kreis Heiligenbeil. Leer 1975; HHS Weise. *gras*

Heiligenhafen nd. *Hilligen'hâwen* I. Stadt im Kr. Ostholstein, 9275 Ew., auf der Halbinsel Wagrien, an der Ostsee, Nähe zur Fehmarn-Sundbrücke, SH. Zwischen 1249 und 1259 als Zusammenschluss mehrerer Dörfer entstanden, geraume Zeit unter dänischer Krone, um 1250 Verleihung der Stadtrechte, 1305 Lübisches Stadtrecht. Fischereistandort, bedeutender Tourismus, staatlich anerkanntes Seeheilbad. II. 1246 *to der Hilgenhavene*, 1259 *Hilgenhaue* [Or], 1318 *de Hilgenhauene*; *Heiligenhafen* (1652). III. Die Bed. des Namens lässt sich am mnd. *to der hilligen hävene* 'zum heiligen Hafen' veranschaulichen. Der Ort wurde somit als Siedlung 'am Heiligen Hafen' benannt. Ob dies jedoch auf die Kirche im Ort oder das Anrufen der Heiligen bei der Ein- und Ausfahrt der Seeleute zurückzuführen ist, ist unklar. IV. Heiligenort, FlN auf Sylt, Kr. Nordfriesland, Heiligenstedten, Kr. Steinburg, beide SH. V. Laur; Haefs; Schmitz. *GMM*

Heiligenhaus I. Stadt im Kr. Mettmann, 26 963 Ew., Reg.-Bez. Düsseldorf, NRW. Erwachsen aus einer Hubertuskapelle; 1947 Stadt. II. 1458 *to dem hilghin huße, by deme hilghen huyß*. III. Grundlage ist eine Stellenbezeichnung 'am/beim heiligen Haus'. Das *u* der hist. Belege ist gemäß reg. Lautstand undiphthongierter Langvokal. V. RhStA XI/60; HHS 3; Kaufmann 1973. *Tie*

Heiligenstadt I. Stadt, Lkr. Eichsfeld, sö Göttingen, am Zusammenfluss von Leine und Geislede, Hauptort des Eichsfeldes, Heilbad, 16 856 Ew., TH. Entwickelte sich als frühmittelalterliche Siedlung in fränk. Zeit als Missionsstützpunkt um Herrenhof der Erzbischöfe von Mainz, 960 Chorherrnstift. Königshof im 10. bis 12. Jh. Straßenmarkt seit Anf. 12. Jh., 1227 Stadtrecht. Erzbischöfliche Ministeriale seit 1123 (Arnold von Heiligenstadt). Kulturhistorische Bauwerke aus 13./14. Jh. Im MA Tuchmacherei, später Töpferei, seit 19. Jh. metallverarbeitendes Gewerbe. Kneippkurort, seit 1950 Heilbad. II. 973 *Heiligenstat*, 990 *Heiligestat*, 1070 *Heiligenstat*, nd. Schreibungen 1037 *Heliganstedi*, 1138 *Helginstad*, 1355 *Helgenstad*. III. Der ON ist gebildet worden aus ahd. *heilac*, asä. *hēlag* 'heilig' und ahd. ↗*stat* 'Ort, Stelle', also 'Stätte der Heiligen', vgl. 1144 *in loco Sanctorum Virorum, qui lingua vulgari Heilingestat nuncupatur* 'am Ort heiliger Männer, der in der Volkssprache Heiligenstadt genannt wird'. Die ON-Gebung erfolgte nach den im 9. Jh. aus Mainz überführten Reliquien von Märtyrern. Der Name der älteren bäuerlichen Vorgängersiedlung ist unbekannt. IV. Heiligenstadt i. OFr., Lkr. Bamberg, Heiligenstatt, OT von Tüßling, Lkr. Altötting, beide BY, sowie Heiligenstein, OT von Ruhla, Wartburgkreis, TH. V. UB Eichsf. I; Müller, E.: Die Ortsnamen des Kreises Heiligenstadt. Halle/S. 1958; SNB; Berger. *KH*

Heilsberg // Lidzbark Warmiński [l'idzbarg varm'iɲsk'i] **I.** Kreisstadt, seit 1999 in der Woi. Warmińsko-Mazurskie (Ermland-Masuren), 16 284 Ew., PL. An der Mündung der Simser // Symsarna in die Alle // Łyna, an der „Route der Gotischen Burgen". Vom 13. bis 19. Jh. Hauptstadt und größte Stadt des Ermlands. Die Burg des Domkapitels ist ein architektonisches Kulturdenkmal. Die Stadt wurde im Grenzgebiet zwischen dem Gau Barten und dem Ermland angelegt, deren Bewohner, die Pruzzen, vom Deutschen Orden erobert wurden. 1241 errichtete er hier eine Burg, 1308 Stadtrecht durch Eberhard von Neiße verliehen, 1466 an Polen, 1772 zum Kgr. Preußen, seit 1945 poln. und von Zuwanderern aus den ö Grenzgebieten Polens besiedelt, 1946–1998 Kreisstadt in der Woi. Olsztyn (Allenstein), Lebensmittelindustrie. **II.** 1260 *castri Helisbergk*, 1264 *castri Heilesberch*, 1289 *Heilsberg*, 1941 *Lidzbark Warmiński*. **III.** Die d. Variante ist verm. eine Umwandlung eines früheren, fremd klingenden apreuß. ON. *Heilsberg* ist auf ostmitteldeutsches *hīl* 'heilig' und ↗ *-berg*, mhd. *-berc* 'Berg' zurückzuführen. Polon. Formen wurden schon im 15. Jh. erwähnt. Seit dem 19. Jh. erscheinen die Formen *Lidzbark, Lecbark*. Die poln. Variante entstand durch Auslassung des im Anlaut stehenden *H-*, durch Umstellung von *-il-* zu *-li-* sowie durch Substitutionen: *-dz-* für *-s-* und *-bark* für *-berg*. Der Namenszusatz *Warmiński* soll die Stadt von Lautenburg im Kulmer Land // Lidzbark Welski (Woi. Warmińsko-Mazurskie, PL) unterscheiden. **V.** Rymut NMP; RymNmiast. *IM*

Heilsbronn I. Stadt im Lkr. Ansbach, 9 139 Ew. Reg.-Bez. Mittelfranken, BY. 1132 Gründung des Zisterzienserklosters, 1528 Einführung der Reformation durch die Markgrafen, seit 1932 Stadt. **II.** 1132 *Halesprunnen*, 1139 (Kop. des 12. Jh.) *Haholdesbrunnen*, 1139 (Kop. von ca. 1300) *Haholtisbrunne*, 1142 *Haholdesbrunnen*, 1146 *Halsbrunnen*, 1190 *Hahelesbrünnen*, 1203 *Halesbrunn*, ca. 1203 *Halsbrun*, 1263 *Hailsbrvnnen*, 1313 *Hailsprunne*, 1446 *Heilspronn*, 1447 *Heylsbrunn*, 1793 *Heilsbronn*. **III.** Die Latinisierung 1392 *Sacer Fons* 'heilige Quelle' ist möglicherweise hierher zu beziehen, sicher ist die vom 14. Jahrhundert *abbacia Fontis Salutis* 'die Abtei der Quelle des Heils' und von 1551 *Fons Salutis, uulgo Heilsbrunn* sowie die bei der Herkunftsbezeichnung von 1613 *Sacrofont(anus) Fr(ancus)*. Die Leute der Umgebung verwenden die Namensform *Kloster*. Grundwort des urspr. Flurnamens ist mhd. *-brunne* 'Quelle, Quellwasser, Brunnen' (↗ *-brunn*); als Bestimmungswort ist der Personenname **Hahold* zu erschließen. Nach Gründung des Zisterzienserklosters, das in der Mundartform fortlebt, konnte der Name im religiösen Sinn als 'Quelle, Brunnen des Heils' umgedeutet werden. **V.** HHS 7/2; Reitzenstein 2009. *WvR*

-heim. Germ. **haima-* 'Heimat (eines Stammes)', in den germ. Einzelsprachen mit verschiedener Stammbildung und unterschiedlichem Genus, z.B.: ahd. *heima* Fem. 'Heim, Heimat, Wohnsitz', spätahd./mhd. *heim* Ntr. 'Heimat, Wohnstätte, Haus', asä. *hēm* Ntr., mnd. *hēm(e)* Fem. / *hēm* auch Ntr., afries. *hām* / *hēm* M. oder Ntr., anord. *heimr* M., ae. *hām* M. 'Dorf, Landgut', got. *haims* Fem. 'Dorf, Flecken'. Letztere Bed. dürfte von Beginn an für die *-heim-*Gruppensiedlungen gegolten haben, allerdings kommt *-heim* urspr. auch für Einzelsiedlungen (Höfe) vor. Die *-heim-*Namen zeigen, wie diejenigen auf ↗ *-ingen*, Merkmale hohen Alters. Sie sind wohl schon in der Frühphase (um Christi Geburt) sporadisch als Bez. vorgekommen und sind dann während der frühen Landnahme des 3.–5. Jh. (vielleicht auch als Übersetzung von *villa*) geläufig geworden, wobei entgegen der PN-Orientierung bei den *-ingen-*Namen hier der Besitz bestimmend ist ('Heim / Besitz des …'). Merowingerzeitlich ist der Typus voll etabliert und bis ins MA produktiv geblieben, jedoch landschaftlich unterschiedlich. Dass der *-heim-*Typus im Bereich der Ostsiedlung praktisch keine Rolle gespielt hat, lässt auf die zeitgleiche Unproduktivität desselben im Altland schließen. Die meisten *-heim-*Namen haben als Bw. einen PN, in der Regel im Gen. Jünger sind meistens die mit App. gebildeten Namen, von denen die schematisch-orientierten mit ↗ *Nord-*, ↗ *Süd-*, ↗ *Ost-*, ↗ *West-*, *Berg-*, *Tal-* u.a. („Bethge-Typ") sicherlich das Ergebnis fränk. gesteuerter Namengebung im Umfeld ehemaligen Königsgutes bzw. Fiskallandes darstellen, vorwiegend im 7./ 8. Jh. entstanden. Das geogr. Vorkommen der *-heim-*Namen entspricht im Wesentlichen dem der ↗ *-ingen-*Namen in siedlungsgünstiger Lage, jedoch zeigt sich insbesondere im Ober- und Mittelrheingebiet eine auffällige Verteilung der beiden Typen, was durch Ausgleich und „Strahlung", wie das aus der Dialektologie bekannt ist, erklärt werden kann. Auffällig sind die Mischformen *-ingheim*, die in unterschiedlicher Streuung in Westfalen, NI, HE, TH, im Rheinland und weiter s vorkommen. Neben *-heim* begegnen schon früh auch dial. Varianten, die teilweise in amtlichen SiN gefestigt sind, so *-ham, -hem / -hēm, -um, -em, -an, -en, -m, -n, -a, -e*, oder völliger Schwund. Literatur: Bach DNK II, 2; Schuster I; Wiesinger 1994; Jochum-Godglück; NOB III; Debus / Schmitz, H.-G. *FD*

Heinsberg I. Westlichste Kreisstadt Deutschlands im gleichnamigen Kreis, 41 179 Ew., zwischen Aachen und Mönchengladbach, Reg.-Bez. Köln, NRW. Erste Erwähnung 1085. Sitz der Herren von Heinsberg. Seit 1255 Stadtrecht. 1484 eigenes Amt im Herzogtum Jülich. Seit 1972 Kreissitz. Mittelständische Industrie. **II.** 1085 *Heinesberg* [Kop. 12. Jh.], 1129 *Heimesberge*, 1276 *Hensberg*; *Heinsberg* (1533). **III.** Es ist anzunehmen, dass das Bw. ↗-*berg* urspr. nicht der Bezeichnung einer markanten Geländeerhebung diente, sondern dass zunächst die feste Wohnanlage, eine ↗-*burg*, benannt wurde. Die im 13. und 14. Jh. noch separate Unterstadt trug den Namen *Heininghausen*; der zugehörige Fronhof wurde *Heinsberg* genannt. Beide Bw. enthielten zunächst wohl die ahd. PN-Kurzform *Heim(i)-*, die bereits früh zu *Hein-* wurde. Der Zusammenfall von auslautendem *-m* und *-n* ist vermutlich rom. beeinflusst und das Resultat einer Nasalierung. Die Herleitung des ON *Heinsberg* aus **Hagensberg* im Zusammenhang mit dem mittelalterlichen Rechtsbegriff *Hagen* scheidet aus Gründen der Lautchronologie aus. **IV.** Heinsberg, OT von Kirchhundem, Kr. Olpe, NRW. **V.** Kaufmann 1973. *Br*

Heitersheim **I.** Stadt und gleichnamige VVG im Lkr. Breisgau-Hochschwarzwald, 10 617 Ew., ca. 20 km ssw Freiburg i. Br. beidseits des Sulzbachs nahe des nw Rand des Markgräfler Hügellandes gelegen, Reg.-Bez. Freiburg, BW. Im 11. Jh. zunächst im Besitz der Mgf. von Baden, seit 1806 badisch und erhielt 1810 das Stadtrecht. Landwirtschaft, Weinbau, Johanniter- und Maltesermuseum, Malteserschloss, Villa Urbana. **II.** 777 (Kop. 12. Jh.) *Hentersheimer marca*, 832 (Kop. 12. Jh.) *Heitresheim*, 1064 *Heiterscheim*. **III.** Es handelt sich um eine Zuss. mit dem Gw. ↗-*heim*; dem Bw. liegt der PN *Heit(h)eri* zu Grunde: 'Siedlung des Heit(h)eri'. Der älteste Beleg zeigt eine Verschreibung aus *Heitersheimer*. **IV.** ↗Gaimersheim, Lkr. Eichstätt; Thiersheim, Lkr. Wunsiedel, beide BY. **V.** FO 1; FP; Krieger; LBW 6. *JR*

Hellenthal **I.** Gem. im Kreis Euskirchen, 8422 Ew., in der Nordeifel an der Olef (zur Rur) Nähe Oleftalsperre, Reg.-Bez. Köln, NRW. Die bedeutende Eisenhüttung des MA endet in der Mitte des 19. Jh. **II.** 1260 (verschollenes Urbar) *Hellindale*, 1349 *van Hellindale* [Or]. **III.** Kompositum mit Bw. Adj. mhd. *hel* 'laut, tönend' (zum st.Verb ahd. *hellan* 'schallen, tönen'), motiviert von der Echowirkung des Tales und/oder der Eisenverarbeitung, etwa 'hell schallendes, lautes Tal'. Anschluss an ahd. *helda* 'Abhang' ist unwahrscheinlich, da keine Schreibungen mit *-d-* bezeugt. Die frühen Belege zeigen unverschobenes germ. /d/ gemäß dem ripuarischen Sprachraum. Gw. ist ↗-*tal*. **V.** UB Steinfeld; HHS Bd. 3; Guthausen, K.: Die Siedlungsnamen des Kreises Schleiden. Bonn 1982². *Ne*

Helmbrechts **I.** Stadt, 9091 Ew., sö unterhalb des Kirchbergs (Frankenwald), w der Selbitz, Lkr. Hof, Reg.-Bez. Ofr., BY. Im 13. Jh. freies Eigen der Herrschaft Schauenstein, seit 1350 unter Burggrafen von Nürnberg bzw. Mgf. von Brandenburg-Kulmbach / (seit 1603) -Bayreuth, 1792 preuß., 1810 bayer., 19. Jh. Blüte durch mechanische Webereien. **II.** 1232 *Helmbrehtes* [Or]; *Helmbrechts* (1398). **III.** Genitivischer ON zum PN *Helmbreht*. **IV.** Helmbrechts, Stadtteil von Waldershof, Lkr. Tirschenreuth, Reg.-Bez. Opf., BY. **V.** HHS Franken; Reitzenstein 2009; StABa Standbuch 6000. *DG*

Helmstedt **I.** Kreisstadt im Lkr. Helmstedt, 24 402 Ew., Reg.-Bez. Braunschweig (bis Ende 2004), NI. Um 800 Benediktinerkloster (Sankt Ludgeri) durch Kloster Werden an der Ruhr, Marktsiedlung in verkehrsgünstiger Lage an zwei Handelsstraßen, 1247 Stadtrecht, 1426–1518 Hansestadt, 1574 Verlegung des „Paedagogium Illustre" aus Gandersheim, 1576 Gründung der Universität Academia Julia durch Herzog Julius von Braunschweig, Auflösung 1810. **II.** 802 *Helmonstedi* (F. 11. Jh., Kop. 15. Jh.), um 1210 *Helmstet* [Or]. **III.** Bildung mit dem Gw. ↗-*stedt*. Ältere Deutungen gehen u. a. von einem (nicht bezeugten) PN **Helmo* oder einem mit *-n*-Suffix gebildeten GwN **Helmona* aus. Die durch Steigungen und Gefälle innerhalb des Stadtkerns (Holzberg, Papenberg) gekennzeichnete Lage Helmstedts deutet aber eher auf die Bez. einer Erhebung oder eines Abhangs und damit auf die idg. Wurzeln **kel-* 'ragen, erheben' oder **k̂el-* 'neigen' in einer Nasalerweiterung **kel-m-n̥* (vgl. mit Ablaut asä. *holm* 'Hügel', lat. *columen, culmen* 'Gipfel, Höhepunkt') bzw. *kel-m-n̥*, woraus sich germ. **helmun* und asä. **helmon* entwickelten. Der ON ist als 'Stätte an einer Erhebung bzw. Schräge' zu erklären. **IV.** Helmscheid (9. Jh. *Helmonscede*), OT von Korbach, Lkr. Waldeck-Frankenberg, HE. **V.** Nds. Städtebuch; KD Helmstedt; Stellmacher, D.: Der Name Helmstedt. In: Ders.: Helmstedt und seine Sprachen. Bielefeld 1999; NOB VII. *FM*

Hemau **I.** Stadt im Lkr. Regensburg, 8456 Ew., Reg.-Bez. Opf., BY. Zentrum der hist. Landschaft Tangrintel zwischen Donau, Altmühl und Schwarzer Laber. 1273 Markt, „oppidum" 1305. **II.** 1138/39 *Hembur*, 1139 *Hemburen*, 1273 *Hembour*, 1305 *Hembaur*, 1472 *Hemmaw*, 1796 *Hemmau*, *Hemau*. **III.** Unter der Voraussetzung, dass die ältesten Belege auf **Hemenbur* (mit Tilgung der Genitivendung *-en-*) beruhen, ist der Name als Fügung aus dem Genitiv des PN (ahd.) *Hemo* und dem Gw. ahd. *būr* 'Wohnung, kleines Haus, Vorratshaus' (vgl. Vogel-*baur*) zu erklären. Weitere Lautwandlungen (Assimilation von *-mb-* zu *-mm-/-m-* und Wegfall des auslautenden *-r* in Anlehnung an häufige ON auf ↗-*au*) führen zu der h. Namensform. **V.** Reitzenstein 2006. *AG*

Hemer **I.** Stadt im Märkischen Kr., 37 440 Ew., Reg.-Bez. Arnsberg, NRW. Kirchdorf in der Gft. Mark, hochmittelalterlicher Eisenbergbau u. a. im „Felsenmeer", 1609 zu Brandenburg(-Preußen), 1806 zum Ghztm. Berg, 1813 wieder preußisch, 1936 Stadt. Kleineisen- und Buntmetallindustrie, 17.–20. Jh. Papierherstellung, Bundeswehrstandort, Lungenfachklinik. **II.** 12. Jh., gefälscht zu 1072 *Hademare item Hademare* ('Ober-' und 'Niederhemer'), 1396 *toe Hedemer*, 1518 *to Hemer*. **III.** Zu *hadu* 'Streit', *mar* 'stehendes Gewässer', somit etwa 'Streitwasser'. **IV.** Hadamar, Lkr. Limburg-Weilburg, HE; Haddamar, Schwalm-Eder-Kr., HE. **V.** Seibertz, UB I; REK II; Märk. Register VII; Bach DNK II. *schü*

Hemmingen **I.** Stadt in der Region Hannover, 18 502 Ew., s von Hannover, Reg.-Bez. Hannover (bis Ende 2004), NI. 1974 aus der Großgemeinde Hemmingen-Westerfeld und 6 weiteren Orten gebildet und zur Stadt erhoben, bis 2001 im Lkr. Hannover. **II.** Nach 1124 *Hemmege [Or]*, 1269 *Hemmie*, um 1430 *Hemmynge*; *Hemmingen* (1593). **III.** Ableitung mit *-ja*-Suffix von der Basis **Ham-* 'Winkel, Krümmung', die zu asä. *ham* 'Kniebeuge' gehört. Das Suffix bewirkte Umlaut und Gemination des *-m-*. Das *-g-* des Erstbelegs ist Spirans. Später wurde der ON an die häufigeren ↗*-ingen*-Namen angeglichen. Das Benennungsmotiv ist unklar; evtl. bezieht sich der Name auf die Gestalt eines der zahlreichen Gewässer im Gemeindegebiet. **IV.** ↗Hohenhameln, Lkr. Peine; Hemeln, Lkr. Göttingen; ↗Hameln, Lkr. Hameln-Pyrmont, alle NI; ↗Hamburg, HH. **V.** Nds.-Lexikon; NOB I. *UO*

Hemmoor **I.** Stadt und gleichnamige Samtgem. im Lkr. Cuxhaven, 14 201 Ew., an der Oste, Reg.-Bez. Lüneburg (bis Ende 2004), NI. Im Vörder Register von 1500 und im Sechzehn-Pfennig-Schatz der Börde Lamstedt von 1535 ist Hemmoor noch nicht erwähnt, wohl um 1804 aus Hemm entstanden, 1866 Gründung einer Zementfabrik aufgrund von Kreide- und Tonvorkommen, 1968 Zusammenlegung der Gem. Basbeck, Warstade, Hemm, Westersode, Alt-Hemmoor und Heeßel, 1971 Zusammenschluss der Gem. Hemmoor, Hechthausen und Osten, 1982 Stadtrecht, seit 1909 Schwebefähre über die Oste zwischen Osten und Basbeck, seit 2004 nationales Baudenkmal; Westersode und Warstade Fundstätten der spätrömischen „Hemmoorer Eimer". **III.** Bildung aus dem ON Hemm (1178 *de Hemme [Or]*, 1535 *In dem Hemme [Or]*) und nd. *moor* 'Sumpf, Morast, Moor'. Bei Hemm handelt es sich um eine Abl. mit *-ja*-Suffix von der Basis **Ham-* 'Winkel, Krümmung; Flussbiegung, Bucht' (vgl. ae. *ham* 'Kniebeuge'). Der Suffixvokal bewirkte Umlaut und Gemination des *-m-*. Die Lage des Ortes an einer Biegung der Oste bestätigt die Deutung als 'Land an einer Flusskrümmung'. **V.** HHS 2; KD Wesermünde 2; Homberg, W.: Die Stadt Hemmoor ... ihre Stadtteile in alten Bildern. Horb am Neckar 1990. *FM*

Hemsbach **I.** Stadt und gleichnamige VVG (mit Laudenbach) im Rhein-Neckar-Kreis, 18 261 Ew., ca. 20 km n Heidelberg in der Rheinebene an der Bergstraße gelegen, Reg.-Bez. Karlsruhe, BW. Hemsbach ist im 8. Jh. entstanden und 773 durch Schenkung an das Kloster Lorsch gelangt, 1314/44 an das Erzstift Mainz verpfändet, 1705 ganz pfälzisch und seit 1803 badisch. Industrie und Landwirtschaft, alte Synagoge, St.-Laurentius-Kirche, altes Rathaus, Rotschildschloss, Zehntscheuer. **II.** Nach 773 (Kop. 12. Jh.) *Hemingisbach*, 1094 (Kop. 12. Jh.) *Heiminisbach*, 1314 *Hemmesbach*. **III.** *Hemsbach* ist urspr. ein GwN mit dem Gw. ↗*-bach*. Als Bw. erscheint ein PN im Genitiv, verm. *Hemming*: 'bei den Leuten des Hemming'. **IV.** Hembach, OT von Brombachtal, Odenwaldkreis, HE, nach dem dortigen Hembach (FluN). **V.** FO 1; FP; Krieger; LBW 5. *JR*

Hennef (Sieg) **I.** Stadt im Rhein-Sieg-Kreis, 45 669 Ew., ö Bonn an der Sieg, Reg.-Bez. Köln, NRW. OT Geistingen 885 erwähnt, Hennef im 11. Jh. im Besitz der Abtei Siegburg, 12. Jh. Ausbildung der Herrschaft Blankenberg (OT der Stadt Blankenberg) der Grafen von Sayn, ab 1363 bergischer Amtssitz, bis 1934 zur Gem. Geistingen, ab 1969 mit Blankenberg und Geistingen und anderen Orten Gem. Hennef, ab 1981 Stadt. Bis 19. Jh. Landwirtschaft und Weinbau, danach Industrialisierung, Verkehrsknotenpunkt, Sportschule. **II.** GwN: 948 *Hanapha*; 1064 *Hanapha, Hanafo*, 1308 *Hanepe*. **III.** Nach dem GwN des Hanfbaches wurde der ON gebildet. Bw. vielleicht zu germ. *hanan 'singen, tönen'. Dittmaier erwägt germ. *hanōn 'Hahn'. Das Gw. ist ↗*-apa*. **IV.** ↗Bad Honnef, Rhein-Sieg-Kr.; ↗Erftstadt (mit demselben Gw., das im Gebiet zwischen Rhein, Weser und Main in GwN und ON sehr verbreitet ist), Rhein-Erft-Kr., beide NRW. **V.** Dittmaier 1956, Kaufmann 1973, HHS 3. *Ho*

Hennigsdorf **I.** Stadt, Lkr. Oberhavel, 25 729 Ew., am Oder-Havel-Kanal nw Berlin, BB. Im MA slaw. Fischerdorf. Nach Ausbau von Verkehrswegen (Eisenbahn, Kanal) Ende des 19. Jh. erfolgte Anf. des 20. Jh. Ansiedlung von industriellen Großbetrieben (AEG), Stahl- und Walzwerk. 1962 Stadtrecht verliehen. **II.** 1375 *Heynekensdorp, Henekendorf*, 1438 *Hennyngestorff*, 1590 *Hennigkstorff*, 1684 *Hennigsdorff*. **III.** Der in diesem Namen enthaltene PN *Heineke, Hēneke* o.ä. ist eine KF vom VN mnd. *Hēnrīk*, nhd. *Heinrich*, wobei hier verschiedene Suffixe wie *-eke*, ↗*-ing* verwendet wurden. Das Suffix *-ing* hat sich durchgesetzt und zu *-ig* in der Mda. entwickelt. Im Landbuch wird 1375 in Hennigsdorf ein *Henning* erwähnt, nach dem der Ort benannt worden sein kann. Ein slaw. Name ist nicht überliefert. **IV.** Ähnlich Hennickendorf, OT von Rüdersdorf,

Lkr. Märkisch-Oderland; † Hennekendorf, Lkr. Ostprignitz-Ruppin, beide BB. **V.** Landbuch; Raumer 1; BNB 4. *SW*

Henstedt-Ulzburg nd. Hênstêd-Ulzborch **I.** Amtsfreie Gem. im Kr. Segeberg, 26 529 Ew., direkte Nähe zu Hamburg, an der Alster und der Pinnau, SH. Ersterwähnung Ulzburgs 1339, Henstedts 1343, Götzbergs 1520, 1888 Henstedt durch preuß. Verwaltungsreform Amtssitz, 1970 Zusammenschluss der Gem. Henstedt, Ulzburg und Götzberg zur Großgemeinde Henstedt-Ulzburg. **II.** Henstedt: 1343 *de Henstede* [Or], 1479 *to Honstede*, 1543 *Hennstede*; *der Dörfer ... Henstedt* (1617). Ulzburg: 1339 *dimidia villa Olzeborch* [Or], 1474 *Olseborch*, 1650 *Olseborg*; *Ulzburg* (1856). **III.** Henstedt stammt wahrscheinlich vom asä. *Hôhanstedi* bzw. *Hâhanstedi* 'zur hohen Stätte' ab. Bei Ulzburg handelt es sich um eine Zuss. eines GwN bzw. dem Wortstamm *Uhl*, *Ohl* 'Flur, Wiese, Au, Gelände am Wasser' und dem nd. *-borch*, das in ↗ *burg* seine Entsprechung findet. Diese Erklärung ist auch deshalb anzunehmen, weil sich in der Nähe der Pinnaufurt eine Ringwallburg befand, nach welcher der Ort benannt wurde. **V.** Laur. *GMM*

Heppenheim **I.** Kreisstadt im Lkr. Bergstraße, 25 279 Ew., Reg.-Bez. Darmstadt, HE. Bereits im Jahre 755 wird der Ort in der Schenkung eines *Marcharius* an die dort errichtete *basilica sancti Petri* erwähnt. Der Ort wurde Zentrum einer großen Königsmark, deren Grenzen bereits im 8. Jh. beschrieben wurden. Heppenheim war Verwaltungsmittelpunkt des Klosters Lorsch. Marktrechte im 10. Jh., Ummauerung im 12. Jh., 1232 an das Erzbistum Mainz, das aus dem Lorscher Erbe das Amt Starkenburg mit Sitz in Heppenheim errichtete. 1461–1623/50 an die Kurpfalz verpfändet, danach zurück an Mainz, das die Rekatholisierung des abwechselnd lutherisch bzw. calvinistisch gewordenen Gebietes einleitete. 1803 an Hessen-Darmstadt. Seit 1821 Kreisstadt. In der „Heppenheimer Versammlung" von 1847 trafen sich die Liberalen im Vorfeld der 1848er Revolution. Zur bedeutenden jüdischen Gem. zählte von 1916–1938 auch Martin Buber. Die 1065 oberhalb der Stadt errichtete Starkenburg (1206 erstmals als *Starkimberg* erwähnt) wurde 1680 zur Mainzer Festung ausgebaut und nach 1765 abgebrochen. Neubau des Bergfrieds an versetzter Stelle im Jahre 1930. **II.** 755/56 (Kop.) *Hepphenheim*, 773/74 (Kop.) *Hepphenheimmere termino*, 1314 *Heppenheim*. **III.** PN *Happo*, eine expressive KF eines Namens mit Erstglied *Hab*- (zu ahd. *haba* 'Besitz') oder Kurzform eines zweistämmigen Namens *Haduberht*. **IV.** Gau-Heppenheim (Lkr. Alzey-Worms, RP, 1251 *Hepphinheim*). **V.** 1200 Jahre Mark Heppenheim. Hg. vom Magistrat der Stadt. Heppenheim 1973; 1250 Jahre Heppenheim. Hg. vom Magistrat der Stadt. Heppenheim 2005; CL; FP; Kaufmann 1976; Keyser; Knappe; Müller, Starkenburg. *TH*

Herborn **I.** Stadt im Lahn-Dill-Kreis, 20 902 Ew., ö des Westerwaldes im Lahn-Dill-Bergland, Reg.-Bez. Gießen, HE. Gewann Bedeutung als Knotenpunkt wichtiger Straßen an der Dill, bes. der Fernverbindung Frankfurt-Köln und der Leipzig-Brabanter Straße; Stadt 1251, ehem. Wallanlage, oberhalb der Stadt in beherrschender Lage auf einem nach O gerichteten Bergsporn ehemals Burganlage, h. Schlossbau. Theologisches Seminar der Ev. Kirche in Hessen und Nassau (geht zurück auf die Gründung der „Hohen Schule" 1584, als Verbreitungsstätte der protestantischen Lehre, 1817 aufgelöst), Heimatmuseum, Vogelpark. Herstellung von Heiz- und Kochgeräten, Flugzeugküchen, Maschinen. **II.** 1048 (Kop. 12. Jh.) *Herboremarca*, 1255 *Herbirin*, 13. Jh. *Herberen*, *Hervere*, 1292 *Herboren*, 1334 *Herberin*, 1341 *Herbern*, 1417 *Herborin*; *Herborn* (1307). **III.** Zusammengesetzter Name mit einem Gw. *-bire/-bere*, das im Dat. Pl. erscheint und später wohl zu ↗ *-born* umgedeutet wurde. Verm. liegt ein app. Anschluss zu einem nicht bezeugten Wort *bere für '(kleiner) Wald, Gehölz' vor. Zu vergleichen ist ae. *bearu*, *bearo* sowie einige ae. und niedersächsische ON (Berel, Hedeper, Oelber). Das ae. Wort wird auf einen germ. Ansatz *barwa zurückgeführt. Neben dem *-wa*-Stamm ist wohl auch eine *-ja*-Erweiterung anzusetzen, die den Umlaut erklärt. Das Bw. ist konstant als *Her-* überliefert. Anzusetzen ist germ. **herw-*, **heru-*, abtönend **harw-*, **haru-* 'scharf', was einen urspr. scharfen, länglichen, kleinen Höhenzug bezeichnet hat. Im appellativen Wortschatz sind mnd. *har 'scharf' und mnd. *haren* 'schärfen' zu vergleichen. Das Namenelement findet sich nicht nur im Bw., sondern auch als Gw. (Vgl. den ON *Sönnern* (OT von Werl, Kr. Soest, NRW) < 1232 *Alberto de Sunhere*). Eine genaue Entsprechung vorliegender Bildung liegt in dem Namen *Harber* (Lkr. Peine) vor (8./9. Jh. (Kop. 12. Jh.) *Heriborea*, nach 1212 *de Harberhe*, 1220, 1236 *Hertbere*). Der älteste Stadtkern (205 m) liegt am rechten Talufer am Fuß des Berghanges und steigt mit seinem n Teil und der Kirche den Hang hinan. Die Lage des Ortes spricht für eine Deutung als 'Siedlung am scharf steigenden Hang mit Gehölz' bzw. 'schroffer Berg, Schräge'. **IV.** Herbornseelbach, OT von Herborn, Hörbach, OT von Herborn, beide Lahn-Dill-Kreis, HE; Harber, Lkr. Peine, NI. **V.** NOB I; NOB III; WOB I. *DA*

Herbrechtingen **I.** Stadt im Lkr. Heidenheim, 13 106 Ew., ca. 7 km ssö Heidenheim an einer Flussschlinge am Ausgang des Eselsburger Tals, Reg.-Bez. Stuttgart, BW. Merowingerzeitliche Siedlung und zunächst alem. Herzogsgut, seit 1258 an die Helfensteiner, 1630 von Mönchen besetzt und seit 1648 württembergisch. Textilindustrie, Kraftwerk, Elektroindustrie, die Steinernen Jungfrauen, Kloster Herbrechtingen, Museum der Donauschwaben. **II.** Um 774 *Hagrebertingas* [Or], 777 *Haribertingas, Aribertingas* [Or], 1171 *Herbrechtingin* [Or]; *Herbrechtingen* (13. Jh.). **III.** Es handelt sich um eine ⟶-ingen-Bildung mit dem PN *Hariberht*; der Name bedeutet 'bei den Leuten des Hariberht'. *Ari*- ist eine romanische Schreibung mit Auslassung des anlautendem *h*-. **IV.** Gw: Hermaringen, Lkr. Heidenheim, Hüttlingen, Ostalbkreis, beide BW. **V.** Reichardt 1987; LBW 4. *JR*

Herdecke **I.** Stadt im Ennepe-Ruhr-Kr., 25 048 Ew., an der Ruhr nw von Hagen im Ardeygebirge, Reg.-Bez. Arnsberg, NRW. Bei einem Frauenkonvent an einem wichtigen Ruhrübergang entstanden, 1739 Stadt. Vom 18. bis zur Mitte des 19. Jh. bedeutender Kornmarkt; Textilwirtschaft, Ruhrsandsteingewinnung. **II.** 1185 *Herreke*, 1214 *Herreke*, 1240 *Herrike*; *Herdeke* (1486). **III.** Der ON ist mit dem Gw. -*rike*, -*reke* gebildet, das auch in einigen anderen wfl. ON und FlN erscheint und für das Bezeichnungsfunktionen wie 'Einfriedung', 'Reihe' und 'Landstreifen' festzustellen sind. Das -*d*- dringt erst im 15. Jh. in den ON ein. Da bei dem -*i*-haltigen Gw. Umlaut vorausgesetzt werden kann, ist das Bw. als **Har*- anzusetzen, nach Derks zu germ. **herw*-, **heru*-, ablautend **harw*-, **haru*- 'scharf'. Namengebend dürfte die Form des Höhenzuges gewesen sein, an dem Herdecke liegt, wobei für das Gw. am ehesten von 'Einfriedung' auszugehen ist. **IV.** ⟶ Herne; Haar (Höhenzug zw. Rüthen und Dortmund), NRW. **V.** Westf Flurnamenatlas S. 238 u. S. 253; Derks, P.: „Cenobium Herreke" und die „Hertha-Eiche". In: Der Märker 41 (1992); Derks, P.: Die Hof- und Siedlungsnamen Einern und Haarhausen. In: Beiträge zur Heimatkunde der Stadt Schwelm und ihrer Umgebung NF 50 (2001). *Flö*

Herford **I.** Kreisstadt im gleichnamigen Kr., 64 852 Ew., in einer Talmulde im Mündungsgebiet der Aa in die Werre (l. Nfl. zur Weser), Reg.-Bez. Detmold, NRW. Um 789 Gründung des ersten sächs. Frauenklosters beim fränk. Königshof Odenhausen durch sächs. Adligen Waltger, Anfang 9. Jh. Ausbau durch Adelhard und Wala zum Doppelkloster mit Corvey, Reichsstift, 833 Marktrecht, 868 freie Äbtissinnenwahl, seit 887 exempt (bis zur Säkularisation 1803 umstritten), 1147–1803 Reichsabtei, Stadtrecht um 1170, 1382 Stiftsvogtei an Jülich, Kurköln Schirm- und Gerichtsherr, 1547 weltliche Rechte an der Stadt an Herzog von Jülich-Kleve-Berg abgetreten, 1765 an Preußen. Ab dem 9. Jh. Siedlung im Bannkreis des Stifts anzunehmen, ca. 1219/26 eigenständige *civitas* (eidlich an Abtei gebunden), w Stadtteil Radewig (mit altem Hof Odenhausen), Altstadt s des Stiftsbereichs mit Kirche der Kaufleute (St. Nikolai um 1000), um 1219 Gericht und Rat, 1224 Gründung der Neustadt, 1634 Vereinigung von Altstadt und Neustadt, 13. Jh. Kondominat zwischen Stadt und Stift, um 1375 Stadtrecht (Herforder Rechtsbuch), 17. Jh. an Brandenburg, ab 1813 Preußen. Textil-, Tabak-, Lebensmittel-, Holz- und Metallindustrie. 1969 Zusammenschluss mit acht umliegenden Gem. und Eingliederung in den Kr. Herford. **II.** 838 *Heriuurth*, 851 *Herifurd*, 859 (Kop. 10. Jh.) *Heriford*, 1004 *Heriuurti*, 1290 *Heruord*, 14. Jh. *de stad van Hervorde*. **III.** Bildung mit dem Gw. ⟶-*furt*. Das Gw. bezieht sich auf eine breite Aafurt, die im Verlauf einer alten Wegetrasse liegt. Das Bw. ist mit asä. ahd. *heri(-)*, mnd. *her(e)* 'Heer' zu verbinden. **V.** Schneider; HHS 3. *BM*

Heringen (Werra) **I.** Stadt im Lkr. Hersfeld-Rotenburg, 7 683 Ew., an der mittleren Werra ca. 30 km ö von Bad Hersfeld, Reg.-Bez. Kassel, HE. Früher Besitz des Klosters Fulda im Ort. Die Herren von Heringen werden erstmals 1153 genannt. In der zweiten Hälfte des 14. Jh. bei den Grafen von Ziegenhain; 1432 Verkauf des Orts und Gerichts Heringen an die Landgrafen von Hessen, 1526 Marktrecht, seit 1903 Kalibergbau, 1977 Großgemeinde mit sieben eingemeindeten Orten und Stadtrecht. **II.** 1. Hälfte 11. Jh. (Kop.) *Heringen*, 1242 *Heringen*, 1308 *Heringin*. **III.** ⟶-*ing(en)*-Ableitung zum PN *Hari(o)* / *Heri(o)*, einer Kurzform eines Namens mit dem Erstglied *Hari*- (zu ahd. *heri*, mhd. *her(e)* 'Heer, Kriegsvolk'). **V.** CE I, II; Reimer 1926; Schellhase. *TH*

Heringsdorf **I.** Gem. im Lkr. Ostvorpommern, 9 443 Ew., im SO der Ostseeinsel Usedom an der Grenze zu Polen, MV. Um 1818 Fischerkolonie, seit 1825 Badebetrieb, der bis h. Haupteinnahmequelle ist. Seit 1879 „Seebad", seit 1962 auch Kurbetrieb; Regionalflughafen. 2006 wurde aus den vormals selbstständigen Gem. Heringsdorf, Ahlbeck und Bansin die amtsfreie Gem. Ostseebad Heringsdorf gebildet. **II.** 1858 *Heringsdorf*. **III.** Das Bw. im ON leitet sich von der urspr. Bestimmung des Ortes als Fischerkolonie her. Nach Barner hat Kronprinz Friedrich Wilhelm (IV.) 1820 den Namen vergeben, nachdem er im Ort erlebt hat, wie Heringe gefangen und verarbeitet werden. Gw.: ⟶-*dorf*. **V.** HHS, Bd. 12; Gadebusch, W. F.: Chronik der Insel Usedom. Anklam 1863; Barner, W.: Zwischen Ahlbeck und Heringsdorf. In: Rolfs, P. A.: Die Insel Usedom. Langensalza 1933; Niemeyer 2001a. *MN*

Herisau **I.** Gem. im Bezirk Hinterland, 15 450 Ew., Sitz der Regierung und Tagungsort des Kantonsrates in Appenzell-Außerrhoden, AI, CH. Größter Ort des Appenzellerlandes. Alter Marktflecken. Textilindustrie und Textilhandel seit dem 16. Jh. (Leinwand, Baumwolle, Stickerei, Textilveredelung). Im 20. Jh. Umstrukturierung zu Elektrotechnik, Gummi- und Kunststoffverarbeitung, Dienstleistungen. **II.** 837 *Herinisauva, in Herinisauva [Or.]*, 868 *Herineshouva*, 1265 *de Herisouve*. **III.** 1. **Hariwinesouwa > *Herinwinesouwa*: PN *Hariwini, Heriwini*: ahd. *heri* 'Heer' + ahd. *wini* 'Freund': 'die Au des Hariwini, Heriwini'. 2. **Herînesauwa* zum PN mit Kurzform *Herîn*: ahd. *heri* 'Heer' + Suffix *-în* (Diminutiv): 'die Au des Herîn'. ↗ *-au* zu ahd. *ouwa* fem., mhd. *ouwe* fem. 'Land am Wasser, vom Wasser umflutetes Land, Land, wo Wasser vorbeifließt'. Eine eindeutige Festlegung auf eine Variante ist h. noch nicht möglich. **IV.** Brülisau, AI (**Brunlînesouwa*, PN *Brunlîn* zu ahd. *brûn* 'braun'), Bissau / Heiden, AR (**biscofesouwa*, zu ahd. *biscof* 'Bischof'), Schönau / Urnäsch, AR (**scônunouwa*, zu ahd. *scôni* 'schön') und Tüfenau / Heiden, AR (zu ahd. *tiufi* 'tief'), alle CH. **V.** Sonderegger, St.: Die Orts- und Flurnamen des Landes Appenzell (Bd. 1): Grammatische Darstellung. Frauenfeld 1958. *Ny*

Hermagor-Pressegger See ['hɛrmagoːr 'prɛsɛkər ˌzeː], mda. [meˈhoːr]. **I.** Stadt, 7139 Ew., Pol. Bez. Hermagor, an der Einmündung des Gitschtales ins Gailtal gelegen, KÄ, A. Stadterhebung 1930, Doppelname der Gemeinde seit der Gemeindezusammenlegung von 1973. Der Siedlungskern der ehem. Marktgemeinde (seit 1288, mda. *Mechór* oder *der Markt*) ist der „Obermarkt". **II.** 1169 (Kop. 1471) *de sancto Hermachora* und (Kop. 15. Jh.) *in sancto Hermachora*. **III.** Der Name reflektiert das Patrozinium des Heiligen Hermagoras, die slowen. Bezeichnung ist *Šmohor* (eigentlich 'St. Hermagoras') bzw. *Trg* 'Markt' mit gleicher Semantik in d. Mda. Der zweite Namensteil bezieht sich auf den in der Nähe gelegenen *Pressegger See* (slowen. *Preseško jezero*), der seinen Namen von der Ortschaft *Preseggen* (mda. auch *Pressegg*, zu slowen. *Preseka*; slowen. *preseka* bedeutet 'Waldlichtung, Holzschlag') bezogen hat (keine alten urk. Belege). **V.** ANB; HHS Huter; Kranzmayer II. *HDP*

Hermannsburg **I.** Gem. im Lkr. Celle, 8287 Ew., n von Celle an der Örtze, Reg.-Bez. Lüneburg (bis Ende 2004), NI. Bedeutender Allodialbesitz der Billunger in Hermannsburg; überregional bekannt durch das 1849 von Hermann Harms gegründete Hermannsburger Missionswerk. **II.** 1059 *Heremannesburc* [Kop. 14. Jh.], 1162 *Herminnesburch*, 1440 *Hermensborg*; *Hermansburg* (1791). **III.** Bildung mit dem Gw. ↗ *-burg* und dem PN *Hermann* im Bw. Anders als bei den meisten mit PN gebildeten ON ist der Namengeber recht sicher bestimmbar. Es wird sich um Hermann Billung handeln, Hz. in Sachsen, der 973 starb. **V.** Gerke, A.: Hermannsburg. Adensen 1965; HHS 2. *UO*

Hermeskeil **I.** Stadt und gleichnamige VG im Lkr. Trier-Saarburg, 14751 Ew., im Naturpark Saar-Hunsrück an der Grenze zum Saarland, sö von Trier, RP. Ab 1720 stete Entwicklung des Dorfes, 1797 wird Hermeskeil Sitz eines Kantons unter franz. Besatzung, ab 1815 preuß. und Amtsbürgermeisterei, 1970 Stadtrecht. Dienstleistungs- und Einzelhandelsgewerbe sowie Tourismus. **II.** Um 1220 *Hermanskellede*, 1367 *Hermannskelde*, 1398 *Hermanskeel*, 1456 *Hermeskelle*, 1621–87 *Hermeskeil*. **III.** Kompositum mit dem Gen. des PN *Herman* als Bw. und *-kellede* als Grundwort. **IV.** ↗ Kell am See, Lkr. Trier-Saarburg, RP. **V.** Jungandreas. *AG*

Hermsdorf (Nieder-) // Sobięcin (Węglewo) [sɔˈbjɛn̩tɕin], [wɛŋˈglɛwɔ] **I.** OT von Wałbrzych, Woi. Niederschlesien // Dolny Śląsk, PL. Die dörfliche Siedlung in der Nähe von Waldenburg wurde Ende 13. Jh. gegründet. Im 19. Jh. erlebte Nieder-Hermsdorf als Standort von Kohlebergwerken eine starke Industrialisierung und einen großen Bevölkerungszuwachs. (1939) 11233 Ew. Kr. Waldenburg. 1929 wurde Oberhermsdorf, das bis dahin mit Niederhermsdorf eine Landgemeinde bildete, nach Gottesberg eingem., Sobięcin ist seit 1950 Teil von Wałbrzych. **II.** Ca. 1300 *Hermansdorf*, 1335 *Hermanni villa*, 1667 *Hermsdorff*. Polonisierung des ON: 1945 *Węglewo*, 1945 *Sobięcin*. **III.** Poss. ON nach einem PN *Hermann* + ↗ *-dorf* – 'Dorf des Hermann', später Kürzung der mittleren Silbe. Wahrscheinlich geht der ON auf den PN des Lokators zurück. Analog dazu die poln. Bildung von 1945 nach einem apoln. PN *Sobięta* mit poss. Suffix *-in*. Unmittelbar nach Kriegsende wurde der poln. ON *Węglewo* (zu poln. *węgiel* 'Kohle') für den Bergbauort eingeführt, dann aber zugunsten des üblicheren Benennungsmotivs ON < PN verworfen. **IV.** Vgl. ↗ *Hermsdorf* mehrfach in Mitteldeutschland. **V.** SNGŚl. *ThM*

Hermsdorf **I.** Stadt und Sitz der gleichnamigen VG im Saale-Holzland-Kreis, w Gera zwischen Saale und Weißer Elster im Waldgebiet Thüringer Holzland, bekannt durch Bau der Autobahnen A 4 und A 9 in 30er Jahren des 20. Jh. mit Hermsdorfer (Autobahn-)Kreuz, 11672 Ew., TH. Mitte 12. Jh. angelegtes Dorf als Rodungssiedlung des Klosters Lausnitz; seit MA neben Landwirtschaft Kohlenbrennerei und Holzwarenherstellung; seit 1890 industrialisiert (Elektroporzellan); seit 1969 Stadt; h. kleine und mittelständische Betriebe. **II.** 1256 (spätere Kop.) *Hermesdorp*, 1378 *Hermansdorff*, 1544 *Hermeßdorff*.

III. Die Überlieferung zeigt, dass der ON gebildet wurde zu einem PN *Hermann* mit Gw. ↗-*dorf*, also 'Dorf eines Hermann', wobei aber auch vom PN die KF *Herm* gebräuchlich war, vgl. die *Hermes*-Belege als Grundlage für den heutigen ON. **IV.** Hermsgrün, OT von Mühlental, Vogtlandkreis, SN; Hermannsgrün, OT von Greiz, TH, 1362 *Hermansgrune*, 1449 *Hermesgrün*; mehrere ON *Hermsdorf*. **V.** Dob. III; Rosenkranz, H.: Ortsnamen des Bezirkes Gera. Greiz 1982; SNB; Berger. *KH*

Herne I. Kreisfreie Stadt (seit 1906), 166 924 Ew., an der Emscher im mittleren Ruhrgebiet, Reg.-Bez. Arnsberg, NRW. Im 9. Jh. *villa* der Abtei Werden, Pfarrkirche um 1100, Mitte des 12. Jh. Grundherrschaft der adeligen Familie von Strünkede, 1482 zur Grafschaft Kleve. Entwicklung vom Dorf zur Stadt (1897) durch Eisenbahn (1842) und Bergbau (1856–2001). 1975 Vereinigung mit Wanne-Eickel. **II.** 880/884 *in uilla Haranni [Or]*, um 1150 *de Hernen*, 2. Drittel 12. Jh. *in Herne*. **III.** Der ON ist mit einem Nasalsuffix in der Gestalt -*an*- gebildet. Das -*j*-haltige Suffix ist Umlautfaktor (-*a*- > -*e*-) und bewirkt Gemination des -*n*-. Es dient der Bildung einer Stellenbezeichnung. Die Basis *Har*- (< germ. **herw-*, **heru-*, ablautend **harw-*, **haru*- 'scharf') ist nach Derks auch in Bildungen wie z. B. mnd. *hären* 'dengeln, schärfen' und *hārhāmer* 'Hammer zum Aushämmern der Scharten' enthalten und liegt in einigen wfl. ON und FlN vor, darunter dem Namen der *Haar* (Höhenzug zwischen Ruhr und Möhne). Wie bei vergleichbaren Namen ist von einer Motivation durch eine markante Geländeformation auszugehen. **V.** Werdener Urbare I–II; Derks, P.: Der Ortsname Dortmund. In: Beiträge zur Geschichte Dortmunds und der Grafschaft Mark 78 (1987). Derks, P.: Die Hof- und Siedlungsnamen Einern und Haarhausen. In: Beiträge zur Heimatkunde der Stadt Schwelm und ihrer Umgebung NF 50 (2001). *Flö*

Herrenalb, Bad I. Stadt (seit 1971 Kurstadt) und gleichnamige VVG im Lkr. Calw, 9710 Ew., ca. 29 km wnw Calw, durchflossen von der Alb, Reg.-Bez. Karlsruhe, BW. Entstanden durch die Ansiedlung des 1149 gegr. Zisterzienserklosters *Alba Dominorum*, 1643 durch Weimarer komplett zerstört, 1791 zur bürgerlichen Gem. erhoben, 1887 Stadtrecht. Heilquellenkurbetrieb, Überreste der Zisterzienserabtei im Stadtkern, Albtalbahn. **II.** Um 1149 *Alba*; *Bad Herrenalb* (1971). **III.** Ausgangspunkt ist der Name des Zisterzienserklosters, der zunächst zum GwN *Alb* gebildet und später zur Unterscheidung von Frauenalb *Alba Dominorum*, das heißt *Herrenalb*, genannt wurde. **V.** LBW 2 und 5. *JR*

Herrenberg I. Große Kreisstadt und gleichnamige VVG im Lkr. Böblingen, 39 830 Ew., ca. 15 km sw Böblingen am Oberen Gäu am Fuß des Schlossbergs gelegen und teilweise von der Ammer durchflossen, Reg.-Bez. Stuttgart, BW. Ende des 12. Jh. wurden Burg und Stadt von Pfalzgraf Rudolf I. von Tübingen angelegt, 1382 an Württemberg verkauft. Elektroindustrie, Computerindustrie, Stiftskirche, Spitalkirche, Schlossberg, Fachwerkpfad. **II.** 1228 *Herrenberc [Or]*, 1274 *Herrenberg [Or]*. **III.** *Herrenberg* ist als Zuss. mit der Personenbezeichnung ahd. *hēriro*, *hērro*, mhd. *hērre*, *herre* 'Herr, Herrscher' und dem Gw. ↗-*berg* ein primärer Burgenname: 'Burg des Herrschers Rudolf I.'. **IV.** Herrenberg, Kr. Segeberg, SH. **V.** Reichardt 2001; LBW 3. *JR*

Herrieden I. Stadt im Lkr. Ansbach, 7658 Ew. Reg.-Bez. Mittelfranken, BY. Im 8. Jh. Gründung eines Benediktinerklosters, im 14. Jh. Besitz der Bischöfe von Eichstätt. **II.** 797 (Kop. des 9. Jh.) *Hasareoda*, 831 (Kop. des 18. Jh.) *Hasareoth*, 831 (Druck des 19. Jh.) *Hasareod*, 845 (Kop. von 1735) *Hasenried*, 857 (Druck von 1612) *Hassareodt*, 887 *Hasarieda*, 888 (Kop. des 14. Jh.) *Hasarieda*, 995 *Harrariot*, 1057–1075 *Haserieth*, 1122 (Kop. des 12. Jh.) *Harriede*, 1129 (Kop. des 15. Jh.) *Herriden*, 1137 *Harreiden*, 1170 *Herriden*, 1231 *Herrieden*. **III.** Als Grundwort ist wohl ahd. **reod* 'Rodung' zu erschließen; Bestimmungswort dürfte der weibliche PN *Hasa* sein. Dass eine Frau dieses Namens oder einer ihrer Nachfahren nach durchgeführter Rodung das Kloster gründete, ist nicht auszuschließen. **V.** HHS 7/2; Reitzenstein 2009. *WvR*

Herrsching a. Ammersee I. Gem. im Lkr. Starnberg, 9996 Ew., Reg.-Bez. Oberbayern, BY. Besiedlung in der Römerzeit, im MA Besitzschwerpunkt der Grafen von Dießen bzw. von Andechs. **II.** 776 (Kop. von 824) *Horscaninga*, 11. Jh. (Kop. des 13. Jh.) *Horschingen*, ca. 1131/32 (Kop. von 1521) *Horschaningin*, ca. 1140–1157 *Horskin*, 1209 *Horschingen*, 1242–1247 *Hŏrshingen*, 1321 *Hŏrschingen*, 1362/63 *Hŏrsching*, bald nach 1411 *Hersching*, 1796 *Hersching … am Ammersee*, 1811 *Herrsching*, 1964 *Herrsching a. Ammersee*. **III.** Es ist der PN **Horskan* zu erschließen, der durch das Zugehörigkeitssuffix ↗-*ing* abgeleitet ist. Die Lokalisierung bezieht sich auf die Lage am Ammersee. **V.** HHS 7/1; Reitzenstein 2006. *WvR*

Herrstein I. Gem. und gleichnamige VG (seit 1970) im Lkr. Birkenfeld, 16 570 Ew., mit 34 Gem. im Naheland, sw Hunsrück, RP. Seit dem 13. Jh. mit der Burg Herrstein im Zentrum zur Gft. Sponheim. Der Ort Herrstein war Amtssitz und erhielt 1428 einen Freiheitsbrief. In einem der Burgtürme soll 1798 J. Bückler, „Schinderhannes" genannt, gefangen gewesen sein. 1817 mit dem Ftm. Birkenfeld als Abfindung an das Ghztm. Oldenburg. Durch Herrstein und das Gebiet der VG verläuft die „Deutsche Edelsteinstraße". **II.** 1279 *Herresstein*, 1279 *Hersten*; *Herstein burg und tale* (1438). **III.** Das Bw. enthält entweder den ahd. PN *Hericho*, Gen. Sg. *Herichis-*, oder PN wie *Herigis, Heregis, Herges*. In allen Fällen wäre der Name durch Ausfall der unbetonten Silbe auf *Herris-* bzw. *Herres-* und weiter durch Ausfall von unbetontem *-i/e-* und Zusammenfall der *-s-*Laute geschrumpft. Das Gw. ist ↗-*stein*. Eine alternative Deutung ist die Zurückführung der frühen Namensformen auf mda. *Härestein* für 'Heidenstein'. Zu favorisieren ist jedoch eine Deutung als 'Burg des Hericho oder Herges'. **V.** MRR IV; FP; Schaus; Seibrich, W.: Die erste urkundliche Erwähnung Herrsteins und ihr geschichtliches Umfeld. In: Herrstein: Beiträge zur Geschichte eines Marktfleckens. Hg. von P. Brandt. Mainz 1979. *JMB*

Hersbruck **I.** Stadt im Lkr. Nürnberger Land, 12 429 Ew., ö von Nürnberg an der Pegnitz, an der *Goldenen Straße* von Nürnberg nach Prag, Reg.-Bez. Mfr., BY. 1297 Verleihung der Stadtrechte; im Spätmittelalter zum Herrschaftsgebiet der Herzöge von Bayern-Landshut gehörig; 1504 an die Reichsstadt Nürnberg, 1806 an Bayern. Ma. Altstadt mit Wehrgang, drei erhaltenen Stadttoren, Spitalkirche St. Elisabeth und Stadtkirche mit spätgotischem Kirchenväteraltar. **II.** 1003 (Kop. 12. Jh.) *Hatheresbrugge*, 1011 *Haderihesprucga*, 1057 *Haderichesbrucca*, 1185 *Hederichesbrucke*, 1547 *Hersbruck*. **III.** Gw. ist *-brucka*, die obd. Form von nhd. *Brücke* (↗-*brück/-bruck/-/-brücken*); Bw. ist der im Gen. Sg. stehende PN *Haderich*. Durch Umlaut und Nebensilbenabschwächung wird die PN-Form zu *Hederiches-* und weiter über *Heders-* zu *Hers-* verkürzt. **V.** Beck, S. 95; HHS 7/2; MGH DHII, Nr. 234; MGH DHIV, Nr. 26; Reitzenstein 2009. *RB*

Herscheid **I.** Gem. im Märkischen Kr., 7 415 Ew., Reg.-Bez. Arnsberg, NRW. Kirchdorf in der Gft. Mark, 1609 zu Brandenburg(-Preußen), 1806 zum Ghztm. Berg, 1813 wieder preußisch. **II.** 11. Jh. *Hirutscetha*, 12. Jh. gefälscht zu 1072 *Hertsceido*, 1101–1131 *Hertschet*, 1284 *Herschede*. **III.** Bildung mit dem Gw. ↗-*scheid*. Bw. ist die Tierbezeichnung and. **hirut*, mnd. *herte* 'Hirsch', so dass der Name also als 'Hirsch-Scheid' erklärt werden kann, also als 'Aussonderung, Abscheidung (aus einer Mark/Allmende) an einer Stelle, an der es Hirsche gibt'. **IV.** Herscheid, Lkr. Bitburg-Prüm, RP; Herzfeld, Kr. Soest, NRW. **V.** UB Grafschaft; Seibertz, UB I; WfUB VII; Derks, Lüdenscheid. *schü*

Hersfeld, Bad **I.** Kreisstadt im Lkr. Hersfeld-Rotenburg, 30 139 Ew., Reg.-Bez. Kassel, HE. 769 Gründung des Klosters durch Bischof Lullus von Mainz, 775 Reichsabtei, 1170 civitas, Umwandlung der Reichsabtei in ein weltliches Fürstentum, in Personalunion verbunden mit Hessen-Kassel, 1648–1807 Hauptstadt des hess. Fürstentums und eines Amtes, 1821 hess. Kreisstadt, 1866 zur preuß. Prov. Hessen-Nassau, 1949 Verleihung des Titels „Bad", seit 1951 Bad Hersfelder Festspiele. **II.** 775 *Haireulfisfelt* [Or], 775 *Haerulfisfelt*, 779 *Hariulfisfelt*, 998 *Herolfesfeld in pago Hassiae*, 1005/1006 *Heresfeld*, Mitte 11. Jh. *Herocampia*, 1134 *Hersfeld*, 1561 *Hirschfeld*. **III.** PN *Hariulf*. Der ON zeigt im Erstglied Primärumlaut *-a-* zu *-e-* vor dem *-i-* der Folgesilbe. Bereits im 12. Jh. synkopierte Form *Hers-* für *Her(iulfe)s-*. Zweitglied ↗-*felt*. **V.** UB Hersfeld; FP; Keyser. *TH*

Herten **I.** Stadt im Kr. Recklinghausen, 63 133 Ew., NRW, Reg.-Bez. Münster. Adelssitz und Dorf im kurkölnischen Vest Recklinghausen, 1803 zum Hztm. Arenberg, 1806 zum Ghztm. Berg, 1813 preußisch, 1936 Stadt, Kohlebergbau bis 2000. **II.** Um 1080 *in Hertene*, um 1150 *de Herte*, 1190 *Herthene*, 1286 *Hertene*. **III.** Namenbildung auf der Basis von and. **hirut*, mnd. *herte* 'Hirsch' mit einem Suffix *-ina*, abgeschwächt *-ene*, das der Anzeige des 'beschaffen wie', 'versehen mit' oder 'bestehend aus' dient. *Hertene* ist somit 'Stelle, an der es Hirsche gibt'. **IV.** Herzfeld, Kr. Soest, ↗Herscheid, Märkischer Kr., beide NRW. **V.** Crecelius, W.: Traditiones Werdinenses. In: Zs. des Bergischen Geschichtsvereins 6 (1871); REK II; Werdener Urbare A; WfUB VII; Bach DNK II. *schü*

Herxheim bei Landau/Pfalz **I.** Gem. und Sitz der VG Herxheim im Lkr. Südliche Weinstraße, 14 724 Ew., Südpfalz, RP. Im MA Besitz des Hochstifts Speyer. 1679 kam das Gebiet s der Queich mit Herxheim an Frankreich, 1816 die gesamte Pfalz an das Kgr. Bayern. Im Lkr. ist Herxheim h. die größte Kommune. **II.** 773 *Harieschaim* (Kop. um 860), 774 *Heriesheim*, 1057 *Herigesheim*; *Herxheim* (1445). **III.** Das Bw. ist mit dem ahd. PN *Hari, Heri*, Gen. Sg. *Heri(g)es-*, gebildet. Das Gw. ist ↗-*heim*. Der ON bedeutet demnach 'Wohnstätte des Hari/Heri'. Die Namensgleichheit mit Herxheim am Berg geht verm. auf eine frühma. Namenübertragung zurück. **IV.** Herxheim am Berg, Lkr. Bad Dürkheim, RP. **V.** Traditiones Wizenburgenses. Hg. von A. Doll. Darmstadt 1979; FP; Christmann 1952; HSP. *JMB*

Herzberg (Elster) **I.** Stadt, Lkr. Elbe-Elster, 10 275 Ew., liegt an der Schwarzen Elster, BB. Am Schnittpunkt zweier bedeutender Verkehrsstraßen und Übergang über die Elster entstanden unter der Herrschaft der Grafen von Brehna Mitte des 12. Jh. eine Burg und eine Kaufmannssiedlung. Im MA Handel und Gewerbe bestimmend, Tuchherstellung. Seit

19. Jh. mehrere Industriebetriebe. Nach 1990 neue mittelständische Handwerks- und Dienstleistungsbetriebe. **II.** 1238 *Hirtsbergh [Or]*, 1275 *Herczberch*, 1343 *Hyrtzeberg*, 1361 *Hertzberg [Or]*. **III.** *Herzberg* ist ein heraldischer Name, 'Hirschburg'. Im Bw. ist mhd. *hirz* 'Hirsch' enthalten. Der Hirsch im Stadtwappen war auch das Wappentier der Herrn von Brehna. Zum Bw. ↗ *-berg*, das in d. Burgennamen häufig mit ↗ *-burg* wechseln konnte. Die Senkung von *i* zu *e* vor *r* + Konsonant beruht auf einer mda. Entwicklung. Zum GwN *Elster* ↗ Elsterwerda. **IV.** Ähnlich Herzberg, OT von Rietz-Neuendorf, Lkr. Oder-Spree, BB; Hirschberg, Saale-Orla-Kreis, TH. **V.** UB Dobr.; DS 16. *SW*

Herzberg am Harz **I.** Stadt im Lkr. Osterode am Harz, 14 209 Ew., an der Sieber am Harzrand, Reg.-Bez. Braunschweig (bis Ende 2004), NI. Burg seit 1158 im welfischen Besitz, seit Ende 13. Jh. Hauptresidenz der Grubenhagener Herzöge, Burg im frühen 16. Jh. zum Schloss umgewandelt und als Witwensitz bzw. später als Jagdschloss genutzt; dörfliche Siedlung mit den Rechten eines Fleckens, 1929 Stadtrecht; bedeutende Tuch- und Leinenproduktion, Papierindustrie sowie seit dem 18. Jh. Waffen- und seit 1940 Sprengstoffherstellung. **II.** 1143 *Hirzberc* [Druck 1743], 1156 *Hertisberg*; *Herzberg* (1414). **III.** Bildung mit dem Gw. ↗ *-berg* und mnd. *herte* 'Hirsch' im Gen. Sg. Durch Ausfall des zweiten nebentonigen *-e-* entsteht die Form *Herz-*. **IV.** Hirschberg, Kr. Soest, NRW. **V.** HHS 2; Nds. Städtebuch; NOB II. *UO*

Herzebrock-Clarholz **I.** Gem. im Kr. Gütersloh, 16142 Ew., in der Westfälischen Bucht, 12 km sw Gütersloh, Reg.-Bez. Detmold, NRW. Herzebrock: Ca. 868–885 Stiftung des Klosters Herzebrock durch die adlige Witwe Waldburg, 976 Immunität durch Otto II., Kanonissenstift, 1208 Benediktinerinnenkloster, 1467 Bursfelder Kongregation, mit Clarholz und Marienfeld Landstände der Herrschaft Rheda, 1805 Aufhebung, Vermögen an die Grafen von Bentheim-Tecklenburg; seit 17. Jh. Gründung eines Postdorfes. Clarholz: Ersterwähnung in älterer Herzebrocker Heberolle, 1133/34 Schenkung der Kapelle mit der Kapelle in Lette für ein Doppelkloster der Prämonstratenser, Vogtei im 12./13. Jh. bei den Steinfurtern, 1296 bei den Edelherrn zur Lippe; 18. Jh. Ausbau barocker Klosteranlage, 1803 Säkularisierung, Vermögen an Graf von Bentheim-Tecklenburg, 1850 preuß. Gemeindeordnung, vereinigtes Amt Herzebrock-Clarholz im Kr. Wiedenbrück. 1970 Zusammenschluss zur Großgem., Doppelname *Herzebrock-Clarholz* seit 1985. **II.** Herzebrock: zu 860 (F., Kop. 15. Jh.) *Rossobroc*, 976 *Horsabruoca*, 1095 (Kop. 14. Jh.) *in Hersebrog*, Ende 11. Jh. *Rossabroch*, *Hrossabroch*, *Hrossabroca*, 1213 *Hersebrock*, 1280 *in Herssebroke*, 1295 *in Hercebroke*, 1297 (Kop. 15. Jh.) *in Hertzebrock*; *Herzebrock* (17. Jh.). Clarholz: Ende 11. Jh. *de Cleholta*, 1134 *Claholt*, 1146 *in Claroholte*, 1199 *Claholte*, 1175 *Data Claroholto*, 1188 *in Claroholto*, 1255 *in Claholte*, 1261 *de Clarolte*. **III.** Herzebrock: Bildung mit dem Gw. *-bruch/-bro(c)k* (zu as. mnd. *brōk*, ahd. *bruoh*, mhd. *bruoch*, mnl. *broek*, *brouc*, nl. *broek* 'morastiges Gelände, Moorboden, Sumpf'). Im Bw. zeigt sich urspr. die Form des Gen. Pl. von asä. *hros* Ntr. 'Pferd'. Der Name ist als 'Pferdebruch' zu erklären. Clarholz: Bildung mit dem Gw. ↗ *-holz*. Das Bw. zu mnd. *kley(e)* M. 'Lehmboden, fester u. schwerer Boden', mnl. *klei* M. 'Ton, fester Lehm' (vgl. ags. *clǣg*, asä. *clai*, Dat. *claige*). Das später eingeschobene *-r-* dürfte durch offizielle lat. Form als hyperkorrekte Schreibung und implizite Anbindung/Umbildung (vgl. lat. Flexion des Adj.) an ein vermeintl. Syntagma mit lat. *clarus* 'hell, berühmt' (vgl. z. B. *Claravallis*, *Clairvaux*) entstanden sein. **V.** Schneider; Westfälisches Klosterbuch I; HHS 3. *BM*

Herzogenaurach **I.** Stadt im Lkr. Erlangen-Höchstadt, 22 297 Ew., Reg.-Bez. Oberfranken, (seit 1972) Reg.-Bez. Mittelfranken, BY. Im 8. Jh. an einer Fernstraße vom Rhein nach Osten („Frankenstraße") bei der Furt am Unterlauf der Aurach. Auf Königsgut gegr. Hof, 1021 mit dem Sebalder Forst an Bistum Bamberg, 1024 an Bamberger Domkapitel, 1348 Stadt und Burg, 1718–1720 Umgestaltung der Burg zum Schloss, Dreiheit des fränkischen Kleinstädtchens von Burg-, Kirchen- und Stadtsiedlung noch erkennbar, 1810 an Bayern, nach 1945 Ansiedlung zahlreicher Klein- und Mittelbetriebe, Ablösung der früheren Tuch- und Schuhmacherzunft durch moderne Sportschuhfabrikation, 1946 Gründung der Firma Schaeffler. **II.** 1002 *Uraha [Or]*, 1126 *Vrahe [Or]*, 1311–1313 (Kop. 1358) *Herzogenvrach*; *Herzogenaurach* (1401). **III.** Dem ON liegt der GwN *Aurach* zugrunde, der sich aus ahd. *ūr* 'Auerochse' und dem Gw. ↗ *-ach*[1] zusammensetzt und einen Wasserlauf, an dem sich einmal Auerochsen aufgehalten haben oder wo einmal ein Auerochse gesichtet wurde, bezeichnet. Zur Unterscheidung von anderen 'Siedlungen an der Aurach' wurde später mhd. *herzoge* 'Herzog' vorangestellt (Bezugsperson nach lokaler Tradition Herzog Ernst oder Herzog von Andechs-Meranien?). **IV.** Frauenaurach, OT von ↗ Erlangen; Münchaurach, OT von Aurachtal, Lkr. Erlangen-Höchstadt, beide BY; ↗ Bad Urach, Lkr. Reutlingen, BW. **V.** Jakob, A.: Herzogenaurach. In: HHS Franken; Reitzenstein 2009. *DF*

Herzogenburg [ˌhɪɐtsi'buɐk]. **I.** Stadt, 7868 Ew., im unteren Traisental, Bezirk St. Pölten (Land), 15 km n St. Pölten, NÖ, A. Siedlungskontinuität seit der Jungsteinzeit. Früh Gründung einer Burg durch bayer. Herzog (Name!). 'Unterer Markt' babenbergisch bzw. dem bayer. Kloster Vornbach zugehörig, 'Oberer Markt' Passauischer Besitz; ab 1244 wurde das 1112 in St. Georgen (an der Mündung der Traisen in die Donau) gegründete Augustiner Chorherrenstift (infolge der häufigen Überschwemmungen der Donau) hierher übertragen, die Klostergebäude wurden bis ins 18. Jh. (u.a. durch Jakob Prandtauer) erweitert, 1743–48 erfolgte der Neubau der Stiftskirche unter Mitwirkung zahlreicher prominenter Barockkünstler; der Turm wird von einem Polster mit dem österreichischen Herzogshut (Name!) bekrönt. Stadterhebung 1927; h. Industrie- und Handelsbetriebe und zunehmend touristische Bedeutung, z. B. Niederösterreichische Kinder-Sommer-Spiele (noekiss) in den Stiftsanlagen: größtes Kinderkultur-Festival Österreichs. **II.** 1014 *Herzogenburch locum ad ecclesiam construendam* [Or], 1301 *Hirzenburch*. **III.** Gw.: ↗ *-burg* (die Grafie *-ch* reflektiert die ahd./mhd.-bair. Auslautverhärtung), das Bw. ist der schwach flektierte Gen. von ahd. *herizogo* 'Herzog', womit dem ON eine Bed. 'Burg, Befestigung des Herzogs' zukommt. Die Mundartform und die Notation des 2. Belegs zeigen den Wandel des Primärumlauts-*e* in der Kombination mit *r* zu bair.-mda. [ɪɐ]. **V.** ÖStB 4/2; Schuster 2. *ES*

Herzogenrath franz. Rolduc **I.** Kreisangehörige Stadt im Kr. Aachen, 47 187 Ew., n von Aachen, Reg.-Bez. Köln, NRW. Erste Erwähnung 1104 als Burgsiedlung der Grafen von Saffenberg. 1137 kommt die freie Herrschaft „Rode" an die Herzöge von Limburg, 1282 Stadtrecht. 1815 Aufteilung des Landes Rode auf einen preußischen und niederländischen Teil. Steinkohlenbergbau bis 1972. Mit Kerkrade (NL) bildet Herzogenrath h. die grenzüberschreitende Doppelgemeinde „Eurode". **II.** 1104 *Roth(e)* [Kop. 1157], 1282 *Hertzogenrode, ca.* 1350 *s'Hertogherode*, auch in latinisierter Form *Roda Ducis*; *Herzogenrath* (1771). **III.** Erstbeleg für den SiN ist die Simplexform des Rodungsnamens *Roth(e)*. Hierbei handelt es sich um die Substantivierung des Verbums ahd., mhd. *riuten*, nhd. *roden*. Nachdem im Jahre 1137 Rode an die Herzöge von Limburg gefallen war, wurde zunehmend die Standesbezeichnung *Herzog* in Genitivform (*des Hertzogen*) vorangestellt. Seit dem 17. Jh. tritt vielfach der ON auch in franz. Form als *Rolduc* (< *Rode-le-Duc*) auf. Später gilt dieser Name nur noch für die alte Abtei Klosterrath. Schon im 14. Jh. findet sich der ON mit Beibehaltung eines Reststücks des bestimmten Artikels als *s'Hertogenrode*, wie im nl. Sprachraum üblich. **IV.** Herzogenreuth, OT von Heiligenstadt i.OFr., Lkr. Bamberg, BY. **V.** Kaufmann 1973; Breuer, G.: Die Siedlungsnamen der Stadt Herzogenrath. Ein Beitrag zur Namenkunde. Aachen 2000. *Br*

Hesel I. Gem. und gleichnamige Samtgem. (seit 1972) im Lkr. Leer, 10 362 Ew., nö von Leer, Reg.-Bez. Weser-Ems (bis Ende 2004), NI. In Hesel früh Besitz des Klosters Werden nachgewiesen; auf dem Gemeindegebiet die 1319 erstmals erwähnten Johanniterkommenden Hesel und Hasselt sowie das 1204 gegründete Prämonstratenserchorfrauenstift Barthe. **II.** 10. Jh. *Hasla* [Or], nach 1336 *Hesile*, 1474 *Hesell*; *Hesel* (1823). **III.** Der ON enthält verm. als Gw. ↗ *-loh* und als Bw. mnd. *hēs(e)* 'Buschwald' (< germ. **hais-*), wobei der Erstbeleg *-a-*Schreibung für *-ē-* zeigt. Eine Verbindung mit asä. *hasal* 'Haselnuss' ist wegen des späteren *-i-* eher problematisch. Deutung also: 'aus Buschwald bestehendes Gehölz'. **V.** Remmers, Aaltukerei. *KC*

Hesperingen franz. Hesperange, lux. Hesper **I.** Gem., 13 421 Ew., im Gutland, 5 km sö von Luxemburg, Kt. und Distr. Luxemburg, L. Seit dem MA zu Luxemburg, ma. Burgruine, Wohngemeinde vor den Toren Luxemburgs. **II.** 867–868 (Kop. ca. 1222) *Hasmaringa marca*, 1271 *Hespringen*, 1302 *Hesperingin*. **III.** Bildung mit dem PN ahd. *Hasumār* (germ. **haswa-* 'grau' + germ. **mǣr(ij)a-* 'berühmt') und dem Zugehörigkeitssuffix ↗ *-ingen*. Für die Ausgangsform ahd. *Hasumāringas kann eine Bedeutung 'bei den Leuten des Hasumār' angesetzt werden, ein Verweis auf einen Grundbesitzer oder Lokator aus der Gründungsphase bzw. der frühen Geschichte der Siedlung. Entwicklung: *Hasumāringas > *Hasmāringa* (Synkope des unbetonten *u*) > *Hasberingen (Denasalierung von *m* > *b*, vgl. mfr. *bit* statt *mit*, und Abschwächung des schwach betonten *ā* > *a* > *e*) > *Hespringen* bzw. *Hesperingen* (Sekundärumlaut *a* > *e*, Entsonorisierung *b* > *p*). Entsonorisierung wohl in der synkopierten Form *Hespringen*, allerdings setzt sich die viersilbige Form *Hesperingen* (vielleicht mit sekundärem Sprossvokal) durch. Die darauf basierende franz. Lehnform *Hesperange* wurde analogisch mit der z. B. aus Lothringen bekannten Endung *-ange*, der lautgerechten franz. Entwicklung des *-ing-*Suffixes, versehen. Die lux. Form mit zweischrittiger haplologischer Kürzung bzw. Kürzung und *n*-Tilgung: *Hesperingen* > *Hesperen (> *Hespern) > *Hesper*. **V.** Gysseling 1960/61; Meyers. *AS*

Heßheim I. Gem. und gleichnamige VG (seit 1972) im Rhein-Pfalz-Kreis, 9 609 Ew., grenzt ö an die Stadt Frankenthal, Vorderpfalz, RP. Fünf Gem., verbunden mit der Hügellandschaft am Rande des Pfälzerwaldes sowie der Rheinebene. Fränk. Gründungen im 6./7. Jh., die im MA verschiedenen Territorialherren der Pfalz gehörten. So wird Heßheim teils dem Wormsgau, teils dem Speyergau zugeordnet. Die fünf Gem. liegen an der sog. „Pfälzer Gemüsestraße" von Worms nach Speyer; Obst-, Gemüse- sowie

Weinanbau. **II.** 779 *Hessinheim* (Kop. um 1190), 778/84 *Hessenheim*, um 810 *Hessiheim*, 1266 *Hesseheim*; *Hesheim* (1401). **III.** Das Bw. gehört zum ahd. PN *Hasso*, Gen. Sg. *Hessin-*, das Gw. ist ↗ *-heim*. Der ON bedeutet demnach 'Wohnstätte des Hasso'. Die Belege 762 *Hasinis-*, *Heisinisheim* und 1023–51 *Hesinesheim* (CL) gehören zu Heidesheim am Rhein, das mit dem KN **Hesīn* zu *Hasso* gebildet wurde. **IV.** ↗ Heidesheim am Rhein, Lkr. Mainz-Bingen, RP. **V.** CL; FP; Christmann 1952; HSP. *JMB*

Hessisch Lichtenau
I. Stadt im Werra-Meißner-Kreis, 12 812 Ew., Knotenpunkt zweier Höhenstraßen (Fritzlar-Göttingen, Melsungen-Kassel), Reg.-Bez. Kassel, HE. Landgräflich hess. Stadtgründung, die zunächst den Namen des benachbarten Dorfes Walburg erhalten sollte. **II.** 1289 *Lichtenowe [Or]*, 1289 *Walberc*, 1289 *Libenowe*, 1297 *Lybenowe*, 1304 *in Lechtenowe*, 1330 *Lichtinouwe uns stad*, 1575–1585 *Lichtenau*, 1889 *Hessisch Lichtenau*. **III.** Zum Gw. ↗ *-au(e)*. Das Bw. ist mhd. Adj. *lieht* 'hell, strahlend, unbewaldet', das hier in flektierter Form erscheint (**ze der liehten ouwe* 'bei der hellen Aue'). **V.** Hess; Küther 1973; Knappe. *TH*

Hessisch Oldendorf
I. Stadt im Lkr. Hameln-Pyrmont, 19 312 Ew., Reg.-Bez. Hannover (bis Ende 2004), NI. Planmäßige Stadtgründung zu Beginn des 13. Jh. durch Grafen von Schaumburg (Lippstädter bzw. Soester Recht); wichtige Bedeutung als Zollstätte und im Rahmen des militärischen und wirtschaftl. Landesausbaus; 1647 hessisch und 1932 zur Provinz Hannover; im Bereich der Stadt liegt das 955 gegründete Stift Fischbeck. **II.** Mitte 13. Jh. *Oldendorpe prope Scowenborch* [Kop. 16. Jh.], 1242 *Aldenthorpe*, 1300 *Oldenthorpe*. **III.** Bildung mit dem Gw. ↗ *-dorf* und dem im Dat. Sg. stehenden Adj. mnd. *ōlt* 'alt' als Bw. Der Anlaut zeigt den vor *-ld-* stattfindenden Übergang des *-a-* zu *-o-*. Bis ins 18. Jh. hinein erscheint als Lokalisierungshinweis und zur Unterscheidung von anderen Orten gleichen Namens *prope/under Scowenborch*. Danach wird der Zusatz *Hessen-* bzw. *Hessisch* aufgrund der territorialen Zugehörigkeit verwendet. Letzterer ist seit 1906 offizieller Teil des Namens. **V.** GOV Schaumburg; HHS 2; Nds. Städtebuch. *KC*

Hettenleidelheim
I. Gem. und gleichnamige VG (seit 1972) im Lkr. Bad Dürkheim, 10 959 Ew., fünf Gem. im Leiningerland an der Nordgrenze des Pfälzerwaldes, RP. Bis zur Franz. Revolution im Besitz der Leininger Grafen, des Hochstifts Worms und der Kurpfalz. In Altleiningen befindet sich die Stammburg der Leininger Grafen auf dem Taubersberg. 1556 wurden die Dörfer Hettenheim und Leidelheim zu einer Gem. zusammengefasst. **II.** 1155–61 *Hit(t)enheim*, 1267 *rustici de Luttelheim*; *Hettenleidelheim* (1730), *Hetten-Leidelheim* (1836). **III.** Der Name Hettenleidelheim wurde aus den zwei ON der urspr. selbstständigen Gem. zusammengesetzt, die aus den ahd. PN *Hilto* > **Hitto*, Gen. Sg. **Hitten-*, bzw. *Liutilo, Liudilo* in den Bw. und dem Gw. ↗ *-heim* bestanden und demnach 'Wohnstätte des Hilto/Hitto' bzw. 'Wohnstätte des Liutilo/Liudilo' bedeuteten. **V.** MGH DD, Die Urkunden Friedrichs I.; Hauptstaatsarchiv München, Rhpf. Urk.; FP; HSP. *JMB*

Hettstedt
I. Stadt und gleichnamige VG im Lkr. Mansfeld-Südharz, 15 905 Ew., am Ostrand des Unterharzes, an der Wipper, ST. Altthüringisches Dorf, im 12./13. Jh. mit Grafenburg und Burgflecken, Marktsiedlung um 1200, 1238 Stadt. Seit dem beginnenden 13. Jh. Silber- und Kupferbergbau. Im 19. Jh. auf Basis der Metallverhüttung wichtiger Standort der Schwerindustrie, nach der Wiedervereinigung Einstellung des Bergbaus. **II.** 1046 *Heizstete*, 1121 *C. de Heiksteten*, 1241 *Hetstide*, 1524 *Hetstet*. **III.** Bildung mit dem Gw. ↗ *-stedt*. Das Bw. kann nicht sicher erklärt werden. Möglich ist, von einem PN *Heizo* (Koseform zu *Heinrich*) auszugehen, daneben kann eine Verbindung mit ahd. *heizēn* 'heiß sein, lodern, erglühen' erwogen werden. **V.** MGH DH III; FO; SNB. *GW*

Heubach
I. Stadt im Ostalbkreis, 10 041 Ew., 13 km wsw Aalen am Fuße des Scheuelbergs, Hochbergs und Rosensteins in der Traufbucht des Klotzbachs, Reg.-Bez. Stuttgart, BW. Bis 1191 war Heubach zusammen mit der Herrschaft Lauterburg/Rosenstein im Besitz des Pfalzgrafen von Dillingen, seit 1360 Stadt und 1579 an Württemberg. Textilindustrie, Brauerei, Blockturm, Miedermuseum, Schloss Heubach, Rosenstein. **II.** 1234 *Hôbach [Or]*, 1291 *Heubach [Or]*. **III.** Der GwN *Heubach*, gebildet wohl mit dem App. mhd. *hou*, Plural *höuwes* 'Hiebabteilungen des Waldes' und dem Gw. ↗ *-bach*, wurde auf die Siedlung übertragen. Der Heubach war der 'Bach, der von den Holzschlagabteilungen herkommt'. Die Verbindung mit ahd. *houwe*, mhd. *höuwe*, *heu* 'Heu, Gras', auf die auch das Stadtwappen Bezug nimmt, ist dagegen eher volksetymologisch. **IV.** Groß- und Kleinheubach, beide Lkr. Miltenberg, BY, ↗ Heuberg, Lkr. Tuttlingen, BW. **V.** Reichardt 1999a; Bach DNK 2; LBW 4. *JR*

Heuberg
I. GVV im Lkr. Tuttlingen, 12 207 Ew., bestehend aus Bubsheim, Deilingen, Egesheim, Gosheim, Königsheim, Reichenbach am Heuberg und Wehingen, Reg.-Bez. Freiburg, BW. Industrie, Landwirtschaft, Metallverarbeitung. Ehemaliges Konzentrationslager Heuberg. Marienkapelle, Bergkapelle, Beilsteinhöhle, Antoniuskapelle, Friedenslinde, Pfarrkirche St. Nikolaus, Narrenbrunnen. **II.** *Heuberg*

(1973). **III.** Der Landschaftsname *Großer Heuberg* für eine dünn besiedelte Hochfläche im Südwesten der Schwäbischen Alb wurde auf den neuen Gemeindenamen übertragen. Das Bw. ahd. *houwe*, mhd. *höuwe*, *heu* 'Heu, Gras' verweist verm. auf die landwirtschaftliche Nutzung als Wiesenland. Es kann aber auch – wie wohl in ↗ *Heubach*, Ostalbkreis, BW – mhd. *hou*, Plural *höuwes* 'Hiebabteilungen des Waldes' vorliegen. Das Gw. ist ↗ *-berg*. **V.** LBW 6. *JR*

Heuchelheim **I.** Gem. im Lkr. Gießen, 7687 Ew., Reg.-Bez. Gießen, HE. Tabakverarbeitung. **II.** (769–778) (Kop. 1183–95) *Vchilheim/Vchelheim*, 1237 (?) *de Hucheleim*, 1245 *Huchilnheim*, 1288 *Huchelnheim*, 1295 *Huchilneim*, 1327 *Huchilheym*, 1380 *Huchelnheym*, 1394 *Huchelheym*. **III.** Komp. mit dem Gw. ↗ *-heim* 'Wohnsitz, Haus, Wohnstätte', 'Siedlung, Niederlassung'. In der ältesten Überlieferung zeigt sich kein Merkmal einer st. oder sw. Flexion in der Fuge durch *-s-* oder *-n-*. Inlautend *-n-* erscheint erst im 13./14. Jh.; damit wird die Deutung des ON über einen PN hinfällig. Für das Bw. ist von einem App. auszugehen. Ein Anschluss lässt sich mit germ. **huk* 'Hügel' gewinnen, zu der idg. Wurzelerweiterung **keu-g-*, **ku-g-* zu idg. **keu-* 'biegen, wölben'. Das Bw. des vorliegenden ON erscheint mit *l-*Erweiterung in diminutiver Bedeutung: *hukil* 'kleiner Hügel'. Der ON bedeutet 'Siedlung auf einem Hügel', bezogen auf die Lage der Siedlung. **IV.** Höckelheim, OT von Northeim; Hötzum, Lkr. Wolfenbüttel; † Huchelem, Region Hannover, alle NI; † Hockelhem, Kr. Soest, NRW. **V.** NOB III; NOB V; WOB I. *DA*

Heusenstamm **I.** Stadt im Lkr. Offenbach, 18227 Ew., Reg.-Bez. Darmstadt, HE. Ersterwähnung im Zusammenhang mit der Belehnung der Burg Heusenstamm durch den Kaiser an die Grafen von Eppstein. Diese belehnten die Herren von Heusenstamm mit Burg und Ort, der zeitweise auch mainzisch war. 1665 kam der Ort an die Grafen von Schönborn, die 1663–1668 ein Schloss errichteten. Die kath. Pfarrkirche St. Cäcilia wurde 1739–1744 nach den Plänen von Balthasar Neumann errichtet. 1806 an Isenburg-Birstein, 1816 an das Ghztm. Hessen. 1959 Verleihung der Stadtrechte. 1977 Eingemeindung von Rembrücken. **II.** Heusenstamm: 1211 *[Or]* *Husilenstam*, 1210–1220 (Kop.) *Husinstam*, 1529 *Heusenstamme*. Rembrücken: 1268 *Rintbrucken*, 1417 *Rymprocken*. **III.** Der ON *Heusenstamm* zum PN ahd. *Hūso* bzw. mit Diminutivsuffix ahd. **Hūsilo*. Das *i-* der Flexionsendung bewirkte den Umlaut zu *-iu-* > *-eu-*. Beim Gw. liegt ahd. mhd. *stam* zugrunde, mutmaßlich in der Bedeutung '(Baum)stamm, Wurzel'. Dies würde auf einen Rodungsort der hochma. Ausbauzeit hindeuten. Die Bedeutung 'Sippe, Geschlecht' ist in diesem Fall eher unwahrscheinlich. Als Zweitglied eines ON ist *-stam* selten, möglicherweise singulär. Der ON *Rembrücken* zu ahd. *hrint* 'Rind'. Das Zweitglied verweist auf eine Brücke, die wohl über die 2 Kilometer östlich liegende Rodau führte. **V.** 750 Jahre Heusenstamm. Heusenstamm 1961; Knappe; Löffler, Falkenstein; Müller, Starkenburg. *TH*

Heusweiler **I.** Gem. im Regionalverband Saarbrücken, 19805 Ew., ca. 15 km n von Saarbrücken, im sog. Saarkohlenwald, SL. Römerzeitl. Spuren, im MA Gft. Saarbrücken, 1471 und im 30-jährigen Krieg Zerstörung des Ortes, 1793 bis 1814 franz., danach preuß. 1920 Saargebiet unter Völkerbundmandat, 1935 Rückgliederung ans Deutsche Reich, 1947 Teil des in polit. Union mit F verbundenen SL, seit 1957 Bundesland SL. 1974 Verwaltungsreform und Bildung einer der flächengrößten Gem. des SL. **II.** 1274 *Huswilre*, 1372 *Huswilre* [Or], *Hußwilre* 1401 [Or]; *Heußw[...]ler* [Or] um 1540. **III.** Aus **Hûsines-wîlâri* zum PN *Hûsin*. Das [û] des Bw. wird vor nachfolgendem [i] zu [ü:] umgelautet, jedoch – wie vielfach in den Rheinlanden – durch <u> verschriftet. Synkope der unbetonten Mittelsilbenvokale und Assimilation des [ns] zu [ss] > [s] führen zur frühesten belegten Form *Huswilre*. Der Stammvokal des Bw. entwickelt sich dann im Zuge der nhd. Diphth. zu [oi] (geschrieben <eu>) weiter. Bildung mit dem Gw. ↗ *-weiler* aus ahd. *wîlari*, mhd. *wîler* 'Weiler, einzelnes Gehöft, kleineres Dorf', entlehnt aus lat./roman. *vīllare* 'Land, das zu einem Gut gehört; kleiner Hof'. **V.** Pitz. *spe*

Hiddenhausen **I.** Gem. im Kr. Herford, 20187 Ew., in Ravensberger Mulde zwischen Teutoburger Wald und Wiehengebirge, 20 km n Bielefeld, Reg.-Bez. Detmold, NRW. 10. Jh. Kirche (rom. Turm, 1665 Langhaus), 1614 an Brandenburg-Preußen. 19. Jh. Landwirtschaft, Zigarren- und Möbelindustrie, Brauerei „Felsenkeller" („Herforder Pils"). Holzhandwerkmuseum. 1969 Zusammenschluss mit fünf Nachbargem. **II.** Ende 12. Jh. *Hiddenhusun*, 13. Jh. *Hiddenhusen*, [1230–1232] *in ecclesia Hiddenhusen*, 1278 *Heddinghosen*, 1284 *in Hyddenhusen*, 1316 *Hiddinchusen*; *Hiddenhausen* (1802). **III.** Bildung mit dem Gw. ↗ *-hausen*. Ein Beleg des 11. Jh. ist in seiner Verbindung mit Hiddenhausen nicht sicher (ca. 1016–1020 (Kop. 1479) *Hiadanoson*; vgl. Trad. Corb. II). Für das Bw. ist deshalb von dem im Gen. Sg. sw. flektierten KN *Hiddo* (etwa zu PN wie *Hildibald*, *-braht*, *-grīm*, *-ward* mit Erstglied *Hildi-*, zu asä. *hild(i)* 'Kampf') auszugehen. Sporadisches *Hiddinck-* kann in Analogie zu anderen *-hausen-*Namen mit patronymischer ↗ *-ing-*Bildung im Bw. gebildet sein, wirkt sich jedoch noch in mda. *Hiddenkussen* aus. **V.** Schneider; HHS 3. *BM*

Hilchenbach I. Stadt im Kr. Siegen-Wittgenstein, 15 920 Ew., Reg.-Bez. Arnsberg, NRW. Kirche verm. um 950/1000, 1. Hälfte 13. Jh. Pfarrort, 1365 Erwähnung der Burg, Ausbau im 17. Jh. zur Residenz der Grafen von Nassau-Siegen; Gerbereien, Leimherstellung, Kleinindustrie, 1969 Zusammenschluss mit umliegenden Gemeinden zur Stadt. II. 1292 *Heylichinbach [Or]*, 1311 *Helchinbach*, 1328 *Helchenbach*. III. Der ON ist mit dem Gw. ↗ *-bach* gebildet und enthält als Bw. den mehrfach bezeugten ahd. femininen PN *Heilicha* im Gen. Sg., der zu ahd. *heilīg* 'heilig, geweiht, fromm' zu stellen ist. Der zweite Vokal wird synkopiert (*-lich-* > *-lch-*). Der Diphthong *-ei-* hat sich den Schreibungen des 14./15. Jh. zufolge (*Heylchen-, Helchin-, Hilkin-*) zunächst zu einem geschlossen artikulierten, dem *-i-* angenäherten Monophthong *-e-* entwickelt, für den sich die Schreibung *-i-* durchsetzt. Der ON entspricht damit dem im Siegerland auch sonst vertretenen Typ PN + *-bach*. V. FP, Sp. 729 f.; Heinzerling. *Flö*

Hildburghausen I. Kreisstadt des gleichnamigen Landkreises, s Suhl, im Werratal zwischen Thüringer Wald im N und dem Grabfeld im S, 12 016 Ew., TH. Frühmittelalterliche Siedlung, verm. fränkische Gründung, an alter Fernstraße von Franken nach Thüringen am Werraübergang; Herrensitz; im 13. Jh. Ausbau zur Stadt (1307 *oppidum*); 1680 bis 1826 Residenzstadt des Fürstentums Sachsen-Hildburghausen; Landwirtschaft, Handwerk, Tuchmacherei, 1824–1874 Sitz von Meyers Bibliographisches Institut; 20. Jh. u.a. polygrafische Industrie. II. 1234 *Hilteburgehusin*, 1307 *Hilteborgehusen*, 1378 *Hilpurgehusen* (gegen 1500 *-hausen*). III. Der ON ist gebildet mit dem weiblichen PN ahd. *Hiltiburg* und Gw. ↗ *-hausen*, also 'bei Hildburgs Häusern'. Das Genitiv-*s* vom PN ist im ON bereits um 1200 und später diese unbetonte Flexionssilbe schließlich ganz geschwunden. Die Schreibung 1378 *Hilpurg-* zeigt mda. Vereinfachung der Lautgruppe |ltb| > |lp| mit Assimilation von |b| an die Stimmlosigkeit des |t|, was zu |p| führte. IV. Hilpershausen, bei Hersfeld, HE, 1185 *Hildeburgehusen*. V. Dob. III; SNB; Berger. *KH*

Hilden I. Stadt im Kr. Mettmann, 55 961 Ew., auf der Niederterrasse im Übergang von der Kölner Bucht in das Bergische Land gelegen, Reg.-Bez. Düsseldorf, NRW. Stadtrechte seit 1861. II. 1074 *in Heldein*, 1139 *de Heldin [Or]*, 1176 *in Helethen [Or]*. III. Dat. Sg. zu mnd. mnl. *helde* 'Abhang, steile Stelle, Halde', also 'Ort am Hang'. Der Erstbeleg (aus einem angebl. Original der 1. Hälfte des 12. Jh.) kombiniert in *-ein* vielleicht älteres *-in* und jüngeres *-en*. Parallelen bei Dittmaier 1956; FO 1. V. HHS 3; v. Roden UB Hilden; Kaufmann 1973. *Tie*

Hildesheim I. Stadt und Sitz des Kreises Hildesheim, 103 288 Ew., NI. Bistumssitz seit 815, von Ludwig dem Frommen neu gegründet. Ausbau der Domburg durch Bischof Bernward um 1000 (Domhof), Klosterbasilika Sankt Michael (vollendet 1033). Langanhaltende Streitigkeiten zwischen der Altstadt, Dammstadt und Neustadt, 1583 Union (Samtrath), Vereinigung von Alt- und Neustadt erst 1803 unter preuß. Herrschaft. 1367 Hansestadt, 1523 Gebietsverluste als Folge der Hildesheimer Stiftsfehde (1519–1523); 1542 Reformation (Bugenhagen), das Bistum Hildesheim und die kath. Diözese bestanden aber weiter. 1813 zum Kgr. Hannover, ab 1823 Landdrostei Hildesheim. 1866 mit dem Kgr. Hannover preuß., 1885 kreisfreie Stadt, Sitz des gleichnamigen Lkr. und Reg.-Bez. Schwere Zerstörungen im 2. Weltkrieg (22. März 1945). 1946 Sitz des Lkr. Hildesheim-Marienburg, 1970 Hochschulstadt, 1974 dem Lkr. Hildesheim eingegliedert; 1977 Vergrößerung des Lkr. durch Aufnahme des Lkr. Alfeld (Leine), 1978–2004 zum Reg.-Bez. Hannover. II. 864 *Hildenisheimensis episcopus*, (um 1075) *sumptus es Hiltineshemensi, episcopum Hildinemensem, Hildinensem episcopatum*, 1450 *to Hildensem*, 1566 *Hildenshem*. III. Im Grundwort sieht man übereinstimmend nd. *-hēm*, im Bw. einen PN, der zu asä. *hild* 'Kampf' gestellt wird. Genauer ist von einem stark flektierenden PN *Hildin-* auszugehen, so dass sich von einer Gf. *Hildin-es-hēm* durch Ausfalls des *-in-* und Ersatz von asä. *-hēm* durch hd. ↗ *-heim* letztlich *Hildesheim* entwickelte. Die gelegentlich vertretene Meinung, es handele sich um eine fränkische Gründung und einen fränkischen Namen, ist abzulehnen. IV. ↗ Hillesheim (um 1103 *Hilleneshem*), Lkr. Vulkaneifel, RP; † Hillensheim (893 (Kop. 1222) *Hildensheym*), Rhein-Pfalz-Kreis, RP;, † Hildesheym (1155 *Hildenesheim*), Lkr. Kassel, HE. V. Bach DNK II,1; FO I; Nds. Städtebuch; RGA 14; Rosenthal; Udolph 1998; Zoder, R.: Der Ortsname *Hildesheim*, Alt-Hildesheim 28(1957). *JU*

Hille I. Gem. im Kr. Minden-Lübbecke, 16 359 Ew., am s Rand des Wiehengebirges, w von Minden, Reg.-Bez. Detmold, NRW. 11. Jh. Einzelsiedlungen im Hiller Gebiet (Hilferdingsen 1029, Eicksen 1033, Holzhausen 1089). Großes Torfmoor (seit 1980 Naturschutzgebiet). Landwirtschaft. Ehemals zum Amt Hartum; 1973 Bildung aus acht ehem. selbst. Gem., darunter das Heilbad (seit dem 18. Jh.) Rothenuffeln. II. 1170 *Hille*, 1181 *de Hille*, 1214 *de Hylle*; *Hille* (1181). III. Die Deutung des ON ist nicht sicher. Bei FO 1 wird er mit anderen ON unter Hinweis auf einen GwN *Hille* oder *Hillebach* (bei Talle, Kr. Lippe) genannt und steht hier neben einer Bez. für einen runden Platz (bei Billmerich, Hamm). Vgl. in engl. ON wie *Ampthill* (Bedfordshire; ca. 1230 *Aunthille*, 1242

Hamethill) zu engl. *hill* 'Hügel', nd. *hille* als Bezeichnung einer leichten Erhebung im Gelände. Vgl. auch mnd. *helde* 'Abhang, abschüssiges Land' (zu idg. *k̂el-* 'neigen' mit Dentalerweiterung), ae. *hildan* 'neigen lassen, niederbeugen', *helde, hi(e)lde* 'Abhang'. Dann Hinweis auf nd. *hilde, hille* Fem. 'geneigte, schräge Decke', insbes. Bez. für Raum unter schrägabfallendem Seitendach eines Heuschuppens oder Viehstalls. **V.** Schneider; HHS 3. *BM*

Hillesheim **I.** Stadt und gleichnamige VG (seit 1970) im Lkr. Vulkaneifel, 8743 Ew., mit elf Gem. in der nordwestlichen Vulkaneifel, RP. Mitte des 14. Jh. kamen die Burg Hillesheim und die umliegenden Orte an das Kurfürstentum Trier. Der Ort Hillesheim wurde Sitz eines Amtmannes und befestigt. Dennoch litt er im 17. und 18. Jh. häufig als Durchgangsort unter Krieg, Brandschatzung und Plünderung, Teile der Befestigung jedoch bis h. erhalten. 1794 zum franz. Département Sarre mit Sitz in Trier. Nach dem Wiener Kongress an Kgr. Preußen. **II.** 943 *in villa hillesheim, de Hilleneshem*, 1195 *Hillensheim*, 1272 *Hildesheym; Hillesheym* (1308). **III.** Der ON besteht aus dem ahd. PN *Hillo*, Gen. Sg. *Hillin-, Hilles-*, im Bw. und ↗ *-heim* im Gw. Die beiden Gen.-Formen wechseln im MA und werden auch gemeinsam (943 *Hilleneshem*) gebraucht. Gedeutet werden kann der ON demnach als 'Wohnstätte des Hillo'. Das *-d-* anstelle von *-l-* im 13. Jh. wurde verm. analog zum ON Hildesheim, NI, geschrieben, der jedoch zum PN *Hild(w)in* gehört. **IV.** Hillesheim, Lkr. Mainz-Bingen, RP. **V.** Liber aureus Prumiensis. Hg. von R. Nolden. Prüm 1997; FP; Meyer, H.: Hillesheim: Die Geschichte eines Eifelstädtchens. Trier 1990. *JMB*

Hilpoltstein **I.** Stadt im Lkr. Roth, 13 226 Ew., Reg.-Bez. Mittelfranken, BY. 1385 Übergang in den Besitz der Herzöge von Bayern-Landshut, 1627/28 Rekatholisierung. **II.** 1254 (Kop. des 14. Jh.) *domini Heinrici de Lapide*, 1258 *Heinrico de Lapide*, 1268 *Heinricus de Lapide senior cum filiis suis ... Heinrico et Hilteboldo*, 1279 *Heinr(icus) senior de Lapide ... unanimi consensu filiorum meorum Hiltpoldi de Soltzburch ... apud Lapidem in castro*, 1294 *hern Hylpoltelz von dem Steyne*, 1305 *Hylpoldus de Lapide*, 1311 *Hiltpolden von dem Stein*, 1355 *Hilpoltstein*. **III.** Im Erstbeleg von 1254 begegnet der Gen. eines Personennamens, im Zweitbeleg von 1258 der Dat. Dem urspr. Burgnamen liegt mhd. ↗ *-stein* 'Stein, Fels, Burg' bzw. lat. *lapis, lapidis* 'Stein' zugrunde. Wie aus den Belegen hervorgeht, übernahm Hiltbold am Ende des 13. Jahrhunderts die Burg seines Vaters Heinrich, die dann nach ihm benannt wurde. **V.** HHS 7/2; Reitzenstein 2009. *WvR*

Hilter am Teutoburger Wald **I.** Gem. im Lkr. Osnabrück, 10 222 Ew., Reg.-Bez. Weser-Ems (bis Ende 2004), NI. Der Ort ist Sitz der Verwaltung der aus 9 OT bestehenden und 1972 gegründeten gleichnamigen Gem.; im urspr. eher dörflich strukturierten Ort haben sich seit dem ausgehenden 19. Jh. zahlreiche Betriebe der Nahrungs- und der Grundstoffindustrie angesiedelt. **II.** 1171 *Hiltere* [Or], 1223 *Hiltere*, 1317 *Hilter* [Kop. 18. Jh.]. **III.** Abl. mit *-r-*Suffix. Eine Bildung mit einem Gw. asä. *treo* 'Balken, Holz' (engl. *tree* 'Baum') ist aus semantischen Gründen wie aufgrund des *-e-* zwischen *-t-* und *-r-* auszuschließen. Basis der Abl. ist *Hilt-* oder *Helt-* (mit Tonerhöhung vor dem *-i-* des Suffixes). Sie ist verm. zu verbinden mit einer Ablautform von asä. *holt* 'Gehölz, Wald', die in anord. *hjalt*, ae., mnl. *hilt*, asä. *hilti*, mnd. *hilte* 'Schwertgriff', asä. *helta* 'Handgriff am Ruder' belegt ist. **V.** GOV Osnabrück I. *KC*

Hilzingen **I.** Gem. im Lkr. Konstanz, 8324 Ew., ca. 32 km wnw Konstanz in der Talwanne des Rohrbachs gelegen und von der Mühlbach durchflossen, Reg.-Bez. Freiburg, BW. Frühe Siedlung, die aus schwäbischem Besitz an das Kloster Stein und mit diesem an das Bistum Bamberg kam, seit 1808 badisch. Dienstleistungsgewerbe, Handwerk, Burg Staufen, Burg Hohenkrähen, Burg Hohenstoffeln. **II.** 1005 (F. 12. Jh.) *Hiltesinga*, 1050 *Hiltisinga*. **III.** *Hilzingen* ist eine ↗ *-ingen*-Bildung mit dem PN *Hiltizo*; der Name bedeutet 'bei den Leuten des Hiltizo'. **IV.** ↗ Hüfingen, Schwarzwald-Baar-Kreis, BW. **V.** Krieger; FP; LBW 6. *JR*

Himmelpforten **I.** Samtgemeinde im Lkr. Stade, 9904 Ew., Reg.-Bez. Lüneburg (bis Ende 2004), NI. 1255 Verlegung des Zisterzienserklosters Himmelpforten, vormals in Rahden, an den heutigen Ort, der urspr. *Eulsete (Eylsede)* hieß; 1648 Säkularisierung des reichen Klosters. **II.** 1255 *in Porta Celi [...] in villa quae vocatur Eulsete* [Or], 1296 *Johannes domine Eylsedis* [Kop. 14. Jh.], 1303 *Porta Celi*, 1500 *Hemmelporten*. **III.** Der Name des Klosters ist ein sprechender Name und als 'Pforte zum Himmel' zu verstehen. Im Namen *Eulsete* liegt wohl eine Bildung mit einem in asä. *-sētio* 'Bewohner' belegten Gw. vor. Das Bw. ist wegen seiner spärlichen und schwankenden Überlieferung nicht sicher zu bestimmen. Der Ansatz eines PN *Agil* ist problematisch, da die *-sete-*Namen in der Regel keine PN enthalten, sondern Appellative. **IV.** Himmelpforten, Kr. Soest, NRW. **V.** HHS 2. *UO*

Hindenburg (Oberschlesien) // Zabrze ['zabʒɛ] **I.** Kreisfreie Stadt in der Woi. Śląsk, 188 401 Ew., PL. Industrielles, wissenschaftliches und kulturelles Zentrum im Oberschlesischen Industrierevier; Bergbau (seit 1791), Maschinenbau- und Eisenindustrie; Forschungsinstitute, Philharmonie, Museum für Bergbau und Hüttenwesen. In der Volksabstimmung 1921 stimmten 51 % der Wähler für Deutschland. 1922 wurde dem damaligen „größten Dorf Europas" das Stadtrecht verliehen. Stadtkreis (seit 1927) im Reg.-Bez. Oppeln, Reg.-Bez. Kattowitz (1939–1945); 126 220 Ew. (1939). **II.** *Sadbre sive Cunczindorf* um 1300 *[Or]*, 1677 *villa Zabrze*; *Hindenburg* (1915). **III.** Urspr. **Zadbrze* 'Ort hinter, jenseits der Schlucht' zu poln. *za* 'hinter' und apoln. *debra, debrz* 'Schlucht, Waldtal, Waldschneise'; vgl. auch asorb. **dobŕ*, atschech. *debř* 'Tal' und urslaw. *dъbrъ* 'Waldtal'. Die spätere und heutige Form *Zabrze* wurde phonetisch gekürzt und die schwer auszusprechende Konsonantengruppe *-dbrz-* vereinfacht. Der d. Name *Kunzendorf*, der auf den Lokator *Kunze* zum VN *Konrad* zurückgehen dürfte, verschwand im 15. Jh. 1915 zu Ehren von Paul von Hindenburg umbenannt in *Hindenburg OS*. **IV.** Zabrze, Zadebrze, Zadebrza in Kleinpolen; alle PL; Döbern, BB und SN; BB; Hindenburg (poln. Kościuszki) in Pommern, PL; Hindenburg in BB und ST. **V.** Borek, H.: Górny Śląsk w świetle nazw miejscowych. Opole 1988. *MCh*

Hinter-. Dieser unterscheidende Zusatz begegnet, wie das Gegenstück ↗ *Vorder-*, nur in jüngeren Namen häufig und trägt eher adj. Charakter (bei apokopierter Endung *-(e)n*). Die vorwiegend in Bachtälern liegenden Orte zeigen je weiter nach S hin Vorverlegung des Akzents (Hinterzarten, Lkr. Breisgau-Hochschwarzwald, BW). Literatur: Kaufmann 1958; Debus / Schmitz, H.-G. *FD*

Hinwil **I.** Politische Gem. und Hauptort des gleichnamigen Bezirks, 9 873 Ew. Gem. im Zürcher Oberland, am Fuße des Bachtels, bestehend aus dem Hauptort und drei weiteren Dörfern, drei Weilern sowie rund hundert Höfen, Kt. Zürich, CH. Römische Villa, frühmittelalterliche Kirche; im Hochmittelalter zur Landvogtei Grüningen gehörend. Bäuerlich geprägt, ab dem 17. Jh. textile Wirtschaftszweige, Eisenbahnanschluss 1876 und anschließende wirtschaftliche Blüte bis zum 1. Weltkrieg; seither moderne Wohngemeinde und Industriestandort. **II.** 745 in *Hunichinwilare*, 751–800 *Hunichinwilare*, 1261 *Hunwiller*. **III.** Primärer Siedlungsname mit Grundwort ahd. *wīlāri* 'kleines Dorf, Weiler; Einzelhof' (↗ *-weil / -wil*) und einem in der Zeit durchaus gut belegten PN *Hunic(h)o* im Bestimmungsglied. In der Gesamtdeutung 'Hofsiedlung des *Hunic(h)o*' kommt die Siedlungs- und Gesellschaftsstruktur jener Siedlungsphase zum Ausdruck, in der noch hinter die Rufnamen bedeutender Einzelpersönlichkeiten die Benennung kleinerer Ansiedlungen veranlasst haben dürften. **V.** FP; HLS; LSG. *MHG*

Hirschaid **I.** Markt im Lkr. Bamberg, 11 707 Ew., an der Einmündung der Reichen Ebrach in die Regnitz s von Bamberg, Reg.-Bez. Ofr., BY. Besiedelung seit der Jungsteinzeit und der späteren Latènezeit nachgewiesen; ab 1300 Sitz der adeligen Herren, der Ministerialen und Vögte derer von Hirzheide, zum Hochstift Bamberg gehörig; in der Säkularisation an Bayern. **II.** 1079 *Hirzheide*, 1460 *Hirscheyd*, 1800 *Hirschaid*. **III.** Das Gw. des Namens wird mit ahd. *heida* 'Heide' identifiziert, das Bw. mit ahd. *hirz* 'Hirsch'. Die Deutung als 'Hirsch-Heide' wirkt in mehrfacher Hinsicht volksetymologisch, da Hirsche nicht unbedingt Heidetiere sind und Hirschaid nicht in einer Heide liegt. Der Name wird auch auf den Namen eines Adelsgeschlechts zurückgeführt, das aber erst wesentlich später bezeugt ist. **V.** MGH DHIV, Nr. 317; Reitzenstein 2009; Ziegelhöfer/Hey, S. 8. *RB*

Hirschberg (Riesengebirge) // Jelenia Góra [jɛ'lɛɲa 'gura] **I.** Kreisfreie Stadt, 85 378 Ew., Woi. Niederschlesien // Dolny Śląsk, PL. Stadt am Bober und am n Ausgang des Hirschberger Tals. Schon um 1100 hat hier eine slaw. Burganlage bestanden, deren Name nicht belegt ist. Hirschberg wird vor 1288 d. gegründet, Stadtrecht 1299. Ehemals Zentrum des Tuchmachergewerbes und des Leinenhandels (bis ins 18. Jh.). Seit dem 19. Jh. Fremdenverkehrszentrum am Eingang zum Riesengebirge. Kreisfreie Stadt (seit 1922), Reg.-Bez. Liegnitz, NS, (1939) 35 296 Ew. Sitz einer Woiwodschaft 1975–1998. Im SW das 1976 eingem. Heilbad Cieplice // Bad Warmbrunn mit schwefelhaltigen Quellen. **II.** 1281 *Hyrzberc*, 1288 *Hirzberch*, *Hyrsbergk*, ca. 1300 *Hyrspergk*, 1526 *Hirschperg*. Polonisierung des ON: 1845, 1946 *Jelenia Góra*, 1882 *Jeleniagóra*, 1945 *Jeleń*. **III.** Der ON ist ein Kompositum aus mhd. *hirz* 'Hirsch' und ↗ *-berg*. Namenübertragung durch Siedler aus anderen d. Landesteilen ist denkbar, aber in den Quellen nicht nachzuweisen. Ebenso spekulativ ist die Annahme, der d. Name sei die Übersetzung des Namens der alten slaw. Burg. Die seit 1946 amtliche poln. Namenform findet sich seit dem 19. Jh. und ist eine späte Übersetzung der deutschen: *jeleni* m., *jelenia* fem. als Bezugsadjektiv zu *jeleń* m. 'Hirsch', *góra* fem. 'Berg'. **IV.** Hirschberg (Saale), Saale-Orla-Kreis, TH; Hirschberg, Rhein-Lahn-Kreis, RP; ↗ Hirschberg an der Bergstraße, Rhein-Neckar-Kreis, BW; Hirschberg, OT von Warstein, Lkr. Soest, NRW. **V.** SNGŚl; Rymut NMP; Zych. *ThM*

Hirschberg an der Bergstraße **I.** Gem. im Rhein-Neckar-Kreis, 9 427 Ew., ca. 10 km n Heidelberg, das Gemeindegebiet erstreckt sich von der Rheinebene über die Bergstraßenlandschaft bis zum s Odenwald, Reg.-Bez. Karlsruhe, BW. Hirschberg entstand 1975 durch die Vereinigung der ehemals selbstständigen Gemeinden Großsachsen und Leutershausen an der Bergstraße. Obst- und Weinbau, Villa Rustica, Ruine Hirschburg, Schloss, Wallfahrtskirche St. Johannes Baptist. **II.** *Hirschberg* (1975). **III.** Es handelt sich um eine Zuss. aus ahd., mhd. *hirz* 'Hirsch' und ⁊ *-berg.* Namengebend wurde eine 1329 zerstörte Burg, die erstmals 1152 als *Hirzberg* bezeugt ist. **IV.** Hirschberg, Saale-Orla-Kr., TH, und Rhein-Lahn-Kr., RP. **V.** Krieger; Berger; LBW 5. *JR*

Hoch- / Hohen-. Der nominativische unterscheidende Zusatz *Hoch-* hat gelegentlich den dativischen Zusatz *Hohen-* verdrängt. Während im Elsass die Form *Hoh(en)-* gilt, ist am Niederrhein zuweilen ⁊ *Ober(en)-* gleichbedeutend und benennt die Lage flussaufwärts. In einigen Fällen liegt urspr. der appositionale Zusatz ⁊ *Hof-* zugrunde. *Hoh(en)-* kennzeichnet sowohl SiN (⁊ Höchst i. Odw., Odenwaldkreis, HE) als auch nicht selten Burgennamen. Der Gegenbegriff *Tief(en)-* ist nur selten belegt (Tiefencastel, GR, Schweiz). Literatur: Kaufmann 1958. *FD*

Höchberg I. Markt im Lkr. Würzburg, 9 437 Ew., Rodungssiedlung w von Würzburg am Rand des Guttenberger Forstes, Reg.-Bez. Unterfranken, BY. Erstmals erwähnt in der ahd. Würzburger Markbeschreibung des Jahres 779. Früher Besitz des Würzburger Sankt-Andreas-Klosters, das später in ein adeliges Säkularkanonikerstift (St. Burkard) umgewandelt wurde und die Dorfherrschaft ausübte. **II.** 779 (um 1000) *Huohhobura,* 1303/04 *Huchbur,* 1337/43 *Hochbůr,* 1440 *Huchgebaur,* 1505 *Huchpergk,* ca. 1600 *Huchbauer,* 1702 *Hüchberg.* Während das Gw. (⁊ *-beuren*) bei der Erklärung keine Schwierigkeiten bereitet, ist das Bw. in seiner Bedeutung umstritten. Wagner stellte es zunächst zu germ. **hōk-* (vgl. ae. *hōc,* neuenglisch *hook*) 'Haken, Winkel' und erklärte den ON als 'Siedlung bei den Haken, Winkeln' (gemeint ist der Wegeverlauf in diesem Bereich). In einer revidierten Erklärung ging er beim Bw. von einem Gen. Pl. zu ahd. **huoch* 'Bursche, Kerl' aus. Analog zu *Karlburg am Main* (823 *in Karloburgo*) sieht Wagner in diesen *Karlen / Kerlen* den Namen für die Burgbesatzung. Reitzenstein erwägt hingegen eine Verknüpfung mit ahd. *huo(h), hūh* 'Hohn, Spott'. Es habe sich bei der Ansiedlung möglicherweise um kleine Gebäude gehandelt, die zu Spott Anlass gaben. Das Gw. ahd. *būr* erfährt zunächst eine lautgesetzliche Entwicklung zu *-bauer,* doch setzt parallel eine Umdeutung des nicht mehr verstandenen und ma. wohl nur noch unbetont gesprochenen Zweitgliedes in *-berg* ein. **V.** Wagner, N.: Chistesbrunno und Huohhobura. Zu den althochdeutschen Würzburger Markbeschreibungen. In: BNF NF 12 (1977); Wagner, N.: Zu einigen Erst- und Zweitgliedern althochdeutscher Personennamen. In: BNF NF 39 (2004); Reitzenstein 2009. *TH*

Hochdorf [ˈhoːftərə] **I.** Dorf und Gem. sö des Baldeggersees im oberen Seetal, Hauptort des Amtes Hochdorf, 8 386 Ew., der alte Siedlungskern mit der Kirche liegt erhöht über dem Talboden, Kt. Luzern, CH. Seit 8000–5000 v. Chr. Besiedlung am Baldeggersee. Im 9. Jh. Besitzrechte des Zürcher Fraumünsters, im 14. Jh. habsburgisch, 1386 Eroberung durch die Stadt Luzern. Früher Ackerbau, h. Viehwirtschaft und Gewerbe. **II.** 924 (?) *de Hodorf* [Or], 1045 *in Hotorf,* 1223 *Hochtorf,* 1227 *de Hohdorf,* 1234 *in Hochdorf.* **III.** Primärer SiN, zusammengesetzt mit dem adjektivischen Bw. ⁊ *Hoch-* < ahd. *hōh-* 'hoch gelegen' und der Siedlungsbezeichnung ⁊ *-dorf.* Der Name bezieht sich auf die Lage der ersten Siedlung, die sich gegenüber dem Talboden in höherer Lage befand. Er bedeutet 'erhöht gelegene Dorfsiedlung'. Der Ansatz eines ahd. PN *Hucho, Hoho* oder ähnlich ist unnötig. **IV.** Der Name *Hochdorf* ist weitverbreitet und bezeichnet in Deutschland viele Gemeinden und Ortsteile, u. a. in RP, BW. **V.** Wey, O./Hörsch, W.: Hochdorf. In: HLS 6, 2007; LSG. *EW*

Hochheim am Main I. Stadt im Main-Taunus-Kreis, 16 919 Ew., Reg.-Bez. Darmstadt, HE. Die erste Nennung des Ortes erfolgte 754 anlässlich der Translation der Gebeine des Bonifatius von Mainz nach Fulda. Wohl auf Königsgut entstanden ein Fronhof und ein Dorf, in dem mehrere geistliche Institutionen Besitzungen und Rechte hatten (u. a. das Kölner Domkapitel). In den Rivalitäten zwischen Eppstein und Mainz um die Ortsherrschaft konnte das Erzbistum seit dem späten MA seine Besitzansprüche durchsetzen. Hochheim wurde Sitz eines domkapitelischen Amtes. 1803 an Nassau-Usingen. Wichtigster Wirtschaftsfaktor war der Weinbau, später auch die Sektproduktion. 1977 wurde Massenheim eingemeindet, das einst von Kaiser Ludwig dem Frommen an das Kloster Fulda geschenkt worden war (820). **II.** 754 (Kop.) *Hohheim;* danach *Hoch(h)eim.* Massenheim: 819 (Kop.) *in pago Kuningessuntere ... Massenheim,* 910 (Kop.) *in Massenheimere marca.* **III.** Das Bw. des ON *Hochheim* zu ahd. *hōh* 'hoch'. Da kein Umlaut *ō* > *œ* erfolgt ist, liegt keine Fügung im Dativ (ahd. **ze demo hōhin heim* > **Hōhinheim* > **Höchheim*), sondern ein Nom. (**daz hōha heim* > *Hōhheim*) in der Bedeutung 'bei der hoch über dem Main gelegenen Siedlung' zugrunde. Der ON *Massenheim* zum PN *Masso,* die Kurzform eines zweigliedrigen Namens, dessen Etymologie unsicher ist. **V.** Andrießen; Bethke; Dronke Cod. Dipl. Fuld.; Keyser. *TH*

Höchst im Odenwald I. Gem. im Lkr. Odenwaldkreis, 9 749 Ew., Reg.-Bez. Darmstadt, HE. Früher fuldischer Besitz als Teil der Mark Umstadt. Die Herrschaft übten seit dem Spätmittelalter die Grafen von Wertheim und von Erbach aus. 1806 kam der Ort mit dem Amt Breuberg an das Ghztm. Hessen. Vor 1244 Gründung eines Augustinerinnenklosters, das nach 1506 von Benediktinerinnen bezogen und um 1556 aufgehoben wurde. **II.** 11. Jh. (Kop.) *Hohstete*, 1156 [*Or*] *Hoiste, quod est in ripa fluminis Mimininga*, 1374 *Hôste*. **III.** Zugrunde liegt die syntaktische Fügung ahd. **ze dero hôhin steti* 'bei der hoch gelegenen Stätte / Ansiedlung' (⁊ *-stat*). Der Name nimmt Bezug auf die erhöhte Lage über der Mümling (*Mimininga*; ⁊ Erbach). Das *-i-* bewirkte den Umlaut *-ō-* > *-œ-*. **IV.** Höchst (OT von ⁊ Frankfurt, am erhöhten Mainufer: 790 (Kop.) *Hostat*, 1024 *Hosteti*). **V.** Germania Benedictina Hessen; Kleberger; Müller, Starkenburg; Wagner, H.: Die Erstnennung von Höchst im Odenwald 1156. In: Beiträge zur Geschichte von Höchst im Odenwald. Höchst 2006. *TH*

Höchstadt a. d. Aisch

I. Stadt im Lkr. Erlangen-Höchstadt, 13 369 Ew., seit 1972 Reg.-Bez. Mittelfranken, BY. Frühmittelalterliche Gründung am Unterlauf der Aisch am Rand des Steigerwaldes, vor 1156 im Besitz der Pfalzgrafen von Stahleck am Rhein, auch Grafen von Höchstadt genannt; 1157 an den Bischof von Bamberg, von Kaiser Friedrich Barbarossa aus dem Reichslehenverband gelöst, im 12. Jh. Sitz eines Bamberger Ministerialengeschlechts, im 14. Jh. Bamberger Amt, Burg mit Hochgericht, befestigte Stadt; 1633 im Dreißigjährigen Krieg niedergebrannt, bald wieder Amtsstadt mit Ackerbürgern, regionalem Marktumschlag, Handwerksbetrieben, 1803 an Bayern. **II.** Ca. 800 (F. 12. Jh.) *Hohstete*, 9. Jh. (Kop. 12. Jh.) *in loco Hohenstat qui situs est iuxta ripam fluminis Eisga, … Hohstete iuxta ripam fluminis Eisge*, 1164 *Hochstet* [*Or*], 1568 *Höchstatt*. **III.** Dem Gw. ⁊ *-statt* (im ahd. Dat. Sg. *steti*) wurde das Adj. ahd. *hôh* 'hoch, erhaben' (im Dat. Sg. *hôhin*) vorangestellt. Im Hinblick auf die zahlreichen anderen 'hochgelegenen Stätten' war der Ort schon bald durch den Zusatz 'am Ufer des Flusses Aisch' bzw. 'an der Aisch' klar zu identifizieren. **IV.** Oberhöchstädt, OT von Dachsbach, Lkr. Neustadt a.d. Aisch-Bad Windsheim, Höchstädt a.d. Donau, Lkr. Dillingen a.d. Donau, beide BY; Höchst, OT von ⁊ Frankfurt am Main, HE. Zum Zusatz ⁊ Neustadt a. d. Aisch. **V.** Jakob, A.: Höchstadt a. d. Aisch. In: HHS Franken; Reitzenstein 2009. *DF*

Höchstädt a.d. Donau

I. Stadt und gleichnamige VG im Lkr. Dillingen a.d.Donau, 12 366 Ew., nw Augsburg, Reg.-Bez. Schwaben, BY. Urspr. ein Dorf unmittelbar n der Dillinger Grafschaftsgrenze, das nach 1200 von den Staufern auf der Basis von Klostervogteien (u. a. alter Besitz von Kloster Reichenau) zur Stadt ausgebaut wurde, die beim Übergang an das Hztm. Bayern (Konradinische Erbe, 1268) *civitas* genannt wird, die aber wegen der Lage jetzt in der Gft. Oettingen aufgelassen werden musste und wüst fiel (Alte Stadt). Dafür entstand gegen 1300 s der Grenze im Schutz einer älteren Burg die heutige Stadt als bayer. Gründung (Neue Stadt). Seit 1505/06 Ftm. Neuburg (Pfalz-Neuburg) und mit ihm nach 1799 im Kurfürstentum (1806 Kgr.) Bayern aufgegangen. Landstadt, vor 1803 bedeutender Verwaltungssitz, 1615–1632 Witwenresidenz. **II.** Alte Stadt: 843 ([Ver]Fälschung um 1150) *Honisteten*, 1081 *Hohestetin*, 1245 *Hohstettin*, ca. 1280 *Hosteten*, 1357 *Hôstetten*. Burg: 1081 *Hôste, Hohstetin, Hostete, Hohstat*, ca. 1150 *Hôsteten*. Neue Stadt: 1321 *Hôhsteten*. **III.** Die Namen von Burg und Alter Stadt gehen ineinander über, bedingt durch Ortsadel auf der Burg, der sowohl in Diensten des Reiches wie des Klosters Reichenau stand. Der Name der Burg setzt sich zusammen aus dem Bw. ahd. *hôh* 'hoch' und dem Gw. ⁊ *-statt*; er leitet sich von der seit jeher erhöhten Lage der Burg. Der Name der Alten Stadt ist nicht sicher zu deuten. **IV.** Höchstadt a.d.Aisch, Lkr. Erlangen-Höchstadt, BY. **V.** HONB Schwaben, Bd. 4; Seitz, R. H.: Die (abgegangene) staufische Stadt Höchstädt a.d.Donau und der Besitz des Klosters Reichenau. In: Jahrbuch des Hist. Vereins Dillingen an der Donau 104 (2003). *Sz*

Hockenheim

I. Große Kreisstadt und gleichnamige VVG im Rhein-Neckar-Kreis, 40 048 Ew., ca. 15 km sw Heidelberg in der Oberrheinischen Tiefebene nahe dem Rhein gelegen und von der Kraichbach durchflossen, Reg.-Bez. Karlsruhe, BW. Zunächst Lorscher Besitz, 1286 zusammen mit der Burg Wersau vom Bistum Speyer an die Pfalzgrafen, seit 1803 badisch. Zunächst hauptsächlich Tabakanbau, später vermehrt Industriebetriebe, Tabakmuseum, Hockenheimring, Motor-Sport-Museum, Güldener Engel, Wasserturm, Alte katholische Kirche, Gartenschaupark. **II.** 769 (Kop. 12. Jh.) *Ochinheim*, 774 (Kop. 12. Jh.) *Hochkinheim*, 782 (Kop. 12. Jh.), *Hochinheim*, 1198 *Hocgenheim* [*Or*]; *Hockenheim* (1238). **III.** Es liegt eine Zuss. mit dem Gw. ⁊ *-heim* vor; das Bw. enthält den PN *Hoko* bzw. *Hokko*: 'Siedlung des Hoko/Hokko'. **IV.** ⁊ Kuppenheim, Lkr. Rastatt, BW. **V.** Krieger; FO 1; LBW 5. *JR*

Hof-. ⁊ Hoch- / Hohen-.

Hof

I. Kreisfreie Stadt und Sitz des gleichnamigen Lkr., 47 275 Ew., im bayer. Vogtland zwischen Fichtelgebirge und Frankenwald an der Mündung des Flüsschens Regnitz in die Sächsische Saale, Reg.-Bez. Ofr., BY. 11. Jh. Rodungs- und Siedlungstätigkeit im Gebiet der Regnitz, deren Name zunächst auch der

Siedlung galt, ca. 1230 Anlegung einer Stadt n des Altortes mit Namen *Curia* bzw. *Hof*, verm. unter Haus Andechs-Meranien, bis 1373 unter Vögten von Weida, danach unter Burggrafen von Nürnberg bzw. Mgf. von Brandenburg-Kulmbach / (seit 1603) -Bayreuth, 1792 preuß., 1810 bayer., im 19. Jh. Eisenbahnknoten für BY, SN und Böhmen sowie Zentrum für mechanische Baumwollspinnerei, nach 1945 durch Nähe des „Eisernen Vorhangs" Standortnachteile, h. Maschinenbau, zwei Fachhochschulen, Regionalflughafen, Symphonieorchester, Theater und seit 1967 Kinofestival „Hofer Filmtage". **II.** Ca. 1160 *Rekinzi*, 1258 *in Curia*, 1288 *stad Hoff*; zum Hof Reknitz (1352). **III.** Urspr. GwN/SiN zu slaw. *rakъ 'Krebs' (Abl. durch Suffixe -*ov*- und -*nica*), evtl. auch als überlagerte und slaw. umgedeutete idg. Vorstufe; neuer ON zu mlat. *curia* 'Hof' bzw. mhd. ↗-*hof*. **IV.** Hof a. d. Steinach, Lkr. Kronach, Reg.-Bez. Ofr., BY; ON Hof wird im altbayerischen Raum sehr häufig von kleinsten Siedlungen getragen. **V.** HHS Franken; Reitzenstein 2009; UB Vögte Weida; Amtl. OV BAY. *DG*

-hofen. Germ. *hufa-, asä. / ahd. / mhd. / *hof* M. 'Hof, Gehöft', mit der Grundbed. 'Anhöhe' – so noch die Bed. von nord. *hov* und durch nah verwandtes *Hübel* bestätigt – erscheint in ON vor allem in der alten nicht umgelauteten Dat. Pl.-Form -*hof(en)* mit der Bed. 'Gebäudegruppe' bzw. als Dat. Pl.-Form 'bei den Höfen'. Die hauptsächlich in Teilen Nordbayerns gehäuft, sonst eher in dünner Streuung vorkommenden -*hof(en)*-Namen begegnen selten als Simplizia (↗Hof, BY). In den älteren Belegen gehört -*hof(en)* der frühen Ausbauzeit an, wozu mehrheitlich die orientierten SiN (↗*Ost*-, ↗*West*-, ↗*Nord*-, ↗*Süd*-) mit ihrem Bezug zu Fiskalbesitz der fränk. Zeit gehören dürften. Auch die häufigen -*inghofen*-Namen, die z.B. am Mittel- und Niederrhein mit ↗-*ingheim*-Namen in günstiger Siedlungslage durchmischt begegnen, aber auch in Westfalen, BY, A und gehäuft in der CH vorkommen, dürften in der Mehrzahl alt sein. In BY und A gilt die Form -*hofen*, in Baden und der nw CH -(*i*)*gen*, sonst in der CH -*ik*(*h*)*ofen* oder -*i*(*n*)*kon*. In mehreren Siedlungsperioden ist der -*hof(en)*-Typus aktiv geblieben, was besonders für -*hof* bis in die Gegenwart gilt. Als Bw. begegnen sowohl PN als auch App. Literatur: Bach DNK II, 2; Schuster I; Wiesinger 1994; NOB III; Debus / Schmitz, H.-G. *FD*

Hofgeismar **I.** Stadt im Lkr. Kassel, 16 128 Ew., gelegen w des Reinhardswaldes im Tal der Esse, Reg.-Bez. Kassel, HE. Alter Mainzer Vorposten im Diemelgebiet; Verleihung der Stadtrechte um 1220; 1462 Verpfändung an Hessen-Kassel; 1583 hessisch; seit dem 17. Jh. Badebetrieb (Gesundbrunnen); 1686 Aufnahme von Hugenotten; 1821–1972 Kreisstadt, 1971 Zusammenschluss mit sieben Umlandgemeinden. **II.** 1082 *Hovegeismari* [Or], 1143 *Geismare*, 1146 *Chiesmare*, 1183–1190 *Hovegesmar*. **III.** Bw. wohl zu ahd. *geiz, gaiz* 'Ziege, Reh'. Eine Anknüpfung an anord. *gīsan* 'brodeln, schäumen' (so Arnold) verbietet sich, da die frühen Belege in diesem Fall ein -*ī*- statt -*ei*- im Wurzelvokal aufweisen müssten. Zu ↗-*mar* als 'Sumpf, Tümpel', vgl. *Weimar* in ↗Ahnatal. Das differenzierende *Hof*- tritt bereits im Erstbeleg des 11. Jh. auf und scheidet den Ort von den beiden anderen hessischen *Geismar* (Lkr. Waldeck-Frankenberg bzw. Schwalm-Eder-Kreis). **V.** Keyser; Arnold. *TH*

Hofheim am Taunus **I.** Kreisstadt des Main-Taunus-Kreises, 38 339 Ew., Reg.-Bez. Darmstadt, HE. Trotz der relativ jungen Erstbezeugung wird wegen des Petruspatroziniums der Pfarrkirche ein hohes Alter unterstellt. Als Mittelpunkt eines Gerichtsbezirks nahm Hofheim zentrale Funktionen wahr, die in das 1352 den Herren von Falkenstein verliehene Stadtrecht mündeten. Nach verschiedenen Adelsherrschaften (Kronberg, Eppstein, Stolberg) kam der Ort in der Frühen Neuzeit an Kurmainz, 1803 an Nassau-Usingen. Neben der Lederherstellung war auch die Eisenbearbeitung von großer wirtschaftl. Bedeutung. 1938 Eingemeindung von Marxheim, 1972 von Diedenbergen, Langenhain und Lorsbach, 1977 von Wallau und Wildsachsen. Seit 1980 ist Hofheim Kreisstadt. **II.** Hofheim: 1263 *de Hoveheim*, 1352 *Hobheim*. Diedenbergen: 1450 *Dydenbergen*. Langenhain: 1309 *Langenhayn*. Lorsbach: 1280/85 *Loirsbach*, 1310 *Larysbach*. Marxheim: 1191 *Marbotdesheim*. Wallau: 950 (Kop.) *Wanaloha*, 1258 *Wanlohe*. Wildsachsen: 1107 *Wedelensassen*, 1145 *Witelesassen*. **III.** Der ON *Hofheim* zu ahd. ↗*hof(en)* 'Bauernhof, Wirtschaftshof'. Der ON *Diedenbergen* zum PN *Diedo*, der Kurzform eines zweigliedrigen Namens mit *Diet*- (vgl. ahd. *diot* 'Volk') im Erstglied. Im ON *Langenhain* 'beim langen Hain' beschreibt der Name die Lage der im 14. Jh. angelegten Mainzer Plansiedlung. Das Bw. im ON *Lorsbach* zu *lār* 'Weideland; Sumpf, Moor, Anger' oder Hinweis auf einen vorahd. GwN *Larisa? Das Bw. des ON *Marxheim* ist der PN *Marbot*. Der ON *Wallau* ist ein Komp. aus ahd. ↗*wang*? und ↗*lōh* 'Hain. Lichtung, Wald'. Der ON Wildsachsen zum PN *Widilo, Witelo*. Das Gw. im Dat. Pl. zu ahd. *sāzi, mhd. *sæze* 'der Sitzende, Insasse'. **V.** Bach DNK II; Keyser; Löffler, Falkenstein. *TH*

Hofheim i. UFr. **I.** Stadt und gleichnamige VG im Lkr. Haßberge, 11 560 Ew., Reg.-Bez. Ufr., BY. Der Ort liegt in einem seit dem Neolithikum besiedelten Raum an einer Altstraße, ist aber erst in karolingischer Zeit bezeugt; seit dem Hochmittelalter zum Hochstift Würzburg gehörig: 1576 zur Stadt erhoben; seit 1803, endgültig seit 1814 bayerisch; hist. Altstadt.

II. 9. Jh. (Kop. 12. Jh.) *Houeheim*, 1148 *Hofheim*; die mda. Bezeichung ist *Hofing(en)*, das auch 1345 und 1695 belegt ist. **III.** Als Zweitbestandteil stehen nebeneinander das Gw. ↗-*heim* und das Suffix ↗-*ingen*; Bw. ist ahd. ↗*hof* 'Hof'; eine Beziehung auf einen karolingischen Königshof gilt als ganz unsicher. **V.** HHS 7/2; Schmiedel, W.: Landkreise Ebern und Hofheim. In: HONB Ufr. 2. München 1973; Reitzenstein 2009; Traditiones et antiquitates Fuldenses. Hg. v. E.F.J. Dronke, Neudruck der Ausgabe von 1844, Osnabrück 1966, Nr. 4,93. *RB*

Hohberg **I.** Gem. im Ortenaukreis, 7 830 Ew., ca. 8 km s Offenburg w des Schwarzwalds an der Oberrheinischen Tiefebene, Reg.-Bez. Freiburg, BW. Hohberg entstand 1973 durch den Zusammenschluss der ehemals eigenständigen Gem. Diersburg, Hofweier und Niederschopfheim. Ehemalige Zigarrenfabrik, Hohberger Heimatmuseum, Bienenmuseum, Jüdischer Friedhof, Ruine des Stammschlosses der Roeder von Diersburg. **II.** *Hohberg* (1972). **III.** Der neue Gemeindename *Hohberg* (1364 *Hóweberge*; zu ahd. *hō(h)*, mhd. *hoch* 'hoch' und ↗-*berg*) bezieht sich auf einen alten Gewannnamen, der im Mittelpunkt der einstigen selbstständigen Gem. liegt und an dem alle drei Orte Grundbesitz hatten. Namengebend wurde die höchste Erhebung der Umgebung. **IV.** Hohenberg, Lkr. Stendal ST. **V.** Krieger; Kannenberg; LBW 6. *JR*

Hohen Neuendorf **I.** Stadt, Lkr. Oberhavel, 23 909 Ew., liegt n Berlin, BB. Im MA wechselnde Besitzverhältnisse, Mitte 17. Jh. kauft Kf. Friedrich Wilhelm den Ort für seine Frau Luise Henriette von Oranien. Seit 1904 selbstständige Gem. 1993 bilden die Gem. Bergfelde, Borgsdorf und Hohen Neuendorf die nach letzterem Ort benannte Großgemeinde, die 1999 zur Stadt erhoben wird. 2003 wurde noch Stolpe eingemeindet. **II.** 1349 *nygendorf*, 1375 *Nyendorp, Nyendorf*, 1450 *Hogennyendorff*, 1608 *Hogennigendorff*; *Hohen Neuendorf* (1861). **III.** Der Name bezeichnete ein neu angelegtes Dorf, Gf. mnd. **Nigendörp*, im Bw. mnd. *nie, nige* 'neu'. Zum Gw. ↗-*dorf*. Der Zusatz ↗*Hohen*, mnd. *hō*, flektiert *hōge* 'hoch', wurde Mitte des 15. Jh. eingeführt und diente zur Unterscheidung von dem abwärts der Havel gelegenen Nieder Neuendorf. **IV.** Ähnlich zahlreiche Neuendorf, Niendorf, Nauendorf in D. **V.** Riedel A XII; Landbuch; BNB 5. *SW*

Hohenbrunn **I.** Gem. im Lkr. München, 8 872 Ew., Reg.-Bez. Oberbayern, BY. **II.** 814 (Kop. von 824) *ad Prunnun*, ca. 1010–1020 *de Prunnen*, 1092–1113 *de Prunnan*, 1102–1104 (Kop. von ca. 1210) *Hohenprvnnen*, 1107 *Hohenbrunnen*, 1155–1186 *Hainrîchesprunnen*, 13. Jh. *Heinrici Prunne*, nach 1313 *Hohenprunn*, 1811 *Hohenbrunn bei München*. **III.** Dem urspr. Flurnamen liegt eine Pluralform von ahd. *prunno*, ↗-*brunn*, 'Quelle, Brunnen' zugrunde. Da der Ort selbst ohne fließendes Gewässer ist, mussten seit früher Zeit Ziehbrunnen benützt werden, wie auch ein solcher auf einer Pilgerkerze des 17. Jh. abgebildet ist. Zunächst undifferenziert, wird der Siedlungsname ab dem 12. Jh. durch mhd. *hôch*, ↗*Hoch- / Hohen-*, 'hoch, in der Höhe' differenziert. Da das Gebiet relativ eben ist, wird angenommen, dass sich die Unterscheidung auf die Höhe bezieht, auf die das Wasser heraufgeholt werden muss. Der in der alternativen Namensform enthaltene Personenname erscheint in einer Urkunde von 1113–1121: *nobilis femina de Prunnen nomine Gnanna*. Der betreffende Personenname begegnet u. a. auch in den Belegen 1126/27 *Heinrich de Prunnan* und 1157–1163 *Hainrih de Prunnen*. **V.** Reitzenstein 2006. *WvR*

Hohenems lokal [éms], mda. [hó:hanĕms] **I.** Stadt im Bezirk Dornbirn, 15 072 Ew., unter der gleichnamigen Burg der bekannten Emser Adelsfamilie an einer strategisch wichtigen Verengung zwischen Altem Rhein und Burgfelsen gelegen (432 m), VO, A. Ruine Alt-Ems war eine der größten Burganlagen im Bodenseeraum; Gewerbe, Handel und Tourismus (Palast), Museen, Synagoge von 1770. Jüngste Stadt des Bundeslandes. **II.** ca. 1170 *Rudolfus et Goswinus de Amides*, 1252 *de Ammidis*, 1270 *de Amiz*, 1547 *zu der Hohen Embs*. **III.** *Ems* ist vordeutsch, mehrdeutig: R. von Planta dachte an lat. *ambitus* 'Umgang, Platz', Zehrer und Geiger an kelt. FluN *Emme*; wegen Betonung (zwei Nachtonsilben) eher vorröm. Gewässeralso rom. FlN, auf Flur, Burg und Dorf übertragen, auf Tonsilbe verkürzt. *Domát/Ems* (Chur) kollidiert weitgehend mit *(Hohen)ems*, das meist in PN belegt ist. **V.** Zehrer Diss.; Geiger, T.: Die rechten Nebenflüsse des Rheins von der Quelle bis zur Einmündung des Mains (ohne Neckar) (Hydronymia Germaniae). Wiesbaden 1963; RN 2. *Plg*

Hohenhameln **I.** Gem. im Lkr. Peine, 9 415 Ew., Reg.-Bez. Braunschweig (bis Ende 2004), NI. Sitz eines Hildesheimer Archidiakonats, eines Freiengerichtes, eines Godings, eines Holzgerichtes und der „Hämeler" Vogtei; trotz der Gründung eines Marktfleckens in 14. Jh. ist Hohenhameln dörflich geblieben. **II.** 1146 *Hamele [Or]*, 1160 *Honhamele*, 1205 *Honhamelen*. **III.** Der ON ist auf **Hamala* zurückzuführen und enthält eine -*l*-Abl. zu asä. *ham* 'Kniebeuge', das in Namen einen Winkel, eine Krümmung bezeichnet. Worauf sich der Name bezieht, ist unklar. Ein namengebendes Gewässer ist nicht zu ermitteln. Bereits im 12. Jh. tritt im Dat. Sg. flektiertes mnd. *hō(ch)* 'hoch' vor den ON. **IV.** ↗Hameln, Lkr. Hameln-Pyrmont, NI. **V.** GOV Peine; HHS 2. *KC*

Höhenkirchen-Siegertsbrunn I. Gem. im Lkr. München, 9430 Ew., Reg.-Bez. Oberbayern, BY. II. Höhenkirchen: 1005–ca. 1023 (Kop. des 12. Jh.) *Marchwartesprunnen ecclesiam* (wobei in der Handschrift *Hohenkirchen* darüber vermerkt ist), ca. 1155–1157 *Hohenchirchen*, 1313 *Hôhenchirchen*, 1315 *filias Hohenchirchen*, 1517 *Höhenkirchen*. Siegertsbrunn: 1048–1068 *Sigihohesprunnen*, 1078–1091 *Sigohohesprunnan*, 1190 *Sigolsprunne*, 1256 *Sighartsprunne*, ca. 1279–1284 *Sighochsprunne*, 1315 *Sighartsprun*, 1346 *Sighartzprun*, 1517 *Sigersprun*, 1760 *Sigertsprun*, 1867 *Siegertsbrunn*. III. Der Doppelname *Höhenkirchen-Siegertsbrunn* begegnet erstmals in einer Akte von 1901, amtlich aber erst im Ortsverzeichnis von 1991. Der erste Namensbeleg von Höhenkirchen enthält als Grundwort ahd. *prunno*, ↗-*brunn*, 'Quelle, Brunnen' und als Bestimmungswort den PN *Marchuvart, Marcwart*. Daneben ist hier noch die Kirche vermerkt, die in dem späteren ON aufscheint. Dieser ist von dem Weiler Kleinhöhenkirchen im Lkr. Miesbach übertragen worden, da in der Münchner Schotterebene keine Höhenlage vorliegt. Bestandteile sind das im Dat. stehende mhd. Adjektiv *hôch*, ↗*Hoch-* / *Hohen-*, 'hoch, in der Höhe' und das Substantiv *kirche*, ↗-*kirchen*. Der zweite Namensbestandteil setzt sich aus dem PN *Sigihoh* und ahd. *prunno*, ↗-*brunn*, 'Quelle, Brunnen' zusammen. Es ist bemerkenswert, dass die beiden urspr. Namen der Doppelsiedlung letztlich auf Quellen weisen, die im Besitz von Ortsadeligen waren. V. Reitzenstein 2006. *WvR*

Hohenlockstedt I. Amtsangehörige Gem. im Kr. Steinburg, 6175 Ew., am Naturpark Aukrug, zwischen Itzehoe und Kellinghusen, SH. Nach 1870 wurde zunächst eine Kriegsgefangenensiedlung, später ein militärischer Übungsplatz eingerichtet und als Lockstedter Lager bezeichnet. 1956 infolge eines Bürgerbegehrens Umbenennung der Siedlung in Hohenlockstedt, bis 31. 12. 2007 auch gleichnamiges Amt. Pharmazeutische Industrie, Wasserturm. II. 908 *Lockstedter Lager [Or]*; 1210 *Lockstedter Heide* (Ort einer holsteinischen Landesversammlung); *Hohenlockstedt* (1956). III. Die Bedeutung des ON geht im Bw. auf germ. **laukaz*, nd. *Look*, hd. *Lauch* zurück, das Gw. mnd. -*stede* 'Platz, Stelle, Ortschaft', hd. ↗-*stedt* '(Wohn)Stätte', verweist auf die Stätte, an der Lauch wächst. IV. Lockstädt, Lkr. Wittstock, BB; Lockstedt, OT von Oebisfelde-Weferlingen, Lkr. Börde, ST. V. Laur; Lübben. *GMM*

Hohenloher Ebene I. GVV im Hohenlohekreis, 15157 Ew., bestehend aus den Städten Neuenstein, Waldenburg und der Gem. Kupferzell, 10 bzw. 6 km sw Künzelsau, Reg.-Bez. Stuttgart, BW. Burgenstraße, Schloss Neuenstein, Hohenlohe-Zentralarchiv, Bürgerturm, Schloss Waldenburg, Urweltfundmuseum, Schloss Kupferzell. II. *Hohenloher Ebene* (1975). III. Namengebend ist der dynastische Name des Hauses Hohenlohe, erstmals bezeugt für die Stammburg nach 1153 als *Hohenlach* und *Holach*. Es handelt sich wohl um eine Zuss. aus dem Bw. ahd. *hô(h)*, mhd. *hoch* 'hoch' und dem Gw. ahd. *lôh*, mhd. *lôh* 'Hain' oder mhd. *loch* 'Gebüsch, Wald': 'Hochwald' (↗-*loh(e)*). V. Bach DNK 2; LBW 4. *JR*

Hohenmölsen I. Stadt im Burgenlandkreis, 9125 Ew., sö von Weißenfels, ST. Ab 1080 ein mit Wallanlagen befestigter Ort, ab 1236 Stadt unter Wettiner Herrschaft, Sitz eines Gerichtsstuhls des kursächsischen Amtes Weißenfels. II. 1080 *munitio Milsin*, 1164 *de Milsin*, 1233 *de Milsin*, 1378 *Melsen*, 1616 *Mölßen*, 1709 *Hohen-Mölßen*. III. Ursprung scheint eine asorb. Umdeutung **Milisina* aus einem germ. Gw. **Milisa*, der vielfach nachweisbar ist und auf die idg. Wurzel **mel-* 'mahlen, zerreiben, Sand, Kies' zurückgeht, vgl. deutsch 'Mehl, mahlen'. Später wurde der Stammvokal hyperkorrekt in -ö- gewandelt, da mda. -ö- hier zu -i- oder -e- gesenkt wird. Der Zusatz *Hohen-* wird als Abgrenzung zu Groß- und Kleinmölsen bei Erfurt vorangestellt. IV. Milzau, Saalekreis, ST; FluN *Milz*, zur fränkischen Saale, BY; FluN *Milspe*, NRW; Meldorf, Kr. Ditmarschen, SH; Milseburg, BergN ö Fulda, HE. V. SNB; Berger. *MH*

Hohensalza // **Inowrocław** [inoˈvrɔtswaf] I. Stadt in der Woi. Kujawsko-Pomorskie (Kujawien-Pommern), Kreis- und Gemeindesitz, 76267 Ew., PL. Kurort an der Netze. Zum ersten Mal wurde die Siedlung im Jahre 1185 erwähnt, 1238 Stadtrecht. 1466–1772 Hauptstadt einer Woi., die den nordwestlichen Teil von Kujawien umfasste, sowie Sitz der Starosten von Inowrocław (Hohensalza). Nach der Teilung Polens preußisch, Reg.-Bez. Bromberg. Seit 1919 wieder zu Polen. Heute Chemie-, Glas-, Maschinen-, Metall-, Druck- und Lebensmittelindustrie. II. 1128 *Juvene Wladislae*, 1185 *nowo Wladislaw*, 1271 *Junelodslav*, 1311 *Wladislavie Juvenis*, 1426 *Junewladislaw*, 1589 *u Inowłocławia*, 1628–32 *Inowrocław*, 1742–66 *do Inowłocławia*, 1882 *Inowrocław*, d. *Inowrazlaw*, 1903–1920 *Hohensalza*, 1980 *Inowrocław*. III. Im 12. Jh. lautete der Name *Juny Włodzisław (Jung-* oder *Neu-Włodzisław)*, im Unterschied zu *Włodzisław*, h. *Włocławek* (zum apoln. PN *Włodzisław*). Im 16. Jh. entstand infolge phonetischer Umwandlungen die Form *Inowłocław* und im 17. Jh. infolge der Dissimilation von *ł-ł* in den anliegenden Silben die Form *Inowrocław*. Zunächst wurde die d. phonetische Adaptation *Inowrazlaw* benutzt, doch 1904–1920 und während der deutschen Besatzung wurde als neue Ben. *Hohensalza* amtlich eingeführt, die vielleicht an die aus dem MA stammenden Salzsiedereien anknüpfte. V. Rymut NMP III; RymNmiast. *BC*

Hohenstein-Ernstthal I. Große Kreisstadt im Landkreis Zwickau, 15980 Ew., am Nordrand des Erzgebirgsbeckens, Doppelstadt, seit 1898 vereinigt, SN. Hohenstein: Bergbaustadt seit dem 15. Jh., 1513/21 Stadtrecht. Ernstthal: 1679 gegründet als Weber- und Handwerkerstädtchen. Geburtsort von Karl May. II. Hohenstein: 1411 *uf dem Hohensteyne*, 1517 *uber Honstein*, 1817 *Hohenstein*. Ernstthal: 1720 *Ernstthal*. III. *Hohenstein*: Das Bw. gehört zu mhd. *hôch, hô* 'hoch gelegen' und ↗-*stein*, alter Burgenname, vgl. in der weiteren Umgebung *Lichten-, Harten-, Wolkenstein*. *Ernstthal*: Gegr. in einem Tal und benannt nach den Grafen Christian Ernst und August Ernst von Schönburg. IV. Hohnstein, Lkr. Sächsische Schweiz-Osterzgebirge, SN. V. HONS I; SNB. *EE, GW*

-hohn. ↗-**hagen.**

Hohner Harde I. Amt im Kr. Rendsburg-Eckernförde mit zwölf Gem., 9010 Ew., Sitz in der Gem. Hohn, an der Sorge und dem Nord-Ostsee-Kanal, SH. 1970 Zusammenschluss der Gem. Breiholz und den Ämtern Hamdorf und Hohn zum Amt Hohn, 1999 Umbenennung in Amt Hohner Harde. Vorwiegend landwirtschaftliche Nutzung, Naturschutzgebiete (Hohner See). II. 1610 *im Hönerharde [Or]*, *unter Hohnerharde* (1762). III. *Hohner Harde* gilt erst seit dem 17. Jh. als Bezirksbezeichnung, vorher waren für diese Gegend auch die Bezeichnungen *Kampen* oder *Westerkrog* gebräuchlich. Zusammengesetzt wird die Amtsbezeichnung aus der *Harde*, von der mnd. *herde* abstammend und damit in der Bedeutung von 'Schar, Menge, Herde'. Zudem wird auf den Zentralort des Verwaltungsbezirks Hohn verwiesen. Der Hahn im Wappen des Ortes (seit 1983) verweist auf eine volksetym. Deutung des ON. Wahrscheinlich ist die Bedeutung 'hoch' zu asä. **hôh* , mnd. *hô(ch)*, die auf drei Anhöhen in der Nähe des Ortes verweist. Als Bedeutung des ON *Hohner Harde* ist somit 'Ort an einer Schar von Anhöhen/Hügeln' wahrscheinlich. V. Laur; Pfeifer. *GMM*

Höhr-Grenzhausen I. Stadt und gleichnamige VG im Westerwaldkreis, 13 797 Ew., rechts des Mittelrheins zwischen Koblenz und dem Westerwald, RP. Die Stadt liegt im „Kannebäckerland", das seit dem MA durch die Tonverarbeitung geprägt ist. Seit Anf. 18 Jh. gehören die OT der h. Stadt zu Nassau, seit 1866 zum Kgr. Preußen. Der Doppelname bezeichnete zunächst einen Amtsgerichtsbezirk bzw. 1884 einen Bahnhof. 1936 wurden Höhr, Grenzhausen und Grenzau zu einer Stadt vereinigt. II. Höhr: 1363 *zu Hurle*, 1581 *Hör*; *Höhr* (1808). Grenzhausen: 1281 *Grunzhusen*, 1310 *Grundishusen*, 1371 *Grintzhusen*, 1436 *Gryntzhusen, Grenzehusen*. III. Höhr: *Höhr*- gehört entweder zum FlN *Hohr*, aus ahd. *höro*, Gen. Sg. *horwes*, Adj. *hurwĭn* 'sumpfig', oder zu einem GwN **Hurwĭla* 'sumpfiger Bach'. *Hurle* könnte auch mit -*loh* 'Hain, Wald' (lat. *lucus*) zu *Hur-loh* 'Sumpfwald' zusammengesetzt sein. In allen drei Fällen bezeichnet der Name eine 'Siedlung in Sumpfnähe'. Grenzhausen: Mit einem zur Zeit des ersten Belegs schon nicht mehr bekannten ahd. PN **Grund, Grundu*-, Gen. Sg. *Grundis*-, gebildet (vgl. auch 1243 *Hundisdorp* (in der Nähe), Hessisches Hauptstaatsarchiv, ehem. Staatsarchiv Wiesbaden, 116 Urk.). Zunächst Umlautung -*u*- zu -*ü*-, seit dem 15. Jh. wie auch beim benachbarten Grenzau Entrundung zu -*e*- unter dem Einfluss des slaw. Lehnwortes *Grenze*. Das Gw. ist ↗-*hausen*. *Grenzhausen* bedeutet demnach 'bei/zu den Häusern des Grund'. V. CDRM; Urkundenbuch des Deutschen Ordens I. Hg. von J.H. Hennes. 1845; Gensicke: Die Kirchspiele Alsbach und Grenzhausen. In: Nassauische Annalen 68 (1957); Metzler, W.: Die Ortsnamen des nassauischen Westerwaldes. Marburg 1966; Kaufmann 1973. *JMB*

Hollabrunn I. Bezirkshauptstadt, 11 322 Ew., im Weinviertel 60 km nw WI, NÖ, A. Siedlungsfunde aus dem frühen Neolithikum, der römischen Kaiser- und der Langobardenzeit. Verm. im 11. Jh. als Doppelsiedlung mit zwei Burgfrieden (Hollabrunn und dem n Stadtteil † *Willolvisdorf* mit Dreieckanger, h. Lothringerplatz) gegründet, wechselhafte Herrschaftsgeschichte, 1908 Stadtrecht. Haupterwerb bis ins 19. Jh. Weinbau, dann Landwirtschaft und Übernahme von vielfältigen Verwaltungsfunktionen, h. Behörden- und prominente Schulstadt (u.a. Sonderpädagogisches Zentrum, Berufsschulen, Gymnasien, diverse höhere berufsbildende Lehranstalten, etc., bis 1991/92 Knabenseminar der Erzdiözese Wien); Kartoffelverarbeitung, Weinlandmesse. II. 1135 *in Austria: Holerbrunnen ... Willolvisdorf*, 1288 *Holobrvnn superiori*, 1291 *maior Holabrvnne [Or]*. III. Der Name bedeutet 'bei der mit Holundersträuchern umgebenden Quelle', er ist eine Zuss. aus mhd. ↗-*brunn(e)* m. 'Quelle, Brunnen' und dem mhd.-bair. App. *holler* mit der Bed. 'Holunder, Flieder'; dies ist aus *holunter* zu *holder* verkürzt und zeigt bair.-mda. Wandel von -*ld*- zu -*ll*-. Der Zusatz im Namen von 1288 diente zur Unterscheidung von Niederhollabrunn im Bezirk Stockerau. V. ANB 1; ÖStB 4/2; Schuster 2. *ES*

Hollenstedt I. Gem. und gleichnamige Samtgem. im Lkr. Harburg, 10 884 Ew., Reg.-Bez. Lüneburg (bis Ende 2004), NI. S von Hollenstedt karolingerzeitlicher Ringwall und Reihengräberfeld dieser Zeit; im MA Archidiakonatssitz und großes Ksp. II. 804 *Holdunsteti* [Kop. 9. Jh.], 1197 *Holdenstide*, 1450–51 *Holdenstede*; *Hollenstedt* (um 1600). III. Bildung mit dem Gw. ↗-*stedt* und dem schwach flektierenden KN

Holdo im Gen. Sg. als Bw. Im 17. Jh. wird *-ld-* zu *-ll-* assimiliert. **V.** HHS 2. *KC*

Hollfeld **I.** Stadt und (seit 1972) gleichnamige VG im Lkr. Bayreuth, inmitten des Naturraums Nördliche Frankenalb, 7382 Ew., Reg.-Bez. Oberfranken, BY. Im Erstbeleg der Siedlung vom Jahr 1017 ist Hollfeld bereits kirchliches Zentrum im Norden der sog. Wiesentalb; 1298 Judenverfolgung, 1326 Stadtsiegel, 1348 bischöfliches Amt und Burghut, 1430 von den Hussiten ausgebrannt, Schäden im Markgräflerkrieg 1553 und 1632 im Dreißigjährigen Krieg, 1803 an Bayern. **II.** 1017 (Kop. 14. Jh.) *Holevelt*, 1137 *Holeuelt* [Or], 1304–1307 *Holfelt* [Or], 1520 *Hollfeldt … Holfeldt*; *Hollfeld* (1691). **III.** Der ON setzt sich aus ahd./mhd. *hol* (App.) 'Höhle, Abgrund, Vertiefung' oder (Adj.) 'hohl, ausgehöhlt' mit dem Gw. ↗*-feld* zusammen. Geht man davon aus, dass der ca. 1124 *Altenholeuelt* genannte und später wüst gefallene Besitz die Muttersiedlung gewesen ist, die vom Gewann-Namen *Althollfeld* am Osthang des Erbachtales bestätigt wird, so ist Hollfeld als mitgenommener ON im Sinne von 'Siedlung am freien Gelände an der Talsenke' zu deuten. **IV.** Holenbrunn, OT von ↗Wunsiedel, Lkr. Wunsiedel i. Fichtelgebirge; Ruine Hollenberg, im gleichnamigen OT von ↗Pegnitz, Lkr. Bayreuth, beide BY. **V.** Fastnacht, D.: Ebermannstadt. Ehemaliger Landkreis Ebermannstadt (HONB, Oberfranken 4). München 2000. *DF*

Holtriem **I.** Samtgem. im Lkr. Wittmund, 8967 Ew., NI. Die Gem. wurde 1972 im Zuge der Gemeindegebietsreform in Niedersachsen aus den Gemeinden *Blomberg, Eversmeer, Nenndorf, Neuschoo, Ochtersum, Schweindorf, Utarp* und *Westerholt* gebildet. **II.** 1972 *Holtriem*. **III.** Nach Remmers, Aaltukerei, bezeichnete der Name früher eine Vogtei, 1589 *Holtriim*, 1684 *Holtriem*. Es liegt ein Kompositum aus nd. *holt* 'Wald' und *-riem* 'Rand, Streifen, Saum' vor. **V.** *JU*

-holz. ↗**-grün.**

Holzgerlingen **I.** Stadt und gleichnamiger GVV im Lkr. Böblingen, 20913 Ew., ca. 5 km s Böblingen im Nördlichen Schönbuch im Quellgebiet der Aich, Reg.-Bez. Stuttgart, BW. Siedlung der Merowingerzeit, 1007 als Schenkung an Bamberg, 1412 württembergisches Lehen und Ende des 15. Jh. wieder verkauft; seit 1938 zum Lkr. Böblingen. Bandweberei, Heimatmuseum, Mauritiuskirche, Burg Kalteneck. **II.** 1007 *Holzgerninga* [Or], *Gerringen* [Or], 1288 *Holzgerringen* [Or], 1479 *Holtzgerlingen* [Or]; *Holzgerlingen* (1710). **III.** Gerlingen ist eine ↗*-ingen*-Bildung mit dem PN *Gerno*; der Name bedeutet 'bei den Leuten des Gerno'. Der Name zeigt zuerst Assimilation von *-rn-* zu *-rr-*, später Dissimilation von *-rr-* zu *-rl-*. Der Zusatz *Holz* (ahd., mhd. *holz* 'Holz, Baum, Wald') bezieht sich auf die Lage im nördlichen Schönbuch und dient der Unterscheidung von gleichlautenden Namen. **IV.** ↗Gerlingen, Lkr. Ludwigsburg, BW. **V.** Reichardt 2001; Haubrichs 2004; LBW 3. *JR*

Holzkirchen **I.** Markt im Lkr. Miesbach, 15357 Ew., Reg.-Bez. Oberbayern, BY. Besitz des Klosters Tegernsee, im 13. Jh. Markt. **II.** 11. Jh. *ecclesia … que dicitur Holzchiricha*, 1157–1163 *Holzchirchen*, 1551 *Holzkirchen*. **III.** Ob der Beleg des 11. Jh. sich auf diesen Ort bezieht, ist fraglich. Grundwort ist ahd. *chirihha* 'Kirche, Gotteshaus', ↗*-kirchen*, Bestimmungswort *holz* 'baumbestandene Fläche, Gehölz, Wald, Holz, Wald', sodass der Name als 'Kirche am Wald' erklärt werden kann. **IV.** Holzkirchen, Lkr. Würzburg, BY. **V.** HHS 7/1; Reitzenstein 2006. *WvR*

Holzminden **I.** Kreisstadt im Lkr. Holzminden, 20387 Ew., zwischen Weser und Solling, Reg.-Bez. Hannover (bis Ende 2004), NI. Die urspr. Siedlung lag evtl. im 1922 eingemeindeten Altendorf (1015–1036 *Aldenthorpe*, 1036 *Holtisminni duo*); um 1200 Gründung einer Stadt durch die Grafen von Everstein, 1245 Bestätigung eines eigenen Stadtrechtes; Vorort des braunschweigischen Weserdistriktes; Garnisonsstadt von 1770 bis in die Gegenwart; h. Sitz eines weltweit führenden Aromenwerkes. **II.** 826–876 *Holtesmeni* [Kop. 15. Jh.], 1315 *Holtesminne*, 1533 *Holtzmyn*; *Holzminden* (1568). **III.** Bildung mit dem Gw. *-menni, -minde* 'Berg, Erhebung', das mit ablautendem lat. *mons, montis* 'Berg' als Dentalvariante zu verbinden ist und in ON wie *Pyrmont, Dortmund* u.ä. vorliegen dürfte. Im Bw. ist entweder asä., mnd. *holt* 'Wald, Gehölz' im Gen. Sg. enthalten, auch wenn es in anderen ON stets unflektiert erscheint. Oder das Bw. enthält einen von diesem Appellativ mit *-s*-Suffix abgeleiteten GwN. Im 16. Jh. wird das Gw. in Analogie zu anderen Gw. (↗*-ingen*, ↗*-hausen*) zu *-minden* mit auslautendem *-n*. **V.** GOV Braunschweig; HHS 2; Nds. Städtebuch; NOB VI. *UO*

Holzwickede **I.** Gem. im Kr. Unna, 17283 Ew., zwischen Unna und Dortmund, Reg.-Bez. Arnsberg, NRW. Beim Dorf lagen mehrere Adelssitze. 1968 Zusammenschluss mit umliegenden Orten zur Gemeinde. **II.** Um 1220 *Holtwicken* [Or], 1306 *Gerhardus de Holtwickede*, 1321 *Bernhardus de Holtwickede*. **III.** Das Zweitglied *-wickede* enthält als Basis wie bei ↗Wickede (Ruhr) asä. **wika* 'Ulme, Rüster'. Der Erstbeleg deutet darauf hin, dass das Suffix ↗*-ithi* erst sekundär an den Namen angetreten ist. Das ist wegen der lückenhaften Überlieferung nicht ganz sicher, doch bieten die Essener Vogteirollen von um 1220 für gewöhnlich zuverlässige Formen. Die Konsonantengemination weist auf eine urspr. Bildung mit einem -*j*-haltigen Suffix im Dat. Pl. hin (etwa *-*wickiun*). Der Suffixwechsel ist möglich, weil mit beiden Suffixen Stellenbezeichnungen gebildet werden können, also etwa 'Stelle, wo es Ulmen gibt'. Das Bw. asä., mnd. *holt* 'Holz; Gehölz, Wald', unterscheidet den ON als bestimmender Zusatz von ↗Wickede bei Dortmund (4 km nw) und ↗Wickede (Ruhr), 16 km ö gelegen. Es bezeichnet den Ort als 'am Wald gelegen'. **IV.** Wickede, OT von Dortmund; ↗Wickede (Ruhr), Kr. Soest, beide NRW. **V.** Die Vogteirollen des Stiftes Essen. Hg. von M. Graf zu Tecklenburg-Bentheim-Rheda. In: Die Geschichte der Grafen und Herren von Limburg und Limburg-Styrum und ihrer Besitzungen. Hg. von G. Aders, M. Graf zu Bentheim-Tecklenburg-Rheda u.a. Teil II, Band 4. Assen/Münster 1968; Derks, P.: Der Siedlungsname Schwerte. In: Beiträge zur Geschichte Dortmunds und der Grafschaft Mark 90 (1999). *Flö*

Homberg (Efze) **I.** Kreisstadt im Schwalm-Eder-Kreis, 14 384 Ew., ca. 40 km s von Kassel an der alten Handelsstraße „Durch die langen Hessen", Reg.-Bez. Kassel, HE. Stadt unterhalb des steil aufragenden Schlossbergs. Die Herren von Hohenberg, Ministerialen der Abtei Hersfeld, 1162 erstmals genannt. Früher Besitz der thüringischen Landgrafen, die hier vor 1230 eine Stadt errichteten. Erweiterung der Altstadt im 14. Jh. durch die Unterstadt (sog. Freiheit); Amts- und Gerichtssitz, 1821 kurhess. Kreisstadt, 1932 Zusammenlegung des Kreises Homberg mit dem Kreis Fritzlar mit Sitz in Homberg (Efze) **II.** 1162 *de Hohenberg* [Or], 1194 *de Honberg*, 1209 *de Honberch*, 1227 *de Homberc*, 1234 *Honburc*. **III.** Bw. das Adj. ahd. *hōh* 'hoch': die Siedlung bei dem 'hohen Berg'. Bereits die frühen Belege zeigen Kontraktion von *Hohen-* > *Hon-* und anschließende Assimilation von -*n*- > -*m*- vor -*b*-. Ganz vereinzelt findet sich im Gw. ↗-*burg* statt ↗-*berg*. **V.** Helbig, B.: Das Amt Homberg an der Efze. Ursprung und Entwicklung. Marburg 1938; Schunder; Küther 1980. *TH*

Homberg (Ohm) **I.** Stadt im Vogelsbergkreis, 7724 Ew., auf einem steilen Basaltrücken der n Ausläufer des Vogelsberges, am Rande des Amöneburger Beckens, Reg.-Bez. Gießen, HE. Stadt 1234, die Ringmauer der Burg (13. Jh.) ist fast vollständig erhalten, Fachwerkbauten. Holz- und metallverarbeitende Industrie. **II.** 1065 *Hohunburch* [Or], 12. Jh. *de Hohenburg*, 1146 *Hohenburch*, 1258 *de Hohemburg*, 1303 *in Honberg*, 1303 *Hoinborg, Honborge*, 1365 *zcu Hoemberg*, 1471 *Hoemberg uff der Ame*; *Homburg* (1314). **III.** Bei dem ON handelt es sich um ein Komp. mit dem Gw. ↗-*burg* 'Burg, Stadt', das in der Überlieferung die Parallelformen -*burg*/↗-*berg* aufweist. Wechsel von Md. -*u*- und -*o*- im Gw. -*borg* (1303); in der Form *Hohunburch* (1065) erscheint im Auslaut -*ch*- für -*g*- (Auslautverhärtung). Das Bw. ist an ein flektierendes Adj. ahd. *hôh*, mhd. *hôch* 'hoch' anzuschließen. Die sw. Genitivflexion -*en*-/-*n*- wird an das -*b*- des Gw. angeglichen, woraus -*m*- entsteht; Ausfall des -*e*- der Flexion (Synkope) und Ausfall des intervokalischen -*h*-. Ab dem 15. Jh. erscheint der Zusatz *Ohm* < *uff der Ame* zur genaueren Differenzierung gleichlautender Orte. Zusammenfassend ist der Name als 'Siedlung/Befestigung auf dem hohen Berg' zu deuten. **IV.** † Homberg in der Gemarkung Homberg (Efze); Homberg (Efze), beide Schwalm-Eder-Kreis; Homberg, Lkr. Waldeck-Frankenberg, alle HE; † Homberg, Lkr. Holzminden, NI. **V.** LAGIS; Reichardt 1973; NOB VI. *DA*

Homburg **I.** Kreisstadt im Saarpfalz-Kreis, 43 691 Ew., an der Blies, im äußersten Osten des Saarlandes direkt an der Grenze zu RP, ca. 30 km nö von Saarbrücken, Sitz der Kreisverwaltung, SL. Spuren aus der Römerzeit, im 12. Jh. Bau der Hohenburg als Sitz des gleichnamigen Grafengeschlechts, 1330 Stadtrechte für den Ort zu Füßen der Burg, 1449 an die Grafen von Nassau-Saarbrücken, die die Burg in ein Renaissanceschloss umwandelten. Die Franzosen ließen die Stadt im 17. Jh. zu einer Festung ausbauen. 1755 zum Herzogtum Pfalz-Zweibrücken. 1918 bis 1935 zum seit 1920 unter Völkerbundsmandat stehenden Saargebiet gehörig und seit 1947 zum in politischer Union mit Frankreich verbundenen Saarland, seit 1957 zum Bundesland Saarland. 1936–1938 sowie 1974 diverse Eingemeindungen. Sitz von Brauereigewerbe, Elektrotechnik, Metallindustrie und Reifenherstellung sowie der Klinik und der Medizinischen Fakultät der Universität des Saarlandes, drittgrößte Stadt im Bundesland. **II.** 1172 *Homberc*, 1244 *Homberch*, *Homburg* (1358). **III.** Die ON-Belege *Homberc*, *Homberch* u. ä. mit Angleichung des dentalen Nasals an labiales *b* < *Honberc (wie in 1174 *Hoinberch*) sprechen dafür, dass der Name aus [*bî dem*] *hohen berc* 'bei dem hohen Berge' zu erklären ist. Auf diesem Berg entstand eine Burg und übernahm den Bergnamen, weswegen das Zweitelement des Namens sich allmählich von -*berc* zu -*burc* wandelte. Noch bis Ende des 17. Jh. koexistieren die ↗-*berg*- und die ↗-*burg*-Belege. **IV.** ↗Bad Homburg vor der Höhe, Hochtaunuskreis, HE; Homburg, OT von Waldshut-Tiengen im Lkr. Waldshut, BW; Homburg, OT von Triefenstein, Lkr. Main-Spessart, BY; Homburg-Bröl, OT von Nümbrecht im Oberbergischen Kreis, NRW; Am Homburg, OT von Saarbrücken, SL. **V.** Christmann. *Lei*

Homburg v. d. Höhe, Bad **I.** Kreisstadt des Hochtaunuskreises, 51 768 Ew., am sö Taunushang nw vor Frankfurt, Reg.-Bez. Darmstadt, HE. Besiedlung seit dem Neolithikum, später durch Kelten, Römer, Alemannen, Franken. Ersterwähung um 1180: ein Wortwin von Steden nennt sich nach der (von ihm erbauten?) Burg. Um 1200 im Besitz der Herren von Eppstein (Stadtrecht für die Burgsiedlung in der 1. Hälfte des 14. Jh.), 1486/87 an Hanau, 1504 an Hessen, 1622 an die Nebenlinie Hessen-Homburg, 1866 an Preußen; Zusatz „Bad" seit 1912. **II.** Um 1180 *Hohenberch* (Kop. 1211), 1226 *Hoenberch[Or]*, 1358 *Hohinberg [Or]*, 1476 *Hoenburg vor der hoe [Or]*. **III.** Bed.: '(Siedlung) am hohen Berg bzw. an der hohen Burg'. Das Bw., der Dat. von mhd. *hōch*, zeigt in Beleg 2 und 4 den Schwund des intervokalischen -*h*-, in 3 die weitverbreitete *i*-Schreibung für unbetontes ə; im 16. Jh. führen dann noch Kontraktion und die Assimilation von -*n*- > -*m*- an das *b*- des Gw. zur h. Form. Gw. ↗ -*berg* /-*burg*: in 1 und 2 dürfte -*ch* Schreibvariante für auslautverhärtetes -*g* (= -*k*), kaum Reflex mda. Spirantisierung sein, 4 ist wohl Erstbeleg sowohl für die Veränderung zu -*burg* wie auch für den (von vergleichbaren ON) unterscheidenden Zusatz: Die Höhe – wie meist in md. Kanzleisprachen ist der Umlaut nicht bezeichnet – ist der bis ins 18./ 19. Jh. allgemein übliche Name für das seitdem Taunus genannte Gebirge (↗ Königstein im Taunus). **IV.** ↗ Homburg, Saarpfalzkreis, SL; ↗ Homberg (Ohm), Vogelsbergkreis, HE. **V.** Wenck; Oculus Memorie; Reimer 1891; Clemm. *HGS*

Honnef, Bad **I.** Stadt im Rhein-Sieg-Kreis, 24 915 Ew., s Bonn am rechten Rheinufer am Siebengebirgshang, Reg.-Bez. Köln, NRW. Besiedlungsspuren seit 6. Jh., Ersterwähung Ende 8. Jh., Herrschafts- und Gerichtsrechte im MA strittig zwischen Kölner Erzbischöfen und den Herren von Heinsberg, später von Löwenberg (Ruine der Löwenburg), ab 1451 Sitz des bergischen Amtes Honnef, 1689 fast vollständig zerstört, 1862 Stadtrechte, ab 1961 Bad Honnef (Kurort mit Mineralquellen), 1969 mit Aegidienberg zusammengeschlossen. Weinbau im MA, ab Ende 19. Jh. Kurbetrieb bis 1983/84, h. Tagungsstätten und Fachhochschule. **II.** 8. Jh. (Dittmaier: 801) *Hunefe*, 922 *Hunnapha*, 1120 *Hunefe*. **III.** Bw. entweder zum Adj. **hun, hūn* 'geschwollen' oder zu **hun* 'braun, morastig', das Gw. ist ↗ -*apa*. **IV.** ↗ Hennef, Rhein-Sieg-Kr.; ↗ Erftstadt (mit demselben GwN, der im Gebiet zwischen Rhein, Weser und Main in GwN und ON sehr verbreitet ist), Rhein-Erft-Kr., beide NRW. **V.** Dittmaier 1955; Dittmaier 1956; Kaufmann 1973; HHS 3. *Ho*

Hönningen, Bad **I.** Stadt und gleichnamige VG (seit 1970) im Lkr. Neuwied, 11 830 Ew., mit vier Gem. am rechten Rheinufer zwischen Koblenz und Bonn, RP. In unmittelbarer Nähe verlief der röm. Limes. Im 11. Jh. an das Domkapitel zu Bamberg und das Stift Sankt Simeon in Trier, dessen Vögte das Schloss Arenfels errichteten. Sowohl die Templer als auch später die Johanniter hatten hier eine Komturei. Nach 1815 zum preuß. Rheinland. 1895 beginnt in Hönningen der Kurbetrieb, 1950 erhält der Ort den Titel „Bad" und 1969 Stadtrechte. **II.** 1019 *in Hohingon*, 1041 *predium Hoinga*, 1071 *Hoingen*, 1210 *Hongin*, 1307 *Hoeningen*. **III.** Abl. mit dem Suffix ↗ -*ingen* vom ahd. PN *Hōho, Hōo*. Ende 12. bis Anf. 13. Jh. wird der Hiatus beseitigt. Der ON bedeutet demnach 'Siedlung der Leute des Hōho'. Eine toponymische Abl. von ahd. *hō(h)*- 'hoch gelegen' ist aufgrund der geogr. Gegebenheiten weniger wahrscheinlich. **IV.** Hönningen, Lkr. Ahrweiler, RP; Höngg, OT von Zürich, CH. **V.** MGH DH II; FP; Kaufmann 1973. *JMB*

Hoppegarten **I.** Gem., Lkr. Märkisch-Oderland, 16 585 Ew., ö Berlin an der Bundesstraße 1 nach Frankfurt/Oder gelegen. Seit 2003 besteht die Gem. aus den OT Münchehofe, Hönnow und Dahlwitz-Hoppegarten. Hoppegarten wurde schon 1928 mit Dahlwitz vereinigt. In Dahlwitz ma. Felssteinkirche, 1722/33 barock umgebaut, Lenné-Park. Auf dem Gelände des zu Dahlwitz gehörenden Vorwerks Hoppegarten (errichtet Ende 18. Jh.) wurde 1867 eine Rennbahn angelegt. **II.** 1797 *Hoppengarten*, 1805 *Hoppengarten (Hopfengarten)*. **III.** Das Vorwerk wurde nach einem Hopfengarten benannt, vgl. mnd. *hoppengarde*. **IV.** Ähnlich Hoppegarten, OT von Müncheberg, Lkr. Märkisch-Oderland, BB. **V.** BNB 5. *SW*

Hopsten **I.** Gem. im Kr. Steinfurt, 7676 Ew., nö Rheine, Reg.-Bez. Münster, NRW. Im MA Kirchdorf im FBtm. Münster, 1804 preußisch, 1810 Kaiserreich Frankreich, 1813 wieder preußisch, 17./18. Jh. Töddenhandel (wandernde Kaufleute und Hausierer), Wallfahrtskapelle St. Anna, Naturdenkmal Heiliges Meer. **II.** 1265 *Fretherico de Hopseten [Or]*; *Iohanne de Hopsten* (1356). **III.** Kompositum mit dem Gw. -*seti*, das etymologisch an germ. **sētjōn* 'Bewohner, einer, der irgendwo sitzt' anzuschließen ist. Im appellativischen Wortschatz findet es sich in asä. Zusammensetzungen mit -*sētio*. Es handelt sich also um einen Personengruppennamen, dessen Bw. asä., mnd. *hōp* 'aufgeworfener Haufen, Erderhöhung; Büschel; feste Stelle in Sumpf und Moor' ist. Motivierung für die ON-Bildung ist die Bez. der Bewohner eines erhöht liegenden Gebietes. Der Name liegt von Beginn der Überlieferung an als Dativ-Plural-Bildung vor. **V.** Osnabrücker Urkundenbuch III, IV, VI; Udolph, J.: Holtsati. In: RGA Bd. 15. Berlin / New York ²2000. *kors*

Horb am Neckar **I.** Große Kreisstadt und gleichnamige VVG im Lkr. Freudenstadt, 35 453 Ew., ca. 33 km wsw Tübingen zwischen Neckartal und Grabenbachtal, Reg.-Bez. Karlsruhe, BW. Hochma. Siedlung, seit 1244 unter der Herrschaft der Pfalzgrafen von Tübingen, 1805 an Württemberg, seit 1981 Große Kreisstadt. Tourismus, Rat- und Wachthaus, Stiftskirche zum Heiligen Kreuz, Schurkenturm, Ringmauertürmchen, Luziferturm, Stubensche Schlösschen. **II.** 1007 *pagus horevun*, um 1100 *Horv*, *Horwa*. **III.** Dem ON liegt ahd., mhd. *hor* 'Schlamm, Schmutz, Erde', Genitiv *horwes*, zugrunde. Das auslautende *-b* ist aus *-w-* hervorgegangen. **IV.** Horben, Lkr. Breisgau-Hochschwarzwald, BW. **V.** FO 1; Seitz, R. H.: Blätter für oberdeutsche Namenforschung 44 (2007); LBW 5. *JR*

Horgen **I.** Politische Gem. und Hauptort des gleichnamigen Bezirks, 18 431 Ew. Großflächige Gem., die vom Seeufer über das Sihltal bis an den Albiskamm reicht (inkl. Sihlwald, Kt. Zürich, CH. Bedeutende urgeschichtliche Funde aus dem 4. vorchristlichen Jahrtausend mit der eponymen Fundstelle der Horgener Kultur, Funden aus der Zeit der Pfyner Kultur, der Bronze-, Eisen- und Römerzeit; frühmittelalterliches Gräberfeld. Seit dem ausgehenden MA. bedeutender Gewerbe- (Ziegelhütte, Schmiede, Färberei, Kalkofen, Gerbereien usw.) und Handelsplatz sowie Verkehrsknotenpunkt, 1639 Marktrecht. Abbau von Braunkohlevorkommen bis ins 20. Jh. Textile Heim- und Fabrikindustrie (beträchtliches Seidenexportvolumen nach Übersee im 19. Jh.). 1933 Eröffnung des Autofährbetriebs Horgen-Meilen. **II.** 952 *Horga*, 1210 *Horgen*, 1247 *Horgin*. **III.** Sekundärer Siedlungsname, beruhend auf dem Appellativ ahd. *horo*, mhd. *hor* 'Sumpf, Kot, Sumpfboden', vorauszusetzende Grundform ist ein lokativischer Dativ *ze horwe* (Sg.) bzw. *ze horwun* (Pl.) 'am, beim Sumpf' > *horwe(n)* > *horge(n)* mit Substitution des stammbildenden *-w-* durch *-g-* in der Flexion. Alternativ kann die vorliegende *g*-Form auch auf eine oblique Form des Adjektivs ahd. *horawīc*, mhd. *horwec* 'schlammig, schmutzig' zurückgeführt werden. Flur- und Siedlungsnamen, die auf ahd. *horo*, mhd. *hor* bzw. den zugehörigen Adjektiven beruhen, gehören im ganzen oberdeutschen Raum zum üblichen Namenbild. **IV.** ↗ Horb am Neckar, Lkr. Freudenstadt, BW. **V.** LSG; HLS. *MHG*

Höri **I.** GVV im Lkr. Konstanz, 10 216 Ew., bestehend aus Gaienhofen, Moos und Öhningen, 14 bzw. 21 km w Konstanz nah des Zeller Sees, Reg.-Bez. Freiburg, BW. Gemüseanbau, Handwerksbetriebe, Maschinenbau, Hermann-Hesse-Höri-Museum, Schloss Gaienhofen, Wasserturm, Höri-Zwiebel, Wasserprozession, Augustiner-Chorherrenstift Öhningen, Öhninger Steinbrüche. **II.** *Höri* (1974). **III.** Der Name der Halbinsel *Höri* (1176 *Hori*, 1282 *Höri*) wurde auf den neuen Gemeindenamen übertragen. Die Deutung ist unsicher. Vielleicht gehört es zu einem wenig bezeugten Wort des älteren Neuhochdeutschen: *höre* 'was zu etwas gehört, Umfang' im Sinne von 'Bezirk' (so FO) oder ähnlichem. Die anekdotisch-volksetymologische Deutung geht aus von einem Ausspruch des erschöpften Gottes nach Erschaffung der Welt: „Jetzt hör i (uff)!" **V.** Krieger; FO 1; LBW 6. *JR*

Horn **I.** Bezirkshauptstadt, 6 450 Ew., im ö Waldviertel 85 km nw WI, NÖ, A. Mitte 12. Jh. als Kirchensiedlung an einem frühgeschichtlichen Fernweg angelegt, planmäßiger Siedlungsausbau seit Mitte 12. Jh., 1282 Stadtnennung; Bürgerspital (gestiftet 1395, h. 'Höbarthmuseum'); Erweiterungen im 16. und 17. Jh. (Piaristenkirche und -kloster), Zentrum des Protestantismus in NÖ ('Horner Bund'), nachfolgend Emigration der evangelischen Bewohner und Zuzug katholischer Siedler (v.a. aus Schwaben), ab 1650 Ansiedlung von Tuchmachern (aus Bayern, Schwaben, Mähren, Schlesien), im 19. Jh. Zuzug aus Böhmen und Mähren. Wirtschaftl. Zentrum bedeutender Grundherrschaften (13. Jh: Maissauer, dann Puchheim, ab 1676 Hoyos-Sprinzenstein). Schafzucht, Teichwirtschaft; seit 1588 Brauerei (bis 1888). H. Schul-, Verwaltungs- und Einkaufsstadt, Wirtschaftszentrum sowie Verkehrsknoten; Festivals 'Szene Bunte Wähne' und 'Allegro Vivo', Kunsthaus. **II.** 1045–65 *ecclesiam quam construxit in predio suo Hornarun*; *de Horn* (1130–40). **III.** Der Name wurde urspr. durch eine Abl. gebildet, seine Basis ist mhd. *horn* 'Horn', das Suffix *-ern* (< älterem *-arun*) ist eine im Dat. Pl. erstarrte Form, die (bes. in ON bair. Herkunft) Einwohner von Orten bezeichnet. Etymologisch ist es auf den Zusammenfall des germ. Suffixes *-wari* (das Völkernamen bildet) mit dem aus dem Lat. entlehnten Suffix ahd. *-âri/-ari* (das nomina agentis bildet) zurückzuführen; dementsprechend doppeldeutig ist daher die Bed. des damit gebildeten ON: 'bei den Leuten, die mit Horn zu tun haben' bzw. 'bei den Leuten, die am/beim Horn wohnen' (toponymisch im Sinn von 'hornartiger Vorsprung im Gelände', womit der Landkeil am Zusammenfluss des Mödringbaches mit der Taffa gemeint wäre). Bereits im zweiten Beleg erscheint die Suffigierung wieder getilgt. **V.** ANB 1; ÖStB 4/2; Schuster 2. *ES*

Horn-Bad Meinberg **I.** Stadt im Kr. Lippe, 18 006 Ew., ö Detmold, gelegen an der sog. kölnischen Landstraße (Hellweg, B 1), Reg.-Bez. Detmold, NRW. 11. Jh. Besitz des Klosters Corvey, vor 1248 lippisches Stadtrecht, Mineralquellen (größtes balneologisch genutztes Kohlensäuregasvorkommen der Welt) schon im 17. Jh. als Steinbrunnen gefasst. Seit

18. Jh. Heilbad (Quellbereich des „Meinberger Gesundbrunnens"), 1767 durch Graf Simon August zur Lippe zum *Curort* erhoben, barocker Kurpark (1768, umgestaltet im engl. Stil ab 1785) mit Kurhäusern „Rose" und „Stern", seit 1820 auch Schwefel-Moorquellen für Heilkuren. 1962 Silvaticum am Werrelauf. Seit 1903 Bad, 1949 Staatsbad. 1970 Zusammenlegung der Stadt Horn mit Bad Meinberg und 14 früher selbst. Gem., zunächst Bad Meinberg-Horn, dann Horn-Bad Meinberg. **II.** Horn: [1107–1128] (Kop. 15. Jh.) *de Horne*, 1031 *Hornan*, 1151 *Hornen*, 1414 (Kop. 16. Jh.) *des wybbeldes to Horne*; *Horn* (1562). Meinberg: ca. 980–982 (Kop. 1479) *in Meynburghun*, [1107–1128] (Kop. 15. Jh.) *In Meginbergen*, 1203 [1205] *in Menberche*, 1253 *in Meinbergh*, 1326 *Mejenberg*. **III.** Der ON *Horn* geht auf eine ehem. Flurbezeichnung zurück (zu asä. ahd. *horn* Ntr. 'Horn; Vorgebirge, Landspitze', mnd. *horn(e)* 'Ecke, Winkel; spitz zulaufendes, keilförmiges Landstück' etc; zu lat. *cornu* 'Horn, Spitze', got. *haurn* Ntr. '(hornförmig gebogenes) Johannisbrot'), die metaphorisch eine vorspringende Landspitze bzw. ein spitz zulaufendes Landstück oder eine Erhebung aus der Ebene bezeichnet, was hier nach der topographischen Lage naheliegt. Der ON *Meinberg* geht nach dem Erstbeleg (im lok. Dat. Pl.) auf ein Determinativkompositum mit dem Gw. ↗ -burg zurück, das seit Anfang 13. Jh. durch ↗ -berg(h) abgelöst wird (auch -barch im 14. Jh., -borg im 15. Jh.). Die Varianten des Bw. sind auf *Megin-* zu beziehen, in der ein sw. flektierter PN *Meg(g)i* oder *Mago* vermutet werden könnte, wenn nicht mit dem im Pl. überlieferten Gw. ein Appellativ zu asä. ahd. *megin* Ntr. 'Macht, Kraft, Gewalt etc.' oder das Adj. *megin* 'mächtig, stark' (zur Wortgruppe um germ. **magena-* 'stark, kräftig', ae. *mægen*, ahd. *magan*, *mugan*, got. *mahts*, ahd. *maht* 'Macht' etc.; zu idg. **magh-/māgh-* 'können, vermögen, helfen') näher liegt, was in ON soviel wie 'groß' bedeuten kann. Der Erstbeleg dürfte dann eher einen Raum benennen, der durch eine Anzahl größerer Burganlagen gekennzeichnet wäre, wobei ein Motiv in sächs. Burganlagen des 8. Jh. liegen könnte. **V.** WOB II (Kr. Lippe); HHS 3; Stöwer. *BM*

Horneburg **I.** Samtgemeinde im Lkr. Stade, 11 520 Ew., nw von Buxtehude, Reg.-Bez. Lüneburg (bis Ende 2004), NI. 1255 Errichtung der gleichnamigen Burg durch Ebf. Gerhard II. von Bremen als Gegenburg zur welfischen Burg Harburg; 1645 Zerstörung der Burg; Siedlung um 1500 als Flecken nachweisbar. **II.** 1255 *Horneburch [Or]*, 1323 *Hornborch*; *Horneburg* (1791). **III.** Bildung mit dem Gw. ↗ -burg und dem Appellativ asä. *horn* 'Horn, Vorgebirge', mnd. *horn* 'Horn, Winkel'. Die Lage an einer vorspringenden Spitze über der Niederung war namengebend. **IV.** Hornburg, Lkr. Wolfenbüttel, NI. **V.** HHS 2. *UO*

-horst. ↗ **-grün.**

Horst (Holstein) **I.** Amtsangehörige Gem. im Kr. Steinburg, Sitz des Amtes Horst-Herzhorn, 5187 Ew., zwischen Itzehoe und Elmshorn, SH. 1234 erstmals urk. erwähnt, bis 1867 zum Kloster Uetersen, danach zu Preußen, 1970 bis 2007 Amt Horst mit 9566 Ew.(2007), nach Beitritt der Gem. des vormaligen Amtes Herzhorn 2008 heißt das Amt nunmehr Horst-Herzhorn. **II.** 13. Jh. *in Horst [Or]*; *thō der Horst* (1351). **III.** Das nhd. *Horst*, das vielfach als Toponym fungiert, geht auf ahd. *hurst* 'Gestrüpp, Gehölz' oder aber 'freie, trockene Stelle' zurück. **V.** Laur. *GMM*

Hörstel **I.** Stadt im Kr. Steinfurt, 19 905 Ew., ö Rheine, w Ibbenbüren, Reg.-Bez. Münster, NRW. Im MA Kirchdorf im FBtm. Münster, 1804 preußisch, 1810 Kaiserreich Frankreich, 1813 wieder preußisch, Binnenschifffahrt, 1975 Stadt. **II.** 1234 *Enghelbertus de Horstelo*, 1242 *Enghelbertus de Horstlo*, 1592 *Horstell*. **III.** Bildung mit dem Gw. ↗ -loh, das appellativisch auf asä. **lō(h)*, mnd. *lōh* '(Nieder-)Wald, Buschwerk, Gebüsch, Gehölz' basiert. Bw. ist asä. *hurst*, mnd. *horst* 'Busch(werk), Strauch, Gesträuch', das eine schwundstufige *-st*-Bildung zu einer idg. Wurzel **kert-* 'drehen, zusammendrehen' für das Verbinden von Ästen zu Flechtwerk ist. Solches Buschwerk diente zu Abgrenzungs- und Befestigungszwecken. Das Bw. liegt urspr. als erster Bestandteil eines Syntagmas mit genitivisch flektiertem und schon aus *-i-* zu *-e-* abgeschwächten **Horste* vor. Diese Flexionsendung hat den Umlaut des Stammvokals (des Bw.) bewirkt. Abschwächung und in der Folge Ausfall des auslautenden (Stamm-)Vokals des Gw. haben zu der heutigen Form Hörstel geführt. Es liegt also zunächst ein FlN vor, der eine Art 'Buschwald' bezeichnet und der dann auf eine Siedlung übertragen worden ist. **IV.** Hörsteloe, OT von Ahaus, Kr. Coesfeld, NRW. **V.** Osnabrücker Urkundenbuch II, III, IV, VI; Wolf, M.: Die Urkunden des Klosters Gravenhorst. Münster 1994. *kors*

Horw ['hɔrb] **I.** Dorf und Gem. im Amt Luzern, Vorortsgem. von Luzern, 12 986 Ew., der Siedlungskern mit der Kirche liegt am Rande eines früher versumpften Talbodens, an einer Bucht des Vierwaldstättersees, Kt. Luzern, CH. Stein- und bronzezeitliche Siedlungsplätze. Verm. im 9. Jh. Schenkung an das Kloster Luzern, ab 1291 habsburgisch, ab 1396 Luzerner Vögte. Landwirtschaft, Sandsteinabbau und Ziegelei, Bildungsstätten und therapeutische Institutionen. **II.** 1231 *apud Horwe [Or]*, um 1306 *ze Horwen*, um 1383 *von Horw*, 1655 *von Horbw*, 1661 *zu Horb*. **III.** Der SiN *Horw* benennt zuerst als FlN die versumpfte Talebene, an deren Ostrand die erste Siedlung entstand. Er bedeutet 'beim sumpfigen Gelände'. *Horw < Horwe* ist eine Dat.-Sg.-Form zu ahd. *horo,* mhd. *hor, -wes* st. ntr. 'Schlamm, Morast, Lehm'. Die Form *Horwen* entstand in Anlehnung an die sw. Flexion oder sie ist als Dat.-Pl.-Form aufzufassen. Der Lautwandel *rw > rb,* wie er in diesem Namentypus häufig ist, erscheint in den hist. Belegen seit dem 17. Jh. und ist in der Mda.-Form *Horb* durchgeführt. **IV.** ↗ Horgen am Zürichsee und zahlreiche Hof- und Flurnamen *Horben* sowie Zuss. mit dem Bw. *Hor-* wie *Horgass, Horlachen, Horlaui,* alle CH. **V.** Hörsch, W.: Horw. In: HLS 6, 2007; LSG. *EW*

Hösbach **I.** Markt im Lkr. Aschaffenburg, 13 390 Ew., im Vorspessart, an der Einmündung des Hösbach in die Aschaff, Reg.-Bez. Ufr., BY. Zum Mainzer Hochstift gehörig, 1814 an Bayern. **II.** 1189 *Hostebach,* 1321 (Kop. 14. Jh.) *Hæstebach,* 1831 *Hösbach.* **III.** Der ON ist von dem GwN übertragen, dessen Gw. ↗ *-bach* ist. Sein Bw. wird als der Superlativ des Adjektivs *hoch* 'der höchste' gedeutet. Welche Motivation eine solche Benennung „in der sanften Hügellandschaft des Vorspessarts" (so der Gemeindeteil Wenighösbach auf seiner Internetseite) und angesichts der Lage von Hösbach 144 m ü. NN haben soll, bleibt unklar. **V.** Reitzenstein 2009; Sperber. *RB*

Hövelhof **I.** Gem. im Kr. Paderborn, 15 938 Ew., nö Delbrück, sw Fuß des Teutoburger Waldes, am Sennerand (ö Teil der Westfälischen Bucht), Reg.-Bez. Detmold, NRW. 1446 Ersterwähnung des urspr. Vollmeierhofes der Osterbauerschaft im Delbrücker Land, Ausbau der Sennesiedlung nach dem 30jährigen Krieg durch den Paderborner Fürstbischof, 1661 Jagdschloss, 1807 Gründung der politischen Gem. Hövelhof, bis 1895 zum Amt Delbrück, dann Amt Schloss Neuhaus. Nach 1890 Truppenübungsplatz Senne. 1915 Lager 'Staumühle', im 2. Weltkrieg Seuchenlazarett, nach Kriegsende größtes britisches Internierungslager (Civil Internment Camp No. 5). Nach 1945 verschiedene Gewerbeansiedlungen. **II.** 1446 *van dem houe to Houele,* 1562/63 *Meger tho Hovelle,* 1571/72 *der olde Meiger zu Hovell,* 1632 *Hevel,* 1651/52 *der Möller* [!] *zu Hövel,* 1731 *Meyerey zu Höffelhoff.* **III.** Bildung mit dem Gw. ↗ *-hof.* Der ON geht auf den Namen des fürstbfl. Paderborner Hofes zum Hövel zurück, einen Hof des Paderborner Fürstbischofs, dessen Grund h. den Ortmittelpunkt von Hövelhof bildet. Im Bw. erscheint asä. *huvel,* mnd. *hövel, hoeffel* M. 'kleinere Bodenerhebung, Hügel, Erdhöcker; Haufen', nd. *hövel* 'Hügel', mhd. *hubel.* Der Hof ist nach seiner Lage als 'Hof auf dem Hügel' bezeichnet worden. **V.** Buschmeier, J./Tegethoff, C.: Hövelhof. Bilder zur Geschichte. Bielefeld 2007; Honselmann; Valtavuo, T.: Der Wandel der Worträume in der Synonymik für ,Hügel' (Mémoires de la Société Néophilologique de Helsinki XX.1). Helsinki 1957; HHS 3. *BM*

Höxter **I.** Kreisstadt im gleichnamigen Kr., 31 628 Ew., Stadt an der Oberweser, am Weserübergang des alten Hellweges, Reg.-Bez. Detmold, NRW. Ersterwähnung 822 in Verbindung mit der Kiliankirche, die in Verbindung mit Würzburger Mission errichtet wird; 823 dem Kloster Corvey geschenkt, 1115 Weserbrücke und Marktrecht, um 1250 Stadt mit Dortmunder Stadtrecht, 1533 Reformation, bis ins 17. Jh. unabhängig, 1674 an Bischof von Münster, 1813 an Preußen und Sitz der Kreisverwaltung. 1970 Zusammenschluss von Höxter mit 11 umliegenden Gem. des Amtes Höxter-Land und der Gem. Bruchhausen (Amt Beverungen). **II.** 822 *villa Huxori,* 823 *Hucxori,* zu 836 *Huxere* (Kop. um 1460), *Uxeri* (Kop. 15. Jh.), 1133 (Kop. 15. Jh.) *Huxeri,* 1147 *de Huxere,* 1404 *Hoxar,* 1671 *Höxar, Höxer; Höxter* (1764). **III.** Das Element *-ori* erlaubt verschiedene Anschlüsse. Neben einem Kompositum mit anord. *aurr* 'Kies', ae. *ēar* 'Kies, Bodensatz etc.' oder dem ae. ON-Element *ōra* (↗ Oerlinghausen) kann auch eine Abl. mit Kollektivsuffix *-ari, -eri* gegeben sein, deren Basis mit asä. *hōc* 'Pfahl' oder mit mnl. *hoec,* mnd. *hōk* 'Ecke, Winkel' oder hess. *huck* 'hervorragender Hügel, Berg' (zu idg. **keu-g-/*keu-k-* 'krumm, Buckel, Höcker') neben mnd. *hoeck, hu(e)k, huck* 'Landecke, Landvorsprung' zu verbinden ist, was zu der hochwassersicheren Lage auf einem vom Bollerbach ausgebildeten Schotterkegel passt (vgl. aber zum ON auch asä. *hōcuuar(a)* zu lat. *piscatio* (Fischereirecht)). Das *-t-* wird später zur Ausspracheerleichterung eingeschoben. **V.** Schneider; König/Rabe/Streich, Bd. 1; Volckmar; HHS 3. *BM*

Hoyerswerda // Wojerecy (osorb.) **I.** Große Kreisstadt im Lkr. Bautzen, 39 214 Ew., am s Rand des Lausitzer Seenlandes, an der Schwarzen Elster, SN. Deutsche Stadtgründung in sorb. dörflicher Umgebung um 1230/50, Marktrecht 1371, 1423 Stadt, mit dem Ende des 19. Jh. Zentrum des Braunkohlebergbaus, seit 1955 weiteres Wachstum infolge des Baus eines Braunkohleveredelungswerkes (Kombinat) Schwarze Pumpe. Seit 1990 im strukturellen Wandel zur Wohn- und Dienstleisterstadt nach Zusammenbruch der Braunkohleindustrie. **II.** 1268 *Hoyerswerde,* 1399 *Hoierswerd,* 1577 *Hoierschwerda.* **III.** Im Bw. steht der PN *Hoyer* (aus *Hōger,* zu ahd. *hōh* 'hoch' und ahd. *gēr* 'Speer'). Der Gründer war der Edle Hoyer von Friedeberg (1241 bezeugt). Das Gw. ist *-werd(e),* ↗ *-werth* 'am Wasser gelegene Siedlung' wie in Bischofs-, Elsterwerda mit der im 16. Jh. aufgekommenen kanzleisprachlichen Endung *-a.* Dafür steht im Osorb. das Suffix *-ecy,* das Bewohner bezeichnet. Im Anlaut wurde omd. *-h-* durch osorb. *-w-* ersetzt. **V.** HONS I; SNB. *EE, GW*

Hude (Oldenburg) I. Gem. im Lkr. Oldenburg, 15 814 Ew., an der Berne, s von ausgeprägten Feuchtgebieten und Mooren, Reg.-Bez. Weser-Ems (bis Ende 2004), NI. Das zunächst in Bergedorf (Lkr. Oldenburg) gegründete Zisterzienserkloster wurde um 1232 nach Hude verlegt und 1536 aufgelöst; danach gräflich oldenburgisches Vorwerk und seit 1683 (bis h.) im Besitz der Familie von Witzleben. II. 1236 *in loco, quem vulgus Hutham appellat, nunc autem Rubus sancte Marie dicitur* [Or], 1291 *monasterium Portus sancte Marie, quod communiter dicitur Huda*, 1302 *Hutha*; *Hude* (1308). III. Der ON beruht auf dem Simplex mnd. *hūde* 'Fährstelle, Holzlager-, Stapelplatz an einer Wasserverbindung'. Daneben tritt seit der Klosterverlegung auch der Klostername auf, der sowohl mit den lat. Entsprechungen für *Marienbusch* wie für *Marienhafen* belegt ist. Allerdings gilt *Hude* für den ON daneben weiter. IV. Hude, OT von Estorf, Lkr. Stade; ↗Ritterhude, Lkr. Osterholz, alle NI. V. Udolph 1994; HHS 2. *KC*

Hückelhoven I. Kreisangehörige Stadt im Kr. Heinsberg, 39 539 Ew., an der Rur, Reg.-Bez. Köln, NRW. Erste Erwähnung 1231. Sitz eines Adelsgeschlechts. Seit 1914 Steinkohlenbergbau. 1950 Zusammenschluss mit der Gemeinde Ratheim. Seit 1969 Stadt. 1997 Einstellung der Kohlenförderung. Umstrukturierung durch Ansiedlung von Gewerbe- und Industrieunternehmen. II. 1231 *Huckelhoven* [Or], 1372 *Huchelhoven*; *Hückelhoven* (1550). III. Das Gw. ↗*-hofen*, ein nicht umgelauteter Dat. Pl., zeigt einen SiN-Alttyp auf linksrheinischem Gebiet mit der Grundbedeutung 'bei den Höfen'. Die Zuordnung des Bw. ist nicht ganz eindeutig. Es kann darin *Hukilo*, eine Koseform des ahd. PN *Hugo*, gesehen werden. Nicht auszuschließen ist auch eine Benennung nach der Geländeform. Dann jedoch nicht zu mhd. *hogil*, nhd. *Hügel*, da die rheinische Entsprechung hierzu schon ahd. *huvil* ist, sondern zu *hukil*, einem Diminut. zu rheinisch *huck*, mnd. *hok*, mnl. *hoek* 'Ecke', 'Winkel'. IV. Huckelheim, OT von Westernugrund, Lkr. Aschaffenburg, BY; Huckelrieden, OT von Löningen, Lkr. Cloppenburg, NI. V. Kaufmann 1973. *Br*

Hückeswagen I. Stadt im Oberbergischen Kreis, 16 041 Ew., 40 km nö Köln an der Wupper, Reg.-Bez. Köln, NRW. Fränk. Hof, im 12. und 13. Grafschaft Hückeswagen, ab 1260 zur Grafschaft Berg mit stadtähnlichen Rechten, Schloss als Sitz der Amtleute, bergische Fachwerkhäuser, nach Eisenindustrie und Textilgewerbe seit dem I. Weltkrieg Umstellung auf Elektrotechnik, Werkzeug- und Maschinenbau, Stadt seit 1859. II. 1085 *Hukensuuage*, 1138 *Hukeneswagene*, 1298 *Hukenshove*. III. Kompositum aus PN *Hucking* und ahd./mhd. *wāg* M., nd. *wāge* Fem. zu germ. **wæga* 'Woge', mhd. auch 'wogendes Wasser,

Strömung, Fluss'. Gysseling deutet es als 'See des Huging.' Der spätere Wechsel mit *Hukenhove*, also einem ↗*-hofen*-Namen, hat sich nach Dittmaier nur mda. gehalten. V. FP; Gysseling 1960/61; Dittmaier 1956; Kluge; HHS 3. *Ho*

Hüfingen I. Stadt im Schwarzwald-Baar-Kreis, 7 760 Ew., ca. 15 km s Villingen im Schwarzwald im Bereich der Baar am Austritt der Breg in das Donauried. Hüfingen bildet zusammen mit ↗Donaueschingen und Bräunlingen den GVV Donaueschingen 35 200 Ew., Reg.-Bez. Freiburg, BW. Erstmals 1083 erwähnt, 1383 im Besitz der Herren von Schellenberg und seit 1452 Stadtrecht. Landwirtschaftliche Betriebe, Stadtmuseum für Kunst und Geschichte, Römerbadmuseum, Vorderes Schloss, Katholische Stadtkirche St. Verena und Gallus. II. 1083 *Hiuvinga*, um 1100 *Huvingen*, 1336 *Húfingen*. III. *Hüfingen* ist eine ↗*-ingen*-Bildung mit dem PN *Hūfo* (< *Hūn-frid*); der Name bedeutet 'bei den Leuten des Hūfo'. Das *i* des *ingen*-Suffixes lautet die Stammsilbe zu *iu*, *ü* um. IV. ↗Hilzingen, Lkr. Konstanz, BW. V. Wagner, N.: Zu ungeklärten Personennamen in süddeutschen Ortsnamen, BNF 37 (2002); Kaufmann 1968; Krieger; FO 1; LBW 6. *JR*

Hüllhorst I. Gem. im Kr. Minden-Lübbecke, 13 524 Ew., am Südhang des Wiehengebirges in der sog. Ravensberger Mulde n Bielefeld, Reg.-Bez. Detmold, NRW. Das Ksp. Hüllhorst gehörte zum mindischen Amt Reineberg (1723–1807). 1973 entstand die heutige Gem. durch Zusammenschluss von Hüllhorst mit acht weiteren Gem. des ehem. Lkr. Lübbecke. Landwirtschaft, 19. Jh. bis Mitte 20. Jh. Zigarrenindustrie. Maschinenbau, Möbelindustrie. II. [1399–1443] (Kop. 1516) *to Hulhorst*, 1622 *Hvlhorst*, 1741 *Bauerschafft Hülhorst*. III. Bildung mit dem Gw. ↗*-horst*. Das Bw. *Hüll-* wohl zu verbinden mit mnd. *hülwe* Fem. 'Morast', ahd. *huliwa*, mhd. *hülwe*, 'Sumpfläche' auch Bez. für ein erhöhtes Grasstück auf morastigem Boden, oder auch mit asä. *bihullean* 'verhüllen, verbergen', *hullidōk* 'Schleier (als Umhüllung)', mnd. *hülle* 'Kopfbedeckung, Haube etc.', *hüllen* 'einhüllen, verhehlen, verschweigen'. Schließlich kann auch ein Anschluss an engl. *hill* (< **hulniaz*) oder d. *Hule*, *Hullen* (< **huln-waz*) 'Hügel, Berg' erwogen werden, wenn nicht sogar eine Verbindung mit ae. *hulu* 'Schuppen, Hütte', engl. *hoole* vorliegen solle. Eine Verbindung mit asä. *hulis* 'Hülsdorn (Stechpalme)' würde eher noch eine Form **Huls-*, *Hüls-* erwarten lassen. V. Lüpke, R.: Geschichte der Gemeinde Hüllhorst. Hüllhorst 1987; NOB III; HHS 3. *BM*

Hünenberg I. Dorf und Gem. im Kt. Zug, 8 301 Ew., zwischen Zugersee und Reusstal, 451 m über dem Meeresspiegel, CH. Jungsteinzeitliche Siedlungsspuren am Ufer des Zugersees, frühma. Gräber in der

Reussebene. Am Südrand des heutigen Dorfes ehem. Burg der 1173 erstmals bezeugten Ritter von Hünenberg, welche im 13./14. Jh. als Ministerialen der Grafen von Habsburg zu regionaler Bedeutung kamen (älteste Anlage aus dem 11./12. Jh., Erweiterung und Bau des Megalithturms Mitte 13. Jh.). 1414/15 Verkauf der hünenbergischen Rechte und Güter im Twing Hünenberg an die Gemeindegenossen, 1416 Burgrecht der Gemeinde mit der Stadt Zug, städtisches Untertanengebiet (Vogtei) bis 1798. Rasanter Strukturwandel in der zweiten Hälfte des 20. Jh. mit starkem Bevölkerungswachstum und der Entstehung des heutigen Dorfes. **II.** 1173 *Hunberg [Or?]*, 1185 *Hunoberg*, 1240 *Hunaberc [Or]*; *Húnenberg* (1414). **III.** Hochma., sekundär auf die Umgebung übertragener Burgname, zusammengesetzt aus mhd. *hiune* 'Hunne, Hüne, Riese' und dem Gw. ↗ *-berg* 'Anhöhe', also '(befestigte) Anhöhe, die von Hünen bewohnt wird'. Die Kombination eines Elements aus der ritterlichen Gedankenwelt (*Hünen-*) mit *-berg* war in der Burgnamengebung besonders im 13. Jh. beliebt. **V.** Dittli, 3; LSG; HLS 6; Boxler. *BD*

Hünfeld **I.** Stadt im Lkr. Fulda, 16 091 Ew., an dem Fluss Haune, Reg.-Bez. Kassel, HE. Stadtrecht (1310), Kreisstadt (1821), Großbrand (1888). Stadt- und kreisgeschichtliches Museum, Kunstmuseum, St. Bonifatiuskloster (1895 gegr.); seit 4. 7. 2006 Zusatz *Konrad-Zuse-Stadt* (Wirkungsstätte des Erfinders des modernen Computers). Haarkosmetik-, Maschinenbau-, Metall-, Textil- und Nahrungsmittelindustrie. **II.** 781 *campo qui dicitur Unofelt [Or]*, 825 *Hunafeld*, zwischen 1015–1050 *Hunefelt* und *Hunifelt*, 1359 *Hunfelt*; *Hünfeld* (1738). **III.** Der erste Beleg erscheint nicht mit anlautendem *H-*, die weitere Entwicklung zeigt keinen *h*-Schwund seit ahd. Zeit. Germ. *h* kann im vorliegenden Fall nicht stl. Frikativ gewesen sein. Das Bw. muss auf eine Form *Hûn* zurückgehen, die st. flektiert. Ausgangsform ist **Hûnio-feld*. Das *-i-* der Folgesilbe lautet den Stammvokal *û > ü* um, woraus sich die h. Form *Hünfeld* erklärt. Der ON ist als Komp. mit dem Gw. ↗ *-feld* 'freies, offenes Land; Acker- und Wiesenflur' im Gegensatz zum 'Wald' zusammengesetzt. Das Bw. bezieht sich auf den FluN der *Haune*, der 789 als *ripam fluvii, quae vocatur Huna* überliefert erscheint. Im 11. Jh. ist der Name mit dem Gw. ↗ *-aha* (↗ *-ach¹*) belegt (1003 *ad Hunaha*). Die Bildungsweise des FluN spricht für einen Verbstamm als Wz. Die Ausgangsform **Hūna* wäre an einen alten Ablaut **keu-/*kou-/*kū-* 'schwellen' mit n-Erweiterung anzuschließen. Der FluN gehört mit zahlreichen Vergleichsnamen zu dem Bestand der „Alteuropäischen Hydronymie". **IV.** Burghaun, Margretenhaun, Hünhan, alle Lkr. Fulda, HE; FluN: *Hönne* (l. Zfl. der Ruhr), NRW; *Hunze* (in Groningen, dazu der Gauname *Hunzego*), NL; *Hunn* und *Hunter* in Norwegen. **V.** HHS 4; LAGIS; Udolph, J.: Germanische Hydronymie aus kontinentaler Sicht. In: BzN. NF (24, 1989). *DA*

Hünfelden **I.** Gem. im Lkr. Limburg-Weilburg, 9 969 Ew., erstreckt sich über das Südlimburger Hügelland, Reg.-Bez. Gießen, HE. Durch den freiwilligen Zusammenschluss der sieben früheren Gemeinden Kirberg, Dauborn, Heringen, Mensfelden, Nauheim, Neesbach und Ohren entstanden (1. 10. 1971). Burgruine Kirberg, restaurierte Fachwerkbauten des Stein'schen Hauses, ehem. Rathaus im OT Kirberg mit Heimatmuseum, ehem. Kloster Gnadenthal. **III.** Komp. mit dem Gw. ↗ *-feld* 'freies, offenes Land, Ackerflur, Wiesenflur'. Die Form *-felden* ist Dat. Pl., also flektiertes App., wie es in FlN erscheint. Der Name der Großgemeinde wurde in den 1970er Jahren neu geschaffen und nimmt wohl Bezug auf die sog. „Hühnerstraße", an welcher der Ort liegt. Möglicherweise enthalten FlN mit *Hüne*, nd., nhd. *Hüne* 'Hüne, Riese' einen Hinweis auf ur- und/oder frühgeschichtliche Plätze (Hünenbetten, -gräber, sog. Hünenburgen). Eine andere Deutung geht davon aus, dass in *Hun-*, *Hün-*, ein Wort für 'kräftig, stark, groß' vermutet wird, mit Bezug zu der exponierten Lage bei Bergvorsprüngen und einer dort befindlichen Befestigungsanlage. Im Germ. hat es wahrscheinlich zwei Adj. *hūn* gegeben. Zum einen mit der Bed. 'hoch', verwandt mit dem kelt. *kunos*, das andere substantivierte, alte Adj. mit der Bed. 'dunkel, schwarz, braun'. Pokorny verzeichnet anord. *hūnn* 'Würfel, klotzartiges Stück; (Bären-)Junges' und germ. **hūni-* 'Kraft, Stärke' zur idg. Wurzel **keu-*, **kū-* 'schwellen, Schwellung, Wölbung'. Zusammenfassend ist der ON aus einem FlN hervorgegangen und als 'offene Fläche auf der Höhe' zu deuten. **IV.** ↗ Hünstetten, Rheingau-Taunus-Kr., HE; † Hünenburg, † Hünstollen, beide Lkr. Göttingen; † Hünschenburg, Lkr. Northeim, alle NI. **V.** LAGIS; NOB IV–VI. *DA*

Hünstetten **I.** Gem. im Rheingau-Taunus-Kreis, 11 116 Ew., grenzt im N an Hünfelden, Reg.-Bez. Darmstadt, HE. Gründung der Gem. Hünstetten aus den Gem. Beuerbach, Kesselbach, Ketternschwalbach, Limbach, Strinz-Trinitatis und Wallbach (31. 12. 1971). Hinzu kamen Oberlibbach (1. 7. 1972) und Bechtheim, Görsroth und Wallrabenstein (1. 1. 1977). **III.** Komp. mit dem Gw. ↗ *-stetten* 'Stelle, Ort, Platz', 'Stadt'. Der Name der Großgemeinde wurde in den 1970er Jahren neu geschaffen. Der ON und der Name der Kirche (*Hühnerkirche < zum Honerberg*) nehmen wohl Bezug auf die *Hühnerstraße*, ein alter wichtiger Handelsweg auf der Höhe zwischen Mainz/Wiesbaden und Limburg, der früher als *Bubenheimer Straße* erwähnt wird. FlN mit *Hüne*, nd., nhd. *Hüne* 'Hüne, Riese' enthalten in der Regel einen Hinweis auf ur-

und/oder frühgeschichtliche Plätze (Hünenbetten, -gräber, sog. Hünenburgen). Eine andere Deutung geht davon aus, dass in *Hun-*, *Hün-*, ein Wort für 'kräftig, stark, groß' vermutet wird und auf 'die bei Bergvorsprüngen exponierte Lage einer dort befindlichen Befestigungsanlage' Bezug genommen wird. Eine Bedeutung des germ. Adjektivs *hûn* wird mit 'hoch' angegeben, verwandt mit dem kelt. *kunos*. Pokorny verzeichnet anord. *hūnn* 'Würfel, klotzartiges Stück; (Bären-)Junges' und germ. **hūni-* 'Kraft, Stärke' zur idg. Wurzel **k̂eu-*, **k̂ū-* 'schwellen, Schwellung, Wölbung'. **IV.** ↗Hünfelden, Lkr. Limburg-Weilburg, HE; † Hünenburg, † Hünstollen, beide Lkr. Göttingen, † Hünschenburg, Lkr. Northeim; alle NI. **V.** Denkmaltopographie Rheingau-Taunus-Kreis II; NOB IV–VI. *DA*

Hünxe **I.** Gem. im Kr. Wesel, 13 609 Ew., an der Lippe, Reg.-Bez. Düsseldorf, NRW. 1975 durch Zusammenschluss mit Drevenack, Gartrop-Bühl und Krudenburg gebildete Gemeinde. **II.** 1092 *de Hůngese*, 1144 *apud Hungese* [Or], um 1300 *Hůnxe*. **III.** Zuss. aus Grundwort **-gisa*, in der Region zuerst für Himmelgeist, Stadtteil von Düsseldorf (904 *in Humilgise*), bezeugt, in dem eine zu idg. **i̯es-* 'wallen, schäumen' gehörende Gewässerbezeichnung auftritt (FO 1, 1055; zum st. Verb ahd. *jesan, gesan*), und einem Erstglied *Hun-*, mit dem zahlreiche FluN gebildet sind (Schmidt, Rechtsrhein. Zfl.), etwa der FluN Hönne, l. zur Ruhr (um 1230 *Hune*; Barth 1968), und für das die Bedeutung 'Morast' angenommen worden ist. Auch ein Farbwort 'gelblich, braun' ist erwogen worden (Lex. nl. topon. unter *Hunnepe*). Der Umlaut wird durch das später zu *e* gesenkte *i* des Zweitglieds oder (wie im Fall *Hönne*) durch ein *j*-haltiges Stammbildungselement bewirkt. Der Name des Flusses ist später auf den Ort übertragen worden. **V.** HHS 3; Gysseling 1960/61. *Tie*

Hürth **I.** Stadt im Rhein-Erft-Kreis, 56 983 Ew., sw Köln am Hang der Ville, Reg.-Bez. Köln, NRW. Röm. (Gutshöfe, Wasserleitung) und fränk. Besiedlung, im 12. Jh. zur Herrschaft Valkenburg und später an Brabant, 1816 Bürgermeisterei, im 20. Jh. um mehrere Orte erweitert, 1978 Stadt. Industrialisierung im späten 19. Jh. mit Braunkohle-, Chemie- und Elektroindustrie, h. Medienwirtschaft (Nähe Köln). **II.** 1170 *in Hurten* [Or], 1191/93 *Hurte*. **III.** App. ahd. *hurt*, germ. **hurdi-* Fem. 'Hürde, Flechtwerk' mit Apokope des auslautenden Vokals und neuzeitlicher *-th*-Schreibung. Mehrere ältere ON auf dem Stadtgebiet, z.B. mit galloromischem ↗*-(i)acum* in *Fischenich* und *Keldenich*. **V.** Gysseling 1960/61; Kluge; HHS 3. *Ho*

Hürup dän. Hyrup **I.** Gem. und gleichnamiges Amt mit sieben amtsangehörigen Gem. im Kr. Schleswig-Flensburg, 8 472 Ew., von der Treene durchflossen, SH. Erste Erwähnung 1352, 1867 zu Preußen, 1970 entstand die Gem. Hürup aus Weseby und Hürup, 1971 wurde das Amt in seiner heutigen Form gegr. Landwirtschaftliche Prägung, Marienkirche. **II.** 1352 *in Hudderup* [Or], 1379 *de Hudorp*, 1462 *Hudorp*. **III.** Der ON setzt sich zusammen aus dem dänischen *hy* 'Hügel; Grabhügel' und dem mnd. *dorp* 'Dorf', ↗*-dorf*. Durch die Homonymie des ersten Wortgliedes entstehen zwei mögliche Bed. für die Benennung des Dorfes: 'hochliegendes Dorf' im Sinne eines 'Dorfes bei den Hügeln' oder aber das 'Dorf bei den Grabhügeln'. **V.** Laur; Haefs. *GMM*

Hüttenberg **I.** Gem. im Lahn-Dill-Kreis, 10 673 Ew., Reg.-Bez. Gießen, HE. 1246 belehnte König Konrad IV. die Herren von Merenberg mit dem Gericht in Hüttenberg, das nach einer Erhebung ö von Niederkleen benannt war, 1396 waren an dem Gericht die Ganerben von Cleeberg, Hessen und Nassau-Saarbrücken beteiligt; altbesiedelter Landschaftsraum zwischen dem Ostrand des Taunus und dem Gießener Becken, reiche agrarische Nutzung, große Haufendörfer und Fachwerkdreiseithöfe, Hüttenberger Tracht. Großgem. seit dem 1. 1. 1977 bestehend aus den OT Hüttenberg, Hochheim, Hörnsheim, Rechtenbach, Reiskirchen, Vollnkirchen, Volpertshausen und Weidenhausen. Goethehaus Volpertshausen, Heimatmuseum Gottfrieds-Haus. **II.** 1223 *Hittenberg*, 1302 *in monte qui dicitur Hitthenberg*, 1321 *des Gerichts zu Hůttenberg*, 1361 *Hettinberg*, 1452 *Hittenberge*, 1587 *gericht zu Hüttenbergk*, *Hüttenbergischen gepiet*; *den Hüttenberg* (1492). **III.** Komp. mit dem Gw. ↗*-berg* 'Berg'. Bisher gibt es verschiedene Deutungsversuche, die allerdings keine schlüssige Erklärung des Namens liefern konnten: Berg als Huth der Chatten gegen die Römer; von einem PN abgeleitet als 'Berg des Hitto'; benannt nach den Hütten, die man während der Gerichtsverhandlungen aufgeschlagen habe oder nach den hier betriebenen Eisenhütten. Da *-berg*-Namen häufig mit App. und seltener mit PN gebildet sind, ist wahrscheinlich nach einem app. Anschluss zu suchen. Die ältesten urk. Formen des Namens aus dem 13. Jh. zeigen den Stammvokal *-i-* und nicht *-u-/-ü-*, sodass die Deutung über mhd. *hütte* < ahd. *hutta* < germ. **hud-* aufgegeben werden kann. Für das Bw. ist wohl von einer Form **keidh-* auszugehen, die einen Anschluss an **keid-* 'fallen' findet. Dazu gehört u.a. schwed. *hitta* 'finden', mittelengl. *hittan* 'auf etwas treffen, finden', engl. *hit* (urspr. 'auf etwas fallen, verfallen'). Ein app. Anschluss 'fallen' im Sinne von 'Schräge' lässt sich damit wohl nur vage treffen. Versucht man für das Bw. einen Ansatz über eine Ausgangsbasis **Hatin-*, die sich durch Umlaut zu **Hetin-/*Heten-* (1361 *Hettinberg*) weiterentwickelt hat, könnte man auch den vorliegenden Namen an eine Wurzel *haþ/*hað in der Bedeutung 'Neigung, Biegung, Abhang' anschließen (↗ Hadamar). In der weiteren Entwicklung des Namens würde dann Hebung von -e- > -i- erfolgen (1223 *Hittenberg*) und -i- später zu -ü- gerundet werden. Zu überprüfen bleibt, ob weitere Namen, wie etwa *Hittbergen*, Lkr. Lüneburg, NI, 1211 (Kop.) *in uilla Hethberge*, angeschlossen werden können. Für *Hüttenberg* wird eine Bedeutung 'Abhangsberg, schroffer Berg' erwogen. **V.** HHS 4; LAGIS; Udolph, J.: Die Orts- und Wüstungsnamen der Samtgemeinde Scharnebeck. In: Scharnebeck gestern und heute, bearb. von Steffen Grimme. Scharnebeck 2002. *DA*

Hüttener Berge **I.** Amt im Kr. Rendsburg-Eckernförde mit sechzehn amtsangehörigen Gem., 14 327 Ew., nahe Eckernförde, in den Hüttener Bergen, SH. 1319 urk. Erwähnung der Hüttener Kirche; das adelige Gut Hütten seit 1520 herzogliches, später königliches Vorwerk. 1783 entstand das heutige Dorf durch Parzellierung, 1889 Amt Hütten (dän. *Hytten*) gegründet, 2008 Umbenennung in Amt Hüttener Berge. Überwiegend land- und forstwirtschaftliche Prägung. **II.** 1319 *ecclesiarum ... Hytte* [Or], 1363 *de Hutten*, 1474 *tor Hutten*. **III.** Das Wort *Hütte* ist ein Lehnwort aus dem Hd. und bezeichnet eine kleine Produktionsstätte, meist in Bezug auf die Herstellung von Glas. Somit könnte der ON auf eine Siedlung hindeuten, in der ehemals Glas produziert wurde. **IV.** Oldenhütten, Kr. Rendsburg-Eckernförde, Sievershütten, Struvenhütten, beide Kr. Segeberg, alle SH. **V.** Laur. *GMM*

Hungen **I.** Stadt im Lkr. Gießen, 12 662 Ew., am Fuß des Vogelsbergs, in der n Wetterau, an einer Schleife der Horloff, Reg.-Bez. Gießen, HE. An der s Gemarkungsgrenze führte der röm. Limes vorbei, ein kleines Kastell ist nachgewiesen, lag an der alten Handelsstraße der „Kurzen Hessen", Stadtrecht 1361, Kreisstadt (1822–48), die 1383 erstmals erwähnte Burg wurde 1604–12 zum Schloss ausgebaut, gräfliche Linie Solms-Hungen; Heimatmuseum; Milchverarbeitung, Textilindustrie, Schraubenwerke, Betonwerke; alle zwei Jahre findet hier der „Hess. Schäfertag" statt. **II.** 782 *Hoinge* [Or], 782 (Kop. um 1150) *Houngun*, 1286 *de Hohungen*, (vor 1308) (Kop. um 1320–41) *Hohingen*, 1325 *Houngin*, 1404 *zu Houngen*; *Hungen* (1470) (Kop.). **III.** Derivation mit dem Suffix *-ing(en)/-ung(en)*; ↗ *-ungen* bildet die Ablautform von ↗ *-ingen*. Der Auslaut zeigt eine dativische Pluralform *-ingen* mit lok. Funktion, die darauf hinweist, dass die Eigenschaften der Umgebung benannt werden. Der Umlaut des Stammvokals -o- ist vor *-ung* ausgeblieben. Das Bw. ist appellativisch gebildet und gehört zu ahd. *hōh* st. Ntr., *hōhi* st. Fem. 'Höhe', mhd. *hœhe*, *hôhe* st. Fem. 'Höhe, Anhöhe, Erhöhung'. Die charakteristischen Merkmale des Wohnortes oder der näheren Umgebung bildeten dabei das Benennungsmotiv. Ausfall des intervokalischen -h- und Kontraktion von *Ho-ungen* > *Hungen*. Der ON ist als 'Siedlung auf der Höhe' zu deuten. **IV.** Höingen, Vogelsbergkreis, HE; Höingen, OT der Gem. Ense, Kr. Soest, NRW. **V.** LAGIS; Reichardt 1973; WOB I. *DA*

Husum nordfriesisch Hüsem **I.** Amtsfreie Kreisstadt des Kr. Nordfriesland, 22 212 Ew., Nordseehafen-Stadt, Husumer Bucht, SH. 1252 erstmals urk. erwähnt, 1465 Marktrecht, 1603 Stadtrecht, 1867 zum preuß. Staat. Stadthafen, Herstellung von Windkraftanlagen, Theodor-Storm-Zentrum, Nationalpark Schleswig-Holsteinisches Wattenmeer. **II.** 13. Jh. *Iuxta Hwsoenbro*, 1431 *to Husem* [Or]; *bynnen Huseme* (1434). **III.** *Husum* ist die afries. und altdänische Dat.-Pl.-Form von *hus* 'Haus' und entspricht als Siedlungsbezeichnung dem nd. Suffix *-husen*, ↗ *-hausen*. Das *-bro* in der Ersterwähnung aus dem 13. Jh. entspricht dem dän. *bro* 'Brücke', *iuxta* steht für 'nahe bei'. **V.** Laur; Haefs; Berger. *GMM*

Ibbenbüren I. Stadt im Kr. Steinfurt, 51 581 Ew., w Osnabrück, Reg.-Bez. Münster, NRW. Im MA Kirchdorf im Bistum Osnabrück, 12.–16. Jh. Gft. Tecklenburg, 1551 zu den Niederlanden, 1702 preußisch, 1724 Stadt, 1806 Ghztm. Berg, 1816 wieder preußisch, seit 16. Jh. Steinkohlenbergbau (Anthrazit), ab 1985 mit Kraftwerk, Sandsteinbrüche. II. 1146 *in Hibenburen*, 1160 *aput Ibbenbure*, 1189 *de Ybbenburen*, 1245 *in Ibbenburen*. III. Kompositum mit einem Gw. zu asä. **būr*, mnd. *būr* '(kleines) Haus, Gebäude', das als -jo-Stamm zu Dativ-Plural-Bildungen (in lok. Funktion) mit -*iom* oder -*iun* führt, deren -*i*- wiederum den schon früh eingetretenen Umlaut -*ü*- bewirkt hat, der in der h. amtlichen Form sichtbar ist. Bw. ist der asä. Kurzname *Ib(b)o*, der im Gen. Sg. flektiert ist und im Erstbeleg mit unorganischem -*h*- anlautet. So kann der ON umschrieben werden mit 'bei den Häusern des *Ib(b)o*'. V. Osnabrücker Urkundenbuch I, II. *kors*

Iburg, Bad I. Stadt im Lkr. Osnabrück, 11 519 Ew., s des Teutoburger Waldes, Reg.-Bez. Weser-Ems (bis Ende 2004), NI. Bereits im 8. Jh. war in Iburg eine Burganlage vorhanden; die heutige Burg und das Benediktinerkloster wurden in der zweiten Hälfte des 11. Jh. von den Osnabrücker Bischöfen erbaut bzw. gegründet; im hohen und späten MA war die Iburg militärischer und Verwaltungsmittelpunkt des Bistums, aber erst im 16. Jh. Hauptresidenz der Bischöfe; der Flecken Iburg entstand um 1200, erhielt 1359 Weichbildrecht, 1959 Stadtrecht und 1967 den Titel Bad. II. 753 *Iuberg* [Kop. 9. Jh.], 753 *Iuburg* [Kop. 9. Jh.], 1171 *Yburch*; *Iburg* (1182). III. Bildung mit dem Gw. ↗ -*burg*, das einige Male auch als ↗ -*berg* erscheint. Als Bw. ist mnd. *īwe* 'Eibe' bzw. daraus zu erschließendes asä. **īwa* (vgl. ahd. *īwa*) anzusetzen. Bei dem Stammkompositum erscheint das -*w*- nur in den ältesten Belegen als -*u*-, danach schwindet es. IV. Iburg (Bad Driburg), Kr. Höxter, NRW. V. GOV Osnabrück I; HHS 2. *KC*

Ichenhausen I. Stadt und gleichnamige VG im Lkr. Günzburg, 10 753 Ew., Reg.-Bez. Schwaben, BY. Urpfarrei, Zugehörigkeit zur Markgrafschaft Burgau, Siedlungsort des Landjudentums. II. 12. Jh. (Kop. des 17. Jh. zu 1032) *Ichenhausen*, 1362 *Ichelnhusen*, 1367 (Kop. des 15. Jh.) *Ichenhaußen*, 1374 *Ychenhusen*, 1397 *Jechenhusen*, 1423 *Ichenhusen*, 1691 *Ichenhausen*. III. Grundwort ist eine Pluralform von mhd. *hûs* 'Haus', ↗ -*hausen*, Bestimmungswort der PN *Icho*; im Beleg von 1362 scheint die Diminutivform **Ichilo* vorzuliegen. V. Reitzenstein Schwaben. *WvR*

Idar-Oberstein I. Große kreisangehörige und verbandsfreie Stadt im Lkr. Birkenfeld, 31 082 Ew., zu beiden Seiten der Nahe am Idarwald (Teil des südlichen Hunsrücks), RP. Idar war zunächst im Besitz der Herren von Oberstein, dann wechselnde Herrschaften und spätestens im 17. Jh. Auseinandersetzungen um kleinste Gebiete (Idarbann) zwischen mehreren Adelshäusern. Oberstein im MA Teil der reichsunmittelbaren Herrschaft Oberstein, ab 17. Jh. wechselnde und gemeinsame Herrschaften, 1798 franz., 1814/15 erst österreichisch, dann bayer., schließlich zu Preußen. Durch den Wiener Kongress kam das neugeschaffene Ftm. Birkenfeld n der Nahe zum Ghztm. Oldenburg (bis 1937, Freistaat, dann Preußen), das Ftm. Lichtenberg s der Nahe zum Hztm. Sachsen-Coburg-Gotha (bis 1834, dann Preußen). Seit 1865 Stadtrechte für Idar und Oberstein und 1933 deren Zusammenschluss einschließlich weiterer Gem. zu einer Stadt. Bis ins 18. Jh. Förderung einheimischer, seit dem 19. Jh. vor allem Verarbeitung südamerikanischer Edelsteine. II. Idar: 1320 (Kop. 18. Jh.) *Ydera*; Oberstein: 1323 *de Oversteine*, 1330 *zum Obernsteyne*. III. Der Stadtteil Idar ist nach dem hier links in die Nahe mündenden Idarbach, *die Idar* (897, Kop. Mitte 14. Jh. *Hiedraha*, 1287 *die Ydra*, 1336 *in die Ydra*, 1340 *Uderbac*, 1349 *die Jdar, die Ider*, 1437 *Idarbach*), benannt. Der Idarbach kommt aus dem Idarwald, dem Ider (1220 *de nemore ... Idere*, 1330 *zwuschen der Winterhoug und dem Ider*, 1450 *off dem Yder*, 1561 *Ein Waldt uff der hohen Eytter gelegen*, 1600 *der Idarwald*). Die Belege für den Fluss- und Waldnamen lassen auf ahd. **Iedr(aha)* und **Iedar* m. schließen. Der anlautende Diphthong wird regulär monophthongiert zu /ī/; Schreibungen mit *U*- oder *Ey*- sind hyperkorrekt. **Iedar* dürfte ein vorgerm. Lehnname sein, der durch den Ansatz von vulgärlat. **Ēdrus*, älter **Aidros*, entstand. Der gleiche Name begegnet in Venetien als *portum ... Aedronem* (Plinius) und mehrfach im frankophonen Gebiet als FluN

Heures (1008, Kop. 13. Jh. *Edera*), *Erre* (11. Jh, Kop.12. Jh., *Hedera*), *Yères* (*Yerre*) (1045 *Edera*). Der FluN **Aidros/-ā* 'der/die Anschwellende' entspricht einem mit *r*-Suffix abgeleiteten Adj. zum Verb idg. **h₂eid-* 'anschwellen'. Am nächsten stehen FluN, die germ. **aitra-* (*Aitrach, Eiterbach*) enthalten. *Oberstein* ist ein Burgenname mit dem Gw. ↗*-stein* und der Bedeutung 'obere Burg', weil sie höher als die alte Burg (1075 *Steyna*) angelegt worden war. **V.** Berger; Greule, A.: Die linken Zuflüsse des Rheins zwischen Moder und Mosel. Stuttgart 1989; Greule, DGNB. *AG*

Idstein **I.** Stadt im Rheingau-Taunus-Kreis, 23 012 Ew., im oberen, kammnahen Teil der durch Einbruch entstandenen N-S gerichteten Idsteiner Senke zwischen den waldreichen, zu ihr steil abfallenden Bergländern des w und ö Hintertaunus, Reg.-Bez. Darmstadt, HE. Denkmalgeschützte Altstadt mit zahlreichen Fachwerkbauten, ehem. Burganlage von der u. a. der Torbau (1497) und der Hexenturm (um 1400) erhalten sind, im 17. Jh. errichtetes Schloss (frühbarocke Dreiflügelanlage, ab 1614 erbaut). Idstein war die früheste nassauische Residenz s der Lahn, wo auch König Adolf von Nassau weilte; blieb, trotz des durch König Rudolf 1287 verliehenen Stadtrechts, bis ins 17. Jh. nur ein Flecken. Hochschule Fresenius, Stadtmuseum. Kunststoff und Leder verarbeitende Industrie. **II.** 1102 *de Etichestein*, 1119/22 *Hetechenstein*, vor 1137 *castra duo Ethechenstein*, 1198 *Etichenstein*, um 1215 *Hetechstein*, 1215 *Eddechenstein*, 1217 *Ettichistein*, 1242 *Etkenstein*, 1340 *Etchinstein*, 1381 *Ethichstein*, 1382 *Etgesteyn*, 1393 *Izstein*, 1446 *herre zu Idtstein*; *Idstein* (1608). **III.** Komp. mit dem Gw. ↗*-stein* 'Stein, Fels', vergleichbar mit aksl. *stěna* 'Wand, Felswand'. Die Deutung des Gw. hängt davon ab, ob der Name auf einem FlN beruht oder als primärer Siedlungsname zu betrachten ist. Das Gw. kann Felsen meinen, auf dem eine Burg errichtet wurde, aber auch das feste, aus Stein erbaute Haus. In der Fuge zeigt sich das Merkmal einer sw. Genitivflexion *-en-*. Für das Bw. lässt sich bisher kein appellativischer Anschluss gewinnen, daher muss von dem PN *Eticho* zu einem PN-Stamm ED ausgegangen werden. **V.** Keyser; LAGIS; Berger 1999. *DA*

Ihlow **I.** Gem. im Lkr. Aurich, 12 520 Ew., nö von Emden, s von Aurich, bis 2004 Reg.-Bez. Weser-Ems, seit 2005 Regierungsvertretung Oldenburg, NI. Das Zisterzienserkloster Ihlow wurde 1228 von Mönchen aus Groningen gegr. und spielte eine wichtige Rolle in der Region. Es wurde 1529 im Zuge der Reformation zerstört. Die systematische Besiedlung des Gebietes begann im 17. Jh. **II.** 1233 *Ile* [Kop. 14. Jh.], 1255 *abbas de Scola Dei*, 1447 *Scola Dei in Yle*; *Iloh* (1735). **III.** Der Name ist mit dem Gw. ↗*-loh(e)* gebildet, dessen Vokal seit Beginn der Überlieferung bereits zu *-e-* abgeschwächt ist, und enthält als Bw. mnd. *īwe* 'Eibe' bzw. daraus zu erschließendes asä. *īwa (vgl. ahd. *īwa*). Bei dem Stammkompositum erscheint das *-w-* in den Belegen nicht mehr. Die Benennung bezieht sich auf den Ihlower Forst, in dem offenbar Eiben wuchsen. Der Klostername ist daneben auch mit dem lat. *Scola Dei*, also 'Schule Gottes' bezeugt. **IV.** ↗ Bad Iburg, Lkr. Osnabrück, NI. **V.** Remmers, Aaltukerei. *TK*

Illertal **I.** GVV im Lkr. Biberach, 13 675 Ew., ca. 15 km n Memmingen, Reg.-Bez. Tübingen, BW. Der GVV wurde am 1. 1. 1975 aus den Gem. Berkheim, Dettingen an der Iller, Erolzheim, Kirchberg an der Iller und Kirchdorf an der Iller gebildet. Baufahrzeugherstellung. Kloster Bonladen, Schloss Erolzheim, Schloss Edelbeuren, Pfarrkirche Mariä Himmelfahrt, Adelssitz Kirchberg, Pfarrkirche St. Blasius. **II.** *Illertal* (1975). **III.** Die Neubildung setzt sich zusammen aus dem GwN *Iller* (aus kelt. *elirā 'die Antreibende', zu kelt. **el-* 'treiben, gehen') und dem Gw. ↗*-tal*. **IV.** Illental, OT von Appenweier, Ortenaukreis, BW. **V.** Greule, DGNB; LBW 2 und 7. *JR*

Illertissen **I.** Stadt im Lkr. Neu-Ulm, 16 465 Ew., s von Ulm im unteren Illertal, Reg.-Bez. Schwaben, BY. Alem. Besiedlung ab ca. 500 n. Chr., im 12./13. Jh. Bau der Burg Tissen, seit 1430 Marktrecht, 1756 zu Bayern, 1954 zur Stadt erhoben. Vorwiegend verarbeitendes Gewerbe. **II.** 954 *Tussa* [Or], 1239 *Tussin*, 1494 *Tüßen*, 1541 *Illerthissen*; *Illertissen* (1730). **III.** Der Name geht wohl zurück auf die germ. Wurzel *þaus, *þus 'Tumult, Schwall' bzw. die Bildung *þusjo 'Wasserschwall'. Die Schreibung des Wurzelvokals *-ü-* in *Tüßen* ist durch *i*-Umlaut zu erklären, der aber – wie in *Tussin* – nicht stets bezeichnet wird. Der Vokal *-i-* in *-tissen* kann als Entrundung *ü > i* aufgefasst werden; in der Mundartform tritt der Vokal *-i-* auf. Zur Unterscheidung von gleichnamigen Siedlungen wird später der Flussname *Iller* als Differenzierungsglied hinzugefügt. **IV.** Großtissen, Lkr. Sigmaringen; Rißtissen und Illerrieden, beide Alb-Donau-Kreis, alle BW. **V.** Berger; Reichardt, L.: Ortsnamenbuch des Alb-Donau-Kreises und des Stadtkreises Ulm. Stuttgart 1986; Reitzenstein 1991. *JCF*

Illingen mda. ['iːlɪŋə] **I.** Gem. im Lkr. Neunkirchen, 17 624 Ew., im Tal der Ill im Zentrum des Saarlandes, ca. 20 km n von Saarbrücken, SL. 1359 erste urk. Erwähnung der Wasserburg Kerpen an der Ill, von der h. noch zwei Türme und Mauerreste stehen. Im 16. Jh. geht die Burg an die Grafen von Saarbrücken, während Illingen bis zur franz. Revolution den Herren von Kerpen gehörte. Ab 1815 preuß., 1920 Völkerbundverwaltung, 1935 Rückgliederung ins Reich, 1947 Teil des formal selbst., in polit. und wirtschaftl. Union mit Frankreich stehenden Saarlandes, 1957 zu Deutschland. 1974 Eingemeindung von Hirzweiler, Hüttigweiler, Uchtelfangen, Welschbach und Wustweiler. **II.** 872 (Kop. 16. Jh.) *Letoltingos*, 1242 *Ildingen [Or]*, 1375 *Ylingen [Or]*; *Illingen*, *Yllingen* (1431). **III.** Ahd. *Liedeldingen < vorahd. *Leudowaldingas. Der Name ist eine Bildung mit dem PN ahd. *Leudowald* (germ. **leuđi-* 'Volk' + germ. *walđa-* 'Macht' bzw. 'Herrscher') und dem Suffix ⁊ *-ingen*, das die Zugehörigkeit zu der benannten Person anzeigt. Der Erstbeleg 872 *Letoltingos* aus einer Quelle des Bistums Metz weist die romanisierte Form mit *ē* < germ. *eu* auf, die möglicherweise eine Schreiberform ist. Für die weitere d. Entwicklung muss hingegen von der Entwicklung des Diphthongs *eu* > *ie* ausgegangen werden. Ahd. *Liedeldingen entwickelte sich mit Assimilation von *ld* > **Li(e)dellingen*, mit Synkope von *e* > *Līdlingen und mit Metathese des inlautenden *l* > *Līldingen. Unter Einfluss des Namens des Flüsschens Ill, an dem Illingen liegt, wurde das anlautende *l* zu *Īldingen* total dissimiliert; durch Assimilation von *ld* entwickelte sich das heutige amtliche Form *Illingen*, mda. wurde *ī* bewahrt. **V.** Geschichtliche Landeskunde des Saarlandes, Bd. 2. Hg. von K. Hoppstädter, H.-W. Herrmann (Mitteilungen des historischen Vereins für die Saargegend e.V., N.F. 4). Saarbrücken 1977; Haubrichs, W.: Die bliesgauischen Ortsnamen des Fulrad-Testaments und die frühe Pfarrorganisation der Archipresbyterate Sankt Arnual und Neumünster im Bistum Metz, 2 Teile. In: Jahrbuch für westdeutsche Landesgeschichte 2 (1976), 3 (1977); Haubrichs / Stein. *cjg*

Illkirch-Grafenstaden // Illkirch-Graffenstaden

mda. ['ɪlkɪrɪʃ], ['grofəʃdåːt], franz. [il'kirʃ], [grafən'ʃtadən] **I.** Agglomerationsgemeinde der Umgebung von Straßburg, Bezirk Erstein, 25 183 Ew., Département Bas-Rhin, Region Elsass, F. Besitz des Reichs, seit 1418 meist zu Straßburg, von diesem reformiert und mit ihm 1681 zu Frankreich, 1871–1918 zu Deutschland. **II.** Illkirch: 836–838 (?) *Illenkirche*, 987 *in Illenkirchen* (falsch 2. H. 12. Jh.), 998 *Illenchirchen [Or]*. Grafenstaden: 1284 *Gravenstaden*. **III.** Illkirch: Bw. FluN *Ill* < kelt. *Elia (zu kelt. **el-* 'treiben') und Element *Kirche*, ahd. *kirihha* (⁊ *-kirchen*). Ahd. *Illa* steht im schwachen Genitiv *Illun. Grafenstaden: Ahd. *stado* 'Ufer'. Bw. ahd. *gravo* 'Graf'. **V.** Greule, A.: Vor- und frühgermanische Flussnamen am Oberrhein. Heidelberg 1973. *WM*

Illnau-Effretikon

I. Politische Gem. im Bezirk Pfäffikon, 15 338 Ew. Gem. im mittleren Kempttal, bestehend aus den namengebenden Dörfern sowie mehreren Weilern, Kt. Zürich, CH. Stein-, bronze- und eisenzeitliche Funde, umfangreiche frühmittelalterliche Nekropole. Bis ins 17. Jh. geprägt von Landwirtschaft und ländlichem Handwerk, hernach insbesondere auch von textiler Heimindustrie. Lagebedingt (1855 erhält Effretikon einen Bahnhof) unterschiedliche Entwicklung der namengebenden Orte, Effretikon zur Stadt, Illnau verzeichnet erst seit Ende 20. Jh. vermehrte Bautätigkeit. H. moderne Industrie- und Wohngemeinde. **II.** Illnau: 745 *Illenauvia [Or]*, 745 *Illnauviae [Or]*, 774 *Illinauvia* (Kop. 9. Jh.); Effretikon: 745 *Erpfratinchova*, 745 *Erbphratinchova*, ca. 1274 *Erfraticon*. **III.** Illnau ist ein sekundärer Siedlungsname, der aus das Bestimmungswort bildenden PN *Il(l)o* und dem Grundwort ⁊ *-au*, ahd. *ouwa*, mhd. *ouwe* 'Gelände am Wasser; sumpfiges, feuchtes Gelände; Insel, Halbinsel' besteht und als 'Au, Land am Wasser des *Il(l)o*' zu deuten ist. *Effretikon* ist ein primärer Siedlungsname des ⁊ *-inghofen*-Typs (Zugehörigkeitssuffix ⁊ *-ing* und alte Dativ-Plural-Form von ⁊ *-hofen*, ahd. *hof*) mit dem PN *Erpherat*, *Erfrat* im Bestimmungsglied; er ist zu deuten als 'bei den Höfen der Leute des *Erpherat/Erfrat*'. Die -inghofen-Namen, die in der Nord- und Ostschweiz in der Regel in der kontrahierten resp. reduzierten Form -*ikon* erscheinen, gehören zu den häufigsten überhaupt und dokumentieren die Ausbausiedlungen des 7. und 8. Jahrhunderts. **IV.** Ebikon, LU, Bellikon, AG, Riniken, AG, alle CH. **V.** FP; LSG. *MHG*

Ilmenau I. Große kreisangehörige Stadt im Ilm-Kreis, s Erfurt, am NO-Abfall des Thüringer Waldes an der Ilm, 25 984 Ew., TH. Mittelalterlicher Herrensitz (Wasserburg) mit Burgflecken an alter Straße über den Thüringer Wald; um 1300 Stadtanlage (1341 *stet*); seit 1444 Bergbau auf Kupfer und Silber; seit Ende 18. Jh. Pozellanfabrikation, seit 1852 Glasproduktion; 1838 Luftkurort; h. Industrie- und Universitätsstadt (TU). **II.** 1204 *Ilmenowe*, 1273 *Ilmina*, 1306 *Ilmena*, 1329 *in Ilmene*; *Ilmenau* (1571). **III.** Der ON ist benannt nach dem Fluss Ilm, 968 *Ilmena*, 1269 *in fluvio Ylmina*. Der ON mit der Bed. 'Ort im Ilmtal' bewahrt den h. verkürzten GwN und zeigt Angleichung an andere ON auf ⁊ *-au*. Zugrunde liegt dem GwN wohl eine vorgerm. Bildung mit *m*- und *n*-Erweiterung zur idg. Wurzel **h₁ei̯l-* als Intensivbildung zu idg. **h₁ei̯-* 'gehen' (LIV) im Sinne von 'schnell gehen, eilen', als GwN etwa idg. **h₁ei̯lmena* 'die schnell Dahineilende', vgl. alit. *eimena* 'Bach' < idg. **h₁ei̯menah₂* (NIL). Der voreinzelsprachliche GwN ergab lautgesetzlich germ. *Īlmena. Im D. trat später Kürzung des *ī* im Anlaut ein (vielleicht unter Einfluss einer entsprechenden von den slaw. Sprechern gebrauchten Form *Ilmena als Mittler ans D. GwN und ON wurden schließlich verkürzt, wahrscheinlich durch spätere Anpassung an mhd. *elme, ilme*, mnd. *elm, ilm* 'Ulme'. **IV.** Stadtilm, Ilm-Kreis, TH, 1114 (F. 12. Jh.) *villa Ilmine*; Ilmmünster, Lkr. Pfaffenhofen a.d.Ilm, BY, 912/932 *ad monasterium Ilmina*; GwN *Ilmenau*, linker Nebenfluss der unteren Elbe, 10. Jh. *Elmana*, sowie *Ilm*, rechts zur Donau, bei Neustadt, BY, 9. Jh. *Ilmina*. **V.** Dob. II; Fischer, R.: Ortsnamen der Kreise Arnstadt und Ilmenau. Halle/S. 1956; SNB; Berger; Bichlmeier, H.: Bairisch-österreichische Orts- und Gewässernamen aus indogermanistischer Sicht. In: Beiträge für oberdeutsche Namenforschung 2009. **KH**

Ilsede **I.** Gem. im Lkr. Peine, 11 901 Ew., s von Peine an der Fuhse, Reg.-Bez. Braunschweig (bis Ende 2004), NI. Auf der Gemarkung von Groß und Klein Ilsede (bis 1971 selbstständig) zahlreiche und bedeutende ur- und frühgeschichtliche Funde; 1858 Gründung der h. nicht mehr bestehenden Ilseder Hütte, die seit 1860 das in der Nähe geförderte Eisenerz verarbeitete. **II.** 1053 *Ilsede [Or]*, 1181 *Ilsethe*; *Ilsede* (1348). **III.** Abl. mit dem Suffix ↗-*ithi*. Basis der Abl. ist ein in slaw. *ilъ*, gr. *ilýs* 'Schlamm, Ton, Lehm' und wohl in lett. *īls* 'stockfinster' belegtes App., das hier mit -*s*-Erweiterung vorliegt. Diese Deutung überzeugt angesichts der Lage an der Fuhseniederung mehr als eine Verbindung mit einem erschlossenen germ. *alisō 'Erle', da die Belege anlautendes *I*- zeigen. Deutung also: 'schlammige, lehmige Stelle'. **IV.** Ilten, OT von Sehnde, Region Hannover; Groß und Klein Ilde, beide OT von Bockenem, Lkr. Hildesheim; † Ilse, Lkr. Holzminden, alle NI. **V.** GOV Peine; Udolph 1991; NOB VI. **KC**

Ilsenburg (Harz) **I.** Stadt und gleichnamige VG im Kreis Harz (seit 1. 7. 2007), 9 905 Ew., an der Ilse am Nordharz, ST. Entstand bei einer seit dem späten 10. Jh. nachgewiesenen königlichen Burg über der Ilse, die, nachdem sie 1003 dem Bistum Halberstadt übergeben wurde, in ein Benediktinerkloster umgewandelt wurde. Die in der Nähe entstandene Siedlung entwickelte sich im frühen 16. Jh. zum Flecken; 1546 Hüttenwerk. **II.** 995 *Elysynaburg*, 1003 *Elisenaburg*, 1141 *Hilseneburg*, 1187 *Ilseneburch*, 1195 *Ylseneburc*, 1413 *Ilseneborg*; *Ylsenburg* (1450). **III.** Der ON nimmt auf die ottonische Burg Bezug, diese als Komposition mit dem Gw. ↗-*burg*. Im Bw. steht der FluN *Ilse* (l. Zufl. der Oker): 995 *Elisina*, 1003 *Ilsina*; Durch ähnliche Bildungen ist eine alteurop. Bildung, nämlich eine Doppelsuffigierung von idg. *el-/*ol- 'treiben, sich bewegen, fließen', wahrscheinlicher als eine -*n*-Ableitung von germ. *alisō 'Erle'. **IV.** Else (l. Zufluss der Werre; 13. Jh. *Elsene*), NI/NRW, Elsenz (l. Nfl. des Neckars; 988 *Elizinza*), BW. **V.** SNB; Berger. **JS**

Ilsfeld **I.** Gem. im Lkr. Heilbronn, 8 440 Ew., bildet zusammen mit den Gem. Untergruppenbach und Abstatt sowie der Stadt Beilstein den GVV Schozach-Bottwartal, 26 833 Ew., 10 km s Heilbronn, Reg.-Bez. Stuttgart, BW. 1102 schenkt Kaiser Heinrich IV. dem Hochstift Speyer den Kern des Ortes, 1300 werden Fronhof und Kirchensatz an den Johanniterorden vertauscht. Weinbau. Bartholomäuskirche, Dorastift, Burgruine Helfenberg. **II.** 1102 *Ilisfelt [Or]*, 1157 *Ilsfelt [Or]*. **III.** Es handelt sich um eine Zuss. aus dem PN *Il(īn)* und dem Gw. ↗-*feld*. **V.** FO 1; FP; LBW 2 und 4. **JR**

Ilshofen-Vellberg **I.** GVV im Lkr. Schwäbisch Hall, 12 434 Ew., bestehend aus den Städten Ilshofen und Vellberg und der Gem. Wolpertshausen, ca. 15 km osö Schwäbisch Hall, Reg.-Bez. Stuttgart, BW. Ilshofen war im 13. Jh. Domstift vom Würzburger Lehen der Grafen von Flügelau, 1330 Erhebung zur Stadt, 1802/03 an Württemberg. Vellberg: 1802/03 an Württemberg. Burgruine Leofels, Schloss Vellberg, Stöckenburg. **II.** Ilshofen: 1216 (Kop. 16. Jh.) *Vlleshouen*, 1288 *Ulleshoven [Or]*. Vellberg: 1102 (Kop. 15. Jh.) *Uelleberc*, 1108 (Kop. 12. Jh.) *Uelliberc*, 1263 *Velleberg [Or]*; *Ilshofen-Vellberg* (1975). **III.** *Ilshofen* ist wohl eine Zuss. aus dem PN *Uli* – mit Umlaut von *u* > *ü* und anschließender Entrundung zu *Ils*- – und dem Gw. ↗-*hofen*. *Vellberg* ist verm. entstanden aus *Felde-berg und gehört dann mit Assimilation von -*ld*- zu -*ll*- zum Bw. ↗-*feld*. **IV.** Feldberg, Lkr. Breisgau-Hochschwarzwald, BW. **V.** FP; LBW 2 und 4. **JR**

Ilvesheim **I.** Gem. im Rhein-Neckar-Kreis, 7 996 Ew., ca. 11 km nw Heidelberg, Reg.-Bez. Karlsruhe, BW. Ilvesheim war Teil des großen Lorscher Grundbesitzes, ging im 12. Jh. an die Staufer. Ilvesheimer Schloss, Martin-Luther-Kirche. **II.** 766 (Kop. 12. Jh.) *Ulvinisheim*, 1233 *Ylversheim [Or]*, 1290 *Ulvenshain [Or]*, 1308 *Ivesheim [Or]*, 1518 *Ulveßheim [Or]*. **III.** Eine Zuss. mit dem Gw. ↗-*heim*. Dem Bw. liegt wohl – mit Umlaut von *u* > *ü* und anschließender Entrundung – der PN *Ulvini (zum Stamm *Wulfa-) zu Grunde: 'Siedlung des Ulvini'. Da der Umlaut im Schriftbild nicht immer gekennzeichnet wird, sind die *U*-Schreibungen mehrdeutig; das entrundete *i* konnte, so 1233, als *y* dargestellt werden. **IV.** Ilbesheim, Donnersbergkreis, RP. **V.** Krieger; FO 2; FP, Kaufmann 1968; LBW 5. **JR**

Immendingen-Geisingen **I.** GVV im Lkr. Tuttlingen, 11 925 Ew., bestehend aus der Stadt Geisingen und der Gem. Immendingen, ca. 11 km sw Tuttlingen, Reg.-Bez. Freiburg, BW. Immendingen war erst wartenbergisches, nach 1318 fürstenbergisches Lehen für die Edlen von Immendingen, 1806 an Baden. Geisingen wurde 764 an St. Gallen übergeben, 1806 an Baden. Fremdenverkehr. Medizintechnik. Oberes und Unteres Schloss Immendingen, Burgruine Wartenberg, Ehrenburg, Burg Neu-Sunthausen, ehemalige Wallburg Heidenburg. **II.** Immendingen: 1101 *Immindingen [Or]*, 1173 *Imindingin [Or]*, 1214 *Immendingen [Or]*. Geisingen: 764 *in Chisincas [Or]*, 829 *Gisinga [Or]*, 1273 *Gisingin [Or]*; Immendingen-Geisingen (1975). **III.** Bei *Immendingen* handelt es sich um eine ↗-*ing(en)*-Ableitung zu dem PN *Immunt* mit Abschwächung der unbetonten Mittelsilbe von *u* zu *e*; der Name bedeutet 'bei den Leuten des *Immunt*'. *Geisingen* ist eine ↗-*ing(en)*-Ableitung zu dem PN *Gīso* mit nhd. Diphthongierung von *ī* zu *ei*; der Name bedeutet 'bei den Leuten des *Gīso*'. **IV.** Geisingen am Neckar, OT von Freiberg am Neckar, Lkr. Ludwigsburg, BW. **V.** FO 1; FP; Krieger; LBW 2 und 6. *JR*

Immenstadt **I.** Stadt im Lkr. Oberallgäu, 14 371 Ew., Lage an der verkehrsgünstigen Schnittstelle Illertal-Konstanzer Tal am Alpenrand, Reg.-Bez. Schwaben, BY. Stadtrecht seit 1360, als Hauptstadt der Montfortergrafschaft (Königsegg-)Rotenfels mit Landgericht seit 1471, 1805 zu BY. Hanfwerke, Textilindustrie. **II.** 1269 *Immendorf*, 1373 *Imenstat*; Immenstadt (1790). **III.** Gw. ↗-*dorf* wechselte mit der Stadterhebung zu ↗-*statt*. Bw.: PN *Immo*. Gesamtdeutung: 'Siedlung des *Immo*'. **V.** Dertsch: HONB Sonthofen; Vogel, R. (Hg.): Immenstadt im Allgäu. Immenstadt 1996. *TS*

Imst [im(e)št]. **I.** Im Oberinntal an der Einmündung des Gurgltales in das Inntal liegende Stadtgemeinde, 9 525 Ew., TR, A. Sitz der Bezirksverwaltungsbehörde und zugleich einzige Stadt des gleichnamigen Bezirkes, Gerichtssitz, Schulstadt, Industriestadt, Verkehrsknotenpunkt, engadinisches Exonym: *Dumaišt*. **II.** 763 *Humiste*, ca. 1141 *Humeste*, 1143 *Vmiste* (ca. 1300), ca. 1147–1155 *Vmste*, 1155 *Vnst*, ca. 1155–1164 *Vnnst* und *Vmste*. **III.** Vorrömischer (ostalpenindogermanischer) Name unklarer Bedeutung; auszugehen ist jedenfalls von *Umiste (anlautendes *H*- in den ältesten Belegen ist etymologisch irrelevant), Akzentretraktion auf die erste Silbe: *Umíste > *Úmiste* (dies bedeutet Eindeutschung vor 1050 n. Chr.), das *-i-* bewirkte Umlaut *Ümiste und das *Ü- wurde im Spätmittelalter zu *I*- delabialisiert. **V.** Ölberg, H.: Das vorrömische Ortsnamengut Tirols. Ein Beitrag zur Illyrierfrage. Innsbruck 1962; Finsterwalder 2; ANB; Anreiter, Breonen; HHS Huter; ÖStB 5. *AP*

-in. Dieses Suffix repräsentiert entweder die d. ON-Endung *-en* oder vor allem verschiedene slaw. ON-Endungen und zeigt unterschiedliche Akzentuierung. In deappellativischer Funktion wird mit *-in* in slaw. ON zumeist die Lage des Ortes an der durch das App. beschriebenen Stelle bezeichnet. Bei den (selteneren) ON mit deanthroponymischer Funktion verweist das Suffix auf Besitz einer Person oder deren Abstammung. Urspr. Herkunft von anderen Suffixen ist in Einzelfällen nicht auszuschließen. *FD*

Inden **I.** Kreisangehörige Gem. im Kr. Düren, 6 969 Ew., w von Düren, Reg.-Bez. Köln, NRW. Erste Erwähnung 1226 als Besitz des Kölner Erzstifts. Das Gebiet der urspr. rein landwirtschaftlich geprägten Gemeinde schwindet seit dem Ende der 1990er Jahre zunehmend im Braunkohletagebau der RWE Power AG (Rheinbraun). Umsiedlungsmaßnahmen. **II.** 1226 *Inden [Kop. 1276]*, 1336 *Ynden*; Inden (1448). **III.** Die Siedlung Inden entstand am Mittellauf der Inde, die im Hohen Venn entspringt und bei Linnich in die Rur mündet. Bereits im 7. Jh. wird die Inde (*Inda*) als einer der bedeutendsten Flüsse des Frankenreichs genannt. *Inda* ist ein GwN, der in voreinzelsprachliche Zeit zurückführt und einer Erschließungsform **indro-* mit der Grundbedeutung 'schwellend', 'stark' zuzuordnen ist (vgl. FluN *Innerste*, Nebenfluss der Leine, NI; 1013 *Indrista*). Der SiN *Inden* wurde mit dem *-en-*Suffix von dem GwN gebildet. **IV.** GwN *Indra* (Lettland). **V.** Mürkens. *Br*

Ingelheim am Rhein **I.** Kreisstadt im Lkr. Mainz-Bingen, 24 159 Ew., w von Mainz in Rheinhessen und gegenüber dem Rheingaugebirge, RP. Auf dem Stadtgebiet befand sich urspr. eine röm. *villa*, die dann zu einem fränk. Königshof und schließlich zu einer von Karl dem Großen und seinem Sohn errichteten Kaiserpfalz und zu einem Mittelpunkt d. und europ. Politik im MA wurde. 1375 wurde das Ingelheimer Reichsgebiet an die Kurpfalz verpfändet, die Bewohner blieben aber freie Reichsleute. Von 1801–14 war die Stadt franz. und Ober-Ingelheim Kantonssitz, danach für 100 Jahre Teil des Ghzt. Hessen. 1939 Vereinigung von Ober-Ingelheim, h. OT Ingelheim-Süd, Nieder-Ingelheim, h. OT Ingelheim-Mitte, und dem Fischerdorf Frei-Weinheim, h. OT Ingelheim-Nord, zur h. Stadt Ingelheim am Rhein. **II.** 774 *Ingilinhaim*, 819 *Ingelnhaim*; *zu Obern und zu Nydern Ingelnheim* (1356). **III.** Der ON galt zuerst für den OT Oberingelheim und enthält den ahd. KN *Ingilo* im Bw., der im Dat. Sg. steht. Es handelt sich hierbei um eine *l*-Erweiterung des ahd. PN *Ingo*. Das Gw. ist ↗-*heim*. Der ON bedeutet demnach 'Wohnstätte des *Ingilo*'. Der Zusatz *am Rhein* weist auf die geografische Lage hin. **V.** MGH, Scriptores rerum Germanicarum, Bd. 6; FO; FP; Kaufmann 1973; Kaufmann 1976. *JMB*

-ing(en). Germ. **-inga* / **-unga* bildete als Zugehörigkeitssuffix früh sowohl Personen- als auch Sach-/Stellenbez. nach charakteristischen Merkmalen. Die Dat. Pl.-Form *-ingen* / *-ungen* stellte den lok. Bezug mit Namenfunktion her. Der vorwiegend in günstiger Siedlungslage erscheinende Bildungstyp dürfte als solcher bereits in die Wanderzeit zurückreichen und danach seit der Merowingerzeit in unterschiedlicher chronologisch-regionaler Ausprägung im d. Sprachgebiet produktiv geworden sein, allerdings nicht mehr im Bereich der d. Ostsiedlung. Besonders zahlreich kommen die -ing(en)-Namen in BW, BY und im Donauraum von A vor, wo sich bis zum späteren MA die namengeogr. Verteilung alem. -ingen (↗Tübingen, BW): bair. -ing (↗Freising, BY) ausbildete. Die bair. KF entstand öfter auch sekundär aus anderen Bildungselementen. Die Variante -ungen, selten auch -angen, trat im Laufe der Entwicklung zurück, begegnet vorwiegend noch in HE (↗Melsungen, Schwalm-Eder-Kreis) und TH. Die meisten -ing(en)-Namen haben PN als Bw. (↗Büdingen, Wetteraukreis, HE), seltener App. (↗Bad Wildungen, Lkr. Waldeck-Frankenberg, HE). Im Fries. entwickelte sich das Suffix zu -ens. Oft begegnen Suffixkombinationen mit ↗-hagen, ↗-hausen, ↗-heim, ↗-hofen, ↗-rode, ↗-statt / stett. Ob in -lingen das -l- zum Suffix gehört, ist umstritten. Literatur: Bach DNK II, 1 und II, 2; Schuster I; Wiesinger 1994; NOB III; Debus / Schmitz, H.-G *FD*

Ingenbohl I. Gem., zusammengewachsen mit Brunnen, im Bezirk Schwyz des Kt. Schwyz, 8 280 Ew. Ingenbohl liegt am sw Ende des Talbodens von Schwyz und grenzt mit Brunnen an den Vierwaldstätter See. Die Pfarrkirche steht auf einem markanten Geländerücken. Historisch wichtiger Umschlagplatz für Güter auf dem Transport über den Gotthard. Ab Mitte 19. Jh. große Bedeutung für den Tourismus. Sitz einer 1856 gegr. und weltweit tätigen Schwesterngemeinschaft (Barmherzige Schwestern vom Heiligen Kreuz). II. 1387 *vff Ingenbol*, 1481 *vff Ingenbol*, 1504 *vff ÿngenbol*. III. Kompositum mit dem PN ahd. *Ingo* als Bw. und dem Geländewort schweizerdeutsch *Boll* bzw. *Bool* 'rundlicher Hügel' als Gw. IV. Derselbe PN steckt im urspr. Namen *Ingenfeld* des Hofes Immenfeld in der Nachbargemeinde Schwyz, CH. V. HLS 6; Weibel 1973; LSG. *VW*

-ing(e)rode. ↗-rode.

-inghagen. ↗-hagen.

-inghausen. ↗-hausen.

-ingheim. ↗-heim.

-inghofen. ↗-hofen.

Ingolstadt I. Kreisfreie Stadt, 123 952 Ew., Reg.-Bez. Oberbayern, BY. Im frühen MA Herzogshof, im 13. Jh. Stadtwerdung, 1472 Eröffnung der Universität, im 16. Jh. Bau der Festung, 1949 Ansiedlung der Autoindustrie. II. 806 (Kop. des 9. Jh.) *Ingoldestat*, 817 (Kop. des 11./12. Jh.) *Ingoldesstat*, 841 *Ingoldsstat*, 1187 *Ingolstat*, 1472 *Ingolstadt*, 1509 (zu 1502, antikisierend) *Angylostadium*, 1509 *Chrisopolis ... vulgo Ingoldstatt*, 1512 *Auripolis*, 1515 *Caspar Schober Angelipolitanus*, 1529 *Vicum Angilorum*, 1533 *Ingolstat, welche stat zue latein der nent Auripolis, der ander Chrysipolis (gleichsam's Goldstat hies), der dritt Angilopolis*, 1657 *Ingolstatt ... Aureatum ... Engelstatt*, 1677 *Anglorum Urbs*, 1782 *Auratum*. III. Grundwort ist ahd. ↗-*stat* 'Stätte, Stelle, Ort, Wohnstätte, Stadt', Bestimmungswort ist der PN *Ingold, Ingolt*. In der Humanistenzeit wurden lat. *angelus* 'Engel' und *aurum* 'Gold' sowie gr. χρυσός 'Gold' und πόλις 'Stadt' eingedeutet. V. HHS 7/1; Reitzenstein 2006. *WvR*

-ingstedt. ↗-statt / stett.

Innichen // San Candido I. Marktgem., 3 171 Ew. Der Ort liegt beim Drau-Ursprung an der Wasserscheide Drau/Rienz am Toblacher Feld, Bezirksgemeinschaft Pustertal, Provinz Bozen, I. Dem Heiligen Candidus geweihte Stiftskirche, bedeutendster rom. Sakralbau im Ostalpenraum. Die Gemeinde gehörte von 769–1803 zum Hochstift Freising und bis 1919 zur gefürsteten Grafschaft Tirol. II. 769 *India*, 816 (Kopie 12. Jh.) *Hinticha*, 828 *Inti(c)ha*. III. Der Name ist entweder aus keltoromanisch *Indicum* bzw. *Indica* zum kelt. PN *Indius* entstanden oder (weniger wahrscheinlich) vorrömisch, aus idg. *indika-*, zur Schwundstufe der Wurzel *oid-* 'schwellen' (mit Nasalinfix). Die ital. Bezeichnung beruht auf dem Patrozinium des Heiligen Candidus. V. ANB; Kühebacher 1. *HDP*

Innsbruck ['insbrugg] I. Im mittleren Inntal gelegen, Hauptstadt des Bundeslandes Tirol und Sitz der Tiroler Landesregierung, A. 118 035 Ew., Verkehrsknotenpunkt, Gerichtssitz, Universitätsstadt, Bischofssitz, Messestadt, Tourismuszentrum, Austragungsort der Olympischen Winterspiele (1964, 1976), kulturelles Zentrum, Statutarstadt (zwischen 1184 und 1204 Verleihung des Stadtrechts, 1239 Bestätigung desselben durch den letzten Grafen von Andechs), 1248 kam Innsbruck an die Grafen von Tirol, 1420 verlegte Herzog Friedrich „mit der leeren Tasche" seine Residenz von Meran nach Innsbruck, ab diesem Datum de facto Landeshauptstadt Tirols. II. 1167–1183 *Inspruk*, 1180 *Insprugk*, ca. 1193–1195 *Insprucge*, 1205 *Inspruk*, 1223 *Insprukke*, 1230 *Inprucke*, 1231 *Insprukke*. III. Bedeutung: 'Inn-Brücke', gemeint ist die Brücke über den Fluss, die die Grafen von Andechs bauen ließen, denn sie wollten *forum* *trans pontem ponere* 'den Markt über die Brücke (also auf das rechtsseitige Innufer) setzen'. **V.** ANB; HHS Huter; ÖStB 5. *AP*

Inowrocław ↗ **Hohensalza**

Insterburg // Черняховск [Černjachovsk] // Įsrutis, Įsrutys, Ysrutys lit. **I.** Hauptstadt des gleichnamigen Kreises (Černjachovskij Rajon), 41 680 Ew., am Zusammenfluss von Angerap und Inster, 84 km ö von Königsberg // Kaliningrad, Gebiet Kaliningrad, RUS. 1256 Nadrauer Schloss *Unsatrapis* vom Deutschen Orden zerstört, 1336 Schloss *Instirburg* gebaut. 1525 wird mit dem Hztm. Preußen das Hauptamt Insterburg gegründet, 1583 Stadtprivileg. Stadtbrände 1590 und 1690. 1610 Rathaus erbaut. 1678 von Schweden, 1757–1762 von Russen besetzt. Stadtkreis und Kreisstadt des gleichnamigen Landkreises, 20 914 (1885), 48 711 (1939) Ew. Altstadt nach dem II. Weltkrieg von Sowjets umgebaut. **II.** 1336 *Instirburg*, 1340 *Instrud*, 1945 *Černjachovsk*. **III.** Der ON stammt aus dem GwN *Inster* und dem d. App. *Burg* (↗ -burg). Die lit. Formen des GwN sind *Ysra, Isra, Istra*. Die Nadrauer nannten ON und GwN *Įsrutis* (lit. *įsrūti* 'einfließen'). Unter dem Einfluss der Balten erscheint der GwN *Instrutis*, von dem d. *Inster* stammt. Die Wurzel *Is-* ist vom idg.*is-* ('schnell bewegen, fließen') herzuleiten. Der russ. ON fusst auf dem PN eines 1945 gefallenen Generals *Černjachovskij*. **V.** Lange, D.: Geogr. Ortsregister Ostpreußen einschließlich des Memelgebiets, des Soldauer Gebiets und des Reg.-bez. Westpreußen (1919–1939). Königslutter 2000; Goldbeck, J.F.: Vollständige Topographie des Königreichs Preussen. Königsberg u. Leipzig 1785, Nachdruck Hamburg 1969; NPrUB. *DD*

Iphofen **I.** Stadt und gleichnamige VG im Lkr. Kitzingen, 8 845 Ew., am Fuße des Schwanbergs, Reg.-Bez. Ufr., BY. Weinstadt mit hist. Altstadt und komplett erhaltener Wehranlage. 741 zur Erstausstattung des Bistums Würzburg gehörig, 1293 Stadterhebung, 1803 bayerisch. **II.** 822 [Bestätigung der Schenkung von 741] *Ippihaoba*, 845 *Ipphihoua*, 889 *Iphahofa*, 1040 *Ibfehof*, 1158 *Ypphofen*, 1172 *Ipfehouen*, 1303 *Iphofen*. **III.** Gw. ist (abgesehen von *haoba* = *huofa* 'Hufe' [Landstück] im Erstbeleg) durchgehend ↗ *-hofen*. Die Überlieferung des Bw. ist undeutlich hinsichtlich des Konsonantismus: Wenn vorahd. *-pp-* zugrunde liegt, sollte der Name Verschiebung zu *-pf-* zeigen, was einige Belege auch tun. Daneben stehen eindeutig unverschobene *-pp-*Belege, und auch die Mundartaussprache (*ibhoůf*) zeigt keine Verschiebung, obwohl die Mda. sonst obd. ist. Der Name steht offensichtlich im Zusammenhang mit dem Namen des Gaues, in dem der Ort liegt: *Iffgau* (ebenfalls mit Belegen mit *-pph-*, *-ph-*), dessen Name wiederum auf den Bachnamen *Iff(bach)* zurückgeführt wird. Die vorgeschlagene kelt. Etymologie **epáa* zu *epos* 'Pferd' kann die Lautverhältnisse auch nur klären, wenn zweifache Entlehnung mit und ohne Gemination des *-p-* angenommen wird, womit die Mundartaussprache immer noch nicht erklärt wäre. **V.** HHS 7/2; MGH DLdD, Nr. 41; MGH DArnolf, Nr. 69; MGH DHIII, Nr. 65; Ortmann, W. D.: Landkreis Scheinfeld. In: HONB Mfr. 3. München 1967; Reitzenstein 2009; Schuh, R.: in: Das Land zwischen Main und Steigerwald im Mittelalter. Erlangen 1998, S. 51; Sperber. *RB*

Irrel **I.** Gem. und gleichnamige VG (seit 1970) im Eifelkreis Bitburg-Prüm, 8 781 Ew., mit 17 Gem. in der Südeifel an der Grenze zu Luxemburg, RP. Zunächst zum Hztm. Luxemburg, seit 1555 zu den spanischen, seit 1713 zu den österreichischen Niederlanden. 1795–1815 gehört die Region zu Frankreich. Der Wiener Kongress legt die Grenze des Ghztm. Luxemburg v von Irrel fest, das damit preuß. wird. 1938 wird hier ein Abschnitt des Westwalls errichtet, an den in Irrel noch ein Museum erinnert. **II.** Vor 714 *Erle*, 851 *villa eralium, in villa eralio*, um 1307 *de Yrle*, um 1453 *dorff Yrhel*; *Irrel* (1570). **III.** Der ON beruht verm. auf einem alten FlN, der zu ahd. *arila, erila*, mhd. *erle* 'Erle' gehört. Demnach wäre er als 'Platz bei der Erle oder den Erlen' zu deuten. **V.** Liber aureus Prumiensis. Hg. von R. Nolden. Prüm 1997; Müller, Trier; Bores, H.: Erle – Irrel: Geschichte und Gegenwart. Trier 1989. *JMB*

Ischl, Bad ['iʃl] **I.** Stadt im Pol. Bez. Gmunden, Stadtgebiet mit 81 Orten 14 050 Ew., im Talbecken der oberen Traun an Flussschlinge der Ischl, OÖ, A. Im röm. Noricum (15 v. – 476 n.Chr.) Straßenstation, 7./8. Jh. Besiedlung des Gebietes durch Slawen und Baiern. E. 13. Jh. Streit um Salzrechte zwischen Erzbischof Konrad IV. von Salzburg und König Albrecht I., doch wohl schon wesentlich früher Salzgewinnung in Hallstatt und Salzhandel. 1392 Verleihung von Rechten für Salzhandel durch Hz. Albrecht III. 1442/66 Markt, rascher wirtschaftl. Aufstieg bes. im 16. Jh. mit 1563 Bergwerkseröffnung in Perneck und 1571 Sudhaus, doch wegen geringer Ergiebigkeit seit 1591 mit Sole aus Hallstatt. Wegen konfessioneller Auseinandersetzungen und Verweigerung der Rekatholisierung 1629 Entzug des Marktrechtes und noch im 18. Jh. Aussiedlung von Protestanten nach Siebenbürgen („Landler"). Ab 1807 Versuch von Solebädern, 1823 allgemein installiert durch kais. Leibarzt Franz de Paula Wirer, was die kais. Familie anzog. 1849–1916 Sommersitz von Kaiser Franz Joseph I., dem sich als Kur- und Sommergäste der Adel und Künstler anschlossen, u. a. Johannes Brahms, Johann Strauß und seit 1912 Franz Lehár. 1907 Namenszusatz *Bad*, 1940 Stadt. **II.** 170

n. Chr. *Statio Esc[ensis]* (röm. Weihestein); 829 (Kop. 9. Jh.) *Iscula*, 849 (Kop. 13. Jh.) *Iscola*, ca. 1000 (Kop. 12. Jh.) *Iskila*, ca. 1262 (Kop. 1748) *Yschil*, ca. 1325 *Yschel*, 1392 *ze Ischl*. **III.** Kelt. GwN **E/Isk-* mit *l*-Abl. **E/Iskalā* von kelt. **e/isca-* (mir. *esc* 'Wasser') von idg. **poid-/pid-* 'Quelle' oder idg. **peisk-/pisk-* 'Fisch' mit kelt. Schwund von *p-* oder mit *k*-Erweiterung von idg. **eis-/is-* 'heftig, schnell, bewegen', 'Wasser, Fischbach oder Wildbach'. Die ahd. Integrierung erfolgte wohl über slaw. **Iskola/Iskъla*, wodurch sich <o/u> der urk. Erstbelege erklären würden. **IV.** GwN *Esche, Esque, Eix, Essonne* in Frankreich. **V.** ANB 1; OÖONB 6; HSS Lechner; Wiesinger (1990). *PW*

Isenbüttel I. Gem. und gleichnamige Samtgem. (seit 1974, 4 Mitgliedsgem.) im Lkr. Gifhorn, 15 322 Ew., w Wolfsburg und des Elbe-Seitenkanals, Reg.-Bez. Braunschweig (bis Ende 2004), NI. Das große Haufendorf war Sitz eines Ksp.; seit den 1960er Jahren erhebliche Ausdehnung des Ortes wegen des nahen Volkswagenwerkes. **II.** 1196–1197 *Isenebutle [Or]*, 1221 *Ysenebutle*, 1318 *Isenbutle*; *Isenbüttel* (1791). **III.** Bildung mit dem nur im norddeutschen Raum vorkommenden Gw. ↗ -büttel, das als Dentalerweiterung und Kollektivbildung zum Wortstamm von *bauen* gehört. Das Bw. ist der schwach flektierende KN *Iso*. Das in den ersten Belegen zwischen -*n*- und -*b*- stehende -*e*- ist als Rest des alten Kollektivpräfixes -*gi-* zu werten. Es fällt später ganz aus. Deutung also: 'Siedlung des Iso'. **V.** Casemir, -büttel; GOV Gifhorn. *KC*

Iserlohn [Iserlohn] **I.** Stadt im Märkischen Kr., 95 598 Ew., Reg.-Bez. Arnsberg, NRW. Stadt vor 1278, Mitglied der Hanse, bis 1609 Gft. Mark, dann Brandenburg(-Preußen), 1806 zum Ghztm. Berg, 1813 preußisch, 1907–1975 kreisfrei und Verwaltungssitz des Kreises Iserlohn, bedeutende Eisen- und Buntmetallindustrie. **II.** Zwischen 1033 und 1050 *moneta (…) Thrutminensis aut Loonensis* (?), um 1150 *Lon*, seit dem 14. Jh. meist *Iser(en)lohn* (und Varianten). **III.** Zunächst simplizischer ON auf der Basis von ↗ -*lo(he)n* aus **(to then) lōhun*, lokativischer Dativ Plural, 'bei den Wäldern', die gelegentlich in einfacher Form, meist aber zusammengesetzt auftritt. Hier tritt als späteres Bw. and. *isarn*, substantivisch 'Eisen' bzw. adjektivisch 'aus Eisen' für die Eisengewinnung und -verarbeitung als wichtigem Gewerbezweig der Einwohner des Ortes hinzu. **IV.** Lohne, Kr. Soest, Stadt- und Südlohn, Kr. Borken, beide NRW; Isernhagen, Region Hannover, NI. **V.** Crecelius, W.: Traditiones Werdinenses. In: Zs. des Bergischen Geschichtsvereins 6 (1869); Werdener Urbare A; Schütte, L.: Zur jüngsten Ortsnamenforschung im Märkischen Kreis. In: Der Märker 38 (1989); Bettge, G. (Hg.): Iserlohn-Lexikon. Iserlohn 1987. *schü*

Isernhagen I. Gem. in der Region Hannover, 22 846 Ew., n von Hannover, Reg.-Bez. Hannover (bis Ende 2004), NI. Die Gem. besteht seit 1974 aus 7 Ortschaften, bis 2001 im Lkr. Hannover; früher Landwirtschaft und Torfabbau, h. vor allem Bekleidungsunternehmen und Fertighausbau in Isernhagen ansässig. **II.** 1322 *Yserenhaghe [Or]*, 1403 *Ysernehaghen*, 1470 *Isenhagen*. **III.** Bildung mit dem Gw. ↗ -*hagen* und asä. *īsarn*, mnd. *īser(e)n* 'Eisen' als Bw. Der Name nimmt Bezug auf den dort vorkommenden und in frühmittelalterlicher Zeit vor Ort verhütteten Raseneisenstein. **IV.** ↗ Iserlohn, Märkischer Kr., NRW. **V.** Kempf-Oldenburg, C. u.a.: Isernhagen Chronik. Isernhagen 1990–1992; Nds.-Lexikon; NOB I. *UO*

Ismaning I. Gem. im Lkr. München, 15 181 Ew., Reg.-Bez. Oberbayern, BY. Besitz des Bischofs von Freising. **II.** 806–809 (Kop. von 824) *Isamanninga*, ca. 960 *Isimanningun*, 1048–1068 *Ismanning*, 1220–1230 *Ismaening*, 14. Jh. *Ismaning*. **III.** Es ist der PN **Isaman* zu erschließen, der durch das Zugehörigkeitssuffix ↗ -*ing* abgeleitet ist. **V.** HHS 7/1; Reitzenstein 2006. *WvR*

Isny im Allgäu I. Stadt im Lkr. Ravensburg, Reg.-Bez. Tübingen, 14 493 Ew., im äußersten SO des Bundeslandes nahe der Grenze zu Österreich, ö des Bodensees im Allgäu, BW. Bis Anf. 5. Jh. spätröm. Kastell Vemania zur Sicherung der Straßen. Im 11. Jh. Gründung des h. Ortes sowie des Klosters St. Georg durch die Grafen von Altshausen-Veringen. 1235 Stadtrecht, 1365 Freie Reichsstadt, 1376 Mitglied des Schwäbischen Städtebunds, im 16. Jh. ein Zentrum der Reformation. 1806 zum Kgr. Württemberg, obwohl die Einwohner wegen wirtschaftl. Interessen eher zu Bayern oder Österreich wollten. **II.** 1100 *Isinun*, 1269 *in Isenina*, 1288 *de Isinina*, 1325 *in Isnina*, 1377 *Isnin*, 1382 *ze Isni*. **III.** *Isny* (< **Isan-/*Isin-īna*) ist vom alten Namen *Isnyer Ach* (zur Argen zum Bodensee, 1290 *in der Ahe hie ze Isine*) **Isana/*Isina* (1290 *daz wasser, daz da haizet Isine*) abgeleitet. Die Bildung mit dem Suffix -*ina/-īna* könnte noch in röm. Zeit zurückreichen und sich auf das Kastell Vemania beziehen, vgl. den Namen der röm. Straßenstation *Abusina* (↗ Abensberg). Der FluN **Isana* (so auch 748–760, Kop. 824, für Kloster und Fluss *Isen*, Landkr. Erding), ist das Fem. eines idg. Verbaladjektivs **h₁ish₂-nó-* (spätidg. **isanā*) und bedeutet wie der FluN *Isar* 'die kräftig Antreibende'. **V.** Krahe; Berger; Greule, DGNB. *AG*

Isselburg I. Stadt im Kr. Borken, 11 286 Ew., an der Issel, Reg.-Bez. Münster, NRW. Bauerschaft im Kirchpiel Millingen, vor 1410 Errichtung einer Burg, die zunächst als *Neyenborg* 'Neuenburg' bezeichnet wurde. 1441 Verleihung des Kalkarer Stadtrechts durch den Herzog von Kleve, 1609 zu Brandenburg(-Preußen), 1806 zum Ghztm. Berg, 1811 zum Kaiserreich Frankreich, 1813 wieder preußisch, 1794 Gründung einer Eisenhütte, seit (um) 1860 Eisengießerei. **II.** Um 1300, 1377 *(de) Yselberge*, 1390 *to Ysselberghe*, 1441 *ter Ysselborch*. **III.** GwN *Issel* als Bw. zu Gw. ↗*-burg*: 'Burg an der Issel'. **IV.** Lippborg, Kr. Soest, NRW. **V.** Wilkes, C. (Bearb.): Quellen zur Rechts- und Wirtschaftsgeschichte des Archidiakonats und Stifts Xanten, Bd. I. Bonn 1937; Schepper, D.: Beiträge zur Geschichte der Stadt Isselburg und die historische Entwicklung der katholischen Kirchengemeinde St. Bartolomäus. Bocholt 1978. *schü*

Issum **I.** Gem. im Kr. Kleve, 11 949 Ew., an der (Issumer) Fleuth gelegen, Reg.-Bez. Düsseldorf, NRW. **II.** Nach 1295 *de Iwesheim*, 1301 *de Ywsem*, 1366 *van Yssem*. **III.** Zuss. mit *-hēm* (↗*-heim*), das ähnlich wie bei den nahe gelegenen *Wankum* (1279 *Wancheim*) oder *Walsum* (Stadtteil von Duisburg, 1144 *Walsheim*) zu *-um* weiterentwickelt wird. Im Erstglied kann das zur Baumbezeichnung *Eibe* gehörende Wort stehen, für das außer einem Fem. (wie in ahd. *īwa*) in mnl. *iff* auch ein Mask. auftreten kann (ähnlich im Ae.; Etym. Wb. Nl.), zu dem das Erstglied (wegen des Gen.-*es*) gehören müsste. Die erst spät einsetzenden Belege des ON könnten aber auch auf **Īwineshēm* mit namenrhythmischer Verkürzung beruhen, in dem das Erstglied zur KF eines PN *Īwin* gehört, der etym. ebenfalls auf das Eibenwort (über die Waffenbezeichnung für den Bogen) zurückgeht. **V.** HHS 3; Dittmaier 1979. *Tie*

-ithi. Das auf germ. **-iþja* zurückgehende asä. *-ithi*, ahd. *-idi* ist von Anfang an Suffix und gehört zur frühesten ON-Schicht (um Christi Geburt), die im Wesentlichen aus Kollektiva bildenden Stellenbezeichnungen besteht (↗*-ahi*, ↗*-lar*, ↗*-mar*). Da die zugrunde liegenden alten Subst., Adj. oder Verben oft verformt oder untergegangen sind, ist die Deutung nicht einfach (nicht bei ↗Apolda, Lkr. Weimarer Land, TH). Auch ist das Suffix entweder zu *-ede*, *-de*, *-e*, *-a* abgeschwächt oder ganz geschwunden. Der Bildungstyp begegnet teilweise häufig in Westfalen, Gelderland, im südlichen NI, in Nordhessen und im westlichen TH, im N von Eifel, Westerwald und Vogelsberg, sonst vereinzelt oder gar nicht. Literatur: Bach DNK II, 1; Udolph 1991; NOB III; Debus / Schmitz, H.-G. *FD*

Ittigen Mda. [ˈɪtːɪɡə] **I.** Gem. im Amtsbezirk Bern, 10 737 Ew., Kt. Bern, CH. Die h. selbstständige politische Gem. war bis 1983 Teil (Viertel) der Gem. Bolligen. Sie liegt im unteren Worblental auf einer Terrasse am s Fuß des Mannenbergs (688 m) in der Agglomeration nö der Stadt Bern. Latènezeitliche, röm. und frühmittelalterliche Siedlungsspuren. An der Worblen alte Gewerbe (Getreidemühle 1310, erste Berner Papiermühle im gleichnamigen Weiler 1466, zweite Papiermühle in Worblaufen 1654, Pulverstampfen seit Beginn des 17. Jh., Heilbad 15. Jh.), auf den Anhöhen bäuerliche Einzelsiedlungen. Landsitze von Bernburger Familien seit dem 17. Jh., begünstigt durch Stadtnähe und Sonnenhang, wobei die Gutsareale später beim Einbezug der Gem. in die Agglomeration den Baugrund für Neubauquartiere abgaben. **II.** 1318 *in Yttingen* [Or], 1326 *ville de Ittingen*, 1529 *Ittingen*, 1786/97 *Ytigen*, 1838 *Ittigen*. **III.** Primärer SiN, gebildet aus dem ahd. PN *Itto* und dem Suffix ↗*-ing(en)*. **IV.** Kartause Ittingen (1152 *Ittingen*), Gem. Warth, TG. Äusserlich ähnlich, doch aufgrund der historischen Belege mit anderem PN gebildet: Itingen (1166–1179 *Utingen*), BL; Ittenthal (1297 *Uitendal*), AG, alle CH. **V.** BENB; HLS; LSG. *eb, tfs*

-itz. Dieses im ö deutschsprachigen Gebiet häufige Suffix stellt die eingedeutschte Form verschiedener slaw. Suffixe dar, vornehmlich von *-ica* und den weiteren Suffixverbindungen *-ovica*, *-'nica* bei appellativischen Bildungen (↗Chemnitz, SN), die freilich mit den Suffixen *-ici* und der Weiterung *-ovici* für patronymische Bildungen (↗Schleiz, Saale-Orla-Kreis, TH) konkurrieren können. Die mit den *-ica* / *-ici*-Suffixen, ihren Weiterungen und einigen anderen slaw. Suffixen gebildeten ON erscheinen im D. durchweg mit der Endung *-itz*, die durch Silbengrenzverlagerung auch konsonantisch anlautend als *-witz*, *-nitz*, *-litz* vorkommen. In Österreich wurde das ältere noch urslaw. Suffix *-ika* sekundär an d. *-ing* angeglichen (↗Mödling, NÖ, A). Das Suffix kann (in heute unterschiedlichen Formen) auch in Namen nichtslaw. Herkunft (z. B. Deps, Pölz) auftauchen. Literatur: Bach DNK II, 2. *FD*

Itzehoe nd. Itz´o **I.** Kreisstadt des Kr. Steinburg, 32 732 Ew., an der Stör, am Naturpark Aukrug, SH. Am Fuße einer Wallburg mit dem Namen *Echeho*, *Ekeho* Gründung einer Siedlung, der 1238 das Lübische Stadtrecht verliehen wurde. Wahrscheinlich hat die Siedlung den Burgnamen übernommen. Fraunhofer-Institut für Siliziumtechnologie. **II.** 12. Jh. *apud Ekeho oppidum* [Or], 1196 *de Ezeho*, 1238 *in Etzeho*; *in Itzeho* (1282). **III.** Der ON setzt sich zusammen aus dem mnd. Flussnamen **Etze* und *ho* 'Flussbiegung', so wurde die 'Siedlung in der Flusskrümmung der Etze' als *Itzehoe* benannt. **V.** Laur; Haefs. *GMM*

Itzstedt [īts], nd. Ietz **I.** Gem. und gleichnamiges, kreisübergreifendes Amt in den Kr. Segeberg und Stormarn, mit sieben amtsangehörigen Gem., 12 356

Ew., am Itzstedter See, SH. Ersterwähnung 1317, 1970 wurde das Amt Itzstedt aus dem bisherigen Amt Nahe und der bis dahin amtsfreien Gem. Sülfeld gegr., 2008 schloss sich die Gem. Tangstedt (Kr. Stormarn) dem Amt an (zweites kreisübergreifendes Amt in SH). Einzelhandel und Gewerbe. **II.** 1317 *de Iddesten [Or]*, 1479 *Ydestede*, 1544 *Iddestede*; Zu *Itzstede* (1590). **III.** Der ON setzt sich zusammen aus einer Gewässerbezeichnung vom anord. *iða* 'Gegenströmung' und dem Gw. aus mnd. *-stede*, hd. *-stedt* '(Wohn)Stätte', sodass der Name die Bed. 'Stadt an der Ida, einem Fluss mit Gegenströmung' enthält. **V.** Laur; Haefs. *GMM*

J

Jablonec nad Nisou ↗ Gablonz/Neiße

Jägerndorf // Krnov ['krnɔf] **I.** Stadt im Kr. Bruntál, 25 090 Ew., in Schlesien, Mährisch-Schlesischer Bezirk (Moravskoslezský kraj), CZ. Gegründet Anf. des 13. Jh. nach d. Recht, 1279 Stadt, seit 1377 Sitz des Herzogtums Jägerndorf. Rom. Kirche Sankt Benedikt, Minoritenkloster, im 16. Jh. Zentrum des Protestantismus, auf dem Burgberg bekannte Wallfahrtskirche (18. Jh.). Im 14. Jh. Leinen-, 16. Jh. Tucherzeugung, 18.–19. Jh. Textilindustrie, 1914 größte Tuchmacherstadt in Österreich-Ungarn („Schles. Manchester"). 1945 schwer zerstört, danach neu aufgebaut. Nahrungsmittelindustrie. Orgelbau. **II.** 1240 *Kyrnow* [Or]; 1253 *Jegerdorf* [Or]; 1281 *Jegerndorf* [Or]; 1356 *Crnovia*; 15. Jh. *Krnov, Jegirdorf, Jegirsdorf*; 17. Jh. *Jägerndorf*. **III.** Im mit dem poss. Suffix ↗-*ov* gebildeten ON *Krnov* liegt der atschech. PN *Krn* vor, vgl. -*krn*- im ntschech *zakrnělý* 'verstümmelt'. Einige Belege halten den, das sog. silbenbildende -r-, begleitenden Gleitvokal *y, i* oder *a*: fest: *Kyrnov, Cirnovia, Karnovia*, was auch eine zuverlässige Erklärung der Entlehnung des ON ins D. ermöglicht: Aus *Kyrn*- wurde *Gern-, -ov* wurde bei der Eingliederung in das d. Namensystem durch ↗-*dorf* ersetzt: **Gerndorf*. Das Element **Gern-* wurde sekundär zur Bedeutung 'Jäger' ummotiviert: *Kyrnov* > **Gerndorf* > *Jägerndorf*. Die drei Trompeter im Stadtwappen beruhen auf Volksetymologie. **IV.** *Krnov*, † *Krnůvky* in Mähren, CZ. **V.** HŠ; SchOS; LŠ; HSBM. *RŠ*

Jarmen-Tutow **I.** Amt im Lkr. Demmin, 7578 Ew. (neben den Namensgebern weitere fünf Gem.), Sitz der Amtsverwaltung in der Stadt Jarmen, an der Peene (zur Ostsee), ca. 25 km s von Greifswald, 45 km n von Neubrandenburg, MV. Jarmen: frühe slaw. Besiedlung, seit ca. 1250 planmäßige Stadtanlage, 1290 *oppidum*, ab dem 14. Jh. zu Pommern, von 1648 bis 1720 unter schwedischer, ab 1720 unter preußischer Herrschaft, früher vor allem Landwirtschaft, h. daneben eine Großmühle sowie ein großflächiges Zentrallager eines Handelskonzerns. Tutow: frühe slaw. Besiedlung, ab 1397 Lehen der Familie von Horn, um 1700 an Familie von Parsenow, später an Familie von Sobeck. In den 1930er Jahren Errichtung eines Militärflugplatzes mit separater Siedlung (ab 1938 Gem. „Flughafen Tutow"); zur Differenzierung wurde der urspr. Ort „Tutow-Dorf" genannt. 2004 Zusammenschluss der Stadt Jarmen mit dem vormaligen Amt Tutow zum neuen Amt. **II.** Jarmen: 1269 *Germin*, 1277 *Jermin*, 1290 *Jermyn*. Tutow: 1256 *Tuchow*, 1267 *in villa Tvtin* (beide Zuordnungen nicht sicher), 1397 *Tutow*, 1523 *Tutow*, 1631 *Tutow*. **III.** Dem ON *Jarmen* liegt ein apolb. PN **Jaroma* mit einem poss. Suffix ↗-*in* zugrunde, das bei der Eindeutschung des Namens zu -*en* umgewandelt wurde. Die Bedeutung des ON lässt sich als 'Ort des Jaroma' rekonstruieren, der KN geht auf einen zweigliedrigen PN mit **Jar-*, verm. im Erstglied, zurück, wie etwa in apolb. **Jaromer, Jaromar* (1168 *Jaromarsburg*, Lkr. Rügen, MV), zu slaw. **jar-* 'mutig, eifrig; jähzornig, heftig'. Das Suffix -*oma* ist als sekundäre Diminutivbildung des PN zu deuten. Tutow: Eine eindeutige Etymologie ist schwierig zu erstellen. Augenscheinlich handelt es sich um einen slaw. ON, dessen Gw. ein PN *Tuta* (vgl. nsorb. *tuta* 'Blashorn, Tute, Röhre') zugrunde liegt. Die poss. Beziehung wird gekennzeichnet durch das Suffix -*ov*, ↗-*o(w)*, untermauert durch den in frühen slaw. Namen möglichen Suffixwechsel zu ↗-*in*. Die im Slaw. nicht seltene Verwendung von Kosenamen geht oft mit Lautwandel einher und erklärt die Schreibform mit -*ch*-, die ihrerseits zunächst als -*k*-, dann – der Tendenz der Konsonantenharmonie in zwei aufeinanderfolgenden Silben entsprechend – als -*t*- eingedeutscht worden sein kann. Das auslautende -*v* ging in der d. Aussprache verloren. Eine Ableitung vom d. PN *Tuto* (erst im 15. Jh. nachgewiesen) ist wenig wahrscheinlich. **V.** PUB 2–4; MUB II, XXV; Berghaus, H.: Landbuch von Neu-Vorpommern und der Insel Rügen, 2, 1. Anklam 1865; EO; Trautmann ON Meckl.; Wenzel PN; Dassow, H.: Tutow – Geschichte einer Siedlung in Vorpommern. Tutow² 1999; Eichler/Mühlner. *MN*

Jauer // Jawor ['jawɔr] **I.** Kreisstadt, 24 070 Ew., Woi. Niederschlesien // Dolny Śląsk, PL. Als d. Kolonistenstadt wurde Jauer wohl unmittelbar nach dem Mongolensturm 1241/42 gegründet. Ihren Namen hat sie von einer nahen slaw. Siedlung übernommen, auf diese beziehen sich auch die ältesten urk. Nachrichten. Seit 1278 ist Jauer eine der Residenzen des Fürstentums Schweidnitz-Jauer, bedeutender Marktort im 14. Jh., Rathaus nachweisbar seit 1373. 1368 gerät der Ort unter böhm. Oberlehenshoheit, 1392 an die Krone Böhmen, 1742 an Preußen. Nach dem Dreißigjährigen Krieg wird 1654–55 hier eine der drei evangelischen schles. Friedenskirchen errichtet. Kreisstadt (1932–1933 zum Kr. Liegnitz), Reg.-Bez. Liegnitz, NS (1939) 13 817 Ew. **II.** 1209 *Jauwor*, 1242 *Iauer*, 1248 *Iawor*, 1340 *Jawer*. **III.** Zu poln. *jawor* 'Ahorn' (< urslaw. *avorъ, verm. ein altes Lehnwort aus einer german. Sprache; vgl. ahd. *āhor). Im d. Gebrauch ist der ON lediglich lautlich adaptiert. Die ursprüngliche slaw. Burgsiedlung steht als *Alt-Jauer* noch im 14. Jh. neben der d. Stadt *Jauer*. **IV.** Jawór, Woi. Heiligkreuz; Jawor, Woi. Lodz; Jaworek, Woi. Niederschlesien; Jaworki, Woi. Podlachien; Jaworzno, Woi. Schlesien; Jaworzyna Śląska, Woi. Niederschlesien, alle PL. **V.** SNGŚl, Rymut NMP. *ThM*

Jawor ↗ Jauer

Jelenia Góra ↗ Hirschberg (Riesengebirge)

Jena
I. Kreisfreie Stadt ö Erfurt, im mittleren Saaletal zwischen Muschelkalk- und Sandsteinhängen, 103 392 Ew., TH. Altthüringische Siedlung; an wichtigem alten Saaleübergang; 1145 Herrensitz, um 1200 Erhebung zur Stadt (um 1236 *cives* belegt); ab 1331 Wettinische Residenz; seit 1558 Universität. Im MA Weinanbau, im 14./15. Jh. bekannte Weinbürgerstadt. Seit 19. Jh. Industriestandort für Optik, Feinmechanik (Carl Zeiss); h. Bildungs- und Wissenschaftszentrum, Beiname „Stadt der Wissenschaft" (2007 verliehen). **II.** 9. Jh. *Jani*, 1012/18 *in urbe, quae Geniun* [*-un* später getilgt] *dicitur*, 1150 *in urbe nomine Gene* [die ältesten Belege beziehen sich sehr wahrscheinlich auf die *Jena*-Orte bei Naumburg], 1181 *Yen*, 1182 *Gene*, 1216 *Jehene*, 1350 *Jene*, 1441 *Jhena*; *Jena* (1516). **III.** Der nur an der Saale zweimal im Abstand von etwa 30 km vorkommende Name ist rätselhaft. Wahrscheinlich ist er gebildet zu einer idg. Wurzel *$i̯eh_2$-* 'dahinziehen, fahren' (LIV), die als germ. *n*-Ableitung in spätmhd. *jān* 'Reihe, gerader Gang' als Fachwort (vgl. hd. *Jahn* 'Grasschwade' in Kluge) noch vorkommt (vgl. auch lat. *iānua* 'Tür, Eingang', *iānus* 'Durchgang, Tor'). Der Name kann als germ. *Jania* entweder für einen Abschnitt der Saale oder aber für bestimmte Stellen an der Saale gegolten haben. Möglicherweise ist semantisch dabei an die einst dort verhältnismäßig günstige Überquerungsmöglichkeit der Saale angeknüpft worden, etwa 'durchfahrbarer (begehbarer) Fluss' o.ä. Später kann auch der Bezug zu einer agrarwirtschaftlichen Bedeutung von *jān* 'gerader Gang' im Hinblick auf die geraden Reihen der Weinstöcke eingetreten sein. Das *i* in der zweiten Silbe bewirkte den Umlaut im D. von *a* > *e*, der in allen Belegen nach 1000 erkennbar ist. Die Anlautformen mit *g* treten in älterer Zeit auch bei anderen ON für |j| auf und sind später durch mda. *j* > *g* bedingt. 1012/18 zeigt die Endung *-un* einen Lokativ an, vgl. ahd. *hūsum > hūsun* 'bei den Häusern'. Auslautend *-a* tritt kanzleisprachlich seit Mitte 15. Jh. auf. **IV.** Großjena (1160 *in Sclauico Gene*), Kleinjena (1160 *in Teutonico Gene*), beide OT von Naumburg (Saale), Burgenlandkreis, ST. **V.** UB Hersfeld; SNB; DS 35; Nail, N./ Göschel, J.: Über Jena. Das Rätsel eines Ortsnamens. Stuttgart 1999; Udolph, J.: Über Jena. Namenkundliche Informationen 77/78 (2000). *KH*

Jennersdorf
['jɛnɐsdɔɐf], dial. ['jāĩnɐʒdɔɐɣ]. **I.** Stadtgemeinde und Verwaltungssitz des gleichnamigen Pol. Bez., 4 223 Ew., im Raabtal zwischen der Steiermark und Ungarn, BGL, A. 1187 erhielt das 1183 von König Béla III. gegründete Zisterzienserstift St. Gotthard (ung. Szent Gotthárd) hier eine Grangie und siedelte d. Bauern an. Der Ort blieb zunächst bis in die Mitte des 15. Jh. im Stiftsbesitz, wurde dann veräußert und kam erst mit der Wiederbelebung des Stiftes 1734–1848 erneut in dessen Besitz. Mit dem Anschluss von Deutsch-Westungarn an Österreich 1921 Verwaltungsmittelpunkt des neuen Bezirkes, 1926 Marktrecht, 1977 Stadtgemeinde. **II.** 1187 (F. oder Kop. 15. Jh.) *grangie Janafalu*, 1350 *Ganoufolua*, 1451 *Janofalwa*, 1538 *Gyanafalva*, 1548 *Ghanafalva*, 1552 *Janosfalva*, 1671 *Jenerstorff*. **III.** Das bis 1921 amtliche ung. Kompositum *Gyanafalva* mit dem Grundwort *-falva*, d. ↗ *-dorf*, enthält als Bestimmungswort die älteren Varianten der heutigen Koseform *Janó* zum ung. PN *János* 'Johannes', die wohl auf afranz. *Je(h)an* zurückgehen, das mit den aus Frankreich geholten Zisterziensern und Prämonstratensern und wallonischen Siedlern im 12. Jh. aufkam und dessen präpalatale Affrikata [dʒ] mit [j], alternativ meist <j> oder <gy> geschrieben, substituiert wurde. Trotz der erst späten urk. d. Erstbezeugung wird schon eine gefügte mhd. Bildung vorliegen, wobei der ung. PN wohl als *Jan* wiedergegeben und die verstandene ung. Koseform mit diminuierendem Umlaut als *Jenestorf*, 'Johannesdorf', ausgedrückt wurde. Assimilierung von *d-* > *t-* an *-s* führte zu [ʃt], so dass dann *Jennerstorf* geschrieben wurde. Die ungewöhnliche Erhaltung der unbetonten Nebensilbe dürfte auf volksetym. Einwirkung von ung. *Janós* oder *Jenő* 'Eugen' zuückgehen. **V.** Kranzmayer/Bürger; ADB 1; HHS Lechner; ÖStB 2. *PW*

Jessen (Elster)
I. Stadt im Lkr. Wittenberg, 14 440 Ew., an der Schwarzen Elster, ST. Zunächst Burg, dann Stadt, seitdem regionale Bedeutung als Landstädtchen, früh bezeugter, bis h. ununterbrochener Weinanbau, 1952–1994 Kreisstadt im gleichnamigen Lkr. **II.** 1217 *Jezzant* [Or], 1265 *Jezant*, 1317 *zu dem Jezzende, zu dem Jessende* [Or]. **III.** Die Überlieferung

zeigt einen fortschreitenden Abfall eines urspr. Endelements -t. Der Name ist eine alte Bildung aus der Zeit vor der slaw. Besiedlung und wurde aus idg. *ies- 'wallen, schäumen' in Verbindung mit einem ebenfalls idg. Suffix -nt- gebildet. In der Zeit der slaw. Besiedlung wurde der Name dem slaw. Lautsystem angeglichen. Wann und durch welche Bevölkerungsgruppe die urspr. Benennung erfolgte, ist nicht zu bestimmen. Von der nur vage anzugebenden Bedeutung her handelt es sich offenbar um einen GwN (vielleicht für einen Flussabschnitt der Schwarzen Elster, die vor der Begradigung im 20. Jh. stark mäandrierte), der dann auf eine später entstandene Siedlung übertragen wurde. Ähnlich gebildet wurde der ON *Jeßnitz* (bei Bitterfeld an der Mulde). Ansonsten sind ON *Jessen, Jeßnitz* u. ä. zwar häufig, aber in den meisten Fällen anders zu erklären (aus asorb. *jeseń 'Esche (Fraxinus excelsior)'). **IV.** Jeßnitz, Lkr. Anhalt-Bitterfeld, ST. **V.** DS 16; SNB; SO 1. *ChZ*

Jesteburg **I.** Gem. und gleichnamige Samtgem. im Lkr. Harburg, 10 702 Ew., Reg.-Bez. Lüneburg (bis Ende 2004), NI. Die Lage der namengebenden Burg (am Zusammenfluss von Hanstedter Aue und Seeve?) bisher nicht bekannt; um 1200 gegr. Kirche (rom. Glocke von etwa 1190); zeitweilig Sitz einer lüneburgischen Vogtei. **II.** 1202 *Gersedeburg [Or],* 1237 *Gersetheborch,* 1364 *Jersedeborch; Jesteburg* (um 1600). **III.** Bildung mit dem Gw. ⟶ *-burg.* Eine Bildung mit dem Frauennamen *Gerswinþa* ist überzeugender als gelegentlich erwogenes *Gers-ithi als urspr. Name des Ortes, an den nach Erbauung der Burg sekundär das Gw. ⟶ *-burg* antrat. Der PN zeigt Schwund des *-n-* vor Spirans sowie Abschwächung der Vokale zu *-e-.* Anlautendes *G-* ist ebenfalls Spirans und wird als *J-, I-* wiedergegeben. Nach Ausfall des zweiten *-e-* entsteht *Jerste-,* wobei das vokalische *-r-* ebenfalls schwindet. Deutung also: 'Burg der Gerswinþa'. **V.** HHS 2. *KC*

Jestetten **I.** Gem. und gleichnamiger GVV im Lkr. Waldshut, 8 405 Ew., ca. 40 km n von Zürich und ca. 60 km w von Konstanz am Hochrhein und damit direkt an der Grenze zur Schweiz, Reg.-Bez. Freiburg, BW. Der sog. Jestetter Zipfel ist auf einer Länge von 55 km von der Schweiz umschlossen und nur über eine Straße von Deutschland aus zu erreichen; aus diesem Grund war dieser Teil 1840–1935 Zollausschlussgebiet. Bereits vorgeschichtliche Besiedlung nachgewiesen; keltisches Oppidum Altenberg-Rheinau. **II.** 871 Kop. ca. 1126 *Jesteten,* 1049 *Heidestat,* 1229 *Iêstetin [Or].* **III.** Bei den SiN handelt es sich um ein Determinativkompositum, zusammengesetzt aus dem Gw. ⟶ *-stetten* und dem PN *Īwo* – zu ahd. *īwa* (st./sw. Fem.) 'Eibe' als Waffenbezeichnung – oder der Baumbezeichnung *īwa* (st./sw. Fem.) 'Eibe' als Bw. Auszugehen ist also von einer urspr. Form *Īwen-stetten* mit dem PN im Gen. bzw. der Baumbezeichnung im Pl. Durch üblichen Ausfall des /w/ nach Langvokal und Erleichterung der Dreierkonsonanz /nst/ zu /st/ entstehen die belegten Formen *Jesteten, Iêstetin* und weitere. Einige Belege zeigen unorganisches /h/ im Anlaut, umgekehrte Schreibungen mit *Ei-* statt *Ie-* oder auch volksetymologische Eindeutungen wie *Heide-.* **V.** FP; Kaufmann 1968. *SB*

Jettingen **I.** Gem. im Lkr. Böblingen, 7 629 Ew., bildet zusammen mit Gäufelden und Bondorf den GVV Oberes Gäu, 26 547 Ew., ca. 22 km sw Böblingen, Reg.-Bez. Stuttgart, BW. 1971 Zusammenschluss von Ober- und Unterjettingen zu Jettingen. Sindlinger Schloss, Herrenberger Stiftskirche, Jettinger Wasserturm. **II.** 1252 *Vtingen [Or],* 1275 *Oberv̊tingen, Niderv̊tingen [Or],* 1277 (Kop. 16./17. Jh.) *Oberyetingen,* 1286 *Ŏtingen [Or],* 1288 *Superbius Ŭtingen [Or],* 1493 *Vnderjetingen,* 1511 *Vndervtingen [Or],* 1521 *Oberiettingen [Or],* 1523 *Oberyettingen [Or],* 1525 *Vnnder-Jettingen [Or], Jettingen* (1971). **III.** *Jettingen* ist eine ⟶ *-ing(en)*-Ableitung vom PN *Uoto* und bedeutet 'bei den Leuten des Uoto'. Die Entwicklung von ahd. *uo* zu heutigem *j* verläuft über den Umlaut des Stammvokals (*uo* zu *üe*) und mda. Entrundung zu *iə*. In vielen älteren Belegen fehlt die Umlautbezeichnung des Diphthongs (etwa Ŏ) oder es erscheint eine vereinfachte Diphthongschreibung wie v̊ und v̆. Das entrundete *iə* konnte als *y* dargestellt werden. Da mhd. *iə* vor Vokal zum Reibelaut wird, entsteht schließlich *Jettingen* mit anlautendem *j.* **IV.** Jettingen (-Scheppach), Lkr. Günzburg, BY. **V.** Reichardt 2001; LBW 2 und 3. *JR*

Jeutz // Yutz **I.** Gem. und Hauptort des gleichnamigen Kantons im Dép. Moselle, 16 512 Ew., auf der rechten Moselseite gegenüber Diedenhofen, LO, F. Urspr. wohl zum Königsgut um Thionville gehörig; im 10. Jh. Hauptort eines *comitatus;* 1871 zum Reichsland Elsass-Lothringen, 1918 wieder zu Frankreich. **II.** 830 *Iudich,* 844 *Iudicium,* 960 *comitatu Iudicii,* 973 *comitatu Judiaciensi,* 1211 *Juxe,* 1295 *Ovreiuch* [Ober-Jeutz], 1360 *Jutz,* 1463 *Yutz,* 1544 *Jeutz, Geutz.* **III.** Ausgangsform ist lat. *iudicium,* 'Gerichtsstätte' (844 findet am Ort eine Synode statt). Die franz. Form entwickelt sich mit der Palatalisierung von [ki] > [ts] zu *Juditse,* mit afranz. Schwund des intervokalischen *-d-* zu *Jutz.* Die d. Form zeigt 830 die ahd. Lautverschiebung von *-k-* > -χ-; nach Synkopierung der Endsilbe zu *Judch* > 1295 *-iuch.* Die umgelautete Form diphthongiert frühnhd. mit -ü- > -eu-; im Auslaut gleicht sie sich der franz. Form an. **IV.** Gy (1049 *Judicio*), Dép. Haute-Saône, F. **V.** Reichsland III; Gysseling 1960/61; Jungandreas; Hiegel; Puhl 1999. *Ha*

Jevenstedt I. Amtsangehörige Gem. und gleichnamiges Amt im Kr. Rendsburg-Eckernförde, 11 634 Ew., in der Nähe von Rendsburg, SH. Um 1190 erstmals erwähnt. II. Um 1190 *in Givebstide* [Or], 1378 *in villa Ieuenstede*, 1633/34 *Jeuenstedt*. III. Der ON setzt sich zusammen aus dem FluN *Jevenau* und ↗ *-stedt, -stede*, der mnd. Entsprechung unseres heutigen Wortes für 'Siedlung, Wohnstätte'. Damit wird auf die geografische Lage an der Jevenau hingewiesen, die nw von Nortorf entspringt, an Jevenstedt vorbeifließt und bei Hörsten in die Eider mündet. V. Laur; Haefs. *GMM*

Jiříkov ↗ **Georgswalde**

Jockgrim I. Gem. und gleichnamige VG (seit 1972) im Lkr. Germersheim, 16 694 Ew., vier Gem. zwischen Germersheim und Karlsruhe, Südpfalz, RP. An der röm. Straße entlang dem Rhein, mit schon früher Ziegelherstellung, wovon röm. Brennöfen zeugen. Mitte 11. Jh. war die am Erlenbach gelegene Gem. Rheinzabern (1176 *Zabrenna aqua*) Sitz der Bischöfe von Speyer. Ende 12. Jh. in der Gemarkung Schweinheim Gründung eines Fronhofs, der ausgebaut und befestigt wird, so dass um 1360 Jockgrim zur Stadt erhoben wird. Bis ins 20. Jh. europaweit bekannte Falzziegelwerke. Tabakanbau. II. 1366 *oppidum Jochgrim*, 1395 *Jochgryme*, 1423 *Jockrym*, 1482 *Jockerheim*; *Jockgrim* (1824). III. Das Bw. ist wohl der ahd. PN *Jucho, Jocho*, Gen. Sg. *Jochen-/Jocher-*, das Gw. ist urspr. ↗ *-heim* > *-əm*. Die Schreibung des 15. Jh. gibt gesprochenes *jogərəm* wieder. Die favorisierte Deutung ist 'Wohnstätte des Jucho/Jocho'. Es kann aber auch an eine Übertragung des Südtiroler Passnamens *Jochgrim* auf den rechtsrheinischen Eggenstein gedacht werden, der dann durch Assimilation zu *Jockgrim* wurde. V. Urkundenbuch zur Geschichte der Bischöfe von Speyer, Bd. 1, Ältere Urkunden. Mainz 1852, ND Aalen 1970; FP; Kaufmann 1971; Rasimus, D.: Die Königsdörfer und Königsleute des bischöflich-speyerischen Amtes Lauterburg. Karlsruhe 1984; HSP. *JMB*

Jork I. Gem. im Lkr. Stade, 11 805 Ew., n von Buxtehude an der Elbe, Reg.-Bez. Lüneburg (bis Ende 2004), NI. Tagungsort des höchsten Gerichtes des Alten Landes und der Landstände; nach 1852 Amtssitz und von 1885–1932 Kreisstadt; h. Mittelpunkt des altländischen Obstanbaus. II. 1221 *Maiorc* [Or], 1232 *de Mayorc*, 1247 *de Jorike*, 1317 *Jorke*. III. Der ON beruht auf einer Kürzung des lat. Syntagmas *curia maiorica* für den (bischöflichen) Hof des Zehnteinnehmers im Ort. Die ersten Belege zeigen bereits Ausfall der Nebentonvokale. Um die Mitte des 13. Jh. schwindet dann die erste Silbe (*Ma-*), teils tritt ein Sprossvokal zwischen -r- und -k- ein. V. HHS 2. *UO*

Judenburg I. Stadt, 9 446 Ew., Pol. Bez. Judenburg, ST, A. Das Herzogsgeschlecht der Eppensteiner erbaute im 11. Jh. Burg und Rittersiedlung, an die sich dann eine Handelsniederlassung anschloss. Stadtrecht wohl um 1224. Vor 1240 ließ der Diplomat und Minnesänger Ulrich von Liechtenstein eine neue Bürgerstadt errichten. Im 14. und 15. Jh. war Judenburg ein bedeutender Ort des Fernhandels. II. 1074–1087 *Judinburch, Judenburch* [Or]; *Judenburg* (1148). III. Urspr. Name der Burg, an deren Fuß sich dann ein Markt entwickelte, mit dem altdeutschen Personennamen *Judo* oder mit ahd. *judo* 'Jude' nach dort wohnhaften jüdischen Kaufleuten. Gw: ↗ *-burg*. V. ANB. *FLvH*

Jüchen I. Gem. im Rhein-Kr. Neuss, 22 732 Ew., Reg.-Bez. Düsseldorf, NRW. II. 865 *in villa Iochunda*, 893 *in Iuhcgende* (*h* nachgetragen), 1274 *versus Jughende* [Or]. III. Dem ON zugrunde liegt wohl der urspr. GwN für den heutigen Jüchener Bach, ein Zfl. zur Erft. Das GwN-Suffix -*nd*- (< *-nt*-) schließt sich, dem Umlaut zufolge offenbar mit Bindevokal -*i*-, an ein Etymon an, dem im Falle von *Jüchsen* (Lkr. Schmalkalden-Meiningen/Thüringen, belegt u.a. 827 *Juchisa*), eine -*isā*-Suffigierung als Parallele zur Seite tritt. Die Basis des GwN gehört zu got. *jiuk-an* 'kämpfen' und enthält die Wurzel idg. **jeuĝH-* 'unruhig werden', mit der schon gemein-idg. ein Aufwallen zum Ausdruck gebracht werden kann. Alternativ ist auch das in mhd. *jiuch* 'Joch (Landmaß)' vorliegende Wort zur Erklärung vorgeschlagen worden, ohne dass dabei freilich die Morphologie der frühen Belege hinreichend geklärt worden wäre. Eine Eindeutung von lat. *iucundus* in die Erstbezeugungen ist den Schreibern der Prümer Überlieferung wohl zuzutrauen, zumal dieses Appellativ als Hybridbildung *iucundlīh* 'angenehm' im Ahd. bezeugt ist. V. HHS 3; Greule, A.: Gewässernamen. Geschichtlicher Atlas der Rheinlande. Beiheft X/3. Köln 1992; Wirtz, Verschiebung. *Tie*

Jülich I. Stadt im Kreis Düren, 33 342 Ew., w Köln am Übergang über die Rur, Zentrum der Jülicher Börde, Reg.-Bez. Köln, NRW. Entstanden aus röm. vicus an der Fernstraße von Köln nach Gallien; röm. Kastell (881 von Normannen zerstört); war erster Sitz der Gft., um 1234 Stadtrecht, Befestigung 1. Hälfte 14. Jh.; seit 1549 Ausbau zur Festung mit Zitadelle und Residenzschloss des Hztm. (beide erhalten), 1815 an Preußen, Kantons- und Kreissitz bis 1971, Papier-, Zucker- und Lederindustrie, am 16. 11. 1944 fast vollständig zerstört, 1956 Kernforschungsanlage (KFA) NRW, h. „Forschungszentrum Jülich" (FZJ). II. Ca. 3. Jh. (Itinerarium Antonini) *Iuliacum*, zu 357 (Ammianus Marcellinus, Res gestae XVII 2) *Iuliacum*, 945 *Iulicha* [Or]. III. Zum lat. PN *Iulius* mit gallo-röm.

Zugehörigkeitssuffix ↗ *-(i)acum, -ich,* 'Gut des Julius'. Spätma. dominiert initial die hyperkorrekte Schreibung *-g-,* der Umlaut des Basisvokals (auch mda. [y:]) vor *-i-* (im Nebenton mda. getilgt) wird mit *-ui-, -uy-* angezeigt. Daher mundartnahe Schreibungen wie *Gulich, Gulch, Guilge, Guylch* bis in die Neuzeit gebräuchlich. **V.** RhUB II; HHS Bd. 3; Bers, G.: Jülich. Geschichte einer rheinischen Stadt. Jülich 2004³. *Ne*

Jüterbog   **I.** Stadt, Lkr. Teltow-Fläming, 12 830 Ew., an der oberen Nuthe sw Berlin, BB. Nach Eroberung des Landes Jüterbog in der 2. Hälfte des 12. Jh. durch Ebf. Wichmann von Magdeburg wurde auf slaw. Burgwall eine d. Burg errichtet, daneben slaw. Siedlung Damm, ö davon Kaufmannssiedlung. Flämische Siedler kamen ins Land. 1174 Verleihung des Stadtrechts. Gut erhaltene Teile der Stadtmauer mit Toren. Erhaltener Abtshof (um 1500). Vorwiegend Handels- und Gewerbestadt. 1517 Auftreten des in die Stadt gezogenen Ablasspredigers Tetzel. Heute in der St. Nikolaikirche noch der „Tetzelkasten" zu sehen. 1998 wurden 7 Dörfer eingem. **II.** Der Name ist als Ortsname, Landschaftsname und Gewässername überliefert: a) zum Jahre 1007 *ad locum, qui Iutriboc appellabatur,* 1174 *de ipsa civitate Juterbuck,* 1406 *slos Juterbok in der stad Jutirbok,* 1721 *Jüterbog.* b) 1174 *in provincia Iutterbogk, terra Iuterbogk.* c) 1307 *in fluuium, que dicitur Juterboch.* **III.** Eine befriedigende Erklärung des Namens ist nicht zu geben. Ausgegangen werden kann von einer slaw. Zusammensetzung mit dem sehr wahrscheinlichen Erstglied **jutri < *jutro + -jь-*Suffix, das als 'gegen Morgen (Osten) gerichtet', aber auch 'hell, beleuchtet' gedeutet werden kann. Die Zuordnung des zweiten Gliedes zu **bok,* überwiegend mit der Bed. 'Seite, Flanke, Abhang' angegeben, ist nicht überzeugend, da sichere slaw. Parallelen aus dieser Zeit fehlen. Der herangezogene ON *Boldebuck,* MV, ist eher als **Bělybuk* 'Weißbuche' zu erklären. Der Versuch, **bok* als eine im Slaw. zeitweise fungierende Entlehnung von germ. **bāki/*baki* 'Bach' anzusehen, ist wegen der Überlieferung des Namens auch als GwN begründet, aber nicht gesichert. Von dieser Bed. gehen auch poln. Forscher bei den GwN *Żołobok, Ołobok* u.a. aus. Abzulehnen ist die Erklärung als **Jutrobog* 'Morgengott' (bereits im 16. Jh.), da solche Gottheit in der slaw. Mythologie nicht bekannt und auch als Namenmodell nicht üblich ist. Ein Vergleich mit dem d. GwN *Itterbach* folgt einer Tendenz, dass viele GwN in Brandenburg vorslaw. zu erklären seien. Dies ist nicht mehr haltbar. **V.** Thietmar; Riedel A VIII, XXIV, SB; UBEM; Rozwadowski; BNB 7 und 10. *SW*

K

Kaaden // Kadaň [ˈkadaɲ] **I.** Stadt im Kr. Chomutov // Komotau, 18 042 Ew., in Nordwestböhmen, Bezirk Karlovy Vary (Karlovarský kraj), CZ. In der Nähe schon zur Keltenzeit besiedelter Burgberg (1401 *Uhosscz*) wird mit *Castrum Wogastisburc* (erwähnt beim Chronisten Fredegar) und mit der Niederlage Dagoberts I. (geschlagen vom Slawenfürsten Samo, verstorben 658) in Zusammenhang gebracht. Zunächst Marktflecken an der Handelsstraße Prag-Eger. 1183 vom Johanniterorden gegr. Pfarrkirche. 1261 bereits kgl. Stadt, Zuzug von sächs. und fränk. Kolonisten, im 13. Jh. Errichtung der got. Burg. 1366 Karl IV. gewährt Selbstverwaltung. Nach 1850 um 25 Handschuhfabriken, 1919–24 größtes Wasserkraftwerk der damaligen Tschechoslowakei. **II.** 1183 *in Kadan super Egram [Or]*; 1395 *de Cadan*; 1431 tschech. *na Kadany*; 1787 u. a. *Kaaden, Kadaň*. **III.** Trotz mehrerer Versuche bisher keine zuverlässige Erklärung. Deutungen aus einem tschech. PN *Kadan (mit poss. Suffix -jь), verm. von einem KN zu d. *Kadolt* (vgl. poln. PN *Kaden, Kadon*), überzeugen ebenso wenig wie die Deutung aus dem kelt. *Catodunum* zu *cato-* 'Kampf' und *-dunum* 'Burg, Festung'. Vielleicht ist der ON eine Parallele zum tschech. nur selten belegten dial. App. *kadaň* 'Pfütze' in den FlN *Kadan* (Sg.), *Kadaně* (Pl.). **V.** Pf II; Hengst, K.H.: Die Namen Kadaň-Kaaden-Kaden auf beiden Seiten des Erzgebirges in Böhmen und Sachsen sprachhistorisch betrachtet. In: Acta onomastica 47 (2006); LŠ; HSBM. *RŠ*

Kaarst I. Stadt im Rhein-Kr. Neuss, 41 883 Ew., Reg.-Bez. Düsseldorf, NRW. Urk. Überlieferung zum Ort erst durch die 1214 gegründete Zisterzienserinnen-Abtei St. Mariensaal. **II.** 1218 *de Karlesvorst [Or]*, 1308 *Carsuorst*, 16. Jh. *Karst*. **III.** Zuss. mit Gw. *-forst* 'Forst, Waldbesitz (unter Königsrecht)' und Gen. des PN *Karl*. Urspr. wohl der Name eines größeren Areals. **V.** HHS 3; Gysseling 1960/61; Kirchhoff, H. G.: Geschichte der Stadt Kaarst. Kaarst 1987. *Tie*

Kadaň ↗ **Kaaden**

Kahla I. Stadt im Saale-Holzland-Kreis, Sitz der VG Südliches Saaletal, s Jena, im Tal der Saale und an der Mündung des Biberbaches, 7 312 Ew., TH. Altthüringisches Dorf, seit 10./11. Jh. Herrensitz mit Burg (Leuchtenburg) an alter Straße von Nürnberg über Saalfeld nach N; städtische Anfänge Ende 12. Jh. (1288 *cives* genannt); neben Ackerbürgern Gerber und Tuchmacher, seit 1844 Porzellanindustrie. **II.** (860) 1150/65 *in Cale*, 1184 *Kale*, 1290 *Kayl*, 1486 *Kahl*; *Kala* (1516). **III.** Gebildet aus ahd. *kalo*, mhd. *kal* 'kahl, nackt, unbelaubt' als Name für einen auffallend kahlen Berggipfel im Umfeld von Wald, wahrscheinlich für den weithin beherrschenden und gut sichtbaren Bergkegel, auf dem schließlich die Burg (vgl. den Namen *Leuchtenburg*) errichtet wurde (vgl. auch den nahen Dohlenstein, einen 352 m hohen Kalkfelsen, dessen Abbrüche in der Vergangenheit wiederholt den Lauf der Saale veränderten). Zunächst etwa 'der Kahle' für den Berg, wobei der Name dann auf die altthüringische Siedlung überging. 1290 <ay> kennzeichnet langes *a*. Nicht auszuschließen ist in dem Gebiet ö der Saale (z. B. in der Nähe des Orla-Gaues) auch eine asorb. Form *Kaly* 'sumpfiger, morastiger Ort' zu *kał* 'Sumpf, Morast', die möglicherweise in dem deutsch-slawischen Mischgebiet an der Saale als Stellenbezeichnung den Namen gestützt haben kann. **IV.** Kahler Berg, OT von Baunatal, HE; Callenberg, Lkr. Zwickau, SN, (1244) *Kallenberg*; FlN (Bergname) *Kahler Asten* im Sauerland. **V.** CE I; Rosenkranz, H.: Ortsnamen des Bezirkes Gera. Greiz 1982; SNB; Berger. *KH*

Kaisersesch I. Stadt und gleichnamige VG (seit 1970) im Lkr. Cochem-Zell, 12 805 Ew., mit 18 Gem. w von Koblenz im ö Teil der Eifel, RP. Spuren röm. Besiedlung, seit 1294 zu einem kurtrierischen Amt unter dem Namen Esch. 1321 Stadtrechte und kaiserliche Privilegien. 1794–1814 Kantonshauptstadt. Das Amt blieb unter franz. Herrschaft als Mairie und auch nach dem Wechsel unter preuß. Herrschaft erhalten. **II.** 1056 *Asche*, 1091 *in villa Aske*, 1140 *Asch*, 1321 *Esch*; *Keisersesch* (1493). **III.** Die Erwähnungen von 1051 und 1085 *Asche* (MGH, DD, Die Urkunden Heinrichs III. und Die Urkunden Heinrichs IV.) sind wohl unecht. *Asche > Esch* war verm. zunächst ein FlN und stand für 'Esche(n)' oder 'Eschenwald' (ahd. *asc*, mhd. *asch*). *Esch* wird noch h. als KF in der Umgangssprache gebraucht. Der Zusatz *Kaisers-* hängt mit der Verleihung von städtischen Privilegien durch Ludwig den Bayern zusammen und dient gleichzeitig zur Unterscheidung von Waldesch, Lkr. Mayen-Koblenz, RP. **IV.** U. a. Esch, Lkr. Bernkastel-Wittlich und Lkr. Vulkaneifel, RP; Esch-sur-Alzette, Luxemburg. **V.** MRUB I; Jungandreas. *JMB*

Kaiserslautern **I.** Kreisfreie Stadt und Verwaltungssitz des Lkr. Kaiserslautern, 97 436 Ew., Industrie- und Universitätsstadt am nw Rand des Pfälzerwaldes, RP. In fränk. Zeit wurde hier ein Königshof angelegt, der schon im 10. Jh. Zoll- und Marktrechte besaß. 1152 Kaiserpfalz und 1276 freie Reichsstadt. Ende 14. Jh. an die Kurpfalz verpfändet. Im 19. Jh. Zentrum des pfälzischen Frucht- und Getreidehandels, für den die große Fruchthalle errichtet wurde. Nach 1871 stieg Kaiserslautern zu einem industriellen und kulturellen Zentrum auf. **II.** 830–50 *villa Luthra* (Kop. um 1190), 985 *curtem Luthara*, 1237 *de Lutra imperiali*, 1322 *Kayserslůter stat*, 1510 *Lauttern*. **III.** Der ON geht auf den germ. GwN *Lûtra*, zu ahd. *lût(t)ar* 'lauter, klar, hell', ohne ein urspr. Gw. *-aha* (↗*-ach*¹), zurück; dafür erscheint der ON seit dem 13. Jh. im Dat., der von der Wendung *ze Lûtren, ze Lûtern*'(Ort, Siedlung) an der Lauter' kommt. Im 15. Jh. Diphth.: *-û-* > *-au-*. Die – zunächst lat. – Zuordnung *imperialis, kaiserlich, Kaisers-* wird seit dem 13. Jh. verwendet. **IV.** ↗Lauterecken, Lkr. Kusel, u.a. in RP. **V.** CL; HHS 5; HSP. *JMB*

Kaiserstuhl-Tuniberg **I.** GVV im Lkr. Breisgau-Hochschwarzwald, 10 060 Ew., ca. 11 km nw Freiburg, Reg.-Bez. Freiburg, BW. Der GVV Kaiserstuhl-Tuniberg wurde am 1. 7. 1974 aus den Gem. Bötzingen, Eichstetten und Gottenheim gebildet. Weinbau, Gemüseanbau. St. Stephan, Dorfmuseum Eichstetten. **II.** *Kaiserstuhl-Tuniberg* (1974). **III.** Die Neubildung enthält die Gebirgsnamen *Kaiserstuhl* (zuerst 1304 *Keiserstuol* als bildlicher Ausdruck für die eindrucksvolle Größe des Berges). *Tuniberg* (1307 *uffen Tvnniberge*, 1309 *uf dem dúnberg*) gehört wohl aufgrund seiner Schmalheit (der Dünne) des Höhenzuges zu mhd. *dünne*, ahd. *dunni, dunne, tunne* 'dünn'. **V.** Roos, K. P.: Die Flurnamen der Freiburg Bucht, Diss. Freiburg o.J. (1966); Berger; FP; FO 2; LBW 2 und 6. *JR*

Kaliningrad [Калининград] ↗**Königsberg**

Kalkar **I.** Stadt im Kr. Kleve, 13 996 Ew., Reg.-Bez. Düsseldorf, NRW. Stadtgründung 1230 durch den Grafen Dietrich VI. von Kleve, Münzrecht. Die Neugründung erfolgte in Nachbarschaft zu der nachmalig Alt-Kalkar genannten Siedlung auf einer Insel (Kalkarward) im später verlandeten Altrhein. **II.** 1144 *de Kalkere [Or]* (Alt-Kalkar), 1242 *Kalkare [Or]*. **III.** Der Name ist von dem älteren Ort auf die Neugründung in unmittelbarer Nachbarschaft übertra-

gen worden. Jedenfalls gibt es keine Quellenbelege für eine andere als diese sehr häufig auftretende Erscheinung. Die heutige schriftsprachliche Form ist vermutlich lat. beeinflusst, aber das Argument, Kalk komme hier geologisch nicht vor, spricht nicht von vornherein gegen einen Anschluss an lat. *calcāria* 'Kalkofen'. Das nahe gelegene Römerlager am Monreberg (bis ins 4. Jh. belegt) und die schon merowingerzeitliche Besiedlung Alt-Kalkars lassen eine Kontinuität solcher röm. Bezeichnungen (etwa in FlN) möglich erscheinen. Im Kölner Verzeichnis der Zehnten (Liber Valoris) von ca. 1300 wird außer *Kalker* im Dekanat Xanten (= Alt-Kalkar) noch ein *Kalker* im Dekanat Zülpich genannt (h. *Kalkar*, Stadtteil von Bad Münstereifel). **V.** HHS 3; RhStA XIV/76; Kaufmann 1973. *Tie*

Kall **I.** Gem. im Kreis Euskirchen, 11 892 Ew., in der Nordeifel beim Zusammenfluss von Kallbach und Urft, Reg.-Bez. Köln, NRW. Von der nahen Sötenicher Kalkmulde nahmen Zweige der röm. Wasserleitung nach Köln ihren Ausgang, territorial geteilt zwischen Hztm. Luxemburg (Herrschaft Schleiden) und Hztm. Jülich, 1815 an Preußen; bis ins 19. Jh. Bleierzgewinnung und Eisenhütten. **II.** 1238 (Kop. 15. Jh.) *in Call*, 1310 *in Calle [Or]*. **III.** Möglicherweise zum ripuarischen Mundartwort *Kalle* (Fem.) 'künstlicher Wasserlauf, Rinne' < lat. *canalis* wegen der eng benachbarten röm. Wasserleitung. Doch kommt außer dem *Kallbach* in der Nähe der Name *Kall* auch für einen Zufluss der Rur (bei Nideggen), ein auch sonst verbreiteter GwN, vor. Sofern der originäre GwN zugrunde liegt, ist der weitere etym. Anschluss undurchsichtig. **V.** UB Steinfeld; HHS Bd. 3; Bach: DNK II; Dittmaier 1963b; Schmidt, Rechtsrhein. Zfl. *Ne*

Kalletal **I.** Gem. im Kr. Lippe, 14 793 Ew., im Lipper Bergland, 10 km nö Lemgo, grenzt an die Weser (hier Teil der Landesgrenze zu NI), Reg.-Bez. Detmold, NRW. 1969 Zusammenschluss von 16 ehemals selbst. Gem., Verwaltungssitz Hohenhausen. **III.** Neuzeitlich gebildeter Name mit dem Gw. ↗*-tal* für die Großgem. (seit 1. Januar 1975) nach dem Muster wie z.B. in ↗*Extertal*, *Möhnetal*, ↗*Wuppertal*. Im Bw. erscheint der GwN der Kalle (mit den Nfl. Westerkalle und Osterkalle, l. zur Weser), die das Gebiet der Gem. durchfließt. Der GwN der Kalle (1325 *aque dicte Kalle*; 1470/1471 *bi der Kalle, to der Kalle*, 1487 *de beyden Kallen*, 1614/1615 *die beiden Bache, der Wester- und Oisterkalle*) ist früher belegt im Bw. des HN der nach dem dortigen Kalldorf benannten Familie von Kalldorf ([1232] *Jordan de Callenthorp*, 1238 *Thidericus de Callendorpe*). Der GwN kann als Abl. mit *-n*-Suffix (*-ina-, -ana-*) angesehen werden (vgl. das Bw. im ON *Callen-thorp*). Nach der Basis *Kal(l)-*, mit der der Wasserlauf nach seinem Geräusch benannt worden wäre, ist ein Anschluss an den GwN *Kal-a-* (zu idg. **gal-* 'rufen, schreien', vgl. anord. *kalla* 'rufen, singen', ae. *c(e)allian*, engl. *to call*, ahd. *kallōn*, mnd. *kallen* 'reden, sprechen; plappern, rufen etc.') möglich. Der GwN der *Kalle* zeigt den geminierten Liquid, der auf germ. **kalsā-* (zu idg. **gal-sō-* 'Ruf') führen kann, wenn nicht eine expressive Variante vorliegen sollte. **V.** WOB II (Kr. Lippe); HHS 3. *BM*

Kaltenkirchen nd. Konkarken/ Koolnkarken **I.** Amtsfreie Stadt im Kr. Segeberg, Verwaltungssitz des Amtes Kaltenkirchen-Land, 19 868 Ew., n Hamburg, SH. 1301 urk. Hinweis auf die Kirche, von welcher der ON wahrscheinlich abgeleitet ist, Siedlung 1316 erstmals urk. erwähnt, 1973 Stadtrechte. **II.** 1301 *de Koldenkerken [Or]*, 1316 *tho dher Koldenkerken*, 1643 *mit der Kalthnkirchen*; *Kaltenkirchen* (1701). **III.** Die Bed. erschließt sich direkt aus dem heutigen Namen als 'Siedlung zur kalten Kirche', wobei das Adj. *kalt* vom nd. *koold* abstammend nicht aufs Klima bezogen ist, sondern die Bed. 'alt, verlassen' hat, womit auf die urspr. einsame Lage der Siedlung hingewiesen ist. **IV.** Kaldenkirchen, OT von Nettetal, Kr. Viersen, NRW. **V.** Laur. *GMM*

Kamen **I.** Stadt im Kr. Unna, 45 103 Ew., im ö Ruhrgebiet nw von Unna, Reg.-Bez. Arnsberg, NRW. Im Stadtbereich Besiedlungsspuren des 2.–6. Jh., weiter w Römerlager aus der Zeit um Christi Geburt bei Lünen und Oberaden, Entstehung der Siedlung an einer Furt über die Seseke, Kirche des 12. Jh., Stadtwerdung im 13. Jh., 1346 Erweiterung des Stadtrechts. 1877–1983 Bergbau. **II.** Um 1050 *Camine [Or]*, 2. Drittel 12. Jh. *Camenen*, 1179 *Kamena*; *Kamen* (1392). **III.** Der ON ist bisher nicht überzeugend gedeutet. Gegen eine Erklärung als Simplex gall.-lat. *cam(m)inus, camina* 'Weg, Straße' spricht der ausgebliebene Umlaut, den andere ON auf dieser Grundlage zeigen. Eine Bildung mit einem sw. flektierenden PN im Gen. Sg. und dem zu *-ā* kontrahierten Gw. ↗*-ach¹* ist ebenfalls unwahrscheinlich, da bereits die frühesten Belege Abschwächung des Auslauts zeigen, weswegen kein Langvokal vorliegt; überdies ist ein passender asä. PN nicht bezeugt und nur unter zweifelhaften Zusatzannahmen zu erschließen (Kaufmann). Wegen fehlender Anschlussmöglichkeiten an den nd. Wortschatz ist eine alte Suffixbildung anzunehmen. Das nicht umgelautete erste *-a-* erweist den zweiten Vokal *-i-* (neben *-e-*) als Zeichen für einen abgeschwächten Kurzvokal, weswegen von einer Bildung auf *-mana* (einem in GwN belegten Suffix) oder mit *-n*-Suffix (auf *-ana*) auszugehen ist. Einen Anschluss bietet möglicherweise die Wurzel idg. **gem-* 'greifen, fassen, zusammendrücken (Klumpe, Kloß)', deren *-o-*Stufe in lit. *gāmalas* 'Schneeballen, Stück Brot, Fleisch' vorliegt. Doch sichere Parallelen im Germ. fehlen, sodass sich auch die semantischen Probleme nicht beurteilen lassen. Gegen einen vielleicht außerdem zu erwägenden Anschluss an idg. **(s)kamb-* 'krümmen (mit Verhinderung der Lautverschiebung durch *s*-mobile vor dessen Ausfall) spricht, dass bei Assimilation des *-b-* an das *-m-* Doppelkonsonanz *-mm-* zu erwarten wäre. Die Basis lässt sich somit bisher nicht sicher identifizieren. Möglicherweise ist mit sehr alten, nicht mehr zu rekonstruierenden Umbildungen des ON zu rechnen. Der ON ist auch in den Namen der nahegelegenen Orte ↗Bergkamen und Südkamen enthalten, konnte also als Bereichsname fungieren. **V.** Bach DNK II.2; Kaufmann 1977; Berger. *Flö*

Kamenz // Kamjenc (osorb.) **I.** Große Kreisstadt im Lkr. Bautzen, 17 431 Ew., Teil der VG Kamenz-Schönteichen, in der w Oberlausitz an der Schwarzen Elster, im Naturraum Westlausitzer Hügel- und Bergland, SN. Altsorb. dörfliche Siedlung, nach 1160 d. Rittersitz, Stadtanlage 1190 und nach 1213 an altem Übergang der Via Regia über die Schwarze Elster, seit 1319 freie Stadt. Geburtsort von G. E. Lessing (1729). Wirtschaftl. geprägt durch kleine und mittlere Unternehmen. **II.** 1220 *de Kamenz*, 1374/82 *Kamencz*. **III.** Aus asorb. **Kameńc* zu asorb. **kameń* 'steiniger Ort', häufig in der slaw. Namengebung (s. auch ↗*Chemnitz*). **V.** HONS I; SNB. *EE, GW*

Kamienna Góra ↗**Landeshut**

Kamp-Lintfort **I.** Stadt im Kr. Wesel, 38 919 Ew., Reg.-Bez. Düsseldorf, NRW. Aus dem Zusammenschluss mehrerer Bauerschaften gebildet, die seit 1934 den Namen *Kamp-Lintfort* tragen, 1950 Stadt. Das namengebende Kloster Kamp wurde 1122 als erstes Zisterzienserkloster im deutschsprachigen Raum begründet und ist zum Mutterkloster zahlreicher weiterer Niederlassungen, vor allem in Mittel- und Osteuropa, geworden. **II.** Kamp: 1122 *Campus [Or]*; Lintfort: 1294 *ter fort*. **III.** Lat. *campus* 'Feld' ist als *kamp* '(umfriedetes) Feld' früh entlehnt und erscheint in zahlreichen Toponymen im Nl. und am Niederrhein (Etym. Wb. Nl.). In *-fort* liegt die Regionalform von d. ↗*-furt* (mnl. *vort*, Mask. und Fem.; ↗*Voerde*) zugrunde; der unterscheidende Zusatz wohl nach der Baumbezeichnung *Linde*. Parallele FlN im Rheinland mit den Elementen *furt/fort* und *kamp* bei Dittmaier 1963b. **V.** HHS 3; Gysseling 1960/61; Kaufmann 1973. *Tie*

Kandel **I.** Stadt und gleichnamige VG im Lkr. Germersheim, 15 496 Ew., Südpfalz, RP. Hat sich verm. aus dem eingem. Weiler Höfen entwickelt. Seit Mitte des 15. Jh. war der Ort Teil der Herrschaft Guttenberg, Pfalz-Zweibrückens und der Kurpfalz, Mitte

17. Jh. ganz zu Pfalz-Zweibrücken, Ende 17. Jh. franz., 1816 wird Kandel mit der Pfalz bayerisch. Seit 1937 Stadtrecht. **II.** 1150 *Adelbrath de Canele*, 1256 *Kannele*, 1468–70 *Kandell*, 1824 *Candel*. **III.** Der ON geht auf lat. *canâlis* 'Röhre, Rinne, Wasserlauf' zurück; davon stammt das auf der ersten Silbe betonte Lehnwort ahd. **kanali* und mhd. *kanel* bzw. mit Übergangslaut *kandel*. Die urspr. Bedeutung des ON ist demnach 'Siedlung an einem Kanal'. **V.** Urkundenbuch zur Geschichte der Bischöfe von Speyer, Bd. 1, Ältere Urkunden. Mainz 1852, ND Aalen 1970; HHS 5; HSP. *JMB*

Kandern **I.** Stadt und gleichnamige VVG mit der Gemeinde Malsburg-Marzell im Lkr. Lörrach, 9 643 Ew., ca. 40 km s von Freiburg im Breisgau und ca. 12 km n von Lörrach an den Ausläufern des s Schwarzwaldes unweit der Schweizer Grenze, an der Mündung des Lippisbachs in die Kander und am Westweg, einem Wanderweg, der die Städte Pforzheim und Basel miteinander verbindet, Reg.-Bez. Freiburg, BW. Ehemals Bergwerksstadt mit frühindustrieller Verarbeitung des heimischen Bohnerzes, Hafner- und Zieglerhandwerk. Heimat- und Keramikmuseum. **II.** Zu 776 *Canter marca* (andere Lesart *Cancer*), zu 790 *in villa Cantara*, 1155 *apud Chandero* [Or]. **III.** Für den ursprünglichen GwN (1295 *bi Kanderer bach*, 1381 *Kander*) ist eine kelt. Ausgangsform **Kandarā* anzusetzen, eine *r*-Ableitung von kelt. **kando-* 'weiß'. Infolge der zweiten Lautverschiebung entwickelte sich **Kandarā* zu **Chantarā*. Die Form *Chandero* erklärt sich durch im Alem. übliche Lenisierung von *-t-* nach *-n-*. In der Mundart hat sich im Gegensatz zur h. amtlichen Form der zu [x] verschobene Anlaut erhalten. Auslautendes *-n* der Form *Kandern* ist auf eine Dat.-Sg.-Endung zurückzuführen, die fest wurde. **IV.** GwN *Kander*, im Berner Oberland, zum Thunersee, und *Zandra*, im Schweizer Kt. Waadt, beide CH. **V.** Greule, DGNB; Greule, Flußnamen; LKL II. *MW*

Kapfenberg **I.** Stadt, 21 886 Ew., Pol. Bez. Bruck an der Mur, ST, A. Der Ort wurde unter der gleichnamigen Burg angelegt. Wichtig zur wirtschaftl. Entwicklung waren die seit dem 15. Jh. bezeugten Hammerwerke, aus denen sich ein moderner Hüttenbetrieb und seit 1894 die heutigen Edelstahlwerke ableiten. Stadterhebung 1924. **II.** vor 1148 *de Chaphenperch* [Or], 1165–1166 *W. de Chapfenberc*; *Kapfenberc* (1187). **III.** Wohl Burg (↗ *-berg* oft in dieser Bedeutung) eines Mannes mit dem altdeutschen Personennamen **Kapfo* (oder eventuell zu ahd. *chaphēn* 'schauen'). **V.** ANB. *FLvH*

Kapfenburg **I.** GVV im Ostalbkreis, 10 600 Ew., ca. 9 km nö Aalen, Reg.-Bez. Stuttgart, BW. Der GVV wurde am 1. 1. 1975 gegründet und besteht aus der Gem. Westhausen und der Stadt Lauchheim. Werkzeugherstellung. Schloss Kapfenburg, Kreuzkirche, St.-Mauritius-Kirche, Oberes Tor. **II.** 1240 *Kapphenburc*, 1442 *Kapfenburg*. **III.** Der mit dem Gw. ↗ *-burg* gebildete Name schließt sich an ahd. *kaphēn*, mhd. *kapfen* 'schauen, anschauen' an und gehört als „zu/in der Ausschau haltenden Burg" zur Gruppe der Namen mit attributivem Präsens wie *Schauenburg*, *Wartenberg*, *Rauschenbach*. Die vorauszusetzende Ausgangsform **Kapfendenburg* ist durch Silbendissimilation von *-den* zu *-en* entstanden. Der alte Burgname wurde auf den GVV übertragen. **IV.** ↗ Kapfenberg, Steiermark, A. **V.** Reichardt 1999a; LBW 2 und 4. *JR*

Kappeln dän. *Kappel* **I.** Amtsfreie Stadt im Kr. Schleswig-Flensburg, 9768 Ew., an der Ostsee und der Schlei, SH. 1357 erstmals urk. erwähnt, 1807 unter dänischer Krone, 1867 zu Preußen, 1870 Stadtrechte. Fischerei, Tourismus, staatlich anerkannter Erholungsort, Holländermühle Amanda (höchste in SH), Museumshafen, Schleimuseum. **II.** 1357 *in Cappell* [Or], 1406 *Kerkelenen Cappele*, 1462 *Cappel*, 1533 *dat dorp vnnd blick Cappel*. **III.** Die Benennung der Stadt deutet auf ihre Gründung hin, denn sie entstand, als seefahrende Kaufleute am Ufer der Schlei die Sankt-Nikolai-Kapelle erbauten und nach dieser die Siedlung benannten. **V.** Laur; Haefs; HHS 1. *GMM*

Kappelrodeck **I.** Gem. und (seit 1. 1. 1975 mit den Gem. Ottenhöfen im Schwarzwald und Seebach) gleichnamiger GVV im Ortenaukreis, 10 641 Ew., ca. 19 km nö Offenburg, Reg.-Bez. Freiburg, BW. 1318 wird der Ort vom Kloster St. Georgen an den Bischof von Straßburg verkauft, die s über dem Ort gelegene Burg Rodeck wurde im 13. Jh. von den von Hohenrod stammenden Röder erbaut, 1379 Verkauf der Burg zunächst teilweise an den Bischof von Straßburg, teilweise an die Markgrafen von Baden, vor 1419 ganz an letztere, seit 1455 wieder in Besitz der Röder von Rodeck, 1803 an Baden. Rotweingemeinde, Obstbrennerei. Schloss Rodeck, Kirche St. Nikolaus. **II.** 1310 *Capelle*, 1449 *Capelle apud Rodecke*, 1356 *Cappel bi Rodecke*, 1533 *Obercappel*. **III.** Der Name gehört in seiner urspr. Form zu lat. *capella*. Da sie unterhalb der Burg Rodeck, der Burg der Herren von Röder, liegt, wurde der BurgN zur Verdeutlichung mit dem alten ON verbunden. Die Zuss. ersetzt den Verdeutlichungsversuch *Obercappel* des 16. Jh. **IV.** ↗ Kappeln, Kr. Schleswig-Flensburg, SH. **V.** LBW 2 und 6. *JR*

Karben **I.** Stadt im Wetteraukreis, 21 865 Ew., nö von Frankfurt a. M., an der Nidda, Reg.-Bez. Darmstadt, HE. Besiedlung schon im Neolithikum, durch die Römer (Großkastell im OT Okarben), zur Völkerwanderungszeit und durch die fränk. Landnahme. Ersterwähnung eines Karben um 800, Unterscheidung von Klein-, Groß- und Okarben erst seit dem 12. Jh. Die Karben-Orte gehörten seit dem hohen MA zum Freigericht Kaichen, dann mit diesem zur Friedberger Burg, seit 1806 zu Hessen-Darmstadt, 1945 zu Hessen. 1970 Zusammenschluss mit 2 weiteren Gem. zur Stadt (1971/72 noch um 2 Gem. vergrößert). **II.** Um 800? *Carbah* (Kop. um 1160 nach Vorlage des 9. Jh.), 827 *Carben* (Kop. Ende des 12. Jh.), 1240 *Akarben [Or]*. **III.** Nach Eisenstuck liegt dem ON ein untergegangener FluN *Carbah* (angeblich Bez. eines kleinen Niddazuflusses) zugrunde, dessen Bw. (so auch FO und Bach) das ahd., mhd. Wort *kar* 'Gefäß, Schüssel' sei; dieses komme hier und in ähnlichen FluN und ON im Sinne von Talmulde, -weitung vor, was jeweils genau den geomorphologischen Gegebenheiten entspreche. Aus *Carbah* sei dann *Carben* entstanden, als mda. Abschwächung (!), die dann im lok. Dat. *(in) Carben* verschriftlicht worden sei. Doch ist eine Abschwächung *-bach* > mda. *-b(e)* sprachgeschichtlich unmöglich. Auch ein Anschluss an die idg.-alteurop. FluN-Wz. **kar-* 'steinig, Fels' ist – wegen des dann schwer erklärbaren *-b-* in *Carben* – problematisch. Vielleicht lautete das Gw. urspr. ↗*-aha* 'Wasser', das dann, wie es gelegentlich vorkommt, im lok. Dativ zu *-en* (= *-ən*) abgeschwächt wurde. Das Bw. könnte ein vorgerm. ON (-Stamm?) sein, dem germ. ON wie *Herwen* (nach Gysseling < germ. **harwa-* 'herb, bitter' [< idg. **kar-*]) entsprechen (Kuhn). A- in *Akarben* (= *Okarben*) beruht mit Kaufmann eindeutig auf ahd. ↗*-aha* 'Wasser'. **IV.** Karbach, Lkr. Main-Spessart, BY, und Lkr. Ravensburg, BW; Kerben, Lkr. Mayen-Koblenz, RP; Herwen (lat. *Carvium*) in Gelderland, NL. **V.** CE; CL; Schilp; FO; Bach DNK; Eisenstuck, O.: Zur Deutung des ON K. In: Wetterauer Geschichtsblätter. 3 (1954); Krahe; Kuhn, H.: Das Rheinland in den germ. Wanderungen. In: Kleine Schriften, Bd. IV. Berlin 1978; Gysseling; Kaufmann 1958. *HGS*

Karlovy Vary ↗Karlsbad

Karlsbad
I. Gem. im Lkr. Karlsruhe, 15 882 Ew., ca. 13 km sö Karlsruhe, Reg.-Bez. Karlsruhe, BW. Karlsbad entstand 1971 durch die Vereinigung der Gem. Langensteinbach, Auerbach, Mutschelbach, Spielberg und Ittersbach. Langensteinach war zwischen 1700 und 1840 ein beliebter Badeort. Softwareunternehmen, Autoradio- und Navigationssystemherstellung. Spielberger Rathaus, Burg Langensteinbach, St.-Barbara-Ruine. **II.** *Karlsbad* (1971). **III.** Eine Zuss. mit dem Gw. ↗*-bad* und dem PN *Karl*. Die wegen des gleichlautenden böhmischen ON 1971 sehr umstrittene Namengebung soll an das im 18. Jahrhundert vom Markgraf Karl-Wilhelm von Baden-Durlach geförderte und oft besuchte „Fürstenbad" im Ortsteil Langensteinbach erinnern. **IV.** ↗Karlsbad, CZ. **V.** Kannenberg; LBW 2 und 5. *JR*

Karlsbad // Karlovy Vary [ˈkarlovɪ ˈvarɪ]
I. Hauptstadt des gleichnamigen Bezirks (Karlovarský kraj), 51 459 Ew., in Nordwestböhmen, CZ. Im Teplátal (FluN *Teplá* (d. *Tepl)* 'warmer Fluss', ↗Teplitz-Schönau) gelegen und von Jagdwäldern umgeben, war der Thermenort schon lange vor dem 13. Jh. bekannt. 1246 standen hier das Jagdschloss *Obora // Thiergarten* und ein gleichnamiges Dörflein, welches von Karl IV. zur Stadt mit Burgstätte erweitert wurde. 1521 erste medizinische Schrift über das Heilbad. 1759 brannte die Stadt aus, Aufbau der neuen Stadt auf Befehl von Kaiserin Maria Theresia. Danach Entwicklung zum Weltbad. **II.** 1370 *zu dem Karlsbade [Or]*; 1396 *Vari [Or]*; 1443 *Warmbad*; um 1850 *Karlsbad, Kaiser-Karlsbad, Wary, Karlovy Wary*; später nur *Karlsbad, Karlovy Vary*. **III.** Benannt wurde der Ort nach dem Kaiser Karl IV., der hierhin öfter zur Jagd gekommen ist. Im d. Volksmund hieß die Stadt bis ins 18. Jh. *Warmbad*: 1374 *in dem warmen bade bey dem Elbogen*. Seit 1396 ist der tschech. Name *Vary* belegt: atschech. App. *vary* (Pl.) 'heiße Bäder, thermae', eigentlich 'kochendes, siedendes Wasser' zum Zeitwort *vříti* 'sieden'. Mit dem Attribut *Karlovy* 'Karls-' wurde der ON im 15. Jh. versehen. **IV.** Burg *Karlštejn // Karlstein* w von Prag ('Burg Karls IV.'), CZ. **V.** Pf IV; SchOS; LŠ; HSBM. *RŠ*

Karlsdorf-Neuthard
I. Gem. im Lkr. Karlsruhe, 9795 Ew., bildet zusammen mit der Stadt Bruchsal und der Gem. Forst die VVG Bruchsal, 66 064 Ew., ca. 18 km nnö Karlsruhe, Reg.-Bez. Karlsruhe, BW. Karlsdorf entstand 1813 durch Umsiedlung der Einwohner Dettenheims und wurde zu Ehren des damaligen Großherzogs benannt, Neuthard war eine späte Gründung im zu Bruchsal gehörenden Teil der Lußhardt, 1975 schlossen sich die Orte Karlsdorf und Neuthard zu Karlsdorf-Neuthard zusammen. Heimatmuseum. St. Jakobus, St. Sebastian. **II.** Karlsdorf: 1813 *Karlsdorf*. Neuthard: 1300 *villa Nythart [Or]*, 1306 *Nithart [Or]*, 1319 *Neythard*; *Karlsdorf-Neuthard* (1975). **III.** Die Siedlung Altenbürg wurde 1813 zu Ehren des Großherzogs Karl von Baden in *Karlsdorf* umbenannt. Da reine PN als ON so früh noch nicht nachgewiesen sind, ist nicht sicher, ob für *Neuthard* die nahe liegende Deutung als „Landgut Neithard" zum PN *Nīthard* möglich ist. Es käme sonst eine Zuss. aus mhd. *nīt* 'feindselige Gesinnung, Groll' – wie sie auch dem PN selbst zu Grunde liegt – und *hart* 'Weidetrift, Wald' in Frage. Es würde sich dann um ein Waldstück handeln, das Gegenstand eines Rechtsstreits war. Die Mundartform *néidad* bewahrt den Diphthong nhd. *ei*. **IV.** Karlsdorf, Saale-Holz-

landkreis, TH. **V.** Diemer, M.: Ortsnamenbuch der Kreise Karlsruhe und Bruchsal. Stuttgart 1967; Krieger; FP; LBW 2 und 5. *JR*

Karlsfeld **I.** Gem. im Lkr. Dachau, 18 184 Ew., Reg.-Bez. Oberbayern, BY. Die erste Erwähnung der relativ jungen Ortschaft hat das Datum 28. 5. 1802 und lautet: *die 3. Dachauischen Ansiedlung*. Die weiteren Namensbelege in den Akten zeigen gewisse Unterschiede: 3. 6. 1802: *die 3. Ansiedlung an der Kanalbrücke ohnweit der rothen Schwaig, die 3. Ansiedlung an der Schleißheimer Canal Brüke nächst der Dachauer Landstraße*, 9. 9. 1802: *die Würmkanalansiedlung*. Über die Verleihung des neuen Namens geben die Akten genaue Auskunft: *Im Namen Sr. Churfürstlichen Durchlaucht zu Pfalzbaiern macht man … bekant, daß die Ansiedlung am Würmkanal … mit dem Namen Karlsfeld beleget: mithin dieser Name eingeführt … allgemein bekannt gemacht werden solle* (15. 9. 1802). **II.** 1802 *Karlsfeld*. **III.** Wie aus den Akten hervorgeht, wurde die unter Kurfürst Max Joseph IV. gegründete Ansiedlung nach seinem Sohn Karl genannt. **V.** Reitzenstein 2006. *WvR*

Karlsruhe **I.** Stadtkreis, Sitz des gleichnamigen Lkr. und Reg.-Bez., 290 736 Ew., im Westen an den Rhein grenzend, am Oberrheinischen Tiefland gelegen, BW. 1715 von Markgraf Karl Wilhelm von Baden-Durlach als Jagdschloss erbaut, war von 1717–1771 Hauptstadt der Markgrafschaft Baden, dann für die vereinigten Markgrafschaften, ab 1803 des Kurfürstentums, von 1803–1918 Haupt- und Residenzstadt des Großherzogtums, bis 1945 Hauptstadt des Landes, seit 1973 Sitz des Regierungsbezirks Karlsruhe. Elektro- und Kraftwerkstechnik, Pharmaindustrie. Bundesgerichtshof, Bundesverfassungsgericht, Schloss Karlsruhe, Schloss Gottesaue. **II.** 1715 *Carols-Ruh(e)*. **III.** Der Name erinnert an Markgraf Karl Wilhelm von Baden-Durlach, dessen Jagdschloss „Karlsruhe" kultureller Mittelpunkt der Region war. Der Markgraf soll bei einem Jagdausritt im Hardtwald bei Durlach eingeschlafen sein und von der Errichtung eines prachtvollen Schlosses geträumt haben. Der Name des Schlosses wurde dann auf den Ort übertragen. **V.** Diemer, M.: Ortsnamenbuch der Kreise Karlsruhe und Bruchsal, Stuttgart 1967; Bach DNK 2; Krieger. *JR*

Karlstadt **I.** Stadt im Lkr. im Lkr. Main-Spessart, 14 948 Ew., Sitz der Kreisverwaltung, Reg.-Bez. Unterfranken, BY. Besitz des Würzburger Bischofs. **II.** Ca. 1219 (Kop. des 13. Jh.) *civitatem nostram Karlstat*, 1225 *Karlestat*, 1248 *Karlstat*, 1324 *in opido Karlstat*, 1336 *der stat z Karlstat*, 1575 *Carolstat*, 1747 *Carlstadt, Unter-Carlstadt, Carstadt*, lat. *Civitas Carolina … gegen den Schloß Carlburg über gelegen*, 1801 *Karlstadt, Carolostad*. **III.** Grundwort ist mhd. *-stat* (↗*-statt*) 'Ort, Ortschaft, Stadt'; das Bestimmungswort wurde vom Namen der Ursiedlung *Karlburg* übernommen. Als latinisierte Herkunftsbezeichnungen begegnen 1585 *Carolstadiensis* und 1593 *Carolostadianus*, als gräzisierte 1598 *Caripolitanus*, und zwar mittels gr. πόλις 'Stadt'. **V.** HHS 7/2; Reitzenstein 2009. *WvR*

Karlstein a. Main **I.** Gem. im Lkr. Aschaffenburg, 8 182 Ew., zwischen Aschaffenburg und Hanau am Main, Reg.-Bez. Ufr., BY. 1975 aus den Ortsteilen Dettingen und Großwelzheim gebildet; Großwelzheim wird schon im 8. Jh. genannt, Dettingen im 10. Jh. **II.** 1975 *Karlstein*. **III.** In einer Abstimmung entschieden sich die Gemeindebürger für den Namen *Karlstein*, der bereits um das Jahr 1000 in einer Beschreibung des Aschaffenburger Forstbezirkes auftaucht und ein Grenzmal an der ehem. Gemarkungsgrenze zwischen Dettingen und Großwelzheim bezeichnet; er wird in einer Sage mit Karl dem Großen verbunden. ↗*-stein*. **V.** HHS 7/2; Reitzenstein 2009. *RB*

Karstädt **I.** Gem., Lkr. Prignitz, 6 628 Ew., liegt im NW des Landes, an der Grenze zu MV, BB. Bei der Gebietsreform 2003 wurde das Amt Karstädt aufgelöst und die amtsfreie Gem. mit 13 OT gegründet. **II.** 1271 *Reinoldus de karstede [Or]*, 1482 *karstede*, 1652 *Kahrstedt*. **III.** Der Name ist von Kahrstedt in der Altmark, ST, (1324 *Carstede*) übertragen worden, woher auch andere Namen in der Prignitz stammen. Die *-stedt-*(↗*-statt-*)Namen (zu asä. *stedi, stidi*, ahd. *stati* 'Stätte, Stelle, Platz') waren in der d. Siedlungszeit nicht mehr produktiv. Das Bw. ist zu mnd., mhd. *kar* 'Schüssel, Geschirr, Gefäß' zu stellen, das metaphorisch verwendet werden konnte: 'Ort in einer Mulde'. **IV.** Ähnlich Karstedt, Lkr. Ludwigslust, MV. **V.** Riedel A I; BNB 6. *SW*

Kassel **I.** Kreisfreie Stadt, 194 168 Ew., beiderseits der Fulda im Kasseler Becken und auf der O-Abdachung des Habichtswalds, Verwaltungssitz des Reg.-Bez. und des Lkr. Kassel, HE. Entstand aus einer fränk. Befestigungsanlage des 10. Jh.; Stadtrecht um 1180. Sitz der Landgrafen (seit 1277) und Kurfürsten (seit 1803) von Hessen, 1866 zu Preußen. Ansiedlung von Hugenotten im 17./18. Jh.; bis 1944 Hauptstadt der Provinz Hessen-Nassau, starke Zerstörung der Stadt im Zweiten Weltkrieg. Schloss und Bergpark Wilhelmshöhe, Herkules, Orangerieschloss, Karls- und Fuldaaue, Fridericianum; seit 1955 internationale Kunstausstellung, deshalb auch Zusatz: *documenta-Stadt*; Universität (1970 gegr.). Fahrzeug- und Maschinenbau sowie Kunststoff- und Elektroindustrie. **II.** 913 *Chassalla/Chassella*, 940 *Cassella*, 1152

Cassele, 1182 *Cassela*, 1202 *Cassle*, 1221/1222 *Cassela/ Cassel*, 1225 *Casla/Kasle*. **III.** Seit dem 16. Jh. wurde immer wieder der Deutungsversuch über lat. *castellum* 'Befestigung' aufgegriffen. Röm. Funde fehlen sowohl in Kassel als auch in den Orten gleichen Namens (s. u.). Auch aus sprachwissenschaftlichen Gründen ist die *castellum*-Hypothese abzulehnen, da sich die *s*-Geminate nicht aus -*st*- entwickelt haben kann. Andere Etymologien, die den Namen der Stadt auf den Germanenstamm der *Chasuarier* zurückführen oder die Übertragung eines alten GwN mit *l*-Suffix vermuten, sind ebenso wenig überzeugend. Einen neuen Ansatz bietet Guth, der den Namen *Kassella nicht als Simplex, sondern als Kompositum *Kas- + **-sella* auffasst. Doppel-*s* erklärt sich damit als Folge der Komposition. Das Gw. *-sella/-salla* aus *seli* < *sali zu and. *seli* m. 'Gemach, Haus, Halle, Scheune', ae. *sele* m. 'Halle, Wohnung, Eremitage, Höhle, Gefängnis' ist in ein im Deutschen früh erloschenes App. mit der Bedeutung 'Haus, Unterkunft'. Im kontinentalgermanischen Bereich lassen sich zahlreiche ON anschließen, die gehäuft in Flandern und Westfalen, aber ebenso im übrigen deutschsprachigen Gebiet vorkommen (z. B. Brüssel, B (966 (K. 15. Jh.) *Bruocsella*, um 1047 *Brosella*); Sommersell, OT von Nieheim, Kr. Höxter, NRW (1059 *Sumerseli*) u. a. m.). Das Bw. *Kas*- schließt Guth appellativisch als Variante zu obd. *Kar* 'Talmulde, Bergkessel' als metaphorische Übertragung zu ahd. *kar*, mhd. *kar*, mnd. *kar(e)* 'Gefäß, Schüssel' und got. *kas* 'Gefäß' an. Im mittleren und nördlichen Deutschland eher als 'Mulde, Geländeeinbuchtung' denn als 'Gebirgskessel' aufzufassen. Die urspr. Bedeutung des ON *Kassel* ist damit als 'zweckgebundenes Einzelgebäude, Funktionshaus, an einer Mulde, in einer Geländeeinbuchtung oder bei einer feuchten Niederung gelegen' anzugeben. Die Deutung korrespondiert mit der urspr. Lage des Stadtkerns im Bereich der ehem. Mündung der Ahne in die Fulda. **IV.** Oberkassel, Stadtteil von Bonn, NRW (1144 *Cassela*); ↗Niederkassel, Rhein-Sieg-Kreis, NRW (9. Jh. *Cassele*, 1246 *Cassela inferior*). **V.** LAGIS; Berger; Guth Kassel. *DA*

Kastellaun **I.** Stadt und gleichnamige VG (seit 1970) im Rhein-Hunsrück-Kreis, 14 870 Ew., im vorderen Hunsrück zwischen Rhein, Mosel und Nahe, RP. 1305 Stadtrecht, ab 1793/94 franz., 1815 zu Preußen. Konzentration auf Tourismussektor. **II.** 1226 *Kestilun*, 1248 *Kestelun*, 1292 *Kastelun*, 1363 *Kestillon*, 1429 *Kastellen*, nach 1500 *Kestelaun*, 1556 *Castelaun*. **III.** Urspr. BurgN entlehnt aus rom. *castellióne, ital. *castiglione* 'kleines Schloss'. **V.** Jungandreas; Kaufmann 1973. *AG*

Katlenburg-Lindau **I.** Gem. im Lkr. Northeim, 7404 Ew., sö von Northeim, Reg.-Bez. Braunschweig (bis Ende 2004), NI. 1974 Zusammenschluss der Gem. Katlenburg-Duhm, Lindau, Gillersheim, Berka, Elvershausen, Wachenhausen und Suterode. Katlenburg: Wohl 11. Jh. Bau der Burg auf einem Bergsporn über den Flüssen Katel und Rhume an Verkehrsstraße über die Rhume, 1105 Umwandlung in ein Kloster durch Dietrich III. von Katlenburg, 1560 Schlossumbau durch Philipp II. von Grubenhagen. Lindau: Lage im Untereichsfeld in Rhume- und Oderniederung, um 1322 Errichtung einer Burg auf älterer Anlage durch Bischof Otto II. von Hildesheim (h. noch Mushaus erhalten), 1496 Ort als *oppidum* erwähnt, 1521 zum Erzbistum Mainz, 18./19. Jh. Fabrikation von Brauereipech. **II.** Katlenburg: zu 1075 *Diedericus de Cadalenburg* [Or], 1146 *Katelenburch* [Or]; Lindau: 1184 *Werenherus de Lindaw* (Kop. 15. Jh.), nach 1212 *in Lindowe* [Or]. **III.** Katlenburg: Bildung aus dem GwN *Katel* in flektierter Form und dem Gw. ↗-*burg*. Die *Katel* (um 1215 *Catelenborn*) ist auf eine Gf. *Kat-ala zurückzuführen, zu germ. *kat- 'gebogen, gekrümmt; Winkel', abgeleitet durch das häufige GwN-Suffix -*ala*. Lindau: Stammkomposition aus asä. *linda*, mnd. *linde* 'Linde' als Bw. und dem Gw. ↗-*au(e)*. **V.** LK Northeim; Oley, K.-H.: Katlenburg – Geschichte und Gegenwart. Northeim 1989; NOB V. *FM*

Katowice ↗**Kattowitz**

Katscher // **Kietrz** [kjɛtʃ] mähr. *Ketř* **I.** Stadt und gleichnamige VG im Kr. Głubczyce, Woi. Opole, 11 761 Ew., im Lößgebiet, an der Troja, nahe der Grenze zur Tschechischen Republik, PL. Um 1266 gegründet, 1321 als Stadt erwähnt, im Besitz der Bischöfe von Olmütz // tschech. Olomouc, bis 1742 zu Böhmen, danach an Preußen. Bei der Volksabstimmung 1921 votierten 99,8 % der Bewohner für Deutschland. Bis 1945 Stadt im Kr. Leobschütz, Reg.-Bez. Oppeln, 8914 Ew. (1939); Landwirtschaft war und ist die wichtigste Einnahmequelle der Einwohner. **II.** 1266 *Ketscher*, 1267 *Keytser*, 1273 *Ketschir*, 1331 *Kaczer*, *Kättscher* (1580). **III.** Die urk. Erwähnungen sind sehr stark durch die d. Substitutionen verändert und erlauben keine eindeutige und sichere Erklärung. Vielleicht urspr. poln. **Kaczor(y)* zum App. *kaczor*, dial. *kečur* 'Enterich'; an den sumpfigen Ufern der Troja waren gute Bedingungen für Wildenten und Entenzucht. Die mähr. und tschech. Form *Ketř* sowie das poln. *Kietrz* sind sekundär und als lautliche Anpassung an die d. Variante des Namens entstanden. **IV.** In dieser Form ist der ON auf slawischem Gebiet isoliert, nur in Tschechien findet man *Kačerov* // *Katscher*. **V.** SNGŚl; Rymut NMP. *MCh*

Kattenhofen // **Cattenom** **I.** Gem. und Hauptort des gleichnamigen Kantons im Dép. Moselle,

2629 Ew., 8 km nö Diedenhofen, LO, F. Sitz einer Herrschaft der luxemburgischen Propstei Thionville; 1662 zu Frankreich; 1871 zum Reichsland Elsass-Lothringen, 1918 wieder zu F. **II.** 1128 *Ketenem*, 1131/37 *Ketenheim*, 1145 *Catenem*, 1182 *Catheneim* 1425/27 *Kettenhob(e)n*, 1475 *Kettenhoven*. **III.** Bildung mit dem Gw. ↗-*heim*, das appellativisch an ahd. *heima* 'Heim, Siedlung' anzuschließen ist. Bw. ist der PN *Kat(t)o* mit rom. Lautersatz *k* für germ. χ < *Hat(t)o* (zu germ. **haþu-* 'Kampf, Hader'). Der SiN erscheint auch in umgelauteter Form mit -*e*-. Die seit dem 15. Jh. erscheinende Form auf ↗-*hofen* ist eine hyperkorrekte, analogisch an Diedenhofen angelehnte Verhochdeutschung. Die heutige franz. Form beruht auf der mda. Aussprache. **IV.** Kettenheim (1172 *Katinheim*), OT von Vettweiß, Kr. Düren, NRW. **V.** Reichsland III; Jungandreas; Gysseling 1960/61; Hiegel; Haubrichs 2000a. *Ha*

Kattowitz // Katowice [katɔˈvitsɛ] **I.** Hauptstadt der Woiwodschaft Schlesien // Woi. Śląsk, 309 621 Ew. Um 1590 als Gärtnersiedlung auf dem Grund eines mittelalterlichen Hammerwerkes angelegt, entwickelte es sich zum Mittelpunkt des oberschlesischen Industriegebiets mit Steinkohlenbergbau, Eisen- und Zinkhütten, 1865 Stadtrechte. Sitz höherer Eisenbahn- und Bergbaubehörden, eines Rundfunk- und Fernsehsenders, kulturelles und akademisches Zentrum, u. a. Schlesische Universität (gegründet 1968), Medizin-, Kunst- und Musikakademie, seit 1925 Sitz eines Bischofs (seit 1992 Erzbischof). In der Volksabstimmung 1921 sprachen sich rund 85 % der Wahlbeteiligten für den Verbleib bei Deutschland aus. Kreisstadt (1873–1899), Stadtkreis (1899–1922) im Reg.-Bez. Oppeln, Sitz des Reg.-Bez. Kattowitz (1939–1945); 135 000 Ew. (1939); 1922–1939 und seit 1945 Woi.-Sitz. **II.** 1598 *nova villa Katowicze*, 1609 *ves Katowicze*, 1660 *na Katowskim gruncie*, 1783 *Katowitz*, 1953–1956 *Stalinogród*. **III.** Vom PN *Kat* (belegt 1283) zum App. *kat* 'Henker, auch Peiniger, Wüterich' < **katati* 'quälen'. Sekundäres Patronymikum *Katowice* 'Leute des Kat' mit Suffix -(*ow*)*ice*, d. ↗-*itz*, gebildet nach dem Muster vieler alter patronymischer ON dieser Gegend wie *Bogucice // Bogutschütz*, *Mysłowice // Myslowitz*, *Siemianowice // Siemianowitz*. *Stalinogród* - eine amtliche Umbenennung zu Ehren Stalins mit dem Gw. *gród* 'Stadt, früher Burganlage'. **IV.** Katovice, Katov, beide CZ. **V.** SNGŚl; Rymut NMP; Szaraniec, L.: Osady i osiedla Katowic. Katowice 1996. *MCh*

Katzenelnbogen **I.** Stadt und gleichnamige VG (seit 1972) im Rhein-Lahn-Kreis, 9532 Ew., ö von Koblenz an der Grenze zu Hessen, zwischen dem Westerwald und Taunus, RP. Mit 21 Gem. im Einrich und teilweise im Naturpark Nassau. Über das Gebiet der h. VG verlief der röm. Limes. Um 1095 wurde die Burg Katzenelnbogen durch einen Vogt des Klosters Bleidenstadt errichtet. Mitte 12. Jh. entstanden die Gft. und das Geschlecht Katzenelnbogen, unter dem der Burgort 1312 Stadt wird. 1479 ging die Gft. an Hessen über. Das h. Schloss wurde 1584 errichtet. Im 19. Jh. kam die Region zunächst an das Hztm. Nassau, dann an das Kgr. Preußen. **II.** 1102 *de Cazennellenboge*, 1129 *de Cazenelenbogen*, 1143 *Katzenelnbogen*. **III.** Dem ON liegt ein FlN zugrunde, dessen Gw. -*ellenboge* eine Flussbiegung meint und sich auf die Krümmung des Dörsbaches bezieht. Es gibt mehrere FlN mit ahd. *el(l)inboge*, mhd. *el(l)enboge* 'Ellenbogen', die Flussbiegungen, Grenzkrümmungen oder winklige Feldstücke bezeichnen. Das Bw. *Katzen*-, ahd. *kattōn* 'Katze', könnte ausdrücken, wie klein diese Krümmung oder das Flurstück ist. Demnach wäre der ON als 'Siedlung an einer (wie ein Katzenellenbogen) kleinen Flussbiegung' zu deuten. Nicht ausgeschlossen sind aber auch Verbindungen mit dem PN *Chato*, *Catto*, Gen. *Catten*-, Kf. *Caz(z)o*, oder mit dem Völkernamen *Chatten*. **IV.** Elbogen, h. Loket, Bez. Sokolov, CZ. **V.** Urkunden und Quellen zur Geschichte von Stadt und Abtei Siegburg, Bd. 1. Bearb. von E. Wisplinghoff. Siegburg 1985; Gysseling 1960/61; Kaufmann 1958; Kaufmann 1973. *JMB*

Kaufbeuren **I.** Kreisfreie Stadt (1921–1935 und seit 1948), 41 966 Ew., im Ostallgäu, im mittleren Wertachtal, Reg.-Bez. Schwaben, BY. Maierhof als Kern der Klostergründung, staufische Stadt, Reichsstadt bis 1803, dann zu BY. Durch Vertriebenenansiedlung „Neu-Gablonz" starkes Wachstum und Industrialisierung, Fachhochschulzweig. **II.** 10./11. Jh. *Buorrin*, 1109–1118 *Bûirron*, 1225 *Buron*, 13. Jh. *Schiltbuirron*, 1303 *Kûfburun*, letzte einfache Form 1413 *Bürun*, *Kaufbeuren* (1467). **III.** Gw.: Umgelautete Form zu ahd. *būr*, *būri* st. Ntr. 'Haus, Hütte, Wohnung'. Bw.: mhd. *kouf* 'Handel, Geschäft'. Gesamtdeutung 'Beuren, (Häuser) mit Kaufmöglichkeiten'. Die singuläre Form *Schiltbuirron* wird als 'wehrhaftes Beuren' erklärt. Späte Formen auf *Kof*- spiegeln die mda. Vereinfachung von *ou* > *ō*. **V.** Dertsch: HONB Kaufbeuren; Reitzenstein 1991; Dertsch, R.: Die Urkunden der Stadt Kaufbeuren 1240–1500. Augsburg 1955. *TS*

Kaufering **I.** Markt im Lkr. Landsberg a. Lech, 9907 Ew., Reg.-Bez. Oberbayern, BY. Im MA Ministerialensitz des Herzogtums, adelige Hofmark, 1943–45 KZ-Außenlager. Seit 2008 Markt. **II.** Ca. 1052 (Kop. des 13. Jh.) *Chufringen*, 1116 (Kop. des 15. Jh.) *Cuueringin*, ca. 1148–ca. 1154 (Kop. von 1521) *Chuueringin*, 1155 (Kop. von 1521) *Chufringin*, 1172 als *Chuferingen*, ca. 1197–1199 *Kuveringen*, 1217 *Kufringen*, 1294 *Chavfringen*, ca. 1300 *Chaufring*, 1332 *Kaufring* … *Kaufringen*, 1499 *Kaufering*. **III.** Es ist der PN **Kūfaro* zu erschließen, der durch das Zugehörigkeitssuffix ↗ -ing abgeleitet ist. **V.** HHS 7/1; Reitzenstein 2006. *WvR*

Kaufungen **I.** Gem. im Lkr. Kassel, 12 666 Ew., gelegen ö von Kassel im Lossetal, Reg.-Bez. Kassel, HE. Hervorgegangen 1970 aus dem Zusammenschluss von Ober- und Niederkaufungen. 1017 Errichtung eines Benediktinerinnenklosters durch Kaiser Heinrich II. und seine Frau Kunigunde in dem 1008–1011 entstandenen Königshof (Ober-)Kaufungen. Das Reichskloster wird Mitte des 12. Jh. in ein adeliges Damenstift umgewandelt. Die Vogtei lag seit 1297 bei den Landgrafen von Hessen. 1532 Übergabe des Stifts Kaufungen an die hess. Ritterschaft. **II.** 1011 *Coufungon [Or]*, 1017 *Coufunga*, 1018 *ad Capungam*, 1229 *Obirin Koufungin, Nidirin Coufungin*, 1281 *Cauffungin*. **III.** Abl. mit dem Abstrakta bildendem Suffix (germ. *-ungō > ahd. -unga) zu ahd. *kouf* 'Kauf, Geschäft, Handel'. Hieraus ergibt sich die Bed. 'Handelsplatz'. Der ON erscheint analog zu den ↗ -ingen/ ↗ -ungen-ON in der Form des Dat. Pl. Inhaltlich nicht plausibel ist eine Anlehnung an mhd. *kobe*, mnd. *kove* 'Stall, Käfig, Höhle' (so FO I). **V.** UB Kaufungen; FO I; Brödner, P.: Kaufungen. In: Germania Benedictina, Bd. VII: Hessen. München 2004. *TH*

Kehl **I.** Große Kreisstadt im Ortenaukreis, 34 596 Ew., 15 km nw Offenburg, Reg.-Bez. Freiburg, BW. Im MA teilte sich Kehl mit Jeringheim ein Kirchspiel und Gericht; Kehl gehörte zum Gesamtbesitz der Geroldseck und blieb nach der Teilung 1278 Kondominat der Linien Lahr und Hohengeroldseck, die teilweise ihre Anteile als Lehen an verschiedene Adlige vergaben. Deshalb lag der Besitz des Dorfes Ende des 18. Jh. zur Hälfte beim Domstift Straßburg, zu einem Viertel im Kondominat von Baden und Nassau und zu einem Viertel bei den Böcklin von Böcklinsau, 1803 fallen die Anteile des Domstifts und Nassaus, 1806 der Anteil der Böcklin an Baden. Schifffahrt, Stahlherstellung, Papiererzeugung. Wasserturm, Stadthalle, Passerelles des deux Rives, Weißtannenturm. **II.** 1289 (Kop. 15. Jh.) *Kelle [Or]*, 1299 *Kelle [Or]*, 1300 *Kenle [Or]*; *Kehl* (18. Jh.). **III.** Der Name geht zurück auf ahd. *kanali* 'Wasserrinne', mhd. *kanel, kenel* 'Kanal, Röhre, Rinne', eine alte Entlehnung aus lat. *canālis*. Die Entwicklung verläuft über den Umlaut des Stammvokals von *a* zu *e*, die Assimilation von *nl* zu *ll*, bis zur Dehnung des Stammvokals, gespiegelt durch die neuzeitliche Schreibung *Kehl*. Namengebend war ein Nebenarm des Rheins. **V.** Bach DNK 2; Krieger; LBW 6. *JR*

Kelberg **I.** Gem. und gleichnamige VG (seit 1970) im Lkr. Vulkaneifel, 7322 Ew., an der Grenze der Vulkan- zur Osteifel, RP. Mit 33 Gem. rund um den Hochkelberg, einen ehem. Schichtvulkan, der schon in röm. Zeit besiedelt war. Bis Ende 18. Jh. Teil Kurtriers. Kelberg war im MA Marktort mit eigenem Gericht. 1815 mit dem Kreis Daun an das Kgr. Preußen. Haupterwerbsquelle war bis nach dem Zweiten Weltkrieg die Landwirtschaft. H. lebt die Region vor allem vom Tourismus. Im Norden grenzt die VG an den Nürburgring. **II.** 1195 *Kelberg*, 1215 *in banno de Keleberch*, 1221 *Kelberch; Kelberg* (1324). **III.** Die Nennung von 943 (*ad Kelenberega et sic Kelenberega usque ad fluvium Triera*, MRUB I) meint nicht den h. Ort, sondern den Hochkelberg in der Nähe, auf den sich aber der ON bezieht. Dem Bw. könnte wie dem GwN *Kyll* (um 800 *ad kila* Prüm Liber aureus Prumiensis. Hg. von R. Nolden. Prüm 1997, 1293 *Kele* MRR IV) kelt. *kelvos*, germ. *helvos* 'verborgen, versteckt' zugrunde liegen. Das Gw. ist ↗ -berg. Demnach wäre der ON als 'Siedlung am (Hoch-) Kelberg' zu deuten. **V.** MRUB II; Gysseling 1960/61; Jungandreas. *JMB*

Kelheim **I.** Stadt im Lkr. Kelheim, 15 560 Ew., Sitz der Kreisverwaltung, Reg.-Bez. Niederbayern, BY. Ca. 1000 Burg des bayerischen Pfalzgrafen, im 13. Jh. Stadt. **II.** 863–885 *Cheleheim*, ca. 1100 *Chelihaim*, 1135 (Kop. des 12. Jh.) *Kelahaim*, ca. 1143 (Kop. des 12. Jh.) *Chelhaim*, ca. 1168 *Keleheim*, 1205 *Kelheim*. **III.** Als Grundwort ist ahd. *haim*, ↗ -heim zu erschließen, das wohl eine neutrale KF zu *heima* 'Wohnung, Behausung, Heimstatt, Aufenthaltsort' ist. Bestimmungswort ist ahd. *chela* 'Kehle', hier 'Geländeeinschnitt', was sich auf den Donaudurchbruch bezieht. **V.** HHS 7/1; Reitzenstein 2006. *WvR*

Kelkheim (Taunus) **I.** Stadt im Main-Kinzig-Kreis, 27 306 Ew., Reg.-Bez. Darmstadt, HE. Als kgl. Besitz ging der Ort im 9. Jh. an das Frankfurter Bartholomäusstift. Von diesem wurden die Grafen von Eppstein (bis 1535) und nach deren Aussterben die Grafen von Stolberg belehnt. Seit 1594 gehörte Kelkheim zur Mainzer Amtsvogtei Eppstein. 1803 an Nassau-Usingen. 1938 wurden mit der Erhebung zur Stadt die Orte Hornau und Münster eingemeindet. 1977 Zusammenschluss der Stadt mit Fischbach und Rossert (Ruppertshain und Eppenhain). In Kelkheim hat die Möbelindustrie eine lange Tradition. Die Freiherren von Gagern besaßen in Hornau von 1818–1866 ein Hofgut. **II.** Kelkheim: 880 *[Or] Kadelcamf*, 1228 *Kadelcamp*, 1355 *Kalcamp*, 1369 *Kalcheim*. Fischbach: 780–802 (Kop.) *Fischebah*. Hornau: 874 *[Or] Hurnouua*, 1222 *Hornowi*. Münster: 780–802 (Kop.) *Liderbach*, 1222 *Munstirlidirbach*, 1287 *Monstere*. Rossert: Neubildung zu Eppenhain (1280–85 *Eppenhain*) und Ruppertshain (1290–94 *Ruprechteshain*). **III.** Bw. im ON *Kelkheim* ist der PN *Kadelo*, das urspr. Gw. ist entlehnt aus lat. *campus* 'Feld'. Der kontrahierte ON *Kalcamp* wurde als dialektal entstellter ON gedeutet und schon bald fälschlich als ↗-*heim*-Name interpretiert. Der ON *Hornau* zum Adj. ahd. **horawīn*, **hurwīn* zu ahd. *hōro* 'Moor, Sumpf, Schlamm'. Anzusetzen ist die syntaktische Fügung ahd. **ze dero hurwīnūn ouwa* 'Siedlung bei der sumpfigen Au'. Der urspr. Name von *Münster* ist *Liederbach* (↗ Liederbach am Taunus, Main-Taunus-Kreis, HE). Das Bw. *Münster* trat sekundär hinzu. *Eppenhain* und *Ruppertshain* haben die PN *Eppo* bzw. *Ruprecht* im Erstglied. Beide Orte fusionierten kurzzeitig (1972–1977) unter dem Namen des Berges *Rossert*. **V.** Keyser. *TH*

Kell am See **I.** Gem. und gleichnamige VG im Lkr. Trier-Saarburg, 9571 Ew., im Naturpark Saar-Hunsrück an der Grenze zum Saarland, sö von Trier, RP. Ersterwähnung 633, seit 1970 anerkannter Luftkurort. Einzelhandel sowie Tourismus- und Kurbetrieb. **II.** 633 *Callido*, 923 *Callidi*, 1190–1200 *Keillede*, 1217 *Kellede*, 1330 *Kelde*, 1546 *Kelle*. **III.** Grundform **Kalliton* 'Waldgegend', rom. *Callido*, Abl. von kelt. **kallī* 'Wald' (air. *caill*, kymr. *celli*). **IV.** ↗ Hermeskeil, Lkr. Trier-Saarburg, RP. **V.** Buchmüller, M. / Haubrichs, W. / Spang, R.: Namenkontinuität im frühen Mittelalter. In: Zeitschrift für die Geschichte der Saargegend 34/35, 1986/87. *AG*

Kellinghusen nd. *Kelln'husen* **I.** Stadt und gleichnamiges Amt im Kr. Steinburg, 22 802 Ew., durchflossen von der Stör, am Naturpark Aukrug, SH. Um 1148 erstmals erwähnt. Luftkurort, „Keramikstadt" (Tradition der Fayencenmalerei). **II.** 1148 *de Kerleggehuse* [Or]; *Kellinghusen* (1329), 1680 *Kellinghausen*, 1684 *Kellinghusen*. **III.** Der ON bildet sich aus dem PN *Karl/Kerlin* und dem Suffix ↗-*ing*, das auf germ. **-inga/*-unga* als Zugehörigkeitssuffix zurückgeht. Es begegnet häufig in Suffixkombination, wie hier mit dem Dat. Pl. zu *hus*, *-husen*, hd. ↗-*hausen*, 'Haus'. Es handelt sich also um eine 'Siedlung des Karl/Kerlin'. **V.** Debus; Laur; Haefs. *GMM*

Kelsterbach **I.** Stadt im Lkr. Groß-Gerau, 13 488 Ew., Reg.-Bez. Darmstadt, HE. Offenbar bereits im 3. Jh. gab es in Kelsterbach an der Mündung des gleichnamigen Baches in den Main eine kleine röm. *villa*. Später war der Ort im Besitz des Klosters Lorsch als Teil des Forst- und Wildbanns von Dreieich. Auch kgl. Gut lässt sich nachweisen. Über die Herren von Münzenberg und die Grafen von Isenburg-Büdingen gelangte der Ort 1600 an die Landgrafschaft Hessen. Für die Waldenser wurde 1700 Neu.-Kelsterbach gegründet (1827 nach Kelsterbach eingegliedert). 1952 Verleihung der Stadtrechte. Der Ort nahm in den letzten Jahrzehnten eine rapide wirtschaftl. Entwicklung am Rand des Frankfurter Flughafens. Von dem 1566–1581 errichteten isenburgischen Schloss „Wolfenburg" blieben nur Reste. **II.** 830–850 (Kop.) *Gelsterbach*, 880 *Gelstrebach*, 1275 *Kelsterbach*. **III.** Der Bachname ist auf den ON übergegangen. Bw. wohl zu ahd. **gellan*, mhd. *gellen* 'laut tönen, schreien', vgl. mhd. *gels* 'Schall, Geplätscher'. Der GwN zeigt eine alte Bildung mit dem Suffix -*str*-. **V.** Bach DNK II; CL; Keyser; Löffler, Falkenstein; Müller, Starkenburg. *TH*

Keltern **I.** Gem., 8991 Ew., ca. 9 km w von Pforzheim, Enzkreis, Reg.-Bez. Karlsruhe, BW. 1971/72 gebildet durch Eingliederung/Vereinigung der Dörfer Dietenhausen, Ellmendingen, Dietlingen, Niebelsbach und Weiler. Regionales Gewerbe-, Industrie- und Weinbauzentrum. Heimatmuseum „Alte Kelter" (OT Ellmendingen). **II.** *Keltern* (1972). **III.** Der SiN wurde 1972 im Zuge der Vereinigung der Dörfer Ellmendingen, Dietlingen, Niebelsbach und Weiler als Name für die neue Einheitsgemeinde festgelegt. Er greift eine landschaftliche Besonderheit auf und bringt ein Motiv aus der ländlichen Arbeitswelt in dem traditionellen Weinbaugebiet zur Geltung. Dabei ist mit dem neuen Gemeindenamen aber nicht (das) Keltern als Tätigkeit, das heißt der Vorgang der Saftgewinnung durch (Aus-)Pressen von Obstfrüchten (besonders von Weintrauben), vor allem zur Herstellung von Most und Wein, angesprochen. Vielmehr bezieht sich der Name auf den Plural der *Kelter*, also auf die für diesen Saftgewinnungsprozess genutzten technischen Vorrichtungen und Anlagen, die gemeinhin auch Obst-, Most- oder Weinpressen genannt werden, bzw. auf die entsprechenden Gebäude, in denen derartige Apparaturen untergebracht sind, welche ebenfalls als *Keltern* bezeichnet werden. **V.** Hackl 2011; LBW II, V; Pforzheimer Kurier Nr. 58 vom 10. März 1972. *StH*

Kemberg **I.** Stadt und gleichnamige VG im Lkr. Wittenberg, 10 700 Ew., s von Lutherstadt Wittenberg am Rand der Dübener Heide, ST. Anfangs zur Gft. Brehna, mit dieser ab 1290 zum askanischen Kurfürstentum. 1423 wettinisch, 1815 preußisch. Seit dem 13. Jh. recht bedeutender Propsteisitz des Erzbistums Magdeburg, Stadtwerdung spätestens im 14. Jh., im Zusammenhang mit der Reformation im 16. Jh. gewisse Bedeutung. **II.** 1332 *Johanne praeposito in Kemerik* [Or], 1337 *Kemerik*, 1353 *Kemerich* [Or], 1528 *Kembergk* [Or]. **III.** Nachbenennung zur flämischen Namenform *Kamerijk* der nordfranz. Stadt Cambrai, die sich deutlich in den ersten Belegen zeigt. Insofern siedlungsgeschichtliche Parallele zu ↗ Aken. Die konkreten hist. Umstände dieser Namenübertragung sind bisher nicht geklärt. In der Folgezeit lautliche Umgestaltung, (etym. falsche) Angleichung an ↗-*berg*. Gelegentlich finden sich kleinere Siedlungen, deren Name an die urspr. Form *Kamerik* anknüpft oder anzuknüpfen scheint, z.B. Kämmerich, Lkr. Güstrow, MV. **V.** DS 38; SNB. *ChZ*

Kempen I. Stadt im Kr. Viersen, 36187 Ew., Reg.-Bez. Düsseldorf, NRW. Stadtrechte 1294 durch den Kölner Ebf. Siegfrid von Westerburg. **II.** 10. Jh. *in Campunni, Campinni*, 1144 *de Kempene [Or]*. **III.** Niederrhein. *kamp* '(umfriedetes) Feld' (↗ *Kamp-Lintfort*) mit Suffix germ. *-unja-/-inja-* zur Bezeichnung der Zugehörigkeit: 'das zum Kamp Gehörige'. Der Umlaut ist durch das Suffix bewirkt. Parallelen mit Basis *kamp* bei FO 1. **V.** HHS 3; Gysseling 1960/61; Kaufmann 1973. *Tie*

Kempten I. Kreisfreie Stadt inmitten des Lkr. Oberallgäu, 62135 Ew., Lage im mittleren Illertal, Reg.-Bez. Schwaben, BY. Röm. Stadt des 1. Jh. n. Chr., dann „Oberzentrum" oder gar Provinzhauptstadt Rätiens? Gegen 400 Ende röm. Funde. Um 740 Missionszelle mit Kirchenbau, dann karolingisches Kloster mit großem Immunitätsbezirk (853) als Grundlage der Territoriumsbildung. Im 12. Jh. Beginn der Stadtentwicklung, fortlaufende Rivalität zwischen Kloster und Stadt, Freikauf der Stadt vom Kloster 1525, durch konfessionellen Gegensatz weiter verschärftes Gegenüber, 1802 Übergang von Stifts- und Reichsstadt an BY. 1808–1817 Hauptstadt des Illerkreises, 1818 Stiftsstadt (seit 1712 Stadtrecht) und ehem. Reichsstadt vereinigt, h. Mittelpunkt des Allgäus mit hoher Wirtschaftskraft, Fachhochschule. **II.** 1. Jh. *Καμβοδουνον (Cambodounon)*, 3. Jh. *Camboduno*, 5. Jh. *Cambidano*, 844 *Campidona*, 1063 *Kembeden*, 1250 *Chempton*; *Kempten* (1355). **III.** Kelt./gall. *dūnon* 'Burg, hochgelegener Ort', keltisch **cambo* 'krumm', also wohl 'Burg an der Flusskrümmung'. **IV.** Kempten, Kt. Zürich, CH. **V.** Dertsch: HONB Kempten; Reitzenstein 1991; Dotterweich,V. u.a. (Hg.): Geschichte der Stadt Kempten. Kempten 1989. *TS*

Kenzingen-Herbolzheim I. GVV der beiden namengebenden Städte sowie der Gem. Weiswil und Rheinhausen im Lkr. Emmendingen, 24 698 Ew., 10 km n Emmendingen, Reg.-Bez. Freiburg, BW. 952 gerät Kenzingen an das Kloster Einsiedeln, später kam es an das Kloster Andlau, die Ortsherrschaft war im Besitz der Herren von Üsenberg, (im 14. Jh. als Lehen an Österreich), 1352 Kauf durch Markgraf Heinrich IV., nach dessen Tod Abtritt der Herrschaft 1369 an Leopold von Österreich, 1415–27 Reichsunmittelbarkeit der Stadt durch die Ächtung Herzog Friedrichs, bis 1564 wechselnde Inhaber, dann an Österreich, 1805 an Baden. St. Laurentius-Kirche, Schwabentor, Üsenbergbrunnen, Franziskanerkloster, Kirnburg, Burgruine Lichteneck, Unteres Schloss. Herbolzheim liegt am Rande der Rheinebene an einer alten römerzeitlichen Durchgangsstraße, 1400–1805 an Österreich, 1589 Marktrecht, 1810 Stadtrecht. Ruine Kirnburg, Stadtkirche St. Alexius, Herbolzheimer Höfle, Ritter Berthold von Herbolzheim. **II.** Kenzingen: 773 *in Kencinger marca*, 973 *Chenzinga [Or]*, 1094 *Canzingen [Or]*, 1111 *Kencingen*. Herbolzheim: 1108 *Heribotsheim*, 1240 *Herbolzheim*. **III.** Der ON *Kenzingen* ist mit Wandel von *t* zu *z* in der 2. Lautverschiebung und Umlaut des Stammvokals wohl zurückzuführen auf eine ↗ *-ing(en)*-Ableitung von kelt. **kanto-* 'Ecke, Biegung'. Das kelt. Appellativ bezieht sich verm. auf den Lößbergrand. Ein PN *Kanzo/Canco* ist dagegen nicht bezeugt. *Herbolzheim* ist eine Zuss., gebildet mit dem Gw. ↗ *-heim* und als Bw. der PN *Haribald* (> *Heribolt*). Da auch die Mundartform /hérbeltse/ das *-l-* enthält, ist der älteste Beleg vermutlich verschrieben, verlesen oder das Ergebnis einer Sprechererleichterung von *-bolts-* zu *-bots-*. Der ON bedeutet 'Siedlung des Haribald. **V.** Greule 2007; FO 1; FP; LBW 2 und 6. *JR*

Kerken I. Gem. im Kr. Kleve, 12 757 Ew., Reg.-Bez. Düsseldorf, NRW. 1969 durch Zusammenschluss von Aldekerk, Stenden, Niekerk [ˈnɔy-] und Eyll entstanden. **II.** 1067 *in Gelre êcclesiam* (Niekerk?), (1218) *antique ecclesie in Gelren* (Dat., Aldekerk) ... *matri ecclesie* (Dat., Niewkerk), 16. Jh. *Niekerch, Oldekirch*. **III.** Mnl. mnd. *kerke* 'Kirche' im lokativischen Dat. (Sg. oder Pl.; ↗ *-kirchen*): 'bei der Kirche/den Kirchen'. Die Typen 'neue/alte Kirche' erscheinen auch sonst in ON des niederfränkischen Sprachgebiets (Gysseling 1960/61: *Nieuwkerke, Oudaga* [fries.], *Oudkarspel*; Lex. nl. topon.). Rhein. Namen mit lautverschobenem *kirche(n)* bei Wirtz, Verschiebung. **V.** HHS 3. *Tie*

Kernen im Remstal I. Gem. im Rems-Murr-Kreis, 15 287 Ew., ca. 3 km s Waiblingen, Reg.-Bez. Stuttgart, BW. Am 20. 9. 1975 entstand zunächst Stetten-Rommelshausen durch Zusammenschluss der Gem. Rommelshausen und Stetten im Remstal, 1977 findet eine Umbennenung in *Kernen im Remstal* statt. Diakonie und Medizintechnik. Yburg, Glockenkelter, Schloss Stetten, Villa Rustica. **II.** *Kernen im Remstal* (1977). **III.** *Kernen* ist vielleicht eine metaphorische Bezeichnung für einen zentral gelegenen Hauptberg und gehört dann zu ahd. *kerno*, mhd. *kerne* 'Kern; das Innere, der Mittelpunkt'. Allerdings wird der von Reichardt verglichene Name (Mosel)*kern* (um 1100 *villa Kerna*), an der Mündung der Eltz, umgeben von hohen Bergen, auf **Karnia* zurückgeführt, das kelt. **karn-* 'Stein, Felsen', altkymrisch **carn* in *river Cerne* „the rocky or stony stream" (Dorset, Großbritannien), als Grundlage hat (Albrecht Greule, brieflich). Daher ist diese Deutung auch für *Kernen im Remstal* wahrscheinlicher. Der

Kerpen

neue Gemeindename nimmt Bezug auf die Lage der beiden Orte unter dem Kernen, der höchsten Erhebung des Schurwaldes (als FlN zuerst 1738–40 *die Kernen*), und im Remstal. **IV.** Moselkern, Lkr. Cochem-Zell; Kahren, OT von Saarburg, Lkr. Trier-Saarburg, beide RP. **V.** Reichardt 1993; LBW 2 und 3. *JR*

Kerpen **I.** Stadt im Rhein-Erft-Kreis, 64 746 Ew., w Köln, Reg.-Bez. Köln, NRW. Röm. Besiedlung (Römerstraße Köln-Aachen), karolingisches Königsgut, vor 1122 Reichsburg, ab 1282 brabantisch, ab 1396 Teil der spanischen Niederlande, meist verpfändet; wohl vor 1040 Kanonikerstift St. Martin mit Pfarrkirche, agrarisch geprägt bis zum späten 19. Jh., nach 1960 (Autobahnanschluss) Siedlungsverdichtung, Industrie- und Gewerbeansiedlung, Stadt seit 1941, 1975 mit weiteren Gem. (Blatzheim, Buir, Horrem, Sindorf, Türnich u. a.) zur neuen Stadt Kerpen zusammengeschlossen. **II.** 12. Jh. *Cerpene*, 13. Jh. *Carpena*. **III.** Der Beleg 871 *villa kerpinna in pago eiflense* gehört wohl zu Kerpen im Kr. Vulkaneifel. Die bei Kaufmann 1973 und Dittmaier 1963b für Kerpen (Vulkaneifel) und weitere FlN diskutierte Bezugsmöglichkeit auf die Fischbezeichnung *Karpfen* < lat. *carpa* ist hinsichtlich der Etymologie des Wortes strittig. Wohl zu lat. *cárpinus* 'Hage-, Hainbuche' und kollektivem Geländesuffix germ. *-inni*, latinisiert *-inn(i)a*, also wohl 'mit Hainbuchen(hecken) eingefriedigter Bezirk'. **V.** Kaufmann 1973; Dittmaier 1963b; Kluge; HHS 3. *Ho*

Ketsch **I.** Gem. im Rhein-Neckar-Kreis, 12 770 Ew., ca. 14 km wsw Heidelberg, Reg.-Bez. Karlsruhe, BW. 1156 Grangie des Zisterzienserklosters Maulbronn unter Vogtei des Speyerer Bischofs, vor 1326 Verkauf ans Speyerer Domkapitel und somit unter den Schirm der Pfalzgrafen geraten, in der Neuzeit Landeshoheit des Speyerer Bischofs über Ortsherrschaft des Domkapitels gesichert, 1803 an Baden. Alter Wasserturm, kath. Kirche, Enderle. **II.** 1153 *Keths [Or]*, 1156 *Ketz [Or]*, 1197 *Kaz, Kesch [Or]*. **III.** Die Deutung ist unsicher. Eine Verbindung mit mlat. *chacia* 'Axt, Keil' – darauf verweist die Axt im Stadtwappen – ist sprachlich ebenso unwahrscheinlich wie die Verbindung mit ahd. *ketti* 'Grab, Gruft', schwzd. *kett* 'Grube, Wasserleitung'. Auch eine Zuss. mit dem PN *Kazo/Kazzo* und dem in SiN vergleichsweise seltenen Suffix *-issa*, das Bach für den ON *Katsch* (< *chatissa*) bezeugt, liegt hier wohl nicht vor. Da der Ort offensichtlich an einer (ehemaligen) Rheinschleife entstanden ist (vgl. auch *Ketschau, Ketscher Rheinwald*), vergleicht sich am ehesten der GwN *Kötz* (zur Günz zur Donau). Die Kötz macht in Großkötz (Lkr. Günzburg, 1117 *Kez*, 1126 *Kezze*, 1469 *Ketz*) eine auffällige Rechtsbiegung, bevor sie in die Günz mündet.

Der Name wird auf (germ.) **Katjō* > vorahd. **Kattja* > ahd **Keze* (= /ketse/) zurückgeführt (Albrecht Greule, brieflich). Wilhelm Kaspers schloss aus verwandten Namen auf germ. **kat(t)-* 'gewinkelte Bachkrümmung'. **V.** FO 1; FP; DGNB; Kaspers, W.: Zeitschrift für Ortsnamenforschung 13, 1937; Bach DNK 2; Krieger; LBW 5. *JR*

Kevelaer ['keːvəlaːɐ̯] **I.** Stadt im Kr. Kleve, 28 296 Ew., Reg.-Bez. Düsseldorf, NRW. Bekannt durch die seit 1642 bezeugte Wallfahrt. **II.** 1300 *sita aput villam de Keuelar [Or]*, Ende 13. Jh. *in Keveler*. **III.** Der erst seit Beginn des 14. Jh. überlieferte Name wird von Kaufmann mit dem Namen *Keverlo* (1. Hälfte 12. Jh., im Essener Stadtteil Überruhr-Hinsel) parallelisiert und zu den Namen auf ↗*-loh* gestellt. Doch gibt es keinen zureichenden Grund, *Kevelaer* nicht zu den gerade im umliegenden Raum gut bezeugten *-lar*-Namen (etwa *Keylaer, Vorselaer*) zu rechnen. Das Grundwort ↗*-lar* ist urspr. ein FlN mit der Bedeutung '(mit Hürden umzäunte) Weide'. Im Bestimmungswort ist mit mnl. *kēver(e)* 'Käfer' gerechnet worden, bei dem dann ein (dissimilatorischer?) *-r*-Schwund anzunehmen wäre, was nicht völlig unproblematisch ist. Möglicherweise tritt jedoch ein Etymon auf, das zu mnl. mnd. *kīven* 'streiten, zanken' gehört, vielleicht in der Ablautform des Partizips *ge-kēven*. Das würde den Namen zu den FlN stellen, die Örtlichkeiten bezeichnen, auf denen oder um die ein Streit stattgefunden hat (Bach DNK). **V.** HHS 3; Kaufmann 1973; Derks, Weeze. *Tie*

Kiel **I.** Landeshauptstadt in Schleswig-Holstein und kreisfreie Stadt, 237 579 Ew., an der Kieler Bucht, Ostsee. Zwischen 1233 und 1242 Gründung durch Graf Adolf IV. von Holstein, 1242 Verleihung des Lübischen Stadtrechtes, 1283–1518 Mitglied der Hanse, 1806 zeitweilig staatsrechtlich Teil Dänemarks, nach vielen Auseinandersetzungen 1815 Mitglied des Deutschen Bundes, 1864 Eroberung durch Preußen, 1946 Landeshauptstadt von Schleswig-Holstein. Bedeutende Marinestadt mit Werften und Hafenanlage, internationale Meeresforschung, seit 1665 Universität. **II.** 1232 *to dem Kyle*, 1242 *Civitati Holsatiae* (F. des 15. Jh.), 1248 *de Kilo*, 1264 *Kyl*, 1318 *der stadt tome Kyle*, 1670 *Kiehl; Kiel* (Ende des 17. Jh./ um 1690). **III.** Der urspr. Stadtname lautete *Holstenstadt tom Kyle* (die Holstenstadt an der Förde). Das ältere *Förde* ist idg. Ursprungs (**prtús* von **por* oder **per* im Verb *fara* 'übersetzen, reisen'), proto-skandinavischer Ursprung ist **ferpuz* für ähnliche europäische Wörter. Das *y* im alten Namen ist ein langes /i/. Im Sprachgebrauch wurde der lange Name zu *tom Kyle* verkürzt und schließlich zu *Kiel*. Nimmt man die Wurzel im nd. *Kiel* an, wurde damit die Förde, eine tief einschneidende, oft schmale Meeresbucht bezeichnet.

Daneben ist aber auch ein nord. Ursprung vom anord. *Kíll 'schmale Bucht' denkbar. Nicht auszuschließen ist auch eine Herleitung vom altgriechischen *chele 'gespaltene Klaue von Tieren', mittelgriechisch 'klauenartig vorspringender Hafendamm', womit das Bild der Tierklaue auf die Form der Meeresbucht übertragen wurde. **V.** Laur; Haefs; Berger. *GMM*

Kierspe **I.** Stadt im Märkischen Kr., 17 605 Ew., Reg.-Bez. Arnsberg, NRW. Kirchdorf, 1243 Andeutung einer nicht rein ländlichen Rechtsordnung (*wicbelde*), Eisenindustrie. **II.** 12. Jh. *Kirsupu*, 1147 *Kirspe*, 1207 *Kirspe*. **III.** Urspr. GwN. Der Name des Baches *Kerspe* (zur Wupper), der Kierspe durchfließt und die Kerspe-Talsperre bildet, erweist die älteste Form *Kirsupu* als verderbt. Es ist von *Kirsapa auszugehen, mit dem Gw. ↗ -*apa*. Der Name bezeichnet also ein Gewässer, an dem Kresse wächst (and. *kresso*, mit Metathese des -*r*-) oder an dem Kirschbäume wachsen (and. *kirs*-). **IV.** Kessebüren, OT von ↗ Unna, Kesbern, OT von ↗ Iserlohn, Märkischer Kr., beide NRW. **V.** Werdener Urbare A; UB NRh I; WfUB VII; Derks, Lüdenscheid. *schü*

Kietrz ↗ **Katscher**

Kirchberg (Hunsrück) **I.** Stadt und gleichnamige VG (seit 1970) im Rhein-Hunsrück-Kreis, 20 117 Ew., mit 40 Gem. zentral auf dem Hunsrück gelegen, RP. Früh von Kelten besiedelte Region mit einer Militärstation an der Grenze zweier röm. Provinzen: *vicus dumnissus*. Im frühen MA fränk. Königshof, h. Denzen, OT von Kirchberg, das 1259 Stadtrechte erhielt. Das Amt gehörte zur Vorderen Gft. Sponheim, seit 1437 zu einer Gemeinherrschaft, nach 1708 den Mgf. zu Baden, ab 1815 zu Preußen. Das wichtigste Wirtschaftsunternehmen h. ist der Flughafen Frankfurt-Hahn. **II.** 1127 *parrochianus de Chiriperch*, 1170 *Kirhperg*, 1170 *kereberc*, 1198 *Kirchberck*; *Stadt Kirchberg uff dem Hundtsruck* (1414). **III.** Der Ort wurde nach einem Berg (↗ -*berg*), auf dem die Pfarrkirche (↗ -*kirchen*) eines Ksp. stand, benannt oder später eingedeutet. Der Schwund von -*ch*- (1170) erklärt sich als Auflösung der Konsonantenverbindung. Greule (↗ *Kirn*) erklärt den ON als 'Berg an der Kira' (*Kiraberg*). Den ahd. FluN *Kira* (926, Kop. 12./13. Jh. *Kira*, 1359 *biz in die Kyre*, 1401 *in die Bach die Kere*) stellt er zur kelt. *r*-Ableitung von einer idg. Farbwurzel *kei*- (mir. *cíar* 'dunkelbraun', mir. *ciru* 'Pechkohle') und deutet ihn als 'Schwarzbach' mit Bezug auf den Schiefer der Umgebung. Demnach wäre der urspr. ON als 'Siedlung auf einem Berg an einem dunklen Gewässer' zu deuten. **IV.** ↗ Kirn, Lkr. Bad Kreuznach, RP; Kirchberg, OT von Jülich, Lkr. Düren, NRW; Kirberg, OT von Hünfelden, Lkr. Limburg-Weilburg, HE; Kirdorf, OT von ↗ Bedburg, Rhein-Erft-Kreis, NRW. **V.** Quellen zur Schweizer Geschichte 3,1. Das Kloster Allerheiligen in Schaffhausen. Urkunden und Briefe. Hg. von F.L. Baumann. Basel 1881; Gysseling 1960/61; Kaufmann 1973. *JMB*

Kirchberg (SG) **I.** Politische Gem. im Wahlkreis Toggenburg (früher: Bezirk Alttoggenburg) 8107 Ew., auf einem Hochplateau hauptsächlich östlich der Thur im äußersten Nordwesten des Toggenburgs gelegen, bestehend aus dem namengebenden Ort sowie mehreren Weilern und Dörfern (darunter Bazenheid), Kt. St. Gallen, CH. Wohl eisenzeitliche Befestigungen in Unterbazenheid; ab dem 8. Jh. locker besiedelt, Gemeindegebiet jahrhundertelang in Besitz- und Einflusssphären der Grafen von Toggenburg und des Klosters St. Gallen. Bis in die Neuzeit landwirtschaftlich geprägt, ab 1800 Textilindustrie, die jedoch in den 1930er Jahren zum Erliegen kam. Als Teil der Region ↗ Wil wirtschaftlicher Aufschwung seit den 1960er Jahren. **II.** 1222 *Kilchberc*, 1228 *Kilperc*, 1229 *Chireberc*, 1339 *Kilchberg*. **III.** Bildung aus den Appellativen *Kirche* (↗ -*kirchen*), schweizerdeutsch *Chil(ch)e*, *Chirche* (ahd. *kirihha, kilihha*) und ↗ -*berg* (ahd. *berg*, mhd. *berc*): 'Anhöhe, auf der eine Kirche steht'. Die moderne Mundartlautung [chirchberg] ist der geschriebenen Standardsprache verpflichtet; die ma. Belege reflektieren im Wesentlichen noch die ältere Aussprache [chilchberg]. Der ON-Typ Kirchberg ist im ganzen deutschen Sprachraum verbreitet. **IV.** Kirchberg an der Jagst, Lkr. Schwäbisch Hall, BW; Kirchberg am Wagram, NÖ, A. **V.** HLS; LSG. *MHG*

Kirchberg **I.** Stadt und gleichnamige VG im Lkr. Zwickau, 13 977 Ew., am Westrand des Erzgebirges, im Rödelbachtal gelegen und umrandet von sieben Bergen, SN. Als Bergbauort im 13. Jh. entstanden. **II.** 1317 *das kyrchleen uf dem berge*, 1320 *Kyrchberg*, 1533 *Kyrchperg*. **III.** Bezeichnete die auf dem Berge gelegene Kirche. Im Bw. steht mhd. *kirch* 'Kirche', ↗ -*berg*. **IV.** Kirchberg, ehem. Königspfalz bei Jena, TH; Kirchberg, Erzgebirgskreis, SN. **V.** HONS I; SNB. *EE*

Kirchberg-Weihungstal **I.** GVV im Alb-Donau-Kreis, 10 609 Ew., ca. 7 km ssö Ulm, Reg.-Bez. Tübingen, BW. Der Gemeindeverwaltungsverband Kirchberg-Weihungstal wurde am 23. 4. 1974 aus den Gemeinden Illerkirchberg (1972 entstanden aus Ober- und Unterkirchberg), Altheim ob Weihung (1976 mit Staig vereinigt), Hüttisheim, Schnürpflingen und Staig (bis 1972 Weinstetten) gebildet. Martinskirche auf dem Molassesporn zwischen Iller und Weihung. Schloss Illerkirchberg, Radiomuseum in Staig, St.-Antonius-Kapelle in Hüttisheim. **II.** 1028

(Kop. 1250) *Kirchberg*, 1087 *Chirchberk*, 1109 *Chilchberch*, 12. Jh. *Kirchberg*; *Kirchberg-Weihungstal* (1974). **III.** *Kirchberg* ist als '(Siedlung bei der) Martinskirche auf dem Berg' eine Zuss. aus dem Gw. ↗-*berg* und dem Bw. ↗*Kirche* und war urspr. der Name von Unterkirchberg. Der zweite Bestandteil *Weihungstal* enthält als Gw. ↗-*tal* und als Bw. den GwN *Weihung*, der wohl auf den bei Ptolemaios genannten Namen *polis Viána* zurückgeht. **V.** Reichardt 1986; Greule 2007; DGNB; LBW 2 und 7. *JR*

Kirchdorf an der Krems [ˈkhiɐxdɔʋf], dial. älter [ˈkhiɐdɔːɣ] **I.** Stadt und Verwaltungssitz im gleichnamigen Pol. Bez., 4 081 Ew., im hügeligen Alpenvorland des Traunviertels, OÖ, A. Urspr. befestigte Anlage „Ulsburg" (falsche Bildung der Historiker statt *Auls-* oder *Alsburg*), die hier oder auf dem Georgenberg im benachbarten Micheldorf vermutet wird, mit einer Kirche, die Ursprungspfarre des oberen Krems- und Steyrtales bis zum Pyhrnpass war und in der 2. Hälfte des 10. Jh. an das Hochstift Bamberg gelangte. Um eine wohl neue Kirche, urk. erstmals um 1125 bezeugt, entwickelte sich eine Ansiedlung. Das Hochstift, das bis 1681 über Besitz- und bis 1811 über Lehensrechte verfügte, legte etwas sw davon in der 1. Hälfte des 13. Jh. einen Straßenmarkt an (1283 *forum*) und verkaufte den zusammengewachsenen Ort 1681 an das Benediktinerstift Kremsmünster und dieses wegen Rechtsstreitigkeiten 1684 an das Zisterzienserstift Schlierbach, ehe sich der Ort 1795 freikaufte und 1811 in die oö. Landeshoheit überging. 1868 Schaffung des Pol. Bezirkes und Verwaltungsmittelpunkt, 1975 Stadt. **II.** „Ulsburg": 903 (Kop. 10. Jh.) *in valle Oliupespurc*, 1139 (Kop. 13. Jh.) *ad Olspurch*, 1170 *apud Ulsburch*, 1184 (Kop. 19. Jh.) *apud Ulspurch*, ca. 1325 *Ölsburch, quod nunc Chirchdorf dicitur*. Kirchdorf: ca. 1125 (Kop. 12. Jh.) *Cadelhoch parrochianus Chirihdorf*, 1200 (F für 1111) *ad Chirchdorf*, 1217 *circa Chirichtorf*, 1283 *in Kirtorf*, 1420 *Kirchdorf*. Krems (GwN): 888 (Kop. 12. Jh.) *Chremisa*, ca. 1160 (Kop. 13. Jh.) *Cremese*, 1186 (Kop. 13. Jh.) *Chremse*. **III.** „Ulsburg" (um 1325 abgekommen): Gefügtes Komp. mit bair.-ahd. *purc*, ↗-*burg*, und dem bair.-ahd. PN *Ouliup*, 'befestigter Ort des Ouliup'. *Kirchdorf*: Gereihtes Komp. mit bair.-mhd. *chirche*, ↗-*kirchen*, und mhd. ↗-*dorf*, 'Dorf bei der Kirche', *Krems*: Idg.-vspr. GwN mit idg. *(s)krēm-/(s)krəm-* 'schneiden' und Suffix -*isa* als *Kremisā* zur Bezeichnung von Flüssen, die sich in das Gelände 'eingeschnitten' haben und von Berghängen begleitet werden. **IV.** ↗Krems an der Donau, NÖ. **V.** ANB 1, 2; OÖ-ONB 7; Wiesinger (1990, 1995); HHS Lechner. *PW*

Kirchdorf **I.** Gem. und gleichnamige Samtgem. im Lkr. Diepholz, 7708 Ew., Reg.-Bez. Hannover (bis Ende 2004), NI. Die Nikolauskirche in Kirchdorf wurde wahrscheinlich im 13. Jh. errichtet, ihr Sprengel umfasst 15 Orte. **II.** Um 1380 *Karcktorpe [Or]*, 1405 *Kerckdorpe*, 1520 *Karcktorpp*; *Kirchdorf* (1823). **III.** Bildung mit dem Gw. ↗-*dorf* und dem unflektierten App. mnd. *kerke* 'Kirche' als Bw. Dieses zeigt teils Senkung des -*e*- zu -*a*- vor -*r*-Verbindung. Namenbebend war der Umstand, dass der Ort der einzige des früheren Amtes Uchte in der Börde war, der eine Kirche besaß. **V.** GOV Hoya-Diepholz. *KC*

-kirchen. Vulgär-gr. κυρική von gr. κυριακός 'dem Herrn gehörig', asä. *kirika-*, ahd. *kirihha*, mhd. *kirche* Fem. kommt in ON sowohl als Gw. (↗Neunkirchen, u. a. SL, BY, NRW; im w Obd. verkürzt ↗Leutkirch im Allgäu, Lkr. Ravensburg, BW) wie auch als Bw. vor (↗Kirchhain, Lkr. Marburg-Biedenkopf, HE). Als SiN bezeichnen sie die Lage ('bei der Kirche'). Kommt ein PN im Gen. als Bw. vor, handelt es sich um sog. Eigenkirchen (vom Grundherrn auf Eigenbesitz erbaut), App. deuten auf Baumaterialien hin (*Stein*, *Holz*, Letzteres auch als Lagebez. 'Wald' möglich) oder auf den besonderen Status (↗Pfarrkirchen, Lkr. Rottal-Inn, BY). Die ON können als Ausdruck der frühen Kirchenorganisation (Urpfarren) sehr alt sein. Literatur: Bach DNK II, 2; Schuster I; Wiesinger 1994. *FD*

Kirchen (Sieg) **I.** Stadt und gleichnamige VG im Lkr. Altenkirchen (Westerwald), 24 548 Ew., im Wildenburger Land an der Nordspitze des Westerwaldes, RP. Im 10. Jh. wird die Freusburg zum ersten Mal als „bifanc", d. h. als Herrensitz erwähnt. Bei der Burg entwickelt sich eine Siedlung, wobei die dazugehörende Kirche aus landschaftlichen Gründen etwas abseits errichtet wird und selbst eine neue Siedlung zur Folge hat. Die Herrschaft Freusburg gehörte im MA den Grafen von Sayn und bildete ein Amt. 1803 fiel das Amt an das Hztm. Nassau, 1815 an das Kgr. Preußen. 1969 werden Freusberg u. a. Gem. in Kirchen eingemeindet, das h. ein anerkannter Luftkurort ist und 2004 Stadt wird. **II.** 1048 *Froudesbraherofanc*, 1324/25 *Kirche zu Vroysbracht*, 1455 *Kirchenfreusburg*. **III.** Der Name erklärt sich aus der Zuordnung einer Pfarrkirche zur Burg Freusburg, die den Ausgangspunkt für eine spätere Siedlung bildete. Letztere wurde zunächst vereinfacht *Kirch(en)-Freusburg*, dann *zur Kirchen* und schließlich nur noch *Kirchen* (↗-*kirchen*) genannt. **V.** CDRM I; KD 16, 1; Koch, H.G. (Hg.): Rund um den Giebelwald. Kirchen (Sieg) 1970. *JMB*

Kirchhain **I.** Stadt im Lkr. Marburg-Biedenkopf, 16 291 Ew., 11 km ö Marburg, Reg.-Bez. Gießen, HE. Königliche Rodungssiedlung, vor 1352 planmäßige Stadtgründung, 1244 *villa*, 1352 *oppidum*, 1353 *stat*, 1305 *capella s. Michaelis*. 1344 Errichtung einer

Burg auf dem Kirchberg, Lateinschule seit Reformation (bis 1830), früher Gerichtsort, Kreisstadt von 1821–1932. Marburger Tapetenfabrik, Ventilatoren-, Solaranlagenfabrikation, Kartoffelflockenwerk, Landwirtschaft. Märkte („Marktstadt"). 1971 und 1974 zwölf Orte eingem.; bis 30. 6. 1974 Lkr. Marburg. **II.** 1146 *Werplohen*, 1150/60 *Werflohe*, 1234 *Werflo*, 1238 *Kirchan*, 1244 *Chirkhain quondam Werflo*, 1261 *Kyrichhagen*, 1295 *Kyrcheyn*, 1345/46 *Kirchhain*, 1388 *Kirchen*, 1577 *Kirchhain*. **III.** Namenwechsel heidnisch > christlich: *Werflo(h)* nicht dissimiliert aus *Welfloh* (Vermutung E. Schröders), sondern zu asä./ fries. *werf / warf* für *thing*, mnd. *werf / warf* 'Gericht (im Freien)', mhd. *gewerf* 'Verhandlung vor Gericht, Vertrag', also 'Gerichtsstätte' im *Loh*, entsprechend *Hain* (↗ -loh und ↗ -hagen / -(ge)hag); dies dann kombiniert mit ↗ Kirch- < ahd. kirihha, asä. kirika, mhd. kirche. **V.** Schröder, E.: Deutsche Namenkunde. Göttingen 1944²; Reuling 1979. *FD*

Kirchheim b. München **I.** Gem. im Lkr. München, 12 133 Ew., Reg.-Bez. Oberbayern, BY. **II.** 1098–1137 *Kirichaim*, 1127–1147 *Chircheim*, 1187–1200 *Chirchhaim*, 1231–1234 *Kircheim*, 1524 (Kop. des 17. Jh.) *Parochialis ecclesia s. Andreae in Kirchhaimb*, 1796 *Kirchheim*, 1811 *Kirchheim bei München*. **III.** Grundwort ist mhd. ↗ -heim 'Haus, Heimat', Bestimmungswort *kiriche* 'Kirche, Kirchengebäude', ↗ -kirchen. Am Ort ist laut dem Beleg von 1524 eine Kirche nachgewiesen. Die Lokalisierung bezieht sich auf die Lage bei München. **IV.** Kirchheim, u.a. im Lrk. Würzburg, Lkr. Unterallgäu, beide BY; Lkr. Hersfeld-Rotenburg, HE. **V.** Reitzenstein 2006. *WvR*

Kirchheim unter Teck **I.** Große Kreisstadt im Lkr. Esslingen, 39 824 Ew., bildet mit den Gem. Dettingen unter Teck und Notzingen die VVG Kirchheim unter Teck, 48 986 Ew., ca. 15 km sö Esslingen, Reg.-Bez. Stuttgart, BW. Im frühen 10. Jh. war Kirchheim schwäbisches Herzogsgut im Besitz König Konrads von Hochburgund, 960 kam es über das Bistum Chur an Kaiser Otto I., um 1180 als Erbe an Herzöge von Teck, 1303–1381 zum Teil über Österreich an Württemberg und Kirchheim wurde bis 1938 Amtssitz. Autositzherstellung, Modellbau. Burg Teck, Renaissance-Schloss, Wachthaus. **II.** 960 *Chiriheim [Or]*, 1059 *Kiricheim [Or]*, 1536 *Kirchen [Or]*, 1560 *Kürchen under Teckh [Or]*. **III.** *Kirchheim* ist eine Zuss., gebildet mit dem Gw. ↗ -heim und dem Bw. ↗ *Kirche*. Der ON bedeutet 'Wohnstätte bei der Kirche'. Die westoberdeutsche Kürzung -*heim* > -*en* in *Kirchen* begegnet auch in Namen wie ↗ *Buchen* < *Buchheim*, Neckar-Odenwald-Kreis, BW; in *Kürchen* zusätzlich mit Rundung von *i* zu *ü*. *Teck* ist eine differenzierende Lageangabe, sie bezieht sich auf Berg und Burgruine Teck (um 1190 *Deche*, 1193 *Tecke*) oberhalb des Ortes. Der Name ist kelt. oder vordeutscher Herkunft und gehört vielleicht zu idg. **dhegwh-* 'brennen, Brand, Feuer'. **IV.** Kirchheim am Neckar, Lkr. Ludwigsburg; Kirchheim am Ries, Ostalbkreis, beide BW. **V.** Reichardt 1982; Bach DNK 2; Kleiber. Darmstadt 2000, LBW 2 und 3. *JR*

Kirchheimbolanden **I.** Kreisstadt und gleichnamige VG im Donnersbergkreis, 19 505 Ew., im Nordpfälzer Bergland, RP. Spätestens seit 1220 war das ma. Kirchheim im Besitz der Bolander, eines Mainzer Ministerialengeschlechts, unter deren Herrschaft der Ort 1368 Stadtrechte erhielt und Hauptort der Herrschaft wurde. Seit 1574 gehörte die Stadt zu Nassau-Weilburg, diente als zweite Landesresidenz und erhielt im 18. Jh. ein neues Schloss. **II.** 774–782 (unsicher) *in Kirc(h)eimer marca* (Kop. um 1190), 1370 *Kirchheim by Bolanden*; *Kirchheimbolanden* (1824). **III.** Das Bw. geht auf ahd. *kiriha* 'Kirche' (↗ -kirchen) zurück, das Gw. ist ↗ -heim. Den Namenszusatz -*bolanden* bekam die Stadt zur Abgrenzung von *Kirchheim an der Eck* (h.: *an der Weinstraße*), Lkr. Bad Dürkheim, er ist erst im 19. Jh. aus 'bei (der Burg) Bolanden' entstanden. Der BurgN (1128 *Bonlande*, 1184 *castrum Bolant*) ist selbst ein ehem. FlN *zuo den bônlanden* mit dem mhd. Bw. *bône* 'Bohne' (das -n- verschwand durch Dissimilation) und dem mhd. Gw. *lant* 'Land' und bedeutete demnach urspr. 'Ort, wo vor allem Bohnen angebaut wurden'. **IV.** Bolanden, Donnersbergkreis; Kirchheim, Lkr. Bad Dürkheim, beide RP; ↗ Kirchheim unter Teck, Lkr. Esslingen, BW, u.a. Orte dieses Namens. **V.** CL; HHS 5; HSP; Puhl 2009. *JMB*

Kirchhundem **I.** Gem. im Kr. Olpe, 12 434 Ew., an der Hundem am w Ausläufer des Rothaargebirges, Reg.-Bez. Arnsberg, NRW. Siedlungsentwicklung bei einer Pfarrkirche, 1445 Amt Bilstein des Herzogtums Westfalen, seit 1843/44 Amt Kirchhundem, seit 1969 Gemeindesitz. 16. Jh. Metallverarbeitung, Köhlerei und Handel, seit dem 19. Jh. Verwaltung. **II.** 1249 *Hundeme [Or]*, 1262 *Hundeme*, 1295 *Hundeme*. **III.** Gegen Schneider sind ältere Belege (927 *Hunbech*, 1153 *Homede*) aufgrund der Quellenkontexte nicht sicher hierher zu stellen. Kirchhundem ist einer von drei benachbarten Orten, bei denen der GwN *Hundem* auf die daran liegenden Siedlungen übergegangen ist. Sie werden durch die bestimmenden Zusätze *Alten-*, *Kirch-* und *Ober-* unterschieden; dabei bezieht sich *Kirch-* auf die Funktion als Kirchort. Bei dem als **Hundama* zu erschließenden GwN handelt es sich wahrscheinlich um eine Bildung mit -*m*-Suffix zu einer Basis germ. **hunda-* 'schwellend', also einen nach seinem Fließverhalten benannten Fluss. **V.** Schneider; Schmidt Rechtsrhein. Zfl.; Greule, A.: Mit -*m*-suffigierte germanische Gewässernamen. In:

van Nahl, A./Elmesvik, L. u. a. (Hg.): Namenwelten. Berlin/New York 2004. *Flö*

Kirchlengern I. Gem. im Kr. Herford, 16291 Ew., auf einem Hügelrücken an der Else (Nfl. zur Werre), Reg.-Bez. Detmold, NRW. Im Gebiet der Gem. liegt Kloster Quernheim (Bistum Osnabrück), 1275 Zehntbesitz an Kloster, 1816 Ksp. Kirchlengern zum Kr. Bünde, seit 1832 zum Kr. Herford, 1919 Verwaltungssitz des Amtes Kirchlengern, seit 1969 Gem. Kirchlengern. Verschiedene Handwerksbetriebe, 1910 Elektrizitätswerk Minden-Ravensberg (EMR). II. Ende 12. Jh. *Linegaron*, 1271 *Leningeren*, 1275 *Lengheren*, 1496 *in dem kerspel to Leneger*. III. Bildung mit dem Gw. *-ger(e)* (zu asä. *gēr* 'Speer, Dreizack', mnd. *gēr* M., *gēre* M. Ntr. 'keilförmig, spitzzulaufendes Land', ahd. *gēro* 'Spieß') als Bez. einer Geländeform. Das Bw. ist zu ahd. *(h)lina, lena* Fem. 'Berglehne', mhd. *lene, lin(e)*, asä. *-hlinon* 'lehnen', mnd. *lene* 'Sitzlehne; Stütze, Geländer', *lenen* 'anlehnen etc.' (zu got. *hlains*) zu stellen. Der spätere Zusatz *Kirch-* ist neuzeitlich. V. Schneider; HHS 3. *BM*

Kirchlinteln I. Gem. im Lkr. Verden, 10389 Ew., NI. Der Ort trug – im Unterschied zu dem benachbarten Ort *Kleinlinteln*- bis in die Neuzeit hinein den Namen *Großlinteln* und ist eng mit Bistum und Stadt Verden verbunden, seit 1558 Einfluss der Reformation; Ende des Stiftes und des Bistums 1648, mit Unterbrechungen bis 1679 zum Hztm. Bremen und Verden, Verkauf 1715 an das Kurfürstentum Braunschweig-Lüneburg. 1866 als Teil des Reg.-Bez. Stade der preuß. Provinz Hannover eingegliedert. 1946 Umbildung der ehemaligen Herzogtümer Bremen und Verden zum Reg.-Bez. Stade, 1978 dem Reg.Bez. Lüneburg zugeordnet (bis 2004). II. 1123 *Lintlo*, (1312–1331, Kop. 16. Jh.) *tho Kercklinthle*, 1416 *kercklintlo*. III. Der ON enthält ein Kompositum aus *Lind(e)* 'Linde' + ↗ *-loh* 'Wald'. Zur Differenzierung von *Klein Linteln* wurde dem Ort nd. *kerk(e)* 'Kirche' (↗ *-kirchen*), später verhochdeutscht zu *Kirch-linteln*, hinzugefügt, in jüngerer Zeit setzte sich auch die Variante *Großlinteln* durch. IV. Lindlar (um 1100 *Lintlo*), Oberbergischer Kr., NRW; Lindloh (12. Jh. *Lindlohon*), Lkr. Meppen, NI; 1682 *Lindloh* in Werfen bei Bünde, Kr. Herford, NRW; Lintel (12. Jh. *Linthlon*, 1282 *apud Lintlo*), Kr. Steinfurt, NRW; Lintel (1240 *Lintlo*, 1271 *Lintlo*), OT von Rheda-Wiedenbrück, Kr. Gütersloh, NRW. V. Udolph 1994. *JU*

Kirchseeon I. Markt im Lkr. Ebersberg, 9436 Ew., Reg.-Bez. Oberbayern, BY. II. Ca. 980 *Sevun*, ca. 1080 *Sewon*, 1126 *Seuuan*, 14. Jh. *Chirichsewen*, 1417 *Kirichseun*, 15. Jh. *Kirchsewen vnd Vorstsewen*, 1524 (Kop. von 1618) *filiales ecclesias in Kirchsoin*, 1756 *Kirchseeon*. III. Die Belege von 980 bis 1126 können sich auch auf die Orte Forst-, Oster- und Kastenseeon im selben Lkr. beziehen. Dem urspr. Gewässernamen liegt eine Pluralform von ahd. *sē(o), seeo, sēu* 'See' zugrunde. Da aber nur ein einziger See, der jetzt verlandet ist, vorhanden war, muss man von einem „Ortsnamennormalkasus" sprechen. Der unterscheidende Zusatz, mhd. *kirche, kiriche*, ↗ *-kirchen*, weist auf das Vorhandensein einer Kirche hin. V. Reitzenstein 2006. *WvR*

Kirchzarten I. Gem. im Lkr. Breisgau-Hochschwarzwald, 9743 Ew., bildet zusammen mit den Gem. Buchenbach, Oberried und Stegen den GVV Dreisamtal, 20118 Ew., ca. 8 km ö Freiburg, Reg.-Bez. Freiburg, BW. Kirchzarten war seit dem 8. Jh. im Besitz des Klosters St. Gallen, im 13. Jh. als Lehen an die Herren von Falkenstein, 1297 Verkauf an die Freiburger Johanniter, im 15. Jh. geteilte Ortsherrschaft zwischen den von Blumeneck und den Schnewlin von Wieseneck, später von Landeck, 1491/96 Verkauf an die Stadt Freiburg, zwischen 1679 und 1697 als freiburgische Besitzung an die Krone Frankreichs, dann zusammen mit Freiburg unter Österreich zurück, 1806 an Baden. Pfarrkirche St. Gallus, Giersberg-Kapelle, Talvogtei, St. Johannes-Kapelle. II. 765 (Kop. 9. Jh.) *marcha Zardunense*, 1125 *Kilizartun*. III. Das Gw. *-zarten* geht mit Wandel von *t* und *d* zu *z* und *t* in der 2. Lautverschiebung auf eine kelt. Bildung *Tarodūnum* zurück, die einen PN oder GwN *Taros* und kelt. *dūn* 'Burg, befestigte Stadt' enthält. Die Zuss. mit dem kelt. ON-Gw. zeigen zudem Ausfall des Vokals vor *-dunum*. Das Bw. ist ↗ *Kirche*. V. Greule 2007; Bach DNK 2; FO; LBW 6. *JR*

Kirkel I. Gem. im Saarpfalz-Kreis, 10105 Ew., zwischen Neunkirchen und Zweibrücken im Bliesgau, unweit der Grenze zu RP, ca. 20 km ö von Saarbrücken, SL. 1075 Erwähnung der Burg Kirkel, seit dem 15. Jh. auch des gleichnamigen Dorfes. 1410 kam die Burg an die Herzöge von Pfalz-Zweibrücken. 1677 und 1689 Zerstörung der Burg, der Ort war jeweils am Ende des 17. und 18. Jh. franz., seit 1815 bayer., 1918 bis 1935 zum seit 1920 unter Völkerbundmandat stehenden Saargebiet gehörig und seit 1947 zum in politischer Union mit Frankreich verbundenen Saarland, seit 1957 zum Bundesland Saarland. II. 1075 *de Kirchila*, 1223 *de Kirkele*, 1231 *Kyrkel*; Kirkel (1261). III. ON zu lat. *circulus* 'Kreis, Ring' bzw. ahd. **kirkel*. Lat. *circulus* ist zweimal entlehnt worden: Einmal wie andere Lehnwörter im Sprachkontaktgebiet des Saar-Mosel-Raums (*coemeterium* 'Friedhof' > *Kermeter*; *maceria* 'Gemäuer' > *Macher*), als lat. [k] vor [i,e] noch erhalten war, wovon Gewässer- und Flurnamen wie *Kirkelbach* (Mandelbachtal, Saar-Pfalz-Kreis, SL) und 1547 *Kirkelaich* (Bechhofen, Lkr. Südwestpfalz, RP) zeugen, aber auch Otfrids von Weißenburg (863 /72) *umbikirg* 'rings' neben *umbizirg*. Eine zweite Entlehnung erfolgte nach der Palatalisierung von lat. [ki] > [tsi] (geschrieben <ci>, <zi>), wofür vor allem das Lehnwort *Zirkel* (10. Jh.) steht. Die Realprobe legt nahe, dass der Name des Ortes an die Kreisgestalt des Bergkegels anknüpfte, auf dem die Burg Kirkel entstand. **V.** Buchmüller/Haubrichs/Spang; Christmann; Otfrid von Weißenburg: Evangelienbuch. Band I: Edition nach dem Wiener Codex 2687. Text, Teil 2: Einleitung und Apparat. Hg. von W. Kleiber unter Mitarbeit von R. Heuser. Tübingen 2004. *Lei*

Kirn **I.** Verbandsfreie Stadt im Lkr. Bad Kreuznach, 8406 Ew., an der Nahe s von Hunsrück und Soonwald, RP. Seit dem 10. Jh. Herrschaft der Emichonen als Grafen im Nahegau, Errichtung der Kyrburg durch Nachkommen einer Nebenlinie (seit 1100 Wildgrafen von Kyrburg und seit 1408 Wild- und Rheingrafen genannt mit Hauptort Kirn). Kirn wurde 1794 franz., 1815 preuß., 1857 Stadtrecht. Aufgrund mehrerer Lederfabriken bis nach 1945 wird Kirn noch h. „Stadt des Leders" genannt. Mehrere für die Region wichtige Märkte. Sitz, aber nicht Teil der VG Kirn-Land. **II.** 966 *in marca Kira*, 1074 (Kop.) *Cheri*, 1283 *Kyere*, 1335 *civitas Kyren*, 1420 *zu Kyrn*. **III.** Kirn ist urspr. identisch mit dem Namen des dort in die Nahe mündenden Hahnenbachs, der abschnittsweise auch *Kyr-Bach* und *Kehrbach* heißt, 926 (Kop. 12./13. Jh.) *Kira*, 1359 *biz in die Kyre*, 1401 *in die Bach die Kere*. Der FluN (ahd.) *Kira* ist identisch mit der kelt. *r*-Ableitung von der Farbwurzel (idg.) **kei-* (mir. *cíar* 'dunkelbraun', mir. *ciru* 'Pechkohle') und hat eine Parallele im Namen des Flusses *Keer* (Westmorland, Lancashire, Großbritannien) (< brit. **kēro-* 'dunky, dark'). *Kira* bedeutet 'Schwarzbach', womit sich der FluN auf den die Gegend prägenden Schiefer bezieht. **IV.** ↗ *Kirchberg* (Hunsrück) (1127 *de Chiriperch*, **Kiraberg* 'Berg an der Kira'), Rhein-Hunsrück-Kreis, RP; *Kirel/Chirel*, Fluss im Kt. Bern, CH. **V.** Puhl 1999; Greule, DGNB. *AG*

Kisdorf nd. *Kisdörp* **I.** Gem. und gleichnamiges Amt im Kr. Segeberg, mit neun amtsangehörigen Gemeinden, 10 668 Ew., nahe Norderstedt, SH. 1529 erstmals urk. erwähnt. Friedenskirche, Margarethenhoff. **II.** 1529 *Kystorpp [Or]*, 1543 *Kystorp*, 1574 *Kistorff*. **III.** Das mnd. Gw. *-dorp* 'Dorf' verbindet sich mit einem apolb. PN **Kiš* als Bw., der mit einem *-š*-Suffix gebildet wurde, als Kurzform zu einem mit **Ki-* anlautenden PN (z. B. *Kilijan* mit kelt. Ursprung 'Mann der Kirche' oder wie in sorb. PN *Kiša*, *Kišk* oder *Kiško*). Wahrscheinlich ist, dass es sich bei *Kiš* um einen christlich getauften Polaben handelt, der als erster Siedler des Ortes auftrat. Die Bedeutung des ON 'Ort des christlich getauften *Kiš*' ist sehr wahrscheinlich. **V.** Laur; Haefs; Schmitz (Manuskript beim Hg.). *GMM*

Kissing **I.** Gem. im Lkr. Aichach-Friedberg, 11 119 Ew., Reg.-Bez. Schwaben, BY. **II.** 935 (Kop. des 11. Jh.) *Chissingun*, 1085 (Kop. des 12. Jh.) *Chissingin*, 1096–1135 *Chissingen*, Beginn des 12. Jh. *Kissinga*, 1180–1190 *Kyssingen*, 1469 *Kissing*. **III.** Es liegt der PN *Kiso*, *Cisso*, **Kisso* zugrunde, der durch das Zugehörigkeitssuffix ↗ *-ing* abgeleitet ist. **V.** Reitzenstein Schwaben. *WvR*

Kissingen, Bad **I.** Große Kreisstadt und Sitz der Verwaltung des gleichnamigen Lkr., 20 855 Ew., an der Fränkischen Saale, Reg.-Bez. Ufr., BY. Die Heilquellen sind seit dem 9. Jh. bekannt; zunächst in fuldischem, dann in hennebergischem Besitz; 1279 erstmals als Stadt erwähnt, seit 1394 würzburgisch, ab 1814 bayerisch; seit dem 19. Jh. weit bekannter Badeort, Musik-Festival „Kissinger Sommer". **II.** 801 (Druck 1607) *Chizziche*, 801 (Kop 12. Jh) *Kizziche*, 822 (Kop. 12. Jh.) *Kizzingen*, 907 *Kizicha*, 1394 *Kissige*, 18. Jh. *Kissingen*. **III.** Die Suffigierung mit ↗ *-ingen* ist anhand der ältesten Belege als sekundär zu erkennen; ob *-ich* als Fortsetzung eines kelt. *-iaca* gedeutet werden darf, erscheint unsicher. Für das Erstelement ist von der ausnahmslosen *-zz*-Schreibung der älteren Belege auszugehen, die graphisch eindeutig auf Lautverschiebung von vorahd. *-t-* weist und lautlich ähnlich wie *-ss-* zu realisieren ist; erst nach dem späteren Zusammenfall dieses *-zz-* mit vorahd. *-ss-* werden beide gleich gesprochen und gleich geschrieben. Die in der Forschung diskutierten slaw. oder germ. Etymologien mit vorahd. *-s-* statt *-t-* sind also lautgeschichtlich falsch. Dagegen ist die Herleitung von einem nur erschlossenen kelt. PN **Citus* als **Kitiaca* wenigstens lautgeschichtlich möglich, wenn auch sonst höchst problematisch, insofern zur Erklärung offenbar ad hoc ein PN angesetzt wird und kelt. Namen sonst außerhalb des röm. Reichs nicht tradiert sind. Ebenso wenig kann eine Ableitung von einem ebenfalls nur erschlossenen germ. PN *Chizo* überzeugen. **V.** HHS 7/2; MGH DLdK, Nr. 53; Nikola, A.W.: Die Ortsnamen des Kreises Bad Kissingen. Rüstzeug zur Kulturarbeit auf dem Lande 4.3. (O.O.1940); Reitzenstein 2009; Schnetz, J.: Zeitschrift für celtische Philologie 14 (1923), S. 283 f.; Stengel UB, Nr. 280; Vennemann, Th. In: BNF. NF. 34 (1999), S. 277–279. *RB*

Kißlegg **I.** Gem. im Lkr. Ravensburg, 8598 Ew., ca. 20 km ö Ravensburg, Reg.-Bez. Tübingen, BW. Kißlegg war Kehlhof des Klosters St. Gallen und dessen Verwaltungsmittelpunkt im Nibelgau, um 1300 als Erbe der 1227 genannten von Kiselegge die a. von Schellenberg, 1806 an Württemberg. Getränkeherstellung, Medienverlag. Altes Schloss, Neues Schloss,

Pfarrkirche St. Gallus und Ulrich. **II.** 824 *Ratboticella*, 1135 *Cella*, 1227 *Kiselegge*, 1255 *Kysilegge*, 17. Jh. *Kißleggzell*. **III.** Die urspr. Namenform besteht aus dem PN *Ratbot* und dem Gw. ahd. *cella* 'Zelle, Kloster', einer Entlehnung aus lat. *cella*. Im 13. Jh. heißt die aus Ratboticella hervorgegangene Siedlung *Kiselegge*. Das Bw. ist ahd. *kisil*, mhd. *kisel* 'Kieselstein', das Gw. ist vielleicht aus germ. **agwijō-* hervorgegangen und eine Variante neben ahd. *ouwa*, mlat. *augia* 'Wasser, Land am Wasser, Insel, nasse Wiese'. GwN auf *-egge* scheinen allerdings nur in Norddeutschland sicher bezeugt zu sein. Auch eine Deutung als *Kiesel-lege* zu ahd., mhd. *lāge*, einer Abstraktbildung zu *liegen*, das in ON 'freie offene Fläche zwischen Wäldern' bedeutet, ist unsicher, da auch dieser Typ niederdeutsch zu sein scheint. Im 17. Jh. wurde *Kißlegg* als PN interpretiert (vgl. *Kiesling*) und der urspr. Namentyp PN + *-cella* restituiert. **V.** FO 2; FP; Bach DNK 2; LBW 7. *JR*

Kitzbühel ['kitspiçhi] **I.** Stadt (seit 1271), am Übergang des Brixentales zum Großachental gelegen, 8314 Ew., TR, A. Sitz der Bezirkshauptmannschaft, Hauptort des Leukentales und bis auf Vils (im Außerfern) die einzige Nordtiroler Stadt außerhalb der Inntalfurche, Schulstadt, Gerichtssitz, Tourismusmetropole und Sportstadt (z. B. Hahnenkammrennen), 1255 an Bayern, 1342 zu Tirol, 1369 an Bayern, 1504 an Tirol. **II.** Ca. 1165 *Chizpuhel*, vor 1180 *Chizinespuhel*, ca. 1200–1231 *Chitzinespuhel (1518)*, 1231–1234 *Kitzpüchel*, 1255 *Chytzpvhel*. **III.** Bair. PN *Chizzo* + ahd. *buhil*, mhd. *bühel*, also 'Bühel des Chizzo', volksetym. Eindeutschung des Tiernamens *Kitz* (< mhd. *kiz*, *kitze* < ahd. *kizzī[n]*), die sich auch im Stadtwappen niederschlägt. **IV.** Vgl. auch *Kitzing* (Gem. Pfaffstätt, Pol. Bez. Braunau am Inn, OÖ; ca. 1010–1020 *Chizzingun* 'bei den Leuten des Chizzo'). **V.** Finsterwalder 2; ANB; HHS Huter; ÖStB 5. *AP*

Kitzingen I. Große Kreisstadt im gleichnamigen Lkr., 20 836 Ew., (auch gleichnamige VG mit 7402 Ew.) sö von Würzburg am Main, Reg.-Bez. Ufr., BY. Frühe karolingische Klostergründung, 1007 von Heinrich II. dem von ihm neu gegründeten Bistum Bamberg geschenkt; die Dorfsiedlung in der Nähe des Klosters wird 1280 *oppidum* genannt; 1336–1381 an das Hochstift Würzburg übergegangen; 1443 an die Markgrafen von Brandenburg-Ansbach verpfändet; 1629 wieder im Besitz des Hochstifts Würzburg; 1814 bayerisch. **II.** 8. Jh. (Kop. 1417) *Chizzinga*, 8. Jh. (Kop. 1492/1502) *Kitzinga*, 1007 *Kitzingun*, 1040 *Chicingin*, 1169 *Kizzingen*, 1299 *Kitzingen*. **III.** Mit ↗ *-ing(en)*-Suffix abgeleiteter SiN, der in den frühen Belegen offenbar im Nom. oder Akk. Sg. steht, später dann in der üblichen Dat. Pl.-Form. Als Basis gilt der PN *Kizzo*; ein hist. Träger des Namens ist im Zusammenhang mit dem Kloster oder der Siedlung nicht bezeugt. **V.** HHS 7/2; MGH DHII, Nr. 165; MGH DHIII, Nr. 65; Reitzenstein 2009. *RB*

Klagenfurt am Wörthersee I. Stadt mit eigenem Statut, 93 478 Ew., Sitz der Kärntner Landesregierung, KÄ, A. Universität (seit 1971). Die ö vom Wörthersee (dieser im amtlichen Namen seit 2008) im „Klagenfurter Becken" gelegene Kärntner Landeshauptstadt (seit dem 16. Jh.) wird urk. erstmals Ende des 12. Jh. als Markt im Gebiet des heutigen Spitalberges am n Ufer der Glan genannt. Die Stadt selbst entwickelte sich dann an einer Furt über die Glan *und* das sich im S anschließende Sumpfgebiet zwischen den Flüssen Glan und Glanfurt – daher die Deutung des Namens *Klagenfurt* als 'Glanfurt' durch Hieronymus Megiser (17. Jh.). Über diese Furt führte schon in der Römerzeit eine Straße von Virunum (auf dem Zollfeld nördlich der Stadt) über den Loiblpass nach Emona (heute Laibach/Ljubljana). **II.** 1192–99 *mutam in foro Chlagenuurt remittimus*. **III.** Der Schlüssel zur Erklärung des Namens liegt in seiner slowen. Entsprechung *Celovec* (urk. 1615 *v Zelovzi*, Lok.); die zahlreichen mda. Varianten (*Cve-, Cvilowc* usw.) weisen auf eine Ausgangsform slaw. **Cvil'ovьcь* bzw. **slowen. Cviljovec*, die lautlich auf ein rom. **l'aquiliu* (mit Artikel) 'Ort, Platz am bzw. mit Wasser' zurückgeführt werden kann. Die rom. Ausgangsform wurde zunächst zu **la quiliu* umgeformt und ohne Artikel ins Slaw. als **kvil'ǔ* entlehnt, weiter zu **cvil'ь* umgeformt und schließlich mit dem in ON nicht seltenen Wortbildungselement *-ovьcь* (> slowen. *-ovec*) zu frühslowen. **Cviljovec* erweitert. Da slowen. *cvilja* (zufällig) '(Weh-) Klage, Gejammer usw.' bedeutet, wurde dies im D. mit 'Klage' übersetzt und es entstand die der Lage des Ortes entsprechende d. Bezeichnung *Klagenfurt*, wobei die (von Lessiak und Kranzmayer zur Deutung herangezogene) mythologische Figur der „Klage", die an der unfallträchtigen Furt ihr Unwesen getrieben haben soll, volksetym. sicher eine Rolle gespielt haben mag. Der im amtlichen Namen erscheinende *Wörthersee* ist erstmals urk. als *Wertse* bezeugt und steht mit dem Namen der Ortschaft Maria Wörth (urk. 878–880 *Ueride*, zu ↗ *-wörth*, ahd. *weride* 'Insel') an seinem s Ufer in Zusammenhang. **V.** ANB; HHS Huter; Kranzmayer II; Deuer, W. (Red.): 800 Jahre Klagenfurt. Festschrift zur ersten urkundlichen Nennung. Klagenfurt 1996; Pohl. *HDP*

Klaipeda ↗ **Memel**

Klausberg // Mikulczyce [mikul'tʃitsɛ] **I.** Stadtteil von Zabrze in der Woiwodschaft Śląsk, PL. Das Bauerndorf entwickelte sich nach 1900 zu einem bedeutenden Industrieort mit Bergbau und Metallindustrie. 1921 bei der Volksabstimmung votierten rund 26 % der Wahlbeteiligten für Deutschland; bis 1939 Landgemeinde im Kr. Beuthen-Tarnowitz, Reg.-Bez. Oppeln, (1939–1945), Reg.-Bez. Kattowitz, 20 260 Ew. (1939). Seit 1951 Stadtteil von Zabrze. **II.** 1311 *de Mikulczicz,* 1325 *Niculticz,* 1332 *Mikulczicze,* bis 1935 *Mikultschütz.* **III.** Urspr. *Mikulczicy* 'Leute des Mikułka'. Der im ON enthaltene PN *Mikułka* (belegt 1405) ist ein Deminut. von *Mikuła < Mikołaj = Nikolaus.* Bei der Umbenennung 1935 knüpfte man an den PN *Klaus < Nikolaus* an, das Gw. ↗ *-berg* bezieht sich auf das hiesige Bergwerk, die „Abwehrgrube". **IV.** Mikulčice, Mikulov in Mähren, CZ; Mikulice in Kleinpolen, Mikułowa // Nikolausdorf) in Niederschlesien, beide PL. **V.** SNGŚl; Rymut NMP. *MCh*

Klein(en)-. Westgerm. **kleini-,* ahd. *klein(i),* mhd. *klein(e),* asä. *klēni,* mnd. *klēn(e)* 'klein, gering', urspr. 'zierlich', dient als unterscheidender Zusatz im Gegensatz zu ↗ *Groß(en)-.* Älteres *lützel* (ahd. *luzzil,* mhd. *lützel* 'klein') und *wenig* (ahd. *wēnag,* mhd. *wēnec / wēnic* 'unbedeutend, klein', urspr. 'elend') sind durch *klein* verdrängt worden, kommen aber noch in Namen vor (z. B. Lützel, OT von Koblenz, RP; Lützen, Burgenlandkreis, ST, gehört nicht hierher). Literatur: Bach DNK II, 1; II, 13 und II, 2; Kaufmann 1958; Debus / Schmitz, H.-G. *FD*

Kleinblittersdorf **I.** Gem. im Regionalverband Saarbrücken, 12 535 Ew., an der Saar, Freundschaftsbrücke in die franz. Gem. Grosbliederstroff, ca. 10 km s von Saarbrücken, SL. Entstehung des lo. Dorfes Bliederstorff zu beiden Seiten der Saar spätestens im 8. Jh., polit. getrennt 1815, Kleinblittersdorf wurde preuß., die Nachbargem. franz. 1920–35 Saargebiet unter Völkerbundmandat, dann wieder zu D, 1947–57 Teil des in Wirtschafts- und polit. Union mit F stehenden, formal selbstständigen SL, seitdem Bundesland SL. **II.** 777 *Blithario villa, Blitariovilla, Blitthario villa [Or],* 865/866 *Blitherivilla* (Kop. 9. Jh.), 1125 *Bliterstorp [Or],* 1310/1320 *Bliterstorf ultra aquam, Bliterstorf vltra saram [Or],* 1444 *Cleynbliderstorff [Or].* **III.** Gebildet mit dem Gw. ↗ *-dorf,* ahd. *thorf, thorp* 'Dorf, Hof, Landgut', aus germ. *thurpa 'Gehöft, Aussiedlerhof im Rodungsgebiet'. Die frühesten Belege zeigen noch eine romanisierte Form mit dem Gw. ↗ *-villa,* ebenfalls in der Bedeutung 'Gehöft, Dorf'. Bw. ist der germ. PN **Blid-hari,* sodass von einer urspr. Form *Blidhares-dorf auszugehen ist, also 'Dorf oder Hof des *Blidhari*'. Das [d] des PN wurde in der 2. Lautverschiebung zu [t] verschoben, das [a] vor nachfolgendem [i] umgelautet, das unbetonte [e] im Wortinnern geschwächt und schließlich synkopiert. Als sich auf dem rechten Saarufer eine neue Siedlung entwickelte, verwendete man zur Unterscheidung zunächst Zusätze wie 'Blittersdorf jenseits des Flusses' (*Bliterstorf ultra aquam*) oder 'Blittersdorf jenseits der Saar' (*Bliterstorf vltra saram*), ehe im 15. Jh. die Differenzierung mit Hilfe der Zusätze *Groß-* bzw. *Klein-* üblich wurde. **V.** Tangl, M.: Das Testament Fulrads von Saint-Denis. In: Neues Archiv 32, 1907. Haubrichs, W.: Die bliesgauischen Ortsnamen des Fulrad-Testaments und die frühe Pfarrorganisation der Archipresbyterate Sankt Arnual und Neumünster im Bistum Metz. In: Jahrbuch für westdeutsche Landesgeschichte 2, 1976, S. 25 ff. und S. 38 ff. Haubrichs/Stein. *spe*

Kleinmachnow **I.** Gem., Lkr. Potsdam-Mittelmark, 19 395 Ew., s Berlin, BB. Seit dem 15. Jh. im Besitz der Familie von Hake. Erst 1920 ist der Gutsbezirk Kleinmachnow in eine Landgemeinde umgewandelt worden. **II.** 1375 *Machnow parva, Machnaw, Parva Machenow,* 1457 *Otto Haken uffm Sande,* 1475 *lutken machenow,* 1539 *Sand-Machenow; Klein Machnow* (1828). **III.** Der Name bedeutet 'Ort, der in einer moosreichen Gegend angelegt wurde'. Er wurde gebildet mit dem adjektivischen *-ov*-Suffix von apolb./asorb. *mach 'Moos', einer Nebenform zu *mech < ursl. *mъchъ 'Moos'. Vgl. poln., tschech. *mech,* slk. *mach,* nsorb. *mech,* dial. *moch.* Es handelt sich hier um eine Entwicklung von *ъ > a,* wie sie auch bei *bazd neben *bez < ursl. *bъzъ 'Holunder' vorliegt. Trautmanns Verbindung mit einem PN slaw. *Machna* (EO 1) ist wegen der FlN wie *Machnitz, Machnaci lug* wenig wahrscheinlich. Den Zusatz *Klein* trug Machnow zur Unterscheidung von Großmachnow, BB. Wegen des schlechten Bodens wurde Kleinmachnow auch *Sandmachnow* oder *auf dem Sande* genannt. **V.** Landbuch; Riedel A XI; BNB 3. *SW*

Kleinostheim **I.** Gem. im Lkr. Aschaffenburg, 8 237 Ew., w von Aschaffenburg, am Main, Reg.-Bez. Ufr., BY. Kleinostheim gehörte seit dem 10. Jh. zu Kurmainz und kam im Jahr 1814 zu Bayern. **II.** Um 750/802 (Kop. 12. Jh.) *Osenheim,* 975 (Kop. 13. Jh.) *Ozenheim,* 1112 *Ozenheim.* **III.** Gw. des Namens ist ↗ *-heim,* das Bw. kann formal als Gen. Sg. eines PN aufgefasst werden. Der Wechsel der Schreibung zwischen *-z-* und *-s-* erschwert die Zuordnung. W. Hartmann denkt an *Ozo,* wozu als Diminutiv *Ozilo* gehört; ein Ozilo ist im späten 8. Jh. im Umkreis einer Dame namens Anstrat bezeugt, die als Schenkerin der Kirche von Großostheim an das Kloster Fulda auftritt. Einer Anknüpfung an dieser hist. Persönlichkeit widerspricht freilich das auf der Internetseite des Ortes behauptete Alter der Siedlung: „wahrscheinlich im 6. Jahrhundert als fränkische Siedlung Ossenheim gegründet". Einen Namenbeleg aus dieser Zeit gibt es natürlich nicht. Nach der Umdeutung von *Osen-* zu *Ost-* erhält der Name den Zusatz ↗ *Klein-,* der den

Ort von dem dann *Großostheim* genannten urspr. Ostheim unterscheidet. **V.** Hartmann, W., in: 1200 Jahre Großostheim. Großostheim 1999; MGH DOII, Nr. 117; v.Reitzenstein 2009; Stengel, UB, Nr. 342. *RB*

Kleinwallstadt **I.** Markt und gleichnamige VG im Lkr. Miltenberg, 7704 Ew., s von Aschaffenburg am Main, gegenüber von Großwallstadt, Reg.-Bez. Ufr., BY. Siedlungsfunde aus der Hallstadtzeit, der röm. Kaiserzeit und aus der Völkerwanderungszeit; im frühen 8. Jh. von den Klöstern Lorsch und Amorbach missioniert; zum Erzstift Mainz gehörig; 1814 zu Bayern. **II.** Ca. 1000 *Ualohostat*, 1131 *Walenstat*, 1181 *Walhestat* (diese drei Belege sind nicht sicher Klein- bzw. Großwallstadt zuzuweisen), 1184 *Walhestat*, 1306 *Byschouis-Walstad*, 1310 *de Walhestad minori*, 1458 *cleyn Walstat*, 1561 *Kleinwallstadt*. **III.** Zur Unterscheidung von dem gegenüberliegenden Großwallstadt erhält der Name zuerst den unterscheidenden Zusatz *Bischofs-*, dann ↗*Klein-*. Das Gw. beider Name ist *-stat* (↗*-statt/-stedt/-stätten/-stetten*). Das Bw. ist ahd. *walah* 'Romane', dessen *-h* in den älteren Belegen gut erkennbar ist. Die übliche Motivation derartiger verbreiteter Namen ist die Fortexistenz rom. Vorbevölkerung nach der germ. Ansiedlung; bis um 260 bildete der Main hier den Limes der röm. Provinz Obergermanien, n und s von Klein- und Großwallstadt befanden sich bei Niedernberg und Obernburg röm. Kastelle. Die Namenmotivation setzt also längere Fortdauer der archäol. nachgewiesenen rom. Besiedlung bzw. frühe germ. Ansiedlung voraus. **V.** Baatz, D.: Der römische Limes, Berlin 1975², S. 151; HHS 7/2; Reitzenstein 2009. *RB*

Kleve, nl. Kleef **I.** Kreisstadt im gleichnamigen Kr., 49312 Ew., Reg.-Bez. Düsseldorf, NRW. Sitz der Grafen, dann Herzöge von Kleve. Das Hztm. ging nach Aussterben des Geschlechts 1609 im Erbgang an Brandenburg-Preußen über. **II.** 1093 *de Cleue [Or]*, 1117 *de Clive [Or]*. **III.** Lokativischer Dat. Sg. zu asä. *klif* 'Felsen', mnl. *clif, clef* '(Fels-)Abhang, Klippe', mnd. *klif* (daneben ablautend *klēf* < germ. *ai*), nach der Lage des Stammsitzes der Grafen von Kleve auf einem Steilhang. Mit den im Stadtwappen erscheinenden Kleeblättern (mnl. *clāver, clēver*, mnd. *clēver*) hat der Name nichts zu tun. In Toponymen des rhein. und bergischen Raums ist das Etymon durch zahlreiche FlN und ON vertreten: Dittmaier 1956; Dittmaier 1963b. **V.** HHS 3; Gysseling 1960/61; Etym. Wb. Nl. *Tie*

Klingenthal **I.** Stadt und gleichnamige VG im Vogtlandkreis, 10005 Ew., im oberen Vogtland, im „Musikwinkel", SN. Seit 1591 Eisenhammersiedlung an der Zwota, Wachstum durch Bergbau, Mitte des 17. Jh. Einführung des Geigenbaus, seitdem Zentrum des Musikinstrumentengewerbes, besonders des Harmonikabaus, 1919 Stadt. Bekannt auch als Ferienort und Wintersportzentrum. **II.** 1542 *in Hehlegrundt*, 1629 *Klingenthal*, 1758 *Ober Unt. Klingenthal*, 1791 *Klingenthal olim Hellhammer*. **III.** Im Bw. ist *klinge* 'Gebirgsbach, Talschlucht' enthalten, im Gw. ↗*-tal*. *Hehlegrundt* ist zu *Hölle* 'Schlucht' gebildet. **IV.** Klingenberg, OT von Pretzschendorf, Lkr. Sächsische Schweiz-Osterzgebirge, Klingenhain, OT von Cavertitz, Lkr. Nordsachsen, Klingewalde, OT von Görlitz, alle SN; Klingenberg am Main, Lkr. Miltenberg, BY; Hohe Klinge, FlN Bad Liebenstein, TH.**V.** HONS I; SNB. *EE, GW*

Kłodzko ↗**Glatz**

Kloster Lehnin **I.** Gem., Lkr. Potsdam-Mittelmark, 11195 Ew., am Emsterkanal links zur Havel, sö Brandenburg/Havel, BB. 1180 gründete Mgf. Otto I. als Hauskloster der brb. Askanier eine Zisterzienserabtei, die bis zum Aussterben der ottonischen Linie (1317) als Grablege diente. Lehnin war das Mutterkloster von Chorin und Himmelpfort. Nach 1542 verwandelte Kf. Joachim II. die Klostergüter in ein Domänenamt. Die rom.-got. Kirche verfiel mit der Zeit, wurde aber nach 1870 restauriert, dient als Pfarrkirche. Reste von weiteren Klostergebäuden noch erhalten. 2002 schlossen sich 14 Gemeinden zur Gem. Kloster Lehnin zusammen. **II.** 1193 *cenobium Lenin [Or]*, 1204 *claustro lenin [Or]*; *Lehnin* (1865). **III.** Gf. apolb. **Lěnin-* 'Ort, der nach einem Mann namens *Lěn'* benannt wurde'. Der Name ist eine Bildung mit dem poss. ↗*-in*-Suffix vom PN *Lěn'*, der zu urslaw. **lěnь* 'faul' gehört, vgl. poln. *leń* 'Faulpelz'. Der Sage nach beruht der Name auf einem slaw. Wort für 'Hirschkuh', daher auch Versuche, den Namen mit urslaw. **olni*, poln. *łani, łania*, tschech. *laň* 'Hirschkuh', zu verbinden, doch ist die Überlieferung des Namens immer mit *e*. **V.** Riedel A X; BNB 1. *SW*

Klosterlausnitz, Bad **I.** Gem. und Erfüllende Gem. im O des Saale-Holzland-Kr., auf Plateau zwischen den Tälern von Saale und Weißer Elster; 8938 Ew., TH. Zunächst Einsiedelei, Anf. 12. Jh. mit Entwicklung zu Doppelkloster (1137); Markthaltung beim Kloster bis Anf. 16. Jh.; Holzindustrie; in Wäldern Moor, medizinisch genutzt, seit 1932 Bad (Luftkurort und Moorbad). **II.** 1116 *Lusenitz, Lvsinici*, 1137 *Cella Sanctae Mariae* (Einsiedelei der Heiligen Maria – am Bach) *aqua Lusenize*, 1170 *Lusiniz*, 1243 *Lusniz*, 1485 *Laussnitz*; *Kloster-Lausnitz* (1868). **III.** Zunächst GwN, auch 1181 *Luseniz*, asorb. **Łužnica*, gebildet zu asorb. **ług* 'Wiese' (oder evtl. auch asorb. **luža* 'Lache') mit Suffix *-ica* (↗*-itz*), also wohl 'Bach im Wiesengrund'. Der GwN wurde im 12. Jh. auf die Ansiedlung übertragen. Das asorb. |u| wurde nach Übernahme ins D. lang gesprochen und im 14./15. Jh. diphthongiert zu -*au*-. Der präzisierende Zusatz Kloster- zur Unterscheidung von gleichnamigen Orten in TH trat erst spät hinzu. **IV.** Lausnitz b. Neustadt (Orla), Saale-Orla-Kreis, 1271 *Lusenitz*; Lausnitz, OT von Unterwellenborn, Lkr. Saalfeld-Rudolstadt, beide TH, 1109 *Lusinici*; ferner Laußnitz, OT von Königsbrück, Lkr. Bautzen, SN, 1289 *Lusenytz*; Klostermansfeld, Lkr. Mansfeld-Südharz, ST, und weitere ON mit Bw. Kloster-. **V.** Dob I; Rosenkranz, H.: Ortsnamen des Bezirkes Gera. Greiz 1982; SO 2. KH

Klosterneuburg **I.** Stadt, 25 557 Ew., im Bezirk Wien-Umgebung an der Donau n angrenzend an WI, NÖ, A. Siedlungsspuren aus der Jungsteinzeit, im Stiftsbereich römisches Kastell; gleichzeitige und gleichnamige ma. Besiedlung der beiden einander gegenüberliegenden Donauufer (l.: ↗Korneuburg, [s. **II.**]) mit wichtiger Überfuhr, um 1113 Babenberger-Residenz, 1114 Grundsteinlegung der Stiftskirche (gestiftet von Markgraf Leopold III. [s. **II.**], die Anlage wurde 1133 an Augustiner-Chorherren übergeben, [spät-]gotische und frühbarocke Um- und Ausbauten, 'Verduner Altar' [1181, prunkvoller Flügelaltar aus Emailtafeln]; Stadtrecht 1298; mächtige Stiftsanlage, der geplante Ausbau zu einem 'österreichischen Escorial' unter Kaiser Karl VI. († 1740) wurde nur zu einem Viertel ausgeführt; h. Sommerspiele im Juli/August und bis h. Brauchtum: 'Fasslrutschen' am Namenstag des hl. Leopold [15. November]). Haupterwerb Weinanbau; h. Bildungs- und Forschungseinrichtungen (Bundeslehranstalt für Wein- und Obstbau, Institut für Bienenkunde; Institute of Science and Technology Austria: Einrichtung für internationale Spitzenforschung (seit 2007 im Aufbau am Gelände der abgesiedelten Nervenheilanstalt), 'Haus der Künstler' (Wohn- und Wirkungsstätte künstlerisch tätiger Psychiatriepatienten); Rehabilitationszentrum; Museum zeitgenössischer Kunst ('Essl-Museum'). **II.** 1096–1136 *marchio Liupoldus dedit mancipium are sancte Marie Niwenburch*, 1146 *plebem Niwenburgensem ex utraque parte fluminis*, 1298 *Neunburch chlosterhalben*; *Closter Neuburg* (1373) (zur Unterscheidung von: um 1140 *de Neunburgensi foro*; 1334 *Newnburch marchthalben* für ↗Korneuburg). **III.** Der Name mit der Bed. 'bei der neu(erbaut)en Befestigung, Burg' ist eine Zuss. aus ↗-*burg* (die Grafie -*ch* reflektiert die ahd./mhd.-bair. Auslautverhärtung) und dem flektierten Adj. mhd. *niuwe* 'neu', ↗*Neu*-. Der Zusatz Kloster- dient zur Unterscheidung von gegenüber gelegenem ↗Korneuburg. **V.** ANB 1; ÖStB 4/2. ES

Kloten **I.** Politische Gem. im Bezirk Bülach, 17 504 Ew. Seit dem Bau des Flughafens Zürich (1946–48) städtisches Zentrum am Rande der Glatttalebene im Nordosten der Stadt Zürich, Kt. Zürich, CH. Neolithische und frühbronzezeitliche Siedlungsspuren, in römischer Zeit an der Kreuzung der Hauptachse von Vindonissa (Windisch) nach Brigantium (Bregenz) und von Turicum (Zürich) in den süddeutschen Raum. Im MA unter kyburgischer und habsburgischer Herrschaft. Ab dem 17. Jh. Woll- und Seidenverarbeitung, h. bedeutender Industriestandort, einer der wichtigsten Arbeitsorte in der Agglomeration Zürich. **II.** Ca. 1150 *in villa Chlotun*, 1188 *Chlotun*, 1219 *Glotun*, 1293–94 *Kloten*. **III.** Die jüngere Forschung sieht im ON wohl richtig einen kelt. -*dūnon*-Namen (latinisiert *dūnum* 'Befestigung') mit dem römischen Herrschernamen *Claudius* im Bestimmungsglied: *Claudiodūnum 'Festung des [Kaisers] Claudius', was sowohl statistisch (-*dūnum*-Namen erscheinen gelegentlich mit Herrschernamen im Vorderglied) als auch vom archäologischen Befund her durchaus denkbar erscheint. **V.** Boesch, B.: Die Orts- und Gewässernamen der Bodenseelandschaft. Der Bodensee. Sigmaringen 1982; HLS; LSG. MHG

Klötze **I.** Gem. und gleichnamige VG im Altmarkkreis Salzwedel, 11 132 Ew., ST. Gebildet am 1. 1. 2005 aus der Stadt Klötze und Gem. der Umgebung. Die VG liegt in der w Altmark. **II.** 1311 *Clotze*, 1344 *Cloetz*, 1454 *Klotze*. **III.** Der ON ist wohl nicht auf mhd. *kloz*, mnd. *klotz* 'Klumpen, Holzblock, Baumstumpf' zurückzuführen, sondern eher aus dem Slaw. zu erklären. Auszugehen ist dann von einer Gf. apolb. *Kłod-c-, vgl. asorb. *kłod* 'Balken', die auf Waldrodung usw. weist. **IV.** † Klotz, n von Sennewitz im Saalekreis (1371 *Clotz*), ST. **V.** Riedel; Brückner; SNB. GW

Kluczbork ↗**Kreuzburg O.S.**

Knittelfeld **I.** Stadt, 11 842 Ew., Pol. Bez. Knittelfeld, ST, A. Die Siedlung wurde von Herzog Leopold VI. zur Sicherung der Straßenverbindungen gegründet und erhielt 1302 Stadtrecht. In der zweiten Hälfte 19. Jh. entstanden mehrere Industriebetriebe. 1945 wurde die Stadt durch Bomben schwerstens zerstört. **II.** 1224 *Chnvteluelde* [Or], 1394 *Chnutilueld*, 1489 *Knitelfelden*. **III.** Feld (↗-*feld*), das zu einer Person mit dem altdeutschen Namen *Hnûtilo (als Besitzer oder Anwohner) in Beziehung steht. FLvH

Knittlingen **I.** Stadt, 7820 Ew., ca. 15 km nö von Pforzheim, in der Region Kraichgau-Stromberg, Enzkreis, Reg.-Bez. Karlsruhe, BW. 1972/75 Eingliederung der Dörfer Freudenstein (mit OT Hohenklingen) und Kleinvillars in die Stadt Knittlingen (mit Reihengräberfriedhof). 1840 Stadtrecht. Regionales

Dienstleistungs-, Einzelhandels- und Industriezentrum (Medizintechnik, Metallguss u. a.). Geburtsort des Arztes und Astrologen Dr. Johannes Georg Faust (geboren um 1480), Faust-Museum, Faust-Archiv und Sitz der Internationalen Faustgesellschaft. **II.** 843 Kop. 1183–95 *inter Cnudelinger marcam*, 1152 *Cnutelingen* [Or], 1448 *Knütlingen* [Or]; *Knittlingen* [Or] (1536). **III.** Der SiN ist zurückzuführen auf eine ↗ *-ing(en)*-Ableitung zu dem ahd. PN **Knutil*, der dem App. ahd. *knutil* (> mhd. *knüt(t)el*) 'Grobian, grober Mensch' entspricht. Die Endung *-en* geht zurück auf die ahd. Dat.-Pl.-Endung *-un*, die bereits zum Mhd. hin zu *-en* abgeschwächt wird und einen Örtlichkeitsbezug im Sinne von 'bei …' ausdrückt, sodass für die anzusetzende ahd. Ausgangsform **Knutil-ing-un* eine urspr. Bed. 'bei den zu einer Person namens **Knutil* gehörigen Leuten' erschlossen werden kann. Die Belegform *Knütlingen* aus dem 15. Jh. bezeugt neben der mhd. Synkope des von urspr. *-i-* zu *-e-* abgeschwächten, unbetonten Nebensilbenvokals einen durch das in der Folgesilbe enthaltene *-i-* bewirkten Umlaut des urspr. *-u-*, der später mda. zu *-i-* entrundet wird. **IV.** Knielingen, OT von Karlsruhe, Reg.-Bez. Karlsruhe, BW, und Knittelsheim, Lkr. Germersheim, RP. **V.** Hackl; LBW II, V; Wagner, N.: Zu ungeklärten Personennamen in süddeutschen Ortsnamen. In: BNF NF 37 (2002). *StH*

Koblenz **I.** Kreisfreie Stadt, 106 293 Ew., an der Mündung der Mosel in den Rhein am so genannten „Deutschen Eck", zwischen Bonn und Mainz, RP. Durch Zusammenfluss von Rhein und Mosel bereits sehr früh wichtiger Standort für röm. Erdkastelle, um 500 Eroberung durch die Franken, um 550 hier fränk. Königshof, 882 Siedlung durch Normannen zerstört, 1276 Erwähnung eines Koblenzer Stadtrates, 1562 kurtrierische Landstadt, 1794 Einnahme durch Franzosen, ab 1801 auch staatsrechtlich zu Frankreich, seit 1815 preuß., ab 30. 8. 1946 zu Rheinland-Pfalz, 7. 11. 1970 Auflösung des Lkr. Koblenz und Neugründung des Lkr. Mayen-Koblenz (geschäftsführende Gem. bleibt Koblenz). Maschinenbau (klein- und mittelständische Unternehmen) sowie Landes- und Bundesbehörden (Bundesarchiv). **II.** 2.–4. Jh. *Confluentes*, 496/506 (Kop.) *Conbulantia*, 893 (Kop. 1222) *covelenze*, 1323 *Kovelenze*, 1336 *Cobelenze*, 1406 *Covlentze*. **III.** Lat. *(apud) Confluentes* 'am Zusammenfluss (von Mosel und Rhein)', eingedeutet als **Kóbulantia* > *Kovelenze*. **IV.** Koblenz, CH an der Mündung der Aare in den Rhein. **V.** Berger; Kaufmann 1973. *AG*

Köflach **I.** Stadt, 9 985 Ew., Pol. Bez. Voitsberg, ST, A. 1170 erhielt der Ort das Marktprivileg und wurde durch das weststeirische Braunkohlenrevier (seit dem 18. Jh.) Industriezentrum. 1939 Stadt. **II.** 1170 *in villa Chouelach* [Or], 1322 *Choeflach*; *Koflach* (1380). **III.** Als anzusetzendes slaw. **Kobyl'achъ* (Lok. Pl.) 'bei den Stutenleuten' zu **Kobyl'ane*, zu urslaw. **kobyla*, slowen. *kobila* 'Stute' mit Suffix *-jane*. **V.** Mader; ANB. *FLvH*

Kolberg // Kołobrzeg [kɔ'lɔbʒɛk], kasch. Kòłobrzég, pom. Kòlberg **I.** Kreisstadt im gleichnamigen Kr. (Powiat kołobrzeski), 44 925 Ew., im n Teil der Woi. Westpommern, PL. An der Ostseeküste an der Mündung Persante // Parsęta. 1939 Stadtkreis, Sitz der Behörden des Landkreises Kolberg-Köslin, Reg.-Bez. Köslin, Provinz Pommern; Woi. Szczecin (1946–1950), Koszalin (1950–1998), Westpommern (seit 1999). **II.** 975 *salsae Cholbergiensis*, 1124 *Colbrech*, 1125 *Colubregam*, 1140 *Cholberg*, 1159 *Coluberch*, 1182 *Cholberch*, 1186–87 *in Colberch*, 1208 1254 *Colberge*, 1227 *Choleberg*, 1276 *Colberg*, 1313 *Colberg*, 1540 *Colberge*, 1618 *Colberg*, 1659–65 *w Kolbrzegu, do Kolberka*, 1789 *Colberg*, 1835 *Colberg*, 1883 *Kołobrzeg*, d. *Colberg*, 1946 *Kolberg – Kołobrzeg, -u, kołobrzeski*, 1951 *Kołobrzeg – Kolberg*, 1981 *Kołobrzeg, -gu*, 2002 *Kołobrzeg – Kolberg*. **III.** Der slaw. Kulturname **Kolobregъ*, zusammengesetzt aus dem urslaw. App. **kolъ*, poln. *kół* 'dicker Stock; Pfahl, Stange, Stangenholz, Stab' und dem urslaw. App. **bregъ* 'Ufer, auch Hügel'; bezeichnete die Stelle, die mit einer Palisade (aus *koły*) am (Meeres-)Ufer oder auf einer Anhöhe umgeben war. Urspr. ON mit dem App. *kół* benannten auch Ansiedlungen, die mit *koły* 'Pfählen' gebaut wurden. Hist. Belege schon aus dem 12. Jh. weisen auf starke d. Einflüsse hin; Kanzleischreiber deuteten das zweite Glied in ↗ *-berg* um und beseitigten das Interfix *-o-*. Adj. *kołobrzeski*. **IV.** Koło, Woi. Lebus, Niederschles.; Kołowa, Woi. Großpolen, alle PL. **V.** BorOp; EO II; LorSNH; RzDuma I; PMT XIII; RzDuma I; RymNmiast; Rospond 1984; Rospond; Rymut NMP V. *BA*

Kolbermoor **I.** Stadt im Lkr. Rosenheim, 17 868 Ew., Reg.-Bez. Oberbayern, BY. 1861 Industrieansiedlung, 1936 Erhebung zum Markt und 1963 zur Stadt. **II.** 1860 *Kolbermoor*, 1863 *wird die Trennung der Orte Aiblingerau, Pullach und Kolbermoor von der politischen Gemeinde Mietraching und deren Vereinigung in eine besondere politische Gemeinde unter der Benennung: „Gemeinde Kolbermoor" … genehmigt*. **III.** Der Name ist genommen von dem ausgedehnten Moor, 1806 *Kolbermoos* und ca. 1810 *Das Kolber Moos* genannt, dessen Kultivierung zu Beginn des 19. Jh. begonnen wurde. Dieses wiederum ist nach dem Weiler Kolberg benannt, der 1464 als *Kolber*, 1552 als *am Kolber* und 1766 als *Kolber* bezeugt ist. Noch 1831 heißt es *Kolber, Weiler … Der Ort wird auch am Kolber genannt*. Grundwort des urspr. Flurnamens ist hd. *Moor*. Beim Bestimmungswort handelt es sich wohl um den Familiennamen *Kolber*, dem mhd. *kolbe* 'Kolben, Keule, kolbenähnliche Pflanze' zugrundeliegt. **V.** HHS 7/1; Reitzenstein 2006. *WvR*

Kolkwitz // Gołkojce (sorb.) **I.** Gem., Lkr. Spree-Neiße, 9773 Ew., w von Cottbus, BB. Seit 1993 gehören zu Kolkwitz 16 ehem. Gemeinden. **II.** 1350 *de Kolkwitz*, *Kolkewitz*, 1459 *Colckwitz*; sorb. 1761 *Golkojze*. **III.** Gf. asorb. *Kolkovici 'Ort, wo Leute eines Mannes namens Kol(e)k wohnen', ein patronymischer Name, gebildet mit dem Suffix -*ovici*. Der PN ist eine KF zu einem VN wie *Kolimir, im Erstglied zu aso. *koliti 'stechen, spalten', wie er z. B. im tschech. ON *Koloměřice* vertreten ist. Der PN wird auch zu asorb. *kolk, Deminutiv von *kol 'Pflock, Pfahl' gestellt oder als KF zum Namen *Nikolaus* erklärt, wie sie im Poln. und Tschech. belegt sind. Die sorb. Form *Gołkojce* wurde an nsorb. *golka* 'Heide, Busch' angeglichen. **V.** Ähnlich Kalkwitz, OT von Calau, Lkr. Oberspreewald-Lausitz, BB. **V.** Riedel B II, V; SO 2; DS 36. *SW*

Kölleda **I.** Stadt und seit 1994 Sitz der gleichnamigen VG, Lkr. Sömmerda, s des bewaldeten Höhenzuges Schmücke, im fruchtbaren Schwarzerdegebiet am NO-Rand des Thüringer Beckens, 11 774 Ew., TH. Altthüringische Siedlung an alter Fernstraßenkreuzung; 8.–13. Jh. Herrensitz mit Marktflecken, Stadtrecht 1392; im MA Viehzucht (1487 *Kuhköln*), Ackerbau und Handwerk; seit 19. Jh. Arznei- und Gewürzkräuteranbau; h. Elektrotechnik, Metallverarbeitung. **II.** (802) Mitte 12. Jh. *in villa Collide*,1050 *Collithi*, 1160 *Cullede*, 1195 *Kullide*, 1282 *Kollede*, noch 1506 *Kolleda*. **III.** Als ON gebildet wohl am ehesten zu asä. *köli* 'Kohl, Gemüse' und Suffix asä. ⌐ -*ithi* als Hinweis auf reiches Vorhandensein des vorher Genannten, also etwa 'Ort mit Gemüsereichtum', was zu dem fruchtbaren Gebiet passt. Die früh eingetretene Kürzung des |ō| > |o| ist durch die nachfolgende Silbe erklärbar, vgl. auch die h. umgangssprachlich kurze Aussprache des |ō| in Kohlrabi. Unterstützend kann lautliche Nähe zu Pflanzenbezeichnung gewirkt haben, vgl. mnd. *kol, kolle* 'Kopf, oberster Pflanzenteil', auch mnd. *kölle* 'Pfeffer-, Bohnenkraut, Würzpflanze'. Der älteste Beleg sowie spätere Formen mit -*ede*, -*ide* beruhen auf ahd. Schreibung. Der Umlaut *o* > *ö* bleibt lange ungekennzeichnet und tritt erst spät (16. Jh.) in der Schrift entgegen. Mda. Aussprache mit |u| für |o| ist in den Schriftformen erkennbar. Mda. auslautend -*de* wird kanzleisprachlich im 15./16. Jh. zu -*da* (vgl. ⌐ Apolda und ⌐ Sömmerda). Asä. *kol*, ahd. *kolo* 'Kohle' könnten ebenso im ON enthalten sein, aber 'Ort mit Kohlenmeilern' dürfte auf Grund der Lage in Waldferne ausscheiden. **IV.** Kohlgärten, OT von Leipzig, SN, 1446 *die Kolestucken* (HONS 1). **V.** UB Hersfeld; Walther 1971; SNB. *KH*

Kolmar/Wartheland // Chodzież [ˈxɔdʑɛʒ] **I.** Stadt in der Woi. Wielkopolskie (Großpolen), Kreis- und Gemeindesitz, 19 615 Ew., PL. 1434 Stadtrecht. Im 16. Jh. ein Zentrum des Protestantismus in Großpolen. 1772–1919 an Preußen, Reg.-Bez. Bromberg. Bekannt ist die Stadt durch die Keramikindustrie, die sich hier in der ersten Hälfte des 19. Jh. entwickelte. Nach Eroberung durch die Aufständischen Großpolens 1920 wieder an Polen. Erholungs-, Tourismuszentrum und Kurort. **II.** 1409 *de Chodzes*, 1436 *Chodzyesz*, 1510 *in Chodzesch*, 1577 *Chodziesz*, 1620 *Chodzisz*, 1880 *Chodzież*, d. *Chodschesen, Chodziesen, Colmare* oder *Kolmar in Posen*, 1967 *Chodzież*. **III.** Die Ben. ist mit *chodzić* 'gehen' verbunden, sie kann 'Übergang, Übergangsort' bedeuten. Möglich ist auch die Verbindung mit dem PN *Chodziech* (ebenfalls zu *chodzić*), dann: 'eine Siedlung, die dem Chodziech gehört'. Die d. Ben. *Kolmar*, wahrscheinlich vom ON ⌐ *Colmar* im Elsass übertragen, wurde im 19. Jh. amtlich eingeführt. **V.** Rymut NMP II; RymNmiast; ZierhNmiast. *BC*

Köln **I.** Kreisfreie Stadt, 995 420 Ew., beiderseits des Rheins, Reg.-Bez. Köln, NRW. Als oppidum Ubiorum (Tacitus) Zentralort des germ. Stammes der Ubier, 19/18 v. Chr. auf die linke Rheinseite umgesiedelt (Ubiermonument), 50 n. Chr. nach der in diesem oppidum geborenen Kaisergattin Agrippina benannte röm. Kolonie (Stadt mit röm. Bürgerrecht für die Ew.), Zentrum der Provinz Germania Secunda, seit 3. Jh. immer stärkere Einfälle germ. Franken, Christianisierung vielleicht schon ab 180, erster Bischof Maternus 313/314 bezeugt, fränk. Herrschaft seit Mitte 5. Jh., Erzbistum seit Karl dem Großen, erster Dombau wohl ab 850, danach viele rom. Stiftsgründungen/Kirchenbauten, geistliches Zentrum im MA, Pilgerstadt, städtische Universitätsgründung 1388, dauerhafte Auseinandersetzungen zwischen Erzbischof/Kurfürst und dem bürgerlichen Stadtregiment, ab 1475 freie Reichsstadt, Reformationsversuche ab 1543 gescheitert, wirtschaftlicher Niedergang im 17./18. Jh., ab 1815 preuß. Festungsausbau, ab 1823 organisierter Karneval, Industrialisierung im 19. Jh., Eisenbahnknotenpunkt, Stadterweiterung ab 1881, Ausbau der Häfen, Fordwerke ab 1930, schwere Zerstörungen im II. Weltkrieg, Wiederaufbau mit vielen Wohnsiedlungen, 1975 kommunale Neugliederung mit Stadterweiterungen, neun Stadtbezirke (Chorweiler, Ehrenfeld, Innenstadt, Kalk, Lindenthal, Mülheim, Nippes, Porz, Rodenkirchen). **II.** 50 *Colonia Claudia Ara Agrippinensium*, 332 *Agrippina*, nach 450 *Colonia*, im MA *Colne, Coellen*, Ende 19. Jh. *Köln*. **III.** Lehnname aus dem lat. App. *colonia*, das eine Stadt außerhalb Italiens, meist mit Legionsveteranen besiedelt, mit der Rechtsstellung des ius Italicum bezeichnete (vgl. Xanten, das 98/99 von Kaiser Trajan zur *Colonia Ulpia Trajana* erhoben wurde). Anfangsbetonung und Umlaut führten im MA zu *Cöln*, die historisierende Orthografie wurde entsprechend der Lautung erst im Zuge der orthografischen Normierungen des späten 19. Jh. zu *Köln* geändert (⤤ *Kassel* u.ä.). Zur Überlieferung der ON der Kölner Stadtbezirke und zahlreichen Ortsteile, z.B. der römerzeitlichen Namen *Deutz, Lövenich, Longerich*, s. die Einträge in HHS 3 unter *Köln* sowie bei Gysseling 1960/61. **V.** Gysseling 1960/61; Berger; HHS 3. *Ho*

Kołobrzeg ⤤ Kolberg

Komotau // Chomutov ['xomutof] **I.** Kreisstadt, 49 926 Ew., in Nordböhmen, Bezirk Ústí nad Labem (Ústecký kraj), CZ. Das tschech. Marktdorf Chomutov, gelegen am Fuße des Erzgebirges am Handelsweg Prag-Sachsen, wurde schon 1252 dem Deutschen Orden geschenkt. Frühgot. Sankt-Katharinen-Kirche. 1399 kgl. Stadt, 1420 vom Hussitenführer Jan Žižka zerstört, von den d. Nachbardörfern wiederaufgebaut. 1547 von sächs. Truppen besetzt, im 17. Jh. Jesuitenkolleg. Im 19. Jh. als Folge des Kohleabbaues in der Region starke Industrialisierung (Walz-, Röhren-, Papierwerke u.a.), nach 1945 Hütten- und Chemieindustrie, Kraftwerke. Traditionelles regionales (bis 1945 d., dann tschech.) Kulturzentrum mit vielen Lehranstalten. **II.** 1252 *de Chotumaw, Chomutov* [Or]; 1281 *in Cometaw, Commothauwe*; 1787 *Kommotau, Chomutov*. **III.** *Chomutov* ist ein vom atschech. PN *Chomút* (App. *chomút*, ntschech. *chomout* 'Kummet', Übername für einen Ungeschickten) mit dem Possessivsuffix ⤤ *-ov* abgeleiteter ON: 'Chomúts Eigentum'. *K-* sowie *-au* im d. *Komotau* sind Ergebnisse der Eingliederung des tschech. ON in das d. Laut- und Namenbildungssystem (ebenso wie d. *Kommotau, Komontau* u.ä.). **IV.** In Böhmen *Chomout // Komt, Chomutice, Chomutovice*, in Mähren *Chomoutov, Chomoutovice*, alle CZ. **V.** Pf II; LŠ; SchOS; HSBM. *RŚ*

Köngen I. Gem. im Lkr. Esslingen, 9641 Ew., bildet zusammen mit Wendlingen am Neckar den GVV Wendlingen am Neckar, 25 636 Ew., ca. 8 km ssö Esslingen, Reg.-Bez. Stuttgart, BW. 1336 Verkauf der Herrschaft von den Grafen von Hohenberg an die Grafen von Aichelberg, 1382 durch Heirat an die Thumb von Neuburg, die Köngen vielfach teilten, 1384/5 gerät ein Teil an das Kloster Denkendorf, 1666 Verkauf der Ortshälfte von Friedrich Albert Thumb nach mehreren Herrschaftswechseln innerhalb der Familie an Württemberg. Paket-Express-Dienst. Maschinenbau, Kunststoffverarbeitung. Schloss Köngen, Jupitergigantensäule, Ulrichsbrücke. **II.** 1075 *Chuningin* [Or], 1181 *Cuningin* [Or], 13. Jh. *Kungen*. **III.** Es handelt sich um eine ⤤ *-ing(en)*-Ableitung zu dem PN *Cuno*, der Name bedeutet 'bei den Leuten des Cuno'. Die Entwicklung zu *ö* in der heutigen Namenform erklärt sich durch Senkung von umgelautetem *ü* zu *ö*, bevor es in der Mundart zu *e* entrundet wurde. **V.** Reichardt 1982a; Haubrichs 2004; LBW 2 und 3. *JR*

König, Bad I. Stadt im Odenwaldkreis, 9421 Ew., Reg.-Bez. Darmstadt, HE. Im Ort an der Mümling erhielten zu Beginn des 9. Jh. sowohl das Kloster Fulda als auch das Kloster Lorsch Schenkungen. Das Erzbistum Mainz, das 1232 die Besitznachfolge antrat, verkaufte das halbe Dorf 1355 an die Schenken von Erbach, die bis zum Ende des Alten Reiches die Ortsherrschaft innehatten. König war der Mittelpunkt eines kleinen Zentgerichts. 1806 an das Ghztm. Hessen. Das 1559 erbaute erbachische Schloss geht möglicherweise auf eine ma. Befestigung zurück. Seit dem 19. Jh. Entwicklung zum Bad (seit 1948 *Bad König*). 1980 wurden die Stadtrechte verliehen. **II.** 806–815 (Kop.) *villa ... Cunticha / Chunticha*, 847 (Kop.) *villa Quinticha*, 9. Jh. (Kop.) *Kinticha*, 1321 *Küntich*, 1457 *Konich*. **III.** Eine Verbindung des ON mit der etwa 2,5 km entfernten Kinzig (vgl. die benachbarten ON *Ober- / Mittel-* und *Niederkinzig*) ist wegen des unterschiedlichen Wurzelvokals, der bei *König* aufgrund des fast eindeutigen Quellenbefundes als *-u-* anzusetzen ist, ausgeschlossen. Vorgeschlagen wurde daher ein röm. PN *Quintus / Quintius* als Bw. zu einem Kompositum mit dem Suffix *-acum* als *Quintiaca*, was eine kelt.-rom. Namenskontinuität in diesem Raum in unmittelbarer Nähe des Limes voraussetzt. Sprachgeschichtlich bemerkenswert sind bei diesem Ansatz, dass vorahd. *-nt-* nicht zu *-nz-* (wie in Kinzig < germ. *kuentica) verschoben wurde. **V.** Bach DNK II; Knappe; Müller, Starkenburg; RGA 25 (W. Haubrichs). *TH*

Königs Wusterhausen I. Stadt, Lkr. Dahme-Spreewald, 33 400 Ew., am Zusammenfluss von Nottekanal und Dahme sö von Berlin, BB. Burg zur Sicherung des Übergangs über die versumpfte Notteniederung. Slaw. Vorbesiedlung. Im MA wechselnde Besitzverhältnisse. Mitte des 17. Jh. erwirbt das kftl. Haus die Herrschaft Wusterhausen, die 1698 in den Besitz von Kronprinz Friedrich Wilhelm kommt. Als König baut er die alte Burg 1717/18 zum wasserumgebenen Jagdschloss, berühmt als Tagungsstätte des königlichen Tabakskollegiums, um. Seit 1935 Stadt. **II.** 1320 *Wosterhusen, Veste*, 1375 *ad castrum Wusterhusen, Wusterhuse slavica*, 1542 *das Dorff Wendischen Wusterhausen mit dem Schlosse; Königs- oder Wendisch Wusterhausen* (1775). **III.** Gf. apolb. **Vostrož'n-*, eine Bildung mit dem adj. *-n-*Suffix von *vostrog <

urslaw. *ostrogъ, in poln. ostróg 'Zaun aus spitzen Pfählen', tschech. *ostroh* 'Bollwerk', wobei im Apolb. ein *v*-Vorschlag erscheint. Der Name bezeichnete eine befestigte Siedlung. Er ist früh umgedeutet worden, und zwar zu mnd. *wōste* 'wüst' und mnd. *hūs* 'Haus'. Der Zusatz *Wendisch* diente zur Unterscheidung von dem benachbarten *Deutsch Wusterhausen* (1375 *Düdeschen Wusterhausen, Wusterhausen theutonica*), einer d. Gründung. Nachdem Wusterhausen im Besitz des Königs Friedrich Wilhelm I. war, bekam der Ort den Zusatz *Königs*. **IV.** Ähnlich Wusterhausen/Dosse, Lkr. Ostprignitz-Ruppin, BB; Wusterhusen, Lkr. Ostvorpommern, MV. **V.** Krabbo; Landbuch; BNB 3. *SW*

Königsbach-Stein **I.** Gem., 9774 Ew., ca. 10 km nw von Pforzheim, Enzkreis, Reg.-Bez. Karlsruhe, BW. 1974 entstanden durch Vereinigung der Dörfer Königsbach (mit mehreren abgegangenen Burgen und einem Reihengräberfriedhof am Zufluss eines Seitenbachs zum Kämpfelbach) und Stein (mit einer abgegangenen Burg bzw. Burgweiler). Regionales Gewerbe- und Industriezentrum. Fachwerk-Rathäuser Königsbach und Stein aus dem 17. und 16. Jh., Königsbacher Schloss, Steiner Storchenturm (als Relikt einer ehemaligen Burg), Heimatmuseum Batsch-Brestowatz (OT Stein). **II.** Königsbach: 1252 *Kunegesbach [Or]*, 1404 *Kungspach ... Kongspach [Or]*, 1556 *Küngspach*; *Königsbach [Or]* (1689). Stein: 1. Hälfte 12. Jh. Kop. 12. Jh. Kop. 16. Jh. *ad Steine*, 1252 *Stein [Or]*; *Stein* (1404). **III.** Königsbach: Bw. des für den ON anzusetzenden urspr. GwN ahd. *Kuni(n)gesbah* (> mhd. *Küneges-bach* mit *i*-Umlaut) ist eine Gen.-Sg.-Form zu ahd. *kuni(n)g* (> mhd. *künec* mit *i*-Umlaut) 'König, Herrscher'. Als Gw. fungiert ahd. *bah* (> mhd. *bach*) 'Bach, kleiner Wasserlauf, fließendes Wasser' (↗ *-bach*), sodass als urspr. Bed. des ON '(Siedlung an/bei einem) Bach, der nach einem König/Herrscher benannt ist' erschlossen werden kann. Durch Ansiedlung an diesem Bach konnte der urspr. GwN auf die Siedlung übertragen werden. Die md. Senkung von *-ü-* zu *-ö-* vor *-n-* (vgl. z. B. auch *münech* > *Mönch*) setzt sich im Nhd. allgemein durch und hier auch unter dem Einfluss des nhd. Substantivs *König* in der amtlichen Schriftform des ON. In den frühen Belegen wurden die Umlaute *-ü-* und *-ö-* in der Schrift nicht markiert. Stein: Der ON geht zurück auf das App. ahd., mhd. *stein* 'Stein, Fels', das v. a. im Mhd. auch für auf Felsen und/oder aus Stein erbaute Burgen (vgl. auch ON-Gw. ↗ *-stein*) oder auch auf Felsen und/oder aus Stein erbaute Häuser bzw. Gebäude stehen konnte. Da bei der Siedlung Stein eine abgegangene Burg (Burgweiler) nachgewiesen werden kann, dürfte hier von einem urspr. Burgnamen auszugehen sein. Der ON könnte aber auch schon viel früher existiert haben und auf ein steinernes Heiligtum zurückgehen, da 1912 an der Südostseite des Chores der Steiner Stephanuskirche ein ca. 70 cm hoher römischer Viergötterstein aus der Zeit um 100 n. Chr. herausgebrochen wurde. Die allgemeine Bezeichnung ahd. *stein* für diesen heiligen Viergötterstein könnte dann auch auf die bei diesem Ort errichtete Burg und die dort gegründete (Burg-)Siedlung übertragen worden sein. **IV.** Königsbach an der Weinstraße, OT der kreisfreien Stadt Neustadt an der Weinstraße, RP, und Stein, OT von Gossersweiler-Stein, Lkr. Südliche Weinstraße, RP. **V.** Hackl; LBW II, V. *SH*

Königsberg // Калининград [Kaliningrad] **I.** Hauptstadt des Kaliningrader Gebiets (Kaliningradskaja oblastʹ), 430 003 Ew., im südlichen Samland, am Fluss Pregel // Pregolja, RUS. Der Deutsche Orden baute 1255 an der Stelle der apreuß. Burg *Tuwangste, Tuwangeste* eine Burg zu Ehren des Königs Ottokar II. Přemysl von Böhmen, die Burg *Kunigsberc*. Um die Burg entstanden die drei Ordensstädte Altstadt, Löbenicht und Kneiphof, die jeweils das Kulmer Stadtrecht, eigene Befestigungen und Kirchen hatten. 1734 wurden sie zur Stadt Königsberg vereinigt. 1330–1380 wurde der Dom errichtet. Seit 1457 Sitz des Deutschen Ordens, seit 1525 Sitz des Hztm. Preußen, wirtschaftlich stark entwickelt. 1544 wurde die (evangelische) Universität gegründet. Seit 1701 zum Kgr. Preußen, 1758 zeitweilig von russ. Truppen besetzt. 1871 Teil des Deutschen Kaiserreiches. Seit 1901 durch den Seekanal mit der Ostsee verbunden. Vor dem II. Weltkrieg Hauptstadt der Provinz Ostpreußen bzw. des Reg.-Bez. Ostreußen, amtlich bis 1936 *Königsberg i. Pr.*, bis 1946 *Königsberg (Pr.)*, Ew.: 372 164 (1939). Hafen, Verkehrsknoten, Fabriken, Universität. Während des II. Weltkrieges erheblich zerstört und schließlich von den neuen Bewohnern umgebaut. Bernsteinverarbeitung. Seit 1945 zu RUS. **II.** 1326 *edicaverunt castri Kunigsberg ... (apud Pruthenos dicitur) Tuwangste, Tuwangeste e nomine silva, que fuit in dicto loco [Or]*, 1255 *Koniegeszberg [Or]*, 1331 *ad Kvnigisberg, Konigsberg, Kongisberg [Or]*, *Königsberg* 1785; *Kaliningrad* (1946, nach dem sowjetischen Politiker M. I. Kalinin). **III.** Der apreuß. Name *Tvankstē* ist herzuleiten von lit. *tveñkti* 'das Wasser, einen Fluss durch Verschüttung von Schleusen anschwellen oder anstauen lassen, eindämmen'. Später d. ON *Königsberg*, zu d. *König* und ↗ *-berg*. **V.** Gause, F: Geschichte der Stadt Königsberg in Preussen. Bd. 1–2. Köln-Graz 1965–1968; Blažienė, G.: Die baltischen Ortsnamen im Samland (Hydronymia Europaea, Sonderband II). Stuttgart 2000. *gras*

Königsbronn **I.** Gem. im Lkr. Heidenheim, 7 298 Ew., ca. 8 km nnw Heidenheim am Quelltopf der

Brenz, Reg.-Bez. Stuttgart, BW. 1303 Gründung eines Zisterzienserklosters und Benennung nach dem Stifter König Albrecht I., 1448 kurzfristige, 1504 erneuerte württembergische Schirmherrschaft, 1450–1504 unter bayerischer, 1519–1521 unter österreichischer, 1521–1536 unter ulmischer Schirmherrschaft, 1553 Reformation des Klosters. Kloster Königsbronn, Burgruine Herwartstein, Rathaus, Georg-Elser-Gedenkstätte. **II.** 1302/03 (Kop. 1425) *Kúnigsbrunnen*, 1303 *Kv·nigsbronn*, 1341–47 *Chungsbrunne/Kungesprunnen [Or]*, 1492/94 *Kónigßpronn*; Königsbronn (16. Jh.). **III.** Der Name bezieht sich auf den Quelltopf der Brenz. Das Gw. ist ahd. *brunno*, mhd. *brunne, brun* 'Quelle, Brunnen', ↗ *-brunn / -bronn*. Der Stammvokal *u* wird vor Nasal zu *o* gesenkt. Das Bw. ahd. *kunig*, mhd. *kunic* 'König' erinnert an den Kauf der Herrschaft Herwartstein durch König Albrecht I. Der Name bedeutet '(Kloster) an der dem König gehörenden (Brenz-)Quelle'. **IV.** Zahlreiche ON mit dem Bw. König- sowie dem Gw. -brunn/bronn in D und A. **V.** Reichardt 1987; LBW 4. *JR*

Königsbrück // Kinspork (osorb.) **I.** Stadt und gleichnamige VG im Lkr. Bautzen, 8283 Ew., zusammengeschlossen aus der Stadt Königsbrück und den Gem. Laußnitz und Neukirch, in der Königsbrücker Heide, w Kamenz, an der Nordwestgrenze der Oberlausitz, SN. Am Übergang der alten West-Ost-Straße über die Pulsnitz um 1200 als Grenzburg mit Burgsiedlung zwischen böhmischer Oberlausitz und Mark Meißen angelegt, 1331 Stadtrecht, h. Sitz der VG, Sitz der Abteilung Flugphysiologie des flugmedizinischen Instituts der Luftwaffe des Bundes. **II.** 1248 *Kůningesbruc*, 1268 *Koniegesbrucke*, 1318 *Konigisbrucke*, 1350 *Kungesprucken*. **III.** Bildung mit dem Gw. ↗ *-brück* und dem Bw. ahd. und asä. *kuning* 'König, Mann aus vornehmem Geschlecht', mhd. *künic*. Königsbrück war der Brückenort des (böhmischen) Königs. **IV.** ↗ Königstein/Sächsische Schweiz, Lkr. Sächsische Schweiz-Osterzgebirge, SN. **V.** HONS; SNB. *GW*

Königsbrunn I. Stadt, 27 514 Ew., im Lkr. Augsburg auf dem Lechfeld s von Augsburg gelegen, Reg.-Bez. Schwaben, BY. Der Ort gehört zu den jüngsten Siedlungen Bayerns, doch finden sich zahlreiche prähistorische und römische Siedlungsreste; Königsbrunn liegt an der römischen *Via Claudia*. Ältestes Gebäude ist das zeitlich vor der Stadt entstandene *Neuhaus* (17. Jh.) mit der Kapelle *St. Nepomuk* (1735), in den 30er Jahren des 19. Jh. erfolgten erste Neuansiedlungen, der Ort wuchs schnell durch Siedler aus Württemberg, Hessen und dem Donaumoos; 1842 erfolgte die Erhebung zur Gem., 1967 zur Stadt. Seinen größten Bevölkerungszuwachs erlebte der Ort durch die Ansiedlung zahlreicher Heimatvertriebener nach 1945. **II.** 1839 *Königsbrunn*, 1840 *Kolonie*, 1840 *Ansiedlung auf dem Lechfeld*, 1841 *Kolonie auf dem Bobinger Lechfeld (fälschlich Königsbrunn)*, 1842 *Neubobingen*. **III.** Der Ort ist nach mehreren Brunnen benannt, die offenbar 1833 von einem der königlich-bayerischen Landbureaus in Auftrag gegeben worden waren. Mit dem neuen, nach Tradition klingenden Namen setzten sich die Einwohner schnell gegen die umliegenden Dörfer durch, welche ihre anfängliche Ablehnung auch mit der Verleugnung des neuen ON zum Ausdruck brachten (*Kolonie, Ansiedlung*). **IV.** Anlehnung an ähnliche ON wie ↗ *Königsbronn* (Lkr. Heidenheim, BW). **V.** Behrendt, W./Teichner, A.: Königsbrunn, die Stadt auf dem Lechfeld. Königsbrunn 1984. *Kö*

Königshofen i. Grabfeld, Bad I. Stadt und gleichnamige VG im Lkr. Rhön-Grabfeld, 7569 Ew., an der Fränkischen Saale im Grabfeld, Reg.-Bez. Ufr., BY. Besiedlung seit prähistorischer Zeit (um 4500 v. Chr.) durch archäol. Funde nachgewiesen. In der späten Merowingerzeit befand sich hier eine kgl. Eigenkirche, die 741 zur Ausstattung des Bistums Würzburg verwendet wurde. Verleihung der Stadtrechte um 1235, bis 1354 Eigentum der Grafen von Henneberg, danach im Besitz der Würzburger Bischöfe; als Teil des Hochstiftes Würzburg 1803 zugunsten Bayerns säkularisiert, 1814 endgültig bayerisch, 1974 wurde die Stadt zum Bad erhoben. **II.** 822 *Chuningishaoba*, 845 *Chuningeshoua*, 889 *Chuningeshofe*, 1293 *Kunegeshoven*, 1746 *Königshofen*. **III.** Das Gw. ist zuerst ahd. *huoba* 'Hufe' (Landstück), dann stets ahd. *hof* 'Hof', ↗ *-hofen*, Bw. ist ahd. *kuning* 'König' im Gen. Sg. Die Namengebung bezieht sich auf die Lage der Siedlung auf (ehem.) Königsgut. **V.** Braun, J.: Landkreis Königshofen im Grabfeld. In: HONB Ufr. 1. München 1963; HHS 7/2; MGH DLdD, Nr. 41; MGH DArnolf, Nr. 67; Reitzenstein 2009. *RB*

Königshütte // Chorzów ['xɔʒuf] **I.** Kreisfreie Stadt in der Woi. Śląsk, 113 314 Ew., auf dem oberschlesischen Muschelkalkrücken gelegen, PL. Die Stadt verdankt ihre Entstehung der modernen Industrialisierung des 19. und 20. Jh. Auf dem Gelände des Dorfes Chorzow wurde 1796 eine königlich-staatliche Steinkohlengrube mit dem Namen „König" und 1797 das Eisenhüttenwerk „Königshütte" erbaut. Aus der Arbeitersiedlung neben den Industrieanlagen und mehreren ländlichen Ortschaften entstand 1868 die Stadt Königshütte. Bei der Eingemeindung von *Chorzów* 1934 übernahm sie den Namen dieses Ortes. In der Volksabstimmung 1921 sprachen sich 74 % der Stimmberechtigten von Königshütte und 61 % der Landgemeinde Chorzów für den Verbleib bei Deutschland aus. Bis 1922 Stadt im Reg.-Bez. Oppeln, 115 131 Ew. (1939). **II.** 1257 *Chareu, Char-*

zew, 1299 *Charzov*, 1388 *Chorzow*; 1797 *Königshütte*, *Królewska Huta*. **III.** Poln. *Charzow* 'Dorf des *Charz*' zum PN *Charz* < *Zacharz* = *Zacharias*. Die Veränderung von *Charzów* zu *Chorzów* erfolgte auf Grund der Adideation mit dem App. *chorzeć*, *chorować* 'krank sein'. *Königshütte*, der Name der Industriesiedlung, wurde direkt ins Polnische als *Królewska Huta* [kruˈlɛvska ˈxuta] übersetzt und war neben der d. Bezeichnung im Gebrauch, auch als poln., amtlicher Name in den Jahren 1922–1934. **IV.** Charzewo, Charzew, Charzowice, PL; Chařová, Chářovice, CZ. **V.** SNGŚl; Rymut NMP; Drabina, J.: Historia Chorzowa 1257–2000. Chorzów 2007. *MCh*

Königslutter am Elm **I.** Stadt im Lkr. Helmstedt, 16 078 Ew., im Naturpark Elm-Lappwald, Reg.-Bez. Braunschweig (bis Ende 2004), NI. Bei einem 1135 von Kaiser Lothar III. aus einem Kanonissenstift (11. Jh.) umgewandelten Benediktinerkloster gegr., Anfang 14. Jh. Marktrecht, um 1400 Stadtrecht, Stiftskirche im „Königslutterer Stil" zählt zu den großen rom. Kirchenanlagen Niedersachsens, Grablege Kaiser Lothars III. († 1137). **II.** 1135 *in Luttere* (Kop. 18. Jh.), 1348 *in Regali Luttere* (Kop. 14. Jh.), 1358 *to Koniges Luttere* [Or]. **III.** Der ON basiert auf dem GwN *Lutter*, zu asä. *hlūttar*, md. *lutter* 'rein, klar, hell, sauber', der entweder auf ein fem. Subst. **(H)lūttara* oder auf ein Kompositum mit dem Gw. ↗ *-aha*, also **(H)lūttar-aha*, zurückgeht. Der Zusatz *Königs-* gilt dem König und Kaiser Lothar III. **IV.** Lutter am Barenberge, Lkr. Goslar; Lutter, OT von Neustadt am Rübenberge, Region Hannover, beide NI. **V.** Nds. Städtebuch; KD Helmstedt; NOB VII. *FM*

Königstein im Taunus **I.** Stadt im Hochtaunuskreis, 15 764 Ew., s des großen Feldbergs in Spornlage, nw Frankfurts, Reg.-Bez. Darmstadt, HE. Staufische Gründung als Burg in der 2. Hälfte des 12. Jh., Ersterwähnung 1215, Ausbau durch die Münzenberger, dann die Falkensteiner, die 1313 Stadtrecht erwirkten; 1581 zum Erzbistum Mainz, 1803 an Nassau, 1866 an Preußen. **II.** Um 1215 *Kunegistein* (Kop. 13. Jh.), 1225 *Kuningestein* [Or], 1378 *Konigsteyn* [Or]. **III.** Das Bw. zeigt typische sprach- und namengeschichtliche Veränderungen gegenüber der ahd. bzw. frühmhd. Ausgangsform *kuninges-*: Schwund des (in Beleg 2 noch bezeichneten) velaren Nasals vor *-g* in der Nebensilbe, Verschmelzung des Gen.-*s* mit dem *s*-Anlaut des Gw., Abschwächung bzw. Synkope der Nebensilbenvokale, *i*-Schreibung für ə, md. Senkung *-ü- > -ö-* vor Nasal, wobei der Umlaut im Md. bis ins 16. Jh. unbezeichnet blieb. Das Bw. in Verbindung mit dem in der ma. Burgennamengebung beliebten Gw. ↗ *-stein* ist ein klarer Hinweis auf die kgl. Gründung und damit auf die staufische Politik der Errichtung von Reichsburgen beim Ausbau eines Reichslandes Wetterau (↗ Friedberg, ↗ Kronberg). Der Name *Taunus* begegnet schon in der Antike (↗ Friedberg), ist verm. kelt. Herkunft (zu *dūnum* 'Burg' oder **tamnos* 'Scheidegebirge'?), wurde im 18./19. Jh. durch Gelehrte und Dichter wiederbelebt und verdrängte im 19./20. Jh. die zuvor übliche, mda. noch länger lebendige Bez. *die Höhe* (↗ Bad Homburg v. d. Höhe). **IV.** Königstein, Lkr. Amberg-Sulzbach, BY, ↗ Königstein, Lkr. Sächsische Schweiz-Osterzgebirge, SN. **V.** Keunecke, H. O.: Die Münzenberger. Darmstadt und Marburg 1978; Böhmer; Reimer 1891; RGA. *HGS*

Königstein/Sächs. Schw. **I.** Stadt und gleichnamige VG im Lkr. Sächsische Schweiz-Osterzgebirge, 9 282 Ew., zusammengeschlossen aus der namengebenden Stadt und vier weiteren umliegenden Gem., im Elbsandsteingebirge, n der Grenze zur Tschechischen Republik, an der Elbe, SN. Königstein: um 1200 königlich-böhmische Burg mit Burgsiedlung, später sächsische Landesfestung und Amtssitz, h. Sitz der VG. **II.** 1241 *lapis regis*, 1336 *Chunigstein*, 1379 *der Kunigstein mit dem stetil*, 1445 *stetlin Konigstein*. **III.** Die lat. Bezeichnung *lapis regis* 'des Königs Stein' entspricht der deutschen, eine Bildung mit dem Gw. ↗ *-stein*, das den Tafelberg bezeichnet, auf dem die königlich-böhmische Burg und spätere meißnisch-sächsische Festung liegt. Im Bw. steht ahd. und asä. *kuning* 'König, Mann aus vornehmem Geschlecht', mhd. *künic*. **IV.** ↗ Königsbrück, Lkr. Bautzen, SN. **V.** HONS; SNB. *GW*

Königswinter **I.** Stadt im Rhein-Sieg-Kreis, 41 057 Ew., am ö Rheinufer am Fuß des Siebengebirges, Reg.-Bez.-Köln, NRW. Röm. Steinbrucharbeiten (Trachyt) nachgewiesen, fränkischer Grabstein von 680 im OT Oberdollendorf, 1015 dem Bonner Kloster Dietkirchen geschenkt, Grundbesitzer auch das Stift Essen und das benachbarte Kloster Heisterbach, später zum kurkölnischen Amt Wolkenburg (mit Drachenfels und Ittenbach) gehörig bis zum Ende des Alten Reiches, mit Stadtmauer, 1889 Stadtrechte und beginnender Tourismus (Zahnradbahn zum Drachenfels, Petersberg); mehrere Fabriken ab Ende 19. Jh., Siebengebirgsmuseum. **II.** 1015 *Wintere*, 1297 *in Kunincswintre*, 1402 *zu Coninxwinteren*. **III.** Der Name geht auf spätlat. *vinitorium* 'Winzerort, Weingut' zurück. Wegen der Verbindung *-tr-* unterblieb die Lautverschiebung *-t-* zu *-z-*. Der spätere Zusatz *Königs-* hat vielleicht mit karolingischem Königsgut zu tun. Die für die Jahre 882 und 893 überlieferten Belege *in Winitorio* und *Wintre* dürften auf das am anderen Rheinufer liegende *Oberwinter* (10. Jh. auch *Lucelen Winteren*) zu beziehen sein. **V.** Dittmaier 1956; Berger; HHS 3. *Ho*

Konitz // Chojnice [xɔjˈɲitsɛ] **I.** Kreisstadt, seit 1999 in der Woi. Pomorskie (Pommern), 39960 Ew., PL. In Pommern, am Fluss Konitz // Chojnica und in der Tucheler Heide gelegen. 1309 unter Herrschaft des Deutschen Ordens, um 1340 Stadt, 1466 an Polen, 1772 an Kgr. Preußen. Seit 1920 zu Polen, 1945–1998 Woi. Bydgoszcz (Bromberg); ein für Ausflüge in die s Kaschubei gut geeignetes Tourismuszentrum. **II.** 1275 *de Choynitz*, 1326 *Conitz*, 1360 *stat Chonitz*, 1456 *Choynicza*, 1565 *Chojnice*. **III.** Der ON wurde aus dem FluN *Chojnica* abgeleitet. Der urspr. ON *Chojnia* wurde unter dem Einfluss der häufigen ON auf ↗ *-ice* zu *Chojnice* geändert. Der ON wurde aus dem App. *chojna* 'Kiefer' mit dem Suffix *-ice* gebildet. Die d. Variante ist eine phonetische Adaptation des poln. ON, durch Substitutionen: *K-* für *Ch-* und Suffix ↗ *-itz* für *-ice*. **IV.** Chojnata, Chojne, beide Woi. Łódzkie (Lodz), Chojna, Woi. Pomorskie (Pommern), Chojnik, Woi. Małopolskie (Kleinpolen), alle PL. **V.** Rymut NMP; RymNmiast; Rospond 1984. *IM*

Köniz Mda. [ˈχynits] **I.** Gem. im Amtsbezirk Bern, 37974 Ew., ausgedehnte Landgem. sö der Stadt Bern, von der Aare bis zur Sense, Kt. Bern, CH. Begehungs- und Besiedlungskontinuität durch bis in neolithische Zeit zurückreichende archäol. Funde belegt. Ehem. Stammsitze von Adels- und Ministerialenfamilien aus dem Hoch- oder SpätMA. Bis 1226 Priorat der Augustinerchorherren, 1226/43–1528 Deutschordenskommende, im 13. Jh. Zentrum von fünf Großpfarreien zwischen Aare und Sense (Köniz, bis 1276 mit Bern, Bümpliz, Mühleberg, Neuenegg und Ueberstorf), zugleich Dekanat im Bistum Lausanne. 1732–98 bernische Landvogtei. Im 20. Jh. durch größere Siedlungsbauten Einbezug in die Agglomeration Bern. **II.** 1011–25 *in villa Chunicis* [*Kop.*], 1208 *prepositus de Chunil* [*Or*], 1224 *prepositus Cunicensis* [*Or*], 1226 *in Cunicensi loco ... Cuniensem locum*, 1228 *Cuniz prepositura et parrochia*, 1229 *ecclesiam de Kunits*, 1267 *Chüniz*, 1368 *Könitz*. **III.** Trotz nicht auszuschließender vordeutscher Herkunft wohl eher SiN mit einem suffixlosen ahd. PN m. *Chuniz(o)* (FP) auf der Basis einer rom. Benennungs- oder auch Beurkundungstradition. Dieser Namentypus tritt in der Westschweiz gerade auch in Verbindung mit germ. PN in zahlreichen SiN auf. Daneben ist auch an einen elliptischen Genitiv *Chunizis* [*villa*] als Namengrundlage zu denken. **IV.** Gunzwil, LU, CH. **V.** BENB; HLS; LSG. *eb, tfs*

Konstanz **I.** Große Kreisstadt des gleichnamigen Lkr., 82608 Ew., bildet zusammen mit den Gem. Allensbach und Reichenau den VVG der Stadt Konstanz, 94846 Ew., am Bodensee, direkt an der Grenze zur Schweiz gelegen, Reg.-Bez. Freiburg, BW. 6./7. Jh. Gründung des Bistums, Stadtherr war der Bischof, 1519 Anschluss an die Reformation, 1528 in die Reichsacht erklärt, nach Schmalkaldischem Krieg 1548 Übergabe der Stadt an König Ferdinand, danach zwangsweise Rekatholisierung, seitdem unter Herrschaft Österreichs, 1805 an Baden. Kommunikations- und Informationstechnologie. Stadttheater, Stadtgarten, Hussenstein. **II.** 6./7. Jh. (Kop. 9. Jh.) *Constantia*, 746 (Kop. 12. Jh.) *Constantia*, 864 *Constantia*, 12. Jh. *Chostinze, Costinze, Costinza*, 13. Jh. *Costínz, Kostanza*. **III.** Namengebend war Kaiser Constantius I. Chlorus (292–305). Die Belege des 12. und 13. Jahrhunderts zeigen wie die Mundartform *kostintz* die Integration in das deutsche Sprachsystem. Erst in neuerer Zeit wird der Name wieder an die lat. Urform angeglichen. **V.** FO; Summarium Heinrici; Bach DNK 2; LBW 6. *JR*

Konz **I.** Stadt und gleichnamige VG im Lkr. Trier-Saarburg, 31066 Ew., zwischen Trier und der Grenze zu Luxemburg, RP. 1675 Schlacht an der Konzer Brücke (Holländischer Krieg), 1789 franz. Kantonsverwaltung, 1816 preuß. Bürgermeisterei, im 19. Jh. Ansiedlung von Kleinindustrie, Förderung der wirtschaftl. Entwicklung durch Eisenbahnbetrieb, 1959 Stadterhebung. **II.** Um 369/71 *Contionaci*, 1052 [*Or*] *de Cunza*, 1075 (und öfter) *Cunz*, Anfang 14. Jh. *Kontze*, 1507 *Kontz*. **III.** Grundform **Contionacum* 'Praedium des Contionus', Abl. von PN **Contionus* mit dem gallorom. Suffix ↗ *-acum*. **V.** Buchmüller-Pfaff. *AG*

Korb **I.** Gem. im Rems-Murr-Kreis, 10397 Ew., ca. 4 km önö Waiblingen, Reg.-Bez. Stuttgart, BW. 1350 besitzt Württemberg über einen Teil des Ortes Gerichtsbarkeit, noch 1389 gehörte der halbe Ort einem Esslinger Bürger namens Konrad Raiser. Weinbau. Steinzeitmuseum, Haus am Burlingsplatz. **II.** 1270 *aput Korbe* [*Or*], 1304 *Corbe* [*Or*], 1360 (Kop. 16. Jh.) *Korb, Korb* (1397). **III.** Der auf die Siedlung übertragene FlN *Korbe* geht als 'Siedlung an der morastigen Stelle' zurück auf das Kollektivum mhd. *ge-hurwe*, **ge-horwe* zu ahd., mhd. *hor* 'Schlamm' und zeigt wegen der Betonung auf der Stammsilbe (*ge-húrwe*) Synkopierung des *-e-* in *ge-h-* mit anschließender Assimilation von *gh-* zu *kh-* sowie den Wandel von *-rw-* zu *-rb-*. **V.** Reichardt 1993; LBW 2 und 3. *JR*

Korbach **I.** Kreisstadt im Lkr. Waldeck-Frankenberg, 24113 Ew., gelegen an der Wasserscheide zwischen Diemel und Eder auf einer Hochebene (Waldecker Upland), Reg.-Bez. Kassel, HE. Der Reichshof Korbach kam 980 durch eine Schenkung Kaiser Ottos II. an das Kloster Corvey. Stadtgründung wohl noch im 11. Jh. Seit 1188 galt das Soester Stadtrecht. Stadtherr zunächst der Bischof von Paderborn, seit 1227/67 im Besitz der Grafen von Waldeck. Nach

Gründung einer Neustadt Vereinigung der beiden Städte (*oppidum vetus* bzw. *novum*) im Jahre 1377. Seit dem 14. Jh. Mitglied der Hanse. Bis 1929 zum Fürstentum Waldeck, danach zur preuß. Provinz Hessen-Nassau, 1946 zum Land Hessen. **II.** 980 *[Or] Curbechi*, 1036 *Curbyke*, 1126 *Curbiki*, 1537 *Corbach*, 1934 *Korbach*. **III.** Das Bw. des Namens (zum Gw. ↗-*bach*) wohl nicht zu mnd. *kurren* 'murmeln von Bächen' (so FO I), sondern eher zu mnd. *kort* 'kurz, verstümmelt' zu stellen. Die Angabe bezieht sich auf den kurzen Bachverlauf des heutigen Kuhbachs, der nw von Korbach entspringend nach nur wenigen Kilometern in die Eder fließt. In der Dreierkonsonanz -*rtb*- müsste beim Ansatz von mnd. *kort* bereits beim Erstbeleg der Dental ausgefallen sein. Das Gw. zeigt einen Wechsel von mhd. und mnd. Lautung. **V.** FO; Medding, W.: Korbach. Die Geschichte einer deutschen Stadt. Korbach 1980²; Knappe; Suck. *TH*

Korneuburg [g̊ʰoˈnaɛvɐɐk (altmda.), h. g̊ʰɔɐˈnæːbʊɐk] **I.** Bezirkshauptstadt, 12142 Ew., am linken Donauufer im Weinviertel 12 km nw von WI, NÖ, A. Gleichzeitige und gleichnamige ma. Besiedlung der beiden einander gegenüberliegenden Donauufer (r.: ↗*Klosterneuburg*). Dreiecksangersiedlung mit Marktbereich im Augelände, die bereits im 12. Jh. infolge häufiger Überschwemmungen auf höhergelegenes Terrain verlegt wurde. Die Stadtrechtsverleihung an Klosterneuburg (1298) bewirkte die Trennung der bis dahin gemeinsamen Verwaltung der beiden Siedlungen. Ma. Verkehrsfunktion (Stromübergang) und wichtiger Straßenknotenpunkt, Handelsort (Stapelplatz für Getreidehandel, Salzkammer, diverse Handelsprivilegien) bis ins 15. Jh.; Reduktion der ökonomischen Bedeutung seit der Verschiebung der Handelswege nach Errichtung der Donaubrücken bei WI. Zentrum ist der Marktplatz mit h. städtischem Baubestand, neugotisches Rathaus (mit einbezogenem Stadtturm von 1440/47), Rattenfängerbrunnen. Seit 19. Jh. 2. Hälfte stetes Bevölkerungswachstum. Sitz eines Landesgerichts und vielfältiger kommunaler und schulischer Einrichtungen. 1852 Schiffswerft (Reparatur und Bau von Donau- und [nach 1959] Hochseeschiffen, zeitweise bis zu 650 Mitarbeiter, 1993 eingestellt), Wärmekraftwerk, diverse Produktionsbetriebe (z.B. chemischpharmazeutische Produktion [Kwidza, L'Oréal]). **II.** 1114 *de nouo foro*, um 1140 (?) *de Neunburgensi foro*, 1141/67 *de foro ex altera parte Danubii*, 1226/50 *Niwenburch trans Danubium*, 1327 *Neunburch marchthalben [Or]*, 1371 *Kornnewnburg*. **III.** Die Entwicklung des Namens geht von der urspr. Bezeichnung 'beim neuen Markt' über 'beim Markt auf der anderen Seite der Donau/Neuenburg über der Donau/auf der Marktseite' (Kompositum mit mhd. *halben* 'auf seiten' [zur Differenzierung von 1298 *Neunburch chlosterhalben* = ↗*Klosterneuburg*]) zur Erweiterung 'Kor(n)-Neuburg', entweder wird damit der Bezug zum mittelalterlichen Getreidehandel (mhd. *korn*) hergestellt oder es liegt mhd. *kar* (mit der im Bair. üblichen Verdumpfung zu [o]) mit den Bedeutungen 'Geschirr, Schüssel, Getreidemaß' vor, das ebenfalls auf die ehemalige ökonomische Bedeutung des Ortes hinweist. Die altmda. Ltg. zeigt Wechsel des Gw. mit -*berg* sowie den im Mittelbair. üblichen Wechsel von b mit w vor vokalischem Anlaut. **V.** ANB 1; Schuster 2; ÖStB 4/2. *ES*

Korntal-Münchingen **I.** Stadt im Lkr. Ludwigsburg, 18542 Ew., 9 km sw Ludwigsburg, Reg.-Bez. Stuttgart, BW. Der urspr. ritterschaftliche Hof Korntal ging 1819 durch Kauf an die pietistische Brüdergemeinde, um die sehr starke Auswanderungsbewegung aus religiösen Gründen einzudämmen und erhielt religiöse und politische Autonomie durch königliches Privileg. Die Ortsherrschaft von Münchingen kam um 1308 von den Grafen von Asperg an Württemberg, der seit 1. Hälfte des 12. Jh. belegte Ortsadel, der nur geringen Besitz im Dorf hatte, starb 1891 aus. 1975 wurden die Orte Korntal und Münchingen zusammengeschlossen. Stadthalle, Heimatmuseum, Hofgut Mauer. **II.** *Korntal*: 1297 *Korntal [Or]*. *Münchingen*: 1137–38 (Kop. 1500) *Munichingen*, 1255 *Mv̊nchingin [Or]*, 13. Jh. *Mv̊nichingin [Or]*, 1466 *Münchingen*. **III.** *Korntal* ist eine Zuss. aus ahd., mhd. *korn* 'Getreide' und dem Gw. ↗-*tal*. Der Name bezieht sich auf den Getreideanbau des Hofes. *Münchingen* ist zurückzuführen auf eine ↗-*ing(en)*-Ableitung von dem Gw. ahd. *munih*, mhd. *münch* 'Mönch' und bedeutet 'bei den Leuten der Mönche' oder wahrscheinlicher, da sonst eher *Munichen zu erwarten wäre, 'bei den Leuten des Mannes, der Mönch genannt wurde'. **V.** Reichardt 1982b; LBW 2 und 3. *JR*

Kornwestheim **I.** Große Kreisstadt im Lkr. Ludwigsburg, 31146 Ew., ca. 4 km s Ludwigsburg, Reg.-Bez. Stuttgart, BW. Um 1080 erhält das Kloster Hirsau vom urspr. edelfreien Adel des Ortes beträchtlichen Besitz, im 11. Jh. liegt der Ort in Händen der Grafen von Calw, Ende des 12. Jh. bei den Pfalzgrafen von Tübingen, deren Nebenlinie, die Grafen von Asperg, veräußerten den Ort 1303 an Württemberg, im 14./15. Jh. verfügten verschiedene Adelsfamilien (von Blankenstein, von Venningen, von Schlettstadt und die von Kaltental) über Besitzrechte. Kulturhaus, Museumsgalerie, Rathausturm, St. Martinskirche, Wasserturm. **II.** 784–804 (Kop. 1183–95) *Westheim*, 13. Jh. *Westheim*, *Westhain [Or]*, 1472 *Kornwesthein [Or]*, 1585 *Kornwesten [Or]*; *Kornwestheim* (17. Jh.). **III.** Der ältere ON *Westheim* ist eine mit dem Gw. ↗-*heim* und dem Bw. ahd., mhd. *westen* gebildete Zuss. und bedeutet 'westlich gelegene Wohnstätte'. Da ein benachbartes *Ostheim fehlt, bezieht er sich verm. auf das östlich gelegene Aldingen. Motiviert durch den damals reichen Getreideertrag wird Westheim als *Kornwestheim* (zu mhd. *korn* 'Getreide') von gleichnamigen Orten unterschieden. V. Reichardt 1982b; LBW 2 und 3. *JR*

Korschenbroich [kɔrʃən'broːχ] I. Stadt im Rhein-Kreis Neuss, 33 228 Ew., im Bruchgebiet an der Niers, Reg.-Bez. Düsseldorf, NRW. 1975 aus dem Zusammenschluss von Korschenbroich, Kleinenbroich, Glehn, Liedberg und Pesch gebildet. II. 1127 *situm Crismeke [Or]*, (1218–23) *in Kirsmich [Or]*, 1225 *Kirssemig [Or]*, 16. Jh. *Kersmich*. III. Letztglied asä. -*beki* 'Bach' (⁊-*beke*), abgeschwächt zu -*meke* (Dittmaier 1963b), später in Analogie zu benachbarten -*broich*-Orten (*Neersbroich, Herzbroich, Raderbroich*) durch dieses Namenglied ersetzt. Der Ort liegt n der *maken/machen*-Linie, daher der unverschobene Erstbeleg, und auch die heutige Ersatzform lautet mda. [-broːk]. Der Wechsel *Cris-/Kirs-* beruht auf Metathese. Aus dem einheimischen Sprachinventar kommen für dieses Erstglied die Kirsche (ahd. *kirsa, kersa*), die Gartenkresse (ahd. *kressa, kresso*) oder die Fischbezeichnung für den Gründling (ahd. *kresso*) infrage. Der Vokal im Mnl. und Mnd. ist bei diesen Wörtern in der Regel -*e*-. Dieses *e* wird im Mnl. regional vor *r* + Dental zu *o* (so steht neben mnl. *kerse* 'Gartenkresse' die Form *korsse*). Dieses *o* zeigt die heutige ON-Form. Für GwN mit dem Element *Kirs*- sind auch Deutungen auf voreinzelsprachlicher Basis erwogen worden (Barth 1968 zu *Kierspe*; Schmidt, Rechtsrhein Zfl. zu *Kerspe*), insbesondere der Neckarzufluss *Körsch* (1277 *aqua Cherse*) ist direkt vergleichbar (Schmid, A.: Die ältesten Namenschichten im Stromgebiet des Neckar. In: BNF 13, 1962). ON mit Vorderglied *kers/kors* kommen im nl., nd. und hd. Gebiet vor (FO 1). V. HHS 3; Gysseling 1960/61; Wirtz, Verschiebung. *Tie*

Kösching I. Markt im Lkr. Eichstätt, 8 652 Ew., Reg.-Bez. Oberbayern, BY. Stelle eines röm. Kastells, Besitz des Klosters Regensburg-Niedermünster, später des Herzogs. II. 10. Jh. (zum 9. Jh.) *Cheskingam dicunt incolae villam*, 996–1000 *Cheskinga*, 1021 *Cheskingen*, 1187–1189 *Cheschingen*, 1231–1234 *Keschingen*, ca. 1279–1284 *Cheschinge*, 1326 *Chesching*, 1533 lat. *Cesarea, iez Kesching*, 1557 *Koesching*, 1647 *Kösching*. III. Es liegt wohl der romanische PN *Cascus* zugrunde, der durch das Zugehörigkeitssuffix ⁊-*ing* abgeleitet ist. V. HHS 7/1; Reitzenstein 2006. *WvR*

Kösen, Bad I. Stadt (seit 1. 1. 10 OT der Stadt Naumburg) im Burgenlandkreis, (als selbstständige Stadt 2004) 8 947 Ew., sw Naumburg, am w Saaleufer, ST. Asorb. Fischer- und Flößersiedlung, bis 1540 im Besitz des Klosters Pforta (später Schulpforta), 1543–1815 kursächsisch, seit 1730 Solegewinnung, ab 1813 Solbad, Kurbetrieb, seit 1846 Bahnanbindung, 1868 Stadtrecht. II. 1040 *Kusenti*, 1074 *Chusinza*, 1145 *Kusenze*, 1300 *Cusne*, 1345 *de Kosene*, 1407 *zcu Kosin*, 1459 *Cösenn*, 1540 *Koesen*, 1749 *Kösen*. III. Das Suffix deutet auf ein alteurop. Gw.: **kusantia*, eine *nt*-Bildung zu idg. **kūs-* 'wallen, wogen', vgl. lett. *kûsát* dasselbe. Somit könnte hier eine sehr alte Bez. für einen Flussabschnitt der Saale vorliegen. IV. FluN *Cusus* in Illyrien (bei Tacitus), jetzt die Waag, l. zur Donau, Tschechien. V. DS 35; SNB; Berger. *MH*

Köslin // Koszalin [kɔ'ʃalin], kasch. Kòszalëno I. Stadtkr., 107 146 Ew., Verwaltungssitz des gleichnamigen Lkr. (Powiat koszaliński), im nö Teil der Woi. Westpommern, PL. Im Küstengebiet (Pobrzeże Koszalińskie), am Mühlenbach // Dzierżęcinka, 11 km von der Ostsee. 1939 Stadtkreis, Sitz der Behörden des Landkreises, Hauptstadt des Reg.-Bez. Köslin, Provinz Pommern; Woi. Szczecin (1946–1950), (Hauptstadt der) Woi. Koszalin (1950–1998), Woi. Westpommern (seit 1999). II. 1214 *villam vnam, que Cossalitz vocatur*, 1266 *ciuitatem Cussalin*, 1274 *Cusselin*, 1311 *Kusselyn*, 1319 *Cussalin*, 1320 *Koslyn*, 1328 *Cussalyn*, 1491 *Koslyn*, 1504 *Coszlin*, 1553 *Cosslin*, 1572 *Coeslin*, 1618 *Cösslin*, 1789 *Cöslin*, 1883 *Koszalin, Koszalino*, irrtümlich *Koźlin*, d. *Coeslin*, 1946 *Köslin – Koszalin, -a, koszaliński*, 1951 *Koszalin – Köslin*, 1981 *Koszalin, -na*, 2002 *Koszalin – Köslin*. III. Es handelt sich um einen urspr. slaw. ON *Koszalice* (von einem Patronymikon zu **Koszala, Koszela*, mit dem Suffix **-ice*), später *Koszalin* (**Košelino*). Der Wechsel des patronymischen Suffixes **-ice* auf ein produktiveres poss. Suffix **-in-* erfolgte im 13. Jh. Nach Rospond war die Substitution des Patronymikons auf -*ice* durch einen poss. Namen auf -*in* (im kasch. auf -*ino*, vgl. *Koszalino*) häufig der Fall. Im 19. Jh wurde der poln. Name *Koszalin* oder *Koszalino* wiederhergestellt. Die KUNM bestätigte nach 1945 amtlich die erste Variante. Adj. *koszaliński*. IV. Koszelewska Łąka, Woi. Wielkopolska, PL. V. LorSNH; Rospond 1984; RzDuma I; RymNmiast; PMT XIII; Rymut NMP V. *BA*

Kostrzyn nad Odrą ⁊ **Küstrin**

Koszalin ⁊ **Köslin**

Köthen (Anhalt) I. Kreisstadt im Lkr. Anhalt-Bitterfeld, 28 815 Ew., zwischen der unteren Mulde und Saale, ST. Im Hochmittelalter und dann wieder in der Neuzeit askanischer Residenzort, zeitweise mit überregionaler Ausstrahlung („Fruchtbringende Gesellschaft", J. S. Bach, Homöopathie). Im 19. Jh. erster deutscher Eisenbahnknotenpunkt. **II.** 986 (1482) *Koten*, zu 1009 *Cothin urbs* [Or], 1115 *oppidum Kotene, Cotene, Cotine*, 1212 *Gunterus de Kotene*. **III.** Der Name (1885–1927 *Cöthen*) ist slaw. Ursprungs und lautete in etwa **Kotene* oder **Kotini* (↗-in). Eine eindeutige Erklärung ist nicht möglich, da die spätere Lautentwicklung Feinheiten verwischt hat. Der Name könnte gebildet worden sein: 1. aus asorb. **kot* 'Kasten, Bude, Kleintierstall, Fischwehr o.ä.', 2. aus asorb. **kot* 'Kater' oder einem gleichlautenden PN, 3. ahd. *kot* 'Abteilung, Schuppen, Kate' u. a. mehr. Die erste Variante wird als die wahrscheinlichste eingeschätzt, doch zeigt sich gerade hier eine große Vielfalt an Bedeutungskomponenten, die kein klares Bild bieten. Mit derartigen Sachlagen hat die slawistische Namenkunde häufig zu kämpfen. **IV.** Köthen, OT von Märkisch-Buchholz, Lkr. Dahme-Spreewald, BB. Kötten, OT von Arzberg, Lkr. Nordsachsen, SN. **V.** DS 38; SNB; SO 2. *ChZ*

Kötzschau **I.** seit 31. 12. 09 OT von Leuna-Kötzschau, Saalekreis, (als selbstständige Gem. 2004) 9 246 Ew., sö von Merseburg, ST. Am Floßgraben gelegen, vor 1250 bis 1304 Sitz eines Adelsgeschlechtes von Kotzowe, seit 1352 Sitz des Adelsgeschlechts von Bose, 1518 Verkauf des Sitzes an Bischof Adolf von Anhalt, von 1599 bis 1856 Saline. **II.** 1174 *Heinricus de Cocsouhe*, 1205 *Cotzowe*, 1293 *in Koczowe*, 1428 *Kochschau*, 1562 *Kotzschau*, 1745 *Kötschau*, 1818 *Köt(z)schau*. **III.** Anzusetzen ist eine asorb. Form **Chocov-*, zurückgehend auf den PN **Choc*, demnach 'Ort des **Choc*'. Der PN ist KF zu VN wie *Chocebud, Chocerad* o. ä. Die tschech. ON *Chocov, Chocovice* sowie *Kötzschau* bei Löbau, SN, und *Kötschau* bei Weimar, TH, sind anderer Herkunft. **V.** DS 35; HHS 11. *MH*

Kötzting, Bad **I.** Stadt im Lkr. Cham, 7 372 Ew., ca. 65 km nö von Regensburg und ca. 15 km ö von Cham am Weißen Regen, Reg.-Bez. Oberpfalz, BY. Urspr. Burg mit Burgflecken, Marktrechte verm. nach 1255, seit 1953 Stadt, bis 1972 Kreisstadt des Lkr. Kötzting, seit 2005 Kneippheilbad und Namenszusatz „Bad", Kötztinger Pfingstritt (berittene Bittprozession). **II.** 1146–47 Kop. Mitte 12. Jh. *Chostingen* (so auch in einer gefälschten Urk. des 13. Jh. zu 1073), 1178–88 *Kosting*, 1224 *Koetsdingen* [Or]; *Kötzting* [Or] (1394). **III.** Am ehesten handelt es sich um eine -*ing*-Abl., ↗-*ing(en)*, von dem eingedeutschten slaw. PN **Kostъ* (dieser zum App. **kostъ* 'Bein, Knochen') und damit um einen slaw.-d. Mischnamen. Zu der Gf. bair.-ahd. **Chostingun* (Dat. Pl.) 'bei den Leuten des Chost' kann eine slaw. Vorform **Kostici* existiert haben. Nicht ganz auszuschließen ist eine -*ing*-Bildung zu einem eingedeutschten slaw. SiN (Burgnamen) **Kostъ* (dieser zum o. g. App.). Durch *i* im Suffix -*ing* wurde der Umlaut *o* > *ö* bewirkt. Seit dem 13. Jh. ist ein sonst in ON nur vereinzelt auftretender Einschub von *t* vor *s* festzustellen. **IV.** Kostov, CZ; Kostów, PL; Kost, CZ. **V.** Keyser / Stoob II; Reitzenstein 2006; Schwarz. *WJ*

Koźle ↗ **Cosel**

Kraichtal **I.** Stadt im Lkr. Karlsruhe, Reg.-Bez. Karlsruhe, 14 958 Ew., im Kraichgau, BW. 1971 Gründung der Stadt Kraichtal durch Zusammenschluss der Städte Gochsheim und Unteröwisheim sowie der Eingemeindung mehrerer weiterer Orte. Die meisten ehem. selbstständigen Städte und Gem. gehörten im MA und in der Neuzeit zu Württemberg, seit 1806 zum Ghztm. Baden. **II.** Kraichtal ist benannt nach dem Fluss *(die) Kraich* (zum Rhein), 1401 *an der kreych*, 1488 *die Kraich*, 1537 *an kreich*, 1590 *die Kraich*. Mit dem FluN ist auch der Landschaftsname, 769 (Kop. 12. Jh.) *Kreichgau*, gebildet. **III.** Mhd. **Kreiche* steht zum Namen des parallel zur Kraich fließenden Kriegbachs (1226 *Criche*, 1466, Kop., *Krieche*) im Ablautverhältnis germ. **krikō*: **kraikō*. Mit diesen Wörtern werden Biegungen, Buchten, Krümmungen und Windungen bezeichnet, z.B. ostfries. *kreke, krike* 'gewundener Bach', engl. *creek* 'Krümmung, Bucht', norweg. *kreik* 'langsame Bewegung'. **V.** Kleiber, W.: Norwestgermanisches (ingwäonisches) Namengut am nördlichen Oberrhein (Kraichgau). In: Cajot, J.: Lingua Theodisca. Beiträge zur Sprach- und Literaturwissenschaft. Jan Goossens zum 65. Geburtstag. Münster 1995; Greule, DGNB. *AG*

Krakow am See **I.** Stadt und (mit fünf weiteren Gem.) gleichnamiges Amt im Lkr. Güstrow, 9 662 Ew., ca. 20 km s von Güstrow, am Naturpark Nossentiner-Schwinzer Heide, MV. Frühe slaw. Besiedlung (mit Burgwall), im MA Zentrum des Fürstentums Werle-Güstrow, Ackerbau, Fischfang und Wollweberei. 1956 Titel „Kurort" verliehen, seit 2000 staatlich anerkannter Luftkurort, h. Kurbetrieb, mittelständisches Gewerbe, u.a. Metall- und Holzverarbeitung. **II.** 1298 *oppido Cracowe*, 1305 *Krakowe*, 1336 *in Crakowe*; *Krakow* (1343). **III.** Dem ON kann sowohl ein apolb. PN **Krak* (1331 in Stralsund nachgewiesen) als auch ein FlN zugrunde liegen, beide jeweils abgeleitet mit dem Suffix -*ov*, ↗-*o(w)*, dessen auslautendes -*v* in der Aussprache verloren ging und das sowohl poss. Funktion haben als auch zur Stellenbezeichnung dienen konnte. Die Bedeutung des ON lässt sich somit entweder als 'Ort des Krak' rekonstruieren (wobei der charakterisierende PN auf apolb. **krak* 'Rabe, Krähe' zurückgehen würde) oder als Flurbezeichnung für einen 'Ort, an dem es viele Krähen gibt'. Eine Herleitung von apolb. **krak*- mit der Bed. 'Arm oder Verzweigung eines Flusses' kann nicht ausgeschlossen werden, da der aus dem großen See abfließende Bach in kleinere Seen abfließt. **IV.** U. a. Krakow, OT von Drechow, Lkr. Nordvorpommern; Kraak, OT von Rastow, Lkr. Ludwigslust; Krakvitz, Lkr. Rügen, alle MV; Krakau // Kraków, PL. **V.** MUB IV–X; PUB 7; Wauer, S.: Die Ortsnamen *Krakow- im polabo-pomoranischen und sorbischen Gebiet. In: Proceedings of the Thirteenth International Congress of Onomastic Sciences, Cracow 1978. Hg. von K. Rymut. Bd. 2. Kraków 1982; Trautmann ON Meckl.; OSE; Eichler/Mühlner. *MN*

Kranenburg **I.** Gem. im Kr. Kleve, 9909 Ew., Reg.-Bez. Düsseldorf, NRW. Um 1227 durch die Grafen von Kleve im Kranenburger Bruch gegründet. **II.** 1270 *domus Cranenburg*, 1372 *van Kraneborgh*, 1401/02 *in Cranenborch*. **III.** Gw. ↗-*burg* zur Bezeichnung einer befestigten Stadt. Bw. im Gen. Sg. oder Pl. zu asä. *krano* sw. Mask., mnd. mnl. *krän(e)* 'Kranich', vielleicht aus einer urspr. Geländebez. *Kranenbrōk* o. ä. (vgl. 1168 *Crandunch* 'Krahnendonk' [in Mönchengladbach]). Das Bw. ist häufig in ON (FO 1). **V.** HHS 3. *Tie*

Kraslice ↗ **Graslitz**

Krautheim **I.** Stadt und (zusammen mit den Gem. Dörzbach und Mulfingen) gleichnamiger GVV im Hohenlohekreis, 10 997 Ew., ca. 13 km nnw Künzelsau, Reg.-Bez. Stuttgart, BW. 1250 fällt die Herrschaft über den Ort von den Edelfreien von Krautheim an die verschwägerten Grafen von Eberstein, 1329 und 1358 wurde die eine Hälfte des Ortes nach Teilung der ebersteinischen Linie im Jahr 1327 an das Erzstift Mainz verpfändet, die andere Hälfte wurde 1346 an das Hochstift Würzburg verkauft, im 15. Jh. durchgehende Verpfändung, 1838 Verkauf an Baden. Metallwaren, Wohnwagenzulieferer. Burg Krautheim, Kuharsch, Jagsttalbahn. **II.** 1096 (Kop. 12. Jh.) *Crutheim*, um 1190 (Kop. 12./19. Jh.) *Krautheim*, 1479 *Krautheim*. **III.** Eine Zuss., gebildet mit dem Gw. ↗-*heim* und dem Bw. ahd., mhd. *krūt* 'Pflanze, Kraut'. Der Name haftet an Orten mit besonders saftigen Kräutern, gelegentlich verweist er auf Kohlanbau. **IV.** Krautheim, Lkr. Weimarer Land; Krauthausen, Wartburgkreis, beide TH. **V.** FO; LBW 4. *JR*

Krefeld **I.** Kreisfreie Stadt, 236 333 Ew., Reg.-Bez. Düsseldorf, NRW. Stadterhebung 1373. Seit Mitte des 17. Jh. Aufstieg durch eine bedeutende Textilindustrie (Seide, Leinen). **II.** (1097–1105) *in Krinfelde*, 1166 *in Creinuelt [Or]*. **III.** Gw. ↗-*feld* mit Erstglied asä. *krāia* sw. Fem. 'Krähe' mit regionaler Graphie *e* für germ. /æ/ oder Umlaut durch *j*. Aus einem FlN '(am) Feld der Krähen'. Der Vogel erscheint häufiger als Bw. von Toponymen: FO 1. **IV.** Crainfeld (1012 *ufe Creginfelt [Or]*), Ortsteil von Grebenhain im Vogelsbergkreis, HE. **V.** HHS 3; RhStA XV/81; Keussen, H.: UB der Stadt (und Herrlichkeit) Krefeld und der (alten) Grafschaft Mörs, I–IV. Krefeld 1938–1940. *Tie*

Kreiensen **I.** Gem. im Lkr. Northeim, 7151 Ew., sw von Bad Gandersheim, Reg.-Bez. Braunschweig (bis Ende 2004), NI. Welfischer Besitz, 2. Hälfte 19. Jh. Bed. als Eisenbahnknotenpunkt der Herzoglich Braunschweigischen Staatseisenbahn. **II.** 1342 *Creyenhusen [Or]*, 1441 *Kreyensen* (Kop. 15. Jh.). **III.** Bildung mit dem Gw. ↗-*hausen* und einem asä. nicht bezeugten schwach flektierenden KN im Gen. Sg., entweder *Krego, mit Schwund des intervokalischen -g-, oder *Kreo, mit -y-/-i- als Hiatustilger. **IV.** † Kreiendorp ö Halberstadt (1136 *Creindorp*), Harzkreis, ST. **V.** KD Gandersheim; NOB V. *FM*

Krempermarsch **I.** Amt im Kr. Steinburg mit 10 Gem. und Verwaltungssitz in der Stadt Krempe, 9526 Ew., SH. In einer Schenkungsurkunde an das Kloster zu Uetersen 1234 erstmals erwähnt. 1956 Fusion der Ämter Neuenbrook und Kremperheide zum erweiterten Amt Neuenbrook, 1969 Beitritt der Stadt Krempe zum Amt und Umbenennung in *Amt Krempermarsch*. **II.** 1234 *Crimpa*, 1237 Crempe, 1312 *in palude Crimpen [Or]*, 1346 *mersch tu der Krempen*, 1436 *in der Kremper Mersch*; *Cremper Marsch* (1553). **III.** Der FlN *Marsch* geht zurück auf mnd. *mersch, marsch, masch* 'fruchtbare Niederung an den Ufern des Meeres oder der Flüsse' und bezeichnet die Landschaft um die Kremper Au westlich der Stör. Nd. *Krempe* bedeutet 'zurückgebogener (Hut-)Rand', Krempe ist eine Nebenform von nd. *Krampe* 'Haken, Klammer' und bezeichnet etwas Gekrümmtes. **IV.** Stadt Krempe, Kremperheide, Krempermoor, alle in demselben Amt, Kr. Steinburg, SH. **V.** Laur; HHS 1. *GMM*

Krems an der Donau **I.** Statuar- und Bezirksstadt, 23 904 Ew., 70 km nw WI am Ostrand der Wachau/Südrand des Waldviertels an der Mündung der Krems in die Donau, NÖ, A. Reichhaltigste prähistorische Funde (Altsteinzeit), laut Vita Severini Zentrum des Rugierreiches; ab ca. 1000 Kaufmannssiedlung, 1014 Pfarrort, seit Anfang 12. Jh. Münzstätte, Gozzoburg (Profanbau aus dem 13. Jh. mit Monumentalfresken), Stadtrecht 1305; bedeutende Sakralbauten und geschlossen erhaltene Altstadt (zumeist barockisierte, urspr. gotische bzw. im Renaissancestil erbaute Bürgerhäuser). Haupteinnahmen im Hoch- und Spätmittelalter durch Donauschifffahrt, Weinbau, Salzhandel; seit dem 19. Jh. Industrialisierung (Firma Eybl, VOEST Alpine, Krems Chemie); h. Verwaltungs- und Einkaufszentrum, Schul- und Universitätsstadt (Donau-Universität Krems, Fachhoch- und Weinbauschule, etc.). **II.** 995

Kop. 12. Jh. *orientalis urbis ... Cremisa*; *ze Krems* (1368). **III.** Der ON beruht auf dem gleichlautenden GwN *die Krems*, der als idg.-voreinzelsprachlich *Kremis(i)a* rekonstruiert wird; dies ist eine Abl. von idg. *(s)krēm-/(s)krə-m-* bzw. *(s)kerb(h)-/(s)kreb(h)-/(s)kre-m-* mit der Bed. 'schneiden', woraus sich eine (auch durch die Realprobe bestätigte) Bed. 'in die Berge eingeschnittener Fluss' annehmen lässt (P. Wiesinger im ANB). **IV.** GwN *Krems*, ON *Kremsmünster*, OÖ. **V.** ANB 1; ÖStB 4/2. *ES*

Kressbronn am Bodensee **I.** Gem. im Bodenseekreis, 8 084 Ew., bildet zusammen mit den Gem. Langenargen und Eriskirch den GVV Eriskirch-Kressbronn am Bodensee-Langenargen, 20 382 Ew., ca. 11 km sö Friedrichshafen, Reg.-Bez. Tübingen, BW. Im 13. Jh. ist Adel im heutigen Kressbronn ansässig, im 18. Jh. erlangte es als Zollstätte und als Umschlagplatz Bedeutung für die Schifffahrt, 1934 werden die Gem. Hemigkofen und Nonnenbach zu Kressbronn am Bodensee zusammengelegt. Tourismus, Obst-, Wein- und Hopfenanbau. „Schlössle", Hofanlage Milz, Burg Gießen, Pfarrkirchen Maria Hilfe der Christen Kressbronn und St. Gallus. **II.** 1934 *Kreßbronn am Bodensee*; *Kressbronn am Bodensee* (1977). **III.** Der neu gebildete Name schließt an einen alten in der Region bezeugten Namen an: 1230 *Sigifridus de Kressenbrunnen*. Das Gw. ist ahd. *brunno*, mhd. *brunne*, *brun* 'Quelle, Brunnen', ↗-*brunn* / -*bronn*. Der Stammvokal *u* wird hier vor Nasal zu *o* gesenkt. Das Bw. ist vermutlich ahd. *kresso*, mhd. *kresse* 'Brunnenkresse'; der Name bedeutet dann 'mit Brunnenkresse bewachsene Quelle'. **V.** FO; LBW 2 und 7. *JR*

Kreuzau **I.** Kreisangehörige Gem. im Kr. Düren, 17 868 Ew., s von Düren an der Rur, Reg.-Bez. Köln, NRW. Erste Erwähnung 1308. Alter Pfarrort im Besitz des Stifts der Deutschordensherrn zu Nideggen. Zentralort der Papierproduktion und -verarbeitung. **II.** 1308 *Auwe* [Or], ca. 1400 *Oyver Auwe*, 1472 *Cruitz Auwe*; *Kreuzau* (1830). **III.** Zunächst nur Namensimplex *Auwe* 'Aue' zur Bezeichnung des Siedelplatzes an der Rur, die nach der Einzwängung in die Buntsandsteinformationen der Nordeifel ab hier sich in die Dürener Ebene entfaltet. ↗-*Au(e)* steht für 'Land am Wasser', 'niedrig gelegenes Wiesengelände'. Weitere -*au*-ON (*Friedenau*, *Niederau*, *Burgau*) folgen unmittelbar flussabwärts. Zur Differenzierung von diesen ebenfalls in ihren Erstbelegen nur *Au(we)* bezeichneten Orten wurde zunächst nach der Lage am oberen Lauf der Rur für das spätere Kreuzau der ON *Oyver Auwe* ('Oberau') gewählt, wodurch es zu einer sprachlich deutlichen Abgrenzung insbesondere von *Niederau* kam. Ab der Mitte des 15. Jh. kam als neues Differenzierungsglied *Cruitz* ('Kreuz') nach dem alten Pfarrpatronat „Heilig Kreutz" auf. **IV.** Kreuzweingarten, OT von Euskirchen, Kr. Euskirchen, NRW; Kreuzwertheim, Lkr. Main-Spessart, BY. **V.** Kaspers. *Br*

Kreuzburg O.S. // Kluczbork ['klutʃbɔrk] **I.** Kreisstadt und gleichnamige VG in der Woi. Opole, 37 917 Ew., im Grenzgebiet zwischen Nieder- und Oberschlesien an der Stober, PL. Angelegt 1252 vom Ritterorden der Kreuzherren mit dem Roten Stern; 1274 Flämisches Stadtrecht, bis 1335 zu Polen, danach an Böhmen, 1675 an Habsburg, 1742 an Preußen. 1921 stimmten in der Volksabstimmung 96 % der Wahlberechtigten für Deutschland; bis 1945 Kreisstadt im Reg.-Bez. Oppeln, 11 693 Ew. (1939). Im Mittelalter Handel an der Grenze zu Großpolen, h. Möbel- und Maschinenbauindustrie. **II.** 1252 *Cruceburch* [Or], 1257 *Cruczburgh*, 1274 *Cruceborg*, *Kluzbork*; *Krucibork* (17. Jh.). **III.** Der Name geht auf die Gründung durch die Kreuzherren zurück, die bewusst den Namen zu Ehren des Heiligen Kreuzes gegeben haben. Ein Kompositum aus dem Gw. ↗-*burg* und dem Bw. *Kreuz* zu mhd. *kriuz(e)* 'Kreuz'. Der lokalisierende Zusatz *O.S.* = Oberschlesien wurde zur Unterscheidung von anderen gleichlautenden ON zugegeben. Die Angleichung des d. Namens ans Polnische verlief stufenweise durch lautliche Veränderungen: Dissimilation der Konsonanten -*r*- > -*l*- (*Krucibork* > *Kluzbork*), -*c*- > -*č*- (*Kluzbork* > *Kluczbork*) in Adideation zum poln. App. *klucz* 'Schlüssel' und Substitution. Das d. -*burg* wurde in poln. ON regelgerecht als -*bork* übernommen, z. B. in *Marienburg* > *Malbork*, *Frauenburg* > *Frombork*. **IV.** Creuzburg, TH; Kreuzburg // Slawskoje, RUS; Kreuzburg, BB. **V.** SNGŚl; Rymut NMP. *MCh*

Kreuzlingen **I.** Stadt am Bodensee und Hauptort des gleichnamigen Bezirks, 18 526 Ew., TG, CH. Urspr. nur Name des Klosters. Die Stadt ist 1926–1928 durch Zusammenschluss der Ortsgemeinden Egelshofen, Emmishofen und Kurzrickenbach entstanden. Das Kloster Kreuzlingen wurde 1125 vor den Stadtmauern als Chorherrenstift neu gegründet. Nach Kaiserurkunde von 1125 wurde der Ort im Volke *Crucelin* genannt. Vor dem Klosterbau bestand mit diesem Namen innerhalb der Stadt ein vom heiligen Konrad (934–75) gegr. Hospiz. Nach der Überlieferung schenkte Bischof Konrad dem Hospiz einen Kreuzsplitter aus Jerusalem, der h. noch in der Kirche St. Ulrich aufbewahrt und verehrt wird. Im 30-jährigen Krieg wurde das Kloster zerstört. 1650 Wiederrichtung des Klosters am h. Standort. Kreuzlingen war dank dem milden Bodenseeklima ein bekanntes Weinbaugebiet. Im 20. Jh. Industrialisierung: Schuhfabriken (Hug, Raichle), Aluminiumwalzwerke (Neher, h. Alcan), Textilindustrie. H.

überwiegt der Dienstleistungssektor. Aus dem Lehrerseminar (im Klostergebäude) wurde 2003 die Pädagogische Hochschule Thurgau (Neubau 2008). **II.** 1125 *hospitale quod ab incolis illius terrae Crucelin vocatur* [Or.], 1152 *inloco qui dicitur Crucilingen*. **III.** Zu **ze dem crûzelîne*: App. *crûzelîn* 'beim Kreuzlein'. Das App. *crûzelîn* ist die Verkleinerungsform auf *-în* zu ahd. *krûzi* st. Ntr. 'Kreuz'. Das ⁊ *-ingen*-Suffix im heutigen ON ist sekundär wie im benachbarten *Münsterlingen* (< *munsterlîn* 'Klösterlein') und an die *-ingen*-Orte der Gegend angeglichen (Güttingen, Scherzingen, Triboltingen, Ermatingen usw.). **V.** TNB 1.2. *Ny*

Kreuznach, Bad I. Große kreisangehörige Stadt und Sitz des gleichnamigen Lkr., 43 730 Ew., zwischen Hunsrück, Rheinhessen und Nordpfälzer Bergland, RP. Im Römischen Reich Grenzstadt, deshalb Errichtung eines gewaltigen Kastells, 1270 städtische Freiheiten wie Markt-, Gerichts- und Zollrecht, 1708 zur Kurpfalz, ab zu 1792 Frankreich, 1815 zu Preußen. Seit 1924 Titel „Bad", h. größtes Weinanbaugebiet der Naheregion; kleine und mittlere Betriebe, aber auch Industrie wie Michelin Reifenwerke und Schneider-Optik. **II.** 819 *Cruciniacum*, 822 *Cruzenacus*, 835 *Cruciniacum*, 839 *Cruciniaco*, 845 *Crucinacha*, 992 *Cruzzinach*, 1158 *Crucenachen*, 1253 *Crucenach*, 1422 *Crutzennach*, 1517 *Creutznach*. **III.** Ausgangsform **Crūcinacum* 'Praedium des Crucinus', Abl. mit dem gallorom. Suffix *-ako-* von PN **Crūcinus*. **V.** Jungandreas; Kaufmann 1973. *AG*

Kreuztal I. Stadt im Kr. Siegen-Wittgenstein, 31 300 Ew., am Westrand des Rothaargebirges, Reg.-Bez. Arnsberg, NRW. 1969 durch Zusammenschluss umliegender Gemeinden gebildete Stadt. Der OT Kreuztal entstand als neuer Siedlungsschwerpunkt an der Grenze der älteren OT Fellinghausen und Ernstorf. **II.** 1826 *Kreuzthal*. **III.** Der Name ist offenkundig durch die einander etwa rechtwinklig kreuzenden Täler der Bäche Hees/Littfe und des Ferndorfbachs motiviert. **V.** HHS 3; Brückel, O./Weller, G.: Seit wann gibt es „Kreuztal" als Wohnort? In: Siegerland 77 (2000). *Flö*

Kriens ['xriəns] **I.** Dorf und Gem. im Amt Luzern, Vorortsgem. von Luzern, 25 893 Ew., der Siedlungskern mit der Kirche liegt am Rande eines früher versumpften Talbodens am Fuße des Pilatus, Kt. Luzern, CH. Im 9. Jh. Schenkung an das Kloster Luzern. Der klösterliche Dinghof gelangte 1291 an Habsburg, um 1392 luzernische Vogtei. Vieh- und Milchwirtschaft, Gewerbe. Im 19. Jh. Entwicklung zu einem Industrieort. **II.** 9. Jh. (Kop. 12. Jh.) *in Chrientes*, 1178 *de Chriens*, 1257 *in Kriens*. **III.** Der SiN *Kriens* mit der ältesten Belegform *Chrientes* ist auf eine gallorom. Grundform **crientas* zurückzuführen. Saladin stellt den Namen zu gallorom. *crienta* 'Spreu', das in rom. Mundarten gut belegt ist und offenbar auch 'Stroh' bedeutete. Mit Bezug auf die ausgedehnten Streulandhänge und -böden am Pilatus und im Talboden von Kriens erklärt er den Namen mit 'Streugras, Streuland'. Haas führt den Namen auf einen durch das Keltische vermittelten alteurop. GwN **crientas* zurück, zu einer idg. Wurzel **krei-* 'schneiden, trennen' mit dem Suffix *-nt*. Benennungsmotiv wäre die Tätigkeit der Wildbäche des Kriensertals oder das zerschnittene Gelände. Der Name ist nicht abschließend gedeutet. Vergleichsnamen, die FlN betreffen, unterstützen jedoch Saladins Vorschlag 'Streuland'. Demnach wäre Kriens als 'Stelle bzw. Siedlung am Rande von Streuland' zu erklären. **IV.** FlN *Chränz*, 1346 *ripam que dicitur Kriens*, im St. Galler Rheintal; FlN *Kriensmettlen*, 1485 *Kriensmettlen gelägen am see*, in Sarnen, OW, alle CH. **V.** Hörsch, W.: Kriens. In: HLS 7, 2008; Saladin, G.: Zum Ortsnamen Kriens. In: Vaterland Nr. 109, Nr. 115, 1927; Haas, W.: Zum Ortsnamen Kriens. In: Der Geschichtsfreund 129/130, 1976/77; LSG. *EW*

Kriftel I. Gem. im Main-Kinzig-Kreis 10 609 Ew., Reg.-Bez. Darmstadt, HE. Frühe Erwähnung in der Fuldaer Überlieferung des 9. Jh. In Kriftel, das am Translationsweg des heiligen Bonifatius lag, nimmt der „Apostel der Deutschen" bis h. einen wichtigen Platz in der Erinnerungskultur ein. Seit dem Spätmittelalter war der Ort mit Ausnahme von Zeiten der Verpfändung an die Eppsteiner bzw. an die Grafen von Stolberg, welche die Reformation einführten, unter der Herrschaft des Mainzer Erzbistums, das seit 1559 die Rekatholisierung betrieb. 1803 an Nassau-Usingen. **II.** 780–802 (Kop.) *Cruftera*, 890 *in Cruftero marcu*, 1222 *Cruftila*, 1623 *Crüfftel*. **III.** Vom GwN *Kriftel* (h. *Schwarzbach* bzw. auch *Goldbach*) ist der Name auf den Ort übergegangen. Die geäußerte Vermutung, wonach der Bachname unter Hinweis auf ahd. *krufta* 'Gruft, Höhle' als 'Schluchtenbach' zu deuten sei, ist wegen der singulären Verwendung dieses Bw. und dem nicht übereinstimmenden Realienbefund nicht haltbar. Eher ist hier an spätahd. *crufta* als Abl. zu *graban* 'graben' in der Bedeutung 'Graben, Senke' zu denken (Reichardt). Unter Hinweis auf vergleichbare Namen wie die Wüstungen Krüftel im Lkr. Friedberg (785, Kop. *Cruftila*) und Kroppach, Lkr. Gießen, (1265 *Crupach*) ist auch germ. **kruft-* 'Feld, Acker' (vgl. engl. *croft*) als Bw. angenommen worden (Petran). **V.** Petran, M.: Der Flußname Kriftel. In: BNF 1981; Reichardt 1973. *TH*

Krnov ⁊ **Jägerndorf**

Kronach I. Kreisstadt im gleichnamigen Lkr., 17564 Ew., 17 km nw von Kulmbach am Fuße des Frankenwaldes am Zusammenfluss von Haßlach, Kronach und Rodach, Reg.-Bez. Oberfranken, BY. Um 1000 im Besitz der Grafen von Schweinfurt, von 1122 bis 1803 zum Hochstift Bamberg gehörig, verm. seit dem 13. Jh. Stadt, ma. Altstadt, Festung Rosenberg mit Fränkischer Galerie, Geburtsstadt von Lucas Cranach d. Ä., Faust-Festspiele. II. Zu 1003 Chronik um 1013 *ad urbem Crana ... ad Cranam*, 1122 *Chrana* [Or], 1152 *Cranaha* [Or]; *Cronach* [Or] (1383). III. Der SiN *Kronach* beruht auf dem GwN *Kronach*, 1400 *Kranach*. Dieser ist indirekt auch durch 1223 *Crummen Cranache* zum SiN *Grümpel* (an dem gleichnamigen Quellfluss der Kronach) bezeugt. Es liegt eine Zusammensetzung aus ahd. *krano* 'Kranich' und ahd. *aha* 'Wasser(lauf), Fluss' (↗-*ach*¹) vor. Der Beleg von 1383 spiegelt sowohl den Schwund des auslautenden Vokals als auch die mda. Hebung *a* > *o* wider. Vorübergehend wurde an den SiN *Kronach* zur Unterscheidung von dem SiN *Goldkronach* der Zusatz *Sta(d)t-* (vgl. ↗-*statt*) angefügt (z. B. 1410 zeitnahe Kop. *Statkronach*). IV. Goldkronach, Lkr. Bayreuth, Reg.-Bez. Oberfranken; Kronach, Stadtteil von Fürth, Reg.-Bez. Mittelfranken, beide BY. V. Keyser / Stoob I; Demattio; Schwarz. *WJ*

Kronberg im Taunus I. Stadt im Hochtaunuskreis, 17461 Ew., an einem Vorhügel des Altkönigs, Reg.-Bez. Darmstadt, HE. Gegr. wohl wie ↗Königstein (HE) als staufische Burg durch die Reichsministerialen von Eschborn, die sich dann nach Kronberg nannten, so auch in der Ersterwähnung 1230. 1330 erhielt die Burgsiedlung Stadtrecht, 1704 nach dem Aussterben der Kronberger kam Kronberg an Mainz, 1803 an Nassau-Usingen, 1866 an Preußen. II. 1230 *Kronenberc*, 1364 *Cronenburg*, 1481 *Cronberg* [alle Or]. III. Bw. ist das im Gen. Sg. stehende, sowohl st. wie sw., hier sw. flektierende mhd. Subst. *crône* 'Krone'; die Endung ist als unbetonte Mittelsilbe im Spätma. geschwunden; die (immer seltene) *K*-Schreibung wurde erst 1934 offiziell. Das Gw. (↗-*burg*/-*berg*) erscheint selten auch als -*burg* und zeigt – ebenfalls selten – -*c* als Reflex der (in nhd. Orthografie nicht mehr notierten) Auslautverhärtung. Die *Krone* (die die Kronberger auch in ihrem Wappen trugen) weist deutlich auf die kgl. Gründung und damit auf die staufische Politik mit dem Ziel eines burgengesicherten Reichslandes Wetterau hin. Zu *Taunus* ↗*Königstein im Taunus*. IV. Kronenburg, staufische Burg im Elsass, F, und Kronburg, Lkr. Unterallgäu, BY. V. Reimer 1891; Clemm. *HGS*

Kronshagen I. Amtsfreie Gem. im Kr. Rendsburg-Eckernförde, 11981 Ew., grenzt als eigenständige Stadtrandsiedlung an Kiel, SH. 1271 erstmals urk. erwähnt, bis 1452 gehörten sämtliche Dörfer des Gutes Kronshagen dem Heiligengeist-Kloster in Kiel, 1572 Vereinigung der einzelnen Dörfer zum Meierhof Kronshagen. Das Gut Kronshagen danach in unterschiedlichem Besitz, 1768 Gründung des Amtes Kronshagen, 1773 unter dän. Krone, 1864 zu Preußen, 1867 Zusammenlegung mehrerer Ämter zum Landkreis Kiel, 1889 erneute Gründung des Amtsbezirks Kronshagen, 1910 Kronshagen städteplanerisch als Gartenstadt angelegt, 1932 zum Kr. Rendsburg. II. 1264 *in Croneshagen* [Or], 1315 *in villa Kronshagen*, 1610/11 *zum Cronshagenn*. III. Der ON setzt sich zusammen aus dem Wortstamm *Kron-*, abstammend vom nd. *kroon* 'Kranich' und ↗-*hagen* 'eingehegte Siedlung'. Somit beschreibt der Name eine 'eingehegte Siedlung mit Kranichen'. V. Laur; Haefs. *GMM*

Kropp-Stapelholm dän. *Krop* I. Amt im Kr. Schleswig-Flensburg mit fünfzehn amtsangehörigen Gemeinden mit Verwaltungssitz in Kropp, 17088 Ew., südlich von Schleswig, SH. Kropp wird erstmals 1285 erwähnt, 14. 1. 2008 Gründung des Amtes Kropp-Stapelholm aus den bisherigen Ämtern Kropp und Stapelholm. II. 1285 *Croop* [Or], 1340 *in villa Croppe* 1340; *Cropp* (1554) III. Die Ortsbezeichnung stammt vom nd. *Kropp* 'Kropf' ab und meint, wenn es sich auf landschaftliche Erscheinungen bezieht, eine Erhöhung, eine 'Siedlung bei der Anhöhe'. Diese Benennung bezieht sich auf die flachgewölbte Form des Sanders, auf dem der Ort liegt. Mit Stapelholm wurde ein alter Landschaftsname (erstmalig 1260) in die neue Amtsbezeichnung aufgenommen. V. Laur; Haefs. *GMM*

Krosno Odrzańskie ↗**Crossen (Krossen)**

Krotoschin// Krotoszyn [krɔˈtɔʃin] I. Stadt in der Woi. Wielkopolskie (Großpolen), Kreis- und Gemeindesitz, 29447 Ew., PL. Die erste dokumentierte Erwähnung des Ortes stammt aus dem Jahr 1409. 1415 wurde die Burg gegr. und das Magdeburger Recht mit dem Freibrief von Władysław Jagiełło erteilt. 1628 siedelten sich hier aus Deutschland flüchtende Protestanten an; im 18. Jh. berühmt durch die großen Krotoschiner Jahrmärkte. 1793 preuß., Reg. Bez. Posen. 1819 wurde das gleichnamige Mediatfürstentum den bayer. Fürsten von Thurn-Taxis überlassen. 1919 an Polen. Nach dem 2. Weltkrieg entwickelt sich die Metall- und Möbelindustrie. II. 1390 *Crothoszinsky*, 1405 de *Crothoszino*, 1511–23 *Crotoschyn, in villa Stharemyastho, villa stharykrotoschyn*, 1578 *Krotoszyn oppidum*, 1883 *Krotoszyn*, 1921 *Krotoszyn*, 1981 *Krotoszyn*. III. Vom apoln. PN *Krotosza* (zu *krótki* 'kurz' oder zu apoln. *krotki* 'ruhig, mild'), mit dem Suffix -*in*. Die d. Form *Krotoschin* stellt eine grafische Adaptation der poln. Benennung dar. **IV.** Mit dem polnischen PN *Krotosz* sind einige ON in Polen verbunden. Krotoszyn, Woi. Kujawsko-Pomorskie (Kujawien-Pommern); Krotoszyce // Kroitsch in Schles., Woi. Dolnośląskie (Niederschlesien); Krotoszynek, Woi. Wielkopolskie (Großpolen); Krotoszyny, Woi. Warmińsko-Mazurskie (Ermland-Masuren), alle PL. **V.** Rymut NMP V; RymNmiast; Rospond 1984. *BC*

Krotoszyn ↗ **Krotoschin**

Kröv-Bausendorf **I.** VG im Lkr. Bernkastel-Wittlich, 8797 Ew., Verwaltungssitz in der Gem. Kröv; am linken Ufer der Mosel, zwischen Trier und Koblenz, RP. **II.** Kröv: 866/69 *in villa [...] Crouia*, 895 *[Or] ad Crouiam ecclesiam*, 1128 *Crove*, 1218 *Croef*, 1296 *Crewe*, 1330 *Cröve*, 1474 *Croeff*. Bausendorf: um 1200 *bůsendorf*, 1220 *Busendorf*, 1409 *Buoßendorf*, 1467–75 *Busendorff*. **III.** Der Name *Kröv* steht wahrscheinlich mit kelt. **kraṷo-* m. 'Stall, Hütte, Verschlag' (air. *cráu*, *cró*, kymr. *craw*, idg. **krəṷo-* < **krh₂-ṷó-*) in Beziehung und ist als ON mit Suffix *-i̯ā* vom ablautenden **kroṷo-* (< idg. **kro(h₂)ṷo-*) abgeleitet. *Bausendorf*, Komp. mit Gw. ↗ *-dorf* und dem Gen. des PN. (mhd.) **Būse* (frnhd. *bausen* 'aufgeblasen sein, sich blähen, schwellen, strotzen') als Bw. **V.** Jungandreas; Puhl 1999; Pokorny. *AG*

Krozingen, Bad **I.** Stadt (2005) und gleichnamige VVG im Lkr. Breisgau-Hochschwarzwald, 21 176 Ew., ca. 14 km sw Freiburg und 45 km nnö Basel im Breisgau gelegen, Reg.-Bez. Freiburg, BW. Seit 1806 zum badischen Amtsbezirk Staufen gehörig, bei Ölbohrungen im Jahre 1911 wurde eine Thermalquelle erbohrt, die zum 1933 verliehenen Prädikat Bad führte. Heilquellenkulturbetrieb, rom. Glöcklehofkapelle, Renaissanceschloss, Spuren eines röm. Vicus, Gräberfelder, Runenfund. **II.** 807 *in villa Scrozzinca [Or]*, 1146 *Crocingen*, 1185 *Crozzingen*, 1409 *Krotzingen [Or]*; *Bad Krozingen* (1933). **III.** Es handelt sich um eine ↗ *-ingen*-Bildung mit einem PN *Scrozo* (wenn der älteste Beleg zutrifft; zu ahd. *scrōtan* 'schroten') oder *Crozzo* (zu ahd. *krota* 'Kröte'); der Name bedeutet 'bei den Leuten des Scrozo (oder Crozzo)'. **IV.** ↗ Großkrotzenburg, Main-Kinzig-Kreis, HE. **V.** FO 1; FP; Krieger; LBW 6; Sütterlin, B.: Geschichte Badens. Karlsruhe 1965. *JR*

Krumbach (Schwaben) **I.** Stadt im Lkr. Günzburg, 12 564 Ew., Reg.-Bez. Schwaben, BY. Durch Krumbach fließt die Kammel (Kammlach) (zur Mindel zur Donau). 1300–1805 zur Marktgrafschaft Burgau, danach zu Bayern; 1895 Stadt, h. 5 Stadtteile. **II.** Ca. 1146–1162 (Kop. 11275) *Crumbenbach*, 1156 *Crumbach*, ca.1167 (Kop.13. Jh.) *Krumbach*. **III.** Der Name enthält als Bw. das Adj. ahd. *krumb* (flektiert *krumben-*) 'gekrümmt'. Der GwN *Kammlach* (1351, 1357, 1404 *an der Kamlach*), der aus **Kambalā*, einer *l*-Ableitung von kelt. **kambo-* 'gekrümmt', hervorgegangen sein dürfte und später verdeutlichend mit ahd. *aha* (↗ *-ach¹*) 'Fließgewässer' erweitert wurde, ist nach dem gleichen Motiv wie Krumbach benannt. **V.** Reitzenstein 1991; Greule, DGNB. *AG*

Krumau, Böhmisch Krumau // Český Krumlov ['ʧɛskiː 'krumlof] **I.** Kreisstadt, 13 650 Ew., in Südböhmen, Südböhmischer Bezirk (Jihočeský kraj), CZ. Gegründet an der Handelsstraße Prag-Linz. Um 1240 Burg, später noch „Untere Burg". Zuzug von bayer. Kolonisten. Siedlungen beiderseits der Moldau, 1347 mit Brücke verbunden. Seit 1302 Sitz des berühmten Adelsgeschlechts der Rosenberger // tschech. *Rožmberkové*. Nach 1550 Umgestaltung der Burg (nachher auch der Stadt) in eine in Mitteleuropa bekannte Renaissanceresidenz, nach 1650 im Barockstil. Nach 1760 Schlosstheater (bis heute). Imposante Stadtkulisse. *Krummau* zählt zu den 100 hist. schönsten Städten der Welt, UNESCO-Weltkulturerbe. **II.** 1240 *Krumbenouwe [Or]*; 1259 *Crumlow [Or]*; 1395 *Crumpnaw, Crumplow*; 1585 *Czesky Krumlow*; seit dem 17. Jh. *(Böhmisch) Krummau*; *Krummau an der Moldau*. **III.** Die auf einer Felsenhöhe in einer Moldauschleife um 1240 errichtete Burg wurde nach ihrer Lage *uf der krumben ouwe* 'auf der krummen Aue' > *Krummau* benannt. Namenformen wie *Krumnau, Krummaub, Krumpnau* u.Ä., die häufig anzutreffen sind, sind auf dial. geprägte Dissimilationen und Sprossvokale zurückzuführen. Ins Tschech. entlehnt mit *-mm-* > *-ml-*Dissimilation und ↗ *-au* / ↗ *-ov*-Ersatz: *Krummau* > *Krumlov*. Zur Unterscheidung von *Mährisch Krommau, Moravský Krumlov*, versehen mit dem Attribut *Böhmisch, Český*. **IV.** D. Krummenau, RP, u.a., tschech. *Krompach, Krumvald*, CZ. **V.** Pf II; LŠ; SchOS; HSBM. *RŠ*

Krummhörn **I.** Einheitsgemeinde im Lkr. Aurich, 12 779 Ew., nw von Emden, sw von Norden, bis 2004 Reg.-Bez. Weser-Ems, seit 2005 Regierungsvertretung Oldenburg, NI. Hist. wird der gesamte Bereich zwischen Greetsiel und Oldersum als „Die Krummhörn" bezeichnet. Die Gem. Krummhörn wurde im Zuge der niedersächsischen Gemeindereform 1972 aus 19 ehemals selbstständigen Gemeinden gegründet. Leuchttürme in Pilsum und in Campen (kleinster und größter Leuchtturm der d. Nordseeküste) sowie Kreuzkirche in Pilsum aus dem 12. Jh. **II.** 1463 *ghenomet Cromme loend [Or]*, 1519 *in de Kromme Horn*, Anfang 16. Jh. *dat Cromme lant*, 1542 *in der Krummen Hörn*. **III.** Der ON entstand aus einem Syntagma mit dem Adj. mnd. *krum, krumme* 'krumm, gebogen', das meist im Nom. Sg. steht, und mnd. *lant*

'Land, Gebiet' bzw. mnd. *horn* M., *hörne* Fem. 'Horn; spitzes Landstück; auch Seite, Himmelsrichtung'. Die beiden Zweitelemente variieren, bis sich *-hörn* durchsetzt. Das genaue Benennungsmotiv ist nicht sicher. Verm. bezieht es sich auf die gewundenen Straßen oder Gewässer. **V.** Remmers, Aaltukerei. *TK*

Kümmersbruck. I. Gem. mit 10 Ortsteilen im Lkr. Amberg-Sulzbach, 10 033 Ew., am s Rand von Amberg, Reg.-Bez. Opf., BY. Bis zum Ende des 14. Jh. Adelssitz, dann Hofmark mit wechselnden Inhabern. Bau von Wohnsiedlungen und Eingemeindung umliegender Orte führen in jüngerer Zeit zur hohen Einwohnerzahl. **II.** 12. Jh. Anfang Notiz 1281 *Chuniprehtsprucc*, [andere Lesart:] *Chumprehtspruct*, ca. 1187 *Chůnradi de Chůneprehtesbrucke [Or]*; *Chůmerspruch* (1320). **III.** Zum Gw. der unechten Komposition ↗ *-brück/-bruck/-brücken*. Bw. ist der abair. PN *Chunipreht* mit Gen.-Flexiv *-es*. Die dem PN zugrunde liegenden germ. Stämme sind für das Erstglied **Kunja-* und für das Zweitglied **Berhta-*, das durch Sprossvokal und Synkope über **-bereht* zu ahd. *-breht*/abair. *-preht* wurde. Der Fugenvokal *-i-* verursachte im Erstglied Umlautung des Stammvokals. Synkope und Angleichung (*-nip-/-nep-* > **-np-* > **-mp-* > *-m-*) und Unbetontheit des Zweitgliedes trugen zur Entwicklung hin zur heutigen Form des Bw. bei. **V.** BayHStA, Kl. Geisenfeld; StAAm, Kl. Kastl Urk. 9; Reitzenstein 2006. *GS*

Künzell I. Stadtrandgemeinde von Fulda, Lkr. Fulda, 16 413 Ew., Reg.-Bez. Kassel, HE. Florenberg, Wehrkirche in Dietershausen, Dicker Turm, Rhöntherme bzw. „Sieben Welten". **II.** 12. Jh. *de Kindecello*, 1212 *Kincella*, 1250 *Kincelle*, 1422 (Kop. 15. Jh.) *Kintzel*; *Künzell* (1682). **III.** Zusammengesetzter Name mit dem Gw. ↗ *-cella* 'mönchische Ansiedlung'. Das Gw. verändert sich von *-cella* > *zell* durch Endsilbenabschwächung (*-a* > *-e*) und Apokope (Schwund des unbetonten Vokals *-e* im Auslaut). Die Belege liefern keinen direkten Hinweis auf eine st. Genitivflexion mit *-es-*; der erste Beleg zeigt lediglich den Bindevokal *-e-* in der Fuge, der in der weiteren Überlieferung ausfällt. Dennoch ist ein Anschluss an einen PN-Stamm *Chinda* zu ahd. *chind* 'Kind, Sohn, Nachkomme' anzunehmen. Im Bw. wechseln die Formen *Kin-* mit denen, die einen *t*-Anschluss haben. In den späten Belegen wird der Vokal von *-i-* > *-ü-* gerundet. Der ON ist als 'Zelle des Chint[ila]' o.ä. zu deuten. **V.** Reimer 1926; LAGIS. *DA*

Künzelsau I. Stadt im Hohenlohekreis, 14 925 Ew., bildet zusammen mit der Stadt Ingelfingen den VVG der Stadt Künzelsau, 20 746 Ew., ca. 40 km ö Heilbronn, Reg.-Bez. Stuttgart, BW. Nach 1250 bauten die Herren von Bartenau, die nach ihnen benannte Burg, Anteile an der Burg erwarben das Kloster Comburg, die Stadt Schwäbisch Hall und die Herren von Stetten, die ihren Teil 1482–1542 an Hohenlohe, Mainz und Würzburg verkauften, 1803 war Würzburg alleiniger Ortsherrscher, 1806 an Württemberg. Montage-, Lüftungs- und Fördertechnik. Altes Rathaus, Altert Bahnhof, Museum Würth, Hirschwirtscheuer. **II.** 1098 (Kop. 12. Jh.) *Cůnzelshowe*, 1149 *Cuonzelesowa [Or]*. **III.** Es handelt sich um eine Zuss., die als Bw. den PN **Cunzili* enthält. Als Gw. ist auf Grund des frühesten Originalbelegs vermutlich von *Au*, ahd. *ouwa*, mhd. *ouwe* 'Land am Wasser, Insel', ↗ *-au(e)*, auszugehen. **V.** FO; LBW 2 und 4. *JR*

Küps I. Markt im Lkr. Kronach, 8 023 Ew., 6 km sw von Kronach im Frankenwald an der Rodach, Reg.-Bez. Oberfranken, BY. Im MA Sitz hennebergischer, später andechsischer Ministerialen, in der zweiten Hälfte des 14. Jh. Ausbau zum Hauptort mehrerer Adelsherrschaften und Rittergüter. **II.** 1151 *Chvbece [Or]*, 1248 *Cupce [Or]*, 1251 *Kubz [Or]*, 1334 *Kůbcz [Or]*; *Kups [Or]* (1528). **III.** Eine gesicherte Herleitung liegt bislang nicht vor. Rein lautlich gesehen erscheint zwar eine slaw. Gf. **Chъbъtсь* zum App. **chъbъtъ* 'Holunder' mit Eindeutschung von *ъ* mit *u* (später zu *ü* umgelautet) und *ь* mit *i* möglich, doch bestehen Zweifel daran, dass **chъbъtъ* in der älteren slaw. Toponymie eine Rolle gespielt hat. Gegen eine slaw. Gf. **Kopьсь* zum App. **kopьсь* 'Hügel' spricht der Vokal *ü*, denn slaw. *o* wurde in Nordbayern ansonsten mit *o* übernommen (und ggf. später zu *ö* umgelautet). Am ehesten dürfte von slaw. **Kupьсь* zum App. **kupьсь* 'kleiner Hügel, Anhöhe' auszugehen sein, wenngleich slaw. *u* im Deutschen sonst meist durch *ū* (mit späterer Diphthongierung) ersetzt wurde. **IV.** Küps, Ober-, Unter- im Lkr. Lichtenfels, Reg.-Bez. Oberfranken, BY. **V.** Demattio; Eichler, E.: Zur Etymologie und Struktur der slawischen Orts- und Flussnamen in Nordostbayern. In: Ders.: Beiträge zur deutsch-slawischen Namenforschung (1955–1981). Leipzig 1985; Fastnacht, D.: Staffelstein. Ehemaliger Landkreis Staffelstein. München 2007 (HONB, Oberfranken 5). *WJ*

Kürten I. Gem. im Rheinisch-Bergischen Kreis, 19 817 Ew., 25 km ö Köln, Reg.-Bez. Köln, NRW. Wohl erst im Hohen MA besiedelt, Kirchturm aus dem 11./12. Jh., zum bergischen Amt Steinbach gehörig, große Abwanderung im 19. Jh., nach dem II. Weltkrieg Bevölkerungszuwachs durch Flüchtlinge und Zuzug aus Köln, 1975 mit Bechen, Dürscheid und Olpe zur neuen Gem. Kürten zusammengeschlossen. **II.** Ca. 1300 *Curten*, 1335 *de Kurthen*. **III.** Vielleicht zu lat. *curtis, curtina* 'Hof' zu stellen. Die Namen der Ortsteile Bechen, Dürscheid und Olpe sind älter überliefert; zu *Olpe*, ein urspr. FluN mit dem Gw.

↗-*apa* wie beim westfälischen ↗*Olpe*, NRW. **V.** Dittmaier 1955; Dittmaier 1956; HHS 3. *Ho*

Küsnacht (ZH) **I.** Politische Gem. im Bezirk Meilen, 13 238 Ew. Gem. am rechten Zürichseeufer, bestehend aus mehreren Siedlungen, der Kern liegt auf dem Schwemmfächer des Küsnachtertobels, Kt. Zürich, CH. Siedlungsspuren aus dem Neolithikum (Pfyner Kultur), der späteren Bronzezeit, der Römerzeit (Gutshof) und dem Frühmittelalter (Gräberfeld und Fluchtburg). Bäuerlich geprägtes Dorf, in der Neuzeit aufkommende textile Heim-, ab der 1. Hälfte des 19. Jahrhunderts auch Fabrikindustrie. Wirtschaftliche Entwicklungsschübe mit der Einführung der Dampfschifffahrt 1835, der Eröffnung der Seestraße 1838 und Anbindung an das Eisenbahnnetz 1894. H. eine der reichsten Gemeinden der Schweiz mit städtischem Charakter. **II.** 1086 *Chúsnach* (Kop. 14. Jh.), 1087 *Cussinach* (Kop. 12. Jh.), 1188 *Chussennacho* [Or], 1222 *Kussenacho* [Or], 1238 *Kussenach* [Or]. **III.** Primärer Siedlungsname des galloromänischen -(*i*)*acum*-Typs mit einem lat. PN *Cossinius* o. ä. im Kern und dem Suffix ↗-*acum*; anzusetzen ist **(fundum/praedium) Cossiniācum* o. ä. 'Besitz, Landgut des *Cossinius*'. Der lat. PN kann nicht genau bestimmt werden; Namen wie *Cos(s)onius*, *Cossinius*, *Cusin(n)ius*, *Cusenius* sind jedoch gut belegt. Eine Deutung nach einem germ. PN und mit dem Grundwort ahd. *aha* 'Bach' (↗-*ach*¹) ist aus verschiedenen Gründen sehr unwahrscheinlich, zumal eine römische Siedlung nachgewiesen werden kann. **IV.** Der Name korrespondiert mit den gleichlautenden Toponymen ↗*Küssnacht am Rigi*, Kt. Schwyz, CH; *Küßnach*, OT der Gem. Küssaberg, Lkr. Waldshut, BW, die ebenso auf röm. Ursprünge zurückzuführen sind. **V.** HLS; LSG. *MHG*

Küssaberg **I.** Gem. und gleichnamiger GVV (mit der Gem. Hohentengen am Hochrhein) im Lkr. Waldshut, 9149 Ew., ca. 60 km ö von Basel und ca. 45 km n von Zürich am Hochrhein und damit direkt an der Grenze zur Schweiz, am s Rand des Schwarzwaldes, Reg.-Bez. Freiburg, BW. Vorgeschichtliche Besiedlungsspuren; Römerlager in der Nähe des OT Dangstetten; Ruine Küssaburg; Naturschutzgebiete. **II.** 1141 *Cussachberc* [Or], 1150 *Chussacberg* [Or], 1239 *Cussaperc* [Or]. **III.** Namengebend für den Ort war die Küssaburg aus der 1. Hälfte des 12. Jh., die hoch oben über der Stadt steht. Die heutige Ruine Küssaburg befindet sich nur ca. 2 km n des OT Küßnach. Der Name *Küßnach* ist kelt. Ursprungs und ist zurückzuführen auf *Cossiniacum, eine Abl. mit dem Suffix ↗-*acum* von dem PN *Cossinus. Der später semantisch nicht mehr durchsichtige erste Teil des SiN bildete das Bw. in dem BurgN *Küssaburg*. Ob der BurgN direkt auf die Siedlung *Küssaberg* übertragen wurde oder eine Klammerform **Küssa(burg)berg* mit der Bedeutung 'Siedlung am Berg der Küssaburg' gebildet wurde, lässt sich aufgrund der Nähe der Gw. ↗-*berg* und ↗-*burg* nicht entscheiden. **IV.** ↗Küssnacht, SZ, CH. **V.** FO I; LSG; Greule, A.: Keltische Ortsnamen in Baden-Württemberg. In: Imperium Romanum. Roms Provinzen an Necker, Rhein und Donau. Esslingen am Neckar 2005. *SB*

Küssnacht **I.** Hauptort des Bezirkes Küssnacht des Kt. Schwyz, 11 987 Ew. Der Bezirk umfasst die Ortschaften Küssnacht und Merlischachen am Vierwaldstätter See sowie Immensee am Zuger See und grenzt an die Kantone LU und ZG. Der Hauptort liegt am nw Fuß der Rigi und an dem nach NO ragenden Arm des Vierwaldstätter Sees (Küssnachter See). Funde aus Römerzeit lassen römische Siedlung vermuten. Ruine der so genannten Gesslerburg und die durch Schillers Drama Wilhelm Tell berühmt gewordene Holgass, ein alter Hohlweg, wo der sagenhafte Tell den Tyrannen Gessler erschossen haben soll. **II.** Um 840 in *Chussenacho*, 1027–1065 (14. Jh.) *ad Chüsnach*, 1036 *in Chussenache*, 1282 *von Küschnacht*. **III.** Küssnacht ist ein mit dem gallorom. Suffix -*acum* (↗-*ach*³) gebildeter ON. Anzusetzen ist gallorom. **fundus Cossiniacus* 'Gut, das einem Cosinius gehört'. Der Name hat noch die ahd. *k*-Verschiebung mitgemacht. Der Umlaut von *u* > *ü* wurde von *i* einer Übergangsform *Chussinach bewirkt. Um die Wende zum 14. Jh. finden sich Formen mit Schwund der Mittelsilbe -*en*-. Im Verlauf des 16. Jahrhunderts wird die Schreibweise mit auslautendem -*t* die übliche. **IV.** Auf der diametral gegenüberliegenden Seite des Vierwaldstätter Sees korrespondiert bildungsmäßig der ON *Alpnach* im Kanton OW mit *Küssnacht*, CH. **V.** HLS 7, Weibel 1973; LSG. *VW*

Küstrin // Kostrzyn nad Odrą ['kɔstʃin nad ɔ'drɔ] **I.** Stadt im Lkr. Gorzów (Landsberg), Woi. Lubuskie (Lebus), 17 637 Ew., PL. Der Ort liegt im Oderbruch an der Mündung der Warthe // Warta in die Oder. Im Frühmittelalter gehörte Kostrzyn zu Großpolen. 1232 verlieh der Fürst von Großpolen, Władysław Odonic, das Küstriner Land den Tempelrittern. 1249 wurde die Stadt zur Hauptstadt der Küstriner Kastellanei, 1261 geht sie an die Brandenburger über und wird 1536 zur Hauptstadt der NM. Seit 1815 Reg.-Bez. Frankfurt. 1816 Gründung des Kreises Küstrin. Festung, Flussschifffahrt und Handel. Seit 1945 zu Polen. Zunächst befand sich die Stadt im Verwaltungsbezirk Wrocław (Breslau), dann in der Woi. Poznań (Posen), schließlich in der Woi. Gorzów (Landsberg). H. Papierindustrie und Handel. **II.** 1232 *Cozsterine*, 1234 terra *Custerin*, 1309 *Custryn*, 1317 *Kostryn*, 1339 *Costrzin*, 1371 *Custeryn*, 1822 *Küstrin*, 1883 *Kistrzyn*, *Kistryn*, *Kostrzyn*, d. *Küstrin/Cüstrin*,

1946 *Kostrzyn*. **III.** Der Name ist nicht eindeutig. Die Formen **Kostrzyn*, **Kosterno*, **Kostrzen* oder **Kościerzyn* könnten jeweils mit dem Suffix *-in* von einem PN abgeleitet sein: **Kostra*, **Kostrza* (zu einem poln. App. *kostra* 'eine sehr raue, stoppelige Pflanze') oder mit den Suffixen *-no* oder *-in* von einem apoln. App. *kościerz* 'Gebüsch, Gesträuch' stammen. Die d. Form *Küstrin* ist eine phonetisch-morphologische Adaptation des poln. Namens. **IV.** Das apoln. App. *kostra*, *kościerz* und der PN *Kostra*, *Kostrza* sind die Basis für mehrere ON in Polen, z. B. *Kostrogaj*, Woi. Mazowieckie (Masowien), *Kostry*, Woi. Lubelskie (Lublin), *Kostrza*, Woi. Dolnośląskie Mazowieckie (Niederschlesien). Es gibt 4 ON *Kostrzyn* in den Woi. Wielkopolskie (Großpolen) und Mazowieckie (Masowien), alle PL. **V.** Rymut NMP V; RymNmiast; Rospond 1984. *BC*

Kufstein **I.** An der Westabdachung des Kaisergebirges unweit der deutschen Grenze gelegen, 16 993 Ew., nach Innsbruck zweitgrößte Stadt Tirols, A. Hauptort des gleichnamigen Pol. Bez., Sitz der Bezirksverwaltungsbehörde, Gerichtssitz, Schulstadt, Industrieort, bis ins Hochmittelalter zum Herzogtum Bayern gehörig, 13. Jh. Markterhebung, 1339 Verleihung des Stadtrechtes, 1342 an Tirol, 1369 wieder an Bayern, seit 1505 bei Tirol. **II.** 788 *Caofstein* (*12. Jh.*), 924 *Chuofstein*, 1050 – ca. 1065 *Chuofstein*, 1104–1116 *Chofstein*. **IV.** Kompositum aus *Kufe* (< mhd. *kuofe* < ahd. *kuofa*) 'Gefäß, Bottich' + *Stein*, Bezug genommen wird auf den markanten Felsen des Kufsteiner Festungsberges, die topografische Formation *Kufe* wurde später fälschlich mit einer Salzkufe in Verbindung gebracht und diese im Stadtwappen abgebildet; volksetym. Anlehnung an das Wort *Kopf* zeigen die Belege *Chopfstein* (1392), *Koppfstain* (1426) und *Kopfstain* (1476). **V.** Finsterwalder 2; ANB; HHS Huter; ÖStB 5. *AP*

Kulm (Weichsel) // Chełmno [xɛwmnɔ] **I.** Kreisstadt und seit 1999 in der Woi. Kujawsko-Pomorskie (Kujawien-Pommern), 20 332 Ew., PL. An der Weichsel, 40 Kilometer von Thorn entfernt. 1228 Hauptstadt des Kulmer Landes // Ziemia chełmińska, 1233 Stadtrecht, nach 1466 in poln. Lehnshoheit, 1772 an Kgr. Preußen, 1807–1815 zum Hztm. Warschau, 1815 an das Kgr. Preußen (Provinz Westpreußen). Seit 1920 zu Polen, 1975–1998 Woi. Toruń (Thorn). **II.** 966 *Culmensem*, 1065 *in Culmine*, 1197 *Chelmensem*, 1229 *Colme*, 1320 *Culmen*, 1570 *Chełmno*, 1880 *Chełmno*; d. *Culm*. **III.** Der ON leitet sich vom lat. *culmen*, *-inis* 'Spitze, Gipfel, Dach' ab. Die Variante *Colm-* weist auf nordpolnische Realisierung des Sonanten *l* als *oł* hin (statt des allgemeinpolnischen *eł*). Im MA wurde auch der ON *Chełm* gebraucht. Nach anderer Deutung geht der ON auf poln. *chełm* 'Hügel' zurück, das aber in polnischen Wörterbüchern nicht belegt wird. **IV.** ↗ *Chełm*, Woi. Lubelskie (Lublin), *Chełmce*, Woi. Kujawsko-Pomorskie (Kujawien-Pommern), *Chełmek*, Woi. Małopolskie (Kleinpolen), alle PL. **V.** Biskup, M.: Dzieje Chełmna i jego regionu. Zarys monograficzny, Toruń 1968; Rymut NMP; RymNmiast. *IM*

Kulmbach **I.** Große Kreisstadt und Sitz der Verwaltung des Lkr. Kulmbach, 27 099 Ew., ca. 20 km nw von Bayreuth in der Nähe des Zusammenflusses von Weißem und Rotem Main, Reg.-Bez. Oberfranken, BY. Im 12. Jh. planmäßige Marktsiedlung der Grafen von Dießen-Andechs, wohl bald nach 1231 zur befestigten Stadt erweitert, ab 1248 im Besitz der Grafen von Orlamünde, ab 1340 der fränk. Hohenzollern; Festung Plassenburg (erbaut von Andechsern, bevorzugte Residenz der Zollern) mit Deutschem Zinnfigurenmuseum, ma. Badhaus, Bayerisches Brauerei- und Bäckereimuseum, traditionelles Bierbrau- und Textilgewerbe. **II.** 1028–1040 Kop. Ende 11. Jh. *Kulma*, 1174 *Culminaha* [Or], 1298 *Kulmach* [Or]; *Kulmbach* [Or] (1488). **III.** Der SiN *Kulmbach* geht auf die eingedeutschte Form des slaw. GwN **Chъlmьna*, 1338 *Kulmna*, h. *Kohlenbach* (mit Eindeutung des App. *Kohle*), zurück. Bei **Chъlmьna* handelt es sich um eine Abl. von **chъlmъ* 'Hügel' mit dem adjektivierenden Suffix *-ьn-*, deren Bed. in diesem Fall mit 'Bach, der durch hügeliges Gelände fließt' angegeben werden kann. Nach der Übernahme ins Deutsche ist zur deutlicheren Kennzeichnung als GwN ahd. *aha* 'Wasser(lauf), Fluss' (↗ *-ach*[1]) angefügt worden. Im 15. Jh. begegnet erstmals die Angleichung an die zahlreichen ON mit dem Gw. ↗ *-bach*. **IV.** Schwarzkollm, OT von Hoyerswerda; Weißkollm, OT von Lohsa, beide Lkr. Bautzen, SN; Chełmno, PL. **V.** Keyser / Stoob I; Reitzenstein 2009; Schwarz. *WJ*

Kuppenheim **I.** Stadt im Lkr. Rastatt, 7 678 Ew., bildet zusammen mit der Gem. Bischweier den GVV Nachbarschaftsverband Bischweier-Kuppenheim, 10 839 Ew., ca. 5 km sö Rastatt, Reg.-Bez. Karlsruhe, BW. Um 1100 Schenkung des Grafen Berthold von Staufenberg an das Kloster Hirsau, 1254 in Besitz der Grafen von Eberstein, 1279 in einer Fehde des Markgrafen Rudolf mit dem Bischof von Straßburg niedergebrannt, danach von den Grafen von Zweibrücken-Eberstein an die Markgrafen übergegangen, 1298 als Lehen an das Kloster Weißenburg, 1535–1771 zu Baden-Baden. Nutzfahrzeugherstellung. Stadtkirche St. Sebastian, Stadtmauer, Jüdischer Friedhof. **II.** Um 1100 (Kop. 16. Jh.) *Cuppenheim*, 1254 *Cuppenhem*, 1588 *Kuppenheim*. **III.** Es handelt sich um eine Zuss. mit dem Gw. ↗ *-heim*; dem Bw. liegt der PN *Kuppo/Kobbo* zu Grunde: 'Siedlung des Kuppo/Kobbo'. **V.** FO; FP; Bad. Städtebuch; LBW 2 und 5. *JR*

Kusel **I.** Kreisstadt und gleichnamige VG (seit 1972) im Lkr. Kusel, 13 517 Ew., im Nordpfälzer Bergland, RP. Fränk. Königshof im 7. Jh., der im 9. Jh. in den Besitz des Ebf. von Reims kommt, wird zum Klosterhof und entwickelt sich zum wirtschaftl. Mittelpunkt des sog. „Remigiuslandes", Kern des h. Lkr. Kusel. Unter den Grafen von Veldenz wird die Burg Lichtenberg erbaut und das 5 km sö der Burg gelegene Kusel erstmals urk. erwähnt. Mitte 15. Jh. wird die Gegend zweibrückisch. Handwerker- und Tuchmacherstadt. Gründung von Tuchfabriken im 19. Jh. Das sog. „Kuseler Musikantenland" ist h. Urlaubsregion. **II.** 865/66 *Cosla* (Kop. 13. Jh.), 1127 *Cussla*, 1314 *zu Cuselen*, 1546 *Cusseln*. **III.** Der ON geht auf einen vorgerm. GwN **Kusula* zurück. Es bleibt offen, wann der Bachname zum ON wurde, dessen Bedeutung demnach 'Siedlung an der Kusala' sein dürfte. **V.** MGH DLdD; Buchmüller, M. u.a.: Namenkontinuität im frühen Mittelalter. Die nichtgermanischen Siedlungs- und Gewässernamen des Landes a. d. Saar. Zeitschrift für die Geschichte der Saargegend 34/35 (1986/87); HSP. *JMB*

Kusterdingen **I.** Gem. im Lkr. Tübingen, 8 240 Ew., ca. 5 km ö Tübingen, Reg.-Bez. Tübingen, BW. 1270–1489 lagen die Herrschaftsrechte bei den in Kusterdingen ansässigen niederadligen Pflumen von Kusterdingen, nach ihrem Aussterben wurden sie aufgeteilt zwischen Graf von Aicheiberg-Merkenberg, dem Kloster Bebenhausen und den von Stöffeln, 1484 zu Württemberg. Marienkirche, Wasserturm, Klosterhof, Altes Rathaus. **II.** Um 1100 (Kop. 16. Jh.) *Custerdingen*, 1142 (Kop. 14. Jh.) *Custordingen*, um 1243 *Custertingen* [Or], 1297 *Kustertingen* [Or]. **III.** Es handelt sich um eine ↗-*ing(en)*-Ableitung zu dem PN *Custhard,* der Name bedeutet 'bei den Leuten des Custhard'. **V.** Reichardt 1984; Haubrichs 2004; LBW 7. *JR*

Kyllburg **I.** Stadt und gleichnamige VG (seit 1972 mit 21 Ortsgem.) im Eifelkreis Bitburg-Prüm, 7 852 Ew., n von Bitburg an der Kyll am südöstlichen Rand der Eifel (Waldeifel), RP. 1239 Bau der Kyllburg als Grenzfeste durch den Ebf. von Trier und 1256 Errichtung einer festen Mauer für die daneben entstehende Siedlung. Bis 1797 kurtrierisch, dann Teil des franz. Saardepartements und Kantonshauptstadt mit Verlust der Stadtrechte. Seit 1815 preuß. 1956 erneut Stadtrecht. Im 20. Jh. bis 2005 Luftkurort. **II.** 800 (Kop. Anf. 12. Jh.) *Kilibergo*, 1106 *castrum Kiliburg*, 1222 *in monte qui appellatur Kileburhc*. **III.** Burgenname, dessen Gw. zwischen ↗-*berg* und ↗-*burg* schwankt. Das Bw. ist der Name der Kyll (links zur Mosel bei Trier), an der Kyllburg liegt: 4. Jh. (Ausonius, Mosella) **Celbis* (konjiziert), 9. Jh. (Kop. um 1103) *ad Kila springun* 'an der Kyll-Quelle', 9. Jh. (Kop. um 1103) *Kila*, (915–930, Kop.14. Jh.) *Chile*, 973 (Kop. 14. Jh.) *Kila*, (1023–1047) *ad flumen Kilam*, 1152 *in aqua Kile*. Der vorgerm. FluN **Kelu̯ī* (latinisiert *Celbis*) wurde ins Ahd. integriert als *Kili*- und *Kila* f. Es handelt sich um das Fem. eines Adj. idg. **kelu*, verm. mit der Bedeutung 'dunkel, schwarz'. Der Stamm idg. **kelu̯*- liegt auch vor im lit. FluN *Kelvẽ* und in den FluN *Helbe* (zur Werra und zur Unstrut) (< germ. **Helwō*) sowie in mhd. *hilwe* f. 'feiner Nebel'. **IV.** Stadtkyll, Lkr. Vulkaneifel, RP; Kilver (Fluss zur Else zur Werre). **V.** Gysseling 1960/61; Puhl 1999; Greule, DGNB. *AG*

Kyritz **I.** Stadt, Lkr. Ostprignitz-Ruppin, 9 793 Ew., an der Jäglitz, w Neuruppin, BB. Hochmittelalterliche Burg auf slaw. Vorgängeranlage, Kaufmannssiedlung, Stadtrecht 1237 nach Stendaler Recht. **II.** 1232 *Johanne, aduocato de kyrisz*, 1325 *tu der Kyritz* [Or], 1425 *zu der Kyricz* [Or], 1541 *thor Kiritz*; *Kyritz* (1775). **III.** Gf. apolb. **Kyrica* 'Siedlung an einem Ort, wo Sträucher, Büsche vorkommen', eine Bildung mit dem Suffix -*ica* von apolb. **kyr'* als Nebenform von **ker'* < ursl. **kъrъ* 'Strauch, Gebüsch, Wurzel'. Vgl. ähnliche Entwicklung bei *Kertschütz*, TH, (1145 *Kirsi*, 1291 *in Kirzizt*), und Kertzsch, SN, (1143 *Kirtzs*) und die FlN *Kirre*, BB; *Kieritz*, ST; *die Kirr*, MV. Der Artikel beim Namen weist auf einen urspr. FlN hin. Abzulehnen ist der Ansatz apolb. **Chyrici* zum PN **Chyr'* bei Trautmann (EO 1), da ein Ersatz von apolb. *ch* durch mnd. *k* in diesem Gebiet ungewöhnlich ist. **V.** Riedel A XXII; MUB VII; SO 3; BNB 6. *SW*

Laa an der Thaya altmda.: [lɔː], h. [laː] **I.** Stadt, 6 238 Ew., 60 km n WI im n Weinviertel, Bezirk Mistelbach an der Grenze zur Tschechischen Republik, NÖ, A. Funde der Glockenbecherkultur; planmäßig angelegte Stadtgründung der Babenberger, Ackerbürgerstadt, wirtschaftl. Aufschwung nach Regulierung der Thaya und Trockenlegung der Sümpfe (Name!); Brauerei (seit 1454), Ansiedlung eines Bezirksgerichts im 19. Jh. H. Wienerberger-Ziegelwerk, chemische Industrie (Zitronensäurefabrik), Grenzlandmesse, Thermalbad (seit 2002). **II.** Vor 1150 Kop. 13. Jh. *villam apud Lâ, ubi hodie est oppidum*. **III.** Diesem Namen liegt der Dat. von mhd. *lā* mit der Bedeutung 'Lache, Sumpf, Sumpfwiese' zugrunde, womit die ehemals versumpften Auen der Thaya benannt wurden. Die alte mda. Lautung repräsentiert mit [ɔː] die bair. Entsprechung für mhd. *ā*, dessen Quantität auch in der urk. Grafie angedeutet wird. **V.** ANB 1; ÖStB 4/2. *ES*

Laaber **I.** Markt und gleichnamige VG (mit Brunn und Deuerling) im Lkr. Regensburg, 8 610 Ew., Reg.-Bez. Opf., BY. 1393 Marktrechte, 1778 zu Bayern. **II.** Ca. 1040 *Labere*, 1128 *Labera*, 1180 *Labara*, 1712 *Laaber*. **III.** Der Burgort liegt an der Schwarzen Laaber (r. zur Donau), ca. 1150 (Kop.14. Jh.) *iuxta flumen Labere*, deren Name auf die Siedlung übertragen wurde. Der GwN *Labera* ist ein vorgerm. Reliktname, der zusammen mit den Namen der Großen und Kleinen Laaber, zur Donau bei Straubing (um 790, Kop. 1254, *fluenta ... Lapara*), an kelt. **labaros* 'geschwätzig' oder wegen des geringen Gefälles der Flüsse als Verbaladjektiv mit -r-Suffix an idg. **lab-* 'schlaff herabhängen' (ai. *lobur, lobor* 'schwach') angeschlossen werden kann. **V.** Reitzenstein 2006; Greule, DGNB. *AG*

Laage **I.** Stadt und (mit vier weiteren Gem.) gleichnamiges Amt im Lkr. Güstrow, 9 332 Ew., ca. 20 km sö von Rostock und 20 km nö von Güstrow, MV. Slaw. Burg mit Siedlung, d. Zusiedlung seit Ende 12. Jh., 1270 erste Erwähnung als Stadt, zu Mecklenburg-Schwerin, Ackerbau und Handwerk, außerdem Handel, da die Via Regia nach Rostock durch Laage führte. Um 1980 Errichtung eines Militärflughafens. 1990 Gründung der Flughafen GmbH Laage-Kronskamp, militärischer und seit 1994 auch ziviler Flugbetrieb. 2004 Fusion des ehemaligen Amtes Laage-Land und der Stadt Laage. **II.** 1216 *in Lauena*, 1270 *ciues nostros de Lawe, in oppido nostro* 1309 *Laue*, 1336 *in platea Laghen, in Lawe*. **III.** Der ON geht auf apolb. **lava* 'Bank; einfacher Steg über ein Gewässer' mit (bis verm. Anf. 13. Jh.) der adj. Endung -*na* zurück, wobei vor allem die in den slaw. Sprachen weit verbreitete Zweitbedeutung mit der natürlichen Furt durch die Recknitz, an der Laage liegt, korrespondieren würde. Weniger wahrscheinlich ist eine Herleitung von einem Flurnamen (vgl. poln. *ława* 'Ackergrundstück in einer Waldschlucht'). Im 14. Jh., als die urspr. Bedeutung nicht mehr präsent war, beginnt durch Eindeutung der Übergang von -*w*- zu -*g*-. **V.** MUB I–VIII; HHS, Bd. 12; Trautmann ON Meckl.; Eichler/Mühlner. *MN*

Laasphe, Bad [ˈlaːsfə] **I.** Stadt im Kr. Siegen-Wittgenstein, 14 687 Ew., sö des Rothaargebirges an der Mündung der Laasphe in die obere Lahn, Reg.-Bez. Arnsberg, NRW. Bei einer Befestigungsanlage der vorrömischen Eisenzeit entstanden, Stammburg der Grafen von Wittgenstein, im 13. Jh. Stadtwerdung, seit 1984 Heilbad und Namenszusatz *Bad*. **II.** Um 800 *Iassaffa, Lassaffa*, 1219 *Lasphe*, 1275 *Lasfa*; *Laasphe* (1597). **III.** Die Zuordnung des Erstbelegs aus dem CE I (Kop. 12. und 14. Jh.) ist umstritten. Erwogen wurden auch Ober-und Niederjossa s von Bad Hersfeld, wofür die Belege dieser Orte jedoch nicht sprechen. Die Form *Lassaffa* der jüngeren Abschrift dürfte vielmehr die älteste Form des ON Laasphe wiedergeben und fügt sich zu den späteren Belegen; für *Iassaffa* ist bei einer in karolingischer Minuskel geschriebenen Vorlage Verwechslung von -*l*- und langem -*i*- wahrscheinlich. Der ON ist eine Bildung mit dem Gw. ↗-*apa* und beruht somit auf dem gleichlautenden GwN. Als Bw. wird meist ahd. *la(h)s*, mhd. *lahs*, mnd. *las* 'Lachs' angenommen; -*ss*- des Erstbelegs wäre dann aus -*hs*- assimiliert. Motivgebend für einen 'Lachs-Bach' wäre das gelegentliche Erscheinen des wertvollen Fischs während seiner Laichzüge gewesen und der GwN als Ereignisname zu betrachten. Förstemanns Vorschlag einer nicht bezeugten ahd./asä. Entsprechung **lās* zu ae. *lǣs* 'Weide', die z.B. im ON Lesse, Stadt Salzgitter,

NI, angenommen wird, ist nach derzeitigem Forschungsstand für Bad Laasphe nicht ausreichend zu sichern, jedoch nach Alter und Typ des Namens nicht gänzlich auszuschließen. **V.** Reimer, H.: Historisches Ortslexikon für Kurhessen. Marburg 1926; Möhn; NOB III. *Flö*

Laatzen **I.** Stadt in der Region Hannover, 40109 Ew., s von Hannover an der Leine, Reg.-Bez. Hannover (bis Ende 2004), NI. Im Mittelalter Teil des „Kleinen Freien" mit besonderen Rechten, 1968 Stadtrecht, bis 2001 im Lkr. Hannover; seit 19. Jh. Industrieansiedlungen, h. auch Standort eines Versicherungsunternehmens, 1947 in Laatzen die erste Exportmesse, der Vorläuferin der „Hannover-Messe". **II.** 1227 *Lathusen [Or]*, 1495 *Latzen*; *Laatzen* (1791). **III.** Bildung mit dem Gw. ↗ *-hausen*, das im 14. Jh. zu *-sen* verkürzt wird. Das Bw. ist nicht zu mnd. *lat, lāte* 'Höriger, Halbfreier' zu stellen, sondern mit dem in ahd. *letto* 'Ton, Lehm', anord. *leþja* 'Lehm, Schmutz' enthaltenen Stamm germ. **lat-, *lad-* zu verbinden. Laatzen liegt an einem moorigen Gebiet, sodass der Name 'Sumpf-, Morastsiedlung' Bezug auf dieses Feuchtgebiet nimmt. **IV.** Laatzen, Lkr. Hameln-Pyrmont, NI. **V.** HHS 2; Nds.-Lexikon; NOB I. *UO*

Laband // Łabędy [waˈbɛndɨ] **I.** Seit 1964 Stadtteil von Gliwice in der Woi. Śląsk. 28635 Ew., an der Klodnitz // Kłodnica und am Gleiwitzer Kanal, PL. 1921 votierten bei der Volksabstimmung 55 % der Wahlberechtigten für Deutschland; bis 1939 Landgemeinde im Kr. Tost-Gleiwitz, Reg.-Bez. Oppeln, 1939–1945 Reg.-Bez. Kattowitz, 8152 Ew. (1939). Die Anfänge der Eisenhüttenindustrie reichen ins 16. Jh. Schwerindustrie ist nach wie vor von großer Bedeutung: Eisenhütte, Metallwalzwerk, Rüstungsbetrieb; Binnenhafen. 1954 Stadtrechte. **II.** 1286 *de Labant*, 1300 *Labant*, 1335 *Lambag*, 1431 *Labenth*, 1472 *Labuthi*. **III.** Urspr. **Łabęty*, Pluralbildung vom PN *Łabęta* zu App. *łabędź*, apoln. *łabęć* 'Schwan', wird in der schles. Mda. als *uabynty* fortgesetzt. **IV.** Labuty in Mähren, CZ; Łabędy bei Warschau, Łabędnik // Schwansfeld, im Ermland, beide PL. **V.** SNGŚl; Rymut NMP. *MCh*

Labes // Łobez [ˈwɔbɛs] **I.** Kreisstadt im gleichnamigen Kr. (Powiat łobeski), 10356 Ew., inmitten der Woi. Westpommern, PL. An der Rega auf einer Hochebene (Wysoczyzna Łobeska) gelegen. 1939 Kreisstadt des Kreises Regenwalde, Reg.-Bez. Köslin, Provinz Pommern; Woi. Szczecin (1946–1998), Westpommern (seit 1999). **II.** 1271 *Borco dominus de Lobis*, 1283 *Labesen, Borko miles in Lobeze*, 1284 *Lobese*, 1285 *in Lobse*, 1288 *Lobese*, 1295 *Labes*, 1295 *civitas Lobese*, *N. Borko domicellus in Lobese*, 1308 *Lobese*, 1325 *Lobes*, 1338 *de stath to Lobeze*, 1369 *opidi Lobese*, 1369 *dominum Borkonem de Lobze*, 1409 *Borke, herre czu Lobese*, 1460 *stadt Lobeze*, 1490 *in labeze*, 1535 *Labes*, 1564 *stadt Labess ahn der Rega*, 1618 *Labes*, 1789 *Labes*, 1834 *Labes*, 1951 *Łobez – Labes*, 1981 *Łobez, -bza*, 2002 *Łobez – Labes*. **III.** Der slaw. ON **Łobъzъje* ist topografisch, urspr. vom App. **łobez* 'Gestrüpp auf dem Sumpfgebiet', urslaw. **łobъzъ* 'Unkraut', vgl. apoln. App. *łobuzie* 'Dickicht, Gebüsch, Gestrüpp' und dem dial. großpolnischen App. *łabuzie* 'Kalmus, Flechtbinse, Gestrüpp, Wasserschilf' abgeleitet. Die Wz. *łob-* trat in Bezeichnungen für das urspr. mit Gebüsch bewachsene Sumpfgebiet auf. Die Mischung der Vokale *o: a* ist Ergebnis der d. Substitution. Adj. *łobeski*. **IV.** Łobez, Łobzowiec (beide Woi. Großpolen); Łobzew, Woi. Kleinpolen; Łobzów, OT von Kraków, Woi. Kleinpolen, sowie Dorf in der Woi. Schles.; Seehof // Łobzowo, OT von Alt Kolziglow // Kołczygłowy, Woi. Pommern; alle PL. **V.** LorSNH; Rospond 1984; RymNmiast; Stramek; RzDuma II. *BA*

Łabędy ↗ **Laband**

Lachendorf **I.** Samtgemeinde im Lkr. Celle, 12 483 Ew., w von Celle an der Lachte, Reg.-Bez. Lüneburg (bis Ende 2004), NI. 1538 Ansiedlung einer Papiermühle durch Hzg. Ernst den Bekenner, ab 1845 Ausbau zu einer Papierfabrik; 1968 Bildung der Samtgemeinde. **II.** 1196–97 *Locthendorp [Or]*, 1278 *Lachtenthorpe*, 1317 *Lachdorp*; *Lachendorf* (1791). **III.** Bildung mit dem Gw. ↗ *-dorf*. Im Bw. ist der GwN *Lachte* enthalten, der durch den Ort fließt. Ältere Belege des GwN sind nicht bekannt. Nach den ON-Belegen liegt eine Ableitung mit *-n-*Suffix vor. Der Vokal kann auf *-a-* oder *-au-* zurückgehen, der folgende Konsonant auf *-h-* oder *-f-*. Verm. ist eine Verbindung zu der idg. Wz. **leuk-* 'licht, leuchten' herzustellen, die auch in der Abtönstufe vorkommt. Der GwN ist mit einer Dentalerweiterung gebildet. Die Schreibung *-ct-* kann im Nd. für *-(c)ht-* stehen. Deutung also: 'Siedlung an der *Lachte*'. **V.** Wittmann, M.: Lachendorf. Lachendorf 1988. *UO*

Ladenburg **I.** Gem. im Rhein-Neckar-Kreis, 11 552 Ew., ca. 9 km nw Heidelberg, n des Neckars auf einem Schwemmfächer gelegen und im Westen teilweise zur Rhein-Aue gehörig, Reg.-Bez. Karlsruhe, BW. Um das Jahr 100 Vorort der Gaugemeinde der Neckarsueben und bereits im 8. Jh. Stadt, ab 1705 bestand ein kleines pfälzisches Oberamt Ladenburg, 1803 an Baden, 1863 Zusammenschluss des Amtes mit dem Bezirksamt Mannheim. Lobdengau-Museum, St.Gallus-Kirche, Martinstor. **II.** 2. Jh. *Lopodun(um)*, 755 (Kop. 12. Jh.) *Lobetdenburc*, 798 (Kop. 12. Jh.) *Lobedunburc*. **III.** Es handelt sich um einen kelt. ON; das Bw. ist kelt. *lokwo-* 'See', das Gw. kelt. *-dunum* 'Festung'. Der bald nicht mehr als „Seeburg" verstandene Name wird über *Lobedun-*, *Lobden-*, zu *Loden-* entstellt. Die Integration in das deutsche Namenssystem erfolgt durch Anhängen von *-burc*, ↗*-burg*. Da *ā* mundartlich zu *ō* geworden ist, wurde der Name bei der Umsetzung in die Schriftsprache dann hyperkorrekt als *Laden-* (statt *Loden-*) interpretiert. **V.** Greule 2007; FO; Bach DNK 2; LBW 5. *JR*

Laer, Bad [lār] **I.** Gem. im Lkr. Osnabrück, 9 248 Ew., Reg.-Bez. Weser-Ems (bis Ende 2004), NI. Das in MA und Neuzeit überwiegend dörflich-agrarisch strukturierte Laer wurde 1972 Sitz der Großgem. Laer, die seit 1975 staatlich anerkanntes Soleheilbad ist. **II.** 851 *Lodre [Or]*, 1074 *Lathara [Kop. 18. Jh.]*, 1171 *Lothere*, 1447 *Loder*; *Laer* (1565). **III.** Abl. mit *-r-*Suffix. Für die Ableitungsbasis kommt entweder asä. *loda* 'Schössling' in Betracht, oder aber der Name wird als Dentalerweiterung an die Wz. **leu-*, **lu-* 'Schmutz' angeschlossen, die in zahlreichen Namen anzusetzen ist. Im 16. Jh. schwindet das intervokalische *-d-*, und *-a-* tritt für *-o-* ein. **V.** GOV Osnabrück II, Nr. 855; Sautmann, R.: Die Bad Laer Geschichte. Bielefeld 2000. *KC*

-lage. Westgerm. **lāgō*, asä./ ahd. *lāga*, mhd. / mnd. *lāge* Fem. ist eine von *liegen* abgeleitete Stellenbez. in der Bed. 'freie Fläche' und kommt in Westfalen und dem westlichen NI in ON und FlN häufig als Suffix vor (↗Dinklage, Lkr. Vechta, NI), gelegentlich als Simplex (↗Lage, Lkr. Lippe, NRW). Literatur: Bach DNK II, 1; NOB III. *FD*

Lage **I.** Stadt im Kr. Lippe, 35 502 Ew., nw Detmold an der Werre (l. Nfl. zur Weser) im Bereich einer Doppelfurt von Werre und Rhienbach am Kreuzungspunkt alter Wegtrassen (mit dem sog. Frankfurter Weg), Reg.-Bez. Detmold, NRW. Im 13. Jh. aus einem Kirchdorf (Gründung der Kirche verm. 9. Jh., ehem. St. Peter) entwickelt, 1480 Weichbild, 1495 Gericht und Siegel, 1614 Bestätigung vorhandener Rechte für Bürgermeister und Gem., 1791 Recht zur Verwendung der Bez. „Bürgermeister und Rat", Gerichtsbarkeit 1. Instanz, bis 1843 Flecken, dann amtfreie Stadt, Sitz des Amtes Lage bis 1879, 1836/43 Städteordnung; 1970 Zusammenschluss mit 14 umliegenden Gem., Eisenbahnknotenpunkt (Herford-Detmold, Bielefeld-Hameln, teilweise stillgelegt), Zieglerzentrum, Lebensmittelindustrie (seit 1889 Zuckerfabrik), Möbel-, Metallindustrie. Industriemuseum des Landschaftsverbandes Westfalen-Lippe „Ziegelei Lage" (seit 1982). **II.** 1274 *in Lagis*, nach 1290–1300 *villam Lage*, 1335 *in den kerspele tor Laghe*, 1497 *dat dorp tor Lage*, 1530 *Wibbolt tor Lage*. **III.** Der ON geht auf eine alte, in Nordwestdeutschland sehr verbreitete Flurbez. zurück, die in ON auch als Gw. oft vorkommt. Bis h. erscheint der ON in mda. Wendungen mit Präposition und Artikel. Der Name wird zuerst in lat. Zeugnissen des späten 13. Jh. z. T. mit lat. Endung (*-is*) des lok. Dat. Pl. überliefert. Dem ON liegt asä. **lāga* zugrunde (vgl. asä. *furolāga* 'Verteidigung', *uberlāga* 'Vorwurf', *wiđarlāga*), das auf die Dehnstufe idg. **lēgh-* führt (im Ablautverhältnis zu Wörtern um germ. **legja-* st. Verb 'liegen', ahd. asä. als *j*-Präs. *lig(g)en*, *liggian* bezeugt, Adj. (-*j*-Stamm) *-lāgi* wie in ahd. *abalāgi* 'lähmend' und in d. Dialekträumen Entsprechungen zeigt (vgl. mhd. *læge*, bair. *läg*, wfl. *lāg* 'niedrig', nd. *leges land* 'tiefgelegenes Land', frühnhd. *läg* 'niedrig, gering') sowie im Fachwortschatz des Bergbaus in *anläg* 'sanft aufwärts' und *abläg* 'sanft abwärts geneigte Fläche' erhalten ist. Aus der Germania sind zu nennen: mnl. *laech*, *leegh* und ags. *lāh*, ae. *lǣge* Fem., *-lǣg*, *-leg* und westsächs. *lēah* als Bez. einer Niederung. Außerhalb der Germania finden sich Entsprechungen in lit. *lěkšnas*, lett. *lêzns* 'flach, platt, eben' oder *lēza* 'Sandbank'. Semantisch liegt **lāga* 'tiefe oder flache Lage, Niederung etc.' zugrunde. Primäres Motiv ist eine tiefe, niedrige Lage, evtl. auch leicht abwärts geneigte Hanglage. Der ON *Lage* bezeichnet urspr. eine tief gelegene Stelle, Niederung, was der Topographie von Lage genau entspricht, das auf einer Terrasse (ca. 1500 m lang, ca. 500 m breit) in ca. 3 m Höhe über der Werretalaue mit Doppelfurt über Werre und Rhienbach in einer niedrig gelegenen, sumpfigen Fläche zwischen Waldgebieten am Fuße von Lager (158 m) und Stadenhauser Berg (143 m) liegt. **V.** WOB II (Kr. Lippe); HHS 3; Stöwer. *BM*

Lahnau **I.** Gem. im Lahn-Dill-Kreis, 8 217 Ew., an der Lahn, Reg.-Bez. Gießen, HE. Zusammenschluss von Atzbach, Dorlar und Waldgirmes zur Gem. Lahnau 1979. Die drei Dörfer der Gem. bildeten seit dem 14. Jh. unabhängig von territorialen Grenzen einen kleinen Gerichtsbezirk heraus (als Kroppacher, Atzbacher oder Waldgirmeser Vogtei erwähnt). **II.** Anf. 17. Jh. *Lahnau*. **III.** Komp. mit dem Gw. ↗*-au* 'Flusslandschaft, Flussinsel', aus ahd. *ouwa*, mhd. *ouwe* 'Land am Wasser, Insel', zu germ. **agwijō* f. 'die zum Wasser gehörige'. Das Bw. enthält den Namen der *Lahn* (ca. 600 *Laugona*, um 700 *Logna*, 881 *fluuius Logana*, 1185 *in, trans Logenam*, um 1220 *Logina*): Abl. mit *-na-*Suffix, das neben *-ina* in den Varianten *-ona*, *-ana* erscheint. Die *-n*-Ableitungen sind im ganzen europäischen Raum zu finden und treten vielfach in GwN auf. Sie bezeichnen die Zugehörigkeit und können im idg. Raum den Sinn von Diminutiven annehmen. Der älteste Beleg (600 *Laugona*) zeigt den alten Diphthong *-au-*, der bereits um 700 zu *-ō-* monophthongiert wurde. Der Stammvokal hat sich also erst zu *-ō-* verändert, sodass eine Ausgangsform idg. **lough-* anzusetzen ist. Das *-ō-* in *Logana* ist weder durch „Brechung" aus *-u-* hervorgegangen, noch besteht ein Zusammenhang zu dem FluN der *Leine* (1001 *inter fluvios Lagenam*), der die reguläre Veränderung von germ. *-o-* > *-a-* zeigt, sodass die *Leine* an eine Wurzel **log(h)-* zu idg. **leg-* 'tröpfeln, sickern, langsam rinnen' angeschlossen werden kann. Die *Lahn* hingegen gehört zu einer idg. Wurzel **lou-/*louə-* 'waschen', dazu lat. *lavō, -ere, -āre* 'waschen, baden', *lautus* 'gewaschen' [vgl. *lauter* 'hell, klar, rein'], altisländisch *lauđr* n. 'Lauge, Seifenschaum, Schaum', ahd. *louga*, nhd. *Lauge*. Vielleicht bezieht sich die Bed. auch auf die Farbe, vgl. schwedisch *löja, löga* aus **laugiōn*, nhd. *Lauge* im Sinne von 'hell, weiß' oder es hat, analog zu der Farbwurzel **albh-*, allgemeinere Bedeutung und meint den Fluss selbst. Greule setzt idg. **lougo-* 'Sumpf' an. In der weiteren Entwicklung des Namens schwächt sich das Suffix *-ina* zu *-a* bzw. *-e* ab und fällt schließlich ganz aus (1248 *Loina* > 1284 *Lone* > (1359) *Loyn*). Die heutige Form mit *-a-* erklärt sich dadurch, dass der Monophthong /ō/ in den rhfr. und zentralhessischen Mda. meist zu /ā/ gesenkt wird (1284 *Lone* > 1313 *aque dicte Lane*). Im 13. Jh. zeigt sich die Graphie mit *-oi-* (1248 *Loina*), welche die Monophthongierung von *-ou-* > *-ō-* anzeigt. Zwischen Vokalen schwindet *g* bei Kontraktion; *-h-* ist Dehnungszeichen und markiert die Länge des Vokals *-a-*. Für den Namen der *Lahn* < *Laugona* wird eine Deutung mit 'waschen; rein, klar', vielleicht auch 'weiß' oder allgemein 'Fluss' erwogen. **IV.** ↗Lahnstein, Rhein-Lahn-Kr., RP; Lahnfels, in der Gem. Lahntal, Lkr. Marburg-Biedenkopf, HE; Laugna, Lkr. Dillingen a.d. Donau, mit FluN *Laugna*, r. Nfl. Zusam (b. Emersacker) < 890 *Logena*, 1448 *die Laugen*, BY. **V.** HG, A 4; Krahe, H.: Studien zur Hydronymie des Rhein-Systems, in: Rheinische Vierteljahresblätter (20, 1955); Kaufmann 1973; Greule, Gewässernamenschichten. *DA*

Lahnstein **I.** Große kreisangehörige und verbandsfreie Stadt im Rhein-Lahn-Kreis, 18 056 Ew., an der Mündung der Lahn in den Rhein südlich von Koblenz, RP. Nö der heutigen Stadt standen der Limes und röm. Grenzbefestigungen. Im 10. Jh. fränk. Besiedlung und erste Kirchenbauten. 1018 fällt Burg Lohenstein (ein ehem. röm. Hof aus dem 4. Jh.) an das Erzstift Trier, 1245 wird Burg Lahneck erwähnt. 1324 Stadtrechte für das kurmainzische Oberlahnstein und 1332 für das kurtrierische Niederlahnstein. Im 18. Jh. beide Städte mehrfach von fremden Truppen besetzt; 1774 besuchen Goethe, Basedow und Lavater Niederlahnstein. Seit 1806 gehören Ober- und Niederlahnstein zum Hztm. Nassau, ab 1866 zu Preußen. 1969 Zusammenschluss von Ober- und Niederlahnstein (sowie weiterer Gem.) zur Stadt Lahnstein und Bildung des Rhein-Lahn-Kreises. **II.** 991 *Logunstein*, 9./10. Jh. *Lohinstein*, 10.–12. Jh. *Logenstein*, 1249 *Lonstein*, 1263 *Lainstein*, 1300 *Lansteyn* usw.; *Lahnstein* (1969). **III.** BurgN mit dem Gw. ↗-stein. Bw. ist der Name des Flusses Lahn, 6./7. Jh. *Laugona* (Venantius Fortunatus; andere Lesart, 10. oder 11. Jh. *logana*), 496/506 (Kop. 13./14. Jh. nach Kop. um 700) *Logna*, 881 *fluuius logana*, (959) *in loganam, logana deorsum*,12. Jh. *Logana, Logena*, 13. Jh. *Logina, Logena, Loina, Loyna, Lone*, 14. Jh. *Loina, Lana, Loena, Loyne, Loyn, die Lane, Layne, Layn, Lahn, Leune, Leyne*, 15. Jh. *Lane, Lone, Lohn, Luene, Laene, Loen*, usw. Die ahd. Grundform *Logana, Logina* (mit Suffixablaut) beruht auf vorgerm. **lugnā* 'die Windungsreiche' (Verbaladj. zu idg. **leug-* 'biegen'). **IV.** Burg Lahneck, Rhein-Lahn-Kreis, RP; Löhnberg, Lkr. Limburg-Weilburg, HE. **V.** Faust, M.: Rechtsrheinische Zuflüsse zwischen den Mündungen von Main und Wupper. Wiesbaden. 1965; Krahe; Greule, DGNB. *AG*

Lahr/Schwarzwald **I.** Große Kreisstadt im Ortenaukreis, 43 705 Ew., bildet zusammen mit der Gem. Kippenheim die VVG der Stadt Lahr/Schwarzwald mit 48 799 Ew., ca. 15 km s Offenburg, in den Hügeln der Lahr-Emmendinger Vorbergzone und der Lahrer Buntsandsteinvorscholle, Reg.-Bez. Freiburg, BW. Lahr gehörte zum Allodialbesitz der Herren von Geroldseck, 1278 zur Stadt erhoben, 1442 zur Hälfte und 1803 gänzlich an Baden, 1939 Kreisstadt. Antriebstechnik, Metallwerk. Storchenturm, Stadtpark, Burgheimer Kirche, Neues Rathaus. **II.** 1179 *Larga* (?), 1215 *zů Lare* [Or], 1401 *Lahr*; *Lahr/Schwarzwald* (1978). **III.** Der Name geht verm. auf ein im Hochdeutschen früh ausgestorbenes Wort zurück, das sich in nl. *lār*, engl. *lease*, dän. *løse* 'Weide, Weideland' erhalten hat. Der Zusatz *Schwarzwald* dient z. B. zur Unterscheidung von Lahr im Kreis Limburg. **IV.** Zahlreiche ON in Verbindung mit Lahr, z.B. Burglahr, Oberlahr, Peterslahr, jeweils Lkr. Altenkirchen (Westerwald), Lahr, Lkr. Cochem-Zell und Eifelkreis Bitburg-Prüm, alle RP. **V.** Krieger; Bach DNK 2; Pokorny; LBW 2 und 6. *JR*

Lahstedt **I.** Gem. im Lkr. Peine, 10 508 Ew., s von Peine, Reg.-Bez. Braunschweig (bis Ende 2004), NI. 1971 aus den Gem. Adenstedt, Gadenstedt, Groß Lafferde, Münstedt und Oberg als Einheitsgem. gegründet. **III.** Der 1971 gebildete Name Lahstedt greift das in den Gemeindemitgliedsnamen Adenstedt, Gadenstedt und Münstedt enthaltene Gw. ↗-stedt auf. Als Bw. wurde *lah* (Variante zu ↗-*loh*) gewählt, das als FlN bzw. Teil von FlN mehrfach in den Mitgliedsorten vorkommt (*Lah, Lahberg, Lahstraße*). **V.** GOV Peine. *KC*

Laichingen **I.** Stadt im Alb-Donau-Kreis, 10 970 Ew., ca. 25 km wnw Ulm, auf einem früheren Vulkanschlot auf der Albhochfläche gelegen, bildet zusammen mit den Gem. Heroldstatt, Merklingen, Nellingen und Westerheim den GVV Laichinger Alb, 20 263 Ew., Reg.-Bez. Tübingen. BW. Seit 1100 in Besitz des Klosters Blaubeuren, während der Reformation württembergisches Kirchengut, Anf. des 19. Jh. in Staatsbesitz, 1950 Erhebung zur Stadt. Weberbetriebe, Werkzeugbau. Laichinger Tiefenhöhle, St. Albanskirche, Wasserturm Machtolsheim. **II.** Um 1100 (Kop. 1574–78) *Laichingen*, 1159 *Laichingen*, 1324 *Laichingen [Or]*. **III.** Es handelt sich um eine ⌐-ingen-Bildung mit einem PN *Laicho*, der Name bedeutet 'bei den Leuten des Laicho'. **V.** Reichardt 1986; Haubrichs 2004; LBW 2 und 7. *JR*

Lambrecht (Pfalz) **I.** Stadt und gleichnamige VG (seit 1972) im Lkr. Bad Dürkheim 12 855 Ew., sieben Gem. im n Pfälzerwald, RP. 987 Stiftung des Benediktinerklosters Sankt Lambrecht in Grevenhausen, das 1553 aufgelöst, zunächst der Universität Heidelberg übergeben und schließlich wallonischen Hugenotten als Asyl überlassen wurde. Mit deren Hilfe entwickelte sich die Gegend zum Zentrum der Tuchmacherei. Bis zur Franz. Revolution zur Kurpfalz und ab 1816 zum Kgr. Bayern. 1838 Zusammenschluss von Sankt Lambrecht und Grevenhausen zu Lambrecht (Pfalz), Stadtrechte 1888. Der Naturpark Pfälzerwald mit ma. Burgen und Ruinen macht die VG zur Urlaubsregion. Der OT Elmstein ist ein staatlich anerkannter Erholungsort. **II.** 987 *in loco, qui vocatur Grauenhusen*, 1147 *abbas de sancto Lamberto*, 1237 *villa sancti Lamperti*; *Lambrecht* (1824). **III.** Der Heiligenname *Lambrecht*, lat. *Lampertus*, ist Grundlage für den Namen des Klosters Sankt Lambrecht, der auf die zugehörige Siedlung und später auch ohne den Zusatz *Sankt* auf den Zusammenschluss von Sankt Lambrecht und Grevenhausen übertragen wurde. Grevenhausen besteht aus einem Bw. mit der Bedeutung 'Graf' in der älteren md. Lautform *Grēve* und aus dem Gw. *-hausen*, bedeutet demnach 'bei/zu den Häusern des Grafen'. **V.** Urkundenbuch zur Geschichte der Bischöfe von Speyer, Bd. 1, Ältere Urkunden. Mainz 1852, ND Aalen 1970; HHS 5; HSP. *JMB*

Lampertheim **I.** Stadt im Lkr. Bergstraße, 31 301 Ew., Reg.-Bez. Darmstadt, HE. Bäuerliche Siedlung, die erst 1951 das Stadtrecht erhielt. Lampertheim gehörte zum Hochstift Worms, das 1386 die Hälfte des Dorfes an die Kurpfalz verpfändete (bis 1705). Das heutige Neuschloss östlich der Stadt wurde um 1465/70 als Schloss Friedrichsburg durch Kf. Friedrich I. von der Pfalz errichtet. Im 18. Jh. wurde es bis auf ein nicht erhaltenes Wohngebäude abgerissen. In Lampertheim wurde Alfred Delp (1907–1945) geboren. **II.** Zu 832 (Kop.) *villa ... Langbardheim*, zu 832 (Kop.) *apud Logobardonheim*, zu 832 (Kop.) *apud Langobardonheim*, 1141 *Lampertheim*. **III.** Die für das Jahr 832 von späteren erzählenden Quellen gebotenen Formen auf *-bardon-* legen die Ansetzung eines Gen. Pl. ahd. *Langobardono-haim* 'beim Heim der Langobarden' nahe. Trotz der wiederholt geäußerten Vermutung, wonach der ON mit dem germ. Volk der Langobarden in Verbindung zu bringen ist, scheint hier eher eine gelehrte Schreibweise der Chronisten des 11. und 12. Jh. vorzuliegen. Die älteste kopiale Überlieferung *Langbardheim* sowie die urk. Schreibungen als *Lampertheim* deuten hingegen auf einen PN *Lancbart* oder *Lantbert* als Bw. Durch Vereinfachung der Dreierkonsonanz *-ncb-* bzw. *-ntb-* zu *-nb-* und partielle Assimilation *-nb-* > *-mb-* erklärt sich die heutige Form, die zudem noch die Schärfung von *-b-* > *-p-* aufweist. **V.** Bach DNK II; Keyser; Lepper, C.: Lampertheimer Heimatbuch. München 1957; Müller, Starkenburg. *TH*

Landau a. d. Isar **I.** Stadt im Lkr. Dingolfing-Landau, 12 741 Ew., Reg.-Bez. Niederbayern, BY. 1224 Gründung der Stadt durch die Wittelsbacher, 1304 Stadtrechtsverleihung. Als Vorläufer der im Jahr 1224 gegründeten Stadt wurde ca. 1579 der Ort Ahausen genannt: *Landavum, olim Ahusium dictum* 'Landavum, einst Ahusium genannt'. Eine ähnliche Gleichsetzung findet sich zu Beginn des 14. Jh.: *Landow, que vocatur Ahausen*. Andererseits hat sich Ahausen, das erstmals ca. 887–895 als *Ahahusir* bezeugt ist, bis in die Gegenwart als selbständige Siedlung erhalten. Dieser Widerspruch klärt sich wohl damit, dass die Stadt Landau im Bereich von Ahausen gegründet wurde. **II.** 13. Jh. (zu 1224) *Landaw*, 1231–1234 *Lando*, 1237 *Landawe*, 1429 *Landau*, 1811 *Landau, Stadt an der Isar*, 1928 *Landau a. d. Isar*. Burg (bzw. Siedlung): 12. Jh. *Landowe*, Anfang 14. Jh. *Alten Landaw*, 1482 *Altenlanndaw*, 1567 *altn Landaw*. **III.** Der Name Ahausen erklärt sich als 'Häuser am fließenden Wasser'; Bestandteile sind ahd. *-aha*, ⌐*-ach¹*, 'Wasserlauf, Fluss' und eine Pluralform von *hûs* 'Haus', ⌐*-hausen*. Der Name Landau ist zusammengesetzt aus dem Grundwort mhd. *ouwe, owe* 'von Wasser umflossenes Land, Insel, Halbinsel', ⌐*-au*, hier in der Bedeutung 'Wasserburg' bzw. 'durch das Wasser (der Isar) geschützte Burg' und dem Bestimmungswort *lant* 'Land, Heimat', sodass sich der programmatische Name 'Wasserburg, die das Land schützt' ergibt. **IV.** Landau in der Pfalz, RP. **V.** HHS 7/1; Reitzenstein 2006; Daisenberger, J.M.: Geographisches Handlexicon vom ganzen damaligen Königreich Baiern. Augsburg/Regensburg 1811. *WvR*

Landau in der Pfalz **I.** Kreisfreie Stadt und Verwaltungssitz des Lkr. Südliche Weinstraße, 43 008 Ew., Südpfalz, RP. Landau war im MA Mittelpunkt des ehem. Speyergaus, im 13./14. Jh. fanden hier

Landtage (ehem. Thingplatz) statt. Seit 1274 freie Reichsstadt, wirtschaftl. und kulturelles Zentrum. 1648 kam Landau mit der Landvogtei Hagenau an Frankreich, Ausbau zur Festung. Erst 1816 wurde die Stadt wieder pfälzisch bzw. bayer., 1830 d. Bundesfestung. **II.** 1268 *in civitate nostra Landowe*, 1291 *in Landauwe*. **III.** Das mhd. *lant* 'Land, auch Gerichtsbezirk und seine Einwohner' steht in Verbindung mit ⁊ *-au(e)*. Zu vermuten ist die Bedeutung 'Gerichtsort, -bezirk in einer Aue, auf einer Wiese', da die Siedlung am Ort einer ma. Gerichtsstätte entstanden sein soll. **IV.** ⁊ Landau an der Isar, Lkr. Dingolfing-Landau, BY. **V.** Hauptstaatsarchiv München, Rhpf. Urk.; Christmann 1952; HHS 5; HSP. *JMB*

Landeck **I.** In einem Talkessel am Zusammenfluss von Sanna und Inn, westlichste Stadt Tirols, A. 7647 Ew., Hauptort des gleichnamigen Bezirkes, Sitz der Bezirksverwaltungsbehörde, Schulstadt, Verkehrsknotenpunkt, Gerichtssitz (1282 erstmals erwähnt). **II.** 1254 *Landeke*, 1282 *Landögg*, 1288 *Landeke* und *Landek*, 1289 *Landek*, 1293 *Landek*. **III.** Etymologisch zu übersetzen als 'Gebiet am Eck', wobei unter 'Eck' die nahezu orthogonale Krümmung des Inns nach der Einmündung der Sanna zu verstehen ist (vgl. den Stadtteil *Angedair*, 1270 *Angdayr*, < keltoromanisch **ancataria* 'Gebiet an der Krümmung'). **IV.** Dasselbe Etymon auch in *Landegg*, Gem. Pottendorf, Pol. Bez. Baden, NÖ; ca. 1185: *Landecke (17. Jh.)*. **V.** HHS Huter; ÖStB 5. *AP*

Landesbergen **I.** Samtgem. im Lkr. Nienburg (Weser), 8489 Ew., an der Weser, Reg.-Bez. Hannover (bis Ende 2004), NI. Besitz der Familie von Landesbergen (berühmtester Vertreter Barthold, 1470 bzw. 1481–1502 Bischof von Verden und Hildesheim), 16. Jh. Besitz der Familie von Münchhausen, 1974 Zusammenschluss der Gem. Landesbergen, Estorf, Husum und Leeste. **II.** Geschlecht: um 1160 *Everhardus de Landesberge [Or]*; Ort: um 1200 *Landesberge [Or]*, 1380 *Landesbergen [Or]*. **III.** Bildung mit dem Gw. ⁊ *-berg*, zunächst im Dat. Sg., später im Dat. Pl., und dem mnd. App. *lant* 'Land, Boden, Gebiet' im Gen. Sg. als Bw. Namengebend war offenbar die erhöhte Lage am Weserufer. **IV.** † Landsberg bei Wolfhagen, Lkr. Kassel, HE; ⁊Landsberg am Lech, BY. **V.** GOV Hoya-Diepholz. *FM*

Landeshut // Kamienna Góra [kaˈmjɛnna ˈgura] **I.** Kreisstadt, 20865 Ew., Woi. Niederschlesien // Dolny Śląsk, PL. 80 km s von Breslau zwischen Riesengebirge und Waldenburger Bergland am Weg nach Böhmen gelegen; 1289–92 als befestigte d. Kolonistensiedlung nahe einer älteren slaw. Befestigung ausgebaut. Schon im MA Tuchmacherei, später Webergewerbe. Kreisstadt, Reg.-Bez. Liegnitz, NS, (1939) 13688 Ew. **II.** 1249 *Landishute*, 1318 *Landeswot*, 1335 *Lantczhutte*. Polonisierung des ON: 1845 *Łańcut*, 1882 *Kamienogóra*, 1945 *Kamienna Góra*. **III.** Im D. „sprechender" ON zur Bezeichnung einer Grenzbefestigung: *Landes* (Gen.) und *hut* < mhd. *huot(e)* 'Bedeckung' als Rückbildung zum mhd. Verb *hüeten* 'bewahren'. Die Kürzung *Landeshut* > *Landshut* (14., 17.–19. Jh.) wird amtlich nicht anerkannt, wohl um den ON formal eindeutig zu halten. Im Poln. aus einem FlN: *kamienny*, fem. *kamienna* als Bezugsadjektiv zu *kamień* 'Stein' und *góra* (apoln. *gora*) fem. 'Berg', also 'Steinberg'. Dieser ist unabhängig vom d. ON; der apoln. FlN ist in der lat. Gründungsurkunde der Stadt Landeshut belegt (*Camena gora* 1249) und lebt im 19. Jh. nach der Publikation der alten Urkunden wieder auf. Eine poln. Adaption des d. ON *Łańcut* hat sich in Ostpolen herausgebildet und wird vereinzelt im 19. Jh. auch auf den schles. Ort angewandt. **IV.** ⁊Landshut, BY; Łańcut, Woi. Karpatenvorland, PL; Kamienna Góra, OT von Wierzbica, Woi. Lebus, von Kartuzy, Woi. Pommern, und von Czaplinek, Woi. Westpommern, alle PL. **V.** SNGŚl; Rymut NMP; Zych. *ThM*

Landsberg am Lech **I.** Große Kreisstadt im Lkr. Landsberg a.Lech, 27712 Ew., Sitz der Kreisverwaltung, Reg.-Bez. Oberbayern, BY. Im 13. Jh. Stadt, im 16. Jh. Gegenreformation durch den Jesuitenorden. **II.** 1157–1162 *Landesburc*, 1162 *in castro Landespurch*, 1166/67 *Landesperc*, 1176 (Kop. von 1521) *Landesperch*, 1180–1183 *Lantesberch*, 1197–1199 *Lantsperch*, 1261 *Lansperch*, 1366 *Landsberg*, ca. 1583 *Landspergum urbs ... ad Lyci orientalem ripam*, 1811 *Landsberg, Stadt am Lech*, 1964 *Landsberg a. Lech*. **III.** In einer Urkunde von 1401 findet sich die Gleichsetzung *Landsperg alias Phettine*; dies bezieht sich auf den in Landsberg aufgegangenen Ort, der ca. 1135–1140 (Kop. von 1175) als *Phetene* und 1258 als *Pfeten* bezeugt ist. Grundwort des urspr. Burgnamens ist mhd. *burc*, ⁊ *-burg*, 'umschlossener, befestigter Ort, Burg', Bestimmungswort *lant* 'Land, Heimat', sodass sich die Erklärung 'Burg, die das Land schützt' ergibt. Die Lokalisierung bezieht sich auf die Lage am Lech. Der Name der früheren Siedlung wird zu schwäbisch *pfatt*, *pfatte* 'Zaun' gestellt. **V.** HHS 7/1; Reitzenstein 2006. *WvR*

Landsberg/Warthe // Gorzów Wielkopolski [ˈgɔʒuf vʲɛlkɔˈpɔlski] **I.** Stadt mit den Rechten eines Kreises in der Woi. Lubuskie (Lebus), Sitz des Woiwoden von Lebus, 125157 Ew., die Stadt liegt an der Warthe (Warta), PL. 1257 wurde der Ritter Albrecht de Luge vom askanischen Markgrafen Johannes I. zur Gründung einer Stadt mit dem Namen *Landisberch Nova* fast an der Grenze der Kastellanei und des Lebuser Landes ermächtigt. Seit dieser Zeit befand sich die Stadt auf dem Gebiet der sog. NM, seit 1892 Stadtkreis. 1945 kam die Stadt an Polen, zuerst in die Woi. Poznań (Posen) und 1950 in die Woi. Zielona Góra (Grünberg), in den Jahren 1975–1998 war sie Hauptstadt der gleichnamigen Woi. Nach dem 2. Weltkrieg Chemie-, Elektronik-, Energie-, Pharma-, Leicht-, Maschinen-, Metall-, Motor-, Lebensmittel-, Textilindustrie. **II.** (1251)1354 *Landsbergk*, 1257 *Landisberch Nova*, 1320 *Nuenlandesberch*, 1383 *Stad tzu Nuwen landisberg*, 1822 *Landsberg*, 1884 *Landsberg nad Wartą*, 1945 *Gorzów nad Wartą*, 1951 *Gorzów Wielkopolski*. **III.** Die alte deutsche Ben. wurde von Landsberg bei Halle (ST) mit dem Zusatz lat. *nova*, d. *neu*, auf den Ort übertragen. Nach dem 2. Weltkrieg wurde der Name *Gorzów nad Wartą* und schließlich *Gorzów Wielkopolski* amtlich eingeführt. **IV.** Den d. ON *Landsberg* trugen 3 Orte im h. Polen. Sie heißen heute *Gorzów Wielkopolski* (s. o.), *Gorzów Śląski*, Woi. Opolskie (Oppeln) und *Górowo Iławeckie*, Woi. Warmińsko-Mazurskie (Ermland-Masuren). **V.** Rymut NMP III; RymNmiast; Malec. *BC*

Landshut **I.** Kreisfreie Stadt, 62 606 Ew., Sitz der Verwaltungen von Lkr. Landshut und des Reg.-Bez. Niederbayern, BY. 1204 Gründung der Stadt durch die Wittelsbacher, seit 1392 Hauptstadt des Herzogtums, 1799 Landesuniversität. **II.** Ca. 1150–1200 *Lanthvt*, ca. 1174–1180 *Landeshûte*, 1183 (F., Kop. des 13. Jh.) *apud Lantzhûtam*, 1196–1199 *Landeshute*, 1493/94 (zum Jahr 1204) *castrum Landshut*, 13. Jh. (zum Jahr 1204) *Ludwicus dux Bawarie castrum et oppidum in Lantshvt construere cepit*, 1205 *castrum Landeshvte*, 1206–1217 *Landeshût*, 1267 *Lantshut*, 1339 *Landshut*. **III.** Die Belege 1150–1200, ca. 1174–1180, 1183 und 1196–1199 sind in ihrer Datierung nicht gesichert. Es scheint aber doch ein Vorläufer der 1204 gegr. Burg und Stadt existiert zu haben, denn ein Chronist des ausgehenden 15. Jh. schrieb 1493/94 zum Jahr 1204: *Dux Ludowicus in Monaco … construxit in monte, quo modo castrum Landshut consistit*. Die Ortsangabe im Beleg zu 1204 ermöglicht die Annahme einer früheren Burg bzw. Siedlung. Aventin erklärte 1519–1521 den Namen: *Landshuet, galea ac custodia terrae*, 1541 zu deutsch *Landshuet, ein helm und hut des lands*. Grundwort ist mhd. *huot, huote* 'Bewachung, Behütung', Bestimmungswort *lant* 'Land, Heimat'. **V.** HHS 7/1; Reitzenstein 2006. *WvR*

Landstuhl, Sickingenstadt **I.** Stadt im Lkr. Kaiserslautern, 8 680 Ew., Sitz der VG Landstuhl (15 767 Ew.), w der Sickinger Höhe, Westpfalz, RP. Funde aus kelt. und röm. Zeit wie die Reste eines Säulengrabmals, die sog. „Sickinger Würfel", weisen auf frühe Besiedlung hin. Mitte 14. Jh. Stadt, die mitsamt der Burg Nanstein als Reichslehen mehrfach den Besitzer wechselte. Ende 15. Jh. Zentrum der Herrschaft der Sickinger. 1523 endete hier der Pfälzische Ritteraufstand mit dem Tod des Franz von Sickingen. Die Burg wurde Ende 17. Jh. endgültig von den Franzosen zerstört. **II.** Um 830–50 *villa Nannenstul* (Kop. um 1190), 1333 *Burg Nantzstul*, 1362 *burg vnd vels Nannestein vnd Nannestul die stat*, 1554 *Lanstul*; *Reinhard von Sickingen zu Landtstul* (1603). **III.** Das Bw. ist der ahd. PN *Nanno*, Gen. Sg. *Nannen-*, und das Gw. ist ahd. *stuol* 'Hochsitz, Thron, Richterstuhl', wobei unklar bleibt, ob im übertragenen Sinne ein Fels oder tatsächlich eine Gerichtsstätte gemeint ist. Gegen Letzteres könnte der PN im Bw. sprechen, weshalb hier eine Deutung des ON als 'Siedlung des Nanno auf einem Fels' favorisiert wird. Die zwischenzeitlich aufgetretene Form *Nannestein* ist wohl eine Klammerform (*Nannenstulstein). Der ON veränderte sich durch Dissimilation von *Nanstul* zu *Lanstul* und weiter durch phonetisch und volksetymol. bedingten Einschub von *-d-*. **V.** CL; FP; HSP; Puhl 2009. *JMB*

Langballig nd. Langballich, dän. Langballe **I.** Gem. und gleichnamiges Amt im Kr. Schleswig-Flensburg, Zusammenschluss von sieben amtsangehörigen Gem., 8 101 Ew., an der Flensburger Förde, im N der Landschaft Angeln, SH. Ersterwähnung 1450, 1970 entstand das jetzige Amt aus den bisherigen Ämtern Grundhof und Munkbrarup, 1988 Anerkennung Langballigs zum Luftkurort. Touristisch geprägt, Landschaftsmuseum Unewatt (mit Holländermühle). **II.** 1450 *to Langeballech* [Or], 1543 *Langbalge*. **III.** Der Wortstamm *ballig* stammt vom altdänischen *balgh/balugh/baligh* 'Teil eines Dorfes' ab und meint in der Zuss. mit dem Adj. *lang* wohl den langen Teil des Dorfes. **V.** Laur; Haefs. *GMM*

Langelsheim **I.** Stadt im Lkr. Goslar, 12 636 Ew., an der Innerste, Reg.-Bez. Braunschweig (bis Ende 2004), NI. Schon im MA Erzverhüttung im Ort, im 16. Jh. ein Schwerpunkt der Verhüttung des Rammelsberger Erzes (1941/42 eingestellt); h. vor allem chemische Industrie und Metallverarbeitung; 1876 Eisenbahnanschluss; 1951 Stadtrecht. **II.** 1131 *Laggenize* [F. 13. Jh.], 1181 *Lagnesce*, 1210 *Langeniz*; *Langelsheim* (1578). **III.** Bildung mit dem in mnd. *nēse* 'Nase' (vgl. engl. *ness* 'Vorgebirge, Landzunge') belegten App. als Gw. und dem Adj. aså. *lang*, mnd. *lanc* 'lang' als Bw., das meist flektiert im Dat. Sg. steht. Die *-gg-* und *-g-*Schreibung gibt den Laut *-ŋ-* wieder. Im 15. Jh. findet Angleichung an die umliegenden *-heim*-Namen statt, und *-n-* wird zu *-l-* dissimiliert. Die Zuordnung eines Beleges von um 1016 *Lanchel* [12. Jh.] ist umstritten. Etym. ist er nicht mit Langelsheim zu verbinden. **V.** GOV Braunschweig; HHS 2. *KC*

Langen **I.** Stadt im Lkr. Cuxhaven, 18 449 Ew., n von Bremerhaven, Reg.-Bez. Lüneburg (bis Ende 2004),

NI. 1974 Zusammenlegung der Samtgem. Langen und Neuenwalde zur Gem. Langen, 1990 Stadtrecht. **II.** 1139 *Langene [Or]*. **III.** Der ON ist mit asä., mnd. *lang* 'langgestreckt', asä. **langa*, mnd. *lange* 'Länge, langgestrecktes Flurstück' zu verbinden. Benennungsmotiv dürfte der Lange Berg gewesen sein, ein ca. 90 m langer dammartiger Grabhügel auf dem Kamm einer natürlichen Bodenwelle. Die Form *Langene* kann als Abschwächung einer -*n*-Abl. **Langana* oder eines Dat. Pl. **Langun* interpretiert werden. **IV.** Langen (890 *Langon*), Lkr. Emsland, NI. **V.** KD Wesermünde 1; Schübeler, P.: Der Langenberg bei Langen, ein Grabhügel der älteren Bronzezeit. In: Jahresbericht der Männer vom Morgenstern 11 (1908/09). *FM*

Langen **I.** Stadt im Lkr. Offenbach, 35 260 Ew., Reg.-Bez. Darmstadt, HE. Ersterwähnung im Jahre 834 anlässlich der Schenkung von Langen mit seiner zugehörigen Mark durch Kaiser Ludwig den Frommen an das Kloster Lorsch. 1232 vom Kaiser an das Erzstift Mainz übertragen, das Langen als Lehen weiter ausgab, u.a. an die Herren von Münzenberg und die Falkensteiner. Seit 1489 isenburgisch, wurde der Ort 1600 als Teil des Amtes Kelsterbach an Hessen-Darmstadt verkauft. 1883 erhielt der Ort die Stadtrechte. **II.** 834 (Kop.) *Langungon*, 876–881 (Kop.) *Langunga*, 1411 *Langen*. **III.** Im Bw. steckt zweifelsfrei ahd. *lang* 'lang', doch wirft die Bildung des ON als ↗-*ing*-Name zu einem Adj. Fragen nach der Deutung auf. Im vergleichbaren Fall von ↗ *Bad Wildungen* (9. Jh. *Wildungun*) leitet sich der ON von dem FluN *Wilde* ab. Bei Langen fehlt ein FluN. Möglicherweise ist von einer Klammerform wie etwa **Lang(feld)-ungen* auszugehen. In diesem Falle würde das im Dat. Pl. gebrauchte Suffix ↗ -*ingen* / -*ungen* die 'beim Langenfeld wohnenden Leute' bezeichnen. Von einem nur singulär nachgewiesenen PN *Lango* als Namengeber des Ortes ist nicht auszugehen. **V.** Bach DNK II; Betzendörfer, E.: Geschichte der Stadt Langen. Langen 1961; CL; FP; Keyser; Löffler, Falkenstein; Müller, Starkenburg. *TH*

Langenargen **I.** Gem. im Bodenseekreis, 7777 Ew., bildet mit den Gem. Eriskirch und Kressbronn am Bodensee den GVV Eriskirch-Kressbronn am Bodensee-Langenargen mit 20 382 Ew., ca. 8 km sö Friedrichshafen, zwischen den Mündungen der Bodenseezuflüsse Argen und Schussen, Reg.-Bez. Tübingen, BW. Langenargen ist eine Siedlung der Merowingerzeit und war Ende des 8. und Anf. des 9. Jh. bevorzugte Dingstätte im Argengau, 1780 an Österreich, 1805 an Bayern, 1810 an Württemberg. Obstbau, Handwerksbetriebe. Schloss Montfort, Kavalierhaus, Pfarrkirche St. Wendelin. **II.** 770 (Kop. 17. Jh.) *Arguna villa*, 1393 *zu Langen Argen [Or]*. **III.** Bei der *Arguna villa* handelt es sich um die bei der Einmündung der Argen (815 *in Argunu*) in den Bodensee gelegenen Siedlung. Dem Namen liegt vermutlich kelt. *argo-* 'glänzend, hell' zu Grunde. Der Namenszusatz *Langen-* bezieht sich auf die Ausdehnung des Ortes am See. **IV.** Langenbach, LKr. Freising, Langenmosen, Lkr. Neuburg-Schrobenhausen, beide BY. **V.** Bach DNK 2; Greule, DGNB; Greule 2007; LBW 2 und 7. *JR*

Langenau **I.** Stadt und gleichnamiger GVV im Alb-Donau-Kreis, Reg.-Bez. Tübingen, 25 348 Ew., nö von Ulm, am ö Rand der Schwäbischen Alb, BW. Archäol. nachgewiesene alem. Besiedlung. Im MA und bis in die h. Zeit bedeutende Pferdezucht. Vom 14. bis 18. Jh. zur Freien Reichsstadt Ulm. 1972 Eingemeindung der drei ehem. selbstständigen Gem. Albeck, Göttingen und Hörvelsingen. **II.** 1003 *Nâwua* (dorsual: *Nawae*), (1143) *in Nawe*, 1150 *de Nawa*, 1158 *villam Nawin*, 13. Jh. *Nǎwe, Nauwe, Navve, Naw*, 1576/85 *Lanngenaw*, 1710 *Langenau*. **III.** Die lang gestreckte Stadt, die aus drei Siedlungskernen zusammengewachsen ist, war urspr. nur nach dem Namen des Flusses *(die) Nau* (zur Donau), der sie durchquert, benannt. Der FluN geht wie die FluN *Nahe* (zum Rhein) und *Nóva* (zur Memel, Litauen) auf spätidg. **nāu̯ā* 'die zum Baden/Schwimmen geeignete'(?) zurück, eine fem. Ableitung von (idg.) **neh₂-u̯-* (> **nāu̯-*), die zum Verb idg. **(s)neh₂-* 'baden, schwimmen' gehört, vgl. mir. *snau, snó* 'Strom' (< **snāu̯ā*). **V.** Reichardt, L.: Ortsnamenbuch des Alb-Donau-Kreises und des Stadtkreises Ulm. Stuttgart 1986; Greule, DGNB. *AG*

Langenberg **I.** Gem. im Kr. Gütersloh, 8193 Ew., s Wiedenbrück, Reg.-Bez. Detmold, NRW. Filialkirche der Osnabrücker Pfarre Wiedenbrück, um 1220/40 Pfarre der Reckenberger Bauerschaften. 1239/40 Haupthof Langenberg, 16. Jh. Vogtei unter Einbeziehung weiterer Bauerschaften, 1803 an Hannover, 1815 an Preußen, seit 1821 zum Bistum Paderborn. Bis 1969 zum Amt Reckenberg, 1970 Zusammenschluss mit Gem. Benteler (Amt Wadersloh, Kr. Beckum). **II.** 1234 *de Langenberg*, 1268 *Langeberg*. **III.** Bildung mit dem Gw. ↗ -*berg*. Der ehem. FlN wird auf eine im Dat. Sg. flektierte lok. Wendung wie **bī dem langen berge* oder **to dem langen berge* zurückgehen, mit der der Berg durch das sw. flektierte Adj. asä. *lang*, mnd. *lanc, lan(g)k, lanch* 'lang' nach seiner räumlichen Erstreckung in die Länge näher bestimmt wird. **V.** Schneider; HHS 3. *BM*

Langenbielau // Bielawa [bʲɛˈlava] **I.** Stadt im Kr. Dzierżoniów, 31 023 Ew., Woi. Niederschlesien // Dolny Śląsk, PL. 6 km sw von Reichenbach am Osthang des Eulengebirges. Langenbielau wurde als Waldhufendorf gegründet, 1288 erstmals urk. erwähnt. Seit dem 16. Jh. entwickelte sich das Dorf zum Hauptort der Weberei in Schles. Der Weberaufstand von 1844 wurde durch Gerhart Hauptmann literarisch verarbeitet. Stadtrecht seit 1924. Kr. Reichenbach, Reg.-Bez. Breslau, (1939) 20116 Ew. **II.** 1288 *Bela*, ca. 1300 *Bela inferior, Bela superior*, 1370 *Nedir Bele*, 1666/67 *Lange Bil, Langbil*, 1743 *Langenbielau*. Re-Polonisierung des ON: 1896 *Bielawa*, 1941, 1946 *Bielawa*. **III.** Der ON wird eingedeutscht aus der apoln. adjektivischen Form *biała* fem. 'die Weiße' (< urslaw. **běl-a* 'die weiße, helle'), verm. ein GwN. Verschiedene OT wachsen zusammen und werden von anderen ON *Bielau* in Schles. durch den adjektivischen Vorsatz *Langen-* unterschieden (*Langenbielau Niederstadt // Bielawa Wschodnia* 'Ost-Langenbielau' und *Langenbielau Oberstadt // Bielawa Zachodnia* 'West-Langenbielau'). Der spätere poln. ON geht auf die d. Form des ON zurück, angelehnt an poln. *bielawa* 'sumpfige Wiese, Torfwiese'. **IV.** Biehla, OT von ↗*Elsterwerda*, Lkr. Elbe-Elster; Biehlen, OT von Schwarzbach, Lkr. Oberspreewald-Lausitz, beide BB; Böhlen, Lkr. Leipzig; Pöhla, OT von ↗*Schwarzenberg/Erzgeb.*, Erzgebirgskreis; Pöhlau, OT von ↗*Zwickau*, alle SN; Bielawki, OT von Pelplin, Woi. Pommern; Biała Podlaska, Woi. Lublin, beide PL. **V.** Rymut NMP. *ThM*

Langenfeld (Rheinland) **I.** Stadt im Kr. Mettmann, 59213 Ew., Reg.-Bez. Düsseldorf, NRW. Zusammenschluss der Gemeinden Richrath und Reusrath, seit 1936 unter dem Namen Langenfeld. **II.** 1396 *de Langevelt*, 1444 *van Langenfeld [Or]*. **III.** Aus einer Flurbez. 'am langen Feld'. Seit dem 9. Jh. in allen Teilen des d. Sprachgebiets gut belegt (FO 2). **V.** HHS 3; Dittmaier 1956; Kaufmann 1973. *Tie*

Langenhagen **I.** Stadt in der Region Hannover, 51691 Ew., n von Hannover, Reg.-Bez. Hannover (bis Ende 2004), NI. Sitz eines Hägergerichtes und des gleichnamigen Amtes; 1618 Marktrecht, 1959 Stadtrecht, bis 2001 im Lkr. Hannover; bedeutender Verkehrsknotenpunkt (Flughafen), Sitz zahlreicher Logistik- und produzierender Unternehmen. **II.** 1312 *Novam Indaginem [Or]*, 1391 *Nyenhaghene*; *Langenhagen* (1451). **III.** Bildung mit dem Gw. ↗*-hagen* und zunächst dem flektierten Adj. mnd. *nīe* 'neu'. Im 15. Jh. wechselt das Bw. allmählich zum flektierten Adj. *lang*, das sich im 18. Jh. durchsetzt. Der Grund für diesen Wechsel ist nicht klar. Im Erstbeleg erscheint der ON in lat. Übersetzung. **V.** HHS 2; Nds.-Lexikon; NOB I. *UO*

Langenlonsheim **I.** Gem. und gleichnamige VG (seit 1970) im Lkr. Bad Kreuznach, 13300 Ew., mit sieben Gem. am Osthang des Hunsrücks und an der Nahe, n von Bad Kreuznach, RP. Im MA hatten hier verschiedene Adelsfamilien Besitz. Schon Ende des 18. Jh. werden die Gem. in einer – zunächst franz. – Bürgermeisterei zusammengefasst, deren Zentrum Langenlonsheim ist. Seit 1815 ist die Region preußisch. Die Gem. der VG sind vom Tourismus im Hunsrück, dem Weinbau, aber auch der Nähe zu großen Städten und dem Flughafen Frankfurt-Hahn geprägt. **II.** 769 *in pago wormatiense in Longistisheim marca*, 801 *Longastesheim*, 1187 *Longesheim*; *Langenlonßheim* (1410). **III.** Das Bw. ist der ahd. PN *Launogast, Longast*, Gen. Sg. *Longastis-*, der auf den fränk. PN **Lōgan < *Laugan* zurückgeht. Der unbetonte Teil des PN wird zu *-gistis* abgeschwächt. Das Gw. ist ↗*-heim*. Der Zusatz *Langen-* bezieht sich auf die Form des Ortes, der sich lang an einer Straße hinzieht, und dient der Unterscheidung von Lonsheim. Demnach wäre der Name des später zu einem langen Straßendorf gewordenen Ortes als 'Wohnstätte des Longast/Launogast' zu deuten. **IV.** Lonsheim, Lkr. Alzey-Worms, RP. **V.** CL; FP; Kaufmann, H.: Die Ortsnamen des Kreises Bad Kreuznach. München 1979. *JMB*

Langensalza, Bad **I.** Stadt, Unstrut-Hainich-Kr., an der Salza dicht vor deren Mündung in die Unstrut, im W des Thüringer Beckens n Gotha, an den Vorhöhen des Hainichs, 18296 Ew., TH. Altthüringisches Dorf, 8./9. Jh. Reichsgut, später Herrensitz, Ende 12. Jh. landgräfliche Burg, Stadt nach 1200 (1222 *oppidum*); 17./18. Jh. Handel mit landwirtschaftlichen Produkten; 1811 Schwefelquellen entdeckt, Badeort; seit 1952 Zusatz Bad; Nationalpark Hainich (1997), Rosenstadt (2002), Schwefel-Sole-Heilbad (2005). **II.** (775/86) 1150/65 *Salzaha*, 876 *in Salzahu*, 932 *Salczaha*, 1130 *Salzaha*, 1212 *Salzach*, ab 13. Jh. *Salza, Salcza*; *Langensalza* (1579). **III.** Der Ort wurde benannt nach dem Gewässer, der Salza, einem 'Salzbach' zu ahd. *salz* 'Salz' und ↗*-aha* 'Wasser'. 876 *in Salzahu* zeigt eine ahd. Deklinationsform für ahd. Dativ/Lokativ Sg. **IV.** Salza, OT von Nordhausen, um 800 *Salzaha*; ↗Bad Salzungen, Wartburgkreis, beide TH; ↗*Salzwedel*, ST; GwN Salz, in Mainfranken, BY, 810 *Salzaha*; GwN *Salza* (zur Saale, 979 *Salta*, und zur Elbe, 965 *Salza*). **V.** CE II; Walther 1971; SNB; Berger. *KH*

Langenselbold **I.** Stadt im Main-Kinzig-Kreis, 13421 Ew., nö Hanau im unteren Kinzigtal, Reg.-Bez. Darmstadt, HE. Ersterwähnung 1108 in einer Papsturk., die dem Grafen *Diedmar* [von Gelnhausen] die kurz zuvor erfolgte Gründung eines Stifts Selbold bestätigt. Im 12. Jh. kam das Stift an die Staufer, seit dem 13. an die Herren von Büdingen und ihre Erben, von denen es die Isenburger dauerhaft behaupteten und 1543 säkularisierten. Der Ort (mit ehem. Kloster), seit dem 17. Jh. *Langen*selbold genannt, fiel 1816 an Hessen-Kassel, 1866 an Preußen, 1945 an Hessen; seit 1983 Stadt. **II.** 1108 *Selbold* (Kop. 16. Jh.), 1109 *de Sewoldes [Or]*, 1143 *Selbolt [Or]*, 1233 *Sewolt* (Kop. 15. Jh.). **III.** Der Name des Orts (an der via regia, in seit dem Neolithikum besiedeltem Gebiet) dürfte bei einer spätestens karoling. Neugründung oder Aufsiedlung entstanden sein; er beruht auf dem im 9. Jh. (Fulda, Reichenau) bezeugten PN *Selibold/Selbolt/Selebolt* (< germ. **sal-*, ahd. *selida* 'Haus, Halle' + ahd. *bald* 'kühn' > *bold* (*a* > *o* oft vor *l* im PN-Zweitglied). Der (isolierte) 2. Beleg spricht für einen genetivischen ON (PN im Gen., Gw.-Wegfall), wie sie im Mittel- und Osthess. häufig sind. Ob ein latinisierter Gen. **Selboldi* vorausging (so Kaufmann), ist sehr fraglich. Eher dürfte die nur in *Sewoldes* erhaltene d. Gen.-Endung abgefallen sein (so bei anderen gen. ON seit dem 13. Jh.). Belege 3, 4 zeigen die mhd.-nhd. (nhd. nur orthografisch beseitigte) Auslautverhärtung -*d* > -*t*; die seltene -*w*- Graphie in 2 ist Reflex der mda.-hess. Spirantisierung *b* > *w* nach *l* vor Vokal. Der Zusatz *Langen*- wie üblich im lok. Dativ. **V.** Reimer 1891; Dob. I; MGH DKO III; FP; Kaufmann 1961 und 1968. *HGS*

Langenthal Mda. ['laŋətə, 'laŋətu, 'laŋəta:u̯, 'laŋədau̯] **I.** Stadt und politische Gem. im Amtsbezirk Aarwangen, 14 777 Ew., an der Ausmündung des Langetentals, am Rande des Molassehügellandes, Kt. Bern, CH. Mesolithische, neolithische und röm. Funde sowie die Lage an der römerzeitlichen Verbindungsstraße von Vindonissa nach Aventicum verweisen auf eine frühe Besiedlung. Seit 1194 unter Einfluss der Abtei St. Urban, die bis 1798 Rechte innehatte. Ab 1415 unter Berner Landeshoheit. Erhält 1480 Marktrechte und wandelt sich zwischen 1700 und 1750 vom Bauerndorf zum wichtigen Handelsort. H. regionaler Wirtschafts- und Industriestandort (Maschinenbau, Textilien, Keramik) sowie kulturelles Zentrum des Oberaargaus. **II.** 861 *in Langatum [Kop.]*, 894 *in Langatun [Kop.]*, 1194 *villa que dicitur Langata, in Langatun [Or]*, 1243 *villa Langenthan*, 1275 *in Langental*. **III.** Vorgerm. **Langadunum* 'befestigte Siedlung an der **Langā*', gebildet aus dem kelt. App. *dūnon*, latinisiert *dūnum* '(umwallte) Burg, Festung', vgl. ai. *dun* n. 'Burg, befestigte Stadt' (urverwandt mit germ. **tūna-* m. 'Zaun', im Nordischen und Englischen mit Bed.-Entwicklung zu 'eingehegter Platz', neuenglisch *town* 'Stadt'), toponomastisch oft verwendet zur Bez. von befestigten Plätzen. Das nicht mehr verständliche Gw. ist bereits im 13. Jh. in den schriftlichen Quellen sekundär zu d. *Tal* umgedeutet worden. Als Bw. anzunehmen ist ein (der alteurop. Hydronymie zuzuordnender) GwN **Langā* (oder **Langos*?), zu idg. Adj. **(d)longho-s* 'lang', wobei der SiN dann auf den FluN übertragen wurde. **IV.** *Dūnon*: ↗Thun, BE; als Gw in: *Moudon*, VD; *Nyon*, VD; *Yverdon-les Bains*, VD, alle CH. **V.** BENB; HLS; LSG. *eb, tfs*

Langenzenn **I.** Stadt im Lkr. Fürth im Zenngrund, 10 498 Ew., Reg.-Bez. Mittelfranken, BY. Frühmittelalterliche Gründung in Altsiedellandschaft an einer der durch Flüsse gebildeten Querachsen der Ostabdachung des Steigerwalds. Fränk. Königshof, 954 Reichsversammlungsort, 1021 an Bischof von Bamberg, Ende 12. Jh. an die Burggrafen von Nürnberg, nach 1362 Stadterhebung, Schäden im Städtekrieg 1388, 1409 Umwandlung der Stadtpfarrei in ein Augustinerchorherrenstift (bis 1539), Hochgerichts- und Amtssitz, Wirtschaftszentrum eines reichen Umlandes, Hopfenanbau, Handwerk, Ziegeleien; 1792 an Preußen, 1806 an Bayern. **II.** 903 (Kop. 1735) *Zenna*, zu 954 (Chronik 10. Jh., Kop. Mitte 12. Jh.) *apud Cinnam*, 1021 *Cenna (Or); Langenzenn* (1358). **III.** Die an der Zenn gegr. Siedlung trägt den Flussnamen, der auf keltisch vermitteltes **Tanjā*, Abl. von schwundstufigem **tə-* der idg. Wurzel **tā-* 'schmelzen, sich auflösen, fließen', zurückgeführt werden kann. Der Zusatz *Langen-* charakterisiert die langgestreckte Form der Siedlung und unterscheidet den Ort von den ebenfalls an der Zenn gelegenen Siedlungen Markt Obernzenn und dem Kirchdorf Unternzenn. **IV.** GwN *Tain* in England. **V.** Burger, D.: Langenzenn. In: HHS Franken; Förster, M.: Der Flußname Themse und seine Sippe, München 1941. *DF*

Langerwehe **I.** Kreisangehörige Gem. im Kr. Düren, 14 233 Ew., w von Düren am Übergang der Nordeifel in die Jülicher Börde, Reg.-Bez. Köln, NRW. Wuchs aus drei ehemals selbständigen Ortsteilen zusammen (Remelsberg, Uhles, Wehe). Altes und bedeutendes Töpfereigewerbe. Töpfereimuseum. **II.** Ende 13. Jh. *dye Wye [Or]*, 1373 *Wey*; *Langerwehe* (1715). **III.** Die Siedlung Wehe hat ihren Namen von dem hier fließenden Wehebach (die Wehe), der bei Inden-Lamersdorf in die Inde mündet. An seinem Oberlauf gab das Gewässer dem Kloster Wenau (1215 *Winouwe*) ebenfalls den Namen. Der GwN *Wehe* zeigt ein voreinzelsprachliches Namenelement, das vermutlich auf das Wurzelwort **uegh-* mit der Bedeutung 'bewegen', 'laufen' zurückzuführen ist. Über lange Zeit reichte der GwN zur Bezeichnung der anstoßenden Siedlung als *die Wehe (dye Wye)*. Erst in der Neuzeit erfolgte der attributive Zusatz *Langer-*. Hierbei handelt es sich um einen Komparativ, der der Charakterisierung des Gewässers Wehe in diesem Teilabschnitt diente: Am Austritt des Gewässers aus der Enge des Nordeifeltales in die Ebene fließt sie langsamer = länger. **IV.** *Langerfeld*, OT von Wuppertal, NRW. **V.** Kaspers. *Br*

Langgöns I. Gem. im Lkr. Gießen, 11 987 Ew., am Südzipfel des Gießener Beckens, am Gönsbach gelegen, Reg.-Bez. Gießen, HE. Der Ort grenzt w an den Limes, Grabhügelgruppen bezeugen frühe Besiedlung. Die in Kirch-Göns ansässigen Ritter von Göns, seit dem Anf. des 12. Jh. belegt, hatten reiche Besitzungen in der Gemarkung. 1690 vernichtete ein Brand den größten Teil des Ortes. II. 777 (Kop. 1183–95) *in Gunniser marca/Gunnuser marca*, 779? (Kop. 1183–95) *in Gunnoser marca/Gunnesheimer marca*, 789 (Kop. 1183–95) *in Gunnissere marca*, 817 (Kop. 1183–95) *in uilla Gunnissen*, 1017 (Kop. 1487–94) *Gundissa*, 1233 *Langengunsne*; *Langengunse*, 1281 *Langunse*, 1297 *Gunse*, 1374 *Langingunß*, Anf. 16. Jh. *Langengonsse*, 1518–19 *Langegons*. III. Der Name leitet sich vom GwN her, der h. *Gönsbach* heißt. Derivation mit dem Suffix *-issa*, das in der hist. Überlieferung auch als *-ussa*, später als *-s* überliefert erscheint. Urspr. scheint das Suffix Konkretes bezeichnet zu haben. Bei ON auf *-issa* wird wohl durch das Suffix die Zugehörigkeit zum Begriff des Kernwortes ausgedrückt. Zur Frage, welche Etymologie für die Basis *Gunn-* anzusetzen ist, sei auf den ON *Günne* (OT der Gem. Möhnesee, Kr. Soest, um 1190 (Anf. 13. Jh.) *Gunnethe*) verwiesen. Erwogen wird dabei ein alter GwN, der h. nicht mehr existiert. Die Deutung der Basis ist dabei nur annäherungsweise möglich. Udolph setzt für die GwN *Gonna*, *Gunne*, *Günne*, *Günse* eine *-n*-Erweiterung zu einer idg. Wz. **ĝheu-* 'gießen' an. Die *-n*-Erweiterung dieser Wz. ist im appellativischen Wortschatz zwar nicht belegt, scheint sich aber in GwN und ON erhalten zu haben. Greule setzt eine Grundform **gus-na* zu ahd. *gusi* 'Flut, Überschwemmung' an. Germ. **gunn* sei verm. durch Assimilation aus **gusno-* entstanden, zu vergleichen mit ahd. *gusu* 'flumina' mit *-s*-Ableitung. Mit diesem Ansatz hätte sich *-sn-* > *-nn-* entwickelt; vorstellbar wäre allerdings auch ein Ansatz *-nd-* > *-nn-*. Die ältesten Belege aus dem CL beziehen sich auf die Mark. Das Suffix erscheint dabei in verschiedenen Varianten: *Gunniser*, *Gunnuser*, *Gunnoser*, *Gunnesheimer* und schwächt sich später zu *-se* ab, am Ende *-e*-Ausfall (Apokope). Der heutige Stammvokal *-ö-* erklärt sich durch Umlaut des nachfolgenden *-i-* in *-issa*; in der Überlieferung bleibt der Umlaut unbezeichnet (möglicherweise bedingt durch nachfolgenden Nasal). Anfang des 16. Jh. erscheint *-o-* für *-u-* (Senkung des hohen Kurzvokals vor Nasal, im Hess. bereits ab dem 12. Jh.). In den Handschriften erscheint dabei /o/ auch für /ö/. Die Form *Gund-* findet sich nur einmal in einer Kopie aus dem 15. Jh.; der differenzierende Zusatz *Langen-* wird ab dem 13. Jh. überliefert, teilweise Assimilationserscheinungen von *Langen-gunse* > *Langunse* (1281). Auffallend nach Reichardt ist, dass bei den namenunterscheidenden Zusätzen, die ab dem 12./13. Jh. auftreten, keine Gegensatzbildung zu beobachten sei. Der Orts- und GwN *Göns* < *Gunnissa* bezieht sich allgemein auf das Wasser und gehört entweder zu einer idg. Wurzel **ĝheu-* 'gießen' oder zu einer Form **gus-na* zu ahd. *gusi* 'Flut, Überschwemmung'. IV. Ebersgöns, Kirch-Göns, Pohl-Göns, OT von Butzbach, Wetteraukreis, HE; FlN in der Gem. Langgöns: 1820 *Gönswisse*, *Gönsäcker*. V. CL; LAGIS; Reichardt 1973; WOB I; Udolph 1991; Greule, Gewässernamenschichten. DA

Langnau im Emmental Mda. ['laŋnɔu̯] I. Gem. und Hauptort im Amtsbezirk Signau, 8956 Ew., im Emmental am rechten Ufer der Ilfis und 3 km oberhalb ihrer Mündung in die Emme, Kt. Bern, CH. Liegt in spät besiedeltem, mehrheitlich hügeligem Einzelhofgebiet mit mehreren hochma. und spätma. Erdwerken. Kommt 1386 unter die Herrschaft der Stadt Bern, gehört von 1408 bis 1798 zur Landvogtei Trachselwald und wird 1803 Hauptort des neuen Bezirks Signau. Dank dem im MA erhaltenen Marktrecht hat heute überregional bedeutsame Jahrmärkte. Europaweiter Käsehandel mit Blütezeit im 18. Jh. Begünstigt durch die gute Verkehrslage Entwicklung zum Handels-, Gewerbe-, Industrie- sowie Dienstleistungs- und Einkaufszentrum (u. a. Apparatebau, Leinenweberei, Töpferei, Bauunternehmen, Holzhandel und -verarbeitung). II. 1246 *de Langenouwe* [Or], 1303–1307 *ze Langnowe*, 1389–1460 *Langnou*. III. Urspr. FlN, der sekundär zum ON geworden ist. Gebildet aus der Adj.-Subst.-Verbindung ahd. **ze dero langūn ouwa* 'bei der langgezogenen Au'. Zum Gw. ↗ *-au(e)/-o(w)*. Das Bw. ist das Adj. d. *lang*, welches hier die räumliche Ausdehnung der Flusslandschaft andeutet. IV. U.a. Langnau am Albis, ZH; Langnau bei Reiden, LU, beide CH. V. BENB; HLS; LSG. eb, tfs

Langquaid I. Markt und gleichnamige VG im Lkr. Kelheim, 8371 Ew., Reg.-Bez. Niederbayern, BY. II. Mitte 12. Jh. (Kop. von 1281) *Lanqwat*, 1180 *Lancwat*, 1231–1234 *Lanchwat*, 1363 *Lanchquat*, 1401 *Lantquat*, 1444 *Lanckwaid*, 1554 *Langquard* oder *Langkuuaid*, 1867 *Langquaid*. III. Grundwort des urspr. Flurnamens ist ahd. *wat* 'Furt', Bestimmungswort *lang*, *lanc* 'lang, langgestreckt'. Der Name weist somit auf einen langgestreckten Übergang über den Fluss Laaber. V. Reitzenstein 2006. WvR

Langwedel I. Flecken im Lkr. Verden, 14 637 Ew., NI. Wahrscheinlich in der Mitte des 13. Jh. entstanden, Streitigkeiten zwischen dem Ebf. von Bremen und Heinrich, Sohn Heinrichs des Löwen um eine Burg, 1257 wurde diese dem Bremer Bischof zugesprochen; immer wieder umkämpft, im 17. Jh. endgültig zerstört. 1679 fiel Langwedel bis 1712 an Schweden, seit 1719 zum Kurfürstentum, später Kgr. Hannover, 1885 zur preuß. Provinz Hannover, 1932 zum Lkr. Verden, 1949 wurde der Lkr. Verden dem Reg.-Bez. Stade zugeordnet, 1978 dem Reg.-Bez. Lüneburg. **II.** (1226, Kop. 15. Jh.) *apud (ad) castrum Langwedel, Langwedele* (mehrfach), 1362 *in castro nostro Langwedele*. **III.** Der ON ist ein Kompositum aus nd. *lang* und dem Gw. *-wedel*. Letzteres gehört zu mnd. *wedel*, asä. *widil*, anord. *vaðhell, vaðhall, vaðhill* 'seichte Stelle im Fjord zum Hinüberwaten', norwegisch *val, vaul* 'seichte Fjordstelle', aus germ. *waðila*; es besteht Urverwandtschaft mit *Watt, waten* und lat. *vadum* 'Furt'. Die Namengebung nahm offenbar Bezug auf eine lang gezogene Furt. Von *Langwedel* ist abgeleitet der ON *Langwedelermoor*, n Langwedel. **IV.** *Langweddel*, FlN bei Bendorf, Kr. Rendsburg-Eckernförde, SH; Langwedel (Weser), OT von Schneverdingen, Lkr. Soltau-Fallingbostel, NI; Langwedel (1360 *tome Lancwetle*), OT von Dedelsdorf, Lkr. Gifhorn, NI; Langwedel, 1197 (A. 14. Jh.) *de Lancwedele*, Kr. Rendsburg-Eckernförde, SH. **V.** Laur; Udolph 1994. *JU*

Langweid a. Lech **I.** Pfarrdorf im Lkr. Augsburg, 7428 Ew., Reg.-Bez. Schwaben, BY. Fundort einer Wall-Grabenanlage aus dem 2./ 3. Jh. n. Chr., 1802/03 an Bayern. **II.** 1143 *[Or] Lanchwate*, 1150 *Languatun*, 1246 *Lanquatvn*, 1264 *Lancwaten*, 1359 *Lanckwat*, 1412 *Lanckwaide*, 1460 *Langweid*. **III.** Das Gw. ahd. *wat* in der Bed. 'Furt' steht angesichts der Belege des 12. und 13. Jh. mit volltonigen Flexionssilben im Dat. Pl. Bis zum 15. Jh. findet eine volksetym. Umdeutung des Gw. zu mhd. *wîde* als 'Weide, Viehtrieb' statt, das als App. in der Sprache viel gebräuchlicher war als das nur in ON vorkommende *wat*. Beim Bw. muss man vom unflektierten Adj. ahd. und nhd. *lang* ausgehen. Damit kann der ON als 'Siedlung bei den langen Furten' paraphrasiert werden. **IV.** Langweid, OT von Bidingen im Lkr. Ostallgäu, BY; Langwaid bei Mindelheim, Lkr. Unterallgäu, BY. **V.** Die Regesten der Bischöfe und des Domkapitels von Augsburg, bearb. von W. Volkert und F. Zoepfl. Augsburg 1955ff.; Bach DNK. *hp*

Lappersdorf **I.** Markt im Lkr. Regensburg, 13 146 Ew., unmittelbar vor der nw Stadtgrenze von Regensburg am Regen gelegen, Reg.-Bez. Oberpfalz, BY. Durch das Marktgebiet läuft eine bedeutende Altstraße (letztes Stück als sog. *Schelmengraben* < 1254 *Schelmstrazz*), ma. Weinbau (bei Kareth, das einen vordeutschen Namen trägt), 1997 Markterhebung. **II.** 1100/30 Kop. um 1170 (d. Übersetzung aus der 2. Hälfte des 15. Jh.) *Lewtfridesdorf*, 1231/34 *Livtfritsdorf*, 1336 *Lœutfridsdorf*, 1394 *Lâpperstorf*. **III.** Das Gw. ↗ *-dorf* ist mit dem bezeugten PN ahd. *Liutfrid* „unecht" (d.h. genitivisch) komponiert. Durch /i/ in *-frid* wurde der urspr. Diphthong /iu/ lautgesetzlich zu mhd. /iü/ umgelautet (andernfalls wäre h. *Loipers-* o.ä. zu erwarten) und noch im 14. Jh. über /äü/ regulär monophthongiert. Entsprechend hat die Mda. heute /ä/. Für die konsonantische Entwicklung ist der um 1400 erfolgte Übergang zu *p*-Formen charakteristisch, der z.B. auch beim SiN *Walpersdorf* (Lkr. Landshut, BY) < 1137 *Uualtfridesdorf* zu beobachten ist. **V.** Meierhofer, U.: Die Gemeinde Lappersdorf. Lappersdorf 1996; Prinz, M.: Beiträge zu einem Historischen Siedlungsnamenbuch des Alt-Landkreises Regensburg. Magisterarbeit Regensburg 1997; Reitzenstein 2006; BayHStA. *MP*

-lar. Ahd. *[h]lār(i)* gehört zur ältesten Schicht der Namenwörter, begegnet zahlreich in ON und FlN und ist chronologisch und hinsichtlich seiner Verbreitung mit ↗ *-apa* vergleichbar; allerdings kommt es auch zuweilen weiter s vor (↗ Lahr/Schwarzwald, Ortenaukreis, BW). Die urspr. Bed. lässt sich nach den Bw. als 'Hürde, Lattenwerk, Gerüst' erschließen und dürfte auf altertümliche Viehhaltung oder auch auf kultische Zwecke hindeuten (↗ Fritzlar, Schwalm-Eder-Kreis, HE). Oft ist *-lar* mit GwN kombiniert (↗ Goslar, NI). Literatur: Dittmaier 1963a; Debus / Schmitz, H.-G. *FD*

Lathen **I.** Gem. und gleichnamige Samtgemeinde im Lkr. Emsland, 11 109 Ew., 20 km n Meppen, NI. Bereits im 9. Jh. bezeugt. Die aus sechs Gemeinden bestehende Samtgemeinde wurde 1965 auf freiwilliger Basis gegründet. **II.** 884 *Lodon*, 10. Jh. *Lethi*, um 1000 *Lodon*, um 1000 *Lodun*, 1350–1361 *in parochia Lothen*. **III.** Der ON wird gemeinhin zu asä. *loda* 'Schößling' gestellt, was mit der Lage der Siedlung an einem Niederwald verbunden wird. **V.** Abels; Casemir/Ohainski. *MM*

Laubach **I.** Stadt im Lkr. Gießen, 10 034 Ew., Reg.-Bez. Gießen, HE. Luftkurort im Naturpark Vogelsberg, Stadtrechte 1405, Burg (13. Jh.) im 16. und 18. Jh. zum Schloss erweitert und ausgebaut, verfügt über ein reich ausgestattetes Schlossmuseum, große Privatbibliothek (ca. 90 000 Bände) und Schlosspark, Stadtbild mit Bauten aus dem 16./17. Jh., Lateinschule mit überregionaler Bedeutung (1555 gegr. und 1875 weitergeführt); Heimatmuseum; Glashütten im Laubacher Wald (von ca. 1839–1879), Porzellanfabrik in der Untermühle; Metall- und Holzverarbeitung, elektronische Industrie. **II.** [um 750–802] (Kop. um 1160) *in Lôbach*, 1057 *Loubahc*, um 1160 *in Loubbach*, 1239 *Lopach*, 1246 *de Lubach*, 1316 *in Laupach*. **III.** Komp. mit dem Gw. ↗ *-bach* 'Bach, Wasserlauf'. Die Form *Laupach* erklärt sich wohl durch Kontraktion, in der das erste auslautende *-b-* als *-p-* realisiert wurde. Der Name ist als 'Laub-bach' zu interpretieren und nimmt Bezug auf den Pflanzenwuchs, genauer auf das mit Büschen und Bäumen bewachsene Ufer. Die Motivation des Namens entstand wohl durch das Laub, das immer wieder Bach, Ufer und Flussbett bedeckt hat. Der Diphthong -ou- erscheint im ältesten Beleg mit der überall geltenden Schreibung -ŏ-, seit dem 13. Jh. wird er zu -ō- monophthongiert und mda. wird -ō- zu -ū- gehoben (1246). Ab dem 14. Jh. setzt sich dann -au- durch. **IV.** Lehrbach, OT von Kirtorf, Vogelsbergkreis, HE; Ober-/Unter-Lappach, Lkr. Fürstenfeldbruck, BY; Groß-Lobke, Lkr. Hildesheim, NI. **V.** LAGIS; Reichardt 1973; NOB IV. *DA*

Lauban // Lubań ['lubaɲ] **I.** Kreisstadt, 21 740 Ew., Woi. Niederschlesien // Dolny Śląsk, PL. Grenzort zur Oberlausitz, 110 km w von Breslau am Queis im Vorland des Isergebirges gelegen. Gegründet als Zentrum der d. Besiedlung des Umlandes zwischen 1220 und 1230 mit Magdeburger Stadtrecht. Von 1635 bis 1815 gehört Lauban zu Sachsen. Schon im 16. Jh. Tuchmacherei und Leineweberei, bedeutende Textilindustrie siedelt sich im 19. Jh. an. Kreisstadt, Reg.-Bez. Liegnitz, NS, (1939) 17 353 Ew. **II.** 1238 *Luban*, 1346 *Lauben*, *Lawben*, 1442 *Lauban*. Re-Polonisierung des ON: 1847 *Lubiany*, *Lubiana*, 1884 *Lubań*. **III.** Der ON wurde von einer älteren slaw. Siedlung übernommen, die als *Aldenluban* 1303 genannt ist. Aus einem westslaw. PN *Luban* (zum Stamm apoln. *lub-* < urslaw. *l'ub-* 'lieb') mit dem slaw. poss. Suffix *-jь* – 'Ort des Luban'. Die Form *Luban* erklärt sich als KN zu zweigliedrigen PN wie *Lubomir* 'der Friedliebende', *Lubogost* 'der Gastfreundliche' o. ä. Zur Diphthongierung *Lub-* > *Laub-* ist es im Zuge der lautlichen Eindeutschung gekommen. **IV.** ↗Lübben, Lkr. Dahme-Spreewald; ↗Lübbenau, Lkr. Oberspreewald-Lausitz, beide BB; ↗Lüben // Lubin, Woi. Niederschlesien; Luboń, Woi. Großpolen, beide PL. **V.** SNGŚl; Rymut NMP; Zych. *ThM*

Lauchhammer **I.** Stadt, Lkr. Oberspreewald-Lausitz, 17 593 Ew., im Urstromtal der Schwarzen Elster, sw Senftenberg, BB. 1725 wurde bei der Lauchmühle durch die Besitzerin des Rittergutes Mückenberg ein Raseneisenwerk errichtet. Bereits 1729 entstanden ein Hochofen und dabei eine Wohnkolonie für Arbeiter. Im Lauchhammer Herstellung von Schmiedeeisen. Nach Besitzerwechsel 1776 Spezialisierung auf Gebrauchsgegenstände aus Eisenguss, später Bronzegießerei. 1883 Beginn der Braunkohleförderung. 1953 Erhebung zur Stadt. **II.** 1786 *Lauchhammer*, 1791 *Lauchhammer*; sorb. *Železarnja*. **III.** Der Name ist ein Kompositum. Das Erstglied scheint vom Namen der Mühle übernommen worden zu sein, das zu asorb. *lug, osorb. *łuh*, nsorb. *ług* 'Grassumpf, Wiesenland, Bruch' gehört, ins Deutsche als *Lūch* übernommen und an deutsch *Lauch* angeglichen. *Hammer* bedeutet 'Eisenwerk, Eisenhammer', das ins Sorbische als *železarnja* übersetzt wurde. **V.** DS 22; SNB. *SW*

Lauda-Königshofen **I.** Stadt im Main-Tauber-Kreis, 14 805 Ew., ca. 7 km ssö Tauberbischofsheim im mittleren Tauberthal, Reg.-Bez. Stuttgart, BW. Lauda wird 1344 zur Stadt erhoben, 1803 an Leiningen, 1806 an Baden. Königshofen ist seit dem 18. Jh. Stadt, 1803 an Leiningen, 1806 badisch. Lauda-Königshofen entstand 1975 durch den Zusammenschluss von Lauda und Königshofen mit der Gem. Untertalbach. Weinbau, Oberes Tor, Spital, Judenbrunnen, Blutskapelle. **II.** Lauda: um 1100 (Kop. 16. Jh.) *Luden*, 1150 *Ludin*. Königshofen: 823 *Cuningashaoba* [Or], 846 *Chuningeshofe* [Or]; *Lauda-Königshofen* (1975). **III.** *Lauda* geht verm. auf einen GwN zurück, der als ahd., mhd. *Lūda 'die Laute' anzusetzen wäre (Albrecht Greule, brieflich). Ob die heutige Schreibweise auf einen alten *aha*-Namen (ahd. *Lūdaha*, ↗*-ach*[1]) hindeutet, ist bei der derzeitigen Beleglage nicht auszumachen. Der Name *Königshofen*, eine Zuss. aus dem Bw. ahd. *kuning*, mhd. *künic* 'König, Herrscher' und dem Gw. ↗*-hofen* erinnert an einen an einem wichtigen Verkehrsknoten gelegenen Königshof. **IV.** Königshofen // Koenigshoffen, OT von Straßburg, F. **V.** FO; Krieger; LBW 2 und 4. *JR*

Lauenburg // Lębork ['lɛmbɔrk], kasch. *Lãbórg*, *Lãbórk* **I.** Kreisstadt im gleichnamigen Kr. (Powiat lęborski), 34 681 Ew., im nw Teil der Woi. Pommern, PL. Der Ort liegt zwischen Westpommern und Pommerellen an der Leba // Łeba und ihrem Zufluss Okalica, am n Rand des Waldgebietes Stolper Heide // Puszcza Kaszubska, in der Nähe vom Großen Luggewieser See // Jezioro Lubowidzkie (im O). Rund 80 km von Gdańsk und 30 km s von der Ostsee entfernt. 1939 Kreisstadt im Reg.-Bez. Köslin, Provinz Pommern; Woi. Gdańsk (1946–1975), Woi. Słupsk (1975–1998), Pommern (seit 1999). **II.** 1230 *de Lewenborch*, 1246 *de Louenburch*, 1277 *de Loweberech*, *Lewenberch*, 1344 *Lewenburch*, 1349 *Lewinborg*, 1353 *Lebinburg*, 1356, 1400 *zcur Lewinburg*, 1357 *Lowenburgk*, 1360 *Lewenburg*, 1387 *Loomburch*, 1446 *Lauwenborg alias Lemberg*, 1480 *Lauwenbergk*, 1489 *Lawenburg*, 1504 *Lemburghe*, 1535 *Lowenburg*, *Lavenburgk*, 1535 *Lowenborg*, *Lauwenburg*, 1538 *Lowenborch*, 1539 *Louwenborch*, *Louwenborg*, 1545 *Lowenburg*, *Lowenburgh*, 1603 1764 *Lauenburg*, 1618 *Louwenborch*, 1638 *Lemburg*, 1653, 1764 *Leoburg*, 1789 *Lauenburg*, 1884 *Lębork*, *Lęborg*, irrtümlich *Ładybór*, *Lawenbork*, *Ławino*, d. *Lauenburg*, 1951 *Lębork – Lauenburg*, 1981 *Lębork, -ka*, 2002 *Lębork (Łebno) – Lauenburg*. **III.** Der urspr. ON ist hybrid, das erste Glied ist ein eingedeutschter Flussname *Leba*, poln. *Łeba*, das zweite Glied wird gebildet vom d. App. ↗-burg. Nach Rospond galt slaw. *Łebno als urspr. Stadtname. In hist. Schreibungen treten b und v gemischt auf, was für die d. Sprache, besonders bei den Adaptationen der slaw. Namen, typisch ist. Die d. Substitution (1277 de Loweberech) beruht auf Assozierung mit dem d. App. Löwe (vgl. Stadtwappen mit dem Löwen und zwei Türmen). Der d. Name Lewenburg wurde im 16. Jh. zu Lemburg (-even- > -ēn + b > em) gekürzt. Nach 1945 entstand Lębork als phonetische Adaptation des d. ON: d. -em- > poln. -ę-, und (regelmäßig) -burg > -bork. Adj. lęborski. **IV.** Leba // Łeba, Woi. Westpommern; Lebno // Łebno, Woi. Pommern; beide PL. **V.** Rospond 1984; RymNmiast; Rymut NMP VI; NmiastPG. *BA*

Lauenburg/Elbe nd. Loonborch **I.** Amtsfreie Stadt des Kr. Herzogtum Lauenburg, 11436 Ew., an der Elbe, nahe zu NI und MV, südlichste Stadt in SH. Wegen Unklarheiten über Gründung erfolgte Festlegung hierüber 1209 durch die Dänen, 1209 erste Erwähnung in einer heute verschollenen Urk., Stadtrecht 1872; Stadt und Kreisgebiet waren bis 1689 Hztm., 1865 endgültig zu Preußen. Werft, chemische Industrie, Palmschleuse, Maria-Magdalenen-Kirche (1220). **II.** 1182 *Lavenborch*, ca. 1200 *Louenburch/ apud Lowenburg/ Louenborch* [Or], 1301 *Lovenburg*; *to Lauenborg* (1502). **III.** Zwei Deutungsmöglichkeiten kommen in Frage: Entweder setzt sich der ON aus dem mnd. *louwe, lauwe* 'Löwe' und ↗-burg zusammen, wobei der Tierbezeichnung wohl eine heraldische Bedeutung zukommt. Nicht auszuschließen ist auch eine Ableitung von der apolb. Wortwurzel *labo* 'Elbe', womit auf den Standort der Burg an der Elbe hingewiesen wäre. **V.** Laur; Haefs; Berger. *GMM*

Lauf a.d. Pegnitz **I.** Kreisstadt und Sitz der Kreisverwaltung im Lkr. Nürnberger Land, 26164 Ew., nö von Nürnberg, Reg.-Bez. Mfr., BY. An der bedeutenden Handelsstraße von Nürnberg nach Böhmen; bereits in der zweiten Hälfte des 11. Jh. dörfliche Siedlung; um 1275 vier Mühlen am Fluss, die ebenso wie die Siedlung unter dem Schutz der Burg auf der Pegnitzinsel standen; ma. Blütezeit unter Kaiser Karl IV. mit Verleihung der Stadtrechte und Errichtung einer Münzstätte; um 1360 Wasserburg, das sogenannte Wenzelschloss, hist. Altstadtensemble, Reste der Stadtbefestigung. Industriemuseum mit Hammerwerk, Mahlmühle und Elektrizitätswerk (mit Wasserkraft betrieben). 1806 zum Kgr. Bayern. **II.** 1168/78 (Kop. 19. Jh.) *Lovfe*, 1243 *Lauffe*, 1279/84 *Lauffen*, 1389 *Lauf*. **III.** Der Name wird auf mhd. *loufe* 'Stromschnelle' zurückgeführt und als durch das starke Gefälle der Pegnitz motiviert betrachtet. **V.** HHS 7/2; Reitzenstein 2009; Schnelbögl, S. 60, 258; Schwarz, S. 165. *RB*

Laufenburg (Baden) **I.** Stadt im Lkr. Waldshut, 8624 Ew., ca. 75 km s von Freiburg im Breisgau und ca. 40 km w von Basel am Hochrhein und damit direkt an der Grenze zur Schweiz, am s Rand des Hotzenwaldes, einer Region des Schwarzwaldes, Reg.-Bez. Freiburg, BW. Von Graf Rudolf II. von Habsburg zur befestigten Stadt ausgebaut. 1315 Stadtrecht. Seit der Lostrennung der linksrheinischen Gebiete vom Reich durch den Lunéviller Frieden 1801 trennt der Rhein den deutschen vom schweizerischen Teil Laufenburgs. Ab 1805 heißt der Ort Kleinlaufenburg, seit 1. 11. 1930 Laufenburg (Baden). Hier gibt es eine der ältesten Fasnachten im süddeutschen Raum. Mit dem Bau des Laufenburger Kraftwerks (ab 1908) wurden die Laufenfelsen gesprengt und damit die bekannten Stromschnellen beseitigt. **II.** 1207 *Loufenberc*, 1657 *zue Lauffenburg*, 1663 *Lauffenberg*. **III.** Als Gw. für den SiN fungiert entweder ↗-berg oder ↗-burg. Eine Entscheidung zugunsten eines der beiden Gw. kann aufgrund der semantischen Ähnlichkeit der Wörter nicht getroffen werden; zudem bezieht sich der Erstbeleg auf die beiderseits des Rheins stehenden Burgen an dieser Stelle. Als Bw. tritt *Loufen-* auf. Dieses geht auf das mhd. Substantiv *loufe* (sw. M.) 'Stromschnelle' zurück, das hier im Pl. auftritt. Der Name bezieht sich also auf die o. g. Stromschnellen des Rheins an diesem Ort. Als Bedeutung des SiN kann damit 'Siedlung am Berg bzw. befestigte Anhöhe/Stadt bei den Stromschnellen' angegeben werden. **IV.** Laufenburg, AG, CH; Laufen, BL, CH. **V.** LSG; Bach DNK. *SB*

Lauffen am Neckar **I.** Stadt im Lkr. Heilbronn, 10847 Ew., bildet zusammen mit den Gem. Neckarwestheim und Nordheim den VVG der Stadt Lauffen am Neckar, 21 873 Ew., ca. 9 km sw Heilbronn, im Lauffener Neckarbecken und auf den lößbedeckten Platten des Zabergäus gelegen, Reg.-Bez. Stuttgart, BW. Lauffen entstand wohl in alem. Zeit, seit 1386 Sitz des württembergischen Oberamtes, 1938 zum Landkreis Heilbronn. Weinbau. Lauffener Rathaus, Regiswindiskirche, Villa rustica, „Städtle". **II.** 823 *Hlauppa*, 889 *Louffa*, 923 *Loufen*. **III.** Zu Grunde liegt wohl ahd. *louf* 'Lauf' aus germ. **hlaupa-* 'laufen'. Das Wort bezieht sich hier im Sinne von 'Stromschnelle' auf den Lauf des Wassers. Der Zusatz „am Neckar" unterscheidet den ON von gleichnamigen Orten. **IV.** Laufen, OT von Laufen-Uhwiesen, Kt. Zürich, CH. **V.** FO; LBW 2 und 4. *JR*

Lauingen (Donau) **I.** Stadt im Lkr. Dillingen a.d.Donau, 10835 Ew., an der Donau nw Augsburg, Reg.-Bez. Schwaben, BY. Urspr. ein Dorf, um 1180 von den Staufern auf Grund der Vogtei über alten Besitz des Klosters Fulda (seit spätem 8. Jh.) zur Stadt (in Reichssteuerliste 1241 genannt) ausgebaut, die beim Übergang an das Hztm. Bayern (Konradinische Erbe, 1268) *oppidum* genannt wird. Seit 1505 Ftm. Neuburg (Pfalz-Neuburg), im späten 16. / frühen 17. Jh. dessen geistig-geistliches Zentrum, nach 1799 mit ihm im Kurfürstentum (1806 Kgr.) Bayern aufgegangen. Bis zum 30jährigen Krieg Handelsstadt mit bedeutendem Textilgewerbe, seit dem 19. Jh. Landstadt mit geringer Industrialisierung. **II.** Um 750–802 (Kop. 12. Jh.) *Lougingen*, 1270 *Laugingen*. Im 14./15. Jh. in bayer. Quellen mitunter *Lawbing*. **III.** Der urspr. Name ist zusammengesetzt aus dem germ. KN **Lougo* und dem Zugehörigkeitssuffix ↗ *-ing* ('Zu den Leuten eines **Lougo*); eine Ableitung von ahd. *louga* 'Lauge' ergibt keinen sachlichen Sinn. Die Namensform *Laugingen* hält sich z.T. bis gegen 1800. Seit dem 16. Jh. kommt auch die heutige Schreibung des ON auf, vielleicht begünstigt durch die lat. Namensform *Lavinga* in der Impressumsangabe Lauinger lat. Drucke des späten 16. und frühen 17. Jh. Amtlicher Zusatz *(Donau)* seit 1937 (zur Unterscheidung von Lauingen, Lkr. Helmstedt, NI). **V.** HONB Schwaben, Bd. 4; Seitz, R. H.: Zur frühen Geschichte von Dorf und Stadt Lauingen (Donau). In: Jahrbuch des Hist. Vereins Dillingen an der Donau 81 (1979). *Sz*

Laupheim **I.** Stadt im Lkr. Biberach, 19 543 Ew., bildet zusammen mit den Gem. Achstetten, Burgrieden und Mietingen die VVG der Stadt Laupheim mit 31 325 Ew., ca. 16 km nnö Biberach, durchquert von der Rißniederung und im Westen in welligem Hügelland gelegen, Reg.-Bez. Tübingen, BW. 1430 Verleihung von Marktrechten und der Hochgerichtsbarkeit, 1442 Blutsgerichtsbarkeit, 1805 an Bayern, 1806 an Württemberg. Automobilindustrie, Luftfahrtunternehmen. Sternwarte und Planetarium, St. Peter und Paul, Schloss Großlaupheim. **II.** 778 *Louphaim*, 853 *Loubheim*. **III.** Es handelt sich um eine Zuss. mit dem Gw. ↗ *-heim*. Da ein Flexionselement fehlt, liegt dem Bw. wohl kein PN *Loub*, *Loubo* o. ä. zu Grunde, sondern das Appellativ ahd. *loub* 'Blatt, Laub, Laubwerk' in der Bedeutung 'laubbaumreicher Ort, Wald' wie im Adjektiv ahd. *geloub* 'bewaldet'. Die heutige Schreibung bewahrt die mittelalterliche Schreibung *p* (statt *b*) im Auslaut. **IV.** ↗ Laubach, Lkr. Gießen, HE. **V.** FO; LBW 2 und 7. *JR*

Lausick, Bad **I.** Stadt und gleichnamige VG im Lkr. Leipzig, 10 165 Ew., Kurstadt im Sächsischen Burgen- und Heideland, am Rande des Landschaftsschutzgebietes Colditzer Forst, SN. Im 10./11. Jh. asorb. Weiler mit deutschem Herrenhof, 1096 Gründung einer Mönchszelle des Klosters Pegau durch Wiprecht von Groitzsch, seit dem 12. Jh. Ausbau zum befestigten Ort und Marktflecken. 1821 Eröffnung des ersten Heilbades, seit 1913 Zusatz Bad. 1993 neue Kureinrichtungen. **II.** 11. Jh. *Luzke*, 1181 *Luzic*, 1497 *Laussigk*. **III.** Aus asorb. **Łužk* zu asorb. **ług* 'Grassumpf, Aue', evtl. auch zu **łuža* 'Lache, Pfütze', jedenfalls ein Hinweis auf Gewässer. **IV.** Lauschka, OT von Hartha, Lkr. Mittelsachsen; Lauske, OT von Weißenberg, Lkr. Bautzen; Laußig, Lkr. Nordsachsen, alle SN. **V.** HONS I; SNB. *EE, GW*

Lauta // Łuty (osorb.) **I.** Stadt im Lkr. Bautzen, 9528 Ew., am s Rand des Lausitzer Seenlandes, s der Schwarzen Elster, SN. Sorb. Dorf seit dem späten MA, im 19. Jh. Industrialisierung, 1917–19 Bau des Lautawerks (Aluminiumproduktion, Kraftwerk), Stadt seit 1965, nach 1990 Stilllegung des Lautawerks. **II.** 1374/82 *in Luthe*, 1446 *zur Lutte*, 1495 *Lawthe*. **III.** Wohl zu asorb. *łut* 'Lindenbast', h. im Sorb. nicht mehr bekannt, vgl. jedoch tschech. mda. *lut* 'Bast'. Die osorb. Namenform ist seit dem 18. Jh. bezeugt. **V.** HONS I; SNB. *EE, GW*

Lauterach mda. [lú:t(e)ra] **I.** Marktgemeinde im Bezirk Bregenz, 9211 Ew., am gleichnamigen Bach im alten Ried (Naturschutzgebiet) zwischen Fußach und Bregenzer Ache gelegen (412 m), VO, A. Landwirtschaft, Gewerbe. **II.** 853 *in uilla nuncupata Lutaraha*, 855 *in villa Lutraha*, 1344 *Veste zue Lutrach*, 1398 *Müli an der Lutrach*, 1444 *zu lutrach in der Bütze*. **III.** Bw. vorangestelltes Adj. ahd. *hlûtar* 'rein' + ahd. *-aha* 'Wasser, Fluss' (↗ *-ach¹*); gemeint ist die Bachquelle, dann der Name auf das umliegende Dorf übertragen. In Korrelation zur nahen *Rotach* oder *Schwarzach* (1130 *Swarzahe*). *Ache*-Namen kennzeichnen das Vorarlberger Unterland gegenüber den *Bach*-Namen im Oberland, häufig aus rätorom. *(a)ual* übertragen. **V.** Helbok 1920; Zehrer in Montfort 36 (1984); Vogt, W.: Vorarlberger Flurnamenbuch. 9 Bde. Bregenz 1970–1993. *Plg*

Lauterbach (Hessen) **I.** Kreisstadt des Vogelsbergkreises, 14 078 Ew., an der Lauter, Reg.-Bez. Gießen, HE. Luftkurort, Stadt 1266, Umbau der ma. Burg (1679–84), Museum im Stadtpalais Hohhaus (1769–73) mit Rokoko-Stuckdecken, Stadtkirche (1763–67) als eine der schönsten hess. Barockkirchen, zahlreiche Fachwerkhäuser, Stadtbefestigung (Ankerturm aus dem frühen 18. Jh.); mittelständische Industriebetriebe, bes. Verpackungs-, Holz-, Textil-, Bekleidungsindustrie, Elektrotechnik, Nahrungs- und Genussmittelgewerbe. **II.** 11. Jh. *Luterenbah*, 1266 *Luterenbach*, 1278 *Luterenbach/Luterbach*, 1336 *Lutirnbach*, 1336 *Lutternbach*, 1338 *Lutterinbach*, 1340 *Luternbach*, 1474 *Luthermbach*, 1476 *Luterbach*; *Lauterbach* (1582). **III.** Komp. mit dem Gw. ↗ *-bach* 'Bach, Wasserlauf'. Das Bw. gehört zu dem Adj. ahd. *lūt(t)ar*, *hlūt(t)ar*, *lūt(t)er*, *hlūter*, *lūtir* 'lauter, klar, hell, rein'. In der Fuge zeigt sich das Merkmal der sw. Genitivflexion *-en-*, später *-n-*, das am Ende ganz ausfällt; graphische Veränderungen im Bw. mit -t- und -tt-; seltener schließt sich -i- in der Folgesilbe an. Der Stammvokal verändert sich von -ū- > -au- (Diphthongierung), was in der Überlieferung erst sehr spät (Ende des 16. Jh.) in Erscheinung tritt. Die Form *Luthermbach* (1474) zeigt Assimilation von -nb- > -mb-; Erleichterung der Dreikonsonanz -rnb- zu -rb-. Die Semantik des ON ist zusammenfassend mit 'Siedlung am lauteren, klaren Wasser' anzugeben. **IV.** † Ober-Lauterbach, sw Lauterbach; † Lauternbach, Wüstung sö Gießen; Lauter, ö Gießen; Lauterbach, Lkr. Waldeck-Frankenberg; † Lauterbach, Lkr. Marburg-Biedenkopf; Lüderbach, OT der Gemeinde Ringgau im Werra-Meißner-Kreis; Lüdermünd, Stadtteil von Fulda; Großenlüder; Kleinlüder und Lütter, alle Lkr. Fulda; alle HE; Lutter, OT von Neustadt am Rübenberge, Region Hannover, NI. **V.** LAGIS; Reichardt 1973; NOB I. *DA*

Lauterberg im Harz, Bad **I.** Stadt im Lkr. Osterode am Harz, 11 434 Ew., an der Oder gelegen, Reg.- Bez. Braunschweig (bis Ende 2004), NI. Ende des 12. Jh. Nachweis der n gelegenen Burg; Sitz der Grafen von Lutterberg; Ort im 15. Jh. als Bergbausiedlung gegründet; seit 17. Jh. Fleckenrecht; 1906 zum Bad erklärt; Stadtrecht 1929; Silberbergbau wenig ergiebig, dafür Kupfer- (bis 1820) und Schwerspatabbau (bis 2007); seit 1839 Kaltwasserheilanstalt; h. Schwerspat verarbeitende Industrie, Batterieherstellung und vor allem Tourismus, seit 1904 mit Zusatz Bad. **II.** 1183 *Luterberch* [Or], 1490 *Lutterbergk*; *Lauterberg* (1616). **III.** Bildung mit dem Gw. ⟶ *-berg* und dem GwN *Lutter*, der zu asä. *hlūttar*, mnd. *lutter* 'rein, klar, hell, sauber' gehört und entweder auf ein feminines Substantiv **(H)lüttara* oder ein Kompositum **(H)lüttar-aha* mit dem Gw. ⟶ *-ach¹* zurückgeht. Im 17. Jh. setzt sich hd. *Lauter-* durch. Deutung also: '(Siedlung am / auf dem) Berg an der Lutter'.**V.** HHS 2; Nds. Städtebuch; NOB II. *UO*

Lauterecken **I.** Stadt und gleichnamige VG (seit 1972) im Lkr. Kusel, 11 178 Ew., im Nordpfälzer Bergland, RP. Die 26 Gem. liegen in den Tälern der Lauter, des Glans und des Odenbachs bzw. im sog. Kuseler Musikantenland, einer Urlaubsregion mit Schloss- und Burgruinen, Klosterhöfen, einer Wasserburg in Odenbach und dem früheren Wallfahrtsort Sankt Julian. Lauterecken befindet sich an der Mündung der Lauter in den Glan, seit dem 13. Jh. (bis 1444) im Besitz der Grafen von Veldenz, seit 1350 Stadt; aufgrund ma. Besitzverhältnisse Beiname „Veldenzstadt". **II.** 1222 *iuxta Luterecke*, 1350 *in die borg zu Lutereckin oder in die stad dar vor*; *Lauttereck(en)* (1578), *LauterEcken* (1772). **III.** Das Bw. bildet des germ. GwN *Lûtra*, zu ahd. *lût(t)ar* 'lauter, klar, hell', das Gw. ist ⟶ *-eck*, das sich entweder auf das Dreieck, welches die Mündung der Lauter in den Glan bildet, oder auf den Namen einer früheren, h. unbekannten Burg bezieht. Das Gw. wurde für BurgN, die etwas erhöht auf Felsen oder Vorsprüngen standen, verwendet. Favorisiert wird hier aber die Deutung als 'Siedlung bei oder im Dreieck der Lautermündung'. **IV.** ⟶ Kaiserslautern, RP. **V.** Das Prümer Urbar. Hg. von I. Schwab. Rheinische Urbare, Bd. 5, Publikationen der Gesellschaft für Rheinische Geschichtskunde. Düsseldorf 1983; Christmann 1952; HSP; Puhl. *JMB*

Lebach [leː-] **I.** Stadt im Lkr. Saarlouis, 19 962 Ew., ca. 30 km n von Saarbrücken, SL. Spuren La-Tène-zeitlicher und römerzeitlicher Besiedlung. Im MA Kirchort im Erzbistum Trier, Besitz des Erzbistums und anderer Herrschaften. Im 17. bis 19. Jh. Eisenerzabbau. 1794 franz., ab 1798 Kantonsort im franz. Saar-Département, 1815 preuß.; 1920 Völkerbundverwaltung; 1935 Rückgliederung ins Reich; 1947 Teil des formal selbst., in polit. und wirtschaftl. Union mit Frankreich stehenden Saarlandes; 1957 zu Deutschland. Ab 1961 Bundeswehrgarnison, 1977 Stadtrechte. **II.** 1131/53 *Leibach*, 12. Jh. *Lebahc*, 1282 *Lebach* [Or]. **III.** Das Bw. des ehem. GwN auf ⟶ *-bach*, der sich nur im ON erhalten hat, ist schwierig zu ermitteln. Die Schreibung mit <ei> im kopialen Erstbeleg ist in der Überlieferung singulär, <i> dürfte hier ein im Md. gebräuchliches Längezeichen sein. Ausgehend von ahd. **Lē-bah* lässt sich an ahd. *(h)lēo* 'Grabhügel, Hügel' oder an ahd. *lē(o)*, Nebenform zu ahd. *lāo* 'lauwarm, mild', als Bw. denken. Gleichfalls möglich erscheint der Ansatz **Lēg(e)-bah*, zu mnd. *lēge*, *lēch*, mhd. *læge* 'niedrig, flach, gering, schlecht', woraus sich mit intervokalischem Schwund oder Ausfall des [g] vor [b] die Form **Lēbach* entwickeln konnte. Auf das ö des alten Ortskerns in die Theel mündende, h. *Merzenfloss* genannte Bächlein träfe die Charakterisierung 'gering' im Sinne 'wenig Wasser führend' zu. **V.** Jungandreas; Schorr. *RP*

-leben. Gemeingerm. **laibō*, got. *laiba*, asä. *lēva*, ahd. *leiba* Fem. 'Hinterlassenschaft, Erbe, Besitz' erscheint als *-leben* erst nach 1100, wohl in Anlehnung an die geläufige ON-Endung *-en* wie in *-hausen*, *-hofen* u. ä. Es handelt sich um sehr alte ON auf siedlungsgünstigem Boden, durchweg mit PN als Bw. und wenigen Wüstungen. Das Vorkommen w der Elbe, in TH und dem ö Harzvorland entspricht in etwa der Ausdehnung des 531 zerstörten altthüringischen Reiches. Abgesehen von wenigen jüngeren Bildungen dürften die Namen im Wesentlichen zwischen dem 5. und 7. Jh. entstanden sein, wobei der Typus noch bis ins 9. Jh. aktiv blieb. Nach vorherrschender Meinung hängt das d. Verbreitungsgebiet mit dem separaten südschwedisch-dänisch-schleswigschen *-löv* / *-lev*-Gebiet insofern zusammen, als seit dem 4. Jh. Stammesverbände oder -gruppen (Warnen / Angeln?) von N her in Altthüringen einwanderten und den Namentyp produktiv einführten. Dass es sich um autochthone germ. Entwicklungen gehandelt habe oder ein urspr. zusammenhängendes Gebiet durch Abwanderung oder slaw. Einwanderung getrennt wurde, erscheint unwahrscheinlich. Literatur: Bach DNK II, 2; Udolph 1994; NOB III; Debus / Schmitz, H.G. *FD*

Lębork ↗ Lauenburg

Leck nordfriesisch *Leek*, dän. *Læk* **I.** Amtsangehörige Gem. im Kr. Nordfriesland, 7 813 Ew., an der Nordseeküste, Nähe zur dän. Grenze, SH. 1231 erstmals urk. erwähnt. Großdruckerei, Luftkurort. **II.** 1231 *Lecky* [Or], 1326 *in Lecky*; *to Lecke* (1451). **III.** Abstammend vom germ. *lakion*, einer Bildung zur Wurzel *lak-*, die in einer Reihe von FluN enthalten ist, deutet der ON auf eine Siedlung an einem See bzw. einem Zufluss zu einem See hin. Gemeint ist hiermit die Lecker Au, die vor der Eindeichung schiffbar gewesen ist. **V.** Laur; Haefs. *GMM*

Leer (Ostfriesland) **I.** Kreisstadt im Lkr. Leer, 34 154 Ew., Reg.-Bez. Weser-Ems (bis Ende 2004), NI. Um 800 Erwähnung einer Kirche in Leer; später Sitz einer Münsteraner Propstei; im ma. Dorf Leer eine 1431 zerstörte Burg sowie später zwei weitere Burgen; im 16. Jh. Marktrecht und danach Aufstieg des Fleckens zum Handelszentrum, zu einem bedeutenden Hafen und zum zweitgrößten deutschen Reedereistandort; 1955 Stadtrecht, seit 1885 Kreissitz. **II.** 8./9. Jh. *Hleri* [Kop. 10./11. Jh.], 10. Jh. *Hleri*, 1250 *Lare*; *Leer* (1494). **III.** Der ON enthält das häufig als Gw. in ON vorkommende Element ↗ *-lar*, das in einigen ON auch eine *-ia*-stämmige Bildungsvariante aufweist. Ob diese oder ein alter Lok. Sg. hier anzusetzen ist, ist nicht sicher zu entscheiden. **V.** Udolph 1994; HHS 2; Nds. Städtebuch. *KC*

Leezen **I.** Gem. und gleichnamiges Amt mit zwölf amtsangehörigen Gem. im Kr. Segeberg, 8 391 Ew., SH. 1199 erstmals urk. erwähnt, wobei der Ort zum Kloster Segeberg gehörte. Jetziges Amt Leezen 1968 aus Ämtern Leezen und Wittenborn gebildet. **II.** 1199 *in Latzinghe* [Or], 1457 *to Leetzinghe*, 1543 *Lezingk*; *Leezen* (1856) **III.** Der ON in seiner urspr. Form *Latzinghe* setzt sich wahrscheinlich zusammen aus dem ae. **laet* 'Straßenkreuzung' bzw. dem ebenso wahrscheinlichen und ähnlichen Wortstamm **gelaet* 'Wasserleitung' und dem Zugehörigkeitssuffix ↗ *-ing*, das auf germ. **-inga/*-unga* zurückgeht, sodass sich für den Namen Leezen die Bedeutung 'Siedlung in Wassernähe' ergibt. **V.** Laur; Haefs. *GMM*

Legnica ↗ Liegnitz

Lehre **I.** Gem. im Lkr. Helmstedt, 11 657 Ew., an der Schunter, Reg.-Bez. Braunschweig (bis Ende 2004), NI. **II.** 8./9. Jh. *in loco Lerin* (Kop. 12. Jh.), 888 *Leri* [Or], 1161 *Lere* [Or]. **III.** Abl. mit *-ja*-Suffix von der Basis **Lār-* 'Wald, Waldwiese', die mit dem als Gw. verwendeten ↗ *-lar* identisch ist. Der Suffixvokal bewirkte Umlaut des Stammvokals. Im Erstbeleg steht der ON im Dat. Pl., der die Siedlung von der namengebenden Flur unterschied. **IV.** ↗ Leer, Lkr. Leer; Lahr, OT von Goldenstedt, Lkr. Vechta, beide NI. **V.** Möller 1979; NOB VII. *FM*

Lehrte **I.** Stadt in der Region Hannover, 43 518 Ew., ö von Hannover, Reg.-Bez. Hannover (bis Ende 2004), NI. Bis ins 18. Jh. eher unbedeutend, seit Bau der Eisenbahn 1843 rasche Entwicklung und 1898 Stadtrecht, bis 2001 im Lkr. Hannover; h. wegen des Autobahnkreuzes A 2 / A7 bedeutendes Logistikzentrum. **II.** 1147 *Lereht* [gleichzeitige Kop.], 1274 *Lerede*, 1356 *Lerthe*; *Lehrte* (1534). **III.** Ableitung mit ↗ *-ithi*-Suffix von der Basis *Lar-*, die mit dem als Gw. verwendeten ↗ *-lar* identisch ist und deren Bedeutung wohl mit 'Wald, Waldwiese' anzusetzen ist. Der Suffixvokal bewirkt Umlaut des Stammvokals. Die Suffixvokale werden zu *-e-* abgeschwächt, und der erste Vokal fällt im 14. Jh. aus. **V.** Nds.-Lexikon; Nds. Städtebuch; NOB I. *UO*

Leibnitz **I.** Stadt, 7 609 Ew., Pol. Bez. Leibnitz, ST, A. Kurz vor 1170 gründeten die Erzbischöfe von Salzburg den neuen Markt Leibnitz, 1178 *forum* genannt. 1532 wurde der Markt von den Türken völlig zerstört. Stadterhebung 1913. Westlich von Leibnitz lag die unter Vespasian um 70 n. Chr. gegründete Römerstadt *Flavia Solva*, von der über 100 Römersteine aus dem 2. bis 4. Jh. im Innenhof des Schlosses Seggau auf der Erhebung ö von Leibnitz eingemauert sind. **II.** 970 *civitas Lîpnizza* [Or]; *Leibnitz* (1302). **III.** Anzusetzen ist ein slaw. **Lipьnica* von urslaw. **lipa*, slowen. *lipa* 'Linde'. **V.** Mader; ANB. *FLvH*

Leichlingen (Rheinland) **I.** Stadt im Rheinisch-Bergischen Kreis, 27 490 Ew., n Leverkusen zwischen Wupper und Diepentaler Talsperre, Reg.-Bez. Köln, NRW. 973 erstmals erwähnt, Kirche und Ort zum Kloster Deutz gehörig, viele Rittersitze, ab 1590 lutherisch, ab 1693 Marktrecht, bis 1806 zum bergischen Amt Miselohe, 1856 Stadt, Textilfabriken und Metallverarbeitung seit späterem 19. Jh. **II.** 969/999 *Leigelingon*, 1074 *Lechelingen*, 12. Jh. *Leichlinga*. **III.** Namenbildung aus dem germ. PN *Laico*, Koseform **Leichilo* und dem Suffix ↗ *-ing(en)*. Das *-ingen*-Suffix ist in bergischen ON sehr häufig. **V.** FP; Dittmaier 1956; Berger; HHS 3. *Ho*

Leimen I. Große Kreisstadt im Rhein-Neckar-Kreis, 26988 Ew., ca. 7 km s Heidelberg, zwischen Rheinebene und Kraichgauer Hügelland, Reg.-Bez. Karlsruhe, BW. Leimen gehörte zum Lorscher und Wormser Grundbesitz, vor 1350 pfälzisch, 1803 an Baden, 1981 Stadtrecht, seit 1992 Große Kreisstadt. Wasserburg Gauangelloch, Sankt-Aegidius-Kirche, Franzosenturm. **II.** 791 (Kop. 12. Jh.) *Leimheim*, 1303 (Kop. 1430) *Leimhen*, 1497 *Leymen [Or]*. **III.** Nach Ausweis des ältesten Belegs handelt es sich um eine Zuss. mit dem Gw. ↗-*heim*. Dem Namen liegt ahd. *leimo*, mhd. *leime* 'Lehm' zu Grunde. Der Name ist dann als 'Wohnstätte auf dem Lehmboden' zu deuten. Die Kürzung -*heim* < -*en* begegnet auch in Namen wie *Bretten* < *Brettheim*, Lkr. Karlsruhe, BW. **V.** Bach DNK 2; Krieger; Kleiber 2000; LBW 5. *JR*

Leinefelde-Worbis I. Stadt, Lkr. Eichsfeld, 29951 Ew., die ehem. selbstständige Stadt, h. OT Leinefelde, liegt ö Heilbad Heiligenstadt, im Tal der oberen Leine zwischen den Muschelkalkschollen des Dün und des Ohmgebirges, während der OT Worbis sich nö von Leinefelde, an der Wipper am Südfuß des Ohmgebirges befindet, seit 2004 zu Leinefelde-Worbis vereinigt, TH. Leinefelde: Entstanden als dörfliche Siedlung im 11./12. Jh. an West-Ost-Straße Richtung Nordhausen. Verkehrsknotenpunkt in neuerer Zeit. Im 20. Jh. Baumwollspinnerei und Zwirnerei. Seit 1969 Stadt. Geburtsort von J. C. Fuhlrott (1804–1877), der 1856 den Schädel des Neandertalers fand und als Begründer der Paläoanthropologie gilt. Worbis: Altthüringische Siedlung an altem Straßenpass ins untere Eichsfeld; um 1200 Marktort (1238 *Worbis forense*) mit Herrenburg (Harburg); vor 1250 Städtchen (1255 *civitas*); im MA Ackerbürger- und Handwerkerort; seit 19. Jh. Textilindustrie, Holzverarbeitung, später elektronische Datenverarbeitungsanlagen. **II.** Leinefelde: 1227 *Loykenefelde*, *Lockinefelde*, *Lokenvelt*, 1290 *in Lokinevelde*, 1312 *Leuckenefeld*; erst Anf. 17. Jh. *Leinefelde*. Worbis: 1162 *in Wurbeke*, 1209 *de Wurbeze*, 1238 *Worbeze*, 1253 *Worvece*, 1276 *Marchtworbize*; *Worbis* (1299). **III.** Der ON *Leinefelde* entstand aufgrund der Lage in einem Flussbogen der Leine, wohl zu vorgerm. **lougina* 'Flussbiegung' zu einer idg. Wurzel **leug-* 'biegen' (LIV). Lautgesetzlich entstand germ. **Laukina*. Vermutlich war das der Name für den Oberlaufbogen der Leine. Durch d. Umlaut entstand *Loiken-*, *Leucken-*, an das als Gw. ahd. asä. ↗-*feld*, mhd. mnd. *velt* 'Ebene, flaches Siedlungsland' trat für 'Ansiedlung in der Flussbiegung'. Zur gleichen idg. Wurzel gehören übrigens auch d. *Locke* sowie *Loch*, *Lücke* und *Luke*. Der ON lautet noch 1534 *Leukenfelde* – wurde also sehr spät erst an den Namen des Flusses Leine angeglichen: 1001 *inter fluvios Lagenam et Vviseram*, 1013 *Lagina*, 1149 *in Leina flumine*, 1241 *prope Lainam*, 1347 *bi der Leyne*; Gauname: 9. Jh. (Kop. 1479) *in pago Logne*, 833 *in pago Logni*, 990 *in pago Lagni*. Der Name ist wohl eine germ. Bildung zur idg. Wurzel **laku* 'Wasseransammlung, Lache, See', vgl. lat. *lacus* 'See'; lautete germ. **Lagn-*, **Lagena* (latinisiert) o.ä., vgl. asä. *lagu* 'See' (idg. kurzes *a/o* > germ. *a* und idg. *k* > germ. *g* durch grammatischen Wechsel < **lakú*; Belege mit *o* zeigen sporadische asä. Hebung *a* > *o*). Die Lautgruppe -*agi*- /-*age*- wurde d. zu -*ai*-/-*ei*- wie z.B. auch in mhd. mnd. ↗-*hagen* > ↗-*hain*. Der ON Worbis beruht wohl auf einem urspr. Bachnamen, gebildet zu mhd. *wuor* 'Damm im Wasser, Wehr zum Abhalten oder Ableiten des Wassers' bzw. mnd. **wōr* 'Damm, Wehr' und mnd. *bēke* 'Wasserlauf', ↗-*be(e)ke*, also etwa 'Dammbach; Wehrbach'. Die Schreibungen *beze* und *bize* beruhen auf Zetazismus im Nd. mit Wandel von |k| > |z| vor hellem Vokal. Die Lautgruppe |rb| wurde mundartlich durch Spirantisierung zwischen Vokalen zu |rv|. **IV.** Breitenworbis, 1238 *Breidenworveze*; Kirchworbis, 1209 *Kirchworveze*, beide Lkr. Eichsfeld, TH; GwN *Worbke* und *Wörbke* im Kr. Soest, NRW, und im ehem. Schaumburg-Lippe, NI. **V.** UB Eichsf. I; Mainzer UB II; Walther 1971; SNB; Berger; Greule, DGNB. *KH*

Leinfelden-Echterdingen I. Große Kreisstadt im Lkr. Esslingen, Reg.-Bez. Stuttgart, 37029 Ew., grenzt n an die Landeshauptstadt Stuttgart, BW. 1975 Gründung der heutigen Stadt durch Zusammenschluss der Stadt Leinfelden und der Gem. Echterdingen, Musberg und Stetten auf den Fildern. Seit 1557 württembergisch. 1908 Landung eines Zeppelins nach einem Testflug bei Echterdingen, was als erste Landung eines Luftschiffes auf festem Boden gilt. 1965 Stadtrecht für Leinfelden. **II.** Leinfelden: 1269 *in Lenginvelt*, 14. Jh. *Lengenfelt*, 1417 *Leinfeldt*, 1527 *Leinfelden*; Echterdingen: 1187 *Achtirtingen*, 13. Jh. *Ahtertingen*, 1383 *Ehterdingen*. **III.** Leinfelden (< mhd. **in dem lengen velde*) war '(die Siedlung auf der) lang gestreckten waldfreien Ebene', Gw. ↗-*feld*, Bw. *lang* 'lang'. Im 15. Jh. wird das Bw. *lengen-* durch *lein* 'Flachs' ersetzt. *Echterdingen* ist ein ↗-*ingen*-Name mit der Bedeutung 'bei den Leuten des Âthard', abgeleitet vom PN **Âht-hard*. Der ON **Âthard-ingen/ *Âthart-ingen* wird durch Umlautung zu **Æthterdingen* und *Echterdingen*. **IV.** ↗Lengenfeld, Vogtlandkr., SN. **V.** Reichardt, L.: Ortsnamenbuch des Kreises Esslingen. Stuttgart 1982. *AG*

Leingarten I. Gem. im Lkr. Heilbronn, 10757 Ew., ca. 7 km w Heilbronn, an den lößbedeckten Gipskeuperplatten des Kraichgaus im Leinbachgäu und im Gartacher Feld gelegen, Reg.-Bez. Stuttgart, BW. Die Gem. Großgartach und Schuchtern am Ufer der Lein schlossen sich 1970 zu der Gemeinde Leingarten zusammen. Weinbau. Heuchelberger Warte, Lorenzkirche, St. Pankratius-Kirche. **II.** *Leingarten* (1970). **III.** *Leingarten* als neuer Name für den Zusammenschluss der Gem. Großgartach und Schluchtern enthält als Bw. den kelt. GwN *Lein* (1352 *Line*, zu kelt. **līno-* 'Eiter') und als Gw. ahd. *garto*, mhd. *garte* 'Garten', das dem Namen *Großgartach* (988 *Mihelingarda* zu ahd. *mihhil*, mhd. *michel* 'groß') entnommen wurde. *Gartach* (774 *Gardaha*) selbst ist der alte GwN für den heutigen Leinbach. Der GwN wurde später auf die Siedlung übertragen. **IV.** ↗ Leintal-Frickenhofer Höhe, Ostalbkreis, BW. **V.** Bach DNK 2; Kannenberg; Greule, DGNB; Greule 2007; LBW 2 und 4. *JR*

Leintal-Frickenhofer Höhe I. GVV im Ostalbkreis, 11 865 Ew., ca. 16 km w Aalen, im Liasgebiet des Östlichen Alpenvorlandes an der Lein, Reg.-Bez. Stuttgart, BW. Der GVV Leintal-Frickenhofer Höhe wurde am 2. Februar 1972 aus den Gem. Eschach, Leinzell, Obergröningen und Schechingen gebildet. Am 1. März 1972 kamen die Gem. Göggingen und Iggingen dazu. Leinzeller Schloss, Schloss Horn, Schwäbisches Bauern- und Technikmuseum. **II.** *Leintal-Frickenhofer Höhe* (1972). **III.** Die Neubildung knüpft an den GwN *Lein* (1352 *Line*, zu kelt. **līno-* 'Eiter') und den ON *Frickenhofen* (1293 *in Frickenhoffen*, 'Siedlung des Fricko') an. **IV.** ↗ Leingarten, LKr. Heilbronn, BW. **V.** Reichardt 1999a; Greule, DGNB; LBW 2 und 4. *JR*

Leipzig I. Kreisfreie Stadt und Verwaltungssitz eines gleichnamigen Direktionsbezirkes, 515 469 Ew., im Zentrum der Leipziger Tieflandsbucht, am Zusammenfluss von Weißer Elster, Pleiße und Parthe, SN. Asorb. Auenrandsiedlung seit etwa 800, seit 10. Jh. mit d. Burg und Burgflecken, Niederlassung von Kaufleuten vor 1150, planmäßige Stadtgründung um 1160/70 durch den Markgrafen von Meißen. Nach Verleihung des Stadtrechts und der Marktprivilegien um das Jahr 1165 wichtiges Handelszentrum, bedeutender Messestandort in Mitteleuropa mit einer der ältesten Messen der Welt, Zentrum des Pelzhandels, Universität seit 1409, seit 1871 Entwicklung zur Großstadt. Jahrhundertelange musikalische Tradition (Thomanerchor, Wirkungsstätte von J. S. Bach und F. M. Bartholdy). Wirtschaftl. Bedeutung als Industrie- und Handelsstadt. **II.** 1012/18 *in urbe Libzi*, um 1150 *Libiz*, 1185 *de Libz*, 1190 *in Lipz, Lipzk*, 1213 *Lipz*, 11230 *de Lipzik*, 1430 *Leipczke*, 1459 *Leipczigk*. **III.** Die bisherige Erklärung des ON aus dem asorb. Wort *lipa* 'Linde', die in der slaw. Namengebung sehr häufig ist, und zwar als **Lipc* bzw. **Lipsk*- 'Lindenort', ist wohl so zu verstehen, dass im Asorb. (Slaw.) das Lindenwort *lipa* von den Sprechern sekundär eingedeutet wurde, weil die urk. Zeugnisse mit *Lib*- eher auf eine Grundlage **Lib*-, die als Gewässernamenbasis gut bekannt ist, weisen. Der stimmhafte urk. Labial *-b*- kann nicht auf dem slaw. stimmlosen Labial *-p*- beruhen. Exonyme: im Tschech. *Lipsko*, im Poln. *Lipsk*. **IV.** Leipa, OT von Jessen, Lkr. Wittenberg, ST; Leipnitz, OT von Thümmlitzwalde, Lkr. Leipzig, Leippe, OT von Lauta, Lkr. Bautzen, beide SN. **V.** Thietmar; HONS I; SNB. *EE, GW*

Leitmeritz // Litoměřice [ˈlɪtomˌɲɛrʒɪtsɛ] **I.** Kreisstadt, 23 823 Ew., in Nordböhmen, Bezirk Ústí nad Labem (Ústecký kraj), CZ. Alte slaw. Burgstätte (wahrscheinlich 9. Jh.), Zentrum der Lutomiritzer. 1057 Bau der Sankt-Stephans-Kirche. Um Burg und Berg entstand eine von (auch aus dem Rheinland zugezogenen) Deutschen bewohnte Stadt. Getreidehandel auf der Elbe. Im 14. Jh. Kapitelschule, 1397 Rathaus. Während der Hussitenkriege wurde der Ort tschechisiert. Im 16. Jh. kalixtinisch, dann lutheranisch. 1670 Dombau, mehrere Klöster. Bischofssitz, Priesterseminar. 1780 Gründung der Festung *Theresienstadt // Terezín*. Nahrungsmittelindustrie, jährliche Gartenschau. Seit 1978 Teile der Altstadt unter staatlichem Denkmalschutz. **II.** (13. Jh. F.) 993 *Lutomiriciz*; 1057 *in Lutomiricensi provincia* [Or]; 1101 *Litomerice, Lutomirice* (Cosmas); 1298 *Luthimericz*; 1334 *Lewtomericensis*; 1720 *Leitmeritz*; 1833 *Leitmeritz, Litoměřice*. **III.** Die urspr. ON-Form *L'utomirici*, 'Leute eines *L'utomir*', ist mit dem patronymischen Suffix *-ici* von *L'utomir*, einem in allen slaw. Sprachen belegten, aus *l'ut-* 'wütend' (ntschech. *lítý*) und *mir*, *měr* 'Ruhm, Frieden' komponierten PN abgeleitet. Den Übergang der ON auf *-ici* in die Kategorie der Unbelebtheit ist im Atschech. vom *ice/ice*-Wandel begleitet. Aus lautlichen und hist. Gründen ist die ON-Erklärung aus dem D. abzulehnen. **IV.** *Litoboř, Litomyšl* u. a., CZ. **V.** Pf II; SchOS; LŠ; HSBM. *RŠ*

Lemgo I. Stadt im Kr. Lippe, 41 811 Ew., an der Bega (l. Nfl. zur Werre) n Detmold im lippischen Bergland, Reg.-Bez. Detmold, NRW. Um 1200 Gründung der Edelherrn zur Lippe im Gebiet ehem. kleinerer Ansiedlungen. Ehem. Zentrum des Altkreises Lemgo. **II.** 1005 *in … Limgauuue*, 1011 (Kop. ca. 1160) *Limga*, 1158 *in Limego*, um 1212–1216 † *DE LEME GO MONETA*, 1231 (Kop. 17. Jh.) *Lymego*, um 1220, 1298 *Lemego*; *Lemgo* (1401, Kop. 1466–1470). **III.** Bildung mit dem Gw. *-gau* (zu germ. **gaw-ja-* für Talauenland, got. *gawi*, asä. mnd. *gō*, ahd. *gewi, gouwi*) für eine urspr. größere naturräumliche Einheit. Der ON geht auf eine alte Gebietsbezeichnung zurück. Das Bw. zeigt nicht, wie bislang zumeist angenommen wird, eine Variante *līm* zu asä. *lēmo* 'Lehm' (mnd. *lēm, leim, lē(i)me, leyme* 'feuchte Erde; Lehm, Ton', ae. *lām*, mnl. *leem, leym*, ahd. *leim(o)*, zu germ. **laima-*, idg. Wz. **loi-*, lat. *līmus* 'Schlamm'; etwa auch in Verbindung mit dem Namen des h. eingem.

Dorfes Lieme (etwa als 'auf Lehmboden (liegend)'). Ferner ist asä. *līm* Mask. 'Leim; Vogelleim; das Getünchte' (zu mnd. *līm* 'Leim (Bindemittel), ahd. *līm* zu lat. *gluten, viscus, bitumen* etc.; ae. *līm*, mnl. *lijm*, zu germ. **līma-*, idg. Wz. **lei-*) fernzuhalten. Im Bw. wird vielmehr ein alter GwN bzw. Flussabschnittsname der Bega (r. Nfl. der Werre) anzunehmen sein, der dem Gebiet (auch in Abgrenzung benachbarter Raumbez. mit einem GwN im Bw., wie z.B. *Almegau, Hwētigo, Havergo, Aga, Patherga*) seinen Namen gegeben haben kann. Noch h. ist der Raum zwischen Lemgo und Schötmar landsch. entscheidend durch die Bega geprägt, die ab Brake/Lemgo (wegen geringen Gefälles stark mäandrierend) eine relativ breite Niederung durchfließt und bei Hochwasser den Raum in ein großes Überschwemmungsgebiet verwandeln kann. Ein GwN **Lim-* ist nicht mehr erhalten, dürfte aber im ON *Lieme* (1241 *in Limen*, nach 1241 *de Lime*, 1344 *Lym*) bewahrt sein. Neben den für nhd. *Lehm* und *Leim* anzusetzenden Wz. idg. **lei-* (Normalstufe) und idg. **loi-* (Abtönung) kann mit einer Schwundstufe idg. **li-* gerechnet werden, die mit einem Suffix *-men-/-mon-* im appellativischen Wortschatz wie in Toponymen und GwN vom Baltikum bis zum w Rand der alteurop. Hydronymie in England (z.B. *Lyme Park, Lyme Regis, Liminge, Lympne, Uplime*) angetroffen wird. Der ON *Lieme* und das Bw. in *Lemgo* führen auf einen alten GwN **Lim-en-*, in dem eine vorgerm. Bezeichnung **lim-* für Marschland erschließbar wird, die den topographischen Verhältnissen des Raumes zwischen Lemgo, Lieme und Schötmar genau entspricht. Der ON *Lemgo* wäre auf eine Bezeichnung als 'Feuchtwiesen-Gau, Marschland-Gau' oder in Verbindung mit dem FluN als 'Limgau' zu erklären. **V.** WOB II (Kr. Lippe); HHS 3. *BM*

Lengede **I.** Gem. im Lkr. Peine, 13 006 Ew., Reg.-Bez. Braunschweig (bis Ende 2004), NI. Im MA Hildesheimer Archidiakonatssitz; seit dem 19. Jh. (bis 1977) Erzbergbau auf der Gemarkung; 1963 schweres Grubenunglück mit teilweise glücklichem Ausgang („Wunder von Lengede"). **II.** 1151 *Lengethe*, 1331 *Leghedhe*; *Lenghede* (1377). **III.** Abl. mit dem Suffix ↗ *-ithi*. Basis ist das in asä. *lang*, mnd. *lanc* 'lang' bezeugte App. Das *-i-* des Suffixes bewirkt Umlaut des *-a-* der Basis. **IV.** Groß und Klein Lengden, beide OT von Gleichen, Lkr. Göttingen; Lengde, OT von Vienenburg, Lkr. Goslar, alle NI. **V.** GOV Peine; Lengede an Fuhse 1151–2001. Lengede 2001. *KC*

Lengenfeld **I.** Stadt im Vogtlandkreis, 7783 Ew., im nö Vogtland, nö von Plauen in einem Seitental der Göltzsch, SN. Waldhufendorf gegründet zwischen 1150–1230, seit 1430 Markt, 1764 Städtchen. Bis 1990 Standort der Textilindustrie. **II.** 1419 *Lengefeld*, seit Ende des 15. Jh. *Lengenfeld*. **III.** Bildung aus dem Adj. ahd. und mhd. *lang*, auch *lengi* 'lang' und dem Gw. ↗ *-feld*, demnach 'am langen Feld' o.ä., evtl. als Bezeichnung der Waldhufenstreifen. **IV.** Lengefeld, Erzgebirgskreis, SN. **V.** HONS I; SNB. *EE, GW*

Lengerich **I.** Gem. und gleichnamige Samtgemeinde im Lkr. Emsland, 9122 Ew., 15 km ö Lingen, NI. Bodenfunde (Goldschmuck) aus dem ersten nachchristlichen Jh.; Haupthof der Edelherren von Ahaus 1265 bezeugt, 1550 wurde dieser zur Burg ausgebaut. **II.** 976–979 *Legreke*, um 1000 *Lengirichi*, 1268/69 *in parrochia Lenkereke*, 1269 *in Lengericke*, 1361 *in parochia Lengerke*. **III.** Der ON stellt eine Komposition aus dem Gw. mnd. *reke, recke* 'Reihe, Dornenhecke; Gebüschstreifen' in Verbindung mit mnd. *lank* 'lang' dar. Grundlage der Benennung war wohl eine langgezogene Umfriedung der Siedlung. **IV.** ↗ Lengerich, Kr. Steinfurt, NRW. **V.** HHS 2; Berger. *MM*

Lengerich **I.** Stadt im Kr. Steinfurt, 22 355 Ew., nö Münster, s Tecklenburg, Reg.-Bez. Münster, NRW. Im MA Kirchdorf in der Gft. Tecklenburg, 1707 preußisch, 1727 Stadtrecht, 1806 Ghztm. Berg, 1811 Kaiserreich Frankreich, 1813 wieder preußisch, Wallfahrtsort (Heilige Margareta), 17. Jh. Leinenproduktion, 18. Jh. Tabakfabrik, 19. Jh. Kalk- und Zementindustrie, Metall- und Papierverarbeitung, Maschinenbau. **II.** 1147 *Liggerike* [Or], 1149 *Lengerike*. **III.** Urspr. FlN mit dem Gw. *-rike*, das sich appellativisch z.B. in mnd. *rēke* 'Reihe, Ordnung, Strecke, die im freien Feld sich hinziehende lebendige (Dornen-)Hecke, niedriges Gebüsch', aber auch in mnd. *recke* 'Strecke (Weges), Hecke', sodann *recke* (Ntr.) und *rik* (Ntr.), 'lange, dünne Stange', wfl. *rek* (Ntr.), *rekke* (Fem.) 'Einfriedung, Gitter' findet, das aber im Asä. nur aus ON ableitbar ist. Für die Deutung des Gw. ist der Fokus vor allem auf den Aspekt von 'Einfriedung, Reihe, Landstreifen' zu legen. Bw. des ON Lengerich ist ein Adjektiv 'lang', asä. *lang*, mnd. *lanc*, für dessen Stammvokal Umlaut (*-a- > -e-*) durch das *-i-* des Gw. trotz der dazwischen liegenden Flexionssilbe des Adjektivs eingetreten ist. Im Erstbeleg mit *Ligge-* ist der Nasal vor *-g-* ausgefallen und *-e-* zu *-i-* geworden. **IV.** ↗ Lengerich, Lkr. Emsland, NI. **V.** MGH Diplomata Regum et Imperatorum Germaniae, IX; Osnabrücker Urkundenbuch I, III, IV, VI. *kors*

Lenggries **I.** Gem. im Lkr. Bad Tölz-Wolfratshausen, 9688 Ew., Reg.-Bez. Oberbayern, BY. Urspr. Flößersiedlung, 1936 Garnisonsstadt. **II.** 1257 *Lengrieß*, ca. 1279–1284 *Lengriez, Lengengriez*, 1300 *Lengries*, 1524 (Kop. von 1618) *Lenggriess*, 1684 *Lenggrieß*, 17. Jh. *Lenggries*. **III.** Grundwort des urspr. Flurnamens ist mhd. *griez* 'Sand, Kiessand, sandbedeckter Platz', Bestimmungswort *lanc* 'lang'; dieses bezieht sich hier auf die lange Ausdehnung der Uferfläche. **V.** HHS 7/1; Reitzenstein 2006. *WvR*

Lennestadt **I.** Stadt im Kr. Olpe, 27 392 Ew., Reg.-Bez. Arnsberg, NRW. 1969 aus Gemeinden des Kreises Olpe an der Lenne und einem Teil der aufgelösten Gem. Lenne sw von Schmallenberg gebildet, ohne aber den Ort Lenne (Stadt Schmallenberg) einzuschließen. **III.** Junge Bildung zur Benennung des Stadtgebiets aus dem GwN *Lenne* und dem Gw. *-stadt*. Der GwN (1242 *Lenam*, lat. Akk. Sg.) ist auch Grundlage des früher bezeugten ON *Lenne* (zu 1072 [12. Jh.] *Leno*) bei Schmallenberg, wenngleich keine partielle Namenübertragung auf Lennestadt vorliegt. Der GwN hat Parallelen in D, B, NL und England. Zwar sind aufgrund der zum Teil erst späten Überlieferung nicht alle lautlichen und morphologischen Probleme zu klären. Doch liegt wahrscheinlich eine einstämmige fem. Bildung vorgerm. Ursprungs vor, die ein fließendes Gewässer bezeichnete. **V.** HHS 3; Schmidt Rechtsrhein. Zfl. *Flö*

Lenningen **I.** Gem. und (mit der Gem. Erkenbrechtsweiler sowie der Stadt Owen) gleichnamiger GVV im Lkr. Esslingen, 13 918 Ew., ca. 24 km ssö Esslingen, im Trauftal der obersten Lauter und der Hochfläche der Mittleren Kuppenalb gelegen, Reg.-Bez. Stuttgart, BW. Lenningen wurde am 1. Januar 1975 aus Gem. Oberlenningen, Unterlenningen, Gutenberg und Schupfloch gebildet. Papierfabrik. Ruine Sulzburg, Ruine Wielandstein, Wolfsschluchthöhle, „Schlössle". **II.** 12. Jh. (Kop. 13. Jh.) *Lendingen*, nach 1204 *Lendingin [Or]*; *Lenningen* (1975). **III.** Es handelt sich um eine ↗*-ingen*-Bildung mit einem PN *Lando*, der Name bedeutet 'bei den Leuten des Lando'. Der Stammvokal zeigt Umlaut durch das *-ing*-Suffix und Assimilation von *-nd-* zu *-nn-*. **V.** Reichardt 1982a; Haubrichs 2004; LBW 2 und 3. *JR*

Lensahn **I.** Gem. und gleichnamiges Amt im Kr. Ostholstein mit sieben amtsangehörigen Gem., 8 888 Ew., SH. 1222 erstmals urk. erwähnt, Gut Lensahn zunächst im Besitz verschiedener Adliger, seit 1670 zum Ghztm. Oldenburg, 1867 zu Preußen, Auflösung der Gutsbezirke 1928 wurde der Ort eine selbstständige politische Gem. Sankt-Katharinen-Kirche, Landwirtschaftsmuseum. **II.** 1222/23 *de Linsane*, 1316 *Lensane*; *in Dudische Lensan* (1340). **III.** Vom apolb. **Lę(d)z'ane* abstammend, geht der heutige ON zurück auf eine Bildung aus dem urslaw. **lędo* 'unbebautes Land, Ödland, Brachland' und dem pluralischen Suffix *-jane*, das 'Einwohner' bezeichnet. So stellt sich Lensahn als 'Siedlung der Bewohner des unbebauten Landes/ Ödlandes' dar. **IV.** Lensahnerhof und Lenste, OT von Grömitz, beide Kr. Ostholstein, SH. **V.** Laur; Haefs. *GMM*

Lenzburg mda. ['læn:tsbrg] **I.** Hauptort des Bezirks Lenzburg, 7 984 Ew., AG, CH. Spuren eines römischen Vicus und zweier Gutshöfe sowie Reste eines halbrunden Theaters. Der ma. Ort am Fuße des Burghügels im Aabachtal entstand 1241 aus einer gräflich-kyburgischen Marktsiedlung. 1306 Stadtrecht. 1415–1798 bernisch mit weitreichenden Privilegien. 1803 zum Kt. Aargau. Im 18./19 Jh. Textil- und Fayenceindustrie, heute Herstellung von Konserven, Jagd- und Sportwaffen, Papier, Karton, Maschinen, Getreideflocken, Kunststoffen, Flüssigkristallanzeigen, Schalttafeln. **II.** 924 *De Lencis [Or]*, 1036–1054 *de Lenceburg*, 1114 (so. Kop.) *de Lincenburg*, 1145 *Lenzeburg*, 1297 *Lenczburg*. **III.** Primärer SiN 'Burg an der Lenze' (Burgname, auf die Ortschaft übertragen), gebildet aus dem Gw. ahd. ↗*-burg* 'Burg' und mit größter Wahrscheinlichkeit aus dem vordeutschen FluN **Lentiā* 'die Biegsame, die Gekrümmte' oder 'die träge Dahinfließende' des heutigen Aabachs. Der Burgname wurde auf die Siedlung übertragen, die urspr. wohl *Oberlenz* hieß. Zehnder setzt den ON mit dem österreichischen *Linz* (an der Donau) gleich. **V.** Schweiz. Lex.; Zehnder, Gemeindenamen Aargau; LSG. *RMK*

Leoben **I.** Stadt, 24 947 Ew., Pol. Bez. Leoben, ST, A. 1160 ist als *forum Liuben* der Markt bezeugt, der zwischen 1261 und 1280 zur Stadt erhoben wurde. 1797 wurde in Leoben zwischen Frankreich und Österreich der Vorfriede geschlossen. Die 1840 gegründete Vordernberger Montanlehranstalt wurde 1849 nach Leoben verlegt, 1861 Bergakademie, 1904 Montanistische Hochschule, seit 1975 Montanistische Universität (z. Zt. 2300 Studenten). Im eingem. Donawitz bedeutende Eisenproduktionsstätte. **II.** 904 *in valle quae dicitur Liupinatal [Or]*, 982 *Liubina*, um 1135 *Liuben*; *Leoben* (1485). **III.** Grundlage ist wohl ein idg. Wasserwort **leu-* 'Schmutz, beschmutzen' mit labialer Erweiterung *p-/b-*, das in zahlreichen Namen von Frankreich, Deutschland, Polen bis Mittelrussland sowie in Italien und im alpinen und südslawischen Bereich zu finden ist (etwa *Luppa* in Sachsen, *Loibl* in Kärnten, *Ljubljanica* in Slowenien). Im slaw. Sprachraum sind hierhergehörende Namen an slaw. Material angeglichen worden oder haben slaw. Suffixe wie *-ina* bekommen. Gegen eine Verbindung von *Liupina* mit urslaw. **ljubъ*, slowen. *ljub* 'lieb, teuer, angenehm' wurde eingewendet, dass *ljub* nur zur Bez. eines Gefühls menschlicher Zuneigung verwendet wurde. **V.** ANB; Udolph, J.: Die Stellung der Gewässernamen Polens innerhalb der alteuropäischen Hydronymie. Heidelberg 1990. *FLvH*

Leobschütz // Głubczyce [gwub'tʃitsɛ] tschech. Hlubčice **I.** Kreisstadt und gleichnamige VG in der

Woi. Opole, 23 892 Ew., Grenzstadt zwischen Mähren und Schlesien, am Ostrand der Sudeten in der fruchtbaren Lößniederung der Zinna, PL. Seit 1742 an Preußen. 1921 stimmten 99 % der Wahlbeteiligten für den Verbleib bei Deutschland; bis 1939 Kreisstadt im Reg.-Bez. Oppeln, 13 505 Ew. (1939). Nahrungsmittel- und Textilindustrie. **II.** 1131 *Glupcicih*, 1224 *Lubschicz*, 1259 *Hlupchyzhe*, 1265 *Hlubschitz*, 1269 *Lubsitz*, 1272 *Glubchiz*, 1281 *Lubschicz*. **III.** Der Ort liegt im Gebiet der lachischen Dialekte, deswegen auch konsequent tschech. Merkmale. Urspr. **Głubcicy* 'Ort, den die Leute, Nachkommen des *Głubek* bewohnen'. PN *Głubek* zum App. *głub*, *głąb* 'Tiefe; Strunk, auch Dummkopf, Holzkopf'. Der Ort liegt im sprachlichen Grenzgebiet, der Schwund der Nasalität im Tschech. erfolgte um 1000, der Übergang *g* zu *h* im 13. Jh.; so können wir annehmen, dass es ein urspr. tschech. ON ist. Die Anlautgruppe *Hl-* wurde bei Übernahme ins Deutsche vereinfacht. Später durch Adideation mit den PN *Leo*, *Leonhard* entstand *Leobschütz*. **IV.** Głąby // Glomben, Głębinów // Glumpenau, in Oberschlesien; Głębowice // Glumbowitz in Niederschlesien, beide PL. **V.** Rymut NMP; SNGŚl. *MCh*

Leonberg **I.** Große Kreisstadt im Lkr. Böblingen, 45 476 Ew., 13 km n Böblingen, auf der Gems-Strudelbach-Platte im Neckarbecken, Reg.-Bez. Stuttgart, BW. 1248/49 gegründet von Graf Ulrich I. von Württemberg, vor 1350 Bildung der Vogtei, seit 1806 Oberamtsstadt, von 1938 bis 1972 Kreisstadt, 1963 Erhebung zur Großen Kreisstadt. Weinbau. Engelbergturm, Seehaus, Schloss Leonberg und Pomeranzengarten. **II.** 1248/49 (Kop. 16. Jh.) *Louinberch*, 1273 *Lewenberch [Or]*, 1347 *Lenberg [Or]*; *Leonberg* (1358). **III.** Es handelt sich um eine Zuss. mit dem Bw. ahd. *lewo*, *louwo*, *leo*, mhd. *lewe*, *louwe*, *leo* 'Löwe' und dem Gw. ↗ *-berg*: 'Burg des Löwen'. Der Name wurde von der Burg auf die Stadt übertragen; der Löwe steht hier als Symbol für Kraft, Gewandtheit, Mut und Edelmut. Wegen der Bedeutung des Löwen in der Heraldik ist *Leonberg* verm. ein heraldischer Burgenname. **V.** Reichardt 2001; LBW 3. *JR*

Leonfelden, Bad [leon'fɛldṇ], dial. veraltet ['lɛ̃ɔyœ:], jünger ['lɔ̃:yœ:]. **I.** Stadt im Pol. Bez. Urfahr-Umgebung, 4 037 Ew., in 750 m Seehöhe am Nordrand des Granit-Hochlandes der Böhm. Masse im mittleren Mühlviertel gegen die tschech. Grenze, OÖ, A. Mit Rodung des Nordwaldes entstanden Anf. 13. Jh. auf dem Handelsweg von Ottensheim und Linz/Donau nach Budweis/Böhmen. Wegen ständiger Auseinandersetzungen mit ↗ Freistadt im Handelsverkehr nur geringe wirtschaftl. Entwicklung, 1356 Markt. Ab 1833 zunächst bäuerliches Moorbad in Spielau, 1882 konzessioniert und 1914 eingestellt, Wiedereröffnung des modernen Kurbetriebes 1961/62 und Namenszusatz *Bad*, 2001 Stadt. **II.** 1216 *Lobenuelt*, 1236 (F. für 1154) *in Lobenwelt*, 1379 *Lanuelden*, 1392 *Lonueld*, 1435 *Lönfelden*, 1645 *Leonfelden*. **III.** Urspr. Gegendbezeichnung als gefügtes Komp. mit mhd. *vëlt* 'Feld, Ebene' und ahd. PN *Lobo*, 'Feld des Lobo', und dann auf die Siedlung eingeengt. Kontraktion von *-obo-* zu langem geschlossenem [o:] und danach Einwirkung des folgenden Nasals führten zu *Lonveld* mit offenem nasaliertem [ɔ̃:], das oberschichtig beibehalten und <a> oder <o> geschrieben wurde, ländlich.-bäuerlich aber volksetym. zu zentralisiertem [lẽɔ̃] 'Lohn' umgedeutet und mit <ö> und seit dem 17. Jh. mit <eo> wiedergegeben wurde. Während die dial. Form den urspr. Dat. Sg. beibehält, kam im 14. Jh. urk. der Dat. Pl. auf, der sich in der amtl. Schreibung durchsetzte. **V.** ANB 1; OÖONB 10; HSS Lechner. *PW*

Leopoldshöhe **I.** Gem. im Kr. Lippe, 16 175 Ew., im geograph. Mittelpunkt zwischen Bielefeld / Salzuflen / Lage / Oerlinghausen, Reg.-Bez. Detmold, NRW. Gründung als zentraler Kirchort im 19. Jh. für umliegende Bauerschaften, die bis dahin zu drei Kirchengem. (Oerlinghausen, Heepen, Schötmar) gehörten (Grundsteinlegung der Kirche 1850, Weihe der Kirche 1851), 1921 eigenständige Gem. 1969 mit acht selbst. Gem. zusammengelegt. **II.** 1850/51 *Leopoldshöhe*. **III.** Bildung mit dem Gw. *-höhe* (zu nhd. *Höhe*, asä. ahd. *hōhī* 'Anhöhe, Höhe'), in dem ein älterer FlN bewahrt ist, der in der Form *Upper Höh* ('auf der Höhe') mda. für Leopoldshöhe vorkommt. Der relativ hochgelegene Kirchort ist nach Fürst Leopold II. zur Lippe (1796–1851) genannt. **V.** HHS 3. *BM*

Leszno ↗ **Lissa/Wartheland**

Leutenbach **I.** Gem. im Rems-Murr-Kreis, 10 834 Ew., bildet zusammen mit der Gem. Schwaikheim und der Stadt Winnenden den GVV Winnenden, 47 748 Ew., ca. 9 km nö Waiblingen, am Buchenbach am Rande des Schwäbischen Waldes und der Backnanger Bucht, Reg.-Bez. Stuttgart, BW. Leutenbach kam wohl mit Winnenden an Württemberg, 1808 an das Oberamt und gehörte seit 1938 zum Landkreis Waiblingen, der 1973 zum Rems-Murr-Kreis wurde. Blechbearbeitung und -verarbeitung. Heimatmuseum. **II.** 1304 *Liutenbach*, *Lútenbach [Or]*, 1393 *Lútembach [Or]*, 1569 *Luittenbach*; *Leutenbach* (1850). **III.** Der auf die Siedlung übertragene GwN hatte die Bedeutung 'Bachabschnitt des Liuto' für eine Teilstrecke des Buchenbachs. Der PN *Liuto* enthält den Diphthong *iu*, der mda. zu *ui* wird. Die heutige amtliche Schreibung zeigt die standardsprachliche Entwicklung von *iu* zu *eu*. **IV.** Leutenbach, Lkr. Forchheim, BY. **V.** Reichardt 1993; LBW 2 und 3. *JR*

Leutkirch im Allgäu I. Große Kreisstadt und (mit Aichstetten und Aitrach) gleichnamige VVG im Lkr. Ravensburg, 27 371 Ew., ca. 31 km onö Ravensburg, in der Leutkircher Heide an der Eschachniederung und der Niederung der Wurzacher Ach gelegen, Reg.-Bez. Tübingen, BW. Leutkirch war urspr. ein alter Kirch- und Gerichtshof des Nibelgaus, 1293 Erhebung zur Stadt, 1802 an Bayern, 1810 an Württemberg, seit 1974 Große Kreisstadt. Brauerei, Schloss Zeil, Pulverturm, ehemaliges Kloster, Gänsbühl mit Bockturm. II. 848 *ad Liutchirichun*, 860 *ad publicam ecclesiam*, 1239 *in villa que dicitur Liutkirche*; *Leutkirch im Allgäu* (1974). III. Es handelt sich um eine Zuss. mit dem Gw. ↗-*kirchen* und dem Bw. ahd. *liut*, mhd. *liute* 'Volk, Leute, Menschen'. Der Name spiegelt wohl eine ältere, großflächige Seelsorgeorganisation, die bereits seit der Karolingerzeit durch das Eigenkirchenwesen mit Nennung eines Gründers oder Stifters abgelöst wurde. Namengebend ist das Gotteshaus im Zentrum des Seelsorgebezirkes. V. FO; Bach DNK 2; LBW 7. *JR*

Leverkusen I. Kreisfreie Stadt, 161 322 Ew., am rechten Rheinufer n an Köln anschließend zwischen den Einmündungen von Dhünn und Wupper, Reg.-Bez. Köln, NRW. Erst 1975 mit den Städten Opladen und Bergisch Neukirchen zur neuen kreisfreien Stadt Leverkusen zusammengeschlossen, nachdem Leverkusen 1955 aus dem ehem. Rhein-Wupper-Kreis ausgeschieden war. Wichtige Stadtteile, ehemals selbstständige Städte: Wiesdorf, Opladen, Gem.: Schlebusch, h. in drei Stadtbezirke gegliedert. Die ehem. Siedlungen auf dem Stadtgebiet sind durchweg im 12. Jh. erstmals erwähnt. II. 1930 *Leverkusen*. III. Der Stadtname wurde vom Namen der Werkssiedlung in Wiesdorf übernommen, die ab 1861 von dem Ultramarinfabrikanten Carl Leverkus (1804–1896) errichtet worden war. Vorher ab 1834 hatte er seine Fabrik in Wermelskirchen, in dessen Nähe es eine Ansiedlung Leverkusen (h. zu ↗Remscheid) gibt, aus der seine Familie stammt: 1247 *Laverinckhusen*, 1312 *Leuerchusin*, gebildet wohl aus dem germ. PN *Liubheri* und dem Gw. ↗-*inghausen*. Namenkundliche und namenhistorische Nachweise für die weiteren Leverkusener Stadtteile und Altorte finden sich in Dittmaier 1956. V. Dittmaier 1956; Brendler, A.: Der Raum Leverkusen im Mittelalter. In: Leverkusen. Geschichte einer Stadt am Rhein. Bielefeld 2005; HHS 3. *Ho*

Liberec ↗**Reichenberg**

Lich I. Stadt im Lkr. Gießen, 13 332 Ew., im Licher Hügelland am n Rand der Wetterau, Reg.-Bez. Gießen, HE. Stadtrecht 1300, Wasserburg als Nachfolgebau von drei älteren Befestigungen (2. Hälfte des 13. Jh.), Umbau zu schlossartiger Anlage im 17./18. Jh., spätgot. Stiftskirche St. Maria (1510–25) mit einem der ältesten Orgelprospekte Hessens (1621–24) aus dem Kloster Arnsburg, spätklassizistisches Rathaus im ital. Palazzostil (1848–50), Fachwerkhäuser, Textorhaus (1632); pharmazeutische Industrie, Brauerei, Orgelbau. II. 778 *Marchlicheo*, 790 (Kop. 1183–95) *Leoche*, 799 (Kop. 1183–95) *Liochen*, (812) (Kop. 828) *Leohe*, 1103 (vid. 14. Jh.) *Liche*, 1150 (T. 13. Jh.) *Lyche*, 1239 *Lichen*, 1295 (Kop.) *Liech/Liche*, 1327 *Lyechin*; *Lich* (1490). III. Der Name erscheint als Simplex; in der Überlieferung als Lokalkasus im Dat. Pl. mit der Endung -*en*, die später zu -*e* abgeschwächt wird und ganz schwindet. Der Name nimmt Bezug zu den naturräumlichen Gegebenheiten und ist wohl an eine idg. Wurzel *leuk*- 'leuchten, licht' anzuschließen. Möglicherweise liegt ein GwN *Leuk-ā zugrunde, der auf die Siedlung übertragen wurde, wie von Reichardt vermutet. Denkbar wäre auch eine alte Stellenbezeichnung. Zu der Wurzel *leuk*- gehört u. a. *lōká*- m. 'freier (heller) Raum, Welt' (= lat. *lūcus*, lit. *laũkas* 'Feld', ahd. *lōh*); *lūcus*, altlat. Akk. *loucom* 'Hain', eigentlich '(Wald-)Lichtung'; ags. *lēah* 'offenes Land, Wiese' usw. Der Diphthong *-*eu*- entwickelt sich im ahd. zu -*eo*-/-*io*-/-*ie*-, im mhd. zu -*ie*-, der zu -*ī*- monophthongiert und vor -*ch*- gekürzt wurde; -*k*- entwickelt sich in der zweiten Lautverschiebung zu -*ch*-. *Lich* bedeutet 'Stelle am leuchtenden/hellen Fluss' oder 'offene, freie Stelle', 'Lichtung'. V. HHS 4; LAGIS; Reichardt 1973. *DA*

Lichtenau I. Gem. im Lkr. Mittelsachsen, 7 834 Ew., n Chemnitz, an der Chemnitz und der Zschopau, SN. Gebildet 1999 aus kleineren Gemeinden, u. a. Nieder- und Oberlichtenau. Wirtschaftl. bedeutend durch die Lichtenauer Mineralquellen. II. 1350 *In Lichtenow inferiore, in Lichtenow superiore*, 1445 *Lichtenawe*, 1548 *Vnder lichtenau, Ober lichtenau*. III. Bildung mit dem Gw. ↗-*au* und dem Bw. mhd. *lieht* 'strahlend, hell', demnach 'Siedlung in der hellen, freundlichen bzw. gelichteten Aue' o. ä. IV. Ober- und Niederlichtenau, Lkr. Bautzen, SN; † Lichtenau, sw Schmölln, Lkr. Altenburger Land, TH. V. HONS I. *EE, GW*

Lichtenau I. Stadt im Kr. Paderborn, 11 058 Ew., sö Paderborn, im Altenautal an der Straße Paderborn-Warburg (Naturpark Eggegebirge / Teutoburger Wald), Reg.-Bez. Detmold, NRW. Nach 794 entstanden um den Kirchort *Kerkthorp* (Pfarre St. Kilian) und auf dem Gebiet eines Königshofes fränk. Siedlungen, die im 10. Jh. an Paderborn gelangten. Um 1321 hier Gründung der 1326 erstmals erwähnten Stadt Lichtenau durch Bischof Bernhard V. von Paderborn (einschließlich einer am Südrand errichteten bfl. Burg, 1678 Wohnturm erneuert), wobei nach

1350 die Siedlungen wüstfallen. Amtssitz und Mittelpunkt des Soratfeldes, seit 1445 vor allem Pfandobjekt des Paderborner Bischofs, 1624 ausgelöst und Etablierung als Marktort (vier Jahrmärkte), 1975 Zusammenschluss mit Kleinenberg und 12 umliegenden Gem., seit 1975 Kr. Paderborn, davor seit 1816 als Amtsstadt Kr. Büren. **II.** 131[2] (Kop. 1557) *in castro Masenheim sive Lechtenowe*, 1327 *in domo mea Lechtenowe*, 1355 *to der Lechtinnowe*, 1427 (Kop. um 1500) *van der Lichtennauwe*, 16. Jh. *Liechtenow*. **III.** Bildung mit dem Gw. ↗ -*au(e)*. Der Name geht auf eine lok. Wendung im Dat. Sg. *to der lichten au(w)e zurück. Das Bw. zeigt das Adj. asä. *lioht*, ahd. *lieht*, mnd. *licht, lecht* 'leuchtend, hell (scheinend)'. **V.** WfUB IX; HHS 3. *BM*

Lichtenfels **I.** Kreisstadt des gleichnamigen Lkr., 20 693 Ew., im Tal des Obermains an der Nordstirn der Frankenalb, Reg.-Bez. Ofr., BY. 1142 Übergabe der Burg Lichtenfels an Bistum Bamberg, 1143 Teilung mit Grafen von Andechs-Plassenberg, frühes 13. Jh. Stadtanlage unter den Andechs-Meraniern, nach 1248 Burg und Stadt an Bamberg, 1802/03 bayer., im 19. Jh. Zentrum für Korbhandel, seit 1862 Sitz des gleichnamigen Bezirksamts bzw. Lkr., bis h. Eisenbahnknoten für das n BY. **II.** 1142 *Litenuels [Or]*, 1143 *Lihtenuels*; *Lichtenfels* (1402). **III.** Ahd./mhd. *liehte/licht* 'hell, strahlend, blank'; ↗ -*fels*. **IV.** Ähnlich Lichtenberg, Lkr. Hof, Reg.-Bez. Ofr., BY. **V.** HHS Franken; George: HONB Lichtenfels. *DG*

Lichtenstein **I.** Gem. im Lkr. Reutlingen, 9 062 Ew., ca. 7 km ssö Reutlingen, im Randbereich der mittleren Kuppenalb gelegen, Reg.-Bez. Tübingen, BW. Die ehem. Gem. Unterhausen wurde 1975 zusammen mit den Gem. Holzelfingen und Honau zur Gemeinde Lichtenstein. Sitz des Rittergeschlechts von Lichtenstein. Land- und Forstwirtschaft, ehemals Baumwollspinnerei. Schloss Lichtenstein, Burgruine Greifenstein und Heideck, Wilhelm Hauff-Museum. **II.** 13. Jh. (zu 1182) *Gebehardus de Liehtinstain*, 1458 *Liechtenstein [Or]*. **III.** Namengebend für den neuen Gemeindenamen war das Schloss Lichtenstein im OT Honau. Der Name ist eine Zuss. aus dem Bw. ahd. *lioht*, mhd. *lieht* 'strahlend, hell' und dem Gw. ahd. *stein* 'Stein, Fels, Steinblock', mhd. *stein* 'Fels, Höhle, Bergschloss, Festung': 'die strahlende Burg' (↗ -*stein*). Das Schloss wurde 1840/41 von Graf Wilhelm von Württemberg als Idealtypus einer mittelalterlichen Burg in neugotischem Stil auf den Überresten der spätmittelalterlichen Burg erbaut, inspiriert durch Wilhelm Hauffs Roman „Lichtenstein" vom Jahre 1826. Der urspr. Sitz deren von Lichtenstein war 1377 in unmittelbarer Nähe zerstört worden. **IV.** ↗ Lichtenstein, Sa., Lkr. Zwickau, SN. **V.** Reichardt 1983; LBW 2 und 7. *JR*

Lichtenstein/Sa. **I.** Stadt im Lkr. Zwickau, 13 017 Ew., im unteren Westerzgebirge, SN. Im 12. Jh. deutsche Burg mit Burgdorf, im 15. Jh. Städtchen. 1708 Gründung der Neustadt Callnberg, 1920 Vereinigung beider. Lichtenstein war bekannt für seine Textilindustrie. **II.** 1240 *A. de Lychtenstein*, 1266ff. *H. de Lichtinstein, Lichtenstein*, 1350 *Lichtenstein*. **III.** Bildung mit dem Gw. ↗ -*stein* und dem Bw. mhd. *lieht* 'strahlend, hell', hier auch 'mit wenigen Bäumen bestanden', der typische BurgN des hohen MA ist auf die Siedlung übergegangen. **IV.** Lichtenberg, Lkr. Mittelsachsen; Lichtenhain, OT von Kirnitzschtal, Lkr. Sächsische Schweiz-Osterzgebirge,; Lichtenwalde, OT von Niederwiesa, Lkr. Mittelsachsen, alle SN. **V.** HONS I; SNB. *EE, GW*

Liebenburg **I.** Gem. im Lkr. Goslar, 9 009 Ew., Reg.-Bez. Braunschweig (bis Ende 2004), NI. Oberhalb der Siedlung Lewe Erbauung der Burg Liebenburg ab 1292 durch Bischof Siegfried von Hildesheim; nach welfischem Besitz von 1523–1643 wieder hildesheimisch; Sitz des Amtes Liebenburg und regionales Zentrum der Rekatholisierung; 1754–60 Erbauung des heutigen Barockschlosses; 1937 Vereinigung mit dem Dorf Lewe. **II.** Nach 1292 *castrum Levenborch [Or]*, 1302 *hus, dat Levenborch het, dath boven Levede gebuwet is*; *Liebenburgk* (um 1616). **III.** Bildung mit dem Gw. ↗ -*burg*. Unterhalb der Burg liegt die seit 1151 als *Lievethe* und später als *Levede* belegte Siedlung Lewe. Da diese jedoch bis in das 17. Jh. hinein stets Dental zeigt, ist verm. nicht dieser Name als Bw. enthalten, sondern ein beiden gemeinsames App. asä. *hlēo* '(Grab)Hügel', das auf germ. **hlaiw*- zurückgeht. **V.** HHS 2. *KC*

Liebenwerda, Bad **I.** Stadt, Lkr. Elbe-Elster, 10 236 Ew., liegt im Urstromtal am linken Ufer der Schwarzen Elster, die sich hier in mehrere Arme auflöst, BB. Die im 10./11. Jh. angelegte Burg diente zum Schutze des Straßenübergangs über die Elster. Erhalten ist nur noch der Lubwartturm. Liebenwerda fiel zwischen 1353 und 1364 an die Herzöge von Sachsen, 1815 kam es zu Preußen, 1947/52 zum Land Sachsen-Anhalt, 1952 zum Bezirk Cottbus und 1990 zu Brandenburg. Seit 1905 Kurbetrieb im Moorbad, 1924 erhielt die Stadt die offizielle Bezeichnung *Bad*. **II.** 1231 *Livenwerde*, 1550 *Liebenwerda*; *Bad Liebenwerda* (1924). **III.** Der Name bedeutet '(Burg oder Siedlung) auf dem lieben Werder', ein typischer Name der ma. Ostsiedlung, der etwas Schönes ausdrückt, um Siedler anzulocken. Im Bw. ist das mnd. Adjektiv *lēv* 'lieb, teuer' enthalten. Mnd. ↗ -*werder* bezeichnet ein vom Wasser umflossenes Land bzw. ein erhöhtes Gelände in einer Sumpflandschaft, hier in der sächsischen Kanzleiform -*werda*. **IV.** Ähnlich Liebenberg, OT von Löwenberger Land, Liebenwalde, beide Lkr. Oberhavel, BB. **V.** UB Dobr.; DS 22. *SW*

Liebenzell, Bad **I.** Stadt (seit 1926 Kurstadt) und gleichnamige VVG im Lkr. Calw, 11 682 Ew., ca. 7 km n Calw 20 km s Pforzheim im Schwarzwald, Reg.-Bez. Karlsruhe, BW. Im 11. Jh. erstmals genannt, um 1190 im Besitz des Klosters Hirsau, ab 1272 zum Deutschen Orden und ab 1603 zu Württemberg. Heilquellenkulturbetrieb, Stauferburg, Planetenlehrpfad im Kurpark. **II.** Frühes 12. Jh. (Kop. 16. Jh.) *Chele*, um 1130 *Celle [Or]*, um 1190 (Kop. 16. Jh.) *Zell*, 1250 *Liebenzella*, 1284 *Libincelle [Or]*, 1643/56 *Liebenzell, Liebecella*; *Bad Liebenzell* (1926). **III.** Das Gw. ist ahd. *cella* 'Zelle, Kloster', eine Entlehnung aus lat. *cella*. Der Name bezieht sich auf eine geistliche Niederlassung, die vielleicht im 9. Jh. durch Hirsau gegründet wurde. Der urspr. Name wurde Mitte des 13. Jh. durch das Bw. ahd. *liob*, mhd. *liep* 'lieb, geliebt', wohl nach dem Muster der Klosternamen Bleidenstadt (zu mhd. *blīde* 'heiter') und Seligenstadt (sekundär zu mhd. *sēlec* 'gesegnet') erweitert. **V.** FO; LBW 2 und 5. *JR*

Lieberose/Oberspreewald **I.** Amt, Lkr. Dahme-Spreewald, 7921 Ew., n Cottbus, BB. 2003 wurden die Ämter Lieberose und Oberspreewald zusammengelegt, h. gehören zum Amt 8 Gem. Gründung durch die Mgf. von Meißen um 1250, Wasserburg der Herren von Strehla. 1519 von den Brüdern von der Schulenburg erworben, die es bis zum 2. Weltkrieg besaßen. 1815 kam Lieberose an Preußen. Die ehem. Ackerbürgerstadt war von Land- und Forstwirtschaft geprägt, Anf. 20. Jh. hier einer der bedeutendsten Forstbetriebe in der Provinz Brandenburg. Da ab 1943 sich in Lieberose ein KZ-Außenlager befand, wurde die Stadt am Kriegsende zerstört, die Stadtkirche zur Ruine und das Schloss beschädigt. **II.** 1272 *Luberose*, 1300 *Lvberacz*, 1502 *Luberossen*, 1645 *Libeross*; nsorb. 1550 *Lubrase*, 1761 *Luboras*. **III.** Gf. asorb. **L'uboraź* 'Siedlung eines L'uborad', zum VN asorb. **L'uborad*, der im Erstglied asorb. **l'uby* 'lieb' und im Zweitglied asorb. **rad* 'gern, zufrieden' enthält. Der Name wurde an d. *lieb* und *Rose* angeglichen, vgl. ähnlich beim ON *Müllrose*, BB. **IV.** Ähnlich Luberadz, PL. **V.** Riedel A XX; UB Dobr.; UB Neuz.; SO 2. *SW*

Liederbach am Taunus **I.** Gem. im Lkr. Main-Taunus-Kreis, 8611 Ew., Reg.-Bez. Darmstadt, HE. Bestehend aus den Gem. Niederhofheim und Oberliederbach, die sich 1971 unter dem Namen *Liederbach* zusammenschlossen. Das benachbarte Unterliederbach war bereits 1917 nach Höchst am Main eingemeindet worden. Oberliederbach gehörte seit 1492 zur Landgrafschaft Hessen und kam zusammen mit Niederhofheim, das als nassauisches Lehen verschiedenen ritterschaftlichen Familien unterstand, 1803 an Nassau-Usingen. **II.** Oberliederbach: 780–802 (Kop.) *Liderbach*, 838 (Kop.) *Leoderbach*, 1222 *Mittinlidirbach*, 1592 *Ober Liederbach*. Niederhofheim: um 1272 *Niderenhoven*, 1320 *Nyderhoben*. **III.** Der ON *Oberliederbach* ist vom GwN auf die Siedlung übergegangen. Der Name gehört mutmaßlich nicht zu mhd. **lüederin* 'weiblicher Lachs', wie von verschiedenen Seiten vorgeschlagen wurde (z.B. Bach). Wohl eher zu ahd. **liodar* 'Rausch, Geräusch' (Reichardt). Die von den benachbarten Münster (*Münsterliederbach*, OT von Kelkheim) und Unterliederbach differenzierenden Zusätze waren neben *Ober-* zeitweise auch *Mittel-*, da Oberliederbach genau zwischen beiden Orten liegt. Zum ON *Niederhofheim* vgl. ↗ Hofheim am Taunus. **V.** Bach DNK II; Reichardt 1973. *TH*

Liegnitz // Legnica [lɛgˈɲitsa] **I.** Kreisfreie Stadt, 104 489 Ew., Woi. Niederschlesien // Dolny Śląsk, PL. Sitz einer Woiwodschaft 1975–1998. 60 km nw von Breslau, an der Katzbach. Als Marktort bereits 1149 erwähnt. Unweit bei Wahlstatt findet 1241 die Schlacht gegen die Mongolen statt. Danach Neugründung zu d. Recht zwischen 1242 und 1252. Von 1164 bis zum Aussterben der schles. Piasten 1675 Residenz des Fürstentums Liegnitz (im Hztm. Liegnitz-Brieg), dann an Österreich-Habsburg und 1742 an Preußen. Im 18. Jh. Sitz eines Jesuitenkollegs und der schles. Ritterakademie. Kreisfreie Stadt (seit 1874), Sitz des Reg.-Bez. Liegnitz, NS, (1939) 83 681 Ew. Weit gestreute Industrie: bes. bekannt die Süßwarenherstellung, Klavierbau seit 1785; 1959 Errichtung einer Kupferhütte für das Goldberg-Bunzlauer Kupferrevier. **II.** 1149 *Legnice, iuxta Legnicham*, 1193 *Legenice*, 1202 *Legnizc*, 1247 *Ligniz*. Re-Polonisierung des ON: 1845 *Lignica*, 1946 *Legnica*. **III.** ON zu einem Verbstamm *leg-, leż-* 'liegen' (< urslaw. **leg-ti* dasselbe), vgl. poln. *legowisko* 'Lager, Lagerstatt', *rozległy* 'ausgedehnt'. Dazu kommt ↗ *-nitz* aus dem apoln. ON-bildenden Suffix *-nica*. Zu etymologisieren ist der Name in etwa als 'ausgedehnt daliegendes (ebenes) Gelände'. Bis ins 15. Jh. finden sich Varianten des Stammvokals *Leg-* (älter) und *Lig-* (jünger, dial. schles.). Die eingedeutschte Form behält letztlich *-ī-* bei. Hiervon wird im 19. Jh. ein re-polon. ON gebildet. 1946 wird allerdings die Variante auf *Leg-* in Anlehnung an die ma. Schreibungen des poln. ON amtlich. **V.** SNGŚl; Rymut NMP. *ThM*

Lienen **I.** Gem. im Kr. Steinfurt, 8657 Ew., s Osnabrück, sö Lengerich, Reg.-Bez. Münster, NRW. Im MA Kirchdorf in der Gft. Tecklenburg, 1707 preußisch, 1806 Ghztm. Berg, 1811 Kaiserreich Frankreich, 1813 wieder preußisch, 17.–19. Jh. Leinenherstellung, staatlich anerkannter Erholungsort. **II.** 1088 *Lina [Or]*, 1147 *Linen*. **III.** Der ON besteht aus einem Simplex auf der Basis der idg. Wurzel **lei-* 'eingehen, abnehmen, schwinden; mager, schlank', an die appellativisch got. *aflinnan* 'ablassen, fortgehen', ae. *linnan* 'aufhören', asä. *bilinnan* 'aufhören', asä. *lēf* 'schwach' angeschlossen werden können. Es handelt sich urspr. um einen GwN *Lina*, der als Dativ-Plural-Form *Linen* die Siedlung an diesem Gewässer bezeichnet. Namengebend war womöglich ein Staubach, dessen Wasser einen Teich speiste und einen Mühlenbetrieb möglich machte. Dieser Bach heißt seit 2005 offiziell Liene. Mit dem GwN ist demnach ein Wasserlauf bezeichnet worden, der nur spärlich oder nur zeitweise Wasser führte (und zur Nutzung eine Stauung nötig machte). Die Lage des Ortes nahe dem Südhang des Teutoburger Waldes ist als Benennungsmotiv für eine Namendeutung mit Hilfe von asä. *hlena*, ahd. *(h)lina*, *lena*, mnd. *lēne* '(Berg-)Lehne' zu unspezifisch. Auch spricht der Stammvokal *-i-*, den die Belege aufweisen, gegen einen solchen Anschluss. **V.** Osnabrücker Urkundenbuch I, II, III, IV, VI; Wilkens, W.: Lienen. Das Dorf und seine Bauerschaften. Von der Sachsenzeit bis zur Gegenwart. Lienen 2004. *kors*

Lienz [ˈliːɛnts] **I.** Stadt, 11 966 Ew., Pol. Bez. Lienz, TR, A. Westlich vom antiken Aguntum gelegen, gegründet von den Grafen von Görz, Stadt ab ca. 1240. **II.** 1022–39 *predium ... in loco Luenzina dicto, in pago Lienzina*, 1197 *Lůenz*. **III.** Der Name der Stadt, die an einer Krümmung der Drau liegt, w vor der Einmündung der von Norden kommenden Isel, ist auch so zu deuten, zu idg. **lonk-* (zur idg Wurzel **lenk-/lonk-* 'biegen, krümmen') mit Suffix *-īna* über rom. **Loncīna* und slaw. **Ločina* entsteht ahd. **Luonzīna* '(etwa) bogenförmig gekrümmte Gegend', mit Umlaut später *Lüenz(e)*, das dann zur heutigen Form führt. **V.** ANB; HHS Huter. *HDP*

Liestal **I.** Gem. im Bezirk Liestal, Hauptstadt des Kt. Basel-Landschaft, 13 289 Ew., CH. Röm. Gutshof von Munzach nw des Städtchens. In dessen Umgelände auch frühma. Funde. Die ma. Siedlung Munzach wurde wahrscheinlich im Zusammenhang mit der Stadtgründung von Liestal aufgegeben. Die Anfänge Liestals selbst liegen in röm. Zeit. Wohl noch im 1. Jh. n. Chr. entstand auf dem Kirchsporn ein Siedlungsplatz. In spätröm. Zeit kam ein Straßenkastell hinzu. Später wurde unterhalb des Kastells ein sog. Freihof errichtet. Mitte 13. Jh. wurde Liestal von den Froburgern zur befestigten Stadt gemacht, die 1305 an den Bischof von Basel verkauft wurde. 1400 kaufte die Stadt Basel dem Bischof das Städtchen ab. **II.** 1189 *Lihstal [verm. F.]*, 1225/26 *Liestal [Or]*. **III.** Wahrscheinlich ist, dass dem ON aufgrund der feuchten Verhältnisse der Pflanzenname *Liesche* 'Riedgras, grobes, auf nassem Boden wachsendes Gras' zugrunde liegt. Der ON wäre dann urspr. ein FlN in der Bedeutung 'das mit Liesche, Riedgras bewachsene Tal'. **V.** NGBL Liestal 2003; Boesch; LSG. *mr*

Liezen **I.** Stadt, 6 906 Ew., Pol. Bez. Liezen, ST, A. Die röm. Poststation Stiriate am Südfuß des Pyhrnpasses wird als Vorläufer von Liezen angesehen, das 1947 das Stadtrecht erhielt. 1941 wurde eine Eisenhütte errichtet, die dann der VÖEST angeschlossen wurde. **II.** 1090–1101 *Luezen [Or]*, um 1122–1137 *Luzin*; *Lietzen* (1380). **III.** Der Name ist unerklärt, wohl vorslawisch. Eine mehrfach angenommene Verbindung mit slowen. *luža* 'Sumpf, Pfütze, Lache' ist aus lautlichen Gründen nicht möglich. **V.** ANB. *FLvH*

Lilienfeld [ˈliliənˌfœːd̥] **I.** Bezirkshauptstadt, 2 937 Ew., im Voralpengebiet an der Traisen im Mostviertel, 20 km s St. Pölten, NÖ, A. Klostergründung (Zisterzienser) Anf. 13. Jh. an der Mariazeller Wallfahrtsstraße (spätromanisch/frühgotische Basilika und Klosteranlagen, ab 1638 barockisiert) mit bedeutendem Forstbetrieb (waldreichste Gem. Österreichs); 1974 Stadterhebung; (Winter-)Fremdenverkehrsort (der alpine Skilauf wurde hier von Mathias Zdarsky begründet [Zdarsky-Skimuseum]); diverse Verwaltungseinrichtungen und Schulen, Industriebetriebe, Sägewerk. **II.** 1209 *abbatia ... Lienenuelt hactenus dictum, abbas de Lilienuelde [Or]* (1211). **III.** Der Name ist eine Zuss. aus ↗ *-feld* (mit mittelbair.-mda. Vokalisierung des *-l-* und Rundung des Vokals) und mhd. *liele* 'Waldrebe', er bedeutet daher 'mit Waldreben bewachsenes Feld'; früh erfolgte Dissimilation zu *liene* und Umdeutung zu lautähnlichem [ˈliliə-] 'Lilie' (wohl beeinflusst durch die Klosteransiedlung). **V.** HONB/NÖ 4; ÖStB 4/2; Schuster 2. *ES*

Lilienthal **I.** Gem. im Lkr. Osterholz, 18 239 Ew., Reg.-Bez. Lüneburg (bis Ende 2004), NI. Nach mehreren Verlegungen wurde das 1232 gegründete gleichnamige Zisterzienserkloster 1262 an seinem heutigen Standort in unbewohntem Gebiet errichtet; eine Siedlung Lilienthal bildete sich erst nach diesem Zeitpunkt; das Kloster wurde 1650 endgültig säkularisiert; im 18. Jh. war der Ort ein wichtiger Ausgangspunkt für die Kolonisation des Teufelsmoores. **II.** 1234 *Liliendale [Or]*, 1236 *ecclesia Vallis Lilii*, 1287 *Liliendale*. **III.** Bildung mit dem Gw. ↗ *-tal* und dem flektierten App. mnd. *lilie* 'Lilie' als Bw. Namengebend für den Klosternamen war die Lilie als Symbol für die Gottesmutter. **V.** HHS 2; Jarck, H.-R.: Das Zisterzienserkloster Lilienthal. Stade 1969; Ders.: Urkundenbuch des Klosters Lilienthal. Stade 2002. *KC*

Limbach-Oberfrohna I. Große Kreisstadt und gleichnamige VG im Lkr. Zwickau, 28 428 Ew., SN. 1950 gebildet durch Zusammenschluss der Städte Limbach und Oberfrohna, ehemalige d. Bauerndörfer mit Herrensitzen, die durch die Einführung der Textilindustrie im 18. Jh. zu Städten wurden. Limbach erhielt 1883 das Stadtrecht, Oberfrohna 1935. Bis 1989 bedeutender Standort der Textilindustrie. II. Limbach: 1356 *Limpach*, 1590 *Lymbach*. Oberfrohna: Um 1390 *Twerchfrone*, 1431 *dy Twerichfrone*, 1459 *Qwerchfrone*, 1501 *Obir Frone*. III. Limbach: Enthält im Bw. mhd. *linde*, *linte*, im Gw. ↗-*bach*, demnach 'Lindenbach'. Oberfrohna: *Frohna* enthält mhd. *vrōne* 'Herrendienst, Herrengericht' für den Ort, der Frondienst zu leisten hatte. Der ON bezeichnete das zum älteren Niederfrohna quer liegende, höher gelegene (Ober-) Frohna, vorher *Quer-*, mhd. *twerh*, dann *quer*, da sich die Anlautgruppe von *tw-* zu *kw-*, geschrieben *qu-*, wandelte. V. HONS I; SNB. *EE, GW*

Limburg a. d. Lahn I. Kreisstadt des Lkr. Limburg-Weilburg, 33 504 Ew., zwischen Diez und Runkel an der Lahn, im fruchtbaren Limburger Becken am Schnittpunkt bedeutender alter Straßen, Reg.-Bez. Gießen, HE. Stadt 1214, kath. Bischofssitz, Deutsches Centrum für Chormusik (mit Archiv). Siebentürmiger Limburger Dom, ehem. Stiftskirche St. Georg (auf Vorgängerbauten nach 1211 begonnen, 1235 geweiht). Diözesanmuseum, Domschatz, Domvikarie, Lahnbrücke (vor 1341 vollendet), spätgot. Fachwerkrathaus, mehrere Adelshöfe, Fachwerkhäuser. Bedeutender Handels- und Gewerbeplatz, vielseitige Industrie, u. a. Metallverarbeitung, Elektronik- und Elektroproduktion, pharmazeutische, Verpackungs-, Nahrungs-, Genussmittelindustrie, Glashütte. II. 910 *Lintburk [Or]*, 940 *Lintburc*, 1033 *Lintburg*, 1036 *Lymperg*, 1059 *in loco Linpurc*, 1124 *in Limpurg*, 1129 *Limburc*, 1151 (Kop. 12. Jh.) *de Lempurch*, um 1220 *Lenburch*, 1279 (Kop.) *Lymppurg*; *Limburg* (1292). III. Zusammensetzung mit dem Gw. ↗-*burg* 'Burg, Stadt'. Ein Urkundenbeleg zeigt die Variante mit ↗-*berg* (1036 *Lymperg*). Das Bw. ist seit dem 10. Jh. als *Lint-* überliefert. Bisher wurde ein Ansatz *Lintaraburg* erwogen. Der ON enthalte also den Namen des *Linterbaches*, wobei der urspr. Bestandteil des Namens, der im Bw. an zweiter Stelle stehe, unterdrückt worden sei (vgl. Bach DNK II, 1). Der Name des Baches sei zu ahd. *lint* 'Schlange' oder ahd. *linta* 'Linde' zu stellen. Ob sich der Name der Stadt tatsächlich aus dem Bachnamen *Linterbach* herleitet, ist fraglich. Der *Linterbach* ist auf dem Messtischblatt unbezeichnet, urk. taucht er erst Anfang des 17. Jh. auf. In einer zuverlässigen Quelle erscheint das Gewässer als *Biberbach* (HG, A 4). Die Deutung über einen GwN ist auch aus einem weiteren Grund fraglich, denn die Orte gleichen Namens in RP und B müssten dann auch an einem *Linterbach* liegen. Legt man für die Beurteilung des Bw. ein Namenelement *Lin-* zugrunde, bei dem das -*t-* „unorganisch" angetreten ist [-*t-* vielleicht auch durch Einfluss des Part. Präs.], erhält man möglicherweise eine schlüssige Deutung. Mit diesem Ansatz über eine Ausgangsform *Lin-t-burg* kann ein Anschluss an ein ahd. Verb *hlinon*, (*h*)*linēn* gewonnen werden, das auf die Vollstufe idg. *k̑lei-*, germ. *hlī-* 'neigen, lehnen' mit *n-*Formans zurückgeht. Die Deutung passt zur Lage, denn die über dem linken Ufer der Lahn steil aufragenden Kalkfelsen, auf welchen die Merowinger im 7. Jh. eine Burganlage zur Sicherung der Lahnfurt errichteten, bilden den Ursprung der Stadt; bei der Ortsform handelt es sich um eine Bergsiedlung. Die Veränderung von *Lintburk* > *Limburg* erklärt sich durch Assimilation und Schwund des -*t-* zur Reduzierung von dreifacher Konsonanz. Der Stammvokal -*i-* zeigt die graphische Variante -*y-*; im 12./13. Jh. erscheint der Vokal -*i-* vor Nasal auch zu -*e-* gesenkt. Im Anlaut des Gw. wechselt -*b-* mit einer verschobenen Form -*p-*; auslautend zeigen die Namenformen -*g* oder die Varianten mit Auslautverhärtung -*k*/-*c*/-*ch*. Zusammenfassend wird für den ON *Limburg* eine Deutung als 'Burg, Stadt an der Neigung/Berglehne' erwogen. IV. Limburg, Kloster im Lkr. Bad Dürkheim, RP (1032 *Lintburg*); Limburg, B (11. Jh. *Lemburch*, *Lintburch*); Linse, Lkr. Holzminden, (8./9. Jh. *Linesi*); † Lynbeke, Lkr. Northeim, (1410 *Lynbeke*); Liene bei Lienen, Lkr. Wesermarsch, (13. Jh. *Lyne*), alle NI; † Limbeck bei Querfurt (1191 *Linbeki*), ST. V. LAGIS; NOB V; NOB VI; MGH DK II. *DA*

Limburgerhof I. Gem. im Rhein-Pfalz-Kreis, 10 864 Ew., auf halbem Weg zwischen Ludwigshafen und Speyer, Vorderpfalz, RP. Die Gemarkung gehörte seit Mitte 11. Jh. zum Kloster Limburg bei Bad Dürkheim, doch der Grundstein für die Siedlung wurde erst um 1500 mit der Einrichtung eines Wirtschaftshofes gelegt. Im 19. Jh. Bau eines Bahnhofs und einer Zuckerfabriks, nach 1900 von Arbeitersiedlungen sowie einer landwirtschaftl. Versuchsstation, das h. überreg. bekannte BASF-Agrarzentrum. 1930 Zusammenschluss der vier OT Limburgerhof, Kohlhof, Rehhütte und Friedensau. II. *Limburgerhof* (1824). III. Das Gw. ↗-*hof(en)* verweist auf einen Hof bzw. ein Vorwerk, in diesem Fall des Klosters Limburg. Der Name dieses Klosters (1032 *Lintburg*, 1166 *fratribus in Lindburg*, 1194–98 *abbacia in Limpurg*) wurde bisher als Verbindung von ↗-*burg* und ahd. *lint* 'Schlange, Drachen' gedeutet. Ascher bietet eine andere, auch für Limburgerhof wahrscheinlichere Möglichkeit mit der Etymologie des ON von ↗Limburg a. d. Lahn, Lkr. Limburg-Weilburg, HE: Anschluss an ahd. *hlinon*, (*h*)*linēn* 'neigen, lehnen' und

Deutung als 'Burg, Stadt an der Neigung/Berglehne'. Das würde auch für das Kloster Limburg im Stadtgebiet des h. Bad Dürkheim passen, das auf einem hohen Ufer rechts der Isenach gebaut wurde, die hier ihr enges Tal in der Haardt in Richtung Oberrheinische Tiefebene verlässt. **V.** Kolb, G.F.: Alphabetisches Verzeichnis der Gemeinden des Rheinkreises. Speyer 1824; MGH DK II; HSP. *JMB*

Lindau (Bodensee) **I.** Große Kreisstadt im Lkr. Lindau, 24 673 Ew., Reg.-Bez. Schwaben, BY. Ausgangspunkt: Inselkloster, später Damenstift; 1079 Markt, 1274/75 Reichsstadt, als bedeutende Handelsstadt Mitglied der spätma. Städtebünde. Gegensatz zum Stift nach Reformation der Stadt verschärft, 1802 mediatisiert, 1805 bairisch, 1922: Insel, Aeschach, Hoyren und Reutin zur Stadt Lindau am Bodensee vereinigt. **II.** 813–817 *Lintowa*, 882 *ad Lintouam* [*Or*], 948 *Lindaugia* (so fortan bis ins 15. Jh. häufig), 1172 *de Lindouwe*; *Lindau* (1399). **III.** Gw.: ahd. *ouwa* 'Land am/im Wasser, Insel', ↗ *-au*, Bw.: das *lint 'Lindengehölz' zu ahd. *linta* 'Linde' oder direkt davon mit *-a*, a-Assimilation. Gesamtdeutung: 'lindenbestandene Insel'. **IV.** Lindau, Kr. Rendsburg-Eckernförde, SH; Katlenburg-Lindau, Lkr. Northeim, NI. **V.** Löffler: HONB Lindau; Reitzenstein 1991; Bachmann, K.: Chronologische Geschichte Lindaus. Neujahrsblatt des Museumsvereins Lindau Nr. 45. Lindau 2005. *TS*

Linden **I.** Stadt im Lkr. Gießen, 12 175 Ew., am Rand des Gießener Beckens, Reg.-Bez. Gießen, HE. Zusammenschluss der Stadt Großen-Linden und der Gem. Leihgestern zur neugegründeten Stadt Linden (1. 1. 1977); in Großen-Linden wurde die erste Synode des lutherischen Bekenntnisses gehalten (5. Oktober 1547); Hüttenberger Heimatmuseum; Klein- und mittelständisches Gewerbe. **II.** 790 (Kop. 1183–95) *in pago Logenehe in uilla Linden*, 792 (Kop. 1183–95) *in Linden, in Linder marca*, 1065 *ad Lindun in pago Lognáhi*, 1272 *Grocenlynden*, 1288 *in maiori Linden*, 1316 *in maiori Lindes*, 1335 *zu Grozzin Lyndin*; *Linden* (790, Kop. 1183–95). **III.** Simplex im Dat. Pl. mit lok. Funktion auf *-en* zu ahd. *linta*, mhd. *linde* st./sw. Fem. 'Linde'. Die Überlieferung *Lindun* (a. 1065) enthält offenbar eine alte Dat. Pl. Form; außerdem erscheint der Name mit st. Flexion auf *-es* (1316 *Lindes*) und einer Variante der sw. Flexion auf *-in* (1335 *zu Grozzin Lyndin*). Der namenunterscheidende Zusatz *Großen-* taucht urk. zuerst 1272 auf. Der ON ist als 'Ort bei den Linden' zu deuten. **IV.** † Langen-Linden; † Lützellinden, beide Lkr. Gießen, HE. **V.** Reichardt 1973; NOB I; NOB III. *DA*

Lindenberg im Allgäu **I.** Stadt und Mittelzentrum im Lkr. Lindau, 11 215 Ew., Lage in 800 m Höhe, Westallgäu, Reg.-Bez. Schwaben, BY. Ehem. im Einflussbereich von Kloster St. Gallen, CH, 1806 von Österreich an BY. Im 19. Jh. bedeutende Strohhutfabrikation, h. Schwerpunkt: Liebherr-Aerospace. **II.** 857 *Lintiberc* [*Or*], 1275 *Lindiberg*; *Lindenberg* (1569). **III.** Gw. ↗ *-berg*, Bw.: ahd. *lindīn* 'mit Linden bestanden'. **V.** Löffler: HONB Lindau; Reitzenstein 1991; Hartung, W.: Lindenberg im Allgäu. Herrschaftliche, gesellschaftliche und wirtschaftliche Strukturen von den Anfängen bis in das 20. Jahrhundert. München 1971. *TS*

Lindhorst **I.** Samtgem. im Lkr. Schaumburg, 8177 Ew., nö von Stadthagen, Reg.-Bez. Hannover (bis Ende 2004), NI. Rodungsort im Dülwald, Grundherrschaft der Grafen von Holstein-Schaumburg, 1243 Gütertausch mit Kloster Rinteln, 1974 Zusammenschluss der Gem. Lindhorst, Beckedorf, Heuerßen und Lüdersfeld. **II.** 1243 *Linthorst* (Kop.). **III.** Bildung mit dem Gw. ↗ *-horst* und dem Bw. asä. *linda*, mnd. *linde* 'Linde' in unflektierter Form. **IV.** Lindhorst in den Lkr. Harburg, NI; Börde, ST; Uckermark, BB. **V.** Laur, Schaumburg; GOV Schaumburg. *FM*

Lindlar **I.** Gem. im Oberbergischen Kreis, 22 328 Ew., 30 km ö Köln an der Lennefe, Reg.-Bez. Köln, NRW. Besiedlung erst im frühen MA, ab 1109 Kirche bezeugt, wohl älter, mit Fronhof dem Severinstift in Köln gehörig, Gerichtsbarkeit der Grafen von Berg, seit dem 13. Jh. gehörte Lindlar zum bergischen Amt Steinbach, 1816 preuß. Bürgermeisterei, 1975 mit Hohkeppel (998 *Kaldenkapellen*) zur Gem. Lindlar zusammengeschlossen; seit 1998 Bergisches Freilichtmuseum. **II.** 1109 *Lintlo* [*Or*], 1170 *Lintlo*, ab 1334 *Lindlar*. **III.** Das Bw. *Lind-* kann zu nhd. 'Linde', ahd. *linta*, germ. **lenþjō(n)* Fem. gehören, aber nach Dittmaier auch aus dem GwN der Lennefe aus *Linnepe zu *Linnep-lo*, *Lint-lo* assimiliert sein. Noch schwieriger ist das Gw. *-loh* zu beurteilen, das im Rheinischen in drei Genera erscheint: als ↗ *Loh*, *Löh* M./Ntr. bedeutet es 'Wald, Hain', zu ahd. *lōh*, germ. **lauha-* M., als *Loh* Fem. bedeutet es 'sumpfige Niederung', das zu mhd. *lā* oder *lache* 'Pfütze' gehört. Die Angleichung des Gw. an ↗ *-lar* ist erst später erfolgt und hat sich durchgesetzt. *-lar* ist im mittel- und niederdeutschen Raum in zahlreichen ON und FlN verbreitet. **IV.** Liblar zu ↗ Erftstadt, Rhein-Erft-Kreis, NRW; ↗ Goslar, NI. **V.** Dittmaier 1956; Kluge; HHS 3. *Ho*

Lingen (Ems) **I.** Große selbstständige Stadt im Lkr. Emsland, 51 625 Ew., NI. Nachweisbarer Haupthof der Grafen von Tecklenburg mit Burg bereits vor 1150; Ursprung des Ortes ist ein Oberhof (h.: Altenlingen) wohl im Besitz der Adelsfamilie von Lingen; 1227 erstmals urk. bezeugt; Stadtrecht seit 1306 nachgewiesen; Handelsbeziehungen nach Holland, Ostfriesland und Bremen, Marktort für das gesamte hannoversche Emsland; von 1697 bis 1819 Universität mit 4 Fakultäten; Standort der Erdölindustrie und mehrerer Kraftwerke (Kernenergie und Erdgas). **II.** 975 *Liinga*, 1177 *Conradus de Linge*. **III.** Der ON wird zum App. **lingia* 'Kanal, Landzunge' gestellt, vgl. nl. mda. *linge* 'Kanal'; ob der Name auf die Ems oder einen ihrer Seitenarme bezogen ist, ist unklar. Die heutige Pluralendung mag auf eine Ansiedlung mit mehreren Wohnplätzen verweisen. **V.** HHS 2; Casemir/Ohainski; Berger; Nds. Städtebuch. *MM*

Lingenfeld **I.** Gem. und gleichnamige VG (seit 1972) im Lkr. Germersheim, 16060 Ew., zwischen Speyer und Germersheim, nahe der Grenze zu BW, Südpfalz, RP. Sechs Gem. am Altrhein sowie in Nähe des Rheins und an der Deutschen Weinstraße. Der Name der Gem. Weingarten zeugt von frühem Weinbau. Lingenfeld selbst war im MA im Besitz des Hochstifts Speyer, der Leininger, Pfalz-Zweibrückens und von Klöstern, Anfang 18. Jh. der Kurpfalz. Der OT Lustadt ist seit 1925 durch das „Loschter Handkeesfest" bekannt. **II.** 1043 *Lengenveld*, 1161 *Lengenuelt*, 1372 *Eckerich von Lyngenfelt*; *Lingenfeld* (1824). **III.** Das Bw. kommt von ahd. *lang* 'langgestreckt', die Umlautung erfolgte aufgrund der Flexionsendung (*Langinfeld > *Lengenfeld*). Das betonte -*e*- wurde vor -*ng*- zu -*i*-. Das Gw. ist ↗ -*feld*. Der Name ist auf eine langgezogene Gemarkungsfläche den Rhein entlang zurückzuführen und bedeutet somit 'Siedlung auf einem länglichen Feld oder einer länglichen Wiese (am Rhein)'. **V.** Acta Academiae Theodoro-Palatinae III. Mannheim 1775; HSP. *JMB*

Linkenheim-Hochstetten **I.** Gem. im Lkr. Karlsruhe, 11883 Ew., ca. 13 km n Karlsruhe, in der Rheinaue und der Rheinniederterrasse gelegen, Reg.-Bez. Karlsruhe, BW. Linkenheim existiert wohl schon seit dem 6. Jh., im 8. Jh. gab es Schenkungen an das Kloster Lorsch, im 13. Jh. von den Staufern an die Markgrafen von Baden. Hochstetten wird zuerst 1103 in einer Schenkung an das Kloster Hördt genannt, 1220 an die Markgrafen von Baden. Linkenheim-Hochstetten ist 1975 im Zuge der Gemeindereform durch Zusammenschluss der beiden namengebenden Orte entstanden. **II.** Linkenheim: 769/78 (Kop. 12. Jh.) *Linchenheim*, 792 (Kop. 12. Jh.) *Linkenheim*, 1362 *Lingenheim [Or]*, 1484 *Linkenhein*. Hochstetten: 1103 *Hoanstat*, 1213 *Hohenstat*; *Hochstetten* (1248); *Linkenheim-Hochstetten* (1975). **III.** Linkenheim ist eine Zuss. mit dem Gw. ↗ -*heim*. Dem Bw. liegt ursprünglich wohl der PN *Linco* zu Grunde: 'Wohnstätte des Linco'. Der PN gehört zu ahd. *lenka* 'linke Hand'; er ist wegen Nebenbedeutungen des Appellativs wie 'unwissend, linkisch' vielleicht schon im Frühmittelalter als Beiname aufzufassen. Hoch-*stetten* ist eine Zuss. aus dem Adjektiv ahd. *ho, hoh* 'hoch' und ahd. *stad* 'Ufer, Gestade'. Da ahd. *stad* früh mit ahd. ↗ -*stat* 'Stelle, Ort, Wohnstätte' zusammengefallen ist, kann auch *stat* als Gw. nicht ausgeschlossen werden. Die Lage am Hochgestade des Rheins spricht aber für *stad*. Dann ist von einer dativischen Bildung „ze deme hohen stade" auszugehen. **V.** Diemer, M.: Die Ortsnamen der Kreise Karlsruhe und Bruchsal. Stuttgart 1967; Kleiber 2000; LBW 2 und 5. *JR*

Linnich **I.** Kreisangehörige Stadt im Kr. Düren, 13667 Ew., nw von Jülich an der Rur, Reg.-Bez. Köln, NRW. Erstmals 888 als Königsgut erwähnt. 1392 Stadtrecht. Ort der so genannten Hubertusschlacht 1444 zwischen den Herzogtümern Geldern und Jülich. Älteste Glasmalerei Deutschlands. Deutsches Glasmalerei-Museum. **II.** 888 *Linnika [Kop. 12. Jh.]*, 1215 *Lenneke*, 1307 *Linghe*; *Linnich* (1533). **III.** Grundlage des ON dürfte erschlossenes **Lin(n)iacum* mit der Bedeutung 'Wohn- und Einflussbereich eines Lin(n)ius' sein. ON mit dem Suffix ↗ -(*i*)*acum*, das sich zu -*ich* entwickelte, sind auf linksrheinischem Gebiet weit verbreitet und hier alt belegt oder sicher zu erschließen; (vgl. *Jülich* < *Juliacum*, *Zülpich* < *Tolbiacum*). Das gallorom. Suffix ↗ -(*i*)*acum* zeigt Besitzverhältnisse an und findet sich vornehmlich bei PN, die oft von regionaler Ausprägung waren. Für *Linnich* < **Lin(n)iacum* dürfte der erschließbare PN **Lin(n)ius*, **Laen(n)ius*, eine Variante des belegten römischen PN *Linus*, anzusetzen sein. Bei der Fortentwicklung von *Linnika* zu *Linnich* erscheinen die ON-Formen teilweise mit unterdrücktem Mittelsilbenvokal (*Linghe*). **IV.** ↗ Merzenich, ↗ Nörvenich, alle Kr. Düren, NRW. **V.** Mürkens; Kaufmann 1973. *Br*

Linsengericht **I.** Gem. im Main-Kinzig-Kreis, 9872 Ew., s von Gelnhausen und der Kinzig im nw Spessartvorland, Reg.-Bez. Darmstadt, HE. Entstanden durch Zusammenschluss der Gem. Altenhaßlau, Eidengesäß, Geislitz und Großenhausen (1970) und Lützelhausen (1971) im Zuge der Gebietsreform. Die 5 Orte bildeten seit dem Hochmittelalter ein 1240 zuerst bezeugtes reichslehnbares Gericht, das nach *Hasela* (Altenhaßlau) benannt und im Altenhaßlauer Weistum (14. Jh.) als *des heiligen riichs fryhe gerichte* bezeichnet wurde. Seine mindestens bis auf die Staufer zurückgehende Selbständigkeit wurde seit dem 14. Jh. durch die Herren von Trimberg, dann die von Hanau, zunehmend eingeschränkt; es fiel 1736 mit der Gft.↗ Hanau an Hessen-Kassel, 1866 an Preußen, 1945 an Hessen. **III.** Das Gem.-Gebiet hieß spätestens seit dem 19. Jh. *Das Linsengericht* (so bei Heßler). Das Gw. bezieht sich wie bei ↗ Freigericht auf den ehem. Gerichtsbezirk (s.o.), das Bw. zielt auf den einst wohl großflächigen Linsenanbau, der durch FlN wie *Lin-*

senacker, Linsenrain belegt ist (s. Südhess. Wb.); eine jüngste Deutung des Bw (auch in den FlN) als urspr. kelt. ist ahistorisch. Vielleicht war der Name auch abschätzig-spöttisch gemeint, mit Blick auf den angeblich kargen Boden, der nur Linsenanbau erlaubte (Hess.-Nass. Wb.). Daß er besage, das ehem. Gericht sei um keiner Linse Wert vom Recht abgewichen, ist „nachträgliche Ausdeutung" (Frank 1977). Die appellativische Bed. des ON 'Linsenmahl' schränkt seine Identifizierungsfunktion ein; bei der Wahl des ON könnte sie genutzt worden sein, um im Sinne von 1. Mos 25, 34 eine versteckte Kritik an der Gebietsreform anzubringen (Reichardt). **IV.** ↗ Freigericht, Main-Kinzig-Kreis, HE. **V.** Reimer 1891; Heßler; Hess.-Nass. Wb.; Südhess. Wb.; Frank 1977; Reichardt 1998. *HGS*

Linz [lints]. **I.** Statutar- und Hauptstadt von OÖ, 9 Stadtteile und 36 Bezirke, 189122 Ew., am r. Ufer der Donau gegen Kürnberger Wald im W. und Mühlviertler Granit-Hochland im N, A. Um 400 v. Chr. kelt. Oppidum auf dem Freinberg, 1. Hälfte des 1. Jh. n. Chr. röm. Kastell, seit Anf. 7. Jh. in bair. Stammesgebiet einbezogen. Ortsentwicklung im 8. Jh., Marktfunktion und Handel donauabwärts in slaw. Gebiete im 9./10. Jh. in Abhängigkeit von Passau. Um 1210 Erwerbung durch Babenberger Hz. Leopold VI. und städtische Anlage, 1236 *civitas* genannt, doch nie eine Stadtrechtverleihung. Von Kaiser Friedrich III. gegenüber Wien bevorzugt und von 1489 bis zu seinem Tod 1493 Hauptstadt des Reiches, seit 1490 Hauptstadt des „Landes ob der Enns". Nach Protestantismus im 16. Jh. wegen Einführung der Gegenreformation ab 1600 mit Klostergründungen 1626 in oö. Bauernkrieg gezogen. 1938 von Adolf Hitler, der hier die Schule besucht hatte, Errichtung des Stahl- und Rüstungsbetriebes „Reichswerke Hermann Göring", woraus sich nach 1945 die Stahlwerke der VÖEST und die Chemie Linz entwickelten. 1966/75 Universität. **II.** 5. Jh. *Lentiae* (Not. dig.); 799 *in loco Linze*, 821 *ad Linza*, 1147 *de Linze*. **III.** Kelt. **Lentiā* von idg. **lento-* 'biegsam' mit Bezug auf die Lage an einer Biegung der Donau als lat. lok. Ablativ. Frühe germ. Integrierung als **Lintia* im röm. Limesbereich und mit Zweiter Lautverschiebung > ahd. *Linza*. **IV.** Linz am Rhein, RP. **V.** ANB 1; Brandenstein, W.: Der Ortsname Linz (Hist. Jahrbuch der Stadt Linz 1960); ÖStB 1; HHS Lechner; Wiesinger (1990). *PW*

Linz am Rhein **I.** Stadt und gleichnamige VG (seit 1970) im Lkr. Neuwied, 18570 Ew., am rechten Ufer des Rheins, zwischen Bonn und Koblenz, RP. 874 Ersterwähnung, 1320 Stadtrecht, 1365 Errichtung der Burg, 1632/33 schwed. besetzt, ab 1796 franz., 1815 zu Preußen, 1888 Gründung der Basalt-AG. H. vorrangig Tourismus. **II.** 967 *Linsse*, 1165–72 *Linsa*, 1172 *Linza*, 1217, 1243, 1302 *Linse*, um 1307–54 *Lyntts*. **III.** Grundform kelt. **Lentiā* '(Ort) an der (Rhein-)Krümmung', abgeleitet von gall. **lento-* 'gebogen, gekrümmt'. **IV.** ↗ Linz (A). **V.** Kaufmann 1973. *AG*

Lippetal **I.** Gem. im Kr. Soest, 12 424 Ew., zwischen Lippstadt und Hamm, Reg.-Bez. Arnsberg, NRW. 1969 im Rahmen der kommunalen Neugliederung aus 11 Gemeinden der früheren Kreise Soest und Beckum beiderseits der Lippe gebildet. **III.** Nach der Lage in der Flussniederung der Lippe gewählter Name für das Gemeindegebiet. **IV.** ↗ Lippstadt, Kr. Soest, NRW. **V.** HHS 3; WOB I (passim). *Flö*

Lippspringe, Bad **I.** Stadt im Kr. Paderborn, 15126 Ew., Stadt s vom Teutoburger Wald, an der Quelle der Lippe (r. Nfl. zum Rhein), Reg.-Bez. Detmold, NRW. Sächs. Siedlung der Karolingerzeit. Seit Entdeckung der ersten Heilquelle (*Arminiusquelle*) in der Nähe der Lippequelle 1832 Kurbetrieb (1913 Bad). 1921 Rückerhalt der im 19. Jh. verlorenen Stadtrechte. Seit den 1950er Jahren führendes d. Allergiezentrum, seit 1980 anerkannt als 'Heilklimatischer Kurort'. **II.** 780 *Lippiagyspringae in Saxonia*, zu 782 (Kop.) *ad Lippuibrunnen, ad fontem Lippae*, 1240 *de Lipesringe*, 1249 *de Lippespringe*, 1311 *de Lyppespringe*; *Lippspringe* (1411). **III.** Urspr. Bildung mit dem Gw. **gispring* 'Quelle, Quellgebiet' (vgl. asä. ahd. *gispring* 'Quelle, Brunnen'; asä. *ahospring* 'Wasserquelle'; ae. *spring, spryng* 'Quelle'), einem Kollektivum (mit *gi*-Präfix), das von der Basis *-spring-* abgeleitet ist und in den älteren Formen im lok. Dat. Sg. (*-springe*) überliefert wird. Im Bw. erscheint der GwN der Lippe (vgl. Λουππία, Λουπίας, *Lupia*, *Lipp(i)a*, mnd. *Lipp(i)e, Lip(p)* etc.), in der Form des Gen. Sg., so dass der ON als Zusammenrückung (uneigentliche Komposition) zu verstehen ist. Der vorgerm. GwN müsste wegen erhaltenem idg. *-p-* nach der 1. Lautverschiebung übernommen worden sein, wenn nicht mit einem frühen stammauslautenden Labialwechsel vorgerm. **-p > *-b* zu germ. **-p* (durch 1. Lautverschiebung) gerechnet werden kann. Die germ.-d. Form mit geminiertem *Lippia* aus vorgängigem *Lupia* könnte Kürzung eines urspr. Langvokals in *Lupia* anzeigen. Aber auch ein Nebeneinander zweier Stammformen *Lip-* neben *Lup-* ist nicht auszuschließen, wie Zeugnisse alteurop. Hydronymie zeigen. Eine früher vorgeschlagene Verbindung mit lat. *lupus* 'Wolf' als (kelt.) *Lupia* 'Wölfin, die Reißende (bezüglich Wildheit des Wassers)' ist abzulehnen. Ein etym. Anschluss des GwN steht noch aus. **V.** Schneider; Schmidt; Schmidt, Rechtsrhein. Zfl.; Udolph 1994; HHS 3. *BM*

Lippstadt **I.** Stadt im Kr. Soest, 66924 Ew., ö von Soest an der oberen Lippe, Reg.-Bez. Arnsberg,

NRW. Entstanden bei einem Marktort am Übergang einer alten Süd-Nord-Verkehrsverbindung über die Lippe und einer Burg der Edelherren von der Lippe, seit etwa 1185 durch Graf Bernhard II. zur Stadt ausgebaut. Teilnahme am Hansehandel. 1817–1975 Kreisstadt. **II.** 1188 *Lyppia* [*Or*], 1231 *in Lippa*, 1589 *stadt Lippe*; *Lipstatt* (vor 1623). **III.** Grundlage des ON ist der GwN *Lippe* (in der Antike als *Lupia*, seit dem 8. Jh. *Lippia*, *Lippa*), mit dem er lange Zeit übereinstimmt. Daneben seit dem 13. Jh. häufig Umschreibungen wie *oppidum Lippense* 'Lippische Stadt'. Seit dem 14. Jh. belegte volkssprachige Fügungen wie *die Stat zu der Lippe* werden seit dem 16. Jh. zu *Stadt Lippe* zusammengezogen und -*stadt* durch Umstellung zum Gw. Der nicht vollständig geklärte GwN ist gegen ältere Annahmen eines unverschobenen -*p*- möglicherweise zu einer semantisch schlecht fassbaren Wurzel idg. *leu-p- (wohl zu idg. *leu- 'Schmutz, beschmutzen') zu stellen, wobei Labialwechsel im Stammauslaut zu germ. *lub-/*lup- geführt hätte (Udolph). Denkbar ist eine Motivierung des GwN durch die der Farbe oder dem mitgeführten Schlamm. **IV.** Lippborg, OT von Lippetal, Kr. Soest; ↗Bad Lippspringe, Kr. Paderborn, beide NRW. **V.** HHS 3; WOB I. *Flö*

Lissa/Wartheland // Leszno [ˈlɛʃnɔ] **I.** Stadt mit den Rechten eines Kreises in der Woi. Wielkopolskie (Großpolen), Kreissitz, 64 142 Ew., PL. Die erste hist. Erwähnung stammt aus dem Jahr 1393. Zu Beginn des 16. Jh. wurde die Stadt zu einem wichtigen Zentrum der Reformation. 1547 Stadtrecht. Im 17. Jh. war sie das größte Druckzentrum in Großpolen. Hier lebten vier Konfessionen zusammen: tschechische Brüder, Lutheraner, Katholiken und Juden. In der Stadt entwickelte sich die Tuchindustrie. 1793 durch die 2. Poln. Teilung unter dem Namen *Lissa* an Preußen. Seit 1815 zum Kr. Frauenstadt (Provinz und Reg.-Bez. Posen). 1920 an PL zurück, erst seitdem bildeten die Polen die Mehrheit. Nach dem 2. Weltkrieg und 1975–1998 war Leszno die Hauptstadt einer Woi. **II.** 1393 *Lesczno*, 1408 *Lessna*, 1425 *Lesczyno*, 1490 *Leszno*, 1506 *Lisse*, *Lysse*, 1510 *Leschno*, 1622–24 *Leszno*, 1884 *Leszno*, d. *Lissa*, 1921 *Leszno*, d. *Lissa*, 1981 *Leszno*. **III.** Vom apoln. App. *laska* (h. *leszczyna*) 'Haselstrauch' oder von der Adjektivform *leszczny*, *leszny* 'Haselstrauch-', mit dem Suffix -*no*. Die Form *Leszczno* behielt die Gruppe -*szcz*- bei, die sonst vereinfacht wurde. Die Form *Leszczyno* stand unter dem Einfluss von ON mit dem Suffix -*ino*. Im 19. Jh. wurde eine amtliche verdeutschte Ben. *Lissa* eingeführt. **IV.** Leszno, u.a. Woi. Łódzkie (Łódź), Woi. Mazowieckie (Masowien), alle PL. **V.** Rymut NMP VI; SHGPn II; RymNmiast. *BC*

Litoměřice ↗**Leitmeritz**

Littau [ˈlɪtːɔu], [ˈlɪtːau] **I.** Dorf und Gem. im Amt Luzern, Vorortsgem. von Luzern mit den zwei Ortsteilen Littau und Reussbühl, 16 915 Ew., der alte Siedlungskern mit der Kirche liegt auf einer Geländeterrasse am rechten Ufer der Kleinen Emme, Kt. Luzern, CH. Dinghof des Klosters Luzern, 1291 an Habsburg, 1481 an die Stadt Luzern und Vereinigung mit Malters zu einer Landvogtei. Vom 12. Jh. bis 15. Jh. ist das Rittergeschlecht der Herren von Littau bezeugt. Ab Mitte des 19. Jh. Korrektion der Kleinen Emme, bereits im 19. Jh. wichtiger Industrieort. 2010 Fusion mit der Stadt Luzern. **II.** 1178 *de Litowo* [*Or*], 1182/83 *de Lithowe*, 1199 *de Littowa*, um 1318 *von Littŏ*, um 1330 *Litow*, 1628 *Littauw*, 1786 *Littau*. **III.** Der SiN *Littau* ist eine Zuss. mit dem Gw. ↗-*au(e)* < mhd. *ouwe* < ahd. *ouwa* 'Land am Wasser'. Das Bw. *Litt*- < *Lit*- entspricht mhd. *līte*, ahd. *līta* fem. 'Abhang, Halde, Tal'. Der Name bezeichnet urspr. das am Rand des Flusstals der Kleinen Emme, über einer Halde gelegene Land. **IV.** Hof- und Flurnamen *Liten*, *Litten* sowie Zuss. mit dem Bw. *Litten*- wie *Littenacher*, *Littenwand*, *Littenweid* vorwiegend in der Nordostschweiz. **V.** Hörsch, W.: Littau. In: HLS 7, 2008; LSG. *EW*

Litvínov ↗**Ober-Leutensdorf**

-litz. ↗**-itz.**

Löbau // Lubij (osorb.) **I.** Große Kreisstadt und gleichnamige VG im Lkr. Görlitz, 22 102 Ew., in der sächsischen Oberlausitz, am Ostrand des Lausitzer Berglandes, am Löbauer Wasser und Löbauer Berg, SN. Deutsches Bauerndorf an der Straße Bautzen-Zittau-Liberec, um 1200 Stadtgründung durch den böhm. König, im 17. Jh. Blütezeit der Leineweberei und des Fernhandels, im 19. Jh. Standort der Textilindustrie. **II.** 1221 *Lubaw*, 1338 *de Lubavia*, 1306 *Lobaw*, 1458 *Löbe*. Die osorb. Namenform ist seit 1700 bekannt: *Lobije*, *Libije*, 1767 *Luby*. **III.** Am ehesten asorb. **L'ubov*- zum PN **L'ub* bzw. **L'uba* zum Stamm **l'ub*- 'lieb'; in slaw. PN sehr produktiv. Die osorb. Namenform könnte auch auf den PN **L'ubĕj* weisen. **V.** HONS I; SNB. *EE*, *GW*

Łobez ↗**Labes**

Löcknitz-Penkun I. Amt im Lkr. Uecker-Randow, 11 190 Ew., mit der Stadt Penkun und zwölf Gem. (darunter Löcknitz), Verwaltungssitz in Löcknitz, ca. 35 km nö von Prenzlau und ca. 20 km sö von Pasewalk, an der Grenze zu Polen und im äußersten Südosten des Bundeslandes, an der Randow (bis ca. 1700 *Lochnitza* genannt), MV. Löcknitz: Frühe slaw. Besiedlung (Ukranen) mit Burg, Ausbau von Löcknitz um 1200, um 1400 wurde aus der ehemals slaw. Holzburg eine d. Burg aus Mauerwerk, bis 1390 zu Brandenburg, von 1390–1468 zu Pommern, danach wieder zu Brandenburg, starke Zerstörung während des Dreißigjährigen Krieges, h. befindet sich in Löcknitz die Geschäftsstelle der „Europaregion Pomerania", seit 1991 „Europaschule Deutsch-Polnisches Gymnasium". Penkun: Zunächst slaw. Burg samt Siedlung, Ausbau mit Ersterwähnung von Penkun 1240, 1269 erstmals als Stadt bezeichnet, wechselnde Herrschaft (Pommern, Brandenburg, Schweden, Preußen), in der Vergangenheit zumeist Ackerbau, h. Holz verarbeitendes Gewerbe, Baugewerbe und Baustoffindustrie sowie Fremdenverkehr. **II.** Löcknitz: 1216 *fluvius Locniza* (GwN), 1267 *villa Lokniz*, 1268 *Lockenitz*, 1472 *Locknitz*; *Löcknitz* (1563). Penkun: 1240 *Pincun* (vicus), 1261 *Pinkun*; *Penkun* (1272). **III.** Dem ON *Löcknitz* liegt ein apolb. GwN *Lъknica* mit einem das App. *lъkno* 'Seerose' erweiterndem Suffix -*ica*, ⁊-*itz*, zugrunde, wohl den Löcknitzer See bezeichnend, an dem der Ort liegt. Der aslaw. hintere reduzierte Vokal -ъ- wurde bei der Eindeutschung zu einem -o- umgewandelt. Die Bedeutung des ON lässt sich als 'Ort am Seerosen-See' rekonstruieren. Dem ON *Penkun* liegt ein apolb. Personenname *Peńkun (vgl. apoln. PN *Pieniek*) mit dem poss. Suffix -*j* zugrunde, das bei der Eindeutschung des Namens verloren ging. Die Bedeutung des ON lässt sich als 'Ort des Peńkun' rekonstruieren. Der charakterisierende ZN geht verm. auf apolb. *peń 'Baumstumpf, -stamm' zurück. **V.** PUB 1, 2.1; HHS, Bd. 12; Raumer; EO; Trautmann ON Meckl.; Eichler/Mühlner; Niemeyer 2003. *MN*

Löffingen I. Stadt und (mit Friedenweiler) gleichnamige VVG im Lkr. Breisgau-Hochschwarzwald, 9822 Ew., ca. 40 km osö Freiburg, am Ostrand des Südschwarzwalds nördlich der Wutach, Reg.-Bez. Freiburg, BW. 1121–1139 örtliche, verm. zähringische Adelsfamilie, 1305 Stadt, 1535 Zerstörung durch Brände, 1806 an Baden, 1973 zum Landkreis Breisgau-Hochschwarzwald. Wallfahrtskirche Witterschnee, Wutachschlucht. **II.** 819 *Leffinga* [Or], 889 *Leffingon* [Or], 1183 *Leffingen* [Or]; *Löffingen* (1315). **III.** *Löffingen* ist eine ⁊-*ing(en)*-Ableitung von einem PN *Laffo* und bedeutet 'bei den Leuten des Laffo'. Die e-Schreibungen stehen für den Umlaut von *a* zu *e* und setzen daher *Laffo* voraus. Die moderne ö-Schreibung ist eine hyperkorrekte mundartliche Form auf dem Hintergrund der mundartlichen Entrundung von *ö* zu *e*. **V.** FP; Kaufmann 1968; LBW 6. *JR*

-loh(e). Germ. *lauha-, asä. / ahd. *lōh* M., mhd. *lō(ch) /* mnd. *lo* M. / Ntr. 'Wald, Gebüsch, Lichtung, Wiese' ist alte Stellenbez. wie ⁊-*lar* oder ⁊-*mar* und kommt zahlreich in FlN und öfter in SiN vor (⁊Gütersloh, NRW). Ob damit zuweilen auch kultische Bezüge verbunden waren, kann vermutet werden. Das Wort ist mit lat. *lucus* 'Hain, lichter Wald' (mit kultischem Bezug) urverwandt (⁊Kirchhain, Lkr. Marburg-Biedenkopf, HE ⁊-*grün*). Literatur: NOB III; Debus / Schmitz H.-G. *FD*

Lohfelden I. Gem. im Lkr. Kassel, 13 763 Ew., gelegen sö von Kassel, Reg.-Bez. Kassel, HE. Entstanden 1941 aus dem Zusammenschluss der Gem. Crumbach und Ochshausen und Annahme des Namens *Lohfelden* (ehem. FlN). 1970 Zusammenschluss mit Vollmarshausen zur neuen Großgem. Lohfelden **II.** Crumbach: 1102 *Crumbelbach* [Or], 1108 *Cruomelbach*, 1240 *Crumbach*. Ochshausen: 1102 *Oggozeshusum* [Or], 1172/81 *Okkozzeshusin*, 1319 *Ockeshusin*, 1491 *Oxhusen*. Vollmarshausen: 1109 *Volmareshusun* [Or], 1019 *Volcmereshusun*, 1229 *Wolemereshusin*. **III.** Bw. im ON *Crumbach* zum Adj. ahd. *krumb*, mhd. *krump, krum* 'krumm'. Die frühen Belege zeigen die Erweiterung um ein -*l*-Suffix, sodass eine urspr. Form ahd. *krumbila 'die Krumme' anzusetzen ist, an die erst sekundär das Gw. ⁊-*bach* hinzutrat. ON *Ochshausen* zum PN *Otgoz* + ⁊-*hausen*. ON *Vollmarshausen* zum PN *Volkmar* + ⁊-*hausen*. Der neue ON *Lohfelden* zu ahd. *lōh* 'Hain, Gebüsch, Wald' und ⁊-*feld* im Dat. Pl. **V.** UB Kaufungen; Reimer 1926; Eisenträger / Krug. *TH*

Lohmar I. Stadt im Rhein-Sieg-Kreis, 31 198 Ew., nö Bonn an Agger und Sülz, Reg.-Bez. Köln, NRW. Stein- und eisenzeitliche Besiedlungsspuren, dann fränk. Besiedlung, seit 11. Jh. zum Bonner Cassiusstift, andere Ortsteile (Honrath, Wahlscheid) zum Kloster Siegburg gehörig, ab 1363 zum bergischen Amt Blankenberg, 1969 Zusammenschluss mit anderen Orten zur Gem. Lohmar, 1991 Stadtrechte, Gewerbe- und Industrieansiedlungen nach dem II. Weltkrieg, viele Vertriebene. **II.** 1081/89 und 1131 *in Lomere*. **III.** Kompositum aus dem appellativischen Bw. ⁊*Loh* 'Hain, (lichter) Wald', das auf ahd. *lōh* M. aus germ. *laucha* zurückgeht, und dem Gw. ⁊-*mar*. **IV.** ⁊Lindlar (< *Lint-lo*), Oberbergischer Kr., NRW. **V.** Dittmaier 1956; HHS 3. *Ho*

Lohne (Oldenburg) I. Stadt im Lkr. Vechta, 25 784 Ew., nw von Diepholz, Reg.-Bez. Weser-Ems (bis Ende 2004), NI. Zahlreiche frühgeschichtliche Moorbrücken auf dem Stadtgebiet; bis 1677 Sitz eines Gogerichtes; 1803 Übergang an das Hztm. Oldenburg; 1907 Erhebung zur Stadt 2. Klasse. **II.** 980 *Laon* [Or], 1188 *Lon* [Kop. 14. Jh.], 1350 *Lon*; *Lohne* (1700). **III.** Der ON beruht auf dem Simplex asä. ⁊-*lōh* 'Wald', mnd. *lō* 'Gehölz, Busch; Waldwiese, Grasanger' im Dat. Pl., der die Siedlung vom namengebenden Wald unterscheidet. Das -*a*- des Erstbelegs ist darauf zurückzuführen, dass der Vokal des Appellativs auf germ. *-au- zurückgeht, das älter neben üblichem -o- auch als -a- wiedergegeben werden kann. **IV.** Lohne, Kr. Soest, NRW. **V.** HHS 2; Nds. Städtebuch. *UO*

Löhne **I.** Stadt im Kr. Herford, 40708 Ew., in Ravensberger Mulde des mittleren Weserberglandes, 25 km nö Bielefeld, Reg.-Bez. Detmold, NRW. 993 Kirche in Jöllenbeck (Bistum Minden), 1151 Besitz des Marienstiftes auf dem Berge bei Herford, im 12. Jh. auch Abtei Herford. Bis 1697 war Gohfeld Kirchort für Löhne und Sitz des landesherrlichen Vogtes, seit 1650 zu Brandenburg. Bahnhof im Schnittpunkt der Bahntrassen nach Amsterdam, Berlin, Köln, Bremen, Hameln-Braunschweig, Kassel. Im 19. Jh. Zigarrenproduktion; Möbel-, Textil-, Kunststoff-, Lebensmittel- und Metallindustrie. 1969 Zusammenschluss mit umliegenden Gem. **II.** 1151 (Kop., Ende 14. Jh.) *Lenethe*, Ende 12. Jh. *Lenithe*, 13. Jh. *Lonethen*, *Lonede*, 1274 *Lunede*, 1494 *Loende*, 1499 *van Lonen*. Mda. *Lǻune*. **III.** Abl. mit dem Suffix ↗ *-ithi*. Nach den ältesten Zeugnissen wird am ehesten von einem Anschluss an ahd. (*h*)*lina*, *lena* 'Berglehne', asä. *hlena* 'Lehne' (zu germ. *hlain-*, got. *hlains*, isl. *hlein*, *hleinn* 'flache Klippe, Abhang') mit asä. -*ē*- für germ. *ai* auszugehen sein, wobei die späteren Formen Entrundung -*e*- > -*o*- (unbezeichnet umgelautete -*ö*-Formen) zeigen. Allerdings ist nicht auszuschließen, dass später (wie etwa beim Namen vom niedersächsischen Lohne bei Oldenburg; 980 *Laon*) eine Umdeutung nach dem alten Gewässerwort *lōn[a]*, *luna* erfolgt (zu idg. *leu-*, *lu-* 'Schmutz, Morast') und damit ein Anschluss an nd. *lohne* Fem. 'Abzugsgraben, Wassergraben, Wasserlauf' (< *luna*; vgl. die Lohne = Nfl. der Hunte; auch erklärt als 'Knüppeldamm, enger Weg, Gasse', vgl. auch wfl. *lōne*, *laune* 'Tal, Vertiefung'; norwegisch *lôn* 'langsam fließendes Wasser', dänisch dial. *lune* (zu germ. *luhnō*). **V.** Schneider; HHS 3. *BM*

Lohr a. Main **I.** Stadt im Main-Spessart-Kreis, 15921 Ew., Reg.-Bez. Ufr., BY. 1333 Stadtrecht, 1814 an Bayern. **II.** 1296 *Lare*, 1333 *Stat ze obern Lore*, 1526 *Lohr*. **III.** Lohr ist benannt nach der Lohr, die in Lohrhaupten im Spessart entspringt und an deren Mündung in den Main die Siedlung entstand. Der FluN (1057 *Lara*) kann germ. oder kelt. sein. Verm. ist *Lara* das Femininum zu dem idg. Adjektiv *laró-s* 'tönend, lärmend', abgeleitet von der idg. Wurzel *lā-* (< *leh₂-*) für Schalleindrücke, vgl. lat. *lāmentum*. *Lara* entwickelte sich regelhaft über mhd. *Lare*, frnhd. *Lāre* und *Lōre* zu Lohr. **V.** Reitzenstein 1991; Greule, DGNB. *AG*

Lollar **I.** Stadt im Lkr. Gießen, 9879 Ew., am Zusammenfluss von Lahn und Lumda, Reg.-Bez. Gießen, HE. Eingemeindung von Odenhausen, Ruttershausen und Salzböden (1972), Stadtrechte seit 1974; Gerichtsort (1570–1821); Anlagenbau (Energie- und Heiztechnik), klein- und mittelständisch geprägtes Gewerbe. **II.** 1242 *Adolfus de Lollar* [Or], 1277 *Lollayr*, 1288 *Lollor*, 1315 *Gumpertus de Lullar*, 1336 *Lollor*, 1495 *Loller*; *Lollar* (1242). **III.** Der Name ist Komp. mit dem Gw. ↗ *-lar* in der Bed. 'offene, waldfreie Stelle (in, an einem Wald)'. Die *-lar*-Namen sind altertümliche Bildungen und haben immer Bezug zum Naturraum. Markant ist, dass die Siedlung am Zusammenfluss von *Lahn* und *Lumda* liegt. Reichardt und Dittmaier gehen davon aus, dass im Bw. der Flussname *Lumda* enthalten sei. Für den FluN wird eine Grundform *Lunā* als Abl. mit *n*-Suffix (st. Fem. auf -*ā*) zu einer idg. Wurzel *leu/*lu 'Schmutz, beschmutzen' ermittelt. Der Siedlungsname ist erst sehr spät (Mitte des 13. Jh.) überliefert, sodass die lautlichen Entwicklungen nur vermutet werden können. Reichardt geht von einer Form *Lullar* (1315) aus, analog zu der Überlieferung des FluN mit dem Stammvokal -*u*- (*Lumda* < 1267 *juxta Lŭnam*, 14. Jh. *Lomme*). Er meint, dass sich -*ll*- durch Assimilation aus älterem *-ml-* < *-nl-* entwickelt habe. Mit Reichardts Überlegungen ist für den ON eine Ausgangsform *Lun-lar* anzusetzen. Einen Vergleich der Assimilationserscheinung bietet der ON *Hellern* bei Meschede (Lkr. Osnabrück, NI) < 1290 *de Hennelare*, der an der *Henne* liegt. Der Stammvokal aus der rekonstruierten Form *Lun-lar* wird von -*u*- > -*o*- gesenkt (1242 *Lollar*); -*layr* (1277) zeigt graphisches *y*; -*lor* mda. -*o*- für -*a*-; -*ler* Abschwächung des Nebentonvokals von -*a*- > -*e*-. Der ON bedeutet 'offene, waldfreie Stelle an der Lumda'. **IV.** Londorf und Lumda, Lkr. Gießen, HE. **V.** LAGIS; Dittmaier 1963a; Reichardt 1973. *DA*

Löningen **I.** Stadt im Lkr. Cloppenburg, 13196 Ew., an der Hase, Reg.-Bez. Weser-Ems (bis Ende 2004), NI. Um 800 Gründung der Hauptkirche im Hasegau durch Kloster Visbek, 855 zum Kloster Corvey, Meierhofsiedlung an Hasefurt an Flämischer Straße der Hansezeit von Lübeck nach Brügge, Wiek mit eigenem Gericht, 1251 Zollstätte bezeugt, 14. Jh. Minderstadt, 1400 zum Niederstift Münster, 1982 Stadtrecht. **II.** 1147/49 *in Nortlandia curtem integram Loningen* [Or]. **III.** Ein oft herangezogener Beleg 822–826 *Loingo* (Kop. 1479) aus den Corveyer Traditionen ist nicht mit Löningen zu verbinden, sondern bezieht sich auf den südniedersächsischen Leinegau. Ebenso fraglich erscheint der Zusammenhang mit einem Beleg 11. Jh. *Lyongo* (Kop. 1479). Ausgehend von der Form *Loningen* ist der ON als Abl. mit dem Suffix ↗ *-ingen* zu erklären, der Suffixvokal bewirkte Umlaut des Stammvokals. Die Basis *Lon-* ist nicht sicher zu deuten, sie kann auf germ. *lun-* als Erweiterung von idg. *leu-, *lŭ- 'Schmutz, Morast' zurückgeführt werden, -u-/-ü- in offener Silbe wurde zu -o-/-ö- gehoben. **V.** BuK Oldenburg III; Thissen, W.: Bistum Münster; Brockmann, B.: Vom Großkirchspiel zur Wiek mit den Quartalen: Löningen im Mittelalter. In: Jansen, M. (Hg.): Löningen in Vergangenheit und Gegenwart. Löningen 1998. *FM*

Lonsee-Amstetten **I.** GVV der beiden namengebenden Gem. im Alb-Donau-Kreis, 8659 Ew., ca. 17 km nnö Ulm, im Sohlental der oberen Lone auf der Schwäbischen Alb, Reg.-Bez. Tübingen, BW. Lonsee wird 1108 erstmals in einer Schenkung an das Kloster Blaubeuren genannt, 1803 an Bayern, 1810 an Württemberg. Amstetten war Teil der Grafschaft Helfenstein und gehörte später zum Grundbesitz der Klöster Kaisheim und Blaubeuren, 1803 an Bayern, 1810 an Württemberg. Amstetten und Lonsee wurden 1975 zum GVV Lonsee-Amstetten zusammengeschlossen. Landwirtschaft. Lange Lache, Birkhölzle, Römerkastell „ad Lunam". **II.** Lonsee: 3./4. Jh. (Kop. 12./13. Jh.) *ad Lunam*, 1268 in *Luwense [Or]*, 1288 *Lunse [Or]*, 1470 *Lonße [Or]*; *Lonsee* (1786). Amstetten: 1275 Kop. um 1350 *Amenestetten*, 1319 *Amsteten [Or]*, 1340 Kop. *Amstetten*; *Lonsee-Amstetten* (1975). **III.** *Lonsee* war die 'Siedlung an der Verbreiterung der Lone'. Es handelt sich um eine Zuss. mit dem Gw. ↗ *-see* und dem GwN *Lunā*, der vielleicht zu idg. *lu* 'Schmutz, Morast' gestellt werden kann. Allerdings war *Luna* auch der Name des dortigen Kohortenkastells. Es ist daher unklar, ob der GwN germ. oder vorgermanisch ist. Der Wandel von *lun-* zu *lon-* erklärt sich durch die Senkung des Stammvokals *u* vor mhd. -*ns* zu *o*. Amstetten war die 'Siedlung des Amano', eine Zuss. aus dem PN *Amano* und dem Gw. ↗ *-stetten*. Die unbetonten Mittelsilben (*Amen-* zu *Am-*) sind früh ausgefallen. **V.** Reichardt 1986; Greule, DGNB; Greule 2007; LBW 2 und 7. *JR*

Lorch **I.** Stadt im Ostalbkreis, 11149 Ew., 30 km w Aalen, im Remstal an der Einmündung des Götzenbachtals, Reg.-Bez. Stuttgart, BW. Lorch liegt am ehem. äußeren obergermanischen Limes an der Grenze der röm. Provinzen Obergermanien und Rätien, das Gelände des röm. Kohortenkastells wurde von der Stadt überbaut, 1181/99 ist eine Ministerialenfamilie Lorch bezeugt; durch die Reformation fällt Lorch an Württemberg. Fahrzeugherstellung. Kloster Lorch, Limeswachturm, Schillerhaus. **II.** Um 1060 (Kop. 16. Jh.) *Lorch*, vor 1102 (Kop. 16. Jh.) *apud Laureacum*, 1144 *Lorecha [Or]*, 1155 *Lorcha*. **III.** Es handelt sich um eine Abl. mit dem kelt. Personennamensuffix *-akos/*-akon* von dem lat. oder gallorom. PN *Laurius*: 'das Laurius'sche Besitztum'. Die PN *Laurus* und *Laurius* sind als röm. Cognomina belegt. Die urspr. Form *Laurica* wird durch den Wandel von vorgerm. *au* zu *ō* vor *r* zu *Lorecha/Lorcha/Lorch*. Da dieser Vokal im Alem. zu mhd. *ou* diphthongiert wird, die Namenschreibung aber durchgängig bei *o* bleibt, wird Einfluss von ahd. *lorih* < mittellat. *lorica* aus lat. *lōrica* 'Panzer, Brustwehr an Festungen und Schanzen, Umzäunung, Zaun' angenommen. **IV.** Lorch, Rheingau-Taunus-Kr., HE. **V.** Reichardt 1999a; Greule 2007; Bach DNK 2; LBW 4. *JR*

Lörchingen // Lorquin **I.** Gem. und Hauptort des gleichnamigen Kantons im Dép. Moselle, 1262 Ew., 8 km s Saarburg/Sarrebourg, LO, F. Früher Besitz der Abtei Weißenburg; Teil der Metzer bischöflichen Kastellanei Türkstein; 1871 zum Reichsland Elsass-Lothringen, 1918 wieder zu Frankreich. **II.** 699 *villa Launarigo*, 1123 *Lorichingen*, 1128 *Lorchinges*, 1152 *de Loringiis*, 1258 *Lorechingen*, 1335 *Loirekanges*, 1433 *Lorchenges*, 1482 *Lorkin*. **III.** Bildung mit dem PN germ. *Launa-rīkja-*, ahd. *Lōn-rīch* (zu germ. *launa-* 'Lohn' + *rīkja-* 'mächtig') und dem ↗ *-ing*-Suffix: Ausgangsform *Launarīchingas*, Dat. Pl. *-ingum* > ahd. *Lōnrīchingen* mit Assimilation von *nr* > *Lor(e)chingen*. Der ahd. Sekundärumlaut *o* > *ø* vor *i* wird erst spät bezeichnet. Formen aus der Romania (1152 aus Senones) zeigen regulären rom. *h*-Schwund. Vor Festwerden der Sprachgrenze, belegt in Urkunden des Klosters Weißenburg, existierte eine gallorom. Doppelform *villa Launarigo* (mit Sonorisierung des intervokalischen -*g*-). Die aktuelle franz. Form nimmt ihren Ausgang mit Lautersatz *ch* > *k* von den mhd. Formen. **V.** Reichsland III; Hiegel; Haubrichs, W.: Überlieferungs- und Identifizierungsprobleme in den lothringischen Urkunden des Klosters Weißenburg/Wissembourg. In: Nouvelle Revue d'Onomastique 19/20 (1992). *Ha*

Lörrach **I.** Große Kreisstadt und gleichnamige VVG mit der Nachbargemeinde Inzlingen im Lkr. Lörrach, 50638 Ew., ca. 50 km s von Freiburg im Breisgau und ca. 10 km nö von Basel an den Ausläufern des südlichen Schwarzwaldes im Wiesental und unweit der Grenze zur Schweiz, Reg.-Bez. Freiburg, BW. Teil des Trinationalen Eurodistricts Basel, einer Organisation für grenzübergreifende Planungen, und der etwas weiter gefassten Regio TriRhena, einem Lebens- und Wirtschaftsraum mit ca. 2,3 Mio. Ew. und 1 Mio. Erwerbstätigen. Noch vor wenigen Jahren wichtiger Standort der Textilindustrie, h. Einkaufs-, Dienstleistungs- und Kulturzentrum, Burghof Lörrach. Seit 1956 ist der Ort Lörrach Große Kreisstadt und Sitz der Kreisverwaltung. **II.** 1102/03 *Lorracho [Or]*, 1147 *Lorrach [Or]*; *Lôrrach [Or]* (1278). **III.** Für den SiN ist die Ausgangsform *Lauriācum* anzusetzen. Die Entwicklung germ. -*au-* > ahd. -*o-* verlief regelkonform. Intervokalisches -*k*- wurde zu -*hh*- verschoben, -*i*- bewirkte Gemination von -*r-* > -*rr-*

und Umlautung von -o- > -ö-. Bei dem SiN handelt es sich um eine galloromanische Mischform, bestehend aus einem PN und dem Suffix ↗-ācum zur Bezeichnung der Zugehörigkeit zu einer Person oder einer Sippe, wie sie in dieser und anderen Regionen öfter vorkommen. Zugrunde liegender PN ist *Laurius*, eine KF von *Laurentius*. **IV.** ↗ Lorch, im Remstal, Ostalbkreis, BW; Lorch, am Rhein, Rheingau-Taunus-Kreis, HE. **V.** Boesch, B.: Das Frühmittelalter im Ortsnamenbild der Basler Region. In: Beiträge zur Schweizer Namenkunde. Bern 1977; Kleiber, W.: Vordeutsche, nichtgermanische Gewässer- und Siedlungsnamen. Beiwort zu Karte III,5. In: Historischer Atlas von Baden-Württemberg. Erläuterungen. Stuttgart 1972–1988; LKL II. *MW*

Lorsch **I.** Stadt im Lkr. Bergstraße., 12 866 Ew., Reg.-Bez. Darmstadt, HE. Stiftung des Klosters Lorsch durch den rupertinischen Gaugrafen Cancor und seine Mutter Williswind. Schutzpatron des an Chrodegang von Metz als Eigenkirchenherrn übertragenen Klosters war der Märtyrer Nazarius, dessen Gebeine nach Lorsch gebracht wurden. Zahlreiche Güterübertragungen machten das Kloster zu einem der größten Grundbesitzer im Reich. Durch Schenkung ging Lorsch 772 an das Königtum über. Zahlreiche Herrscherbesuche unter den Karolingern dokumentieren die Bedeutung der Abtei im frühen MA. 1067 Verleihung des Münz- und Marktrechts für die Abtei im gleichnamigen Ort. 1232 Übergang an das Erzbistum Mainz. 1248 Umwandlung in eine Prämonstratenserpropstei. 1461–1623/50 Verpfändung an die Kurpfalz. Kunstgeschichtlich von herausragender Bedeutung ist die im späten 8. Jh. errichtete Torhalle. **II.** 764 (Kop.) *Lauresham*, 766 (Kop.) *Lauresham*, *Laurisham*, vor 917 (Kop.) *ad Lorsam*, 1008 *Loresheimensis*, 1065 *Lorissa*, um 1190 *Laurissa*. **III.** Die Deutung des Namens ist trotz zahlreicher Versuche nach wie vor offen. Umstritten ist, ob das Zweitglied -*ham* (↗-*heim*) sekundär ist und dem nicht verstandenen Namen *Laurissa* beigefügt wurde oder aber ob von einem typischen -*heim*-ON mit einem PN im Bw. auszugehen ist. In beiden Fällen kann das Simplex *Laurissa* bzw. das Bw. *Lauris*- nicht befriedigend erklärt werden. Für ersteres wurden kelt.-röm. Bezüge gesucht und auch ein GwN mit dem Suffix -*issa* erwogen, für letzteres an einen PN **Laurus* gedacht. **V.** Debus, F.: Der Name „Lorsch". In: Die Reichsabtei Lorsch. Bd. 1, hg. von F. Knöpp. Darmstadt 1973; Müller, Starkenburg; RGA 18. *TH*

Losheim am See dial. [ˈløʊ̯sm̩], in Nachbargem. [ˈluːsm̩] **I.** Gem. im Lkr. Merzig-Wadern, 16 543 Ew., mitten im Naturpark Saar-Hunsrück im Saar-Bergland, nahe der Grenze zu RP, ca. 10 km nö von Merzig, SL. Kelt. und röm. Funde zeugen von früher Besiedlung. Schenkung des Gebiets um Losheim 897 an den Trierer Erzbischof. Bis zum Ende des 18. Jh. gehörten die Orte des h. Gemeindegebietes teils zu Kurtrier, teils zum Hztm. Lothringen und teils zu einem Kondominium zwischen beiden, dem hist. Bezirk Merzig-Saargau. Nach 1815 wurden die Ortschaften um Losheim preuß. Die Bürgermeisterei Losheim und Britten aus der Bürgermeisterei ↗ Mettlach gehörten 1920 zum Restkreis Merzig-Wadern. 1974 Zusammenlegung der urspr. selbst. Gem. Losheim mit weiteren elf selbst. Gem. zur Großgem. Losheim. Museumseisenbahn, Freizeitanlage Stausee. **II.** 897 (Kop. 14. Jh.) *villa quoque Losma*, nach 995 (Kop.) *In Lohsome*, Mitte 10. Jh. (Kop.) *in Lohsma*, 1098 *Losema*, ca. 1250 *Loisme* [Or], 1273 (Kop. 1488) *prope villam Loesme*, 1283 (Kop.1485) *by Lossem*, 1412 *zu Loissheim* [Or], 1414 (Kop.) *zue Losheim*, 1451–52 *von Losheim* [Or]. **III.** Aus einem vorgerm. GwN entstanden: **Lu-samā*, zu idg. **lŭ* 'Schmutz, beschmutzen' + Suffix. -*samā*, d.h. '(Siedlung am) schmutzigen Bach', mit Wandel von *u* > *o* vor *a*, Endsilbenabschwächung und teilweise Dehnungs-*i* bzw. -*e* (*Loisme, Loiss-, Loesme*). Das Gw. ↗-*heim* wurde erst sekundär analogisch angefügt. Den Zusatz *am See* erhielt die Gem. 1994 nach dem im Jahr 1974 angelegten Stausee. **IV.** Luesma, Zaragoza, Spanien; Louesme, Arrondissement Montbard, Département Côte-d'Or (Burgund), F. **V.** ASFSL; Buchmüller/Haubrichs/Spang; Gysseling 1960/61; Spang 1982. *MB*

Loßburg **I.** Gem. im Lkr. Freudenstadt, 7825 Ew., ca. 7 km ssö Freudenstadt, am Ostrand des Schwarzwaldes auf der Wasserscheide zwischen Kinzig und Seitenbächen der Glatt, Reg.-Bez. Karlsruhe, BW. 1301 erstmals Stadt, 1325 von Württemberg erobert, 1327 zurück an Baden, 1535 endgültig an Württemberg. Luftkurort. Burgruine Sterneck, Vogteiturm, Historische Heimbachmühle, Alte Kirche. **II.** 1282 *Loseburch* [Or]. **III.** Vielleicht urspr. eine Zuss. mit dem Gw. ↗-*burg* und dem Bw. ahd., mhd. *lōs* in der älteren Bedeutung 'frei'. Es wäre dann an einen Burgennamen zu denken: *ze der lösen burc*. **V.** LBW 5. *JR*

Lößnitz **I.** Stadt im Erzgebirgskreis, 9834 Ew., im oberen Westerzgebirge, an den Hängen des Lößnitzbaches, SN. Deutsches Bauerndorf zu Ende des 12. Jh., Stadtgründung um 1250 durch die Burggrafen von Meißen, im 14./15. Jh. Bergbauort, um 1850 durch die Industrialisierung eines der Industriezentren des w Erzgebirges, Schuhindustrie, Maschinenbau, Textilverarbeitung, Abbau von Dachschiefer. Nach 1990 Umstrukturierung. **II.** 1284 *Lesniz*, 1329 *Lesnitz*, erst 1791 *Lößnitz*. **III.** Der Name des Lößnitzbaches (rechter Nebenfluss der Zwickauer Mulde) wurde auf den Ort übertragen; er beruht auf asorb. **Lěšnica* 'Waldbach' zu slaw. *lěs* 'Wald', mit schriftsprachlicher Rundung von -e- zu -ö- nach -l-. **IV.** Die Lößnitz, Landstrich bei Radebeul, SN. **V.** HONS II; SNB. *EE, GW*

Lotte **I.** Gem. im Kr. Steinfurt, 13 399 Ew., w Osnabrück, Reg.-Bez. Münster, NRW. Im MA Bauerschaft im FBtm. Osnabrück, 14. Jh. Kirchspiel in der Gft. Tecklenburg, 1707 preußisch, 1810 Kaiserreich Frankreich, 1813 wieder preußisch. **II.** 1272 *villa Lothe [Or]*, 1281 *in villa Lote*; 1577 *Latte*. **III.** Simplexbildung auf Grundlage der idg. Wurzel **leud(h)-* 'Schmutz, beschmutzen', die sich im appellativischen Wortschatz etwa in lat. *lutum* 'Dreck', altir. *loth* 'Schmutz', lit. *lutýnas* 'Pfuhl, Lehmpfütze' findet. Diese Wurzel kommt auch in mittel- und osteuropäischen ON und GwN vor. Nicht belegte Ausgangsform des ON mag also **Lutha*, dann auch **Lotha* gewesen sein. Motivierend für die Namengebung wird die Lage der Siedlung gewesen sein. Lotte liegt gegenüber dem Umland in einer Niederung, die von mehreren Bächen umgeben ist und mithin auf eine Auenlandschaft schließen lässt. **IV.** Luthe, OT von Wunstorf, Region Hannover, NI. **V.** Osnabrücker Urkundenbuch III, IV, VI; NOB I. *kors*

Lötzen // Giżycko [gʲiʒitskɔ] **I.** Kreisstadt, seit 1999 in der Woi. Warmińsko-Mazurskie (Ermland-Masuren), 29 494 Ew., PL. In den Masuren, im NO Polens, zwischen dem Mauersee // jezioro Mamry und dem Löwentinsee // jezioro Niegocin. 1285 wurde die Burg Loetzen an der Stelle einer preuß. Wallanlage vom Deutschen Orden erbaut, kolonisiert von Einwanderern aus Masowien, 1612 Stadtrecht, Sitz der Arianer und Lutheraner; seit 1945 zu Polen, 1945–1975 Woi. Olsztyn (Allenstein), 1975–1998 Woi. Suwałki (Suwalken), wichtiges touristisches Zentrum, einer der wichtigsten Häfen der Masurischen Seenplatte, Lebensmittelindustrie, Reparaturwerft. **II.** 1339 *de Lesk*, 1340 *in Litzen*, (1335) *Letzenburg, Leczenburg*, 1420 *Leczen*, 1785 *Lötzen*. **III.** Der ON wurde aus dem Burgnamen *Loetzen* gebildet, der sich vom mhd. *letze* 'link, verkehrt, umgedreht' ableitet oder aus dem PN *Leute* mit Suffix *-en* gebildet wurde. Der poln. ON *Giżycko*, 1945 amtlich vergeben, leitet sich vom FN Gustaw Giżyckis (Gizewiusz), eines Kämpfers für das Polentum der Masuren her. Der ON wurde mit der flektierbaren Endung *-o* deriviert. **V.** Rymut NMP; RymNmiast. *IM*

Löwenberger Land **I.** Gem., Lkr. Oberhavel, 8 140 Ew., n Oranienburg, BB. Das frühere Amt ist h. eine Gem. mit 15 OT. Das Städtchen Löwenberg wurde an einer wichtigen Kreuzung im 13. Jh. angelegt und durch eine Burg gesichert. An dieser Stelle entstand Anf. 18. Jh. ein Barockschloss. Die Kirche ist ein got. Granitquaderbau, wiederholt umgestaltet. **II.** 1269 *Lowenburg*, 1270 *oppidum Leuwenberg, Lewenberg*, 1304 *im Lande to Lowenberghe*, 1375 *Lowenberg castrum et opidum*; *Löwenberg* (1861). **III.** Bei Löwenberg handelt es sich um einen heraldischen Namen, Gf. mnd. **Louwenborch*, zu mnd. *louwe, lowe, lauwe* 'Löwe' und mnd. *borch* 'Burg'. Das Gw. ↗*-burg* konnte mit ↗*-berg* wechseln. **IV.** Ähnlich Leuenberg, OT von Höhenland, BB. **V.** Riedel A VII, VIII; Landbuch; BNB 11. *SW*

Loxstedt **I.** Einheitsgem. im Lkr. Cuxhaven, 16 110 Ew., sö von Bremerhaven, Reg.-Bez. Lüneburg (bis Ende 2004), NI. 1974 Zusammenschluss der damaligen Samtgem. Loxstedt mit den Gem. Büttel, Fleeste, Holte, Landwürden, Lanhausen, Neuenlande und Stotel. **II.** 1248 *Lockstede [Or]*, 1500 *Loxstede [Or]*. **III.** Bildung mit dem Gw. ↗*-stedt* und dem asä., mnd. App. *lōk* 'Lauch' als Bw., also 'Stelle, an der Lauch wächst'. **IV.** Lockstedt, Kr. Steinburg, SH; OT von Klötze, Altmarkkreis Salzwedel, OT von Oebisfelde-Weferlingen, Lkr. Börde, beide ST; Lockstädt, OT von Putlitz, Lkr. Prignitz, BB; Lokstedt, Stadtteil von Hamburg; ↗Bad Lauchstädt, Saalekreis, ST. **V.** KD Wesermünde 2. *FM*

Lubań ↗**Lauban**

Lubin ↗**Lüben**

Lubliniec ↗**Lublinitz**

Lublinitz // Lubliniec [luˈbliɲɛts] **I.** Kreisstadt in der Woi. Śląsk, 23 992 Ew., im Waldgebiet am Nordrand Oberschlesiens, PL. Um 1270 gegründet. Bis in die zweite Hälfte des 19. Jh. hinein hatten die Polen die Mehrheit. Mit der Industrialisierung zogen Deutsche zu. Bei der Volksabstimmung 1921 stimmte die Stadt mit 88 % für Deutschland. Bis 1922 Kreisstadt im Reg.-Bez. Oppeln, (1939–1945) Reg.-Bez. Kattowitz, 10 268 Ew. (1939). Verkehrsknotenpunkt, Leicht- und Chemieindustrie. **II.** 1300 *Lublyn, Lublin*, 1384 *Luben*, 1410 *Löblin, Lublynecz* 1480; 1941–1945 Loben. **III.** Urspr. *Lublin* 'Ort des Lubla' zum PN **Lubla*, der ein KN zu den VN *Lubogost, Lubomir* ist, mit dem Erstglied *Lub-* < *luby* ' lieb'. Spätere Form *Lubliniec* `kleines Lublin` zur Unterscheidung von Lublin in Kleinpolen. Der Name wurde phonetisch ans Deutsche angeglichen. **IV.** Lubaczów, Lubień, PL; Lublice, Lubica, CZ; Neuliebel, ↗Löbau, beide SN. **V.** Rymut NMP; SNGŚl. *MCh*

Lubmin **I.** Gem. und (mit neuen weiteren Gem.) gleichnamiges Amt im Lkr. Ostvorpommern, 10 972 Ew., am Greifswalder Bodden (Ostsee), ca. 20 km nö von Greifswald, MV. Ersterwähnung 1271. 1309 kam Lubmin an das Kloster Eldena bei Greifswald, nach dem Dreißigjährigen Krieg unter schwedischer, ab 1815 unter preußischer Herrschaft; Landwirtschaft und Fischfang, nach 1850 beginnender Badetourismus (1886 offiziell Seebad), in den 1970er Jahren Errichtung eines Kernkraftwerkes (1990 stillgelegt), seither Zwischenlager, industrieller Ausbau (Erdgasleitung aus Russland), 1999 Zusatz: „Seebad" erneuert. **II.** 1271 *Lubbenin*, 1273 *Lubemyn*; *Lubmin* (1694). **III.** Dem ON liegt ein apolb. PN **L'ubom(a)/ *L'ubim(a)* mit dem poss. Suffix ⁊ *-in* zugrunde. Das unbetonte -*o*- fiel bei der Eindeutschung des Namens aus. Die Bedeutung des ON lässt sich als 'Ort des L'ubom(a)' rekonstruieren. Der PN geht verm. auf einen zweigliedrigen PN mit **L'ub-* im Erstglied (wie **L'ubomir*, **L'uborad*) zurück, zu slaw. **l'ub-* 'lieb'. Das Suffix -*om(a)* ist als sekundäre Diminutivbildung des KN zu deuten. **IV.** ⁊ Eldenburg Lübz, Lkr. Güstrow, Lützow-Lübstorf, Lkr. Nordwestmecklenburg, beide MV; ⁊ Lübeck, SH. **V.** PUB 2.1; Schwedische Landesmatrikel von Vorpommern 1697; EO; Witkowski 1978; Niemeyer 2001b. *MN*

Lubsko ⁊ Sommerfeld/Niederlausitz

Luckau **I.** Stadt, Lkr. Dahme-Spreewald, 10 334 Ew., liegt im NW der Niederlausitz, an der Berste, BB. Deutsche Burg auf slaw. Burgwall mit Burgort und Marktsiedlung. Um 1230/40 Gründung eines Zisterzienserinnenklosters. Lokales Wirtschaftszentrum für das Umland. **II.** 1275 *in Luckov*, 1301 *Lukowe*, 1346/1495 *Luckaw*; sorb. 1761 *Łukow*. **III.** Gf. asorb. **Lukov-* 'Ort an einer Wiese in der Flusskrümmung', eine deappellativische Bildung mit dem adj. Suffix ⁊ *-ov-* von asorb. **luk* 'Bogen, Waffe', das mit urslaw. **lǫka* 'Wiese, Krümmung' verwandt ist. Nicht auszuschließen ist die Verbindung mit asorb. *luk*, poln. *łuk*, 'Lauch, Zwiebel', also 'Ort, wo Lauch vorkommt'. Die Schreibweise mit ⁊ *-au* in Angleichung an die md. Entwicklung hat sich erst seit Anf. des 18. Jh. eingebürgert. **IV.** Ähnlich *Luckow* sowie *Groß*, *Klein Luckow*, alle Lkr. Uecker-Randow, MV. **V.** UB Dobr.; UI; SO 2; DS 36. *SW*

Luckenwalde **I.** Stadt, Lkr. Teltow-Fläming, 20 726 Ew., an der Nuthe, sw Berlin, BB. Altslaw. Burgwall, der zu einem durch slaw. Burgen und Siedlungen an der Nuthe belegten slaw. Siedlungsgebiet gehörte. 1680 wurde Luckenwalde mit dem Hztm. Magdeburg kurbrandenburgisch. Bis ins 18. Jh. war der Ort dörflich geprägt, 1684 erfolgte die Gründung einer Faktorei und dann Ansiedlung sächsischer Weber, später Tuchfabrikation. **II.** 1217 *Lukenwalde*, *Lukenwolde* [Or], 1285 *oppidum et castrum Luckenwalde*, 1381 *Luckenwolde*; *Luckenwalde* (1861). **III.** Die Erklärung des Namens bereitet Schwierigkeiten, da ein d. PN *Luko* o. ä. nicht nachzuweisen ist. Es kann sich bei der Anlage einer d. Siedlung um eine Anknüpfung an den Namen der slaw. Vorgängersiedlung handeln, deren Name nicht überliefert ist. Ein aslaw. Burgwall sowie eine aslaw. Siedlung sind archäologisch nachgewiesen, vgl. auch den FlN *Burgwall*. Eine Eindeutschung des slaw. Namens ist auch in anderen brb. Landschaften nachzuweisen, so dass eine Übernahme von apolb./asorb. **Lukov-*, zu slaw. *luk* „Lauch, Zwiebel", als mnd. **Lukenwolde* angenommen werden kann. **V.** Riedel A VIII, X, D; SNB; BNB 7. *SW*

Ludwigsburg **I.** Große Kreisstadt und Verwaltungssitz des gleichnamigen Lkr., 87 207 Ew., an der Hochfläche des Langen Feldes, Reg.-Bez. Stuttgart, BW. Im 6./7. Jh. bestand auf der Markung eine Siedlung, 1704 Grundsteinlegung für das Residenzschloss, 1718 Stadtrecht und Residenz (bis 1734 und 1764–1775), Garnisonsstadt. Sitz des Landratsamts, Residenzschloss, Jagd- und Lustschloss Favorite, Seeschloss Monrepos. **II.** 1705 *Ludwigsburg* [Or]. **III.** Ludwigsburg ist ein Burgenname des 18. Jahrhunderts, er enthält den Namen des Gründers Herzog Eberhard Ludwig. **IV.** ⁊ Ludwigslust, MV. **V.** Reichardt 1982b; LBW 3. *JR*

Ludwigsfelde **I.** Stadt, Lkr. Teltow-Fläming, 24 179 Ew., s Teltow, BB. Auf der wüsten Feldmark Damsdorf wurden 1750/53 die Kolonien Ludwigsfelde und Damsdorf angelegt. 1928 erfolgte der Zusammenschluss der beiden zu verschiedenen Gutsbezirken gehörenden Vorwerke zu einer Gem., die zuerst Damsdorf, dann nach Errichtung eines Bahnhofs in Ludwigsfelde umbenannt wurde. 1936 Gründung der Daimler-Benz Motoren GmbH, in den 70er Jahren des 20. Jh. LKW-Produktion. 1991 Mercedes-Benz-Werk. Durch Industrie wachsende Einwohnerzahl. **II.** 1775 *Ludwigsfelde*, *Col. Dorf*, 1805 *Ludwigsfelde*. **III.** Ludwigsfelde wurde nach seinem Gründer, dem Kammerpräsidenten Wilhelm Ernst Ludwig von der Gröben (1703–1774), benannt. Der Name ist eine Neubildung mit dem Gw. ⁊ *-felde*. **IV.** Ähnlich *Ludwigsaue* bei Beetz, Lkr. Oberhavel; *Ludwigsburg*, OT von Schenkenberg, Lkr. Uckermark, beide BB; *Ludwigslust*, MV. **V.** BNB 3. *SW*

Ludwigshafen am Rhein **I.** Kreisfreie Stadt und Verwaltungssitz des Rhein-Pfalz-Kreises (bis 2003 Lkr. Ludwigshafen), 163 467 Ew., am linken Rheinufer gegenüber von Mannheim (BW), Vorderpfalz, nach Mainz zweitgrößte Stadt in RP. Oberzentrum. Ging aus der ehem. Mannheimer Rheinschanze hervor, ein seit 1606 errichteter linksrheinischer Brückenkopf der Festung Friedrichsburg-Mannheim. 1842 wurde das Gelände Freihafen, die entstandene Hafensiedlung erhielt 1843 den Namen König Ludwigs I. von Bayern, wurde 1853 zur selbst. Gem. erklärt, 1859 zur Stadt erhoben. Ansiedlung chemischer Fabriken, Sitz der BASF seit 1865. **II.** 1824 *Rheinschanze bey Mannheim*; *Ludwigshafen* (1843). **III.** Das Bw. ist der Regentenname *Ludwig* im Gen. Sg., das Gw. ist *-hafen*. Der ON kann somit als 'Gründung eines Hafen mit einer Ansiedlung Ludwigs I. von Bayern' gedeutet werden. **V.** Kolb, G.F.: Alphabetisches Verzeichnis der Gem. des Rheinkreises. Speyer 1824; HHS 5; HSP. *JMB*

Ludwigslust **I.** Kreisstadt des gleichnamigen Lkr., 12 585 Ew., Verwaltungssitz des Amtes Ludwigslust-Land, ca. 40 km s von Schwerin, im SW des Bundeslandes MV. Slaw. Ansiedlung, später entwickelt sich ritterliches Gut Klenow (Ersterwähnung 1333), Anfang des 18. Jh. beginnt Aufbau eines Jagdschlosses durch Herzog Christian Ludwig II., 1754 erhält der Ort den Namen „Ludwigs Lust", 1765 Verlegung der großherzoglichen Residenz von Schwerin nach Ludwigslust, 1793 Marktfleckengerechtigkeit, 1837 Verlegung des Regierungssitzes zurück nach Schwerin, 1876 Stadtrecht. H. Kleinindustrie und mittelständische Unternehmen (u. a. Lebensmittel). **II.** 1333 *Clenow*, 1724 *Klenow*; *Ludwigslust* (1754). **III.** Dem vorangehenden ON liegt ein apolb. FlN *Klenov* mit einem Stellen bezeichnenden Suffix *-ov*, ↗ *-o(w)*, zugrunde, dessen auslautendes *-v* in der Aussprache verloren ging. Im Gw. steht das App. *klen 'Ahorn', die Bedeutung des ON lässt sich somit als 'Ort mit/bei Ahornbäumen' rekonstruieren. Der PN im Bw. des nachfolgenden ON geht auf Herzog Christian Ludwig II. von Mecklenburg zurück, das Gw. ist ↗ *-lust*, nach franz. Vorbild (*Monplaisir*). **IV.** Zu Klenow: Lütten Klein, OT von Rostock, MV; zu Ludwigslust: ↗ Ludwigsburg, BW. **V.** MUB VIII; HHS, Bd. 12; EO; Eichler/Mühlner. *MN*

Lübbecke [ˈlybəkə] **I.** Stadt im Kr. Minden-Lübbecke, 25 996 Ew., am Wiehengebirge, Reg.-Bez. Detmold, NRW. Aus einer sächs. Siedlung im Bereich der Ronceva (Bach aus Quellen des Wiehengebirges) an der alten Wegtrasse Minden-Osnabrück entstanden, seit 974 im Besitz des Mindener Bischofs, Gogericht und Archidiakonatsitz (seit 1227 genannt), 1279 Stadtrecht, 1298 Rat (zur Hälfte mit bfl. Ministerialen besetzt), 1650 an Brandenburg-Preußen. Um 1816 zum Kr. Rahden, 1832–1972 Verwaltungssitz des Kr. Lübbecke einschließlich des ehem. Kreises Rahden, 1973 Zusammenfassung der Kr. Minden und Lübbecke mit umliegenden Gem. Wirtschaftl. Mittelpunkt des weitläufigen Markengebietes auf beiden Seiten des Wiehengebirges. 19. Jh. Zigarrenindustrie, um 1840 Begründung von Textil- und Papierindustrie, 1912/15 Hafen am Mittellandkanal, 1939 nationalsozialistische Schulungsburg, 1945 Hauptsitz der britischen Zonenverwaltung. Im heutigen Stadtgebiet liegt 3,6 km sw die Babilonie (Wallburg der vorröm. Eisenzeit, 4. Jh. v. Chr.?), s die Mindener Landesburg Reineberg (1221 erstmals erwähnt). **II.** Zu 775 *Hlidbeke, Hlidbeki, Lidbach*, 1033 *Lippeke*, 1182 *Lubbicke*, 1227 *Lutbike*, 1233 *Lubbeche*, 1296 *Lubecke*; *Lübbecke* (1524). **III.** Bildung mit dem Gw. ↗ *-be(e)ke, -beck*. Im Bw. liegt urspr. wohl asä. Entsprechung von anord. *hlēð*, ags. *hlith*, ahd. *(h)līta* 'Berghang, Bergseite', mnd. *līt, lied, lieth* Fem. 'Abhang, Halde, Senkung', hd. *-leite* vor. **V.** Schneider; HHS 3. *BM*

Lübben (Spreewald) // **Lubin (Błota)** (sorb.) **I.** Stadt, Lkr. Dahme-Spreewald, 14 250 Ew., an der Spree, BB. Slaw. Burganlage zur Sicherung des Spreeübergangs mit Kaufmannssiedlung und Nikolaikirche. Seit Ende 15. Jh. Sitz der Lausitzer Landvögte. Nach 1815 zu Preußen. Lübben war die Wirkungsstätte des Kirchenliederdichters Paul Gerhardt von 1669–1676. 1945 wurde der größte Teil der Innenstadt durch Kriegseinwirkungen zerstört. **II.** Um 1150 *urbs Lubin*, 1209 *de Lubin*, 1329 *Lubbyn*, 1536 *Lüben*; sorb. 1843 *Lubin, Libin*. **III.** Gf. asorb. *L'ubin-, 'Ort, der nach einem Mann namens L'uba benannt wurde', eine Bildung mit dem poss. ↗ *-in*-Suffix vom PN *L'uba, einer KF von VN asorb. *L'ubomir, *L'ubogost o. ä., die im Erstglied zu asorb. *l'uby 'lieb' gehören. Der Zusatz *Spreewald* bezieht sich auf die Lage im Spreewald ↗ Burg (Spreewald), nsorb. *Błota* mit der Bedeutung 'Sumpfgebiet'. **IV.** Ähnlich Lubbinchen, BB; Lebiehn, SN. **V.** UB Lübb. III; UI; SO 2. *SW*

Lübbenau (Spreewald) // **Lubnjow (Błota)** (sorb.) **I.** Stadt, Lkr. Oberspreewald-Lausitz, 17 098 Ew., liegt am Rande des Oberen Spreewalds an der Spree, BB. Slaw. Burgwall, später Burg mit Marktflecken, Ausgangspunkt der Stadtentstehung. Wechselnde Besitzverhältnisse, von 1621–1945 Herrschaft der Grafen Lynar. Barocke Stadtkirche St. Nikolai. Haupterwerbszweige Gartenbau, Gemüseanbau und Gemüseverarbeitung (Zwiebeln, Gurken, Meerrettich), Fischfang. Seit Ende 19. Jh. Fremdenverkehrs- und Ausflugsort, Kahnfährhafen. **II.** 1301 *Lubbenowe*, 1336 *tzu Lubenowe*, 1468 *Lubenaw*; sorb. 1843 *Lubnjow*. **III.** Gf. asorb. *L'ubenov- 'Ort, der nach einem Mann namens L'uben benannt wurde'. Der Name wurde vom KN *L'uben gebildet, ↗ Lübben. Das poss. ↗ *-ov*-Suffix erscheint spät in der md. Form ↗ *-au*. Zu *Spreewald* ↗ Burg (Spreewald), zu *Błota* ↗ Lübben. **IV.** Ähnlich Groß Lübbenau, OT von Lübbenau, Neu Lübbenau, OT von Unterspreewald, Lkr. Dahme-Spreewald, Lübbenow, OT von Uckerland, Lkr. Uckermark, alle BB. **V.** UI; Riedel B II; UB Neuz.; SO 2.; DS 36. *SW*

Lübeck, Hansestadt I. Kreisfreie Stadt, 210 892 Ew., an der Lübecker Bucht mit Zugang zur Ostsee, SH. 1143 Gründung durch Adolf II., Graf von Schauenburg und Holstein, 1160 Soester (Vorläufer des lübischen) Stadtrecht, Zentrum der Hanse an der Ostsee, 1226–1937 freie Reichsstadt, 1987 UNESCO-Weltkulturerbe. Hafenanlagen, Universitäts- und Fachhochschulsitz, Buddenbrookhaus, Günter-Grass-Haus und Willy-Brandt-Haus, Stadt der sieben Türme. II. 11. Jh. *civitas Liubice* [*Or*], (12. Jh.) *Lubecam*, (1213) *in Lyubeka*; *Lübeck* (1448). III. Der Stadtname ist slaw., genauer apolb. Herkunft, für den mehrere Deutungen infrage kommen: 1. Mehrzahlform zu einem PN **L'ubko*, **L'ubek* oder **L'ubik* und damit in der Bed. 'Ort des L'ub'; 2. als Bildung aus einem PN und dem patronymischen Suffix *-ici* in der Bed. 'Ort der Leute/der Nachkommen des L'ub'; 3. verstanden als Bildung aus dem Adj. *l'uby* 'lieb, angenehm, lieblich' mit dem Suffix *-ica*, also 'lieblicher Ort'; 4. ausgehend von L'ubka ist von den gleichen Deutungsansätzen auszugehen, nur mit einem k-Suffix, das auf die mnd. Umdeutung zu ↗*beke* 'Bach' hindeutet. V. Laur; Haefs. *GMM*

Lüben // Lubin ['lubʲin] I. Kreisstadt, 75 225 Ew., Woi. Niederschlesien // Dolny Śląsk, PL. 55 km nw von Breslau, am Rand der niederschles. Heide. D. Neugründung nach dem Mongolensturm, um 1290 erhält Lüben das Magdeburger Stadtrecht. Kreisstadt, Reg.-Bez. Liegnitz, NS, (1939) 10 809 Ew. Nach der Erschließung von Kupferlagerstätten ab 1970 Ausbau der Schwerindustrie. II. 1245 *Lubyn*, 1322 *Lüben*, 1438 *Loeben*. Re-Polonisierung des ON: 1896 *Lubno*, 1941, 1946 *Lubin*. III. Aus einem slaw. PN *Luba* mit dem Stamm apoln. *lub-* (< urslaw. *l'ub-*) 'lieb' und dem Possessivsuffix *-in* – 'Ort des Luba'. Der PN ist ein KN zu *Lubomir* 'der Friedliebende', *Lubogost* 'der Gastfreundliche' o.ä. Die Eindeutschung führt zu schwankenden Qualitäten des Stammvokals (vgl. *Lubin* 1259 vs. *Lobin* 1320), bis sich der Umlaut im 14./15. Jh. verfestigt. IV. Lebbin // Lubin, OT von Międzyzdroje // Misdroy, Woi. Westpommern, PL; ↗Lübben, Lkr. Dahme-Spreewald; ↗Lübbenau, Lkr. Oberspreewald-Lausitz, beide BB; ↗Lauban // Lubań, Woi. Niederschlesien; Luboń, Woi. Großpolen, beide PL; Libín, Region Königgrätz, CZ. V. SNGŚl; Rymut NMP. *ThM*

Lüchow (Wendland) polb. *Ljauchüw, Lgauchi, Lieuschü* (bis ca. 1750) I. Stadt und gleichnamige Samtgemeinde sowie Kreisstadt im Lkr. Lüchow-Dannenberg, 24 916 Ew., NI. 1293 Stadtrechte, 1320 geht die Grafschaft Lüchow in den Besitz des Hauses Braunschweig-Lüneburg über. Ausbau der Grafenburg zum Schloss 1471–1473 (Witwensitz), 1537 Pest, 1589 und 1811 Brände, 1569 Teil des selbständigen Ftm. Dannenberg (welfische Nebenlinie), 1671 zu Braunschweig-Lüneburg; 1885 Aufteilung in die Lkr. Dannenberg und Lüchow, 1932 wieder mit Sitz in Dannenberg zusammengefasst; 1951 Verlegung des Kreissitzes des Kreises Lüchow-Dannenberg nach Lüchow. II. 1191 *Lugowe*, 1256 *comes de Lúchowe*, 1500 *Luchow* III. Slaw. Name aus einer apolb. Gf. **L'uchov-*, Abl. mit dem Possessivsuffix *-ov-* von einem PN **L'uch*, einer Bildung mit dem Suffix *-ch-* zu apolb. Vornamen, die im Erstglied **L'ub-*, **L'udi-* oder **L'uto-* enthielten (nicht mehr sicher bestimmbar). IV. Lüchow (1230 *Luchowe*), Kr. Herzogtum Lauenburg, SH; Lüchow (1298 *Luchowe*), Lkr. Demmin, MV. V. Nds. Städtebuch; Schmitz. *JU*

Lüdenscheid I. Hauptstadt des Märkischen Kreises, 76 589 Ew., Reg.-Bez. Arnsberg, NRW. Vielleicht vor 1287, sicher vor 1364 Stadt, Mitglied der Hanse, bis 1609 Gft. Mark, dann bis 1806 zu Brandenburg(-Preußen), 1806–1815 Ghztm. Berg, ab 1815 wieder preußisch, 1907–1969 kreisfrei als Hauptstadt des Kreises Lüdenscheid. II. 12. Jh., gefälscht zu 1067 bzw. 1072 *Luidoluessceith* bzw. *Liuodolfesceide*, um 1125 *Liudolfisceht*, *Lůdolfschet*, 1278 *Ludenscheit*. III. Bw. ist *Liud-wulf*, ein zweigliedriger and. Personenname, der im Genitiv flektiert ist (auf *-es-*). Er ist zusammengesetzt mit dem Gw. ↗*-scheid*, einer Bezeichnung für eine aus einem größeren Ganzen – meist einem Waldgebiet durch Rodung – für die Bewirtschaftung oder für eine Siedlung ausge*schiede*ne Fläche. IV. Ludolfshausen, Lkr. Göttingen, NI. V. Seibertz, UB I; UB NRh I; WfUB VII; Derks, Lüdenscheid 2004. *schü*

Lüdinghausen I. Stadt im Kr. Coesfeld, 24 183 Ew., w Ascheberg, Reg.-Bez. Münster, NRW. Im MA Lehen der Abtei Essen-Werden, FBtm. Münster, 1309 Stadtrecht, 1804 preußisch und Kreisstadt, 1806 Ghztm. Berg, 1813 wieder preußisch, Verwaltungsbehörden. II. 800 *Liudinchuson*, 1271 *Ludinghusen*. III. Bildung mit dem Gw. *-hūsen*, einer Dativ-Plural-Bildung in der Funktion eines alten Lok., zu asä., mnd. *hūs* 'Gebäude, Haus'. Als Gw. in SiN ist es auf dem gesamten d. Sprachgebiet weit verbreitet. Die heutige Form des ON weicht von den frühen Belegen durch die hochdeutsche Form des Gw. (↗*-hausen*) ab. Bw. ist die PN-Kurzform *Liudo* in einer Insassenbildung mit ↗*-ing*-Suffix. Der PN nimmt Bezug auf appellativisch asä. *liud* 'Volk'. Die Form des Namens als *-inghūsen*-Bildung mit einem PN ist in der westfälischen Toponymie weit verbreitet. Der ON ist also zu deuten als 'bei den Häusern der Leute des Liudo'. V. Werdener Urbare; WfUB I, II, III, VIII. *kors*

Lügde [lüchde, lüde] I. Stadt im Kr. Lippe, 10 651 Ew., sö von Bad Pyrmont an der Emmer gelegen,

Reg.-Bez. Detmold, NRW. Sö der im 14. Jh. wüstgefallenen Siedlung im *Oldenlüder Feld* w der Emmer (784 in den Reichsannalen als *villa Liuhidi*). Verm. seit 9. Jh. Pfarrkirche St. Kilian außerhalb der etwa 1240 durch Pyrmonter Grafen gegr. Stadt. 1255 halb an Ebf. von Köln, 1360 Verkauf der 2. Hälfte an Bischof von Paderborn (erhält 1372 auch kölnischen Anteil), 1494 nach Aussterben der Pyrmonter Grafen erhebt Paderborn Anspruch auf Lehnshoheit über die Gft., 1668 als Vogtei Lügde zu Paderborn. Ehem. im Kr. Höxter, 1969 Zusammenschluss mit acht weiteren Gem. des Kr. Detmold, später Kr. Lippe. Landwirtschaft, 1858 bis Mitte 20. Jh. Spitzenklöppelei (Hausgewerbe), Zigarrenproduktion. **II.** Zu 784 (Kop. 9./10. Jh.) *villa Liuhidi* (*Liuchidi, Liudihi* etc.), 826–876 (Kop. 1479) *Liuithi*, ca. 1195 *LUD Ci* [= *Lude civitas*], Anfang 13. Jh. *Lugethe*, 1269 *de Lugde*, 1314 *Lyvdhe*; *Lügde* (1620). **III.** Abl. mit dem Suffix ↗ *-ithi*. Nach der ältesten Form der Basis *Liuh-* (oder **Liuht-*) ist von einem Anschluss an germ. **leuht-* 'hell' auszugehen (zu idg. Wz. **leuk-*; vgl. sanskr. *rućí* 'Licht, Glanz, Blitz', gr. λευκός 'licht, weiß', lat. *lumen* < **luc-men, luna* < **luc-na, lūx, lūcis*, got. *liuhaþ* 'Licht' etc.). Das alte Adj. *lioh-t-* (passives Part.) kann durch 'mit Glanz versehen, durchleuchtet' paraphrasiert werden. Für die Basis ist von germ. *h* (vgl. **Liuh-ithi* oder **Liuht-ithi*) auszugehen, ein gramm. Wechsel (etwa in einer Form **Lug-ithi*) ist nicht anzunehmen. Bei Abl. von **liuh(t)-* (< germ. **leuh(t)-* < **leuk-t-*) kann mit sekundärem Ausfall alter Dentalerweiterung und vereinfachter Mehrfachkonsonanz gerechnet werden (**Liuhtithi* > **Liuhithi*). Mit **liuh-* (< germ. **leuh-* < **leuk-*) läge eine sehr alte Wortbildung vor. Der Vokal asä. *iu* (< westgerm. *eu*) entsteht vor *i, j, w* der Folgesilbe. Zu beachten ist die vielfältige graphische Varianz über 600 Jahre hinweg. Bereits im 12. Jh. geht auslautender stimmloser gutturaler Reibelaut verloren (vgl. *LUD* auf Münze von ca. 1195). Formen mit *Lu-* oder Diphthonggraphie seit dem 13. Jh. (*Luy-*), dem 14. Jh. (*Liu-, Lui-, Lue-. Luy-, Lvy-, Lǔ-, Lü-, Lů-, Lůy-* oder *Ly-*) oder 15. Jh. (*Lů-*) dominieren bis ins 14. Jh. Der wurzelauslautende stimmlose Reibelaut *-h* wird spätestens seit Anfang des 13. Jh. durch *-g-* wiedergegeben (bereits in asä. Zeit). Spätere *-g*-Schreibungen sind „Nachfolger" früherer *-h*-Graphie. In mnd. Zeugnissen tritt (bes. nach ī ein *g* für ein ehedem intervokalisches *-h-* ein. Da *h* im gramm. Wechsel mit *g* steht, bot sich nach *-h*-Ausfall das *-g-* als hiatustilgendes Zeichen an, wenn es nicht noch Reflex des alten gutturalen Reibelauts darstellt, der h. noch in mda. Formen zu hören ist (*Lüchde* neben *Lüde*). Die Basis der Abl. vertritt semantisch den Sachbereich 'Farbe und Beleuchtung' (vgl. *Grohnde* < **Gron-ithi, Falje* < **Fal-ithi*). Der ON wird urspr. durch die weite, nach N sich öffnende Ebene entlang der Emmer motiviert sein, die als lichter, offener Raum begriffen worden wäre ('Raum, in dem es hell, licht ist') oder lichte Stellen im Wald (Lichtungen) im Umkreis der Emmer-Ebene zeigte. **V.** WOB II (Kr. Lippe); HHS 3. *BM*

Lüneburg, Hansestadt

I. Kreisstadt im Lkr. Lüneburg, 72 492 Ew., an der Ilmenau, Reg.-Bez. Lüneburg (bis Ende 2004), NI. Schon in ottonischer Zeit Burg und Siedlung sowie das Michaeliskloster von zentraler Bedeutung; 1235 namengebend für das neue welfische Hztm. Braunschweig-Lüneburg; 1243 Stadtrecht; seit 1371 ist die Stadt faktisch unabhängig vom Landesherrn (bis 1562/76); im gesamten MA hier größte Saline Nordeuropas, worauf der Reichtum und die Bedeutung in der Hanse zurückging; in der frühen Neuzeit wirtschaftl. Niedergang; im 19. und 20. Jh. Verwaltungssitz für Lkr. und Reg.-Bez.; h. Nutzung der Salzvorkommen für Kurzwecke; wichtiges touristisches Zentrum (Backsteingotik). **II.** 956 *Luniburc* [Or], 959 *Lhiuniburg*, 965 *Luneborg* [Kop. 14. Jh.]. **III.** Bildung mit dem Gw. ↗ *-burg*. Das Bw. enthält verm. eher ein in lit. *liunas* 'Morast' belegtes App., das sich auf die Lage an der Ilmenau(niederung) bezöge, als eine mit *-n*-Erweiterung gebildete Ablautform zu asä. *hlēo* '(Grab)Hügel'. **V.** HHS 2; Nds. Städtebuch; Udolph 1994, S. 182f. *KC*

Lünen

I. Stadt im Kr. Unna, 88 297 Ew., an der Lippe n von Dortmund, Reg.-Bez. Arnsberg, NRW. Besiedlung seit der jüngeren Bronzezeit (Nekropole), Römerlager um die Zeitenwende, 9.–13. Jh. Entwicklung der n der Lippe gelegenen Siedlung (h. Altlünen) zur Stadt, die 1336 an das Südufer verlegt wurde, 1341 Stadtrecht. Seit 1823 Hafen für Dortmund, Eisenverhüttung, Bergbau (bis 1992). **II.** 9./10. Jh. *Norðliunon, Suðliunon*, 1082–96 *Liunon*, um 1150 *Liune*; *Lunen* (1175). **III.** Der ON ist zu asä. *hleo* 'Schutz, Obdach' gestellt und als 'schützender Ort' gedeutet worden. Die Erklärung einer solchen Bildung als Ableitung mit einer Suffixkombination *-n-ja* ist lautlich zwar möglich, wenn man Ausfall eines anlautenden *H-* annimmt. Doch das ist nicht zwingend. Der Bildungstyp spricht zudem gegen eine Bezeichnung für Gebäude oder einen abstrakten Begriff wie 'Schutz'. Wie bei ↗ Lüneburg mit wahrscheinlich gleichem Erstglied und ↗ Herne mit vergleichbarer Wortbildung ist mit einer durch das Gelände motivierten Benennung zu rechnen. Setzt man eine *-j*-Ableitung zu einer auch sonst in Namen bezeugten Basis **Liun-* (zu idg. **leu-* 'Schmutz, beschmutzen') an, die in lit. *liunas* 'Morast' belegt ist, kann als Benennungsmotiv die Lage an der Lippe(niederung) vermutet werden. **IV.** ↗ Lüneburg, Lkr. Lüneburg, NI. **V.** Schnetz, J.: Grammatische Bemerkung zu *Hliuni*. In: Zeitschrift für Ortsnamenforschung 10 (1934); Derks, P.: Der Siedlungsname Schwerte. In: Beiträge zur Geschichte

Dortmunds und der Grafschaft Mark 90 (1999); Udolph 1994, S. 182 f. *Flö*

Lütjenburg nd. Lüttenborch **I.** Stadt und gleichnamiges Amt im Kr. Plön mit fünfzehn amtsangehörigen Gem., 16 441 Ew., an der Kossau, direkte Nähe zur Ostsee, SH. 1275 Lübisches Stadtrecht. 2008 tritt die bis dahin amtsfreie Stadt dem Amt Lütjenburg-Land bei, das seinen Namen daraufhin in Amt Lütjenburg ändert. Tourismus, Luftkurort, Bismarckturm, Rekonstruktion einer mittelalterlichen Turmhügelburg, Eiszeitmuseum. **II.** 1163 *in Luttelinburch* [Or], 1302 *in Luttekenborgh*, 1498 *tho Lutkenborch*. **III.** Höchstwahrscheinlich stammt der ON ab von mnd. *Lüttik/lüttel* 'klein' und *borch*, ↗ *-burg*, so dass *Lütjenburg* etwa soviel bedeutet wie 'die Siedlung bei der kleinen Burg'. **IV.** Lütjenbrode und Lütjendorf, beide Kr. Ostholstein, sowie Lütjenbüttel, Kr. Dithmarschen, alle SH. **V.** Laur; Haefs. *GMM*

-lützel, ↗ **Klein(en)-.**

Lützow-Lübstorf **I.** Amt (neben den beiden namengebenden weitere 14 Gem.) im Lkr. Nordwestmecklenburg, 14 104 Ew., Verwaltungssitz in Lützow, ca. 10 km w bzw. n von Schwerin, MV. Zusammenlegung der ehem. Ämter Lützow und Lübstorf/Alt Meteln am 1. Januar 2005. Aufgrund der Lage des Amtes unweit des Nordwestufers des Schweriner Sees spielt neben der Landwirtschaft der Fremdenverkehr eine wichtige Rolle. In Lützow befindet sich ein neogotisches Schloss mit Park im englischen Stil. **II.** Lützow: 1230 *Lvzowe*, 1271 *Luthzowe*. Lübstorf: 1209 *Lubesdorf*, 1273 *Lubesdhorp*. **III.** Dem ON *Lützow* liegt ein apolb. PN *L'utoš* mit einem poss. Suffix *-ov*, ↗ *-o(w)*, zugrunde, dessen auslautendes *-v* in der Aussprache verloren ging. Die Bedeutung des ON lässt sich als 'Ort des L'utoš' rekonstruieren. Der PN geht auf einen zweigliedrigen PN mit *L'ut-* im Erstglied zurück, das zu aslaw. *l'uty* 'wild; streng, grausam' gehört. Hier ordnet sich auch der Name der Luti(t)zen ein. Das Suffix *-oš* ist als sekundäre Diminutivbildung des PN zu deuten. Lübstorf: Der ON besteht aus einem slaw. und einem d. Bestandteil und bezeichnet den 'Ort des L'uboš'. Der apolb. PN geht verm. auf einen slaw. VN mit dem Erst- oder Zweitglied *l'ub-* 'lieb' zurück und wurde entweder mit der d. Genitivendung *-es* oder als sekundäre Diminutivbildung des PN mit dem slaw. Suffix *-oš* abgeleitet. Der zweite Bestandteil des hybriden ON ist das mnd. *torf*, hd. ↗ *-dorf*. **IV.** ↗ Lubmin, Lkr. Ostvorpommern, ↗ Eldenburg Lübz, beide MV; ↗ Lübeck, SH. **V.** MUB I–III; EO; Trautmann ON Meckl. *MN*

Lugau **I.** Stadt und VG im Erzgebirgskreises, 11 887 Ew., am Südrand des Erzgebirgischen Beckens, nw Stollberg, SN. Zusammenschluss der Stadt Lugau/Erzgebirge mit den Gem. Erlbach-Kirchberg und Niederwürschnitz. LDie Stadt geht zurück auf ein deutsches Bauerndorf des ausgehenden 12. Jh., im 19. Jh. starkes Wachstum durch Steinkohlenbergbau, Stadt seit 1924. H. Sitz der VG Lugau. **II.** 1286 *Lugk*, 1438 *zum Luge*, 1482 *Lugk*, 1498 *Lugaw*. **III.** Asorb. **lug* zu der häufigen Bezeichnung *lug* 'Grassumpf' mit sekundärer Angleichung an d. ON auf *-a*, ↗ *-au*. Auch der Landschaftsname *Lausitz* (Palatalisierung von *-g-* zu *-ž-* im Asorb., im D. *-s-*) ist mit diesem App. gebildet worden. **IV.** Laue, OT von Delitzsch, Lkr. Nordsachsen, SN,. **V.** HONS; SO; SNB *EE*, *GW*

Lundenburg // Břeclav ['brʒɛtslaf] **I.** Kreisstadt, 24 242 Ew., in Südmähren, Südmährischer Bezirk (Jihomoravský kraj), CZ. Im 11. Jh. Zentrum eines im strategischen Thaya // Dyje-March // Morava-Mündungsgebiet liegenden slaw. Burgsystems. Reiche archäol. Funde. Burg errichtet vom Přemyslidenfürsten Břetislav I. (um 1005–1055) unweit der Vorstadt *Alt Lundenburg // Stará Břeclav*, 1384 an Geschlecht der Liechtensteiner, 1570 Renaissanceschloss. Um 1490 Errichtung der Sankt-Wenzel-Kirche (nach Landespatron *St. Václav*). Seit 1835 einer der wichtigsten Eisenbahnkontenpunkte der Monarchie und Tschechiens. 1872 Stadt. Chemieindustrie. **II.** (12. Jh. F.) 1048 *Bratyzlawe*; 1056 *Lauentenburch* [Or]; 1131 *Braciziauensem ecclesiam* [Or]; 1160 *de Brazilaue* [Or]; 1255 *Bretislaw* [Or]; 1447 *Brzeczlaw*; seit 1257 d. *Luntenburg*, 1751 *Lundenburg*. **III.** Benannt nach dem Burggründer Břetislav I.: Abl. vom atschech. PN *Břecislav* (*břeci*, *břěčěti* 'schallen' und *-slav* 'Name, Ruhm') mit dem poss. Suffix *-jь*, das zur Palatalisierung des *-v* führte (*Břecislav´* > ntschech. *Břeclav*). Bedeutung: 'Břetislavs (Burg)'. Das „weiche" End-*v´* verursachte den Übergang des urspr. maskulinen ON zu einem femininen. Das erste Glied des d. ON *Lundenburg* soll der Gelehrtenetymologie nach an einen nicht näher bekannten Stamm der 'Lovětici' erinnern. Der d. ON ist nicht zuverlässig erklärt worden. **IV.** Břečkov, Mähren, zum PN *Břeček*, einem Kosenamen zu *Břecislav*, CZ. **V.** HŠ I; SchOS; LŠ; HSBM. *RŠ*

Lustenau mda. [lúsnou], in Dornbirn: [núšla] **I.** Marktgemeinde im Bezirk Dornbirn, 20 895 Ew., am rechten Rheinufer (405 m) gelegen, VO, A. Bis 1969 im Bezirk Feldkirch, eine der größten Marktgem. Österreichs, hat sich aus einem freien Reichshof (bis 1806) entwickelt und wahrt auch mda. noch immer eine Sonderstellung; im 20. Jh. aufstrebendes Stickerei-Zentrum, bes. Kleingewerbe, h. Industrie und Hochtechnologie; häufig überschwemmt bis zur Rheinregulierung Ende 19. Jh. **II.** 887 *actum Lustunoa curte regia; ad Lustinauua*, 1191 *W. de Lvstenowe*, 1569 *uff Lustnow*. **III.** Zusammensetzung eines Adj. *luste* 'liebenswert' Bw. (zu ahd. *lust* 'Neigung') oder PN ahd. *Lusto* + ahd. *ouwa* 'Land am Wasser, Insel'; Reichenau, Mainau und Lindau sind Inseln, Lustenau war eher Riedgebiet; als Königsgut nur schwer vereinbar mit einem Besitzernamen. **IV.** 1401 *Grafenau*, *Lustenau* (Tübingen), beide BW; FlN *Richenóu*; † *Pfaffenauw*, beide Gem. Lustenau, VO, A. **V.** ANB; Vetter, J.: Der Reichshof Lustenau. Bregenz 1919; Zehrer in Montfort 100 (1957); Vogt, W.: Vorarlberger Flurnamenbuch I/6. Bregenz 1993. *Plg*

Luxemburg franz. Luxembourg, lux. Lëtzebuerg ['lətsəbuːəç] **I.** Hauptstadt des gleichnamigen Staates, Stadt, Hauptort des gleichnamigen Kt. und Distr., 91 857 Ew., die Altstadt liegt auf einem Sandsteinplateau, umgeben von den tief eingeschnittenen Tälern von Alzette und Pétrusse, im Gutland, L. Graf Siegfried tauschte 963 die *Lucilinburhuc* auf dem Bockfelsen im Alzettetal vom Kloster St. Maximin vor Trier, Zentrum des gräflichen Territoriums in den Ardennen und im Gutland, seit 1060 nannten sich die Grafen nach ihrer Burg, 1441 an das franz. Haus Burgund, 1477 an das Haus Habsburg, seit 1555 Teil der Spanischen Niederlande, 1684 franz. Besetzung (Reunionskriege Ludwigs XIV.), seit 1714 Teil der Österreichischen Niederlande, 1795 franz. Eroberung und Annexion, Hauptstadt des Wälderdepartements, 1815 Ghztm. im Deutschen Bund in Personalunion mit dem Kgr. der Niederlande (Haus Nassau-Oranien), 1842 Beitritt zum d. Zollverein, 1866 Auflösung des Deutschen Bundes, 1867 für neutral erklärt, 1890 Dynastiewechsel (Haus Nassau-Weilburg), Auflösung der Personalunion mit dem Kgr. der Niederlande und volle Souveränität, 1914–1918 d. Besetzung des neutralen Luxemburg, 1919 in einem Referendum große Mehrheit für die Beibehaltung der Monarchie, 1940–1944 d. Besetzung und de facto-Annexion, 1944 Befreiung, Gründung von Benelux, Sitz europäischer Institutionen, Finanz- und Medienstandort. **II.** 963 *Lucilinburhuc*, 1225 *Luxelburch*, 1291 *Lucembourc*. **III.** Bildung mit dem Bw. ahd. mhd. ⁊ *lützel* 'klein' und dem Gw. ⁊-*burg*: spätahd. **(zuo deru) lützelen burgi* 'in der kleinen Burg'. Erstbeleg *Lucilinburhuc* im Gw. mit Sprossvokal *u* (*-burhuc* statt **-burc*). Die d. Form *Luxemburg* wurde durch die franz. Entwicklung des Namens beeinflusst (Prestige des Franz. in dem zweisprachigen Territorium). Die franz. Graphie *u* repräsentiert den gerundeten geschlossen Vorderzungenvokal *y*, hier entstanden aus umgelautetem vorahd. *u*. Nach der franz. Graphie *h*. im D. *u*-Aussprache. Die ofranz. Graphie *x* (seit dem letzten Drittel des 13. Jh. in Schreibungen des ON) kann wohl auch die mhd. Affrikate *ts* (sonst geschrieben *c*, *z*, *tz*) repräsentieren (Holtus/Overbeck/Völker), evtl. wurde die Affrikate in der franz. Entlehnungsform auch zu *s* reduziert, wie zeitgenössische *s*-Schreibungen nahe legen. D. Aussprache nach der h. franz. Realisierung der *x*-Graphie als *ks*. Das dreisilbige Bw. *Lucilin-* wurde schon früh haplologisch auf einen Zweisilber reduziert, entweder zu a) *Lützen-* oder zu b) *Lützel-* (letztere Form ist auch über eine Zwischenstufe **Lützelnburg* und Erleichterung der Dreikonsonanz *-lnb-* zu *-lb-* erklärlich), weiter eine wohl rom. Teilassimilation von *-nb-* zu *-mb-*, die sich in der franz. und der daraus entlehnten d. Form gefestigt hat. Die d. und franz. Schreibung und Aussprache des Gw. folgt dem häufigen Gw. d. -*burg* bzw. franz. -*bourg*. Entwicklung der lux. Form *Lëtzebuerg* ['lətsəbuːəç]: Entrundung von mhd. *ü* zu frnhd.-md. *i*, dann Zentralisierung zum betonten lux. *ə* (Schwa); wohl auf der Grundlage der Variante a) *Lützen-*/*Litzen-* moselfr. *n*-Tilgung (Eifler Regel) zu *Lütze-*/*Litze-* (alternativ: dissimilatorischer *l*-Schwund auf Grundlage der Variante b) *Lützel-*/*Litzel-* > *Lütze-*/*Litze-*); im Gw. Dehnung des Kurzvokals *u* vor vokalisiertem *R* (h. *ə*) und h. koronalisiertes *ç* für älteres *ç* (*ich*-Laut) als Fortsetzer von ahd. *g*. Bemerkenswert ist, dass sich in der lux. Form des Namens die alte Affrikate mhd. *ts* im Bw. *Lëtze-* trotz des doppelten Normdrucks des D. und Franz. (Schreibung *x*, Aussprache *ks*) erhalten hat. **IV.** U. a. *Lützelburg*, franz. *Lutzelbourg*, Gem. Phalsbourg, Arrondissement Sarrebourg, Département Moselle (Lothringen), F. **V.** Holtus, G./Overbeck, A./Völker, H.: Luxemburgische Skriptastudien (= Beihefte zur Zeitschrift für romanische Philologie 316). Tübingen 2003; Jungandreas; Meyers. *AS*

Luzern [loˈtsæːrn], [lʊˈtsæːrn] **I.** Stadt und Gem., Hauptort des gleichnamigen Kantons, 59 241 Ew., die Altstadt liegt am Ausfluss der Reuss aus dem Vierwaldstättersee, CH. Um die Mitte des 9. Jh. Neuerrichtung einer in der ersten Hälfte des 9. Jh. eingegangenen Abtei durch alem. Adel. Ab 1135 ist das Kloster St. Leodegar als Propstei der Reichsabtei Murbach fassbar. Seit dem 12. Jh. Entstehung einer städtischen Siedlung, begünstigt durch den Handel über den Gotthardpass. 1291 gingen die Rechte des Klosters an König Rudolf I. von Habsburg, nach 1386 an die Stadt Luzern, die sich zu einem Stadtstaat entwickelte, ab dem 16. Jh. mit Patriziat. Zentrum des katholischen Lagers in der Eidgenossenschaft. Seit dem 19. Jh. Fremdenverkehrsort. **II.** 840 *Luciaria* [*Or*], 9. Jh. (Kop. 12. Jh.) *Lucerna*, 1178 *Lucerne*, 1185 *de Lucerra*, 1210 *Luceria*, 1224 *de Lucerron*, 1300 *ze Luzzeren*, 1302 *von Luzérn*. **III.** Zum Namen *Luzern* existieren zwei Überlieferungsformen. Am Anfang der älteren Traditionsreihe steht die Form *Luciaria*, die zu *Lúcerra* > *Lúcerren* > *Lútzeren* weiterführt. Diese Namenform wurde mit rom. *luciaria* 'Stelle, wo Hechte gefangen werden' (Hubschmied) sowie mit rom. *lozzeria* 'Stelle mit Sumpf' (Gatschet) erklärt. Zu erwägen ist auch ein Zusammenhang mit dem südlich von Luzern in den See mündenden Würzebach, der im Oberlauf *Lutzerbach* heißt (Waser). Die Diskussion zur Namenform *Lutzeren* ist nicht abgeschlossen. Die jüngere Überlieferungsform geht von lat. *Lucérna* aus und führt zum heutigen Namen *Luzérn*. Sie stammt aus der lat.-klösterlichen Tradition und bezieht sich auf ein Lichtwunder. Der verdunkelte Name *Luciaria* > *Lutzeren* wurde zu lat. *lucerna* 'Leuchte' umgedeutet. Daher kommt auch der Beiname *Leuchtenstadt* für die Stadt Luzern. **V.** Garovi, A.: Die Örtlichkeitsnamen der Stadt Luzern im Mittelalter. Luzern 1975; Waser. *EW*

Lyck // Ełk [ɛwk] **I.** Kreisstadt, seit 1999 in der Woi. Warmińsko-Mazurskie (Ermland-Masuren), 57129 Ew., PL. Im NO Polens, in der Masurischen Seenplatte, an der Lyck // Ełk und dem Lyck-See // jezioro Ełckie. Angelegt im 14. Jh. am Fuße der Ritterordensburg, 1445 Stadtrecht; seit 1945 poln., 1946–1975 Woi. Białystok, 1975–1998 Woi. Suwałki (Suwalken), Holz- und Elektroindustrie. **II.** 1343 *Luk*, 1481 *in Licke*, 1490 *Lick*, 1785 *Lyck*, 1879 *Ełk albo Łek*; d. *Lyck*. **III.** Der ON wurde aus dem FluN **Lukā* gebildet, der auf den Wortstamm **lek-* 'Sumpf, Sumpfgebiet' zurückzuführen ist. Die Form *Ełk* entstand durch teilweise fehlerhafte Dekomposition des Ausdrucks *in Lyck*: *we Łku* > *w Ełku* > *Ełk*. **V.** Przybytek; Rymut NMP, RymNmiast. *IM*

Lyss Mda. ['liːs:] **I.** Gem. im Amtsbezirk Aarberg, 11 423 Ew., am rechten Ufer der alten Aare im Seeland, an der Straße Murten-Solothurn, Kt. Bern, CH. Neolithische, bronze- und hallstattzeitliche sowie röm. Funde belegen eine frühe Besiedlung. Häufige Überschwemmungen durch die mäandrierende Aare und den Lyssbach. 17.–19. Jh. vorwiegend Weide- und Getreidewirtschaft sowie verschiedene Wasserwerke (Lebensmittel, Bekleidung, Holzbau). Beträchtlicher Landgewinn entlang der Alten Aare nach der Juragewässerkorrektion (1868–91) und Lyssbachkorrektion (1911–16). H. bedeutender Verkehrsknotenpunkt und wichtigstes Industrie-, Gewerbe- und Dienstleistungszentrum des Seelandes. **II.** 1009 *in villa que dicitur Lissa [Or]*, 1152 *Algoldus, miles de Lixi*, 1185 *Immo de Lisso*, 1195 *Ulricus de Lixi*, 1275 *in Liss*. **III.** Urspr. GwN *Lissa*, der auf die Siedlung übertragen wurde. Anzusetzen ist am ehesten eine idg. Wurzel **lei-* (bzw. ablautendes **lī-*) 'gießen, fließen, tröpfeln', **lei-* 'schleimig, glitschig' oder **lei-* 'biegen', erweitert um ein Dental- oder ein Gutturalsuffix, das in den Belegen als *-x-* oder *-ss-* realisiert ist. **IV.** Lyssach, BE, CH. **V.** BENB; HLS; LSG. *eb, tfs*

M

Magdeburg [Meideborg] **I.** Landeshauptstadt, kreisfreie Stadt, 230 047 Ew., an der Mittelelbe und am Ostrand der Magdeburger Börde, ST. Sehr alter Handelsplatz und Verkehrszentrum an altem Elbübergang, 805 Burg und Sitz eines karolingischen Burgwardes gegenüber den Slawen ö der Elbe, im 10. Jh. unter den Ottonen Kaiserpfalz und Sitz des Erzbistums Magdeburg (968), 973 Frühstadt, 1035 Messestadt, 1188 Stadtrecht mit Privilegien des „Magdeburger Rechts", 1295 Mitglied der Hanse, 1952–1990 Bezirksstadt. Wirtschaftl. bedeutend durch den Elbhafen (größter Binnenhafen der neuen Bundesländer), als Verkehrsknotenpunkt und als Standort des Maschinenbaus. Seit 1993 Universitätsstadt (Otto-von-Guericke-Universität). **II.** 805 *Magadoburg*, 806 *Magadaburg*, 1121 *Magdeburch*, 1290 *Maydenborgh*. **III.** Bildung mit dem Gw. ↗*-burg*. Das Bw. wird traditionell als asä. *magath* 'Jungfrau, Magd' verstanden, nach neuerer Auffassung ist es jedoch als Adjektiv germ. und asä. **mag-aþ-* 'groß, mächtig' zu interpretieren. Die Bedeutung des ON wäre dann nicht als 'Jungfrauenburg', sondern als 'große, mächtige Burg' zu erfassen. Nd. *Meideborg* zeigt Kontraktion von asä. *-aga-* zu *-ei-*, das Gw. *-borg* ist die nd. Variante für *-burg* mit Senkung des Vokals von *-u-* > *-o-* vor *-r-* und Konsonant. **IV.** Verm. † Megedefelde, Region Hannover; die Magetheide, Landstrich der Lüneburger Heide, beide NI u. a. **V.** Bischoff, Magdeburg; SNB; Udolph 2005. *GW*

-magen. Das vornehmlich in rheinischen SiN begegnende Gw. geht auf kelt. *magos* 'Feld, Ebene' zurück (↗Remagen, Lkr. Ahrweiler, auch ↗Worms, beide RP). Literatur: Bach DNK II, 2, 2. *FD*

Magstadt **I.** Gem. im Lkr. Böblingen, 8 849 Ew., ca. 7,5 km nnw Böblingen, im Südwesten noch zum Würm-Heckengäu und zur Schwippebucht gehörig, Reg.-Bez. Stuttgart, BW. Siedlung aus der Zeit um 700, seit dem 13. Jh. in Besitz der Tübinger und kam vor 1381/83 an Württemberg. Computerhandel, Ratberg, Evangelische Kirche. **II.** (Kop. 12. Jh., Kop. 16. Jh.) *Magstat*, (Kop. um 1204) *Magestat*, 1261 *Magistat [Or]*; *Magstadt* (1850). **III.** Der Name ist als 'Wohnstätte des Māg' zu deuten und gehört zu dem PN *Māg* und dem Gw. ahd. mhd. ↗*-stat* 'Stelle, Ort, Wohnstätte'. Die Anlehnung an nhd. *Stadt* ist sekundär. **V.** Reichardt 2001; LBW 3. *JR*

Mährisch Schönberg // Šumperk ['ʃumperk] **I.** Kreisstadt, 27754 Ew., in Nordmähren, Bezirk Olomouc (Olomoucký kraj), CZ. Um 1180 noch Dorf unbekannten Namens, 1230 Stadt, 1239 zerstört. Um 1250 Wiederaufbau. 1278 kgl. Stadt, im 14. Jh. mit Privilegien. 1481 Gründung der Tuchmacherzunft. 1267–1786 Dominikanerkloster. 1566 Papiererzeugung. Im 16. Jh. protestantisch, im 17. Jh. Gegenreformation mit Hexeninquisition. Im 18. Jh. Textilindustrie (1785 Manchesterfabrik, größte ihrer Art in Europa). 1892 wichtige Garnisonsstadt, seit Ende des 19. Jh. Industriestadt, nordmährische „Schulstadt". Theater. **II.** 1269 *Senberch [Or]*; 1278 *Schonperc [Or]*; 1281–1431 *Schonberch, Schon(e)nberg*; 1446–1617 tschech. *Ssumberk/-perk / Šum-, Šon-*; 1674 *Mährisch Schömberg*; im 19. Jh. *Mährisch Schönberg, Šumperk*, selten *Šumberk*. **III.** Die Stadt erhielt den ON bei der Neubesiedlung 1269. Er ist ein typisch d. Kolonisationswunschname, entsprechend der Lage 'am schönen Berg'. *Mährisch* = 'in Mähren'. In den hist. Belegen begegnet man neben *Schön-* oft dem umlautlosen *Schon-*. Daraus ergab sich im mitteld. Dial. *Schun-*, was (mit Assimilation *-nb-* > *-mb-*) zur Ausgangsform der Entlehnung ins Tschech. wurde: *Schumberg* > *Šumperk*. Versuche, nach 1945 *Šumperk* durch einen tschech. ON zu ersetzen, wurden abgelehnt. **IV.** Šumburk, Böhmen; Šumbark, Teschener Schlesien; Šumvald, Mähren, alle CZ. **V.** HŠ 2; SchOS; LŠ; HSBM. *RŠ*

Mährisch Trübau // Moravská Třebová ['morafskaː 'tr̝ebovaː] **I.** Stadt im Kr. Svitavy, 11 028 Ew., in Nordwestmähren, Bezirk Pardubice (Pardubický kraj), CZ. Gegründet um 1250 als Stadt (1267 *niuwe stat*) neben einem alten Dorf an der Straße Olmütz-Prag. Burg, Marktort. 1492 frühestes Renaissancetor Mährens, 1495 Schloss. 1487 Salzhandel, Brauerei. 1589–1612 Zentrum von Kunst und Wissenschaft. 1763 Piaristen erneuern die berühmte Mährisch-Trübauer Schule. Im 19. Jh. Textil- (Seidenwaren), Metallindustrie, nach 1945 Maschinenbau. **II.** 1234 *Trebow [Or]*; 1267 *Tribouia Morauiensis (Mo-*

ravicalis) [Or]; 1321 *Mährische Triba* [Or]; 1404 *Merherysse Trybaw;* 1490 *Morawska Trzebowa;* 1872 *Mährisch Trübau, Moravská Třebová.* **III.** Der ON ist tschech. Herkunft. Zwei Erklärungsmöglichkeiten: a) *Třebová* ist ein poss. ON mit femin. Sufix *-ova* > *-ová*, abgeleitet vom atschech. PN *Třěb* > *Třeb*, einer kosenden Kürzung eines mit *Třeb-* als dem ersten Kompositumsglied anfangenden PN, z. B. *Třeboslav* u. ä.; der Name würde 'einem Třeb gehörend' bedeuten; b) *třebová* (fem.), adjektivische Abl. vom Zeitwort *tříbit*, atschech. *třiebiti* 'den Wald lichten', Bezeichnung eines auf einer Waldlichtung gegründeten Dorfes oder eines dort fließenden Waldbaches. Das Attribut *Mährisch, Moravská* soll den Ort von *Böhmisch Trübau* unterscheiden. **IV.** Mehrere ON auf *Třeb-* im Tschech. (*Třebomyšl, Třebíč*), CZ, auf *Trieb-* in SN, TH. **V.** HŠ 2; SchOS; LŠ; HSBM. *RŠ*

Maikammer **I.** Gem. und gleichnamige VG (seit 1972) im Lkr. Südliche Weinstraße, 7989 Ew., am Ostrand des Pfälzerwaldes und der Haardt zwischen Neustadt an der Weinstraße und Landau in der Pfalz, RP. Drei Gem.: der anerkannte Luftkurort Sankt Martin, der anerkannte Erholungsort Maikammer sowie die Fremdenverkehrsgem. Kirrweiler. In der VG an der südlichen Weinstraße dominieren Weinbau und weinverarbeitende Betriebe. Mediterranes Klima lässt auch exotische Früchte wachsen. **II.** 1260 *Wernherus de Menkemere*, 1264 *de Meinkeimere*, um 1320 *in Meinkeimeren; Meycammer* (1580). **III.** Neuzeitliche hyperkorrekte Erschließung eines im späten MA umgedeuteten ON, der urspr. auf den ahd. PN *Mago* zurückgeht und sowohl mit dem Suffix ↗-*ing(en)* als auch analog zu Nachbarsiedlungen durch ↗-*heim* erweitert worden ist: **Magingheim* > **Meingheim* > *Meinkeim* > *Meinkeimer/Menkemer* > *Maikammer*. Der ON bedeutet demnach 'Wohnstätte der Leute des Mago'. **V.** Archiv St. Magdalena Speyer; FP; HSP. *JMB*

Mainaschaff **I.** Gem. im Lkr. Aschaffenburg, 8361 Ew., Reg.-Bez. Ufr., BY. Alemannische Siedlung, seit Beginn des 12. Jh. war das Stift Aschaffenburg Grundherr in Mainaschaff, 1803 Säkularisierung des Kollegiatstiftes, Wein- und Obstbau. **II.** 980 *Askafa, Ascafa,* 1103 *Aschapha.* **III.** Entsprechend der Lage des Ortes bei der Mündung der Aschaff in den Main ist *Mainaschaff* 'Aschaff am Main' ein Kompositum aus den GwN *Main* und dnd GwN *Aschaff*, wodurch der Name von Waldaschaff im Spessart abgegrenzt wird. Zur Etymologie von *Aschaff* ↗ Aschaffenburg. *Main*, mhd. *Meine*, ahd. *Moin*, lat. *Moenus* ist ein idg.(-voreinzelsprachl.) GwN **Moinos*, ursprünglich Verbalnomen zum Verb idg. **mei-* 'den Ort wechseln, gehen' und bedeutet verm. 'Fluss, auf/entlang dem man den Ort wechseln kann'. **V.** Greule, DGNB. *AG*

Mainburg **I.** Stadt im Lkr. Kelheim, 13 905 Ew., Reg.-Bez. Niederbayern, BY. Im 13. Jh. Übergang der Burg an die Wittelsbacher, Zentrum des Hopfenanbaus. **II.** 825 *Slegilespach*, 1116–1137 *Slegilpach*, 1171–1181 (Kop. des 13. Jh.) *Slegelespach*, 1220–1230 *Sleilpac*. Ca. 1279–1284 neben *Sleispach* auch *castrum Meinberch*, 14. Jh. *Maynberch in parrochia Slaespach*, 1482 *Schleißbach, alias Maenberg*, 1519–1521 lat. *Maioburgium vicum et arcem; Mainburg* (1470). **III.** Grundwort des urspr. Gewässernamens, der zum SiN wurde, ist ahd. *bah, pach,* ↗-*bach* 'Bach, kleiner Wasserlauf', als Bestimmungswort kann man den PN bzw. BeiN **Slegil* erschließen, nämlich aus ahd. *slegil* 'Klotz'. Grundwort des Burgnamens ist mhd. *burc*, ↗-*burg* 'umschlossener, befestigter Ort, Burg', Bestimmungswort der PN *Meio, Maio*. **V.** HHS 7/1; Reitzenstein 2006. *WvR*

Mainhausen **I.** Gem. im Lkr. Offenbach, 9139 Ew., Reg.-Bez. Darmstadt, HE. Entstanden im Jahre 1977 aus dem Zusammenschluss der Orte Mainflingen und Zellhausen, bei dem der Kunstname Mainhausen kombinatorisch durch eine Kontraktion der bisherigen Namensbestandteile gebildet wurde (↗ Hainburg). Ersterwähnung von Mainflingen 775 anlässlich einer Güterschenkung an das Kloster Lorsch, das in der Folge noch mehrere Besitzungen erhielt. Seit dem Hochmittelalter gehört der Ort zum Erzbistum Mainz. Mit dem Amt Seligenstadt fiel Mainflingen 1803 an Hessen-Darmstadt. Das erst spät bezeugte Zellhausen unterstand wie Mainflingen dem Erzbistum Mainz bzw. den Landgrafen von Hessen-Darmstadt. Die in der Nähe befindliche, nicht mehr erhaltene Zellkirche, ist erst im 14. Jh. urk. nachgewiesen und keine karolingerzeitliche Gründung. **II.** Mainflingen: 775 (Kop.) *Manolfinger marca*, 1383 *Meinfelingen*, 1489 *Meynflingen*. Zellhausen: 1329 [Or] *Celhusen*, 1439 *Zelnhusin*, 1532 *Zellnhaußen*. **III.** Der ON *Mainflingen* zum PN *Mainolf*, dessen Erstglied *Main-*, kontrahiert aus *Magin-* (vgl. ahd *magan, megin* 'Kraft, Stärke, Macht'), nicht mit dem gleichnamigen Fluss in Verbindung gebracht werden darf. Die volksetymologische Umdeutung des Namens ist schon im Beleg des 14. Jh. nachzuweisen. Der ON *Zellhausen* soll der Sage nach darauf zurückgehen, dass sich die Bewohner der im 30jährigen Krieg zerstörten Dörfer Zell und Hausen zusammengetan und eine neue Siedlung gegründet hätten, welch beide Namensbestandteile in sich aufnahm. Stattdessen enthält das Bw. den PN *Zallo*, dessen -*i*- der Flexionssilbe in der anzusetzenden Form **Zallinhusen* den Umlaut -*a*- > -*e*- bewirkte. Bei der späten Ersterwähnung ist flexivisches -*n*- bereits ausgefallen. Als patronymischer ↗-*hausen*-Ort dürfte Zellhausen schon im 8./9. Jh. begründet worden sein. **V.** CL; Knappe; Müller, Starkenburg; Reichardt, 1998. *TH*

Maintal I. Stadt im Main-Kinzig-Kreis, 38 345 Ew., w Hanau im n Maintal, Reg.-Bez. Darmstadt, HE. Entstanden 1974 durch Zusammenschluss der Gem. Bischofsheim, Dörnigheim, Hochstadt und Wachenbuchen. Die 4 Orte, alle mit Bodenfunden seit dem Neolithikum, alle schon seit der Karolingerzeit genannt, kamen im Hoch- bzw. Spätmittelalter unter die Herrschaft der Grafen von ↗ Hanau, 1736 an Hessen-Kassel, 1866 an Preußen, 1945 an Hessen. II. Bw.: 1. Jh. *Moenum* [Akk.] (Tacitus, Germ. 28, in Kop. 9. Jh.); 779 *Moyn* (Kop. des 15. Jh.), 794 *Moyna* [Or], 989 *a flumine Mogo* (Kop. um 1160), 1347 *by dem Meyne*, 1366 *Mayn* [beide Or]. III. Das Bw. führt auf die alteurop. GwNgebung, die Wasserbez. **mein-/moi-n-/mi-n-* zurück, wobei hier die Ablautstufe **moin-* zugrunde liegt, auf die auch FluN wie mir. *Maín*, poln. *Mień* oder das App. lett. *maiņa* 'Sumpf' zurückgehen. Die frühe *-oi-*Schreibung zeigt, dass der FluN erst nach Vollzug von idg. *oi* > germ. *ai* ins Germ. kam, also nicht direkt aus idg.-alteurop. Erbe, sondern später, wohl dem Kelt., entlehnt wurde. Seit dem 11. Jh. begegnet zunehmend mlat. *Mogus*, Rückbildung aus *Moguntia* (↗ *Mainz*), mit dem der FluN irrtümlich etym. verbunden wurde. In den seit 1330/40 fast nur noch deutschsprachigen Urk. begegnet zuerst wieder *Moyn* / *Meun*, seit 1350 daneben zunehmend *Meyn*/*Mein*, selten das erst im 16. Jh. häufigere *Mayn*. Die letzteren könnten durch die südhess. Entrundungen (frnhd. *oi* [< mhd. ü], z. T. auch mhd. öü > mda. *ai*) bewirkt, dazu evtl. durch volksetym. Bezug auf *Mainz* (s. Bach) motiviert worden sein. Der neue ON ist durch Konversion eines Landschaftsnamens gewonnen; ohnehin waren *-tal-*Namen Modenamen der Gebietsreform. IV. ↗ Wuppertal NRW. V. MGH DKdG; Reimer 1891; CE; Sperber; Krahe; Krahe H.: Alteuropäische Flußnamen. In: BNF 1 (1950); Bach DNK. *HGS*

Mainz I. Kreisfreie Stadt, 197 623 Ew., Hauptstadt und zugleich größte Stadt des Bundeslandes RP, am Rhein gegenüber der Mainmündung, Mittelpunkt für die Region Rheinhessen und gemeinsam mit dem benachbarten Wiesbaden (HE) länderübergreifendes Doppelzentrum. Ende 1. Jh. v. Ch. als röm. Lager gegr., wurde der Ort 297 n. Chr. erstmalig *civitas* genannt. In spätröm. Zeit Hauptstadt einer Provinz, dann fränk. Königshof und seit dem 8. Jh. Sitz von Ebf., die im MA Kurfürst und Reichserzkanzler waren. Die Stadt wurde Sitz des kurmainzischen Territoriums, war aber von 1244 bis 1462 Freie Stadt. 1793 Mainzer Republik. Danach kam die Stadt mit Rheinhessen an das Ghztm. Hessen. 1950 wurde Mainz anstelle von Koblenz Hauptstadt des neu gegr. Landes RP. II. 44 n. Ch. *Mogontiacum*, 6. Jh. *Mogontia*, um 659 *Magancia*, 9./10. Jh. *Maginza*, 13. Jh. *Megenze*, 1315 *Meynce*, 1320 *Meintz* und *Meintze*. III. Dem ON liegt eine latinisierte Form des kelt. PN *Mogóntios* mit einem lat. besitzanzeigenden Suffix ↗ *-acum* zugrunde, verm. vor zu ergänzendem *fundus* 'Hofgut' im Akkusativ: 'zum Hofgut des Mogontios'. Seit dem 6. Jh. verkürzte Form. Der ON könnte wegen des Wandels von *-o-* zu *-a-* schon im 1. Jh. v. Chr. in das Germ. entlehnt worden sein. Übernahme der spätlat. Aussprache *-tsia* schon in das Ahd., während nhd. *-ai-* statt mhd. *-ei-* und *-ē-* auf die südostdeutsche Kanzleisprache im 15. Jh. zurückgeht. Der PN könnte von *Mogon*, einem kelt. Götternamen abgeleitet worden sein. V. Tacitus, Historiae IV. Hg. von E. Koestermann. Leipzig 1950; Gysseling 1960/61; Kaufmann 1976. *JMB*

-mais. ↗ **-grün.**

Maisach I. Gem. im Lkr. Fürstenfeldbruck, 12 790 Ew., Reg.-Bez. Oberbayern, BY. II. 793–806 (Kop. von 824) *Meisaha*, 1104–1137 *Maisa*, ca. 1141–1147 *Maisach*. III. Das Grundwort des urspr. Gewässernamens, der selbst 853 als *prope fluvium Meisaha* belegt ist, ist ahd. *aha*, ↗ *-ach¹* 'Wasser, Wasserlauf, Fluss', das Bestimmungswort wohl *meisa* 'Meise', sodass sich als Bedeutung 'Fluss, an dem Meisen fliegen' ergibt. V. Reitzenstein 2006. *WvR*

Malchin am Kummerower See I. Amt (mit den Städten Malchin und Neukalen sowie weiteren sechs Gem.) im Lkr. Demmin, 14 168 Ew., zwischen Kummerower und Malchiner See, ca. 50 km nw von Neubrandenburg, MV. Bei slaw. Fischersiedlung um 1220 Neuanlage einer d. Siedlung durch Fürsten von Werle, 1236 Stadtrecht, zwischen 1621 und 1918 traten in Malchin die mecklenburgischen Landstände zusammen. 1952–1990 Kreisstadt des gleichnamigen Kreises, Sitz der Landesforstverwaltung MV, Verarbeitung von landwirtschaftlichen Produkten. II. 1215 *Malekin*, 1236 *ciuitatis Malchyn*, 1300 *Malghyn*, 1316 *Malkin*; *Malchin* (1257). III. Dem ON liegt ein apolb. KN oder ZN *Malech, *Malach, *Maloch mit einem poss. Suffix ↗ *-in*, zugrunde. Der zweite unbetonte Vokal fiel bei der Eindeutschung des Namens aus. Die Bedeutung des ON lässt sich als 'Ort des Malech, Malach oder Maloch' rekonstruieren. Sowohl KN (von einem zweigliedrigen VN mit *Mal-* im Erstglied) als auch ZN würden auf slaw. **mal-* 'klein' zurückgehen und wären dabei sekundäre Bildungen mit den Suffixen *-ech*, *-ach*, *-och*. IV. ↗ Malchow, Lkr. Müritz, MV. V. MUB I–VII; HHS, Bd. 12; Trautmann ON Meckl.; Eichler/Mühlner. *MN*

Malchow I. Stadt und gleichnamiges Amt (mit weiteren acht Gem.) im Lkr. Müritz, 11 464 Ew., in der Mecklenburgischen Seenplatte, zwischen der Müritz und dem Plauer See, MV. Slaw. Burg samt Siedlung, bei der um 1220 durch die Herzöge von Mecklenburg eine neue Siedlung angelegt wurde, 1235 Stadtrecht für Neu-Malchow, 1721 Errichtung einer Neustadt, wodurch bisheriges Neu-Malchow zu Alt-Malchow wurde; zu Mecklenburg-Schwerin, bis zur Gründerzeit typische Ackerbürgerstadt, danach auch Tuchindustrie, h. vorrangig Handels-, Handwerks- und Baubetriebe. **II.** 1147 *Malchou*, 1164 *Malachou*, 1170 *Malechowe*, 1235 *Malchowe*; *Malchow* (1353). **III.** Dem ON liegt ein apolb. KN oder ZN **Malech*, **Malach*, **Maloch* mit einem poss. Suffix *-ov*, ↗*-o(w)*, zugrunde, dessen auslautendes *-v* in der Aussprache verloren ging. Der zweite unbetonte Vokal fiel bei der Eindeutschung des Namens ebenfalls aus. Die Bedeutung des ON lässt sich als 'Ort des Malech, Malach oder Maloch' rekonstruieren. Sowohl KN (von einem zweigliedrigen VN mit *Mal-* im Erstglied) als auch ZN würden auf slaw. **mal-* 'klein' zurückgehen und wären dabei sekundäre Diminutivbildung mit den Suffixen *-ech*, *-ach*, *-och*. **IV.** ↗Malchin, Lkr. Demmin, MV. **V.** MUB I, VII; HHS, Bd. 12; Trautmann ON Meckl.; Eichler/Mühlner. *MN*

Malente nd. Lent **I.** Amtsfreie Gem. im Kr. Ostholstein, 10 889 Ew., in der Holsteinischen Schweiz, SH. Um 1150 wird in der Gegend des heutigen Malente im Zuge der Gründung des Bistums Oldenburg eine Ansiedlung errichtet, 1215 urk. erwähnt, 1955 Anerkennung als Kneippheilbad, 1996 Anerkennung Malente-Gremsmühlens als Bad und Heilklimatischer Kurort. **II.** 1215 *Melente [Or]*, 1345 *in parochia Malente*; *Malente* (1433). **III.** Die Bez. des Ortes geht wohl zurück auf den apolb., apoln. PN *Miléta* und kennzeichnet Malente so als 'Ort des Miléta'. In vortonigen Silben wurde das /i/ zum /e/ und weiter zum /a/ gesenkt, wodurch sich der Wandel zum heutigen Malente erklären lässt. **V.** Laur; Haefs. *GMM*

Malles Venosta ↗Mals

Malmedy I. Arrondissement Eupen-Malmedy-St. Vith (Ostbelgien), 11 943 Ew., B. Sitz des Bezirkskommissariats, Malmedy ist mehrheitlich französischsprachig mit geschützter deutschsprachiger Minderheit und gehört zum Gebiet der Franz. Gemeinschaft Belgiens. Verm. röm. Ursprungs, Klostergründung um 650 durch den heiligen Remaclus, Benediktiner-Doppelkloster in Personalunion mit Stavelot (d. Stablo), gehörte als Fürstabtei (1796 aufgehoben) zum Niederrheinisch-Westfälischen Reichskreis, 1795 zum franz. Departement Ourthe, 1815 zu Preußen (1815–1920 Kreisstadt des gleichnamigen, mehrheitlich deutschsprachigen Kreises), 1920 zu Belgien (bis 1925 Sitz des Generalgouverneurs der vom Deutschen Reich abgetretenen belgischen Ostkantone), zwischen 1940 und 1944 vom Deutschen Reich annektiert. Malmedy bildete in preuß. Zeit eine rom. Enklave („preuß. Wallonie"). Touristenzentrum, Natursteingewerbe, seit dem 18. Jh. wichtiges Zentrum der Tuch-, Papier- und Lederindustrie. **II.** 648 *Malmunderio; Malmundarium*, *Malmendi*, *-dy*, auch *Malmody* (MA bis 18. Jh.), in d. Urk. *Malme(n)der*, später (selten, veraltet) *Malmünd(e)*; dial. wallon. [mamdi], d. [malmdər]. **III.** Wahrscheinlich *Malmedy < Malmundarium* 'schlechte oder kleine Rodung' < lat. **malum mundarium* (lat. *mal(us)* 'schlecht, klein' und *mundare* 'säubern, roden'). **IV.** Malessart (*malum sartum*), F, und Quadrath, OT von Bergheim, Rhein-Erft-Kreis, NRW. **V.** MGH DD I; Esser, Q.: Beiträge zur gallo-keltischen Namenkunde. Malmedy 1884; Cramer, F.: Rheinische Ortsnamen aus vorrömischer und römischer Zeit. Düsseldorf 1901, Nd. Wiesbaden 1970; Langohr, J.: Le nom de Malmédy. Welkenraedt 1923. *LK*

Mals // Malles Venosta I. Marktgem., 5046 Ew., südlich der Malser Heide und der *Multen*, einem großen Schuttkegel der Alpen, Provinz Bozen, I. Flächenmäßig zweitgrößte Gemeinde Südtirols. Schul- und Verwaltungszentrum des Obervinschgaus. Als früherer Siedlungsplatz wird *Malettes*, eine Hochweide auf 1597 m östlich oberhalb Mals angenommen. **II.** 1094 (Kop. 13. Jh.) *Malles*, 1150 *Mallis*. **III.** Der Name beruht auf vorrömisch **mal-na-* aus idg. **mal-/mol-* 'Erhebung, Berg'. **V.** ANB; Kühebacher 1. *HDP*

Malsch I. Gem. im Lkr. Karlsruhe, 14 537 Ew., ca. 15 km s Karlsruhe, in der Vorhügelzone vor dem Steilabbruch des nw Schwarzwaldes zur Rheinebene, Reg.-Bez. Karlsruhe. BW. Malsch ist verm. eine Siedlung der Merowingerzeit und gehörte zum Weißenburger Besitz, ab 1256 im Besitz der Markgrafen von Baden, während der Reformation an Württemberg, 1603 als Tausch wieder an Baden. Goetheanum, St. Peter Kapelle, Kirche St. Cyriak, Stadtmühle. **II.** 1065 (Kop. 13. Jh.) *in Malsche*, 1075 *Malska [Or]*, 1207 *Malisch [Or]*; *Malsch* (1213). **III.** Der Name geht vielleicht auf einen GwN **Malsc-aha* zurück; das Bw. könnte ein Adjektiv enthalten, das als nd. *malsc* 'mürbe, zart' bezeugt ist und sich als ahd., mhd. *malz* 'weich' – ohne *-k*-Suffix – erhalten hat. Der GwN wäre dann auf den feucht-weichen Boden der Flusslandschaft bezogen und später auf die Landschaft selbst übertragen worden (↗*-ach¹*). Als formale Parallele könnte Spöck (an der Pfinz) < *Speccaha* gelten. Möglich ist aber auch, dass wie im Gebirgsnamen *Malschen* (Bergstraße) ein Adj. zugrunde liegt, das sich allerdings nur in aä. *malsk* 'stolz, übermütig' erhalten hat und in ON und FlN die Bedeutung 'hochragend, steil' trägt. **IV.** Malsch, Rhein-Neckar-Kreis, BW; Mons Malscus (Melibokus), Berg im Odenwald,

HE. **V.** FO; Diemer, M.: Die Ortsnamen der Kreise Karlsruhe und Bruchsal. Stuttgart 1967; Südhess. FlNB; LBW 5. *JR*

Mamer **I.** Gem. und Hauptort des Kt. Kapellen (der namengebende Ort ist heute OT von Mamer), 7263 Ew., im Tal der Mamer im Gutland, ca. 8 km w von Luxemburg, Distr. Luxemburg, L. Seit dem MA zu Luxemburg, röm. Thermen, 1500 Geburt des Nikolaus Mameranus, Hofdichter und Chronist Karls V., 1830–1839 preuß. Garnison, Wohngemeinde vor den Toren Luxemburgs. **II.** 960 (Kop. ca. 1225) *Mambra*, 1272 *de Manbren*, 1473 *Mameren*, 1766 *Mamer*. **III.** Benennung nach dem GwN *Mamer* (1282 *a fluvio dicto Mambra*, l. zur Alzette). Für den GwN wurde als Ausgangsform *Mamara 'die sich Biegende' (mit regressiver Assimilation < alteurop. *Namara, zu idg. **nem-* 'sich neigen', hier 'sich biegen', und *r-*Suffix) vorgeschlagen (Greule). Tradierung ins Mfr.-Ahd. über festlandkelt. und lat.-rom. Zwischenstufen. Die Form *Mambra* zeigt rom. Synkope (*Mamra < *Mamara) und rom. Gleitkonsonant *b* (*Mamra > *Mambra*, vgl. franz. *nombre* < vulgärlat. *numru < lat. *numerus*). Die im MA mehrfach auftretende Graphie *nb* steht hyperkorrekt für *mb* (Umkehrschreibung für die ansonsten häufige Teilassimilation *nb > mb*). Wmoselfr.-d. Entwicklung mit progressiver Assimilation *mb > m(m)* und Sprossvokal *e*: 1473 *Mameren*. Formen mit auslautendem *-en* (seit dem späten 13. Jh., nach dem Vorbild anderer SiN, z.B. der regional häufigen ↗ *-ingen-*Namen) werden durch Kürzung und *n-*Tilgung (*-eren > -ern > -er*) auf die h., seit dem 18. Jh. belegte Namenform *Mamer* reduziert. **IV.** ↗ Memel (ON aus GwN, lit. *Nemunas*, regressive Assimilation in einem alteurop. GwN), LT. **V.** Greule, Gewässernamen; Gysseling 1960/61. *AS*

Mammendorf **I.** Gem. und gleichnamige VG im Lkr. Fürstenfeldbruck, 15591 Ew., Reg.-Bez. Oberbayern, BY. **II.** 758–763 (Kop. von 824) *Mammindorf*, 1024–1031 *Mammandorf*, 1078–1098 *Mammendorf*. **III.** Grundwort ist ahd. ↗ *-dorf* 'Hof, Gehöft, Landgut, Siedlung', Bestimmungswort der PN *Mammo*. **V.** Reitzenstein 2006. *WvR*

Mamonovo [Мамоново] ↗ **Heiligenbeil**

Manching **I.** Markt im Lkr. Pfaffenhofen a. d. Ilm, 11300 Ew., Reg.-Bez. Oberbayern, BY. In der Nähe Ausgrabungen eines kelt. Oppidums, 844 Erwähnung als Königsgut, 1936 Anlage eines Militärflugplatzes. **II.** 844 *Mandechingon*, 1092–1095 *Mandihhin*, 11. Jh. (Kop. von 1281) *Manching*, 1142 *Mantinchingen*, 1263 *Maenchingen*, 1303 *Maeniching*, 1343 *Maeching*, 1381 *Mannching*. **III.** Es liegt der zu erschließende PN *Mandicho zugrunde, der durch das Zugehörigkeits-suffix ↗ *-ing* abgeleitet ist. **V.** HHS 7/1; Reitzenstein 2006. *WvR*

Mandelbachtal **I.** Gem. im Saarpfalz-Kreis, 11486 Ew., an der Mündung des Mandelbaches in die Blies im Bliesgau sowie im gleichnamigen UNESCO-Biosphärenreservat, ca. 15 km ö von Saarbrücken, an der franz. Grenze, SL. Namengebend für die 1974 aus 8 Ortschaften entstandene Gem. war der Mandelbach sowie ein 1239 erstmals erwähntes, jedoch wüst gegangenes Dorf direkt an dessen Mündung in die Blies. Im Tal teilten sich die Bliesgaugrafen und das Kloster Gräfinthal Besitz. 1816 zum Kgr. Bayern, 1918 bis 1935 zum seit 1920 unter Völkerbundsmandat stehenden Saargebiet gehörig und seit 1947 zum in politischer Union mit Frankreich verbundenen Saarland, seit 1957 zum Bundesland Saarland. **II.** 1239 *Mandelbach*, 1370 *Mandelbach*. **III.** Gem., die im Rahmen der Gebiets- und Kreisreform des Saarlandes 1974 aus acht ehemals selbstständigen Orten (Bebelsheim, Bliesmengen-Bolchen, Erfweiler-Ehlingen, Habkirchen, Heckendalheim, Ommersheim, Ormesheim, Wittersheim) entstand. Bei dem Namen der Gem. handelt es sich urspr. um einen Bachnamen. Auch wenn in der nahe gelegenen Vorderpfalz an vielen Stellen die Mandel (*Amydalus communis*) gedeiht, kommt für das Erstelement des Bachnamen diese Deutung nicht in Frage. Das Erstglied *mandel* lässt sich auf ahd. *mantala*, mhd. *mantel*, in der md. Form *mandel* 'Föhre' zurückführen. Alternativ lässt sich auch das im Rhfr. mundartliche *Mande-*, *Mandel-* ansetzen, welches die Korbweide bezeichnet ('Bach, an dem Weiden standen'). Der Name des Baches, der einige der OT der Gem. durchfließt, dient als Bw. zu dem bei solchen Neuschöpfungen häufig verwandten Gw. ↗ *-tal*. Der GwN ist als SiN ab dem 13. Jh. in der h. üblichen Schreibung überliefert. Der bereits ma. belegte Ort Mandelbach ist h. ein Teil des Dorfes Habkirchen. Die OT der Großgemeinde mit Namen auf ↗ *-heim* und ↗ *-ingen* sind durchweg merowingische, früh belegte Gründungen. Der SiN Bolchen < *Bolliaco ist ein bereits galloromanischer ↗ *-(i)acum-*Name (vgl. in Lothringen Boulay-Moselle/Bolchen, Département Moselle, F). Habkirchen ist bereits 819 (*Apponis ecclesia*) belegt, 1046 als Zentralort einer Grafschaft an der Blies (*comitatu Happinchiricha*) erwähnt. **V.** Christmann; Jochum-Godglück, Chr.: Ommersheim oder Mandelbachtal? Zum Gebrauch von Gemeinde- und Ortsnamen nach der Gebietsreform. Ergebnisse einer Befragung. In: Saarpfalz: Blätter für Geschichte und Volkskunde. 1999, 4 [= Nr. 63]. *Lei*

Manderscheid **I.** Stadt und gleichnamige VG (seit 1970) im Lkr. Bernkastel-Wittlich, 7725 Ew., mit 21 Gem. in der Südeifel an der Grenze zur Vulkaneifel, RP. Die Grafen von Manderscheid als Lehnsträger der Luxemburger waren hier Vögte des Klosters Echternach und saßen in der Grafschaft Manderscheid bis 1794. Nach franz. Herrschaft 1814 an das Kgr. Preußen. Seit dem 19. Jh. ist Manderscheid Kneippkurort. 1998 Stadtrecht. **II.** 973 *Mandrescheit*, nach 1132 *Manderseat*, 1147 *Mandelskeid*, 1201 *Manderscheyt*. **III.** Alter FlN mit ahd. *mandar, mandel* 'Fichte; Kiefer, Föhre', mhd. *mantel* 'Föhre' im Bw., das Gw. ↗-*scheid*, ahd. *sceit*, mhd. *sceid*, bezeichnete wahrscheinlich die Grenze eines Waldes oder eines Höhenzuges. Das Wort kann aber auch für Wald selbst stehen. Demnach könnte der ON als 'Siedlung an einer Kiefernwaldgrenze' gedeutet werden. **IV.** Manderscheids, Lkr. Bitburg-Prüm, RP. **V.** MGH DO II; Jungandreas; Müller, Trier. *JMB*

Männedorf   **I.** Politische Gem. im Bezirk Meilen, 10 015 Ew. Ehemaliges Fischer- und Rebbauerndorf am mittleren rechten Zürichseeufer, in mehrere Ortsteile aufgegliedert, Kt. Zürich, CH. Siedlungsspuren aus dem Neolithikum, der späten Bronzezeit und der Eisenzeit. Frühmittelalterliches Gräberfeld, Spuren einer Kirche des 8. Jh. Bis in die Neuzeit bäuerlich geprägt, kaum Industrie, heute vorwiegend Wohngemeinde. **II.** 933 *Mannidorf*, 972 *Mannindorf*, 1263 *Mænnidorf*. **III.** Primärer Siedlungsname aus dem das Bestimmungsglied bildenden ahd. PN *Manno* und dem Grundwort ↗-*dorf*, ahd. *dorf* '(kleines) Dorf, Weiler, Landgut': 'Dorf, kleine Siedlung des *Manno*'. Ein unsicherer Erstbeleg *ad Mannichunes ecclesia* aus dem churrätischen Reichsurbar, das der 1. Hälfte des 9. Jh. zugerechnet wird, jedoch nur aus einer Abschrift des 16. Jahrhunderts erhalten ist, wird von der Forschung skeptisch beurteilt. Identifizierte man ihn tatsächlich mit dem ON Männedorf, wäre von einem PN *Manniko* auszugehen. Reflexe der Kompositionssilbe -*i*- zeigt noch die ältere Mundartlautung ['mænidorf]. **V.** FP; HLS; LSG. *MHG*

Mannheim   **I.** Stadtkreis, 311 342 Ew., ca. 20 km nw Heidelberg, beiderseits der Neckarmündung am Nordwestrand von Baden-Württemberg, Reg.-Bez. Karlsruhe, BW. Mannheim ist eine Siedlung aus karolingischer Zeit und gehörte zum Lorscher und Wormser Grundbesitz, 1720 verlegt Kurfürst Karl Philipp seine Residenz von Heidelberg nach Mannheim und legt den Grundstein für das Mannheimer Schloss, 1731–1778 Residenzstadt, 1803 an Baden. Schloss, Nationaltheater, Friedrichsplatz, Rosengarten, Jesuitenkirche, Luisenpark. **II.** 766 (Kop. 12. Jh.) *Mannenheim*; *Mannheim* (1262). **III.** Es handelt sich um eine Zuss. mit dem Gw. ↗-*heim*; dem Bw. liegt der PN *Manno* zu Grunde: 'Siedlung des *Manno*'. Die Mundartform *Manm* dürfte vom Insassennamen *Mannemer* her beeinflusst sein. **V.** Bach DNK 2; LBW 5. *JR*

Mansfeld   **I.** Stadt im Lkr. Mansfeld-Südharz, 8439 Ew., am Ostrand des Harzes, ST. Burg 1229 urk. bezeugt, Residenz und namengebend für die Grafen von Mansfeld bis zu deren Aussterben 1780. 1815 vollständig (vorher schon in Teilen) preußisch, Mansfeld seitdem (mit Unterbrechung 1952–1994) in Kreisnamen präsent. Städtische Entwicklung, Aufschwung durch den Kupferschieferbergbau seit dem 15. Jh., Wohnsitz der Eltern Martin Luthers. **II.** 973 *Mannesfeld [Or]*, 1133 *Hogerus de Mandesvelde [Or]*, 1135 *Hogerus de Mansfeld*, 1286 *in villa Mansvelt [Or]*. **III.** Bekannt ist die von Bechstein überlieferte Sage, wonach der Name auf dem Ausspruch Kaiser Heinrichs II. „Das ist des Mannes Feld" beruht. Tatsächlich Bildung aus ahd., ahd. *man* 'Mensch, Mann' mit dem Grundwort ↗-*feld*. Wenig wahrscheinlich ist hingegen ein PN *Manno* oder *Manni* zu asä. *man* 'Mann' oder 'Mond', da PN in Namen auf -*feld* in der Regel nicht erscheinen. Obwohl die Sage die Etymologie des Namens trifft, werden sich die durch sie berichteten Ereignisse so nicht abgespielt haben. **IV.** Mansfeld, OT von Putlitz, Lkr. Prignitz, BB (wohl eine Namenübertragung von hier); Mansfelde (in der früheren Neumark) // Lipie Góry, Woiwodschaft Lebus, PL; Manhagen, Kr. Ostholstein, SH. **V.** SNB; Walther 1971; Freisleben, A.: Die Ortsnamen des Landkreises Mansfelder Land, Magisterarbeit Martin-Luther-Universität Halle-Wittenberg. Institut für Geschichte 2007. *ChZ*

-mar.   Das App. ist gemeingerm., allerdings mit unterschiedlicher Stammbildung und verschiedenem Genus, asä. *meri* Fem., ahd. *mari* / *mer(i)* M. / Ntr., mhd. *mer* Ntr., mnd. *mēr* Ntr. 'Meer, stehendes Gewässer, Sumpf, Quelle' (< idg. **mari-* / **mori-*). Das Wort gehört zu den sehr alten Stellenbez. wie ↗-*lar* oder ↗-*loh(e)*. In den SiN hat sich die -*a*- Form durchgesetzt (↗Weimar, TH). Von -*mar* hat sich durch eine besondere dehnstufige Ableitung („Vṛddhi"-Bildung) über ahd. / mhd. *muor*, asä. / mnd. *mōr* die im 17. Jh. ins Hd. übernommene nd. Form *Moor* / -*moor* 'Sumpf, stehendes Gewässer' entwickelt, die in FlN und SiN mit dem gleichbedeutenden, aber etym. eigenständigen *Moos* / -*moos* (< ahd. / mhd. *mos* Ntr. 'Moor, Sumpf') korrespondiert (↗Mosbach, Neckar-Odenwald-Kreis; Todtmoos, Lkr. Waldshut, beide BW). Literatur: Bach DNK II, 1; II, 2; Udolph 1994; NOB III; Debus / Schmitz H.-G. *FD*

Marange-Silvange   **I.** Gem. und Hauptort des gleichnamigen Kantons im Dép. Moselle, 5900 Ew., 11 km nw Metz, LO, F. Alter Besitz der Abteien

St. Vanne in Verdun und Mouzon a. d. Maas; Dorf der Probstei Diedenhofen; später an Frankreich; 1871 zum Reichsland Elsass-Lothringen, 1918 wieder zu F.; schon seit Festwerden der Sprachgrenze in franz. Sprachgebiet. **II.** Maringen: 997 *Madringes*, 11. Jh. Mitte *Madrengias*, 1033/70 *Marengis*, 1130 *Maranges*, 1289 *Maringen*. Silvingen: 972 *Sigolvingon*, 1147 *Solvengis*, 1298 *Suelevanges*, 1312 *Silvenges*, 1320 *Sulvange*. **III.** Marange: Bildung mit dem PN ahd. *Madaro* (zu germ. **maþa-*, verkürzt aus **maþla-* 'Gerichtsversammlung, Beratung' + *r*-Suffix) und dem ⁊ *-ing-*Suffix: Ausgangsform **Madaringas*. Durch den afranz. Schwund des intervokalischen -*d*- (11. Jh.) entstehen die späteren franz. Formen; mit der rom. Senkung *i* > *e* ergibt sich die Suffixform -*enges*, unter dem Einfluss zentralfranz. Entwicklungen später -*ange(s)*. Die d. Doppelform *Maringen* ohne Umlaut, aber mit *d*-Schwund ist hochmittelalterliche Analogiebildung. Silvange: Bildung mit dem PN ahd. *Sigiwulf* > *Sigolf* (germ. **sigi-* 'Sieg' + **wulfa-* 'Wolf') und dem ⁊ *-ing-Suffix*: Ausgangsform **Sigiwulfingas*, Dat. Pl. *Sigolfingon*. Der gallorom. Schwund des intervokalischen -*g*- führt zu rom. **Sīolfenge*; Suffixentwicklung wie bei Marange. **IV.** Siglfing (10. Jh. *Sigolvingen*), OT von Erding, Lkr. Erding, BY. **V.** Reichsland III; Jungandreas; Gysseling 1960/61; Hiegel; Haubrichs 2000a. *Ha*

Marbach am Neckar **I.** Stadt und gleichnamiger GVV (mit den Gem. Affalterbach, Benningen am Neckar und Erdmannshausen) im Lkr. Ludwigsburg, 30 556 Ew., ca. 7 km nö Ludwigsburg, an der Einmündung des h. *Strenzelbach* genannten Zuflusses zum Neckar, Reg.-Bez. Stuttgart, BW. Erstmals 972 genannt, im 10. und frühen 11. Jh. ein Zentrum bischöflich speyerscher Territorialpolitik, 1009 Markt und Münzstätte, zwischen 1244 und 1282 Erhebung zur Stadt, 1302 an Württemberg. Weinbau, Deutsches Literaturarchiv, Schiller-Nationalmuseum, Oberer Torturm, Alexanderkirche. **II.** 972 (Kop. 13. Jh.) *Marcbach*, 1009 (Kop. 13. Jh.) *Marcbach*, 1244 *Marpach [Or]*; *Marbach* (13. Jh.). **III.** Es handelt sich um eine Zuss. aus dem Gw. ⁊ -*bach* und dem Bw. ahd. *marca*, mhd. *marke* 'Grenzgebiet'. Die inlautende Dreierkonsonanz -*rcb*- wird durch Ausfall des -*c*- erleichtert. Das Motiv der Namengebung ist in der ca. 2 km südlich verlaufenden Grenze zwischen den Bistümern Konstanz und Speyer zu suchen; da *marca* das Grenzgebiet im Gegensatz zur Grenzlinie (nhd. *Grenze*) bezeichnet, spricht der Abstand zur Bistumsgrenze nicht gegen die Deutung. **IV.** ⁊ Markdorf, Bodenseekreis, BW. **V.** Reichardt 1982; Bach DNK 2; LBW 3. *JR*

Marburg **I.** Kreisstadt im Lkr. Marburg-Biedenkopf, 79 836 Ew., an der Lahn gelegen, Mündung des Marbachs, Sitz der Kreisverwaltung, Reg.-Bez Gießen, HE. Bald nach 1122 Errichtung der Burg durch die Grafen von Thüringen (Vorgängerbau 11. Jh.), seit 2. Hälfte 13. Jh. Erweiterung zum repräsentativen Fürstenschloss, um 1180 landgräfliche Stadtgründung, 1311 *borg und stad*: erste Stadtrechtsverleihung, seit 1264 Residenz der hess. Landgrafen, 1222 *maior ecclesia* (Marienkirche, h. Lutherische Pfarrkirche), 1228 Gründung des Franziskus-Hospitals durch Elisabeth von Thüringen, aufopfernde Krankenpflege, 1231 ihr Tod, 1235 Heiligsprechung, 1235–1283 Bau der frühgot. Elisabethkirche (Grabeskirche), bedeutender Wallfahrtsort bis zur Reformation; 1235 Schule bezeugt, 1527 Gründung der ersten protestantischen Hochschule durch Landgraf Philipp („Philipps-Universität") auf der materiellen Basis der säkularisierten Klöster, 1529 Marburger Religionsgespräch (Luther, Zwingli), 19. Jh. Universitätskliniken, Hess. Staatsarchiv mit Archivschule, Staatsbibl. Stiftung Preußischer Kulturbesitz, Johann-Gottfried-Herder-Institut, Blindenstudienanstalt, Bering-Nachfolgewerke (pharmazeutische Erzeugnisse), Metall-, Druckindustrie, Stempelerzeugung, Landwirtschaft. 1929 Ockershausen, 1974 achtzehn weitere Orte eingem.; kreisfrei seit 1929 bis 30. 6. 1974. **II.** 1138/39 *de Marburg*, 1194 *Martburgensis moneta*, 1227 *Marcborch*, 1233 *Marhpurc*. **III.** Zuss. von ahd. *marca*, *mar(c)ha*, mhd. *mark(e)* 'Grenze, Grenzgebiet' und ⁊ -*burg*. **V.** Reuling 1979. *FD*

March **I.** Gem. im Lkr. Breisgau-Hochschwarzwald, 8 614 Ew., bildet zusammen mit der Gem. Umkirch den GVV March-Umkirch mit 13 831 Ew., ca. 8 km nw Freiburg, in der Freiburger Bucht am Nimberg gelegen, Reg.-Bez. Freiburg, BW. Die Gemeinde wurde am 1. Dezember 1973 aus den vormals eigenständigen Gemeinden Buchheim, Holzhausen, Hugstetten und Neuershausen neu gebildet. Schlösser Buchheim, Holzhausen, Hugstetten und Neuershausen, Sternwarte. **II.** *March* (1973). **III.** Der neue Gemeindename geht auf einen zunächst nur mündlich überlieferten FlN *Marchhügel* zurück, der sich auf ein zwischen Holzhausen und Hugstetten gelegenes Flurstück bezieht. Als Bw. gilt ahd. *marca*, mhd. *marke* 'Grenzgebiet', hier in der Bedeutung 'abgegrenztes Gebiet, Mark- oder Dorfgenossenschaft'. Eine solche „March" bilden in der Mundart die fünf Dörfer Buchheim, Hochdorf, Holzhausen, Hugstetten und Neuershausen. **V.** Kannenberg; LBW 2 und 6. *JR*

Mariánské Lázně ⁊ **Marienbad**

Mariazell **I.** Stadt, 1 579 Ew., Pol. Bez. Bruck an der Mur, ST, A. Die Gründung von Mariazell durch das Benediktinerkloster Sankt Lambrecht setzt man in die Zeit um 1157. Ab 1330 wurde die kleine Klosterniederlassung zu einem weit über die Steiermark hinaus bekannten und viel besuchten Wallfahrtsort, der später Reichsheiligtum der österreichisch-ungarischen und böhmischen Länder und 1957 Stadt wurde. **II.** 1243 *in silva sua ..., que Cella vocatur*, 1330 *ad ecclesiam eiusdem sancte Marie in Cell*. **III.** Der Name enthält mhd. *zelle, celle* (in ahd. Zeit aus kirchenlat. *cella* 'Wohnraum eines Mönchs' entlehnt) in der Bedeutung 'Zelle, kleines Nebenkloster, Zweigklösterchen'. *FLvH*

Marienbad // Mariánské Lázně [ˈmarɪjaːnskɛː ˈlaːznɛ] **I.** Stadt im Kr. Cheb, 13 758 Ew., in Nordwestböhmen, Bezirk Karlovy Vary (Karlovarský kraj), CZ. Heilquellen bekannt seit dem 16. Jh. 1528 Analyse der Heilwirkung, eingehende Untersuchungen initiierte Maria Theresia. 1808 erste Badesaison (eine Quelle *Marienquelle*). 1818 Ernennung zum „Kurort". Imposante und stileinheitliche Errichtung von Kurhäusern, Kolonaden, Palais. Goethe weilte wiederholt hier (1824 „Marienbader Elegien"). Gesellschaftlicher Treffpunkt von europ. Bedeutung. Im. 2. Weltkrieg Lazarettstadt. Keine Industrie. **II.** 1788 *hier sind drei trefliche Gesundbrunnen ... der Gesalzene ... der Ambrosianische ... das Marienbad [Or]* (= die sog. *Auschowitzer Quellen*); 1779 *Marienbad*; 1848 *Mariánské lázně, Marienbad*. **III.** Der Kurort trug urspr. den ON *Auschowitzer Bad // Úšovické lázně* nach der Lage bei Auschowitz // Úšovice. Der ON *Marienbad* ist eine erst um 1810 stattfindende Übertragung des Namens von einer der drei, in der Nähe der *Bauermühle* in Auschovitz // Úšovice liegenden Heilquellen. Kranke haben dort unter einem Marienbild (um Genesung) gebetet. Erst später begann man, den ON *Marienbad* mit der Kaiserin Maria Theresia, der Wohltäterin des Kurortes, zu verbinden. Der tschech. ON bedeutet dasselbe. **IV.** *Franzensbad // Františkovy Lázně, Johannisbad //* Janské Lázně, ↗*Karlsbad //* Karlovy Vary, alle CZ **V.** Pf II; SchOS; HSBM; LŠ. *RŠ*

Marienberg (Westerwald), Bad **I.** Stadt und gleichnamige VG (seit 1972) im Westerwaldkreis, 19 407 Ew., mit 18 Gem. am Nordrand des Westerwalds, zwischen Koblenz und Siegen, RP. Im MA großes Ksp. mit der von Herborn aus gegr. Marienkirche im Zentrum. Zunächst als Gericht zum Westerwald, Mitte 13. Jh. nassauisch. Im 18. Jh. wuchsen Ober- und Untermarienberg zusammen. 1866 wurde das Hztm. Nassau preuß. und Marienberg Sitz des Oberwesterwaldkreises im Reg.-Bez. Wiesbaden. 1932 wurden die Westerwaldkreise mit Sitz in Westerburg zusammengschlossen. Marienberg erhielt 1939 Stadtrecht. Bad seit 1967. **II.** 1258 *Mons Sanctae Mariae, sente Mergenberg*, 1287 *Mergynberg*, 1337 *Merienberg*, 1710 *Merenberg*. **III.** Der Heiligenname *Maria* im Bw. verbindet sich mit dem Gw. ↗*-berg*. Der ON kann demnach als 'Siedlung auf oder am Berg der Heiligen Maria' gedeutet werden. Der PN *Maria* wird in ON-Verbindungen mda. zu *Merjen-*, das schriftlich häufig als *Mergen-* (1258) oder *Merien-* (1337) wiedergegeben wurde. **V.** Codex diplomaticus exhibens ab anno 831 ad 1300 Moguntiaca etc., Bd. 3. Hg. von V.F. von Guden. Frankfurt/M., Leipzig 1751; Metzler, W.: Die Ortsnamen des nassauischen Westerwaldes. Marburg 1966; Kaufmann 1973. *JMB*

Marienberg **I.** Große Kreisstadt und gleichnamige VG im Erzgebirgskreis, 15 645 Ew., SN. Neben dem eingegangenen ma. Dorf Schletta seit 1521 als Bergbaugründung neu angelegte Stadt, 1523 Stadt- und Bergrecht. **II.** 1521 *(neue Bergstadt) zue Schletten*, 1523 *(Sankt) Marien Berg*, 1530 *Berg-Stadt Marienberg*. **III.** Bergbaugründung, angelegt neben dem eingegangenen Dorf Wüstenschletta unter dem Schutz der Gottesmutter. **IV.** Marienau, OT von Mülsen, Lkr. Zwickau, Marienbrunn, OT von Leipzig, Marienthal, OT von Zwickau; Mergendorf, OT von Riesa, alle SN. **V.** HONS II; SNB. *EE, GW*

Marienburg // Malbork [malbɔrk] **I.** Stadt, seit 1999 in der Woi. Pomorskie (Pommern), 38 156 Ew., PL. An der Nogat im N Polens. Urspr. eine von pommerschen Fürsten gegr. Siedlung mit dem Namen *Zantyr*, 1250 als Geschenk an den Deutschen Orden, 1274 Beginn des Baus einer Burg, die samt ihrer Umgebung Marienburg genannt wurde, 1276 kulmisches Stadtrecht, 1309–1457 Sitz der Hochmeister, danach an Polen, 1772 an Preußen. Seit 1945 zu Polen, 1945–1975 Woi. Gdańsk (Danzig), 1975–1998 Woi. Elbląg (Elbing), Lebensmittel-, Bekleidungs- und Chemieindustrie, Tourismus. **II.** 1276 *Sanctemarienbruch*, 1323 *Mariemborg*, 1565 *Malbork*. **III.** Die d. Form *Marienburg* bedeutet 'Marias Burg', gebildet aus dem PN *Maria* und dem Gw. ↗*-burg*. Ausgangspunkt für die poln. Adaptation war eine verkürzte ostmittelhochdeutsche Form *Marbork*, die poln. Variante entstand durch eine Dissimilation *r...r > l...r* und die im Polnischen regelmäßige Substitution *-borg/-bork* für *-burg*. **V.** Czopek-Kopciuch; RymNmiast. *IM*

Marienheide **I.** Gem. im Oberbergischen Kreis, 13 684 Ew., ö Leverkusen, Reg.-Bez. Köln, NRW. 1975 mit Gimborn zusammengeschlossene neue Gem., ab 1417 als Marienwallfahrtsort bezeugt, Wohn- und Naherholungsgebiet mit Talsperren. **II.** 1417 *Mergenheyde*, 1450 *up der Mergenheide*. **III.** Urspr. mda. Form des PN *Maria* und das Gw. *-heide*. **V.** Dittmaier 1956; Pampus; HHS 3. *Ho*

Marienwerder // Kwidzyn [kf'idzin] **I.** Kreisstadt, seit 1999 in der Woi. Pomorskie (Pommern), 38 057 Ew., PL. An der Liebe // Liwa, fünf Kilometer von der Weichsel entfernt, Hauptstadt Pomesaniens // der Powiśle-Region, an der „Route der Gotischen Burgen" gelegen. Die Siedlung wurde 1233 vom Deutschen Orden gegr., 1243 zerstört, nach dem Wiederaufbau 1336 Stadtrecht, nach 1466 Verbleib im Ordensstaat, 1525 zum Hztm. Preußen, seit 1945 zu Polen, zunächst Woi. Olsztyn (Allenstein), 1975–1998 Woi. Elbląg (Elbing). **II.** 1233 *in Quedin*, 1235 *de Quedina*, 1336 *Marienwerder*, 1513 *Qwidzin*, 1565 *do Kwidyzna*. **III.** Der ON *Kwidzyn* leitet sich vom apreuß. **Kwedīns/Kwede* ab, das sich mit lit. *kvėduóti* 'anhauchen, lüften' verbinden lässt. Im Poln. wird das apreuß. -*d*- als -*dz*- wiedergegeben. Der d. Name fixiert den Namen *Maria* – der Patronin des Ordens, abgeleitet mit dem Subst. ↗-*werder* 'kleine Insel'. Vgl. die lat. Schreibung *Insula Sanctae Mariae*. **V.** Rymut NMP; RymNmiast. *IM*

Markdorf **I.** Stadt im Bodenseekreis, 12 857 Ew., bildet zusammen mit den Gemeinden Bermatingen, Oberteuringen und Deggenhausertal den GVV Markdorf, 25 422 Ew., ca. 10 km nw Friedrichshafen, auf einem Ausläufer des Gehrenbergs gelegen, Reg.-Bez. Tübingen, BW. Markdorf ist eine merowingerzeitliche Tochtersiedlung von Bermatingen, seit 1356 hohe Gerichtsbarkeit, 1803 an Baden. Obst- und Weinbau, Bischofsschloss, Hexenturm, Ober- und Untertor, Latschebrunnen, Gehrenbergturm. **II.** 817 *Maracdorf [Or]*, um 1150 (zu 1079) *castellum Marchtorf*; *Markdorf* (1288). **III.** Es handelt sich wohl um eine Zuss. aus dem Gw. ↗-*dorf* und dem Bw. ahd. *marca*, mhd. *marke* 'Grenzgebiet', hier in der Bedeutung 'abgegrenztes Gebiet, Mark- oder Dorfgenossenschaft' für einen Ort an der Grenze der Mark. **IV.** ↗Marbach am Neckar, Lkr. Ludwigsburg, BW; Mardorf, OT von Homberg (Efze), Schwalm-Eder-Kreis, HE. **V.** FO; Krieger; LBW 7. *JR*

Markgröningen **I.** Stadt im Lkr. Ludwigsburg, 14 490 Ew., ca. 8 km w Ludwigsburg, auf dem Hochflächensporn zwischen Glems- und Leudelsbachtal, Reg.-Bez. Stuttgart, BW. 779 in Lorscher Besitz, 1240 Anlegung einer Stadt durch Kaiser Friedrich II., 1336 an Graf Ulrich von Württemberg, dann Württembergische Landstadt und Mittelpunkt eines Amtes, seit 1807 zum Landkreis Ludwigsburg. Weinbau, Bartholomäuskirche, Oberes Tor, Finstere Gasse, Marktbrunnen. **II.** Um 750–802 (Kop. 1150–1165) *Gruninga*, 779 (Kop. um 828) *Gruoninga*, 12./13. Jh. *Gruningen*, *Grůningen*, *Grůningen [Or]*; *Markgröningen* (1540). **III.** Der ON gehört zu den ↗-*ing(en)*-Ableitungen und enthält den PN **Gruoni*: 'bei den Leuten des Gruoni'. Die lautliche Entwicklung beruht auf Umlaut von *uo* zu *üe* und anschließend mundartlicher Senkung zu *öe*. Der differenzierende Zusatz *Mark-* kann sich wie in ↗*Marbach* wegen der in unmittelbarer Nähe verlaufenden Bistumsgrenze auf ahd. *marca*, mhd. *marke* 'Grenzgebiet' beziehen. **IV.** Neckargröningen, OT von Remseck am Neckar, Lkr. Ludwigsburg, BW. **V.** Reichardt 1982b; LBW 3. *JR*

Markkleeberg **I.** Große Kreisstadt im Lkr. Leipzig, 24 020 Ew., beiderseits der Pleiße, vor den Toren von Leipzig, SN. Aus verschiedenen ländlichen Gemeinden 1934–46 gebildete Garten- und Wohnstadt für Leipzig, namengebend war die Gem. Markkleeberg. Naherholungsgebiet durch die im ehem. Braunkohleabbaugebiet neu entstehenden Seen s von Leipzig. **II.** 1212 *de Cleberc*, 1484 *Klebergk*, 1606 *Marck Klebergk*. **III.** Bildung mit dem Bw. mhd. *klē* 'Klee' und dem Gw. ↗-*berg*, demnach ist die Bedeutung als 'mit Klee bewachsene Erhöhung' o. ä. zu beschreiben. Später trat der Zusatz *Mark* 'Grenze, Randgebiet' (Lage in der Feldmark bzw. an der Grenze des Amtes Leipzig) hinzu. **IV.** Kleedorf, OT von Bad Brambach, Vogtlandkreis, SN. **V.** HONS I; SNB. *EE, GW*

Marklohe **I.** Samtgem. im Lkr. Nienburg (Weser), 8 379 Ew., im mittleren Wesertal, Reg.-Bez. Hannover (bis Ende 2004), NI. 1239 Lehen der Herren von Wölpe, 1314 der Herren von Münchhausen und Hoya, 1316 Sitz eines Mindener Oberhofes für das Archidiakonat Lohe und Sulingen, 1931 Umbenennung in Marklohe, 1974 Zusammenschluss der Gem. Marklohe, Balge und Wietzen. **II.** 1239 *Lon [Or]*, 1241 *parrochie Loo [Or]*, 1587 *Loh [Or]*. **III.** Der ON beruht auf dem Simplex asä. *lōh* 'Wald', mnd. *lō* 'Gehölz, Gebüsch; Waldwiese, Grasanger' (vgl. Gw. ↗-*loh[e]*), im Erstbeleg im Dat. Pl., der die Siedlung vom namengebenden Wald unterschied, später im Dat. Sg. *Lohe*. Die Umbenennung im Jahr 1931 erfolgte wohl zur Abgrenzung von Lohe ö von Nienburg; sie folgt der Erwähnung eines Versammlungsortes *Marclo* (zu asä. *marka* 'Grenze, Grenzgebiet') in der Lebensbeschreibung des Heiligen Lebuin (Vita Lebuini, 9./10. Jh.): *in media Saxonia iuxta fluvium Wisuram ad locum qui dicitur Marclo* 'mitten in Sachsen an der Weser bei einem Ort namens Marclo', den man offenbar mit Lohe identifizierte. **IV.** Lohe in den Lkr. Celle, Cloppenburg, Emsland, Cuxhaven, alle NI; Kr. Soest, NRW; Kr. Rendsburg-Eckernförde und Dithmarschen, beide SH. **V.** HHS 2; GOV Hoya-Diepholz. *FM*

Markneukirchen **I.** Stadt im Vogtlandkreis, 6 771 Ew., im oberen Vogtland im Schwarzbachtal, im Elstergebirge, sw Klingenthal, nahe der tschechischen Grenze, SN. Um 1200 entstandenes d. Dorf mit Herrensitz, benannt nach einem egerländischen Rittergeschlecht (*Nothaft*), Marktflecken im 13. Jh., seit 1800 bis h. Zentrum des Musikinstrumentenbaus. **II.** 1274 *de Newenchirchen*, 1378 *Nuwenkirchin (dictum Nothaft)*, 1582 *des Marckts Neukirchen*, 1720 *Neukirch*. **III.** Möglicherweise ist der Name des Ortsgründers *Not(t)haf(f)t* (zu mhd. *nōthaft* 'Armut, Elend, Mangel habend') der ältere Name des Ortes, der durch den durch den Bau einer neuen Kirche motivierten neuen Namen allmählich verdrängt wurde. Zur Unterscheidung von zahlreichen anderen Orten namens Neukirchen 'zur neuen Kirche' wurde der Zusatz *Markt-* vorangestellt. **V.** HONS; SNB. *GW*

Markranstädt **I.** Stadt im Lkr. Leipzig, 15153 Ew., in der flachen Leipziger Tieflandsbucht, sw vom Leipziger Zentrum, w von Leipzig-Grünau, SN. In der Nähe des ma. Dorfes Altranstädt um 1170/80 angelegte Marktsiedlung des Markgrafen von Meißen, 1354 Städtchen, 1791 Stadt. **II.** 1213 *Ranstede*, 1287 *in Ranstete forensi*, mit Bezug auf Markt (lat. forum), 1355 *Marktranstete*. **III.** Evtl. zu d. *Rand* für eine am Rande liegende Siedlung, doch könnte auch ein PN, etwa *Ranno* im Bw. vorliegen. Zur Ausspracheerleichterung wurde *-kt-* in *Markt-* zu *Mark-* vereinfacht. Das Gw. *-städt* ↗ *-stedt* ist in diesem Gebiet vereinzelt. **V.** HONS II; SNB; DS 39. *EE, GW*

Markt Indersdorf **I.** Markt im Lkr. Dachau, 9322 Ew., Reg.-Bez. Oberbayern, BY. 1124 Gründung eines Augustinerchorherrenstifts. **II.** 972–976 *Undesdorf, Undiesdorf*, 1130 *Undiesdorf*, 1255 *Vndestorf*, 1330 *Vnderstorf*, 1478 *Yndersdorf*, ca. 1481 *Inderstorf*, 1796 *Indersdorf*, 1888 *Markt-Indersdorf*. **III.** Grundwort ist ahd. ↗ *-dorf* 'Hof, Gehöft, Landgut Dorf', Bestimmungswort der PN *Undeo*, der im 9. Jh. in der Nähe bezeugt ist. Die Zusatzbezeichnung *Markt* weist auf die Rechtsstellung hin. **V.** HHS 7/1; Reitzenstein 2006. *WvR*

Markt Schwaben **I.** Markt im Lkr. Ebersberg, 11 499 Ew., Reg.-Bez. Oberbayern, BY. Besitz der Grafen von Wasserburg, im 13. Jh. Übernahme durch die Wittelsbacher. **II.** 1100–1115 *Suaben*, 1113–1121 *Suabun*, ca. 1165 *Swaben*, 1373 *Schwaben*, 1329 *Swaben burch und marcht*, 1928 *Markt Schwaben*. **III.** Aventin verwendete 1519–1521 die latinisierte Form *Sueviam Vicum*. Dem urspr. Personengruppennamen liegt wohl eine Pluralform des Stammesnamens *Svab, Svabo* zugrunde. Als Erklärung ergibt sich somit 'Siedlung bei den Schwaben, bei den Angehörigen des Schwabenstammes'. **V.** HHS 7/1; Reitzenstein 2006. *WvR*

Marktbreit **I.** Stadt und gleichnamige VG im Lkr. Kitzingen, 10101 Ew., sö von Würzburg an der s Spitze des Maindreiecks bei der Mündung des Breitbachs, Reg.-Bez. Ufr., BY. Jungsteinzeitliche, hallstattzeitliche und kelt. Siedlungsspuren; auf dem heutigen Kapellenberg ein Legionslager der Römer aus augusteischer Zeit, Besiedelung durch die Franken; bezeugt erst ab Mitte des 13. Jh., 1557 Verleihung des Marktrechts; unter der Herrschaft der Familie Schwarzenberg zu Beginn des 18. Jh. einer der Haupthandelsorte am Main; 1814 zu Bayern; 1819 Stadtrecht. **II.** 1250 (Kop. 14. Jh.) *Prauthe*, 1256 *Brovthe* (diese Belege können sich auch auf Obernbreit beziehen), 1258 *Broite*, 1311 *Nidernbreuth*, 1562 *Undernbreit*, 1594 *Marktprayt*, 1627 *Marktbreit*. **III.** Der unterscheidende Zusatz *Markt-* dient wie früher *Nidern-* und *Undern-* zur Unterscheidung von dem weiter oberhalb am Breitbach gelegenen Obernbreit. Die älteren Schreibungen schließen einen Zusammenhang mit dem Subst. mhd. *brût* 'Braut' ebenso wie mit dem Adj. *breit* aus. Für den in der Literatur vorgeschlagenen Zusammenhang mit urslaw. **brodъ* 'Furt' liegt der Ort zu weit westlich von allen nachgewiesenen slaw. Ortsnamen. Ob der Name urspr. SiN oder GwN ist, muss offen bleiben. Ein ahd. Wort **brouta* ist nicht nachgewiesen. **V.** HHS 7/2; Reitzenstein 2009; Schuh, R., in: Das Land zwischen Main und Steigerwald im Mittelalter. Erlangen 1998, S. 36; Sperber. *RB*

Marktheidenfeld **I.** Stadt im Lkr. Main-Spessart, 10 894 Ew., Reg.-Bez. Unterfranken, BY. Besitz des Klosters Fulda und später der Grafen von Wertheim, 1612 Übergang an das Hochstift Würzburg. **II.** 9. Jh. (Kop. des 12. Jh.) *Heidenefelt*, ca. 1102 (Kop. des 15. Jh.) *Heidenfelt*, 1311 *Heidenvelt*, 1342 *Heydenfelt*, 14. Jh. *Heidenvelt am Mewn*, 1750 *Marktheidenfeld*. **III.** Grundwort des urspr. Flurnamens ist ahd. *felt*, ↗ *-feld* 'Ebene, Flachland, Weideland, Fläche'; als Bestimmungswort ist das Adj. **heidīn* 'reich an Heidekraut, mit Heidekraut bewachsen' zu erschließen. Der Zusatz mittels *Markt-* weist auf den Rechtsstatus des Ortes. **V.** HHS 7/2; Reitzenstein 2009. *WvR*

Marktoberdorf **I.** Stadt und Sitz des Landratsamtes Ostallgäu, 18 222 Ew., am Ostrand des oberen geweiteten Wertachtales, Reg.-Bez. Schwaben, BY. Reihengräberfunde aus der Mitte des 6. Jh., Marktrecht seit 1453, Sitz des hochstiftischen Pflegamts Oberdorf, bfl. Schloss ab Anfang des 16. Jh., Neubau 1723–1728, 1802 bayerisch. Schlepper- und Maschinenfabrik X. Fendt und Co. bildet den industriellen Schwerpunkt. **II.** Ca. 1150 *Oberintorf*, 1312 *Oberndorf*, 1321 *Oberdorf*; *Markt Oberdorf* (1898). **III.** Gw. ↗ *-dorf*. Bw. ↗ *Ober-*. Der Name scheint eine Gegensatzbildung zu Altdorf (seit dem 11. Jh. belegt) zu sein. Markt ist unterscheidender Zusatz zu anderen Oberdörfern. **V.** Reitzenstein 1991; Dertsch: HONB Marktoberdorf; Ostallgäu Einst und Jetzt. *TS*

Marktredwitz I. Große Kreisstadt im Lkr. Wunsiedel i. Fichtelgebirge, 17505 Ew., ca. 35 km ö von Bayreuth zwischen Steinwald und Fichtelgebirge an der Kössein, Reg.-Bez. Oberfranken, BY. Bis 1339 Reichsmarktflecken, 1339 von Kaiser Ludwig dem Bayern an das Kloster Waldsassen übereignet, 1340 an die Reichsstadt Eger verkauft, seit 1384 stadtähnliche Rechte, 1725–1816 unter böhm. Landeshoheit, 1907 Stadterhebung, wirtschaftl. Zentrum des Lkr. Wunsiedel i. Fichtelgebirge. II. Um 1135 *Radewize* [Or], 1221 *Radeuuiz* [Or], 1271 *Redwiz* [Or]; *Markt-Redwitz* (1904). III. Dem SiN liegt die slaw. Gf. **Radovici* zugrunde, die mit dem patronymischen Suffix -*ovici* (< -*ov*- + -*ici*) von dem PN **Radъ* abgeleitet ist. Die Bed. der Gf. kann mit 'Siedlung der Leute des *Radъ*' angegeben werden. Durch *i* in der dritten Silbe ist *a* zu *ä* umgelautet worden. Diesen bei unserem SiN meist mit *e* verschrifteten Sekundärumlaut spiegeln auch *æ* im Beleg 1366 *Rædwitz* und *ạ*: in mda. rạ:wɐds wider. Der erst sehr spät bezeugte und in der Mda. nicht gebräuchliche Zusatz *Markt-* diente wohl nicht zur Unterscheidung von dem heute in Marktredwitz aufgegangenen Oberredwitz, 1314 *Oberredwitz*, sondern zur Hervorhebung des Status des Ortes. IV. Redwitz a. d. Rodach im Lkr. Lichtenfels, Reg.-Bez. Oberfranken, BY; Radovice, CZ; Radowice, PL. V. Keyser / Stoob I; Braun, H.: Monumenta Redwitzensia Historica. Urkunden und Denkmäler zur Geschichte der Stadt Marktredwitz. Marktredwitz 1956; Schwarz. **WJ**

Marl I. Stadt im Kr. Recklinghausen, 88836 Ew., Reg.-Bez. Münster, NRW. Kirchdorf im kftl.-kölnischen Vest Recklinghausen, 1803 zum Hztm. Arenberg, 1811 zum Ghztm. Berg, 1813 preußisch, Kohlebergbau, 1936 (nach Eingemeindungen) Stadt, Chemieindustrie. II. Um 900 *in Meronhlare*, 1228 *Marle*, 1244 *Marlere*. III. Bildung mit dem Gw. -*hlar* 'Hürde'. Bw. ist eine Bezeichnung für ein weibliches Pferd, as. *meriha*, *meria*. Der ON kann als 'Mährenhürde', Pferch für Stuten, gedeutet werden. V. Werdener Urbare A; WfUB III, VI. **schü**

Marpingen I. Gem. im Lkr. St. Wendel, 10983 Ew., an der Ill und am Alsbach im Alstal, ca. 35 km n von Saarbrücken, SL. Die Gem. besteht aus vier OT (Marpingen, Urexweiler, Alsweiler und Berschweiler), kelt. Funde zeugen hier von schon früher Besiedlung, Kreuzung zweier wichtiger röm. Straßen, von Metz nach Mainz und von Trier nach Straßburg (sog. Rheinstraße). Im MA hatten die Grafen von Blieskastel hier Besitz. Das sog. Hiwwelhaus von 1712 in Alsweiler ist das älteste noch erhaltene Bauernhaus im Saarland, h. Kulturzentrum. II. Um 1084 *castellum Marpedinum*, 1235 *Marpedingue*, 1258 *Merpedingen*, 1532 *Merpingen*. III. Der SiN ist mit dem germ. Ableitungssuffix ↗ -*ingen* gebildet. Dieses Suffix drückt die Zugehörigkeit zu einer im Erstglied genannten Person aus. Indem eine -*ingen*-Ableitung, die zunächst eine Gruppenbezeichnung ist, in den Dat. Pl. gesetzt wird, wird ein lok. Bezug hergestellt und es entsteht ein SiN ('bei den Leuten des …'). Der -*ingen*-Name *Marpingen* lässt sich auf eine Ausgangsform **Māribodingas* zurückführen; der PN *Māribodo* im Erstglied setzt sich aus germ. **mērja*-Adj. 'bekannt, berühmt, hervorragend' (> ahd. *māri*) und germ. **budōn* m. 'Bote' (> ahd. *boto*) zusammen. Die heutige amtliche Form des Namens geht wohl auf eine synkopierte Form **Marbdingen* mit nachfolgender Erleichterung der Dreikonsonanz zurück, vgl. 1532 *Merpingen* in einer franz. Originalurk. Die mda. Form zeigt in der ersten Silbe den wegen des folgenden *i* im Suffix umgelauteten Vokal, der in den hist. Schreibungen vorherrscht. **kun**

Marsberg I. Stadt im Hochsauerlandkr., 21244 Ew., an der Diemel, Reg.-Bez. Arnsberg, NRW. Entstanden aus dem durch Erzbergbau bedeutenden Horhusen im Diemeltal (jetzt Niedermarsberg) und einer s gelegenen Siedlung (jetzt Obermarsberg) bei einem 772 errichteten Kloster. Dieses lag auf der Anhöhe der sächsischen Eresburg und eines sächsischen Heiligtums. Um 1200 planmäßiger Ausbau zur Stadt. Blüte beider Siedlungen durch Handel, Handwerk, Bergbau und Metallverarbeitung. II. Zu 772 *Erisburgo*, zu 784/85 *Merespurg*; 1293–1300 *Marsbergh dictus Mons Martis*, 900 *Horohusun*, 1185 *Harehusen*, 1201 *Horhusen*. III. *Horhusen* enthält das Gw. ↗ -*hausen*; das Bw. ist mit asä. *horo* 'Schmutz' zu verbinden, was auf Motivierung durch sumpfige Bodenverhältnisse nahe der Diemel schließen lässt. In *Marsberg*, zuerst latinisiert *Mons Martis* (seit 1200), liegt der Bergname *Eresberg* mit dem Gw. ↗ -*berg* (vgl. 1176 *Eresberch*) vor. Der Anlaut *M*- entstand aus falscher Trennung eines Gefüges **tom Eresberge > *to Mersberge* (vgl. noch 1412 *beider Stette tho dem Berge*). Die Form *Meres*- ist im zugehörigen, mit dem Gw. ↗ -*burg* gebildeten Namen der Eresburg früh bezeugt und wurde bis ins 15. Jh. verwendet. Die gelehrte Verbindung mit dem Kriegsgott *Mars* wurde durch die Konsonantenfolge *M*-*rs*-, die militärische Rolle der Burg und die seit dem Asä. mögliche Senkung von -*e*- > -*a*- vor -*r*- (*Mers*- > *Mars*-) begünstigt. Obwohl die Erzvorkommen an eine Bildung mit einem Wort für 'Erz' denken lassen, sprechen gegen asä. *arut* (ahd. *aruz*) lautliche Gründe, gegen asä./mnd. *ēr* n. 'Erz' die dann anzunehmende Flexion im Gen. Sg., die in einem ON dieses Alters sehr ungewöhnlich wäre. Nach Neumann ist das Bw. mit dem adjektivischen Superlativ asä. *ērist*-, ahd. *ērest*-, ae. *ǣrest*- 'der erste, bedeutendste' zu verbinden und als „rühmende Bezeichnung" durch die militärische und religiöse Bedeutung des Ortes motiviert. Für den Ausfall des -*t*- in der Lautfolge -*stb*- sind appellativische Parallelen im Ahd. belegt, z. B. *erisporinni* 'Erstgeburt(srecht)'. Auch der im 8./9. Jh. belegte, unorganische Anlaut *H*- hat in der ahd. Schreibung *hērist*- eine Parallele, wobei auch asä., ahd. *heri* 'Heer' eingewirkt haben mag. Vom 16.–18. Jh. wird für Obermarsberg eine durch die Lage der Stadt motivierte Bezeichnung *Stadtberg(e)* verwendet, die jedoch *Mersberg/Marsberg* nicht verdrängt. **V.** Udolph, J.: Eresburg. Namenkundliches. In: RGA 7 (1989); Neumann, G.: Zum Namen der Eresburg. In: Neumann, G.: Namenstudien zum Altgermanischen, Berlin/New York 2008. *Flö*

Martinau // Rokitnica [rɔkitɲitsa] **I.** Stadtteil von Zabrze in der Woi. Śląsk, PL. Im 13. Jh. entstanden als Dorf mit kleiner Ritterburg an beiden Seiten des gleichnamigen Baches, der die historische Grenze zwischen Schlesien und Kleinpolen sowie zwischen den Bistümern Breslau und Krakau bildete. Mit dem Bau der ersten Steinkohlengrube (1899) entwickelte sich das Dorf zu einer Industriegemeinde. Bei der Abstimmung 1921 votierten 80 % der Wahlberechtigten für Polen. Bis 1939 Landgemeinde im Kr. Beuthen-Tarnowitz, Reg.-Bez. Oppeln, (1939–1945) Reg.-Bez. Kattowitz, 7844 Ew. (1939). 1951 wurde der Ort in die Stadt Zabrze eingemeindet. **II.** 1295 *Rokytnicza*, 1310 *Rokytnicza*, 1492 *na Rokitniczy*; bis 1936 *Rokittnitz*. **III.** *Rokitnica* zum poln. Adj. *rokitny*: *rokita* 'Kriechweide, Zwergweide, Salix repens' mit Suffix -*ica* gebildet, bezeichnet 'Stelle, an der niedrige Weiden wachsen, Weidenort, Ort am Weidenfluss'. Urspr. wahrscheinlich ein Gewässername, jedoch fehlen alte Belege des Flussnamens. In den Urkunden des 14. Jh. wird *Mertinskretschim*, *Martins Kretacham* erwähnt, also 'ein Gasthof, Krug, der einem gewissen Martin gehörte'. An diese Bezeichnung wurde 1936 angeknüpft, als man den Namen des Ortes veränderte. **IV.** Rokycany, Rokytnice in Böhmen, beide CZ; Rokitnica // Röchlitz in Niederschlesien, PL; Röcknitz in SN. **V.** SNGŚl; Borek, H.: Górny Śląsk w świetle nazw miejscowych. Opole 1988. *MCh*

Mattersburg ['matɐsbuɐg], dial. Mattersdorf ['matɐʒdɔɐy] **I.** Stadt und Verwaltungssitz im gleichnamigen Pol. Bez., 6862 Ew., im Becken der Wulka, BGL, A. Entstanden im 12. Jh. und benannt nach dem Patrozinium St. Martin einer Kapelle oder Kirche des Ortes, die im Besitz des Kapitels von Ofen/Buda war, das ihn 1202 an König Béla III. verkaufte. 1289 eroberte der Habsburger König Albrecht I. die um 1220 erbaute Burg und ließ sie 1291 schleifen. Statt ihrer errichteten die Herren von Mattersdorf am Rand des Rosaliengebirges die Burg Forchtenstein, nach der sie sich fortan nannten. 1354 Marktrecht. Nach erster Ansiedlung 1526 Aufnahme der aus Wien vertriebenen Juden 1671, bis 1903 eigene Gemeinde, dann bis zur Vertreibung 1938 integriert. Bis 1921 zu Ungarn (*Nagymarton*), nach Anschluss von Deutsch-Westungarn an Österreich in der Hoffnung, neue Landeshauptstadt zu werden, 1922/24 Umbenennung von *Mattersdorf* in *Mattersburg*, 1926 Stadt. **II.** 1202 *willa Martini*; 1223 (T. 1228/43), 1265 *villa Mortun*; 1289 *Mertinsdorf*, 1292 *Merteinsdorf*; 1301 *de maiori Martino, Nogmorthon*; 1302 *possessio magni Martini*, 1314 *ville Martini maioris*, 1358 *Nagymarton*, 1521 *Märttersdorff*, 1639 *Mattersdorff*. **III.** Gefügtes Komp. mit mhd. ↗-*dorf* und Patroziniumsnamen *St. Martin* als mhd. *Märtinesdorf mit Sekundärumlaut, lat. *villa Martini*, ab 14. Jh. ung. *Nagymarton* 'Groß-Martin' im Gegensatz zu *Kismarton* 'Klein-Martin' für ↗ Eisenstadt. Während der ung. Zusatz *nagy* 'groß' auch lat. als *villa magni Martini* oder *villa Martini maioris* wiedergegeben wird, unterbleibt er im D. **V.** Kranzmayer/Bürger; HHS Lechner; ÖStB 2. *PW*

Mattighofen [matiğ'ho:fn], dial. älter [ma:riğ'ho:ɣm], jünger [ma:d̦iğ'ho:ɣm]. **I.** Stadt im Pol. Bez. Braunau am Inn, 5522 Ew., r. an mittlerer Mattig, OÖ, A. Im 7./8. Jh. Pfalz der bayer. Agilolfinger und Mittelpunkt des Mattiggaues, nach 777 karolingischer Königshof. 1007 von Kaiser Heinrich II. an Hochstift Bamberg geschenkt, ca. 1180–1436 von der Friedburg in Lengau aus verwaltet, dann Übergang an Hz. Heinrich den Reichen von Bayern-Landshut und Markterhebung, 1517 bzw. 1548 Erwerbung durch die Grafen von Ortenburg und protestantisch, was 1602 Hz. Maximilian I. von Bayern zum Rückkauf und zur Rekatholisierung bewog. 1779 mit dem Innviertel von Bayern an Österreich. 1986 Stadt. **II.** 736–40 (Kop. 9. Jh.) *Matahgauui*, 759 *in villa Matahcauui*, 823 (Kop. 9. Jh.) *in loco Maticha*, 860 *Matahhoua villa*, 1103–39 *ad Matechouen*, 1356 *ze Matichouen*, 1532 *Mätighoven*, 1570 *Mattikhofen*. **III.** Gereihtes Komp. mit ahd. *hova*, ↗-*hofen*, im Nom. Pl., frühmhd. im Dat. Pl. und GwN *Mattig*: 796 *fluvio Matucha*, idg.-vspr. als antik *Maduca mit idg. *mad- 'nass, triefen', > ahd. *Matuhha* mit Zweiter Lautverschiebung und dann abgeschwächt zu *Matihha*, was Sekundärumlaut zu mhd. *Mätich* auslöste; 'Hof an der Mattig'. **V.** OÖONB 1; ANB 1; Wiesinger (1990); HHS Lechner. *PW*

Mauern I. Gem. und gleichnamige VG im Lkr. Freising, 8608 Ew., Reg.-Bez. Oberbayern, BY. **II.** 899 *Murun*, 977–984 *Mura*, 1104–1122 *Muren*, 1212–1221 *Muern*, 1215 *Mv̊ren*, 1315 *Mavren*, 14. Jh. *Mauren* ... *Maurn*,17. Jh. *Mauern*. **III.** Der urspr. Flurname wird zu ahd. *muor* 'Moor' gestellt; wegen der bei dieser Erklärung auftretenden lautlichen Schwierigkeiten ist wohl die Herleitung von *mûra* 'Mauer' im Sinn von '(röm.?) Mauerreste' vorzuziehen. **V.** Reitzenstein 2006. *WvR*

Maulbronn **I.** VVG der Stadt Maulbronn mit der Nachbargemeinde Sternenfels, 9552 Ew., ca. 14 km nö von Pforzheim, Enzkreis, Reg.-Bez. Karlsruhe, BW. 1970/75 entstanden durch Eingliederung/Vereinigung der Dörfer Schmie, Zaisersweiher und der Stadt Maulbronn. Historisch bedeutender Kloster- und Weinbauort an der Württemberger Weinstraße, historische Natursteinindustrie (Schilfsandsteinabbau), 1886 Stadterhebung, bis 1938 Oberamtsstadt. Regionales Gewerbe-, Industrie- (Aluminiumguss, Werkzeug- und Maschinenbau u.a.) und Tourismuszentrum. Ehemaliges Zisterzienserkloster Maulbronn (seit 1993 Weltkulturerbe der UNESCO), Dorfmuseum „Steinhauerstube" im OT Schmie, Weinlage Maulbronner Eilfingerberg. **II.** Um 1100 Kop. 12. Jh. Kop. 16. Jh. *Mulbrunnen*, 1159 *Mulenbrunnen* [Or], 1408 *Mulbrun* [Or], 1462 *Maulbrunn* [Or]; *Maulbronn* [Or] (1566). **III.** Bw. der für den ON anzusetzenden Ausgangsform mhd. *Mūlen-brunnen* ist eine schwach flektierte Gen.-Sg.- oder Gen.-Pl.-Form auf -*en* (wird später synkopiert) zu mhd. *mūl(e)* 'Maultier'. Mhd. -*ū*- wird zum Nhd. hin regelkonform zu -*au*- diphthongiert. Dem Gw. liegt mhd. *brunne* 'Quelle, Quellwasser; Brunnen' zugrunde. Im Schwäb. wurde hier das -*u*- zu -*o*- gesenkt. Schwäb. *bron* bezeichnet eine 'natürliche Quelle' oder einen 'künstlichen Brunnen' (↗-*brunn*/-*bronn*). Die urspr. Endung -*en* des Gw. geht zurück auf die schwache mhd. Dat.-Pl.-Endung -*en*, die einen Örtlichkeitsbezug im Sinne von 'bei ...' ausdrückt, sodass sich für den ON eine urspr. Bed. '(Siedlung) an/bei der nach einem oder mehreren Maultieren benannten Quelle oder bei dem nach einem oder mehreren Maultieren benannten Brunnen' erschließen lässt. **IV.** Maulfurth, Reg.-Bez. Oberbayern, BY. **V.** Hackl; LBW 2,5. *StH*

Maur **I.** Politische Gem. im Bezirk Uster, 9275 Ew. Gem. am südwestlichen Ufer des Greifensees, das namengebende sowie vier weitere Dörfer umfassend, Kt. Zürich, CH. Neolithische und spätbronzezeitliche Ufersiedlungen, hallstattzeitliche Grabhügel, römische Mauerreste, frühmittelalterliche Gräberfelder. Bäuerlich geprägt, früh industrialisiert, h. vorwiegend Wohngemeinde. **II.** 820–887 *Murê* (Kop. 10. Jh.), 924 *in Murae* (gleichzeitige Kopie), 952 *in Mura* [Or], 1247 *de Mure*. **III.** Sekundärer Flurname, zu ahd. *mūra* (entlehnt < lat. *mūrus* 'Steinmauer') 'bei den Mauern'. Der Name weist auf Reste steinerner Mauern hin, vielleicht auf römische, die von den einwandernden Alemannen (die nur die Holzbauweise kannten) bei der Errichtung einer Siedlung vorgefunden wurden. Namen, die das Element ahd. *mūra*, mhd. *mūre*, *mūr* enthalten, sind im Siedlungs- und Flurnamenschatz nicht selten. **IV.** Steinmaur, Bezirk Dielsdorf, Kt. Zürich, CH. **V.** HLS, LSG. *MHG*

Maxdorf **I.** Gem. und gleichnamige VG (seit 1972) im Rhein-Pfalz-Kreis, 12 671 Ew., w von Frankenthal und Ludwigshafen, Vorderpfalz, RP. Drei Gem., von denen Fußgönheim die älteste ist (erste urk. Erwähnung von 824). Der Zusatz *Fuß-* leitet sich nicht von *Fuchs-* ab, sondern bezeichnet die Lage 'am Fuße' einer Erhöhung vor der Haardt. 1736 Einrichtung eines Holzlagerplatzes mit Wärterhaus n von Fußgönheim für eine Saline bei Bad Dürkheim, 1750 erste Erwähnung als Holzhof, 1816 Ansiedlung einiger Lambsheimer Familien. 1819 Benennung dieser neuen Ortschaft nach König Maximilian I. von Bayern. 1952 Trennung der Siedlung von Lambsheim. Nach 1946 Zuwanderung durch Flüchtlinge in eine neue Großsiedlung w von Maxdorf mit dem ON *Hundertmorgen*, seit 1952 *Birkenheide*. **II.** *Maxdorf* (1824). **III.** Das Bw. ist der Regentenname *Max(imilian)*, das Gw. ist ↗-*dorf*. Der ON kann somit als 'Gründung einer Siedlung Maximilians I. von Bayern' gedeutet werden. **V.** Kolb, G.F.: Alphabetisches Verzeichnis der Gem. des Rheinkreises. Speyer 1824; HSP. *JMB*

Maxhütte-Haidhof **I.** Stadt mit 40 Gem.-Teilen im Lkr. Schwandorf, 10 474 Ew., ca. 21 km n Regensburg, ö neben Burglengenfeld, Reg.-Bez. Opf., BY. Maxhütte seit dem 19. Jh. nach Beginn von Braunkohleförderung und Stahlherstellung aus der Einöde Sauforst hervorgegangen, 1938 Umbenennung der Gem. Ibenthann nach ihrem größten Ort in *Maxhütte*, 1953 Stadterhebung, 1956 Vereinigung mit der ö anschließenden Industriesiedlung Haidhof unter neuem Namen *Maxhütte-Haidhof*, 1990 Betriebseinstellung des Stahlwerkes. **II.** Ca. 1285 Höfe in *Schawenforst* [Or], 1711 *Schaunforst* [Or], ca. 1830–1840 *Sauforst* [Or], 1851 *Eisen- und Eisenbahnschienen-Fabrik bei Burglengenfeld* (Firmenname) [Or], 1853 König Max II. von Bayern gestattet den Firmennamen *Eisenwerksgesellschaft Maximilianshütte bei Burglengenfeld*, 1877 *Sauforst (m[it] Maxhütte)*, 1888 *Maxhütte (Sauforst)*; *Maxhütte-Haidhof* (1956). 1808 *Haidhof*. **III.** *Maxhütte*: Der erste Teil des SiN besteht aus der Kurzform *Max* zum Regentennamen *Maximilian II.* des bayerischen Königs (1848–1864) in Komposition mit dem Bergbaubegriff *Hütte* 'Anlage zur industriellen Metallgewinnung'. Der Name des Hüttenwerks löste den wenig attraktiven SiN *Sauforst* ab. Dieser SiN ist durch lautliche Umgestaltung und Eindeutungen aus einem wohl urspr. FlN

Schauend(berg)forst (vgl. Beleg von ca. 1285) mit der Bed. 'Forst beim Ausschau bietenden Berg' entstanden. *Haidhof*: Der zweite Teil des SiN erscheint erst nach 1800 und bezeichnet einen ↗*Hof* 'landwirtschaftlicher Betrieb' auf einer *Heide* 'unbebautes Land'. Als ON findet sich *Haidhof* etwa 20 mal in Bayern. **V.** BayHStA, Kurbay. Äußeres Archiv 4755; Bischöfliches Zentralarchiv Regensburg, Pfarrbücher Leonberg/BUL, Bd. 1 und 2; Reitzenstein 2006. GS

Mayen **I.** Große kreisangehörige Stadt im Lkr. Mayen-Koblenz, 18 961 Ew., in der Vulkaneifel, w von Koblenz, RP. 1291 Stadtrecht (?), 1794 franz., 1815 zu Preußen. Einzelhandel sowie Stein-, Metall- und Kunststoffindustrie. **II.** 10.–12. Jh. *Megina*, 1229 *Meine*, 1231 *Meiene*, 1286 *Meien*, 1297 *Meyene*, 1344 *Maien*, 1461 *Meyen*, 1780 *Mayne*. **III.** Hauptort des Maifeldes, 888 *in pago Meinifeld*, 905 *Meginovelt*. Kelt. *Magina 'Siedlung in der Ebene', abgeleitet von kelt. **mag-es-/-os* 'freies Feld, Ebene', ↗*Remagen*. **IV.** *Maienfeld*, Kt. GR, CH; *Megen*, Nordbrabant, NL; *Ober-/Untermais*, Meran, STR, I. **V.** Jungandreas; Kaufmann 1973. AG

Mechernich **I.** Stadt im Kreis Euskirchen, 27 441 Ew., am Eifelnordrand zur Zülpicher Börde, Reg.-Bez. Köln, NRW. Trotz später Bezeugung früh besiedeltes Gebiet (fränk. Gräberfelder), reiche Bleierzlagerstätten mit Bergbau bis ins 20. Jh., daher verschiedene territoriale Zuständigkeiten. **II.** Um 1300 (Handschriften 14. Jh.) *Megchernich*, *Megternich*, *Megcernich*, *Mechernich*, 1361 *Mechgernich* [Or]. **III.** Zu einem PN *Macrinius (Erweiterung mit n-Suffix zu *Macer* oder *Macerius*, vgl. *Macerianuns*, *Macrianus*) mit gallo-röm. Zugehörigkeitssuffix ↗*-(i)acum*, *-ich*, 'Gut des Macrinius'. Der velare Frikativ aus der hd. Lautverschiebung [x ~ ç] erscheint in regionaler Schreibung auch als *-g-*. **V.** Oediger, F.W. (Hg.): Die Erzdiözese Köln um 1300. Bd. 1: Der Liber Valoris. Bonn 1967; HHS 3. Ne

Mechtal // Miechowice [mjɛxɔ'vitsɛ] **I.** Seit 1951 Stadtteil von Bytom in der Woi. Śląsk, PL. Rasante Entwicklung der landwirtschaftlichen Gemeinde im 19. Jh. durch den Abbau von Galmei und Steinkohle. Die großen Industrieanlagen sind h. außer Betrieb. Die vorwiegend polnischsprachigen Bewohner stimmten bei der Volksabstimmung 1921 zu 73 % für Polen. Bis 1939 Landgemeinde im Kr. Beuthen-Tarnowitz, Reg.-Bez.Oppeln, (1939–1945) Reg.-Bez. Kattowitz, 16 919 Ew. (1939). **II.** 1336 *de Michowicz*, 1346 *Mechowicz*, 1460 *Mechowicz*, 1653 *Miechowice*, bis 1936 *Miechowitz*. **III.** Das Dorf wurde auf dem Gebiet der ehem. Siedlung *Belobrez* (urk. erwähnt 1257) durch den Orden der Ritter vom Heiligen Grab aus Miechów in Kleinpolen gegründet und bekam demzufolge seinen späteren Namen nach dem Sitz seiner einstigen Besitzer. Poln. *Miechowice* zum PN *Miech*, kann eine KF vom *Miecisław* sein oder mit dem App. *miech* 'Sack' gleichgesetzt werden. **IV.** *Miechowice Oławskie* // *Mechwitz* in Niederschlesien, *Miechowice* in Kleinpolen, beide PL. **V.** SNGŚl; Rymut NMP; Drabina, J. (Hg.): Dzielnice Bytomia. Bytom 1998. MCh

Meckenbeuren **I.** Gem. im Bodenseekreis, 13 379 Ew., ca. 8 km nö Friedrichshafen, im südlichen Schussenbecken vor dessen Verbreiterung in die Friedrichshafener Bodenseeniederung gelegen, Reg.-Bez. Tübingen, BW. Meckenbeuren ist ein Ort des karolingerzeitlichen Ausbaus, kam 1780 mit der Grafschaft Montfort an Österreich, 1805 an Bayern, 1810 an Württemberg. Humpisschloss, Schloss Liebenau, Kapelle St. Bonifazius. **II.** Um 1100 (Kop. 13. Jh.) *Mechinbuoron*, 1155 *Mechinburren*. **III.** Es handelt sich um eine Zuss. mit dem PN *Macho/Macko* als Bw. und ahd. *būr* '(einräumiges) Haus', mhd. *būr* 'Vogelbauer' als Gw. Das Wort erscheint in den ON im Dativ Plural, woraus die heutige Form *-beuren* entstanden ist; das Bw. zeigt Umlaut des Stammvokals: 'zu den Häusern des Macho/Macko'. **IV.** *Meckesheim*, Rhein-Neckar-Kreis, BW. **V.** FO; FP 2; Kaufmann 1968; Bach DNK 2; LBW 7. JR

Meckenheim **I.** Stadt im Rhein-Sieg-Kreis, 24 500 Ew., sw Bonn an der Swist, Reg.-Bez. Köln, NRW. Fränk. Besiedlung, Bonner und Kölner Stiftsbesitz, 1636 Stadtrechte, Stadtbrand 1787, 1969 mit anderen Orten zusammengeschlossen. Töpfereigewerbe (Adendorf), Obstanbau und Baumschulen. **II.** 853 *Meckedenheim*, 893 *Mekcinheim*, 1054 *Mecchetenheim*. **III.** Weiblicher germ. PN *Magiheid, *Meghēd und Gw. ↗*-heim*. Im Rheinland seltener *-heim*-Name mit Vollform des PN. **V.** Dittmaier 1979; HHS 3. Ho

Medebach **I.** Stadt im Hochsauerlandkr., 8 021 Ew., in der Medebacher Senke, ö Sauerland, Reg.-Bez. Arnsberg, NRW. Entstanden bei einer verm. bereits karolingerzeitlichen Pfarrkirche und erzbischöflich-kölnischem Besitz im westfälisch-waldeckischen Grenzgebiet, Mitte des 12. Jh. Stadtwerdung, 1220 Stadtrecht. 1333 Sitz des Amtes Medebach, wiederholte Zerstörungen. **II.** 1144 *Medebeka* [Or], 1165 *Madebach*, 1172 *Medebach*. **III.** Bildung mit dem Gw. ↗*-be(e)ke*, das je nach Herkunft der Quellen in den älteren Belegen als hd. ↗*-bach* und nd. *-bike*, ↗*-beke* erscheint. Die älteste Form *-beka* ist latinisiert oder Fehler der Urkundenabschrift. Das Bw. ist trotz dialektgeographischer Bedenken (Westf. Flurnamenatlas) an mnd. *māde*, *mēde* 'zu mähende Wiese' anzuschließen, das im Asä. als Bw. in *māddag* 'Mähtag' überliefert ist, vgl. ahd. *māda*, ae. *mæd, mædwa* Fem. 'Wiese, Weide', ae. *mæð* Ntr. 'Mähen, Heuernte', neuenglisch *meadow* 'Wiese'. Das von FO erwogene mnd. *mēde* 'Krapp, Färberröte' wäre lautlich möglich, ist jedoch semantisch unwahrscheinlich. Der ON ist durch die Lage an einem Bach bei einer Wiese motiviert. **IV.** Meyerich, OT von Welver, Kr. Soest, NRW. **V.** FO II; Westf. Flurnamenatlas, S. 201; WOB I. *Flö*

Meerane I. Stadt und gleichnamige VG im Lkr. Zwickau, 17 492 Ew., an ö Zufluss der oberen Pleiße, nw Glauchau, SN. In der Mitte des 12. Jh. Herrenburg mit Burgsiedlung und Bauerndorf, 1565 Stadt. Seit dem 19. Jh. Zentrum der Textilindustrie, bis 1990, h. wirtschaftl. geprägt durch Unternehmen aus dem Automobilsektor. **II.** 1174 *Mer*, 1189/90 *von dem Mer*, latinisiert 1270 *in Mari*, 1361 *Mare*, 1406 *zum Mehr*, 1491 *Meraw*, dann lat. 1511 *de Merania*, 1543 *bey Meran*. **III.** Zu ahd. *mari, meri*, mhd. *mer, mere* 'stehendes Gewässer, Sumpf'. Die Endung -*ane*, die seit dem 16. Jh. fassbar wird, dürfte auf einer gelehrten Anlehnung an lat. -*ania* in Ländernamen wie Germania, Hispania usw., die in der Zeit des Humanismus häufig gebraucht wurden, beruhen. Die Schreibung mit -*ee*- ist erst seit 1819 bekannt. **V.** HONS II; SNB; DS 39. *EE, GW*

Meerbusch I. Stadt im Kr. Rhein-Kreis Neuss, 54 219 Ew., Reg.-Bez. Düsseldorf, NRW. 1970 durch Zusammenschluss mehrerer Gemeinden entstanden. Der moderne Name knüpft an das 1166 gegründete Prämonstratenserkloster Meer an. **II.** 1104 *de Mere* [Or]. **III.** Asä. *meri* 'Meer, See'; ↗-*busch* nach den umliegenden Waldungen (*Meerer Busch*). *Meer* ist in dieser Region häufige Bezeichnung für kleinere (versumpfte) Wasserlöcher und Wasserflächen aus abgetrennten Flussarmen (Dittmaier 1963b), zahlreiche Belege im nl. und niederrhein. Bereich (FO 2). Ältester Beleg in der Region: 721/22 *Meri*, h. Mehr (Gem. Kranenburg, Kr. Kleve). **V.** HHS 3; Gysseling 1960/61; Kaufmann 1973. *Tie*

Meersburg I. Stadt und gleichnamiger GVV (mit den Gemeinden Daisendorf, Hagnau am Bodensee, Stetten und ↗Uhldingen-Mühlofen) im Bodenseekreis, 17 597 Ew., ca. 16 km wnw Friedrichshafen, am Bodensee gelegen, wo der Obere See in den Überlinger See übergeht, Reg.-Bez. Tübingen, BW. 1071–1150 sind Edelfreie bezeugt, 1210 Ausbau zur Stadt, 1233 Verleihung eines Wochenmarktes, vor 1260 Ummauerung, 1299 Ulmer Stadtrecht, 1803 an Baden, bis 1807 Sitz der Provinzregierung, bis 1857 Sitz eines Bezirksamtes. Weinbau und Tourismus, Burg Meersburg, Neues Schloss, Staatsweingut, Gläserhäusle. **II.** 988 *Meresburg*, 12. Jh. (zu 1071) *Mersburg*, 12. Jh. (zu 1133) *Merdesburch*, 1142 *Mercesburc*. **III.** Der Name *Meersburg* stellt sich als Zuss. mit dem Gw. ↗-*burg* wie die bei Förstemann genannten *Marsdorf*, OT von Köln, NRW, *Merzhausen*, Lkr. Breisgau-Hochschwarzwald, BW, mit Umlaut des Stammvokals zu dem von ahd. *māri* 'berühmt' abgeleiteten PN-Stamm *Mari-, Meri-*. **IV.** Anders wohl ↗Merseburg, Saalekreis, ST. **V.** FO; FP 2; Kaufmann 1968; Krieger; LBW 2 und 7. *JR*

Meilen I. Politische Gem. und Hauptort des gleichnamigen Bezirks, 12 194 Ew. Gem. am Hang des Pfannenstiels und am Zürichseeufer, mehrere Ortsteile, Weiler und Einzelhöfe umfassend, Kt. Zürich, CH. Reichhaltige Siedlungsspuren des Neolithikums (Cortaillod, Pfyn, Horgen, Schnurkeramik), der Früh- und Spätbronzezeit; römische Villa, alemannische Grabfunde des 7. Jh. Seit dem MA bedeutende Rebbaugemeinde, ab dem 18. Jh. textile Heim- und Fabrikindustrie, später durch andere Industriezweige ersetzt. Ab dem 17. Jh. erheblicher Bevölkerungszuwachs. 1933 Inbetriebnahme des Autofährbetriebs Horgen-Meilen, h. Industrie- und Wohngemeinde. **II.** 820–887 *de Meilana* (Kop. 925–76), 950–954 *in Meilana* [Or], 965 *de Megilano* [Or], 984 *in Mediolana* [Or], 1252 *ze Meylan* [Or]. **III.** Die Deutung des Namens ist bis heute umstritten und wohl nicht letztgültig zu klären. Er ist mit einiger Wahrscheinlichkeit wie eine Reihe analoger Namenbildungen auf kelt. *Mediolanon (kelt. *medio-* 'zentral', *lano-* 'voll'), latinisiert *Mediolanum* zurückzuführen, jedoch nicht, wie die ältere Forschung vermutete, in der Bedeutung 'Mitte der Ebene' (was auch der Realbefund verbietet), sondern in einer eher religiös oder mythisch konnotierten Bedeutung, die nicht mehr sicher ausgemacht werden kann ('Ort der Erfüllung, Vollkommenheit'?). **V.** HLS; LSG. *MHG*

Meine I. Gem. und Verwaltungssitz der Samtgemeinde Papenteich im Lkr. Gifhorn, 8136 Ew., NI. Die Lage im Grenzbereich zwischen dem Bistum Halberstadt und dem Bistum Hildesheim führte immer wieder zu Streitigkeiten. 1318 Grafschaft Papenteich, 1337 Verkauf an die Fürsten zu Lüneburg, um 1380 entstand durch die Grafen von Woldenberg die Grafschaft Papenteich. Bestand der Gografschaft Papenteich bis 1852, später Aufteilung der Grafschaft Papenteich, Meine kommt zu Gifhorn. 1859 Zusammenlegung der Ämter Papenteich und Gifhorn zum neuen Amt Gifhorn, 1866 preuß. (Provinz Hannover, Lkr. Gifhorn), 1885 zum Reg.-Bez. Lüneburg, ab 1939 zum Lkr. Gifhorn; 1970 Bildung der Samtgemeinde Papenteich, seit 1978 im Reg.-Bez. Braunschweig. **II.** 1007 (Kop. 14. Jh.), 1265, 1297 und oft (bis 1456) *Meynum*, um 1274 und oft *Meynem*, auch *Meynen*, 1436, 1452, 1479 *Meyne*, aber noch 1589 *Meinen*.

III. Die Deutung des Namens hat von den älteren Belegen *Meinum, Meinem* auszugehen, nicht von der heutigen Form *Meine*. Sie steht und fällt mit der Frage, ob von einem Kompositum mit *-hēm*, etwa *Mein-hēm*, oder einer suffixalen Bildung mit *-n-*, etwa **Mei-n-um*, auszugehen ist. Bei genauer Prüfung der h. auf *-um-* auslautenden ON des Kreises Gifhorn und der umliegenden Regionen lässt sich diese Frage beantworten: die mit *-hēm* (↗ *-heim*) gebildeten ON zeigen zunächst keineswegs einen Auslaut *-um*. Dieser erscheint erst zögernd seit dem 14. Jh. (NOB III), so dass die Deutung nicht mit *-hēm* > *-um* rechnen darf. Es bleibt daher die Möglichkeit, von einer Dat.-Pl.-Endung **-um* auszugehen, die an eine *-n-*haltige Grundlage angetreten ist. Hier können wahrscheinlich die nicht wenigen Parallelen wie *Bassum, Bevern, Dersum* usw. genannt werden, die Möller 1998 zusammenfassend aufgeführt hat. Ferner ist zu beachten, dass der Diphthong *-ei-* in *Meine*, alt *Meinum*, kaum urspr. sein kann und zumeist auf Ausfall eines intervokalischen *-g-* oder *-d-* zurückgeht (vgl. *Peine* aus 1154, 1160 *Pagin; Leine* aus *Lagina*). Daher kann wohl **Magin-um* oder **Madin-um* angesetzt werden. Die spätere Entwicklung *Meinum* > *Meinem* > *Meine* hat vielleicht eine Parallele in *Kalme* (s. NOB III). Weiteres muss offen bleiben, denn es kann nicht entschieden werden, ob *-g-* oder *-d-* ausgefallen ist. Immerhin scheinen etliche ON für die zweite Möglichkeit zu sprechen, vor allem die von Guth, Mattium, zusammengetragenen Parallelen um *Maden* in Nordhessen, um 800 *in Mathanon*, 1046 *Madanvn*, 1074 *Mathenun*. V. GOV Gifhorn. *JU*

Meinersen I. Gem. und gleichnamige Samtgemeinde im Lkr. Gifhorn, 20 870 Ew., NI. Im MA Sitz (Reichslehen) des Geschlechts derer von Meinersen, 1147 erstmals erwähnt. 1292 Einnahme der Wasserburg Meinersen durch den Braunschweiger Herzog, 1316 Zerstörung der Burg, Eingliederung in das Ftm. Lüneburg; 1428 Meinersen wieder braunschweigisch, schwere Beschädigungen im Verlauf der Hildesheimer Stiftsfehde (1518–23). 1532 Amt Meinersen, das bis 1885 bestand, dann im Lkr. Gifhorn aufging; 1765 Errichtung des Amtshauses (h. Künstlerhaus); 1866 preuß. (Provinz Hannover, Lkr. Gifhorn), 1885 zum Reg.-Bez. Lüneburg, ab 1939 zum Lkr. Gifhorn, 1978 bis 2004 im Reg.-Bez. Braunschweig. II. 1154 *Meinherishem*, 1158 *Meinheresheim*, 1169 *Meinheresem*, 1234, 1277, 1317 *Meinersen*, 1304, 1325 *Meynersum*, 1304, 1346 *Meynersen*. III. Bildung mit dem Gw. asä. *-hēm* (↗ *-heim*) und einem stark flektierenden zweigliedrigen PN, der am wahrscheinlichsten als *Magin-hēr* angesetzt werden kann. FP und Schlaug verzeichnen ihn ab dem 6. Jh. als *Maganhar, Maginhar, Maginheri, Magenhar* und ähnlich. Er enthält asä. *magan,* *megin* 'Kraft, Stärke' und *heri* 'Heer, Kriegerschar'. Der Ausfall eines intervokalischen *-g-* zu *Mein-* entspricht der Entwicklung des Altsächsischen und Mittelniederdeutschen. V. GOV Gifhorn; Nds. Städtebuch; Przybilla, P.: Die Edelherren von Meinersen. Genealogie, Herrschaft und Besitz vom 12. bis 14. Jahrhundert, hg. von U. Ohainski und G. Streich. Hannover 2007. *JU*

Meinerzhagen [-hagen] I. Stadt im Märkischen Kr., 21 289 Ew., Reg.-Bez. Arnsberg, NRW. Kirchdorf in der Gft. Mark, 1609 Brandenburg(-Preußen), 1803 zum Ghztm. Berg, 1813 wieder preußisch, 1765 bis ca. 1865 (Akzise-)Stadt, 1964 erneut Stadt, 1968–1991 Ausweichstelle für das evangelische Gymnasium „Landesschule Pforte" (Sachsen-Anhalt), Metall- und Elektronik-Industrie. II. 1067, gefälscht 12. Jh. *Meginhardeshagen*, 1214 *Menhardeshagen*, 13. Jh. *Meinartshagen*, 1248 (rheinisch) *Meinartzhaen*. III. Namenbildung mit dem Gw. ↗ *-hagen-* (wie *-hain-* und *-hahn-*Namen) aus der Zeit vor der kolonialen Hagensiedlung (zwischen Ost-Westfalen und Pommern). Bw. ist der zweigliedrige PN *Meginhard* (*Meinhard*), der hier im Genitiv Singular flektiert erscheint: 'Hagen (Einhegung) des *Meginhart*'. IV. Richerzhagen, Bergischer Kr., Wilbertzhohn, Rhein-Sieg-Kr., beide NRW; Gebhardshagen, Stadt Salzgitter, NI. V. UB NRh I; WfUB VII; Werdener Urbare A. *schü*

Meiningen I. Kreisstadt des Lkr. Schmalkalden-Meiningen und Erfüllende Gem., zwischen Rhön und Thüringer Wald in breiter Talaue an der oberen Werra, im bergigen südlichen Vorland des Thüringer Waldes, 26 211 Ew., TH. Alte thüringische Siedlung an frühem Verkehrsknotenpunkt; im 8./9. Jh. fränk. Königshof und Reichsgutmittelpunkt; städtische Anfänge im 11. Jh. bei bischöflich-würzburgischer Wasserburg; Stadtentwicklung um 1200 (1230 *civitas*); im 15. Jh. Zentrum der Herrschaft Henneberg; seit 1583 sächsisch, 1680 bis 1919 Residenz des Herzogtums Sachsen-Meiningen. Im MA Wollweberei, bis ins 19. Jh. Leine- und Barchentweberei; bedeutendes Hoftheater seit 1831. H. Kultur- und Justizzentrum von Südthüringen mit Hochtechnologie- und Maschinenbauindustrie. II. (982) Kop. 1293 *Meininga*, 1007 *in vico Meinungun*, 1008 *Meinunga*, 1108 *Meinunga*; *Meiningen* 1230. III. Der ON ist gebildet aus einem PN *Magan(o)* zu ahd. *magan, megin* 'Kraft, Tüchtigkeit' und ↗ *-ingen/-ungen*, also 'Ort der Leute eines Magano/Megino'. Wahrscheinlich führte bei dem PN bereits der Schwund von intervokalisch |g| zu der Form *Maino/Meino*, die der ON ausweist. IV. † Meiningen, Lkr. Vulkaneifel, RP, 838 *Magininga*, und zahlreiche ON mit Erstglied Mein-. V. Dob. I; Walther 1971; SNB; Berger. *KH*

Meisenheim I. Stadt und gleichnamige VG im Lkr. Bad Kreuznach, 8158 Ew., mit 15 Gem. im Glantal am n Rand des Nordpfälzer Berglandes, RP. Im 12. Jh. wohl im Besitz des Erzstiftes Mainz, dann an die Grafen von Veldenz verliehen, die Meisenheim zu ihrem Hauptsitz machten und hier eine Burg erbauten (Schlosskirche und „Herzog-Wolfgang-Haus"). Johanniter-Komturei. 1315 Stadtrecht. Seit Mitte 15. Jh. im Besitz des Hztm. Pfalz-Zweibrücken. Der Wiener Kongress schlug Meisenheim und den n Teil der Region zu Hessen-Homburg. Seit 1866 preuß. und bis 1932 Kreissitz. Seit 1970 erneut Stadt. II. 1154 *Godefridus de Meysinheim*, 1321 *stad zu Mesinheym*. III. Das Bw. enthält den KN *Mȩgiso*, der wiederum aus dem KN *Mȃgo* und einem Suffix für Kosenamen -*īso* besteht und schließlich zu *Meiso*, Gen. Sg. *Meisin-*, *Meisen-*, kontrahiert worden ist. Das Gw. ist ↗ *-heim*. Demnach kann der ON als 'Wohnstätte des Mȩgiso/Meiso' gedeutet werden. IV. Mesum, OT von Rheine, Lkr. Steinfurt, NRW. V. MRUB I; FP; Kaufmann 1973. *JMB*

Meißen Große Kreisstadt und Verwaltungssitz des Lkr. Meißen, 27736 Ew., am linken Elbufer an der Mündung der Triebisch, am Fuße der Burg, SN. Im 10. Jh. deutsche Reichsburg, auf Felsplateau beim slaw. Dorf Meisa errichtet, unterhalb der Felsenburg Wasserburg mit Burgsiedlung, Stadtgründung vor 1150 durch den Markgrafen von Meißen, seit 968 Bistumssitz, Residenz der Wettiner bis gegen 1300, 1710 Gründung der Meißner Porzellanmanufaktur, bis h. Unternehmen mit weltweiter Bedeutung. II. 1012/18 *Misni* (mit Hinweis auf den Meisabach), 11. Jh. *Misni*, 1046 *Missene*, 1160 *in Missina*, 1426 Meissen. III. Der ON steht in Zusammenhang mit dem Bachnamen *Meisa*, der auf den Ort Meisa nw von Meißen (1150 *rivulus Misna*) übertragen wurde. Dieser wird versuchsweise zur idg. Wurzel *meigh-* 'rieseln, rinnen', erweitert mit dem Suffix -*sa* (wohl wie in Neiße aus *Nīsa* o.ä.), gestellt, slawisiert dann zu *miz-*. Tschech. *Míšeň* für *Meißen* stimmt jedoch damit nicht überein, auch nicht poln. *Miśnia*. V. Thietmar; HONS II; SNB. *EE, GW*

Meitingen I. Markt, 11107 Ew., im Lkr. Augsburg im Lechtal gelegen, Reg.-Bez. Schwaben, BY. Im 13. Jh. erstmals urk. erwähnt, wechselnde Besitzer, zuletzt die Freiherren von Schnurbein, seit 1806 zu Bayern. Starke Industrialisierung seit Bau eines Wasserkraftwerks in den 1920er-Jahren, 1972/1978 Anschluss umliegender Gemeinden im Zuge der Gebietsreform, 1989 Markterhebung. Ehemaliges Schloss (h. Altenheim) sowie Produktionsstätte der SGL Group. II. 1231 *Mŷtingen* [Or], 1326 *Maeutingen*, 1442 *Meutingen*; Meitingen (1492). III. Die in der Literatur früher übliche Deutung des ON als zum PN *Muato/Muodo* gehörig ist aus lautgeografischen Gründen (für ahd./mhd. *uo*, umgelautet *üe* wäre die dial. Aussprache *i̯ə* zu erwarten) abzulehnen. Dagegen ist verm. ein PN anzusetzen, dem altes *ū* zugrunde liegt (Umlaut durch *i* der Folgesilbe, dial. Entsprechung: *ei*), z. B. *Mūto*. Die Ableitung erfolgte mithilfe des Suffixes ↗ *-ing(en)*. IV. Ähnlich u.a. Obermeitingen, Lkr. Landsberg/Lech, BY, Untermeitingen, Lkr. Augsburg, beide BY. V. Dertsch, R.: Die deutsche Besiedlung des östlichen bayerischen Mittelschwabens. In: Archiv für die Geschichte des Hochstifts Augsburg VI (1925); Fehn, K.: Wertingen. Historischer Atlas von Bayern, Teil Schwaben, Heft 3. München 1967; Reitzenstein 1991. *ke*

Meldorf nd. Meldörp/ Möldörp I. Stadt im Kr. Dithmarschen, 7479 Ew., SH. Bereits 1076 von Adam von Bremen erwähnt, 1265 Stadtrecht, 1598 Verlust des Stadtrechts, 1870 erneut Stadtrecht, bis 1970 Kreisstadt des Kreises Süderdithmarschen. Holz-, Textilverarbeitung, Hafen, Sankt Johannis-Kirche („Dom"; Hauptkirche Dithmarschens), Dithmarscher Landesmuseum. II. 1076 *in Milindorp* [Or], 1140 *Milethorp*, 1196 *de Melthorpe*; in *Meldorpe* (1336). III. Die Kennzeichnung als Dorf entwickelte sich aus dem asä. *thorp*, zu mnd. *dorp* und nd. *dörp*, hd. ↗ *-dorf*. Das Bw. *Mel-* deutet auf die Lage am Fluss Miele hin. Dieser wurde 1539 als *der Myle* und 1568 als *de Mihle* erwähnt und stammt vom idg. *mel-* 'Honig'. Die älteste bekannte Form für Meldorf, *Milindorp*, enthält die asä. Form des FluN *Milina*, wobei sich *Melindorp* aufgrund der Senkung des /i/ zum /e/ ergeben hat. Hierin wird eine Differenzierung von Fluss- und Ortsnamen erkennbar, schließlich setzte sich im Flussnamen das /i/, im Ortsnamen das /e/ durch. Eine Verbindung zu nhd. *mahlen* und *Mehl* erscheint unwahrscheinlich. V. Laur; Haefs; Berger. *GMM*

Melk [møk] I. Bezirkshauptstadt, 5249 Ew., an der Donau am w Rand der Wachau, NÖ, A. Besiedlung seit der Jungsteinzeit, ab 976 Residenz der Babenberger, deren Burg 1089 Benediktinern (des oö Stiftes Lambach) übergeben wurde, seit 12. Jh. Stiftsschule nachweisbar, durch Jakob Prandtauer unter Mitwirkung zahlreicher namhafter Künstler 1702–36 als barocker Klosterpalast in hervorragender Lage über der Donau ausgebaut (h. UNESCO-Weltkulturerbe); 1227 Marktrecht, bedeutender Warenumschlagsplatz (bis ins 17. Jh.); 1898 Stadtrecht; vielfältige Verwaltungseinrichtungen, Schulen, Industriebetriebe; Donaukraftwerk; diverse kulturelle Aktivitäten (Sommerspiele, Pfingsten-Barocktage). II. 831 Kop. 18. Jh. *loca … nuncupantur … Medilica*, 860 *Magalicham* [Or], 1235 *Melch*. III. Melk tradiert den gleichnamigen GwN *die Melk*; bisherige Deutungen aus dem Slaw. sind zweifelhaft (bei einer Abl. von *medja*

'Grenze' bliebe das -*l*-haltige Suffix ungeklärt, eine Weiterbildung von **mьdьl-* mit der Bedeutung 'schwach, träge' ließe vorahd. **Mudil-*, mhd. **Müdel-* erwarten). Es liegt wohl eher ein vorslaw. GwN vor, dem idg.-voreinzelsprachlich **madila* zugrundeliegt; dies ist eine Abl. von idg. **mad-* 'nass, triefen', die vorerst mit Primärumlaut eingedeutscht und unmittelbar danach ins Slaw. entlehnt (was aufgrund der unterbliebenen ahd. Lautverschiebung d > t zu erschließen ist) und hier sekundär mit dem GwN-Suffix -*ika* erweitert wurde. Die heutige Form entstand nach der Rückentlehnung in ahd./mhd. Zeit infolge Synkopierung der Schwachdruckvokale. **IV.** ↗ *Mödling, Mattig* (GwN in OÖ mit erfolgter Lautverschiebung d > t, daher ohne slaw. Integrierung). **V.** ANB 1; HONB/NÖ 4; Schuster 2; ÖStB 4/2. ES

Melle **I.** Stadt im Lkr. Osnabrück, 46 540 Ew., an der Else, s des Meller Berges, Reg.-Bez. Weser-Ems (bis Ende 2004), NI. Zentrum des Grönegaus mit bischöflich-osnabrückischem Haupthof und einer Stiftsburg; im 12./13. Jh. Entwicklung zum Marktflecken; 1443 Markt- und Osnabrücker Wigboldrecht, 1852 Stadtrecht; seit dem MA Gogerichts-, Vogtei-, Amts- und von 1885–1972 Kreissitz. **II.** 1169 *Menele* [Or], 1196 *Menele*, um 1240 *Mello*; *Melle* (1263). **III.** Abl. mit -*l*-Suffix. Basis der Abl. ist ein App. **man-* 'Erhebung, Emporragendes', das mit neuenglisch *mane*, mnl. *māne* 'Mähne', asä. -*meni*, anord. *men*, ahd. *menni* 'Halsschmuck' sowie lat. *mōns* 'Berg' zu verbinden ist. Diese Basis enthalten z.B. auch die ON *Meensen* und *Mahner*, die mit jeweils anderen Suffixen gebildet sind. Die Belege zeigen zunächst abgeschwächte Vokale des Suffixes, dann Schwund des ersten Suffixvokals sowie Umdeutung des Suffixes zu einem Gw. ↗ -*loh*. Durch Assimilation des -*n*- an das -*l*- entsteht *Mello, Melle*. Namengebend war offenbar die Erhebung, an der sich Altenmelle befindet. **IV.** Meensen, OT von Scheden, Lkr. Göttingen; Groß Mahner, OT von Salzgitter, beide NI. **V.** GOV Osnabrück II; HHS 2; Udolph 1999b. KC

Mellingen **I.** Gem. und Sitz der gleichnamigen VG im Lkr. Weimarer Land, sö Weimar an der Ilm mit Mündung der Magdel in die Ilm, 8170 Ew., TH. Altthüringisches Dorf; Herrensitz; Burg; Marktrecht 1609. **II.** 1137 *Meldingun*, 1215 *Meldingen*, 1357 *Meldingen*, 1506 *Meldingen*; *Mellingen* (1512). **III.** Als ON gebildet wahrscheinlich zu einem ahd. Kurznamen *Mald(o)* zu PN wie *Maldefrid*, *Maldegar*, *Maldgunt* mit Suffix ↗ -*ingen*, also etwa 'Ort der Leute eines Mald(o)'. Das -*a*- in dem PN wurde durch -*i*- in der nachfolgenden Silbe im ON bereits in ahd. Zeit zu -*e*- umgelautet. In der Mda. erfolgte im ON Assimilation von -*ld*- > -*ll*- und setzte sich im ON ab dem 16. Jh. auch amtlich durch. **IV.** Ähnlich der ON Meltingen, Kt. SON, CH, 1302 *Meltingen*, zum PN ahd. *Malto*. **V.** CDS I 2; Mainzer UB I; FP; Walther 1971; Walther, H.: Die ON Thüringens (Handschriftliche Sammlung, Universität Leipzig). KH

Mellrichstadt **I.** Stadt und gleichnamige VG im Lkr. Rhön-Grabfeld, 9655 Ew., am Fuße der Rhön n von Schweinfurt an der Streu, die bei Heustreu in die Fränkische Saale mündet, Reg.-Bez. Ufr., BY. Karolingischer Königshof, 1232/1233 Erhebung zur Stadt, Oberamt des Hochstiftes Würzburg, 1814 an Bayern. **II.** 822 *Madalrichistreuua*, 845 *Madalrichesstrouue*, 889 *Madalrichesstat*, 1078 (12. Jh.) *Methelrichestad*, 1225 *Melrichstat*, 1408 *Mellrichstadt*. **III.** Das heutige Gw. des Namens -*stat* (↗ -*statt*/-*stedt*/-*stätten*/-*stetten*) ist seit dem 9. Jh. bezeugt; die ältesten Belege zeigen als Gw. den GwN *Streu*, der auch im weiteren Verlauf den ON *Oberstreu*, *Mittelstreu* und *Heustreu* zugrunde liegt. Das Bw. wird als Gen. Sg. des PN *Madalrich* aufgefasst; dessen Erstglied entwickelte sich durch Umlaut von *a* zu *e* zu *Medel*- und Kontraktion von -*ede*- zu -*e*- zu *Mel*-. **V.** HHS 7/2; MGH DArnolf, Nr. 67; MGH DLdD, Nr. 41; Reitzenstein 2009; Sperber. RB

Mels mda. [mɛls]. **I.** Polit. Gem. im Kt. SG, Region Sarganserland, Dorf im Seeztal bei Sargans, mit den Siedlungen Heiligkreuz, Plons, Ragnatsch, Vermol, den Dörfern Schwendi und Weisstannen im Weisstannental, verschiedenen Weilern. Flächengrösste Gem. des Kt. SG (140 km²), 8090 Ew., CH. Neolith. Spuren, spätbronzezeitl., eisenzeitl. und röm. Siedlungstätigkeit nachgewiesen, zahlreiche Funde. Erste Kirche für das 6. Jh. bezeugt, im 9. Jh. sind vier Kirchen in Mels erwähnt, 1376 Pfarrkirche mit Filialkirchen Wangs und Vilters dem Kloster Pfäfers inkorporiert, seit dem 17. Jh. Kapuzinerkloster. Bis 1847 im Bistum Chur, seither zum Bistum St.Gallen. Mels gehört im Hoch-MA zur Grafschaft Sargans, seit 1483 zur eidgenössischen Landvogtei Sargans, 1798–1803 Hauptort des Distrikts Mels im Kt. Linth, 1803 zum Kt. SG. Viehwirtschaft und Viehhandel, Transitverkehr, Pferdezucht, Rebbau, Eisenschmelzen und -schmieden (14.–18. Jh.), Export von Mühlsteinen und roten Natursteinplatten, Holzschlag und -flössen, im 19./20. Jh. mechan. Baumwollweberei, Spinnerei, Färberei. Standort Festungswachtkorps (bis 2003) und eidg. Zeughaus (bis 2005), Einkaufszentren, Gewerbe, kleine Industriebetriebe. **II.** 765 *Maile* (Kop.; Lokalisierung unsicher, möglicherweise eher im Bündner Oberland), 801–50 *Meilis* (Kop. 16. Jh.), 1018 *Meilis* [Or], 1263 *Meils* [Or]. **III.** Aufgrund der urk. Formen und angesichts der relativ späten Germanisierung des Gebietes (bis 15. Jh.) ist ein germ. Name ausgeschlossen; auch Versuche, den Namen zu rätorom. *mail, meil* 'Apfel' zu stellen (bzw. lat. *malum*, daraus 'bei den Apfelbäumen'), müssen als gescheitert betrachtet werden. Denkbar ist eine Herkunft von kelt. **magilos* 'kleine Ebene' (zu kelt. *magos* 'Ebene'), vielleicht **magilon* 'Kleinfeld', wie sie für das nahe *Mäls*, FL, postuliert wird. Freilich kann der Name auch einer nicht-idg. alpinen Substratsprache entstammen und wäre damit wohl undeutbar. **V.** FLNB I; Paul Good, Geschichte der Gemeinde Mels. Mels 1973; HLS; LSG 587. *HS, MHG*

Melsungen
I. Stadt im Schwalm-Eder-Kreis, 13 574 Ew., ca. 25 km ssö von Kassel am linken Fuldaufer an einem wichtigen Flussübergang, Reg.-Bez. Kassel, HE. Frühe Stadtgründung im 12. Jh. durch die Ludowinger. Seit 1247 bei den hess. Landgrafen. Amts- und Gerichtssitz, zeitweise Nebenresidenz. Seit 1821 kurhess. Kreisstadt. **II.** 973 *Elesenga [Or]*, 11. Jh. *Melsungen, in pago Milisunge*, 1074 *major Milsungen*, 1151 *super Melsungen*, 1303 *Oberenmelsungen*. **III.** Vermutet wird im Bw. ein GwN **Milisa*, vgl. etwa *Milzisa* (um 1057), h. die *Mülmisch*, die ca. 5 km unterhalb von Melsungen in die Fulda mündet (Wolf). Der GwN ist mit -*s*-Suffix abgeleitet von der Wurzel idg. **mel-* 'zermalmen, schlagen, mahlen' (Pokorny I). In diesem Falle wäre der Name auf die Siedlung übergegangen und noch um das Suffix ↗ -*ungen* zur Kennzeichnung einer Stellenbezeichnung erweitert worden. Zu erwägen ist auch die Ansetzung eines PN *Milizz(o)* / *Milizza* mit unsicherer Etymologie (FP). Denkbar wäre zudem eine Kurzform zu einem PN mit Erstglied ahd. *Madal-* > **Maliso*. Unklar ist, ob sich die Erstbelege auf das westlich vom Ortszentrum befindliche Obermelsungen beziehen. **V.** FP; Pokorny; Krummel; Keyser; Wolf, D.: Melsungen: Eine Kleinstadt im Spätmittelalter. Topographie, Verfassung, Wirtschafts- und Sozialstruktur. Butzbach 2003. *TH*

Memel // Klaipėda
I. Hauptstadt des gleichnamigen Distrikts (Klaipėdos apskritis), 185 936 Ew., am Nordende des Kurischen Haffs, LT. Anf. des 13. Jh. hölzerne Burg der Kuren. 1252 vom livländischen Schwertbrüderorden erobert, Ordensburg *Memelburg* errichtet. 1253 wurde neben der Burg die Siedlung Memel gegründet. 1258 Lübisches Stadtrecht, urk. als *Memele castrum* (Memelburg, auch Mimmelburg) erwähnt. Seit 1328 Burg und Stadt zum Deutschen Orden (Teil des preuß. Ordensstaates). 1475 Kulmer Recht. Seit 1525 zum Hztm. Preußen, wirtschaftl. stark entwickelt. 1629 bis 1635 unter schwedischer Verwaltung. 1678 von schwedischen Truppen eingenommen und abgebrannt. 1756 bis 1762 von Russland besetzt. Während der Besetzung Berlins 1807/1808 provisorische Hauptstadt des preuß. Kgr., 1871 Teil des Deutschen Kaiserreichs. Kreisstadt mit Bahnstation, Stadtkreis und Kreisstadt des gleichnamigen Landkreises. Gemäß Friedensvertrag von Versailles vom Deutschen Reich abgetrennt. 1923 von regulären Truppen und Schützenvereinen aus Litauen besetzt. In *Klaipėda* umbenannt. Einführung des Kriegsrechtes 1926. 1939 (43 285 Ew.) an Deutschland zurück, 1945 mitsamt dem ehem. Memelgebiet in die Litauische Sowjetrepublik eingegliedert, seit Unabhängigkeit 1990 zu LT, Universität seit 1992, Werftindustrie, internationaler Fährverkehr. **II.** 1253 *Memole, Memela*, 1254 *Memele*, 1258 *Mymelburch*, 1290 *Memelburg*, 1420 *Glaupeda*, 1422 *Klawppedda*, 1785 *Memel, Cleupeda*. **III.** Der ON entstammt dem lit. GwN *Nemunas* und ist durch phonetische Aneignung an das d. System entstanden: *Nemunas* > *Memula* > *Memole* > *Memel*. Der ON *Klaipėda* ist mit dem kurischen Komp. **klaipėda* 'flache, niedrige Stelle, Gegend' zu verbinden. **V.** Lange, D.: Geogr. Ortsregister Ostpreußen einschließlich des Memelgebiets, des Soldauer Gebiets und des Reg.-bez. Westpreußen (1919–1939). Königslutter 2000; Goldbeck, J.F.: Vollständige Topographie des Königreichs Preussen. Königsberg u. Leipzig 1785, Nachdruck Hamburg 1969; NPrUB. *DD*

Memmelsdorf
I. Gem. im Lkr. Bamberg, 8 959 Ew., nö von Bamberg, an den Ausläufern des Fränkischen Jura, Reg.-Bez. Ofr., BY. Verm. spätkarolingische Siedlung, im Besitz des Hochstifts Bamberg, 1803 zu Bayern. **II.** 1103/39 (Kop. 15. Jh.) *Mamenstorff*, ca. 1124 *Memensdorf*, 1128 *Mamestorf*, 1136 *Memestorf*, 1152 *Menesdorf, Menestorf*, 1189 *Memelsdorf*. **III.** Gw. des Namens ist ↗ -*dorf*. Das Bw. erscheint in der Überlieferung relativ instabil. Die auf -*l* ausgehende Form ist vor 1200 nur selten belegt. Zahlreich sind die Belege auf -*en*, aber auch die auf -*es* und -*ens*. Wenn das Bw. – wie angenommen – der PN *Mamo* wäre, so hätte die reguläre schwache Genitiv-Form *Mamen-* durchgehend belegt sein sollen. Die Formulierung in Wikipedia „Ein Franke namens *Mamo* war der Namensgeber für *Memenstorf, Memistorf, Mamestorf* oder *Mamenestorf*" ist daher sprachwissenschaftlich nicht haltbar, ganz davon abgesehen, dass eine hist. Persönlichkeit dieses Namens auch nicht im Zusammenhang mit dem Ort bezeugt ist. **V.** MGH DKIII, Nr. 270; Reitzenstein 2009; Ziegelhöfer/Hey, S. 13. *RB*

Memmingen
I. Kreisfreie Stadt, 41 050 Ew., verkehrsgünstige Lage in der Memminger Ebene am Nordrand des Allgäuer Moränenlandes im Westteil des Lkr. Unterallgäu, beim Austritt der Iller ins Tiefland, wirtschaftl. und kultureller Mittelpunkt eines weiten Umlandes, Reg.-Bez. Schwaben, BY. Entstanden aus Welfenfestung auf röm. Resten, um 1160 Stadt, seit 1190 staufischer Besitz, Reichsstadt bis 1803, dann an BY. Industrielle Entwicklung ab 1848.

II. 1128 *Mammingin*, vor 1152 *Mamingin*; *Memmingen* (1160), häufige Formen auch *Maemmingen/Maemingen*. **III.** Zugrunde liegt der PN *Mammo, Mamo*. Suffix ↗*-ing(en)*. Gesamtdeutung: 'bei den Leuten des Mammo'. **IV.** Nähermemmingen, OT von Nördlingen, Lkr. Donau-Ries, BY; Utzmemmingen, Ostalbkreis, BW. **V.** Reitzenstein; Bayerisches Städtebuch, Teil 2. Stuttgart 1974; Landkreis Unterallgäu, Bd. II. *TS*

Memmingerberg **I.** Gem. und gleichnamige VG im Lkr. Unterallgäu, 10 080 Ew., Reg.-Bez. Schwaben, BY. Durch Flugplatz Allgäu Airport und Industrie strukturverändert. **II.** 1121 *Berge*, 1340 *Berg*, 1350 *Baerg in*[!] *Maemningen*; *Memmingerberg* (1628), amtlich erst 1838. **III.** *Memminger-* kennzeichnet die unmittelbare Nachbarschaft zur Stadt ↗Memmingen, *-berg* die Höhenlage auf der Niederterrasse in ca. 620 m gegenüber 600 m der Stadt. Gesamtdeutung: 'Siedlung auf der Höhe über Memmingen'. **V.** Landkreis Unterallgäu, Bd. II; Schwab, Chr.: Das Augsburger Offizialatsregister (1348–1352). Köln 2001; Hoffmann, H.: Die Urkunden des Reichsstifts Ottobeuren 764–1460. Augsburg 1991. *TS*

Menden (Sauerland) **I.** Stadt im Märkischen Kr., 56 625 Ew., an der Hönne, NRW. Stadt vor 1276, bis 1803 Kftm. Köln, bis 1815 Ghztm. Hessen, 1815 Preußen, bis 1970 Kr. Arnsberg, Eisen- und Buntmetallindustrie. **II.** 1067, gefälscht 12. Jh. *Menethene*, 1072, gefälscht 12. Jh. *Menendin*, 1123–1126 *Menethe*, 1200 *Meneden*, 1320 *Menden*. **III.** Bei Annahme einer Altform *Mennithina* aus dem Gewässerwort *menni-*, einem Dentalsuffix *-(i)th-* und dem verbreiteten gewässeranzeigenden oder kollektivierenden Suffix *-ina* ergibt sich eine wegen der Lage nahe der Mündung der Hönne in die Ruhr plausible Erklärung als '(Siedlung) am Wasser'. **IV.** Menden, OT von Stadt Mülheim an der Ruhr, NRW (alt *Menithinni* und Varianten); Menden, OT von Sankt Augustin, Rhein-Sieg-Kr., NRW. **V.** UB NRh I; RhUB; WfUB VII; Möller 1992; Derks, P.: Der Burgen-, Orts- und Flurname *Altena* und seine Verwandten. Namen – Namengeschichte – Namenauslegung. Ein Forschungsbericht. (ELiS_e <Essener Linguistische Skripte – elektronisch>). Essen 2000. *schü*

Mendig **I.** Stadt und gleichnamige VG im Lkr. Mayen-Koblenz, 13 551 Ew., in der Osteifel, w von Koblenz, RP. Steinindustrie und Brauereiwesen. **II.** 1041 *Menedich*, 1139 *Menedich*, um 1150 *Mindich*, 1204 *Mendich*, 1307–54 *Mendich*, 1512 *Mennich*, 1555 *Mendig*. **III.** Grundform *Mandiacum* 'Praedium des Mandius', gallorom. Abl. von PN *Mandius* mit dem Suffix *-ako-*. **V.** Jungandreas; Kaufmann 1973; Buchmüller-Pfaff. *AG*

Mengen **I.** Stadt und gleichnamiger GVV (mit der Gem. Hohentengen und der Stadt Scheer) im Lkr. Sigmaringen, 17 034 Ew., ca. 9 km osö Sigmaringen, an der Einmündung des Ablachtals in die Donauniederung, Reg.-Bez. Tübingen, BW. Von 1172 bis ins 14. Jh. sind Herren von Mengen bezeugt, 1276 Freiburger Rechts, Marktrecht und der Freiheit von fremden Gerichten durch die Habsburger, 1680 an Österreich, 1805 an Württemberg. Martinskirche, Liebfrauenkirche, Römermusem, Kloster. **II.** 819 (F.) *Maginga*, 1094 (Kop. 17. Jh.) *Maingen*; *Mengen* (um 1400). **III.** Der ON ist eine ↗*-ing(en)*-Ableitung von einem PN *Mago* und zeigt Umlaut des Stammvokals: 'bei den Leuten des Mago'. **V.** FO; LBW 7. *JR*

Meppen **I.** Kreisstadt im Lkr. Emsland, 34 862 Ew., NI. Fränk. Reichsgut als einer der ältesten Siedlungspunkte des Emslandes, wobei die älteste Siedlung nördlich von Meppen jenseits der Hase auf dem Gebiet des heutigen Altenmeppen liegt; 946 Marktrechte, Jahrmärkte sind 1306/07 bezeugt; Verleihung der Stadtrechte 1360 durch Bischof Adolf von Münster; Hansestadt seit dem 15. Jh., h. Elektro- und Maschinenbau, Holz- und Erdölindustrie. **II.** 834 *Meppiam*, 853 *Meppia*, 945 *in loco Meppia*, 946 *Meppiun*, 11. Jh. *in Mepbin*, 1252 *Ottone de Meppen*. **III.** Die Bedeutung des ON ist bis h. unklar; Versuche, ihn an asä. *mapulder*, mnd. *mapeldorn* 'Ahorn' anzubinden sind u. a. wegen der fehlenden *l*-Belege nicht haltbar, auch eine Beziehung zum Wort nd. *Möppe* 'Maul' und eine hiervon abgeleitete Deutung als 'Siedlung an den Mündungen' (Ems, Radde sowie drei Hase-Arme) ist abzulehnen, da die Entrundung von *Möppe* zu *Meppe(n)* in dieser Region ungewöhnlich ist und die mda. Form /möppen/ lautet. **V.** HHS 2; Casemir/Ohainski; Berger; Möller 1979. *MM*

Meran // Merano [mɛˈraːn], dial. veraltet [(af dɐ) mɛˈruːn]. **I.** Stadt und Verwaltungssitz der Bezirksgemeinschaft Burggrafenamt, 37 253 Ew., auf der Anhöhe an der Passer am Eingang ins Passeiertal und über der Etsch am Eingang in den Vinschgau, STR, I. Ausgang des ON war ein 1394 genannter rom. Meierhof zwischen Meran und Algund, von dem das oberhalb gelegene Gelände zwischen dem Küchelberg und der Passer die noch dial. Bezeichnung *Auf der Meran* erhielt. Dort entstand am Steilabfall über der Passer um 1100 die 1348 zerstörte Zenoburg und eine Ansiedlung, unterhalb der Graf Albert III. von Tirol 1230–37 eine planmäßige Marktanlage hinzufügte. Sie wurde 1280 ummauert, Sitz des Landesfürsten und erhielt 1317 Stadtrecht. Rasches Aufblühen durch Wirtschaft und Handel, bis 1420 die landesfürstliche Residenz nach Innsbruck und 1417 die Münzstätte nach Hall in Tirol verlegt wurden. Neuer Aufschwung als Kurort des Adels und Großbürgertums der Monarchie seit 1836 und neuerlich seit ca. 1955. Bis 1919 bei Österreich, seither Italien. **II.** 857 *in loco, qui dicitur Mairania*; 1152–58 *de Merane*, 1158 (Kop. ca. 1200) *in Mairano*, 1237 *forum Mairanum*, 1243 *in foro Merani*, 1317 *stat zu Meran*; 1437, 1570 *auf der Meran*. **III.** Von rom. *maioria* 'Meierhof' mit rom. Zugehörigkeitssuffix *-ano, -a* (< lat. *-ānus, -um, -a*) als **Maioránia / Mairáno*, das im 11./12. Jh. unter Beibehaltung des rom. Penultimaakzents mit Abschwächung des Diphthongs *ai* > *e* und des Endvokals als *Merāne* ins Mhd. integriert wurde. Das ital. Exonym *Merano* wurde 1923 amtlich. **V.** ANB 1; Kühebacher 1; Finsterwalder 3; HHS Huter; Hye. *PW*

Merano ↗Meran

Merchweiler
I. Gem. im Lkr. Neunkirchen, 10 617 Ew., am n Rand des Saarkohlenwaldes, im Zentrum des Saarlandes, ca. 20 km n von Saarbrücken, SL. Spuren röm. und fränk. Besiedlung, im 13. Jh. zur Gft. Saarwerden, 1527 an Nassau-Saarbrücken, zeitweise Zweiherrendorf des Siersburger und der Kerpener Herrschaft. 1793 franz., 1815 an Preußen, 1920 Völkerbundverwaltung, 1935 Rückgliederung ins Reich, 1947 Teil des formal selbst., in polit. und wirtschaftl. Union mit Frankreich stehenden Saarlandes, 1957 zu Deutschland. 1974 Bildung einer neuen Einheitsgem. aus Merchweiler und Wemmetsweiler. Seit dem 18. Jh. Glashütte, Steinkohleabbau und Ziegelei. **II.** 1638 (nach Vorlage Ende 13. Jh.) *Morchewilre*, 1509 *Mörschwiller [Or]*, 1629 *Mörchweiller*. **III.** Ahd. *Mōrichenwīlāri. Der Name ist ein Kompositum mit dem Gw. ↗*-weiler* und ahd. *Mōrich*, dem um das *k*-Suffix erweiterten, entlehnten lat. PN *Maurus* als Bw. Das Namenerstelement weist die Entwicklung ahd. *au* > *ō* und durch Umlaut vor folgendem *i* zu *ȫ* auf, das gekürzt und in jüngerer Zeit zu *e* entrundet wurde. **V.** Pitz. *cjg*

Mergentheim, Bad
I. Große Kreisstadt (seit 1975) und gleichnamige VVG im Main-Tauber-Kreis, 30 228 Ew., ca. 17 km ssö Tauberbischofsheim und 35 km ssw Würzburg an der Tauber gelegen, Reg.-Bez. Stuttgart, BW. Im 11. Jh. erstmals erwähnt, um 1200 im Besitz der Herren von Hohenlohe, im 13. Jh. durch Kaiser Ludwig den Bayern zur Stadt erhoben, bis 1809 Hauptsitz des Deutschen Ordens; seit 1926 trägt der Ort das Prädikat Bad. Heilquellenkulturbetrieb, ehem. Weinbaubetrieb, Wilhelms-, Karls-, Albert- und Paulsquelle, Deutschordensmuseum, Deutschordensschloss. **II.** 1058 *Mergintaim*, 1103 (Kop. 16. Jh.) *Mergentheim*; *Bad Mergentheim* (1926). **III.** Das Gw. ↗*-heim* ist verm. mit dem PN *Mēri-enta, Mēri-genta* verbunden. Dieser Name ist im 9. Jh. in St. Remy bezeugt, *-inta* ist ein weibliches Kosesuffix, /g/ dient der Aussprachleerleichterung beim Zusammentreffen zweier Vokale. Die von Autoritäten wie Förstemann, Behaghel und Bach versuchte Verbindung mit dem Namen der heiligen Maria ist ebenfalls möglich, da die Lautgruppe *-rj-* regelmäßig zu *-rg-* wird (*Marien-* > *Merjen-* > *Mergen-*). Die Deutung ist aber verm. volksetymologisch und gründet sich darauf – zumal das inlautende *-t-* unerklärt bleibt –, dass Bad Mergentheim als Residenz der Hoch- und Deutschmeister des Deutschen Ordens in der Nachfolge Marienburgs in Ostpreußen steht. **IV.** ↗Bad Marienberg (Westerwald), Westerwaldkreis, RP. **V.** FP; Kaufmann 1968; FO 2; Bach DNK 2; Behaghel, O.: Geschichte der deutschen Sprache, Berlin[5] 1928; Diehm, F.: Geschichte der Stadt Bad Mergentheim. Bad Mergentheim 1963; LBW 4. *JR*

Mering
I. Markt und gleichnamige VG im Lkr. Aichach-Friedberg, 15 209 Ew., Reg.-Bez. Schwaben, BY. Zentralort unter Welfen und Staufern, im 13. Jh. Übergang an die Wittelsbacher. **II.** 1021 *[M]oringa*, 1078 *Moringen*, 1140 *Meringin*, ca. 1146–1162 (Kop. von 1175) *Moeringen*, 1172 *Möringen*, 1182 *Moringin*, 12. Jh. *Mŏringin*, 1246 *Möringen*, 1269 *Mŏring*, 1329 *Moring*, 1426 *Möring*, 1556 *Mering*. **III.** Es liegt wohl der urspr. römische PN *Maurus*, weiter entwickelt zu *Moro, zugrunde, der durch das Zugehörigkeitssuffix ↗*-ing* abgeleitet ist. **V.** Reitzenstein Schwaben. *WvR*

Mersch
lux. *Miersch* **I.** Gem. und Hauptort des gleichnamigen Kt., 7975 Ew., an der Alzette im Gutland, ca. 18 km n von Luxemburg, Distr. Luxemburg, L. Seit dem MA zu Luxemburg, röm. Villa mit archäol. Museum, Schloss aus dem 12. Jh., seit 1939 Unabhängigkeitssäule auf dem Kronenberg, seit 1995 Literaturzentrum (*Centre Nationale de Littérature*) in der *Maison Servais*. **II.** 853 *Mariscus*, 893 *Marsc*, 940 *Merisc*, 1140 *Mersch*. **III.** Der SiN *Mersch* geht auf eine Stellenbezeichnung zurück, die eine Substantivierung des Adj. germ. **mariska-* 'zum Meer gehörig' fortsetzt (denominal mit *-iska*-Suffix zu germ. **mari-* 'Meer', mit nd. Entwicklung d. *Marsch*), im Binnenland 'Sumpfland, wasserreiches Weideland'. Dazu passt die Lage der Siedlung zwischen den Unterläufen der Mamer (dazu der SiN ↗*Mamer*) und der Eisch (beide l. zur Alzette) vor ihrer Mündung in die Alzette (r. zur Sauer). Die Benennung erfolgte nach den Auen, die den Ort umgeben. Der Diphthong *iǝ* in lux. *Miersch* geht auf die so genannte Brechung im Wmoselfr. zurück und setzt ahd. *e* (umgelautetes *a*) fort. **IV.** U. a. Mörsch, OT von Rheinstetten, Lkr. Karlsruhe, BW, D; Mörsch, OT von Frankenthal, RP. **V.** Gysseling 1960/61; Kunz, R.: Art. Mersch. In: R. Kunz/M. Vòllono: 'Nordwörter' und 'Südwörter' im Saar-Mosel-Raum (= Veröffentlichungen der Kommission für Saarländische Lan-

desgeschichte und Volksforschung 42). Saarbrücken 2009. *AS*

Merseburg **I.** Stadt, gleichnamige VG und Verwaltungssitz im Saalekreis, 36 075 Ew., s Halle, am Westufer der Saale, ST. Der Ort zeigt seit der Jungsteinzeit eine Nutzung zu Befestigungszwecken, seit Ende des 8. Jh. ist eine fränkische Burg belegt. Im frühen 10. Jh. im Besitz des späteren d. Königs Heinrich I., seit 932 als Grafschaft nachweisbar, 968 errichtete Otto I. in Merseburg ein Bistum, seit 1426 Hansestadt, ab 1561 kursächsisch, von 1656 bis 1738 Hauptstadt des Herzogtums Sachsen-Merseburg, ab 1815 preußisch, Beamtenstadt und Sitz eines Regierungspräsidenten, Dom, h. Hochschule (FH). **II.** 932 *Merseburc*, 949 *Mersapurac*, 952 *Merseburg*, 968 *Merseburg*, 973 *Mersiburn*. **III.** Der ON ist nicht sicher geklärt. Das Gw. ist eindeutig ↗ *-burg* und nimmt Bezug auf die karolingische Burg, in deren Schutz die Siedlung entstand. Für die Deutung des Bw. ergeben sich mehrere Möglichkeiten: 1. zu ahd. *mari*, *meri*, asä. *meri* aus **mari* 'stehendes Gewässer, See, Lache, Sumpf'. Hier wäre die Burg nach dem sumpfigen, ehemals wasserreichen Vorgelände in der Saalniederung benannt worden. 2. zu ags. *mǣre*, altisländisch *mæri*, aus **mairja-* 'Grenze, Grenzgebiet', benannt nach der Grenzlage der Burg seit dem 6. Jh. Bei 1. und 2. vollzog sich die Umstellung der Endung *-(r)es* zu *-(r)se*. 3. KF zu germ. PN mit einem Erstglied zu germ. *mari*, asä. *meri* 'herrlich, berühmt', mit bereits bei Überlieferungsbeginn reduziertem Zweitglied, vgl. *Merifrid*, *Merowig*, *Meriswind*. 4. Nicht auszuschließen ist ein Bezug zum Bewohnername *Marsi* aus der Landschaft Marsum (Rhein- und Maasmündung). Die frühmittelalterliche Bez. *Friesenfeld* für die Landschaft n der Unstrut unterstützt die Vermutung der Zuwanderung von Gruppen aus dem Nordseeküstenraum. **IV.** Maarsbergen, Provinz Utrecht; Meersen, beide NL; † Marschleben, bei Quedlinburg, ST. **V.** DS 35; SNB; Berger. *MH*

Merzenich **I.** Kreisangehörige Gem. im Kr. Düren, 9 855 Ew., nö von Düren, Reg.-Bez. Köln, NRW. Erstmals im Jahre 1230 erwähnt. Große Teile des Ortes im Besitz der Grafen von Neuenahr (Saffenberg). Entwicklung zu einer bevorzugten Wohnlage mit günstigen Anbindungen an den Kölner Raum. Lebensmittel verarbeitende Industrie. **II.** 1230 *Merzenich* (Kop. 14. Jh.), 1308 *Mertzenich*, 1314 *Merznich*; *Merzenich* (1385). **III.** Ausgewiesen durch die auch in den Altbelegen einheitlich auftretende *-ich*-Endung wird mit *Merzenich* ein ON vorliegen, der mit dem galloroman. ↗ *-(i)acum*-Suffix gebildet wurde. Bei dem für den linksrheinischen Raum charakteristischen ON-Typ wurde das Suffix zur Anzeige des Besitzes oder der Einflussverhältnisse in der Regel mit einem PN verknüpft und adjektiviert. Die PN entstammen meist der keltorom. Sprachschicht. Für *Merzenich* kommt als PN sowohl *Martinus* als auch *Marcinius* in Frage. Beide sind sowohl in klassischer wie auch in spätlat.-rom. Zeit bekannt. Somit ist entweder **Martiniacum* oder **Marciniacum* die Grundlage für den ON *Merzenich*. **IV.** Merzenich, OT von Zülpich, Kr. Euskirchen, NRW. **V.** Kaspers; Buchmüller-Pfaff. *Br*

Merzig dial. ['miːɐ̯tsɪʃ], ['meːɐ̯tsɪʃ] **I.** Kreisstadt im Lkr. Merzig-Wadern, 30 770 Ew., an der Saar im Naturpark Saar-Hunsrück, ca. 40 km nw von Saarbrücken, Sitz der Kreisverwaltung, SL. Reste einer röm. Siedlung. Krongut, das 869 dem Erzbischof von Trier geschenkt wurde. 12. Jh. Errichtung einer Propstei durch die Abtei Wadgassen, rom. Kirche St. Peter (13. Jh.). Im MA Konfliktobjekt zwischen Kurtrier und dem Hztm. Lothringen, die sich seit 1368 die Herrschaft über Merzig und den Saargau als Kondominium teilten. 1794 insgesamt an Kurtrier, während der Revolution zu Frankreich, seit 1815 preuß.; 1920 Völkerbundsverwaltung; 1935 Rückgliederung ins Reich; 1947 Teil des formal selbst., in polit. und wirtschaftl. Union mit Frankreich stehenden Saarlandes; 1957 wieder zu Deutschland. 1974 Zusammenschluss der Ämter Hilbringen und Merzig-Land mit 16 weiteren Dörfern. Geburtsort von Gustav Regler; Faiencerie, Bierbrauerei, Weinbau. **II.** 802 (F. 10. Jh. oder Kop. 14. Jh.) *Marciacum*, Ende 11. Jh. (Kop. Ende 15. Jh.) *Merciam*, 1052 *Mereche [Or]*, 1107 (F. ca. 1140) *Marciche*, 1138 (Kop. 14. Jh.) *Marceto*, 1140 *de Marciaco [Or]*, 1152 *de Marceto [Or]*, 1157 *de Marceio [Or]*, ca. 1180 *Merzig*, 1189 *Marcei [Or]*, 1217–18 *aput Marcetum [Or]*, 1275 *Merzich*, 1326 (Kop. 17. Jh.) *Mertzigen*, 1334 *Mertzig*. **III.** Bildung mit dem gallorom., eine Zugehörigkeit ausdrückenden Suffix ↗ *-acum*, elliptisch, da das zugehörige Subst. ausfiel: **(fundus) Marciacum* '(Gut) des Marcius', zum lat. PN *Marcius*. Übernahme nach Abschluss der rom. Assibilierung von $k_I > ts$; im Dt. entwickelte sich *-iacum* zu *-ich*, Formen mit Umlaut neben umlautlosen Formen (*Marciche*, *Merzich*). Möglich erscheint auch der PN *Martius*, falls <ci> Grafie für $ts < t_I$ ist. Vermischung mit dem lat. Suffix *-etum* (*Marcetum*), das in der Entw. lautl. mit *-(i)acum* in *-ei(o)* zusammenfiel. **IV.** Maxey-sur-Meuse, Arrondissement Neufchâteau, Département Vosges, Maxey-sur-Vaise, Arrondissement Commercy, Département Meuse, Méchy, OT der Gem. Sanry-lès-Vigy, Arrondissement Metz-Campagne, Département Moselle, Mercy-le-Bas und Mercy-le-Haut, beide Arrondissement Briey, Département Meurthe-et-Moselle, alle Region Lothringen, F; Mertzig, Distrikt Diekirch, L; Mötsch, OT von Bitburg, RP. **V.** ASFSL; Buchmüller-Pfaff; Gysseling 1960/61. *MB*

Meschede I. Stadt im Hochsauerlandkr., 31 566 Ew., an der Mündung der Henne in die Ruhr, Reg.-Bez. Arnsberg, NRW. Nahe einer Befestigungsanlage (8.–10. Jh.) zum Schutz des Ruhrübergangs zweier Verkehrswege entstanden, 870 Gründung eines bedeutenden Stifts durch die hier ansässigen späteren Grafen von Werl/Arnsberg, 1457 Freiheit, 1826 Titularstadt. II. 913 *Mescedi [Or]*, 937 *Meskide*, 958 *Messcede*; *Meschede* (1300). III. Der ON zeigt das Suffix ↗ *-ithi*. Eine Deutung als ON auf ↗ *-scheid* aufgrund von Schreibungen wie *Messcede* (vereinzelt bis 16. Jh.) wird dagegen nicht durch die Belege gestützt. Die Ableitungsbasis kann wegen des möglichen Umlauts durch *-ithi* als **Masc-* angesetzt werden. Anknüpfungen bieten asä., ahd. *masca* 'Masche, Netz', mnd. *masche*, ae. *masc, max*, anord. *moskvi, moskun* 'Masche'. Sonstige Parallelen liegen nur im Baltischen vor (u.a. lit. *mãzgas*, lett. *mazgs* 'Knoten, zugezogene Schlinge'); Die Bildungen sind auf idg. **mozgo-* 'Knoten' zurückzuführen. Etymologischer Befund und Bildungstyp weisen auf ein hohes Alter des ON hin. Da sich *-ithi*-Namen häufig auf etwas im Gelände Vorhandenes beziehen, ist außer an 'Netz, Schlinge, Falle' (Derks) an ein schlingenartiges Aussehen des früheren Laufs der Ruhr, vielleicht eine bildliche Bezeichnung der Hennemündung oder das 'maschenartige' Netz von Bächen der Umgebung zu denken. V. Derks, Lüdenscheid; Udolph 1991; Berger. *Flö*

Meseritz // Międzyrzecz [mʲɛɲˈdʑiʑɛtʃ] I. Stadt in der Woi. Lubuskie (Lebus), Kreis- und Gemeindesitz, 18 513 Ew., PL. Im 9. Jh. stand hier – zum Schutz der Grenze des frühen poln. Staates vor den Angriffen der Pomoranen – eine Burg, die später eine Kastellanburg und Zentrum einer nichtstädtischen Starostei wurde. Die erste offizielle und bis h. erhaltene Erwähnung der Burg von Międzyrzecz ist in der Chronik des deutschen Bischofs Thietmar von Merseburg aus dem Jahre 1005 enthalten. 1248 erhielt Międzyrzecz das Stadtrecht nach deutschem Recht. Seit 1773 zu Preußen, Reg.-Bez. Posen. Nach 1945 an Polen. 1975–1998 gehörte die Stadt zur Woi. Gorzów (Landsberg). II. 1005 *Mezerici*, 1093 *castrum Mezyriecze*, 1232 *de Mezerets*, 1259 *Medzirzecz*, 1276 *castri Medzirzecensis, de Meserecz*, 1389 *Medzirzecz*, 1405 *de Medzrzecz*, 1457 *Myedzirzecz*, in 1510 *Myedzirzecz*, 1580 *Miedzirzecz*, 1622–24 *Międzyrzecz*, 1659 *Międzyrzecze*, 1789 *Międzyrzecz*, 1885 *Międzyrzecz*, 1951 *Międzyrzecz – Meseritz*, 1981 *Międzyrzecz*. III. Vom apoln. App. *miedzyrzecze* 'ein zwischen zwei Flüssen gelegenes Land'. Die Stadt liegt an der Mündung der Packlitz // Paklica in die Obra. Am Anfang lautete der Name *Miedzyrzecze* (Ntr.), dann nahm er die Form *Miedzyrzecz* (M.) an. Die h. Form mit dem Nasalvokal ę taucht erstmalig in den Aufzeichnungen des 17. Jh. auf. *Meseritz* ist eine grafisch-phonetische Adaptation. IV. ON *Międzyrzecz, Międzyrzecze* (Międzyrzecze Górne // Ober Kurzwald, Śląskie (Schles.); Międzyrzecze // Haidau, Woi. Dolnośląskie (Niederschlesien). V. Rymut NMP VII; SHGPn III; RymNmiast. *BC*

Meßkirch I. Stadt und gleichnamiger GVV (mit den Gem. Leibertingen und Sauldorf) im Lkr. Sigmaringen, 13 182 Ew., ca. 13 km sw Sigmaringen, im Ablachtal, Reg.-Bez. Tübingen, BW. Ende des 12. Jh. war Meßkirch namengebender Sitz einer Rohrdorfer Ministerialienfamilie, 1261 Erhebung zur Stadt, 1806 an Baden, von 1806 bis 1936 Sitz eines Bezirksamts. Schloss der Grafen von Zimmern, Stadtkirche St. Martin, Wasserschloss Menningen. II. Um 1080 *Messankirche*, 1202 *Meschilchi*, 1278 *Messkilch*, 1441 *Meskirch*. III. Es handelt sich verm. um eine Zuss. mit dem Gw. ↗ *-kirch(en)* und dem PN *Massio* mit Umlaut des Stammvokals: 'Kirche des Massio'. Die Bildung zeigt dann im Gegensatz zu älterem ↗ *Leutkirch*, Lkr. Ravensburg, BW, den Typ PN + *-kirch(en)* als Name des karolingischen Eigenkirchensystems. IV. ↗ Meßstetten, Zollernalbkreis, BW. V. FO; FP 2; Krieger; LBW 7. *JR*

Meßstetten I. Stadt und gleichnamige VVG (mit den Gem. Nusplingen und Obernheim) im Zollernalbkreis, 10 633 Ew., ca. 13 km sö Balingen, in der Hochflächenmulde über einer zum Eyachtal hinabführenden Talkerbe gelegen, Reg.-Bez. Tübingen, BW. Niederadlige von Meßstetten sind 1252 genannt, 1418 von den Erben der Herren von Tierberg an Württemberg mit Oberhoheit und Ortsherrschaft. Mauermühle Unterdigisheim, Radarkugel der Bundeswehr. II. 854 in *Messtete*. III. Verm. eine Zuss. mit dem Gw. ↗ *-stetten* und dem PN *Massio* mit Umlaut des Stammvokals: 'Stätte des Massio'. IV. ↗ Meßkirch, Lkr. Sigmaringen, BW. V. FO; LBW 7. *JR*

Mettingen I. Gem. im Kr. Steinfurt, 12 207 Ew., n Ibbenbüren, Reg.-Bez. Münster, NRW. Im MA Kirchdorf im Bistum Osnabrück, 12. Jh. Gft. Tecklenburg, 1493 Obergrafschaft Lingen, 1596 Niederlande, 1702 preußisch, 1806–08 Ghztm. Berg, 1810 Kaiserreich Frankreich, 1813 wieder preußisch, seit 17. Jh. Leinenhandel und Töddenhandel (wandernde Kaufleute und Hausierer), 19. Jh. Gründung von C&A, seit 1992 Produktionsstandort einer Tiefkühlkonditorei, 1992 staatlich anerkannter Erholungsort. II. 1088 *de Mettinge*; *Mettingen* (1266). III. Bildung mit ↗ *-ing*-Suffix zu einer Basis idg. **mad-* 'nass, triefen; von Fett triefen, gemästet', zu der eine germ. Variante mit Auslautverhärtung **mat-* angenommen werden kann. Im appellativischen Wortschatz beruhen darauf zum Beispiel got. *mats* 'Speise', ags.

mettan 'füttern', asä. *mat, meti* 'Speise', mnd. *met* 'Schweinefleisch'. Als Motivierung für die Benennung kann etwa Lehmboden gedient haben oder eine anderweitig fruchtbare Beschaffenheit des Bodens oder der Umgebung. Das Suffix -*ing*, das im Erstbeleg im Dat. Sg. flektiert ist, in den späteren Belegen im Dat. Pl., hat die Funktion einer Stellenbezeichnung, so dass an eine Deutung des ON als Stelle mit fruchtbarem Boden gedacht werden kann. **IV.** Metel, OT von Neustadt am Rübenberge, Region Hannover, NI; Metelen, Kr. Steinfurt, NRW. **V.** Osnabrücker Urkundenbuch I, III; Udolph 1994. *kors*

Mettlach dial. [ˈmɛtlɪʃ] **I.** Gem. im Lkr. Merzig-Wadern, 12 475 Ew., am Ende der Saarschleife im Naturpark Saar-Hunsrück, zwischen der franz. Grenze und der zu RP gelegen, ca. 10 km nw von Merzig, SL. Gründung einer Abtei in der 2. Hälfte 7. Jh., Ende 10. Jh. Bau einer Grabkapelle nach dem Vorbild der Pfalzkapelle zu Aachen, h. das älteste Bauwerk im Saarland (Alter Turm). Plünderung des Klosters 1792 durch die Franzosen, 1794 Auflösung. 1809 Einrichtung einer Keramikfabrik. 1920 Völkerbundsverwaltung, Britten (h. OT von ↗Losheim) kam zum Restkreis Merzig-Wadern; 1935 Rückgliederung ins Reich; 1947 Teil des formal selbst., in polit. und wirtschaftl. Union mit Frankreich stehenden Saarlandes; 1957 zu Deutschland. 1974 Vereinigung der Gem. Mettlach mit neun weiteren Gem. **II.** 759 (F. Kop. 17. Jh.) *Metheloch*, 781–791 (Kop. Mitte 14. Jh.) *Medolaco ... Medolago*, 808 (Kop. 18. Jh.) *Mediolacus*, 813 (Kop. 1685 nach F.) *in Metheloch*, 842 *Medelacus [Or]*, 853 (Kop. 9./10. Jh.) *ad Mediolacum*, 884 (Kop. Mitte 14. Jh.) *Medelacha ... Medelachus*, Anf. 12. Jh. auf 994 (Kop. 12. Jh.) *in Metelahe*, 1146 (Kop. 18. Jh.) *in Metloch*, 1154 *Mettlach*, 1154 *de Mediolacu [Or]*, 1195 *von Mettlach*, 1196 *in Metlaco [Or]*, 1230 (Kop. 1488) *apud Metloch*, 1230 *Methelach [Or]*, 1252 (Kop.) *in Metlach*. **III.** (Mit Einschränkung) vorgerm. Bildung mit dem eine Zugehörigkeit anzeigenden Suffix ↗-*acum*: **Metellacum*, zum lat. PN *Metellus*; elliptisch, urspr. adjektivisch: **(fundus) Metellacum* '(Gut) des Metellus'. Entlehnung vor der rom. Sonorisierung, Verschiebung von *k > ch*, Akzentverschiebung und Ausfall des unbetonten Mittelsilbenvokals: **Metellácum > Méthelach > Métlach*. Formen mit rom. Sonorisierung der intervokalischen Konsonanten (*Medolago*) sprechen für gallorom. Kontinuität noch im späten 8. Jh. Belege wie *de Medio lacu* werden wegen der Lage im wasserreichen Saartal (*in medio lacu* 'mitten im See') als gelehrte Volksetym. interpretiert. **IV.** † Medolago, I; Melay, Haute-Marne, F (Buchmüller-Pfaff). **V.** ASFSL; Buchmüller-Pfaff; Gysseling 1960/61; Spang 1982; Venema 1997. *MB*

Mettmann I. Kreisstadt, 39 560 Ew., Reg.-Bez. Düsseldorf, NRW. Seit prähistorischer Zeit besiedelt (Neandertal), karolingischer Königshof. 1424 mit städtischen Rechten versehen. **II.** 904 *in Medamana*, Mitte 14. Jh. *in der Medmen*. **III.** Die verbreitete Zuordnung zu dem GwN-Element -*menni*, -*minni* (Bach, DNK II,1, ↗*Dortmund*) ist problematisch, weil die sicheren Belege dieses Typs -*ja*-Stämme sind, während die Mettmann-Belege weder Gemination noch Umlaut zeigen. Gleichwohl kann der Name als germ. gedeutet werden, wenn man anfrk. *medemo* 'mittlerer' (in ON wie 918–948 *Medemolaca*, h. Medemblik, Noordholland, NL) zugrunde legt; -*ana* ist dann als GwN-Suffix zu erklären. Das führt den ON auf einen FluN zurück: '[Ort am] mittleren Bach'. Gemeint ist wohl der urspr. Name des Düsselzuflusses *Mettmanner Bach*. Doch kann der Typ bereits voreinzelsprachliches Alter haben, wie durch eine Reihe anderer Namen mit dem Element **med-* (idg. **medh-*, die etym. Basis auch des germ. Wortes, gleichfalls in der Bedeutung 'mittlerer') nahe gelegt wird, die den morphologischen Mustern der alteurop. GwN-Gebung folgen. **V.** HHS 3; Krahe, H.: Fluß-(und Orts-)namen auf -*mana*/-*mina*. In: BNF 8 (1957); Gysseling 1960/61; Schmidt, Rechtsrhein. Zfl. *Tie*

Metzervisse ↗**Metzerwiese**

Metzerwiese // **Metzervisse I.** Gem. und Hauptort des gleichnamigen Kantons im Dép. Moselle, 1 733 Ew., 9 km sö Thionville, LO, F. Früher Besitz des Stiftes St. Sauveur in Metz; luxemburgisches Lehen; später an Frankreich; 1871 zum Reichsland Elsass-Lothringen, 1918 wieder an F. **II.** 874 *Wis*, 10. Jh. *Wissa*, 1130 *Wes*, 1179 *Wisse*, 1269 *Wieze*, 1425 *Metzer Wysse*; 1544 *Metzerwiese*. **III.** Zu germ. **wīhs* 'Dorf' mit wmd. Schwund des *h* in der Lautgruppe -*hs*; dem regionalen Dialekt entsprechend keine Diphthongierung *ī > ai*; ab dem 15. Jh. zur Differenzierung synonymer mosselländischer SiN Vorsatz von *Metzer-* (Bezug auf die nahe Stadt Metz). **IV.** Gauweis // Gavisse (1303 *Vies*); Waldwiese // Waldwisse (1126/50 *Wiehs*), beide Dép. Moselle, F; Moselweiß (1070 *Wissa*), OT von Koblenz, RP, usw. **V.** Reichsland III; Jungandreas; Hiegel; Haubrichs 2000a. *Ha*

Metzingen I. Große Kreisstadt und (mit den Gem. Grafenberg und Riederich) gleichnamige VVG im Lkr. Reutlingen, 28 929 Ew., 7,5 km nö Reutlingen, vor dem Rand der mittleren Alb gelegen, wo sich die breite Sohle der Erms in das Lias-Albvorland öffnet, Reg.-Bez. Tübingen, BW. Metzingen war eine röm. Niederlassung, eine Hälfte fällt Mitte des 13. Jh., der Rest 1317 an Württemberg, 1831 Ernennung zur Stadtgemeinde, seit 1990 Große Kreisstadt. Maschinenbau und Textilindustrie, Kelternplatz, Altes Rathaus, Pumpspeicherwerk Glems. **II.** 1075 *Metzingan [Or]*, 1135–37 (zu 1089/90) *Metzingin, Metzingen* (13. Jh.). **III.** Der ON gehört zu den ↗-*ing(en)*-Ableitungen und enthält – mit Umlaut des Stammvokals – den PN *Matzo*: 'bei den Leuten des Matzo'. **IV.** Mötzingen, Lkr. Böblingen, BW. **V.** Reichardt 1983; LBW 7. *JR*

Meuselwitz **I.** Stadt im Lkr. Altenburger Land, s Leipzig an der Schnauder, 11 594 Ew., TH. Slaw. Dorf, seit ca. 1000 mit d. Herrensitz; Entwicklung als Marktflecken bis ins 16. Jh., 1874 Stadtrecht. Seit 1860 im 19./20. Jh. Braunkohlenbergbauzentrum mit Maschinenbau. **II.** 1139 (Kop. 14. Jh.) *in villa Mizleboze*, 1168 *Muzelbuze*, 1399 *Muselbicz*, 1418 *Mußelbuß*, 1490 *Mewselwitz* (mit *ew* für *eu*); *Meuselwitz* (1609). **III.** Asorb. *Myslibuź 'Ort eines Myslibud', wobei an den PN das possessivische -*j*-Suffix zur Kennzeichnung des ON angefügt wurde, wodurch der Auslaut -*bud* > -*buź* verändert wurde (vgl. ↗Cottbus). Asorb. |y| wurde d. mit |i| oder auch |ü|, grafisch nur <u>, ersetzt. Gedehnt wurde der Vokal im 14. Jh. diphthongiert zu *eu*. Der Auslaut des ON wurde an andere ON mit ↗-*witz* angeglichen. **IV.** Meuselwitz, OT von Zschadraß, Lkr. Leipzig; Meußlitz, OT von Dresden, beide SN. **V.** UB Naumburg I; SNB; HONS 2. *KH*

Miastko ↗**Rummelsburg**

Michel-. ↗**Groß(en)-.**

Michelstadt **I.** Stadt im Odenwaldkreis, 16 666 Ew., Reg.-Bez. Darmstadt, HE. Spätestens in früher fränk. Zeit Herrschafts- und Siedlungsmittelpunkt im Odenwald. Als kgl. Eigengut schenkte der Hausmeier Karlmann im Jahre 741 Michelstadt an Burkard, den ersten Bischof von Würzburg. Nach dem Rückfall an das Königtum erhielt 815 der Karlsbiograph Einhard (gest. 840) die Mark Michelstadt, die er an das Kloster Lorsch weitergab. Deren Vögte, die Herren von Erbach, übten seit dem 13. Jh. die Herrschaft als kurpfälzisches Lehen aus. 1307 wird der Ort als *oppidum* bezeichnet. Relativ bedeutender Wein-, Tabaks- und Obstanbau in der Frühen Neuzeit. 1806 kam Michelstadt mit der Grafschaft Erbach an das Ghztm. Hessen. Die spätgotische Stadtkirche enthält künstlerisch bedeutsame Grabmäler der Schenken bzw. Grafen von Erbach. Die Einhardsbasilika im Stadtteil Steinbach, um 825 errichtet, zählt zu den herausragenden Zeugnissen karolingischer Architektur. **II.** 741 (Kop.) *Michelnstat*, 815 (Kop.) *Michlinstat in silua Odonwalt*, 1179 *Michelstat*. **III.** Bw. ahd. *mihhil* 'groß'. Die frühen Belege mit -*n*- in der Kompositionsfuge verweisen auf eine syntaktische Fügung ahd. **ze dero mihhilin stat* 'bei der großen Siedlungsstätte'. Gw. ↗-*stat*. **V.** CL; Keyser; Kleberger; Germania Benedictina Hessen; Knappe; Müller, Starkenburg. *TH*

Michendorf **I.** Gem. im Lkr. Potsdam-Mittelmark, 11 614 Ew., sw Potsdam, BB. Im Zuge des ma. d. Landesausbaus angelegtes Dorf. **II.** 1375 *Michendorp*; *Michendorf* (1500). **III.** Benannt nach einem Mann (Lokator) namens Micha. Je nach Herkunft des Lokators kann dem ON eine slaw./apolb. mittels des Suffixes -*ch*- gebildete KF aus VN mit *Mi*- im Anlaut wie apolb. *Miroslav* zugrunde liegen, dann handelt es sich um einen slaw.-d. Mischnamen. Der PN *Micha* kann aber auch eine d. KF vom christlichen Namen *Michael* darstellen. Zum Gw. mnd. -*dörp*, hd. ↗-*dorf* 'Dorf'. **V.** Landbuch; Riedel A VIII; BNB 1. *EF*

Miechowice ↗**Mechtal**

Międzyrzecz ↗**Meseritz**

Miesbach **I.** Stadt im Lkr. Miesbach, 11 133 Ew., Sitz der Kreisverwaltung, Reg.-Bez. Oberbayern, BY. Besitz des Klosters Schliersee, im 14. Jh. Gewährung des Marktrechts. **II.** 1114 *Muospach*, 1127–1147 *Muspach*, 1140–1152 *Muesbach*, 1185–1187 *Moesbach*, 1197–1199 *Mosbach*, 1557 *Miesbach*. **III.** Grundwort des urspr. Gewässernamens ist ahd. ↗-*bach, pach* 'Bach, kleiner Wasserlauf', Bestimmungswort *mos, mous, mies, mios* 'Moos'. **V.** HHS 7/1; Reitzenstein 2006. *WvR*

Mikulczyce ↗**Klausberg**

Mikulov ↗**Nikolsburg**

Miltenberg **I.** Kreisstadt im Lkr. Miltenberg, 9 415 Ew., an der Südwestecke des Mainvierecks, s von Aschaffenburg, zwischen Spessart und Odenwald, Reg.-Bez. Ufr., BY. Vorgeschichtliche Siedlungsspuren, ab Mitte des 2. Jh. Anschluss des vorderen Limes am Ostrand von Miltenberg an den Main; spätmerowingisch-fränkisches Kleinkastell und salisch-staufische Turmburg; ab dem 13. Jh. entwickelte sich die Stadt Miltenberg, bis 1803 bei Kurmainz, 1816 zu Bayern. Hist. Altstadt. **II.** 1225 (Kop. 1276) *Miltinberg*, 1261 *Miltenberg*. **III.** Gw. des Namens ist ↗-*berg*; das Bw. wird mit dem mhd. Adj. *milte* 'freigebig' identifiziert; es „soll hier die Eigenschaften der Burg [oberhalb von Miltenberg] bzw. ihres Herrn charakterisieren" (Reitzenstein 2009). Die Burg wurde von den Mainzer Erzbischöfen zur Sicherung der ö Grenze ihres Gebietes errichtet, was die Motivation für die Namenerklärung zweifelhaft erscheinen lässt. **V.** HHS 7/2; Reitzenstein 2009. *RB*

Miltzow I. Gem. und gleichnamiges Amt (2008 mit acht weiteren Gem.) im Lkr. Nordvorpommern, 7 474 Ew., am Strelasund (zur Ostsee), etwa auf halber Strecke der Bahnlinie zwischen Greifswald und Stralsund, MV. Weithin landwirtschaftlich geprägt, 1961 Entdeckung eines Erdölvorkommens im Gemeindegebiet. II. 1325 *in villa Mildesouwe*, 1329 *in villa Mildessowe*, 1385 *Miltzowe*; *Miltzow* (1608). III. Dem ON liegt ein apolb. KN oder ZN **Mileš*, **Miloš* mit einem poss. Suffix *-ov*, ↗ *-o(w)*, zugrunde, dessen auslautendes *-v* in der Aussprache verloren ging. Der zweite unbetonte Vokal fiel bei der Eindeutschung des Namens ebenfalls aus. Die Bedeutung des ON lässt sich als 'Ort des Mileš oder Miloš' rekonstruieren. Sowohl KN (von einen zweigliedrigen VN mit *Mil-* im Erstglied, wie etwa in **Miligost*, 1230–1234 *Melgoz*, h. Malliß) als auch ZN würden auf slaw. **mil-* 'lieb' zurückgehen und wären dabei sekundäre Diminutivbildung mit den Suffixen *-eš*, *-oš*. **IV.** ↗ Dömitz-Malliß, Lkr. Ludwigslust, MV. **V.** PUB 6, 7; MUB XX; Lubin, E.: Nova famigerabilis Insulae ac Ducatus Rugiae descriptio. 1608; Niemeyer 2007. *MN*

Mindelheim I. Stadt im Lkr. Unterallgäu, 14 135 Ew., am Westrand des mittleren Mindeltales verkehrsgünstig gelegen, Reg.-Bez. Schwaben, BY. Reihengräber der 2. Hälfte des 6. Jh., 1046 Königshof, Marktrecht im 13. Jh., ältestes Stadtrecht von 1337. Übergang an Bayern von den Frundsbergern bereits 1616. II. 1046 (Kop. 13. Jh.) *Mindelheim*, seither nur Schreibvariationen. III. GW: ↗ *-heim*. Flussname *Mindel* noch nicht sicher gedeutet. Kelt. **mend-/ mind* 'klar' mit Suffix scheint einleuchtend zu sein. V. Heimrath: HONB Mindelheim; Reitzenstein 1991; Vogel, R.: Mindelheim (Hist. Atlas von Bayern, Schwaben Bd. 7). München 1970. *TS*

Minden I. Kreisstadt im Kr. Minden-Lübbecke, 82 809 Ew., Stadt an der Weser, unterhalb der Porta Westfalica, Reg.-Bez. Detmold, NRW. Alte germ. Siedlung (Handelsplatz) im Bereich der Weserfurt und Mittelpunkt eines sächs. Gaues, Gründung als Bischofssitz durch Karl den Großen, um 800 nach Vereinigung der Missionsbezirke Minden und Hameln zum Bistum Minden (Erzdiözese Köln), 961 Immunität, 977 Hochgerichtsbarkeit, Markt-, Münz- und Zollrecht, Ende 13. Jh. Hansestadt, 1536 Mitglied des Schmalkaldischen Bundes, 1633/34 Besetzung durch die Schweden (Festung bis 1650), 1648 an Brandenburg, 1650–1723 an Brandenburg/Preußen, 1806–1813 franz. Besatzung, 1813 an Preußen, 1821 Domgemeinde zum Bistum Paderborn. 1973 Zusammenschluss mit 13 umliegenden Gem. Weserhafen (Mittellandkanal, Schachtschleuse, Kanalüberführung über die Weser), Preußenmuseum (seit 1999). II. Zu 798 (Kop. Anfang 10. Jh.) *Mimda*, *Mimthum*, *Munthiun*, 852 *Mimida*, zu 871 (Kop. Mitte 10. Jh.) *Mindonensis æcclesiae episcopus*, 874 (F. 10. Jh.) *Mimidonensi episcopo*, 895 *episcopus Mimidomensis*, 961 *Mindun*, 1033 *Mindunensis ecclesie*, 1051 *actum Minde*, ca. 1154 (Kop. 1387) *Mundioborg*, 1055–1080 *Mindon*; *Minden* (1296 Kop.). III. Der ON ist bislang nicht sicher gedeutet, was auch an der frühen Formenvarianz liegt. Ob der bei Ptolemaeus (2. Jh. n. Chr.) genannte germ. Handelsplatz Μουνίτιον mit Minden identifiziert werden kann, ist nicht sicher. Der ON ist zuletzt als Übertragung von einem urspr. GwN **Miminda* (< **Mimundō*, *Mimindō*) (evtl. für die Bastau s Minden) verstanden worden, einer Partizipialbildung mit *-end-*Suffix (< idg. **-ent-*), wobei die Basis *Mim-* der Abl. unklar geblieben ist. Die Deutung als urspr. GwN erfolgt auch mit Hinweis auf den Namen der Nieme und den der dortigen Vorgängersiedlung von Bursfelde. Vielleicht bietet sich daneben für Minden eine Verbindung mit früh bezeugten Toponymen auf *-menn-*, *-minn-*, *-munn-* an (vgl. die frühen Namenformen von ↗ Holzminden, Hedemünden, OT von Hann. Münden, NI, ↗ Dülmen, ↗ Dortmund etc.). Die hier erkannte Bez. für einen Berg oder eine Erhebung führt über germ. **mend-/ *mund-* auf idg. **ment-/*munt-/*mn̥t-* (vgl. lat. *mōns*, *montis* 'Berg'). Da im Germ. auch ein Konsonantenwechsel im Stammauslaut und eine Entwicklung zu **menþ-/munþ-* erwartet werden kann, ergeben sich germ. Formen (mit Nasalschwund und Ersatzdehnung vor *þ*) wie **mēþ-/*mūþ-*. Im vorliegenden Fall können gerade die älteren Varianten auf urspr. **Mimīthum* (mit lok. Dat.-Pl.-Endung *-um*) bezogen werden, sodass sich ein Element *-mīth-* segmentieren ließe, dem eine Vokalveränderung von idg. *-e-* vor > germ. *-i-* + *-n-* + Konsonant vorausgegangen wäre. Insgesamt wird eine alte Namenbildung sichtbar, deren erster Bestandteil *Mi-* dann vielleicht nur noch Rest eines vor folgendem *-m-* assimilierten **Min-* ist, das letztlich an idg. **minu-* 'minder' (vgl. gr. μυνυ-, lat. *minus* 'weniger', tiefstufige Bildung mit *-n-*Infix (zur prim. Grundlage **mei̯u-*, zu idg. **mei-*, **moi-* 'klein') anzuschließen wäre und in dem das Grundmorphem von asä. *minnero*, *minnisto* (vgl. auch got. *minniza* 'kleiner, jünger', Adv. *mins*, nl. *min* 'weniger', nd. *minne* 'dürftig') vorläge. Eine so erschließbare Form **Min-mīþ-um* könnte leicht mit den überlieferten Varianten vermittelt werden. Eine Erklärung als Ortsangabe 'bei den kleinen Erhebungen' findet in den urspr. naturräumlichen Gegebenheiten Mindens auffällige Anhaltspunkte, das auf Uferterrassierungen der Wesertalung liegt, insbes. auf einer noch h. erkennbaren Steilstufe zwischen mittlerer und unterer Terrasse mit kleineren Erhebungen, darunter die höchste des Domberges. V. RGA 20; NOB IV; Schneider; Müller, G.: Der Name der Stadt Minden. In: Zwischen Dom und Rathaus. Beiträge zur Kunst- und Kulturgeschichte der Stadt Minden. Hg. von Hans Nordsiek, Minden 1977; Udolph 1994; Heidermanns, F.: Etymologisches Wörterbuch der germanischen Primäradjektive (Studia linguistica Germanica 33). Berlin 1993; Nellner, W.: Die natürlichen Grundlagen der Besiedlung des Mindener Landes. o.O. 1953 (Mindener Beiträge zur Geschichte, Landes- und Volkskunde des ehemaligen Fürstentums Minden 1); HHS 3. *BM*

Mistelbach I. Bezirkshauptstadt, 11 089 Ew., im nö Weinviertel 25 bzw. 30 km v. der tschechischen bzw. slowakischen Grenze entfernt, NÖ, A. Urspr. Königsgut, später liechtensteinisch; 1372 Jahrmarktsprivileg (Getreideumschlagplatz), militärischer Versorgungsort infolge d. Grenznähe, 1874 Stadterhebung; h. Schulstadt mit allen Zentralfunktionen, Verkehrsknoten, Handels- und Industriebetriebe, Landesklinikum Weinviertel, Herman-Nitsch-Museum. **II.** Vor 1120 *de Mistlbach*. **III.** Mistelbach liegt am gleichnamigen Gewässer, dessen Name eine Zuss. aus dem Gw. ↗ -*bach* (der im Einwohnernamen als [-beke] abgeleitet erscheint) und dem mhd. App. *mistel* 'Mistel, Schmarotzerpflanze auf Bäumen' ist und 'Bach, dessen Uferbäume mit Misteln bewachsen sind' bedeutet. **V.** ANB 1; ÖStB 4/2. *ES*

Mittenwald I. Markt im Lkr. Garmisch-Partenkirchen, 7570 Ew., Reg.-Bez. Oberbayern, BY. Ab 1294 Besitz des Hochstifts Freising, seit dem 14. Jh. Markt, ca. 1683 Einführung des Geigenbaus. **II.** 12. Jh. (zu ca. 1098) *in media silua*, 1158 *Mittenuualde*, 1173/74 *Mittenwalde*, 1315 *Mittenwald*. **III.** Grundwort ist ahd. ↗ -*wald, walt* 'Wald, Wildnis', Bestimmungswort das Adj. *mitti, mitte* 'inmitten'. **V.** HHS 7/1; Reitzenstein 2006. *WvR*

Mittenwalde I. Stadt im Lkr. Dahme-Spreewald, 8683 Ew., in der Niederung des Nottekanals, s Berlin, BB. In vordeutscher Zeit slaw. Burgwall mit Burgsiedlung, seitdem d. Markgrafenburg, Stadt nach 1250 erbaut (14. Jh. civitas, oppidum). Pfarrkirche St. Moritz (14./15. Jh.), Spitalkapelle St. Georg (15. Jh.). **II.** 1239/1240 *Middenwalde*; 1317 *Middenwold*, *Middenwalde*, *Mittenwalde* (1375). **III.** Das Motiv für die Namengebung war die Lage des Ortes in der Mitte(n) des Waldes, zu mnd. *midde* 'Mitte' und mnd. -*wolt*, hd. ↗ –*wald(e)* 'Wald'. Die Namenbelege schwanken zwischen nd. und hd. Schreibungen, auch Mischformen kommen vor. **V.** Krabbo; Landbuch; Riedel A XI; BNB 3. *EF*

Mitterteich I. Stadt und gleichnamige VG im Lkr. Tirschenreuth (seit 1974 mit den Gem. Leonberg und Pechbrunn), 9357 Ew., ca. 30 km n von Weiden i.d.OPf., Reg.-Bez. Oberpfalz, BY. Seit ca. 1200 im Besitz des Klosters Waldsassen, nach Mitte 15. Jh. planmäßige Anlegung einer Straßenmarktsiedlung, 1501 Marktrechte, 1932 Stadterhebung, hist. Glas- und Porzellanzentrum des Oberpfälzer Stiftlandes. **II.** 1202 *Mittirdige [Or]*, 1204–27 *Mittirdig [Or]*; *Mitterteich* (1220–46, Kop. 14. Jh.). **III.** Der SiN geht nicht, wie bisher angenommen, auf mhd. *tīch, dīch* (m.) 'Teich' zurück, sondern auf den früheren Namen des den Ort durchfließenden Seibertsbachs, der 1456 als *die Teych* überliefert ist. Dieser basiert auf slaw. **Ticha* (fem.) zum Adj. **tichъ* 'still, ruhig'. In den ersten beiden Belegen ist *g* als hyperkorrekte Schreibung für den Reibelaut χ (sonst mit *ch* verschriftet) zu bewerten (vor dem Hintergrund der dial. Lautentwicklung -*g*- > -χ-). Der Zusatz *Mitter*- < mhd. *mitter* 'in der Mitte befindlich' bezeichnet die Lage des Ortes zwischen Oberteich und Hofteich (1138 *inferior Diche*, 1185 *Dich*). Zu klären bleibt, ob die *D*-Graphien in den ersten Nennungen mit der (mitteldeutschen?) Herkunft der Urkundenschreiber zusammenhängen oder bereits die nordbair. Konsonantenschwächung *t* > *d* widerspiegeln. **IV.** GwN *Tichá*, CZ; *Tichaja*, RUS. **V.** Keyser / Stoob II; Reitzenstein 2006. *WJ*

Mittweida I. Große Kreisstadt und gleichnamige VG im Lkr. Mittelsachsen, 17 947 Ew., im mittelsächsischen Bergland, auf der Westseite der unteren Zschopau, s der Talsperre Kriebstein, SN. Deutsches Bauerndorf Altmittweida um 1160 entstanden, 1286 *oppidum*, zählte um 1550 bereits zu den mittelgroßen Städten Sachsens. Im MA waren Tuchmacherei und Leinenweberei die wichtigsten Erwerbsquellen. Seit 19. Jh. bedeutender Standort der Textilindustrie, besonders Baumwollspinnerei. **II.** 1209 *de Mideweide*, 1323 *Miteweide*, mda. 1329 *Methewed*, 1378 *Mitteweyde*. **III.** Zu mhd. *mitte* 'in der Mitte' und *weide* 'Nahrung, Ort zur Waldweide', also 'Siedlung in der Mitte der Weide'. **IV.** Mittweida, OT von Raschau-Markersbach, Erzgebirgskreis, SN. **V.** HONS II; SNB. *EE, GW*

Möckern-Loburg-Fläming I. VG im Lkr. Jerichower Land, 15 137 Ew., ST. Gebildet am 1. 7. 2007 aus der Städten Möckern, Loburg und weiteren Gemeinden der Umgebung. Die VG liegt zwischen Mittelelbe und Westfläming, an der Ehle. Namengebend sind Möckern und Loburg sowie der Landschaftsname des Flämings. **II.** Möckern: 948 *Mokr(i)anici*, 965 *Mocornic*, 992 *Mokernik*, 1161 *Mukerne*. Loburg: 965 *Luborn*, 1161 *Loubarg*, 1190 *Gero de Luburc*. **III.** Der ON Möckern geht auf eine asorb. Gf. **Mokŕnica*, **Mokŕno* zum Adj. **mokry* 'nass, feucht', vgl. poln. *mokry*, nsorb. *mokšy*, tschech. *mokrý* usw., zurück. Bei *Loburg* liegt möglicherweise eine Umdeutung eines asorb. Namens (asorb. **L'ubomin*?)

vor und zwar als Bildung mit dem Gw. ↗-*born*, später ↗-*burg* und dem Bw. mnd. *lō* 'Niederholz, Buschwald, bewachsene Lichtung'. Für die Umdeutung sprechen die alten Schreibungen mit -*u*- sowie die Tatsache, dass Loburg als deutscher Burgward an Stelle einer slaw. Wallburg errichtet wurde. **IV.** Möckern, OT von Leipzig, (1335 *Mockeren*), SN. **V.** UB EM; SO; SNB; Bathe, Herkunft. *GW*

Möckmühl **I.** Stadt und (mit der Stadt Widdern sowie den Gem. Jagsthausen und Roigheim) gleichnamige VVG im Lkr. Heilbronn, 13 096 Ew., ca. 23 km nnö Heilbronn, im Mündungswinkel zwischen Seckach und Jagst, Reg.-Bez. Stuttgart, BW. Vor 780 in Besitz des Klosters Fulda, 1445 nach mehreren Verpfändungen Verkauf an die Kurpfalz, 1504 von Württemberg erobert, im Spätmittelalter Mittelpunkt einer bedeutenden Zent, Amtsstadt bis 1808, seit 1938 zum Landkreis Heilbronn. Weinbau, Burg Möckmühl, Türme der Stadtmauer, Ruchsener Tor, Rathaus, Pfarrkirche St. Bonifazius. **II.** 750/779 (Kopie 12. Jh.) *Meitamulin, Meitemulin, Mechitamulin,* 976 *Mechedemulin,* 1042 *Mechedemulen.* **III.** Es handelt sich um eine Zuss. mit dem Gw. ahd. *mulī, mulin,* mhd. *müle* 'Mühle' aus lat. *molīnae.* Als Bw. dient wohl der PN **Mechita*: 'Mühle der Mechita'. Der um -*t*- bzw. -*d*- erweiterte PN *Maccho* erscheint in verschiedenen ON; die Lautgruppe -*eche*- wird im Mittelhochdeutschen zu -*ei*- zusammengezogen und später zu -*ö*- gerundet. **V.** FO; Kaufmann 1968; LBW 4. *JR*

Mödling **I.** Bezirkshauptstadt, 20 579 Ew., 16 km s WI in der Thermenregion, NÖ, A. Ab Ende 12. Jh. Sitz einer Babenberger-Seitenlinie, 1343 Markterhebung, 1875 Stadterhebung; zahlreiche Verwaltungseinrichtungen, Weinanbau, Kleinindustrie- und Gewerbebetriebe, vielfältiges Schulangebot. Mittelalterlicher Siedlungskern mit Renaissancehäusern, spätgotische Pfarrkirche mit spätromanischem Karner. Wohn- bzw. Aufenthaltsort zahlreicher Künstler (u. a. Ludwig van Beethoven, Franz Schubert, Arnold Schönberg, Anton Wildgans). Bemerkenswerte Flora (Schwarzföhren, h. Naturpark Föhrenberge). **II.** 903 Kop. 13. Jh. *ad Medilihha,* nach 1190 Kop. um 1200 *de Medlik; Mödling* (1491). **III.** Mödling ist nach dem gleichnamigen Gewässer *die Mödling* benannt. Es liegt etym. derselbe Name vor wie bei ↗*Melk;* hier erfolgte jedoch Angleichung des slaw. GwN-Suffixes -*ika* an d. -*ing.* **IV.** ↗*Melk.* **V.** ANB 1; ÖStB 4/2. *ES*

Moers [møːɐ̯s] **I.** Stadt im Kr. Wesel, 106 645 Ew., Reg.-Bez. Düsseldorf, NRW, im Anschluss an die Burg der Edelherren, später Grafen von Mörs errichtete Siedlung, Stadterhebung 1300, Münzstätte vom 14. Jh. bis 1570. **II.** 9./10. Jh. *in Murse,* 1288 *de/in …*

Morse [*Or*]. **III.** Der ON beruht auf einem GwN, der im Namen des heutigen *Moers-Bachs* fortlebt. Namengebend ist wohl das von Altrheinarmen durchzogene Moorgebiet, in dem auf höher gelegenen Stellen die Siedlungen errichtet wurden, sodass asä. *mōr* 'Moor' die Basis liefert, das mit einem Suffix -*isā* einen GwN bildet ('Wasserlauf im Moor'). Der Suffixvokal *i* ist wegen des Umlauts anzusetzen, auch wenn es auffällig ist, dass der Werdener Erstbeleg ihn nicht zeigt. Hingegen hat *u* als Wiedergabe von asä. *ō* (< germ. /ō/) Parallelen; möglicherweise repräsentieren die *u*-Schreibungen aber auch eine andere Ablautstufe. Der Typ *Mörsbach* ist noch anderweitig belegt (etwa im Flussgebiet der Saar). Wieweit Vergleichbarkeit besteht und inwieweit umlautlose Formen des Typs *Morsbach* einbezogen werden können, bleibt weiter zu untersuchen. **V.** HHS 3; FO 2; Keussen, H.: UB der Stadt (und Herrlichkeit) Krefeld und der (alten) Grafschaft Mörs, I–IV. Krefeld 1938–1940. *Tie*

Möglingen **I.** Gem. im Lkr. Ludwigsburg, 10 337 Ew., ca. 5 km wsw Ludwigsburg, in einer flachen Mulde des Langen Feldes gelegen, Reg.-Bez. Stuttgart, BW. Möglingen gehörte zum Herrschaftsbereich der Herren von Asperg, 1308 an Württemberg, 1327 Lehensrechte an Württemberg. Weinbau, Alte Zehntscheuer, Wasserturm, Pankratiuskirche. **II.** 1275 (Kop. um 1350) *Megemingen,* 1278 *Meginingen* [*Or*], 1296 *Megeningen* [*Or*],1393 *Meglingen* [*Or*]; *Möglingen* (1667). **III.** Der ON gehört zu den ↗-*ing(en)*-Ableitungen und enthält den PN *Magīn*: 'bei den Leuten des Magīn'. Der Stammvokal zeigt Umlaut, *Meginingen* wird durch Dissimilation von -*nin*- zu -*lin*- zu *Meglingen, ö* entsteht durch Rundung von *e* zu *ö,* die sich in der heutigen Mundart (*meglenge*) nicht erhalten hat. **V.** Reichardt 1982b; Haubrichs 2004; LBW 3. *JR*

Möhlin mda. ['meːli] **I.** Gem. im Bezirk Rheinfelden, 9 420 Ew., AG, CH. Bauerndorf und Industriegemeinde am Möhlinbach. Römischer Gutshof und Wachttürme. Besitz des Klosters Murbach, im 10. Jh. der Grafen von Rheinfelden, 1090 der Zähringer, 1330 habsburgisch-österreichisch. 1802 zum helvetischen Kt. Fricktal, 1803 zum Kt. Aargau. Moderne Industrie: Strümpfe-, Wellkarton-, Edelstahlröhren-, Metallwaren-, Sprühdosen-, Tiefkühlproduktefabrikation. **II.** 794 *Melina* [*Or*], 1048 *Melin,* 1613 *Möllin, Mölin.* **III.** Nach Greule sekundärer SiN, der den alteurop. GwN **Malīna* 'Flut, Springflut', ahd. *Melina* ['meliːna] mit Primärumlaut *a > e* vor *i/j,* mhd. *Melin* mit Endungsabfall übernimmt, jedoch mit größerer Wahrscheinlichkeit nach LSG, primärer SiN aus dem PN *Malius/Mallius* und dem Ableitungssuffix -*ānus* 'eine bestimmte Eigenschaft habend' *praedium Maliānum* 'Landgut des Malius'. Der Name unterlag der phonetischen Entwicklung von lat. *-ianum* > *-in* im Frühfrankoprovenzalischen und nach der Germanisierung dem ahd. Primärumlaut *a* > *e* vor *i/j*. Für die Rundung von frühnhd. *e* zu *ø* gibt es keinen phonetischen Grund. Die moderne schriftsprachliche Form ist hyperkorrekt. Wegen der in der Region verbreiteten Entrundung von *ø* zu *e* (*schön* > *scheen*) konnte *e* von den Schreibern auch ohne Stütze durch die Mundart irrtümlich mit *ö* wiedergegeben werden, was dann wieder auf die Aussprache zurückwirkte. **V.** Schweiz. Lex.; Greule: Flußnamen; Zehnder, Gemeindenamen Aargau; Müller, W.: Zu den römischen *-(i)anum*-Namen der Westschweiz. FS Reitzenstein, 2001; LSG. *RMK*

Möhnesee **I.** Gem. im Kr. Soest, 11 422 Ew., zwischen Haarstrang und Arnsberger Wald, Reg.-Bez. Arnsberg, NRW. 1969 im Rahmen der kommunalen Neugliederung aus 15 im Bereich des Möhnesees liegenden Gemeinden gebildet. **III.** Nach dem 1912 durch Aufstauung der Möhne angelegten Möhnesee gewählter Name für das Gemeindegebiet. Der GwN *Möhne* (1226 *Moyne*) ist wie der Name des Mains wahrscheinlich zu einer vspr. Wz.*moin-* zu stellen, die zur Bildung von GwN diente, etwa poln. *Mień* und *Mianka* sowie lit. *Máinia*. Vergleichbar sind die App. lett. *maiņa* und lit. *maiva* 'Sumpf'. Wie bei vielen altertümlichen Namen dieser Art lässt sich die Motivation des GwN über eine allgemeine Angabe wie '(fließendes) Wasser' hinaus nicht genauer eingrenzen. **V.** HHS 3; Schmidt Rechtsrhein. Zfl.; Berger. *Flö*

Mohrungen // Morąg [mɔrɔŋg] **I.** Stadt im Lkr. Ostróda, seit 1999 Woi. Warmińsko-Mazurskie (Ermland-Masuren), 14 147 Ew., PL. Im ostpreußischen Oberland (Hockerland) // Prusy Górne. Stadtrecht verm. 1327, seit 1440 gehörte die Stadt zum Preußischen Bund, einem ma. Städtebund, der gegen den Deutschen Orden kämpfte; nach der Säkularisierung des Ordensstaates zum Hztm. Preußen, 1918–1939 Kreisstadt im Reg.-Bez. Königsberg;. seit 1945 zu Polen, 1975–1998 Kreisstadt in der Woi. Olsztyn (Allenstein), h. spielt die Stadt keine Rolle als wirtschaftl. Zentrum von Ermland und Masuren, den entwickelten Tourismus verdankt Mohrungen den umgebenden Wäldern und Seen (z.B. Narien-See // jezioro Narie). **II.** 1328 *de Morungen*, 1354 *Morung*, 1543 *Mohrungen*, 1885 *Morąg*. **III.** Der ON wurde aus dem apreuß. Wortstamm **mar* 'Haff' mit dem Suffix *-ung* gebildet. Apreuß. ON *Marung, Morung* wurde zum *Morąg* polon.: *-ung* > *-ą*. **V.** Przybytek; RymNmiast. *IM*

Molbergen **I.** Gem. im Lkr. Cloppenburg, 7 680 Ew., an der Soeste nw von Cloppenburg, Reg.-Bez. Weser-Ems (bis Ende 2004), NI. In der Gem. zahlreiche ur- und frühgeschichtliche Denkmäler bzw. Fundstellen; innerhalb der aus Befestigungsanlagen und unpassierbaren Moor- und Niederungsgebieten gebildeten Cloppenburger Landwehr gelegen; um 1080 Schenkung der Kirche durch Adlige Gisela an den Bischof von Osnabrück, 1400 vom Tecklenburger Nordland zum Niederstift Münster. **II.** 1080/88 *ecclesiarum scilicet Thriburiensis et Maleburgensis* [Or], nach 1322 *Moltberghe*; *Molbergen* (vor 1328). **III.** Bildung mit dem Gw. ↗*-berg*. Ein Schwanken zwischen *-berg* und ↗*-burg* in ON ist häufiger zu beobachten. Das Bw. dürfte mit asä. *mahal*, mnd. *māl* 'Gericht, Gerichtsversammlung, -stätte' zu verbinden sein, dessen Stammvokal *-a-* nach Labial und vor *-l-* zu *-o-* verdunkelt wurde. Andererseits ist auch ein Ansatz germ. **malhō* 'Steingrieß, Sand', das nur im Nordgerm. appellativisch noch bezeugt ist, nicht auszuschließen. **IV.** Malbergen, OT von Georgsmarienhütte, Lkr. Osnabrück, NI. **V.** BuK Oldenburg III. *FM/KC*

Molfsee **I.** Gem. und gleichnamiges Amt mit sechs Gemeinden im Kr. Rendsburg-Eckernförde, 8 459 Ew., direkte Nähe zu Kiel, an der Eider und dem Westensee, SH. 1867 Amt Molfsee im Kr. Bordesholm gegr., seit 1932 zum heutigen Kr. Rendsburg-Eckernförde, 1984 Verlegung des Amtssitzes nach Molfsee. Naturpark Westensee, Schleswig-Holsteinisches Freilichtmuseum. **II.** 1238 *Muluesse* [Or], 1434 *Moluße* (1434), 1615/16 *Molfsehe*. **III.** Der ON geht auf den älteren GwN zurück. Das Bw. *Molf-* stammt wohl vom germ. *melwa* ab, was 'Zerriebenes' bedeutet. So gibt die Bezeichnung als *Molfsee* Auskunft über die Beschaffenheit der Seen der Gegend (Molfsee, Rammsee, Schulensee); 'See mit einem zerriebenen feinkörnigen Grund'. **V.** Laur; Haefs. *GMM*

Mölln **I.** Amtsfreie Stadt im Kr. Herzogtum Lauenburg, 18 712 Ew., im Gebiet des Naturparks Lauenburgische Seen, am Elbe-Lübeck-Kanal, SH. 1188 erstmals urk. erwähnt, 1201 zu Dänemark, 1202 Lübisches Stadtrecht, 1227 an Herzog von Sachsen-Lauenburg, bis 1683 im Herrschaftsgebiet der Stadt Lübeck oder der Herzöge von Sachsen-Lauenburg, ab 1683 den Herzögen von Sachsen-Lauenburg zugesprochen, 1864 an Preußen. Kirche Sankt Nikolai (13. Jh.), gotisches Rathaus (1373), Eulenspiegel-Museum. **II.** 1188 *ad stagnum Mulne*; ca. 1200 *procedens Molne*; 1212 *de Mulne*; 1314 *de Molne*; 16. Jh. *der stad Mollen*; *Mölln* (ca. 1856) **III.** Bei diesem ON handelt es sich wohl um eine Übertragung eines urspr. Seenamens, des Möllner Sees, auf den Ort. Der apolb. Wortstamm Mul'n- leitet sich dabei von *mul* 'Schlamm, trübes Wasser' ab und so kennzeichnet der Name den Ort als einen am trüben Wasser, am Schlamm. **V.** Laur; Haefs. *GMM*

Mömbris I. Markt im Lkr. Aschaffenburg, 12 208 Ew., im Kahlgrund, von der Kahl durchflossen, zwischen Schöllkrippen und Alzenau am Fuße des Vorspessarts, Reg.-Bez. Ufr., BY. Zum Erzstift Mainz gehörig, 1814 an Bayern. II. 1340 (?) *Hemmelrisz*. 1361 (Kop.) *Memmelris*, 1468 *Membris*, 1481 *Meymelryß*, 1805 *Membris, Mömbris*. III. Entgegen dem Vorschlag von v. Reitzenstein 2009 sollte von den überwiegend mit *m*- anlautenden Belegformen ausgegangen werden, nicht von dem Erstbeleg mit *h*-. Die Entwicklung dieser Belege lässt sich zum Teil lautgeschichtlich bzw. schreibungsgeschichtlich nachvollziehen: *Mömbris* ist eine gerundete Form von *Membris*; im *Membris* ist das -*b*- ein Übergangslaut zwischen *m* und *r*. Die zugrunde liegende Form *Mem*- ist verkürzt aus *Mem(m)el*-. Eine Zweigliedrigkeit des Namens liegt nahe; -*ris* könnte nach v. Reitzensteins Vorschlag mit mhd. *riz*, nhd. *Riss* identifiziert werden, falls die topografische Realprobe dafür einen Anhaltspunkt bietet. Für das Erstelement fehlt jede Anschlussmöglichkeit. Die von A. Schumm genannten PN *Muniperth, Mombert* kommen aus morphologischen und lautlichen Gründen nicht in Betracht. V. HHS 7/2; Reitzenstein 2009; Schumm, A.: Unterfränkisches Orts-Namen-Buch, 2.A. Würzburg 1901, S. 77. *RB*

Mönchengladbach I. Kreisfreie Stadt, 258 848 Ew., Reg.-Bez. Düsseldorf, NRW. Ab 1366 als Stadt bezeichnet. Der Ort geht auf das 974 durch Ebf. Gero von Köln gegründete Benediktinerkloster Gladbach zurück. Das war auch bis 1887 der offizielle ON, der dann zur Unterscheidung von gleichnamigen *Gladbach*-Orten (z.B. Bergisch Gladbach) als *München Gladbach* mit einem ab dem 14. Jh. bezeugten Zusatz versehen wurde. Die heutige amtliche Namenform knüpft an die reg. Aussprache *Mönchen* an (Zusammenschreibung seit 1960) und vermeidet damit weitere Verwechslungsmöglichkeiten (etwa mit der bayrischen Landeshauptstadt). Der Hauptwortakzent liegt nach wie vor auf *Gladbach*, und auch der örtliche Sprachgebrauch begnügt sich mit dieser Form. II. 1085 *in Gladebach [Or]*, 1300 *Monichgladebacg [Or]*, 16. Jh. *Glabbeeck*. III. Namengebend ist ein Zfl. zur Niers. Das Gw. ⁊-*bach* erscheint (trotz Lage des Ortes im Nichtverschiebungsgebiet) in den Urk. in der Regel in lautverschobener Form (Wirtz, Verschiebung; mda. auch unverschoben: *Gläbäcker Plätzkes*, RWB II). Das Bw. gehört zu asä. *glad-*, ahd. *glat* 'glänzend, schimmernd, glatt'. Parallelen in FO 1. V. HHS 3; RhStA XII/65; Brasse, E.: Urkunden und Regesten zur Geschichte der Stadt und Abtei Gladbach, I. M. Gladbach 1914. *Tie*

Monheim am Rhein I. Stadt im Kr. Mettmann, 43 308 Ew., Reg.-Bez. Düsseldorf, NRW. 1307 Marktrechte, „Freiheit" (Stadt mit gemindertem Recht) seit dem 14. Jh. II. Mitte 12. Jh. *in Munheim*. III. Gw. ⁊-*heim*. Im Erstglied vielleicht ein sw. flektierter PN, etwa *Muno, Munno* (Gen. *Munnen*), also 'Ort des *Mun(n)o*', nach Analogie zu *Mondorf* (Stadtteil von Niederkassel, Rhein-Sieg-Kreis, Reg.-Bez. Köln), 1134 *Munnenthorp [Or]*. Die heutige Namenform zeigt haplologischen Schwund des Flexivs und Vokalsenkung des Haupttonvokals. Der PN ist eine KF zu VN wie etwa *Muni-frid*. IV. Mit starker Flexion des PN: Monsheim, Lkr. Alzey-Worms, RP. V. HHS 3; Gysseling 1960/61; Kaufmann 1973. *Tie*

Monheim I. Stadt und gleichnamige VG im Lkr. Donau-Ries, 9 022 Ew., Reg.-Bez. Schwaben, BY. Im 9. Jh. Gründung eines Benediktinerinnenklosters, 1334 Stadt, 1379 Übergang an die Herzöge von Bayern und 1506 an das Fürstentum Pfalz-Neuburg. II. 893 (Kop. des 14. Jh.) *Mŏvnheim*, 894–ca. 899 (Kop. des 10. Jh.) *Mouwenheim, Mowanheim*, 1057–1075 *Mŏenheim*, 1180 *Mŏwenheim*, 1198 *Monheim*, 1237 *Mauenhain*, 1239 *Moenhein*, 1251 *Mowenhein*, 1272 *Mauwenheim*, 1280 *Mowenhein*, 1284 *Mavnheim*, 1381 *Monhaim*, 1390 *Maunhain*, 1425 *Manhein* ... *Manhain*, 1436 *Monhain*, 1600 *Monheim*, 1699 *Monnhaimb*. III. Als Grundwort ist ahd. *haim, ⁊-heim*, zu erschließen, das wohl eine neutrale KF zu *heima* 'Wohnung, Behausung, Heimstatt, Aufenthaltsort' ist; Bestimmungswort ist wohl der PN *Mauwo*. V. Reitzenstein Schwaben. *WvR*

Monschau I. Stadt im Kreis Aachen, 12 652 Ew., in der Nordeifel im Rurtal an der Ostabdachung des Hohen Venns, Reg.-Bez. Köln, NRW. Ursprung der Siedlung ist eine Höhenburg des Kreuzfahrers Walram von Limburg-Monschau (1221–1226 Herzog von Limburg) auf einem Sporn über der Rur, aus der ein befestigter Talrechtsort (1342 bezeugt) hervorging, 1356 und endgültig 1435 Amtssitz im Hztm. Jülich, 1543 Zerstörung im Geldernschen Krieg, 1815 an Preußen (Kreisstadt 1816–1971); im 18. Jh. Feintuchmanufaktur von europaweiter Geltung; im 2. Weltkrieg unzerstört. II. 1198 (Kop. 15. Jh.) *de Monte Ioci*, 1217 *castrum in Munioie [Or]*, Standardform des späten MA ist *Monjoye*, 19. Jh. *Montjoie*, mit Erlass vom 9. 9. 1918 zu *Monschau* „germanisiert". III. Typischer Name einer Kreuzfahrerburg nach afranz. *Munjoie*, das gleichermaßen als franz. Schlachtruf (s. „La Chanson de Roland") wie als ON für Aussichtspunkte vor Pilgerzielen (z.B. vor Jerusalem) gebraucht wurde; als *mons gaudii* 'Freudenberg' verstanden und im Erstbestandteil an *mons* 'Berg' angeschlossen (vgl. Latinisierung des Erstbelegs). Die afranz. Grundlage ist in der mda. Aussprache noch erkennbar [mˈonʒə]. Sie erklärt die extreme Variation in Schreibungen des MA mit -*o~u*- für den

Tonvokal und -i~j~y~g~s~z~sch- für den sonorisierten Frikativ je nach Kanzlei (z.B. *de Munioy, de Mongoye, de Monsyoye, de Munzoie, de Munzjoie, Munyauwe, Moynschawe* u.a.m.). Nach 1800 neufranz. gesprochen [mõʒw'a]; regionalsprachlich [m'onʒao], Artikulation nach nhd. Standard [m'ɔnʃao] verrät den Fremden. **V.** RhStA, Lfg. X Nr. 56; HHS Bd. 3; Neuß, E.: Die Burg Monschau 1198–1998. Bauentwicklung und Rolle in der Geschichte des Monschauer Landes. Monschau 1998. *Ne*

Monsheim **I.** Gem. und gleichnamige VG (seit 1972) im Lkr. Alzey-Worms, 10 171 Ew., w von Worms im Pfrimmtal, südliches Rheinhessen, RP. Alle sieben Ortsgem. liegen in einer schon früh besiedelten Landschaft. Von einer jungsteinzeitlichen Kultur zeugen ein Menhir, der sog. „Hinkelstein", und ein Gräberfeld. Die umgebende Landschaft wird „Wonnegau" genannt. Der volksetym. umgedeutete Name ist von Wangengau abgeleitet, den die Römer nach dem hier ansässigen Stamm der Vangionen benannten. Das Schloss Monsheim stammt aus dem 17. Jh. und ersetzte einen älteren Bau vom Ende des 14. Jh. In dieser Region dominierten im MA die Grafen von Leiningen. 1815 wurde aus dieser Landschaft Rheinhessen geschaffen und dem Ghztm. Hessen zugeteilt. **II.** 767 *Munulfesheim*, 793 *Muniolfesheim*, 1182 *Munninsheym*; *Monsheym off der Prymen* (1394). **III.** Der ON geht auf den ahd. PN *Muniulf, Munulf* im Bw. zurück, wobei der stammauslautende Vokal vor anlautendem -w- regelhaft schwindet. Im Gw. steht ↗-*heim*. Spätestens mit dem 12. Jh. hat sich die KF *Mun(n)i*- durchgesetzt, das -o- könnte als mda. Vokalsenkung erklärt werden. Der ON kann somit als 'Wohnstätte des Mun(i)ulf' gedeutet werden. **V.** CL; FP; Kaufmann 1976. *JMB*

Montabaur **I.** Kreisstadt und gleichnamige VG im Westerwaldkreis, 38 700 Ew., nö von Koblenz und am Südrand des Westerwalds, RP. Burg, Pfarrkirche und Siedlung stammen wohl aus dem 10. Jh. Die frühe Bedeutung des Ortes erklärt sich aus seiner Lage an einem wichtigen Verkehrsweg zwischen Köln und Frankfurt sowie aus seiner Funktion als Verwaltungszentrum und Trutzburg der Ebf. von Trier hier im sog. „Unteren Erzstift". 1291 Stadtrechte. Stadt und Amt Montabaur kamen 1803 an das Hztm. Nassau. Seit 1867 Sitz des Unterwesterwaldkreises, 1946 bis 1969 Hauptstadt eines Reg.-Bez., danach wieder Kreishauptstadt. **II.** 959 *in Humbacensis castelli suburbio*, 1016 *Hunbahc*, 1227 *castro nostro Muntabûr*, 1319 *Humbach, quae nunc Monthabur appellatur*; *Monthabaur* (1537). **III.** Der GwN *Hunbach*, nach dem zunächst die Burg, dann das Suburbium benannt worden ist, geht verm. auf germ. *hŭn*- 'morastig' zurück. Kehrein denkt auch an einen ahd. PN *Huno, Hunno*. Der urspr. ON wäre somit als 'Burg in morastiger Landschaft' oder 'Burg des Hun(n)o' zu deuten. Der Trierer Ebf. Dietrich von Wied benannte Mitte des 13. Jh. seine *Burg Humbach* nach einem im Kreuzzug von 1217 umkämpften Berg in *Mons Tabor* um. **V.** MRUB I, III; Kehrein, J.: Nassauisches Namenbuch. Leipzig 1891; FP; Kaufmann 1973. *JMB*

-moor. ↗-**mar.**

Moormerland **I.** Gem. im Lkr. Leer, 22 500 Ew., Reg.-Bez. Weser-Ems (bis Ende 2004), NI. Die Gem. Moormerland wurde 1973 gebildet und übernahm dabei den Namen der (alten) friesischen *terra* dieses Gebietes; der Verwaltungssitz ist Warsingsfehn. **II.** 1346 *Mormannerlande [Or]*, 1400 *Mûrmûrland*, 1408 *Mormerlande*. **III.** Bildung mit dem in mnd. *lant* 'Land, Gebiet' belegten App. als Gw und der Bewohnerbezeichnung, die aus mnd. *mōr* 'Moor' und dem Pl. von mnd. *man* 'Mensch, Mann' gebildet ist. Im 15. Jh. wird der Name durch Ausfall des -*ann*- zu *Mormer*- verkürzt. *KC*

Moorrege nd. Moorreech **I.** Gem. und gleichnamiges Amt im Kr. Pinneberg mit sieben amtsangehörige Gem., 19 457 Ew., an der Pinnau, SH. 1285 erstmals urk. erwähnt, 1953 Umbenennung des 1948 gegründeten Amtes Uetersen-Land in *Amt Moorrege* und Verlegung der Amtsverwaltung nach Moorrege. Schloss Düneck, Sankt-Michaelis-Kirche, Drehbrücke Klevendeich (älteste funktionstüchtige Drehbrücke Deutschlands). **II.** 1285 *de Mûr [Or]*, 15. Jh. *in Dhidesmor; an der Mohrrege* (1731). **III.** Die ma. bzw. frühneuzeitliche Benennung des Ortes als *Dhidesmor* setzt sich zusammen aus einer KF des PN *Dieter* oder *Dietrich* und ↗-*moor*. Bei der heutigen Bez. ist der PN weggefallen, dafür wurde der ON durch den Stamm -*rege* ergänzt. Dieser stammt aus dem Nd. und bezeichnet die Reihe bzw. genauer ein Reihendorf in der Marsch. So spiegelt der heutige ON die Bed. 'Reihendorfsiedlung in der moorigen Marsch' wider. **IV.** Moorrege, Kr. Steinburg, SH. **V.** Laur. *GMM*

-moos. ↗-**mar.**

Moosburg a. d. Isar **I.** Stadt im Lkr. Freising, 17 430 Ew., Reg.-Bez. Oberbayern, BY. Seit dem 8. Jh. Bestehen eines Klosters, Burgbau durch die Moosburger Grafen, 1284 Markt, im 14. Jh. Stadterhebung. **II.** 8./9. Jh. *Mosabyrga*, 817 (Kop. des 9. Jh., Druck von 1629) *Moseburch*, 890 *Mosapurc*, 940 *Mosepurg*, 1157–1163 *Mospurch*, 1182/83 *Mosburch*, 1627 *Moosburg*, 1973 *Moosburg a. d. Isar*. **III.** Grundwort des urspr. Burgnamens ist ahd. ↗-*burg, burch, purg, purch, purc* 'Burg, Stadt, befestigter Ort, mit Mauern umgebene Ansiedlung', Bestimmungswort *mos*

'Sumpf, Moos'. Die Burg hat ihren Namen von den sie umgebenden undurchdringlichen Sümpfen. Die Lokalisierung bezieht sich auf die Lage an der Isar. **IV.** Moosburg, Lkr. Biberach, BW. **V.** HHS 7/1; Reitzenstein 2006. *WvR*

Moravská Třebová ⁊ Mährisch Trübau

Morbach **I.** Gem. im Lkr. Bernkastel-Wittlich, 10 932 Ew., mit 19 Gem. im zentralen Teil des Hunsrücks, RP. Die h. Einheitsgem. entstand 1974 durch Neugründung aus der Gem. Morbach und anfangs 12 ehem. selbstständigen Gem., die im MA auf zwei kurtrierische Ämter aufgeteilt waren: Hunolstein und Baldenau (mit Morbach). 1797 bis 1814 zum franz Sarre-Département, danach zum preuß. Regierungsbezirk Trier. **II.** 1278 *Morbach*, 1396 *Moirbach*; *Morbach* (1446). **III.** Das Bw. enthält verm. ahd. *muor*, mhd. *mûr* 'Moor, Sumpf', mit Dehnungs-*i* in einigen Erwähnungen, das Gw. ist ⁊-*bach*. Favorisiert wird eine Deutung als 'Siedlung an einem morastigen/sumpfigen Bach'. Weniger wahrscheinlich ist eine Herleitung des Bw. aus rheinisch *more* 'Brombeere' (ahd. *mōrbêri*). **V.** Landeshauptarchiv Koblenz 54 H; Toepfer, F.: Urkundenbuch für die Geschichte des gräflichen und freiherrlichen Hauses der Vogte von Hunolstein, Bd. 1. Nürnberg 1866; Jungandreas. *JMB*

Mörchingen // Morhange dial. exonym [merçɪŋə] **I.** Gem. und Hauptort des gleichnamigen Kantons im Dép. Moselle, 4 007 Ew., 20 km s St. Avold, LO, F. Sitz eines Archipresbyteriats der Diözese Metz; lothringische Lehensherrschaft; seit dem 18. Jh. in franz. Sprachgebiet gelegen; 1666 an Frankreich; 1871 zum Reichsland Elsass-Lothringen, 1918 wieder zu F. **II.** 902 *Morichinga*, 1200 *Morhanges*, um 1200 *Morchenges*, um 1200 *Morechingen*, 1594 *Morhanges alias Morchingen*, 1608 *Mörchingen*. **III.** Bildung mit dem PN ahd. *Mor-īcho* (lat. *maurus*, ahd. *mōr* 'Maure' + Suffix germ. -*īko*, ahd. -*īcho*, ahd. -*īche*) und dem ⁊-*ing*-Suffix: Ausgangsform *Mōrichingas*, Dat. Pl. *Mōrichingum* > -*ingen*. Der ahd. Sekundärumlaut ō > ø vor *i* wird erst spät bezeichnet. In der franz. Doppelform wird das Suffix mit der rom. Senkung *i* > *e* zu -*enges*, unter dem Einfluss zentralfranzösischer Entwicklungen später -*ange*. **IV.** Merchingen (816 *Morichingen*), OT von Merzig, Lkr. Merzig-Wadern, SL. **V.** Reichsland III; Jungandreas; Hiegel. *Ha*

Mörfelden-Walldorf **I.** Stadt im Lkr. Groß-Gerau, 34 142 Ew., Reg.-Bez. Darmstadt, HE. Entstanden 1977 aus dem Zusammenschluss der Städte Mörfelden und Walldorf (kurzfristiger Name 1977 *Waldfelden*). Mörfelden, das zum Wildbannbezirk Dreieich gehörte, ist als Besitzung des Klosters Lorsch im 9. Jh. bezeugt. Danach gelangte der Ort über die Münzenberger und Falkensteiner an die Grafen von Isenburg-Büdingen, die ihn im Jahre 1600 an die Landgrafschaft Hessen verkauften. Am Südrand eine nicht mehr erhaltene Wasserburg. Walldorf ist auf dem Boden der Siedlung Gundhof 1699 für die Waldenser-Flüchtlinge aus Piemont gegründet worden. In Walldorf befand sich von ca. 1935–1944 ein Außenlager des KZ Natzweiler-Struthof. Mörfelden erhielt 1968, Walldorf 1962 die Stadtrechte. **II.** Mörfelden: 830–850 (Kop.) *Mersenuelt*, 1016 *Mersfelt*, 1553 *Merfelden*. Walldorf: 1715 *Walldorf*. **III.** Der ON *Mörfelden* mit dem Gw. ⁊-*feld* zu ahd. **marisc* 'Sumpf, Morast' (vgl. nhd. *Marsch*). Dass die Gegend sumpfig war, zeigt der Name des benachbarten Ortes Mönchbruch (1189 *Fulenbruch*), dessen Zweitglied -*bruch* ebenfalls 'Sumpf' bedeutet. Der ON *Walldorf* bezeichnet 'das Dorf im Wald', vgl. ⁊ Walldorf, Rhein-Neckar-Kreis, BW (795, Kop., *Waltorf*). **V.** Bach DNK II; Braun, H. M: Walldorf. Chronik einer Waldenser-Gemeinde. 1990; CL; Hoferichter, C. H. (Bearb.): Die Stadt Mörfelden. Geschichte und Dokumentation. Mörfelden-Walldorf 1991; Löffler, Falkenstein; Müller, Starkenburg. *TH*

Morhange ⁊ Mörchingen

Moringen **I.** Stadt im Lkr. Northeim, 7 308 Ew., an der Moore, Reg.-Bez. Braunschweig (bis Ende 2004), NI. Lage an Kreuzung zweier Verkehrsstraßen, bis 12. Jh. im Besitz der Northeimer Grafen, danach welfischer Besitz, ältere Siedlung ist bäuerliches Oberdorf um Kirche aus dem 11. Jh., vor 1350 Stadtrecht, 1890 Zusammenschluss von Moringen und dem Oberdorf, 1933–1938 Frauen-Konzentrationslager, 1940–1945 Jugend-Konzentrationslager. **II.** 1002–1003 *in Marungun* (Kop. 15. Jh.), 1089–1093 *Morungen* (F. 12. Jh.), 1156 *Moringin [Or]*. **III.** Bildung mit dem Suffix ⁊-*ungen* im Wechsel mit -*ingen*. Der Wechsel von -*a*- und -*o*- in der Basis spricht für germ. **-au*- und damit für einen Ansatz **Maur-* aus idg. **meu-r-*, **mou-r-* als Erweiterung von idg. **meu-* 'feucht, moderig'. **V.** LK Northeim; Ohlmer, W.: 1000 Jahre Moringen 983–1983. Hildesheim 1983; NOB V. *FM*

Moritzburg **I.** Gem. im Lkr. Meißen, 8 189 Ew., im Landschaftsschutzgebiet Friedewald und Moritzburger Teichgebiet, SN. Entstanden aus der Landgemeinde Eisenberg, der auch ein OT namens Moritzburg angehörte, bestehend aus dem Schloss Moritzburg und dem dazugehörigen Gutsbezirk, seit 1934 in Moritzburg umbenannt. **II.** 1358 *Ysenberg*, 1541 *Eyssenbergk*. **III.** Der ON *Eisenberg* gehört zum Adj. *īsen* 'Eisen', gebildet mit dem Gw. ⁊-*berg*, demnach 'Siedlung, wo Eisenerz gefunden wurde'. *Moritzburg* enthält den PN *Moritz*, Kurfürst von Sachsen (1521–53) und das Gw. ⁊-*burg*. **V.** HONS II. *EE, GW*

Mörlenbach I. Gem. im Lkr. Bergstraße, 10 368 Ew., Reg.-Bez. Darmstadt, HE. Frühe Schenkungen im Ort an das Kloster Lorsch. Ende des 8. Jh. Bestandteil der Mark Heppenheim. Ab 1232 Besitz des Erzbistums Mainz. 1461–1650 an die Kurpfalz verpfändet. 1803 an Hessen-Darmstadt. In der Ortsmitte gab es eine nicht mehr erhaltene Wasserburg. 1970/71 Eingliederung von sechs Orten, darunter das 877 erstmals erwähnte Ober-Liebersbach (vgl. Nieder-Liebersbach, OT von ⁊ Birkenau). II. 795 (Kop.) *Morlenbach*, 10. Jh. (Kop.) *Morlebach*, 1283 *Moerilbach*, 1610 *Mörlnbach*. III. Bw. zu ahd. *muor* 'Sumpf, Moor' (< germ. **mōra-*), das hier in einer suffigierten Form als Adj. *muoril 'sumpfig' erscheint. Anzusetzen ist eine syntaktische Fügung ahd. **ze demo muorilin bah* 'beim sumpfigen Bach'. Die überlieferten Formen zeigen den Erhalt von germ. -ō-. Das -i- der Folgesilbe bewirkte den Umlaut -ō- > -œ-. V. Heimatbuch Mörlenbach. Bearb. von O. Wagner. Mörlenbach 1983; Knappe; Müller, Starkenburg. *TH*

Morsbach I. Gem. im Oberbergischen Kreis, 11 307 Ew., 70 km ö Köln, Reg.-Bez. Köln, NRW. Schon 895 bezeugt, gehört die Pfarrkirche zum Bonner Stift St. Cassius, Kirchspiel streitig zwischen Berg und Sayn, 1604 an das Hztm. Berg, Amt Windeck, Bergbau bis 20. Jh. neben Landwirtschaft. II. Ca. 895 *Morsbach* (Kop.), 1131 *Moresbach*. III. Aus dem germ. PN *Mor*, *Moro* und dem Gw. ⁊ *-bach*. V. FP; Dittmaier 1956; HHS 3. *Ho*

Mosbach I. Große Kreisstadt und (mit Neckarzimmern, Obrigheim und Elztal) gleichnamige VVG im Neckar-Odenwald-Kreis, 37 501 Ew., ca. 34 km n Heilbronn, im Südwesten an den Neckar angrenzend, im Grenzgebiet vom Hinteren Odenwald gelegen, Reg.-Bez. Karlsruhe, BW. 730/40 gegründetes Benediktinerkloster, 976 an das Hochstift Worms, 1241 erstmals Stadt genannt, 1429 Erhebung zur Residenz, ab 1806 badisch, seit 1976 Große Kreisstadt. Pharmaziegroßhandel, Schloss und Burg Mosbach, Palm'sches Haus, Stiftskirche, Alte Mälzerei, Villa Hübner. II. 826 *Mosbach*, 976 *Mosebach*. III. Dem ON liegt der GwN *Mosbach* (zu ahd. mhd. *mos* 'Moos, Moor, Sumpf') zugrunde; für den GwN war die Beschaffenheit des Flussbettes namengebend. IV. Mosbach, Wüstung und GwN in der Stadt Wiesbaden, HE; Moosbach, OT von Sulzberg, Lkr. Oberallgäu, BY. V. FO; Greule 2007; LBW 5. *JR*

Mössingen I. Große Kreisstadt und (mit Bodelshausen und Ofterdingen) gleichnamige VVG im Lkr. Tübingen, 30 405 Ew., ca. 12 km s Tübingen, im Südteil des als „Steinlach" bezeichneten Ausschnitts des Albvorlandes gelegen, Reg.-Bez. Tübingen, BW. Im 6. und 7. Jh. aus zwei Gehöftgruppen zusammengewachsen, 1415 durch Verkauf an Württemberg, seit 1709 Marktgerechtigkeit, 1974 Erhebung zur Stadt, seit 2009 Große Kreisstadt. Land- und Forstwirtschaft, Streuobstbau, Belsener Kapelle, Ev. Peter- und-Paulskirche, Rathaus. II. 774 (Kop. 1183–95) *in Messinger marca*, 789 *Masginga [Or]*, um 1100 (Kop. 12. Jh., 16. Jh.) *Messingen*; *Mössingen* (1522). III. Der ON gehört zu den ⁊ *-ing(en)*-Ableitungen und enthält den PN *Masgo: 'bei den Leuten des Masgo'. Später erfolgte Angleichung an den häufigeren PN *Masso*; die amtliche Namenform beruht zudem auf zeitweiliger Rundung von *e* zu *ö*. V. Reichardt 1984; Haubrichs 2004; LBW 7. *JR*

Most ⁊ **Brüx**

Much I. Gem. im Rhein-Sieg-Kreis, 15 037 Ew., nö Bonn am Wahnbach, Reg.-Bez. Köln, NRW. Im MA Besitz des Bonner Cassiusstiftes, dann auch Rechte und Besitz mehrerer Kölner Klöster, Burg Overbach Anfang 12. Jh., ab 1549–1806 zum bergischen Amt Windeck gehörig, Gerichtssitz, Judeninternierung 1941/42 für den Kreis, h. Gem. mit 114 Orten. II. 1131 *Mucha [Or]*, 1189 *de Mughe*. III. Herkunft unklar, App. vielleicht zu mhd. *mûche*, obd. *Mauche*, mnd. *Muke* 'feuchtes, sumpfiges Gelände' (Dittmaier) oder Adj. schweizerisch 'morsch, matt, weich' (Kluge, zur Fußkrankheit bei Pferden: *Mauke*), oder zu ahd. *mûhhan* 'heimlich lauernd anfallen' (vgl. ahd. *mûhheo* 'Räuber'), so bei Bach für den nassauischen ON *Mauch*, wonach Dittmaier auch für *Much* erwägt: 'Ort im Verborgenen'. Im Rheinischen Wörterbuch findet sich noch *Mauke*, *Muke* in der Bedeutung 'Versteck'. V. Bach, A.: Die Siedlungsnamen des Taunusgebiets in ihrer Bedeutung für die Besiedlungsgeschichte. Bonn 1927 (Rheinische Siedlungsgeschichte 1); Dittmaier 1956; Kluge; HHS 3. *Ho*

Mücke I. Gem. im Vogelsbergkreis, 9769 Ew., Reg.-Bez. Gießen, HE. Zusammenschluss der Gemeinden Flensungen und Merlau mit Kirschgarten zur neuen Gemeinde Mücke (1. 9. 1971); h. besteht die Großgemeinde aus den OT Atzenhain, Bernsfeld, Flensungen, Groß-Eichen, Höckersdorf, Ilsdorf, Merlau, Nieder-Ohmen, Ober-Ohmen, Ruppertenrod, Sellnrod und Wettsaasen. III. Der ON der neu gegründeten Gem. geht zurück auf einen FlN zu mhd. *mücke*, *mucke*, *mügge*, *mugge* sw. F. 'Fliege, Mücke'. IV. FlN *Mücke-Acker* (Göbelnrod, Gem. Grünberg, HE), *off de mäcke*. V. Reichardt, L.: Siedlungsnamen: Methodologie, Typologie und Zeitschichten (Beispiele aus Hessen). In: Die Welt der Namen. Sechs namenkundliche Beiträge, hg. von Norbert Nail. Marburg 1998; LAGIS; Schröder; Laur. *DA*

Mühlacker I. VVG der Großen Kreisstadt Mühlacker mit der Nachbargemeinde Ötisheim, 30 637 Ew., ca. 12 km nö von Pforzheim, an der Enz, Enzkreis, Reg.-Bez. Karlsruhe, BW. Große Kreisstadt Mühlacker, entstanden 1971–75 durch Eingliederung von Enzberg, Großglattbach, Lienzingen, Lomersheim und Mühlhausen an der Enz in die Stadt Mühlacker (1930 Stadterhebung). Regionales Gewerbe-, Handels-, Industrie- und Dienstleistungszentrum. Historische Frauenkirche Lienzingen, Heimatmuseum, Kultur- und Veranstaltungszentrum Mühlehof. II. Ende 9. Jh. Kop. 1183–95 *Ad Mulram*, 1294 *Mulnagger* [Or], 1344 *Múlenacker* [Or], 1564 *Mülacker* [Or]; *Mühlacker* [Or] (1708). III. Bw. der für den ON anzusetzenden Ausgangsform ahd. **Mulīnackar* ist ahd. *mulī(n)* 'Mühle, Mühlstein'. Als Gw. fungiert ahd. *ackar* '(vom Menschen kultiviertes) Ackerland, Saatfeld', sodass sich als urspr. Bed. für den ON entweder im lokativischen Sinne '(Siedlung an/bei dem) Ackerland/Saatfeld bei/an der Mühle' oder im possessivischen Sinne '(Siedlung an/bei dem) Ackerland/Saatfeld, das zu einer Mühle gehört' erschließen lässt. Infolge eines regulären *i*-Umlauts und der mhd. Abschwächung bis hin zum Ausfall unbetonter Neben- bzw. Mittelsilben entwickelt sich die Ausgangsform ahd. **Mulīnackar* über mhd. **Mülenacker* schließlich zu frnhd. *Mülacker*. In mhd. Ortsnamenbelegen erscheint der Umlaut *-ü-* im Schriftbild häufig nicht markiert als *-u-*. Die Schreibungen mit *-gg-* und *-ckh-* stellen historische Schreibvarianten für *-ck-* dar. Die ohne das Gw. Ende 12. Jh. kopial überlieferte Erstbelegform *Ad Mulram* ist als Verschreibung für **Ad Mul(i)nam* 'an/bei der Mühle' zu interpretieren, einer latinisierten Form (*-am* als feminine lat. Akk.-Sg.-Endung) des aus lat. *molīna* bzw. *molīnae* 'Mühle' entlehnten ahd. Fem. *mulī(n)*. IV. Ähnlich u.a. Mühläckerle, Mühlholz, † Mühlrain, alle Reg.-Bez. Stuttgart, BW. V. Hackl; LBW, V. *StH*

Mühldorf a. Inn I. Stadt im Lkr. Mühldorf a. Inn, 17 654 Ew., Sitz der Kreisverwaltung, Reg.-Bez. Oberbayern, BY. 1190 Salzniederlage, Besitz der Salzburger Erzbischöfe. II. 925 (?)*Mulidorf*, ca. 995 *Mulidorf*, 1136/37 *Muldorf*, 1197 *Mŭldorf*, 1427 *Mŭldorf*, 1517 (latinisiert) *Mylodorphum*. 1702 *Mühldorf*, 1964 *Mühldorf a. Inn*. III. Grundwort ist ahd. ↗*-dorf* 'Hof, Gehöft, Landgut, Dorf, ländliche Siedlung', Bestimmungswort *muli* 'Mühle'. V. HHS 7/1; Reitzenstein 2006. *WvR*

Mühlenbecker Land I. Gem. im Lkr. Oberhavel, 13 780 Ew., n Berlin, BB; entstanden 2003 aus Zusammenschluss der bis dahin selbstständigen Gem. Mühlenbeck, Schildow, Schönfließ und Zühlsdorf. II. 1375 *Mulebeke*, *Molenbeke*, *Molenbek*, 1416 *in Mulenbeke* [Or.]. III. Der Name des Gewässers, einer Zuss. aus mnd. *möl(l)e* 'Mühle' und mnd. ↗*-be(e)ke* 'Bach', wurde zuerst auf den Ort Mühlenbek übertragen und später auch auf die neu entstandene Gem. mit dem Zusatz Land. V. Landbuch; Riedel A X; BNB 5. *EF*

Mühlhausen I. Gem. im Rhein-Neckar-Kreis, 8 188 Ew., bildet zusammen mit der Stadt ↗Rauenberg und der Gem. Malsch den GVV Rauenberg, 19 426 Ew., 18 km s Heidelberg, im Kraichgauer Hügelland im Waldangelbachtal gelegen, Reg.-Bez. Karlsruhe, BW. Fränkischer Ausbauort, 976 mit der Abtei Mosbach an das Bistum Worms, vor 1272 Verkauf ans Hochstift Speyer, 1803 an Baden. Landwirtschaft, Weinbau, Taimbacher Schloss, St. Cäcilia, St. Nikolaus. II. 783 (Kop. 12. Jh.) *Mulinhusa*, *Mulinhusen*, 1297 *Mulhusen*, 1524 *Mulhausen*. III. Es handelt sich um eine Zuss. mit dem Bw. ahd. *mulī*, *mulin*, mhd. *müle* 'Mühle' aus lat. *molīnae* und dem Gw. mhd. *-hüsen*. Nhd. ↗*-hausen* ist der alte Dat. Pl. von ahd. mhd. *hūs*. IV. U. a. ↗Mühlhausen, Unstrut-Hainich-Kreis, TH; ↗Mühlhausen // Mulhouse, Elsass, F. V. FO; Krieger; LBW 2 und 5. *JR*

Mühlhausen/Thüringen I. Kreisstadt des Unstrut-Hainich-Kr., nw Erfurt, am NW-Rand des Thüringer Beckens, an der oberen Unstrut, 36 210 Ew., TH. Planmäßige Ansiedlung von Franken im 8. Jh. an alter Fernstraßenkreuzung nahe Königsgutbezirk Görmar; Königshof/Kaiserpfalz; seit 11. Jh. Stadtentwicklung, 1135 Stadtrechte (*villa regia*), 1286 Mitglied der Hanse; 1525 Zentrum der Bauernkriegsbewegung; Mühlenwirtschaft an mehreren Wasserläufen, um 1800 19 Wassermühlen; Woll-, Tuch- Lederverarbeitung, später Textilindustrie; 1975 „Thomas Müntzer-Stadt", seit 1991 Mühlhausen/Thüringen. II. 967 *actum Mulinhuson*, 974 *Mulenhusa*, 1006 *Mulinhusun*, 1107 *Mulehusen*, 1199 *Muluhsen*. III. Der ON ist gebildet aus ahd. *mulī*, *mulīn* 'Mühle' und ahd. *hūs* 'Haus', also 'Siedlung (Häuser) an der Mühle'. Die Überlieferung zeigt die Abschwächung der Mittelsilbe zu *-en* und *-e* bis zur völligen Reduktion; *-huson* > ↗*-hausen*. IV. Groß-, Kleinmölsen, Lkr. Sömmerda, TH, 876 *in Mulinhus*; Mühlhausen, Lkr. Neumarkt i.d.Opf.), um 885 *ad Mulihusun*, Mühlhausen, Lkr. Erlangen-, BY, 1008 *Mulinhusun*, sowie zahlreiche gleichnamige Orte in Deutschland. V. Dob. I; Walther 1971; SNB; Berger. *KH*

Mühlheim am Main I. Stadt im Lkr. Offenbach, 26 708 Ew., Reg.-Bez. Darmstadt, HE. König Ludwig der Fromme schenkte 815 Mühlheim an den Karlsbiographen Einhard. Im MA war das benachbarte Kloster Seligenstadt bedeutendster Grundherr im Ort, der dem Erzbistum Mainz unterstand. Mit dem

Amt Steinheim kam der Ort 1803 an Hessen-Darmstadt. Nach der Eingemeindung von Dietesheim im Jahre 1939 wurde Mühlheim zur Stadt erhoben. 1977 Eingliederung des Ortes Lämmerspiel. **II.** Mühlheim: 815 (Kop.) *Mulinheim inferior*, 1321 *Molenheym*, 1566 *Mülheim*. Dietesheim: 1013 (Kop.) *Ditinesheim*,1288 *Dydensheim*, 1564 *Dideßhaim*. Lämmerspiel: 12. Jh. (Kop., hierher?) *Limaresvilla*, um 1290 *Limesbure*, 1339 *Limmersbugil*, 1550 *Lämmerßböl*, 1564 *Lemmerspiel*. **III.** Der ON *Mühlheim* enthält als Bw. ahd *müli(n)* 'Mühle'. Gw. ist ↗- heim. In Mühlheim sind bereits im MA zahlreiche Mühlen nachgewiesen. Der differenzierende Zusatz im Erstbeleg unterschied den Ort vom benachbarten Seligenstadt (815, Kop., *Mulinheim superior*, 1405 *Mülheim, nunc Seligenstat dicto*). Der ON *Dietesheim* enthält als patronymischer ↗-heim-Name den PN *Dioting, Dieting*, eine ↗-ing-Ableitung zu ahd. *diot* 'Volk'. Der ON *Lämmerspiel* zeigt sich in einer sehr vielgestaltigen Schreibung. Mit dem nahe gelegenen Limes hat der Name nichts zu tun. Das Bw. bezieht sich wohl auf den PN *Liutmar*, der zu *Limmar expressiv gekürzt wurde. Uneinheitlich ist das Zweitglied, das sowohl -*bur* (↗-beuren), als auch -*bugil* (vgl. ahd. *buhil* 'Bühl, Hügel') zeigt. Durch falsche Abtrennnung des zum bestimmenden PN gehörigen Genitiv-*s*, das zum Gw. gezogen wurde, entstand volksetymologisch der heutige Name. **V.** CL; Keyser; Müller, Starkenburg. *TH*

Mühltal **I.** Gem. im Lkr. Darmstadt-Dieburg, 13 852 Ew., sö Darmstadt im n Odenwald, Reg.-Bez. Darmstadt, HE. Entstanden 1977 durch den Zusammenschluss der Gem. Frankenhausen, Nieder-Beerbach, Nieder-Ramstadt und Traisa. Die Gem. sind erst 1403, 1318, um 1190 und 1316 erstmals bezeugt. Im Spätmittelalter stehen sie unter der Herrschaft der Grafen von Katzenelnbogen (Nieder-Ramstadt, Frankenhausen), Schenken von Erbach (Traisa), Herren von Frankenstein (Nieder-Beerbach) und kommen im 16. Jh. an Hessen, ab 1567 an Hessen-Darmstadt; 1918 und 1945 an Hessen. **III.** Im Modautal und den Nebentälern, wo die Gem. liegen, gab es schon seit dem MA eine Vielzahl von Mühlen und Bäckereien, zur Versorgung der Höfe und Städte (Frankfurter Messen). Seit dem 18. Jh. entstanden neben den Getreidemühlen noch viele Loh-, Säge-, Stein-, Papier-, Walk-, Schleif- und Drahtmühlen. Daher wurde das untere Modautal spätestens seit dem 19. Jh. auch Mühltal genannt, sodass der neue ON aus einem gängigen Landschaftsnamen (mit reichem kulturgeschichtlichen Hintergrund) gewonnen wurde. **IV.** ↗Mühlhausen/Thüringen, Unstrut-Hainich-Kreis, TH; ↗Mühldorf a. Inn, Lkr. Mühldorf a. Inn, BY. *HGS*

Mülhausen // Mulhouse mda. [mil'hy:sə], franz. [my'luz] **I.** Hauptort im gleichnamigen Bezirk, 110 514 Ew., Sitz der Bezirksverwaltung, Département Haut-Rhin, Region Elsass, F. Freie Reichsstadt, 1515 zugewandter Ort der Eidgenossenschaft, 1523 reformiert, seit 1798 zu Frankreich, 1871–1918 zu Deutschland, Industriezentrum, Eisenbahnknotenpunkt. **II.** 823 *Mülenhusen* (falsch 12. Jh.), 1004 *Mulenhusen*. **III.** Frühmittelalterliche Bildung mit ↗-hausen und Bw. *Mühle*, ahd. *muli*. **IV.** Mühlhausen/Thüringen. *WM*

Mülheim an der Ruhr **I.** Kreisfreie Stadt, 168 288 Ew., an einer alten Furt des Hellwegs über die Ruhr gelegen, Reg.-Bez. Düsseldorf, NRW. Stadtrechte 1808 (Munizipalität), Aufschwung als Umschlagplatz für Ruhrkohle und Standort für Hüttenbetriebe seit dem 19. Jh. **II.** Anfang 11. Jh. *in Mulinhem*, 1093 *Mülenheim* [Or], 1289 *apud/in Molinheym* [Or]. **III.** Gw. ↗-heim mit Bw. asä. *mulin*- 'Mühle': 'Ort der Mühle'. Die mda. Form ['mœləm] beruht auf der Variante mit Vokalsenkung. Zahlreiche Parallelen bei FO 2. **V.** HHS 3; RhStA IX/50; Kaufmann 1973. *Tie*

Mülheim-Kärlich **I.** Stadt im Lkr. Mayen-Koblenz, 10 773 Ew., Teil der VG Weißenthurm, am ö Ausläufer der Eifel zwischen Rhein und Mosel, nw unweit von Koblenz, RP. Seit der Jungsteinzeit besiedelt. Zwischen Kärlich und Kettig wurde ein kelt. Wagengrab gefunden. In röm. Zeit befanden sich hier das sog. „Agrippalager" , das „Drususkastell" und eine Siedlung. Schon unter der Ebf. von Trier bildeten Mülheim und Kärlich eine gemeinsame Gerichtsgemeinde. Das Schloss in Kärlich wurde 1344 als Wasserburg errichtet. Von 1794 bis 1814 Teil des franz. Département Rhin-et-Moselle, seit 1815 des preuß. Lkr. Koblenz. 1969 Zusammenschluss beider ehem. selbstständigen Gem., seit 1996 Stadt. **II.** Mülheim: 1162 *Molenheym*, 1242 *Mulinheim*, 1282 *Milinheym*, 1297 *in Mulenheym bei Kerliche*. Kärlich: 1047 *Kerlich*, 1191 *curtim nostram kerleche*, 1197 *curiam in Keliche cum molendino*, 1217 *in Kerliche*. **III.** Das Bw. im ON *Mülheim* gehört zu ahd., asä. *mulin* aus spätlat. *molīna*, lat. *molīnum* 'Mühle'. Das -*in* in den Belegen gehört zum Wortstamm und gerät in unbetonte Stellung. Das Gw. ist ↗-heim. Zu deuten demnach als 'Wohnstätte mit Mühle'. Dem ON *Kärlich* liegt ein gallisch-kelt. PN *Carillus* mit einem lat. besitzanzeigenden Suffix ↗-*acum* zugrunde, verm. vor zu ergänzendem *fundus* 'Hofgut' im Akkusativ: 'zum Hofgut des Carillus'. **IV.** ↗Mülheim an der Ruhr, Mülheim, OT von Warstein, Kr. Soest, beide NRW. **V.** MRUB I; MRR I; Jungandreas; Kaspers, W.: Die -acum-Ortsnamen des Rheinlandes. Halle 1921. *JMB*

Müllheim **I.** Stadt im Lkr. Breisgau-Hochschwarzwald, 18 223 Ew., bildet zusammen mit der Stadt Sulzburg und den Gem. Auggen, Badenweiler und Buggingen den GVV Müllheim-Badenweiler, 31 247 Ew., ca. 27 km sw Freiburg im Breisgau, am Ausgang des Klemmbachtals aus dem Markgräfler Hügelland in die Rheinebene gelegen, Reg.-Bez. Freiburg, BW. Besitz des Basler Hochstifts, im 12. Jh. zur zähringischen Burg Baden bei Badenweiler, 1218 an die Grafen von Freiburg, seit 1809 Sitz des neuen Badischen Bezirksamtes, 1810 Erhebung zur Stadt. Burgruine Neuenfels, Martinskirche, Amtshaus der Vogtei Badenweiler. **II.** 758 *in villa Mulinheimo*, 1002 *Muliheim* (?). **III.** Es handelt sich um eine Zuss. mit dem Bw. ahd. *mulī*, *mulin*, mhd. *müle* 'Mühle' aus lat. *molīnae* und dem Gw. ↗ *-heim*: 'Wohnstätte bei der Mühle'. **IV.** U.a. Mühlheim an der Donau, Lkr. Tuttlingen, BW; ↗ Mülheim an der Ruhr, NRW. **V.** FO; Bach DNK 2; LBW 2 und 6. *JR*

Mülsen **I.** Einheitsgemeinde im Lkr. Zwickau, 12 305 Ew., „längste" Gemeinde Sachsens, entlang des Mülsenbaches, im Mülsengrund, ö der Zwickauer Mulde, SN. 1999 entstanden aus verschiedenen Gem. des Mülsengrundes, u.a. Mülsen St. Niclas, Mülsen St. Jacob, Mülsen St. Micheln. **II.** Mülsenbach: 1118 *rivulus Milsena*. Mülsen St. Jacob: 1228 *de Milsin*, 1343/46 *Milssein*, 1460 *Milsen*, 1720 *Mülsen St. Jacob*. **III.** Der GwN gehört wohl zur idg. Wurzel **mil-/*mel-* 'zermalmen, zerreiben', enthalten auch in anderen GwN (z.B. *Mulde*, alt *Milda*). Kaum zu einem slaw. PN *Miliš*. **IV.** ↗ Hohenmölsen, Burgenlandkreis, ST. **V.** HONS II; DS 39. *EE, GW*

Münchberg **I.** Stadt, 11 087 Ew., auf der Hochfläche zwischen Fichtelgebirge und Frankenwald, Lkr. Hof, Reg.-Bez. Ofr., BY. Anwesenheit von Ordensgeistlichen (ca. 11./12. Jh.) durch ON belegt, vor 1298 Stadterhebung unter Herren von Sparneck, seit 1381 als Amtssitz unter Burggrafen von Nürnberg bzw. Mgf. von Brandenburg-Kulmbach / (seit 1603) -Bayreuth, 1792 preuß., 1810 bayer., im 19. Jh. Gründung von mechanischen Webereien, bis 1972 Kreisstadt (Lkr. Münchberg). **II.** Ca. 1224 *Munchiberc [Or]*, 1323 *Mv̄ncheberch*; *Münchberg* (1386). **III.** Mhd. *munich* 'Mönch'; ↗ *-berg*. **IV.** Ähnlich ↗ München (Landeshauptstadt BY). **V.** HHS Franken; Reitzenstein 2009. *DG*

Müncheberg **I.** Stadt im Lkr. Märkisch-Oderland, 7 246 Ew., im ostbrandenburgischen Heide- und Seengebiet, an der Straße Berlin-Seelow-Kostrzyń (früher Küstrin), ö Berlin, BB. Um 1224 auf Anordnung vom schles. Herzog von Mönchen des Zisterzienserklosters Leubus in Schles. (h. Lubiąż) gegründet und dessen Namen zunächst erhalten. Mit der d. Ansiedlung setzte sich schnell der Name *Möncheberg* durch. 1245 wurde der Stadt das d. Recht verliehen. Stadtmauer (seit 14. Jh.) mit spätgot. Berliner und Küstriner Tortürmen fast vollständig erhalten, Pfarrkirche St. Marien (urspr. 13. Jh.). 1928 entstand das Institut für Züchtungsforschung der Kaiser-Wilhelm-Gesellschaft in Berlin, h. Leibnitz-Zentrum für Agrarlandschaftsforschung. **II.** 1232 *Ciuitati Lubes*, 1233 *Municheberc*, 1245 *Monichberch*; *Müncheberg* (1364). **III.** Eine Zuss. aus mnd. *monk*, *mon(n)ik*, einer Entlehnung aus lat. *monachus* 'Mönch' und mnd. *-berch*, hd. ↗ *-berg* 'Berg'. Der Name bezeichnet den klösterlichen Besitz nach der Lage am oder zum Berg (im flachen Gelände wird jede Erhöhung als Berg bezeichnet). **IV.** ↗ München, BY. **V.** Riedel A XX; BNB 8; SNB. *EF*

München **I.** Kreisfreie Stadt, 1 326 807 Ew., Sitz der Verwaltungen des gleichnamigen Lkr., des Reg.-Bez. Oberbayern und – als Hauptstadt – des Bundeslandes Bayern. 1158 Verlegung von Markt, Münze und Zollbrücke hierher durch Heinrich den Löwen, ca. 1240 Erwerb der Stadtherrschaft durch die Wittelsbacher, Residenzstadt und Landeshauptstadt. **II.** 1158 *apud ... Munichen*, 1167–1171 *de Munichen*, 1174–1180 lat. *de Monaco*, nach 1189 *Mŭnechen*, ca. 1220–1240 lat. *de Monacho*, 1283 *München*, 1295 *Mv̄nichen*, 1310 *Mv̄nchen*, 1313 *München*, 1315 *Mŭnchen*, 1519–1521 lat. *Monachium*, 1588 lat. *Monacum*, *Munichium vulgo dictum*. **III.** Aventin erklärte 1533 den Namen: *Herzog Hainrich, der zwelft herzog in Bairn, hat die stat München gepaut auf des closters von Scheftlarn grunde, darumb man die stat München hat genent und füert ein münich für ir wappen*. Dem urspr. Personengruppennamen liegt eine Pluralform von mhd. *munich* 'Mönch' zugrunde. Es handelte sich wohl um eine Art Einsiedelei an der Stelle der urspr. St. Jakobskapelle, von zwei, drei frommen Männern bezogen. Den latinisierten Formen liegt wohl mittellateinisch *monachium* 'Grundstück, das einem Kloster geschenkt wurde', zugrunde, bzw. beruhen diese auf mittellateinisch *monachus* 'Klausner, in einer Einzelzelle lebender Mönch' bzw. italienisch *monaco* 'Mönch'. **V.** HHS 7/1; Reitzenstein 2006. *WvR*

Münchenbuchsee Mda. [ˈbʊχsɪ, mʏnχəˈbʊχsɪ]. **I.** Gem. im Amtsbezirk Fraubrunnen, 9750 Ew., 8 km n von Bern an der Straße Bern-Biel, Kt. Bern, CH. Urgeschichtliche Funde belegen eine frühe Besiedlung. Das Gebiet gehörte im 12. Jh. den Freiherren von *Buhse*; 1180 Schenkung an den Johanniterorden, dann Umwandlung in eine Kommende, die Güter in der Umgebung erwirbt und ihre Herrschaft erweitert. In der Reformation macht Bern das säkularisierte Kloster zum Sitz der Landvogtei. H. dank guten Verkehrsverbindungen Teil der Agglomeration Bern mit vielfältigem Arbeitsplatzangebot. **II.** 1180 *de Buhse [Or]*, 1185 *Cono de Buxe*, 1237 *in Buchse*, 1259

Bůchse, 1339 *ze Bůsi*, 1345 *ze Műnichen Buchse*. **III.** Die Siedlung hieß urspr. nur *Buchse, Buchsi* u. ä., welches auf lat. *ad buxa* 'bei den Buchsbäumen', zu lat. *buxus* fem., *buxium*, spätlat. *buxum* ntr. 'Buchsbaum', zurückzuführen ist. Das heutige Bw. schwzd. *Münch* m. 'Mönch, Klosterbruder', welches an die nach 1180 gestiftete und in der Reformation aufgehobene Johanniterkomturei erinnert, taucht erst ab Mitte des 14. Jh. zur Unterscheidung von der urspr. gleichnamigen Ortschaft Herzogenbuchsee auf. Da das Gw. mit der Zeit nicht mehr verständlich war, wurde es in Anlehnung an das App. *See* zu *-buchsee* umgebildet. Die mda. Lautung hat allerdings die alte Namensform bewahrt. **IV.** Herzogenbuchsee, BE; Buchs, AG, LU, SG, ZH; Nieder- und Oberbuchsiten, SO; Münchenwiler, BE, Münchwilen, TG; alle CH. **V.** BENB; HLS; LSG. *eb, tfs*

Münchenstein **I.** Gem. im Bezirk Arlesheim, 11 736 Ew., Kt. Basel-Landschaft. Spuren röm. Besiedlung und frühma. Gräber. Mit der Entstehung von Lehensherrschaften im MA begann die Einbindung der Siedlung in die Geschichte elsässischer Adelshäuser. 1271 sahen sich die Grafen von Pfirt genötigt, die Herrschaft über Münchenstein dem Bischof von Basel abzutreten und als Lehen wieder zu empfangen. 1470 ging die Herrschaft Münchenstein leihweise, 1515 definitiv an die Stadt Basel über. 1798 wurde die Herrschaft der Stadt durch die Wirren der Franz. Revolution erschüttert. Die Kantonstrennung brachte 1832 die endgültige Loslösung von der Stadt. **II.** 1279 *Munchenstein* [Or]. Eine auf 1220/21 datierte Urkunde mit dem Beleg *Munchenstein* wird als Fälschung des 15. Jh. betrachtet. **III.** Der heutige ON bedeutet 'Burgfels der Münche'. Das Bw. *Münch* nimmt Bezug auf die Erbauer der nach ihnen benannten Burg, die bischöflichen Dienstleute aus dem Geschlecht der Münch. Das Gw. ⇗ *-stein* war eine häufige Bezeichnung für Burgen, die auf Felsen standen. Urspr. hieß das Dorf *Geckingen*: 1196 *Kekingen* [Or], 1270 *Geckingen*. Gf. des urspr. ON ist ahd. **Cachingun* bzw. **Cacingun* 'bei den Leuten des Cacho, Caco'. 1334 wird in einer vom Domstift Basel ausgestellten Urkunde der Namenwechsel explizit erwähnt: *Geckingen que nunc Munchenstein appellatur*. **V.** NGBL Münchenstein 2003; Hänger; LSG. *mr*

-münde(n). Ahd. *munden* 'zusammenfließen', ahd. *mund* M. / *gimundi* Ntr., mnd. *munde* Fem. '(Fluss-) Mündung'. Die Dat.-Sg.-Form *-münde(n)* kommt öfter in SiN mit dem entsprechenden GwN als Bw. vor (Travemünde, OT von Lübeck, SH) oder als Simplex (⇗ Hann. Münden, Lkr. Göttingen, NI). *FD*

Münder am Deister, Bad **I.** Stadt im Lkr. Hameln-Pyrmont, 17 912 Ew., an der Hamel in der Deisterpforte, Reg.-Bez. Hannover (bis Ende 2004), NI. Seit 1033 Nutzung von Solequellen bezeugt; Ratsverfassung Mitte 13. Jh., *oppidum* 1260, *civitas* 1302 (Soester Stadtrecht); die Vorstadt „Salz" 1827 eingem.; 1936 Kurstadt und Titel *Bad*; Salzgewinnung 1924 eingestellt, h. Glas- und Möbelindustrie. **II.** 856–69 *Munimeri* [Kop. 12. Jh.], 1033 *Munnere*, 1121–40 *Munnere*, 1153–67 *Munderen*. **III.** Trotz des Erstbeleges, der nur in einer Abschrift erhalten ist, ist hier nicht von einer Bildung mit einem Gw. ⇗ *-mar* auszugehen, sondern von einer Abl. mit *-r*-Suffix. Die Ableitungsbasis ist wohl mit einem in einer Reihe von Namen anzusetzenden Stamm **mun-*, **mūn-* zu verbinden, der zu idg. **meu-*, **mu-* 'feucht, modrig, netzen' zu stellen ist. Ein Einschub eines *-d-* nach Nasal ist im Nd. verbreitet. **V.** HHS 2; Nds. Städtebuch; Udolph 1994, S. 140–142. *KC*

Münnerstadt **I.** Stadt im Lkr. Bad Kissingen, 7898 Ew., in der s Vorrhön an der Lauer, die einige Kilometer flussabwärts bei Niederlauer in die Fränkische Saale mündet, Reg.-Bez. Ufr., BY. Das Gebiet war seit der Jungsteinzeit und Hallstattzeit besiedelt; der Ort soll im 5. Jh. entstanden sein. Die Grafen von Henneberg errichteten im 12. Jh. am Zusammenfluss von Lauer und Talbach eine Talburg, bei der sich die Bewohner des alten Ortes Münnerstadt ansiedelten. Ab etwa 1230 befestigte Stadt (*oppidum*) mit Stadtmauer, vier Stadttoren und Markt. 1335 Verleihung des Stadtrechts. 1354 Teile der Stadt würzburgisch, 1585 insgesamt zum Fürstbistum Würzburg; 1803 erstmals, 1815 endgültig bayerisch. Ma. Stadtbild mit vielen Fachwerkhäusern, weitgehend erhaltene Stadtmauer, Deutschordensschloss, hist. Rathaus. **II.** 770 (Druck 1607) *Munirihestat*, 1279 *Munerstat*, 1801 *Münnerstadt*. **III.** Gw. ist ahd. *stat* (⇗ *-statt/-stedt/-stätten/-stetten*); das Bw. kann im Zeithorizont der Belege als der im Gen. Sg. stehende PN *Munirich* aufgefasst werden. A.W. Nikola weist auf einen um 800 als fuldischen Zeugen bezeugten Träger des Namens hin, hebt aber gleichzeitig das verm. höhere Alter der Siedlung hervor, womit der Zusammenhang des ON mit dieser Person aufgehoben würde. Nach T. Vennemann ist *-stat* sekundär und der Name aus vorgerm. **Muniricum* herzuleiten. **V.** HHS 7/2; Nikola, A.W.: Die Ortsnamen des Kreises Bad Kissingen. Rüstzeug zur Kulturarbeit auf dem Lande 4.4. (O.O.1940); Reitzenstein 2009; Stengel, UB, Nr. 51; Vennemann, Th.: Zur Erklärung bayerischer Gewässer- und Siedlungsnamen. In: Sprachwissenschaft 18 (1993), S. 468 f. *RB*

Münsingen **I.** Stadt im Lkr. Reutlingen, 14 549 Ew., bildet zusammen mit den Gem. Gomadingen und Mehrstetten die VVG der Stadt Münsingen, ca. 22 km osö Reutlingen, auf der verkarsteten Hochfläche der mittleren Alb, Reg.-Bez. Tübingen, BW. Hauptort der zwischen 769 und 778 genannten *Munigesinger marca*, Ortsherrschaft lag bei den Grafen von Urach, 1263 an Württemberg, zwischen 1263 und 1339 Stadtrecht und Mauerzug, 1938 an den heutigen Lkr. Reutlingen. Schloss Buttenhausen, Burgen Hohenhundersingen, Bichishausen, Hohen- und Niedergundelfingen. **II.** 769–778 (Kop. 1183–95) *Munigesinger marca*, 904 *in pago Munigisingeshuntare [Or]*, 13. Jh. *Munegesingen [Or]*; *Münsingen* (1347?, 1434). **III.** Der ON gehört zu den ↗ *-ing(en)*-Ableitungen und enthält den PN *Munigīs*: 'bei den Leuten des Munigīs'. Der zweite Rufnamenstamm *Gīs-* ist in der tonschwachen Mittelsilbe des ON zur Ausspracheerleichterung stark verkürzt worden. **IV.** Munsing, Lkr. Bad Tölz-Wolfratshausen, BY. **V.** Reichardt 1983; Haubrichs 2004; LBW 2 und 7. *JR*

Münsingen Mda. [ˈmʏnsɪɡə] **I.** Gem. im Amtsbezirk Konolfingen, 11 023 Ew., am rechten Ufer der Aare zwischen Bern und Thun, Kt. Bern, CH. Zahlreiche Keltengräber (rund 1200 Grabungsobjekte aus der Latènezeit) und bedeutende röm. Funde (u. a. Badegebäude eines Gutshofs mit Wandmalereien und Mosaikfußboden) belegen eine frühe Besiedlung. In der Burgunderzeit ein kgl. Hof. Im 13. und 14. Jh. der Herrschaft des Rittergeschlechts Senn unterstehend. 1377 kaufen Bernburger die Herrschaftsrechte, welche die helvetische Republik 1798 abschafft. Seit 1406 unter Oberhoheit der Stadt Bern. H. wirtschaftl. und kultureller Schwerpunkt in der Region Aaretal mit zahlreichen gewerblichen und industriellen Betrieben. **II.** 993–1010 *curtem Munsingan, videlicet Munisingam [Kop. 14. Jh.]*, 1146 *Munsingen [Or]*, 1241 *Münsingen*, 1534 *Münsigen*. **III.** Primärer Siedlungsname, gebildet mit dem Suffix ↗ *-ingen* und einem PN zu germ. *muni-, der in ON im südd. Raum verbreitet ist. Hierzu der ahd. PN *Munigis*, auf dessen Grundlage durch Kontraktion *-igi-* > *-i-* im 10./11. Jh. eine Form **Munisingen* mit regulärer Weiterentwicklung zu *Münsingen* entstehen konnte. **IV.** Munzingen, OT von Freiburg im Breisgau, BW; Münsing, Lkr. Bad Tölz-Wolfratshausen, BY; ↗ Münsingen, Lkr. Reutlingen, BW. **V.** BENB; HLS; LSG. *eb, tfs*

Münster am Stein-Ebernburg, Bad **I.** Stadt und gleichnamige VG (seit 1970) im Lkr. Bad Kreuznach, 11 121 Ew., mit zehn Gem. im unteren Nahetal zwischen Pfalz und Hunsrück, sö von Bad Kreuznach, RP. Zentrum ist der Rheingrafenstein, auf dem die Herren vom Stein 1050 eine Burg erbauten. Diese war lange Raubritternest und wurde 1688 gesprengt. Ebernburg war Ende 15. Jh. Zuflucht für Reformatoren, 1522 hier erster Gottesdienst in d. Sprache. 1490 Salzgewinnung und Gesundheitsbrunnen. Im 19. Jh. Aufschwung des Kurbetriebes, seit 1905 anerkanntes Heilbad. Seit 1969 bilden Bad Münster am Stein und Ebernburg eine gemeinsame Gem., seit 1978 Stadt. **II.** Bad Münster am Stein: 1158 *in munstre*, 1200 *domum in munstere*, 1514 *Monster under dem Steyn*. Ebernburg: 1212 *Heberenburch*, 1214 *Ebernburc*, 1325 *Ewernburg*; *Ebernburg burg und dale* (1440). **III.** Das Lehnwort *Münster*, von lat. *monasterium* 'Kloster', bezeichnete Kloster- oder Stiftskirchen in Unterscheidung zu Pfarrkirchen. Vermutlich urspr. eine Probstei des Klosters, deren Name auf die dazugehörige Siedlung übertragen wurde. Der Zusatz *am Stein* bezieht sich auf die 1050 errichtete Felsenburg *Huhinstein* 'Hohenstein'. Das Bw. im Namen *Ebernburg* ist der ahd. PN *Eburo, Ebaro*, Gen. Sg. *Eburin-, Ebarin-*, KF zu *Eberhard*, das Gw. ist ↗ *-burg*, was als Namendeutung 'Burg des Eburo' ergibt. Nach Puhl bezieht sich der ON zuächst auf eine Wehranlage unbekannter Zeit, dann auf die Siedlung und erst später auf die Burg. **V.** MRUB II; Codex diplomaticus exhibens ab anno 831 ad 1300 Moguntiaca etc., Bd. 1. Hg. von V.F. von Guden. Göttingen 1743; FP; Kaufmann, H.: Die Ortsnamen des Kreises Bad Kreuznach. München 1979; Puhl 2009. *JMB*

Münster **I.** Gem. im Lkr. Darmstadt-Dieburg, 14 160 Ew., nö Dieburg in der Gersprenzniederung, Reg.-Bez. Darmstadt, HE. Der Ort wird erstmals um 1200 erwähnt, als die Herren von Eppstein hier ein Lehen des Erzbistums Köln innehaben. Er gelangt bald danach an die Münzenberger, dann in den gemeinsamen Besitz von deren Erben, der Hanauer und der Falkensteiner (bzw. von Sayn). 1486 erwirbt Isenburg den größten Teil, 1706 den Rest. Nach der Mediatisierung Isenburgs fällt er 1816 an Hessen-Darmstadt, 1918 und 1945 an Hessen; 1972 wird Altheim eingegliedert. **II.** um 1200 *Monstre* (Kopie 1282/83), um 1290 *Munstre*, 1361 *Monster*, 1423 *Munster*, 1687 *Münster [alle Or]*. **III.** Führt zurück auf das dem vulgärlat. *moniterium* (< mlat. *monasterium*) 'Einsiedelei, Klause, Kloster, (Kloster-)Kirche' nachgebildete ahd. Lehnwort *munistri* (mit ahd. *o* > *u* vor *i*), das dann durch die spätahd. Abschwächung bzw. den Schwund der Nebensilbenvokale zu *munstre* oder dann – mit Sprossvokal vor silbischem *r* – zu *munster* wurde, wobei, wie bis ins 15. Jh. noch üblich, die Bez. des – schon gesprochenen – Umlauts noch fehlt. Es bedeutete 'Einsiedelei' usw. (s. o.) und könnte hier, da ein frühes Kloster nicht nachweisbar ist, eine einfache Mönchsklause, vielleicht auch die Pfarrkirche bezeichnet haben. **IV.** U.a. ↗ Münster, NRW. **V.** Wagner; Müller, Starkenburg; Bach DNK. *HGS*

Münster **I.** Kreisfreie Stadt, 273 875 Ew., s Osnabrück, Sitz des Reg.-Bez. Münster, NRW. 793 Klostergründung, 799 Bistumsgründung, 805 Liudger erster Bischof, 1170 Stadtrecht, 1173 FBtm., 14./15. Jh. Mitglied der Hanse, 1534/1535 Wiedertäufer-Herrschaft, 1648 Ende des 30-jährigen Krieges mit dem Westfälischen Frieden von Münster und Osnabrück, 1802 preußisch, 1806/08 Ghztm. Berg, 1811 Kaiserreich Frankreich, 1813 wieder preußisch, 1915 Großstadt, Sitz mehrerer Gerichte, Universität und verschiedene Hochschulen, Sitz des Landschaftsverbands Westfalen-Lippe, Verwaltungsbehörden, Dienstleistungsunternehmen, Lacke- und Farbenherstellung. **II.** 819 *Mimigernaford*, 1007 *Mimigarduordensis*, 1068 *Monasterium*, 1173 *Munstre*. **III.** Mehrfacher Namenwechsel. Der heutige ON, der seit dem 11. Jh. besteht, beruht auf einem Lehnwort aus dem lat. *monasterium*, vulgärlat. *monisterium*, mnd. *münster*, wfl. *mönster* 'Kloster'. Motivierend für die Benennung war das Kloster des heiligen Liudger, der erster Bischof von Münster war. Die vorausgehenden Namen für Münster sind jeweils Bildungen mit dem Gw. ↗-*furt* zu asä. *ford*, mnd. *vōrd(e)* 'Furt, seichte (Durchgangs-)Stelle im Wasser'. Die gramm. Bestimmung ist im Asä. nicht sicher. Es wird meist als st. M. angesetzt. Die mnd. Form ist als M. und Fem. und vereinzelt auch als Ntr. bezeugt. Die Bildung *Mimigernaford* ist eindeutig älter als der spätere Name *Mimigardeford*. Mit der Form *Mimigerna* als Bw. liegt ein im Gen. Pl. flektierter PN *Mimigern* vor, der die Funktion eines Personengruppennamens hat, also etwa '(Furt) der *Mimigerne*', also '(Furt) der Leute des *Mimigern*'. Der zweigliedrige PN *Mimigern* setzt sich aus einem Erstglied *Mimi*-, das nur als Bw. oder als KF *Memo* belegt ist, und einem Zweitglied -*gern* zu got. -*gaírns* 'begehrend' zusammen. Als parallele Bildung trat nur kurz der Name *Mimigard(e)ford*- auf, wohl um die nicht mehr verstandene Bildung auf Basis des inzwischen ungebräuchlichen PN *Mimigern* zu ersetzen, und zwar durch Austausch von -*gern* durch -*gard* zu got. *gards* 'Haus als umzäunter Besitz', asä. *gard* 'Feld, (bewohnte) Erde, Haus'. Als PN-Element ist -*gard*, vielleicht mit anderem etymologischen Anschluss, auch für männliche PN nachgewiesen. **IV.** Münster, Kt. Wallis, CH; Munster, Département Haut-Rhin, F. **V.** Werdener Urbare; WfUB I, II, III, VIII; Tiefenbach, H.: Mimigernaford – Mimegardeford. Die ursprünglichen Namen der Stadt Münster. In: Beitr. zur Namenforschung. NF 19 (1984). kors

Münsterberg // Ziębice [ʑɛm'bʲitsɛ] **I.** Stadt im Kr. Ząbkowice, 9154 Ew., Woi. Niederschlesien // Dolny Śląsk, PL. Münsterberg wird nach dem Mongolensturm 1241 als d. Stadt neben einer älteren slaw. Siedlung Sambitz gegründet. Residenz eines schles. Teilfürstentums, das 1335 an Böhmen fällt. 1654–1791 im Besitz der Fürsten Auersperg. Kreisstadt (bis 1932), dann zum Kr. Frankenstein, Reg.-Bez. Breslau, NS, (1939) 8923 Ew. **II.** 1253 *Munsterberc*, 1254 *Munsterberk*, 1268 *Sambiz videlicet Munsterberge*, ca. 1310 *Munsterberch*. Polonisierung des ON: 1946 *Ziębice*. **III.** Die d. Namenform ist im MA sehr einheitlich: mhd. *munster*, *münster* und ↗-*berg*. Vereinzelt wird der ON der älteren slaw. Siedlung überliefert (vgl. Beleg von 1268), an den nach Quellenstudium der heutige poln. ON anknüpft: *Ziębice*, möglich *Zębice*, als Abl. von einem apoln. PN *Ziąbek* oder *Ząbek* zu *ząb* 'Zahn'. **IV.** ↗Münster, NRW; Ząbkowice Śląskie // ↗Frankenstein, PL. **V.** Jungandreas 1937; RymNmiast. ThM

Münstereifel, Bad **I.** Stadt im Kreis Euskirchen, 18826 Ew., am Nordrand der Eifel im Tal der Erft, Reg.Bez. Köln, NRW. Siedlungsentwicklung durch Filiale des Klosters Prüm ab 830, Umwandlung zum Stift 12. Jh., ab 1335 zum Hztm. Jülich und Amtssitz, eine der vier Hauptstädte im Hztm., im MA bekannte Tuchmacherei, h. Kurstadt, (Zusatz Bad seit 1967). **II.** zu 844 *in loco, qui novum monasterium vocatur*, zu 870 *Niu-monasterium*, 1237 *in Monasterio Eyflie* [Or], 1321 *Munstre in Eyflen* [Or], 1348 *Munsteren-eyflen* [Or]. **III.** Aus lat. *monasterium* 'Kloster' mit dem unterscheidenden Zusatz (seit der 2. Hälfte des 11. Jh. belegt) vom Namen des Mittelgebirges *Eifel*, 'Kloster in der Eifel'. Aufgrund der Frühbelege wäre der Name *Neumünster* (zum Adj. *neu*) zu erwarten gewesen. In der ma. Überlieferung wechseln lat. und d. Formen sowie der Anschluss des Zusatzes mit und ohne Präposition. Eine allgemein anerkannte Herleitung des Namens der Eifel liegt bislang nicht vor. **V.** RhStA, Lfg. II Nr. 7; HHS Bd. 3; Dittmaier, H.: Der Name 'Eifel'. In: Rheinisch-westfälische Zeitschrift für Volkskunde 8 (1961). Ne

Mürzzuschlag **I.** Stadt, 8976 Ew., Pol. Bez. Mürzzuschlag, ST, A. Um 1270 besaß Mürzzuschlag das Marktrecht. In Adelsfehden wurde der Ort 1469 niedergebrannt, ebenso 1487 im Kampf gegen die Ungarn. Durch Eisenverarbeitung wurde die Siedlung wohlhabend. Seit 1862 gibt es Stahlwerke, 1924 bekam der Ort das Stadtrecht. **II.** um 1150 *ęcclesiam ad Mûrzze* [Or], 1227 *Murzuslage*; *Muertzzuschlag* (1331). **III.** Bez. der Stelle, wo sich die Mürz zum Fröschnitzbach dazuschlägt (mhd. *zuoslahen* 'sich zugesellen, zusammenkommen'). Die Flussbenennung *Mürz* (860 *Morica*, 1401 *Muercz*) ist slaw. Ableitung vom vorslawischen FluN *Mur*. **V.** ANB. FLvH

Mulhouse ↗**Mülhausen**

Munderkingen **I.** GVV Verwaltungsgemeinschaft im Alb-Donau-Kreis, 14312 Ew., ca. 31 km wsw Ulm, Reg.-Bez. Tübingen, BW. 1266 Erhebung Munderkingens zur Stadt, 1297 Verkauf an Österreich, 1805

an Württemberg. Die Stadt Munderkingen bildet seit 1972/75 zusammen mit den Gem. Emeringen, Emerkingen, Grundsheim, Hausen am Bussen, Lauterach, Ober- und Untermarchtal, Ober- und Unterstadion, Rechtenstein, Rottenacker und Unterwachingen den GVV Verwaltungsgemeinschaft Munderkingen. Heilig-Geist-Spital, Neue Donaubrücke, Pfarrkirche St. Dionysius. **II.** 792 *marcha ... Muntariheshuntari [Or]*, 13. Jh. (zu 1227) *Mvnderichingen*, 1254 *Mvnderhingen [Or]*, 1266 *Munderchingen [Or]*, 1267 (Kop. 17. Jh.) *Munderkingen*. **III.** *Munderkingen* ist eine ↗*-ing(en)*-Ableitung vom PN *Mundarīch* und bedeutet 'bei den Leuten des Mundarīch'. Der Name erscheint bereits im Bezirksnamen des 8. Jh., Munderkingen dürfte also der Mittelpunkt des Bezirks gewesen sein. H. ist er der mit Abstand größte Ort und dient daher auch als Name des gesamten GVV. Die Namenform beruht auf Synkopierung des schwachtonigen Vokals der zweiten Rufnamenstammes und regulärer Entwicklung des nachträglich in den Silbenanlaut getretenen *ch* zu *k*. **V.** Reichardt 1986; Haubrichs 2004; LBW 2 und 7. *JR*

Munster I. Stadt im Lkr. Soltau-Fallingbostel, 16 564 Ew., an der Örtze gelegen, Reg.-Bez. Lüneburg (bis Ende 2004), NI. Stadtrecht 1967; seit 1893 bei Munster Truppenübungsplätze, h. größte Garnison der Bundeswehr; seit 1914 mit Unterbrechungen Testgelände für die Erprobung chemischer Kampfmittel; seit 1982 Kampfstoffentsorgungsanlagen; Standort des deutschen Panzermuseums und der Panzertruppenschule. **II.** 1217 *Arnoldus de Munster [Or]*, 1252 *in Monstere* [Kop. 16. Jh.]; *Munster* (1450–51). **III.** Der ON beruht auf dem Simplex mnd. *münster* 'Kloster(kirche)', das aus gleichbedeutendem lat. *monasterium* entlehnt ist. Anders als bei dem wfl. *Münster* erscheint der ON bis h. ohne Umlaut. Das Benennungsmotiv ist unklar. Eine erwogene Verlegung eines Klosters von Munster nach Ebstorf ist hist. nicht haltbar. **IV.** ↗Münster, Stadt Münster, NRW. **V.** HHS 2. *KC*

Murau I. Stadt, 2 164 Ew., Pol. Bez. Murau, ST, A. 1298 wurde der Markt Stadt, die durch das Zusammenstoßen mehrerer Verkehrswege strategische und wirtschaftl. Bedeutung bekam. **II.** 1250 *Mŭrowe [Or]*, 1333 *Muraw*. **III.** Flurname, Au, Wiesenland (↗*-au*) am Wasser der Mur. Der Name *Mur* (904 *Muora*) enthält einen vorslawischen GwN *Mōra* für ein stehendes oder sumpfiges Gewässer. *FLvH*

Muri bei Bern Mda. [ˈmuri bi ˈbæːrn] **I.** Gem. im Amtsbezirk Bern, 12 752 Ew., am rechten Ufer der Aare an der alten Landstraße Bern-Thun, 3,5 km sö von Bern, Kt. Bern, CH. Neolithische sowie bronze- und latènezeitliche (Gräber-)Funde. Im Raum von Kirche und Schloss Fundamente einer röm. Villa. Die Statuetten der kelt. Göttinnen Artio und Naria sowie die Inschrift auf dem Sockel der Letzteren lassen vielleicht auf ein gallorom. Heiligtum der *Regio Arurensis* schließen. Kommt 1298 an Stadt Bern. Seit dem 16. Jh. begehrter Standort für Landsitze der Patrizier. H. städtischer Villenvorort Berns. **II.** 1180 *Purchardus de Mure [Or]*, 1242 *de Muren*, 1265 *von Múri*, 1307–1403 *Muri*. **III.** Sekundärer SiN. Bildung mit dem App. schwzd. *Mūr* fem. 'Mauer' und dem Kollektivsuffix ahd. *-ahi*, ↗*-ach²*, urspr. also mit der Bed. 'bei den Mauern'. Der Ort muss nach der Römerzeit verlassen worden sein, vielleicht zugunsten einer Siedlung im Raum Muri-Gümligen (Fund eines frühma. Gräberfeldes). Reste der alten Bauten waren dann namengebend für die Flur *Muri*, die später unter diesem Namen wieder zur Siedlung wurde. **IV.** ↗Maur, ZH; Steinmaur, ZH; Muri, AG, alle CH. **V.** BENB; HLS; LSG. *eb, tfs*

Murnau a. Staffelsee I. Markt im Lkr. Garmisch-Partenkirchen, 12 153 Ew., Reg.-Bez. Oberbayern, BY. Seit der Römerzeit Straßenort, 1329 Markt. **II.** Ca. 1150 *Murnowe*, 1237 *Mvrnow*, 1264 *Murnawe*, 1293–1301 *Mornawe*, 1295 *Mŭrnäwe*, 1399 *Murrnaw*, 1557 *Murnau*, 1987 *Murnau a. Staffelsee*. **III.** Grundwort des urspr. Flurnamens ist mhd. *ouwe, owe*, ↗*-au*, 'von Wasser umflossenes Land, wasserreiches Wiesenland'. Das Bestimmungswort wird zu bairisch *Mur* 'Sand und losgebrochenes, zerstückeltes Gestein, welches von den Höhen in die Täler niedergerollt oder von Wetterbächen herabgeschwemmt worden ist' im Sinn von 'Steinschutt, Moräne' gestellt; mhd. *murc* 'morsches, brüchiges Land, Erde' ist belegt und daraus lässt sich möglicherweise *mure* erschließen, wenn man ein substantiviertes Adj. *murag* annimmt. Die Lokalisierung bezieht sich auf die Lage am Staffelsee. **V.** HHS 7/1; Reitzenstein 2006. *WvR*

Murrhardt I. Stadt im Rems-Murr-Kreis, 14 117 Ew., ca. 25 km nö Waiblingen an der Murr, im Schwäbischen Wald am Oberlauf der Murr, Reg.-Bez. Stuttgart, BW. Im 7. Jh. Siedlung, die das Kulturland um das röm. Kastell nutzte, Klostergründung nach 814, 1328 erstmals Stadt genannt, 1395 an Württemberg, das Kloster-Oberamt ging 1808 im Oberamt Backnang auf, 1973 zum Rems-Murr-Kreis. Handwerk und Maschinenbau, Stadtkirche, Walterichkirche (ehem. Wallfahrtskirche), Villa Franck, Rümelinsmühle. **II.** 788 (Kop. 13. Jh.) *Murrahart*, 999 *Murrehart [Or]*, 1295 *Murrhart [Or]*; *Murrhardt* (1700). **III.** Eine Zuss. mit dem GwN Murr (180–92 *VICANI MVRRENSES*, zu kelt. *mor-, mori-* 'Meer') und ahd. *hard* 'Wald', wohl insbes. 'Bergwald, waldiger Höhenzug, lichter Weidewald', mhd. *hart* 'Weidetrift'.

Murrahart ist 'Weidewald an der Murr' und bezieht sich urspr. auf einen fränkischen Königshof beim ehem. Römerkastell an der Murr. **IV.** Murr, Lkr. Ludwigsburg, BW. **V.** Reichardt 1993; Greule, DGNB; Greule 2007; LBW 3. *JR*

Muttenz **I.** Gem. im Bezirk Arlesheim, 17119 Ew., Kt. Basel-Landschaft, CH. Zahlreiche vorkelt., kelt. und röm. Funde. Ausgangspunkt der heutigen Siedlung war der Dinghof, der im 8. Jh. mitsamt der Kirche in den Besitz des Bischofs von Straßburg gelangte. Das ma. Dorf lag im Schutz der drei Burgen auf dem Wartenberg, deren Ursprung unbekannt ist. Im frühen 14. Jh. kam Muttenz in den Besitz der Münch von Münchenstein. 1479 verpfändeten die Münche Muttenz der Stadt Basel. In der Helvetik gehörte das Dorf zum Distrikt Basel, 1814 zum Untern Bezirk. Nach der Kantonstrennung wurde es dem Bezirk Arlesheim zugeteilt. **II.** 1225/26 *Mvttence [Or]*. Frühere Belege, die zum Teil Muttenz zugeordnet werden, sind unsicher. **III.** Der ON wird durchweg als vordeutsch angesehen. Lange stellte man ihn zu lat. *mutatio* 'Pferdewechselstation'. Dieser Ansatz wird h. ausgeschlossen. Eine andere Deutung geht von einem alteurop. GwN vom Typus **-antia* aus, der auf die Ortschaft übertragen wurde. Als Gf. ließe sich **Mudantia* ansetzen. Germ. **mudra* führte zu nhd. *Moder* 'Schlamm'. **Mudantia* wäre der ältere Name des heutigen Dorfbachs, der unterhalb von Muttenz durch ein Sumpfgebiet dem Rhein zufloss. Von den Alemannen wäre der Bachname zum SiN gemacht worden (wegen der *d>t*-Verschiebung wahrscheinlich im 8. Jh. n. Chr.). Der urspr. Name der Siedlung wäre in diesem Fall abgegangen. Noch nicht bedacht wurde die Möglichkeit, dass es sich bei *Muttenz* um einen verkürzten ↗-*acum*-Namen handeln könnte. Ein ideal sich einfügender PN *Muttentius* ist allerdings nirgends belegt. *Muttenz* würde demzufolge 'Landgut des Muttentius' bedeuten. Aufgrund der Beleglage ist eine abschließende Deutung nicht möglich. **V.** NGBL Muttenz 2003; Hänger; LSG. *mr*

Mutterstadt **I.** Gem. im Rhein-Pfalz-Kreis, 12 640 Ew., Großdorf am w Rand von Ludwigshafen, Vorderpfalz, RP. Bis 1331 Reichsgut, danach im Besitz der Kurpfalz. 1797 franz. Kantonshauptstadt mit Gefängnis im ehem. „Arrestegässel". 1816 kam der Ort an das Kgr. Bayern. Der Mutterstadter Pfalzmarkt ist der größte genossenschaftliche Gemüsegroßmarkt in D. **II.** 767 *Mutherstather marca* (Kop. um 1190), 774 *Muderstather marca*, 801 *Muterstat*; *Mutterstat* (1468–70). **III.** Das Bw. geht auf einen ahd. PN zurück, der aus den zwei Bestandteilen *Muot-* und *-heri* besteht. Die Genitivendung *-s-* und der Anlaut des Gw. ↗*-statt/-stedt/-stätten/-stetten* sind zusammengefallen. Der ON kann als 'Siedlungsplatz des Muotheri' gedeutet werden. **V.** CL; FP; HSP. *JMB*

N

Nabburg I. Stadt und gleichnamige VG (mit Altendorf und Guteneck) im Lkr. Schwandorf, 7879 Ew., Reg.-Bez. Opf., BY. Hist. Kern der Stadt ist eine ma. Burganlage; bei Nabburg beginnt der 150 km lange, *Pfahl* genannte Quarzfelsenzug. II. 929 *Nabepurg*, in Fälschung des 11. Jh. (auf 798) *Nappurch*, in Fälschung von ca. 1100 (auf 1040) *Nabburg*. III. Die ma. Burganlage ist nach der Lage am Fluss Naab benannt. Der GwN *Naab* (zur Donau bei Regensburg), 883–887 *Napa*, ca. 1006 *Naba*, geht auf vorgerm. *Nobā zurück, was als Nomen loci zum idg. Verb *neb^h-e- 'feucht werden' gedeutet werden kann. V. Reitzenstein 2006; Greule, DGNB. *AG*

Nagold I. Große Kreisstadt (seit 1981) und gleichnamige VVG im Lkr. Calw, Reg.-Bez. Karlsruhe, 34 960 Ew., auf der Oberen Gäu, ö des Schwarzwaldes an der Nagold, BW. Zunächst röm. Gutshof, dann alem. Hofsiedlung, schließlich fränk. Fürstensitz, Zentrum des Nagoldgaus, im hohen MA Sitz der mit Karl dem Großen verwandten Nagoldgaugrafen, 1247 zur Grafschaft Hohenberg, 1260 Sitz der Teilherrschaft Nagold, ab 1300 weitere Teilungen. 1363 kam der Ort an Württemberg und wurde Amtssitz, im 19. Jh. Oberamtssitz bzw. Bezirksstadt. II. 786 *in villa Nagaltuna*, 881 (Kop. 12. Jh.) *Nagalta*, 1005 *Nagelta*, 1228 *Nagelte*, 1349 *Nagelt*, 1498–1503 *Nagolta*. III. FluN *(die) Nagold* (zur Enz zum Neckar), 1075 *iuxta fluvium ... Nagaltha*, 1252 *in ripa ... Nagilte*, 1342 *uf der Nagelt*, und ON sind urspr. nicht identisch. Wie aus dem Landschaftsnamen 770 *Nagl[achgouwe]* (Nagoldgau) hervorgeht, ist die älteste Form des FluN ahd. *Nagla*, später mit Sprossvokal *Nagala*. Belege für den FluN wie *Nagaltha, Nagilte, Nagelt* gehen auf Übertragung des ON auf den Fluss zurück. Der ON *Nagalta* ist als Nom. zu dem vermeintlichen Gen./Dat./Akk. fem. ahd. *Nagaltūn neu entwickelt worden. Wenn (786) *Nagaltuna* aus vorgerm./kelt. *Naglo-dūnon entstanden ist, dann könnte sich der Name auf die frühkelt. Fürstenburg auf dem Schlossberg in Nagold beziehen; kelt. *dūnon bedeutet 'Hügel, Festung, Burg', also 'Festung an der Nagold'. Der FluN *Nagla ist idg. und lässt sich erklären als Verbaladj., das von der schwundstufigen Wurzel mit *l*-Suffix abgeleitet wurde: idg. *nh$_2$g^h-ló- > spätidg. fem. *naglā. Das Verb liegt vor in gr. nḗ-chō 'ich schwimme' (< *nāghō, idg.*neh$_2$g^h-). Die Grundbedeutung des FluN *Nagold* war demnach 'Gewässer, auf dem etwas schwimmen kann'. V. Greule, DGNB. *AG*

Naila I. Stadt im Lkr. Hof, 8162 Ew., 15 km w von Hof im Frankenwald an der Selbitz, Reg.-Bez. Oberfranken, BY. 1007 schenkt Kaiser Heinrich II. den „Nordwald", in dem der Ort liegt, dem Bischof von Bamberg; Gerichtssitz (1343 erstmals erwähnt), ab 1373 bzw. 1438 zum größten Teil im Besitz der Burggrafen von Nürnberg, 1454–1818 Markt mit städtischer Verfassung, 1818 Stadterhebung, bis 1972 Kreisstadt des Lkr. Naila, Bergbau (15. Jh. bis 1859), Maschinenbau- und Kunststoffindustrie. II. 1343 *Neulins* [Or], 1398 *zum Newlein*, 1421 Kop. 1520–25 *Nala*; *Neyla* [Or] (1478). III. Es liegt ein genetivischer SiN vor, der am ehesten auf einen mhd. PN *Niuwelīn (vgl. die belegten PN *Niuwila, Niwilo*) oder einen Übernamen *Niuwelīn mit der Bed. 'Neusiedler' zum Adj. mhd. *niuwe* 'neu' zurückgeführt werden kann. Aufgrund fehlender Parallelen weniger wahrscheinlich ist eine appellativische Basis mhd. *niuwelīn 'neu gerodetes Land'. Im späten 14. Jh. ist erstmals der Schwund der Gen.-Endung *-s* bezeugt. Mhd. *iü* entwickelte sich in der Mda. zu einem *ae*-ähnlichen Diphthong, der in der Schrift mit *ey* o. ä., später mit *ay* (1472 *Naylein*) und schließlich auch mit *ai* (wie in der heutigen amtlichen Namenform) wiedergegeben wurde. Der Beleg 1421 Kop. *Nala* spiegelt die mda. Weiterentwicklung von *ae* vor *l* zu *a*: und von *-lein* zu *-lə* wider. IV. Neundling (zweimal) im Pol. Bez. Ried im Innkreis, OÖ. V. Keyser / Stoob I; Reitzenstein 2009; Winkler, G.: Genetivische Ortsnamen in Ostmitteldeutschland und in angrenzenden Gebieten. Berlin 2007 (DS 41). *WJ*

Nakel // Nakło nad Notecią ['nakwɔ nad nɔˈtɛtɕɔ̃] I. Stadt in der Woi. Kujawsko-Pomorskie (Kujawien-Pommern), Kreis- und Gemeindesitz, 19 289 Ew., PL. Wurde als Verteidigungsburg der Pomoranen an der Grenze zu den Polen gegr., 1090 nach Belagerung durch poln. Truppen erobert, kehrte aber bald an Pommern zurück. Letztlich wurde sie von Bolesław Krzywousty 1113 erobert und in den Staat der Piasten eingegliedert. 1299 erteilte der poln. König Władysław

Łokietek das Stadtrecht. Danach zu Polen-Litauen. Nach der Teilung Polens geriet die Stadt unter preuß. Herrschaft, Kr. Wirsitz, Reg.-Bez. Bromberg. 1920 kam die Stadt (aufgrund der Bestimmungen des Versailles Vertrages) an Polen zurück. 1975–1998 verwaltungsmäßig zur Woi. Bydgoszcz (Bromberg). **II.** [1091] *castrum Nakel*, 1136 *de Nakel*, (1224) *in castro nostra Nakel*, 1357 *in Nakel*, 1425 *in Naklo*, 1473 *oppido Nakyel*, 1578 *Nakiel*, 1578 *de Naklo*, 1653 *Oppidum Nakło*, 1802–03 *Nakel*, 1885 *Nakło*, d. *Nakel*, 1972 *Nakło nad Notecią*. **III.** Von einem unbestätigten App. *nakieł. Die Ben. *Nakieł, Nakły* erscheinen als Gebietsbez. und bedeuteten 'Felder, Wälder und Wiesen', vgl. auch tschech. *náklí* 'junges Weidengebüsch', 'Platz am Wasser, wo Weide wächst', 'Sumpfstelle' sowie *nákel* 'sumpfige Stelle, hauptsächlich mit niedrigem Weidengebüsch', und auch *náklo* 'eine Stelle am Fluss oder Wasser', 'eine Stelle am Fluss zur Ausschiffung von Waren'. Die urspr. Form *Nakieł* wandelte sich infolge der Anpassung an häufige ON in ein Ntr. **IV.** U.a. Nakło Śląskie, Woi. Śląskie (Schlesien); Nakielnica, Woi. Łódzkie (Łódź); Nakla (kasch. Nôkłô), Woi. Pomorskie (Pommern); Naklik, Woi. Lubelskie (Lublin), alle PL. **V.** Rymut NMP VIII, RymNmiast; Rospond 1984; ZierNmiast. *BC*

Nakło nad Notecią ↗Nakel

Nalbach ['nɔːlbax] **I.** Gem. im Lkr. Saarlouis, 9377 Ew., an der Prims, in unmittelbarer Nachbarschaft zu Saarlouis und Dillingen, ca. 30 km nw von Saarbrücken, SL. Im 10. Jh. Bau der Primsmühle, 1984/85 vollständig abgebrannt. 1048 Schenkung eines Hofes im h. Nalbach an das Stift St. Simon in Trier durch den Erzbischof. Entwicklung zum Wirtschaftszentrum im Primstal. 1920 Völkerbundsverwaltung; 1935 Rückgliederung ins Reich; 1947 Teil des formal selbst., in polit. und wirtschaftl. Union mit Frankreich stehenden Saarlandes; 1957 zu Deutschland. Gefährdung 2006 infolge von bergbaubedingten Beben, Ende des Kohleabbaus. 1974 Vereinigung von Nalbach, Piesbach, Bilsdorf und Körprich zur neuen Großgem. **II.** 1036 (F. 13. Jh.) *de Nagalbach*, 1036 (Kop. 18. Jh.) *de Nagalbach*, 1036 (F. Ende 13. Jh.) *de Nagelbach*, 1048 (Kop. Anf. 14. Jh.) *curtis Naguelbach*, 1071 *uilla Nagelbahc* [Or], 1154 (Kop. 14. Jh.) *Nailbach*, 1154 (Kop. 16. Jh.) *Nalbach*, 1155 *Nalbach* [Or], 1179 *Nahelbach* [Or], 1192–1200 *de Nagilbach/ Nagilbac* [Or]. **III.** Bildung mit dem Gw. ↗*-bach* (mhd. *bach* m. fem., ahd. *bah* m.) und dem Bw. *Nagel* (mhd. *nagel*, ahd. *nagal*), ebenso (ohne alte Belege) der Name des *Nalbachs*, der in Nalbach in die Prims mündet. Ausfall des intervokalischen *-g-* ergab die h. abgeschliffene Form, z. T. mit Dehnungs-*i* (*Nail-*), vgl. 1088 *in dem Nailbecher dale* [Or], 1330 *in Noylbecherdal* [Or]. **IV.** *Nagelbach*, GwN (l. zur Schlierach, vgl. Dotter, F. und M.: Der Inn und seine Zuflüsse. Von Kufstein bis zur Einmündung in die Donau. Stuttgart 1987). **V.** ASFSL; Schorr; Spang 1982. *MB*

Namborn **I.** Gem. im Lkr. St. Wendel, 7325 Ew., ca. 9 km n von St. Wendel sowie 25 km n von Neunkirchen, im Nahe-Bergland und am sö Ende des Naturparks Saar-Hunsrück, SL. Reste römerzeitlicher Siedlungen und Wege (Alte Trierer Straße). Im MA gehörten die Orte der h. Gem. teilweise zum Hztm. Lothringen, teilweise zu anderen kleineren Herrschaften. Einfluss auf die Gegend besaßen auch die Bischöfe von Trier (später Kurfürsten) und Metz. Nach 1815 wurden die Gem. preuß., der OT Hirstein gehörte zum oldenburgischen Birkenfeld. Seit 1974 besteht die Gem. Namborn aus den OT Baltersweiler, Eisweiler-Pinsweiler, Furschweiler, Gehweiler, Hirstein, Hofeld-Mauschbach, Namborn-Heisterberg und Roschberg. **II.** 1360 *Nuinborn* (< *Niunborn), 1457 *Nûmborne*, 1532 *Naûmborn*. **III.** Das Gw. ↗*-born* geht mit *r*-Metathese auf mhd. *brunne*, ahd. *brunno* m. 'Brunnen, Quelle' zurück. Die Metathese erstreckte sich vom Nl. und Nd. über das Mfr. bis weit in den S hinein und wurde später rückgängig gemacht; *burne* und *born* (mit md. Senkung von *u* zu *o*) z. B. waren im 11. Jh. vom Niederrhein bis Lothringen verbreitet. Der ON-Typus *-born/* ↗*-brunn* war vom hohen und späten MA bis in die Neuzeit hinein produktiv. Bw. ist das Adjektiv ↗*neu*, mhd. *niuwe, nūwe*, ahd. *niuwi*. Der Lautstand des Adj. in den hist. Belegen und in der h. Namenform geht auf eine abweichende Entwicklung von ahd. *iu* zurück: Im nw Alem. und fast im gesamten Md. unterblieb der *i*-Umlaut vor folgendem *w* und teils auch vor *r*. Dieses nicht umgelautete *iu* fiel später im Md. mit mhd. *ū* zusammen und wurde zu *au* diphthongiert, vgl. z. B. die Namen von Bad Nauheim und Naumburg (Saale). Schließlich erfolgte analog zu der reg. Entwicklung von mhd. *ou* in der Mda. eine Monophthongierung zu *ā* (vgl. mhd. *boum*, nhd. *Baum*, mda. *Baam*). Dieser Langvokal ist in der mda. Form des Namens noch vorhanden, im amtlichen Namen ist der Vokal gekürzt. *Namborn* ist zu deuten als 'beim neuen Brunnen'. **IV.** Numborn, OT von Heusweiler, Regionalverband Saarbrücken, SL, mit anderer Entwicklung (fehlende Diphthongierung) des Bw. *kun*

Namslau // Namysłów [naˈmɨswuf] **I.** Kreisstadt, 16 280 Ew., Woi. Oppeln // Opole, PL. 60 km ö von Breslau. Gegründet zu d. Recht 1249. Deutschordensschloss aus dem 14. Jh. Kreisstadt, Reg.-Bez. Breslau, NS, (1939) 8194 Ew. **II.** (1206) *Namslauia*, 1239 *Namislou*, 1249 *Namislov*, *Namslaw*, 1651/52 *Nambslau*. Re-Polonisierung des ON: 1845 *Namys-*

łów. **III.** Aus einem apoln. PN *Namysl* zum Stamm *mysl-* 'denk-' (vgl. poln. *myśleć* 'denken', *pomysł* 'Gedanke, Einfall', *namysł* 'Überlegung'). Das apoln. poss. Suffix *-ow* wird zu d. ↗ *-au* adaptiert. Bei der Eindeutschung schwindet (wie schon im latinisierten Erstbeleg von 1206) die mittlere Silbe, die im Apoln. noch unbetont war. Die slaw. Form des ON hält sich offenbar kontinuierlich im poln. Sprachgebrauch aufgrund der Nähe der Sprachgrenze. **V.** SNGŚl; RymNmiast. *ThM*

Namysłów ↗ Namslau

Nassau I. Stadt und gleichnamige VG (mit 19 Ortsgem.) im Rhein-Lahn-Kreis seit 1972, 11 774 Ew., ö des Rheins im Lahntal (Naturpark Nassau), RP. 915 Ersterwähnung als Gutshof des Bischofs von Worms, um 1100 Errichtung der Burg Nassau, nach der sich seitdem ein Adelsgeschlecht benannte, 1348 Stadtrechte, Geburtsort von Karl Freiherr vom und zum Stein. 1806 Hztm. Nassau, 1866 an Preußen. **II.** 915 *Nassowe*, 1158 *Nassoue, Nassovve, Nassoua*, 1197 *de Nassowen* usw., 1314 *de Nassauen*, 1339 *von Nassav*, 16. Jh. Nassau. **III.** Gw. ↗ *-au(e)*. Als Bw. wird der Name eines Zuflusses der Lahn bei Nassau vermutet, der aber erst vor 1630 als *aqua Nass, fluvius Nass* oder *Nass flu* bezeugt ist und eine gelehrte Rückbildung aus dem ON *Nassau* darstellt. Das Bw. dürfte germ. **nassa-* (< **nat-sa-*) sein, das als FluN zu germ. **nata-* 'nass' gestellt werden kann oder eine Nebenform zu ahd. *nazza* 'Nessel' ist. In diesem Fall ist *Nassach*, Weiler am Fluss Nassach (Lkr. Göppingen, BW), 1245 *Nazach*, vergleichbar. Mit *s*-Suffix abgeleitete FluN sind ferner *Neiße* < slaw. *Nisa* < germ. **Nissa* < **Nit-sō* und *Dosse* (zur Havel) < germ. **Duh-sō*. **V.** Faust, M.: Rechtsrheinische Zuflüsse zwischen den Mündungen von Main und Wupper. Wiesbaden 1965. *AG*

Nastätten I. Stadt und gleichnamige VG (seit 1972) im Rhein-Lahn-Kreis, 16 665 Ew., mit 32 Gem. rechts des Mittelrheins zwischen Koblenz und dem Rheingaugebirge bzw. der Grenze zu Hessen, RP. Seit dem 12. Jh. Herrschaftsgebiet der Grafen von Katzenelnbogen, bis 1449 als Vögte des Klosters Prüm. 1479 wurden die Gem. im Einrich hessisch. Die Region wird wegen des aus Flachs hergestellten und mit den Blättern der Färberwaid gefärbten und im MA bekannten blauen Tuches aus diesem Gebiet auch „Blaues Ländchen" genannt. 1815 bis 1866 zum Hztm. Nassau, danach zum Kgr. Preußen. **II.** 893 *Nasteden* (Kop. 1222), 1138 *Nastheden*, 16. Jh. *Nassstedten*, 1780 *Naßstätten*. **III.** Das Bw. geht auf einen GwN **Nassaha* (↗ *-ach*¹) > *Nass-* zurück, der verm. ursprünglich den hier in die Lahn mündenden Mühlbach bezeichnete. Der Name lässt sich aus einem lat.-westfränk. Lehnwort *nassa* für eine 'Fischreuse bzw. Fischwehr' oder ein 'Flechtwerk aus Weiden' herleiten. Kehrein denkt auch an eine mögliche Verwandschaft mit ahd., mhd. *naz* 'nass'. Das Gw. *-stätten* zu ↗ *-statt*. Auslautendes und anlautendes *-s-* verbinden sich. Als Deutung wird jedoch 'Siedlungsplatz an einem Gewässer mit einem Fischwehr' favorisiert. **V.** Das Prümer Urbar. Hg. von I. Schwab. Rheinische Urbare, Bd. 5. Düsseldorf 1983; Gysseling 1960/61; Kaufmann 1973. *JMB*

Naters I. Mda. [ˈnaːtərʃ]. Gem., Dorf und Pfarrei, 8015 Ew., Bezirk Brig, VS, CH. Teil des Ortes UNESCO-Weltnaturerbe. Funde aus der La-Tène-Zeit. Gehörte bis 12. Jh. dem Kloster St. Maurice, dann durch Schenkung ans Fürstbistum Sitten. Bis 1518 Zendenhauptort (Bezirk) und Gerichtsstätte. Der Bau des Simplontunnels zwischen Brig und Iselle (I), der Lötschberglinie und der Furkabahn führte anfangs des 20. Jh. zu einem bedeutenden Bevölkerungszuwachs. Straßendorf mit Überbauungen, aber intaktem Dorfkern mit der reizvollen Judengasse, der überragenden frühbarocken Pfarrkirche und der bekannten Beinhauskrypta. Ruine auf der Flüe, Ornavassoturm, Schweizer Gardemuseum. Tourismus, Kleinindustrie. **II.** 1018 *Nares [Or]*, 1079 *Natres*, 1222 *Narres*; *Naters* (1513). **III.** Die rom. (hist.)/d. Doppelform *Nar(r)es/Naters* weist in der d. Form eine *r*-Metathese und den Erhalt des romanischen Final-*s* aus, das sich dial. zu [ʃ] entwickelte. Die rom. Form assimiliert den nachvokalischen Laut vor *-r-*, der in der d. Form als *-t-* erhalten bleibt. Der Lage des alten Dorfkerns im Mündungstrichter des Kelchbaches dürfte der Ort seinen Namen verdanken. Anreiter sieht als Benennungsmotiv die feuchte Bodenbeschaffenheit und leitet den Namen von einer indoeuropäischen Grundform **(s)notros* 'nass' ab. **IV.** *Nadro* in TI, GR, I, *Natters*, TR, A. **V.** Jossen 2000; Anreiter 1997; LSG. *alb*

Nauen I. Stadt im Lkr. Havelland, 16 626 Ew., am Südostrand des Havelländischen Luchs, nw Potsdam, BB. Die Stadt geht auf eine slaw. Siedlung mit Burgwall am Luchübergang zurück (nicht identisch mit der 981 genannten Burg Nienburg an der Havel); Stadtgründung durch die Mgf. von Brandenburg im 13. Jh. Seit 1826 Kreisstadt und Landratssitz für das Osthavelland; geschlossene Bebauung des frühen 19. Jh.; 1905/06 erste d. Großfunkstation, errichtet durch Telefunken. **II.** 1186 *Nauwen [Or]*, 1195 *Nowen*; *Nauen* (1208). **III.** Der Versuch, den Namen aus dem Slaw. als eine Bildung mit dem poss. Suffix *-j-* zum apolb. PN *Noven, Novan* o.ä., der zu urslaw. *novъ* 'neu' gehört, zu erklären, wurde jüngst abgelehnt. Höchstwahrscheinlich wurde der Name von *Nauen*, Lkr. Goslar, NI, übertragen. Dieser Name ist nicht eindeutig zu erklären. V. Riedel A VIII; BNB 4; OBB; SNB. *EF*

Naugard // Nowogard [nɔ'vɔgard] I. Stadt im Kr. Goleniów, 16 781 Ew., im Zentrum der Woi. Westpommern, PL. Der Ort befindet sich in Küstennähe, am ö Rand der Gollnower Heide (Puszcza Goleniowska), am Naugarder See // Jezioro Nowogardzkie. 1939 Kreisstadt im Reg.-Bez. Stettin, Provinz Pommern; Woi. Szczecin (1946–1998), Westpommern (seit 1999). II. 1268 *Nogard castrum et villa sive opidum episcopi Caminensis*, 1269 *Nouegard*, 1271 *Nowgard*, 1274 *Neugard*, 1290 *Nowgarde*, 1290 *in Nowgarden*, 1317 *Nowgard*, 1329 *Neugard*, 1331 *civitatis Nowgarden, castrum Nowgarden*, 1377 *greve Otto van Naugarden*, 1403 *Newgarden, Nougarden*, 1434 *Newgart*, 1502 *Neugarden*, 1539 *Naugardt*, 1547 *Newgarden, Nowgarden*, 1618 *Neugarten*, 1780 *Naugarten*, 1789 *Naugardten*, 1834 *Naugard*, 1951 *Nowogard – Naugard*, 1981 *Nowogard, -du*, 2002 *Nowogard (Nowogród) – Naugardt*. III. Slaw. *Novogardъ* ist ein zusammengesetzter Kulturname mit dem Interfix *-o-*. Das erste Glied ist abgeleitet vom Adj. *novyj*, poln. *nowy* 'neu', das zweite Glied vom pom. App. *gardъ*, poln. *gród* mit den Bed.: 1. 'Schloss, Festung', 2. 'Pflicht der Landesbevölkerung zu Burgbau und -reparatur' (mit erhaltenem urslaw. Lautmuster *tärt-* im zweiten Glied). *Neugard, Naugard* sind später germanisierte Namen vom slaw. ON. Adj. *nowogardzki*. IV. ↗Belgard // Białogard, ↗Stargard // Stargard Szczeciński, im damaligen Hinterpommern, jetzt Woi. Westpommern, beide PL. V. LorSNH; Rospond 1984; RymNmiast; RzDuma II. *BA*

Nauheim I. Gem. im Lkr. Groß-Gerau, 10 126 Ew., Reg.-Bez. Darmstadt, HE. Das Kloster Lorsch wird im 9. Jh. als Besitzträger im Ort genannt. Das kaiserliche Lehen Nauheim kam im 14. Jh. an die Herren von Falkenstein. Über die Grafen von Sayn bzw. Isenburg-Büdingen gelangte der Ort im Jahre 1600 durch Verkauf an die Landgrafschaft Hessen. Der Ort nennt sich „Musikgemeinde", da sich nach dem 2. Weltkrieg zahlreiche vertriebene Instrumentenbauer aus dem Egerland und dem Erzgebirge in Nauheim niederließen und hier eine Musikindustrie begründeten. II. 830–850 (Kop.) *Niuenheim, Niuuenheim*, 1211 [Or] *Nuheim*, 1521, *Nawheym*. III. Bw. ist ahd. **niuwi*, mhd. *niuwe* 'neu'. -iu- zeigt die dialektale Entwicklung zu -ū-, das lautgesetzlich korrekt zu -au- diphthongiert wurde. Flexivisches -n- in den frühen Belegen geht auf eine syntaktische Fügung **ze demo niuwen heim* zurück, während die späteren Belege auf die Nominativform **das niuwe heim* > *Nūheim* verweisen. V. Andrießen; Aus der Nauheimer Chronik I. Hg. von H. Hock. Nauheim 2001; CL; Müller, Starkenburg; Oculus Memorie. *TH*

Nauheim, Bad I. Stadt im Wetteraukreis, 31 017 Ew., am ö Taunusausläufer Johannisberg und der Usa, Reg.-Bez. Darmstadt, HE. Seit der Jungsteinzeit besiedelt; verm. beim fränk. Landesausbau im 7./8. Jh. neubegründet und benannt; um 1000 zuerst bezeugt. Gehörte früh teils der Abtei Seligenstadt, teils der Abtei Fulda, im Spätma. verschiedenen hess. Territorialherren, ab 1736 zu Hessen-Kassel, 1866 Hessen-Darmstadt. Stadt seit 1854, Bad seit 1869. II. Um 1000 *Niuuiheim* [Or], verm.1. Hälfte des 12. Jh. *Nuheim* (Kop. um 1160). III. *Niuui-* = ahd. *niuwi* 'neu', geschrieben meist *niuuui* oder wie hier *niuui*, wobei das zweite -u- für uu = w steht. *Nu-*: -u- steht hier (hess. Quelle!) wohl schon für den langen ū-Laut, der sich in md. Mda. seit dem 10. Jh. aus ahd. -iu- bes. vor -w- entwickelte und im Nhd. zu -au- diphthongiert wurde (daher *Nau-* seit dem 16. Jh.), während sonst -iu- > spätahd./mhd. ū (geschrieben iu oder u!) > nhd. oe (geschrieben eu) wurde (vgl. obd. Neuburg). Die 2. Silbe des ahd. Bw. ist, weil unbetont, im Mhd. geschwunden (nach Abschwächung i >ə und Schwund des zwischenvokalischen -w-); ↗-heim, Bed. also: 'neue Wohnstätte'. IV. ↗Nauheim, Lkr. Groß-Gerau, HE; ↗Naumburg, ST. V. Küther, W.: Der Bad Nauheimer Raum in Frühzeit und Mittelalter. In: Wetterauer Geschichtsblätter 18 (1969); CE. *HGS*

Naumburg (Saale) I. Stadt und Verwaltungssitz im Burgenlandkreis, 28 669 Ew., an der Saale, gegenüber der Unstrutmündung, ST. Mit Dom und ehemaligem Bischofssitz, der 1028/1030 von Zeitz auf die zuvor von den Ekkehardinern (Markgrafen von Meißen) erbaute Burg verlegt wurde. Ab 1033 Kaufmannssiedlung, 1142 Stadtrecht, 11. bis 13. Jh. entstanden zwei Klöster und der Dom, sö davon im 12. Jh. eine besondere Marktstadt im 12. Jh., die erst 1835 mit der Domstadt vereinigt wurde. Im MA war der West-Ost-Handel die wirtschaftliche Grundlage der Stadt. Naumburg war Messestadt, die erst mit Aufschwung der Leipziger Messe ab 1500 an Bedeutung verlor. Messen fanden noch bis 1833 statt. II. 1021 *in Numburg*, 1028 *in Nuemburgum*, 1030 *Nuemburgensis civitas*, 1068 *Nivvenbvrch*, 1068 *Niwenbvrch*, 1378 *Numburg*, 1540 *zur Naumburg*. III. 'Der neuangelegte Burgort'; Gw. ↗-burg, für das Adj. zeigen die Belege das Schwanken zwischen md. nū[w]- und nd. nīw- für mhd. *niuwe*, ↗neu; Assimilation von auslautendem -n im Bw. an b- im Gw. führt zu -mb-. Benennungsgrundlage ist die alte Burg der Ekkehardiner bei ↗Zeitz, wo die Stadtgründung von Naumburg vollzogen wurde. IV. Schloss Neuenburg in Freyburg an der Unstrut; Burgenlandkreis, Beyernaumburg, Lkr. Mansfeld-Südharz, beide ST; Naumburg, Lkr. Kassel, HE. V. SNB; DS 35. *MH*

Naunhof I. Stadt und gleichnamige VG im Lkr. Leipzig, 15795 Ew., im O der Leipziger Tieflandsbucht am Übergang zum Nordsächsischen Platten- und Hügelland, SN. Die Stadt geht zurück auf die planmäßige Anlage eines markgräflich-meißnischen Jagdhofes mit Dienstsiedlung in altem Forstgebiet um 1150, nach 1378 Wasserschloss und Dorf, Naherholungsgebiet für Leipzig. II. 1210 *Nova Curia*, 1222 *Nuwinhoff*, 1292 *Nuwenhof*. III. Im Bw. steht md. *nau* 'neu' für mhd. *niuwe*, im Gw. ↗ *-hof*, demnach 'am neuen Hof'. IV. Naunhof, OT von Ebersbach, Lkr. Meißen, SN. V. HONS II; SNB. *EE, GW*

Neckargemünd I. Stadt und gleichnamiger GVV im Rhein-Neckar-Kreis, Reg.-Bez. Karlsruhe, 25 972 Ew., am Neckar ö von Heidelberg, nahe der Grenze zu Hessen, BW. Seit ca. 1230 Freie Reichsstadt, 1330 Verpfändung an die Pfalzgrafen bei Rhein. 1803 an Baden und Verlust aller ehem. kaiserlichen Privilegien im 19. Jh. II. 988 (Kop. ca.1150) *Gemundi*, 1237–1254 *Gamundia*, 1286 (Kop.) *Gamundie iuxta fluvium Neckarum*, 1346 *Neckargemünden*, 1410 *Gemunde off dem Necker*, 1496 *Neckhergmindt*. III. Kompositum mit dem Gw. ahd. *gimundi*, mhd. *gemünde* und dem FluN (*der*) *Neckar* (lat. *Nicer*, 765, Kop. 12. Jh., *Neckar*, 856 *Neckar*, 1087–1091 *Nekker*, 1296 *Necker*, 1311 *Negger*) als Bw. *Neckar* wird auf idg. **Nikros* zurückgeführt, das mit *r*-Suffix von der Schwundstufe des idg. Verbs **neik-* 'sich erheben' abgeleitete Verbaladjektiv (idg. **nik-ró-s*) mit der verm. Bedeutung 'der vorwärts drängende/sich erhebende (Fluss)'. Das Gw. bezieht sich auf die Mündung der Elsenz in den Neckar. IV. Necker (zur Thur, CH); Gemünd an der Our, Eifelkreis Bitburg-Prüm, RP; ↗ Gemünden am Main, Lkr. Main-Spessart, BY; Schwäbisch Gmünd, Ostalbkr., BW; Gmünd, NÖ, A. V. Krahe; Greule, DGNB. *AG*

Neckargerach-Waldbrunn I. GVV im Neckar-Odenwald-Kreis, 9365 Ew., ca. 8 km nw Mosbach, beidseits des Neckars, im Hinteren und im Kleinen Odenwald gelegen, Reg.-Bez. Karlsruhe, BW. Der GVV Neckargerach-Waldbrunn wurde am 1. Januar 1975 im Zuge der baden-württembergischen Gemeindereform aus den Gem. Binau, Neckargerach, Waldbrunn und Zwingenberg gebildet. Luftkurort, Minneburg, Schlösser Binau und Zwingenberg, Burg Dauchstein, Limes, Hindenburg-Turm. II. 976 (Kop. um 1150) *Geraha*; *Neckargerach-Waldbrunn* (1975). III. *Neckargerach* ist eine Zuss. aus dem GwN *Neckar* (lat. *Nicer*, 765 Kop. 12. Jh. *Neckar*, aus idg. **Nikros* zu **neik-* 'sich erheben') und dem GwN *Gerach*; *Waldbrunn* ist eine Neubildung aus den Bestandteilen *Wald* (in *Waldkatzenbach*) und *-brunn* in *Schollbrunn*. V. Greule, DGNB; Krieger; LBW 2 und 5. *JR*

Neckarsulm I. Große Kreisstadt (seit 1973) und gleichnamige VVG im Lkr. Heilbronn, Reg.-Bez. Stuttgart, 35 881 Ew., an der Mündung der Sulm in den Neckar, an der Nordgrenze der Stadt Heilbronn, BW. Im MA zunächst in staufischem Besitz, 1300 Stadtrecht, im 14. Jh. zum Erzstift Mainz. Vom 15. bis 18. Jh. im Besitz des Deutschen Ritterordens. 19. Jh. Gründung einer der ältesten Weinbaugenossenschaften, 2. Hälfte 19. Jh. beginnende Industrialisierung, seit Beginn des 20. Jh. Fahrzeugbau (NSU, später AUDI). 1925 Anschluss an den Neckarkanal,. II. 8. Jh. *Sulmana*, 1212 *Sulmo*, 1248 *Sulmen*, 1297 *Sulme*, 1322 *Neckersulm*. III. Kompositum 'Sulm am Neckar', Bw. FluN *Neckar* ↗ *Neckargemünd*. Das Gw. *Sulm* ist identisch mit dem Namen der Sulm, der früh nur im Landschaftsnamen 771 *Sulman*[*achgowe*] belegt ist. Zugrunde liegt germ. **swul-man-* 'Wasserschwall', von der Schwundstufe des Verbs germ. **swella-* 'schwellen' abgeleitet und zum fem. FluN *Sulmana* umgebildet. IV. Sülm, Lkr. Bitburg-Prüm, RP; Soumagne (< *Solmania*), Wallonien, B. V. Krahe, H.: Der Ortsname *Sulmo* und seine Verwandten. In: BNF 1 (1949/50); Greule, DGNB. *AG*

Neckartenzlingen I. Gem. und gleichnamiger GVV im Lkr. Esslingen, 18 564 Ew., ca. 18 km ssw Esslingen, im Keupertal des Neckars und auf den Liashochflächen des Mittleren Albvorlands an der Erms gelegen, Reg.-Bez. Stuttgart, BW. Der GVV wurde im Zuge der Gebietsreform am 1. Januar 1972 aus den Gem. Altdorf, Altenriet, Bempflingen, Neckartailfingen, Neckartenzlingen und Schlaitdorf gebildet. Ehemals Spinnerei, Stubensandsteinbrüche, Bempflinger Mühle, Martinskirche. II. (Kop. 12. Jh., Kop. 16. Jh.) *Tuntzlingen*, *Tůntzlingen*, 1295 *Tunzelingen* [*Or*], 1536 *Dintzlingen* [*Or*]. III. *Tenzlingen* ist zurückzuführen auf eine ↗ *-ing*(*en*)-Ableitung zu dem ahd. PN *Tunzilo*, der Name bedeutet 'bei den Leuten des Tunzilo'. Der Stammvokal *-u-* wurde umgelautet und zeigt die Schreibungen <*u*>, <*ů*> und <*i*> Die heutige Form zeigt Senkung und Entrundung von *ü* zu *e*. Das Gw. *Neckar-* dient zur Unterscheidung von ↗ Denzlingen, Lkr. Emmendingen, BW. Als größter Ort des GVV wurde *Neckartenzlingen* auch Name des Verbandes. V. Reichardt 1982a; Haubrichs 2004; LBW 2 und 3. *JR*

Neidenburg // Nidzica [ɲidʑitsa] I. Kreisstadt im gleichnamigen Lkr., seit 1999 in der Woi. Warmińsko-Mazurskie (Ermland-Masuren), 14 603 Ew., PL. In der Masurischen Seenplatte, an der Neide // Nida. Erste Wallanlage wurde 1266–1268 vom Deutschen Orden angelegt, 1381 Stadtrecht, nach dem Thorner Frieden verblieb die Stadt beim Deutschen Orden. Der offizielle ON war bis 1945 *Neidenburg*. 1945 zu Polen, 1975–1998 Woi. Olsztyn (Allenstein).

II. 1381 *Nydinburg*, 1389 in *Nidemburg*, 1417 *Nyedbork*, 1886 *Nibork, Nidbork* oder *Niedzbork*; d. *Neidenburg*; 1945 *Nidzica*. **III.** Der d. ON entstand aus dem germanisierten poln. FluN *Nida*, d. *Neide* (diese aus apreuß. Stamm *neid-/nid-* 'fließen'), und dem Gw. ↗*-burg*. Die polon. Formen auf *Ni-* zeugen vom Vokalismus *i/ie* im FluN vor der Diphth. Der Ausgangspunkt für die Übertragung ins Poln. war der erste Teil des Namens: *Neid-*, poln. *Nid-*, zu dem das Suffix *-ica* (↗*-itz*) gegeben wurde. **V.** Czopek-Kopciuch; Przybytek; RymNmiast. *IM*

Neisse // Nysa ['nisa] **I.** Kreisstadt und gleichnamige VG in der Woi. Opole, 59 326 Ew., am Fuße der Sudeten, an der Glatzer Neiße, PL. Hauptort des Fürstbistums Neisse und fürstbischöfliche Residenz (1290–1810), 1223 als Stadt erwähnt; wegen der vielen Kirchen und Klöster „das schlesische Rom" genannt. Bis 1945 Kreisstadt (Stadtkreis 1911–1945) im Reg.-Bez. Oppeln, 37 859 Ew. (1939). Früher Maschinen- und Automobilindustrie, h. Nahrungsmittelindustrie; Staatliche Fachhochschule (5000 Studenten). **II.** 1018 *provinciam Nice*, 1201 *Nissa*, 1217 *Niza*, 1223 *Niza, Nysza*, 1226 *Nysa*, 1420 *Neysse*. **III.** Der Ort erhielt seinen Namen vom vorbeiströmenden Fluss, der 981 als *flumen nomine Nizam* erwähnt wurde. *Nisa* geht wohl zurück auf eine *-s-* Bildung zu idg. **neid-* 'fließen, strömen', die dann zu *Nisa* slawisiert und später eingedeutscht wurde (**Neid-sa* > *Nisa* > *Neisse*). Bei Festlegung des amtlichen poln. ON 1946 knüpfte man an die poln. mda. Form *Nysa* an, die unter dem Einfluss der d. Dialekte im 13. Jh. entstanden ist. **IV.** *Nysa Kłodzka* // *Glatzer Neiße*, *Nysa Łużycka* // *Lausitzer* oder *Görlitzer Neiße*, Nebenflüsse der Oder, *Nysa Szalona* // *Wütende Neiße*, Nebenfluss der Katzbach // *Kaczawa*, alle PL. **V.** SNGŚl; Rymut NMP; Babik, Z.: Najstarsza warstwa nazewnicza na ziemiach polskich. Kraków 2001; Udolph 1990. *MCh*

Nejdek ↗*Neudek*

Neman [Неман] ↗*Ragnit*

Nenndorf **I.** Samtgem. im Lkr. Schaumburg, 16 964 Ew., n des Deisters, Reg.-Bez. Hannover (bis Ende 2004), NI. Lage am Hellweg, 10./11. Jh. Kloster Fulda besitzt zwei Hufen, Lehen der Herzöge von Sachsen, 1311 schaumburgischer Besitz, seit 1546 Schwefelquelle bezeugt, 1647 zu Hessen-Kassel, 1787 Gründung des Heilbades durch Landgraf Wilhelm IX., 1806 Sommerresidenz (Schlösschen) des Kurfürsten Wilhelm I., Erweiterung der Kuranlagen durch König Jerôme von Westfalen, der Zusatz *Bad* ist seit 1843 in Gebrauch, 1866 königlich preuß. Staatsbad, 1974 Zusammenschluss von Bad Nenndorf mit Horsten, Riepen und Waltringhausen, 2000 Stadtrechte. **II.** 973/1059 *Niendorf* (Kop. 12. Jh.), 1182 *Nenthorp [Or]*. **III.** Bildung mit dem Gw. ↗*-dorf* und dem flektierten Adj. asä. *niuwi*, mnd. *nīe* 'neu', also 'im, zum neuen Dorf'. Die moderne Form des Bw. entwickelte sich über die Senkung von *-ī-* zu *-ē-* und dessen Kürzung, die die Gemination von *-n-* bewirkte. **IV.** *Nenndorf* in den Lkr. Wittmund, Emsland, Harburg, Diepholz; *Nendorf*, Lkr. Nienburg (Weser), alle NI. **V.** HHS 2; Laur, Schaumburg; GOV Schaumburg. *FM*

Neresheim **I.** Stadt im Ostalbkreis, 8 079 Ew., ca. 20 km osö Aalen, in der tektonischen Senkungszone des Inneren Härtsfelds gelegen, Reg.-Bez. Stuttgart, BW. Anlage der Stadt vor 1350, Grundherr war das Kloster, 1806 an Bayern, 1810 an Württemberg. Metallverarbeitende Betriebe, Samariterstiftung, Abtei Neresheim, Schloss Taxis, Burg Katzenstein, Kapfenburg, Ruinen Hoch- und Niederhaus. **II.** 1095 (Kop. 18. Jh.) *Nernisheim, Nerensheim*, um 1150/60 (zu 1095) *Nernistheim*, 1125 *Nerishein [Or]*, 1194 (Kop. 1730) *Neresheim*. **III.** Der ON geht auf eine ↗*-heim*-Ableitung zu dem ahd. PN **Nerin* zurück und bedeutet 'Siedlung des Nerin'. **Nerenes-heim* hat sich durch Synkope eines der schwachtonigen *-e-* der Mittelsilben zu *Nernesheim/Nernisheim* und *Nerensheim* entwickelt, wovon sich die letztere Form durchgesetzt und durch mundartlichen *n-*Ausfall zu heutigem *Neresheim* geworden ist. Einzelne Formen zeigen *-t-* als Sprosskonsonanten, zudem schwankt die Umsetzung des Bw. *-heim* im Westoberdeutschen. **V.** Reichardt 1999; Haubrichs 2004; Kleiber 2000; LBW 4. *JR*

Nersingen **I.** Gem. im Lkr. Neu-Ulm, 9 239 Ew., an Donau und Roth ö von Ulm, Reg.-Bez. Schwaben, BY. Alem. Besiedlung im 7. Jh., im 12.–14. Jh. Siedlungszusammenschluss, 1970 Zusammenlegung mit der Gem, Leibi, 1978 Eingliederung der Gemeinden Oberfahlheim, Straß und Unterfahlheim. **II.** 1143 *Norsingen [Or]*, 1191 *Norsingen*, 1581 *Nörsingen, Nersingen*. **III.** Der Name ist verm. auf den zu erschließenden Rufnamen **Norso* zurückzuführen, der durch das Gruppenzugehörigkeitssuffix ↗*-ingen* abgeleitet wurde ('die Leute des Norso'). Erst später wird der mit *-ingen* abgeleitete Insassenname auch als Siedlungsname verwendet ('Siedlung bei den Leuten des Norso'). Dass der Übergang von *-o-* > *-ö-* zumindest in der Schreibung im 15. Jh. noch nicht abgeschlossen ist, zeigt eine Marginalie zum Beleg von 1191. **V.** Matzke, J.: Zur Siedlungsgeschichte des Landkreises Neu-Ulm. In: Konrad, A. H. (Hg.): Zwischen Donau und Iller. Der Landkreis Neu-Ulm in Geschichte und Kunst. Weißenhorn 1972. *JCF*

Netphen [ˈnɛtʃən] **I.** Stadt im Kr. Siegen-Wittgenstein, 24 349 Ew., an der Mündung der Sieg in die Netphe nö von Siegen, Reg.-Bez. Arnsberg, NRW. Wahrscheinlich einer der frühesten Pfarrorte des Siegerlandes, 14. Jh. Gericht und Amt, bis Mitte des 19. Jh. wichtiger Köhlereiort, Metallindustrie. **II.** 1239 *de Nepphe [Or]*, 1257 *Netphe*, 1417–19 *tzu den cwen Netzphen*. **III.** Der ON ist mit dem Gw. ↗ *-apa* gebildet und beruht auf dem GwN. Der Anlaut des Gw. wurde vor Einsetzen der Überlieferung synkopiert. Bereits 1417/19 werden die Siedlungsteile Obernetphen und Niedernetphen voneinander unterschieden ('zu den zwei Netphen'). Der Plural des ON, der sich erst seit dem 16. Jh. durchsetzt, dürfte auf dieser Unterscheidung beruhen. Das Bw. kann mit germ. **nat-* (in ahd. *naz* 'nass', mhd. *nezzen*, mnd. *netten* 'benetzen') verbunden werden, wenn ein Bw. mit Umlaut bewirkendem *-j-*Suffix (etwa **Nat-jō*) vorausgesetzt wird (Dittmaier), wie es für den GwN *Nette* angenommen werden kann. In diesem Falle wäre die Erweiterung mit *-apa* erst sekundär angetreten. Da es dafür Beispiele mit anderen Suffixen gibt, ist diese Deutung wahrscheinlicher als eine sprachlich ebenfalls denkbare Bildung mit germ. **nat-ja* 'Netz' (in ahd. *nezzi*, asä. *net(ti)* 'Netz'). Gelegentlich auftretende Formen mit *Netz-* sind als Analogien zum Hd. zu erklären (mnd. *nette*/mhd. *nezze* 'Netz') und setzen sich nicht durch. **V.** Dittmaier 1955; Seelmann, W.: Die ältesten Flußnamen des Harzes. In: Zeitschrift für Ortsnamenforschung 11 (1935). *Flö*

Nettersheim **I.** Gem. im Kreis Euskirchen, 7 843 Ew., in der Nordeifel an der Urft sw Bad Münstereifel, Reg.-Bez. Köln, NRW. Ausgangspunkt der röm. Wasserleitung nach Köln in altbesiedeltem Gebiet (römerzeitliche und fränk. archäologische Fundstellen), territorial zum Amt Münstereifel im Hztm. Jülich gehörig. **II.** 867 (Kop. 10. Jh.) *in villa Nefresheim* [recte *Neftres-*], 1394 *Neichtersheym [Or]*, 1420 *Nechtersheim*. **III.** Bw. des Kompositums ist ein zweigliedriger germ. PN **Nift-hari*, **Nift-heri* oder *Nift-hard*, 'Siedlung des Nifthari'. Die späteren Belege zeigen den im NW der Germania geläufigen Wechsel von *-ft-* zu *-cht-* (vgl. nhd. *Nichte*), nachfolgend den mfr. Ausfall des Frikativs vor Dental. Das Gw. ist mda. im Nebenton abgeschwächt [-ʃəm]: [nˈɛːdɐʃəm]. Gw. ist ↗ *-heim*. **V.** MGH DD Karolinorum III; HHS Bd. 3; Dittmaier 1979. *Ne*

Nettetal **I.** Stadt im Kr. Viersen, 42 250 Ew., Reg.-Bez. Düsseldorf, NRW. 1970 durch Zusammenschluss mehrerer Orte gebildet und nach dem Fluss Nette benannt. **II.** 1322 *der Netten* (Dat.) *[Or]*. **III.** Der FluN gehört zu germ. **nat-a-* 'nass', weitergebildet mit *-j-*Suffix, das die Gemination und den Umlaut bewirkt hat (wie mnd. *nette* 'Harn'), bzw. zu dem vorausliegenden voreinzelspr. **ned-/nod-* 'nass'. Die neuzeitliche Bildung des ON durch Zuss. mit ↗ *-tal* folgt Mustern wie ↗ *Wuppertal*, ↗ *Schwalmtal*. Der Typ nd. *Nette*, hd. *Netze* ist in FluN häufig belegt (Krahe; FO 2). **V.** HHS 3; Krahe, H.: *Nette/Netze* und Unverwandtes. In: BNF 7 (1956); Kaufmann 1973. *Tie*

Neu(en)-. Die Neugründung eines Ortes neben einem bereits bestehenden gleichen Namens erforderte eine nähere Kennzeichnung. Außer dem einfachen unterscheidenden Zusatz *Neu-* (↗*Neuwied*, Lkr. Neuwied, RP) begegnet die Dat.-Sg.-Form *Neuen-* (↗*Bad Neuenahr-Ahrweiler*, Lkr. Ahrweiler, RP), in HE und TH auch in der dial. Form *Nau(en)-* (↗*Bad Nauheim*, Wetteraukreis, HE; ↗*Naumburg* (Saale), Burgenlandkreis, ST). Bei der Unterscheidung *Alt(en)-*: *Neu(en)-* wird öfter nur einer der Namen entsprechend gekennzeichnet (↗*Münster*, NRW: ↗*Neumünster*, SH). ↗*Alten-*. Literatur: Kaufmann 1958; Debus / Schmitz, H.-G. *FD*

Neu Wulmstorf **I.** Gem. im Lkr. Harburg, 20 557 Ew., Reg.-Bez. Lüneburg (bis Ende 2004), NI. Die 1835 gegr. Siedlung Neu-Wulmstorf wurde im 20. Jh. namengebend für den Zusammenschluss der Dörfer Rübke, Wulmstorf, Daerstorf, Elstorf, Ardestorf, Bachheide, Schwiederstorf, Rade, Mienenbüttel und Ohlenbüttel. **II.** 1197 *Vulmersdorpe [Or]*, um 1300 *Wolmerstorpe* [Kop. 15. Jh.], 1450–51 *Wulmerstorppe*; *Wulmstorf* (1791). **III.** Bildung mit dem Gw. ↗ *-dorf* und dem stark flektierenden PN *Wolmar* im Gen. Sg. als Bw. Vor *-l-*Verbindung erscheint *-o-* auch als *-u-*, das bis h. erhalten bleibt. Im 17./18. Jh. schwindet das *-er-* des PN-Zweitelementes, begünstigt durch die vokalische Aussprache des *-r-*. Nach stl. *-s-* wird der Anlaut des Gw. ebenfalls stl. Deutung also: 'Siedlung des Wolmar'. *KC*

Neu-Anspach **I.** Stadt im Hochtaunuskreis, 14 913 Ew., n des ö Taunuskamms im oberen Usatal, Reg.-Bez. Darmstadt, HE. Im Hochma. im Besitz der Grafen von Diez, Ersterwähnung 1274, seit dem 16. Jh. im Amt Wehrheim unter Zweiherrschaft von Kurtrier und Nassau-Dillenburg, 1803/06 zum Hztm. Nassau, 1866 zu Preußen, 1945 zu Hessen. 1970 Zusammenschluss mit 2 Nachbargem. (1972 einer weiteren) zu Neu-Anspach; Stadt seit 2007. **II.** 1274 *Anspach [Or]*. **III.** Der dem ON zugrundeliegende FluN könnte – so eine nicht näher erläuterte Vermutung Bachs – im Bw. einen PN enthalten. Dann kämen am ehesten ahd. *Arnd* oder *Arn* (im Gen. mit *-(e)s*), die KF z.B. von *Arnold* (< *Arnwald*, zu ahd. *arn* 'Adler' und *waltan* 'gebieten') in Frage, wobei Kontraktion erfolgt wäre, u.a. durch den (häufig vorkommenden) Ausfall des *-r-* nach Vokal und vor Konsonant und ggf.

Konsonanzerleichterung -nds- > -ns-. Ein Zusammenhang mit dem Namen des Arnsbaches (mda: Ohns-, Ohnschbach!), der ganz in der Nähe die h. zu Neu-Anspach gehörige (und danach benannte) Gem. (Hausen-) Arnsbach durchfließt, drängt sich auf, doch erscheint Arnsbach in spätma. Überlieferung noch als Sarmsbach (< [in]s Arnsbach?). Zu -p- ⁊ Butzbach, HE, Gw.: ⁊ -bach. **IV.** ⁊ Arnsberg, Hochsauerlandkreis, NRW. **V.** Sauer; Bach DNK; Bach, A.: Die SiN des Taunusgebiets. Bonn 1927. Kehrein, J.: Nassauisches Namenbuch. Wiesbaden 1970. HGS

Neubiberg **I.** Gem. im Lkr. München, 14 216 Ew., Reg.-Bez. Oberbayern, BY. Der Erstbeleg des Siedlungsnamens lässt sich nicht genau datieren; im Kataster von 1860 findet sich als spätere Eintragung der Name Neubiberg. Dieser war zwar schon in Gebrauch, aber noch nicht amtlich. Der amtliche Gebrauch erfolgte seit entsprechender königlicher Verfügung ab 12. 9. 1903. **II.** 1904 Neubiberg (neugenehmigte Ortsbezeichnung). **III.** Der ON lehnt sich an den früher undifferenzierten Namen des nahegelegenen Kirchdorfs Unterbiberg an, der 1034–1041 als Pipurk ... Pipurg, 1517 als Biberg und 1832 als Unterbiberg bezeugt ist. Es lässt sich dafür ahd. *pipurc 'Umwallung', und zwar aus got. bibaurgeinais 'außerhalb des Lagers', erschließen. Die Differenzierung mittels des Adjektivs ⁊ Neu- weist auf das junge Alter des Ortes. **V.** Reitzenstein 2006. WvR

Neubrandenburg **I.** Kreisfreie Stadt, 65 879 Ew., am Tollensesee, ca. 30 km n von Neustrelitz, MV. 1170 Gründung eines Klosters im h. OT Broda, 1248 Gründung der Stadt aufgrund eines Stiftungsbriefes von Johann I., Mgf. von Brandenburg; ma. Stadtmauer mit vier Toren sowie über 50 (gut erhaltenen) Wiekhäusern, ab 1292 zu Mecklenburg, im 14./15. Jh. Hauptresidenz der Herzöge von Mecklenburg-Stargard, später zu Mecklenburg-Strelitz; Landwirtschaft, Handel und Handwerk, 1952–1990 Bezirksstadt, seit 1989 Hochschulstandort, drittgrößte Stadt und eines der vier Oberzentren in MV, Wassersport- und Leichtathletikzentrum des Landes, mittelständische Metall verarbeitende Betriebe, Verkehrsanbindung durch Flughafen Neubrandenburg-Trollenhagen. **II.** 1248 Brandenborch Novam, 1309 Nigenbrandenborch, 1315 to Nigen Brandenborch, 1339 Nyenbrandenborg. **III.** Der ON entstand durch Übertragung des Namens ⁊ Brandenburg im Zuge der Besiedlung der Region am Nordufer des Tollensesees durch d. Kolonisten. Neubrandenburg repräsentiert eine polit. gewollte Zuss. aus lat. Novum, mnd. Nigen-, hd. ⁊ Neu(en)-, und dem Namen des Sitzes der askanischen Markgrafen von Brandenburg. Der ON Brandenburg (948 Brendanburg) ist bisher noch nicht eindeutig zu klären. Sowohl die Versuche, ihn slaw. zu deuten, als auch die Verbindung des ON mit dem Heiligennamen Brendan sind umstritten. Eichler/Mühlner favorisieren eine d. Herkunft des ersten Namenbestandteils, etwa eine nd. Form für brennen. Zumindest in späteren Zeiten wurde dann 'Brand' eingedeutet. Wauer (⁊ Brandenburg) spricht sich gegen Versuche aus, einen nicht erhaltenen idg. GwN zur Deutung heranzuziehen. Der zweite Teil des übertragenen ON ist eingedeutet oder urspr. ⁊ -burg. Der Name des älteren Klosters Broda (1230 Brode, 1170 Brude) geht auf ein aslaw. App. *broda 'Furt' zurück. **IV.** ⁊ Brandenburg, BB. **V.** HHS, Bd. 12; MUB I, VI; Trautmann ON Meckl.; Eichler/Mühlner. MN

Neuburg a. d. Donau **I.** Große Kreisstadt im Lkr. Neuburg-Schrobenhausen, 28 136 Ew., Sitz der Kreisverwaltung, Reg.-Bez. Oberbayern, BY. Im 8. Jh. Bischofssitz, ca. 1002 Gründung eines Benediktinerinnenklosters, ca. 1214 Besitz der Pappenheimer, 1247 Übergang an die Wittelsbacher, Residenz der „Jungen Pfalz", 1808 Militärgarnison, nach dem 2. Weltkrieg Ansiedlung von Industrie. **II.** Bei dem angenommenen Erstbeleg von ca. 700 (Kopie des 13./14. Jh.) Nova wird sinngemäß lateinisch *civitas ergänzt, sodass man ihn mit 'neue Stadt' übersetzen könnte.798 (Kop. von 870–877) ecclesie Nivuinburcgensis, 916 Niuuunburg, 1007 Niuenburc, 1012–1018 ad civitatem suam, quae Nova vocatur bzw. ad Novam urbem, ca. 1064/65 (Kop. des 13. Jh.) Nurenberc super Danubium, 1171 Noui castri, 1189 Nuenburg super Danubium, 1321 Newmburk, 1405 in castello seu oppido Newburg, 1488 (Kop. von 1490) Nwburg im Oberlande, 1488 (Kop. des 16. Jh.) bei teutscher Neapolis, Newburg, 1520 Neuburg an der Dona, 1519–1521 in ripa Danubii Neoburgium, 1579 Neuburg, 1584 Neuburg an der Donau. **III.** Grundwort des urspr. Burgnamens ist ahd. -burc, ⁊ -burg, 'Burg, Stadt, befestigter Ort, mit Mauern umgebene Ansiedlung', Bestimmungswort das Adj. niuwe 'neu'. Der Name erklärt sich als 'neue Burg', hier im Gegensatz zur 2 km w gelegenen Alten Burg, dem urspr. Sitz der Reichsburggrafen. **V.** HHS 7/1; Reitzenstein 2006. WvR

Neudek // Nejdek ['nɛjdɛk] **I.** Stadt im Kr. Karlovy Vary, 8 498 Ew., in Nordwestböhmen, Bezirk Karlovy Vary (Karlovarský kraj), CZ. Burg und das Suburbium wurden im 13. Jh. von d. Kolonisten gegründet. 1340 Bergbaustadt. Zinn-, Silber- und Eisenbergbau verloren im Dreißigjährigen Krieg an Bedeutung. Das Schloss wurde mehrmals umgebaut. Im 18.–19. Jh. Metall- und Textilindustrie (bes. Spitzenerzeugung). **II.** 1340 Neydek [Or]; 1369 Naydek [Or]; 1847 Neudeck, tschech. Negdek (lies Nejdek). **III.** Der ON ist ein Namenkompositum: mhd. nît, -des (> Neid) 'Zorn, Neid' + mhd. -ecke

'(Speer)spitze, Schärfe, Ecke'. Urspr. ist er ein BurgN, der eine metaphorische Bez. einer 'uneinnehmbaren Burg' ist. Später und seltener sind die so benannten Objekte Schlösser, Höfe, Einsiedeleien (bes. in Rodungsgebieten) u.Ä. Aufgrund der dial. Änderung -eu- > -ai- wird im ON 'Neid' oft mit 'neu' verwechselt. **IV.** In Bayern, Österreich und in den von D. kolonisierten Ostgebieten kommt *Neudek* mehr als 30 Mal vor. Im Tschech. *Nejdek, Nýdek*, auch FlN *Nýtperk*. **V.** Pf III; LŠ; HSBM. *RŠ*

Neuenahr-Ahrweiler, Bad **I.** Verbandsfreie Kreisstadt im Lkr. Ahrweiler, 27 427 Ew., w des Rheins und n der Voreifel, unweit der Grenze zu NRW an der Ahr, RP. Ahrweiler bis 1803 zum Kloster Prüm. Mitte des 13. Jh. Errichtung der Burg Neuenahr durch die Grafen von Are-Nürburg. 1246 kam Neuenahr an den Ebf. von Köln, 1248 Bestätigung der Stadtrechte. 1685 kurpfälzisch, von 1797 bis 1803 franz. Seit 1815 waren beide Städte Teil der preuß. Rheinprovinz und Ahrweiler Hauptstadt des gleichnamigen Lkr. Seit Mitte 19. Jh. ist Neuenahr Heilbad. 1969 Zusammenschluss der beiden Städte und mehrerer Gem. zur neuen Hauptstadt des Lkr. Ahrweiler. Katastrophenschutzschule des Bundes sowie seit 2002 Akademie für Krisenmanagement, Notfallplanung und Zivilschutz. **II.** Ahrweiler: 1044 *Arewilere*, 1051 *VVilere*, 1108 *Arwilre*, 1168 *Areuuilre*; Altenahr: 1105 *Ara*, 1112 *Are*; 1927 *Bad Neuenahr*; *Bad Neuenahr-Ahrweiler* (1969). **III.** In dem aus *Neuenahr* und *Ahrweiler* gebildeten Neunamen steckt wie in *Altenahr* der Name des Flusses, die Ahr: 855 (Kop. um 1191) *Are*, 856 (Kop. um 920) *Ara*, 1222 *Arre*; Gauname *Ahrgau*: 880 (Kop.) *in pago Arisco*, 886 (Kop.) *in pago Aroense*, 898 *Aregeuue* ('Gau am Fluss Ara'). Zugrunde liegt der vorgerm. (kelt.?) FluN *Orā, der durch Lautersatz /o/ > /a/ germanisiert wurde. *Orā ist Nomen actionis oder Nomen acti zum Verbstamm idg. **h₃er-* 'sich in (Fort-)Bewegung setzen' (gr. *óros* 'Antrieb', lat. *orior* 'erhebe mich, entstehe', kelt. *-or* in kymrisch *dy-gyff-or* 'Erhebung'). In *Ahrweiler* bildet der FluN das Bw. eines Kompositums mit ↗-weiler. **V.** Krahe; Greule, DGNB. *AG*

Neuenbürg **I.** VVG der Stadt Neuenbürg mit der Nachbargemeinde Engelsbrand, 11 865 Ew., ca. 10 km sw von Pforzheim, an der Enz unterhalb des Schlossbergs (379 m über N.N.), Enzkreis, Reg.-Bez. Karlsruhe, BW. 1975 entstanden durch Eingliederung der Dörfer Arnbach, Dennach und Waldrennach in die Stadt Neuenbürg mit Überresten zweier mittelalterlicher Burgen. Zentrum eines historischen Bergbaureviers (Eisenerzabbau bis ins 19. Jh.). Regionales Gewerbe- und Industriezentrum. Schlossberg mit Schloss Neuenbürg, Besucherbergwerk „Frischglück". **II.** 1272 *de Novo Castro [Or]*, 1272 *Nuwenburc [Or]*, 1289 *Novum Castrum [Or]*, 1385 *zû der Nüwenbürge [Or]*; *Neuenbürg [Or]* (1612–1664). **III.** Der ON ist aus der Stellenbezeichnung mhd. *(*ze/bī der*) *niuwen bürge* 'an/bei der neuen Burg' hervorgegangen und bezieht sich somit auf einen urspr. BurgN. Mhd. *bürge* ist die Dat.-Sg.-Form zu mhd. *burc* 'umschlossener, befestigter Ort; Burg, Schloss, Stadt' (↗-*burg*), die einen Örtlichkeitsbezug im Sinne von 'an/bei der Burg' ausdrückt. Das Adj. mhd. *niuwe* 'neu, jung, frisch' dürfte zur Abgrenzung von der "alten" Vorgängerburg (+ Waldenburg) gewählt worden sein. Der mhd. Langmonophthong -*iu*- (-*ū*-) entwickelt sich zum Nhd. hin regelkonform zum Diphthong -*eu*- (-*oe*-) und zwischenvokalisches -*w*- schwindet. In den Belegen von 1272 und 1289 erscheint der Name ins Lat. übersetzt. **IV.** Neuenbürg, OT von Kraichtal, Reg.-Bez. Karlsruhe, BW, sowie OT von Weisendorf, Reg.-Bez. Mittelfranken, BY. **V.** Hackl; LBW II, V. *StH*

Neuenburg am Rhein **I.** Stadt im Lkr. Breisgau-Hochschwarzwald, 12 042 Ew., ca. 30 km sw Freiburg, in der s Rheinebene und der Rheinniederung, Reg.-Bez. Freiburg, BW. Ca. 1170/80 Errichtung von Burg und Burgweiler durch die Zähringer, 1218 königliche Stadt, 1331 bis 1806 mit Unterbrechung von 1415 bis 1425/27 vorderösterreichisch, 1806 an Baden. Stadtmuseum, Liebfrauenkirche. **II.** 1231 *Novum castrum*, 1238 *Nuwenburg*; *Neuenburg am Rhein* (1975). **III.** Eine Zuss. mit dem Gw. ↗-*burg*; das Bw. ist ahd. *niuwi*, mhd. *niuwe* 'neu', das sich regelmäßig zu *neu* entwickelt. Der häufige ON wird durch *am Rhein* spezifiziert. **IV.** ↗Neuenstadt am Kocher, Lkr. Heilbronn, BW. **V.** LBW 6. *JR*

Neuendettelsau **I.** Gem. im Lkr. Ansbach, 7773 Ew., Reg.-Bez. Mittelfranken, BY. Im 13. Jh. Sitz der Reichsministerialen von Vestenberg und später von anderen Adelsgeschlechtern, 1853/54 Gründung einer Diakonissenanstalt, Kirchliche Hochschule. **II.** 1298 *in castro Tetelsa*, 1307 *Tetelsawe … Tetelsawe apud Winsbach*, 1321/22 *Altentetelsauwe, Nuwentetelsauwe*, 1380 *Detelsawe*, 1397 *Tetelsaw*, 1453 *Tettelsau*, 1504 *Tettelsaw … Alten Tettelsau*, 1528 *Tetelsau, Detelsau*, 1691 *Neuen Tettelsau*, 1698 *Neuendetdlsaw*, 1712–1741 *Altendettelsau … Neuendettelsau*. **III.** Grundwort des urspr. Flurnamens ist mhd. *ouwe, owe*, ↗-*au*, 'von Wasser umflossenes Land, wasserreiches Wiesenland', Bestimmungswort der PN *Tatili, Detel*. Der Zusatz mittels *niuwe* 'neu' soll vom Dorf Altendettelsau im selben Landkreis unterscheiden. **V.** HHS 7/2; Reitzenstein 2009. *WvR*

Neuenhagen bei Berlin **I.** Gem. im Lkr. Märkisch-Oderland, 16 690 Ew., ö Berlin, BB. Wahrscheinlich war Neuenhagen im Besitz des Klosters Lehnin (entweder als Teil der urspr. Schenkung von

Mgf. Albert II. oder als spätere Erweiterung). Im Ort ma. Feldsteinkirche (Ende des 19. Jh. stark verändert), Rathaus (Klinkerbau 1925/26). Zeitweise lebte und wirkte hier Hans Fallada. **II.** 1367 *nyenhoue [Or]*, 1459 *Nienhage*, 1704 *Neuenhoff oder Neuenhagen*; *Neuenhagen* (1861). **III.** Eine Zuss. aus mnd. *nie, nieg(g)e* 'neu' mit dem Gw. ↗ *-hofen* 'Gebäude oder Gebäudeanlage, die den Zwecken einer Gemeinschaft dient', also eine 'neue Ansiedlung zum Hofe'. Der Zusatz *Neu-* setzt wahrscheinlich einen alten Hof voraus, mit dem die Grangie des Klosters Lehnin, Münchehofe, gemeint sein kann. Seit Mitte des 15. Jh. wechselt das Gw. *-hove* mit ↗ *-hagen*, was sich durch den mnd. Zusammenfall von *-hagen* und *-hove* erklären lässt. **V.** Riedel A XII, VIII; Boeckh; BNB 5. *EF*

Neuenhaus **I.** Stadt und gleichnamige Samtgemeinde im Lkr. Grafschaft Bentheim, 13 927 Ew., 10 km nw Nordhorn, NI. Gründung der Bentheimer Grafen von 1317 zur Sicherung der Handelsstraße zwischen Münster und Amsterdam unter dem Namen *Dinkelrode*. Der Name bezieht sich auf den Fluss Dinkel, der hier in die Vechte mündet; 1328 ist die Burg als *Et nye Hus* erwähnt; 1369 Verleihung der Stadtrechte durch den Gründer, Graf Bernd I. von Bentheim. Im MA waren Landwirtschaft und Verkehr prägend, zur Zeit der Industrialisierung siedelten sich eine Seifenfabrik, Mühlen und Gerbereien an. **II.** 1369 *Nyenhuß*, 1457 *Nyenhueß*. **III.** Es liegt ein Kompositum aus dem mnd. Wort *nie, nige, nigge* 'neu' und mnd. *hūs* 'Haus' (↗ *-hausen*) vor. Die Benennung bezieht sich auf die Errichtung der Burg durch den Bentheimer Grafen im Gegensatz zum Schloss im nahegelegenen Bentheim. **IV.** Neuhaus, OT von Holzminden, Lkr. Holzminden, NI. **V.** HHS 2; Nds. Städtebuch. *MM*

Neuenhof mda. [ˈnœjəˈhoːf] **I.** Gem. im Bezirk Baden, 7911 Ew., in einem Knie der Limmat, AG, CH. Nach 1241 erwähnt als *grangia* 'Klosterhof' des Zisterzienserklosters Maris stella in Wettingen, ab 14. Jh. Entwicklung zum Dorf. 1415 gemeine Herrschaft der Eidgenossen, 1803 zum Kanton Aargau. Kunststoff und Leichtmetallverarbeitung. Drei Viertel der Bewohner arbeiten in den Regionen Baden und Zürich. **II.** 1393 *dem nuiwen Hof [Or]*, um 1488 *zu Nüwenhof*. **III.** Primärer SiN, gebildet aus der Adjektiv-Substantiv-Verbindung mhd. **ze dem niuwen hove* 'beim neuerschlossenen Gehöft'. **V.** Schweiz. Lex.; Zehnder, Gemeindenamen Aargau; LSG. *RMK*

Neuenkirchen **I.** Gem. im Kr. Steinfurt, 13 984 Ew., sw Rheine, Reg.-Bez. Münster, NRW. Im MA Kirchdorf im FBtm. Münster, 1803 Fürstentum Rheina-Wolbeck, 1806 Ghztm. Berg, 1814 preußisch, im 18. Jh. kurzfristiger Aufschwung durch einen Hafen des Max-Clemens-Kanals, Textilindustrie. **II.** 1178 *Snethwinchele [Or]*, 1249 *in parochia Snetwinclo*, 1269 *Nienkerken*, 1292 *in parochia Nove ecclesie*. **III.** Es liegt ein totaler Ortsnamenwechsel vor. Der urspr. ON ist eine Bildung mit dem Gw. asä. *winkil*, mnd. *winkel* 'Winkel, Ecke; Flurstück' und dem mnd. *snēde* 'Schnitt; Grenzscheide, Flurgrenze', womit urspr. ein Flurstück an einem nicht näher identifizierbaren 'Schnitt- oder Grenzpunkt' bezeichnet worden ist. Zunächst ist dieser FlN auf die Siedlung übertragen worden. Die Gründung einer neuen Pfarrei von Rheine aus hat dann den Namenwechsel zur Pfarrei 'der neuen Kirche' bewirkt. Der heutige Name ist also die Zusammenrückung eines Syntagmas aus dem mnd. Adj. *nie* 'neu', ↗ *Neu(en)-*, und mnd. *kerke* 'Kirche', ↗ *-kirchen*, flektiert im Dat. Sg. Der ON tritt auch in einer lat. flektierten Form als *Nove ecclesie* auf. **IV.** ↗ Neuenkirchen-Vörden, Lkr. Vechta, NI. **V.** WfUB II, III; Osnabrücker Urkundenbuch III. *kors*

Neuenkirchen **I.** Gem. und gleichnamige Samtgem. im Lkr. Osnabrück, 10 368 Ew., Reg.-Bez. Weser-Ems (bis Ende 2004), NI. Kirchdorf, das erst im 20. Jh. deutlich anwuchs; 1556–1807 und 1814–1852 Vogtei des Amtes Fürstenau. **II.** 1188 *Nyenkerken [Or]*, 1402 *Nigenkerken*, 1548 *Neuwenkirchen*; *Neuenkirchen* (1650). **III.** Bildung mit dem Gw. ↗ *-kirchen* und dem flektierten Adj. mnd. *nīe* 'neu'. Sowohl Bw. wie Gw. erscheinen zunächst in nd., seit dem 16. Jh. dann in hd. Form. **IV.** ↗ Neuenkirchen-Vörden, Lkr. Vechta, NI; ↗ Neuenkirchen, Kr. Steinfurt, NRW. **V.** GOV Osnabrück II. *KC*

Neuenkirchen-Vörden **I.** Gem. im Lkr. Vechta, 8 010 Ew., Reg.-Bez. Weser-Ems (bis Ende 2004), NI. Im Dorf Neuenkirchen Errichtung einer Kirche zu Beginn des 13. Jh.; Erbauung der Burg Vörden verm. um 1365 durch Bf. Benno II. von Osnabrück; 1387 planmäßige Stadtanlage in Vörden mit Osnabrücker Stadtrecht; Neuenkirchen gehörte zum Hztm. Oldenburg, Vörden zum Hochstift Osnabrück (bzw. Kgr. Hannover); 1974 Bildung einer gemeinsamen Gem., die den heutigen Namen endgültig seit 1. Oktober 1993 trägt. **II.** Neuenkirchen: 1221 *Nigenkirken [Or]*, 1286 *Nienkercken*; *Neuenkirchen* (1805). Vörden: 1341 *Witten Vorden [Or]*, um 1350 *Worden*, 1515 *Voerden*. **III.** Der Gemeindename besteht aus zwei ehemals selbstständigen Orten. Neuenkirchen ist eine Bildung mit dem Gw. ↗ *-kirchen* und dem flektierten Adj. mnd. *nīe* 'neu', das teils in den Belegen den Hiatustilger *-g-* aufweist. Die Benennung geht auf die Abpfarrung von Damme zurück. Vörden beruht auf dem Simplex asä. *ford*, mnd. *vörde* 'Furt, seichte Stelle im Wasser' im Dat. Pl. Der Erstbeleg zeigt darüber hinaus noch das flektierte Adj. mnd. *wit* 'weiß', das später nicht mehr erscheint. Die Burg ist an der schmalsten Stelle der sumpfigen Aueniederung angelegt worden und diente wohl der Sicherung der Straße von Bramsche nach Damme. **IV.** ↗Neuenkirchen, Lkr. Osnabrück, NI; ↗Neuenkirchen, Kr. Steinfurt, NRW. **V.** HHS 2; GOV Osnabrück II. *UO*

Neuenrade [-rạde] **I.** Stadt im Märkischen Kr., 12 229 Ew., Reg.-Bez. Arnsberg, NRW. Planmäßig gegründete Stadt (vor) 1355 in der Gft. Mark, 1609 Brandenburg(-Preußen), 1803 Ghztm. Berg, 1813 wieder preußisch. **II.** 1353 *castrum de Rode*; 1356 *tho Roede*, 1493 *to NyenRade*. **III.** Im Gw. liegt ↗*-rode* vor, im Bw. das Adj. ↗*Neu(en)-*: 'Neue Rodung'. Das Bw. ist erst später an den urspr. simplizischen Namen herangetreten, um diese Siedlung von einer anderen auf gerodetem Land entstandenen als die später gegründete zu unterscheiden. **IV.** ↗Radevormwald, Oberbergischer Kr., NRW; Rhoden, Lkr. Waldeck-Frankenberg, HE. **V.** MGH SS, Nova Series, Bd. 6 (Die Chronik der Grafen von der Mark von Levold von Northof); Schleidgen, W.-R. (Bearb.): Kleve-Mark Urkunden 1223–1368. Siegburg 1983; Staatsarchiv Düsseldorf, Registrum Causarum Markensium 1333–1600, Band 8, Bl. 129' (Stempel-Paginierung 153'); Westerburg-Frisch, M. (Bearb.): Die ältesten Lehnbücher der Grafen von der Mark. Münster 1967. *schü*

Neuenstadt am Kocher **I.** Stadt und (mit Hardthausen am Kocher und Langenbrettach) gleichnamige VVG im Lkr. Heilbronn, 17 242 Ew., ca. 12 km nö Heilbronn, im Mündungswinkel zwischen Kocher und Brettach, Reg.-Bez. Stuttgart, BW. Um 1320 legten die Herren von Weinsberg die „neue Stadt Helmbund" an, 1450 Verkauf von Stadt und Amt an die Pfalz, 1504 Rückeroberung durch Württemberg, 1618–1781 Residenz der Linie Württemberg-Neuenstadt, bis 1807 Sitz des Oberamtes Neuenstadt, bis 1938 zum Oberamt Neckarsulm, seit 1938 zum Landkreis Heilbronn gehörig. Schloss Neuenstadt, Nikolauskirche, Lindenanlage, Kirchenruine Helmbund. **II.** 1325 *newe statt Helmbund*, 1336 *Nuwenstadt*, 1706 *Neuenstadt an der Linde*. **III.** Neuenstadt (Bw. ahd. *niuwi*, mhd. *niuwe* 'neu', Gw. ↗*-stadt*) wurde im 14. Jh. in der Mark der Wüstung *Helmanabiunde* (zu ahd. *biunta*, mhd. *biwende* 'eingezäuntes Grundstück') begründet. Der häufige Name wurde durch verschiedene Zusätze, zuletzt *am Kocher*, präzisiert. **IV.** ↗Neuenburg am Rhein, Lkr. Breisgau-Hochschwarzwald, BW. **V.** Bach DNK 2; LBW 4. *JR*

Neuerburg **I.** Stadt und gleichnamige VG (seit 1970) im Eifelkreis Bitburg-Prüm, 9644 Ew., mit 49 Gem. in der w Eifel zwischen Bitburg und der Grenze zu Luxemburg, RP. Die Herrschaft Neuerburg entstand im 13. Jh. durch Abtrennung von der Grafschaft Vianden. Im späten MA wurde die Herrschaft teilweise an die früheren Amtmänner verkauft. 1332 erhielt der Ort Neuerburg die Stadtrechte. 1794 bis 1814 und erneut nach dem Ersten Weltkrieg zeitweise französisch. Seit 1814 gehörte die Gem. zum Amt Neuerburg im Kgr. Preußen. **II.** 1132 *theodorus de novocastro*, 1178 *Norberch*, 1197 *Nuhenburch*, 1298 *von der Nuwerburgk*. **III.** Das Bw. ist ↗*Neu-*, das im Dat. Sg. Fem. eine *-en*-Endung, im Mittel- und Niederfränkischen jedoch die starke *-er*-Endung hat. Das Gw. ist ↗*-burg*. **IV.** Neuerburg, OT von Wittlich, Lkr. Bernkastel-Wittlich, Schloss Neuerburg an der Wied, bei Waldbreitbach, Lkr. Neuwied, beide RP. **V.** MRR I; Wampach, C.: Urkunden- und Quellenbuch zur Geschichte der altluxemburgischen Territorien bis zur burgundischen Zeit, Bd. 1. Luxemburg 1935; Gysseling 1960/61; Kaufmann 1973. *JMB*

Neufahrn b. Freising **I.** Gem. im Lkr. Freising, 19 006 Ew., Reg.-Bez. Oberbayern, BY. **II.** 804 (Kop. von 824) *in loco nuncupante Niuuiuara*, 816 (Kop. von 824) *Niuuifarom*, 1020–1035 (Kop. des 12. Jh. zum 10. Jahrhundert) *Niuuara*, ca. 1123–1137 *Nivuaren*, 1172–1180 *Neuuaren*, nach 1215 *Neufarn*, 1503 *Newfarn in Crantzperger gericht*, 1811 *Neufahrn bei Kranzberg*, 1888 *Neufahrn (b. Freising)*. **III.** Die Erklärung dieses Namens ist umstritten. Obwohl auch Hans Dachs gute Argumente für seine These 'Straßenscheide' bringt, ist wohl eher der Meinung von Remigius Vollmann zuzustimmen, der den ON als 'Neuankömmlinge innerhalb einer Gemarkung' deutet. Die Lokalisierung bei Kranzberg bzw. Freising dient(e) zur Unterscheidung von gleichnamigen Orten. **V.** Reitzenstein 2006. *WvR*

Neuffen **I.** Stadt und (mit Beuren und Kohlberg) gleichnamige VVG im Lkr. Esslingen, 11 855 Ew., ca. 22 km s Esslingen, in der Steinachbucht im Braunjurahügelland der Neuffen-Vorberge des Mittleren Albvorlands gelegen, Reg.-Bez. Stuttgart, BW. Um 1100 war Neuffen in Besitz des Grafen Manegold von Sulmetingen; Gottfried von Neuffen war um 1220/30 Minnesänger, 1232 Erhebung zur Stadt, 1301 an Württemberg, bis 1807 württembergische Amtsstadt, 1807 bis 1972 zum Landkreis Nürtingen, seither Landkreis Esslingen. Acker-, Obst- und Weinbau, Burgruine Hohenneuffen, Hallstatt- und Latènezeitliche Funde. **II.** 1028 (F.) *Núffen*, 1198 *Nifen* (Fälschung), 12. Jh. (Kop. Anf. 13. Jh.) *Nîphan*, 1206 *Niffen* [Or], 16. Jh. *Nyffen, Neiffen, Neyffen* [Or]. **III.** *Neuffen* gehört als urspr. BergN zu einem nur noch in Namen erhaltenen Wort alem. *nīfen-* m., diphthongiert *Neifen*, gerundet *Neufen*, das auch in alem. FlN vorliegt. Es wird von Albrecht Greule mit rhein. *Niep* 'Erdfalte, worin sich Wasser angesammelt hat' verbunden und auf germ. **hneipa-* 'sich biegen', als Partizip 'herabhängend', zurückgeführt. Der BergN wurde auf die Burg und die dazugehörige Siedlung übertragen. Die von Reichardt vermutete kelt. Herkunft (zur Wurzel idg. *nēik-/nīk-/nik- 'Zank, Streit') ist demgegenüber weniger wahrscheinlich. **V.** Greule, A.: Nochmals zu Neufnach und Neuffen. In: Blätter für oberdeutsche Namenforschung 19 (1982); Greule, DGNB; Reichardt 1982a; LBW 2 und 3. *JR*

Neuhaus am Rennweg **I.** Stadt und Erfüllende Gem. im Lkr. Sonneberg, auf der Kammhöhe im östlichen Thüringer Wald, 6846 Ew., TH. An alter Wegegabelung von Saalfeld nach Eisfeld und Sonneberg; 1668 bis 1673 herrschaftliches Jagdhaus, erbaut bei Ansiedlungen von Kohlern (1607 als *Schmalenbuche* gegr.) und Glasmachern (1624 als *Igelshieb* mit Glashütte aus 16. Jh. gegr.); 1729 Marktrecht; Orte 1923 als *Neuhaus* vereinigt; Industrialisierung seit Ende 19. Jh; 1933 Stadt; im 20. Jh. Elektroindustrie und Mikroelektronik, h. Glasindustrie. **II.** 1673 *das Neue Haus*, 1731 *Neuhauß*, 1740 *Neuhauß*. **III.** Zunächst Name für das neu erbaute gräfliche Herrenhaus. Wurde um 1700 zum ON. Der Zusatz am Rennweg erscheint erst Anfang 20. Jh. zur Unterscheidung von anderen *Neuhaus*-Orten, bes. vom gleichnamigen OT der Gem. Neuhaus-Schierschnitz. *Rennweg* oder *Rennsteig* ist der Höhenweg im Thüringer Wald und Frankenwald zwischen Hörschel bei Eisenach und Blankenstein an der oberen Saale, gebildet wohl zu ahd. mhd. *rennen* 'laufen machen, antreiben, hetzen' neben mhd. *rinnen* 'laufen', genutzt als schmaler Reit- und Eilbotenweg auf dem Gebirgskamm, 1162 *Rinnestich*, 1330 *Rinnestig*. **IV.** Neuhaus-Schierschnitz, Lkr. Sonneberg, TH, 1315 *zu deme Nuwenhuis*, Neuhaus, bei Coburg, BY, 1783 *Neuehaus* u. a. **V.** SNB; Berger; Schindhelm, W.: Die ON des Sonneberger Landes. Rudolstadt und Jena 1998. *KH*

Neuhausen am Rheinfall **I.** Gem. im Bezirk Schaffhausen, 10098 Ew., Industrieort am Rheinfall, Kt. Schaffhausen, CH. Neuhausen war bis ins 19. Jh. ein Bauerndorf. Unterhalb des Rheinfalls beim Schlössli Wörth war der Verladeplatz für die Warentransporte auf dem Rhein. Durch Neuhausen führte der Transportweg auf dem Landweg von und nach Schaffhausen. Mit dem Bau der Eisenbahnlinien Zürich-Schaffhausen (1853) und Winterthur-Schaffhausen (1857) begann die touristische Erschließung des Rheinfalls, gleichzeitig auch Industrialisierung mit der Nutzung der Wasserkraft am Rheinfall: Schweizerische Industriegesellschaft SIG (1853) und erstes Aluminiumwerk der Schweiz (1888), Internationale Verbandstoff-Fabrik Schaffhausen IVF (1909). Mit der fortschreitenden Industrialisierung begann anfangs des 20. Jh. der Niedergang der Hotellerie. **II.** 960 *Niuhusen [Abschrift 15. Jh.]*, 1253 *Niuwenhusin [Or.]*. **III.** Zu *ze den niuwen hûsen*: Adj. *niuwe* + *hûsun*: 'bei den neuen Häusern' (↗-hausen). Der in der Gem. liegende Hof *Hofstetten* ist bereits 870 überliefert, könnte also die alte Siedlung gegenüber der Neusiedlung *Niuwenhûsen* sein. **V.** Walter, G.: Die Orts- und Flurnamen des Kantons Schaffhausen. Schaffhausen 1912; Schaffhauser Mundartwörterbuch. Schaffhausen 2003; LSG. *Ny*

Neuhausen auf den Fildern **I.** Gem. im Lkr. Esslingen, 11469 Ew., ca. 7 km ssw Esslingen, in der Liashochfläche der Filder in den Mulden der Quellbäche des Sulzbachs gelegen, Reg.-Bez. Stuttgart, BW. 1154 ist die Burg in Händen des Reichsministerialen Berthold von Neuhausen, 1513 Verleihung des Blutbanns, kurz darauf dem Ritterkanton am Neckar-Schwarzwald inkorporiert, 1803 badisch, 1806 durch Tausch an Württemberg. Sensorenherstellung, Pharmahandel, Altes und Neues Schloss, Volkscher Salon, Basilika St. Petrus und Paulus. **II.** Um 1153 *Niwenhusen [Or]*, 13. Jh. *Niuwinhusen, Nuwenhusen [Or]*, 1536 *Neuhusen [Or]*. **III.** Neuhausen war die „neue Siedlung" im Vergleich zu benachbarten älteren Siedlungen. Das Bw. ist ahd. *niuwi*, mhd. *niuwe* 'neu', das sich regelmäßig zu *neu* entwickelt; als Gw. steht mhd. -*hüsen*, nhd. ↗-*hausen* als der alte Dat. Pl. von ahd. mhd. *hûs*. Der häufige Name wird durch den Zusatz *auf den Fildern* (gleichnamige Ebene zwischen Neckartal, Aichtal und Schönbuch) genauer bestimmt. **IV.** Neuhausen, Enzkreis; Neuhausen ob Eck, Lkr. Tuttlingen, beide BW. **V.** Reichardt 1982a; LBW 3. *JR*

Neuhausen/Spree **I.** Gem., 2004 durch Teilung aus dem Amt Neuhausen/Spree gebildet, Lkr. Spree-Neiße, 5386 Ew., s Cottbus, BB. **II.** 1301(?) *novum castrum apud Kotebuz [Or]*, 1336 *Niehus*, 1461 *Newenhawß*, 1573 *Newhausen*; 1761 *Kopańce*. **III.** Eine Zuss. aus mnd. *nie, nieg(g)e*, mhd. *niuwe, niwe* 'neu' und mnd./mhd. -*hûs*, ↗-*hausen* 'Haus', hier in der Bed. als Neuanlage neben einer alten Burg (Cottbus). Der Zusatz bestimmt die Lage an der Spree, vgl. Spreenhagen. Der erst im 18. Jh. verzeichnete nsorb. Name *Kopańce* gehört zu nsorb. *kopaś* 'graben, hacken', *kopańe* 'das Hacken, Roden' und bezeichnet hiermit eine durch Rodung gewonnene Anlage. **IV.** Coppanz, OT von Bucha, Burgenlandkreis, TH. **V.** Riedel B II; UI; Hauptmann, J. G.: Nieder-Lausitzische Wendische Grammatica ... Lübben 1761; DS 36. *EF*

Neuhof **I.** Gem. im Lkr. Fulda, 11018 Ew., im Fliedetal, Reg.-Bez. Kassel, HE. Katholische Pfarrkirche, ehem. Neuhofer Wasserschloss (vier Türme sind erhalten), Kalibergwerk Neuhof-Ellers (gegr. 1906), Baustoffindustrie. **II.** 1239 *Alberto de Noua Curia*,

1294 *Nuenhove*, 1307 *Nuwenhof*, 1330 *Nuwenhofe*, 1442 *zum Neuwenhoffe*; *Neuhof* (1699). **III.** Das Komp. weist im Gw. das Subst. *ʔ-hof*, lat. *curia* 'Hof, Gehöft' und im Bw. das sw. flektierte Adj. mhd. *nūwe* 'neu', lat. *nova*, auf. Der ON bedeutet 'Siedlung zum neuen Hofe'. **V.** HHS 4; Reimer 1926; LAGIS. *DA*

Neu-Isenburg **I.** Stadt im Lkr. Offenbach, 35721 Ew., Reg.-Bez. Darmstadt, HE. Die Hugenottenstadt wurde 1699 von Graf Johann Philipp von Isenburg-Birstein gegründet und in quadratischer Form als Plansiedlung angelegt. 1816 kam der Ort mit dem isenburgischen Oberamt Offenbach an das Ghztm. Hessen. 1889 Erhebung des Ortes zur Stadt. Schwere Zerstörungen im 2. Weltkrieg. 1977 Eingemeindung von Zeppelinheim, einer 1934–1937 errichteten Siedlung für die Mitarbeiter des benachbarten Luftschiffhafens der Zeppelin GmbH am Frankfurter Flughafen. **II.** 1703 *Isenburg*, später *Neu-Isenburg*; daneben auch *Welschdorf*, *Philippsdorf*. **III.** Der Name geht auf die Isenburg, den 1103 als *Isinburg*, *Isenburch* erstmals erwähnten, im Westerwald gelegenen Stammsitz des gleichnamigen Grafengeschlechts zurück. Bei einer Zuordnung des Bw. zu ahd. *īsa(r)n* 'Eisen' wäre zu erklären, warum der Name nicht wie das Appellativ die neuhochdeutsche Diphthongierung *-ī-* > *-ei-* erfuhr. Entweder hielt man bewusst an dem durch das Grafengeschlecht bekannt gemachten Namen in historisierender Lautung fest oder es liegt dem Bw. stattdessen ein vorgerm. FluN *Isina / Isana* zur Schwundstufe der idg. Wurzel *eis-* 'heftig, ungestüm, schnell bewegen' zugrunde. Die Burg liegt am h. *Saynbach* benannten Gewässer. Der Name *Zeppelinheim* erinnert an Ferdinand Graf von Zeppelin (1838–1917). Sein FN zeigt die Herkunft der Vorfahren aus dem Mecklenburgischen. In *Zepelin* (Lkr. Güstrow, MV; 1246 *Cepelin*; zu poln. *czapla* 'Reiher') steht seit 1910 ein Denkmal für den Luftschiffpionier, dessen Familie hier ihre Wurzeln hatte. **IV.** Isen, Lkr. Erding, BY (748–760 (Kop.) *Isana*. **V.** Bach DNK II; Keyser; Müller, Starkenburg; Pülm, W.: Neu-Isenburg. Die Entwicklung der Hugenottenstadt. Frankfurt/Main 1999²; Reitzenstein 2006. *TH*

Neukirchen **I.** Stadt im Schwalm-Eder-Kreis, 7365 Ew., gelegen ca. 30 km w von Bad Hersfeld beim Zusammenfluss des Urbachs in die Grenff (Nfl. der Schwalm) an der alten Messestraße Köln – Leipzig, Reg.-Bez. Kassel, HE. Besitzzentrum der Grafen von Ziegenhain, die hier um 1330 eine Burg errichteten. Stadtentwicklung in Anlehnung an die Burg; in der 2. Hälfte des 14. Jh. Amts- und Gerichtssitz. Seit 1450 (Aussterben der Ziegenhainer) bei den Landgrafen von Hessen. **II.** 1142 *de Nuwenkirchen*, 1205/16 *de Nuwenkerchen*, 1232 *de Nunkirchen*, 1254 *Nuenkirken*, 1340 *Neuenkirchen*. **III.** Bw. das Adj. mhd. *niuwe* 'neu'. Der ON bezieht sich auf die um 1140 (?) errichtete Nikolaikirche. Flexivisches *-en* der frühen Belege schwindet im Lauf der Frühen Neuzeit. Unklar ist, ob sich der Erstbeleg auf Neukirchen bezieht. **V.** Keyser; Reuling 1991. *TH*

Neukirchen/Erzgeb. **I.** Gem. im Erzgebirgskreis, 7087 Ew., s Chemnitz am Nordrand des Erzgebirges an der Würschnitz, SN. Um 1200 d. Bauerndorf in den Würschnitzniederungen mit Kirche, im 19. Jh. Standort der Textilindustrie. **II.** Um 1200 *nova acclesia*, 1331 *zu Newenkirchen*, 1382 *Neunkirchen*. **III.** Bildung mit dem Gw. *ʔ-kirchen* und dem Bw. mhd. *niuwe* 'neu' als Bezeichnung einer neuen Kirche. **IV.** Neukirchen/Pleiße, Lkr. Zwickau, Neukirchen (Altmark), Lkr. Stendal, ST; Neukirch/Lausitz und Neukirch (VG Königsbrück), beide Lkr. Bautzen, alle SN. **IV.** HONS II. *EE, GW*

Neukirchen-Vluyn [flyːn] **I.** Stadt im Kr. Wesel, 27831 Ew., Reg.-Bez. Düsseldorf, NRW. 1928 aus Zusammenschluss der beiden namengebenden Gemeinden. 1981 Stadt. **II.** Neukirchen: 1066–81 *de Nienkirken*, 1230 *de Nyenkirken*; Vluyn: 10. Jh. *Fliunnia*, spätes 14. Jh. *uter de Vlūnen*. **III.** *Vluyn* geht auf eine Bildung mit dem Suffix germ. *-unjō-* > anfrk. *-unnia* zurück, mit dem Örtlichkeiten bezeichnet werden und das eine Zugehörigkeit zum Ausdruck bringt. Als Basis (e-stufig) dient die in GwN auftretende Wz. idg. *pleu̯/plou̯-* 'schwimmen', mit der im niederrhein. und nl. Raum häufig GwN gebildet werden, so der Name des Rheinarms *Flehe*, 1184 *versus Fleam* (h. Name eines Düsseldorfer Stadtteils; zur Bildung Schmidt, Rechtsrhein. Zfl.), oder *Vlie*, der alte Name des IJsselmeers (Lex. nl. topon.). *Fliunnia* ist also 'Ort/Gelände am Wasser'. *Neukirchen* meint '(Ort) bei der neuen Kirche' (im Unterschied zu der alten Kirche in Repelen); das *-n* des Bw. entfiel durch dissimilatorischen Schwund. Der Typ *Neukirchen* hat zahlreiche Parallelen im d. und nl. Sprachgebiet (FO 2). **V.** HHS 3; Gysseling 1960/61. *Tie*

Neukloster-Warin **I.** Amt im Lkr. Nordwestmecklenburg, 11433 Ew. in sieben Gem. und den beiden namengebenden Städten, Verwaltungssitz in Neukloster, ca. 15 km (Neukloster) bzw. 25 km (Warin) sö von Wismar, MV. Neukloster: 1219 entstand neben slaw. Siedlung (Dorf Kutzin) das Kloster Campus Solis, das allgemein als „neues Kloster" bezeichnet wurde. Nach Auflösung des Klosters 1555 fiel dessen Besitz an Mecklenburg, 1648 zu Schweden, 1803 an Mecklenburg verpfändet, 1938 Stadtrecht. Haupterwerbszweig war und ist die Landwirtschaft, h. außerdem mittelständische Unternehmen. Warin: Die Entwicklung des Ortes begann als altslaw. Fischerdorf, 1233 als d. Kirchdorf bezeichnet, kurzzeitig Sitz des Bischofs von Schwerin, 1648 zu Mecklenburg, später Mecklenburg-Schwerin. 2004 Fusion der Ämter Neukloster und Warin. **II.** Neukloster: 1219 *villam Cuszin ... Campus Solis*, 1243 *Nouo Claustro*, 1306 *NewenCloster*. Warin: 1178 *Warin* (Kop. 14. Jh.), 1229 *in Waryn*; *Warin* (1178). **III.** Dem urspr. slaw. ON *Kutzin* liegt ein apolb. PN **Kuš* (vgl. apoln. **Kusz*, **Kusza*) mit einem poss. Suffix ⁊ *-in*, zugrunde. Die Bedeutung des ON lässt sich als 'Ort des Kuš' rekonstruieren. Der charakterisierende PN geht auf apolb. **kuš* 'kurz, knapp; gestutzt' (poln. *kusy*, osorb. *kuši*) zurück. Neukloster: Der lat. Name des ma. Klosters *Campus Solis* kann mit 'Sonnenfeld' übersetzt werden. Der spätere d. Name ist dann eine Bildung aus ⁊*Neu(en)*- und dem Simplex *Kloster*, das auf Kloster Sonnenfeld Bezug nimmt und sich seit der Mitte des 13. Jh. in der Volkssprache durchsetzt. Warin: Der ON ist für Trautmann am ehesten eine Abl. aus einem apolb. PN mit einem (ungedeuteten) **Var-* im ersten oder zweiten Glied. Eichler/Mühlner führen den Namen dagegen – wie auch den der Stadt ⁊ Waren – auf einen FlN mit dem (beständigen) Suffix ⁊*-in* zurück, das sowohl poss. Funktion haben als auch zur Stellenbezeichnung dienen konnte. Das Gw. stellen sie zu **Varin(a)*, abgeleitet von **variti* 'kochen'; die Bedeutung ließe sich mit Bezug auf die beiden Seen, an denen die Stadt liegt, somit als 'Ort mit (siedendem oder) wallendem Wasser, Quelle' rekonstruieren. **IV.** ⁊Waren, Lkr. Müritz, MV. **V.** HHS, Bd. 12; MUB I–V; EO; Trautmann ON Meckl.; Eichler/Mühlner; OSE. *MN*

Neulingen **I.** GVV der Gemeinde Neulingen mit den Nachbargemeinden Kieselbronn und Ölbronn-Dürrn, 13 168 Ew., ca. 10 km n von Pforzheim, an einer wasserarmen Karsthochfläche, Enzkreis, Reg.-Bez. Karlsruhe, BW. 1974 entstanden durch Vereinigung der Dörfer Bauschlott, Göbrichen und Nußbaum nach Umbenennung des OT Göbrichen in Neulingen. Regionales Gewerbe-, Handwerks- und Industriezentrum (Präzisions- und Kunststofftechnik u. a.). Bauschlotter Schlossanlage. **II.** Wüstung *Nīdlingen*: 1. Hälfte 12. Jh. Kop. 12. Jh. Kop. 16. Jh. *Nidlingen*, 1292 *Nidelingen* [Or], 1370 *Nidelingen* [Or], 1428 *Nidlingen* [Or], 1573 *Neidlingen* [Or]. Später als FlN noch gebräuchlich: 1515 *Nydlinger Berg* [Or], 1701 *Neidlinger Zelg ... in Neilinger Zelgen* [Or], um 1800 *Neidlingerthal ... Neulingerthal* [Or], 1971 *Neulinger Berg* [Or], 1972 *Neilinger Steig* [Or]. **III.** Der SiN wurde 1974 im Zuge der Vereinigung der oben genannten Dörfer für die neue Einheitsgemeinde festgelegt. Dabei griff man auf den Namen für eine um 1370 erstmals abgegangene, im 15. Jh. wiederbewohnte und im 16. Jh. endgültig wüste Siedlung ca. 2 km sö des OT Göbrichen zurück, der auf eine ⁊*-ing(en)*-Ableitung zu dem ahd. PN *Nīdilo* zurückzuführen ist. Die Endung *-en* geht zurück auf die ahd. Dat.-Pl.-Endung *-un*, die bereits zum Mhd. hin zu *-en* abgeschwächt wird und einen Örtlichkeitsbezug im Sinne von 'bei ...' ausdrückt, sodass für die anzusetzende ahd. Ausgangsform **Nīdil-ing-un* eine urspr. Bed. 'bei den zu einer Person namens **Nīdilo* gehörigen Leuten' erschlossen werden kann. Der Langvokal mhd. *-ī-* entwickelt sich zum Nhd. hin regelgemäß zum Diphthong *-ei-* (*-ae-*). Aus der Form *Neidlingen* dürften wohl eher durch eine Umdeutung in Anlehnung an das App. mda. *Naelįŋ* (geschrieben *Neiling*), nhd. *Neuling* als durch Assimilation die Formen *Neilingen* und *Neulingen* entstanden sein, da im Pforzheimer Sprachgebiet die Assimilation von *d* vor *l* in der Regel unterblieben ist. **IV.** Neidlingen, Reg.-Bez. Stuttgart, BW. **V.** FP; Hackl 2011; LBW II, V; Tölke, H.: Göbrichen/Neulingen. Monographie eines Dorfes und einer Landschaft im Norden Pforzheims. Band II. Gengenbach/Bad Liebenzell 1995. *StH*

Neumarkt // Egna ['nɔɪmarkt], dial. ['nuimɔrkx]. **I.** Markt und seit 2003 Verwaltungssitz der Bezirksgemeinschaft Überetsch-Unterland, 4 821 Ew., Hauptort des Bozner Unterlandes, l. der Etsch, STR, I. Am Ufer der ab hier flößbaren Etsch legte Bischof Konrad von Trient 1189 einen mit Privilegien ausgestatteten Markt an, doch erzwang ein Einbruch des Flusses 1222 die Verlegung auf die Anhöhe. Er gelangte in den Besitz der Edelfreien von *Enn* (ital. *Egna*), denen das mit diesem Namen versehene l. Etschgebiet zwischen Branzoll und Neumarkt unterstand, welches sie E. des 13. Jh. an die Grafen von Tirol abtreten mussten. Neue Privilegien förderten den Markt, wo spätestens im 14. Jh. eine Brücke über die Etsch gebaut wurde, so dass der Handelsverkehr von Italien nach Süddeutschland durch den Vinschgau über den Reschenpass ⁊ Bozen über Kaltern und Eppan umgehen konnte. 1853–1927 Mittelpunkt des Gerichtsbezirkes, bis 1919 bei Österreich, seither Italien. **II.** Egna/Enn: 790 zu 590 (Kop. 9./10. Jh.) *in territorio Tridentino ... Ennemase* (Paul. Diac.); 1133 *Enne*, 1170 *Heinricus de Egna*, 12./13. Jh. zu 1030–39 (Druck 1822) *in loco Enna*. Neumarkt: 1189 (T. 1210) *forum de Egna*, 1190 *in burgo novo da Degna, in casa Engenese*; 1194 *in burgo novo Egne*, 1260 *novum forum*, ca. 1300 *ze Newenmarcht*, 1327 *Neumarkt*. **III.** Grundlage von rom./ital. *Egna* ist der Name einer röm. Poststation *Endidae* (It. Ant.), dessen Etymologie unklar ist und das sich mit Schwund der inlautenden *d* (*Inia* beim Geographen von Ravenna) einerseits zu rom. *Enia/Egna* und andererseits zu langob. *Enna* mit Gemination von *n* vor *j* weiterentwickelte. Letzteres wurde im 7. Jh. ins Bair.-Frühahd. integriert. Das gefügte d. Komp. mit mhd. *mark(e)t* und dem Adj. mhd. *niuwe* 'neu', 'neu (gegründeter) Markt', tritt urk. zuerst in lat. Übersetzung auf. Das erhaltene rom. Exonym wurde 1923 amtlich. **IV.** ↗ Neumarkt in der Oberpfalz, BY. **V.** ANB 1, 2; Kühebacher 1; HHS Huter. *PW*

Neumarkt i. d. OPf. **I.** Große Kreisstadt mit 45 Gem.-Teilen und Verwaltungssitz des gleichnamigen Landkreises, 39 246 Ew., ca. 33 km sö von Nürnberg am Westrand des Oberpfälzer Jura, am Zusammentreffen erschlossener Altstraßen, Reg.-Bez. Opf., BY. Im 15. und 16. Jh. Residenzstadt der pfälzischen Wittelsbacher. **II.** 1183–1188 *Nivwenmarch(ae)*, Kirchweihe, 1235 *cives Nouifori* [Or], 1329 *Nevnmarcht ... Newen Margt di stat* [Or]. **III.** Der Name mit dem Gw. mhd. *market, markt* 'Markt' bezeichnet eine Siedlung mit Marktrecht. Das Attribut ↗ *Neu(en)-* < mhd. *niuwe* 'neu' dient hier nicht zur Unterscheidung von einem bereits bestehenden „alten" Markt, es weist vielmehr auf ein neu errichtetes Marktrecht hin, das einer neuen oder bereits bestehenden Siedlung unbekannten Namens verliehen wurde. Das Dat.-Flexiv *-en* des Attributs entfällt ab dem 15. Jh. durch Synkope und Assimilation. Der Beleg von 1235 zeigt eine Übersetzung des SiN mit lat. *novi* 'neu' im Gen. und *fori* 'Markt' im Gen., wobei beide Teile zur Namenbildung aneinandergefügt sind. Die flektierten Formen bekunden die Zugehörigkeit der *cīves* 'Bürger' zum Markt. **IV.** Neumarkt-Sankt Veit, Lkr. Mühldorf a.Inn, BY. **V.** Heidingsfelder, F.: Die Regesten der Bischöfe von Eichstädt, Erlangen 1938; Rall, H. (Hg.): Wittelsbacher Hausverträge des späten Mittelalters. München 1987. *GS*

Neumarkt-Sankt Veit **I.** Stadt und gleichnamige VG im Lkr. Mühldorf a. Inn, 7309 Ew., Reg.-Bez. Oberbayern, BY. 1171 Errichtung eines Benediktinerklosters, 1269 Markt. **II.** Der erste Hinweis auf den Ort findet sich 790 (Kopie des 12. Jh.) mit *Ad rivolum Rota eccl. IIII* ('am Gewässer Rota vier Kirchen'). Vorläufer des zweiten Teiles des Doppelnamens ist *Vôlagangesperch*, ca. 925 (Kopie des 10. Jh.) bezeugt. 1171 (Kop. von 1679) *in locum, qui nunc dicitur mons sanct Viti*, 1269 (Kop. von 1345, mit beiden Namen) *des abbtes und conuentz ze sand Veit ... einen markt gen Wolfsperg, daz nu der Niwmargt geheizzen ist*, 1285 *den Newen Marcht, der gepowen ist ouf des gotshous aigen*, 1301 *sant Vite, daz bi der Rote lit*, 1302 *sant Veit pei der Roth*, 1308 *monasterio sancti Viti prope Nouum Forum*, 1326 *daz gotshaus datz sand Veit bei dem Nevn-marcht*, 1351 *zu sand Veit ze dem Nevnmaricht*, 1358 *von sand Veyt datz dem Neunmarcht bey der Rot*, 1528 *zum Neuemargkht an der Rot*; *Neumarkt-Sankt Veit* (1934). **III.** Als Latinisierung mittels lat. *forum* 'Markt' begegnet 1509 *Neoforum*, als gräzisierende Herkunftsbezeichnung mittels gr. νέος 'neu' und ἀγόρα 'Markt', 1600 *Neagorensis*. Grundwort ist mhd. *market, markt, marcht* 'Markt,

Ort mit Marktgerechtigkeit, Marktflecken', Bestimmungswort das Adj. *niuwe* 'neu'. Die Lokalisierung bezieht sich auf die Lage an der Rott, die auch in anderen Belegen als Differenzierung dient. Grundwort des ca. 925 genannten Ortsnamens ist ahd. *perch*, ↗ *-berg* 'größere Anhöhe oder Bodenerhebung', Bestimmungswort ist der zu erschließende PN *Volagang. Im Beleg von 1269 *Wolfsperg* ist wohl eine Eindeutung von mhd. *wolf* 'Wolf' in den nicht mehr verstandenen alten FlN erkennbar. Dieser wurde später von dem patrozinialen Heiligennamen *St.Vitus/Veit* verdrängt. **IV.** ↗ Neumarkt i. d. Opf., BY. **V.** HHS 7/1; Reitzenstein 2006. *WvR*

Neumünster nd. Nie'münster **I.** Kreisfreie Stadt, 77 100 Ew., an der Schwale, holsteinische Vorgeest, meerfern in der Mitte des Bundeslandes, SH. Der Priester Ansgar errichtete im 9. Jh. eine Kirche und christianisierte die Einwohner des nahegelegenen Ortes, der bis 1163 noch Wippendorf hieß, dann wurde der Name *Novum Monasterium* anlässlich der Weihe einer Basilika verliehen, 1316 findet das Kirchspiel Neumünster erstmals urk. Erwähnung, 1711 Umwandlung des Kirchspiels in ein Amt (von 1867–1901 zum Landkreis Kiel), anschließend kreisfrei, 1869 Stadtrechte; im 19. Jh. gekennzeichnet durch Textil- und Lederindustrie. Messestadt, Textilmuseum, Dosenmoor. **II.** 1136 *Nouum Monasterium* (F. um 1180), um 1200 *ecclesie Nouimonasterii*, 1504 *Nie-Münster*, 1525 *tho Niemunster*, 1576 *Newmünster*; *Neumünster* (1606) **III.** Benannt wurde die Stadt nach dem im Stadtteil Faldera-Wippendorf begründeten Kloster, vom lat. *Novum monasterium* in der Bedeutung 'neues Kloster'. **V.** Laur; Haefs. *GMM*

Neunburg vorm Wald **I.** Stadt im Lkr. Schwandorf, 8120 Ew., ca. 50 km nö von Regensburg, ca. 20 km ö von Schwandorf an der Schwarzach (l. Zfl. zur Naab), Reg.-Bez. Oberpfalz, BY. Verm. in der ersten Hälfte des 10. Jh. Bau einer Burg an alter Handelsstraße nach Böhmen; 1289 als Markt, 1323 als *civitas* und 1329 als Stadt genannt, bis 1972 Kreisstadt des Lkr. Neunburg vorm Wald, Festspiel „Vom Hussenkrieg". **II.** 1017 *Níwnbúrg* [Or], 1129 *Niuuenburc* [Or], 1317 *Newenburch vor dem walde* [Or]; *Neunburg vorm Wald* (1529). **III.** Das Gw. ahd. *burg* 'Burg' (↗ *-burg*) ist mit dem Bw. ahd. *niuwi* 'neu' (im Dat. Sg.) verbunden. Die Gf. *(ze děro) Niuwūnburg* bedeutete 'bei der neuen Burg', wohl im Gegensatz zur älteren Burganlage Warberg (ca. 4 km n von Neunburg), worauf die Nennung des Amtsbezirks *Niwenburch sive Warperch* (um 1285) hindeutet. **IV.** Neuburg a. Inn, Lkr. Passau, Reg.-Bez. Niederbayern; ↗ Neuburg a. d. Donau, Lkr. Neuburg-Schrobenhausen, Reg.-Bez. Oberbayern, beide BY. **V.** Keyser / Stoob II; Hecht, G.: Die Ortsnamen des Landkreises

Neunburg vorm Wald. In: Verhandlungen des Historischen Vereins von Oberpfalz und Regensburg 90 (1940); Reitzenstein 2006. *WJ*

Neunkirchen [næːˈkʰiɐxɐ] **I.** Bezirkshauptstadt, 12 192 Ew., im Industrieviertel sö WI, NÖ, A. Münzstätte (12. Jh.), frühgotische Pfarrkirche (1907 nach Brand erneuert), 1683 durch Türkeneinfälle zerstört, seit 19. Jh. Industriestandort; 1920 Stadterhebung, wichtiger Verkehrsknoten, Zentralfunktionen, Einkaufsstadt; Baustoffwerke, Bauunternehmen sowie Produktions- und Handelsbetriebe. **II.** 1096–1109 *in orientali plaga uillam nomine Niuwenchirgun*, 1180–1190 *Neunchirchen*, 1343 *de novem ecclesiis*. **III.** Der Name bedeutet 'bei der neu(erbaut)en Kirche'; er ist eine Zuss. aus dem Dat. von mhd. ↗-*kirch(en)* (im ersten Beleg in der ahd. Vollform auf -*un*) und dem flektierten Adj. mhd. *niuwe* 'neu', ↗*Neu(en)*-, das aufgrund lautlicher Identität fälschlich als Numerale 9 aufgefasst wurde (vgl. die Erwähnung von 1343 und das Wappen mit neun Kirchengebäuden). Die mda. Lautung des Gw. zeigt *ch*-Lenisierung im Inlaut nach Liquid und die mittelbair. Entwicklung von -*en* nach Spirans zu [-ɐ]. **V.** ANB 2; ÖStB 4/2. *ES*

Neunkirchen [ˈnɔʏnˌkiɐçən] **I.** Kreisstadt im gleichnamigen Lkr., 48 330 Ew., an der Blies, ca. 20 km sw von Saarbrücken, SL. Spuren von Bergbau und Besiedlung aus der Eisen- und Römerzeit. Bis Ende des 18. Jh. Ftm. Nassau-Saarbücken, 1793 franz., 1815 an Preußen, 1920 Völkerbundverwaltung, 1935 Rückgliederung ins Reich, 1947 Teil des formal selbst., in polit. und wirtschaftl. Union mit Frankreich stehenden Saarlandes, 1957 zu Deutschland. 1593 Beginn der Eisenverhüttung sowie des industriellen Kohleabbaus im Bliestal. 1806 Gründung des Eisenhüttenunternehmens der Gebrüder Stumm (h. Saarstahl AG). 1933 große Zerstörungen durch Explosion eines Gasometers. 1968 Schließung der letzten Kohlengrube, 1982 der Eisenhütte. **II.** 1281 *de Nonkirke* [Or], 1323 *zv Nvnkirchen* [Or], 1466 *zu Nunkirchen* [Or]. **III.** Ahd. **(bī thera) n(i)uwen kirihhun* 'bei der neuen Kirche'. Das Adj. 'neu' < mhd. *niuwe*, in der wmd. Form *nūwe* (so in der frühen Überlieferung, dekliniert mit intervokalischem Schwund des *w*) dient der Differenzierung der Filialkirche gegenüber der älteren Pfarrkirche im benachbarten Wiebelskirchen (8. Jh.). Die Siedlung Neunkirchen entstand im 12. oder frühen 13. Jh. unter direkter oder indirekter Beteiligung der Grafen von Saarbrücken bei der neu erbauten Kirche. **IV.** U. a. Neunkirchen/Nahe, OT von Nohfelden, Lkr. St. Wendel; Nunkirchen, OT von Wadern, Lkr. Merzig-Wadern, beide SL. **V.** Haubrichs 2000; Neunkircher Stadtbuch. Hg. im Auftrag der Kreisstadt Neunkirchen von R. Knauf und Ch. Trepesch. Neunkirchen 2005. *cjg*

Neunkirchen a. Brand **I.** Markt, 7983 Ew., ö der Regnitz am sw Abhang des Hetzleser Berges, Lkr. Forchheim, Reg.-Bez. Ofr., BY. Ca. 1100 Ortsgründung, 12. Jh. erster Kirchenbau, 13. Jh. bambergische Hofmark, 1314–1555 Augustinerchorherrenstift, spätestens 1348 Markt, 1802/03 bayer. **II.** 1195 *Neuchirchen*, 1314 *Neuwenkirchen … auf dem brant* [Or]; *Neunkirchen am Brand* (1801). **III.** Mhd. *niuwe* ↗-*neu*; ↗-*kirch(en)*; differenzierende Erweiterung mit FlN zu mhd. *brant* 'Feuerbrand, Brandlegung' für eine durch Feuer gerodete Waldung. **IV.** ↗Neunkirchen, Kreisstadt, SL. **V.** HHS Franken; Reitzenstein 2009. *DG*

Neunkirchen **I.** Gem. im Kr. Siegen-Wittgenstein, 13 945 Ew., an der Heller s von Siegen, Reg.-Bez. Arnsberg, NRW. Erzabbau bis 1962, h. Metall- und Kunststoffverarbeitung. **II.** 1288 *Nunkirchen* [Or], 1326 *Nunkirchen*, 1476 *Nuenkirchen*. **III.** Der ON ist mit dem Gw. ↗-*kirchen* gebildet. Bw. ist mhd. *niuwe, niu* 'neu', dessen -*iu*- wie ein langes -*ū*- gesprochen und ohne Umlautzeichen als -*u*- geschrieben wurde. Zum Nhd. hin wandelt sich dieser Laut zu -*eu*- (mda. -*i*-). ON dieses Typs sind auf Gefüge wie **bī der niuwen kirchen* 'bei der neuen Kirche' zurückzuführen und durch die Erbauung eines neuen Gotteshauses motiviert. **IV.** ↗Neuenkirchen, Lkr. Osnabrück; ↗Neuenkirchen-Vörden, Lkr. Vechta, beide NI. **V.** Heinzerling. *Flö*

Neunkirchen-Seelscheid **I.** Gem. im Rhein-Sieg-Kreis, 20 769 Ew., nö Bonn an Wahnbach und Bröl, Reg.-Bez. Köln, NRW. Vor dem Zusammenschluss 1969 (mit vielen weiteren Ortschaften) zwei getrennte Orte. Pfarre in Neunkirchen wohl schon im 10. Jh. zum Stift St. Andreas in Köln gehörig, der Ort 1178 als dorthin zinspflichtig bezeugt, vom Spätmittelalter bis 1806 wie Seelscheid zum bergischen Amt Blankenberg gehörig, mehrere Adelssitze. Seelscheid wird 1276 als Besitz des Rorich von Rennenberg genannt, eine Ringwallanlage wird ins 10. Jh. datiert, Kirche in Seelscheid ab 1646 für beide Konfessionen, 1820–1933 war der Ort Teil der Bürgermeisterei Neunkirchen. **II.** Neunkirchen: 1174 *de Nuenkirchen*, 1178 *Nuenkirken*. Seelscheid: 1276, 1398 *Seylscheide*, 1415 *Seelscheid*. **III.** *Neunkirchen*: Kompositum aus dem Adj. *neu*, ahd. *niuwi*, idg. *neu-jo, und dem Gw. ↗-*kirchen*. Im Adj. ist die nhd. Diphthongierung zu *Neu(e)n*- wohl in der frühen Neuzeit durchgeführt worden. *Seelscheid*: Das Bw. *Seel*- kann entweder auf mhd. *sal*, ahd. *sal*, asä. *seli*, germ. *sali M. 'Saal, Innenraum eines Einraumhauses' zurückgehen oder auf mhd. *sal(e)*, Fem., ahd. *sala* Fem. 'rechtliche Übergabe eines Gutes', germ. *salō 'Übergabe' aus einer idg. Wurzel **sel-* 'nehmen'. Das Gw. ↗-*scheid* geht zwar wie *Scheide* Fem. auf mhd. *schei-*

den, ahd. *skeidan* 'scheiden, Scheide' mit idg. Ursprung zurück, ist aber als Namenwort in seiner Bedeutung umstritten. Nach Dittmaier ist gerade für das Bergische Land wegen der Lage und der hier sehr zahlreichen ON und FlN auf *-scheid* von 'Wasserscheide, Bergrücken' auszugehen. Scheid gehört zu den im Mittel- und Niederfränkischen sehr frequenten Namenwörtern für ON und FlN, die zumeist in den Zusammenhang der großen mittelalterlichen Rodungsphasen gehören. **V.** Dittmaier 1956; Kluge; HHS 3. *Ho*

Neuötting **I.** Stadt im Lkr. Altötting, 8 381 Ew., Reg.-Bez. Oberbayern, BY. 1231 Markt, wittelsbachische Stadtneugründung. **II.** 1231 *vetus Odingen … fori … novi Odingen*, 1240 *Otingen*, 1285 *Newe Otinge*, 1364 *die Stat ze Oting*, 1391 *Nienuting*, 1451 *von Newn Ötting*, 1474 *zu Newenöting*, 1574 *Neuenötting*, 1811 *Neuöding*, 1820 *Neuötting, oder Neuöttingen*. **III.** Dem ON liegt der PN *Auto* zugrunde, abgeleitet durch das Zugehörigkeitssuffix ↗ *-ing*, sodass man als Erklärung 'bei den Leuten des Auto' gewinnen kann. Zur Unterscheidung der beiden Orte wurden im 13. Jahrhundert die mhd. Adj. ↗ *Alt-* und ↗ *Neu-*, mhd. *niuwe*, hinzugefügt. **IV.** ↗ Altötting im gleichnamigen Lkr., BY. **V.** HHS 7/1; Reitzenstein 2006. *WvR*

Neuried **I.** Gem. im Ortenaukreis, 9 387 Ew., ca. 10 km w Offenburg, dehnt sich vom Rhein bis in Unditz-Schutterniederung aus, Reg.-Bez. Freiburg, BW. Neuried entstand 1973 im Zuge der Gemeindereform durch Zusammenschluss der Gemeinden Altenheim, Dundenheim, Müllen und Ichenheim, in das bereits 1972 Schutterzell eingemeindet worden war. Tabakanbau, Altenheimer Kirche, St. Nikolaus, Simultankirche. **II.** *Neuried* (1973). **III.** Der neue, geländebezogene Gemeindename schließt sich an den FlN *Riedmatten* im OT Ichenheim an. Das Gw. *-ried* gehört zu ahd. obd. *-riod*, mhd. *riet* 'Rodungsstelle'. Das Bw. ist ahd. *niuwi*, mhd. *niuwe* 'neu', das sich regelmäßig zu *neu* entwickelt. **IV.** Neuried, Lkr. München, BY. **V.** Kannenberg; LBW 6. *JR*

Neurode // Nowa Ruda ['nɔva 'ruda] **I.** Stadt im Kr. Kłodzko, 23 812 Ew., Woi. Niederschlesien // Dolny Śląsk, PL. 22 km nw von Glatz. Eine d. Neugründung der 2. Hälfte des 13. Jh. auf Veranlassung der böhm. Krone. Steinkohlebergbau seit dem 15. Jh., bedeutende Zechen und weitere Industrieansiedlungen seit Ende 19. Jh. Kreisstadt (1854–1932), dann zum Kr. Glatz, Reg.-Bez. Breslau, NS, (1939) 10 059 Ew. **II.** 1337 *Nevwenrode*, 1346 *Neunrod*, 1482 *Neurode*, 1619 *Neuroda*. Polonisierung des ON: 1900 *Nowaruda*, 1927 *Nowa Ruda*. **III.** Der d. ON ↗ *neu* und *-rode* < ahd. *rod* 'Rodung' verweist auf die Gründung der Stadt aus „wilder Wurzel". Einige Schwankungen der Namenform gibt es sowohl an der Morphemfuge als auch beim Suffix. Erst im 20. Jh. tritt eine polon. Namenform auf, die sich lautlich an den d. ON anlehnt: poln. *nowy*, fem. *nowa* 'neu' und *ruda* fem. 'Erz'. Der Bezug des poln. ON auf das Bergwesen ist also sekundär. **IV.** Vgl. ON auf ↗ *-reut(h)*, *-roth*, ↗ *-rade*. **V.** SNGŚl; RymNmiast. *ThM*

Neuruppin **I.** Stadt im Lkr. Ostprignitz-Ruppin, 31 662 Ew., an der Autobahn Berlin – Rostock, nw Berlin, BB. Muttersiedlung Ruppin (seit der Gründung der Stadt mit dem Zusatz *Alt*) mit einer frühmittelalterlichen slaw. Burg auf einer Halbinsel im Ruppiner See; politisches und wirtschaftliches Zentrum des Stammes Zamzizi. Mitte des 12. Jh. d. Burg mit Burgflecken; planmäßige Stadtgründung auf der Ostseite von Alt Ruppin nach 1214 durch die Grafen von Arnstein. Seit 1256 besitzt Neuruppin das Stendaler Stadtrecht (Alt Ruppin besaß Stadtrecht erst seit 1840, seit 1994 OT von Neuruppin). Kunststoff-, Metall-, Holzindustrie; Erholungsort am Südrand der Ruppiner Schweiz; Geburtsort K. Fr. Schinkels und Th. Fontanes. **II.** 1238 *Rapin*, 1256 *civitatis nostrae Ruppin*, *Olden Ruppyn*, 1272 *Nouo Repyn* [*Or*], 1362 *Noua Ruppyn* [*Or*]; *Neuruppin* (1775). **III.** Wohl slaw./apolb. *Rupina, eine Namenbildung mit dem Suffix *-ina* zu *rupa*, einer slaw. Wasserbezeichnung; wegen der Lage am Ruppiner See ein ursprünglicher GwN möglich. Das App. ist gut im Süd- und Ostslaw. belegt in der Bed. 'Grube, Wassergrube, Kartoffelgrube, Loch'. Im Westslaw. nur in der Toponymie gut erhalten. Der Wechsel *-a-/ -u-/ -e-* in den Belegen kann auf die unbetonte Stellung zurückzuführen sein. **IV.** Vgl. die poln. ON und GwN *Rupienica*, *Rupieńka* neben *Rypień*, *Rypianka*, *Rypin*, *Rypienica*. **V.** Riedel A II, IV, XV; Büsching; BNB 11. *EF*

Neusalz // Nowa Sól ['nɔva 'sul] **I.** Kreisstadt (seit 1950), 40 102 Ew., Woi. Lebus // Lubuskie, PL. An der Oder unterhalb von Glogau. Gegründet ca. 1553 durch einen Danziger Kaufmann als Salzniederlage und Salzsiederei für importiertes Meersalz. 1743 Stadtrechte; 1897 entsteht ein neuer Oderhafen. Kr. Freystadt, Reg.-Bez. Liegnitz, NS, (1939) 17 326 Ew. **II.** 1608 *Neusalz*, 1667/68 *Neü Saltz, in Neo Salense*. Polonisierung des ON: 1900 *Nowosól*, 1946 *Nowa Sól*. **III.** Vgl. nhd. ↗ *neu* und *Salz* lat. *sal* als Bezug auf die frühe wirtschaftl. Funktion im Salzhandel. Der poln. ON ist eine wörtliche Übersetzung aus dem D.: *nowy*, fem. *nowa* 'neu' und *sól* fem. 'Salz'. **V.** SNGŚl; RymNmiast. *ThM*

Neusäß **I.** Stadt im Lkr. Augsburg, 21 480 Ew., Reg.-Bez. Schwaben, BY. 1802/03 an Bayern, Großgemeinde mit acht Stadtteilen im Nordwesten von Augsburg, seit 1988 Erhebung des Ortszusammenschlusses zur Stadt. **II.** 1178 *[Or] Niusazen*, 1183 *Niusazen*, 1268 *Niwesæzze*, 1310 *Niwsæ*, 1430 *Neuiseß*, 1492 *Neusäß*. **III.** Das Bw. ist zurückzuführen auf das in ON seit alters gebräuchliche unflektierte Adj. ahd. *niuwi* in der Bed. 'neu'. Für das Gw. sind zwei Herleitungen semantisch und gramm. möglich: Entweder liegt das schwache M. ahd. *sâze* als 'der Sitzende' im Dat. Pl. zugrunde, sodass der ON als 'bei den Neuansässigen' paraphrasiert werden kann. Oder das Gw. geht zurück auf das ebenfalls im Dat. Pl. stehende starke Fem. mhd. *sâze* im Sinne von 'Sitz, Wohnsitz'. In diesem Fall lautet die Interpretation 'bei den neuen Wohnsitzen'. Sprachlich setzt sich im Bw. Diphth. durch, im Gw. schwindet die Nebensilbe durch einerseits mda. bedingten Ausfall von *-n* in der druckschwachen Silbe und andererseits später erfolgter e-Apokope. **V.** Urkunden des Klosters St. Moritz (im Staatsarchiv Augsburg); Reitzenstein 1991; Bach DNK. *hp*

Neusiedl am See [ˈnɔɪʐiːdl̩], dial. [ˈnuɪʐiːdl̩]. **I.** Stadt und Verwaltungssitz im gleichnamigen Pol. Bez., 6573 Ew., am Nordufer des Neusiedlersees, BGL, A. Im 11./12. Jh. eine Grenzwächtersiedlung mit von König Salomon (1063–74) angesiedelten Petschenegen, einem Turkvolk. 1209 auf Grund des ung. Namens *Szombathely* 'Samstagmarkt' eine Marktsiedlung der Herrschaft Wieselburg/Moson. Wahrscheinlich im Mongolensturm 1242 zerstört und dann d. neu besiedelt, was zum neuen Namen *Neusiedl* führte. Nach mehrfachen Besitzwechseln 1516 an die Ung. Krone, 1517 Erneuerung des Marktrechts. 1824 gescheiterter Versuch, Freistadt zu werden. Bis 1921 als *Neszider* bei Ungarn, mit Deutsch-Westungarn an Österreich, 1926 Stadt. **II.** 1209 *Sumbotheil*, 1264 *villa hospitum de Zombothel*, 1282 *Niusidel*; 1313 *villam Zumbothel, villam Neysidel*; 1322 *possessionem Neusidel alio nomine Zee Zumbothol vocata*, 1410 *Newsidl*, 1422 *Ferthewzombathel*, seither nur mehr d. *New-, Neusid(e)l*, ung. 1532 *Nysider*, 1600 *Nesider*, 1674 *Nesider seu Naizedel*. **III.** Anfänglich ung. *Szombathely* 'Samstagmarkt', das zur Unterscheidung des gleichen ung. Namens für Steinamanger gelegentlich den d. Zusatz in ung. Schreibung *Zee* oder den ung. *Fertő* für den Neusiedlersee erhielt und im 1. Viertel des 15. Jh. zugunsten von in der 2. Hälfte des 13. Jh. gebildetem d. *Neusiedl* abkam, ein gereihtes Komp. mit mhd. *sidel* 'Sitz, Ansiedlung' und Adj. mhd. *niuwe* 'neu', 'neue Ansiedlung' von d. Zugewanderten, die 1264 als lat. *hospites* 'Gäste' bezeichnet wurden; ins Ung. übernommen als *Neszider*. **V.** Kranzmayer/Bürger; HHS Lechner; ÖStB 2. *PW*

Neuss **I.** Kreisstadt im Rhein-Kreis Neuss, 151 254 Ew., Reg.-Bez. Düsseldorf, NRW. Die ubische Siedlung *Novaesium* (wohl 19 v. Chr.) und das röm. Militärlager zur Sicherung der Erftmündung bilden die Wurzeln der Stadt. **II.** Um 107 (Tacitus) *Nouesium, Nouaesium*, um 575 (Gregor von Tours) *Niuisium*, 1023 *Niusi [Or]*. **III.** Wohl Ableitung von kelt **nouio-* 'neu' (lat. *novus*) und/oder germ. **neuja-*. Die antiken und frühma. Belege (FO 2) könnten die verschiedenen Ausprägungen des Namens in der kelt.-roman.-germ. Kontaktzone spiegeln. Die germ. Form, die durch den heutigen Namen fortgesetzt wird, ist als *-isjō*-Ableitung verstehbar (wohl Zugehörigkeit bezeichnend), der kelt. Beleg folgt vielleicht ON vom Typ *Aliso*. Der Name wäre durch die 'neue' Ortsgründung motiviert. Die heutige mda. Aussprache [nyːs, nys] setzt das *iu* der germ. Form fort; [nɔʏs] ist die standardsprachliche Version mit nhd. Diphthongierung. **V.** HHS 3; Gysseling 1960/61; RGA 21. *Tie*

Neustadt (Dosse) **I.** Stadt und gleichnamiges Amt, zu dem außer der Stadt noch der bewohnte Gemeindeteil Kampehl sowie die OT Plänitz-Leddin und Roddahn gehören, Lkr. Ostprignitz-Ruppin, 8304 Ew., nw Berlin, BB. Im MA Burg mit Burgflecken, später ein Städtchen, 1664 auf Betreiben des Landgrafs Friedrich von Hessen-Homburg zur Stadt erhoben, 1772/77 Kolonisationsmittelpunkt für 15 Dörfer. Bekanntes Gestüt 1787–90 angelegt, h. Hauptort der Pferdezucht in BB, alljährlich im September Hengstparade. Im OT Kampehl Dorfkirche (Mitte 13. Jh.), im Gruftanbau mumifizierter Leichnam des 1703 verstorbenen Christian Friedrich von Kahlbutz, ein wissenschaftlich ungeklärtes Phänomen. **II.** 1375 *Nŭwestat*, 1379 *to der nyen Stadt*, 1379 *Neustadt*, 1540 *Neustetlein*. **III.** Der Name ist als 'neu angelegte (gegründete) Stadt' bzw. 'Neugründung' zu erklären. Die einheimische nd. Namenbildung wechselt seit 1379 mit der hd. Namenform, die später zum amtlichen Namen wurde. Der Zusatz bestimmt die Lage an der Dosse. Der GwN ist vorslaw. und zur idg. Wurzel **dhu-/*dheū-* 'wirbeln, stieben' mit einer *k*-Erweiterung zu stellen. **V.** Landbuch; Riedel A XXIV, B III; BNB 11. *EF*

Neustadt (Hessen) **I.** Stadt im Lkr. Marburg-Biedenkopf, 8946 Ew., 25 km nö Marburg/L, Reg.-Bez. Gießen, HE. Um 1270 gegründet, 1272 *nova civitas*, 1294 *burg und stadt* bezeugt, 1341 Schloss, früh Gerichtsort. Werkzeugfabrikation, Landwirtschaft. Kirchweihfest (seit über 500 Jahren). 1974 drei Orte eingem.; bis 30. 6. 1974 Lkr. Marburg. **II.** 1285 *Nuenstadt*, 1294 *Nuwestat*, 1300 *Nuwenstadt*, 1556 *Neuenstadt*. **III.** Mhd. *niuwe* wird im Md. zu *nūwe* > regional *nau*, hier nhd. Form (↗*Neu(en)-*), Zuss. mit ↗*-statt / -stedt / -stätten*. **V.** Reuling 1979. *FD*

Neustadt // Prudnik [ˈprudnik] mda. *Prŭmnik*. **I.** Kreisstadt und gleichnamige VG in der Woi.

Opole, 29107 Ew., am Fuße des Altvatergebirges, PL. Neben der Grenzburg Wogendrossel als Stadt um 1279 angelegt. Bis 1945 Kreisstadt im Reg.-Bez. Oppeln, 17339 Ew. (1939). Textil-, Schuh-, Lebensmittel-, Möbelbetriebe. **II.** 1296 *Nowestatensi*, 1301 *Neuenstat*, 1331 *der neuen Stadt Prudnik*, 1410 *Prudnik alias Nova civitas*, 1638 *Polnisch Neustadt*. **III.** Die historischen Überlieferungen bestätigen, dass der d. Name 'zur neuen Stadt' bzw. 'Neugründung' bedeutet. Neben diesem war über Jahrhunderte die slaw. Benennung *Prudnik* im Gebrauch, die eine Übertragung vom Flussnamen *Prudnik* (1425 urk. belegt, seit Mitte des 19. Jh. d. *Braune*) ist. Urspr. *Prądnik* zu *prąd* 'Strömung, Stromlauf' weist auf einen Fluss mit reißender Strömung hin. Die mda. Form *Prŭmnik* setzt den Nasalvokal -*ą*- fort: *Prądnik* > *Prondnik* > *Promnik* > *Prŭmnik*. Man kann annehmen, dass *Prudnik* eine tschech. Kanzleiform ist, was im Gebiet, das lange unter böhmischer Herrschaft stand, nicht verwundern. Sie wurde von polnischen Einwohnern der Stadt übernommen und so findet man in den Urkunden des 18. Jh. die Doppelbenennung *Neustadt, poln. Prudnik*. **IV.** ↗Neustadt, u.a. in SN, TH, SH; Prądnik bei Kraków; Promnik bei Kielce; Promna, Zufluss der Stober und Zufluss der Klodnitz, alle PL. **V.** SNGŚl; Borek, H.: Opolszczyzna w świetle nazw miejscowych. Opole 1988. *MCh*

Neustadt // Wejherowo [vɛjxɛrɔvɔ] **I.** Kreisstadt, seit 1999 in der Woi. Pomorskie (Pommern), 46579 Ew., PL. An der Rheda // Reda und an der Grenze zwischen Kaschubischer Schweiz und Rheda-Leba-Urstromtal. 1643 vom Woiwoden Jakub Wejher gegr., Stadtrecht 1650, urspr. *Wejherowska Wola* ('Wejhers Wille') oder *Neustadt* genannt, 1772 an das Kgr. Preußen (Reg.-Bez. Danzig). 1920 an Polen, 1975–1998 Woi. Gdańsk (Danzig). **II.** 1643 *Nova Colonia*, 1646 *Nowe Miasto, Weyheropol, Waierowska Wola*, 1659 *Wejhersfrei*, 1684 *z Miasta Weyhrowa, w Nowym Mieście*, 1772 *Nowomiasto*, 1796–1802 *Neustadt*. **III.** Der ON wurde aus dem FN des Gründers, Jakub Wejher, mit dem Suffix -*owo* gebildet. Die d. Variante ist eine Übersetzung des früheren poln. ON *Nowe Miasto*, der mit *nowy* // ↗*Neu-* und dem App. *miasto* 'Stadt' gebildet wurde. **V.** Rospond 1984; RymNmiast. *IM*

Neustadt a. d. Aisch **I.** Kreisstadt im Lkr. Neustadt a. d. Aisch-Bad Windsheim, 12 228 Ew., Reg.-Bez. Mittelfranken, BY. Hist. Siedlungskern ist der Königshof Riedfeld, den die Burggrafen von Nürnberg im 13. Jh. zu einem politischen und wirtschaftlichen Zentrum am Mittellauf der Aisch ausbauten. **II.** 889 *Reotfeld*, 923 *Riotfeld*, 1200 *Oppidum Rietvelt*, 13. Jh. *Rietvelt nunc Nuwenstatt dictum*, 1303–13131 (Kop. 1358) *iuxta Nouam Ciuitatem apud Eisch*.

III. *Riedfeld* ist urspr. FlN mit ahd. (*h*)*riot*, mhd. *riet* 'Schilfrohr, Riedgras' als Bw. Die ausgebaute und befestigte Siedlung wird schon 1200 „Oppidum" und später im Unterschied zur alten Siedlung mhd. (*ze der*) *niuwen stete*, gekürzt *Niuwenstat*, genannt. Bereits früh wird diese Neustadt von anderen durch die Angabe des Flusses Aisch, an dem sie liegt, unterschieden. *Aisch* (1069 *in Eiscam*) geht über ahd. *Eiska zurück auf germ. *Aiskō (< idg. *aidʰ-skā) 'die Helle, Klare'. **IV.** ↗Neustadt a. d. Donau, Lkr. Kelheim, Neustadt a. d. Waldnaab, Lkr. Neustadt a. d. Waldnaab, beide BY. **V.** Reitzenstein 1991; Greule, DGNB. *AG*

Neustadt a. d. Donau **I.** Stadt im Lkr. Kelheim, 12 847 Ew., Reg.-Bez. Niederbayern, BY. 1273 Stadt, nach 1437 eigenständiges Landgericht. **II.** 1277 lat. *apud Novam civitatem*, 1290 *Newenstat*, 1291 (Kop. von 1449/50) *de ... Trephanaw seu Nova Civitate*, 1291 *Saligenstat ... Niwenstat*, 1323 (Druck von 1882) *Nevnstat*, 1350 *Neunstat*, 1394 *zu der Newnstat an der Tünaw*, 1527 *Newstat an der Thunau*, 1551 *Selgenstatt*, 1796 *Neustadt an der Donau*. **III.** Als Vorläufer der heutigen Stadt ist eine Siedlung anzusehen, die ca. 1142–1158 als *Trepphenowe* und 1220 (Kop. von 1441) als *Trephinawe* bezeugt ist. Daneben kommt als alter Name noch *Säligenstadt* vor, wie sich 1273 (Kop. von 1587) überliefert findet; dies wiederum wurde nach 1277 (Kop. von 1449/50) als *... de felici civitate* 'von der seligen Stadt' übersetzt. Ca. 1583 schrieb Apian: *Neostatum urbs ... Anno 1273 translata ex oppido Salingstadio, ubi nunc pagus Heiligstat cubat, ad arcem Thraephunum, quae nunc Neostadium vocatur* 'die Stadt Neostatum ... im Jahr 1273 verlegt von der Stadt Salingstadium, wo jetzt das Pfarrdorf Heiligstat liegt, zur Burg Thraephunum, die jetzt „Neostadium" genannt wird'. Gw. des ältesten Namens des Ortes ist mhd. *ouwe, owe*, ↗-*au* 'von Wasser umflossenes Land', hier wohl im Sinn von 'vom Wasser geschützte Burg'. Das Bw. wird mittels *Treppe* erklärt, aber es bestehen lautliche Schwierigkeiten, da die zu den alten Formen passenden Appellativa *trepfe* u.a. erst ab dem 16. Jh. im Mittel- und Niederdeutschen begegnen. Grundwort des nächsten Namens ist mhd. ↗-*stat* 'Ort, Stelle, Stätte', Bestimmungswort das Adj. *saelic* 'glücklich'. Das Bestimmungswort des heutigen Namens, mhd. *niuwe* 'neu', weist auf die Neuanlage der Stadt im 13. Jh. Die Lokalisierung bezieht sich auf die Lage an der Donau. **IV.** U. a. Neustadt a.d. Waldnaab; Neustadt am Kulm, Lkr. Neustadt a.d. Waldnaab; ↗Neustadt b. Coburg, Lkr. Coburg; alle BY.**V.** HHS 7/1; Reitzenstein 2006. *WvR*

Neustadt a. d. Saale, Bad **I.** Stadt im Lkr. Rhön-Grabfeld, 15 669 Ew., (auch gleichnamige VG, 12 575 Ew.) an der Fränkischen Saale, Reg.-Bez. Ufr.,

BY. 742 wird der Ortsteil *Brend* (Brendlorenzen) erstmals genannt. Ob im 9. Jh. auch an der Stelle der heutigen Altstadt bereits eine Siedlung zu finden war, ist trotz umfangreicher Ausgrabungen noch nicht abschließend geklärt. In der Gegend der Stadt errichtete 790 Karl der Große die Pfalz Salz, deren genaue Lage aber nicht mehr bekannt ist. Im Jahre 878 wurde ein Ort *Oberselz* erstmals urk. genannt. Es wird vermutet, dass sich hinter der Bezeichnung das heutige Bad Neustadt verbirgt. Die ma. Stadtmauer ist noch h. rundum erhalten. Bis zur Säkularisation würzburgisch, 1814 bayerisch. **II.** 1778 *Neustadt.* **III.** Gw. ist *-stat*, ↗*-statt/-stedt/-stätten/-stetten*, Bw. das Adjektiv *neu*, das vielleicht eine Neuanlage bezeichnete. **V.** HHS 7/2; Reitzenstein 2009. *RB*

Neustadt a. d. Waldnaab I. Kreisstadt und gleichnamige VG (seit 1973 mit den Gem. Kirchendemenreuth, Püchersreuth, Störnstein, Theisseil und Markt Parkstein), 7499 Ew., 7 km n von Weiden i.d.OPf. an der Mündung der Floß in die Waldnaab, Reg.-Bez. Oberpfalz, BY. Stadtgründung vor 1218 in der Gemarkung von Mühlberg (ca. 1,5 km nw von Neustadt) an wichtiger Handelsstraße nach Böhmen, 1353 Herrschaft Störnstein-Neustadt an böhm. König verkauft, bis 1575 Besitz der böhm. Krone, 1806/07 alle Rechte von Fürsten von Lobkowitz an Bayern abgetreten, Glasindustrie seit dem 19. Jh. **II.** 1218 *Nouam ciuitatem* [Or], 1261 *Niwenstat* [Or], 1329 *Neunstat* [Or]; *zur Newstat gelegen an der Waldtnab* [Or] (1490). **III.** Das Gw. mhd. *stat* 'Stadt' (↗*-statt*) ist mit dem Bw. mhd. *niuwe* 'neu' (im Dat. Sg.) verbunden. Die Gf. **(ze dër) Niuwenstat* bezeichnete eine neugegründete Stadt im Verhältnis zu einer älteren Siedlung, hier *Altenstadt a. d. Waldnaab* (um 1285 *in Antiqua Ciuitate*). Seit dem 15. Jh. wird als Gw. auch deminutives *stätlein* verwendet (1436 *Neuenstetlein*). Im selben Jh. erscheint das Bw. erstmals ohne Flexiv *-(e)n*. Der Zusatz *a.d.Waldnaab* dient der Unterscheidung von anderen gleichnamigen Orten. **IV.** ↗Neustadt a. d. Aisch, Lkr. Neustadt an der Aisch-Bad Windsheim, Reg.-Bez. Mittelfranken; ↗Neustadt a. d. Donau, Lkr. Kelheim, Reg.-Bez. Niederbayern, beide BY. **V.** Keyser / Stoob II; Reitzenstein 2006. *WJ*

Neustadt am Rübenberge I. Stadt in der Region Hannover, 45 375 Ew., an der Leine ö des Steinhuder Meeres, Reg.-Bez. Hannover (bis Ende 2004), NI. Um 1215 von den Grafen von Wölpe gegründet, seit 1302 welfisch; die Burg bzw. das Schloss häufig Residenz der Grafen bzw. der welfischen Herzöge; Sitz des Amtes bzw. des gleichnamigen Kreises (bis 1974), bis 2001 im Lkr. Hannover; keine Stadtrechtsurkunde (erst 1825 Stadtrecht), aber der Gebrauch des Bremer Rechtes nachgewiesen. **II.** 1215 *Nova Civitate* [Or], 1347 *Nygenstad*, 1436 *Nienstadt vor dem Röuwenberge*; *Neustatt am Rübenberge* (1612). **III.** Bildung mit dem Gw. ↗*-stedt* und dem flektierten Adj. mnd. *nīe* 'neu'. Der ON erscheint zunächst in lat. Übersetzung. Im 16. Jh. treten die hd. Formen *Neu-* und *-stadt* ein. Der Zusatz begegnet seit dem 15. Jh. und ist mit dem Gw. ↗*-berg* sowie dem flektierten Adj. mnd. *rū, rūwe* 'rauh; zerklüftet; uneben' gebildet. Er bezieht sich auf die leichte Erhöhung an der Leine. **IV.** Neustadt a.d. Aisch, Lkr. Rhön-Grabfeld; ↗Neustadt a.d. Donau, Lkr. Kelheim, beide BY. **V.** Boetticher, A. von: Urkundenbuch des Neustädter Landes. 2002–2008; HHS 2; Nds. Städtebuch; NOB I. *UO*

Neustadt an der Orla I. Stadt und Erfüllende Gem. im Saale-Orla-Kreis, sö Jena im Ostteil der Orlasenke, 9633 Ew., TH. An Fernstraße von Saalfeld nach Gera entstand etwa Mitte 12. Jh. Kaufmannssiedlung in Anlehnung an dörfliche Neusiedlung, planmäßige Stadtanlage nach 1200; seit 19. Jh. Tuch- und Lederwarenproduktion; h. mittelständisches Gewerbe. **II.** 1120 *Nova Villa*, 1287 *Nova Civitas*, 1291 *Nuenstat*, 1331 *bi der Nuwenstad*, 1480 *Nawenstad*; *Newstat an der Orle* 1523. **III.** Die urk. Überlieferung zeigt zunächst lat. den ON *Neudorf*, dann *Neustadt*, in d. Form schließlich als 'bei/zu der neuen Stadt' (1291); im 15. Jh. auch md. Schreibung *Nawen-* [au], vgl. den md. ON *Naundorf*; durchgesetzt hat sich hd. *Neu-*. Der Zusatz *Orla* dient der Unterscheidung von anderen ON *Neustadt* in BY und SN. Der GwN *Orla*, 1192 *Orlah*, 1480 *an der Orla*, 1521 *an der Orle*, ist wohl schon vorgerm. Herkunft. Es handelt sich dabei um eine Bildung zu einer idg. Wurzel **h₃er-* 'sich in (Fort-)Bewegung setzen' (LIV). Der GwN zeigt ein *-l-*Suffix und lautete in voreinzelsprachlicher Zeit etwa *Orula. Daraus entwickelte sich germ. *Arula. Nach Übernahme ins Slawische entstand gesetzmäßig asorb. *Orъla, was letztlich zu d. *Orla* führte. Der Vokalwechsel erklärt sich durch gesetzmäßig idg. *o* > germ. *a* sowie germ. *a* > slaw. *o* und germ. *u* > slaw. *ъ* – entspricht ultrakurzem *u* –, wobei letzteres um 1000 in dem GwN gänzlich schwand. Der GwN ist ganz sicher von den Slawen im Orlagau verwendet worden, semantisch aber vielleicht mit slaw. *orьlъ 'Adler' volksetymologisch in Verbindung gebracht worden. Es kann evtl. eine aso. GwN-Form **Orl'a* gegeben haben, die aber auch bei Übernahme ins D. *Orla* ergeben hätte. Die Schreibung 1192 *Orlah* lässt erkennen, dass die urspr. Bedeutung des GwN längst nicht mehr verstanden wurde. Daher erfolgte zur Verdeutlichung, dass es sich um den Namen für ein fließendes Gewässer handelt, die Angleichung an die alten ↗*-aha¹*-Namen, verkürzt zu *-ach*, geschrieben <*ah*>. 1521 *Orle* bietet die Schreibung nach der Aussprache mit Abschwächung des auslautenden *-a* zu *-e* [ə]. **IV.** Vgl. ↗Neustadt a. d. Aisch, ↗Neustadt b.

Coburg, Lkr. Coburg, beide BY, ↗Neustadt an der Weinstraße, RP; Neustadt i. Sa., Lkr. Sächsische Schweiz-Osterezgebirge, SN; GwN *die Arl*, zur Salzach bei Salzburg, A, 930 Arla. **V.** UB Host. Halberstadt I; Krahe; Eichler Beiträge; SNB; Berger. *KH*

Neustadt an der Weinstraße **I.** Kreisfreie Stadt, 53 658 Ew., an der Deutschen Weinstraße w von der Haardt, dem ö Rand des Pfälzerwaldes, Vorderpfalz, RP. Planmäßige Anlage der Siedlung in der 2. Hälfte des 12. Jh. vom Pfalzgrafen bei Rhein neben dem älteren Winzingen. 1275 Stadtrecht. Im 16. Jh. Gründung einer calvinistischen theologischen Hochschule. 1832 „Hambacher Fest" auf dem Schloss im seit 1969 eingem. Hambach. Von 1945 bis 1968 Sitz des Reg.-Bez. Pfalz, h. Zentrum des Weinbaus und der Weinverabeitung in RP. **II.** Um 1200 *Nyestath*, 1235 *ciues oppidi noue Ciuitatis*, 1299 *ze der Niwenstat*, 1318 *Johanse von der Nuwen Stat*; *Neustadt an der Hardt*, ... *auf dem Wasingen*, ... *an der Speierbach* (1786). **III.** Das Bw. ist ↗*Neu(en)*-, mhd. *niuwe(n)/nûwe(n)*, und das Gw. wird durch ↗*-statt/-stedt/-stätten/-stetten* gebildet. Die Deutung des urspr. ON wäre somit 'neuer Siedlungsplatz, neue Siedlung'. Der Zusatz *an der Weinstraße* wurde erstmals 1935 vergeben, von 1945 bis 1950 heißt die Stadt erneut *Neustadt an der Haardt*, seit 1950 *Neustadt an der Weinstraße*. **IV.** Neustadt (Wied), Lkr. Neuwied, Neustadt/Westerwald, Westerwaldkreis, beide, RP; ↗Neustadt a.d. Donau, Lkr. Kelheim, Neustadt b. Coburg, Lkr. Coburg, beide BY, u.a. gleichlautende ON in D. **V.** Archiv für mittelrheinische Kirchengeschichte 7. Mainz 1955; HHS 5; HSP. *JMB*

Neustadt b. Coburg **I.** Stadt im Lkr. Coburg, 16 109 Ew., Reg.-Bez. Oberfranken, BY. Wohl planmäßige Gründung der Edlen von Wohlsbach im 11./12. Jh. bei einer Zollstätte am nordwestlichen Rand des Obermainischen Hügellandes am Muppberg, wahrscheinlich mit älterer Vorgängerin unbekannten Namens, 1248 Wechsel der Landesherrschaft von den Herzögen von Andechs-Meranien an die Grafen von Henneberg, Mitte 14. Jh. an Wettiner; 1920 an Bayern, als „bayerische Puppenstadt" bekannt. **II.** 1248 *forum quod dicitur Nůwensthat [Or]*, 1273 *Nuwenstat ... super Miricam [Or]*, 1279 *de noua Ciuitate [Or]*; *Neustadt bei Coburg* (1921). **III.** In dem ON verbindet sich das Gw. ↗*-statt/stadt* mit dem Adj. *neu* (im lokativischen Dat. Sg.). Bis ins 14. Jh. zeigen die Belege die auch im obd. Sprachraum nicht seltene Variante *Nuwen*-, seit dem 14. Jh. diphthongierte Formen wie *Newen*-, die mhd. *niuwe* entsprechen, seit dem 15. Jh. Formen mit endungslosem *New-/↗Neu-* auf, die zur h. amtlichen Namenform geführt haben. **IV.** Bad Neustadt a. d. Saale, Lkr. Rhön-Grabfeld; Neustadt a. Main, Lkr. Main-Spessart; ↗Neustadt a. d. Aisch, Lkr. Neustadt a.d.Aisch-Bad Windsheim; ↗Neustadt a. d. Donau, Lkr. Kelheim; Neustadt a. Kulm und ↗Neustadt a. d. Waldnaab, Lkr. Neustadt a.d. Waldnaab, alle BY. **V.** Bachmann, H.: Neustadt b. Coburg. In: HHS Franken; Graßmuck, H.: Die Ortsnamen des Landkreises Coburg ..., Diss. Erlangen 1955; Reitzenstein 2009. *DF*

Neustadt i. Sa. **I.** Stadt im Lkr. Sächsische Schweiz-Osterzgebirge, 14 203 Ew, SN, im Neustädter Tal, zwischen Lausitzer Bergland und Elbsandsteingebirge. Gegr. von Freiberger Bergleuten, Stadtgründung nach 1300, bis 1989 Zentrum des Landmaschinenbaus. **II.** 1333 *zuo der Nuwenstad*, 1423 *(die) Newenstat*, 1446 *Nawstad*. **III.** Bildung mit dem Gw. *-stadt*, ↗*-statt*, im Bw. steht das Adj. mhd. *niuwe*, in dessen Überlieferung die md. Form *nau-* (vgl. ↗*Naunhof*) mit der obd. *neu* wechselt, diese ging ins Nhd. ein. **IV.** BY: ↗Bad Neustadt an der Saale, ↗Neustadt an der Aisch, ↗Neustadt an der Waldnaab u.a.; BB: Neustadt (Dosse); NRW: ↗Neustadt am Rübenberge; RP: ↗Neustadt an der Weinstraße; SH: ↗Neustadt in Holstein; TH: ↗Neustadt an der Orla. **V.** HONS II; SNB. *EE,GW*

Neustadt in Holstein nd. Niestad **I.** Amtsfreie Stadt im Kr. Ostholstein, 16 535 Ew., mit Hafen an der Lübecker Bucht, Naturschutzgebiet Neustädter Binnenwasser, SH. 1244 von Graf Adolf IV. von Holstein als Ersatz für das ungünstig gelegene Altenkrempe gegründet. Obwohl Neustadt nicht zur Hanse gehörte, war der Hafen für dän. und holländische Schiffe bedeutende Anlaufstelle, 1945 wurden die Cap Arcona und die kleinere Thielbek mit Häftlingen des KZ Neuengamme von alliierten Flugzeugen versenkt (eine der drei verlustreichsten Katastrophen der Seefahrt). Marina- und Jachthafen, Deutschlands älteste Fischerinnung, 1973 staatlich anerkanntes Seebad, Gesundheitstourismus, Reederei, Cap Arcona-Museum, Fischereimuseum, Kremper Tor. **II.** 1226 *de nighe stad by der Crempen*, 1259 *Noua Crempa [Or]*, 1358 *tor Nygen Krempen*, 1375 *opidum Nygestad*. **III.** *Neuenkrempe*, das im Laufe der Zeit durch den heutigen Ortsnamen *Neustadt* ersetzt wurde, geht zurück auf die apolb. Bildung **krapina*, die sich aus dem urslaw. Wortstamm **krop-*, allgemein für 'Wasser', und dem Suffix *-ina* (↗*-in*) zusammensetzt, so dass der Name auf die in das Binnenwasser bei Neustadt mündende Kremper Au verweist. Nasalierung von **krapina* und **krop-* wurde zu /m/ assimiliert. Nicht ganz auszuschließen ist eine Herleitung vom apolb. PN **Krap*. **V.** Laur; Haefs; HHS 1. *GMM*

Neustadt-Glewe **I.** Stadt und gleichnamiges Amt (mit Blievenstorf und Brenz) im Lkr. Ludwigslust,

7718 Ew., an der Elde (zur Elbe) und am Rande des Landschaftsschutzgebietes Lewitz, ca. 30 km s Schwerin, 15 km nö von Ludwigslust, MV. Anfang 12. Jh. slaw. Dorf, Ende 12. Jh. Burg samt Siedlung der Grafen von Schwerin bezeugt, lat. Ersterwähnung 1248, um 1300 Stadt- und Siegelrecht, im 16. Jh. Eisenschmelzhütte, Pulvermühle und Eisenhammer, 1717 Fertigstellung des Schlosses, zu Mecklenburg-Schwerin, 1987/88 Entdeckung von Thermalwasser, seit 2003 Erdwärmekraftwerk. **II.** 1248 apud *Nouam Ciuitatem*, 1253 ad *Nouam Ciuitatem Chlewa*, 1265 *in Noua Ciuitate … Ghiwe*, 1317 *Nyenstat*, 1337 *Nigestat*. **III.** Neustadt: Zu diesem ON gibt es in Deutschland bzw. Europa viele ältere Vorbilder und verwandte Bildungen: Im Bw. steht ↗*Neu(en)*-, mnd. *ni(g)e*, das Gw. wird durch ↗*-statt/-stedt/-stätten/-stetten* gebildet. In der Regel wird dieser ON im Hinblick auf eine nahe liegende ältere Siedlung gewählt. Glewe: Der urspr. apolb. ON **Chlěva,* Chlěve*, der h. im zweiten Teil der Namenszuss. steht, ist verm. ein pluralisches Simplex zum App. **chlěv* 'Stall'. Die Stadt ist Mitglied einer großen europäischen Städtepartnerschaft („Neustadt in Europa"), die 36 Städte und Gem. mit einem Namen in der Bed. 'neue Stadt' umfasst. **IV.** U. a. ↗Neustadt (Dosse), Lkr. Ostprignitz-Ruppin, BB; Neustadt an der Orla, Saale-Orla-Kr., TH; ↗Bad Neustadt an der Saale, Lkr. Rhön-Grabfeld, BY; ↗Neustadt an der Weinstraße, RP; Kleverhof, OT von Altkalen, Lkr. Güstrow, MV. **V.** HHS, Bd. 12; MUB I, II; EO; Trautmann ON Meckl.; Eichler/Mühlner. *MN*

Neustettin // Szczecinek [ʃt͡ʂeˈt͡ɕinɛk], kasch. Nowé Sztetëno, schwed. Nien Stettin **I.** Kreisstadt im gleichnamigen Kr. (Powiat szczecinecki), 38 234 Ew., im ö Teil der Woi. Westpommern, PL. Zwischen zwei Seenlandschaften gelegen (Draheimer und Neustettiner Seenplatte // Pojezierze Drawskie und Pojezierze Szczecineckie) sowie zwischen dem Streitzigsee // Jezioro Trzesiecko und dem Vilmsee // Jezioro Wielimie, die durch den Nisedop // Nizica (anders Niezdobna) verbunden sind. 1939 Kreisstadt im Reg.-Bez. Grenzmark Posen-Westpreußen; Woi. Szczecin (1946–1950), Koszalin (1950–1998), Westpommern (seit 1999). **II.** 1295 *Nigen Stettin*, 1295 *Stitna*, 1389 *Nuwestetyn*, 1423 *Nuwe Stettin*, 1460 *kleynen Stettin*, 1537 *Nyenstettin*, 1539 *Nigenstettin*, *Nienstettin*, 1547 *Neuen Stettin*, 1618 *Newen Stettin*, 1780 *Neu Stettin*, 1789 *Neu Stettin*, 1890 *Szczecinek* oder *Nowy Szczecin*, d. *Neustettin*, 1951 *Szczecinek – Neustettin*, 1982 *Szczecinek, -nka*, 2002 *Szczecinek (Nowy Szczecin) – Neustettin*. **III.** Der slaw. ON **Novъjь Ščetinъ* ist zusammengestellt aus dem Adj. **novъjь*, poln. *nowy* 'neu' und dem ON **Ščetinъ*, ↗*Stettin // Szczecin*. Das erste Glied hat in erstmaliger Schreibung die Form des mnd. Adj. *nie, nige, nigge*, d. ↗*neu*; im 15. Jh. auch mit adj. Glied *klein* notiert. In späteren Belegen nimmt das differenzierende Glied sowohl d. als auch poln. Gestalt an. Nach 1945 wurde *Szczecinek*, der mit dem deminutiven Suffix *-ek* von *Szczecin* abgeleitete Name (bekannt seit 19. Jh.), amtlich eingeführt. Adj. *szczecinecki*. **IV.** Neu-Berlin // Barlinek, Woi. Westpommern, PL. **V.** Rospond 1984; RymNmiast; RzDuma I. *BA*

Neustrelitz I. Kreisstadt des Lkr. Mecklenburg-Strelitz, 21 669 Ew., Verwaltungssitz des Amtes Neustrelitz-Land, zwischen dem Müritz-Nationalpark und dem Naturpark Feldberger Seenlandschaft, ca. 30 km s von Neubrandenburg, MV. Ursprünge sind Strelitz und das slaw. Dorf Glienicke. Strelitz erhält 1349 Stadtrecht, durch die Teilung Mecklenburgs 1701 wird Strelitz Residenzstadt, Ausbau der Burg zum Residenzschloss, 1733 wird die Stadt Neustrelitz als neue Residenzstadt gegründet, ab 1815 Residenzstadt des Ghztm. Mecklenburg-Strelitz, ab 1919 Landeshauptstadt im Freistaat Mecklenburg-Strelitz mit eigenem Landtag und Landesbibliothek, bis ca. 1927 Schifffahrt und Hafenwirtschaft, 1931 wird die Stadt Strelitz (als OT Strelitz Alt) nach Neustrelitz eingemeindet. Seit 1992 Fachabteilung der Deutschen Forschungsanstalt für Luft- und Raumfahrt, h. ausgebauter Dienstleistungssektor sowie mittelständische Unternehmen, Schlossgartenfestspiele. **II.** Alt-Strelitz: 1278 *Strelitz* (Kop.), 1316 *Strelitz*, 1329 *Streliz*; *Neustrelitz* (1733). **III.** Übertragung der Tätigkeitsbezeichnung slaw. **Strěci* 'Schützen' auf den Ort, möglicherweise als Bezeichnung einer Dienstsiedlung, wie es sie im MA in Ostmitteleuropa mehrfach gab. Die Bedeutung des ON lässt sich somit als 'Ort der Schützen, wo die Schützen wohnen' rekonstruieren. Den Zusatz ↗*Neu-* erhielt die neu geplante und errichtete Residenzstadt zur Abgrenzung vom benachbarten alten Dorf. **IV.** Groß Strehlitz // Strzelce Opolskie (1139 *Strelci*), PL. **V.** MUB II, VI; EO; Trautmann ON Meckl.; Lübke, Ch.: Arbeit und Wirtschaft im östlichen Mitteleuropa: Die Spezialisierung menschlicher Tätigkeit im Spiegel der hochmittelalterlichen Toponymie in den Herrschaftsgebieten von Piasten, Přemysliden und Arpaden. Stuttgart 1991; Eichler/Mühlner. *MN*

Neu-Titschein // Nový Jičín [ˈnoviː ˈjɪt͡ʃiːn] **I.** Kreisstadt, 25 939 Ew., in Nordostmähren, Zentrum des sog. Kuhländchens, Mährisch-Schlesischer Bezirk (Moravskoslezský kraj), CZ. Gegründet im 13. Jh. nach d. Recht als Stadt an der Stelle eines älteren slaw. Bauerndorfes an der Handelsstraße nach Polen in der Nähe der um 1200 von Arnold von Hückeswagen (Rheinland) erbauten Burg *Gyczin* (= *Alt-Titschein // Starý Jičín*). 1354 Bestätigung des Stadtrechts. Im 15. Jh. freie Kammerstadt, utraquistisch, 1621 zerstört. Schloss mit Rundturm. Post im 16. Jh.

Nach 1620 massive Rekatholisierung. Seit dem 18 Jh. Tuchmacher-, (seit 1799) Hutmacher- und Gerberstadt, landwirtschaftlicher Maschinenbau. Wertvoller Stadtkern. **II.** 1354 *Thyczin* [Or]; 1377 *Gicyn* (lies *Jičín*) [Or]; 1382 *Tyczscheyn*; 1397 *Novoticzin*; 1585 *Nowy Jiczin*; 1621 *Newitschein*; 1751 *Neutitschein*. **III.** Wie *Tetschen* reflektiert auch *(Neu* und *Alt) Titschein* einen atschech. ON, der sich wie **Děčín*, ↗Tetschen, rekonstruieren lässt. Bei der Endbetonung wird aus dem tschech. Suffix *-ín* d. *-ein*: *Titschein*, vgl. *Hněvotín > Nebtein*, *Bělotín > Beltein*. Burgstätte und Stadt werden im ON durch Attribute *Alt* und *Neu* unterschieden. **IV.** Děčín (> *Tetschen*, ↗Tetschen-Bodenbach), Jičín in Böhmen, CZ. **V.** HŠ 1; SchOS; LŠ. HSBM. *RŠ*

Neutraubling **I.** Stadt im Lkr. Regensburg, 12 641 Ew., ca. 10 km ö von Regensburg, Reg.-Bez. Oberpfalz, BY. Neutraubling ist eine Neugründung des 20. Jh. Die heutige Stadt entstand auf dem Gelände eines 1944/45 zerstörten Militärflughafens und entwickelte sich nach Kriegsende aus einer Vertriebenensiedlung. 1986 erfolgte die Erhebung der Gem. zur Stadt. **III.** Moderner SiN, gebildet aus ↗*Neu*- und dem aus ↗*-ing*-Suffix und wahrscheinlich dem gall. BeiN **Trougo-bitus* 'der ein trauriges Leben hat' bestehenden *Traubling*. **IV.** ↗Obertraubling. *MP*

Neu-Ulm **I.** Große Kreisstadt des Lkr. Neu-Ulm, 52 866 Ew., Donaustadt an der Landesgrenze zu BW, Verwaltungssitz des gleichnamigen Lkr., Regierungsbezirk Schwaben, BY. Entstanden aus den 1810 Bayern zugeschlagenen und Ulm an der Donau gegenüber liegenden Siedlungen, 1869 zur Stadt erhoben, nach Gebietsreform 1972 Große Kreisstadt, Hochschule (z. Zt. ca. 2000 Studenten), vorwiegend verarbeitendes Gewerbe und Handel. **II.** Urspr. Siedlungsname 1255 *Swaichoven*, 1323 *Schwaikhofen*. 1812 *Ulm diesseits* [Or], 1813 *Neuulm* [Or]; *Neu-Ulm* (1814). **III.** Der urspr. Siedlungsname geht zurück auf mhd. *sweighof* 'Hof, auf dem viel Vieh gehalten und Käse bereitet wird'. Das Zustandekommen der Ortsnamen *Neuulm* bzw. *Neu-Ulm* ist als Folge des Pariser Staatsvertrags zu sehen: Während Ulm am linken Donauufer Württemberg zugeschlagen wird, fallen die Ulm am rechten Donauufer gegenüber liegenden Siedlungsgebiete Bayern zu. Das Bestimmungswort *Neu*- im Ortsnamen dient zur Unterscheidung von der zu Württemberg gehörenden Stadt. Zur auf Gewässernamen zurückgehenden Etymologie von Ulm vgl. ↗Ulm. **IV.** ↗Ulm, BW; Ulm, OT von Greifenstein, Lahn-Dill-Kreis, HE. **V.** Berger; Reichardt, L.: Ortsnamenbuch des Alb-Donau-Kreises und des Stadtkreises Ulm. Stuttgart 1986; Reitzenstein 1991. *JCF*

Neuwied **I.** Verbandsfreie Kreisstadt im Lkr. Neuwied, 64 885 Ew., am r. Rheinufer, nw von Koblenz, s des Westerwalds, RP. Durch das h. Stadtgebiet führte ein Abschnitt des röm. Limes, der hier durch Kastelle gesichert wurde. Im MA zum Engersgau, dessen Grafen sich seit Mitte 12. Jh. Grafen von Wied (mit Sitz auf Burg Altwied) nannten. Neuwied erst 1646 gegr.1653 Stadtrechte und Residenzort. Rheinhandel, Freistätte für hier siedelnde Religionsflüchtlinge, frühe Industrialisierung (Stahlwerke, Bimsstein). 1806 an Hztm. Nassau, 1815 an Preußen (Rheinprovinz). **II.** Altwied: 1092 *Uuida*, 12. Jh. *de Wide*, *de Widhe*, 1145 *Wetha*, 1153 *de Weda*; 13. Jh. *Wiede*, *de Wieden*, *de Wede*, 1201 *de Witha*, 1216 *Withe*, 14./15. Jh. *de Wede*, *van Wede*, 1306 *Nederwede*, *Aldewede*, *Altenwede*, 1533 *Alten Widde*, 1603 *Aldenwied*. **III.** Die 1646 gegr. Stadt wird durch den unterscheidenden Zusatz ↗*Neu(en)*- von dem bereits 1092 bezeugten Altwied (↗*Alt(en)*-) unterschieden. Beide Orte enthalten den Namen der Wied, des Flusses, an dem sie liegen: 857 *in Uuida et per Vuida sursum*, 1250 *super Wiedam*, 1263 *super Widam*, 1300 *wasser ... de Weide*, 1344 *uber die Bach oder wasser der Wyde*, 1449, 1553 *de, die Wiede*. Der FluN wird auf vorgerm. (alteurop.) **u̯idā*, eine Abl. von (idg.) **u̯eid*- 'drehen, biegen' zurückgeführt und mit den auffälligen Flusswindungen der Wied in Verbindung gebracht. **IV.** Wied, Westerwaldkreis, RP. **V.** Faust, M.: Rechtsrheinische Zuflüsse zwischen den Mündungen von Main und Wupper. Wiesbaden 1965; Schmid, W. P.: *VIDIVARII*. In: Sprach- und Kulturkontakte im Polnischen. Gesammelte Aufsätze für A. de Vincenz zum 65. Geburtstag. München 1987; Greule, DGNB. *AG*

Neverin **I.** Gem. und (mit elf weiteren Gem.) gleichnamiges Amt im Lkr. Mecklenburg-Strelitz, 9384 Ew., unmittelbar nö an Neubrandenburg angrenzend, MV. Zu Mecklenburg-Strelitz, nach dem Deutsch-Französischen Krieg 1870/71 wirtschaftlicher Aufschwung sowie Ausbau der Landwirtschaft. Im OT Trollenhagen befindet sich der Flughafen Neubrandenburg. **II.** 1385 *tho Neueryn*, 1469 *Neuerien*, 1652 *Neverin*. **III.** Dem ON liegt ein apolb. unechter zweigliedriger VN oder ZN **Nevěr* mit einem poss. Suffix ↗*-in*, zugrunde. Die Bedeutung des ON lässt sich als 'Ort des Nevěr' rekonstruieren. Der Name geht auf die slaw. Verneinungspartikel *ne*- 'nicht' im Erstglied sowie **věr*- im Zweitglied zurück, einer Form von slaw. **věriti* 'glauben'. **IV.** Nevern, OT von Neukloster, Lkr. Nordwestmecklenburg; Neverow, OT von Dargen, Lkr. Ostvorpommern, beide MV. **V.** MUB XX; EO; Trautmann ON Meckl; Heinemann, O.: Geschichte des Geschlechts von der Lancken. 1. Bd. Stettin 1908; Neubrandenburger Mosaik 1975. O. O. 1975; Nauschütz, S.: Neverin-Glocksin. Chronik. Neverin 2000. *MN*

Nidda I. Stadt im Wetteraukreis, 17 723 Ew., im Niddatal sw des Vogelsbergs, Reg.-Bez. Darmstadt, HE. Der h. Ort (mit Siedlungsspuren spätestens seit der Bronzezeit) dürfte im Kern auf den fränk. Landesausbau im 6./7. Jh. zurückgehen. Ersterwähnung Anf. 9. Jh.: überliefert ist eine Schenkung in Nidda an Kloster Fulda. Im 11. und 12. Jh. im Besitz der Grafen von Nidda, seit ca. 1200 der von Ziegenhain, 1311 Stadtprivileg, seit 1450 Landgft. Hessen, 1604 Hessen-Darmstadt, 1945 Hessen; 1970–72 um 17 Gem. erweitert. **II.** (802–817) *Nitaha* (Kop. um 1160), 1277 *Nidehe*, 1387 *Nydda* [beide Or]; FluN: 782, 800 *(fluuium) Nitta, Nidda* (beide in Kop. Ende des 12. Jh.), (802–817), 817 *Nitehe, Nita* (Kop. um 1160), 1307 *Nyda* [Or]; Gauname: um 770 vielfach *Nitachgouue* (Kop. Ende des 12. Jh.). **III.** Der zum ON gewordene FluN führt zurück in die von Krahe erschlossene alteurop. Hydronymie: von der idg. Wz. *neid*- 'fließen' (ai. *nēdati* 'fließt') und von deren Schwundstufe *nid*- sind viele europ. FluN abgeleitet, von letzterer (über das Fem. *nidā* 'fließendes Wasser') auch dieser. Er begegnet schon im 2./3. Jh. als (durch lat. Inschriften bezeugter) Name der bedeutenden röm. Kastellstadt Nida am Unterlauf (!) der Nidda (h. Frankfurt-Heddernheim) und seit dem 8. Jh. auch im Namen des ebenfalls an der unteren Nidda gelegenen (und nach dieser, nicht nach der Römerstadt benannten!) karolingischen (Nidda-)Gaues. Er ist nicht germ. (stammt wohl aus dem Kelt.), da er nicht die germ., allenfalls die hd. Lautverschiebung (*d* > *t*) erkennen lässt, wobei die Belege mit -*d*- entweder Nichtverschiebung (wie rhfrk. häufig) oder schon Konsonantenschwächung anzeigen; die (wohl zunächst phonet., später rein graphische) Gemination hat sich verm. durch Verlegung der Silbengrenze in das folgende -*t*- (und so bewirkte Erhaltung der Vokalkürze) ergeben. Im Ahd. ist dem urspr. FluN (wie bei anderen einstämmigen FluN) ein (sekundäres) ↗ -*aha* 'fließendes Wasser' angefügt worden, das später zu -*ehe* abgeschwächt bzw. zu -*a* kontrahiert wurde. **IV.** Nidder, Nfl. der Nidda, HE; Nied, Nfl. der Saar, SL; Neath (ON, FlN = kymr. Nêdd) in Wales. **V.** CE; CL; Reimer 1891; Krahe. *HGS*

Niddatal I. Stadt im Wetteraukreis, 9229 Ew., zwischen Taunus und Vogelsberg, Reg.-Bez. Darmstadt, HE. Gegr. 1970 durch Zusammenschluss der Gem. Assenheim, Bönstadt und Ilbenstadt zur Stadt, der sich 1971 noch Kaichen anschloss. **III.** Der neue ON ist aus einem Landschaftsnamen gewonnen, wobei gerade Fluss-Tal-Namen zu Modenamen der Gebietsreform wurden. Zum Bw. ↗ *Nidda*. **IV.** Wohratal, HE; Schwalmtal, NRW. **V.** Debus / Schmitz. *HGS*

Nidderau I. Stadt im Main-Kinzig-Kreis, 19 894 Ew., in der s Wetterau im unteren Niddertal, Reg.-Bez. Darmstadt, HE. Entstanden 1970 durch Zusammenschluss der Stadt Windecken und der Gem. Heldenbergen, dem 1972–1974 noch 3 Gem. beitraten. Die h. OT (mit Bodenfunden seit dem Neolithikum) sind seit dem 6. Jh. durch die Franken (neu)begründet worden, haben bis ins Hochmittelalter noch viel Reichsgut und geraten dann unter den Einfluss der Burg ↗ Friedberg (Heldenbergen) bzw. (die übrigen) der Grafen von ↗ Hanau; so fiel Heldenbergen 1806 an Hessen-Darmstadt, die übrigen 1736 an Hessen-Kassel, 1866 an Preußen. **II.** Bw.: Anfang 9. Jh. *inter Nitorne* [FluN?] *et* … 1016 *inde in Nitorn* [nach Haas FluN] (jeweils Kop. um 1160), 1090 *in Nithorne* [ON] (F. zwischen 1195 und 1286), 1333 *uf dem Nidoren* [Or], 1393 *den Niddern* (Kop. 1429). **III.** Das Bw., der Name der *Nidder* (auch ON einer späteren Wüstung), beruht wie der Name der *Nidda* (deren r. Nebenfluss die *Nidder* ist) auf der vspr. alteurop. GwNgebung, d.h. der idg. Wz. *neid*-/ *nid*- 'fließen', ist aber dann (ähnlich wie andere alteurop. GwN) durch ein *r*-Suffix mit Zwischenvokal und noch ein *n*-Suffix zu alteurop.*Nidurna* erweitert worden (Krahe). Ahd. *Nitorn(e)* zeigt die vorahd. Brechung des (wohl auch vor urspr. silbischem *r* entstandenen) *u* > *o* und schon die Tendenz zur Nebensilbenabschwächung, die sich im Mhd. verstärkt (zu ahd. *t*, mhd., nhd. *dd* ↗ Nidda). Der neue ON der Gebietsreform zeigt ein häufiges Bildungsmuster: die Zuss. FluN + passendes Gw, hier mit dem beliebten ↗ -*au*. **IV.** ↗ Niddatal, Main-Kinzig-Kreis, HE. **V.** CE; Reimer 1891; Mainzer UB I; Sperber; Haas, Th.: Alte Fuldaer Marktbeschreibungen. In: Fuldaer Geschichtsblätter 14 (1920); Bach DNK; Krahe. *HGS*

Nideggen I. Stadt im Kreis Düren, 10 772 Ew., in der Nordeifel auf hohen Sandsteinfelsen über der Rur, Reg.-Bez. Köln, NRW. Ursprung der Siedlung ist eine Höhenburg (nach 1177) der Grafen von Jülich, Stadtrecht 1313, zeitweilig Residenz der Grafen bzw. Herzöge von Jülich (bis 1383), Amtssitz, 1542 Zerstörung im Geldernschen Krieg, Burg und Stadtmauer nach Kriegsschäden 1944/45 restauriert. **II.** Vor 1190 (Handschrift um 1188) *Nydeche*, 1201 *de Nidekke* [Or], 1225 *Nidecken* [Or], 1269 *Nydeggen*. **III.** Seit 16. Jh. dominieren Schreibungen mit -*gg*-. Typischer Burgenname als Kompositum mit dem Gw. ahd. *egga, ekka*, mhd. *ecke, egge* 'Spitze, Schneide', ↗ -*eck*, und dem Bw. ahd. *nîd*, mhd. *nît* 'Hass, Feindschaft'. Mhd. /î/ wird der ripuarischen Mda. gemäß nicht diphthongiert. Der Name war politisches Programm, insofern Nideggen als Gegenburg zur Reichsburg Berenstein auf der Rurseite gegenüber (h. Bergstein) erbaut wurde. **V.** REB II / III; RhStA, Lfg. III Nr. 20; HHS Bd. 3. *Ne*

Niebüll dän. Nibøl, nordfriesisch Naibel **I.** Stadt im Kr. Nordfriesland, 9257 Ew., im Amt Südtondern, an der Nordseeküste, in der Nähe zur dänischen Grenze, SH. 1436 erstmals urk. erwähnt, wechselnde Besetzungen durch Dänen oder Schweden, 1867 zu Preußen; mit der Abtretung des nördlichen Teils des Kreises Tondern an Dänemark wurde Niebüll 1920 zur Kreisstadt (bis 1970) des neuen Kreises Südtondern, 1960 Stadtrecht. Nolde-Museum, Richard-Haizmann-Museum, Friesisches Museum, Luftkurort. **II.** 1436 *Nigebul*, etwas später *Nubul*, 1462 *Nigebul [Or]*, 1509 *Nybul*, bis ins 18. Jh. *Niebüll; Niebül* (1804/1805). **III.** Zusammengesetzt ist der ON aus dem mnd. *nie* 'neu' und dem sich vom altdänischen *bol* 'Wohnung, Wohnstätte, Siedlung' ableitenden nd. *-büll*, so dass der Ort als 'neue Siedlung' bezeichnet wurde. **IV.** Nebel, Nieblum, beide Kr. Nordfriesland, SH. **V.** Laur; Haefs. *GMM*

Nieder(en)-. Durch das adj. Gegensatzpaar *nieder-* : *ober-* werden entweder einzelne Ortsteile oder benachbarte bzw. weiter abseits gelegene Orte voneinander unterschieden. Es gibt zahlreiche Orte mit diesen unterscheidenden Zusätzen, die in der Dat.-Sg.-Form *-(e)n-* beggnen können (↗Obernburg am Main: Niedernberg, beide Lkr. Miltenberg, BY, mit Ersetzung von ↗*-burg* durch ↗*-berg*) oder auch weiter kontrahiert, z.B. *N(i)er(en)-*: *Or(en)-/ Ur(en)-*. In einigen Gebieten wird *Nieder-* durch jüngeres *Unter-* ersetzt. Literatur: Kaufmann 1958; Debus / Schmitz, H.-G. *FD*

Niederhasli **I.** Politische Gem. im Bezirk Dielsdorf, 8294 Ew. Gem. im Glattal vor dem Eingang zum Wehntal im Zürcher Unterland; zur Gem. gehören auch die Ortschaften Oberhasli, Mettmenhasli und Nassenwil, Kt. Zürich, CH. 1443 im Alten Zürichkrieg gebrandschatzt; bis in die 2. Hälfte des 20. Jahrhunderts bäuerlich geprägt, h. hauptsächlich Wohngemeinde mit einem überwiegenden Anteil an Wegpendlern, seit 1975 Standort des größten Tanklagers der Schweiz. **II.** 931 *in Hasila*, 1152, *de Hasela*, 1311 *ze Hasle*. **III.** Das heutige *Niederhasli* zeigt mit dem Bestimmungsglied ↗*Nieder-* den tiefer oder weiter entfernt (relativ zu einem bestimmten Bezugspunkt) gelegenen Ortsteil des ursprünglichen Orts *Hasli* an. Es handelt sich um einen sekundären Ortsnamen, dessen urspr. Form **hasalahi* (Nominativ) bzw. **in hasalahe* (lokativischer Dativ) gelautet haben mag, zusammengesetzt aus ahd. *hasal(a)* 'Haselstrauch' und dem kollektivierenden Suffix ↗*-ach²*, ahd. *-ah(i)* für den Standort von Pflanzen, der in der älteren Sprache im Raum der Schweiz regelmäßig zu *-i* reduziert wird. *Hasle* und *Hasli* sind häufige Flur- und Siedlungsnamen bzw. Namenelemente in der Schweiz. **IV.** Hasle, LU, Haslen, GL, Hasliberg, BE, alle CH. **V.** HLS; LSG. *MHG*

Niederkassel **I.** Stadt im Rhein-Sieg-Kreis, 37205 Ew., am rechten Rheinufer oberhalb der Siegmündung, Reg.-Bez. Köln, NRW. Vielleicht fränk. Befestigungsanlage, Belege für *Cassele* seit 722 mit unklarem Bezug (HHS), nach dem Kölner Deutschordenshaus ab 1267 Patronatsrecht der Pfarre bei verschiedenen Adelsfamilien, ab 1483 zum bergischen Amt Löwenberg gehörig, unterschiedliche Besitzer in verschiedenen heutigen Stadtteilen (Lülsdorf, Rheidt, Mondorf), nach 1945 Wohngemeinde für Kölner und Bonner, 1969 Zusammenschluss mehrerer Orte zur Gem. Niederkassel, 1981 Stadtrechte. **II.** 722–873 *Cassele*, 1246 *Cassele inferior*, 1267 *Casle*. **III.** Lehnname aus lat. *castellum* Ntr. 'befestigtes Truppenlager, Schloss', in ahd. Zeit zuerst entlehnt, die Bedeutung 'Schloss' aus dem Franz. Der Wandel von *-st-* zu *-ss-* ist häufiger in *Kassel* als ON. Das Bw. *Nieder-* ist wohl zur Differenzierung von *(Bonn-)Oberkassel* nach der Flussrichtung früh hinzugetreten. Der hist. Streit um die römerzeitliche Situation gerade der rechtsrheinischen *Kassel-/Castell*-Namen dürfte für *Niederkassel* zugunsten erst fränk. Besiedlung entschieden sein, denn in Niederkassel gibt es keine röm. Funde. **V.** Dittmaier 1965; Berger; HHS 3. *Ho*

Niederkrüchten **I.** Gem. im Kr. Viersen, 15370 Ew., an der Schwalm, Reg.-Bez. Düsseldorf, NRW. Heutige Gem. 1972 aus Zusammenschluss der Gemeinden Elmpt und Niederkrüchten gebildet. **II.** 1255 *de Crouthen [Or]*, 1297 *in Crugtene [Or]*, 2. Hälfte 16. Jh. *Neer Cruchten, Ouer Cruchten*. **III.** Entweder zu ahd. *krufta* sw. Fem. 'gedeckter Gang, Grotte, (Märtyrer-)Gruft', mnl. *croft(e), crocht(e)*, wohl ein frühes Lehnwort aus lat. *crypta* (mit *pt > ft* durch Primärberührungseffekt; der Übergang *ft > cht* ist nl./ niederrhein.), oder zu mnl. *crocht(e)* 'hochgelegener Acker (in den Dünen)', ae. *croft* 'kleines umzäuntes Feld'. Das *ü* von *-krüchten* weist auf Stammbildung mit einem *i/j*-Formans oder auf ein entsprechendes Suffix, das sich in *-en* fortsetzen könnte. ↗*Nieder-* dient zur Differenzierung gegenüber *Oberkrüchten*. Parallelen bei Gysseling 1960/61. **V.** HHS 3; Dittmaier 1963b; Etym. Wb. Nl. *Tie*

Niedernhausen **I.** Gem. im Rheingau-Taunus-Kreis, 14534 Ew., Reg.-Bez. Darmstadt, HE. Seit 1977 gehören zur gleichnamigen Gem. die OT Engenhahn, Königshofen, Niedernhausen, Niederseelbach, Oberjosbach und Oberseelbach; Rhein-Main-Theater; Druckfarben. **II.** 1226–1239 *Niederinhusin*, 1283 *Nidernhusen*, 1368 *Nyedern Husin*, 1424 *Nyderhausen*, 1448 *Niddernhusen; Niederhausen* (1566). **III.** Komp. mit dem Gw. ↗*-hausen* im Dat. Pl. in lok. Funktion mit der Bed. 'bei den Häusern' (für eine Siedlung im eigentlichen Sinne). *Niedern-* gehört zum Adj. ahd.

nidar, mhd. *nider* 'nieder'. ↗*Nieder-* kennzeichnet im Gegensatz zu ↗*Ober-* die relative Lage des Ortes. **IV.** † Niedernhausen, Schwalm-Eder-Kreis, HE. **V.** Denkmaltopographie Rheingau-Taunus-Kreis II; LAGIS. *DA*

Niedernwöhren **I.** Samtgem. im Lkr. Schaumburg, 8586 Ew., nw von Stadthagen, Reg.-Bez. Hannover (bis Ende 2004), NI. Hagenkolonie Mitte des 13. Jh. im Auftrag des Grafen Adolf von Holstein-Schaumburg durch das Rintelner Kloster, Heilquellen, 1974 Zusammenschluss der Gem. Niedernwöhren, Lauenhagen, Meerbeck, Nordsehl, Pollhagen und Wiedensahl. **II.** 1243 *pro ... Indagine Wurthen* (Kop., Beleg möglicherweise zu Obernwöhren gehörig), 1332 *in Nederenworden* (Kop. 19. Jh.), 1691 *Niederwöhren [Or]*. **III.** Der Erstbeleg weist auf die Hagensiedlung hin (lat. *indago* 'Hagen, [mit Hecken] umfriedetes Gelände, Rodungssiedlung'), deren Name auf mnd. *wurt*, *worde*, nd. *Wöhr* 'erhöhter oder eingezäunter Platz in der Siedlung, Hofstätte' beruht (vgl. Gw. ↗*-wörth*), der Dat. Pl. bezeichnete mehrere Rodungshöfe. Ab dem 14. Jh. ist der mnd. Zusatz *nēder* 'niedrig, Nieder-, unterhalb' in flektierter Form bezeugt, der den Ort von Obernwöhren (1332 *Overenworden* [Kop. 19. Jh.]) unterschied. **V.** Laur, Schaumburg; GOV Schaumburg; 650 Jahre Gemeinde Niedernwöhren 1332–1982. [Niedernwöhren] 1982. *FM*

Nieder-Olm **I.** Stadt und gleichnamige VG im Lkr. Mainz-Bingen, 30983 Ew., im rheinhessischen Hügelland, s von Mainz, RP. Im MA im Besitz des Mainzer Erz- bzw. Domstiftes. 1503 wurde das Schloss erbaut, das seit 1806 nur noch in Resten vorhanden ist. Bis 1793 befand sich hier ein Amtssitz des Kurfürstentums Mainz. Danach für kurze Zeit Teil der Mainzer Republik, schließlich französisch. Nach 1814 gehörte der Ort als Teil Rheinhessens zum Ghztm. Hessen. Seit 2006 ist Nieder-Olm Stadt. **II.** 994 *curtis Ulmena*, 1189–90 *Ulme*, 1191 *villa Olmene*, 1343 *zu Nyderin Ulmen, zu Nydern Olmen*. **III.** *Ulmăna* ist ein germ. oder vorgerm. GwN mit der idg. Wurzel **uel-* 'drehen', es wird also ein Fluss bezeichnet, der sich dreht und windet. Hiermit ist entweder die Biegung der Selz nach Westen oder ein alter Bachname gemeint. *Nieder-* bezieht sich auf die tiefere Lage des Ortes im Gegensatz zu Ober-Olm. Die Deutung wäre demnach 'der (untere) Ort an einem bewegten Fluss (Selz)'. **IV.** ↗Ulm a. Donau, BY. **V.** MGH DO III; Kaufmann 1976. *JMB*

Niederwerrn **I.** Gem. im Lkr. Schweinfurt, 7947 Ew.; Reg.-Bez. Ufr., BY. Besteht aus den OT Nieder- und Oberwerrn. Bekannt durch ma. Burgruine. **II.** 1236 *de Werne*, 1336 *in villa superiori Wern, in inferiori Werne*. **III.** Die am Oberlauf der Wern (r. zum Main) gelegene Siedlung hat ihren Namen vom Fluss Wern, der später durch den Zusatz *nieder-* von der Nachbarsiedlung Oberwerrn unterschieden wurde. Der GwN *Wern* (833, Kop. 13. Jh., *iuxta fluuium Werine*, 1014 *usque Uerinam ... Werina*, 1060 *Werna*) < germ. **Warinō*, Abl. mit dem Suffix *-ina-* von germ. **war(a)-* in ae. *waer* st. Ntr. 'Meer', awn. *vari* sw. M. 'Flüssigkeit, Wasser', schwedisch dial. *vara* 'plätschern'. **IV.** ↗Werneck, Lkr. Schweinfurt; Werne a. d. Lippe, Kr. Unna, NRW; Werne, OT von Bochum, NRW. **V.** Greule, DGNB. *AG*

Niederzier **I.** Kreisangehörige Gem. im Kr. Düren, 14227 Ew., zwischen Düren und Jülich, Reg.-Bez. Köln, NRW. Erste Erwähnung 898. Am Ort Besitz des Kölner St. Ursulastifts und des Eifelklosters Steinfeld. In neuester Zeit Gem. geprägt durch den Braunkohlentagebau (Hambach). **II.** 898 *Curnilo [Or]*, 922 *Cyrina*, 1306 *Nederzirne*; *Niederzier* (1806/07). **III.** Die Frühbelege für den ON zeigen zunächst nicht näher bestimmtes *Curnilo* und *Cyrina*, wodurch eine exakte Zuordnung zu Nieder- oder zu dem benachbarten Oberzier schwerfällt. Erst seit dem 14. Jh. ist regelmäßig ein Differenzierungsglied, das nach der Lage am Ober- oder Unterlauf des Ellbaches gewählt wurde, zu erkennen. Nicht der älteste belegte Nachweis (*Curnilo*), sondern Formen einer Belegreihe mit 922 *Cyrina*, 1252 *Cyrne* u. a. müssen als urspr. angesehen werden. Diese gehen zurück auf eine aus der ahd. Gehölzbezeichnung *tirn*, *tirnpauma* 'Kornelkirsche' zu erschließende Grundform **tir(i)n*. Bereits zur Zeit der Erstbelegung des ON (899) als *Curnilo* wird **Tir(i)n* der Name der Volkssprache gewesen sein. Erst ein „latinisierender" Urkundenschreiber, dem der sprachliche Zusammenhang zwischen ahd. *tirn* und ahd. *cornul* als Lehnwort aus lat. *corneolus* 'Kornelkirsche' bekannt war, wird den volkssprachlichen ON gelehrt wiedergegeben haben. *Cyrina* (*Zier, Niederzier*) ist nach dem zur Zeit der Namengebung auffallenden Bewuchs mit Kornelkirschbäumen gebildet worden. Nicht zu gall. *turn* 'Höhe' (**Turnilo*). **IV.** Oberzier, OT von Niederzier, Kr. Düren, NRW. **V.** Kaspers. *Br*

Niefern-Öschelbronn **I.** Gem., 11990 Ew., ca. 6 km nö von Pforzheim, an der Enz und am Kirnbach, Enzkreis, Reg.-Bez. Karlsruhe, BW. 1971 gebildet durch Vereinigung der Dörfer Niefern (mit zwei abgegangenen mittelalterlichen Burgen) und Öschelbronn (mit zwei Reihengräberfriedhöfen), vom 01.08. bis zum 18.11.1971 unter dem Namen *Niefern*. Regionales Gewerbe- und Industriezentrum (Maschinenbau, Biotechnologie, Elektrotechnik u.a.). Niefernburg, Kirnbachmuseum, „Fachwerkdorf" Öschelbronn. **II.** Niefern: um 1080 Kop. 12. Jh.

Kop. 16. Jh. *ad Nieveren ... apud Nieveren*, 1281 *Nievern* [Or]; *Niefern* [Or] (1320). Öschelbronn: 835 Kop. 1183–95 *Nessenbrunnen*, 1254 *de Eschelbrunnen* [Or], 1437 *Eschelbronn* [Or]; *Öschelbronn* [Or] (1560). **III.** Niefern: Für den SiN ist eine urspr. Dat.-Pl.-Form ahd.-fränk. **Niofar-un* mit der Bed. 'bei den Neuankömmlingen/Neusiedlern' anzusetzen. Das erschlossene ahd.-fränk. Wort **niofara* (Nom. Pl.) 'Neuankömmlinge, Neusiedler' kann auf eine germ. Ausgangsform **neu-far-ōz* (st. Nom. Pl.) oder **neu-far-ōn* (schw. Nom. Pl.) 'Neu-Fahrer' zurückgeführt werden. Ahd.-fränk. **Niofarun* entwickelte sich durch den Lautwandel von ahd. *-io-* zu mhd. *-ie-* sowie durch Abschwächung und teilweise Synkope der unbetonten Nebensilbenvokale im Mhd. regelkonform zu *Niever(e)n*. Die mhd. *-v-*Graphien entsprechen dem Lautwert *f*. Öschelbronn: Der ON kann auf eine urspr. Stellenbezeichnung ahd. **Askīnin-brunnin* bzw. **Eschīnin-brunnin* (< aus der Örtlichkeitsangabe ahd. **(za/ze/zi/bī demo) askīnin/eschīnin brunnin*) mit der Bed. '(Siedlung) an/bei der mit Eschen bestandenen Quelle' zurückgeführt werden. Bw. ist demnach das Adj. ahd. **askīn, eschīn* 'aus Eschenholz, *aus/mit Eschen'. Dem Gw. liegt eine Dat.-Sg.-Form auf *-in* (> mhd. *-en*) mit lokalem Bezug ('bei ...') zu ahd. *brunno* (> mhd. *brunne*) 'Quelle, Quellwasser; Brunnen' zugrunde. Im Schwäb. wurde hier das *-u-* zu *-o-* gesenkt. Schwäb. *bron* bezeichnet eine 'natürliche Quelle' oder einen 'künstlichen Brunnen' (↗*-brunn/-bronn*). Das anlautende *N-* im Ende 12. Jh. kopial überlieferten Erstbeleg *Nessenbrunnen* ist als eine versehentliche Schreiber-Agglutination des *-n* der Präposition *in* zu erklären. Die Graphie *-ss-* stellt hier eine mhd. Schreibvariante für *-sch-* dar. Die Namensformen mit *-l-* sind durch Dissimilation von *n – n* zu *l – n*, mhd. Synkope des abgeschwächten und unbetonten Nebensilbenvokals *-e-* sowie Erleichterung der Dreifachkonsonanz *-lnb-* zu *-lb-* entstanden (**Eschīnin-brunnin > *Eschilenbrunnen > *Eschilnbrunnen > Eschelbrunnen*). Die heute amtlich gültige Anlautschreibung mit *Ö-* (statt *E-*) ist als hyperkorrekte Graphie vor dem Hintergrund der mda. Entrundung von mhd. *ö* zu *e* zu interpretieren. **IV.** Niefernheim, Donnersbergkreis, RP, und Öschelbronn, Kreis Böblingen sowie Rems-Murr-Kreis, Reg.-Bez. Stuttgart, BW; ähnlich u.a. auch Eschlkam, Reg.-Bez. Oberpfalz, BY. **V.** Hackl; LBW II, V. *StH*

Nienburg (Saale) **I.** Stadt und gleichnamige VG im Salzlandkreis, 14 165 Ew., an der Mündung der Bode in die untere Saale, ST. Seit dem 10. Jh. Burg, auch von dem arabischen Reisenden Ibrāhīm ibn Ya'qūb bezeugt. 975 Burgwardmittelpunkt, im selben Jahr Verlegung des Klosters Thankmarsfelde aus dem Harz hierher. In der Folge bedeutendes Reichskloster mit reichen Besitzungen bis zur Neiße, 1166 widerstrebend zum Erzbistum Magdeburg, danach bald Bedeutungsverlust, Eingliederung in die anhaltische Landesherrschaft, 1560 säkularisiert. Nienburg seit 1233 als Stadt bezeugt, weitere Entwicklung im Schatten des nahen Bernburg. **II.** 961 *Nianburg* [Or], 975 *Nigenburg* [Or], 993 *Niuuenburgensis* [Or], 1035 *Nienburg* [Or]. **III.** Der Name geht zurück auf mnd. *nī, nuwe* 'neu'. Beide Formen stellen Varianten dar, die in bestimmten grammatischen Positionen auftreten. Daraus erklärt sich das Nebeneinander von *Nien-* und *Niwen-* bzw. auch *Nigen-* in den Belegen. Es handelt sich eindeutig um eine Benennung '(zur) neuen Burg', (↗*-burg*), dies im Gegensatz zu Grimschleben (978 *Buzdizco / Grimmerslovo*), wo eine frühe Befestigung bezeugt ist, die als 'alte Burg' aufgefasst wurde. Das s Nienburg gelegene Altenburg ist hingegen eine spätere Umdeutung aus Analenburg. Von der Bedeutung her gleich, nur mittel- und oberdeutsch geprägt, sind zahlreiche Namen wie *Naumburg, Neuenburg, Neuburg* usw. **IV.** ↗Nienburg/Weser, NI. **V.** SNB; Freydank/Steinbrück. *ChZ*

Nienburg (Weser) **I.** Kreisstadt im Lkr. Nienburg (Weser), 32 542 Ew., im mittleren Wesertal, Reg.-Bez. Hannover (bis Ende 2004), NI. Anfang 11. Jh. Burg des Bischofs von Minden am Weserübergang der Mindener Heerstraße, 12. Jh. Lehen der Billunger und der Grafen von Roden, 1215–1582 Besitz und Residenz der Grafen von Hoya, Stadtrecht vor 1235. **II.** 1025 *Nienborch* [Or]. **III.** Bildung mit dem Gw. ↗*-burg* und dem flektierten mnd. App. *nīe* 'neu', also 'zur neuen Burg'. Die 'alte' Burg vermutet man in der Wallburg Brunsburg sö von Heemsen oder in der Alten Schanze bei Oyle. **IV.** ↗Nienburg, Salzlandkreis, ST. **V.** Nds. Städtebuch; HHS 2; GOV Hoya-Diepholz. *FM*

Nienstädt **I.** Samtgem. im Lkr. Schaumburg, 10 557 Ew., sw von Stadthagen, Reg.-Bez. Hannover (bis Ende 2004), NI. 12. Jh. Schenkung des Edlen Mirabilis an Bistum Minden, 1554 erste Aufzeichnungen über Kohlebergbau, 1974 Zusammenschluss der Gem. Nienstädt, Helpsen, Hespe und Seggebruch. **II.** 1153–1170 *Nienstide* [Or], in anderer Wiedergabe: *Nienstede*, 1694 *Nienstaedt* [Or]. **III.** Bildung mit dem Gw. ↗*-stedt* und dem flektierten mnd. Adj. *nīe* 'neu', also 'zum neuen Ort'. **IV.** Nienstedt in den Lkr. Hildesheim, Diepholz, Hameln-Pyrmont, Osterode am Harz, alle NI; Mansfeld-Südharz, ST. **V.** Laur, Schaumburg; GOV Schaumburg; 800 Jahre Gemeinde Nienstädt. [Nienstädt] [1967]. *FM*

Niepars **I.** Gem. und gleichnamiges Amt (mit weiteren neun Gem.) im Lkr. Nordvorpommern, 9904 Ew., s der Darß-Zingster Boddenkette (Gewässerbereich der Ostsee) sowie der Halbinsel Zingst, ca. 10 km w von Stralsund, MV. 1282 Ersterwähnung, ab 1695 gehört Niepars zum Barther Distrikt und war ein Kirch- und Ackerbaudorf, um 1800 entwickelt sich der Ort zum Rittergut, neben landwirtschaftlicher Tätigkeit auch Ansiedlung von Kleinbetrieben. **II.** 1282 *in Nipriz*, 1328 *tů Nipritze*, 1337 *in Nipris*, 1536 *to Nipertze*, (verm. 1618) *Nipars*; *Niepars* (1695). **III.** Dem ON liegt ein apolb. unechter zweigliedriger VN oder ZN *Nepor* (vgl. apoln. *Opor, *Niepor) mit einem patronymischen Suffix -*ici* (⁊-*itz*) zugrunde, dessen auslautendes -*i* bei der Eindeutschung verloren ging. Die Bedeutung des ON lässt sich als 'Ort des Nepor' rekonstruieren. Der Name geht auf die slaw. Verneinungspartikel *ne*- 'nicht' im Erstglied sowie *por*- im Zweitglied zurück, einer ablautenden Form von urslaw. *perti, aslaw. *pereti 'stemmen, drücken, drängen u. ä.' (vgl. auch poln. *opór* 'Widerstand' oder russ. *opora* 'Stütze'). Nicht auszuschließen ist auch eine Herleitung von einem PN *Neopor oder *Niopor (Patronymikon mit urspr. Partikel *ni). Eine Deutung ist insofern schwierig, weil die Partikel hier einerseits als Verstärkung und andererseits als Gegensatz bezeichnend aufgefasst werden kann. Bei dem Namensträger könnte es sich also um einen besonders starken Menschen/Gegner oder um einen Schwächling handeln. Der Wandel von -*er*- zu -*ar*- ist typisch für das Mnd. Das auslautende *-*c* wurde zu -*s* vereinfacht. **V.** PUB 5, 10; MUB VII; Lubin, E./ Geilenkerken, N.: Die große Lubinsche Karte (Pomerania). 1618; Heyde, H.: Protokolle der pommerschen Kirchenvisitationen 1535–39. Wien 1961; EO; Trautmann ON Meckl.; Witkowski 1965; Niemeyer 2007. *MN*

Nierstein-Oppenheim
I. VG (seit 1972) im Lkr. Mainz-Bingen, 30 554 Ew., mit den beiden namengebenden und elf weiteren Gem., Verwaltungssitz in der Stadt Oppenheim, zwischen dem rheinhessischen Hügelland und dem Rhein, s von Mainz, RP. Zunächst röm. Militärstation Buconica Nova. Der älteste Beleg des ON *Neristein* und die älteste Erwähnung einer deutschen Weinbergslage in einer Urk. von 742 sind nicht mehr erhalten, dafür aber deren Bestätigung von 822 bzw. von 845 (MGH DLdD). Im MA bildeten Dexheim, Schwabsburg und Nierstein eine gemeinsame, dem Reich unmittelbar unterstellte Gem. Im 15. Jh. kamen sie an die Kurpfalz. Oppenheim entstand zu Füßen einer Reichsburg und wurde 1225 Freie Reichsstadt. Im 14. Jh. kam die Stadt erst an Kurmainz, dann an die Kurpfalz. 1816 wurde die Region hessisch. **II.** Nierstein: 752 *Uuerestein*, 823 *Naristagne*, 882 *Nerinstein*, 994 *curtis Nerstein*; *Nierstein* (1303). Oppenheim: 765 *Oppenheim*, 774 *Obbenheim*. **III.** Das Bw. im ersten ON geht auf den ahd. PN *Naro, Gen. Sg. *Nerin*-, KN viell. zu einem *Neribert* o. ä. zurück. Die Umlautung des kurzen -*a*- > -*e*- erfolgte aufgrund der Flexionsendung. Das Gw. ist ⁊-*stein* (Puhl denkt hier an ein röm. Burgus), womit der ON als 'Burg des Naro' gedeutet werden kann. Das Bw. des zweiten ON ist der ahd. PN *Ob(b)o, Op(p)o*, der eine Kürzung des dreisilbigen Vollstammes *Obaran*- 'der Obere' ist. Das Gw. ist ⁊-*heim*, die Deutung wäre demnach 'Wohnstätte des Ob(b)o'. **IV.** Norheim, Lkr. Bad Kreuznach, RP. **V.** MGH DD Karolinger I; CL; FO; FP; Kaufmann 1976; Puhl 2009. *JMB*

Niesky // Niska (sorb.)
I. Große Kreisstadt im Lkr. Görlitz, 10 286 Ew., in der nö Oberlausitz, am Südrand der Lausitzer Heide, nw Görlitz, SN. Erst 1742 als Kolonie der Herrnhuter Brüdergemeine von böhm. Exulanten auf der Rittergutsflur Trebus gegr., mit dem Ende des 19. Jh. durch Braunkohlenabbau gewachsen, wirtschaftl. Bedeutung durch Waggonbau. **II.** 1768 *Nisky*, 1791 *Nißky*, 1835 sorbisch: *Niska*. **III.** Die böhm. Exulanten benannten ihre Siedlung mit tschech. *nízká* (fem.) 'niedrig gelegen'. **V.** HONS II; SNB. *EE, GW*

Niestetal
I. Gem. im Lkr. Kassel, 10 554 Ew., ö von Kassel am Unterlauf der Nieste, Reg.-Bez. Kassel, HE. Entstanden 1972 durch den Zusammenschluss von Heiligenrode und Sandershausen. **II.** Heiligenrode: 1123 *Helingenrodh [Or]*, 1126 *Helegenrod*, 1387 *Heilgenrode*. Sandershausen: 1167 *Sandrateshusen [Or]*, 1181 *Sandaradeshusun*, 1189–1228 *Sanderachteshusen*, 1271 *Sandershusen*. **III.** Bw. des ON *Heiligenrode* zu ahd. *heilac* 'heilig, geweiht'. Das Adj. bezieht sich auf das Kloster Kaufungen, das die Rodung in diesem Gebiet vorgenommen hat; Gw. ⁊-*rod(e)*. ON *Sandershausen* zum PN *Sandarat* + ⁊-*hausen*. Der FluN *Nieste* (1340 *Nyeste*; vgl. die Nüst, Lkr. Fulda, *980 in Niusta*) wohl zu idg. *sneu*- > *neu*- 'sich schnell bewegen, drehen' mit -(s)t-Suffix. Zur Produktivität des Gw. ⁊-*tal* vgl. *Fuldatal*. **V.** UB Kaufungen; FP; Reimer 1926; Eisenträger / Krug; Suck. *TH*

Nikolsburg // Mikulov ['mɪkulof]
I. Stadt im Kr. Břeclav, 7 493 Ew., in Südmähren, Südmährischer Bezirk (Jihomoravský kraj), CZ. 1249 noch Dorf, 1322 Stadt. 1276 Pfarr- und Kapitelkirche Sankt Wenzel // Sankt Václav. Die am Handelsweg Brünn-Wien im 13. Jh. gegr. Burg übernahm die Aufgabe der älteren Burg *Děvičky // Maidberg*. 1426 Hussiten im Ort, 1524 Zentrum der Wiedertäufer aus der Schweiz. 1575–1945 Sitz der Dietrichsteiner. Anf. des 17. Jh. Umbau der Burg zum prächtigen Schloss, Bemerkenswerte Gruft der Dietrichsteiner. Wallfahrtsort „Heiliger Berg". Im Ort war die größte jüdische Gemeinde Mährens. Zentrum der Weinproduktion. Geburtsort zweier österreichischer Staatspräsidenten: K. Renner und A. Schärf. **II.** 1173 (F.

14. Jh.) *Myculov*; 1249 *Niclaspurg [Or]*; 1262 *Nikolspurg [Or]*; 1276 *Myculow [Or]*; bis 19. Jh. d. *Ni(c)kols-, Niclasburg, -purk*, tschech. *Nikolšpurk*; 1846 *Nikolsburg, Mikulov*. **III.** Weil die Burg über einem schon existierenden Dorf errichtet wurde, ist als ältester ON ein tschech., mit dem poss. Suffix *-ov* vom PN *Mikul* (einer Koseform zu *Mikuláš* 'Nikolaus'), gebildeter Name *Mikulov* nicht auszuschließen. Dieser könnte von den Deutschen bei Bildung des Burgnamens *Nikolsburg* genutzt worden sein. Formen *Niklas-, Nikls-* beruhen auf den Kosenamen zu *Nikolaus*. **IV.** Tschech. Mikulášov, Mikulčice, Mikulovice, CZ, d. Niklasdorf, SM, A. **V.** HŠ 2; SchOS; LŠ; HSBM. *RŠ*

Nittenau **I.** Stadt, 8363 Ew., ca. 30 km nö von Regensburg und ca. 20 km sö der Großen Kreisstadt Schwandorf, am nördlichsten Punkt des Flusses Regen im Naturpark Oberer Bayerischer Wald, Kr. Schwandorf, Reg.-Bez. Oberpfalz, BY. 1953 Stadterhebung. Kleine und mittlere Handwerks- und Industriebetriebe der Branchen Holz, Metall, Textil, Steine und Nahrungsmittel. Historischer Storchen-, Schwalben- und Spatzenturm, Schloss Bodenstein, Burgen Stefling und Hof am Regen sowie Burgruine Stockenfels. **II.** 1007 *Nittenŏua [Or]*, 1269 *Nitenawe*, 1305 *Nitenaw*; *Nittenau* (1635). **III.** Für den ON ist eine ahd. Ausgangsform *Nit(t)in-ouwa anzusetzen, bei welcher der ahd. PN *Nit(t)o* im Gen.-Sg. flektiert auf *-in* an das Gw. ahd. *ouwa* 'Insel; Au' (> mhd. *ouwe* > frnhd. *au(e)*, ⟶ *-au*) gefügt wird, sodass man als urspr. Bed. des ON 'Au(-Siedlung), die nach einer Person namens *Nit(t)o* benannt ist' erschließen kann. **IV.** Nittendorf, Reg.-Bez. Oberpfalz, BY. **V.** FP; FO II; Kaufmann 1965; Reitzenstein 2006. *StH*

Nittendorf **I.** Markt im Lkr. Regensburg, 8903 Ew., ca. 15 km w von Regensburg, zwischen Schwarzer Laber und Naab gelegen, Reg.-Bez. Oberpfalz, BY. 1972 Entstehung der Großgemeinde Nittendorf durch Zusammenlegung der namengebenden Gem. mit den bis dahin eigenständigen Gem. Etterzhausen, Eichhofen, Haugenried und Schönhofen, 2003 Markterhebung. **II.** 1278 *predium ... in Nittendorf*, 1338 *der Platfuez von Nittendorf*. **III.** Als älteste Erwähnung von Nittendorf wird mitunter ein um 883/87 (Kop. 2. Hälfte 10. Jh.) belegtes *Nifindorf* angesetzt (Schreibung sicher!). Die Umstände der betreffenden Schenkung deuten jedoch nicht auf den Raum Nittendorf hin. Da die mda. Vertretung durch Kurzvokal + Fortiskonsonant zudem auf geminiertes mhd. *Nitten-* (wie in den allerdings nicht mehr zwingenden Belegen) schließen lässt, müsste man schon von doppelter Verschreibung *Nifin-* für *Nittin-* ausgehen. Der frühe Beleg wird deshalb wohl nicht hierher gehören; möglicherweise liegt das gleiche Bw. vor wie bei *Neufnach* (Reg.-Bez. Schwaben, BY) < 12. Jh. *Nifenaha*. Der erste sichere Beleg für Nittendorf zeigt bereits die heutige amtliche Schreibung. Demnach wurde das Gw. ⟶ *-dorf* mit einer schon ahd. bezeugten expressiven KF *Nitto* (zu *nīþa-) komponiert. **V.** Prinz, M.: Beiträge zu einem Historischen Siedlungsnamenbuch des Alt-Landkreises Regensburg. Magisterarbeit Regensburg 1997; Reitzenstein 2006. *MP*

-nitz. ⟶ **-itz.**

Nohfelden **I.** Gem. im Lkr. St. Wendel, 10246 Ew., an der Grenze zu RP, im nö Teil des Naturparks Saar-Hunsrück, ca. 15 km n von St. Wendel, SL. Im Gemeindegebiet entspringen die beiden Flüsse Nahe und Blies und liegt der 1977 bis 1979 angestaute Bostalsee. Im MA Herrschaft des Hztm. Lothringen, des Hztm. Pfalz-Zweibrücken und der Gft. Veldenz. Teile der h. Gem. gehörten nach 1815 zum oldenburgischen Birkenfeld. Abbau und Verhüttung von Kupfer seit der Neuzeit. Die Gem. Nohfelden besteht aus den OT Bosen-Eckelhausen, Eisen, Eiweiler, Gonnesweiler, Mosberg-Richweiler, Neunkirchen/Nahe, Nohfelden/Nahe, Selbach, Sötern, Türkismühle, Walhausen und Wolfersweiler. **II.** (11. Jh. *apud Novallis suae dicionis castrum*), 1286 *Navelden, Navildin [Or]*, 1333 *Nafelden*, 1370 *Nouelden*. **III.** Der in Klammern gesetzte Beleg *Novallis*, ein Besitz der Verduner Kirche, wird mit der Burg Nohfels bei Nohfelden identifiziert (Haubrichs 2003, S. 321). Eine durch den Umlaut von *a* zu *e* vor *i* weiterentwickelte Variante *Novelis, Novellis* aus rom. *novalias* 'Neuland' führt zur rezenten Form *Nohfels*. Nohfelden ist die seit 1286 erscheinende Nachfolgesiedlung von Novallis/Nohfels. Der Name *Nohfelden* bietet zwei Deutungsmöglichkeiten: Er kann volksetymologisch aus *Novelis* entstanden sein; er kann aber auch zu verstehen sein als 'bei den Feldern an der Nahe'. Trifft Letzteres zu, ist das st. flektierte Ntr. ahd. ⟶ *feld*, mhd. *velt* das Gw. des zusammengesetzten SiN. Es hat die Form des Dat. Pl. der *a*-Stämme (mit Abschwächung des Endsilbenvokals). Im Unterschied zu der nhd. Entsprechung (*Feldern*) ist dieser alte Pl. nicht mit dem als Pluralkennzeichen aufgefassten alten Stammauslaut *-er* der ehemaligen germ. *-iz-/-az*-Stämme gebildet. Seit dem 13. Jh. wird *-er* zunehmend als Pluralmarkierung auch der ntr. *a*-Stämme verwendet; bei *feld* setzt sich in der 2. Hälfte des 16. Jh. der *-er*-Pl. durch. Im Namen *Nohfelden* ist jedoch die urspr. Pluralform erhalten. Bw. ist der vordeutsche FluN *Nahe*, der in der heutigen Form des SiN die mda. Entwicklung von *ā* zu *ō* zeigt. Die Nahe ist ein linker Nebenfluss des Rheins; sie entspringt bei Nohfelden-Selbach und mündet bei Bingen. Ihr Name ist, nicht zuletzt durch die zahlreichen urk. Erwähnungen des Nahegaus, seit dem 1. Jh. n. Chr. kontinuierlich überliefert (lat. *Nava*). Die Namen des Donaunebenflusses Nau und der litauischen Flüsse Navà und Nóva sind onomastische Entsprechungen des FluN *Nahe*; weitere Parallelen gibt es in den franz. Departements Pas-de-Calais und Meuse, in den spanischen Provinzen Burgos und Asturien, in Wales, in Vorarlberg, in Tirol und im Wallis. Die Namen werden auf einen alteurop. FluN *nāu̯ā-* zurückgeführt, der zu einer idg. Wurzel *nāu̯-* (d.h. *nah₃u̯-*) 'Schiff, Gefäß (Trog), Tal, Rinne, Fluss' gestellt wird. Etym. scheint *nāu̯ā-* an vedische, gr., kelt. usw. Bezeichnungen für Schiff und Boot anzuschließen (aus idg. *náh₂-u-* fem., vgl. NIL S. 515f.). Unter folgenden Voraussetzungen ist ein solcher Zusammenhang vorstellbar: a) es gab einen (in den Einzelheiten noch zu klärenden) Bedeutungsübergang von 'Schiff' zu 'Fluss'; b) *náh₂-u-* hatte eine voridg. Bedeutung 'Aushöhlung, Vertiefung', welche sich dann semantisch differenzierte in 'Schiff' (ausgehöhlter Baumstamm, Einbaum?) einerseits und 'Flussbett, Fluss' andererseits. **IV.** Mit dem FluN *Nahe* gebildet ist der Name von Nohen, Lkr. Birkenfeld, RP: um 1307–1354 *de Altennae*, 14. Jh. *Naa*. **V.** Buchmüller/Haubrichs/Spang; Haubrichs 2003; NIL. *kun*

Nonnweiler **I.** Gem. im Lkr. St. Wendel, 9081 Ew., im Norden des Saarlandes an der Grenze zu RP, im Zentrum des Naturparks Saar-Hunsrück, SL. Im Gemeindegebiet liegt die 1973 bis 1982 gebaute Primstalsperre. Kelt. Siedlungsreste, vor allem der Ringwall von Otzenhausen, ein ehem. Oppidum der Treverer. Seit 1836 Ausgrabung von zwei keltischen Fürstengräbern in Schwarzenbach, außerdem Spuren kelt. Eisenverarbeitung. Wallfahrtsort im MA. 1974 wird aus den Orten Bierfeld, Braunshausen, Kastel, Nonnweiler, Otzenhausen, Primstal, Schwarzenbach und Sitzerath eine Gem. gebildet. **II.** Um 1220 *Nonnewilre*, 1330 *Nunwilre*, 1367 *Nonnwilre*. **III.** Gw. ist ↗ *-weiler* (ahd. *wīlāri*, mhd. *wīler* 'Gehöft, kleinere Siedlung'), das wie die franz. Entsprechung *-viller(s)* auf das lat. bzw. rom. App. *villare* zurückzuführen ist. *Villare* ist seit dem 7. Jh. als Gw. von SiN nachweisbar. Als Bw. ist mit guten Gründen mhd. *nunne*, ahd. *nunna* anzusetzen, da besitzgeschichtliche Argumente zu einer Deutung des Namens als 'Weiler der Nonnen' führen: Im 9. Jh. wurde die Grundherrschaft Nonnweiler durch die Frauenabtei Pfalzel bei Trier erworben. Auch der häufige Erhalt des Mittelsilbenvokals in der Belegreihe (z.B. 1369 *Nunewilre*, *Nunnewilre*) spricht für diese Deutung, denn er kann durch die mehrfach gedeckte Endung des Gen. Pl. der *n*-Deklination (*Nunnōno-*) erklärt werden. Jedoch ist auch der Ansatz des PN *Nunno* nicht grundsätzlich auszuschließen. Die zuerst 1367 im Or belegte *o*-haltige Form des SiN ist, parallel zu der Entwicklung beim App., das Ergebnis der md. Senkung von *u* zu *o* vor Nasal.

IV. Nonnenweier, OT von Schwanau, Ortenaukreis, BW: 845 *Nunnenwilre*. **V.** Pitz. *kun*

Nord-. Ahd. *nord*, mhd. *nort* und die erweiterten Formen ahd. *nordan* / *nordar*, mhd. / mnd. *norden* / *norder* stellen attributive Adverbien zur ON-Unterscheidung dar in der Bed. 'im / von Norden, nordwärts' und begegnen in heutigen ON (↗ Nordhausen, TH, ↗ Nordenham, Lkr. Wesermarsch, NI, ↗ Norderstedt, Kr. Segeberg, SH). Entsprechendes gilt für die Bildungen mit ↗ *Süd-*, ↗ *West-*, ↗ *Ost-*. Diese vier unterscheidenden Zusätze wurden bereits sehr früh in fränk. Zeit systematisch zur Orientierung eingesetzt (↗ *-heim*). Literatur: Kaufmann 1958; Debus / Schmitz, H.-D. *FD*

Norden **I.** Stadt im Lkr. Aurich, 25099 Ew., n von Emden, nw von Aurich, bis 2004 Reg.-Bez. Weser-Ems, seit 2005 Regierungsvertretung Oldenburg, NI. Norden gilt als die älteste Stadt Ostfrieslands. Es existierten dort das Benediktinerkloster Marienthal (spätes 12. Jh.) und das Langhaus der Ludgerikirche (frühes 13. Jh.). 1535 „Instituta Nordana" als Grundlage für eine Stadtverfassung. 1744 zu Preußen, 1808 an Holland, 1810 an Frankreich, 1815 zu Hannover, 1866 zu Preußen. Tourismus und Landwirtschaft. Altes Rathaus, Ostfriesisches Teemuseum, Seehundstation Norddeich. **II.** 1124 *Nertin* [Kop. 14. Jh.], 1220 *de Nordia … abbatibus* [Kop. 13. Jh.], 1269 *in Norda*; *Norden* (1415). **III.** Entgegen anderen Auffassungen ist ein Beleg *Nordhunnwig* nicht hierher, sondern eher zur Norwich zu stellen, sodass im ON keine frühe Kürzung aus einem *-wik*-Namen vorliegt. Grundlage des ON ist asä. *norð*, afries. *north* 'Norden', das mehrfach im Dat. Sg. steht. Dabei ist die Schreibung des Erstbelegs, der einer nur abschriftlich erhaltenen Papsturkunde entstammt, als fehlerhaft zu bewerten. Der Name der den Ort umgebenden Landschaft (zu 787 *Nordedi* [Kop. 10. Jh.], um 860 *in pago Nordwidu* [Kop. 11./12. Jh.], 885 *Nordmanni cum Frisonibus in loco, qui vocatur Norditi, … superantur* [Kop. 11. Jh.]) ist mit dem gleichen Element gebildet und stellt entweder eine Abl. mit dem Suffix ↗ *-ithi* dar oder ein Kompositum mit asä. *widu-*, mnd. *wēde* 'Wald'. **V.** HHS 2; Nds. Städtebuch; Remmers, Aaltukerei. *TK*

Nordenham **I.** Stadt im Lkr. Wesermarsch, 27246 Ew., NI. Junge Siedlungsentstehung aus der Gem. Atens heraus. Der Kaufmann Wilhelm Müller ließ auf den Atenser Mittelsänden einen Schiffsanleger, den so genannten Ochsenpier, errichten, über den der Norddeutsche Lloyd Vieh nach England transportierte. Der Anleger wurde im Lauf der Zeit erweitert, 1908 Stadtrecht, 1955 selbständige Stadt. **II.** 1745 *Gut Nordenhamm*, 1890 *Nordenham*. **III.** Urspr. FlN, bestehend aus adj. ↗*Nord(en)*- 'nach Norden liegend' + nd. -*ham(me)*, zu mnd. *ham* 'abgeteiltes, umgrenztes, umfriedetes Stück Weide-, Wiesenland; dann überhaupt Wiese, Marschland', *hamme* auch 'das gemeine Wiesenland', nd. *Hamm* 'eine Wiese oder ein Stück Grün- oder Weide-Land, welches nicht, wie ein *Kamp*, mit Wällen, sondern mit Gräben abgegrenzt und eingefriedigt ist'. **V.** Scheuermann 1995; Nds. Städtebuch. *JU*

Norderstedt **I.** Amtsfreie Stadt im Kr. Segeberg, 71 929 Ew., an der Harksheide, direkte Nähe zu Hamburg, SH. 1970 durch Zusammenlegung der Gem. Friedrichsgabe, Garstedt, Glashütte und Harksheide gegr., erste urk. Erwähnung der Orte: Friedrichsgabe 1822, Garstedt 1370, Glashütte 1896, Harksheide 1374; 1867 zu Preußen. Feuerwehrmuseum. **II.** 1970 *Norderstedt [Or]*. **III.** Der ON beschreibt die geografische Lage der zusammengelegten Gemeinden n Hamburgs. Außerdem war *Norderstedt* bereits eine Projektbezeichnung für ein Zuzugs- und Wohnbaugebiet für Flüchtlinge aus Ostdeutschland, das von mehreren umliegenden Gem. getragen wurde. **V.** Laur. *GMM*

Nordhausen **I.** Kreisstadt des gleichnamigen Landkreises, s des Harzes am Westrand der Goldenen Aue an der Zorge, 44 189 Ew., TH. Altthüringisches Dorf, seit 8. Jh. Königspfalz, im 10. Jh. unter Heinrich I. Königsburg erbaut, seitdem frühstädtische Entwicklung, 1180 *imperatoris civitas*, also seit 12. Jh. bis 1802 freie Reichsstadt mit Dom; Spirituosenherstellung seit 16. Jh. (Nordhäuser Doppelkorn). **II.** 927 *Northusa*, 965 und 1075 *Northusun*, 1105 *Northuson*, seit 12. Jh. *Nord-*, *Northusen*, 1480 *Northausen*. **III.** Der ON ist gebildet worden aus ↗*Nord-*, asä. *north*, ahd. *nord*, mhd. *nort* 'Norden', und ↗*-hausen*, ahd. mhd. *hūs* 'Haus', wobei *-husun/-hausen* einen erstarrten Dativ Plural 'bei/zu den Häusern' zeigt, also urspr. Name für eine nordwärts gelegene Ansiedlung. **IV.** Nordhausen, OT von Ostercappeln. Lkr. Osnabrück, NI; Nordhausen, OT von Nordheim, Lkr. Heilbronn, sowie OT von Unterschneidheim, Ostalbkreis, beide BW; Sundhausen, OT von Nordhausen sowie von Gotha, Gem. im Unstrut-Hainich-Kr., Osthausen im Ilmkreis, jeweils TH; mehrere OT und Gem. Westhausen in Deutschland. **V.** UB Eichsfeld I; SNB; Berger. *KH*

Nordheim **I.** Gem. im Lkr. Heilbronn, 7522 Ew., ca. 8 km wsw Heilbronn, am Ostrand des Zabergäus und im Gartacher Feld gelegen, Reg.-Bez. Stuttgart, BW. Nordheim bildet zusammen mit der Stadt ↗Lauffen am Neckar und der Gemeinde Neckarwestheim die VVG der Stadt Lauffen am Neckar. Wohl in der Zeit der fränkischen Staatskolonisation entstanden, vor 1380 an Württemberg, bis 1807 zum Amt gehörig, bis 1938 zum Oberamt Brackenheim. Weinbau, Altes und Neues Rathaus, Glockenstupferbrunnen, Alte Kelter. **II.** Um 820 *Nordheim*. **III.** Namen des Typs *Nord-*, *Süd-*, *West-*, *Ostheim* sind Orientierungsnamen und werden auf planmäßig angelegte und benannte fiskalische Siedlungen zurückgeführt. **IV.** Markt Nordheim, Lkr. Neustadt a.d.Aisch-Bad-Windsheim; Nordheim v.d. Röhn, Lkr. Rhön-Grabfeld, beide BY. **V.** Bach DNK 2; Jochum-Godglück; LBW 2 und 4. *JR*

Nordholz **I.** Gem. im Lkr. Cuxhaven, 7560 Ew., s von Cuxhaven, Reg.-Bez. Lüneburg (bis Ende 2004), NI. Um 1550 bilden Deichsende und Nordholz Bischöfliches Gericht Deichsende, 1672 adeliges Gericht aus dem Besitz des Deichbauunternehmers Bulders und Erben, 1736 kurfürstlich-hannoversches Amt Nordholz, 1967 freiwilliger Zusammenschluss der Gem. Deichsende, Nordholz und Wursterheide, 1969 und 1974 Beitritt von Wanhöden und Spieka. **III.** Bildung mit dem Gw. ↗*-holz* und dem Bw. mnd. *nort*, nhd. ↗*-Nord* in unflektierter Form. Nordholz bildet die n Fortsetzung des Ortes Deichsende am Geestrücken der Hohen Lieth. **IV.** Nordholz in den Lkr. Schaumburg und Nienburg (Weser), beide NI. **V.** Lehe, E. von: Grenzen und Ämter im Herzogtum Bremen. Göttingen 1926; KD Wesermünde 1. *FM*

Nordhorn **I.** Kreisstadt im Lkr. Grafschaft Bentheim, 53 401 Ew., 33 km sw Meppen, NI. Jungsteinzeitliche Funde, kontinuierliche Besiedlung bis zur Ersterwähnung um 900, der Ort wurde an heutiger Stelle neu gegründet, die urspr. Siedlung, heute Altendorf, befindet sich ca. 2 km nö des Ortskerns; 1379 erhielt der Ort die Stadtrechte durch Graf Bernd I. von Bentheim, seit dem 14. Jahrhundert ist eine gräfliche Wasserburg nachweisbar; 1752 wurde die Stadt an Hannover verpfändet und fiel 1866 an Preußen. Nordhorn war wichtiger Handelsknotenpunkt zwischen Skandinavien und Mittel- und Westeuropa, von Bedeutung war die Schifffahrt auf der Vechte; seit dem 19. Jh. aufstrebende Textilindustrie, des Weiteren mittelständisch geprägt. **II.** 890 *in Northornon*, 10. Jh. *Norhthornon*, 1184 *Northorne*, 1255 *in parrochia Northorne*. **III.** Der ON setzt sich aus dem Bw. ↗*-Nord* zu asä. *north* 'Norden' und dem Gw. *-horn* zu asä. *horn*, mnd. *hōrn(e)* 'spitz zulaufendes, keilförmiges Landstück' zusammen; in FIN bezeichnet das Gw. auch 'Winkel, Ecke, Biegung' oder 'Vorsprung des Feldes in den Wald oder des Landes ins Wasser; Halbinsel'. Somit bedeutet der ON 'Siedlung am nördlichsten Horn oder n des Horns', was möglicherweise auf die Lage der Siedlung n einer Biegung der Vechte bezogen ist. **V.** HHS 2; Berger; Nds. Städtebuch. *MM*

Nordhümmling I. Samtgem. im Lkr. Emsland, 12 205 Ew., 19 km sö Papenburg, NI. II. 1280 *Humeling*, 1297 *uppen Homelingen*, 1350–1361 *up den Homelingen*. III. Der Name der Gem. leitet sich vom Namen des Hügellandes *Hümmling*, einer Geestlandschaft, ab, in deren Nordteil der Ort. liegt. Der Name des Hügellandes kann mit nl. mda. *hummel* 'grober Kies' verbunden werden, vgl. norwegisch *humul* 'kleiner, runder Stein' in Verbindung mit dem Suffix ↗ *-ing(en)*, was in niedersächsischen ON die Funktion einer kollektiven Stellenbezeichnung ausübt und welches für die Umlautung des Stammvokals verantwortlich ist. Der ON bezieht sich somit auf den kiesigen Boden des Höhenrückens. V. Berger. MM

Nordkirchen I. Gem. im Kr. Coesfeld, 10 548 Ew., sö Lüdinghausen, Reg.-Bez. Münster, NRW. Im MA Kirchdorf im FBtm. Münster, 1533 Abbruch von Kirche und Dorf und Neubau an anderer Stelle, 1802 preußisch, 1806 Ghztm. Berg, 1813 wieder preußisch, 1. Hälfte 18. Jh. Bau des barocken Wasserschlosses („Westfälisches Versailles", größtes Wasserschloss Westfalens) u.a. durch J. C. Schlaun, dort seit 1958 Fachhochschule für Finanzen. II. 1022–1032 *de Northkirken*, 1183 *Warmundus de Northkerken*, 1221 *Nortkerken*. III. Bildung mit dem Gw. ↗ *-kirchen*, zunächst in nd. Form auf dem appellativischen asä. *kerika, kirica*, mnd. *kerke* 'Kirche, (christliches) Gotteshaus' basierend. Bw. ist das orientierende asä. *north*, mnd. *nört* 'Norden', ↗ *Nord-*. Nordkirchen ist also gegenüber Südkirchen der nördlich(er) gelegene Kirchort. Der heutige ON ist, wie auch der erste Beleg, eine Bildung im Dat. Sg. mit lok. Funktion. Der Kirchort wurde um den Amtshof Ihtari der Abtei Werden gegründet (gleichnamig ein Waldgebiet mit weiteren, so benannten Höfen). V. WfUB I, II, III. kors

Nördlingen I. Große Kreisstadt, 19 119 Ew., Lkr. Donau-Ries, Reg.-Bez. Schwaben, BY. 9. Jh. karolingischer Königshof, 1215 Freie Reichsstadt, 1802/03 an Bayern. Sehenswerte ma. Innenstadt, Rieskratermuseum. II. Um 750–802 (Kop. Mitte 12. Jh.) *Nordilingin*, 898 *Nordilinga, ad Nordilingun, Nordelingin, Nordling*, 983–993 (Kop. 11. Jh.) *Nordilinga*, vor 1014 *Nordelingen*, um 1150 *Nordlingen*, 1153 *Nordelingen*, 1257 *Nördelingen*, 1275 *Nordlingen*, 1420 *Nördlingen*, 1433 *Nördlingen*. III. Zu den frühesten Belegen passt als Deutung am besten der PN *Nordila* (Fem.). Da es sich dabei aber um einen Frauennamen handelt, sollte man von dem erschlossenen PN *Nordilo* ausgehen, der durch das Zugehörigkeitssuffix ↗ *-ing(en)* abgeleitet wird. Das *-i-* nach der Silbe ↗ *Nord-* hat den Umlaut bewirkt, der erst im Beleg von 1257 grafisch realisiert wird. V. Urkundenbuch des Klosters Fulda. Erster Band. 1. Hälfte, Marburg 1913. Erster Band. 2. Teil, Marburg 1956; FP; Braune, W./ Eggers, H.: Althochdeutsche Grammatik. Tübingen ¹⁴1987; Paul, H.: Mittelhochdeutsche Grammatik. Tübingen ²⁴1998; Reitzenstein 1991. BE

Nordstemmen I. Gem. im Lkr. Hildesheim, 12 708 Ew., NI. Früh wird der Ort dem Bistum Hildesheim eingegliedert, 1523 als welfischer Besitz zum Amt Calenberg. 1643 erneut dem FBtm. Hildesheim zugesprochen, ab 1813 zu Hannover, 1866 preuß. (Provinz Hannover), seit 1865 Zuckerfabrik. 1885 zum Lkr. Gronau, seit 1932 zum Kr. (später: Lkr.) Alfeld, seit der Gebietsreform 1977 zum Lkr. Hildesheim. 1978–2004 Reg.-Bez. Hannover. II. (1100–1200) *in Nortstemne*, 1229 *in Nordstempne*, 1239 *hermanno de Northstemne*, 1421 *to Nortstemmen*. III. Der ON ist nicht zu trennen von † *Südstemmen*, (1100–1200) *in Suthstemne*, und *Burgstemmen*, 2 km s von Nordstemmen, (996) *ecclesia in Stemnun*, 1022 (F. 12. Jh.) *in Stemnon, in Stemne*. Die Differenzierung in Nord- und *Burg-Stemmen* trat erst relativ spät ein, auszugehen ist offenbar von einer Dat.-Pl.-Form *Stemnon*. Die weitere Entwicklung zeigt zum Teil einen beim Zusammenstoß von *-m-* und *-n-* nicht seltenen Einschub eines Labials, meist *-p-*. Seit FO II wird ein Zusammenhang mit d. *Stamm* gesucht, wobei zumeist an eine Bed. 'Baumstamm, -stumpf, Stamm, Volk, Geschlecht' gedacht wird, etwa als Dat.-Pl.-Bildung zu asä. *stamn* 'Steven, Baumstumpf'. Dieses kann jedoch wegen der noch sehr späten *-mn-*haltigen Belege und der Entwicklung eines Labials *-p-*, etwa 1258 *Stempne*, 1288 *in Nortstempne*, nicht überzeugen, weil *stamn* schon längst zu *stam(m)* geworden war und somit *Stamun* oder allenfalls *Stemun* zu erwarten wäre. Zur Deutung muss man den ON *Stemmern* bei Wanzleben, Bördekreis, ST, 1145 *Stemmere*, 1178 *Stembre*, 1183 *Stemmere*, ST, und den WgN *Stemmer* bei Ottersleben, OT von Magdeburg, ST, um 1370 *Stemmer*, hinzuziehen und kann dann von einer Abl. *Stam-in-*, vielleicht *Stam-inā*, ausgehen. Es wird weiter vorgeschlagen, von einer *n-*Bildung in Beziehung zu der gut bezeugten idg. Wurzel *stā-/*stə- 'stehen, stellen, Stand' auszugehen. Motiv für die Namengebung dürfte die erhöhte Lage gegenüber den feuchten und tiefer liegenden Partien gewesen sein, so dass *Stamin(ā)* als 'Stelle auf festem Grund' verstanden werden kann. Das lässt sich besonders deutlich bei Stemmen, Lkr. Hannover, NI, mit dem Stemmer Berg erkennen, an dessen Rand der Ort liegt. IV. Stemmen (1492 (Kop.) *tho Steme*), OT von Hespe, Lkr. Schaumburg; Stemmen (um 1320 (Kop. 16. Jh.) *Stemne, Stempne*), Lkr. Rotenburg (Wümme); Stemmen, Lkr. Verden, und Stemmen (1244 *Stemme*), Region Hannover, alle NI. V. FO II; Möller 1979; NOB I; Scheuermann 1966; Udolph 1994. JU

Nordstormarn I. Amt im Kr. Stormarn mit zwölf amtsangehörigen Gem., 10 326 Ew., zwischen Lübeck und Bad Oldesloe, SH. Amtssitz in Reinfeld, 1972 Gründung des Amtes aus den Ämtern Reinfeld-Land und Zarpen. II. 1972 *Nordstormarn*. III. Die im Zuge einer sehr späten Gründung erfolgende Benennung geht zurück auf eine ma. Gebietsbezeichnung in Holstein. Stormarn umfasste dabei weit mehr Gebietsfläche als der heutige Kreis. *Stormarn* gilt hierbei als Dat. Pl. locativus zu asä. *stormwerun* 'Einwohner des Sturmlandes'. V. Laur; Haefs. *GMM*

Nordwalde I. Gem. im Kr. Steinfurt, 9 464 Ew., nw Münster, Reg.-Bez. Münster, NRW. Im MA Kirchdorf im FBtm. Münster, 1803 Fürstentum Rheina-Wolbeck, 1806 Ghztm. Berg, 1813 preußisch, Landwirtschaft, Textilindustrie und mittelständische Unternehmen. II. 1151 *Northwalde [Or]*, 1265 *Nortwalde*, 1265 *Northwolde*. III. Bildung mit dem Gw. ↗-*wald* zu asä. *wald*, mnd. *wolt* 'Wald' und dem Bw. asä. *north*, mnd. *nört* 'Norden', ↗*Nord*-. Urspr. liegt also ein FlN vor, der dann auf die Siedlung übertragen worden ist. Der Bezugspunkt für die Himmelsrichtung Norden lässt sich nicht mehr ermitteln. Die im Dat. Sg. mit lok. Funktion flektierte Bildung zeigt sich auch in der h. amtlichen Form. Die Variante -*wold*- beruht auf Verdumpfung von -*a*- zu -*o*- vor -*l*- plus Konsonant. Deutung: 'beim Wald im Norden'. IV. Nordwald, OT von Lippetal, Kr. Soest, NRW. V. WfUB II, III. *kors*

Nörten-Hardenberg I. Flecken und Gem. im Kr. Northeim, 8343 Ew., sw von Northeim, Reg.-Bez. Braunschweig (bis Ende 2004), NI. Nörten: Lage an Leinetalstraße und Alter Uslarer Straße, 1055 Erwähnung des Leineübergangs, zwischen 800 und 1000 Burganlage, 1103 Gründung des Klosters Steina (Marienstein), Archidiakonat, 1287 Burg und 1303 Flecken im Besitz der Familie von Hardenberg, 1360 Stadt. Hardenberg: Um 1100 Burganlage auf steil abfallendem Bergsporn durch Erzbistum Mainz zur Kontrolle der Handelswege, 1408/09 Aufspaltung der Familie von Hardenberg führte zur Teilung der Burg in Vorder- und Hinterhaus. II. Nörten: 1031 *Norhtunon [Or]*, 1415 *Nôrthen [Or]*; Hardenberg: um 1229 *Hermannum de Hardenberch [Or]*. III. Nörten: Bildung mit dem Gw. asä. -*tūn* 'Zaun, Einhegung, von einer Einhegung umschlossenes Gebiet', im Erstbeleg im Dat. Pl., und asä. *nord* 'Norden, nordwärts gelegen' als Bw. in unflektierter Form. Das 4 km s gelegene Bovenden (949 *Bobbenzunon*) stellt offenbar den Bezugspunkt für die Ben. des Ortes nach seiner nördlichen Lage dar. Hardenberg: Bildung mit dem Gw. ↗-*berg* und dem mnd. App. *hart* 'hart, fest, kräftig' in flektierter Form. Da das Gw. -*berg* in ON öfter synonym für ↗-*burg* steht, liegt möglicherweise ein urspr. BurgN vor und *hart* bezieht sich eher auf eine trutzige, schwer einzunehmende Burg als auf harten Bergboden. V. HHS 2; LK Northeim; NOB V. *FM*

Northeim I. Kreisstadt im Lkr. Northeim, 29 980 Ew., an der Rhume, Reg.-Bez. Braunschweig (bis Ende 2004), NI. Lage an Kreuzung zweier Verkehrsstraßen an Rhumebrücke, 11. Jh. Stammsitz der Northeimer Grafen, 1117 Umwandlung eines Chorherrenstifts in das Benediktinerkloster Sankt Blasii, 1144 welfischer Besitz, 1252 Stadtrecht, 1384–1554 Hansestadt. II. 780–802 *Northeim* (Kop. 12. Jh.). III. Bildung mit dem Gw. ↗-*heim* und asä. *nord* 'Norden, nordwärts gelegen' als Bw. in unflektierter Form. Der Bezugspunkt für die Ben. ist der s gelegene Ort Sudheim. IV. Nordheim u.a. in den Lkr. Heilbronn, BW; Bergstraße, HE; Schmalkalden-Meiningen, TH; Rhön-Grabfeld, Kitzingen, Donau-Ries, alle drei BY. V. Nds. Städtebuch; LK Northeim; NOB V. *FM*

Nortorfer Land I. Amt im Kr. Rendsburg-Eckernförde, Verwaltungssitz in Nortorf (nd. Nordörp), umfasst siebzehn Gemeinden, 18 204 Ew., zwischen den Naturparks Aukrug und Westensee, SH. 1970 Gründung des Amtes Nortorf-Land aus drei Ämtern und zwei Gem. Mit Beitritt der Stadt Nortorf 2007 erfolgte die Umbenennung in Nortorfer Land. II. Um 1190 *in Northorpe [Or]*, 1317 *de Nortdorpe*; *Nortorff* (1559). III. *Nortorf* ist ein für sich sprechender Name, in dem er 'nördliches Dorf' meint, vom mnd. *dorp*, hd. ↗-*dorf* abstammend. IV. Nordorf, OT der Gemeinde Esens, Lkr. Wittmund, NI; Norddorf, Kr. Nordfriesland, SH. V. Laur; Haefs. *GMM*

Nörvenich I. Kreisangehörige Gem. im Kr. Düren, 11 104 Ew., sö von Düren in der Zülpicher Börde, Reg.-Bez. Köln, NRW. Erste Erwähnung 1028. Sitz der Nörvenicher Grafen. Verwaltungssitz innerhalb des Herzogtums Jülich. Nach dem 2. Weltkrieg wurde in der lange Zeit ländlich geprägten Gemeinde ein Militärflugplatz (Fliegerhorst) eingerichtet. II. 1028 *Noruenich [Kop. 16. Jh.]*, 1341 *Nuruenich*; *Noervenich* (1376). III. Grundlage für den ON ist ein zu erschließendes *Norbaniacum*. Die ON-Bildung erfolgte mit dem für das Gebiet links des Rheins typischen galloroman. Suffix ↗-*(i)acum*, aus dem sich meist -*ich* entwickelte. In Verbindung mit einem PN zeigt -*(i)acum* den Besitz oder Einflussbereich einer Person an. Als PN kommt in der römischen Provinz Niedergermanien inschriftlich belegtes *Norbanus* in Frage. In *Norbaniacum* = 'Landgut des Norbanus' wird vermutlich schon in lat.-roman. Zeit der Labialkonsonant in Stellung zwischen dem liquiden Konsonanten -*r*- und dem Vokal -*a*- zum Reibelaut. Das -*(i)acum*-/-*ich*-Suffix lautet den Stammvokal -*o*- zu -*ö*- um; (vgl. *Lövenich*, OT von Köln, *Röve-*

nich, OT von Zülpich, Kr. Euskirchen, *Sötenich*, OT von Kall, Kr. Euskirchen, alle NRW). **IV.** ↗Linnich, ↗Merzenich, beide Kr. Düren, NRW. **V.** Kaspers. *Br*

Nossen **I.** Stadt im Lkr. Meißen, 7293 Ew., am Südrand des Mittelsächsischen Hügellands, im Vorerzgebirge, im Tal und an den Hängen der Freiberger Mulde, SN. Slaw. Wallburg am Rande des altslaw. Siedlungsgebietes (Gau Daleminze = Lommatzscher Pflege), seit dem 12. Jh. deutsche Burg mit Burgsiedlung in Nachbarschaft des Klosters Altzella, Städtchen im 13. Jh., 1664 Stadtrecht. **II.** 1198 *de Nozin*, *Nozzin*, 1224 *Nozzin*, 1263 *Nuzzin*, 1432 *Nossin*. **III.** Der ON enthält das asorb. Wort **nos* 'Nase', hier auf die steil vorspringende Felszunge an der Freiberger Mulde übertragen. Ein PN **Nos* liegt nicht vor. Die *-u-*Formen beruhen auf der mda. Hebung von *-o-* zu *-u-*. **V.** HONS II; SNB. *EE, GW*

Nottuln **I.** Gem. im Kr. Coesfeld, 20145 Ew., w Münster, Reg.-Bez. Münster, NRW. Im MA Kirchdorf im FBtm. Münster, 1802 preußisch, 1806 Ghztm. Berg, 1810 Kaiserreich Frankreich, 1813 wieder preußisch, 11. Jh. Gründung eines Damenstifts, im 18. Jh. barocker Ausbau des Stiftsbezirks unter J. C. Schlaun. **II.** 1171 *in Nuhtlon [Or]*, 1280 *in parrochia Notlon*, 1629/30 *Nottelen*; *Nottuln* (1631). **III.** Kompositum mit einem Gw. ↗*-loh*, basierend auf appellativisch asä. **lō(h)*, mnd. *lōh* 'Gebüsch, Gehölz, (Nieder-)Wald', und einem Bw. aus asä. **hnut*, mnd. *not* 'Nuss'. Urspr. liegt also ein FlN vor, nämlich die Bezeichnung für ein 'Nussgehölz', der dann auf die dort entstandene Siedlung übertragen worden ist. Wie schon im Erstbeleg hat sich auch in der h. amtlichen Form des Namens die Bildung im Dat. Pl. als altem Lok. erhalten, so dass der ON als 'bei den Nussgehölzen' gedeutet werden kann. Die Belegreihe zeigt im 17. Jh. den Einschub eines Vokals (*-e-*, auch *-u-*) zwischen *-t-* und *-l-*, der sich erhalten hat, wohingegen der zu *-e-* abgeschwächte Vokal des Gw. ausgefallen ist. **V.** WfUB II, III; CTW V. *kors*

Nový Jičín ↗**Neu-Titschein**

Nowa Ruda ↗**Neurode**

Nowa Sól ↗**Neusalz**

Nowa Wieś Królewska ↗**Bolko**

Nowogard ↗**Naugard**

Nümbrecht **I.** Gem. im Oberbergischen Kreis, 17328 Ew., 40 km ö Köln an Bröl und Agger, Reg.-Bez. Köln, NRW. Im 9. Jh. bereits besiedelt, Kirchenbau ab 955, im Besitz des Bonner Cassiusstiftes, ab 1253 zur Grafschaft Sayn, später sog. Reichsherrschaft (Sayn-) Homburg (Schloss, sog. Homburger Ländchen) bis 1806, landwirtschaftlich-kleingewerbliche Prägung, ab 1987 heilklimatischer Kurort, viele Spätaussiedler. **II.** 1131 *Nuenbret [Or]*, 1148 *Nuinbrecht*. **III.** Bildung aus dem Adj. *neu*, ahd. *niuwi*, idg. **neu-jo*, und dem Gw. ↗*-bracht*, das hier mit Umlaut erhalten bleibt. Eine frühneuzeitliche schriftsprachliche Diphthongierung des Stammvokals im Bw. zu *Neu-* hat nicht stattgefunden. Zu vergleichen mit jeweils anderen Entwicklungen sind im Bergischen Land die ON ↗*Neunkirchen-Seelscheid*, Rhein-Sieg-Kr. und ↗*Gummersbach*, Oberbergischer Kr., beide NRW. **V.** Dittmaier 1952/53; Dittmaier 1956; HHS 3. *Ho*

Nünchritz **I.** Gem. und gleichnamige VG (mit der Gem. Glaubitz) im Lkr. Meißen, 8295 Ew., am Rande des Naturraums Großenhainer Pflege, ö der Elbe, in der Elbaue, SN. Ehem. Bauerndorf, auch etwas Weinbau, h. Sitz der VG, kleiner Industriestandort, chemische Industrie. **II.** 1312 *Nincharitz*, 1378 *Nymchericz*, 1406 *Nimchericz*. **III.** Wohl asorb. **Ninochorici* zum PN *Ninochor*, gebildet mit dem Suffix *-ici-*, im D. Wandel von *-n-* zu *-m-* und hyperkorrekter Rundung von *-i-* zu *-ü-*, 'Siedlung der Leute eines Ninochor'. **V.** HONS; SO. *EE, GW*

Nürnberg **I.** Kreisfreie Stadt, 503 638 Ew., zu beiden Seiten der Pegnitz, die im w benachbarten Fürth mit der Rednitz zusammen die Regnitz bildet, Reg.-Bez. Mfr., BY. Gründung im 11. Jh., von Anfang an mit Marktrecht, kaiserlicher Stützpunkt, 1219 Freie Reichsstadt, zwischen 1470 und 1530 Blütezeit der Stadt durch Handwerk und günstige Lage als Handelsplatz in der Mitte Europas, zusammen mit Köln und Prag zu den größten Städten des Reiches zählend; 1806 bayerisch. **II.** Zu 1022 (Annalen des 12. Jh.) *Norenberg*, 1050 *Nörenberc*, 1061 *Norenberg*, 1062 *Nuorenberc*, 1074 *Nourenberg*, 1113/16 (Kop. 1170/75) *Nurinberg*, 1420/22 *Nürnberg*. **III.** Gw. ist ↗*-berg*, das freilich keine Burgbezeichnung ist. Die bis 1909 vorliegenden, zum Teil sehr phantastischen Deutungen des Bw. werden bei Chr. Beck kritisch diskutiert; zu neueren Deutungen vgl. Reitzenstein 2009; die h. favorisierten Deutungen des Bw. operieren mit erschlossenen Elementen: weder ist ein ahd. PN *Nuoro* überliefert, noch existiert ein mhd. Subst. *nuor* 'Felsen' oder ein Adj. *nuorîn* 'felsig'. Auffällig sind die Schwankungen in der Schreibung des Vokals im Bw., die eine gewisse Unsicherheit der Schreiber auszudrücken scheinen. Wenn von germ. *ō* auszugehen ist, wäre die reguläre Entwicklung in der nordbairischen Mda. Nürnbergs über ahd. *uo* mit Umlaut zu mhd. *üe*, und weiter durch Entrundung zum gestürzten Diphthong *ei* gegangen. Die Schreibungen mit *ou* oder *u* passen zu diesen Lautverhältnissen aber nicht; sie mögen zum Teil auch durch unterschiedliche sprachgeographische Herkunft der Schreiber verursacht sein; der Name ist in den verschiedensten Quellen sehr häufig überliefert. **V.** Beck, S. 114–118; HHS 7/2; MGH DHIII, Nr. 253; MGH DHIV, Nr.71, 89; Reitzenstein 2009; Schwarz, S. 114. *RB*

Nürtingen **I.** Große Kreisstadt im Lkr. Esslingen, 40 395 Ew., bildet zusammen mit den Gem. ↗ Frickenhausen, Großbettlingen, Oberboihingen, Unterensingen und Wolfschlugen die VVG der Stadt Nürtingen, 69 558 Ew., ca. 13 km s Esslingen, im Knollenmergel anschneidenden Neckartal gelegen, Reg.-Bez. Stuttgart, BW. Eine Siedlung besteht seit dem 6./7. Jh., das Dorf zählte zum Königsgut, Ortsadel ist von 1277 an nachweisbar, hohe Gerichtbarkeit kam 1254/65 an Württemberg, 1330 Abschluss der Stadtgründung, 1485/90 Residenzstadt, seit 1962 Große Kreisstadt. Ehemals Textilindustrie, Salemer Hof, Alte Lateinschule, Riegersches Haus, Römische villa rustica. **II.** 1046 *Nivritingen [Or]*, 1101 *Niugertingun*, 1158 *Niordinge [Or]*, 13. Jh. *Niurtingen [Or]*; *Nürtingen* (16. Jh.). **III.** Der Name ist zurückzuführen auf eine ↗ *-ing(en)*-Ableitung zu dem PN *Niuwrit, er bedeutet 'bei den Leuten des Niuwrit'. Die <g>-Schreibung für <w> ist Reflex latinisierender Schreibungen. **V.** Reichardt 1982a; Haubrichs 2004; FP; LBW 2 und 3. *JR*

Nußloch **I.** Gem. im Rhein-Neckar-Kreis, 10 685 Ew., ca. 10 km s Heidelberg, im nordwestlichen Kraichgau, Reg.-Bez. Karlsruhe, BW. Nußloch gehörte zunächst zum Lorscher Besitz, kam im 9. Jh. als Königsgut an das Wormser Kloster Nonnenmünster, 1259 Verkauf der Herrschaftsrechte an die Pfalz, 1803 an Baden. St.-Laurentius-Kirche, ehem. lutherische Kirche. **II.** 766 (Kop. 12. Jh.) *Nuzlohon, Nuzlohun*. **III.** Es handelt sich um eine Zuss. mit dem Bw. ahd. *nuz*, mhd. *nuz* 'Nuss' und dem Gw. ahd. *lōh* 'Hain', mhd. *lōch* 'Gebüsch, Wald' (↗ *-loh(e)*). Namengebend war verm. ein mit Walnussbäumen bestandener Wald. **IV.** Nußdorf a.Inn, Lkr. Rosenheim und Lkr. Traunstein, beide BY. **V.** FO; Bach DNK 2; LBW 5. *JR*

Nysa ↗**Neisse**

O

Ober(en)-. ⁊ **Nieder(en)-.**

Oberasbach I. Stadt im Lkr. Fürth im großen Verdichtungsraum Nürnberg-Fürth-Erlangen, 17 003 Ew., Reg.-Bez. Mittelfranken, BY. Wohl hochmittelalterliche Gründung an einer Straßenkreuzung im Biberttal, 1413 als Kirchdorf erwähnt, 1632 Schauplatz für 70 Tage von Wallensteins Lager, 1792 an Preußen, 1806 an Bayern, 1886 Pfarrdorf. Seit 1994 Stadt. II. 1288 *ze Obernaspach [Or]*, 1304 *Aspach [Or]*; *Oberasbach* (1710). III. Da sich einerseits die Abl. von ahd. *aspa* 'Espe' mittels dem Kollektivsuffix für Stellenbezeichnungen ahd. *-ahi* (⁊ *-ach²*) in der Regel zu *espech/espich* entwickelt hat, andrerseits Oberasbach mit Unterasbach am Bach namens *Asbach* (h. *Kreutzbach*) liegt und der Name stabiles ⁊ *-ach¹* zeigt, ist der ON sicherlich als Zusammensetzung von ahd. *aspa* 'Espe' und *aha* 'Fluss, Strom' zu verstehen und bezeichnet eine Siedlung an einem mit Espen gesäumten Bach. Die graphische Anpassung an ⁊ *-bach*-Namen ist erst im 18. Jh. erfolgt. IV. ⁊ Asbach, Lkr. Neuwied; Asbach, Lkr. Birkenfeld, beide RP; Asbach, OT von Bad Hersfeld, Lkr. Hersfeld-Rotenburg, HE; Asbach-Bäumenheim, Lkr. Donau-Ries, Asbach, OT von Altomünster, Lkr. Dachau; Asbach, OT von Drachselsried, Landkreis Regen, alle in BY. Die etymologisch richtige Schreibung hat sich u.a. bei ⁊ Aspach (am Asbach), Rems-Murr-Kreis, BW, bewahrt. V. Wießner, W.: Stadt- und Landkreis Fürth (HONB, Mittelfranken 1). München 1963. DF

Oberderdingen I. Gem. und (mit Kürnbach) gleichnamige VVG im Lkr. Karlsruhe, 12 795 Ew., ca. 30 km onö Karlsruhe, im Vorland des Stromberges und am westlichen Stromberg gelegen, Reg.-Bez. Karlsruhe, BW. Oberderdingen gehörte zum Teil zum Lorscher, größtenteils aber zum Weißenburger, im 12. Jh. zum Hirsauer Besitz, 1344 mit Herrenalb unter württembergischer Schirmherrschaft, das Pflegamt blieb bis 1807, dann zum Oberamt Maulbronn, 1938 zum Lkr. Vaihingen, 1973 zum Lkr. Karlsruhe. Weinbau, Aschingerhaus, Waldenserhäusle, Große Kelter. II. 838 (Kop. 12. Jh.) *Tardingen*, 1835 *Derdingen*; *Oberderdingen* (1964). III. Es handelt sich um eine ⁊ *-ingen*-Bildung mit einem aus ON erschlossenen PN *Tardo*, der auf ahd. *tart* 'Wurfspieß, Pfeil' zurückgeht; der Name bedeutet 'bei den Leuten des Tardo'. IV. Derendingen, Lkr. Tübingen, BW. V. FO 1; Kaufmann 1968; LBW 5. JR

Oberdrauburg I. Marktgemeinde, 1 300 Ew., Pol. Bez. Spittal an der Drau, KÄ, A. Die beiden Marktgemeinden Ober- und Unterdrauburg (letzteres heute Dravograd, seit 1918 in Jugoslawien bzw. Slowenien) markierten durch die Jh. die w und ö Kärntner Landesgrenze an der Drau. Die Gegend ist seit vorrömischer Zeit besiedelt; anknüpfend an röm. Wachtürme entstand die vom 10.–13. Jh. vier Burgen umfassende Wehranlage, die um 1164 als *Schellenstein* genannt wird. Markt urk. seit 1325, Mautstation. II. 1240 *Traburch*. III. Der Name (mda. *Trâwurg* und *Drauwurg* ist zunächst als 'Burg an der Drau' (zu ⁊ *-burg*, ahd. *burg* 'Burg, Stadt, Stätte'; zum GwN *Drau* ⁊ Spittal an der Drau) zu erklären. Dazu passt allerdings nicht die verbreitete alte mda. Form *Trâbrig* (sowie das furlanische Exonym *Trabrec*). Diese scheint auf eine alte kelt. Bezeichnung *Dravobriga* (d. i. 'Drau' + kelt. *brig-* 'Anhöhe, hochgelegener Ort; [auch] Festung') zurückzugehen. Daher dürfte *Drauburg* in *Oberdrauburg* (⁊ *Ober(en)-*) eine schon im Ma. erfolgte volksetym. Umformung eines älteren *Trabrig* sein. V. ANB; Kranzmayer II; Pichler-Stainern, A.: Oberdrauburg – Trabrig. Eine ortsnamenkundliche Untersuchung; ÖNf 25 (1997). HDP

Oberes Bühlertal I. GVV im Lkr. Schwäbisch Hall, 10 024 Ew., ca. 13 km osö Schwäbisch Hall, im Osten an der Vellberger Bucht, im Westen an der Fischbacher Bucht gelegen, Reg.-Bez. Stuttgart, BW. Der GVV Oberes Bühlertal wurde im Zuge der baden-württembergischen Gemeindereform am 1. Januar 1975 aus den Gemeinden Bühlertann, Bühlerzell und Obersontheim gebildet. Land- und Forstwirtschaft, Schloss Obersontheim, Herrenmühle und Koppenmühle. II. *Oberes Bühlertal* (1975). III. Der Name lehnt sich an die älteren ON *Bühlertann* und *Bühlerzell* und gehört zum GwN *Bühler* (1152 *Bilarna*, rechts zur Kocher). *Ober-* dient zur Lagebezeichnung. IV. Bühlertal, Lkr. Rastatt. V. Greule 2007; Reichardt 1999a; LBW 2 und 4. JR

Oberes Zabergäu I. GVV im Lkr. Heilbronn, 12 501 Ew., ca. 18 km wsw Heilbronn, am westlichen Rand des Neckarbeckens und am Nordhang des Strombergs gelegen, Reg.-Bez. Stuttgart, BW. Der GVV Oberes Zabergäu wurde am 1. Januar 1975 aus den Gem. Pfaffenhofen und Zaberfeld sowie der Stadt Güglingen gebildet. Weinbau, Lambertuskirche, Schloss Zaberfeld, Burgruine Blankenhorn, St. Mauritius. II. *Oberes Zabergäu* (1975). III. Der Name schließt sich an den älteren ON *Zaberfeld* und den Namen *Schloss Zaberfeld* an und gehört zum GwN *Zaber* (1443 *uf der Zabern*, links zum Neckar, aus lat. *taberna*, einer typischen Bezeichnung für röm. Straßenstationen). Das Gw. ist anzuschließen an ahd. *gewi*, *gouwi*, mhd. *göu*, *geu* 'Gegend, Landschaft, Gau'; *Ober-* dient zur Lagebezeichnung. IV. Rheinzabern, Lkr. Germersheim, RP. V. Greule 2007; LBW 2 und 4. *JR*

Oberglogau // Głogówek [gwɔˈguvɛk] I. Stadt und gleichnamige VG im Lkr. Prudnik, Woi. Opole, 14 141 Ew., an der Hotzenplotz // Osobłoga inmitten eines fruchtbaren Lößgebietes, PL. 1275 Stadtrecht, 1327 an Böhmen, 1526 an Habsburg, 1742 an Preußen. In der Volksabstimmung 1921 entschieden sich 96 % der Bewohner für den Verbleib bei Deutschland. Bis 1945 Stadt im Lkr. Neustadt, Reg.-Bez. Oppeln; 7581 Ew. (1939). II. 1212 *villis Glogov [Or]*, 1275 *Glogovia*, *Glogov*, 1312 *Glogouia svpe*, 1327 *Glogovia minor*, 1383 *Civitatis Glogouie Superioris*; *Oberglogau* (1441). III. Urspr. poln. *Głogów* 'Dorngebüsch, mit Hagedorn bewachsene Stelle' zum Adj. *głogowy*: *głóg* 'Hagedorn, Hagebutte, Heckenrose; auch Dorn, Stachel'. Heutige poln. Form, ein Deminut. mit dem Suffix *-ek*, zur Unterscheidung von der größeren Stadt ↗ Glogau // Głogów in Niederschlesien, das den lat. Zusatz *minor* und das später aufgetauchte poln. *Mały* 'klein' ersetzt. Im Deutschen hat sich das Unterscheidungsglied *Ober* durchgesetzt. IV. Głogów Małopolski; Głogów im Süden Polens; Hlohovec, Slowakei; Glogovica, Slowenien. V. SU; SNGŚl; Rymut NMP. *MCh*

Obergünzburg I. Markt und gleichnamige VG im Lkr. Ostallgäu, 9372 Ew., günstige Verkehrslage im Tal der östlichen Günz, Reg.-Bez. Schwaben, BY. Röm. Funde, stiftskemptisch, Markt seit 1407, seit 1688 Amtssitz des Pflegers anstelle von Liebenthann, 1803 an Bayern. II. Um 1130 *Gunziburch*, 1160 *Gunzeburch*, 1396 *Guntzburg superior*, 1406 *Guntzpurg unter Liebendanne*, 1462 *Ober Guntzburger pfarr*; *Obergünzburg* (1791). III. Gw.:↗ *-burg*, *Ober-* dient zur Unterscheidung von ↗ Günzburg an der Donau. Der Flussname *Günz* bzw. die gleichnamige Flussgöttin sind im 2./3. Jh. inschriftlich als *Gontiae sacr.* belegt. Es wird mit Suffix *-ntia* zur idg. Wurzel *ĝheu-* 'gießen' gestellt. Gesamtdeutung: 'befestigte Siedlung am Fluß Günz'. V. Dertsch: HONB Marktoberdorf; Reitzenstein 1991; Vock, W. E.: Die Urkunden des Hochstifts Augsburg. 769–1420. Augsburg 1959. *TS*

Oberhaching I. Gem. im Lkr. München, 12 621 Ew., Reg.-Bez. Oberbayern, BY. II. Die folgenden undifferenzierten Belege können sich auch auf die Stadtrandsiedlung Unterhaching im selben Landkreis beziehen: 806 (Kop. des 12. Jh.) *Hachinga*, 836–847 *ad Hahhingas*, 972–976 *Hahingun*, 1003–1013 *Hachinga, que aliter Winidun nuncupatur*. Differenzierte Belege sind 1140–ca. 1152 *ad superius Hachingen*, 1180 *in superiori Hachingin*, 1289 *Obernhaeching*, 1313 *Oberhaechingen, Oberhaeching*, 1351 *Oberhaeching ... Niderhaeching*, 1454 *Oberhaching*. III. Es liegt der PN *Hacho*, *Haho* zugrunde, der durch das Zugehörigkeitssuffix ↗ *-ing* abgeleitet ist. Die Unterscheidung von Unterhaching im selben Landkreis erfolgt mittels des mhd. Adjektivs ↗ *Ober-* 'ober' nach der Höhenlage, wie etwa aus dem Beleg von 1351 hervorgeht. Im Beleg von 1003–1013 begegnet als Zweitname die Personengruppenbezeichnung *Winidun*, was als 'bei den Slawen' erklärt werden kann. IV. ↗ Unterhaching, Lkr. München, BY. V. Reitzenstein 2006. *WvR*

Oberhausen I. Kreisfreie Stadt, 215 670 Ew., Reg.-Bez. Düsseldorf, NRW. Nach der Stationsbez. einer 1847 in der Lipperheide eingerichteten Bahnstation, die den Namen einer Burg an einem Emscherübergang führte. Der Ort wächst im Zusammenhang mit dem im 19. Jh. beginnenden Steinkohleabbau durch Zuzug und Eingemeindungen bis 1929 zur Großstadt heran. II. 1314 *van dem Ouerhus [Or]* (hierher?), 16. Jh. *Auerhuis*. III. Gw. mnd. *hūs* im lokativischen Dat. Sg., später an ↗ *-hausen*-Namen der Umgebung (wie *Holsterhausen*, *Holthausen*, aus Dat. Pl.) angeglichen. *Hūs* bezeichnet oft ein befestigtes Haus, eine Burg, einen militärischen Stützpunkt; *over* (↗ *Ober-*) steht für 'oberhalb gelegen'. Parallelen für den Typ *Oberhausen* sind früh belegt und seit dem 8. Jh. nachweisbar (FO 2, 1101 f.). V. HHS 3; Kaufmann 1973. *Tie*

Oberhausen-Rheinhausen I. Gem. im Lkr. Karlsruhe, 9552 Ew., bildet zusammen mit der Stadt Philippsburg den GVV Philippsburg, 22 011 Ew., ca. 28 km n Karlsruhe, in der Rheinebene an einer die Rheinschanzinsel umschließenden Altrheinschlinge gelegen, Reg.-Bez. Karlsruhe, BW. Rheinhausen gehörte zunächst zu Oberhausen, wurde erst allmählich von Oberhausen geschieden, beide Orte kamen über die Kraichgaugrafen und die von Eberstein-Zweibrücken 1316 ans Bistum Speyer, mit dem Amt Philippsburg 1803 an Baden. Im Zuge der Gemeindereform wurde Rheinhausen am 1. Januar 1975 in Oberhausen eingegliedert und die Gemeinde in Oberhausen-Rheinhausen umbenannt. Postmuseum, St. Laurentius, St. Philippus und Jakobus. **II.** Oberhausen: 1228 *villa Obernhusen [Or]*, 14. Jh. *Husen superior [Or]*. Rheinhausen: 1207 *Husen [Or]*, 1294 *Husen*, 1318 *Rinhusen*; Oberhausen-Rheinhausen (1975). **III.** Aus urspr. appellativischer Verwendung *bī den hūsen* entsteht im 13. Jahrhundert zur Unterscheidung der benachbarten *Husen*-Siedlungen durch Zusatz des differenzierenden *Ober-* (ahd. *obaro*, mhd. *ober*) der ON Oberhausen, bei dem näher am Rhein gelegenen Husen durch Zusatz des GwN *Rhein* der ON Rheinhausen. **IV.** U. a. ↗Oberhausen; Rheinhausen, OT von Duisburg, beide NRW. **V.** Diemer, M.: Die Ortsnamen der Kreise Karlsruhe und Bruchsal. Stuttgart 1967; LBW 2 und 5. *JR*

Oberkirch **I.** Große Kreisstadt im Ortenaukreis, 19 982 Ew., bildet zusammen mit der Stadt Renchen und der Gem. Lautenbach die VVG der Stadt Oberkirch, 29 230 Ew., 12 km nö Offenburg, im aus dem Schwarzwald austretenden Tal der Rench gelegen, Reg.-Bez. Freiburg, BW. Oberkirch ist eine Siedlung des Hochmittelalters, nach 1218 an das Reich, Anfang des 15. Jh. Sitz des bischöflich-straßburgischen Vogtes, 1803 endgültig an Baden, weiterhin Amtsort, seit 2004 Große Kreisstadt. Wein- und Obstbau, Ruine Schauenberg, Ruine Ullenburg, Heimat- und Grimmelshausenmuseum, Grimmelshausen-Gesellschaft. **II.** 11. Jh. *Obernchirchen [Or]*, 1225 *Obirnkirchen [Or]*; Oberkirch (1309). **III.** Es handelt sich um eine Zuss. aus ahd. *obaro*, mhd. *ober* und ↗*-kirch* aus ahd. *kiricha, kilicha* 'Kirche' zur Bezeichnung der Lage der Kirche. **IV.** ↗Obernkirchen, Lkr. Schaumburg, NI. **V.** LBW 2 und 6. *JR*

Oberkochen **I.** Stadt im Ostalbkreis, Reg.-Bez. Stuttgart, 8 040 Ew., in der nö Schwäbischen Alb, am sog. Albuch, BW. Im MA teils zum Kloster Ellwangen, teils zum Kloster Königsbronn, letzterer OT im Zuge der Reformation an Württemberg, der Ellwanger OT blieb katholisch. 1749 vertragliche Einigung zwischen den OT im Aalener Protokoll. Nach 1945 wurde das wichtige feinmechanisch-optische Unternehmen „Carl Zeiss" aus Jena von den Amerikanern hierher umgesiedelt, wo es auch h. noch seinen Sitz hat. Damit verbunden war ein Zuzug von vielen Jenensern sowie weiteren Arbeitskräften. 1968 Stadtrecht. **II.** 1240 *in Cochen*, 1341 *ze Oberkochen*, 1375, 1402 *Oberkochen*, 1427 *Obrenkochen*. **III.** Oberkochen liegt 1,3 km n vom Ursprung des Kocher (zum Neckar). Der Fluss wird erwähnt 795 (Kop. 12. Jh.) *Cochane*, 1024 (Kop. 1335) *Chochina*, 1296 *uf deme Kochen*, 14. Jh. (Kop. 15. Jh.) *der Kochen*, (um 1550) *der Kocher*. Der FluN geht über ahd. **Kochana* fem. auf vorgerm./kelt. **Kukanā* mit der Bedeutung 'der Fluss mit Biegungen' zurück. Der Wechsel des Genus (**Kochana* fem., *Kochen* mask.) und der Wechsel der Endung (*Koch-en > Koch-er*) geht auf den Einfluss des Namens des Hauptflusses Neckar (↗Neckargemünd) zurück. **IV.** FluN *Kocher* (zur Ilm, Thüringen); Cocheren/Kochern, Kanton Forbach, F; Cochem, Lkr. Cochem-Zell, RP; FluN *Cocker* ('winding river', Lancashire, Großbritannien). **V.** Reichardt, L.: Ortsnamenbuch des Ostalbkreises. Stuttgart 1999; Greule, DGNB. *AG*

Oberkrämer **I.** Gem. im Lkr. Oberhavel, 10 754 Ew., nw Berlin, BB. Urspr. ein ausgedehntes Waldgebiet (1355 *das holtz*) in der Nähe von Kremmen, geteilt in Unter- und Oberkrämer; 1881 neu erbautes Försteretablissement. **II.** 1355 *Cremer*, 1438 *kremer*, 1881 *Obercraemer*. **III.** Als Elipse *Kremmer (Wald)* vom ON *Kremmen* (slaw./apolb. **Kremen(e)*, Pl. zu **kremen* 'Kieselstein') abgeleitet. Das auslautende *-en* beim ON wurde als Endung aufgefasst und das Suffix *-er* an den vermeintlichen Wortstamm angehängt, wie z. B. bei den Insassennamen *Bremer* zu *Bremen*. Dadurch ist die Länge des Vokals (Tondehnung) im Gegensatz zur Kürze bei *Kremmen* zu erklären. **V.** Riedel A VII; BNB 4. *EF*

Ober-Leutensdorf // Litvínov ['lɪtviːnof] **I.** Stadt im Kr. Most, 27 502 Ew., in Nordböhmen, Bezirk Ústí nad Labem (Ústecký kraj), CZ. Die bis ins 18. Jh. unbedeutenden, urspr. d. Nachbardörfer Ober-Leutensdorf // Horní Litvínov und Nieder-Leutensdorf // Dolní Litvínov (1942 eingemeindet) gehörten zur Burg Osseg, ab 1608 zu Dux. 1715 eine der ersten Tuchmanufakturen (geschlossen 1848), deren Produkte einen großen Absatz fanden. Ab 1811 Kohleabbau. Spielzeugfabrik. Architektonisch berühmtes Koldy-Haus. Nach 1945 Errichtung einer riesigen Chemiefabrik, die in der Umgebung schwere Umweltschäden verursachte. Seit 1945 Litvínov. **II.** 1352 *Lutwini villa [Or]*; 1355 *Litwinow [Or]*; 1411 *Lytmersdorf*, 1448 *Leutmanansdorf*, 1562 *Oberleutendorf*, 16. Jh. *Horzeyssi a Doleyssi Litwinow*, 1854 *Litvínov Horní a Dolní, Ober-Leutensdorf, Nieder-L*. **III.** Der ON ist d. Herkunft: lat. *Lutwini villa* 'Dorf eines Liutwini' (im PN *liut* 'Volk' + *wini* 'Freund'). Aus *Liutwin(i)sdorf* entwickelte sich *Leutensdorf*. Der PN wurde ins Atschech. als *L´utvín*, nach Lautveränderung *´u > i: Litvín* übernommen, sodass der d. ON schon 1364 ins Tschech. wie *Litwinow* (mit analogischem *-ov*-Suffix) entlehnt werden konnte. **IV.** Litvínovice, Böhmen, CZ. **V.** Pf II; LŠ; SchOS; HSBM. *RŠ*

Obernburg a. Main **I.** Stadt im Lkr. Miltenberg, 8 668 Ew., s von Aschaffenburg an der Deutschen Limessstraße, Reg.-Bez. Ufr., BY. Röm. Kohortenkastell von etwa 85 bis 259/60 n. Chr., danach zunächst von Alamannen, dann von Franken besiedelt, 1313 vom Mainzer Ebf. zur Stadt erhoben; 1814 bayerisch; hist. Altstadt. **II.** 10. Jh. *Oboronburc*, 1183 *Oberenburch*, 1184 *Obirinburc*, 1279 *Obernburg*. **III.** Gw. des Namens ist ↗-*burg* in regional unterschiedlich geprägten Schreibungen; Bw. ist der Komparativ *oboro* 'der obere'; der Zusatz unterscheidet den Ort offenbar von dem etwa 6 km flussabwärts gelegenen Niedernberg. Der Beleg von 1183 zeigt eine rheinisch beeinflusste Schreibung mit -*u*- für -*v*- statt -*b*-. **V.** HHS 7/2; Reitzenstein 2009. *RB*

Oberndorf am Neckar **I.** Stadt und (mit Epfendorf und Fluorn-Winzeln) gleichnamige VVG im Lkr. Rottweil, 21 273 Ew., ca. 15 km n Rottweil, im Osten am Keuperbergvorland des Kleinen Heubergs, Reg.-Bez. Freiburg, BW. Das Kloster St. Gallen erhält durch den Konstanzer Bischof Salomo III. ein königseigenes Gut in Oberndorf, 1277 Stadt, 1381 durch Kauf an Österreich, 1805 an Württemberg. Augustinerkloster, Ruine der Burg Waseneck, St. Michael, Bergkapelle, Altes Rathaus. **II.** 782 *Obarindorf [Or]*, 912 *Oberndorf [Or]*. **III.** Die mit dem Gw. ahd. mhd. ↗-*dorf* gebildeten ON sind in der Regel alt und beziehen sich auf frühe Siedlungen, als Bw. dient ahd. *obaro*, mhd. *ober*. Der Zusatz *Neckar* dient zur Lokalisierung des häufigen Namens. **IV.** U.a. Oberndorf a. Lech, Lkr. Donau-Ries, BY; Oberndorf, OT von St. Marien, Bezirk Linz-Land, A; Oberndorf, Lkr. Cuxhaven, NI. **V.** FO 2; LBW 6. *JR*

Obernkirchen **I.** Stadt im Lkr. Schaumburg, 9 609 Ew., am Bückeberg, Reg.-Bez. Hannover (bis Ende 2004), NI. Um 1167 Klostergründung durch Bischof Werner von Minden, 1181 Marktrecht der Klostersiedlung, ab 2. Hälfte 14. Jh. Sandsteinabbau nachweisbar (Export von „Obernkirchener" oder „Bremer Stein" nach Holland, Skandinavien, Russland), 1498 erste Erwähnung von Steinkohleabbau, 1615 Stadtrecht, 1647 zu Hessen-Kassel. **II.** 1167 *in Overenkerken [Or]*, 1621 *zu Oberkirchen [Or]*. **III.** Bildung mit dem Gw. ↗-*kirchen* und mnd. *över(e)* 'oben, oberhalb, darüber (liegend); obere' in flektierter Form, also 'zur oberen, oberhalb gelegenen Kirche'. Benennungsmotiv war die Lage des Klosters am Bückeberghang. **V.** Nds. Städtebuch; Laur, Schaumburg; GOV Schaumburg. *FM*

Oberpullendorf // Felsőpulya. [ˈoːbɐˌpulnd̩ɔɐf], dial. [(ˈoːvɐ)ˈpu̯ɐlnd̩ɔɐf] **I.** Zweisprachige d.-ung. Stadtgemeinde und Verwaltungssitz des gleichnamigen Pol. Bez., 3 003 Ew., im Mittelburgenland am Stooberbach, BGL, A. Die Grenzwächtersiedlung des 11./12. Jh. (↗Oberwart) zerfiel E. des 12. Jh. in die Orte Ober- und Mittelpullendorf sowie Unterpullendorf, wovon erstere 1359 an die Herrschaft Neckenmarkt und letzeres 1390 an die Herrschaft Lockenhaus kam, was fortan eine getrennte Geschichte auslöste. Da sich aber die Höhergestellten urspr. Freiheiten bewahren konnten, entwickelte sich in Ober- und Mittelpullendorf, wobei letzteres bis 1949 der Pfarrort war, ein bis ins 18. Jh. bestehender Kleinadel, was im 15./16. Jh. den ON *Nemespulya* (ung. *nemes* 'Adel') bewirkte. Der Bevölkerungsrückgang durch die Kriege im 15./16. Jh. führte seit 1532 zur Anhebung der Wirtschaft in Ober- und Mittelpullendorf zur Ansiedlung ung. Bauern und in Unterpullendorf von Kroaten, die teils wegen wirtschaftl. Nöte und teils vor den Türken vom w Balkan und den Adriainseln ausgewandert bzw. geflohen waren. Dadurch entstand gegenüber der D. eine bis h. bestehende ung. Sprachinsel in Ober- und Mittelpullendorf mit h. 22 % Ungarn und in Unterpullendorf eine kroatische Ansiedlung mit h. 80 % Kroaten bei 1186 Ew. Die nach dem Anschluss von Deutsch-Westungarn 1921 an Österreich gelangten, zunächst getrennten Gemeinden wurden von 1948–71 als Oberpullendorf, das seit 1853 mit dem Steueramt Mittelpunktsort war, zusammengelegt, aber 1971 wegen der fremdsprachigen Verschiedenheit wieder getrennt. So bilden Ober- und Mittelpullendorf (ung. *Középpulya*) seit 1975 die Stadtgemeinde Oberpullendorf, während Unterpullendorf mit Ober- und Untermutschen und Frankenau zur d.-kroat. Gemeinde Frankenau-Unterpullendorf vereinigt wurde. Seit 2001 gilt amtlich d.-ung. Zweisprachigkeit in Oberpullendorf und d.-kroat. in Frankenau-Unterpullendorf (kroat. *Dolja Pulja* 'Tal-Pullendorf'). **II.** 1225 *terre Pule majoris et minoris*; 1323, 1359, 1397 *Pula*, 1378 *Felspula*, 1392 *Püllendorf*, 1390 *Pulya*, 1410 *utriusque Pula*, 1417 *Kyspula*, 1419 *Pwelldorfer*; 1455 *Mitteren-, Oberen-Pullendarf(f)*; 1458, 1473 *Alsopula*, 1468 *Nemespula*, 1473 *Kewzepula*; 1482 *Felsewpula, Pullendorf*; 1513 *Nemespwla*, 1519 *Alsopwla*, 1523 *Puellendorf*, 1526 *Felsewpula alias Nemespula*, 1577 *Kozep Pulaiensis*. **III.** Die Etymologie von ung. *Pulya* ist letztlich unklar. Vermutet wird als Basis ein slaw. PN *Pъl-. Da altung. *pulya* 'Knabe' bedeutet, wurde der ON volksetym. als bair.-mhd. *Puolendorf mit bair.-mhd. *puole* 'Liebhaber, Buhle' aufgegriffen. Ung.-d. Übersetzungen sind *Felső-* 'Ober-', *Közép-* 'Mittel-' und *Alsó-* 'Unter-', denen lat. *maior* 'größer' und *minor* 'kleiner' (ung. *kis* 'klein') entsprechen. **V.** Kranzmayer/Bürger; HHS Lechner; ÖStB 2. *PW*

Ober-Ramstadt **I.** Stadt im Lkr. Darmstadt-Dieburg, 15 203 Ew., sö Darmstadt im Modautal und am n Odenwaldrand, Reg.-Bez. Darmstadt, HE. Ober-Ramstadt, das schon Siedlungsspuren seit der Jungsteinzeit aufweist, wird verm. zuerst um 1190 genannt: im HN eines *Cûnrath de Ramestat*. Bis 1479 steht es unter der Herrschaft der Grafen von Katzenelnbogen, erhält 1310 das Stadtrecht, danach fällt es an die Landgft. Hessen, 1567 an Hessen-Darmstadt, 1918 und 1945 an Hessen. 1959 Erneuerung des Stadtrechts, 1972 und 1977 Eingliederung von Rohrbach, Modau und Wembach-Hahn. **II.** Um 1190 *Ramestat [Or]* (Lokalisierung unsicher), 1194 *Ramestat [Or]*, 1310 *Ramstat* (Kop. um 1430), 1338 *Oberramstatt* (Druck 1744), 1403 *Großen Ramstad* (Kop. um 1430). **III.** Das Bw. führt zurück auf ahd. *raban*, Gen. *rabanes* oder (durch Assimilation und Kontraktion) *ram*, *rammes* oder die sw. Flexionsvariante *rabo*, *raben* '(Kolk-)Rabe'. Doch ist der ON wohl nicht mit der Vogelbez. selbst gebildet, sondern mit dem mit ihr identischen PN. Die Verwendung von *Raban* in PN ist im Westnord. und Westfränk.-Hd. bes. häufig und hat (wie bei anderen theriophoren PN) urspr. mythologische Gründe. Auch die KF (zu Rufnamen gewordenen urspr. BeiN) *Raban* und *Rabo* begegnen in der ahd. Überlieferung. War der PN des Bw. von *Ramstadt* einst *Raban > Ram*, dann ist die Gen.-*es* mit dem Gw.-Anlaut verschmolzen, war der PN *Rabo*, dann ist *Raben-* zu *Ram(e)* kontrahiert worden. Gw. ↗ *-stat*. Bed.: 'Wohn-(Stätte) des Raban (oder Rabo)'. **IV.** Ranstadt (urspr. Ramstat), Wetteraukreis, HE; Ramberg, Lkr. Südliche Weinstraße, RP. **V.** Boos; Mainzer UB II; Demandt; Grimm; FO, Kaufmann 1965 und 1968. Bach DNK. *HGS*

Oberschleißheim **I.** Gem. im Lkr. München, 11 293 Ew., Reg.-Bez. Oberbayern, BY. Gegen Ende des 16. Jh. Bau des Alten Schlosses, dessen Erweiterung im 17. Jh., 1701 Grundsteinlegung zum Neuen Schloss, im 20. Jh. Militärflughafen. **II.** Undifferenzierte Namensformen, die auch zur Siedlung Unterschleißheim im selben Landkreis gehören können, sind 775 (Kop. von 824) *Sliuuesheim*, ca. 1040 *Sliwisheim*, 1168/69 *Slibesheim*, 1281 *Sleibsheim*, 1305 *Sleyshaim*, 1390 *Sleyshaim*, 1608 *Schleißhaim*, Oberschleißheim: nach 1215 *Slîbesheim ... curiam ante portam et molendinum et beneficium, quod dicitur swaige*, 1429 *Schleisham ... Brüder Schleisham* und ca. 1583 *Schleishaim minus ... Schleishaim maius* (jeweils beide Orte); 1517 *Pruderschleisham*, 1606 *Schwaig Khlein Schleißhaim*, 1640 *Hof: Neuen Schleißhaimb*, 1738–1740 *in arce electorali Neuen-Schleisshaimb seu Fürstenhaimb*, 1832 *Oberschleißheim*. **III.** Als Grundwort ist ahd. **haim*, ↗ *-heim* zu erschließen, das wohl eine neutrale KF zu *heima* 'Wohnung, Behausung, Heimstatt, Aufenthaltsort' ist; Bestimmungswort ist der PN *Sliu*. 808 sind ein *Sliu diaconus* 'Diakon' und ein *Sliu presbiter* 'Priester' in der Gegend bezeugt. Zur Unterscheidung von Unterschleißheim im selben Landkreis diente 1429 der Zusatz *Brüder*, der sich wohl auf die Prämonstratenser des Klosters Neustift b. Freising, die hier Besitz hatten, bezieht, ca. 1583 und 1606 die Bezeichnung der geringeren Ausdehnung, später die des Alters und zuletzt die der Höhenlage. Der Alternativname im Beleg 1738–1740 weist auf das kurfürstliche Schloss. **IV.** ↗ Unterschleißheim, Lkr. München, BY. **V.** HHS 7/1; Reitzenstein 2006. *WvR*

Obersiggenthal mda. [ˈɔbərsɪgəˈtaːl] **I.** Politische Gem. im Bezirk Baden, 8 068 Ew., im unteren Limmattal, AG, CH. Gebildet von den drei Hauptdörfern Kirchdorf (1126 erstmals erwähnt), Nussbaumen und Rieden und den Weilern Hertenstein und Tromsberg. 1040 wurden die Klöster Einsiedeln, Elchingen an der Donau und später St. Blasien Grundherren. Die Landesherrschaft ging von den Lenzburgern an die Kyburger und die Habsburger über. 1415 mit der Grafschaft Baden gemeine Herrschaft der Eidgenossen. 1798 zum helvetischen Kt. Baden, 1803 zum Kt. Aargau. Die meisten Werktätigen arbeiten in Baden, Zürich und Würenlingen/Villigen. **II.** 1303–1308 *in Sikental*, um 1380 *Siggital*, *Sigtal*, *Siggental*. **III.** Sekundärer SiN, gebildet aus dem ahd. PN *Sicco*, *Siggo* und dem Gattungswort ↗ *-tal* 'Tal des Siggo'. Der moderne Gemeindename entstand 1803 bei der Aufteilung der Gem. *Siggenthal* in Ober- und Untersiggenthal. **V.** Schweiz. Lex.; Zehnder, Gemeindenamen Aargau; LSG. *RMK*

Oberstdorf **I.** Markt im Lkr. Oberallgäu, 9 974 Ew., Lage im obersten alpinen Illertal, Reg.-Bez. Schwaben, BY. Vordeutsche Siedlung erschließbar, 1141 Kirchenweihe, 1495 Markt, Gericht Oberstdorf als Teil der hochstiftischen Pflege Rettenberg-Sonthofen, 1802 zu BY. Ab Mitte des 19. Jh. Entwicklung des Fremdenverkehrs- Wintersport-, Alpenkurorts, Skiflugwoche. **II.** 1350 *Obrostdorf [Or]*, 1394 *Oberstorf*, 1465 *Oberßdorff*; *Oberstdorf* (1584). **III.** Gw. ↗ *-dorf*, Bw.: zu ahd. *obarōsto*, mhd. *oberst* 'oberst, höchst'. Gesamtbedeutung: 'das oberste Dorf' (im Illertal). **V.** Dertsch: HONB Sonthofen; Reitzenstein, 1991; Zirkel, H. B. u.a.: Geschichte des Marktes Oberstdorf, Bde. 1–4, Hg. Markt Oberstdorf. Oberstdorf 1974–1979. *TS*

Oberstenfeld **I.** Gem. im Lkr. Ludwigsburg, 7 943 Ew., 17 km nnö Ludwigsburg, von der oberen Bottwar durchflossen und im Osten an den Löwensteiner Bergen gelegen, Reg.-Bez. Stuttgart, BW. Um 1016 Gründung eines Stiftes Oberstenfeld, nach der Reformation Umwandlung in ein evangelisches adliges Frauenstift, im 1546/47 Anschluss an den Ritterkanton Kocher, 1803 an Württemberg. **II.** 1016 (F. 12./13. Jh.) *Oberestenuelt*, 1244 *Oberstenvelt [Or]*, 1462 *Eberstenfelt [Or]*. **III.** Dem ON liegt ein FlN zugrunde, bestehend aus ahd. ↗ *-feld*, mhd. *velt* hier:

'waldfreies, relativ ebenes, für den Ackerbau geeignetes Gelände' und dem Superlativ ahd. *obarōst*, mhd. *oberest* 'das oberste'. Der Name bezieht sich auf die Lage ganz oben am Anfang des Bottwartales. **IV.** Obernfeld, Lkr. Göttingen, NI. **V.** Reichardt 1982b; LBW 3. *JR*

Obersulm **I.** Gem. und gleichnamige VVG im Lkr. Heilbronn, Reg.-Bez. Stuttgart, 17 078 Ew., ö Heilbronn, am Nordrand des Naturparks „Schwäbisch-Fränkischer Wald", BW. Entstehung des Ortes 1972 durch den Zusammenschluss der Gem. Affaltrach, Eichelberg, Eschenau, Weiler bei Weinsberg und Willsbach sowie 1975 der Gem. Sülzbach. Benennung durch Namensübertragung vom FluN *Sulm*. Die früheste Erwähnung hat Eschenau aufzuweisen (780 *villa Esginaha*), während die übrigen Orte im 13. und 14. Jh. zum ersten Mal erwähnt wurden. Im MA hatten hier das Koster Schöntal, der Johanniterorden, die Grafen von Löwenstein u. a. adlige Häuser Besitz. Seit dem 17. Jh. sind jüdische Gem. und Synagogen in Affaltach und Eschenau belegt. Spätestens seit 1805 waren alle Orte württembergisch. **III.** Das Gw. *Sulm* ist identisch mit dem Namen der Sulm, der früh nur im Landschaftsnamen 771 *Sulman[achgowe]* belegt ist. Zugrunde liegt germ. **swul-man-* 'Wasserschwall', von der Schwundstufe des Verbs germ. **swella-* 'schwellen' abgeleitet und zum fem. FluN *Sulmana* umgebildet. Bw. *Ober-* nach dem Oberlauf der Sulm, an dem die Gem. liegt. **IV.** ↗ Neckarsulm, Lkr. Heilbronn, BW. *AG*

Obertraubling **I.** Gem. im Lkr. Regensburg, 7 549 Ew., am sö Stadtrand von Regensburg gelegen, Reg.-Bez. Oberpfalz, BY. 1972 Entstehung der Großgem. Obertraubling durch Zusammenschluss mit einigen Nachbarsiedlungen (u. a. Niedertraubling, Oberhinkofen, Gebelkofen). Auf dem Gebiet des in den 1930er Jahren errichteten und im Weltkrieg zerstörten Militärflughafens Obertraubling entstand die heutige Stadt Neutraubling. **II.** 826/40 *in loco ... Traubidinga* (Vermerke 10. Jh. *Troubidingun*, 10./11. Jh. *Trōbidinga*), Anfang 11. Jh. Kop. 1175/77 *Droubalinga*, 1175 *Tröbelingen [Or]*; *Traubling* (um 1190/1220). **III.** Der mit ↗-*ing*-Suffix gebildete SiN zeigt eine auffällige Varianz in den frühen Schreibungen: Für das 9. Jh. ist von *Traubidinga* auszugehen, *Droubal-* entstand im 11. Jh. dissimilatorisch. Haubrichs vermutet in *Traubid-* eine romanisierte Form des ahd. PN *Traga-bot(o)*. Aus lautlichen Gründen dürfte allerdings eher ein gall. BeiN **Trougo-bitus* 'der ein trauriges Leben hat' (bezeugt ist das antonyme *Dago-bitus*) vorliegen, der als **Troubiθ-* ins D. übernommen wurde. In der weiteren Entwicklung blieb der Diphthong vor /b/ unumgelautet, der *i*-Mittelvokal schwand nach Ausweis der Schreibungen um 1200. Seit dem 14. Jh. ist eine Differenzierung in *Ober-* und *Niedertraubling* festzustellen, vgl. zudem ↗ Neutraubling. **V.** Haubrichs, W.: Baiern, Romanen und andere […]. In: Zeitschrift für bayerische Landesgeschichte 69 (2006); Prinz 2007. *MP*

Obertshausen **I.** Stadt im Lkr. Offenbach, 24 141 Ew., Reg.-Bez. Darmstadt, HE. Ersterwähnung in einem Zinsregister des Klosters Seligenstadt. Eine Burg, deren Reste bei Ausgrabungen gefunden wurden, wird bereits 1130 unter dem Mainzer Ebf. Adalbert I. genannt. Später sind die Herren von Eppstein im Besitz des Ortes, der 1425 wieder an Mainz gelangte, das 1664 Obertshausen zusammen mit dem benachbarten Hausen an den Amtmann zu Steinheim (Graf Philipp Erwein von Schönborn) verkaufte. 1806 mit dem Amt Heusenstamm an Isenburg-Birstein, 1816 an das Ghztm. Hessen. 1977 Zusammenlegung von Obertshausen und Hausen zunächst unter dem Namen *Hausen*, gleich danach (1978) umbenannt zu *Obertshausen*. Verleihung der Stadtrechte 1979. **II.** Obertshausen: um 1000 (Kop.) *Oberolueshuson*, 1109–1137 *Oberoldeshusen*, 1282 *Oberoldeshusen*, 1446 *Obertzhusen*. Hausen: 1069 *[Or] villa Hvson*, 1223 *Husen apud castrum Steynheim*, 1339 *Husin hinter der Sonnen*. **III.** Bw. des ON *Obertshausen* ist – trotz des anderslautenden Erstbelegs, der auf einen PN **Oberolf* schließen lässt – der singulär überlieferte PN *Oberolt*, der in der Lorscher Überlieferung des Jahres 782 erscheint. Es handelt sich somit um einen patronymischen ↗-*hausen*-Namen. Im ON *Hausen* erscheint das überwiegend als Zweitglied von ON gebrauchte ↗-*hausen* als Simplex. Wegen der zahlreichen Orte dieses Namens traten wechselnde unterscheidende Zusätze an den Namen. **V.** Knappe; Müller, Starkenburg; Werner, K. / Füllgrabe J.: Chronik der Stadt Obertshausen. Obertshausen 1996. *TH*

Oberursel (Taunus) **I.** Stadt im Hochtaunuskreis, 43 309 Ew., am Urselbach am Südhang des ö Taunus, Reg.-Bez. Darmstadt, HE. Spätestens seit der fränk. Landnahme im 6./7. Jh. ununterbrochen besiedelt. Frühe Erwähnungen seit 791: sie bezeugen eine kgl. sowie private Schenkungen in Ursel v. a. an die Klöster Lorsch und Fulda. Seit dem Hochma. unter wechselnden Herrschaften (u. a. derer von Eppstein, Stolberg-Wernigerode), 1444 Stadtrecht, 1583 an Kurmainz, 1803 an Nassau, 1866 an Preußen, 1945 an Hessen. **II.** 791 *Vrsella*, 800 *Ursalla* (beide Kop. Ende des 12. Jh.), Anfang 9. Jh. *Vrsele* (Kop. um 1160), 1297 *in monte Vrsele [Or]*. **III.** Der schwer deutbare ON beruht verm. auf einem schon vordeutschen FluN. Als dessen Basis wird meist die idg. Wz. **uer-* (u. a. in ai. *vār* 'Wasser') angesehen, mit *-s-*Erweiterung (*uer-s-*, u. a. in ai. *varšá* 'Regen') und in der Schwundstufe (*urs-*), an die das in FluN häufige Suffix -*ella* angefügt wurde. Dabei wird aus lauthistor. Gründen eine illyrische Zwischenstufe postuliert, die aus vorgeschichtlicher Sicht nicht überzeugt. Vielleicht kommt als Basis auch idg. **ūr*- (Ablaut von **uēr*-, dazu anord. *ūr* 'Regen', ahd. *ūr* 'Auerochse') mit *s*-Erweiterung (?) oder alteurop. -*s*-Suffix in Frage. Im Mhd. kommt es zur Abschwächung der Nebensilbenvokale *-e-* > -ǝ-, *-a* > -ǝ und ggf. mda. Kürzung des *ū*- vor *r* + Konsonanten. Seit dem MA wird der ON auf die Heilige Ursula als Schutzpatronin gedeutet, was in Siegel und Wappen nachwirkt. Das Differenzierungsglied zuerst lat. 1297, seit dem 14. Jh.: *superior Ursel, Obernursel* gegenüber *Niederursel* (schon 1222 *in inferiori Ursela*) und † *Mittelursel*. Zum Zusatz (*Taunus*) ↗ Königstein im Taunus, HE. **IV.** † *Urtella*, alter Name des Sensbaches /Odenwald; *Urbach*, Nfl. der Rems, BW; ↗ Bad Urach, Lkr. Reutlingen, BW. **V.** CL; CE; Böhmer; Sauer; Krahe, H.: Alteuropäische Flußnamen. In: BNF 1 (1949/50); Schmid, A.: Die ältesten Namenschichten im Stromgebiet des Neckars. In: BNF 12 (1961); Bach DNK. *HGS*

Oberwart // Felsőőr [ˈoːbɐvaːt], dial. [ɖˈvoːɐɖl] 'die Wart'. **I.** Zweisprachige d.-ung. Stadt und Verwaltungssitz des gleichnamigen Pol. Bez., 7039 Ew., im mittleren Pinkatal, BGL, A. Von den Arpadenkönigen im 11. Jh. zum Schutz der offenen Westgrenze Ungarns als Grenzwächtersiedlung angelegt. Auf Grund des bis h. in der Wart/Őrség mit Oberwart, Unterwart/Alsóőr und Siget/Sziget als amtlich anerkannte Minderheitensprache erhaltenen eigenen ung. Dialekts wird Herkunft von den Szeklern, h. in Siebenbürgen/Rumänien ansässig, vermutet. Nach anfänglich nomadenartiger Lebensweise im Grenzödland (gyepüelv) mit Reiterei und Viehzucht und Verlust der Schutzfunktion durch Bau der Burgen Bernstein, Schlaining und ↗ Güssing seit E. des 12. Jh. allmähliche Sesshaftwerdung mit Ackerbau seit 2. Hälfte des 13. Jh. Zunehmende d. Besiedlung des Pinkatales führte im 14./15. Jh. zur bis h. bestehenden Isolierung der Wart als ung. Sprachinsel. Im 16./17. Jh. schufen Reformation und Gegenreformation unterschiedliche Konfessionen, so dass h. Unterwart katholisch, Siget lutherisch (Augsburger Bekenntnis) und Oberwart zu 1/3 kalvinistisch (Helvetisches Bekenntnis) und zu 2/3 katholisch ist. 1841 Markt, 1921 mit Deutsch-Westungarn an Österreich, 1939 Stadt. Eine zweite Volksgruppe bilden in Oberwart die Zigeuner/Roma, die bereits 1674 die Erlaubnis zur Niederlassung erhalten hatten und sich 1932/33 erneut fest ansiedelten. Nach nationalsozialistischer Vertreibung und Deportation 1948 Rückkehr von Überlebenden und 1993 amtlich als Minderheit mit Sprache Romanes/Romani anerkannt (Oberwart = Erba). Seit 2001 gilt amtlich d.-ung. Zweisprachigkeit. **II.** 1327 *de superiori Eör*, 1398 und öfter *Ewr*, 1441 *possessio Felsewewr*, 1455 *Word superior*, 1609 *Borth*, 1618 *Ör*, 1767 *Große Warth*, 1773 *Felsö Eör, Ober Warth*. **III.** Alle d. ON sind Übersetzungen der ung.: *Őr* 'Wache, Wächter' / *Wart* zu mhd. *warte* 'Wacht, Ort des spähenden Ausschauens, Warte', *felső* 'ober', *alsó* 'unter', *sziget* 'Insel'(1352 *Zygeth*) mit Bezug auf die Sprachinsellage. **V.** Kranzmayer/Bürger; HHS Lechner; ÖStB 2. *PW*

Oberwil I. Gem. im Bezirk Arlesheim, 10 323 Ew., Kt. Basel-Landschaft, CH. Spuren röm. Besiedlung. Spätantike und frühma. Zeugnisse beim Kirchsporn. Bedeutende Reste eines frühma. Töpferbetriebs. Im MA Besitz des Bischofs von Basel. Im 14. Jh. wurde das Dorf an die Thiersteiner und später an die Ramsteiner verpfändet, fiel aber wieder ans Bistum zurück. Von 1529 bis 1595 bekannte sich Oberwil zur Reformation. Im Dreißigjährigen Krieg (1618–1648) wurde es von Schweden geplündert. 1792 kam es zur Raurachischen Republik, 1793 zu Frankreich und im Wiener Vertrag von 1815 zum Kt. Basel. Seit der Kantonstrennung gehört Oberwil zum Bezirk Arlesheim. **II.** 1102/03 *Oberuuilre* [Or], 1146 *Oberwilr*. **III.** Sekundärer -*wil*-Name. Mit *Ober*- 'oberhalb gelegen' wurde die Sippensiedlung im Unterschied zu einem *Wil* genannt, das weiter unten gelegen haben muss, evtl. im Gebiet der heutigen Grenze gegen Therwil, worauf die FlN *Wilagger* (Therwil) und *Wilmatt* hinweisen. Zum Gw. ↗ -*wil*. Als Gf. ist **(ze) obere(n) Wiler* anzusetzen. *Oberwil* bedeutet demzufolge 'beim oberen, höher gelegenen Weiler'. **IV.** ↗ Allschwil, ↗ Therwil, Bättwil und Witterswil, beide SON; Oberwil bei Büren und Oberwil im Simmental, beide BE, Oberwil-Lieli, AG, alle CH sowie Neuwiller, F. **V.** NGBL Oberwil 2007; Hänger; LSG. *mr*

Ochsenfurt I. Stadt im Lkr. Würzburg, 11 330 Ew., ca. 15 km sö von Würzburg am Main inmitten einer äußerst fruchtbaren Landschaft gelegen, Reg.-Bez. Unterfranken, BY. Die Siedlung entstand im 8. Jh. an einer Furt. Um ca. 740 Gründung eines Klosters auf der rechten Mainseite (später das Dorf Kleinochsenfurt). Die linksmainische Stadt Ochsenfurt gehörte seit 1295 dem Würzburger Domkapitel. 1803/14 an Bayern. Bis 1972 Kreisstadt. **II.** 980–1017 (Kop.) *Ohsenfurt*, 1193 *Ossenvurt*, 1288 *Ohsenvurd*, 1317/18 *in maiori Ohssenfurt*. Kleinochsenfurt: 9. Jh. *Ohsonofurt*, 11. Jh. *Ohsnofurt*, 1317/18 *in campis inferioris Ohssenfurt*. **III.** 'Siedlung an der für Ochsen gangbaren Furt'; Gw. ↗ -*furt*. Bw. ahd. *ohso* 'Ochse', vgl. neuenglisch *Oxford*. Der Beleg des 9. Jh. zeigt mit *ohsono*- noch den voll erhaltenen ahd. Gen. Pl. Die unterscheidenden Zusätze (*maior, inferior*) beziehen sich auf die namentliche Trennung der beiden gegenüberliegenden Orte und haben sich lediglich im Falle *Kleinochsenfurts* erhalten. **V.** Reitzenstein 1991. *TH*

Ochsenhausen I. Stadt und (mit Erlenmoss, Steinhausen an der Rottum und Gutenzell-Hürbel) gleichnamige VVG im Lkr. Biberach, 14 284 Ew., ca. 13 km osö Biberach, vom Rottumtal durchschnitten, Reg.-Bez. Tübingen, BW. 1093 Stiftung des Klosters als Priorat der Benediktinerabtei St. Blasien, 1803 Säkularisierung des Klosters, 1806 an Württemberg, 1950 Stadt. Benediktinerkloster, ehem. Reichsabtei des Ordens, Krummbach, Klosterapotheke, Scharfrichterhaus. II. Um 1100 (Kop. 12. Jh.) *Ohsinhusin* [*Or*], 1127 (Kop. 12. Jh.) *Hossenhusen, Hossehusen*. III. In der Verbindung mit dem Gw. mhd. *-hūsen*, nhd. ↗ *-hausen*, dem alten Dat. Pl. von ahd. mhd. *hūs*, ist das Bw. vermutlich nicht ahd. *ohso*, mhd. *ohse*, *osse* 'Ochse'; sondern der darauf – in der Bedeutung 'Zuchtstier' – zurückgehende PN *Ochso*: 'Siedlung des Ochso'. V. FO 2; Kaufmann 1968; LBW 7. *JR*

Ochtrup I. Stadt im Kr. Steinfurt, 19 396 Ew., nw Steinfurt, Reg.-Bez. Münster, NRW. Im MA Kirchdorf im FBtm. Münster, 1696 Stadtrecht, 1804 Gft. Horstmar, 1806 Ghztm. Berg, 1811 Kaiserreich Frankreich, 1813 wieder preußisch, 16. Jh. Töpferei, 19. Jh. Textilherstellung. II. 1134 *Ohthepe* [*Or*], um 1150 *Uhtepe*, 1294 *Ochtorpe*. III. Bildung mit dem Gw. ↗ *-apa* 'Wasser, Fluss' auf der Basis der idg. Wurzel **ap-* und einer Labialvariante **ab-*. Es handelt sich also zunächst um eine Gewässerbezeichnung, die dann auf die dort liegende Siedlung übertragen worden ist. Die starke Veränderung des Gw. im 12. und 13. Jh. (*-epe, -appen, -ope, -upo, -ope*) hat offensichtlich dazu geführt, dass das Gw. nicht mehr verstanden und zu *-torpe*, später mit Metathese *-trup* (also einem Gw. *-dorp*, ↗ *-dorf*), umgedeutet worden ist. Bw. ist eine Bezeichnung für die Himmelsrichtung (Nord-)Osten, die auf der tageszeitlichen Angabe 'frühe Morgenzeit, zeitig' beruht. Im appellativischen Wortschatz sind got. *ūhteigs* 'zeitig', ae. *ūth(a)*, asä. *ūtha* 'frühe Morgenzeit' belegt. Ob das so benannte Gewässer im (Nord-)Osten einer Siedelstelle lag oder ob mit dem Bw. ein Hinweis auf die Fließrichtung gegeben ist, kann nicht entschieden werden. Die Identifizierung des Erstbelegs aus dem Jahr 1134 mit Ochtrup hat verschiedentlich zu Diskussionen geführt; eine schlüssige Alternative hat sich jedoch nicht ergeben. V. MGH Diplomata Regum et Imperatorum Germaniae, VIII; Werdener Urbare; WfUB II, III, VIII. *kors*

Odelzhausen I. Gem. und gleichnamige VG im Lkr. Dachau, 8 674 Ew., Reg.-Bez. Oberbayern, BY. II. 814 (Kop. von 824) *Otolteshusir*, 1158 (Kop. von 1175) *Otolteshusen*, 1171 *Otoltshusen*, 1315 *Otolshausn*, 1376 *Otelzhausen*, 1561 *Odeltzhausen*, 1796 *Odelzhausen*. III. Grundwort ist eine Pluralform von ahd. *hūs* 'Haus, festes Gebäude', ↗ *-hausen*, Bestimmungswort der PN *Otolt*. V. Reitzenstein 2006. *WvR*

Odenthal I. Gem. im Rheinisch-Bergischen Kreis, 15 744 Ew., ö Leverkusen an der Dhünn, Reg.-Bez. Köln, NRW. Durch Rodungen fränk. Siedler im 10. Jh. entstandene Streusiedlungen, Odenthal vielleicht Gründung eines Grafen Udo, Pfarrkirche aus dem 12. Jh., Stammsitz der Grafen von Berg im OT Altenberg, dort 1133 Gründung des gleichnamigen Zisterzienserklosters, Botenamt im bergischen Amt Porz. II. 1150 *de Vdindar*, 1156 (Dittmaier 1956) bzw. 1157 (HHS 3) *Udendarre*, ebenso 1205. III. Aus dem PN *Udo* und dem Gw. *darre*, ahd. *darra*, aus germ. **þarzō* 'Horde zum Trocknen von Obst usw.'; nach Dittmaier vielleicht auch auf die Läuterung von Erzen im Darrofen zu beziehen. Wann der Wechsel zum heutigen Gw. *-t(h)al* erfolgte, ist nicht bekannt. IV. ↗ Attendorn, Kr. Olpe, NRW. V. Dittmaier 1956; Kluge; HHS 3. *Ho*

Oebisfelde-Calvörde [œ-] I. VG im Lkr. Börde, 13 285 Ew., ST. Gebildet aus der Stadt Oebisfelde, dem Flecken Calvörde und weiteren Gem. der Umgebung. Die VG liegt im NW des Landkreises, nahe dem Mittelandkanal und am Südrand des Drömling. II. Oebisfelde: 1205–1215 *Owesuelde*, 1212 *W. de Ouesuelde*, 1262 *Oysuelt*, 1475 *Oveszfelde*. Calvörde: 786 (F. 12. Jh.) *Callenuorde*, 1196 *Kallenvorde*, 1352 *Calvorde*. III. Oebisfelde ist mit dem Gw. ↗ *-felde* gebildet. Das Bw. ist schwierig zu bestimmen. Aus morphologischen Gründen kann nicht asä. *ewi*, *öuwi* 'Schaf' vorliegen. Möglich wäre ein PN **Ouwi* (zu germ. **a(g)wjō* 'Wasserland') im Gen. **Ouwis-*. Der ON *Calvörde* geht zurück auf ein Syntagma **bi der kalen forde* 'bei der kahlen Furt', aus mnd. *kale* 'unbewaldet, nicht bewachsen' und mnd. *vorde* 'Furt, seichte Stelle zum Überqueren eines Gewässers', ↗ *-furt*. Die Burg von Calvörde lag auf einer leichten Erhöhung in der Ohreniederung. IV. ↗ Euskirchen, Kreisstadt in NRW (1054 *Ouweskirike*); Kalefeld, Lkr. Northeim (1254 *Caleuelde*), NI. V. MGH DKdG; Riedel; HHS 11; FO; SNB; Udolph 2005. *GW*

Oederan [œ-] I. Stadt und gleichnamige VG im Lkr. Mittelsachsen, 8 903 Ew., am Nordfuß des mittleren Erzgebirges, SN. Etappenort an alter böhm. Straße vor 1150, nach 1180 Siedlung d. Bauern und Bergleute, Stadtgründung um 1250. II. 1286 *Oderen*, 1378 *Odren*, 1404 *Odran*. III. Die Grundform lässt sich schwer feststellen. Vielleicht zu asorb. **Odran-*, zum Verb **odrati* 'abreißen' für eine Rodungssiedlung, evtl. auch zu **odr* 'Brettergerüst, Pfahl'. IV. Ödernitz, OT von Niesky, Oderwitz, beide Lkr. Görlitz; SN. V. HONS II; SNB. *EE, GW*

Oelde [œl-] I. Stadt im Kr. Warendorf, 29 582 Ew., nö Beckum, Reg.-Bez. Münster, NRW. Im MA Kirchdorf im FBtm. Münster, 1802 preußisch, 1804 Stadt,

1806 Ghztm. Berg, 1813 wieder preußisch, 1804–1975 zum Kr. Beckum, seit 19. Jh. Maschinenbau, Brauerei, versch. Gewerbe. **II.** Um 890 *Ulithi [Or]*, 1277 *Olede*; *Oelde* (1364–79). **III.** Namenbildung mit dem Suffix -*ithi* zur Beschreibung einer Geländestelle. Die Basis beruht auf der idg. Wurzel **el-/*ol-* 'modrig sein, faulen', so dass mit dem Namen also eine 'modrige Stelle' bezeichnet wird. *O*- tritt im Anlaut seit dem 13. Jh. vereinzelt, ab dem 14. Jh. regelmäßig auf. Der wohl schon früh eingetretene Umlaut war in der Orthographie zunächst nicht markiert, ist in der heutigen Form des ON aber berücksichtigt. **V.** Werdener Urbare; WfUB II, III, VIII; Udolph 1991. *kors*

Oels // Oleśnica [ɔlɛɕˈɲitsa] **I.** Kreisstadt, 36 947 Ew., Woi. Niederschlesien // Dolny Śląsk, PL. Eine slaw. Siedlung am Oels-Bach ist schon 1189 erwähnt; Gründung als d. Stadt um 1250. Seit 1312 Residenz des Fürstentums Oels – bis 1492 unter Piasten, 1495 an Münsterberg, 1647–1792 Hztm. Württemberg-Oels, dann braunschweigisch, 1884 im Besitz des preuß. Kronprinzen. Eines der schönsten Renaissanceschlösser in Schles. Kreisstadt, Reg.-Bez. Breslau, NS, (1939) 18 183 Ew. **II.** 1230 *Olesniz*, 1254 *Olesniza*, 1275 *Oels*, 1610 *Öls*. Re-Polonisierung des ON: 1845 *Oleśnica*. **III.** Der ON ist ursprünglich slaw., identisch mit einem GwN. Abgeleitet von apoln. *olcha* 'Erle' (< urslaw. **olьcha* dasselbe); vor dem namenbildenden Suffix urslaw. **-ьnica* wird *olьch-* regulär zu **oleś-*. Das apoln. Suffix wird in der d. Namenform zunächst zu ↗ *-nitz* verkürzt (vgl. *Olsnitz* 1251), ggf. ersetzt (*Olsen* 1402), bevor es schließlich wegfällt (Belege ab 1275). Die amtliche poln. Namenform beruht auf kontinuierlicher innersprachlicher Entwicklung im Poln. **IV.** Ölsa, OT von Löbau, Lkr. Görlitz; Ölsitz, OT von Riesa, Lkr. Meißen; ↗ Oelsnitz/Vogtl., Lkr. Vogtland; ↗ Oelsnitz/Erzgeb., Erzgebirgskreis, alle SN; Oleśnica, Woi. Heiligkreuz, PL; Olešnice // Oels, Südmährische Region, CZ. **V.** SNGŚl; RymNmiast; Schwarz 1931. *ThM*

Oelsnitz/Erzgeb. [œ-] **I.** Stadt im Erzgebirgskreis, 12 239 Ew., am Südrand des Erzgebirgischen Beckens, w Stollberg, SN. Deutsches Bauerndorf des ausgehenden 12. Jh. an gleichnamigem Bach mit Herrensitz, Entwicklung zur Stadt seit 1843 mit Beginn des Steinkohlenbergbaus, Stadt seit 1923, 1971 Einstellung der Kohleförderung. H. Dienstleistungs- und Einkaufszentrum der Region. **II.** 1219 *de Olsniz*, 1297 *de Olsnicz*, 1438 *Olsnicz*. **III.** Übertragen vom GwN *Ölsnitz* auf den Ort, dieser beruht auf asorb. **Oleśnica* 'Erlenbach' zu *ol'ša* 'Erle'. Die d. Namenform mit Umlaut *Ö-* wird erst seit dem 16. Jh. bezeugt. **IV.** ↗ Oelsnitz/Vogtland sowie OT von Weißig, Lkr. Meißen, beide SN. **V.** HONS II; SNB. *EE, GW*

Oelsnitz/Vogtland [œ-] **I.** Große Kreisstadt und gleichnamige VG im Vogtlandkreis, 15 872 Ew., im oberen Vogtland, an der Weißen Elster, sö Plauen, SN. Deutsches Rodungsdorf bei der um 1240 erbauten Burg Voitsberg, zwischen 1327 und 1356 planmäßige Anlage der Stadt, Stadtrechte seit 1357, im 14. Jh. Textilhandwerk und Bergbau, seit dem 19. Jh. vor allem Teppich- und Gardinenindustrie sowie Textilmaschinenbau, nach 1990 noch Textil- und Möbelherstellung. **II.** 1200 *Olsniz*, 1328 *Olzeniz*, 1397 *Ölsnycz*. **III.** ↗ Oelsnitz/Erzgebirge, SN. **IV.** ↗ Oelsnitz/Erzgebirge. **V.** HONS II; SNB. *EE, GW*

Oer-Erkenschwick [Ör] **I.** Stadt im Kr. Recklinghausen, 30 303 Ew., Reg.-Bez. Münster, NRW. Kirchdorf Oer und Bauerschaft Erkenschwick im kftl.-kölnischen Vest Recklinghausen, 1806 Hztm Arenberg, 1811 Ghztm. Berg, 1813 Preußen, Kohlebergbau 1899–1997, Zusammenlegung 1926. **II.** Oer: 1160 *Ora*, 1204 *Uᵒre*, 1278 *Hůre*, 1281 *Ore*. Erkenschwick: Um 1150 *Erkeneswic*, 1275 *Erkenswic*. **III.** Dem aus nur zwei Lauten bestehendem Wortkörper *Oer* entspricht (1.) *ōra* 'Ohr'. Weniger in Frage kommt (2.) **ōr*, entsprechend anord. *aurr* 'sandiger Boden', 'Kiesbank', im And. nicht belegt (NOB III). Nicht völlig auszuschließen sind auf Grund der Belege mit *u-* (3.) das Präfix *ur-* als betonte Form des Präfixes *er-* in Nominalbildungen, das noch im Ahd. als selbständiges Wort mit der Bedeutung 'aus', 'heraus' vorkommt (Kluge), (4.) der Tiername *ūr* 'Auer(-ochse)', (5.) das wegen ae. und nord. Belege auch für das And. anzunehmende **ūr* 'Regen', 'Feuchtigkeit'. Eine Festlegung ist nicht möglich. Am nächsten liegt der Gedanke an eine ohrartige Geländeform. Im ON Erkenschwick ist der germ. KN *Erkan* im Gen. auf *-es* flektiert als Bw. zusammengesetzt mit dem Gw. ↗ *-wīk* (etwa) 'eingezäunte Einzelsiedlung'. Die Silbengrenze ist zur Ausspracheerleichterung verschoben worden: *Erken-s(ch)wik*. **IV.** ↗ Braunschweig (< *Brunesvik*), Stadt Braunschweig, NI; Erkensruhr, Kr. Aachen, NRW. **V.** Kindlinger, N.: Münsterische Beiträge zur Geschichte Deutschlands, hauptsächlich Westfalens II (1789); Werdener Urbare A; WfUB VII; Derks, Wesel; NOB III. *schü*

Oerlinghausen [ˈÖrlinghausen] **I.** Stadt im Kr. Lippe, 16 905 Ew., am Nordwestrand des Tönsberges, zwischen Bielefeld und Detmold, Reg.-Bez. Detmold, NRW. Spätlatènezeitliche, frühma. Funde am Barkhauser Berg, Vorwerk des Paderborner Haupthofes (Nieder-)Barkhausen, 1203 Erwähnung der Kirche St. Alexander, Mittelpunkt eines Ksp. im Grenzraum Ravensberg / Paderborn / Lippe, 1436 landesherrliche Zollstelle, 1474 landesherrlicher Richter, 1926 Stadtrecht. Seit 18. Jh. Webereien und Leinenhandel, größter europäischer Segelflugplatz (seit 1929), Archäologisches Freilichtmuseum (seit 1961), Tönsberg mit eisenzeitlicher Befestigungsanlage (frühma. erneut genutzt). 1969 Zentrum der gleichnamigen Großgem., die auch drei ehem. selbst. Gem. einschließt. **II.** 1036 (Kop. um 1160) *Uralanchuson*, 1213–1215 *Orlinchusen*, 1235 *in Horlinchosen*; *Oehrlinghaußen* (1616/1617). **III.** Bildung mit dem Gw. ↗ *-hausen*. Da der auffällige Erstbeleg nicht ohne Weiteres mit allen anderen überlieferten Formen vermittelbar ist, wenn hier etwa eine ↗ *-ing*-Ableitung von einem KN auf *-ilo* zum PN-Stamm ERLA- (zu germ. **erl-a-*, ae. *eorl*, anord. *jarl*, as. *erl* 'vornehmer Mann') oder zum PN-Stamm ŪRA-/ŪRU- (zu *ūr* 'Ur, Auerochse') angenommen würde, wird eher eine Verbindung mit einem im asä. oder mnd. Wortschatz sonst nicht überlieferten App. anzunehmen sein, das vor dem Hintergrund engl. ON und wfl. Namenelemente verständlich wird. *Uralanc-* / *Orlinc-* können Varianten eines Determinativkompositums sein, das im Gw. *-lanc* zu ae. *hlenc* 'hill-side', *Lench* in engl. ON wie *Moorlinch*, *Sticklinch*, *Sandlin*, *Standlynch*, asä. ahd. *(h)lanca* Fem. 'Lende, Weiche, Niere; Leiste; Seite', wfl. *lanke* Fem. 'Seite' zeigt (vgl. germ. Adj. **hlanka-* 'gebogen' zur idg. Wz. **kleng-/*klenk-* 'biegen, winden, zusammendrehen') und leicht von verwandtem *-linc* zu ae. *hlinc*, wfl. *link* abgelöst und später mit einer *-(l)ing*-Bildung vermischt werden konnte. Das Bw. *ur-* entspricht ae. *ōra* M. 'Rand, Kante, Ufer' und ist auf germ. **ōsáz* (zu idg. Wz. **ōus-, əus-* 'Mund, Mündung, Rand', lat. *ōra, ōs*, aslaw. *usta* 'Mund') zu beziehen. Anlautendes *U-* des Erstbelegs steht für germ. *ō* und in der Kompositumsfuge ist sekundär *-a-* als Sprossvokal vor *-l* des Gw. eingetreten. *Uralanc-, Orlinc-* bezeichnet die Biegung einer (Berg-) Kante. Der ON kann mit 'bei den Häusern an bzw. auf der Biegung der Bergkante' paraphrasiert werden, was genau den topografischen Bedingungen Oerlinghausens am Hang des nach Nordwesten abfallenden Tönsberges entspricht. **V.** WOB II (Kr. Lippe); Smith, A.H.: English Place-Name Elements, II. Cambridge 1956; The Cambridge Dictionary of English place-names, hg. von Victor Watts. Cambridge 2004. *BM*

Oestrich-Winkel **I.** Stadt im Rheingau-Taunus-Kreis, 11 733 Ew., rechtsrheinisch zwischen Wiesbaden und Rüdesheim, Reg.-Bez. Darmstadt, HE. In Oestrich lag der kirchliche und weltliche Schwerpunkt. Es erscheint in der Urk. des Ebf. Konrad von Mainz von 1189 als Teil von Winkel und noch nicht als Dorf mit eigener Gemarkung; Zusammenschluss der Gem. Oestrich, Mittelheim und Winkel zur Stadt Oestrich-Winkel mit gleichzeitiger Stadterhebung am 1. 7. 1972, spätere Eingliederung von Hallgarten (1977); kath. Pfarrkirche (rom. Turm 12. Jh.), Schloss Reichartshausen (barocke Dreiflügelanlage), Rheinkran (1754 erbaut), das Graue Haus (Burgsitz aus der Mitte des 12. Jh.), Schloss Vollrads (ehem. Wasserburg der Herren von Winkel); Sitz der European Business School; Weinbau, chem. und Kunststoff verarbeitende Industrie, Polsterfabrik. **II.** Oestrich: 1189 *in Ostrich*, 1211 *Osterich, Ostrich*; Winkel: um 850 *Winkela*, 991 *Vvinkile*, 1128 *Winkelo*, 1293 *in Winkil*, 1297 *in Winkele*. **III.** Oestrich: Komp. mit dem Gw. *-rich* zu ahd. *rīhhi*, hier wohl in allgemeinerer Bed. 'Gebietsteil, Landstrich, Landschaft'. Das Bw. ist an das Adj. ahd. *ōstar* 'östlich, gen Osten' anzuschließen, da Oestrich ö von Winkel liegt; vgl. *Westrich* im Saargebiet oder Namen wie *Westerwald*, *Suderburg* usw.; Winkel: Simplex zu ahd. *winkil*, mhd. *winkel* st. M. 'Winkel, Ecke, Ende, abseits gelegener Raum'. Es handelt sich vielfach um einen Formnamen für spitz zulaufende, von einer Weg- oder Flussbiegung begrenzte Flurstücke (Winkel liegt als geschlossene Siedlung in der Rheinuferzone ö des Elsterbaches). Daneben tragen auch weit abgelegene oder verborgene Stellen häufig den Namen *Im Winkel*. Es kann sich um einen urspr. FlN handeln, aber auch um einen primären Siedlungsnamen. **IV.** Winkel, OT der Gem. Lindenfels, Lkr. Bergstraße, HE; Dortmund-Oestrich; Oestrich, OT der Stadt Iserlohn; Oestrich, OT der Stadt Erkelenz; alle NRW. **V.** LAGIS; Kaufmann 1973; WOB I. *DA*

Oettingen i. Bay. **I.** Stadt und gleichnamige VG, 10 980 Ew., Lkr. Donau-Ries, Reg.-Bez. Schwaben, BY. Seit 1141 Sitz der Grafen und späteren Fürsten von Oettingen, 13./14. Jh. Entwicklung zur Stadt, 1806 zu Kgr. Bayern. Brauereigewerbe, Residenzschloss mit Zweigstelle des Völkerkundemuseums München. **II.** Nach 760? (Kop. Mitte 12. Jh.) *Otingen*, *Otinga*, 822–842 (Kop. um 1160) *Otingen, Ottingen*, 893 *Otingam*, 1031 *Ottingen*, 1037 (Kop. 1887) *in Comitatu Öttingensi descriptum*, 1060 *Ottingun*, 1057–1075 *Otingun*, 1138–1141 *Oetingin*, um 1141 *Otingin*, 1141 *Otingen*, 1142 *Otingin*, 1142 *Ötingin*, 1180 *Ottin(h)en, Ottingen, Oetingin, Oetingen*, 1191 *Oettingen*, 1203 *Oettingen*, 1274 *Oettingen*. **III.** Die Erwähnungen von 760 sind Fälschungen Eberhards mit dem Zweck, kgl. Rechtstitel auch für andere riesgauische Besitzungen des Klosters zu schaffen. Man kann von dem PN *Oti, Oto, Otto* ausgehen, der durch das Zugehörigkeitssuffix ↗ *-ing(en)* abgeleitet wurde. Das *-i-* des Suffixes *-ingen* bewirkt den Umlaut von O. Seit 1912 Zusatz *i. Bay.* **V.** Urkundenbuch des Klosters Fulda. Erster Band. 1 Hälfte, Marburg 1913. Erster Band. 2. Teil, Marburg 1956; Die Urkunden der Fürstl. Oettingischen Archive in Wallerstein und Oettingen 1197–1350, bearb. von Richard Dertsch unter Mitwirkung von Gustav Wulz, Augsburg 1959; FP; Paul, H.: Mittelhochdeutsche Grammatik. Tübingen ²⁴1998. *BE*

Oeversee [ø:versee], dän. Oversø **I.** Gem. und gleichnamiges Amt im Kr. Schleswig-Flensburg mit drei amtsangehörigen Gem., 10 668 Ew., von der Treene durchflossen, s von Flensburg, SH. 2008 Fusion der Gem. Oeversee und Sankelmark zum jetzigen Amt Oeversee. Landwirtschaftlich geprägt, Tourismus, Wehrkirche, Naherholungsgebiet Fröruper Berge. **II.** 1452 *Owertze [Or]*, 1472 *Auersee*, 1536 *im ... kerspell Ouerßee*. **III.** Vom dän. *øver æ sø* abstammend, was im Nd. *öwer de see* heißt. Demzufolge bedeutet der ON 'über dem See'. Gemeint ist damit eine Lageangabe des Ortes von Norden aus gesehen, über dem Sankelmarker See. **V.** Laur; Haefs. *GMM*

Oeynhausen, Bad **I.** Stadt im Kr. Minden-Lübbecke, 48 867 Ew., Stadt sw Minden am Südrand des Wiehengebirges, Reg.-Bez. Detmold, NRW. 1746 Entdeckung einer Solequelle, 1751 Errichtung der staatlichen Saline Neusalzwerk (bei Rehme) auf Befehl des preuß. Königs Friedrich II. 1830–1845 erschließt der preuß. Oberbergrat Carl Freiherr von Oeynhausen (1795–1865) im Zuge von Bohrungen nach weiteren Salzvorkommen eine Thermalsolquelle. Das neu gegr. Bad wird 1848 nach ihm benannt. 1859/60 Stadtgründung. 1844–1988 Eisengießerei Weserhütte. Herz- und Diabeteszentrum von NRW. 1973 Zusammenschluss mit sieben ehemals selbst. Gem. **II.** 1848 *Königliches Bad Oeynhausen*. **III.** Der ON geht auf den Namen des preuß. Oberbergrats Carl Freiherr von Oeynhausen zurück, dem zu Ehren das neu gegr. Bad durch den preuß. König Friedrich Wilhelm IV. benannt wird. Der HN bezieht sich auf *Oeynhausen* (Kr. Höxter; ca. 966/67 *Agingehus[un]*, 1036 *Aginhuson*, 1160, Kop. um 1200 *Ogenhusen*, 1336 *Oygenhusen*, 17. Jh. *Ojenhusen*). Der ON ist gebildet mit dem Gw. ↗-*hausen* und zeigt im Bw. urspr. eine patronymische ↗-*ing*-Bildung im Gen. Pl., die von einem KN wie *Aio* oder *Ag(i)o* abgeleitet sein kann (zu germ. **agi-*, vgl. got. *agis*, asä. ahd. *egiso* 'Schrecken'). **V.** Schneider; Volckmar; HHS 3. *BM*

Offenbach an der Queich **I.** Gem. und gleichnamige VG (seit 1972) im Lkr. Südliche Weinstraße, 12 121 Ew., vier Gem. am Ostrand des Pfälzerwaldes in den Ausläufern des Weinbaugebietes der Pfalz, RP. Spuren von Besiedlung und Weinbau aus der röm. Zeit. Die Gem. Offenbach wurde urk. schon im 8. Jh., (Ober- und Nieder-)Essingen in der 2. Hälfte des 9. Jh. als *Ossingen* und schließlich Hochstadt und Bornheim im 10. Jh. erstmals erwähnt. Im MA gehörte Offenbach zum Hochstift Speyer und zur Kurpfalz. 1798 an Frankreich, 1816 an das Kgr. Bayern. Das Queichtal ist die Urlaubsregion mit dem mildesten Klima in Deutschland. Anbau von Wein, Kartoffeln, Tabak und exotischen Früchten. **II.** 763 *in Offenbaci* (Kop. um 860); *Offenbach* (10. Jh.). **III.** Das Bw. ist der ahd. PN *Offo*, Gen. Sg. *Offen-*, das Gw. ist ↗-*bach*. Der ON kann als 'Siedlung am Bach des Offo oder Offos Siedlung an einem Bach' gedeutet werden. **IV.** ↗Offenbach am Main, Offenbach (Mittenaar), Lahn-Dill-Kreis, beide HE; Offenbach-Hundheim, Lkr. Kusel, RP. **V.** Traditiones Wizenburgenses. Hg. von A. Doll. Darmstadt 1979; FP; HSP. *JMB*

Offenbach **I.** Kreisfreie Stadt, 118 977 Ew., Reg.-Bez. Darmstadt, HE. Ersterwähnung 977 im Zusammenhang mit der kaiserlichen Bestätigung von Schenkungen u. a. in Offenbach an die Frankfurter Salvatorkapelle. Über mehrere Adelsherrschaften (Münzenberger, Falkensteiner, Sayn) kam der Ort 1486 an die Grafen von Isenburg-Büdingen (Errichtung des Isenburger Schlosses), später an Isenburg-Birstein und von diesen 1816 an das Ghztm. Hessen-Darmstadt. Von großer Bedeutung für die Stadtentwicklung war die Aufnahme hugenottischer Flüchtlinge Ende des 17. Jh. Neben der lange Zeit überragenden Lederindustrie sind seit dem 18. Jh. auch die Tabakproduktion und die erste Steindruckerei (1800) unter Alois Senefelder zu erwähnen. Offenbach ist u.a. Sitz des Deutschen Ledermuseums und des Deutschen Wetterdienstes. Eingemeindung von Bürgel (1908), Bieber (1938) und Rumpenheim (1942; dort ein Schloss der Landgrafen von Hessen-Kassel). **II.** 977 *Ouenbach*, 1428 *Ofenbach*. Bieber: 791 (Kop.) *Biberhahen*, um 1290 *Byberahe*. Bürgel: 790 (Kop.) *Birgelen*, 793 (Kop.) *Bergilla*. Rumpenheim: 770 (Kop.) *Rumphenheim*. **III.** Der ON *Offenbach* zum PN *Offo*, der in der Lorscher Überlieferung bezeugt ist. Der ON *Bieber* mit Gw. ↗-*ach*[1] zum GwN *Bieberbach* (ahd. *bibar* 'Biber, Otter'). Der ON *Bürgel* zu ahd. **bergilī* 'Berglein, Hügel'. Der ON *Rumpenheim* zum PN **Rump(h)o*, vgl. die Wüstung *Rumpheshusen* (819, Kop.; Odenwaldkreis, HE), der ebenfalls ein PN zum gleichen Stamm zugrunde liegt. **V.** Andrießen; CL; Keyser; LAGIS; Müller, Starkenburg. *TH*

Offenburg **I.** Große Kreisstadt und Sitz der Kreisverwaltung im Ortenaukreis, 59 208 Ew., bildet zusammen mit den Gem. Hohberg, Durbach, Ortenberg und Schutterwald die VVG der Stadt Offenburg, 81 387 Ew., ca. 66 km n Freiburg, aus der Rheinebene bis ins Grundgebirge des Talschwarzwald ausgedehnt, Reg.-Bez. Freiburg, BW. Offenburg entstand Anfang des 12. Jh. als Marktsiedlung der Zähringer, nach deren Aussterben an Friedrich II., der Offenburg um 1235 zur Stadt erhob, 1803 an Baden, seit 1956 Große Kreisstadt. Weinbau, Verlagswesen, Fischmarkt, Ölberg, Dreifaltigkeitskirche, Heilig-Kreuz-Kirche. **II.** Ca. 1130–1140 *Offenburc [Or]*. **III.** Es kann sich, wie im Ortswappen festgehalten, bei der Bildung mit dem Gw. ↗-*burg* um eine Zuss. mit dem

Bw. ahd. *offan*, mhd. *offen* 'offen' im Sinne einer „offenen Burg" handeln. Möglich ist allerdings auch die Verbindung mit dem PN *Offo*. **IV.** ↗Offenbach, HE; Offenberg, Lkr. Deggendorf, BY. **V.** FP; LBW 2 und 6. *JR*

Oftersheim **I.** Gem. im Rhein-Neckar-Kreis, 10 964 Ew., 9 km sw Heidelberg, in der Oberrheinischen Tiefebene, Reg.-Bez. Karlsruhe, BW. Wohl im 7. Jh. auf Kirchheimer Mark entstanden, später bis auf die Schwetzinger Hardt, im 12. Jh. und Ende des 13. Jh. alle Herrschaftsrechte bei der Pfalz, zum Oberamt Heidelberg und zur Zent Kirchheim gehörig, 1803 an Baden. Tabakanbau, Kurpfalz-Halle, Rose-Saal, Oftersheimer und Sandhäuser Dünen. **II.** 767 (Kop. 12. Jh.) *Offtresheim*. **III.** Verm. handelt es sich um eine ↗-*heim*-Bildung mit einem PN, der auf *Oft-rīt zurückführt und zu ahd. *ofto*' mhd. *ofte* 'oft' < 'reichlich' gehört. **IV.** Ofterdingen, Lkr. Tübingen, BW. **V.** FP; Kaufmann 1968; LBW 5. *JR*

Oftringen mda. [ˈɔftrɪgə] **I.** Dorf im Bezirk Zofingen, 11 665 Ew., im Wiggertal, AG, CH. Gehörte zum habsburgischen Amt Aarburg, 1415 bernisch, 1803 zum Kt. Aargau. Ungefähr 100 Gewerbebetriebe. **II.** 924 *de Ofteringa [Or], de Hofteringa; de Oftringen* (1277). **III.** Primärer SiN, ahd. am ehesten **za diem Oftheringum* 'bei den Angehörigen des Oftheri', gebildet aus einem ahd. PN, vermutlich *Oftheri*, und dem Suffix ahd. -*ingum* (Dat. Pl.). Der PN im Bw. muss früh durch Verschmelzung mit dem Suffix auf *Oftr- reduziert worden sein, sonst wäre der mda. *n*-Ausfall in der Endung nicht eingetreten (vgl. Kully, Solothurnisches Namenbuch I) **V.** Schweiz. Lex.; FP; Zehnder, Gemeindenamen Aargau; LSG. *RMK*

Ohlau // Oława [ɔˈwava] **I.** Kreisstadt, 30 846 Ew., Woi. Niederschlesien // Dolny Śląsk, PL. Auf einer Landenge zwischen Oder und Ohle, sö von Breslau gelegen. Mitte 12. Jh. ist eine wahrscheinlich slaw. Siedlung belegt, die zunächst dem Breslauer Vinzenzstift gehört und 1203 herzoglich wird. Stadtrechte spätestens 1234. Ab 1311 gehört Ohlau zum Fürstentum Brieg und dient im 14. und 15. Jh. bisweilen als Witwengut. Kreisstadt (1932–1933 zum Kr. Brieg), Reg.-Bez. Breslau, NS, (1939) 13 136 Ew. **II.** 1149 *in Olauam*, 1201 *Oleua*, 1218 *Olau*, 1331 *Olow*. Re-Polonisierung des ON: 1845 *Olawa*, 1946 *Oława*. **III.** Der Ort hat seinen Namen vom GwN *Ohle*, an deren Mündung in die Oder er liegt. Der Stamm des Flussnamens *ol*- 'fließ-' ist idg., verwandt mit lit. *alus* 'Honig, Met, Bier'. Er kommt in europäischen GwN häufig vor, ebenso wie das Suffix -*ava* (vgl. latinisiert *Olauia* 1265). Im d. ON wird es zu ↗-*au* diphthongisiert, im GwN *Ohle* zu -*e* reduziert. Die poln. Namenformen *Olawa* (ON) und *Ola* (GwN) wurden im 19. Jh. rekonstruiert, 1946 etym. berichtigt. **V.** RymNmiast; Udolph 1990. *ThM*

Ohrdruf **I.** Stadt und Erfüllende Gemeinde, Lkr. Gotha, s Gotha, am Nordrand des Thüringer Waldes im Tal der Ohra an alter N-S-Straße von Oberhof ins Werragebiet, 11 737 Ew., TH. Altthüringisches Dorf, in dem Bonifatius 725 eine Missionsstation (*cellula*) einrichtete; im 12./13. Jh. Marktflecken mit Burg; Stadterweiterung Mitte 14. Jh.; Bleifarben-, Spiel- und Lederwarenproduktion. **II.** (725) Abschrift 11. Jh. *in loco que dicitur Ordorf*, 777 *in Ordorf*, 961 *Ordorp*, 1137 *Ordorf*; *Ohrdruf* (1500). **III.** Der Ort wurde benannt nach seiner Lage als 'Dorf an der Ohra'. Der GwN lautete (725) 11. Jh. *flumen … Oraha*, 1276 *Hora*, 1378 *Ora*, und gehört als Bildung von idg. *h₃er- 'sich in (Fort-)Bewegung setzen' (LIV) zur verbreiteten alteuropäischen Hydronymie. Voreinzelsprachlich *Ora entwickelte sich lautgesetzlich zu germ. *Arō und diese Form zu asorb. *Ora. Der GwN erhielt in ahd. Zeit den verdeutlichten Zusatz -*aha* (↗-*ach*[1]) als *Oraha*, wodurch wieder leicht verständlich wurde, dass es sich um eine Gewässerbenennung handelt. Die mda. Umstellung des |r|- in ↗-*dorf* > -*druf* Ende 15. Jh. ist fest geworden. **IV.** Orla GwN (↗Neustadt a. d. Orla); Ohre l. zur Elbe n Magdeburg, GwN, ad 780 *ubi Ora confluit in Albia*, ST; Ohrdorf, OT von Wittingen, 11. Jh. *Ordorp*, Lkr. Gifhorn, NI; ↗Wilsdruff, Lkr. Sächsische Schweiz, 1259 *Wilandestorf*, SN. **V.** Vita Bonifatii; Walther 1971; Eichler Beiträge; SNB; Berger; Riese, Chr.: Ortsnamen Thüringens. Landkreis Gotha; Hamburg 2010. *KH*

Öhringen **I.** Große Kreisstadt (seit 1994) und gleichnamige VVG im Hohenlohekreis, Reg.-Bez. Stuttgart, 33 511 Ew., ö von Heilbronn in der Hohenloher Ebene, BW. In röm. Zeit zwei Kastelle sowie eine Siedlung (*vicus aurelianus*) aufgrund der Lage am Limes. 1037 Gründung eines Chorherrenstifts, im 13. Jh. an die Grafen (später Fürsten) zu Hohenlohe, 1677 deren Residenzstadt. 1806 als Oberamtsstadt an Württemberg. 1938 Sitz des gleichnamigen Kreises. **II.** 1037 *in villa Oringowe*, 1157 *Örengovve*, 1230 *in Orengowe*, 1351–1375 *Orenge*, *Orengeu*, 1525 *Oringen*, *Öringen*. **III.** Der ON ist identisch mit dem Landschaftsnamen, dessen Gw. ahd. *gouwi* 'Gau' und dessen Bw. der FluN (*die*) *Ohrn* (zum Kocher zum Neckar) ist: 795 (Kop. 12. Jh.) *Oorana fluvius*, 1315 *in der Oren*, um 1357 *in der Ören*, 1544–1550 *die Ore*. Der FluN kann über ahd. *Ōrana/*Ōrina auf germ. *Aurana/-*ina* zurückgeführt und als Abl. mit dem Suffix -*ana*/-*ina* von germ. *auraz (awn. *aurr* 'sandiger Boden, Kies im Sand', ae. *ear* 'See, Ozean') erklärt werden. Es ist möglich, dass germ. *Aurina eine Eindeutung des röm. Namens der Siedlung ist, deren Name auf Inschriften als AVRE und AVREL erscheint und als Civitas *Aurelia (Aurelianensis) ergänzt wird. **V.** Schmid, A.: Die ältesten Namenschichten im Flussgebiet des Neckar. In: BNF 13 (1962); Greule, DGNB. *AG*

Oława ↗ Ohlau

Olbernhau I. Stadt im Erzgebirgskreis, 10 362 Ew., an der Grenze zur Tschechischen Republik, „Stadt der sieben Täler" im Tal der Flöha und ihrer Nebentäler, am Steinhübel, SN. Deutsches Bauerndorf des ausgehenden 12. Jh., 1902 Stadt. Seit dem 16. Jh. Bergbau nachweisbar, h. vor allem vom Tourismus geprägt, Lage an der Silberstraße. **II.** 1434 *Albernhau*, 1497 *Olbernhaw*, 1555 *Ulbernhain*, 1791 *Olbernau*. **III.** Zum PN *Albero* mit schwacher Flexion und dem Gw. ↗ *-hau*, somit Bezeichnung einer Rodungssiedlung wie andere ON im Erzgebirge, z. B. *Schellerhau*. Urspr. *-a-* wurde zu *-o-*, sogar zu *-u-*, gehoben; gelegentlich wurden die Gw. ↗ *-hain* und ↗ *-au* eingedeutet. **V.** HONS II; SNB. *EE, GW*

Olbersdorf I. Gem. und gleichnamige VG im Lkr. Görlitz, 11 461 Ew., im Jahre 2000 zusammengeschlossen aus der namengebenden und drei weiteren Gem., im Zittauer Gebirge, SN. Waldhufendorf, am Olbersdorfer See, einem gefluteten Tagebaugebiet. Seit dem Ende des 18. Jh. bis 1991 Braunkohleabbau. **II.** 1323 *Albertsdorff*, 1346 *Olbrechtsdorf*, 1350 *Albrechtsdorff*, 1791 *Olbersdorf*. **III.** Bildung mit dem Gw. ↗ *-dorf* und dem PN *Albrecht*, demnach 'Dorf des Albrecht' **IV.** Albertitz, OT von Lommatzsch, Lkr. Meißen, SN. **V.** HONS. *GW*

Olching I. Gem. im Lkr. Fürstenfeldbruck, 24 650 Ew., Reg.-Bez. Oberbayern, BY. **II.** 1052–1055 (Kop. des 13. Jh.) *Olchingen*, ca. 1150 *Ollichingen*, *Olchingen*, 12. Jh. (zu nach 760) *Ollichingen*, ca. 1279–1284 *Olchingen*, 1311 *Olching*. **III.** Es ist wohl der PN *Ollicho* zu erschließen, der durch das Zugehörigkeitssuffix ↗ *-ing* abgeleitet ist. **V.** Reitzenstein 2006. *WvR*

Oldenburg (Oldenburg), I. Kreisfreie Stadt, 160 279 Ew., Reg.-Bez. Weser-Ems (bis Ende 2004), NI. Ob die um 1080 genannte *Omersburch* mit Oldenburg identifiziert werden kann, ist unsicher; um 1150 Sitz der Grafen von Oldenburg; 1345 Bremer Stadtrecht; kultureller und wirtschaftlicher Mittelpunkt der Grafschaft, später des gleichnamigen Großherzogtums, wenn auch nicht immer Residenz; 1946 Eingliederung des Landes Oldenburg nach NI; bis 1977 Sitz eines Verwaltungsbezirkes, seit 1974 Universität. **II.** Um 1108 *Aldenburg* [Kop. 14. Jh.], 1237 *Aldenborch*, 1242 *Oldenborg*. **III.** Bildung mit dem Gw. ↗ *-burg* und dem im Dat. Sg. stehenden Adj. mnd. *ōlt* 'alt' als Bw. Der Anlaut zeigt den vor *-ld-* stattfindenden Übergang des *-a-* zu *-o-*. **V.** HHS 2; Nds. Städtebuch; Schmidt, H.: Geschichte der Stadt Oldenburg. Oldenburg 1997. *KC*

Oldenburg in Holstein nd. Oolenborch **I.** Amtsfreie Stadt im Kr. Ostholstein, 9 663 Ew., zwischen der Hohwachter und der Lübecker Bucht, auf der Halbinsel Wagrien, SH. 1076 erstmals erwähnt, 1235 Lübisches Stadtrecht, in der Folgezeit versandete die Bucht und Oldenburg verlor seine Stellung als Hafenstadt, bis 1970 Kreisstadt. Sankt-Johannis-Kirche, Wall-Anlage. **II.** 11. Jh. *Aldinburg civitas* [Or], 1154 *Aldenburc*, 1245 *Oldenborch*. **III.** Die mnd. Wendung *to der alden/olden borch* 'zur alten Burg' zeigt die Bedeutung des ON als 'Siedlung bei der alten Burg'. Als Benennung für alte Burg- und Wallanlagen war die Bezeichnung *Oldenburg*, teilweise auch vom apolb. *Starigard* abgeleitet, vielfach verbreitet und ist es auch h. noch (OT Oldenburg auch u. a. in Lauenburg und Schleswig). **IV.** Oldenburg, NI. **V.** Laur; Haefs; HHS 1. *GMM*

Oldendorf I. Gem. im Lkr. Stade, 7593 Ew., ö der Oste, Reg.-Bez. Lüneburg (bis Ende 2004), NI. Um 1100 Kirchspiel und der alte Mittelpunkt der Börde Oldendorf im Ostegau. **II.** 1100 *Aldenthorp* [Kop. 15. Jh.], 1254 *Oldenthorpe*, 1330 *Oldendorpe*; *Oldendorf* (1791). **III.** Bildung mit dem Gw. ↗ *-dorf* und dem im Dat. Sg. flektierten Adj. asä. *ald*, mnd. *ōlt* 'alt'. Außer der Entwicklung des anlautenden *-a-* zu *-o-* vor *-ld-* und dem neuzeitlichen Eintreten von hd. *-dorf* für nd. *-dorp(e)* zeigt der Name keine Veränderungen. Das Benennungsmotiv ist vermutlich in dem gegenüber den umliegenden Siedlungen höheren Alter zu sehen. *UO*

Oldesloe, Bad nd. Bad Oschloe/ Os'lo/ Ols'lo/ Olsch'lo **I.** Kreisstadt des Kr. Stormarn, 24 145 Ew., zwischen Hamburg und Lübeck, am Zusammenfluss der Beste in die Trave, SH. 1151 erstmals erwähnt, Lübisches Stadtrecht verm. vor 1249, 1867 zu Preußen, 1910 Verleihung des Titels *Bad*, 1949 Kreisstadt des Kreises Stormarn. Industriell geprägt. **II.** 1163 *in Tadeslo* [Or], 1212 *de Odeslo*, 1460 *to Oldeslo*, 1650 *Oldesloh*; *Bad Oldesloe* (1910) **III.** Der vorliegende ON setzt sich zusammen aus dem PN *Odo* und dem nd. ↗ *-loh* 'Hain, lichtes Gehölz, Lichtung', so dass der Name die 'Siedlung des Odo an einer Lichtung' bezeichnete. Die urspr. Form *Tadeslo* wies dabei noch eine Verschmelzung mit der Präposition *to* 'zu' auf. **V.** Laur; Haefs. *GMM*

Oleśnica ↗ Oels

Olfen I. Stadt im Kr. Coesfeld, 12 257 Ew., sw Lüdinghausen, Reg.-Bez. Münster, NRW. Im MA

Kirchdorf im FBtm. Münster, 1804 preußisch, 1806–13 Ghztm. Berg, 1813 wieder preußisch, 1820 Stadt. **II.** 889 *Ulfloa*, 1142 *Vlflon*, 1166 *Olffen*. **III.** Kompositum mit dem Gw. ↗ *-loh*, dem appellativisch asä. **lō(h)*, mnd. *lōh* '(Nieder-)Wald, Buschwerk, Gebüsch, Gehölz' zugrunde liegt. Das Bw. kann nicht, wie verschiedentlich vermutet, auf der Tierbezeichnung 'Wolf' aus asä. *wolf*, mnd. *wolf* beruhen, da nur Belege mit *U-, V-* oder *O-*Anlaut überliefert sind. Vielmehr ist von einer idg. Wurzel **u̯el(e)u̯-* 'drehen, winden, wälzen' in einer schwundstufigen Bildung auszugehen, die appellativisch in got. *-waljan* 'wälzen' oder ags. *wielwan* 'wälzen, rollen' vertreten ist. Verschiedene germ. GwN *Ulvana, Ulvena, Ulvina* sind auf diese Wurzel zurückzuführen. Zu ihr gehören auch Appellativa, die auf eine Wölbung hinweisen wie anord. *valr* 'rund', air. *valitá-* 'gewendet, gebogen'. Im Falle des ON Olfen handelt es sich wohl um die Bez. für eine gegenüber dem Umland erhöhte (gewölbte) Stelle an oder in einem Wald (*-loh*). Motivierend für die Benennung mag die Lage Olfens am Ostrand des heutigen Naturparks Hohe Mark gewesen sein. Die nur geringfügig erhöhte Lage bot auch Schutz vor Überschwemmungen der Lippe und Stever. Der Name liegt seit dem 12. Jh. als Pluralbildung im Dat. vor. Die jüngeren Namenformen mit *O*-Anlaut beruhen auf Senkung von *-u-* zu *-o-*. **IV.** Olfen, OT von Beerfelden, Odenwaldkreis, HE. **V.** WfUB I, II, III, VIII; Schmid, A.: Die ältesten Namenschichten im Stromgebiet des Neckar. In: Beitr. zur Namenforschung 13 (1962). *kors*

Olpe **I.** Kreisstadt (seit 1819) im gleichnamigen Kreis, 25 613 Ew., Reg.-Bez. Arnsberg, NRW. Entstanden bei einer Pfarrkirche möglicherweise des 8. Jh. an der Mündung der Olpe in die Bigge an der Kreuzung zweier Fernwege. 1311 Stadtrechte. Seit dem MA Metallverarbeitung, Teilnahme am Hansehandel über ↗ Attendorn, Gerberei. Durch Verwaltungsfunktion und Verkehrslage zentraler Ort des s Sauerlandes. **II.** 1120 *Olepe [Or]*, 1220 *Olepe* 1280 *Olpe*. **III.** Der ON ist eine Bildung mit dem Gw. ↗ *-apa* und beruht somit auf dem noch existierenden, gleichlautenden GwN. Das Bw. ist an die in alteuropäischen GwN belegte Wurzel idg. **el-/*ol-* 'fließen, strömen' anzuschließen. Idg. **-o-* > germ. **-a-* ist vor Liquid zu *-o-* verdumpft. Die Motivation des GwN als 'fließend, strömend' passt gut zur Olpe, deren Verlauf ein erhebliches Gefälle aufweist. **V.** Schmidt Rechtsrhein. Zfl.; Dittmaier 1955. *Flö*

Olsberg **I.** Stadt im Hochsauerlandkr., 15 393 Ew., im oberen Ruhrtal sw von Brilon zwischen mehreren markanten Hügeln, Reg.-Bez. Arnsberg, NRW. Eisenerzabbau (1448 bezeugt), Hütte und Metallgewerbe. **II.** Um 1285 *Olsberg*, 1338 *Olsberg(e)*, 1540 *Olsbern*.

III. Das Gw. ↗ *-berg* wird in einigen frühneuzeitlichen Quellen zu *-bern* (in Westfalen mehrfach belegte Variante von ↗ *-born*) umgedeutet. Erstglied ist wahrscheinlich der PN *Oli* (vgl. auch die asä. PN *Ola, Olika*) im st. flektierten Gen. Sg., der um 1000 in den Werdener Urbaren bezeugt ist. Seine Etymologie ist nicht sicher geklärt. Eine Verbindung mit dem in wfl., rhein. und hess. ON und FlN bezeugten *Ohl* (auch *Auel, -l-*Ableitung zu ahd. *ouwa* 'Land am Wasser', vgl. nhd. *Aue*) ist wegen der Flexion unwahrscheinlich, *-s-* ist hier weder als Suffix zur Bildung eines GwN/einer Stellenbezeichnung noch als sekundär eingedrungener Gleitlaut zu erweisen. Benannt wurde die Siedlung also nach der Lage beim 'Berg des *Oli*'. **V.** Bach DNK II.1; Dittmaier 1956; Schlaug 1955. *Flö*

Olten mda. [ˈɔutə] **I.** Stadt und Bezirkshauptort im Bezirk Olten, 16 874 Ew., an der Aare bei der Einmündung der Dünnern, SON, CH. Vicus, spätrömisches Castrum als Brückenkopf, röm. Gutshof, spätrömische und frühmittelalterliche Gräber. Hauptort der Landgrafschaft Buchsgau, die 1080 dem Bischof von Basel geschenkt wurde. Bfl.-baslisches Mannlehen an die Grafen von Froburg, 1385 österreichisch, 1407 baslisch, 1426 solothurnisch. Seit dem 19. Jh. wichtigster Eisenbahnknotenpunkt der Schweiz. Kantonsspital, Kantonsschule mit sechs Abteilungen, Höhere Wirtschafts- und Verwaltungsschule, Berufsschulen, Kantonales Archäologiemuseum. **II.** 1201 *de Oltun [Or]*, 1261 *de Olton*; *Olten* (1275). **III.** Primärer SiN, gebildet aus dem vordeutschen FluN der *Dünnern*, der **Olā* oder **Olos* gelautet haben muss, und dem Gw. kelt. *dūnon* 'Zaun, Wall, Festung, Stadt'. Als urspr. Form kann **Olodūnon* 'Festung an der **Olā/*Olos*' angesetzt werden. **V.** Schweiz. Lex.; Greule, A.: Der Name Olten und seine Herkunft; Kully, Solothurnisches Namenbuch I; LSG. *RMK*

-oog. Mnd. *ō / ōch / ōge* Fem. '(kleinere) Insel', auch 'feuchte Wiese', ist mit ahd. *ouw(i)a*, mhd. *ouwe*, mnd. *ouw(e)* verwandt (↗ *au[e]*) und begegnet in Namen für ostfries. Inseln, z.B. *Langeoog*, NI. *FD*

Opava ↗ **Troppau**

Opfikon **I.** Politische Gem. im Bezirk Bülach, 14 675 Ew., im Glatttal zwischen Zürich und dem Flughafen Kloten, Kt. Zürich, CH. Bedeutende urgeschichtliche, römerzeitliche und mittelalterliche Funde, mit Kloten (römerzeitliche Straßenkreuzung) früh ein wichtiger Verkehrsknotenpunkt, h. zusammen mit dem Ortsteil Glattbrugg bedeutende und schnell wachsende Industriegemeinde am Rand der Stadt Zürich. **II.** 774 *Ubinchova* (Zuordnung unsicher), ca. 1150 *Obtinchova*, 1184 *Obfinchoven*. **III.** Primärer Siedlungsname (im Gegensatz zum sekundären

Glattbrugg 'Brücke über die Glatt') des ⟶ *-inghofen*-Typs (Zugehörigkeitssuffix ⟶ *-ing* und alte Dativ-Plural-Form von ⟶ *-hofen*, ahd. *hof*) mit einem unsicher zu bestimmenden PN *Opfo* (< *Otfrid*?) im Bestimmungsglied; er ist zu deuten als 'bei den Höfen der Leute des *Opfo*'. Die -*ing-hofen*-Namen, die in der Nord- und Ostschweiz in der Regel in der kontrahierten Form *-ikon* oder *-iken* erscheinen, gehören zu den häufigsten überhaupt und dokumentieren die Ausbausiedlungen des 7. und 8. Jahrhunderts. **IV.** Ebikon, LU, Bellikon, AG, Riniken, AG, alle CH. **V.** LSG. *MHG*

Opole ⟶ Oppeln

Oppeln // Opole [ɔˈpɔlɛ] **I.** Hauptstadt der Woiwodschaft Opole, 126 203 Ew., in Oberschlesien an der Oder, PL. Im 9.–10. Jh. Hauptsitz des slaw. Stammes der Opolini, seit dem 13. Jh. Residenz der Herzöge von Oppeln, um 1217 Gründung der Stadt am Übergang der Hohen Straße und der Bernsteinstraße über die Oder, 1327 Neumarkter Stadtrecht, 1327 böhmische Oberlehnshoheit, 1526 mit Böhmen an Habsburg, 1742 an Preußen. Bei der Volksabstimmung 1921 gaben 94,6 % der Wahlbeteiligten ihr Votum für Deutschland ab. 1816–1945 Hauptstadt des Reg.-Bez. Oppeln, 52 977 Ew. (1939). Seit 1972 selbstständige Diözese; 6 Hochschulen, darunter Universität (1994 aus der Pädagogischen Hochschule entstanden); Regional-, Diözesan- und Dorfmuseum, Theater, Philharmonie; Nahrungsmittel-, Baustoff-, Zement- und Maschinenbauindustrie. **II.** 1198 *Opol*, 1203 *Opul*, 1217 *de Opol*, 1222 *castrum et oppidum Opol*, 1234 *Opole*. **III.** Siedlungsname gleich dem apoln. *opole* 'Sippenverband, Nachbarschaft; ein Rechtsverhältnis der um eine Burg liegenden Dörfer; die Verpflichtung eines Bezirks, für Schaden und Abgaben gemeinsam aufzukommen'. *Oppeln* ist das Ergebnis einer lautlichen Anpassung an das Deutsche. **IV.** Opole Lubelskie; Opolno Zdrój // Bad Oppelsdorf, beide PL; Oppeln, OT von Löbau, SN. **V.** SU; SNGŚl; Rospond SEMiG. *MCh*

Oranienburg **I.** Kreisstadt im Lkr. Oberhavel, 41 577 Ew., an der Havel und am Havelkanal, n Berlin, BB. Urspr. slaw. Dorf Bötzow, seit etwa 1200 markgräflich-brandenburgische Burg, Burgflecken, Städtchen (1350 *stedeken*). 1650 kam das Amt Bötzow an die brandenburgische Kurfürstin Luise Henriette von Oranien; Neubau des Schlosses (Oranienburg) mit Stadterweiterung (Neustadt mit Kolonisten besetzt); im 19./20. Jh. stark industrialisiert. Dicht n der Stadt Nationale Mahn- und Gedenkstätte Sachsenhausen (1933–1945 Konzentrationslager). **II.** 1216 *Bothzowe*, 1450 *oppidum Botzow*, 1595 *Bötzow*; *Oranienburg* (1652). **III.** Der urspr. slaw./apolb. ON ist eine Bildung mit dem poss. Suffix -*ov*- zum PN **Bod(e)š*, einer mit dem Suffix -*š* gebildeten KF aus VN auf *Bo*- wie *Bogumil*. Wenig wahrscheinlich ist eine Ableitung von **boč* 'in Holz gefasster Brunnen, Quelle'. Auf Veranlassung der Kurfürstin 1652 in Oranienburg (nach dem Namen des Schlosses) umbenannt. **IV.** Oranienbaum, Lkr. Wittenberg, ST. **V.** BNB 5; SNB; OBB. *EF*

Orb, Bad **I.** Stadt im Main-Kinzig Kreis, 9 857 Ew., im Tal der Orb zwischen den n Spessartausläufern, Reg.-Bez. Darmstadt, HE. Entstanden spätestens bei der fränk. Landnahme, verm. zwecks Nutzung der Solequellen; die Burg wohl urspr. karolingisch. 1059 wird die Orb genannt, 1064 der Ort: Heinrich IV. schenkt ihn mit Burg und Salinen dem Erzbistum Mainz. Orb, schon 1292 als Stadt bezeugt, war im 13. Jh. im (Lehns-)Besitz derer von Büdingen und ihrer Erben, blieb bis 1803 unter Mainzer Lehnshoheit, kam 1803 zum Fürstentum Aschaffenburg, 1810 zum Ghzgt. Frankfurt, 1814 an Bayern, 1866 an Preußen, 1945 an Hessen. „Bad" seit 1909. **II.** FluN: 1059 *per litus Orbaha [Or]* (ebenso in Kop. um 1160), ON: 1064 *Orbaha* (Kop. Ende 13. Jh.), 1292 *oppidum Orbahe*, 1373 *Orba [beide Or]*. **III.** Zugrunde liegt eine Zuss. mit dem Gw. ⟶ *-ach¹* (< ahd. *-aha*), das dann im 13., 14. Jh. – wie auch sonst oft bei urspr. *-aha*-ON – abgeschwächt, dann zu *-a* kontrahiert wurde und seit dem 17. Jh. allmählich wegfiel. Die Belege bieten keinerlei Anhaltspunkte, die Zuss. in *Or-baha* zu segmentieren und damit ein Gw. *-bach* (as. *-beki*) und ein vermeintliches Bw. *Or-* anzunehmen, so Jellinghaus (anders noch Förstemann!) unter Anführung angeblich vergleichbarer ON wie u.a. Ohrbeck, Lkr. Osnabrück, NI, oder Urbach, Lkr. Nordhausen, TH; ähnlich auch Schröder. Vielmehr kann urspr. nur *Orb*- das (schwer deutbare) Bw. sein. Berger sieht darin unter Hinweis auf *Orbe* an der *Orbe* im Kanton Waadt (CH) und den *Orb* bei Béziers einen vordt. GwN, der dann mit *-aha* verdeutlicht worden sei. **V.** MGH DH IV; Reimer 1891; FÖ; FO; Schröder; Berger; Gröhler. *HGS*

Ortelsburg // Szczytno [ʃˈt͡ʃɨtnɔ] **I.** Kreisstadt im gleichnamigen Lkr. in der Woi. Warmińsko-Mazurskie (Ermland-Masuren), 25 308 Ew., PL. Im NO Polens. 1266 wurde hier eine Ritterordensburg erbaut, nach der Schlacht bei Tannenberg (1410) vernichtet, 1616 Stadtrecht verliehen von Johann Sigismund, seit 1945 poln., 1975–1998 Woi. Olsztyn (Allenstein), Polizeihochschule. **II.** 1359 *zcu Ortelsburg*, *Ortolfsburg*, *Ortholsbergk*, 1360 *Ortelspurg*, *Ortelsburg*, 1379 *Ortolffburg*, 1472 *via in Sczythno*, 1820 *Ortelsburg (Sczytno)*, 1882 *Szczytno*. **III.** Die d. Variante entstand aus dem PN eines Elbinger Komturs, Ortloff von Trier: *Ortol-/Ortel*- mit dem Gw. ⟶ *-burg*. Der poln.

ON wurde aus dem App. *szczyt* 'Gipfel, Spitze' (die Stadt liegt im Hügelgebiet) mit Suffix *-no* gebildet. **IV.** In PL noch fünf gleichnamige Ortschaften, z. B. in Masowien und Pommern. **V.** Rospond 1984; RymNmiast. *IM*

Ortenberg **I.** Stadt im Wetteraukreis, 9 147 Ew., im Tal der Nidder am sw Vogelsbergausläufer, Reg.-Bez. Darmstadt, HE. 1166 Ersterwähnung: ein Wernerus nennt sich „de Ortenberg", d. h. nach der damals schon bestehenden Burg, die verm. von den Herren von ↗Büdingen (Ortwin von Büdingen?) oder einer (durch Werner vertretenen) Seitenlinie gegr. wurde und eine wichtige Rolle im staufischen Burgensystem spielte. Burg und Siedlung (letztere besaß 1266 schon Stadtrecht) kamen seit dem Spätma. unter häufig wechselnde Herrschaften, 1810 an Hessen-Darmstadt. 1972 wurde Ortenberg durch Zusammenschluss mit weiteren zehn Gemeinden Stadt. **II.** 1166 *Orthenberch* [Or], 1276 *Ortenberg* [Or]. **III.** Bw. ist die einstämmige PN-KF ahd. *Orto* im sw. Gen., die von einem zweigliedrigen PN *Ort-*, verm. *Ortwīn*, mit *-o-*Suffix (daher sw. flektiert) gebildet ist. Das *-th-* ist seltene graphische Variante von *-t-*, bes. in Namen und unter lat. Einfluss. Gw.: ↗*-berg* / *-burg*. Das *-ch* dürfte Schreibvariante für auslautverhärtetes *-g* (= *k*), kaum Reflex mda. Spirantisierung sein. Bed.: 'Burg des Orto'. Damit ergibt sich ein möglicher Bezug zum evtl. Gründer Ortwin von Büdingen. Jellinghaus' Rückführung des Bw. auf ahd. *ort* im Sinne von 'Landspitze' (in FO) wird von Kaufmann überzeugend zurückgewiesen. **IV.** Ortenburg, Lkr. Passau, BY. **V.** MGH DF I; Reimer 1891; FO; Kaufmann 1968. *HGS*

Oschatz **I.** Große Kreisstadt im Lkr. Nordsachsen, 15 662 Ew., ö des Wermsdorfer Forstes, an der Döllnitz, SN. Asorb. Burgwall mit Burgsiedlung vor 929, danach wohl d. Herrensitz; um 1150 Ansiedlung d. Handwerker und Kaufleute und zur gleichen Zeit Altmarktanlage; um 1200 Erweiterung durch den Markgrafen von Meißen. Standort mittlerer Industriebetriebe. **II.** 1200 *de Ozzetz*, 1219 *Ozcethz*, 1350 *Osschecz*, 1358 *Oschacz*. **III.** Zu asorb. **osěč* 'durch einen Verhau geschützter Ort', evtl. auch Rodungssiedlung; das palatale *-č-* stand neben *-k-* im verwandten App. *osěk*, vgl. *Ossek*, slaw. Name für ↗Großenhain. Eindeutung von nhd. *Schatz* wie in den Namen *Mannschatz* und *Mobschatz* in Sachsen. **IV.** Oschätzchen, OT von Bad Liebenwerda, Lkr. Elbe-Elster, BB. **V.** HONS II; SNB. *EE, GW*

Oschersleben (Bode) **I.** Stadt und gleichnamige VG im Lkr. Börde, 21 431 Ew., in der Magdeburger Börde, am Bodeknie und am Ostrand des Großen Bruchs, ST. Frühmittelalterliche dörfliche Siedlung am Bodeübergang, 1235 als Stadt genannt, von 1816–2007 Kreisstadt. Bis 1989 vor allem durch die Landwirtschaft geprägt, h. Standort von verschiedenen Industrieunternehmen. **II.** 994 *Oscheresleuo* [Or], 1010 *Oskeresleuo*, 1234 *Oschersleve*. **III.** 1083 ist von zwei Orten, 1211 erstmalig von *parvo Oschersleve* die Rede, dem heutigen Klein Oschersleben. Der ON ist eine Bildung mit dem Gw. ↗*-leben*, in dessen Bw. der asä. PN **Ansgēr* (aus germ. **Ans-* 'heidnischer Gott' und *-gēr* zu as. *gēr* 'Speer') steht, demnach 'Hinterlassenschaft des **Ansgēr*'. **Ansgēr* entwickelte sich im Asä. mit Schwund des *-n-* vor *-s-* und Ersatzdehnung sowie Hebung des Vokals zu *Ōsgēr*. Nach *-s-* wurde das palatal gesprochene spirantische *-g-* stimmlos, die Stimmhaftigkeit blieb im *-s-* erhalten. Dieser palatale stimmlose Spirant wurde dann mit *-ch-, -k-* wiedergegeben. **V.** MGH DO III.; Bathe, *-leben*; SNB. *GW*

Osek ↗**Ossegg**

Osnabrück **I.** Kreisfreie Stadt und Sitz des Kreises Osnabrück, 163 286 Ew., NI. Seit 780 Bischofssitz (Karl der Große), Hochstift bis 1803; durch Privilegien Barbarossas begünstigt rasche Entwicklung zu einem Zentrum Westfalens, Hansestadt seit dem 13. Jh., bis in das 17. Jh. reichsunmittelbare Stadt; später lösten sich kath. und ev. Fürstbischöfe (aus dem Hztm. Braunschweig-Lüneburg) als Herrscher ab. 1648 Ort der Unterzeichnung des Westfälischen Friedens; 1803 Übergang des Hochstifts zum Ftm. Osnabrück und an das Kurfürstentum Hannover, 1807–1815 franz., 1815 erneut Teil von Hannover, 1866 zum Kgr. Preußen, 1885 Sitz des Lkr. und Reg.-Bez. Osnabrück, Auflösung des Reg.-Bez. 1977, Eingliederung in den Reg.-Bez. Weser-Ems (bis 2004). Starke Zerstörungen im 2. Weltkrieg; Universität, Fachhochschule, Sitz des röm.-kath. Bistums Osnabrück und des Sprengels Osnabrück der Evangelisch-Lutherischen Landeskirche Hannover. **II.** 803/804 (F. 11. Jh.) *Osnabrugki, Osnabrukgensi*, 851 *Osnabrugga*, 921 *Osnobroggae*, 998 (Kop. 11. Jh.) *Asnebrugiensis*, 1025, 1039 *Asnabrug(g)ensi*, 1170 *Osanbruge*, 1228 *Ossenbrucke*, 1543 *Osnabrugk*. **III.** Der Name ist von der den Ort h. durchfließenden *Hase* und auch von nd. *Osse* 'Ochse' zu trennen, denn die ältere Überlieferung zeigt mit dem Wechsel zwischen *-o-* und *-a-*, dass von altem **-au-* auszugehen ist. Zugrunde liegt ein Kompositum, in dessen Gw. nd. *brugge* 'Brücke' (↗*-brück / -bruck / -brücken*) steht. Im Bw. ist ein alter Name der *Hase* zu vermuten. Aufgrund der Überlieferung lässt sich der urspr. Teilabschnittsname des Flusses relativ sicher als **Ausana* oder **Ausena* rekonstruieren, denn eine Alternative wie **Ausna* hätte wohl zur Assimilation des *-sn-* führen müssen, eine Form **Ausina* aber zum Umlaut. Somit liegt ein alter

GwN vor, der gut in das Netz der alteurop. Hydronymie eingefügt werden kann. Die GwN gehören zu idg. *av- (au-) 'Quelle, Flusslauf', auch 'Wasser, Nässe, Kot', wobei aus einem Ansatz *Av-s-a ein Ausa werden musste. Diese Sippe ist zu vermuten u.a. in ai. aváni- 'Lauf, Bett eines Flusses, Strom, Fluss', avatáh 'Brunnen', lett. avuots 'Quelle', anord. aurr 'Wasser, Nässe, Kot', ae. ēar 'Woge, Meer', gr. an-auros 'ohne Wasser, wasserlos' (demnach aur- = 'Wasser'). **IV.** Ausa, Fluss zum Adriatischen Meer (bei Rimini), Oos(bach), l. zur Murg, Nfl. des Rheins, mit dem ON Oos, seit 9. Jh. Osa, später auch Ose; Oos(bach), r. Nfl. zur Kyll, Nfl. zur Mosel u.a. **V.** Derks, Keldaggouue; Jellinghaus, H.: Der Name Osnabrück. Osnabrücker Mitteilungen 35 (1910); Krahe, H.: Der Flußname Ausa und sein Zubehör. In: Beiträge zur Namenforschung 12,1961; Möller 1998; Nds. Städtebuch; RGA 22; Udolph 1999b; GOV Osnabrück II. *JU*

Ossegg // Osek ['osek] **I.** Stadt im Kr. Teplice, 5033 Ew., in Nordböhmen, Bezirk Ústí nad Labem (Ústecký kraj), CZ. Ehemalige Bergbaustadt. Das berühmte Zisterzienserkloster wurde 1197–99 aus seinem Gründungsort Maschau // Mašt'ov bei Kaaden auf einen schon mit dem Namen Osek versehenen, am Erzgebirgspass liegenden Ort verlegt. Im 14. Jh. neben dem Kloster Siedlungsausbau. In der Nähe baute 1226–77 (verm. auf Veranlassung von Přemysl Otakar II.) Boreš Hrabischitzer die Burg Osek, dt. *Riesenburg,* mit Wohnturm. Das Kloster wurde 1421 von Hussiten zerstört und 1624 erneuert (mit großartigem Abtgebäude, prächtiger Kirche im Renaissancestil, reicher Bibliothek und Bildergalerie). Das kommunistische Regime nutzte es 1950 als Internierungslager für Priester und Mönche. 1699 erste Manufaktur Böhmens. **II.** 1196 *in Osseck, Ossek [lat. Or]*, 1226 *Risenberck ein slos obir dem closter Ossiek [Or]*, 1255 *Risenburg*, 1385 tschech. *Ryzmberg*, 1854 *Osek starý, Alt Ossek; Ossek kláster, Osek nový, Osseg Stift, Neuosseg*. **III.** Im 19.–20. Jh. hieß der Ort auch *Osseg* bzw. *Ossek // Osek u Duchcova*. Der Name (von atschech. *osek* 'behauener Baumstamm') ist ein für die waldreichen Randgebiete des alten tschech. Siedlungsareals typischer Rodungsname. In der d. Benennung *Riesenburg* tritt ein ↗ *-berg* / ↗ *-burg*-Wechsel ein, vgl. ↗ Reichenberg. *Osek* ist im Tschech. relativ häufig, in anderen slaw. Sprachen seltener. **V.** Pf III; SchOS; HSBM. *RŠ*

Ost-. ↗**Nord-.**

Ostbevern **I.** Gem. im Kr. Warendorf, 10665 Ew., nö Münster, Reg.-Bez. Münster, NRW. Im MA Kirchdorf im FBtm. Münster, 1802 preußisch, 1806 Ghztm. Berg, 1810 Kaiserreich Frankreich, 1813 wieder preußisch. **II.** 1088–1093 *in Beverne*, 11. Jh. *to Bervarnon*, 1279 *in parrochia Ostbeveren*. **III.** Der ON mit den späteren orientierenden Zusätzen ↗ *Ost-* (asä., mnd. *ōst* 'Ost, östlich gelegen') und ↗ *West-* (asä., mnd. *west* 'West, westlich gelegen') ist auf den GwN Bever zurückzuführen, für den zwei Deutungen möglich sind. Bei Anschluss an die Tierbezeichnung asä. *bever*, mnd. *biber* 'Biber' ist von unflektiertem fem. **Bevera* als GwN 'die Biber' im Sinne von 'Fluss mit Bibern' auszugehen. Daraus ist der ON im Dat. Pl. gebildet worden (**Beveron* 'bei der *Biber*', also 'bei dem Fluss mit Bibern'). Möller 1998 bietet für den GwN Bever aber auch eine Erklärung als Bildung aus dem Verb *beben* mittels *-r*-Ableitung an, so dass der GwN als eine Stellenbezeichnung mit *beben* aufgefasst werden kann, und zwar unter Bezugnahme auf den schwankenden Boden des „den Fluss begleitenden breiten Sumpfgürtel[s]". Eine Deutung des GwN auf dieser Grundlage würde also etwa 'die mit schwankendem Uferbereich, Fluss mit schwankendem Uferbereich' lauten. Auch in diesem Fall ist eine ON-Bildung **Beveron* im Dat. Pl. aus dem GwN anzunehmen. Der Erstbeleg *Beverne* ist als Form im Dat. Sg. mit ausgefallenem unbetonten und zuvor abgeschwächten *-e-* (aus **Beverene*) zu verstehen. Die Teilung in die Kirchspiele Ost- und Westbevern erfolgte zwischen 1246 und 1279. **IV.** Diverse GwN *Bever* und SiN *Bevern* in NI. **V.** CTW I, II, V; WfUB II, III, VIII; Möller 1998; NOB VI. *kors*

Osterburg **I.** Stadt und gleichnamige VG im Lkr. Stendal, 11354 Ew., ST. Gebildet am 1. 1. 2005 aus der Hansestadt Osterburg (Altmark) und Gem. der Umgebung. Die VG umfasst einen Teil der nö Altmark und den sw Teil der Wische. Durch das Gebiet fließt die Uchte, die in Osterburg in die Biese mündet. Osterburg geht zurück auf eine von den Markgrafen von Brandenburg geplante Stadtanlage an altem Verkehrsknotenpunkt, ist Sitz einer mittelalterlichen Burg mit Burgsiedlung und Burgbezirk. Die Landschaft ist geprägt durch Landwirtschaft sowie kleinere Handwerksbetriebe. **II.** 1157 *de Osterburch*, 1160 *Osterburg*, 1196 *Osterborch*. **III.** Der ON ist eine Bildung mit dem Gw. ↗ *-burg*. Im Bw. steht *Oster-* 'Osten', demnach bedeutet er 'die im Osten gelegene (Grenz)burg', hier gemeint als Grenzposten gegen die Slawen. **IV.** Osterwieck, Lkr. Harz; Osterfeld im Burgenlandkreis, beide ST. **V.** Riedel; HHS 11; SNB. *GW*

Osterburken **I.** Stadt und (mit der Gem. Rosenberg und der Stadt Ravenstein) gleichnamiger GVV im Neckar-Odenwald-Kreis, 11722 Ew., ca. 22 km nö Mosbach, beiderseits der Kirnau gelegen, Reg.-Bez. Karlsruhe, BW. Osterburken war ein wichtiges Limeskastell und Kohortenlager des 2. Jh. mit späterer

Erweiterung für Hilfstruppen, später Königsbesitz und an das Bistum Würzburg, 1806 an Baden. Römermuseum, Stadtturm, Kilianskirche. **II.** 823 *Burchaim [Or]*, 837 *Burgheim [Or]*; *Osterburken* (1309). **III.** Der urspr. Name *Burg-heim* ist als 'Heim beim Römerkastell' zu deuten und zeigt die westoberdeutsche Kürzung von ↗*-heim* > *-en* wie in ↗*Buchen (Odenwald)*, Neckar-Odenwald-Kreis, BW, < *Buchheim*. Der häufige Name wird durch den Zusatz *Oster-* (ahd. *ōstar*, mhd. *ōster* 'im Osten, östlich') verdeutlicht. **IV.** Burkheim am Kaiserstuhl, OT von Vogtsburg im Kaiserstuhl, Lkr. Breisgau-Hochschwarzwald, Neckarburken, OT von Elztal, Neckar-Odenwald-Kreis, beide BW. **V.** FO 1; Kleiber 2000; LBW 2 und 5. *JR*

Ostercappeln **I.** Gem. im Lkr. Osnabrück, 9531 Ew., Reg.-Bez. Weser-Ems (bis Ende 2004), NI. Kirchhofsburg in Höhenlage am Südrand des Wiehengebirgskammes auf den Grundstücken eines Einzelhofes; seit dem 16. Jh. Entwicklung zum Weichbild (Flecken); seit 13. Jh. Gogericht; 1556–1807 und 1814–1852 Sitz einer Vogtei des Amtes Hunteburg. **II.** Um 1200 *Ostercappelen [Or]*, 1244 *Capelen*, 1402 *Ostercappele*; *Ostercappeln* (1808). **III.** Der ON beruht auf dem Simplex mnd. *kappel(l)e* 'Kapelle, kleine Kirche', das durch mnd. *ōster* 'östlich (gelegen)' erweitert wird, um es von dem im Kr. Steinfurt gelegenen Westerkappeln zu unterscheiden. **IV.** ↗*Westerkappeln*, Kr. Steinfurt, NRW. **V.** GOV Osnabrück II; Nds.-Lexikon. *KC*

Osterhofen **I.** Stadt im Lkr. Deggendorf, 11805 Ew., Reg.-Bez. Niederbayern, BY. Im 8. Jh. herzogliche Pfalz, im 11. Jh. Gründung eines Chorherrnstifts, vom 12. bis 14. Jh. Besitz des Bischofs von Bamberg, 1259 Markt. Nachdem in unmittelbarer Nähe einer älteren Siedlung 1378 eine neue Stadt gegründet worden war, wurde der Name darauf übertragen, und die frühere Siedlung erhielt den Namen Altenmarkt. **II.** Ursprüngliche Siedlung: 833 (Kop. des 12. Jh.) *Ostrehoua*, 836 *Ostrenhoua*, 885 (Kop. des 12. Jh.) *Osternhoua*, 1110–1130 *Osterhoven*, ca. 1123 (Kop. des 14. Jh.) *Osterhofen*. Neue Siedlung: 1382 *im Alten marcht zu Osterhouen*, 1427 *in dem Altenmarkcht bey Osterhouen*. **III.** Latinisierungen des Namens sind 1512 *Osticuria*, mittellateinisch *curia* 'Hof, Königshof' und 1519–1521 *Austravia*. Gw. ist eine Pluralform von ahd. ↗*-hof* 'umgrenzter Platz, ländliches Anwesen, Bauernhof, Wirtschaftshof'. Aventin deutete 1541 den Namen: *Austerau, ein wisen und au gegen osten, das ist gegen aufgang; wir sprechen Osterhofen*. Auf einer falschen Erklärung mittels mhd. *ōster* 'Ostern' beruht jedoch das seit dem 15. Jh. begegnende Stadtsiegel, das ein Osterlamm mit der Kreuzfahne zeigt. In Wirklichkeit ist das Bestimmungswort ahd. *ōstar* 'östlich, im Osten', ↗*Ost-*; es handelt sich nämlich um einen Richtungsnamen, wohl von Langenisarhofen und Buchhofen aus gesehen. **V.** HHS 7/1; Reitzenstein 2006. *WvR*

Osterholz-Scharmbeck **I.** Kreisstadt im Lkr. Osterholz, 30 538 Ew., Reg.-Bez. Lüneburg (bis Ende 2004), NI. Das bremische Scharmbeck wurde dem 1185 gegr. Benediktinerkloster Osterholz (1648 säkularisiert) als Dotalgut übergeben; in Scharmbeck entwickelte sich im 18. Jh. ein Manufakturwesen, während sich im Klosterdorf Osterholz erst im 19. Jh. Industrie ansiedelte; seit 1833 waren beide Flecken als eine Landgem. zu behandeln, die 1929 zur Stadt erhoben wurde. **II.** Osterholz: 1182 *Osterholte* [Kop. 16. Jh.], 1322 *Osterholte*. Scharmbeck: 1043 *Scirnbeki [Or]*, 1188 *Schermbecke* [Kop. 16. Jh.]; *Scharmbeck* (1791). **III.** Der Name Osterholz enthält das Gw. ↗*-holz*, zunächst in nd. Form, und als Bw. das adj. mnd. *ōster* 'östlich (gelegen)'. Der Name Scharmbeck ist mit dem Gw. ↗*-be(e)ke* gebildet und enthält als Bw. das im Dat. Sg. stehende Adj. asä. *scīri*, mnd. *schīr* 'hell, licht, rein'. Vor -*r*-Verbindung wird das -*i*- zu -*e*- und später zu -*a*- gesenkt. Der Nebentonvokal des Bw. fällt früh aus, und -*n*- wird an das folgende -*b*- zu -*m*- assimiliert. **IV.** ↗Scharnebeck, Lkr. Lüneburg, NI. **V.** HHS 2; Jarck, H.-H.: Urkundenbuch des Klosters Osterholz. Hildesheim 1982; Nds. Städtebuch. *KC*

Ostermundigen Mda. [ɔʃtər'mʊndɪɡə, 'mʊndɪɡə] **I.** Gem. im Amtsbezirk Bern, 15031 Ew., im untern Worblental und am Fuß des Ostermundigen- und Hättenbergs, Kt. Bern, CH. Ehem. bäuerliches Zelgdorf. Ab dem 15. Jh. für seine Steinbrüche bekannt, deren Sandstein vor 1900 als Bausubstanz zur Erstellung der meisten Gebäude der Stadt Bern verwendet wurde. Ab den 1950er Jahren starker Zuzug und dichte Überbauung. H. vorstädtische Siedlung mit Dienstleistungen, Kleingewerbe sowie größeren Handelsunternehmen. **II.** 1239 *Chonradus laicus de Osturmundingin [Or]*, 1258 *in Ostermundingen*, 1783–89 *Ostermannigen*. **III.** Der ↗*-ingen*-ON ist gebildet mit dem PN *Ostermund*, basierend auf dem PN-Stamm *austar-* 'aus dem Osten stammend' und dem in ahd. PN sehr verbreiteten Stamm *munda-* 'Schutz, Schützer'. Die vollständige Bewahrung des dreisilbigen PN im ON bis ins 20. Jh. ist außergewöhnlich und erklärt sich am ehesten durch volksetym. Segmentierung des ON in *Mundingen* und das mhd. Adj./Adv. *ōster* 'östlich' bzw. das christliche Osterfest. Die irreguläre spätere Lautentwicklung -*u*- > -*a*- mit *d*-Schwund ist vielleicht als Umdeutung in mhd. *mân(e)*, *môn(e)* m./fem. 'Mond' zu deuten. Im 20. Jh. setzt sich die Schriftform in der Lautung wieder durch. **IV.** Ostermanigen, Gem. Radelfingen, BE,

CH; Ostermiething, OÖ, A. **V.** BENB; HLS; LSG. *eb, tfs*

Osternienburg **I.** Gem. und gleichnamige VG im Lkr. Anhalt-Bitterfeld, 9 673 Ew., w von Dessau, ST. Urspr. agrarisch geprägt, anhalt-köthensches Amtsdorf, seit 1875 Braunkohlebergbau, Industrie. **II.** 1205 *Hosternienburch [Or]*, 1331 (1355) *Osternyenburch*, 1392 *Ostirnyginburg [Or]*. **III.** Zu nd. *nī* 'neu' und ↗ *-burg*. Das Attribut mnd. *ōster* 'östlich' bezieht sich auf die 20 km nw gelegene ehemalige Reichsabtei ↗ Nienburg an der Saale. Dass deren Name im Zuge von Siedlungsmaßnahmen auf den weiter östlich gelegenen Ort übertragen wurde, ist möglich, aber nicht unmittelbar nachzuweisen. **IV.** ↗ Nienburg/Weser, NI; ↗ Naumburg, Burgenlandkr., ST; ↗ Neuburg a. d. Donau, BY, u. ä. **V.** DS 38; Schultheis, J.: (Mönche-)Nienburg – Osternienburg – Walternienburg. In: Onomastica Slavogermanica 19. Berlin 1990. *ChZ*

Osterode // Ostróda [ɔstruda] **I.** Kreisstadt im gleichnamigen Lkr. in der Woi. Warmińsko-Mazurskie (Ermland-Masuren), 33 097 Ew., PL. Im Oberland (auch Eylauer Seenplatte), an der Drewenz // Drwęca und dem Drewenzsee // jezioro Drwęckie. Im 13. Jh. in der Nähe einer 1270 erbauten Ritterordensburg gegr., die ersten Ew. waren verm. Siedler aus ↗ Osterode am Harz, 1328 Stadtrecht, 1340 Komturei; seit 1945 zu Polen, 1975–1998 in der Woi. Olsztyn (Allenstein). Die Stadt und ihre Umgebung bilden ein Touristenzentrum. **II.** 1332 *Osterrode*, 1886 *Ostród* oder *Ostródz*, 1941 *Ostróda*. **III.** Die d. Variante des ON leitet sich vom mnd. *ōstar* 'östlich' und ↗ *-rode* 'roden' her. Bei der Übertragung ins Poln. verschwand das mnd. *e* vor *r*, verm. durch die Angleichung an das poln. App. *ostrów* 'Holm, Insel'; die d. Endung *-e* wurde mit der poln. fem. Endung *-a* ersetzt; das d. *-o-* im Glied *-rode* wurde als *-ó-* durch die Ersatzdehnung übernommen. Volksetym. wird der ON auch vom poln. *ostry* 'scharf' und *ród* 'Stamm' abgeleitet. **V.** Czopek-Kopciuch; Rospond 1984; RymNmiast. *IM*

Osterode am Harz **I.** Kreisstadt des gleichnamigen Kreises, 23 993 Ew., an der Söse, Reg.-Bez. Braunschweig (bis Ende 2004), NI. Burg bei Osterode seit 1153 in welfischem Besitz; Nebenresidenz der Grubenhagener Herzöge; die stattliche Siedlung (1152 *villa opulentissima*) spätestens 1239 Stadt, 1293 Goslarer Stadtrecht; zunächst vor allem Handel und Handwerk (Tuch- und Wollproduktion), 1719 Kornmagazin für den Harz, eisenverarbeitende Industrie. **II.** 1136 *Osterrode [Or]*, 1143 *Hosterroth*; *Osterode* (1617). **III.** Bildung mit dem Gw. ↗ *-rode* und unflektiertem asä. *ōstar(o)*, mnd. *ōster* 'östlich (gelegen)' als Bw. Selten erscheint anlautendes *H-*, das den Vokaleinsatz kennzeichnet. **V.** HHS 2; Leuschner, J. (Hg.): Osterode. Hildesheim 1993; Nds. Städtebuch; NOB II. *UO*

Osterwieck-Fallstein **I.** VG im Kreis Harz (seit 1. 7. 2007), 12 348 Ew., mit Verwaltungssitz in der Stadt Osterwieck, an der Ilse im n Harzvorland, ST. Die Stadt entstand an der Fernstraße Halberstadt-Braunschweig und war vom Ende des 8. Jh. bis 804 kurzzeitig Bistumssitz. Seit dem 10. Jh. Markt-, Münz- und Zollrecht. Im späten MA verlagerte sich der Fernhandel von Osterwieck weg; ab 1648 brandenburgisch (1807–1813 Kgr. Westfalen). **II.** 780 *Sali(n)genstede*, 974 *Saligenstat*, 992 *Saligestat*, 994 *Saliganstedi*, 1002 *Saligestat*, 1073 *Ostrewic*, 1108 *(H)osterwich*, 1112 *Osterwic*, 1178 *Osterwic*, 1194 *Ostirwich*, 1262 in *Osterwich*; *Osterwieck* (1564). **III.** Alter Name als ↗ *-statt/-stedt/-stätten/-stetten*-Bildung mit dem Bw. asä. *sālig* 'fromm, glücklich, selig' bzw. dessen Substantivierung. Der Name dürfte auf die Funktion des Ortes als Missionsstützpunkt anspielen. Der Verlust dieser Funktion – Anfang des 9. Jh. wurde das Bistum nach ↗ Halberstadt verlegt – kann den im 11. Jh. stattgefundenen Namenwechsel noch begünstigt haben. Der neue Name, eine Bildung mit dem Grundwort ↗ *-wik/-wiek*, bezieht sich auf die relative Lage des Ortes im Osten (asä. *ōstar* 'im Osten, östlich') und geht wohl auf die Ansiedlung von Kaufleuten zurück, die in Osterwieck einen neuen Handelsplatz fanden. *Fallstein* ist der Name eines Höhenzugs. **IV.** ↗ Seligenstadt im Lkr. Offenbach, HE; ↗ Osterburg im Lkr. Stendal, ST, und ↗ Osterode am Harz, NI. **V.** SNB. *JS*

Ostfildern **I.** Große Kreisstadt im Lkr. Esslingen, 35 612 Ew., ca. 3 km s Esslingen, im Süden von der Körsch durchflossen, Reg.-Bez. Stuttgart, BW. Ostfildern wurde am 1. Januar 1975 im Zuge der baden-württembergischen Gemeindereform durch Zusammenschluss der Gemeinden Kemnat, Nellingen auf den Fildern, Ruit auf den Fildern und Scharnhausen gebildet, im Januar 1976 zur Stadt erhoben und ist seit Juli 1976 Große Kreisstadt. Probstei, Altes Pfarrhaus, Fruchtkasten, St.-Blasius-Kirche. **II.** *Ostfildern* (1975). **III.** Der neugebildete ON knüpft an den Landschaftsnamen *Filder* und die Lage im östlichen Fildertal an. **IV.** ↗ Filderstadt, Lkr. Esslingen, BW. **V.** Reichardt 1982a. *JR*

Osthofen **I.** Stadt im Lkr. Alzey-Worms, 8 228 Ew., im s Rheinhessen, n von Worms und nahe dem linken Ufer des Rheins, RP. Eine Burg stand s des Ortes auf einem Hügel, auf dem sich h. die Remigiuskapelle befindet. Die Burg wurde 1241 durch den Bf. von Worms zerstört. Im 14. Jh. ist das Kloster Hornbach im Besitz von Dorf und Gericht. Vom 15. Jh. bis Ende 18. Jh. gehört Osthofen zur Kurpfalz, nach der franz. Herrschaft zu Rheinhessen und somit zum Ghztm. Hessen. **II.** 784 *Ostowa, Ostova*, 838 *Osthouen*, 1194–98 *in Hostoven, in Osthoven*, 1496 *Osthoffen*. **III.** Unsicher ist die Erwähnung von 765 *Hostoven im Wormsgaue* in der Histoire de Lorraine II von 1748 (Widder, J.G.: Versuch einer vollständigen geographisch-historischen Beschreibung der Kurfürstlichen Pfalz am Rheine, III. Frankfurt, Leipzig 1786). Fränk. ON mit Richtungsangaben verdanken ihre Bildung dem systematischen Landesausbau und sind häufig in der Nähe von Königspfalzen zu finden, wobei der Bezugsort für unser Bw. ⇗ *Ost-* unsicher bleibt. Das Gw. ist ⇗ *-hofen*, zu ahd. *hőf* 'Hof', das die alte Form des Dat. Pl. der *a*-Deklination bewahrt hat. Die Deutung wäre demnach 'zu einem im Osten (von einem bestimmten Ort) gelegenen Hof'. **IV.** ⇗ Westhofen, Lkr. Alzey-Worms, RP. **V.** CL; Bach DNK II; Ramge, H.: Die Siedlungs- und Flurnamen des Stadt- und Landkreises Worms. Gießen 1979; Kaufmann 1976. *JMB*

Ostrhauderfehn I. Gem. im Lkr. Leer, 10 606 Ew., Reg.-Bez. Weser-Ems (bis Ende 2004), NI. Ab 1769 durch Kolonisierung im Hochmoorgebiet als Fehnsiedlung angelegt; seit 1970 in mehreren Stufen Zusammenschluss mit anderen Gem. **II.** 1806 *Rauder Oster-Vehn*, 1823 *Rhauder Osterfehn*. **III.** Der erstmals 1806 belegte Ort steht im Zusammenhang mit dem ebenfalls in dieser Zeit belegten (West-)Rhauderfehn. Der ON enthält als Gw. das App. asä. *fen(n)i*, mnd. *venne, ven* '(mit Gras bewachsenes) Sumpfland', das speziell in Nordniedersachsen häufig für Moorkolonistensiedlungen verwendet wurde. Das Bw. besteht aus dem ON *Rhaude* im adj. verwendeten Gen. Pl. auf *-er*. Dieser ist 1409 als *Rawide* und 1484–94 als *Rauwede* belegt. Er enthält ein in asä. *widu-*, mnd. *wēde* 'Wald' belegtes Gw. Wegen der späten Überlieferung ist das Bw. nicht sicher zu bestimmen. Evtl. liegt ein in mnd. *rā* 'Segelrah' und verwandtem schwed. *raga* 'dünner langer Wurzelschössling' belegtes App. vor, das sich auf die Gestalt der Bäume bezieht. Oder aber es ist das als Gw. häufige Element ⇗ *-rode* anzusetzen. **IV.** ⇗ Rhauderfehn, Lkr. Leer, NI. **V.** Nds.-Lexikon; Remmers, Aaltukerei. *KC*

Östringen I. Stadt im Lkr. Karlsruhe, 12 869 Ew., ca. 32 km nö Karlsruhe, im Kraichgauer Hügelland, Reg.-Bez. Karlsruhe, BW. Östringen gehörte zum Lorscher Grundbesitz, 1071 in Besitz des Klosters auf dem Heiligenberg, Herrschaftsrechte vor 1250 an das Bistum Speyer, 1803 mit dem Amt Kislau an Baden. Weinbau, Rathaus, St. Cäcilia, Zopfkapelle. **II.** 768/776 (Kop. 12. Jh.) *Ostringer marca*, 870 (Kop. 12. Jh.) *Ostrincheim*, 1161 *Osteringen [Or]*, 1420 *Ostringen [Or]*. **III.** Es handelt sich um eine ⇗ *-ing(en)*-Bildung mit dem Bw. ahd. *ōstar*, mhd. *ōster* 'östlich'. Der alte Markenname ('zur östlichen Mark gehörig') wurde auf den Ort, zunächst wohl als *Ostring-heim* (⇗ *-heim*), übertragen. **IV.** Ostrach, Lkr. Sigmaringen, BW. **V.** Diemer, M.: Die Ortsnamen der Kreise Karlsruhe und Bruchsal. Stuttgart 1967; Bach DNK 2; LBW, Bd. 5. *JR*

Ostrów Wielkopolski ⇗ **Ostrowo**

Ostrowo // Ostrów Wielkopolski [ˈɔstruf wʲɛlkɔˈpɔlski] **I.** Stadt in der Woi. Wielkopolskie (Großpolen). Kreis- und Gemeindesitz, 72 368 Ew., PL. Die Stadt liegt im S des Kalischer Hochlandes, am Ołobok, dem linken Arm der Prosna, und wurde Anf. 15. Jh. in Dokumenten erwähnt. Bis Anf. 18. Jh. mehrfach zerstört (Brände, Kriege). 1711 verzichteten die Bürger auf das Stadtrecht. Ostrów wurde dank der neuen Besitzer vor dem Untergang gerettet: Jan Jerzy Przebendowski erbat beim König die erneute Lokation der Stadt, Schutzherr und Stifter in der Stadt war auch die Radziwiłł-Familie. Nach der Teilung Polens an Preußen, Reg.-Bez. Posen. Eine besondere Episode in der Geschichte ist die Republik von Ostrowo – eine unblutige Revolution im November 1918, infolge derer die Polen die Macht übernommen haben. Verarbeitungsindustrie, hauptsächlich Elektromaschinen-, Lebensmittel-, Baustoffindustrie. **II.** 1404 *Ostrowa*, 1433 *Ostrow*, 1442 *Ostrowa*, 1510 *Ostrow*, 1579 *Ostrow*, 1620 *Ostrow*, 1775 *Ostrow*, 1846 *Ostrów*, 1886 *Ostrów* alias *Ostrowo* sowie *Ostrów Kaliski, Sieradzki* alias *Niemiecki*, d. *Ostrowo in Posen*, 1921 *Ostrów*, d. *Ostrowo*, 1981 *Ostrów Wielkopolski*. **III.** Vom poln. App. *ostrów* 'Insel'. Der Zusatz *Wielkopolski* stammt vom Namen der Region Großpolen. Periodisch im 19. Jh. mit weiteren Zusätzen: *Kaliski* (vom ON *Kalisz*), *Sieradzki* (vom ON *Sieradz*), *Niemiecki* (zum Adj. *niemiecki* 'deutsch'). Der Name wurde zu *Ostrowo* verdeutscht. **IV.** Das App. *ostrów* ist sehr oft in poln. ON zu finden. U. a. Ostrów Mazowiecki, Woi. Mazowieckie (Masowien), Ostrowo und Ostrowy, beide Woi. Wielkopolskie (Großpolen), alle PL. **V.** Rymut NMP VIII; Rospond 1984; RymNmiast. *BC*

Oststeinbek nd. Ooststeenbeek/ Oststeeinbek **I.** Gem. im Kr. Stormarn, 8164 Ew., unmittelbar ö von Hamburg, SH. 1255 erstmals erwähnt, seit 1948 zum Amt Glinde, 1974 amtsfreie Gem. **II.** 1255 *in Osterstenbeke [Or]*, 1570 *tho Ostersteinbecke*; *Ost-Steinbek* (1856) **III.** *Steinbek* bezieht sich auf die geogr. Lage an einem steinigen Bach. Der Zusatz ⇗ *Ost-* stellt eine Beziehung zum w gelegenen Hamburger Kirchsteinbek her. **V.** Laur; Haefs. *GMM*

Ottendorf-Okrilla I. Gem. im Lkr. Bautzen, 10 000 Ew., nö Dresden, an der Laußnitzer Heide, an der Großen Röder, SN. Seit 1921 zusammengeschlossen aus Ottendorf, Groß- und Kleinokrilla sowie weiteren Dörfern. II. Ottendorf: 1357 *Ottindorf*, 1413 *Ottendorf*. Okrilla: 1453 *die Okryll (Heide)*, 1528 *der Okrull*, 1683 *Ockrylla*. III. *Ottendorf*: Bildung mit dem PN *Otto* und dem Gw. ↗ *-dorf*. *Okrilla*: zu asorb. *okrugly 'rund', urspr. Flurbezeichnung (Wiese, Feld, Hügel o. ä.). IV. Ottendorf, Saale-Holzlandkreis, TH; Attendorf, OT von Waldhufen, Lkr. Görlitz, Ottengrün, OT von Bösenbrunn, Vogtlandkreis, beide SN; Ottenbach, Lkr. Böblingen, BW; Ockrilla, OT von Niederau, Lkr. Meißen, SN; † Okrill bei Mühlberg/ Elbe, BB. V. HONS II. *EE, GW*

Otterbach I. Gem. und gleichnamige VG (seit 1972) im Lkr. Kaiserslautern, 9624 Ew., im oberen Tal der Lauter, an der Stadtgrenze von Kaiserslautern, Westpfalz, RP. Sieben Gem., deren Einwohner in großer Zahl in Kaiserslautern arbeiten. Zerstörung einiger Dörfer im 30-jährigen Krieg, nur teilweise Wiederaufbau. Ende des 18. Jh. wurde das zum Bistum Speyer gehörende Otterbach mit der Kurpfalz franz., 1815 bayerisch. Die n Westpfalz ist auch als „Musikantenland" bekannt. II. 1143 *Otterbach* (Kop. 15. Jh.); *Ottirburg et Otterbach* (1217), *Otterbach* (1824). III. Der GwN des Otterbachs, der durch den Ort fließt und hier in die Lauter mündet, wurde auf den Ort übertragen. Das Bw. geht auf ahd. *ottar* 'Fischotter' zurück, das Gw. ist ↗ *-bach*. Somit könnte der Name als 'Siedlung am Otterbach, einem Gewässer mit (vielen) Fischottern' gedeutet werden. V. Mitteilungen des Historischen Vereins der Pfalz 69 (1972); HSP. *JMB*

Otterberg I. Stadt und gleichnamige VG (seit 1972) im Lkr. Kaiserslautern, 9469 Ew., fünf Gem. bei Kaiserslautern, Westpfalz, RP. Seit dem 10. Jh. eine die (h. verschwundene) Otterburg umgebende Siedlung. 1144 Gründung eines Zisterzienserklosters mit großer Abteikirche. 1579 Zuzug durch reformierte Glaubensflüchtlinge aus Frankreich und Belgien, die Textilverarbeitung begründeten. 1581 Stadtrecht. II. 1144 *ecclesiam in antiquo castro Oterburc sitam*, 1600 *Otterburg*, 1672 *Oterberg oder Oterburg*; *Otterberg* (1824). III. Der ON steht als Klammerform (*Otterbachburg) in enger Verbindung mit den Namen des durch den Ort fließenden Otterbachs sowie des unweit bachabwärts sich befindenden Ortes ↗ Otterbach, deren Bw. auf ahd. *ottar* 'Fischotter' zurückgeht, deren Gw. ↗ *-bach* ist und die als 'Bach mit (vielen) Fischottern' bzw. 'Siedlung am Otterbach' gedeutet werden können. Das Gw. für *Otterberg* war zunächst ↗ *-burg*, das sich dann mit dem im MA formal-semantisch ähnlichen ↗ *-berg* abwechselte. In beiden Fällen ist der Name als 'Burg am Otterbach, einem Gewässer mit (vielen) Fischottern' zu deuten. V. Mainzer UB II,1; HSP; Puhl 2009. *JMB*

Ottersberg I. Flecken im Lkr. Verden, 12 027 Ew., NI. Entstehung des Ortes an einer 1225 zerstörten Burg, 1285 wiederaufgebaut, bildete zusammen mit Thedinghausen und Langwedel ein Festungsdreieck gegen Braunschweig-Lüneburg; später zum Hochstift Verden gehörig; Ende des Stiftes und des Bistums 1648 durch schwedische Herrschaft, mit Unterbrechungen bis 1679 Hztm. Bremen und Verden, Verkauf 1715 an das Kurfürstentum Braunschweig-Lüneburg. Seit 1815 zum Amt Achim im Kgr. Hannover, ab 1866 zur preuß. Provinz Hannover, Reg.-Bez. Stade, 1885 Lkr. Achim, 1932 Zusammenlegung der beiden Lkr. Verden und Achim zum Lkr. Verden; 1978 wurde das Gebiet des Reg.-Bez. Stade dem Reg.-Bez. Lüneburg zugeordnet (bis 2004). II. (1221) *castrum Otterenberge, Otterenberche*, (1226, Kop. 15. Jh.) *castri Otterberg, in castro Otterberg, castrum Otterberg, Otterbergh*, 1305 *Datum Otterberge*, 1677 *die … Ottersberger*, 1699 *Ottersberg*, 1709 *Ottersberg*. III. Bildung mit dem Gw. d., nd. ↗ *-berg* und einem zweigliedrigen PN, der am wahrscheinlichsten als *Od-her-*, germ. *Auda-hari, angesetzt werden darf. Allerdings spricht der Beleg von ca. 1221 (Annales Stadenses) dagegen, denn er scheint auf einen schwach flektierenden PN zu verweisen. Nicht zuletzt aufgrund dieser Form kann man auch versucht sein, mnd. *otter* 'Otter' in dem ON zu vermuten, zumal die Fuge in *Ottersberg* bereits früh keine Spur eines Flexionselements des Bw. zu zeigen scheint und das *-s-* erst spät auftritt. Jedoch wäre im Fall, dass die Tierbezeichnung zugrunde liegt, wohl doch eher mit einer – durchgehend – pluralischen Bildung, etwa *Otternberg*, zu rechnen. Der zugrunde liegende PN ist früh bezeugt (FP) und enthält *auda*, asächs. *ōd* 'Besitz, Gut' und *-hari* 'Heer, Kriegerschar'. V. Nds. Städtebuch. *JU*

Ottobeuren I. Markt und Sitz der gleichnamigen VG, Lkr. Unterallgäu, berühmte Benediktiner-Klosteranlage, 9987 Ew., Lage im Tal der westlichen Günz, 10 km sö von Memmingen, Reg.-Bez. Schwaben, BY. 764 Klostergründung, ab 972 Reichsstift mit fortschreitender Herrschaftsbildung, 1802 Säkularisation und Besitznahme durch BY. 1835 Wiedereröffnung des Klosters. II. Zu 764 *Ottinburra*, 830 *Uttinbúrra*, 1324 *Ottebeurren*, 1340 *Uotenbuerun*; *Ottobeuren* (1698). III. Gw. ↗ *-beuren*; Bw.: PN *Uto, Utto*, zeitweise scheint der PN *Uoto* eingedeutet worden zu sein. Gesamtdeutung: 'Häuser des Utto'. V. Reitzenstein, 1991; Landkreis Unterallgäu, Bd. II. *TS*

Ottobrunn I. Gem. im Lkr. München, 19 923 Ew., Reg.-Bez. Oberbayern, BY. Als erstes Gebäude wurde im Jahr 1902 in dem früher ausgedehnten Waldgebiet ein Wirtshaus mit dem Namen *Waldschlößchen* gebaut. Nachdem in den folgenden Jahren dort weitere Häuser gebaut worden waren, wurde am 20. 1. 1910 von den Besitzern ein Antrag betreffs der *Benennung der neuen Waldkolonie* gestellt. **II.** 1910 *Waldlust,* 1911 *Kolonie Ottohain,* 1912 *Waldfrieden Ottohain,* 1912 *Neubiberg, ... führt zu vielfachen Verwechslungen mit der gleichnamigen Kolonie in der Gemeinde Unterbiberg ... Waldschlößl, Waldlust, Ottohain, ... Neuhaching, Waldkolonie Unterhaching,* 1913 *Ottobrunn,* 1914 *Waldhaching; Ottobrunn* (amtlich 1921). **III.** Der urspr. beantragte Name *Waldlust* geht auf ein Wort zurück, das die Freude am Forst ausdrückt und sich bei romantischen Dichtern des 19. Jh. wie Lenau und Freiligrath verwendet findet. Der auch zur Diskussion gestandene Namensbestandteil ↗-*hain* bezeichnet den 'kleinen, gehegten und gut gepflegten Lustwald'. Das ebenfalls vorgeschlagene Grundwort *-kolonie* geht auf lat. *colonia* 'Bauerngut, Ansiedelung' zurück. Das Bw. des heutigen Namens bezieht sich auf den König Otto von Griechenland, Sohn Ludwigs I., der hier von seinem Vater Abschied genommen hatte. Das Gw. wurde im Anklang an das der benachbarten Orte auf ↗-*brunn* gewählt. **V.** Reitzenstein 2006. *WvR*

Ottweiler **I.** Stadt im Lkr. Neunkirchen, 15 086 Ew., an der Blies, in jeweils ca. 10 km Entfernung zwischen Neunkirchen und St. Wendel, Sitz der Kreisverwaltung, SL. Kelt. Besiedlung, röm. Straße zwischen Metz und Trier, 871 Klostergründung Neumünster durch die Bischöfe von Metz. Seit dem 13. Jh. Herrschaft der Grafen von Nassau-Saarbrücken, 1550 Stadtrechte und Residenzstadt. Nach 1573 Reformation und Aufhebung des Klosters sowie Bau eines Renaissanceschlosses. 1640 bis 1728 Sitz der Grafen von Nassau-Ottweiler. Unter ihrer Herrschaft Gründung einer Porzellanmanufaktur, die bis 1800 existierte. 1793 franz., 1815 an Preußen, 1920 Völkerbundverwaltung, 1935 Rückgliederung ins Reich, 1947 Teil des formal selbst., in polit. und wirtschaftl. Union mit Frankreich stehenden Saarlandes, 1957 zu Deutschland. 1816 bis 1974 Sitz des Kreises Ottweiler, seit 1974 des Kreises Neunkirchen. **II.** 893 Kop. *in quondam villare quod est aspiciens ad villam que dicitur Vuibilischirica,* 1378 *Otwilre* [Or]; *Ottweiler* (1552 [Or]). **III.** Ahd. **Ottenwīlāri.* Der Name ist ein Kompositum mit dem PN ahd. *Otto* (zu germ. **auđa-* 'Besitz, Reichtum') als Bw. und dem Gw. ↗-*weiler.* **V.** Pitz. *cjg*

Overath **I.** Stadt im Rheinisch-Bergischen Kreis, 27 057 Ew., 25 km ö Köln an der Agger, Reg.-Bez. Köln, NRW. Wohl im 10. Jh. schon besiedelt, im 12. Jh. Kloster Siegburg Grundherr, seit 1311 zum bergischen Amt Steinbach, katholisch geblieben, Landwirtschaft und Erzbergbau bis 1978, Stadt seit 1997, viele Heimatvertriebene und Zuzug aus Köln. **II.** 1064 *Achera,* 1121 *Achera superiori,* 1197 erstmals *Oberode,* 1338 *Overrroyde quod Achera superior dicitur.* **III.** Ältere Benennung nach dem FluN *Agger,* wohl zu *ach(e)* Fem. 'Wasserlauf', das mit lat. *aqua* aus idg. **akʷ ā* herzuleiten ist. Der jüngere Name *Overath* stellt im Bw. wohl eine Übersetzung von superior 'ober(halb)' und im Gw. einen Wechsel zu ↗-*rod(e)* dar. **V.** Dittmaier 1956; Kluge; HHS 3. *Ho*

-o(w). Das sehr produktive slaw. Zugehörigkeitssuffix *-ov* erscheint im D. als *-au,* dazu als *-o(w)* oder vereinzelt als *-a.* Die einschlägigen ON sind vorwiegend von PN abgeleitet (↗Bützow, Lkr. Güstrow, MV), seltener von Tier- (↗Güstrow, MV) oder Stellenbez. (↗Glauchau, Lkr. Zwickau, ST). Mhd. *ouwe,* mnd. *ouw(e) / ow(e)* hat bei der Eindeutschung eine Rolle gespielt. Literatur: Bach DNK II, 2. *FD*

Oyten **I.** Gem. im Lkr. Verden, 15 360 Ew., NI. Der Ort gehört seit frühester Zeit zum Gogerichtsbezirk Achim und teilt damit dessen Geschichte, von 1626–1712 wechselweise von Dänen und Schweden und während des Siebenjährigen Krieges von frz. Truppen besetzt; seit 1815 zum Kgr. Hannover, ab 1866 zur preuß. Provinz Hannover; 1932 zum Lkr. Verden. **II.** 1189 *in Oita,* 1204 *Oythe,* Anf. 14. Jh. *Oiten.* **III.** Die späte Überlieferung erschwert die Deutung des ON, jedoch kann dieses durch Einbeziehung von offensichtlichen Parallelen ausgeglichen werden. Der Name ist nicht zu trennen von *Oythe* bei Vechta sowie von *Friesoythe* und dem benachbarten *Altenoythe,* 947 *in Oete,* um 1000 *de Oidi,* um 1000 (Kop. 1479) *in Ogitdi,* 11. Jh. *de Oidi,* 1150 *Oythe,* 1185 *Oyte.* Daher darf auf eine ↗-*ithi*-Bildung geschlossen werden (so schon FO I und Jellinghaus). In der Ableitungsgrundlage ist offensichtlich ein Konsonant geschwunden, da im Nd. ein Diphthong kaum urspr. sein kann. Bei der Bestimmung schwankt Udolph 2001b, ob von **Awithi* zu einem Wort für 'Schaf' oder von **Oi(g)-ithi* zu germ. **awjō* 'Land am Wasser' auszugehen ist, jedoch überzeugt die Beobachtung, wonach 'alle genannten Orte, auch Oyten, Lkr. Verden, auf trockenen Inseln in der Umgebung von ausgedehnten Mooren liegen', sodass germ. **awjō* 'Land am Wasser' vorzuziehen ist. **IV.** Oythe, OT von Vechta, Lkr. Vechta; Friesoythe mit dem OT Altenoythe, Lkr. Cloppenburg, alle NI. **V.** Kramer; Möller 1992; Udolph 1991. *JU*

P

Paczków ↗ Patschkau

Paderborn I. Kreisstadt im gleichnamigen Kr., 144 811 Ew., s von Teutoburger Wald und Eggegebirge, am Schnittpunkt alter Wegtrassen (sog. Frankfurter Weg und Hellweg), Reg.-Bez. Detmold, NRW. Sächsische Siedlung an über 200 Quellen der Pader (l. Nfl. zur Lippe von nur 4 km Länge), 776 karolingische Pfalz (*Karlsburg*), 777 erste Reichsversammlung mit Synode (weitere 780, 782, 783, 785), 799 (Papst Leo III. in Paderborn), seit 9. Jh. Hauptort des Bistums Paderborn, seit spätestens 1028 Markt-, Münz- und Zollrecht, 1222 Stadtsiegel, 1238 Stadtrat, 1279 Rathaus, seit 1294 als Hansestadt bezeugt, 1327 Gerichtsbarkeit der Stadt (Oberhof Dortmund), 1802 Hochstift an Preußen, Verwaltungssitz verschiedener staatlicher, kommunaler, kirchlicher und karitativer Einrichtungen, seit 1930 Erzbistum, Universität (1972 Zusammenführung von Pädagogischer Hochschule und Ingenieurschule zur Gesamthochschule). Durch die Eingliederung umliegender Gem. 1969 und 1975 neben Bielefeld zweites Oberzentrum Ostwestfalens. 1975 neuer Lkr. Paderborn (aus den Altkreisen Paderborn und Büren). II. 777 *ad Patrisbrunna*, zu 777 (Kop. 9./10. Jh.) *Padrabrunno*, *Padresbrunnon*, 790 *Pathrafons*, 822 *in loco quid dicitur Paderbrunno*, 840 *Patherbrunnen*, [917–935] *Padarbrunensis*, 927 *Bodarbrunnensis*, 2. Hälfte 9. Jh. *de fonte Patris*, 1025 *Paderborna*, 1148 *Paderborne*, 1222 *capitulum Padelburnense ... Palburnense*, 1280 *Palborne*. III. Bildung mit dem Gw. ↗ -*brunn* / -*bronn* /- *born* (auch in lat. Übersetzung *Pathrafons*). Varianz des ON im 13./14. Jh. kann hier nicht annähernd abgebildet werden. Die ältesten Belege zeigen mit -*brunn*- hd. Formen des Gw. Der Name bezeichnet die Siedlung nach ihrer Lage im (sumpfigen) Quellgebiet der Pader. Der FluN *Pader* ist bislang nicht sicher gedeutet. In der Diskussion ist grundsätzlich zu fragen, ob hier ein alteurop. GwN vorliegt (vorgerm. **Potrā* > germ. **Paþ-(a)rō*), der die 1. Lautverschiebung nur in Teilen durchlaufen hätte [Bewahrung von idg. *p* im Anlaut, Verschiebung von idg. *t* > germ. *þ/đ*; Übernahme nach Wirksamkeit der 1. Lautverschiebung; Verbindung mit ital. *Po*, *Padua*, griech. ποταμός 'Fluss'] und in südd. GwN wie *Pfatter*, *Pfettrach* oder *Pfedelbach* Entsprechungen hätte. Dabei ist der semantische Anschluss an idg. **bat-*/**bot-* oder idg. **bada-* 'Wasser', idg. **bat-* 'schwellen' zu bedenken (einschließlich akustischem Aspekt einer schwellenden Wassermenge, eines Wasserschwalles) neben idg. **but-*/*bud-* 'schwellen' als einer dentalerweiterten Wurzel zu idg. **b(e)u-*, **bh(e)u-* 'aufblasen, schwellen'. Andererseits ist der Name auch als germ. GwN eingestuft worden, der als Kollektivableitung mit -*r*-(oder -*l*-)Suffix von germ. **path-a-* gebildet wäre, deren etym. Anschluss wiederum umstritten ist. Dazu ist neben einem appellativisch nicht gesicherten Sumpfwort eine Verbindung zu dem in westgerm. Sprachen belegten Wort nhd. *Pfad* '(Fuß-)Weg, Straße' (nd., nl. *pad*, mnd. *pat*, *paet*, ae. *pað*, engl. *path* < germ. **paþaz*) hergestellt worden, das auch als Entlehnung aus kelt. **bat-os* angesehen worden ist. Da die westgerm. Appellative eine frühe Polysemie 'Pfad, Tal, Sumpf' zeigen, die sich semantisch ausgehend von einer primären Bezeichnung für einen Wasserlauf (vielleicht auch Sumpfgebiet) zur Benennung für einen Wasserweg > (schmalen) Weg im/am Wasser einerseits und zur Benennung für einen Wasserweg > (schmalen) Weg im/am Wasser in Tallage andererseits entwickelt haben könnte, wären germ. App. und GwN vermittelbar. V. WOB II (zu Pehlen, Kr. Lippe); Kindl, H., Padaribrunno, ein Versuch der Deutung des Ortsnamens Paderborn. In: Westfälische Zeitschrift 115 (1965); Udolph in: RGA 22; HHS 3. BM

Papenburg I. Stadt im Lkr. Emsland, 35 268 Ew., 45 km n Meppen, NI. Gegend um Papenburg wurde 1252 von der Witwe Ottos von Ravensburg an das Bistum Münster verkauft, von wo es häufig als Lehen an ostfriesische Adlige gegeben wurde. 1379 erstmals erwähnte nördlichste Befestigung der Bischöfe von Münster; ab 1770 Beginn der Blütezeit der Schifffahrt, seit 1771 Seestadt mit einer Vielzahl an Werften und Reedereien, bis h. bekannt durch die Meyer Werft. II. 1473 *Haye tor Papenborch [Or]*. III. Der ON enthält das Gw. -*borch* zu mnd. *borch*, asä. *burg* 'Burg; befestigter Bau', ↗ -*burg*, das Bw. *Papen-* gehört zu mnd. *pape* 'Pfaffe, Weltgeistlicher' und bezieht sich mit hoher Wahrscheinlichkeit auf die Errichter der Burg, die Bischöfe zu Münster. Nicht ausgeschlossen werden kann zudem eine Anbindung an das ostfriesische Adelsgeschlecht der *Papinga*, da diese längerfristig Lehnsnehmer waren. **IV.** Papendorf, Gem. und OT in MV und SH; Papenhagen, Lkr. Nordvorpommern, MV. **V.** Nds. Städtebuch; Berger; Abels. *MM*

Parchim **I.** Kreisstadt des gleichnamigen Lkr., 18 831 Ew., Sitz der Verwaltung des Amtes Parchimer Umland, an der Elde (zur Elbe), ca. 30 km sö von Schwerin, MV. Slaw. Besiedlung (u. a. Burg). Um 1200 entstand bei der Burg eine Kaufmannssiedlung, 1225/26 Erwähnung als Stadt, 1249 Anlage einer Neustadt, 1282 Vereinigung von Alt- und Neustadt, wechselnde Herrschaften (Mecklenburg, Sachsen, Brandenburg, Schwerin). 1819 Bau einer Tuchfabrik, 1858 Gründung einer Maschinenfabrik, in den 60er Jahren des 20. Jh. Errichtung eines Gasbeton- und eines Hydraulikwerkes. **II.** 1170 *Parchim*, 1225–26 *Parchem*, 1288 *Parcheim*; Parchim (1170). **III.** Dem ON liegt ein apolb. KN oder ZN *Parchom mit einem poss. Suffix *-j* zugrunde, das bei der Eindeutschung des Namens verloren ging. Die Bedeutung des ON lässt sich als 'Ort des Parchom' rekonstruieren. Weniger wahrscheinlich ist eine direkte Abl. von *parch 'Räude' (in Ortsnamen aber zumeist als 'wüste Feldmark' zu verstehen). **IV.** Parchow, OT von Wiek, Lkr. Rügen, MV. **V.** MUB I; HHS, Bd. 12; EO; Trautmann ON Meckl.; Eichler/Mühlner. *MN*

Parsberg. **I.** Stadt mit 34 Gem.-Teilen im Lkr. Neumarkt in der Oberpfalz, 6561 Ew., 32 km nw von Regensburg, Burganlage auf einem etwa 50 m hohen Berg, Reg.-Bez. Opf., BY. Geschlecht der Parsberger wohl mindestens seit dem 12. Jh., Parsberg ab 1224 als wittelsbachische Burgstadt nahe der Verbindung Regensburg – Nürnberg urk. fassbar, weitere Entwicklung ohne den für diese Siedlungskategorie üblichen Aufstieg. **II.** 1205 *Bartesberch [Or]*, 1224 *Parsperch [Or]*; Parsberg (1272). **III.** Zum Gw. der unechten Komposition *ʌ-berg*; Bw. ist der Übername mhd. *Bart*/abair. *Part* zu mhd. *bart* 'Bart' (weniger wahrscheinlich zur Tierbezeichnung mhd. *part* 'Parder, Leopard') mit Gen.-Flexiv *-es*. Der SiN ist entweder aus einem FlN hervorgegangen oder er bezeichnete urspr. eine Siedlung bei einem Berg, dessen Name nicht überliefert ist. Möglich ist auch, dass die Burganlage unmittelbar Anlass für die Namenentstehung war. Die heutige Namenform ist durch Ausfall des *-e-* im Flexiv und Erleichterung der resultierenden Mehrfachkonsonanz *-rtsp-* > *-rsp-* entstanden. Ein weiteres Parsberg, ebenfalls Adelssitz, liegt in Oberbayern, dessen frühe Belege noch bis vor kurzem fälschlich hierher bezogen wurden. **IV.** Parsberg, Lkr. Miesbach, BY. **V.** Reitzenstein 2006; Schmidt, A.: Parsberg im Herzogtum der Wittelsbacher. Parsberg 2005; Brechenmacher, Bd. 1. *GS*

Pasewalk **I.** Kreisstadt des Lkr. Uecker-Randow, 11 545 Ew., Verwaltungssitz des Amtes Uecker-Randow-Tal, ö von Neubrandenburg, ca. 25 km w der Grenze zu Polen, MV. Im 12. Jh. pommersche Burg samt Siedlung, bei der Mitte 12. Jh. eine d. Kaufmannssiedlung entstand; um 1230 Stadtanlage, 1250–1464 zu Brandenburg, danach zu Pommern, Schweden und ab 1720 zu Preußen, seit 1721 Garnisonsstadt. H. mittelständische Einrichtungen, u. a. Lebensmittel- und Baustoffindustrie sowie ein Kompetenzzentrum für Flugzeugentwicklung und Flugzeugbau. **II.** Um 1150 (zu 1070?) *Posduwlc*, 1168 *Pozdewolk*, 1177 *Posdewolc, castro Pozdewolk*, 1260 *Poswalc*, 1276 *Poswalk*, 1288 *Pozewalch*; 1302 *Pasewalck*. **III.** Der erste Deutungsversuch stammt von den Verfassern der Pegauer Annalen (Mitte 12. Jh.), worin der ON als *urbs Wolfi* 'Wolfsburg' erklärt wird (zu polb. *vouk, poln. *wilk*, osorb. *wjelk*, tschech. *vlk* 'Wolf'). In neuerer Zeit wird der ON eher zu apolb. *volk, urslaw. *velkti 'schleppen, ziehen' (polb. *vlåk, poln. *włók*, osorb. *włoka* 'Fischernetz, Schleppnetz, Pflugschleppe' bzw. russ. *(pere)voloka* 'Treidelweg oder Weg zwischen Gewässern, auf denen Boote geschleppt wurden') und somit in eine Reihe mit ON wie 1271 *Priszwalck*, h. *Pritzwald*, OT von Wusterhusen, Lkr. Ostvorpommern; 1314 *Pristawalc*, 1318 *Priszewolk*, † *Pritzwald*, auf der Halbinsel Zudar, Garz/Rügen; 1323 *Posdevolcitz*, 1327 *Puzdevultz*, h. *Posewald*, OT von Putbus, beide Lkr. Rügen, alle MV, gesetzt. Der erste Teil des alten ON *pozde, pozdu* bleibt schwierig, könnte aber zu urslaw. *pozdъ 'spät' gehören, das zu idg. *pos 'bei, an; nach' gesetzt wird. **V.** Annales Pegavienses, MGH SS, 16; PUB 1–4; HHS, Bd. 12; Hasselbach, K.F.W. (Hg.): Codex Pomeraniae diplomaticus 1. Greifswald 1862; EO; Trautmann ON Meckl.; Eichler/Mühlner; Niemeyer 2003. *MN*

Passau **I.** Kreisfreie Stadt, 50717 Ew., Sitz der Verwaltung des gleichnamigen Lkr., Reg.-Bez. Niederbayern, BY. Kelt. Oppidum, röm. Garnisonsstandort, im 5. Jh. frühchristliche Basilika mit Kloster, seit 739 Bischofssitz, 1225 Stadtrecht. **II.** 425–430 (Kop. des 15./16. Jh.) *tribunus cohortis nonae Batavorum, Batavis*, 511 (zum 5. Jh., Kop. des 10./11. Jh.) *Batavis appellatur oppidum inter utraque flumina, Aenum uidelicet atque Danuuium, constitutum*, 754 (Kop. des 9. Jh.) *Bazzauua*, 764–788 (Kop. des 9. Jh.) *Pazauuua*, 764–790 (Kop. des 9. Jh.) *in Batabis ciuitate*, 786 (Kop. des 9. Jh.) *in civitate Pazauge*, 788–804 (Kop. des 10. Jh.) *in civitate Pattauiae*, 791–800 *in Batauue civitate*, 791–803 (Kop. des 10. Jh.) *in Batauia civitate*, ca. 1020 (Kop. des 12. Jh.) *Patavium vel Interamnis Bazowa*, 1329 *Pazzau*, 1381 *Passau*. **III.** Der Erklärungsversuch, in einer Chronik aus dem Jahre 1493, der auf mittellateinisch *passus* 'Bergpass' beruht, ist irrig. Denn wie aus dem Erstbeleg hervorgeht, leitet sich der ON von der Bataverkohorte ab, die in spätrömischer Zeit hier stationiert war. Im MA wurde dann ahd. *ouwa*, ↗ *-au*, 'Insel' eingedeutet. **V.** HHS 7/1; Reitzenstein 2006. *WvR*

Patschkau // Paczków ['paʧkuf] **I.** Stadt und gleichnamige VG im Kr. Nysa, Woi. Opole, 13 532 Ew., am Fuße des Reichensteiner Gebirges // Góry Złote und am r. Ufer der Glatzer Neiße // Nysa Kłodzka, PL. 1254 Schaffung eines Marktes auf einem Teil der slawischen Gemarkung des Dorfes Patschkau (ab 1261 Alt Patschkau genannt). Bis 1945 Stadt im Kr. Neisse, Reg.-Bez. Oppeln, 7522 Ew. (1939). Baustoffindustrie, Möbelfabrik; Museum für Gasindustrie. **II.** 1254 *pachcow villam forensem [Or]*, 1285 *Pachcow*, 1298 *Patzkow*, 1300 *Paczcow*. **III.** Ein übertragener Name von der älteren Siedlung *Pachcow* 'Ort, Dorf, des Paczko' zum PN *Paczko, Paczek*, der als KF zu *Pakosław* (1145 belegt) aufgefasst werden kann. Der PN enthält als erstes Glied poln. *pak* 'wiederum, erneut' oder aslaw. **pakъ* 'stark, kräftig, auch gesund' und als Zweitglied poln. *sława, sławić* 'Ruhm, rühmen'. Die d. Form entstand durch lautliche Anpassung. Das poss. Suffix *-ów* wurde meistens als ↗ *-au* eingedeutscht. **IV.** Paczków // Patschkey, in Niederschlesien; Paczkowo // Patschkau, im ehemaligen Westpreußen; Paczkowo in Großpolen, alle PL. **V.** SNGŚl; Borek, H.: Górny Śląsk w świetle nazw miejscowych. Opole 1988. *MCh*

Pattensen **I.** Stadt in der Region Hannover, 13 944 Ew., s von Hannover, Reg.-Bez. Hannover (bis Ende 2004), NI. Sitz eines mindischen Archidiakonats, eines Gogerichtes und einer frühen Burg; Stadtrechte evtl. durch Grafen von Hallermund im 13. Jh.; später Sitz des welfischen Amtes Calenberg und Nebenresidenz; bis 2001 im Lkr. Hannover. **II.** 1214 *Patthenhusen [Or]*, 1230 *Patenhusen; Pattensen* (1356). **III.** Bildung mit dem Gw. ↗ *-hausen* und wohl dem schwach flektierten Kurznamen *Patto* als Bw. Der PN ist eine Variante mit expressiver Schärfung im An- und Inlaut zum PN *Bado*. Das Gw. wird im 14. Jh. zu *-sen* verkürzt. Deutung also: 'Siedlung des Patto'. **V.** HHS 2; Nds. Städtebuch; NOB I; Steigerwald, E.: Pattensen. Pattensen 1986. *UO*

Pegau **I.** Stadt und gleichnamige VG im Lkr. Leipzig, 8045 Ew., SN, zusammengeschlossen aus der Stadt mit zwei weiteren Gem., in der Leipziger Tieflandsbucht, an der Weißen Elster. um 1068 Dorf und Burg des Grafen Wiprecht von Groitzsch, 1091/92 Jacobskloster (Benediktiner), das 1096 geweiht wurde, Burgmarkt seit Ende des 11. Jh., um 1170/90 Erweiterung um die Neustadt, 1172 Reichskloster, h. Sitz der VG. **II.** 1080 (um 1150) *Bigaugiensis*, 1104 *Bigowia*, 1153 *de Bigouwe* 1367 *Pegow*, 1425 *Pegaw(e)*. **III.** Schwer zu deutender ON, am ehesten zu aso. **Bygava/*Bygov-* zu **byg* 'Biegung', mit späterer Entwicklung von asorb. *b-* zu *p-*, zumal Pegau an einer Flussbiegung liegt. **V.** HONS; SO; SNB. *EE, GW*

Pegnitz **I.** Stadt im Lkr. Bayreuth, 13 751 Ew., ca. 20 km s von Bayreuth in der Fränkischen Schweiz am gleichnamigen Fluss, Reg.-Bez. Oberfranken, BY. Entstanden aus zwei Siedlungen, der späteren Altstadt (im 12. Jh. vom Bamberger Bischof an das Kloster Michelfeld übereignet) und der neuen Stadt (Mitte 14. Jh. von den Landgrafen von Leuchtenberg gegründet), Stadtrechte seit 1355, 1357–1402 zum Kgr. Böhmen gehörig, ab 1402 im Besitz der fränk. Hohenzollern, bis 1972 Kreisstadt des Lkr. Pegnitz, bis 1967 Bergbaustadt, Textilindustrie. **II.** 1119 Fälschung Ende 12. Jh. *Begenz*, um 1140 *Begenze [Or]*, 1269 *Pægenz [Or]; Pægnitz [Or]* (1329). **III.** Der SiN *Pegnitz* beruht auf dem GwN *Pegnitz*, 889 Kop. 16. Jh. *Pagniza*, 912 Druck 1813 *Paginza*, 1021 *Pagenza*. Dieser wird auf **Bagantiā < *Bʰogantiā*, d.h. auf eine Abl. mit dem bei FluN häufigen Suffix *-antiā* von der idg. Wurzel **bʰog-* 'fließendes Wasser', zurückgeführt. Da Sekundärumlaut vorliegt (vgl. die GwN-Belege mit <a> und die SiN-Belege mit <æ>), kommt als Basis jedoch auch kelt. **bāg-* < idg. **bʰāg-* 'Buche' in Betracht. Seit dem 14. Jh. erscheint gesprochenes **-əds* (vgl. mda. bɐŋəds) in den Schreibformen als *-itz*, wodurch der Name in diesem Bestandteil den zahlreichen eingedeutschen slaw. ON auf ↗ *-itz* gleicht. **IV.** GwN *Baganza*, Nebenfluss der Parma, und 1377 *Begnicz*, Bach in der Rhön. **V.** Keyser / Stoob I; Krahe, H.: Alteuropäische Flussnamen. In: BNF 4 (1953); Schwarz. *WJ*

Peine **I.** Kreisstadt im Lkr. Peine, 49 188 Ew., Reg.-Bez. Braunschweig (bis Ende 2004), NI. Vor 1215 sind Burg und Siedlung im Besitz der Herren von Wolfenbüttel-Asseburg; durch sie Anlage einer Stadt; seit 1260 Mittelpunkt der Hildesheimer Grafschaft Peine; wichtige Münzprägestätte; größerer Aufschwung der Stadt erst durch die Industrialisierung im 19. Jh. **II.** 1143 *de Pain [Or]*, 1154 *de Pagin; de Peine* (1160). **III.** Der ON ist nicht sicher zu deuten. Auszugehen ist von einer Abl. mit *-n-*Suffix. Eine Verbindung mit idg. **pag-* 'festmachen' (vgl. asä. *fak* 'Wand') würde unverschobene Konsonanten voraussetzen. Überzeugender ist ein Anschluss an eine idg. Wurzel mit *-s-* mobile, dessen anlautendes *-s-* erst im Germ. schwindet. Welche Wz. bzw. welches App. jedoch anzunehmen ist, ist unklar. **V.** GOV Peine; HHS 2; Möller 1998. *KC*

Peiskretscham // Pyskowice [pɨskɔ'viʦɛ] **I.** Stadt im Lkr. Gliwice, Woi. Śląsk, 19 025 Ew., am Oberschlesischen Kalkrücken, an der Drama, PL. Als

Kirchdorf an der Hohen Straße, einem der wichtigsten mittelalterlichen Handelswege, angelegt; 1260 Stadtrecht; bis 1289 im Kgr. Polen, danach unter böhmische Oberlehnshoheit, 1525 mit Böhmen an Habsburg, 1742 an Preußen. Bei der Abstimmung 1921 waren 73,5 % der Wahlberechtigten für den Verbleib bei Deutschland. Bis 1939 Stadt im Lkr. Tost-Gleiwitz, Reg.-Bez. Oppeln, (1939–1945) Reg.-Bez. Kattowitz, 7734 Ew. (1939). Früher Landwirtschaft und Handwerk, seit 19. Jh. Hinterland des Industrieviers mit großem Verschiebebahnhof (h. stillgelegt) und Sandgruben. **II.** 1256 *Pyskowiczych*, 1318 *Pyscowicz*, 1327 *Peyzenkreschin*, 1421 *Peisenkreczim*. **III.** *Pyskowicze* bezeichnet urspr. die Nachkommen und Leibeigenen des in der Urkunde erwähnten *Pisko*. Der PN *Pisko* (1254 belegt) war anfangs ein Spitzname, abgeleitet von poln. *pysk* 'Maul, Schnauze'. Es ist wahrscheinlich, dass der Ort um den Kretscham herum entstanden ist. Die Bedeutung des Rastortes an der Handelsstraße kommt in der d. Namensform zu Ausdruck, die dem poln. PN das Gw. *Kretscham* 'Krug, Gasthof' hinzufügte. **IV.** Pyskowice // Peiswitz, in Niederschlesien, PL; Piskov in Mähren, CZ. **V.** SNGŚl; Borek, H.: Górny Śląsk w świetle nazw miejscowych. Opole 1988. *MCh*

Peißenberg **I.** Markt im Lkr. Weilheim-Schongau, 12 552 Ew., Reg.-Bez. Oberbayern, BY. Seit 1869 Abbau von Pechkohle, 1971 Stilllegung des Bergwerks. **II.** FlN: ca. 1060 *ad medium Pisinperich*. SiN: 2. Hälfte 11. Jh. (Kop. des 12. Jh.) *castrum Bisinberc*, ca. 1130 (Kop. von 1521) *Bisenberch*, 1137–1147 *Bisinberc*, 1155–1186 *Pisinperch*, ca. 1165/66 *Pysenberch*, 1270 *Peisenberch*, 1574 *Peißenberg*, 1832 *Peissenberg (Unter-)*, *Unterpeissenberg*, *Peissenberg*. **III.** Grundwort des urspr. Flurnamens ist mhd. *bërc*, ↗ *-berg*, 'Berg', Bestimmungswort der zu erschließende PN *Bīso. Die Differenzierung im letzten Beleg bezieht sich auf die Lage unterhalb des Pfarrdorfs Hohenpeißenberg im selben Landkreis. **V.** HHS 7/1; Reitzenstein 2006. *WvR*

Peiting **I.** Markt im Lkr. Weilheim-Schongau, 11 691 Ew., Reg.-Bez. Oberbayern, BY. In der Römerzeit Villa rustica, ca. 1055 Errichtung einer Burg durch die Welfen, 1268 Übergang an die Wittelsbacher. **II.** Ca. 1063 *Pitengouua*, 1096–1133 *Bitingouue*, 1155 *Bitengowe*, 1263 *Peytengo*, 1274 *Peittengeŵ*, 1326 *Beitinggoŵ*, 1468 *Beytigä*, 1513 *Peytingen*, ca. 1583 *Peiting … olim Peutengaw*. **III.** Grundwort des urspr. Landschaftsnamens ist ahd. *geuui*, *gouuui* 'Gau, Land, Flur'; als Bestimmungswort ist wohl der PN *Bīdo zu erschließen. **V.** HHS 7/1; Reitzenstein 2006. *WvR*

Peitz // Picnjo (sorb.)   **I.** Stadt und gleichnamiges Amt im Lkr. Spree-Neiße, 11 962 Ew., in der Spreeniederung, n Cottbus, BB. Asorb. Siedlung mit Burgwall, nach 1300 Städtchen; historischer Altstadtkern. Eisenhüttenwerk (1536 erstwähnt), 1658 der erste Hochofen der Mark BB errichtet, h. Technisches Museum mit vollständig erhaltenen Werk-, Amts- und Wohngebäuden aus der Zeit zwischen 1809 und 1830; Kraftwerk Jänschwalde. Ort bekannt durch seine Fischzucht. **II.** 1301 *Pizne*, 1399 *Peicze*, 1420 *Peyczin [Or]*; *Peitz* (1495). **III.** Slaw./asorb. wahrscheinlich **Picn(o)*, eine Bildung mit dem Suffix -'*n*- zu *pica* aus *pitati 'nähren, futtern', vgl. nsorb. *pica* 'Futter', also 'an (Vieh)futter reicher Ort', vielleicht auch als Hinweis auf fruchtbares Land, Viehzucht oder gar hier betriebene Fischzucht zu verstehen. Anfänglich konsequente i-Schreibung, die sich später zum Diphthong -*ei*- entwickelt, spricht gegen die Herleitung von nsorb. *pjec* 'Ofen'. **V.** UI; DS 36; SO 3; OBB. *EF*

Pellenz **I.** VG im Lkr. Mayen-Koblenz, 16 288 Ew., mit Sitz der Verwaltung in Andernach, zwischen Koblenz und Eifel, zwischen Rhein und Mosel, RP. Pellenz bezeichnet urspr. eine Hügellandschaft, die der heutigen VG (1858 Landbürgermeisterei, später Amt, bis 1992 VG Andernach-Land) den Namen gab. **II.** Name der Landschaft *die Pellenz*: 1344 *Pelentz*, 14. Jh. *in die Pellenz, die Pelenze*. **III.** Grundform *Pelinza, ahd. *palinza*, *pfalinza*, mhd. *pfalenze*, *pfalze* 'Fürsten-/Bischofsitz', entlehnt aus spätlat. *palantia*, lat. *palātia* (Pl.) 'kaiserliche oder fürstliche Wohnung' (urspr. auf dem *Palātīn* in Rom). Der Name geht zurück auf die Pfalzgrafen bei Rhein, die in der Pellenz Herrschaftsrechte besaßen; sie heißen *Pfalzgrafen*, weil sie urspr. in der Pfalz des Königs (*pfalinza*) administrative Funktionen ausübten. **IV.** Pellenz, Flur zwischen ↗ Treis und ↗ Karden (ca.1100 *in pelenze*), Lkr. Cochem-Zell. **V.** Jungandreas; Haubrichs, W.: Zur Wort- und Namengeschichte eines romanischen Lehnworts: lat. *palatium*, dt. *Pfalz*. In: Staab, F. (Hg.): Die Pfalz. Speyer 1990. *AG*

Penig **I.** Stadt im Lkr. Mittelsachsen, 9968 Ew., im mittelsächsischen Bergland, am Südhang der Zwickauer Mulde, SN. Asorb. Fischersiedlung an altem Muldenübergang, Ende des 12. Jh. Anlage des Dorfes Altpenig auf dem Norduferhang, zugleich d. Wasserburg im späteren Stadtgebiet, zwischen 1170 und 1329 planmäßige Stadtanlage durch die Burggrafen von Altenburg, 1227 Stadt. Im 15. und 16. Jh. besondere Bedeutung durch Töpferhandwerk (Peniger Steinzeug) und Bierbrauen. **II.** 1264 *de Penic, Penik*, 1314 *Penig*, 1382 *Penek*. **III.** Am ehesten aus asorb. *Pěnik zu *pěna 'Schaum', vielleicht auch 'Dunst, Nebel', mit Bezug auf die Lage an der Zwickauer Mulde mit deutlichem Gefälle und schäumendem Wasser; nicht zu asorb. *peń 'Baumstamm'. **V.** HONS II; SNB. *EE, GW*

Penzberg I. Stadt im Lkr. Weilheim-Schongau, 16 230 Ew., Reg.-Bez. Oberbayern, BY. Besitz des Klosters Benediktbeuern, 1919 Stadterhebung, seit dem 18. Jh. Abbau von Pechkohle, 1966 Stilllegung des Bergwerks. **II.** 1275 *Pônnensperch*, 1293 als *Ponnisperge*, 1294 als *Pýnnesperch, Ponnesperch*, 13. Jh. *Púnnesperch*, 1371 *Pönesperch*, 1441 *Pönsperg*, 1487 *Pönnesperg*, 1599 *Pensperg*, 1832 *Pensberg, Penzberg*, 1867 *Penzberg*. **III.** Grundwort des urspr. Flurnamens ist mhd. *bërc*, ↗ *-berg*, 'Berg', Bestimmungswort wohl der zu erschließende PN *Bonin* oder *Bunni*. **V.** HHS 7/1; Reitzenstein 2006. *WvR*

Penzliner Land I. Amt (Stadt Penzlin mit weiteren elf Gem.) im Lkr. Müritz, 7 407 Ew., zwischen dem Tollensesee und dem Müritz-Nationalpark, ca. 15 km sw von Neubrandenburg, MV. Slaw. Vorbesiedlung, im 13. Jh. Errichtung einer Burg, 1263 Stadtrecht durch Fürsten von Werle, seit 1414 unter der Herrschaft der Familie von Maltzan, 1777 erkaufte die Stadt einige Rechte zurück, die ab 1918 wieder alle Stadtrechte, Erwerbszweige stets Ackerbau und Kleinhandwerk. **II.** 1170 *Pacelin*, 1230 *Pentzelyn*, 1244 *Pancirin*, 1283 *Pencelin*, 1327 *Pentzlin*. **III.** Dem ON liegt ein apolb. KN *Pačla* mit einem poss. Suffix ↗ *-in* zugrunde. Die Bedeutung des ON lässt sich als 'Ort des Pačl(a)' rekonstruieren. Als Herkunft dieses PN gibt es zwei Möglichkeiten: 1. der KN geht auf einen zweigliedrigen VN mit *Pat-* im Erstglied zurück, zu urslaw. *potъ*, polb. *pąt*, poln. *pąć* 'Weg; Reise' (vgl. apoln. KN *Panczek, Pantis, Panten*, alle zu apoln. VN *Pantslaus*, auch mecklenburgische KN *Pantze, Pantzk*). Das Suffix *-la* ist als sekundäre Diminutivbildung des KN zu deuten. Das *-o-/-an-* wurde bei der Eindeutschung zu *-ê-/-en-* gesenkt. 2. (so Eichler/Mühlner) lässt sich der apolb. PN *Pačla* (> apolb. Form *Pačlin*) aus apolb. *pąk-* (poln. *pękać* 'platzen, bersten') herleiten. **V.** MUB I–VII; HHS, Bd. 12; EO; Eichler/Mühlner. *MN*

Perg [pɐɐ̯ɡ], dial. [b̥ɐɐ̯ɡ] I. Stadt und Verwaltungssitz im gleichnamigen Pol. Bez., 7 623 Ew., im s. unteren Mühlviertel am nw Rand der Ebene des Machlandes gegen das Granit-Hochland der Böhm. Masse, OÖ, A. Um 1100 Sitz der Herren von Perg, nach deren Aussterben 1191 Übergang in den landesfürstlichen Besitz der Babenberger, unter denen um die ehem. Burg der Markt entstand. Von König Přemysl Ottokar II. von Böhmen 1269 Verleihung von Marktrechten und Aufblühen des Handels, besonders mit Mühlsteinen und Hafnerware. 1969 zum 700-jährigen Marktjubiläum Stadterhebung. **II.** 1108 *de Berge*, 1110–30 *de Perge*, 1356 *der marcht ze Perg*. **III.** Von bair.-mhd. *përch*, ↗ *-berg*, 'Berg', das auch zur Benennung einer Burg dient. **V.** OÖONB 11; ANB; HHS Lechner. *PW*

Perleberg I. Kreisstadt im Lkr. Prignitz, 12 474 Ew., an altem Stepnitzübergang, nw Berlin, BB. Im MA d. Burg mit Burgsiedlung; Stadtgründung nach 1200 (1239 civitas); Herrschaftsgebiet (1275 *terra Perleberge*). Rolandsfigur (1546), Fachwerkhäuser (17. Jh.). **II.** 1239 *perleberge [Or]*, 1294 *parleberch [Or]*; *perleberg* (1416). **III.** Wahrscheinlich typischer Name der Kolonisationszeit mit heraldischem Motiv, hier offenbar nach perlenverzierten Türmen auf dem Siegel des Stadtgründers Johann Gans von Perleberg. Die Perle galt im MA als Sinnbild des schimmernden Glanzes. Frühere Schreibungen mit *-ar-* spiegeln die Entwicklung des *-e-* in Verbindung mit *-r-* zu einem sehr offenen Laut wider. Mnd. *-berch*, hd. ↗ *-berg* 'Berg' im Gw. in der Bed. 'Burg'. Nach dem sehr spät belegten Bach Perle (zwei km n der Stadt) ist die Stadt nicht benannt. **V.** Riedel A II; BNB 6; SNB. *EF*

Petersberg I. Gem. im Lkr. Fulda, 14 697 Ew., Reg.-Bez. Kassel, HE. Bergkirche St. Peter (im Jahre 836 geweiht), karolingische Wandmalereien in der Krypta (ca. 835), Grabeskirche der Heiligen Lioba (Steinsarkophag um 836). **II.** 1174 *ecclesie Sancti Petri in Ugesberg*, 1212 *monasterium s. Petri in Husperc*, 1348 *Probistye uff Sente Petrus Berge*; *Petersberg* (1612). **III.** Der ON steht in Beziehung zu der Benediktinerpropstei, die von Abt Hraban von Fulda 836 gegr. wurde. Der Name ist Zusammensetzung aus dem Gw. ↗ *-berg* 'Berg'. Das Bw. *Peter-* ist KF zu lat. *Petrus* 'Fels' und geht auf den Namen des Apostels und ersten Papstes zurück, dem zahlreiche Peterskirchen und Bischofssitze geweiht wurden. **V.** HHS 4; LAGIS. *DA*

Petershagen I. Stadt im Kr. Minden-Lübbecke, 26 194 Ew., n Minden im Nordosten des Kreisgebietes an der Weser, 50 km ö Bielefeld, Reg.-Bez. Detmold, NRW. 1306 Gründung der gleichnamigen Burg durch Mindener Bischof an der Oespermündung in die Weser, 1361/66 Weichbildrecht, 1377 Zollprivileg Karls IV., 1384/98 und 1619 landesherrliche Münzstätte, seit Mitte 16. Jh. Verwaltungssitz des Ftm. Minden, bis 1611 landesherrliche Residenz, seit spätestens 1652 Weserfähre, 1734 preuß. Stadtrecht, seit 1843 Titularstadt. 1973 Zusammenschluss mit Schlüsselburg und 27 umliegenden Gem. Im 19. Jh. Tonindustrie, seit Anfang 19. Jh. Heilbad, 1923 Sanatorium, 1976 Weserlandklinik für physikalische Medizin. **II.** 1306 *castrum to dem Petershag*; *Petershagen* (1647). **III.** Bildung mit dem Gw. ↗ *-hagen*. Im Bw. erscheint der im Gen. Sg. flektierte Name des heiligen Petrus (Patrozinium des Mindener Doms). **VI.** Schneider; HHS 3. *BM*

Petershagen/Eggersdorf I. Gem. im Lkr. Märkisch-Oderland, 13 749 Ew., ö Berlin, BB. In der zweiten Phase der frühdeutsch-bäuerlichen Besiedlung der Mark im 13. Jh. entstandene Angerdörfer. **II.** Petershagen: 1367 *petirshayn*, 1375 *Petirshagen, Petershagen*; Eggersdorf: 1323 *Ecbrechtdorff*, 1375 *Eggebrechtstorf, Egbrechtstorp*; *Eggersdorf* (1775). **III.** Zum christlichen PN *Peter (Petrus)* und dem Gw. mnd. ↗ *-hagen*. *Hagen* als Bezeichnung von Rodungs- und Walddörfern mit besonderer Flureinteilung und mit eigenem Recht ist für Brandenburg nicht sicher nachzuweisen. Der PN *Eg(g)brecht* im ON *Eggersdorf* gehört zu asä. *eggia* 'Scheide, Schwert' und *ber(h)t* > *bre(h)t, brecht* 'glänzend, berühmt'. Zum Gw. mnd -*dörp*, hd. ↗ *-dorf* 'Dorf'. **V.** Riedel A XII; Landbuch; Krabbo; BNB 5. *EF*

Petingen franz. *Pétange*, lux. *Péiteng* **I.** Gem., 15 400 Ew., im Dreiländereck an der Grenze zu B und F an der Korn (franz. Chiers, lux. Kuer, r. zur Maas) in der Minette (Eisenerzregion) im Gutland, ca. 20 km sw von Luxemburg, Kt. Esch an der Alzette, Distr. Luxemburg, L. 1281 Freiheitsbrief durch Graf Heinrich den Blonden, wechselnde Zugehörigkeit des Gemeindegebiets, v. a. zwischen Lothringen, F und L, 1769 endgültig zu Luxemburg, seit der Mitte des 19. Jh. Aufschwung durch die Förderung von Eisenerz und durch die benachbarten Eisenwerke. **II.** 1235 *Petingen*, 1281 *Petenges*. **III.** Der SiN wurde aus dem PN ahd. *Peto* (**Pēto*, neben *Petto* u. ä, eine expressive KF zu zweigliedrigen PN mit dem Namenelement germ. *berhta-* 'glänzend') und dem ↗ *-ing*-Suffix gebildet. Ausgangsform ahd. **Pētingas* mit einer Bedeutung 'bei den Leuten des Pēto' (Verweis auf einen Grundbesitzer oder Lokator aus der Gründungsphase bzw. frühen Geschichte der Siedlung). Die auf der d. Form *Petingen* basierende franz. Lehnform wurde analogisch mit der z. B. aus Lothringen bekannten Endung *-ange* (bzw. *-enges* u. ä.), der lautgerechten franz. Entwicklung des *-ing*-Suffixes, versehen. Der Diphtong lux. *ei* in *Péiteng* setzt einen Langvokal *ē* voraus. Lux. *Péiteng* mit dem im wmoselfr. Areal nicht seltenen Verlust der Endung *-en*, wohl durch haplologische Kürzung aus *-eŋen* (mit md. Senkung aus *-iŋen*) zu *-eŋ*. **V.** Meyers. *AS*

Pfaffenhofen a. d. Roth **I.** Markt und gleichnamige VG im Lkr. Neu-Ulm, 8741 Ew., Donau-Iller-Region ö von Neu-Ulm, Reg.-Bez. Schwaben, BY. Ab 5./6. Jh. alem. Besiedlung, 1474 Marktrecht, seit 1978 mit Holzheim in VG. **II.** 1284 *Phafenhoven* [Or], 1349 *Phaffenhouen*; *Pfaffenhofen* (1369). **III.** Das Grundwort ↗ *-hofen* steht für 'Hof, Besitz', das Bestimmungswort *Pfaffen-* für '(Welt-) Geistlicher, Priester'. Der Name ist folglich zu erklären als 'des Pfaffen Hof', wodurch auf Besitzverhältnisse eines der späteren Siedlung zugrundeliegenden Wirtschaftshofes abgehoben wird, oder aber als 'kirchlicher Besitz'. Die Verwendung des Siedlungsnamens kann auch als Hinweis auf einen Seelsorgbezirk aufgefasst werden. **IV.** ↗ Pfaffenhofen, Lkr. Pfaffenhofen, BY. **V.** Berger; Reitzenstein 1991. *JCF*

Pfaffenhofen a. d. Ilm **I.** Stadt im Lkr. Pfaffenhofen a. d. Ilm, 23 971 Ew., Sitz der Kreisverwaltung, Reg.-Bez. Oberbayern, BY. Besitz der Wittelsbacher, im 15. Jh. Stadt. **II.** 1139–1168 *Pfafenhoven*, 1140–1170 (Kop. von 1281) *Phaphinhouin*, ca. 1179/80 *Phaffenhouen*, 13. Jh. *Pfaeffenhofen*, 1332 *Pfaffenhofen*, 1867 *Pfaffenhofen a. d. Ilm*. **III.** Der ON wurde schon 1519–1521 durch Aventin erklärt. Grundwort ist eine Pluralform von mhd. ↗ *-hof* 'Hof, Ökonomiehof', Bestimmungswort *phaffe* 'Geistlicher, Weltgeistlicher', sodass sich als Erklärung 'bei den Höfen eines oder der Geistlichen' ergibt. Die Lokalisierung bezieht sich auf die Lage an der Ilm. **IV.** Pfaffenhofen a. d. Roth, Lkr. Neu-Ulm; Pfaffenhofen a. d. Glonn, Lkr. Dachau, beide BY; Pfaffenhofen, Lkr. Heilbronn, BW. **V.** HHS 7/1; Reitzenstein 2006. *WvR*

Pfäffikon **I.** Politische Gem. und Hauptort des gleichnamigen Bezirks, 10 291 Ew. Gem. am Nordostufer des Pfäffikersees, bestehend aus dem namengebenden Hauptort und mehreren Dörfern und Weilern, Kt. Zürich, CH. Mesolithische Funde, mehrere neolithische Ufersiedlungen, bronzezeitliche Landsiedlung, hallstatt- und latènezeitliche Gräber, drei römische Gutshöfe, alemannische Gräber. Karolingische Benignus- und romanische Martinskirche nachgewiesen. 1395 als Marktort bezeugt, Wohnstätte wohlhabender Familien, die insbesondere im Salz-, Fisch-, Leinen-, Getreide- und Eisenwarenhandel tätig waren; daneben überwiegend bäuerlich geprägt. Ab dem 17. Jh. Heimarbeit, später von anderen Industrien abgelöst. **II.** 811 *Faffinchova*, 965 *Phaffinchova*, 984 *Paffinghova*, 1252 *ze Pfeffikon*. **III.** Primärer Siedlungsname des ↗ *-inghofen*-Typs (Zugehörigkeitssuffix ↗ *-ing* und alte Dativ-Plural-Form von ↗ *-hofen*, ahd. *hof*) mit dem Appellativ ahd. *pfaffo* 'Geistlicher, Weltgeistlicher' oder (allerdings weniger wahrscheinlich) dem PN *Pfaffo* im Bestimmungsglied; er ist zu deuten als 'bei den Höfen der Leute des Geistlichen (bzw. des *Pfaffo*)'. Für das Appellativ *pfaffo* im Vorderglied des Namens spricht dessen schon frühe und häufige Verwendung in besitzanzeigenden Siedlungs- und Flurnamen; der PN *Faffo* oder *Pfaffo* ist äußerst selten belegt. Die *-inghofen*-Namen, die in der Nord- und Ostschweiz in der Regel in der kontrahierten resp. reduzierten Form *-ikon* erscheinen, gehören zu den häufigsten überhaupt und dokumentieren die Ausbausiedlungen des 7. und 8. Jahrhunderts. **IV.** Ebikon, LU, Bellikon, AG, Riniken, AG, alle CH. **V.** FP; LSG. *MHG*

Pfalzburg // Phalsbourg I. Stadt und Hauptort des gleichnamigen Kantons im Dép. Moselle, 4976 Ew., LO, F. Gegründet 1568/70 nach Wiederherstellung der dortigen Burg Einartzhausen (1560) durch Pfalzgraf Johann von Veldenz-Lützelstein und Zentrum eines Reichsfürstentum; 1661 an Frankreich, 1679 von Vauban als Festung ausgebaut. 1871 zum Reichsland Elsass-Lothringen, 1918 wieder an F. II. 1569 *Phaltzbourg*, 1576 *Pfalzburg*, 1869 *Phalsbourg*. III. In frühneuzeitlicher Manier mit dem Gw. ↗ *-burg* nach der Herrschaft Kurpfalz des Gründers benannt; die franz. Form lautliche und grafische Adaptation mit Anlehnung an franz. SiN auf *-bourg*. V. Reichsland III; Hiegel. *Ha*

Pfalzgrafenweiler I. Gem. und (mit den Gem. Grömbach und Wörnersberg) gleichnamige VVG im Lkr. Freudenstadt, 8170 Ew., ca. 13 km nö Freudenstadt, Reg.-Bez. Karlsruhe, BW. 1165 Zerstörung der Burg der Herren von Wilare, später Wiederaufbau, 1421 Verkauf an Württemberg. Luftkurort. Burgruine Mantelberg, Bösinger Wasserhäusle, Hohlenstein, ehemalige Zinsbachkapelle. II. 1165 (Chronik), Anf. des 13. Jh. *Wilare*. III. Es handelt sich um eine Zuss. mit dem Gw. ↗ *-weiler*. Die Herren von Wilare gehörten zur Familie der Pfalzgrafen zu Tübingen und waren damit namengebend für das Bw. *Pfalzgrafen*. V. LBW 2 und *JR*

Pfarrkirchen I. Stadt im Lkr. Rottal-Inn, 11776 Ew., Sitz der Kreisverwaltung, Reg.-Bez. Niederbayern, BY. Im 13. Jh. Markt. II. 874–897 *Pharrachiricha*, 1196 *Pfarrechirichen*, 1288 *Pharrchirchen*, 1460 *Pfarrkirchen*, 1512 lat. *Paretium*, 1519–1521 lat. *Parochocircus*. III. Grundwort ist ahd. *kirihha, chirihha,* ↗ *-kirchen*, 'Kirche', Bestimmungswort *pfarra, farra* 'Sprengel', was sich auf die rechtliche Stellung der Kirche bezieht. V. HHS 7/1; Reitzenstein 2006. *WvR*

Pfedelbach I. Gem. im Hohenlohekreis, Reg.-Bez. Stuttgart, 8926 Ew., ö Heibronn und s von Öhringen, am Nordrand des Naturparks „Schwäbisch-Fränkischer Wald", BW. Der Ort lag in spätröm. Zeit am Obergermanisch-raetischen Limes. Ersterwähnung im „Öhringer Stiftungsbrief" von 1037, 1472 an die Grafen (später Fürsten) von Hohenlohe, die hier Ende 16. Jh. ein Schloss errichten. Bis Anfang 19. Jh. zu verschiedenen (zunächst ev., später kath.) Seitenlinien derer von Hohenlohe. Diese siedelten hier im 18. Jh. kath. Neusiedler an, deren sprachliche Varietät, das Jenische, noch bis in die 70er Jahre des 20. Jh. lebendig war. II. 1037 *Phadelbach*, 1270, 1319 *Phedelbach*, 1353 *zu Windischnphedelbach*, um 1357 *Pfedelbach*. III. Der ON ist identisch mit dem Namen des Pfedelbachs (zum Windischenbach zur Ohrn zum Kocher zum Neckar), um 1357 *gen der Pfedelbach*. Zusammensetzung (Gw. ↗ *-bach*) mit dem Bw. obd. *pfedel* 'Fenn-, Bruchland usw.', FlN nl. *Peel*, 1192 *Pedela*, (< westgerm. *paÞila-*). V. Schmid, A.: Die ältesten Namenschichten im Flussgebiet des Neckar. In: BNF 12 (1961); Greule, DGNB. *AG*

Pfinztal I. Gem. im Lkr. Karlsruhe, Reg.-Bez. Karlsruhe, 17792 Ew., an der ö Stadtgrenze von Karlsruhe, n des Schwarzwaldes, BW. 1974 durch Zusammenschluss der Gem. Berghausen, Kleinsteinbach, Söllingen und Wöschbach entstanden. Der einwohnerstärkste OT Berghausen wurde bereits im 8. Jh. erstmals erwähnt. Die Ersterwähnung von Söllingen, dem nach der Fläche größten OT, stammt aus dem 11. und von Wöschbach aus dem 13. Jh. Der kleinste OT Kleinsteinbach wurde im 14. Jh. als *Nieder Steinbach* erstmals erwähnt. Sitz der neuen Gem. ist im OT Söllingen. III. Zusammensetzung mit Gw. ↗ *-tal* und FluN *(die) Pfinz* (zum Rhein) als Bw. Der FluN ist belegt: 1381 *Pfüntz*, 1397 *die Pfincze* und als Bw. des Landschaftsnamen *Pfinzgau*, (zuerst) 769 (Kop. 12. Jh.) *Phuntzingouue*. Er wird auf ahd. *Pfunzina* < vorgerm./lat. *Pontina* 'Brückenort, -fluss' zurückgeführt (die Pfinz überqueren zwei Römerstraßen). IV. Pfünz, Lkr. Eichstätt; Langenpfunzen, Lkr. Rosenheim, beide BY. V. Springer, O.: Die Flussnamen Württembergs und Badens. Stuttgart 1930; Greule, DGNB. *AG*

Pforzheim I. Kreisfreie Hochschulstadt, 119839 Ew., ca. 25 km sö von Karlsruhe und ca. 35 km nw von Stuttgart, in der Region Nordschwarzwald – Kraichgau – Stromberg, am Zusammenfluss von Würm, Nagold und Enz, Reg.-Bez. Karlsruhe, BW. Frühe röm. Besiedlung (1./2. Jh. n.Chr.), fränk. Reihengräber aus der Merowingerzeit, 11. Jh. Marktrechte, um 1200 Stadtrechte, 13.–15. Jh. Sitz der Markgrafen von Baden, traditionelles Zentrum der deutschen Schmuck- und Uhrenindustrie („Goldstadt Pforzheim"; Goldschmiedeschule mit Uhrmacherschule). Politisches (u.a. Sitz des Landratsamts des Enzkreises), wirtschaftliches (Edelmetallverarbeitung, Maschinenbau, Präzisionstechnik u.a.) und kulturelles (Schmuckmuseum und Schmuckwelten Pforzheim, Mineralienmuseum u.a.) Oberzentrum, Geburtsstadt des Humanisten Johannes Reuchlin (1455–1522). II. 244–47 *A PORT(ū) L(eugas) V [Or]*, 1067 *Phorzheim [Or]*, 1347 *Pfortzheim [Or]*, 1450 *Pforzen [Or]*; *Pforzheim [Or]* (1512). III. Das verm. Ende des 1. Jh. n.Chr. an der Straße von Ettenheim nach Bad Cannstatt entstandene römische *Portus* (wohl zu ergänzen **Antiae* bzw. **Antiensis* '(an) der Enz') ist inschriftlich auf dem sog. Meilenstein von Friolzheim für 244–47 als *A PORT(ū) L(eugas) V* ('von *Portus* fünf Leugen entfernt') bezeugt. Das Bw. *Pforz-* ist auf lat. *portus*, hier höchstwahrscheinlich in der Bed.

'Verladestation an einem Fluss, Stapelplatz' wohl im Sinne eines Warenumschlagplatzes, bezogen auf den Fluss Enz, zurückzuführen. Durch Übernahme ins Deutsche vor dem Ende der ahd. Lautverschiebung unterlag die urspr. römische Ortsbezeichnung *Portus* der Lautentwicklung von *P-* zu *Pf-* und *-t-* zu *-(t)z-*, sodass sich unter Wegfall der lat. Kasusendung *-us* aus *Portus* schließlich *Pfor(t)z-* entwickelte. Das auf ahd. **heim* 'Wohnung, Wohnstätte, Behausung, Heimstatt, Aufenthaltsort' zurückgehende Grundwort ↗*-heim* wurde in der Mundartform *Pforze* des SiN im Laufe der Zeit zu *-e* verschliffen. Die urspr. Bed. des SiN *Pforzheim* kann somit als 'Wohnstätte, die nach einer Verladestation/einem Stapelplatz an der Enz benannt wurde' erschlossen werden. **IV.** Pfortz, Landkreis Germersheim, RP, und Pforzen, Reg.-Bez. Schwaben, BY. **V.** Hackl; Kortüm, Klaus: PORTUS – Pforzheim. Untersuchungen zur Archäologie und Geschichte in römischer Zeit (Quellen und Studien zur Geschichte der Stadt Pforzheim 3). Sigmaringen 1995; LBW II, V. *StH*

Pfronten **I.** „Dreizehnörtliche" (d.h. 'aus dreizehn Teilsiedlungen bestehende') Gem. im Lkr. Ostallgäu, 7 889 Ew., direkt am Alpenrand gelegen, Reg.-Bez. Schwaben, BY. Ehemals Sonderstellung im hochstiftischen Gebiet mit Pfleger auf Schloss Falkenstein, später zum Pflegamt Füssen. Landwirtschaft und Transportgewerbe, 1802 an BY. Ab 19. Jh. Feinmechanik, Fremdenverkehr. **II.** 1289 *Pfronten [Or]*, 1290 *castrum in Phronten*; *Pfronten* (1316). Schreibvariationen weiterhin häufig. **III.** **frontōne*, Ableitung zu lat. *frons, frontis* 'Stirne, Rand, Vorderseite' (des Gebirges). Gesamtdeutung: 'Siedlung am Gebirgsrand'. **V.** Steiner: HONB Füssen; Greule, A.: Besprechung des vorigen in BNF 41, 2006. *TS*

Pfullendorf **I.** Stadt und (mit Illmensee, Wald und Herdwangen-Schönach) gleichnamige VVG im Lkr. Sigmaringen, 21 212 Ew., ca. 18 km s Sigmaringen, Reg.-Bez. Tübingen, BW. 1220 verleiht Friedrich II. Pfullendorf staufische Stadtrechte, 1803 an Baden. Buch- und Verlagsdruck, Küchenmöbelherstellung. Stadtpfarrkirche St. Jakob, Heilig-Geist-Spital, Wallfahrtskirche Maria Schrey, Oberes Tor, Gremlichhaus. **II.** um 1080–1084 (Chron. Mitte 12. Jh.) *Pfullindorf*; *Pfullendorf* (1152). **III.** Als 'Siedlung des Pfullo' eine Zuss. aus dem Gw. ↗*-dorf*, ahd. *dorf* 'Hof, Gehöft, Landgut, Dorf', mhd. *dorf* 'Dorf' und dem PN **Pfullo*, dessen Stammvokal vor Doppelkonsonanz gekürzt und daher mda. nicht zu *-ü-* umgelautet wurde. **IV.** ↗Pfullingen, Lkr. Reutlingen, BW. **V.** FO 2; FP; Haubrichs 2004; Kaufmann 1968; LBW 7. *JR*

Pfullingen **I.** Stadt im Lkr. Reutlingen, 18 458 Ew., ca. 3 km ssö Reutlingen, Reg.-Bez. Tübingen, BW. Bodenfunde und FlN (*Weil, Auf der Mauer*) zeugen von röm. Gutshöfen. Die Edelfreien von Pfullingen bewohnten die obere Burg, die vor 1521 abgebrochen wurde, die untere Burg wurde 1487 an Württemberg verkauft, im späten MA erwirbt Württemberg alle Obrigkeit. Forst- und Landwirtschaft, produzierendes Gewerbe. Schlössle, Klarissenkloster, Schönbergturm. **II.** 937 *in pago Pfullichgouue*, 1089 (Chronik 1. H. 12. Jh., Kop. 16. Jh.) *Phullingin*; *Pfullingen* (1278). **III.** Der Name ist zurückzuführen auf eine ↗*-ing(en)*-Ableitung zu dem PN **Pfullo* und bedeutet 'bei den Leuten des Pfullo'. Der Stammvokal *-ū-* wurde vor Doppelkonsonanz gekürzt und daher nicht zu *-ü-* umgelautet. **IV.** ↗Pfullendorf, Lkr. Sigmaringen, BW. **V.** Reichardt 1983; LBW 7. *JR*

Pfungstadt **I.** Stadt im Lkr. Darmstadt-Dieburg, 24 483 Ew., sö Darmstadt am nw Odenwaldrand, Reg.-Bez. Darmstadt, HE. Der Ort – mit Bodenfunden seit der Jungsteinzeit, bes. fränk. Reihengräbern – dürfte im 7. Jh. von den Franken (neu)besiedelt worden sein. Bis zum Hochmittelalter war er unter der Herrschaft der Reichsabtei Lorsch, die hier von 785 bis ins 12. Jh. viele Schenkungen erhielt. Im Spätmittelalter kam er an die Grafen von Katzenelnbogen, 1479 an die Landgft. Hessen, 1567 an Hessen-Darmstadt, 1918 und 1945 an Hessen. 1972/77 um 2 Gem. erweitert. **II.** 785, 804, 837 *Phungestat*, 836 *Pungestat* (alle Kop. E. 12. Jh.), 1113 *Fungestat*, 1321 *Pungestadt*, um 1400 *Pungstadt*, 1487 *Püngstadt*, 1519 *Pfingstat*, 1777 *Pfüngstatt /Pfungstatt [alle Or]*. **III.** In CL ist *Phunge-* „Normschreibung" (13x so, nur 1x *Punge-*), wobei *ph-* in CL eine aus der Vorlage stammende, rom. beeinflusste „Sondergrafie" für (unverschobenes) germ. /p/- ist (Haubrichs), wie es auch die rhfr. Mda. hat. Noch bis ins 15. Jh. wird *P-* geschrieben (mit ganz seltenen obd. beeinflussten Ausnahmen wie 1113), erst seit dem 16. Jh. gilt hoch- und schriftsprachliches *Pf-*. Bw. ist wohl – wie öfter bei ↗*-stadt*-Namen – ein PN, hier wohl *Punning*, eine Abl. mit dem Zugehörigkeitssuffix germ. ↗*-ing* vom Kurznamen *Punno* = anlautverschärftes *Bun(n)o*, im Gen. Pl.: **Punningo-* '(Siedlungsstätte) der Leute des Punno'. Das *-ingo-* im Nebenton wurde dann früh (auch durch den *n-*Schwund vor *g*) zu *-g(e)*. Der (im Md. auch vor Nasal + Konsonant eingetretene) Umlaut von *u* wurde, wie üblich, erst im 15./16. Jh. bezeichnet, später aber wohl als mda. unter obd. Einfluss aufgegeben. **IV.** Pinkofen, OT von Schierling, Lkr. Regenburg, BY. **V.** CL; Simon; Böhmer; Clemm; Müller, Starkenburg; Haubrichs 1990; FP; FO; Kaufmann 1965 und 1968; Bach DNK. *HGS*

Phalsbourg ↗Pfalzburg

Philippsburg I. Stadt im Lkr. Karlsruhe, 12 459 Ew., bildet zusammen mit der Gem. ↗Oberhausen-Rheinhausen den GVV Philippsburg, 22 011 Ew., ca. 25 km n Karlsruhe, Reg.-Bez. Karlsruhe, BW. Zunächst zu Lorsch, 1615 Ausbau der Burg zur Festung durch Bischof Christoph Philipp von Sötern, 1618 Zerstörung durch die Pfälzer, 1634 an Schweden, 1635 wieder kaiserlich, 1644 von den Franzosen besetzt, es folgen Kapitulation und Rückeroberung durch die Franzosen und die Rückgabe ans Reich 1697, 1803 an Baden. Kernkraftwerk, Reifenlager. Kriegerdenkmal, Philippsburger Altrhein, Heimatmuseum. II. *Philippsburg* (1615) III. Namengebend für den zunächst *Udenheim* – 784 *Hiutenheim* (Kop. 12. Jh.), um 800 *Utenheim* (Kop. 12. Jh.) – genannten Ort ist die Festung Philippsburg, die 1615 vom Speyerer Bischof Philipp Christop von Sötern gegründet wurde. IV. Phillipsthal, Lkr. Hersfeld-Rotenburg, HE; Phillipsheim, Eifelkreis Bitburg-Prüm, RP. V. Diemer, M.: Die Ortsnamen der Kreise Bruchsal und Karlsruhe. Stuttgart 1967; LBW 2 und 5. *JR*

Piła ↗Schneidemühl

Pillau // Балтийск [Baltijsk] I. Kreisfreie Stadt, 33 252 Ew., auf der Südwestspitze des Samlandes, 40 km w von Königsberg // Kaliningrad, Kaliningrader Gebiet (Kaliningradskaja oblast'), RUS. An der Stelle der apreuß. Burg erbaute der Deutsche Orden eine neue Burg und das Zollhaus (Pfundbude). 1479 und 1510 wurde die Frische Nehrung durch Stürme durchbrochen, sodass eine schiffbare Rinne (Gatt) entstand. 1537 wurden das Blockhaus des Zollamtes, 1599 die Kirche erbaut. Von 1626 bis 1635 unter schwedischer Verwaltung. 1725 Stadtrecht. 1745 Rathaus errichtet. 1758 bis 1762 von Russland und 1812 bis 1813 von französischen Truppen besetzt. 1901 durch den Königsberger Seekanal mit Königsberg verbunden. Bis zum II. Weltkrieg kreisfreie Hafenstadt im Lkr. Samland, Ew.: 12 379 (1939); Hafen, Werften, Güterbahnhof, Höhere Schulen, Seebad. Während des II. Weltkrieges wurde der Ort stark zerstört und schließlich von den neuen Bewohnern umgebaut. Seit 1945 zu RUS. II. 1430 *Pilen* [Or], 1436 *Pile* [Or], 1445 *Pillaw* [Or], *Pillau* 1684, *Pillau* 1785; *Baltijsk* (1946, nach der Lage an der Ostsee (Baltisches Meer) benannt) III. Der ON gehört zu apreuß. **pili-* 'Burg', vgl. lit. *pilìs*, lett. *pils* 'Burg', erweitert mit dem Suffix **-av-*, das durch *-au* im Deutschen ersetzt wurde. Der ON kommt auch in anderen Landschaften im ehem. Altpreußen vor. IV. Pillau // poln. Piława, Woi. Warmińsko-mazurskie (Ermland-Masuren), PL. V. HG; HHS Weise; Blažienė, G.: Die baltischen Ortsnamen im Samland (Hydronymia Europaea, Sonderband II). Stuttgart 2000. *gras*

Pinneberg nd. Pinnbarch I. Kreisstadt des gleichnamigen Kreises, 42 367 Ew., direkte Nähe zu Hamburg, an der Pinnau (ältere FluN **Ütristina*, **Aue to Ueterst*, SH). 1351 erstmals urk. erwähnt, bis 1640 zur Grafschaft Schauenburg-Pinneberg, anschließend unter dän. Verwaltung, 1867 zu Preußen und Sitz der Kreisverwaltung, 1875 Stadtrechte und Kreisstadt. Baumschulen, Senderstandort des Deutschen Wetterdienstes, Stadtmuseum, Wasserturm, Deutsches Baumschulmuseum. II. 1351 *in Pinnenberghe* [Or], 1451 *to … Pynnenberge*; *zu Pinneberg* (1622). III. Der ON birgt eine veraltete nd. Wendung in sich, mit der ein mit *Pinnen* 'Pflöcken' befestigter Berg bezeichnet wird. Dieser war ein im Nd. nicht selten vertretener FlN. Hier ist derjenige Berg gemeint, auf dem urspr. eine Burg der Schauenburger Grafen von Holstein stand, in der deren Drosten saßen. Der ON spiegelt also die Bedeutung 'Siedlung am mit Pflöcken befestigten Berg' wider. IV. Pinnebergerdorf, OT von Pinneberg, SH. V. Laur; Haefs. *GMM*

Pirmasens I. Kreisfreie Stadt und Verwaltungssitz des Lkr. Südwestpfalz, 41 358 Ew., am Westrand des Pfälzerwaldes, RP. Die Siedlung wird erstmals als Landsbesitz des Klosters Hornbach, das Pirminius gegründet hat, in dessen Vita aus der 1. Hälfte 9. Jh. erwähnt. Der Ort kam im 18. Jh. an Hessen-Darmstadt, wurde zur Residenz erhoben und erhielt 1769 volles Stadtrecht. Im 19. Jh. entwickelte sich die Stadt zum Zentrum der Lederverarbeitung und Schuhindustrie („Deutsche Schuhmetropole"). II. Um 820 *in loco, qui nunc vocatur Pirminiseusna* (Kop. 10. Jh.), 1225 *de Birmesensen, de Pirmesessen*, 1436 *Pirmesens*; *Pirmasens* (1672). III. Das Bw. ist der Heiligenname *Pirminius*, der sich lautlich von *Pirminis-* über *Birme(n)s-* zu *Pirma(n)s-* entwickelte. Das Gw. wird durch ahd. **einasna* 'Einzelanwesen' gebildet, das einen Wandel von **-einasna* über *-einessel-e(n)se(n)* zu *-esse* bzw. *-ens* zeigt. Daraus ergibt sich als urspr. Bedeutung 'Eremitage, Einsiedelei des Heiligen Pirminius'. V. MGH, Scriptores (in folio) 15,1; Christmann 1952; HHS 5; HSP. *JMB*

Pirna I. Große Kreisstadt, gleichnamige VG und Verwaltungssitz im Lkr. Sächsische Schweiz-Osterzgebirge, 41 226 Ew., am oberen Beginn der Elbtalweitung, an der Mündung der Wesenitz und der Gottleuba in die Elbe, am Elbsandsteingebirge, „Tor zur Sächsischen Schweiz", SN. Asorb. Burgwall und Burgsiedlung an alter Elbefurt, um 1100 böhmisch, um 1200 planmäßige Stadtanlage durch die Markgrafen von Meißen, Stadtrecht um 1250. Bis 1989 Standort der Textil-, Baustoff- und Chemieindustrie. II. 1233 *Perne*, 1245 *Pirne*, das im 14. Jh. vorherrscht, 1413 *Pyrna*. III. Am ehesten zu asorb. **pyŕ* 'Brandstelle' mit einer Grundform **Pyŕno*, die jedoch auch noch ältere (idg.?) Formen fortsetzen könnte. Volkssprachlich an *Birne* angelehnt, 1413 *Pyrna* deutet auf die Kanzlei-Endung *-a*. **IV.** Pyrna, OT von Wurzen, Lkr. Leipzig, SN. **V.** HONS II; SNB. *EE, GW*

Planegg **I.** Gem. im Lkr. München, 10588 Ew., Reg.-Bez. Oberbayern, BY. Im 15. Jh. Bau des Schlosses. **II.** 1409 *Planegk*, 1560 *Planeckh*, 1622 *Planeck*, 1739 *in arce Planegg*. **III.** Grundwort des urspr. Burgnamens ist mhd. ⟋*-eck(e), egge* 'Ecke, Kante, Winkel', Bestimmungswort *plân* 'freier Platz, Ebene'. Der Name bezieht sich also auf die Lage der Burg auf einem Höhenvorsprung. **V.** HHS 7/1; Reitzenstein 2006. *WvR*

Plankstadt **I.** Gem. im Rhein-Neckar-Kreis, 9617 Ew., ca. 7 km wsw Heidelberg, Reg.-Bez. Karlsruhe, BW. 1165 unter pfälzischer Oberherrschaft kam der Lorscher Besitz an das Tochterkloster Neuburg und 1173 an das Kloster Lobenfeld, 1254–1259 Kauf des gesamten Grundbesitzes durch die Schönauer Zisterzienser, 1803 an Baden. Tabakanbau, Bierbrauerei. Vogelpark, Heimatmuseum. **II.** 771 *Blanckenstat*, 804 *Planckenstat*, 1369 *Blangstat*, 1381 *Planckstat*. **III.** Es handelt sich wohl um eine Zuss. mit dem Gw. ahd., mhd. ⟋*-stat* 'Stelle, Ort, Wohnstätte' und dem Bw. ahd. *blanc* 'fahl, weiß, glänzend'. **IV.** ⟋Bad Blöankenburg, Lkr. Saalfeld-Rudolstadt; Blankenhain, Lkr. Weimarer Land, beide Th; Blankenburg, Lkr. Harz, ST. **V.** Bach DNK 2; FO 1; Krieger; LBW 5. *JR*

Plattling **I.** Stadt im Lkr. Deggendorf, 12625 Ew., Reg.-Bez. Niederbayern, BY. Besitz des Klosters Metten und der Grafen von Bogen, im 13. Jh. Übernahme durch die Wittelsbacher, 1320 Markt. **II.** 868 *Platlinga*, 1162 *Blaedeling*, 1198 *Plaedlingen*, 1222 *Pladling*, 1254 *Plaedling*, 1811 *Plattling*. **III.** Es liegt wohl der zu erschließende PN *Bladilo* zugrunde, der durch das Zugehörigkeitssuffix ⟋*-ing* abgeleitet ist. **V.** HHS 7/1; Reitzenstein 2006. *WvR*

Plau am See **I.** Stadt und gleichnamiges Amt (mit weiteren fünf Gem.) im Lkr. Parchim, 8797 Ew., am Westufer des Plauer Sees, ca. 45 km s von Güstrow, MV. Slaw. Vorbesiedlung mit nahegelegener Burg, die um 1200 den Fürsten von Werle gehörte, 1225 durch diese planmäßige Anlage einer neuen Siedlung, 1235 als Stadt bezeichnet, seit etwa 14. Jh. wechselnde Zugehörigkeit, im 19. Jh. Bau einer Eisengießerei sowie einer Tuchfabrik und Ziegelei, seit 1994 Zusatz: *am See*, 1998 staatliche Anerkennung als Luftkurort mit stetem Ausbau des Fremdenverkehrs. **II.** 1235 *ciues in Plawe*, 1254 *Plawe*, 1296 *sito extra ciuitatem Plauue*, 1323 *Plawis*. **III.** Dem ON liegt ein apolb. FlN *Plavy* (Pl.) mit der Bedeutung 'Flößplatz, Flößort' zugrunde, der auf das App. *plaw* (vgl. poln. *spławić* 'schwemmen, flößen', russ. *splavit'* 'flößen', ukr. *plav* 'niederes Ufer') zurückgeht und sicher mit einem Platz am Ufer des Plauer Sees in Verbindung steht. Die unbetonte Pluralendung *-y* wurde in den ma. Urkunden als *-e-* wiedergegeben und ging bei der Eindeutschung verloren. **IV.** ⟋Plauen, Vogtlandkreis, SN; Plaue, Ilm-Kreis, TH; Plaue an der Havel, OT von Brandenburg, BB; Plöwen, Lkr. Uecker-Randow, MV. **V.** MUB I–VII; HHS, Bd. 12; EO; Trautmann ON Meckl.; Eichler/Mühlner; Niemeyer 2003. *MN*

Plauen **I.** Kreisstadt des Vogtlandkreises, 66870 Ew., im mittelvogtländischen Bergland, im Tal und an den Uferhängen der Weißen Elster, an der Einmündung der Syra, unweit der beiden großen Talsperren Pöhl (nö) und Pirk (s), SN. Asorb. Dorf, 1122 d. Burg mit Burgsiedlung, Stadtgründung um 1220/30 durch die Reichsvögte von Gera, Weida und Plauen, Residenz der Vögte, altes Zentrum für den Handel mit Süddeutschland und Böhmen. Seit dem 18. Jh. Zentrum der Textilindustrie (Plauener Spitze). H. auch Standort des Maschinenbaus und der Getränkeindustrie. **II.** 1122 *Plawe*, ebenso im 13. Jh., 1360 *Plawen*. **III.** Zu asorb. **pław* als Bezeichnung einer Schwemme an der oberen Weißen Elster, wahrscheinlich eher für das Flößen, weniger für eine Pferdeschwemme. Die Endung *-en* setzt sich erst im 14. Jh. durch, analog zu anderen ON auf *-en* (*Treuen* usw.). **IV.** ⟋Plau am See, Lkr. Parchim, MV; Plaue, Ilm-Kr., TH. **V.** HONS II; SNB. *EE, GW*

Pleß // Pszczyna ['pʃtʃina] **I.** Kreisstadt und gleichnamige VG in der Woi. Śląsk, 50161 Ew., Mittelpunkt eines Agrargebietes s des Oberschlesischen Industriegebiets, in der Niederung der Pszczinka (nur 1890: Plesser Wasser)// Pszczynka, PL. 1327 als Stadt erwähnt, seit 1447 Sitz der Standesherrschaft; die Berufsstruktur der Bewohner war auf die Bedürfnisse der Residenz eingestellt. Um 1910 waren 67% der Stadtbewohner Deutsche, während die Landbevölkerung größtenteils polnischsprachig war. Dies spiegelte sich auch in der Abstimmung über die künftige Zugehörigkeit Oberschlesiens von 1921 wieder, in der 74% der Bewohner des Kreises für Polen und 75% der Stadtbewohner für Deutschland votierten. Bis 1922 Kreisstadt im Reg.-Bez. Oppeln; 7700 Ew. (1939). In der Umgebung ist ein Wisentgehege, Schloss mit Museum. **II.** 1302 *Plisschyr*, 1325 *Plessina*, 1425 *Blissczyna*, 1444 *Blsczina*, 1511 *Psczyna*, 1845 *Pleß*, poln. *Pszczyna*. **III.** Der ON knüpft an den Flussnamen an; dieser ist 1423 als *floss und wassir genant Plessen* belegt (h. *Pszczynka*). Herkunft des FluN ist strittig: 1) Urspr. **Blszczyna* zu apoln. *bleszczyć* 'glänzen, leuchten, schimmern' zum aslaw. **blьsk-* 'Aufleuchten, Glanz', also 'glänzendes, helles

Wasser'. Auf diese Deutung weisen die Erwähnungen aus dem 15. Jh. hin. 2) *Plszczyna* zu *pleszcz*, aslaw. *plьsk-* 'spritzen, plätschern' mit der Bedeutung 'spritzendes, plätscherndes Wasser'. Die heutige Form des ON entstand durch Vereinfachung der schwer auszusprechenden Konsonantengruppe *Plszcz-* zu *Pszcz-*. **IV.** Bleszcze, Pścinno, beide PL. **V.** SNGŚl; Borek, H.: Górny Śląsk w świetle nazw miejscowych. Opole 1988. *MCh*

Plessa **I.** Gem. und gleichnamiges Amt, entstanden 1992 aus Zusammenschluss der Gem. Gorden-Staupitz, Hohenleipisch, Plessa und Schraden, Lkr. Elbe-Elster, 6890 Ew., sw Cottbus, BB. Gehört zum Braunkohlengebiet um Lauchhammer, dessen Förderanfänge (Mitte des 19. Jh.) u.a. hier lagen; Kraftwerk Plessa bis 1992 in Betrieb, h. museales Braunkohlenkraftwerk. **II.** 1395 *Ples*, 1456 *Bleßße, Plesse*, 1540 *Blesse, Plessaw*; *Plessa* (1583). **III.** Slaw./asorb. **Ples(o)*, ein einfacher Name zu **ples(o)* 'See', evtl. 'offene und breite Stelle eines Flusses, Untiefe', motiviert durch die Lage an der Schwarzen Elster. Das auslautende *-a* ist ein typisches Merkmal für ON; kommt besonders häufig in SN vor; im N Brandenburgs wurde in derselben Funktion ↗ *-ow* angefügt. **V.** DS 22; SO 3; OBB. *EF*

Plettenberg **I.** Stadt im Märkischen Kr., 27026 Ew., Reg.-Bez. Arnsberg, NRW. Kirchdorf in der Gft. Mark, 1609 Brandenburg(-Preußen), 1803 Ghztm. Berg, 1813 wieder preußisch, 1941 Stadt, Eisenindustrie. **II.** Um 1070 *Plettonbrath*, 1311 *in Plettinbreght*, 1392 *to Plettenberg*, 1463 *van Pletemert*. **III.** Die Schreibung ↗ *-berg* ist erst seit 1400 einigermaßen fest. Im mündlichen Gebrauch bleibt es noch lange bei einer Ableitung von ↗ *-bracht* mit *-r*-Metathese und Wandel von *-nb->-mb->-m-*. Das Flur- und (sekundäre) Siedlungsnamen-Grundwort *-bracht* ist bislang nicht gedeutet (Derks und Müller). Das Bestimmungswort *Pletten-* wird von Müller zu *platt* 'flach', auch 'unbewaldet', bzw. zu *Platte* 'kleine Hochfläche' gestellt. **IV.** Zwei FlN Plettenberg in Süd-Westfalen. **V.** Crecelius, W. (Bearb.): Traditiones Werdinenses. In: Zeitschrift des Bergischen Geschichtsvereins 7 (1871); WfUB VII und XI; Schulte, W. (Bearb.): Iserlohn. Die Geschichte einer Stadt. Bd. II: Iserlohner Urkundenbuch. Iserlohn 1938; Derks, Lüdenscheid; Müller, G. (Bearb.): Westfälischer Flurnamenatlas, Lieferung 4. Bielefeld 2006. *schü*

Pliezhausen **I.** Gem. im Lkr. Reutlingen, 9339 Ew., bildet zusammen mit der Gem. Walddorfhäslach die VVG Pliezhausen, 14150 Ew., ca. 7 km n Reutlingen, Reg.-Bez. Tübingen, BW. 1092 an das Kloster Allerheiligen, später, eventuell zusammen mit Urach im 13. Jh. an Württemberg. Industrie-, Zulieferer- und Dienstleistungsbetriebe. Zwei-Eichen-Turm, Römerstraße, Naturpark Schönbuch, Dorfmuseum. **II.** 1092 *Plidolfeshusin [Or]*, 1291 *Blidolzhusen [Or]*, 1526–35 *Pliezhusen*. **III.** Eine Zuss. aus dem PN *Blīdolf* und dem Gw. mhd. *-hūsen*, nhd. ↗ *-hausen* als alter Dat. Pl. von ahd. mhd. *hūs*: 'Siedlung des Blīdolf'. Da die *-hausen*-Namen auf dem Gw. betont werden, wurde der Stammvokal *-ī-* gekürzt und deshalb nicht zu *-ei-* diphthongiert. Der zweite Bestandteil des PN ist infolge seiner schwachtonigen Mittelstellung im ON geschwunden. **V.** Reichardt 1983; LBW 7. *JR*

Plochingen **I.** Stadt im Lkr. Esslingen, 14209 Ew., ca. 9 km osö Esslingen, am Neckarknie und der Einmündung der Filz in den Neckar, bildet zusammen mit den Gem. Altbach und Deizisau den GVV Plochingen mit 26546 Ew., Reg.-Bez. Stuttgart, BW. Ab 1331 mehrheitlich zum Spital Esslingen, 1802/03 an Württemberg. Herstellung von Hochleistungskeramik, Automobilzulieferer. Hundertwasserhaus, Weinbergtürmle, Ottilienkapelle, Haus Gablenberg. **II.** 1146 *Blochingen [Or]*, 1157 *Plochingin*. **III.** Da kein zugehöriger altdeutscher PN überliefert ist und auch nicht plausibel rekonstruiert werden kann, geht Reichardt von einem der in Baden-Württemberg seltenen Fälle der Verbindung von ↗ *-ing(en)* + Appelativ aus. In einer Ableitung von ahd. *bloh* 'Holzblock', mhd. *bloch* 'Klotz, Bohle, ungespaltener, unbehauener Baumstamm', könnte *-ing(en)* zur Bildung von ON nach charakteristischen Merkmalen des Wohnortes, hier wohl der Blockbauweise der Siedler, gedient haben. **V.** Reichardt 1982a; LBW 2 und 3. *JR*

Plön **I.** Kreisstadt des gleichnamigen Kreises, 12788 Ew., am Großen Plöner See, in der Holsteinischen Schweiz, SH. 1236 Lübisches Stadtrecht, ab etwa 1623 Residenz der Herzöge von Schleswig-Holstein-Sonderburg-Plön, 1761 an die dänische Krone, 1867 zu Preußen. Luftkurort, Schloss Plön, Max-Planck-Institut für Limnologie. **II.** 11. Jh. *Plunie civitas [Or]*, 1221 *in Plone*; *Plöen* (1649). **III.** Der ON stammt vom apolb. Wortstamm *plon* ab, was 'eisfreie Fläche im See' bedeutet. Damit ist auf die alte slaw. Burg Plön auf der Insel Olsborch im Großen Plöner See verwiesen. **V.** Laur. *GMM*

Plüderhausen **I.** Gem. im Rems-Murr-Kreis, 9440 Ew., bildet zusammen mit Urbach den GVV Plüderhausen-Urbach, 17965 Ew., ca. 22 km ö Waiblingen, Reg.-Bez. Stuttgart, BW. 1253 als Zubehör der staufischen Herrschaft Waldhausen an Württemberg. Herstellung von Druckgießmaschinen. Altes Rathaus, St. Margaretenkirche, Herz-Jesu-Kirche. **II.** Um 1100 (Kop. 16. Jh.) *Bliderhōsun, Bliderhusen*, 1278 *Bliderhusen [Or]*, 1421 *Blyderßhusen*; *Plüderhausen* (1552).

III. Wohl eine Zuss. aus dem PN *Blīder* und dem Gw mhd. *-hūsen*, nhd. ↗ *-hausen*: 'Siedlung des Blīder'. Da den meisten Belegen das Genitiv-*s* fehlt, das sonst in der Regel in der Kombination PN + *-hūsen* erhalten ist, vermutet Reichardt eine frühe volksetymologische Neumotivierung durch das Adjektiv ahd. *blīdi*, mhd. *blīde* 'froh, heiter, freundlich' als: 'Siedlung des Fröhlichen/Freundlichen'. Da die *-hausen*-Namen auf dem Gw. betont werden, wurde der Stammvokal *-ī-* gekürzt und nicht zu *-ei-* diphthongiert. Der seit dem späten 15. Jh. bezeugte Umlaut *-ü-* ist eine hyperkorrekte Schreibung vor dem Hintergrund der mda. Entrundung von *ü* zu *i*. **V.** Reichardt 1993; LBW und 3. *JR*

Pocking I. Stadt im Lkr. Passau, 14 938 Ew., Reg.-Bez. Niederbayern, BY. Klosterbesitz, seit dem 13. Jh. Dorfherrschaft der Grafen von Ortenburg. II. 820 (Kop. des 9. Jh.) *Pochingas*, 1180–1200 *Pochingen*, 1287 *Poching*, 1317 *Pokking*, 1471 *Pocking*. III. Es liegt wohl der PN *Bocco* zugrunde, der durch das Zugehörigkeitssuffix ↗ *-ing* abgeleitet ist. **V.** HHS 7/1; Reitzenstein 2006. *WvR*

Pohlheim I. Stadt im Lkr. Gießen, 18 144 Ew., am Nordrand der Wetterau, sö Gießen, Reg.-Bez. Gießen, HE. Entstehung der Gem. Pohlheim durch Zusammenschluss von Dorf-Güll, Garbenteich, Grüningen, Hausen, Holzheim, Watzenborn-Steinberg (31. 12. 1970); Name der Wüstung Pohlheim als Erinnerungsname, Stadtrecht 1974; rom. Kirche in Garbenteich (12. Jh.), Reste des röm. Limes und frühgot. Pfarrkirche (mit Flachdecke von 1669) in Grüningen, barocke Saalkirche in Holzheim (1631–32); Büromöbelfabrik. II. 793 (–796?) (Kop. 1183–95) *in Logenehe in Falheimer marca*, 1247 *Cunrado de Palheim*, 1307 *in villa Palheym*, 1466 *zu Pholheim*. III. Komp. mit dem Gw. ↗ *-heim* 'Wohnsitz, Haus, Wohnstätte'. Für das Bw. wurde bisher ein Anschluss an ahd. *phāl* 'Pfahl' versucht und damit eine Beziehung zum Limes hergestellt, der damals wie h. in der Mundart *palus*, *pol* heißt. Das Wort *Pfahl*, ahd. *phāl*, mhd. *phāl* wurde früh aus lat. *pālus* 'Pfahl' (hauptsächlich als Bestandteil von Befestigungswerken) entlehnt. Im Anlaut bleibt *p* mittel- und rhfr. unverschoben. Mit diesem Ansatz stellt sich allerdings die Frage, wie die Erstnennung der Mark aus dem CL (793 (–796?, Kop. 1183–95, *Falheimer marca*) und der Wechsel anlautend *F-* > *P-* zu erklären ist. Anlautend *F-* erscheint anstatt *P-* hauptsächlich in alem. Textdenkmälern; in bair. und fränk. Quellen finden sich hingegen nur vereinzelte Belege für den Auslaut. Eine andere Deutungsmöglichkeit ergibt sich, wenn man vom Erstbeleg ausgeht, also *Fal-* anstatt *Pal-* für die weitere Deutung zugrunde legt. Das Bw. würde dann einen Anschluss an germ. *fal-* 'eben, flach' finden (verm. auch in Ost- und West*falen*); zu vergleichen ist schwedisch *fala* 'Ebene, Heide'. Die Formen mit *P-*, die erst im 13. Jh. erscheinen, sind dann entweder als Lehnform oder als Umdeutung zu interpretieren. Das Gw. zeigt im Beleg von 1307 die graphische Variante *-y-* für *-i-*. Der Stammvokal ist konstant als *-a-* überliefert; im 15. Jh. wird *-ā-* zu *-ō-* labialisiert (Rundung). Für den ON *Pohlheim* ergeben sich zwei Deutungsmöglichkeiten als 'Siedlung am Pfahl (Limes)' oder als 'Siedlung an der flachen Stelle, auf der Ebene'. **IV.** † Pohlheim, Wetteraukreis; Pohl-Göns, Wetteraukreis; beide HE. **V.** LAGIS; Reichardt 1973. *DA*

Poing I. Gem. im Lkr. Ebersberg, 13 022 Ew., Reg.-Bez. Oberbayern, BY. II. 859–875 *Piuuuingun*, 977–981 *Piuuinga*, 1155–1206 *Puingen*, 14. Jh. *Pewing*, *Peuing*, 1539 *Poying*, 1796 *Poing*. III. Es ist ein PN **Piuwo* zu erschließen, der durch das Zugehörigkeitssuffix ↗ *-ing* abgeleitet ist. **V.** Reitzenstein 2006. *WvR*

Porta Westfalica I. Stadt im Kr. Minden-Lübbecke, 35 449 Ew., Stadt am rechten Weserufer, sö Minden, Reg.-Bez. Detmold, NRW. 1020 erstmals erwähnte Schalksburg, Besitz der Edelherrn vom Berge, Vögte des Bistums Minden; seit 12. Jh. Burg *Hus tom Berge* (1019/20), 1215 *Henricus de Monte*, 1650 *Hauß zum Berg*, 1723 Abbruch der Burg, ehem. Burgflecken Hausberge unterhalb der Burg. Seit Anfang 19. Jh. Fremdenverkehr, 1896 Kaiser-Wilhelm-Denkmal auf dem Wittekindsberg (l. der Weser). Sandsteinabbau bis ca. 1912, Eisenerz ab Mitte 19. Jh. Dienstleistungsgewerbe. 1973 Zusammenlegung der Stadt Hausberge mit 13 Nachbargem.; heutiger Name amtlich seit 1973. II. 1796 *Westphälische Pforte*, *Porta Westphalica*, 1800 *die Porta Westphalens*, *Porta Westfalica*, *Porta Westphalika*, 1829 *Westphälische Pforte*. III. Die Stadt wird mit der lat. Namenform der sog. Westfälischen Pforte, *Porta Westfalica*, nach dem durch die Weser gebildeten Taleinschnitt zwischen Wiehengebirge und Wesergebirge benannt (die gelehrte Namenbildung erscheint vermutlich zuerst bei Frölich 1796; vgl. Hoche 1800). **V.** Frölich, K.A.: Beschreibung der westphälischen Pforte ... Leipzig 1796; Hoche, J.G.: Reise durch Osnabrück und Niedermünster in das Saterland, Ostfriesland und Gröningen. Bremen 1800; HHS 3. *BM*

Posen // Poznań ['pɔznaɲ] I. Stadt mit den Rechten eines Kreises und Hauptstadt der Woi. Wielkopolskie (Großpolen), Kreissitz, 557 264 Ew., an der Warta//Warthe, PL. Altsteinzeitliche Besiedlung, Ausgrabungen lassen die Anfänge der frühmittelalterlichen Burg auf die Wende 8./9. Jh. datieren. Eine der ältesten Städte Polens, seit 968 Bistum und bis

1296 Residenz der poln. Herzöge. Die Stadt gilt als Wiege des poln. Staates. 1793 und 1815 an Preußen, 1807–1815 zum Hztm. Warschau, 1918 an Polen. H. Polens fünftgrößte Stadt hinsichtlich der Bevölkerung, sechstgrößte hinsichtlich der Fläche; dynamische Wissenschafts- und Kulturmetropole (Museen, Theater, Universität, 5 Akademien) sowie Industrie- und Dienstleistungszentrum. Alljährlich Internationale Posener Messe. **II.** Der ON wurde zum ersten Mal in der Chronik von Thietmar erwähnt. 970 episcopus *Posnaniensis*, 1005 ab urbe *Posnani*, 1146 in *Poznan*, 1236 *Posnania*, 1247 *Poznania*, 1358 de *Poznan*, 1530 de *Poznania*, 1619 *Poznan, ciuitas*, 1888 *Poznań*, 1982 *Poznań*. **III.** Vom apoln. PN *Poznan* (zu *poznać* 'kennenlernen'), bedeutete urspr. 'eine Burg des Poznan'. Die Form *Posen* ist eine phonetisch-morphologische Adaptation des poln. Namens. **IV.** Es gibt Dörfer mit dem ON *Poznań* in mehreren Woi. **V.** Rymut NMP; RymNmiast; Malec. *BC*

Pößneck **I.** Stadt, Saale-Orla-Kreis, s Jena, ö Saalfeld, an der Kotschau in der Orlasenke, 13 080 Ew., TH. Asorb. Dorf im frühmittelalterlichen d. Königsgutbezirk Saalfeld (9.–11. Jh.) mit der Altenburg; an alter Straße von Saalfeld nach Gera, im 12. Jh. Entwicklung zum Burgmarkt (*alde stat* 1425); Stadterweiterung im 13. Jh. (1324 *stat und hus*); im MA Tuchmacherei und Gerberei; seit 19. Jh. industrielle Entwicklung; h. Buchherstellung. **II.** 1252 *de Pesnitz*, 1303 *Pesnic*, 1354 *Peznik*, 1423 *Peßnig*; *Pösneck* (1725). **III.** Urspr. asorb. ON **Pěsnik* zu asorb. **pěsnik* 'sandiger Ort, Sandgrube'. Eine asorb. Stellenbezeichnung wurde zum ON, der etwa im 10. Jh. ins D. gelangte. Im 17./18. Jh. wird amtlich im D. *-e-* hyperkorrekt zu *-ö-* im ON. **IV.** Pösneck, OT von Wünschendorf, Lkr. Greiz, TH, 1419 *Pessenig*. **V.** Schultes; SNB; SO 3. *KH*

Potsdam **I.** Kreisfreie Stadt und Hauptstadt des Landes Brandenburg, 152 966 Ew., inmitten zahlreicher Havelseen, sw Berlin. Im Frühmittelalter slaw. Wallburg mit Fischersiedlung, später Burg der Mgf. von Brandenburg; Anwachsen zum Städtchen (1317 *oppidum*, 1323 *städeken*); im 18. Jh. Ausbau zur Residenz der Könige von Preußen und Anlage von Schloss und Park Sanssouci (1721 Neustadt); 1945–1952 Hauptstadt des Landes Brandenburg, dann Kreis- und Bezirkshauptstadt, h. wieder Landeshauptstadt. Schloss Cecilienhof war 1945 Tagungsstätte der Potsdamer Konferenz der Alliierten. Universität, Fachhochschule, Forschungsinstitute; Internat. Multimediastandort für Film und Fernsehen im Stadtteil Babelsberg. Schlösser und Gärten von Potsdam sind Weltkulturerbe. **II.** 993 *Poztupimi [Or]*, 1317 *postamp*, 1345 *postam [Or]*, um 1500 *Potstamp [Or]*. **III.** Im Erstbeleg entnasalierte Form:

sorb., da Urkunde in Merseburg ausgestellt oder durch zeitliche Schwankungen *ǫ/u* im apolb. Grenzgebiet erklärbar. Wahrscheinlich slaw./apolb. **Postǫpim*', eine poss. Bildung mit dem Suffix *-j-* zum unechten VN *Postǫpim* (zur Präposition *po* 'an, bei' und dem Verbalstamm *stǫp-* 'treten'), direkte Vergleichsnamen fehlen. Die eingedeutschte Form für das 12. Jh. wäre **Postampem*, das auslautende *-em* fiel infolge der Dissimilation ab. Möglich ist auch eine Bildung mit der Präposition *pod* 'bei, unterhalb' und *stǫp* 'Stampfe', das *-m* ist Endung des Instrumentals Pl. oder Sg., also 'Ort bei der bzw. mit der Stampfe'. **V.** DO III; Riedel A X, XI, VIII; BNB 4; SNB. *EF*

Poznań ↗ Posen

Pratteln **I.** Gem. im Bezirk Liestal, 15 088 Ew., Kt. Basel-Landschaft, CH. Bedeutender Industrieort, Knotenpunkt der Bahnlinien Basel-Olten und Basel-Zürich. Viele Funde aus der Römerzeit lassen auf dichte röm. Besiedlung schließen. Das Dorf selbst geht auf einen Dinghof des Klosters St. Alban und auf Besitz der Herren von Eptingen zurück. Diese errichteten im 11. oder 12. Jh. die Burg Madlen und im späten 13. Jh. das Weiherschloss. 1384 wurde das Dorf von den Baslern verbrannt und 1468 im Sundgauerkrieg von den Eidgenossen verwüstet. 1525 erwarb Basel alle Güter und Rechte der Eptinger in Pratteln. Während der Basler Herrschaft war Pratteln dem Münchensteineramt zugeteilt. In der Helvetik gehörte es zum Distrikt Basel, 1814 zum Untern Bezirk. Nach der Kantonstrennung kam es zum Bezirk Liestal. **II.** 1102/03 *Bratello [Or]*, 1146 *Bratella*. **III.** Der ON ist zu spätrom. **pradella* 'kleine Wiese(n)' zu stellen, offenbar ein ehemaliger FlN. *Pratteln* bedeutet folglich 'der bei der kleinen Wiese gelegene Ort'. Der Name dürfte erst etwa im 8. Jh. in die d. Sprache gelangt sein. Wäre er vorher übernommen worden, müsste *Pratteln* nach den Gesetzen der ahd. Lautverschiebung *Pfratzelen* lauten. **V.** Boesch; NGBL Pratteln 2004; LSG. *mr*

Preetz **I.** Amtsfreie Stadt im Kr. Plön, 15 898 Ew., an der Schwentine, SH. 1185 erstmals urk. erwähnt, 1211 Gründung des Benediktinerklosters Preetz, 1867 zu Preußen, 1870 eingeschränktes Stadtrecht, 1901 volles Stadtrecht. Ehemalige „Schusterstadt", Luftkurort, Druckgewerbe, erstes Circus-Museum Deutschlands. **II.** Ende 12. Jh. *Porokensis [Or]*, 1216 *Porez*; *dat Blyck Pretze* (1513). **III.** Vom apolb. *porěče* als Zusammensetzung aus der Präposition *po* 'an, bei', *rěka* 'Fluss' und dem Possessivsuffix *-'e* abstammend bedeutet der ON also 'Ort am Fluss', womit auf die Lage an der Schwentine verwiesen ist. **V.** Laur. *GMM*

Premnitz I. Stadt im Lkr. Havelland, 9249 Ew., an der unteren Havel, nw Potsdam, BB. Ma. slaw. Fischer- und Schiffersiedlung; seit Ende des 12. Jh. Zufluss deutscher Siedler, starke Industrialisierung seit Anfang des 20. Jh. (1919 Kunstfaserwerk), seit 1962 Stadt. II. 1336 *Conrado Predemiz* [Or], 1375 *Predemisse, Predemitz*, um 1500 *Predenitz* [Or], 1610 *Premenitz*. III. Slaw./apolb. **Predmici*, eine Bildung mit dem patronymischen Suffix *-ici* zum PN *Predma*, also 'Ort, wo Leute des Predma wohnen'. Der PN ist eine KF zum unechten VN wie *Predmir*, der sich aus der Präposition *pred* 'vor' und *mir* 'Friede' zusammensetzt. V. Riedel A VIII; Landbuch.; BNB 4; SNB. EF

Prenzlau I. Kreisstadt im Lkr. Uckermark, 20285 Ew., am unteren Uckersee und der Ucker, nö Berlin, BB. Frühmittelalterliche slaw. Burg mit Burgsiedlung; d. Burg und Marktflecken (1188 *castrum cum foro*); neue Stadtanlage 1234/34. Nahrungsmittel-, Holz-, Elektroindustrie. II. 1187 *Stephanus sacerdos Prinzlauiensis*, 1188 *Prenczlau*, 1234 *Prencelaw*, 1237 *Premizlawe*, 1432 *premszlow*; *Prenzlau* (1706). III. Slaw./apolb. **Premyslav'*, eine Bildung mit dem possessivischen Suffix *-j* zum VN *Premyslav*, also 'Ort (Burg) des Premyslav'. Der PN ist eine Weiterbildung mit dem sehr produktiven Zweitglied – *slav* (zu *slava* 'Ruhm, Ehre') vom VN *Premysl* (zu Präposition *pre* 'durch, aus, wegen, für' und zu *mysliti* 'denken'). Das *-n-* in dem ON lässt sich als Assimilation von *-m-* an *-s-* erklären. Auslautendes *-aw* wurde an zahlreiche ↗*-ow* aus ↗*-au(e)*-Namen angeglichen. IV. † Prinzlow, sw von Neustadt (Dosse), Lkr. Ostprignitz-Ruppin, BB; Przemysław, PL. V. PUB I; Riedel A XXI; BNB 9; SNB. EF

Preußisch Oldendorf I. Stadt im Kr. Minden-Lübbecke, 13 084 Ew., n des Wiehengebirges, Reg.-Bez. Detmold, NRW. Mittelpunkt eines karolingischen Ksp. an alter Heerstraße, 996 Kirche St. Dionysius, Freigericht in Wimmer, Gogericht und weitere Gerichtsstätten, 1319 mit Burg Limberg an Gft. Ravensberg, 1556 Vogtei des Amtes Limberg, 1647 an Brandenburg, 1692 Wigbold, 1719 Stadtrecht als preuß. Akzisestadt, 1807 Kgr. Westfalen, 1814 an Preußen, 1843 preuß. Landgemeindeverordnung. 1973 Zusammenschluss mit weiteren Gem. 19./20. Jh. Tabak-, Margarine-, Möbelindustrie. II. 969–996 *Aldenthorpe*, 1188–1300 *Oldendorpe*, 1585 *Oldendorp*, 1658 *Olderdorp*, 1719 *Oldendorff*; Preuß. *Oldendorf* (1806). III. Bildung mit dem Gw. ↗*-dorf*. Der Name ist aus einer lok. Wendung im Dat. Sg. wie **to dem alden thorpe* 'bei dem alten Dorfe' mit früh hinzugesetztem Adj. asä. mnd. *ald, old* 'alt' entstanden, nach Übergang an Preußen mit dem differenzierenden Zusatz *Preußisch* in Abgrenzung zu *Hessisch Oldendorf* (Lkr. Hameln-Pyrmont, NI). V. Schneider; HHS 3. BM

Preußisch Stargard // Starogard Gdański [starɔgard gdaɲskʲi] I. Kreisstadt, seit 1999 in der Woi. Pomorskie (Pommern), 48313 Ew., PL. An der Ferse // Wierzyca im Stargarder Seengebiet. Urk. zum ersten Mal im 12. Jh. erwähnt, als der pommersche Herzog Grzymisław den Ordensrittern die Wallanlage schenkte. Stadtrecht 1339, 1466 poln., 1772 preuß., seit 1945 poln., 1975–1998 Woi. Gdańsk (Danzig), pharmazeutische Industrie, Schiffsmöbelherstellung, Brennerei. II. 1198 *castrum Starigrod*, 1276 *castrum Staregarde*, 1282 *Stargart*, 1305 *villam Stargard*, 1414 *Starogard*. III. Ein Kulturname, urspr. Zuss. von Adj. *star* oder *stary* 'alt' und Subst. *grod* 'Burg, Siedlung', seit dem 13. Jh. wird urk. die Gruppe *-rā-* zwischen Konsonanten statt *-ro-* erwähnt. Im 16. Jh. setzt sich die Form mit Interfix *-o-* durch. Kennzeichnend ist, dass in den ältesten Urkunden zuerst das allgemeinpolnische *grod* und erst später das mda. *grad* vorkommt. 1950 wird zum ON *Starogard* der Zusatz *Gdański* gegeben, um die Stadt von ↗Stargard in Pommern (Stargard Szczeciński, Woi. Zachodniopomorskie // Westpommern) zu unterscheiden. V. Górnowicz, H.: Toponimia powiatu starogardzkiego. Gdańsk 1985; Rospond 1984; RymNmiast. IM

Prien a. Chiemsee I. Markt im Lkr. Rosenheim, 10291 Ew., Reg.-Bez. Oberbayern, BY. Auf dem Boden eines Maierhofs neben einem Übergang über die Prien entstanden, um 1200 Pfarrei, später Gerichtssitz und Markt, Haupthafen der Chiemseeschifffahrt, Luft- und Kneippkurort. II. 1177-ca.1200 *de Priene*, 1184–1200 *Prienne*, vor 1189 *Priene*, ca. 1196–1226 *Prien*, ca.1200 *Brienne*. III. Namen gebend war der Fluss Prien (ca.1130-ca.1150 *iuxta Briennam riuolum*, 1135 *brienna rivulus*, um 1198 *super fluvium ... Priena*), der bei Prien in den Chiemsee mündet. Kelt. **Brigesnā* 'die vom Berg Kommende' entwickelte sich zu bair. **Prigenna*, später *Prienne* und *Prien*. IV. ↗Bregenz, Vorarlberg, A; Brixen, Trentino-Südtirol, I; ↗Brig-Glis, Kt. Wallis, CH. V. Reitzenstein 2006; Greule, DGNB. AG

Pritzwalk I. Stadt im Lkr. Prignitz, 12929 Ew., in der Dömnitzniederung, nw Berlin, BB. Aslaw. Dorf; mit d. Zuwanderung Entwicklung zum Marktflecken, Stadtanlage durch die Herren von Putlitz nach 1200; Stadtrecht 1256 durch den Mgf. von Brandenburg. Stadtmauerreste, Pfarrkirche St. Nikolai (Mitte des 13. Jh.), Fachwerkhäuser (nach Stadtbrand 1821). II. 1256 *Pritzwalk*, 1300 *prizcewalc* [Or], 1373 *Pristualke*. III. Wahrscheinlich ein slaw./apolb. zweigliedriger Bewohnername **Prestavolky* zu *prestati* 'aufhören' und *volk* 'Wolf', dessen Bed. nicht genau zu ermitteln ist. Möglicherweise ein Scherzname, für Leute die im Wald wohnten und mit Wölfen zu kämpfen hatten. Dieser Namentyp ist in der Gegend mehrfach vertreten. Möglich ist auch eine Erklärung als *Prezvolk zu prez 'durch, über' und volk 'Landzunge zwischen Flüssen, Schleifstelle'. Der Ausfall von -t- in einer durch Kontraktion entstandenen Lautgruppe -stw- ist im Mnd. möglich, dann -s- als Affrikate aufgenommen. Doch ist auch die Aufnahme eines intervokalischen -st- durch Affrikate denkbar. Die ungewöhnliche Wiedergabe von volk durch -walk ist wahrscheinlich durch die Betonung zu erklären. **IV.** Pritzwald (1314 Pristavalc), OT von Zudar, Lkr. Rügen und Pritzwald, OT von Wusterhusen, Lkr. Ostvorpommern, beide MV. **V.** Riedel A III, II, B II; BNB 6; Witkowski, T.: Die Namen des Kreises Greifswald. Weimar 1978; SNB. *EF*

Probstei nd. Probstie **I.** Amt im Kr. Plön, Zusammenschluss von zwanzig Gemeinden (darunter Probsteierhagen), 22 795 Ew., zwischen Kieler Förde, Ostsee und Selenter See, SH. Bis 1542 wurde Probsteierhagen durch den Probst des Klosters Preetz verwaltet. Getreideproduktion, Probstei-Museum. **II.** 1515 *uth der Prowestye* [Or], 1550 *in der Prowstie*. **III.** Der Name des Amtes geht auf den hist. Umstand zurück, dass die gleichnamige Landschaft von Laboe bis Stakendorf urspr. zum Kloster Preetz gehörte und von dessen Pröbsten verwaltet wurde. **V.** Laur; Haefs. *GMM*

Prudnik ⟶ Neustadt

Prüm **I.** Stadt und gleichnamige VG im Eifelkreis Bitburg-Prüm, 21 360 Ew., an der Grenze zu Belgien und NRW, n von Bitburg, RP. 721 Gründung der Reichsabtei Prüm, 1016 Marktrecht, 1222 wird das Gebiet um Prüm zum Fürstentum erhoben, ab 1576 zu Trier, 1794 franz. besetzt, ab 1815 preuß. Kreisstadt. H. mittelständische Betriebe. **II.** 720 *Prumia*, 1195 *Prume*, 1428 *Proeme*, 16. Jh. *Prümb*, 1747 *Prumm*. **III.** Identisch mit dem FluN die Prüm, 4. Jh. (Kopie 10. und 12. Jh.) *Proneê* (lies *Prómeae*), 762 (Kopie 10. Jh.) *in Prumiam*, 777 (Kopie 11.–12. Jh.) *in fluuio Prumia*, 778 (Kopie 11.–12. Jh.) *in Brumia fluuio*; Grundform FlN. (vspr.) *Prōmi̯a*, Abl. mit -m-Suffix von der o-Stufe des Verbs idg. *prē- 'anblasen, anfachen, spritzen'. Wegen des anlautenden P- kein kelt. Name. Benennungsanlass ('spritzendes Gewässer') könnten die Prümer Wasserfälle gewesen sein. **V.** Greule, DGNB. *AG*

Pszczyna ⟶ Pleß

Puchheim **I.** Gem. im Lkr. Fürstenfeldbruck, 19 441 Ew., Reg.-Bez. Oberbayern, BY. **II.** 948–957 *Puohheim*, 11. Jh. (Kop. des 12. Jh.) *Bůcheim*, 11. Jh. (Kop. des 13. Jh.) *Puocheim*, 1171 *Půcheim*, 12. Jh. *Pochaim*, 1319 *Půchaim*, 1494 *Puchhaim*, ca. 1583 *Puecheim*, 1877 *Puchheim*. **III.** Als Grundwort ist ahd. *haim, ⟶ -heim, zu erschließen, das eine neutrale KF zu heima 'Wohnung, Behausung, Heimstatt, Aufenthaltsort' ist. Das Bestimmungswort ist ahd. *buohha* 'Buche' bzw. mhd. *buoch* 'Buchenwald', sodass sich die Bedeutung 'Wohnsitz im oder am Buchenwald' ergibt. **V.** Reitzenstein 2006. *WvR*

Puderbach **I.** Gem. und gleichnamige VG (seit 1972, mit 16 Ortsgem.) im Lkr. Neuwied, 14 817 Ew., im Vorderen Westerwald, n von Neuwied, RP. 1256 erste Erwähnung einer Kirche und eines Kirchspieles Puderbach, im MA Gerichtsort, im 14. Jh. Errichtung der Burg Reichenstein (seit 16. Jh. Ruine). Seit 1591 zur Oberen Grafschaft Wied bzw. Wied-Runkel, 1816 an Preußen (Rheinprovinz, Lkr. Neuwied). 1969 Eingemeindung der Gem. Haberscheid, Niederdreis, Reichenstein und Richert. **II.** 1256 *in parrochia Puderbag* (lies: *Puderbach*). **III.** Im Unterschied zu Puderbach (Bad Laasphe, 1307 *Puderbach*), ist Puderbach (Lkr. Neuwied), ein Holz-Bach (zur Wied, ⟶ Neuwied) gelegen, kein primärer GwN. Das Gw. ⟶ -bach meint hier eine Siedlung an einem Gewässer. Das Bw. charakterisiert das Gewässer an der Siedlungsstelle; Puder- (< *pōþar-) ist eine Variante zu obd. *pfūdel, pfuttel*, nd. *pūdel* (<*pōþal-) 'wassergefülltes Erdloch, Pfuhl, Pfütze'. **IV.** Puderbach, OT von Bad Laasphe, Kr. Siegen-Wittgenstein, NRW; Porbeck in Hattingen, Ennepe-Ruhr-Kreis, NRW. **V.** Müller, G.: Über P-Namen im Westfälischen. In: Festgabe für Otto Höfler zum 75. Geburtstag. Hg. von H. Birkhan. Stuttgart/Wien 1976. *AG*

Püttlingen **I.** Stadt im Regionalverband Saarbrücken, 20 142 Ew., im Köllertal, ca. 5 km n von Völklingen und ca. 10 km nw von Saarbrücken, SL. Herrschaft der Bischöfe von Metz, die den Ort zunächst dem Hause Forbach, 1365 den Grafen von Kriechingen (Créhange/Moselle, F) zu Lehen gaben, Sitz eines Amtes. 1552 gemeinsam mit Metz unter franz. Schutzherrschaft. 1788 an Nassau-Saarbrücken. 1920 Saargebiet unter Völkerbundmandat, 1935 Rückgliederung ans Deutsche Reich, 1947 Teil des in polit. Union mit F verbundenen SL, seit 1957 Bundesland SL. 1968 Stadtrechte, 1974 Zusammenschluss mit der Gem. Köllerbach. **II.** 1224 *Puthelingen* [Or], 1224 *Putelingen* [Or], 1232 *Puttelingen* [Or]; *Pytlingen* 1448 (Kop. 1492). **III.** Gebildet mit dem Ableitungssuffix ⟶ -ingen aus germ. *-inga(s)*, das die Zugehörigkeit zu Personen oder Sachen zum Ausdruck bringt. Als Basis eines SiN bezeichnet das Suffix den Verband der Bewohner dieser Siedlung, die wiederum nach ihrer Zugehörigkeit zur leitenden Persönlichkeit, z. B. dem Grundherrn, benannt wurden. Zugrunde liegt die

Form *Puttil-ingas 'bei den Leuten des Put(t)ilo' (PN mit expressiver Anlautverschärfung zu Butilo). Vor nachfolgendem [i] wurde der Stammsilbenvokal [u] zu [ü] umgelautet, das zunächst durch <u> verschriftet wurde. Die Verschriftung mit <y> gibt die dialektale Entrundung von [ü] zu [i] wieder. Unbetontes [i] im PN wurde in den frühen Belegen zu [e] abgeschwächt und schließlich (in der Form Pytlingen) synkopiert. **IV.** Puttelange-au-Lac, Kt. Sarrealbe, und Püttlingen/Puttelange-lès-Rodemack/Puttelange-lès-Thionville, Kt. Cattenom, beide Département Moselle, LO, F. **V.** Kaufmann 1965. spe

Pulheim **I.** Stadt im Rhein-Erft-Kreis, 53 872 Ew., nw Köln mit 12 Stadtteilen, Reg.-Bez. Köln, NRW. Röm. und fränk. Besiedlung, Grundherren im Stadtgebiet mehrere Kölner Stifte und Klöster und die 1024 gestiftete Abtei Brauweiler, Pulheim selbst und Stommeln gehörten zum Hztm. Jülich bis zur Säkularisation, danach preuß. Amt mit wechselnden Ortszugehörigkeiten, 1981 Stadtrechte. **II.** 1067 Polheim [Or], Anf. 13. Jh. Polhem. **III.** Ahd. pfuol, mnd. pōl, pūl aus westgerm. *pōla M. 'Sumpf, Morast, Pfuhl' mit unverschobenem anlautendem p-, und Gw. ↗-heim. Typischer mfr. -heim-Name mit appellativischem Bw. **IV.** ↗Bornheim, Rhein-Sieg-Kr., NRW. **V.** Dittmaier 1979; HHS 3. Ho

Pullach i. Isartal **I.** Gem. im Lkr. München, 8766 Ew., Reg.-Bez. Oberbayern, BY. **II.** Ca. 790–ca. 800 (Kop. des 12. Jh.) unam silvam, que ad Puoch, 806 (Kop. des 12. Jh.) Puoloch, Puelocham, 1185–1187 Boloch, 1315 Půchloh, 1399 Pulach, ca. 1583 Puelach pag(us), templ(um) in monte ad Isaram, 1716 Pullach, 1964 Pullach i. Isartal. **III.** Die Namensform des Erstbelegs ist zu ahd. buohha, pohha 'Buche' zu stellen; es liegt wohl das Kollektivum im Sinn von 'Buchenwald' vor, das mhd. als buoch 'Buchwald, Waldung' belegt ist. Wenig später begegnet das Kompositum mit dem Grundwort ahd. lōh, ↗-loh(e), 'Hain' bzw. mhd. lô(ch) 'Wald, Gehölz'; im Kontext des Erstbelegs findet sich übrigens bereits ein Hinweis darauf. Der urspr. Flurname ist somit als '(lichter) Buchenwald' zu erklären. **V.** Reitzenstein 2006. WvR

Pulsnitz // Połčnica (osorb.) **I.** Stadt und gleichnamige VG im Lkr. Bautzen, 14 824 Ew., im NW des Lausitzer Berglandes, am gleichnamigen Fluss, SN. Um 1200 entstandenes d. Bauerndorf mit Herrensitz, 1375 Stadtrecht. Wirtschaftl. geprägt durch traditionelle Handwerksbetriebe wie Töpferei (Lausitzer Keramik), Tuchdruckerei (Blaudruck) und Pfefferkuchenbäckerei. **II.** GwN Pulsnitz: 1228/41 Polsniza, Polzniza, 1384 Polsenicz. Ort: 1225 de Polseniz, 1399 zu der Pulsenicz. **III.** Asorb. *Połžnica zu *połzać 'schleichen', vom Gewässer: 'langsam dahinfließen'. Die osorb. Namenform wurde offenbar an osorb. polca, Deminutiv pólčka 'Brett' angeglichen. **V.** HONS II; SNB. EE, GW

Purkersdorf [ˈbʊɐkɐʃˌdɔɐf] **I.** Stadt, 8834 Ew., w angrenzend an WI im Wienerwald, Bezirk Wien-Umgebung, NÖ, A. Ma. Waldsiedlung rund um eine (ehemalige) Wasserburg an der Reichsstraße, ab 1333 habsburgisch; 1849 Gemeinde, 1929 Markt-, 1966 Stadterhebung. 1905 Errichtung eines Sanatoriums (Jugendstilbau von Josef Hoffmann); Großdruckerei. **II.** Um 1125–1130 de Purchartesdorf. **III.** Der Name bedeutet 'Dorf des Purghart', er ist eine Zuss. mit ↗-dorf im Gw. und dem stark flektierten Gen. des ahd.-bair. PN Purghart im Bw., dessen Zweitglied -hart mda. zu -er abgeschwächt wurde und dessen Gen. -s in der Verbindung mit -dorf als [ʃ] erscheint. **V.** ANB 1; ÖStB 4/2. ES

Pyritz // Pyrzyce [piˈʒitsɛ], kasch. Pirzëce **I.** Kreisstadt im gleichnamigen Kr. (Powiat pyrzycki), 12 750 Ew., im sw Teil der Woi. Westpommern, PL. Gelegen in einer Tiefebene (Równina Pyrzycko-Stargardzka), am Mühlgraben // Sicina (Kanał młyński), rund 45 km von Stettin entfernt. 1939 Kreisstadt im Reg.-Bez. Stettin, Provinz Pommern; Woi. Szczecin (1946–1998), Westpommern (seit 1999). **II.** 1124 Piriz, 1140 Phiris, Piris, 1186–87 Pyryz, 1188 Phyris, 1217 Piriz, 1235 Pir(i)s, 1242 Piritz, 1254 Piriz, 1265 Pyryz, 1282 Piricz, 1292 Pyritz, 1295 Piriz, 1301 Pyritz, 1303 Piriz, 1326 Piritz, 1331 Pyritze, 1535 Pyritz, 1539 Pyritz, 1539 Pyritz, 1541 Pyritz, 1618 Piritz, 1780 Pyritz, 1833 Pyritz, 1951 Pyrzyce – Pyritz, 1982 Pyrzyce, -rzyc, 2002 Pyrzyce (Perzyce) – Pyritz. **III.** Der slaw. ON *Pyrica ist topografisch, gebildet mit dem Suffix *-ica vom urslaw. App. *pyro, *pyrъ '(eine) Weizengattung', lat. Triticum spelta, vgl. das App. *pyrьjь, apoln. App. perz, pyrz mit den Bed.: 1. 'Quecke und andere lästige Unkrautpflanzen wie Distel' bzw. 2. 'Staub', vgl. das App. perz 'Quecke', lat. Triticum repens. Adj. pyrzycki. **IV.** ↗Pirna, Lkr. Sächsische Schweiz-Osterzgebirge, SN. **V.** EO II; LorSNH; Rospond 1984; RymNmiast; RzDuma II. BA

Pyrmont, Bad **I.** Stadt im Lkr. Hameln-Pyrmont, 20 920 Ew., n der Emmer s des Pyrmonter Berges, Reg.-Bez. Hannover (bis Ende 2004), NI. Burg und Stadt Pyrmont – zunächst in Kölner Besitz – waren der Mittelpunkt der kleinen gleichnamigen Grafschaft, die über die Spiegelberger, Lipper und Waldecker 1922 an Preußen kam; die natürlichen Heilquellen waren schon in röm. Zeit und im MA bekannt; im 17. und 18. Jh. war Pyrmont ein Modebad der europäischen Eliten; 1914 staatlich anerkanntes Heilbad mit dem Titel Bad. **II.** 889 Piringisamarca [Or], 1184 castrum Perremont [Kop. 14. Jh.], 1186 apud

Pyerremont. **III.** Der ON enthält als Gw. ein in ON wie ↗ *Dortmund*, *Hallermund* belegtes Element germ. **mend-*, **mund-* 'Erhebung', das mit lat. *mōns* 'Berg' etym. zusammengehört. Bw. ist ein aus Namen zu erschließendes germ. **pirra* 'Quelle'. Der Erstbeleg hingegen bezeichnet das Gebiet um Pyrmont. Es enthält als Gw. asä. *marka* 'Mark'. Das Bw. ist aus **pirra* 'Quelle' und einem in ahd. *giozo* 'Bach, Wasser' belegten App. gebildet. **V.** HHS 2; Maak, H.: Pirremunt – Petri mons – Pyrmont. In: Ortsnamenwechsel. Hg. von R. Schützeichel. BNF Beiheft 24. Bamberg 1994; Nds. Städtebuch. *KC*

Pyrzyce ↗ **Pyritz**

Pyskowice ↗ **Peiskretscham**

Q

Quakenbrück I. Stadt im Lkr. Osnabrück, 12 782 Ew., an der Hase, Reg.-Bez. Weser-Ems (bis Ende 2004), NI. Unsicher ist in seiner Zeitstellung ein Beleg [1188?] *Quakenbrucgen*; 1235 wurden hier durch Bischof Konrad von Osnabrück ein Säkularkanonikerstift und eine Stiftsburg gegr.; um diese herum entwickelte sich eine befestigte und planvoll angelegte Siedlung (1261 *oppidum*) mit städtischen Rechten. II. 1235 *Quakenbrugge [Or]*, 1263 *Quakenbruke*; *Quackenbrück* (1667). III. Bildung mit dem Gw. ↗-*brücke*. Das Bw. enthält keinen PN, sondern ist mit dem in ae. *cwacian*, *cweccan* 'zittern, bewegen', neuenglisch *quake* 'Erdbeben' belegten App. zu verbinden. Verm. liegt eine alte Stellenbezeichnung zugrunde, die entweder auf einen GwN (< *Quakana*) oder das sumpfige, d. h. sich bewegende Land an dem Gewässer bezogen ist. V. GOV Osnabrück II; HHS 2; Jarck, H.-R.: Quakenbrück. Quakenbrück 1985; Nds. Städtebuch. *KC*

Quedlinburg I. Stadt im Kreis Harz (seit 1. 7. 2007), 21 500 Ew., an der Bode im n Harzvorland, ST. Urspr. Namensträgerin ist die alte Burg auf dem ö der Stadt gelegenen Burgberg, die 919 unter Heinrich I. zur Königspfalz ausgebaut wurde. Nach dessen Tod (936) gründete seine Witwe Mathilde auf dem Burgberg ein Damenstift, das bis 1803 bestand und nach dem Ende der ottonischen Kaisermacht die Herrschaft über die Stadt ausübte. Im Schatten des Burgbergs wuchsen 3 Siedlungen zur Altstadt heran; 994 Markt, Münze und Zoll; ab 1384 Mitglied im niedersächsischen Städtebund, ab 1426 Hansestadt, 1698 brandenburgisch (1807–1813 Kgr. Westfalen); Gartenbau und Saatgutzucht. II. 922, 927, 929 *Quitilingaburg*, 944, 956 *Quidilingaburc*, 995 *Quitiliniburg*, 1085 *Quitelineburch*, 1257 *Quedlingeburg*; *Quedlinburg(k)* (1320). III. Senkung des Stammvokals im 13. Jh. Der ON leitet sich von der hiesigen Burg (↗-*burg*) bzw. dem Königshof ab, dessen Name (961 *curtis Quitilinga*) auf dem Sippennamen *Quitlilinga* beruht. Dieser Sippenname ist als patronymische Bildung mit dem Suffix ↗-*ing* aufzufassen. Zugrunde liegt ein Kosename mit -*l*-Suffix, der sich an asä. *quëthan* 'reden, sprechen', asä. *quithi* 'Spruch, Rede' anschließt. V. SNB; Berger. *JS*

Querfurt, I. Stadt im Saalekreis, 12 155 Ew., sw von Halle, an der Weida in der Querfurter Börde, ST. Seit dem 9. Jh. Marktflecken an einer Straße von W über die Furt durch die Querne nach Merseburg, Halle und Naumburg, im Schutze der auf dem Berg gelegenen Burg. Stadtrecht vor 1198. Die Burg war Stammsitz der Edelherren von Querfurt, Burggrafen von Magdeburg, und entwickelte sich im MA zu einer der mächtigsten Festungen im md. Raum. Ab 1496 liegt die Burgherrschaft beim Erzstift, ab 1635 kursächsisch, von 1656 bis 1744 reichsunmittelbares Fürstentum der Wettiner, 1815 wurde es preußisch. II. 979 *Quernuordiburch*, 1002 *Quernevorde*, 1120 *Quer(e)nforde*, 1320 *Querfurd*. III. Das Bw. gehört zu asä. *quërn*, mnd. *quërne*, ahd. *quirna*, Bez. für die Mühle bzw. den Mühlstein. Wie got. *qairnus*, englisch *quern*, schwedisch *kvarn* geht das Wort auf idg. **gwer-n* 'schwer, Gewicht, Masse' zurück. Gw. ↗-*furt*, anord. *vorde* 'Furt, Durchgang'. Das Kompositum ist als 'Furt an der Mühle' zu deuten, könnte aber auch direkt mit dem FluN *Querne* (FluN der Weida vor dem 18. Jh.) verbunden werden. Für *Querne* fehlen zwar alte Belege, aber **Querna(ha)* 'Mühlbach' ist denkbar. IV. Kürnach, Lkr. Würzburg, BY; FluN Kürnbach, bei Bretten, BW. V. SNB; Berger. *MH*

Quickborn I. Amtsfreie Stadt im Kr. Pinneberg, 20 289 Ew., direkte Nähe zu Hamburg, SH. 1323 erstmals urk. erwähnt, 1640 an Dänische Krone, 1974 Stadtrechte. Torfabbau (das Himmelmoor ist das größte Hochmoor in SH). II. 1369 *in … villis Quicborne [Or]*; *zu Quickborn* (1564). III. Der ON setzt sich zusammen aus den beiden Teilen *quick*- 'lebhaft, schnell' und ↗-*born* 'Quelle', so dass der Ort als 'Siedlung bei der schnell sprudelnden Quelle' bezeichnet wurde. IV. Quickborn, Kr. Dithmarschen, SH. V. Laur; Haefs. *GMM*

Quierschied I. Gem. im Regionalverband Saarbrücken, 13 940 Ew., im sog. Saarkohlenwald, ca. 15 km n von Saarbrücken, SL. Beginn der Kohleförderung in der frühen Neuzeit, Ort der frühesten Kohlegewinnung im SL. Zerstörung und Wüstlegung im 30-jährigen Krieg. Wiederbesiedlung und 1736 erneut Eröffnung einer Steinkohlengrube, 1779 einer Glashütte, 1875 Bau der Fischbachbahn und

Quierschied

wirtschaftl. Aufschwung. 1920 Saargebiet unter Völkerbundmandat, 1935 Rückgliederung ans Deutsche Reich, 1947 Teil des in polit. Union mit F verbundenen SL, seit 1957 Bundesland SL. 1974 Gründung der h. Gem. Quierschied. **II.** 999 *Quirneiscet* (Nachzeichnung des Or Ende 11. Jh.), 1227 *Quirineschit* (Kop. 16. Jh.), 1324 *Quirscheit [Or]*; *Quirschit [Or]* 1423. **III.** Bildung mit dem Gw. ↑-*scheid*, das verwandt ist mit ahd. *gi-sceid* 'Grenze, Abschnitt, Scheidung' und auf *sceidan* 'scheiden' zurückgeht. Urspr. bezeichnete es keine Siedlung. Die Grundbedeutung in SiN ist nicht eindeutig, in Frage kommen etwa 'Grenze', 'Grenzwald', 'Wasserscheide', 'Höhenrücken, bewaldete Erhöhung'. Im Erstbeleg erscheint *Quirneiscet* zusammen mit einem Königsforst namens *Warenta* 'das zu Wahrende', sodass für *-scheid* hier (wie häufig in FlN und SiN der Saar-Region) die Deutung 'abgegrenzter Wald, Forst' nahe liegt. Die Nebenform *-schied* ergibt sich durch Abschwächung des unbetonten *-scheid*. Das Bw. leitet sich her von ahd. *quirn* 'Mühle, Handmühle', nicht vom PN *Quirinus*, wie teilweise aufgrund der Variante *Quirineschit* vermutet, deren Entstehung sich jedoch durch das Auftreten eines Sprossvokals zwischen *r* und *n* erklärt. Demnach meint *Quierschied* einen 'Forst mit Mühlen'. Noch 1227 handelte es sich eindeutig um einen Wald, in dem der Graf von Saarbrücken Weiderechte verschenkte; spätestens 1323, als erstmals ein Zehnt in Quierschied erwähnt wird, muss auch eine Siedlung dieses Namens existiert haben. Die Form *Quirscheit* u.ä. ohne [n] erklärt sich durch Erleichterung der Dreikonsonanz. **V.** Penth, S.: Quierschied. Von der ersten Erwähnung bis zum Dreißigjährigen Krieg. In: Quierschied. Die Gemeinde im Saarkohlenwald. Hg. von R. W. Müller und D. Staerk. Quierschied 1998, S.177ff. *spe*

R

Racibórz ↗**Ratibor**

-rade. ↗**-rod(e).**

Radeberg I. Große Kreisstadt im Lkr. Bautzen, 18 383 Ew., SN, am Ostrand der Dresdner Heide, an der Großen und der Schwarzen Röder. Ende des 12. Jh. d. Bauerndorf mit Rittersitz, 1344 Städtchen, nach 1858 Industrialisierung. Wirtschaftl. bedeutend durch Bierbrauerei und Elektronik. II. 1222 *Radeberch*, 1350 *Radeberg*. III. Die Erklärung des Bw. ist nicht eindeutig: einerseits könnte ein Rad als Symbol im Namen der Ritterfamilie von Radeberg vorliegen, andererseits auch md. *Rade* für *Rode* 'Rodung', häufig als Gw. ↗*-rode*, *-roda* (*Freiroda* usw.). Auch ein Mühlrad könnte gemeint sein. V. HONS II; SNB. *EE, GW*

Radebeul I. Große Kreisstadt im Lkr. Meißen, 33 387 Ew., in der Lößnitz am rechten Ufer des Elbtalkessels, an der Elbe, zwischen Dresden und Meißen, SN. Aus mehreren Dörfern zusammengewachsene Siedlung, seit 1923 Stadt. Wohn- und Gartenstadt des Ballungsraumes Dresden. Zentrum des sächs. Weinbaus, des Obst- und Gartenbaus. II. 1349 *Radebul*, 1412 *Radebule*, 1528 *Radebeul*. III. Asorb. possessivischer ON zum PN *Radobył*, der mit einem *-j-*Suffix erweitert wurde, Grundform *Radobyl'* 'Ort des Radobyl'. IV. † Radebol bei Dahlen, Lkr. Nordsachsen, SN. V. HONS II; SNB. *EE, GW*

Radeburg I. Stadt im Lkr. Meißen, 7740 Ew., am Westrand der Laußnitz-Radeburger Heide, an der oberen Röder, SN. Nach 1150 d. Bauerndorf mit Herrenhof an einer Furt durch die Röder, 1289 oppidum. Geburtsort von Heinrich Zille. II. 1248 *de Radeburch*, 1289 *Radeburg*. III. Die Erklärung des Bw. ist nicht eindeutig: einerseits könnte ein Rad als Symbol im Namen der Ritterfamilie von Radeberg vorliegen, andererseits auch md. *Rade* für *Rode* 'Rodung', vgl. Radefeld, OT von Schkeuditz, Lkr. Nordsachsen, häufig als Gw. ↗*-rode*, *-roda* (*Freiroda* usw.). Auch ein Mühlrad könnte gemeint sein. Keine Beziehung zum Namen der Röder, an der der Ort liegt. IV. ↗Radeberg, SN. V. HONS II; SNB. *EE, GW*

Radevormwald I. Stadt im Oberbergischen Kreis, 23 108 Ew., 10 km sö Wuppertal an der Wupper, Reg.-Bez. Köln, NRW. Als Rodungsort wohl vor 1000 entstanden, 11. Jh. erwähnt, wohl zwischen 1309 und 1316 Stadtrechte, 1363 als bergische Stadt genannt, Befestigung im 17. Jh. geschleift, reformierte Stadt, Werkzeug- und Nagelschmieden (Hämmer) seit dem MA, auch zünftische Tuchproduktion. II. Ca. 1050 *Rotha*, 1253 *Rodte*, 14. Jh. *Roide vur deme Walde*. III. Aus dem ahd. App. *rod* Ntr. 'Rodung' gebildeter ON, der durch Zusammenrückung mit dem präpositionalen Attribut *vor dem Walde* entstand. Zum hier als Simplex auftretenden *Rode/Rad(e)* und seiner sprachgeografischen Variation vgl. ↗*-rade* bis *-rod(e)*. V. Dittmaier 1956; Hoffmann, W.: Von Himmerod und Rottbitze bis Roda Kerkrade. Rodungsnamen im rheinisch-limburgischen Grenzraum. Hasselt 1996; HHS 3. *Ho*

Radkersburg, Bad I. Stadt, 1 391 Ew., Pol. Bez. Radkersburg, ST, A. 1261–1265 wurde am Fuß der Burg Oberradkersburg die Siedlung als Grenzfeste gegen Ungarn angelegt. 1299 wird der Ort als Stadt bezeichnet. Durch den Handel reich geworden, verarmte Radkersburg durch Kriege mit Ungarn im 15. Jh. Seit Ende 20. Jh. Heilbad, 1976 Umbenennung in Bad Radkersburg. II. 1182 *Rakerspurg* [Or], 1211 *Rategoyspurch*, 1213 *Ratigoyspurhc*; *Radkerspurg (1478)*. III. Burg, die zu einer Person (dem Begründer oder Besitzer) mit dem slaw. Namen *Radigoj* in Beziehung steht (↗*-burg*). Das ANB nimmt als Personennamen ahd. *Râtgêr* an, doch stehen dieser Ansicht die Nennungen der Jahre 1211, 1213 und 1214 entgegen. V. Mader; ANB. *FLvH*

Radolfshausen I. Samtgem. im Lkr. Göttingen, 7 427 Ew., ö von Göttingen, w des Seeburger Sees, Reg.-Bez. Braunschweig (bis Ende 2004), NI. Um die Burg bzw. den Amtssitz Radolfshausen entwickelte sich ein Ort, der um 1400 wüstgefallen ist; das den Namen weitertragende Forstamt Radolfshausen wurde 1973 namengebend für die Samtgem., die aus 5 Mitgliedsgem. besteht. II. 1022 *Rotholueshusen* [F. 12. Jh.], 1324 *Radelveshusen*; *Radolfshausen* (1616). III. Bildung mit dem Gw. ↗*-hausen* und dem stark flektierenden PN *Radolf* im Gen. Sg. Der Erstbeleg zeigt ein -o- im Erstglied des PN, was für einen anderen PN (*Rodolf*) spräche. Da die Belege sonst -a- aufweisen, ist jedoch eher *Radolf* anzusetzen. Deutung also: 'Siedlung des Radolf'. **V.** NOB IV. *KC*

Radolfzell am Bodensee **I.** Große Kreisstadt im Lkr. Konstanz, 30 343 Ew., ca. 18 km nw Konstanz, Reg.-Bez. Freiburg, BW. 826 aus einer von Bischof Ratold von Verona gestifteten Zelle entstanden, wohl Dotationsgut des Klosters Reichenau, 1415–1455 Reichsstadt, 1806 an Württemberg, 1810 an Baden. Maschinenbau, Textil- und Nahrungsmittelindustrie, Münster, Österreichisches Schlösschen, Obertor, ehemalige Burg. **II.** 830 (Kop. 10. Jh.) *Ratoltescella*, 1100 (Kop. 15. Jh.) *Ratolfiscella*, *villa Ratolfi*, 1161 *Ratholfzcelle*; *Radolfzell* (1429). **III.** Es handelt sich um eine Zuss.; das Gw. ist ahd. *cella* 'Zelle, Kloster', eine Entlehnung aus lat. *cella*, als Bw. erscheint der PN *Ratold*. Namengebend war der Stifter Bischof Ratold von Verona. **IV.** Eberhardszell, Lkr. Biberach, BW. **V.** FO 2; Bach DNK 2; LBW 6. *JR*

Rádstadt [altmda. štat], aktuell 'rɔdštɔd] **I.** Stadtgemeinde im Pongau, 4772 Ew., Pol. Bez. St. Johann im Pongau, SB, A. Vom 13.–18. Jh. zum Erzstift Salzburg, anschließend kurzzeitig zu Bayern, seit 1816 zu Österreich, Stadtpfarre zu Unserer Lieben Frau Himmelfahrt. 1289 Stadtrecht, 1938 Zusammenschluss der Stadt- und Landgemeinde Radstadt. **II.** 1090–1101 *Radistat, Radesat, Rastat,* 1289 *Rasat, Radstat,* 14. Jh. auch einfach *Stat,* ab frühnhd. Zeit *Rastat, Radstat.* **III.** Radstadt war bis zur Gründung des heutigen Ortes Radstadt im Jahre 1289 die Bezeichnung von Altenmarkt (im Pongau). Aus diesem Grund beziehen sich alle Belege von *Radstadt*, die vor 1289 datieren, auf Altenmarkt; erst ab dann wurde der Name auf die neue Siedlung übertragen. Dem Ursprung nach liegt im zweiten Wortbestandteil noch nicht der heutige Begriff *Stadt* vor, sondern der Name gehört zur Gruppe der *-statt-* bzw. *-stätt-*Namen im Sinne von 'Statt, Stätte' (↗*-statt/-stedt/-stätten/-stetten*); erst ab dem 13. Jh. hat das Gw. *Stadt* die heutige Bedeutung. Die Etymologie des ersten Bestandteils bereitet große Probleme. Die frühen Formen *Radi-, Radestat* legen nahe, *Radstat* bzw. *Rastat* als Synkopierungen aufzufassen und damit von der Vollform auszugehen, wodurch Anknüpfungen an die Sippe von *roden* oder an ahd., mhd. *rad, rat* 'Rad' lautlich unmöglich werden (letztere Volksetymologie hat ins Stadtwappen Einzug gehalten). Daher scheint die Deutung als Anthroponym am wahrscheinlichsten, wofür der althochdeutsche PN *Rad-, Rât-* (z.B. in *Radegund*) oder der häufige slawische PN-Stamm *Rad-* (zu slaw. **radŭ* 'lieb, angenehm') geltend gemacht wurden; für letzteres spricht die slaw. Besiedlung des Ennspongaus. **V.** ANB; SOB; HHS Huter; Reiffenstein, I.: Vom Sprachgrenzland zum Binnenland. Romanen, Baiern und Slawen im frühmittelalterlichen Salzburg. In: Zeitschrift für Literatur und Linguistik 21 (H. 83, 1991). *ThL*

Raesfeld **I.** Gem. im Kr. Borken, 11 000 Ew., Reg.-Bez. Münster, NRW. Kirchdorf im 12./13. Jh. mit Burg (1259) und Herrschaft, landsässig im FBtm. Münster, mehrere auf einander folgende Schlossbauten mit Freiheitsbezirk, zuletzt um 1650, 1803 Ftm. Salm, 1811 Kaiserreich Frankreich, 1813 Preußen. **II.** 10. Jh. *Hrothusfeld*, um 1150 *in Rathesvelde*, 1259 *in Rasvelde*. **III.** Der Wechsel des Vokals -*o*- zu -*a*- setzt ein kurzes -*o*- voraus. Somit kommt *hrōð* 'Ruhm' für das Erstglied, das zudem in Deutschland nur in Personennamen erscheint, nicht in Frage. *Hrod* mit kurzem -*o*- ist nur für das Altnordische belegt. Dort gibt es ein passendes Wort der -*i*-Deklination, d.h. mit einem Genitiv auf -*s*, *hroði*, gebraucht für konkrete Sachen wie 'Kram', 'Plunder', 'Abfall', aber auch für Abstracta wie 'Unruhe', 'Hader', 'Unfriede'. Es ist möglich, dass es sich um ein im And. zufällig nicht überliefertes Wort handelt. 'Hader', 'Zwist', 'Missgunst' wird in Namen nicht selten artikuliert. Ungewöhnlich ist der Genitiv, sofern man das -*us* (10. Jh.) als solchen auffassen darf. Im Gw. steht ↗*-feld*. **IV.** Zwistnamen: Hadeln (< *Haduloha*), Landschaft in NI; ↗ Altena; ↗ Hemer, beide Märkischer Kr., NRW; Twistringen, Lkr. Diepholz, NI. **V.** Werdener Urbare A; Baetke, W.: Wörterbuch zur altnordischen Prosaliteratur 1. Berlin 1965. *schü*

Ragnit // Неман [Neman] // Ragainė lit. **I.** Hauptstadt des gleichnamigen Kreises (Nemanskij Rajon), 12 320 (2006) Ew., am linken Ufer der Memel, 10 km sö. von Tilsit, RUS. 1275 Schalauer Burg *Raganita* von Ordensrittern erobert; 1289 Ordensburg errichtet. Bis 1326 *Landishute* genannt. Um 1400 Siedlung gegründet. Nach 1525 Sitz eines Amtshauptmanns. 1678/79 Siedlung und Burg Ragnit von den Schweden besetzt. 1722 Stadtprivileg erhalten. Nach den preuß. Gebietsreformen 1818 Kreisstadt des gleichnamigen Kr. Nach dem 1. Weltkrieg mit dem Kr. Tilsit zum Kr. Tilsit-Ragnit zusammengeschlossen, ehem. Kreisstadt dieses Lkr., 4591 (1895), 10 094 (1939) Ew. **II.** 1275 *Raganita*, 1289 *Ragenitien*, *Landishute*, 1302 *Rangnith, Rangnithe, Rangnithen, Raginthen*, 1312 *Ragayne*, 1945 *Neman*. **III.** Der ON stammt vom lit. GwN *Rango*. Die Wurzel *rag-* ist mit lit. App. *ragas* 'vorspringende Landspitze' zu verbinden. Die Varianten mit *Rang-* sind vom lit. App. *rangytis* 'sich krümmen' herzuleiten. Der russische ON entspricht dem GwN *Memel*//russ. *Neman*. **V.** Lange, D.: Geogr. Ortsregister Ostpreußen einschließlich des Memelgebiets, des Soldauer Gebiets und des Regierungsbezirks Westpreußen (1919–1939). Königslutter 2000; Goldbeck, J.F.: Volständige Topographie des Königreichs Preussen. Königsberg u. Leipzig 1785, Nachdruck Hamburg 1969. *DD*

Raguhn I. Stadt und gleichnamige VG im Lkr. Anhalt-Bitterfeld, 10 181 Ew., n von Bitterfeld an der Mulde, ST. Im Kern auf einer Insel zwischen zwei Armen der Mulde gelegene Siedlung, seit dem ausgehenden 14. Jh. als Stadt genannt, anhaltisches Landstädtchen. II. 1285 *domino Henrico plebano in Ragun*, 1351 *Raghun [Or]*. III. Der Name ist nicht mit Sicherheit zu erklären. Eine Bildung aus dem PN *Rogun* und dem possessivischen Suffix *-j-* ist wahrscheinlicher als ein Ansatz von asorb. **Ragun* zu **rag*, das mit russ. *ragoza* 'Zank, Streit' in Verbindung stehen könnte. Das asorb. Suffix *-un* liegt in einer Reihe von endbetonten Ortsnamen in der Umgebung vor (*Ankuhn, Dabrun*), in den meisten Fällen gilt es als Personennamensuffix (PN **Dobrun* usw.). V. DS 38; SNB; SO 3. *ChZ*

Rahden I. Stadt im Kr. Minden-Lübbecke, 15 888 Ew., in Dümmer-Geest-Niederung im Norden des Kr., 40 km nö Bielefeld, Reg.-Bez. Detmold, NRW. 1274 Ersterwähnung des Ksp. Rahden, frühes 14. Jh. Burg Rahden, 1351 Burg Mindener Besitz (zumeist verpfändet, 1431/32 zerstört durch Bischof von Osnabrück), Verwüstungen im 16. Jh., 1667 an Herforder Fürstabtei, 1828 Amtsdomäne Rahden Privatbesitz; 18. Jh. Leinenproduktion, 1816–1831 Hauptort des Kr. Rahden (später Kr. Lübbecke), 1843 preuß. Landgemeindeverordnung. 1973 Zusammenschluss mit sechs Gem. II. [1153–1170] (Kop. Mitte 15. Jh.) *molendinum in Roden*, 1256 *Justacius de Rothe*, 1265 *Heinricus de Rodhen*, 1279 *Dethardus de Roden*, 1423 *in par. Raden*. III. Evtl. ist der ON mit asä. *rado, rada* 'Lolch, Hederich', mnd. *rade, rede* als Bez. verschiedener Ackerunkräuter (wie Kornrade, Taumel-Lolch) zu verbinden. Vielleicht Rodename zu asä. *roð*, mnd. *rot* Ntr. 'Rodung, Rodeland, Neubruch' im Dat. Sg. (vgl. mnd. *rōde, rāde* Subst. 'gerodetes, urbar gemachtes Land(stück)'). V. Schneider; HHS 3. *BM*

Rain I. Stadt und gleichnamige VG im Lkr. Donau-Ries, 13 206 Ew., Reg.-Bez. Schwaben, BY. Im 13. Jh. Stadtgründung durch die Wittelsbacher, Zollstation, 1921 Maschinenrohrfabrik. II. 1257 *Rein*, ca. 1279–1284 *Rain*, 1282 *Rayne*, 1303 *Raien*, 1509 (zu 1504) *praeter Ranam*, 1533 *am baierischen rain ligen: Landsperg, Fridperg, Rain*, 1616 *Rhain in Bayrn*, 1749 *Rhein*. III. Als Erklärung begegnet 1519–1521 *Rain antes sunt et litus* 'Rain bedeutet „die Reihen" und „Uferrand"'. Es liegt also mhd. *rein* 'begrenzende Bodenerhöhung' zugrunde; dies bezieht sich auf den Höhenzug am Lech, wie es auch im Beleg von 1533 deutlich wird. IV. Rain, Lkr. Straubing-Bogen, BY. V. Reitzenstein Schwaben. *WvR*

Rain I. Stadt und gleichnamige VG zusammen mit Aholfing, Atting und Perkam im Lkr. Straubing-Bogen, 13 206 Ew., Reg.-Bez. Oberpfalz, BY. Der Hauptort Rain liegt w von Straubing, nahe der Mündung der Kleinen in die Große Laber. 13. Jh. Burg, geschlossene Hofmark, 1820 Patrimonialgericht. II. 891/94 Kop. 2. Hälfte 10. Jh. *ad Reinna*, um 1112/15 *de Raine*, um 1180/90 *de Rain*. III. Wegen <nn> im Erstbeleg ist bei *Rain* nicht – wie oft behauptet – an ahd. *rein* st. M. 'Rain, Grenze; Schutzwehr' anzuknüpfen, sondern an einen wesentlich in Namen bezeugten *ja*-Stamm ahd. **reini*. Dieser ist durch das frühe Nebeneinander von *-reini* Nom. und *-reinne* Dat. in der Regel gut von ahd. *rein* zu unterscheiden. Später tritt Degeminierung ein. Die Endung *-a* im Erstbeleg ist verm. ein spät-abair. Dat.Sg. (als Kop. des 10. Jh. überliefert!). Im Verlaufe des 12. Jh. wird sie abgeschwächt und apokopiert. IV. *Unterm Rain*, 1301/07 *dev mŭl vnder dem Rayn* (Straubinger Straßenname). V. Schatz, J.: Altbairische Grammatik. Göttingen 1907; Schmidt, W.: Namen der Heimat. In: Der Landkreis Straubing. Passau 1970; Prinz 2007. *MP*

Raisdorf nd. Raisdörp I. Bis 2008 amtsfreie Gem., heute OT der Stadt Schwentinental im Kreis Plön, 7618 Ew.(2007), an der Schwentine, SH. 1224 erstmals urk. erwähnt, 1369 Verkauf an das Kloster Preetz, 1867 zum Landkreis Plön und damit zu Preußen, 1873 Loslösung der Bauern vom Kloster Preetz, 1965 Ernennung zur amtsfreien Gemeinde. II. 1369 *to Wendeschen Ratwerstorpe [Or]*, 1480 *Raderstorrpe*, 1649 *Raystorp*. III. Der ON ist zusammengesetzt aus dem PN *Radwart* – als Zuss. aus den auch h. gebräuchlichen Wörtern *Rat* und *Wart* – und der mnd. Entsprechung, *dorp*, heutiges ↗ *-dorf*. Der PN wurde dabei stark kontrahiert, das zwischenvokalische /d/ fiel aus und wurde durch einen Gleitlaut ersetzt, wodurch aus dem PN das heutige Bw. *Rais-* entstand. V. Laur. *GMM*

Ramstein-Miesenbach I. Stadt und gleichnamige VG (seit 1972) im Lkr. Kaiserslautern, 16 915 Ew., w von Kaiserslautern, Westpfalz, RP. Seit dem 14. Jh. kurpfälzisch. 1969 Zusammenlegung aus bis dahin selbst. Nachbargem., 1991 Stadtrechte. Enge Verbindung mit dem Torfabbau und Bergbau im nahen SL, später kam Textilindustrie hinzu. Seit 1951 ist die Ramstein Air Base, der bedeutendste europ. US-Stützpunkt, der größte Arbeitgeber. II. Ramstein: 1215 *Ramestein*, 1219 *Ramstein*, 1309 *Ransten*, 1601 *Rambstein*. Miesenbach: 1194–98 *in Mensebach unum mansum* (Kop. 1250), 1255 *villam de Mensinbach*, 1309 *Mesinbach*, 1355 *Johanne de Mysenbach*. III. Der ahd. PN-Stamm *Ram-* im Bw. des ON *Ramstein* gehört zum PN *Hraban*, ahd. *(h)raban* 'Rabe', hier verm. als

KN *Ram(o)*, Gen. Sg. *Ram(m)es-*. Die aufeinanderstoßenden *s*-Laute vor dem Gw. ↗-*stein* sind zusammengefallen. Der ON bedeutet 'Fels des Hraban bzw. Ram(o)', da es hier nachweislich keine Burg gegeben hat. Das Bw. im ON *Miesenbach* ist der ahd. PN *Manso, Gen. Sg. *Mensin-. Die Vokal-Nasal-Verbindung wurde durch langes -i- ersetzt: *Mensinbach/ Minsenbach > Mîsenbach*. Das Gw. ist ↗-*bach*. Somit könnte der Name als 'Siedlung am Bach des Manso oder Mansos Siedlung an einem Bach' gedeutet werden. **V.** Hauptstaatsarchiv München, Kaiserselekt; Die ältesten Lehnsbücher der Herrschaft Bolanden. Hg. von W. Sauer. Wiesbaden 1882; FP; HSP; Puhl 2009. *JMB*

Rangsdorf **I.** Gem. im Lkr. Teltow-Fläming, 10190 Ew., s Berlin, BB. Im MA Kolonisationsdorf. Durch Eisenbahnanschluss im 19. Jh. und Verlängerung der Berliner S-Bahn zum Ausflugsziel der Berliner geworden. **II.** 1375 *Rangenstorp, Ranginstorff*, 1472 *Rangenstorff, Ragerstorff*; *Rangensdorf oder Rangsdorf* (1775). **III.** Nach einem Mann mit dem d. PN *Rangher* (wohl zu mnd. *rangen, wrangen* 'zanken' und asä. *heri* 'Herr') benannt. Das Gw. ursprünglich mnd. -*dörp*, ↗-*dorf* 'Dorf'. **V.** Landbuch; Riedel A XI; Büsching; BNB 3. *EF*

Rankweil mda. [raŋkl] **I.** Marktgemeinde im Bezirk Feldkirch, 11557 Ew., im Vorderland am Rande der Rheintalebene (502 m), VO, A. Alte Wehr- und Wallfahrtskirche Liebfrauenberg am Römerweg, der längs der Nafla über Valduna ins Oberland führt; Gerichtsort von Unterrätien. **II.** 817 † *infundo Uinomna ... su[b]tus sanctu Petru*; 821 *in vico Vinonna* [Or]; 920 *in Vinomna in mallo publico*, ca. 820 *Rangvuila* (dorsal), 1057 *decimas ... in Ranquil*. **III.** Abgegangenes *Vinómna* ist sicher vorrömisch, mehrdeutig (ligurisch? etruskisch?), vielleicht zum Volksnamen der *Vennones*; dafür im 9. Jh. *Rankweil*, gebildet mit d. Lehnwort *villa* 'Dorf' + PN *Renco* (romanisiert; 852 Zeuge!) oder fränk. *hring* 'Versammlung, Gericht' als Bw. > rom. *Ranguíla*, alem. *Ránk(we)l*. Name vom Sprachwechsel bestimmt wie ↗*Feldkirch*, A. **V.** ANB; R. von Planta, Exkurs in: Helbok, A.: Regesten von Vorarlberg und Liechtenstein bis zum Jahre 1260, Lieferung 1. Bregenz 1920; J. Zehrer in Montfort 26; Erhart / Kleindinst. *Plg*

Ransbach-Baumbach **I.** Stadt und gleichnamige VG (seit 1972) im Westerwaldkreis, 14 678 Ew., mit elf Gem. zwischen Koblenz, dem rechten Ufer des Rheins und dem Südrand des Westerwalds, RP. Das Gebiet gehört Mitte 10. Jh. überwiegend zu einer Ransbacher Grundherrschaft, deren Grenzen schon im Jahre 959 (MRUB I) erwähnt werden. Der Ort Ransbach selbst wird erst im 14. Jh. genannt. Er und Baumbach gehörten mit dem gesamten Ksp. zunächst zu Nieder-Isenburg, von 1664 bis 1803 zu Kurtrier, danach zu Nassau und schließlich 1866 zum Kgr. Preußen (Unterwesterwaldkr.). Seit 1975 Stadt im Kr. Westerwald. Die „Kannebäckerland" genannte Region ist für ihre Keramik bekannt. **II.** Ransbach: 1346 *Romespach*, 1371 *Rainsbach*; *Ransbach* (1376). Baumbach: 1376 *Babenbach*, 1727 *Bombach*. **III.** Das Bw. des ersten ON enthält den ahd. PN-Stamm *Ram-*, der als KN *Ramo* zu den PN *Hraban* oder *Ragan* gehört. Auch ein chattischer fem. PN *Ramis* würde hierher passen. Vergleichbar sind *Rambach, Ramesbach*. Die Deutung des ON wäre demnach 'Siedlung am Bach eines Ramo oder Ramis'. Baumbach hieß urspr. *Babenbach*, in dessen Bw. der ahd. PN *Babo*, Gen. Sg. *Babin-*, steckt. Das Gw. lautet für beide ON ↗-*bach*. Somit könnte der Name als 'Siedlung am Bach des Babo oder Babos Siedlung an einem Bach' gedeutet werden. Nicht auszuschließen sind auch Übertragungen von hessischen ON: Ransbach und Baumbach, Lkr. Hersfeld-Rotenburg, HE. **V.** Fischer, C.H.H.: Geschlechtsregister der Häuser ... Teil 2, Urkunden. Mannheim 1775. In: Hardt, A. (Hg.): Codex diplomaticus Rhenanus, Regesta Wedana, Repertorium. Wiesbaden 2001; FP. *JMB*

Rantzau **I.** Amt mit Sitz in Barmstedt im Kr. Pinneberg, Zusammenschluss von zehn Gemeinden, 8 433 Ew., SH. 1649 erwarb der königlich dänische Statthalter Ritter Christian Rantzau den n Teil der Gft. Schauenburg (ehem. Amt Barmstedt), die als neue Gft. seinen Namen erhält, 1726 an Dänemark, 1864 zu Preußen, 1867 entsteht der Kr. Pinneberg, dem Rantzau eingegliedert wird. **II.** 1592 *mein Haus Barmstedte* [Or]; *auf das Haus Ranzau* (1711). **III.** Als Amtssitz wurde zuerst die Benennung Haus Barmstedt gewählt, die sich dann nach dem Grafengeschlecht in Haus Rantzau wandelte. Der Wortstamm Rantzau stammt vom apolb. *Ranšov* ab, das aus einer Zusammensetzung des PN *Ranec* und dem Possessivsuffix -*ov*, ↗-*o(w)*, besteht. **IV.** Rantzau, Gem. im Kr. Plön, SH. **V.** Laur; Haefs. *GMM*

Rappenau, Bad **I.** Große Kreisstadt (seit 2003) und gleichnamige VVG im Lkr. Heilbronn, 27 754 Ew., ca. 14 km nw Heilbronn etwa 34 km ssö Heidelberg am Hang des Mühlbachs, Reg.-Bez. Stuttgart, BW. Der Ort ging wohl um 1806 an Baden, ist seit 1930 Heilbad und erhielt 1973 die Stadtrechte. Röm. Siedlungsreste, Wasserschloss Bad Rappenau, Fränkischer Hof, Salinengarten mit der Rappenauer Saline. **II.** 1356 *Rappenaw* [Or], 1429 *Rappenaüw* [Or], 1594 *Rapena* [Or]; *Bad Rappenau* (1930). **III.** Ein Kompositum mit dem Gw. ↗-*au*, ahd. *ouwa*, mhd. *ouwe* 'Land am Wasser, Insel' und dem PN *Rabo, Rappo*. Der Name wurde von einer vom Reichsministerialen Raban von Wimpfen (genannt 1190) gegr. Tiefburg auf die Siedlung übertragen. **IV.** Rappenau, OT von Oberzenn, Lkr. Neustadt an der Aisch-Bad Windsheim, BY. **V.** FP; Krieger; LBW 2 und 4. *JR*

Rapperswil-Jona **I.** Politische Gem. im Wahlkreis See-Gaster (früher: Bezirke See und Gaster), 26 034 Ew., seit 2007 ist Jona mit Rapperswil zu einer Gem. fusioniert, am oberen Zürichsee im St. Galler Linth-Gebiet gelegen, Kt. St. Gallen, CH. Siedlungsspuren und Funde aus Neolithikum, Bronze-, Hallstatt-, und Römerzeit, letztere besonders reich; alemannische Gräber des 7. Jh. Bis in die Neuzeit landwirtschaftlich geprägt (Milchwirtschaft und Weinbau), ab dem 19. Jh. auch Industrie, h. (in der politischen Union Rapperswil-Jona) zweitgrößte und finanzkräftigste Gem. des Kantons, beliebter und weiter aufstrebender Wohn- und Industrieort. **II.** Rapperswil: 1220 *Raprehtiswilere*, 1229 *Ratprehtswilêr*, 1232 *Rapreswilre*; Jona: 1260 *de Ionun* [*Or*], 1275 *in Jon* (Kop. 14. Jh.), 1295 *von Jone*. **III.** Rapperswil: Primärer Siedlungsname mit Grundwort ahd. *wīlāri* 'kleines Dorf, Weiler; Einzelhof' (↗ *-weil* / *-wil*) und dem zweigliedrigen PN *Ratprecht* im Bestimmungsglied. In der Gesamtdeutung 'Hofsiedlung des *Ratprecht*' kommt die Siedlungs- und Gesellschaftsstruktur jener Siedlungsphase des frühen Mittelalters zum Ausdruck, in der noch immer die Rufnamen bedeutender Einzelpersönlichkeiten die Benennung kleinerer Ansiedlungen veranlasst haben dürften. Jona: urspr. Gewässername (*Jona*, Zufluss zum oberen Zürichsee; Erstbeleg 834 *Johanna fluvius*, jedoch wohl eine halbgelehrte Anlehnung an den Frauennamen), der sekundär auf die Ortschaft übertragen wurde. Eine letztgültige Deutung des Namens steht noch aus; mit einiger Wahrscheinlichkeit liegt jedoch ein Vertreter der voreinzelsprachlichen, „alteuropäischen" Hydronymie vor, dessen Semantik im Bereich von 'Wasser; fließen' usw. gesucht werden muss. Vorgeschlagen wurde etwa 'die sich Bewegende'. Alles Weitere bleibt jedoch dunkel, da insbesondere die (älteren) Entlehnungsverhältnisse ungeklärt sind. Die heutige offizielle Form des Siedlungsnamens auf *-a* geht wohl auf eine ahd. Umbildung zu **Jōnaha* (also erweitert um ahd. *aha* 'Bach, Fließgewässer') zurück; die Mundartlautung ['joːnə] hingegen reflektiert die (schon 1295 bezeugte) Reduktion des alten *-a* zu *-e*. **V.** Greule, Flußnamen; FP; HLS; LSG. *MHG*

Rastatt **I.** Stadt und Sitz der Kreisverwaltung des gleichnamigen Lkr., 47 523 Ew., in der Rhein- und Murgniederung, Reg.-Bez. Karlsruhe, BW. Zunächst in Hirsauer Besitz und Herrenalber Grangie, 1535–1771 zu Baden-Baden. Autoherstellung, Schloss Rastatt, Schloss Favorite, Wasserturm, Einsiedler Kapelle. **II.** Um 1100 (Kop. 16. Jh.), 1177 *Rasteten*, 1363 *Rasteden*, 1431 *Rastetden*. **III.** Es handelt sich wohl um eine ursprüngliche Zuss. *Rast-steti*; das Bw. gehört zu ahd. *rasta*, mhd. *raste* 'Ruhe, Rast', das Gw. zu ahd. mhd. *stat* 'Stelle, Ort, Wohnstätte' (↗ *-statt*): 'Raststelle (an einem Flussübergang)'. **V.** Bach DNK 2; FO 2; Krieger; LBW 5. *JR*

Rastede **I.** Gem. im Lkr. Ammerland, 20 716 Ew., Reg.-Bez. Weser-Ems (bis Ende 2004), NI. Das im 11. Jh. gegründete Kloster Rastede war ein kultureller Mittelpunkt der Gft. Oldenburg, hier entstand eine der vier Bilderhandschriften des Sachsenspiegels; nach der Reformation Umwandlung in ein fürstliches Lustschloss, später Sommerresidenz der Grafen von Oldenburg. **II.** 1059 *Rittristidi* [Kop. 14. Jh.], 1059 *Rastede* [Kop. 14. Jh.], 1124 *Radestad* [Kop. 14. Jh.], 1158 *Rarstath*, 1202 *Rarstad*, 1237 *Rastede*. **III.** Bildung mit dem Gw. ↗ *-stedt*. Die originale Überlieferung zeigt als Bw. zunächst *Rar-*, dessen zweites *-r-* im 13. Jh. schwindet. Die *Rittir-* und *Rade-*aufweisenden Belege entstammen alle späteren Abschriften. Die Deutung hat also von *Rar-* auszugehen und das Bw. mit asä. *rōri-*, mnd. *rōr* 'Schilfrohr' zu verbinden, dessen *-ō-* auf germ. **-au-* zurückgeht und auch als *-ā-* realisiert werden kann. Deutung also: 'Siedlung am Schilf'. **V.** HHS 2; Remmers, Ammerland. *UO*

Rastenburg // Kętrzyn [kɛntʃin] **I.** Kreisstadt, seit 1999 in der Woi. Warmińsko-Mazurskie (Ermland-Masuren), 27 968 Ew., PL. Am Rande der Masurischen Seenplatte, an der Guber. Im Gau Barten, dem Land eines preuß. Volksstammes angelegt und gegr. an der Stelle einer preuß. Siedlung, 1357 Stadtrecht durch Henning Schindekopf verliehen, nach dem Thorner Frieden (1466) zum Deutschordensstaat, nach dem Ersten Weltkrieg zu Deutschland, seit 1945 zu Polen, 1946–1998 Kreisstadt in der Woi. Olsztyn (Allenstein), Elektro-, Bekleidungs- und Lebensmittelindustrie. **II.** 1342 *Rastenburg*, 1344 *Rastingborgh*, 1946 *Rastenburg*; poln. *Kętrzyn*. **III.** Die Etymologie des d. ON ist nicht eindeutig: zum einen kann *Rast-* von apreuß. *raist*, lit. *raistas* 'Dreck' abgeleitet, zum anderen mit d. *rast(e)* 'Rast' gebildet worden sein. Das Gw. ist in beiden Fällen ↗ *-burg*. Der polnische ON wurde 1946 amtlich eingeführt und aus dem FN des Historikers und Kämpfers für das Polentum im Ermland und in den Masuren, Wojciech Kętrzyński (Adalbert von Winkler), gebildet, das Suffix *-ski* wurde durch *-yn* ersetzt. **V.** Rymut NMP; RymNmiast. *IM*

Ratekau nd. Radekau **I.** Amtsfreie Gem. im Kr. Ostholstein, 15 683 Ew., Zusammenschluss von dreizehn kleineren Dorfschaften, Nähe Lübecks, SH.

Siedlungsgebiet der Wenden, 1934 durch Zusammenlegung zweier Gemeinden Bildung der Gem. Ratekau, 1937 an Preußen, 1945 Ausgliederung mehrerer Dörfer zur neuen Gem. Timmendorfer Strand. Ratekauer Feldsteinkirche (1156). **II.** 1163 *in Ratgowe [Or]*, Ende 12. Jh. *in ... Rathecowe*, 1338 *in parrochia Radekowe*. **III.** Vom apolb. Wortstamm *Rad-(k-)* abstammend, ist dies eine Bildung aus dem PN *Radek* und dem Possessivsuffix *-ov*, ↗ *-o(w)*. Somit spiegelt *Ratekau* die Benennung als 'Siedlung des Radek' wider. **V.** Laur; Haefs. *GMM*

Rathenow **I.** Kreisstadt im Lkr. Havelland, 25791 Ew., am Ostufer der unteren Havel, nw Brandenburg, BB. Aslaw. Burgwall mit Burgsiedlung an Havelübergang; markgräflich-brandenburgische Burg mit Burgflecken, planmäßige Stadtanlage (1288 *civitas*); im 18. Jh. Neustadt entstanden. Stadtmauerreste mit Rundturmstumpf, Quartier am Schleusenplatz mit barocken Typenhäusern, Denkmal des Kf. Friedrich Wilhelm. Optische und elektrotechnische Industrie. **II.** 1216 *Ratenowe [Or]*, 1288 *Ratenow [Or]*; *Rathenow* (1295). **III.** Slaw./apolb. *Ratenov-*, eine Bildung mit dem poss. Suffix *-ov-* zum PN *Raten*, also 'Ort eines Mannes namens Raten'. Der PN ist eine mittels des Suffixes *-en* gebildete KF aus VN wie *Ratibor*, *Ratislav* (zu *ratiti sę* 'kämpfen', *rat* 'Kampf' im ersten Glied). **V.** Riedel A VIII, VII; BNB 4; SNB. *EF*

Ratibor // Racibórz [ra'tɕibuʃ] **I.** Kreisstadt in der Woi. Śląsk, 56727 Ew., im Odertal, an der Mährischen Pforte, in der Nähe der tschech. Grenze, PL. Burg zum Schutz der durch die Oderfurt führenden Handelsstraße von Böhmen nach Krakau, 1217 Marktsiedlung, 1235 Stadtrecht, bis 1327 im Kgr. Polen, danach an Böhmen, 1526 an Habsburg, 1742 an Preußen. Bei der Volksabstimmung 1921 gaben rund 90 % der Stadtbewohner ihre Stimmen für Deutschland, obwohl Ratibor ein wichtiges Zentrum des Polentums war. Bis 1939 Stadtkreis, Reg.-Bez. Oppeln, 50004 Ew. (1939). Im MA ein bedeutender Handelsplatz, nach Eröffnung der Bahnlinie Berlin-Wien 1846 industrielle Entwicklung, h. Bau von Hochdruckkesseln und Eisenbahneinrichtungen, chemische und Lebensmittelindustrie. **II.** 1108 *Ratibor*, 1193 *Ratibor*, 1217 *Rattibor*, 1221 *Raccbor*, 1229 *Racziborz*. **III.** Die urk. Schreibungen weisen auf den apoln. PN *Racibor* (1193 belegt) oder mähr. *Ratiboř* hin, beide zum aslaw. *Ratibor-jь*. Im Erstglied ist das apoln. *rać* 'Kampf, Krieg', im Zweitglied *bor* 'Kampf, Streit' oder *borzyć* 'kämpfen'. Der ON *Ratibor*, gebildet mit dem archaischen Suffix *-jь*, der die Palatalisierung *r > ř* im Auslaut verursachte, gehört zu den ältesten Benennungen von Burgsiedlungen, wie *Radom*, *Bytom*, *Jarosław*. **IV.** Ratiboř, CZ, Radibor in der Oberlausitz, SN; Ratibor // Ratzebuhr, poln. jetzt Okonek, in Pommern, PL; ↗Ratzeburg, SH. **V.** SNGŚl; Borek, H.: Górny Śląsk w świetle nazw miejscowych. Opole 1988. *MCh*

Ratingen **I.** Stadt im Kr. Mettmann, 91704 Ew., Reg.-Bez. Düsseldorf, NRW. **II.** Nach 836 *de Hretinga, in Hratuga*, (1000) *in Ratingon*, 1165 *in uilla Razzinga [Or]*. **III.** Ableitung mit Suffix ↗ *-ing* (Variante *-ung*, die wohl für den fehlenden Umlaut verantwortlich ist; *g* ist Schreibung für /ŋ/) von einer Basis mit germ. *t*, die im nd. Gebiet, in dem Ratingen liegt, unverschoben bleibt, während die Kölner Überlieferung (1165 und öfter) die Zweite Lautverschiebung aufweist. Basis der Ableitung kann nicht das im Stadtwappen auftretende *Rad* sein (germ. *raþa-n* wird zu asä. *rath*, mnd. *rat*, Pl. *rāde*), aber verm. auch kein PN (so jedoch Kaufmann 1973), da ein *t* aus expressiver Verschärfung von *-d-* (asä. *Hrad-*) in einer *-ing*-Ableitung ungewöhnlich wäre. Auch die Lautverschiebungsbelege in der hd. Überlieferung weisen auf germ. *t*. Vielleicht liegt als Basis anfrk. *rāta* (< germ. *hrǣt-*), ahd. *rāʒa* 'Honigwabe' zugrunde, das in nl. *raat* fortlebt. Der ON ist somit vielleicht durch die Bienenzucht motiviert: 'zur Honigwabe gehörige Stelle'. **V.** HHS 3; RhStA XVII/89; Etym. Wb. Nl. *Tie*

Ratzeburg nd. Ratzborch **I.** Kreisstadt des Kr. Herzogtum Lauenburg, 13 695 Ew., im Gebiet des Naturparks Lauenburgische Seen, Luftkurort auf einer Insel im Ratzeburger See („Inselstadt"), nahe zu MV, SH. 1062 erstmals urk. erwähnt, 1060 bis 1554 Bistum Ratzeburg, 1261 Stadtrecht, 1616–89 Residenz der Herzöge von Sachsen-Lauenburg, 1648 säkularisiert und als Fürstentum Ratzeburg an Mecklenburg-Schwerin, 1701 an Mecklenburg-Strelitz, 1865 kommt die Stadt zu Preußen. Andreas-Paul-Weber-Museum, Barlachmuseum, Rom. Backsteindom (1170–1220). **II.** 1062 *castellum Razesburg*, Ende 11. Jh. *civitas Razispurg [Or]*, 1188 *ad Racesburch*; *Ratzeborg* (1649). **III.** Der Name dieser Stadt geht zurück auf den apolb. PN *Ratibor*, womit wohl der Polabenfürst Ratibor gemeint ist, der im 11. Jh. in Ratzeburg residierte. Damit ist *Ratzeburg* als 'Burg des Ratibor' zu verstehen. **IV.** Ratibor // Racibórz, PL. **V.** Laur; Haefs; Berger. *GMM*

Raubling **I.** Gem. im Lkr. Rosenheim, 11 358 Ew., Reg.-Bez. Oberbayern, BY. **II.** 778–783 (Kop. von 824) *Rupilinga*, 836 *Rupilingas*, 1126/27 *Rubelingen*, ca. 1165 *Rublingen*, 1168/69 *Růblingen*, 1289 *Raubling*. **III.** Es ist ein PN *Rūpil(o)* zu erschließen, der durch das Zugehörigkeitssuffix ↗ *-ing* abgeleitet ist. **V.** Reitzenstein 2006. *WvR*

Rauenberg **I.** Stadt im Rhein-Neckar-Kreis, 7823 Ew., bildet zusammen mit den Gem. Malsch und

Mühlhausen den GVV Rauenberg mit 19 426 Ew., ca. 16 km s Heidelberg, Reg.-Bez. Karlsruhe, BW. Im Spätmittelalter Vereinigung von Rauenberg und Wedersweiler zu einem Kondominium, 1537 teilweise und 1677 endgültig an den Bischof von Speyer, 1803 badisch. Weinbau, St. Peter und Paul, Winzermuseum im ehemals fürstbischöflichen Schloss. **II.** 1303 *Rûchemberg*, 1360 *Ruhenberg*, 1531 *Rawenberg*. **III.** Das Bw. der Zuss. mit dem Gw. ↗-*berg* geht auf ahd. *rûh* 'rauh, stachelig, struppig', mhd. *rûch* 'haarig, struppig, zottig, rauh' zurück. Die daraus hervorgegangene Bedeutung 'bewaldet' hat sich in Landschaftsnamen erhalten wie *Rauhe Alb* 'bewaldetes Weideland'. Gelegentlich wird aber auch eine ungünstige klimatische Lage als 'rauh' bezeichnet. Der Name wurde von einer benachbarten Burg auf die Siedlung übertragen. **IV.** Rauenstein, OT v. Effelder-Rauenstein, Lkr. Sonneberg, TH. **V.** Krieger; Bach DNK 2; Schwäbisches Wörterbuch, bearb. v. Hermann Fischer, Bd. 5, Tübingen 1920; LBW 2 und 5. *JR*

Raunheim **I.** Stadt im Lkr. Groß-Gerau, 14 741 Ew., Reg.-Bez. Darmstadt, HE. Laut einer verfälschten Urkunde soll Ebf. Hatto von Mainz im Jahre 910 sein Gut in der Raunheimer Mark an das Kloster Fulda übertragen haben. Über die Herren von Münzenberg, Eppstein und die Grafen von Katzenelnbogen gelangte nach deren Aussterben 1479 der Ort an die Landgrafschaft Hessen. 1966 Verleihung der Stadtrechte. **II.** 910 (Kop.) *in Ruwenheimere marca*, 1211 *Runheim, Ruenheim, Ruhenheim*, 1275 *Ruhinheim*, 1313 *Ruwinheim*, 1542 *Rawenheym*. **III.** Bw. ist ahd *rûh*, mhd. *rûch* 'rau, stachlig, herb'. Möglicherweise war für die Benennung nicht ein raues Klima ausschlaggebend, sondern das Adj. wurde in der Bedeutung 'unfruchtbar, mit Buschwerk besetzt' verwendet. Zugrunde liegt der Namensbildung eine syntaktische Fügung *ze demo rûhen heim*'. Das intervokalische -*h*- zeigt den Übergang zu -*w*-, wohl beeinflusst durch ahd. **ruowa*, mhd. *ruowe* 'Ruhe'. Im Erstbeleg erscheint der Insassenname *Ruwenheimer* im Gen. Pl. 'in der Mark der Raunheimer'. Für die Ansetzung eines PN, der **Riuwo / *Rûwo* gelautet haben müsste, fehlen Belege im bekannten Namensbestand. Die Vermutung, wonach ein Kloster dem Ort seinen Namen als 'Ort der Reue' (vgl. ahd. *riuwa*, mhd. *riuwe*) gegeben habe, ist spekulativ. **V.** Müller, Starkenburg; Oculus Memorie. *TH*

Ravensburg **I.** Große Kreisstadt und Sitz der Kreisverwaltung im Lkr. Ravensburg, 49 399 Ew., bildet zusammen mit der Stadt Weingarten und den Gem. Baienfurt, Baindt und Berg den GVV Mittleres Schussental mit 88 898 Ew., am Ostrand der Schussenniederung im Bodensee-Moränenland, Reg.-Bez. Tübingen, BW. Herzog Welf IV. verlegte wohl aus Gründen der militärischen Sicherheit seinen Wohnsitz auf die Ravensburg, 1191 nach dem Tod des Herzogs an die Staufer und deren Verwaltungszentrum in Oberschwaben, nach der Trennung von Burg und Stadt wurde erstere Sitz des königlichen Landvogts in Schwaben, 1802 an Bayern, 1810 zu Württemberg. Spieleverlag, Automobilzulieferer, Veltsburg, Obertor, Mehlsack, ehemalige Abteikirche Weißenau. **II.** 1088 *Ravenspurch*, 1122 *Ravenespurc*, 1231 *Ravensberc*; *Ravensburg* (2. H. 18. Jh.). **III.** Es handelt sich um einen ursprünglichen BurgN, der auf den Ort übertragen wurde. Der Wechsel von ↗-*berg* und ↗-*burg* ist in ON-Belegreihen häufig. Das Bw. führt verm. auf ahd. *raban*, mhd. *rabe* 'Rabe' zurück, es kann aber auch der gut bezeugte PN *Raban* vorliegen. **IV.** Ravenstein, Neckar-Odenwald-Kreis, BW. **V.** FO 1; Bach DNK 2; Keyser, E., Stoob, H. (Hg.): Deutsches Städtebuch, Bd. 4: Südwest-Deutschland, 2: Land Baden-Württemberg, Teilbd. Württemberg. Stuttgart u. a. 1962; LBW 2 und 7. *JR*

Rawicz ↗**Rawitsch**

Rawitsch // Rawicz ['raviʧ] **I.** Stadt in der Woi. Wielkopolskie (Großpolen), Kreis- und Gemeindesitz, 21 078 Ew., PL. 1975–1998 verwaltungsmäßig zur Woi. Leszno. Die Stadt wurde 1638 von Adam Olbracht Przyjemski auf dem Gebiet seines Dorfes Sierakowo aus wilder Wurzel gegr. und durch protestantische Emigranten aus Schlesien und Tschechien besiedelt. Während des Nordischen Krieges (1705–1706) befand sich hier der Sitz des schwedischen Königs Karl XII. Im 18. Jh. erfolgte eine starke Entwicklung der Tuchherstellung (eines der größten Zentren Polens). Nach der zweiten Teilung Polens 1793 an Preußen, 1807–1813 Hztm. Warschau, ab 1815 erneut an Preußen, Reg.-Bez. Posen. Garnisonsstadt, seit 1884 Kreissitz. An Polen kam die Stadt wieder 1920. 1945–1956 gab es hier eines der größten und strengsten politischen Gefängnisse. Landwirtschaft und nach dem 2. Weltkrieg Metall-, Papier-, Holz-, Lebensmittel-, und Elektrotechnikindustrie sowie Energiewirtschaft. **II.** 1310 *Siracow*, 1638 [*Rawicz*], 1888 *Rawicz*, 1982 *Rawicz*. **III.** Vom Namen eines Wappens, das die Familie des Stadtgründers, die Przyjemscy, getragen haben. Das sog. *Rawicz* ist eines der ältesten Wappen Polens und Litauens, zeigt eine gekrönte Jungfrau auf einem schwarzen Bären und kam verm. mit der Familie der Wrszowcy (lat. *Vrsines* von *ursus* 'Bär') aus Tschechien. Die ON-Form *Rawitsch* ist eine grafische Adaptation des poln. ON. **V.** Rymut NMP; RymNmiast; Malec. *BC*

Réchicourt-le-Château ↗**Rixingen**

Recke I. Gem. im Kr. Steinfurt, 11 774 Ew., n Ibbenbüren, Reg.-Bez. Münster, NRW. Im MA Kirchdorf im FBtm. Osnabrück, 13. Jh. Gft. Tecklenburg, 16. Jh. Gft. Lingen, 1702 preußisch, 1806 Ghztm. Berg, 1810 Kaiserreich Frankreich, 1813 wieder preußisch, Landwirtschaft, Töddenhandel (wandernde Kaufleute und Hausierer). **II.** 1189 *in ecclesia Rike [Or]*, 1220 *in Reke; Recke* (1243). **III.** Der ON liegt als Simplex aus einem urspr. FlN vor. Toponymische Bildungen mit *(-)rike(-)* sind in westfälischen FlN häufig vertreten und gehören zu einer etymologisch uneinheitlichen Gruppe. Sie umfasst zum Beispiel: mnd. *rēke* (Fem.) 'Reihe, Ordnung, Strecke, die im freien Feld sich hinziehende lebendige (Dornen-)Hecke, niedriges Gebüsch', mnd. *recke* 'Strecke (Weges), Hecke', sodann *recke* (Ntr.) und *rik* (Ntr.) 'lange, dünne Stange', wfl. *rek* (Ntr.), *rekke* (Fem.) 'Einfriedung, Gitter, Vorrichtung zum Aufhängen schwerer Dinge', *rieke* (Fem.), *rikke* (Fem.) 'Hecke', mhd. *ric, ricke* (M.) 'waagerechtes Gestell, Latte, Stange; Gehege, enger Weg'. Im Asä. ist **riki* 'Strecke, Hecke, Gebüsch' lediglich aus ON zu erschließen. Die Vieldeutigkeit des Appellativs lässt für die Deutung einen gewissen Spielraum. Ein Fokus liegt auf den Aspekten von 'Einfriedung' und 'Reihe, Landstreifen'. **V.** Osnabrücker Urkundenbuch I, II, IV, VI; Müller, G.: Westfälischer Flurnamenatlas. Lieferung 3. Bielefeld 2003. *kors*

Recklinghausen [-hạusen] **I.** Hauptstadt des Kreises Recklinghausen, 120 059 Ew., kreisfrei 1901–1975, Reg.-Bez. Münster, NRW. Kirchdorf auf einem Hof des Erzbischofs und Kurfürsten von Köln, 1235 Stadt (*oppidum*), Mittelpunkt des kftl.-kölnischen Gerichtsbezirks „Vest Recklinghausen" zwischen Emscher und Lippe, 1316–1618 Mitglied der Hanse, 1803 Hztm. Arenberg, 1811 Ghztm. Berg, 1813 Preußen, Kohlebergbau 1864–2003, „Ruhrfestspiele" seit 1947. **II.** 1017 (Kop. 15. Jh.) *Ricoldinchuson*, 1047 *Riclenghuson*, um 1150 *in Riclinchuson*, um 1150 *de Riclinchusen*. **III.** ON auf ↗ *-inghausen* mit dem zweigliedrigen germ. PN *Rīkwald*: '(bei) den Häusern der *Rīkwald*-Leute'. Die Senkung des *-a-* vor *-l-* ist ein im Niederdeutschen gewöhnlicher Vorgang. Vor *-a-/-o-/-u-* schwindet im Zweitsilbenanlaut nach Schlusskonsonant der Erstsilbe sehr regelmäßig das *-w-*. Vgl. auch *Berht-wald > Bertold*. Seltener ist die Assimilation von *-ld- > -l(l)-*. **V.** MGH DD III: Die Urkunden Heinrichs II. und Arduins; Crecelius, W. (Bearb.): Traditiones Werdinenses. In: Zs. des Bergischen Geschichtsvereins 6 (1869); Werdener Urbare A; Bauermann, J.: Zum ältesten Namen von Recklinghausen. In: Vestische Zs. 70–72 (1968/1970). *schü*

Redingen an der Attert auch: Redingen/Attert, franz. Redange-sur-Attert, auch Redange/Attert, lux. Réiden/Atert **I.** Gem. und Hauptort des gleichnamigen Kt., 1 101 Ew., an der Attert im N des Gutlandes, ca. 25 km nw von Luxemburg, Distr. Diekirch, L. Seit dem MA zu Luxemburg, Barockkirche von 1771 (1928–1930 erweitert). **II.** 1144–68 *Redingen*, 1336 *Raidengez*. **III.** Der SiN wurde mit dem PN ahd. *Rādo* (germ. **Rǣđan*, zum App. germ. **rǣđa-* 'Rat') und dem Suffix ↗ *-ing-* gebildet. Ausgangsform des SiN ist der Dat. Pl. fränk.-ahd. **Rādingas*, umgelautet **Rēdingas*, gedeutet als 'bei den Leuten des Rādo'. Die auf der d. Form *Redingen* basierende franz. Lehnform wurde analogisch mit dem z. B. aus Lothringen bekannten Suffix *-ange* (bzw. *-engez* u. ä.), der lautgerechten franz. Entwicklung des *-ing*-Suffixes, versehen. Lux. *Réiden* mit Diphthong lux. *éi* für den Fortsetzer von ahd. *ē* (Umlaut von *ā*) und haplologischer Kürzung der Endung *-ingen* zu *-en*. Der unterscheidende Zusatz nach dem Flüsschen Attert (lux. Atert, l. zur Alzette) diente der Abgrenzung zum gleich lautenden SiN Redingen im nahen F. **IV.** Redingen, franz. Rédange, Kt. Fontoy, Arrondissement Thionville-Est, Département Moselle (Lothringen), F. **V.** Gysseling 1960/61; Meyers. *AS*

Rees **I.** Stadt im Kr. Kleve, 22 465 Ew., am unteren Niederrhein gelegen, Reg.-Bez. Düsseldorf, NRW. 1228 Stadterhebung. Münzstätte bis Ende 13. Jh. **II.** 1075 *in Ressa [Or in Empfängerausfertigung?]*, 1079–1089 *in Resa [Or]*; 1144 *de Rese [Or]*. **III.** Kaufmann 1973 erklärt den ON als urspr. GwN mit *-isā*-Suffix in Analogie zu *Resse* (Ortsteil von Gelsenkirchen), für das in der Werdener Überlieferung 10./11. Jh. *in Rædese*, 974–83 *in Redese* belegt ist; *-ss*- beruht hier auf Assimilation von *d* an *s* nach Synkope des nichthaupttonigen *-e-*. Das Basiswort ist jedoch kaum mnd. *rēt* 'Ried', da in der Essener Überlieferung der Diphthong und im 10. Jh. auch *hr-* zu erwarten sind (asä. *hriad-* 'Ried'). Außerdem heißt *Resse* noch um 1150 *Redese*. Eine andere Möglichkeit bietet der Anschluss des ON Rees an mnl. *reese* 'Rispe'. Diese Ben. könnte metaphorisch die urspr. Siedlungsform bezeichnen. Eine vergleichbare Bildhaftigkeit zeigt wfl. *Drubbel* (Bach DNK II), wo die Traube als Bildspender dient. Eine ähnliche Erklärung könnte auch für andere ON mit dem Element *Res(s)e* des nl.-niederrhein. Gebietes (Gysseling 1960/61) erwogen werden. **V.** HHS 3; Gysseling 1960/61. *Tie*

Regen **I.** Kreisstadt des gleichnamigen Lkr., 11 842 Ew., Reg.-Bez. Niederbayern, BY. Im Bayerischen Wald am Schwarzen Regen (zur Regen zur Donau) gelegene, durch die Rodungstätigkeit der Mönche von Rinchnach im 11. und 12. Jh. entstandene Siedlung, vor 1270 Markt, 1932 Stadt, Glas- und Holzindustrie. **II.** 1148 *Regn*, 1239 *Regen*. **III.** Die Stadt ist nach dem Fluss, an dem sie liegt, benannt. Der aus römerzeitlichen Erwähnungen der Stadt Regensburg als *Reginos erschließbare Name des Flusses wird gewöhnlich als idg.-voreinzelsprachlich, mit n-Suffix gebildeter Name zu der unsicheren idg. Verbalwurzel *reg- 'fließen, tropfen' gestellt. **IV.** ↗ Regensburg, BY. **V.** Reitzenstein 2006; Greule, DGNB. *AG*

Regensburg. I. Kreisfreie Stadt, 133 525 Ew., Hauptstadt des Reg.-Bez. Oberpfalz und Verwaltungssitz des Lkr. Regensburg, BY. An der Mündung von Regen und Naab in die Donau. 179 n. Chr. errichtetes römisches Lager Castra Regina, Sitz der bair. Herzöge, seit 788 Königspfalz, Vorzugsresidenz der d. Karolinger, 1245 Freie Reichsstadt, 1663–1806 Sitz des „Ewigen Reichstags", katholischer Bischofssitz, neben Universität (seit 1962) weitere Hochschulen; Museen, Wirtschaftszentrum Ostbayerns. **II.** 3. Jh. n. Chr. (Kop. 7./8. Jh.) *Regino*, 425–430 (Kop. 15./16. Jh.) *Castra Regina*, 772 (Kop. 9. Jh.) *Reganespurch* usw. **III.** Aus römerzeitlichen Quellen ist als Vollform des Namens *Regino (castra)* zu erschließen, welche den Platz des Lagers gegenüber der Einmündung des Flusses Regen, röm. *Reginus* (↗ Regen), in die Donau angibt. Die altbairische Namensform *Reganesburg, -purg* ist eine Lehnübersetzung von *Regino castra*, in welcher der Lokativ durch einen Gen. übersetzt wurde und der FluN bereits an ahd. *regan* 'Regen' angelehnt ist. Zuerst in aus Freising stammenden Schriften des 8. und 9. Jh. wird der bair. Herzogssitz *Radaspona* genannt. *Radaspona* kann als spätkelt. Name *Rataso-bona* 'Wohnsitz eines Ratasos' erklärt werden, ohne dass klar ist, auf welche Weise dieser Name bis ins MA überdauern konnte. **IV.** ↗ Regen, Lkr. Regen, BY. **V.** Greule, A.: Radaspona, Castra Regina, Reganesburg. In: Kriegsende und Neubeginn. Regensburger Almanach 2005, h.g. v. K. M. Färber, Regensburg 2005; Reitzenstein 2006; Greule, DGNB. *AG*

Regensdorf I. Politische Gem., Bezirk Dielsdorf, 16 040 Ew. Bestehend aus den beidseits der östlichen Furtbachniederung gelegenen Ortschaften Watt, Adlikon und Regensdorf, Kt. Zürich, CH. Spätbronzezeitliches Brandgräberfeld, alemannisches Gräberfeld (Mitte 6. bis Mitte 7. Jh.), im MA mit der Burg Altregensberg Zentrum der Herrschaft Regensberg. Bis 1900 bäuerlich geprägt, seither zu einer Stadt mit bedeutendem Industrie- und Dienstleistungssektor gewachsen. **II.** 870 *Reganesdorf* (Kop.), 1259 *Reginsdorf [Or]*, 1277 *Regensdorf [Or]*. **III.** Primärer Siedlungsname aus dem das Bestimmungsglied bildenden ahd. PN *Ragin* oder *Regin* und dem Grundwort ↗ *-dorf*, ahd. *dorf* '(kleines) Dorf, Weiler, Landgut': 'Dorf, kleine Siedlung des *Ragin* (bzw. *Regin*)'. **V.** FP; HLS; LSG. *MHG*

Regenstauf I. Markt im Lkr. Regensburg, 15 013 Ew., ca. 13 km n von Regensburg am Regen gelegen, Reg.-Bez. Oberpfalz, BY. 1326 Markterhebung. **II.** 1135 Kop. vor ca. 1170 *comes de Stowfe*, 1147/55 Kop. 1203/04 *Reginstôf*; *Regenstauf* (1313). **III.** Der SiN *Stauf* beruht auf der für Höhenburgen gebräuchlichen Bezeichnung mhd. *stouf* 'Kelch; hochragender Fels', die unschwer von einer Geländeerhebung auf die darauf gelegene fortifikatorische Anlage, eine zur Kontrolle des Regentals erbaute Pabonenburg des 12. Jh., metonymisch übertragen werden konnte. Der unterscheidende Zusatz *Regen-*, durch den der Ort von Donaustauf (Lkr. Regensburg) kompositionell differenziert wurde, ist erstmals in den 1150er Jahren nachweisbar. **IV.** Donaustauf (894/930 Kop. 2. Hälfte 11. Jh. *castellum quod dicitur Stufo*), Lkr. Regensburg, BY (unkomponierte Belege sind mitunter nicht eindeutig einem der beiden Orte zuzuweisen). **V.** Boos, A.: Burgen im Süden der Oberpfalz (= Regensburger Studien und Quellen zur Kulturgeschichte 5). Regensburg 1998; Prinz 2007. *MP*

Rehau I. Stadt im Lkr. Hof, 9 631 Ew., ca. 10 km sö von Hof an der Grenze zur Tschech. Republik, Reg.-Bez. Oberfranken, BY. Seit dem 14. Jh. im Besitz der Burggrafen von Nürnberg, 1427 Markt mit Stadtrechten, bis 1972 Kreisstadt des Lkr. Rehau, Kunsthaus mit Institut für Konstruktive Kunst und Konkrete Poesie, bedeutender Industriestandort. **II.** 1246 Chronik 1773 *Resawe* (unsicherer Beleg), 1376 *Resaw [Or]*, um 1390 Kop. 1. Hälfte 15. Jh. *Resau ... Resa*; *Rehaw [Or]* (1497). **III.** Dem SiN liegt die slaw. Gf. *Rězov-* zugrunde, eine Abl. mit dem adjektivierenden Suffix *-ov-*, deren Basis am ehesten das App. *rězъ* 'Schnitt, Schneide, Schärfe', hier wohl mit der toponymischen Bed. 'Einschnitt (im Gelände)' oder 'Rodung', sein dürfte. Nicht auszuschließen ist daneben der Ansatz eines PN (Übernamen) *Rězъ* zum eben genannten App., wobei es sich dann um einen possessivischen SiN ('Siedlung des *Rězъ*') handeln würde. Offenbar wurde *Res-* im 15. Jh. als Gen. des d. App. *Reh* ausgelegt, was die Rückbildung einer Form *Reh-au* ermöglichte. **IV.** Rhäsa (1334 *Resow*), OT von Ketzerbachtal; Riesa (1119 *Reszoa*), beide Lkr. Meißen, SN. **V.** Keyser / Stoob I; Eichler, E.: Slawische Ortsnamen zwischen Saale und Neiße. Bd. III. Bautzen 1993; Höllerich. *WJ*

Rehburg-Loccum I. Stadt im Lkr. Nienburg (Weser), 10 526 Ew., am Steinhuder Meer, Reg.-Bez. Hannover (bis Ende 2004), NI. 1974 Zusammenschluss von Rehburg, Bad Rehburg, Loccum, Münchehagen und Winzlar. Rehburg: 13. Jh. Bau der welfischen Grenzburg, bis 1331 im Besitz des Klosters Loccum, 1577 Witwensitz der Familie von Münchhausen, 15. Jh. Fleckenrecht, 1648 Stadtrecht. Loccum: Frühma. Niederungsburg der Grafen von Lucca, 1163

Gründung des h. zu den besterhaltenen ma. Klosteranlagen Niedersachsens zählenden Zisterzienserklosters durch Graf Wilbrand von Hallermunt, 1252 freies Reichsstift. **II.** Rehburg: 1320 *Reborgh [Or]*, 1331 *vppe de Reheborg, von der Reborg [Or]*; Loccum: 1129 *Burcardus de Lucca* (Druck 17. Jh.), 1240 *Lukken [Or]*, 1283 *Locken [Or]*, 1594 *Lockum [Or]*. **III.** Rehburg: Bildung mit dem Gw. ↗-*burg* und asä. *hriod*, mnd. *rēt* 'Schilf, Ried' als Bw., volksetym. Eindeutung von *Reh*, da Schwund des Dentals vor -*b*-. Die Burg wurde inmitten von Moorgebieten auf dem Rehhorst, einem nur durch einen Knüppeldamm zu erreichenden Landrücken, errichtet. Loccum: Die Endung -*um* entstand aus der Interpretation der Flexionsendung -*en* als reduziertes Gw. ↗-*heim* (oft abgeschwächt zu -*em*, -*en*, -*um*). Dem ON liegt wahrscheinlich ein alter GwN *Luka* aus idg. *leug-, *lug- 'biegen' zugrunde, was die Lage des Ortes an einer Ausbuchtung der Fulde unterstützen würde, möglich ist aber auch idg. *leug-, *lug- 'schwärzlich; Sumpf, Morast'. **V.** HHS 2; GOV Hoya-Diepholz; Möller 1979. *FM*

Rehlingen-Siersburg

I. Gem. im Lkr. Saarlouis, 15 617 Ew., an der Mündung der Nied in die Saar, zwischen Saarlouis und Merzig, ca. 35 km nw von Saarbrücken, SL. Spuren eisen- und römerzeitlicher Besiedlung. Im MA Rehlingen Kirchort im Erzbistum Trier, in Siersburg Burg des 12. Jh.; im Spätmittelalter Zugehörigkeit zum lothringischen Amt Siersberg bzw. zur Herrschaft Rehlingen, 1661 bzw. 1766 franz., 1815 preuß.; 1920 Völkerbundverwaltung; 1935 Rückgliederung ins Reich; 1947 Teil des formal selbst., in polit. und wirtschaftl. Union mit Frankreich stehenden Saarlandes; 1957 zu Deutschland. 1974 Bildung der h. Gem. aus der selbst. Gem. Rehlingen und den 9 Gem. des Amtsbezirks Siersburg. **II.** Rehlingen: 1183, 1189 *Rolingen [Or]*, 1251 *Rolingin [Or]*, 1378 *Rolingen bii Sirsperch [Or]*. Siersburg: 1. 1169/83 *Siersberg [Or]*, 1178 *Sigersberg*. 2. 1137 *Sigisberg [Or]*, 1147/51 *Sisberch [Or]*. 3. um 1200 *Sigeberch*, 1233 *Siberg [Or]*. 4. 1342 *Sirstorf [Or]*, 1477/78 *Sirstorff [Or]*. **III.** Rehlingen: Abl. mit ↗-*ing*-Suffix vom PN *Rol(l)o* (romanisiert < *Hrōd-ilo*); lautliche Entwicklung mit Umlaut [o] vor [i] > [ø] sowie Dehnung und Entrundung > [e:] (1361 *Relingen [Or]*). Siersburg: Im MA stehen vier zu trennende Etyma nebeneinander, wovon (1) bis (3) primär auf die Burg Siersburg zu beziehen sind, (4) auf die Siedlung am Fuße des Burgberges: (1) *Sigiheres-berg* und (4) *Sigiheres-dorf*, beide zum PN *Sigi-heri*; (2) *Siges-berg*, zum PN *Sigi*, Kurzform zu *Sigiheri*; (3) *Sigi-berg* als volksetym. Umdeutung des BurgN mit Anschluss an ahd. *sigu, sig(i)* 'Sieg'. Als ON durchgesetzt hat sich die auf (1) beruhende, sekundäre Umbildung *Siersburg* (1334), *Sirsburg* (1398) mit bei BurgN häufig anzutreffender Ersetzung des Gw. ↗-*berg* durch ↗-*burg*. **V.** Gysseling 1960/61; Jungandreas; Haubrichs, W.: Drei Miszellen zu Siedlungsnamen und Geschichte der frühmittelalterlichen Saarlande. In: Zeitschrift für die Geschichte der Saargegend 29 (1981). *RP*

Rehna

I. Stadt und gleichnamiges Amt (mit weiteren 13 Gem.) im Lkr. Nordwestmecklenburg, 9 611 Ew., ca. 10 km n von Gadebusch und 35 km ö von Lübeck, MV. Anf. 12. Jh. slawische Burg samt Siedlung, um 1200 eingedeutscht, 1236 Klostergründung (1552 aufgehoben), zu Mecklenburg-Schwerin, im 18. Jh. hohe Steuereinnahmen durch Lage an der Radegast (Wasserweg nach Lübeck), 1791 Stadtrecht, Schuster- und anderes Kleinhandwerk, später Lederverarbeitung, mittelständische Unternehmen, Fremdenverkehr. **II.** 1230 *Rene*, 1365 *Reene*, 1385 *Rena*. **III.** Dem ON liegt ein apolb. FlN *Rěn(y)* mit der Bedeutung 'Sandbank; sandiger Ort' zugrunde, verm. zunächst mit einer Pluralendung -*y*, die in den Urkunden als -*e*- wiedergegeben und schließlich bei der Eindeutschung zu einem -*a*- umgewandelt wurde. **V.** MUB I–IV; HHS, Bd. 12; EO; Trautmann ON Meckl.; Eichler/Mühlner. *MN*

Reichelsheim (Odenwald)

I. Gem. im Odenwaldkreis, 8 916 Ew., Reg.-Bez. Darmstadt, HE. Trotz seiner späten Ersterwähnung (1303) scheint der Ort aufgrund seiner Namensform als patronymischer ↗-*heim*-ON bedeutend älter zu sein. Die Herrschaft übten dort die Schenken bzw. Grafen von Erbach als pfälzisches Lehen aus. Reichelsheim war Sitz eines Zentgerichts sowie eines erbachischen Amtes, das 1806 an das Ghztm. Hessen fiel. Nö vom Ortskern die Burg Reichenberg, eine um 1230/40 errichtete erbachische Befestigung. Unter den im Zuge der Gebietsreform eingemeindeten Orten sind Erzbach und Gersprenz (am gleichnamigen Fluss) früh bezeugt und namenkundlich von Interesse. **II.** Reichelsheim: 1303 (Kop.) *Richelinsheim*, 1307 *Richoltsheim*, ca. 1312 *Richolfsheim*, 1321 *Rycholsheim*. Erzbach: 795 (Kop.; hierher oder die in der Nähe gelegenen Erzgruben?) *Arezgrefte*, 1324 *Erczbach*. Gersprenz: 786 (Kop.) *ad Caspenze*, um 1012 (Kop.) *in Gaspenza*, 1437 *Gerßbrencze*. **III.** Der ON *Reichelsheim* zum PN *Rīholf* oder PN *Rīholt*. Das Zweitglied des PN, das wegen der voneinander abweichenden Belege 1307 und 1312 nicht eindeutig zu bestimmen ist, kann entweder mit ahd. *wolf* 'Wolf' oder ahd. -*walt(an)* 'walten, herrschen' identifiziert werden. Das Erstglied ist zu ahd. *rīhhi* 'Herrschaft, Herrscher' zu stellen. Der ON zeigt lautgesetzlich zu erwartendes -*ei*- < -*ī*-. Das Bw. des ON *Erzbach* ist ahd. *aruzzi* 'Erz'. Das Gw. -*grefte* zu ahd. *graban* 'graben', zu dem mittels -*ti*-Suffix ein Abstraktum ahd. *grafti* 'das Ausgegrabene, die

Grube' gebildet wurde. Dem ON *Gersprenz* liegt ein Gewässername kelt. **Caspantia* zugrunde. Dieser ist wohl zu idg. **kas-* 'grau' (mit *-bho*-Erweiterung) und *-nt*-Suffix zu stellen. In diesem Falle ist allerdings anzusetzen, dass im Ahd. der Anlaut die unverschobene Form zeigt. **V.** 700 Jahre Reichelsheim im Odenwald. Bearb. von W. Kalberlah. Reichelsheim 2003; Bach DNK II; Kleberger; Müller, Starkenburg; Sperber. *TH*

Reichenbach (Eulengebirge) // Dzierżoniów [dʑɛrˈʒɔɲuf] **I.** Kreisstadt, 34 263 Ew., Woi. Niederschlesien // Dolny Śląsk, PL. Am Nordostfuß des Eulengebirges, gegründet 1250. Kreisstadt, Reg.-Bez. Breslau (1816–1820 Sitz des Reg.-Bez. Reichenbach), NS, (1939) 17 253 Ew. **II.** 1250 *Richinbach*, 1266 *Reychenbach*, 1268 *Richembach*, 1374 *Reichinbach*. Polonisierung des ON: 1889, 1900 *Rychbach*, 1946 *Dzierżoniów*. **III.** Im Deutschen: mhd. *rīch* 'reich' und ⟶*-bach*, bezugnehmend auf einen Wasserlauf: 'starker, mächtiger Bach'. Die polon. Form *Rychbach* setzt sich nach 1945 nicht als neuer Ortsname durch. Der Ort wird nach Jan Dzierzon / Dzierżoń (1811–1906) benannt, einem in OS tätigen Geistlichen und Naturforscher auf dem Gebiet der Bienenzucht. **IV.** ⟶Reichenbach im Vogtland, Vogtlandkreis, SN. **V.** SNGŚl; Rymut NMP. *ThM*

Reichenbach an der Fils **I.** Gem. im Lkr. Esslingen, 7878 Ew., bildet zusammen mit den Gem. Baltmannsweiler, Hochdorf und Lichtenwald den GVV Reichenbach an der Fils mit 20 591 Ew., ca. 12 km osö Esslingen, Reg.-Bez. Stuttgart, BW. 1150 wahrscheinlich in Besitz des Klosters Allerheiligen in Schaffhausen, 1299 an Württemberg. Elektrogeräteherstellung, Kunststoffverarbeitung, Mauritiuskirche, Michaelskirche, Brühlhalle, St.-Savine-Brücke, Otto-Munz-Steg. **II.** Kop. um 1150 *Richenbach*, 1268 *Richenbach*, 1532 *Rychenbach*. **III.** Der dem ON zugrunde liegende GwN mit dem Gw. ⟶*-bach* (zu ahd. *rīhhi*, mhd. *rīch* 'reich, mächtig') ist verm. eine Benennung nach dem temporären Wasserreichtums des Baches. Der häufige Name wird durch die Lageangabe *an der Fils* (aus germ. **felusa* zu *felu-* 'Sumpfwald') verdeutlicht. **IV.** U.a. ⟶Reichenbach im Vogtland, Vogtlandkreis, SN; Reichenbach am Heuberg, Lkr. Tuttlingen, BW. **V.** Reichardt 1982b; Greule 2007; LBW 2 und 3. *JR*

Reichenbach im Vogtland **I.** Große Kreisstadt und gleichnamige VG im Vogtlandkreis, 23 000 Ew., im unteren Vogtland, am Hang ö der unteren Göltzsch, SN. Urspr. d. Bauerndorf, nahe der Burg Mylau, um 1240 planmäßige Stadtanlage, 1240 Stadtrecht. **II.** 1140 *in Richenbach*, ebenso im 13. Jh., im 15. Jh. *Reichenbach*. **III.** Der Bachname *Reichenbach*, wohl ein wasser- und fischreicher Bach, wurde auf den Ort übertragen. Zu mhd. *rīch* 'reich' und dem Gw. ⟶*-bach*. **IV.** Reichenbach/O.L., Lkr. Görlitz sowie Reichenbach als OT von Großschirma, Callenberg, Haselbachtal, alle SN. **V.** HONS II; SNB. *EE, GW*

Reichenbach/O.L. // Rychbach (osorb.) **I.** Stadt und gleichnamige VG im Lkr. Görlitz, 8681 Ew., entstanden aus der namengebenden Landstadt und drei weiteren Gem., im O des Oberlausitzer Hügellandes, w Görlitz, SN. Zu Beginn des 13. Jh. gegründete Stadt mit Vogtei des böhm. Königs, h. Sitz der VG. **II.** 1239 *Richenbach*, 1346 *stat Richinbach*, 1400 *Reichenbach*. **III.** Bildung mit dem Gw. ⟶*-bach* und dem Bw. mhd. *rīch(e)* 'stark, mächtig, reich an', demnach 'Siedlung am (wasser-, fisch-)reichen Bach'. **V.** HONS; SNB. *GW*

Reichenberg // Liberec [ˈlɪbɛrɛts] **I.** Hauptstadt des gleichnamigen Bezirks (Liberecký kraj), 100 914 Ew., in Nordböhmen, an der Lausitzer Neiße // *Lužická Nisa*, CZ. Die Anf. des 14. Jh. am Handelsweg in die Lausitz angelegte d. Marktstätte ist 1454 „Städtchen". Nach 1558 Zuzug flämischer Weber und d. Tuchmacher, Aufschwung der Textil- (Färberei 1605) und Glasbearbeitung. 1622 von Albrecht von Wallenstein erworben. Im 19. Jh. Maschinenbau, Chemie-, nach 1945 Autoindustrie. 1918–1939 Sitz der d.-böhm. Landesregierung. Schloss, berühmtes Rathaus (1892) und Theater (1883), Handelsmesse. Fachschulen, Technische Universität (1953). **II.** 1352 *Reychinberch [Or]*, 1360 *Richenburg*, 1411 *Rychemberg alias in Habersdorf*, 16. Jh. *Rychberk/-perk, na Rychburce, Reichenberg město*, 1634 *Libercum*, 1690 *Liberkum*, 1790 *Reichenberg* (bis 1945), *Liberk ehedem Habersdorf*, 1845 *Liberk, Liberec*. **III.** Der ON bedeutet 'Ort am rîchen Berge, am reichen Berge'. Da hier hist. kein Bergbau belegt ist, ist *Reichenberg* entweder ein Wunschname, oder er wurde von d. Kolonisten aus ihrer Heimat um Dresden übertragen. Schon im 14. Jh. werden aufgrund der dial. Aussprache ⟶*-berg* und ⟶*-burg* verwechselt. Der ON *Habersdorf* (**Habertsdorf*, zum PN *Hawart, Habart* oder deren Koseformen *Hawerts, Haberts*) bezog sich auf eine mit Reichenberg zusammengeschlossene Nachbarsiedlung. Ins Tschech. wurde der d. Name im 15. Jh. wie *Rych(m)berk / Rich-* entlehnt, durchgesetzt hat sich die Form *Liberec*, die das d. *Rîchberg* zugrunde hat: die Dissimilation R-r > L-r führte zu *Liberk* (17. Jh.) und der tschech. Genitiv *z Liberce* und Lokativ *na Liberci* zu einem neuen Nominativ *Liberec* (1845). **IV.** Zahlreiche d. ON auf *Reich(en)-* und tschech. ON auf *Rych(-m, -n)-*. **V.** Pf III; SchOS; LŠ. *RŠ*

Reichenhall, Bad **I.** Große Kreisstadt im Lkr. Berchtesgadener Land, 17 373 Ew., Sitz der Kreisverwaltung, Reg.-Bez. Oberbayern, BY. Reichhaltige Solequellen, seit dem frühen MA Herzogsbesitz, 1123 Gründung eines Augustinerchorherrenstifts, 1899 bayer. Staatsbad. **II.** 744–747 (Kop. des 12. Jh.) ... *in oppido suo Halla nuncupato domum et fontem salis*, 748–788 (Kop. des 9. Jh.) *Halle*, 790 (Kop. des 12. Jh.) zu ca. 700 ... *in loco, qui vocatur Salinas*, 790 (Kop. des 12. Jh.) ... *ad Salinas, quod dicitur Hal, ... tradidit (Theodbertus) in ipso pago in loco, qui vocatur Hal*, vor 803–816 (Kop. des 9. Jh.) ... *in loco qui cognominatur Halle ... patenas duas ad sal coquendum*, 908 (Kop. des 13. Jh.) *in Halla et extra Halla*, 973 *salinam quod vulgo Hál vocant*, 1275 *apud Halle sive in coccione salium*; Bad Reichenhall (1890). **III.** Wie aus den ältesten Formen hervorgeht, ist ahd. **hal, *halla* als Fachausdruck für 'Salzwerk, Saline' zu erschließen; das Wort *halasalz* 'Salz aus der Salzquelle' ist vorhanden. Im Mhd. ist *hal* 'Salzquelle, Salzwerk' belegt. Der Ort musste von gleichnamigen Orten unterschieden werden, so ca. 980 *infra salinam bauuariensem quam vulgo ... Hal solent nuncupare*, ähnlich 1147–1152 (Kop. des 19. Jh.) *Paierhalle*. Eine andere Differenzierung findet sich 1244 mit *maius Halle* 'das größere Hall', die heutige 1323 mit *Reichenhalle* und 1390 mit *Reichenhall*. Die Namenszusätze beziehen sich auf die Lage und die Wichtigkeit. So deutet auch Apian ca. 1583 den Namen: *Urbs autem Reichenhalae nomen a salinis ditissimis accepit* 'die Stadt aber bekam den Namen „Reichenhala" von den sehr reichen Salinen'. Möglicherweise bezieht sich der Zusatz auf die Salzqualität. In einer Urkunde von 1524 heißt es nämlich: ... *zu Reichenhall ... das sallz, so man seiner guete halben, das reich salltz nennt*. **IV.** ↗ Halle, ST; ↗ Schwäbisch Hall, BW; ↗ Hallein, SB, Solbad Hall, OÖ, beide A. **V.** HHS 7/1; Reitzenstein 2006. WvR

Reichertshofen **I.** Markt und gleichnamige VG im Lkr. Pfaffenhofen a. d. Ilm, 9584 Ew., Reg.-Bez. Oberbayern, BY. Im 13. Jh. Übernahme der Burg durch die Wittelsbacher, nach 1505 Pfleggericht des Fürstentums Pfalz-Neuburg. **II.** Ca. 1100 *Rikershouen*, 1158 *Rihgershouen*, 1156 *Richkerishouen*, 1180–1183 *Richershoven*, 1284 *Reichartshouen*, 1310 *Reichkershofen*, 1522 *Reychertshofen*, 1796 *Reichetshofen*. **III.** Grundwort ist eine Pluralform von ahd. ↗ -*hof* 'ländliches Anwesen, Bauernhof, Wirtschaftshof', Bestimmungswort der PN *Ricger, Rihger*. **V.** HHS 7/1; Reitzenstein 2006. WvR

Reichling **I.** Gem. und gleichnamige VG im Lkr. Landsberg a. Lech, 8598 Ew., Reg.-Bez. Oberbayern, BY. **II.** 1085–1090 (Kop. des 12. Jh.) *iuxta Richilinga*, ca. 1148–ca. 1154 (Kop. von 1521) *Richilingin*, ca. 1150 *Richilingen*, 1192 *Richlingen*, 1218 (Kop. von 1657) *Reichelingen*, 1219 *Richelingen*, 1368 *Richlingen*, 1379 *Reichlingen*, 1493 *Reichling*. **III.** Es liegt der PN *Richilo* zugrunde, der durch das Zugehörigkeitssuffix ↗ -*ing* abgeleitet ist. **V.** Reitzenstein 2006. WvR

Reichshof **I.** Gem. im Oberbergischen Kreis, 19 840 Ew., 60 km ö Köln, Reg.-Bez. Köln, NRW. 1969 durch Zusammenlegung der Gem. Denklingen und Eckenhagen entstanden, als geschlossenes Gebiet 1167 von Kaiser Friedrich I. dem Kölner Ebf. geschenkt, im MA Zentrum des bergischen Bergbaus, ab 1257 im Besitz der Grafen von Berg, h. touristisch geprägt, Wiehltalsperre. **II.** 1404 *Dencklyngen [Or]*; 1167 *Eckenhagen [Or]*. 1969 *Reichshof*. **III.** Kunstname *Reichshof* nach der urspr. Funktion des Areals um Eckenhagen als kaiserlicher Hof, das h. 118 Dörfer umfasst (Pampus; HHS 3). Denklingen ist aus dem germ. PN *Thankilo* und dem Suffix ↗ -*ingen* gebildet. Eckenhagen ist ebenfalls mit einem germ. PN *Ekko* gebildet, das Gw. ist ↗ -*hagen*. **V.** FP; Dittmaier 1956; Pampus; HHS 3. Ho

Reinach **I.** Gem. im Bezirk Arlesheim, 18 714 Ew., Kt. Basel-Landschaft, CH. Röm. Siedlungsstellen. Im MA war Reinach bfl. und gehörte seit 1435 zur Vogtei Birseck. Nach dem Bauernkrieg von 1525 ließ es sich ins Burgrecht von Basel aufnehmen und wurde reformiert. Bischof Jacob Christoph Blarer machte die Reformation 1595 wieder rückgängig. 1792 kam das Dorf zur Rauracischen Republik, ein Jahr später zu Frankreich und nach dem Wiener Kongress zum Kt. Basel. Nach der Kantonstrennung wurde Reinach 1833 dem Bezirk Arlesheim zugeteilt. **II.** 1168–76 *Rinacho [Or]*, 1194 *Rinake*, 1290 *Rinach*. **III.** Wie für viele andere ON auf -*ach* sind zwei Ansätze zu erwägen. *Reinach* lässt sich als sekundärer alem. ON aus der ahd. Gewässerbez. *rin* (zur idg. Wurzel **rei-/*roi-* 'fließen') und *aha* 'Fluss, Bach, Wasser' (↗ -*ach*¹) aufschlüsseln: **(ze) Rinahu* 'beim Rin-Bach'. Der ON lässt sich aber auch als vordeutsche Bildung aus einem lat. PN und dem kelt. ON-suffix ↗ -*akos/-acum* erklären. Die erst im 12. Jh. einsetzenden Belege erlauben es nicht, die urspr. Form des PN sicher zu bestimmen. In Frage kämen etwa *Renius, Rennius, Rinnius* oder *Reginius*: **(praedium) Reniacum* o.ä. 'Das Landgut des Renius' (bzw. *Rennius, Rinnius, Reginius*). Da das Gebiet seit vorröm. Zeit besiedelt ist und in der näheren Umgebung diverse gallorom. bzw. lat. ON belegt sind (*Dornach, Gempen, Nuglar*), wird dieser Deutung der Vorzug gegeben. **IV.** Reinach, AG, CH. **V.** NGBL Reinach 2005; Boesch; LSG. mr

Reinbek nd. Reinbeek **I.** Stadt im Kr. Stormarn, 25 671 Ew., an der Bille, sö von Hamburg, SH. Die Orte Schönningstedt (1224), Ohe (1238) und Hinschendorf (1238) bilden h. die Stadt Reinbek, 1226 Errichtung des Klosters Reinbek (Zisterzienserinnen),

Ersterwähnung der Siedlung 1238, 1529 an Dänemark, 1572 Errichtung des Schlosses Reinbek, 1867 zu Preußen, 1952 Stadtrecht. Mit Glinde gemeinsames Gewerbegebiet Reinbek-Glinde, landwirtschaftliche Nutzung, Reinbeker Schloss. **II.** 1238 *ville Reinebec* [Or], 1466 *tome Rynenbeke*, 1649 *Reinbeck*. **III.** Das Adj. *rein* als Bw. deutet auf ein Kloster hin (parallel dazu etwa das franz. Kloster *Clairvaux* vom lat. *clara vallis* 'klares, reines Tal'). Der zweite Teil ↗ *-bek(e)* verweist auf die Lage an einem Bach bzw. Fließgewässer. **IV.** Reinsbek, Kr. Segeberg, ↗Reinfeld, Kr. Stormarn, beide SH. **V.** Laur; Haefs. *GMM*

Reinfeld (Holstein) **I.** Stadt im Kr. Stormarn, 8535 Ew., an der Heilsau, direkte Nähe zu Bad Oldesloe, w von Lübeck, SH. 1186 Gründung des Zisterzienserklosters *Reynevelde* auf Veranlassung von Graf Adolf III. von Schauenburg, Ort 1761 an Dänemark, 1867 zu Preußen, 1925 Eingemeindung der Gem. Steinhof und Neuhof zu Reinfeld, 1926 Verleihung der kleinen Städteordnung. Staatlich anerkannter Erholungsort, „Karpfenstadt". **II.** 1189 *in loco qui dicitur Reyneuelt* [Or], 1208 *de Reineuelde*, 1544 *thom Reineuelde*; *Reinfeldt* (1634/35). **III.** Wie auch bei ↗*Reinbek* deutet das erste Zusammensetzungsglied *rein* auf ein Kloster hin (parallel dazu etwa das franz. *Clairvaux* vom lat. *clara vallis* 'klares, reines Tal'). Der zweite Teil deutet auf die Gründung der Siedlung auf planer Fläche, Feldern. **IV.** Reinfeld, OT Glückstadt, Kr. Steinburg, ↗Reinbek, Kr. Stormarn. **V.** Laur; Haefs. *GMM*

Reinheim **I.** Stadt im Lkr. Darmstadt-Dieburg, 17090 Ew., sö Darmstadt an der Gersprenz, Reg.-Bez. Darmstadt, HE. Reinheim, das Bodenfunde von der Jungsteinzeit bis in die fränk. Zeit aufweist, wurde bald nach 1260 durch die Grafen von Katzenelnbogen (neu-)begründet und planmäßig angelegt; 1276/77 wird es als *municio* [Befestigung] *Rinheim* erstmals erwähnt, schon 1300 als *oppidum*. 1479 fällt es an die Landgft. Hessen, 1567 an Hessen-Darmstadt, 1918 und 1945 an Hessen. 1971 um 3, 1977 um 1 Gem. erweitert, die z. T. erst Anf. des 19. Jh. über Kurpfalz an Hessen kamen. **II.** (1276–1277), 1286, 1300, 1326 *Rinheim*, 1493 *Rynheym*, 1516 *Reinheim [jeweils Or]*. **III.** Der ON findet sich in enger Nachbarschaft mit anderen ↗*-heim*-Namen, die meist wohl auf die fränk. Landnahme zurückgehen und oft PN als Bw. haben. Für *Rin-* gibt es (abgesehen von lautgeschichtlich unhaltbaren Deutungen) zwei Erklärungsmöglichkeiten: 1. die Rückführung auf eine PN-KF *Rīno, zu einem etym. noch ungeklärten PN-Stamm *Rīn-* (in ahd. Namen wie *Rinbald, Rinbot* ?), wobei das unbetonte Gen.-*en* (wie oft) geschwunden wäre (so Christmann zu *Reinheim*, OT von Gersheim, Saarpfalz-Kreis, SL). 2. (weniger wahrscheinlich) als urspr. Gewässerbez. (für die Gersprenz?), vergleichbar mit FluN wie *Rhin(a)*, Lkr. Fulda, HE, *Rein(städt)* < *Rin(stede)*, Saale-Holzland-Kreis, TH, oder *Rein(ach)* < *Ryn(ach)*, Gem. im Kanton AG, CH, die auf Übertragung des Namens des Rheins (zunächst als App.) beruhen oder mit diesem auf ein dem Kelt. und Germ. noch gemeinsames App. *reinos (< idg. *rei-* 'fließen') in der Bed. 'Bach, Fluss' zurückführen. **V.** Demandt; Müller, Starkenburg; Christmann; Kaufmann 1968 und 1971; Bach, DNK; Geiger, Th.: Gewässernamen-Schichten des Hoch- und Oberrheins. In: BNF 16 (1965). *HGS*

Reinsdorf **I.** Gem. im Lkr. Zwickau, 8294 Ew., am Fuße des Westerzgebirges, ö von Zwickau, SN. Ma. Waldhufendorf an frühdeutscher Wallanlage, über Jahrhunderte landwirtschaftlicher Charakter, seit 1810 Wachstum der Bevölkerung durch Steinkohlebergbau. **II.** 1314 *de Rywinsdorff*, 1344 *von Rybanstorff*, 1445 *Reymerstorf*, 1791 *Reinsdorf*. **III.** Im Bw. steckt der mhd. PN *Rīchwin*, dann *Rīwin*, angelehnt auch an *Rei(n)mar* usw., schließlich im Genitiv *Reins-*. **IV.** Riemsdorf, OT von Klipphausen, Lkr. Meißen, SN. **V.** HONS II. *EE, GW*

Reisbach **I.** Markt im Lkr. Dingolfing-Landau, 7514 Ew., Reg.-Bez. Niederbayern, BY. Im frühen MA Herzogsgut, 1438 Übergang an die Wittelsbacher. **II.** Ca. 775–ca. 785 (Kop. von 1521) *Rispach*, 800 (Kop. von 824) *Rispah*, 1139 *Risbach*, 1267 *Reispach*, 1795 *Reisbach*. **III.** Grundwort des urspr. Gewässernamens ist ahd. ↗*-bach, pach, pah* 'Bach, kleiner Wasserlauf', Bestimmungswort *rīs* 'Zweig, Ast', hier wohl in der Bedeutung 'Strauchwerk'. **V.** HHS 7/1; Reitzenstein 2006. *WvR*

Reiskirchen **I.** Gem. im Lkr. Gießen, 10626 Ew., im Wiesecktal, Reg.-Bez. Gießen, HE. Von 1971 bis 1977 entstandene Großgemeinde, bestehend aus den ehem. selbstständigen Gemeinden Bersrod, Burkhardsfelden, Ettingshausen, Hattenrod, Lindenstruth, Reiskirchen, Saasen und Winnerod. **II.** 1238 *Richoluiskirchen* [Or], um 1290 (Kop. 15. Jh.) *Richolveskirchen*, (14. Jh.) *Richelskyrchen*, 1305 *Ricolfiskirchen*, 1319 *Richolskirchin*, (1383) *Richelffiskirchen*, 1489/91 *Richeskirchenn*, 1501 *Ryßkirchen*, 1504 *Riskirchen*. **III.** Komp. mit dem Gw. ↗*-kirchen* aus ahd. *kirihha, kilihha*, mhd. *kirche* 'Kirche'. Die Überlieferung erscheint mit dem Merkmal einer st. Genitivflexion *-es-* in der Fuge. Für das Bw. ist damit von einem PN auszugehen, den man mit dem zweigliedrigen m. PN *Richolf* angeben kann (VN mit dem Stamm *rícja* 'rex, tyrannus' und dem Stamm *vulfa*, ahd. *wolf* 'Wolf'). Die Entwicklung des Bw. zu der heutigen Form *Reis-* erklärt sich durch Assimilation und Kontraktion. Dabei wird *-lfis-* > *-ls-* (1319), der Vokal des zweiten Rufnamenstammes fällt aus (14. Jh.), -ls- wird zu -s- assimiliert (1489/91), Riches- (1489/91) wird zu Ryß- kontrahiert (1501) und Rīs- verändert sich über Diphthongierung zu Reis-. Wahrscheinlich weist der Name auf eine grundherrliche Eigenkirche hin. **IV.** Reiskirchen, OT der Gem. Hüttenberg, Lahn-Dill-Kreis (975 Richolueschiricha), HE. **V.** LAGIS; Reichardt 1973. *DA*

-reit(h). ↗-rod(e).

Reken **I.** Gem. im Kr. Borken, 14 174 Ew., Reg.-Bez. Münster, NRW. Kirchdorf um 1200 auf einem Hof des Domkapitels Münster, 1803 Ftm. Salm, 1811 Kaiserreich Frankreich, 1813 Preußen. **II.** 889 *Recnon*, 10. Jh. *Regnun*, 1173 *Rekene*. **III.** Das Spektrum der Lautformen um *rek(e)*- und der Gebrauchsweisen bzw. Bedeutungen dieser Lautfolgen in westfälischen (Mikro-)Toponymen ist von Müller dargestellt worden. Es ist nicht möglich, für den Namen *Reken* eine Entscheidung zwischen 'Reihe', 'Ordnung', 'Strecke' einerseits und 'Hecke', 'Einfriedigung', 'Zaun', 'Gerüst' andererseits zu treffen. Es handelt sich entweder um einen in Nordwestdeutschland gewöhnlichen, durch Nasalsuffix gebildeten Siedlungsnamen (Möller) oder um eine Dativ-Plural-Form. **IV.** ↗ Recke, Kr. Steinfurt, NRW. **V.** WfUB I, II; Werdener Urbare A; Möller 1998; Müller, G. (Bearb.): Westfälischer Flurnamenatlas, Lieferung 3. Bielefeld 2003. *schü*

Rellingen nd. Rellen **I.** Amtsfreie Gem. im Kr. Pinneberg, 13 694 Ew., an der Mühlenau, direkte Nähe zu Hamburg, SH. 1140 erstmals urk. erwähnt, 1974 Zusammenschluss von Egebüttel und Rellingen. U. a. Baumschul- und Saatgutbetriebe (im größten geschlossenen Baumschulengebiet der Welt). **II.** Um 1140 *in Reinlage [Or]*, 1255 *in villa Reinlinghe*, 1314 *to Rellingge*. **III.** Der ON setzt sich zusammen aus *rein-*, was entweder aus dem Mnd. kommt und 'Rain, Grenze' bezeichnet oder vom auch h. gebräuchlichen Adj. *rein* für 'sauber' abzuleiten ist. Aufgrund der Bed. des zweiten Wortteiles *-lage* 'freie, offene Fläche zwischen Wäldern' scheint die Bed. des ersten Wortteils als Grenze passender, so dass Rellingen etwa die 'Siedlung auf dem offenen Land an der Grenzfläche zwischen verschiedenen Wäldern' meint. **V.** Laur; Haefs. *GMM*

Remagen **I.** Verbandsfreie Stadt im Lkr. Ahrweiler, 16 064 Ew., am linken Rheinufer zwischen Bonn und Koblenz, RP. Ersterwähnung 755, im 4./5. Jh. Ende des röm. Truppenstandortes, 1110/1117 Ansiedlung von Mönchen, „Großes Stadtsiegel" von 1221, ab dem 14. Jh. Wallfahrtsort bis zur Auflösung des Klosters 1803, 1794 franz., 1815 preuß. H. vorrangig Dienstleistungs-, Handwerks- und Bauunternehmen. Seit 1996 Fachhochschule. **II.** 3. Jh. (Kop.) *Rigomagus*, um 390 (Kopie) *in Rigomagum*, 755 (Kop.) *Rigomo*, 770 (Kop.) *Rigimago*, 856 (Kop.) *Regamaga*, 1003 (Fälschung) *Rigemaga*, 1140 *Riemage*, 1143 *Rimagen*, 13. Jh. *Remagen*. **III.** Kelt. *Rīgo-magos 'Königsfeld', Kompositum mit kelt. **rīg-* 'König' als Bw. und kelt. **mag-es-/-os* 'Feld, Ebene' als Gw. **IV.** Brumath (*Brocomagus*), Elsass, F; Dormagen (*Durnomagus*), Rhein-Kr. Neuss, NRW; Limmat (*Lindomaga), Fluss, CH; Neumagen (*Noviomagus*), Lkr. Bernkastel-Wittlich, RP. **V.** Greule, A.: Remagen. In: RGA 24, 2004. *AG*

Remchingen **I.** Gem., 11 846 Ew., ca. 11 km nw von Pforzheim, Enzkreis, Reg.-Bez. Karlsruhe, BW. 1973/75 gebildet durch Vereinigung/Eingliederung der Dörfer Wilferdingen, Singen und Nöttingen. Regionales Gewerbezentrum. Kulturhalle, Heimatmuseum. **II.** 1160 *de Remichingin [Or]*, 1255 *de Remechingen [Or]*; *de Remchingen [Or]* (1257). **III.** Der SiN wurde 1973 im Zuge der Vereinigung der Dörfer Wilferdingen und Singen für die neue Einheitsgemeinde festgelegt. Dabei griff man auf einen seit dem 12. Jh. bezeugten mittelalterlichen Namen für eine im 18./19. Jh. endgültig abgegangene Burg(siedlung) nw von Wilferdingen in der Talaue der Pfinz bzw. für das gleichnamige Adelsgeschlecht zurück. Es handelt sich dabei um eine ↗ -*ing(en)*-Ableitung zu dem ahd. PN *Ramicho. Die Endung *-en* geht zurück auf die ahd. Dat.-Pl.-Endung *-un*, die bereits zum Mhd. hin zu *-en* abgeschwächt wird und einen Örtlichkeitsbezug im Sinne von 'bei ...' ausdrückt, sodass für die anzusetzende ahd. Ausgangsform *Ramich-ing-un eine urspr. Bed. 'bei den zu einer Person namens *Ramicho gehörigen Leuten' erschlossen werden kann. Das *-i-* im Kosesuffix *-ich(o)-* des PN bzw. im darauf folgenden Ableitungssuffix *-ingun* bewirkte regulär einen Sekundärumlaut des Stammvokals *-a-* in *Ram-* zu *-ä-*, der sich in der Überlieferung durchgehend mit *e*-Schreibungen im Schriftbild zeigt. Diese konsequente graphische Realisierung des Sekundärumlauts *ä* mit *ę* ist nicht nur vor dem Hintergrund der mundartlichen Entrundung des Umlauts zu *e* zu sehen, sondern in Handschriften des nicht an das Bairische angrenzenden alemannischen Sprachgebiets durchaus zu erwarten. **V.** FO; Hackl 2011; LBW II, V. *StH*

Remich lux. Réimech **I.** Stadt und Hauptort des gleichnamigen Kt., 3 153 Ew., am l. Ufer der Mosel im Gutland an der Grenze zu D, ca. 25 km sö von Luxemburg, Distr. Grevenmacher, L. Überreste einer ma. Befestigungsanlage (*d'Niklospaart*), seit dem MA zu Luxemburg, Fremdenverkehrs- und Weinort an der Mosel. **II.** 751/68 (Kop.) *Remich*, 10. Jh. *ad locum qui dicitur Rémicha* (Variante: *Ramiche*), 1361 *zu Re-*

mich. **III.** Der SiN wurde mit einem PN *Ram(m)ius* und dem gallorom. Suffix *-acum* als **Ram(m)iacum* gebildet und im frühen MA aus dem Moselrom. ins Mfr.-Ahd. entlehnt: *k*-Verschiebung im Suffix *-(i)acum* zu *-ich-* und Umlaut *a* > *e*. Der Diphthong lux. *ei* in lux. *Réimech* setzt wohl einen Langvokal *ē* (als Fortsetzer von ahd. *ē* oder umgelautet < älterem *ā*) voraus. Da schon das Spätlat. auf phonologischer Ebene keine Langvokale mehr kannte, der Langvokal demnach kaum aus dem Rom. herrühren kann, muss man eine sekundäre Dehnung annehmen, also *a* > *ā* oder nach dem ahd. Umlaut *e* > *ē*. Es folgt die wmoselfr.-lux. Entwicklung *ē* > *ei*. Das unbetonte *i* des Suffixes wurde in der lux. Form zu ə (Schwa) zentralisiert. **V.** Buchmüller-Pfaff; Jungandreas. *AS*

Remscheid [ˈrɛm-] **I.** Kreisfreie Stadt, 112 679 Ew., im Bergischen Land an der Wupper, Reg.-Bez. Düsseldorf, NRW. Die Industrialisierung im 19. Jh. knüpft an die ma. Hammerwerke und die Stahlerzeugung in der Region an. **II.** 1168–91 *ecclesiam Remscheit*, 1217 *de curia Remissgeid^e [Or]*. **III.** Der Erstbeleg in einer Urk. des Grafen Engelbert I. von Berg für den Johanniterorden ist nur in Kopie des 17. Jh. bewahrt, die den ON sprachlich modernisiert hat. Gw. ↗*-scheid* ist motiviert durch die Lage auf einem Bergrücken ('Wasserscheide'). Im Bw. ist entweder die KF eines PN (*Remi* aus Namenglied *Rim-*?) oder die Pflanzenbez. mnd. *rēmese*, *rāmese* 'Bärlauch' < **hramisia*, Suffixvariante neben **hramusia*, wie in *Remsede* (Ortsteil von Bad Laer, Lkr. Osnabrück, NI), einer *-ithi*-Ableitung zu diesem Etymon, Ende 11. Jh. (Freckenhorster Heberegister) *van Hramisitha*. **V.** HHS 3; Dittmaier 1956; Kaufmann 1973. *Tie*

Remseck am Neckar **I.** Große Kreisstadt im Lkr. Ludwigsburg, Reg.-Bez. Stuttgart, 22 793 Ew., an der Mündung der Rems in den Neckar, direkt an der Nordgrenze der Landeshauptstadt Stuttgart, BW. Entstehung des zunächst *Aldingen am Neckar* genannten Ortes 1975 durch den Zusammenschluss der Gem. Aldingen, Hochberg, Hochdorf, Neckargröningen und Neckarrems, Umbenennung 1977 in *Remseck am Neckar* nach gleichnamiger Burg bzw. Schloss. Seit 2004 Stadtrecht und Große Kreisstadt. Früheste urk. Erwähnung eines OT im 9. Jh. (806 *Gruonincheim*), weitere OT werden im 12. Jh. (*Almendingen*) und im 13. Jh. (*Hohenberg, Rems*) erstmalig erwähnt. 1955 entstand Pattonville als neuer OT für die Angehörigen der US-Armee, deren Stützpunkt jedoch 1992 aufgelöst wurde. Seitdem gehört die Siedlung zu einem Teil zu Remseck und zu einem anderen Teil zu Nachbargem. **II.** 1850 *Remseck*. **III.** Urspr. Burgname mit Gw. ↗*-eck* und dem FluN *(die) Rems* (zum Neckar), 1274 *Ræmse*, 1292 *Rámse*, 1298 *Rames*, um 1350 *uf der Remse*. Die Ausgangsform des FluN ist ahd. **Rāmisa*, eine Abl. mit dem Suffix *-isa* von ahd., mhd. *rām* 'Schmutz'. Germ. FluN mit *-s*-Suffix kommen im Flussgebiet des Neckars öfter vor, vgl. *Bibers, Fils, Glems, Jagst*. Zu *Neckar* ↗Neckargemünd, BW. **IV.** Neckarrems, OT von Remseck am Neckar, Lkr. Ludwigsburg; Waldrems, OT von ↗Backnang, Rem-Murr-Kreis, beide BW. **V.** Reichardt, L.: Ortsnamenbuch des Stadtkreises Stuttgart und des Landkreises Ludwigsburg. Stuttgart 1982; ders.: Ortsnamenbuch des Rems-Murr-Kreises. Stuttgart 1993; Greule, DGNB. *AG*

Remshalden **I.** Gem. im Rems-Murr-Kreis, Reg.-Bez. Stuttgart, 13 461 Ew., nö der Landeshauptstadt Stuttgart, BW. Entstehung des Ortes 1974 durch den Zusammenschluss der Gem. Geradstetten und Grunbach, die bereits 1972 Rohrbronn, Hebsack und Buoch eingem. hatten. Von den nunmehr fünf OT wurde Grunbach bereits Mitte 12. Jh., die anderen vier Ende 13. Jh. erstmalig erwähnt. Wein- und Obstbautradition, h. Maschinenbau sowie Papier- und Textilindustrie. **II.** 1444 *an der Ramßhalden^e*. **III.** Urspr. FlN mit dem Gw. (im Dat. Pl.) ahd. *halda* 'Abhang, Anhöhe, Abgrund', mhd. *halde* 'Bergabhang' und dem FluN *Rems* (↗Remseck, BW) als Bestimmungswort. **V.** Reichardt, L.: Ortsnamenbuch des Rems-Murr-Kreises. Stuttgart 1993. *AG*

Rendsburg nd. *Rensborch*, dän. *Rendsborg* **I.** Kreisstadt des Kr. Rendsburg-Eckernförde, 28 350 Ew., am Nord-Ostsee-Kanal und an der Eider, SH. Die Stadt wurde 1150 gegr. und 1199 erstmals urk. erwähnt, 1252 Stadtrecht, 1460 unter dän. Krone, 1665 Garnisonsstadt, 1867 zu Preußen, 1970 Gründung des Kr. Rendsburg-Eckernförde mit Rendsburg als Sitz der Kreisverwaltung. Industrie- und Dienstleistungsstandort (Tiefseehafen, Werft), Eisenbahnhochbrücke, Jüdisches Museum. **II.** Um 1200 *castrum Reinoldesburch [Or]*, 1328 *to Rendesborch*, um 1245 *binnen Rendesborg*, 1600 *zu Rendesburgh*. **III.** Der ON setzt sich zusammen aus dem PN *Reinhold* und der früheren Form für ↗*-burg, -borch*. Somit wurde urspr. die Burg des Reinhold als *Reinoldesburch* bezeichnet und kontrahierte zur heutigen Form *Rendsburg*. **V.** Laur; Haefs; HHS 1. *GMM*

Rengsdorf **I.** Gem. und gleichnamige VG (seit 1970) im Lkr. Neuwied, 16 461 Ew., mit 14 Gem. am sw Rand des Westerwaldes, RP. In fränk. Zeit zum Engersgau. Bis 1532 hatte das Stift St. Castor hier Patronatsrechte, seit 1570 war der Graf von Wied Landesherr. Ende 18. Jh. war die Region für kurze Zeit franz. bzw. nach 1806 nassauisch, 1815 fielen die wiedischen Territorien an das Kgr. Preußen. Ende des 19. Jh. wurde die Gem. Rengsdorf Kurort, der auch „Nizza des Westerwaldes" genannt wird. **II.** 847–868 *in uilla*

Re[g]ngeresdorf ... ad Rengeresdal (Kop. Ende 10., Anf. 11. Jh.), 1252 *ecclesiam de Rengesdorph*, 1264 *Rengistorf*; *Rengsdorf* (1404). **III.** Das Bw. enthält einen ahd. KN von *Ragin-, Reginbald, -bold*, die als PN im 9. und 10. Jh. mehrfach auftauchen, so z. B. *Reginbolt* in derselben Urk. aus der Mitte des 9. Jh., in der auch der ON das erste Mal erwähnt wird. Das Gw. ist ↗ *-dorf*. Die Deutung des ON wäre demnach 'Siedlung des Regin(bold)'. **V.** MRUB I; FP; Gensicke; Dingeldey, M.-L.: 1150 Rengsdorf: ein Gang durch die Jahrhunderte. Rengsdorf 2007. *JMB*

Rennerod **I.** Stadt und gleichnamige VG (seit 1972) im Westerwaldkreis, 16 901 Ew., am Nordrand des Westerwalds, mit 23 Gem. im Dreiländereck zu Nordrhein-Westfalen und zu Hessen, RP. Im MA in der Nähe einer wichtigen Salzhandelsstraße. Großen Einfluss und Besitztümer hatten hier zunächst die Grafen von Diez und seit dem 15. Jh. verschiedene nassauische Linien. In Rennerod befand sich ein Gerichts-, seit dem 18. Jh. ein Amtssitz. Seit 1866 preuß. Provinz Hessen-Nassau. 1969 wurden Emmerichenhain und Rennerod vereinigt, die neue Gem. erhielt 1971 Stadtrechte. **II.** 1100 *Reidenrode*, 1217–35 *Reynderode*, 1300 *Reynenrode*, 1362 *Rendenrode*; *Rennerod* (um 1585). **III.** Wahrscheinlich urspr. *Reinhardesrode oder *Reinenrode, in dem der ahd. PN *Rein(h)ard* zu *Raginhard* oder auch davon die KF *Reino als Bw. stecken. Bei gleichzeitiger Kürzung des Stammvokals wurde *-nd-* durch Angleichung zu *-nn-*. Das Gw. ist ↗ *-rod(e)*. Zu deuten wäre dieser ON als 'Rodung/Rodungssiedlung eines Reinhard oder Reino'. **V.** Struck, W.H.: Quellen zur Geschichte der Klöster und Stifte im Gebiet der mittleren Lahn bis zum Ausgang des Mittelalters; FP; Kaufmann 1973. *JMB*

Renningen **I.** Stadt im Lkr. Böblingen, 17 187 Ew., ca. 10 km nw Böblingen, Reg.-Bez. Stuttgart, BW. Im 12. Jh. in Besitz des Klosters Hirsau, um 1300 gehörte der Ort den Grafen von Hohenberg, die ihn wohl 1306/07 an Reinhard von Neuenbürg vertauschten, der Renningen 1310 an Württemberg verkaufte. Sportwagenbau, Lack- und Farbenfabrik, Rathaus, Ettermauer, Petruskirche, Germanuskirche, Bonifatiuskirche, Martinuskirche. **II.** Um 860 (Kop. um 1280) *Raantingen*, Anf. 12. Jh. (Kop. 12. Jh.) *Randingen*, 1266 *Rendingen*; *Renningen* (um 1350). **III.** Renningen ist zurückzuführen auf eine ↗ *-ing(en)*-Abl. zu *Rāndo, einer langvokalischen Variante des bezeugten PN *Rando*: 'bei den Leuten des Rāndo'. Durch Assimilation von *-nd-* zu *-nn-* entsteht die heutige Namenform. **V.** Reichardt 2001; LBW 2 und 3. *JR*

-reut(h). ↗ *-rod(e)*.

Reutlingen **I.** Große Kreisstadt und Sitz der Kreisverwaltung des gleichnamigen Lkr., 112 176 Ew., zwischen Neckartal im Norden und Albhochfläche im Süden gelegen, Reg.-Bez. Tübingen. Um 1240 Stadtgründung ausgehend von Kaiser Friedrich II., seit 1505 Schirmvertragsverhältnis mit Württemberg, 1802/03 unter württembergische Landeshoheit. Elektrotechnik, Maschinenbau, Marienkirche, Zunftbrunnen, Ehemalige Stadtmauer, Eisturm, Neues Spital, Nikolaikirche. **II.** 1089 (Chronik 1335–37) *Rutelingin*, 1145 *Rudelinge* [Or], 13. Jh. *Riutelingen* [Or], 1262 *Revtlingen* [Or]. **III.** *Reutlingen* ist zurückzuführen auf eine ↗ *-ing(en)*-Abl. zu dem ahd. PN *Riutilo, der Name bedeutet 'bei den Leuten des Riutilo'. Der vorauszusetzende Stammvokal ahd. *-iu-* wurde vor *-i-* zu *-ū-* kontrahiert, in der Schrift erscheint dafür <iu> oder <u>. Durch die nhd. Diphthongierung von *-ū-* zu *-eu-* bildet sich die heutige Namenform. **V.** Reichardt 1983; LBW 7. *JR*

Reutte [ˈraitə] **I.** Im Reuttener Talkessel am Lech, 5 857 Ew., Tirol, A. Hauptort des gleichnamigen Bezirkes und Sitz der Bezirksverwaltungsbehörde, Marktgemeinde (seit 1489), an der Römerstraße Via Claudia Augusta gelegen, Schul- und Ausbildungszentrum des Tiroler Außerfern, wirtschaftl. bedeutendstes Unternehmen: Planseewerk, Gerichtssitz (seit 1605; vorher: Ehrenberg). **II.** 1278 *Ruthi*, 1318 *Rúti* und *Rúten*, 1434 *Reutj*, 1444 *Ruty*. **III.** Ahd. *riuti* 'Rodung', Wurzelvokal *ü* zu *eu* diphthongiert (vgl. ca. 1420 *Rewty*), dann mda. zu *ei* delabialisiert (vgl. 1458: *Reitÿ*). **IV.** Dasselbe Etymon u.a. auch in *Reith bei Kitzbühel* (1488: *Reitt*), *Reith im Alpbachtal* (ca. 976: *Rîute*), *Reith bei Seefeld* (1180–1190: *Reit*), alle A. **V.** Marktgemeinde Reutte (Hg.): Reutte. 500 Jahre Markt 1489–1989. Innsbruck 1989; Lipp, R.: Außerfern. Der Bezirk Reutte. Innsbruck-Wien 1994; Finsterwalder 3; HHS Huter; ÖStB 5. *AP*

Rhauderfehn **I.** Gem. im Lkr. Leer, 17 309 Ew., Reg.-Bez. Weser-Ems (bis Ende 2004), NI. 1973 schlossen sich 10 Gem. unter dem Namen *Rhauderfehn* zusammen, wobei diese neu gebildete Gem. ihren Namen nach der 1769 durch Kolonisierung im Hochmoorgebiet als Fehnsiedlung gegründeten Gem. Westrhauderfehn erhielt. **II.** 1806 *Rauder Wester-Vehn*, 1823 *Rhauder Westerfehn*. **III.** Der erstmals 1806 belegte Ort steht im Zusammenhang mit dem ebenfalls in dieser Zeit belegten Ostrhauderfehn. Der ON enthält als Gw. das App. asä. *fen(n)i*, mnd. *venne*, *ven* '(mit Gras bewachsenes) Sumpfland', das speziell in Nordniedersachsen häufig für Moorkolonistensiedlungen verwendet wurde. Das Bw. besteht aus dem ON *Rhaude* im adj. verwendeten Gen. Pl. auf *-er*. Dieser ist 1409 als *Rawide* und 1484–94 als *Rauwede* belegt. Er enthält ein in asä. *widu-*, mnd. *wēde*

'Wald' belegtes Gw. Wegen der späten Überlieferung ist das Bw. nicht sicher zu bestimmen. Evtl. liegt ein in mnd. *rā* 'Segelrah' und verwandtem schwed. *raga* 'dünner langer Wurzelschössling' belegtes App. vor, das sich auf die Gestalt der Bäume bezieht. Oder aber es ist das als Gw. häufige Element ⁊ *-rode* anzusetzen. **IV.** ⁊ Ostrhauderfehn, Lkr. Leer, NI. **V.** HHS 2; Remmers, Aaltukerei. *KC*

Rhaunen **I.** Gem. und gleichnamige VG (seit 1972, 16 Ortsgem.) im Lkr., 7633 Ew., zwischen Soon- und Idarwald im Hunsrück, RP. Im 8./9. Jh. Klosterbesitz, erwähnt in Lorscher und Fuldaer Klosterdokumenten. Später Sitz eines wildgräflichen Hochgerichts. Vom 14. bis Ende 18. Jh. teilten sich die Wildgrafen das Gebiet der heutigen VG mit Kurtrier. Seit 1815 zu Preußen. **II.** 8.–9. Jh. (Kop. 12. Jh.) *De Runu, in Runu*, 841 (Kop. um 1160) *ad Hruna*, 1271 *de Rune, in Rune*, 1460 *Runen*, 1515 *Raunen*. **III.** Der ON beruht auf dem FluN (ahd.) **Rūna*, heute *Raunelbach* (zum Hahnenbach zur Nahe) < **Raunenbach*. **Rūna* entspricht dem Fem. des von idg. Verb **reuH-* 'aufreißen' abgeleiteten Adj. idg. **ruH-nó-s > *rūnos* bzw. **rūnā* 'reißend'. Der FluN ist somit nicht aus einer idg. Einzelsprache erklärbar. **IV.** Raun, Vogtlandkreis, SN; Rein, Pol. Bez. Graz-Umgebung, SM, A. **V.** Greule, DGNB. *AG*

Rheda-Wiedenbrück **I.** Stadt im Kr. Gütersloh, 46 951 Ew., an der Ems im ö Münsterland, Reg.-Bez. Detmold, NRW. Rheda entstand nach 1221 bei einer Wasserburg (1191 an die Edelherrn zur Lippe) am Emsübergang der Wegtrasse Münster-Paderborn, 1355 Stadtrecht, 1491 Herrschaft Rheda aus Besitz der Grafen zur Lippe an die Grafen von Tecklenburg-Bentheim, 1815 an Preußen. Leinenproduktion. Wiedenbrück entstand um die im 8. Jh. errichtete Kirche (St. Aegidius), 803 zum Bistum Osnabrück, 952 Markt-, Zoll-, Münzrecht durch Otto I., 1196 Stadtrecht, 1249 Neustadt mit Marienkirche. Landwirtschaft, Handwerksbetriebe, Möbelindustrie, Holz- und Kunststoffverarbeitung. 1970 Vereinigung der Städte Rheda und Wiedenbrück mit weiteren vier Gem., Doppelname. **II.** Rheda: 1088 *Retha*, 1170 *de Reden*, 1184 *de Riethen, de Riedi*, 1219–38 *in Rethen*, 1244 *Rethe castrum*, 1250 *Rithe*, 1263 *Redhe*, 1288 *Rede*, 1457 (Kop. 16. Jh.) *Reede*. Wiedenbrück: 952 *Vuitunbruca*, 985 (Kop. 16. Jh.) *Widenbrugga*, Ende 11. Jh. *de Uuidanbrucki, de Uuidenbruggon*, 1189 *Widenbrukke*, 1213 *Widenbruge*, 1221 *Widenbruke*, 1535 *Widennbrugge*. **III.** *Rheda*: Der ON von Rheda bezieht sich auf einen FlN für eine um 1000 n. Chr. am alten Handelsweg Münster-Kassel liegende Turmhügelburg im Ried einer Emsschleife (zu ae. *hrēod*, asä. *hriođ* 'Ried', mnd. *rēt, reit* (*reet, reydt, rooth, rīt, riet, ryth*) Ntr. 'Schilfrohr, Ried, Röhricht', ahd. *(h)riot*, mhd. *Riet*; westgerm. **hreuda*, idg. **kreudh-, *kreut-*). Formen mit *-en* können sich auf eine Dat.-Pl.-Form **Riaþun* 'Siedlung am, im Ried' beziehen. Die heutige Form *Rheda* bewahrt altes hyperkorrektes kanzleisprachiges *-a* (als Anlehnung an lat. *-a* oder vermeintlich ältere Formen mit ⁊ *-aha*). Wiedenbrück: Bildung mit dem Gw. ⁊ *-brück*. Das Bw. ist in Verbindung mit asä. *uuiđa*, st. sw. Fem., ahd. *wīda*, mnd. *wīde* 'Weide(nbaum)' bzw. einem davon abgeleiteten Adj. gesehen worden und entsprechend als 'Brücke, wo Weiden stehen' bzw. als Bez. für einen durch Weidengeflecht befestigten Knüppeldamm erklärt worden. Nach den älteren Formen ist aber mit dem im Dat. Sg. flektierten asä. Adj. *wīd* 'weit, breit, ausgedehnt; weit entfernt' zu rechnen. Der ON ist aus einem lok. Syntagma wie **to der vuīdun bruccon* 'bei der weiten (= langen) Brücke' entstanden. Die bezeichnete Brücke ermöglichte im Bereich eines urspr. wichtigen Übergangs des frühma. Handelsweges von Soest nach Bremen eine Überquerung der Ems. **IV.** Rheydt, OT von ⁊ Mönchengladbach, NRW; Rhede, Kr. Borken, NRW; Wiedenbrügge bei Bad Rehberg, NI. **V.** Schneider; Berger; HHS 3. *BM*

Rhede **I.** Gem. im Kr. Borken, 19 397 Ew., Reg.-Bez. Münster, NRW. Kirchdorf auf einem Hof der Abtei Werden im FBtm. Münster, Burg, dann Schloss mit Freiheitsbezirk, 1803 Ftm. Salm, 1811 Kaiserreich Frankreich, 1813 Preußen. **II.** Um 1050 *de Rethi*, 1223 *de Rethe*, 1253 *in Rede*. **III.** Sodmann für *Rhede* und die niedersächsischen Ortsnamenbücher für die nicht vor 1189 belegten Namen † *Retburg, Rethen, Reden* u. a. gehen von and. *hriod* 'Ried' aus. Das ist für *Rhede* nicht ohne Weiteres zulässig, da das anlautende *h-* vor *-ri-* oder *-re-* nur selten um 1050 bereits geschwunden ist, und auch das *-io-* noch als *-ie-* erhalten sein müsste. Somit bleibt der Anschluss entweder an and. *rethi* 'Rede' oder an and. *rēde* 'bereit', 'fertig', das im Gotischen als *(ga)raiths* ein *-th-* (wie 1050 *Rethe*) aufweist und in der Form *Reede* 'Schiffsliegeplatz vor der Küste' auch als Substantiv erscheint. Somit kann es sich bei dem Namen um die Bezeichnung einer Einrichtung im Rahmen einer (Land-)Wirtschafts-Verwaltung oder Produkterzeugung handeln. **V.** Werdener Urbare A; Sodmann, T.: Zur Namenkunde der Stadt Rhede. In: Frese, W. (Red.): Geschichte der Stadt Rhede. Rhede 2000. *schü*

Rheinau **I.** Stadt im Ortenaukreis, 11 208 Ew., 22 km n Offenburg, Reg.-Bez. Freiburg, BW. Rheinau entstand im Rahmen der Gemeindereform durch Vereinigung der Stadt Freistett mit den Gem. Hausgereut, Helmlingen, Holzhausen, Honau, Linx, Memprechtshofen und Rheinbischofsheim, die sich zuerst unter dem Namen „Freistett-Rheinbischofsheim" zusammenschlossen und 1975 schließlich in „Rheinau" umbenannten. Elektrotechnik, Fertighausherstellung, „Heidenkirchl", St. Nikolauskirche, Ev. Kirche Rheinbischofsheim, Fischtreppe. **II.** *Rheinau* (1975). **III.** Der ON *Rheinau* ist ein Kunstwort, das auf die landschaftliche Lage am Rhein verweist und Bestandteile der Gemeindenamen *Rhein-bischhofsheim* (zu kelt. *rēnos*, mir. *rīan* 'Meer') und *Hon-au* (zu ahd. *ouwa*, mhd. *ouwe* 'Land am Wasser, Insel', ↗ *-au*) aufgreift und miteinander verbindet. **IV.** Rheinau, OT von Mannheim, BW. **V.** Greule 2007; LBW 2 und 6. *JR*

Rheinbach **I.** Stadt im Rhein-Sieg-Kreis, 26 924 Ew., 20 km sw Bonn, Reg.-Bez. Köln, NRW. Vorröm. und röm. Siedlungsfunde, Rheinbach im 7. Jh. gegründet, 762 erstmals urk. bezeugt als Besitz des Klosters Prüm, 1178–1349 Ritter von Rheinbach auf der gleichnamigen Burg Rheinbach, gleichnamiges kurkölnisches Amt, agrarisch geprägte Kleinstadt mit Resten der ma. Stadtmauer, Hexenturm (intensive Hexenverfolgung 1631–36), 1862 Stadtrechte, schwere Zerstörungen im II. Weltkrieg, 1969 mit weiteren Orten zusammengeschlossen, Glasfachschule und Fachhochschule seit 1995. **II.** 762 *Reginbach*, 943 und 1066 ebenso, 1140 *Reinbach*. **III.** Wohl nicht aus dem Bw. *Regen* M. 'Regen', sondern eher mit einem Genitiv *reg-in* des germ. PN *Rago* (Kaufmann) und dem Gw. ↗ *-bach* gebildet. Die Kontraktion von *-egi-* zu *-ei-* erfogt schon im MA, die Anpassung der Schreibung an den Namen des Rheins ist neuzeitlich. **V.** Berger; Kaufmann 1968; HHS 3. *Ho*

Rheinberg **I.** Stadt im Kr. Wesel, 31 943 Ew., bis zur Verlagerung des Rheins 1668 unmittelbar am Fluss gelegen, Reg.-Bez. Düsseldorf, NRW. 1233 Erhebung zur Stadt. **II.** 1003, 1106 *[Or]* *Berke*, 1590 *Rhein-Berck*. **III.** Unterscheidender Zusatz seit Ende des 16. Jh. belegt. Das Gw. ist mit Kaufmann 1973 von nhd. ↗ *-berg* getrennt zu halten, das am Niederrhein nicht mit *k* auftreten kann (mda. [bɛʁç]). Dennoch zieht er weiterhin dieses Wort zur Erklärung heran, da er eine Vorform **Bergheim* konstruiert, aus der das *k* zu erklären sei. Die hist. Belege geben jedoch keinerlei Hinweise auf ein derartiges Gw., das zu Beginn des 11. Jh. nicht zu *-e* „geschrumpft" sein kann. Folgerichtig haben in der Deutzer Urk. des Erstbelegs von 1003 (RhUB I) die ↗ *-heim*-Namen *Mehrum* und *Stockum* die zu erwartenden Formen *Merheim* und *Stocheim*. So wird es bei der Motivierung von *Berke* bei der Baumbez. *Birke* (mnl. *berke*) bleiben müssen, nach Ausweis des frühen Belegs offenbar in unsuffigierter Form, aber verm. im lokativischen Dat.: '(Ort) bei der Birke'. Die Baumbez. ist im Germ. durch **berkjō* und **berkō* vertreten, wodurch sich verschiedene Haupttonvokale ergeben, die in den Parallelnamen bei FO 1, 429 f. und 464 ff. getrennt aufgenommen wurden. **V.** HHS 3; RhStA VII/40; EWAhd 2. *Tie*

Rheinböllen **I.** Gem. und gleichnamige VG (seit 1970) im Rhein-Hunsrück-Kreis, 10 194 Ew., mit zwölf Gem. an der Grenze vom Binger Wald zum Soonwald im ö Hunsrück, RP. Zentrum einer hist. pfalzgräflichen Herrschaft auf dem Hunsrück. Im „Vertrag zu Pavia" von 1329 wird die Zugehörigkeit zur Pfalz ausdrücklich erwähnt. 1542 wird eine Festung Rheinböllen genannt. 1794 franz., 1814 zu Preußen. Bekannt ist Rheinböllen durch die „Puricellische Stiftung", ein ehem. Waisenhaus, h. Pflegeheim. **II.** 1309 *Rinbulle*, 1314 *villa Rynbuhel*, 1316 *oppidum Reynbullen*, 1318 *Rymbul*, 1329 *Rinbüll*; *Reinböllen* (1542). **III.** Das Gw. geht wie auch der ON *Böhl* (779/80 *in Buhilo*) auf ahd. *buhil* 'Hügel' zurück. Mit dem, vielleicht unterscheidenden, Namenszusatz vom GwN *Rhein* wäre 'Hügel am oder in der Nähe des Rheins' zu lesen. **IV.** ↗ *Böhl-Iggelheim*, Rhein-Pfalz-Kreis, RP. **V.** Landeshauptarchiv Koblenz 53, C 46/2; Rheinische Heimatpflege, H. 9. Hg. vom Rheinischer Verein für Denkmalpflege und Landschaftsschutz. Pulheim 1934–1940; Fabricius, W.: Erläuterungen zum geschichtlichen Atlas der Rheinprovinz. Bd. VI. Die Herrschaften des unteren Nahegebiets. Bonn 1914. *JMB*

Rheine **I.** Stadt im Kr. Steinfurt, 76 472 Ew., w Ibbenbüren, s Lingen, Reg.-Bez. Münster, NRW. Karolingische *villa*, Kirchdorf im FBtm. Münster, 1327 Stadtrecht, 1803 Fürstentum Rheina-Wolbeck, 1806 Ghztm. Berg, 1810 Kaiserreich Frankreich, 1813 preußisch, Wasserwirtschaft an der Ems, Textilindustrie. **II.** 838 *villa Reni [Or]*, 1002 *Hreini*, 1292 *de Reyne*. **III.** Simplex auf der Grundlage eines germ. Stammes **ren-* zur Bez. einer 'Erhebung'. Appellativisch vergleichbar sind etwa norwegisch *rane* 'Spitze, hervorragender Felsen', norwegisch *rind(e)*, *rande* 'Bergrücken, Erdrücken, Bank', ahd. *rono* 'Baumstumpf' oder ahd. *rone* (Fem.) 'Narbe'. Die Namengebung als Siedlung 'auf einer Anhöhe' erfolgte aufgrund der Lage auf einem Höhenzug aus Muschelkalkgestein links der Ems oberhalb einer Furt. Als Stammvokal ist wohl *-a-* anzusetzen, das zu *-e-* umgelautet worden ist, und zwar durch Einfluss der Flexion im Dat. Sg. in lok. Funktion mit *-i-* als Flexionsendung. Die teilweise mit *h-* anlautenden Formen des ON finden sich nur in Kaiserurkunden. **IV.** Rhene, OT von Baddeckenstedt, Lkr. Wolfenbüttel, NI. **V.** WfUB I, II, III, VIII; MGH Diplomata Regum et Imperatorum Germaniae, III; NOB III. *kors*

Rheinfelden (Baden) **I.** Große Kreisstadt und gleichnamige VVG mit der Gemeinde Schwörstadt im Lkr. Lörrach, 34 801 Ew., Reg.-Bez. Freiburg, BW. Ca. 18 km ö von Basel am Dinkelberg und am Hochrhein gegenüber der Schweizer Stadt Rheinfelden im Kt. Aargau. **II.** 1922 *Rheinfelden*. **III.** Die Siedlung Badisch-Rheinfelden, die erst im 19. Jh. entstand, wurde zu Beginn des 20. Jh. nach der Stadt Rheinfelden auf der gegenüberliegenden Rheinseite in der Schweiz benannt. Zunächst waren das neu entstandene Industriegebiet und die dazugehörige Siedlung Teil der Gem. Nollingen. 1922 änderte die Gesamtgemeinde mit der Erlangung des Status einer Stadtgemeinde ihren Namen von *Nollingen* in *Rheinfelden*. Zur Unterscheidung von der Schweizer Stadt erhielt sie 1963 den Zusatz *Baden*, der in Klammern nach dem eigentlichen ON geführt wird. Seit 1975 ist der Ort Rheinfelden (Baden) Große Kreisstadt. Hist. Belege und eine etym. Erklärung des bis h. durchsichtigen Namens *Rheinfelden* (Schweiz) finden sich bei Zehnder. **IV.** ↗Rheinfelden, AG, Schweiz. **V.** LKL II; Zehnder, B.: Die Gemeindenamen des Kantons Aargau. Historische Quellen und sprachwissenschaftliche Deutungen (Argovia. Jahresschrift der Historischen Gesellschaft des Kantons Aargau. Bd. 100/II). Frankfurt a. M./Salzburg 1991. *MW*

Rheinfelden mda. ['ri:`fældə] **I.** Stadt und Hauptort des Bezirks Rheinfelden, 11 206 Ew., AG, CH. Gegründet um 1130 durch die Zähringer, 1290 Stadtrecht, 1330 an Habsburg-Österreich, 1803 zum Kt. Aargau. Heute Kur- und Industrieort: Solbad, Brauereien, Saline, Metallwerk, Eisen- und Waggonbau. **II.** 1057 *de Rinvelden [Or]*, 1143 *de Rinuelde*, 1175 *de Rinuelden; Reinfeld, Reinfelden* (1415 Kop.). **III.** Sekundärer SiN, gebildet aus dem Dat./Lok. Pl. des Grundworts ↗*-feld* und dem FluN *Rīn* 'bei den Feldern am Rhein'. Das badische *Rheinfelden* hat den Namen der älteren Schwesterstadt übernommen. **IV.** Rheinweiler, OT von Bad Bellingen, Lkr. Lörrach, BW; Rheinzabern, Lkr. Germersheim, RP; Birsfelden, BL; Entfelden, AG; Weinfelden, TG, alle drei CH. **V.** Schweiz. Lex.; Zehnder, Gemeindenamen Aargau; LSG. *RMK*

Rheinmünster-Lichtenau I. GVV im Lkr. Rastatt, 11 593 Ew., bestehend aus der Stadt Lichtenau und der Gem. Rheinmünster, ca. 18 km ssw Rastatt, Reg.-Bez. Karlsruhe, BW. Lichtenau wurde vom Straßburger Bischof Konrad von Lichtenberg gegründet, 1395 zu einem Viertel an die Kurpfalz verpfändet, von 1399 bis nach dem Bauernkrieg zu Straßburg, 1803 an Baden. Rheinmünster entstand 1974 durch Zusammenschluss der Gemeinden Schwarzach, Greffern, Stollhofen und Söllingen. Chemieindustrie, Lehrmittelverlag, Münster, Beinhaus, Altarstein, Weinbrenner-Kirche, Hoftheater Scherzheim. **II.** Lichtenau: 1239 (Chron. 14. Jh.) 1300 *Lichtenowe*. Rheinmünster: 1974 *Rheinmünster; Rheinmünster-Lichtenau* (1975). **III.** Während der ON *Rheinmünster* ein modernes Kunstwort ist, das auf die landschaftliche Lage am Rhein verweist und aus den Bestandteilen *Rhein-* (zu kelt. *rēnos*, mir. *rīan* 'Meer') und *-münster* (zu ahd. *munistiri*, mhd. *münster* 'Kloster') besteht, handelt es sich bei *Lichtenau* um eine alte Bildung mit dem Gw. ↗*-au* (ahd. *ouwa*, mhd. *ouwe* 'Land am Wasser, Insel'). Der erste Bestandteil enthält das Bw. *Lichten-* des Namens des Stadtgründers Bischof Konrad von Lichtenberg. **IV.** Lichtenau, Lkr. Ansbach, BY. **V.** Greule 2007; LBW 2 und 5. *JR*

Rheinsberg I. Stadt im Lkr. Ostprignitz-Ruppin, 8705 Ew., am Südostrand der Mecklenburgischen Seenplatte und am Ausfluss des Rhins aus dem Rheinsberger See, nw Berlin, BB. Von den Grafen von Ruppin zum Schutze der Grenze zu Mecklenburg angelegte Wasserburg (älter als die erste Erwähnung) mit Burgflecken, später eine unbedeutende brandenburgische Landstadt, im 18. Jh. ausgebaut zum Wohnsitz des Kronprinzen Friedrich, des späteren Königs Friedrich II. und seines Bruders, des Prinzen Heinrich. 1910 Sommeraufenthalt des Dichters Kurt Tucholsky (1912 Roman „Rheinsberg. Ein Bilderbuch für Verliebte"). **II.** 1291 *Gerhardus de Rynesberge*, 1335 *Rynesperg*, 1414 *Rynsberghe; Rheinsberg* (1799). **III.** Nach der Lage am Rhin (r. Nfl. der Havel) benannt. Zum Gw. ↗*-berg* in der Bed. 'Burg'. Der GwN *Rhin* (1238 *Renus*, 1298 *Rhyn*) gehört wahrscheinlich zu der ältesten, indoeuropäischen Namensschicht und ist als 'Fluss, Strom, Wasserlauf', zu idg. *reinos*, germ. *rīn*, zu erklären. Übertragung vom Rhein ist kaum anzunehmen, da in BB auch alle anderen größeren Nfl. der Havel und der Spree vorslaw. Namen tragen. Die Diphthongierung $ī > ei$ erfolgte durch hd. Einfluss bzw. in Anlehnung an den Namen des Rheins. **V.** Riedel A IV; Bratring; BNB 11. *EF*

Rheinstetten I. Große Kreisstadt im Lkr. Karlsruhe, 20 630 Ew., 8 km n Karlsruhe, Reg.-Bez. Karlsruhe, BW. Rheinstetten wurde am 1. 1. 1975 im Zuge der Gemeindereform aus den Gemeinden Forchheim, Mörsch und Neuburgweier gegründet, am 1. 1. 2000 wurde Rheinstetten das Stadtrecht verliehen und am 1. 1. 2005 zur Großen Kreisstadt erhoben. Landesanstalt für Schweinezucht und Landesanstalt für Pflanzenbau, St. Ursula-Kirche, St. Ulrich-Kirche. **II.** *Rheinstetten* (1975). **III.** Der ON *Rheinstetten* ist ein Kunstwort, das auf die landschaftliche Lage am Rhein verweist und aus dem Bw. *Rhein-* (zu kelt. *rēnos*, mir. *rīan* 'Meer') und dem Gw. ahd. mhd. *-stat* 'Stelle, Ort, Wohnstätte' (↗*-statt*) besteht, hier im Dat. Pl. *-stetten*. **V.** Greule 2007; LBW 2 und 5. *JR*

Rhens I. Stadt und gleichnamige VG (seit 1970) im Lkr. Mayen-Koblenz, 8766 Ew., am w Ufer des Rheins, an der s Stadtgrenze von Koblenz, RP. **II.** 941, 945 *Reinsa*, 962, 989 *in Renso*, 1110 *Reinse*, 1136, 1138 *Rense*, 1471 *Reynsze*, 1772 *Rens oder Rees*. **III.** Urspr. FluN vorgerm. **Reginsa* > *Reinsa*, Ableitung mit *-s*-Suffix von **Regin-* wie in *Regino* (⟶Regensburg) und **Reginika* (Renchen, BW), idg. **reg-* 'lenken, richten, leiten'. **V.** Halfer, M.: Die Flurnamen des oberen Rheinengtals, 1988. *AG*

Ribnitz-Damgarten I. Stadt und gleichnamiges Amt (mit weiteren drei Gem.) im Lkr. Nordvorpommern, 19 482 Ew., s der Darß-Zingster Boddenkette sowie der Halbinsel Fischland-Darß-Zingst, ca. 25 km ö von Rostock, 50 km w von Stralsund, MV. Der heutige Doppelname geht erst auf das Jahr 1950 zurück, als sich die früheren Grenzstädte Ribnitz (Mecklenburg) und Damgarten (Pommern) zusammenschlossen. Ribnitz: Bei einer slaw. Burg mit Burgflecken wurde durch das Mecklenburger Herrscherhaus Anf. des 13. Jh. planmäßig eine Stadt gegründet, die 1233 erstmalig urk. erwähnt wird. Damgarten: Auf der ö Seite der Recknitz und mit der Absicht der Stärkung der Grenzbefestigung gegenüber Mecklenburg verlieh der Rügenfürst Jaromar II. 1258 dem Ort Stadtrecht. Der Handel zwischen Stralsund einerseits und Rostock/Lübeck andererseits bestimmte lange Zeit das Bild beider Städte, h. Handwerks-, Handels- und Dienstleistungssektor, Bernsteinverarbeitung und -museum. **II.** Ribnitz: 1210 *Rybenitz*, (1225) *Ribnicze* (beide GwN), 1233 *Rybeniz*, 1274 *civitatis Ribenitz*; *Ribnitz* (1286). Damgarten: 1225 *uillam Dammechore*, 1258 *ab ipsa ciuitate Damgur*, 1267 *Dammae Gorae*, 1286 *Dambagora*, 1321 *in Damgar*, 1359 *in Damgarden*; *to Damgarten* (1536). **III.** Ribnitz: Dem Namen des mecklenburgischen Ortes liegt ein apolb. GwN **Rybnica* mit einem Suffix *-ica*, ⟶*-itz*, zugrunde, mit dem das adj. Grundwort **rybny* 'Fisch-; fischreich', zu *ryba* 'Fisch', erweitert wurde. Das auslautende, unbetonte *-a* ging bei der Eindeutschung verloren. Die Bedeutung des ON lässt sich als 'Fischerort' oder 'Ort am fischreichen Gewässer' rekonstruieren, und bezieht sich verm. auf den Ribnitzer See (s Teil des Saaler Boddens), vielleicht aber auch auf die Recknitz oder einen nicht mehr existenten Bach im Sumpfgebiet des Recknitztals. Damgarten: In die Bestandteile des zweigliedrigen Namens des vorpommerschen Ortes wurde mit dem Aussterben der slaw. Sprache in diesem Gebiet mnd. *dam* 'Damm' und mnd. *garde* 'Garten' eingedeutet. Urspr. bestand der ON jedoch aus apolb. **dǫb*, **dǫba* 'Eiche; Eichen-' und **gora* 'Berg', wobei das *-b-* bei der Eindeutschung verloren ging. In einer Reihe mit diesem ON stehen auch 1241 *Lipegora* 'Lindenberg', h. *Liepgarten*, Lkr. Uecker-Randow, 1230 *Brezegore* 'Birkenberg', h. *Bresegard*, bei Eldena, Lkr. Ludwigslust, beide MV. **V.** MUB I, II, VI, XIV; PUB 1–2; Heyde, H.: Protokolle der pommerschen Kirchenvisitationen 1535–39. Wien 1961; EO; Trautmann ON Meckl.; Eichler/Mühlner; Niemeyer 2007. *MN*

-richt. ⟶-rod(e).

Richterswil I. Politische Gem. im Bezirk Horgen, 11 920 Ew., Kt. Zürich, CH. Siedlungsspuren der Horgener Kultur (Horgen), frühmittelalterliche Besiedlung nur aufgrund von Toponymen nachzuweisen. Burg Alt-Wädenswil der Freiherren von Wädenswil auf Richterswiler Gebiet um 1200 erbaut, ab 1278 in der Hand des Johanniterordens. Herrschaft 1550 an die Stadt Zürich verkauft. Ab dem 15. Jh. textile Heimindustrie. Nicht unbedeutender Verkehrs- und Handelsort (vorteilhafte Lage am See) aufgrund des Transitgüterverkehrs und des Pilgerverkehrs nach Einsiedeln bis ins 19. Jh. H. moderne Industrie- und vor allem Wohngemeinde. **II.** 1265 *Richtliswile*, 1265–87 *Richteliswile*, 1290 *Rihtliswiller*. **III.** Primärer Siedlungsname mit Grundwort ahd. *wīlāri* 'kleines Dorf, Weiler; Einzelhof' (⟶*-weil / -wil*) und dem PN *Rihtilo* im Bestimmungsglied. In der Gesamtdeutung 'Hofsiedlung des *Rihtilo*' kommt die Siedlungs- und Gesellschaftsstruktur jener Siedlungsphase zum Ausdruck, in der noch immer die Rufnamen bedeutender Einzelpersönlichkeiten die Benennung kleinerer Ansiedlungen veranlasst haben dürften. Die ältere Mundartlautung [riχtiʃwiːl] reflektiert noch die ältere Namenform, während die moderne Lautung und Schreibung auf Sekundärmotivation durch das Appellativ *Richter* (allenfalls den gleichlautenden Familiennamen) beruht. **V.** FP; HLS; LSG. *MHG*

-ried. ⟶-rod(e).

Ried im Innkreis [riːd̥], dial. [riɐd̥]. I. Stadt und Verwaltungssitz im gleichnamigen Pol. Bez., 11 536 Ew., in der Niederung am Zusammenfluss von Oberach, Breitsach und Antiesen, OÖ, A. Entstanden als Gewerbesiedlung bei der ca. 1130 errichteten Burg, 1364 als Markt bezeichnet und bald Mittelpunkt der Leinenweberei und des Leinenhandels, 1779 mit Innviertel von Bayern an Österreich, 1857 Stadt. Aus den Viehmärkten entwickelte sich die seit 1867 bestehende landwirtschaftl. Rieder Messe. **II.** 1120–40, 1125–47 *de Riede*; 1263 *de Ried*. **III.** Von mhd. *riet* 'Schilf, Rohr' mit Bezug auf das früher moosige Gelände um die Flüsse. **V.** OÖONB 2; ANB 2; ÖStB 1; HHS Lechner. *PW*

Riedlingen I. Stadt im Lkr. Biberach, 10 286 Ew., bildet zusammen mit den Gem. Altheim, Dürmentingen, Ertingen, Langenenslingen, Unlingen und

Uttenweiler die VVG der Stadt Riedlingen, 30 266 Ew., ca. 24 km wnw Biberach, Reg.-Bez. Tübingen, BW. Kochtopfherstellung, Milchverarbeitung. Oberhoheit spätestens im 13. Jh. bei den Grafen von Veringen, 1255 Stadt, zwischen 1297 und 1300 Verkauf an Habsburg, 1805 an Württemberg. Schloss Zwiefaltenhof, St. Georgskirche, Renaissancegarten, Ackerbürgerhaus. **II.** 835 *Hruodininga*, 1247 *Ruodelingen*. **III.** Es handelt sich um eine ↗-*ingen*-Bildung mit dem PN *Hruodin*: der Name bedeutet 'bei den Leuten des Hruodin'. Die Entwicklung von ahd. *uo* zu heutigem *ie* erklärt sich durch Umlaut und mda. Entrundung. **IV.** Riedhausen, Lkr. Ravensburg, BW. **V.** FP; FO 1; LBW 2 und 7. JR

Riedstadt **I.** Stadt im Lkr. Groß-Gerau, 21 460 Ew., Reg.-Bez. Darmstadt, HE. Entstanden 1977 als Zusammenschluss der Gemeinden Crumstadt, Erfelden, Goddelau, Wolfskehlen (bereits 1973 mit Goddelau fusioniert) und Leeheim. Verleihung des Stadtrechts 2007. Während Erfelden, Goddelau und Leeheim bereits früh im Zusammenhang mit Schenkungen an die Klöster Lorsch bzw. Fulda erwähnt werden, sind Crumstadt und Wolfskehlen erst im 13. bzw. 12. Jh. urk. bezeugt. Letzteres war der Stammsitz der gleichnamigen Ministerialenfamilie. Goddelau ist bekannt als der Geburtsort Georg Büchners. **II.** Crumstadt: 1248 [Or] *Crumbstat*, 1261 *Crummestat*, 1394 *Krumstad*. Erfelden: 778–784 (Kop.) *Herifelder marca*, 779 (Kop.) *Erifeldon*, 1313 *Eruelden*. Goddelau: 834 (Kop.) *in terminis Gotalohono*, 1128 *Godelohen*, 1123 *Godeloch*, 1426 *Godelauwe*. Leeheim: 766 (Kop.) *Leheim*, 910 (hierher?) *in Lichsamense marca*. Wolfskehlen: 1184 [Or] *de Wolveskelen*, 1252 *Wolveskele*, 1344 *Wolffkeln*. **III.** Der ON *Crumstadt* zu ahd. **krumb*, mhd. *krump* 'krumm, gekrümmt, gewunden'. Bezug genommen wird damit entweder auf den Flusslauf des vorbeifließenden Sandbachs oder den benachbarten Altrheinarm. Der ON *Erfelden* wohl zu ahd. *heri*, mhd. *here* 'Heer'. Die Bedeutung als altes kgl. Heerfeld stimmt auch mit dem Umstand überein, dass noch 1024 in der Nähe von Erfelden bei dem Ort *Camben* Konrad II. nach einer großen Reichsversammlung zum König erhoben wurde. Das Bw. des ON *Goddelau* ist der PN *Goda*, das Gw. zu ahd. *lōh* 'Lichtung, Gehölz, Wald' (↗-*loh(e)*). Im ca. 15 km südwestlich gelegenen Wintersheim schenkte 788 eine *Goda* Besitzungen an das Kloster Lorsch. Das Gw. -*lōh* wurde im Spätmittelalter über -*lā* und eine falsche Abtrennung vom PN zu ↗-*au* umgedeutet. Das Bw. des ON *Leeheim* enthält ahd. *lēo*, mhd. *lē* '(Grab)hügel'. Der Name *Wolfskehlen* (Komp. aus Wolf und mhd. *kel(e)* 'Schlund, Schlucht') ist mutmaßlich von der sö des Ortes gelegenen, nicht mehr erhaltenen Burg auf die Siedlung übergegangen. Der ON Riedstadt verweist auf die Lage im Hessischen Ried (↗-*ried* ↗-*statt*). **V.** Andrießen; Knappe; Müller, Starkenburg. TH

Riegelsberg dial. [ʊfm̩ bzw. ʊf də ˈriːlsbɐrʃ] **I.** Gem. im Regionalverband Saarbrücken, 15 113 Ew., der namengebende OT liegt im sog. Saarkohlenwald, der OT Walpershofen im Köllertal, ca. 10 km nw von Saarbrücken, SL. Der h. OT Riegelsberg, urspr. auf der Gemarkung von Güchenbach, wurde 1939 durch Zusammenlegung der ehem. selbst. Gem. Güchenbach, Hilschbach, Überhofen als Großgem. gebildet. Die erste Siedlung entstand hier verm. erst um 1760; 1854 Schlafhäuser für Bergleute und Steigerhäuser 'auf dem Riegelsberg'. Der OT Walpershofen wurde 1293 (*de Walpershoven* [Or]) erstmals urk. erwähnt. 1920 Völkerbundsverwaltung; 1935 Rückgliederung ins Reich; 1947 Teil des formal selbst., in polit. und wirtschaftl. Union mit Frankreich stehenden Saarlandes; 1957 zu Deutschland. 1974 wurden die beiden Gem. zu einer neuen Einheit zusammengeschlossen. 19. Jh.-20. Jh. Steinkohlenbergbau und Bierbrauerei, Ziegelbrennerei (bis 1882). **II.** FlN: ab 1634 *Reylsberg, Reuelsberg, Reilsberg*, 1737 *biß uffm Riegelsberg*, 1844 *Riegelsberg, aufm Riegelsberg, hinter(m) Riegelsberg, Vor dem Riegelsberg*; Wohnplatzname: 1768 (*ex*) *Reilsberg*, 1776 (Johann Nikolaus Lackes vom) *Regelsberg*, 1776 *Riegelsberg*; Amtsbez.: um 1875 *Bürgermeisterei Sellerbach zu Riegelsberg*, 1936 *Amt Riegelsberg*, offiziell: *Amtsbürgermeisterei Riegelsberg in Güchenbach-Riegelsberg*; Gemeindename: 1939 *Riegelsberg*. **III.** Bildung mit dem Gw. ↗-*berg* (mhd. *berc*, ahd. *berg*), teilweise Schwund des intervokalischen -*g*- im Bw. Der Name der Großgem. geht auf den Namen einer Anhöhe zurück, die w einer von Saarbrücken über Lebach nach Trier führenden Landstraße liegt. Die Einwohner sagen noch h. „uff'm (auf dem) R." statt „in R." Wegen der späten Bezeugung ist das Bw. nicht eindeutig bestimmbar: a) mlat. *regale, rigola* 'Rinne, (Abzugs)graben', d.h. 'bei einem solchen Graben gelegener Berg', vgl. franz. *rigole*; b) als 'Bergriegel' (mhd. *rigel*, ahd. *rigil*, mnd. *regel*) gedeutet, der das Saartal gegen das Köllerbachtal „abriegelt", im Ortswappen durch den goldenen Schrägbalken symbolisiert. **IV.** Regeler Höhe (Quierschied, SL); GwN 1734 *Rickelsborn*, 1737 *Riegelsbornfloß* (SL, Riegelsberg). **V.** ASFSL; Aus vier wurde eins. In: Saarbrücker Zeitung 17./18. 4. 2010, Seite vor C6; Klein, W.L.: Die Anfänge des Wohnplatzes Riegelsberg. In: Der Köllertaler Bote 24 (2007); ders.: Siebzig Jahre Gem. Riegelsberg. In: ebda. 28 (2009); Lehne, H./ Kohler, H.: Wappen des Saarlandes. Saarbrücken 1981; Herrmann, H.-W. u.a.: Ortschronik Riegelsberg. Bd. 1. Riegelsberg 1980/93. MB

Riehen **I.** Gem. im Kt. Basel-Stadt, 20 549 Ew., CH. Röm. Siedlung am Fuß des Hornfelsens und röm.

Spuren fast im ganzen Gemeindebann. Riehen entstand womöglich zuerst als Siedlung im Oberdorf. Oberdorf und Unterdorf wuchsen um 1000 zusammen, der Siedlungsschwerpunkt verschob sich in die Umgebung der Kirche. Nach der Schlacht von St. Jakob wurden 1444 Teile Riehens gebrandschatzt. Im Krieg des österreichischen Adels gegen die Stadt Basel plünderte 1448 Hans von Rechberg das Dorf. Ähnliches wiederholte sich während der sog. Kappeler Fehde 1490–1493. **II.** 1157 *Rieheim [Or]*, 1179 *Riehaeim*, 1219 *Riechen*. **III.** Bildung aus einem ahd. Bw. und dem Gw ↗-*heim*. Das Bw. ist umstritten. In der älteren Forschung dominiert der Ansatz mit einem nicht belegten ahd. PN **Riocho*. FO erwägt eine Bildung mit ahd. *rîho* 'Rist des Fußes, Reihen', die bildhaft für eine Erhöhung am Fuß des Schwarzwaldes steht: *Riehen* 'die Wohnstätte am Reihen'. Boesch ergänzt, auch ahd., mhd. *rîhe* 'Reihe, Linie, schmaler Gang' käme in Frage. In beiden Fällen fehle ein offenkundiges Benennungsmotiv, doch seien bestimmte Geländegebebenheiten denkbar. Ein ahd. **reoch* 'böse', wie es für den hess. ON *Richen* schon angenommen wurde, bleibt für Boesch diffus. Einen PN *Riocho* schließt er hingegen nicht aus. Bei der aktuellen Quellenlage lässt sich der Name nicht mit Sicherheit deuten. **V.** Boesch; FO II; LSG. *mr*

Rielasingen-Worblingen **I.** Gem. im Lkr. Konstanz, 11 947 Ew., bildet zusammen mit der Stadt Singen (Hohentwiel) sowie Steißlingen und Volkertshausen die VVG der Stadt Singen (Hohentwiel), 64 978 Ew., ca. 27 km wnw Konstanz, Reg.-Bez. Freiburg, BW. Rielasingen gehörte zur Herrschaft Rosenegg, 1610 an den Bischof von Konstanz, 1803 an Baden. Worblingen war früher Besitz des Klosters Kreuzlingen, 1806 an Baden. Gründung der Gemeinde Rielasingen-Worblingen am 1. 1. 1975. Pfarrkirche St. Stephan. **II.** Rielasingen: 1155 *Röleizingen*. Worblingen: 1192 *Wormelingen*, 1240 *Wormingen*, 1425 *Warblingen*, 1483 *Wurmlingen*; *Rielasingen-Worblingen* (1975). **III.** Beide Namen sind ↗-*ingen*-Bildungen mit einem PN als Bw.: *Rielasingen* enthält den PN *Hruodleoz, Ruodleoz* und bedeutet 'bei den Leuten des Ruodleoz'. Die Entwicklung von ahd. *uo* zu heutigem *ie* erklärt sich durch Umlaut und mda. Entrundung; die schwachtonigen Silben des PN werden verkürzt. *Worblingen* enthält den PN *Wormili, Wurmilo* und bedeutet 'bei den Leuten des Wormili'. **V.** FP; FO 2; LBW 2 und 6. *JR*

Riesa **I.** Stadt im Lkr. Meißen, 34 777 Ew., am linken Hochufer der Elbe, an der Mündung des Jahnabaches, nw Meißen, SN. Asorb. Dorf auf der Elbterasse, seit 1150 mit d. Zusiedlung und 1119/1170 mit Benediktiner- bzw. Augustinerkloster, im 16. Jh. Marktflecken, 1623 Stadt, seit 19. Jh. Entwicklung zum Elbhafen, Industriestadt. **II.** 1119 *in Reszoa*, 1170 *Riezowe*, 1189/90 *de Rezowe*, 1234 *in Ryzowe*, 1445 *Rysa*. **III.** Am ehesten wie *Rhäsa* zu asorb. **Rězov-*: **rěz* 'Einschnitt', vor allem im Gelände, doch sind auch andere Bedeutungen möglich, da die Wurzel **rěz-* 'schneiden' (**rězati*) vorliegt. Der im D. unbekannte asorb. Vokal *-ě-*, der zwischen *-e-* und *-i-* stand, wurde als *-e-*, *-ie-* wiedergegeben, das Suffix *-ov-* dagegen als *-e* o.ä. und dann kanzleisprachlich als *-a* umgesetzt. **IV.** Rhäsa bei Nossen, Lkr. Meißen, SN. **V.** HONS II; SNB. *EE, GW*

Riesenburg // Prabuty [prabuti] **I.** Kreisstadt, seit 1999 im gleichnamigen Lkr. in der Woi. Pomorskie (Pommern), 8550 Ew., PL. Am Schloss-See // jezioro Liwiniec, 1330 kulmisches Stadtrecht, ab 1466 im Ordensstaat, ab 1525 zum Hztm. Preußen. 1945 an Polen, bis 1975 Woi. Gdańsk (Danzig), 1975–1998 Woi. Elbląg (Elbing); Holz- und Elektroindustrie, Baumaterialienproduktion. **II.** 1250 *Resia*, 1265 *Resemburg*, 1286 *plebano de Resya*, 1323 *Ryzenburg*, 1330 *civitas Resinburg*, 1454 *Prabuth*, 1466 *Prabuty alias Resemburg*. **III.** Der d. ON ist gebildet aus dem apreuß. *Resin* (das mit dem d. *Riese* identifiziert wurde), und dem Gw. ↗-*burg*. Der poln., seit 1945 offiziell benutzte ON leitet sich vom apreuß. **Preybutten, Prebutyn* ab, das aus **prei* 'an' und **buttan* 'Haus, Zuhause' gebildet wurde (apreuß. *prabutis* 'Aufenthalts-, Wohnort'). **V.** RymNmiast; Rospond 1984. *IM*

Rietberg **I.** Stadt im Kr. Gütersloh, 28 828 Ew., gelegen an der Ems, n der Lippe, Reg.-Bez. Detmold, NRW. Siedlung im Bereich einer 1100 erstmals genannten Burg der Grafen von Werl-Arnsberg, 1237 eigenständige Herrschaft, 1289 Stadt, die Bez. steht danach für Stadt, Grafenhaus, Burg und Gft. mit 12 Bauerschaften, Waldungen, Jagdschloss Holte und 5 Ksp. 1562 an fries. Haus Cirksena, ab 1601 Rekatholisierung, 1699 an mährisches Grafenhaus Kaunitz, 1808 Aufhebung der Gft. und an Kgr. Westfalen, 1815 an Preußen. 1843 Titularstadt, Amt Rietberg, 1970 Großgem. **II.** 1100 *de Rietbike*, 1188 *Ritthenberc*, 1237 *in Retberg*, 1238 *de Rytberch*, 1240 *de Ritberg*, [nach 1240] *Rehtberg*, 1247 *Ridberg*, nach 1259 *Rehtberg*, 1256 *Rihtberg*, 1266 *de Rethberg*, 1269 *Reideberge*. **III.** Bildung mit dem Gw. ↗-*berg*, das nach 1150 älteres *-bike* (zu asä. *beki*) ablöst. Das Bw. zeigt allein in der 1. Hälfte 13. Jh. vielfältige Variation. Nach den ältesten Formen ist mit urspr. Anschluss an asä. *(h)riod*, ahd. *(h)riot* 'Schilf(rohr)' zu rechnen, dem gegenüber Verbindungen mit *reht* 'Recht, Gericht' etc. sekundär sind. **IV.** ↗Rheda-Wiedenbrück, Kr. Gütersloh, NRW. **V.** Balzer; Schneider; HHS 3. *BM*

Rimbach I. Gem. im Lkr. Bergstraße, 8595 Ew., Reg.-Bez. Darmstadt, HE. Frühe Besitzung des Klosters Lorsch am Oberlauf der Weschnitz. Als kurpfälzisches Lehen gehörte der Ort seit dem 15. Jh. den Schenken von Erbach. 1806 an Hessen-Darmstadt. 1972 Eingemeindung von Lauten-Weschnitz, Mitlechtern und Zotzenbach, deren Ersterwähnungen ebenfalls in das 8./9. Jh. zurückreichen. II. Rimbach: 800 (Kop.) *Rintbach*, 1383 *Rympach*, 1398 *Rintpach*; Lauten-Weschnitz: 805 (Kop.) *parvum Ludenwiscoz*, 1414 *Ludewisches*; Mitlechtern: 805 (Kop.) *Mitdelecdrun*, 1419 *Mittelechtern*; Zotzenbach: 877 (Kop.) *Zozunbach*, 1321 *Zotzinbach*. III. Rimbach: Bw. ahd. *rind* 'Rind', Gw. ↗ *-bach*; Lauten-Weschnitz: Zusammengesetzt aus dem GwN Weschnitz und einem differenzierenden Adj. ahd. *hlūt* 'laut (schallend), dröhnend'. *Wiscoz* ist zu deuten als Komp. aus ahd. **wisa* 'Wiese' und ahd. *giozo* 'Fluss'. *Mitlechtern*: wie das in der Nähe gelegene Altlechtern zeigt (um 1094 Kop. *Aldenlehter*), ist von einem Gw. *Lechtern* auszugehen, das durch einen differenzierenden Zusatz (*Mittel-*) näher bestimmt wird. Jenes ist verm. zu ahd. *lioht* 'hell, glänzend' zu stellen. *Zotzenbach*: Ein nicht bezeugter PN **Zoza* bzw. **Zozo* als Bw. ist unwahrscheinlich. Eher ist an das ahd. Adj. *suozo* 'süß, mild, ruhig' zu denken. Anzusetzen wäre daher eine Form ahd. **ze demo suozen bah* 'beim ruhigen Bach'. V. Knappe; Müller, Starkenburg; Schmitt, K.-L.: Rimbach im Odenwald. Horb 1995. TH

Rimpar I. Markt im Lkr. Würzburg, 7663 Ew., ca. 8 km n von Würzburg, Reg.-Bez. Unterfranken, BY. Über die Grafen von Rieneck, die im 14. Jh. Lehensträger im Ort waren, gelangte Rimpar an die Herren von Wolfskeel-Grumbach, die hier eine jüngere Nebenlinie begründeten (1603 ausgestorben). 1593 kam der Ort an das Hochstift Würzburg. II. 11. Jh. *Rintburi*, 1126 *Rimpure*, 1156–1162 *Rintbure*, 1444 *Rimper*, 1465 *Rimpar*. III. Gw. ahd. *būr* (↗ *-beuren/-beuern /-büren*). Bw. ahd. *(h)rint* 'Rind'. In der Dreierkonsonanz *-ntb-* Schärfung des *-b-* > *-p-*, Ausfall des *-t-* und partielle Assimilation des Nasals *-n-* > *-m-*. Der Beleg von 1444 zeigt die Abschwächung der Endsilbenvokale. Die seit dem späten 15. Jh. häufiger auftretende Form *-par* ist als Kanzleischreibung für das nicht mehr verstandene Gw. zu bewerten. TH

Rinteln I. Stadt im Lkr. Schaumburg, 27223 Ew., an der Weser, Reg.-Bez. Hannover (bis Ende 2004), NI. Um 1230 planmäßige Neugründung Graf Adolfs IV. von Holstein-Schaumburg zur Sicherung des Weserübergangs, Verlegung des Zisterzienserklosters Bischoperode nach Altrinteln, 1238 erste Erwähnung der Marktkirche, 1239 Stadtrecht, 1621 Gründung der Universität durch Fürst Ernst von Schaumburg in den Gebäuden des Klosters Sankt Jakobi (Aufhebung 1809), 1647 zu Hessen-Kassel. II. † Altenrinteln: 1153/1170 *in Rinctelen* [Or]; Rinteln: 1235 *Rintelen* [Or]. III. Bildung mit dem Gw. asä. **tīl(a)*, mnd. **tīl(e)*, **tēl(e)* 'Zeile, Reihe' (vgl. mhd. *zīl[e]*, nhd. *Zeile* 'gerade und gekrümmte Reihe, Linie') im Dat. Pl. und dem Bw. asä. *hring*, mnd. *rinc* 'Ring, Kreis', wohl in der Bed. 'ringförmige Baum-, Strauchreihe, Einzäunung'. V. Nds. Städtebuch; Laur, Schaumburg; GOV Schaumburg. FM

Risch I. Dorf und Gem. im Kt. Zug, 8702 Ew., am Westufer des Zugersees, 440 m über dem Meeresspiegel, CH. Verschiedene jungsteinzeitliche Seeufersiedlungen, frühma. Kirche St. Verena (8. Jh.). Das Dorf Risch gehörte bis 1798 zur Grundherrschaft Buonas-Hertenstein, der w Teil der heutigen Gemeinde war seit dem 15. Jh. Untertanengebiet der Stadt Zug (Vogtei Gangolfswil). Zentrum der Gemeinde Risch ist h. das im 19. Jh. an der Eisenbahnlinie entstandene Dorf Rotkreuz. II. Um 1150 *Riesla*, 1159 *Rische* [Or], 1179 *Riske* [Or], 1254 *Rische* [Or]; Risch (1374). III. Zur etym. nicht geklärten Pflanzenbezeichnung ahd. **risc*, mhd. *rische*, *risch* 'Binse, Binsengewächs' (vgl. mhd. *rusch*, *rusche* f. 'Binse'). *Risch* bedeutet 'Stelle mit (vielen) Binsengewächsen'. V. Dittli, 4; LSG. BD

Ritterhude I. Gem. im Lkr. Osterholz, 14637 Ew., an der Hamme, Reg.-Bez. Lüneburg (bis Ende 2004), NI. Ritterhude ist der Stammsitz (und Wohnsitz bis zum Aussterben 1774) des urspr. ministerialischen Rittergeschlechtes der von Hude; um den Ort bildete sich ein Patrimonialgericht heraus, das 1850 mit dem Amt Osterholz vereinigt wurde. II. 1182 *Huda* [Kop. 16. Jh.], 1321 *Huda* [Druck 18. Jh.], 1540 *tor Hude* [Kop. 19. Jh.], 1580 *Ridderhude*. III. Der ON beruht auf dem Simplex mnd. *hüde* 'Fährstelle, Holzlager-, Stapelplatz an einer Wasserverbindung' und bezieht sich auf die Lage an der Hamme. Zur Unterscheidung von anderen gleichnamigen Orten wird im 16. Jh. als Bw. *Ridder*, *Ritter* vorangestellt, was sich auf das dort ansässige Rittergeschlecht bezieht. IV. Hude, OT von Elstorf, Lkr. Stade; ↗ Hude, Lkr. Oldenburg, alle NI. V. HHS 2. KC

Rixingen // Réchicourt-le-Château I. Gem. und Hauptort des gleichnamigen Kantons im Dép. Moselle, 580 Ew., 17 km sw Saarburg, LO, F. Sitz einer Metzer Lehensherrschaft; seit 18. Jh. in franz. Sprachgebiet gelegen; 1871 zum Reichsland Elsass-Lothringen, 1918 wieder an Frankreich. II. Réchicourt: 1065 *Richiscort*, 12. Jh. Mitte *Richicort*, 1182 *Richercort*, 1183 *Richeyrcort*, 1185 Or. *Richiecort*; Rixingen: Um 1142 (Quelle 10. Jh.) *Ruotgesingen*, 1179 *Ruchesingen*, 1221 *Ruxingen*, 1361 *Ruxsingen*, Rixingen, 16. Jh. *Rixingen*. III. Réchicourt Bildung mit dem Gw. rom. *-cort* < lat. *curtis* 'Hof, Siedlung' und dem PN ahd. *Richheri* (zu ahd. *rīhhi* 'mächtig, reich' und ahd. *-heri* < **harja-* 'Heer, Krieger' als Bw.: Ausgangsform **Richere-curte*; die rom. Formen spiegeln in unterschiedlicher Graphie das Verstummen des *r* vor Konsonant (hier des Gw.). Rixingen: Die d. Doppelform (1871 wiederbelebt) beruht auf einer ganz anderen Bildung mit dem PN ahd. *Ruodgis* (zu germ. **Hrōth-* 'Ruhm' mit ahd. Diphthongierung *ō* > *uo* + **gīs* 'Pfeil') und dem ↗*-ing*-Suffix: Ausgangsform **Ruodgīs-ingum* (Dat. Pl.) Die d. Entwicklung zeigt die Assimilation der Lautgruppe *dg*, *tg* > *k* (geschrieben <ch>), Synkope und nachfolgend Entstehung des Nexus *ks*, schließlich Entrundung des umgelauteten Monophthongs *ü* < *üe* < *uo* zu *ī*. **IV.** Ober-Riexingen (991 *Ruad-gisingen*), Lkr. Ludwigsburg, BW. **V.** Reichsland III; Hiegel. *Ha*

Röbel-Müritz **I.** Stadt und gleichnamiges Amt (mit weiteren 24 Gem.) im Lkr. Müritz, 15 504 Ew., Verwaltungssitz in Röbel/Müritz, ca. 45 km w von Neustrelitz, am sw Ufer der Müritz, MV. Im 12. Jh. slaw. Burg samt Siedlung, Ende 12. Jh. Alt-Röbel bezeugt. Die auf der anderen Seite der Burg errichtete Kaufmannssiedlung (Neu-Röbel) erhielt 1250 durch die Grafen von Werle Stadtrecht. 1261 Stadtrecht für die nun vereinten beiden Stadtteile, bis 1362 Sitz der Werleschen Herrschaft, Ackerbürgerstadt mit relativem Wohlstand, u.a. durch Fischfang, 1840 Ausbau eines Stadthafens, h. Nahrungs- und Futtermittelindustrie sowie Fremdenverkehr. 1995 Ersetzung der Schreibform des Stadtnamens *Röbel (Müritz)* durch *Röbel/Müritz*. **II.** 1239 *Robele*, 1255 *tho Robell*, 1330 *Noua Robbele*; *Röbel* (1285?, 1335). **III.** Dem ON liegt ein apolb. KN oder ZN **Robol*, **Rob(o)la* mit einem poss. Suffix *-j* zugrunde, das bei der Eindeutschung des Namens verloren ging. Die Bedeutung des ON lässt sich als 'Ort (der Leute) von Robol, Robla' rekonstruieren, der KN bzw. ZN geht auf das App. **rob*, **rab* 'Sklave; Dienstmann, Knecht' zurück (vgl. poln. *robota*, russ. *rabota* 'Arbeit'). Dem Namenszusatz *Müritz* liegt ein apolb. GwN **Morica* (mit einem Suffix *-ica*, ↗*-itz*) zugrunde, mit dem das App. **more* 'Meer, See' erweitert wurde. Das auslautende, unbetonte *-a* ging bei der Eindeutschung verloren, aus *-ō*- wurde hyperkorrekt *-ü-*. Die Bedeutung lässt sich als 'kleines Meer' rekonstruieren, wenn die Endung als Diminutivsuffix gebraucht wurde. **IV.** Röbel, OT von Süsel, Kr. Ostholstein, SH. **V.** MUB I–IX; HHS, Bd. 12; EO; Trautmann ON Meckl.; Eichler/Mühlner. *MN*

Rochlitz **I.** Große Kreisstadt und gleichnamige VG im Lkr. Mittelsachsen, 10 832 Ew., im Nw des Landkreises n Chemnitz, im Mittelsächsischen Hügelland, im Tal der Zwickauer Mulde, SN. Ehem. Zentrum eines asorb. Kleingaues, seit Mitte des 10. Jh. mit d. Königsburg und Burgsiedlung. **II.** 968 (F. 13. Jh.) *ripa Rochelinze*, 1012/18 *Rocholenzi*, *Rochelinti*, 1068 *Rochlezi*, 1289 *Rochelez*, 1300 *Rochlicz*. **III.** Am ehesten zu einem asorb. PN **Rocholęta*, dessen *-t-* zu d. *-c-* verschoben wurde. Die Zeugnisse auf *-enzi* usw. können darauf hindeuten. Der PN kann zum produktiven PN-Stamm **Rod-* zu slaw. **rod* 'Geschlecht' gehören, gekürzt mit dem Suffix *-ch-* und erweitert mit *-l-* sowie *-ęta*. Einige Unklarheiten der Deutung bleiben jedoch. **V.** Thietmar; HONS II; SNB. *EE*, *GW*

Rockenhausen **I.** Stadt und gleichnamige VG (seit 1972) im Donnersbergkreis, 11 545 Ew., 20 Gem. im Nordpfälzer Bergland am Fuße des Donnersberges, RP. Rockenhausen gehörte im MA den Raugrafen, erhielt 1332 erstmals die Stadtrechte und fiel 1457 an die Kurpfalz. Von 1900 bis 1969 Sitz einer Lkr.-Verwaltung und seit 1952 erneut Stadt. Der OT Reichsthal gehörte unter den Karolingern zum „Reichsland", Marienthal und Sankt Alban sind Klostergründungen. Ruppertsecken (um 1200 erbaut) ist eine von fünf Burgen, die (mit strategischer Bedeutung) den Donnersberg im MA umgaben. **II.** 897 *Rogkenhuson* (Kop. Mitte 12. Jh.); *Rockenhausen* (um 1600). **III.** Das Bw. ist der ahd. PN *Rocho*, *Rokko* zum Stamm *(H)Roc-*, Gen. Sg. *Rokken-*. Die Verdoppelung steigerte die Expressivität. Die Verschlusslaute *-g-*, *-k-*, *-ch-* sowie geminierte Formen wechselten häufig in mit KN gebildeten ON. Das Gw. ist ↗*-hausen*. Somit könnte der Name als 'bei/zu den Häusern des Rocho/Rokko' gedeutet werden. **IV.** ↗Bobenheim-Roxheim, Rhein-Pfalz-Kreis, RP. **V.** MGH DArnolf; HHS 5; FP; HSP. *JMB*

-roda. ↗-rod(e).

Rodalben **I.** Stadt und gleichnamige VG im Lkr. Südwestpfalz, 14 993 Ew., n von Pirmasens am sw Rand des Pfälzerwaldes, RP. Im MA mit der Burg Gräfenstein bei Merzalben in Besitz der Leininger Grafen und Ende 17. Jh. Verwaltungssitz des Gräfensteiner Amtes. Nach dem Zweiten Weltkrieg bedeutende Schuhindustrie mit über 60 Fabriken (vor allem Familienbetriebe). 1963 Stadtrechte. Größte Kommune im Lkr. und staatlich anerkannte Fremdenverkehrsgem. in der Urlaubsregion „Gräfensteiner Land". **II.** 1237 *villa Rothalbin*, 1362 *Rodealben*; *Rodalben* (1381). **III.** Das Bw. gehört zu ahd. *rod* 'Rodung, gerodetes Land'. Das Gw. ist der vorgerm. GwN **Alba*, der verm. von einer „Ur-Alb" im Westrich übertragen worden ist und vom Quellgebiet s von Pirmasens († Rodalben) zum Unterlauf wanderte. Gedeutet werden kann der Name als 'Siedlung auf dem gerodeten Land an der Alb(a)'. **IV.** ↗Waldfischbach-Burgalben, Merzalben, Rodalberhof, eingem. in Lemberg, ↗Wallhalben, alle Lkr. Südwestpfalz, RP. **V.** Toussaint, I.: Die Grafen von Leiningen. Sigmaringen 1982; Jahrbuch zur Geschichte von Stadt und Lkr. Kaiserslautern 24/25 (1986/87); HSP. *JMB*

-rod(e). Die Namen auf *-rod* / *-rode* (Dat. Sg.) und seltener *-roden* (Dat. Pl.) gehören neben denen auf *-reut(h)* / *-reit(h)* und *-ried* mit zahlreichen Varianten zu den häufigsten regional unterschiedlich verbreiteten Rodungsnamen, mehrheitlich mit einem PN als Bw. Sie sind von Verben abgeleitete Subst. mit der gleichen Bed. 'urbar gemachtes Land durch Rodung und Beseitigung der Wurzelstöcke': mnd. / nd. / md. *roden* im Ablautverhältnis zu ahd. / mhd. *riuten*, nhd. (obd.) *reuten* 'urbar machen', dazu mhd. *rieten* 'ausrotten, vernichten' > mhd. *rod*, mnd. *rode*; ahd. *riuti* Ntr. / *riutī(n)* Fem., mhd. *riute* Fem. / Ntr.; ahd. **reod / riod*, mhd. *riet* Ntr. Letzteres konkurriert mit früh bezeugtem formgleichen *Ried* 'Schilf(gebiet), Sumpfgras'; die damit gebildeten Namen können mit Hilfe der Realprobe auszusondern versucht werden.
- *r o d e* -Namen begegnen vorwiegend im Rheinland, in HE, TH und ST (↗Gernrode, Lkr. Harz, ST), verstreut kommt die Nebenform *-rad(e)* vor (↗Herzogenrath, Lkr. Aachen, NRW), auch in Erstposition (↗Radevormwald, Oberbergischer Kreis, NRW, urspr. Simplex *Rade*). Typisch für TH ist die Kanzleiform *-roda* (↗Stadtroda, Saale-Holzland-Kreis, TH). Ferner begegnen die Sonderformen *-ert*, *-art*, *-rott* oder die Kollektiva *-gerod*, *-gerad*, *-gert*. Häufig ist am Harz, vereinzelt in seinem Umland, in Westfalen und im Bergischen die Mischform *-i(n)gerode* (↗Wernigerode, Lkr. Harz, ST), die den auch sonst nicht seltenen Kombinationsformen wie z.B. *-inghausen* (↗-heim) entspricht.
- *r e u t (h)* - begegnet vorwiegend im Obd. (↗Bayreuth, BY), daneben das Kollektiv *-gereut* / *-kreut* oder besonders in Österreich *-reit(h)* / *-roit* / *-ret* / *-rat* (teilweise als Simplex).
- *r i e d* kommt hauptsächlich im Obd. vor (Biebelried, Lkr. Kitzingen, BY), häufig nur in Bayer. Schwaben, im Bayer. Wald und in der Oberpfalz, wo im w Teil die amtlich-hyperkorrekte Form *-richt* erscheint. Die verschiedenen Formen grenzen sich vielfach regional aus, wobei sich eine Form auf Kosten anderer durchsetzen konnte. Diese Rodungsnamen erscheinen zwar schon seit der Karolingerzeit, werden aber erst seit dem 10./11. Jh. und dann besonders im 12./13. Jh. produktiv, was auch den hohen Anteil an Wüstungsnamen erklärt. Literatur: Bach DNK II, 2; Schuster I; Wiesinger 1994; NOB III; Debus / Schmitz, H.-G. *FD*

Rodenbach **I.** Gem. im Main-Kinzig-Kreis, 11 172 Ew., ö Hanau im nw Spessartvorland, Reg.-Bez. Darmstadt, HE. Besteht (seit 1970) aus den ehem. Gem. Nieder- und Oberrodenbach. Ersterwähnung Rodenbachs 1025 (so die allgemeine Auffassung, anders Philippi), wobei keine genauere Zuordnung zu einem der beiden Orte möglich ist; Reimers angeblich frühere Nennung (Anf. 9. Jh. *in Rotenbeche* in Kop. um 1160) ist wohl auf Rodenbach im Wetteraukreis zu beziehen. Niederrodenbach gehörte wohl schon seit dem 13. Jh. den Herren von Hanau, Oberrodenbach zum St.-Peter- bzw. Erzstift Mainz, es fiel 1803 an Hessen-Darmstadt, 1816 an Hessen-Kassel (wie 1813 Hanau mit Niederrodenbach); 1866 kamen beide an Preußen, 1945 an Hessen. **II.** 1025 *Rodunbach* [*Or, Deperditum*], 1222 *Rodinbach* (Kop. 13. Jh.), 1241 *Rotenbach*, 1338 *in Rodenbach inferiori*, 1344 *zů Nydir Rodenbache*, 1365 *zů Obernrodenbach* [*sämtlich Or*]. **III.** Das Bw. des dem ON zugrundeliegenden GwN auf ↗*-bach* ist zweifellos das Adj. ahd. *rōt* 'rot'. Es hat im Erstbeleg noch die reguläre sw. fem. Flexionsform im lok. Dativ (*-bach* ist weithin im Md. und Obd. Fem.!). Später zeigt sich die übliche Abschwächung des Nebensilbenvokals, wobei unbetontes *e* (wie sonst) oft *i* geschrieben wird. *-d-* ist das in der rhfrk. Mda. weithin unverschoben gebliebene wgerm. *d*, für das vereinzelt – schriftsprachlich-hd. beeinflusst – *t* erscheint. Der neue ON zeigt ein häufiges Bildungsmuster: die Tilgung der Differenzierungsglieder in Namenpaaren („Entdifferenzierung"), so dass der urspr. (ma.) ON wiederkehrt. **IV.** Rodenbach, Lkr. Kaiserslautern, RP u.a. **V.** Reimer 1891; CE; Philippi; Kaufmann 1971. *HGS*

Rodenberg **I.** Stadt und gleichnamige Samtgem. im Lkr. Schaumburg, 15 804 Ew., nw des Deisters, Reg.-Bez. Hannover (bis Ende 2004), NI. Ältere Burg (um 930) wohl w der Stadt auf dem Alten Rodenberg, Zentrum einer Grafschaft der Herren von Roden, Ende 13./ Anf. 14. Jh. Wasserburg durch Graf Adolf von Holstein-Schaumburg, vor 1375 Fleckenrecht, 1615 Stadtrecht, eisenhaltige Quellen, 1647 zu Hessen-Kassel, 1662–1842 Heilbad mit Badehaus und Parkanlagen, 1974 Zusammenschluss der Stadt mit den Gem. Apelern, Hülsede, Lauenau, Messenkamp und Pohle. **II.** 1216 *Rodenberge* [*Or*]. **III.** Aufgrund der eisenhaltigen Quellen ist eine Deutung des ON als 'zu dem roten Berg' aus einer Zuss. mit dem flektierten App. asä. *rōd*, mnd. *rōt* 'rot' und dem Gw. ↗*-berg* möglich, die sich auf die rötliche Färbung des Gesteins bezog. Es kann sich aber auch um einen alten BurgN handeln, dessen Bw. den Namen der Herren von Roden enthält. Ein Schwanken zwischen *-berg* und ↗*-burg* in ON bzw. die synonyme Verwendung von *-berg* in BurgN ist häufiger zu beobachten. V. Nds. Städtebuch; Laur, Schaumburg; GOV Schaumburg. *FM*

Rödental I. Stadt im Lkr. Coburg, 13 450 Ew., 1971 entstandene Großgemeinde mit neu geschaffenem und verliehenem Namen am Nordrand des Itz-Baunach-Hügellandes, Reg.-Bez. Oberfranken, BY. Stadt der Keramik und Puppen. Seit 1988 Stadt. II. 1970 *Rödental*. III. Name eines Flusstales für die aus 6 früheren Gem. (darunter Mönchröden), die größtenteils am Unterlauf der Röden liegen, neugebildete Verwaltungseinheit. Der GwN ist auch im Namen des ehem. Pfarrdorfs mit Kloster Mönchröden enthalten, der 1108 (Kop. 12. Jh.) als *Rotina*, 1171 als *Rotene*, 1339 (Kop. 16. Jh.) als *Moenchroethen* und 1512 als *Mönchröden* bezeugt ist. Wegen der konstanten frühen -o-Schreibungen in Verbindung mit ma. *rüədn* bietet sich der Ansatz germ. *Raudina* an – -n-Abl. von germ. *rauda* 'rot', die sich lautgesetzlich über ahd. *Rōtina* zu mhd. *Röten* und (mit schriftsprachlicher Anzeige des ma. -d-) zu *Röden* entwickeln konnte. Der rote Sandstein am Eichberg bei Sonneberg und die roten Sandböden bei Mönchröden bedingten wohl die Namengebung. Wegen der frühen *Rot*-Schreibungen dürften demnach der semantisch fragwürdige idg. Stamm *reu̯dʰ-* 'roden', der ganz unsichere Stamm *reuH-* 'aufreißen' oder der appellativisch nicht nachgewiesene Stamm *redʰ-* 'fließen' als Ableitungsbasis ausscheiden. IV. Röttenbach, Lkr. Erlangen-Höchstadt, Lkr. Roth sowie OT von Bechhofen, Lkr. Ansbach, beide BY. V. Graßmuck, H.: Die Ortsnamen des Landkreises Coburg ..., Diss. Erlangen 1955; Reitzenstein 2009. *DF*

Rödermark I. Stadt im Lkr. Offenbach, 26 019 Ew., Reg.-Bez. Darmstadt, HE. Entstanden 1977 aus dem Zusammenschluss von Ober-Roden (mit den 1957 bzw. 1970 eingemeindeten Messenhausen und Waldacker) und Urberach (mit der Siedlung Bulau). Verleihung der Stadtrechte 1980. Der neu gewählte Name soll an die im MA bestehende Markgenossenschaft im Bereich der Rödermark (786, Kop., *in marcha Raodora*) beiderseits des Fluss Rodau (*Rotaha*) erinnern. Die älteste Siedlung und früherer Hauptort der Mark ist Ober-Roden, in dem das Kloster Lorsch ab 790 mehrere Schenkungen erhielt. Hier gab es auch ein im 8. Jh. errichtetes und nur bis zum Beginn des 10. Jh. nachzuweisendes Frauenkloster. Ober- und Unter-Roden gehörten im Hochmittelalter zu den Herren von Eppstein, während der Frühen Neuzeit meist zum Erzbistum Mainz. Unter-Roden kam 1706 an Isenburg-Büdingen. II. Ober-Roden: 791 (Kop.) *in Rotahen superiore et inferiore*, 1303 *Obir Rota*, 1550 *Ober Roden*. Urberach: 1275 *Orbruch*, 1303 *Urbruch*, 1652 *Orberach*. Messenhausen: 1300 *Messelhusen*, 1303 *Messilhusin*. III. Der ON *Roden* wurde vom GwN *Rodau* (*Rotaha*), bestehend aus ahd. *rōt* 'rot'+ ↗ *-ach¹* übertragen (↗ Rodgau, Lkr. Offenbach). Der ON *Urberach* ist ein Komp. aus ahd. *ubar, obar* 'über' und ahd. **bruoh* 'Bruch, Sumpf, Moor'. Das Bw. zeigt Kontraktion *Obar-* > *Or-*, das Gw. einen Sprossvokal *-br-* > *-ber-* sowie Umdeutung des nicht verstandenen *bruch-* > *-ach-*. Das Bw. des ON *Messenhausen* geht möglicherweise auf den PN ahd. **Massilo*, eine KF zum belegten Namen *Masso*, zurück. Denkbar ist auch eine Übertragung vom benachbarten Messel (800, Kop. *Massila*), dessen Name als Diminutiv zu lat. *massa* 'Eisenklumpen' gestellt wird und auf den dort früh bezeugten Bergbau verweisen soll, Gw. ↗ *-hausen*. V. Germania Benedictina Hessen; Knappe; Müller, Starkenburg; Schäfer, Eppstein; Südhessisches Flurnamenbuch. *TH*

Rodewisch I. Stadt im Vogtlandkreis, 7 235 Ew., im ö Vogtland, im Göltzschtal, SN. Um 1200 angelegtes d. Bauerndorf, 1834 Marktflecken, 1924 Stadt. II. 1411 *Redewisch*, 1450 *Radewischs*, 1531 *Rodwisch*, *Rodewisch*. III. Möglicherweise genetivischer Name **Radewigs, Red(e)wigs*, wobei offenbar früh d. *roden* und *Wisch* 'Bündel Heu, Stroh, Büschel, Wedel, Besen' eingedeutet wurden. V. HONS; SNB; DS 41. *GW*

Rodgau I. Stadt im Lkr. Offenbach, 43 047 Ew., Reg.-Bez. Darmstadt, HE. Die Großgem. Rodgau ist 1977 aus dem Zusammenschluss der Orte Dudenhofen, Hainhausen, Jügesheim, Nieder-Roden und Weiskirchen gebildet worden. 1979 Verleihung der Stadtrechte. Namengebend war der im Jahre 1314 erstmals genannte Gauname *Rotgau*, 1345 *Roitgau*, 1497 *Rodgau*, der wohl nicht auf die Rodungstätigkeit in diesem Gebiet verweist, sondern eher aus dem GwN *Rotaha* gebildet ist. Die Herren von Hainhausen gelten als die Vorfahren der Eppsteiner. II. Dudenhofen: 1278 [Or] *Dudenhoven*, 1303 *Totenhofen*, 1407 *Dudinhoffen*. Hainhausen: 1108 *Haginhusen*, 1278 *Hanhusen*, 1465 *Heynhusen*. Jügesheim: 1261 [Or] *Guginsheim*, 1464 *Jugißheym*, 1479 *Jogeßheim*. Nieder-Roden: 791 (Kop.) *in Rotahen inferiore*, 1303 *Nidirn Rota*, 1371 *Nidern Rodauw*. Weiskirchen: 1287 *Wichenkirchen*, 1305 *Wizzinkirchin*, 1542 *Weißkirchen*. III. Der ON *Dudenhofen* zum PN *Dudo*, der KF eines zweigliedrigen PN wie etwa *Liutold* oder *Liudolf*. Der ON *Hainhausen* zum PN *Hago*, der Kurzform eines Namens mit Erstglied *Hag-* (zu ahd. **hag* 'Einfriedung, Gehege, Stadt'). Der ON *Jügesheim* zum PN **Guging*, wohl eine romanisierte Form zu germ. **hug(u)-* 'Geist, Sinn' mit ↗ *-ing*-Suffix. Im anlautenden *J-* der späteren Belege zeigt sich die spirantische Aussprache des mhd. *g*. Der ON *Nieder-Roden* ist vom FluN *Rotaha* (ahd. *rōt* 'rot'+ ↗ *-ach¹*) übertragen (↗ Rödermark, Lkr. Offenbach). Für den ON *Weiskirchen* zeigen die Belege zwei unterschiedliche Adj. im

Bw. Der Erstbeleg ist zu ahd. *wīh 'heilig' zu stellen, die spätere Überlieferung zeigt ahd. mhd. wīz 'weiß'. **V.** Knappe; Müller, Starkenburg; RGA 13 (Jörg Jarnut); Schäfer, Eppstein. *TH*

Roding **I.** Stadt im Lkr. Cham, 11 451 Ew., ca. 45 km nö von Regensburg am Regen, Reg.-Bez. Oberpfalz, BY. Siedlungsgründung an einer Kreuzung wichtiger Fernstraßen bei einer alten Regenbrücke, 896 als Kirchort und Platz einer kgl. Kapelle, um 1285 als Markt genannt, Stadt seit 1952, bis 1972 Kreisstadt des Lkr. Roding. **II.** 844 *Rotachin [Or]*, 896 *Rotagin [Or]*, 1274 *Roting [Or]*; *Roding [Or]* (1484). **III.** Dem unechten ↗-*ing*-Namen liegt das Adj. ahd. *rotag (vgl. mhd. *rotec* 'rostig') zu ahd. *rot* 'Rost' in der Dat.-Sg.-Form der sw. Flexion zugrunde. Als Bed. der Grundform ahd. *(za děmo) rotagin (+ Subst.) des elliptischen ON kann 'bei dem rostfarbenen Gelände, Feld o.ä.' erschlossen werden. Durch Zusammenfall von -*egen*/-*igen* (12. Jh. *Rotegen, Rotigen*) und ↗-*ing* in dial. *-*iŋ*/-eŋ war seit dem 13. Jh. die Voraussetzung für die Verschriftung mit -*ing* gegeben. Gegen die mitunter vertretene Herleitung von einem Adj. **rotag* zu ahd. *rod* 'Rodung', ↗-*rod(e)*, spricht die Tatsache, dass im Bair. zur Bezeichnung einer Rodung nicht *rod* (bzw. **rot*) verwendet wurde, sondern ahd. **riod* (> mhd. *riet*), ↗-*ried*, **riut* und *riuti*, ↗-*reut(h)*. **IV.** Roding im Lkr. Schwandorf, Reg.-Bez. Oberpfalz, BY. **V.** Keyser / Stoob II; Hecht, G.: Die Ortsnamen des Bezirksamtes Roding. In: Verhandlungen des Historischen Vereins von Oberpfalz und Regensburg 86 (1936); Reitzenstein 2006. *WJ*

Rödinghausen **I.** Gem. im Kr. Herford, 9 964 Ew., im Ravensberger Hügelland am Südrand des Wiehengebirges, 30 km n Bielefeld, Reg.-Bez. Detmold, NRW. Land-, Wald- und Viehwirtschaft, ab 15. Jh. Flachsanbau, ab Mitte 19. Jh. Zigarrenfabrikation. Seit 1950 verschiedene Gewerbebetriebe (Möbelindudstrie), Fremdenverkehr. 1969 Zusammenlegung mit vier benachbarten Gem. **II.** 1147 *Rothinghusen*, Ende 12. Jh. *Rothinchusun*, [1230–1232] *Rothinchusen*, 1281 *Rembertus de Rodinchusen*, 1292 *Rothinghosen*, 1361 *Roddinchusen*, 16. Jh. *Rodinkhusen*. **III.** Bildung mit dem Gw. ↗-*hausen*. Im Bw. liegt eine patronymische Bildung mit ↗-*ing*-Suffix vor, die von einem KN wie z. B. *Hrōdo* (zu asä. *hrōth*, 'Ruhm') abgeleitet ist und auf einen zweigliedrigen germ. PN mit diesem Erstglied wie z. B. *Hrōdhard, -dag, -mār, -ulf* etc. bezogen werden kann. **V.** Schneider; HHS 3. *BM*

Roetgen [-ø:-] **I.** Gem. im Kreis Aachen, 8 251 Ew., s Aachen auf dem Hohen Venn in der Quellmulde der Vicht, Reg.-Bez. Köln, NRW. Spätma. Rodung, im 19. und 20. Jh. zeitweilig Textilproduktion; erster von Amerikanern besetzter deutscher Ort (13. 09. 1944). **II.** 1475 (Kop. 1649) *zu dem Roettgen*, 1516 *dat Roytgen [Or]*. **III.** Substantivische Abl. vom Verb nhd. *roden*, in der ripuarischen, dem Mnd. und Mnl. parallelen Lautgestalt des Verbs, mit Diminutivsuffix nhd. -*chen* in der regionalen Schreibform (Lautwert [ç], nicht [g]), 'kleine Rodung'. Die Buchstaben -*e*- bzw. -*y*- zeigen Umlaut des Basisvokals an und sind nicht wie oft im älteren regionalen Schreibgebrauch Längensignale. Die älteren hochmittelalterlichen „Rode-Namen", mit ↗rath, -rode, sind in der Region eher als Komposita gebildet wie etwa ↗ Simmerath. **V.** HHS Bd. 3. *Ne*

Rohrbach ['roːɐ̯bax], dial. ['rɛɔvɐ]. **I.** Stadt und Verwaltungssitz im gleichnamigen Pol. Bez., 2 482 Ew., in 605 m Seehöhe auf dem Granit-Hochland der Böhm. Masse an einem r. Nfl. der Großen Mühl im oberen Mühlviertel, OÖ, A. Um 1200 unter passauischem Einfluss planmäßig angelegt an damals wichtiger Verkehrskreuzung der w-ö Straße von Passau/Donau aus bes. für den Viehhandel nach Ungarn und der s-n Straße von Ottensheim und Linz/Donau bes. für den Salzhandel nach Böhmen, was beides seit dem 17. Jh. an Bedeutung verlor, 1356 Markt. Nach 1848 Verwaltungs- und Schulzentrum für das obere Mühlviertel, 1986 Stadt. **II.** 1200–20 *Rorebach*, 1256 *Rorpach* 1320 *Rarbach*, 1413 *Rorbach*. **III.** Gereihtes Komp. mit bair.-mhd. *pach*, ↗-*bach*, und mhd. *rôr* 'Rohr, Schilf', 'von Schilf gesäumter Bach'. Mhd. *ô* entwickelte sich dial. zum zentralisierten Diphthong [ɛɔ] und oberschichtig zum offenen Monophthong [ɔː], der <a> oder <o> geschrieben wurde. **V.** OÖ-ONB 9; HHS Lechner. *PW*

Rohrbach // Rohrbach-lès-Bitche dial. [roːɐ̯bax] **I.** Gem. und Hauptort des gleichnamigen Kantons im Dép. Moselle, 2 226 Ew., 16 km ö Saargemünd // Sarreguemines, LO, F. Dorf der Herrschaft Bitsch; 1871 zum Reichsland Elsass-Lothringen, 1918 wieder an Frankreich. **II.** Um 1150 *Rorbach*, 1139/76 *Rorbach*, 1360 *Rorebach*. **III.** Bildung mit dem Gewässernamen-Gw. ↗-*bach* < germ. **baki*- 'Bach' und dem Bw. ahd. *rōr* < germ. **rauza*- 'Schilf-Rohr'. **IV.** Rohrbach (693/94 *Raurebacya*), Lkr. Südliche Weinstraße, RP; Rohrbach-lès-Dieuze (966 *Rorbach*), Dép. Moselle, F; Rohrbach (1197 *Rorbach*), OT von St. Ingbert, Saarpfalz-Kreis, SL usw. **V.** Reichsland III; Hiegel. *Ha*

Rohrbach-lès-Bitche ↗Rohrbach

Rokitnica ↗Martinau

Romanshorn **I.** Gem. am Bodensee, Bezirk Arbon, 9 490 Ew., TG, CH. Seit der ersten Erwähnung im Jahre 779 in einer Beziehung zum Kloster St. Gallen. Bis ins 19. Jh. Bauern- und Fischerdorf. 1844 Bau eines Hafens. 1855 Bahnlinie Zürich-Romanshorn, ab 1869 Bahntrajekte (Güterwagentransporte) mit Friedrichshafen und Lindau, ab 1881 auch mit Bregenz. 1889/71 Linie Rorschach-Romanshorn-Konstanz, 1910 St. Gallen-Romanshorn. Damit wird Romanshorn zu einem wichtigen Eisenbahnort mit großen Lagerhäusern. Nur der Güterwagentrajekt mit Friedrichshafen wurde nach dem 2. Weltkrieg bis 1976 weitergeführt, seither als Autofähre betrieben. **II.** 779 *aliquod locum, qui dicitur Rumanishorn [Or.]*, 837 *Actum Romanicornu*, 865 *Actum in Rumaneshorn*. **III.** *Rûmâneshorn*: PN *Rûmân(us)* + App. *horn*: 'Landzunge eines Mannes namens *Rûmân(us)*'. PN *Rûmân(us)* zu lat. *Romanus* 'Römer, Romane'. App. *horn* zu ahd., mhd. *horn* st. Ntr. 'Horn, Blasinstrument, Füllhorn, Spitze, Vorgebirge, Landzunge'. *Horn* und *Hörnli* finden sich als Simplex und als Gw. häufig für die Bez. von Landzungen am Bodensee und Untersee. Hilty sieht im PN *Romanus* einen Reflex der in diesem Raum noch lange weiterlebenden romanischen Sprache. **V.** TNB 1.2.; Hilty, G.: Gallus und die Sprachgeschichte der Nordostschweiz St. Gallen 2001. *Ny*

Rombach // Rombas **I.** Gem. und Hauptort des gleichnamigen Kantons im Dép. Moselle, 10 249 Ew., 14 km n Metz, LO, F. Früher Besitz von St. Vanne in Verdun, des Klosters Gorze und des Metzer Domkapitels; seit dem Hochmittelalter in franz. Sprachgebiet; 1871 zum Reichsland Elsass-Lothringen, 1918 wieder an Frankreich. **II.** 972 *Romesbach*, 977 *Romebach*, 1128 *Rumes-baz*, 1137 *Rumebaz*, 1147 *Ramesbach*, 1179 *Romebaz*, 1185 *Romesbaz*. **III.** Die etym. Analyse muss von den original überlieferten (1128, 1137, 1179) und den Formen mit Gen. < auf *-es* ausgehen, nicht von kopialen Formen mit *-a-* im Erstelement (z.B. 1147). Es handelt sich um eine Bildung mit dem Gewässernamen-Gw. ↗*-bach* < germ. **baki* 'Bach' (romanisiert *-bas, -baz*) und dem ahd. PN **Rōmi*, **Rūmi*, Gen. *-es* (zum ahd. Namen *Rūma, Rōma* der Stadt Rom). Das auslautende Gen. *-s* verstummt im Afranz.; die spätere d. Form ist wohl aus *Rombas* künstlich rückgebildet. **V.** Reichsland III; Hiegel; Kaufmann 1968. *Ha*

Rombas ↗ **Rombach**

Römerberg **I.** Gem. im Rhein-Pfalz-Kreis, 9234 Ew., w des Rheins an der s Stadtgrenze von Speyer, Vorderpfalz, RP. 1969 Vereinigung der drei selbst. Gem. Berghausen, Heiligenstein (hier Sitz der Gemeindeverwaltung) und Mechtersheim als erster freiwilliger Zusammenschluss in RP. Am frühesten wurde 1036 ein Klostergut Mechtersheim erwähnt. Ende 12. Jh. werden *Heiligesten* als Dorf des Domkapitels von Speyer und ein *Berchusen* genannt. In der Gegend dominieren Wein- und Obstbau. **II.** 1136 *Mechtersheim*, 1190 *Heiligesten*, 1192 *Berchusen*; *Römerberg* (1969). **III.** Für das Bw. wurde der Völkername *Römer* gewählt, das Gw. ist ↗*-berg*. Der Name der neuen Einheitsgem. wurde 1969 im Hinblick auf römerzeitliche Funde sowie die Lage an einer röm. Straße gewählt. **V.** Wirtembergisches Urkundenbuch, II. Stuttgart 1858; Boos, H. (Hg.): Quellen zur Geschichte der Stadt Worms, Teil I: Urkundenbuch der Stadt Worms, Bd. 1. Berlin 1886; Mainzer UB I; HSP. *JMB*

Rommerskirchen **I.** Gem. im Rhein-Kreis Neuss, 12 956 Ew., am Gillbach, Reg.-Bez. Düsseldorf, NRW. **II.** 1107 *de Rumeschirche [Or]*, 1193 *Rumischirchen [Or]*, 1279 *Rumerskirghen [Or]*. **III.** Gw. zu ahd. *kirihha* sw. Fem. 'Kirche', die Form mit *-n* im ON-Dat. ('bei der Kirche'), ↗*-kirchen*. Die *ch*-Schreibung vor *i* sichert die *k*-Aussprache. Im Bw. erscheint wohl der Gen. eines PN, und zwar der st. flektierte KF zum Namenglied germ. **Hrōm-* (FP). Die Namenform mit Erstglied *Rumers-* ist jünger überliefert, könnte aber auf der lebendig gebliebenen zweigliedrigen Vollform (z.B. *Rumheri*) beruhen. Ein entsprechendes Bw. bieten etwa *Rommersdorf* (im Neuwieder Stadtteil Heimbach-Weis), 1107 *de Rumeresdorp [Or]*, und andere bei FO 1, 1472 genannte Orte. **V.** HHS 3; Gysseling 1960/61. *Tie*

Ronnenberg **I.** Stadt in der Region Hannover, 23 286 Ew., Reg.-Bez. Hannover (bis Ende 2004), NI. Im Mittelalter und früher Neuzeit bedeutender Gerichtssitz; in der Neuzeit wichtiger Abbauort für Kalisalze; 1975 Stadtrecht, bis 2001 im Lkr. Hannover. **II.** 1073–80 *Runiberc [Or]*, 1153–70 *Runneberg*, um 1200 *Rennenberge*; *Ronnenberg* (um 1460). **III.** Bildung mit dem Gw. ↗*-berg* und der Basis **Run-* 'Einkerbung, Einschnitt', die zu nhd. *Rune*, asä. *rūna* 'Geheimnis, geheime Schrift u.ä.' gehört. Der Stammvokal wird zu *-o-* gesenkt und sekundär ein *-n-* vor dem Gw. eingefügt. Teils findet Umdeutung zu *rennen* statt. Der Name bezieht sich auf die Lage an einer Erhebung. **IV.** Rüningen, Stadt Braunschweig, NI. **V.** HHS 2; NOB I. *UO*

Rosbach v. d. Höhe **I.** Stadt im Wetteraukreis, 12 100 Ew., am ö Taunusrand, sw Friedberg, Reg.-Bez. Darmstadt, HE. Nahe dem Limes und dem Kastell Kapersburg, gegr. wohl beim fränk. Landesausbau im 6./7. Jh., Ersterwähnung 884: Karl III. schenkt Besitz in Rosbach an Fulda. Seit dem 14. Jh. werden Ober- und Nieder-Rosbach unterschieden, gehören u.a. den Gf. von Diez und seit 1661 Hessen-Darmstadt. Ober-Rosbach bleibt trotz Stadtrecht (1663) nur Marktflecken, wird erst 1970 durch Zusammenschluss mit Nieder-Rosbach zur Stadt (mit oben genanntem Namen) erhoben, 1972 um eine Gem. vergrößert. II. 884 *Rosbach* (Kop. um 1160), 1316 *Oberen-Rospach* [...] *Niden-Rospach* [Or]. III. Bw.: wohl auf ahd. *(h)ros* 'Pferd' rückführbar (so FO u. a.). Anders Blecher (dem Bach DNK folgt): Da die Mda. das App. *Ross* nicht kenne und das Bw. mit Langvokal spreche, gehöre dieses zu mhd. *roeze* 'Grube zur Flachsbereitung' (zu *roezen, rözen* '(Hanfstengel) faulen lassen'); zudem heiße der Bach in Rosbach *Flachsbach*, was auf einen früheren FluN *Rōs-* oder *Roesbach* (dessen Bw. ungebräuchlich geworden und ersetzt worden sei) hindeute, von dem dann der ON stamme. Problematisch erscheint hier das bloße Postulat eines FluN-Wechsels; auch spricht mit Blick auf das Alter des ON mehr für das in ON häufig verwendete und in den ahd. Mda. noch allgemein verbreitete *(h)ros* als für das in ON seltene *roeze*. Ob urspr. Lang- oder Kurzvokal vorliegt, lässt die Schreibung nicht erkennen: bis ins 14. Jh. findet sich nur *Ros-*, erst seitdem vereinzelt Belege mit Längenbezug (*Rois-*); sie dürften die in südwetterauischer Mda. erfolgte „Diphth." von mhd. *-o-* > *-oə-* vor Dentalen spiegeln. Dies und die Verdrängung des App. *Ross* durch *Gaul* in der Mda. dürften einen volksetymol. Anschluss an 'Rose' bewirkt haben, der seit dem 17. Jh. auch das Ortswappen beeinflusst hat. Gw.: ↗*-bach*, zu p- ↗Butzbach; zu *vor der Höhe* ↗Bad Homburg, HE. IV. Roßbach, OT von Hünfeld, Lkr. Fulda, ↗Roßdorf, Lkr. Darmstadt-Dieburg, beide HE. V. CE; Foltz; Blecher, G.: Der Ortsname Rosbach in der Wetterau. In: Friedberger Geschichtsblätter. 8 (1926/27). *HGS*

Rosdorf I. Gem. im Lkr. Göttingen, 12 050 Ew., s Göttingen an der Rase, Reg.-Bez. Braunschweig (bis Ende 2004), NI. Stammsitz der Herren von Rosdorf; das ma. Dorf gehörte zu den sog. Stadtdörfern Göttingens; die 1973 gebildete Großgem. Rosdorf umfasst 11 Ortschaften; seit 2007 hier zentrale JVA für Südniedersachsen. II. 1004 *Rasthorp*, 1144 *Rostorp*; *Rosdorf* (1675). III. Bildung mit dem Gw. ↗*-dorf*. Das Bw. zeigt im Vokal ein Schwanken zwischen *-o-* und *-a-*, weshalb es auf **Raus-* zurückzuführen ist. Neben mnd. *rōr*, ahd., mhd. *rōr* 'Schilfrohr' zeigen gleichbedeutendes got. *raus* und mnl. *rōs* eine *-s-*haltige Form, die keinen gramm. Wechsel aufweist. Das zunächst lange *-ō-* wird in geschlossener Silbe gekürzt. Der Name der durch Rosdorf fließenden Rase (1308 *Rosa*, 1369 *Rose*, 1588 *Rase*) ist nicht namengebend für den ON, enthält aber das gleiche App. sowie ein Gw. ↗*-ach*[1] (*-aha*). V. Meinhardt, G. u. a.: Chronik der Gemeinde Rosdorf. Kassel 1988; Kettner, Flußnamen; NOB IV. *KC*

Rosendahl I. Gem. im Kr. Coesfeld, 10 914 Ew., nö Coesfeld, Reg.-Bez. Münster, NRW. 1969 entstanden durch Zusammenschluss der Gemeinden Darfeld und Osterwick, 1975 Eingemeindung auch von Holtwick. II. Um 1378 *domum to Dale* [Or], 1508 *Aleke Rosendaels*. III. FlN mit mnd. *dal* 'Tal, langgestreckte Einsenkung mit Gefälle in der Erdoberfläche; Schlucht, tiefste Stelle', zunächst als Simplex, dann als Gw. in einem Kompositum in Verbindung mit dem Bw. mnd. *rōse* 'Rose'. Das Gw. ↗*-tal* wird zunächst, insbesondere, da es sich um ein Simplex handelt, Bezeichnung für eine Bodensenke gewesen sein, kann aber auch als „Metapher für die Erde" (G. Müller) verstanden werden. Metaphorisch kann der FlN Rosendahl als Bez. für das Paradies oder einen angenehmen Aufenthaltsort (z. B. im Gegensatz zu einem FlN Jammertal) aufgefasst werden. Er ist in der ehemaligen Darfelder und Osterwicker Mark zu lokalisieren. V. Kemkes, H./ Theuerkauf, G./ Wolf, M.: Die Lehnregister der Bischöfe von Münster bis 1379. Münster 1995; Kewitz, B.: Coesfelder Beinamen und Familiennamen vom 14. bis 16. Jahrhundert. Heidelberg 1999; Müller, G.: Westfälischer Flurnamenatlas. Lieferung 4. Bielefeld 2006. *kors*

Rosengarten I. Gem. im Lkr. Harburg, 13 385 Ew., s von Harburg, n von Buchholz in der Nordheide, Reg.-Bez. Lüneburg (bis Ende 2004), NI. Der Landschaftsname Rosengarten war zunächst namengebend für die Schäferei, das herzogliche Vorwerk und die Försterei, dann 1972 für den Zusammenschluss von 17 Gem. und OT. II. 1456 *Rosengarden* [Or], 1462 *Rozengharden*; *Rosengarten* (um 1600). III. Der Name beruht wohl auf dem Simplex mnd. *rōsengārde(n)*, das entweder metaphorisch als 'sorgenfreier Aufenthaltsort' oder als 'eingefriedetes Landstück (für Versammlungen, Festlichkeiten)' zu verstehen ist. IV. ↗Rosendahl, Kr. Coesfeld, NRW. *KC*

Rosenheim I. Kreisfreie Stadt, 60 711 Ew., Sitz der Verwaltung des gleichnamigen Landkreises, Reg.-Bez. Oberbayern, BY. Burg der Grafen von Wasserburg, im 13. Jh. Übernahme durch die Wittelsbacher, 1273 Markt. II. Ca. 1230 *Chvnradus Rósenhaemaer*, 1232 *Rosinheim*, 1241 *Rosenhaim*, 1267 *Rosenheim*, 1616 gr. *Rhodopolitanus*. III. Grundwort ist mhd. ↗*-heim* 'Haus, Heimat'; als Bestimmungswort ist wohl ein PN mit dem Stamm *Rōs-* anzunehmen. Der Ansatz von *Rōsinheim bzw. *Rōsunheim würde dann 'die Wohnstätte eines Roso' bzw. 'die Wohnstätte einer Rosa' bezeichnen. Mhd. *rōse* bzw. gr. *ῥόδον* 'Rose' dagegen liegt dem Bw. im Beleg von 1616 zugrunde. IV. Rosenheim, Lkr. Altenkirchen, RP. V. HHS 7/1; Reitzenstein 2006. *WvR*

Rosenstein I. GVV im Ostalbkreis, 22 878 Ew., ca. 13 km wsw Aalen, Reg.-Bez. Stuttgart, BW. Wäscheherstellung. Der GVV Rosenstein wurde am 18. 2. 1972 im Zuge der Gemeindereform aus der Stadt

Heubach und den Gem. Bartholomä, Böbingen an der Rems, Heuchlingen und Mögglingen gebildet. Schloss in Heubach, Rosenstein, Blockturm, Felsenmeer, Naturschutzgebiet Weiherwiesen. **II.** *Rosenstein* (1972). **III.** *Rosenstein* (1282 *Rosenstain*) ist zunächst der Name einer wohl im 13. Jahrhundert errichteten Burg oberhalb von Heubach. Es handelt sich um einen Zuss. aus der Pflanzenbezeichnung ahd. *rōsa*, mhd. *rōse* 'Rose' mit dem für hochmittelalterliche Burgen typischen Gw. ↗-*stein*. Das Gw. kann an ein heraldisches Motiv anknüpfen oder an die mittelalterlichen Rosengarten-Sagen. Der Name wurde später auf den gesamten Burgberg, dann auf den Gemeindeverwaltungsverband übertragen. **V.** Reichardt (1999b); Bach DNK 2; LBW 2 und 4. *JR*

Rösrath **I.** Stadt im Rheinisch-Bergischen Kreis, 27021 Ew., 20 km sö Köln an der Sülz, Reg.-Bez. Köln, NRW. Bereits mittelsteinzeitliche Besiedlungsspuren, 893 Volberg (seit 1898 Hoffnungsthal) als Hauptort des Gebietes erwähnt, Rösrath erst 1356 als bergischer Besitz im Amt Löwenberg und Lülsdorf, 1672 Augustinerkloster St. Nikolaus von Tolentino, Erzbergbau in Volberg bis 1978, in Rösrath vor allem Landwirtschaft und Handwerk, Kriegsgefangenenlager in Hoffnungsthal, h. Gedenkstätte, Bevölkerungswachstum nach dem II. Weltkrieg durch Flüchtlinge und Zuzug aus Köln. **II.** Rösrath: 1356 *Royzeroyde*, 1363 *Reusroyde*, 1550 *Ruissrath*. Volberg: 893 (Kop. 1222) *Vogelberhc*, 1155 *Vugelberg*. **III.** *Rösrath* ist ein typischer Rodungsname, gebildet wohl aus einem germ. PN **Rauzo*, **Raudizo* und dem Gw. ↗-*rod(e)*. *Volberg* ist eine kontrahierte Form aus den appellativischen Subst. *Vogel* M., ahd. *fogal*, germ. **fugla-* 'Vogel', und ↗-*berg* als Gw. Zu weiteren ON, FluN, Hofnamen im Gebiet von Rösrath vgl. die Beiträge in der Chronik von Rösrath, Bd.1. **V.** Dittmaier 1955; Hoffmann, W.: Zur Sprachgeschichte der ältesten Rösrather Siedlungsnamen. In: Chronik der Gemeinde Rösrath, Bd. 1, hg. von K.-D. Gernert und H. Wolff. Rösrath 1993; HHS 3. *Ho*

Roßdorf **I.** Gem. im Lkr. Darmstadt-Dieburg, 12164 Ew., osö Darmstadt, in der w Dieburger Bucht, Reg.-Bez. Darmstadt, HE. Der Ort (zu dem seit 1977 auch Gundernhausen gehört) weist Siedlungsspuren seit der Jungsteinzeit, bes. der Römerzeit, auf und dürfte spätestens im 6./7. Jh. (neu) gegr. worden sein. Seit dem 9. Jh. ist er unter der Lehnshoheit der Reichsabtei Fulda, seit dem 13. Jh. (wie Gundernhausen) im Besitz der Grafen von Katzenelnbogen; 1479 fällt er an die Landgrafschaft Hessen, 1567 an Hessen-Darmstadt, 1918 und 1945 an Hessen. **II.** (9. Jh.) *Rostorferemarca*, (9. / 10. Jh.) *Rostorf* (beide Kop. um 1160), 1250 *Roßedorph* (Kopie 16. Jh.), 1321 *Rosdorf*, 1403 *Roßdorff [beide Or]*. **III.** Der Ort ist früh in der Fuldaer Überlieferung bezeugt, wobei nur beim 1. (weniger beim 2.) Beleg noch gewisse Zweifel bestehen, ob nicht Roßdorf n Hanau (h. OT von Bruchköbel) gemeint sein könnte. Bw. ist das App. ahd. *hros* 'Pferd', das in ON – häufig mit dem Gw. ↗-*bach* – auch dort vorkommt, wo mda. h. *Gaul* oder *Pferd* gilt, aber im Ahd. (ahd. Mda.) offenbar noch *(h)ros* galt (vgl. Reichardt zu † *Rossbach*, Vogelsbergkreis, HE). Gw.: ↗-*dorf*; früheres *t-* ist phonetische Schreibung, die den Stimmtonverlust des *d* nach stl. *-s* wiedergibt. **IV.** Roßdorf, Lkr. Schmalkalden-Meiningen, TH; ↗Rosbach v. d. Höhe, Wetteraukreis. **V.** CE; Wenck; Müller, Starkenburg; Reichardt 1972. *HGS*

Roßtal **I.** Markt im Lkr. Fürth im Süden des Biberttales, 9870 Ew., Reg.-Bez. Mittelfranken, BY. Frühmittelalterliche Ortsgründung mit Kastell, verm. Königshof an der Fernstraße Nürnberg–Ansbach, 1050 Bamberger Meierhof unter der Vogtei des Grafen von Abenberg, 1281 Schenkung des bambergischen Besitzes an den Nürnberger Burggrafen, 1292 auch der Teil der Herren von Heideck burggräflich; 1328 Stadtrecht, 1355 Blutgericht, 1503 Bezeichnung als großes Dorf mit Burghut, 1792 an Preußen, 1806 an Bayern, 1821 Rückgabe der Stadtrechte. **II.** Zu 953 (Annalistik 10. Jh.) *Rossadal*, zu 954 (Annalistik 10. Jh., Kop. 11./12. Jh.) *Horsadal* (*urbs*), 1048–1051 *Rossestal [Or]*; *Roßtal* (1392). **III.** Das Gw. ↗-*tal*, worauf die überwiegende Mehrzahl der Belege deutet, ist mit ahd. *ros*, *hros* 'Pferd' im Gen. Pl. verbunden, oder der Name stellt eine mittels Fugenvokal -*a*- verbundene Stammzusammensetzung dar. Der Beleg *Horsadal* steht in der asä. Schreibtradition des Widukind. Ähnlich u.a. zahlreiche ON auf ↗-*bach*, ↗-*berg* und ↗-*brunn*. **IV.** Roßbach, Lkr. Rottal-Inn; Roßhaupten, Lkr. Ostallgäu, beide BY. **V.** Winter, M.: Roßtal. In: HHS Franken; Wießner, W.: Stadt- und Landkreis Fürth (HONB, Mittelfranken 1). München 1963; Reitzenstein 2009. *DF*

Roßwein **I.** Stadt und gleichnamige VG im Lkr. Mittelsachsen, 8455 Ew., im mittelsächsischen Bergland, an der Freiberger Mulde, SN. Altsorbisches Fischerdorf des frühen Mittelalters, seit 12. Jh. eingedeutscht, mit Herrensitz, markgräflich-meißnische Stadtanlage vom Ende des 12. Jh. Kleiner Industriestandort (Autoindustrie). **II.** 1220 *Rossewin*, 1286 *Russewyn*, um 1500 *Russewein*. **III.** Asorb. **Rusavin-* zum PN *Rusava*, im D. an *Roß* und *Wein* angelehnt, 'Siedlung eines Rusava'. **IV.** Raußlitz, OT von Ketzerbachtal, Lkr. Meißen, SN. **V.** HONS; SO; SNB. *EE, GW*

Rostock, Hansestadt **I.** Kreisfreie Stadt, 201096 Ew., ca. 20 km ö und w entlang der Warnow bis zu deren Mündung (OT Warnemünde) in die Ostsee, MV. Im 12. Jh. slaw. Burg samt Siedlung ö der Warnow, um

1200 auf der w Warnowseite d. Ansiedlung mit Stadtrecht (1218) von Mecklenburger Fürsten, 1265 Vereinigung der inzwischen drei Teilstädte, Mitglied der Hanse, 1419 Gründung der Universität (h. ca. 15 000 Studierende), Seehandel und Brauereiwesen waren wichtige Erwerbszweige; 1933–1945 ein Zentrum der Rüstungsindustrie, h. Handels-, Kultur-, Dienstleistungs- und Bildungszentrum (mehrere Forschungsinstitute), Fischerei, Schiffbau und Hafenwirtschaft (Fähren nach Dänemark, Schweden, Finnland); 1952–1990 Bezirksstadt, Zusatz: *Hansestadt* seit 1990. **II.** 1160 *Urbem quoque Rostock*, um 1165 *Rozstoc*/ *Rozstoc*, 1177 *Rostoc*/ *Rozstoc*, 1189 *Rotstoc/Rotstoch*, 1244 *Rodestock*. **III.** Dem Namen des größten mecklenburgischen Ortes liegt ein apolb. GwN **Roztok*, **Rostok* mit einer substantivischen Abl. von **tekti* 'fließen, strömen' und einem Präfix **roz-*, **ros-* 'zer-, auseinander-' (vgl. tschech. und poln. *roz-*, russ. *raz-* 'auseinander') zugrunde. Die Bedeutung des ON lässt sich somit als 'an einem Gewässer, das auseinander fließt' rekonstruieren, was sich auf die Mündung der Warnow (über die Unterwarnow) in die Ostsee bezieht. **V.** MGH, SS VI; MUB I, II; PUB 1–4; EO; Trautmann ON Meckl.; Eichler/Mühlner. *MN*

Rot(en)-. ↗Schwarz(en)-.

Rotenburg (Wümme)
I. Stadt und Sitz des gleichnamigen Kreises, 21 951 Ew., NI. Der heutige Ort entstand im Schutz der Burg Rotenburg, angelegt um 1195 von Bischof Rudolf I. von Verden; seit dem 16. Jh. zentralörtliche Funktion Rotenburgs, Sitz einer Amtsverwaltung. 1566 Reformation; Umbau der Burg zu einem Schloss; von 1626–1712 wechselweise von Dänen, Schweden und frz. Truppen besetzt; 1715 zu Hannover (seit 1815 Kgr.). Seit 1866 innerhalb der Provinz Hannover, weshalb der Ort die Bezeichnung *Rotenburg in Hannover* erhielt; 1867 Amt Rotenburg im Lkr. Rotenburg (gebildet aus den Ämtern Rotenburg und Zeven), seit 1885 im Reg.-Bez. Stade, Neuordnung des Kreises Rotenburg aus den Ämtern Rotenburg und Soltau (teilweise), Umbenennung in den Lkr. Rotenburg (Hann.), 1939 Lkr. Rotenburg (Hann.), 1934/35 Stadtrechte. Am 16. Mai 1969 wechselten Stadt und Lkr. ihren Namen von *Rotenburg in Hannover* in *Rotenburg (Wümme)*, 1978–2004 zum Reg.-Bez. Lüneburg. **II.** 1226 *Rodenburg*, 1231 *Rodenborg*, 1269 *Rodenenborch*. **III.** Kompositum mit dem Gw. ↗-*burg*, nd. -*borg*, mda. -*borch*. Im Bw. steht das mnd. Adj. *rod* 'rot', hier in flektierter Form ↗*Roten-*, wohl aus der Wendung *to, bi der roden Borg*. Das Benennungsmotiv dürften nach Scheuermann 1966 die roten Ziegel gewesen sein, aus denen die Burg errichtet worden ist. **IV.** Rothenburg ob der Tauber, Lkr. Ansbach, BY; Rothenburg im Saalekreis, ST. **V.** FO II; Nds. Städtebuch. *JU*

Rotenburg a.d. Fulda
I. Stadt im Lkr. Hersfeld-Rotenburg, 13 753 Ew., 15 km n von Bad Hersfeld an beiden Ufern der Fulda, Reg.-Bez. Kassel, HE. Errichtung einer Burg (Rodenberg, 2 km n der Stadt) Mitte des 12. Jh. durch die Landgrafen von Thüringen auf Hersfelder Lehenbesitz in der Gemarkung des wüst gefallenen hersfeldischen Dorfes Breitingen, 1248 als *civitas* bezeichnet, 1340 Gründung einer unbefestigten Neustadt, 1370 Bau einer Stiftskirche, seit dem 15. Jh. Schlossbauten durch die Landgrafen von Hessen, 1627–1834 Residenz der Nebenlinie Hessen-Rotenburg (Rotenburger Quart), 1849 Eisenbahnlinie Kassel-Bebra, 1971 anerkannter Luftkurort. **II.** 1170 *Wigandus de Rodenberc [Or]*, 1248 *Rotenberg*, 1266 *Rodenberg*, 1295 *Rodenberch*, 1343 *Rotenburg*, 1386 *Roydinberg*, 1343 *Rotenburg*, 1433 *Rodinberg*. **III.** Das Bw. ist ahd. mhd. *rōt* 'rot'. Der Burgname ('beim roten Berg') ist ein typischer Modename (vgl. Weißenberg, Schwarzenberg) des 12. Jh., der auf den ON überging. Eine Zuordnung zu ahd. *riuten*, mnd. *roden* 'roden' ist ebenso unwahrscheinlich wie die Ansetzung eines PN *(H)rodo* (eingliedrige Kurzform zu ahd. *hruot* 'Ruhm') im Bw. Das Gw. ist zunächst ↗-*berg* und wird erst im 14. Jh. zu ↗-*burg*. **V.** 700 Jahre Rotenburg a.d. Fulda. Eine geschichtliche Abhandlung, hg. vom Magistrat der Stadt Rotenburg. [1948]; Keyser; Reimer 1926; Schellhase. *TH*

Roth
I. Stadt im Lkr. Roth, 24 604 Ew., Sitz der Kreisverwaltung, Reg.-Bez. Mittelfranken, BY. Im 12. Jh. Besitz des Eichstätter Domkapitels, 1346 Erstnennung als Markt und 1363 als Stadt. **II.** 1057–1075 *Rote*, 1251 *Rot*, 1363 *Roth*. **III.** In einer Landesbeschreibung des Jahres 1656 findet sich folgende Information: *Rot ... Ein Markgräffisch Ohnspachisch Städtlein ... am Wässerlein Rot / so daselbsten in die Rednitz kommt*. Ausgangspunkt für den SiN ist demnach das gleichnamige Gewässer, das wohl nach dem roten Gestein des Flussbettes benannt ist. Es liegt also das ahd. Adjektiv *rōt* 'rot' zugrunde. **IV.** Roth, Lkr. Altenkirchen, RP. **V.** HHS 7/2; Reitzenstein 2009. *WvR*

Röthenbach a. d. Pegnitz
I. Stadt im Lkr. Nürnberger Land, 11 956 Ew., an der Einmündung des Röthenbachs in die Pegnitz, nö von Nürnberg, Reg.-Bez. Mfr., BY. 1311 erstmals urk. erwähnt; eine Pulver- und Papiermühle bestand spätestens ab 1499. Seit 1504 gehörte Röthenbach zum Gebiet der Freien Reichsstadt Nürnberg, 1806 bayerisch; zur Stadt erhoben 1953. **II.** 1394 *Rötempach*. **III.** Der SiN ist von dem GwN abgeleitet; dessen Gw. ist ↗-*bach*, sein Bw. wird als das Farbadjektiv *rot* gedeutet. **V.** Beck, S. 131; HHS 7/2; Reitzenstein 2009; Schnelbögl, S. 261; Sperber. *RB*

Rothenburg ob der Tauber I. Große Kreisstadt im Lkr. Ansbach, 11 118 Ew., (auch gleichnamige VG), Reg.-Bez. Mittelfranken, BY. Im 11. Jh. Errichtung der Burg durch die Grafen von Komburg, im 12. Jh. Übergang der Siedlung an das Benediktinerkloster Komburg und die Staufer, 1274 Bestätigung der Reichsfreiheit, bis 1803 Freie Reichsstadt. II. Ca. 1079 (Kop. des 12. Jh.) *Rotenburc*, 1085 (Kop. des 12. Jh.) *Rotenburc*, 1099 *Rotenburg*, 1144 *Rodenburch*, 1188 (Kop. des 12. Jh.) *castrum Rotenburch*, 1213 *Rotinburc*, 1240–1256 (Kop. des 14. Jh.) *Rodenborch*, 1287 *Roteburg*, 1328 *Rôtenburg*, 1347 *die stat zů Rotenburg in dem bystům ze Wirtzeburg gelegen*, 1349 *Rotemburg in Franken, die stat ze Rotenburch die gelegen ist uf der Tuber*, 1378 *Rotenburg uff der Tuber*, 1383 *Routenburg*, 1387 *Rothenburg*, 1386 *Rotenburg uff der Tauber*, 1396 *Rotenburg an der Twber*, 1518 *Rottenburg/Tauber*, ca. 1530 *a Rubro castro uulgo Rotenburg ... iuxta amnem Tuberam*, 1527 *Rothenburg ob der Tauber*, 1621 lat. *Rotenburgo-Tuberanus*, 1677 gr. *Erythropolis*. III. In einer Landesbeschreibung des Jahres 1656 heißt es: *Es hat aber die Stadt Rotenburg den Namen nicht von den rothen Ziegeln / oder Schilten: dann sonsten andere Städt auch also müsten genennet werden; sondern von den dreyen Burgen / die der Enden / ... und die Mittelste vor der Stadt / die rothe Burg genannt / gestanden. Und weil diß Castell oder Burg / mit der Stadt umbfangen / hat dahero auch die Stadt den Namen (und ohne zweiffel / auch obgedachtes Wappen) bekommen / und behalten*. Die mhd. Präposition *obe, ob* 'oben, oberhalb' erklärt sich durch einen späteren Satz derselben Quelle: *Diese Stadt ... ligt auff einer Seiten gegen Niedergang / da die Burg gestanden / sehr hoch auff einem Berg / darunter im Thal das Wasser / die Tauber genannt*. Grundwort des urspr. Burgnamens ist demnach mhd. *burc*, ⟶ *-burg*, 'umschlossener, befestigter Ort, Burg, Stadt', Bestimmungswort das Adj. *rôt* 'rot'. Dem entsprechen die gr. Bestandteile im Beleg von 1677 πόλις 'Burg, befestigte Stadt' und ἐρυθρός 'rot'. Zur Unterscheidung von gleichnamigen Orten wurde die Lokalisierung im Bistum Würzburg, in Franken und am Fluss Tauber hinzugefügt. IV. Rothenburg/ O.L., Lkr. Görlitz, SN; Rothenburg, Saalekreis, ST. V. HHS 7/2; Reitzenstein 2009. *WvR*

Rothenburg/O.L. // Rózbork (osorb.) I. Stadt und gleichnamige VG im Lkr. Görlitz, 6 815 Ew., bestehend aus der namengebenden Stadt und der Gem. Hähnichen, in der waldreichen nö Oberlausitz, am w Hochufer der Neiße, an der Grenze zu Polen, SN., Ehem. deutscher Rittersitz mit Siedlung, um 1250 Stadtanlage. Standort des Flughafens Rothenburg/ Görlitz. Sitz der VG ist Rothenburg/O.L. II. 1268 *Rotenberg*, 1305 *Rothenburch*, 1380 *Rothinburg*, 1791 *Rothenburg*. III. Bildung mit dem Gw. ⟶ *-berg*, ⟶ *-burg* und dem Bw. mhd. *rōt* 'rot', 'Siedlung an der roten Burg, am roten Berg'. V. HONS; SNB. *GW*

Rottenburg a.d. Laaber I. Stadt im Lkr. Landshut, 7 605 Ew., Reg.-Bez. Niederbayern, BY. Im 13. Jh. Herrschaftszentrum der Grafen von Moosburg, ca. 1284 Übergang an die Wittelsbacher, 1378 Marktrecht, 1971 Stadterhebung. II. 1173/74 *Rotenburch*, 1352 *Rotenburg*, 1590 *Rotenburg*, 1888 *Rottenburg ... (Rottenburg a./Laaber)*. III. Grundwort des urspr. Burgnamens ist mhd. *burc*, ⟶ *-burg*, 'umschlossener, befestigter Ort, Burg', Bestimmungswort wohl das Adjektiv *rôt* 'rot'. Die Lokalisierung bezieht sich auf die Lage an der Laaber. IV. ⟶ Rottenburg am Neckar, Lkr. Tübingen, BW. V. HHS 7/1; Reitzenstein 2006. *WvR*

Rottenburg am Neckar I. Große Kreisstadt im Lkr. Tübingen, 42 655 Ew., bildet zusammen mit den Gem. Hirrlingen, Neustetten und Starzach die VVG der Stadt Rottenburg am Neckar, 53 577 Ew., ca. 10 km wsw Tübingen, Reg.-Bez. Tübingen, BW. Vorgängersiedlung der Stadt und Burg wohl Sitz der Edelfreien von Rottenburg des 12. Jh., um 1170 Rechtsnachfolge durch die Grafen von Hohenberg, die die Stadt gründeten, 1381 Verkauf an Österreich, 1410–54 an die schwäbischen Reichsstädte, 1806 an Württemberg. Weinbau, Dom St. Martin, Stiftskirche St. Moriz, Karmeliterkloster, Weilerburg, Wasserturm. II. 1264 *Rothenburch* [Or], 1295 *Rottinburg* [Or]; *Rottenburg* (14. Jh.). III. Die Rotenburg bei Weiler und Rottenburg am Neckar tragen den gleichen Namen. Da nicht zu entscheiden ist, ob die Burg am Rammertrand oder die Burg im Neckartal die urspr. Burg der Herren von Rotenburg war, ist eine Übertragung des Namens in beide Richtungen möglich. In beiden Fällen ist von einem Bw. ahd., mhd. *rōt* 'rot' auszugehen. Ist die Burg am Rammertrand die ältere, bezieht sich das Farbadjektiv wie zahlreiche FlN der Region auf die rote Farbe des Keupers und damit auf die Geländebeschaffenheit. Ist die Burg im Neckartal die urspr. und damit namengebend für das Geschlecht und den heutigen ON, dann bezieht sich *rot* auf die Farbe ihrer Ziegelsteine. Die für das Frühneuhochdeutsche charakteristische -tt-Schreibung setzt sich im 16. Jahrhundert durch und ist in älterer Zeit ohne phonetische Bedeutung. IV. ⟶ Rottenburg a.d.Laaber, Lkr. Landshut, BY. V. Reichardt 1984; LBW 2 und 7. *JR*

Rottweil I. Große Kreisstadt und Sitz der Kreisverwaltung des Lkr. Rottweil, 25 749 Ew., bildet zusammen mit den Gem. Deißlingen, Dietingen, Wellendingen und Zimmern ob Rottweil die VVG der Stadt Rottweil, 44 938 Ew., im Westen an den Gäuplatten des oberen Neckars und im Osten am Keuper-Lias-

Bergland gelegen, Reg.-Bez. Freiburg, BW. Seit 771 kann der Fiskus Rottweil als Zentrum kgl. Verwaltung nachgewiesen werden, seit 1230 Reichsstadt, 1802/03 an Baden. Schwarzes Tor, Münster Heilig Kreuz, Burgruine Bernburg, Hochturm, Hochbrücke. **II.** 771 (Vita 8. Jh.) *Rotuvilla*, 889 *Rotunvilla*, 902 *Rotunila*, 1158 *Rothwilo*; *Rottweil* (1840). **III.** Der zweite Namenbestandteil ↗*-weil*, mhd. *-wilo*, *-wile* geht auf lat. *vīlla* 'Hof, Landgut' zurück. Das Bw. ist vermutlich ahd., mhd. *rōt* 'rot': 'Siedlung bei dem römischen Gutshof aus roten Ziegeln'. **IV.** Rothweil (bis 1906), seither Oberrotweil (mit Niederrotweil), OT von Vogtsburg im Kaiserstuhl, Lkr. Breisgau-Hochschwarzwald, BW. **V.** FO 2; Bach DNK 2; LBW 2 und 6. *JR*

Rudersberg **I.** Gem. im Rems-Murr-Kreis, 11 522 Ew., ca. 17 km onö Waiblingen, Reg.-Bez. Stuttgart, BW. Rudersberg gehörte zur Herrschaft Waldenstein und kam mit ihr Mitte des 13. Jh. an Württemberg, nach 1450 Zusammenfassung der Orte der Herrschaft Waldenstein zum Amt Rudersberg. Fenster- und Türenherstellung, Druckguss- und Spritzgussherstellung, Burg Waldenstein, Michelauer Ölmühle, Johanneskirche, Petruskirche. **II.** 1245 (Druck 1595) *Rudolfesberg*, 1245 (Kop. 15. Jh.) *Rudelsperg*; 1552 *Rudersperg*. **III.** Ein Kompositum mit dem PN *Ruodolf* und dem Gw. ↗*-berg*, das mit Abschwächung und Verkürzung der schwachtonigen Mittelsilbe und hyperkorrektem *-r-* statt *-l-* über *Rudels-* zu *Ruders-* führt: 'Siedlung des Ruodolf'. **V.** Reichardt 1993; LBW 2 und 3. *JR*

Rudolstadt **I.** Stadt im Lkr. Saalfeld-Rudolstadt, s Weimar im Saaletal zwischen bewaldeten Höhen, n vom Thüringer Schiefergebirge, 24 285 Ew., TH. Altthüringische Siedlung, seit 11./12. Jh. deutsche Burg mit Burgflecken; Neustadtanlage um 1300 (1326 *stat*), an Straße von Nürnberg nach Naumburg; seit 16. Jh. fürstliche Residenz bis 1918 (Schloss Heidecksburg); seit 1760 Porzellanmanufaktur; im 19./20. Jh. auch chemische und Elektroindustrie. **II.** (775/786) 1150/65 *Rudolfestat*, 1154 *Rodolvestat*, 1217 *Rudolvestat*, 1348 *Rudelstat*; *Rudolstatt* (1743). **III.** Der ON ist gebildet mit PN *Rudolf* und Gw. ahd. ↗*-stat*, also 'Ort eines Rudolf'. Das unbetonte Zweitglied des PN ist im ON ebenso wie dessen dritte Silbe durch Abschleifung im 13./14. Jh. zu *Rudel-* verkürzt worden. **IV.** Rudelsdorf, OT von Ziegra-Knobelsdorf, Lkr. Mittelsachsen, 1352 *Rudolsdorf*; Rudelswalde, OT von Crimmitschau, Lkr. Zwickau, beide SN, 1282 *Rudolfswalde*, 1289 *Rudelswalde*. **V.** CE II; Fischer, R./ Elbracht, K.: Die Ortsnamen des Kreises Rudolstadt. Halle/S. 1959; SNB; Berger. *KH*

Rüdersdorf bei Berlin **I.** Gem. im Lkr. Märkisch-Oderland, 15 484 Ew., ö Berlin, BB. Urspr. Klosterdorf mit Hof, von dem aus Kalksteinbruch betrieben wurde; erster Produktionsaufschwung 2. Hälfte des 17. Jh. durch Berliner Baugeschehen; seit 1855 Zementherstellung. Dorfkirche von 1598; Saalkirche von 1686 im OT Tassdorf. **II.** 1308/1319 *Roderstorp*, 1375 *Ruderstorff*, 1471 *Rüderstorp*; *Rüdersdorf* (1805). **III.** Benannt nach einem Mann mit dem d. Namen *Rodher*, der zu asä. *hrōth* 'Ruhm' und asä. *heri* 'Heer' gehört. Zum Gw. mnd. *-dörp*, hd. ↗*-dorf* 'Dorf'. Der Zusatz bestimmt die Lage zu ↗Berlin. **V.** Krabbo; Landbuch.; Bratring; BNB 5. *EF*

Rüdesheim am Rhein **I.** Stadt im Rheingau-Taunus-Kreis, 9 671 Ew., am Fuß des Niederwalds, Reg.-Bez. Darmstadt, HE. Stadt 1818, zwischen 1867–1976 Kreisstadt, 1977 wurde Assmannshausen eingemeindet; kath. Pfarrkirche (ab 1949 wieder aufgebaut), Reste der ehem. Befestigung (15. Jh.), Adelshöfe (Brömserhof, 16.–17. Jh.), Ruinen mehrerer Burgen, Niederwald-Denkmal; Rheingau- und Weinmuseum, Museum für mechanische Musikinstrumente; bedeutender Weinbauort (Assmannshausen), Weinverarbeitung, Weinhandel, bekannter Fremdenverkehrsort („Drosselgasse"); Schifferzunft ist belegt. **II.** 864 *Hruodinesheim*, 1017 *Rudenesheim*, 1031 *Rudensheim*, 1090 *Rudenesheim*, 1108 *Růdinesheim*, 1128 *Rŏdensheim*, 1212 *Rudhensheym*, 1302 *Rudinsheim*, 1334 *Ruedesheym*, 1379 (Kop. 16. Jh.) *Rudeszheim*, 1487 *zu Rüdessheim*, 1489 *zu Rüdeszheim*. **III.** Komp. mit dem Gw. ↗*-heim* 'Wohnsitz, Haus, Wohnstätte', 'Siedlung, Niederlassung', das in der Überlieferung konstant mit den graphischen Varianten *-i-* und *-y-* überliefert erscheint. Die st. Genitivflexion *-es-* in der Fuge spricht für einen PN im Erstglied. Dieser gehört zu einer Form *Hrodin*, *Hruodin*, zu dem Stamm *hrothi*, got. *hrōths*, asä. *hrōdhr*, ags. *hrēdh* 'Ruhm, Sieg'. Das *H-* im Anlaut schwindet, *-uo-* wird zu *-ū-* monophthongiert (864 *Hruodinesheim* > 1017 *Rudenesheim*); *i-*Umlaut bewirkt die Veränderung des Stammvokals zu *-ü-*. Die Lautkombination *-in-/-en-* im Bw. passt sich assimilatorisch der st. Flexion in der Fuge an und fällt schließlich aus (*Hruodines-* > *Rudens-* > *Rudes-*). Zusammenfassend bedeutet Rüdesheim 'Siedlung des Hruodin'. **IV.** ↗Rüdesheim (Nahe) in gleichnamiger VG, Lkr. Kreuznach, RP. **V.** HHS 4; LAGIS; Berger 1999. *DA*

Rüdesheim **I.** Gem. und gleichnamige VG (seit 1970) im Lkr. Bad Kreuznach, 25 150 Ew., mit 27 Gem. im ö Hunsrück an der Grenze zu Rheinhessen, unmittelbar w von Bad Kreuznach, RP. Im MA Zugehörigkeit zur sog. „Vorderen Grafschaft" Sponheim. 1334 wird Rüdesheim im Konflikt der Sponheimer mit Kurtrier zerstört. Bis Anfang 18. Jh. befand sich die Region um Bad Kreuznach unter der Herrschaft gleich mehrerer Häuser, die sich das Erbe der Sponheimer teilten. Zunächst Teil der Kurpfalz, 1794–1814 franz. und danach für kurze Zeit bayer.-österreichisch, schließlich zur preuß. Rheinprovinz. 1968 war Rüdesheim für kurze Zeit in Bad Kreuznach eingemeindet. **II.** 1128 *de Rudensheim*, 1194–1198 *Rudensheim*, 1210 *Rŭdenksheim*, 1210 *von Rudersheim*, 1217 *curtim in Rudensheym*; *hof te Ruedesheym* (1334). **III.** Das Bw. gehört zum ahd. PN-Stamm *Ruodi-*, *Hrôthi-* und geht entweder auf den KN *Ruodîn* oder ein patronymisches *Ruoding* (dazu die Erwähnung von 1210) zurück. Voll- und Kurzformen der PN sowie VatN können in der Überlieferung für einen Ort nebeneinander auftreten, wie auch die Person selbst meist zwei Namensformen hatte. Das Gw. ist ↗-*heim*. Möglich wäre also eine Deutung als 'Wohnstätte des Ruodîn'. **V.** MRUB I; FP; Gysseling 1960/61. Kaufmann, H.: Die Ortsnamen des Kreises Bad Kreuznach. München 1979. *JMB*

Rügenwalde // Darłowo [dar'wɔvɔ], pom. Dirlowo, kasch. Darłòwò **I.** Stadt im Kreis Sławno // Powiat sławieński, 14 115 Ew., im nö Teil der Woi. Westpommern, PL. Größte Stadt im Kreis Sławno, an der Ostseeküste (Pobrzeże Koszalińskie), im Tal der Wipper // Wieprza und Grabow // Grabowa. 1939 Stadt im Kreis Schlawe, Reg.-Bez. Köslin, Provinz Pommern, Woi. Szczecin (1946–1950), Koszalin (1950–1998), Westpommern (seit 1999). **II.** 1205 *in terra Dirloua* (...) *Dirlov*, 1271 *Witzlaus* (...) *Rugianorum princeps* (...) *in civitate nostre Rugenwolde*, 1277 *Ruyenwolde*, 1304 *Ruienwolt*, 1312 *Ruwenwald*, 1348 *Rugenwold*, 1535 *Rugenwalde, Rugenwolde*, 1539 *Rugenwolde*, 1618 *Rugenwalde*, 1638 *Ryuald*, 1789 *Rügenwalde*, 1888 *Ruegenwalde*, poln. *Dyrłów* oder *Dzierzłów*, 1951 *Darłowo – Rügenwalde*, 1980 *Darłowo, -wa*, 2002 *Darłowo (Darłów, Derłowo, Derłów) – Rügenwalde*. **III.** Schreibungen von 1205 sprechen für die Auffassung der urspr. Form als poss. Namen *Dirlova, vgl. FN *Dzierla*, vgl. urslaw. *dьrliti 'schimpfen, ausschelten, sich necken, anrempeln', **dr'liti* '(zer)reißen, ziehen', mit Suffix *-*ov*-; seit Ende des 14. Jh. ersetzt durch den d. ON *Rügenwalde*, der im 17. Jh. als *Rywald* (Beleg 1638) polonisiert wurde. Das erste Glied stammt vom Inselnamen; der Stadteigentümer war Wisław, Herzog von Rügen. Das zweite Glied ist herzuleiten vom ahd. App. *wald*, mhd. *walt*, mnd. *wolt*, d. ↗-*wald*. Seit 1945 gilt der heutige Name *Darłowo* – auf der Grundlage der ersten mittelalterlichen Schreibungen. Adj. *darłowski*. **V.** LorSNH; Rospond 1984; RymNmiast; RzDuma I; Rymut NMP II. *BA*

Rülzheim I. Gem. und gleichnamige VG im Lkr. Germersheim, 14 794 Ew., Südpfalz, RP. Einer der ältesten Orte der Pfalz, der in Folge der fränk. Landnahme an einem alten N-S-Verkehrsweg auf dem Hochufer des Rheins entstand und im 10. Jh. an das Bistum Speyer kam. Vom 13. bis 18. Jh. hatte der Deutsche Orden das Zehnt- und Patronatsrecht. Seit 19. Jh. Zentrum der Tabakverarbeitung mit Zigarrenfabriken von 1871 bis 1956. **II.** 774 *Rod-, Rotleheshreimer marca* (Kop. um 1190), 780–802 *Ruadleicheshaim*, 1249 *Ruligisheim*, 1300 *Rulgesheim*, 1455 *Rulgßheim*; *Rültzheim* (1824). **III.** Das Bw. geht auf den ahd. PN *Ruod-, Ruad-leih* (1234 KN *Ruodil*), Gen. Sg. auf -*es*, zurück, das Gw. ist ↗-*heim*. Das Bw. veränderte sich durch Abschwächung von -*lei*- zu -*li*- und Assimilation -*dl*- zu -*ll*-: *Ruadleiches*- zu *Ruligis*-. Dabei steht die Schreibung -*g*- für -*ch*-. Spätere Vereinfachung zu *Rülßheim* und Einschub eines Übergangslauts -*t*-. Zu deuten ist der urspr. Name als 'Wohnstätte des Ruod-/Ruadleih oder Ruodil'. **V.** CL; FP; HSP. *JMB*

Rüsselsheim I. Stadt im Lkr. Groß-Gerau, 59 604 Ew., Reg.-Bez. Darmstadt, HE. Erste Erwähnung im Zusammenhang mit Besitzungen des Klosters Lorsch als Teil des Reichsforstes Dreieich. Später bei den Herren von Münzenberg und Heusenstamm als Lehen der Grafen von Katzenelnbogen. Nach deren Aussterben 1479 zur Landgrafschaft Hessen, die Rüsselsheim zu einer Landesfestung ausbaute. Verleihung des Stadtrechts 1437. Eingemeindung von Haßloch (1951), Königstädten (1956) und Bauschheim (1970). Eine außergewöhnliche wirtschaftl. Entwicklung wurde durch Adam Opel (1837–1895) in Gang gesetzt, der seit 1862 in Rüsselsheim zunächst eine Nähmaschinenwerkstatt betrieb. Seine Söhne begannen 1899 mit der Automobilproduktion. **II.** Rüsselsheim: 830–850 (Kop.) *Rucile(n)sheim*, 1211 *Ruzzelnsheim*, 1275 *Rŭzelsheim*. Bauschheim: 830–850 (Kop.) *Buuinesheim*, 1269 *Buwensheim*, 1527 *Bischeim*, 1529 *Baußheim*. Hassloch: 1158 (Kop.) *villa Haselah*, 1393 *Haseloch*. Königstädten: 830–850 (Kop.) *Stetin*, 1325 *Kŭningesteden*. **III.** Das Bw. des patronymischen ↗-*heim*-Namens Rüsselsheim ist der PN *Ruozilin* > *Rŭzelin*. Dieser ist mit Diminutivsuffix -*ilīn* gebildet zu ahd. *Ruozo*, einer KF mit ahd. -*z*-Suffix eines zweigliedrigen PN, der germ. **hrō(d)*- 'Ruhm' im Erstglied enthält. Das -*i*- der Folgesilbe bewirkte den Umlaut. Der ON *Bauschheim* zum PN *Bodwin, Būtwin* > *Būwin. Das Erstglied des PN wurde volksetymolgisch umgedeutet. Der ON *Haßloch* ist ein Kompositum aus ahd. *hasal(a)* 'Hasel(strauch)' und ahd. *lacha, mhd. *lache* 'Lache, Sumpf'. Für letzteres spricht auch die durch den Ort fließende *Horlache* (zu ahd. *horo* 'Schlamm, Schmutz'). Der ON *Königstädten* mit dem Gw. ↗-*statt* nimmt Bezug auf die durch Kaiser Ludwig den Deutschen verfügte Schenkung der Pfarrkirche in Königstädten zur kgl. Salvatorkapelle in Frankfurt sowie auf einen Königshof.

V. Knappe; Keyer; Müller, Starkenburg; Oculus Memorie. *TH*

Rüthen I. Stadt im Kr. Soest, 10 785 Ew., an der Möhne nö von Warstein, Reg.-Bez. Arnsberg, NRW. Stadtgründung um 1200 durch die Erzbischöfe von Köln beim nahegelegenen Altenrüthen. Eine der Hauptstädte des kölnischen Herzogtums Westfalen, Beistadt Soests in der Hanse. II. 2. Drittel 12. Jh. *in Ru˚the [Or]*, 1200 *Ruden*, 1653 *Rüthen*. III. Der Name wurde von Altenrüthen (zu 1072 [12. Jh.] *Ruothino*, 1124/25 *Rûdin*) übertragen, der unterscheidende Zusatz ↗ *Alt(en)-* ist seit 1232 als nd. *Alden-* belegt. Dem ON liegt ein Simplex asä. *riudi* 'riedbewachsene Stelle' zugrunde. Der ON steht im lokativischen Dat. Pl.; der Erstbeleg zu Altenrüthen zeigt Buchstabenvertauschung -*no* < *-on*. Asä. -*iu*- erscheint zu Beginn der Überlieferung monophthongiert; die Schreibungen deuten den durch die Flexionsendung bewirkten Umlaut zu -*ū*- > -*u*- an. Ein 'Rode'-Name ist lautlich auszuschließen; hinzuweisen dagegen auf niedersächsische Parallelen. IV. Rühme, OT von Braunschweig; Klein Rhüden, OT von Seesen, Lkr. Goslar, beide NI. V. Blume, H.: Broitzem, Rühme, Schapen, Waggum. In: Lehmberg, M. (Hg.): Sprache, Sprechen, Sprichwörter. Wiesbaden 2004. WOB I. *Flö*

Rüti I. Politische Gem. im Bezirk Hinwil, 11 678 Ew., Gem. am Zusammenfluss von Jona und Schwarz, bestehend aus dem Hauptort und wenigen Weilern, geprägt durch das gleichnamige Kloster am Flussübergang des Pilgerwegs aus dem süddeutschen Raum durch den Thurgau nach Einsiedeln, Kt. Zürich, CH. Während die Siedlung bereits im 8./9. Jh. entstanden sein dürfte, wurde das Kloster erst im 13. Jh. gegründet. Teil der Landvogtei Grüningen, 1408 unter Zürcher Obrigkeit. Aufhebung des Klosters in der Reformation. Mit der Industrialisierung wirtschaftlicher und sozialer Aufschwung. H. prosperierende Gem. mit reichem Kulturleben. II. 930 *in Riutin* (betreffend die Jahre 876–80), 950–54 *Riutin*, 1217 *Ruti*. III. Sekundärer Siedlungsname, beruhend auf ahd. *riutī*, schweizerdeutsch *Rüti* 'Rodung; von Holzwuchs und Buschwerk gereinigtes, urbar gemachtes Stück Land', abgeleitet vom Verb ahd. *riuten* 'roden'. Der Namentyp *Rüti* (vgl. auch *Rütli*, *Reuti*, *Reute* sowie abgeleitet und als Bestimmungs- wie als Grundwort) usw. ist seit dem 10. Jh. in der ganzen deutschen Schweiz weit verbreitet und findet sich in Flur- und Siedlungsnamen wie auch in Familiennamen (als Herkunfts- oder Wohnstättennamen). IV. Rüte, AI, Rüthi, SG, Rüti, GL, alle CH; FN Reuter, Rütimann, von Rütte usw. V. HLS; LSG. *MHG*

Ruhla I. Stadt und Erfüllende Gem. im Wartburgkreis, 8 671 Ew., sw von Eisenach, im nw Thüringer Wald, direkt am Rennsteig, TH. Erste Siedlungen Glasbach und Alte Ruhl (h. wüst). Urk. Ersterwähnung 1360–66. Zeitweilige Teilung des Ortes auf Grund der territorialen Zersplitterung Thüringens (1640 bis 1921 zwischen Sachsen-Gotha und Sachsen-Eisenach). Im MA Eisenerzabbau sowie Beginn der Werkzeug- und Waffenherstellung, Spezialisierung im 16. Jh. auf Messerherstellung, 1739–1981 Pfeifenschnitzerei. Im 19. Jh. Entwicklung der Uhrenindustrie, außerdem Forstwirtschaft und Badebetrieb. Seit 1896 Stadt. 1994 wurden Thal und Kittelsthal als OT eingemeindet. Seit 2004 staatlich anerkannter Erholungsort (Luftkurort). II. 1360–66 *rula*, 1378 *in der Rula*, 1512 *dorf Rull*, *die Rwhla*. III. Der ON geht wahrscheinlich auf einen GwN von ahd. *rollōn*, mnd. *rollen, rullen* 'sich drehen, sich (drehend) bewegen' zurück: 'Ort am sich bewegenden/drehenden Bach'. V. Eichler/Walther; Mötsch, J.: Das Urbare der Grafschaft Henneberg-Schleusingen von 1360/66 mit Fragmenten des Urbars von 1340/47. In: Jahrbuch des Hennebergisch-Fränkischen Geschichtsvereins 17, 2002; Kahl. *JMB*

Ruhland I. Stadt im Lkr. Oberspreewald-Lausitz, 7 898 Ew., im Urstromtal der Schwarzen Elster, sw Cottbus, BB. Im MA d. Burg und Dorfsiedlung, Stadtanlage (1397 *hus und stat*). Arbeiterwohnsiedlungen (19./20. Jh.) für das Kraftwerk Lauchhammer und Braunkohlengebiet Senftenberg. II. 1317 *Rulant*, 1363 *Ruland*, 1476 *Ruelandt*, 1511 *Roland*. III. Der Name ist unklar. Versucht wurde, den Namen als 'Ort zum Roland' (*Ruland* war früher eine geläufige md. und obd. Form von PN *Roland*, der sich aus ahd. *Hrōd* 'Ruhm' und -*land* zusammensetzt) zu deuten, doch sind d. ON vom Typ „PN ist gleich ON" ungewöhnlich für das hohe MA. V. DS 28/29; SNB; OBB. *EF*

Rum I. Marktgemeinde (seit 1987), ca. 5 km ö von Innsbruck, 8 775 Ew., Pol. Bez. Innsbruck-Land, TR, A. De facto mit Innsbruck zusammengewachsen, Privatklinik. II. 1152–1158 *Rumne*, 1175 *Rumme*, 1288 *Rvmme*, 1294 *Rumme*, 1300 *Rum*. III. Ostalpenindogermanischer Name, *rupnā* 'Geröllhalde, Mure' > *rumnā*, von idg. *reup-* 'ausreißen, brechen'. Benennungsmotiv war die Rumer Mure, die auch im Gemeindewappen versinnbildlicht ist. V. Ölberg, H. M.: Das vorrömische Ortsnamengut Nordtirols. Ein Beitrag zur Illyrierfrage. Phil. Diss., Innsbruck 1962; Finsterwalder 2; Schlern-Schriften 286, Innsbruck 1990; Anreiter, Breonen; Anreiter, P./Chapman, Ch./Rampl, G.: Die Gemeindenamen Tirols. Herkunft und Bedeutung 2009. *AP*

Rumburg // Rumburk ['rumburk] **I.** Stadt im Kr. Děčín, 11 457 Ew., in Nordböhmen, Bezirk Ústí nad Labem (Ústecký kraj), CZ. Anfänge stehen im Zusammenhang mit der von der Přemyslidenburg in Zittau ausgehenden Kolonisation. 1377 Stadt, schon damals Tucherzeugung (flämische Siedler). 1566 Schloss (1642 von Schweden zerstört). 1713 Tuchmanufaktur und -handel, gefördert von den in Rumburg sich niederlassenden Engländern. In Lorettokapelle die sog. Schwarze Madonna. 1850–1960 Kreisstadt. Im Mai 1918 brach im hier stationierten Bataillon ein Aufstand gegen den Krieg aus. **II.** 1298 *Roneberch*; 1362–1399 *Romberg*; 1419, 1566 *Romburk*, -*g*; 16. Jh. tschech. *Rumburg*, ab 1654 d. *Rumburg*, tschech. 1848 *Rumburk*, Varianten: *Romberk*, *Ronov*. **III.** Wahrscheinlich ein Rodungsname *Ronneberg* zu *ronne* 'umgestürzter Baum' + ↗-*berg*. Die eine dial. Aussprache des ON (*Rumbrich*) widerspiegelnde Namenformen auf *Rum*- (als Ergebnis der Kürzung *Ronenb*- > *Romb*- und einer in der Vokalreihe *o*-*u* durchgeführten Assimilation *u*-*u*) sowie der ↗-*berg* / ↗*burg*-Wechsel setzen erst im 16. Jh. ein. Im Tschech. wird *Rum*- als *rone* 'Pfahl' verstanden, da der Pfahl (tschech. *ostrev*) in der Heraldik ein typisches Wappenelement ist. **IV.** Mehrere d. sowie tschech. ON auf *Ron*-, *Ronen*-, *Rum*-. **V.** Pf III; SchOS; LŠ; HSBM. RŠ

Rumburk ↗ **Rumburg**

Rummelsburg // Miastko ['mʲastkɔ], kasch. Miastkò **I.** Stadt im Kr. Bytów, 10 870 Ew., im sw Teil der Woi. Pommern, PL. Gelegen in einer Seenlandschaft (Pojezierze Bytowskie) an der Stüdnitz // Studnica. 1939 Kreisstadt im Reg.-Bez. Köslin, Provinz Pommern; Woi. Szczecin (1946–1950), Koszalin (1950–1975), Słupsk (1975–1998), Pommern (seit 1999). **II.** 1618 *Rummelsburg*, 1733 *Rumelsborg*, 1789 *Rummelsburg*, 1792 *Rummelsburg*, 1885 *Miastko* oder *Miastków*, d. *Rummelsburg*, 1951 *Miastko* – *Rummelsburg*, 1981 *Miastko*, -*ka*, 2002 *Miastko* – *Rummelsburg*. **III.** Der urspr. d. ON ist eine poss. Zuss. aus dem FN *Rummel*, vgl. *Rümmler*, *Rummler* und dem App. ↗-*burg*. Poln. *Miastko* ist seit dem 19. Jh. bekannt, als primärer Kulturname vom Deminut. *miastko* = *miasteczko* ('Städtchen') abgeleitet. Nicht ausgeschlossen werden kann, dass der poln. ON eine Lehnübersetzung mit Wortbildungssubstitution des zweiten Gliedes des d. ON -*burg* anzusehen ist. Adj. *miastecki*. **IV.** Miastko, Woi. Großpolen, PL. **V.** Rospond 1984; RymNmiast. BA

Runkel I. Stadt im Lkr. Limburg-Weilburg, 9 658 Ew., im untersten Abschnitt des Weilburger Lahntals, Reg.-Bez. Gießen, HE. Stadtrechte um 1315, ab 1462 Residenz der Grafen von Wied; Burg (12.–16. Jh.; angelegt zur Sicherung der dortigen Lahnfurt), erneuerte Altstadt mit Fachwerkhäusern (17./18. Jh.); Burgmuseum; Weinbau seit dem MA, Metall- und Kunststoff verarbeitende sowie Nahrungsmittelindustrie. **II.** 1159 *Runkel*, 1191 *Runckele*, 1209 *Runcgel*, *Runkiel*, *Runkella*, 1212 *Rungelle*, 1223/5 *Runckel*, 1229 *Rungel*, 1255 *Ronkel*, 1361 *Runkeln*, 1593 *Roncalia*; *Runkel* (1159). **III.** Abl. mit -*l*-Suffix an einer Basis *Runk*-. Bisherige Deutungsversuche mit Anschluss an kelt. *run-kall* 'Bergfels', lat. *runca*, mlat. *runcus* 'Rodung' oder einem Bezug zu der Schlacht auf den „Ronkalischen Feldern" konnten kaum überzeugen. Zugrunde liegt eine idg. Wurzel *ụreng*- zu ags. *wrencan* 'drehen, winden, betrügen', *wrincle* 'Runzel', ahd. *birenkit* 'verrenkt', mhd. *renken* 'drehend ziehen', mhd. *ranc*, Pl. *renke* m. 'Drehung, Krümmung, schnelle Bewegung', nhd. *verrenken*, *Rank* 'Ränke', neuschwedisch *vrinka* 'verstauchen', lit. *rìnga* 'ein krumm Dasitzender'. Das obd. *rank* meint eine 'Krümme, Biegung, Wendung', schweiz. *rank* 'Ort, wo die Straße einen Winkel bildet, Krümmung, selbst auch in einem Flusse'. Aus unserer h. gesprochenen Sprache ist *Ranke*, *ranken*, *(ver-)renken* usw. zu vergleichen. Die Lage von Runkel in einer deutlich erkennbaren Biegung der Lahn spricht für diesen Ansatz. Der Name ist seit mhd. Zeit mit verschiedenen graphischen Varianten überliefert. Der Stammvokal -*u*- erscheint ab 1255 als -*o*- (md. Senkung von *u* > *o* vor Nasal). Inlautend wechseln -*g*-, -*k*-, -*c*-, -*cg*-, -*ck*- als graphische Varianten, auslautend wird teilweise -*a*, -*e* oder -*en* angefügt. Die Form *Roncalia* (1593) ist als Umdeutung zu interpretieren. Der ON *Runkel* nimmt Bezug zu den naturräumlichen Gegebenheiten und erklärt sich als 'Siedlung an einer Flusskrümmung'. **V.** HHS 4; Keyser; LAGIS. DA

Ruppichteroth I. Gem. im Rhein-Sieg-Kreis, 10 770 Ew., 30 km ö Bonn an der Bröl, Reg.-Bez. Köln, NRW. 1131 im Besitz des Bonner Cassiusstiftes, seit 16. Jh. Kollationsrecht der Herzöge von Berg, ma. Burganlagen: Rennenburg und Burg Herrnstein im Gemeindeteil Winterscheid, Bröltalstraße und -bahn und Gründung einer Beschlägefabrik im späten 19. Jh., mit Winterscheid und Schönenberg 1969 zur Gem. Ruppichteroth zusammengeschlossen. **II.** 1121 *Rupprettesrode*, 1131 *Ruoprehtrothe*. **III.** Typischer bergischer Rodungsname, aus dem germ. PN *Hroprecht*, *Ruprecht* und dem Gw. ↗-*rod(e)* zusammengesetzt. Die zahlreichen bergischen Rode-ON entwickeln verschiedene Varianten, neben -*roth* auch -*rath* und -*ert*. **V.** FP; Dittmaier 1956; HHS 3. Ho

Rutesheim I. Stadt im Lkr. Böblingen, 10 196 Ew., 15 km nnw Böblingen, Reg.-Bez. Stuttgart, BW. 767 erhielt das Kloster Lorsch hier Besitz, das Kloster Hirsau erstmals im spätern 11. Jh., weitere Schenkungen an Hirsau erfolgten um 1100 und um 1170 von der nur hier belegten Familie von Rutesheim, 1302 bis 1318 an Württemberg, im 15. Jh. Witwengut der Erzherzogin Mechthild. Automobilzulieferer, Handwerk, Wasserturm, Rathaus, Ev. Johanneskirche. **II.** 767 (Kop. 1183–95) *Rothmaresheim*, vor 1077 (Kop. 12. Jh., Kop. 16. Jh.) *Ruthmaresheim*, 1287 *Rûtmarsheim [Or]*; *Rutesheim* (1852). **III.** Ein Kompositum mit dem Gw. ↗-heim. Dem Bw. liegt der PN *Ruotmār* mit Abschwächung und Verkürzung der schwachtonigen Mittelsilbe zu Grunde: 'Siedlung des Ruotmār'. **V.** Reichardt 2001; LBW 2 und 3. *JR*

Ruwer   **I.** VG (seit 1969, mit 20 Ortsgemeinden) im Lkr. Trier-Saarburg, 17 922 Ew., zu beiden Seiten der Ruwer, ö von Trier, RP. Seit napoleonischer Herrschaft Bürgermeisterei, später preuß. Amt. Weinanbau wichtigster Wirtschaftszweig. **II.** 946 *Ruobera*, 962 *Rubera*, 1135 *Ruvere*, 1200 *apud rovere, in Ruvera*, um 1220 *de Ruvara, apud villam Rovere*, 1. Hälfte 13. Jh. *in Rovero*, 1227 *versus Rovere*, 1241 *in Ruvere*, 1265 *in Rovere*, 1277 *Rûvere, de Roevere*, 1284 *Ruvere*, 1784 *Ruver*. **III.** Identisch mit dem FluN die Ruwer, 4. Jh. (Kopie 10. und 12. Jh., Ausonius, Mosella) *marmore clarus Erubris* (lies <E>*rubris*, *Ruberis), 633 (F.) *a fluvio … Ruvara*, 923 *inter Ruveram …*, 953 *in Rûvera fluvio*, 1038 *in fluvio Rovora dicto*, 1106 *in Rovera*. Die Nennung des Flusses bei Ausonius steht unter dem Einfluss von lat. *ruber* 'rot'. Ahd. *Ruvara* geht über moselrom. *ruvera* auf idg. *Rūuarā, zurück, ein mit -*r*-Suffix von idg. **rūu̯o*- abgeleiteter Name; idg. **rūu̯o*- ist ein mit dem Suffix -u̯o- von der Schwundstufe des Verbs idg. **réuH-/*ruH-* (> **rū-*) 'aufreißen' abgeleitetes Adj. Benennungsmotiv war die aufreißende, aufwühlende Kraft der wasserreichen Ruwer. **IV.** FluN Ruhr. **V.** Greule, DGNB. *AG*

Rybnik // Rybnik ['rɨbn̩ik]   **I.** Kreisfreie Stadt (seit 1951) in der Woi. Śląsk, 141 177 Ew., Mittelpunkt des nach 1945 erschlossenen Rybniker Steinkohlenreviers, PL. Um 1300 als Stadt erwähnt, blieb bis zum 19. Jh. ein regionales Handelszentrum. Im 19. Jh. setzt die Industrialisierung ein; z. Zt. 2 Steinkohlenbergwerke, Maschinenbauindustrie, Wärmekraftwerk, Filialen der Schlesischen Universität und der Wirtschaftsakademie Kattowitz. Bis 1327 im Kgr. Polen, danach unter böhmische Lehnshoheit, 1526 an Habsburg, 1742 an Preußen. Bei der Volksabstimmung 1921 votierten 71 % der Stadtbewohner für Deutschland. Von 1818 bis 1922 Kreisstadt im Reg.-Bez. Oppeln, (1939–1945) Kreisstadt, Reg.-Bez. Kattowitz, 31 000 Ew. (1939). **II.** 1198 *Ribnich*, 1223 *Ribnich*, 1228 *Rybnik, Ribnik*, 1234 *Ribnicy*. **III.** Eine alte Fischersiedlung mit Fischteichen. Der ON ist dem apoln. und dial. *rybnik* 'Fischteich' gleichzusetzen. Im 15. und 16. Jh. kommt die Schreibung mit Diphth. -*i*- zu -*ei*- (*Reybenig* 1409, *Reibnik* 1470) vor. Dieser Name verweist auf die große Bedeutung der Fischzucht für die Wirtschaft der Stadt. **IV.** Rybník, Rybníky, Rybníček, CZ; Rybnik, Rybniki, PL. **V.** SNGŚl; Borek, H.: Górny Śląsk w świetle nazw miejscowych. Opole 1988. *MCh*

S

Saalfeld/Saale I. Kreisstadt des Landkreises Saalfeld-Rudolstadt und Erfüllende Gem., sw Jena auf dem hohen linken Ufer der Saale, am Nordrand des Thüringischen Schiefergebirges gelegen, 27 494 Ew., TH. Alte thüringische Siedlungsregion, seit 9. Jh. Königshof und Sitz des karolingischen Herzogs der Sorbenmark (Grenzmark); an Altstraße von Bamberg nach Merseburg mit Saaleübergang, Burg als Zentrum von ausgedehntem Reichsgutkomplex, 1074 Benediktinerkloster, frühstädtische Entwicklung im 11. Jh. (1074 *mercatus*); planmäßige Stadtgründung nach 1170 (1208 *civitas*); Ende des MA Silber- und Kupferbergbau; seit 19. Jh. Metallindustrie. II. Ad 899 *Salauelda (curtis)*, 942 *Salauelda*, 979 *actum Salaveldun*, 1012/18 *ad Saleveldun*, 1199 *villa regia Salvelt*; *Saalfelt* (1350). III. Urspr. Name der Landschaft an der Saale, gebildet mit ahd. Form für die Saale, 782 *Sala (fluvius)*, und ahd. ↗*feld* 'Feld, Ebene, Fläche' (vgl. hd. *Gefilde*), also etwa 'Gefilde an der Saale'. Die *-uelda*-Schreibungen sind als [*felda*] zu lesen. Die ON-Formen mit *-on, -un* beruhen auf dem ahd. Dativ Pl. ('zu den Saalfelden'). Der FluN ist vorgermanisch und gehört zu idg. **salo-* 'wogend' (NIL), vgl. apreuß. *salus* 'Regenbach' und lat. *salum* 'unruhiger Seegang'. IV. Saalfelden in der Flussebene der Saalach, SB, A, 8. Jh. *Salvelt super Sala*, 798 Salafelda. V. Dob. I; Walther 1971; Krahe; SNB; Berger. **KH**

Saalfélden am Steinernen Meer I. Stadtgemeinde im Pinzgau, 15 846 Ew., Pol. Bez. Zell am See, SB, A. Zunächst zu Bayern und vom 14.–18. Jh. zum Erzstift Salzburg, 1803–1816 zu Bayern, anschließend zu Österreich, Dekanats-Stadtpfarre zu den Heiligen Johannes Baptist und Evangelist. 2000 Stadtrecht. II. 8./9. Jh. *Salafelda, Saluelt*, ab dem 10. Jh. *Salveldon* (Dat. Pl.). III. Beim ON *Saalfelden* liegt im zweiten Wortbestandteil ↗*-feld*, ahd. *feld*, mhd. *velt, -des* 'Boden, Fläche, (bebautes) Feld' vor, das erste Kompositionsglied verweist auf den FluN *Saalach*. Die Bedeutung des Namens ist somit 'Feld an der Saale, d. h. Saalach'. V. ANB; SOB; HHS Huter; Lindner, Th.: Die ältesten Salzburger Ortsnamen: ein etymologisches Glossar. In: Anreiter, P. / Ernst, P. / Hausner, I. (Hg.): Namen, Sprachen und Kulturen. Imena, jeziki in kulture (Festschrift Pohl). Wien 2002. **ThL**

Saaralben // Sarralbe dial. [ˈalbɑ] I. Stadt und Hauptort des gleichnamigen Kantons im Dép. Moselle, 4 668 Ew., 12 km s Saargemünd, LO, F. Altbesitz und später Herrschaft des Bistums Metz; 1561 lothringische Probstei; 1766 an Frankreich; 1871 zum Reichsland Elsass-Lothringen, 1918 wieder an Frankreich. II. 1091/92 *Alba*, 1180 *Alben*, 1275 franz. Doppelform *Aubes*, 1319 *Saaralben*, 1463 *Alba supra Saram*. II. Benennung nach dem idg. Namen der am Ort in die Saar mündenden Albe (zu **albh-* 'weiß'); im 15. Jh. zur Unterscheidung von anderen in der Region häufigeren SiN *Albe* mit dem Vorsatz *Saar-* versehen. IV. Niederalben a.d. Steinalb, Lkr. Kusel, 1330 *ad ripam Albam*, RP; Bad Herrenalb, Lkr. Calw, 1110 *Alba*; GwN *Aube* (718 *Alba*), südlich von Saarburg (*pagus Albensis*) usw. V. Reichsland III; Gysseling 1960/61; Jungandreas; Hiegel; Buchmüller/Haubrichs/Spang, 113 ff. **Ha**

Saarbrücken, lux. Saarbrécken, franz. Sarrebruck I. Landeshauptstadt, 176 749 Ew., zu beiden Seiten der Saar, zwischen der franz. Grenze im S und dem Saarkohlenwald im N, w vom Warndt und ö vom Bliesgau, Sitz der Verwaltung des gleichnamigen Regionalverbandes, SL. Kelt., röm. und fränk. Siedlungsreste, 999 erste Erwähnung der Saarbrücker Königsburg in einer Schenkungsurk. Ottos III. für die Bischöfe von Metz. Seit dem 12. Jh. Zentrum und Residenz einer gleichnamigen Gft. 1321 Stadtrechte für die Doppelstadt Saarbrücken und St. Johann. Im 30-jährigen und den Reunionskriegen fast völlig zerstört. Aufschwung der Gft. Nassau-Saarbrücken im 18. Jh. durch Kohleförderung und Eisenverhüttung. 1801 an F, 1815 an Preußen. 1909 Zusammenschluss mit St. Johann und Malstatt-Burbach zur Großstadt. 1920 als Zentrum des Saargebiets vom Völkerbund verwaltet, 1935 nach Volksabstimmung wieder deutsch. Im 2. Weltkrieg stark zerstört. 1947–57 Hauptstadt des in Wirtschafts- und polit. Union mit F verbundenen SL. 1948 Gründung der Universität des SL mit Sitz in Saarbrücken und Homburg. 1957 Landeshauptstadt des SL. II. 999 *castello Sarabruca* (Nachzeichnung des Or Ende 11. Jh.), 1065 *castellum Sarebrucca* (Kop. 12. Jh.), 1126 *Sarebrugge [Or]*. III. Entstanden aus einem frühahd. **Sara-bruggja*, gebildet mit dem Gw. *Brücke* (↗*-brück*), mhd. *brücke*, brucke, ahd. brugga < frühahd. *bruggja in der Bedeutung 'Brücke', aber auch 'Landungssteg, Pier'. Das [u] wurde vor dem bereits im späten 8. Jh. schwindenden [j] der Endsilbe zu [ü] umgelautet. Bei dem Bw. Saar, um 370 latinisiert Saravus, im 6. Jh. ad Saram, 802 Sarowa, handelt es sich um einen vorgerm. GwN, der sich ableitet von idg. *Sarawa, eine Bildung aus der idg. Wurzel *sor- 'strömen' (Variante *sar-) mit dem Suffix -ava. Die heutige Form des SiN mit Endung -en erklärt sich aus dem mhd. Dat. Sg. *bî der Sarebrücken 'bei der Saarbrücke'. Da die urspr. Brücke über die Saar beim Übergang der alten Römerstraße über den Fluss am Fuße des Halbergs nach St. Arnual lag, muss der SiN entweder im MA weiter flussabwärts zu der jüngeren Siedlung am Fuß des Burgfelsens gewandert sein, auf dem vor 999 die Burg Saarbrücken errichtet wurde, oder der SiN ist durch einen 'Landungssteg an der Saar' motiviert worden. V. Haubrichs/Stein. spe

Saarburg // Sarrebourg dial. [Salabo, ˌzaːbuɐʃ] I. Stadt an der oberen Saar und Hauptort des gleichnamigen Arrondissements im Dép. Moselle, 13 260 Ew., LO, F. In röm. Zeit Kastell am Saarübergang der Fernstraße Metz-Straßburg (Itinerarium Antonini: Ponte Sarvix; Tabula Peutinger: Ponte Saravi 'Brücke über die Saar'); Sitz einer merowingischen Münzstätte; wohl früh Besitz des Bistums Metz, im MA Sitz eines Archidiakonates und Archipresbyteriates, im 9. Jh. auch eines Chorbischofs; seit 1561 im Besitz des Herzogtums Lothringen; 1661 und wieder 1766 an Frankreich; 1871 zum Reichsland Elsass-Lothringen, 1918 wieder zu F. II. 7. Jh. (Münze) Sareburgo, 713 in castro Saraburgo, 838 in Saraburg, 9. Jh. 1. H. Sarburgo, 1128 Sareburc, 1142 Saleburc, 1180/1200 Sareborch, 1278 Sallebour [franz. Patois Solbot]. III. Kompositum aus dem Gw. ahd. ↗-burg 'Festung, Stadt' (hier wohl zur Bezeichnung des bis h. mit Mauerresten präsenten Kastells) und dem Bw. gallorom. Sara-, GwN (lat. Saravus) der Saar mit der Bedeutung 'Kastell an der Saar'. Die späteren Formen zeigen Auslautverhärtung g > k (geschrieben <c>), die wmd. Senkung u > o und gelegentlich den mda. Liquidentausch zwischen r und l (auch im franz. Exonym). Die aktuelle franz. Form ist angelehnt an das franz. Exonym der Saar und franz. SiN auf -bourg. IV. Saarbrücken, Saarland; Saarburg a. d. unteren Saar, Lkr. Trier-Saarburg, RP. V. Reichsland III; Rasch, G.: Antike geographische Namen nördlich der Alpen. Berlin 2005; Gysseling 1960/61; Jungandreas; Hiegel. Ha

Saarburg I. Stadt und gleichnamige VG im Lkr. Trier-Saarburg, 21 505 Ew., an der Grenze zu Luxemburg und zum Saarland, sw von Trier. 964 Errichtung der Feste Saarburg, 1291 Stadtrecht, 1698–1760 Wechsel zwischen Habsburgern und Franzosen, 1793 franz. Kantonshauptstadt, nach Wiener Kongress preuß., 1938 Garnisonsstadt. Mittelständische Unternehmen und Einzelhandel sowie Weinanbau. II. 964 (Kop. Mitte 14. Jh.) monticulum qui antea vocabatur Churbelin (Churbelun) nunc autem Sarburg (Sareburch). III. Der Name Saarburg bezieht sich auf den bis h. eine Burg tragenden Berg (monticulum) an der Saar (↗Saarbrücken). Der Altname Churbelun/Churbelin entstand aus rom. *curvellōne 'Krümmung, Eck'; gemeint ist der Winkel, der am Zusammenfluss von Leukbach und Saar liegt. V. Puhl 1999. AG

Saargemünd // Sarreguemines dial. [ˈzaːɛgəˈmɪn] I. Stadt und Hauptort des gleichnamigen Arrondissements im Dép. Moselle, 22 578 Ew., ca. 13 km s Saarbrücken (SL), an der Mündung der Blies in die Saar, LO, F. Vom 8. Jh. an Besitz der Pariser Abtei St. Denis, vielleicht urspr. Königsgut; gelegen an der Lampartischen Straße aus dem Elsass nach Flandern; Sitz einer Kastellanei und seit 1680 Hauptort einer Bailliage des Herzogtums Lothringen; 1766 an Frankreich; 1871 zum Reichsland Elsass-Lothringen, 1918 wieder in Frankreich. II. 706 Gamundias (?); 777 Gamundiis, F Mitte 9. Jh. (zu 782) Gamundias, um 1150 Gemunde, 1247 Gemonde, 1478 Sargemunda, 1557 Sarguemine. III. Kollektivbildung ahd. ga-mundi, gi- 'Mündungsort' zu ahd. mund 'Mund' (↗-münde) in übertragener Bedeutung; seit dem 15. Jh. mit dem differenzierenden Zusatz Sar- mit der Bedeutung „Gemünd an der Saar". Die franz. Form gibt die dialektale Form Geminn (mit Assimilation von nd > nn und Entrundung des Umlaut-ü zu i) in aussprachesichernder franz. Grafie. IV. Gemünden (879 Gemunden), Westerwaldkreis, RP; Neckargemünd (988 Gemundi), Rhein-Neckar-Kreis, BW; Hornbach (9. Jh. Gamundias), Lkr. Südwestpfalz, RP. V. Reichsland III; Jungandreas; Hiegel; Haubrichs, W.: Fulrad von St. Denis und der Frühbesitz der cella Salonnes in Lotharingien, in: Zwischen Saar und Mosel, Festschrift für H. W. Herrmann. Saarbrücken 1995. Ha

Saarlouis [zaːɐ̯ˈlui] I. Kreisstadt des gleichnamigen Lkr., 37 770 Ew., zu beiden Seiten der Saar, ca. 10 km bis zur franz. Grenze, ca. 25 km nw von Saarbrücken, SL. 1680 bis 1686 nach Plänen von Vauban auf lothringischem Territorium als franz. Festungsstadt errichtet; 1685 Hauptstadt der franz. Saarprovinz. 1815 fallen Stadt und Festung an Preußen, 1816 Kreisstadt. Ab 1889 Schleifung der Festungsanlagen und Erweiterung der Stadt durch Eingemeindungen. 1920 Völkerbundverwaltung; 1935 Rückgliederung ins Reich und Zusammenschluss der Stadt Saarlouis mit OT Roden und den Gem. Beaumarais, Fraulautern, Lisdorf und Picard zur h. Stadt (bis 1945 unter dem Namen Saarlautern); 1947 Teil des formal selbst., in polit. und wirtschaftl. Union mit Frankreich stehenden Saarlandes; 1957 zu Deutschland. Franz. Garnison 1945–68, d. Garnison ab 1972. Seit 1966 Ford-Werke, 1986 erste deutsch-deutsche Städtepartnerschaft mit Eisenhüttenstadt. **II.** 1680 *Sarrelouis*, 1695 *Sar Louis*, 1712 *Saarlouis*. **III.** Zuss. aus dem GwN *Saar*, franz. *Sarre*, und dem Namen des franz. Königs *Louis XIV* (Ludwig XIV.). Mit dem Bezug auf den kgl. Bauherrn hat der Name Parallelen in den Namen der fast gleichzeitig entstandenen franz. Festungen *Fort-Louis* im EL, *Mont-Louis* in den Pyrenäen, beide F, und *Mont Royal* bei Traben-Trarbach an der Mosel, Lkr. Bernkastel-Wittlich, RP. Wie in diesen franz. Bildungen ist auch im Namen *Sarrelouis* das Erstglied Determinatum, d.h. der GwN ist nicht lokalisierend auf die Lage der Festung am Saarufer bezogen, sondern steht als Pars pro Toto für 'die Saarlande'. Mit dem Sinn '[Festung für] Ludwigs Saar(provinz)' ist der ON also Reflex der 1679/80 in vollem Gang befindlichen franz. Annexionen im Raum an der Saar. Im Zuge der franz. Revolution wird der Name des Königs 1793 aus dem Namen der Festungsstadt getilgt, die nun bis 1810 *Sarrelibre* (zu franz. *libre* 'frei') heißt, danach wieder *Saarlouis*. 1935–45 temporäre Umbenennung in *Saarlautern* durch Kreuzung mit dem Namen des Stadtteils *Fraulautern*. Dieser hieß im MA zunächst *Lutre* (1154), *Lutera* (um 1160), *Luthra* (1183) < GwN *Lūtra* 'die Saubere', zu ahd. *lūtar* 'rein, sauber', dann zur Unterscheidung von gleichnamigen Orten der Region nach dem dortigen Frauenkloster *Vrouwen Luteren* (1333). **V.** Kretschmer, R.: Saarlouis 1680–1980. Saarlouis 1982; Ausstellung Saarlouis 1680–1980. Entstehung und Entwicklung einer Vauban'schen Festungsstadt. Saarbrücken 1980; Kaufmann 1958. *RP*

Saarwellingen   **I.** Gem. im Lkr. Saarlouis, 13 518 Ew., ca. 7 km nö von Saarlouis, ca. 30 km nw von Saarbrücken, SL. Spuren eisen- und römerzeitlicher Besiedlung. Im MA Kirchort im Erzbistum Trier, verschiedene Herrschaften, 1659 freie Reichsherrschaft. 1764–66 Bau des Schlosses. 1794 franz., 1815 preuß.; 1920 Völkerbundverwaltung; 1935 Rückgliederung ins Reich; 1947 Teil des formal selbst., in polit. und wirtschaftl. Union mit Frankreich stehenden Saarlandes; 1957 zu Deutschland. 1974 Bildung der h. Gem. aus den Orten Saarwellingen, Schwarzenholz und Reisbach. Autozulieferbetriebe und Süßwarenproduktion. **II.** 1131/53 *Wellinga*, 1211 *Wellinge [Or]*, 1296 *Wellinga [Or]*. **III.** Abl. mit ↗ -*ing*-Suffix vom PN *Waldo*; lautliche Entwicklung mit Umlaut [a] vor [i] > [e] und Assimilation [ld] > [ll] von **Wald-* > **Weld-* > *Wellingen* (1377). Im Spätmittelalter erhält der ON zur Unterscheidung von gleichlautenden Orten der Region (Niedvelling, Kt. Bouzonville, F; Wellingen, Stadtteil von ↗ Merzig, SL) den GwN *Saar* als Zusatz (1478 *Sarwellingen [Or]*), der hier, da der Ort 6 km von diesem Fluss entfernt liegt, im Sinne von 'Saargegend' steht. **V.** Gysseling 1960/61; Jungandreas; Kaufmann 1958. *RP*

Saaz // Žatec ['ʒatets]   **I.** Stadt im Kr. Louny, 19 346 Ew., in Nordwestböhmen, Bezirk Ústí nad Labem (Ústecký kraj), CZ. Zentrum des slaw. *Lučané*-Stammes, Burg und Markt zum Jahr 1004 bei Thietmar von Merseburg erwähnt. Eine der wichtigsten Burgbezirksverwaltungen Böhmens mit dichtem Siedlungsnetz (9 Pfarrkirchen, Basilika). Im 14. Jh. Stadt, 1362 Rathaus und Schule, Tuchmacherei. 1348 Hopfenanbau. 1370 schuf Johannes von Tepl, Rektor und Stadtschreiber, hier den „Ackermann aus Böhmen". Anfangs des 15. Jh. nahmen Deutsche den Hussitismus an. 1521 Thomas Müntzer in Saaz, Zentrum des Utraquismus. Im 16. Jh. ist Saaz tschech. 1620 Auswanderung der Protestanten nach Sachsen. 1827 Kettenbrücke, 1870 Gasbeleuchtung. Nach 1945 teilweise besiedelt von tschech. Reemigranten aus Wolhynien und Roma. **II.** 1052 *Zatec [Or]*; 1088 in *Satecz, Satc [Or]*; 1249 *Zatecz [Or]*; 1528 *Žateč*; 1654 *Žatec*; 1854 *Žatec, Saaz*. **III.** Nach einem zuverlässigen Dokument von 1404 sind Burg und Stadt nach der Lage am Bach *Zateč* durch Übertragung des GwN benannt worden. *Zateč* (Präfix *za*- + Wurzel -*teč* zu *tkáti* 'weben', aber atschech. *zatkati* 'verstopfen') bedeutet 'wo am Bach Verstopfungen, Eisstau u. ä. entstehen'. Die Form *Žatec* ist Ergebnis einer Konsonantendissimilation. Grundlage für das d. *Saaz* sind die tschech. Deklinationsformen *ze Žatce, v Žatci* 'aus, in Saaz'. **IV.** Žatec, Zatčany, Mähren, CZ. **V.** Pf IV; SchOS; LŠ; HSBM. *RŠ*

Sachsa, Bad   **I.** Stadt im Lkr. Osterode am Harz, 7830 Ew., Reg.-Bez. Braunschweig (bis Ende 2004), NI. Siedlung und Kirche 1229 erwähnt; 1432 Flecken; vor 1525 Stadtrecht durch Grafen von Honstein; bis 1945 preußisch; Wirtschaft handwerklich und forstlich geprägt, seit 1874 Badebetrieb, 1905 zum Bad erklärt. **II.** 1219 *Saxa [Or]*, 1238 *Sassa*, 1725 *Sachsa*. **III.** Bildung mit dem Gw. ↗ -*ach¹* (-*aha*) und **sahsa*- in der Bedeutung 'Stein, Feld' als Bw., das aus lat. *saxum* 'Felsstück' erschlossen werden kann. Teils zeigen die Belege die nd. Form mit -*ss*- anstelle von -*hs*-. **IV.** Ober- und Niedersachswerfen, Lkr. Nordhausen, TH. **V.** HHS 2; Nds.-Lexikon; Nds. Städtebuch; NOB II. *UO*

Sachsenhagen   **I.** Stadt und gleichnamige Samtgem. im Lkr. Schaumburg, 9 582 Ew., n von Stadthagen, s des Steinhuder Meers, Reg.-Bez. Hannover (bis Ende 2004), NI. Siedlung an 1248 von Herzog Albrecht von Sachsen begründeter Wasserburg, 1647 zu Hessen-Kassel, 1650 Stadtrecht, 16. Jh. Schloss als Residenz Graf Ernsts von Schaumburg, 1974 Zusammenschluss der Stadt mit den Gem. Auhagen, Hagenburg und Wölpinghausen. **II.** 1253 *in castro Sassenhagen* (Kop.), 1527 *cum castro Sachsenhagen* [Or]. **III.** Bildung mit dem Gw. ↗-*hagen* und dem mnd. App. *Sasse* 'Sachse' (nach dem Erbauer der Burg, Albrecht von Sachsen) in flektierter Form als Bw. **V.** Nds. Städtebuch; Laur, Schaumburg; GOV Schaumburg. *FM*

Sachsenheim **I.** Stadt im Lkr. Ludwigsburg, 17 427 Ew., etwa 12 km nw Ludwigsburg am südlichen Strombergvorland am Kirbach gelegen, Reg.-Bez. Stuttgart, BW. Die Stadt ist 1971 durch den Zusammenschluss der ehemals eigenständigen Gem. Großsachsenheim, Kleinsachsenheim, Häfnerhaslach, Hohenhaslach, Ochsenbach und Spielberg entstanden. Groß- und Klein-Sachsenheim sind fränkische Gründungen. Weinbau, Produktions- und Logistikzentren, Weinlehrpfad, Burgruine Altsachsenheim, Stadtmuseum Sachsenheim, Wasserschloss, Dorfstraße Ochsenbach, Hermann von Sachsenheim. **II.** 877? (Kop. 1110–25) *Sahsenheim*, 1161 *Sachsenheim* [Or], 1240 *Sachszenheim* (1138–52). **III.** Die Zuss. mit dem Gw ↗-*heim* enthält als Bw. entweder den PN *Sahso* und bedeutet 'Siedlung des Sahso' oder aber den Volksnamen *Sahso*. Der Name bedeutet dann 'Siedlung der (Nieder)Sachsen' und stünde in Zusammenhang mit der Umsiedlungspolitik Karls des Großen nach den Sachsenkriegen. Solche Ortsgründungen sind in der mittelalterlichen Literatur bezeugt und durch weitere *Sachsen*- und *Wenden*-Namen belegt. Das Adelsgeschlecht der Herren von Sachsenheim ist dagegen erst seit dem 12. Jahrhundert nachgewiesen und hat seinen Namen vom älteren Siedlungs- und Burgnamen übernommen. **V.** Reichardt 1982b; Berger; Haubrichs 2004; LBW 3. *JR*

Säckingen, Bad **I.** Stadt und gleichnamige VVG mit den Gem. Herrischried, Murg und Rickenbach im Lkr. Waldshut, 30 362 Ew., ca. 30 km w von Basel am Hochrhein und damit direkt an der Grenze zur Schweiz, am s Rand des Hotzenwaldes, einer Region des Südschwarzwaldes, Reg.-Bez. Freiburg, BW. Wirtschafts- und Tourismuszentrum. Fridolinsmünster aus dem 14. Jh., längste gedeckte Holzbrücke Europas über den Rhein nach Stein (Schweiz), berühmt durch den „Trompeter von Säckingen" von Joseph Victor von Scheffel (1854). Bad seit 1978. **II.** Zu 926 (Chronik 1047–1053) *Secchingensem sanctæ crucis locum*, 1278 *Seckingen* [Or], 1300–1330 *von Sechingen*; *Segkingen* [Or] (1371). **III.** Bei dem SiN handelt es sich um eine ↗-*ing(en)*-Ableitung. Als Ableitungsbasis kommen zwei PN in Betracht: *Sekko* (belegt sind *Seggi*, *Secki* und *Secco*), dessen Herkunft nicht eindeutig geklärt ist, oder *Sakko* (bezeugt sind u. a. *Sacco* und *Saccho*) zu germ. *sägō*- 'Rede, Aussage'. Eine Entscheidung für oder gegen einen der beiden PN kann nicht getroffen werden. Damit ist als ahd. Ausgangsform entweder *Secch-ing-un* oder *Sacch-ing-un* anzusetzen, mit *i*-Umlaut *Secching-un*. Die ursprüngliche Dat.-Pl.-Konstruktion bedeutete also 'bei den Leuten des *Sekko* bzw. *Sakko*'. **V.** FP; Kaufmann 1968. *MW*

Sagan // Żagań ['ʒagaɲ] **I.** Kreisstadt, 26 496 Ew., Woi. Lebus // Lubuskie, PL. Am Bober, 125 km nw von Breslau. Als d. Stadt verm. schon um 1230 gegründet, 1280 urk. erwähnt, Stadtrecht 1285. 1397–1472 Sitz des gleichnamigen Fürstentums (von Glogau abgespalten), gerät 1472 an die Wettiner, 1546 an die Habsburger; 1628–34 als Hztm. an Albrecht von Wallenstein. Danach wechselnde Herrschaften (zuletzt Talleyrand-Périgord; Herzogstitel bis 1929). Kreisstadt, seit 1932 Sitz des Kr. Sprottau, Reg.-Bez. Liegnitz, NS, (1939) 22 770 Ew. **II.** (1178), 1253 *Sagan*, 1206, 1227 *Zagan*. Re-Polonisierung des ON: 19. Jh. *Żegań*, *Zagan*, 1946 *Żagań*. **III.** Die Etymologie des ON ist unklar, da die alten Schreibungen die konsonantischen Verhältnisse nicht genau erkennen lassen. Möglicherweise liegt apoln. *zagon* 'Ackerstreifen, Beet' zugrunde. Der ON bezeichnet demnach ein urbar gemachtes Landstück. **V.** Rospond 1969; RymNmiast. *ThM*

Saint Avold ↗ **Sankt Avold**

Salem **I.** Gem. im Bodenseekreis, 11 160 Ew., ca. 12 km ö Überlingen im Linzgau, größtenteils im Salemer Tal gelegen und von der Aach durchflossen, Reg.-Bez. Tübingen, BW. Älteste Siedlungsspuren aus der Bronzezeit, 1134–1595 Gründung des Zisterzienserklosters Salem, mit der Aufhebung des Klosters 1803 badisch. Die neue Gem. Salem entstand 1972 durch den Zusammenschluss der ehemals selbstständigen Gem. Stefansfeld, Mimmenhausen, Neufrach, Buggensegel, Mittelstenweiler, Tüfingen, Rickenbach und Weildorf. Handwerksbetriebe, Maschinenbau, Schloss Salem, Affenberg, Feuchtmayermuseum, Pfahlbautenmuseum. **II.** 1140 *Salemanneswilare*, 1140 *Salem*, 1273 *Salmannswiller*, 1286 *Salêm*, 1302 *Salmansweiler*, 1682 *Salmanswiler*. **III.** Es handelt sich urspr. um eine Zuss., wohl mit dem PN *Salaman* und dem Gw ↗-*weiler*: 'Siedlung des Salaman'. Allerdings wird in südd. Urkunden des 12. Jh. wiederholt ein zu ahd. *sala* 'Übergabe (eines Gutes)' gehöriges App. *salmann* erwähnt, das eine Person bezeichnet, die bei Grundstücksgeschäften in Erscheinung tritt. Nachdem der Ort 1134 dem Zisterzienserorden gestiftet wurde, erhielt die dort 1137 errichtete Abtei den geistlichen Namen *Salem*. Dieser Name erscheint bereits im Alten Testament als Sitz des Königs Melchisedech und wird als Name der Stadt Jerusalem interpretiert. Zugleich gewährleistet er eine klangliche Kontinuität zum ON. Erst in der Neuzeit wurde der Klostername auf den Ort übertragen. **IV.** Salem, Kr. Herzogtum Lauenburg, SH; Salem, Oregon, USA. **V.** Krieger 2; FO 2; Beck, H. (Hg.): Reallexikon der Germanischen Altertumskunde, Bd. 26, Berlin-New York 2004; LBW 7. *JR*

Salzbergen **I.** Gem. im Lkr. Emsland, 7590 Ew., an der Ems, Reg.-Bez. Weser-Ems (bis Ende 2004), NI. Im MA gehörte der Ort zum Oberstift Münster und fiel nach dem Wiener Kongress an Hannover, wo es zum Amt Lingen und in preuß. Zeit zum Landkreis Lingen gehörte. In der zweiten Hälfte des 19. Jh. wirtschaftl. Bedeutung als Eisenbahnknotenpunkt und durch die Gründung einer Erdölraffinerie, die bis heute in Betrieb ist. Gegenwärtig großer Industriestandort (Windenergie, Erdöl, Maschinenbau, Textil). **II.** 1172 *fratribus de Saltesberch [Or]*, 1183 *Saltesberge*, 1263 *Soltesberg*. **III.** Bildung mit dem Gw. ↗ *-berg*. Im Bw. ist das App. asä. *salt*, mnd. *solt* 'Salz' enthalten, das, anders als bei anderen ON., die es unflektiert zeigen, im Gen. Sg. steht. Der ON zeigt die im Mnd. übliche Senkung von *-a-* zu *-o-* vor *-l-* und Dental, die Umsetzung des Bw. *Saltes-* zu *Salz-* sowie den Eintritt der Pluralform *-bergen* für älteres *-berg(e)*. Namengebend war offenbar der salzhaltige Untergrund. **IV.** Salzberg, Kr. Hersfeld-Rotenburg, HE. **V.** Fö I, Sp. 672. *KC*

Salzbrunn, Bad // Szczawno Zdrój [ˈʃtʃavnɔ zdruj] **I.** Stadt im Kr. Wałbrzych, 5586 Ew., Woi. Niederschlesien // Dolny Śląsk, PL. 5 km n von Waldenburg, am Hochwald. Als d. Kolonistenort schon vor dem Mongolensturm begründet. Das einst meistbesuchte Heilbad in Schles. mit kohlensäurereichen alkalischen Quellen, die seit dem 14. Jh. bekannt sind. Ab 1823 Ausbau weitläufiger Kuranlagen in Ober-Salzbrunn. Geburtsort von Gerhart Hauptmann (1862–1946). In Nieder-Salzbrunn befanden sich Porzellanwerk und Kristallschleifereien. Kr. Waldenburg, Reg.-Bez. Breslau, NS, (1939) 9779 Ew. **II.** 1221 *Salzborn*, ca. 1300 *Salzburn*, 1335 *Zalczinbrun*, 1743 *Saltzbrunn*. Polonisierung des ON: 1900 *Solice*, *Solice Zdrój* 1945, *Szczawno-Zdrój* 1946. **III.** Der ON verweist auf die salzhaltigen Quellen, die für die Ortsgründung ausschlaggebend waren. Als zweites Element des Kompositums überwiegt noch lange die westdeutsche Form ↗ *-born, -burn* 'Brunnen, Quelle' (< mhd. *brunne* 'Brunnen, Quelle'), die mit der Besiedlung eingeführt wurde. Erst im 18. Jh. wird die Variante *Salzbrunn* amtlich. Der im 20. Jh. zunächst übliche poln. ON *Solice* ist zu *sól* 'Salz' gebildet und somit eine inhaltliche Adaptation der d. Namenform; vgl. seit 1945 mit *Zdrój* 'Heilbad'. 1946 wurde der bereits eingeführte ON in *Szczawno Zdrój* 'Sauerbrunnen' geändert (zu *szczaw* 'Sauerampfer; Säuerling' < urslaw. *sъčavъ* 'Saft hervorbringend'). **IV.** Salzbrunn, OT von Beelitz, Lkr. Potsdam-Mittelmark, BB; Solec Kujawski, Woi. Kujawien-Pommern, PL. **V.** SNGŚl; RymNmiast. *ThM*

Sálzburg **I.** Hauptstadt des Bundeslandes Salzburg, (Magistrat der Stadt Salzburg), 147732 Ew. A. Neugründung im 7. Jh. als Bischofssitz, seit Ende 8. Jh. Sitz eines Erzbischofs und politisches Zentrum eines Erzbistums in Bayern, 1287 ältestes bekanntes Stadtrecht, Dompfarre zu den Heiligen Rupert und Virgil, Erzdiözese Salzburg, seit 1816 österreichisch. **II.** Ca. 755 *Salzpurch, Salzburch*. **III.** Der ON *Salzburg* ist wie der FluN *Salzach* infolge einer bewussten Umbenennung durch die Bayern entstanden und hat die durch die Kelten und Römer tradierten voreinzelsprachlichen Namen *Iuvavum* bzw. *Iuvarus/*Isonta* verdrängt. *Salzburg* erscheint zum ersten Mal in der *Vita Bonifatii* (ca. 755) als *Salzpurch* bzw. *Salzburch* und ist ein Kompositum aus ahd. *salz* 'Salz' + Gw. ↗ *-burg* 'Stadt, besiedelter Ort'; ob es eine Klammerform aus **Salzachburg* ist (↗ *-ach*¹), lässt sich aufgrund eines diesbezüglichen fehlenden Beleges nicht ermitteln. **V.** ANB; HHS Huter; Reiffenstein, I.: Der Name Salzburgs. Entstehung und Frühgeschichte. In: Mitteilungen der Gesellschaft für Salzburger Landeskunde 130 (1990); Lindner, Th.: Die Etymologie von *Iuvavum* und *Salzburg*. In: 125 Jahre Indogermanistik in Graz. Festband anläßlich des 125jährigen Bestehens der Forschungsrichtung „Indogermanistik" an der Karl-Franzens-Universität Graz (hg. von M. Ofitsch und C. Zinko). Graz 2000. *ThL*

Salzdetfurth, Bad **I.** Stadt und Heilbad, Lkr. Hildesheim, 13832 Ew., NI. Salzquellen im Tal der Lamme begünstigten die Entwicklung des Ortes. Mit den Salzquellen belehnte der Hildesheimer Bischof die Steinbergs, später entwickelten sich Pfännergemeinden, d.h. der Teilhaber und Besitzer der Siedeknoten. 1523 an die Welfen. Die Einrichtung eines Solebads und von Heilanstalten im 19. Jh. sowie der Anschluss an das Eisenbahnnetz förderten die Entwicklung des Ortes; 1949 Stadt; Heilbad (Solequelle, Moorbehandlungen); Salzbergbaumuseum (das Kalisalzbergwerk wurde 1992 geschlossen); Betriebe für Nachrichtenübertragungstechnik. **II.** 1195 *Salinae apud Thietvorde*, 1363 *mit deme solte to Dethferde*, 1547 *tom Solte Dethford*. **III.** Der Ort entwickelte sich an einer Saline s von Detfurth und trägt deren Namen: 12. Jh. *Thietforde*, 1207 *in Detvorde ... in Dethvorde*, 1214 *apud villam Thietforde*, 1305 *in Ditforde*, 1458 (Kop. 16. Jh.) *Detforde*. Das Bw. zeigt heute hd. *Salz-*, in der Überlieferung mnd., nd. *solt* und lat. *sa-*

linae 'Salzwerk, Salzlager, Saline'. Die Überlieferung des Ortsteilnamens *Salzdetfurth* zeigt das allmähliche Festwerden des Zusatzes *Saline, Sale, Zolce, solt*. Zunächst erscheint noch die Wendung *tom Solte to Detforde*, später heißt es nur noch *tom Solte Dethford*. Der ältere Name *Detfurth* ist ein Kompositum, in dessen Gw. heute hd. ↗ *-furt*, zunächst aber asä., mnd. *ford* 'Furt, Übergang', vorliegt. Die Belege zeigen im Anlaut eine Entwicklung von *Th-* über *T-*, *Dh-* zu *D-*. Im Bw. sieht man seit FO II wie in *Ditfurt* bei Aschersleben, *Dietfurt* im Kt. St. Gallen, *Dietfurt* in Mittelfranken u.a. germ. **þeudō-* 'Volk, Leute', got. *þiuda*, asä. *thioda*, ahd. *thiot*, und versteht darunter 'einen allgemein benutzten Flussübergang', einen 'allgemeinen Flussübergang' oder eine 'große, beliebte Furt'. **IV.** Ditfurt (1138 *in Dietforde*), Harzkreis, ST; Dietfurt, Kt. St. Gallen, CH; Dietfurt an der Altmühl, Lkr. Neumarkt in der Oberpfalz, BY; Dietfurt, OT von Treuchtlingen, Lkr. Weißenburg-Gunzenhausen, BY; Dietfurth, OT von Inzigkofen, Lkr. Sigmaringen, BW. **V.** Berger; HHS II; Kabus, F.: Von Sole, Salz und Söltern. Ein Gang durch die Geschichte von Bad Salzdetfurth. Bad Salzdetfurth 1961; Nds. Städtebuch; Rosenthal; Tiefenbach. *JU*

Salzgitter **I.** Kreisfreie Stadt, 104 423 Ew., Reg.-Bez. Braunschweig (bis Ende 2004), NI. Seit dem 11. Jh. sicher Gewinnung von Salz nachweisbar, wovon auch der Landschaftsname Salzgau abgeleitet ist; im 15. Jh. Entwicklung eines Fleckens um Gitter und die Wüstung Vepstedt; im 16. Jh. unter Braunschweiger Herrschaft Umbenennung in Salzliebenhall; nach 1643 Siedlung (Salz-)Gitter hildesheimisch und die Saline braunschweigisch; 1942 Gründung der Stadt Watenstedt-Salzgitter als Standort der Reichswerke Hermann Göring; 1951 Umbenennung in Salzgitter; wegen der Erzvorkommen bedeutender Bergbaustandort und bis h. größter niedersächsischer Standort der Schwerindustrie. **II.** 8./9. Jh. *Geizheres* [Kop. 12. Jh.], 1007 *Gaeteri*, 1290 *salinam Getere*; *Saltzgitter* (1523). **III.** Abl. mit *-r*-Suffix von asä., mnd. *gat* 'Öffnung, Loch'. Der Stammvokal *-a-* wird durch den präsuffixalen Vokal *-i-* zu *-e-* umgelautet und später durch Einfluss des vorausgehenden *-g-* zu *-i-*. Der Erstbeleg ist eine Verhochdeutschung. Die Lage (Salz-)Gitters in einer Vertiefung zwischen Gitter-Berg und Salzgitter-Höhenzug ist das Benennungsmotiv. **V.** GOV Braunschweig; HHS 2; Nds. Städtebuch; NOB III. *KC*

Salzhausen **I.** Gem. und gleichnamige Samtgem. im Lkr. Harburg, 14 073 Ew., w von Lüneburg, Reg.-Bez. Lüneburg (bis Ende 2004), NI. Der Ort war als Sitz eines Archidiakonats, eines Go und eines Amtes vom MA bis in die Neuzeit ein bedeutender Verwaltungsmittelpunkt; hier steht das einzige genossenschaftliche Krankenhaus Deutschlands (1907 gegründet). **II.** 1205 *Solceneshusen* [Kop. 16. Jh.], 1231 *Salceneshusen* [Kop. 14. Jh.], 1244 *ecclesie Salzenhusen*; *Saltzhausen* (1791). **III.** Bildung mit dem Gw. ↗ *-hausen*. Das Bw. ist unklar. Es liegt ein Gen. Sg. vor. Ein naheliegender PN lässt sich nicht ermitteln. Er wäre als **Sal(a)kin(i)* anzusetzen, wobei das *-k-* durch nachfolgendes *-i-* palatalisiert wird, der zweite Vokal ausfällt und dann *-a-* vor *-l*-Verbindung zu *-o-* wird. Auch ein FlN (evtl. GwN) als Abl. mit einem *-n*-Suffix lässt keinen überzeugenden Anschluss zu. *KC*

Salzhemmendorf **I.** Flecken im Lkr. Hameln-Pyrmont, 10 097 Ew., Reg.-Bez. Hannover (bis Ende 2004), NI. Bei dem schon im 9. Jh. in der Überlieferung erscheinenden Hemmendorf ist sicher seit 1169 die Nutzung von Salzquellen nachweisbar; um die Saline entwickelte sich im 13. Jh. eine eigenständige Siedlung; 1872 wird der Salinenbetrieb eingestellt, seitdem Nutzung der Quellen für Kurzwecke; 1986 staatlich anerkannter Solekurbetrieb. **II.** 826–876 *Hemmonthorpe* [Kop. 15. Jh.], 997 *Hemmondorp*, 1169 *salinarum iuxta Hemmendorpe*; *Saltzhemmendorff* (um 1616). **III.** Bildung mit dem Gw. ↗ *-dorf* und dem schwach flektierten KN *Hemmo* im Gen. Sg. als Bw. Aus dem die Saline bezeichnenden Syntagma *solte to Hemmendorpe* entwickelte sich die Form *Solthemmendorp* bzw. später hd. *Salzhemmendorf*. Deutung also: 'Siedlung des Hemmo'. **V.** Nds.-Lexikon. *KC*

Salzkotten **I.** Stadt im Kr. Paderborn, 24 913 Ew., im Bürener Land, sö Winkel der Westfälischen Bucht am Hellweg, sw Paderborn, Reg.-Bez. Detmold, NRW. Frühe Salzsiedesiedlung (*up den Küthen*), Ersterwähnung 1160, Befestigung und Stadt 1247 (durch Bischof von Paderborn), bis etwa 1250 zur Pfarre Vielsen, 1256 Teilung mit Ebf. von Köln, kölnischer und paderbornischer Stadtrichter (1256), Stadtrat (1264) und Bürgermeister (1273), 1294 an Paderborn, 1293–1307 paderbornische Münze, 1317 Markt. 1816 zum Lkr. Büren, 1836 revidierte Städteordnung, 1938 Amt Salzkotten-Boke, 1975 Zusammenschluss mit neun Gem. 24 paderbornische Salzwerke, seit 1610 Tafel-, seit 1658 Tröpfelgradierung, 1921 Einstellung der Salzproduktion. **II.** 1160 (Kop. 17. Jh.) [*mansus*] *tres ad coquendum in Saltcoten*, 1183 *Saltkoten*, [1217–1239] *Saltkoten*, 1247 *Salcotten*, 1254 *Salzcotten*. **III.** Bildung mit dem Gw. *-kotten*, das auf eine Form des lok. Dat. Pl. von mnd. *kōte*, *kotte* M. '(kleines) Haus, Hütte' zurückgeht. Das Bw. *Salz-* (zu got. ae. anord. asä. *salt* 'Salz', mnd. *salt*, *solt*, nhd. *Salz*) ist motiviert durch die am Ort eingerichteten ma. Salzsiedereien. **V.** Schneider; HHS 3. *BM*

Salzuflen, Bad **I.** Stadt im Kr. Lippe, 54 078 Ew., am Zusammenfluss von Salze und Bega mit der

Werre n von Bielefeld am ö Rand der Ravensberger Mulde, Reg.-Bez. Detmold, NRW. Im 11./12. Jh. entstanden an den zur Abtei Herford gehörenden Salzquellen im Tal der Salze (l. Nfl. zur Werre), Salzmonopol für Lippe (Produktion bis 1945). Seit 1226 zur Gft. Sternberg, im 14. Jh. an die Grafen zur Lippe. 1488 Stadtrecht durch Bernhard VII. Solebad seit 1818, 1914 Bad. Staatsbad. 1850–1993 Stärkefabrik Hoffmann (gegr. durch H. S. Hoffmann 1794–1852) in Salzuflen. Kunststoffverarbeitung, Möbelindustrie. 1969 Zusammenschluss mit Stadt Schötmar und 10 umliegenden Gem. **II.** [1048] 1036–1051 (F. um 1165) *locum salis in Vflon*, 1151 (beglaubigte Kop. Ende 14. Jh.) *Saltuflen*, 1191 *in Ufle area*, Ende 12. Jh. *Uflan, Saltuflon*, 1475 *des Wichboldes tho Soltzvffelen*, 1647 *Saltz Vfflen*; *Salzuflen* (1705). **III.** Urspr. Bildung mit dem Gw. ↗*loh(e)* (zu asä. ahd. *lōh*, mnd. *lō* 'Wald, Gehölz') im Dat. Pl. (< *Uflon, Uflahon* 'in/bei den (lichten) Wäldern/Hainen'). Das Bw. kann womöglich mit got. *uf-* 'unter', got. *ufjo, ubils* 'übel, schlecht' oder anord. *ofsi* 'Übermut' (zu gr. ὑπό 'unter', idg. *upó) in Verbindung gebracht werden und auf germ. *ub-* bezogen werden, vgl. got. *ubizwa* (zu gr. *stoa* 'Halle'), ahd. *obasa* 'Dach(kante), Dachvorsprung; Vorhalle', wfl. *üagse*, < *uf-is-va* 'Dachvorsprung' oder asä. *ufgeslegen* '(unter der Zimmerdecke) angebracht' zu lat. *subfixus*. Die Wörter können als Weiterbildung mit idg. Suffix -u̯ā- (vgl. *widuwo*) von idg. *upos-* angesehen werden, wobei semantisch der Begriff 'etwas Hinüberragendes' zugrunde liegen wird (allgemeiner als 'Überschreiten einer gewissen Norm'). Mit dem lok. Dat. Pl. des Gw. kann eine Präposition *uf* gut vermittelt werden, die dann in einer Wendung *uf lōhun* 'unter (lichten) Wäldern' vorläge. Angesichts weiterer Vorkommen von *Uflen*-Orten in der näheren Umgebung wird der Name auf eine ehem. Gebietsbez. hinweisen. Der ON erhält seit Mitte des 12. Jh. zeitweise den Zusatz *Salt-* (nach der dortigen Salzproduktion; zu asä. *salt*, mnd. *salt, solt* 'Salz'), seit Anfang des 16. Jh. mit hd. Variante *Sal(t)z-*, zur Unterscheidung von gleichnamigen, zum Teil wüstgefallenen *Uflen*-Orten der Nähe (wie *Midelesten Uflen* (1048), *Ridderufflen* (14. Jh.) und *Quaduflen* (14. Jh.) oder *Rothenuflen* bei Minden bzw. *Uffeln* bei Vlotho), was sich seit dem 15. Jh. manifestiert. Mda. erscheint h. noch die einfache Form *Iufel* oder *Iuffeln*. Der Name ist in einem breiten Streifen n der Mittelgebirge verbreitet. **IV.** Westuffeln, OT von Calden, Lkr. Kassel, HE; Burguffeln, OT von Grebenstein, Lkr. Kassel, HE; Uffeln bei Werl, Kr. Soest, NRW; Oberuffeln, Kr. Arnsberg, NRW; Uffeln OT von ↗Ibbenbüren, NRW; Ueffeln/Üffeln, Lkr. Osnabrück, NI; Olfen, OT von Beerfelden, Odenwaldkreis, HE. **V.** WOB II (Kr. Lippe); HHS 3; Meyer. *BM*

Salzungen, Bad **I.** Kreisstadt des Wartburgkreises und Erfüllende Gem., 17 856 Ew., an der Werra ca. 35 km s von Eisenach, zwischen Thüringer Wald und Rhön, TH. Urkundliche Ersterwähnung 775, entstand als germ. Siedlung an Salzquellen, 775 an Kloster Hersfeld, 841 an Kloster Fulda, Stadtrecht verm. vor 1289, 1366 an die Wettiner, 1645 an Sachsen-Gotha, 1680–1918 an Sachsen-Meiningen, seit 1821 Solbad, 1923 Verleihung des Namenszusatzes *Bad*. Seit 1950 Kreisstadt des Kreises Bad Salzungen, seit 1998 des Wartburgkreises. **II.** 775 *Salsunga*, 841 *villa Salzhunga*, 929 *Salzungun*; *Salzungen* (1155). **III.** Ahd. *salz*, asä. *salt* 'Salz' und Suffix ahd. -*ungun*, mhd. ↗-*ungen* 'Siedlung der Leute bei den Salzquellen'. **IV.** Ähnlich ↗Bad Langensalza, Unstrut-Hainich-Kreis, TH; ↗Salzburg, A; ↗Salzgitter, NI; Salzmünde, Saalekreis, ↗Salzwedel, Altmarkkreis Salzwedel, beide ST sowie ON mit dem Suffix -*ungen*. **V.** Berger, D.: Duden. Geographische Namen in Deutschland. Mannheim u. a. 1999; Haefs, H.: Ortsnamen und Ortsgeschichten aus der Rhön und dem Fuldaer Land. Hünfeld 2001. *GR*

Salzwedel **I.** Kreisstadt des Altmarkkreises Salzwedel, 19 886 Ew., im NW der Altmark, an der Jeetze, ST. Dörfliche asä. Siedlung mit Burg seit dem 9./10. Jh., an alter Salzstraße von Lüneburg nach Magdeburg, Stadt um 1190, 1247 Gründung der Neustadt, seit 1713 vereinigt. Mitglied der Hanse von 1263–1518. Historische Fachwerkaltstadt, Lage an der Straße der Romanik und der Deutschen Fachwerkstraße, seit 2008 Zusatz Hansestadt. **II.** 1112 *Saltwidele*, 1160 *Saltwidele*, 1219 *Soltwedele*. **III.** Der ON ist eine Bildung aus asä. *salt*, mnd. *solt* 'Salz' und dem Gw. -*wedel*, das auf asä. *widil(a)* 'Furt' zurückzuführen ist, eine Ableitung zu mnd. *waden*, nhd. *waten*. Das nd. *Solt-* ist im Nhd. durch hd. *Salz-* ersetzt worden. **IV.** Wedel, Lkr. Stade (1004 *Widila*), NI. **V.** Helmold; SNB; Udolph 1994. *GW*

San Candido ↗Innichen

Sandersdorf **I.** Gem. im Lkr. Anhalt-Bitterfeld, 9 326 Ew., nw von Bitterfeld, ST. Urspr. ländliches Dorf, jedoch mit der Industrialisierung der Region seit dem späten 19. Jh. Entwicklung zu einer bevölkerungsreichen Arbeiterwohnsiedlung. **II.** 1382 *Sanderstorff [Or]*, 1436 *Sanderstorff [Or]*. **III.** Die Namenbildung erfolgte mittels des Grundwortes ↗-*dorf* aus einem PN; entweder *Sandrāt* (h. ungebräuchlich) oder aber *Sander*, das eine KF aus *Alexander* ist. **IV.** Sandersleben, Lkr. Mansfeld-Südharz, ST. **V.** DS 14. *ChZ*

Sandesneben-Nusse **I.** Amt im Kr. Herzogtum Lauenburg, 14 948 Ew., SH. Sandesneben: 1230 erstmals urk. erwähnt, seit 1889 Sitz des gleichnamigen Amtes, 2008 Vereinigung mit dem Amt Nusse, das 1158 erstmalig urk. erwähnt wird. **II.** Sandesneben: 1230 *Zanzegnewe*, 1465 *van dem dorpe Santzkeneue*, 1649 *Sandisneben*; *Sandesneben* (1856). **III.** *Sandesneben* leitet sich vom apolb. PN *Sądzignĕv* ab und meint damit den 'Ort des Sądzignĕv'; Für den ON *Nusse* ist die Herleitung der Bedeutung 'Nase, Landzunge, Landvorsprung' aus der idg. Wurzel **nas* 'Nase', apoln. **nosy* (Pl.) zu *nos* 'Nase', mnl. *nesse, nes* 'Landzunge' wahrscheinlich, denn die Region war nach der Eiszeit eine große Seenlandschaft. **V.** Laur; Haefs; Pfeifer. *GMM*

Sandhausen **I.** Gem. im Rhein-Neckar-Kreis, 14 338 Ew., ca. 8 km sw Heidelberg im Schwetzinger Hardt in der Oberrheinischen Tiefebene, Reg.-Bez. Karlsruhe, BW. Ausbauort des hohen Mittelalters, seit 1803 badisch. Ehemals als Hopfengemeinde bekannt, Tabakanbau, Synagoge, Christuskirche, Lège-Cap-Ferret-Platz, ehemaliges Wasserwerk. **II.** 1262 *Sandhusen*, 1351 *Santhusen*, 1514 *Santhußen*. **III.** Es liegt eine Zuss. mit dem Gw. ↗-*hausen* und dem Bw. ahd. *sand*, mhd. *sant* 'Sand' vor. Der Name bezieht sich auf den Sandboden der Schwetzinger Hardt bzw. eiszeitliche Sanddünen, die an den Ort angrenzen. **IV.** Sandhausen, OT von Delmenhorst, NS. **V.** Krieger 2; LBW 5. *JR*

-sang / -seng / -asang. ↗-schwand / -schwend(i).

Sangerhausen **I.** Kreisstadt des Lkr. Mansfeld-Südharz, 30 648 Ew., am ö Rand der Goldenen Aue zwischen Harz und Kyffhäuser an der Gonna, ST. Altthüringische dörfliche Siedlung an alter Ost-West-Straße, 1194 Stadtrecht, seit dem Mittelalter Silber- und Kupferbergbau, nach 1990 Einstellung des Kupferbergbaus; größte Rosensammlung der Welt im Europa-Rosarium mit über 8300 Rosenarten und -sorten. **II.** 780/802 *Sangerhus*, 991 *Sangirhuson*, 1110 *Sangerhusen*. **III.** Bildung mit dem Gw. ↗-*hausen*, as. und mnd. -*hūs(en)*. Im Bw. liegt ahd. *sangāri* vor, eine Personenbezeichnung zu ahd. *sengan* 'abbrennen, roden'. Die Bedeutung ist demnach als 'Siedlung der Brandroder' o.ä. zu erfassen. **V.** Dronke Cod. Dipl. Fuld.; FO; SNB. *GW*

Sankt Augustin **I.** Stadt im Rhein-Sieg-Kreis, 55 624 Ew., ö Bonn in der Siegniederung, Reg.-Bez. Köln, NRW. Durch die Gemeindereform in NRW 1969 entstandene, mit einem Kunstnamen versehene neue Stadt aus dem Zusammenschluss mehrerer Orte, u.a. Hangelar, Menden, Niederpleis, Birlinghoven, Meindorf, seitdem neues Stadtzentrum als St. Augustin-Ort gegründet, Stadtrechte 1977, Stadtgebiet weitgehend identisch mit franz. Mairie und preuß. Amt Menden. **II.** 1314 *de Hangelere*; 1064 *Menedon, Mendene*; 859 *ad Pleisam superiorem*, 1064 *in pleisa inferiore*; 1117 *Bertelinghouen*; 1064 *Meimendorf*. 1969 *Sankt Augustin*. **III.** Die Stadt wurde 1969 durch Mehrheitsbeschluss im Rat des Amtes Menden nach dem Patrozinium der Kirche der Steyler Missionare benannt, die seit 1913 im heutigen Ort St. Augustin angesiedelt sind. *Hange-lar* mit dem Gw.↗-*lar* und einem unklaren Bw.; *Menedon* nach FO aus *Men-* 'Landweg' und -*thinne* 'Ausdehnung, Tal' zusammengesetzt, nach Dittmaier vielleicht vordeutscher Name; *Nieder-pleis* nach dem GwN *Pleis*, der wohl auf die alteurop. Wurzel **pel-/pl-* neben **plei-*, **pleu-* 'fließen, rinnen, gießen' zurückführt; *Birl-inghoven* aus germ. PN *Berhtilo* und dem Gw. ↗-*inghofen*; *Mein-dorf* wohl aus der Kurzform *Maimo* des germ. PN *Meimbold, Maginbald* und dem Gw. ↗-*dorf*. Die urk. Ersterwähnung der Stadtteile Menden, Meindorf, Mülldorf und Niederpleis erfolgt in der sog. Gründungsurkunde der Abtei Siegburg von ca. 1070, bei Dittmaier 1956 und im HHS 3 weiterhin 1064 als Datierung. **V.** FO; Dittmaier 1956; HHS 3. *Ho*

Sankt Avold // Saint Avold dial. [sɛntɐˈfoːɐ̯] **I.** Stadt und Hauptort des gleichnamigen Kantons im Dép. Moselle, 17 089 Ew., LO, F. Im frühen 8. Jh. von Bischof Sigibald von Metz als *nova cella* ('neues Kloster') gegenüber dem älteren Kloster von Lubeln // Longeville am Ort *Hilariaco* gegründet; um 765 von Bischof Chrodegang mit den Reliquien des röm. Heiligen Nabor ausgestattet; um die Abtei entwickelte sich die Stadt; Sitz einer Metzer Vogteiherrschaft; 1871 zum Reichsland Elsass-Lothringen, 1918 wieder zu Frankreich. **II.** Hilariacum: 8. Jh. Ende *Hilariaco monasterio*, 10. Jh. *Hylериacum*; Saint Avold: 856 *monasterio sancti Naboris*, 1150 *sancto Nabore*, 1227 *Saint Avo*, 1241 *Saint Avor*, 1367 *Saint Avold*. **III.** Hilariacum: Gallorom. Bildung zum lat. PN *Hilarius* mit dem Zugehörigkeit ausdrückenden Suffix ↗-*acum*. Saint Avold: Ekklesiogene Bildung mit Attribut *Sanctus* zum Heiligennamen *Nabor*. Die franz. Form entsteht durch Verstummen des auslautenden -*t* in *Saint* und nachfolgender falscher Abtrennung (Deglutination) des anlautenden *n-* des Heiligennamens, dessen auslautendes -*r* verstummt bzw. vokalisiert wird. Die letztlich akzeptierte Schreibung mit -*old* ist rein grafisch. Die d. Entwicklung nimmt ihren Ausgang von der franz. Form des Hochmittelalters und spiegelt sich in der Mundartform *Santafor*. **IV.** Larrey (795 *Hileriacum*), Dép. Côte d'Or, F. **V.** Reichsland III; Hiegel; Buchmüller-Pfaff: Siedlungsnamen zwischen Spätantike und frühem Mittelalter. Tübingen 1990; Haubrichs 1990. *Ha*

Sankt Goar-Oberwesel I. VG (seit 1970) im Rhein-Hunsrück-Kreis, 9367 Ew., Verwaltungssitz in der Stadt Oberwesel, am linken Ufer des Oberen Mittelrheins gegenüber dem Loreleyfelsen, RP. Neben den beiden namengebenden, ehemals selbst. Städten noch sechs Gem. Kelt.-röm. Besiedlung der Region an einem wichtigen Verkehrsweg mit Herbergsstation an jener Stelle, wo sich h. Oberwesel befindet, und militärisch gesichertem Uferwechsel in der Umgebung des h. Sankt Goar. Mitte 6. Jh. baute der Einsiedler Goar am Rhein eine Mönchszelle, an deren Stelle im 8. Jh. ein Kloster mit Siedlung entstand. Im 12./13. Jh. errichteten die Grafen von Katzenelnbogen hier Burg und Herrschaft, die im 15. Jh. an Hessen kamen. Oberwesel wurde 1220 freie Reichsstadt, kam aber 1309 bereits wieder an Kurtrier. 1815 zum preuß. Kr. Sankt Goar. II. Sankt Goar: 820 *ad cellam Sancti Goar* (Kop. ca. 920), 1326 *Sente Gewer*, 1383 *Sante Gower*. Oberwesel: um 365 *Vosavia* (Kop. 13. Jh.), 820 *Wasalia*, 973 *Wesila*, 1112 *Wesela*, 1180 *Wesele*; *Wesel* (seit 13. Jh.). III. ON konnten im Lat. gebildet werden, indem sie mit PN, wie etwa dem Heiligennamen *Sankt Goar*, gleichgesetzt wurden. Dieser könnte die romanisierte Form des got. PN **Gauja-harjis*, germ. **Gawi-härja*, sein. Die Bed. des kelt. ON *Volsovia* bleibt im Dunkeln, doch könnte ein GwN zugrundeliegen. Der Zusatz *Ober-* ist vor allem amtlich und unterscheidet den Ort von Wesel am Niederrhein. V. MGH SS 15; Tabula Peutingeriana. Codex Vindobonensis 324. Österreichische Nationalbibliothek Wien, kommentiert von E. Weber. Graz 2004; Gysseling; Kaufmann 1973. *JMB*

Sankt Pölten [sõm'bœːdn] I. Statuar- und Bezirksstadt (1922), Landeshauptstadt des Bundeslandes NÖ (seit Beschluss vom 10. 7. 1986), Sitz der NÖ Landesregierung; 51 548 Ew, im Mostviertel an der Traisen (vgl. Erwähnungen von 799 und 976), 60 km w WI, NÖ, A. Vorgänger der h. Altstadt war die Römerstadt *Aelium Cetium*; Klosteransiedlung im 8. Jh., 1159 Stadtrecht, vorerst Besitz des Bistums Passau, ab 15. Jh. landesfürstlich; 17./18. Jh. Ausbau zur Barockstadt; seit 1785 Sitz eines röm.-kath. Bischofs (Diözese), bedeutende Sakralbauten; Institut für Jüdische Geschichte Österreichs (in der ehemaligen Synagoge); Stadttheater (1820); Kleinindustrie, ab 20. Jh. Großbetriebe (Papier-, Maschinenfabrik; Textilerzeugung); Sitz zahlreicher Handelsunternehmen (z.B. Möbelhandel), Brauerei und Getränkeerzeugung; Schul- und Garnisonstadt; seit Erhebung zur Landeshauptstadt intensive Bautätigkeit (Regierungsviertel an der Traisen mit Landhaus, Landesarchiv, -bibliothek, -museum, Festspielhaus etc.) und folglich forcierte Entwicklung kommunaler, wirtschaftlicher und kultureller Institutionen; expandierender Fremdenverkehr. II. (indirekt:) 799 Kop. Anfang 10. Jh. *actum ad Treisma*, 976 *Treisma ad monasterium sancti Ypoliti* [Or]; dacz Sand Po*e*lten (1286). III. *Treisma* ist Beleg für die durch St. Pölten fließende *Traisen*, deren antiker Name *Trigisamo* (wohl recte: **Tragisamo*) auf kelt. **Tragisama* zurückgeführt werden kann. Dies ist eine mit dem kelt. Superlativsuffix **-samo/-sama* gebildete Abl. von idg. *trägh-* mit der Bedeutung 'sich bewegen, laufen'; *-ei-* ist kelto-romanisches Kontraktionsergebnis < kelt. **-agi-*. Später wird das Kloster bzw. davon übertragen der Ort nach dem Märtyrer *Hippolyt* benannt, dessen Name griechischen Ursprungs ist. Der eingedeutschte Name zeigt Abfall der Erstsilbe, Umlaut von *o* zu [œ], Ausfall des *i* der Mittelsilbe und schwache Deklination. V. ANB 1 und 2; Schuster 1; ÖStB 4/3; Rasch. *ES*

Sankt Valentin [sõŋkt 'fɔədɐ] oder [fɔə'dʀõː] I. Stadt (seit 1983), 9298 Ew., im w Mostviertel (an der Landesgrenze zu OÖ), Bezirk Amstetten, NÖ, A. Funde seit der Steinzeit, Siedlung an einem alten Handelsweg an der Enns; spätgotische Hallenkirche; wirtschaftl. Aufschwung seit Angliederung an die Westbahn im 19. Jh. (h. wichtiger Bahnknoten) bzw. Autobahn (Mitte 20. Jh.); diverse Industriebetriebe, Bauwesen, Handel. II. 1151 *in êcclesia sancti Valentini* [Or], 1319 *in St. Valteins pharr* [Or]. III. Der Ort ist nach dem Patrozinium des heiligen *Valentin* (von Rätien) benannt, dessen Name lateinischen Ursprungs ist und der als **Fal(en)tīn* ins Mhd. entlehnt wurde; die erste mda. Lautung geht auf die zweisilbige Form des PN mit Abschwächung der unbetonten Silbe (s. Erwähnung von 1319) zurück, die zweite ist beeinflusst von mda. *Falter* (= Schmetterling) bzw. *Farfalla* (= Maiglöckchen). V. ANB 2; Schuster 2. *ES*

Sankt Veit an der Glan I. Stadt, 12 866 Ew., Pol. Bez. St. Veit an der Glan, KÄ, A. Die am Ausgang des Glantales an der Gabelung des von N kommenden Hauptverkehrsweges nach Villach und Klagenfurt liegende Stadt ist bereits 1224 als solche genannt (1199 noch als Markt). Die Burg ist urk. seit 1252 bezeugt, war Sitz des Herzogs (daher auch die Bezeichnung „Herzogsstadt") und war Landeshauptstadt bis 1518. Weitestgehend ist die ma. Stadtmauer und der ma. Charakter der Altstadt erhalten. Seit 1362 besteht der „St. Veiter Wiesenmarkt", der als größtes Kärntner Volksfest gilt (Ende September). Eisenbahnknoten, Industrie. II. 1131 *per medium villê sancti Viti*, 1136 *P. de sancto Vito*. III. Der Name reflektiert das Patrozinium des Heiligen *Vitus* (Veit), dem die Stadtpfarrkirche geweiht ist, urk. erstmals 1131 als *sanctus Vitus villa* erwähnt. Der GwN *Glan* (983 *Glana*) ist kelt. Herkunft und beruht auf kelt. *glan* 'rein, glänzend, lauter'. V. ANB; HHS Huter; Krahe; Kranzmayer II. *HDP*

Sarnen I. Dorf, Gem. im und Hauptort des Kt. Obwalden, 9 822 Ew., in der Zentralschweiz, am Nordufer des Sarnersees, 473 m über dem Meeresspiegel, CH. Archäol. Einzelfunde seit der Jungsteinzeit, im frühen 11. Jh. Bau der Burg Landenberg, nach 1285 Bau der unteren Burg (mit „Hexenturm"). Sicher seit 1362 Tagungsort von Landsgemeinde und Gericht, um 1418 Bau des ersten Rathauses. 1468 Dorfbrand. 1888 Anschluss an das Eisenbahnnetz (Brünigbahn), Ansiedlung von teils größeren Produktionsbetrieben und wachsende Bedeutung als regionales Zentrum (Schulen, Spital, Gewerbe). **II.** Vor 840 *Sarnono*, 1036 *Sarnuna*, 1173 *Sarnuna [Or]*, 1210 *Sarnon [Or]*, um 1213 *Sarnen [Or]*. **III.** Die Bed. des Namens *Sarnen* ist nicht geklärt. Diskutiert werden vordeutsche Deutungsansätze, insbesondere eine Herleitung vom vorröm., in röm. Quellen erwähnten Völkernamen der Sarunetes, also 'Siedlung der Sarunetes' (mit unklarer Wortbildung), und die Deutung als alteurop. GwN *Sar-nôna* (zu idg. *ser-* 'fließen, strömen'), im Sinne von 'Siedlung am Fluss *Sarnôna*' (als urspr. Name der heutigen Sarneraa). **V.** RN 2; Sonderegger, S.: Die Ausbildung der deutsch-romanischen Sprachgrenze in der Schweiz im Mittelalter. Rheinische Vierteljahrsblätter 31 (1966/67); LSG. *BD*

Sarralbe ↗ **Saaralben**

Sarrebourg ↗ **Saarburg**

Sarreguemines ↗ **Saargemünd**

Sarstedt I. Stadt im Lkr. Hildesheim, 18 591 Ew., NI. Der Ort gehört seit Einführung des Christentums (815) zum Bistum Hildesheim. 1221–1225 Bau einer Burg, 1296 Stadtrechte, starke Zerstörungen durch „Große Fehde" und Hildesheimer Stiftsfehde (1519–1523). 1543 Reformation (Corvinus), nach Ende des dreißigjährigen Krieges Errichtung des „Großes Stiftes" und Rückkehr zum FBtm. Hildesheim, damit 1816 zum Kgr. Hannover und 1866 zur preuß. Provinz Hannover; seit 1885 zum Lkr. Hildesheim (1946–1974 Lkr. Hildesheim-Marienburg), Reg.-Bez. Hildesheim, 1998–2004 Reg.-Bez. Hannover. **II.** (1046–1056, z. T. Kop. 12. Jh.) *curtis Scersteti*, *Scerstete*, 1196 *Stardethe* (lies: *Scardethe*), 1221 *Scharzstede*, 1225 *Zerstede*, 1225 (Kop. 15. Jh.) *Cherstedhe*, (1221–1246) *Zerstede*, *Scherstede*, 1242 *Zterdede*, 1246 *Chyarstide*, 1250 *Chiarstede*, 1251 *Tserstede*, 1252 *Actum Zchiarstede*, 1256 *Tserstede*, 1486 *Reyneken Sersteden*, 1593 *Sarstedt*. **III.** Gegenüber dem Ansatz *Kerstede*, wird jetzt eine Bildung mit dem Suffix ↗ *-ithi* bevorzugt. Die Belegentwicklung spricht am ehesten für einen Ansatz *Skard-ithi*, später durch Umlaut des *-i-* verändert zu *Skerd-ithi*, zumal dann der dem Einfluss des Zetazismus unterzogene Anlaut erklärt werden kann. Der Übergang *Sker-*, *Scher-* > *Schar-*, *Sar-* enthält den im Mnd. häufigen Wandel *-er-* > *-ar-*. Die Ableitungsgrundlage *skard-* kann verbunden werden mit altisländisch *skardr* 'beschädigt, verstümmelt, verringert', asä. *skard* 'zerhauen, verwundet', ahd., mhd. *scart*, *schart* 'zerhauen, schartig', d. *Scharte*, ae. *sceard*, afries. *skerd* 'Schnitt, Stück', anord. *skard*, wahrscheinlich besteht Verwandtschaft zu den für geographische Namen vor allem heranzuziehenden baltischen Wörtern wie lit. *skardùs* 'steil', *skarÓdis* 'steiles Ufer' (wozu dann auch baltische und balkanische Namen wie *Scordus mons*, *Scardona*, *SkarÓdis*, *Skardupe* gezogen werden können). Im Wesentlichen wird man wohl FO II folgen können, der unter einem Lemma *Skard²* „ahd. *scart*, asächs. *scard*, verletzt, verstümmelt und mhd. *schart*, Einschnitt, *scherde*, Felsbruch" nicht nur *Sarstedt* nennt, sondern auch *Scharten*, Oberösterreich, A; *Schardenberg* bei Brakel nahe Höxter, NRW; *Scardove* im Département Pas de Calais, F und auch *Scharzfeld*, Lkr. Osterode, NI. **V.** Lasch 1939; Nds. Städtebuch; NOB II; Rosenthal 1999; Udolph 1999a. *JU*

Sassenberg I. Stadt im Kr. Warendorf, 14 264 Ew., nö Warendorf, Reg.-Bez. Münster, NRW. Im MA Kirchdorf im FBtm. Münster, Titularstadt, im 17. Jh. auch Residenzstadt der Fürstbischöfe von Münster, 1802 preußisch, 1806 Ghztm. Berg, 1813 wieder preußisch, 1850 Kammgarnspinnerei, Färberei. **II.** 1305 *Sassenberg [Or]*, 1315 *Zassenberghe*, um 1378 *castripheodum in Sassenberge*. **III.** Der ON Sassenberg geht auf den Namen einer Burg an gleicher Stelle zurück und ist eine Bildung aus einem Gw. ↗ *-berg* mit appellativischer Grundlage in asä. *berg*, mnd. *berch* 'Berg, Höhe, Geländeerhebung; Grabhügel'. Bw. ist mnd. *Sasse* 'Sachse', im Pl. als der Volksname der Sachsen verwendet. Das Gw. kann sowohl auf einen Berg als auch auf eine Burg bezogen werden. Bei Sassenberg stand aber wohl die Burganlage im Vordergrund, da keine als Berg zu bezeichnende Erhöhung im Gelände vorhanden ist. Der Name der im 12. Jh. entstandenen Burg ist als Festung der Sachsen (gegen Gegner) zu verstehen. Die Belegreihe zeigt eine äußerst konstante Lautung und Schreibung des Namens; nur im 14. Jh. treten einige graphische Varianten auf. **V.** WfUB VIII; Piderit, J.: Chronicon Comitatus Lippiæ [...]. Rinteln 1627. *kors*

Sassenburg I. Gem. im Lkr. Gifhorn, 10 956 Ew., NI. Die Gem. – ein Ort mit dem Namen *Sassenburg* existiert nicht – wurde 1972 im Zuge der Gemeindegebietsreform in Niedersachsen aus den Gemeinden *Blomberg*, *Eversmeer*, *Nenndorf*, *Neuschoo*, *Ochtersum*, *Schweindorf*, *Utarp* und *Westerholt* gebildet. **II.** 1972 *Sassenburg*. **III.** Der junge ON wurde in Anlehnung an eine gleichnamige Fluchtburg, die offenbar 1,6 km nw von Dannenbüttel s der Aller lag und auf die sich ein FlN *Sassenburg* bezieht, geschaffen. Der Name ist ein Kompositum aus nd. *Sasse* 'Sachse' und ↗ *-burg*. **V.** GOV Gifhorn. *JU*

Sassendorf, Bad **I.** Gem. im Kr. Soest, 11 585 Ew., ö von Soest, Reg.-Bez. Arnsberg, NRW. Die örtlichen Solevorkommen wurden bis 1952 zur Salzgewinnung genutzt, seit 1854 auch zum Betrieb des Heilbads. Namenszusatz *Bad* seit 1906. **II.** 1169/79 *domum salinam in Sassendorp* [Or], 1627 *zu Sassentrop*, 1685 *Sassendorf*. **III.** Gw. ist ↗ *-dorf*, das mda. auch in den wfl. Varianten *-trop* und *-trup* auftritt. Neuzeitlich setzt sich die nhd. Form *-dorf* durch. Als flektiertes Erstglied der Zusammenrückung ist sowohl der Völkername der Sachsen im Gen. Pl. als auch der PN *Sahso* im Gen. Sg. (beide zu asä. *sahs* 'Messer, (kurzes) Schwert') mit spät-asä. Entwicklung *-hs-* > *-ss-* sprachlich möglich (**Sahsono thorp*, **Sahson thorp*). Da weder eine Eigenbenennung sächsischer Einwohner noch eine Fremdbenennung (etwa durch die Franken während der Sachsenkriege des 8./9. Jh.) wahrscheinlich zu machen ist, dürfte der PN vorliegen, also 'Dorf des *Sahso*'. **V.** WOB I; Kracht, P. (Hg.) Sassendorf. Vom Sälzerdorf zum Heilbad. Münster 2009. *Flö*

Sassenheim franz. Sanem, lux. Suessem **I.** Gem. (Sitz der Gemeindeverwaltung im OT Beles, franz. Belvaux, lux. Bieles), 14 580 Ew., an der Grenze zu F in der Minette (Eisenerzregion) im Gutland, ca. 20 km sw von Luxemburg, Kt. Esch an der Alzette, Distr. Luxemburg, L. Seit dem MA zu Luxemburg, Wasserburg *(Suessemer Schlass)* aus dem 13. Jh., h. Kinderheim mit Park. **II.** 1274 *Sasenheim*, 1291 *Saneim*, 1370 *Saissenheim*. **III.** Bildung mit dem Gw. ↗ *-heim*, das appellativisch an ahd. *heima*, mhd. *heim* 'Heim, Welt' anzubinden ist. Bw. ist a) der ahd. PN *Sahso*, der an das Ethnonym ahd. *Sahso* 'Sachse' (germ. **Sahsan*) anknüpft: ahd. **Sahsenheima*, oder b) eine Bildung mit dem Ethnonym: ahd. **Sahsōnoheima* 'Heim, Ansiedlung der Sachsen' (eher, da wohl *-en-* < *-ōno-* erhalten, vgl. Haubrichs). Historisch würde b) auf eine frühma. Gruppen(an)siedlung von Sachsen in fränk. Gebiet schließen lassen. Mfr. Ausfall von *h* vor *s* (1274 *Sasenheim*). Franz. Ausfall des silbenauslautenden *s* und mit der Entlehnung Übernahme des abgeschwächten Gw. *-em*: *Sanem* < franz. **Sasnem* < mfr.-mhd. **Sasenem*. Lux. *Suessem* mit Brechung von ahd. *a* (vgl. lux. *wuessen* 'wachsen', wohl mit vorausgehender Ersatzdehnung *a* > *ā* durch den *h*-Ausfall) und haplologischer Kürzung *-em* < *-enem*. **IV.** U. a. ↗ Sachsenheim, Lkr. Ludwigsburg, Reg.-Bez. Stuttgart, BW. **V.** Haubrichs, W.: Ethnogene Siedlungsnamen auf *-heim* und andere im theodisken Sprachraum. Zeugnisse merowingischer Siedlung. In: Gedenkschrift Lutz Reichardt. Hg. von A. Greule und St. Hackl, 2011; Meyers; Schorr, A.: Entre Chiers et Attert. In: Grenzverschiebungen. Interdisziplinäre Beiträge zu einem zeitlosen Phänomen (= Annales Universitatis Saraviensis. Philosophische Fakultäten 21). Hg. von W. Brücher. St. Ingbert 2003. *AS*

Sassnitz **I.** Stadt im Lkr. Rügen, 10 512 Ew., auf der Halbinsel Jasmund im NO der Insel Rügen, an der Ostseeküste, MV. Urspr. slaw. Besiedlung in zwei Fischerdörfern (Crampas und Sassnitz), seit ca. 13. Jh. eingedeutscht, 1906 unter Namen *Sassnitz* vereinigt, 1889–1912 Errichtung des Hafens (u. a. Verbindungen nach Dänemark, Schweden) und Beginn des industrialisierten Fischfangs mit Höhepunkt im Zeitraum von den 1950er Jahren bis ca. 1990 (u. a. Hochseefischerei und entsprechende Verarbeitungsindustrie), 1957 Stadtrecht, h. regelmäßiger Fährbetrieb (Schweden, Dänemark, Litauen), Kreideabbau, Fischfang und Fremdenverkehr. Bis 1993 *Saßnitz* amtl. Schreibform. Seit 1998 Titel „Staatlich anerkannter Erholungsort". **II.** 1654 *Sassnица*, 1695 *Sassenitz*; *Sassnitz* (1777). **III.** Dem ON liegt verm. ein apolb. Flurname **Sosnica* mit einem Suffix *-ica*, ↗ *-itz*, zugrunde, mit dem das App. **sosna* 'Kiefer, Föhre' erweitert wurde. Das auslautende, unbetonte *-a* ging bei der Eindeutschung verloren. Die Bedeutung des ON lässt sich als 'Ort mit Kiefern' rekonstruieren. Eichler/Mühlner halten auch eine Abl. von apolb. **sas*, aus nd. *sasse* 'Sachse' für möglich. Fehlende frühere und sicher zuzuordnende Überlieferungen (1300 *Syrzycz*?) ermöglichen keine eindeutige Herleitung. **V.** PUB 3; HHS, Bd. 12; Bilek, J./Schall, H.: Slavische Ortsnamen aus Mecklenburg. In: Zeitschrift für Slawistik 2 (1957); EO; Trautmann ON Meckl.; Eichler/Mühlner; Niemeyer 2002. *MN*

Saterland saterfries. Seelterlound **I.** Gem. im Lkr. Cloppenburg, 12 883 Ew., an Sagter Ems, Reg.-Bez. Weser-Ems (bis Ende 2004), NI. 11./12. Jh. fries. Neubesiedlung, 1400 zum Niederstift Münster, eigene Verfassung und Gerichtsbarkeit, isolierte Lage: von Hochmooren umschlossener schmaler Sandrücken am Ufer der Sagter Ems, bis ins 19. Jh. nur auf Wasserweg zu erreichen, altostfries. Dialekt (das Saterfries.) blieb erhalten, 1934 erstmalig Gem. Saterland aus Ramsloh, Scharrel und Neuscharrel gebildet, nach Kriegsende wieder Verselbstständigung, 1974 Zusammenschluss der Gem. Ramsloh, Scharrel, Sedelsberg, Strücklingen unter dem ON *Saterland*. **II.** 1400 *Sagharderland*, *Sagherderland*, *Sagelterland* [Or], 1554 *Sagterland* [Or], 1600 *Saterlandt* [Or]. **III.** Der erst seit 1400 in vielfältigen Formen überlieferte Name *Saterland* ist bisher trotz vieler Deutungsversuche ungeklärt (vgl. Kramer). Schon im 18. Jh. verband man ihn mit dem emsländischen ON Sögel (um 1000 *Sugila* [Or]), gegründet auf der

Gleichsetzung einer im Jahr 1238 als Morgengabe erwähnten *cometia Sygeltra* (1252 *Sigheltra [Or]*) mit Sögel. Nachweise für diese Verbindung gibt es nicht, ebensowenig dafür, dass *Sygeltra* tatsächlich die Vorform des Namens *Saterland* ist; die sprachliche Herleitung bereitet große Schwierigkeiten. Eine zufriedenstellende Deutung des ON steht noch aus. Die Form *Sagharderland* ist bisher noch gar nicht beachtet worden. Das Gw. ist asä. *land*, mnd. *lant* 'Festland, Erdboden, Gebiet'. Bei *Sagharder-* kann es sich um die mit *-er* abgeleitete adj. Form eines Örtlichkeitsnamens **Saghard(e)* mit dem Gw. *-hard(e)* zu ahd. *hard* 'bewaldeter Höhenzug; fester Sandboden, Heide', mnd. *harde* 'guter, trockener Boden' handeln. Das Bw. erinnert an den ON *Sage* (872 *Sega*, 1000 *Saga*), Kr. Oldenburg, NI, in erhöhter, trockener Lage, der möglicherweise mit idg. **sek-* 'schneiden', anord. *segi* 'Stück, Stumpf', altschwedisch *saghi* 'abgeschnittenes Stück' zu verbinden ist (vgl. Möller 1979). Der Örtlichkeitsname **Saghard(e)* würde sich auf den durch Moor und Gewässer abgeschnittenen schmalen Sandrücken beziehen. Weiterhin ist an eine Gf. **Sagard* mit dem Gw. *-ard* 'Siedlung, Wohnplatz' zu asä. *ard* 'Aufenthaltsort', *ardon* 'wohnen, bleiben' zu denken. Das Bw. könnte ein mit mnd. *segge* 'Riedgras, Schilf' (aus germ. **sagjō*) verwandtes Wort **saga* (aus germ. **sagō*) enthalten. Der ON bedeutet dann 'Siedlung am Schilf'. Das Gw. wurde in unbetonter Position zu *-(h)erd-* abgeschwächt, durch Dissimilation von *-r-* zu *-l-* entstand die Form *Sagelt-*, die weitere Abschwächung führte zu *Sagt-*, *Sat-*. **IV.** Seggerde, Lkr. Börde, ST. **V.** BuK Oldenburg III; Siebs, T.: Das Saterland. In: Zeitschrift des Vereins für Volkskunde 3 (1893); Sello, G.: Saterlands ältere Geschichte und Verfassung. Oldenburg/Leipzig 1896 (Nd. Rhauderfehn 1980); Kramer, P.: Lound un Noomen. Die saterfriesischen Orts- und Flurnamen in der Landschaft. Mildaam 1994. *FM*

Saulgau, Bad **I.** Stadt und gleichnamige VVG im Lkr. Sigmaringen, 22 474 Ew., ca. 29 km wsw Sigmaringen zwischen Donau und Bodensee gelegen, Reg.-Bez. Tübingen, BW. Verleihung des Stadtrechts im Jahr 1239 durch Kaiser Friedrich II., 1806 fiel Saulgau an Württemberg und trägt heute das Prädikat Bad. Heilquellenkulturbetrieb, barockes Dominikanerinnenkloster Sießen, Katzentürmle. **II.** 819 *Sulaga*, 857 *in … Sulagun [Or]*, 919 *Sulgon [Or]*, 12. Jh. *Sulgen*; *Bad Saulgau* (2000). **III.** Dem Namen liegt ahd. *sūlag*, mhd. *sūlac* 'Schweinepferch' zu Grunde und er dürfte sich auf einen Ort beziehen, an dem Schweine gehalten wurden. Das Gw. gehört zu ahd. *ligan* 'liegen', der Name ist daher als *sū-lag* zu lesen, das vermeintliche Gw. *-gau* ist erst sekundär aus falsch verstandenem *sūl-aga* gebildet worden. Mhd. *-ū-* wird dann nhd. zu *-au-* diphthongiert. Der Name bezieht sich damit auf die Lage in den Niederungen des Schwarzachtals. Für den sprachlich möglichen Zusammenhang mit ahd. mhd. *sūl* 'Säule' gibt es keine stützenden sachlichen Hinweise. **V.** FO 2; Memminger, J. D. G. von: Beschreibung des Oberamts Saulgau. Stuttgart 1829. *JR*

Saverne ↗ Zabern

Schaafheim **I.** Gem. im Lkr. Darmstadt-Dieburg, 8953 Ew., nö Dieburg am Nordabhang des Odenwaldes, Reg.-Bez. Darmstadt, HE. Schaafheim ist erstmals schon Anf. des 9. Jh. in der Überlieferung der Reichsabtei Fulda bezeugt, die hier Schenkungen erhielt. Unter der Lehnshoheit Fuldas, später der Pfalzgrafen, kommt der Ort ab 1326 dauerhaft in den Besitz bes. der Herren von Hanau, erhält 1368 das Stadtrecht, fällt 1773 an Hessen-Darmstadt, 1918 und 1945 an Hessen, 1971/ 77 um 3 Gem. (mit teils anderer Geschichte) erweitert. **II.** (Anf. 9. Jh.) *Scofheim* (Kop. um 1160), 1272 *Schaffheim* (Kop. 1391 in Druck von 1785), 1326, 1355, 1368 *Schafheim*, 1398 *Schaffheim*, 1492 *Schoffheym*, 1538 *Schoffem*, *Schaaffheym* [sämtlich *Or*]. **III.** Das Bw. ist nach dem Erstbeleg offenbar auf ahd. *scopf*, *scof* zu beziehen, das 'Schuppen, Vorhalle, Vorbau', in seltenen Fällen aber auch 'unfruchtbares Land, Ödnis', lat. *tescua*, bedeutet und das im App. *Schopf* (in obd. und schwzd. Mda. für 'Wetterdach, Vorhalle') und in ON wie *Schopfheim* fortlebt. Die weiteren Belege und auch die h. Lautung fügen sich nur schwer in diese Deutung, bes. deswegen, weil seit altersher Vokallänge vorliegt, wie durchaus auch die frnhd. *ff*-Grafie bestätigt (!). Sie fügten sich nur, wenn man annähme, dass das Bw. eine (im Ahd. selten belegte) Variante mit Langvokal (*scôpf*) vertritt und dass die *ā*-Grafie und (danach) -Lautung eine Hyperkorrektur des mda. Wandels von ahd. *ā* > südhess./rhfr. *ô* darstellen. Viel plausibler ist die Annahme (auch angesichts des unveränderten *f*, nicht *pf*!, im Auslaut), dass sich (unter dem mda. Einfluss) eine frühe (volksetymologische?) Anlehnung an ahd. *scāf*, mhd. *schâf* 'Schaf' vollzog; die *-o-* Schreibungen spiegelten dann dessen mda. Lautung. **IV.** ↗Schopfheim, Lkr. Lörrach, BW; Niederschopfheim, OT von Hoberg, Ortenaukreis, BW; Schafstädt, OT von Bad Lauchstädt, Saalekreis, ST. **V.** CE; Reimer 1891; Müller, Starkenburg; Schützeichel. *HGS*

Schaffhausen franz. *Schaffhouse*, ital. *Sciaffusa* **I.** Hauptort des gleichnamigen Bezirks und des Kantons Schaffhausen, 34 076 Ew., CH. Alter Umschlagplatz für Güter, die auf dem Rhein transportiert wurden, nur wenige Kilometer oberhalb des Rheinfalls. 1045 erhält Graf Eberhard von Nellenburg von König Heinrich III. das Münzrecht in der *villa Scafhusun*.

Derselbe Graf gründet 1049 das Kloster Allerheiligen. 1218 wird Schaffhausen reichsfreie Stadt, 1501 als 12. Ort in den ewigen Bund der Eidgenossen aufgenommen. Vom 16. bis zum 18. Jh. werden Bürgerhäuser ausgebaut und mit Erkern und Fassadenmalereien versehen. Seit dem 19. Jh. Industrialisierung mit Ausnützung der Wasserkraft: 1802 Gießerei Fischer (+GF+) im Mühlental; der Uhrmacher und Industriepionier Heinrich Moser vollendet 1866 einen Damm über den Rhein, um dessen Wasserkraft zu nutzen und mit Transmissionen Antriebsenergie in die Fabriken zu bringen. 1944 wird die Stadt irrtümlich von amerikanischen Fliegern bombardiert. **II.** 1045 *in villa Scâfhusun [Or.]*, 1083 *in villa Scafhusa*, 1189 *apud villam Scaphusam*. **III.** 1. **ze scâfhûsun*: Appellativ *schaf* + ↗ *-hausen*: 'bei den Schafställen'. 2. ** ze scaphhûsun*: Appellativ *schaff*, *schapf* + *-hausen*: 'bei den Lagerhäusern, wo Salz und Getreide eingelagert oder mit Schöpfgefäßen ausgemessen wurde'. **V.** Gallmann, Heinz: Das Stifterbuch des Klosters Allerheiligen zu Schaffhausen: kritische Neuedition und sprachliche Einordnung. Berlin 1994; LSG; Schaffhauser Mundartwörterbuch. Schaffhausen 2003. *Ny*

Schafflund dän. Skovlund; fries. Schaflün **I.** Gem. und gleichnamiges Amt im Kr. Schleswig-Flensburg mit dreizehn Gem., 12 211 Ew., direkte Nähe zur dänischen Grenze, zwischen Nord- und Ostsee, SH. Ersterwähnung 1477, Besiedlung um die Wassermühle (14. Jh.), 1878 an Preußen (Kr. Flensburg). Das jetzige Amt 1970 wurde gebildet. Vorwiegend landwirtschaftlich geprägt, Wassermühle. **II.** 1477 *Schaftling [Or]*, 1543 *Schaftelinge*; *zu Schafftlund* (1598). **III.** Der ON stammt wahrscheinlich vom anord. *skafl* in der Bed. von 'hohe, steile Schneeverwehung mit einer spitzen Kante (als Verweis auf eine Binnendüne)' ab und würde dann die Siedlung 'bei dieser steilen Düne' bezeichnen. In der dänischen Umdeutung *Skovlund* steht das erste Glied *skov* für 'Wald' und würde damit 'Waldlichtung' bedeuten. **V.** Laur; Haefs. *GMM*

Schalksmühle [-mühle] **I.** Gem. im Märkischen Kr., 11 424 Ew., Reg.-Bez. Arnsberg, NRW. Gewerbesiedlung (Eisenindustrie) im Volmetal im Kirchspiel Halver, Gft. Mark, 1609 Brandenburg(-Preußen), 1803 Ghztm. Berg, 1813 wieder preußisch, Erschließung und Aufschwung nach Straßen- und Eisenbahnbau, 1912 selbständige Gemeinde im Amt Halver, 1969/1970 Zusammenlegung mit Teilen benachbarter Gemeinden. **II.** 1407 *iuxta Schalckmollen*, 1526 *Hensken ther Schallickmoelen*, 1645 *zur Schalcksmühlen*. **III.** Bildung mit dem Gw. *-mühle* und einem Bw., das entweder eine Berufsbezeichnung oder ein (Bei-)Name ist und jedenfalls im Genitiv Singular flektiert erscheint, also: 'Mühle eines Knechtes' oder 'Mühle eines Mannes mit dem (Bei-)Namen *Schalk*'. **IV.** Schalksburg, Kr. Minden-Lübbecke, NRW. **V.** Dösseler, E. (Bearb.): Süderländische Geschichtsquellen und Forschungen, Bd I. Werdohl 1954; Jung, A.: Die Orts-, Flur- und Gewässernamen des Amtes Halver. Altena 1972; Müller, G.: Zum Namen Schalksmühle. In: Gierke, G. (Red.): Gemeinde Schalksmühle. Schalksmühle 1996. *schü*

Schallstadt **I.** Gem. und (mit Ebringen und Pfaffenweiler) gleichnamige VVG im Lkr. Breisgau-Hochschwarzwald, 11 245 Ew., ca. 8 km sw Freiburg am Nordwestrand des Batzenbergs und der Niederung der Freiburger Bucht gelegen, Reg.-Bez. Freiburg, BW. In einer Schenkungsurkunde an das Kloster Lorsch 779 erstmals erwähnt, 1503 an die Mgf. von Baden. 1971 Zusammenschluss der Gem. Schallstadt und Wolfenweiler zur Gemeinde Schallstadt-Wolfenweiler, die 1977 in Schallstadt überging. Landwirtschaftliche Betriebe, Weinbau, Batzenberg, Schneeburg. **II.** 779 (Kop. 12. Jh.) *Scalcstater marca*, 1093 *Scalhstat [Or]*, 1193 *Scalstat*. **III.** Die Zuss. mit dem Gw. ↗ *-stadt* enthält als Bw. das Substantiv ahd. *scalk*, mhd. *schalk* 'Knecht, Diener, Leibeigener', hier wohl im Sinne von 'Dienstmann'. Bei einer Bildung mit dem PN *Scalco* wären Formen wie **Scalhen-stat* zu erwarten. Die Konsonantengruppe *-lcst-* wurde durch Ausfall des *-c-* schon früh erleichtert. **IV.** ↗ Schalksmühle, Märkischer Kreis, NRW. **V.** FO 2; Krieger 2; Kaufmann 1968; LBW 6. *JR*

Scharbeutz **I.** Amtsfreie Gem. im Kr. Ostholstein, 11 753 Ew., aus zehn Dorfschaften bestehend, an der Lübecker Bucht, SH. 1271 erstmals urk. erwähnt, bis 1937 zu Oldenburg, anschließend zu Preußen, seit 1970 staatlich anerkanntes Seeheilbad, 1974 Gründung der Gem. durch Zusammenschluss zweier Gemeinden. Tourismus, Gut Garkau. **II.** 1271 *de tota villa Scorbuce [Or]*, 1433 *Scarbutze*; *Scharbeutze* (1650). **III.** Vom apolb. Wortstamm *Skorobyc'* abstammend, ist der heutige ON als eine Bildung aus dem PN *Skorobyt* und dem Possessivsuffix *-j* zu verstehen, so dass mit *Scorbuce* die 'Siedlung des Skorobyt' bezeichnet wurde. **V.** Laur; Haefs. *GMM*

Schärding [ˈʃɛɐdiŋ], dial. [ˈʒatiŋ]. **I.** Stadt und Verwaltungssitz im gleichnamigen Pol. Bez., 4 927 Ew., an r. Hochterasse über dem Inn, OÖ, A. Bair. Frühsiedlung, 804 Passauer Wirtschaftshof, im 11. Jh. Gründung einer Burg durch die Grafen von Formbach zur Sicherung des Flusshandels mit Salz und Holz an Kreuzung der Wasserstraße des Inns und der Landverbindung Regensburg – Wels durch das Rott- und untere Pramtal; 1248 an die Wittelsbacher, E 13. Jh. Markt- und 1310, endgültig 1364 Stadtrecht, 1779 mit Innviertel von Bayern an Österreich. **II.** 804

Scardinga, 1145 *ad Scaerdingen*, 1235 *Scherding*, 1257 *in Schaerding*. **III.** Ahd. ⁊*-ing*-Abl. im Dat. Pl. vom ahd. PN *Skardo* mit Sekundärumlaut. Auf Grund der ländlichen dial. Aussprache ['ẓa:riŋ] volksetym. mit *Schere* (dial. [ẓa:]) verbunden, die seit 1386 im Stadtwappen aufscheint. **V.** OÖONB 3; ANB 2; ÖStB 1; HHS Lechner. *PW*

Scharnebeck **I.** Gem. und gleichnamige Samtgem. im Lkr. Lüneburg, 14 972 Ew., ö des Elbe-Seitenkanals, s des Neetzekanals, Reg.-Bez. Lüneburg (bis Ende 2004), NI. In den Ort wurde 1253 ein in Steinbeck gegründetes Zisterzienserkloster verlegt, das nach der Reformation (1529) aufgelöst wurde; Scharnebeck war zugleich Amtssitz des Fürstentums Lüneburg; h. steht hier ein bedeutendes Schiffshebewerk. **II.** 1197 *Scherembike [Or]*, 1231 *Scerenbeke*, 1321 *Schermbeke*, 1533 *Scharnbeck*. **III.** Bildung mit dem Gw. ⁊*-be(e)ke*. Wie bei Scharmbeck enthält der ON als Bw. das im Dat. Sg. stehende Adj. asä. *scīri*, mnd. *schīr* 'hell, licht, rein'. Vor *-r*-Verbindung wird das *-i-* zu *-e-* und später zu *-a-* gesenkt. Der Nebentonvokal des Bw. fällt aus und *-n-* wird zeitweilig an das folgende *-b-* zu *-m-* assimiliert. Jünger tritt *-e-* als Sprossvokal vor das Gw. **IV.** ⁊ Osterholz-Scharmbeck, Lkr. Osterholz, NI. **V.** Brosius, D.: Urkundenbuch des Klosters Scharnebeck. Hildesheim 1979. *KC*

Schauenburg **I.** Gem. im Lkr. Kassel, 10 312 Ew., Reg.-Bez. Kassel, HE. Entstanden aus dem Zusammenschluss der w von Kassel beim Habichtswald gelegenen Gem. Breitenbach (1408 *Breydenbach*), Elgershausen (1123 *Egelmarshusen*), Elmshagen (1334 *Elwinehagin*), Hoof (1308 *daz nuwe hus vor Schowenburg*) und Martinhagen (1074 *Meribodonhago*) im Jahre 1972. Namengebend wurde die beim Ortsteil Hoof liegende Schauenburg, Stammburg der gleichnamigen Grafen. **II.** 1089 *de Scouwenborg*, 1108 *Scoumburg*, 1123 *de Scowinburc*. **III.** *ze der schouwenden burc* 'bei der von weithin sichtbaren Burg' bzw. 'bei der Burg mit der weiten Aussicht'. Im Namen des ältest bezeugten Ortsteil Martinhagen finden sich der PN *Meriboto* und ⁊*-hagen*; Elgershausen geht auf den PN *Egilmar* und ⁊*-hausen* zurück, *Elmshagen* auf den PN *Adalwin / Edelwin* oder *Agilwin /Egilwin* und ⁊*-hagen*. **V.** FP; Reimer 1926; Eisenträger / Krug; Knappe. *TH*

Scheeßel **I.** Gem. im Lkr. Rotenburg (Wümme), 12 962 Ew., NI. Eher unwahrscheinlich ist die Annahme, dass der im Diedenhofener Kapitular von 805 genannte Ort *Schezla* mit Scheeßel identisch ist (zustimmend allerdings Gütter, A.: Archiv für Geschichte von Oberfranken 73,1993). 1205 als Archidiakonat, im 13. Jh. als Gografschaft des Bistums Verden genannt, Reformation um 1567. 1648 an Schweden, nach kurzer dänischer Herrschaft 1719 zum Kurfürstentum, ab 1815 Kgr. Hannover. 1866 preuß. (Provinz Hannover), 1867 zum Amt Rotenburg, seit 1885 im Reg.-Bez. Stade, 1939 Lkr. Rotenburg (Hann.), seit 1969 Lkr. Rotenburg (Wümme). **II.** Um 1200 *Schiesle*, (1205, Kop.) *Scesle*, (1231, Kop. 14. Jh.) *in Scesle*, 1267 *in Sceslo*, 1271 (Kop.) *in Scesle*, 1274 (Kop. 15. Jh.) *in Schesle*, 1288 (Kop. 14. Jh.) *Scesle*. **III.** Bei norddeutschen ON auf *-el-* und *-le-* ist fast immer fraglich, ob sich dahinter *-lo(h)* 'Wald' oder eine *-l*-Bildung verbirgt, so auch bei *Scheeßel*. Einige Formen scheinen für *-lo-* zu sprechen, so dass von einem Kompositum mit diesem Waldwort ⁊*-loh* ausgegangen werden kann. In jedem Fall bleibt der erste Teil, die Ableitungsgrundlage oder das Bw., schwierig. Es spricht einiges für einen Ansatz **skes-*, aber auch **skeus-* ist möglich. Sichere Anschlüsse scheinen zu fehlen, idg. **(s)keus-* bei Pokorny zeigt gerade im Germ. kein *s-* im Anlaut, sondern nur **keus-*, etwa in *hus*, *Haus*. Der ON bleibt vorerst unklar. **V.** Udolph 1994. *JU*

Schefflenztal **I.** GVV im Neckar-Odenwald-Kreis, 10 128 Ew., bestehend aus Billigheim (5 901 Ew.) und Schefflenz (4 227 Ew.), ca. 10 km nö Mosbach im sw Bauland im Sohlental der Schefflenz gelegen, Reg.-Bez. Karlsruhe, BW. Seit 1806 badisch. Der GVV wurde 1972 gebildet durch die Vereinigung der bis dahin selbstständigen Gem. Mittelschefflenz, Oberschefflenz und Unterschefflenz, im selben Jahr wurde Kleineicholzheim eingemeindet. Landwirtschaftliche Betriebe, mittelständische Unternehmen, Heimatmuseum, Kirche St. Kilian, Schloss der Grafen von Waldkirch. **II.** 774 (Kop. 12. Jh.) *Scaflenze*, 788 (Kopie 12. Jh.) *in Scaflenzen*, 823 *Scaflenza*, 1241 *Scheflinze*, 1344 *Scheflenze*, 1416 *Schefflentz*. **III.** Benennung nach dem von der Schefflenz (1338 *Schevelintz*, 1384 *Schefelentz*) durchflossenen Tal. Der FluN Schefflenz geht zurück auf ahd. *Scaflenze* (neben **Scefelenze*) < vorahd. **Skap(i)lanti-* unter Anlehnung an germ. **skapila-* 'Scheffel' aus dem vorgerm. (idg.-vspr.) FluN **Skoplo-nt-*. Es dürfte sich dabei um eine *nt*-Ableitung handeln, durch die das Vorhandensein von dem in der Basis (**skoplo-*) Bezeichneten angedeutet wird. Da idg. **skoplo-* (gr. *skopelos* 'Fels, Klippe') eine Abl. von idg. **(s)kep-/*(s)kop-* 'hacken, hauen, schneiden, spalten' ist, könnte das Benennungsmotiv sich aus der Geländeformation, durch die die Schefflenz fließt, ableiten. **V.** LBW 5; Schmid, A.: Das Flußgebiet des Neckar, Hydronymia Germaniae A, 1. Wiesbaden 1962; Greule, DGNB. *AG*

Scheibbs **I.** Bezirkshauptstadt, 4 252 Ew., im Mostviertel im mittleren Erlauftal am Übergang zum Alpenvorland (Eisenwurzen), ca. 20 km s Ybbs an der Donau, NÖ, A. 1333 Markt (rasterförmige Anlage), 1352 Stadterhebung (1926 erneuert); bis Ende 18. Jh.

eine der bedeutendsten und wohlhabendsten Städte der Kleineisenindustrie n der Alpen, danach wirtschaftl. Niedergang, bedeutender neuerlicher Aufschwung ab 1820 durch Töpper-Werke (Eisen-Stahl-Walzblechfabrik bis 1873) und andere Großbetriebe (Wertheim-Aufzugfabrik, etc.); Tonindustrie 'Scheibbser Keramik'; Tourismus; mittelalterliches Stadtbild mit spätgotischer Hallenkirche, Renaissancehäuser, ehem. Schloss mit Arkadenhof (h. Amtshaus und Schützenscheibenmuseum); 1886 erhielt Scheibbs als erster Ort der kaiserlich-königlichen Monarchie elektrische Straßenbeleuchtung. **II.** 1159–1160 *de Schibis*; *Scheibs* (1260–1280). **III.** Zugrunde liegt vermutlich der slaw. Ortsname **Šibica* oder **Šibъcь*, der eine *-ici* oder *-ьcь*-Abl. vom slaw. Verbum **šibati* mit der Bedeutung 'schlagen' ist; die Eindeutschung erfolgte kurz nach 1050 mit d. *sch-* für slaw. *š-* und Diphthongierung des slaw. Langvokals zu *ei*. **V.** ANB 2; ÖStB 4/3. *ES*

-scheid. Das von ahd. *sceidan*, mhd. *schīden / schīden'* (ab)trennen, scheiden' abgeleitete Subst. *Scheide* erscheint in SiN und FlN als *-scheid / -schied*, Ntr. oder M., in SH Fem. Dieses Bildungselement benennt (Wasser-)Scheiden, Höhenrücken, Grenzlagen oder auch durch Rodung ausgesondertes Land, wobei auf Letzteres bezogene Namen eher PN als Bw. enthalten (↗Lüdenscheid, Märkischer Kreis, NRW). -scheid-Namen begegnen hauptsächlich im Westmd. und s Westfalen in teilweise dichter Streuung. Literatur: Bach DNK II, 2; Debus / Schmitz, H.G. *FD*

Scheinfeld **I.** Stadt und gleichnamige VG im Lkr. Neustadt a. d. Aisch-Bad Windsheim, 12 245 Ew., am Südwestabfall des Steigerwaldes, Reg.-Bez. Mfr., BY. 1415 Stadtrecht, Teil der Herrschaft Schwarzenbach, 1806 bayerisch. **II.** 776–796 (789–794?) *in Scegifeldum*, 1146 *Skegeuelt*, 1151 *Segefelt*, 1258 *Scheievelt*, 1270 *Scheinvelt*, 1303 *Scheinfelt*, 1382 *Scheinfeld*. **III.** Das Gw. ist konstant ↗*-feld*. Das Bw. entwickelt sich lautgesetzlich aus ahd. *skegi-* im Mhd. durch Kontraktion zu *schei-*, an das dann *-n* antritt. Ahd. *skegi-* steht völlig isoliert und kann nicht gedeutet werden. Die vorgelegten Deutungen beachten das Fehlen des *-n* in den ältesten Belegen nicht oder erklären es als Schreibfehler; sie knüpfen an dem anord. Verb *skaga* 'hervorstechen' an, erfinden ein ahd. Adj. *skagīn* und konstruieren ein Syntagma **ze dēm skaginōm feldum* 'zu den spitz zulaufenden Feldern', das weder der Realprobe standhält noch sprachlich zu den belegten Namenformen führen konnte. Auch die Annahme eines PN **Skago* als Bw. im Gen. Sg. **Skagin* ist eine bloße Annahme, die ebenfalls den *n*-losen Frühbelegen widerspricht. Unberücksichtigt blieb bei der Erklärung bisher der Name des Baches *Scheine*, an dem der Ort liegt.

V. HHS 7/2; MGH DKIII, Nr. 160, 266; Ortmann, W. D.: Landkreis Scheinfeld. In: HONB Mfr 3, München 1967; Reitzenstein 2009; Schuh, R., in: Das Land zwischen Main und Steigerwald im Mittelalter. Erlangen 1998, S. 60; Sperber; Stengel, UB, Nr. 201. *RB*

Schellerten **I.** Gem. im Lkr. Hildesheim, 8 439 Ew., NI. Der Ort gehört schon früh zum so genannten Kleinen Stift des FBtm. Hildesheim, im 14. Jh. Amtsdorf des Amtes Steuerwald; 1802 preuß. und mit Amt Steuerwald zum Lkr. Peine; kurzzeitig franz. (Kgr. Westphalen), 1815 zum Kgr. Hannover, 1866 preuß. (Provinz Hannover); Zuckerfabrik 1873 bis 1967; 1885 im Lkr. Hildesheim, 1946 Lkr. Hildesheim-Marienburg. **II.** 1235–1261 *Scelerten*, 1244 *Schelerthe*, 1268 *Scelerthe*, 1307 *Schelerte*, 1321 (Kop. 15. Jh.) *Schellerten*, 1335 *Schelerten*. **III.** Der ON ist zunächst als ↗*-ithi*-Bildung aufgefasst worden, ein Kompositum mit *-tun* wurde zu Recht abgelehnt, aber auch *-ithi-* überzeugt nicht. Viel besser steht es mit einer Trennung in **Skel-ard-* und Zuordnung zu den inzwischen mehrfach behandelten *-ard*-Bildungen wie *Reppner*, Name eines OT von Salzgitter (NOB III), *Diemarden*, bei Göttingen, *Ganderkesee*, 860 (Kop. 11./12. Jh.) *Gandrikesarde*. Dem Wort kann eine urspr. Bed. 'Wohnplatz, Siedlungsstelle' zugeschrieben werden. Im ersten Teil des Kompositums darf **skel-* vermutet werden, das mit altisländisch *skilja*, mnd. *schelen* 'trennen, unterscheiden', mnd. *schele* 'Unterschied, Grenze' verbunden werden kann, aber auch mit idg. **(s)kel-* 'biegen, krumm, verkrümmt, Biegung', z.B. in nd. *scheel* 'schief, krumm', englisch *to shelve* 'abschüssig sein', vielleicht hierher auch altisländisch *skjalfa* 'zittern, beben', *skelfa* 'schütteln, schwingen', ahd. *biscilban* 'wanken'. In ON kann man diese Wurzel gut erwarten, sei es als Bezug auf schräge Lage oder zitternden Boden. Eine Entscheidung ist aber kaum möglich. **V.** Casemir, K.: Diemarden. Eine neue Deutung des umstrittenen Ortsnamens. In: Göttinger Jahrbuch 50 (2002); NOB III; NOB IV; Rosenthal 1999; Udolph 1994, 2001a, 2002, 2004a. *JU*

Schemmerhofen **I.** Gem. im Lkr. Biberach, 7 691 Ew., etwa 8 km n Biberach am Rand des rißeiszeitlichen Moränenlandes links der Rißniederung gelegen, Reg.-Bez. Tübingen, BW. Schemmerhofen entstand 1972 aus den ehemals eigenständigen Gem. Aufhofen und Langenschemmern; 1974 wurde Schemmerberg eingemeindet, 1975 Alberweiler, Altheim, Aßmannshardt und Ingerkingen. Käppele, Pfarrkirche St. Mauritius, Pfarrkirche St. Michael, Burg Langenschemmern, Burg Schemmerhofen, Burg Aufhofen, Wasserburg Langenschemmern. **II.** 851 *Scammara*, 1. Hälfte 12. Jh. (Kop. 16. Jh.) *Scamare*, 1267 *Schammerberg*, 1361 *Langenschamar*. **III.** Es handelt sich um eine Neubildung aus dem alten ON *Schemmern* (in *Langenschemmern*) und dem ON *Aufhofen*. Der neue Name ist wohl als Zuss. aus ahd. *skam* 'kurz' und dem Gw. ↗ *-hofen* zu betrachten. Das Adj. zeigt im ON vermutlich eine ältere Bedeutung, die in anord. *skammr* 'nicht lang, nicht weit' erhalten ist. Dem alten ON *Scammara* liegt daher wohl ein BergN zugrunde (1372 als *Obern Schemern*). **V.** FO 2; LBW 7. *JR*

Schenefeld nd. Scheenfeld **I.** Amtsfreie Stadt im Kr. Pinneberg, 18 195 Ew., direkte Nähe zu Hamburg, durchflossen von der Düpenau, SH. Um 1070 Hauptort des sächs. Holstengaus, 1256 erstmals urk. erwähnt, 1972 Stadtrechte. Nahrungsmittelindustrie. **II.** Ende des 11. Jh. *Scanafeld [Or]*, 1281 *in Sconeuelde*; *zue Schenefelde* (1576). **III.** Eine erste Vermutung der Bed. 'schönes Feld' (↗ *-feld*) ist aufgrund etym. Untersuchungen nicht mehr haltbar. Neuere Ansätze sehen die Herkunft im Wortstamm *skaha*, der seine Entsprechung im rheinländischen *schache* 'Landzunge, Vorsprung, zungenförmiges Waldstück' findet. Aufgrund einer Palatalisierung des /k/ und der Umlautung des /a/ zum /e/, finden wir h. den Wortstamm *Schene-* vor. Der ON bezeichnet somit die 'Siedlung auf dem Feld, das sich auf einer Landzunge befindet'. **IV.** ↗ Schenefeld, Kr. Steinburg, SH. **V.** Laur; Haefs; HHS 1. *GMM*

Schenefeld nd. Schêênfeld **I.** Gem. und gleichnamiges Amt im Kr. Steinburg, in der Nähe Itzehoes, 10 574 Ew., SH. 1046 erstmals urk. erwähnt, 1867 zu Preußen. Handwerk, Dienstleistungen, Bonifatiuskirche. **II.** 1046 *Scanafeld [Or]*, 1538 *mit dem kerspil Schonefelde*; *zue Schenefelde* (1576). **III.** Der vorliegende ON hat nicht, wie vielleicht anzunehmen, die Bed. 'schönes Feld' (↗ *-feld*), sondern stammt vom asä. *skaho* als verwandte Form zum rhein. *schache* 'Landzunge, Vorsprung'. So ergibt sich die Bed. des ON als 'Siedlung auf dem Feld auf der bewaldeten Landzunge'. **IV.** ↗ Schenefeld, Kr. Pinneberg, SH. **V.** Laur; Haefs. *GMM*

Schermbeck **I.** Gem. im Kr. Wesel, 13 714 Ew., Reg.-Bez. Düsseldorf, NRW. Stadtrechte vor 1417. **II.** 798/799 *in Scirenbeke*, 10. Jh. *ad Scirinbeki*, 1417 *to Scherenbeeck*. **III.** Zu asä. *skīr(i)* 'glänzend, lauter' und asä. *beki* 'Bach' (↗ *-beke*) im (lokativischen) Dat. Sg.: '(Siedlung) am klaren Bach'. Die heutige Namenform beruht auf Kürzung des Langvokals vor *r* + Mehrfachkonsonanz und partieller Assimilation von *n* an den Labial *b*. Zahlreiche Parallelbildungen im nd. Sprachgebiet (FO 2, 782). **V.** HHS 3; Gysseling 1960/61. *Tie*

Schieder-Schwalenberg **I.** Stadt im Kr. Lippe, 9080 Ew., zwischen Teutoburger Wald und Weserbergland am Fuße des Kahlenbergs, im Emmertal (1983 Emmerstausee, Schieder-See), Emmer (l. Nfl. zur Weser), Reg.-Bez. Detmold, NRW. Schieder: Lage am Fuße einer ma. Burganlage (9./10.–11.–13. Jh.) am Westhang des Kahlenberges. Seit dem späten 13. Jh. Magdeburger Lehen der Schwalenberger Grafen, 1350 Verkauf von Burg, Dorf, Hochwald und Barkhof an die Grafen zur Lippe; Kurbetrieb. Schwalenberg: Lage auf einem Bergsporn am Rand des Steinheimer Beckens, unterhalb der Burg. Grafen von Schwalenberg seit Anfang 12. Jh. nachweisbar (Stammburg, sog. Oldenburg oberhalb von Marienmünster), um 1214 Verlegung des Stammsitzes nach Schwalenberg, dort um 1231 Siedlung (*oppidum*) unterhalb der Burg, 1258 Bürger und Rat. Nach Aussterben der Schwalenberger von lippischen Edelherrn in Samtherrschaft mit Paderborn verwaltet (bis 1808), Burg ab 1559 Wohnsitz der Nebenlinie Lippe-Pyrmont-Schwalenberg, bis 1709 der Linie Lippe-Biesterfeld. 1906 Stadt. 1970 Zusammenlegung der Stadt Schwalenberg mit Schieder und fünf weiteren Gem.; amtlicher Doppelname seit 1975. 1938–1945 Müttergenesungsheim, 1945–1964 Kindererholungsheim Detmolder Diakonissen. 19. Jh. Künstlerkolonie und Galerien (sog. Malerstadt), Fremdenverkehr. **II.** Schieder: 822–826 (Kop. 1479) *Scitrai*, 889 *Schidara*, ca. 970–972 (Kop. 1479) *in Scidiri marcu*, 997 *curtem Sidri* (< *Sigdri*?), 1005 *civitatem Scidere*, 11. Jh. (dors.) *de Scithri*, 1250 (Kop. 15./16. Jh.) *de Schitere*, 1350 (Kop.) *Schydere*, 1484 *Schyder*, 1627 *Schyer oder Schydra*; *Schieder* (1590). Schwalenberg: 1127 *de Sualenbergh*, 1131 (Kop. 15. Jh.) *de Swaluenberch*, 1248 *de Swilemberch*, um 1451 (Kop. 15./16. Jh.) *Swalenborch*; *Schwalenberg* (1237 Kop.). **III.** Schieder: Abl. mit idg. *-r*-Suffix, das in Toponymen germ. Provenienz noch produktiv ist (z. B. Erder, Kr. Lippe, NRW; Dinker, Kr. Soest, NRW). Die Abl. ist Grundlage in wenigstens drei morphologisch unterschiedlich strukturierten Toponymen der näheren Umgebung, wobei die Identifizierung mit einem der infrage kommenden Ortspunkten nicht immer sicher ist. Die zu 784 (Kop. ab 9. Jh.) genannte *Skidrioburg in pago Waizzagawi super fluvium Ambra in villa Liuhidi* (Varianten z. B. *Skidroburg*, *Skidronburg*, *Kidrioburh*) wird sich auf die eisenzeitliche Wallanlage der Herlingsburg (seit 2. Hälfte 15. Jh.; sw Lügde, nö Schieder) beziehen, die in den Einhardannalen auch als *castrum Saxonum* bezeichnet wird. Davon ist der Name der vorkarolingischen Wallanlage und ma. Befestigungsanlage am Westhang des Kahlenberges ö des h. Schieder (Wüstung Alt-Schieder) zu unterscheiden. Das älteste Zeugnis für den ehemal. karolingischen Königshof dürfte nach der Lagebeschreibung in den Trad. Corb. überliefert sein (*in pago Hwetigo super fluuium Em-*

brine in uilla nuncupata Scitrai). Die Form Scitrai entspricht dem hier ebenfalls überlieferten Tuistai (h. Twiste). Beide Toponyme sind als -ahi-Bildung (< germ. *agwjō-, idg. *aku̯ā- 'Insel, Land im Wasser', ↗-ach²) mit Ausfall des intervokalisch sw. artikulierten -h- anzusehen, wobei das -t- in Scitrai als Rest älterer -th-Graphie (< *Scithr-ahi) gewertet werden kann. Mit Scitrai kann der von zwei Flussarmen der Emmer umgebene ehemalige Werder der Emmertalaue gemeint sein (später Barkhof). Als Basis der -ahi-Bildung kann ein alter Abschnittsname der Emmer angenommen werden, den Schidara von 889 zeigt. Benannt wäre damit der Teil der Emmer, der den langgezogenen Gebirgsrücken bei Schieder durchschneidet. Vielleicht zeigen Belege des 10. Jh. und von 1005 aber auch eine alte Gebietsbez. (vgl. Corveyer Überlieferung mit Burgiri, Helderi, Balgeri, Wawuri), deren Basis ebenso an germ. *skidra- 'getrennt, unterschieden' (idg. *skid-ró-, ai. chidrá- 'durchlöchert', gr. σχιδαρόν 'dünn', mhd. schiter, scheter) anzuschließen wäre. Seit dem 15. Jh. fällt intervokalisches -d- aus (Schyr, Schyer, Schier). Schwalenberg: Bildung mit dem GW ↗-berg. Das traditionell mit mnd. swāle 'Schwalbe' verbundene Bw. (vgl. auch das 'redende' Wappen mit einer Schwalbe) geht auf eine hochma. Umdeutung zurück. Der h. Name ist von einer älteren Burg bei Marienmünster auf die 'neue' Burg übertragen worden. Grundlage der alten Burgbez. kann eine Wendung *to deme swalen berge sein, in der ein germ. Adj. *swala- 'kühl' (vgl. anord. svali M. 'Kälte; Unglück', svala 'abkühlen', svelja 'kühl sein') vermutet werden kann, das etym. mit germ. *swela- 'schwelen' verbindbar ist (vgl. ae. swelan '(ver)brennen, sich entzünden', swol Ntr. 'Hitze, Brand, Flamme, Glut', ahd. swelan, nhd. schwelen, mnd. swelen 'ohne offene Flamme brennen, schwelen', swalm 'Qualm, erstickender Dunst', lett. swelt 'sengen' etc.). Die überlieferte Form Sualen- (vgl. auch ae. swǣlan 'verbrennen', altisländisch svæla 'räuchern, (durch Rauch) ersticken'; zu idg. *su̯ēl-) kann damit auf ein im Gen. Sg. oder Pl. flektiertes asä. Subst. *swāla oder * swālo 'Qualm, Rauch' führen (vgl. nd. Schwehle Fem.). Der alte Berg- und Burgname kann einen ehemals von Rauchschwaden umgebenen Berg bezeichnen. **V.** WOB II (Kr. Lippe); Heidermanns, F.: Etymologisches Wörterbuch der germanischen Primäradjektive (Studia linguistica Germanica 33). Berlin 1993; HHS 3. *BM*

Schiffdorf **I.** Gem. im Lkr. Cuxhaven, 14 029 Ew., ö von Bremerhaven, Reg.-Bez. Lüneburg (bis Ende 2004), NI. Einstiger Rittersitz mit Wasserburg, 1235 letztmalig erwähnt. **II.** 1139 *Schipthorpe [Or]*. **III.** Bildung mit dem Gw. ↗-dorf. Das Bw. ist nicht asä. *skip*, mnd. *schip* 'Schiff', wie auch das Ortswappen vermuten ließe. Schon die Lage im Land in 5 km Entfernung von Bremerhaven auf einer Geesthöhe widerspricht dieser Deutung. Vielmehr lässt sich das Bw. auf eine germ. Basis *skip- 'schief, schräg' zurückführen, die zur idg. Wurzel *skěi-b(h)- 'schief' gehört; die Lage des Ortes war namengebend. **IV.** Schiplage (um 1200 *Sceplage*, 1342 *Sciplage*), OT von Melle, Lkr. Osnabrück, NI; † Schiphorst (Mitte 12. Jh. *Sciphurst*) in Bocholt, Kr. Borken, NRW; Schiphorst, Kr. Herzogtum Lauenburg, SH. **V.** KD Wesermünde 2. *FM*

Schifferstadt **I.** Stadt im Rhein-Pfalz-Kreis, 19 343 Ew., im vorderpfälzischen Städtedreieck Ludwigshafen-Speyer-Neustadt an der Weinstraße, RP. Groß-Schifferstadt war im 10./11. Jh. in salischem Besitz, wurde 1035 als Lehen an die Benediktinerabtei Limburg vergeben und kam schließlich an das Hochstift Speyer. Klein-Schifferstadt (die h. Langgasse) gehörte zur Kurpfalz. 1709 wurden die Gem. vereinigt. 1817 Recht auf Selbstverwaltung, 1950 Stadtrecht. 1835 wurde der bronzezeitliche Goldene Hut gefunden, der älteste und erste Fund dieser Art. Die Stadt ist h. verbandsfreies Mittelzentrum, das durch Rettichanbau bzw. ein Rettichfest bekannt ist. **II.** 868 *Scifestadt*, 1035 *Schiuerstad*, 1036 *Sciferstat*; *Schifferstat* (1272). **III.** Das Bw. beruht auf einem ahd. PN *Skifheri*, Gen. Sg. *Skifheris-*, mit der KF *Skiffo*, Gen. Sg. *Skiffes-*. Das Gw. ist ↗-statt/-stedt/-stätten/-stetten, wobei -s- im Aus- und Anlaut zusammenfallen. Die Bildung mit einem berufsbezeichnenden Gattungswort ist unwahrscheinlich, da dieses Wort erst in der mnd. Form *schipper*, *schepper* ins Mhd. gekommen ist. Zudem werden pfälzische bzw. mitteld. ON auf -statt, -stadt überwiegend mit einem PN gebildet. Bevorzugt wird deshalb die Deutung des ON als 'Siedlungsplatz des Skifheri'. **IV.** ↗Grünstadt, Lkr. Bad Dürkheim, ↗Dannstadt, ↗Mutterstadt, beide Rhein-Pfalz-Kreis, ↗Wörrstadt, Lkr. Alzey-Worms, alle RP. **V.** MGH DLdD; Kaufmann 1971; HSP. *JMB*

Schiffweiler **I.** Gem. im Lkr. Neunkirchen, 16 796 Ew., an Neunkirchen angrenzend, ca. 25 km nö von Saarbrücken, SL. Starke Zerstörungen im 30-jährigen Krieg. 1793 franz., 1815 an Preußen, 1920 Völkerbundverwaltung, 1935 Rückgliederung ins Reich, 1947 Teil des formal selbst., in polit. und wirtschaftl. Union mit Frankreich stehenden Saarlandes, 1957 zu Deutschland. 1974 Zusammenlegung von Schiffweiler, Heiligenwald, Landsweiler-Reden und Stennweiler zu einer neuen Einheitsgem. Seit dem 15. Jh. Steinkohleförderung, 1766 erste Grube. 1847 Errichtung des Steinkohlenbergwerks Reden, Grubenunglücke 1864 und 1907, Schließung des Werks 1995. **II.** 893 (Kop. 16. Jh.) *Stufines uillare*, verlesen aus *Scufines uillare*, 1276 *Siffvilre [Or]*, 15. Jh. *Schiffwiller [Or]*. **III.** Ahd. *Scufineswīlāri*. Erstelement ist der PN ahd. *Scufino* in Verbindung mit dem Gw. ↗-wei-

ler. Das *u* des Stammvokals wurde durch nachfolgendes *i* zu *ü* umgelautet und später zu *i* entrundet. Als Zwischenform ist mit Synkope des auslautenden *e* *Schifinswīler* anzusetzen. Das auslautende *ns* des Gw. wurde zu *s* assimiliert, die in der erneut synkopierten Form *Schifswīler* entstandene Mehrfachkonsonanz *fsw* zu *fw* erleichtert. Die anlautende Graphie *sch* gibt ebenso wie die mhd. Graphie *s* den aus der Verbindung *sk* entstandenen stimmlosen postalveolaren Frikativ ʃ wieder. V. Kretschmer, R.: Geschichte der Gemeinde Schiffweiler. Schiffweiler/Neunkirchen 1993; Pitz. *cjg*

Schillingsfürst I. Stadt und gleichnamige VG im Lkr. Ansbach, 9 064 Ew., Reg.-Bez. Mittelfranken, BY. Vor dem 12. Jh. Bau einer Burg, im 13. Jh. Übergang an die Grafen von Hohenlohe. II. 1000 *Xillingesfirst* (steht wohl für *Scillingesfirst*, offensichtliche Verschreibung), 1129 (Kop. von 1514) *Stillingesfirst* (Verschreibung), 1151 *Scillingisfirst*, 1156 *Schillingisfirst*, 1184 *Schillingesvirst*, 1370 *Schillingsfirst*, 1395 (Kop. des 14. Jh.) *Schyllingsfurst*, 1401 (Kop.) *Schillingsfürst*. III. Grundwort des urspr. Flurnamens ist ahd. *first* 'First, Gipfel', im Sinn von 'Bergrücken', Bestimmungswort wohl der Personenbeiname *Schilling*. V. HHS 7/2; Reitzenstein 2009. *WvR*

Schiltigheim mda. [ˈʃiligə], franz. [ʃiltiˈkajm, -gajm] I. Stadt im Bezirk Strasbourg-Campagne, 31 239 Ew., Département Bas-Rhin, Region Elsass, F. Besitz der Abtei St. Stephan in Straßburg, seit 1501 zur Stadt Straßburg, mit ihr 1681 zu Frankreich, 1871–1918 zu Deutschland, Industrieort n Straßburg. II. 884 *Scildincheim*. III. Frühmittelalterliche Bildung mit dem im Elsass häufigen Element *ʌ-heim*. PN *Scilto* als Bw. V. FO I. *WM*

Schipkau I. Gem., seit 2001 aus den Gem. Schipkau, Annahütte, Klettwitz, Meuro, Drochow und Hörlitz bestehend, Lkr. Oberspreewald-Lausitz, 7 395 Ew., sw Cottbus, BB. Bis 1937 amtlich Zschipkau. II. 1332 *Tschipko*, 1418 *Sczibekaw*, 1551 *Schipko, Zipko, Schipka, Schipicke*. III. Wohl slaw./asorb. Bildung mit dem poss. Suffix *-ov-*. Der dem ON zugrunde liegende PN lässt sich jedoch nicht sicher erschließen. Möglich sind die PN *Šibek* (zu asorb. *šibati* 'peitschen, werfen', abgeleitet mit dem Suffix *-ek*) oder *Čibek* (evtl. eine KF aus VN wie apoln. *Czcibor*, zu urslaw. *čьstiti* 'ehren'). Bedenklich ist der PN *Ščipek, Ščipka* (zu asorb. *ščipati* 'kneifen, zwicken', eine Ableitung mit dem Suffix *-k-*), weil man für asorb. *-šč-* sonst *-st-* als Lautersatz erwartet. V. DS 28/29; SO 3; OBB. *EF*

Schirgiswalde // Šěrachow (osorb.) I. Stadt und gleichnamige VG im Lkr. Bautzen, 7 053 Ew., s Bautzen im Oberlausitzer Bergland an der Spree, SN.

II. 1376 *Scherigiswalde*, 1487 *Scherygswalde*, 1495 *Schigißwalde*. III. Der osorb. ON wird seit der Mitte des 19. Jh. überliefert. Am ehesten liegt im Bw. ein PN zu mhd. *scherge* 'Gerichtsperson, Amtsvorsteher' zugrunde, im Osorb. zum bibl. PN *Šěrach* umgedeutet. V. HONS II; SNB. *EE,GW*

Schivelbein // Świdwin [ˈɕvʲidvin] I. Kreisstadt im gleichnamigen Kr. (Powiat świdwiński), 15 622 Ew., im Mittelteil der Woi. Westpommern, PL. Gelegen auf einer Hochebene (Wysoczyzna Łobeska), an der Rega. 1939 Stadt im Kreis Belgard, Reg.-Bez. Köslin, Provinz Pommern; Woi. Szczecin (1946–1950), Koszalin (1950–1998), Westpommern (seit 1999). II. 1280 *Schiuelben*, 1291 *Cchiuelbin*, 1292 *terra Schiuelbeyn*, 1292 *terra Scyuelbein*, 1317 *terra Schivelben*, 1319 *Schivelben, Schivelbein*, 1337 *territoriorum Schyvelbeyn*, 1338 *der stad Schyvelbyn*, 1338 *der kirche in Schieebein*, 1535 *Schivelben*, 1618 *Schifelbein*, 1733 *Schifelben*, 1792 *Schiefelbein*, 1733 *Schiefelbein*, 1789 *Schiefelbein*, 1889 *Schivelbein*, 1951 *Świdwin – Schivelbein*, 1982 *Świdwin, -na*, 2002 *Świdwin (Świebowina) – Schivelbein*. III. Der slaw. ON ist topografisch, verunstaltet durch die d. Schreibung und Aussprache; urspr. vom apoln. App. *świdwa, świdba* 'Kornelkirsche, Hartriegel', lat. *Cornus sanguinea*, vgl. App. *świdwa, świdba* 'Roter Hartriegel', (verm. im Pl.) abgeleitet. Hartriegel ist ein in Polen häufiger Strauch aus der Familie der Kornelkirsche. Adj. *świdwiński*. V. LorSNH; Rospond 1984; RymNmiast. *BA*

Schkeuditz I. Große Kreisstadt im Lkr. Nordsachsen, 17 908 Ew., an der Weißen Elster in der Leipziger Tieflandsbucht, SN. Asorb. Burgwall und Burgsiedlung an Elsterfurt, seit Mitte des 10. Jh. mit d. Burg, Stadtgründung um 1200, seit dem 19. Jh. industrialisiert. Wirtschaftl. bedeutend als Standort des Flughafens Leipzig/Halle. II. 1012/18 *Scudici* 1118 ff. *de Zcudice*, 1220 *de Zcudizi*, 1269 *Zkudiz*, 15. Jh. *Schkeitz*, 1562 *Schkeuditz*. III. Gesichert ist die asorb. Gf. *Skudic-*, die entweder direkt zum Adj. *skudy* 'dürftig, karg, ärmlich' oder zu einem dazu gebildeten PN *Skud, *Skuda* gehört. Eine vorslaw. Grundlage liegt nicht vor, auch keine Beziehung zum Landschaftsnamen *Chutici* (Leipziger Raum), zumal intervokalisch *-d-* und *-t-* in der Überlieferung streng getrennt werden. V. Thietmar; HONS II; SNB. *EE, GW*

Schladen I. Gem. und gleichnamige Samtgem. im Lkr. Wolfenbüttel, 9 391 Ew., w von Hornburg an der Oker, Reg.-Bez. Braunschweig (bis Ende 2004), NI. Im Ort oder nahe n lag der Wirtschaftshof der Königspfalz Werla; seit 1086 hildesheimisch und später Sitz der Grafen von Schladen, nach deren Aussterben wieder beim Hochstift Hildesheim (1523–1643 allerdings wolfenbüttelsch); Mittelpunkt des Amtes

Schladen; im Ort arbeitet die letzte Zuckerfabrik der Region. **II.** 1110 *Scladheim [Or]*, 1129 *Sledem*, 1151 *Sleden*; *Schladen* (1458). **III.** Bildung mit dem Gw. ⤴-*heim*, das früh ohne anlautendes -*h*- erscheint und im 16. Jh. zu -*en* wird. Bw. ist mnd. *slāt* 'moorige Vertiefung, sumpfiger Ort'. Die Lautkombination *Sl*- entwickelt sich im Nd. jünger zu *Schl*-. Das -*Scl*- des Erstbelegs entspricht einer verbreiteten Schreibung für *Sl*-. **V.** HHS 2; NOB III. *KC*

Schladming **I.** Stadt, 4 524 Ew., Pol. Bez. Liezen, ST, A. Die Stadterhebung erfolgte 1322, da der Ort durch den Bergbau reich geworden war. Ein Knappen- und Bauernaufstand 1525 wurde niedergeschlagen; die Stadt wurde niedergebrannt und verlor das Stadtrecht, das der Ort erst 1925 zurückerhielt. **II.** um 1180 *Slaebnich in Enstal [Or]*, 1184 *predia Slabenic*; *Schladming (1475)*. **III.** Unechter -*ing*-Name slaw. Herkunft, anzusetzen als **Žlebьnika* zu urslaw. **želbъ*, slowen. *žléb* 'Schlucht, Rinne, Tal zwischen zwei Bergen' oder zu urslaw. **solpъ*, slowen. *slop* 'Wasserfall'. **V.** ANB; Udolph, J.: Studien zu slawischen Gewässernamen und Gewässerbezeichnungen. Heidelberg 1979. *FLvH*

-schlag. ⤴-**grün.**

Schlanders // Silandro **I.** Gem., 5931 Ew., Provinz Bozen, I. Das Dorf ist auf Grund seiner Größe und der zentralen Lage der Hauptort des Vinschgaus, in dessen geografischer Mitte Schlanders liegt und der sich als alpines Längstal durch den w Teil von Südtirol zieht. **II.** 1077 *Slanderes*, 1101–1120 (Kopie 15. Jh.) *Schlandere*. **III.** Von Kühebacher wurde idg. **sal*- 'Grauweide' + Suffix -*andr*-, etwa 'von Grauweiden bewachsener Ort', vorgeschlagen, auch im Talnamen *Schlandraun* 'Aulandschaft mit Grauweidenbewuchs' (mit dem rom. Suffix -*ōne*). Wahrscheinlicher ist aber die (von Finsterwalder angedeutete) Erklärung als Zusammensetzung aus idg. **sil*- + Suffix -*andr*-, wobei dieses **sil*- auch in den GwN *Silla* (Trentino), *Sille* (Osttirol) und ON *Silz* (Oberinntal) vorliegt (idg. **sei̯*-/**si*- 'rinnen; feucht' + -*l*-; das Suffix -*andr*- begegnet hauptsächlich in FluN). **V.** ANB; Anreiter, Breonen; Finsterwalder, K.: Tiroler Ortsnamenkunde. Innsbruck 1990–1995; Kühebacher 1. *HDP*

Schlangen **I.** Gem. im Kr. Lippe, 8833 Ew., am s Ausgang eines alten Passweges durch den Teutoburger Wald, Reg.-Bez. Detmold, NRW. 1970 Zusammenlegung mit den ehem. Gem. Kohlstädt, Oesterholz und Haustenbeck. **II.** ?826–876 (Kop. 1479) *in Lengi*, [1015] (Kop. um 1160) *in Lanchel*, 1211 *Ostlangen*, 1365 *Westlanghen*, 1435 *to Austlangen*, 1545 *Ouslangen*; *Schlangen* (1590). **III.** Ein früher Beleg des 9. Jh. (*Lengi*, Lok. Sg. auf -*i* eines m. ntr. Subst. **lang*; vgl. asä. *furlang*; Adv. mhd. *langes*, nhd. *längs*) ist in seiner Verbindung mit Schlangen nicht sicher. *Lanchel* der Vita Meinwerci wird als -*l*-Ableitung von der Basis *lang*- (vgl. Suntal, Brecal) einzustufen und keine Variante zu -*lōh* sein, das in der Vita nur als -*la(n)*, -*lon* oder -*lohun* vorkommt. Der Name zeigt eine alte Gebietsbez. und wird urspr. eine langgestreckte Fläche bezeichnen. Erst im 13. Jh. sind Namenzeugnisse auf -*langen* (abgeschwächte lok. Dat.-Pl.-Formen < asä. **-langum, -langun, -langon*) direkt mit Schlangen zu verbinden. Die zeitweise Unterscheidung durch Zusätze *Ost*- und *West*- wird sich auf die jeweilige Richtung von einem Ausgangspunkt aus beziehen und womöglich nicht zwei verschiedene Siedlungen bezeichnen. Beide Namen *Ostlangen* und *Westlangen* haben einen artikulatorisch bedingten Lautwandel erfahren (Schwund des dentalen Verschlusslautes -*t*- zwischen dentalem stl. Reibelaut -*s*- und lateralem Liquid -*l*-). Ein im Anlaut resthaft bewahrtes -*s'langen* und eine ausdrucksseitige Stütze durch mnd. *slange* 'Schlange' führt zur h. Namenform (vgl. auch das 'redende' Wappen, das eine Schlange zeigt). **V.** WOB II (Kr. Lippe); Meineke, B.: Entstehung der Ortsnamen Oesterholz, Kohlstädt, Schlangen und Haustenbeck. In: Wiemann, H. (Hg.), Geschichte der Dörfer Schlangen, Kohlstädt, Oesterholz und Haustenbeck. Bd. 1. Bielefeld 2008; Stöwer; HHS 3. *BM*

Schlawe // Sławno [ˈswavnɔ], kasch. *Słôwnò* **I.** Kreisstadt im gleichnamigen Kr. (Powiat sławieński), 13 119 Ew., im nö Teil der Woi. Westpommern, PL. Gelegen in einer Tiefebene (Równina Słupska), an der Wipper // Wieprza, rund 20 km von der Ostseeküste. 1939 Kreisstadt im Reg.-Bez. Köslin, Provinz Pommern; Woi. Szczecin (1946–1950), Koszalin (1950–1975), Słupsk (1975–1998), Westpommern (seit 1999). **II.** 1186 *Wartizlaus Zlauinie*, 1200 *Dobroslaua de Slauna*, 1220 *de Zlauene*, 1225 *in Zlauno*, 1233 *Zlavno*, 1248 *in Zlauena*, 1270 *Slawen*, 1289 *terra que Zlowe vocatur*, 1309 *in Slawyna*, 1320 *de Slava*, 1535 *Slage*, 1539 *Slaw*, 1539 *Schlaw*, 1545 *Schlaw*, 1545 *Schlow*, 1618 *Slavia*, 1789 *Schlawe*, 1889 *Sławno*, d. *Schlawe*, 1951 *Sławno – Schlawe*, 1982 *Sławno, -na*, 2002 *Sławno – Schlawe*. **III.** Der slaw. ON ist topografisch und gebildet aus **Slavьno* und dem Suffix **-ьn*-, herzuleiten von der idg. Wz. **slav*- // **slov*-, die in vielen GwN vorkommt und abstammt von idg. **(s)k'leu*- (**(s)k'lou*) // **(s)k'lōu*- 'fließen, besprengen, putzen', bekannt auch aus dem ethnischen Namen *Słowianie*, vgl. Borek, -ьn-. Die ältesten Schreibungen weisen auf zwei Varianten hin: 1. Fem. auf -*a* und 2. Ntr. auf -*o*. Adj. *sławieński*. **IV.** Schleusingen, Lkr. Hildburghausen, TH. **V.** LorSNH; Rospond 1984; RymNmiast; RzDuma I. *BA*

Schleiden I. Stadt im Kreis Euskirchen, 13 580 Ew., in der Nordeifel im Tal der Olef, Reg.-Bez. Köln, NRW. Ursprung der Siedlung ist eine Höhenburg der Herren von Schleiden (seit 1602 Reichsgft.) auf einem Bergvorsprung zwischen Olef und Dieffenbach, aus der ein befestigter Talrechtsort (1343 bezeugt) hervorging; Zentrum der ma. Eisenverhüttung des Schleidener Tals (bis Mitte 19. Jh.), 1819 an Preußen, Kreisstadt 1829–1971. II. 1198 (Kop. 15. Jh.) *de Sleyda*, 1218 *de Schleyden* (ältere Belege sind in der Identifizierung fraglich). III. Zum Subst. *Schleide* (Fem.) 'Abhang' (zum st. Verb mhd. *slîten* 'gleiten'), weitgehend nur noch in rheinischen FlN bezeugt. Benennungsmotiv ist die Lage der Burg am Abhang zum Talgrund. V. RhStA, Lfg. II Nr. 12; HHS Bd. 3; Dittmaier 1963b. *Ne*

Schleiz I. Kreisstadt, Saale-Orla-Kreis, sw Gera an der Wisenta im ö Thüringer Schiefergebirge, 8 824 Ew., TH. Asorb. Dorf des 10./11. Jh. wurde im 12. Jh. zu städtischer Anlage (Altstadt) an alter Straße; im 13. Jh. Burg und Neustadt (1297 *civitas*); im MA Landwirtschaft und Handwerk, Ende 19. Jh. Kleinindustrie; Wirkungsstätte von Konrad Duden; h. klassische „Verwaltungsstadt". Bekannt durch Schleizer Dreieckrennen (seit 1923). II. 1232 *Slowizc*, 1273 *Slowiz*, 1284 *Slewicz*, 1516 *Sleutz*, wenig später *Schlaitz, Schlei(t)z*. III. Asorb. ON **Slavici*, gebildet zu einem PN **Slava* mit dem Suffix *-ici*, das die enge Beziehung zu einer mit PN benannten Person anzeigte, also etwa 'Leute des Slava', ein sog. patronymischer ON. Die lautliche Entwicklung zeigt frühe Verdumpfung von *a > o* in Ost-TH. Im 13./14. Jh. ist der ON im d. Sprachgebrauch durch Abschleifung der zweiten Silbe allmählich einsilbig geworden. Durch Schwächung von intervokalischem |w| und eingetretener Diphthongierung sowie mda. Entrundung von *-eu- > -ei-* ist schließlich *Schleiz* entstanden. Diese d. mda. Form des ON wurde amtlich. IV. Schlaben bei Neuzelle, Lkr. Oder-Spree, BB, 1370 *Slawen*; Schlawin, h. Słowino, Kr. Sławno, PL, 1262/1308 *Slovin*. V. UB Naumburg II; SNB; SO 3. *KH*

Schleswig nd. Sleeswi/ Sleswig, dän. Slesvig I. Kreisstadt des Kr. Schleswig-Flensburg, 24 029 Ew., an der Schlei, zwischen den Halbinseln Angeln und Schwansen, SH. 804 erstmals erwähnt, um 1250 Stadtrecht, 1544 Residenzstadt der Herzöge Schleswig-Holstein-Gottorf, 1711 Zusammenschluss von Siedlungen zur Stadt, 1721 an dänische Krone, 1864 zu Preußen, 1868–1917 Hauptstadt der preuß. Provinz Schleswig-Holstein. Landesobergericht, Landesmuseum für Kunst und Kulturgeschichte, Archäologisches Landesmuseum, Landesarchiv, Schleswiger Dom, Schloss Gottorf. II. Anfang 9. Jh. *Sliesthorp* und *Sliaswich*, Anfang 11. Jh. *ad Sleswic*, 1253 *de Sleswich; von Schleswig* (1695). III. Bis zur Zerstörung Haithabus 1066 bezeichnete der ON wohl diese Siedlung, in deren Nachbarschaft um 1000 eine zweite Siedlung entstand, auf welche der ON übertragen wurde. Der ON setzt sich zusammen aus dem Verweis auf die Lage an der Schlei, vom asä. Wortstamm *slia-* und der asä. Bezeichnung für 'Handelsplatz, Dorf', ↗ *-wik*. Der ON bedeutet also 'dorfähnlicher Handelsplatz an der Schlei'. V. Laur; Haefs. *GMM*

Schlettstadt // Sélestat mda. [ˈʃledʃdåt], franz. [seleˈsta] I. Hauptort im gleichnamigen Bezirk, 19 303 Ew., Sitz der Bezirksverwaltung, Département Bas-Rhin, Region Elsass, F. Im Frühmittelalter Königshof, 1292 Stadtrechte, berühmte Humanistenschule, seit 1673 zu Frankreich, 1871–1918 zu Deutschland. II. 735–737 *Sclatstat* (Kartular, 15. Jh.), 775 *Sclatistati* (Kartular, 15. Jh.), 869 *Sclettestat* [Or]. III. Ahd. *stat* (↗*-statt*) 'Stätte, Ort'. Bw. ahd. **slat*, Pl. **sleti* 'Sumpfland, Bodensenke', mit hyperkorrekter Schreibung *scl-*. Also als 'Stätte bei den Sumpfgebieten' zu verstehen. *WM*

Schliengen I. Gem. und gleichnamige VVG mit der Gem. Bad Bellingen im Lkr. Lörrach, 9 119 Ew., ca. 36 km sw von ↗Freiburg im Breisgau und ca. 20 km nw von Lörrach im Markgräfler Land, Reg.-Bez. Freiburg, BW. Weinbau seit dem 12. Jh. Schloss Entenstein. II. 820 *Sliingas* [Or], 1278 *Sliengen* [Or]; *Schliengen* (Ende 15. Jh.). III. Bei dem SiN handelt es sich um eine ↗*-ing(en)*-Ableitung zu dem ahd. PN *Slīu*. Damit ist als ahd. Ausgangsform **Slī-ing-un* anzusetzen. Der SiN *Schliengen*, eine ursprüngliche Dat.-Pl.-Konstruktion, bedeutete also 'bei den Leuten das Slīu'. Der PN *Slīu* geht auf den Stamm **Slīwa-* zurück. Dieser gehört wohl zu westgerm. **slīwa-* 'schleimig, glitschig', hier möglicherweise 'glatt, weich, glänzend'. IV. Schleibing, OT von Kirchberg, Lkr. Erding, BY. V. FP; Kaufmann 1968; LKL II. *MW*

Schlieren I. Politische Gem. im Bezirk Dietikon, 14 234 Ew. Stadt in der Agglomeration Zürich, in einem Limmatknie auf der Endmoräne des Linthgletschers, westlich an Zürich anschließend, Kt. Zürich, CH. Siedlungsspuren seit der Jungsteinzeit, alemannische Siedlung wohl seit dem 7./8. Jh., bis 1415 in habsburgischem Besitz, bis 1803 Teil der Grafschaft Baden, Aargau, 1803 dem Kanton Zürich zugeteilt. Mit der Industrialisierung Entwicklung zur urbanen Kleinstadt, im 20. Jh. rasches Bevölkerungswachstum. II. 828 *Sleiron*, 1101–22 *Slierra*, 1310 *Slierren*. III. Sekundärer Siedlungsname, wohl zurückgehend auf ahd. *sliero* 'Brocken', mhd. *slier(e)*, schweizerdeutsch *Schlier* 'schlüpfriges Gemenge von Mergel, Sand und Kies' in der anzusetzenden lokativischen Grundform *(ze dēn) s[c]lier[r]on 'beim Lehm, Schlamm, Geröll'. Der Realbefund fördert die Deutung, da bei Schlieren zwei Bäche Geschiebe in die Limmat befördern. V. LSG. MHG

Schlitz I. Stadt im Vogelsbergkreis, 9 947 Ew., zwischen Rhön und Vogelsberg, am Fluss Schlitz, Reg.-Bez. Gießen, HE. Zentrum des Schlitzer Landes (ehem. mit eigenständigen Traditionen ausgestattete Kulturlanschaft; Schlitzer Tracht), Mitte 14. Jh. Stadtrecht, Herren von Schlitz (als Vögte vom Kloster Fulda eingesetzt; 1116 erstmals erwähnt) gründeten im Hohen MA die bis 1803 bestehende Herrschaft Schlitz, die sich mit dem Dreißigjährigen Krieg aus der fuldaischen Herrschaft löste; geschlossenes ma. Stadtbild mit Mauerring und vier Stadtburgen, Hallenburg (Barock, 1755), klassizistische Veränderungen außerhalb des ma. Stadtkerns; Sitz der 1. Hess. Landesmusikakademie im Schloss Hallenburg; Burgmuseum; elektrotechnische und Leinenindustrie. II. 812 (Kop. um 1160) *ecclesia in Slitise*, 12. Jh. *de Slitese*, (1011) (F. 12. Jh.) *in Slytisam*, 1344 *Slitse*, 1379 *des sloßis an Slidesen*, 1440 *Slitz*; *Schlitz* (1613). III. Der Name der Siedlung leitet sich von der FluN *Schlitz*, l. Zfl. der Fulda, her (1012 *in Slidesa [Or]*, 12. Jh. *in Slitese fluvium*, um 1160 *in Slitesa*). Abl. mit *-s*-Suffix, das v. a. in GwN erscheint und von dem man diminuierende Bed. annimmt. In der Überlieferung des FluN ist das Suffix als *-esa*, abgeschwächt als *-ese*, in der des ON mit der Variante *-isa* überliefert. Die Basis erscheint konstant als *slid-/slit-* und kann an eine idg. Wurzel *sleidh-* 'schlüpfrig, gleiten' angeschlossen werden, zu der auch ags. *slīdan* und mhd. *slīten* 'gleiten' gehört. Inlautend wird *-d- > -t-* verschoben. Der Stammvokal ahd., mhd. *-ī-* erhält sich als Monophthong mit Quantitätswechsel. Das Suffix schwächt sich später zu *-se* (1344 *Slitse*) ab; seit dem 15. Jh. *-e*-Ausfall (Apokope); die Phonemfolge /t/ + /s/ wird wie die Affrikata realisiert (1440 *Slitz*). V. HHS 4; LAGIS; Reichardt 1973. DA

Schloß Holte-Stukenbrock I. Stadt im Kr. Gütersloh, 26 154 Ew., in der Senne, s des Teutoburger Waldes, Reg.-Bez. Detmold, NRW. Ehem. Siedlungskern im Bereich von 1153 zuerst genannten Höfen (*in brehtme, in synethe, in gokesterteshusen, in lindbike, in ebbekenhusen, in godeslo*), seit 1558 in fürstbfl. Vogtei Paderborns. Schloss Holte im 15. Jh. als *Haus zur Holte* des Grafen von Rietberg (bei Liemke) erbaut, 1822 Kauf durch Friedrich Ludwig Tenge. Bis 18. Jh. Vieh- und Landwirtschaft, bis 1850 Textilspinnereien, seit 1839/41 Eisenverarbeitung (Tenge; bis 1966), metallverarbeitende Betriebe; zwischen 1941/45 Stalag 326 VI/K für russische Kriegsgefangene (Ehrenfriedhof und Gedenkstätte). 1970 entstand durch Zusammenschluss der Gem. Stukenbrock, Teilen der Gem. Sende und Schloß Holte (bis 1965 Liemke) die heutige Gem., die 1973 vom ehem. Kr. Bielefeld an den Kr. Gütersloh kam. 2003 Stadt. Freizeitpark. II. Stukenbrock: 1153 *in Brehtme*, 1279 *cultores novalium … in Brehtmen*, 1281 *decima veteris Brechmen (Brechtmen)*, 1281 *Bregmen*, 1485 *Brehtmen*, 1531 *Vaigeth im Stuykenbroicke*, 1584 *Brechman*, 1596 *im Stuckenbroch*, 1665 *Hof Brechmann*; *Stukenbrock* (1672). Schloß Holte: 1153 *Lindbike*, 1300 *in Lynbeke*, 1345 *over den Limbeke*, 1554 *up deme Limeke*; 1529 [jenseits der] *Holte*, 1541 *ein Hauß, die Holte genannt*, 1672 *Holte*, 1789 *Holte*. III. Stukenbrock: Bildung mit dem Gw. *-bruch / -bro(c)k* (↗ Herzebrock-Clarholz). Das Bw. gehört zu mnd. *stüke* M. Fem. '(ausgerodeter) Baumstumpf' (vgl. mnd. *stüker* M. 'Arbeiter, der Torf zum Trocknen aufschichtet'; *stüke* 'Bund Getreide; zum Trocknen aufgestellte Flachsbündel'). Der h. ON wird zuerst in Verbindung mit dem alten Vogthof (Hof im Stukenbrock) überliefert und löst im 16. Jh. (da weitere Neuansiedlungen) früheres *Brehtmen* ab, das noch im Hofnamen *Brechmann* und im FlN des benachbarten Brechmer Holzes bewahrt ist. In *Brehtmen* liegt vielleicht ein Gw. *-menni* 'Erhebung' (zu germ. **mend-/*mund-* < idg. **ment-/*munt-/*mņt-*; vgl. lat. *mōns, montis* 'Berg') vor, mit dem urspr. die durch Stukenbrock ziehende Erhebung (Lehmboden) bezeichnet worden wäre. Das Bw. *bre(c)ht-* (Umlautvariante zu *bracht* Fem., später mit sekundärem Ausfall des *-t-* in Vereinfachung der Mehrfachkonsonanz) erscheint in frühen ON und zahlreichen wfl. FlN, ist etymologisch mit germ. **(gi)brahjan* 'einkerben, markieren' verbunden worden und kann morphologisch als *-ti*-Abstraktum auf germ. **brahti-* oder **brahtjō-* bezogen werden. Aus verschiedenen Bezeichnungsfunktionen (Bez. für z. T. größere (markierte?) Gebiete mit Waldbestand, in Hügellage, verkehrsgünstige Lage etc.) ist bislang keine sichere Grundbedeutung zu ermitteln. Schloß Holte: Der Name bezieht sich auf das im 15. Jh. errichtete Schloss des Grafen von Rietberg. Der seit dem 12. Jh. überlieferte ältere Bauerschaftsname *Liemke* wird im 16. Jh. durch den Schlossnamen abgelöst. V. Urkunden des Klosters Hardehausen. Bearb. von Helmut Müller. Westfälische Urkunden (Texte und Regesten). Bd. 9. Veröffentlichungen der Historischen Kommission für Westfalen XXXVII. Paderborn 2002; Schneider; HHS 3; Westf. Flurnamenatlas, Nr. 95. BM

Schlotheim I. Stadt und Sitz der gleichnamigen VG, Unstrut-Hainich-Kr., ö von Mühlhausen, an der Notter im NO des fruchtbaren Thüringer Beckens, zwischen Hainleite im N und Unstrut im S, 8 437 Ew., TH. Altthüringisches Dorf; seit 9./10. Jh. Königshof; später im 12. Jh. Herrensitz; planmäßige Stadtanlage ö der Burg Anf. 13. Jh., 1277 Stadt (*civitas*); 16. Jh. Leineweberei; 19. Jh. Seilereigewerbe, jetzt Kleinindustrie. **II.** (802/817) 1150/65 *Sletheim*, 876, 975 *Sletheim*, 1174 *Slatheim*, 1271 *Slatheym*; *Schlotheym* (1506). **III.** Der ON ist gebildet aus der asä. Form zu mnd. *slāt* 'moorige Vertiefung, sumpfiger Ort', vgl. auch mhd. *slāte* 'Schilfrohr, Sumpf', und ↗*-heim*, also etwa 'Wohnstatt in sumpfiger Umgebung, wo Schilf wächst'. Die Formen mit <o> sind mundartlich bedingt und zeigen Kürzung, die Formen mit <e> beruhen wahrscheinlich auf dialektalem Umlaut bzw. Angleichung an nachfolgend asä. *hēm*. **IV.** Schlottheim bei Eggenfelden, Lkr. Rottal-Inn, BY, 1110 *Slateheim*; Schladebach bei Markranstädt, SN, 1196 *Slatebach*. **V.** CE II; Walther 1971; SNB. *KH*

Schlüchtern **I.** Stadt im Main-Kinzig-Kreis. 17150 Ew., im oberen Kinzigtal, Reg.-Bez. Darmstadt, HE. Ersterwähnung des verm. im 8. Jh. gegr. Benediktinerklosters wohl schon 819. Im 10. Jh. Eigenkloster des Hochstifts Würzburg, kam es im 14. Jh. unter den Einfluss der Grafen von ↗Hanau, die es im 17. Jh. nach seiner Säkularisierung ganz in Besitz nahmen. Der schon um 1300 selbständige Kloster-Ort wurde Mitte des 16. Jh. Stadt, kam (mit Kloster) 1736 mit Hanau an Hessen-Kassel, 1866 an Preußen, 1945 an Hessen. **II.** (819) *Sculturbura* (Deperditum in Druck 1629, Druck 1636), 788 *Sluohderin* (F. verm. vor 993, in Kop. um 1278), 993 *Sluohderin*, 999 *Sluohterin*, 1003 *Sluderin*, 1278 *Slůhteren*, 1383 *Sluchtern [alle Or]*. **III.** Der wohl auf Schlüchtern zu beziehende ON von 819 (s.o.), von dem nur fehlerhafte Varianten vorliegen (daher Becker mit obiger Konjektur!) ist kaum deutbar. Gw. ist wohl ahd. *būr* m. 'Haus'; im Bw. (einer Variante) könnte (!) ahd. *scult(i)*[!]*ra* 'Schulter' anklingen, aber die Bed. 'Häuser an der Bergschulter' (Metzner) ist fraglich, da vergleichbare ON nicht vorkommen. *Sluohderin* ist (s. Bach) anzuschließen an ags. *slōh*, *slōhtre*, mnd. *slōch* 'Sumpf, Morast', mnd. *slüchter*, mhd. *sluoche*, *wazzersluocht* '(Wasser)-Graben'. An die Wz. konnte also ein Dentalsuffix und noch ein *-r-*haltiges Suffix antreten; das mit präsuffixalem *i* oder als Lehnsuffix *-arja* Umlaut bewirken konnte, so bei Schlüchtern. Dabei wurde der lange nicht eigens bezeichnete Umlaut von *uo* im Frnhd. monophthongiert und (da vor *ht*) gekürzt. Wegen des *-(e)r-* Suffixes dürfte ein Insassenname vorliegen, im lok. Dativ Pl. und zuerst noch mit rhfr. *-d-* für *-t-*: 'bei den Leuten am sumpfigen Wasser(graben)'. Die Annahme, der ON beruhe auf frühahd. **sluhtiwarim* 'bei den Hütern des Schlachtfeldes', ist allzu spekulativ (wegen des unbezeugten Subst. **sluht(i)*, der Isoliertheit eines solchen ON, usw.). **IV.** Schlicht, OT von Vilseck, Lkr. Amberg-Sulzbach, BY; Schlichter (Wald im Lkr. Groß-Gerau), HE. **V.** Becker; MGH DKdG; DO III; DH II; DK II; Reimer 1891; Bach DNK; Nistahl; Metzner; Südhess. FlNB. *HGS*

Schmalkalden, Kurort **I.** Stadt, Lkr. Schmalkalden-Meiningen, am SW-Hang des Thüringer Waldes, n Meiningen, am Zusammenfluss von Schmalkalde und Stille, 20 405 Ew., TH. Altthüringisches Dorf, seit 12. Jh. Burg; Ende 12. Jh. Stadt- bzw. Neumarktgründung (1227 *civitas*); seit 14. Jh. Eisenerzabbau und Kleineisenindustrie; jetzt Mineralwasserproduktion (Thüringer Waldquell); Fachhochschule, 2004 Zusatz Hochschulstadt. **II.** (Ad 874) 12. Jh. *villa Smalacalta*, 1057 *Smalekaldun*, 1195 ff. *Smalkalden*, *Smalkaldin*, noch 1519 *Smalkalden*; *Schmalkalden* (1537). **III.** Der Ort wurde benannt nach seiner Lage an dem Fluss: (1039) F. 12. Jh. *Smalachaldon*, 1330 *Smalkalde*. Dieser GwN ist gebildet mit ahd. asä. *smal* 'klein, gering, schmal', vgl. engl. *small* 'klein', und asä. *kald* 'kalt', also 'kleine Kalte' für das Gewässer. Der Oberlauf heißt h. noch *das Kalte Wasser*. **IV.** GwN *die Kahl*, zum Main, bei Hanau, 1298 *Kalda*, 1352 *Kalde*, HE; GwN *Schmalnau*, sö Fulda, (9. Jh.) 1150/65 *in Smalenaha*, HE; Schmalbach bei Mittweida, SN, (1428) *Smalbach*. **V.** Dronke Cod. Dipl. Fuld.; Walther 1971; SNB; Berger. *KH*

Schmallenberg **I.** Stadt im Hochsauerlandkr., 25 645 Ew., an der Lenne am Nordrand des Rothaargebirges, Reg.-Bez. Arnsberg, NRW. Nahe einer um 1200 errichteten Burg entstanden, die bis 1244 Jh. aufgegeben wurde und deren Funktion als Festung der Erzbischöfe von Köln und des Klosters Grafschaft die Stadt übernahm. Im MA Handel und Handwerk, seit 19. Jh. Holz- und Textilindustrie. **II.** 1228 *Smalenburg [Or]*, 1244 *Smalenburg*, 1301 *Smalenberg*; *Schmallenberg* (1669). **III.** In der Überlieferung stehen, wie häufig bei diesem Namentyp, die Gw. ↗*-burg* (auch in den nd. Varianten *-borg*, *-bor(i)ch*) und ↗*-berg* nebeneinander; *-berg* setzt sich seit der 1. Hälfte des 14. Jh. durch. Das Bw. ist mnd. *smal* 'schmal, eng' im Dat. Sg. Heutige Aussprache und *-ll-*Schreibung zeigen, dass die zu erwartende Dehnung des *-a-* in offener Silbe unterblieb oder zu einem nicht genau feststellbaren Zeitpunkt mda. rückgängig gemacht wurde. Der Name, zu umschreiben mit '(auf dem) schmalen Berg' ist von der Lage der Siedlung auf einem schmalen, von drei Seiten von der Lenne umflossenen Bergrücken motiviert. **V.** Hömberg. *Flö*

Schmelz [ʃmæls] **I.** Gem. im Lkr. Saarlouis, 17 008 Ew., an der Prims, jeweils ca. 20 km ö von Merzig und Saarlouis, SL. Zerstörung der h. OT von Schmelz im 30-jährigen Krieg. Im 18. Jh. wirtschaftl. Aufschwung und Bevölkerungsanstieg nach Errichtung eines Hüttenwerkes (Schmelze) in der Meierei Bettingen. Zuzug aus Lothringen, Belgien, Tirol und Böhmen. Aus der Bürgermeisterei bzw. dann dem Amts- bzw. Verwaltungsbezirk Schmelz entstand die h. gleichnamige Großgem. Seit 1974 gehören zu ihr Schmelz, Hüttersdorf, Limbach, Michelbach, Primsweiler und Dorf im Bohnental. **II.** Stellenbezeichnung/Wohnplatzname: 1782 *auf der Schmelz*, 1790 *Auf der Bettinger Schmelz*; Gemeindename: 1937 *Schmelz*. **III.** Der Name der h. Großgem. wurde 1937 in Erinnerung an eine bis zum Jahr 1869 an der Prims betriebene Eisenschmelze gewählt, als sich Bettingen, das schon seit dem 18. Jh. mit Goldbach vereint war, und Außen zu einer neuen Gem. zusammenschlossen. **IV.** Schmelz/Smelz (Fonderi), STR, I: 1620 *bey der inner Schmëlzhütten*, 1885 *Schmelz* (Kühebacher, E.: Die Ortsnamen Südtirols und ihre Geschichte. Bozen 1995). **V.** ASFSL; Even, J. u. a.: Schmelzer Chronik Nr. 2. Schmelz 1993; SCHMELZ. Vergangenheit u. Gegenwart. Ein Heimatbuch. Schmelz 1973. *MB*

Schmiedeberg, Bad **I.** Stadt im Lkr. Wittenberg, 9230 Ew., am Rand der Dübener Heide, 20 km sö von Lutherstadt Wittenberg, ST. Gründung im 12. Jh. als Angeranlage, 1350 als civitas genannt. Kursächsisches Landstädtchen mit gewissem Wohlstand, 1813 bis 1816 kriegsbedingtes Ausweichquartier der Universität Wittenberg. Seit 1878 Kurbetrieb (Eisenmoorbad). **II.** 1328 *Smedeberg*, 1349 *Smedeberg*, 1350 *Civitas Smedebergensis* [Or], 1361 *Smedeberg* [Or], 1380 *Smedeberg*, 1453/54 *Smedeberg* [Or], 1468/69 *Smedeberch*, 1503 *Smydebergk*. **III.** Der Name ist noch h. durchsichtig. Er wurde gebildet aus mnd. *smēde* 'Schmiede' und ↗ *-berg*. Die ältere Überlieferung zeigt bis zum Ende des Mittelalters eine nd. Sprachform, was der sprachgeschichtlichen Entwicklung der Region entspricht. Warum bei dieser Siedlung eine Benennung nach dem Metall verarbeitenden Handwerk erfolgte, wird nicht deutlich; archäol. ist hier Eisenverarbeitung seit dem 15. Jh. bezeugt. Den Namenszusatz *Bad* führt die Stadt nachweislich seit 1895. **IV.** Schmiedefeld, Ilmkr., TH. u. a. **V.** DS 38; SNB. *ChZ*

Schmitten **I.** Gem. im Hochtaunuskreis, 8778 Ew., am Nordhang des Großen Feldbergs, Reg.-Bez. Darmstadt, HE. 1399 ist unterhalb der Burg Hattstein (h. Ruine) erstmals eine „Waldschmiede", im 15/16. Jh. eine verm. auf sie zurückgehende und zunächst ebenso, dann (spätestens ab 1541) nur noch als „Schmitten" bezeichnete Dorfsiedlung erwähnt, in der Eisen aus den nahen Erzlagerstätten gewonnen und verarbeitet wurde. Im Besitz der Herren von Hattstein, später u. a. der von Reifenberg, von Bassenheim, 1806 zum Hztm. Nassau, 1866 zu Preußen, 1945 zu Hessen. Seit 1972 Großgem. nach Vergrößerung um 8 Gem. **II.** 1441 *under der waltsmitten*, 1595 *Schmitten* [beide Or]. **III.** Sprachhistor. liegt ein lok. Dat. Sg. des mhd. sw. Fem. *smitte* (< ahd. *smitta*, germ. **smiþjō* 'Schmiedewerkstatt') in der Bed. 'bei der Schmiede' vor, der bald (wie häufig bei ON) nur noch als Nom. Sg. Ntr. fungiert. Im Anlaut wurde (ebenso wie im App.) sm- > ʃm-, ein Lautwandel schon des 13. Jh., der orthografisch erst im Frnhd. – durch sch- – wiedergegeben wurde. Andererseits blieb der mhd. Kurzvokal erhalten. Ihn hat zwar noch die Mda. (App. *Schmidd(e)*, auch FlN *Off der Schmitt*), in der Hochsprache dagegen gilt seit dem 18. Jh. Langvokal (*Schmiede*), in Anlehnung an *Schmied*, wo aufgrund der nhd. Dehnung lautgesetzlich (in den Kasus mit offener Silbe) bzw. analogisch (bei geschlossener Silbe) Langvokal eingetreten war. **IV.** Unter- und Oberschmitten, OT von Nidda, HE. **V.** Demandt; Kloft, J.: Territorialgeschichte des Kreises Usingen. Marburg 1971; Mielke, H.-P.: Die Niederadligen von Hattstein, ihre politische Rolle und soziale Stellung. Wiesbaden 1977. *HGS*

Schmölln **I.** Stadt im Lkr. Altenburger Land, sw Altenburg im Tal der Sprotte, am s Rand des alten Plisni-Gaues, 12 224 Ew., TH. Bei asorb. Waldbauerndorf um 1040 Gründung von Benediktinerkloster, 1138/40 nach Pforta bei Naumburg verlegt; um 1200 Burg- und Stadtanlage an alter Straße (1331 *hus und stat*); bis ins 19. Jh. Textilgewerbe, dann Kleinindustrie. 2008 Entdeckung einer Siedlung aus der Bronzezeit. **II.** 1066 [Or] *abbatia Zmvlna*, 1147 *in loco qui dicitur Zmolne*, 1331 *Smolne*, 1445 *Smoln*, 1753 *Schmöllen*. **III.** Asorb. **Smolьno*, später **Smol'no*, o. ä., gebildet mit asorb. **smola* 'Harz, Pech' und dem Suffix *-ьno* für eine Ortskennzeichnung, also 'Harz-/Pechort' für Siedlung, in der Harz oder Pech gewonnen wurde. 1066 zeigt der ON eine wohl mda. bedingte Hebung im D. von *o > u*, geschrieben als <*v*>. Asorb. |s| wurde mit d. |ts|, grafisch <*z*>, ersetzt, da zu jener Zeit d. |s| fast wie heutiges [*sch*] gesprochen wurde. Ab 13. Jh. wurde der Anlaut asorb. *Sm-* im D. zu *Schm-*, geschrieben noch <*Sm*>. Im D. wurde auch das *o* im ON durch urspr. folgendes erweichtes (palatales) *l* (mit urspr. ultrakurzem *i* nach dem *l* im Asorb.) zu *ö* umgelautet, aber erst spät auch <*ö*> geschrieben. **IV.** Schmölen, OT von Bennewitz, Lkr. Leipzig, SN, 1451 *Smolin*; Smolensk, RUS; Smolny, im 19. Jh. erbauter Palast in St. Petersburg, RUS. **V.** UBN I; SNB; HONS 2. *KH*

Schnaittach **I.** Markt im Lkr. Nürnberger Land, 8110 Ew., nö von Nürnberg, im Schnaittach-Tal, am Mittellauf der Schnaittach, die ein rechter Nebenfluss der Pegnitz ist, Reg.-Bez. Mfr., BY. **II.** 1011 *Sneitâha*, Ende 15. Jh. *Schneittach*, 1832 *Schnaittach*. **III.** Der Ort verdankt seinen Namen dem Bach. Gw. des GwN ist ↗ *-ach¹*, ahd. *-aha*; das Bw. wird mit mhd. *sneite* 'durch den Wald gehauener Weg' identifiziert, das hier 'Grenze' bedeuten soll. Die Deutung als 'Grenzbach' soll dadurch motiviert sein, dass hier zwei verschiedenartige Landschaften aneinander stießen, die auch schon frühzeitig politisch getrennt waren. Nachweisbar reichte in früherer Zeit der Nürnberger Reichswald bis an die Schnaittacher Ortsflur heran. **V.** Beck, S. 135; HHS 7/2; MGH DHII, Nr. 234; Reitzenstein 2009; Schnelbögl, S. 263; Schwarz, S. 93; Sperber. *RB*

Schneeberg **I.** Stadt im Erzgebirgskreis, 15 770 Ew., an der Silberstraße im oberen Westerzgebirge am Schneeberg, w der Zwickauer Mulde, SN. 1471 gegr. Bergstadt, Silberbergbau, seit Mitte des 16. Jh. Abbau Cobalt und Bismut, von 1946–1958 Uranbergbau. **II.** 1453 *uff dem Sneberge*, 1476 *auff dem Sneeberg*, 1449 (lat.) *mons Nivis*, 1529 *Schneeberg*. **III.** Der BergN *Schneeberg* mit dem Bw. mhd. *snē* 'Schnee' und dem Gw. ↗-*berg* wurde auf den Ort übertragen. Er wurde so benannt, da der Schnee lange liegen blieb. Berg- und Ortsbezeichnung lassen sich oft nicht voneinander scheiden. **IV.** Schneeberg, OT von Beeskow, Lkr. Oder-Spree, BB; BergN *Schneekoppe*, im Riesengebirge, CZ; *Schneekopf*, im Ilm-Kreis, TH. **V.** HONS II; SNB. *EE, GW*

Schneidemühl // **Piła** ['piwa] **I.** Kreisstadt im gleichnamigen Kr. (Powiat pilski), 74 735 Ew., im n Teil der Woi. Großpolen, PL. Gelegen in einer Tiefebene (Küddowtal // Dolina Gwdy), zwischen zwei Seenlandschaften (Walzer Seenplatte // Pojezierze Wałeckie und Pojezierze Krajeńskie), an der Küddow, Küdde // Gwda, 11 km n ihrer Mündung in die Netze // Noteć. 1939 Stadt und Hauptstadt des Reg.-Bez. Grenzmark Posen-Westpreußen; Woi. Szczecin (1946–1950), Poznań (1950–1975), (Hauptstadt der) Woi. Piła (1975–1998), Woi. Großpolen (seit 1999). **II.** 1451 *molendinum in Pila*, 1479 *in oppidis Vsczye et Pyla*, 1513 *in oppido regio Pyla*, 1580 *Piełа*, 1630 *Pyla*, 1733 *Schneidemühl, Pyla P.*, 1887 *Piła*, d. *Schneidemuehl*, 1951 *Piła – Schneidemühl*, 1981 *Piła, -ły*. **III.** Poln. Kulturname, primär vom App. *piła* mit den Bed.: 1. 'Säge', 2. 'Sägemühle'. In der zweiten Bedeutung wird seit dem 18. Jh. *piła* durch das poln. App. *tartak* 'Sägewerk' ersetzt. Nach der Schreibung vom 16. Jh. (1580 *Piełа*) wurde der Vokal -*i*- (wegen der Tendenz zur Senkung der Aussprache vor einem halboffenen Konsonanten *ł*) durch -*e*- ersetzt. Seit dem 18. Jh. erscheint der d. Name *Schneidemühl* als Lehnübersetzung des poln. Namens. Adj.: *pilski*. Derselbe Name dient als Bezeichnung für insgesamt 28 verschiedene Dörfer und Städte Polens. **V.** Rospond 1984; RymNmiast; ZierNmiast. *BA*

Schneverdingen **I.** Stadt im Lkr. Soltau-Fallingbostel, 18 997 Ew., Reg.-Bez. Lüneburg (bis Ende 2004), NI. Im MA Stiftshof der Bischöfe von Verden in Schneverdingen; bis ins 19. Jh. vor allem landwirtschaftlich geprägt, Ende des 19. Jh. über 300 Schuhmacher und darauf folgend mehrere Schuhfabriken; h. ist der Tourismus mit ca. 250 000 Übernachtungen pro Jahr Haupteinnahmequelle; 1976 Stadtrecht. **II.** 1231 *Snewordinge* [Kop. 14. Jh.], 1237–46 *Sneverdinge* [Kop. 16. Jh.], 1322 *Snewerdinghe*. **III.** Abl. mit dem Suffix ↗-*ing(en)*. Basis der Abl. ist der PN *Sneward*, der möglicherweise auf *Snelward* zurückgeht. Der PN zeigt im Zweitelement teils die übliche Entwicklung zu -*word*, teils Abschwächung zu -*werd*, das sich durchsetzt. **IV.** † Schneringhausen, Kr. Soest, NRW. **V.** HHS 2. *KC*

Schöllkrippen **I.** Markt und gleichnamige VG im Lkr. Aschaffenburg, 13 681 Ew., n von Aschaffenburg, Zentrum des oberen Kahlgrunds, am Fluss Kahl am w Rand des Spessarts, Reg.-Bez. Ufr., BY. Der Ort entstand aus einer Hofsiedlung mit Mühle unterhalb des Zusammenflusses von Kahl und Westernbach. Bis 1814 Besitz des Mainzer Erzbistums, danach an Bayern. **II.** Ca. 1290 (Kop. 15. Jh.) *Schelkrippen*, 1400 *Schelkripfen*, 1516 *Schelkropfen*, 1562 *Schöllkrippen*. **III.** Die Belege des Gw. zeigen ein Schwanken in der Wiedergabe von vorahd. -*pp*-, das in der zum md. Hessischen gehörenden örtlichen Mda. nicht verschoben ist, im angrenzenden obd. Ostfränkisch aber als -*pf*- erscheint. Mhd. *krippe, kripfe* bedeutet nach M. Lexer, Mittelhochdeutsches Handwörterbuch I, u.a. 'ein in das Wasser eingebautes Holzwerk, dessen Binnenraum mit Erde und Steinen ausgefüllt wird' oder auch 'ein in das Wasser eingeschlagenes Pfahlwerk'; das Bw. könnte vielleicht mit mhd. *scholle* 'Eisscholle' identifiziert werden, das auch in der Form *schelle* belegt ist; denkbar wäre auch ein Zusammenhang mit mhd. *schelch* 'Kahn'; diese Anknüpfungen erscheinen im Zusammenhang mit der Mühle und der Lage am Fluss einleuchtender als die bei v. Reitzenstein herangezogene Identifizierung mit *schele* 'Zuchthengst' und *krippe* 'Futtertrog'. **V.** HHS 7/2; Reitzenstein 2009. *RB*

Schömberg **I.** Gem. im Lkr. Calw, 8 510 Ew., ca. 10 km sw Balingen auf einem Hochflächenriedel über dem Schlichtemtal, Reg.-Bez. Karlsruhe, BW. Schömberg wurde verm. durch den Grafen von Zollern nach 1255 erbaut und erstmals 1269 bezeugt, seit 1805 württembergisch. Maschinenbau, mittelständische Unternehmen, Narrenmuseum, Stadtkapelle Schömberg. **II.** 1255 *Shonberc*. **III.** Es handelt sich um eine Zuss. mit dem Bw. ahd. *scōni*, mhd. *scōne* 'schön' und dem Gw. ↗-*berg*. In vielen Fällen bedeutet das Bw. in BergN nicht 'schön' im herkömmlichen Sinne, sondern verweist auf einen Berg, der morgens zuerst und abends zuletzt noch beleuchtet ist. Ein Wechsel von *n* und *m* ist trivial und auch in anderen Belegreihen von *Schön*-Namen sichtbar, ein konkretes Motiv ist aber hier nicht erkennbar. **IV.** Schömberg, Zollernalbkreis, BW. **V.** FO 2; Bach DNK 2; LBW 7. *JR*

Schönaich **I.** Gem. im Lkr. Böblingen, 9758 Ew., ca. 5 km sö Böblingen über der oberen Aich im Bereich des Nördlichen Schönbuchs gelegen, Reg.-Bez. Stuttgart, BW. Siedlung der jüngeren Ausbauzeit, zunächst im Besitz der Pfalzgrafen von Tübingen, 1286 an das Kloster Bebenhausen, 1363 an Württemberg. Elektroindustrie, Heimatmuseum, Linde in Schönaich. **II.** 1275 *Schoennaich, Schónenaych*, 1285 *Schoenaich*; *Schönaich* (1495). **III.** Es handelt sich um eine Zuss. mit dem Bw. ahd. *scōni*, mhd. *scōne* 'schön' und dem Gw. mhd. *eich* 'Eiche' oder **eich* 'Eichenwald' (analog zu mhd. *buoch* 'Buchenwald'). Der Name bedeutet daher entweder 'Siedlung beim ertragreichen Eichenwald' oder 'Siedlung bei der (eindrucksvollen) Gerichtseiche'. Da *schön* in FlN und ON meist den konkreten wirtschaftlichen Ertrag oder die gute Bearbeitbarkeit eines Geländes meint, ist die erste Bedeutung wohl wahrscheinlicher. Ein Zusammenhang mit dem GwN *Aich* ist in der Verbindung mit *schön* unwahrscheinlich. **IV.** ↗ Schöneiche bei Berlin, Lkr. Oder-Spree, BB. **V.** Reichardt 2001; LBW 3. *JR*

Schönau **I.** Stadt und (mit Heddesbach, Heiligkreuzsteinach und Wilhelmsfeld) gleichnamiger GVV im Rhein-Neckar-Kreis, 11 372 Ew., ca. 9 km nö Heidelberg im Zentralen Sandstein-Odenwald, Reg.-Bez. Karlsruhe, BW. Die Siedlung entsteht in engem Zusammenhang mit der Errichtung einer Zisterzienserabtei, seit Ende des 12. Jh. pfälzisches Hauskloster, bis 1600 allmähliche Entwicklung zur Stadt, seit 1803 badisch. Elektroindustrie, Möbelwaren, Historische Altstadt, Hühnerfautei, ehemaliges Klostertor. **II.** 1142 *Schonaugia [Or]*, 1196 *Schonawe*, 1490 *Shonaw*. **III.** Es handelt sich um eine Zuss. mit dem Bw. ahd. *scōni*, mhd. *scōne* 'schön' und dem Gw. ↗ *-au*. Während benediktinische Abteien meist nach dem Namen der jeweiligen Kirchenpatrone benannt wurden, beziehen sich die Namen zisterziensischer Klöster vor allem auf die sie umgebende Landschaft: „die schöne Au". Der Beleg von 1142 ist nur in latinisierter Form erhalten, daher enthält er im Auslaut -*gia*. **IV.** Schönau im Schwarzwald, Lkr. Lörrach, BW. **V.** FO 2; Krieger 2; Bach DNK 2; LBW 5. *JR*

Schönberg **I.** VG (seit 1978) des Marktes Schönberg mit den benachbarten Gemeinden Eppenschlag, Innernzell und Schöfweg, 7774 Ew., ca. 8 km sw von Grafenau, ca. 25 km sö von Regen und ca. 35 km ö von Deggendorf, im Unteren Bayerischen Wald, Kr. Freyung-Grafenau, Reg.-Bez. Niederbayern, BY. Ende 13. Jh. Marktrechte, seit 1983 staatlich anerkannter Luftkurort. Regionales Einzelhandels-, Handwerks-, Industrie- und Tourismuszentrum. Naturhochseilpark. **II.** Ca. 1300 Kop. 14. Jh. *Schönberch*, 1376 *Schönnberkch [Or]*, 1415 *Schönnberg*; *Schönberg* (1424). **III.** Bw. der für den ON anzusetzenden Ausgangsform (früh)mhd. **Schœnen-berge* ist das Adj. mhd. *schœn(e)* 'schön', hier wohl im Sinne von 'gut nutzbar', Gw. ist mhd. *berc* 'Berg, Anhöhe oder Bodenerhebung im Gegensatz zu tiefer gelegenem flachen Gelände oder zu einem Tal' (↗ *-berg*). Der ON dürfte aus der Stellenbezeichnung mhd. **(ze/bī deme) schœnen berge* mit der Bed. '(Siedlung) an/bei dem schönen/gut nutzbaren Berg' hervorgegangen sein. Die urspr. Namensform **Schœnen-berge* entwickelte sich dann durch mhd. Synkope bzw. Apokope der unbetonten Nebensilbe -*en*- bzw. Endsilbe -*e* zu **Schœnberc*. **IV.** Gleichlautende Parallelnamen u. a. mehrfach in den Reg.-Bez. Oberbayern, Mittelfranken, BY, sowie im Reg.-Bez. Stuttgart, BW. **V.** Reitzenstein 2006. *StH*

Schönberger Land **I.** Amt im Lkr. Nordwestmecklenburg, 18 223 Ew., mit Sitz der Amtsverwaltung (für die Stadt Dassow und neun Gem.) in der Stadt Schönberg, ca. 25 km w von Grevesmühlen und ca. 20 km ö von Lübeck, MV. Um 1200 dörfliche Siedlung, 1327 verlegten die Bischöfe von Ratzeburg ihren Sitz nach Schönberg und errichteten eine Wasserburg, 1648 an Mecklenburg (1701 Mecklenburg-Strelitz), 1822 Stadtrecht, im 19. Jh. zahlreiche Kleinbetriebe, h. vorrangig Kleinhandwerk und Gewerbe. **II.** 1219 *in Sconenberge*, 1264 *Sconeberg*, 1326 *Schoneberch*. **III.** Der zweigliedriger ON ist typisch für jene Zeit und dieses Gebiet. Die Namengebung sollte eine positive, lobende, auch werbende Wirkung haben oder allgemein das empfundene Landschaftsbild wiedergeben. Der ON besteht aus einem Bw. mnd. *schone* 'schön' und dem Gw. ↗ *-berg*. **IV.** Schöneberg, Lkr. Uckermark, BB; Schönberg, Lkr. Zwickau, SN; Schönberg, Salzlandkreis, ST. **V.** MUB I, II, VII; HHS, Bd. 12; Eichler/Mühlner. *MN*

Schönborn, Bad **I.** Gem. und gleichnamige VVG im Lkr. Karlsruhe, 18 059 Ew., ca. 30 km nnö Karlsruhe am w Rand des Kraichgauer Hügellandes gelegen, Reg.-Bez. Karlsruhe, BW. Wurde 1971 durch die Vereinigung von Bad Langenbrücken und Bad Mingolsheim zunächst als Bad Mingolsheim-Langenbrücken gegr. und im Jahre 1972 in Bad Schönborn umbenannt. Heilquellenkulturbetrieb, Kurparks, Schloss Kislau. **II.** *Bad Schönborn* (1972). **III.** Der Name erinnert an Kardinal Damian Hugo von Schönborn, Bischof von Speyer und Neugestalter des Schlosses Kislau. **V.** Kannenberg; LBW 5. *JR*

Schönebeck (Elbe) **I.** Stadt im Salzlandkreis (seit 1. 7. 2007), 34 723 Ew., an der mittleren Elbe, ST.

Schiffer- und Ackerbürgerstadt, seit 13. Jh. Salzhandel, ab 1372 Erzbistum Magdeburg, 1680 zu Brandenburg-Preußen. Heutige Stadtfläche durch Eingemeindung umliegender Orte, u. a. der Städte Frohse (961 *Frasa*) und Salzelmen (1124 *Elmen*). **II.** 1194 *Sconebeke*, 1264 *Schonebeck*, 1352 *Schonebecke*. **III.** Werbende Kompositabildung mit ↗ *-be(e)ke*/*-beck* zu asä. *scōni* 'schön'. Das Grundwort legt nahe, dass der ON nicht auf den Hauptstrom oder einen Nebenarm der Elbe Bezug nimmt und zu einer Zeit gebildet wurde, als die Elbe in ihrem alten Flussbett lag. Namenstiftend dürfte ein anderes, kleineres Gewässer gewesen sein, etwa der von Zackmünde kommende Röthegraben. **V.** DS 38; SNB; Berger. *JS*

Schöneck **I.** Gem. im Main-Kinzig-Kreis, 11 903 Ew., nw Hanau, beiderseits der unteren Nidder, Reg.-Bez. Darmstadt, HE. Entstanden 1971 durch Zusammenschluss von Büdesheim (ehem. Kr. Friedberg), Kilianstädten und Oberdorfelden. Die Orte (mit Bodenfunden seit dem Neolithikum) sind erstmals 802–817, 839 und 768 bezeugt, aber wohl schon spätestens im 7. Jh. von den Franken (neu) besiedelt worden. Seit dem Hochmittelalter gerieten Oberdorfelden und Kilianstädten unter die Herrschaft der Herren von ↗ Hanau; Büdesheim gehörte seit dem 13. Jh. zum Freigericht Kaichen, mit diesem seit dem 16. Jh. zur Reichsburg ↗ Friedberg und kam mit dieser 1806 an Hessen-Darmstadt, 1945 an Hessen. **II.** *Schöneck* (1971). **III.** Der ON suggeriert, ein alter einheimischer ON, am ehesten ein BurgN, zu sein. Denn als BurgN begegnet *Schöneck* mehrfach, bes. in Süddeutschland, Ch und A, wobei das (auch mit anderen Bw. vorkommende) Gw. urspr. 'Felsnase, Bergabschnitt (mit Burg)' und dann soviel wie ↗ *-burg*, ↗ *-fels*, ↗ *-stein* (Reichardt) bedeutet. ↗ *-eck* findet sich auch in BergN (*Schöneck im Steinernen Meer*) oder FlN (zur Bez. von Geländeecken und -winkeln). Doch hat dieser neue ON, anders als fast alle anderen Reformnamen, keinen hist.-heimatkundlichen Hintergrund, allenfalls einen emotionalen: er wurde, wohl in der Bed. des umgangssprachlichen „eine schöne Ecke", durch eine Bürgerbefragung ermittelt. **IV.** *Schöneck*/Vogtl., Vogtlandkreis, SN; *Schönecken*, Eifelkreis Bitburg-Prüm, RP. **V.** Reichardt; Schröder. *HGS*

Schönefeld **I.** Gem. im Lkr. Dahme-Spreewald, 12 831 Ew., sö Berlin, BB. Das ma. Dorf entwickelte sich im 19./20. Jh. zur Berliner Randsiedlung; Zweigwerk und Werkflughafen der Henschel-Flugzeugwerke AG, 1955 Ausbau als Flughafen Berlin-Schönefeld, h. Großflughafen Berlin Brandenburg International (BBI) im Bau. **II.** 1352 *Schönenuelt*, 1375 *Schonenvelde*; *Schönefeld* (1775). **III.** Mit dem Adj. *schön* gebildete ON zählen zu den sog. Wunschnamen mit einem positiven Ausdruck, um Siedler anzulocken, sehr beliebt zur Zeit der ma. d. Ostsiedlung. Zum Gw. mnd. *-velde*, hd. ↗ *-feld* 'Feld'. **V.** Riedel A XI; Landbuch; Büsching; BNB 3. *EF*

Schöneiche bei Berlin **I.** Gem. im Lkr. Oder-Spree, 12 129 Ew., ö Berlin, BB. Urspr. Dorf, Rittergut; seit 18. Jh. industrialisiert (Wachsmanufaktur). Barocker Schlossneubau 1765 (1949 abgebrannt), dazu Orangerie und Park. **II.** 1375 *Schoneyke, Schoneyche*; *Schöneiche* (1541). **III.** Eine Zuss. mit dem Adj. *schön* als Benennungsmotiv und dem Gw. mnd. *-ēke* 'Eiche', also eine 'Ansiedlung zur schönen Eiche'. Der Zusatz bestimmt die Lage zu ↗ Berlin. **IV.** Vgl. weitere ON *Schöneiche*, z. B. OT von Sellendorf, Lkr. Dahme-Spreewald, BB. **V.** Landbuch; Riedel A XI; BNB 5; OBB. *EF*

Schönenberg-Kübelberg **I.** Gem. und gleichnamige VG (seit 1972) im Lkr. Kusel, 12 551 Ew., nahe der Grenze zum SL, Westpfalz, RP. Sieben Gem. in der Urlaubsregion Ohmbachsee-Glantal, im sog. „Kuseler Musikantenland" sowie im Kohlbachtal, das auch „Kirschenland" genannt wird. Der namengebende Ort wurde 1969 aus vier ehem. selbstständigen Gem. gebildet und ist h. anerkannte Fremdenverkehrsgemeinde. Die Gem. Brücken ist das pfälzische Zentrum der Diamantenschleiferei. **II.** Schönenberg: 1419 *Heyncze von Schonenberg* (Kop. um 1430); *Schönenberg* (1797). Kübelberg: 1018 *Kebelinbach* (Kop. 12. Jh.), 1263 *apud Keyvelberch*, 1425 *Kibelnberg*, 1526 *Kybelnburg*, 1557 *Kübelburg*. **III.** Die ON werden mit dem Gw. ↗ *-berg* und zum einen mit mhd. *schæne* 'schön, ansehnlich' und zum anderen mit einem germ. GwN **Kabila* gebildet, der im Dat. Sg. steht (956 *Cheuilunbahc*, MGH DD, Die Urkunden Konrads I., Heinrichs I. und Ottos I.) und verm. wie ein PN **Kebilo*, **Kevilo*, Gen. Sg. **Kebilen-*, behandelt wurde. Der GwN wurde auf die Uferanhöhe (**Kebilenberg*) und später auf Burg und Ort übertragen. Das Gw. ↗ *-berg* wechselte sich mit dem im MA formal-semantisch ähnlichen ↗ *-burg* ab. Der ON unterlag im Weiteren dem Ausfall unbetonter Vokale sowie der hyperkorrekten Rundung von *-e-/-i-* zu *-ü-*. Die Deutungen der beiden ON sind zum einen 'Siedlung auf einer schönen Erhebung' und zum anderen 'Siedlung/Burg auf einer Erhebung an der Kabila', was später zu 'Siedlung/Burg des Kebilo auf einer Erhebung' umgedeutet wurde. **V.** MGH DHII. *JMB*

Schongau **I.** Stadt im Lkr. Weilheim-Schongau, 12 193 Ew., Reg.-Bez. Oberbayern, BY. Im MA Welfen- und Stauferherrschaft, 1268 Übergang an die Wittelsbacher, im 13. Jh. neu gegründete Siedlung. **II.** 1227 *Schonengov*, 1238–1250 *in oppidum Scongev … predicti oppidi Scongov*, 1312 *Schongaw, Schongaú*,

1392 *Schongo*, 1553 *Schongau*. **III.** Der Name wurde vom heutigen Pfarrdorf ↗*Altenstadt* im selben Landkreis übernommen. Als die neue Siedlung Schongau im 13. Jh. gegründet wurde, musste der Name differenziert werden. So erscheint in einer Urkunde von 1253 (Kop. von 1766) die lat. Bezeichnung *ad veterem civitatem Schongau*, ebenso 1289 *in antiqua ciuitate Schongaw* und übersetzt 1312 *ze der Alten Stat zu Schongaว̌*. Im selben Jahr kommt der Name bereits selbstständig als *ze der Alten Stat* vor, aber 1345 heißt es noch *in der alten und der niwen stat ze Schongaw̌*. 1474 findet sich die Schreibung *Altenstatt* und 1543 *Altenstadt*. Der urspr. Name setzt sich zusammen aus ahd. *scōni* 'schön, herrlich, angenehm' und *gouue* 'Gau, Land, Flur'; es besteht wohl ein Zusammenhang mit dem Namen des durch den Ort fließenden Gewässers Schönach. **V.** HHS 7/1; Reitzenstein 2006. *WvR*

Schöningen **I.** Stadt im Lkr. Helmstedt, 12 428 Ew., am Elm, Reg.-Bez. Braunschweig (bis Ende 2004), NI. Wirtschaftl. Bedeutung durch Salzvorkommen und Lage an der Rhein-Elbe-Straße, 1120 Umwandlung eines Kanonissenstifts in das Augustiner-Chorherrenstift Sankt Laurentii. **II.** 747 *Scahaningi* (Kop. 9. Jh.), 995 *Scenigge [Or]*, 1383–1385 *Schonynghe [Or]*. **III.** Abl. mit dem Suffix ↗*-ingen* von der Basis **Skahan-*, aus idg. **skok-* mit Nasalerweiterung, verwandt mit anord. *skagi* 'Landzunge', *skaga* 'hervorragen', norwegisch dial. *skagge* 'Zipfel, Saum', ahd. *scahho*, mhd. *schache* '(bewaldete) Landzunge, Vorgebirge, Vorsaum eines Waldes', anord. *skōgr*, schwed. *skog* 'Wald'. Namengebend war die Lage von Schöningen an einem vorspringenden und steil abfallenden Bergsporn des Elms. **Skahan-* wurde zu **Skan-* kontrahiert, der Suffixvokal bewirkte Umlaut des Stammvokals, *Sk-* ging in *Sch-* über, im 14. Jh. wurde *-e-* zu *-ö-* gerundet, wohl durch Eindeutung von mnd. *schön* 'ansehnlich, herrlich, schön'. **IV.** Schoningen, OT von Uslar, Lkr. Northeim, NI. **V.** Nds. Städtebuch; KD Helmstedt; Blume, H.: *Schöningen, Rorschach, Skagen*, aisl. *skōgr* 'Wald' und Verwandtes. Zu einer germanischen Wort- und Namenfamilie. In: *westfeles vnde sassesch*. Festgabe für Robert Peters. Bielefeld 2004; NOB VII. *FM*

Schönlanke // Trzcianka ['tʃtɕ̑anka] **I.** Stadt im Kreis Czarnkowo-Trzcianka, 16 864 Ew., im nw Teil der Woi. Großpolen, PL. Liegt am Zaskersee // Jezioro Sarcz, am Logosee // Jezioro długie, am Kühnensee // Jezioro Okunie und am Schönlanker Mühlenfließ // Trzcinica, Trzcianka, dem rechten Zufluss der Netze // Noteć. 1939 Kreisstadt des Netzekreises, Reg.-Bez. Grenzmark Posen-Westpreußen; Woi. Poznań (1946–1975), Piła (1975–1998), Großpolen (seit 1999). **II.** 1561 *Thrzcziana*, 1565 *Trzciana Laca*, 1567 *Trzcianna Łanka*, 1570 *Thrcziana Lanka* (…) *Trczianna Łąka*, 1570 *Thrcziana Lanka*, 1575 *Trczianna Łanka*, 1629 *Trzcianka*, 1792 *Schönlanke*, 1892 *Trzcianka (Trcianka, Trcionka, Trzelanka)*, d. *Schoenlanke*, 1951 *Trzcianka – Schönlanke*, 1982 *Trzcianka, -ki*. **III.** Seit dem 16. Jh. bekannter, urspr. poln., topografischer ON – *Trzciana Łąka*, *Trciana Łąka*, vom apoln. Adj. *trzciany, trciany, trściany* mit den Bed.: 1. 'Schilfrohr betreffend', 2. 'mit Schilfrohr bewachsen', vgl. das apoln. App. *trzcina, trcina, trzścina*: 1. 'Schilfrohr', lat. *Phragmites communis*, 2. 'Schilfrohrgestrüpp, mit Schilfrohr bewachsenes Gebiet' und das App. **łoka*, apoln. *łąka* 'mit Gras oder auch mit Bäumen bewachsenes Gebiet', vgl. auch das App. *łąka, łęg* 'Wiese, am Wasser gelegenes Gebiet'. Seit der ersten Hälfte des 17. Jh. entstand durch Kontamination von *trzcian(y) + (łą)ka* der Name *Trzcianka*. Die germanisierte Form *Schönlanke*, Relikt des früheren ON seit dem 18. Jh., ist eine lexikalische Substitution des poln. ON (*schön* anstelle von *trzcian-/trcian-y*). Adj. *trzcianecki*. **IV.** Schönberg, Gem. ↗Schönberger Land, Lkr. Nordwestmecklenburg, MV; ↗Schönebeck (Elbe), Salzlandkreis, ST; Schöneck/Vogtl., Vogtlandkreis, SN; Schönwalde (Name mehrerer Gem. und OT), D; Schöneck (Westpr.) // Skarzewy, Woi. Pommern; Trzcianne, Woi. Podlachien; Tirschtiegel // Trzciel, Woi. Lebus; Strence // Trzcinica, Woi. Großpolen; Bad Schönfließ // Trzcińsko-Zdrój, Woi. Westpommern, alle PL. **V.** Rospond 1984; RymNmiast; ZierNmiast. *BA*

Schonungen **I.** Gem. im Lkr. Schweinfurt, 8 001 Ew., ca. fünf Kilometer ö von Schweinfurt in der Talweitung der Steinach bei ihrer Mündung in den Main, Reg.-Bez. Ufr., BY. Die Gründung der Siedlung wird in die vorfränkische Zeit gelegt und den Thüringern im 5. Jh. zugeschrieben, wohl weil die ↗*-ungen*-Variante des ↗*-ingen*-Suffixes thüringisch sein soll. **II.** 1182 *Sconunge*, 1194 *Sconungen*, 1383 *Schonungen*. **III.** P. Schneider legt dem mit *-ungen*-Suffix abgeleiteten Namen den PN *Scono* zugrunde; PN mit dem Adjektiv ahd. *scôni* 'schön' als Erstglied sind bezeugt, sodass auch eine Kurzform *Scono* denkbar ist; ein hist. Träger des PN ist aber im Zusammenhang mit der Siedlung nicht bezeugt. Es wird auch erwogen, dass das Adj. selbst zugrunde liegt ('schöne, stattliche Siedlung'). Der Hinweis auf mhd. *schônunge* 'Schonung' (v. Reitzenstein) ist abwegig, da das Wort 'Verschonung' bedeutet. **V.** Bierschneider, W.: Unterfranken, historische Daten. Planegg bei München 2003, S. 370; Oeller, A.: Die Ortsnamen des Landkreises Schweinfurt. Würzburg 1955, S. 15; Reitzenstein 2009; Schneider, P.: Zwischen Main und Steigerwald. Würzburg 1950, S. 169. *RB*

Schönwalde-Glien I. Gem., gebildet 2003 aus den Gem. des Amtes Schönwalde und der Gem. Grünefeld, Lkr. Havelland, 8 873 Ew., nw Berlin, BB. Schönwalde und seine OT entstanden als Straßenangerdörfer. II. 1437 *Schonenwalde*, 1540 *Schonewalde*; 1833 *Vorwerk Glien*. III. Eine Zuss. mit dem Adj. *schön* als Benennungsmotiv und dem Gw. ↗ *-wald*, also 'Siedlung am schönen Wald'. Das ehem. Vorwerk Glien erhielt wegen seiner Lage an der Südgrenze des Ländchen Glin (zu apolb. **glina* 'Lehm') seinen Namen. V. Raumer; Riedel A VII; BNB 4. *EF*

Schopfheim I. Stadt und gleichnamige VVG mit den Gem. Hasel, Hausen (Wiesental) und Maulburg im Lkr. Lörrach, 26 562 Ew., ca. 15 km ö von Lörrach im Wiesental zwischen Schwarzwald und Dinkelberg, Reg.-Bez. Freiburg, BW. Verleihung der Stadtrechte um 1250, in der Folge Errichtung einer Ringmauer mit Türmen und Graben und eines Schlosses, während des 30-jährigen Krieges zerstört. Relativ frühe Industrialisierung, h. vor allem Elektrotechnik, Maschinen- und Apparatebau. II. 807 *Scofheim [Or]*, 1130 *Scopfheim [Or]*, 1258 *Schophein [Or]*. III. Wie beispielsweise der Name *Kirchen* (↗ Efringen-Kirchen) gehört auch *Schopfheim* zu einer Gruppe schematisch gebildeter SiN, die fränk. Siedler für neu gegründete oder bereits bestehende Orte verwendeten. Das Gw. ↗ *-heim* wird durch das Bw. *Scof-* näher bestimmt. Dieses geht auf das ahd. Substantiv *scopf*, *scof* 'Schuppen, Scheune' zurück. V. Boesch, B.: Das Frühmittelalter im Ortsnamenbild der Basler Region. In: Beiträge zur Schweizer Namenkunde. Bern 1977; Boesch, B.: Ortsnamenprobleme am Oberrhein. In: Ders.: Kleine Schriften zur Namenforschung: 1945–1981. Heidelberg 1981; LKL II. *MW*

Schöppenstedt I. Stadt und gleichnamige Samtgem. im Lkr. Wolfenbüttel, 9715 Ew., w des Elms an der Altenau, Reg.-Bez. Braunschweig (bis Ende 2004), NI. Die 1051 bezeugte Pfarrkirche war Halberstädter Archidiakonatssitz, in ev. Zeit Superintendentursitz; seit 14. Jh. Weichbildrecht, kein formales Stadtrecht; Mittelpunkt des Landes zwischen Elm und Asse. II. 1051 *Sciphinstete [Or]*, 1196–97 *Schepenstide*, 1606 *Schöppenstidt*. III. Bildung mit dem Gw. ↗ *-stedt*. Das Bw. enthält wohl nicht den schwach flektierten PN *Sceppo* im Gen. Sg., sondern eher eine aus mhd. *schipfes* 'quer' zu erschließende Variante germ. **skip(p)a* 'schief', die neben mnd. *schēf* (< **skaifa*) steht. Das Bw. erscheint im Dat. Sg. Jünger wird das *-e-* des Bw. zu *-ö-* labialisiert. Namengebend ist die Lage Schöppenstedts an einem Hang. IV. Scheppau, OT von Königslutter, Lkr. Helmstedt; Schiplage, OT von Melle, Lkr. Osnabrück; Schepelse, OT von Eicklingen, Lkr. Celle, alle NI. V. GOV Braunschweig; HHS 2; NOB III. *KC*

Schöppingen I. Gem. im Kr. Borken, 8 310 Ew., Reg.-Bez. Münster, NRW. Kirchdorf, zunächst Stockum im „Gau" Schöppingen, dann Schöppingen, auf einem Hof der Abtei Herford im FBtm. Münster, seit dem 15. Jh. zeitweilig „Stadt", dann „Freiheit (Wigbold)", 1803 Gft. (Salm-)Horstmar, 1811 Kaiserreich Frankreich, 1813 Preußen, Großmolkerei, bis 1988 niederländische NATO-Garnison, 1989 Einrichtung eines „Künstlerdorfes". II. 838 *Stochheim (…) in pago (…) Scopingus*, 995 *Stochheim (…[in pago].) Scopingon*, 12. Jh. *Scopingon*. III. Es hat ein Namenwechsel stattgefunden. *Stochheim* ist gebildet mit einem Bw. and. *stok* 'Lodenausschlag um den Stumpf eines gefällten Baumes herum' (Trier), dann auch 'Stumpf' selbst und – davon abgeleitet – 'Grundstock, fester Bestand an (z. B.) Vieh oder anderem Material' (vgl. englisch *stockyard*, *livestock*, *stockpile*). Gw. ist die nd. Form von ↗ *-heim*. Der „in pago"-Name *Scopingon* hat sich schon im 11. Jh. an die zentrale Kirchensiedlung *Stockum* (heute Name einer Bauerschaft nördlich der im Jahre 838 dem Kloster Herford geschenkten St.-Brictius-Kirche) geheftet. Die Errichtung der Kirche über einer Felsenquelle, *dem (!) Well*, die im Gegensatz zu dem wenige Kilometer nördlich gelegenen, wichtigen Gerichtsplatz *zum Sandwelle* als **zum Steinwelle* bezeichnet worden sein mag, sowie die regionale Redensart „an de well hebbt se't seggt (an der Quelle [in Schöppingen] haben sie es gesagt, also ist es wahr!)" geben Anlass zu der Vermutung, dass der Name durch ein möglicherweise rituelles Schöpfen (*schöpping* 'Schöpfen') bei Gelegenheit von gerichtlichen Urteilsweisungen motiviert ist: 'Ort, an dem Schöpfen stattfindet'. Die Verdrängung des wohl aus dem häufigen *-as* verderbten *-us*-Formans durch *-en*, das scheinbar einen Dativ Plural anzeigt, mag Systemzwang geschuldet sein. IV. Stockum, Kr. Soest, Stockheim, Kr. Düren, beide NRW. V. WUB I; CTW IV; Schütte, L.: Die älteste Zeit nach Schrift-, Sach- und Namenszeugnissen. In: W. Frese (Red.), Schöppingen 838–1988. Schöppingen 1988; Trier, J.: Venus. Etymologien um das Futterlaub. Köln / Graz 1963; Trier, J.: Holz. Etymologien aus dem Niederwald. Köln 1962; The Chambers Dictionary of Etymology. Edinburgh – New York 1988, Nd. 2001. *schü*

Schorndorf I. Große Kreisstadt im Rems-Murr-Kreis, 39 346 Ew., 22 km w Schwäbisch Gmünd im Tal der Rems gelegen, Reg.-Bez. Stuttgart, BW. Die im 7./8. Jh. entstandene Siedlung kam Mitte des 13. Jh. an die Grafen von Württemberg, ist seit 1250 Stadt und seit 1967 Große Kreisstadt. Elektroindustrie, Maschinenbau, Stadtmuseum, Evangelische Stadtkirche, Burgschloss, Haus auf der Mauer. II. 1235 *Shorendorf [Or]*, 1262 *Schorndorf*, 1280 *Scordorf [Or]*, 1291 *Schorndorf [Or]*. III. Es handelt sich um eine

Zuss. mit dem Gw. ↗-dorf. Das Bw. enthält wohl den PN *Scoran* bzw. den Beinamen *Scoran* im Sinne von 'der Geschorene, Priester, Mönch'. *Schorndorf* gehört damit zum Namentypus *Pfaffenheim, -dorf, -hofen*, der seit dem 9. Jahrhundert bezeugt ist. Eine Verbindung mit ahd. *scorro* 'Felsen, Klippe', mhd. *schor, schorre* 'schroffer Fels, felsiges Ufer' ist nicht möglich, da sonst (nirgends bezeugte) Formen wie **Schorendorf, Schoredorf* zu erwarten wären. Dies gilt auch für ahd. *scora*, mhd. *schor* 'Schaufel, Spitzhacke', das zum Motiv des Stadtwappens passt. Das Wappen ist aber ebenso wie der auf mhd. *schor* bezogene Beleg von 1280 volksetymologisch. **IV.** Schorndorf, Lkr. Cham, BY. **V.** Reichardt 1993; FP; LBW 3. *JR*

Schortens   **I.** Stadt im Lkr. Friesland, 21 047 Ew., 6 km sö Jever, NI. 1158 erstmals im Zusammenhang mit dem Bau der St.-Stephans-Kirche, der ältesten Kirche des Jeverlandes, bezeugt. Der wirtschaftl. und demografische Aufschwung erfolgte im 19. Jh. im Zusammenhang mit der Marinewerft Wilhelmshaven und der Fertigstellung der Eisenbahnlinie nach Jever, 2005 Stadtrecht. **II.** 1124 *Scrotinh, Scrotinghe*, 1317–1320 *ecclesia in Scortenze*, 1359 *Scortens*. **III.** Auszugehen ist von einer urspr. Form *Scrotingi, und der ON enthält den PN *Scrot(h), Scroto* in Verbindung mit der Endung ↗-*ing*. Im Fries. verzeichnen wir einen Wandel der urspr. Endung -*ingi* zu -*endse* und letztlich zu -*ens*. **IV.** Ellens, Gem. Zetel, Gödens, Gem. Sande, Pakens, Gem. Wangerland, alle Lkr. Friesland; Bauens, OT von Wilhelmshaven, alle NI. **V.** Lohse; Berger; Möller 1998. *MM*

Schotten   **I.** Stadt im Vogelsbergkreis, 11 051 Ew., an der SW-Abdachung des Vogelsberges im Tal der Nidda, Reg.-Bez. Gießen, HE. Luftkurort, Stadtrecht 1354; ev. Stadtkirche mit großem Westbau (14. Jh.), Flügelaltar (gegen 1400) als bedeutendes Werk mittelrheinischer Malerei, Eppsteiner Burg mit got. Schlossbau (um 1400; im 19. Jh. erneuert), Altenburg (um 1515), Fachwerkrathaus (um 1520), Fachwerkhäuser (17.–19. Jh.); Heimat- und Spielzeugmuseum. **II.** 1310 *villa Schotten*, 1327 (Kop.) *Schottin; Schotten* (1310). **III.** Simplex auf -*en*; Namen im Dat. Pl. bezeichnen die naturräumlichen Gegebenheiten. Die bisherige Deutung als Kirchengründung iroschottischer Möche ist daher abzulehnen. Der Name gehört in den Zusammenhang von idg. *skeud-/*skeut- 'schießen, schnellen' zu mnd. *schott* '(vorgeschobener) Riegel, Verschluss', *schutten* 'abdämmen, hindern, schützen', mhd. *schüt(e)* 'Anschwemmung, die dadurch gebildete Insel', mhd./nhd. *schützen*, hd. *abschotten, Schott, schützen, Schutt*. Die Wortsippe steht in engem Zusammenhang mit Bezeichnungen für Absperrungen, hauptsächlich von Wasser. Dazu gehören u.a. spätmhd. *schützen* 'dämmen, stauen,

schützen', bair. *aufschutzen* 'ein fließendes Wasser in seinem Lauf hemmen, aufstauen', mnd. *schot* 'Falltür bei Schleusen und Sielen', mnl. *schot* 'Absperrungswand, hölzerne Scheidewand, Riegel'. Damit nimmt der ON Bezug zur Lage an der Einengung der Nidda. **V.** Keyser; LAGIS; NOB I. *DA*

Schozach-Bottwartal   **I.** GVV im LK Heilbronn, 26 833 Ew., bestehend aus den Gem. Abstatt, Beilstein, Ilsfeld und Untergruppenbach, zwischen 10 und 15 km sö Heilbronn teilweise von der Schozach sowie der Bottwar durchflossen, Reg.-Bez. Stuttgart, BW. Der GVV entstand im Zuge der Gemeindereform im Jahre 1973. Weinbau, Burg Hohenbeilstein, Burg Stettenfels, Weingärtnerhaus, Bartholomäuskirche, Burg Wildeck, Pfarrkirche St. Stephan. **II.** Schozach: 1275 *aput Schozam*, 1312 *von Schothzach*. Bottwar(tal): (um 750–802) (Kopie 1150–65) *in … Boteburon*, 873 *villa Bodibura*, (um 1260) *villam … Minus Botebor*, 1304(–1316) *In Botbor*, 1495 *Botwar*. **III.** Schozach: Ausgangsform FluN ahd. *Skozaha < vorahd. *Skuttaha, Komp. mit dem Gw. ahd. ↗-*ach*[1] (-*aha*) *skutta-, nd. *Schott* Ntr. 'wasserdichte, mit wasserdicht schließenden Türen versehene Wand im Innern eines Schiffes', mnd. *schot* 'Falltür bei Schleusen und Sielen', Abl. vom Intensivstamm *skutt- zu germ. *skeut- 'schießen'. Benennung nach einer in die Schozach eingebauten Wasserabsperrung. Bottwartal: Benennung nach dem von der Bottwar (um 1260 *fluvium … Botebor*) durchflossenen Tal. Der FluN ist vom ON *Bottwar* < ahd. *Bōtenbūr, Komp. mit dem Gw. ahd. *būr* 'Wohnung, kleines Haus' und dem Genitiv des PN ahd. *Bōto (*Bōten-) als Bw., übertragen. Nach der Synkope entwickelte sich **Bōt(en)būr* durch Assimilation und Abschwächung der Nebensilbe zu **Bōtwer, Bottwar*, mundartlich /'bāodmər/. **V.** LBW 4; Reichardt 1982b. *AG*

Schramberg   **I.** Große Kreisstadt im Lkr. Rottweil, 21 621 Ew., ca. 20 km nw Rottweil im mittleren Schwarzwald zu beiden Seiten der Schiltach gelegen, bildet mit Aichhalden, Hardt und Lauterbach eine VVG, Reg.-Bez. Freiburg, BW. Ausbauort des Hochmittelalters, zunächst im Besitz der Herzöge von Teck, seit 1805 württembergisch. Uhrenindustrie, Stadtmuseum, Dieselmuseum, Burg Hohenschramberg, Ruine Falkenstein, Park der Zeiten, Burgruine Schilteck. **II.** 1293 *Schrannenberg*. **III.** Der Name ist verm. als Zuss. mit dem Gw. ↗-*berg* und dem Bw. ahd. *skranna, skranno* 'Tisch, Bank', mhd. *schranne* 'Gerichtsbank, Gericht' zu deuten und identifiziert Schramberg als mittelalterlichen Gerichtsort. **V.** FO 2; LBW 6. *JR*

Schreiberhau // Szklarska Poręba ['ʃklarska pɔ'rɛmba] **I.** Stadt im Kr. Jelenia Góra, 6970 Ew., Woi. Niederschlesien // Dolny Śląsk, PL. Sw von Hirschberg, im Tal des Zacken entlang bis zum Hauptkamm des Riesengebirges. Im 14. Jh. als Siedlung des Johanniterklosters Warmbrunn gegründet. Langgezogener Ort aus drei Teilen (Nieder-, Mittel-, Ober-Schreiberhau). Schon 1366 sind erste Glashütten belegt, im 19. Jh. massiv ausgebaut. Seit 1870 Sommerfrische und Wintersportzentrum. Kr. Hirschberg, Reg.-Bez. Liegnitz, NS, (1939) 7601 Ew. Stadtrecht seit 1959. **II.** 1366 *Schribirshau*, 1371 *Schreibershow*, 1677 *Schreibershau*. Polonisierung des ON: 1945 *Szklarska Poręba*. **III.** Der ON mit mhd. *schrīber* 'Schreiber' bezieht sich wahrscheinlich auf den Besitz eines herzoglichen Hofbeamten, möglicherweise der Johanniterkommende in Warmbrunn. Dazu das zweite Namenglied mhd. *-how*, nhd. *-hau* 'Einschlag, Waldrodung' als substantivische Abl. vom mhd. Verb *houwen* 'hauen', das gerade im 14. Jh. für Waldrodungen weit verbreitet war. Es wird mitunter durch das Suffix ↗ *-au* ersetzt (*Schreiberau* 1613), schließlich aber im amtlichen Gebrauch verfestigt. Der seit 1945 amtliche ON ist in der ersten Komponente eine eigenständige Bildung, die auf die Glashütten des Ortes verweist: *szklarski* m., *szklarska* fem. als Bezugsadjektiv zu *szkło* 'Glas'. *Poręba* 'Einschlag' gibt das zweite Glied des d. Kompositums wieder, also 'Glasmacher-Hau'. **V.** SNGŚl; RymNmiast; Schwarz 1950. *ThM*

Schriesheim I. Stadt im Rhein-Neckar-Kreis, 14 834 Ew., ca. 8 km nö Heidelberg an der Bergstraße am Westrand des Odenwaldes gelegen, Reg.-Bez. Karlsruhe, BW. Siedlung aus dem 6. Jh., zunächst Grundbesitz des Lorscher und Ellwangener Klosters, seit 1803 badisch. Weinbau, Strahlenburg, Steg, Madonnenberg, Altes Rathaus, Römerkeller. **II.** 764 (F. 12. Jh.) *Scriezesheim*, 766 (Kop. 12. Jh.) *Scrizzesheim*, 1002 *Scriezesheim*, 1231 *Schriesheim*. **III.** Die Zuss. mit dem Gw ↗ *-heim* enthält als Bw. den allerdings sonst bisher nicht bezeugten PN *Scriez: 'Siedlung des Scriez'. **V.** FO 2; Kaufmann 1968; LBW 5. *JR*

Schrobenhausen I. Stadt im Lkr. Neuburg-Schrobenhausen, 16 064 Ew., Reg.-Bez. Oberbayern, BY. Im 11. Jh. Besitz des Benediktinerklosters Hohenwart, 1310 Markt der Wittelsbacher, 1373 Stadtrecht. **II.** 790–794 (Kop. von 824) *Scropinhusun*, 855 (Kop. des 12. Jh.) *Scrophinhusen ... Schrophinhusen ... Scrophinhusin*, 1178–1190 (Kop. des 15. Jh.) *Schrobenhausen*, 1182/83 *Schrofenhusen*, 1192 *Scrobenhusin*, ca. 1207–1214 (Kop. des 15. Jh.) *Schrofenhawsen*, 1391 *Schroffenhausen*, 1393 *Schrobenhausen*. **III.** Grundwort ist eine Pluralform von ahd. *hūs* 'Haus, festes Gebäude', ↗ *-hausen*; als Bestimmungswort ist der PN *Scropo zu erschließen. **V.** HHS 7/1; Reitzenstein 2006. *WvR*

Schroda // Środa Wielkopolska ['ɕrɔda wjɛlkɔ'pɔlska] **I.** Stadt in der Woi. Wielkopolskie (Großpolen). 21 825 Ew., PL. Die erste urk. Erwähnung des heutigen Środa Wielkopolska stammt aus dem Jahr 1228. Im MA Sitz der Verwaltungseinheit Środa-Land. Zwischen 1253 und 1261 Stadtrecht nach Magdeburger Recht. Königliches Eigentum. Der Zweite (1655–1661) und Dritte (1700–1721) Nordische Krieg behinderten die Entwicklung der Stadt. Während des letzteren zerstörten die Schweden 1707 die Stadt. Nach der Teilung Polens an Preußen (1793 lebten hier drei Konfessionen zusammen: 897 Katholiken, 102 Juden und 10 Protestanten), 1807 bis 1815 Teil des Hztm. Warschau, danach wieder preußisch. Die Stadt wurde Sitz eines Lkr., 1842 Post, 1870 Telegrafenstation. 1875 Anschluss an das Schienennetz zwischen Poznań // Posen und Kluczbork // Kreuzburg. Nach 1919 wieder zu Polen. 1975 bis 1998 Teil der Woi. Posen und h. Teil der Woi. Großpolen. Zucker, Metall und Chemieindustrie. **II.** 1228 *terram Srodie*, 1261 *Sroda*, 1287 *Srzoda*, 1349 *Sroda*, 1391 *Srzoda*, 1578 *Szroda*, 1789 *Środa, w Sredzie*, 1846 *Środa*, 1890 *Środa*, 1967 *Środa Wielkopolska*, 1982 *Środa Wielkopolska*. **III.** Der ON ist vom poln. App. *środa* 'Mittwoch' abgeleitet und benannte eine Marktsiedlung, wo die Märkte im MA am Mittwoch stattgefunden haben. Der Zusatz *Wielkopolska* stammt vom Namen der Region Großpolen. Im MA lautete der ON *Śrzoda*. Die Form *Środa* ist Resultat der Entwicklung der poln. Gruppe *śrz* zu *śr*. D. *Schroda* ist die phonetisch-grafische Anpassung an den ON *Środa*. **IV.** Środa Śląska // Neumarkt in Schlesien, Woi. Dolnośląskie (Niederschlesien); Vgl. auch Wtorek (zu *wtorek* 'Dienstag'); Sobota (zu *sobota* 'Sonnabend'), beide Woi. Wielkopolskie (Großpolen); Piątek (zu *piątek* 'Freitag'), Woi. Łódzkie (Łódź), alle PL. **V.** Rymut NMP; RymNmiast; ZierhNmiast; Malec. *BC*

Schruns mda. [šru:(n)], Adj. [šrú:zer] **I.** Marktgemeinde im Bezirk Bludenz, 3699 Ew., Hauptort des obersten Illtales oder Montafons an der Mündung des Silbertals ins Hauptal (700 m), am Fuß von Kapellalpe und Hochjochmassiv (Verwall), VO, A. Bekannte Ferienregion mit vielen Liften und Bergbahnen, Wintersport- und Tourengebiet, Landwirtschaft. **II.** 1209 *domini Vdalrici de Scrunis*; ca. 1400 *ab sinem Gu(o)t ze Schruns*; *Anna von Schruns*; 1410 *in Schiruns Hus und Hofstatt*; 1472 *die 30 ß Dn. habentur sant Josen gen Schrun* [Or]. **III.** Zu lat. *acer* 'Ahorn', augmentatives spätlat. *aceru + -one* 'großer Ahorn', gebildet wie Nachbarort Tschaggúns zu rätorom. *tschüch* 'Baumstrunk'. Das Montafon gehörte bis 1806 zum Bistum Chur, wo der *Ahorn* etwa der d.

Dorflinde entsprochen hat. Zu *acereus* gehört auch *Schiers*, rom. *Aschéra*, vielleicht auch *Scharóns* mit *-anu* (Graubünden), CH. **V.** Huter, F.: Tiroler Urkundenbuch, 2. Innsbruck 1949; Zehrer 1960; RN 2; Plangg. *Plg*

Schübelbach **I.** Gem. im Bezirk March des Kt. Schwyz. Zur Gem. gehören die Ortschaften Schübelbach, Buttikon und Teile von Siebnen, 8184 Ew. insgesamt. Schübelbach liegt auf einem schwachen Geländesockel am Rand der Linthebene. **II.** 970/um 1332 (um 1550) *pro uiculo Schúbelnbach*, 1184 (14. Jh.) *de Subelnebach*, 119(4?) *de Scubilbach*, 1217–1222 *de Schúbelnbah*. **III.** Kompositum mit dem Gw. ↗ *-bach* und dem PN *Scubilo* als Bw. *Scubilo* gilt als Übername zu mhd. *schübel, schubel* M. 'Büschel von Heu etc., womit eine Öffnung verstopft wird; Haufen, Menge' für einen 'Stöpsel, kleinen dicken Kerl'. *Schübelbach* bedeutet deshalb 'Bach des Scubilo'. Dass GwN zu ON werden, ist bekannt. Häufig wird das Gewässer in der Folge anders benannt. Welcher Bach Schübelbach hieß, kann nicht mehr gesagt werden. *Schübel-* als 'Menge' zu nehmen geht nicht, weil damit das Gw. *-bach* im Pl. stehen müsste. **IV.** Vergleichbar ↗ Freienbach im Kt. Schwyz, CH. **V.** Projekt SZNB; LSG. *VW*

Schulzendorf **I.** Gem. im Lkr. Dahme-Spreewald, 7617 Ew., sö Berlin, BB. Ehem. ritterlicher Landbesitz. Dorfkirche neogot., erbaut 1865/66. **II.** 1375 *Scultendorf, Schultendorpp*, 1624 *Schultzendorff*. **III.** Eine Zuss. zu mnd. *schulte* 'Dorfschulze, Ortsvorsteher und Bauernrichter' und dem Gw. mnd. *-dörp*, hd. ↗ *-dorf* 'Dorf', also benannt nach einem Schulzen. **V.** Landbuch; BNB 3. *EF*

Schussenried, Bad **I.** Stadt und gleichnamige VVG im Lkr. Biberach, Reg.-Bez. Tübingen, 11 104 Ew., zwischen Ulm und Bodensee an der Schussen in Oberschwaben, BW. Jungsteinzeitliche Besiedlung am Federsee, sog. „Schussenrieder Kultur" des Jungneolithikums. 1170 Errichtung der Burg Schussenried (h. Alte Apotheke), 1183 Gründung eines Prämonstratenser-Chorherrenstifts, einer oberschwäbischen Reichsabtei, die im Wesentlichen die Geschichte des Ortes bis 1803 bestimmte. Verkauf der Klostergebäude 1835 an das Kgr. Württemberg und 1875 Einrichtung einer Landespflegeanstalt, bis 1997 Psychiatrisches Landeskrankenhaus, dessen Patienten 1940/41 zum Teil Opfer der nationalsozialistischen „Euthanasie" wurden. **II.** 1205 *Shuzinret*, 1220 *Shvzzinrêit*, 1233 *de schuzinrit*, 1241 *Shuzzinriet*, 1293 *Schuzzenriet*. **III.** Kompositum mit Gw. ↗ *-ried* und FluN *(die) Schussen* (771, 816 *Scuzna*, um 1150 *Scuscina*, 1155 *Schuzen*, 1251 *Schuzzen*, 1294 *Schussen*), ahd. **Skuzna/*Skuzzuna*. Der Name ist mit *n*-Suffix und Bezug auf schnell fließendes Wasser von germ. **skut-* (Schwundstufe des Verbs **skeut-a-* 'schießen') abgeleitet. **IV.** Schutter (zur Kinzig zum Rhein; zur Donau), Schotzach (zum Neckar), Schöttel(bach) (zur Espolde). **V.** Schmid, A.: Die ältesten Namenschichten im Flussgebiet des Neckar. In: BNF 13 (1962); Greule, DGNB. *AG*

Schwaan **I.** Stadt und gleichnamiges Amt (mit weiteren sechs Gem.) im Lkr. Bad Doberan, 7855 Ew., an der Warnow und zwischen dieser und der Beke, ca. 20 km s von Rostock und 20 km n von Güstrow, MV. Slaw. Vorbesiedlung, um 1170 Burg der Fürsten zu Werle, seit Ende 12. Jh. d. Besiedlung, durch geschützte Lage und die Nähe zur Via Regia wichtige Rolle für den Handel, 1276 als Stadt bezeichnet, Ackerbürgerstadt mit mehreren Ziegeleien, h. Landwirtschaft, Lebensmittelproduktion sowie kleinstädtisches Gewerbe. **II.** 1232 *in Syuuan*, 1243 und 1269 *Sywan*, 1279 *Suan*, 1329 *Sowane*, 1333 *Schwan*. **III.** Dem ON liegt ein apolb. KN oder ZN **Živan* mit einem poss. Suffix *-j* zugrunde, das bei der Eindeutung des Namens verloren ging. Die Bedeutung des ON lässt sich als 'Ort des Živan' rekonstruieren, der KN geht verm. auf *Živomir* oder einen anderen zweigliedrigen VN mit *Živ-* im Erstglied, zu slaw. **žiti* 'leben', **život* 'Leben', zurück, ist allerdings durch Eindeutung des Vogelnamens *Schwan* umgeformt worden. **V.** MUB I–IX; HHS, Bd. 12; EO; Trautmann ON Meckl.; Eichler/Mühlner. *MN*

Schwabach **I.** Kreisfreie Stadt, 38 771 Ew., Reg.-Bez. Mittelfranken, BY. 1364 an Burggrafen von Nürnberg, um 1375 Stadt, 1791 an Preußen, 1806 an Bayern, 1818 kreisfrei. Herstellung von Schrauben, Federn; Blattgoldschlägerei. **II.** 12. Jh. (Druck 1775) *Suabach*, 1138 (Druck 1775) *Swaba*, 1153–1167 (Kopie 1200) *Suabach*, 1182 *Suaba*, 1348 *Swabach*, 1464 *Schwabach*. **III.** Schwabach liegt an der Mündung des Flusses Schwabach (ca. 800, Kop. 11. Jh., *Suapahe*) in die Rednitz. Der GwN besteht aus dem Gw. ahd. *aha* (↗ *-ach¹*) 'Fließgewässer'. Für die beliebte Erklärung des Gw. *Schwab-* 'Gewässer, an dem Schwaben (=Alemannen) wohnen' fehlen sprachliche und historische Indizien. Ungezwungen ist die Verbindung von *Schwab-* mit dem germ. Stamm **swab-*, expressiv **swabb-* (in nd. *swabbeln*, nhd. *schwappen*) mit der Bedeutung '(vom Wasser) hin- und herschlagen, wogen'. **V.** Reitzenstein 1991; Greule, DGNB. *AG*

Schwäbisch Gmünd **I.** Große Kreisstadt im Ostalbkreis, 60 682 Ew., ca. 22 km w Aalen am Rande des Welzheimer Waldes und des Östlichen Albvorlandes südlich der Rems und am Zusammenfluss mehrerer Seitenbäche gelegen, VVG mit Waldstätten, Reg.-Bez. Stuttgart, BW. Wahrscheinlich relativ frühe

Siedlung, die zum frühen Besitz der Staufer gehörte, schon bei der ersten Erwähnung 1162 als Stadt bezeichnet, seit 1802/03 württembergisch. Gold- und Silberhandwerk, Uhrenindustrie, äußere Stadtmauer, Fünfknopfturm, Königsturm, Glockenturm des Heilig-Kreuz-Münsters, St. Salvator. **II.** 782 (F. Mitte 9. Jh.) *Gamundias*, 1162 (Kop. 15. Jh.) *Gimundin*, 1188 *Gemunde [Or]*, 1498 *bi Swebischen Gemind [Or]*. **III.** *Gemünd* geht auf ahd. *gimundi* 'Mündung' zurück, bezieht sich auf die Einmündung mehrerer Seitenbäche in die Rems. Der am Ende des 15. Jh. aufkommende Namenbestandteil *Schwäbisch-* war bis 1805 amtlich und erneut seit 1934 und dient zur Abgrenzung von zahlreichen weiterem *Gemünd-*Namen. **IV.** ↗Neckargemünd, Rhein-Neckar-Kreis, BW. **V.** Reichardt 1999b; LBW 4. *JR*

Schwäbisch Hall **I.** Große Kreisstadt im Lkr. Schwäbisch Hall, 36 801 Ew., ca. 35 km nw Ellwangen im engen Talkessel rechts des Kochers, VVG mit Michelbach an der Bilz, Michelfeld und Rosengarten, Sitz der Kreisverwaltung, Reg.-Bez. Stuttgart, BW. 1100 *villa*, sicher seit 1226/31 urk. als Stadt bezeichnet, seit 1802 württembergisch und seit 1960 Große Kreisstadt. Bankenwesen, St. Michael, Urbanskirche, Großcomburg, Hohenloher Freilandmuseum, Johanniterhalle, St. Katharina, Kunsthalle Würth. **II.** 1037 (Kop. 1090/1100) *Halle superior*, 1190 *Halla in Suevia*, 1228 *Halle*, 1434 *Schwebischen Halle*; *Schwäbisch Hall* (1934). **III.** Der alte Name *Halle* gehört zu mhd. *hall* 'Salzquelle, Salzwerk, Saline', ahd. *hall* in *halasalz* 'Steinsalz', *hallhūs* 'Salzbergwerk' und weist auf schon in frühgeschichtlicher Zeit ausgebeutete kontinentale Salzvorkommen hin, die auch sprachlich von Meersalz unterschieden werden. Umstritten ist nur die Herkunft des Appellativs. Die oft erwogene Beziehung zu ahd. *halla*, mhd. *halle* 'Halle' im Sinne von 'Salzhalle' ist sprachlich möglich, überzeugt aber semantisch nicht. Frühneuzeitliche Komposita wie *salzhalle* sind angesichts der althochdeutschen Beleglage eher volksetymologische Verdeutlichungen. Das Wort führt wohl wie d. *Salz* auf idg. **sal-* 'Salz' zurück und lautet auch im Keltischen *sal*. Nur im Inselkeltischen findet sich mit britischer Lenisierung im Anlaut *hal*, bretonisch auch *holen* 'Salz'; dies kann aber nicht direkt auf die (süd-)d. ON eingewirkt haben. Vorgeschlagen wurde auch eine Herkunft aus dem Griechischen, eingebürgert hat sich die Bezeichnung vielleicht durch Vermittlung von ma. medizin-lat. *halitum violaceum* 'Steinsalz'. Der im 15. Jahrhundert aufkommende Namenbestandteil *Schwäbisch-* war bis 1802 amtlich und erneut seit 1934. Er dient zur Abgrenzung von zahlreichen weiterem *Hall*-Namen und markiert zunächst die Einbeziehung des Orts in den staufischen Machtbereich, im 15. Jahrhundert die Abgrenzung zu dem für das Herzogtum Franken zuständigen Landgericht Würzburg. **IV.** ↗Halle (Saale), ST; ↗Halle (Westf.), Kr. Gütersloh, NRW. **V.** Bach DNK 2; FO 1; von Reitzenstein, W.-A.: Das Salz in Orts- und Flurnamen. In: Treml, M./Jahn, W./Brockhoff, E. (Hg.): Salz macht Geschichte. Aufsätze. Haus der Bayerischen Geschichte. Augsburg 1995; LBW 4. *JR*

Schwabmünchen **I.** Stadt, 13 230 Ew., im Lkr. Augsburg, 24 km s von Augsburg gelegen, Reg.-Bez. Schwaben, BY. Ab dem 1. Jh. n. Chr. als röm. Töpferdorf *Rapis*, ab dem 6. Jh. n. Chr. alem. besiedelt; gehörte zum Hochstift Augsburg, das im Ort ein Pflegamt unterhielt; seit 1803 zu BY; 1953 Stadterhebung nach starkem Bevölkerungszuwachs durch Heimatvertriebene; 1978 Eingliederung umliegender Gemeinden. Als Wahrzeichen der Stadt gelten die sog. *Hexentürmchen* (16. Jh.); der Ort ist u. a. Sitz der Firmen Schöffel und Zettler Kalender. **II.** 980 *Mantahinga*, 1146 *Mantichingen*, 1150 *Mantechingen [Or.]*, 1269 *Menchingen*, 1324 *Schwabenmenchingen*, 1382 *Swaubmenchingen*; *Schwabmünchen* (1615). **III.** Der ON besteht aus dem Zugehörigkeit ausdrückenden Suffix ↗*-ingen* und dem PN **Manticho* (KF zu *Manto*), ist also zu deuten als 'bei den Leuten des *Manticho*'. Das Differenzierungswort *Schwab-* unterschied den Ort seit dem 14. Jh. von dem ostlechischen *Merching*, dem der gleiche PN zugrundeliegt und das als *Bayermenching(en)* bezeichnet wurde. Nach dem Wandel von *Bayermenching* > *Merching* im 16./17. Jh. wurde das Differenzierungswort *Schwab-* in seiner urspr. Funktion nicht mehr verstanden und die Angleichung an *München* erfolgte: *Menchingen* wurde zum „*schwäbischen München*". **IV.** Der gleiche PN liegt auch in den Orten *Merching* (Lkr. Aichach-Friedberg, BY) und ↗*Manching* (Lkr. Pfaffenhofen a. d. Ilm, BY) vor. **V.** Bauer, H.: Schwabmünchen. Historischer Atlas von Bayern. Teil Schwaben, Reihe I, Heft 15, München 1994; Jahn, Joachim: Schwabmünchen. Geschichte einer schwäbischen Stadt, Schwabmünchen 1984; Vock, W. E.: Die Urkunden des Hochstifts Augsburg 769–1420, Augsburg 1959. *Kö*

Schwaig b. Nürnberg **I.** Gem. im Lkr. Nürnberger Land, 8 260 Ew., an der Pegnitz unmittelbar ö von Nürnberg, Reg.-Bez. Mfr., BY. Schwaiger Schloss aus der 2. Hälfte des 16. Jh., ehem. Wasserschloss im OT Malmsbach, Tucher-Schloss, ein Barockschloss im OT Behringersdorf. Überregional bekannt ist die sog. „Backsteinfabrik". **II.** 1304 *Swaig*, 1504 *Schwaig*. **III.** Von Chr. Beck mit ahd. *sweiga* 'Weideplatz' identifiziert. **V.** Beck, S. 137; Reitzenstein 2009. *RB*

Schwaigern **I.** Stadt im Lkr. Heilbronn, 11 094 Ew., ca. 12 km w Heilbronn an den Ausläufern des Heuchelbergs im Kraichgau gelegen, VVG mit Massenbachhausen, Reg.-Bez. Stuttgart, BW. Ort der Merowingerzeit, im 12. Jh. gleichnamige Adelsfamilie, 1372 Stadt und seit 1805/06 württembergisch. Kunststoffverarbeitung, Weinbau, Schloss Schwaigern, Hexenturm, Schlosskapelle, Alte Stadtkelter, Karl-Wagenplast-Museum, Tierpark. **II.** 766 (Kop. 12. Jh.) *Suegerheim*, 787 (Kop. 12. Jh.) *Sueigerheim*, 976 (Kop. 18. Jh.) *Suueigera*. **III.** Nach Ausweis der frühen Belege handelt es sich um eine Zuss. mit dem Gw. ↗-*heim*; dem Bw. liegt ahd. *sweigari* 'Rinderhirte, Pächter', mhd. *sweiger* 'Bewirtschafter eines Viehhofs' zugrunde. **IV.** Schwaigern, OT von Frankenmarkt, OÖ, A. **V.** FO 2; Bach DNK 2; LBW 4. *JR*

Schwaikheim **I.** Gem. im Rems-Murr-Kreis, 9371 Ew., ca. 14 km osö Ludwigsburg im südlichen Gebiet der Backnanger Stufenrandbucht am Zipfelbach, Reg.-Bez. Stuttgart, BW. Schwaikheim bildet zusammen mit Leutenbach und Winnenden den GVV Winnenden, 47937 Ew. Zunächst im Besitz des Klosters Lorsch, Mitte des 13. Jh. Besitzungen durch das Stift Backnang, die 1453 an Württemberg verkauft wurden. Automobilindustrie, Heimatmuseum, Alte Schmiede, Alte Scheuer, Milchhäusle. **II.** 853 (Kop. 12. Jh.) *Suenincheim*, 12. Jh. (Kop. 16. Jh.) *Sweicheim*, 1293 *Sweikhein* [Or], 1442 *Sweyckheim* [Or]. **III.** Schwaikheim ist mit dem Suffix ↗-*ingheim* vom PN *Swein/*Sweino* abgeleitet und bedeutet 'Wohnstätte bei den Leuten des Swein/Sweino'. Es ist daher von einer urspr. Form *Sweiningoheim* auszugehen, deren Gen.-Plural -*o*- regelhaft ausgefallen ist. Der Konsonant -*k*- entsteht durch Zusammenziehung von -*ingheim* wie etwa -*kofen* aus -*inghofen*. Dabei kann die volksetymologische Anlehnung an mhd. *sweige* 'Rinderherde, Viehhof' eine zusätzliche Rolle gespielt haben. **V.** Reichardt 1993; LBW 3. *JR*

Schwalbach am Taunus **I.** Stadt im Main-Taunus-Kreis, 14648 Ew., Reg.-Bez. Darmstadt, HE. Zahlreiche Schenkungen im Ort an das Kloster Lorsch sind bereits im 8. Jh. nachgewiesen. In die Besitz- und Herrschaftsnachfolge traten u. a. die Herren von Falkenstein sowie von Eppstein-Königstein. Seit dem späten 16. Jh. gehörte der Ort zu Kurmainz, 1803 zu Nassau-Usingen. Durch den Bau der Limesstadt seit Anfang der 1960er Jahre verdreifachte sich die Einwohnerzahl des bis dahin nur zögerlich gewachsenen Ortes (1956: 3317 Ew., 1970 13868 Ew.). Verleihung des Stadtrechts 1970. **II.** 781 (Kop.) *Sualbach*, 782 (Kop.) *in Sulbacher marca*, 1300 *Schwalbach*. **III.** Zu mhd. *swal* 'Schwall, Quelle', dem ein ahd. **swal* neben **swellan* (germ. **swal-jan*), mhd. *swellen* 'schwellen' zugrunde liegt. **V.** Andrießen; Bach DNK II; Bethke; CL. *TH*

Schwalbach **I.** Gem. im Lkr. Saarlouis, 17956 Ew., ca. 10 km ö von Saarlouis, ca. 20 km nw von Saarbrücken, SL. Im MA Kirchort im Erzbistum Trier, Zugehörigkeit zur Gft. Saarbrücken und zum Hztm. Lothringen, 1794 franz., 1815 preuß.; 1920 Völkerbundverwaltung; 1935 Rückgliederung ins Reich; 1947 Teil des formal selbst., in polit. und wirtschaftl. Union mit Frankreich stehenden Saarlandes; 1957 zu Deutschland. 1982 Bildung der h. Gem. aus den Gem. Elm, Hülzweiler und Schwalbach. Seit Mitte des 18. Jh. Kohleförderung. Schmiede- und Schlossermuseum. **II.** 1131/53 *Swalpach*, 1237 *Sualpach* [Or], 1311 *Swalpach* [Or]. **III.** Urspr. GwN auf ↗-*bach* mit erst mhd. belegtem *swal* 'Schwall, hohes Wasser' als Bw. **IV.** ↗Schwalbach am Taunus, HE. **V.** Jungandreas; Müller, F.: Schwalbach-Griesborn und seine Geschichte. o.O. [1995]. *RP*

Schwalbach, Bad **I.** Kreisstadt des Rheingau-Taunus-Kreises, 11854 Ew., im hohen w Hintertaunus in einem Seitental der nach N zur Lahn fließenden Aar, Sitz der Kreisverwaltung, Reg.-Bez. Darmstadt, HE. Seit 1818 amtlich Stadt, seit 1867 Kreisstadt, bis 1927 hieß es Langenschwalbach und stand als überhöhisches Dorf unter Mainzer Hoheit, günstige Verkehrslage der Siedlung an der alten Fernhandelsstraße (Hohe Straße), seit 1569 entwickelt es sich wegen seiner heilkräftigen Mineralquellen als Kur- und Badeort und erlangte europäische Berühmtheit, Kurviertel mit Wohnbauten aus dem Anfang des 19. Jh. mit klassizistischem Charakter, Versendung des Mineralwassers seit Ende des 17. Jh., Stadtmuseum, Milchverarbeitung. **II.** 1315 *de Swaelbach* [Or], 1352 *Langinswalbach*, 1360 *Swalbach*, Anfang 16. Jh. *Langenschwalbach*; *Bad Schwalbach* (1927). **III.** Komp. mit dem Gw. ↗-*bach* 'fließendes Gewässer, Bach'. *Langen-* als differenzierendes Attribut zur Unterscheidung von zwei gleichlautenden Namen. Es bezieht sich wohl auf die Gestalt des Ortes, der sich lang gestreckt auf einer schmalen Talsohle hinzieht. Das Stadtwappen zeigt eine Schwalbe – lässt also die Umdeutung zu *Schwalb-bach* erahnen. Bisher wurde für das Bw. ein Anschluss **schwal-* zu 'schwellen' favorisiert. Grundlage bildet die idg. Wurzel **suel-* 'schwellen'. Allerdings ist dieser Deutungsansatz kritisch zu hinterfragen, da sich die urspr. Bedeutung wohl auf Schwellungen, Erhebungen, Aufblähungen, nicht aber auf das Anschwellen von Hochwasser bezieht. Vorzuziehen ist in diesem Zusammenhang eine gleichlautende idg. Wurzel **su̯el-/*su̯ol-* als Normalstufe, die *Schwalbach* zugrunde liegt, in der Bedeutung 'in unruhiger Bewegung sein; Unruhigsein, Wellenschlag; plätschern, spülen'. **IV.** ↗Solms, Lahn-Dill-Kreis, HE; Sülbeck, Lkr. Northeim, NI; nl. und belg. FluN: *Zwalm*, *Zwalve*. **V.** HHS 4; LAGIS; NOB V. *DA*

Schwalmstadt I. Stadt im Schwalm-Eder-Kreis, 18811 Ew., gelegen im Becken der Schwalm, ca. 40 km w von Bad Hersfeld, Reg.-Bez. Kassel, HE. Entstanden 1970 durch den Zusammenschluss der Städte Treysa und Ziegenhain mit den umliegenden Dörfern. Treysa im 9. Jh. als Hersfelder Besitz nachgewiesen. Später Hersfelder Lehen der Grafen von Ziegenhain, welche die Stadtbildung (Mitte 13. Jh.) fördern. In Ziegenhain wird eine Burg Mitte des 11. Jh. errichtet. Diese ist Sitz der 1144 erstmals genannten Grafen von Ziegenhain. Um 1240 Ausbildung der Burgsiedlung zur Stadt. Gerichts- und Amtssitz. Nach dem Aussterben der Ziegenhainer 1450 an die Landgrafen von Hessen. Seit dem 16. Jh. Ausbau zur Landesfestung. Seit 1821 Kreisstadt des neugebildeten Kreises Ziegenhain (bis Ende 1973). **II.** Treysa: 9. Jh. *Treise*, 1270 *Trese*, 1276 *Treyse*, 1317 *Treiss*, 1420 *Treisa*. Ziegenhain: 1144 *de Cigenhagen [Or]*, 1149 *Czegenhagen*, 1308 *Ciginhan*, 15. Jh. *Czigenhain*. **III.** ON *Treysa* evtl. zu ahd. *treis*, mhd. *tris*, mnd. *drēsch* 'ruhender Acker' (so FO bzw. Bach DNK II). Da es sich bei den zahlreichen ON auf *Dreis- / Treis- / Trais-* um Ableitungen von GwN handelt, dürfte hier eine Anknüpfung an *dreis* 'Sauer-, Mineralwasser (RWB I) wahrscheinlicher sein. Bw. im ON *Ziegenhain* zu ahd. *ziga*, mhd. *zige* 'Ziege'. Mit der um 1050 genannten *Siggenbrucca* (h. Flurname *Seckenbrücke* südlich von Ziegenhain) besteht kein etymologischer Zusammenhang. Dieser Name geht auf einen PN *Siggo* zurück. Zum Gw. vgl. ↗ *-hagen* und ↗ *-hain*. Der ON *Schwalmstadt* zum FluN, der zu ahd. *swellan* '(an)schwellen' zu stellen ist. Gw. ↗ *-statt*. **V.** FO; Bach DNK II; Reuling 1991; Suck. *TH*

Schwalmtal I. Gem. im Kr. Viersen, 19198 Ew., Reg.-Bez. Düsseldorf, NRW. Die Gemeinde ist 1970 durch Zusammenschluss von Amern und Waldniel entstanden. **II.** FluN 1322 *tuschen der Masen, der Sualmen ende der Netten [Or]*. **III.** Der ON ist nach dem Typ *Wuppertal, Nettetal, Ennepetal* auf der Grundlage des FluN gebildet. Namengebend ist die *Schwalm*, nl. *Swalm*, die bei *Swalmen* (Ende 12. Jh. *de Sualmo*, 1239 *in Swalmene [Or]*), Gem. Roermond, Provinz Nederlands-Limburg, NL, in die Maas mündet. Der FluN ist wie das Appellativ frühnhd. *schwalm* 'Strudel' offenbar mit dem Suffix *-ma-* von der Basis germ. **swell-* (ablautend **swall-*) 'anschwellen' gebildet, wobei der Doppelkonsonant in der Wortbildung verkürzt wurde. Bezeichnet wird so ein Gewässer, das stark anschwillt/anschwellen kann. Zahlreiche Parallelen verzeichnet FO 2, 961f. **IV.** Schwalmtal, Vogelsbergkreis, Reg.-Bez. Gießen, HE. **V.** HHS 3; Krahe, H.: Der ON *Sulmo* und seine Verwandten. In: BNF 1 (1949); Lex. nl. topon. (unter *Zwalmen*). *Tie*

Schwanau I. Gem. und (mit Meißenheim) gleichnamige VVG im Ortenaukreis, 10556 Ew., ca. 17 km sw Offenburg zwischen Rhein und Schwarzwald an der Französischen Grenze, Reg.-Bez. Freiburg, BW. Schwanau entstand im Jahre 1972 durch den Zusammenschluss der ehemals selbstständigen Gem. Allmannsweier, Nonnenweier, Ottenheim und Wittenweier. Handwerks- und Dienstleistungsbetriebe, Hightechunternehmen, Pfarrkirche, Fachwerkhäuser. **II.** *Schwanau* (1972). **III.** Die neu gebildete Gem. nahm den Namen der ehemaligen linksrheinisch gelegenen Burg Schwanau (Gem. Gerstheim, Département Bas-Rhin, Elsass, F) an. Dabei handelt es sich um eine Zuss. mit dem Bw. ahd. *swan, swano*, mhd. *swan, swane* 'Schwan' und dem Gw. ↗ *-au*. **V.** Kannenberg; LBW 6. *JR*

-schwand / -schwend(i). Das von ahd. *swenden* (*swantjan*), mhd. *swenden* 'vernichten, ausreuten, schwinden machen' (= Kausativ zu ahd. *swintan*, mhd. *swinden*, nhd. *schwinden*) gebildete Subst. ahd. / mhd. *swant* M., ahd. *swentī*, mhd. *swende* Fem. begegnet auch gutturalisiert als *-schwang / -schweng(i)* sowie als Kollektiv *-geschwand / -geschwend* und ist fast nur im Obd., besonders im Alem. sehr verbreitet. Damit wurde offenbar eine bestimmte Rodungsart bezeichnet: 'die Bäume durch Abschälen der Rinde zum Absterben bringen bzw. danach eventuell abbrennen'. Es scheint dann auch direkt in der Bed. 'abbrennen' oder 'roden' gebraucht worden zu sein. Damit vergleicht es sich mit den Namen auf *-sang / -seng / -aseng*, die auf das von ahd. *bisengen*, mhd. *sengen* 'verbrennen' abgeleitete Subst. ahd **sang* Fem./ *āsang* M., mhd. Dat. Sg. *senge* Fem. / *āsanc* M. zurückgehen. Es dürfte sich dabei um Brandrodung von Niederwald bzw. Buschwerk zur Gewinnung von Nutzland gehandelt haben (↗ Sangerhausen, Lkr. Mansfeld-Südharz, ST). Schließlich gehören hierher auch die mit *Brand- / -brand* gebildeten Namen (↗ Brandenburg an der Havel, BB). Literatur: Bach DNK II, 1 und II, 2; Schuster I; Wiesinger 1994; Debus / Schmitz, H.G. *FD*

Schwandorf I. Große Kreisstadt (seit 1972) des gleichnamigen Kreises, 27911 Ew., ca. 40 km n von Regensburg, ca. 50 km s von Weiden in der Opf., ca. 25 km sö von Amberg, im Flusstal der Naab, Reg.-Bez. Oberpfalz, BY. 1234 Sitz eines wittelsbachischen herzoglichen Amtes, 1286 Sitz eines Dekans, 1299 städtische Verfassung, Mitte 15. Jh. vollständige Stadtrechte, seit den 1860er Jahren Eisenbahnknotenpunkt, bis zum Jahr 1972 kreisfreie Stadt. Zentraler Industrie- (Drucktechnik, Automobilzulieferung u.a.), Handwerks- und Dienstleistungsstandort sowie bedeutendes Einzelhandelszentrum in der mittleren Oberpfalz. Stadtmuseum, historischer Felsenkeller, Oberpfälzer Künstlerhaus. **II.** Ca. 1006 *Suainicondorf*, 1010–1020 *Suueinicandorf*, 1472 *Swaingdorf* [Or]; *Schwandorf* [Or] (ca. 1600). **III.** Gw. der anzusetzenden Ausgangsform ahd. *Sweinikk-in-dorf ist ahd. *dorf* 'Hof, Gehöft, Landgut, Häusergruppe von mehreren Gehöften' (↗-*dorf*). Als Bw. kann man wohl den PN *Sweinikko erschließen, der im Genitiv schwach flektiert auf -*in* (dieses genitivische Flexionselement wird bereits in spätahd. Zeit abgeschwächt und daher u.a. auch mit -*o*- und -*a*- verschriftet) an das Gw. gefügt wird und bereits in der Erstbelegform zu einfachem -*k*- (hier in der Schreibvariante -*c*-) reduziert erscheint. Die -*u*- bzw. -*uu*-Schreibungen stehen für -*w*-. Mhd. *s* vor *w* wird zum Nhd. hin regelkonform zu *sch* palatalisiert. Durch die mhd. Abschwächung bis hin zum teilweisen Ausfall der unbetonten Neben- bzw. Mittelsilben erklärt sich die Belegform *Swaingdorf*. Von solchen im Bw. verkürzten ON-Formen ausgehend konnte vor dem Hintergrund der mda. Entwicklung von *ei* zu *a* im Nordbairischen später leicht die (fr)nhd. Gänsevogelbezeichnung *Schwan* in den Namen eingedeutet werden. Der ON *Schwandorf* ist somit urspr. als 'Gehöft/Landgut/Häusergruppe von mehreren Gehöften, das/die nach einer Person namens *Sweinikko benannt ist' zu deuten. **V.** Reitzenstein 2006; Tiefenbach, H.: Altsächsische Sprachinseln in Bayern? In: Bayerische Dialektologie. Akten der Internationalen Dialektologischen Konferenz 26.–28. Februar 2002. Hg. von Sabine Krämer-Neubert und Norbert Richard Wolf. Heidelberg 2005. *StH*

Schwanewede **I.** Gem. im Lkr. Osterholz, 20 061 Ew., Reg.-Bez. Lüneburg (bis Ende 2004), NI. Herkunftsort des gleichnamigen adligen Geschlechtes; 1943 zwischen Schwanewede und Neuenkirchen Errichtung des Konzentrationslagers Farge; seit 1958 Bundeswehrstandort; die Gem. besteht seit 1974 aus 11 Ortschaften. **II.** 1203 *de Suanewede* [Or], 1278 *de Swanewede*, 1539 *van Swanewede* [Kop. 16. Jh.]; *Schwanewede* (1791). **III.** Bildung mit einem in asä. *widu*-, mnd. *wēde* 'Wald' belegten Gw. Da der Ansatz von asä. *swan* 'Schwan' in Verbindung mit dem Gw. auf semantische Probleme stößt und ae. *svān*, asä. *svēn* 'Schweinehirt' anderen Vokalismus aufweist, ist verm. von einem zu asä. *swan* gehörenden Frauennamen *Swana* im Bw. auszugehen. **V.** Nds.-Lexikon. *KC*

Schwarmstedt **I.** Gem. und gleichnamige Samtgem. im Lkr. Soltau-Fallingbostel, 12 192 Ew., an der Leine, Reg.-Bez. Lüneburg (bis Ende 2004), NI. Die Ländereien in Schwarmstedt zunächst im Besitz des Hochstifts Minden, später welfisch; Kirchspielort und Herkunftsort eines adligen Geschlechtes. **II.** 1153–67 *Svarmenstide* [Or], um 1200 *Swarmeste*, um 1260 *Swarmestede* [Kop.]; *Schwarmstedt* (um 1600). **III.** Bildung mit dem Gw. ↗-*stedt*. Als Bw. ist nicht asä., mnd. *swarm* 'Schwarm, Menge' anzusetzen, da dieses stark flektiert. Verm. dürfte ein nicht mehr erhaltener GwN anzusetzen sein, der mit -*n*-Suffix abgeleitet ist und entweder mit asä. *swarm* 'Schwarm, Menge' (vgl. auch anord. *svarmr* 'Taumel') etym. zusammengehört (zu idg. *suer- 'surren, tönen') oder mit anlautendem -*s*- zu einer -*m*-Erweiterung von idg. *uer- 'drehen, biegen' gehört. **V.** Brünecke, W.: Dorf und Kirchspiel Schwarmstedt. Schwarmstedt 1988. *KC*

Schwartau, Bad nd. Schwarau, Schwadau **I.** Amtsfreie Stadt im Kr. Ostholstein, 19 619 Ew., am Fluss Schwartau, Nähe Lübecks, SH. 1215 Erwähnung der bfl. Mühle Schwartau, 1640 Verlegung des bfl. Amtes Kaltenhof nach Schwartau, 1842 Gründung des Amtes Schwartau, 1895 Entdeckung der ersten Solequelle, intensives Kurwesen etabliert, 1912 Stadtrecht, 1913 staatliche Anerkennung als Bad. Lebensmittelindustrie, Luftkurort, Jodsole- und Moorheilbad. **II.** 1215 *molendini Zwartowe* [Or], 1258 *in hospitali apud Zvartovwe*, 1422 *in Swartow*; *Bad Schwartau* (1913). **III.** Der ON bildete sich als Übertragung eines FluN zunächst auf eine Mühle und dann auf die entstehende Ortschaft. Die Schwartau entspringt bei Eutin und mündet bei Bad Schwartau in die Trave und wurde schon Ende des 12. Jh. erstmals urk. erwähnt. Der urspr. Name enthält den apolb. Wortstamm *svart* in der Bedeutung 'Krümmung, Biegung, Windung', womit in der Bezeichnung der Schwartau als die sich 'Schlängelnde' auf den sehr gewundenen Unterlauf des Flusses vor der viel später erfolgten Begradigung Bezug genommen wird. Hinzu tritt -*ov*, ↗-*o(w)*, spätere Anpassung an ↗-*au*. Der Ort Schwartau wurde somit als 'die Siedlung an dem sich schlängelnden Fluss' benannt. **V.** Laur; Haefs. *GMM*

Schwarz(en)-. Das Farbadj. *schwarz* erscheint, wie besonders auch *weiß, rot, blau* oder ↗-*grün*, meistens im Dat. Sg. -*en* und nimmt Bezug auf augenfällige Farbgebungen in der Natur, z.B. auf die Lage im dunklen Wald (↗Schwarzenberg/Erzgeb., Erzgebirgskreis, SN), auf einen hellen Sandsteinfelsen (↗Weißenfels, Burgenlandkreis, ST), auf rote Mauersteine (↗Rothenburg ob der Tauber, Lkr. Ansbach, BY), auf einen GwN (↗Blaubeuren, Alb-Donau-Kreis, BW) oder auf eine Wiesenniederung (↗Gronau (Westf.), Lkr. Borken, NRW; Gronau (Leine), Lkr. Hildesheim, NI). Zu beachten ist, dass gelegentlich nicht Farbbez., sondern PN als Bw. vorkommen (↗Grünstadt, Lkr. Bad Dürkheim, RP). Literatur: Kaufmann 1958. *FD*

Schwarzenbach a. d. Saale **I.** Stadt, 7 485 Ew., am Oberlauf der Sächsischen Saale, Lkr. Hof, Reg.-Bez. Ofr., BY. Ortsgründung vor unklarem herrschaftsgeschichtlichen Hintergrund (verm. Haus Andechs), bis 1373 unter Vögten von Weida, danach unter Burggrafen von Nürnberg bzw. Mgf. von Brandenburg-Kulmbach / (seit 1603) -Bayreuth, 1792 preuß., 1810 bayer., 1844 Stadtrecht, Mitte 19. Jh. Industrialisierung (Porzellan, Granit, Textil). **II.** 1322 *Swertzenbach [Or]*, 1430 *Swarczenbach; Schwarzenbach an der Saale* (1797). **III.** GwN bzw. SiN zu ahd. *swarz* ↗*-schwarz* und ↗*-bach*; differenzierende Erweiterung mit GwN Saale. Unser Erstbeleg (wie auch weitere Schreibungen mit -e- im 14. und frühen 15. Jh.) indiziert einen Sekundärumlaut und somit eine Namensbildung vor 900. **IV.** Schwarzenbach a. Wald, Lkr. Hof, Reg.-Bez. Ofr., BY. **V.** HHS Franken; Reitzenstein 2009; Schwarz: NO-BAY. *DG*

Schwarzenbek nd. Schwattenbek **I.** Amtsfreie Stadt im Kr. Herzogtum Lauenburg, 14 949 Ew., durchflossen von der Schwarzen Bek, SH. 1291 erstmals urk. erwähnt, Ende 15. Jh. an Sachsen-Lauenburg, 1689 bis 1815 zu Hannover (und damit zur englischen Krone), 1815 zu Dänemark, 1864 zu Preußen, 1953 Stadtrecht. **II.** 1291 *de Swartenbeke [Or]*, 1335 *Swartenbeke*, 1429 *unse hove … unde Zwartenbeke; Schwarzenbek* (seit der Rechtschreibreform Ende 19. Jh.). **III.** Die Ortsbezeichnung ist maßgeblich geprägt durch die Lage der Siedlung an einem Gewässer, dem Schwarzen Bek. Die mnd. Wendung *to deme swarten beke* 'zum schwarzen Bek' weist den Ortsnamen *Schwarzenbek* als denjenigen Ort aus, der am schwarzen Bach liegt. **IV.** Schwartenbek, OT Kiel, SH. **V.** Laur; Haefs. *GMM*

Schwarzenberg/Erzgeb. **I.** Große Kreisstadt im Erzgebirgskreis, 18 892 Ew., im oberen Westerzgebirge am Schwarzwasser und dessen Mündung in die Mittweida, SN. Im 12. Jh. als Befestigungsanlage zum Schutz eines Handelsweges angelegt, Stadtgründung um 1300, Städtchen bis zum 19. Jh., 1946–1958 Uranbergbau. Bis 1990 wichtigster Waschmaschinenproduktionsstandort Osteuropas. H. Standort kleinerer Industriebetriebe. **II.** 1282 *Swartzenbergk*, 1464 *Swartzenberg*, um 1460 *Swarczenburck*, 1533 *Schwaczenbergk*. **III.** Offenbar alter Burgname mit dem Gw. ↗*-burg*, in dessen Bw. das mhd. Adj. *swarz* 'schwarz', mit Bezug auf den dunklen Erzgebirgswald, steht. Dieses ist auch enthalten im Bachnamen *Schwarzwasser*, das im Asorb. **Čornica* o.ä. zu *čorny* 'schwarz' genannt wurde (1118 *Scurnica*). **IV.** Schwarzbach, Lkr. Greiz, TH und Lkr. Oberhavel, BB; Schwarzenreuth, OT von Neusorg, Lkr. Tirschenreuth, BY. **V.** HONS II; SNB. *EE, GW*

Schwarzenbruck **I.** Gem. im Kreis Nürnberger Land, 8 463 Ew., sö von Nürnberg an der Schwarzach, die bei Schwabach in die Rednitz mündet, Reg.-Bez. Mfr., BY. Seit dem 11. Jh. bezeugte Siedlung am Übergang einer alten Handelsstraße, an der später auch Nürnberg entstand, über die Schwarzach. **II.** 1025 (Kop. 14. Jh.) *Swarzahapruca*, (Kop. 12. Jh.) *Suarzabrucca*. **III.** Gw. des Namens ist *-bruck*, ↗*-brück/-bruck/-brücken*, die obd. umlautlose Form von *Brücke*; das Bw. ist aus dem GwN *Schwarzach* verkürzt. Die Namengebung ist durch den Flussübergang motiviert. **V.** MGH DKonradII, Nr. 29; Reitzenstein 2009; Schwarz, S. 92; Sperber. *RB*

Schwarzenfeld **I.** VG (seit 1974/78) des Marktes Schwarzenfeld mit den Nachbargemeinden Stulln und Schwarzach b. Nabburg, 9 453 Ew., ca. 20 km ö von Amberg und ca. 8 km n von Schwandorf, am Zusammenfluss der Naab und der Schwarzach, Kr. Schwandorf, Reg.-Bez. Oberpfalz, BY. 1890 Markterhebung. Regionales Einzelhandels-, Handwerks-, Gewerbe- und Industriezentrum. Schloss Schwarzenfeld, Mausoleum und Ahnengruft der Grafen von Holnstein aus Bayern. **II.** 1015 *Suarzinvelt [Or]*, ca. 1140–1160 *Swarcenvelt*, 1326 *Swærtzenuelt; Schwarzenfeld* (1350 Kop. 1696). **III.** Bw. der für den ON anzusetzenden Ausgangsform ahd. **Swarzin-felde* ist das Adj. ahd. *swarz* 'schwarz', Gw. ist ahd. *feld* (> mhd. *velt*) 'Ebene, Flachland; ebenes, offenes, anbaufähiges Land, Feld; Kampfplatz, Kampffeld; Fläche, Ausdehnung' (↗*-feld*). Der ON dürfte aus der Stellenbezeichnung ahd.-bair. **(za/ze/bī demo) swarzin felde* mit der Bed. '(Siedlung) an/bei dem schwarzen Feld' hervorgegangen sein. Die urspr. Namensform ahd. **Swarzin-felde* entwickelte sich durch die mhd. Abschwächung der unbetonten Nebensilbe von -*in*- zu -*en*- und Apokope der auslautenden Dat.-Sg.-Endung -*e* regulär zu mhd. **Swarzenvelt*. Mhd. *s* vor *w* wird zum Nhd. hin regelgemäß zu *sch* palatalisiert. Die Schreibung -*u*- im Erstbeleg steht für -*w*-. Der u.a. in der Belegform von 1326 bezeugte Sekundärumlaut -*æ*-, der später in Anlehnung an das (nicht umgelautete) Adj. (fr)nhd. *schwarz* wieder beseitigt wird, lässt den Schluss zu, dass der ON wahrscheinlich bereits vor dem 10. Jh. entstanden sein muss, da in Nordostbayern die phonetisch-phonologischen Umlautbedingungen etwa ab dem 10. Jh. durch die allmähliche Abschwächung unbetonter Neben- bzw. Mittelsilbenvokale nicht mehr gegeben waren. **IV.** Schwarzenwang, Reg.-Bez. Stuttgart, BW. **V.** Reitzenstein 2006. *StH*

Schwaz **I.** Im mittleren Unterinntal am Fuße des Kellerjochs liegende Stadtgemeinde, 12 892 Ew., Tirol, A. Hauptort des gleichnamigen Pol. Bez., Sitz der Bezirksverwaltungsbehörde, Gerichtssitz, Schulstadt, Sitz der Bezirksforstdirektion, bereits in der Bronzezeit Kupferabbau, im 15. und 16. Jh. reicher Silberabbau (Augsburger Welthandelsfirma der Fugger), Stadterhebung 1899, Schaubergwerk, Zeiss-Planetarium. **II.** 930/931 *Sûates*, 1141 *Swazes*, 1166 *Swaths*, 1175 *Suattes*, 1179 *Sbottes*, 1233 *Swats*. **III.** Vorrömischer (ostalpenindogermanischer) Name unklarer Bedeutung, auszugehen ist jedenfalls von **Suates*, das zu **Svades* romanisiert und als *Suates* (mit Medienverschiebung) eingedeutscht wurde. Ethnikon: *Schwazer*, älter jedoch *Schwader* (da auslautendes -*s* nicht zum Stamm gehörte, sondern flexivisches Element war). **V.** Ölberg, H.: Das vorrömische Ortsnamengut Tirols. Ein Beitrag zur Illyrierfrage. Innsbruck 1962; ANB; HHS Huter; ÖStB 5. *AP*

Schwechat **I.** Stadt, 16311 Ew., an der Mündung des gleichnamigen Flusses in die Donau, sö WI, Bezirk Wien-Umgebung, NÖ, A. 1922 Stadterhebung; Gewerbe- und Industriestadt (Erdölraffinerie, Brauerei, Stahlverarbeitung, Kunststoffproduktion, etc.), h. auch Bildungs- und Forschungseinrichtungen; Sitz des internationalen Flughafens Wien-Schwechat (Speditionen); Veranstaltungszentrum und Nestroy-Festspiele in der Rothmühle (Schloss, 18. Jh.). **II.** 1034–1041 *V regales mansos iuxta flumen Svechant* (Fluss), 1114 *de Svechanta* (Ort). **III.** Der dem ON zugrundeliegende GwN *die Schwechat* geht auf ein substantiviertes Part. Präs. des ahd. Verbums *swëhhan* mit der Bedeutung 'stinken, riechen' zurück und bedeutet somit 'die Übelriechende', was sich wohl auf die im Nahbereich befindlichen übelriechenden Schwefelquellen bezieht. Die mda. Entwicklung des nebentonigen -*an*- über abgeschwächtes -*en*- zu [ɐ] ist gesamtbair. seit dem 13. Jh. insbes. in ON (aber auch in App. wie z.B. [ˈdɒːʒɐd] für 'tausend') nachzuweisen. **V.** ANB 2; ÖStB 4/3. *ES*

Schwedt/Oder **I.** Stadt im Lkr. Uckermark, 35 162 Ew., am Westrand der Oderniederung, nö Berlin, BB. Eine slaw. (pommersche) Burg mit Burgsiedlung an altem Oderübergang; Stadtgründung durch die Mgf. von Brandenburg (1256 *civitas*); seit 1689 Residenz derselben (Schloss Monplaisir). Erdöl-, Papierindustrie, Endpunkt einer Erdölpipeline aus Russland. **II.** 1265 *Scwet*, 1321 *Zweth [Or]*; *Schwedt* (1775). **III.** Slaw./apolb. **Svět*, ein einfacher Name zu *svět* 'Licht', urslaw. **světiti* 'scheinen, leuchten', in BB ein häufiger GwN, als 'helles, blankes Gewässer' zu erklären; hier Ben. nach einer Odererweiterung oder einer Lichtung im Gegensatz zum Wald. Der Zusatz bestimmt die Lage an der Oder, ↗Frankfurt (Oder), BB. **IV.** Vgl. Schwedtsee an der uckermärkischen Grenze. **V.** PUB II, VI; Büsching; BNB 9; SNB. *EF*

Schweich an der Römischen Weinstraße **I.** Stadt und VG (mit 18 Ortsgemeinden) im Lkr. Trier-Saarburg, 24 942 Ew., am linken Ufer der Mosel, im NO an Trier angrenzend, RP. Weinanbau und mittelständische Unternehmen. **II.** 752 (Kop. 11. Jh.) *Soiacum*, 762 (Kop. 10. Jh.) *Soiacum*, 1103 (Kop.) *Sueche*, 1136 (Kop.) *in Sueche*, Mitte 12. Jh. *[Or] Suueche*, 1212 *[Or] Sweicha*, 1222 *Sueyghe*, *suueghe*, 13. Jh. (Kop.) *apud Sueiche*, 1291 *Sueche*, 1330 *Sweych*, 1569 *Schweich*. **III.** **So[g]iacum*, 'Praedium des Sogius', gallorom. Abl. von PN **Sogius* mit Suffix -*ako*-. **V.** Buchmüller-Pfaff. *AG*

Schweidnitz // Świdnica [ɕvʲid'ɲitsa] **I.** Kreisstadt, 59 863 Ew., Woi. Niederschlesien // Dolny Śląsk, PL. 50 km sw von Breslau an der Weistritz. Stadtgründung zu d. Recht vor 1239. 1278 wird das gleichnamige Fürstentum begründet, selbstständig bis 1368. Stadtpfarrkirche mit dem höchsten Kirchturm in Schles.; 1652–57 Bau einer der drei schles. Friedenskirchen als größte Holzkirche Europas. Kreisfreie Stadt (seit 1899), Reg.-Bez. Breslau, NS, (1939) 39 052 Ew. **II.** 1239 *Suidenicz*, 1243 *Swidnicz*, 1245 *Zuidnica*, 1298 *Sweidenicz*. **III.** Wahrscheinlich zum apoln. Stamm *świd*- 'hell, leuchtend', vgl. den Pflanzennamen *świdwa* 'Kornelkirsche, Hartriegel' – also 'Ort, an dem Kornelkirschen stehen'. Die Namenform endet auf das namenbildende apoln. Suffix -*nica*, das in der eingedeutschten Form ↗-*nitz* nur um den Auslautvokal verkürzt wird. Der re-polon. ON im 20. Jh. nimmt die apoln. Etymologie auf. **IV.** Świdnik, Woi. Lublin, PL; Svidník, Eperieser Landschaftsverband, Slowakei; Svídnice, Region Königgrätz, CZ; Großschweidnitz, Lkr. Görlitz, SN (mit anderer Etymologie). **V.** Jungandreas 1937; RymNmiast. *ThM*

Schweinfurt **I.** Kreisfreie Stadt, 53 588 Ew., am rechten Ufer des Mains, wo er aus seiner bis dahin westlichen Richtung nach Süden zum Maindreieck abbiegt, Sitz der Verwaltung des gleichnamigen Lkr., Reg.-Bez. Ufr., BY. Seit dem 7. Jh. nachgewiesene Siedlung, vom 12. Jh. bis 1802 Reichsstadt, danach kreisfreie Stadt im bayerischen Bezirk Ufr., Industriestadt (Kugellager), Museum Otto Schäfer, Museum Georg Schäfer. **II.** Ca. 720 *Suinuurde*, 791 *in Suuinfurtero marcu*, 1033 *Suinvurt*, 1352 *Sweinfurt*, 1508 *Schweinfurt*. **III.** Das Gw. ↗-*furt* weist auf die Lage der Siedlung bei einem Übergang über den Main. Das Bw. zeigt Diphth. zu -*ei*- und führt daher auf eine Form ahd. *swīn*- mit Langvokal, die mit der Tierbezeichnung *swīn* st. N. 'Schwein' identifiziert wird oder auch an das st. Verb ahd. *swīnan* 'schwinden, abnehmen, kleiner werden' angeschlossen worden ist. Beide Anschlüsse ergeben keine überzeugende Deutung. Gegen die Deutung 'Schweinefurt' ist eingewandt worden, dass Schweine nicht durch Furten getrieben werden; eine Deutung als 'schwindende Furt' im Sinne von tiefer werdendem Wasser erscheint als gezwungen. **V.** Bergmann, R., in: Vor 1000 Jahren – Die Schweinfurter Fehde und die Landschaft am Obermain 1003. Schweinfurt 2004, S. 33–36; HHS 7/2; Reitzenstein 2009. *RB*

Schwelm **I.** Kreisstadt des Ennepe-Ruhr-Kreises, 29 248 Ew., an der Schwelme am Südrand des Ruhrgebiets/Grenze zum Bergischen Land, Reg.-Bez. Arnsberg, NRW. Entstanden bei einem Fronhof nahe einem Fernweg von Köln zum Hellweg, 1496–1501 und seit 1590 Stadt. Seit dem MA Textilgewerbe, wirtschaftliches Zentrum der Grafschaft Mark, Industrialisierung seit der 2. Hälfte des 19. Jh. **II.** 9./10. Jh. *villa Suelmiu [Or]*, 11. Jh. *de Suelmiu*, 1085 *Suelme*. **III.** Der ON beruht auf dem GwN Schwelme. Die Basis dieser Suffixbildung liegt auch in weiteren europäischen GwN vor, ebenso in asä., ahd., ae. *swellan* 'schwellen', mhd. *swal*, nhd. *Schwall*. Da gegen gelegentliche Angaben in der Literatur keiner der frühesten Belege auf *-in* ausgeht (vielmehr: *-iu, -e*), liegt beim GwN eine Bildung mit *-m*-Suffix vor; das von Schmidt erwogene *-mina* ist auszuschließen. Die Werdener Belege auf *-iu* zeigen, dass der ON als *-jō*-stämmige Bildung zum GwN *Swelma aufzufassen ist, wodurch die Siedlung als 'Ort an der Schwelme' benannt wurde. **V.** Schmidt Rechtsrhein. Zfl.; Udolph, J.: Suffixbildungen in alten Ortsnamen Nord- und Mitteldeutschlands. In: Andersson, Thorsten/Nyman, Eva (Hg.): Suffixbildungen in alten Ortsnamen. Uppsala 2004. *Flö*

Schwendi **I.** Gem. und (mit Wain) gleichnamige VVG im Lkr. Biberach, 7823 Ew., ca. 16 km onö Biberach am rechten Rand des Rottals gelegen, Reg.-Bez. Tübingen, BW. Schwendi entstammt der jüngeren Ausbauzeit, 1129 Erwähnung von Edelfreien von Schwendi, 1406 größere Teile an das Ulmer Spital, seit 1552 Marktrecht und seit 1810 württembergisch. Holzverarbeitung, Heiztechnologie, Bulldogmuseum, Schlossmühle Schwendi, Pfarrkirche, Weishaupt Forum, Annakapelle, Webermuseum. **II.** Um 1100 *Seveindi*, 1181 *Swendine*. **III.** Es handelt sich wohl um eine Stellenbezeichnung, die zu ahd. *swendi* 'Vernichtung', mhd. *swende* 'durch Rodung gewonnenes Weideland' gehört. Das alte *-i* im Auslaut wurde in Anlehnung an den Namen der Edelfreien von Schwendi wiederhergestellt. **IV.** Schwenda, Lkr. Mansfeld-Südharz, ST. **V.** FO 2; LBW 7. *JR*

Schwerin **I.** Landeshauptstadt, kreisfrei, 95 551 Ew., im Westteil des Bundeslandes, in wald- und v.a. wasserreicher Region, s der Ostsee, MV. Im 11. Jh. slaw. Besiedlung mit Burg, Ersterwähnung um 1018, 1160 Eroberung der Burg durch Sachsen und Gründung der Stadt mit anschließender Verlegung des Bischofssitzes in die Stadt, 1348 Hauptstadt des nunmehrigen Hztm. Mecklenburg (seit 1815 Ghztm.), 1952 Bezirkshauptstadt, 1972 Großstadt, 1990 Landeshauptstadt Mecklenburg-Vorpommerns, 2009 Bundesgartenschau in Schwerin. Seit jeher durch Regierungssitz geprägt, h. außerdem u. a. Landesfunkhaus, Landeshauptarchiv sowie mittelständische Betriebe, Handel und Dienstleistungsgewerbe. **II.** Um 1018 *Zuarina* (Thietmar von Merseburg), 1150 *Suerin*, 1154 *in Zwrinensem*, 1170 *Zwerin*, 1174 *Zvarin*; *Schwerin* (1237). **III.** Dem ON liegt ein apolb. FlN *Zvěrin mit dem Suffix ↗ *-in* zugrunde, das sowohl poss. Funktion haben als auch zur Stellenbezeichnung dienen konnte. Das Gw. apolb. *zvěŕ '(wildes) Tier' lässt auf eine Bedeutung 'Ort mit (vielen) wilden Tieren' oder einen 'Ort für wilde Tiere, Wildgehege' schließen und meinte somit entweder einen guten Jagdgrund oder (weniger wahrscheinlich) ein Gehege in der Art eines Tiergartens. **IV.** U. a. Alt Schwerin, Lkr. Müritz, MV. **V.** MGH, SS rer. Germ. N.S. 9. Berlin 1935; MUB I; EO; HHS, Bd. 12; Trautmann ON Meckl.; Eichler/Mühlner. *MN*

Schwerin/Warthe // Skwierzyna [skvʲɛˈʒɨna] **I.** Stadt in der Woi. Lubuskie (Lebus), im Kr. Międzyrzecz (Meseritz), 10 108 Ew., an der Mündung der Obra in die Warthe, PL. Gemeindesitz. Schon im MA gab es hier eine Siedlung, die nicht weit entfernt von einem Übergang über die Warthe lag. 1295 erstmalig Stadtrecht, von König Władysław Jagiełło erneuert. Infolge der zweiten Teilung Polens an Preußen, Reg.-Bez. Posen (kurzzeitig dem Ghztm. Warschau unterstellt). Nach 1945 an Polen. 1975–1998 gehörte die Stadt zur Woi. Gorzów (Landsberg). **II.** 1251 *iuxta viam Schwerinensem*, 1313 *civitas Nova Squerin*, 1421 *Squirzina*, 1580 *Squirzina*, 1619 *Skwirzyna*, 1622–24 *Skwierzyna*, 1789 *Skwierzyna*, 1889 *Skwirzyna* al. *Skwierzyna*, 1982 *Skwierzyna*. **III.** Im MA lautete der Name *Skwirzyna*. Früher gab es das apoln. App. *skwirz* 'Grille'. Wahrscheinlich ist der Name mit diesem Wort verbunden. Vielleicht bezog er sich urspr. auf einen Platz, wo man das Rauschen (sicherlich des Wassers) hören konnte. *Schwerin* ist eine verdeutschte Form des Namens. **IV.** Skwierzyn, 1977–1981 offizieller Name der Gem. Skwirtne, Woi. Małopolskie (Kleinpolen), Skwierzynka, Woi. Zachodniopomorskie (Westpommern), Skwirzowa, Woi. Świętokrzyskie (Heiligkreuz), alle PL. **V.** Rymut NMP; RymNmiast; ZierhNmiast. *BC*

Schwerte **I.** Stadt im Kr. Unna, 48 797 Ew., sö von Dortmund, Reg.-Bez. Arnsberg, NRW. Entstanden an einem Ruhrübergang, Teilnahme am Hansehandel, Landwirtschaft, Leineweberei, 1397 erweitertes Stadtrecht. Seit 1870 Eisenbahnknotenpunkt, Metallindustrie. **II.** 963–73 *Suerte*, um 1150 *Sverte*, 1213 *Swirte*. **III.** Der ON ist zu asä. *swart* 'schwarz' zu stellen und mit einem -j-haltigen Suffix gebildet, das zu einer Bezeichnung *Swartjō > *Swertia > Swerte 'Stelle, an der sich etwas Schwarzes befindet' führt. Der Ableitungstyp ist in wfl. ON gut bezeugt. Eine Suffixbildung mit der entgegengesetzten Farbbezeichnung ist ↗Witten, rund 16 km w an der Ruhr gelegen. Das Benennungsmotiv bleibt unklar. Mit Derks ist an eine moorige Stelle oder einen dunklen Wald zu denken. **V.** Derks, P.: Der Siedlungsname Schwerte. In: Beiträge zur Geschichte Dortmunds und der Grafschaft Mark 90 (1999). *Flö*

Schwetz // Świecie [ɕvˈjɛtɕɛ] **I.** Kreisstadt im gleichnamigen Lkr. der Woi. Kujawsko-Pomorskie (Kujawien-Pommern), 25 561 Ew., PL. An der Einmündung des Schwarzwassers // Wda in die Weichsel // Wisła gelegen. Seit 1309 zum Deutschen Orden, 1338 Stadtrecht, 1466 zu Polen, 1772 an Kgr. Preußen (Provinz Westpreußen). Seit 1920 zu Polen, 1945–1998 in der Woi. Bydgoszcz (Bromberg), Papierindustrie, Management-Hochschule (1977), Fremdsprachenkolleg (2004). **II.** 1198 *Zwece*, 1253 *Swez*, 1278 *Sueche*, 1584 *Swieczie*, 1890 d. *Schwetz*. **III.** Der ON leitet sich von urslaw. *svetje* 'hell, leuchtend' ab und wurde der Stadt verm. aufgrund des hellen, leuchtenden Wassers von Weichsel und Schwarzwasser verliehen. Die d. Variante entstand durch Auslassung der flektierbaren Endung -e und graphisch-phonetische Substitution: *Sch*- für *Ś*-, -*tz* für -*ć* und *w* für poln. palatalisiertes *w'*. **V.** Rospond 1984; RymNmiast. *IM*

Schwetzingen **I.** Große Kreisstadt im Rhein-Neckar-Kreis, 21 952 Ew., ca. 9 km wsw Heidelberg in der Rheinebene ö des Rheins und w des Odenwaldes gelegen, Reg.-Bez. Karlsruhe, BW. Trennung in Unter- und Ober-Schwetzingen während der Karolingerzeit, Zusammenschluss erst im 17./18. Jh., 1759 Marktflecken, seit 1833 Stadtrecht und seit 1993 Große Kreisstadt. Mittelständische Unternehmen, Tourismusbranche, Rokokotheater, Karl-Wörn-Haus, Schloss Schwetzingen, Theater am Puls, St. Pankratius. **II.** 766 (Kop. 12. Jh.) *Suezzingen*, 9. Jh. (Kop. 12. Jh.) *Suezzinga*, 1071 *Swezingun*. **III.** Es handelt sich um eine ↗-*ing(en)*-Ableitung zu dem sonst nicht bezeugten PN **Swezzo*; der Name bedeutet 'bei den Leuten des Swezzo'. **V.** FO 2; Krieger 2; LBW 5. *JR*

Schwieberdingen-Hemmingen **I.** GVV der beiden namengebenden Gem. im Lkr. Ludwigsburg, 18 703 Ew., ca. 10 km wsw Ludwigsburg im Strohgäu und auf der rechten Seite der Glems im sw Neckarbecken gelegen, Reg.-Bez. Stuttgart, BW. Hemmingen: Laurentiuskirche. Schwieberdingen: Frühe Siedlung, 1339 von den Grafen von Vaihingen an Württemberg, 1707 Schwieberdinger Vertrag, 1807 zum Oberamt Ludwigsburg. Automobilzulieferindustrie, Speditionsgewerbe, Kraftfahrzeugtechnik, Ortsmuseum, Georgskirche, Schwieberdinger Schlössle, Stumpenmühle, Wasserschloss, Katharinenlinde. **II.** Hemmingen: 9. Jh. (Kop. 1280–84) *Hemmingen*, 1257 *Hemmingen [Or]*, 1499 *Hemmingen [Or]*. Schwieberdingen: 1304 *Swiebertingen [Or]*, 1321 *Swiebertingen*, 1390 *Swiebertingen*. **III.** Hemmingen: Es handelt sich um eine ↗-*ingen*-Bildung mit dem PN *Hemmi*; der Name bedeutet 'bei den Leuten des Hemmi'. Schwieberdingen: Es handelt sich um eine ↗-*ingen*-Bildung mit dem PN *Swintbert*, der Name bedeutet 'bei den Leuten des Suintbert'. Aus **Swintbertingen* wird durch Erleichterung der Dreierkonsonanz -*ntb*- und anschließender Dehnung des -*i*- in nun offener Silbe die dem heutigen Namen zugrunde liegende Form Swiebertingen. **IV.** ↗Hemmingen, Region Hannover, NI. **V.** Reichardt 1982b; LBW 3; Haubrichs 2004. *JR*

Schwiebus // Świebodzin [ɕvʲɛˈbɔdʑin] **I.** Stadt in der Woi. Lubuskie (Lebus), Kreis- und Gemeindesitz, 21 677 Ew., PL. Der Ort liegt in einer von der Schwemme durchflossenen Talsenke. Urspr. stand hier eine Burg der Piasten, seit 1319 Stadt und seit 1335 zum Ftm. Glogau (Głogów), später wechselnde Herrschaften (Brandenburg, Böhmen und Preußen), seit 1742 zu Preußen (zunächst Glogausches Kammerdepartement, 1817 Reg.-Bez. Frankfurt). Nach 1945 kam die Stadt an Polen, Woi. Großpolen, dann an die Woi. Zielona Góra (Grünberg). Herstellung von thermotechnischen Einrichtungen, Möbel-, Bekleidungs-, Lebensmittelindustrie. In ganz PL ist das Kindersanatorium für Rehabilitation und Orthopädie bekannt. **II.** 1251 *Schwibussen*, 1302 *Swebisin*, 1334 *Svebusin*, 1352 *Sweboczyn*, 1410 *Schebissen*, 1474 *Swebuszu*, 1476 *Swebussin*, 1481 *Swebussa*, 1493 *Swobodzyn*, 1890 *Świebodzin*, jetzt *Schwiebus*, 1982 *Świebodzin*. **III.** Der Name wurde vom PN *Świeboda* mit dem Suffix -*in* abgeleitet (zum apoln. App. *świeboda* 'ein großzügiger, generöser Herr', auch 'Befreiung von Lasten gegenüber dem Feudalherren' und 'Freiheit; freie Menschen'); urspr. bedeutete der Name ein Dorf, dessen Gründer oder erster Besitzer Świeboda war. Die Form *Schwiebus* ist eine phonetische Adaptation des poln. Namen. **IV.** Świebodzin, Woi. Małopolskie (Kleinpolen), PL. **V.** Rymut NMP; RymNmiat; Malec. *BC*

Schwyz **I.** Hauptort des Kantons, des Bezirkes und der Gem. mit demselben Namen, am Fuß der beiden Mythen im n Bereich eines von der Muota durchflossenen Talkessels. Alem. Besiedlung seit dem 7. Jh. nachgewiesen. Zu Schwyz gehören die drei Filialen Ibach, Seewen und Rickenbach sowie der Weiler Oberschönenbuch, 14 183 Ew. insgesamt. Weltbekannt die Messerfabrik Victorinox. Vom Namen

Schwyz leitet sich der Name *Schweiz* ab. **II.** 924–960? *in Swites,* 970 (um 1550) *in Suuites,* 972 *Suittes* (gilt als sichere älteste Nennung), 1018 *Suittes,* 1263 *de Switz.* **III.** *Schwyz* wird von einer Wurzel idg. **sueid-* 'glänzen, schimmern' bzw. **sueit-* 'sengen, brennen' abgeleitet. Die Entwicklung in Kürze: idg. **sueit(-os)* > kelt. **svêtos* (vgl. idg. **reinos* > gall. *Renus*) > rom. **svêt(-es)* > ahd. **swît(e)s* > *Schwyz.* Auslautend *-z* < *ts* bewahrt den alten rom. Nominativ, im alten Ortsbewohnernamen *Switer, Schwiter* aber fiel *-s* weg (vgl. Goms > Gommer, VS, und ↗ Stans, Nidwalden). Mögliches Benennungsmotiv ist eine Brandrodung oder eine nicht bewaldete weite Fläche. Denkbar ist, dass das alte **svêtos* auf die kiesige, von Tümpeln durchsetzte Flusslandschaft der Muota im s Talkessel zurückgeht, vielleicht gar der voralemannisch FluN ist. Der Name galt urspr. eher für die weite Landschaft und nicht den Ort selber; für diesen galt lange *Kilchgassen.* Die Sage, der ON gehe auf einen Swit zurück, der seinen Bruder Schei oder Swen im Kampf um die Herrschaft getötet habe, erinnert an die Gründungssage Roms. Die diphthongierte Form *Sweitz* bzw. *Schweiz* für den ON *Schwyz* erscheint sporadisch ab dem 14. Jahrhundert, ab dem 16. Jh. vermehrt. Letztlich Übernahme dieser Grafie für den Namen des ganzen Landes, mda. *d Schwiiz.* Zum alten Namen des Dorfes Schwyz: um 1270 *von der Kilchgassun,* 1513 *Kilchgassen.* **V.** Sonderegger, Stefan: Die Ausbildung der deutsch-romanischen Sprachgrenze in der Schweiz. In: Rheinische Vierteljahrsblätter. Jahrgang 31, Heft 1/4. Bonn 1966/67; Sonderegger; Weibel 1972; Weibel 1973; LSG. *VW*

Sebnitz **I.** Große Kreisstadt und gleichnamige VG im Lkr. Sächsische Schweiz-Osterzgebirge, 10 848 Ew., im Tal der Sebnitz zwischen der Sächsischen Schweiz und dem Lausitzer Bergland, SN. Deutsches Waldbauerndorf vom Ende des 12. Jh., planmäßige Stadtanlage um 1250, von 1952–1992 Kreisstadt. Bekannt durch seine Kunstblumenherstellung (seit 1854). **II.** GwN: 1228/41 *Sebniza, Sabniza.* ON: 1423 *Sebnicz,* 1430 *Zu der Sebnicz,* 1791 *Sebnitz.* **III.** Der GwN beruht auf osorb. **Žab'nica* zu *žaba* 'Frosch', also 'Froschbach', während eine andere, lautlich mögliche Gf. *Zeb'nica* zu osorb. *zyba* (als *zeba*) 'Fink' weniger zutrifft. Viele GwN *Žabnica* in den slaw. Sprachen sprechen für die erste Deutung. **V.** HONS I; SNB. *EE, GW*

Seckachtal **I.** GVV, bestehend aus Adelsheim und Seckach, im Neckar-Odenwald-Kreis, 9734 Ew., ca. 17 km nö Mosbach um die Quellbäche der Schefflenz und der Seckach nahe am Odenwaldrand gelegen, Reg.-Bez. Karlsruhe, BW. Nachweis Armorbacher Besitzes ab dem 11. Jh., örtliches Niederadelsgeschlecht von 1276 bis 16. Jh., ab 1568 war der Ort kurmainzisch und seit 1806 badisch. Industriebetriebe, Skulpturenpark, St. Sebastian, Wasserschloss, Bildstöcke, Bachlehrpfad. **II.** 802 (Kop. 12. Jh.) *in Secheimer marca,* 805–813 (Kop. 12. Jh.) *in Seccaher,* 835 (Kop. 12. Jh.) *Seggaha,* 996 *Sekaha,* 1387 *Secka,* ca.1526 *Seckach.* **III.** Benannt nach dem Tal, das die Seckach (1303 *die bach genant Seckach*) durchfließt. Ausgangsform FluN ahd. **Seck-aha* (< **Sikk-aha*), Komp. mit dem Gw. ahd. ↗ -*ach¹* (-*aha*) und einem zu *sickern* 'langsam und anhaltend tröpfeln' gehörenden Bw. **sikk-* (vgl. ripuarisch-niederfränk. *sicken, secken* 'urinieren', rhein. FlN *Secke* Fem. 'Stelle, wo Wasser hervortritt und träge abfließt'); **sikk-* ist mit Intensivgemination zu germ. **seig-* 'sinken' gebildet. Der Beleg 802 (Kop. 12. Jh.) *in Secheimer marca* enthält mit dem Adj. *Secheimer* eine hyperkorrekte Klammerform **Seck(ach)heimer.* **IV.** Seck, Westerwaldkreis, RP). **V.** Schmid, A.: Das Flussgebiet des Neckar, Hydronymia Germaniae A, 1. Wiesbaden 1962; Greule, DGNB; LBW 5. *AG*

Seeg **I.** Gem. und gleichnamige VG im Lkr. Ostallgäu, 8333 Ew., geographisch weitgestreute Landgemeinde im südlichsten Alpenvorland, Reg.-Bez. Schwaben, BY. Hochstift-augsburgisch, Besitz des Klosters Stams/Tirol, 1802 an BY. Kurort, Sommer- und Wintertouristik. **II.** 1146 *Seegge [Or],* 1182 *Seeggi,* 1337 *Seigge;* Seeg (1769). **III.** Gw.: ahd. *egga* 'Schneide, Spitze, Ecke', im Allgäu: 'Geländerücken'. Bw.: ahd. *seo* 'See'. Gesamtdeutung: 'in den [Seeger] See hineinragender Geländerücken'. **V.** Steiner: HONB Füssen; Boeck, P.: Seeg wie es war – wie es ist. Seeg 1989. *TS*

Seehausen (Altmark) **I.** Stadt und (seit 2010 mit 22 Gem. sowie Zusatz Hansestadt) gleichnamige VG im Lkr. Stendal, 11 467 Ew., ST, in der nö Altmark, am Rande der Wische, an der Aland. Altsächsisches Dorf an alter Fernstraßenkreuzung, seit 11. Jh. mit Burg und Burgsiedlung, 1170 Anlage einer neuen Siedlung durch den Markgrafen von Brandenburg (1196 *oppidum*), 1358 Mitglied der Hanse, 1952–1965 Kreisstadt des gleichnamigen Kreises. Seit 2010 Zusatz *Hansestadt.* **II.** 1174 *Sehusen,* 1225 *Sehuzen,* 1443 *Seehusen.* **III.** zu asä. *seo,* mnd. *se* 'Landsee, Sumpfland', demnach 'Siedlung im Sumpfland'. **IV.** Seehausen, Lkr. Börde, ST. **V.** SNB. *GW*

Seeheim-Jugenheim **I.** Gem. im Lkr. Darmstadt-Dieburg, 15 952 Ew., s Darmstadt an der n Bergstraße, Reg.-Bez. Darmstadt, HE. Die im Doppelnamen genannten, seit 1977 zur neuen Gem. verbundenen Orte weisen Siedlungsspuren schon seit der Jungsteinzeit auf und dürften im 6./7. Jh. von den Franken neu gegr. worden sein. Seeheim wird schon 874 erwähnt, als Ludwig der Deutsche seine dortigen

Güter der Reichsabtei Lorsch schenkt. Es gelangte seit dem Hochmittelalter u.a. über die Münzenberger und die Grafen von Katzenelnbogen an die Schenken von Erbach. Jugenheim, erstmals 1241 genannt, ist seit dem Spätmittelalter unter der Lehnshoheit des Erzbistums Mainz ebenfalls lange im Besitz der Erbacher. Beide kommen 1711 an Hessen-Darmstadt, 1918 und 1945 an Hessen. **II.** Seeheim: 874 *Seheim*, (948–951) *Seheim* (beide Kop. E. 12. Jh.), 1420 *Seheym*, 1440 *Sehem [beide Or]*; Jugenheim: 1310 *Guginheim*, 1335 *Gugenheim*, 1430 *Gugenhem*, 1561 *Jugenheim*, *Gugenheim [alle Or]*. **III.** Das Gw. ↗ *-heim*, das in der Oberrhein- und Untermainebene sein Hauptverbreitungsgebiet hat, ist in *Seeheim* nicht, wie in den meisten -heim-Namen – auch *Jugenheim* – mit einem ahd. PN verbunden, sondern mit einem App., einer Lagebez.: ahd. *sēo* 'See' (den es verm. dort einst gab). *Jugen-* führt zurück auf den sw. Gen. eines PN *Gōgo* (> ahd., frühmhd. *-uo-* > md. mhd. nhd. *-ū-*), evtl. (so Kaufmann) „ein aus germ. Hŭgo romanisierter Gŏgo […], der dann zu Gōgo expressiv gedehnt wurde (wie Hugo > Hûgo)". Der palatale Reibelaut *J-* (< *G-*) ist wohl als Dissimilation zum intervokalischen *-g-* (in der Mda. sth. gutturaler Reibelaut!) zu erklären. **IV.** Seeheim, Gem. im S Namibias; Jugenheim in Rheinhessen, Lkr. Mainz-Bingen, RP. **V.** MGH DLdD; CL; Müller, Starkenburg; Kaufmann 1968 und 1976. *HGS*

Seekirchen am Wallersee [altmda. seˈkira] **I.** Stadtgemeinde im Flachgau, 9 679 Ew., Pol. Bez. Salzburg-Umgebung/Flachgau, SB, A. Urpfarre 796, Kollegiatsstift 1679, bis 1275 zu Bayern und seitdem bis 1803 zum Erzbistum Salzburg, anschließend bayerisch, seit 1816 zu Österreich. 1424 Marktgemeinde, 2000 Stadtrecht. **II.** 8. Jh. neben *(ecclesia) ad See* finden sich *villa(m) Uualarseo* und *Uualardorf*, ab 12. Jh.: *Sechir(i)chen*. **III.** Der See bei SiN an stehenden Gewässern manifestiert sich in der ON-Zuss. *Seekirchen*, die in ihrer Erstnennung, *ad See*, bereits durch *ecclesia* spezifiziert ist ('Kirche am See', ↗ *-kirchen*). Urk. wird der Ort zunächst mit verschiedenen auf den *Wallersee* bezogenen Namen genannt, wobei das Vorderglied *Waller-* nach neueren Erkenntnissen auf rom. *vallāriu, -a* 'Talgut' zurückzuführen ist. **V.** ANB; SOB; HHS Huter; Reiffenstein, I.: Romanische Orts- und Flurnamen im Salzburger Flachgau. In: Krisch, Th. / Lindner, Th. / Müller, U. (Hg.): Analecta homini universali dicata (Festschrift Panagl), Bd. 1. Stuttgart 2004. *ThL*

Seelbach **I.** Gem. und gleichnamige VVG (mit Schuttertal) im Ortenaukreis, 8 324 Ew., ca. 18 km s Offenburg im Kinzigtal auf der breit ausgebildeten Sohle des Schuttertals im mittleren Schwarzwald gelegen, Reg.-Bez. Freiburg, BW. 1179 urk. ersterwähnt, 1427 Marktrecht, 1612 ist Seelbach Bad und seit 1819 badisch. Zigarrenherstellung, Hohengeroldseck, Geroldsecker Waffenschmiede, St. Nikolaus, Schloss Dautenstein, Bergruine Lützelhard. **II.** 1179 *sellebach*. **III.** Das Bw. **selle-* ist aus mhd. *selde* (ahd. *salida*) 'Hütte, Stall' mit Assimilation /-ld-/ > /-ll-/ entstanden. Benennung nach einer am Bach (Schutter) stehenden Hütte. Die heutige Schreibweise ist volksetymologisch an *Seele* angelehnt. **IV.** Sölden, Lkr. Breisgau-Hochschwarzwald, BW; Sölden, TR, A. **V.** LBW 6. *AG*

Seelze **I.** Stadt in der Region Hannover, 32 729 Ew., zwischen Leine, Mittellandkanal und Zweigkanal Linden, Reg.-Bez. Hannover (bis Ende 2004), NI. Gerichtsstätte des Marstemgaus, später des gleichnamigen Go und des Amtes Blumenau; in der Neuzeit Ansiedlung von bis h. bestehender chemischer Industrie; 1977 Stadtrecht, bis 2001 im Lkr. Hannover. **II.** 1180 *Selessen [Or]*, 1385 *Tzelse*, 1791 *Seeltze*. **III.** Ableitung mit *-s*-Suffix von der Basis **Sal-*, die durch den präsuffixalen Vokal *-i-* umgelautet wird. Die Basis ist wohl zu idg. **sal-* 'Wasserlauf, Regenguss' zu stellen. Der Ort liegt an der Leine, worauf sich die Namengebung beziehen wird. Nicht ganz auszuschließen, wenn auch unwahrscheinlicher, ist eine Bildung mit dem Gw. ↗ *-hausen* und dem PN *Sali*, *Seli*. Durch Schwund des ersten Nebentonvokals entsteht *Seelze*. **V.** HHS 2; Nds.-Lexikon; NOB I. *UO*

Seesen **I.** Stadt im Lkr. Goslar, 20 795 Ew., Reg.-Bez. Braunschweig (bis Ende 2004), NI. Im 10. Jh. Schenkung des Reichsgutes in Seesen und der gleichnamigen Burg an das Reichsstift Gandersheim; seit dem 13. Jh. in welfischem Besitz; 1278–82 Errichtung einer hzgl. Burg, darauf gründend Gericht und Amt; 1428 Stadtrecht; im 19. und 20. Jh. bedeutende Industrieansiedlungen. **II.** 966 *Sehusen* [T. 1295], 974 *Sehusa*, 1206 *Sehusen*; *Sesen* (1318). **III.** Bildung mit dem Gw. ↗ *-hausen* und dem unflektierten App. asä. *sēo*, mnd. *sē* 'See, Binnengewässer'. Bis auf die Kürzung des Gw. zu *-sen* zeigt der Name keine Veränderungen. Deutung also: 'Siedlung am Binnengewässer'. **IV.** ↗ Seehausen, Lkr. Stendal, ST. **V.** GOV Braunschweig; HHS 2; Nds. Städtebuch. *KC*

Seevetal **I.** Gem. im Lkr. Harburg, 41 560 Ew., Reg.-Bez. Lüneburg (bis Ende 2004), NI. Seevetal wurde 1972 Gemeindename von 19 früher selbstständigen Orten. **III.** Der 1972 gebildete Name beruht auf der die Gem. durchfließenden Seeve. Diese ist 1202 als *Sevinam*, 1371 als *Sevene* und seit dem 16. Jh. als *Seve*, *Seeve* belegt. Der GwN ist auf **Savina* zurückzuführen und mit *-n*-Suffix abgeleitet. Basis der Abl. ist die zu idg. **seu-*, **sew-* 'regnen, rinnen' gehörende Ablautstufe **sow-*, die zahlreich in europäischen GwN wie Save, Sieber u. ä. vorkommt. **IV.** † Sevene, Lkr. Holzminden; Sieber, OT von Herzberg am Harz, Lkr. Osterode, beide NI. **V.** Kettner, Flußnamen; NOB II; NOB VI. *KC*

Segeberg, Bad nd. Seebarch   **I.** Kreisstadt des Kr. Segeberg, 15 893 Ew., in der Holsteinischen Schweiz, an der Trave und dem Großen Segeberger See, SH. 1134 durch Lothar III. gegründet, Stadtrecht im 13. Jh., 1459 zu Dänemark, 1924 Titel *Bad* erhalten. Staatlich anerkannter Luftkurort, Sol- und Moorbad, Schleswig-Holsteinische Imkerschule (älteste Imkerschule Deutschlands), Kalkberg als Wahrzeichen der Stadt, Karl-May-Spiele. **II.** 1137 *castrum ..., quod ... vocatur Siegeburg* [Or]; *Segeberge/Sigeberg, in Segeberge* (1223). **III.** Der Name der Stadt widerspiegelt die Umstände ihrer Entstehung: urspr. wurde eine 'Burg des Sieges' auf dem Kalkberg errichtet, zu der eine Siedlung entstand. Die Wandlung in Segeberg ist durch eine Senkung des /i/ zu /e/ zu erklären. **V.** Laur; Haefs. *GMM*

Sehnde   **I.** Stadt in der Region Hannover, 22 819 Ew., ö von Hannover, Reg.-Bez. Hannover (bis Ende 2004), NI. Ort im „Großen Freien" mit besonderem Recht; Erdöl-, aber vor allem Kalisalzvorkommen, weshalb Bergbau, aber auch die Düngemittel- und Streusalzverarbeitung bedeutend waren; 1997 Stadt mit 15 Ortsteilen, bis 2001 im Lkr. Hannover. **II.** 1147 *Senethe* [Kop. 1573], 1216 *Senede*; *Sehnde* (1528). **III.** Ableitung mit ↗-*ithi*-Suffix von der Basis *Sen-*. Diese ist wohl mit anord. *sina* 'altes Wintergras' zu einem germ. Ansatz *sin-* in der Bedeutung 'trocken' zu stellen, was zu der Lage auf einer sandigen Bodenerhebung passt. Das -*e*- der Basis entsteht durch Zerdehnung in offener Silbe. Die Suffixvokale werden abgeschwächt, und der erste schwindet. **IV.** Sennelager, Kr. Paderborn, NRW. **V.** NOB I. *UO*

-seifen / -siepen. ↗-**grün.**

-sel(e).   Germ. *sal-*, asä. *seli*, mnd. *sal / sel*, ahd. / mhd. *sal* Ntr. 'Wohnsitz, Haus, Halle' kommt als namenbildendes Element im NW, vereinzelt in SH und im S vor (↗Bruchsal, Lkr. Karlsruhe, BW), daneben dicht streuend in Nordfrankreich, Belgien und den nord. Ländern. Die ältesten Vorkommen reichen bis in die Landnahmezeit zurück. Im d. S begegnen ON auf -*selden*, das auf die Ableitung ahd. *selida*, mhd. *selde* 'Wohnung, Haus, Hütte, Herberge' zurückgeht. Literatur: Bach DNK II, 2; Debus / Schmitz, H.-G. *FD*

Selb   **I.** Große Kreisstadt im Lkr. Wunsiedel i. Fichtelgebirge, 16 298 Ew., ca. 20 km sö von Hof im Fichtelgebirge an der Grenze zur Tschech. Republik, Reg.-Bez. Oberfranken, BY. 1357 als Reichslehen dem Geschlecht der Forster übertragen, 1412 von den Burggrafen von Nürnberg erworben, 1426 Markt mit Stadtrecht, neues Stadtrecht seit 1835, ehem. Bergbaustandort, Zentrum der Porzellanindustrie in Deutschland. **II.** 1271 *Seluuin* [Or], [1326] *Selben* [Or], [um 1350] *Selbm*; *Selb* [Or] (um 1360–65). Unklar ist, ob die Belege 1188 *Selhwe* und [1189] *Selewen* hierher gehören. **III.** Der SiN *Selb* beruht auf dem GwN *Selb*, um 1360–65 *Selbe*, der auf eine germ. Gf. *Salwjō, d.h. auf eine jō-Ableitung zu dem Adj. *salwa-* 'dunkelfarbig', mit Primärumlaut *a* > *e* durch *j* in der folgenden Silbe zurückgeführt wird. Problematisch ist bei diesem Ansatz die Erklärung der Endungen -*in* (1271), -*en* (1326) und -*m* (um 1350), die nicht als kanzleisprachliche Angleichungen an die bei SiN häufige Dat.-Pl.-Endung -*in*/-*en* bewertet werden können. Man sollte daher von germ. *Salwina*, einer Abl. mit dem bei GwN häufigen Suffix -*in*- zum o. g. Adj., und von einer Rückbildung des Nom. auf -*e* aus dem obliquen Kasus auf -*en* ausgehen. In mhd. Zeit wandelte sich *w* nach *l* zu *b* (1326 *Selben*). Nach Wegfall des -*e* ergab sich bereits um 1360–65 die Namenform *Selb*. **IV.** Sölb, OT von Raisting, Lkr. Weilheim-Schongau, Reg.-Oberbayern, BY. **V.** Keyser / Stoob I; Höllerich; Gütter, A.: Einstämmige germanische Gewässernamen im Norden des einstigen bairischen Nordgaues. In: BNF NF 24 (1989). *WJ*

-selden. ↗-**sel(e)**

Sélestat ↗**Schlettstadt**

Selfkant   **I.** Kreisangehörige Gem. im Kr. Heinsberg, 10 263 Ew., sw von Mönchengladbach in einer Ausbuchtung im nl. Staatsgebiet, westlichste Gemeinde Deutschlands, Reg.-Bez. Köln, NRW. Die Gemeinde Selfkant wurde 1969 zum größten Teil aus Ortschaften gebildet, die nach dem 2. Weltkrieg unter nl. Auftragsverwaltung standen. Rückgabe an die BRD am 01. 08. 1963. **II.** Mitte 19. Jh. *Soavelkant*, 2. Hälfte 19. Jh. *Selfkant*; *Gemeinde Selfkant* (1969). **III.** Der Landschaftsname *Soavelkant* kam in der Volkssprache erst Mitte 19. Jh. auf. In der 2. Hälfte des 19. Jh. gelangte dieser als *Selfkant* in die Schrift- und Amtssprache. Das Bw. des ON-Kompositums entstammt dem GwN *Safel*, auch *Saeffeler Bach* (1554 *Saeffel*), wonach der ON der Selfkantgemeinde *Saeffelen*. *Safel* kann als Lehnwort aus lat. *sabulum* 'Sand' (vgl. rheinisch *savel*, nl. *zavel*) gesehen werden und hätte dann einen in sandigem Gebiet strömenden Bach benannt. Es ist allerdings auch nicht auszuschließen, dass ein Zusammenhang mit dem voreinzelsprachlichen Gewässerwort *souos* besteht, auf das GwN wie *Save*, *Savone* zurückgehen. Das Gw. -*kant* ist Lehnwort aus lat. *cant(h)us* 'eiserner Radreifen' mit einer Bedeutungsentwicklung zu 'stark abgesetzter Rand', 'Kante'. Aus dem m. Geschlecht der Gebietsbezeichnung (*der Selfkant*) ist zu schließen, dass das Gw. durch mnl. *cant* (M.) vermittelt wurde. Die exponierte Randlage des Gebietes am Saeffelbach gab den Landschaftsnamen *Selfkant*. **IV.** Ähnlich zum Gw. der Landschaftsname Waterkant. **V.** Bodens, W.: Der Landschaftsname Selfkant. In: Mitteilungsblatt der Rheinischen Vereinigung für Volkskunde. 3, 1948. *Br*

Seligenstadt **I.** Stadt im Lkr. Offenbach, 20 221 Ew., Reg.-Bez. Darmstadt, HE. Bereits in röm. Zeit war im Bereich des Ortes ein Kohortenkastell zur Sicherung des Obergermanischen Limes. Urk. Ersterwähnung als *Ober-Mühlheim* im Zusammenhang mit einer Schenkung Kaiser Ludwigs des Frommen an den Karlsbiographen Einhard. Dieser transferierte die zunächst nach Steinbach gebrachten Gebeine der Märtyrer Petrus und Marzellinus 828 nach *Ober-Mühlheim*, das mit seiner Basilika und dem Benediktinerkloster zum Wallfahrtsort wurde und eine Änderung seines Namens erfuhr. Seit dem 11. Jh. ein Mainzer Eigenkloster. Der Ort wurde seit 1175 als *civitas* bezeichnet. Reste einer stauferzeitlichen Pfalz sind noch erhalten. Der Mainzer Amtssitz Seligenstadt kam 1803 an Hessen-Darmstadt. **II.** 815 (Kop.) *superior Mulinheim*, ca. 836 *Saligunstat*, 933 *in superiori Mulinheim, quod moderno tempore Selgenstat nuncupatur*. **III.** Zum eigentlichen ON ↗ *Mühlheim am Main*. Die früh einsetzende Namensänderung zeigt die Bedeutung der Maßnahmen Einhards. Das Bw. ist ahd. *sālīg* 'selig, Heil bringend' in der syntaktischen Fügung **ze dero sālīgūn stat*. **V.** Germania Benedictina (P. Engels); Knappe; Müller, Starkenburg. *TH*

Selm **I.** Stadt im Kr. Unna, 27 247 Ew., an der Lippe im sw Kernmünsterland, Reg.-Bez. Arnsberg, NRW. Entstanden bei Gütern des Klosters Herford, 1977 Stadt. **II.** 858 *Seliheim* [Or], 9./10. Jh. *Selihem*, 10. Jh. *Selhem*. **III.** Der ON ist mit dem Gw. ↗ *-heim* gebildet, das im Erstbeleg in der ahd. Form *heim*, sonst asä. *hēm* erscheint. Wie in zahlreichen anderen ON wird der Vokal in unbetonter Stellung gekürzt und abgeschwächt. Er schwindet schließlich zusammen mit dem Hauchlaut *-h-*, sodass nur *-m* bleibt. Das Bw. ist zu einem germ. Stamm **sal-* zu stellen, der in asä. *sellian*, ae. *sellan* 'übergeben, übereignen' vorliegt, ebenso in den Erstgliedern der genau vergleichbaren Komposita asä. *selihof*, *selihōva*, *seliland*. Die letztgenannten Wörter bezeichnen Güter (hier: Hof, Hufe, Land), die in besonderer Weise direkt dem Grundherren zugeordnet sind, indem er sie z.B. direkt bewirtschaftet. Das gleichlautende, aber etymologisch zu unterscheidende asä. *seli* 'Saal, Gebäude, Haus' ist in einem Kompositum mit ↗ *-heim* dagegen weniger wahrscheinlich. Bezeichnet wurde somit ursprünglich eine unmittelbar dem Grundherrn zugeordnete Siedlung. **V.** Roelandts, K.: Sele und Heim. In: Schützeichel, R./Zender, M. (Hg.): Namenforschung. Heidelberg 1965; Schütte 2007; Derks, P.: Uuisili – Lippeham – Matena. In: von Roelen, M. W. (Hg.): ecclesia Wesele. Wesel 2005. *Flö*

Selsingen **I.** Gem. und gleichnamige Samtgemeinde im Lkr. Rotenburg (Wümme), 9 410 Ew., NI. Früh erwähnt als Kirchdorf (Amt Zeven) und als Standort eines Haupthofes des Bischofs von Verden, auch ein Dienstadelsgeschlecht *von Selsingen* erscheint in den Quellen, später als *von der Kuhla* erwähnt. Der Ort gehörte zum Hztm. Bremen und Verden, 1648 bis 1719 schwedisch, später kurzzeitig dänisch, Verkauf 1715 an das Kurfürstentum Braunschweig-Lüneburg. Damit 1866 im neuen Reg.-Bez. Stade der preuß. Provinz Hannover eingegliedert. 1946 zum Reg.-Bez. Stade, 1978 dem Reg.-Bez. Lüneburg zugeordnet. **II.** 1219 *de Selcingen*, (1237–1246, Kop. 16. Jh.) *in Selcinge*, *Zelcing(e)*, 1252 *in Selcinge*, 1264 *Luderus de Scelsinge*, 1273 *Luderi de Selzinge*, 1281 (Kop. 14. Jh.) *in Seltsinge*, um 1500 *to Selsinge, to Selsingen*. **III.** Bildung mit dem Suffix ↗ *-ing(en)*. In der Basis liegt wohl ein durch Einfluss des Zetazismus (↗ Elze) veränderter PN vor, am wahrscheinlichsten **Selk(o)*. Dessen Grundlage allerdings ist nur noch schwer zu bestimmen, am ehesten ist vielleicht noch an *sal* 'Haus, Saal, Halle' zu denken, wozu auch PN wie *Salabald*, *Salafrid* und zahlreiche KF wie *Sali* und *Seli*, *Selo*, suffigiert: *Salich*, *Selig*, *Selke*, *Selking*, gestellt werden. Demnach wäre von einer Gf. **Saliking-*, **Selk-ing-* auszugehen. Der Vergleich von Piroth mit dem englischen ON *Sawston*, alt *Selsingetona*, *Salsingetona*, scheitert wohl an der Tatsache, dass im Anlaut von *Selsingen* urspr. kein S- gestanden hat, sondern Z-, entstanden aus K- (Zetazismus), vorlag. **V.** Piroth, W.: Ortsnamenstudien zur angelsächsischen Wanderung. Wiesbaden 1979. *JU*

Selters (Taunus) **I.** Gem. im Lkr. Limburg-Weilburg, 8212 Ew., Niederselters als Hauptort im Goldenen Grund am Emsbach, n von Bad Camberg gelegen, Reg.-Bez. Gießen, HE. Ehem. berühmte Seltersquelle in Niederselters, auf die der Gattungsname „Selterswasser" zurückgeht. **II.** 772 (Kop. 1183–95) *in Saltrissa*, [um 750–79] *in terminis villę, quę dicitur Saltrise*, [um 750–79] *Seltrese*, [um 750–79] (Kop. 13. Jh.) *Saltrice*, um 1160 *Saltrise*, 1257 *Selterse*, 14. Jh. (Abschrift) *Saltrice*, 1337 *Seltirsse*; *Selters* (1404). **III.** Derivation mit dem Suffix *-issa*. Urspr. scheint das Suffix Konkretes bezeichnet zu haben. Bei ON auf *-issa* wird wohl durch das Suffix die Zugehörigkeit zum Begriff des Kernwortes ausgedrückt. Die Deutung, die immer wieder aufgegriffen wurde, stellt eine Verbindung zu „Salz" her. Unklar ist, ob es sich bei dem Namen um einen alten GwN handelt oder ob von einer Stellenbezeichnung auszugehen ist, da -issa nicht nur Bildungselement der GwN, sondern auch der germ. ON ist. Die älteste Form Saltrissa geht nach Bach aus Saltarissa hervor. Das -a- der unbetonten Mittelsilbe sei unterdrückt worden. Zu fragen ist, wie dabei die mittlere Silbe -ar- zu beurteilen ist, ob das Element also zum Stamm (Saltar-issa) oder zu dem Suffix (Salt-arissa) gehöre. Bach bietet aus diesen Überlegungen heraus zwei Deutungsvorschläge: Zum einen leitet er es von einem Verbalstamm in Verbindung mit der ahd. Infinitivendung -arōn ab. Saltarōn wäre als 'Ort, wo es sälzert' zu erklären, d. h. 'wo salzhaltiges Wasser oder seine Niederschläge vorhanden sind, wo Neigung zur Salzbildung besteht'. Die zweite wahrscheinliche Möglichkeit bezieht sich auf Maskulina auf -er < -ari. So meint Selters 'Ort beim Salteri' d.h. 'der Stätte, wo Salzwasser oder seine Niederschläge angetroffen werden'. In Bezug auf die Silbentrennung sei von einer gesprochenen Form Sal-trissa auszugehen, da -t- vor -r- unverschoben bleibt. Ob der Name auf eine idg. Wurzel *sal- 'Salz' als GwN oder Stellenbezeichnung zurückzuführen ist, kann abschließend nicht entschieden werden. Auffällig ist, dass sich der Name auf kleinem Raum zwischen Rhein und Rhön fünfmal findet, was gegen einen mehrfach vorkommenden GwN spricht. Zu prüfen bleibt, ob eine Verbindung der Selters-Namen im hd. Bereich zu dem ON Salder (OT von Salzgitter, in: NOB III) und dem Bergnamen Selter bei Einbeck besteht, für die eine Deutung über ein unerklärtes lat. App. saltus 'bewaldete Anhöhe' diskutiert wird. Wenn es sich bei den Selters-Orten um Quellen handelt, wäre auch eine Verbindung an lat. saliō, salīre 'sprudeln, rieseln' denkbar. Eine überzeugende Etymologie steht für den ON Selters noch aus. **IV.** † Selters, Lkr. Gießen; Selters, Wetteraukreis; Oberselters, OT der Stadt Bad Camberg, Lkr. Limburg-Weilburg; alle HE; ↗ Selters, Westerwald, RP. **V.** LAGIS; Bach, A.: Theodissa > Diez. Saltrissa > Selters und andere Ortsnamen nach Mineralquellen in Hessen und Nassau. In: BNF (6, 1955); Reichardt 1973. *DA*

Selters (Westerwald) **I.** Stadt und gleichnamige VG (seit 1972) im Westerwaldkreis, 16701 Ew., 21 Gem. im Westerwald, n von Koblenz, RP. Von 1598 bis 1886 existierte hier ein Amt, dessen Sitz in Selters war. Die Region an der Grenze von Nassau-Oranien zu Kurtrier kam 1806 zum neuen Hztm. Nassau, das 1866 von Preußen annektiert wurde. Selters erhielt 2000 die Stadtrechte. **II.** 1194–1198 *Seltersa*; *Selters* (1452). **III.** Die Erwähnung von 959 *Saltresstraza* meint wohl den Zubringer zu einer wichtigen Fernstraße, der jedoch nicht den Namen des Ortes *Selters* trug, sondern eine „Sälzerstraße", d.h. eine Straße von Salzfuhrleuten war. Der ON ist eine Abl. von ahd. *salz* 'Salz' mit dem Suffix *-issa* und weist möglicherweise auf Salzabbau in dieser Gegend hin. Er könnte demnach als 'Salzsiedlung' gedeutet werden. Das *-r-* in *Saltres-* und *Selters(e)* ist eine Erweiterung des Suffixes. Auch könnten Franken den älteren hessischen ON in den Westerwald gebracht haben. 1129 *de Selterse* (MRUB I) ist nicht eindeutig auf unseren Ort bezogen. **IV.** ↗ Selters (Taunus), Lkr. Limburg-Weilburg, HE. **V.** Die ältesten Lehnsbücher der Herrschaft Bolanden. Hg. von W. Sauer. Wiesbaden 1882; Gensicke; Bach DNK II, 1; Scheugenpflug, Th. (Hg.): Chronik der Stadt Selters. Selters 2006. *JMB*

Senden **I.** Gem. im Kr. Coesfeld, 22 205 Ew., sw Münster, Reg.-Bez. Münster, NRW. Im MA Kirchdorf im FBtm. Münster, 1804 preußisch, 1806 Ghztm. Berg, 1813 wieder preußisch. **II.** Um 890 *Sendinaon [Or]*, 1137 *Sindenin*, 1174–1203 *Sendene*. **III.** Simplex auf der Basis eines germ. Stammes **samad-*, zu der im appellativischen Wortschatz asä. *sand* 'Sand', asä. *sendīn* 'sandig' belegt ist. Auf dieser etymologischen Grundlage ist ein GwN **Sendina* 'die Sandige' anzusetzen, mit dem ein Wasserlauf mit Sandablagerungen oder Sandaufwirbelungen bezeichnet worden ist. Womöglich ist ein Abschnittsname der heutigen Stever gemeint, wo offensichtlich eine erste Siedelstelle gelegen hat. Das ganze Gelände zwischen den Wasserläufen Stever, Rienbach und Dümmer wird relativ feucht gewesen sein. Mit der Dativ-Plural-Bildung dieses GwN ist dann der SiN *Sendinaon, Senden* gebildet worden. **V.** Werdener Urbare; WfUB II, III, VIII; CTW III. *kors*

Senden **I.** Stadt im Lkr. Neu-Ulm, 22 205 Ew., an BW grenzend im Illertal gelegen, Reg.-Bez. Schwaben, BY. Ab 16. Jh. unter Herrschaft der Fugger, 1810 zu Bayern, 1955 zum Markt und 1975 zur Stadt erhoben. **II.** 1358 *Sennden*, 1432 *Senden*, 1468 *Senndow*, 1473 *Sendow*. **III.** Das Zustandekommen des Siedlungsnamens, der 1432 in seiner gegenwärtigen Form belegt ist, wird unterschiedlich erklärt: 1. Ableitung vom Familiennamen *Send* ('Hof eines Send'), 2. die Endung *-ow* in den Belegen von 1468/1473 spricht für eine Rückführung auf *Sand* ('Sandaue, sandige Uferfläche'), der Vokal *-e-* müsste in dem Fall allerdings als Umlaut interpretiert werden, 3. möglich ist auch ein Zusammenhang mit dem kirchengeschichtlichen Begriff *Send(gericht)*, einer Versammlung zu einem kirchlichen Sittengericht. **IV.** ↗ Senden, Lkr. Coesfeld, NRW. **V.** Konrad, A. H.: Senden. Weißenhorn 1976; Reitzenstein 1991. *JCF*

Sendenhorst I. Stadt im Kr. Warendorf, 13 283 Ew., sö Münster, Reg.-Bez. Münster, NRW. Im MA Kirchdorf im FBtm. Münster, 1315 Stadt, 1802 preußisch, 1806 Ghztm. Berg, 1813 wieder preußisch, Landwirtschaft, Kunststoff verarbeitende Industrie. II. 10. Jh. in *Séondonhurst* [Or], 1139 *Herimannus de Sendenhorst*; *Sendenhorst* (1230). III. Urspr. ein FlN, der ein Kompositum aus dem unflektierten asä. Adj. *sendīn* 'sandig' als Bw. und dem Gw. ⚹-*horst* ist. Das Gw. beruht auf dem appellativischen asä. *hurst*, mnd. *horst* 'Busch, Strauch, Gesträuch, Gehölz'. Dem liegt etymologisch eine schwundstufige -*st*-Bildung zu einer idg. Wurzel **kert-* '(zusammen-)drehen' für das Verbinden von Ästen zu Flechtwerk zugrunde. Solches (ausgeschlagene und wieder nachgewachsene) Buschwerk diente zu Abgrenzungs- und Befestigungszwecken. Topographisch verwendet, kann *horst* metonymisch abgewandelt einen umgrenzten Bezirk bezeichnen. Das Bw. *sendīn*- verweist auf die besondere Beschaffenheit dieser Stelle durch Sandboden, so dass der ON *Sendenhorst* als 'sandiges Gehölz' gedeutet werden kann. Dies passt zur Lage der Siedlung Sendenhorst direkt am südlichen Ende des Münsterländer Kiessandrückens. V. Werdener Urbare; WfUB II, III, VIII; CTW III, V. *kors*

Senftenberg I. Stadt im Lkr. Oberspreewald-Lausitz, 27 029 Ew., am r. Ufer der Schwarzen Elster, sw Cottbus, BB. Ma. d. Burg im sorb. Umland; 13. Jh. Stadtanlage (1279 *civitas*). Fachhochschule; bis 1999 Braunkohleabbau; Senftenberger See (ehem. Tagebau), Rennstrecke Lausitzring. II. 1279 *Sennftenberc*, 1301 *Semftenberch*, 1410 *Senfftenbergk*. III. Eine Zuss. zu mnd. Adj. *senfte* 'sanft, sacht, mild' und dem Gw. ⚹-*berg*, also 'ein Ort zum langsam, allmählich ansteigenden Berg', benannt nach der Lage der Stadt. V. DS 28/29; SNB; OBB. *EF*

Sensburg // Mrągowo [mrɔŋgɔvɔ] I. seit 1999 Kreisstadt im gleichnamigen Lkr. in der Woi. Warmińsko-Mazurskie (Ermland-Masuren), 21 734 Ew., PL. In der Sensburger Seenplatte // Pojezierze Mrągowskie, am Czossee // jezioro Czos. 1393–1407 vom Hochmeister Konrad von Jungingen an der Stelle einer preuß. Siedlung zwischen den Seen gegr. Seit 1945 zu Polen, 1975–1998 Woi. Olsztyn (Allenstein), Lebensmittel-, Holz-, Bekleidungsindustrie, Handel, Dienstleistungen, Tourismus. II. 1393–1407 *Segensburg*, 1437 *Seynsburg*, *Sensburg*, 1486 *Senszburg*, 1946 *Mrągowo alias Ządzbork (Sędzibórz)*. III. Der d. ON *Sensburg* leitet sich vom FluN *Seina* oder *Seynicz* ab, lit. *saižus* 'scharf, rau'. Der neue poln. ON, 1947 eingeführt, wurde zu Ehren des Förderers der poln. Sprache in den Masuren, Christoph Cölestin Mrongovius (Krzysztof Celestyn Mrongowiusz, 1764–1855), aus dessen FN gebildet. Er besteht aus dem Namensanfang *Mrąg*- und dem Suffix -*owo*. V. Rospond 1984; RymNmiast. *IM*

Sickte I. Gem. und gleichnamige Samtgem. im Lkr. Wolfenbüttel, 10 443 Ew., sö von Braunschweig an der Wabe, Reg.-Bez. Braunschweig (bis Ende 2004), NI. Sickte besteht aus den 1999 vereinigten OT Nieder- und Obersickte. II. 888 *Kikthi* [Or], 1160 *Xikthe*, 1239 *Zicthe*; *Sickte* (1630). III. Abl. mit einem Dentalsuffix, das ohne präsuffixalen Vokal an die Basis tritt. Diese ist als **Kik*- anzusetzen und verm. mit einer in anord. *keikr* 'nach hinten gebeugt', *keikja* 'verdrehen, biegen', norwegisch *keik* 'Biegung, Drehung' belegten Erweiterung der idg. Wurzel **gei*- 'drehen, biegen' zu verbinden, wobei im ON Schwundstufe vorliegt. Das anlautende *K*- wird vor -*i*- palatalisiert und spirantisiert, sodass über *Tz*- schließlich *S*- entsteht. IV. Keeken, OT von Kleve, NRW. V. GOV Braunschweig; NOB III. *KC*

Siegburg I. Stadt im Rhein-Sieg-Kreis, 39 564 Ew., 10 km ö Bonn an Sieg und Agger, Sitz der Kreisverwaltung, Reg.-Bez. Köln, NRW. Fränk. Besiedlung, Burg und Siedlung Anfang 11. Jh. im Besitz der Pfalzgrafen, 1058 von Ebf. Anno II. von Köln übernommen, der 1064 die Benediktinerabtei St. Michael gründet, bedeutendes Reformkloster, der Abt ab 1182 Grundherr und reichsunmittelbar bis 1676, Siegburg danach zum bergischen Amt Blankenberg gehörig, bedeutende Tuchmacher- und Töpferstadt, großer Stadtbrand 1647, ab 1816 Bürgermeisterei und Zentrum des Kreises Siegburg, 1857 Stadtrechte, Industrialisierung ab 1840, Eingemeindungen im 20. Jh., schwere Zerstörungen im II. Weltkrieg, h. Verwaltungssitz des 1969 gegründeten Rhein-Sieg-Kreises, Geburtsort des Komponisten Engelbert Humperdinck, ICE-Bahnhof. II. 1065 *Sigeburch* [Or], 1068 *Siberch*. III. Zuss. aus dem GwN *Sieg* und eher dem Gw. ⚹-*berg*, was durch die urspr. Lage und die mda. Aussprache *Sī-bersch* bestätigt wird. Der GwN ist nicht sicher erklärt. Er gehört wohl am ehesten zu einer mit *Seige* Fem. 'Abflussrinne' zu ahd. *sīgan* 'sinken, fallen, tropfen', mit gramm. Wechsel auch (so Dittmaier) *Seihe*, *seihen*, ahd. *sīhan* 'seihen, tröpfeln' gebildeten Wurzel. Ob auch eine Abl. mit dem kelt.-germ. Suffix -*ana* vorliegt, ist zweifelhaft, weil die entsprechenden Formen 927 *Sigina* und 1080 *Sigena* wohl zum ON ⚹ *Siegen*, Kr. Siegen-Wittgenstein, NRW gehören. IV. ⚹ *Frechen*, Rhein-Erft-Kr., NRW. V. Dittmaier 1956; Berger; HHS 3. *Ho*

Siegen I. Kreisstadt des Kr. Siegen-Wittgenstein (seit 1975) und Universitätsstadt (seit 1972), 104 419 Ew., in einem Talkessel der oberen Sieg mit zahlreichen Nebentälern, Reg.-Bez. Arnsberg, NRW. Eisenerzeugung bereits seit dem 6./5. Jh. v. Chr. Der älteste benannte Siedlungskern befand sich am Zusammenfluss von Sieg und Weiß, Neuerrichtung der Stadt auf dem Siegberg, 1303 Soester Stadtrecht. Bergbau, Metallverarbeitung, Textilindustrie. **II.** 1079–89 *in Sigena*, 1224 *Sige*, 1239 *Sigin*; *Siegen* (1258). **III.** Der ON beruht auf dem GwN der Sieg. Aufgrund seiner ältesten Überlieferung (832 [Kop. 16. Jh.] *Segen*, 1048 [Kop. 12. Jh.] *Sigin* 11./12. Jh. *Siga(m), Sega, Sege*; Faust 1965) sind die Ansätze **Sigina* und **Siga* erwogen worden (Greule). Beide lassen sich an germ. **sig(w)-* (< idg. **seik(w)-* 'ausgießen, seihen, rinnen, träufeln') anschließen, das in der Wortfamilie um ahd. *sīgan* 'sinken, wanken, sich neigen; herabfließen, herausfließen' erhalten ist (vgl. auch z. B. ahd. *gisig* 'Sumpf, Teich, See'). Setzt man **Sigina* als urspr. Form an, könnte jedoch auch **Segina* als voreinzelsprachlicher Name vorausgegangen sein (Krahe). Der etymologische Anschluss dieses GwN wäre schwieriger und am ehesten unter Annahme eines Konsonantenwechsels im Wurzelauslaut (Udolph) an idg. **sek-* 'abrinnen, versiegen, sich senken (von Wasser)' möglich. Eine Lösung ergibt sich aus folgenden Aspekten: (1) Ein Nebeneinander von zwei unterschiedlich suffigierten Namen für denselben Fluss ist nicht wahrscheinlich. (2) Die ältesten Belege für den ON zeigen nahezu durchweg ein -*n*-, das in der gesamten Überlieferung bis h. vorherrscht. (3) Gerade die ältesten Belege für den GwN sind kopial überliefert. Sie zeigen -*n*-Formen, während die im Original erhaltenen Belege kein -*n*- aufweisen (-*m* ist eine lateinische Flexionsendung, keine Verschreibung). Daraus ergibt sich: Der urspr. GwN hat wahrscheinlich **Siga* gelautet. Dazu wurde eine Stellenbezeichnung **Sigina* (etwa: 'Stelle an der Sieg') mit Nasalsuffix gebildet, die zum Siedlungsnamen wurde. Der ON hat dann die abschriftliche Überlieferung des GwN beeinflusst. **V.** Krahe; Greule, A.: Gewässernamen. Köln 1992; Udolph 1994, S. 235. *Flö*

Siegenburg **I.** Markt und gleichnamige VG im Lkr. Kelheim, 8 614 Ew., Reg.-Bez. Niederbayern, BY. **II.** 1081–1090 (Kop. des 15. Jh.) *Sigenburgk*, 1101/02 (Kop. von 1209/10) *Sigenburch*, 1102–1114 *Siginpurg*, 1129 *Sigenburc*, ca. 1142–1158 *Sienburch*, 1670 *Sigenburg*, 1811 *Siegenburg*. **III.** Aventin deutete 1519–1521 den Namen: *haud inde procul certamen fuisse incolae ferunt Segiburgiumque trophaeum esse; vicus est … et victoriae castellum significat* 'die Einwohner überliefern, dass nicht weit von hier eine Schlacht gewesen sei und Segiburgium ein Siegesmal sei; das Dorf besteht … und bedeutet „Burg des Sieges"'. Grundwort ist ahd. ↗*-burg, burch, purc* 'Burg, Stadt, befestigter Ort, mit Mauern umgebene Ansiedlung'. Als Bestimmungswort kommt der PN *Sigo* infrage, man kann aber auch den hier mündenden Siegbach, der 1533 als *Sig* bezeugt ist, als Ausgangspunkt des SiN annehmen und etwa eine Form **Siegenbachburg* ansetzen; der GwN wird auf eine Schwundstufe von ahd. *sīgan, sīgen* 'sinken, herabfließen' zurückgeführt und als 'langsam fließendes Bächlein' erklärt. **V.** Reitzenstein 2006. *WvR*

Siegsdorf **I.** Gem. im Lkr. Traunstein, 8 001 Ew., Reg.-Bez. Oberbayern, BY. **II.** 1116–1125 *Sieuistorf*, ca. 1135 *Sidesdorf*, 1147–1167 *Siestorf*, 1155 *Sigesdorf*, 1169 *Sichsdorf*, 1396 *Siechsdorf*, 1527 *Siegstorff*, 1760 *Dorf Siegsdorf*. **III.** Grundwort ist ahd. ↗*-dorf, thorf* 'Hof, Gehöft, Landgut, ländliche Siedlung'; als Bestimmungswort ist der PN **Siwi* zu erschließen. **V.** Reitzenstein 2006. *WvR*

Siek **I.** Gem. und gleichnamiges Amt im Kr. Stormarn mit fünf amtsangehörigen Gem., 9 409 Ew., unmittelbar nö von Hamburg, SH. 1889 Gründung des Amtsbezirkes Siek, 1974 Gründung des Amtes Siek mit seinen heutigen Gemeinden. Braaker Mühle. **II.** 1273 *inter villam Wlensike* [Or], 1492 *thom Zyke*, 1536 *zum Syke*; *zum Sieck* (1695). **III.** Die Bezeichnung sowohl des Amtes als auch der gleichnamigen Gemeinde geht zurück auf das nd. *siek* 'sumpfige Niederung mit einem Wasserlauf, feuchtes Land'. **IV.** Siek, Kr. Plön, Siekbüll, Kr. Nordfriesland, beide SH. **V.** Laur; Haefs. *GMM*

Sierck // Sierck-les-Bains **I.** Gem. und Hauptort des gleichnamigen Kantons im Dép. Moselle, 1 767 Ew., 17 km nö Diedenhofen // Thionville, LO, F. Urspr. wohl Königsgut; später Hauptort einer lothringischen Kastellanei und Sitz einer Herrschaft; 1661 von Lothringen an Frankreich abgetreten und Sitz einer franz. Prévôté; 1871 zum Reichsland Elsass-Lothringen, 1918 wieder zu F. **II.** 11. Jh. (zu ca. 889) *Sericum*, 1067 *in … Sirke*, 1154 *Serca*, um 1158 *Serico*. **III.** Der SiN entstand aus gleichlautendem GwN an der Mündung des im Quellbereich 1319 mit SiN *Houden-sierck* gekennzeichneten Bachs idg. **Serikā* (zu idg. **ser-* 'strömen' + Suffix *-ikā*; weitere Entwicklung mit ahd. [e] > [i] vor [i]. **V.** Reichsland III; Hiegel; Buchmüller/Haubrichs/Spang. *Ha*

Sierck-les-Bains ↗**Sierck**

Sigmaringen **I.** Stadt im gleichnamigen Lkr., 16 451 Ew., ca. 50 km w Biberach an der Riß in der Talweitung der Donau am s Rand der Schwäbischen Alb gelegen, Sitz der Kreisverwaltung, Reg.-Bez. Tübingen, BW. Ein seit 1083 nach Sigmaringen benanntes Dynastengeschlecht erbaute die Burg auf dem Steilfelsen über der Donau, ihm folgten von 1170 bis 1275 die Grafen von Spitzenberg-Helfenstein-Sigmaringen, Erhebung zur Stadt in der 2. Hälfte des 13. Jh., seit 1850–1945 preußisch. Industrie-, Gewerbe- und

Stahlbau, Schloss Sigmaringen, Prinzengarten, Runder Turm, Fidelishaus, Prinzenbau, St. Johann, Mühlberg, Mattes Zündapp-Museum. **II.** 1077 (Chronik Mitte 12. Jh.) *Sigmaringin*, 1183 *Sigemaringen*. **III.** Es handelt sich um eine ↗*-ing(en)*-Ableitung zu dem PN *Sigimār*; der Name bedeutet 'bei den Leuten des Sigimār'. **IV.** Sigmaringendorf, Lkr. Sigmaringen; Sigmarszell, Lkr. Lindau (Bodensee), beide BW. **V.** Haubrichs 2004; FO 2; Bach DNK 2; LBW 7. *JR*

Silandro ↗Schlanders

Silberstedt
nd. Sülversted, dän. Sølve(r)sted **I.** Amtsangehörige Gem. im Kr. Schleswig-Flensburg, 2 218 Ew., bis 31. 12. 2007 eigenes Amt mit 9 611 Ew., seitdem zum Amt Arensharde, zwischen Nord- und Ostsee, in der Nähe Schleswigs, an der Treene, SH. Ersterwähnung 1416. Landwirtschaftlich geprägt. **II.** 1416 *to Suluerstedede [Or]*, 1554 *Suluerstede*, 1648 *zu Silberstede*. **III.** Der ON setzt sich zusammen aus dem PN *Sølwer* und der mnd. Entsprechung unserer heutigen *(Wohn)Stätte*, hd. ↗*-stedt*. Somit ist die 'Siedlung des Sölwer' gemeint. **V.** Laur; Haefs. *GMM*

Simbach a. Inn
I. Stadt im Lkr. Rottal-Inn, 9 808 Ew., Reg.-Bez. Niederbayern, BY. Besitz der Grafen von Julbach-Schaumberg, 1382 Übergang an die Wittelsbacher, seit 1858 Pfarrsitz. **II.** 927 *Sunninpach*, ca. 1120 *Sonenpach*, 1165/66 (Kop. des 12. Jh.) *Sunnepach*, 1179 (Kop. des 13. Jh.) *Sunnenbach*, kurz vor 1300 *Svnnpach*, 1566/67 *Sympach*, 1676 *Sibmpach negst Braunau*, 1795 *Simpach*, 1797 *Simbach*, 1832 *Simbach, Dorf und Hofmark am Inn*, 1877 *Simbach (a./Inn)*. **III.** Grundwort des urspr. Gewässernamens ist ahd. ↗*-bach, pach* 'Bach, kleiner Wasserlauf', Bestimmungswort der PN *Suno*. Die Lokalisierung bezieht sich auf die Lage bei der Stadt Braunau, h. in Oberösterreich, bzw. am Inn. **V.** HHS 7/1; Reitzenstein 2006. *WvR*

Simmerath
I. Gem. im Kreis Aachen, 15 610 Ew., in der Nordeifel auf der Hochfläche n der Rur, Reg.-Bez. Köln, NRW. Rodung des hohen MA; durch Chausseeausbau Mitte 19. Jh. mit Verlagerung von Strecken wurde der Ort zum Verkehrsknotenpunkt und sukzessive zum heutigen Zentralort für Gewerbe und Verwaltung. **II.** 1342 *in den hof zo Semenroede [Or]*, 1516 *Semenroide [Or]*, 1545 *Symmeraid [Or]*. **III.** Bw. des Kompositums ist der PN *Simon* mit ripuarischer Senkung des kurzen *-i-* zu *-e-* und Abschwächung der Nebensilbe, 'Rodung des Simon'. Die älteren hochmittelalterlichen „Rode-Namen" der Region, mit ↗*rath, -rode*, sind in der Regel Komposita (gegenüber jüngeren spätmittelalterlichen Simplizia, ↗*Roetgen*) und weisen zugesetzte *-e-* oder *-i-* als Längenzeichen der regionalen Schreibsprache auf. Mit zunehmender Schriftlichkeit im n Rheinland vereinheitlicht zu *-rath*, mda. reduziert zu [-əɐ̯t]: [zˈeməɐ̯t]. **V.** UB NRh III; HHS Bd. 3. *Ne*

Simmern/ Hunsrück
I. Kreisstadt und gleichnamige VG im Rhein-Hunsrück-Kreis, 18 544 Ew., in einem Tal zwischen Hunsrück und Soonwald, RP. 1330 Stadtrechte und Handelszentrum des Hunsrücks. Seit dem 14. Jh. Besitz der pfälzischen Wittelsbacher, die 1410 die Nebenlinie Pfalz-Simmern(-Zweibrücken) gründeten und hier ihre Residenz hatten. Große Zerstörungen durch franz. Eroberung 1689. Ende 18. Jh. erneut franz., seit 1815 preuß. Seit 1980 zusätzlich Namensbestandteil *Hunsrück* zur Unterscheidung von namensgleicher Stadt im Westerwald. **II.** 1006 (Kop. 18. Jh.) *in Simera, a Simera*, 1072 *in … Simeru*, 1215 *Aldensimmeren*, 1283 *Aldensymera*, 1308 *de Symern*, 1311 *de Symera*, 1601 *Stadt Simmern*. **III.** Der Ort ist nach dem Fluss Simmerbach, an dem er liegt, benannt: 1072 *in alium rivum … Simeram*, 1281 *ex alia parte riui Simeren*, 1334 *Symern*, 1438 *an der Semeren*, 15.–16. Jh. (Kop.) *bey der Bach Simmern*. Die Belege mit der ältesten Form *Simera* lassen mehrere Deutungen zu. Nahe liegt eine r-Ableitung von germ. **sim-* (awn. *simi* sw M. 'Meer', norwegischer FluN *Simoa*), ablautend **saim-* 'klebrige Flüssigkeit' (nhd. *Seim*). Bei der Annahme einer vorgerm. Ausgangsform **Semirā* könnte man den FluN auch an air. *sem-* 'gießen, schöpfen, erzeugen' (idg. **semH-* 'schöpfen') anschließen und ihn als keltisch erklären. **IV.** Simmern, Westerwaldkreis, Simmertal, Lkr. Bad Kreuznach, beide RP. **V.** Greule, DGNB. *AG*

Sindelfingen
I. Große Kreisstadt im Lkr. Böblingen, 60 648 Ew., ca. 18 km sw Stuttgart im Bereich der oberen Schwippe und dem Sommerhofenbach, Reg.-Bez. Stuttgart, BW. Merowingerzeitliche Siedlung, die im 11. Jh. den späteren Grafen von Calw gehörte, 1263 zur Stadt erhoben und seit 1962 Große Kreisstadt. Automobilindustrie, Donauschwäbisches Museum, Stadtmuseum, Klostersee, Goldbergturm, Wasserturm Sindelfingen, Altes Rathaus. **II.** Um 1059 (Kop. 16. Jh.) *Sindelvingen, Sindelfingen*, 1133 (Überlieferung Ende 12. Jh.) *villa Sindelvingen*, 1155 *Sindeluinga [Or]*. **III.** Es handelt sich um eine ↗*-ingen*-Bildung mit dem PN *Sindolf*, der Name bedeutet 'bei den Leuten des Sindolf'. **V.** Reichardt 2001; Haubrichs 2004; LBW 3. *JR*

Singen (Hohentwiel)
I. Große Kreisstadt im Lkr. Konstanz, 45 531 Ew., ca. 28 km wnw Konstanz östlich des Hohentwiels am Westrand des Hegaus gelegen, Reg.-Bez. Freiburg, BW. Singen bildet zusammen mit Rielasingen-Worblingen, Steißlingen und Volkerts-

hausen die VVG der Stadt Singen mit 64 978 Ew. Frühe Siedlung mit Grundbesitz des Klosters St. Gallen, 1087–1135 sind Herren von Singen bezeugt, 1554 an Österreich, bis 1805 schwäb.-österreichische Herrschaft und seit 1810 badisch. Industriebetriebe, Stadthalle, Hegau-Museum, Hohentwiel, Scheffelhalle, Schloss. **II.** 772 *Sicginga*, 1087 *Singin*, 1110 *Singen*. **III.** Nach Ausweis des ältesten Belegs handelt es sich um eine ↗*-ing(en)*-Ableitung zu dem PN *Sigi* mit Schwund des Konsonanten *-g-* zwischen zwei Vokalen: **Sigi-ingen > *Si-ingen > Singen*; der Name bedeutet 'bei den Leuten des Sigi'. Zur eindeutigen Identifizierung enthält der ON in der amtlichen Form als Zusatz den Namen des Singener Hausbergs Hohentwiehl. Seine Herkunft ist unklar, vielleicht ist er keltischen Ursprungs. **V.** FO 2; Krieger 2; Haubrichs 2004; LBW 6. *JR*

Sinntal **I.** Stadt im Main-Kinzig-Kreis, 9352 Ew., sö Schlüchtern, im Tal der Sinn und der Schmalen Sinn, nö Spessart und sw Vorderrhön. Besteht aus 12 ehem. Gem., die sich 1969–1977 zusammenschlossen, wobei der Name schon 1972 für die Zusammenschluss dreier Gem. geprägt wurde. Ersterwähnung der meisten Orte im 9. und frühen 10. Jh., d. h. Besiedlung spätestens seit der Karolingerzeit. Bis ins Hochmittelalter dominiert im Gebiet die Abtei Fulda, seit dem 13. Jh./ 14. Jh. gerät es zunehmend unter den Einfluss der Herren von ↗Hanau, zu deren Gft. die meisten Orte später gehören; Fulda behauptet nur einen kleinen Teil, der 1803 an Nassau, 1816 an Bayern, später an Preußen fiel. **II.** Bw.: FluN: (780–796 [789–794]) *fluminis Sinna* (Druck 1607 aus Vorlage 9. Jh.), 1328/1329 *an der Sinne* (Kop. nach 1348), 1059 *inde in Smalensinna [Or]. Sinntal* (1972). **III.** Das Bw. wird nach Pokorny auf ein alteurop.-idg.*Sindh-nā* 'Fluss' – verm. mit der Wz. *sēi-/sī-* 'tröpfeln, rinnen' – zurückgeführt, wobei **sindhn-* > *sinn-* im Kelto-Illyrischen erfolgt sei. *Sinntal* (↗*-tal*) wurde als schon vorhandener Flur- oder Landschaftsname 1972 und erneut 1974 zum ON gewählt, weil die Täler der Sinn und der Schmalen Sinn (< ahd. *smal* 'dünn, klein, schmal') die Landschaft am stärksten prägen und viele Orte verbinden. Zu den Fluss-Tal-Namen der Gebietsreform ↗Maintal, Main-Kinzig-Kreis, HE. **V.** UB Fulda; Reimer 1891; MGH DHIV; Nicolaisen, W.F.H.: Die alteuropäischen Gewässernamen der britischen Halbinsel. In: Zeitschrift für celtische Philologie 21 (1940); Sperber; Greule 1995. *HGS*

Sinsheim **I.** Große Kreisstadt im Rhein-Neckar-Kreis, 35 482 Ew., ca. 22 km sö Heidelberg im Kraichgau gelegen und von der Elsenz durchflossen, VVG mit Zuzenhausen und Angelbachtal, Reg.-Bez. Karlsruhe, BW. Merowingerzeitliche Siedlung, die zunächst unter Lorscher Grundbesitz stand, 1099 als Speyrer Bischofskloster ausgegliedert und ab 1108 unter kgl. Schirmherrschaft, 1067 Marktrecht und seit 1806 badisch. Messestandort, Auto- und Technikmuseum, Friedrich der Große-Museum, Burg Steinsberg, Stift Sunnisheim, Straße der Demokratie. **II.** 770/774 (Kop. 12. Jh.) *Sunnisheim*, 793 (Kop. 12. Jh.) *Sunnincheimerestede*, 827 (Kop. 12. Jh.) *Sunnenshein*, 1157 *Sunnensheim*, 1257 *Siniszheim*, 1391 *Sůnßheim*. **III.** *Sinsheim* führt mit dem Suffix ↗*-heim* auf eine Grundform *Sunnīnesheim und ist vom PN *Sunnīn* abgeleitet: 'Siedlung des Sunnīn'. Das PN-Suffix *-īn* bewirkt Umlaut von *u* > *ü*, das später zu *i* entrundet wurde. Der Beleg von 793 zeigt das Suffix ↗*-ingheim*. **IV.** ↗Sinzheim, Lkr. Rastatt, BW. **V.** Krieger 2; Kaufmann 1968; Bach DNK 2; LBW 5. *JR*

Sinzheim **I.** Gem. im Lkr. Rastatt, 11 207 Ew., ca. 6 km w Baden-Baden in der Oberrheinischen Tiefebene gelegen, VVG mit Hügelsheim, Reg.-Bez. Karlsruhe, BW. Merowingerzeitliche Siedlung zunächst im Besitz des Klosters Honau, seit 1803 badisch. Handwerk, Handel, Pfarrkirche St. Martin, Mariengrotte, Bergsee, Waldeneckse, Fremersbergtum. **II.** 884 *Sunninisheim*, 1261 *Sunnesheim*, 1373 *Sůnsheim*, 1401 *Sunzhein*, 1588 *Sintzheim*. **III.** Sinzheim führt mit dem Suffix ↗*-heim* auf eine Grundform *Sunnīnesheim und ist vom PN *Sunnīn* abgeleitet: 'Siedlung des Sunnīn'. Das PN-Suffix *-īn* bewirkt Umlaut von *u* > *ü*, das spätere zu *i* entrundet wurde. Die unsichere Aussprache von /s/ nach /n/ als /ts/ oder /s/ führte bei gleicher Herkunft zur zumindest graphischen Differenzierung der ON *Sinsheim* und *Sinzheim*. **IV.** ↗Sinsheim, Rhein-Neckar-Kreis, BW. **V.** Krieger 2; LBW 5. *JR*

Sinzig **I.** Verbandsfreie Stadt im Lkr. Ahrweiler, 17 558 Ew., am Mittelrhein zwischen Bonn und Koblenz, RP. Durch Römer besiedelt, die im heutigen Stadtgebiet Ton verarbeiteten, 762 Ersterwähnung, 1267 Stadtrecht, 1583 und 1758 gewaltige Stadtbrände; im 19. Jh. Bau der „Plaatefabrik" zur Fertigung von Keramikprodukten, h. gehört das Werk der 'Deutschen Steinzeug', die Bodenfliesen produzieren; Mineralbrunnen. **II.** 762 *Actum sentiaco palatio*, 814 *Sintiaco*, 828 *Sinciacus*, 1065 *Sinziche*, 1154 *Sinzech*, 1220 *Sintzge*, 1271 *Siniziche*, 1368 *Synzige*. **III.** Grundform *Sentiacum 'Praedium des Sentius', Abl. mit dem gallorom. Suffix *-ako-* von PN *Sentius. **IV.** Sinz, Lkr. Merzig-Wadern, SL. **V.** Jungandreas; Kaufmann 1973; Buchmüller-Pfaff. *AG*

Sirnach **I.** Gem., größter Ort im Bezirk Münchwilen, 6827 Ew., TG, CH. Die Region wird auch „Hinterthurgau" oder „Tannzapfenland" genannt. Seit dem Jahre 2008 versucht eine Gruppe den Namen „Südthurgau" zu propagieren. Das urspr. Bauerndorf Sirnach an der Murg entwickelte sich 1856 mit der Eröffnung der Bahnlinie Winterhur-Wil zum Industrieort (1857–1994 Textilindustrie). **II.** 790 *Actum villa Sirinach [Or.]*, 882 *inter Sirnacha et Gloton*, 1216 *de Sirnah*, 1219 *curti in Sirna*, 1244 *Sirnach*. **III.** Die überzeugendste Deutung geht von einem gallorom. Namen aus: Ellipse *[fundus] Seriniacus* oder *[praedium] Seriniacum*: Appellativ *fundus, praedium* + PN *Serinius* + Suffix *-acum*: 'Boden, Wiese, Besitz, Landgut des Serinius'. Röm. PN *Serinius* + gall. Suffix *-acum* (↗ *-ach³*), lat. *fundus* 'Grundstück, Landgut' oder lat. *praedium* 'Grundstück, Landgut'. Die zweite Deutung geht von einem (wenig wahrscheinlichen) d. Parallelnamen zum alteurop. FluN *Murg* aus: *Sigirin-aha* > *Sîrin-aha*: PN *Sigiro, Siro* + Appellativ *aha*: 'der Fluss, Bach des Sigiro'. Germ. PN *Sigiro* > *Siro*. *Sigiro* ist entweder eine -r-Erweiterung zu germ. PN mit 1. Element *sigi* zu ahd. *sigu* 'Sieg' oder ein zweigliedriger germ. PN mit den Elementen *sigi* und *hrôc* zu anord. *hrôkr* 'Saatkrähe, langer Mensch', ahd. *hruoh* 'Krähe' oder *rôc* zu ahd. *ruoh* Adj. 'bedacht', Subst. 'Bedenken'. Das Gw. ↗ *-ach¹* (*-aha*) zu ahd. *aha* st.Fem. 'Fluss, Wasser, Bach, Strömung'. **V.** TNB 1.2. *Ny*

Sittensen **I.** Gem. und gleichnamige Samtgemeinde im Lkr. Rotenburg (Wümme), 10 977 Ew., NI. Als Zentrum der Börde Sittensen gehörte der Ort zusammen mit dem Kreisgebiet zum Kern der Bistümer und Stifte Bremen und Verden. Nach der Reformation weltliches Hztm., zunächst dänisch, später schwedisch. Verkauf 1715 an das Kurfürstentum Braunschweig-Lüneburg, wodurch das Hztm. 1866 im neuen Reg.-Bez. Stade der preuß. Provinz Hannover eingegliedert wurde. 1885 zum Lkr. Bremervörde (zuvor: Stader Geestkreis), 1946 Umbildung der ehem. Hztm. Bremen und Verden zum Reg.-Bez. Stade, Sittensen gehört dem Lkr. Bremervörde an; 1978 Zusammenschluss zum Lkr. Rotenburg (Wümme), Reg.-Bez. Lüneburg; 1960 Zusammenschluss der schon früh als Einzelorte überlieferten Gem. *Groß Sittensen* und *Klein Sittensen* zur Gem. Sittensen, 1974 Samtgemeinde Sittensen, u. a. auch unter Einschluss des zu Tiste gehörenden *Burgsittensen*. **II.** (1024–1028) *Occidentali Checcinhusen*, 1220 *Chechinhusen*, (1237–1246, Kop. 16. Jh.) *Tzittenhusen* (mehrfach), 1391 *kerspel to Tzittenhuß*, 1719 *ecclesiae Sittensenae*. **III.** Der Ort scheint schon früh aus verschiedenen Siedlungskernen bestanden zu haben, dafür sprechen der erste Beleg *Occidentali*, 'Westen-, nach Westen liegend', und die noch heute erkennbare Gliederung in *Klein* und *Groß Sittensen*. *Burgsittensen*, der OT von Tiste, ist dagegen eine relativ junge Siedlung. Kompositum mit dem Gw. ↗ *-husen*. Im Bw. liegt wohl ein schwach flektierender PN vor, dessen Anlaut zweifelsfrei dem Zetazismus (vgl. etwa ↗ Elze, ↗ Sarstedt, ↗ Selsingen) unterzogen worden ist. Auszugehen wäre daher wohl von **Ke-*. Schwierig ist aber auch die Beurteilung der Lautfolge *-cc-, -ch-, -tt-*. Man könnte erneut mit Zetazismus rechnen, also etwa auf *Kek-in-* schließen, was auch das *-i-* im Stammvokal als Assimilationsprodukt, verursacht durch das folgende *-i-*, erklären würde, aber damit ist *-tt-* kaum in Einklang zu bringen. Oder sollten die frühen *-cc-, -ch-*-Schreibungen als *-tt-, -th-* zu lesen sein? Hier bleiben offene Fragen, nur mit großer Vorsicht darf an einen Zusammenhang mit der Vornamensippe um * *kid-/gid-* gedacht werden. **V.** FP. *JU*

Skwierzyna ↗ **Schwerin/Warthe**

Sławno ↗ **Schlawe**

Słupsk ↗ **Stolp**

Sobernheim, Bad **I.** Stadt und gleichnamige VG (seit 1970) im Lkr. Bad Kreuznach, 18 085 Ew., mit 19 Gem. am linken Naheufer zwischen Pfalz und Hunsrück, sö von Bad Kreuznach, RP. Die Orte der h. VG gehörten im MA mit ihrem Zentrum vor allem zum Erzstift Mainz. Sobernheim wurde zunächst vom Kloster Disibodenberg verwaltet und erhielt 1292, 1324 und schließlich noch einmal 1330 vom Ebf. Stadtrechte. Ab 1400 hatten die Johanniter hier eine Komturei. Vom 15. bis 18. Jh. zur Kurpfalz. 1789 franz. und 1815 an die preuß. Rheinprovinz. Seit 1995 trägt die Stadt den Titel „Bad". **II.** 1074 *de curte Suberenheim*, 1107 *Soberenheim*, 1108 *Sovernheim*; *Sobernheim* (1128). **III.** Das Bw. ist der ahd. KN *Sobaro, Subaro*, Gen. Sg. *Sobarin-*, (mit r-Suffix) als romanisierte Formen des germ. PN *Swabaro* (PN-Stamm *Swaba-*), wie etwa in Odernheim am Glan (zum KN *Odaro*) oder in Staudernheim (zum KN *Stodaro*), alle mit dem Gw. ↗ *-heim*. Der ON bedeutet demnach 'Wohnstätte des Sobaro/Subaro'. **V.** MRUB I; FP; Gysseling 1960/61. Kaufmann 1973. *JMB*

Sobięcin (Węglewo) ↗ **Hermsdorf (Nieder-)**

Soden am Taunus, Bad **I.** Stadt im Main-Taunus-Kreis, 21 572 Ew., Reg.-Bez. Darmstadt, HE. Am linken Ufer der Salz gelegen, deutet der ON auf Salzbrunnen, die schon im MA genutzt wurden. Soden war wie der Nachbarort ↗ Sulzbach ein freies Reichsdorf unter dem Schutz von Frankfurt am Main, das seit 1282 die Bürger des Ortes als *concives* anerkannte. Seit 1657 übten Frankfurt und Kurmainz gemeinsam die Herrschaft in Soden aus. 1803 an Nassau (Amt Höchst). Verleihung des Titels *Bad* 1913, Stadtrechte seit 1947. **II.** Um 1190 (Kop.) *Sode*, 1191 *Soden*, 1275 *Soten*. **III.** Zu mhd. *sōt(e)* 'das Aufwallen, Sieden'. Die

Benennung bezieht sich auf das Kochen der Sole in Sudpfannen. **V.** Bad Soden am Taunus. Hg. vom Magistrat der Stadt. Frankfurt a. Main 1991; Bethke; Keyser. *TH*

Soden-Salmünster, Bad **I.** Stadt im Main-Kinzig-Kreis. 13 547 Ew., am Zusammenfluss von Kinzig und Salz (r. Nfl.), im Salztal und den n. Spessartausläufern, Reg.-Bez. Darmstadt, HE. Entstand 1974 aus den namenbildenden Nachbarstädten, die seit 1970 jeweils schon um weitere Gem. erweitert worden waren. Beide Orte spätestens karolingisch; dank der guten Verkehrslage und der Solequellen Stadtrechte schon 1296 bzw. 1320. Von früh an bis 1803 zur Abtei Fulda gehörig; diese erwarb 900 den im 18. Jh. in Soden aufgegangenen Ort Salz, 909 den alten Pfarrort Salmünster und erbaute seit dem 10. Jh. die Burg Stolzenberg oberhalb Sodens, das Ende des 13. Jh. kurzzeitig Stolzental hieß. Beide 1803 an Nassau-Oranien, 1806 unter frz. Verwaltung, 1810–13 in das Ghzt. Frankfurt, 1816 an Hessen-Kassel, 1866 an Preußen, 1945 an Hessen, „Bad" Soden seit 1928. **II.** Soden: 820–845 *Ad Sôden* (Kop. um 1160), 1190/1191 *Sodin* [Or] (Zuordnung beider Belege nicht sicher), 1347 *zů den Soden* [Or]; Salmünster: (um 900?) *Salechen monasterium* (Druck 1607), 909 *locum Salchinmunstere* (Kop. 13. Jh.), um 1020 *Salchenmunster* (Kop. um 1160), 1373 *Salmunster* [Or]. **III.** Soden ist der lok. Dativ Pl. von ahd. *sōd* 'Brunnen, (Salz-, Mineral-) Quelle', doch hatte das Wort evtl. auch schon früh die – erst im Frnhd. bezeugte – Bed. 'bei den Salzsiedereien' statt (nur) 'bei den Salzquellen' (Bach, Theodissa); Beleg 2 zeigt das im Mhd. häufige *i* für unbetontes ə. *Salmünster* hat als Gw. das dem vulgärlat. *monisterium* (< mlat. *monasterium*) nachgebildete ahd. Lehnwort *munistri* (mit ahd. *o* > *u* vor *i*), mhd. *munster(e)* (dem, wie bis ins 15. Jh. noch üblich, die Bez. des – schon gesprochenen – Umlauts noch fehlt) mit der Bed. 'Klause, Kloster, (Kloster-)Kirche'; es könnte hier, da ein frühes Kloster nicht nachweisbar ist, eine Mönchsklause, evtl. die Pfarrkirche (Bach) bezeichnet haben. Das Bw. ist, wie häufiger bei *-münster*-Namen, ein PN (Stifter, Erbauer?), am ehesten *Salucho*, der in Fulda mehrfach begegnet, ein eingliedriger PN mit germ. *-k*-Suffix, wohl Abl. vom ahd. Adj. *salo* 'dunkelfarbig' (Kaufmann), hier im sw. Gen., zunächst dem lat. App. lose vorangestellt, dann in der Zuss., bei zunehmender Abschwächung und dann Synkopierung der Nebensilben. **IV.** ↗ Bad Soden am Taunus, HE; Engelbrechtsmünster, BY. **V.** CE; Andrießen; Reimer 1891; Pistorius; MGH DLdK; HHS 4; Bach, Theodissa, DNK; Geuenich; Kaufmann 1968. *HGS*

Soest [zoːst] **I.** Kreisstadt (seit 1817) des gleichnamigen Kr., 48 529 Ew., am Südrand der wfl. Bucht, Reg.-Bez. Arnsberg, NRW. Siedlungsgünstige Lage durch Lößlehmboden, Wasser- und Salzvorkommen. Jungsteinzeitliche Besiedlung, Salinenbetrieb im 6./7. Jh., frühe Metallverarbeitung, seit 9. Jh. Befestigung. Ma. Handelszentrum mit weitreichenden Fernverbindungen, Hansestadt (1253 im „Werner Bund"); bis zur Soester Fehde (1444–49, Wechsel der Landesherrschaft zu Kleve-Mark) wichtigste Stadt Westfalens mit Herrschaft über das Umland, die Soester Börde. 1646/47 zu Brandenburg-Preußen. 1975 Bildung des neuen Kreises Soest. **II.** 836 *Sosat*, 962 *Susato*, 1429 *te Sost*. **III.** Trotz vielfältiger Schreibformen, von denen sich das *-e-* als eines von verschiedenen ma. Dehnungszeichen erhalten hat, blieb der lautlich und morphologisch undurchsichtige ON seit Einsetzen der Überlieferung bis auf die Synkopierung des zweiten Vokals unverändert. Es sind zwei wesentliche Deutungsrichtungen festzustellen: 1. die Erklärung aus nd. Appellativen, etwa mnd. *sōt* m. 'Quelle; Ziehbrunnen; Salzbrunnen' und mnd. *-sate* 'Einwohner' oder asä. **swōsat* als angenommene Entsprechung zu *wās* 'vertraut, zugehörig' und 2. die Deutung als GwN mit Dentalsuffix, für dessen Basis verschiedene Wurzelansätze erwogen werden. Die früh einsetzende Überlieferung spricht lautlich gegen die vorgeschlagenen nd. Anknüpfungen. Vor allem ist auf den durch die Graphien und durch mda. *-au-* als *-ōi-* < germ. **-ō-* erwiesenen Stammvokal hinzuweisen, der der Erklärung als GwN wegen des dann nicht zu erklärenden Stammvokalismus entgegen steht. Gegen die Annahme einer Dentalsuffigierung spricht dagegen nichts. Bisher herangezogene Parallelen (ON *Soest*, NL, GwN *Soeste* und *Söse*) erweisen sich nicht als weiterführend. Im WOB I wird deshalb eine Verbindung mit der Wurzel idg. **sed-* 'sitzen' vorgeschlagen. Das Baltische bietet Bildungen mit Ablaut *-o-* (lit. *sodìnti* 'setzen, pflanzen'; apreuß. *saddinna* 'stellt', apreuß. *sosto* f. 'Bank') sowie dessen Dehnstufe (urbaltische **sōsta-* 'Sitz' < **sōd-to-*; lit. *sóstas* m. 'Sitz'), die im ON anzunehmen wäre. Auch konsonantisch ist das Litauische vergleichbar. Das Zusammentreffen von idg. **-t-* (< *-t-* oder < *-d-*) + **-t-* ergibt zunächst idg. **-tˢt-*, dieses im Iranischen, Baltischen und Slaw. *-st-*, im Germ. dagegen **-ss-*, das nach langem Vokal vereinfacht wird. Urbaltisch **sōsta-* 'Sitz' entspräche also germ. **Sōss-* > **Sōs-*, worin die gesuchte Basis des ON vorläge. Eine Bildung mit einem Dentalsuffix und nicht-umlautendem Bindevokal **Sōsat* entspricht den ältesten Bezeugungen des ON. Geht man aufgrund der einzelsprachlichen Bildungen von der Grundbedeutung 'Sitz, Ort, Aufenthalt' aus, ist der ON als elementare Bezeichnung einer Siedlungsstelle zu deuten. Motivation wäre die Funktion des Ortes als früher, zentraler Siedlungsplatz. **V.** Tiefenbach, H.: Soest. Namenkundlich. In: RGA 29 (2005); WOB I. *Flö*

Sohland a. d. Spree//Załom (osorb.) **I.** Gem. im Lkr. Bautzen, 7340 Ew., im Lausitzer Bergland, mit dem Dorf Sohland, SN. Ma. Bauerndorf an altem Handelsweg zwischen Oberlausitz und Böhmen; im 18. Jh. in Mittel- Nieder-, Ober- und Wendisch-Sohland erweitert. **II.** 1222 *Solant,* 1361 *von dem Soland, Solande,* 1495 *Soland.* **III.** Zu mhd. *sallant* 'Herrengut (?); Land, das sich der Gutsherr zur Eigenbewirtschaftung vorbehält'. Die osorb. Nf. *Załom* ist spät von Sohland a. Rotstein, Lkr. Görlitz, SN, übernommen, das 1241 als *Zalom* 'Ort hinter dem Windbruch' genannt wird. **V.** HONS II. *EE, GW*

Söhlde I. Gem. im Lkr. Hildesheim, 8117 Ew., NI. Der Ort gehörte zunächst zur Grafschaft, später zum Amt Peine, schon früh dem Hochstift Hildesheim angegliedert. Der Amtsbezirk Steinbrück, zu dem Söhlde gehörte, löste sich endgültig 1446 von Peine, 1523 an Braunschweig-Wolfenbüttel, seit 1643 zum Hildesheimer Domkapitel. 1802 unter preuß. Verwaltung Zusammenfassung der Ämter Peine, Steinbrück, Steuerwald, Domprobstei und Ruthe sowie der Städte Peine, Sarstedt und des „Bergflecken" Moritzberg zum Lkr. Peine. 1815 auf Grund der hannoverschen Amtsverfassung Neubildung des Amtes Steinbrück. 1859 mit dem Amt Marienburg verbunden, 1866 preuß. (Provinz Hannover), 1885 zum neuen Lkr. Hildesheim, 1946 Lkr. Hildesheim-Marienburg, Reg.-Bez. Hannover. 1974 Bildung der Gemeinde Söhlde aus den Ortschaften Bettrum, Feldbergen, Groß Himstedt, Hoheneggelsen, Klein Himstedt, Mölme, Nettlingen, Söhlde und Steinbrück; Kreideförderung. **II.** 1151 *in Sulethe,* Ende 12. Jh. (Kop. 14. Jh.) *in Solethe, in Suledhe,* 13. Jh. *Solethe, Soledhe, Solide, Solede.* **III.** Schon seit FO II sieht man in dem ON ein Suffix ⁊ *-ithi* und eine Grundlage germ. **sul-* 'Morast'. Gegen diese Deutung wurde eingewandt, der Ort liege hoch und trocken und die Verbindung mit **sul-* 'feucht, Morast' könne daher nicht überzeugen. Er erwägt einen Zusammenhang mit „asä. *sola* < lat. *solea,* mnd. *sole* 'Schwellbalken', vielleicht für die terassenartige Lage, oder aber, weniger wahrscheinlich, zu *sole* 'Salzsohle"'. Diese Appellativa überzeugen jedoch nicht, zudem sprechen auch einige, bisher nicht beachtete Straßennamen im Altdorf von Söhlde, vor allem *Im Rottenweg, Im Teiche, Im Westerbach* für eine feuchte Lage des Orts. Gerade die Flachsbearbeitung (*rotten, rösten*) verlangt nach nassen, feuchten Stellen, so dass auch von hieraus die alte Etymologie zutreffen dürfte. Die angenommene Grundform findet sich nicht nur in *Söhlde,* sondern auch in *Sölde* , NRW, Mitte 12. Jh. *de Suelethe,* 1176 *in Sulede* usw. Es geht um germ. **sul-* 'morastig, schmutzig', das u.a. vorliegt in got. *bi-sauljan* 'besudelt', *bi-sauljan* 'besudelt werden', ahd. *sol* 'Lache, Tümpel, Suhle', *solaga* 'Saupfuhl'. **IV.** *Sölde,* OT von Dortmund, NRW; *Sulithe* (13. Jh. *Sulethe*), in Paderborn, NRW; *Süllhof,* bei Landesbergen (1055/56 *Sullethe*), Lkr. Nienburg, NI. **V.** Derks, Aplerbeck; FO II; Möller 1992; Rosenthal; Udolph 1991. *JU*

Sokolov ⁊ **Falkenau (an der Eger)**

Solingen I. Kreisfreie Stadt, 161 779 Ew., im Bergischen Land an der Wupper, Reg.-Bez. Düsseldorf, NRW. Mit bedeutender Schneidwaren- und Besteckindustrie (seit 1938 geschützter Markenname). **II.** 965 *Solagon,* 1067 (?) *Solonchon,* 1174 *de Solingen* [Or]. **III.** Dat. Pl. zu asä. *solag* 'Schweinesuhle', Substantivierung einer Adj.-Abl. mit Suffix *-ag* zu der in ahd. ae. *sol* 'sumpfige Stelle, Suhle' vorliegenden Basis. Die Gerechtsame für die wirtschaftlich bedeutsame Eichelmast der Schweine im Wald wurden häufig als besonderes Privileg erteilt. Der urspr. Name wurde später an die Bildungen auf ⁊ *-ing(en)* angeschlossen. Für das vergleichbare *Sohlingen,* Stadtteil von Uslar, Kr. Northeim, NI, 963 *Sologe* [Or], *Sologe* [Or] erschließt Kramer eine Zuss. mit *sol* und asä. *gā* 'Gau', doch ist *-ge, -ge* für asä. *-gō, -gā* (< **auw*) sonst unbelegt. **V.** HHS 3; Kramer, W.: Der Name Solling. In: BNF. NF. 6 (1971); RhStA V/30; Kaufmann 1973. *Tie*

Solms I. Stadt im Lahn-Dill-Kreis, 13 511 Ew., im Lahntal, Reg.-Bez. Gießen, HE. Zusammenschluss von Burgsolms, Oberndorf, Albshausen, Oberbiel und Niederbiel (1977); 1978 Stadtrecht, Verwaltungssitz in Burgsolms, ehem. Prämonstratenserinnenkloster Altenberg im OT Oberbiel; Sternwarte, Industrie- und Heimatmuseum; Verkehrserschließung durch die Kanalisierung der Lahn ab Mitte des 19. Jh.; Lahntaleisenbahn (1863); geprägt durch den Eisenerzbergbau (die 1983 geschlossene Grube „Fortuna" ist h. Besucherbergwerk), Maschinen- und optischer Gerätebau. **II.** 794 (Kop. 1183–95) *in Sulmisser marca,* 817 (Kop. 1183–95) *in Sulmissa,* um 1160 *in terminis Sulzmiscen,* 1128 *Solmesso,* 1129 *de Sulmese,* 1256 *de Solmes,* 1346 *Sulms; Solms* (1156). **III.** Derivation mit dem Suffix *-issa.* Dem ON liegt ein GwN zugrunde, der h. *Solmsbach* (788 (Kop. 1183–95) *in pago Logenehe super fluuio Sulmissa*) heißt. Das Suffix *-issa* scheint Konkretes bezeichnet zu haben; bei ON auf *-issa* wird vermutlich die Zugehörigkeit zum Begriff des Kernwortes ausgedrückt. Die Deutung der Basis zu einem Wort *Sole* kann wohl aufgegeben werden, denn in der Bedeutung 'Salzwasser' ist es erst seit dem 14. Jh. bezeugt. Ein anderer Ansatz wurde über eine idg. Wurzel **sy̨el-* zu 'schwellen' formuliert. Allerdings ist diese Herleitung kritisch zu hinterfragen, da sich die urspr. Bedeutung auf Schwellungen, Erhebungen, Aufblähungen, nicht aber auf das Anschwellen von Hochwasser bezieht. Vorzuziehen ist in diesem Zusammenhang eine gleichlautende idg. Wurzel *su̯el- 'in unruhiger Bewegung sein; Unruhigsein, Wellenschlag; plätschern, spülen'. Bei dem vorliegenden Namen Solms < Sulmissa wäre die Schwundstufe idg. *sl̥-, germ. *sul- zugrunde zu legen, wobei eine Erweiterung mit m-Formans (*sul-mo-) anzusetzen wäre (ebenso die FluN Sulm und Sülm). Durch die zahlreichen Vergleichsnamen kann der Name zum Bestand der alteuropäischen Hydronymie gerechnet werden. Abschwächung der unbetonten Silbe von -issa > -s. Der Stammvokal wird in der Überlieferung ab dem 12. Jh. von -u- > -o- gesenkt. **IV.** Burgsolms, OT von Solms; Hohensolms, OT der Gem. Hohenahr; Kraftsolms, OT der Gem. Waldsolms; alle Lahn-Dill-Kreis; ↗ Bad Schwalbach, Rheingau-Taunus-Kr., alle HE. **V.** HHS 4; HG, A 4; NOB V. DA

Solothurn mda. [ˈsɔləd`duːrn] franz. Soleure, ital. Soletta **I.** Kantonshauptstadt, 15 623 Ew., am Jurasüdfuß an einem Engpass der Aare, SON, CH. Im 2. Jahrzehnt n. Chr. als römischer Vicus gegründet, im 4. Jh. zu einem Castrum ausgebaut. 1218 freie Reichsstadt. 1481 elfter Stand der Schweizerischen Eidgenossenschaft, 1527–1792 Sitz des franz. Gesandten (Ambassador) in der Schweiz. Dadurch sehr stark einbezogen in den franz. Solddienst, wodurch sich die führenden Familien durch Pensionen und Offiziersstellen bereicherten. Seit 1828 Sitz des Bischofs von Basel. Im 17.–19 Jh. Steinmetzgewerbe, seit dem 19. Jh. Uhrenindustrie, später Telekommunikation, Medizinaltechnik. Gymnasium mit fünf Abteilungen, das ehem. Lehrerseminar wurde zur Pädagogischen Hochschule. **II.** 217 vico Salod[uro] [Or], um 300 Salodurum, 434–439 Salodoro, 1150 (isl.) Solatra, 1251 (franz.) Saluerre, 1256 (d.) Solodorn, 1314 (franz.) Salores, 1275 (d.) Solotren, 1295 Solotern, 1523 (ital.) Soletta; Solothurn (1608). **III.** Sekundärer SiN auf Grund eines urspr. keltischen Flurnamens *Salóduron 'Wassertor, Wasserenge', gebildet aus dem Bw. kelt. sal 'Wasser' < idg. *sal 'Salzhaltigkeit', und dem Gw. kelt. duron 'Tor, Enge', der in römischer Zeit auf eine neue Siedlung übertragen wurde. Die Nähe zur deutsch-französischen Sprachgrenze und die Zugehörigkeit zur Schweiz begünstigten die Erhaltung der Exonyme. Der isländische Beleg muss auf die deutsche Aussprache zurückgehen. **IV.** Das Element kelt. duron findet sich auch in Vitodurum, heute Winterthur, ZH, CH; Sorvioduro, heute Straubing, BY, Boiodurum, heute Beiderwies, OT von Passau, BY, Octodurus, heute Martigny/Martinach, VS, CH. **V.** Schweiz. Lex.; Kully, R.M.: Solothurn und andere duron-Namen; Kully, Solothurnisches Namenbuch I; LSG (mit abweichender, durch die Archäologie nicht gestützter Deutung). RMK

Soltau **I.** Stadt im Lkr. Soltau-Fallingbostel, 21 831 Ew., Reg.-Bez. Lüneburg (bis Ende 2004), NI. Große Teile von Soltau im Besitz des Reichsstifts Quedlinburg, seit 1304 in dem des Verdener Domkapitels und seit 1479 in dem der Celler Herzöge; 1383 Verlegung des zerstörten Dorfes in die Nähe der um 1304 erbauten Burg; 1388 Weichbildrecht; seit dem MA Verwaltungs- und Gerichtssitz. **II.** 936 Salta [Or], 1197 Soltowe, 1304 Soltowe; Soltau (1791). **III.** Bildung mit dem Gw. ↗ -au(e) und dem unflektierten App. asä. salt, mnd. solt 'Salz' als Bw. Die Belege zeigen den Übergang des -a- zu -o- vor -l-Verbindung sowie bis in die frühe Neuzeit nd. Gw. und Bw. **V.** HHS 2; Nds.-Lexikon; Nds. Städtebuch. KC

Sömmerda **I.** Kreisstadt des gleichnamigen Landkreises, n Erfurt, rechts der mittleren Unstrut, im flachen und fruchtbaren Thüringer Becken, 20 262 Ew., TH. Altthüringisches Siedlungszentrum an alter Unstrutfurt; seit 11. Jh. Rittersitz (Burg) mit Burgflecken (Oberstadt); im 14. Jh. Erweiterung durch Unterstadt; 1459 Marktflecken, 16. Jh. Städtchen (1523 oppidum); 1591 Stadtrecht; lange Ackerbürgerstadt, im 19. Jh. Metallwaren- und Ziegelproduktion, seit 19. Jh. Elektroindustrie. **II.** (876) 1150/65 Sumiridi, 918 Sumerde, 1191/97 Sumirde, 1379 Somerde, 1506 Sommerde, 16. Jh. Sömerda. **III.** Der ON ist gebildet mit ahd. asä. sumar, sumer, mhd. sumer 'Sommer' plus Suffix ahd. -idi 'versehen mit' (↗ -ithi). Dem ON liegt offenbar urspr. ein Name für die Gegend zugrunde. Die Bedeutung war dabei etwa 'sommerliche, warme, fruchtbare Gegend' (vgl. IV.). Der Name für die Gegend ist im ON bewahrt worden. Infolge Anfangsbetonung wurde das Suffix -idi abgeschwächt und verkürzt nur noch -de gesprochen. Diese Auslautsilbe -de wurde im 15./16. Jh. kanzleisprachlich amtlich an andere ON auf -a angeglichen und damit zu -da. Der Umlaut |ö| im ON wurde vom 14. bis ins 16. Jh. oft nur mit <o> verschriftlicht. **IV.** Gw. -sömmern in den ON Gangloffsömmern, 997 Sumiringe, Lützen-, Mittel-, Haus- und Hornsömmern, alle w von Sömmerda in gleicher Landschaft gelegen, sowie Wenigensömmern, OT von Sömmerda; zur Auslautsilbe -de bzw. -da: ↗ Kölleda, alle Lkr. Sömmerda, und ↗ Apolda, Lkr. Weimarer Land, alle TH. **V.** CE; Walther 1971; SNB; Berger. KH

Sommerfeld/Niederlausitz // Lubsko [ˈlubskɔ] **I.** Stadt und Gemeindesitz im Kr. Żary (Sorau), Woi. Lubuskie (Lebus), 14 745 Ew., PL. Die erste hist. Erwähnung der Stadt stammt aus dem Jahre 1253. Hist. gehört die Stadt zur Lausitz, im 14. Jh. geriet sie unter die Herrschaft der Glogauer Fürsten. Seit 1482 gehörte die Stadt zu Brandenburg, später Preußen, Reg.-Bez. Frankfurt. Nach 1945 an PL. 1975–1998 gehörte die Stadt verwaltungsmäßig zur Woi. Zielona

Góra (Grünberg). **II.** 1253 opido *Zommerfeld*, 1253 *Sommerfeld*, 1315 in *Sommerfeld*, 1326 *Zomyrvelt*, 1381 *Somervelt*, 1451 *Sommerfeld* 1501 *Sommerfeld*, 1687/88 *Sommerfeldt*, 1946 *Lubsko*. **III.** Alter d. Name von *Sommer-* und ↗-*feld*. Er gehört zu den sog. Wunschnamen. Der Name *Lubsko* wurde nach dem 2. Weltkrieg amtlich festgelegt. **V.** Rymut NMP VI; RymNmiast; Rospond 1984. *BC*

Sondershausen **I.** Kreisstadt des Kyffhäuserkreises, n Erfurt, n des Thüringer Beckens an der thüringischen Wipper zwischen Hainleite und Windleite, 23 747 Ew., TH. Altthüringisches Dorf mit fränk. Zusiedlung im 8./9. Jh.; Herrensitz; Ort im 13. Jh. zur Stadt erweitert (1304 *oppidum*); bis 1918 Residenz der Grafen bzw. Fürsten von Schwarzburg-Sondershausen; Bergstadt, seit 1892 Kaliwerk, ältester h. noch befahrener Kalischacht der Welt; Musiktradition, Wirkungsstätte von Max Bruch, Franz Liszt, Max Reger. **II.** 1125 *Sundershusen*, 1144 *Sŭndershusun*, 1174 *Sundreshusun*, bis ins 18. Jh. *Sundershusen*; *Sondershausen* (1753). **III.** Der ON ist gebildet mit einem verkürzten ahd. PN *Sundar* (zu einem zweigliedrigen PN wie *Sundarbert*, *Sundarhari*, *Sundarmar*, *Sundarolf* mit der Grundbedeutung des Erstgliedes von 'besonders, hervorragend') und dem Gw. ↗-*hausen* als 'Ort des Sundar', wobei -*husun*/-*hausen* einen erstarrten Dativ Plural 'bei/zu den Häusern' zeigt. Wohl eine Namensgebung aus der Zusiedlungszeit im 8./9. Jh. **IV.** Sondersfeld, OT von Freystadt, Lkr. Neumarkt in der Oberpfalz, BY, 912 *Sundaresfeld*. **V.** Thüringisches Staatsarchiv Rudolstadt Cop. 105; SNB; Berger. *KH*

Sonneberg **I.** Kreisstadt des gleichnamigen Kreises, sö Suhl, an der Steinach und Röthen am Südhang des Thüringer Schiefergebirges, 22 807 Ew., TH. Dorf Röthen im 12. Jh., Burg Sonnberg um 1200 mit Burgflecken (1317 *stetelyn*) an Straße von Coburg nach Saalfeld, 1349 Stadt; seit 1500 Abbau von Schiefer, seit 16. Jh. Spielwarenherstellung mit Weltgeltung im 19./20. Jh. **II.** BurgN: 1207 *Sunnenberg*, 1232 *Sunnenberch*, 1317 *daz hus zu Sunnenberg*. ON: 1317 *daz stetelyn zu Roetin*, 1340 *Roten vnder Sunberg*; *Sonneberg* (1735). **III.** Der Name ist gebildet zu ahd. *sunno*, mhd. *sune* 'Sonne' und Gw. ↗-*berg*, als Name für 'Burg am sonnenbeschienenen Berg', also 'zu der Sonnen Burg'. Die unbetonte Mittelsilbe ist im Sprachgebrauch reduziert worden und z.T. auch ganz geschwunden. Im 14. Jh. ging der Name auf den Ort über, der urspr. benannt war nach dem Bach Röthen, gebildet zu ahd. mhd. *rōt* 'rot', mhd. *röten* 'rot werden', wohl nach einer Rotfärbung des Bachgrunds, also etwa 'am/zum roten (Bach)'. **IV.** Sonnenberg, OT von Braunschweig, NI, 1195 *Sunnenberg*; Sonnewalde, Lkr. Elbe-Elster, BB, 1255 *Sunnenwalde*; Rotenbach, bei Heiligenstadt, TH, 1323 *Rodenbach*. **V.** Dob. II; SNB; Schindhelm, W.: Die ON des Sonneberger Landes. Rudolstadt und Jena 1998. *KH*

Sonsbeck **I.** Gem. im Kr. Wesel, 8 588 Ew., Reg.-Bez. Düsseldorf, NRW. 1320 Stadt, aus einer Burg der Grafen von Kleve erwachsen. **II.** 1203 *in Sunnebeke* [Or], 1280 *de Sonsebeche* [Or], 1285 *de Sunsebeg* [Or]. **III.** Der Erstbeleg steht mit seiner -*s*-losen Schreibung vereinzelt und könnte als Versuch eines Schreibers des Ebf. Adolf I. von Köln gedeutet werden, den ON an den häufigen Typ (FO 2) mit Erstglied asä. *sunna* st. und sw. Fem. 'Sonne' anzuschließen. Zweitglied ist asä. *beki* 'Bach', ↗-*be(e)ke*. Der SiN ist somit aus einem GwN gewonnen, der verm. im Bw. *Sonse-*, *Sunse-* in seiner urspr. Form vorliegt. Infrage kommt eine Ableitung mit dem GwN-Suffix -*isā*/-*usā*. Die Parallele für einen entsprechenden GwN bietet *Sünsbeck* (in Bissendorf, Lkr. Osnabrück, NI) 1182 *de Sunnesbeke* (hier mit Suffix -*isā*), im Erstglied vielleicht auch 10./11. Jh. *in Sunnasbroka* für *Sünsbruch*, Ennepe-Ruhr-Kreis, NRW. Basis des GwN ist germ. *sinn-, ablautend *sunn- 'gehen'. Aus dem daraus abgeleiteten GwN *Sunnisa, *Sunnusa lassen sich die Erstglieder lautgerecht herleiten. **V.** HHS 3; RhStA XII/67. *Tie*

Sontheim-Niederstotzingen **I.** GVV im Lkr. Heidenheim, 10 282 Ew., bestehend aus der Stadt Niederstotzingen und der Gem. Sontheim an der Brenz, ca. 17 km sö Heidenheim an der Austrittsporte des Unteren Brenztals am Übergang zum Donautal, Reg.-Bez. Stuttgart, BW. Siedlung der Merowingerzeit, 1007 zum *pagus duria*, 1448 an die Grafen von Württemberg und seit 1503 württembergisch. Mittelständische Unternehmen, Sportwaffenbau, Galluskirche, Brenzer Schloss, Georgskirche. **II.** Sontheim: 1007 *Suntheim*, 1209 *Suntheim* [Or], 1410 *Sontheim*. Niederstotzingen: 1091 *Stotzingen*, 1225 *Stozingen*, 1288 *Stotzingen* [Or], 1290 *in Nydern Stozzingen* [Or]. **III.** Sontheim wurde von Brenz aus gegründet und war die „Siedlung im Süden von Brenz". Die Zuss. mit dem Gw. ↗-*heim* gehört daher zu ahd. *sund*, mhd. *sunt* 'Süden'. Der Stammvokal mhd. *u* wird im Untersuchungsgebiet regulär vor -*nd* zu *o* gesenkt. *Niederstotzingen* enthält den PN *Stozzo*. Der zu erwartende Umlaut ist fast immer unterblieben, wohl durch den Einfluss von mhd. *stotze* 'Stamm, Klotz', das dem PN zugrunde liegt. Ober- und Niederstotzingen wurden seit dem Ende des 13. Jahrhunderts nach der relativen Höhenlage unterschieden. **IV.** Sontheim, Alb-Donau-Kreis, BW; Sontheim im Strubental, Lkr. Heidenheim, BW; Sontheim, OT von Illesheim, Lkr. Neustadt an der Aisch-Bad Windsheim, BY. **V.** Reichardt 1987; Haubrichs 2004; LBW 4. *JR*

Sonthofen I. Stadt (seit 1963) und Verwaltungssitz des Lkr. Oberallgäu, 20 990 Ew., Lage im Alpenbereich des Oberen Illertales bei der Ostrachmündung, Reg.-Bez. Schwaben, BY. Grabfunde des ausgehenden 7. Jh. Seit ca. 1120 Besitzungen des Klosters Allerheiligen in Schaffhausen, CH, 1316 des Hochstifts Augsburg. 1429 Markt, Verwaltungssitz der hochstiftischen Pflege Rettenberg-Sonthofen, 1802 zu BY, Bundeswehrstandort. **II.** 1145 *Sunthoven*, 1335 *ze Obern Svnthofen*; *Sonthofen* (1799). **III.** Gw. *↗-hofen*. Bw.: mhd. *sunt* 'süd', Bedeutung: Südhofen im Gegensatz zum abgegangenen *Nordhovun* (839). **IV.** Sonthofen, Weiler in Herlazhofen, OT von Leutkirch im Allgäu, Lkr. Ravensburg, BW; Niedersonthofen, Lkr. Oberallgäu, BY. **V.** Dertsch: HONB Sonthofen; Reitzenstein 1991; Hipper, R./ Kolb, Ä.: Sonthofen im Wandel der Geschichte. Sonthofen 1978. *TS*

Sontra I. Stadt im Werra-Meißner-Kreis, 8156 Ew., gelegen zwischen Rotenburg und Eschwege im Tal der Sontra an der alten Straße von Leipzig nach Nürnberg, Reg.-Bez. Kassel, HE. Das seit ca. 1330 landgräflich hess. Dorf erhielt um 1368 die Stadtrechte. Bedeutender Bergbau (Kupfer, Kobalt, Schwerspat) mit Berggericht und Bergamt. **II.** 1232 *Suntraha* [Or], 1273 *Suntra*, 1469 *Sontra*. **III.** In der hiesigen Gemarkung liegt auch eine Wüstung *Obersontra*, die 1288 erwähnt wird (*superior Suntrahe*). Der GwN *Sontra* ging auf den ON über. Zum Gw. *↗-aha*. Das Bw. zu ahd. *sundar*, mhd. *sunder* 'südlich'. **V.** Keyser; Knappe. *TH*

Sooden-Allendorf, Bad I. Stadt im Werra-Meißner-Kreis, 8544 Ew., beiderseits der unteren Werra an einem alten Übergang eines Handelsweges von Norddeutschland nach Frankfurt, Reg.-Bez. Kassel, HE. Entstanden 1929 aus dem Zusammenschluss der beiden namengebenden Orte. Nicht nur Sooden, sondern auch Allendorf als *Westera* bereits in einer Schenkung Karls des Großen an Fulda bezeugt (so Eckhardt). Beide Orte seit 1264 im Besitz der Landgrafschaft Hessen(-Kassel). In Sooden bedeutende Salzgewinnung. Allendorf eine Stadtgründung der thüringischen Landgrafen (kurz vor 1218). **II.** Westera: 768–779 (Kop.) *Westera*, 9. Jh. (Kop.) *de Westren, de Westrun, de Westera, de Westra*, 1170 *Weste[r]im*. Allendorf: 1218 *Aldendorf* [Or], 1229 *Oldendorp*, 1248 *Aldendorp et castrum Westerberch*, 1380 *Allendorf*, 1436 *Aldendorf an den Soden*. Sooden: 1093 (F.) *Sothen*, 1195 (Kop.) *in Sothe*; 1284 *zu den Soden*, 1295 *in Soden*, 1747 *Sooden*. **III.** ON *Sooden* zu mhd. *söt* in der Bedeutung 'siedendes, aufwallendes Wasser, Brunnen, Mineralquelle'. Dieser Name verdrängt die ältere Bezeichnung *Westera* (h. noch erhalten in *Westerburg*), das zum ahd. Adj. *westar* 'westlich' zu stellen ist. Der Name ist wohl als elliptische Bildung aus **daz westera dorf/ heim* zu deuten. Das Bw. in *Allendorf* ist zu mhd. *alt* 'alt' zu stellen. Die Schreibungen zeigen den Erhalt von *-d-* statt *-t-*, das Schwanken zwischen mhd. *-f* und mnd. *-p* im Auslaut sowie selten die Verdumpfung von *a > o* vor *l*. Die Assimilation *ld > ll* ist erstmals im 14. Jh. zu konstatieren. **V.** CE I, II; Reccius, A.: Geschichte der Stadt Allendorf in den Soden. Bad Sooden-Allendorf / Marburg 1930; Eckhardt, W.A. (Bearb.): Quellen zur Rechtsgeschichte der Stadt Allendorf an der Werra und des Salzwerks Soden (Veröffentlichungen der Historischen Kommission für Hessen und Waldeck 13,7). Marburg 2007. *TH*

Sorau // Żary ['ʒarɨ] I. Stadt in der Woi. Lubuskie (Lebus), Kreissitz, 38 724 Ew., PL. In der Chronik von Thietmar ist eine Information über eine Region mit dem Namen *Zara* enthalten. Die Stadt ist seit dem MA bekannt und wechselte oft ihre Zugehörigkeit, so zum poln. Staat, zu den schles. Piasten, böhmischen Königen und sächsischen Kurfürsten. Nach dem Wiener Kongress wurde Sorau mit der Lausitz zu Preußen (Reg.-Bez. Frankfurt) geschlagen und gehörte bis 1945 zu Deutschland. Bis zum 19. Jh. Textilindustrie, nach 1945 Holz-, Metall-, Elektro-, und Baustoffindustrie. **II.** 1260 Stadt *Sorau*, 1297 *Soravia*, 1329 *civitas Sarow*, 1345 *Sarow*, 1364 *Sar*, 1376/77 *Zoraw*, 1381 *Saraw*, 1393 *Soraw*, 1409 *Zarow*, 1419 *Soraw*, 1423 *Soravia*, 1426 *Soraw*, 1428 *Sara*, 1431 *Soraw*, 1432 *Zoraw*, 1440 *Soraw*, 1456 *Soraw*, 1568 *Soraw*, 1622 *Sorau*, 1845 *Sorau*, 1928 Kreisstadt *Sorau*, 1946 *Sorau-Żary*. **III.** Vom poln. App. *żar* 'eine ausgebrannte Stelle' abgeleitet. *Sorau* ist eine verdeutschte Form des slaw. Namens. Dieser Typ von ON ist mit einem alten Wirtschaftstyp, der sog. Rodungswirtschaft, verbunden, d.h. mit der Schaffung von landwirtschaftlicher Nutzfläche durch das Abbrennen von Wäldern und Dickicht. **IV.** Żarów // Saarau, Woi. Dolnośląskie (Niederschlesien), Żarowo, Woi. Wielkopolskie (Großpolen), Żdżary, Woi. Wielkopolskie (Großpolen), Ożarów, Woi. Świętokrzyskie (Heiligkreuz), alle PL. **V.** Rymut NMP; RymNmiast. *BC*

Sottrum I. Gem. und gleichnamige Samtgemeinde im Lkr. Rotenburg (Wümme), 14 354 Ew., NI. Der Ort war immer wieder Streitpunkt zwischen dem Erzbistum Bremen und dem Bistum Verden, noch erkennbar in den Ortsteilen Groß- und Klein-Sottrum. Seit 1558 zunehmender Einfluss der Reformation; 1648 schwedisch, mit Unterbrechungen bis 1679 zum Hztm. Bremen und Verden zugehörig, später kurzzeitig dänisch; Verkauf 1715 an das Kurfürstentum Braunschweig-Lüneburg. Dadurch 1866 Eingliederung in den neuen Reg.-Bez. Stade der preuß. Provinz Hannover. Sottrum war seit Jahrhunderten eine Vogtei, um 1700 umfasste diese u.a. die Ortschaften

Sottrum, Fährhof, Hassendorff, Botersen, Jeerhof und Mulmshorn. 1929 wurden Groß- und Klein-Sottrum zur Gem. Sottrum zusammengelegt. 1946 erfolgte eine Umbildung der ehem. Hztm. Bremen und Verden zum Reg.-Bez. Stade; 1969 Entstehung der Samtgemeinde Sottrum, Umbildung 1974, 1978 Zuordnung zum Reg.-Bez. Lüneburg. **II.** 1205 *Suthrem*, 1219 *Sutherhem*, 1335 *Sutterum*, 1350 *Sottrum*. **III.** Zugrunde liegt eine asä. Bildung **Suther-hēm* 'die nach Süden liegende Siedlung', aus asä. *suther* und *-hēm* (↗-heim). Der Bildungstyp ist einschließlich der historischen Entwicklung und der zahlreichen ON-Parallelen ausführlich untersucht worden. Man sieht eine Korrespondenz in dem etwa 9 km n von Sottrum liegenden *Nartum*, „das um 1320 als 'zu Nordheim' überliefert ist". Gelegentlich angenommener fränkischer Einfluss bei der Namengebung ist abzulehnen. **IV.** Sottrum (dazu auch Rosenthal), OT von Holle; Sorsum, OT von Elze, beide Lkr. Hildesheim; Sorsum, OT von Wennigsen, Region Hannover; Sottmar, Lkr. Wolfenbüttel; Sorthum, Lkr. Cuxhaven, alle NI. **V.** FO II; Scheuermann 1975; Udolph 1998. *JU*

Sovjetsk [Советск] ↗Tilsit

Spaichingen
I. Stadt im Lkr. Tuttlingen, 12 411 Ew., ca. 11 km nnw Tuttlingen am Neckar am Fuß des Dreifaltigkeitsberges gelegen, Reg.-Bez. Freiburg, BW. Spaichingen bildet zusammen mit Aldingen und weiteren 7 Gem. die VVG der Stadt Spaichingen mit 30 517 Ew. Erstmals anlässlich einer Schenkung an das Kloster St. Gallen genannt, 1381 an Österreich, 1828 Stadtrecht und seit 1805 württembergisch. Musikinstrumentenbau, Dreifaltigkeitsberg, Dreifaltigkeitskirche. **II.** 791 *Speichingas*, 882 *Speichingun*, 1089 *Spechingen*. **III.** Es handelt sich wohl um eine ↗-*ingen*-Bildung mit dem PN *Speicho/Specho*, der Name bedeutet 'bei den Leuten des Speicho/ Specho'. Der Name führt auf ahd. *spech* 'Specht' zurück, ein mundartliches Nebeneinander von *e* und *ei*-Formen zeigen auch die Belege für den Namen *Spessart* (< *Spechs-, Speihes-hart*). **V.** FO 2; Kaufmann 1968; LBW 6. *JR*

Speicher
I. Gem. und gleichnamige VG (seit 1970) im Eifelkreis Bitburg-Prüm, 7858 Ew., mit neun Gem. im Zentrum der Südeifel zwischen Bitburg und Trier, RP. Seit dem 14. Jh. zu Luxemburg. 1798 als Teil des Saardépartements unter franz. Verwaltung. 1815 zum Kgr. Preußen. Bis ins 16. Jh. lebte die Region von der Tonverarbeitung, die auch im 19. und 20. Jh. wieder einige Bedeutung erlangte. **II.** 1136 *villa que dicitur Spichera*, 1293 *Spychere*, Anf. 14. Jh. *Spicher*; *Speicher* (1569). **III.** Dem ON liegt das ahd. Lehnwort *spīhhāri* (spätlat. *spīcārium*) 'Speicher, Vorratshaus' zugrunde. Es erscheint wie auch *pōmārium* 'Apfelgarten' in *Pommern/Mosel*, *prûmarium* 'Pflaumengarten' in ↗*Guntersblum* u. a. in Schenkungsurkunden. Der Name bezieht sich verm. auf eine kaiserliche Domäne. Der Eintrag *Madalbodi spirarium* von 834 mit verschriebenem *-r-* gehört zu Mabompré, B, und geht auf einen kelt. PN *Madalbod* zurück. **V.** MRUB I; Jungandreas; Kaufmann 1976. *JMB*

Spelle
I. Gem. und gleichnamige Samtgemeinde im Lkr. Emsland, 12 803 Ew., 21 km sö Lingen, NI. Im 9. Jh. bereits als Besitz des Klosters Werden urk. bezeugt. **II.** 9./10. Jh. *Spinoloa*, 10. Jh. *Spinoloa*, um 1000 *Spenela*, 1280 *in Spelle*. **III.** Der ON enthält das Gw. ↗*-loh(e)*, im Bw. könnte asä. 'Spindelstrauch' zu finden sein. Das Holz wird in der Drechslerei verwendet. **V.** Casemir/Ohainski; Abels. *MM*

Spenge
I. Stadt im Kr. Herford, 15 180 Ew., im Ravensberger Hügelland, zwischen Teutoburger Wald und Wiehengebirge, Reg.-Bez. Detmold, NRW. 1160 Martinskirche, 17. Jh. – 1. Hälfte 19. Jh. Textilverarbeitung (Leinengarn), Textil- und Möbelindustrie. Landwirtschaft. 1969 Zusammenschluss der Gem. des alten Amtes Spenge zur gleichnamigen Stadt. **II.** 1160 (Kop. 14. Jh.) *de Spenge*, 1182 *Spenke*, 1189 *de Speincha*, 1194 *de Spenga*, 1310 *Spenghe*, 1442 *apud altum cippum*; *Spenge* (1189). **III.** Der ON wird im Zusammenhang von wfl. *spenge* (zu mnd. *spenge* 'eng', hess. 'sparsam', dänisch *spange* 'Steg, Gangbaum über einen Bach') zu deuten sein. Noch im 19. Jh. ON mda. mit fem. Flexion *de Spenge*. **IV.** Schneider; Jellinghaus; HHS 3. *BM*

Speyer
I. Kreisfreie Stadt, 49 930 Ew., am Oberrhein, Vorderpfalz, RP. Außerhalb röm. Anlagen entstand eine Ansiedlung, die 346 Bischofssitz und um 600 Zentrum des fränk. Speyergaues wurde. Erste Stadt mit einer weitgehenden Selbstverwaltung n der Alpen im 12. Jh. und Ort mehrerer Reichstage im 16. Jh. Zwischen 1816 und 1945 Sitz der (kgl.-)bayer. Verwaltung der Pfalz. Der Kaiser- und Mariendom ist die weltweit größte noch erhaltene roman. Kirche und zählt seit 1981 zum UNESCO-Weltkulturerbe. **II.** Um 400 *civitas Nemetum*, 614 *ex civitate Spira Hildericus episcopus*, 496/506 *Sphira*, 9. Jh. *civitas Nemetum, id est Spira*, 1332 *Spyre*, *Spire*, *Speyr*; *Speier* (1520). **III.** Im frühen MA Unterscheidung der *civitas*, mit lat. ON *Civitas Nemetum* 'Stadt der Nemeter' und mit kelt. ON *Noviomagus* 'Neufeld', von der *villa* (*Alt Spira*); letztere ging in der Stadt auf, gab ihr aber den Namen. Grundlage des ON, dessen Aufkommen sich Ende 5. und Anf. 6. Jh. erschließen lässt, ist der germ. GwN **Spîra*, deshalb Deutung als 'Siedlung an der Spîra'. Seit 1332 auch diphthongierte Schreibungen, wobei 1825 *-ey-* im Zusammenhang mit der Schreibung *Bayern* amtlich verfügt wurde. **IV.** Hoch-

speyer, Lkr. Kaiserslautern, Speyerdorf, OT von Lachen-Speyerdorf, eingem. in Neustadt an der Weinstraße, beide RP. **V.** MGH SS Auctores antiquissimi 9; Akten des Pariser Konzils von 614. MGH Leges. Concilia 1; Christmann 1952; Eger, W. (Hg.): Geschichte der Stadt Speyer, I. Stuttgart 1983; HSP. *JMB*

Spiesen-Elversberg **I.** Gem. im Lkr. Neunkirchen, 13 881 Ew., zwischen Neunkirchen und St. Ingbert, ca. 20 km nö von Saarbrücken, SL. Siedlungsspuren und Funde aus röm. Zeit. Im MA zu den Gft. Saarwerden und Saarbrücken. Seit Mitte 17. Jh. im Besitz der Grafen von Ottweiler, später von Nassau-Saarbrücken. Zerstörungen im 30-jährigen Krieg und in den Reunionskriegen. 1793 franz., 1815 an Preußen, 1920 Völkerbundverwaltung, 1935 Rückgliederung ins Reich, 1947 Teil des formal selbst., in polit. und wirtschaftl. Union mit Frankreich stehenden Saarlandes, 1957 zu Deutschland. 1974 Zusammenlegung von Spiesen und Elversberg zur neuen Großgem. Wirtschaftl. Aufschwung im 19. Jh. durch die Kohleförderung. Zuzug aus Bayern, Frankreich, Hannover, Sachsen, Nassau und Böhmen. **II.** Spiesen: 1195 (Kop. 15. Jh.) *Spize*, 1295 *apud Spizzen [Or]*, 1486 *Spiszen [Or]*; *Spiesen* (1490 *[Or]*). Elversberg: FlN *Elversberg, Im Elversberg, Alter Schlag, der Elversberg*. **III.** Spiesen: ahd. **(bī thera) spizzun*, Dat. zu ahd. *spizza* 'Spitze, Stachel, Palisade, Anhöhe, Gipfel'. Spiesen zählt zu den sekundären SiN, bei denen Namen, die der Kennzeichnung von Flurstellen dienten, zu SiN wurden. Elversberg entstand ab 1855 als Bergmannskolonie für die nahe gelegene neue Steinkohlengrube Heinitz. Der SiN Elversberg gehört ebenfalls zu den sekundären SiN. Es handelt sich um einen FlN, einen mit ↗ *-berg* gebildeten Besitzernamen, dessen Erstelement, nach der Mundartform [ˈɛlmɐʃˌbɛɐ̯ç] zu urteilen, der PN *Elmar* ist. Bei der Zusammenführung der vormals selbstständigen Gem. Spiesen und Elversberg im Zuge der Gebietsreform wurde als neuer Gemeindename ein Doppelname mit den bisherigen separaten SiN gewählt. **V.** Fehn, K.: Preußische Siedlungspolitik im saarländischen Bergbaurevier (1816–1919) (Veröffentlichungen des Instituts für Landeskunde im Saarland 31). Saarbrücken 1981; Neunkircher Stadtbuch. Hg. im Auftrag der Kreisstadt Neunkirchen von R. Knauf, Ch. Trepesch. Neunkirchen 2005. *cjg*

Spiez Mda. [ˈʃpiəts] **I.** Gem. im Amtsbezirk Niedersimmental, 12 453, am linken Ufer des Thunersees, an und über einer Bucht in geschützter und sonniger Lage, Kt. Bern, CH. Gegend seit Neolithikum besiedelt. Funde aus der Bronze- und Latène-Periode sowie der röm. und frühma. Zeit. Spuren eines alem., befestigten Herrenhofs um 600. Die 762 erstmals erwähnte Kirche ist eine der in E. Kiburgers „Strättliger Chronik" (Mitte 15. Jh.) erwähnten „12 Thunserseekirchen". Bedeutende hochma. Burganlage. Im 13. Jh. Entstehung des Städtchens mit Mauer und Tor, um 1600 durch Brand zerstört. Wird 1388 durch Kauf des Schultheißen von Bern, Johann von Bubenberg, bernisch. Bis 1798 Freiherrschaft mit niederer und hoher Gerichtsbarkeit. H. Verkehrsknotenpunkt, Wirtschafts- und Dienstleistungszentrum sowie touristischer Seeort. **II.** 662 *in pago, qui nuncupatur Species ... Speciensem curtim [F. 12. Jh.]*, 762 *in Spiets [Kop. 12. Jh.]*, 1226 *magister U. de Spiez [Or]*, 1239 *Uolricus de Speiz*, 1242 *Uolrico de Spizis*, 1280 *villa dicta Spiez*. **III.** Verm. zu ahd. *spioz* st. m. '(Jagd-)Spieß, (Wurf-)Speer', toponomastisch verwendet in den Bed. 'spitz zulaufendes Stück Land; Gebirgsvorsprung; Landzunge', was für den in den See hinausragenden Geländerücken mit dem alten Siedlungskern gut passen würde. Der Auslaut in der Mda.-Lautung ist affriziert. **V.** BENB; LSG; FO 2. *eb, tfs*

Spittal an der Drau [ʃpiˈtaːl an der ˈdraʊ] bzw. mda. alt [ˈʃpitl]. **I.** Stadt, 15926 Ew., an der Einmündung der Lieser in die Drau gelegen, Pol. Bez. Spittal an der Drau, KÄ, A. 1242 urk. als Markt erwähnt, 1930 zur Stadt erhoben. Das den Namen gebende Hospital ist 1191 durch Otto II. und Hermann I. von Ortenburg gegründet worden; die Nachfolger der Ortenburger errichteten das Schloss Porcia (Aussprache ortsüblich [porˈtʃia]), das – ab 1553 erbaut – 1662 an Johann Ferdinand von Porcia übergeht und bis 1918 im Besitz der Fürsten Porcia bleibt. Das alte Hospital (mda. *Spittel*) war (nach der Renovierung) ab 1993 der erste Standort der „Fachhochschule Kärnten". **II.** 1191 *capellam cum hospitali*, 1314 *Spittelein*, 1377 *Spital*. **III.** Der Name beruht auf lat. *hospitium* 'Herberge'. Der GwN *Drau* ist in lat. geschriebenen Quellen als *Dravus* seit dem Ende des 8. Jh. (z.B. bei *Paulus Diaconus*) bezeugt, worauf auch die seit dem 15. Jh. (Zeitalter des Humanismus) übliche d. Schreibform (zunächst *Drave*, dann) *Drau* zurückgeht. Die zu erwartende hd. Lautverschiebung *d-* > *t-* ist urk. seit 878 (*per fluvium Tráam*) fassbar und liegt sowohl den ma. Schreibungen *Traa, Trâ, Traha, Traga* usw. als auch der mda. Form *Trâge* (auch *Trâ*) zugrunde. Ins Slowen. gelangte der Name als *Drava*. Der Name ist vorrömisch (*draṷos) und beruht auf einem idg. **droṷo-* 'Fluss(lauf)'. **V.** ANB; HHS Huter; Krahe; Kranzmayer II. *HDP*

Spreenhagen **I.** Gem. und gleichnamiges Amt, entstanden 2002 aus den Gem. Hartmannsdorf, Margrafpieske, Braunsdorf und Spreenhagen, Lkr. Oder-Spree, 8331 Ew., ö Berlin, BB. **II.** 1285 *sprewenheyne*, *Spreenhaine*, 1435 *Sprewenhagen*; *Spreenhagen* (1518). **III.** Eine Zuss. zum GwN *Spree* (965 *Sprewa*) und ↗-hagen, benannt nach der Lage in der Nähe der Spree (l. Nfl. der Havel). Der GwN gehört zu germ. *sprēwian, mndl. spraeien 'stieben', idg. *spreu- 'streuen, säen; sprengen, spritzen, sprühen' und wurde ins Slaw. als *Sprěva oder *Sprěv'a übernommen, worauf die d. Form Spree zurückgeht. In den Belegen ist Schwund von intervokalischen v und g zu beobachten. **V.** Krabbo; Riedel A XX; BNB 12. *EF*

Spreitenbach mda. [ˈʃpræɪtəˌbax] **I.** Gem. im Bezirk Baden, 10 465 Ew., ehem. Bauerndorf im Limmattal am Fuß des Heitersbergs, AG, CH. 1415 zur Grafschaft Baden, 1798 zum helvetischen Kt. Baden, 1803 zum Kt. Aargau. Heute Agglomeration mit Industrie (Graphisches Gewerbe, Lebensmittel und Chemieprodukte), Verteilzentren (erstes Shopping-Center der Schweiz), Rangierbahnhof Limmattal mit 120 km Geleisen und 395 Weichen. **II.** 1111–1124 (Kop. 12. Jh.) *Spreitinbach*, 1125 *Spreitenbach*, 1247 *Spreitembach*. **III.** Sekundärer SiN, gebildet aus dem Part. Präs. des Verbs ahd. *spreiten* 'spreiten, ausbreiten, überdecken' und dem Gw. mhd. ↗-bach 'beim sich ausbreitenden Bach' und auf die Ortschaft übertragen. **V.** Schweiz. Lex.; Zehnder, Gemeindenamen Aargau; LSG. *RMK*

Spremberg // Grodk (sorb.) **I.** Stadt im Lkr. Spree-Neiße, 25 050 Ew., an der mittleren Spree sö Cottbus, BB. Verm. im 10.–12. Jh. asorb. Burgbezirk an altem Spreeübergang, im 13. Jh. mit d. Burg; planmäßige Stadtanlage (1301 *oppidum et castrum*). Seit Ende des 19. Jh. Zentrum des niederlausitzischen Braunkohlenbergbaus (Schwarze Pumpe, Kraftwerk Trattendorf). **II.** 1272 (?) *Sprewenberc*, 1292 *(Spre)mberc, [Or.]*, 1301 *Sprewenberch [Or.]*; *Spremberg* (1347); 1761 *Grodk*. **III.** Eine Zuss. zum GwN *Spree*, ↗ *Spreenhagen*, und dem Gw. ↗-*berg*, hier wohl in der Bed. 'Burg', benannt nach der Lage an der Spree. Intervokalisches *v* ist geschwunden. Der jüngere sorb. Name *Grodk* ist eine mittels des Suffixes -k- gebildete Diminutivform zu nsorb./osorb. *grod* 'Burg, Stadt'. **V.** Riedel B VI; UI; DS 36; SNB. *EF*

Sprendlingen-Gensingen **I.** VG (seit 1972) im Lkr. Mainz-Bingen, 13 939 Ew., mit zehn Gem. und Verwaltungssitz in Sprendlingen, zwischen dem rheinhessischen Hügelland und der Nahe, sw von Mainz, RP. Im MA zur Vorderen Grafschaft Sponheim. 1279 geriet die Gegend in eine Auseinandersetzung zwischen Kurmainz und Sponheim, an die noch h. eine steinerne Säule erinnert. 1707 gelangte Sprendlingen in den alleinigen Besitz der Mgf. von Baden und wurde Amtssitz. 1815 kam die gesamte Region zum Kgr. Preußen. **II.** Sprendlingen: 8. Jh. *Sprendilingen*, 877 *villam Sprendelingam*, 1393 *in Sprendelinge*. Gensingen: 768 *Gantsingen*, 870 *Genzingas*, 1142 *in villa Gencingo*, 1127 *Gentzingen*. **III.** Der ON *Sprendlingen* wurde verm. mit dem Suffix ↗-ingen vom ahd. PN *Sprendilo* gebildet, ohne dass ein daraus zu erschließender PN-Stamm *Sprand-* nachweisbar wäre. Ein solcher PN ließe sich als BeiN durch mhd. *sprindel, sprundel* 'Lanzensplitter' oder asä. *sprintan*, ahd. *sprinzan* 'aufspringen' deuten. Der ON entspräche dann 'Siedlung der Leute des Sprand'. *Gensingen* geht auf eine Abl. mit demselben Suffix ↗-ingen vom ahd. PN *Gandso* zurück, der einen westfränk. Einfluss aufweist. So ist der ON als 'Siedlung der Leute des Gandso' zu deuten. Die Auflösung der Konsonantengruppe -nts- erfolgte im 19. Jh. **IV.** Sprendlingen, OT von Dreieich, Lkr. Offenbach, HE. **V.** CL; FP; Kaufmann 1976. *JMB*

Springe **I.** Stadt in der Region Hannover, 29 421 Ew., s der Haller, Reg.-Bez. Hannover (bis Ende 2004), NI. An der Deisterpforte gelegener Mittelpunkt der Gft. Hallermund, später welfisch; wahrscheinlich um 1300 Erhebung zur Stadt; bis zum Eisenbahnbau Stagnation in der Entwicklung, dann Industriealsiedlung; bis 1974 Kreisstadt des Lkr. Springe, bis 2001 im Lkr. Hannover; h. bekannt durch den „Saupark" Springe. **II.** Vor 1007 *Helereisprig* [Kop. 15. Jh.], 1255 *Halresprige*, 1289 *Sprincge*, 1430 *Hallerspringe*; *Springe* (1791). **III.** Bildung mit asä. *gispring* 'Quelle, Brunnen' oder mnd. *sprinc* 'Quelle, Brunnen' und dem GwN *Haller*, der mit den Vokaleinsatz bezeichnendem H- als *Alara/*Alira anzusetzen und mit -r-Suffix von idg. *el-, *ol- 'fließen, strömen' abgeleitet ist. Seit dem 13. Jh. fällt zunehmend häufiger der GwN als Bw. fort. Im Erstbeleg kann -*ei*- als -*egi*- mit spirantischem -*g*- gelesen werden, so dass *gispring* anzusetzen wäre. **V.** HHS 2; Nds. Städtebuch; NOB I. *UO*

Sprockhövel **I.** Stadt im Ennepe-Ruhr-Kr., 25 546 Ew., im s Ruhrgebiet im Niederbergisch-Märkischen Hügelland s von Hattingen, Reg.-Bez. Arnsberg, NRW. Entstanden bei Besitz des Klosters Werden, ma. Kirchspielort, ma. Kohlebergbau, später u. a. Textil- und Metallindustrie. 1970 Stadt. **II.** 1047 *Spůrchhůůele*, 12. Jh. *Spurghuuili*, um 1150 *Spurkhúvelo*; *Sprockhövel* (1620/30). **III.** Das Gw. -*hövel* ist zu asä. *huvil* 'Hügel' (ahd. *hubil*, mnd. *hövel*, mhd. *hübel*) zu stellen und topographisch motiviert. Das Bw. ist mit ahd. *sporah, sporahboum*, *spurca* 'Wacholder' verbunden worden. Mit Recht setzt die neueste Forschung jedoch asä. *sprocco*, mnd. *sprok(ke)* 'dürres Holz, Reisig, Leseholz' an und weist für die frühe Lautentwicklung appellativische und toponymische Parallelen nach (Derks). Im Laufe des 13. Jh. tritt r-Umstellung und Senkung des -*u*- zu -*o*- ein. Der ON ist also ein ursprünglicher FlN für einen 'Hügel, wo Reisholz gesammelt werden kann'. **V.** Westfälischer Flurnamenatlas. Derks, Paul: Die Siedlungsnamen der Stadt Sprockhövel. Sprockhövel 2010. *Flö*

Sprottau // Szprotawa [ʃprɔ'tava] **I.** Stadt im Kr. Żagań, 12 526 Ew., Woi. Lebus // Lubuskie, PL. An der Mündung der Sprotte in den Bober, 110 km nw von Breslau. Gründung als d. Stadt um 1260, vorübergehend Residenz der Glogauer Herzöge. Kreisstadt, Reg.-Bez. Liegnitz, NS, (1939) 12 578 Ew. **II.** 1260 *Sprotou, Sprotau*, 1270 *Sprotauia*, 1447 *Sprottau*. Re-Polonisierung des ON: 1900 *Szprotawa*. **III.** Der ON erklärt sich nach dem verm. slaw. GwN *Šprotava* 'schnell strömender Fluss', mit Parallelen in den baltischen Sprachen und im mitteldeutschen Raum. In der Eindeutschung werden ON *Sprottau* und GwN *Sprotte* in der Endung unterschieden, wobei das Suffix des ON im 15.–17. Jh. nicht ganz stabil ist (vgl. *Sprote* 1330 auch als ON); zum Suffix vgl. ↗*Ohlau*. **IV.** GwN *Sprotte* (Zufluss der Pleiße); Sprötau, Lkr. Sömmerda, TH. **V.** SNGŚl; RymNmiast. *ThM*

Środa Wielkopolska ↗**Schroda**

St. Andrä [zaŋkt an'drɛ:] bzw. mda. [tɔn'drɛ:]. **I.** Stadt, 10 406 Ew., Pol. Bez. Wolfsberg, KÄ, A. Die im unteren Lavanttal gelegene Stadt wird in den Jahren 1145 und 1223 zunächst als Markt und schon 1289 als Stadt urk. erwähnt und war von 1228–1859 Sitz des Bistums Lavant. **II.** Vor 991 *beneficium ... a sancto Andrea*, 982 *ad Labantam ecclesiam sancti Andreæ*. **III.** Der Name reflektiert das Patrozinium des Heiligen Andreas, dem die Stadtpfarr- und ehem. Domkirche geweiht ist und die urk. 890 als *sanctus Andreas ad Labantam* bezeugt ist; sie dürfte die älteste Pfarre des Lavanttales sein. Der GwN *Lavant* (eigentlich ['laːfant], mda. ['lɔːfnt]) erscheint urk. 860 als *ad Labanta*, 888 als *Lauenta*. Bei diesem Namen handelt es sich um den idg. GwN *albanta 'die Weißglänzende, Weißenbach' (zwei Seitenbäche heißen auch h. *Weißenbach*), der über slaw. *labǫta ins D. als *Lavant*, ins Slowen. als mda. *Łabǫta* gelangte. **V.** ANB; HHS Huter; Krahe; Kranzmayer II. *HDP*

St. Blasien I. Stadt und gleichnamiger GVV im Lkr. Waldshut mit den Gem. Bernau, Dachsberg, Häusern, Höchschwand, Ibach und Toftmoos, 13 502 Ew., ca. 55 km s von Freiburg im Breisgau und ca. 65 km nö von Basel im s Schwarzwald im Albtal, Reg.-Bez. Freiburg, BW. Die Geschichte der Stadt ist eng verknüpft mit dem Kloster St. Blasien: ab dem Spätmittelalter war das Benediktinerkloster eines der wichtigsten Klöster im Schwarzwald, 1806 wurde es säkularisiert. 1934 zog das jesuitische Kolleg St. Blasien in das Kloster ein. Der frühklassizistische Dom wurde 1768–1783 erbaut, der Kuppelbau ist der drittgrößte dieser Art in Europa. Kurort mit der Lungenfachklinik St. Blasien. **II.** [vor 936?-nach 1036?] *ad sanctum Blasium*, 948 *sancti Blasii monasterii*. **III.** Der Schutzpatron des Klosters, der Heilige Blasius, gab nicht nur dem Kloster seinen Namen, sondern durch Übertragung auch der nebenliegenden Siedlung. Von der Überführung von Reliquien des Heiligen Blasius wird bereits in ma. Handschriften berichtet; datiert wird diese Überführung auf die Jahre 850–881. Die Etymologie des PN *Blasius* ist nicht geklärt. Die Endung -*en* stellt eine d. Deklinationsform des lat. Namens dar. **IV.** ↗St. Gallen (CH); Saint Blaise (F); † Bläsiberg, Lkr. Tübingen, BW. **V.** Reichardt, L.: Ortsnamenbuch des Kreises Tübingen. Stuttgart 1984 (Veröffentlichungen der Kommission für geschichtliche Landeskunde in Baden-Württemberg. Reihe B. Forschungen. Bd. 104); Seibicke, W.: Historisches Deutsches Vornamenbuch, Bd. 1: A-E. Berlin 1996. *SB*

St. Gallen I. Politische Gem. und Hauptort des gleichnamigen Wahlkreises (bzw. ehem. Bezirks) und des Kantons St. Gallen, 72 040 Ew., CH. Die Stadtgemeinde setzt sich aus dem urspr. Stadtkern und zahlreichen, 1918 eingemeindeten Dörfern und Weilern zusammen. Heute zählt St. Gallen zu den größeren Städten der Schweiz. Historische Grundlage für die Siedlung ist die mutmaßlich 612 errichtete Einsiedlerklause des Heiligen Gallus, die nach dessen Tod zerfallen sein soll, jedoch 719 vom Heiligen Otmar durch eine Abtei ersetzt wurde. Blüte im frühen MA (bes. im 9. Jh.), klösterliches Zentrum von europäischer Bedeutung, zunehmend auch Handels- und Wirtschaftszentrum. Zweite Blüte mit der Textilindustrie ab dem 15. Jh., bes. durch die Mechanisierung im 19. Jh. Der Klosterbezirk zählt seit 1983 zum UNESCO-Weltkulturerbe. **II.** 700 *ad luminaria Sancti Galluni*, 700 *Sancti Galloni* (Gen.), 745 *ecclesia Sancti Galli*, 1230 *apud sanctum Gallum*, 1347 *in der stat sant Gallen*. **III.** Siedlungsname nach dem PN des Gründers der Mönchsniederlassung an der Steinach, *Gallus*. Der ON dürfte sich durch frühe Pilger an Gallus' Grab oder spätestens mit der Gründung der Abtei etabliert haben. *Gallus* ist ein lateinischer Name, der im 6./7. Jh. im Raum des heutigen Frankreich gut belegt ist. Der eponyme Namenträger stammte aller Wahrscheinlichkeit nach nicht aus Irland, sondern aus Ostfrankreich. Die frühen Belege der Genitivformen machen einen Deklinationswechsel des Namens von der *o*- zur *n*-Deklination wahrscheinlich, der noch in der modernen Form vorliegt. Die starken Genitivformen der lat. Überlieferungen erweisen sich damit als gelehrte Bildungen. *Sankt* < kirchenlat. *sanctus* 'heilig'. Der ON dürfte als Ellipse im Sinne von '(Niederlassung / Kirche / Kloster) des heiligen Gallus' aufzufassen sein. **V.** Hilty, G.: Gallus und die Sprachgeschichte der Nordostschweiz. St. Gallen 2001; LSG. *MHG*

St. Georgen im Schwarzwald
I. Stadt im Schwarzwald-Baar-Kreis, 13 347 Ew., ca. 12 km nw Villingen im Schwarzwald an der Rhein-Donau-Wasserscheide im Quellbereich der Schiltach, Brigach und Kirnach, Reg.-Bez. Freiburg, BW. Urspr. ein 1083 gestiftetes Benediktinerkloster, 1507 Marktrecht, 1648 württembergisch,1810 badisch. Feinwerk- und Uhrentechnik, Astronomische Uhr, Glockenspiel, Klosterhof, Lapidarium, Deutsche Uhrenstraße. **II.** 1083 *Georgio*, 1084 *Cella sancti Georgii*, 1271 *sante Georgien [Or]*, 1316 s. *Gerigen [Or]*, 1507 s. *Jorgen [Or]*. **III.** Auslöser für die Benennung des Benediktinerklosters war die Georgsverehrung auf der Insel Reichenau. Die Überführung von Reliquien des Hl. Georg in die Klosterkirche führte dann zur Namengebung. Später wurde der Klostername im Dat. Sg. auf die Siedlung übertragen und in neuerer Zeit durch den Zusatz *im Schwarzwald* präzisiert. Die neuzeitliche amtliche Schreibung orientiert sich am Heiligennamen und nicht an der mda. Entwicklung des ON. **IV.** Georgenberg, Lkr. Neustadt a.d.Waldnaab, BY. **V.** Bach DNK 2; Krieger 2; LBW 6. *JR*

St. Ingbert
I. Stadt im Saarpfalz-Kreis, 37 652 Ew., angrenzend an Saarbrücken und den ö Saarkohlewald, hist. und kulturell verbunden mit dem sö Bliesgau, SL. Röm. Siedlungsspuren, der Legende nach lebte hier in der Merowingerzeit ein Heiliger als Einsiedler. Im 9. Jh. gab es auf dem h. Stadtgebiet Königsgut, später Besitz der zum Bistum Verdun gehörigen Abtei Tholey; im 14. Jh. zu Kurtrier. Seit dem 18. Jh. verstärkt Kohleförderung und -handel. Seit 1816 bayer. 1918 bis 1935 zum seit 1920 unter Völkerbundsmandat stehenden Saargebiet gehörig, seit 1947 zum in politischer Union mit Frankreich verbundenen Saarland, seit 1957 zum Bundesland Saarland. Nach 1970 wirtschaftl. Strukturwandel. **II.** 1179 *St. Ingberto*, 1264 *Sant Ingebrecht*, 1536 *Sanct Ingwert*, *St. Ingbert* (1828). **III.** Urspr. 888 *Lantolvinga*, 1329 *Lendelvinga*, h. noch im FlN *Lendelfingen* erhalten. Der alte ON entstand aus dem PN *Landolf* < germ. **Landawulfa* und dem germ. Ableitungssuffix ↗ *-ingen*. Das Suffix drückt die Zugehörigkeit zu der im Erstglied genannten Person aus. Indem eine *-ingen*-Abl. in den Dat. Pl. gesetzt wird, wurde ein lok. Bezug hergestellt. Somit entstand ein SiN mit der Bed. 'bei den Leuten des Landolf'. Wahrscheinlich ist dieser Ort bereits eine Gründung der Merowingerzeit. Sein heutiger Name knüpft an einen Eremiten und Volksheiligen des Waldgebirges des *Vosagus* (Vogesen) namens *Ingobertus* an, an dessen Grab möglicherweise bereits in der Merowingerzeit eine Kirche entstand, der selbst freilich erst im 11. Jh. erwähnt wird. Der Heilige Ingobert war noch bis zur Zerstörung der Kirche 1637 der Kirchenpatron. Bereits vor 1300 existieren neben der Form *St. Ingebreht* auch die erweiterten Varianten *Engel-berto* (1180), *Angel-bertum* (1235) und *Ingel-bert* (1265). Vor dem Zweitglied *-bert* schwand der zu ə abgeschwächte Fugenvokal bereits früh: *Ing-bert*, in der Form mit *-brecht* hält er sich dagegen länger, so z.B. in 1554 *S. Ingebrecht*. In 1179 *St. Inberto* (allerdings nur in kopialer Form überliefert) tritt Erleichterung der Dreikonsonanz *ngb* > *nb* ein. Später wird der Dentallaut *n* als *m* an den Labiallaut *b* angepasst. Die Formen *St. Imbert* und *Sanct Ingwert* sind mda. Weiterbildungen. Letztere sind die Voraussetzungen für agglutinierte Formen, die *Sankt* mit dem Heiligennamen verschmelzen, wie mda. *Dimbert*, *Dimwert*. **V.** Christmann; RGA. *Lei*

St. Johánn im Pongau
[altmda. ˈsainighɔns, aktuell sɔnktjoˈhɔnn] **I.** Stadtgemeinde im Pongau, 10 687 Ew., Pol. Bez. St. Johann im Pongau, SB, A. Vom 13.–18. Jh. zum Erzstift Salzburg, 1803 kurzzeitig zu Bayern, seit 1816 zu Österreich, Dekanats-Stadtpfarre, seit 1939 Markt, seit 2000 Stadt. **II.** 924 *loca ... ad Chîrichun in Bongowe*, 1130/35 *iuxta ecclesiam sancti Johannis*, 1299 *Sand Johanns*. **III.** Bei *St. Johann* handelt es sich um einen Patroziniumsnamen, der die Siedlung um eine Kirche, die dem Heiligen Johannes geweiht ist, bezeichnet. Der ON weist eine eigentümliche, wohl aus dem Lateinischen übernommene Betonung *Johánn* (anstelle des eingedeutschten *Jóhann*) auf. **IV.** St. Johann am Walde, OÖ, ↗ St. Johann in Tirol, beide A. **V.** ANB; SOB; HHS Huter. *ThL*

St. Johann in Tirol
I. Nördlich von Kitzbühel, in einem Kessel des Leukentales gelegene Marktgemeinde am Zusammenfluss der Kitzbühler, Reither und Fieberbrunner Ache, Markterhebung 1956, 8677 Ew., Pol. Bez. Kitzbühel, TR, A. Wichtigster Verkehrsknotenpunkt des Bezirkes Kitzbühel, Tourismuszentrum, Bezirkskrankenhaus, Logistikzentrum West des österreichischen Bundesheeres; 16.–18. Jh.: Reichtum durch Bergbau. **II.** Ca. 1150 *apud ecclesiam sancti Iohannis in Liuchentale*, ca. 1160 *apud ecclesiam sancti Johhannis*, ca. 1165 *de ecclesia sancti Johannis*, 1216 *parrochias Chirchdorf et sancti Iohannis*, 1271 *in ecclesia sancti Iohannis in Livchental*. **III.** Der Name geht auf eine im 8. Jh. erbaute Taufkirche in der Nähe des Ortes zurück, die dem Hl. Johannes dem Täufer geweiht war. **V.** Widmoser, E.: Kleine St. Johanner Geschichte. St. Johann in Tirol 1956; Hye, F.-H.: Die Marktgemeinde St. Johann in Tirol, 2 Bde. St. Johann in Tirol 1990; Pfaundler-Spat, G.: Tirol-Lexikon. Ein Nachschlagewerk über Menschen und Orte des Bundeslandes Tirol. Innsbruck²2005; Anreiter, P./Chap-

man, Ch./ Rampl, G.: Die Gemeindenamen Tirols. Herkunft und Bedeutung. 2009. *AP*

St. Leon-Rot I. Gem. im Rhein-Neckar-Kreis, 12 706 Ew., ca. 17 km ssw Heidelberg in der Rheinebene in der Kraichbachniederung gelegen, Reg.-Bez. Karlsruhe, BW. Sankt Leon-Rot wurde 1974 aus den ehemals selbstständigen Gem. Rot und St. Leon gebildet. Die beiden Gem. waren bis zum Ende des 14. Jh. schon einmal eine Einheit, ab 1397 werden jedoch wieder zwei Schultheißen bezeugt, 1771 wurden beide Gem. dem Amt Phillipsburg unterstellt, seit 1803 badisch. Metallverarbeitung, Heimatmuseum, Harres, Sauerkrautmarkt. II. St. Leon: 853 *ad sanctum Leonem*, 1289 *von sante Len*, 1401 *zu sant Lene [Or]*. Rot: 1140 *Rot*, 1284 *Rode*. III. Namenspatron von St. Leon war Papst Leo der Große (440–461). Das nördlich der Alpen seltene Leo-Patrozinium wurde eingerichtet, weil der deutsche Papst Leo IX. dort – was urkundlich nicht bezeugt ist – 1049 eine Kirche geweiht haben soll. Rot ist eine von St. Leon aus angelegte Rodungssiedlung; der Name gehört zu ahd. *rod* 'Rodung' und dem davon abgeleiteten Verb mhd. *roden*. V. FO 2; Krieger 2; LBW 5. *JR*

St. Peter I. Gem. und (mit Glottertal und St. Märgen) gleichnamiger GVV im Lkr. Breisgau-Hochschwarzwald, 7508 Ew., ca. 14 km ö Freiburg im Mittleren Schwarzwald gelegen, Reg.-Bez. Freiburg, BW. Die Entwicklung der Siedlung erfolgt in engem Zusammenhang mit dem 1093 gegr. gleichnamigen Benediktinerkloster, 1806 wird ein Stabsamt St. Peter eingerichtet, bis durch die Vereinigung der Vogteien Seelgut, Rohr und Oberibental 1813 die neue Gem. entsteht. Uhrhandwerk, ehemalige Benediktinerabtei, Pfarrkirche Peter und Paul, Kandelhöhenweg. II. 1093 *monasterium novum s. Petri*, 1111 *beatus Petrus*, 1316 *ze sant Peter*. III. Namengebend für das Kloster und die Siedlung Sankt Peter war der Hl. Petrus. IV. St.Peter-Ording, Kr. Nordfriesland, SH. V. Bach DNK 2; Krieger 2; LBW 6. *JR*

St. Vith I. Arrondissement Eupen-Malmedy-St. Vith (Ostbelgien), 9 242 Ew., B. Mehrheitlich deutschsprachig mit geschützter französischsprachiger Minderheit, Gebiet der Deutschsprachigen Gemeinschaft Belgiens. St. Vith war urspr. Markt- und Pilgerort an der Kreuzung einer alten Römerstraße Köln-Reims mit dem Verbindungsweg zwischen den Klöstern Stablo-Malmedy und Prüm und geht auf den 888 erwähnten fränk. Königshof *Nova Villa* (OT *Neundorf*) zurück. Gehörte zunächst zum Hztm. Limburg, ab 1271 zum Hztm. Luxemburg, um 1350 Stadtrecht, 1795 zum franz. Departement Ourthe, 1815 zu Preußen, von 1820–1920 zum preuß. Kreis Malmedy, 1920 zu Belgien, zwischen 1940 und 1944 vom Deutschen Reich annektiert. Seit 19. Jh. Eisenbahnknotenpunkt und -ausbesserungswerk, zentraler Schul- und Geschäftsort für die ländliche Umgebung. II. 1131 *ad sanctum vitum*, 1188 wird der Weg Köln-Reims *via de sancto vito* genannt; dial. [zaŋktfɪt]. III. *St. Vith* wurde benannt nach der dem heiligen Vitus geweihten Kirche, wahrscheinlich gestiftet und mit Reliquien des heiligen Vitus ausgestattet von Abt Wibald (1098–1158) von Malmedy und Corvey (dort seit 836 Vitus-Kult). IV. St. Vit, OT von Rheda-Wiedenbrück, Kr. Gütersloh, NRW; ON mit *Veit* wie Veitsrodt, Lkr. Birkenfeld, RP; Neumarkt-Sankt Veit, Lkr. Mühldorf am Inn und Veitsbronn, Lkr. Fürth, beide BY. V. Neu, H.: Der Markt „St. Vith" und seine Entwicklung zur Stadt. In: Zwischen Venn und Schneifel 9 (1973). *LK*

St. Wendel I. Kreisstadt im Lkr. St. Wendel, 26 582 Ew., an der Blies, unweit der Grenze zu RP, ca. 40 km nö von Saarbrücken, Sitz der Kreisverwaltung, SL. Der Ursprung der Stadt liegt in einer fränk. Siedlung mit dem Namen *Basenvillare* im damaligen Bliesgau. 1180 urk. Erwähnung der Kirche, die nach dem Heiligen Wendelin benannt ist. 1326 kommen Burg und Dorf St. Wendel an Kurtrier, es entsteht ein Unteramt St. Wendel, 1332 Stadtrechte, im Reunionskrieg Ende 17. Jh. und 1798 wird St. Wendel jeweils für mehrere Jahre franz. 1815 bis 1834 ist St. Wendel Hauptstadt des coburgischen Ftm. Lichtenberg, seit dem Verkauf an Preußen Kreishauptstadt im Reg.-Bez. Trier. 1860 Rhein-Nahe-Bahn und wirtschaftl. Aufschwung. 1920 zum Saargebiet, seit 1957 Kreisstadt im SL. II. Altname *Basonisvillare*: 916–917 zu 630–648 *Basonis villare [Or]*, 950 *Basenvillare*, 10. Jh. *in basone uillari natale sancti uuandelini confessoris*. St. Wendel: 1180 *presbiteri de S. Wandalino [Or]*, um 1200 *curtis S. Wandelini*, 1292 *in sancto Wendelino*. III. *Basonisvillare*: Bildung mit dem Gw. ⁊-*weiler* (ahd. *wīlāri*, mhd. *wīler*), das auf das lat. bzw. rom. App. *villare* zurückzuführen ist. *Villare* ist seit dem 7. Jh. als Gw. von SiN nachweisbar. Bw. ist der germ. PN *Baso*. Reflexe des Altnamens finden sich im FlN *Bosenberg* und im GwN *Bosenbach* (1360 *basenbach*) unweit von St. Wendel, die als Klammerformen aus *Basen(weiler)berg* bzw. *Basen(weiler)bach* zu interpretieren sind und die die mda. Entwicklung von *ā* zu *ō* zeigen. *St. Wendel*: Der heutige Name der Siedlung, der im 12. Jh. den Altnamen ersetzt, hat sich aus dem Namen des Patroziniums der Kirche entwickelt. Der Heiligenname *Wandelinus* setzt sich zusammen aus dem germ. Stamm **Wand-*, der mit dem Suffix -*al* bzw. mit dem dazu in Ablaut stehenden Suffix -*il* erweitert ist, und dem PN-Suffix -*īnus*. *Wend-* ist auf den durch das Suffix -*il* bedingten ahd. Umlaut des *a* vor folgendem *i* zurückzuführen. Die Abschwächung bzw. der Schwund der Neben- und Endsilbenvokale führt zur heutigen Form *Wendel*. **V.** Haubrichs 1980; Pitz. *kun*

Stade **I.** Kreisstadt im Lkr. Stade, 45 918 Ew., an der Schwinge w der Elbe, Reg.-Bez. Lüneburg (bis Ende 2004), NI. 994 Zerstörung der Burg und Siedlung durch Wikinger; nach 1000 Sitz der Grafen von Stade; im 12. und 13. Jh. zwischen Welfen und Bremer Erzbischöfen umstritten; seit 13. Jh. wachsende Unabhängigkeit der Stadt und Teil der Hanse; das aus dem Hamburger Recht hergeleitete Stader Stadtrecht (1209 und 1259) wird auf weitere Städte übertragen; 1652–1712 Sitz der schwedischen Regierung, danach hannoversche Provinzialhauptstadt, Sitz eines Regierungsbezirks und Kreisstadt. **II.** 994 *Stethu*, 1038 *Stadun*; *Stade* (1041). **III.** Der ON beruht auf dem Simplex asä. *stað* 'Gestade, Ufer'. Die frühen Belege zeigen ein Schwanken zwischen Dat. Sg. und Dat. Pl. Der Beleg von 994 ist durch das Appellativ asä. *stedi* 'Stätte, Stelle' beeinflusst. Die Lage Stades auf einem hochwassersicheren Vorsprung des Geestrandes an der Schwinge führte früh zu einer Hafenanlage, die namengebend wurde. **V.** Bohmbach, J.: Stade. Stade 1994; HHS 2; Nds. Städtebuch. *UO*

Stadland **I.** Gem. im Lkr. Wesermarsch, 7 687 Ew., NI. Die Gem. – ein Ort mit dem Namen *Stadland* existierte vorher nicht – wurde 1972 im Zuge der Gemeindegebietsreform in Niedersachsen aus den Orten Rodenkirchen (Sitz der Gem.), Schwei, Seefeld und Kleinensiel gebildet. Der Name knüpft an eine alte Überlieferung an. Im frühen Mittelalter gehörte das Stadland zum friesischen Stammesgebiet. Es bildete sich als Teil des Gaues Rüstringen heraus und gehörte zum Bündnis der Friesischen Seelande. Im 14. Jh. erheblicher Landverlust durch Sturmfluten, Zankapfel zwischen dem Erzbistum Bremen, der Freien Reichsstadt Bremen und der Grafschaft Oldenburg. 1514 zu Oldenburg, Reg.-Bez. Weser-Ems (bis 2004). **II.** 1332 *populus Stedingorum terre Rustringie*, 1355 *in Stathlande*, 1332 *populus Stedingorum*, 1345 *terre Stedingorum*, 1492 *Buthjadingen unde Stadtland*. **III.** Historische Beziehungen zu Stedingen und zu den Stedingern erschweren die Zuordnung der einzelnen mit einiger Vorsicht genannten Belege. Der Name ist offenbar von Stedingen aus beeinflusst oder sogar übertragen worden. Nach der Niederlage der Stedinger in der Schlacht von Altenesch im Jahr 1234 flüchteten Überlebende nach Norden in das *Stadland*. Die Flüchtlinge dürften den Namen und mit ihm auch politische Identität vermittelt haben. Es liegt eine Bildung aus mnd. *stade* 'Gestade, Ufer' und dem Gw. *-land* vor. *JU*

Stadtallendorf **I.** Stadt im Lkr. Marburg-Biedenkopf, 21 409 Ew., 7 km ö Kirchhain, Reg.-Bez. Gießen, HE. Altes Dorf, 782 (Kop. 12. Jh.) *villa*, 1274 *ecclesia*, Entwicklung zur Industriestadt: 1960 *Stadt Allendorf* > *Stadtallendorf*. Seit 1939 Errichtung von 2 Rüstungsbetrieben (größte in Deutschland, Sprengstoff), nach 2. Weltkrieg moderne Industrieansiedlungen: Eisengießerei, Metallverarbeitung, Bauzubehör, Nahrungsmittelbetriebe (bes. Süßwaren), Bundeswehrstandort, Landwirtschaft. 1974 fünf Orte eingem.; bis 30. 6. 1974 Lkr. Marburg. **II.** 782 (Kop. 12. Jh.) *Berinscozo*, 775 /814 (Kop. 12. Jh.) *Berisciza*, 1015 *Ber(e)schiez*, nach 1015 (Kop. 12. Jh.) *Ber(e)sciezen*, 1403 *Aldindorf an Berschießen*, 1410 *Aldendorf in dem Berschießen*, 1556 *Allendorf*. **III.** Der Erstbeleg ist ein typischer Ereignisname aus ahd. *pero*, *bēr* 'Bär' und ahd. *scuzzo* 'Schütze' (zu ahd. *sciozan* 'schießen'; mhd. *schiezen*, vgl. Folgebelege), also 'Schütze eines Bären'. Wahrscheinlich Name einer Nachbarsiedlung, die mit dem „alten Dorf" > *Allendorf* verschmolz (Zuss. aus ↗ *Alt(en)-* und ↗ *-dorf*). **V.** Reuling 1979. *FD*

Stadtbergen **I.** Stadt im Lkr. Augsburg, 14 731 Ew., Reg.-Bez. Schwaben, BY. 1802/03 zu Bayern, 1985 Erhebung zum Markt, seit 2007 Stadt. **II.** 11. Jh. *[Or] Perga*, 1096–1133 *Perga*, 1146 *Pergen*, 1175 *Bergen*, 1621 *StattBergen*, 1791 *Stadtbergen*. **III.** Der ON erscheint zunächst bis zum 17. Jh. nur als Simplex, dem ahd. ↗ *-berg* in der Bed. 'Berg, Höhe' zugrunde liegt. Grafisch zeigen die ersten Belege die Endung *-a*, was auf einen Dat. Sg. hinweist. Schreibungen mit auslautendem *-n* sind hyperkorrekt, offenbar wurde mda. Abschwächung der druckschwachen Silbe *-en* zum Schwa für das vorliegende App. angenommen und restituiert. Verm. durch die große Anzahl an *-berg*-Orten in der näheren Umgebung wurde im 17. Jh. das Kompositum mit dem Bw. mhd. ↗ *stat-* gebildet. Es nimmt Bezug auf die Lage in der unmittelbaren Nähe zur Stadt Augsburg. Dieser relativ spät zustande gekommene ON spiegelt sich auch in der Aussprache: der Wortakzent liegt auf dem urspr. Simplex und neuem Gw. **V.** Urkundensammlung der Stadt Augsburg (StA Augsburg); Braune, W./ Eggers, H.: Althochdeutsche Grammatik. Tübingen [14]1987; Reitzenstein 1991. *hp*

Stadthagen **I.** Kreisstadt im Lkr. Schaumburg, 22 638 Ew., n des Bückebergs, Sitz der Kreisverwaltung, Reg.-Bez. Hannover (bis Ende 2004), NI. Um 1220 planmäßige Stadtgründung im Dülwald durch Graf Adolf III. oder IV. von Holstein-Schaumburg in verkehrsgünstiger Lage am Helweg, Entwicklung zur Handelsstadt, 1344 Bestätigung des zuvor verliehenen Stadtrechts, 1230 Erwähnung der Stadtkirche, 1224 der Wasserburg, 1544–1606 Residenz und Witwensitz der Grafen von Schaumburg, ab 16. Jh. Steinkohleabbau. **II.** 1230 *de Indagine Comitis [Or]*, 1304 *Grevenalveshagen [Or]*, 1378 *Stadthagen [Or]*. **III.** Lat. *indago* entspricht dem mnd. App. *hāgen* (vgl. ↗ *-hagen*). Der Erstbeleg weist mit dem Zusatz *comitis* 'des Grafen' ebenso auf den Gründer hin wie die mnd. Form *Grevenalveshagen* 'Hagen des Grafen Alf (Adolf)'. Das Ende des 14. Jh. eintretende Bw. mnd. *stat* 'Stadt' reflektiert das verliehene Stadtrecht. **V.** Nds. Städtebuch; Laur, Schaumburg; GOV Schaumburg. *FM*

Stadtlohn **I.** Stadt im Kr. Borken, 20727 Ew., Reg.-Bez. Münster, NRW. Kirchdorf Lohn am Nordende eines 6 km langen, quer zur Hauptrichtung in Langstreifen aufgeteilten Gemeinschaftsackers (Esch) auf einem Hof des Bischofs von Münster mit überregional gültigem Hofesrecht, Burgbau um 1150 gegen die „Grafen" von Lohn (↗Südlohn), im 14. Jh. Stadt, Namenwechsel zu *Stadtlohn* um 1388/89, 1803 Ftm. Salm(-Anholt), 1811 Kaiserreich Frankreich, 1813 Preußen; Töpferei und Textilindustrie bis etwa 1965, Holz-, Metallverarbeitung, Fahrzeugbau. **II.** 1085 *Laon*, 1092 *Lon* (Siedlungsraumname für Stadt- und Südlohn), um 1150 *Northlon*. **III.** Bildung mit dem Gw. ↗ *-lōh*, zunächst als Simplex im Dativ Plural, *-lōhun*: 'bei den Nutz-' oder 'Niederwäldern'. Zur Beschreibung der Lage am Nordende des Eschs und zur Unterscheidung von dem länger dörflich bleibenden ↗Südlohn im 12. Jh. Hinzufügung des mnd. *nord-*, Ende des 14. Jh. dann Verbindung mit mnd. *stad* 'Stadt'. **IV.** ↗Iserlohn, Märkischer Kr., ↗Nottuln, Kr. Coesfeld, Wormeln, Kr. Höxter, alle NRW. **V.** WUB I; Werdener Urbare; Söbbing, U.: Stadtlohn. In: Westfälischer Städteatlas VI.4. Altenbeken 1999. *schü*

Stadtoldendorf **I.** Stadt im Lkr. Holzminden, 9969 Ew., Reg.-Bez. Hannover (bis Ende 2004), NI. Enge Verbindung zur Burg Homburg und Vorort der Herrschaft Homburg; 1255 Verleihung des Holzmindener Stadtrechtes durch Heinrich von Homburg; nahe nw liegt das bedeutende Zisterzienserkloster Amelungsborn. **II.** 1150 *Aldenthorp [Or]*, 1418 *stad Oldendorpe*, 1553 *Stadtoldendorpe*. **III.** Bildung mit dem Gw. ↗ *-dorf* und dem flektierten Adj. asä. *ald*, mnd. *ōlt* 'alt' mit mnd. Übergang des *-a-* zu *-o-* vor *-ld-*. Möglicherweise bezieht sich die Benennung auf die nahegelegene Homburg. Zur Unterscheidung von anderen gleich benannten Orten tritt nach Verleihung des Stadtrechtes zunehmend lat. *in oppido, in civitate* u.ä. sowie dann die deutsche Entsprechung *Stadt* vor den Namen und wird zum sekundären Bw. **V.** GOV Braunschweig; Nds. Städtebuch; NOB VI; Partisch, G.: Urkundenbuch der Stadt Stadtoldendorf. Stadtoldendorf 2005. *UO*

Stadtroda **I.** Stadt und gleichnamige VG im Saale-Holzland-Kr., im Tal der Roda sö Jena, 7571 Ew., TH. Rodungssiedlung Ende des 12. Jh., Rittersitz und Zisterzienser-Nonnenkloster mit Stadtanlage (Marktrecht 1310, Stadtrecht 1340); Forst- und Landwirtschaft, seit 19. Jh. Kleinindustrie. **II.** 1224 *(Probst de) Roda*, 1247 *monasterium Rode*, 1333 *stad zcu Rode*, 1370 *Rode dy stat*, 1408 *in opidis Lobde [Lobeda] et Roda*; erst 1925 *Stadtroda* amtlich. **III.** Der ON wurde gebildet mit ↗ *-roda* bzw. ↗ *-rode*, mhd. *rōd*, md. *rōd(e)* 'Rodung, urbar gemachtes Waldland', also 'Ort, der durch Rodung entstand'. Seit 14. Jh. mit attributivem Zusatz *Stadt* zur Unterscheidung von anderen *Rode*-Orten. *Roda* ist kanzleisprachlich geprägte amtliche Form. Wahrscheinlich ging der Name des Ortes auf das Gewässer über. **IV.** Vgl. zahlreiche ON mit ↗ *-roda* wie *Bischofroda*, Wartburgkreis, *Gräfenroda*, Ilm-Kreis, beide TH. **V.** Dob. II; Rosenkranz, H.: Ortsnamen des Bezirkes Gera. Greiz 1982; SNB; Berger. *KH*

Stäfa **I.** Politische Gem. im Bezirk Meilen, 13 616 Ew. Gem. am oberen rechten Zürichseeufer, bestehend aus dem namengebenden Ort und den Dörfern Uerikon und Kehlhof, Kt. Zürich, CH. Jungsteinzeitliche Siedlungsspuren, Funde aus der Bronzezeit. Bis in die Neuzeit eng mit dem Kloster Einsiedeln verbunden. Ab dem 15. Jh. selbständige Zürcher Vogtei. 1795 „Stäfner Handel", Aufstand der Stäfner Landbevölkerung gegen die Zürcher Obrigkeit. Trotz früher Textilindustrie bis heute vom Weinbau geprägte Ortschaft. **II.** 958 *Steveia* (Kop. 16. Jh.), 972 *Steveia [Or]*, 996 *Steveia [Or]*, 1217 *Stevei [Or]*, 1315 *Stephei [Or]*, 1467 *Stäffen [Or]*, 1667 *Stäfen [Or]*. **III.** Die etymologischen Hintergründe des Ortsnamens *Stäfa* sind bisher nicht mit letzter Sicherheit geklärt. Deutungen der älteren Forschung, wonach lat. *stadiva* (Pl.) 'Ankerplätze' oder spätkelt. **stavaia < *stamagia* 'Gebäude' vorliegen soll, sind spekulativ und lautlich nicht überzeugend. Ähnliches gilt jedoch auch für den germanistischen Versuch, den ON aus (rekonstruiertem!) ahd. **stef* 'Eisenspitze an einem Stab oder Pfahl' + *eia* 'Land am Wasser' (Nebenform von ↗ *-au*) im Sinne von 'mit Pfählen gesichertes Land am Wasser' zu erklären. Gleichwohl stünde eine solche Deutung nicht isoliert, da man für den thurgauischen ON *Steckborn* gelegentlich eine ähnliche Deutung postuliert ('durch Schutzpfähle abgesicherte Uferhäuser'). Weiteres bleibt vorderhand unklar. **V.** Boesch, B.: Das Ortsnamenbild zwischen Zürich- und Walensee als Zeugnis für die Sprachgrenze im 7. und 8. Jh. FS Hotzenköcherle. Bern 1963; LSG. *MHG*

Staffelstein, Bad **I.** Stadt im Lkr. Lichtenfels und natürlicher Mittelpunkt einer Einheitsgemeinde im Obermaingebiet am Staffelberg, 10583 Ew., Reg.-Bez.

Oberfranken, BY. Frühmittelalterliche Gründung am Lauterbach, kurz vor dessen Einmündung in den Main, Vorläufersiedlungen seit Beginn der germ. Zuwanderung, bildete mit dem Banzgau einen karolingischen Reichsgutbezirk, 1130 Marktrecht für den Amtsort der Bamberger Dompropstei, 1416 an Domkapitel, 1418 erste Nennung als Stadt, 1422 Hochgerichtsbezirk und Befestigungsrecht, 1492 Geburtsort vom Rechenmeister Adam Ries, Landwirtschaft, Gewerbe und Fremdenverkehr in der reizvollen Landschaft um den Staffelberg mit Basilika Vierzehnheiligen und Kloster Banz, 1803 an Bayern, seit 2001 Bad Staffelstein. **II.** 9. Jh. (Regest um 1160) *Staffelstein*, 1058 wohl 1059 (Notitia 11. Jh.) *Stafelstein*, 1130 *Staffelstein [Or]*. **III.** Der urspr. Burgname auf ↗ *-stein* bezieht sich auf den Staffelberg mit seinen ausgeprägten Stufen, mhd. *staffel*. Möglicherweise ist der Name für die germ. Befestigung auf dem Staffelberg etwa seit dem 6. Jh. ins Tal gewandert. Demgegenüber sind die Deutungen auf der Basis von mhd. *staffelstein* 'Ort an der Gerichtssäule, Gerichtsort' oder von mhd. *staffel* 'Stapelplatz' weniger wahrscheinlich. In den Anfängen ist Staffelstein weder als Zentort noch jemals unter den bekannten Handelsplätzen der Region genannt worden. **IV.** Staffelbach, OT von Oberhaid, Lkr. Bamberg, BY; Staffelstein, OT von Sefferweich, Lkr. Bitburg-Prüm, RP. **V.** Dippold, G.: Bad Staffelstein. In: HHS Franken; Fastnacht, D.: Staffelstein. Ehemaliger Landkreis Staffelstein (HONB, Oberfranken 5). München 2007. *DF*

Stahnsdorf **I.** Gem. im Lkr. Potsdam-Mittelmark, 13 984 Ew., ö Potsdam, BB. Das Teltowdorf (Feldsteinkirche 13. Jh.) entwickelte sich nach 1900 zum Industriestandort und zur Randberliner Siedlungsgem. mit Friedhöfen für die Großstadt Berlin: Südwestfriedhof und Wilmersdorfer Waldfriedhof mit Grabstätten bekannter Berliner Künstler. **II.** 1264 *Petrus de Stanesdorp [Or.]*, 1375 *Stanstorp*, 1450 *Stanstorff*. **III.** Eine Zuss. aus apolb. PN *Stan* oder *Staneš*, einer KF zu VN wie poln. *Stanisław* (zu urslaw. *stati* 'stehen, bleiben; werden, beginnen'), und mnd. *-dörp*, hd. ↗ *-dorf* 'Dorf', also 'Dorf eines Stan(eš)'; ein slaw.-d. Mischname, wegen der vermutlich slaw. Abstammung des Namenträgers. **V.** Riedel A VIII; Landbuch; BNB 3; DS 32. *EF*

Stans **I.** Hauptort des Kt. Nidwalden auf dem Geländesockel am Fuß des Stanserhorns vor einer weiten Ebene, die urspr. Riedland ist, auch Name der Gem., 7789 Einw. **II.** Nach 1124 *Stannes*, 1148 *Stagnensis*, um 1150 *Stannes*, 1224 *Stans*. **III.** Der ON ist vordeutsch und beruht auf einer Wurzel idg. *st(h)eh₂-* 'stehen'. *Stans* kann mit 'Standort, Ort, Platz; fester Grund, wo man siedeln kann' definiert werden. Der Name kam über gallorom. Vermittlung zu den alem. Neusiedlern. Deshalb auch die Bewahrung des alten rom. Nominativs auf *-s*. Der alte Ortsbewohnername lautete nachweisbar *Stanner* (vgl. Goms > Gommer, VS, und ↗ Schwyz). Andere setzen auf eine Herkunft von lat. *stagnum* 'stehendes Gewässer, Sumpf' und verweisen auf das Stans vorgelagerte alte Riedland und lehnen eine Bedeutung 'fester Platz' ab. **IV.** Stans, Stanz, beide in Tirol, A. **V.** NWOF 3; Anreiter, Breonen; LSG. *VW*

Stargard in Pommern, Stargard an der Ihna // Stargard Szczeciński ['stargard ʃtʃɛˈtɕiɲski],

pom. *Stôrgard* **I.** Stadtkreis und Kreisstadt im gleichnamigen Kr. (Powiat stargardzki), 70 051 Ew., im sw Teil der Woi. Westpommern, PL. Gelegen an der Ihna // Ina in einer Tiefebene (Równina Pyrzycko-Stargardzka), zwischen zwei großen geografischen Regionen: der Stettiner Tiefebene // Nizina Szczecińska und der Pommerschen Seenplatte // Pojezierze Pomorskie. 1939 Stadtkreis, seit 1901 im Reg.-Bez. Stettin, Kreisstadt des Kreises Saatzig, Provinz Pommern; Woi. Szczecin (1946–1998), Westpommern (seit 1999). **II.** 1124 *Zitarigroda*, 1140 *Stargrod*, *Stargard*, 1186–7 *Stargard*, 1187 *Stergard*, 1188 *Starogard*, *Stargard*, 1217 *Starogart*, 1224 *Ztaregard*, 1234 *Staregarde*, 1240 *Starogart*, 1269 *Stargart*, 1283 *Stargard*, 1289 *Stargard*, 1304 *Stargard*, 1304 *Stargardt*, 1310 *Stargarden*, 1311 *Stargard*, 1324 *Nova Stargarden*, 1535 *Stargart*, *Stargarde*, 1535 *Stargardt*, 1539 *Stargardt*, *Stargordt*, 1539 *Stargard*, 1540 *Stargardt*, 1555 *Stargardt*, 1618 *Stargardt*, 1789 *Stargard*, 1834 *Stargard*, 1890 *Starogród*, d. *Stargard a. d. Ihna* oder *Pommersch Stargart*, amtlich *Stargard in Pommern*, 1951 *Stargard Szczeciński – Stargard*, 1982 *Stargard Szczeciński*, *-u -kiego*, 2002 *Stargard Szczeciński (Stargard, Starogród, Starogród n/ Iną) – Stargard*. **III.** Der slaw. Kulturname *Starogardъ* oder *Starъgardъ* ist abgeleitet vom adj. App. *starъjь*, poln. *stary* 'alt' und *gardъ*, pom. *gard*, poln. *gród* 'Burg'. Im zweiten Glied erfolgt in der poln. Entwicklung *tart > trot* anstatt des zu erwartenden *tart* (wie in späteren Schriften). Der Vokalauslaut *-a* ist als Ergebnis der Latinisierung des ON oder als Endung des Gen. Sg. zu betrachten. Nach 1945 wurde das differenzierende adj. Glied *szczeciński* amtlich hinzugefügt. Adj. *stargardzki*. **IV.** ↗ Belgard // Białogard, ↗ Naugard // Nowogard, im damaligen Hinterpommern, h. Woi. Westpommern, PL. **V.** LorSNH; Rospond 1984; RymNmiast; RzDuma II. *BA*

Stargard Szczeciński ↗ Stargard in Pommern

Stargarder Land **I.** Amt (mit einer Stadt und sieben Gem.) im Lkr. Mecklenburg-Strelitz, 10 031 Ew., Sitz der Amtsverwaltung in der Stadt Burg Stargard, zwischen Tollensesee und dem Naturpark Feldberger

Seenlandschaft, ca. 10 km sö von Neubrandenburg, MV. Slaw. Burg samt Siedlung, bei der um 1200 die Stadt entstand, zu Pommern, ab 1236 zu Brandenburg, 1259 Stadtrecht, im 13. Jh. zu Mecklenburg, zwischen 1352 und 1471 Residenz der Herzöge von Mecklenburg-Stargard, 1929 erwarb die Stadt die Burg und nannte sich Burg Stargard, bis 1952 Kreisstadt. Landwirtschaft, Handel und Handwerk. **II.** 1170 *Stargard*, 1244 *Staregart*, 1273 *Stargarden*, 1300 *St(r)argard*; *Stargard* (1170). **III.** Dem ON *Stargard*, auf den der Amtsname zurückgeht, liegt ein apolb. BurgN *stary gard 'alte Burg' zugrunde, der das Adj. *stary 'alt' und das App. *gard zusammenfasst, das auch in anderen ON in der gleichen Bed. 'Burg, befestigter Ort' in der Slavia verbreitet ist. Der d. Zusatz ↗ *Burg* (seit 1929) diente bis 1945 wohl der Abgrenzung von Orten gleichen Namens in Pommern und anderen Teilen Preußens. Auch der h. ON ↗ *Oldenburg in Holstein*, Lkr. Ostholstein, SH, ist eine Übersetzung des urspr. slaw. Namens, wie Helmold von Bosau (um 1167/70) berichtet: „Aldenburg, ea quae Slavica lingua Starigard, hoc est antiqua civitru, dicitur." Beide ON stehen in einer Reihe mit weiteren slaw. Burgen bzw. befestigten Siedlungen wie Stargard // Stargard Szczeciński, Woi. Westpommern, Preußisch Stargard // Starogard Gdański, Woi. Pommern, beide PL. **V.** MUB I, II, IV; Helmold; HHS, Bd. 12; EO; Eichler/Mühlner. *MN*

Starnberg **I.** Stadt im Lkr. Starnberg, 23 223 Ew., Sitz der Kreisverwaltung, Reg.-Bez. Oberbayern, BY. Seit dem MA Verwaltungsmittelpunkt, 1246 Übergang der Burg an die Wittelsbacher, ab dem 15. Jh. Sommerresidenz, 1912 Stadterhebung. **II.** Ursprünglicher SiN: 948–957 *Ouiheim ... Ouviheim*, 11. Jh. (Kop. des 13. Jh.) *Oeheim*, 1208–1218 *Oheim*, 1367 *Aehaym*, 1440 *Eham vndter dem kschloß Starenberg*, 1480 *Ahaim*. Burg: 1225/26 *Starnberch*. Neuer SiN: 1450 *Starenberg dorf*, 1548 *zu Starnnberg Im Vnnderdorff daselbs*, 1762 *Starnberg ... oppidum ad caput Wurmsee*, 1783 *Nieder Starnberg*, 1796 *Nieder-Starnberg ... unten am Schloßberg, worauf das Schloß Starenberg stehet ... Der Ort hieß ehemals Aham*, 1807 *Starnberg*. **III.** Als Grundwort des urspr. SiN ist ahd. ↗ -*heim* zu erschließen, das wohl eine neutrale KF zu *heima* 'Wohnung, Behausung, Heimstatt, Aufenthaltsort' ist, als Bestimmungswort kommt ahd. *ou*, *ewi* 'Schaf, Mutterschaf' infrage. An eine Deutung mittels mhd. *ouwe* 'Wasser, von Wasser umflossenes Land, wasserreiches Wiesenland', die sachlich plausibler ist, dachte Ludwig Steinberger. Nach Erbauung der Burg ging deren Name auf die Siedlung über. Grundwort des urspr. Flurnamens ist mhd. *bërc*, ↗ -*berg*, 'Berg'; Bestimmungswort *star* 'Star'. Das Wappen, das einen Star zeigt, ist sekundär. **V.** HHS 7/1; Reitzenstein 2006. *WvR*

Staßfurt **I.** Stadt im Salzlandkreis (seit 1. 7. 2007), 21 984 Ew., beiderseits der Bode im S der Magdeburger Börde, ST. Altstaßfurt (1868 eingemeindet) entstand am nördlichen Bodeufer beim Flussübergang der Straße von Erfurt nach Magdeburg in der Nähe von Solequellen. Im 12. Jh. bildete sich um die s der Bode gelegene Burg eine neue Siedlung heraus, die um 1265 das Stadtrecht erhielt; 1276 zum Erzstift Magdeburg, 1680 brandenburgisch, Salinenbetrieb bis 1857, ab 1875 Kaliindustrie. **II.** 9. Jh. (zu 805) *Starasfurt*, 970 *Stasfurdi*, 983 *Stesfordi*, 997 *Stesforde*, 1024 *Stesfordi*, 1035 *Stasvurde*, 1174 *Stasfurthe*, *Stasforde*, 1230 *Stasvorde*; *Stasfurt* (1477). **III.** Zählt zu den ↗ -*furt*-Namen. Das Bw. ist ungeklärt. Asä. *star*, *staer* st. M. 'Star' ist aus semantischen Gründen, mnd. *stēr(e)* sw. M. 'Star' aus formalen Gründen abzulehnen. **V.** Walther 1971; SNB; Berger. *JS*

-statt / -stedt / -stätten / -stetten. Germ. *stadi-, ahd. / mhd. *stat*, Dat. Sg. *stati / stete*; asä. *stedi*, mnd. *stat / stede* Fem. 'Ort, Platz, Stelle, Stätte' nimmt im 13. Jh. deutlicher die Bed. 'Wohnstätte, Stadt' an und löst in dieser Funktion älteres *Burg* (↗ -*burg*) ab. Neben dem Sg. Nom. -*statt* / Dat. -*stett* kommen die Dat. Pl.-Formen -*stätten* / -*stetten* vorwiegend im s Bereich vor, teilweise als Simplex. Die alten bzw. umgelauteten Formen mit -*dt* (↗ Ballenstedt, Lkr. Harz, ST) setzen sich seit dem 17./18. Jh. allgemein durch. Typisch für Holstein und teilweise Mittel- und W-Schleswig sind die 19 -*ingstedt*-Namen, die entweder Kontaminationen oder Insassenbez. sind (Tellingstedt, Lkr. Dithmarschen, SH). Die meisten der ON auf -*statt* / -*stedt* usw. liegen auf urspr. waldfreiem siedlungsgünstigem Boden und enthalten sowohl App. als auch alte PN als Bw. und weisen neben archäologischen Funden und Wüstungsarmut auf früheste ma. Entstehung hin. Zur Zeit der d. Ostsiedlung war dieser Bildungstyp nicht mehr aktiv, weshalb er dort praktisch fehlt. Literatur: Bach DNK II, 2; Schuster I; Wiesinger 1994; NOB III; Debus / Schmitz, H.-G. *FD*

Staufen im Breisgau **I.** Stadt im Lkr. Breisgau-Hochschwarzwald, 7 685 Ew., ca. 16 km ssw Freiburg im Grenzbereich des Schwarzwalds am Ausgang des Münstertals gelegen, Reg.-Bez. Freiburg, BW. Staufen bildet zusammen mit Münstertal/Schwarzwald den GVV Staufen-Münstertal (12 902 Ew.). Anfang des 12. Jh. sind Herren von Staufen bezeugt, 1337 erstmals als Stadt bezeichnet und seit 1806 badisch. Feinmechanik, Maschinenbau, Stadtmuseum, Keramikmuseum, Johanneskapelle auf dem Dürenbuck, Burg Staufen, Johann Georg Faust. **II.** 770 (Kop. 12. Jh.) *Stoufen*, 1177 *Stŏfen* [Or], 1240 *in castro Stouphen*. **III.** Der Name gehört als Dat. Pluralform zu ahd. *stouf* 'Kelch, Becher', mhd. *stouf* 'Becher, hochragender Felsen' und bezieht sich auf die Form des Burgberges, der mit einem umgedrehten Becher verglichen wird. Das selbe Benennungsmotiv gilt für den Burgberg der Burg Hohenstaufen; beide Adelsgeschlechter sind nicht direkt verwandt. **IV.** Hohenstaufen, OT von Göppingen, Lkr. Göppingen, BW; Staufenberg, Lkr. Gießen, HE. **V.** Berger; Krieger 2; LBW 6. *JR*

Staufenberg I. Stadt im Lkr. Gießen, 8144 Ew., Reg.-Bez. Gießen, HE. Zusammenschluss der Gem. Daubringen, Mainzlar und Treis zur Stadt Staufenberg am 1. 7. 1974, Siedlungskern s unterhalb der auf einem Basaltkegel 267 m hoch gelegenen Burgen; (Ober-)Burg auf dem Gipfel der Felskuppe verm. Anfang 12. Jh. von den Grafen von Ziegenhain als Vögten der Abtei Fulda erbaut, geht auf Schenkungen aus dem 8. Jh. zurück, 1273 von Landgraf Heinrich von Hessen zerstört; Stadt 1336, Großbrand (1796), Heimatmuseum. **II.** 1226 (Kop.) *Stophinberg*, 1233 *in castro Stouphenberch*, 1283 *Stoyphenberg*, 1315 *Staufinberg*, 1336 *zu Stoffenberg*, 1369 (Kop. 1590) *zu Staufenburg*, 1409 *uns sloiß Stauffenberg/czu Stauffinberg*, 1522 *Stauffenburgk*. **III.** Komp. mit dem Gw. ↗ -*berg* 'Berg', das mit ↗ -*burg* 'Burg, Stadt' wechselt. In der Fuge zeigt sich das Merkmal einer sw. Genitivflexion mit -*en*-. Für das Bw. liegt ein appellativischer Anschluss an ahd. *stouf*, *stouph* 'Becher', mhd. *stouf* 'hochragender Felsen' vor; vgl. ae. *steap* 'hoch, ragend', engl. *steep* 'steil', mhd. *stief* 'steil'. Der Berg wird mit einem umgedrehten Becher verglichen. Der Diphthong -*ou*- erscheint in einigen Belegen als Monophthong -*ō*- oder mit „Dehnungs-*i*" (-*oy*-). **IV.** † Staufenburg, Lkr. Osterode; NI; ↗Staufen im Breisgau, Lkr. Breisgau-Hochschwarzwald, BW. **V.** LAGIS; Reichardt 1973; NOB II. *DA*

Stavenhagen I. Stadt und gleichnamiges Amt (mit zwölf weiteren Gem.) im Lkr. Demmin, 12 580 Ew., Sitz der Amtsverwaltung in der Reuterstadt Stavenhagen, ca. 30 km nö von Neubrandenburg und 25 km s von Demmin, MV. Slaw. Vorbesiedlung, im 13. Jh. Anlage einer Burg durch Ritter von Stove, spätestens 1264 Stadtrecht (1282 Bestätigung), bis 1317 zu Pommern, danach zu Mecklenburg, 1740 Bau des Schlosses, ab 18. Jh. Anbau neuer landwirtschaftlicher Kulturen (u.a. Gewürze, Färbereirohstoffe). Seit 1949 Zusatz: *Reuterstadt* (Fritz Reuter 1810 hier geboren). H. vor allem Nahrungsmittel-, Handwerks- und Dienstleistungsunternehmen. **II.** 1230 *to deme Stouenhaghen*, 1252 *Reimbertus miles de Stouen*, 1260 *Stowenhachen*, 1317 *Stauenhagen*. **III.** Dem ON liegen ein FN, *de Stouen*, und mnd. ↗ -*hagen* 'Gehege, gehegter Ort, Einfriedung; Kolonie' zugrunde. Der Name der Ritter von Stove geht wohl als typischer HN auf einen ON *Stove* zurück, für den drei Orte in Frage kommen könnten: ein OT von Boiensdorf, ein OT von Carlow, beide Lkr. Nordwestmecklenburg, MV, sowie ein OT von Drage, Lkr. Harburg, NI. Im Mnd. bedeutet *stove* 'Stube, beheizbarer Raum, Wohnung'; im Apolb. ist *stavy Pl. als GwN bzw. FlN weit verbreitet und bedeutet 'Teiche; Ort mit Teichen' (zu *stav 'Teich'). Wiewohl die letztgenannte Variante nicht völlig auszuschließen ist, wird eine Deutung des ON aus dem Deutschen favorisiert. **V.** MUB I–VI; HHS, Bd. 12; OSE; Eichler/Mühlner. *MN*

Steckborn I. Stadt, Hauptort des gleichnamigen Bezirks, 3442 Ew., TG, CH. Seit dem 9. Jh. gehörte das alem. Dorf am Untersee dem Kloster Reichenau. 1313 Stadtrecht von Kaiser Heinrich IV. für den das. Der Turmhof war der Amtssitz des Abtes am Südufer des Untersees. 1540 gingen die Rechte über die Stadt an den Bischof von Konstanz über. Steckborn besteht aus zwei Halbinseln, die durch eine Bucht („Ärmetinger Büüge") getrennt sind. Während auf der ö Halbinsel das Städtchen liegt, befand sich auf der anschließenden w Halbinsel das Zisterzienserinnenkloster Feldbach. Nach der Aufhebung des Klosters 1848 entwickelte sich auf dem Klosterareal ein Industriegebiet. Von 1925–1974 befand sich dort die Kunstseidefabrik AG mit über 1100 Arbeitsplätzen. Heute befinden sich auf dem Areal Handwerks- und Sportzentren. Die nach einem Brand verbliebenen Teile des Altklosters beherbergen heute ein Seminarhotel. Größter Arbeitgeber ist die Nähmaschinenfabrik F. Gegauf (Bernina) mit über 800 Beschäftigten. **II.** 1209 *Wernherus plebanus de Stekboren* [Kop.], 1213 *dominus wernherus plebanus de stecchiboron* [Or.], 1252 *Beringerus viceplebanus in Stekkeboron*. **III.** 1. *Stēcchobûron: PN *Stēccho* + *bûr* Dat. Pl.: 'Häuser des Stēccho'. 2. *Stacchinbûron: PN *Staccho* + *bûr* Dat. Pl.: 'Häuser des Staccho'. 3. *stēcchobûron: Appellativ *stēccho* + *bûr* Dat. Pl.: 'durch Schutzpfähle abgesicherte Uferhäuser, mit Pfählen umgebenes Dorf; Häuser bei den Grenzpfählen'. Der PN *Stēccho* (1.) ist eine KF zu einem zweigliedrigen germ. PN mit 1. Element *stēccho* zu ahd. *stēccho* 'Stecken, Pfahl, Stock'. Der PN *Staccho* (2.) ist eine KF zu einem zweigliedrigen germ. PN mit 1. Element *stak* zu germ. *stak-*, vgl. ahd. *stachilla* 'Spitze, Spiess, Knüttel, Stock, Pfahl'. Das Bw. (3.) *stēccho* zu ahd. *stēccho* 'Stecken, Pfahl, Stock'. Das Gw. *bûr* zu ahd. *bûr* st.Ntr., mhd. *būre*, *bûr* 'Haus, Gebäude, Kammer, Vogelbauer; Bauer, Landmann, Bewohner, Nachbar'. **V.** TNB 1.2. *Ny*

Steffisburg Mda. [ˈʃtæfːɪsbuːrg] **I.** Gem. im Amtsbezirk Thun, 15379, am s Abhang eines Voralpenausläufers in der Schwemmebene zwischen Thun und den Flüssen Aare und Zulg, Kt. Bern, CH. Viele neolithische, früh- und bronzezeitliche, röm. sowie frühma. Einzelfunde. Überreste eines Gotteshauses aus dem 8./9. Jh. unter der Dorfkirche. In Zeit der Zähringer und Kyburger zum „äußeren Gericht" der Grafschaft Thun zählend. Gelangte 1384 zu Bern. Bildete ab 1471 eigenes Freigericht, 1832 durch kantonales Recht abgelöst. H. Mischung von ländlichen Quartieren und solchen mit Vorstadtcharakter. Zahlreiche Gewerbe-, Industrie und Dienstleistungsbetriebe. **II.** 1133 *Egelolfi de Stevensburc [F.]*, 1224 *W. plebanus de Stephensburc [Or]*, 1236 *plebanus de Stevispurch*, 1308 *zů Ståffisburg*. **III.** Kompositum, gebildet mit dem App. ahd. ↗ *Burg*, mhd. *burc* und dem im Gen. vorangestellten Heiligennamen *Stephan*: < **Stefansburg*, **Stefansburc* 'Burg des *Heiligen Stephan*'. Letzterer ist der erste christliche Märtyrer, der kurz nach der Kreuzigung Christi vor Jerusalem gesteinigt wurde; er war bis zur Reformation der Schutzheilige der Pfarrkirche von Steffisburg. Von einer früheren Burg oder Befestigung finden sich in Steffisburg h. keine Spuren mehr. **IV.** St. Stephan, BE; Estavannens, Estévenens, beide FR, alle CH. **V.** BENB; HLS; LSG. *eb, tfs*

Stegaurach **I.** Gem. und gleichnamige VG im Lkr. Bamberg, 9 407 Ew., sw von Bamberg in den Ausläufern des Steigerwaldes an der Aurach, die s von Bamberg von W in die Regnitz mündet, Reg.-Bez. Ofr., BY. Stegaurach gehörte zum Hochstift Bamberg und kam 1803 zu Bayern. **II.** 973 *Nendilin Vraha*, 1124 *Vrahe*, 1151 *Vra*, 1433 *Aurach am Steg*. **III.** Der Zusatz *Steg-* unterscheidet den Ort von Unteraurach und Oberaurach. Der SiN ist vom GwN übertragen; im Erstbeleg wird die Siedlung als das Aurach eines Nendilo bezeichnet. Gw. des GwN ist ahd. *aha* 'Wasser, Fluss', ↗ *-ach¹*, das in den Belegen auch abgeschwächt als *-ahe* und *-a* erscheint, bis h. aber die Form *-ach* bewahrt hat. Das Bw. des GwN soll ahd. *ūr* 'Auerochse' sein, ohne dass die Motivation einer solchen Namengebung hinterfragt würde. **V.** Haas, J.: Stegaurach. Die 1000-jährige Gemeinde am Rande der Stadt. Stegaurach 1996; MGH DOII, Nr. 44; Reitzenstein 2009; Schwarz, S. 96; Sperber; Vennemann, Th., in: BNF. NF. 34 (1999), S. 291–294. *RB*

Steimbke **I.** Samtgem. im Lkr. Nienburg (Weser), 7 407 Ew., ö von Nienburg, Reg.-Bez. Hannover (bis Ende 2004), NI. 1974 Zusammenschluss der Gem. Steimbke, Linsburg, Stöckse und Rodewald. **II.** Um 1300 *Stenbeke [Or]*. **III.** Bildung mit dem Gw. ↗ *-be(e)ke* und dem App. asä. *stēn*, mnd. *stēᶦn* 'Stein' als Bw. Dem ON liegt ein GwN 'steiniger Bach' zugrunde. Das Gw. wurde in nebentoniger Stellung zu *-bke* verkürzt, *-nbk-* wurde zu *-mk-* assimiliert. **IV.** Steimke in den Lkr. Diepholz, Northeim, Gifhorn, alle NI; Kr. Minden-Lübbecke, NRW; Altmarkkreis Salzwedel, ST. **V.** GOV Hoya-Diepholz; Schlichting, H.: Steimbker Heimatbuch 1. Nienburg 1987. *FM*

-stein. Germ. **staina-*, ahd. / mhd. *stein*, asä. / mnd. *stēn* M. ist, wie ↗ *-eck* und ↗ *-fels*, typisches Gw. für Burgennamen. Es bezieht sich hierbei auf natürliche Felsen. Doch es benennt auch das feste Steingebäude, was als SiN erscheinen kann (↗ Lahnstein, Rhein-Lahn-Kreis, RP). Im Übrigen kommt das Lexem sowohl als Simplex als auch sehr häufig als Bw. in SiN vor (↗ Steinhagen, Kr. Gütersloh, NRW). Literatur: Bach DNK II, 2; Wiesinger 2003; Debus / Schmitz, H.-G. *FD*

Stein **I.** Stadt im Lkr. Fürth in unmittelbarer Nachbarschaft der Stadt Nürnberg, 13 870 Ew., Reg.-Bez. Mittelfranken, BY. Wohl hochmittelalterliche Gründung bei einer der vier Dingstätten des Kaiserlichen Landgerichts zu Nürnberg, frühzeitige Nutzung der Wasserkraft der Rednitz durch Mühlen und Hämmer, Reichslehen (seit 1465) der Herrn von Leonrod, seit 1576 unangefochten in der Landesherrschaft der Mgf. von Ansbach, 1792 an Preußen, 1806 an Bayern, im 19. Jh. wirtschaftl. Aufschwung durch die industrielle Bleistiftfertigung der Firma Faber-Castell. Seit 1977 Stadt. **II.** 1227 (Kop. 15. Jh.) *das lantriht zv dem Staine*, 1296 (Kop. 1353) *daz lantger(iht) zu der steinbruke*, 1297 (Kop. 15. Jh.) *daz landting zu der steinin brukke*, 1366 *in Lapide*, 14. Jh. (Kop. 17. Jh.) *Butiglerstein*, 1431 *bey der prucken an der Rednicz zu dem stein genant [Or]*; *Stein* (ca. 1504). **III.** Primär kann sich der Name auf den dort am Rednitzufer anstehenden Fels, auf das Baumaterial der Brücke oder bereits auf einen Gerichtsstein an der Brücke über die Rednitz beziehen. Vor 1972 *Stein b. Nürnberg*. Ähnlich zahlreiche Siedlungen namens ↗ (-)*Stein*. **V.** Hirschmann, G.: Stein. Vom Industrieort zur Stadt. 2. Aufl., Nürnberg 1991; Reitzenstein 2009. *DF*

Steinau an der Straße **I.** Stadt im Main-Kinzig-Kreis, 10 940 Ew., w Schlüchtern im Kinzig- und Steinaubachtal, unteren Vogelsberg und n Spessart, Reg.-Bez. Darmstadt, HE. Steinau, das 1969–1974 um 9 Gem. erweitert wurde, liegt an der Kreuzung der w-ö Via regia mit der s-n Weinstraße, weshalb es spätestens seit dem 14. Jh. (s. u.) mit dem präp. Attribut „an der Straße" näher charakterisiert wurde. Der Bach, dessen urspr. Name auf den (Ufer-)Ort überging, ist zuerst 900 erwähnt, der Ort wohl zuerst um 950; frühere *Steinau*-Nennungen betreffen verm. andere Orte. Die Urk. von 950 bezeugt Gütererwerb durch die Abtei Fulda; diese erbaut wohl die Burg, an der verm. erst die Siedlung entsteht. Seit dem Hochmittelalter geriet Steinau unter die Herrschaft der Herren von Hanau (Stadtrecht 1290), die es zur 2. Residenz ausbauten; mit ↗ Hanau kam es 1736 an

Hessen-Kassel, 1866 an Preußen, 1945 an Hessen. **II.** FluN: 900 *Steinaha* (Druck 1607); ON: um 950 *De [...] Steinaha [...] De Steinahu* (Druck 1607), 1290 *oppidum suum in Steina* [Or], 1339 *Steyna die stat an der straze gegin Fulde* (Kopie 15./16. Jh.), 1374 *Steyna an der straszen*, 1380 *Steynauwer werünge* [beide Or]. **III.** Der auf den Ort übertragene GwN war aus ahd. *stein* 'Felsen, Stein' und ↗*-ach*¹ (<*-aha*) gebildet. Letzteres wird früh kontrahiert und im 14. Jh. selten, dann immer häufiger durch *-auwe* (<*ouwe*) > ↗*-au* ersetzt, ↗Gründau; Der h. GwN *Steinaubach*, auch *Steinebach* (ə < *aha*), hat sekundär angefügtes ↗*-bach*. **IV.** Steinau, OT von Fischbachtal, Lkr. Darmstadt-Dieburg; Steinau // Kamionka (Nidzica), Woi. Ermland-Masuren, PL. **V.** Pistorius; Reimer 1891; Sperber; CE; Reichardt. HGS

Steinbach (Taunus) **I.** Stadt im Hochtaunuskreis, 9898 Ew., im sö Taunusvorland, 7 km sw Bad Homburg, Reg.-Bez. Darmstadt, HE. Nach vorgeschichtlicher und röm. Besiedlung dürfte der Ort im Zuge der fränk. Landnahme seit dem 6. Jh. (neu-)gegr. und benannt worden sein; schon um 800, zuerst 789 und mehrfach später erfolgten Traditionen an die Klöster Lorsch und Fulda. Seit dem Hochma. im Besitz wechselnder Ritter- und Grafengeschlechter, ab 1810 zu Hessen-Darmstadt, seit 1972 Stadt. **II.** 780–802 *Steinbach* (Kop. um 1160); 789 *Steinbacher marca* (Kop. Ende des 12. Jh.). **III.** Benannt nach dem gleichnamigen Bach, der im Ort entspringt und 5 km sö in die Nidda mündet. Bw.: ahd. *stein* 'Felsen, Stein', Gw.: ↗*-bach*; Zusatz: ↗Königstein im Taunus, HE. **IV.** U. a. Steinbach, OT von Michelstadt, Odenwaldkreis, HE. **V.** CE; CL. HGS

Steinen **I.** Gem. im Lkr. Lörrach, 10 191 Ew., ca. 8 km nö von Lörrach am Steinenbach, der bei Lörrach als Lenkenbach in die Wiese mündet, Reg.-Bez. Freiburg, BW. Standort von Industrie und Handwerk, Tourismus, Bauernhaus-Museum, Vogelpark. **II.** 1113 Kop. 16. Jh. *Steina*, 1157 *Steina* [Or]; *Steinen* [Or] (1572). **III.** Für den SiN *Steinen* gibt es mehrere Erklärungsmöglichkeiten. Am wahrscheinlichsten ist er auf einen GwN zurückzuführen, der ursprünglich wohl **stein-aha* lautete. Dieser setzt sich aus ahd. *stein* 'Fels, Stein' und ahd. *aha* 'Wasser, Wasserflut, Wasserlauf, Strömung' zusammen. Ebenfalls zugrunde liegen können ahd. *steina* 'Tiegel, Topf, Kessel' und ahd. *stein* als Simplex. Das sw. Fem. ahd. *steina* endet nur im Nom. auf -*a*, das st. M. ahd. *stein* im Dat. Sg., Nom. und Akk. Pl. Bedingt durch ihre syntaktische Umgebung stehen SiN meist im Dat., was eher für ahd. *stein* als zugrunde liegendes App. spricht. Allerdings müsste der Name früh fest geworden und so die Abschwächung des auslautenden -*a* länger als im appellativischen Wortschatz verhindert worden sein. Die Lage der Siedlung an der Mündung des Steinenbachtals in das Wiesental und die Einschränkungen bei der Erklärung des SiN mit ahd. *steina* und ahd. *stein* sprechen für den GwN als Ursprung des SiN. Auslautendes -*en* in der h. amtlichen Form lässt sich als inverse Schreibung des abgeschwächten Vokals -*a* erklären. **V.** LKL II. MW

Steinfeld (Oldenburg) **I.** Gem. im Lkr. Vechta, 9550 Ew., Reg.-Bez. Weser-Ems (bis Ende 2004), NI. 1187 Gründung der Kirche in Steinfeld durch die Gem., die bis in die Gegenwart das Patronatsrecht behalten hat. **II.** 1187 *Stenfelde* [Kop. 18. Jh.], 1221 *Steinvelde*, 1298 *Stenvelde*, 1511 *Steinvelde*. **III.** Bildung mit dem Gw. ↗*-feld* und dem unflektierten Appellativ asä., mnd. *stēn* 'Stein, Fels'. Worauf sich das Benennungsmotiv konkret bezieht, ist nicht feststellbar. Ein vermuteter Zusammenhang mit Steindenkmälern ist allerdings sehr unwahrscheinlich. UO

Steinfurt **I.** Kreisstadt des gleichnamigen Kreises, 34 266 Ew., nw Münster, Reg.-Bez. Münster, NRW. Im MA Wasserburganlage und zugehörige Siedlung in der Gft. Steinfurt (Bentheim), 10. Jh. adeliges Damenstift in Borghorst, seit 16. Jh. Textilherstellung (Leinen) und seit 19. Jh. auch -industrie in Borghorst, 1806 Ghztm. Berg, 1810 Kaiserreich Frankreich, 1813 preußisch, 1975 Zusammenlegung der Städte Burgsteinfurt und Borghorst zur neuen Kreisstadt, Verwaltungsbehörden, Dienstleistungsbetriebe und Fachhochschule in Burgsteinfurt, Parkanlage Bagno in Burgsteinfurt. **II.** 1129 *Steinuorde*, 1134 *Steinuorth*, 1285 *Borchstenvorde*. **III.** Kompositum mit dem Gw. ↗*-furt* zu asä. *ford*, mnd. *vōrd(e)* 'Furt, seichte (Durchgangs-)Stelle im Wasser'. Als Bw. treten an das Gw. -*furt* selten PN heran, eher Appellative, welche die Beschaffenheit oder Umgebung der Furt charakterisieren. So liegt im ON Steinfurt als Bw. asä., mnd. *stēn* 'Stein' (↗*-stein*) vor. Der SiN bezeichnet also eine steinerne Furt, in diesem Fall über die (Steinfurter) Aa. Zur Differenzierung etwa vom gleichnamigen Ort Steinfurt an der Werse (Drensteinfurt) ist der Name um mnd. *borch* 'Burg, befestigter Bau' (↗*-burg*) ergänzt worden. Gegen die in älteren Belegen häufig auftretenden Bildungen im Dat. Sg. mit lok. Funktion zeigt die heutige Namenform einen Nom. Sg. **IV.** ↗Drensteinfurt, Kr. Warendorf, NRW. **V.** WfUB II, III, VIII; Buchholz-Johanek, I.: Steinfurt. In: HHS 3. kors

Steinhagen **I.** Gem. im Kr. Gütersloh, 19 936 Ew., am Südhang des Teutoburger Waldes, Reg.-Bez. Detmold, NRW. 1334 von Dornberg (zu Bielefeld) abgepfarrt; Brennereien von Wacholderbranntwein (*Steinhäger*), Gewerbebetriebe. 1973 Zusammenschluss mit zwei weiteren Gem. **II.** 1258 *Hemminc in*

indagine moratur Stenhagen, 1334 *Stenhagen*. **III.** Bildung mit dem Gw. ↗ *-hagen*. Das Bw. *Stein-* (zu asä. *stēn*, mnd. *stē*ⁿ*n* 'Stein; (kleiner) Fels', got. *stains*) wird auf steinige Bodenverhältnisse der Hagensiedlung hinweisen, wenn nicht ein einzelner Stein (etwa als Grenzstein) oder Felsen das Motiv geliefert haben kann (vgl. FO zu den Motiven der zahlreichen *Stein-* Namen). **V.** Schneider; HHS 3. *BM*

Steinhausen **I.** Dorf und Gem. im Kt. Zug, 8 746 Ew., n des Zugersees, 424 m über dem Meeresspiegel, CH. Früheste Siedlungsspuren aus der Jungsteinzeit, hochma. Kirche Sankt Matthias (erste Anlage 12. Jh.). Seit 1438 Untertanengebiet (Vogtei) der Stadt Zug, 1611 eigene Pfarrei und 1798 selbstständige Gem., rasantes Wachstum seit den 1960er Jahren. **II.** 1173 *Steinhusin* [Or], 1260 *Stainhusen* [Or], 1283 *Steinhusen* [Or]. **III.** Aus ahd. **stein-hûsun*, mhd. **steinhûsen* 'bei den Häusern aus Stein', mit dem nicht umgelauteten Dat. Pl. der ahd. *a*-Stämme, vgl. ↗ *-hausen*. Das Namenmotiv ist bisher nicht geklärt, entsprechende archäol. Funde etwa in der Umgebung der Pfarrkirche oder auf dem so genannten Schlossberg am Westrand des Dorfes fehlen. **V.** Dittli, 4; LSG. *BD*

Steinheim am Albuch **I.** Gem. im Lkr. Heidenheim, 8 690 Ew., ca. 7 km w Heidenheim inmitten des waldreichen Albuchs des durch einen Meteoriteneinschlag entstandenen Steinheimer Beckens am Klosterberg gelegen, Reg.-Bez. Stuttgart, BW. Siedlung der Merowingerzeit, gehörte bis 1806 zum gleichnamigen Kloster Albuch, seit 1938 zum Lkr. Heidenheim. Landwirtschaftliche Betriebe, Klosterberg, Heimatstube, Peterskirche, Meteorkratermuseum, Klosterhof. **II.** 8. Jh. (Kop. 1150–65) *Steinheim*, 839 *Steinheim*, 1209 *Stainhaim* [Or], 1490 *Sthainhain auf dem Aulbûch* [Or], 1560 *zu Steinen* [Or]. **III.** Es handelt sich um eine Zuss., gebildet mit dem Gw. ↗ *-heim* und dem Substantiv ahd., mhd. *stein* 'Fels, Stein'. Der ON bedeutet 'Wohnstätte bei dem Felsen'. Die Umsetzung des Bw. *-heim* schwankt im Westoberdeutschen. *Albuch* als Name für ein Teilstück der Alb ist seit 1155 überliefert. Da Steinheim von den Orten Westheim, Nordheim, Ostheim und Sontheim umgeben ist, dürfte die Gruppe Teil des fränk. Landesausbaus gewesen sein. **IV.** U. a. ↗ Steinheim, Kr. Höxter, NRW. **V.** Reichardt 1987; Kleiber 2000; LBW 4. *JR*

Steinheim an der Murr **I.** Stadt im Lkr. Ludwigsburg, 12 012 Ew., ca. 10 km nö Ludwigsburg am Neckarbecken und den Schwäbisch-Fränkischen Waldbergen gelegen und von der Bottwar durchflossen, Reg.-Bez. Stuttgart, BW. Frühe Siedlung, die 832 zunächst Besitzrechte an das Kloster Lorsch, 972 an das Hochstift Speyer abgab, 1564 württembergisch und 1609 Marktrecht. Weinbau, Wasserrad, Urmensch-Museum, stadtgeschichtliches Museum, Rathaus, Homo steinheimensis, Wellarium, Überreste eines römischen Steinbruchs und Gutshofs. **II.** 832 (Kop. 12. Jh.) *Steinheim in pago Murrachgouve*, 1247 *Steinhein*; *Steinheim an der Murr* (1955). **III.** Es handelt sich um eine Zuss. mit dem Gw. ↗ *-heim* und dem Bw. ahd., mhd. *stein* 'Fels, Stein'. Der Name bedeutet 'Siedlung beim römischen Steinbruch' oder 'Siedlung bei den steinernen Resten des römischen Gutshofs'. Der GwN dient der differenzierenden Lageangabe. **V.** Reichardt 1982b; LBW 3. *JR*

Steinheim **I.** Stadt im Kr. Höxter, 13 471 Ew., im oberen Weserbergland, Reg.-Bez. Detmold, NRW. 1231 Sitz eines Archidiakonats, 1275 (Nieheimer) Stadtrecht, 1872 mit Eisenbahnanschluss Beginn der Industrialisierung, seit Anfang 20. Jh. Möbelindustrie. 1970 Zusammenschluss von Stadt und Amt Steinheim mit Vinsebeck. **II.** Ca. 970–972 (Kop. 1479) *in Steynhem*, 1036 (Kop. ca.1160) *Stenhem*, 1243 *in Stenhem*, 1280 (Kop. 13. Jh.) *Steynheim*. **III.** Bildung mit dem Gw. ↗ *-heim*. Im Bw. erscheint das Appellativ *Stein* (zu asä. *stēn*, mnd. *stē*ⁿ*n* 'Stein; (kleiner) Fels', got. *stains*), evtl. auch Bez. für einen Grenzstein. In Verbindung mit dem Gw. kann ebenso an die Bez. eines Steingebäudes gedacht werden. **IV.** Schneider; Volckmar; HHS 3. *BM*

Stelle **I.** Gem. im Lkr. Harburg, 11 038 Ew., nw von Winsen, Reg.-Bez. Lüneburg (bis Ende 2004), NI. Die Einheitsgem. Stelle wurde 1972 aus den Gem. Ashausen mit Büllhorn, Fliegenberg, Rosenweide mit Wuhlenburg und Stelle gebildet. **II.** 1197 *Stelle* [Or], 1252 *Stelle* [Kop. 16. Jh.]; *Stelle* (1360). **III.** Der ON beruht wohl auf einer *-ia*-Abl. von asä. *-stal* 'Stall', mnd. *stal* 'Stallung, Gehege' oder eher asä. *stalo* 'Pfosten', mnd. *stāl(e)* 'bestimmte Hölzer, Pfahlwerk im Wasser'. Durch das Suffix wird der Stammvokal umgelautet und der Konsonant geminiert. **V.** Nds.-Lexikon. *KC*

Stemwede **I.** Gem. im Kr. Minden-Lübbecke, 14 088 Ew., in Dümmer-Geest-Niederung, 30 km nö Osnabrück, Reg.-Bez. Detmold, NRW. Seit Ende 10. Jh. Orte im Bereich der heutigen Gem. Stemwede nachgewiesen, Reichslehen der sächs. Herzöge; Landwirtschaft, Leinenindustrie. 1973 Zusammenlegung der Ämter Dielingen, Levern und Wehdem. **II.** 1188 (Kop. 1. Hälfte 14. Jh.) *prope Stenwede*, 1221 *de Stamwide*, 1235 *de Stemwide*, 1296 *in Stemmwede*; *Stemwede* (1297 Kop.). **III.** Bildung mit dem Gw. *-wede* (zu asä. *widu*, mnd. *wede* 'Wald; Holz'; vgl. engl. *wood*). Im Bw. wird mit mnd. *stam(me), stemne (stempne), stemme* 'Stamm als Teil des Baumes; abgehauener Stamm, gefällter Baum' zu rechnen sein, wenn der Erstbeleg (Kop.) auch mit *Sten-* an asä.

mnd. *stēn* 'Stein' denken lässt. In dem Fall wäre früh eine Assimilation zu *Stem-* eingetreten. V. Schneider; HHS 3. BM

Stendal I. Kreisstadt des gleichnamigen Landkreis, 35 900 Ew., w der Elbe in der sö Altmark, gelegen an altem Verkehrsknotenpunkt und am Übergang über die Uchte, Sitz der VG Stendal-Uchtetal, ST. Dörfliche asä. Siedlung im frühen Mittelalter, Stadtrecht durch die Markgrafen von Brandenburg um 1160, wichtiger Fernhandelsplatz, im 13. Jh. Gründung der Stendaler Seefahrergilde, 1350–1515 Zugehörigkeit zur Hanse, Geburtsort von J. J. Winckelmann (1717). Sitz der Fachbereiche Wirtschaft und Angewandte Humanwissenschaften der Hochschule Magdeburg-Stendal. II. 1022 *Steinedal*, um 1160 *Stendale*, 1215 *Stendal*. III. Bei dem ON liegt eine Bildung mit dem Gw. ↗ *-tal* und dem asä. App. *stēn* 'Stein' vor. Stendal ist demnach der 'Ort am bzw. im steinigen Tal'. IV. Steinental, Lkr. Ravensburg (1152 *Steininthal*), BW. V. MGH DH II; FO; SNB. GW

Stephanskirchen I. Gem. im Lkr. Rosenheim, 9 856 Ew., Reg.-Bez. Oberbayern, BY. II. Ca. 1120 *Stevinschirca*, 1147–1167 *Steuenschirchen*, 1159 *Stefinskirchen*, 1407–1420 *Stephanskirchen*, 1435 *Steffleinskhirchen*, 1465 *Steffelkirchen*, ca. 1583 *Steffanskirchen pagus et templ(um)*. III. Grundwort ist ahd. *chiricha* bzw. mhd. *kirche* 'Kirche, Kirchengebäude', ↗*-kirchen*, Bestimmungswort der Name des Kirchenpatrons, des heiligen Stephanus. Bemerkenswert sind die aus der nächsten Umgebung stammenden Schreibungen des 15. Jh. mit der Verkleinerungs- bzw. Koseform des Heiligennamens. V. Reitzenstein 2006. WvR

Sternberg // Šternberk ['ʃtɛrnbɛrk] I. Stadt im Kr. Olomouc, 13 834 Ew., in Mittelmähren, Bezirk Olomouc (Olomoucký kraj), CZ. Gegründet 1241 unter der gleichnamigen Burg der Herren von Sternberg, die verm. an eine ältere (den archäolog. Funden nach slaw.) Siedlung anknüpft. Die Stadt profitierte von der günstigen Lage am Handelsweg Olmütz-Schlesien. Im 14 Jh. Stadtprivilegien, 1371–84 Augustinerkloster, 1625 Post. Im 17. Jh. verstärkte sich die d. Zuwanderung aus Schlesien. Nahrungsmittel- und Textilindustrie. Uhrenmuseum. II. 1252 *Sternberg [Or]*; 1269 *de castro Sternberch [Or]*; 1279 *Sternberg [Or]*; 1437–1580 tschech. *Štemberk*; 1846 *Sternberg, Šternberk*. III. Die unter der Burg Sternberg gegr. Stadt wurde durch Übertragung des BurgN benannt, was im MA bei der Namenwahl für Suburbien geläufig war. Die Burg trägt den Namen ihrer Gründer – der Herren 'mit drei goldenen Sternen im Wappen'. Die Entlehnung ins Tschech. erfolgte auf der lautlichen Ebene (*Šternberk*), in älteren Belegen und auch im Dial. mit *r*-Dissimilation und *-nb-* > *-mb-*Assimiliation: *Štemberk*. IV. Sterntal // Šterntál, Sternfeld // Šternfeld, Vorstädte von Sternberg, CZ; Sternberg, MV; Šternberk, Böhmen, CZ. V. HŠ 2; LŠ; HSBM. RŠ

Šternberk ↗ **Sternberg**

Sterzing // Vipiteno ['ʃtɛrtsiŋ], dial. ['ʃtɛrʃtsiŋ]. I. Stadt und Verwaltungssitz der Bezirksgemeinschaft Wipptal, 6 203 Ew., im Wipptal am oberen Eisack an der Brennerstraße, STR, I. Im röm. Noricum (15.v. – 476 n. Chr.) Straßenstation *Vipitenum*, woraus sich mit dem s Vordringen der Baiern in das Pustertal E. des 6. Jh. und dann den Eisack abwärts bis Bozen im 7. Jh. zunächst der Name eines verschwundenen Kastells und dann der spätere Talname ahd. *Wipitina* / nhd. *Wipptal* entwickelte, während die neue Ansiedlung *Sterzing* genannt wurde. Durch die Kreuzung der n-s Brennerstraße mit der w-ö Verbindung über den Jaufenpass in den Vinschgau nach Meran und über das Pfitscherjoch in das Zillertal im 12./13. Jh. rasches Aufblühen durch Handel und Anlage der Neustadt unter Graf Meinhard II. von Görz-Tirol (1258–95), 1293 *civitas* genannt. Bergbau und Handel im 15./16. Jh. bescherten Reichtum und kulturelle Hochblüte, u. a. die Spiele des Virgil Raber († 1552). Bis 1919 bei Österreich, seither zu Italien. II. Wipptal: 2./3. Jh. (Kop. 12. Jh.) *Vepiteno* (Tab. Peut.), 4. Jh. *Vipiteno* (It. Ant.), 827 (Kop. 9. Jh.) *ad Uuipitina in castello*, 948–57 *in valle Vuibitina*, 1179 *in Wibetal*, 1200 *Wiptal*. Sterzing: 1180 (Kop. 18. Jh.) *ad Sterzengum*, 1218 *de Sterzingen*, 1332 *Sterzing*. III. Wipptal: Das etym. nicht idg. lat. *Vipitenō* ist lok. Ablativ zum Nom. *Vipitenum*, wurde zu rom. *Vibideno und im 6./7. Jh. als *Wibidina mit Vorverlagerung des lat./rom. Penultimaakzents auf die 1. Silbe ins Bair.-Frühahd. integriert und im 8. Jh. mit Zweiter Lautverschiebung zu bair.-ahd. *Wipitina* weiterentwickelt. Mhd. *Wibetal*/nhd. *Wipptal* bezeichnete im 14. Jh. das obere Tal des Eisack vom Brenner abwärts bis Sterzing und wurde Anfang des 16. Jh. auch auf das Nordtiroler Tal der Sill ausgeweitet. Ital. *Vipiteno* ist eine künstliche Bildung und seit 1923 amtlich. Sterzing: Ahd. ↗*-ing*-Abl. im Dat. Pl. vom ahd. PN *Starzo* mit Primärumlaut des 8. Jh. V. ANB 2; Kühebacher 1, 2; HHS Huter; Hye. PW

Stettin // Szczecin ['ʃtʃɛʦin], kasch. Szczecëno I. Stadtkreis, Hauptstadt und größte Stadt der Woi. Westpommern, 406 941 Ew., im w Teil der Woi., PL; Woi. Szczecin (1946–1998), Westpommern (seit 1999). Stettin liegt zwischen zwei Landschaftsparks: Szczeciński Park Krajobrazowy und Park Krajobrazowy Dolina Dolnej Odry und ist von mehreren Waldgebieten umgeben: Ueckermünder Heide // Puszcza Wkrzańska, Buchheide // Puszcza Bukowa und Gollnower Heide // Puszcza Goleniowska. 1939 Stadtkreis, Hauptstadt des Reg.-Bez. Stettin und Hauptstadt der Provinz Pommern (bis 15. 10. 1939 Sitz der Kreisbehörden des Kreises Randow). **II.** 1112–8 *Stetin*, 1124 *Stetinae, Stetina, Stetinam, Stetinenses*, 96–8, 1133 *inter Albiam et Oderam Stetin*, 1140 *civitatem Stetin*, 1188 *Stetyn*, 1253 *Stettin*, 1259 *Stettyn*, 1271 *Stethin*, 1273 *in civitate Sczecin*, 1286 *Stettinn*, 1294 *Stitin*, 1334 *Sthetin*, 1319 *de Statine*, 1539 *Stettin*, 1618 *Stettin*, 1789 *Stettin*, 1827 *Stettin*, 1890 *Szczecin*, d. *Stettin*, 1951 *Szczecin – Stettin*, 1982 *Szczecin, -na*, 2002 *Szczecin – Stettin*. **III.** Der slaw. ON ist: 1. ein topografischer Name * *Ščitьn-*, mit Suffix *-in-*, abgeleitet vom App. *szczyt* 'Anhöhe' oder * *Ščecinъ*, vom App. *szczeć* u. a. 'eine Gattung des scharfen Grases'; 2. ein poss. Name * *Ščetin-*, abgeleitet vom PN * *Ščeta*, poln. * *Szczota* (mit Umlaut), vgl. PN *Szczotka*. Es gab auch dän. Formen: *Burstaborg, Bursteburgh*, in denen das erste Glied vom App. 'Borsten' stammt, was für den topografischen Namen spricht. Adj. *szczeciński*. **IV.** Szczecin, in den Woi. Łódź und Kujawien-Pommern, PL. **V.** EO II; LorSNH; Rospond 1984; RymNmiast; RzDuma II. *BA*

Steyr ['ʃtaɐ̯ɐ], dial. älter und ländl. [ʒ̑daɪ]. **I.** Statutarstadt und Verwaltungssitz des Pol. Bez. Steyr-Land, 38 402 Ew., am Zusammenfluss von Steyr und Enns im Alpenvorland am Ostrand des Traunviertels, OÖ, A. Wohl um 900 wie ↗ Enns zur Abwehr der Magyaren Errichtung der „Steyrburg" im Flusswinkel durch Wels-Lambacher, denen 1055 die Traungauer Otakare folgten. Sie dehnten ihre Besitzungen nach Süden über die Alpen in die später nach der Stadt benannte *Steiermark* aus. Durch Eisenerzabbau am Erzberg Aufstieg des Ortes s der Burg, 1170 als *urbs* bezeichnet. Nach der Beerbung des letzten Traungauers Otakar IV. durch die Babenberger 1192 Entwicklung als Handelszentrum der ma. Eisenindustrie im Umland der sog. Eisenwurzen. Mittelpunkt der religiösen Waldenserbewegung und -verfolgung von 1260–1397. Im 14./15. Jh. wirtschaftl. Blüte durch die Harnischmacher, Klingen- und Messerschmiede. Seit 1525 Übertritt zum Protestantismus und Niedergang durch Gegenreformation und oö. Bauernkrieg 1626. Neue Industrialisierung ab 1830 mit Gewehrfabrik von Leopold Werndl, aus der sich schließlich die Kraftfahrzeugindustrie von Steyr-Daimler-Puch entwickelte, zu der 1979 das BMW-Werk hinzukam. Die Wallfahrtskirche Christkindl (1702–25) ist berühmt für den Versand von Weihnachtspost. **II.** 983–91 *Stirapurch*, 1140–60 *de Stire*, 1164 *de Stira*, 1174 *de Stiria*, 1188 *de Styra*, 1189 *de Styria*, 1241 *de Steyr, Steier*. **III.** Die Tab. Peut. des 2./3. Jh. verzeichnet in diesem Raum den kelt. Stamm der *Stiriate(s)*, der wohl nach dem Fluss antik * *Stīria* benannt ist. Da idg. * *stī-* 'zusammendrängen, verdichten' im Kelt. nicht vorkommt, ist trotz der Verwandtschaft von Kelt. und Lat. mit lat. *stīria* 'Eiszapfen' = 'verdichtetes Wasser' bereits eine idg.-vspr. Bildung mit suffixaler *r*-Abl. *-riā* möglich, 'die Aufstauende' mit Bezug auf den Rückstau bei Hochwasser und Überschwemmung. Die Integrierung wird über slaw. * *Stir'a* zu bair.-ahd. *Stīr(i)a* erfolgt sein. **V.** ANB 2; OÖONB 7; Wiesinger (1990); ÖStB 1; HHS Lechner. *PW*

Stieringen-Wendel // Stiring-Wendel **I.** Gem. im Arrondissement Forbach im Dép. Moselle, 12 522 Ew., 2 km nö Forbach, zu dem Stieringen urspr. gehörte, LO, F. 1846–53 Gründung eines Stahl- und Hammerwerkes durch Charles de Wendel; 1857 Gründung der neuen Gem. Stiring-Wendel; 1871 zum Reichsland Elsass-Lothringen, 1918 wieder zu Frankreich; Aufschwung durch Bergbau im Warndt. **II.** 1301 *Stieringen*, 1461 *Stieringer Gewäld*, 1662 *Stieringer bann*, 1779 *Stiringen*. **III.** Bildung mit PN ahd. *Stior* (zu ahd. *stior*, mhd. *stier* 'Stier') und dem ↗ *-ing*-Suffix. **IV.** Vgl. Gauname 9. Jh. *Steoringi* 'Stier-Leute' bei Delmenhorst, NI. **V.** Reichsland III; Hiegel; Kaufmann 1968. *Ha*

-stock. ↗ **-grün**

Stockach **I.** Stadt im Lkr. Konstanz, 16 621 Ew., ca. 24 km nnw Konstanz im Bereich der das n Bodenseebecken umrahmenden Molasserücken an der Stockacher Aach, gleichnamige VVG mit weiteren 5 Gem., Reg.-Bez. Freiburg, BW. Stockach wurde 1222 als *villa* und 1283 als *civitas* bezeichnet und wohl in der Mitte des 13. Jh. zur Stadt erhoben, seit 1806 württembergisch. Tourismus, Streuobstlehrpfad, Stadtmuseum, St. Michael, Schloss Espasingen, Burgruine Nellenburg. **II.** Um 1150 (Kop. 16. Jh.) *Stocka*, 1222 *Stocka*, 1272 *Stocach*, 1278 *Stoka*; *Stockach* (1288). **III.** Dem ON liegt wohl der GwN *Stockach* (zu ahd. *stock* 'Baumstumpf, Stamm' und dem Gw. ↗ *-ach*[1]) zugrunde. Eine Verbindung mit der Kollektivbildung ahd. *stockahi* 'Holzbündel' ist hier im Sinne von 'Stockicht, Ort, wo Baumstümpfe stehen' möglich, aber weniger wahrscheinlich, weil die zahlreichen auf *-a* auslautenden Namen besser als GwN interpretierbar sind. **V.** Krieger 2; O.: Die Flussnamen Württembergs und Badens. Stuttgart 1930; LBW 6. *JR*

Stockelsdorf nd. Stockelsdörp **I.** Amtsfreie Gem. im Kr. Ostholstein, 16 641 Ew., bestehend aus elf Dorfschaften, an der n Stadtgrenze Lübecks, SH. Gut Stockelsdorf in Besitz verschiedener Lübecker Adliger, 1925 Auflösung des Gutes, bis 1937 gehörte der Ort zu Oldenburg. Stockelsdorfer Kirche, Fayencemanufaktur, hist. Ortsteile. **II.** 1303 *inter villas … et Stochghelstorpe*, 1334 *to Stochelstorpe*. **III.** Der ON ist sehr wahrscheinlich eine Bildung aus dem Wortstamm *Stockel-* als einem unserem heutigen 'Stock, Baumstumpf' ähnlichen Beinamen. Nicht auszuschließen ist auch eine Herleitung vom apolb. PN *Stochel* abgeleitet und dem mnd. *-dorp*, hd. ↗ *-dorf,* so dass sich die Bedeutung 'Siedlung des Stochel' ergibt. **IV.** † Stochelsdorf, Kr. Herzogtum Lauenburg, SH. **V.** Laur; Haefs. *GMM*

Stockerau [ˌʃdokɐˈʁɔ̃ː] **I.** Stadt, 15 392 Ew., größte Stadt des Weinviertels, 25 km nw WI am Nordrand des Tullner Beckens, Bezirk Korneuburg, NÖ, A. Mittelalterlicher Handelsort (1465 Markt), Stadtpfarrkirche (1722–25) mit dem höchsten Turm in NÖ (88m); seit dem 19. Jh. Industrieansiedlungen, 1893 Stadterhebung; Schulstadt und wichtiger Verkehrsknoten; Sommerspiele, Sitz diverser (h. auch internationaler) Industrie- und Handelsunternehmen. **II.** Um 1073 zu 1012 Kop. 16. Jh. *apud Stokarawe*, 1177–1181 zu 1012 Kop. um 1181 *beatus Cholmannus martirizatus est et suspensus apud Stocherouuue.* **III.** Der Name ist eine Zuss. aus ↗ *-au* (mit der den d. gebildeten ON eigenen Betonung auf dem Gw.) und einem Bw., das eine nomen agentis-Abl. von ahd. *stok* (mit der Bedeutung 'Baumstumpf') ist, die den 'Holzfäller' bezeichnet, der ON bedeutet somit etwa 'Au, in der Holzfäller arbeiten'. **V.** ANB 2; Schuster 3; ÖStB 4/3. *ES*

Stolberg (Rhld.) **I.** Kreisangehörige Stadt im Kr. Aachen, 58 057 Ew., sö von Aachen am Nordabfall des Hohen Venn, Reg.-Bez. Köln, NRW. Erste Erwähnung 1118. Sitz der Herren von Stalburg. Seit Ende 16. Jh. Zentrum der Messingherstellung (Kupfermeister). Chemische, pharmazeutische und metallverarbeitende Industrie. 1856 Stadtrecht. **II.** 1118 *Stalburg [Or]*, 1234 *Stailburg*, 1324 *Stoilburg*; *Stolberg* (1651). **III.** Stolberg hat seinen Namen von der Burg, wie dies das Gw. noch bis in das 14. Jh. anzeigt. Es handelt sich um einen typischen Burgennamen. Das Bw. *Stail-*, *Stoil-* (zu ahd. *stahal* 'Stahl') ist substantiviertes Neutrum des Adj. germ. **stahalam* mit der Bedeutung 'standhaft'. In älteren Nachweisungen ist die Vokallänge noch nicht angezeigt. Dies erfolgt allgemein erst seit dem 13. Jh. Durch nachgestelltes (stummes) *-e-*, *-i-* oder *-y-*. Zur gleichen Zeit setzt die Verdumpfung des *-a-* zu *-o-* ein. In der Neuzeit erfolgt eine Vokalkürzung. Seit dem beginnenden 15. Jh. ist der Gw.-Wechsel (↗ *-burg* > ↗ *-berg*) festzustellen. **IV.** Stolberg (Harz), Lkr. Mansfeld-Südharz, ST; ↗ Stollberg (Erzgeb.), Erzgebirgskreis, SN. **V.** Kaufmann 1973. *Br*

Stollberg/Erzgeb. **I.** Große Kreisstadt und gleichnamige VG im Erzgebirgskreis, 13 394 Ew., am Nordrand des mittleren Erzgebirges, im Tal der Gablenz, nw liegt das Erzgebirgische Becken, SN. Deutsches Bauerndorf mit Ritterburg an alter böhm. Straße, Marktflecken, planmäßig zur Stadt ausgebaut nach 1300, 1343 civitas. Im 19. Jh. Standort der Strumpfwirkerei, Wachstum durch die Nachbarschaft des Kohlereviers Oelsnitz-Lugau, seit 1910 Kreisstadt. **II.** 1210 *de Staleburch*, 1299 *Stalburch*, 1495 *Stolbergk.* **III.** Bildung mit dem Gw. ↗ *-burg.* Im Bw. steht mhd. *stāl* 'Stahl, stählern, standfest', ganz im Stil der hochmittelalterlichen Burgennamen. Im 15. Jh. ging das Gw. in ↗ *-berg* über, der Vokal *-a-* wandelte sich zu *-o-.* **IV.** Stolberg (Harz), Lkr. Mansfeld-Südharz, ST. **V.** HONS II; SNB. *EE, GW*

Stolp // Słupsk [swupsk], kasch. *Stôlpskò* oder *Slëpskò*, schwed. *Stölpe* **I.** Stadtkreis und Kreisstadt des gleichnamigen Kr. (Powiat słupski), 97 331 Ew., im nw Teil der Woi. Pomorze, PL. Gelegen in einer Tiefebene (Równina Słupska), an der Stolpe // Słupia, 18 km von der Ostsee. 1939 Stadtkreis, Sitz der Behörden des Landkreises, Reg.-Bez. Köslin, Provinz Pommern; Woi. Szczecin (1946–1950), Koszalin (1950–1975), (Hauptstadt der) Woi. Słupsk (1975–1998), Woi. Pomorze (seit 1999). **II.** 1180 *Slupsk*, 1180 *Stolp*, *Stolpensis*, *Ztulp*, *Stulp*, 1227 *Stolp*, 1236 *Slupcz*, 1236 *Slupsko*, 1238–48 *Slupsch*, 1240 *Stolp*, 1243 *Stolpe*, 1252 *Slupe*, 1257 *Slupc*, 1275 *Slupsc*, 1276 *Stolpz*, 1277 *Slupzk*, 1294 *Stolpzk*, 1295 *Stolptzk*, 1535 *Stolp*, 1539 *Stolp*, 1545 *Stolp*, 1554 *Stolp*, 1618 *Stolpe*, 1789 *Stolp*, 1889 *Słupsk*, d. *Stolp*, 1951 *Słupsk – Stolp*, 1982 *Słupsk, -ka*, 2002 *Słupsk – Stolp.* **III.** Der slaw. ON **Stlpьsko* ist topographisch, mit drei Varianten in historischen Quellen: 1. mit dem Suffix **-ьsk-* oder **-ьsko* – 1180 *Slupsk*, 1236 *Slupsko*, 1277 *Slupzk*; 2. mit der pom. Entwicklung **l* und mit Suffix **-ьsk-* oder **-ьcь* – 1276 *Stolpz*, 1294 *Stolpzk*, 1295 *Stolptzk*; 3. ohne Suffix, im Zusammenhang mit der Übertragung des FluN *Słupia* auf den ON oder als primärer Name, dem App. **stlpъ* gleich, vgl. 1227 *Stolp*, 1243 *Stolpe*, 1252 *Slupe*. Laut Rospond, *-ьsk-* stammt der Name von der für GwN charakteristischen Wz. **stlp-*. Es lässt sich nicht eindeutig entscheiden, ob der FluN *Słupia* primär war. Der ON mit dem Suffix **-ьsk-* ist von **Stlpъ* oder **Stlpa* abgeleitet. Die aus poln. ma. Kanzleien stammenden Dokumente enthalten die poln. Entwicklung **l > -łu-*, die in d. und westpommerschen Kanzleien geschriebenen Dokumenten bewahren dagegen den Übergang **l > -oł-*. Adj. *słupski.* **IV.** Słup, Słupowo (Pomorze Gdańskie), PL. **V.** EO II; LorSNH; Rospond 1984; RymNmiast; RzDuma; PMT XI. *BA*

Stolzenau **I.** Einheitsgem. im Lkr. Nienburg (Weser), 7472 Ew., an der Weser, Reg.-Bez. Hannover, NI. Um 1350 Bau der Grenzburg gegen die Schlüsselburg der Mindener Bischöfe, Residenz der Hoyaer Grafen, 1459 Siedlung als Flecken erwähnt, 1974 Zusammenlegung der Gem. Anemolter, Diethe, Frestorf, Hibben, Holzhausen, Müsleringen, Nendorf, Schinna und Stolzenau. **II.** 1370 *thor Stoltenouwe* [Or], 1503 *Schlot Stoltznow* [Or]. **III.** Bildung mit dem Gw. ⁊-*au(e)*. Das Bw. geht auf mnd. *stolt*, in FlN im Sinne von 'hochragend, steil', zurück, hier in flektierter Form und ab dem 16. Jh. zu *stolz* verhochdeutscht. Das ansteigende Weserufer dürfte namengebend gewesen sein. **IV.** Stolzbrok (1246 *Stoltenbroke*), OT von Bissendorf, Lkr. Osnabrück, NI; Stoltenberg, OT von Meinerzhagen, Märkischer Kreis, NRW; Stoltenberg, Kr. Plön, SH. **V.** HHS 2; GOV Hoya-Diepholz. *FM*

Storkow (Mark) **I.** Stadt im Lkr. Oder-Spree, 9 268 Ew. Im Niederungs- und Seengebiet zwischen unterer Spree und Dahme, sö Berlin, BB. Eine d. Burg, Ende d. 12. Jh. mit slaw. Burgsiedlung in zuvor slaw. besiedelter Kleinlandschaft; Städtchen (1450 Stadt). **II.** 1209 *Sturkuowe*, 1349 *Storkow* [Or.], 1450 *Storgkow*. **III.** Nach neuester Untersuchung ist slaw./asorb. **Storkov-* eine adj. Bildung mit dem Suffix -*ov*- zu asorb. *stork* aus urslaw. **(s)tŭrk*, vgl. poln. *stark* 'Anstoß, Pfahl, Stachel', also 'Ort, bei dem Pfähle (zur Befestigung) verwandt wurden; befestigter Ort'. Frühere Erklärung als 'Storchaue' zu mnd. *stork* 'Storch' ist wegen der archäologischen Funde auf dem Burggelände und ON wie Storkwitz, OT von Delitzsch, Lkr. Nordsachsen,SN, weniger wahrscheinlich. **V.** UI; Riedel A XX; BNB 12; DS 36. *EF*

Straelen ['ʃtraːlən] **I.** Stadt im Kr. Kleve, 15 655 Ew., Reg.-Bez. Düsseldorf, NRW. 1342 als Stadt bezeugt. Seit 1978 Heimstatt des Europäischen Übersetzer-Kollegiums. **II.** (1063–66) *in Strala*, (1079–89) *in Stralo* [Or], (1193–1205) *de Stralin* [Or]. **III.** Zu asä. *sträla* st. F. 'Pfeil', mnl. *strāl(e)* 'Pfeil, Spitze', wohl im lokativischen ON-Dat. (so auch *Stralo*), ab Ende des 12. Jh. mit schwacher Flexion [mda. 'ʃtrɔːlə]. Benennungsmotiv ist verm. eine spitzwinklige Flurform, auf der/bei der die urspr. Siedlung errichtet wurde. Die Schreibung *ae* für [aː] bewahrt eine in den Niederlanden und im Rheinland im MA gängige Längenschreibung. **V.** HHS 3; RhStA V/31; Kaufmann 1973. *Tie*

Stralendorf **I.** Gem. und gleichnamiges Amt (mit weiteren acht Gem.) im Lkr. Ludwigslust, 11 605 Ew., an der sw Stadtgrenze Schwerins, MV. Rittergut, zu Schwerin. Landwirtschaft und Obstanbau, verschiedene mittelständische Betriebe. **II.** 1334 *Stralendorff*, 1593 *Stralendorff*, 1750 *Stralendorf*. **III.** Das Bw. geht verm. auf das Wappenbild der holsteinischen Ortsgründer zurück und enthält mnd. *stral* 'Strahl, Pfeil', das Gw. ist ⁊-*dorf*. **V.** MUB VIII; Buggenthin, I.: Stralendorf 675 Jahre. Geschichte im Wandel. Chronik der Gemeinde Stralendorf. Stralendorf 2009. *MN*

Stralsund, Hansestadt **I.** Kreisfreie Stadt, 57 866 Ew., am Strelasund (zur Ostsee), gegenüber der Insel Rügen, MV. Slaw. Vorbesiedlung an engster Stelle zwischen Festland und Insel, um 1200 daneben d. Kaufmannssiedlung, 1234 Stadtrecht, Mitte 13. Jh. zwei Klostergründungen, um 1293 Mitglied der Hanse, seit 1325 zu Pommern-Wolgast, nach 30-jährigem Krieg an Schweden, schwed. Verwaltungssitz, nach Wiener Kongress preußisch. Seehandel, h. Schiffbau und Hafenwirtschaft sowie Fremdenverkehr (Altstadt seit 2002 UNESCO-Weltkulturerbe). Seit 1991 Fachhochschule (ca. 2500 Studierende). Zusatz: *Hansestadt* seit 1990. **II.** 1234 *ciuitati nostre Stralowe*, 1240 *Noue ciuitati in Stralesund*, 1261 *de Sundis*, 1525 *Stralsundt*; *Stralsund* (1262). **III.** Der ON *Stralsund* ist ein slaw.-d. Mischname. Um 1200 taucht mehrfach die Bezeichnung einer Insel im heutigen Strelasund (*apud Strelam, ex aduerso Strele*) auf, auch 1240 findet sich erneut *insulam Strale*. Diesem Namen liegt eine apolb. Gf. *strěla 'Pfeil' (vgl. aruss. *strěla* 'Pfeil, Blitz'; slk. *strele* und poln. *strzała* 'Geschoß') zugrunde, verm. weil die Insel (h. Dänholm?) eine pfeilartige Form hatte. Denkbar ist, dass diese Inselbezeichnung zunächst auf die Meerenge (um mnd. *sund* 'Meerenge, Durchgang' erweitert) übergeht und die neue Stadt davon ihren Namen herleitet. Eine metaphorische Erweiterung der urspr. Bedeutung von *strěla zu 'Meeres- oder Flussarm; Landzunge bzw. Bogen' ist nicht auszuschließen. Dann hätte die Erweiterung mit bedeutungsähnlichem *sund* verstärkende Bedeutung. Zeitweilig existierten volksetymologische Deutungen, so z. B. dass das Meer in drei Strahlen auf die Stadt zukomme, dass zwei Fischer (Strahle und Sundke) Namensgeber der Stadt seien oder eine strahlende Sonne (mda. angelehnt) die Herkunft des ON bestimme. Eine vorslawische Herleitung ist bei heutiger Quellenlage solid nicht möglich, eine Abl. vom mnd. *stral* 'Pfeil, Strahl' ist wegen des eindeutig slaw. Suffixes in der ersten Schreibform wenig wahrscheinlich. **IV.** Strehla, Lkr. Meißen, SN. **V.** PUB 1, 2; MUB I, II; HHS, Bd. 12; EO; Witkowski 1965; Trautmann ON Meckl.; Eichler/Mühlner; Niemeyer 2007. *MN*

Strasbourg ⁊**Straßburg**

Strasburg // Brodnica [brɔdɲitsa] **I.** Kreisstadt, seit 1999 in der Woi. Kujawsko-Pomorskie (Kujawien-Pommern), 27 777 Ew., PL. An der Drewenz // Drwęca im Kulmer Land // Ziemia chełmińska. Stadtrecht verm. 1298, seit 1303 zum Deutschen Orden, 1466 an Polen, 1772 an Kgr. Preußen, seit 1920 zu Polen, 1945–1975 Woi. Bydgoszcz (Bromberg), 1975–1998 Woi. Toruń (Thorn), Lebensmittel-, Bekleidungs-, Papier-, Möbelindustrie und Motorenbau. **II.** 1262 *Streisbergk*, 1298 *Strasberg*, 1317 *Brod-*

nicza, 1466 *Straasberg alias Brodnica*, 1921 *Strasburg*. **III.** Der d. ON *Strasburg* ist gebildet aus dem Bw. *Straße-* und dem Gw. ↗ *-berg*. Der poln. ON *Brodnica* wurde aus dem Subst. *bród* 'Furt' und dem Suffix *-ica* (↗ *-itz*) gebildet. **IV.** Brodnica, Woi. Wielkopolskie (Großpolen), Brodek, Woi. Mazowieckie (Masowien), Brodnia, Woi. Łódzkie (Łódź), Brodno, Woi. Dolnośląskie (Niederschlesien), alle PL. **V.** Rymut NMP; Rospond 1984; RymNmiast. *IM*

Straßburg // Strasbourg mda. [ˈʃdʀoːsbuʀi], franz. [stʀazˈbuʀ]. **I.** Hauptstadt des Départements Bas-Rhin, 272 975 Ew., Sitz der Départementsverwaltung, Region Elsass, F. Römisches Kastell, Bischofssitz seit der Spätantike, zweitgrößtes Münster des Reichs, mittelalterliches und frühneuzeitliches Kulturzentrum von europäischer Bedeutung (Gottfried von Straßburg, Tauler, Gutenberg), freie Reichsstadt, im 16. Jh. reformiert, ab 1621 Universität, nach militärischem Überfall ab 1681 zu Frankreich, 1871–1918 zu Deutschland als Hauptstadt des Reichslands Elsass-Lothringen, seit 1949 Sitz des Europarats, wichtigste Stadt des Elsass. **II.** In der Antike *Argentorate*, *-ato*, um 400 *civitas Argentoratensium id est Strateburgum*, zu 589 *ad Argentoratensem urbem quam nunc Strateburgum vocant* (Gregor von Tours), zu 842 *Strazburg* (Nithard), zu 590 *Stradeburgum* (Gregor von Tours), *Stradiburg, Stradeburgo* (merowingische Münzen). **III.** Gall. *Argento-* wahrscheinlich Gewässername und *-rate* 'Befestigung' zu air. *ráith* 'Erdwall, Fort'. Germanisch *strate* von lateinisch *(via) strata* 'die Strasse aus Innergallien' und ↗ *-burg* 'befestigte Stadt'. Der Name wurde vor der Lautverschiebung *-t-* > *-s-* des 6. Jh. geschaffen. Der germanische Beleg der Notitia Dignitatum (um 400) ist wohl ein Zusatz um 600. Die Formen mit *-d-* sind romanisch entwickelt aus intervokalisch *-t-*, so dass man mit dem Überleben der romanischen Bevölkerung im Frühmittelalter rechnen muss. **V.** Greule, A.: Straßburg, § 1: Namenkundlich. In: Reallexikon der germanischen Altertumskunde 30 (2005); Langenbeck, F.: Vom Weiterleben der vorgermanischen Toponymie im deutschsprachigen Elsass, Bühl/Baden 1967, I. *WM*

Straubenhardt I. Gem., 10 746 Ew., ca. 12 km sw von Pforzheim, Enzkreis, Reg.-Bez. Karlsruhe, BW. 1973–75 entstanden durch Vereinigung/Eingliederung der Dörfer Conweiler, Feldrennach mit Pfinzweiler, Schwann, Langenalb und Ottenhausen. Regionales Gewerbe- und Industriezentrum. Historisches Rathaus Langenalb, Nikolauskirche Ottenhausen (früheres Schloss Rudmersbach), Schlosskirche Schwann. **II.** Um 1090 Kop. 12. Jh. Kop. 16. Jh. *de Strubenhart*, 1186 *de Strubenhart [Or]*, 1418 Dorsualvermerk 15. Jh. *von Straubenhart [Or]*; *von Straubenhardt [Or]* (1597). **III.** Der ON wurde 1973 im Zuge der Vereinigung der Dörfer Conweiler, Feldrennach mit Pfinzweiler und Schwann für die neue Großgemeinde festgelegt. Dabei griff man auf einen seit dem 11. Jh. bezeugten mittelalterlichen Namen für eine abgegangene Burg ca. 1 km nö von Neuenbürg-Dennach bzw. für das gleichnamige Adelsgeschlecht zurück, für den die Ausgangsform ahd. *Strūbinhard bzw. mhd. *Strūben-hart (mit abgeschwächtem Nebensilbenvokal *-e-* und auslautverhärtetem *-t*) anzusetzen ist. Bw. ist die Gen.-Sg.-Form ahd. *Strūbin bzw. mhd. *Strūben zum PN *Strūbo*, der zu dem Adj. ahd. *strūb* 'sich kräuselnd, struppig' bzw. mhd. *strūbe* 'starrend, rauh emporstehend, struppig' zu stellen und als PN bzw. BeiN u.a. auch in württembergischen Quellen des 13. Jh. bezeugt ist. Als Gw. fungiert ahd. *hard bzw. mhd. *hart* 'fester Sandboden, Weidetrift, Wald' (↗ *-hart*), sodass für den ON die urspr. Bed. '(Burg an/bei/in dem) Wald, der nach einer Person namens *Strūbo* benannt ist' erschlossen werden kann. Es liegt folglich primär ein FlN vor, der auf die Burg übertragen wurde. Dass in der Belegreihe keine Hinweise auf einen Umlaut des Langvokals *-ū-* erkennbar sind, spricht nicht gegen die Möglichkeit des Ansatzes einer ahd. Grundform *Strūbin-hard mit einem üblicherweise Umlaut bewirkenden *-i-* in der Folgesilbe des *-ū-*, da *ū* im Obd. vor Labialen in der Regel nicht umgelautet wurde. Mhd. *-ū-* entwickelte sich zum Frnhd. hin regelkonform zu *-au-*. Die Schreibung mit *-dt* stellt eine frnhd. Schreibvariante für *-t* dar. **IV.** Strauben, Reg.-Bez. Stuttgart, BW, und ↗ Straubing, Reg.-Bez. Niederbayern, BY. **V.** FP; Hackl 2011; LBW II, V. *StH*

Straubing I. Kreisfreie Stadt, 44 496 Ew., an der Donau, zwischen Regensburg und Passau im sog. „Gäuboden" gelegen, Sitz der Verwaltung des Landkreises Straubing-Bogen, Reg.-Bez. Niederbayern, BY. Umfangreiche vor- und frühgeschichtliche Funde (u. a. vier antike Kastelle, Römerschatz, Gräberfelder), 1218 Gründung der Neustadt, 1353–1425 Hauptstadt des Hztm. Straubing-Holland. **II.** 897 *Strupinga [Or]*, 905 *ad Strúpingun / Strupinga [Or]*, 1121 *Strubingen [Or]*, um 1170/75 *Strubing*; *Straubing* (1240/45). **III.** Dem mit ↗ *-ing-*Suffix gebildeten SiN liegt ein BeiN altbair. *Strūp-* zugrunde (germ. **strūba-* 'emporstehend, struppig'). Dabei handelt es sich offenbar um eine Benennung nach der markanten Haartracht des Namensträgers. Ein frühahd. BeiN *Strupo* erscheint im Langob. und Abair., eine frühere Vergleichsmöglichkeit bietet inschriftliches *STRVBILO SCALLEONIS* Gen. Sg. aus Katzelsdorf (b. Wiener Neustadt, A). In den ältesten Nennungen zeigt der SiN noch die Wirkung der Medienverschiebung, nach 905 herrscht <b> vor. Ahd. /ū/ blieb vor dem labialen Konsonanten ohne Umlaut und wurde in mhd. Zeit diphthongiert. Seit dem 12. Jh. erscheint die urspr. Dat. Pl.-Endung zu -*en* abgeschwächt. Der auf der Tabula Peutingeriana bezeugte antike SiN *Soruioduro* (für das spätantike Kastell bei St. Peter) dürfte am ehesten einen ehemaligen GwN **Sorvios* enthalten. Bei dem kontrovers diskutierten frühma. *locus Simpliccha* liegt dagegen kein vordeutscher SiN vor, sondern ein aus ahd. **sin-blick(i)* 'beständig glänzend' gebildeter (ursprünglicher) GwN. **IV.** Ober-/Niederstraubing (849 *Strupingas*), Lkr. Erding, BY. **V.** Prinz, M.: Geographische Namen in und um Regensburg. In: Deutsch in Regensburg. Hg. von S. Näßl. Frankfurt u.a. 2002; Prinz 2007; Prinz, M.: Ahd. *Simpliccha*. In: Zwischen Münchshöfen und Windberg (= Internationale Archäologie. Studia honoraria 29). Rahden 2009. **MP**

Strausberg **I.** Stadt im Lkr. Märkisch-Oderland, 26 229 Ew., am Südrand der Märkischen Schweiz, ö Berlin, BB. Um 1225 markgräflich-brandenburgischer befestigter Hof (*curia*); im Anschluss an diesen Stadtanlage; Stiftung des Dominikanerklosters 1254/56; Stadt (1268/84 *civitas*). Pfarrkirche St. Marien (Mitte des 13. Jh., im 15. Jh. umgebaut), Teile der Stadtmauer (nach Mitte des 13. Jh.). Im 18. Jh. Tuchgewerbe, seit 1994 Sitz der Akademie für Information und Kommunikation der Bundeswehr. **II.** 1240 *Strutzberch*, 1247 *Struceberch*, 1268/84 *Strucesberge*; *Strausberg* (1775). **III.** Die Burg und dann die Stadt wurden nach der Lage oberhalb des Straussees (1284 *aquam [...] Struz*) benannt. Der vermutlich slaw. GwN ist unklar. Die Namenerklärung als slaw. **Struč(j)e*, eine Bildung mit dem Suffix -*je* zu apolb./asorb. *struk* 'Schote, Hülse' (zu erwarten wäre apolb. *strąk*, doch sind im Apolb. nasale Formen neben entnasalierten belegt, vgl. *ląg* neben *lug*), die sich möglicherweise auf die langgestreckte Form des Sees bezieht, ist wegen fehlender sicherer Vergleichsnamen nicht überzeugend. Der slaw. Name wurde zu mnd. *strutse* 'Strauß' umgedeutet, wodurch sich auch der (Vogel) Strauß im Wappen der Stadt erklärt. Zum Gw. mnd. -*berch*, hd. ↗-*berg* 'Berg', hier in der Bedeutung 'Burg'. **V.** Krabbo; Büsching; BNB 5, 10; SNB. **EF**

Straußfurt **I.** Gem. und Sitz der gleichnamigen VG, Lkr. Sömmerda, w der Kreisstadt an der Unstrut im Thüringer Becken gelegen, 7399 Ew., TH. Altthüringische Furtsiedlung an alter Fernstraßenkreuzung zwischen den fränk. Königshöfen in Erfurt und Nordhausen; später Herrensitz, Burg, dort 1735 Schloss der Familie von Münchhausen; Landwirtschaft, im 19./20. Jh. Dachziegel- und Zuckerproduktion. **II.** (780/817) 1150/65 *in Stuhesfurte*, 876 *in Stuchesfurtu*, 948 *Stuchesuurt* (zu lesen: -*vurt*), 1506 *Strusfart*. **III.** Der ON wurde gebildet mit einem PN *Stuch, Stucha* o.ä., der wohl wie ahd. *stūhha* 'Baumstumpf' zu germ. **stukka-* m. 'Stock, Balken, Baumstumpf' gehört, und ahd. ↗-*furt* 'Flussdurchgang', also 'Ort eines Stuch(a) an der Furt'. Eine direkte Bildung zu ahd. *stūhha* ist sowohl sachlich als auch auf Grund des Genitiv-*s* unwahrscheinlich. Später wurde der ON nach Diphthongierung von *ū > au* sekundär kanzleisprachlich an *Strauß* angeglichen und damit semantisch neu unterlegt. 1506 -*fart* zeigt mda. Wiedergabe. **IV.** Stitswert, Provinz Groningen, Niederlande, 10. Jh. *Stucciasuurd* (Bach DNK II); Sumpfname bei Coburg, BY: *Stuchgras* 1162, in Grenzurkunde (Schwarz). **V.** CE II; FP; Walther 1971. **KH**

Strehlen // Strzelin ['stʃɛlʲin] **I.** Kreisstadt, 12 165 Ew., Woi. Niederschlesien // Dolny Śląsk, PL. 38 km s von Breslau an der Ohle, am Hang der Strehlener Berge. Stadtgründung 1292 zu d. Recht, neben einer älteren Burgsiedlung. Kreisstadt, Reg.-Bez. Breslau, NS, (1939) 12 337 Ew. **II.** 1228 *Strelin*, 1264 *Strelyn*, 1297 *Strelen*. Re-Polonisierung des ON: 1887 *Strzelica*, 1896 *Strzelno*, 1900 *Strzelin*. **III.** Zugrunde liegt ein apoln. PN *Strzała* zum gleichlautenden Appellativum 'Pfeil' (< urslaw. **strěla* dasselbe, verwandt mit ahd. **strāla* 'Licht-, Wasserstrahl'); mit dem Possessivsuffix -*in*. Häufig sind die von **strěl-* abgeleiteten ON durch topologische Besonderheiten motiviert, z.B. einen Flußarm (*Strehla, Strelln* HONS). Bis ins frühe 15. Jh. variieren die Suffixe ↗-*in* und -*en*, während die eingedeutschte Form sich bei -*en* stabilisiert. Die heutige poln. Namenform orientiert sich an den ma. Belegen. **IV.** Strzelno, Woi. Kujawien-Pommern, PL; Strehla, Lkr. Meißen; Strelln, Lkr. Nordsachsen, beide SN; ↗Stralsund, MV. **V.** SNGŚl; RymNmiast. **ThM**

Striegau // Strzegom ['stʃɛgɔm] **I.** Stadt im Kr. Świdnica, 16 650 Ew. Woi. Niederschlesien // Dolny Śląsk, PL. 17 km nw von Schweidnitz. Im Rahmen der Verteidigungsanlagen gegen S wird Striegau nach dem Mongolensturm als d. Kolonistenstadt zu Magdeburger Recht ausgesetzt. Kreisstadt (bis 1932), dann zum Kr. Schweidnitz, Reg.-Bez. Breslau, NS, (1939) 15 918 Ew. **II.** 1155 *Ztrigom*, 1201–1203 *Ztregom*, *Zregom*, 1316 *Strigow*. Re-Polonisierung des ON: 1512 *Stryga*, 1612 *Strzygowa*, 1887 *Strygów* (*Trzygór*), 1900 *Strzygłów*, 1945 *Strzegom*. **III.** Aus einem apoln. PN **Strzegom*, verm. als KN von *Strzeżymir* 'der über den Frieden wacht', *Strzeżysław*, zu *strzec* 'behüten, bewachen' (< urslaw. **stergti* dasselbe). Zu rekonstruieren ist das Possessivsuffix -*jь* im Anschluss an den PN – 'Ort des Strzegom'. Die Namenform ist vor allem in der Endung variantenreich (*Stregon* 1205, *Stregun* 1228, *Stregom* 1242, *Stregen* 1452). Eine Verfestigung der schon Ende des 13. Jh. belegten Lautung *Striegau* wird lange durch die Kontamination mit latinisierten Formen wie *Stregomia, Strigonia, Strigo-*

via verhindert. Auch die poln. Namenformen des 16. / 17. Jh. haben d. bzw. lat. Grundlagen. Im 19. Jh. kommen poln. Volksetymologien über den ON auf, z.B. *Trzygór* 'Dreiberge', *Strzygłów* 'geschorene Köpfe'. Die heutige poln. Namenform wurde aufgrund der ma. Belege des ON rekonstruiert. **V.** Rospond 1969; SNGŚl; RymNmiast. *ThM*

Stromberg (Hunsrück) **I.** Stadt und gleichnamige VG (seit 1970) im Lkr. Bad Kreuznach, 9 331 Ew., mit zehn Gem. am ö Rand des Soonwalds im O des Hunsrücks, RP. 1156 kamen Burg Stromberg und Umgebung zur Pfalzgrafschaft bei Rhein und damit im 13. Jh. an die Wittelsbacher. Bereits seit dem 14. Jh. wird Stromberg als Stadt erwähnt. 1689 wurde die Burg von franz. Truppen zerstört und 1780 abgetragen. 1815 zum Kgr. Preußen. **II.** 1084–88 *Strumburg*, 1131 *Stronberch*, 1208 *Strumberg*, 1268 *Stromvelth*, 1287 *Strumborg*; *Stromberg* (1338). **III.** Die Urk. Heinrichs III. von 1056 (*Berhdolf von Stru(o)mburg*) ist eine F. von Anf. 12. Jh. Das Bw. kann wohl als 'horizontales (metaphorisches) „Umströmen" des Berges durch Stein- oder Erdwälle' gedeutet werden. Die Annahme, der Guldenbach könnte Namengeber des Berges gewesen sein, ist weniger sinnvoll. Das Gw. ist ahd. ↗ *-berg*. **V.** Bibliothèque Nationale Paris, Fond Latin; MRR I; Fabricius, W.: Erläuterungen zum geschichtlichen Atlas der Rheinprovinz. Bd. VI, Die Herrschaften des unteren Nahegebiets. Bonn 1914; Gysseling 1960/61; Kaufmann 1973. *JMB*

Strullendorf **I.** Gem. im Lkr. Bamberg, 7736 Ew., unmittelbar s von Bamberg, Reg.-Bez. Ofr., BY; zum Hochstift Bamberg gehörig, 1803 zu Bayern. **II.** Zu 1102/39 Annalen (12.) 15. Jh. *Strullendorf*. **III.** Gw. des Namens ist ↗ *-dorf*; Bw. soll der PN *Strollo* sein. Eine hist. Persönlichkeit dieses Namens ist im Zusammenhang mit dem Ort nicht bezeugt. **V.** Reitzenstein 2009; Ziegelhöfer/Hey, S. 21. *RB*

Strzegom ↗ **Striegau**

Strzelce Opolskie ↗ **Groß Strehlitz**

Strzelin ↗ **Strehlen**

Stuhr **I.** Gem. im Lkr. Diepholz, 33 200 Ew., w von Bremen, Reg.-Bez. Hannover (bis Ende 2004), NI. Sitz eines Ksp. in moorigem Kolonisationsgebiet; seit dem MA Zugehörigkeit zum Amt Delmenhorst in der Grafschaft Oldenburg; 1973/1974 namengebend für die neu geschaffene Einheitsgem. **II.** 1187 *in Sture* [Kop. 16. Jh.], um 1250 *in Stura*, 1252 *Sture*. **III.** Der ON enthält den GwN *Stur*, h. *Varrel-Bäke* (1171 *fluvii, qui dicitur Sture*, 1290 *fluvium, qui dicitur Stura* [A. 16. Jh.]), der auf der Substantivierung von asä. *stōri* 'groß, mächtig' beruht. **V.** GOV Hoya-Diepholz; Möller 2000. *KC*

Stutensee **I.** Große Kreisstadt im Lkr. Karlsruhe, 23 479 Ew., ca. 8 km n Karlsruhe in der Rheinebene gelegen, Reg.-Bez. Karlsruhe, BW. Stutensee entstand 1975 im Zuge der Gebietsreform durch die Vereinigung der ehemals selbstständigen Gem. Blankenloch, Friedrichstal, Spöck und Staffort. Seit 1998 Große Kreisstadt. Schloss Stutensee, Festhalle, Hugenotten- und Heimatmuseum, Kerns-Max-Haus, Herrmannshäusle, Fachwerkhäuser. **II.** *Stutensee* (1975). **III.** Neuer Gemeindename nach dem ehem. markgräflich-badischen Jagdschloss Stutensee (zu ahd., mhd. *stuot* 'Pferdeherde' und dem Gw. ↗ *-see*). **V.** Diemer, M.: Die Ortsnamen der Kreise Karlsruhe und Bruchsal. Stuttgart 1967; Kannenberg; LBW 5. *JR*

Stuttgart **I.** Stadtkreis, 600 068 Ew., im Stuttgarter Kessel im Zentrum von BW gelegen, Landeshauptstadt und Sitz der Verwaltung des Reg.-Bez. Stuttgart, BW. Laut Überlieferung 950 von Herzog Liudolf angelegt, in der 1. Hälfte des 13. Jh. Stadtrecht, im 14. Jh. zur Grafschaft Württemberg, 1803–1805 Haupt- und Residenzstadt des Kurfürstentums Württemberg, 1918–1945 Landeshauptstadt und seit 1952 Regierungssitz Baden-Württembergs. Automobil- und Maschinenbau, Neues Schloss, Altes Schloss, Schloss Solitude, Residenzschloss Ludwigsburg, Kunstmuseum, Mercedes-Benz Museum, Königsbau, denkmalgeschützter Kopfbahnhof, Markthalle, Hospitalkirche, Stiftskirche, Domkirche St. Eberhard, Rosensteinpark. **II.** Um 1160 (Kop.) *Stůkarten*, 1263 *Stůtgartun* [Or], 1632 *Stuettgardten* [Or]; *Stuttgart* (1745/46). **III.** Der Name geht auf mhd. *stuotgarte* 'Gestüthof' zurück und erinnert an *Gestüt*, das nach sagenhafter Überlieferung bereits durch Hz. Liudolf um 950 angelegt wurde. Der älteste Beleg zeigt Assimilation von *-tg-* zu *g* bzw. *k*. Die heutige amtliche Form ist durch Schreibungen des 17. Jahrhunderts mit Doppelkonsonant als Zeichen für vorausgehenden Diphthong oder Langvokal beeinflusst. **V.** Reichardt 1982b; LBW 3. *JR*

Süd- ↗ **Nord-**.

Südbrookmerland **I.** Gem. im Lkr. Aurich, 19 132 Ew., w von Aurich, bis 2004 Reg.-Bez. Weser-Ems, seit 2005 Regierungsvertretung Oldenburg, NI. Besiedlung des Gebietes seit dem späten 12. Jh. Zahlreiche Kirchenbauten in der ersten Hälfte des 13. Jh. Die Gem. Südbrookmerland entstand am 1. 7. 1972 durch Zusammenschluss der früheren Gem. Bedekaspel, Forlitz-Blaukirchen, Moordorf, Moorhusen, Münkeboe, Oldeborg, Theene, Uthwerdum, Victorbur und Wiegboldsbur. Moormuseum Moordorf.

II. 1735 *Südbrokemer Land [Or]*, 1818 *Südbrokmerland*. **III.** Bei der Benennung wurde der Raumname *Brokmerland* aufgegriffen und durch den Zusatz *Süd-* 'südlich liegend' von diesem unterschieden, obwohl eher eine sö Lage vorliegt. **IV.** ↗Brookmerland, Lkr. Aurich, NI. **V.** Remmers, Aaltukerei. *TK*

Süderbrarup nd. Brarup, dän. Sønder Brarup **I.** Gem. und gleichnamiges Amt im Kr. Schleswig-Flensburg mit siebzehn amtsangehörigen Gem., 11 132 Ew., auf der Halbinsel Angeln, SH. Ersterwähnung 1231; das Amt entstand 1970. Die Gem. Süderbrarup ist anerkannter Erholungsort. **II.** 1231 *in Syndræbrathorp [Or]*, 1352 *in parochia Sünderbrarup*, 1517 *tho Suderbrarup*. **III.** Der ON setzt sich zusammen aus dem altdänischen *bra* 'Abhang', dem *torp*, ↗*-dorf*, 'Dorf, Siedlung' und der Lagebezeichnung ↗*Süd-*. Somit ist 'der südliche Teil des Dorfes am Abhang' mit der Bezeichnung angesprochen. **V.** Laur; Haefs. *GMM*

Südlohn I. Gem. im Kr. Borken, 9042 Ew., Reg.-Bez. Münster, NRW. Kirchdorf (Pfarrrechte 1231) am Südende eines 6 km langen, in Langstreifen aufgeteilten Gemeinschaftsackers (↗Stadtlohn) auf einem Hof der „Grafen" von Lohn, Befestigung 1597, Marktrechte 1617 durch den Bischof von Münster, seitdem Freiheit (Wigbold), heute Gem., 1803 zum Ftm. Salm(-Anholt), 1811 zum Kaiserreich Frankreich, 1813 preußisch; Holz- und Metallverarbeitung. **II.** 1085 *Laon*, 1092 *Lon* (Siedlungsraumname für Stadt- und Südlohn), 1231 *Suthlon*. **III.** Namenbildung zunächst als Simplex, später mit Lageangabe 'südlich(er) gelegen' zur Unterscheidung vom nördlicher gelegenen Stadtlohn. Gw. (und ehemals Simplex) ist ↗*-lōh*, im Dativ Plural, *-lōhun*, mit lokativischer Funktion: 'bei den Nutz- oder Niederwäldern'. **IV.** ↗Iserlohn, Märkischer Kr., ↗Stadtlohn, Kr. Borken, beide NRW. **V.** Werdener Urbare B; Söbbing, U.: Südlohn mit Oeding. In: Westfälischer Städteatlas VII.5. Altenbeken 2001; WOB Soest. *schü*

Süßen I. Stadt im Lkr. Göppingen, 10057 Ew., ca. 8 km osö Göppingen von der Fils und Lauter durchflossen, die sich dort vereinigen, Reg.-Bez. Stuttgart, BW. Bildet zusammen mit der Städten Donzdorf und Lauterstein sowie der Gem. Gingen an der Fils den GVV Mittleres Fils-Lautertal mit 28220 Ew. Süßen entstand 1933 durch die Zusammenlegung der beiden ehemals selbstständigen Gem. Groß- und Kleinsüßen. Beide waren zunächst spitzenbergisch-helfensteinisch, Groß-Süßen ging dann an Ulm, Klein-Süßen an das Spital zu Gmünd, beide kamen 1810 an Württemberg. Industriegemeinde, Bauerngarten, Historischer Brunnen, Ulrichskirche, Alte Marienkirche, Zehntscheuer, Amtshaus, Alte Mühle. **II.** 1071 (Kop. 12. Jh.) *Siezun*, 1241 *Siezon*, 1267 *Siezzen*, 1280 *Minnern Siessen*. **III.** Der Name führt wohl – mit späterer Rundung des Stammvokals *ie* < *io* – auf ahd. *sioza* fem. 'Landgut' zurück, das in FlN auch als 'Weideplatz' bezeugt ist. **V.** Krieger 2; Südhess. FlNB; LBW 3. *JR*

Suhl I. Kreisfreie Stadt sw Erfurt, in einem Talkessel am SW-Rand des Thüringer Waldes, an der Hasel und Lauter, 40173 Ew., TH. Altthüringisches Dorf an alter Passstraße über den Thüringer Wald; 1445 Flecken, 1527 Stadt; seit 13. Jh. Salzgewinnung und Eisenabbau sowie Verarbeitung von Eisenerz, seit 16. Jh. Waffenherstellung; seit 19. Jh. Industriestadt, h. bes. Jagd- und Sportwaffen, seit 2005 amtlich „Waffenstadt Suhl", Wintersportort. **II.** Ad 1238 (spätere Niederschrift) *Sule*, 1263 *fratres de Sulahe*, 1318 *by Sula*, 1437 *Sull*, noch 1527 *Suhla*. **III.** Gebildet wahrscheinlich wie andere *Suhl*-GwN mit ahd. *sul, sol* 'sumpfige Stelle' für einen GwN, in ahd. Zeit mit Gw. ↗*-aha¹*, später verkürzt zu *-a*, also etwa 'Morast-, Schlammbach'. Es handelt sich dabei wohl um den urspr. Namen für den Oberlauf der Hasel, der auf den Ort überging. Die Formen *Sule* und *Sull* zeigen mda. Aussprache. Möglicherweise könnte dem hiesigen GwN auch die sonst erst mit frühnhd. *sul, sol* 'Salzwasser, Salzbrühe' bezeugte Bedeutung schon zugrunde liegen, dann etwa 'Salzwasserquelle, -bach', was evtl. auch durch die lokale Salzgewinnung im 13. Jh. gestützt wird. 2003 wurde eine hoch angereicherte salzhaltige Quelle neu erbohrt („Ottilienquelle"). **IV.** GwN Suhl, r. zur Werra, s Eisenach, (780/802) 1150/65 *Sulaha*, 1061 *Sulaha*, mit den ON Mark-, Kupfer- und Wünschensuhl, (977) Abschrift 1150/65 *Sulaho*, 1268 *Kupersula*, 1284 *Windischensula*; GwN Suhl, l. zur Werra, s Gerstungen, jeweils TH (mit ON Unter- [TH] – und Obersuhl, HE), 1261/1311 *Sula*. **V.** Mon. Erph.; Walther 1971; SNB; Berger. *KH*

Suhr mda. ['suːr] **I.** Gem. im Bezirk Aarau, 9458 Ew., ehem. Bauerndorf im unteren Suhrental beim Zusammenfluss von Suhr und Wyna, AG, CH. Heute industrie- und gewerbereicher Vorort von Aarau (Milchprodukte, Möbel, Elektromotoren, elektrische Leitungsanlagen). **II.** 1045 *in Sura*, 1173 *predium Suro*, um 1394 *ze Súr*. **III.** Sekundärer SiN, übertragen vom alteurop. FluN **Sūra*, gall. **Sūra* 'die Saure, die Salzhaltige' (< idg. Adj. **sūro* 'sauer, salzig, bitter'). Die Senkung des Vokals von [uː] > [ʊː] der alteinheimischen Aussprache ist nicht erklärt, da sie üblicherweise nur kurzes [u] betrifft; die Zugezogenen sprechen ['suːr]. Aufgrund der Schreibung *Súr* postuliert Greule eine urspr. Nebenform **Sūria*, deren *i/j* den Umlaut bewirkte. **IV.** Sursee, LU, CH. **V.** Schweiz. Lex.; Greule: Flußnamen; Zehnder, Gemeindenamen Aargau; LSG. *RMK*

Sulechów ↗ Züllichau

Sulingen I. Stadt im Lkr. Diepholz, 12 793 Ew., an der Sule, Reg.-Bez. Hannover (bis Ende 2004), NI. Um den Mindener Villikationshauphof Sulingen entstand im MA eine Fleckensiedlung; erst im 15. Jh. kommt der Ort von Minden an die Grafen von Hoya; 1852 Amtssitz, 1884 Kreissitz, Stadtrecht 1929; 1932 Verschmelzung des Kreises mit dem Kreis Diepholz. II. 1029 *Sulegon* [Or], 1239 *Sulegen,* 1301 *Sulleghe; Sulingen* (1791). III. Das Erstelement des ON beruht auf dem GwN *Sule.* Diese ist zu der in zahlreichen Namen anzusetzenden idg. Wz. **seu-, *su-* 'Saft, Feuchtes' zu stellen, die auch in ae., ahd. *sol* 'Schlamm, Pfütze' (< germ. **sul-*) bezeugt ist. Als Zweitglied ist trotz der heutigen Form nicht das Suffix ↗ *-ing(en)* anzusetzen, sondern verm. eine Nebenform von ↗ *-lage* (mit *-e-* < *lagi*) im Pl. IV. Seulingen, Lkr. Göttingen, NI. V. GOV Hoya-Diepholz; NOB IV; HHS 2; Nds. Städtebuch. *KC*

Sulz am Neckar I. Stadt im Lkr. Rottweil, 12 347 Ew., ca. 22 km n Rottweil am Ufer des bis in den Mittleren Muschelkalk eingetieften oberen Neckars zwischen Schwarzwald und Schwäbischer Alb gelegen, VVG mit Vöhringen, Reg.-Bez. Freiburg, BW. Siedlung des frühen MA, die zunächst im Besitz der Grafen von Hohenberg und von Zollern war, 1284/85 Erhebung zur Stadt. Wasserschloss Glatt, Kastell Sulz, Gustav-Bauernfeind-Museum, Stadtkirche. II. 790 *Sulza,* 1092 *Siulzo,* 1099 *Sulzo.* III. Der Name führt auf ahd. *sulza* 'Salzsohle, Salzquelle', mhd. *sulze, sülze, sulz* 'Salzwasser, Salzsohle' zurück. Da Heinrich III. bereits 1064 das Salzsieden in Sulz gestattet hatte und sich am Marktplatz Salzbrunnen und die Siedehäuser zum Eindampfen der Sole befanden, handelt es sich um einen Hinweis auf ma. Salzgewinnung und nicht um eine unspezifische „salzige Stelle" (LBW). IV. Sulz, SM; Sulz, NÖ, beide Österreich. V. FO 2; Bach DNK 2; LBW 6. *JR*

Sulza, Bad I. Stadt und Erfüllende Gem. im Lkr. Weimarer Land, n Jena, in einem Talkessel der Ilm kurz vor ihrer Mündung in die Saale, im O des Thüringer Beckens, 7922 Ew., TH. Altthüringische Siedlung bei Solequellen; im 11. Jh. Burg und Burgward; Burgflecken, Marktrecht 1064; im MA Salzgewinnung; Entwicklung zur Stadt im 12./13. Jh. (1267 *werden cives genannt,* 1353 *oppidum Sulcz*); Ackerbürgerstadt; seit 1847 Solbad; seit 1907 Zusatz Bad, anerkanntes Heilbad; Beiname „Thüringer Toskana". II. 1046 *Svlza,* 1155 *Sulza,* 1378 *Sulcza,* 1506 *Sultza.* III. Gebildet mit ahd. *sulza* 'Salzwasser, Sole' (vgl. hd. *Sülze*), Ablautform zu ahd. *salz* 'Salz', also 'Ort am Salzwasser, an der Solequelle'. IV. Sülzenbrücken, OT von Wachsenburggemeinde, 9. Jh. *Sulzebruggun,* Ilmkreis; Sülzfeld, Lkr. Schmalkalden-Meiningen, beide TH, 8. Jh. *Sulzifelde;* Bad Sülze, Lkr. Nordvorpommern, MV, 1243 *in Sulta;* GwN *Sulz* (zur Werra) mit ON *Solz,* 828 *Sulzaha,* 1450 *Solcza.* V. MGH DH III; Walther 1971; SNB; Walther, H.: Die ON Thüringens (Handschriftliche Sammlung, Universität Leipzig). *KH*

Sulzbach (Taunus) I. Gem. Main-Taunus-Kreis, 8354 Ew., Reg.-Bez. Darmstadt, HE. Ersterwähnung im Zusammenhang mit einer Schenkung Kaiser Konrads II. an das Kloster Limburg an der Haardt. Ab dem 13. Jh. nahm die Reichsstadt Frankfurt die Schirmherrschaft über das Reichsdorf wahr. Seit dem 17. Jh. unterstand Sulzbach auch dem Erzbistum Mainz. 1803 zusammen mit dem Reichsdorf Soden an Nassau-Usingen. II. 1035 (Kop.) *Sulzbach,* 1191 *Sulzbach.* III. Bw. ist ahd. *sulza* 'Salzwasser'. V. Andrießen; Löffler, Falkenstein. *TH*

Sulzbach I. GVV im Rems-Murr-Kreis, 10 069 Ew., bestehend aus Großerlach, Spiegelberg und Sulzbach an der Murr, ca. 24 km sw Schwäbisch Hall inmitten des Naturparks Schwäbisch-Fränkischer Wald an der Murr gelegen, Reg.-Bez. Stuttgart, BW. Zunächst Reichslehen der Gafen von Löwenstein, 1441 durch Verkauf an die Kurpfalz und 1504 in württembergischem Besitz. Staatlich anerkannter Erholungsort, Kurbetriebe, Schloss Lautereck, Idyllische Straße, Naturpark, Murrtal-Radweg, Heimatmuseum. II. 817 (Kop. 16. Jh., Fälschung) *Sultzbach,* 1277 *Sulzebach,* 1295 *Sulzbach.* III. Der auf die Siedlung übertragene GwN mit dem Gw. ↗ *-bach* enthält als Bw. ahd. *sulza* 'Salzsohle, Salzquelle', mhd. *sulze, sülze, sulz* 'Salzwasser, Salzsohle' und bezieht sich verm. auf salzhaltiges Wasser. IV. U. a. ↗ Sulzbach/Saar, Regionalverband Saarbrücken, SL. V. Reichardt 1993; Bach DNK 2; Springer, O.: Die Flussnamen Württembergs und Badens. Stuttgart 1930; LBW 3. *JR*

Sulzbach/Saar I. Stadt im Regionalverband Saarbrücken, 17 679 Ew., im Herzen des Saarkohlenwaldes, ca. 10 km nö von Saarbrücken, SL. Gründung des HochMA aufgrund der Salzgewinnung. Seit 1549 Gft. Nassau-Saarbrücken. 1635 vollständige Zerstörung im 30-jährigen Krieg, erst 1728 Wiederbesiedlung. Seit dem 18. Jh. Eisenverhüttung, seit dem 19. Jh. Steinkohlebergbau, Glasindustrie und eine Blaufabrik, 1852 Bau der Eisenbahn, 1866 selbstständige Gem.verwaltung. 1920 Saargebiet unter Völkerbundmandat, 1935 Rückgliederung ans Deutsche Reich, 1946 Erhebung zur Stadt, 1947 Teil des in polit. Union mit F verbundenen SL, seit 1957 Bundesland SL. II. 1359 *Solzpach* [Or], 1400 *Soltzbach* [Or]; *Sultzbach* [Or] 1405. III. Bildung mit dem Gw. ↗ *-bach,* ahd. *-bah,* das ein kleineres fließendes Gewässer bezeichnet. Das Bw. *sulz* stammt vom ahd. *sulza* 'Salzwasser'. Der Stammvokal [u] wurde in den früheren überlieferten Formen wegen des folgenden [a] im Gw. zu [o] abgesenkt. Anzunehmen ist daher eine ältere, nicht früh belegte Form **Sulzbach*. Der urspr. GwN bezeichnete schon zur Zeit der frühesten Erwähnungen eine Siedlung, die möglicherweise wegen der vorhandenen Salzbrunnen angelegt wurde. **IV.** ↗ Sulzbach, Rems-Murr-Kreis, BW. **V.** Kluge. *spe*

Sulzbach-Rosenberg. I. Stadt mit 26 Gem.-Teilen im Lkr. Amberg-Sulzbach, 19 976 Ew., ca. 10 km nw von Amberg und ca. 50 km ö von Nürnberg im Oberpfälzer Jura, Reg.-Bez. Opf., BY. Burg Sulzbach entstanden als karolingischer Zentralort des Nordgaus, später Stammsitz der Grafen von Sulzbach, frühere polit. und wirtschaftl. Bedeutung durch Lage an der „Goldenen Straße" von Nürnberg nach Prag und durch Bergbau mit Stahlherstellung, 1934 Stadt Sulzbach mit s angrenzender Gemeinde Rosenberg vereinigt. **II.** Sulzbach: 1103 *Solzbach* [Or], 1109 *Sulcebach* [Or]. Rosenberg: 1253 *castrum Rosenberch* [Or]; *Sulzbach-Rosenberg* (1934) **III.** Sulzbach: Zum Gw. des ersten ON-Bestandteils ↗ *-bach*. Das Bw. ahd. *sulza* 'Sülze, Salzwasser', hier wohl 'Schlamm, Morast', kennzeichnet in GwN die Wasserqualität. Der wohl urspr. GwN wurde auf die Siedlung übertragen; er selbst ist nicht mehr im Gebrauch. Ein Gegenstück findet er in dem etwa gleich oft auftretenden ON *Lauterbach* mit der Bed. 'Bach mit klarem Wasser'. Rosenberg: Zum Gw. ↗ *-berg*. Beim Bw. *Rosen-* wäre wegen des mutmaßlichen Adelssitzes ein Bezug zu einem heraldischen Symbol denkbar, doch fehlen dazu Hinweise. Ein urspr. FlN mit der Bed. 'von Rosen bewachsener Berg' kann nicht ausgeschlossen werden. Am ehesten scheint eine metaphorische Phantasiebildung vorzuliegen, wie sie bei vielen BurgN zu finden ist. **IV.** In BY existieren 12 Gem. bzw. Gemeindeteile mit dem Namen *Sulzbach*, weitere ca. 20 SiN weisen das Bw. *Sulz* auf. *Rosenberg* erscheint als Name/Namenteil von etwa 10 bayerischen Orten. **V.** Frank, H./Oelwein, C./Schuh, R.: Sulzbach-Rosenberg. München 2002; Sulzbach und das Land zwischen Naab und Vils im frühen Mittelalter. Amberg 2003; Schwarz 1950. *GS*

Šumperk ↗ **Mährisch Schönberg**

Sundern (Sauerland) I. Stadt im Hochsauerlandkr., 29 061 Ew., an der Röhr, s von Arnsberg, ö der Sorpetalsperre, Reg.-Bez. Arnsberg, NRW. Seit dem MA Nutzung von Wasserkraft (Mühle, Hämmer), Eisenverarbeitung und Landwirtschaft. Bereits vor 1314 eingeschränktes Stadtrecht, 1649 erweitert. 1906 Amtssitz. **II.** 1310 *Sundern*, 1368 *Sunderen*, um 1448 *Sundern*. **III.** Die zahlreichen gleichlautenden wfl. ON beruhen auf mnd. *sundere(n)* M. (zu asä. *sundar* 'besonders', mnd. *sunder* 'gesondert, für sich befindlich'). Damit wird ein aus der gemeinen Mark herausgenommener 'Sonderbesitz' eines Herren, eines Herrenguts oder einer geistlichen Einrichtung bezeichnet, im vorliegenden Fall Besitz der Grafen von Arnsberg als Stadtherren. **V.** Bach DNK II.1, S. 17f. Schütte 2007. *Flö*

Sursee ['soːrsi], ['suːrsi] **I.** Stadt und Gem., Hauptort des Amtes Sursee, 8 690 Ew., die Stadt liegt an der Sure, dem Ausfluss des Sempachersees, Kt. Luzern, CH. Bronze- und eisenzeitliche Ansiedlungen, römische Kleinstadt (Vicus), frühmittelalterliche Kirchenbauten. Mitte des 13. Jh. als Stadt fassbar mit den Grafen von Kyburg als Stadtherren, 1299 Stadtrechtsprivileg durch König Albrecht. Nach der Eroberung durch die Stadt Luzern 1415 Munizipalstadt. Im 19. und 20. Jh. Entwicklung zum Zentrum der Luzerner Landschaft. Am Martinstag (11. Nov.) Brauch der „Gansabhauet". **II.** 1036 (Kop. 13. Jh.) *in Surse*, 1045 *in Surse*, 1256 *de Surse*, 1257 *Sursee*. **III.** Zuss. mit dem Gw. *-see* < mhd. *sē* < ahd. *sēo* m. 'See, stehendes Gewässer, sumpfige Stelle'. Das Bw. entspricht dem Flussnamen *Sure*, 1292 *fluvium dictum Sur*, 1341 *bi der Suren*. Der FluN wurde von Greule zu gall. **Sūra* 'salzhaltiges, saures Wasser' gestellt. Die mda. Vokalsenkung von [uː] > [oː] ist nicht geklärt, da die Senkung in der Regel nur Kurzvokale betrifft. Die von Greule propagierte Nebenform **Sūria* lässt sich aus den erst im 14. Jh. auftretenden hist. Belegen *Sŭr*, *Sŭre* und *Sŭra* nicht begründen. Die vereinzelten superskribierten *i* oder *e* sind wohl als Längenbezeichnungen zu interpretieren. Auch ein germ. Ansatz ist für den FluN *Sure* nicht auszuschließen, da das vorgeschlagene gall. Adj. **sūra* mit einem germ. Adj. **sūrō* 'sauer' nahezu identisch ist. Mit *Sursee* wurde urspr. das unterste Seebecken des heutigen Sempachersees bezeichnet. Der Seename wurde auf das anstoßende Gelände und schließlich auf die Siedlung, die dort entstand, übertragen. Der SiN *Sursee* bedeutet also 'Gelände bzw. Siedlung am Seeteil Sursee'. **IV.** ↗ Suhr, Kt. AG, CH. **V.** Greule, Flußnamen; Zehnder, Gemeindenamen Aargau; LSG. *EW*

Svitavy ↗ **Zwittau**

Świdnica ↗ **Schweidnitz**

Świdwin ↗ **Schivelbein**

Świebodzice ↗ **Freiburg in Schles.**

Świebodzin ↗ **Schwiebus**

Swinemünde // Świnoujście [ɕvinɔujɕtɕje], kasch. Swina **I.** Stadtkreis, 40 829 Ew., im nw Teil der Woi. Westpommern, PL. An der Mündung der Swine // Świna in die Ostsee, auf drei großen (Usedom // Uznam, Wollin // Wolin, Kaseburg // Karsibór) und 41 kleinen unbewohnten Inseln. 1939 Kreisstadt des Kreises Usedom-Wollin, Reg.-Bez. Stettin, Provinz Pommern; Woi. Szczecin (1946–1998), Westpommern (seit 1999). **II.** 1182 *actum Szvvine*, 1314 *de Swina*, 1315 *de Svina*, 1318 *Swyne*, 1618 *Swine*, 1628 *Schweine*, 1780 *Neuestadt Swinamünde*, 1789 *Swinemünde*, 1792 *Swienemünde*, 1829 *Ostswine, Westswine, Swinemünde*, 1951 *Świnoujście – Swinemünde*, 1982 *Świnoujście, -cia*, 2002 *Świnoujście (Świnioujście) – Swinemünde*. **III.** Urspr. slaw. ON, im 14. Jh. notiert, vom FluN *Świna* abgeleitet. Im 18. Jh. wurde der Name zum Hybrid *Swinemünde* gewandelt. Das erste Glied stammt vom FluN, das zweite vom d. App. ↗ *-münde* 'Mündung der Świna (in die Ostsee)'. Der heutige poln. Name ist eine Lehnübersetzung des d. ON. Adj. *świnoujski*. **IV.** Orlamünde, Saale-Holzland-Kreis, TH; ↗ Tangermünde, Lkr. Stendal, ST; ↗ Ueckermünde, Lkr. Uecker-Randow, MV. **V.** Rospond 1984; RymNmiast; RzDuma II. *BA*

Świnoujście ↗ **Swinemünde**

Swisttal **I.** Gem. im Rhein-Sieg-Kreis, 18 280 Ew., sw Bonn am Unterlauf der Swist, Reg.-Bez. Köln, NRW. Aus den ehem. Gem. Buschhoven, Essig, Heimerzheim, Ludendorf, Miel, Morenhoven, Odendorf, Ollheim und Straßfeld 1969 neu gebildete Gem., Verwaltungssitz Ludendorf. Vorgeschichtliche und röm. Besiedlungsspuren, Bonner und Kölner Klöster sowie der Ebf. von Köln als ma. Grundbesitzer, z. T. in karolingischer Zeit bezeugt, mehrere Burgen und Schlösser, landwirtschaftlich geprägt, Orte mit größerer Einwohnerzahl: Heimerzheim, Odendorf, Buschhoven. **II.** 1074 *Heimwordesheim*, 1197 *Heimersheim*; 9. Jh. *Odendorp*, 893 (Kop. 1222) *Odendorpht*; ca. 1113 *Bishovenshoven*, 1167 *Bishoven*. 1969 *Swisttal*. **III.** *Swisttal* mit dem Gw. ↗ *-tal* und dem GwN *Swist*, der wohl mit mhd. *zwist* 'Streit' und engl. *twist* 'sich drehen, winden' zusammenhängt, die auf die Grundform des Zahladj. *zwei* zurückgehen. *Heimerzheim* ist ein mit dem germ. PN *Heimwart* zusammengesetzter typischer ↗ *-heim*-Ortsname, ähnlich wie *Odendorf* (germ. PN *Odo*) als ↗ *-dorf* -Ortsname. Der ON *Buschhoven* führt im Bw. zurück auf das App. *Bischof*, gemeingerm. Lehnwort aus lat. *episcopus*, und das Gw. ↗ *-hofen* 'bei den Höfen des (Kölner) Bischofs'; die Anpassung an *Busch-* muss neuzeitlich sein. Das Tal der Swist ist eher eine fruchtbare Hochfläche zwischen Eifelanstieg und Abfall des Vorgebirges zum Rhein. Heimerzheim und Odendorf gehören zu den zahlreichen linksrheinischen *-dorf* und *-heim*-Namen (Dittmaier). In Buschhoven besaß der Kölner Ebf. eine Burg, später ein Jagdschloss. **V.** FP; Dittmaier 1979; Mürkens, G.: Die Ortsnamen des Landkreises Bonn, o.O. 1961; Hoffmann, W.: Sprachgeschichte und Sprachwandel im Swisttaler Raum. Eine Skizze. In: Heimatblätter des Rhein-Sieg-Kreises 66/67 (1998/99); HHS 3. *Ho*

Syke **I.** Stadt im Lkr. Diepholz, 24 425 Ew., an der Hache, Reg.-Bez. Hannover (bis Ende 2004), NI. Um 1270 errichtete Wasserburg mit Vogtei und höherem gräflichen Landgericht; Fleckensiedlung im 15. Jh. nachweisbar, 1885 Kreissitz des Lkr. Syke, 1929 Stadtrecht und 1932 Kreisstadt des Kreises Grafschaft Hoya. **II.** Um 1250 *Syke [Or]*, um 1260 *Sike*; *Syke* (1387). **III.** Der ON beruht auf dem Simplex mnd. *sīk, sīke* 'kleiner, langsamer Bach, Rinnsal'. Verm. ist nicht die Hache selbst gemeint, sondern ein in sie fließender Zulauf im Ortsbereich. **V.** GOV Hoya-Diepholz; HHS 2; Nds. Städtebuch. *KC*

Szczawno Zdrój ↗ **Salzbrunn, Bad**

Szczecin ↗ **Stettin**

Szczecinek ↗ **Neustettin**

Szklarska Poręba ↗ **Schreiberhau**

Szprotawa ↗ **Sprottau**

T

-tal. Das App. ahd. / mhd. *tal*, asä. / mnd. *dal* Ntr. (< germ. **dalā-*) '(langgestreckte) Vertiefung im Gelände' gehört weiterhin zum aktiven Wortschatz und wurde und wird wie andere Wörter (z. B. *Bach, Dorf, Feld, Hof*) zur Namenbildung verwendet. Seit dem MA hat *-tal* (neben jüngerem *-thal*), auch als Simplex (↗Thale, Lkr. Harz, ST) und Bw. (↗Thalheim/ Erzgeb., Erzgebirgskreis, SN), kontinuierlich in der ON-Gebung eine Rolle gespielt, zur Zeit der d. Ostsiedlung, im 17. Jh. und in der Gegenwart im Zuge der Gemeindereform (↗Dautphetal, Lkr. Marburg-Biedenkopf, HE) in der Regel mit der allgemeinen Bed. 'Siedlung'. Für die relativ späte Produktivität des Bildungstyps spricht, dass *-tal* praktisch nicht mit ↗*-ing(en)* kombiniert wurde. Literatur: Bach DNK II, 2; Schuster I; Debus / Schmitz, H.-G. *FD*

Tamm I. Gem. im Lkr. Ludwigsburg, 12 145 Ew., zusammen mit Bietigheim-Bissingen und Ingersheim VVG der Stadt Bietigheim-Bissingen, 60 931 Ew., ca. 6 km wnw Ludwigsburg in einer Mulde des Strohgäus am Saubach, Reg.-Bez. Stuttgart, BW. 1304 Gut des Esslinger Spitals, 1634 von den Kaiserlichen niedergebrannt, seit 1807 Oberamt und Landkreis Ludwigsburg. Zeichengeräte- und Künstlerfarbenherstellung. Wassertürme, Bartholomäuskirche. II. 1287 *von Damme* [Or], 1293 *von Tamme* [Or], 1523 *Thamm*. III. Der Name geht auf mhd. *tam* 'Damm, Deich' zurück; namengebend war vielleicht ein Knüppeldamm durch sumpfiges Gelände. V. Reichardt 1982b; LBW 2 und 3. *JR*

Támsweg [mda. 'tam(b)sweg] I. Marktgemeinde im Lungau, 5773 Ew. Pol. Bez. Tamsweg, SB, A. 8.–14. Jh. zu Bayern und 1328–1803 zum Erzstift Salzburg, seit 1816 zu Österreich. Dekanatspfarre zum Heiligen Jakob dem Älteren, seit dem 15. Jh. Wallfahrtsort und spätestens seit dem 16. Jh. Marktgemeinde. II. Vor 1167 *(predium ad) Tamswich*, ca. 1231 *(capellam in) Taemswich*, 1246 *(ecclesia in) Temswich*, 1280 *(in foro) Tempsweich* und *Tem(p)s-*, 1281 *Taemswich* III. Die heutige Form *Tamsweg* findet sich erst seit dem ausgehenden 18. Jahrhundert. Dabei handelt es sich um slaw. **Damešoviki* (von einem slaw. PN *Dameš* mit patronymischem Suffix **-oviki*) unter volksetymologischem Bezug auf deutsche *-weg-*Komposita. IV. Zeltweg, Maßweg, beide SM, Radweg, KÄ, alle A. V. ANB; SOB; HHS Huter. *ThL*

Tangerhütte-Land I. VG im Lkr. Stendal, 12 168 Ew., ST. Die VG entstand durch Vereinigung der Stadt Tangerhütte mit umliegenden Gem., wird durch die Elbe abgegrenzt vom Lkr. Jerichower Land, liegt in der südöstlichen Altmark und an der Colbitz-Letzlinger Heide. Der Tanger durchfließt das Gebiet in Richtung Tangermünde. 1842 wurde beim mittelalterlichen Dorf Väthen ein Eisenhüttenwerk errichtet. Noch 1922–1928 hieß der Ort Väthen-Tangerhütte. II. 1233 *Vethene*, 1375 *Veten*, 1488 *Vethen*; *Tangerhütte* (1928). III. Der urspr. ON zu apolb. **Větin* 'Ort des Věta'. *Tangerhütte* hat im Bw. den GwN *Tanger* (zu mnd. *tanger* 'bissig, kräftig, frisch') und d. *Hütte* in der Bedeutung 'Eisenhütte am Tanger'. V. SNB. *GW*

Tangermünde I. Stadt und gleichnamige VG im Lkr. Stendal, 11 100 Ew., an der Mündung des Tanger in die Elbe, im Süden des Landkreises, ST. Frühmittelalterliche, möglicherweise noch spätgerm. Siedlung an alter Furt über die Elbe, im 10.–12. Jh. Burgwardmittelpunkt, 1136 Zollstätte, 1200 Stadtgründung durch die Markgrafen von Brandenburg, im 14. Jh. zeitweilig Kaiserpfalz unter Karl IV., Neustadt seit dem 15. Jh. Ehemalige Hansestadt, Verkehrsknotenpunkt durch Elbbrücke und Elbhafen. Die Altstadt ist ein Denkmal der Backsteingotik, die Stadtbefestigung ist fast vollständig erhalten. Heutige wirtschaftliche Standbeine sind Tourismus, Lebensmittelindustrie, Maschinen- und Schiffbau. II. 1012–18 *Tongeremuthi*, 1151 *Taggeremunde*, 1188 *Tangeremunde*. III. Der ON enthält im Bw. den GwN *Tanger* (zu mnd. *tanger* 'bissig, kräftig, frisch'), der im ersten Beleg die dialektale Verdunklung von *-a-* zu *-o-* zeigt. Entsprechend dazu ist bei dem Gw. ↗*-münde* (zu asä. *mundi, gimundi* 'Mund, Mündung') der asä. Nasalschwund vor Dental erkennbar. IV. Orlamünde, Saale-Holzland-Kreis, TH; ↗Ueckermünde, Lkr. Uecker-Randow, MV. V. Thietmar; FO; SNB. *GW*

Tannhausen I. Gem. und (mit Stödtlen und Unterschneidheim) gleichnamiger GVV im Ostalbkreis,

8427 Ew., 25 km nö Aalen, Reg.-Bez. Stuttgart, BW. 1806 an Bayern, 1810 an Württemberg. Landwirtschaft. Pfarrkirche St. Lukas, Schloss Tannhausen. **II.** 1215 *de Tanhvsen* [Or], 1311 *de Tanhausen* [Or]; *Tannhausen* (1906). **III.** Verm. eine Zuss. aus dem Bw. ahd. **tan* (in *tan-esil*), mhd. *tan* 'Tannenwald' und dem Gw. ↗ *-hausen*: 'Siedlung im/am Tannenwald'. Das Bw. kann urspr. auch der PN *Tano* gewesen sein, doch müsste man dann annehmen, dass die Mittelsilbe der vorauszusetzenden Ausgangsform **Tan-en-hvsen* früh geschwunden wäre. **IV.** Tannenberg, Erzgebirgskreis, SN. **V.** Reichardt 1999a; LBW 2 und 4. *JR*

Tapiau // Гвардейск [Gvardejsk] **I.** Stadt und Verwaltungssitz im gleichnamigen Kr. (Gvardejskij Rajon), 14 572 Ew., im Winkel zwischen Deime // Deima und Pregel // Pregolja, 11 km nw von ↗ Wehlau //Znamensk, Kaliningrader Gebiet (Kaliningradskaja oblast'), RUS. An der Stelle der apreuß. Burg *Surgurbi, Sugurbi* errichtete der Deutsche Orden 1265 seine Burg (1351) steinern, die im Hztm. Preußen die zweite Residenz der Herzöge von Preußen war; ab 1475 Heimstatt von Ordensbibliothek und Archiv. Nach 1502 wurde eine Pfarrkirche erbaut. Am 20. 03. 1568 starb auf der Burg Herzog Albrecht, der letzte Ordenshochmeister. 1772 erhielt die Siedlung Stadtrecht. 1797 wurde in der Burg ein Landarmenhaus eingerichtet. 1758 von russ., 1807 von franz. Truppen besetzt. Bis zum II. Weltkrieg kreisfreie Stadt im Lkr. Wehlau, Reg.-Bez. Königsberg, Ew.: 9272 (1939); Schulen, Fabriken, Schlachthof. Seit 1945 zu RUS. **II.** 1326 *castrum Tapiow, quod Prutheni nominant Surgurbi, Sugurbi* [Or], 1255 *Tapiow Gebiet* [Or], 1261 *in terra Tapiowe, Tapiaw, Tapiow* [Or], um 1400 *Tappiow, Tapiow* [Or], 1524 *Tapia* [Or], *Tapiau* 1684, *Tapiau* 1785; *Gvardejsk* (1946, zu russ. *Gvardija* 'Garde' + Suff. *-sk*). **III.** Der apreuß. Name **Sur-garb-/*Zurgarb-* gehört zum apreuß. Präfix **sur-/*zur-* 'um' und zu apreuß. *garbis* 'Berg'. Der apreuß. ON **Tapj-av-* wird zu apreuß. **tapja-* 'warm' gesetzt. **V.** HHS Weise; Lange, D.: Geographisches Ortsregister Ostpreußen: einschließlich des Memelgebiets, des Soldauer Gebiets und des Regierungsbezirks Westpreußen (1919–1939). Königslutter 2000; Blažienė, G.: Die baltischen Ortsnamen im Samland (Hydronymia Europaea, Sonderband II). Stuttgart 2000. *gras*

Tarmstedt **I.** Gem. und gleichnamige Samtgemeinde im Lkr. Rotenburg (Wümme), 10 856 Ew., NI. Die Nähe des Ortes zu Bremen und Verden bestimmte die Geschichte der Siedlung. Seit ältester Zeit gehörte der Ort zum Bistum und Stift Bremen und Verden. Nach der Reformation wurden beide Stifte zu weltlichen Hztm., zeitweise dänisch und schwedisch. Verkauf 1715 an das Kurfürstentum Braunschweig-Lüneburg. Damit 1866 im neuen Reg.-Bez. Stade der preuß. Provinz Hannover eingegliedert, 1939 Lkr. Rotenburg (Hann.), seit 1969 Lkr. Rotenburg (Wümme); 1978 wurde das Gebiet des Reg.-Bez. Stade dem Reg.-Bez. Lüneburg zugeordnet. **II.** (1237–1246, Kop. 16. Jh.) *Tervenstede,* 1257 *in Tervenstede,* 1272 *in Tervenstede,* 1299 *in Tervenstede,* 1389 *in Tervenstede.* **III.** Die Überlieferung des ON gibt klar zu erkennen, dass von einer Gf. *Tervenstede* auszugehen ist. Die heutige Form *Tarmstedt* entstand erst durch Assimilationen und die für das Niederdeutsche typische Lautveränderung *-er-* > *-ar-*. Im Gw. des ON steht erkennbar ↗ *-sted(t)-* 'Stätte, Stelle, Siedlungsstelle'; schwieriger ist es, das Bw. richtig zu bestimmen. Da ein PN *Terv-* o. ä. nicht zu ermitteln ist, dürfte wohl eine Entsprechung zu dem bei Zoder II behandelten FN *Terveen* enthalten sein, den dieser aus nd. *to der vên* erklärt und darin mnd. *ven* 'Sumpfland, Torfmoor' sieht. *JU*

Tauberbischofsheim **I.** Kreisstadt und gleichnamige VVG im Main-Tauber-Kreis, Reg.-Bez. Stuttgart, 23 955 Ew., im sog. Tauberfranken, dem baden-württembergischen Teil Frankens und nahe der Grenze zu Bayern, BW. Die heilige Lioba gründet im 8. Jh. ein Frauenkloster in diesem Ort, der ca. hundert Jahre später in der Lebensbeschreibung seiner Schutzpatronin erstmalig beim Namen genannt wird. 1237 an Kurmainz und wohl wenige Jahre später Stadtrecht. Von 1346 bis 1527 Mitglied des kurmainzischen Neunstädtebundes. 1803 an das Ftm. Leiningen, 1806 an das Ghztm. Baden. 1938 bis 1973 Sitz des gleichnamigen Lkr., seit 1973 im Tauberkreis, h. Main-Tauber-Kreis. **II.** 978 *Piscofesheim,* 1237 *Bischovesheim,* 1260–1266 *Bischoffesheim,* 1367 *Bischoffesheim,* 1383 *Bischoffesheim uff der Duber,* 1414 *Byschofsheim.* **III.** Die Bildung der Zusammensetzung *Tauber-Bischofsheim* erfolgte spät, wohl zur Abgrenzung von Neckarbischofsheim. Das Kompositum *Bischofsheim* (↗ *-heim*) enthält als Bw. den Gen. von *Bischof,* gemeint ist der Ebf. von Mainz. Der FluN *Tauber* wird zuerst in der Cosmographia des Geographus Ravennas (IV 24), verfasst 496–506 (Kop. um 700, Kop.13./14. Jh.), als *Dubra* erwähnt, dann als Bw. im Landschaftsnamen (800) *Tubar-gevvi* 'Taubergau' und 1060 *in tuberam fluuium* usw. Es handelt sich um das Fem. **Dūbrā* zu kelt. Wort **dubro-* 'Wasser', das im ehemals kelt. Sprachgebiet als Gw. von Fluss- und Ortsnamen häufig vorkommt. Ungeklärt ist die Länge des Vokals /ū/, die auch im Orts- und Talnamen *Taufers* (Südtirol) begegnet. **V.** Berger; Neumann, G.: Dubra. In: RGA 6; Greule, DGNB. *AG*

Taucha **I.** Stadt im Lkr. Nordsachsen, 14 364 Ew., im Zentrum der Leipziger Tieflandsbucht, an der

Parthe, SN. Frühe asorb. Siedlung mit Burgwall am Partheübergang, seit Mitte des 10. Jh. d. Burg und Burgward, 1174 Erweiterung zur Stadt. **II.** 1012/18 *Cothug, Cotuh*, 1174–1450 *Tuch*, 1484 *Tauch*, 1541 *Taucha*, 1551 *Taucha*. **III.** Der Name ist schwer zu erklären. Die Formen von Thietmar (1012/18) lassen sich am ehesten auf eine asorb. Gf. **Kotuch* zurückführen, die vergleichbar mit anderen slaw. Sprachen (russ. *kotuch*) die Bedeutung 'Stallung, Käfig o.ä.' hatte und somit wohl auf Viehzucht weist. Der Abfall der Silbe *ko-* hängt offenbar mit der Betonung der Gf. zusammen. **V.** Thietmar; HONS II; SNB. *EE, GW*

Taufkirchen (Vils)
I. Gem. im Lkr. Erding, 8905 Ew., Reg.-Bez. Oberbayern, BY. **II.** Nach 1156 *Tofschir(chen)*, 1185/86 *Taufchirchen*, 1296 *Tauffechirchen*, 1524 (Kop. von 1618) *parochialis ecclesiae s.Pauli in Taufkirchen*, 1560 *Pfarr Taufkirchen ... Hat ... taufstain*, 1938 *Taufkirchen (Vils)*. **III.** Grundwort ist die Dativform von mhd. *kirche* 'Kirche, Kirchengebäude', ↗*-kirchen*, Bestimmungswort *touf* 'Taufe'; der Name bezeichnet also die Siedlung bei einer Kirche, die das Recht hatte zu taufen. Dieses Pfarrrecht lässt vermuten, dass der Ort im 8.Jh. entstanden sein kann. Die Unterscheidung gegenüber gleichnamigen Orten in Bayern erfolgt durch Hinzufügung des Flussnamens *Vils*. **IV.** ↗Taufkirchen, Lkr. München; Taufkirchen, Ober- und Niedertaufkirchen, Lkr. Mühldorf a. Inn; alle BY. **V.** Reitzenstein 2006. *WvR*

Taufkirchen
I. Gem. im Lkr. München, 17605 Ew., Reg.-Bez. Oberbayern, BY. **II.** 1148–1156 *Tofchirchen ... Toufchirchen*, ca. 1180 *Tůfchirchin parrochia*, 13. Jh. *Taufchirchen*, 1517 *Taufkirchen*, 1560 *Taufkirchen ... Pat(ronus) s. Johannes ... Hat ain tauf* und *Taufkirchen. Pat(ronus) Johannes Baptista ... Baptismus ist in aim kruegl*, ca. 1583 *Taufkirchen pag(us), templ(um)*, 17. Jh. *Taufkirchen prope Haching*. **III.** Grundwort ist die Dativform von mhd. ↗*-kirche* 'Kirche, Kirchengebäude', Bestimmungswort *touf* 'Taufe'; der Name bezeichnet also die Siedlung bei einer Kirche, die das Recht zu taufen hatte. Dieses Pfarrrecht lässt vermuten, dass der Ort im 8. Jh. entstanden sein kann. **IV.** ↗Taufkirchen (Vils), Lkr. Erding; Taufkirchen, Ober- und Niedertaufkirchen, Lkr. Mühldorf a. Inn; alle BY. **V.** Reitzenstein 2006. *WvR*

Taunusstein
I. Stadt im Rheingau-Taunus-Kreis, 29033 Ew., im w Taunus, Reg.-Bez. Darmstadt, HE. Die Stadt Taunusstein entstand durch Zusammenschluss der ehemals selbstständigen Gem. Bleidenstadt, Hahn, Neuhof, Seitzenhahn, Watzhahn und Wehen (1. 10. 1971). Am 1. 7. 1972 kamen die Gem. Orlen, Wingsbach, Hambach und Niederlibbach hinzu. Maschinenbau, Herstellung von Musikinstrumenten, Glasmalerei, Kunststoffherstellung und -verarbeitung, Funk- und Nachrichtentechnik, Nahrungsmittelindustrie. **III.** Komp. mit dem Gw. ↗*-stein* 'Stein, Fels', vergleichbar mit aksl. *stěna* 'Wand, Felswand'. Das Gw. bezieht sich auf den sog. *Altenstein*, einen mächtigen Quarzitblock in der Gemarkung des Stadtteils Hahn. Dieser Felsblock ist der Mittelpunkt einer ehem. Fliehburg, die als Ringwall mitten in einem h. noch geschlossenen Waldgebiet angelegt war. Der Name *Taunus* bezeichnet seit Anfang des 19. Jh. den sö Abschnitt des Rheinischen Schiefergebirges zwischen Lahn, Rhein, Main und Wetterau. Früher wurde das Gebirge *die Höhe* genannt (vgl. Bad Homburg vor der Höhe; 1354 *vor der Hohe*, 1374 *vor der Hühe*, 1427 *der Höhe*, [1433] *die Hohe*). Der Name *Taunus* beruht auf einer irrtümlichen Lokalisierung des *castellum in monte tauno* bei Tacitus. Man vermutet einen Bezug zu dem frühömischen Kastellplatz Friedberg. Das Gebirge wurde schon in vor- und frühgeschichtlicher Zeit von Straßen durchzogen, auch wenn der Taunus als Riegel wirkte. *Taunus* bezeichnet nach Bach eine 'umzäunte Siedlung' und habe sich auf die strategisch wichtige und auf steilem Basaltfelsen gelegene Feste *Taunum* bezogen (vgl. griech. *Ar[k]taunon* aus lat. **Arx Taunon* 'Burg Taunon' bei dem Geografen Ptolemäus um 150 n. Chr.). Die unverschobene Form im Anlaut erklärt sich dadurch, dass der Name *Taunus* eine Wiederbelebung der antiken Benennung ist. Der Diphthong *-au-* ist wohl Ablautform zu germ. **tū-na-* 'Zaun, eingehegter Platz', kelt. *dūnum* 'Burg, Hügel'; zu vergleichen sind ferner ags. *dūn* m. fem. 'Höhe, Berg', engl. *down* 'Sandhügel, Düne', mnl. *dūne*, mnd. *dūne*, daraus nhd. *Düne*; altisländisch ags. *tūn* 'Stadt'. **IV.** Taunusbrunnen, Gewerbesiedlung in der Gem. Karben, Wetteraukreis, HE. **V.** Bach DNK II, 2; Kaufmann 1973; Berger 1999. *DA*

Tecklenburg
I. Stadt im Kr. Steinfurt, 9387 Ew., sw Osnabrück, Reg.-Bez. Münster, NRW. Im MA gleichnamige Gft. mit unter anderem Kirchenvogteirechten in den Bistümern Münster und Osnabrück (13./14. Jh.), 1226 Status als Suburbium, 1388 Stadt, 17. Jh. Stadtrecht, 1707 preußisch, 1806 Ghztm. Berg, 1810 Kaiserreich Frankreich, 1813 wieder preußisch, 17./18. Jh. Textilherstellung, 1816/21–1975 Kreisstadt. **II.** 1151 *Titkelenburg [Or]* (lies: *Tickelenburg*), 1150 *de Tekeneburc*, 1203 *Tyclenburch*. **III.** Gw. der belegten Formen ist zwar ↗*-burg* 'befestigter Bau' mit appellativischer Grundlage in asä. *burg*, mnd. *borch* 'befestigter Bau, Burg, Stadt, Anhöhe, Wall'. Es besteht jedoch eine gewisse Austauschbarkeit dieses Gw. mit dem Gw. ↗*-berg*, die auf der sicheren Lage der jeweiligen Siedelstelle und ihrer möglichen Schutzfunktion beruhen mag. Das Gw. ist wohl urspr. als *-berg* 'Berg, Geländeerhebung' zu verstehen. Bw. ist asä.

*tiken, mnd. *teken '(kleine) Ziege', ahd. zickīn, ae. tiććen 'Zicklein', norwegisch ticka 'Schaf'. An das dem Bw. zugrunde liegende App. ist noch ein diminuierendes -l-Suffix herangetreten, das im 12. Jh. in den meisten Belegen fehlt (mit Sprossvokal: Tekene-). Es handelt sich also urspr. um einen FlN, der dann auf die Burg und die dort liegende Siedlung übertragen worden ist. Worauf das Benennungsmotiv bezogen werden kann (Geländeform, Tier-Vorkommen), ist nicht sicher. **IV.** Burg Ziegenberg, Werra-Meißner-Kreis, HE; Tickenhurst, Kent, Tichborne, Hampshire, beide Großbritannien. **V.** Gysseling 1960/61; Osnabrücker Urkundenbuch I, II, III, IV, VI. kors

Teinachtal I. GVV im Lkr. Calw, 11 695 Ew., ca. 5 km sw Calw auf der Enz-Nagold-Platte n des Teinach- und Lautenbachtals gelegen und im Osten angrenzend an den Talboden der Nagold, Reg.-Bez. Karlsruhe, BW. Gebildet am 1. 7. 1975 aus den Städten Bad Teinach-Zavelstein und Neubulach sowie der Gem. Neuweiler. Getränke- und Werkzeugherstellung. Burgruine Zavelstein, St. Candiduskirche, Besucherbergwerk „Hella-Glück", Neuweiler Stephanuskirche. **II.** *Teinachtal* (1975). **III.** Der Landschaftsname *Tainachtal* wurde auf den neu gegründeten Ort übertragen. Dabei handelt es sich um eine jüngere Zuss. aus dem GwN *Tainach* (zuerst 12. Jh., Kop. 16. Jh. *Deinaha*) als Bw. und dem Gw. ↗-tal. Eine Siedlung *Tainach* wird erstmals 1345 erwähnt. **V.** LBW 2 und 5. JR

Teisendorf I. Markt im Lkr. Berchtesgadener Land, 9167 Ew., Reg.-Bez. Oberbayern, BY. Im 13. Jh. Bau der Staufenbrücke und Errichtung einer Zollstation durch den Ebf. von Salzburg, 1344 Markt. **II.** Ca. 790 (Kop. des 12. Jh.) *Tusindorf*, 976 *Tiûsindorf*, 1155 *Tusendorf*, 12. Jh. (Kop. des 13. Jh.) *Tuosendorf*, 1220 *Teusendorf*, 1449 *Niderntewsendorff*, 1451 *Täwsendorf*, 1484 *Teysenndorff*, 1488 *Teisendorff*. **III.** Grundwort ist ahd. ↗-dorf 'Hof, Gehöft, Landgut, Dorf, ländliche Siedlung'; als Bestimmungswort ist wohl der PN *Tiuso zu erschließen. Der adjektivische Zusatz *nidere, nider* 'unter, nieder' (↗ *Nieder-*) dient zur Unterscheidung vom Pfarrdorf Oberteisendorf im selben Landkreis. **V.** HHS 7/1; Reitzenstein 2006. WvR

Telfs I. Im Oberinntal ca. 25 km w von Innsbruck gelegene Ortsgem., 14 487 Ew., TR, A. 1908 zum Markt erhoben, Verkehrsknotenpunkt, Gerichtssitz, Pol. Bez. Innsbruck-Land. **II.** 1137/1138–1147 *Telbes*, 1146 *Telphes*, ca. 1147–1155 *Teluus*, 1174/75–1180 *Telues*, 1288 *Telues*, *Telfes* und *Telfs*. **III.** Vorrömischer (ostalpenindogermanischer) Name, *telvā 'ebene Fläche', anlautender Dental nicht mehr verschoben, daher nach 800 n. Chr. eingedeutscht (zum Unterschied vom nicht weit entfernten *Zirl*, siehe Notitia dignitatum: *Teriolis*). **IV.** Dasselbe Etymon auch in *Telfes im Stubaital* (1263 *Telfes*, 1283 *Telues*) und (mit quantitativem Ablaut des Wurzelvokals) *Tulfes* (s von Innsbruck; 1266 *Tulfes*, 1270 *Tulves*), jeweils A. **V.** Ölberg, H.: Das vorrömische Ortsnamengut Tirols. Ein Beitrag zur Illyrierfrage. Innsbruck 1962; ANB; HHS Huter; ÖStB 5; Anreiter, P.: Breonen, Genaunen und Fokunaten. Budapest 1997. *AP*

Telgte I. Stadt im Kr. Warendorf, 19190 Ew., ö Münster, an der Ems, Reg.-Bez. Münster, NRW. Im MA Kirchdorf im FBtm. Münster, 1238 Stadt, Mitglied der Hanse, Wallfahrtsort ab 1654, 1802 preußisch, 1806 Ghztm. Berg, 1813 wieder preußisch. **II.** 12. Jh. *de Telgoht* [Or], 1151 *Telgeth*; *Telgte* (1629/1630). **III.** Telgte ist eine Suffixbildung zu einer Basis mnd. *telge* 'Ast, Zweig, Schössling'. 'Schössling' kann besonders im Westfälischen auch speziell auf die Eiche bezogen werden. Dies korrespondiert mit dem Stadtwappen von Telgte, das in der Form mit drei Eichenlaubblättern bereits 1255 in einem Siegel nachgewiesen ist. Ableitungselement ist das Dentalsuffix -th- zur Kennzeichnung einer (geographischen) Stellenbezeichnung, das mit einem anlautenden Vokal -o- versehen ist, der dann zu -e- abgeschwächt wird. Dieser schwachtonige Suffixvokal fällt später ganz aus. Flektierte, auf -e auslautende Bildungen des ON treten seit dem 14. Jh. vereinzelt auf, die h. amtliche Form des ON seit dem 17. Jh. Bezeichnet wird also eine 'Stelle, an der Eichenschösslinge wachsen'. **V.** Udolph, J.: Telgte. Namenkundlich. In: RGA Bd. 30. Berlin / New York ²2005. kors

Tellingstedt nd. Tellingsted/Ternsted **I.** Gem. im Kr. Dithmarschen, bis 31. 12. 07 eigenes Amt mit 7940 Ew., seitdem zum Amt Kirchspielslandgemeinde Eider, an der Eider, SH. Feldsteinkirche aus dem 12. Jahrhundert, Sankt-Martins-Kirche, in der sich die älteste noch spielbare Orgel Schleswig-Holsteins befindet. **II.** Ca. 1140 *Ethelingstede* [Or], 1281 *in Thellinghestede*, 1317 *de Tellingstede*. **III.** Die Bezeichnung der Gem. setzt sich zusammen aus dem mnd. *stede*, hd. ↗-*stedt* für Stätte, Wohnstätte, Wohnplatz und dem Zugehörigkeitssuffix ↗-*ing*, das auf germ. *-inga/*-unga* zurückgeht, zu dem PN *Tello*, so dass sich die Bedeutung 'Siedlung des Tello' erschließen lässt. **V.** Laur; Haefs. *GMM*

Teltow I. Stadt im Lkr. Potsdam-Mittelmark, 21 226 Ew., sw Berlin, BB. Zentrum der gleichnamigen Landschaft (1232 *terra*); planmäßige Stadtgründung an alter Fernstraßenkreuzung (1265 *civitas*). Pfarrkirche 1811/12 nach Karl Friedrich Schinkel, um 1900 verändert; sowjetischer Ehrenfriedhof. Elektrotechnische Industrie. **II.** 1232 *Teltowe*, 1265 *Teltowe*; *Teltow*

(1375). **III.** Erst Landschaftsname, der später auf die Stadt übertragen wurde. Wahrscheinlich slaw., unklar, jedenfalls nicht apolb. *Telętow zu apolb. telę 'Kalb'. Versuche, den Landschaftsnamen auf den GwN Telte zurückzuführen, der aus dem Germ. erklärt wird, sind nicht überzeugend. Die sehr späten Belege für den GwN sprechen eher dafür, dass Telte eine Katasterform für Teltower Bäke ist; also wurde der Fluss nach der Stadt benannt. **V.** Riedel A XI; Landbuch; BNB 3 und 10; OBB. *EF*

Templin **I.** Stadt im Lkr. Uckermark, 16 645 Ew., an alter Süd-Nord-Straße nach dem Oderhaff, n Berlin, BB. Aslaw. Fischersiedlung; Stadtgründung durch die Mgf. von Brandenburg (1308 *stad*); seit 1818 Kreisstadt. Nahrungsmittel-, Holz- und Bauindustrie; Urlaubs- und Erholungszentrum. **II.** 1270 *Templyn*, 1308 *Templyn*; *Templin* (1320). **III.** Slaw./apolb. *Tǎplin-*, eine Bildung mit dem poss. Suffix *-in-* zum PN apolb. *Tǎpl(a)*, der mittels des Suffixes *-l(a)* vom Adj. apolb. *tǫp-* 'stumpf, stumpfsinnig' gebildet wurde. Im Deutschen Umlaut von *a* zu *e*. **V.** Riedel A VII, IX; PUB V; BNB 9; SNB. *EF*

Teningen **I.** Gem. im Lkr. Emmendingen, 11 765 Ew., zusammen mit der Stadt Emmendingen und den Gem. Freiamt, Malterdingen und Sexau VVG der Stadt Emmendingen, 48 806 Ew., 3 km nw Emmendingen, Reg.-Bez. Freiburg, BW. 972 im Besitz des Klosters Einsiedeln, im 12. Jh. im Besitz der Klöster St. Peter, St. Ulrich, und St. Georgen, seit dem frühen 14. Jh. zur Markgrafschaft Hachberg, 1809 zum Bezirksamt und Landkreis Emmendingen. Burgruine Landeck, Altes und Neues Schloss, Bergkirche Nimburg. **II.** 972 *Deninga*, 1148 *Deningen*; *Teningen* (1179). **III.** Es handelt sich um eine ↗ *-ing(en)-*Bildung mit einem PN *Dano*, der Name zeigt Anlautverschärfung, Umlaut des Stammvokals und bedeutet 'bei den Leuten des Dano'. **V.** Krieger; FO 1; EP; LBW 2 und 6. *JR*

Tennstedt, Bad **I.** Stadt und Sitz der gleichnamigen VG, Unstrut-Hainich-Kr., nö Bad Langensalza, im Thüringer Becken, in einem Seitental der Unstrut, 7196 Ew., TH. Altthüringisches Dorf; im 8. Jh. Königsgut; im 12. Jh. Herrensitz auf Wasserburg; Entstehung von Kaufmannssiedlung im 12. Jh., 1275 Stadt (*civitas*); Landwirtschaft mit Wein- und Waidbau; 1811 Entdeckung von Schwefelquelle, seit 1812 Kurbetrieb; im 19. Jh. Textil- und Papierindustrie, seit 1925 anerkanntes Heilbad. **II.** 775 *Dannistath*, (ad 786) Abschrift um 1150 *Dennistede*, 877 *villa Tennisteti*, 947 *Tennistedi*, 1074 in *Tenestede*, 1350 in *Tenstete*, *Tennestete*. **III.** Der ON ist gebildet aus asä. *dennia*, mnd. *denne* bzw. ahd. *tenni*, mhd. *tenne* 'Bodenvertiefung, Tenne', auch 'Waldtal', und asä. *stedi* 'Ort, Stelle', also etwa 'Waldtalort'. Erster Beleg offenbar an ahd. *tan* 'Wald' bzw. *tanna* 'Nadelbaum' und *stat* 'Stelle, Ort' (vgl. ↗ *-statt*) schreiberseitig angeglichen. **IV.** Ähnlich wohl Tennenbronn, OT von Schramberg, Lkr. Rottweil, BW; Tennenlohe, OT von Erlangen, BY. Vgl. auch Burg Tenneberg in Waltershausen, Lkr. Gotha, TH, 1186 *(mons) Deneberg*, 1186 *Heidenricus de Teneberc*. **V.** Dob. I; Walther 1971; SNB. *KH*

Teplice ↗ **Teplitz-Schönau**

Teplitz-Schönau // Teplice-Šanov (1895–1948), seitdem **Teplice** ['tɛplɪtsɛ] (-['ʃanof]) **I.** Kreisstadt, 51 461 Ew., in Nordböhmen, Bezirk Ústí nad Labem (Ústecký kraj), CZ. Funde antiker Münzen aus dem 1. Jh. Königin Judith gründete 1158–64 „bei den warmen Quellen" ein Kloster. 1352 Marien-Stadtkirche, 1392 Schule, 1402 Heilbäder. Thomas de Limus 1561: „De terminis Teplicensibus". Im 16. Jh. Schloss auf den Klosterruinen errichtet. 1545 Rathaus. Seit dem 17. Jh. Bau von Kuranlagen und Palais. Blütezeit im 19. Jh. Aufenthalte europ. Monarchen, Adliger, Künstler. In Umgebung Kohleabbau, Glas-, Textilindustrie. Schönau // Šanov ist ein Stadtteil und ehemaliges Nachbardorf von Teplitz // Teplice, im 19. Jh. zum Badeort geworden, ab 1833 „sich an Teplitz-Stadt schrittweise anschließendes Dorf", 1884 Stadt, 1895 eingemeindet (bis 1948 Doppelname Teplitz-Schönau // Teplice-Šanov), 1942 ↗ Turn // Trnovany eingemeindet. **II.** Teplitz: 1158 *ad Aquas calidas* [Or], 12. Jh. *Teplicz*, 1278 *monii Toplicensis*, 1402 zu *Tǒplicz*, 16.–17. Jh. *Teplic(z)e*; 1664 *Teplitz*. Schönau: 1406 *Schonow* [Or]; 1477 *ves Šonov*; 1538 z *Šanova*; 1664 *Schenau*; 1833 *Schönau*, tschech. *Ssyna*; 1848 *Šanov*, *Schönau*. **III.** Der Vorgänger des d. ON *Teplitz* ist das tschech. *Teplice*, eine mit dem Suffix *-ice*, atschech. *-ica*, durchgeführte Substantivierung des Attributs *teplá* im Ausdruck *teplá voda* 'warmes / heilendes Wasser'. Weil es mehrere Thermen gab, wird ab dem 16. Jh. der ON *Teplice* als Mehrzahlname verstanden (*-ice* ist im Sg. und Pl. gleichlautend). Die d. Schreibung *Töplitz* (bis ins 19. Jh.) setzt zum geläufigen *tepl-* eine im appellativischen Sprachgebrauch des Tschech. nicht belegte Variante *topl-* voraus. Der ON *Schönau* ist d. Herkunft: 'auf der schönen Aue', mhd *schœne* 'schön', *ouwe* 'Au, feucht Wiese' (↗ *-au*) und informiert über die für die Gründung einer Siedlung günstigen Gegebenheiten. Im Wort *schœne* sprachen die bair. Kolonisten das bair. *ō* offen aus. Da es im Tschech. ein solches nicht gab, wurde es durch *a* ersetzt: *Šanov*, vgl. *Kloster* > *klášter*. So reflektiert die tschech. Namenentlehnungen einen älteren d. Sprachzustand. Tschech. *Ssyna* 1833 entspricht der dial. Ausprache des ON. **IV.** Zahlreiche d. ON *Schönau*, BW sowie BY, und tschech. oder poln. ON *Še-*

nov, Šanov, Szanów, Szinów u.ä. **V.** Pf IV; SchOS; LŠ; HSBM. *RŠ*

Ternitz ['dɛʁnits] **I.** Stadt, 14 903 Ew., Bezirk Neunkirchen s WI, NÖ, A. 1923 Gemeinde-, 1948 Stadterhebung; Wasserreichtum und Waldbestand begünstigten frühzeitige Industriealisierung (Mühlen, Sägen); seit Anschluss an das Bahnnetz (1847) bis h. prominenter Schwer- und Maschinenindustriestandort (Schoeller-Bleckmann; Anlagenbau, Apparatebau, Aluminium-Druckguß, etc.). **II.** 1352 *für den Tehannts*, 1365 *Techanitz.* **III.** Grundlage ist wohl der slaw. PN **Těchan*, der entweder durch ein poss. Suffix zum ON erweitert und bei der Eindeutschung an die gen. ON angeglichen oder mittels einer *-ica*-Abl. (mit *i*-Synkope, vgl. die Erwähnung von 1352) zum ON wurde. Der slaw. Vokal *ě* wurde mit mhd. *ê* übernommen und lautgerecht zu offenem [ɛ] weiterentwickelt; weiters zeigt die Mda. lautgesetzlichen *ch*-Schwund nach Langvokal. **V.** Schuster 1; ÖStB 4/3. *ES*

Teterow **I.** Stadt im Lkr. Güstrow, 9100 Ew., Verwaltungssitz des Amtes Mecklenburgische Schweiz, ca. 20 km ö von Güstrow, MV. Neben einer slaw. Siedlung (mit Burgwall im Teterower See) entstand um 1200 eine d. Siedlung, um 1235 Stadtrecht, 1326 bis Mitte 16. Jh. unter der Herrschaft von Werle, danach zu Mecklenburg-Schwerin, in der Gründerzeit Eröffnung von Molkerei und Zuckerfabrik, h. Handel, Handwerk und Metallverarbeitung. **II.** 1236 *in Theterowe*, 1272 *in Thiterow oppido*, 1285 *Theterowe*; *Teterow* (1350). **III.** Der ON ist verm. ein alter FlN, der mit dem apolb. App. **teter* 'Wildhuhn, Auerhahn' (vgl. russ. *téterev* 'Birkhahn', lit. *tetervas*, fem. *teterva̍*) und einem Stellen bezeichnenden Suffix *-ov*, *ↄ-o(w)*, gebildet wurde, dessen auslautendes *-v* in der Aussprache verloren ging. Die Bedeutung des ON lässt sich somit als 'Ort mit (vielen) Wildhühnern' rekonstruieren. Nicht auszuschließen ist eine Abl. vom ZN **Teter(a)* (vgl. atschech. *Tetera*, tschech. PN *Teterka*; expressiv auch *hluchý tetřev* 'blind verliebter Mensch', russ. *teterja* 'Birkhuhn', mit demselben poss. Suffix *-ov*, *ↄ-o(w)*. **V.** MUB I–III, IX; HHS, Bd. 12; EO; Trautmann ON Meckl.; Eichler/Mühlner; OSE. *MN*

Tetschen-Bodenbach // Děčín ['ʝɛtʃiːn] **I.** Kreisstadt, 52 282 Ew., in Nordböhmen, am r. Elbufer, Bezirk Ústí nad Labem (Ústecký kraj), CZ. Zentrum der *provincia Dechinensis* (1086 für 993), 1128 Fürstenburg der Přemysliden, 1146 Salzzoll. Unter Karl IV. 1370 Errichtung einer „neuen Stadt". Im 16. Jh. Aufschwung des Fernhandels auf der Elbe. Nach 1660 Umbau der Burg zum Barockschloss (wichtiges tschech. Kulturzentrum). Ab 1800 Industrialisierung. Elbehafen und -werft. Eisenbahnknotenpunkt. 1922 Außenstelle der d. Prager Technischen Hochschule. Das Dorf Bodenbach // Podmokly wurde 1851 zum wichtigen Grenzbahnhof an der Linie Prag-Dresden und zum Eisenbahnknotenpunkt (Linien nach Warnsdorf, Teplitz, Böhmisch Leipa). Aufschwung des Schiffsverkehrs an der Elbe. 1901 Stadtrecht. 1942 Zusammenschluss mit Tetschen zu Tetschen-Bodenbach, tschech.: *Děčín-Podmokly* (so bis 1945); nach 1945 heißt der OT *Děčín IV*. **II.** Tetschen: 1128 *castellum Daczin*; um 1183 *Decin*; 1283 *in civitate Gechin*, 1352 *Teczin*; 1383 *Taczen*; 1524 *Tetzschen*. Bodenbach: 1407 *in Podmokly curiam [Or]*, 1554 *u Podmokl*, 1591 *Bodenbach*. **III.** Der erste Teil des ON lautete im Atschech. *Dačín*, was eine vom PN *Ďaka* (zu urslaw. **děk-* > ntschech. *dík* 'Dank') mit dem poss. Suffix *-ín* (urslaw. *-nъ*) gebildete Benennung mit der Bedeutung 'Ďakas Burg(stätte), Dorf u.ä.' ist. Nach Abschluss der atschech. Umlautung *´a > ě* (12. Jh.) erschien *Děčín*, wobei sich *Dě-* dial. zu *Je-, Ji-* entwickeln konnte (1283 und später *Gechin, Ječín*). Ins D. wurde das stimmhafte *D-* stimmlos entlehnt (*T-*) und aus dem unbetonten *-ín* ergab sich ein abgeschwächtes *-en*: *Tetschen*. Im d. ON *Bodenbach* liegt nicht **Boden-*, ahd. *bodamo* 'ebenes Land, Boden' vor, sondern *Bodenbach* entstand aufgrund einer Entlehnung des tschech. ON *Podmokly*, von dem auch das Attribut im GwN *Podmokelská řeka* 'Bodenbacher Fluss'(1515, sonst *Jílovský potok*, bis 1945 d. *Bodenbach* genannt) abgeleitet ist. Ergebnis der Entlehnung ins D. ist der Mischname *Bodenbach*: *Bod-* reflektiert das tschech. *Pod-*, das Verbindungsmorphem *-en-* und *ↄ-bach* sind deutsch. Der urspr. ON *Podmokly* ist eine Pluralform des atschech. PN *Podmokl* (ein *l*-Partizip des Zeitwortes *podmoknouti* 'nass, durchnässt werden', entspricht dem d. FN *Nass, Naß*) und bedeutet 'Ort, wo sich das Geschlecht Podmokl niedergelassen hat'. **IV.** *ↄ Neutitschein // Nový Jičín*, Mähren; *Podmoklice*, beide CZ. **V.** Pf I, III; SchOS; LŠ; HSBM. *RŠ*

Tettnang **I.** Stadt im Bodenseekreis, 18 540 Ew., zusammen mit der Gem. Neukirch VVG der Stadt Tettnang, 21 218 Ew., ca. 9 km ö Friedrichshafen, Reg.-Bez. Tübingen. 882 Schenkung an das Kloster St. Gallen, um 1260 Teilung des Montforter Grafenhauses, bei der Hugo III. die Linie Montfort-Tettnang begründete und Tettnang zur Residenz machte, 1780 an Österreich, 1806 an Bayern, 1810 an Württemberg. Obst- und Hopfenanbaugebiet. Neues Schloss, Loretokapelle, Altes Schloss, Torschloss. **II.** 882 *Tetinang*, 1154 *Tetinanc*. **III.** Der ON enthält als Bestimmungswort wohl den PN *Tatto, Tado* mit Umlaut des Stammvokals. Das Gw. gehört zu ahd. **wang* 'Feld, Wiese, Weide', das im Kompositum ahd. *holzwang* bezeugt ist. Er ist dann als 'Siedlung beim Weideland des Tatto' zu deuten. Das anlautende *w-* des Grundwortes fällt in der Komposition (wie etwa in *Backnang*) frühzeitig aus. **IV.** ↗Backnang, Rems-Murr-Kreis, BW; Tettenwang, OT von Altmannstein, Lkr. Eichstätt, BY. **V.** FO 1; Kaufmann 1968; LBW 2 und 7. *JR*

Thale **I.** Stadt im Kreis Harz (seit 1. 7. 2007), 11 935 Ew., an der Bode am Nordostrand des Harzes, ST. Keimzelle der Siedlung ist das vor 840 in karolingischer Burganlage gegründete Frauenkloster am linken Bodeufer, das unter späterer Schutzherrschaft des Stifts ↗Quedlinburg bis 1525 existierte; dörfliche Ackerbausiedlung, seit 1445 Eisenerzbergbau, ab dem 16. Jh. Ausbau des Hüttenbetriebs; bis 1559 zur Grafschaft Regenstein, dann Bistum Halberstadt, ab 1648 brandenburgisch; seit dem 19. Jh. Fremdenverkehrsort; Stadt seit 1922. **II.** 828 *Uuinedahusun*, 840 *Vinithohus*, 1046 *in Winedhuson*, 1181 *Wendehuse*, 1231 *Dal*, 1298 *villa Vallis*, 1311 *in dem Dale*, 1340 *Dahl*, 1501 *thom Dale*, 1556 *Thall*. **III.** Der alte Name gehört zu ahd. *Winedā* 'Wenden, Slawen' im Gen. Pl. und ↗*-h(a)usen*. Im 13. Jh. Namenwechsel. Fortan bildet die Lage des Ortes im Tal (mnd. *dal* 'Tal') das Motiv des ON. Doch noch 1544 *Winedhausen, welches man itzo nennet Thael*. **IV.** Windenreute (1094 *Winedoriuti*) im Lkr. Emmendingen, BW. **V.** SNB; Berger. *JS*

Thaleischweiler-Fröschen **I.** Gem. und gleichnamige VG (seit 1972) im Lkr. Südwestpfalz, 11 153 Ew., n der Stadt Pirmasens und w von Zweibrücken am Südende der Sickinger Höhe, Westpfalz, RP. Acht Gem. in der Urlaubsregion „Sickinger Mühlenland". 1969 Zusammenschluss von Thaleischweiler und Thalfröschen zur Doppelgem. Beide Siedlungen sind mit den Häusern von Leiningen und Hanau-Lichtenberg verbunden. Andere Gem. gehörten früher zu Pfalz-Zweibrücken. 1798 zu Frankreich, 1816 zum Kgr. Bayern. **II.** Thaleischweiler: 1214 *predium in Eiswilre*, 1334 *Eyschwilre*, 1560 *Eischweiller*; *Eischweiler im Thal* (1792); Fröschen: 1295 *Froszauwe daz dorf*, 1400 *Freschenn*, 1470 *Froschen*, 1564 *Fröschen*; *Thalfröschen* (1824). **III.** Das Bw. im ON *(Thal-)Eischweiler* beruht auf ahd. PN *Agi* oder **Aigi*, Gen. Sg. **A(i)ges-*, das Gw. ist dazu ↗*-weiler*. Der zweite ON besteht aus dem mhd. Bw. *vrosch* 'Frosch' und dem Gw. ↗*-au(e)*, die Dat.-Form **Fröschauwen* kontrahierte zu *Fröschen*. Der Zusatz *Thal-* (↗*-tal*) unterschied von gleichnamigen Nachbarorten. Somit ergeben sich 'Hof, Vorwerk des A(i)gi im Tal' bzw. 'bei/zur Wiese, Gewässeraue mit (vielen) Fröschen'. **IV.** Höheischweiler und Höhfröschen, Lkr. Südwestpfalz, RP. **V.** Remling, F.X.: Urkundliche Geschichte der ehemaligen Abteien und Klöster im jetzigen Rheinbaiern, II. Neustadt 1836; Hauptstaatsarchiv München, Rhpf. Urk.; HSP. *JMB*

Thalfang am Erbeskopf **I.** VG im Lkr. Bernkastel-Wittlich, 7356 Ew., mit 21 Ortsgemeinden und Sitz der Verwaltung in Thalfang, ö von Trier im Hunsrück, RP. Als Mark Thalfang seit 1112 Rechtseinheit des Trierer Landes; im 14. Jh. Amt, das bis 1794 bestand, dann franz., nach dem Wiener Kongress preußisch, seit 2001 anerkannter Luftkurort. Sitz der Hochwald-Nahrungsmittel-Werke, Kurwesen. **II.** 633 (Fälschung) *Talevanc*, 928 *villam Talevang*, 1140 *Thalevanc*, 1231 *Talevanc*, 1233 *Dalvangen*. 1246 *Talvanch*, 1277 *Talwanch*, 1307–54 *Talfanck*, 1740 *Thalfang*. **III.** Ausgangsform **Talavancum*. Da auf der Gemarkung der Thalvanger Bach (zur Kleinen Dhron) entspringt, ist der ON wahrscheinlich vom Namen des Baches **Talaua* mit dem Suffix *-nko-* (vgl. im Moselland ON Korlingen, 975 *Corlanch*, ON Maringen, 11. Jh. *Marancum*) abgeleitet. Der vorgerm. FluN hat eine Parallele in *Talfer*, Fluss des Sarntales (STR, I), 1080 *Talauerna*; **Talaua* kann als Erweiterung des Adj. **talo-* zum Verb idg. **teh₂-* 'tauen, schmelzen' gestellt werden. BergN *Erbeskopf* 'Erbsen-Kopf' zu mhd. *erweiz, erbeiz* 'Erbse'. **IV.** Erbes-Büdesheim, Lkr. Alzey-Worms, RP. **V.** Jungandreas; LIV. *AG*

Thalheim/Erzgeb. **I.** Stadt im Erzgebirgskreis, 7081 Ew., im Zwönitztal, ö Stollberg in den unteren Höhenlagen des Erzgebirges, SN. Ende des 12. Jh. d. Bauerndorf, seit dem 17. Jh. Entwicklung der Strumpfwirkerei, 1925 Stadtrecht. **II.** 1368 *Thalheim*, 1539/40 *Thalheim*. **III.** Bildung mit mhd. ↗*tal* 'Tal, Einsenkung' und dem Gw. ↗*-heim*, demnach 'Wohnstatt im Tal' o.ä. Das Gw. ist ö der Saale nicht sehr häufig. **IV.** Thalheim, OT von Mittweida, Lkr. Mittelsachsen und von Oschatz, Lkr. Nordsachsen; ↗Waldheim, Lkr. Mittelsachsen, alle SN. **V.** HONS II; SNB. *EE, GW*

Thalwil **I.** Politische Gem. im Bezirk Horgen, 16 631 Ew. Seegemeinde, bestehend aus mehreren Dorfteilen, die namentlich teilweise früher bezeugt sind als Thalwil (915 *Ludretikon*), Kt. Zürich, CH. Frühmittelalterliche Siedlungsspuren. Grundbesitzer waren im Hochmittelalter das Kloster Muri, die Grafen von Habsburg und die Freiherren von Eschenbach, im Spätmittelalter zudem geistliche Einrichtungen der Stadt Zürich. Bis zur Industrialisierung vor allem bäuerlich geprägt mit viel Rebgebiet und dörflichem Handwerk, hernach Textilindustrie mit großem Bevölkerungszuwachs, seit dem Bau der Eisenbahnlinie von Zürich nach Zug Bahnknotenpunkt. H. hauptsächlich moderne Wohngemeinde mit großem Überhang an Wegpendlern aufgrund der guten Verkehrslage nach Zürich und in die Innerschweiz. **II.** 1034 *Thalwile* (Kop. 14. Jh.), 1140 *Talwile* (Kop. 14. Jh.), vor 1140 *Telwil*, 1159 *Tellewilare* [Or], 1179 *Tellewila* [Or], 1179 *Tellewilare* [Or]. **III.** Primärer Siedlungsname mit Grundwort ahd. *wīlāri* 'kleines Dorf, Weiler; Einzelhof' (↗-weil / -wil) und dem frühmittelalterlich gut belegten PN *Tello* im Bestimmungsglied. In der Gesamtdeutung 'Hofsiedlung des *Tello*' kommt die Siedlungs- und Gesellschaftsstruktur jener Siedlungsphase zum Ausdruck, in der noch immer die Rufnamen bedeutender Einzelpersönlichkeiten die Benennung kleinerer Ansiedlungen veranlasst haben dürften. Eine Deutung, die im Bestimmungswort das Appellativ ahd. *tella* 'Graben', schweizerdeutsch *Telle* 'Niederung' sieht, ist lautlich nicht auszuschließen, jedoch faktisch unwahrscheinlich, da Namen jenes Typs und Siedlungshorizonts zu 95 % PN enthalten. **V.** FP; HLS; LSG. *MHG*

-thann. ↗-grün.

Thann mda. [dån], franz. [tan]. **I.** Hauptort im gleichnamigen Bezirk, 7973 Ew., Sitz der Bezirksverwaltung, Département Haut-Rhin, Region Elsass, F. Besitz der Grafen von Pfirt, ab 1324 habsburgisch, 1360 Stadt, Theobaldswallfahrt, seit 1648 zu Frankreich, 1871–1918 zu Deutschland, im Tal der Thur gelegen. **II.** 1202 *Erchinsint von Tanne*, 1218 *Heberhardus dapifer de Tanna*. **III.** Ahd. *tan* 'Wald' (in *tanesil* 'Waldesel'). *WM*

Thannhausen **I.** Stadt und gleichnamige VG im Lkr. Günzburg, 9 221 Ew., Reg.-Bez. Schwaben, BY. Bis 1268 staufisches Reichsgut, 1301 Übergang an die Markgrafschaft Burgau, 1348 Markt. **II.** 1109–1118 (Kop. von 1175) *Taginhusen*, 1160 (Kop. von 1495) *Tagenhawsen*, 1186 *Taigenhusen*, 1291 *Tainhusen*, 1302 *Tainhousen*, 1348 (Kop. von 1500) *Tainhawsen*, 1412 *Tainhawsen*, 1435 *Danhawsen*, 1490 (Kop. von ca. 1600) *Thainhausen iuxta fluuium Mündel*, 1571 *Thonhaußen*, ca. 1600 *Thainhaußen an der Mündl*, 1670 *Thannhausen*. **III.** Grundwort ist eine Pluralform von mhd. *hûs* 'Haus', ↗-hausen, Bestimmungswort der erschlossene PN **Tago*. Später wurde *Tann* 'Tannenwald' eingedeutet. **V.** Reitzenstein Schwaben. *WvR*

Thedinghausen **I.** Gem. und gleichnamige Samtgemeinde im Lkr. Verden, 14 920 Ew., NI. Der Ort entstand aus einer Landzollstelle, im 13. Jh. Burg. Mehrfach wechselte die territoriale Zugehörigkeit, später lange Zeit zur Grafschaft Hoya. Nach deren Ende (Tod des letzten Grafen) übernahmen die Welfen den Ort, Eingliederung in Braunschweig-Wolfenbüttel, später Hztm. Braunschweig und schließlich Freistaat Braunschweig. Zunächst gehörte Thedinghausen zu Holzminden, ab 1850 als braunschweigische Exklave bis zum 30. Juni 1972 zum Lkr. Braunschweig. Durch die niedersächsische Kreisgebietsreform wurde es in den Lkr. Verden eingegliedert; die heutige Samtgemeinde Thedinghausen entstand 1972 durch Zusammenschluss von fünf Mitgliedsgemeinden. **II.** 1282 *Thedighusen*, 1290 *Thodighusen*, 1392 *Todinghehusen*, 1357 *Dedinghußen*, 1428 *Tedynghusen, Teddinghusen*, 1534 *Tedinghusen*. **III.** Es liegt ein ↗-*ing(e)h(a)usen*-Name vor, dessen Ableitungsgrundlage ja immer ein PN ist. Die Überlieferung zeigt in den ersten Belegen allerdings ein Schwanken zwischen *T(h)edi(n)g-* und *T(h)odi(n)g-husen*, das die Bestimmung des PN erschwert. Es ist sowohl ein PN *Th(i)edo-* möglich wie auch *Th(e)od-*, in jedem Fall geht es aber um einen Zusammenhang mit asä. *thiod(a), theod(a)* 'Volk'. Ein dazu gehörender PN *Thiod* erscheint historisch in mannigfaltigen Varianten, so etwa als *Theudo, Teodo, Teoto, Deodo, Thioto, Dioto, Tiedo, Tietho, Tido, Titto, Dido, Duda* und *Tuto*. Allerdings fällt auf, dass der Kurzname *Thiod* vor allem im nd. Sprachraum mit -*o*-haltigem Tonvokal und anlautverschärft (-*d*- > -*t*-) erscheint, etwa 1174/81 *Todo*, 1270 *Thodo Bokinga*, 1306 *Thode* in Stralsund, 1305/15 *Todo Cancelarius*, 1524 *Tode Lüders* bei Stade. Daher darf man vielleicht die Vermutung wagen, dass in den Belegen 1290 *Thodighusen*, 1392 *Todinghehusen* die mda. gefärbte Variante des *Theod-*PN eingedrungen ist, zumal der ON danach wieder zu *T(h)edinghusen* tendiert. Ein ähnliches Schwanken zwischen *Thed-* und *Tod-* findet sich übrigens auch bei der † *Tönnigerode*, Lkr. Wolfenbüttel, *Thedinga* (ohne -*husen*), Lkr. Leer, beide NI. **V.** NOB III; Scheuermann 1992; Remmers, Aaltukerei. *JU*

Therwil **I.** Gem. im Bezirk Arlesheim, 9 445 Ew., bei Basel, am Rand der oberrhein. Tiefebene, Kt. Basel-Landschaft, CH. Röm. und frühma. Funde. Das Kloster Reichenau als Besitzerin Therwils belehnte im Hochmittelalter die Grafen von Thierstein. 1518 erwarb der Bischof von Basel mit der Herrschaft Pfeffingen auch Therwil. 1525 erhob sich die Dorfbevölkerung und ließ sich ins Burgrecht der Stadt Basel aufnehmen. Darauf schloss sich Therwil der Reformation an, doch Ende des 16. Jh. setzte sich der Bischof und damit auch die Gegenreformation in Therwil durch. Von 1792 bis 1815 stand das Dorf unter franz. Herrschaft und wurde dann dem Kt. Basel zugeschlagen. Bei der Gründung des Kt. Basel-Landschaft wurde Therwil dem Bezirk Arlesheim zugeteilt. **II.** 1223 *Tervvilre [Or]*, 1267 *Terwiler*; *Terwil* (1486). **III.** Im ersten Glied steckt ein ahd. PN *Tarro* (FP), der zu ahd. *terren* 'schaden, verletzen' gestellt werden kann. Zum Gw. ↗-*wil*. Als Gf. ist ahd. **za dëmu Tarrin wīlare* 'bei Tarros Gehöft' anzusetzen. **IV.** ↗Oberwil, BL, Witterswil, SON, und Allschwil, BL, alle CH. **V.** NGBL Therwil 2006; Hänger; LSG. *mr*

Thionville ↗Diedenhofen

Tholey I. Gem. im Lkr. St. Wendel, 12 974 Ew., im SO des Naturparks Saar-Hunsrück, ca. 10 km w von St. Wendel und 35 km n von Saarbrücken, SL. Spuren kelt. Besiedlung, so eine Verteidigungsanlage auf dem Schaumberg; aber auch röm. Besiedlung, ein Vicus im Wareswald. Im Jahr 634 Erwähnung eines *castellum*; im 7. Jh. Errichtung einer Kirche auf röm. Ruinen. Die Abtei Tholey gilt als ältestes Kloster im deutschsprachigen Raum. Um 1200 Schaumburg zum Schutz der Abtei, 1522 Eroberung durch Franz von Sickingen und 1631 Zerstörung durch die Schweden. Auflösung der Benediktinerabtei und Vertreibung der Mönche durch Franzosen. 1815 kommt Tholey an Preußen. Seit 1974 besteht die Gem. aus den OT Bergweiler, Hasborn-Dautweiler, Lindscheid, Neipel, Scheuern, Sotzweiler, Theley, Tholey und Überroth-Niederhofen. II. 634 (Kop. 10. Jh.) *Teulegio, Taulegius, Toleio*, 853 *ad Toleiam*, 1157 *de Toleia*. III. Der SiN ist auf rom. **teguleium* 'Gebäude mit Ziegeldach' zurückzuführen. Der rom. Schwund von *g* in der Lautgruppe *-egu-* (vgl. die Simplexform *teula* < lat. *tegula* in Nordfrankreich, 8. Jh.) und die Entwicklung von *eu* zu *au* ist für das späte 7. Jh./8. Jh. nachgewiesen. Die rom. Monophthongierung von *au* zu *ō* erfolgte im Trierer Raum, aus dem die Urk. von 853 stammt, im 9. Jh. Die Germanisierung der so genannten Hochwaldromania, der Tholey angehörte, erfolgte spät, nach der Lautverschiebung von /t/ zu /ts/ (geschrieben meist <z>). Daher blieb der Anlaut unverschoben. Auch die ahd. Diphthongierung von *ō* zu *uo* hat der Reliktname nicht vollzogen. IV. Tilleur, OT von Saint-Nicolas, Provinz Liège, B: 817 *Teuledum* < rom. **teguletum* 'Ort mit Ziegeln'; Tillier, OT von Fernelmont, Provinz Namur, B: 868 *Teoliras* < rom. **tegularias* 'Ziegeleien'. V. Buchmüller/Haubrichs/Spang; Haubrichs/Pfister; Venema. *kun*

Thorn // Toruń [tɔruɲ] I. Kreisstadt, seit 1999 in der Woi. Kujawsko-Pomorskie (Kujawien-Pommern), 206 013 Ew., PL. An Weichsel // Wisła und Drewenz // Drwęca gelegen. Im 12. Jh. slaw. Siedlung, 1231 Gründung durch Deutschen Ritterorden; 1233 kulmisches Stadtrecht, verliehen von Hermann von Salz; nach dem 2. Thorner Frieden (1466) als „Freie Handelsstadt" an Polen, 1793 an Kgr. Preußen, 1807–1815 zum Hztm. Warschau, 1815 erneut an Kgr. Preußen. Seit 1920 zu Polen, 1920–1939 Hauptstadt der Woi. Pomorskie (Pommern), 1945–1975 Woi. Bydgoszcz (Bromberg), 1975-1998 Hauptstadt der Woi. Toruń (Thorn), wirtschaftl., wissenschaftliches und kulturelles Zentrum der Region, Nikolaus-Kopernikus-Universität (seit 1945), Lebensmittel-, Chemie- und Elektroindustrie. II. 1230 *Thorun*, 1241 *Thorn*, 1248 *Thorum*, 1892 *Toruń*. III. Etymologie des ON ist nicht eindeutig. Man könnte ihn auf den ON *Tarnów* zurückführen, der verm. der urspr. Name von Thorn war. Danach leitet sich der ON vom Wort *tarn* 'Dorn' mit dem Suffix *-ów* ab. Der ON *Tarnów* wurde germanisiert zu *Thorn*, später zu *Thoron* (Substitution *-or-* für *-ar-*, *h* für das palatalisierte *T'* im Anlaut), dann wieder polon. zu *Toruń*. Nach anderer Deutung ist der ON auf das poln. Wort *tor* 'gebahnter Weg' zurückzuführen, mit Bezug auf die Überquerung der Weichsel. Volksetym. wird der ON auch vom masurischen *toron* 'junger Bär' abgeleitet. V. Malec; Rospond 1984; RymNmiast. *IM*

Thun Mda. ['tu:n] I. Stadt und Hauptort des gleichnamigen Amtsbezirks, 42 129 Ew., am Ausfluss der Aare aus dem Thunersee, mit imposanter ma. Schlossanlage. Oft als „Tor zum Berner Oberland" bezeichnet, Kt. Bern, CH. Älteste Besiedlungsspuren aus der Jungsteinzeit (Marktgasse), verschiedene Funde aus der ur- und frühgeschichtlicher Zeit im ganzen Gemeindegebiet sowie galloroman. Tempelbezirk bei Allmendingen bei Thun. Nach Aussterben der Zähringer bis 1384 unter kyburgischer, dann unter bernischer Herrschaft. Während der Helvetik (1798–1803) Hauptstadt des Kt. Oberland. Regionales Wirtschafts-, Handels-, (Fremden-)Verkehrs- und Kulturzentrum. Größter Waffenplatz der Schweiz. II. 598–99 *in laco Duninse, quem Arola flumenis influit* [Or], 1146 *Wernherus de Tuno*, 1257 *in castro et oppido de Thun*. III. Der primäre SiN ist kelt. Herkunft. Er entspricht dem kelt. App. *dūnon* 'Wall, Burg, befestigter Ort, Hügel', latinisiert *dūnum* (urverwandt mit germ. *tūna-* 'Einfriedung', d. *Zaun*, engl. *town*), welches als ON und vor allem als ON-Endung in allen Gebieten Europas belegt ist, wo eine kelt. Bevölkerung siedelte. IV. ↗Daun, RP, D; Châteaudun, F. Als Gw. in: ↗Langenthal, BE; Moudon, VD; Nyon, VD; Yverdon-les Bains, VD, alle CH. V. BENB; HLS; LSG; Holder. *eb, tfs*

Tief(en)-. ↗**-Hoch- / Hohen-.**

Tiefenbronn I. GVV der Gemeinde Tiefenbronn mit der Nachbargemeinde Neuhausen, 10 763 Ew., ca. 10 km sö von Pforzheim, an der Würm, Enzkreis, Reg.-Bez. Karlsruhe, BW. 1972 entstanden durch Vereinigung der Dörfer Lehningen und Mühlhausen an der Würm mit dem urspr. Dorf Tiefenbronn. Historisch bedeutender Handwerksort und Marktflecken. Regionales Gewerbe- und Industriezentrum. Maria-Magdalenen-Kirche (mit wertvollen Kunstschätzen aus dem 15. Jh.), Geburtsort des Naturforschers Franz Joseph Gall (1758–1828). II. Anf. 12. Jh. Kop. 12. Jh. Kop. 16. Jh. *in Dieffenbrunnen*, 1398 *ze Tieffenbrunnen* [Or], 1550 *Dieffenbronn* [Or]; *Tiefenbronn* [Or] (1731). III. Bw. der für den ON anzusetzenden Ausgangsform spätahd. **Tiufen-brunnen* mit der Bed. '(Siedlung) an/bei dem tiefen Brunnen' ist das Adj. ahd. *tiuf* (> mhd. *tief*) 'tief, unergründlich'. Dem Gw. liegt ahd. *brunno* (> mhd. *brunne*) 'Quelle, Quellwasser; Brunnen' zugrunde. Im Schwäb. wurde hier das *-u-* zu *-o-* gesenkt. Schwäb. *bron* bezeichnet eine 'natürliche Quelle' oder einen 'künstlichen Brunnen' (↗-*brunn*/-*bronn*). Die Endung *-en* in den frühen Belegen stellt eine mhd. Dat.-Pl.-Endung dar, die einen Örtlichkeitsbezug im Sinne von 'bei …' ausdrückt und später infolge von mda. Abschwächungserscheinungen wegfällt. Der ON dürfte somit aus der Stellenbezeichnung spätahd. *(ze/bī deme) tiufen brunnen* 'an/bei dem tiefen Brunnen' hervorgegangen sein. **IV.** Tiefbrunn, Reg.-Bez. Oberpfalz, BY. **V.** Hackl; LBW II, V. *StH*

Tilsit // Советск [Sowjetsk] // Tilžè lit. **I.** Kreisfreie und Grenzstadt zu LT, 43 048 Ew., am Südufer der Memel, 96 km nö von Königsberg // Kaliningrad, Gebiet Kaliningrad, RUS. 1406 bis 1409 errichtete der Deutsche Orden die Burg. Ende des 15. Jh. wirtschaftl. Zentrum der Region. 1552 Stadtprivileg, mit 3000 Ew. neben Königsberg die bedeutendste Stadt Ostpreußens. 1758 bis 1762 von russ. Truppen besetzt. 1807 zogen franz. Truppen durch die Stadt. 1807 Tilsiter Frieden zwischen Frankreich, Russland und Preußen geschlossen. Im 19. Jh. Zentrum des d.-russ. Holzhandels. 1895 bis 1945 selbstständiger Stadtkreis im Reg.-Bez. Gumbinnen, 21 400 (1880), 59 105 (1939) Ew. Seit 1946 *Sowjetsk*. **II.** 1406 *Tylsyt*, 1785 *Tilse* oder *Tilsit*, 1945 *Sowjetsk*. **III.** Der ON entstammt dem GwN *Tilse*, der mit lit. *tilžti* 'wässerig werden' oder *tilžus* 'aufgeweicht und nass' zu verbinden ist. Der russ. ON ist ein Wunschname und lässt sich von *sowjet* 'Rat' herleiten. **V.** Lange, D.: Geogr. Ortsregister Ostpreußens einschließlich des Memelgebiets, des Soldauer Gebiets und des Regierungsbezirks Westpreußen (1919–1939). Königslutter 2000; Goldbeck, J.F.: Volständige Topographie des Königreichs Preussen. Königsberg und Leipzig 1785, Nachdruck Hamburg 1969. *DD*

Timmendorfer Strand **I.** Amtsfreie Gem. im Kr. Ostholstein, 8 937 Ew., an der Lübecker Bucht, Nähe Lübecks, SH. Die heutige Gemeinde ist aus dem Bauerndorf Klein Timmendorf entstanden, das um 1260 erstmals urk. erwähnt wurde, seit 1880 Seebad, bis 1937 zu Oldenburg, 1945 aus vier, bisher zu Ratekau gehörenden Gem. durch die britische Militärregierung gebildet, 1951 Anerkennung als Ostseeheilbad. Bedeutender Tourismus, staatlich anerkanntes Seeheilbad, Niendorfer Fischerei- und Jachthafen. **II.** 1263 *in veteri Thimmendorpe [Or]*, 1433 *Tymmendorpe Slauicum*, 1650 *Lutken Timmendorp*; *Timmendorfer Strand* (1908). **III.** Der heutige ON geht zurück auf eine Bildung aus dem Wortstamm *Timmo-*, abstammend vom PN *Timmo* als Kurzform zu *Dietmar* oder *Dietrich*, und die mnd. Entsprechung unseres heutigen 'Dorf'. *Timmendorf* bezeichnet so die 'Siedlung des Timmo', während der Gemeindename 'der Strand bei Timmendorf' bedeutet. **IV.** Timmendorf, Lkr. Nordwestmecklenburg, MV; Timmdorf, OT von Malente, Kr. Ostholstein, SH. **V.** Laur; Haefs. *GMM*

Tirschenreuth **I.** Kreisstadt im gleichnamigen Lkr., 9 274 Ew., ca. 30 km nö von Weiden i.d.OPf. an der Waldnaab, Reg.-Bez. Oberpfalz, BY. Von 1217 bis 1803 im Besitz des Klosters Waldsassen, ab 1306 Wochenmarkt, 1354 als *oppidum* genannt, seit 1364 Stadt, seit dem späten MA Tuch- und Zeugmacherei, traditionelle Teichwirtschaft, Oberpfälzer Fischereimuseum. **II.** Um 1135 *Dŭrsinrŭte [Or]*, 1218 *Tursinrŭth [Or]*, 1362 *Türsenreut [Or]*; *Tirshenreuth* (1666). **III.** Gw. ist ahd. *riuti*, mhd. *riute*, ↗-*reut(h)*, Bw. der PN spätahd.-frühmhd. *Dürso* (< ahd. *Duriso*), mhd. *Dürse*, der zu mhd. *dürse*, *türse* 'Riese' gehört, im Gen. *Dürsen*. Die Bed. der Gf. *Dürsenriute* kann mit 'Reute (Rodung) des Dürso/-e' angegeben werden. Der Übergang von *D-* zu *T*-Schreibung, der auch beim App. mhd. *türse* gegenüber ahd. *duris* festzustellen ist, rührt von der Entwicklung des PN *Dürse* zur im 13. Jh. modernen Sprechform *Türse* her. Die Schreibung *-i-* in der heutigen amtlichen Namenform reflektiert die mda. Entrundung *ü > i*. **IV.** Diesendorf (um 1260 *Dursindorf*), Pol. Bez. Melk, NÖ. **V.** Keyser / Stoob II; Gütter, A.: Der Ortsname „Tirschenreuth". In: Tirschenreuth im Wandel der Zeiten. 2. Band. Tirschenreuth 1984; Janka, W.: Zum Siedlungsnamen *Tirschenreuth*. In: Heimat – Landkreis Tirschenreuth 17 (2005). *WJ*

Titisee-Neustadt **I.** Stadt und gleichnamige VVG im Lkr. Breisgau-Hochschwarzwald, Reg.-Bez. Freiburg, 14 009 Ew., ö von Freiburg, am Nordufer des Titisees im Schwarzwald, BW. 1971 Entstehung (und Neubenennung mit Doppelnamen) durch den Zusammenschluss von Neustadt im Schwarzwald mit den Gem. Rudenberg und Titisee, später weitere Eingemeindungen. Neustadt wurde 1250 durch die Fürsten zu Fürstenberg gegründet und trug seit 1963 den Zusatz *im Schwarzwald*. Langenordnach, Titisee und Waldau wurden 1111 bzw. 1112 erstmalig erwähnt, Schwärzenbach und Rudenberg erst 1316. Titisee setzt sich aus vier Tälern zusammen und wurde bis 1929 auch *Vierthäler* genannt. Im 19. und 20. Jh. Uhrmacherhandwerk, h. Kurort, Tourismus- und Wintersportzentrum. **II.** Titisee: 1111, 1120, 1152–1186, 1179 *Titunse*, ca.1150 (Kop. ca. 1550) *Titinsee*, 1316 *Tittense*, 1326 *Tittensê*, 1365 *Titise*; Neustadt: 1275 *Nova Civitas*, 1296 *Núwenstatt*. **III.** Die ältesten Belege deuten auf ahd. *Titūn-sēo*, abgeschwächt (mhd.) *Titensē*, 'See, an dem eine Dame Tita wohnt oder Besitz hat'; *Tita ist die weibliche Form des PN mask. *Tito*. Neustadt, mhd. (*ze der*) *niuwen stete*, im Nom. *niuwe stat*. **IV.** U. a. Bad Neustadt an der Saale und Neustadt an der Aisch, Kreisstädte in BY; Neustadt an der Weinstraße, kreisfreie Stadt in RP. **V.** Berger. *AG*

Titz **I.** Kreisangehörige Gem. im Kr. Düren, 8366 Ew., nö von Jülich, Reg.-Bez. Köln, NRW. Erste Erwähnung 1186 im Besitz des Kölner St. Gereonstifts. Am s Rand des Braunkohlentagebaus Garzweiler. Stark von der Landwirtschaft geprägte Gem. **II.** 1166 *Tyzene* [Kop. 15. Jh.], 1315 *Titze*; *Titz* (1539). **III.** Der ON *Titz* geht genau wie der Name der ca. 6 km sw gelegenen Ortschaft Tetz vermutlich auf den für den linksrheinischen Raum typischen SiN-Typ der -(*i*)*acum*-/-*ich*-ON zurück. Das gallorom. Suffix -(*i*)*acum* gibt adjektivisch den Besitz oder den Einflussbereich einer Person an. Als PN, an den das -(*i*)*acum*-Suffix angefügt wurde, wird wegen des T-Anlautes, der sonst zu Z- verschoben worden wäre, nicht lat. *Tittius* anzunehmen sein, sondern es ist eher an den im Lat. belegten PN *Decius* zu denken. *Deciacum* 'Besitz des Decius' wäre dann die Grundlage für den ON *Titz*. Die Auslautentwicklung zu -*ts* und -*z* ist, da bereits früh belegt, als romanisch beeinflusste Umwandlung eines auslautenden -*c* unter dem Einfluss von nachfolgendem -*i*-/-*j*- anzusehen. Man vgl. eine ähnliche Entwicklung beim ON *Echtz* (zu Düren) < *Acutiacum*. **IV.** Tetz, OT von Linnich, Kr. Düren, NRW. **V.** Mürkens; Buchmüller-Pfaff. *Br*

Töging a. Inn **I.** Stadt im Lkr. Altötting, 9212 Ew., Reg.-Bez. Oberbayern, BY. **II.** 1041–1060 *Teginingun*, 1180–1190 *Tegingen*, kurz vor 1300 *Tegnin*, 1556 *Teging*, 1610 *Töging*, 1964 *Töging a. Inn*. **III.** Es liegt der PN *Tagino, Taegino* zugrunde, der durch das Zugehörigkeitssuffix ↗-*ing* abgeleitet ist. **V.** Reitzenstein 2006. *WvR*

Tölz, Bad **I.** Stadt im Lkr. Bad Tölz-Wolfratshausen, 17652 Ew., Sitz der Kreisverwaltung, Reg.-Bez. Oberbayern, BY. Ca. 1265 Übergang an die Wittelsbacher, 1846 Entdeckung einer Jodquelle. **II.** Vor 1180 *Tollinz*, 1180 *Tolence*, 1189 (Kop. von 1189/90) *Dolenze*, 1257 *Tolnz*, 1279–1284 *Toelntze*, nach 1286 *Tŏlz*, 1602 *Tŏlz*, 1899 *Bad Tölz*. Als Latinisierung findet sich 1533 *Tollisium Tölz*. **III.** Der Name wurde anlässlich des Burgenbaus von dem Kirchendorf Döllnitz im Landkreis Neustadt a. d. Waldnaab, ca. 1186/87 als *Tolnze* bezeugt, hierher übertragen. Es liegt slawisch **dolъ* 'Tal' zugrunde, das durch das Suffix -*nica* (↗-*nitz*) abgeleitet ist. **V.** HHS 7/1; Reitzenstein 2006. *WvR*

Tönisvorst **I.** Stadt im Kr. Viersen, 30 207 Ew., Reg.-Bez. Düsseldorf, NRW. Die Gemeinden St. Tönis und Vorst wurden 1970 zusammengeschlossen, seit 1979 Stadtrechte. Vorgängige Namen sind *Osterverde* und *Osterheide*. **II.** 1380 *in loco dicto Osterheide*, 1188 *sylvam* [...] *communem, que Osterverde dicitur*, 16. Jh. *S. Anthonis*. **III.** Die volkssprachige Form von St. Tönis beruht auf dem Heiligennamen *Antónius* mit lat. Akzentuierung, bei dem die unbetonte Anfangssilbe ausgefallen ist und der Haupttonvokal umgelautet wurde (Sekundärumlaut); in der Umgangssprache ist das Wortende -*is* aus -*jes* < lat. -*ius* umgeformt (mda. Formen: RWB I, unter *Anton*). *Vorst* ist das in ahd. asä. *forst* bezeugte Appellativ, urspr. Bezeichnung für ein unter besonderem Recht stehendes, ausgesondertes (Wald- und Jagd-)Gebiet. Forsthoheit konnte als Privileg vom König auf den Landesherren übertragen werden. *Forst* ist als ON sehr häufig (FO 1). Die Bezeichnung von Orten nach Heiligen (meist dem Kirchenpatron) ist weit verbreitet. Eine Parallele im Kreis Viersen bietet *Amern-St. Anton* (Ortsteil von Schwalmtal, neben *Amern-St. Georg*, NRW). **V.** HHS 3. *Tie*

Torgau **I.** Große Kreisstadt, gleichnamige VG und Verwaltungssitz des Lkr. Nordsachsen, 23 984 Ew., an der Mittelelbe, nö Leipzig, SN. Frühmittelalterlicher Marktort bzw. Handelsplatz an altem Fernstraßendurchgang durch die Elbe, seit Mitte des 10. Jh. d. Burg mit Burgflecken, Burgward. Stadtanlage Ende des 12. Jh. durch den Markgrafen von Meißen. Elbhafen, wirtschaftl. bedeutend durch Flachglasherstellung. **II.** 973 *Turguo*, 1119 *Thurgowe*, 1234 *Torgowe*, 1350 *Turgow, Torgow*. **III.** Die asorb. Gf. lautete wohl *Turgov-* / *Torgov-* zu slaw. *turg* / *torg* 'Marktort': Handelsplatz an der Elbe. **IV.** Torga, OT von Kodersdorf, Lkr. Görlitz, SN. **V.** HONS II; SNB. *EE, GW*

Torgelow **I.** Stadt im Lkr. Uecker-Randow, 9552 Ew., an der Uecker in der Ueckermünder Heide, ca. 15 km n von Pasewalk und 15 km s vom Stettiner Haff, Sitz der Verwaltung des Amtes Torgelow-Ferdinandshof, MV. Urspr. slaw. Fischerdorf, Mitte 13. Jh. d. Zusiedlung. Zunächst zu Brandenburg, ab 1493 zum Hztm. Pommern, 1648 unter schwedische Herrschaft, ab 1720 preußisch, Mitte des 18. Jh. Verarbeitung von Raseneisenerz (Ende 19. Jh. 14 Eisengießereien), 1945 Stadtrecht. H. Garnisonsstadt, Eisengießerei. **II.** 1261 und 1270 *Turglowe* (BurgN), 1281 *Turglowe* (ON), 1287 *Turiglow*, 1288 *Thuriglovo*, 1312 *in antiquo Turglow*; *Torgelow* (1315). **III.** Ausgangspunkt ist eine apolb. Form **Turoglovy* Pl., die aus apolb. **tur* 'Auerochse' und apolb. **glova* 'Kopf, Haupt' gebildet sein kann, sodass als Bedeutung ein spöttisch gemeinter Bewohnername 'Auerochsenköpfe' angenommen werden könnte. Da ON wie 1314 *Glove*, h. *Glowe*, Lkr. Rügen, MV, zeigen, dass *glovy* Pl. auch metaphorisch als 'Erhebungen, Hügel' gebraucht werden konnte, ist eine Deutung des ON bzw. urspr. FlN als 'Auerochsenhügel' eher anzunehmen. **V.** PUB 7; HHS, Bd. 12; EO; Trautmann ON Meckl.; Eichler/Mühlner; Niemeyer 2003. *MN*

Tornesch nd. Torneesch/ Tornesch/ Tuneesch **I.** Amtsfreie Stadt im Kr. Pinneberg, 12 995 Ew., an der Pinnau, direkte Nähe zu Hamburg, SH. Ältester Teil der Stadt Tornesch ist das Dorf Esingen, das 1285 erstmals urk. erwähnt wurde. 1930 wird der urspr. FlN *Tornesch* neue Gemeindebezeichnung und ersetzt somit *Esingen*, 2005 erhält Tornesch Stadtrecht. Industriebetriebe. **II.** 1588 *Ternes* [Or], 1598 *auffm Tornnisch*, 1603 *beim Törnesch*. **III.** Bei dem Bestimmungswort handelt es sich wahrscheinlich um eine vom nd. **torn* abzuleitende Form für 'Turm' und dem **esch*, **eesch* 'offenes uneingehegtes (Saat)feld', so dass sich als Bed. eine 'Siedlung mit dem Turm auf dem Saatfeld' ergibt. **V.** Laur; Haefs. *GMM*

Tostedt **I.** Gem. und gleichnamige Samtgem. im Lkr. Harburg, 25 463 Ew., Reg.-Bez. Lüneburg (bis Ende 2004), NI. Mittelpunkt eines Ksp. und Sitz einer Vogtei; nach neueren Ausgrabungsbefunden ist der erste Vorgängerbau der Kirche in Tostedt in die Zeit um 800 zu datieren. **II.** 1197 *Totstide* [Or], 1262 *Tozstede*, 1277–95 *Totstede* [Kop. 16. Jh.]; *Tostedt* (1791). **III.** Bildung mit dem Gw. ↗-stedt. Das Bw. enthält den Namen eines nahegelegenen Höhenrückens. Dieser ist mit einem in mnl., neuniederländisch *toot*, mittelenglisch *tote* 'Spitze' (vgl. auch isl. *toti* 'Schnauze') belegten App. zu verbinden und bezieht sich auf die Form der Erhebung. Das vor *-s-* stehende *-t-* wird assimiliert. **IV.** Todtglüsingen, OT von Tostedt, Lkr. Harburg, NI. **V.** Nds.-Lexikon. *KC*

Traben-Trarbach **I.** Stadt und gleichnamige VG im Lkr. Bernkastel-Wittlich, 9 490 Ew., an beiden Ufern der mittleren Mosel, zwischen Bitburg und Bingen am Rhein, RP. 1794 Besetzung durch franz. Truppen, 1815 zu Preußen, 1856 wird Trarbach die Rheinische Städteordnung verliehen. 1904 Zusammenschluss der vormals selbstständigen Orte. Tourismus, Weinanbau, Gewerbe und Handel. **II.** Traben: 1007 *Travena*, 1098 *Travana*, 1148 *Travina*, 1153 *Trabana*, 1161 *Travina*, 1212 *Traban*, 1254 *Trabene*, 1265 *Traven*, 1422 *Traven*, 1512 *Traven*. Trarbach: 1143 *Travendrebach*, 1150–1230 *Trevinribach*, 13. Jh. *Travenrebach*, 1244 *Travenbach*, 1272 *Traverbach*, 1350 *Tranrebach*, 1413 *Trarebach*, 1490 *Traiirbach*, 1569 *Trarbagh*. **III.** Traben: Grundform kelt.-lat. **Trabena* unter dem Einfluss von lat. *trabs* 'Balken, Haus', mit *-n-*Suffix abgeleitet von kelt. **treb-* 'Wohnung'. Trarbach: Grundform ahd. **Travenero-bach* 'Bach der Bewohner von Traben'. **V.** Greule/Kleiber. *AG*

Traiskirchen [dḻʁazˈkʰiɐ̯x ŋ] **I.** Stadt, 17 316 Ew., 20km s WI, NÖ, A. Zwei ma. Stadtkerne (um die Pfarrkirche St. Margareta und um den Marktplatz). 1319 erste Erwähnung als Markt, Stadterhebung 1927; massive Zerstörungen der weltlichen und sakralen Bausubstanz durch Erdbeben (1590), diverse Brände, Pest und Türkeneinfälle (1529 und 1683). Intensiver Zuzug von Neusiedlern (im 17. Jh. aus Bayern und aus der Steiermark), als Folge der Industrialisierung ab der 2. Hälfte des 19. Jhs. und nach 1945 (Sudetendeutsche) bzw. 1956 (Ungarn). Infolge karger Böden kaum Getreideanbau, jedoch Tierzucht, Ziegeleien, Müllergewerbe, Haupterwerb durch Weinanbau (bis h. zahlreiche Heurige). 1903 Errichtung der Artillerie-Kadettenschule (seit 1956 Bundesbetreuungsstelle für Asylwerber). 1930 bis 2009 Semperit-Reifenwerke. Infolge günstiger Lage (Hochleistungsstraßen und öffentliche Verkehrsanbindung) h. Standort zahlreicher (Industrie-)Betriebe. **II.** 1117 *de Drazichirchn*, 1120 *adecclesiam parrochie Dræschirchin* [Or]. **III.** Der Name bedeutet 'bei der Kirche eines Mannes namens Draž', er ist eine Zuss. aus dem Dat. von mhd. ↗-*kirch(en)* und dem flektierten slaw. PN *Dražь* (< älterem **drag-*), dessen palatales *ž* als ahd. *s* eingedeutscht wurde und überdies Umlaut bewirkte. **V.** ANB 1; Schuster 1; ÖStB 4/3. *ES*

Traun [traʊn], dial. veraltet [d̥rɑ̃ʊ̃]. **I.** Stadt im Pol. Bez. Linz-Land, 23 936 Ew., am l. Ufer der Traun, OÖ, A. Obwohl eine Ansiedlung schon um 820 urk. bezeugt ist und das h. Schloss der 2. Hälfte des 16. Jh. seit 1120 aufscheint, blieb Traun bis um 1870 ein Dorf mit knapp 1800 Einwohnern. Erst mit dem Aufstieg von ↗Linz vergrößerte sich auch das am s Stadtrand von Linz gelegene Traun, das seit 1940 beliebter Wohnort von Tagespendlern nach Linz wurde, als auch selbst eine sehr gute Gewerbe- und Infrastruktur entwickelte, so dass die Bevölkerung bis 1970 um 15 000 Einwohner zunahm, was 1973 zur Stadterhebung führte. **II.** 819/24 *domum ad Truna*, 1110–30 *de Truna*, 1140 (Kop. 12. Jh.) *de Trŏne*, 1204 *de Trŭn*, 1272 *prope aquam Traun*. **III.** Nach dem Fluss *Traun* als idg.-vspr. antiker GwN **Drūna* zu idg. **dreu-/drū-* 'laufen, eilen', der mit Zweiter Lautverschiebung als bair.-ahd. *Trūna* integriert und dessen *ū* dann im 12. Jh. zu frühmhd. *ou* diphthongiert wurde. Verbreitete alteurop. GwN-Sippe. **IV.** *Traun* in Oberbayern, BY. **V.** ANB 1; Wiesinger (1990); HHS Lechner. *PW*

Traunreut **I.** Stadt im Lkr. Traunstein, 20 922 Ew., Reg.-Bez. Oberbayern, BY. Erst 1949 unter dem Namen „Arbeitsgemeinschaft der Betriebe St. Georgen" gegr., seit 1950 mit dem Namen *Traunreut*, 1960 Stadt, Haushaltsgerätebau. **III.** Die Neubildung des Namens nimmt sowohl auf den GwN *Traun* als auch (mit dem Gw. ↗-*reut* 'Rodung') auf die Tatsache Bezug, dass das Gebiet der neuen Siedlung urspr. ein Wald war. Zum GwN *Traun* ↗ Traunstein. V. Reitzenstein 2006. AG

Traunstein I. Große Kreisstadt des gleichnamigen Lkr., 18 680 Ew., Reg.-Bez. Oberbayern, BY. Der Siedlungskern liegt auf einer Anhöhe am l. Ufer der Traun, an der Römerstraße von Augsburg nach Salzburg. Im 12. Jh. Sitz der Herren von Traun; ab Mitte des 14. Jh. überquerte in Traunstein die „Güldene Salzstraße" den Fluss, 1375 Stadtrecht. II. 1110–1130 *Truna*, 1130–1135 *Trūne*, 1245 *Trawenstein*, nach 1245 *Traunstain*. III. Urspr. identisch mit dem GwN *Traun*, nach Errichtung einer Burg erweitert durch mhd. ↗ *-stein* 'Stein, Fels, Burg'. Die vorbairische Ausgangsform des GwN ist *Drūnā*, ein idg.-voreinzelsprachlicher Name, der als Fem. des Adj. urindogermanisch *druH-nó-* (> *drūno-*, *drūnā*) 'aufreißend, schädigend' an die Verbalwurzel *dreuH-* 'zerreißen, (das Land) umbrechen, aufreißen, schädigen' angeschlossen werden kann. IV. Traunen, OT von Brücken, Lkr. Birkenfeld, RP; Traunkirchen, OÖ; A; ↗ Traunreut, Lkr. Traunstein, BY. V. Reitzenstein 2006; Greule, DGNB. AG

Trautenau // Trutnov ['trutnof] I. Kreisstadt, 31 039 Ew., in Nordostböhmen, Bezirk Hradec Králové (Královéhradecký kraj), CZ. Am Handelsweg nach Schles. um 1260 an der *Aupa // Úpa* gegründetes d. Marktdorf, um 1300 *Aupa secunda*, *Novum Trutnow*. 1340 Stadtrecht. 1745 wurde die Stadt von Preußen gebrandschatzt. Vor der Schlacht bei Königgrätz 1866 hier österreichisch-preuß. Gefechte. Zentrum der Leinenindustrie. Steinkohlenbergbau. 1900 tschech. Nationalhaus. II. 1260 *de Upa [Or]*, 1301 *circa Vpam ... alio nomine Novvm Trutnow [Or]* 'bei Upa ... mit anderem Namen Neu Trutnow', 1313 *in Nouo Truthnow, in Antiquo Truthnow,*, seit 1329 *Trautenau*, 1369 tschech. *Trutnov*. III. Bis Ende des 13. Jh. hieß der Ort nach dem gleichnamigen Fluss tschech. *Úpa* > d. *Aupa*. Der GwN, belegt in Osteuropa bis zur russ. *Oka*, enthält die baltoslaw. Wurzel *upā* 'Fluss' (oder kelt. *uba* > germ *Upa* > slaw. *Úpa* > d. *Aupa*), lit. *ùpė*, *ùpis*, lett. *upe* 'Fluss', preuß. *Wuppe*, *Uppin*, russ. *Upa*. *Aupa secunda* umbenannt in 1301 *Trautenau*, *ze der trûten ouwe* 'bei der lieben ↗ Au'. Im tschech. *Trutnov* ist *-ov* analogisch. Eine Deutung aus dem Slaw. *trutenъ* 'Drohnenweisel' ist unsicher. IV. Polb. 1167 *Trvtaneu*, 1334 *Trutenaw*. V. Pf IV; SchOS; LŠ; HSBM. RŠ

Trebbin I. Stadt im Lkr. Teltow-Fläming, 9 308 Ew., an der Nutheniederung, sw Berlin, BB. Aslaw. Siedlung; um 1200 Errichtung einer d. Burg (1216 *burgwardium*); 13./14. Jh. Städtchen (1373 *oppidum*). Pfarrkirche St. Marien (um 1740), Hospitalkapelle Sankt Anna (15. Jh.). Ab 1870 stärkere Industrialisierung. II. 1213 *Arnoldus de Trebin*, 1216 *Trebin*, 1373 *Trebyn*; *Trebbin* (um 1500). III. Zwei Namenbildungen und somit auch zwei Namenerklärungen sind möglich: 1. Slaw./apolb. *Trěbin-*, eine Bildung mit dem poss. Suffix *-in-* zum PN *Treba*, einer KF zu VN wie apolb. *Trebomer*, die im Erstglied zu urslaw. *terb-* in poln. *trzeba* 'es ist nötig' gehören. 2. Slaw./apolb. *Trebyn´(a)*, eine Bildung mit dem Suffix *-yn´(a)* zu *trebiti* 'roden', also 'Rodeland'. IV. Alt- und Neutrebbin, Lkr. Märkisch Oderland, BB. V. Riedel A VIII, X; Landbuch; BNB 3. EF

Trebnitz // Trzebnica [tʃɛbˈɲitsa] I. Kreisstadt, 12 356 Ew., Woi. Niederschlesien // Dolny Śląsk, PL. Im Katzengebirge, 25 km n von Breslau, Kurbad. Erstmals 1149 erwähnt, 1250 als d. Stadt zu Neumarkter Recht begründet. Herzog Heinrich I. von Schles. gründet mit seiner Frau Hedwig von Andechs-Meran (besetzt durch Zisterzienserinnen aus Bamberg). Die Klostergründung gilt als Beginn des planmäßigen Landesausbaus der Piastenfürsten durch die Berufung d. Siedler. Nach der Kanonisation der heiligen Herzogin Hedwig 1267 wird Trebnitz bis h. ein bedeutender Wallfahrtsort. Barockisierung des Klosters 1697–1744, Säkularisation 1810, 1871–1945 durch Borromäerinnen wiederbesiedelt. Kreisstadt, Reg.-Bez. Breslau, NS, (1939) 8491 Ew. II. 1149 *Trebnicha*, 1202 *Trebnyc*, 1232 *Trebenizc*. III. Ursprünglich poln. ON zum Verb *trzebić* 'roden' (< urslaw. *terbiti* 'reinigen, ausmerzen'); mit dem namenbildenden Suffix ↗ *-nitz* < urslaw. *-ьnica*. Die Endung des Fem. *-a* schwindet schon zu Anfang des 13. Jh.; hier liegt die Ausgangsform für den d. ON. (*Trebnitz* in Nordböhmen wird hingegen mit einem tschech. PN *Třeben* verknüpft.) Die Re-Polonisierung rekonstruiert eine poln. lautliche Weiterentwicklung der ersten Belege *Trebnica* > *Trzebnica*. IV. Trebitz, OT von Bad Schmiedeberg, Lkr. Wittenberg; Trebnitz, Burgenlandkreis, beide ST; Trzebinia, Woi. Kleinpolen, PL. V. RymNmiast; Schwarz 1931. ThM

Trebur I. Gem. im Lkr. Groß-Gerau, 13 082 Ew., Reg.-Bez. Darmstadt, HE. Die Königspfalz Trebur zählte zwischen 829 und 1077 mehr als 50 Kaiser- und Königsbesuche sowie mehrere Reichstage. In karolingischer Zeit bestand hier der Haupthof eines kgl. Fiskus, von dem aus auch Teile des Dreieicher Königsforstes verwaltet wurden. 985 wurde Trebur an die Äbtissin von Quedlinburg geschenkt, fiel danach aber wieder an das Reich zurück. Seit 1248 im Besitz der Grafen von Katzenelnbogen, mit deren Aussterben Trebur an die Landgrafschaft Hessen fiel. Die Pfalzgebäude, die sich mutmaßlich im Bereich der heutigen ev. Kirche befanden, sind nicht mehr erhalten. 1977 Zusammenfassung von Trebur mit Astheim, Geinsheim und Hessenaue (als Erbhofdorf 1937 gegründet) zur gleichnamigen Großgemeinde. **II.** Trebur: 830–850 (Kop.) *Triburen*, 874, 882 *Triburias*, 1239 *Tribure*. Astheim: 830–850 (Kop.) *Askemuntesheim, Askemundestein*, 1099 *Astehem*, 1239 *Astheim*. Geinsheim: 767 (Kop.) *Gemminesheim*, 1073 *Ginsin*, 1248 *villa imperii Gense*, 1418 *Gensheim*. **III.** Der ON Trebur ist ein Komp. aus ahd. *drī* 'drei' und *būr(ī)* 'Haus, Anwesen' (↗ *-beuren*). Das Bw. des ON *Astheim* ist der PN ahd. *Askmunt*. Über die Kürzung des PN durch Ausfall des Zweitglieds setzte eine Umdeutung des Namens ein. Der ON *Geinsheim* zum PN *Gemming* (↗ Ginsheim-Gustavsburg). **V.** Gockel, M.: Die Bedeutung Treburs als Pfalzort. In: Deutsche Königspfalzen, Bd. 3. Göttingen 1979; Knappe; Löffler, Falkenstein; Müller, Starkenburg. TH

Treene dän. Trenen, nd. de Treen **I.** ehem., 1970 aus drei vormaligen Ämtern gegr. Amt im Kr. Nordfriesland. 2008 Umbildung zum Amt Nordsee-Treene mit 27 amtsangehörigen Gemeinden, 25 431 Ew, SH. 1323 erstmals urk. Erwähnung des FluN. Der westlichste Teil der Treene war die Grenze zwischen dän. und sächs. Besiedlung, wobei die Route Eider-Treene-Haithabu als Transportweg zwischen Nord- und Ostsee diente. Ökologisch wertvolles Rückzugsgebiet für Zugvögel: „Storchendorf" Bergenhusen, beliebtes Paddelrevier. **II.** 1323 *Trea [Or]*, 1345 *de Treya*; *inn die Treen* (1544). **III.** Der urspr. FluN ist zurückzuführen auf das altdänische *trægha* als Zuss. aus *trægh*, das in unserem 'träge' seine Entsprechung findet und dem neudänischen ¨ 'Fluss', sodass der Name *Treene* einen 'trägen Fluss' benennt. Die urspr. Namenform hat sich beispielsweise im ON *Treia*, Kr. Schleswig-Flensburg, SH, erhalten. **V.** Laur; Haefs. GMM

Treis-Karden **I.** Gem. und gleichnamige VG (seit 1970) im Lkr. Cochem-Zell, 8 914 Ew., am rechten Moselufer, sw von Koblenz, RP. **II.** Treis: um 1100 *in villa ... tris, in tris locum*, 1121 *in villa treis*, 1122 *de trihis*, 1137 *in Treis*, 1210 *thris*, 1227 *de Trisse*, 1234 *Triis*, 1251–1316 *Trîs*, 1330 *Treys*, 1352 *Trijs*, 1461 *Thrîs*, 1480 *Treiss*. Karden: 496/506 (Kop. um 700, Kop.13./14. Jh.) *Cardena*, 925 *in Karadone*, 926 *Cardonis*, 973 *Cardena*, 11. Jh. *Karadonum* 1098 *de Cardono*, 1103 *Kardana*, 1310 *Cardene*, 1383 *Carden*. **III.** Aus den Belegen für Treis kann auf die Ausgangsform *Trijis/*Trejis, kontrahiert > mhd. *Trîs* > nhd. *Treis*, geschlossen werden. Wahrscheinlich enthält der Name (kelt.) *tri-* 'drei' (germanisiert *thri-*) und als 2. Kompositionsglied idg. *ḭes-* 'wallen, schäumen', sodass sich aufgrund der geogr. Gegebenheiten kelt. (?) *tri-ḭes(i̭)o-/*tre-ḭes(i̭)o-* 'wo es am Zusammenfluss dreier Flüsse (Flaumbach, Dünnbach, Mosel) wallt und schäumt', vgl. kelt. *ḭestu-* (air. *ess*) 'Wasserfall', ergibt. Für Karden lautet die Ausgangsform (spätkelt.) *Karodūnum*, rom. *Cardono*, 'befestigte Siedlung an der Mündung des Flusses *Kara*'; *Kara* ist der abgegangene Name des Brohlbachs (l. zur Mosel), der (1326, 1633) auch *Kardenerbach* genannt wurde. **V.** Jungandreas; Pokorny; Greule/Kleiber. AG

Treptow an der Rega // Trzebiatów [tʃɛˈbʲatuf], kasch. Trzébiatowo **I.** Stadt im Kreis Gryfice, 10 165 Ew., im n Teil der Woi. Westpommern, PL. Zwischen Ostseeküste (Wybrzeże Trzebiatowskie) und einer Tiefebene (Równina Gryficka), an der Rega und ihrem kurzen Zufluss Landwehrgraben // Młynówka, 7,5 km von der Ostsee. 1939 Stadt im Kreis Greifenberg, Reg.-Bez. Köslin, Provinz Pommern; Woi. Szczecin (1946–1998), Westpommern (seit 1999). **II.** 1176–80 *Tribethou*, *Treptow*, 1208 *Trepetow*, 1217 *Trebetowe*, 1224 *Trebetow*, 1269 *Trepetow*, 1312 *Nigen-Treptow*, 1321 *Nyentrepetow*, 1328 *Trebetow*, 1329 *Treptowe*, 1329 *Tripetowe*, 1329 *Treptow*, 1335 *Trepetow*, 1535 *Treptow*, 1539 *Treptow*, 1540 *Treptow*, 1547 *stat Treptow an der Reg*, 1547 *nigen Treptow*, *Treptow*, 1618 *Treptow*, 1789 *Treptow*, 1892 *Trzebiatowo*, d. *Treptow a. d. Rega*, 1951 *Trzebiatów – Treptow an der Rega*, 1982 *Trzebiatów, -towa*, 2002 *Trzebiatów – Treptow an der Rega*. **III.** Der slaw. ON *Trebětov-* ist poss., gebildet mit dem Suffix *-ov-* und dem PN *Trebětъ*, vgl. die PN *Trzebek*, *Trzebko* (von zusammengesetzten PN *Trzebiobor*, *Trzebiemir*, *Trzebiemysł*, *Trzebiesław*). Hist. Schreibungen aus dem 14. und 16. Jh. (1321 *Nyentrepetow*, 1547 *nigen Treptow*) weisen auf eine Hybridform hin; das erste Glied stammt vom mnd. Adj. *nie*, *nige*, *nigge* 'neu'. Der Inlautkonsonant -*b* wurde schon in der ersten Hälfte des 14. Jh. stimmlos, vgl. 1328 *Trebetow*. Adj. *trzebiatowski*. **IV.** Treptow // Trzebiatów, bei Stargard Szczeciński, Woi. Westpommern; Tschebiadkow // Trzebiatkowa bei Bytów, Woi. Westpommern, beide PL; Altentreptow (früher Treptow an der Tollense), Lkr. Demmin, MV. **V.** EO I; LorSNH; Rospond 1984; RymNmiast; SNB; RzDuma II. BA

Treuchtlingen **I.** Stadt im Lkr. Weißenburg-Gunzenhausen, 12 928 Ew., an der Altmühl, nahe bei dem 793 errichteten sogenannten Karlsgraben (Fossa Carolina), Reg.-Bez. Mfr., BY. Der Ort liegt in einem schon kelt. und röm. besiedelten Raum, wird selbst aber erst im 9./10. Jh. bezeugt. Um die Mitte des 12. Jh. Errichtung der ersten Burg, 1365 zum Markt erhoben, nach dem Erlöschen der Treuchtlinger Linie der Pappenheimer (1647) zur Markgrafschaft Ansbach, 1806 bayerisch; 1869 erste Bahnstrecke Treuchtlingen–Gunzenhausen, seitdem wichtiger Eisenbahnknotenpunkt, 1898 Stadtrecht. **II.** 9./10. Jh. *Trohtlingon*, 1095 *Truthilingun*, 1281 *Treuchtlingen*.

III. Der zu 893 gestellte Beleg *Drutelinga* ist spät überliefert und kann keine Herleitung des Namens von einem PN *Trūtilo* stützen, die zu **Treutlingen* hätte führen müssen. Gegen die Herleitung von ahd. *truht* 'Schar', *truhtin* 'Herr' spricht die nhd. Diphth. zu *eu*, die auf mhd. <iu> zurückführt, das den Langvokal *ü* bezeichnet und durch Umlaut aus ahd. *ū* entstanden ist. Damit ist zwingend eine Wurzel mit Langvokal anzusetzen, die aber sonst nicht bezeugt ist. Die in der Literatur angenommene Beeinflussung einer Wurzel *truht* durch *trūt* wirkt gezwungen; der der ↗-*ing(en)*-Ableitung zugrunde gelegte PN *Truhtilo* ist nur aus diesem und anderen ON erschlossen. **V.** Grzega, J.: Jahrbuch für fränkische Landesforschung. Hg. vom Zentralinstitut für Regionalforschung an der Universität Erlangen-Nürnberg 61 (2001), S. 1–8; HHS 7/2; Reitzenstein 2009; Strassner, E.: Land- und Stadtkreis Weißenburg i. Bay. In: HONB Mfr. 2. München 1966. *RB*

Treuen I. Stadt im Vogtlandkreis, 8740 Ew., Teil der VG Treuen/Neusalz, im mittleren Vogtland, ö der Talsperre Pöhl, SN. Um 1200 gegr. d. Rodungsdorf, im 13. Jh. Burg der Vögte von Plauen, 1390 Stadtrecht. **II.** 1320 *zu Druen*, 1359 *zcu Drün*, 1410 *Druyne*, 1329 und 1390 *Drewen*, 1441 *Druen*, 1558 *Treuen*. **III.** Da der heutige Anlaut *T-* nach Aussage der Überlieferung sicher auf *D-* beruht, ergibt sich die asorb. Gf. **Drev'no* zu **drevo* 'Holz, Wald, Baum'. **IV.** Drebkau, Lkr. Spree-Neiße, BB, (asorb. **Drevko*). **V.** HONS II, SNB. *EE, GW*

Treuenbrietzen I. Stadt im Lkr. Potsdam-Mittelmark, 8001 Ew., an der Nieplitz, sw Berlin, BB. Slaw. Siedlung, danach d. Burg mit Burgward; Stadtanlage durch die Mgf. von Brandenburg (1290 *civitas*). Marienkirche, Nikolaikirche (13. Jh.), Heiliggeistkapelle (15./16. Jh.). Im 18. Jh. Tuchmacherei und Leinenweberei, woraus im 19. Jh. mehrere Textilfabriken hervorgingen. **II.** 1209 *breszna [Or.]*, 1290 *Bricene*, 1409 *von der getreven Brizen*, 1420 *truwenbriessen*. **III.** Slaw./apolb. **Brez'n(a)*, eine Bildung mit dem Suffix -*'n(a)* zu *breza* 'Birke', also 'Ort, wo Birken wachsen', im Bezug auf die Flora der Umgebung so benannt. Den Zusatz *Treuen-* erhielt die Stadt, weil sie beim Auftreten des falschen Waldemar dem Landesherren die Treue gehalten hatte. **V.** Riedel A VIII, IX, B III; BNB 1; OBB. *EF*

Triberg, Raumschaft I. GVV im Schwarzwald-Baar-Kreis, 11509 Ew., gebildet aus der Stadt Triberg im Schwarzwald und den Gem. Schönach und Schönwald im Schwarzwald, ca. 19 km nw Villingen, Reg.-Bez. Freiburg, BW. Besiedlung erst im 11./12. Jh. im Zuge des Landausbaus der Herren von Hornberg, 1325 nach dem Aussterben der Herren von Triberg an das Reich zurück, 1355 an Habsburg, 1805 an Württemberg, 1806 an Baden. Dienstleistungs- und produzierende Betriebe, Triberger Wasserfälle, Burg Triberg, Burg Althornberg. **II.** 1239 *Triberc*; *Raumschaft Triberg* (1972). **III.** Der durch den Zusatz *Raumschaft* als Name eines Gemeindverbandes gekennzeichnete ON enthält den Namen der Stadt Triberg, der auf einen BurgN zurückgeht. Es dürfte sich um eine Zusammenrückung des Zahlworts ahd., mhd. *drī* 'drei' mit dem Substantiv *Berg* (↗-*berg*) handeln. **V.** Bach DNK 2; LBW 2 und 6. *JR*

Trier I. Kreisfreie Stadt und Verwaltungssitz des Lkr. Trier-Saarburg, 104640 Ew., am rechten Ufer der Mosel, unweit der Grenze zu Luxemburg, RP. 17 v. Chr. Stadtgründung durch Kaiser Augustus, 265 röm. Residenzstadt, 293 Erhebung der Stadt zur Kaiserresidenz des Westreiches, um 1131 Begründung des Trierer Kurstaats, 1473 Gründung der Universität, 1794–1814 franz. Besatzung, 1815 zu Preußen, 1824 Wiederherstellung des Trierer Bistums, 1969 Großstadt. Sitz einer Universität und einer Fachhochschule, ein Zentrum der d. Zigarettenindustrie, außerdem kleine und mittelständische Unternehmen, Brauerei- und Sektkellereiwesen. **II.** 1. Jh. n. Chr. *Augusta in Treveris*, 212 *August(a) Trev(erorum)*, um 300 *ad Treveros*, 4. Jh. *Treviri*, um 575 *in urbe Treverica*, 633 *in Treviris*, 766 *Treveris*, um 1225 *Trevir*, 1248 *Trieren*, 1258 *Triere*, 1337 *Trere*, 1357 *Trire*, 1443 *Trier*, 1463 *Treir*. **III.** Amtlicher röm. Name *Colonia Augusta Treverorum*, kurz *in Treveris* 'bei den Treverern', zu **Trevere*, **Trēre*, *Trier*. **V.** Jungandreas; Berger. *AG*

Trittau I. Gem. und gleichnamiges Amt im Kr. Stormarn mit zehn amtsangehörigen Gem., 17164 Ew., ö von Hamburg, SH. 1544 Gründung des landesherrlichen Amtes Trittau (im Hztm. Holstein-Gottorf), 1773 zu Dänemark, 1867 zu Preußen (zum Kr. Stormarn), 1948 Wiedergründung des Amtsbezirkes Trittau, 1970/72 Gründung des Amtes Trittau und Beitritt weiterer Gem. **II.** 1239 *Truttowe [Or]*, 1346 *in Trittou*, 1521 *to Trittow*; *zu Trittau* (1732) **III.** Dieser ON geht zurück auf den GwN *Trittau* und entstammt dem apolb. *Trutov* (aus *trut* 'Drohne') und dem Possessivsuffix -*ov*, ↗-*o(w)*. So ist der ON wohl als Spottname entstanden als 'Siedlung der „Drohnen", der Faulen'. **V.** Laur; Trautmann ON Meckl.; Haefs. *GMM*

Trnovany ↗**Turn**

Troisdorf I. Stadt im Rhein-Sieg-Kreis, 75006 Ew., rechtsrheinisch nö Bonn, Reg.-Bez. Köln, NRW. Siedlung am Fernweg Köln-Frankfurt, gehörte mit der 1075 genannten Kirche zum Kloster Siegburg, ab 1676 unter bergischer Herrschaft, Aufstieg und Bevölkerungswachstum im 20. Jh. durch die Friedrich-Wilhelms-Hütte und den Sprengstoffhersteller Dynamit Nobel, 1952 Stadterhebung, 1969 Anschluss mehrerer Gem. **II.** 1076 *Truhtesdorf [Or]*, 1102 *Druzdorp*, 1147 *Trostorph*. **III.** PN **Druhti* mit *-i*-Suffix zu got. *drauhts*, asä. *druht* 'Schar, Gefolge'. Spätere und moderne Schreibung *-oi-* muss als Langvokal gelesen werden. **V.** Dittmaier 1979; Kaufmann 1973; HHS 3. *Ho*

Troppau // Opava ['opava] **I.** Kreisstadt, 58807 Ew., Mährisch-Schlesischer Bezirk (Moravskoslezský kraj), CZ. Angelegt am Handelsweg nach Polen. 1215 Stadt. Sitz des Deutschen Ordens. Um 1240 Minoritenkloster (seit dem 15. Jh. Sitz des Landtages und -gerichtes des gleichnamigen Herzogtums). Im 15. Jh. Burg. Unter Mathias Corvinus zur Tschech. Krone. 1500 Tuchweberei. 1550 meist protestantisch. 1630 Jesuiten-Gymnasium (Schüler Georg Mendel). Nach 1742 Hauptstadt von Österreichisch-Schlesien. 1820 „Troppauer Kongress". Im 19. Jh. tschech. Landesmuseum, Gymnasium u. a. 1918–1928 Hauptstadt der Provinz Schlesien. 1938–45 im Reichsgau Sudetenland. Kultur- und Industriezentrum. 1991 Universität. **II.** 1195 in *Oppavia [Or]*; 1201 *Opaua [Or]*; 1307 *Oppaw [Or]*, 1309 *in Troppowe [Or]*; dann tschech. *Opava*, d. *Troppau*. **III.** Übertragung des GwN *Oppa*: 1031 *Vpa*, 1062 jedoch *Opa*, vgl. d. GwN *Oppa* und tschech. dial. *Opa* (neben *Opavica*). Offizieller GwN ist *Opava*. Zugrunde liegt die baltoslaw. Wasserwurzel **upā* 'Fluss' (⤤*Trautenau*), die an das häufigere germ. **apa* 'Wasser' angeglichen wurde: **Upa > *Apa > Opa*. Verbindung mit germ. *ahwa* 'Wasser': **Apa-ahwa > d. Oppau*. In der Wendung *ze der Oppau* Zusammenrückung des Artikels: *ze Troppau*. Im Slaw. entstand aus *-ahwa* der typische GwN-Suffix *-ava*: **Apa-ahwa > Opava*, mit Suffix *-ice*, atschech. *-ica*: *Opavice*. **IV.** Mehrere GwN von Norwegen (*Opo*) bis Sizilien (*Ape*). **V.** HŠ II; SchOS; LŠ; HSBM. *RŠ*

Trossingen I. Stadt im Lkr. Tuttlingen, 15177 Ew., zusammen mit den Gem. Durchhausen, Gunningen und Talheim VVG der Stadt Trossingen, 17991 Ew., ca. 17 km nw Tuttlingen, Reg.-Bez. Freiburg, BW. 797 Schenkung an Kloster St. Gallen, 949 gab Otto I. ein Gut an das Kloster Reichenau, 1444 Verkauf an Württemberg, 1806 auch österreichische Rechte am Ort an Württemberg. Herstellung von Musikinstrumenten. St.Anna-Kirche, Dr.-Ernst-Hohner-Konzerthaus, Trossinger Türmle, Kesselhaus. **II.** 797 *Trosinga*, 843 *Trossinga*, 10. Jh. *Drossinga*. **III.** Es handelt sich um eine ⤤*-ing(en)*-Ableitung zu einem PN, dessen genaue Bestimmung – vielleicht *Droso, Truso* – unklar ist. **V.** FO 1; FP; Kaufmann 1968; LBW 2 und 6. *JR*

Trostberg I. Stadt im Lkr. Traunstein, 11 650 Ew., Reg.-Bez. Oberbayern, BY. Im 12. Jh. Errichtung der Burg durch die Grafen von Ortenburg-Kraiburg, im 13. Jh. Übergang an die Wittelsbacher. **II.** 1232 (Kop. 1517) *castrum Trosperg aedificatur*, 1245 *Trosperch*, 1251 *Trosperch, Trostberch*, 1253 *Trostperch*, 1303 *Trostberg*. **III.** Grundwort des urspr. Burgnamens ist mhd. *bërc*, ⤤ *-berg*, 'Berg', hier im Sinn von 'Burg', Bestimmungswort *trōst* 'freudige Zuversicht, Vertrauen, Mut, Ermutigung, Sicherheit'. Der Name erklärt sich somit als 'Festung, die Zuversicht, Vertrauen gibt'; ähnlich schrieb schon Aventin 1519–1521 zum Jahr 1233: *Trostrobergomum a fidendo* ('vom Trauen, Vertrauen'). Eine alte Sage wird in der Landesbeschreibung des Jahres 1721 erzählt: *Trostberg ... Soll nach gemeiner Sag daher seinen Namen haben / weilen zur Zeit der Heydenschaft allda ein Statt / oder Grånitz-Vestung gewesen / vnd die Christen nirgends mehrers / als an disem Orth ihr sichere Auffenthalt genommen / mithin das Orth für ihren Trost gehalten / vnd endlich gar Trostberg benambset haben*. **V.** HHS 7/1; Reitzenstein 2006. *WvR*

Trutnov ⤤**Trautenau**

Trzcianka ⤤**Schönlanke**

Trzebiatów ⤤**Treptow an der Rega**

Trzebnica ⤤**Trebnitz**

Tübingen I. Große Kreisstadt und Sitz der Verwaltungen des gleichnamigen Lkr. und des Reg.-Bez., 85344 Ew., im Keuperwaldland gelegen, das vom mittleren Neckar durchquert wird, BW. 1081 erste sichere Nennung der Pfalzgrafen von Tübingen, 1294 Verkauf des Fronhofes der Stadtherren an ihr Hauskloster Bebenhausen, 1477 Universität, 1514–1805 dauernder Sitz des württembergischen Hofgerichtes. Weinbau. Schloss Hohentübingen, Kloster Bebenhausen, Hölderlinturm Regierungspräsidium. **II.** 1078 (Chronik um 1100) *Tuingia*, 1078 (Chronik12./13. Jh.) *Tuwingen*, 1092 *Tvwingen [Or]*, 1360 *Túbingen [Or]*; *Tübingen* (18. Jh.). **III.** *Tübingen* ist eine ⤤ *-ing(en)*-Ableitung von einem sonst nicht bezeugten PN **Tuwo* und bedeutet 'bei den Leuten des Tuwo'. Die Entwicklung von ahd. *u* zu heutigem *ü* zeigt den Umlaut des Stammvokals. Die Herkunft des *b* statt älterem *w* ist unklar, nach Reichardt dürfte das *b* seit dem 14. Jh. mit Schreibern aus dem Nordwesten der Grafschaft Württemberg als hyperkorrekte Schreibung für postvokalisches *b*, das hier nicht vorliegt, eingedrungen sein. **V.** Reichardt 1984; Haubrichs 2004; LBW 7. *JR*

Türkheim I. Markt und gleichnamige VG im Lkr. Unterallgäu, 10760 Ew., im mittleren Wertachtal, verkehrsgünstige Lage an der Römerstraße Kempten-Augsburg, Reg.-Bez. Schwaben, BY. Spätantike Befestigung auf dem Goldberg. Im MA Zentrum der Herrschaft Schwabegg, die schon 1268 an Baiern fällt. **II.** 1090 (Kop. 13. Jh.) *Dvrincheim*, 1234 *Durenkhein*, 1431 *Dürckhain*; *Türkheim* (1792). **III.** Gw. ↗-*heim*, Bw.: der Volksname *Thuringi, Duringi*. Gesamtdeutung: 'Heim der Thüringer'. **IV.** Ober- und Untertürkheim, Stadtbezirke von Stuttgart, BW. **V.** Reitzenstein 1991; Heimrath: HONB Mindelheim; Reichhardt, L.: Ortsnamenbuch des Stadtkreises Stuttgart und Landkreises Ludwigsburg. Stuttgart 1982. *TS*

Tulln an der Donau [dujn] **I.** Bezirkshauptstadt, 14 500 Ew., im Tullnerfeld an der Mündung des gleichnamigen Flusses in die Donau, nw von WI, NÖ, A. Siedlung an Stelle eines röm. Reiterkastells und Stützpunkt der röm. Donauflotte, ma. Handelsstadt (Mautstätte) und Gerichtsort, bemerkenswerte Sakralbauten (spätromanischer Karner; Klosterbauten), im Kern gotische Bürgerhäuser mit h. z. T. historisierenden Fassaden; wirtschaftl. Aufschwung durch Bau der Donaubrücke (1869 bzw. 1873/74), h. diverse Industriebetriebe, Zuckerfabrik, Großdruckerei, Einkaufsstadt (Bekleidung), Internationale Gartenbaumesse; prominente Schulstadt (u. a. Fachhochschule, Außenstelle der Universität für Bodenkultur [im Bau]); Geburtsort des Malers Egon Schiele (1890–1918). **II.** 4. Jh. zweite Hälfte Kop. 12. Jh. *Comagenis* (antiker Name der röm. Vorgängersiedlung), 837 *ad Tullinam* (Ort), 9. Jh. zu 884 Kop. 9./10. Jh. *flumen Tullinam* (Fluss). **III.** Der antike Name beruht entweder auf dem Namen der im 1. Jh. aus *Commāgēnē* (in Kleinasien) hierher verlegten röm. Truppe oder auf kelt. **Com(m)agion* 'Gefilde', das eine kollektivische Bildung zu kelt. **magos* 'Feld' und damit Name für das *Tullnerfeld* ist (P. Wiesinger, ANB); vielleicht liegt aber eine Weiterbildung zu einem (kelt.) PN **Comagus* o. ä. vor. Der h. Name tradiert den GwN *die Tulln*. Sie entspringt im Wienerwald am Fuß des Schöpfels, dessen Name antik bei Strabo als Τοῦλλον verzeichnet ist und der als Ausgangsform für den davon weitergebildeten GwN **Tullīna* gilt; dieser ist eine -*l*- + -*ina*-Erweiterung zu idg. **tū-* 'schwellen'. Der Name weist keine Lautverschiebung (von *t* > *z*) auf, was eine Eindeutschung erst Ende des 7. Jh. nahelegt, wobei die Liquidengeminata -*ll*- die Integrierung ins Ahd.-Bair. direkt von der (kelto)romanischen Vorbevölkerung nahelegt; weiters sind Umlauthinderung vor *l* + Konsonant und die Kürzung des *ū* zu bemerken (P. Wiesinger bei Schuster 1). **V.** ANB 1; ÖStB 4/3; Rasch. *ES*

Turn // Trnovany ['trnovanɪ] **I.** Ehemaliges Dorf, im 19. Jh. Stadt, 1900 siedlungsräumiger Zusammenschluss mit Teplitz // Teplice bzw. ↗Teplitz-Schönau // Teplice-Šanov, 1942 eingemeindet. 14 752 Ew. (2004), CZ. Die rasche Entwicklung des hist. unbedeutsamen Ortes erfolgte im 18.–19. Jh. im Zusammenhang mit dem benachbarten Kurort Teplitz, im 19.–20. Jh. mit dem intensiven Braunkohle- und Kalksteinabbau. Brauerei. **II.** Um 1057 *Ternovaz, Ternowass [Or]*; 1370 *apud Trnowan*; 1664 *Turnaw*; 1833 *Turn*, tschech. *Turnow*; 19. Jh. tschech. *Trnovany*. **III.** Die Benennung der alten slaw. Siedlung ist ein für die ältesten Siedlungslandschaften typischer, mit Suffix -*any* vom Adj. *trnový* 'dornig, Dorn-' gebildeter Bewohnername für Leute, die sich an einem dornenbewachsenen Ort niedergelassen haben: *Trnovany*. Vgl. *Bukovany* < *bukový* + -*any* zu *buk* 'Buche', d. h. 'im Buchenwald'. Belege 1057 fixieren den nur in der Deklination der atschech. -*any*-Namen vorkommenden Lokativ auf -*as*, der in manchen d. Namen erhalten geblieben ist (vgl. *Brno-Obřany* > *Brünn-Obras*). Aus dem ON *Trnovany* ergab sich im D. ein Übersetzungsname (*Turnaw* = **Dornau*), der in der Aussprache zu *Turn* (1787) reduziert wurde. **IV.** D. *Turn-, Dorn-*Namen sowie zahlreiche slaw. ON mit der Wurzel -*trn*-. **V.** Pf IV; SchOS. *RŠ*

Tuttlingen **I.** Große Kreisstadt und Sitz des gleichnamigen Lkr., 34 969 Ew., zusammen mit den Gem. Emmingen-Liptingen, Neuhausen ob Eck, Rietheim-Weilheim, Seitingen-Oberflacht und Wurmlingen VVG der Stadt Tuttlingen, 51 934 Ew., Reg.-Bez. Freiburg, BW. 797 Schenkung an das Kloster St. Gallen, vor 1377 an Württemberg, 1381 Verpfändung an die Grafen von Lupfen, von denen es 1384 von Österreich abgelöst wurde, weitere Verpfändungen bis 1539, dann komplett an Herzog Ulrich von Württemberg. Medizintechnik. Burgruine Honberg, Evangelische Stadtkirche, Altes Krematorium. **II.** 797 *Tutilingas*, 843 *Tuttelingen*, 12. Jh. *Dudelingen*. **III.** *Tuttlingen* ist wohl eine ↗-*ing(en)*-Ableitung von einem PN *Tuotilin* und bedeutet 'bei den Leuten des Tuotilin'. Bei einem PN **Tutilo* (LBW) wäre Umlaut des Stammvokals (**Tüttlingen*) zu erwarten. **V.** FO 1; FP; LBW 2 und 6. *JR*

Tutzing **I.** Gem. im Lkr. Starnberg, 9 461 Ew., Reg.-Bez. Oberbayern, BY. Im MA Adelsbesitz, 1519 Hofmarksgerechtigkeit. **II.** Ca. 980 *Tutcingun*, 1056 *Tuzzingen*, 11. Jh. (zu 740) *Dutcingun*, 1172/73 *Totzingen*, 1231–1234 *Tŭtzingen*, 1476 *Totzing*, 1557 *Tutzing*. **III.** Es ist der PN **Tuzo* zu erschließen, der durch das Zugehörigkeitssuffix ↗-*ing* abgeleitet ist. **V.** HHS 7/1; Reitzenstein 2006. *WvR*

Twist [tvɪst] **I.** Gem. im Lkr. Emsland, 9 621 Ew., 15 km sw Meppen, NI. Sehr junge Gem., erst 1784 sind erste Ansiedlungen auf dem Hochmoor namens *Twist* zu verzeichnen, 1788 sind die Kolonien Wietmarscher Twist, Heseper Twist und Rühlter Twist bezeugt. **III.** Der junge ON ist aus dem FlN *Twist* hervorgegangen. Dieser gehört sicher zu nd. *twist* 'Zweiung; Zweig, Flußgabel', evtl. bezieht sich der Name auf eine Gabelung eines Entwässerungsgrabens oder ein gegabeltes Flurstück; denkbar ist auch ein Bezug zur nahegelegenen niederländischen Grenze, vgl. nd. *Twistel* 'Zwiesel; etwas, das eine Gabel bildet', ahd. *zwisila* 'gabelförmiger Zweig', ae. *twisla* 'Flussteilung', norwegisch *kvisl* 'Flussteilung, -arm' anord. *kvistr* 'Zweig'. **IV.** Twiste, OT von Twistetal, Lkr. Waldeck-Frankenberg, HE; Twister Moor, FlN, Twist. **V.** Möller 1998; Möller 2000; Abels. *MM*

Twistringen **I.** Stadt im Lkr. Diepholz, 12 417 Ew., nö von Vechta an der Delme, Reg.-Bez. Hannover (bis Ende 2004), NI. Twistringen erhielt 1964 Stadtrechte; 1974 wurde die Einheitsgem. Stadt Twistringen aus 9 Ortschaften gebildet. **II.** Um 1250 *Thuistringe [Or]*, 1352 *Thuistringhe*, um 1370 *Twysteringhe*; *Twistringen* (1791). **III.** Entweder liegt eine Abl. mit dem Suffix ⁊-*ing(en)* vor, deren Basis ein in mnd., mnl. *twist*, anord. *kvistr* 'Zweig, Gabel' bezeugtes App. ist, das durch -*r*- erweitert wurde. Oder es liegt eine Bildung mit mnd. *twē*, *twi* 'zwei' und mnd. *stranc* 'Strang, Flussarm, Stück Landes' im Pl. mit Erhöhung des -*e*- zu -*i*- vor Nasalverbindung vor. Worauf sich die Benennung jeweils bezieht, ist nicht sicher bestimmbar. Die Annahme von mnd. *twisteringe* 'Streit, Zwiespalt' als Simplex erscheint unwahrscheinlicher. **V.** GOV Hoya-Diepholz; HHS 2. *KC*

U

Ubstadt-Weiher I. Gem. im Lkr. Karlsruhe, 12 807 Ew., ca. 5 km nö Bruchsal, Reg.-Bez. Karlsruhe, BW. Am 1. 4. 1970 durch Vereinigung der Gemeinden Ubstadt und Weiher entstanden. Ubstadt: 1177 Herrenalber Hofbezirk, 1232 Lehen des Pfalzgrafen an Bischof von Speyer, der in der Folgezeit alle Herrschaftsrechte gewann, 1803 an Baden. Weiher: 863 an Lorsch geschenkt, 1282 Verkauf von Burg und Dorf an den Bischof von Speyer, 1803 an Baden. St.-Marcellus-Kirche, St.-Andreas-Kirche, Pfarrberg, Firstständerhaus. II. Ubstadt: 769 (Kop. 12. Jh.) *Hubestater marca*, 772 (Kop. 12. Jh.) *villa Hubestat*, 1161 *Obestat [Or]*, 1281 *Übestat [Or]*, 1366 *Ubstatt [Or]*. Weiher: 863 (Kop. 12. Jh.) *vilare in Ubstadter Marca*, 1281 *Wilre [Or]*, 1461 *Nyclaus-Wyher*; *Ubstadt-Weiher* (1970). III. *Ubstadt* ist verm. als 'Stätte am Bergabhang' zu deuten und gehört zum Gw. ↗-*statt*. Das Bw. kann zur Wortfamilie von mhd. *hübel, hügel* 'Hügel' gehören, da die Belege mit *h*-Anlaut aber aus dem Lorscher Codex stammen, ist es wohl sekundär und zeigt romanischen Einfluss. Daher ist Anschluss an ahd. *oba*, mhd. *obe* 'oben gelegen, oberhalb' wahrscheinlicher. *Weiher* gehört zu mlat. *villare*, ahd. *wīlāri*, mhd. *wīler* 'Weiler, einzelnes Gehöft, kleines Dorf'. V. Diemer, M.: Ortsnamenbuch der Kreise Karlsruhe und Bruchsal. Stuttgart 1967; Krieger; LBW 2 und 5. *JR*

Uchte I. Samtgem. im Lkr. Nienburg (Weser), 14 393 Ew., nahe der Weser am Großen Uchter Moor, Reg.-Bez. Hannover (bis Ende 2004), NI. Vor 1300 Grenzburg der Grafen von Hoya am heutigen Uchter Mühlenbach gegen die Bischöfe von Minden, 1383 Besitz des Bistums Minden, 1520 als Flecken erwähnt, 16. Jh. wieder zu Grafschaft Hoya und zu Hessen-Kassel, 1974 Zusammenschluss der Flecken Uchte und Diepenau und der Gem. Raddestorf und Warmsen. II. Um 1184 *Vechte*, 1295 *castrum Uchte*. III. Im ersten Beleg ist *Ve-* als *U-* mit Dehnungszeichen -*e*- zu lesen. Der ON kann auf ein fem. Subst. germ. *Uhtā zurückgeführt und mit idg. *u̯egᵘ̯- 'feucht, netzen', mit einer -*t*-Abl. der Schwundstufe *ugᵘ̯- (*uktō), verbunden werden, bezogen auf die Lage im Moorgebiet. Denkbar ist auch germ. *Unhtā mit -*n*-Schwund vor -*h*-, aus idg. *ank-, *onk-, *ŋk- 'biegen, krümmen' mit -*t*-Suffix (*ŋktō), bezogen auf eine gekrümmte Landschaftsform, möglicherweise die Biegung eines Gewässers. IV. GwN *Uchte*, Lkr. Stendal, ST. V. HHS 2; GOV Hoya-Diepholz. *FM*

Übach-Palenberg I. Kreisangehörige Stadt im Kreis Heinsberg, 24 968 Ew., Doppelort an der Wurm, Staatsgrenze zu den Niederlanden, Reg.-Bez. Köln, NRW. Erste Erwähnung 1172 Übach, 867 Palenberg als Königsgut. Übach bildete mit dem auf der westlichen Wurmseite gelegenen *Ubach over Worms* vor 1815 eine Einheit. 1917 bis 1962 Steinkohlenbergbau. Danach Umstrukturierung. Textilmaschinenbau. Seit 1967 Stadt. II. Übach: 1172 *Hubach [Or.]* 1332 *Ubach*; *Übach* (1841). Palenberg: 867 *Palenbach [Kop. 10. Jh.]*, 1485 *Palenbach*; *Palenberg* (1592). III. Der SiN des Ortsteiles Übach wurde nach dem gleichnamigen hier fließenden Gewässer gebildet. Zum Gw. ↗-*bach* dürfte das Bw. auf den westfränk. PN *Ubo* zurückzuführen sein. *Ubo* ist als eine romanisierte Form des germ. *Hubo* anzusehen. Daher auch noch *Hubach* in dem Frühbeleg. Im Laufe der Entwicklung schwand das tonlose Genitivmorphem und *Ubinbach wurde zu Ubach. Die Entwicklung des anlautenden *U-* > *Ü-* zeigt den Einfluss des nachfolgenden Labialkonsonanten und ist erst seit dem 19. Jh. nachweisbar. *Palenberg* ist urspr. *Palenbach*. Der häufig zu beobachtende Gw.-Wechsel ↗-*bach* zu ↗-*berg* ist hier erst seit dem 16. Jh. festzustellen. Grundlage ist somit ein GwN, dessen Bw. zu ahd. *pal* 'Pfahl' steht. Vermutlich befanden sich in dem Gewässer Pfähle zur Grenzmarkierung. Ein Zusammenhang mit einem angenommenen ahd. *pal* 'Sumpf' besteht nicht. IV. Ubach, OT der Gem. Landgraaf; Ubachsberg, OT der Gem. Voerendaal, beide Provinz Limburg, NL. V. Kaufmann 1973. *Br*

Überherrn I. Gem. im Lkr. Saarlouis, 11 801 Ew., direkt an der saarländisch-franz. Grenze, zwischen dem Waldgebiet des Warndts und dem Saargau, ca. 25 km w von Saarbrücken, SL. Im MA teils Hztm. Lothringen, teils Gft. Saarbrücken, kirchlich zum Bistum Metz gehörig. 1766 franz., 1815 preuß.; 1920 Völkerbundverwaltung; 1935 Rückgliederung ins Reich; 1947 Teil des formal selbst., in polit. und wirtschaftl. Union mit Frankreich stehenden Saarlandes; 1957 zu Deutschland. 1974 Zusammenschluss der

Orte Altforweiler, Berus, Bisten, Felsberg und Überherrn zur h. Gem. **II.** 1293 *Uvercaren*, 1305 *Uverheren* [Or], um 1450 *Vberheren* [Or], 1464 *Uberhern* [Or]. **III.** Zuss. aus der Präposition ahd. *ubar, ubir*, mhd. *über* 'über, jenseits ... gelegen' und dem häufig in nd. und nl. ON belegten Subst. anfrk. *haru, *heri, dem die Bed. 'sandige Bodenwelle, sandiger (bewaldeter) Hügel' zugeschrieben wird. Der kopiale Erstbeleg ist entweder verderbt oder <c> franz. Ersatzgraphie für mhd. [h]. Da Überherrn am Nordrand des Warndtwaldes und an einer alten Handelsstraße liegt, die von hier auf rund 20 km das sandige Hügelland des Warndts bis St. Avold durchquerte, ist es naheliegend, von einem aus südlicher Perspektive geprägten Namen **Ubirharun, -heren* 'jenseits der sandigen Hügel (gelegener Ort)' auszugehen. **V.** Jungandreas; Kaufmann 1958; Herrmann, H.-W.: Aus der Geschichte von Überherrn. Überherrn [1993]. *RP*

Überlingen **I.** Große Kreisstadt im Bodenseekreis, 21 625 Ew., bildet zusammen mit den Gem. Owingen und Sipplingen die VVG der Stadt Überlingen, 28 013 Ew., ca. 27 km wnw Friedrichshafen, Reg.-Bez. Tübingen. 1211 und 1226 früheste Stadtbezeichnungen, nach 1300 Stadtrecht, ab 1779 Erwerb der hohen Gerichtsbarkeit von der Grafschaft Heiligenberg, 1803 an Baden. Weinbau, Kneippheilbad. Aufkirchner Stadttor, Münster St. Nikolaus, Sylvesterkapelle. **II.** Mitte des 7. Jh. *Iburninga* (Vita 9. Jh.), 770 *Iburinga*, 1191 *Hibirlingen* [Or]. **III.** Es handelt sich um eine ⤴-*ing(en)*-Ableitung zu dem PN *Ebur* mit Hebung von *e* zu *u* vor dem folgenden *i* des *-ing*-Suffixes und anschließender Rundung zu *ü*; der Name bedeutet 'bei den Leuten des Ebur'. **V.** Krieger; LBW 2 und 7. *JR*

Ueckermünde **I.** Stadt im Lkr. Uecker-Randow, 10 210 Ew., am Südufer des Stettiner Haffs, ca. 20 km w der polnischen Grenze, MV. Slaw. Vorbesiedlung, Mitte 12. Jh. pommersche Burg samt Siedlung, um 1260 Stadtrecht, 1546 Bau des Schlosses durch Philip I., 1648 an Schweden, 1720 an Preußen, Haupterwerbszweig Fischerei, um 1800 Zunahme des Handwerks, Errichtung von Eisengießereien durch Raseneerzvorkommen, 1819 Kreisstadt, Kleinindustrie, seit 1990 vorrangig Handwerksbetriebe. 2001 Titel „Staatlich anerkannter Erholungsort". **II.** 1178 *fluminis Vcrensis* (GwN), 1223 *Vcramund*, 1242 *in Vkeremunde*, 1266 *Ukermunde*; 1335 *Ükermünde, Ueckermünde* (1792). **III.** Dem ON liegt der alte Name des Flusses zugrunde, an dessen Mündung die Stadt liegt. Der FluN (*Vьkra* < apolb. *Vokara/*Vokra) geht verm. auf die idg. Wurzel *ụeik 'biegen, winden' zurück und steht damit in einer Reihe mit den Namen *Wkra*, r. Zfl. zum Narew, PL; *Wigger*, zur Aare, CH, oder *Wickerbach*, zum Main, HE. Der ON ist mit dem GwN als Bw. und dem Gw. mnd. -*munde*, ⤴-*münde(n)*, gebildet worden. Die Umlautung des ON (u>ue>ü) ist kanzleisprachlich, urspr. wies das *-e-* nach *u-* im Namen auf eine Vokallänge hin. **IV.** Peenemünde, Lkr. Ostvorpommern, Warnemünde, OT von Rostock, beide MV; Travemünde, OT von Lübeck, SH. **V.** PUB 1, 2.1, 10; HHS, Bd. 12; Udolph 1990; Eichler/Mühlner; Niemeyer 2003. *MN*

Uedem ['y:dɛm] **I.** Gem. im Kr. Kleve, 8 409 Ew., Reg.-Bez. Düsseldorf, NRW. Stadt nach 1311 (Stadtprivileg 1359, Verlust 1798). **II.** 866 *in Odeheimero marca*, 11./12. Jh. *de Othehem*, 1266 *in Ůdem* [Or], 1378 *tot Uedem* [Or]. **III.** Gw. ⤴ -*heim*, im Erstbeleg als Insassenname im Gen. Pl. ('in der Mark der Odheimer = der Bewohner von Uedem'). Dieses Lorscher Zeugnis zeigt noch undiphthongiertes germ. /ō/, die späteren weisen die fränkische Diphthongierung auf. Der Lautwandel stellt sicher, dass bei diesem ON nicht germ. /au/ zugrunde liegt. Der Umlaut beruht auf einem Bindevokal *-i-* (flexivisches *-in*, das Dittmaier 1979 als Ursache für möglich hält, ist eine obd. Erscheinung). Im Erstglied steht wohl die KF eines PN, die in der schwach flektierten Form *Uod-o* gut bezeugt ist, im vorliegenden Fall aber in anderer Bildungsweise auftritt, verm. mit KF-Suffix *-i*. Hingegen rechnet Derks mit Verkürzung aus *Ōthil-*, auf dem eine KF *Ōthi jedenfalls beruhen wird. Möglicherweise ist der Bildungstyp von bereits merowingerzeitlichem Alter. Er ist an den (wohl fiktiven) Bericht im langen Prolog der Lex Salica anschließbar, in dem berichtet wird, dass die Rechtssprecher, die die Bestimmungen der Lex zusammengestellt haben, nämlich *Wisogast, Bodigast, Saligast, Widigast* aus den Orten *Salehaim, Bodohaim, Widohaim* stammten, wobei drei der VN der Rechtsgelehrten offensichtlich in der KF der Bw. der *heim*-Namen wieder auftreten. In paralleler Weise kann in *Ōthihēm* eine eigentliche Zuss. (also ohne das sonst häufige Gen.-*s* oder *-n*) vorliegen, während der zugehörige zweigliedrige VN in diesem Fall nicht überliefert ist. Die zahlreichen *Odenheim*-Belege stellt FO 1, 254–6 meist zu Recht zu germ. /au/; in FO 1,290 (*Othihem*) erscheinen Namen aus dem nd. Raum, die wie *Uedem* beurteilt werden können. **V.** HHS 3; RhStA XV/84; Derks, P.: Die Siedlungsnamen der Gemeinde Uedem am Niederrhein. Uedem 2007. *Tie*

Uelsen **I.** Gem. und gleichnamige Samtgemeinde im Lkr. Grafschaft Bentheim, 11 393 Ew., 14 km nw Nordhorn, NI. Bronze- und eisenzeitliche Funde; Ersterwähnung 1131, 1321 gerät Uelsen an Bentheim; um die Mitte des 18. Jh. Aufschwung der Kieselstein-, Ziegel- und Bausandindustrie. **II.** 1131 *in villa que Ulsuen dicitur*, 1177 *de Uelseten*. **III.** Der ON stellt eine Abl. mit *-s-* und *-n*-Suffix von der Basis **Ul-*, wohl zu idg. *ul- 'feucht, modrig' dar; ein Fugenvokal -i- muss vorgelegen haben (*Ulisnen), der zur Umlautung zu Uelsen führte. Der Ort liegt auf von breiten Mooren und Bruchzonen durchzogenem Hügelgrund. **V.** HHS 2; Möller 1998. *MM*

Uelzen **I.** Kreisstadt im Lkr. Uelzen, 34 395 Ew., an der Ilmenau, Reg.-Bez. Lüneburg (bis Ende 2004), NI. Um 973 Klostergründung durch Verdener Bischof Brun auf Eigenbesitz, zunächst Handelsplatz, um 1250 nach Streitigkeiten mit Grundherrn Verlegung der Siedlung 2 km entfernt an Westufer der Ilmenau, Übertragung des ON, 1270 Stadtrecht, 1374 Mitglied der Hanse, 1646 Brandverwüstung, Wiederaufbau als Fachwerkstadt, seit 1880 Zuckerfabrik, 2000 Umgestaltung des Bahnhofsgebäudes durch Friedensreich Hundertwasser. **II.** Kloster und einstige Siedlung: 973/974 *Vllessen* (Kop. 16. Jh.), 1006 *monasterium quoddam nomine Ullishusun [Or]*, 1133/37 *villa Ulleshusen [Or]*, 1142 *ville et pontis in Ulessen [Or]*, 1369 *Closter to der Oldenstad [Or]*; neue Stadt: 1273 *Ullessen [Or]*, 1296 *ciuitatis Lewenwolde, siue noue Vlsen [Or]*, 1380 *Ultzen [Or]*. **III.** Die Belege von 1006 und 1133/37 legen eine Bildung mit dem Gw. ↗-*hausen*, zu -*sen* reduziert, und einem stark flektierenden KN *Ul(i) im Gen. Sg. nahe, bei dem es sich um eine sehr früh kontrahierte Form von *Uodil(i)* handeln könnte. Der Umlaut entstand durch folgendes -*i*-. Falls der nur in Kopie vorliegende Beleg von 973/74 nicht die spätere ON-Form wiedergibt, wäre allerdings wie bei Uelsen (Grafschaft Bentheim, 1130 *Ulsen [Or]*; vgl. Möller 1998) ein Anschluss an idg. *el-, *ol-, *l̥- 'fließen, strömen; feucht, modrig' mit -s-Suffix in einer germ. Gf. *Ulisun im Dat. Pl. vorzuziehen. Der zugrunde liegende GwN *Ulisa kann ein AbschnittsN der Ilmenau gewesen sein. Der Suffixvokal bewirkte Umlaut des Stammvokals, unbetonte Vokale wurden abgeschwächt. **V.** Vogtherr, T.: Uelzen. Geschichte einer Stadt im Mittelalter. Uelzen 1997; Mößlein, R.: Monasterium quoddam nomine Ullishusun. Uelzen 2006. *FM*

Uetersen **I.** Amtsfreie Stadt im Kr. Pinneberg, 17 739 Ew., direkte Nähe zu Hamburg, SH. 1870 Stadtrechte. Hist. Kloster mit Klosterkirche, größtes Rosenzuchtgebiet Deutschlands, deshalb auch als „Rosenstadt an der Pinnau" bekannt. **II.** Um 1234 *in Utersten [Or]*, 1285 *in Vtersten*; *Closter Ütersen* (1596). **III.** Die Bezeichnung des Ortes stammt vom Mnd. ab und ist, wie sich in der Wendung *in deme ütersten* zeigt, als Lagebezeichnung 'zum/ im äußersten' zu verstehen, was sich auf die Lage der Stadt im Übergang zwischen Geest und Haseldorfer Marsch beziehen kann, oder aber als *Ütersteen* und meint damit die 'Siedlung außerhalb der Steine', was unwahrscheinlich ist. **V.** Laur; Haefs. *GMM*

Uetze **I.** Gem. in der Region Hannover, 20 265 Ew., nö von Hannover an der Fuhse, Reg.-Bez. Hannover (bis Ende 2004), NI. Herkunftsort des adligen Geschlechtes von Uetze, kurzzeitig Sitz einer Vogtei, 1695 Marktflecken; seit 1974 Hauptort einer Einheitsgemeinde mit 9 Ortschaften, bis 2001 im Lkr. Hannover. **II.** 1022 *Utisson* [F. 12. Jh.], 1273 *Uttessen*, 1331 *Utze*; *Uetze* (1791). **III.** Bildung mit dem Gw. ↗-*hausen* und dem stark flektierenden Kurznamen *Udi* als Bw. Letzterer weist die in Kurznamen häufig zu beobachtende Inlautschärfung auf. Das Gw. ist nur in der verkürzten Form -*sen* belegt und wird im 14. Jh. zu -*se* verkürzt. Der Dental des PN verschmilzt mit dem -*s*- des Gw., so dass -*tz*- entsteht. Deutung also: 'Siedlung des Udi/Uti'. **V.** NOB I. *UO*

Uffenheim **I.** Stadt und gleichnamige VG im Lkr. Neustadt a. d. Aisch-Bad Windsheim, 13 666 Ew., w von Bad Windsheim, Reg.-Bez. Mfr., BY. Seit dem Neolithikum durchgehend archäol. nachgewiesene Siedlung, 1103 erstmalig urk. erwähnt, 1349 Stadtrecht, 1378 an die Burggrafen von Nürnberg aus dem Geschlecht der Hohenzollern verkauft. Als diese Kurfürsten von Brandenburg-Preußen werden, kommt die Stadt zur Markgrafschaft Ansbach und wird 1806 bayerisch. **II.** 1103 *Offenheim*, 1142 *Vfenheim*, 1233 *Offenheim*, 1269 *Uffenheim*. **III.** Das Gw. lautet durchgehend ↗-*heim*, das Bw. lautet zunächst lange *Offen*-, dann *Uffen*-; auch die Mundartaussprache hat *u*-. Das Bw. wird gedeutet als Gen. des PN *Offo*, der eine Lallform eines Kurznamens *Olfo* sei. Ein hist. Träger dieses Namens ist im Zusammenhang mit der Siedlung nicht nachgewiesen. **V.** Fuchshuber, E.: Uffenheim. Ehemaliger Landkreis Uffenheim. In: HONB Mfr. 6. München 1982; HHS 7/2; Reitzenstein 2009. *RB*

Uhingen **I.** Stadt im Lkr. Göppingen, 13 757 Ew., bildet zusammen mit Albershausen die VVG der Stadt Uhingen, 18 086 Ew., 5 km w Göppingen, Reg.-Bez. Stuttgart. Besitz der Grafen von Aichelberg 1318 zunächst durch Verpfändung und 1332/34 vollends durch Verkauf an Württemberg, Besitz der Rechberghausen, Staufeneck und Staufer von Bloßenstaufen überwiegend ebenfalls an Württemberg, der Rest an das Kloster Adelberg und Herrschaft Filseck. Maschinen- und Werkzeugbau. Uhinger Rathaus, Schloss Filseck, Cäcilienkirche, Berchtoldshof. **II.** 1275 (Kopie um 1350) *Vigingen*, 1296 *Ugingen [Or]*; *Uhingen* (1561). **III.** Der ON ist zurückzuführen auf eine ↗-*ing(en)*-Ableitung zu dem PN *Ugo*; der Name bedeutet 'bei den Leuten des Ugo'. Das inlautende -*g*- ist durch totale Dissimilation geschwunden. **V.** Reichardt 1989; LBW 2 und 3. *JR*

Uhldingen-Mühlhofen I. Gem. im Bodenseekreis, 8032 Ew., bildet zusammen mit ↗Meersburg, Daisendorf, Hagnau am Bodensee und Stetten den GVV Meersburg, 17579 Ew., ca. 19 km wnw Friedrichshafen, Reg.-Bez. Tübingen, BW. Oberuhldingen: Kloster Salem erwarb vor 1213 Grundbesitz, vor 1390 Ortsherrschaft bei Kloster Salem, 1803 an Baden. Unteruhldingen: 1179 Verleihung von Schifffahrtsrechten durch Kaiser Friedrich I., Ortsherrschaft bei den Grafen von Heiligenberg, 1806 an Baden. Mühlhofen: Im 13. Jh. Vogteirecht bei Heiligenberg, 1389 bei Hans Burst zu Überlingen, später Ortsherrschaft wie auch die Landesherrschaft bei Kloster Salem, 1803 an Baden. II. Uhldingen: 1058 (Chron. um 1150) *Ouveltinga*, 1222 *Uoldingen*, 1342 *Oberuldingen [Or]*, 1358 *Unteruldingen*. Mühlhofen: 1220 *Milnhofen*; *Uhldingen-Mühlhofen* (1972). III. Bei *Uhlingen* handelt es sich um eine ↗*-ing(en)*-Ableitung. Wenn von *ou-* als Anlaut auszugehen ist, dann mit Schwund der unbetonten Mittelsilbe zu einem PN *Audovald*: 'bei den Leuten des Audovald'. *Milnhofen* ist eine Zuss. aus dem PN *Milo* und dem Gw. ↗*-hofen*. V. Kaufmann 1968; Krieger; FP; LBW 2 und 7. *JR*

Ulm I. Stadtkreis und Verwaltungssitz des Alb-Donau-Kreises, 121 648 Ew., erstreckt sich von N nach S quer über die Grenze zwischen Schwäbischer Alb und Alpenvorland bei der Einmündung der Iller in die Donau, Reg.-Bez. Tübingen, BW. Nach einer gefälschten Urkunde schenkt Karl der Große Ulm 813 dem Kloster Reichenau, verm. jedoch handelte es sich dabei nur um die Pfarrkirche samt Zubehör und nicht das ganze Reichsgut Ulms, 1446 erwirbt die Stadt den gesamten Klosterbesitz mit allen zugehörigen Rechten, 1810 an Württemberg. Münster, Elektroindustrie, Waffenherstellung. Pauluskirche, St.-Georgs-Kirche, Gänsturm, Metzgerturm. II. 813 *Ulmam … villam* (F. 2. Drittel 12. Jh.), 854 *Hulmam [Or]*, 856 *Ulma [Or]*; *Ulm* (1334). III. Dem ON liegt ein mehrfach bezeugter GwN zu Grunde, der entweder – mit einer innergermanischen Etymologie – zum starken Verb germ. **walla-* 'wallen' gehört, oder – in Anbetracht ähnlich lautender osteuropäischer GwN – als vorgermanisches Gewässerwort (zu **el-/*ol-*) zu deuten ist. Ein Anschluss an mhd. *ulmic* 'von Fäulnis angefressen' ist sprachlich möglich, weil eine Bedeutungsentwicklung zu 'sumpfig' denkbar ist. Der Anschluss erklärt aber die Herkunft der übrigen Ulm-GwN nicht. Die Verbindung mit *Ulme* ist ausgeschlossen, da der Baum im MA *elm(boum)* heißt. IV. ↗Neu-Ulm, BY; Ulm, OT von Greifenstein, Lahn-Dill-Kreis, HE. V. Reichardt 1986; Greule 2007; LBW 7. *JR*

Ulmen (Eifel) I. Stadt und gleichnamige VG (seit 1970) im Lkr. Cochem-Zell, 10 962 Ew., in der Eifel, sw von ↗Koblenz, RP. Ersterwähnung 1074, ab 1794 französisch, 1815 zu Preußen, seit 1946 Rheinland-Pfalz. 1376 Stadtrecht, 1815 aberkannt. 2. 10. 2009 erneut Stadtrecht. II. 1074 *Ulmena*, um 1120–62 *ulmene*, 1253 *Ulmen*, 1434 *Ulmen*. III. Der Name gehört in eine Reihe mit den ON *Nieder-/Ober-Olm* (bei Mainz), *Ulm* (Kr. Wetzlar), *Ulm* (Lkr. Rastatt) und *Ulm* (Ortenaukreis), die alle an Gewässern liegen und *Ulmena/Olmena* als Grundform haben. Ulmen (Eifel) liegt am Ulmener Maar. *Ulmena*, älter **Ulmana*, ist mittels *n*-Suffix von germ. Adj. **(w)ulma-* (zu **wula-* 'wallen') abgeleitet. V. Jungandreas; Greule, A.: Die Ortsnamen der Verbandsgemeinde Nieder-Olm. In: Nieder-Olm. Der Raum der Verbandsgemeinde. 1983. *AG*

-ungen. ↗*-ing(en)*.

Unkel I. Stadt und gleichnamige VG (seit 1970) im Lkr. Neuwied, 13 046 Ew., am rechten Ufer des Rheins, zwischen Bonn und Koblenz, RP. 886 erstmals urk. erwähnt, bis 1803 zu Köln, 1803–1815 Nassauischer Besitz, danach zu Preußen. Gewerbe- und Handwerksbetriebe, Obstanbau. II. 886 *Oncale*, 893 (1222) *úncule, unkule, unckele*, 943 *unchele*, 1020 *uncla*, 1057 *Unkolo*, 1174 *Úncle*, 1246 *Unkele*. III. Grundform **Unkala*, **Unkula*, Adj. **wunkal-*, ablautend zu ahd. *wancal*, mhd. *wankel* 'unbeständig', mhd. *winken* 'schwanken, winken', vielleicht bezogen auf den unbeständigen Lauf des Rheins. V. Jungandreas. *AG*

Unna I. Kreisstadt im gleichnamigen Kreis (seit 1930), 67 342 Ew., im ö Ruhrgebiet am Haarstrang, Reg.-Bez. Arnsberg, NRW. Auf einer leichten Anhöhe s des Hellwegs bei einem wohl schon karolingerzeitlichen Hof entstanden, Stadtwerdung im späten 13. Jh. Teilnahme am Hansehandel, n der Stadt eine seit 860 nachweisbare Saline (bis 1940 betrieben). Seit 1859 Bergbau, Industriestadt. II. zu ca. 1020 *V̊onna* (F. um 1160), 1032 *V̊nna*, 1179 *Vnna*; *Unna* (1243). III. Der ON ist als Suffixbildung zu erklären, deren Basis *Un-* an die Schwundstufe der Wurzel idg. **en-/*on-* anzuschließen ist. Diese ist in GwN bezeugt, sodass von einem urspr. GwN auszugehen ist. Auffällige Merkmale sind das bis h. erhaltene, niemals zu *-e* abgeschwächte *-a* und die von Anfang an erhaltene Doppelkonsonanz *-nn-*. Letztere deutet auf eine Bildung mit einem Nasalsuffix ohne Bindevokal hin. Der Name ist also von vornherein als **Un-na* anzusetzen. Eine Bildung mit *-j*-Suffix (**Un-ja-*, so Derks) ist dagegen nicht anzunehmen, da dieses noch vor Eintreten eines Umlauts vollständig hätte schwinden müssen, was bei der frühen Bezeugung des ON nicht wahrscheinlich ist. Da das unveränderte *-a* für einen Langvokal spricht, ist eine verdeutlichende Zusammensetzung mit dem Gw. ↗*-ach¹*, das früh zu -ā kontrahiert werden konnte, erwogen worden. Näher als die Annahme von *Unna-aha oder *Unna-ā liegt jedoch eine einfache Umdeutung der vorhandenen Flexionsendung -a zu -ā 'Wasser, Fluss'. Der Auslaut wurde somit durch den Einfluss des Appellativs stabilisiert. **IV.** ↗Ense, Kr. Soest, NRW. **V.** Derks, P.: Der Siedlungsname Günne. In: Löer, U. (Hg.): Günne 1190–1990. Werl 1990, S. 19, Anm. 50b. *Flö*

Unter-. ↗**Nieder(en)-.**

Unterägeri **I.** Dorf und Gem. im Ägerital, Kt. Zug, 7894 Ew., am Westufer des Ägerisees, 729 m über dem Meeresspiegel, CH. Jungsteinzeitliche, bronzezeitliche und römerzeitliche Einzelfunde. 1714 kirchliche Trennung von der Pfarrei (Ober-)Ägeri, seit 1798 auch selbstständige politische Gem., 1834/36 Bau der Baumwollspinnerei Unterägeri, seit den 1880er Jahren große Bedeutung als Luftkurort. Starkes Wachstum seit den 1950er Jahren als attraktiver Wohnort für Arbeitspendler. **II.** Um 1150 *Agregia*, 1217/22 *Agareia* [Or], 1219 *Agrei* [Or], 1267 *Agre* [Or], 1287/90 *Ågre* [Or], 1379/80 *Egri* [Or], 1429 *Egere* [Or], 1489 *Egerÿ* [Or], 1659 *Undr Ëgeri* [Or], 1787 *únter Egerin* [Or], 1850 *Unter Egeri* [Or]. **III.** *Unterägeri* bedeutet 'das untere, am unteren Teil des Sees gelegene *Ägeri*', wobei *Ägeri* urspr. die ganze Talschaft um den Ägerisee und – in einem engeren Sinne – deren kirchliches und politisches Zentrum, das heutige Oberägeri, bezeichnete. Unterägeri hieß im MA *Wiler* u. ä. (1217/22 *Wilare* [Or], 1370/90 *Wile* [Or], 1407 *Wil*, 1573 *Wÿlen* [Or]), zu ahd. *wîlâri*, mhd. *wîler* 'Hof, Siedlung, Weiler' (↗-weiler), seit dem 15. Jh. auch *Wilägeri* (1425 *Wil Egre* [Or], 1469 *Wilegrÿ*). Die Bezeichnungen *Ober-* und *Unterägeri* sind seit dem 16. bzw. 17. Jh. bezeugt. *Ägeri* geht auf das romanisch-alpinlombardische Etymon *agru* 'Bergahorn' (zu lat. *acer* 'Ahorn') zurück, das hier entweder mit einem rom. Ortssuffix erweitert oder mit ahd./mhd. **eia*, einer Nebenform zu *ouwa*, *ouwe* 'Land am Wasser, Halbinsel' (↗-au), zusammengesetzt wurde. Je nachdem bedeutet *Ägeri* 'Stelle mit Bergahorn' oder 'mit Bergahorn bestandene Halbinsel'. Oberägeri, das eigentliche Ägeri, liegt auf einem weit in den Ägerisee hinaus reichenden Bachdelta, weshalb die Deutung als 'Halbinsel mit Bergahorn' im Vordergrund steht. Die seit dem frühen 16. Jh. bezeugte Latinisierung *Aquaregia* ist eine humanistische Konjektur (zu lat. *aqua* 'Wasser' und *regia* 'königlich'). **V.** Dittli, 1, 5; LSG. *BD*

Unterföhring **I.** Gem. im Lkr. München, 9177 Ew., Reg.-Bez. Oberbayern, BY. **II.** Ca. 1180 *Feringin utrumque … Superiori Feringin … inferius Feringin*, 1319 *ze Obernuergen, ze Nidernuergen*, 1212–1216? *Nidernveringen*, 1305 *Niderverien*, 1315 *Nidern Vergen*, 1460 *Nidernfergen*, 1560 *Niderföring bey Munchen*, 17. Jh. *Unterfoehring*, 1832 *Unterföhring*. **III.** Während sich undifferenzierte Namensformen, z.B. 750 (Kop. von 824) *Feringas*, 783 (Kop. des 9. Jh.) *Faringa*, 807 (Kop. von 824) *Feringa* und 1140–1152 *Ueringen*, auf den Münchner Stadtteil Oberföhring beziehen, sind in den ersten zwei Belegen beide Orte genannt. Es liegt wohl ahd. *ferio, ferigo, ferro* 'Ruderer, Seemann', mhd. *ver, vere, verje, verige, verge* 'Schiffer, Fährmann' bzw. ahd. *far* 'Überfahrtstelle (eines Gewässers)' zugrunde, das durch das Zugehörigkeitssuffix ↗-ing abgeleitet ist, sodass sich als Erklärung 'bei den Leuten des Fährmannes' bzw 'bei den Leuten an der Fähre' ergibt. **V.** Reitzenstein 2006. *WvR*

Untergruppenbach **I.** Gem. im Lkr. Heilbronn, 7687 Ew., bildet seit 1. 1. 1975 zusammen mit Ilsfeld, Abstatt und der Stadt Beilstein den GVV Schozach-Bottwartal, 26833 Ew., ca. 8 km sö Heilbronn, Reg.-Bez. Stuttgart, BW. 1109 zum Kloster Hirsau, zusammen mit der Herrschaft Stettenfels kommt Gruppenbach 1747 an Württemberg. Weinbau. Burg Stettenfels, Altes Rathaus, Johanneskirche, Kelter. **II.** 1109 (Kop. 16. Jh.) *Gruppenbach*. **III.** Verm. liegt die Fischbezeichnung mhd. *groppe* 'Kaulkopf' (Cottus gobio) zu Grunde, einer Entlehnung aus mlat. *carabus*. **V.** Bach DNK 2; LBW 2 und 4. *JR*

Unterhaching **I.** Gem. im Lkr. München, 22 098 Ew., Reg.-Bez. Oberbayern, BY. **II.** 1180 *In superiori Hachingin … In inferiori Hachingin*, 1181 *Niderchingen*, 1315 *Haechingen … Nidernhaechingen*, ca. 1327 *Nyderhaeching*, 1695 *Vndterhäching … Oberhäching*, 17. Jh. *Unterhaching*. **III.** Zu den undifferenzierten Namensformen ↗Oberhaching. Es liegt der PN *Hacho, Haho* zugrunde, der durch das Zugehörigkeitssuffix ↗-ing abgeleitet ist. Die Differenzierung erfolgte nach der Höhenlage. **IV.** ↗Oberhaching, Lkr. München, BY. **V.** Reitzenstein 2006. *WvR*

Unterschleißheim **I.** Stadt im Lkr. München, 26453 Ew., Reg.-Bez. Oberbayern, BY. **II.** 1315 *Nidersleizhaeim*, 1403 *Nidernsleisheim*, ca. 1450 *Grossen Schleisham*, 1574 *Grossenschleishaimb*, 17. Jh. *Unterschleissheim*, 1867 *Unterschleißheim*. **III.** Zu den undifferenzierten Belegen ↗Oberschleißheim. Als Grundwort ist ahd. **haim*, ↗-heim zu erschließen, das wohl eine neutrale KF zu *heima* 'Wohnung, Behausung, Heimstatt, Aufenthaltsort' ist; Bestimmungswort ist der PN *Sliu*. 808 sind ein *Sliu diaconus* 'Diakon' und ein *Sliu presbiter* 'Priester' in der Gegend bezeugt. Die Differenzierung bezieht sich auf die Höhenlage bzw. auf die Größe der Siedlung. **IV.** ↗Oberschleißheim, Lkr. München, BY. **V.** Reitzenstein 2006. *WvR*

Uplengen I. Gem. im Lkr. Leer, 11 448 Ew., nö von Leer, Reg.-Bez. Weser-Ems (bis Ende 2004), NI. Die 1973 aus 19 zuvor selbstständigen Orten gegründete Gem. erhielt ihren Namen nach der friesischen *terra Lengenerland* (auch *Uplengen*); die nach der Landschaftsbezeichnung benannte Burg Lengen (1535 endgültig zerstört) lag in Groß-Sander. II. 1242 *terram Frisiae, quae Lencgene dicitur* [Or], 1398 *Lengederlant* [Druck 18. Jh.], 1452 *Lengenerlande*, 1454 *Uplengener [lande]* [Kop.]. III. Abl. mit *-n-*Suffix. Basis der Abl. ist asä. *lang*, mnd. *lanc* 'lang', dessen Stammvokal durch den Suffixvokal *-i-* umgelautet wird. Namengebend war offenbar der längliche Geestrücken. Später tritt als Gw. mnd. *lant* 'Land' hinzu, und der urspr. Name erscheint als Adj. auf *-er*. Noch jünger ist davortretendes nd. *up* 'auf, oben'. Schließlich schwindet *-erland(e)*. V. Remmers, Aaltukerei. KC

Urach, Bad I. Stadt und gleichnamige VVG im Lkr. Reutlingen, Reg.-Bez. Tübingen, 20740 Ew., am nö Rand der Schwäbischen Alb, BW. Alem. Höhensiedlung, im 12.–15. Jh. Sitz mehrerer Grafengeschlechter, zuletzt der Grafen von Wirtemberg, Uracher Linie. Seit 1985 staatlich anerkannter Luftkurort in einem Biosphärengebiet. Sehenswert sind die zahlreichen Burgruinen der Umgebung und der Uracher Wasserfall. II. 1137/38 (Kop.16. Jh.) *de Uraha, Urahe*, 12. Jh. *Vraha*, 13. Jh. *Vrach, Urach*. III. Kompositum mit Gw. ↗ *-ach¹* und Bw. ahd. *ūr* 'Auerochse', mit der Bedeutung '(Siedlung am) Auerochsenbach'. IV. Aurach, Lkr. Ansbach, BY; ↗ Auerbach/Vogtl., Vogtlandkreis, SN; ↗ Auerbach in der Oberpfalz, Lkr. Amberg-Sulzbach, BY; V. Reichardt, L.: Ortsnamenbuch des Kreises Reutlingen. 1983. AG

Urbach I. Gem. im Rems-Murr-Kreis, 8525 Ew., bildet seit dem 1. 1. 1975 zusammen mit Plüderhausen den GVV Plüderhausen-Urbach, 17965 Ew., ca. 19 km ö Waiblingen, Reg.-Bez. Stuttgart. 1440 von Georg von Urbach an Hans Staufer von Blosenstaufen verkauft, 1467 ein Drittel durch Verkauf an Württemberg, die größeren Ortsteile waren seit 1424 von Württemberg an Urbach und andere Herren verpfändet, 1819 Abspaltung Unterurbachs. Elektrotechnik, Formenbau, Metallverarbeitung und Maschinenbau. Ev. Afrakirche, Kath. St. Marien-Kirche. II. 1181 *Vrachach*, 1182 *Uᵣrbach*, 1235 *Vrbach*, 1487 *Aurbach*; *Urbach* (13. Jh.). III. Der auf die Siedlung übertragene GwN *Urbach* gehört zu ahd., mhd. *ūr* und bedeutet 'Auerochsenbach'. Derartige Namen beziehen sich meist auf ein herausgehobenes Jagderlebnis. Belege des 15. Jahrhunderts zeigen die erwartbare Diphthongierung von mhd. *ū* zu *au*, die sich aber gegen die Schreibform *Ur* für 'Auerochse' in Anlehnung an das Präfix *Ur-* in *Ur-spung, Ur-form* nicht durchgesetzt hat. *Vrachach* ist wohl verschrieben aus *Vracbach, dem vielleicht verdeutlichendes *Vr-achbach zu Grunde liegt. IV. ↗ Bad Urach, Lkr. Reutlingen, BW. V. Reichardt 1993; LBW 2 und 3. JR

Urdorf I. Politische Gem. im Bezirk Dietikon, 9 215 Ew. Gem. am westlichen Rand von Zürich in einer Talmulde des Reussgletschers, Kt. Zürich, CH. Wenige frühgeschichtliche Funde, römischer Gutshof am Nordwestabhang des Schlierenbergs, romanische Niklaus-Kapelle; neben dem bekannten Bad- und Kurhaus (Badebetrieb Ende 17. Jh. eingestellt) vorwiegend bäuerliche Prägung des Dorfs bis in die Neuzeit, h. Wohngemeinde, Dienstleistungs- und Industriestandort. II. 1179 *Urdorf*, 1184 *Urthorf*, 1189 *Urdorf*. III. Primärer Siedlungsname, Bildung aus dem Grundwort ↗ *-dorf*, ahd. *dorf* 'Weiler, Dorf, Hof' und einem Bestimmungswort, das als PN *Uro* (ma. im fraglichen Raum belegt) oder ahd. *ur* 'alt' identifiziert werden kann. Während letzteres keine Vergleichsbasis hat (derartige Bildungen lauten in der Regel *Altdorf*), ist ersteres aufgrund des im nordostschweizerischen Raum ma. belegten Namens *Uro* durchaus denkbar: 'Dorf des Uro'. V. FP; LSG. MHG

Usingen I. Stadt im Hochtaunuskreis, 13 289 Ew., im ö Hintertaunus an der Usa, Reg.-Bez. Darmstadt, HE. Der h. Ort (mit Siedlungsspuren seit dem Neolithikum) dürfte im Kern auf den fränk. Landesausbau des 6./7. Jh. zurückgehen; in der 2. Hälfte des 8. Jh. erhält Kloster Fulda dort mehrfach Schenkungen. Im Hochma. im Besitz der Grafen von Diez, seit dem 14. Jh. (in dem Usingen Stadt wurde) unter nassauischer Herrschaft, 1659–1744 Residenz der Linie Nassau-Usingen, seit 1806 im Hztm. Nassau, 1866 an Preußen, 1945 an Hessen, 1972 Vergrößerung um 6 Gem. II. Um 750–802 *Osinga, Osungen, Osanga*, 780–802 *Oasunge* (alle Kop. um 1160), 1292 *Vsungen*, 1401 *Vsingen* [beide Or]. III. Der ON ist vom FluN *Usa* (im 14./15. Jh.: *Use*, lat. *Usa*) abgeleitet. Dieser ist wohl alteurop. Ursprungs, basiert auf der idg. Wz. **av-* (*au-*) 'Quelle, Flusslauf', von der mit Hilfe eines *-s-*Suffixes (wobei vor *-s-* **av-* > *au-* wurde) alteurop. FluN gebildet wurden, so auch hier: dabei musste *au-* im Ahd. vor Dental zu *-ō-* (über *-ao-*) werden, daher die frühen Belege des ON mit *O-* (bzw. *Oa-*). Das jüngere *U-* entspricht den zentralhess. Mda., in denen *-ō-* zum Extremlaut *-ū-* weiter geschlossen wurde. Vom FluN wurde (wie auch sonst häufig) mit dem (Zugehörigkeits-) Suffix germ. ↗ *-ing-* ein Siedlungsinsassenname gebildet, der zum SiN wurde; dabei begegnet (wie oft) auch die Ablautvariante *-ung-*, daneben noch die – auch sonst seltenere – Variante *-ang-*, wobei sich – erst in der Neuzeit – *(Us)ing(en)* durchsetzte. In den meisten Frühbelegen steht der Insassenname (wie auch sonst meist) im (lok.) Dat.

Pl. auf -*en* (urspr. Bed.: 'bei den Leuten an der Usa'), in den Belegen auf -*a* liegt formal Gen. (*in villa Osinga*) oder Nom./Akk. Pl. (urspr.: 'der /die Leute …'), vielleicht auch Latinisierung vor. **IV.** Oos, Nfl. der Murg und OT von Baden-Baden, BW; Oos, Nfl. der Kyll, RP; Ausa bei Rimini, I. **V.** CE; Schilp; Krahe; Bach DNK. *HGS*

Uslar **I.** Stadt im Lkr. Northeim, 15100 Ew., am sw Rand des Sollings, Reg.-Bez. Braunschweig (bis Ende 2004), NI. Lage an Kreuzung mehrerer Verkehrswege, verm. 12. Jh. Wasserburg, Herrschaft der Grafen von Northeim, von Dassel und der Welfen, 1263 Stadtrecht, 16. Jh. Kupferhütte, 1715 Gründung der Sollinger Eisenhütte, 20. Jh. Möbelindustrie. **II.** 1006–1007 *Huslere* (Kop. 15. Jh.), 1141 *Ernestus de Vslare* (F. 13. Jh.). **III.** Bildung mit dem Gw. ↗ -*lar*. Das Bw. ist wahrscheinlich mit idg. **yes-* 'feuchten, nass' in der Schwundstufe **us-* zu verbinden. Die Bed. 'Waldstück in feuchter, sumpfiger Lage' wird durch die Lage Uslars in einem bachreichen Gebiet zwischen Ahle und Martinsbach unterstützt. **V.** Nds. Städtebuch; LK Northeim; NOB V. *FM*

Uster **I.** Politische Gem. und Hauptort des gleichnamigen Bezirks, 31 406 Ew. Aus der namengebenden Stadt (mehrere Ortsteile) und mehreren Dörfern bestehend, am Greifensee gelegen (Niederuster, Riedikon), drittgrößte Stadt im Kt. Zürich, CH. Kreuzungspunkt römischer Straßenverbindungen vom Glatttal ins Zürcher Oberland sowie von Winterthur zum Zürichsee; um 1100 Bau eines Schlosses, das heute noch als Wahrzeichen der Stadt gilt. Bäuerlich geprägt, doch früh und stark industrialisiert, Vorreiterrolle in der Demokratisierung der Region und des Kantons („Ustertag" 1832). H. moderne Kleinstadt mit einer großen Anzahl von Dienstleistungsunternehmen. **II.** 775 *Ustra*, 903 *Hustera*, 907 *Ustra*, 1260 *Ustere*. **III.** Aller Wahrscheinlichkeit nach geht der Gemeindename auf ahd. **ustar-aha* 'gefräßiger Bach' zurück, regelgemäß zu **ustara* und *Ustra* weiterentwickelt; der Name wäre sekundär auf die Siedlung übertragen worden. Dafür spricht, dass der heutige *Aabach* in der Vergangenheit zahlreiche Überschwemmungen verursacht hat. Deutungen, die von ahd. *ōstar* 'nach Osten, im Osten liegend' oder lateinischen bzw. keltischen Etyma ausgehen, sind sachlich wie etymologisch unhaltbar **V.** Boesch, B.: Uster. In: Name und Geschichte: Henning Kaufmann zum 80. Geburtstag. Hg. von Friedhelm Debus und Karl Puchner. München 1978; LSG. *MHG*

Ústí nad Labem ↗ **Aussig**

Uttenreuth **I.** Gem. und (seit 1972) gleichnamige VG im Lkr. Erlangen-Höchstadt, 11 600 Ew., im unmittelbaren Einzugsbereich des Oberzentrums Erlangen, Reg.-Bez. Mittelfranken, BY. Wohl hochmittelalterliche Gründung am Südrand des Bistums Bamberg an der Schwabach mit Herrensitz, 1810 an Bayern. **II.** 1334 *V̊tenreůt [Or]*, 1341 *Uttenreutt [Or]*; *Uttenreut* (1525). **III.** PN *Uoto*, *Uto* im Gen. Sg., zusammengesetzt mit ↗ -*reut*. Da die Familie von Hohenlohe-Braunneck, Rechtsnachfolger der Reichsministerialenfamilie von Gründlach, über Besitz in Uttenreuth verfügt hat, ist immer angenommen worden, dass jener Uto ein Dienstmann der Herren von Gründlach gewesen ist. **IV.** Utting a. Ammersee, Lkr. Landsberg am Lech und Uttenreut, heute Habres, Lkr. Amberg-Sulzbach, BY; **V.** Fastnacht, D.: Stadt- und Landkreis Erlangen (HONB, Mittelfranken. Manuskript). *DF*

Uzwil **I.** Politische Gem. im Wahlkreis Wil (früher: Bezirk Untertoggenburg), 12 410 Ew. Größte Toggenburger Gem., an der Thur gelegen, bestehend aus dem namengebenden Ort sowie den Dörfern Niederuzwil, Henau, Algetshausen, Niederstetten, Oberstetten und Stolzenberg, Kt. St. Gallen, CH. Der Nachbarort Oberuzwil bildet eine eigene Gem. Bis in die Neuzeit bäuerlich geprägte Siedlungen, seit 1865 Standort einer Buntweberei, im 20. Jh. einer Möbelfabrik (beide in den 1970er Jahren geschlossen). Seit den 1990er Jahren reger Wohnungsbau, h. fünftgrößte Gem. des Kantons und einer der wichtigsten Industriestandorte der Ostschweiz. **II.** 817 (Datierung unsicher) *Uzzewilare*, 819 *Uzzinwilare*, 879 *Uzzenwilare*, 1244 *Vzwile*. **III.** Primärer Siedlungsname mit Grundwort ahd. *wīlāri* 'kleines Dorf, Weiler; Einzelhof' (↗ -*weil* / -*wil*) und einem in der Zeit durchaus gut belegten PN *Uzo* im Bestimmungsglied. In der Gesamtdeutung 'Hofsiedlung des *Uzo*' kommt die Siedlungs- und Gesellschaftsstruktur jener Siedlungsphase im frühen Mittelalter zum Ausdruck, in der noch immer die Rufnamen bedeutender Einzelpersönlichkeiten die Benennung kleinerer Ansiedlungen veranlasst haben dürften. Den PN *Uzo* (u. ä.) enthalten wohl auch weitere Ortsnamen im alemannischen Raum, insbesondere Namen mit der anlautenden Gruppe *Zu(e)z-*, in der anlautendes *Z-* Reflex einer lediglich agglutinierten Präposition (ahd. *zua*, *zuo*) sein kann, so im Fall von *Zuzwil*, Kt. BE (< **ze Uz[z]eswīlāri*) oder *Zuzwil*, Kt. SG (< **ze Uozinwīlāre*). **V.** FP; HLS; LSG. *MHG*

V

Vaduz mda. [fa'dots]. **I.** Hauptort des Fürstentums Liechtenstein, 5342 Ew., Gesamtfläche 17,3 km², FL. Gewerbe und Industrie, Banken und Finanzdienstleistungen, Treuhandwesen, Gymnasium, Hochschule, Kunstmuseum, Landesmuseum, Altersheim, Rebbau. Der Ort gehörte kirchlich und politisch urspr. zur Nachbargemeinde Schaan; 1810 Scheidung der Gemeindegüter, gänzliche Trennung 1842. Die Entwicklung des Ortes ist wesentlich mitbestimmt durch die über dem heutigen Städtchen befindliche ehemals gräfliche Burg, die gegenwärtige Residenz des Landesfürsten. Zum eigentlichen Hauptort des Landes wurde Vaduz nach der Einführung der konstitutionellen Verfassung 1862, als es Sitz der liechtensteinischen Regierung wurde. **II.** 1175–1200 *Faduzes*, 1249 *vadutz*, 1250 *Faduzze*; *vaduz* (1304). **III.** Lat. *aquaeductus*, alträtoromanisch *auadutg* 'Wassergraben, Mühlkanal', mit Übergang des auslautenden mediopalatalen Quetschlautes in /-ts/, Abfall des anlautenden Vokals und Übernahme des rätorom. stimmhaften -*v*- als labiodentale stimmlose Lenis im Alem. Die rom. Namengebung bezog sich primär noch nicht auf ein Dorf, sondern bloß auf eine gewerbliche Anlage. Auch damit wird der Ort als verhältnismäßig junge, urspr. nicht selbstständige Siedlung ausgewiesen. **IV.** Derselbe Namentyp erscheint mehrfach als FlN in GR, etwa: *Iduts* (Tujetsch), *Uadotg* (Lohn), *Lavadotg* (Mulegns), alle CH. **V.** FLNB I/2. *HS*

Vaihingen an der Enz **I.** Große Kreisstadt im Lkr. Ludwigsburg, 28 901 Ew., bildet zusammen mit der Stadt Oberriexingen sowie den Gem. Eberdingen und Sersheim die VVG der Stadt Vaihingen an der Enz, 43 683 Ew., ca. 17 km wnw Ludwigsburg, Reg.-Bez. Stuttgart, BW. Im 8. Jh. im Besitz des Klosters Fulda; *castrum Vehingen* war Sitz eines bis 1175 bezeugten Grafengeschlechts, Anfang des 13. Jh. zur Stadt erhoben, 1339 an Württemberg, 1938–72 Kreisstadt. Weinbau. Schloss Kaltenstein, Pulverturm, Haspelturm, Peterskirche. **II.** Um 750–802 (Kop. 1150–1165) *Fehinge*, 779 (Kop. um 828) *Feinga*, 779 (Kop. 1150–1165) *Feingen*, 1230 *Veihingen*; *Vaihingen* (13. Jh.). **III.** Es handelt sich um eine ↗ -*ing(en)*-Ableitung zu dem PN *Faho* mit Umlaut des Stammvokals zu *e* und Ausfall des intervokalischen *h* in *Fe-inga* und *Fe-ingen*. Offenbar wurden die Schreibungen seit dem 13. Jh. als *Fei-ingen*, *Vei-ingen* interpretiert, sodass die späteren Schreibungen *h* als Hiatustilger nach Diphthong enthalten; der Name bedeutet 'bei den Leuten des Faho'. Die Lagebezeichnung *an der Enz* dient der Unterscheidung zu Vaihingen in Stuttgart. **IV.** Vaihingen, OT von Stuttgart, BW. **V.** Reichardt 1982; LBW 2 und 3. *JR*

Vallendar **I.** Stadt und gleichnamige VG im Lkr. Mayen-Koblenz, 15 216 Ew., am r. Rheinufer, gegenüber von Koblenz, RP. Im MA zunächst zu Trier, seit 1230 an Grafen von Sayn, die hier eine Burg (h. Marienburg) errichteten. 12. bis 16. Jh. Augustinerinnenkloster Schönstatt (Wallfahrtsort). Seit Ende 17. Jh. wieder kurtrierisch, 1802 an Nassau-Weilburg, 1815 an Preußen, 1856 Stadtrecht. Seit 1932 anerkannter Luft- und Kneippkurort. **II.** 1171 *Ualendre*, um 1187–88 *Ualendere*, 1189 *Ualendra*, um 1170–90 *in Valinderin*, *in Valindrin*, 1216 *Valendre*. **III.** Urspr. Name des Vallendarer Bachs (zum Rhein), der wie mehrere FlN und SiN in Belgien und Frankreich (*Vollanden*, *Valender*, *Valendre*) mittels des kombinierten Suffixes (germ.) *-nd-ra-* von germ. *fal-* (in GwN) abgeleitet ist. **V.** Greule, A.: Namentypen und Namenräume. In: Proceedings of the 21st International Congress of Onomastic Sciences. Uppsala 19–24 August 2002, vol.1. 2005. *AG*

Varel [fárel] **I.** Stadt im Lkr. Friesland, 24 801 Ew., 26 km sö Jever, NI. Erstmalige Erwähnung 1123 als Vorwerk des Klosters Rastede, bis zum 14. Jh. friesisches Stammesgebiet, dann zu Oldenburg und in der Folgezeit Wittum für oldenburgische Gräfinnen, 1856 Verleihung des Stadtrechtes. Im 19. Jh. Aufschwung in der Weberei, des Weiteren ist die Eisenindustrie, der Schiff- und Maschinenbau von Bedeutung; zeitweise bedeutendster Industriestandort Oldenburgs, h. wirtschaftlich mittelständisch geprägt, Niederlassung des Flugzeugbauers Airbus. **II.** 1400 *hovetlink to Valren*, *hovetlink to Varle*, 1444 *[Or] to Varel*. **III.** Es handelt sich hierbei um eine Komposition aus afries. *fara*, asä. *faran* 'fahren, gehen', vgl. nd. *fare*, nordfries. *fahre* 'Triftweg', ahd. *far* 'Überfahrtstelle', in Verbindung mit ↗ -*loh(e)*, mnd. *lō* 'Gehölz, Waldung'. Letzteres begegnet in niedersächsischen ON häufig abgeschwächt als -el, vereinzelt auch als -la. Letztlich nimmt der ON Bezug auf die Lage der Siedlung an einem Verkehrsweg. **IV.** Driefel, Gem. Zetel, Lkr. Friesland, NI. **V.** HHS 2; Lohse; Berger. *MM*

Varnsdorf ↗ Warnsdorf

Vaterstetten **I.** Gem. im Lkr. Ebersberg, 21 697 Ew., Reg.-Bez. Oberbayern, BY. **II.** 1104–1122 *Uatersteten*, 1138–1147 *Vatersteten*, 1536 *Vatterstetten*, 1867 *Vaterstetten*. **III.** Grundwort ist mhd. *stete* 'Stätte, Wohnstätte' (↗ *-statt*), Bestimmungswort der PN *Fater, Vadar*, sodass sich als Erklärung 'zu den (Wohn-)Stätten bzw. bei der Stätte eines Mannes namens Vater' ergibt. **V.** Reitzenstein 2006. *WvR*

Vechelde **I.** Gem. im Lkr. Peine, 16 074 Ew., an der Aue, Reg.-Bez. Braunschweig (bis Ende 2004), NI. 1382 Befestigung des Ortes durch welfische Herzöge, 1392–1671 überwiegend Verpfändung von Amt und Burg Vechelde an die Stadt Braunschweig; 1695 Anlage eines Schlosses, 1804–1819 Sitz einer reformpädagogischen Erziehungsanstalt. **II.** 973 *Fehtlon* [Or], 1145 *Vechtla* [Kop. 15. Jh.], um 1250 *Vechtelde*; *Vechelde* (1318). **III.** Die ersten Belege weisen auf ein Gw. ↗ *-loh* hin. Das Bw. hat eine Entsprechung im ON Vechta, der nicht überzeugend zu deuten ist. Evtl. besteht eine Verbindung mit idg. **peuk̑-* 'stechen', das als *-t-*Erweiterung in asä. *fiuhtia* 'Fichte' belegt ist. Das Bw. in Vechelde und ↗ Vechta würde eine Variante germ. **feuhta-/*feuhtō* mit der Entwicklung des Diphthongs zu *-ē-* und späterer Kürzung voraussetzen. Eine Verbindung mit asä. *fak* 'Wand', ahd. *fah* 'Mauer, Fischwehr' würde eine nd. Gutturalvariante (idg. *-k-* anstelle von idg. *-g-*) voraussetzen. Der Übergang von *-la* zu *-elde* erfolgt im 13. Jh. abrupt. **IV.** ↗ Vechta, Lkr. Vechta, NI. **V.** GOV Peine; HHS 2; Nds.-Lexikon. *KC*

Vechta **I.** Kreisstadt im Lkr. Vechta, 30 998 Ew., am Vechtaer Moorbach, Reg.-Bez. Weser-Ems (bis Ende 2004), NI. Im 12. Jh. Errichtung einer Burg durch Grafen von Calvelage; im späten 13. Jh. Stadt nachweisbar; Osnabrücker Stadtrecht; kultureller und geistlicher (kath. Dekanat) sowie Verwaltungsmittelpunkt; 1252–1803 zum Niederstift Münster, seit 1803 oldenburgische Amts- bzw. Kreisstadt. **II.** 1188 *prope Vechtam* [Kop. 14. Jh.], 1216–20 *Vechte*; *Vechta* (1231). **III.** Der ON enthält den GwN der *Vechte*, h. Vechtaer Moorbach, deren Name bislang nicht überzeugend gedeutet ist. Ein Anschluss an asä. *fehtan* 'fechten, kämpfen' überzeugt semantisch nicht. Der ON ↗ Vechelde enthält offenbar dasselbe Element, hier als Bw. Eine weitere Parallele ist die bei ↗ Coesfeld entspringende Vechte. Es ist ein Gw. ↗ *ach¹* (*-aha*) zu erwägen. Eine mögliche Verbindung mit der in der Tiefstufe in *feucht* belegten Wz. **pen-* 'Schlamm, Sumpf, Wasser' stößt auf Probleme im Vokalismus. Eine Verbindung mit idg. **peuk̑-* 'stechen', das als *-t-*Erweiterung in asä. *fiuhtia* 'Fichte' belegt ist, würde eine Variante germ. **feuhta-/*feuhtō* mit der Entwicklung des Diphthongs zu *-ē-* und späterer Kürzung voraussetzen. Eine Verbindung mit asä. *fak* 'Wand', ahd. *fah* 'Mauer, Fischwehr' würde eine nd. Gutturalvariante (idg. **-k-* anstelle von idg. **-g-*) voraussetzen. **IV.** ↗ Vechelde, Lkr. Peine, NI. **V.** HHS 2; Nds. Städtebuch. *UO*

Veitsbronn **I.** Gem. und (seit 1972) gleichnamige VG im Lkr. Fürth, 9 455 Ew., Reg.-Bez. Mittelfranken, BY. Wohl frühmittelalterliche Gründung im unteren Zenngrund, an den alten Fernwegen von Bamberg über Herzogenaurach nach S bzw. von Nürnberg nach Frankfurt/Main, Dorf mit Wehrkirche, seit dem 14. Jh. Besitz der Burggrafen von Nürnberg (spätere Mgf. von Ansbach), Wiederaufbau nach dem Dreißigjährigen Krieg mit Hilfe von Exulanten aus Oberösterreich, 1792 an Preußen, 1806 an Bayern. **II.** Um 1350 *Prunn*, Mitte 14. Jh. (Kopie 2. Hälfte 14. Jh.) *Vites prunne*, 1401 (Kop. 1407 oder später) *Veiczprunne*; *Veitsbrunn* (1449). **III.** Dem Gw. ahd. *brunno*, mhd. *brunne* 'Quelle, Brunnen, Wasser' (↗ *-brunn*) ist zur Unterscheidung später der Name des im hohen MA sehr beliebten Kirchenpatrons St. Vitus/Veit (im Gen. Sg.) vorangestellt worden. **IV.** Veitsauerach, OT von Windsbach, Lkr. Ansbach; ↗ Veitshöchheim, Lkr. Würzburg, beide BY. **V.** Wießner, W.: Stadt- und Landkreis Fürth (HONB, Mittelfranken 1). München 1963; Reitzenstein 2009. *DF*

Veitshöchheim **I.** Gem. im Lkr. Würzburg, 9938 Ew., vor den Toren Würzburgs mainabwärts gelegen, Reg.-Bez. Unterfranken, BY. 1246 Wahlort des thüringischen Landgrafen Heinrich Raspe zum Gegenkönig. Seit dem späten 17. Jh. Sommerresidenz der Würzburger Bischöfe. Bedeutende jüdische Gemeinde mit erhaltener Synagoge (h. jüdisches Kulturmuseum). **II.** 1097 (Kop.) *Hocheim*, 1240 *Hoecheim*, 1301 *Hôcheim ad sanctum Vitum*, 1306 *Hoecheim czu sand Veit genant*, 1350 *Sant Veits Hocheim*, 1376 *Vitshôcheym*, 1456 *Veits Höcheim*. **III.** Gw. ↗ *-heim*. Bw. das Adj. ahd. *hôh* 'hoch; erhaben, ehrwürdig'. Der Umlaut setzt eine flektierte Form **ze demo hôhin heim* voraus. Der differenzierende Namenszusatz, der den Ort von dem auf der anderen Mainseite liegenden Margetshöchheim unterscheidet, bezieht sich auf den Kirchenpatron St. Veit. Dieser erscheint im ON zunächst nachgestellt, bevor er stark flektiert vor die nun zum Gw. gewordenen vormaligen Namen tritt. **V.** Wagner, H.: Die Hedene, die heilige Bilhildis und die Erstnennung von Bamberg. In: Würzburger Diözesangeschichtsblätter 61 (1999). *TH*

Vejprty ↗Weipert

Velbert ['fɛlbɐt] I. Stadt im Kr. Mettmann, 85 465 Ew., im Bergischen Land, Reg.-Bez. Düsseldorf, NRW. II. 875 *Feldbrahti*, 1. H. 12. Jh. *in Velbrehte*, 1481 *Velbert*. III. Zuss. aus asä. ↗ *-feld* 'Feld' und dem auch selbständig als Name vorkommenden *Braht* (Belege s. Gysseling 1960/61), das im vorliegenden Namen im ON-Dat. erscheint. Das flexivische *-i* hat den Umlaut bewirkt. Die heutige Gestalt des Letztglieds erklärt sich aus Metathese des *r* und Konsonantenerleichterung. *Bracht* ist ein häufig bezeugter FlN, der ein aus der gemeinen Mark ausgesondertes Stück Land bezeichnet. Der Wortbildung nach ist es ein *-ti*-Abstraktum zum Verbalstamm germ. **brek-* mit Ablaut **brak-* 'brechen' (vom Umbrechen des Landes oder nach dem Herausbrechen aus der Allmende). *Bracht*-Belege aus dem niederrhein.-nl. Raum bei FO 1. V. HHS 3; RhStA X/57; Dittmaier 1963b. *Tie*

Velden I. Markt und gleichnamige VG im Lkr. Landshut, 9 017 Ew., Reg.-Bez. Niederbayern, BY. Im frühen MA Mittelpunkt eines Herzogs-, dann Königsgutbezirks, 903 Schenkung an Regensburg, 1410 Marktrechtsverleihung durch den Landshuter Herzog. II. FlN (?): 773 (Kop. des 12. Jh.) *Feldin*. SiN: 802 (Kop. von 824) *Feldum*, 818 (Kop. von 824) *Felda*, 885 (Kop. des 12. Jh.) *Ueldan*, ca. 1182/83 *Velden*, 1224 *Velden*. III. Dem urspr. Flurnamen liegt eine Pluralform von ahd. ↗ *-feld*, *veld* 'Ebene, Flachland, Feld, Weideland' zugrunde. Die Erklärung wird gestützt durch eine Landesbeschreibung aus dem Jahr 1723: *Velden ... vmb sich aber ein ebnes Land / von guter Fruchtbarkeit am Getraidt*. IV. Velden, Lkr. Nürnberger Land, BY. V. HHS 7/1; Reitzenstein 2006. *WvR*

Velen I. Gem. im Kr. Borken, 13 036 Ew., Reg.-Bez. Münster, NRW. Kirchdorf (um 1200) bei einer Burg der Edelherren von Velen, 1371 FBtm. Münster, 1803 Ftm. Salm, 1811 Kaiserreich Frankreich, 1813 Preußen, bedeutender Schlossbau. II. 10. Jh. *Ueliê*, 1028 *silva, que prae magnitudine sui*[!] *Vele nuncupatur*, um 1050 *Felin*, 1090 *de Velon*, 1221 *Herman de Velen*. III. Die frühe Überlieferung des Namens ist uneinheitlich. Da die Namenschreibungen in den Werdener Urbaren oft unzuverlässig sind und Velen in den Freckenhorster Quellen später nicht auftaucht, sollte – trotz der räumlichen Nähe zu ↗Gescher (ebd. um 1050 *Gasgere*) – *Felin* unberücksichtigt bleiben. Das Grundwort *-lōhun* '(bei den) Nutzwäldern' (↗*-lo(he)n*) der somit zu erschließenden Altformen **Fe[.]-* oder **Fē[.]-lōhun* wird durch die – wenn auch nicht belastbare – Erklärung aus dem Jahre 1028 gestützt. Das Bw. (*fe[.]-/fē[.]-*) kann wegen des Fehlens der *-l*-Geminata im Namenwort nicht zu *fell* 'Fell' und wegen des fehlenden *-h-* nur unter Bedenken zu and. *fēh* 'bunt' oder *feh(u)* 'Vieh' gestellt werden. Möglich ist schließlich noch ein Anschluss nd. *fēl* 'feil', 'verkäuflich' oder an das Wurzelwort idg. **pel-* des d. ↗ *-feld*. Eine verbindliche Erklärung ist nicht möglich. V. Werdener Urbare A; WUB I, III; CTW I. *schü*

Vellmar I. Stadt im Lkr. Kassel, 18 229 Ew., n von Kassel an der Ahne, Reg.-Bez. Kassel, HE. Entstanden aus dem Zusammenschluss der Gem. Nieder- und Obervellmar sowie Frommershausen (1967/70), Stadt seit 1975. II. Vellmar: 9. Jh. (Kop.) *Filmare in pago Hassorum*, ca. 1000 *Filumari*, 1061 *Vilemar*, 1240 *inferior Vellmar*, 1299 *Ober Vilmar*. Frommershausen: 1107 *Frumeheresḥusun [Or]*, um 1200 *Fromershusen*, 1296 *Vrumershusen*. III. Das Bw. im ON *Vellmar* nicht direkt vom Adj. ahd. *filu* 'viel'(so Andrießen), sondern zum PN-Erstglied *Filu-* mit derselben Bedeutung. Zum Zweitglied vgl. ↗ *-mar*. Im ON Frommershausen der PN *Frumiheri* + ↗ *-hausen*. V. FP; Reimer 1926; Eisenträger / Krug. *TH*

Velpke I. Samtgem. im Lkr. Helmstedt, 12 571 Ew., im Helmstedter Holzland, Reg.-Bez. Braunschweig (bis Ende 2004), NI. Seit 17. Jh. Betrieb von Sandsteinbrüchen, h. rekultiviert als „Velpker Schweiz", 1974 Zusammenschluss der Gem. Velpke, Bahrdorf, Danndorf, Grafhorst und Groß Twülpstedt. II. Um 1150 *Vilebeke [Or]*, 1385 *Velbke [Or]*. III. Bildung mit dem Gw. ↗ *-be(e)ke*. Das Bw. ist wahrscheinlich auf asä. *filu* 'viel, bedeutend, eine große Menge' zu idg. **pelu-* 'Menge, viel' als Erweiterung von **pel(ə)-* 'gießen, fließen, aufschütten, füllen' zurückzuführen. Möglicherweise handelt es sich um einen alten Namen des Katharinenbachs. Der Stammvokal *-i-* wurde in offener Silbe zu *-e-* gesenkt. Die Vokale im Nebenton schwanden, das Gw. zeigt die häufig auftretende Entwicklung zu *-bke* und *-pke*, da *-b-* im Silbenauslaut stimmlos wurde. V. KD Helmstedt; NOB VII. *FM*

Velten I. Stadt im Lkr. Oberhavel, 11 640 Ew., an der Autobahn Berlin-Rostock, nw Berlin, BB. Urspr. d. Dorf der Herrschaft Kremmen; seit 19. Jh. Industrialisierung (Kachelofenproduktion), Stadt seit 1935. II. 1350 *veltem [Or.]*; *Velten* (1355). III. Namenübertragung von Veltheim (966 *Veltheim* 'Siedlung im Felde'), ST, vielleicht durch das gleichnamige Adelsgeschlecht, die Grafen von Veltheim. Zum Gw. ↗ *-heim*. V. Riedel A IV, VII; BNB 4; OBB. *EF*

Verden (Aller) I. Stadt und Sitz des gleichnamigen Lkr., 26 737 Ew., NI. Königshof Karls des Großen; Bistum, um 814 Bischofskirche, 985 Marktrecht, Münze, Zoll und Immunität. 1235 Ratsverfassung erwähnt, 1259 Stadtrecht; Trennung in Norderstadt und Süderende. Das Hochstift Verden gehörte zum Niederrheinisch-Westfälischen Reichskreis. Seit 1558 zunehmender Einfluss der Reformation; Ende des Stiftes und des Bistums 1648 durch schwedische Herrschaft; später kurzzeitig dänisch, Verkauf 1715 an das Kurfürstentum Braunschweig-Lüneburg. 1866 der preuß. Provinz Hannover eingegliedert, 1867 Amt Verden und Lkr. Verden, 1885 Umbildung des Kreises Verden, 1932 Zusammenschluss der Lkr. Achim und Verden zum neuen Lkr. Verden mit Sitz in Verden; 1946 zum Reg.-Bez. Stade, 1978 Reg.-Bez. Lüneburg. **II.** 782 (Kop. 9. Jh.) *Ferdun*, 810 (verunechtet) *Ferdi*, 849 *Ferdi*, 874 *Feride*, 890 *Verdi*, 932 *Ferdiun*, 973 (Kop. 11. Jh.) *Werduun*. **III.** Die älteren Belege reflektieren die unterschiedlichen Lokalkasus: während 810, 849, 890 *Ferdi*, *Verdi* den Dat. Sg. enthalten, stehen 782 *Ferdun*, 932 *Ferdiun* im Dat. Pl. Zugrunde liegt asä. *fardi* 'Übergangsstelle'. **V.** Berger; Möller 1979; Tiefenbach. *JU*

Verl **I.** Stadt im Kr. Gütersloh, 24 908 Ew., am Südrand des Teutoburger Waldes, Ostmünsterland, 20 km s Bielefeld, Reg.-Bez. Detmold, NRW. Entstanden um einen ehem. Osnabrücker Haupthof im Gebiet der Gft. Rietberg, seit 1838 Verwaltung des preuß. Kantons Verl (ab 1843 Amt). 1970 Zusammenlegung mit sechs weiteren Gem., seit 1. 1. 2010 Stadt. **II.** 1264 *Hinricus de Verlo*, 1265 (Kop. 18. Jh.) *curia Verler*, 1380 *Verlo*. **III.** Bildung mit dem Gw. *ʌ-loh(e)*. Das Bw. ist wegen der relativ späten Überlieferung nicht zweifelsfrei zu sichern. Angesichts vergleichbarer ON wie *Varloh* (1146 *Varnla*), *Varl*, *Verloh* oder *Varrel* ist eine Verbindung mit mnd. *vare*, *vore* 'Furche, Reihe, Grenze; Triftweg', asä. *faran* 'fahren, gehen' möglich, aber auch ein Anschluss an ahd. mhd. *far*, *ver* Ntr. oder *vere* Fem., mnl. *veere* 'Furt, Durchgangstelle im Wasserlauf', oder an mnd. *väre* Fem., asä. *fāre*, mhd. *vāre* 'urspr. heimlich Lauern, Gefahr' oder mnd. *vēr* 'Stier' nicht auszuschließen. **V.** Schneider; HHS 3. *BM*

Versmold **I.** Stadt im Kr. Gütersloh, 21 076 Ew., in Emssandebene an Grenze zum Münsterland, s Teutoburger Wald, Reg.-Bez. Detmold, NRW. Zeitweise zum Fürstbistum Münster, zeitweise zum Fürstbistum Osnabrück, 1277 zur Gft. Ravensberg, später zum Haus Jülich-Berg, 1609 preuß., 1719 Titularstadt, nach franz. Zeit Sitz des Amtes Versmold. Leinenindustrie, Segeltuchproduktion, Fleischwarenindustrie. 1973 Zusammenschluss mit fünf Gem. **II.** 1068–1088 *in Versmele*, 1096 *in parrochia Fersmel*, 1223 *in Versmelle*, 1279 *Versmule*, 1284 *Versmole*, 1483 *to Versmōl*, 1607 *Verßmolt*. **III.** Bildung mit dem asä. Gw. *-maþl/-madl* (< germ. **maþla-*, vgl. got. *maþl*, anord. *mál*, ae. *mæðl*). Im Bw. kann vielleicht ein alter GwN der Aa vorliegen, wie er etwa im Namen der Verse (Nfl. l. z. Lenne) oder der Werse gegeben ist und 1598 noch im Hofnamen *Verssemeigger* anklingt. Für einen FluN bieten sich Anschlüsse an **Warisa* (*-isa*-Suffix idg. **u̯er-/*u̯er-* 'Wasser, Flüssigkeit') oder an **Fersa* (zur *-s*-erweiterten Wz. idg. **per-* 'sprühen, spritzen') an. **V.** FO; Schneider; Schmidt, Rechtsrhein. Zfl.; Udolph 1994; HHS 3. *BM*

Vetschau/Spreewald // Wětošow/Błota (sorb.) **I.** Stadt im Lkr. Oberspreewald-Lausitz, 9 036 Ew., an der Autobahn Cottbus -Berliner Ring, nw Cottbus, BB. Urspr. d. Burg mit Burgsiedlung des 13. Jh. in älterer sorb. besiedelter Umgebung; Stadtrecht 1548. Großkraftwerk Lübbenau-Vetschau (erbaut 1960–1967). **II.** 1302 *Veczicz (nicht sicher zuzuordnen)*, 1346 *Feczschow*, 1421 *Fetschow*. **III.** Wahrscheinlich eine Namenübertragung von Vetschau bei Aachen, NRW, 1215 *Vetzou*, das auf lat. *fiscarum* 'zu einem fiscus (Königsgut) gehörig' beruht. Die slaw./sorb. Namenform ist entweder eine Sorabisierung oder eine ursprüngliche asorb. Namenbildung **Vetošov-* mit dem poss. Suffix *-ov-* zum PN *Vetoš*, der zu urslaw. **vetъ, *vetъchъ* 'alt, ehemalig' gehört, vgl. apoln. *wioteszka* 'Lumpen'. Der Zusatz bestimmt die Lage im Spreewald, ʌ Burg (Spreewald), Lkr. Spree-Neiße, BB. **V.** UI; UBLübb. II; DS 36; SNB. *EF*

Vettweiß **I.** Kreisangehörige Gem. im Kr. Düren, 9 041 Ew., sö von Düren in der Zülpicher Börde, Reg.-Bez. Köln, NRW. Erste Erwähnung 989. Im Besitz verschiedener Kölner Klöster und Stifte. Stark landwirtschaftlich geprägte Gemeinde. **II.** 989 *Wisse* [Kop. Ende 12. Jh.], 1215 *Wyss*, 1377 *Vetwys*; *Vettweiss* (1557). **III.** Zunächst war allein das Namensimplex als ON ausreichend. Erst in der 2. Hälfte des 14. Jh. kommt als Bw. *Vet(t)-* auf. Ein Zusammenhang mit dem Namen der keltorom. *Matronae Vesuniahenae*, von denen in Ortsnähe Weihesteine gefunden wurden, wird kaum bestehen. Eher ist für *Wisse*, *Wyss* ein Zusammenhang mit ahd. *wis*, got. *weihs* 'Ansiedlung', 'Hof' herzustellen; (vgl. u. a. Moselweiß bei Koblenz, RP, 1092 *Uissa*). Das Differenzierungselement wurde zur Unterscheidung von anderen *Weis-*, *-wis-*ON (z. B. *Weisweiler*, *Dürwiss*) gewählt. Dieses kann zu nhd. *fett* als Kennzeichen für die hier besonders ertragreichen Böden gesehen werden. Möglich ist aber auch, dass ein PN Grundlage ist; z. B. *Veit*, wie im Namen des unmittelbar benachbarten Weilers *Veitsheim*. **IV.** Dürwiss, Weisweiler, beide OT von Eschweiler, Kr. Aachen, NRW. **V.** Kaspers. *Br*

Vianden [fiˈandən], lux. Veianen [ˈfaiənən], mda. Veinen **I.** Stadt und Hauptort der gleichnamigen Gem. und des Kt., 1509 Ew., am r. Ufer der Our im Ösling an der Grenze zu D, ca. 50 km n von Luxemburg, Distr. Diekirch, L. Die Geschichte des Ortes ist mit jener der Grafen, die sich nach dem Ort bzw. der Burg nannten, verbunden: Gft. Vianden 1264 lehensabhängig von der Gft. Luxemburg, 1308 Freiheitsbrief durch die Grafen von Vianden, 1331 zum Haus Nassau-Dillenburg (später Nassau-Breda und Nassau-Oranien), 1795 franz., Hauptort des gleichnamigen Kt. im Arrondissement Diekirch des franz. Wälderdepartements, seit 1815 zum Ghztm. Luxemburg, Hofburg (größte ma. Burganlage in Luxemburg), gotische Trinitarierkirche (1248) mit Kreuzgang und Rokoko-Altar, touristisches Zentrum. **II.** 1096 *Vienna*, 1207 *Uiannen*, 1220 *Vianden*. **III.** Vorgeschlagen wurde die Benennung des Ortes nach einem vermuteten GwN kelt. **U̯ēdunis*, **U̯ēdunia* 'Wild-, Waldbach' (Bach, analog zum GwN und SiN ↗ *Wien*) zu urkelt. **u̯ēdu-* 'wild'. Da der Ort am r. Ufer der Our (l. zur Sauer) liegt, kommt wohl der kleine Bachlauf s des Burgbergs als Bezugspunkt einer solchen Benennung in Frage (oder der markante Burgfelsen, falls Benennungsmotiv kein GwN). Tradierung ins Mfr.-Ahd. über eine lat.-rom. Zwischenstufe. Bei Annahme der genannten Etymologie müsste mit später Integration gerechnet werden, da rom. *v* (hier < kelt. *u̯*) ab dem späten 8. Jh., frühen 9. Jh. als stimmloser labiodentaler Frikativ *f* ins Ahd. entlehnt wird und intervokalisches rom. *d* erst im 9. Jh. schwindet. Für den unbetonten Vokal rom. e (< lat. *ē*) im Hiat (durch Ausfall von *d*) ist für die Zeit der Übernahme noch mit Erhaltung zu rechnen (vgl. vulgärlat. *sēcūru* 'sicher' > afranz. *sëur*, *sur* > franz. *sûr*). Die Entwicklung *e* > *i* ist im Ofranz. möglich. Sekundäre Dehnung der Silbe ahd. *fi > *fī muss angenommen werden für die Herkunft des Langvokals *ī* > Diphthong lux. *ai* in *Veianen*, *Veinen*. Die Schreibung *nd*, die sich auch in der d. Aussprache des SiN durchgesetzt hat, kommt im 13. Jh. wohl als Umkehrschreibung für die sonst häufige Assimilation *nd* > *nn* auf. Der Hiat bewahrt rom. Pänultima-Betonung oder schuldet sich gelehrter Betonung. Mda. *Veinen* mit Initialbetonung und Abbau des Hiats. Die (zentral-)lux. Form *Veianen* mit bewahrtem Hiat steht zwischen diesen beiden Varianten. Die lux. Formen mit intervokalischen *n* (statt *nd*) setzen entweder die alten Verhältnisse fort oder zeigen sekundäre Assimilation *nd* > *n*. Die seit dem 13. Jh. zu beobachtende Endung *-en* entstand in Analogie nach dem Vorbild anderer SiN, z. B. der regional häufigen ↗ *-ingen*-Namen. **IV.** Feyen, OT von ↗ Trier, RP; ↗ Wien, A. **V.** Bach DNK II; Gysseling 1960/61; Jungandreas. *AS*

Viechtach **I.** Stadt, 8 354 Ew., ca. 30 km sö von Cham, ca. 25 km nw der Kreisstadt Regen und ca. 30 km nö von Bogen, im Oberen Bayerischen Wald an einer Talschleife des Schwarzen Regens am Fuß des Pfahl-Höhenzuges, Kr. Regen, Reg.-Bez. Niederbayern, BY. 1953 Stadterhebung, bis 1972 Kreisstadt des Altlandkreises Viechtach, seit 1972 staatlich anerkannter Luftkurort. Regionales Handels-, Gewerbe- und Tourismuszentrum. Burgen Kollnburg, Alt- und Neunussberg, Burgfestspiele Neunussberg, Burgmuseum Altnussberg. **II.** Um 1086/1090–1100/1104 *Viedaha ... Vietha* [Or], 1100–1104 *Vietaha* [Or], 1287 *Viehtach* [Or]; *Viechtach* [Or] (1305). **III.** Anzusetzen ist für den urspr. GwN eine Ausgangsform ahd. *Fioht-aha mit der Bed. 'Gewässer mit auffälligem Fichtenbestand in der Umgebung', die sich aus dem Bw. ahd. *fiohta* (> mhd. *viehte*) 'Fichte' und dem Gw. ahd. *aha* '(fließendes) Wasser, Wasserlauf, Fluss' (↗ *-ach*[1]) zusammensetzt. Die Siedlung Viechtach ist ohne Zweifel nach dem heute *Riedbach* genannten Fluss benannt worden, der bei dieser Ortschaft in den Schwarzen Regen mündet und früher *Viechtach* hieß. Dass die Belege des 11. und 12. Jh. den Reibelaut *h* im Bw. nicht verschriftlichen, ist dadurch zu erklären, dass im Mhd. *h* in der Verbindung *ht* besonders schwach artikuliert wurde bzw. in der Mundart früh ganz geschwunden ist. Der lediglich temporär bezeugte unterscheidende Zusatz *Unter-* (u. a. 1698 *Vnderviechtach* [Or]) verdeutlicht die Abgrenzung von dem Namen der Stadt Oberviechtach (Reg.-Bez. Oberpfalz, BY). **IV.** Ähnlich, jedoch wohl eher mit Kollektivsuffix ahd. *-ahi*, mhd. *-æhe* (↗ *-ach*[2]) zu deuten: Oberviechtach, Reg.-Bez. Oberpfalz, BY. **V.** Hackl, St./Janka, W.: 'Fichtenbach' oder 'Fichtenwald'? – Zur Erklärung der Siedlungsnamen *Oberviechtach* und *Viechtach*. In: Oberviechtacher Heimatkundliche Beiträge, Bd. 8. Oberviechtach 2010. *StH*

Vienenburg **I.** Stadt im Lkr. Goslar, 10 946 Ew., nö von Goslar an der Radau, Reg.-Bez. Braunschweig (bis Ende 2004), NI. Um 1300 durch Grafen von Wernigerode aus den Trümmern der Harliburg errichtet; Amtssitz und Burg bis 1523 hildesheimisch, bis 1643 welfisch, ab 1643 hildesheimisch, 1813 zu Hannover; Stadtrecht 1935; eine 1921 gegründete Käserei aus Vienenburg machte den Harzer Käse/Harzer Roller bundesweit bekannt; auf dem Stadtgebiet das 1174 gegründete Kloster Wöltingerode. **II.** 1306 *Vineburch* [Or], 1315 *Vineborch*, 1458 *Finenborch*; *Vienenburg* (1823). **III.** Bildung mit dem Bw. ↗ *-burg*, das häufig in der nd. Form *borch* erscheint. Das Bw. ist das unflektierte App. asä. *fen(n)i*, mnd. *venne*, *ven* '(mit Gras bewachsenes) Sumpfland'. Der Stammvokal des Bw. erscheint stets zu *-i-* gehoben und dann in offener Silbe gelängt. Ein *-n-* vor dem Gw. erscheint erst seit dem 15. Jh., verm. aus Aussprachegründen und in Angleichung an die umliegenden ON. Der Anschluss an ein nicht belegtes *finna, wie es teils für *Vinte*, Lkr. Osnabrück, erwogen wird, überzeugt angesichts der Lage Vienenburgs an der Radau in einem flach gelegenen Feuchtgebiet nicht. Deutung also: 'Burg am Sumpfland'. **V.** HHS 2; Nds. Städtebuch. *KC*

Viernheim I. Stadt im Lkr. Bergstraße, 32 502 Ew., Reg.-Bez. Darmstadt, HE. Im Ort ist früher kgl. Besitz nachzuweisen. Karl der Große erlaubte 777 dem Kloster Lorsch, das 917 in den Besitz des Königsguts gelangte, einen Weg durch die Viernheimer Mark anzulegen. Ortsherren im späten MA und der Frühen Neuzeit waren die Kurpfalz und das Erzbistum Mainz. 1803 an Hessen-Darmstadt. Der Ort erhielt erst 1948 die Stadtrechte. Schwere Zerstörungen im 2. Weltkrieg. II. 777 (Kop.) *ad Virnheim*, 898 (Kop.) *Uirninheim* 902, 917 (Kop.) *Uirnunheim*. III. Im Bw. ist das Adj. ahd. *firni*, mhd. *virne* 'alt' zu vermuten. Auszugehen ist daher von einer syntaktischen Fügung mit dem Gw. ↗-*heim*: ahd. *ze demo firnin heim* 'bei der alten Siedlung'. V. 1200 Jahre Viernheim 777–1977, hg. vom Magistrat der Stadt. Viernheim 1977; Keyser; Müller, Starkenburg. *TH*

Viersen I. Kreisstadt, 75 700 Ew., Reg.-Bez. Düsseldorf, NRW. Bis 1802 zur Grundherrschaft des Kölner St. Gereonsstifts gehörig. Mda. [ˈviə(r)ʃə] (RWB). II. 1100 *de Virschen*, 1185 *in Uersene* [Or], nach 1196 *Virsene*. III. Der ON ist offenbar Abl. mit -*n*-Suffix (zur Bezeichnung der Zugehörigkeit) von einem GwN, wie er in dem Namen des Lennezuflusses *Verse* erhalten ist (1284 *Verse*, Barth 1968). Bei *Viersen* handelt es sich um den alten Namen eines Nebenflusses der Niers. Dieser FluN ist als -*isā*-Suffigierung zu germ. *far*- (ablautend zu idg. *per*- 'sprühen, spritzen') gedeutet worden. Im Falle von *Viersen* weist der Vokalismus der Belege eher auf die Ablautform germ. *fer*-; die späteren *e*-Schreibungen beruhen auf Senkung vor *r* + Konsonant (mit Vokaldehnung vor dieser Verbindung). Die ma. Schreibungen mit -*rsch*- zeigen die regional durchgängig gültige Weiterentwicklung der -*rs*-Gruppe, die etwa standardsprachlich von mhd. *kirse* zu nhd. *Kirsche* geführt hat. Doch hat sich diese Variante bei dem ON nur mda. durchgesetzt. Weitere Belege für den GwN und zugehörige ON bei FO 1, 874 f., 889. Da alle Parallelformen die Folge -*ir*-, -*er*- zeigen, ist die von Kaufmann 1973 favorisierte Ableitung aus der Metathesenform von ahd. *frisc* 'frisch' wenig wahrscheinlich. IV. Versen (um 900 *Firsni*), Stadtteil von Meppen, Lkr. Emsland, NI. V. HHS 3; RhStA VI/34; Donner, F. J./ Mackes, K. L./ Nabrings, A.: Viersener Urkundenbuch. Viersen 1990. *Tie*

Vilbel, Bad I. Stadt im Wetteraukreis, 31 456 Ew., am Südrand der Wetterau n Frankfurt, an der Nidda, Reg.-Bez. Darmstadt, HE. Besiedlung schon im Neolithikum, von den Römern und zur Völkerwanderungszeit, Neuausbau wohl im Zuge fränk. Landnahme im 6.–7. Jh. Ersterwähnung 774. Frühe Besitzrechte des Klosters Lorsch. Im hohen MA im Besitz der Münzenberger, später zweigeteilt zwischen Hanau und Mainz, 1803 bzw. 1816 an Hessen-Darmstadt. 1858 Stadtrecht, seit 1948 Bad. II. 774 *Feluuila*, 830–850 *Velauuilre*, [F]*elauuila* (sämtlich Kop. Ende des 12. Jh.), 1143 *Velewilre*, 1289 *Velewile*, 1483 *Vilbel* [sämtlich Or]. III. Das Bw. der urspr. Zuss. gehört sehr wahrscheinlich zu ahd. *felawa* f./ *felawo* m. 'Felber, Weide, Salix', das Gw. ist ahd. -*wīla* < vulgärlat. *vīlla* 'Einzelgebäude' oder – siehe Beleg 2 und 4 – ahd. *wīlāri*- < vulgärlat. *vīllare* 'Gehöft, Vorwerk'; dieser Gw.-Wechsel kommt bei -*weil*- bzw. -*weiler*-ON urk. manchmal vor, ebenso die *r*-Metathese bei letzteren. Die Belege zeigen den Schwund des ursprüngl. Stammausgangs -*w*- und Abschwächung bzw. Schwund des ahd. vor -*w*- entstandenen Sprossvokals -*a*- in tonschwacher Mittelsilbe sowie der übrigen Nebensilbenvokale, den Wandel von mhd. -*w*- > -*b*- sowie die Veränderung -*e*- > -*i*-, die wohl als schreibsprachliche Hyperkorrektur der (hier gar nicht eingetretenen) md. Senkung -*i*- > -*e*- zu sehen ist; mda. gilt denn auch bis h. *Felwil*. Die urspr. Bed. wäre demnach: das (spätröm.?) Haus oder Gehöft bei den Weiden (der Niddaniederung). Eisenstuck setzt einfach -*weil* als Gw. an (das mehrfache -*wilre* als Verschreibung abtuend) und postuliert eine alem. Ortsgründung, da Gw. und Bw. typisch alem. seien (letzteres – heute! – nur im Obd. vorkomme), was Bach überzeugend zurückweist: ↗-*weil* /-*weiler*. IV. Velben, OT von Bodnegg, Lkr. Ravensburg, BW, und OT von Kempten, BY, ↗ Feldbach, SM, A. V. CL; Reimer 1891; Clemm; Eisenstuck, O.: Weil. In: BNF 4 (1953), Bach DNK; Debus/Schmitz. *HGS*

Villach [ˈfɪlax] I. Stadt mit eigenem Statut, Bezirkshauptstadt, 58 949 Ew., am westlichen Rand des Klagenfurter Beckens am Zusammenfluss von Drau und Gail gelegen, KÄ, A. In röm. Zeit wird im Bereich der Stadt die Straßenstation *Santicum* genannt, die prähistorische Besiedlung des Raumes war s des heutigen Zentrums zwischen dem Warmbad und Völkendorf. Als Stadt wird sie urk. 1240 erwähnt. 1007–1759 im Besitz des Bistums Bamberg, dann durch Kauf an Österreich. Bedeutender Bahn- und Verkehrsknotenpunkt, Technologiepark, seit 1996 ein Standort der „Fachhochschule Kärnten" (technologische und wirtschaftswissenschaftliche Studienlehrgänge). II. 878 *ad pontem Uillach*, 979 *curtem ... Fillac*, 1169 *Villacum*. III. Ihrer verkehrsgeografischen Lage entsprechend wird die Stadt urk. erstmals 878 'bei der Brücke (in) Villach' genannt, der spätere Beleg bezieht sich auf einen Gutshof. Nach traditioneller Ansicht war ein Praedium Namen gebend, etwa keltoromanisch *Biliacum* (↗-*ach*³), zum kelt. PN *Bilios o. ä., was lautgeschichtlich mit der slowen. Bezeichnung *Beljak*, 1789 *Bilak*, mda. *Bljak* übereinstimmt. Inschriftlich ist aber nur *Bilachinium* belegt, Name einer Zollstation im Kanaltal bei Camporosso (d. *Saifnitz*), rund 25 km sw von Villach. Daher wird neuerdings wieder erwogen, den Namen mit lat. *villa* zu verknüpfen; die bereits im Ma. bezeugte ital. Namensform lautet *Villàco*, die furlanische *Vilàc*. **V.** ANB; HHS Huter; Kranzmayer II; Neumann, D.: Villach – ein traditionsreicher Name. Museum der Stadt Villach, 45. Jahrbuch 2008; Pohl. *HDP*

Villingen-Schwenningen I. Große Kreisstadt im Schwarzwald-Baar-Kreis, 81 246 Ew., zusammen mit den Gem. Brigachtal, Dauchingen, Mönchweiler, Niedereschach, Tuningen und Unterkirnach VVG der Stadt Villingen-Schwenningen, 104 877 Ew., Villingen liegt am Ostrand des Schwarzwaldes und Schwenningen ca. 5 km ö Villingen an der Baar, Reg.-Bez. Freiburg, BW. Villingen: 1218 nach Aussterben der Zähringer Herrschaft über den Ort umstritten, 1326 begab sich Villingen in Schutz der Habsburger, die dieses kauften und 1330 als Reichlehen bestätigt erhielten, außer 1418–25 bis ins 19. Jh. beim Hause Österreich, 1805 an Württemberg, 1806 an Baden. Schwenningen: Um 1140 vermutlich Herzoggebiet der Herzöge von Zähringen, 1444/49 Verkauf an Württemberg, Malefizobrigkeit der Landgrafschaft Baar bis ins 19. Jh, Zusammenschluss mit Villingen am 1. 1. 1972. Elektro- und Uhrenindustrie. Romäusturm, Blickentor, Stadtkirche, Schwenninger Moos. **II.** Villingen: 817 *ad Filingas*; 999 *in Vilingin*, 12. Jh. *Vilingen*. Schwenningen: 895 *Suanninga*, 1140 *Swenningen*; *Villingen-Schwenningen* (1972). **III.** Bei *Villingen* handelt es sich um eine ↗ *-ing(en)-*Ableitung zu dem PN **Filo*; der Name bedeutet 'bei den Leuten des Filo'. *Schwenningen* gehört dagegen wohl zu dem eher seltenen Typ ↗ *-ing(en)* + Substantiv, hier zu ahd. *swano*, mhd. *swane* 'Schwan'; der Name bedeutet dann '(Wohnstätte) bei den Schwänen'. Da zu diesem Appellativ urspr. nur Frauennamen gebildet wurden, ist der Typ *-ing(en)* + PN hier wenig wahrscheinlich. **IV.** Villingendorf, Lkr. Rottweil, BW. **V.** FO 2; FP; Kaufmann 1968; Bach DNK 2; LBW 2 und 6. *JR*

Vilsbiburg I. Stadt im Lkr. Landshut, 11 527 Ew., Reg.-Bez. Niederbayern, BY. Um 1300 Markt, 1929 Stadt; Metall verarbeitende Industrie. **II.** 990–1000 *Pipurch*, vor 1253 *Vilspiburch*, ca.1261 *Vilsepiburch*, 1367 *Piburg auf der Vilsse*, 1473 *Vilspiburg*. **III.** Wie aus der Nennung von 1367 hervorgeht, ist die Stadt aus einer Siedlung um eine Burg an der Großen Vils (zur Donau) hervorgegangen. Die altbairische Namensform im ältesten Beleg entspricht ahd. **bíburg*, worin *bi-* 'um, herum' bedeutet. Der Name der Großen Vils (748, Kop. 9. Jh. *secus Uilusam*) geht auf germ. **Felusō* zurück, eine *s*-Ableitung von (erschlossenem) westgerm. **felu-* 'Sumpfwald', vgl. ahd. *fel(a)wa*, nhd. *Felbe, Felber* 'Weide(nbaum)'. Möglich ist auch die Herleitung aus germ. **felu-* 'viel'; **Felusō* würde in diesem Fall auf die relativ große Wassermenge hindeuten, die der Fluss führt. **IV.** Vilseck, Lkr. Amberg-Sulzbach, BY; Vilsheim, Lkr. Landshut, BY; ↗ Vilshofen an der Donau, Lkr. Passau, BY; ↗ Biblis, Lkr. Bergstraße, HE; Biebrich, OT von Wiesbaden, HE. **V.** Reitzenstein 2006; Greule, DGNB. *AG*

Vilshofen an der Donau I. Stadt im Lkr. Passau, 16 328 Ew., Reg.-Bez. Niederbayern, BY. Im frühen MA Besitz des Klosters Mondsee, im 12. Jh. des Bischofs von Passau, 1262 Übernahme durch die Wittelsbacher. **II.** 748–829? (Kop. des 9. Jh.) *Uilusa*, 1067 (Kop. des 13. Jh.) *Uilsehoven*, ca. 1100 *Filschouen*, 1111 *Filsehouen*, 13. Jh. (zu 1206) *Vilshoven*, 1260 *Vilshofen*. **III.** Aventin erklärte 1519–1521 den Namen: *Vilsovia, ubi hostia Vilsi, unde nomen urbi* 'wo die Mündung der Vils, woher der Name für die Stadt'. Während die Siedlung urspr. den Namen des Flusses Vils trug, an dem sie liegt, wurde ab dem 11. Jh. das Grundwort ↗ *-hofen*, eine Pluralform von ahd. *hof* 'ländliches Anwesen, Besitz, Bauernhof, Wirtschaftshof' hinzugefügt. **V.** HHS 7/1; Reitzenstein 2006. *WvR*

Viöl dän. Fjolde, dän. mda. Fålji, nordfriesisch Fåål **I.** Gem. und gleichnamiges Amt im Kr. Nordfriesland mit dreizehn amtsangehörigen Gem., 9125 Ew., Nähe zur dän. Grenze, Schleswigsches Geestland, SH. **II.** 1389 *in Fiøla [Or]*, 1461 *in Fjolde kerspelle*; *Vioell* (1639). **III.** Die heutige Bezeichnung *Viöl* geht zurück auf das dän. *fjolde* in der Bedeutung 'Außenmark, unkultiviertes Gebiet'. **V.** Laur. *GMM*

Vipiteno ↗ **Sterzing**

Visbek I. Gem. im Lkr. Vechta, 9 274 Ew., Reg.-Bez. Weser-Ems (bis Ende 2004), NI. Zahlreiche frühgeschichtliche Funde auf der Gemarkung; im 9. Jh. Benediktinerkloster, das nach der Übertragung 855 an Kloster Corvey langsam einging; Visbek war Mutterkirche des Lerigaues und bis 1803 im Besitz von Corvey. **II.** 819 *Fiscbechi* [F. 10. Jh.], 855 *Fischboeki*, um 1000 *Visbechi* [Kop. 15. Jh.], 1120 *Visbike*; *Visbek* (1349). **III.** Bildung mit dem Gw. ↗ *-be(e)ke*. Nach den ältesten Belegen ist als Bw. asä. *fisk*, mnd. *visch* 'Fisch' anzusetzen. Da alle späteren Belege kein *-k-* mehr zeigen, ist entweder von einem Ausfall in interkonsonantischer Stellung auszugehen oder ein anderes Bw. anzusetzen, das in den Erstbelegen sekundär an *Fisch* angeglichen wurde. Das in Frage kommende Appellativ *fieseln* 'leicht regnen' ist jedoch in den älteren Sprachstufen kaum nachzuweisen, weshalb ein Anschluss hieran fraglich ist. **V.** HHS 2. *UO*

Visselhövede I. Stadt im Lkr. Rotenburg (Wümme), 10 392 Ew., NI. Der Ort liegt im Quellbereich der Vissel, erstmals erwähnt im 13. Jh. Schon früh Gografschaft im Verdener Bistum, um 1450 Flecken, seit 1567 (mit kurzer Unterbrechung 1629–1631) protestantisch. 1645 schwedisch, 1712 dänisch, 1719 zusammen mit dem Hztm. Verden zu Hannover, ab 1815 zum Kgr. Hannover. 1866 preuß., seit 1885 im Reg.-Bez. Stade, 1939 Lkr. Rotenburg (Hann.), 1938 Stadt, 1974 Eingemeindung mehrerer umliegender Ortschaften. **II.** (1237–1246, Kop. 16. Jh.) *in Visselhovede* (mehrfach), 1288 (Kop.) *Vislehovede*, 1296 (Kop.) *in Visselhovede*. **III.** Der ON ist als 'Quelle der Vissel' zu verstehen. Im Gw. steht nd. *hoved* 'Haupt', das auch in anderen norddeutschen ON begegnet, z. B. in *Bornhöved*, SH, *Bergeshövede*, w Ibbenbüren, NRW; hd. entspricht *Haupt*, etwa in *Seeshaupt* an der Südspitze des Starnberger Sees. Der GwN *Vissel* kann auf zweierlei Weise erklärt werden: zum einen als einzelsprachliche germ. oder auch asä. Bildung zu hd. *fisseln, fīseln* 'dünn, fein regnen' im Sinne von 'ein wenig Wasser führender Bach' oder aber als voreinzelsprachliche idg. Bildung aus einer Gf. **Pis-ila*, schwundstufige Bildung zu idg. **pei-s-*, Erweiterung von **pei-* / **poi-* / **pi-* 'von Feuchtigkeit strotzen', u. a. bezeugt in ai. *pá-yas* 'Saft, Wasser, Milch', gr. *póa, poía* 'Gras, Wiese', *pídax* 'Quelle', *pínos* 'Schmutz', lit. *píeva* 'Wiese', auch in *Peene*. **V.** Nds. Städtebuch; Udolph, J.: Peene. In: Wort und Name im deutsch-slavischen Sprachkontakt. Köln/ Weimar/ Wien 1997; Schröder; Ulbricht. *JU*

Vlotho **I.** Stadt im Kr. Herford, 19 634 Ew., am l. Weserufer s Minden am Einfluss der Vlothe (ma. *Vlote*, h. *Forellenbach*), Reg.-Bez. Detmold, NRW. Seit 12. Jh. Siedlung bei der Burg an der Weserfurt (Fähre bis 1928) nachweisbar, 1168–90 Erwerbung der Burg durch Ebf. Philipp von Köln, spätestens 1224 an Gft. Ravensberg, um 1250 Stadtrecht, 1719 erneut Stadtrecht, ab 1637 Zentralort der Weserschifffahrt bis Bremen, seit dem 19. Jh. Zigarrenproduktion. Eingemeindungen 1969 und 1971 von drei ehemals selbst. Gem. **II.** [1168–1190] *Godefridus de Vlotowe*, 1186 *de Flotuwe*, 1240 *de Vlotouwe*, 1295 *castrum Flotowe*, 1407 *Vlotov*, 1501 *Vlote*, 1581 *Vlothowe*; *Vlotho* (1802). **III.** Kompositum mit dem Gw. ↗ *-au(e)*. Im Bw. liegt wohl der GwN der ma. *Vlote* (h. *Forellenbach*) zugrunde (vgl. *vlot, vlōz* M. Ntr., nl. ahd. 'Wasserlauf'; mnd. *vlöte* 'Richtung eines Wasserlaufs, Fließgewässer', zu germ. **flaut-i*). Eine Verbindung mit mnd. *vlōt* 'flach, seicht' (vgl. asä. *flat*, ahd. *flaz*) und Erklärung als 'flache Au' ist eher nicht anzunehmen. **V.** Schneider; Berger; HHS 3; Kramer, W. *BM*

Vöcklabruck [fœklɐˈb̥ruk], dial. [b̥ruk] oder [g̊eklɐˈb̥ruk]. **I.** Stadt und Verwaltungssitz im gleichnamigen Pol. Bez., 11 906 Ew., w des Zusammenflusses von s Ager und n Vöckla, OÖ, A. Im röm. Noricum (15 v. – 476 n. Chr.) Kreuzung der o-w Hauptstraße Ovilava/↗ Wels – Juvavum/↗ Salzburg mit Nebenstraßen, im 7./8. Jh. Siedlungen an der Vöckla mit Kirche im h. Stadtteil Schöndorf gegen die Ager. 1188 Übergang der hiesigen Besitzungen der Grafen von Poigen an die Babenberger, was in der 1. Hälfte des 13. Jh. zur planmäßigen Marktanlage und Stadtwerdung führte. 1893 errichtete Ludwig Haschek (1856–1934) eine Asbestfabrik und wurde zum Erfinder des Eternits. **II.** Vöckla: ca. 788–90 (Kop. 9. Jh.) *secus torrentem Fecchilesaha, Fechilaha*; 1125–36 *de Uechla*. Schöndorf: 823 (Kop. 9. Jh.) *ad Scugindorf*, ca. 976 *Scondorf*, 1147–67 *Scŏendorf*, 1325 *in Schöndorf*. Vöcklabruck: 1134 *pontem Uekkelahe*, 1147 *in Vechelprōke*, 1159 *in Vechelahebruke*, 1242 *in Veklapruke*, ca. 1270 *forum Prukke*. **III.** Vöckla: Gefügtes Komp. mit ahd. *-aha* (↗ *-ach¹*) und dem ahd. PN, zunächst stark flektiert *Feckil(i) < Fackil(i)* mit Primärumlaut, dann dem schwach flektierten *Feckilo* mit *n*-Schwund des Genitivflexivs *-in* vor *l*, 'Ache des Feckil/i/o'. Schöndorf: Gefügtes Komp. mit ahd. ↗ *-dorf* und dem ahd. PN *Skugo*, 'Dorf des Skugo', dessen schwaches Genitivflexiv *-in* Umlaut auslöste, wobei dann die Lautfolge *-ugi-* zu *-ū-* = [y:] kontrahiert und zu frühmhd. *ou* = [øy] diphthongiert wurde, was zur volksetym. Umformung und Umdeutung zu mhd. *schœne* 'schön' führte, 'schönes Dorf'. Vöcklabruck: Neben Simplex *Bruck* von nicht umgelautetem bair.-mhd. *prukke* 'Brücke' gereihtes Komp. mit dem GwN *Vöckla*, 'An der Brücke über die Vöckla'. **V.** ANB 1, 2; OÖONB 4; ÖStB 1; HHS Lechner. *PW*

Voerde (Niederrhein) [ˈføːrdə] **I.** Stadt im Kr. Wesel, 37 752 Ew., Reg.-Bez. Düsseldorf, NRW. Der Ort ist nach dem Wasserschloss *Haus Voerde* benannt. **II.** 1282 *de Uŭrde [Or]*, um 1412 *Vorde*. **III.** Namengebend für das Wasserschloss ist die Lage bei einer ↗ Furt, mnd. *vōrde, vörde* 'Durchgang, Furt'. Schon asä. *ford* zeigt, wie das Engl. und Nl., den *-o-*Vokalismus, der auf Übergang des Wortes in die *a-*Deklination beruhen wird. Die zu *Furt* (↗ -furt) gehörigen ON sind ungemein zahlreich (FO 1). Das Wort ist urspr. *-u-*Stamm (Mask.). Daneben wird spätestens in mhd. Zeit ein fem. *-i-*Stamm sichtbar, der die Umlautformen bewirkt hat. Bereits der älteste nd. ON-Beleg, 11. Jh. *Forđi* (*Voerde*, Ortsteil von Ennepetal, Ennepe-Ruhr-Kr., Reg.-Bez. Arnsberg, NRW) zeigt den *-o-*Vokal kombiniert mit dem *-i-*Flexiv des Dat. Sg. **V.** HHS 3; EWAhd. 3. *Tie*

Vogt **I.** VVG im Lkr. Ravensburg, 8 039 Ew., bestehend aus Vogt und Wolfegg, ca. 11 km ö Ravensburg im Alpenvorland, Reg.-Bez. Tübingen, BW. Vogt: Oberhoheit stand größtenteils Landvogtei Schwaben zu, 1805 zusammen mit Landvogtei an Württemberg. Wolfegg: Anf. 13. Jh. verm. in Besitz der Herren von Tanne, 1806 an Württemberg. Seit 1975 VVG. Gutskapelle Mosisgreut. **II.** Vogt: *Vogt* (1687). Wolfegg:

1219 *Wolfegge*. **III.** Der ON *Vogt* ist verm. eine Kurzform aus **Vogt-wald* (vgl. 1687 *Stieber vorm Wald, zum Vogt genannt*) und vom FlN auf den Ort übertragen. Ahd. *fogat*, mhd. *voget* 'Rechtsbeistand' bezieht sich in ON gewöhnlich auf einen Ortsrichter, Verwaltungsbeamten oder den Inhaber der Vogtei eines Klosters. *Wolfegg* (zu ahd. mhd. *wolf* 'Wolf' und ahd. *egga*, mhd. *ecke* 'Schneide, Spitze, Ecke' (↗*-eck*), frnhd. und in Mundarten auch 'Felsspitze, Vorsprung, Bergabhang') ist ein typischer Name für eine spätestens im 12. Jh. entstandene Höhenburg. **IV.** Vogtsburg im Kaiserstuhl, Lkr. Breisgau-Hochschwarzwald, BW. **V.** Bach DNK 2; LBW 2 und 7. *JR*

Vohenstrauß **I.** Stadt im Lkr. Neustadt a. d. Waldnaab, 7722 Ew., ca. 15 km sö von Weiden i.d.OPf. im n Teil des Oberpfälzer Waldes, Reg.-Bez. Oberpfalz, BY. Urspr. Siedlung ist heutiges Altenstadt bei Vohenstrauß, vor ca. 1230 wird Vohenstrauß als planmäßige Marktsiedlung an einer alten Handelsstraße nach Böhmen angelegt (wohl von den Staufern), 1378 erstmals als Stadt urk. erwähnt, später auch wieder als Markt genannt, bis 1972 Kreisstadt des Lkr. Vohenstrauß. **II.** 1242 *Vohendraz* [Or], 1301–07 *Vohendrætz* [Or], 1352 *Vohendres* [Or]; *Vohenstravs* [Or] (1550). **III.** Der urspr. den Nachbarort Altenstadt (um 1155 Kop. 15. Jh. zu 1124 *ecclesiam Vohendrezensem*, Mitte 14. Jh. zu um 1230 *in ueteri Vohendr(ez)*) bezeichnende ON ist bislang nicht sicher erklärt. Während *Vohen-* meist zu mhd. *vohe* 'Fuchs, Füchsin' gestellt wird, bleibt *-draz/-drætz/-dres* unklar. Der Sekundärumlaut mhd. *ä* oder *æ* (vgl. mda. -dra:s) weist auf urspr. *a* oder *ā*. Diese Vokale sind mit der mitunter vertretenen Annahme einer Ablautform zu mhd. *drozze* 'Schlund, Kehle' < germ. **þrut-an/ōn-* nicht vereinbar. Gegen einen Zusammenhang mit mhd. *tratzen, tretzen* 'trotzen; reizen, necken' sprechen *d-* und *-s*. Die seit dem 16. Jh. bezeugte Eindeutung der Tierbezeichnung *Strauß* gilt nur schriftsprachlich. **V.** Keyser / Stoob II; Reitzenstein 2006. *WJ*

Vöhringen **I.** Stadt im Lkr. Neu-Ulm, 13 044 Ew., an der Iller gelegen, Reg.-Bez. Schwaben, BY. Alem. Besiedlung ab 5./6. Jh., seit 1756 zu Bayern, 1977 Eingemeindung von Illerberg, Illerzell, Thal und zur Stadt erhoben. Seit dem 19. Jh. metallverarbeitende Industrie. **II.** 1148 *Veringen* [Or], 1475 *Feringen*, 1529 *Föringen*; *Vöhringen* (1668). **III.** Der Name lässt sich ableiten aus ahd. *far* für 'Überfahrtsstelle'. Die Endung ↗*-ingen* bezeichnet Gruppenzugehörigkeit ('die Menschen bei der Überfahrtsstelle') und wird auf Siedlungsnamen übertragen ('Ort bei den Menschen an der Überfahrtsstelle'). Der Vokal *-e-* in *Veringen/Feringen* ist durch Umlautung vorahd. *a > e* zu erklären, die Entwicklung zu *Vöhringen* ist auf Rundung zurückzuführen. Alternativ wird vom Rufnamen *Fara* abgeleitet. **IV.** Pförring, Lkr. Eichstätt, Reg.-Bez. Oberbayern, BY; Vöhringen, Lkr. Rottweil, BW. **V.** Köpf, H. P.: Vöhringen – vom Alamannendorf zur jungen Stadt. In: Geschichte im Landkreis Neu-Ulm. 4 (1998); Reitzenstein 1991. *JCF*

Voitsberg **I.** Stadt, 9769 Ew., Pol. Bez. Voitsberg, ST, A. Vor 1200 als planmäßige Neugründung entstanden, wird der Ort seit Mitte des 13. Jh.'s als Stadt bezeichnet. **II.** 1173 *castri Voitesperch* [Or], 1214 *Voytsperch*. **III.** Der nach der Burg (↗*-berg*) benannte Ort hat seinen Namen nach einem Vogt, einem Verwalter (ahd. *fogat* 'Sachwalter, Vogt') erhalten. **V.** ANB. *FLvH*

Volkach **I.** Stadt und gleichnamige VG im Lkr. Kitzingen, 11 686 Ew., s von Schweinfurt, ö von Würzburg, bei der Mündung der Volkach in den Main, Reg.-Bez. Ufr., BY. 906 kgl. Schenkung an das Kloster Fulda, 1258 als Stadt urk. erwähnt; 1328 zum Teil zum Hochstift Würzburg. 1814 zu Bayern. Mainschleife und Abkürzungskanal. Riemenschneider-Madonna in der Wallfahrtskirche Maria im Weingarten auf dem Volkacher Kirchberg. **II.** 906 *Folchaa*, 1127 *Volkaha*, 1322/1333 *Volkach*. **III.** Der ON ist von dem GwN übertragen. Dessen Gw. ist ahd. *aha*, ↗*-ach¹*, 'Wasser, Fluss', das im Erstbeleg in der verkürzten Form *-a* erscheint. Das Bw. wird in der Literatur mit ahd. *folk* 'Volk, Schar' identifiziert. Das Bw. erscheint auch in dem zugehörigen Gaunamen *Volkfeld(gau)*. Der Kern des Volkfeldgaus ist das Steigerwaldvorland um das Flüsschen Volkach. Eigentlicher Namensgeber sei die Vollburg, ein markanter Steigerwaldberg, in dessen Nähe die Volkachquelle liegt. **V.** HHS 7/2; MGH DLdK, Nr. 46; Reitzenstein 2009; Schuh, R.: in: Das Land zwischen Main und Steigerwald im Mittelalter. Erlangen 1998, S. 62; Schwarz, S. 92; Sperber. *RB*

Völkermarkt ['fœlkərmarkt] **I.** Stadt, 11 387 Ew., Pol. Bez. Völkermarkt, im nördlichen Jauntal auf einer Schotterterrasse über der Drau gelegen, KÄ, A. Als Stadt urk. seit 1254. **II.** 1123–30 (Kop. 13. Jh.) *Volch(enmarct)* und *Volchenmar(cht)*, 1130 (Kop. 13 Jh.) *Volchimercatus*, später u.a. 1177 *Volchenmarchet*. Bemerkenswert ist die erste urk. Nennung 1105–26 (Kop. 17. Jh.) *medietatem fori Judeorum et curtim ibidem* 'Mitte des Judenmarktes und ein Gutshof ebenda'. **III.** Der Name erklärt sich als 'Markt des *Volko*' (zusammengesetzt aus ahd. *marcât* 'Markt' und dem d. PN *Folko*). Die heutige d. Namensform mit *-er-* (seit 1770) ist eine Wiedergabe der gelehrten humanistischen lat. Umdeutung („Übersetzung") *Forum Populorum* 'Markt der Völker'. Die slowen. Schreibform *Velikovec* gibt slowen. mda. *Belkovc/Blekovc* ungenau wieder. **V.** ANB; HHS Huter; Kranzmayer II; Pohl. *HDP*

Volketswil I. Politische Gem. im Bezirk Uster, 16384 Ew. Gem. im oberen Glatttal, n des Greifensees, Kt. Zürich, CH. Frühmittelalterliche Gründung, bis in die Neuzeit landwirtschaftlich geprägt, im 19. Jh. Textilindustrie (Heimweberei), h. modernes Industrie- und Dienstleistungszentrum im Großraum Zürich. **II.** 904 *Folcharteswilare*, 907 *Fulchineswilare*, 998 *Volchlinswiler*. **III.** Primärer Siedlungsname mit Grundwort ahd. *wīlāri* 'kleines Dorf, Weiler; Einzelhof' (⇗-*weil* / -*wil*) und einem Bestimmungswort, das je nach Wertung der ältesten Belege als PN *Folchart* oder *Folcwin* angesetzt werden mag. In der Gesamtdeutung 'Hofsiedlung des *Folchart* (oder *Folcwin*)' kommt die Siedlungs- und Gesellschaftsstruktur jener Siedlungsphase zum Ausdruck, in der noch immer die Rufnamen bedeutender Einzelpersönlichkeiten die Benennung kleinerer Ansiedlungen veranlasst haben dürften. **V.** LSG. *MHG*

Völklingen I. Stadt im Regionalverband Saarbrücken, 40086 Ew., zu beiden Seiten der Saar, ö des Warndts und an der Grenze zu F, ca. 12 km w von Saarbrücken, SL. Im 9. Jh. Königshof, im MA Gft. Saarbrücken, in der Neuzeit Gft. Nassau-Saarbrücken. 1920 Saargebiet unter Völkerbundmandat, 1935 Rückgliederung ans Deutsche Reich, 1947 Teil des in polit. Union mit F verbundenen SL, seit 1957 Bundesland SL. 1572 in Geislautern eine der ältesten Eisenschmelzen im SL, 1616 Glashütte in Ludweiler nach Ansiedlung von Hugenotten 1604, seit 1621 Steinkohleförderung. 1797 franz., 1815 preuß. 1873 Gründung der Völklinger Eisenhütte, 1986 deren Schließung, 1995 Aufnahme der Hütte in die Liste der Kulturdenkmäler der UNESCO als industriegeschichtliches Weltkulturerbe. **II.** 822 *Fulcolingas* (Kop. 828–840), 999 *Fulkelinga* (Nachzeichnung des Or. Ende 11. Jh.), 1140/1147 *Folkelingen* (Kop. 15. Jh.), 1212 *Volkelinga* [Or]; *Folklingen* [Or] 1441. **III.** Gebildet mit dem Ableitungssuffix ⇗-*ingen*, aus germ. -*inga(s)*, das die Zugehörigkeit zu Personen oder Sachen zum Ausdruck bringt. Als Basis eines SiN bezeichnet das Suffix den Verband der Bewohner dieser Siedlung, die wiederum nach ihrer Zugehörigkeit zur leitenden Persönlichkeit, dem Grundherrn, benannt wurden. Zugrunde liegt ein *Fulkil-ingas 'bei den Leuten des *Fulkilo*'. Wie das Appellativ ahd. *folc*, mhd. *volk* < germ. *fulka- wird [u] zu [o] gesenkt. Der Stammsilbenvokal [o] des PN wurde vor nachfolgendem [i] zu [ö] umgelautet, jedoch – wie vielfach in den Rheinlanden – zunächst durch <o> verschriftet. Unbetontes [i] des PN wurde schon in den frühen Belegen zu [e] abgeschwächt und schließlich (in der Form *Folklingen*) synkopiert. **V.** Haubrichs, W./Herrmann, H.-W.: Völklingen – Zentralort im ehemaligen Königsgut an der mittleren Saar, in: Wiege einer Stadt. Forschungen zur Martinskirche im Alten Brühl von Völklingen. Hg. von J. Conrad. Saarbrücken 2010, S. 241. *spe*

Volmuster ⇗ **Wolmünster**

Vorder-. ⇗ **Hinter-.**

Vöslau, Bad [fesˈloː] I. Stadt (seit 1954), 11319 Ew., 35 km s WI an der Thermenlinie am Abhang des s Wienerwaldes im Bezirk Baden, NÖ, A. 1136 Wasserburg erbaut, Gassengruppendorf; Weinbau, seit der Mitte des 18. Jh. Kurtourismus (Thermalquellen- und Traubenkuren); bis Ende der 1970er Jahre bedeutende Textilindustrie (Kammgarnspinnerei), h. Großdruckerei, Tafelwassergewinnung u. -abfüllung ('Vöslauer Mineralwasser' wird im Stadtgebiet aus ca. 660 Meter Tiefe gewonnen); Höhere Lehranstalten für Forstwirtschaft, Wein- u. Obstanbau, Institut für Bienenkunde. **II.** Ca. 1120/30 *Fesoloue*; *Veslau* (1344/60). **III.** Der Name (seit 1928 mit dem Zusatz *Bad*) ist eine Zuss. aus ⇗-*au* und dem unflektierten Adj. mhd. *vesel*, das die Bed. 'fruchtbar' (von Tieren) hat, er bedeutet etwa 'fruchtbares Augelände' und ist in der höfischen Ben. der Wasserburg motiviert. Die mda. Lautung reflektiert mit [e] den geschlossen gesprochenen Primärumlaut des Bw., die Betonung auf dem Gw. ist typisch für die d. gebildeten ON auf -*au*. **V.** ÖStB 4/1; Schuster 1. *ES*

Vreden I. Stadt im Kr. Borken, 22775 Ew., an der Berkel, Reg.-Bez. Münster, NRW. Vor 839 Gründung eines Damenstiftes, 1252 Anlage einer Stadt durch den Erzbischof von Köln unter Beteiligung des Bischofs von Münster als Landes- und Stadtherrn, Mitglied der Hanse, 1803 Ftm. Salm, 1811 Kaiserreich Frankreich, 1813 Preußen, Berkelschifffahrt nach Zutphen an der Ijssel und weiter zur Zuiderzee bis etwa 1850, Textilindustrie bis nach 1975. **II.** Zu 839 *in locum, qui dicitur Fredenna*, zu 1016 *ad Fretheni civitatem*, zu 1024 *Frethennam praeclaram*. **III.** And. *friðu* 'Friede', 'Schutz', 'Sicherheit', aber auch 'Einfriedung,' 'Umhegung' besitzt eine Nebenform mit -*e*- (Holthausen). So kann hier die Form *freðu* angesetzt werden. Nicht möglich ist (gegen NOB) der Anschluss an neuenglisch *frith* aus ae. *fyrhð* 'Wald'. Nah liegt der Gedanke an eine christliche Programm-Namengebung für das Stift im Sinne von 'die Friedvolle', der 'Friedensort', doch wird es sich wohl (mit Piirainen) bei dem ON aus *freð- mit dem Verallgemeinerungssuffix *-*ina* eher um einen 'umhegten Bezirk' handeln, der schon vor der Gründung des Stifts bestanden hat. **IV.** Freden (Leine), Lkr. Hildesheim, NI. **V.** MGH SS II (Annales Xantenses); MGH SS III (Thietmari Cronicon); MGH SS III (Annales Quedlinburgenses); Piirainen, E.: Flurnamen in Vreden. Textband. Vreden 1984. *schü*

W

Wabern I. Gem. im Schwalm-Eder-Kreis, 7537 Ew., gelegen ca. 5 km sö von Fritzlar zwischen Eder und Schwalm, Reg.-Bez. Kassel, HE. Früher fuldischer Besitz, Vogtei derer von Löwenstein als Mainzer Lehen. 1701–1704 Errichtung des landgräflich hess. Jagdschlosses Karlshof. II. Anfang 9. Jh. (Kop.) *in Wâbere*, 1209 *in Waberen*, um 1255 *in Wabern*, 1438 *zu Waberner*, 1494 *Wawern*. III. Wohl zu *Wawer* 'schwankender Wiesenboden, Morast' (so Bach DNK II), vgl. nhd. *wabern*, urspr. 'schnell hin und her bewegen'. V. CE I; Bach DNK II; Küther 1980. *TH*

Wachenheim an der Weinstraße I. Stadt und gleichnamige VG (seit 1972) im Lkr. Bad Dürkheim, 9930 Ew., vier Gem. am Rande des Pfälzerwaldes, RP. Bis zur Franz. Revolution zur Kurpfalz, seit 1816 zum Kgr. Bayern. Die Wachtenburg (auch Geiersburg nach einem der Besitzer), oberhalb von Wachenheim, ist seit Mitte 13. Jh. bezeugt, gelangte mit dem Dorf als kaiserliches Lehen an die rheinischen Pfalzgrafen, ist seit 1689 Ruine und wird als „Balkon der Pfalz" bezeichnet. Die Burg in Fridelsheim, einer der Gem., wurde zu einem Schloss der Pfalzgrafen mit Orangerie und Parkanlagen umgebaut. Durch Wachenheim, seit 1341 Stadt, verläuft die Weinstraße. Die VG ist durch Weinbau und Sektkellerei geprägt. II. 766 *Wackenheimer marca* (Kop. um 1190), 976 *Wachenheim*, 1824 *Wachenheim an der Haard*, 1938 *Wachenheim Pfalz*. III. Das Bw. ist der ahd. KN *Wacko > Wacho*, das Gw. ist ↗ *-heim*, verm. Namensübertragung von Wachenheim an der Pfrimm. Die Verdoppelung steigerte die Expressivität. Die Verschlusslaute *-g-*, *-k-*, *-ch-* sowie geminierte Formen wechselten häufig in mit KN gebildeten ON. Gedeutet werden kann der ON als 'Wohnstätte des Wacko/Wacho'. Der neue Zusatz *an der Weinstraße* geht auf die Lage an der 1935 entstandenen touristischen „Deutschen Weinstraße" zurück. IV. Wachenheim, Lkr. Alzey-Worms, RP. V. CL; Christmann 1952; HHS 5; FP; HSP. *JMB*

Wachtberg I. Gem. im Rhein Sieg-Kreis, 20 117 Ew., s Bonn linksrheinisch am Aufstieg der Ahreifel, Reg.-Bez. Köln, NRW. Aus den ehem. Gem. Adendorf, Arzdorf, Berkum, Fritzdorf, Gimmersdorf, Holzem, Ließem, Nieder-, Oberbachem, Pech, Villip, Werthoven und Züllighoven 1969 neu gebildete Gem. an zwei Bachtälern, Verwaltungssitz Berkum, urk. Erstbezeugungen oft vor 1000 in karolingischer Zeit, einige Burgen und Schlösser, Großradaranlage in Werthoven (bis 1934 Pissenheim), Wohn -und Naherholungsgebiet für Bonn. Wichtigere Orte: Adendorf, Berkum, Nieder-/Oberbachem, Villip. II. 893 (Kop. 1222) *Adendorp*; 1143 *Bercheim*; 798 (Kop. 10. Jh.) *Bacheim*, 893 *Bacheym*; 882 *Filippia*, 893 (Kop. 1222) *Vilippe*. 1969 *Wachtberg*. III. Der Gemeindename ist 1969 vom Namen der höchsten Kuppe des Gebietes, dem Wachtberg (258 m), übernommen worden. *Adendorf* ist ein Kompositum aus dem germ. PN *Atho*, *Ado* und dem Gw. ↗ *-heim*, wogegen *Berkum* und *Bachem* App. als Bw. haben: *Berg-* und *Bach-*. *Villip* ist ein von einem GwN übertragener ON: *fel-*, *fil-* als Bw., ↗ *-apa* als Gw. Nach Dittmaier 1955 bedeutet *vel-* 'Sumpfwald', wie er es auch für das linksrheinisch anschließende Waldgebiet der Ville annimmt, an deren Südrand der Villiper Bach fließt. Zu weiteren "neutralen" Kunstnamen im Rhein-Sieg-Kreis, die im Zuge der Gemeindereform in NRW 1969 vergeben wurden, vgl. ↗ Swisttal, ↗ Sankt Augustin und ↗ Windeck. V. Dittmaier 1979; Dittmaier 1955; HHS 3. *Ho*

Wachtendonk I. Gem. im Kr. Kleve, 7816 Ew., am Zusammenfluss von Niers und Nette, Reg.-Bez. Düsseldorf, NRW. II. 1200 *de Wachtindunc*, 1206 *de Wagtendonck*, 1441 *van Wachtendonck*. III. Zuss. mit Gw. *-dunk*, *-donk*, das in zahlreichen ON im niederrhein. und nl. Gebiet auftritt (Bach DNK II,2). Es bezeichnet bewohnte Stellen auf erhöhten Plätzen in morastigem Gelände. Im Bw. tritt wohl mnl. *wachte* 'sicherer Platz', auch 'Wachposten, bewachtes Gebiet' auf. V. HHS 3; RhStA VI/35; Dittmaier 1963b. *Tie*

Wächtersbach I. Stadt im Main-Kinzig-Kreis, 12 423 Ew., im mittleren Kinzigtal und im Büdinger Wald, Reg.-Bez. Darmstadt, HE. Ersterwähnung 1236 als „villula"; diese gehörte zu einer 1324 zuerst bezeugten, aber wohl schon Ende des 12. Jh. „zur Überwachung [!] des Büdinger Waldes" (HHS) errichteten (Wasser-) Burg. Diese war Reichslehen derer von Büdingen, kam 1377 an die Isenburger, die sie zur Residenz ausbauten, dem Ort 1404 Stadtrecht gaben.

1816 kam die Stadt an Hessen-Kassel, 1866 an Preußen, 1945 an Hessen. 1970/71 wurde sie um 7 Gem. erweitert. **II.** 1236 (T. 1363) *Weychirsbach* (Kop. 15 und [?] Kop. 14. Jh.), *Weichtersbach* (Kop. 15. und Kop. 16. Jh.), *Wechtersbach* (Kop. 16. Jh.), *Weterbach* (Kop. 14. Jh.), 1324 *Wechtersbach burch und dorf [Or]*. **III.** Das Bw. ist mhd. *wahtaere, wechter* (< ahd. *wahtāri*) 'Wächter', Nom. agentis (mit Suffix *-aere* [ahd. *-āri, -ari*] > *-er*) von *wahte* (< *wahta*) 'Bewachung, Wacht'. Die Varianten *Weychirs-, Weter-* sind völlig isoliert und erklären sich wohl aus Schreib- oder Lesefehlern (fehlendes *t* bzw. *ch*). Aus der ersteren ein (urspr.) Bw. mhd. *wîher, wîger* 'Weiher' zu postulieren (wie geschieht), ist auch lautgeschichtlich nicht vertretbar. *-ey-* bzw. *-ei-*, sonst noch nur selten und spät, könnte durch die nicht seltene md. Schreibung *-ei-/-ey-* für mhd. *ę* oder auch durch mda. Diphth. von *ë > eə* vor *-ht* beeinflusst sein. Dem ON liegt verm. ein GwN 'Bach des Wächters' – Wächter als PN (BeiN) oder als Amtsbez. – zugrunde, der auf Burg und Dorf übertragen wurde, wie ↗ *-bach-*Namen (selten) auch als BurgN begegnen. **IV.** Wächtersbach, Quellbach der Gersprenz, HE; † Wächtersbach, Lkr. Darmstadt-Dieburg, HE. **V.** Reimer 1891; HHS 4; Bach DNK. *HGS*

Wädenswil **I.** Politische Gem. im Bezirk Horgen, 19 913 Ew. Kleinstadt am oberen linken Zürichseeufer, bestehend aus den Ortsteilen Au und Berg, Kt. Zürich, CH. Jungsteinzeitliche, bronze- sowie römerzeitliche Siedlungsspuren und Funde. Vom 13. bis 16. Jh. Johanniterkomturei, anschließend Landvogtei. Seit dem späten 19. Jh. großer wirtschaftlicher Aufschwung (insbes. Textilindustrie), der bis in die 70er Jahre des 20. Jh. anhielt. **II.** 1020 *Wediswile* (Kop. 16. Jh.), 1130 *Wadinswilere [Or]*, 1150 *Wadinswilare [Or]*. **III.** Primärer Siedlungsname mit Grundwort ahd. *wīlāri* 'kleines Dorf, Weiler; Einzelhof' (↗ *-weil / -wil*) und einem PN *Wado* oder *Wad(d)in* im Bestimmungsglied. In der Gesamtdeutung 'Hofsiedlung des *Wado/Wad(d)in*' kommt die Siedlungs- und Gesellschaftsstruktur jener Siedlungsphase zum Ausdruck, in der noch immer die Rufnamen bedeutender Einzelpersönlichkeiten die Benennung kleinerer Ansiedlungen veranlasst haben dürften. **V.** FP; LSG. *MHG*

Wadern dial. ['vaːdrən] **I.** Stadt im Lkr. Merzig-Wadern, 16 767 Ew., an der Wadrill, die bei Dagstuhl in die Prims mündet, mitten im Naturpark Saar-Hunsrück, am Fuße des Schwarzwälder Hochwaldes, SL. 802 urk. Ersterwähnung eines OT der h. Stadt (Büschfeld). Im MA gehörten Teile des Gebietes zum Kurftm. Trier, zum Hztm. Lothringen und zur reichsfreien Herrschaft Dagstuhl. Ende 13. Jh. Bau der Burg Dagstuhl, Anf. 18. Jh. Zerstörung und um 1760 Umbau zum Schloss durch den Grafen von Öttingen-Sötern als Familiensitz. Wadern wurde 1920 Verwaltungssitz des nach Abtretungen an das unter Völkerbundsmandat stehende Saargebiet verbliebenen Restkreises Merzig-Wadern im Reich; 1947 Teil des formal selbst., in polit. und wirtschaftl. Union mit Frankreich stehenden Saarlandes; 1957 zu Deutschland. 1974 Vergrößerung des Ortes durch Eingemeindungen von zuvor 14 selbst. Gem. 1978 Stadtrechte. 1990 Eröffnung des Internationalen Begegnungs- und Forschungszentrums für Informatik Schloss Dagstuhl. **II.** Mitte 10. Jh. (Kop.) *in villa Waderella*, 1289 (Kop.) *in Uuadre*, 1299 (Kop. 1488) *de Waedrella*, 1301 *de Wadrelle, in Waderen*, ca. 1450 *zu Waderen [Or]*, 1454 (Kop. ca. 1689) *Wadern*, 1486 *des dorffs Wadern [Or]*, 1496 *Waedern [Or]*. **III.** Aus einem vorgerm. GwN entstanden: *$\bar{U}$adrā*, mit *o > a* zu idg. *$\ast$u̯od-* 'benetzen, fließen'. Der SN wurde aus dem GwN mit Hilfe einer Flexionsendung gebildet, evtl. alte Dativbildung *an der Waderen*. Außerdem entstanden AbschnittsN des Wasserlaufs mit dem galloröm. Suffix *-ellā* (*Waderellā*) bzw. *-ola*; ein solcher setzte sich bei dem OT *Wadríll* (981 *in loco Waderola*), mit erhaltener rom. Betonung, durch, vgl. GwN *Wadríll* (r. zur Prims) und FlN *Wadrillbach* (alle SL). **IV.** GwN *Wādrā* (Litauen) und Wetter, HE, < *$\ast$Vedrā*. **V.** ASFSL; Buchmüller/Haubrichs/Spang; Spang 1982. *MB*

Wadersloh **I.** Gem. im Kr. Warendorf, 12 805 Ew., ö Beckum, Reg.-Bez. Münster, NRW. Im MA Kirchdorf im FBtm. Münster, 1802 preußisch, 1806 Ghztm. Berg, 1813 wieder preußisch, 1975 Großgemeinde. **II.** 12. Jh. *de Wardeslo [Or]*, 1589 *Warslo; Wadersloh* (1880). **III.** Bildung mit dem Gw. ↗ *-loh*, das appellativisch auf asä. *$\ast$lō(h)*, mnd. *lōh* 'Gebüsch, Gehölz, (Nieder-)Wald' basiert. Bw. ist der PN *Ward*, der appellativisch Anschluss hat an asä. *ward* 'Wächter'. Als einstämmige Kurzform eines PN ist der Name zwar überwiegend schwach flektierend als *Wardo* belegt. Die Belegreihe für den ON zeigt aber konsequent einen stark flektierten Gen. Sg. des PN, so dass also *Ward* anzunehmen ist und der ON mithin als 'Wald des *Ward*' gedeutet werden kann. Vereinzelt ist der unbetonte Vokal der Flexionsendung ausgefallen (z.B. um 1378 *Wartslo*), auch Formen, in denen zusätzlich das *-d-* des PN-Bw. fehlt, sind belegt (1589 *Warslo*). Bei der Restituierung der ausgefallenen Silbe hat eine Metathese des *-r-* von der ersten in die zweite Silbe stattgefunden. **V.** Werdener Urbare; WfUB III; CTW II, V. *kors*

Wadgassen **I.** Gem. im Lkr. Saarlouis, 18 529 Ew., zwischen Saarlouis und Völklingen, ca. 20 km nw von Saarbrücken, SL. Im 10. und 11. Jh. als Königsgut bezeugt; um 1135 Gründung der Prämonstratenserabtei Wadgassen, die im MA die geistige, kulturelle und wirtschaftl. Entwicklung der Region prägte; 1792 Auflösung der Abtei im Zuge der franz. Revolution. 1920 Völkerbundverwaltung; 1935 Rückgliederung ins Reich; 1947 Teil des formal selbst., in polit. und wirtschaftl. Union mit Frankreich stehenden Saarlandes; 1957 zu Deutschland. Seit 1843 Glasproduktion auf dem Abteigelände. In den übrig gebliebenen Abteigebäuden Sitz des Deutschen Zeitungsmuseums der Stiftung Saarländischer Kulturbesitz sowie ein Glashütte-Museum. 1974 Bildung der h. Gem. aus den Orten Differten, Friedrichweiler, Hostenbach, Schaffhausen, Wadgassen und Werbeln. **II.** 902 *Wadegoz(z)inga*, 1080 *Wategozingen [Or]*, 1196 *Wadegozingen [Or]*. **III.** Abl. mit ↗-*ing*-Suffix vom PN **Wadu-gōz*. Die Form des 12. Jh. steht in der Überlieferung noch Jahrhunderte durch. Daneben begegnen ab dem 13./14. Jh. verkürzte (aus dem latinisierten Klosternamen *monasterium Wadegociensis* rückgebildete?) Formen wie *Wadegozen*, -*gos(s)en*, -*gazzen*, -*gassen*, -*guissen*, -*giessen* oder mit *g*-Vokalisierung *Wadiessen*, *Wadiassen*, aus denen die volksetym. an mhd. *gazze* 'Gasse' angeschlossene Variante in die heutige Namenform mündet. **V.** Jungandreas; Gysseling 1960/61; Burg, J.: Regesten der Prämonstratenserabtei Wadgassen. Saarbrücken 1980. *RP*

Waghäusel **I.** Stadt im Lkr. Karlsruhe, 20548 Ew., ca. 25 km n Karlsruhe, Reg.-Bez. Karlsruhe. 1472 errichtete Kapelle, seit 1478 Wallfahrtskirche wegen eines 1435 aufgefundenen Muttergottesbildes, 1803 an Baden, ab 1810 Staatsdomäne. Wallfahrtskirche, Schlossanlage Eremitage, Zuckerfabrik. **II.** 1477 *waghusel*, *wackhusel*, *wackhuß*, 1487 *Waghüsell*; *Waghäusel* (1683). **III.** *Waghäusel* ist eine Klammerform aus **Waag(bach)häusel*. Es handelt sich um eine Zuss. aus dem GwN *Waagbach*, der zu ahd. *wāg* '(bewegtes) Wasser, Flut, See' gehört und dem Gw ahd. *hūs* 'Haus, Gebäude, Tempel', mhd. *hūs* 'Haus, Wohnung', das in der Diminutivform erscheint, vgl. frnhd. *häuschen* 'Gotteshaus'. Da der Bau der Kapelle und die frühesten Namenbelege zeitlich zusammenfallen, dürften -*huß*, -*husel* auch hier die Bedeutung 'Gotteshaus' tragen. **IV.** Neuhäusel, Westerwaldkreis, RP. **V.** Diemer, M.: Die Ortsnamen der Kreise Karlsruhe und Bruchsal. Stuttgart 1967; Krieger; FEW; LBW 5. *JR*

Waging a. See **I.** Markt und gleichnamige VG im Lkr. Traunstein, 9730 Ew., Reg.-Bez. Oberbayern, BY. 1385 Markt, bis 1810 Zugehörigkeit zum Erzstift Salzburg, nach 1945 Bevölkerungszuwachs durch Vertriebene und Flüchtlinge.**II.** 790 (Kop. des 12. Jh., zu ca. 715) *Uuaginga*, ca. 790 (Kop. des 12. Jh.) *Waginga*, *Wagingen*, 1214–1234 *Wagin*, 1438 *Waging*, 1949 *Waging a. See*. **III.** Es liegt der PN *Wago* zugrunde, der durch das Zugehörigkeitssuffix ↗-*ing* abgeleitet ist. Der Zusatz bezieht sich auf den Waginger See. **V.** HHS 7/1; Reitzenstein 2006. *WvR*

Wągrowiec ↗**Wongrowitz**

Wahlstedt nd. Wåsten/ Wåhlsted **I.** Amtsfreie Stadt im Kr. Segeberg, 9381 Ew., direkte Nähe zu Bad Segeberg, im Städtedreieck Hamburg-Kiel-Lübeck, am Segeberger Forst, SH. 1150 erstmals urk. erwähnt, 1192 an das Chorherrenstift der Augustiner in Högersdorf, 1953 Ausgliederung der Gem. Wahlstedt aus dem Amt Segeberg-Land, 1967 Stadtrecht. Industrie- und Gewerbebetriebe. **II.** 1150 *Walstede [Or]*, 1325 *de Walestede*, 1650 *Waelstede*. **III.** Der heutige ON setzt sich zusammen aus dem PN *Wal* 'der Welsche, Kelte, Romane' und dem mnd. -*stede*, hd. ↗-*stedt* '(Wohn)Stätte', so dass die Siedlung des Wal als *Wahlstedt* bezeichnet wird. **V.** Laur; Haefs. *GMM*

Waiblingen **I.** Große Kreisstadt im Rems-Murr-Kreis, 52845 Ew., ca. 15 km nö Stuttgart, Reg.-Bez. Stuttgart, BW. Karolingische Pfalz wohl 746 aus konfisziertem alem. Herzog- oder Hochadelssitz geschaffen, 1080 Übergabe des salischen Eigenguts an Domkirche Speyer durch Heinrich IV., vor 1253 an Württemberg, 1463–75 Verpfändung an die Kurpfalz. Motorsägen-Fabrik. Apotheker-Garten, Hochwachtturm, Beinsteiner Torturm. **II.** 885 *Uueibelingun [Or]*, 908 *Waipilinga [Or]*, 1080 *Uveibelingen [Or]*; *Waiblingen* (1324). **III.** Der ON ist zurückzuführen auf eine ↗-*ing(en)*-Ableitung; das Gw enthält ahd., mhd. *weibel* 'Gerichtsdiener' oder einen zum selben Stamm gehörigen PN **Waibilo*. Da Waiblingen fränk. Pfalzort gewesen ist und als traditionelles Zentrum der Stauferherrschaft galt (vgl. den Namen *Waiblinger* und seine ital. Entsprechung *Ghibellinen*), hält Reichardt den Anschluss an die Amtsbezeichnung für wahrscheinlicher. **IV.** ↗Waibstadt, Rhein-Neckar-Kreis, BW. **V.** Reichardt 1993; Haubrichs 2004; LBW 3. *JR*

Waibstadt **I.** Stadt und (mit der Stadt Neckarbischofsheim und den Gem. Epfenbach, Helmstadt-Bargen, Neidenstein und Reichartshausen) gleichnamiger GVV im Rhein-Neckar-Kreis, 19751 Ew., etwa 20 km sö Heidelberg, Reg.-Bez. Karlsruhe, BW. Siedlung aus dem 6./7. Jh., Lorscher und Wormser Besitz, 1241 erstmals als Reichsstadt erwähnt, 1803 badisch. Daisbacher Schloss, Maienkapelle, „Brunnenweible", Jüdischer Friedhof. **II.** 795 (Kop. 12. Jh.) *Weibestat*, 1241 *Weibestat [Or]*, 1436 *Weybstatt [Or]*. **III.** Der Name ist als 'Wohnstätte des Weibo' zu deuten und enthält den PN **Weibo* und das Gw ahd. mhd. ↗-*stat* 'Stelle, Ort, Wohnstätte'. **IV.** ↗Waiblingen, Rems-Murr-Kreis, BW. **V.** FO 2; Krieger; LBW 2 und 5. *JR*

Waidhofen an der Thaya [ˈvɔɐ̯dhoːf] oder [vɔɐ̯dˈhoːf] **I.** Bezirkshauptstadt, 5785 Ew., im n Waldviertel (Granithochland), NÖ, A. Planmäßige Burgstadtgründung des 12. Jhs., 1337 Stadtrecht (1375 erneuert), seit Ende der Babenbergerzeit bis 1848 landesfürstlich; Stadtbefestigung weitgehend erhalten, Ackerbürgerhäuser aus Spätrenaissance- und Barockzeit; Gewerbe (Brauerei), seit 18. Jh. Produktion von und Handel mit Textilien (Stoffe, Bänder, Tücher); h. Produktionsbetriebe (elektrotechnische und kunststoffverarbeitende Industrie, Türenerzeugung, Bauwesen); seit 2003 Standort der weltweit größten Waldrapp-Voliere. **II.** 1171 *de Waidehouen*; *Behamischen Waidhofen* (1582). **III.** Das Gw. ist ↗-*hof(en)*, das Bw. geht auf ahd. *weida* zurück, ein App., in dem offenbar zwei Wörter unterschiedlicher Herkunft zusammengefallen sind und das entweder 'Jagd, Fischerei' oder 'Grasland, Weide' bedeutet. Der Zusatz von 1582 bezieht sich auf die Lage an der Grenze zu Böhmen. **IV.** ↗ *Waidhofen an der Ybbs*, NÖ, A. **V.** ANB 2; Schuster 3; ÖStB 4/3. ES

Waidhofen an der Ybbs [vɔɐ̯dˈhoːfs] **I.** Statuar- und Bezirksstadt, 11 572 Ew., im voralpinen Mostviertel (Hauptort der Eisenwurzen) 25 km s Amstetten, NÖ, A. Seit 955 bis zur Säkularisierung 1803/06 Besitz des Hochstifts Freising, 1190/97 als *forum*, 1273 als Stadt genannt, seit 13. Jh. planmäßiger Siedlungsausbau am Zusammenfluss der Ybbs mit dem Schwarzbach mit zwei Straßenplätzen, Stadtburg und -turm, bemerkenswert geschlossen erhaltene gotische Bausubstanz. Zentrum der nö Kleineisenverarbeitung (begünstigt durch die Nähe des steirischen Erzabbaugebietes, den Holzreichtum und die Wasserkraft; im 15. Jh. nahezu 300 Betriebe nachzuweisen), Anfang 19. Jh. Niedergang der Kleinindustrie; später Ansiedlung prominenter Großbetriebe wie Böhler-Werke (Stahlerzeugung), bene (Büromöbel), Forster (Produktion von Verkehrsschildern), Knorr Bremse (automatisierte Türsysteme), etc.; reichhaltiges schulisches und kulturelles Angebot (u. a. im Rothschildschloss, das h. Veranstaltungszentrum ist). Landesklinikum Mostviertel, Therapiezentrum Buchenberg. **II.** Um 1160 Kop. 19. Jh. *de Waidhouen*. **III.** Das Gw. ist ↗-*hof(en)*, das Bw. geht auf ahd. *weida* zurück, ein App., in dem offenbar zwei Wörter unterschiedlicher Herkunft zusammengefallen sind und das entweder 'Jagd, Fischerei' oder 'Grasland, Weide' bedeutet. **IV.** ↗ *Waidhofen an der Thaya*, NÖ, A. **V.** ANB 2; Peter Maier: Waidhofen an der Ybbs. Spuren der Geschichte. Von den Anfängen bis zur Gegenwart. Hg. vom Magistrat Waidhofen an der Ybbs (2006); ÖStB 4/3. ES

Wałbrzych ↗**Waldenburg in Schles.**

Wałcz ↗**Deutsch Krone**

-wald(e). ↗**-grün.**

Wald I. Politische Gem. im Bezirk Hinwil, 8 956 Ew., Gem. im Zürcher Oberland an der Jona, an der südöstlichen Kantonsgrenze, bestehend aus dem Hauptort und zahlreichen Außenwachten, Kt. Zürich, CH. Bäuerlich geprägt, 1621 Marktrecht, außerordentlicher Aufschwung mit der Industrialisierung (Textilindustrie). H. Wohngemeinde mit zahlreichen Betrieben (Industrie, Gewerbe, Detailhandel). **II.** 1208 *de Wlde* (sic), 1217 *de Walde*. **III.** Sekundärer Siedlungsname auf der Grundlage des Appellativs ahd. *wald* 'Wald' (↗-*wald(e)*): 'am Wald gelegene Siedlung'. Benannt wurde die Siedlung offensichtlich aufgrund ihrer Lage in dem erhöht gelegenen, zerklüfteten, waldreichen Gebiet. **V.** LSG. *MHG*

Waldbreitbach I. Gem. und gleichnamige VG (seit 1970) im Lkr. Neuwied, 9388 Ew., mit sechs Gem. am w Rand des Westerwaldes und an der Wied, unmittelbar n von Neuwied, RP. Im 9. Jh. war hier die Grenze eines Zehntbezirks des Koblenzer Castorstifts. Im Wiedtal gab es zwei Orte, die oft unter dem Namen *(Tal) Breitbach* (auch *Grefenbreitbach* von *Greffier* 'Gerichtsschöffe') zusammengefasst wurden, wobei zunächst stets der Ort das *Waltbreitbach* war, wo gerade die *Verwaltung* bzw. das Hubengericht untergebracht war, daher auch der Namenszusatz. Der Deutsche Orden unterhielt hier eine Komturei. Zunächst gehörte das Tal zum Thüringischen Streubesitz, dann zu Sayn und kam schließlich hauptsächlich unter kurkölnische Oberhoheit. Im 19. Jh. wurde der Ort nassauisch bzw. preußisch. Seit dem späten MA intensiver Erzbergbau, seit dem 20. Jh. vor allem Tourismus. **II.** 847–868 *in breitbah*, 1219 *villae Breitbach*, 1279 *Bretbach*, 1429 *Grevenbreytbach*, (die beiden) *Breytbach*. **III.** Der Zusatz *Wald-* unterscheidet die benachbarten Breitbach-Orte durch den Hinweis auf den ma. Sitz der Verwaltung des Kirchspiels Breitbach, nicht durch Bezug auf natürliche Gegebenheiten. Breitbach ist ein GwN mit dem Bw. *Breit-*, Gw. ist ↗-*bach*. Die Deutung des ON wäre demnach 'Siedlung an einem breiten Bach'. **V.** MRUB I; Vogt, P.: Die Ortsnamen im Engersgau. Neuwied 1890; Gensicke; Hardt, A.: Im Lande der Neuerburg an der Wied. Waldbreitbach 1987. *JMB*

Waldbröl I. Stadt im Oberbergischen Kreis, 19 504 Ew., 50 km ö Köln an einem Quellfluss der Bröl, Reg.-Bez. Köln, NRW. Siedlung 1131 im Besitz der Grafen von Berg, Kirche und Zehnt dem Stift St. Cassius in Bonn gehörig, danach zwischen den Grafen von Sayn und denen von Berg strittig, ab 1604 bergisch und zum Amt Windeck gehörig, 1957 Stadt, h.

Dienstleistungszentrum, viele Spätaussiedler. **II.** 1131 *Waltprugele*. **III.** Der ON ist mit dem Namen des Flusses *Waldbröl* identisch, aus dem App. *Wald-* als Bw. und dem FluN *Bröl*, der nach Dittmaier vielleicht Grenzfluss bedeutet. **IV.** ON und FlN ↗ *Brühl*, Rhein-Erft-Kr., NRW. **V.** Dittmaier 1956; Dittmaier 1952/53; HHS 3. *Ho*

Waldbronn **I.** Gem. im Lkr. Karlsruhe, 12 377 Ew., ca. 11 km sw Karlsruhe, Reg.-Bez. Karlsruhe. Ehemals Reichenbach, 1. 7. 1991 Eingemeindung von Etzenrot, 1. 1. 1972 Eingemeindung Busenbach, Umbenennung in Waldbronn am 19. 11. 1974. Kurpark, Albtherme, Radiomuseum. **II.** *Waldbronn* (1974). **III.** Die Zuss. aus *Wald* und ↗*-bronn* (mit *r*-Metathese aus ahd., mhd. *born* 'Brunnen, Quelle, Wasser') bezieht sich auf die Lage der Gem. in einer wald- und wasserreichen Umgebung. **IV.** Waldbrunn, Neckar-Odenwald-Kreis, BW. **V.** Kannenberg; LBW 2 und 5. *JR*

Waldeck **I.** Stadt im Lkr. Waldeck-Frankenberg, 7 327 Ew., gelegen auf einem steil abfallenden Höhenrücken n der Eder, Reg.-Bez. Kassel, HE. Die Burg Waldeck wird erstmals 1120 genannt. Diese ist seit den 1170er Jahren im Besitz der Grafen von Schwalenberg. In der Nähe der Burg entstand im frühen 13. Jh. eine Siedlung (*Rode*), die bereits 1232 als Stadt bezeichnet wird. Sitz eines waldeckischen Amtes bis 1814. 1929 preuß. Provinz Hessen-Nassau (Waldeck nur noch Landgemeinde). 1971–1974 im Zuge der Gebietsreform Zusammenschluss von 10 Gemeinden zur Großgemeinde Stadt Waldeck. **II.** 1120 *Waldekke* [Or], 1180 *de Waltecke*, 1236 *Rode ante castrum Waldekke*, 1254 *Woldeken*, 1256 *Waltdeke*, 1519 *Waldecken alias Rodim*, 1537 *Waldeck*. **III.** Bw. des Burgnamens ist mhd. *walt* 'der Wald'. Zum Gw. ↗ *-eck*. Der eigentliche ON *Rode* verweist auf die Rodungssiedlung bei der Burg. Deren Name ging auf die Siedlung über. **V.** Keyser; Knappe; Bockshammer, U.: Territorialgeschichte der Grafschaft Waldeck. Marburg 1958 (Schriften des Hess. Amts für geschichtliche Landeskunde 24); Menk, G.: Waldecks Beitrag für das heutige Hessen. Wiesbaden 2001². *TH*

Waldenbuch **I.** Stadt im Lkr. Böblingen, 8 571 Ew., bildet seit 1975 zusammen mit der Gem. Steinenbronn den GVV Waldenbuch-Steinenbronn, 14 646 Ew., ca. 10 km osö Böblingen, Reg.-Bez. Stuttgart, BW. 1307 als hohenbergisches Lehen an die Herren von Bernhausen (teilweise auch von Waldenbuch), nach 1340 an Herzöge von Urslingen, die Waldenbuch 1363 an Württemberg verkauften. Schokoladenfabrik, Schloss Waldenbuch, Museum der Alltagskultur, Naturpark Schönbuch. **II.** 1294 *Waltenbuch* (Kop. 16. Jh.), 1296 *Waltenbůch* [Or], 1453 *Waltembuch* [Or]; *Waldenbuch* (1851). **III.** Es handelt sich um eine Zuss. aus dem PN *Walto* und ahd. *buohha* 'Buche', mhd. *buohe* 'Buche; Buchenwald, Wald': 'Waltos Siedlung am/im (Buchen-)Wald'. Die Belege des 15.–18. Jh. zeigen reguläre Assimilation von *nb* zu *mb*, die aber keinen Eingang in die amtliche Schreibung gefunden hat. **V.** Reichardt 2001; LBW 2 und 3. *JR*

Waldenburg **I.** Stadt und gleichnamige VG im Lkr. Zwickau, 7 466 Ew., bestehend aus der namengebenden Stadt und zwei weiteren Gem., im w mittelsächsischen Bergland, im Tal der Zwickauer Mulde, SN. Um 1170 durch den Reichsministerialen Hugo von Wartha/Waldenburg errichtete Burg als Herrschaftszentrum im Neurodungsgebiet, an altem Muldenübergang der Fernstraße Altenburg-Prag, Stadtentwicklung seit etwa 1300 im W der Burg als planmäßige Gründung, seit dem Spätmittelalter Schloss der Herren von Schönburg-Waldenburg, traditionelles Zentrum des bis h. bedeutenden Töpferhandwerks. **II.** 1200 (Kop.) *de Waldenberc*, 1291 *Waldenberch*, 1336 *Waldinberg Stat vnd Burg*, 1791 *Waldenburg*. **III.** Bildung mit dem Gw. ↗ *-berg*, bzw. ↗ *-burg* und dem Bw. ↗ *Wald(en)-*, mhd. *walt* 'Wald, Waldgebirge, Baumbestand, Holz', 'Burg, bzw. Berg in den Wäldern'. **V.** HONS; SNB; DS 39. *GW*

Waldenburg in Schles. // Wałbrzych ['vawbʒix]
I. Kreisfreie Stadt, 122 411 Ew., Woi. Niederschlesien // Dolny Śląsk, PL. 65 km s von Breslau im Zentrum des Waldenburger Berglandes und Industriegebiets. Entstanden um 1250 als Burgsiedlung an einer der Grenzbefestigungen nach Böhmen, d. Stadtrecht um 1400. Die wirtschaftl. Entwicklung stützte sich zunächst auf den Leinenexport der umliegenden Weberwerkstätten. Schon im späten MA wird im Waldenburger Bergland Steinkohle gefördert. Der industrielle Ausbau der Bergwerke im 19. Jh. führt zur Ansiedlung von Schwerindustrie, die bis h. für die Region bestimmend ist. Kreisfreie Stadt (seit 1924), Reg.-Bez. Breslau, NS, (1939) 64 136 Ew. Sitz einer Woiwodschaft 1975–1998. **II.** 1305 *Waldenberc*, 1402 *Waldenburgk*, 1655 *Wallenberg*, 19. Jh. dial. *Walmbrich*. Polonisierung des ON: 19. Jh. *Wałbrzych*. **III.** Ein d. ON, der wahrscheinlich durch ON-Übertragung nach Schles. kam: Kompositum aus *Wald* 'lat. *silva*' und ↗ *-burg* (Erstbeleg deutet aber auf ↗ *-berg* hin), mit *-en-* als Fugensilbe. Für die spätere Zeit sind dial. Umformungen des d. ON bekannt, die Assimilation der Konsonantengruppen *-ldn-* > *-len-* *-lm-* sowie die in der schles. Mundart verbreitete Metathese *-berg* > *-brich* aufweisen. Aus der dial. Form *Walmbrich* ist im direkten Sprachkontakt die h. amtliche poln. Namenform *Wałbrzych* entstanden. Täger der Entlehnung waren offensichtlich polnischsprachige Bergleute, die im 19. Jh. ins Waldenburger In-

dustriegebiet zugezogen sind. **IV.** ⌐Waldenburg, Lkr. Zwickau, SN; Waldenburg, Hohenlohekreis, BW. **V.** Schwarz 1931; Mitzka SchlWb; RymNmiast. *ThM*

Waldfeucht **I.** Kreisangehörige Gem. im Kr. Heinsberg, 9 207 Ew., w von Heinsberg in der Region Selfkant. Grenzort zu den Niederlanden, Reg.-Bez. Köln, NRW. Erste Erwähnung 1240. Führte im Mittelalter die Bezeichnung Stadt und hatte Marktrechte. Bekannt für Schlosser- und Schmiedehandwerk. Windmühlen. Speiseeisfabrikation. **II.** 1240 *Watfuthe [Or.]*, 1477 *Vucht*, 1513 *Waltvucht*; *Waldfeucht* (1804). **III.** Bis in die Neuzeit ist das ON-Simplex *Vocht*, *Vucht* die geläufige Bezeichnung. Doch zeigt schon der frühest bekannte Beleg ein zweigliedriges Namenkompositum. Das Gw. steht zu ahd. *fûhti*, mhd. *viuhte*, mnl. *voch* 'Feuchtigkeit'. Das Bw., zunächst *Wat-*, ist ebenso ein Feuchtigkeitsterminus und bezeichnet ein flaches Wassergebiet; zu germ. *wado*, mnd. *wat*; vgl. auch nhd. *Watt*. Waldfeucht liegt in einer ehemals nassen Ebene am Haarener Bach. Es ist anzunehmen, dass das Bw. *Wat-*, auch wenn hierfür Belege fehlen, durchgehend bekannt blieb. Erst im frühen 16. Jh. taucht es schriftlich nachgewiesen wieder auf und zeigt dann die falsche Zuordnung zum Appellativum *Wald-*. **IV.** Vucht, OT von Maasmechelen, Provinz Noord-Brabant, B. **V.** Gillessen. *Br*

Waldfischbach-Burgalben **I.** Gem. und gleichnamige VG (seit 1972) im Lkr. Südwestpfalz, 12 732 Ew., am sw Rand des Pfälzerwaldes zwischen Pirmasens und Kaiserslautern, RP. Acht Gem. im pfälzischen Holzland, von denen Burgalben zeitweise hessen-darmstädtischer Garnisonsstandort war. 1798 wurde Waldfischbach Sitz eines franz. Kt. bzw. später eines kgl.-bayer. Bezirksamtes und zu einem wirtschaftl. Unterzentrum. 1969 Zusammenschluss der Gem. Burgalben und Waldfischbach. **II.** Waldfischbach: 1182 *Visbach*, 1279 *Vischpach*; *Waldtvischbach* (1592). Burgalben: 1152 *Burgalba*; *in curiam nostram Burgalben* (1184). **III.** Der Zusatz *Wald-* (⌐*-wald*) unterscheidet den ON *Fischbach* von anderen entsprechend der geogr. Lage, im Bw. steckt mhd. *visc, visch* 'Fisch', das Gw. ist ⌐*-bach*. Die Deutung des ON ist somit 'Siedlung in einer waldigen Gegend an einem fischreichen Bach' (wahrscheinlich die Moosalb). Das Bw. *Burg-* (⌐*-burg*) im ON *Burgalben* nimmt Bezug auf die Heidelsburg. Das Gw. ist der vorgerm. GwN **Alba*, der verm. von einer „Ur-Alb" im Westrich übertragen worden ist und vom Quellgebiet s von Pirmasens († Rodalben) zum Unterlauf wanderte. Dieser ON kann deshalb als 'Burgsiedlung an der Alb(a)' gedeutet werden. **IV.** Merzalben, ⌐Rodalben, Rodalberhof, eingem. in Lemberg, ⌐Wallhalben, alle Lkr. Südwestpfalz, RP. **V.** Neubauer, A.: Regesten des ehemaligen Benediktiner-Klosters Hornbach. Speyer 1904. In: Mitteilungen des Historischen Vereins der Pfalz 27); MRUB I; HSP. *JMB*

Waldheim **I.** Stadt und gleichnamige VG im Lkr. Mittelsachsen, 10 820 Ew., in einem Talkessel der unteren Zschopau, im mittelsächsischen Bergland, unterhalb der Talsperre Kriebstein, SN. Ende des 12. Jh. entstandene d. Burg mit Bauerndorf, nach 1200 Burg und Marktflecken am Übergang einer alten böhm. Straße über den Fluss. Wichtigster Wirtschaftsfaktor ist die Kosmetikindustrie. **II.** 1198 *Woltheim* (Urk. ausgestellt im mnd. Gebiet), 13.–15. Jh. stets *Waltheim*. **III.** Bildung mit dem Gw. ⌐*-heim*, das im Ostmd. nicht allzu häufig ist, und mhd. *walt* 'Wald', demnach 'Wohnstatt im Walde'. Offenbar knüpft der d. ON an einen asorb. an: der nahe gelegene Burgward *Gozne*, genannt im 10. Jh., führt seinen Namen nach asorb. **Gozd/*Gvozd* 'Wald'. **IV.** ⌐Thalheim/Erzgeb., Erzgebirgskreis, SN. **V.** HONS II; SNB. *EE, GW*

Waldkirch **I.** Große Kreisstadt im Lkr. Emmendingen, 20 638 Ew., seit 1975 zusammen mit den Gem. Gutach im Breisgau und Simonswald VVG der Stadt Waldkirch, 28 138 Ew., ca. 9 km osö Emmendingen, Reg.-Bez. Freiburg, BW. Zwischen 912 und 918 Gründung des Benediktinerinnenklosters Waldkirch, zu dem der Ort ab 1178 gehörte, seit 1431 Kollegialstift, 1567 durch Kauf an Österreich, 1805 Baden, 1806 Säkularisierung des Stifts. Edelsteinschleiferei, Burgruinen Kastelburg und Schwarzenburg, Kath. Stadtkirche. **II.** 926 (F. 12. Jh.) *Waldkircha*, 1112 *Waltkilche [Or]*, 1472 *Waltkierch [Or]*; *Waldkirch* (1663). **III.** *Waldkirch*, eine Zuss. aus ahd. ⌐*wald* 'Wald, Wildnis', mhd. *walt* 'Wald, Waldgebirge' und ahd. *kirihha*, mhd. ⌐*kirche* 'Kirche', bedeutet 'Klosterkirche im (Schwarz)wald'. Der Name wurde vom Kloster auf die benachbarte jüngere Siedlung übertragen. **IV.** Waldkirch, Kt. St. Gallen, CH. **V.** Bach DNK 2; FO 2; Krieger; LBW 2 und 6. *JR*

Waldkirchen **I.** Stadt, 10 456 Ew., ca. 30 km nö von Passau, ca. 30 km sö von Grafenau, im Unteren Bayerischen Wald im Dreiländereck Deutschland – Tschechien – Österreich, Kr. Freyung-Grafenau, Reg.-Bez. Niederbayern, BY. Wohl von den Passauer Fürstbischöfen ausgehende kirchliche Gründung im 11./12. Jh., hist. bedeutender Pfarrsitz, 1972 Stadterhebung, jüngste und heute bevölkerungsreichste Stadt des niederbayerischen Grenzlandkreises Freyung-Grafenau. Regionales Einzelhandels-, Handwerks- und Industriezentrum. Lage am sog. Goldenen Steig, einer hist. bedeutenden Salzhandelsverbindung (Säumerstraße) zwischen Österreich, Bayern und Böhmen, Museum „Goldener Steig". **II.** 1203 *Wal-*

chirchen [Or], 1234 Waltchirchen [Or], 1298 Waltkirchen [Or]; Waldkirchen [Or] (1433). **III.** Bw. der für den ON anzusetzenden Ausgangsform mhd. *Waltkirchen* ist mhd. *walt* 'Wald; Waldgebirge; Baumstand, Waldholz'. Als Gw. fungiert mhd. *kirche* 'Kirche, Kirchengebäude' (↗-*kirchen*), das die schwache mhd. Dativendung -*en* trägt, die entweder einen Örtlichkeitsbezug im Sinne von 'bei der Kirche' ausdrücken oder bereits die Funktion des singularischen Nominativs übernommen haben kann. Der ON kann somit entweder als urspr. Stellenname bzw. SiN '(Siedlung) an/bei der Kirche am/beim Wald' oder aber auch als urspr. Objektname 'Kirche am/beim Wald' gedeutet werden, der auf die bei dieser Kirche gegründete Siedlung übertragen wurde. Der Ausfall des Dentals -*d*- bzw. -*t*- im Erstbeleg (wie auch in der rezenten Mundartform) ist das Resultat des Konsonantenschwundes bei Mehrfachkonsonanz bzw. der Assimilation des Dentals an folgendes *k*. Beim Gw. steht in manchen Belegen initiales *ch*- für *k*-. **IV.** Waldkirchen/Erzgeb., Erzgebirgskreis, SN, und Waldkirchen, OT von Lengenfeld, Vogtlandkreis, SN. **V.** Dicklberger, Alois/Eller, Nicole/Janka, Wolfgang: Ortsnamenartikel „Waldkirchen". In: Die ältesten Ortsnamen im bayerisch-tschechischen Grenzraum. Passau 2010 [Typoskript]; Reitzenstein 2006. *StH*

Waldkraiburg **I.** Stadt im Lkr. Mühldorf a. Inn, 24 037 Ew., Reg.-Bez. Oberbayern, BY. **II.** Aus Gebietsteilen der Gem. Aschau, Fraham, Heldenstein und Pürten sowie des gemeindefreien Forstbezirks Mühldorf-Hart wurde mit Wirkung vom 1. 4. 1950 eine Gem. mit dem Namen „*Waldkraiburg*" gebildet. In einem Schreiben des Landratsamts Mühldorf vom 11. 11. 1949 findet sich folgender Vorschlag: *Die neue Gemeinde soll den Namen „Waldkraiburg" erhalten. Die Bezeichnung der neuen Gemeinde wird in erster Linie auf den Namen der auf dem Gebiet der neuen Gemeinde liegenden Bahnstation Kraiburg zurückgeführt … Das Zusatzwort „Wald" hat seine Begründung darin, dass hierzu das gesamte Gebiet der neuen Gemeinde inmitten des Hochwaldes liegt.* Grundwort des urspr. Burgnamens ist mhd. *burc*, ↗-*burg*, 'umschlossener befestigter Ort, Burg', Bestimmungswort *krâ, krâe, kraeje, kreie, kreige* 'Krähe'. Der Name erklärt sich also als 'Burg mit Krähen'. **V.** Reitzenstein 2006. *WvR*

Wald-Michelbach **I.** Gem. im Lkr. Bergstraße, 11 090 Ew., Reg.-Bez. Darmstadt, HE. Im Vergleich zu zahlreichen anderen Orten des Lkr. Bergstraße, die ihre frühe Ersterwähnung dem Kloster Lorsch verdanken, ist Wald-Michelbach mutmaßlich eine junge Gründung des hochma. Landesausbaus. Bis zum Ende des Alten Reiches gehörte der Ort zur Kurpfalz. Im Ort gab es ein Eisenbergwerk und einen Eisenhammer. **II.** 1238 (Or.) *Michilnbach*, 1430 *Waltmichelnbach*. **III.** Das Bw. ahd. *michil* 'groß' erscheint mit dem Gw. ↗-*bach* als syntaktische Fügung ahd. **ze demo michilin bach* 'beim großen Bach'. Seit dem 15. Jh. wird ein differenzierender Zusatz vorangestellt, um den Ort von dem ca. 20 km nördlich gelegenen Michelbach zu unterscheiden. **V.** Festschrift zur 750-Jahr-Feier der Gemeinde Wald-Michelbach. Wald-Michelbach 1988; Knappe; Müller, Starkenburg. *TH*

Waldmohr **I.** Gem. und gleichnamige VG (mit drei Gem., seit 1972) im Lkr. Kusel, 8 213 Ew., direkt an der Grenze zum SL, Westpfalz, RP. 1449 bis 1794 zum Hztm. Pfalz-Zweibrücken. 1798 wird Waldmohr franz. Kantonssitz, nach 1813 Verwaltungssitz im Kgr. Bayern. Hist. vom Bergbau im SL und seit 19. Jh. von den sog. Bergmannsbauern geprägt. **II.** 1. Hälfte 9. Jh. *uilla … Moraha* (Kop. um 1190), 1257 *mul zu More*, 1312 *dorf Moir*, 1418 *zu Waltmore*; *Waldtmohr* (1601). **III.** Im Bw. ist ahd. (rheinfränk.) *môr 'Lache, Sumpf', das Gw. ist -*aha*, (↗-*ach*¹). Die Ähnlichkeit mit anderen ON auf -*mohr* macht den Zusatz *Wald*- (↗-*wald*) notwendig, doch schon im 14. Jh. wird die *Môraha* von der *Moraha* (Mohrbach) bei Obermohr durch die Kennzeichnung der Vokallänge unterschieden. Der Beleg *uilla … Moraha* ist nicht am Mohrbach im Lkr. Kaiserslautern zu suchen. Der ON kann somit als 'Siedlung an einem morastigen/ sumpfigen Bach' gedeutet werden. **IV.** ↗ Morbach, Lkr. Bernkastel-Wittlich, Morlautern, OT von Kaiserslautern, Ober-, Nieder- und Kirchmohr, Lkr. Kaiserslautern, alle RP. **V.** CL; Christmann 1952; HSP. *JMB*

Waldsassen **I.** Stadt im Lkr. Tirschenreuth, 7 211 Ew., ca. 40 km nö von Weiden i.d.OPf. an der Wondreb (r. zur Eger), Reg.-Bez. Oberpfalz, BY. 1133 Gründung des Zisterzienserklosters Waldsassen, im 17. Jh. Anlage einer Siedlung durch kalvinistische Tuchmacherfamilien, Ausbau zum Markt bis 1693, 1803 Aufhebung des Klosters, Teil des Klosterkomplexes 1863 durch Zisterzienserinnen erworben, Stiftsbibliothek, Stiftlandmuseum, Glashütte, seit 1896 Stadt. **II.** Nach 1132 *Waltsassen* [Or], 1165 *in ecclesia Waltsahsensi* [Or], 1268 *Waltsachsen* [Or]; *Waldsassen* (1399). **III.** Der SiN beruht auf dem Dat. Pl. *(*za/bī dēn*) *Sahsōn* des Volksnamens ahd. *Sahso* 'Sachse', der mit dem Zusatz ahd. *wald* 'Wald, Wildnis' verbunden ist, womit sich die Bed. 'bei den im Wald bzw. in der Wildnis wohnenden Sachsen' ergibt. Bereits der Erstbeleg zeigt den im Obd. seit dem 12. Jh. gut bezeugten Lautwandel -*hs*- > -*ss*-. Die ältere Herleitung von mhd. *sāʒe* 'der Sitzende, der Bewohner' bzw. 'Sitz, Wohnsitz' ist mit den ältesten Namenformen nicht vereinbar (-*ss*-, -*hs*-, -*chs*- statt zu erwartendem -z(z)-). **IV.** Waldsachsen, OT von Rödental, Lkr. Coburg, Reg.-Bez. Oberfranken; Waldsachsen, OT von Schonungen, Lkr. Schweinfurt, Reg.-Bez. Unterfranken, beide BY. **V.** Keyser / Stoob II; Gütter, A.: Sachsensiedlungen in Mittel- und Oberfranken II (Ergänzungen). In: Archiv für Geschichte von Oberfranken 72 (1992); Reitzenstein 2006. *WJ*

Waldsee **I.** Gem. und gleichnamige VG (seit 1972) im Rhein-Pfalz-Kreis, 8 693 Ew., am linken Rheinufer im vorderpfälzischen Tiefland, zwischen Ludwigshafen und Speyer, RP. Zwei Gem.: Otterstadt und Waldsee. Beide fränk. Gründungen im 7./8. Jh. und später im Besitz des Hochstifts Speyer. 1797 an Frankreich, 1816 zum Kgr. Bayern. 1817 Recht zur Selbstverwaltung. Tabak-, Spargel- und Gemüseanbau, außerdem Kiesförderung. **II.** 1229 *Widegowen miles de Walesheim* (Kop. 1406), 1283 *Walhesheim*, 1501 *Walßheim*, 1537 *Waltzen, Waltzheim*, 1585 *Waltsehe*; *Waldsee oder Waltzheim* (1790). **III.** Bw.: ahd. PN *Wal(a)h* (Übertragung vom Völkernamen Nom. Pl. *Wal(a)ha* 'die Welschen, Galloromanen'), Gen. Sg. *Wal(a)hes-*, Gw.: ↗-*heim*. Der urspr. Name kann demnach als 'Wohnstätte des Wal(a)h/des Welschen' gedeutet werden. Der heutige ON entwickelte sich in mehreren Etappen von *Walhesheim* über *Walßen* und seit dem 16. Jh. mit dem Übergangslaut -*t*- zwischen -*l*- und -*s*- (*Waltzen*) zu *Walze*, was zu *Waldsee* umgedeutet wurde. **IV.** ↗Bad Waldsee, Lkr. Ravensburg, BY, mit anderer Etymologie. **V.** Remling, F.X.: Urkunden zur Geschichte der Bischöfe zu Speyer, II. Mainz 1853; FP; HSP; Haubrichs 2000b. *JMB*

Waldsee, Bad **I.** Stadt (seit 1974 Kneippkurort) und gleichnamige VVG im Lkr. Ravensburg, 23 108 Ew., etwa 19 km nö Ravensburg am Altdorfer Wald in Oberschwaben gelegen, Reg.-Bez. Tübingen, BW. Verm. im 8. Jh. entstanden, 1298 Verleihung des Ravensburger Stadtrechts, 1331 an Österreich verkauft, 1806 an Württemberg, seit 1956 mit Prädikat Bad. Heilquellenkulturbetrieb, Moorbad, Jakobsweg, Schloss Bad Waldsee, Schlosssee im Ortskern. **II.** 10. Jh. (Kop. 13. Jh.) *Walahse*, 1171 *Walehsê*, 1181 *Waltse*; *Bad Waldsee* (1956). **III.** Das Gw. ahd. *sēo* 'See, Gewässer', mhd. *sē* 'See' ist verbunden mit dem Bw. ahd. *walah*, mhd. *walch* 'Romane, Nicht-Deutscher', das h. im Adjektiv *welsch* fortlebt. Der Name hängt in der Regel an Siedlungen von Kelto-Romanen, die in Gebieten zurückgeblieben waren, die den Römern von germ. Stämmen entrissen wurden. Bach zählt in Baden ca. 60 *Walchen*-Orte. Möglich ist aber auch eine Deutung als *Wal(a)hes-sē* zum PN *Walah, Walch*. Die Umdeutung von *Walah-* zu *Wald-* ist wie in *Waldstedten (Gmünd)* aus *Walahsteten* volks-etymologisch. **IV.** ↗Waldsee, Rhein-Pfalz-Kreis, RP. **V.** FO 2; Bach DNK 2; LBW 2 und 7. *JR*

Waldshut-Tiengen **I.** Kreisstadt und gleichnamige VVG, 35 617 Ew., Lkr. Waldshut, ca. 50 km w von Basel und ca. 50 km nö von Zürich am Hochrhein und damit direkt an der Grenze zur Schweiz, am s Rand des Hotzenwaldes, einer Region des Schwarzwaldes, Reg.-Bez. Freiburg, BW. Anfang des 13. Jh. erbaute Rudolf von Habsburg die Festung Waldshut. 1803 Anschluss an das Land Baden. 1975 Zusammenschluss der beiden ehem. selbstständigen Städte zur Stadt Waldshut-Tiengen. Wahrzeichen der Stadt ist das Obere oder Schaffhauser Tor, das auf Fundamenten des 13. Jh. erbaut ist. Tiengen war ehemals Sitz der Landgrafen von Klettgau. 1806 Anschluss an das Land Baden. Vier-Täler-Stadt; der „Lange Stein" an der Wutach aus der Bronzezeit ist der größte der vier Menhire im Hochrheingebiet; altes Schloss, ehemaliger Wohnturm der Burg Tiengen. **II.** Waldshut: 1259 *Waldishute*, 1276 *Waldeshût* [Or], 1298 *Waldeshŷt* [Or]. Tiengen: [858–867] *Tûingen*, 1275 *Tûngen* [Or]. **III.** Das Gw. des SiN *Waldshut* geht zurück auf mhd. *huot/huote* 'Schaden verhindernde Aufsicht und Vorsicht, Bewachung, Behütung' und bezieht sich verm. auf die Festung, die Rudolf von Habsburg hier errichten ließ. Dieses Gw. wird näher bestimmt durch das Bw. mhd. *walt* 'Wald'. Damit ist als Bedeutung für den Ort davon auszugehen, dass es sich um eine 'Bewachung vor oder bei dem Wald' handelt. Die Schreibungen -*i*- und -*e*- im Genitivmorphem bezeichnen beide das abgeschwächte /e/, welches schließlich vollständig synkopiert wird. Bei dem zweiten SiN handelt es sich um eine ↗-*ing(en)*-Ableitung. Als Ableitungsbasis fungiert entweder der PN **Tuono* (belegt sind *Tuoni, Tuone, Tuon* und *Tuona*) oder der PN **Tuomo*, eine Kurzform zu **Tuom-uuart* > *Tuouuart* zu ahd. *tuom* 'Recht'. Die urspr. Dat.-Pl.-Konstruktion bedeutete also 'bei den Leuten des **Tuono* oder **Tuomo*'. Bei der sprachlichen Entwicklung muss entweder von einer *n*-Haplologie oder einem Schwund des /m/ in intervokalischer Stellung ausgegangen werden. Aus dem Diphthong /uo/ wird mittels *i*-Umlaut der fallende Diphthong /üe/; durch Entrundung fällt /üe/ mit mhd. /ie/ zusammen und wird zu [iə]. **IV.** ↗Landshut (BY). **V.** Reitzenstein 2006; FP; Wagner, N.: Zu einigen Erst- und auch Zweitgliedern althochdeutscher Personennamen. In: BNF 39 (2004); Reichardt, L.: Der zentralschwäbische Mundartraum. Dialekthistorisches Register. Stuttgart 2004 (= Veröffentlichungen der Kommission für geschichtliche Landeskunde in Baden-Württemberg. Reihe B. Forschungen. Bd. 155). *SB*

Walldorf **I.** Stadt im Rhein-Neckar-Kreis, 14 646 Ew., ca. 15 km n Heidelberg, Reg.-Bez. Karlsruhe,

BW. Walldorf gehört der frühen fränk. Ausbauperiode an und war in Lorscher und Wormser Besitz, 1230 Rückgabe der Oberherrschaft König Heinrichs VII. an Pfalzgraf Otto, seit 1803 badisch. Informationstechnologie, Druckindustrie. Astorhaus, Laurentiuskapelle, Alte Synagoge. **II.** 770 (Kop. 12. Jh.) *Waltdorf*, 1063 *Waldorf [Or]*, 1220 *Waltorf [Or]*. **III.** Es handelt sich um eine Zuss. von ahd. ↗*wald* 'Wald, Wildnis', mhd. *walt* 'Wald, Waldgebirge' mit dem Gw. ↗*-dorf*. Der Name bedeutet 'Ansiedlung im/am Wald'. Die Entwicklung verläuft über die Assimilation von *-lt* in *Walt-* zu *-ll* in *Walldorf*. **IV.** ↗(Mörfelden)-Walldorf, Lkr. Groß-Gerau, HE. **V.** FO 2; Krieger; LBW 5. *JR*

Wallenhorst **I.** Gem. im Lkr. Osnabrück, 23 865 Ew., s des Wiehengebirges, Reg.-Bez. Weser-Ems (bis Ende 2004), NI. Vom 14. bis 17. Jh. war der Ort Landtagsplatz der Osnabrücker Landstände; 1556–1807 Vogtei des osnabrückischen Amtes Iburg; in Wallenhorst eine dreischiffige ma. Hallenkirche erhalten. **II.** 851 *Wallonhurst [Or]*, 1160 *Walnhorst*, 1223 *Walhorst*; *Wallenhorst* (1772). **III.** Bildung mit dem Gw. ↗*-horst* und dem aus asä. *wallon* 'wallen, aufbrausen', ae. *wǣl* 'Pfuhl' zu erschließenden asä. *walla 'Pfuhl, Quelle'. **V.** GOV Osnabrück II. *KC*

Wallerfangen **I.** Gem. im Lkr. Saarlouis, 9504 Ew., in unmittelbarer Nachbarschaft zu Saarlouis, SL. Hallstattzeitliches „Fürstinnengrab" sowie Überreste einer kelt. Höhenbefestigung, gallo-röm. Quellheiligtum (OT Ihn), röm. Kupferbergwerk (OT St. Barbara). Im MA Kirchort im Erzbistum Trier, Turmburg des 9. Jh. (OT Düren), im 10. Jh. Zentralort einer Grafschaft, im Spätmittelalter ummauerte Landstadt im d. Bellistum des Hztm. Lothringen. 1688 Schleifung der Stadtbefestigung und teilweise Umsiedlung der Bewohner in die neu erbaute franz. Festung Saarlouis. 1815 preuß.; 1920 Völkerbundverwaltung; 1935 Rückgliederung ins Reich; 1947 Teil des formal selbst., in polit. und wirtschaftl. Union mit Frankreich stehenden Saarlandes; 1957 zu Deutschland. 1789–1931 Steingutfabrikation. 1974 Zusammenschluss zur h. Gem. mit 10 auf den Höhen des Saargaus gelegenen Orten. **II.** 962 *Uualderuinga [Or]*, 996 *Waldeleuinga*, 1131/53 *Walderuinga*. **III.** Abl. mit ↗*-ing*-Suffix vom PN *Wald-(w)ulf*. Lautliche Entwicklung mit Zentralisierung des Zweitsilbenvokals, Dissimilation der Liquidenfolge [l-l] > [l-r] und Assimilation [ld] > [ll] von **Waldulf-* > **Waldelf-* > *Walderfingen* (1414) > *Wallerfingen* (1428). Wie bei einigen anderen mit *-ing*-Suffix gebildeten ON des Raumes (z.B. Gerlfangen, Uchtelfangen) stellen sich im Spätmittelalter Formen wie *Walderfangen* (1370) mit Senkung des Suffixvokals [i] > [a] vor Nasal + Konsonant ein, die erst spät die Oberhand gewinnen und in die heutige Namenform münden. Franz. Exonym: 1277 *Vadreuanges*, 1285 *Waldrowanges*, neuzeitlich *Vaudrevange* [vodrə'vãːʒ] mit rom. Vokalisierung des [l]. **IV.** Wallerfing (9. Jh. *Uualdoluinga*), Lkr. Deggendorf, BY. **V.** Gysseling 1960/61; Jungandreas; Puhl 1999. *RP*

Wallhalben **I.** Gem. und gleichnamige VG (seit 1972) im Lkr. Südwestpfalz, 7563 Ew., zwölf Gem. w des Pfälzerwaldes auf der Sickinger Höhe, zwischen Zweibrücken und Kaiserslautern, RP. Im hohen MA zum sog. „Westrich". Bis 1798 waren hier die Herzöge von Pfalz-Zweibrücken, die Herren von Sickingen und die Leininger Grafen Territorialherren. Sowohl das Wallhalbtal als auch die Sickinger Höhe sind h. beliebte Wander- und Freizeitregionen. **II.** 1279 *Walhalben*, 1271 *Walhalbin*; *Walhalben* (1364). **III.** Das Bw. geht auf den Völkernamen Nom. Pl. *Wal(a)ha* 'die Welschen, Galloromanen' zurück. Das Gw. ist der vorgerm. GwN *Alba, der verm. von einer „Ur-Alb" im Westrich übertragen worden ist und vom Quellgebiet s von Pirmasens († Rodalben) zum Unterlauf wanderte. Die *Wallhalb* wird als Grenzfluss im Vertrag von Verdun 843 erwähnt. Die Deutung des ON ist entweder metaphorisch 'Siedlung an der „welschen" Alb(a)' oder (favorisiert) 'Siedlung des Wal(a)h/des Welschen an der Alb(a)'. **IV.** Merzalben, ↗Rodalben, Rodalberhof, eingem. in Lemberg, ↗Waldfischbach-Burgalben, alle Lkr. Südwestpfalz, RP. **V.** Hauptstaatsarchiv München, Rhpf.; Jahrbuch zur Geschichte von Stadt und Lkr. Kaiserslautern 24/25 (1986/87); HSP. *JMB*

Wallisellen **I.** Politische Gem. im Bezirk Bülach, 12 817 Ew. In der Agglomeration Zürich an der Glatt gelegen, in einem heute fast vollständig überbauten Raum zwischen den bedeutenden Gemeinden Kloten, Opfikon, Dietlikon, Zürich und Dübendorf, Kt. Zürich, CH. Siedlungsspuren seit dem 1. Jh. v. Chr., die alemannische Siedlung jedoch erst seit dem 7./8. Jh. **II.** 820 *Wolasselda* (1. Hälfte 10. Jh.), 1153 *Walaseldon [Or]*, 1229 *Walasellon [Or]*. **III.** Der ON ist hinsichtlich seiner sprachlichen Bestandteile ahd. *walah* 'welsch, romanischsprachig' oder PN *Walah*, *Walacho* und *salida*, *selida* 'Behausung, Wohnstätte' unbestritten, in der Gesamtdeutung 'bei den Behausungen des Walah/Walacho bzw. des/der Welschen/Romanen' nicht letztgültig deutbar. **IV.** Der Name wurde und wird gerne mit dem Namen des nicht weit entfernten Orts Brüttisellen in Verbindung gebracht, doch bleiben die diesbezüglichen historischen und sprachlichen Implikationen im höchsten Maße unsicher. **V.** Kläui, H.: Um die historische Deutung frühmittelalterlicher Zwillingsortsnamen. In: Beiträge zur Schweizer Namenkunde. Bern 1977; LSG. *MHG*

Wallmerod I. Gem. und gleichnamige VG (seit 1972) im Westerwaldkreis, 14 736 Ew., 21 Gem. im ö Westerwald, nö von Koblenz, RP. Region, durch die im MA ein wichtiger Handelsweg führte. Die Erwähnung von 1276 stand mit der Schlichtung eines Streits in Anwesenheit zweier Ebf. und mehrerer Landesherren in Verbindung. Als die ersten Herren über Wallmerod und Umgebung lassen sich die Grafen von Katzenelnbogen erschließen. Nach kurtrierischer Herrschaft 1803 an das Hztm. Nassau, das Wallmerod 1831 zum Sitz eines gleichnamigen Amtes machte. Seit 1866 ist der gesamte Westerwald preußisch. II. 1276 *Walminrode, Wermelderoyde*, 1313 *Walmenroyde*, 1465 *Walmenrode*. III. Die Erwähnung von 1100 *in Wernbolderode*, aufgrund derer die Zuordnung zum PN-Stamm *Warin-* wie in *Werin-* (auch *Warem-* oder *Werembold*) angenommen werden könnte, muss dem nahen Willmenrod zugewiesen werden. Zu *Walmin-, Walmen-* passt der PN *Walahe(l)m*, Gen. Sg. *Walahelmen-*, (vgl. auch Graf *Walaho* von 879 in Vogel, C.D.: Beschreibung des Herzogtums Nassau. Wiesbaden 1843). Das Gw. ist ↗-*rod(e)*. Somit ist der ON als 'Rodung/Rodungssiedlung des Walaho' zu deuten. V. MRR IV; Vogel, Archiv der nassauischen Kirchen- und Gelehrtengeschichte. Bd. I. Coblenz 1818; FP; Gensicke, H.: Die vier Kirchspiele. In: Nassauische Annalen, Bd. 63. Wiesbaden 1952. *JMB*

Walsrode I. Stadt im Lkr. Soltau-Fallingbostel, 24 069 Ew., Reg.-Bez. Lüneburg (bis Ende 2004), NI. Die sich um das 986 gegründete Kanonissenstift (seit Anfang 13. Jh. Benediktinerinnen- und bis h. als ev. Damenkloster) entwickelnde Marktsiedlung erhielt 1388 Weichbildrecht (Braunschweiger Recht); überregional bekannt ist Walsrode durch den Vogelpark. II. 986 *Wale comitis* [...] *ad monasterium suum Rode nominatum* [Kop. 14. Jh.], 1176 *Walesrode* [Kop. 14. Jh.], 1226 *Walsrothe; Walsrode* (1438). III. Der ON beruht zunächst auf dem Simplex ↗-*rode*. Später wird als Bw. der PN *Wali* (*Wale*) im stark flektierten Gen. Sg. hinzugefügt, um den Gründer und Erbauer des Stiftes zu ehren und den Namen von anderen *Rode*-Orten zu unterscheiden. V. HHS 2; Hodenberg, W. von: Archiv des Klosters St. Johannis zu Walsrode. Hannover 1859; Nds. Städtebuch. *KC*

Waltenhofen I. Gem. im Lkr. Oberallgäu, im Einzugsgebiet von Kempten, 8 896 Ew., Reg.-Bez. Schwaben, BY. Zunächst stiftskemptisch, 1802 an BY, über 600 Gewerbebetriebe, Gusswerk. II. 1275 *Waltenhoven*, 1394 *Waltenhofer pfarr; Waltenhofen* (1451). III. Gw. ↗-*hofen*, Bw. ist der PN *Walto*. Gesamtdeutung: 'Höfe des Walto'. Dieser Name ist in ON und ma. Nekrologen der Gegend auffallend häufig. V. Dertsch: HONB Kempten. *TS*

Waltershausen I. Stadt, Lkr. Gotha, sw Gotha, am Nordfuß des Thüringer Waldes, in einem Nebental der Hörsel, 10 917 Ew., TH. An Wegekreuzung und Altstraße über Thüringer Wald, seit frühem 12. Jh. Burgsiedlung, nahe Kloster Reinhardsbrunn (seit 1085); Stadtanlage Ende 12. Jh. (1209 *villicus* 'Stadtvogt'). Im 15. Jh. Wollweberei, 18./19. Jh. Spielzeugproduktion, Puppenstadt (seit 1815); h. Gummiverarbeitung, Multicar-Werke, Orgelbau; Schloss Tenneberg. II. 1209 *Walterishusin*, 1289 *in Waltershusen; Waltershausen* (1514). III. Der ON ist gebildet aus dem PN mhd. *Walter* und Gw. -*husen* mit späterer Diphthongierung zu ↗-*hausen*, also 'Ort (Häuser) eines Walter'. IV. Waltershausen, OT von Saal, Kr. Rhön-Grabfeld, BY, Waltersleben, OT von Erfurt, mehrfach Waltersdorf in TH. V. CDS I, 3; SNB; Berger; Riese, Chr.: Ortsnamen Thüringens. Landkreis Gotha. Hamburg 2010. *KH*

Waltrop I. Stadt im Kr. Recklinghausen, 29 905 Ew., an der Emscher, Reg.-Bez. Münster, NRW. Kirchdorf im kftl.-kölnischen Vest Recklinghausen, 1428 als „Freiheit" bezeichnet, 1803 Hztm. Arenberg, 1811 Ghztm. Berg, 1813 Preußen, 1902–1979 Kohlebergbau, 1939 Stadt, Schiffshebewerk bei Waltrop-Henrichenburg. II. 9. Jh. (?) *Uualthorpe*, um 1150 *in Waltthorpe*, 1274 *Wolttthorpe*. III. Das Bw. ↗-*wald*, zunächst 'Büschel', 'Laubwerk', dann auch 'Hochwald', ist in dem Namen *Waltrop* wohl noch ein Wort der Niederwaldwirtschaft (Laubheugewinnung). Gw. ist das nd. -*dorp* (hd. ↗-*dorf*), das eine (kleine) Gruppensiedlung bezeichnet, in der heutigen Form des Namens mit Angleichung des Anlauts d- an das seinerseits zu -*t* verhärtete auslautende -*d* von *wald* und mit Metathese des -*r*-: '(kleine) Siedlung im (Nieder-)Wald'. IV. ↗Walldorf, Rhein-Neckar-Kr., BW; Wolbeck, OT von Münster, NRW. V. Werdener Urbare A; CTW IV. *schü*

Wandlitz I. Gem., der 2004 weitere 8 selbstständige Dörfer angeschlossen wurden, Lkr. Barnim, 21 237 Ew., n Berlin, BB. Eine alte slaw. Siedlung; seit Ende der fünfziger Jahre Regierungswohnsitz der DDR; heute Reha-Klinik. II. 1242 *Wandelitz*, 1375 *Wandelitz*, 1441 *wandelicz*. III. Slaw./apolb. *Vądolica*, eine Bildung mit dem Suffix -*ica* zu *vądol* 'Tal, Schlucht', benannt nach der Lage im Tal oder am gleichnamigen See, 1244 *stagnum wandelitz*. V. Riedel A X, XII; Landbuch; BNB 5. *EF*

-wang. Germ. *wanga- ist im D. nur alt belegt als asä. *wang*, ahd. *wang / wangun* (Dat. Pl.) M. und mit *Wange* etym. verwandt (ahd. *wanga*, mhd. *wange*), woraus sich die Grundbed. 'Biegung, Krümmung, Abhang' ergibt. Für die fast nur in SiN auf abschüssigem Gelände vorkommene urspr. Flurbez. lässt sich so oft die Bed. 'Flur auf geneigtem Gelände' erschließen. Dieser Bildungstyp ist bis ins 10. Jh. produktiv gewesen und kommt vorwiegend im alem. und altbair. Siedelgebiet bis nach Ostösterreich als Simplex (↗Wangen im Allgäu, Lkr. Ravensburg, BW), zuweilen auch mit Umlaut als *Wenig*, und als Gw. (↗Ellwangen (Jagst), Ostalbkreis, BW) vor. Literatur: Bach DNK II, 1; Schuster I; Wiesinger 1994. *FD*

Wangen im Allgäu I. Große Kreisstadt im Lkr. Ravensburg, 27 232 Ew., zusammen mit den Gem. Achberg und Amtzell VVG der Stadt Wangen im Allgäu, 32 617 Ew., ca. 20 km sö Ravensburg, Reg.-Bez. Tübingen, BW. Vogtei zunächst bei Udalrichingern, dann 1191 von den Grafen von Pfullendorf an die Hohenstaufen, Verpfändung ans Kloster St. Gallen im 13. Jh., 1348 Rückkauf der Rechte von Grafen von Montfort und Übergabe an das Reich, 1802 an das Kurfürstentum Bayern, 1810 an Württemberg. Badstube, Eselmühle, Frauentor, Herrenstraße. II. 815 *Wangun*, 1217 *Wanga*, 1267 *Wangen*; *Wangen im Allgäu* (1936). III. Dem Namen liegt ahd. *wang* 'Feld' zu Grunde, seit 1936 mit der differenzierenden Lageangabe *im Allgäu*. IV. Wangen, Arrondissement Molsheim, Département Bas-Rhin (Elsass), F; Wangen, Kt. Zürich, CH. V. Bach DNK 2; LBW 2 und 7. *JR*

Wangerland I. Gem. im Lkr. Friesland, 10 105 Ew., 10 km n Jever, NI. Mit einer Fläche von 176 Quadratkilometern eine der flächenmäßig größten Gem. in Deutschland. Spätestens seit dem 2. Jh. v. Chr. ist das Gebiet besiedelt. 1972 wurde Wangerland aus den Gem. Hohenkirchen, Hooksiel, Minsen, Tettens und Waddewarden als Einheitsgemeinde gebildet. H. ist es überwiegend landwirtschaftlich geprägt. II. 787 *ac Wanga*, 1143 [Or] *de Wanga*, 1432 [Or] *unde Wangen*, 1461 (Kop. 16. Jh.) *Wangerlant*. III. Der ON geht auf den Namen des ma. Gaues *Wanga* zurück, was der heutigen Bezeichnung *Wangerland* der Marschgegend um Hohenkirchen entspricht. Der GauN basiert auf nd. *wang*, *wank* 'waldlose Hügellehne, offenes Weideland' zu asä. *wang* 'Aue', vgl. ae. *vang*, *vong*, engl. dial. *wang*, *wong* 'ebene Wiese, Feld'. Der ON geht entweder auf eine Form *wang-ga(wi)* 'Wanggau' zurück oder steht im Dat. (Lok.) *wanga* 'in der Wiese' bzw. im Nom. Plur. 'die Wiesen'. IV. Wangerooge, Lkr. Friesland, NI; ↗Wangen im Allgäu, Lkr. Ravensburg, BW sowie weitere gleichnamige Orte in BW, BY, ST und CH. V. HHS 2; Lohse; Berger. *MM*

Wanzleben, „Börde" I. VG im Lkr. Börde, 15 473 Ew., ST. Gebildet am 1. 1. 2005 aus der Stadt Wanzleben und anderen Gem. der Umgebung. Die VG liegt in der Magdeburger Börde, an der Sarre. Wirtschaftl. Bedeutung durch Agrarindustrie, sehenswert ist die Burg Wanzleben mit dem Bergfried aus dem 10. Jh.

an der Straße der Romanik. II. 893 *Uuanzleua*, 956 *Uuanzleua* [Or], 1012–18 *Wonclava*, 1324 *Wantsleve*. III. Der ON ist eine Bildung mit dem Gw. ↗-*leben* und einem PN *Want* oder *Wanzo* (zu ahd. *wantōn* 'wenden, wandern' oder zu germ. *want- 'Handschuh'). IV. Wandersleben, Lkr. Gotha (9. Jh. *Wantesleibo*), TH; Wansleben, Lkr. Mansfeld-Südharz (9. Jh. *Uuenzesleba*), ST. V. MGH D Arnulf; Bathe, Hassegau; SNB. *GW*

Warburg I. Stadt im Kr. Höxter, 23 726 Ew., an der Diemel(furt) bei Einmündung der Twiste, nw von Kassel, auf dem Vorsprung eines Muschelkalkabhangs der Warburger Börde, Reg.-Bez. Detmold, NRW. Erste Siedlungsspuren des jüngeren Neolithikums im W der heutigen Stadt, im 11. Jh. Siedlung am Fuß der um 1000 erbauten Burg *Wartberg*, ma. Handels- und Gewerbezentrum des Bistums Paderborn durch günstige Verkehrslage an der sog. Frankfurter Straße (Tuchproduktion, Getreidehandel, Schmiedehandwerk), seit ca. 1280 Handel in den Ostseeraum, seit 1364 als Hansestadt genannt, seit 17. Jh. Mittelpunkt jüdischen Lebens im Bistum Paderborn. Landwirtschaft, Gewerbebetriebe. II. 1015–1036 *in Uuardbergi*, 1036 (Kop. um 1160) *Vuartberch*, 1036 (Kop. um 1160) *Wardburg*, 1186 *Wartberg*, 1191 *Warthberch*, 1260 *Wartborg*, 1436 *der stede Warberg nige unde ould*, *Warburger Magistrat*; *Warburg* (15. Jh.). III. Bildung mit dem Gw. ↗-*berg*, Bw. zu asä. *uuarda* 'Posten, Wache; Warte, Anhöhe; Wachtturm', mnd. *warde* 'Wartturm', ahd. *warta* 'Warte, Ausguck, Spähplatz'. Seit dem 13. Jh. Wechsel des Gw. > -*borg*, ↗-*burg*. IV. BurgN *Wartburg*, bei Eisenach, TH. V. Schneider; HHS 3; Westfälisches Klosterbuch II. *BM*

Wardenburg I. Gem. im Lkr. Oldenburg, 15 968 Ew., zwischen Hunte und Lethe gelegen, Reg.-Bez. Weser-Ems (bis Ende 2004), NI. Um die Mitte des 13. Jh. wurde von oldenburgischen Ministerialen eine Burg in Wardenburg errichtet, die 1342 vom Bischof von Münster zerstört wurde; eine um 1250 erbaute Marienkapelle wurde zu einer bedeutenden Wallfahrtsstätte der Region. II. 1218 *Wardenberge* [Kop. 14. Jh.], 1268 *Wardenborg* [Kop. 16. Jh.], 1275 *Wardenberge* [Kop. 14. Jh.]. III. Bildung mit dem Gw. ↗-*berg*, das nach Errichtung einer Burg durch das Gw. ↗-*burg* ersetzt wurde. Das Bw. enthält verm. nicht den schwach flektierenden KN *Wardo*, sondern das flektierte App. asä. *warda*, mnd. *warde* 'Warte, Spähplatz'. V. HHS 2. *KC*

Waren (Müritz) I. Kreisstadt des Lkr. Müritz, 21 223 Ew., Sitz der Verwaltung des Amtes Seenlandschaft Waren, an der Nordspitze der Müritz, ca. 45 km w von Neubrandenburg, MV. Slaw. Fischerdorf, bei dem die Fürsten von Werle ca. 1250 eine Burg samt Siedlung errichteten, in der ersten Hälfte des 14. Jh. Vereinigung der beiden Teile, von 1347–1426 Sitz der Herren von Werle-Waren, typisch mecklenburgische Ackerbürger- und Handwerkerstadt, im 19. Jh. mit Ausbau der Wasser- und Landwege Entwicklung zum Zentrum der Müritzregion, 1914 Zusatz: *(Müritz)*, seit Beginn des 20. Jh. wachsender Fremdenverkehr (1954 Titel „Luftkurort", 1991 „Staatlich anerkannter Luftkurort"). **II.** 1218 *Warne terrae* (FlN), 1230 *kerke to Warne*, 1278 *Warne*, 1315 *Warenn*; *Waren* (1333). **III.** Der ON ist verm. ein alter FlN, der mit dem apolb. Appellativum **varna* 'Krähe' mit der Pluralendung *-y* gebildet wurde. Die Bedeutung des ON lässt sich somit als 'Ort mit vielen Krähen' rekonstruieren. Nicht auszuschließen ist auch eine Abl. von apolb. **Varin(a)* 'Stelle mit heißem, siedendem Wasser, Quelle', vgl. **variti* 'kochen', tschech. *vařit*, russ. *varit'* 'kochen'. Somit ergibt sich 'Ort mit siedendem, hier wallendem Wasser'. **IV.** Wendisch Waren, Lkr. Parchim; ↗ Neukloster-Warin, Lkr. Nordwestmecklenburg, beide MV. **V.** MUB I, II, VII; HHS, Bd. 12; EO; Trautmann ON Meckl.; Eichler/Mühlner. *MN*

Warendorf **I.** Kreisstadt des gleichnamigen Kreises, 38 268 Ew., ö Münster, Reg.-Bez. Münster, NRW. Im MA Kirchdorf im FBtm. Münster, um 1200 Stadtrecht, 1802 preußisch, 1806 Ghztm. Berg, 1813 wieder preußisch, Produktion und Handel mit Leinen, 1826 Gründung des Westfälischen Landgestüts. **II.** 11. Jh. *van Warantharpa*, 1139 *Warendorpe*. **III.** Bildung mit dem Gw. ↗ *-dorp* (h. in hd. Form ↗ *-dorf*), das seine appellativische Grundlage in asä. *thorp*, mnd. *dorp* hat. Gemeint ist eine Siedlung uneindeutiger Größe und Organisation, die mit nhd. 'Dorf', insbesondere mit der heute unter 'Dorf' verstandenen Struktur, nicht exakt wiedergegeben wird. Die zuerst belegte Form *-tharpa* ist eine Form im Dat. Sg. Als Bw. kommen verschiedene Appellative in Betracht, die auf dem germ. Stamm **wer-*, abtönend **war-* 'Zaun, Flechtwerk, Wehr' beruhen und auf eine Umzäunung oder Einhegung verweisen. Appellativischen Anschluss bietet zum Beispiel asä. *wara* 'Schutz, Obhut; Aufmerksamkeit' und eine Deutung als befestigte Siedlung. Auf derselben etymologischen Grundlage beruht auch die Deutung von *wara* im Sinne von 'gehegter Wald' zu einem fränk.-mlat. App. *warenna*. Darüber hinaus bietet die Deutung auf der Grundlage von *wara* 'Fischwehr, Fischzaun' eine Anbindung an die Emsfischerei an der bei Warendorf gelegenen Emsfurt. Dieser appellativische Anschluss erscheint am überzeugendsten. Das Bw. erscheint als im Gen. Pl. flektierte Form, so dass *Waranthorpa* als Zusammenrückung eines nicht überlieferten Syntagmas z. B. **van warono tharpa*, **van warana tharpa* 'von der Siedlung bei den Fischzäunen' zu erschließen ist. **V.** CTW I; WfUB II, III, VIII; Derks, P.: Der Siedlungsname Warendorf. Ein Zeugnis ekbertinischer Herrschaft oder eine Sach-Bezeichnung? In: Geschichte der Stadt Warendorf. Hg. von P. Leidinger. Band I. Warendorf 2000. *kors*

Warnsdorf // Varnsdorf ['varnsdorf] **I.** Grenzstadt im Kr. Děčín, 15 801 Ew., in Nordböhmen, Bezirk Ústí nad Labem (Ústecký kraj), CZ. Angelegt vor 1352 als d. Waldhufendorf mit Sankt Peter-und-Paul-Kirche. 1620 Emigration d. Protestanten. Im 17.–18 Jh. um Warnsdorf Entstehung mehrerer Dörfer, 1839 Vereinigung zur Katastralgemeinde, seit 1850 „größtes Dorf in Böhmen", 1860 Stadt. Im 19. Jh. größte Strumpffabrik Europas, Chemie- und Glaswerke, Klavierfabrik. 1888 Bistum der altkatholischen Kirche. 1830 Uraufführung Beethovens „Missa solemnis". Nach 1945 Niedergang der Industrie. **II.** 1352 *Wernoldi villa* [Or]; 1362 *Warmsdorf*; 1377 *Warnsdorff*; 1522 tschech. *Warnsdorf*; 1607 *Warnsdorf*, tschech. *Varnsdorf*. **III.** Der ON-Typ PN + ↗ *-dorf* kommt in der Zeit der ma. Siedlungstätigkeit bei Benennungen von Orten nach ihren Gründern oder ersten Bewohnern sehr häufig vor: *Wernoldivilla* (1352, 1403, 1421) ist das 'Dorf eines **Werin(h)olt*'. Schon 1357 mit dial. (sekundärem) Umlaut *e > a*: *Warnsdorf*. Während *-holt* in alten d. PN mehrfach belegt ist, ist *Werin-* seltener und stellt wahrscheinlich eine Kontamination von ahd. *warnôn* 'warnen' und *warjan/wer-* 'währen' dar. Belege *Warmsdorf*, tschech. *Varnštorf* (1526) sind dial. ON-Varianten. **IV.** D. *Wernersdorf*, SM, A; tschech. *Verníŕovice* (< PN *Verníŕ* < d. *Werner*). **V.** Pf IV; SchOS; HSBM. *RŠ*

Warstein **I.** Stadt im Kr. Soest, 27 807 Ew., s der Möhne am Nordrand des Arnsberger Waldes, Reg.-Bez. Arnsberg, NRW. Zwischen 1275 und ca. 1290 vom Kölner Ebf. bei einer Befestigung auf dem späteren Stadtberg n von Altenwarstein gegründet. Metall- und Kalkindustrie, Brauerei. **II.** Zu 1072 (12. Jh.) *Warsten*, 12. Jh. *Warsten*, 1214 *Warsten*. **III.** Bildung mit dem Gw. ↗ *-stein*. Ein Zusammenhang mit die Stadt durchfließenden Bach *Wäster* ist ebensowenig zu erweisen wie eine hypothetische Umdeutung des Gw. aus einer Suffixbildung. Im Bw. liegt wahrscheinlich germ. **war-* 'Zaun, Flechtwerk, Wehr' (in asä. *wara* 'Schutz, Obhut; gehegter Wald; Fischwehr', asä. *ward* 'Hüter, Wächter', asä. *waron* 'schützen') vor. Benennungsmotiv war also eine Einfriedung und die Lage bei oder auf einem Felsen, was topographisch möglich ist. Wegen der Analogie zu anderen Burgennamen auf *-stein* konnte der Name auf die spätere erzbischöfliche Befestigungsanlage übergehen. **IV.** ↗ Warendorf, Kr. Warendorf, NRW. **V.** Derks, P.: Der Siedlungsname Warendorf. In: Leidinger, P.: Geschichte der Stadt Warendorf. Bd. 1. Warendorf 2000. WOB I. *Flö*

Wartenberg I. Markt und gleichnamige VG im Lkr. Erding, 9 824 Ew., Reg.-Bez. Oberbayern, BY. Im 12. Jh. Burgbau durch die Wittelsbacher, 1329 Bestätigung der Marktprivilegien. II. Ca. 1116/17 *Wartenberc*, ca. 1130 *Wartinperc*, ca. 1140 (Kop. des 15. Jh.) *Wartenberg*, 1196 *Wartenberg ... Wartenberg*. III. Urspr. Burgname. Grundwort ist mhd. *bërc*, ↗ *-berg*, 'Berg'; als Bestimmungswort kommt der PN *Warto*, eher aber mhd. *warte* 'Aufseher', *warte* 'Platz oder Gebäude, von dem aus gespäht wird' oder (am ehesten) eine Partizipform von *warten* 'acht haben, spähen, schauen' infrage. IV. Wartenberg, Vogelsbergkreis, HE. V. HHS 7/1; Reitzenstein 2006. *WvR*

Wassenberg I. Kreisangehörige Stadt im Kr. Heinsberg, 16 961 Ew., sw von Mönchengladbach an der nl. Grenze im Naturpark Schwalm-Nette, Reg.-Bez. Köln, NRW. 1085 erstmals erwähnt. Seit 1273 und (wiedererteilt) 1973 Stadtrecht. Burgensiedlung. Bedeutende Dachziegelproduktion und Tuchweberei noch bis in das 20. Jh. II. 1085 *Guassenberge* [Kop. 12. Jh.], 1101 *UUassenberch*; *Wassenberg* (1118). III. Das Gw. ↗ *-berg* nach der Lage auf dem ö der Rur ansteigenden Steilhang, wobei ↗ *-berg* durchaus auch urspr. ↗ *-burg* gewesen sein kann. Der Erstbeleg zeigt anlautend noch die rom. beeinflusste Substitution des germ. *W-* durch *Gu-*. Wohl kaum zu mhd. *wahs* 'scharf', 'spitz' mit langem Stammvokal. Eher dürfte ein PN in flektierter Form (Gen.) als Bw. in Frage kommen. Eine sichere Zuordnung bleibt jedoch schwierig. Es könnte ein PN zum Primärstamm *Wasu-* die Grundlage sein. Hierzu ist eine Übergangsform mit Dentalentwicklung *Wadso-* anzusetzen, wie dieser wohl in dem ON *Wassegen* (Belgische Provinz Oost-Vlanderen) vorliegt. In Frage kommt auch der PN-Stamm *Waz-*, aus dem sich Vollnamen wie *Wasso*, *Wassilo* und *Wessin* entwickelten. IV. Wassenach, Lkr. Ahrweiler, RP. V. Gillessen. *Br*

Wasserburg a. Inn I. Stadt im Lkr. Rosenheim, 12 266 Ew., Reg.-Bez. Oberbayern, BY. Im 11./12. Jh. Burgbau durch die Grafen von Wasserburg, seit 1201 Marktrecht, 1248 Besitz der Wittelsbacher. II. 1085–1088 (Kop. des 12. Jh.) *nobilis homo de Wazzerburch*, 1087 (Kop. des 15. Jh.) *castrum Wasserburg*, 1091–1098 *Wazirpurch*, 1137 (Kop. von 1150) *castrum Wazzerburc ... Hohenowe, Capella in Wazzerburch ... Wazzirburc*, ca. 1151 *Wazzarburch*, 1157 (F. des 12. Jh.) *Hohenowe*, 1205 *Hohenowe*, 1238 *in prefata ciuitate dicta Wasserburgk*, 1239 (Kop. von 1505) *in ciuitate scilicet Hohenow*, 1255 *Hohenawe seu Wazzerburg*, 1310 *Wazzerburch purch und stat*, 1527 *Wasserburg*, 1888 *Wasserburg a./ Inn*, 1928 *Wasserburg a. Inn*. III. Als Latinisierung mittels lat. *aqua* 'Wasser' findet sich 1512 *ad Oenum anmem ... Aqueburgum*. Die Identifizierung wie im Beleg von 1255 begegnet auch in einer Landesbeschreibung von 1589: *ad Oenum ... urbs Wasserb(urg) sita, tamquam in peninsula, olim Newen Hochnaw dicta* 'am Inn ... die Stadt Wasserburg gelegen, gleichsam auf einer Halbinsel, einst „Newen Hochnaw" genannt'. Der Name wurde bereits im Jahr 1721 gedeutet: *Wasserburg ... ligt gantz am Yhnstromb ... den jetzigen Namen aber hat sie glaublich von dem vorbey fliessenden Wasser vnd der allhiesigen Burg*. Grundwort des urspr. Burgnamens ist nämlich ahd. ↗ *-burg*, *purch,purc, burc* 'Burg, Stadt, befestigter Ort, mit Mauern umgebene Ansiedlung', Bestimmungswort *wazzar, wazzer* 'Wasser, Gewässer'. Grundwort des früheren Namens der Zivilsiedlung ist mhd. *owe, ouwe*, ↗ *-au*, 'von Wasser umflossenes Land', Bestimmungswort das Adj. *hôch* 'hoch, in der Höhe'; letzteres bezieht sich wohl auf die relative Höhe gegenüber Au a. Inn. Lokalisierung und adjektivischer Zusatz im Beleg von 1589 dienen zur Unterscheidung vom Klosternamen Altenhohenau. IV. Wasserburg (Bodensee), Lkr. Lindau, BY. V. HHS 7/1; Reitzenstein 2006. *WvR*

Wasungen-Amt Sand I. VG im Lkr. Schmalkalden-Meiningen, n Meiningen im mittleren Werratal, an der Mündung der Katz in die Werra, zwischen Thüringer Wald im N und Rhön im S gelegen, 9506 Ew., TH. Wasungen ist eine altthüringische Siedlung; Mitte 12. Jh. Herrenburg mit Burgflecken (1190 *castrum cum burgo*); im 13. Jh. Stadt (1301 *oppidum*), 1308 Stadtrecht; seit 1524 nachweisbar Wasunger Karneval; Agrargebiet mit Kleinindustrie; seit 1995 Sitz der Verwaltungsgemeinschaft Wasungen-Amt Sand. II. (Ad 874) 12. Jh. *(villa) Uuasunga*, 1184 *Poppo de Wasinge*, 1199 *Poppo de Waisungen*, 1289 *in Wasungin*. Amt Sand schließt an den Namen für das Gerichtsamt der vorderen Rhöndörfer vom 16. bis 19. Jh. an. III. Der ON ist gebildet mit ahd. asä. *waso* 'Rasen, feuchte Rasenfläche, Niederungs- und Flusswiese', vgl. mnd. *wasem* 'Dunst, Wasserdampf', mnd. *wase* 'feuchter Erdgrund, Schlamm, Rasen', und mit dem in TH häufigen Suffix ↗ *-ungen*, also 'Ort der Leute auf feuchtem Rasenboden bzw. in Flussaue'. *Sand* für das Amt bezieht sich auf die sandigen Böden in der Gegend. IV. ON mit *Wasen-* sowie regional hd. *Wasen-, Wasem-* in FlN, z.B. in HE; † Hodelsdorf auf dem Sande, ö Vorstadt von Jena, TH. V. Dronke Cod. Dipl. Fuld.; Walther 1971; SNB. *KH*

Wathlingen I. Samtgemeinde im Lkr. Celle, 15 058 Ew., s von Celle w der Fuhse, Reg.-Bez. Lüneburg (bis Ende 2004), NI. Im ländlich geprägten Wathlingen seit dem späten MA mehrere Rittergüter beheimatet; durch die Anlage eines Kalischachtes und durch

Ölgewinnungsanlagen ist der Ort im 20. Jh. zu einem Industriedorf geworden. **II.** 1022 *Waditlagun* [F. 1. Hälfte 12. Jh.], 1222 *Watlege*, um 1368 *Watleghen*; *Watlinghen* (1428–38). **III.** Bildung mit dem Gw. ↗-*lage*, das nach Abschwächung des Stammvokals im 15. Jh. den in NI verbreiteten ↗-*(l)ingen*-Namen angepasst wird. Das Bw. wird trotz des abweichenden ältesten Belegs, der einer Fälschung entstammt, wohl mit germ. **waða-* 'Furt', mnd. *wat* 'seichte Stelle' zu verbinden sein. **V.** HHS 2. *UO*

Wattens **I.** Im mittleren Unterinntal an der Südabdachung des Karwendelgebirges gelegene Marktgemeinde (1985 Markterhebung), 7 675 Ew., pol. Bez. Innsbruck-Land, TR, A. Einer der bedeutendsten Wirtschaftsstandorte Tirols (z.B. Kristallunternehmen Swarovski), frühe Besiedlung (sog. „Fritzens-Sanzeno-Kultur"). **II.** 930/931 *Vuattanes*, 1034–1041 *Wattenes*, 1050 – ca. 1165 *Wattenes*, 1127–1128 *Watenes*, 12. Jh. *Wattens*. **III.** Mit hoher Wahrscheinlichkeit rom. Prädialnamen auf -*ānum*, inkorporiert einen genuin kelt. PN **Vattos*, zu deuten als 'beim Gut/Besitz eines (Mannes namens) Vattus' (*[apud fundos] Vattanos*), Eindeutschung vor 1050 n. Chr., da Akzentretraktion auf die erste Silbe: *Vattanos* f *Wáttens*. **V.** Finsterwalder 1; ANB; HHS Huter; ÖStB 5. *AP*

Wattwil **I.** Politische Gem. im Wahlkreis Toggenburg (früher: Bezirk Neutoggenburg), 8174 Ew. Aus den Dörfern Wattwil und Ricken sowie mehreren Weilern bestehend, zwischen Wil und Wildhaus gelegen, eigentlicher Hauptort des Toggenburgs, Kt. St. Gallen, CH. Ein seit 903 in Wattwil bezeugter Meierhof war Mittelpunkt einer ausgedehnten Herrschaft des Stifts St. Gallen über das mittlere Toggenburg. Bis in die Neuzeit landwirtschaftlich geprägt, doch früh auch Leinenweberei, diese von der Mitte des 18. Jh. an vom Baumwollgewerbe verdrängt, weltweiter Absatz Wattwiler Baumwollprodukte (15 Fabriken um 1850). H. modernes, aufstrebendes Dienstleistungs- und Bildungszentrum sowie Wohngemeinde. **II.** 897 *Wattinwilare*, 898 *Watawilare*, 903 *Wattewilare*, 1355 *Watwil*. **III.** Primärer Siedlungsname mit Grundwort ahd. *wīlāri* 'kleines Dorf, Weiler; Einzelhof' (↗-*weil* / -*wil*) und einem im frühen MA durchaus gut belegten PN *Wat(t)o* im Bestimmungsglied. In der Gesamtdeutung 'Hofsiedlung des *Wat(t)o*' kommt die Siedlungs- und Gesellschaftsstruktur jener Siedlungsphase des frühen Mittelalters zum Ausdruck, in der noch immer die Rufnamen bedeutender Einzelpersönlichkeiten die Benennung kleinerer Ansiedlungen veranlasst haben dürften. **V.** FP; LSG. *MHG*

Wedel **I.** Amtsfreie Stadt im Kr. Pinneberg, 32 137 Ew., an der Elbe, Wedeler Marsch (Naturschutz- und Feuchtgebiet), direkte Nähe zu Hamburg, SH. 1212 erstmals urk. erwähnt, 1875 Stadtrecht. Seit 1993 lautet der offizielle Stadtname wieder Wedel, nachdem 30 Jahre der Zusatz Holstein geführt wurde. U.a. pharmazeutische Industrie, Fachhochschulsitz, Ernst-Barlach-Museum, Schiffbegrüßungsanlage „Willkomm-Höft". **II.** 1212 *de Wedele [Or]*; *in villis … Wedele* (1302). **III.** Wedel ist zu verstehen als Abl. vom germ. *waða* bzw. mnd. *wat* 'Furt', dem ein *l*-Suffix angehängt ist. Eine Furt ist eine Untiefe in einem Gewässerlauf, an der diese daher schiffbar gemacht werden kann. Im MA waren solche Standorte zur Ansiedlung prädestiniert. **V.** Laur; Haefs. *GMM*

Wedemark **I.** Gem. in der Region Hannover, 29 069 Ew., Reg.-Bez. Hannover (bis Ende 2004), NI. Gem., die 1974 aus 26 ehemals selbstständigen Ortschaften und Höfen entstand, bis 2001 im Lkr. Hannover; *Wedemark* ist urspr. Landschaftsname. **II.** Um 1226 *Withe [Or]*, 1285 *Wede*; *Wedemark* (1431). **III.** Der ON beruht auf dem Simplex mnd. *wēde* 'Wald'. Im 15. Jh. tritt als sekundäres Gw. mnd. *marke* 'Grenze; Landgebiet, Gemarkung' hinzu. Ursprüngliches -*i*- des Bw. wird durch Zerdehnung zu -*e*-. **V.** NOB I. *UO*

Weener **I.** Stadt im Lkr. Leer, 15 676 Ew., an der Ems, Reg.-Bez. Weser-Ems (bis Ende 2004), NI. Hauptort des linksemsischen Reiderlandes; die um 1000 nachzuweisende Kirche wurde im 13. Jh. Sitz einer münsterschen Propstei; der wichtige Handelsort erhielt 1508 Marktgerechtigkeit und 1929 Stadtrechte. **II.** 10. Jh. *Uuianheri [Or]*, 10. Jh. *Uuenari*, 1409 *Wyanere*; *Wener* (1456). **III.** Bildung mit einem auf germ. **herw-*, **heru-* 'scharf' (vgl. mnd. *hāren* 'schärfen') zurückgehenden App. als Gw., das in Namen auch die Bedeutung 'Anhöhe' hat. Das Bw. ist verm. auf die idg. Wz. **uei-* 'drehen, biegen' zurückzuführen, die mit -*n*-Erweiterung in ae. *wining* 'Binde' und anderen Erweiterungen im Germ. gut bezeugt ist. **V.** HHS 2; Remmers, Aaltukerei; Nds. Städtebuch. *KC*

Weeze **I.** Gem. im Kr. Kleve, 10 445 Ew., an der Niers, Reg.-Bez. Düsseldorf, NRW. **II.** 11./12. Jh. *de Wise*, 1269 *in/de Wese*, 1367 *van Weze [Or]*. **III.** Der zweite Konsonant ist, wie die älteren Belege zeigen, urspr. ein *s*. Die *z*-Schreibung beruht auf der nl. Schreibweise für sth. *s*, hat aber zu der h. standardsprachlichen Aussprache mit [ts] geführt. Mda. ist sth. *s* bewahrt: [veːz]. Grundlage des ON ist vielleicht ein GwN, in dem die Basis idg. **u̯eis-/*u̯is-* 'fließen' auftritt, die in zahlreichen voreinzelsprachlichen FluN erscheint (Krahe). Eine Herleitung aus dem (nur im Deutschen vorkommenden) Wort für *Wiese* ist allerdings nicht völlig auszuschließen, da das Fem. *wēse* im Ostmnl. neben der sonst üblichen, etym. zugehörigen *k*-Ableitung mnl. *wisch, wīsche* belegt ist, so im kleverländischen Teuthonista, einem Wörterbuch des 15. Jh. Die bei FO 2 zu ahd. *wisa* 'Wiese' gestellten Namen werden zum Teil ebenfalls dem Gewässerwort zuzuordnen sein. **V.** HHS 3; Derks, Weeze. *Tie*

Wegberg **I.** Kreisangehörige Stadt im Kr. Heinsberg, 29 419 Ew., sw von Mönchengladbach im Naturpark Schwalm-Nette, Reg.-Bez. Köln, NRW. Erste gesicherte Erwähnung 1168/83. Grenzort zwischen den Herzogtümern Geldern und Jülich. Zusammenschluss mit der Gemeinde Beek. Seit 1973 Stadt. Historische Autorennstrecke Grenzlandring. Flachsmuseum. **II.** 1168/83 *de Berche [Kop. 15. Jh.]*, 1361 *Berke*, 1428 *Weckberck*; *Wegberg* (1806). **III.** Die frühen Nachweise zeigen nur das ON-Simplex. Die Urzelle der Siedlung wie auch die alte Pfarrkirche liegen auf einer deutlichen Bodenerhebung, einem Berg. Die auf -*e* auslautenden Formen geben zu der Vermutung Anlass, dass hier eine der im Rheinland häufigen Abschwächungen des Gw. ↗-*heim* vorliegt; (**Bergheim > Berge, Berche*). Infolge dieser Entwicklung gelangte Auslaut-*g* an das Silbenende und verhärtete zu -*k*. Das sekundäre Bw. wurde erst ab dem 15. Jh. obligatorisch. Es wurde nach der bedeutenden, schon römerzeitlichen Wegeverbindung gewählt. Diese führte von Neuß über Beeck und Wegberg nach Vlodrop an der Maas. **IV.** Zum Gw. -*berg* < -*berk* vgl. Berk, OT von Dahlem, Kr. Euskirchen, NRW. **V.** Ter Meer. *Br*

Wehlau // Знаменск [Znamensk] **I.** Landsiedlung im Kr. Gvardejsk // Tapiau (Gvardejskij Rajon), 4 302 Ew., an der Mündung der Alle // Lava in den Pregel // Pregolja, Kaliningrader Gebiet (Kaliningradskaja oblast′), RUS. Vor 1255 war hier eine Befestigung der Altpreußen. Nach 1255 vom Deutschen Orden eingenommen. 1336 Stadt zu kulmischem Recht gegründet. 1347 von Litauern zerstört, 1349 wurde ein Franziskanerkloster erbaut, 1380 entstand neben der Stadtmauer auch das Rathaus. 1440 Gründungsmitglied des Preußischen Bundes. 1537 Lateinschule (Vorbereitungsschule der Universität Königsberg) gegründet. 1679 von schwed., 1757 von russ. Truppen besetzt. Seit 1818 Kreisstadt des gleichnamigen Landkreises, Reg.-Bez. Königsberg mit 8536 Ew. (1939); holzverarbeitende Industrie, Maschinenfabrik, Pferdezucht und größter Pferdemarkt Europas. Während des II. Weltkrieges wurde der Ort stark zerstört und schließlich von den neuen Bewohnern umgebaut. Seit 1945 zu RUS, bis 2005 Siedlung mit städtischem Charakter, seit 2005 Landsiedlung. **II.** 1258 *Velowe [Or]*, 1336 *die stat Welaw [Or]*, um 1400 *alde Welow, Welowe dy stat [Or]*, 1507 *stette Welaw [Or]*, 1540 *Stadt Welaw [Or], Wehlau* 1802; *Znamensk* (1946, zu russ. *znamia*, Stamm *znamen*- 'Flagge'). **III.** Apreuß. ON **Vēl-av-*, traditionell zu lit. *vėlės* 'geisterhafte Gestalten der Verstorbenen' gestellt, mit dem Suffix apreuß. **-av-* erweitert, das im Deutschen durch ↗-*au* ersetzt wurde. **V.** HHS Weise; Lange, D.: Geographisches Ortsregister Ostpreußen: einschließlich des Memelgebiets, des Soldauer Gebiets und des Regierungsbezirks Westpreußen (1919–1939). Königslutter 2000; Blažienė, G.: Baltischen Ortsnamen in Ostpreußen (Hydronymia Europaea, Sonderband III). Stuttgart 2005. *gras*

Wehr **I.** Stadt im Lkr. Waldshut, 12 895 Ew., ca. 22 km ö von Lörrach an der Wehra zwischen südlichem Schwarzwald und Dinkelberg, Reg.-Bez. Freiburg, BW. Seit Mitte des 18. Jh. Zentrum der hochrheinischen Industrie mit Textilfabriken und einer Papierfabrik. Erstes Pumpspeicherkraftwerk Deutschlands im OT Öflingen, Burgruinen Steinegg und Werrach. Altes und Neues Schloss Wehr. Seit 1950 Stadt. **II.** 1092, 1112, 1114 *de Werra*. **III.** Für den urspr., einstämmigen GwN (1256 *Werra*) ist vorhd. **Warja* (> alem. **Warrja*) anzusetzen, das die idg. Wz. **u̯or-*, ablautend zu **u̯er-* 'Wasser' enthält. Nach erfolgtem Primärumlaut hießen Gewässer und Siedlung im Ahd. *Werra*. Im SiN wurde inlautendes -*e*- gedehnt, auslautendes -*a* wurde zu -*e* abgeschwächt und schließlich apokopiert. Im GwN *Wehra* hat sich auslautendes -*a* erhalten. **IV.** GwN *Vaire* (*Veyre*) in Frankreich und *Varė* in Litauen. **V.** Greule, Flußnamen; Krahe, H.: Unsere ältesten Flussnamen. Wiesbaden 1964. *MW*

Wehrheim **I.** Gem. im Hochtaunuskreis, 9324 Ew., am Nordhang des ö Taunus, Reg.-Bez. Darmstadt, HE. Der h. Ort (mit Siedlungsspuren aus der Bronze- und Eisenzeit) dürfte eine fränk. Gründung spätestens des 7./8. Jh. sein. Ersterwähnung 1046: Heinrich III schenkte das Königsgut *Wirena*, verm. altes Reichsgut (!), seiner Gemahlin. Im Hochma. im Besitz der Grafen von Diez (Stadtrechte 1372), seit dem 16. Jh. unter Zweiherrschaft von Kurtrier und Nassau-Dillenburg, 1803/06 zum Hztm. Nassau, 1866 zu Preußen, 1945 zu Hessen, 1972 Zusammenschluss mit 3 weiteren Gem. zur Großgem. **II.** 1046 *Wirena*, 1216 *de Wirhene*, 1220 *de Wirene*, 1339 *Weren*, 1339 *Werheim*, 1353 *Werhen [sämtlich Or]*. **III.** Basiert wohl auf der idg. Wz. **uer-*, bzw. ablautend **-uor-* 'Wasser, Regen, Fluss' (u.a. in ai. **vār* 'Wasser'), von der viele alteurop. FluN abgeleitet sind, v.a. – wie hier – mit Hilfe des alteurop. Suffixes -(*i*)*na*, das v.a. zur Bez. der Zugehörigkeit (z.B. Nfl. zu Hauptfluss) dienen kann. Dem hier zum ON gewordenen FluN scheint wegen des -*i*- der frühen Belege **uer-* zugrundezuliegen: **-e-* wurde durch das urspr. (später zu ə abgeschwächte) -*i*- der Folgesilbe zu germ. / ahd. -*i*-

angehoben. Dieses wurde dann durch die wmd. Senkung (seit dem 12. Jh.) wieder zu -e-, das bald die (erst frnhd. durch -h- bezeichnete) Dehnung erfuhr. Die tonschwachen Silben -(h)en(e)- (in denen -ə- syn- bzw. apokopiert werden konnte), wurden dann wohl fälschlich als mda. verkürztes -heim (wie es oft vorkam) interpretiert, wodurch ein „unechter ↗-heim-Name" entstand. **IV.** Wern, Nfl. des Mains (823 *Werine*); Werne, Kr. Unna (834 *Werina*), NRW; Varenne, Nfl. der Mayenne, F; Varenna, w Genua, I. **V.** MGH HIII; Sauer; Reimer 1891; Krahe; Bach DNK. *HGS*

Weida **I.** Stadt und Erfüllende Gem. im Lkr. Greiz, s Gera w der Weißen Elster, an Mündung der Auma in die Weida, 8 239 Ew., TH. Wohl zuerst slaw. Dorf, d. Burg etwa Mitte 11. Jh. (17. Jh. Osterburg) mit Burgflecken; nach 1160 Altstadtgründung (1209 *civitas*); an Flussübergang Neustadt um 1250 (1267 *nova et antiqua civitas*); zwei Klöster seit 13. Jh.; Töpferei, 19./20. Jh. Textilindustrie, h. Kleinindustrie. **II.** 1122 *de Withaa*, (ad 1080) um 1150 *territorium urbis Wida*, 1209 *Wida*, 1342 *Wyda*; *Weida* (ab Ende 15. Jh.). **III.** Ort nach dem Bach benannt: Bisher erklärt als **Wīdaha*, gebildet mit ahd. *wīda*, mhd. *wīde* 'Weide' (Baum) und Gw. *-aha* (↗*-ach¹*) 'fließendes Wasser', also 'Weidenbach'. Die sonst mit der Baumbezeichnung gebildeten ON zeigen allerdings die Form *Weiden-*. Daher kann vielleicht auch ein älterer und nicht mehr erkennbarer slaw. GwN vorangegangen sein, der evtl. an ahd. *witu* 'Holz, Wald' oder asä. *hwīt*, mnd. *wit* 'weiß, hell' angeglichen wurde, also somit zunächst aufgefasst wurde als 'Waldbach' oder 'helles Wasser' (vgl. die zahlreichen ON *Weißbach*). Bereits im 12. Jh. muss dann aber mhd. *wīde* 'Weide' eingedeutet worden sein. Das Gw. wurde schon im 10. Jh. verkürzt und erscheint als grafisch *a* und *aa*, das lange *i* wurde im 14. Jh. diphthongiert zu *ei*, im 15. Jh. auch geschrieben. **IV.** ↗Weiden i.d.OPf., BY, 1269 *Widen*; Wieda, Lkr. Osterode, NI, 1248 *Wida*; ferner zahlreiche ON *Weidach*; GwN *Wieda*, NI, 1249 *aqua Wida*. **V.** Dob. I; Walther 1971; SNB; Berger. *KH*

Weiden i.d.OPf. **I.** Kreisfreie Stadt, 42 219 Ew., ca. 60 km sö von Bayreuth und ca. 40 km nö von Amberg an der Waldnaab, Reg.-Bez. Oberpfalz, BY. Planmäßige Stadtanlage (wohl in spätstaufischer Zeit) am Naabübergang einer Altstraße von Nürnberg nach Böhmen, 1269 als *castrum* und um 1300 erstmals als Stadt erwähnt, ab 1360 zur böhm. Krone gehörig, 1406 an Wittelsbacher verpfändet, 1421–1714 Gemeinschaftsamt Parkstein-Weiden der Mgf. von Brandenburg und der Pfalzgrafen, Oberzentrum, Glas- und Porzellanindustrie, Fachhochschule. **II.** 1241 Kop. 1772 *Weiden*, 1269 *Widen* [Or], um 1300 Kop. Anf. 14. Jh. *deu Weide ... der Weiden*; *datz der Weiden in der stat* [Or] (1301–07). **III.** Dem SiN liegt die Dat.-Sg.-Form des App. mhd. *wīde* 'Weide' zugrunde. Auszugehen ist von der Stellenbezeichnung mhd. **ze dër(e) wīden* 'zu/bei der Weide' mit Präposition und Artikel. Vereinzelt erscheint daneben mit *deu Weide* die Form des Nom. Sg. Benennungsmotiv war offenbar ein einzelner, auffälliger Weidenbaum. In mhd. Zeit entwickelte sich der Langvokal ī zum Diphthong *ei*. Der Zusatz *i.d.OPf.* (= in der Oberpfalz) dient der Unterscheidung von weiteren Orten gleichen Namens. **IV.** Weiden im Lkr. Lichtenfels, Reg.-Bez. Oberfranken, BY. **V.** Keyser / Stoob II; Reitzenstein 2006. *WJ*

Weidenberg **I.** Markt und (seit 1972) gleichnamige VG im Lkr. Bayreuth, 10 257 Ew., Reg.-Bez. Oberfranken, BY. Wohl hochmittelalterliche Gründung an der Altstraße Forchheim–Eger im Obermainischen Hügelland an der Steinach am Fuß des Fichtelgebirges, seit 1223 Sitz eines Ministerialengeschlechts der Andechs-Meranier, 1339 halbe Veste Weidenberg Lehen der Burggrafen von Nürnberg, 1398 Markt, 1412 ganze Veste samt Markt burggräfliches Lehen, 1415 von Künßberg Erben der von Weidenberg, seit 1446 Verkauf des Marktes an die Künßberger, Ortsherren bis 1661, seit 1591 markgräflich-bayreuthisches Amt mit zwei Rittergütern, 1792 an Preußen, 1806 unter Napoleon, 1810 an Bayern. **II.** 1153 (Kop. 17. Jh.) *Widenberg*, 1241 *Widenberch* [Or], 1320 *Weidenberch* [Or]; *Weidenberg* (1412). **III.** Im ON verbindet sich das Gw. ↗*-berg* mit mhd. *wīde* 'Weide, Weidenbaum' im Gen. Pl. oder dem Adj. *wīdīn* 'von Weiden, mit Weiden bestanden'. Das wusste man schon im Jahr 1692: *Weidenberg hat einen lustigen mit Popelweiden gezirten Berg*. **IV.** ↗Weiden i. d. OPf.; Weidenbach, Lkr. Ansbach, beide BY. **V.** Winkler, R.: Bayreuth. Stadt und Altlandkreis (Historischer Atlas von Bayern, Franken I/30). München 1999; Reitzenstein 2009. *DF*

Weikersheim **I.** Stadt im Main-Tauber-Kreis, 7 512 Ew., ca. 23 km sö Tauberbischofsheim, Reg.-Bez. Stuttgart, BW. Frühe Schenkungen an Kloster Fulda, um 1100 überlässt Wipertus von Weikersheim Güter an das Kloster Comburg, 1345 als Lehen der Fürstabtei Fulda, um 1385 an Mergentheimer Juden versetzt, Pfandherr 1397–1147 Konrad von Weinsberg, 1806 an Württemberg. Weinbau. Schloss Weikersheim, St. Georg, „Gänsturm". **II.** 835 (?) (Kop. 12. Jh.) *Uuighartesheim*; 9. Jh. *Wichartesheim* (Kop. 12. Jh.). **III.** Es handelt sich um eine Zuss., gebildet mit dem Gw. ↗*-heim* und als Bw. der PN *Wīghart*, mit nhd. Diphthongierung von *ī* zu *ei*. Der ON bedeutet 'Siedlung des Wīghart'. **V.** FO 2; FP; LBW 4. *JR*

-weil / -wil. Das auf lat. *villa* 'Landhaus/-gut, Vorwerk' zurückgehende Wort ist vor *villare* (↗ *-weiler*) als Namenwort entlehnt worden und kommt in ON als Simplex und in Zuss. vor. Diese Namen sind nicht immer eindeutig von den *-weiler*-Namen zu trennen, da diese entsprechend verkürzt sein können und bereits in der urk. Überlieferung Wechsel beider Typen vorkommt (↗ *-weiler*). Literatur: Bach DNK II, 2; Pitz. FD

Weil am Rhein I. Große Kreisstadt im Lkr. Lörrach, 29 725 Ew., ca. 4 km sw von Lörrach am Hochrhein im Dreiländereck Deutschland-Frankreich-Schweiz, Reg.-Bez. Freiburg, BW. 786 Schenkung an Kloster St. Gallen, 1344 Besitz der Klöster St. Blasien und Weitenau, 1503 an Baden. Ehem. Eisenbahnerstadt, Design-Museum mit umfangreicher Stuhlsammlung, Weinbau. Dreiländerbrücke, „Stapflehuus", Kandertalbahn. Seit 1972 Große Kreisstadt. II. 786 *in Willa* [Or], 1229 *Wile* [Or], 1246 *Wile* [Or], 1571 *Wiel* [Or], 1574 *Weyll* [Or]; *Weil am Rhein* (1929). III. Dem SiN liegt altes *vīlla* zugrunde. Lat. *vīlla* wurde als Lehnwort *wīla* ins Ahd. übernommen und bezeichnete zunächst das Gebäude eines Gutshofs, später wohl als FlN auch das Gelände des ehemaligen Gutshofes. Bei der Diphthongierung (*Wīl > Weil*) handelt es sich um eine rein schreibsprachliche Erscheinung. Die Mundart weist bis h. undiphthongierten Langvokal [i:] auf. Siedlungskontinuität muss wegen der wohl frühen, röm. Gründung und möglicher zwischenzeitlicher Wüstwerdung nicht vorausgesetzt werden. Der Namenszusatz *am Rhein* trat erst später hinzu, um den Ort von anderen Siedlungen namens *Weil* unterscheiden zu können. IV. ↗(Grenzach-)Wyhlen, Lkr. Lörrach; Gurtweil, OT von ↗Waldshut-Tiengen, Lkr. Waldshut, ↗Weil der Stadt, ↗Weil im Schönbuch, beide im Lkr. Böblingen, Weilimdorf, OT von Stuttgart, alle BW. V. Greule, DGNB; Boesch, B.: Das Frühmittelalter im Ortsnamenbild der Basler Region. In: Beiträge zur Schweizer Namenkunde. Bern 1977; Boesch, B.: Ortsnamenprobleme am Oberrhein. In: Ders.: Kleine Schriften zur Namenforschung: 1945–1981. Heidelberg 1981; LKL II; Bach DNK 2; FO 2; Krieger; Bad. Städtebuch; LBW 6. MW, JR

Weil der Stadt I. Stadt im Lkr. Böblingen, 19 082 Ew., ca. 13 km wnw Böblingen, Reg.-Bez. Stuttgart, BW. Um 1160 von Graf Adalbert von Calw und Bertold von Stauffenberg an Kloster Hirsau, 1132 an die Welfen, wohl 1191 an die Staufer, 1376/78 Verpfändung an Württemberg, im 14. Jh. unter pfälzischem, seit Mitte 15. Jh. unter württembergischem Schutz, 1802 an Württemberg. Judentor, Spital, Storchenturm, Augustinerkloster. II. 1080–91 (F. zu 1075) *ad Wile*, um 1075 (Kop. 12., 16. Jh.) *in Wile*, 1334 *in Wil zů der Stadt*; *Weil der Stadt* (1852). III. Der Name *Wile*, später, mit nhd. Diphthongierung und Schwund der unbetonten Endsilbe *Weil*, bedeutet 'Siedlung bei den Überresten eines römischen Gutshofes'. Er geht auf lat. *vīlla* 'Hof, Landgut' zurück und war zunächst zum FlN für das Gelände des ehemaligen Gutshofes geworden. Daher ist der ON kein Zeugnis für Siedlungskontinuität seit der Römerzeit. Der Namenzusatz *der Stadt* verweist auf das Stadtrecht und dient der Unterscheidung von Weil am Rhein, Weilimdorf und Weil im Schönbuch. IV. ↗Weil am Rhein, Lkr. Lörrach, ↗Weil im Schönbuch, Lkr. Böblingen, Weilimdorf, OT von Stuttgart, alle BW. V. Reichardt 2001; LBW 3. JR

Weil im Schönbuch I. Gem. im Lkr. Böblingen, 9 965 Ew., ca. 8 km ssö Böblingen, Reg.-Bez. Stuttgart. 1188 zur Hälfte, zwischen 1287 und 1295 vollends an Kloster Bebenhausen, 1286/7 Zerstörung durch Württemberger und Badener, durch die Reformation an Württemberg. Naturpark Schönbuch, St. Martinskirche. II. Um 1188 *Wile* [Or], 1262 *Wile sitam prope Holzgeringen* [Or], 1286 (Kop. 16. Jh.) *Wile in Scanbuch*, 1398 *Weil im Schonbach* [Or]; *Weil im Schönbuch* (1850). III. Der Name *Wile*, später, mit nhd. Diphthongierung und Schwund der unbetonten Endsilbe *Weil*, bedeutet 'Siedlung bei den Überresten eines römischen Gutshofes' und geht auf lat. *vīlla* 'Hof, Landgut' zurück. Dem Waldnamen *Schönbuch* als Lageangabe liegt ahd. **skeginbuoch* zu Grunde, ein Kompositum mit dem Gw. ahd. *buoch* 'Buchenwald, Waldung' und einem Bw., das vorliegt in anord. *skegi* 'Landzunge', ahd. in der Variante *scahho* 'Landzunge, Bergvorsprung, Vorgebirge'. Die heutige Namenschreibung beruht auf volksetymologischer Umdeutung in Anlehnung an *schön*. IV. ↗Weil der Stadt, Lkr. Lörrach, Weilimdorf, OT von Stuttgart, beide BW. V. Reichardt 2001; LBW 3. JR

Weilburg I. Stadt im Lkr. Limburg-Weilburg, 13 378 Ew., an der mittleren Lahn zwischen Taunus und Westerwald; die Lahn beschreibt hier eine charakteristische Mäanderschleife; der Bogen umschließt einen schmalen Bergsporn, der die ummauerte Altstadt mit dem Schloss trägt, Reg.-Bez. Gießen, HE. Luftkurort; Burg auf dem Felsen im 10. Jh. erbaut; König Konrad I. gründete um 912 das Walpurgisstift, an das sich die Ortschaft anlehnte. Im 10. Jh. hatten die Bischöfe von Worms das Reichslehen inne. 1295 erhob König Adolf von Nassau den Burgflecken zur Stadt. Erweiterungen der Burganlage (12. bis 14. Jh.), Schlossausbau (16. bis 18. Jh.); ab 1697 planmäßiger Ausbau der Stadt zur barocken Kleinresidenz durch J. L. Rothweil. Die Stadt war bis ins 19. Jh. der Mittelpunkt einer alten Eisenindustrie. Museum Schloss

Weilburg, Bergbau- und Stadtmuseum; Staatliche Technikerschule; Maschinen- und Gerätebau, Metall- und Kunstoff verarbeitende, optische und chemische Industrie, Brauerei. **II.** 906 *Wilineburch*, 906 *Wileneburch*, 912 (Kop. Mitte des 12. Jh.) *Wilinaburg*, 1062 *Wilenburg*, 1127 *Wileburg*, 1226 *Wilburg*, *Wilburc*, 1249 *de Vilberg*, 1284 *Wileborg*; *Weilburg* (1410, Aufz. um 1600). **III.** Komp. mit dem Gw. ↗ *-burg* 'Burg, Stadt'; seltener mit dem Gw. ↗ *-berg* 'Berg'. Das Bw. enthält den FluN *Weil*, l. Nfl. der Lahn (821 *Huuilinu*, 849 (F.) *Wilena*, 1213 *Wilna*, 1265 *Wilne*, 1276 *Wile*, 1507 *Weiln*). Derivation mit dem Suffix *-ina*. Die *-n-*Abl. sind im ganzen europäischen Raum zu finden und treten vielfach in GwN auf. Dabei unterscheidet sich der vorliegende Name in der Bildungsweise von anderen *Weilbächen* (*Weilbach* r. zum Ardelgraben (Main) < 1091 *Wilebach*), die als Zusammensetzungen erscheinen. Bisher ist der Name nicht sicher gedeutet. Zu dem Element *Wil- gehören wohl Namen wie *Wiehl* (1131 *Wila*), *Wilp* in Breitscheid/Düsseldorf, *Welpe* bei Vechta, Oldenburg, *up der Welpe* (16. Jh.) – Stelle in Bielefeld, *Welper*/Hattingen, *Wilp* bei Deventer und *Wölf* bei Hünfeld. Als alteuropäisch stufte Krahe *Vilantia* (> *Vilents*), *Wilstra* (> *Wilster*), *Wilsa* (> *Wilsau* und *Wilsebach*) und *Wiehl* (Nfl. der Agger) ein. Problematisch an der Zuordnung des vorliegenden Namens zu der Namengruppe *Wil-* ist der Wurzelvokal. Durch die Veränderung des Stammvokals durch die nhd. Diphthongierung von *-ī- > -ei-* (*Wilina* > *Weil*) ist die Quantität des Wurzelvokals lang, während der Vokal bei den übrigen Namen der Gruppe kurz ist. Damit kann vorliegender Name nicht an eine Wz. idg. *u̯el-/*u̯elə-/*u̯lē-* 'drehen, winden, wälzen' angeschlossen werden. Greule setzt daher älteres *Hwilina* als n-Ableitung von germ. (ahd.) *hwîla* 'Weile', im Sinne von 'ruhiger Wasserströmung/Wasserarmut' an. Geht man von einer Ausgangsform *wī-l-* aus und betrachtet *-l-* als suffixale Erweiterung, lässt sich möglicherweise ein Anschluss an idg. *u̯ei-/*u̯ei̯ə-/*u̯ī-* 'drehen, biegen' (vielfach von biegsamen Zweigen, Flechtwerk, Rankengewächsen) finden. Zu dieser Wz. gehört auch d. *Weide* < ahd. *wīda* (mit *t*-Formans); mit *l*-Formans ist zu verbinden ags. *wīl(e)* 'List, Betrug'; lit. *vielà* '(Eisen)draht', *vielióti* 'wickeln, ringeln, mit Draht versehen', lett. *vīle* 'Saum, Strieme', russ. *vilój* 'gewunden, gekraust', *vílica* 'Efeu'. Dieser Deutungsversuch passt zur markanten Lage, da der Fluss an dieser Stelle einen auffälligen Bogen um den Felsen beschreibt. Der FluN *Weil* < *Wilina* wird abschließend als 'die sich Windende', 'gebogener Fluss' gedeutet. **IV.** Burg Weilstein und die OT Alt- und Neuweilnau, Gem. Weilrod; Dorfweil, OT der Gem. Schmitten, alle Hochtaunuskreis; ↗ Weilmünster, Lkr. Limburg-Weilburg, alle HE. **V.** LAGIS; Krahe, H.: Einige Gruppen älterer Gewässernamen, in: BNF (16, 1965); Dittmaier 1955; Greule, Gewässernamenschichten. *DA*

-weiler. Ahd. *wīlāri*, mhd. *wīler* M. ist aus vulgärlat. *villare* 'Gehöft, Vorwerk' / afranz. *viller* 'Gehöft' entlehnt. Nach den urk. Quellen wurden nicht nur kleine Ansiedlungen, sondern in typischen Ausbaulandschaften auch größere Siedlungen bzw. zum Teil umfangreiche Pfarrzentren entsprechend benannt. Der Bildungstyp begegnet recht häufig als Simplex (*Weiler*, versch. ON), häufiger indes als Gw. (Dudweiler, OT von ↗ Saarbrücken, SL). Die Kombinationen haben in der Regel sehr altertümliche Bw., vorwiegend aber PN. Sie kommen auf günstigem Siedelland vor und dürften in der ersten Rodungsperiode vom ausgehenden 7. bis ca. 9./10. Jh. produktiv, teilweise noch später aktiv gewesen sein (z.B. im Hunsrück). Durch Assimilation konnten bes. nach S hin Endungsverkürzungen von *-weiler* entstehen, sodass Verwechslungen mit ↗ *-weil* / *-wil* begegnen. Beide Typen fehlen weithin in BY, vollkommen in A, NI, SH und im Bereich der d. Ostsiedlung. Sie beschränken sich also im Wesentlichen auf das merowingisch-fränk. Staatsgebilde. Literatur: Bach DNK II, 2; Pitz; Debus / Schmitz, H.-G. *FD*

Weilerbach **I.** Gem. und gleichnamige VG (seit 1972) im Lkr. Kaiserslautern, 14 114 Ew., in unmittelbarer Nachbarschaft zu Kaiserslautern, Westpfalz, RP. Acht Gem., die verstreut zwischen dem Potzberg und dem Eulenkopf liegen. Von einer frühen Besiedlung zeugen kelt. Hügelgräber, darunter ein Fürstengrab in Rodenbach und ein ehem. fränk. Königshof in Kollweiler. Das ehem. Reichswalddorf Weilerbach ist die größte Gem., Verwaltungssitz und Mittelpunkt der VG. Die Gem. Eulenbis liegt inmitten eines Landschaftsschutzgebietes und ist anerkannte Fremdenverkehrsgem. Mackenbach war im 19. Jh. der Hauptort im sog. Westpfälzer „Musikantenland". **II.** 1215 *Wilrebach*, 1219 *Wilerbach*, 1592 *Weillerbach*; *Weilerbach* (1824). **III.** Das Bw. ist hier mhd. *wîler* 'Weiler, einzelnes Gehöft, Vorwerk, kleineres Dorf' (↗ *-weiler*), das Gw. ist ↗ *-bach*. Somit kann der Name als 'Hof, Vorwerk an einem Bach' gedeutet werden. **V.** Hauptstaatsarchiv München, Kaiserselekt; HSP. *JMB*

Weilerswist **I.** Gemeinde im Kreis Euskirchen, 16 341 Ew., sw Köln an Swist und Erft, Reg.-Bez. Köln, NRW. Röm. (Matronensteine) und fränk. Besiedlungsspuren, um 1180 als *Swist*, dann auch als *Swisterberg* bezeugte Pfarre, 1310 erstmals als *Wilrezwist* erwähnt, ab 1302 im Besitz des Kölner Erzbischofs, mehrere Burganlagen, 1969 heutige ländliche Gem. mit 14 Ortsteilen gebildet, in Weilerswist selbst Gewerbe- und Industrieansiedlungen. **II.** Um 1180

Swist, um 1300 *Wilre*, 1310 *Wilrezwist*. **III.** Kompositum aus ↗ *-weiler*, das auf das lat. Adj. *villāris* 'zu einer Villa (Herrenhof) gehörig' zurückgeht, und dem GwN *Swist*, der auf mnd./mnl. *twist* 'Zwist' zurückgeführt und zu dem idg. Gw. für *zwei* mit verschiedenen Stammbildungen gehört. Überliefert ist der GwN in frühmittelalterlichen Gaunamen: zu 771 *in pago zucst-ah-gouwe* (CL), zu 853 *in pago Tustense* mit unterschiedlichem Lautverschiebungsstand im Anlaut. Mda. *Schwös*. *-weiler* ist häufig Zweitglied in südwestdeutschen und mittelfränkischen ON. **IV.** ↗ Badenweiler, Lkr. Breisgau-Hochschwarzwald, BW; ↗ Bad Neuenahr-Ahrweiler, Lkr. Ahrweiler, RP; ↗ Swisttal, Rhein-Sieg-Kr., NRW. **V.** Hoffmann, W.: Sprachgeschichte und Sprachwandel im Swisttaler Raum. In: Heimatblätter des Rhein-Sieg-Kreises 66/67 (1998/99); Kluge, HHS 3. *Ho*

Weilheim an der Teck **I.** Stadt im Lkr. Esslingen, 9556 Ew., zusammen mit den Gem. Bissingen an der Teck, Holzmaden, Neidlingen und Ohmden VVG der Stadt Weilheim an der Teck, 18907 Ew., ca. 22 km sö Esslingen, Reg.-Bez. Stuttgart, BW. Seit dem 8. Jh. Schenkungen an Kloster Lorsch, Hoheitsrechte über Ahalolfinger an die Zähringer, deren Haupsitz Weilheim 1060 war, 1334 an Württemberg veräußert. Weinbau, Limburg, Peterskirche, Kapuzinerhaus. **II.** 769 (Kop. 1183–95) *Wilheim*, 1109 (Kop. Anf. 13. Jh.) *Wilheim*, 1560 *Weilheim*. **III.** Es handelt sich um eine Zuss. mit dem Gw. ↗ *-heim*. Als Bw. erscheint mit nhd. Diphthongierung von *ī* zu *ei* lat. *vīlla* 'Hof, Landgut', das zunächst einen FlN bildete: 'Siedlung bei den Überresten römischer Gutshöfe'. Der GwN *Teck* dient als differenzierende Lageangabe. **V.** Reichardt 1982; LBW 2 und 3. *JR*

Weilheim i. OB. **I.** Stadt im Lkr. Weilheim-Schongau, 21574 Ew., Sitz der Kreisverwaltung, Reg.-Bez. Oberbayern, BY. Von ca. 1080–1312 Herrschaft von Lehensmännern der Andechs-Meranier, 1176 Marktrechte, im 13. Jh. Übergang an die Wittelsbacher. **II.** 1010 *Wilhaim*, 11. Jh. (Kop. des 12. Jh.) *Wilheim*, 1100–1110 *Wilheim*, ca. 1130 (Kop. von 1521) *Wileheim*, 1237 *Weilhaimen*, 1298 *Weilhaim*, 1313 *Weilheim*. **III.** Aventin deutete 1523 den Namen mittels eines antiken Völkernamens: *Baelauni, von denen die statt Weilham genant ist*. In Wirklichkeit geht aber das Bw. des Siedlungsnamens auf lat. *vīlla* 'Landgut' zurück, wohl über ein ahd. Lehnwort *wīl(a)*. Als Grundwort ist ahd. **haim*, ↗ *-heim*, zu erschließen, das wohl eine neutrale KF zu *heima* 'Wohnung, Behausung, Heimstatt, Aufenthaltsort' ist. **IV.** ↗ Weilheim an der Teck, Lkr. Esslingen; Weilheim, Lkr. Lörrach, beide BW. **V.** HHS 7/1; Reitzenstein 2006. *WvR*

Weilmünster **I.** Gem. im Lkr. Limburg-Weilburg, 9086 Ew., im Tal der Weil, Reg.-Bez. Gießen, HE. Bekannter Marktflecken seit 1217, urspr. Herrschaftsgebiet der Grafen von Diez, Kirchsatz und Zehnten besaß das Domstift Worms, Bergbau, Handel durch dort seit 1589 ansässige Juden; der Ort verdankte alten Handelsstraßen sein Emporkommen, h. mehrere Gewerbe und Metallindustrie. **II.** 1217 *Wilmunstre*, 1277 *Wilemunstere*, 1289 *Wilenmunstere*, um 1292 *Wylemunster*, 1307 *Wylemonstere*, 1309 *Wylemonstre*, 1318 *Wilmunstere*, 1391 *Wilmunster*, 1630 *Weillmünster*, 1706 *Weylmünster*. **III.** Zusammensetzung mit dem Gw. *-münster* zu mhd. *münster, munster* 'Kloster-, (Stifts-)kirche', ahd. *munistiri, munster, monster* m. 'Kloster', entlehnt aus lat. *monastērium*. Das Bw. enthält den GwN *Weil*. Der Stammvokal *-ī-* wird zu *-ei-* diphthongiert. Der ON erklärt sich als 'Kloster an der Weil'; zu dem FluN ↗ Weilburg. **IV.** ↗ Weilburg, Lkr. Limburg-Weilburg, HE. **V.** HHS 4; Denkmaltopographie Limburg-Weilburg II; LAGIS. *DA*

Weimar **I.** Kreisfreie Stadt ö Erfurt, im SO des Ettersberges (höchster Berg des Thüringer Beckens) in einem Bogen der mittleren Ilm, 64938 Ew., TH. Vor- und frühgeschichtlicher Fundraum, auch früh germ. besiedelte Gegend; altthüringisches Dorf, seit 8./9. Jh. karolingischer Herrensitz mit Burgflecken; Stadtgründung vor 1250 (1254 *civitas*); seit 1572 Residenzstadt von Sachsen-Weimar(-Eisenach) bis 1918; 1920–1948 thüringische Landeshauptstadt; Stadt der deutschen Klassik, Hochschulstadt; Tagungsort der Nationalversammlung 1919. **II.** (9. Jh.) 1150/65 *actum Wimares*, (ad 984) 1012/18 *in Wimeri*, 1123/37 *Ulrich de Wimare*, noch 1506 *Wymar*; *Weimar* (1556). **III.** Der ON wurde gebildet mit asä. *wīh* 'Heiligtum, Tempel' und asä. *meri*, ahd. *mer(i)* < germ *marja 'Meer' (↗ *-mar*), urspr. auch 'Binnensee, Teich, stehendes Gewässer', vgl. got. *mari-saiws* 'See'; urspr. Bedeutung also etwa 'Heiligtum-See' für alte germ. Kultstätte. Durch Vordringen des Hd. wurde das lange *i* in der ersten Silbe des ON im 14. Jh. diphthongiert zu *ei*, *-meri* in mhd. Zeit abgeschwächt zu *-mere* (vgl. ON ↗ Meerane) und auch in Anlehnung an lat. *mare* 'Meer' sowie regional ahd. *mar(i)* schließlich kanzleisprachlich zu *-mar*. Die einmalige Form mit Endung *-s* erklärt sich als vom Schreiber verursachte Eindeutung eines zweigliedrigen PN in den ON mit Genitiv-*s*. Die Schreibung von 1506 zeigt: Der Diphthong *-ei-* im ON wurde in der Schrift sehr lange nicht realisiert, also die ältere Schriftform des ON blieb bis ins 16. Jh. oft gewahrt. **IV.** Weimar (Lahn), Lkr. Marburg-Biedenkopf, und Weimar, OT von Ahnatal, Lkr. Kassel, beide HE. **V.** CE II; Walther 1971; SNB; Berger. *KH*

Weinböhla I. Gem. im Lkr. Meißen, 10209 Ew., im Elbtalkessel zwischen Meißen und Coswig, SN. Ehem. durch Landwirtschaft, Weinanbau, Kalkabbau wirtschaftl. bedeutend, h. beliebter Wohnort zwischen Meißen und Dresden. II. 1350 *Bel*, 1406 *Bele*, 1538 *Weynbiele*. III. Zu asorb. **běly* 'weiß, hell', oder auch zu asorb. **běl* 'feuchte Wiese'. Zur Unterscheidung von anderen Böhla-Orten erhielt der Name das zusätzliche Bw. *Wein*, das auch auf den hier betriebenen Weinbau Bezug nimmt. IV. Böhla, OT von Schönfeld, Lkr. Meißen, SN u.a. V. HONS; SO. *EE, GW*

Weinfelden I. Gem. und Hauptort des gleichnamigen Bezirks, 10006 Ew., TG, CH. Marktflecken mit kleiner Altstadt. Der Ort liegt in der Mitte des heutigen Thurgau. In den Jahren 1798 und 1830 war Weinfelden der Ausgangspunkt von Freiheitsbewegungen. Im neuen Kt. Thurgau wurde zwar Frauenfeld zur Hauptstadt, aber Weinfelden ist Sitz der Thurgauer Kantonalbank und des Verwaltungsgerichtes. Zudem tagt der Große Rat im Winter in Weinfelden (im Sommer in Frauenfeld). Weinbaugebiet, Industriegebiet und Dienstleistungen. II. 838 *in locis denominatis, id est Quivelda [Or.]*, 868 *una hoba in Quiveldun*, 1159 *Decimae winfeldin*. III. Zu **zi wininfěldun*: PN *Wino* + App. *fěld*: 'bei den Feldern des Wino'. *Wino* ist eine KF zu einem zweigliedrigen germ. PN mit 1. Element *wini* zu ahd. *wini* 'Freund, Geliebter'. ↗*-feld* zu ahd. *fěld* st. Ntr., mhd. *vělt* st. Ntr. 'Feld, Ebene, Fläche, Gefilde'. V. TNB 1.2. *Ny*

Weingarten (Baden) I. Gem. im Lkr. Karlsruhe, 9737 Ew., ca. 10 km nö Karlsruhe, Reg.-Bez. Karlsruhe, BW. Herrschaftsrechte wohl von Weißenburg an die Salier und von diesen an die Kraichgaugrafen, 1368 Lehnsherrschaft an die Kurpfalz, 1504–27 Verpfändung an Baden, ab 1803 badisch. Wein- und Obstbau. Wartturm, Tulla-Brücke, Walk'sches Haus. II. 9. Jh. *Wingarten*, 1181 *Wingarden [Or]*, 1297 *Wingartden*, 1532 *Wyngarten*. III. Es handelt sich um eine Zuss. aus ahd., mhd. *wīn* 'Wein' und ahd. *garto*, mhd. *garte* 'Garten', h. mit der differenzierenden Lageangabe *(Baden)*. IV. Weingarten (Pfalz), Lkr. Germersheim, RP; ↗Weingarten, Lkr. Ravensburg, BW. V. FO 2; Krieger; LBW 5. *JR*

Weingarten I. Große Kreisstadt im Lkr. Ravensburg, 23620 Ew., bildet zusammen mit der Stadt Ravensburg und den Gem. Berg, Baienfurt und Baindt den GVV Mittleres Schussental, 88898 Ew., ca. 4 km nö Ravensburg, Reg.-Bez. Tübingen, BW. Seit dem 8. Jh. fränk. Reichshof, Mittelpunkt des 816 genannten *fiscus Scuzingauue*, 1805 an Baden, 1865 Stadterhebung und Umbenennung Altdorfs in *Weingarten*. Maschinenbau, Kunstverlag. Basilika St. Martin, "Schlössle", Burgruine Wildeneck. II. *Weingarten* (1865). III. Eine Zuss. aus nhd. *Wein* und *Garten*, die seit 1865 den alten Namen *Altdorf* (12. Jh. *in Altorfensi villa*) ersetzt. Der Name ist erstmals 1055 als FlN in der Form *winigartin* bezeugt, Henning Kaufmann geht daher von einem ursprünglichen PN *Winigart* aus. IV. Weingarten (Pfalz), Lkr. Germersheim, RP; ↗Weingarten (Baden), Lkr. Karlsruhe, BW. V. Kaufmann, H.: Grundfragen der Namenkunde, Bd. 2: Genetivische Ortsnamen. Tübingen 1961; Bach DNK 2; FO 2; LBW 2 und 7. *JR*

Weinheim I. Große Kreisstadt im Rhein-Neckar-Kreis, 43651 Ew., Reg.-Bez. Karlsruhe, BW. 790 an Kloster Lorsch, 1080 Errichtung der Burg Windeck, 1301 Eroberung durch König Albrecht I., ab 1308 in pfälzischem Eigentum, 1317–1340 als Pfand an Erzschof von Mainz, 1368 unveräußerlicher Bestandteil der Kurpfalz, 1803 an Baden. Burgruine Windeck und Wachenburg, Peterskirche, Weinheimer Schloss. II. 755/56 (Kop. 12. Jh.) *Winenheim*, 764 (Kop. 12. Jh.) *Finenheim*, 1381 *Wynhein*; Weinheim (1446). III. Es handelt sich um eine Zuss. mit dem Gw. ↗*-heim*. Als Bw. erscheint mit Ersatzdehnung von *i* vor *n* und anschließender nhd. Diphthongierung von *ī* zu *ei* der schwach flektierte PN *Wino*: 'Siedlung des Wino'. V. Kaufmann 1968; Krieger; LBW 5. *JR*

Weinsberg I. Stadt im Lkr. Heilbronn, 11590 Ew., bildet seit 1972 zusammen mit den Gem. Eberstadt, Ellhofen und Lehrensteinsfeld den GVV Raum Weinsberg mit 20253 Ew., ca. 5 km onö Heilbronn, Reg.-Bez. Stuttgart, BW. Im frühen 11. Jh. in Besitz einer zu den Popponen gehörenden Grafenfamilie, 1450 an die Pfalz, durch Eroberung 1504 an Württemberg. Weinbau, Burgruine Weibertreu, Wachtturm, Johanneskirche. II. 1147 *Winsperc [Or]*, 1148 *Winesberc [Or]*. III. Es handelt sich um eine Zuss. mit dem Gw. ↗*-berg*. Als Bw. erscheint mit Ersatzdehnung von *i* vor *n* und anschließender nhd. Diphthongierung von *ī* zu *ei* der stark flektierte PN *Wini*: 'Siedlung bei den Leuten des Wini'. IV. Weinsberg // Vinsberg, OT von Wolsdorf // Volstroff, Département Moselle (Lothringen), F. V. Kaufmann 1968; LBW 2 und 4. *JR*

Weinstadt I. Große Kreisstadt im Rems-Murr-Kreis, 26400 Ew., ca. 4 km osö Waiblingen, Reg.-Bez. Stuttgart, BW. Entstanden durch Vereinigung der Gem. Beutelsbach, Endersbach, Großheppach, Schnait und Strümpfelbach am 1. 1. 1975. Seit 1979 Große Kreisstadt. Weinbau. Stiftskirche, Emporensaal, Schloss Großheppach. II. *Weinstadt* (1975). III. Eine Zuss. aus nhd. *Wein* und *Stadt*, das namengebende Motiv ist die Lage der fünf Ortsteile im Weinbaugebiet des Remstales. Das Gw. ↗*-stadt* hatte bei Namengebungen im Zuge der Gebietsreform offensichtlich eine gewisse Anziehungskraft (*Albstadt*, *Filderstadt*). **V.** Reichardt 1993; Kannenberg; LBW 2 und 3. *JR*

Weipert // Vejprty ['vɛjprtɪ] **I.** Stadt im Kr. Chomutov, 3314 Ew., in Nordböhmen, Bezirk Ústí nad Labem (Ústecký kraj), CZ. Der Ort entwickelte sich um einen 1413 belegten, Anfang des 16. Jh. wüst gewordenen Eisenhammer. Abbau von Silber, Zinn und Kupfer beschleunigte den Zuzug sächsischer Kolonisten. 1506 Pfarre. Im 19. Jh. Textil-, Maschinen- und Musikinstrumentenindustrie. 1938–45 gehörte Weipert zum Deutschen Reich. **II.** 1506 wüster Hammer *Weyberth* [Or]; 1555 *Waippert* [Or]; 1785 *königl. Freye Berstadt Waypert*; 1854 *město Vejprty, Stadt Weipert*. **III.** Zum ON wurde der PN eines *Weipert*, der in einer abgelegenen Waldlage um 1413 einen Eisenhammer und ein Haus erbaute. *Weippert* ist zu *Wigberth*, ahd. PN *Wīgberaht* (*wīg* 'Kampf' + *beraht* 'glänzend') zu stellen. Im Tschech. Anpassung an die ON auf -*y* (im Pl.): *Vejprty*. **IV.** Weipertshausen, OT von Münsing, Lkr. Bad Tölz-Wolfratshausen, BY; Weipertshofen, OT von Stimpfach, Lkr. Schwäbisch Hall, BW; Weiperz, OT von Sinntal, Main-Kinzig-Kreis, HE. **V.** Pf IV; LŠ; HSBM. *RŠ*

Weissach **I.** Gem. im Lkr. Böblingen, Reg.-Bez. Stuttgart, 7549 Ew., zwischen Pforzheim und Stuttgart, ö des nördlichen Schwarzwaldes, BW. 1971 Zusammenschluss der Gem. Weissach mit der Gem. Flacht. Im MA im Besitz der Grafen von Vaihingen, ab 1150 des Klosters Maulbronn. Entwicklungszentrum des Sportwagenherstellers Porsche seit 1971. **II.** 9. Jh. (Kop. 1275–1300) *Wizaha*, 1196 *in Wisahe*, 1250 *Wizach*, 1300 *Wisach*, 1408 *Wissach*, 1592 *Weyssach*, 1679 *Weissach*. **III.** Urspr. Name des Strudelbachs (zur Enz zum Neckar), Kompositum mit Gw. ↗-*ach*¹ und Bw. ahd. (*h*)*wīz* 'weiß, glänzend'. *Weissach* 'der weiße, schäumende Bach' ist das Antonym zum FluN *Schwarzach* (benannt nach dem moorigen Untergrund). **IV.** Weissach im Tal, Rems-Murr-Kreis, Weißbach, Hohenlohekreis, alle BW; Weißenbach am Lech, TR, A. **V.** Reichardt, L.: Ortsnamenbuch des Kreises Böblingen. Stuttgart 2001; Greule, DGNB. *AG*

Weiß(en)-. ↗**Schwarz(en)-.**

Weißenburg // Wissembourg mda. ['vajsəbuʀiç], franz. [visa'buʀ] **I.** Hauptort im gleichnamigen Bezirk, 8258 Ew., Sitz der Bezirksverwaltung, Département Bas-Rhin, Region Elsass, F. Benediktinerabtei gegründet 623, seit 1648 zu Frankreich, 1871–1918 zu Deutschland, im Tal der Lauter an der Grenze zur Vorderpfalz gelegen. **II.** 693 (?) *Uuizunburg*, 695 *in ipso monasterio Uuizunburgo*. **III.** Farbadjektiv ahd. *wis* 'weiß' und ↗-*burg* 'befestigter Ort'. *WM*

Weißenburg i. Bay. **I.** Große Kreisstadt im Lkr. Weißenburg-Gunzenhausen, 17 617 Ew., im Vorland der Fränkischen Alb am Oberlauf der Schwäbischen Rezat, Reg.-Bez. Mfr., BY. Röm. Siedlung vom späten 1. bis zur Mitte des 3. Jh.; seit dem 6. Jh. merowingerzeitliche Neubesiedlung archäol. erfassbar, erst in der späteren Karolingerzeit erstmals urk. bezeugt. Im 11. Jh. ummauerte Stadt, spätestens 1296 Freie Reichsstadt mit weitgehend erhaltener Altstadt, seit 1806 bayerisch. **II.** 867 *Uuizinburc*, 1294 *Weizenbvrch*, 1461 *Weißenburg*. **III.** Der durch Kastell, Thermen und weitere archäol. Befunde nachgewiesenen röm. Siedlung unter dem heutigen Ort wird der auf der Tabula Peutingeriana überlieferte Stationsname *Biricianis* zugeordnet, der als von dem PN *Biracius* abgeleitet gilt. Der d. Name entspricht mit dem Gw. ↗-*burg* einem verbreiteten Benennungstyp für ehemals röm. Siedlungen (vgl. *Augsburg, Regensburg*). Das Bw. wird mit dem Adj. ahd. *wīz* 'weiß' identifiziert und als Benennung nach der Farbe der röm. Ruinen erklärt. Latinisierungen wie *Albvm Castrvm* und Gräzisierungen wie *Leucopurgen* belegen dasselbe Namenverständnis. **V.** RGA 33; HHS 7/2; MGH DLdD, Nr. 122; Reitzenstein 2009; Schwarz, S. 48; Strassner, E.: Land- und Stadtkreis Weißenburg i. Bay. In: HONB Mfr. 2. München 1966. *RB*

Weißenfels **I.** Stadt im Burgenlandkreis und Verwaltungssitz der VG Weißenfelser Land, 28 965 Ew., an der Saale, s von Merseburg, ST. Im späten 12. Jh. von wettinischen Markgrafen von Meißen errichtete Burg, 1185 Stadtgründung, ab 1290 Stadtrat, ab 1428 mit Stadtgericht, 1485 kursächsischer Amtssitz, von 1656 bis 1746 Hauptstadt des Fürstentums Sachsen-Weißenfels, ab 1815 preußisch. **II.** 1190–1197 *Comes Theodericus, Ditericus in, de Wizenvels, Wyzenvels*, 1203 *de Wizinvels*, 1212 *Wizenveltz*, 1445 *zcu Weyssenuels*, 1562 *Weissenfels*, 1825 *Weißenfels*. **III.** Offenbar ein typischer hochmittelalterlicher Burgname 'zur weißen, hellen Felsenburg', der bei der Stadtgründung, 2. Hälfte des 12. Jh., auf die Stadt übertragen wurde. Der helle Sandsteinfelsen ist Benennungsgrundlage. **IV.** Weißenfels, OT von Neustadt (Wied), Lkr. Neuwied, RP; ↗Weißenburg i. Bay., Lkr. Weißenburg-Gunzenhausen, BY; ↗Lutherstadt Wittenberg, ST; ↗Wittenburg, Lkr. Ludwigslust, MV. **V.** DS 35; SNB. *MH*

Weißenhorn **I.** Stadt im Lkr. Neu-Ulm, 13 209 Ew., Donau-Iller-Region an der Roth, Reg.-Bez. Schwaben, BY. Alem. Besiedlung ab 7. Jh., 1473/74 Bestätigung des Stadtrechts, ab 16. Jh. unter Herrschaft der Fugger, 1810 zu Bayern. Verarbeitende Industrie, mittelständische Betriebe. **II.** 1160 *Wizenhoren*, 1172 *Wizzenhorn*, 1289 *Weizzenhorn*, 1344 *Weissenhorn*; *Weißenhorn* (1659). **III.** Der Name ist aus zwei Bestandteilen zusammengesetzt, dem Gw. *Horn* (vgl. mhd. *horn*: 'hervorragende Spitze, Vorsprung') und dem Bw. *Weißen-* (aus dem diphthongierten mhd. Adjektiv *wîz*: 'weiß, glänzend'). Die Rückführung des Siedlungsnamens auf das drei weiße Jagdhörner enthaltende Wappen der Grafen von Marstetten-Neiffen ist ahistorisch, vielmehr ist das Wappen als redendes Zeichen des Ortsnamens aufzufassen. Der Name bezieht sich entweder auf die Farbe des Mauerwerks einer Festungsanlage oder auf die Beschaffenheit des Untergrunds. **IV.** ↗Weißenburg, Lkr. Weißenburg-Gunzenhausen, BY; ↗Weißenfels, Burgenlandkreis, ST. **V.** Burkhart, H.: Geschichte der Stadt Weißenhorn und ihrer Stadtteile. Weißenhorn 1988; Reitzenstein 1991. *JCF*

Weißenthurm **I.** Stadt und Sitz der gleichnamigen VG im Lkr. Mayen-Koblenz, 32 858 Ew., am linken Ufer des Mittelrheins zwischen Andernach und Koblenz, gegenüber von Neuwied, RP. Schon unter den Römern gab es hier eine Siedlung an der wichtigen Rheintalstraße mit einer Brücke über das Weißenthurmer Werth. Im MA verlief hier die Grenze zwischen den Kurfürstentümern Trier und Köln, die mit einem Wach- und Zollturm gesichert wurde. Der „Weiße Turm" beherbergt h. das Heimatmuseum der Stadt. An diesem Turm entstand im 16. Jh. eine Ansiedlung, die 1663 Marktrechte erhielt. Ende 18. Jh. wurde der Ort franz. und Schauplatz des Rheinübergangs der franz. Armee unter General Hoche, dem ein Denkmal gewidmet ist. 1815 wurde Weißenthurm Teil der preuß. Rheinprovinz und 1866 selbst. Gem., die 1934/35 eine Brücke über den Rhein und 1966 die Stadtrechte erhielt. **II.** 1318 *quod nos mansionem nostram que turris dicitur in Kettiche sitam*, 1550 *wieße Thorn*; *Weißenthurm* (1663). **III.** Das Bw. enthält das Farbadj. ↗*Weiß(en)-*, das Gw. ist *Turm*, die Deutung demnach 'Siedlung am Weißen Turm'. Benannt wurde der Ort nach einem Turm, den der Trierer Ebf. Kuno von Falkenstein 1370 zur Sicherung seiner Grenze zu Köln errichten ließ. Der Turm ist bereits 1298 als FN belegt: *de Turri* (MRR IV). **V.** CDRM III; KD 16, 3; Kaufmann 1973. *JMB*

Weißstein // **Biały Kamień** ['bʲawɨ 'kamʲɛɲ] **I.** OT von Wałbrzych, Woi. Niederschlesien // Dolny Śląsk, PL. 3 km nw von Waldenburg. Das im Zuge der d. Besiedlung in der 2. Hälfte des 13. Jh. gegründete Dorf erfährt im 19. Jh. durch die Industrialisierung einen enormen Bevölkerungszuwachs. Kr. Waldenburg, Reg.-Bez. Breslau, NS, (1939) 17 348 Ew. 1951 in die kreisfreie Stadt Wałbrzych eingem. **II.** Ca. 1300 *Albus Lapis alias Wissenstein*, 1409 *Weyssenstein*, 1666/67 *Weisstein*. Polonisierung des ON: 1946 *Biały Kamień*. **III.** Ursprünglich d. ON aus dem Farbadjektiv mhd. *wîz* < nhd. *weiß* 'lat. *albus*' und mhd. ↗*-stein* 'lat. *lapis*', vgl. die lat. Übersetzung im Erstbeleg. Möglicherweise aufgrund von ON-Übertragung aufgekommen. Der poln. ON ist die wörtliche Übersetzung des D.: *biały* m. 'weiß', *kamień* m. 'Stein'. **IV.** Weißenstein, u.a. OT von Bad Münstereifel, Lkr. Euskirchen, NRW; OT von Lauterstein, Lkr. Göppingen, BW; † Burg Weißenstein, Marburg an der Lahn, Lkr. Marburg-Biedenkopf, HE. **V.** Rymut NMP. *ThM*

Weißwasser/O.L. // **Běła Woda** (osorb.) **I.** Große Kreisstadt und gleichnamige VG im Lkr. Görlitz, 21 342 Ew., in der sö Niederlausitzer (Muskauer) Heide, zwischen dem Lausitzer Seenland und der deutsch-polnischen Grenze, an einem kleinen linken Zufluss zur Neiße, SN. Spätmittelalterliches sorb. Heidedorf, seit 1872 industrielle Glasproduktion, 1935 Stadt, nach 1945 Wohnort für Braunkohleindustrie. H. ist das Kraftwerk Boxberg der größte Arbeitgeber. **II.** 1351 *Wyzzenwazzer*, 1459 *Weissenwasser*, 1552 *Weißwasser*; osorb.: 1800 *Bjelawoda*, 1843 *Bjeła Woda*. **III.** Der d. ON ist gebildet zu mhd. *wîz* 'weiß, glänzend' und dem Gw. *-wasser*, das den Weißbach bezeichnet, entsprechend osorb. *bela* 'weiß' und *woda* 'Wasser'. Die Farbenbezeichnung *weiß* ist in ON sehr häufig. **IV.** Weißbach, Lkr. Saalfeld-Rudolstadt, TH; Weißenberg, Lkr. Bautzen, SN. **V.** HONS II; SNB. *EE, GW*

Weiterstadt **I.** Stadt im Lkr. Darmstadt-Dieburg, 24 274 Ew., nw Darmstadt in der s Untermainebene, Reg.-Bez. Darmstadt, HE. Ersterwähnung 948 im Lorscher Codex anlässlich eines Gütertauschs Ottos I. zugunsten der Reichsabtei Lorsch. Seit dem Hochmittelalter ist das Dorf in wechselndem Besitz, u.a. der Grafen von Katzenelnbogen und des Klosters St. Clara in Mainz, seit 1571 sind die Hoheitsrechte bei der Landgft. Hessen-Darmstadt, zu der der Ort bis 1918 gehört, 1918 und 1945 zu Hessen, 1973/1977 um 3 Gem. erweitert, Stadtrechte 1983. **II.** 948 *Widerestat* (Kop. E. 12. Jh.), um 1180 *Widerstad* (Kop. 1211), 1252 *Witerstat*, 1498 *Widderstat*, 1507 *Weyterstet*, 1680 *Weitterstatt [alle Or]*. **III.** Das Bw. dürfte der zweigliedrige ahd. PN *Withari* oder *Witheri* (evtl. noch *Witbert*) sein, wobei im Erstglied hier – wegen des nhd. *ei* (< ahd., mhd. *ī*) – der PN-Stamm germ. *wīda-*, ahd. *wīt* 'weit, groß, breit' anzusetzen ist, im Zweitglied germ. *härja-*, ahd. *heri* 'Heer'. In der Verbindung mit ↗*-stadt* sind die nun unbetonten Silben des PN (im Gen.) reduziert worden: *-h-* ist (wie oft im Zweitgliedanlaut von Namenkomposita) geschwunden (*-heres* > *-ers*), das Gen. *-s* verschmolz mit dem Gw.-Anlaut; das *-d-* ist verm. Reflex der schon spätahd. Konsonantenschwächung, die später orthographisch (!) wieder rückgängig gemacht wurde. Bed: '(Wohn-)stätte des Witheri'. **IV.** Weiterswiller, EL, F. **V.** MGH DO I; Oculus Memorie; Müller, Starkenburg; Kaufmann 1965 und 1968; Pitz. *HGS*

Weitra [ˈvæɪ̯dʁɔ] **I.** Bezirkshauptstadt, 2775 Ew., im nw Waldviertel im Bezirk Gmünd, NÖ, A. Planmäßig durch Kuenringer Hadmar II. 1201–08 als Burgstadt gegründet (mittelalterliche Stadtbefestigung mit Rundtürmen weitgehend erhalten), später habsburgisch, ab 1607 Besitz der Fürstenberg (Renaissanceschloss mit Arkadengängen); Standort kleinerer Unternehmen (Webereien, Brauereien [seit dem 14. Jh.]), h. land- und forstwirtschaftl. Betriebe, größerer Schulsprengel, Garnisonstadt; seit Altstadtsanierung touristischer Aufschwung. **II.** 1186–1193 *in thelonio ... aput Witrah* [Or]; *Weytra* (1340). **III.** Dem ON liegt wohl urspr. ein GwN **Veidrā* idg.-voreinzelsprachlicher Bildung zugrunde, für den eine -*rā*-Abl. von idg. **ueid*- mit der Bedeutung 'drehen, biegen' anzunehmen ist. Der Name wurde über germ. **u̯ītrō*, das sekundär mit germ. **ahwō* 'Fluss, Wasser' erweitert wurde, zu ahd. *Witra(ha)* weiterentwickelt, wobei unklar bleibt, ob dies mit oder ohne slaw. Vermittlung erfolgte. Die mda. Form zeigt die reguläre Lenisierung von einfachem ahd. -*t*- zu [d] und Diphthongierung von ahd. -*î*- zu [æ]. **V.** ANB 2; Schuster 3; ÖStB 4/3. *ES*

Weiz **I.** Stadt, 8861 Ew., Pol. Bez. Weiz, ST, A. Im 12. Jh. begründet. Der Ort wurde durch die Gründung der Elektroindustrie 1892 der Sitz des größten Starkstrommaschinenwerks Österreichs und erhielt 1932 Stadtrecht. **II.** 1147 *de Wides* [Or], 1295 *Weits*. **III.** Einerseits wird vorslaw. Herkunft angenommen (als idg. **Vīdisa*, Ableitung von idg. **weid-* 'drehen, biegen'), andererseits, wie auch der Unterzeichnete annimmt, an slawische Herkunft gedacht (als urslaw. **videžь*, slowen. *videž* 'Aussichtspunkt'). **IV.** *Videž* (1165 *Wides*) in Slowenien. **V.** ANB; Lochner, in: Onomastica. Slavogermanica. XXIII (1998). *FLvH*

Wels [vɛls], dial. [vœːʒ]. **I.** Statutarstadt und Verwaltungssitz des Pol. Bez. Wels-Land, 58 542 Ew., l. an der Traun in Welser Heide, OÖ, A. Im röm. Noricum (15 v. – 476 n. Chr.) zunächst Siedlung an der Straßenkreuzung ↗Lauriacum/Enns – ↗Juvavum/Salzburg und der Alpenstraße über den Pyhrnpass, Aufstieg unter Kaiser Hadrian (117–38) zum *Municipium*, unter Kaiser Caracalla (211–17) zur *Colonia* und unter Kaiser Diokletian (284–305) zur Hauptstadt von Ufernoricum (*Noricum ripense*). Trotz großem Bevölkerungsabzug 488 Kontinuität während der Völkerwanderung in die frühe Baiernzeit des 6. Jh. auf Grund der Namenstradierung und weiter belegter Gräberfelder. 776 als *castrum* bezeichnet. 1061 an die Wels-Lambacher und mit Bischof Adalbero als letztem Angehörigen des Geschlechtes 1091 an das Bistum Würzburg. In 2. Hälfte des 12. Jh. Aufstieg zum Markt (1215 *forum*). Um 1220 Rückkauf durch Babenbergerhz. Leopold VI. und 1222 als *civitas* bezeichnet. Im 16. Jh. Übertritt zum Protestantismus, ab 1626 Gegenreformation und starke Abwanderung der protestantisch bleibenden Bürger bes. nach Regensburg. 1860 Bahnknotenpunkt. Seit 1948 regelmäßig verschiedene Fachmessen („Welser Messe"). **II.** 2.–5. Jh. *Ovilavis, Ovilabis* (röm. Grabsteine), 4. Jh. *Ovilavis* (It. Ant.), 776 *in castro Uueles*, 885 (Kop. 12. Jh.) *de Vueles*, 1120 (Kop. 12. Jh.) *Welse*, 1187 *Uuels*. **III.** Der antike lat. ON ist lok. Ablativ Pl. zum Nom. **Ovilava*. Wahrscheinlich idg.-vspr. mit idg. **u̯ei-/u̯ī-* 'drehen, biegen' mit *l*-Erweiterung (vgl. lit. *apvìlti* 'lügen' = 'umbiegen') und GwN-Suffix -*ava*/-*avus* als **u̯īlava*. Der lat. Anlaut O- dürfte auf die lat. Präp. *ob* 'gegen ... hin' zurückgehen und nicht die missverstanden, nirgends belegte griech. Orthografie *Ov-* für den Halbvokal sein, die dann als lat. [oːw] realisiert worden wäre. Damit wird sich der Name auf die einstige Lage an Armen der Traun im ebenen Gelände beziehen, von denen sich einer noch als heutiger *Mühlbach* unmittelbar am Ostrand der Altstadt vorbeiwindet. Frühe verkürzte germ. Übernahme durch Föderaten mit Anlautverlust und Brechung von *i* zu *ë* vor *a* als **Wëlas* und Tradierung zu bair.-ahd. *Wëles*. **V.** Wiesinger (1990); ANB 2; ÖStB 1; HHS Lechner. *PW*

Welver **I.** Gem. im Kr. Soest, zwischen Hamm und Soest, 12 540 Ew., Reg.-Bez. Arnsberg, NRW. Aus den Siedlungskernen Dorfwelver und der beim Kloster Welver entstandenen Siedlung Kirchwelver zusammengewachsen. **II.** 1179 *Wicboldus de Weluere*, 1240 *in Welvere*, 1253 *Welvereburh*; *Dorp Welver* (1438). **III.** Ableitung mit -*r*-Suffix. Die Basis **hwelv-* 'Wölbung' (mit asä. Ausfall des anlautenden *h-* vor Konsonant) ist zu der in asä. *bihwelvian* 'verbergen, bedecken', asä. *hwolvo* 'Hohlziegel', mnd. *welve* n. 'Gewölbe', mnd. *welven* sw. Verb 'wölben' bezeugten Wortsippe zu stellen. Die Verbindung mit dem Gw. ↗-*burg* zur Bezeichnung von Kirchwelver bleibt Ausnahme. Der ON beruht auf einer Bezeichnung für eine 'gewölbte Stelle', möglicherweise eine der leichten Geländeerhebungen zwischen Dorfwelver und Kirchwelver. **V.** Udolph 1994; WOB I. *Flö*

Welzheim **I.** Stadt im Rems-Murr-Kreis, 11 126 Ew., zusammen mit der Gem. Kaisersbach VVG der Stadt Welzheim, 13 808 Ew., 24 km ö Waiblingen, Reg.-Bez. Stuttgart. Lage am Ende des Limesabschnittes, ältere (obwohl erst 1269 erwähnte) Burg in Besitz einer staufischen Ministerialenfamile, zwischen 1374 und 1713 in Teilen an Württemberg, zwischen 1718 und

1732 in Besitz einer von Grävenitz, Mätresse des Herzogs Eberhard Ludwig. Luftkurort, St.-Gallus-Kirche, Stadtpark, Sternwarte. **II.** 1181 (Kop. 1243) *Wallenzin*, 1259 *Wallenzin [Or]*, 1335 *Wallenzingen*, 1430 *Waltzen [Or]*, 1488 (Kop.) *Weltzen*; *Welzheim* (1576). **III.** Dem Namen liegt lat. **Castra Valentiāna* 'Lager des Valentius' oder **Castra Valentiniāna* 'Lager des Valentianus' zu Grunde. Dieser Name wird gekürzt und zu *Wallenzin* entstellt. Es folgt dann die Synkope des schwachtonigen *e*-Lauts, Erleichterung der gesprochenen Mehrfachkonsonanz *lntz* zu *ltz* und Umlaut des Stammvokals: *Welz-*. Die nachträgliche Anknüpfung an die ↗-*heim*-Namen erfolgt erst Ende des 15. Jahrhunderts. **V.** Reichardt 1993; LBW 2 und 3. *JR*

Wemding   **I.** Stadt und gleichnamige VG im Lkr. Donau-Ries, 10 544 Ew., Reg.-Bez. Schwaben, BY. Ab dem 9. Jh. Besitz des Bischofs von Regensburg, ab 1306 Besitz des Grafen von Oettingen, 1467 Übergang an die Wittelsbacher. **II.** 793 (Kop. von 824) *Uuemodinga*, 894–ca. 899 (Kop. des 10. Jh.) *Wemedinga*, 898 *Uuemidinga*, 1057–1075 *Wemedingun*, 1158 (Kop. des 14. Jh.) *Wemendingen*, 12. Jh. (Kop. des 15. Jh., zum 11. Jh.) *Wenndingen*, 1217 *Windingen*, 1240 *Wemdingen*, 1343 *Wendingen*, 1465 *Wemding*, 1529 *Wembding*, 1752 (zu 798) *Wimintingen*. **III.** Es ist wohl der PN **Wemod* zu erschließen, der durch das Zugehörigkeitssuffix ↗-*ing* abgeleitet ist. **V.** Reitzenstein Schwaben. *WvR*

Wendeburg   **I.** Gem. im Lkr. Peine, 10 048 Ew., nw von Braunschweig, Reg.-Bez. Braunschweig (bis Ende 2004), NI. Die Lage der namengebenden Burg ist nicht gesichert; von 1753–1933 Sitz einer Superintendentur bzw. eines Kirchenkreises. **II.** 1196–97 *Wenedeburch [Or]*, 1226 *Wenetheborch*, 1318 *Wendeborch*; *Wendeburg* (1539). **III.** Bildung mit dem Gw. ↗-*burg* und germ. **winithi* 'Weide, Grasland' als Bw. Dieses ist eine Abl. mit ↗-*ithi* von der Basis mnd. *winne*, got. *winja* 'Weide(platz), Wiese'. **winithi* erscheint häufig in ON, sowohl als Simplex wie als Bw. und Gw. Der Völkername der Wenden (asä. *winid*) kommt hier nicht in Betracht, da slaw. Ansiedlungen in diesem Gebiet nicht nachweisbar sind. Durch Abschwächung und Ausfall des ersten Suffixvokals entsteht *Wende-*. Deutung also: 'Burg an der Wiese, Weide'. **IV.** Weende, OT von Göttingen, Lkr. Göttingen, NI. **V.** GOV Peine; Udolph 1994. *KC*

Wendelstein   **I.** Markt im Lkr. Roth, 15 875 Ew., Reg.-Bez. Mittelfranken, BY. Wohl im 11. Jh. Königshof als vorgeschobener Stützpunkt der Nürnberger Reichsburg, ca. 1300 im Besitz der Burggrafen von Nürnberg, später des Nürnberger Heilig-Geist-Spitals und des Markgrafen von Ansbach. **II.** 1259 *Wendelsteyn*, 1283 *Wendelstein*, 1497 *Wendelstain*. **III.** Dem urspr. Burgnamen liegt mhd. *wendelstein* 'Wendeltreppe' zugrunde; als Erklärung ergibt sich demnach 'zum Turm mit einer Wendeltreppe'. **V.** HHS 7/2; Reitzenstein 2009. *WvR*

Wenden   **I.** Gem. im Kr. Olpe, 20 056 Ew., an der Wende, s von Olpe, Reg.-Bez. Arnsberg, NRW. 1339 als Kirchspielort bezeugt, 1728–1866 Schmelzhütte an der Bigge, 1969 Bildung der Gemeinde. **II.** 1151 *Wendene*, um 1200 *Vendene*, 1339 *Wenden*. **III.** Während für einige ON mit ähnlichen älteren Belegen eine Verbindung mit dem Völkernamen der Wenden oder mit germ. **winithi* 'Weideplatz' (vgl. got. *winja* 'Weide') erwogen werden kann, sprechen die Frühbelege für Wenden auf -*ene* dafür, dass eine Bildung mit Nasalsuffix vorliegt und dass der GwN Wende auf die Siedlung übertragen wurde. Für den etymologischen Anschluss der Basis kommt die Wortsippe um *winden* und damit eine Benennung nach dem Verlauf des Flusses in Betracht. **V.** HHS 3; Udolph 1994, S. 286; Schmidt 1970. *Flö*

Wendlingen am Neckar   **I.** Stadt im Lkr. Esslingen, 15 995 Ew., bildet zusammen mit der Gem. Köngen den GVV Wendlingen am Neckar, 25 636 Ew., ca. 10 km sö Esslingen, Reg.-Bez. Stuttgart, BW. Ab der 1. Hälfte des 14. Jh. Herren von Lichteneck Stadtherren, 1390 Öffnung von Stadt und Burg für Württemberg, 1545 Verkauf an Württemberg. St.-Kolumban-Kirche, Eusebiuskirche, Pfarrhausensemble. **II.** 1132 (Kop. 1697) *Wendlingen*, 1237/38 (Kop. 1550) *Wendilingen*, 13. Jh. *Wendelingen [Or]*; *Wendlingen* (1543). **III.** Der Name ist zurückzuführen auf eine ↗-*ing(en)*-Ableitung zu dem PN *Wandilo*, der umgelautet *Wendilo* lautet; der Name bedeutet 'bei den Leuten des Wendilo'. **V.** Reichardt 1993; Haubrichs 2004; LBW 2 und 3. *JR*

Wenig-. ↗**Klein(en)-.**

Wennigsen (Deister)   **I.** Gem. in der Region Hannover, 14 156 Ew., am ö Rand des Deister, Reg.-Bez. Hannover (bis Ende 2004), NI. Vor 1224 Gründung eines Augustinerchorfrauenstiftes, im 16. Jh. evangelisch und bis h. bestehend; nach der Entdeckung der Steinkohle im Deister im 17. Jh. ein gewisser wirtschaftlicher Aufschwung des Ortes; 1970 Bildung der Einheitsgemeinde Wennigsen, bis 2001 im Lkr. Hannover. **II.** Um 1200 *Wenegessen [Or]*, 1274 *Weningesen*, 1349 *Wenigessen*; *Wennigsen* (1791). **III.** Bildung mit ↗-*inghausen* und dem PN *Wano* als Bw., dessen Stammvokal durch das -*i*- der Folgesilbe umgelautet wird. Das Suffix erscheint meist in der Form -*ig*-, das Gw. ist durchweg zu -*sen* verkürzt. Doppelschreibung des -*n*- zeigt Vokalkürze an. Deutung also: 'Siedlung der Leute des Wano'. **V.** HHS 2; Hodenberg, W. von: Archiv des Klosters Wennigsen. Hannover 1855; Nds.-Lexikon; NOB I. *UO*

Wentorf bei Hamburg nd. Wendörp **I.** Amtsfreie Gem. im Kr. Herzogtum Lauenburg, 11 574 Ew., im Süden Schleswig-Holsteins, SH. 1217 erstmals urk. erwähnt, im MA zum Kloster Reinbek, nach der Reformation zum Amt Schwarzenbek gehörig, 1889 einsetzende strukturelle Veränderungen als Vorort Hamburgs. Bis h. wirtschaftl. und infrastrukturell enge Verknüpfung mit Hamburg. **II.** 1217 *in Wenetdorp [Or]*, 1372 *in villa Wentorpe*; *Wentorf* (16. Jh.). **III.** Mit dem enthaltenen mnd. Wortstamm *went* 'Wende, Slawe' widerspiegelt der ON die Besiedlung des Dorfes durch die Slawen, auch als Wenden bekannt. **IV.** Wendtorf, Kr. Plön, SH. **V.** Laur; Haefs. *GMM*

Wenzenbach **I.** Gem. im Lkr. Regensburg, 8 214 Ew., ca. 11 km nö von Regensburg, Reg.-Bez. Oberpfalz, BY. Frühma. Funde (hölzerne Saalkirche des 9. [?] Jh.), hochma. Höhenburg „Schönberg" (verm. 13. Jh., im 18. Jh. völlig umgebaut), 1504 Schlacht von Schönberg (Landshuter Erbfolgekrieg). **II.** 863/82 Kop. 2. Hälfte 10. Jh. *Menzinpah*, 1260 *Menzenbach [Or]*, 1526 *Wentzenbach / Mentzenbach*; *Wenzenbach* (1665). **III.** Das Gw. abair. *pah* (↗-*bach*) ist mit dem in ahd. Zeit gut bezeugten PN *Manzo* komponiert. Wegen der schwachen Gen.-Endung erscheint das Bw. *Menzin-* bereits vom Erstbeleg an durchgehend mit Primärumlaut. In mhd. Zeit erfolgte die Abschwächung des Mittelvokals, seit dem 15. Jh. der auch appellativisch vereinzelt nachweisbare Übergang von *M-* zu *W-*. Vgl. dazu folgenden Beleg für das namengebende Gewässer: 1358 *pei dem Mentzenbach [Or]*. **IV.** Menzenbach, Lkr. Pfaffenhofen a.d. Ilm, BY. **V.** Greule, A. / Prinz, M.: Auf dem Weg zum digitalen Namenbuch […]. In: Namenforschung und Namendidaktik. Hg. von K. Franz und A. Greule. Hohengehren 1999; Reitzenstein 2006; BayHStA München. *MP*

Werdau **I.** Große Kreisstadt im Lkr. Zwickau, 23 146 Ew., an der Pleiße, am Rande des Westerzgebirges, w Zwickau, SN. Deutsches Bauerndorf am Ende des 12. Jh., Ende des 13. Jh. Straßenmarktanlage, im 14. Jh. Zentrum der Tuchmacherei, seit dem 19. Jh. stark industrialisiert mit Textilindustrie und Maschinenbau. **II.** 1304 *Werde*, ebenso bis 1411, dann 1474 *Werdaw*, 1551 *Werdau*. **III.** Zu mhd. *werde*, ↗-*werder*, 'Flussinsel, erhöhtes Land zwischen Gewässern', das auch als Gw. in einer Reihe von ON enthalten ist, vgl. *Bischofs-*, *Elster-*, *Hoyers-*, *Liebenwerda* usw. Der Auslaut ↗-*au* ist sekundär aufgekommen und evtl. durch Städtenamen wie *Crimmitschau* und *Zwickau* in Sachsen beeinflusst. **IV.** Werdau, OT von Torgau, Lkr. Nordsachsen, Werda, Vogtlandkreis, beide SN. **V.** HONS II; SNB. *EE, GW*

-werder. ↗-**werth.**

Werder (Havel) **I.** Stadt im Lkr. Potsdam-Mittelmark, 23 129 Ew., w Potsdam, BB. Aslaw. Burgwall auf einer Havelinsel; markgräflich-brandenburgische Burg mit Burgflecken; Städtchen im 14. Jh. (1317 *oppidum*). Ausgedehnte Gutsanlage des frühen 19. Jh.: Schloss mit Wirtschaftsgebäuden, Park (1820 von P. J. Lenné); seit der 2. Hälfte des 19. Jh. „Obstkammer" und Ausflugsziel der Berliner (seit 1860 jährliches „Fest der Baumblüte"). **II.** 1317 *Werder*, 1375 *Werder*. **III.** Ein einfacher Name zu mnd. ↗*werder* 'Insel, jedes vom Wasser umgebene Stück Land', wegen der Lage so benannt. Der Zusatz bestimmt die Lage an der Havel, ↗*Brandenburg an der Havel*, BB. **IV.** ↗Birkenwerder, Lkr. Oberhavel, BB; Werder, Lkr. Demmin, MV. **V.** Riedel A X; Landbuch; BNB 1; OBB. *EF*

Werdohl [Wɛrdoːl] **I.** Stadt im Märkischen Kr., 19 303 Ew., an Lenne und Verse, Reg.-Bez. Arnsberg, NRW. Kirchdorf in der Gft. Mark, 1609 Brandenburg(-Preußen), 1803 Ghztm. Berg, 1813 wieder preußisch, 1936 Stadt, Stahlindustrie, Metallverarbeitung. **II.** 1102 *in Veerhol*, 1120 *in Werthol*, 1194 *Wertole*, 1199 *Werthole* (stets Besitz des Klosters Flechtdorf), 1311 *in Werdole*. **III.** Der Name gehört zu den in Süd-Westfalen (Sauerland) zahlreichen *-ohl*-Flurnamen, die mehrfach auf Siedlungen übergegangen sind. Das Gw. *-ohl*, wie rheinisch *-auel*, Verkleinerungsform von and./ahd. *ouwa* 'Aue' (↗-*au(e)*), ist etwa 'wasserreiches Gebiet', 'sumpfige Wiese'. Das Erstglied des Namens ist trotz der frühen *-t-*Schreibungen (Auslautverhärtung an der Silbengrenze) als ↗*werd-* aufzufassen, darf aber wegen der Enge des Lennetals nicht ohne Weiteres als 'Werder', 'Insel' verstanden werden, sondern bedeutet mit größerer Wahrscheinlichkeit 'Einzäunung' wie bei (Essen-)*Werden*. Werdohl ist demnach 'eingezäuntes Gelände (Sondergut) in der Bach- oder Fluss-Aue'. **IV.** Bamenohl, Kr. Olpe, Freienohl, Hochsauerlandkreis, Haus Gerken-dahl (< *-ol*), Märkischer Kr., Ohle, Märkischer Kr., alle NRW. **V.** Seibertz, UB I; WfUB II und XI; Derks, Lüdenscheid; Derks, P.: Von Angermund bis Zeppenheim. Die Ortsnamen des Düsseldorfer Stadtbezirks 5. Düsseldorf 1994. *schü*

Werl **I.** Stadt im Kr. Soest, 31 976 Ew., am Haarstrang zwischen Soest und Unna, Reg.-Bez. Arnsberg, NRW. Besiedlung seit der Jungsteinzeit, Salzgewinnung aus Solequellen seit der Eisenzeit bis 1919. 10./11. Jh. Burg und Sitz des bedeutenden Grafengeschlechts von Meschede, das sich ab 1024 von Werl, später von ↗Arnsberg nennt. Stadtrechte verm. im 1. Viertel des 13. Jh. mit Durchsetzung der kölnischen Landeshoheit. Teilnahme am Hansehandel. Seit Mitte des 17. Jh. bedeutender Wallfahrtsort. **II.** Zu 1024 *Herimanni de Werla*, um 1093 *Werle*, 1200 *Werle*; *Werl* (1320). **III.** Annahmen über ein eventuell ausgefallenes Gw. (etwa ↗-*ach*¹ oder ↗-*loh(e)*) oder eine Suffix-Bildung mit -*ila* werden durch die Belege nicht gestützt. Wie † *Werla*, NI, ist der ON als Simplexbildung zu einem nicht weiter belegten App. *werla für 'erhöhte Stelle, Erhöhung' zu deuten. Neben Schreibvarianten zeigt der ON lediglich Abschwächung des auslautenden Vokals -*a* > -*e*. **IV.** † *Werla*, Lkr. Wolfenbüttel, NI. **V.** NOB III; WOB I. *Flö*

Wermelskirchen **I.** Stadt im Rheinisch-Bergischen Kreis, 35 878 Ew., 20 km nö Leverkusen, Reg.-Bez. Köln, NRW. Besiedlung wohl erst im frühen MA, in den Rodungsphasen vom 11.–13. Jh. entstanden viele Siedlungen, Wermelskirchen erstmals 1150 erwähnt, zum bergischen Amt Bornefeld gehörig, ab 1559 lutherisch, zur Landwirtschaft ab 1820 Bandwirkerei hinzu, nach 1900 die Rollenindustrie, 1873 Stadtrechte, 1975 mit Dabringhausen (vor 1106 erwähnt) und Dhünn (1189 erstmals erwähnt) zur neuen Stadt Wermelskirchen zusammengeschlossen. **II.** Ca. 1230 *Wernboldskirgen*, ca. 1300 *Wermoltzkirgen*. **III.** Kompositum aus dem germ. PN *Werinbold* und dem Gw. ↗-*kirchen*. Ob ein Kölner Dechant Werinbold, 1080 genannt, (Berger) Stifter der Kirche in Wermelskirchen war, ist unsicher. **V.** FP; Berger; Dittmaier 1956; HHS 3. *Ho*

Wernau (Neckar) **I.** Stadt im Lkr. Esslingen, 12 316 Ew., ca. 10 km sö Esslingen, Reg.-Bez. Stuttgart, BW. Wernau entstand 1938 durch Zusammenschluss der Pfarrei St. Erasmus in Pfauhausen mit der Pfarrei St. Magnus in Steinbach. Besitz der Herren von Wernau in Pfauhausen (1420–1696). Betonwerk, Thermotechnik. Schloss der Freiherren von Palm, Maria-Hilf-Kapelle. **II.** *Wernau* (1938). **III.** *Wernau* ist ein urspr. Burgenname, der im 13. Jh. zum Namen einer Adelsfamilie (1270 *Cunradus de Werdinawe*, 1534 *Wolf Hainrich von Wernaw*), 1938 zum ON wurde. Als Gw. findet sich ↗-*au*, als Bw. der PN *Werdo*. Der Name zeigt Ausfall des Vokals der Mittelsilbe und anschließende Erleichterung der Dreifachkonsonanz -*rdn*- zu -*rn*-: 'Au des Werdo'. **V.** Reichardt 1993; LBW 3. *JR*

Werne **I.** Stadt im Kr. Unna, 30 299 Ew., am Südrand des Kernmünsterlandes an der Mündung der Horne in die Lippe, Reg.-Bez. Arnsberg, NRW. Entstanden um Haupthöfe des Bischofs von Münster und der Klöster Werden und Cappenberg, 1385 Wigboldrecht, nach 1400 Amtssitz, 1876 Entdeckung einer Solequelle, 1899–1975 Bergbau. **II.** 834 *Uuerina*, 9./10. Jh. *Uuerinon*, um 900 *Uuirinon*; *Werne* (1270). **III.** Der ON beruht auf einem GwN. Unklar bleibt, ob ein älterer Name der Horne oder ein alter Abschnittsname der Lippe anzunehmen ist. Es handelt sich um eine Bildung mit einem Nasalsufix (-*ina*). Die Basis ist zur -*o*-Stufe der Wurzel idg. **wer-/wor-/wr̥* 'Wasser, Regen, Fluss' zu stellen, die in einer Reihe von europäischen GwN belegt ist. Der Bindevokal -*i*-, der bis zum 11. Jh. schwindet, bewirkt um 900 noch gelegentlich eine Erhöhung des Stammvokals -*e*- > -*i*-, die sich jedoch nicht hält. Noch bis ins 13. Jh. wechseln Formen im Singular mit Pluralformen (-*on*, -*en*) zur Bezeichnung des Ortes. **V.** Krahe. *Flö*

Werneck **I.** Markt im Lkr. Schweinfurt, 10 528 Ew., Reg.-Bez. Unterfranken, BY, an einem Knie des Flüsschens Wern, ehem. Sommerresidenz der Würzburger Fürstbischöfe mit von Balthasar Neumann 1733–1745 erbautem Schloss; 1972 Zusammenschluss von 13 Gemeinden, 1985 Markt; Lebensmittelherstellung. **II.** 1223 *castrum in Wernecke*, 1303–1313 (Kopie 1358) *Wernek*. **III.** *Wern-eck* bezeichnete die am Wernknie gelegene Burg. **IV.** ↗Niederwerrn, Lkr. Schweinfurt, BY. **V.** Reitzenstein 1991. *AG*

Werneuchen **I.** Stadt im Lkr. Barnim, 7957 Ew., nö Berlin, BB. Im Ma. Städtchen (1300 *oppidum*), später als Flecken bezeichnet, Stadt seit 1865. **II.** 1247 *Johannes de Warnowe*, 1300 *Warnow* [Or.], 1541 *Bernauiken* [Or.]; *Berneuchen* oder *Werneuchen* (1775). **III.** Urspr. slaw./apolb. *Varnov-, eine Bildung mit dem poss. Suffix -*ov*- zum PN *Varn*, einem ZN aus apolb. *varn 'Rabe' (Fauna ist ein häufiges Motiv bei Personennamengebung). Eine deappellativische Namenbildung ist möglich, doch ist Fauna als Motiv für ON nicht primär. Der Name wurde schon früh mit dem anders zu erklärenden Namen der Stadt ↗Bernau in Verbindung gebracht und als 'kleines Bernau' aufgefasst, wie dies die Anfügung des Diminutivsuffixes -*ken*, -*chen* zeigt. **V.** Riedel A XIII, XII; Büsching; BNB 5. *EF*

Wernigerode **I.** Stadt im Kreis Harz (seit 1. 7. 2007), 33 480 Ew., an der Holtemme am Nordrand des Harzes, ST. Rodungssiedlung, die Anfang des 12. Jh. in den Besitz eines Grafengeschlechts kam, das sich seit 1121 nach dem Ort nannte. 1229 Stadtrecht, um 1270 Entstehung der nordöstlich gelegenen Neustadt, die bis 1529 mit eigenem Rat und Markt von der Altstadt getrennt blieb; Blüte im 14./15. Jh. durch Fernhandel, ab 1429 zur Grafschaft Stolberg, ab 1714 zu Brandenburg-Preußen, seit Ende des 19. Jh. Fremdenverkehrsort. **II.** 1121 *Werniggerode*, 1129 *Werningerode*, 1133 *Wirnengerode*, 1141 *Wereningeroth*, 1223 *Werningerode*; *Wernigerode* (1259). **III.** Der bei Namen auf ↗-*ing(e)rode* häufige Nasalausfall (-*ning*- >

-*nig*-) wird hier durch dissimilatorische Erleichterungsprozesse noch begünstigt. Die Ableitungsbasis des ON stellt der PN *Werin* dar, der sich an den Volksnamen der Warnen anschließt. **V.** SNB; Berger. *JS*

-werth. Westgerm. **waruþa*-, ahd. *warid* / *werid* '(Fluss-)Insel', mhd. *wert* '(Halb-)Insel, erhöhtes wasserfreies Land' kommt in SiN und FlN mannigfach vor, sowohl als Bw. (↗Wertheim, Main-Tauber-Kreis, BW) wie als Gw. (Kaiserswerth, OT von ↗Düsseldorf, NRW). Die Variante *-wörth* ist Schreibung für geschlossenes *e* (↗Donauwörth, Lkr. Donau-Ries, BY). Dagegen ist *-werder* vorwiegend niedersächsisch (↗Bodenwerder, Lkr. Holzminden, NI), auch als Simplex (↗Werder (Havel), Lkr. Potsdam-Mittelmark, BB), und hebt sich räumlich von *-werth* ab. Literatur: Bach DNK II, 1; Schuster I. *FD*

Wertheim I. Große Kreisstadt im Main-Tauber-Kreis, 24 008 Ew., ca. 19 km nnw Tauberbischofsheim, Reg.-Bez. Stuttgart, BW. 1142 Grafen von Wertheim besitzen Herrschaftsrecht über Wertheim als würzburgisches Lehen, 1556 an Graf Ludwig von Stolberg-Königstein, ab 1598 in Besitz des Hauses Löwenstein, 1806 badisch. Burg Wertheim, Hofgartenschlösschen, Glasmuseum. II. 1009 *Werdheim* [Or], 1149 *Wertheim* [Or], 1192 *Werthem* [Or], 1490 *Werten* [Or]. III. Der Name besteht aus dem Gw. ↗-*heim* und dem Bw. ahd. *werid* 'Insel', mhd. *wert*, ↗*werder* 'Insel, Halbinsel, erhöhtes wasserfreies Land': 'Siedlung bei der Landzunge zwischen Main und Tauber'. Die Kürzung ↗-*heim* > -*en* in *Werten* wie in ↗*Buchen* < *Buchheim* (Neckar-Odenwald-Kreis) oder ↗*Bretten* < *Brettheim*, (Lkr. Karlsruhe, beide BW), hat sich hier amtlich nicht durchgesetzt. **V.** FO 2; Krieger; Kleiber 2000; LBW 4. *JR*

Werther (Westf.) I. Stadt im Kr. Gütersloh, 11 504 Ew., im sw Ravensberger Hügelland, nw Bielefeld, Reg.-Bez. Detmold, NRW. Seit 1965 amtlicher Name *Stadt Werther (Westf.)*. II. 1050 *van Uuartera*, um 1280 *prope Wertere*, 1284 *in Werdhere*, 1289 *in Wertere*, 1295 *in Werthere*, 1684 *Wehrter*. III. Abl. mit -*r*-Suffix (↗Schieder-Schwalenberg). Der früher als erweiterte Form von -*werth* (zu ahd. *warid*, *werid* 'Insel (in Flüssen, Sümpfen etc.), eingedeichtes Land, Insel') verstandene ON (verbunden mit dem im nd., mnd., ostdeutschen Raum in *Finkenwerder*, ↗*Werder/Havel* etc. vorkommenden Namenelement; entsprechend Grundbedeutung 'gegen Wasser geschütztes, erhöhtes Land' zur idg. Wurzel **u̯er*- 'mit einem Flechtwerk, Schutzwall umgeben, schützen', zu nhd. *wehren*, ahd. *warian*) zeigt in den ältesten Namenzeugnissen keine -*th*-Schreibung, sondern einfaches -*t*-, weshalb eher eine Abl. mit -*r*-Suffix anzunehmen ist, deren Basis mit germ. **wart*- verbunden werden kann als Bez. für eine Geländeerhebung (Dentalerweiterung zu idg. **u̯er*- 'erhöhte Stelle (auf der Haut, im Gelände); vgl. asä. *uuarta*, mnd. *warte*, ahd. *warza*, ae. *wearte* 'Warze'; ae. *wearr* 'Schwiele'). **V.** Schneider; HHS 3. *BM*

Wertingen I. Stadt und seit 1978 gleichnamige VG mit mehreren Eingemeindungen (insgesamt 14 362 Ew.), Lkr. Dillingen an der Donau, Reg.-Bez. Schwaben, BY. Im Lauf des 13. Jh. durch die Staufer zur Stadt ausgebaut, durch das Konradinische Erbe (1268) an Bayern, 1278 an die Edlen von Hohenreichen, 1348 an die Augsburger Bürgerfamilie Langenmantel, 1467–1700 an die Marschalken von Pappenheim, anschließend Rückfall an Bayern, 1768 Bildung des Landgerichts Wertingen-Hohenreichen, 1972 Auflösung des Lkr. Wertingen. Schloss mit Bauteilen aus dem 14. und 17. Jh.; Verwaltungssitz der Creaton AG. II. 1122 *Arebonis et uxoris eius Mahtildis de Wertungin*, 1219 *villa Wertunga*, 1274 *ciuibus in Wertungin*; *Wertingen* (1476). III. Ableitung vom PN **Werto* oder *Warto* mithilfe des Suffixes ↗-*ungen*. Ab Mitte/ Ende des 15. Jh. setzte sich zunehmend die Endung ↗-*ing(en)* durch. **V.** Dertsch, R.: Die deutsche Besiedlung des östlichen bayerischen Mittelschwabens. In: Archiv für die Geschichte des Hochstifts Augsburg VI (1925); Fehn, K.: Wertingen. Historischer Atlas von Bayern, Teil Schwaben, Heft 3. München 1967; Reitzenstein 1991. *ke*

Wesel I. Kreisstadt im gleichnamigen Kr., 61 203 Ew., am unteren Niederrhein, Reg.-Bez. Düsseldorf, NRW. 1241 Erhebung zur Stadt. Klevische Münzstätte bis ins 16. Jh. In preußischer Zeit zur Festung ausgebaut. II. 10./11. Jh. *in UUisilli*, 1263 *Wesele* [Or]. III. Der in der Literatur für 719–39 aufgeführte Beleg *Wesele* entstammt einer Fälschung, verm. aus dem 12. Jh. Der tatsächliche Erstbeleg des ON zeigt eine Bildung als -*ja*-Stamm, wohl zur Bezeichnung von Zugehörigkeit. Das -*ll*- wird bereits am Ende des 11. Jh. vereinfacht. Basis der Abl. könnte ein voreinzelsprachlicher GwN sein, wie er im Namen der *Wieslauf* (r. zur Rems), 1027 *Wisilaffa* [Or] erscheint, bei dem ein verdeutlichendes Zweitglied (↗-*apa*) angefügt wurde (Schmid, A.: Die ältesten Namenschichten im Stromgebiet des Neckar. In: BNF 12, 1961). Dieser FluN ist als -*l*-Ableitung zu der gut bezeugten Wurzel idg. **u̯eis*-/**u̯is*- 'fließen' (Krahe) erklärbar. Die jüngeren Belege des ON *Wesel* zeigen Senkung und Dehnung des Haupttonvokals. Der urspr. Sinn wäre somit 'zum Fluss **Wisil* gehöriger Ort'. Stattdessen vermutet Derks als Basis die Tierbez. *Wiesel*, mnl. mnd. *wēsel(e)*, ahd. *wisula*, und erklärt den Namen als 'Ort, wo es Wiesel gibt'. Das würde den Schöpfern des Stadtwappens recht geben, das seit dem 13. Jh. dieses Tier zeigt. **V.** HHS 3; Gysseling 1960/61; Derks, Wesel. *Tie*

Wesendorf I. Gem. und gleichnamige Samtgemeinde im Lkr. Gifhorn, 14 327 Ew., NI. Der Ort wird erst spät erwähnt; der Raum gehörte im 12. Jh. zum Besitz der Welfen und später Heinrichs des Löwen; 1267 zu Lüneburg bzw. dem Ftm. Lüneburg (bis 1885), danach Reg.-Bez. Lüneburg. Der Ort entstand in der Mitte des 16. Jh. wahrscheinlich als Ausbausiedlung von Westerholz (Vogtei Wahrenholz, Amt Gifhorn), 1841 Amt Knesebeck. Von 1867 bis 1885 Kreishauptmannschaft Gifhorn, aus der 1885 die Lkr. Isernhagen und Gifhorn entstanden. Wesendorf kam als südwestlichste Gemeinde zum Lkr. Isernhagen. Vereinigung beider Lkr. 1932 zum Lkr. Gifhorn. **II.** 1543 *Wesendrauf* (Lesung unsicher), 1669 *Wesendorf*. **III.** Junger Name mit dem Gw. nd. *-dorp* (⌐*-dorf*). Im Bw. kann ein PN vermutet werden, doch ist angesichts der jungen Gründung wohl eher wie bei *Wesendorf* bei Gransee (Uckermark), BB, 1328 *Wesendorff*, an mnd. *wese* 'Wiese' zu denken. **V.** BNB 9. *JU*

Wesseling I. Stadt im Rhein-Erft-Kreis, 35 146 Ew., s Köln am linken Rheinufer, Reg.-Bez. Köln, NRW. Röm. Auxiliarkastell, Nieder-Wesseling im 9. Jh. dem Kloster Montfaucon (Reims) gehörig, ab 1459 dem Bonner Cassiusstift, später zum Hztm. Berg; Ober-Wesseling ab 1249 im Besitz von Kloster Sion in Köln, später kurkölnisches Amt Bonn, Stadterhebung 1972, 1975 Stadtteil von Köln, ab 1976 selbstständige Stadt, Industrialisierung seit spätem 19. Jh., h. besonders chemische und ölverarbeitende Großindustrie. **II.** 820 *Waslicia*, *Weslec*, 1073 *Wessena*, 1266 *Weslic*. **III.** Wohl urspr. GwN **Wäslikki* aus dem Bw. ahd. und asä. *Waso*, vielleicht gleicher Herkunft wie 'Rasen' aus **wrasōn*, hier 'feuchte Wiese', und dem Gw. *likki* 'bruchiger Bach' zum germ. Verb **lek-a*, ahd. *-lehhen*, 'undicht sein'. Wann und wie die Ausbildung des heutigen Namens *Wesse-ling* (und nicht von *Weslich* o.ä.) stattgefunden hat, ist unklar. **V.** Kaufmann 1973; Kluge; HHS 3. *Ho*

West-. ⌐**Nord-.**

Westerburg I. Stadt und gleichnamige VG (seit 1972) im Westerwaldkreis, 23 013 Ew., mit 24 Gem. im ö Westerwald, an der Grenze zu Hessen, RP. Im MA zur Herrschaft Westerburg, die Anf. 13. Jh. an die Herren von Runkel kam. Eine Nebenlinie dieses Hauses nannte sich seit 1288 nach dieser Burg und Herrschaft. Im 19. Jh. zunächst an das Ghztm. Berg, dann an Nassau und schließlich 1866 an das Kgr. Preußen. **II.** 1209 *Westerbergh*, *Westerburg*, 1218 *de Westerburch*, 1220 *Westerburg*, 1373 *Westerbergk*; *Westerburg* (1608).

III. Das Bw. ⌐*West-* steht wohl mit dem Landschaftsnamen *Westerwald* in Verbindung, der erstmals 1048 (Siegener Urkundenbuch. Bd. I. Hg. von F. Philippi. Siegen 1887) belegt ist und das Gebiet w des Königshofs Herborn bezeichnete. Fränk. ON mit Richtungsangaben verdanken ihre Bildung dem systematischen Landesausbau und sind häufig in der Nähe von Königspfalzen zu finden. Das Gw. ist ⌐*-burg* und zeitweise auch ⌐*-berg*. Zu deuten wäre dieser ON demnach als 'westlich (von einem anderen Ort) bzw. im Westerwald erhöht liegender Burgort'. **V.** MRUB II; Metzler, W.: Die Ortsnamen des nassauischen Westerwaldes. Marburg 1966; Kaufmann 1973. *JMB*

Westerkappeln I. Gem. im Kr. Steinfurt, 11 326 Ew., w Osnabrück, Reg.-Bez. Münster, NRW. Im MA Kirchdorf im FBtm. Münster, 1707 preußisch, 1723–1938 Stadt, 1806 Ghztm. Berg, 1810 Kaiserreich Frankreich, 1813 wieder preußisch. **II.** 11. Jh. *in Capellun*, 1231 *Cappele*, 1266 *in parochia Westercapelen*. **III.** Urspr. Simplex auf der Grundlage des aus dem mlat. *capella* 'Kapelle, kleines Gotteshaus' entlehnten *kappel(l)e*, flektiert im Dat. Sg. Der Wortakzent entspricht dem vom Lateinischen abweichenden germ. Stammsilbenakzent (*capélla* > *káppel*). Zur Abgrenzung vom östlich von Osnabrück gelegenen Ostercappeln wird der ON seit dem 13. Jh. um das orientierende Bw. mnd. *wester* 'westlich gelegen' (⌐*West-*) ergänzt, die Siedlung somit mit 'bei der westlich gelegenen Kapelle' identifiziert. **V.** Osnabrücker Urkundenbuch I, II, III. *kors*

Westerland dän. Vesterland, nordfriesisch Wäästerlön/Weesterlön I. Stadt im Kr. Nordfriesland, 9 028 Ew., auf der Nordseeinsel Sylt, nördlichste Stadt Deutschlands, SH. 1436 nach Sturmflut neu gegründete Siedlung, 1462 erstmals urk. erwähnt, 1855 Anerkennung zum Seebad, 1905 Stadtrecht, 1949 Seeheilbad. Tourismus, Sylt Aquarium, Promenade. **II.** 1462 *Westerlant* [Or], 1509 *Westerlanth*. **III.** Urspr. ergab sich der ON wohl aus einem FlN *Westliches Land* zur Gem. Tinnum, auf deren Gebiet die Siedlung gegr. wurde, nachdem das vormalige Fischerdorf *Eytum* einer Sturmflut zum Opfer gefallen war. **IV.** Westerlund, Kr. Schleswig-Flensburg, SH. **V.** Laur; Haefs. *GMM*

Westerstede I. Kreisstadt im Lkr. Ammerland, 21 964 Ew., nw des Zwischenahner Meeres, Reg.-Bez. Weser-Ems (bis Ende 2004), NI. Bedeutende mittelalterliche Saalkirche; im MA Sitz eines bischöflichen Sends; seit 1814 Sitz eines oldenburgischen Amtes und Amtsgerichtes, seit 1933 Sitz des Landkreises Ammerland; 1977 Stadtrecht. **II.** Um 1280 *Westerstede* [Kop. 16. Jh.], 1317 *Westerstede*, 1487 *Westerstede*. **III.** Bildung mit dem Gw. ⌐*-stedt* und dem Adj. asä.

westar, mnd. *wester* 'westlich (gelegen)'. Möglicherweise bezieht sich die Benennung darauf, dass Westerstede der westlichste der *-stedt*-Orte der Umgebung ist. **V.** HHS 2; Remmers, Ammerland. *UO*

Westhofen **I.** Gem. und gleichnamige VG (seit 1972) im Lkr. Alzey-Worms, 11 946 Ew., im s Rheinhessen, nw von Worms, RP. Zehn Gem. im sog. „Wonnegau", das ein volksetym. umgedeutetes *Wangengau* ist, den die Römer nach dem hier ansässigen Stamm der Vangionen so benannten. Die VG zählt zu den größten Weinbaugem. in Deutschland, deren Gem. auch touristisch durch die Marke „WeinArtland" bekannt sind. Westhofen gehörte im MA dem Kloster Weißenburg, erhielt 1334 die Marktrechte und ist seit 1615 kurpfälzisch. Seit dem 19. Jh. zu Rheinhessen. **II.** 991 *Westhoven*, 1283 *Westowen*, 1329 *Westhoben*, 1496 *Westhoffen*. **III.** Fränk. ON mit Richtungsangaben verdanken ihre Bildung dem systematischen Landesausbau und sind häufig in der Nähe von Königspfalzen zu finden, wobei der Bezugsort für unser Bw. ↗ *West-* unsicher bleibt. Das Gw. ist ↗ *-hofen*, zu ahd. *hôf* 'Hof', das die alte Form des Dat. Pl. der *a*-Deklination bewahrt hat. Der ON ist also als 'zu einem im Westen (von einem bestimmten Ort) gelegenen Hof' zu verstehen. **IV.** ↗ Osthofen, Lkr. Alzey-Worms; Nordhofen, Westerwaldkreis, beide RP. **V.** Zeuß, W.C.: Traditiones possessionesque Wizenburgensis. Speyer 1842; FO; Ramge, H.: Die Siedlungs- und Flurnamen des Stadt- und Landkreises Worms. Darmstadt 1967; Kaufmann 1976. *JMB*

Westoverledingen **I.** Gem. im Lkr. Leer, 19 936 Ew., s von Leer zwischen Leda und Ems, Reg.-Bez. Weser-Ems (bis Ende 2004), NI. Die Gem. wurde 1973 aus 12 selbstständigen Gem. (mit zahlreichen weiteren OT) gebildet; als Bezeichnung wurde der Name der (alten) friesischen *terra Overledingerland* gewählt, deren w Teil die Gem. umfasst. **II.** 1346 *Overlederelande [Or]*, 1400 *Overladyngherland*, 1494 *Overledyngerlande*. **III.** Der RaumN enthält als Gw. asä. *land* 'Land, Gebiet' und als Bw. die mittels ↗ *-ing*-abgeleitete Einwohner- und Raumbezeichnung als Adj. auf *-er*, die vom GwN *Leda* abgeleitet ist. Diese ist mit mnd. *lēde*, ae. *lād* 'Wasserlauf' zu verbinden. Als weiteres Bw. tritt nd. *over* 'ober' hinzu und jünger schließlich die Himmelsrichtungsangabe *West-*. **V.** Remmers, Aaltukerei. *KC*

Wettenberg **I.** Gem. im Lkr. Gießen, 12 363 Ew., im Übergangsbereich vom Lahn-Dill-Bergland zum Gießener Lahntal, Reg.-Bez. Gießen, HE. Zusammenschluss der Gemeinden Krofdorf-Gleiberg, Launsbach und Wißmar nach Auflösung der Stadt Lahn (1. 8. 1979), in der Wettenberg zunächst Stadtbezirk war. Burg Gleiberg, Krofdorfer Forst. **III.** Da alte Belege fehlen, muss auf Vergleichsnamen verwiesen werden. Möglicherweise gehört der Name zu asä. *hvat* 'scharf' und bezeichnet scharfrandige, steile Bodenerhöhungen. Ein anderer Anschluss wird zu dem ON *Wettbergen* (OT von Hannover) diskutiert. Asä. *hvat* bedeute 'schnell, mutig'; das ahd. *(h)waz* 'scharf, heftig' beziehe sich aber nicht auf die Form oder Gestalt eines Objektes. Es wird der Versuch unternommen, den Namen an idg. **ueid-* 'drehen, biegen' zu lat. *vīdulus* 'geflochtener Korb', lett. *vīdināt* 'flechten' usw. anzuschließen. ON wie *Wettbergen*, *Wettmar* und *Weteberg* hätten damit Lagebezug zu Biegungen und Krümmungen. Denkbar wäre auch das Bw. zu *Watt* in der Bedeutung 'Erhöhtes' zu stellen. **IV.** † Burg Wettenberg; Wettenberger Ried; beide Lkr. Biberach, BW; Hannover-Wettbergen, NI. **V.** LAGIS; FO 2; NOB I. *DA*

Wetter (Hessen) **I.** Stadt im Lkr. Marburg-Biedenkopf, 9195 Ew., 10 km n Marburg, Reg.-Bez. Gießen, HE. Gelegen an der Wetschaft. Vor 1233 Stadt, 1015 Gründung eines Kanonissenstifts, vorher hier wohl befestigter Königshof, 11. Jh. Kirche, früh Gerichtsort, seit 13./14. Jh. Stiftsschule. Baugewerbe, Leitplattenindustrie, Landwirtschaft. Alle 7 Jahre Grenzgangfest. 1974 Zusammenschluss von 10 Orten mit Wetter als Zentralort; bis 30. 6. 1974 Lkr. Marburg. **II.** Um 850 (Kopie 12. Jh.) *Wetrehen*, 1107/1235 *Wettera*, 1211/1216 *Wetere*, 1318 *Wettre*, 1371 *Wetter*. **III.** Auszugehen ist von vorahd. **wedra*, geminiert westgerm. **weddra* > ahd. **Wettra*, wenn mit Sprossvokal **Wedara* > ahd. *Wetera*; r- Abl. von germ. **wet-*, mit Ablaut **wat-* 'Wasser', verm. mit ↗ *-aha* > *-a* kombiniert; wohl auch urspr. Ben. für die Wetschaft. **V.** Reuling 1979. *FD*

Wetter (Ruhr) **I.** Stadt im Ennepe-Ruhr-Kr., 28 445 Ew., an der Ruhr nw von Hagen, Reg.-Bez. Arnsberg, NRW. Aus einer Burgfreiheit bei einer Burg der Grafen von der Mark und einem nahegelegenen Pfarrdorf entstanden. 1355 Freiheit und Amtssitz, bis 1808 und ab 1909 Stadt, 19./20. Jh. Maschinenbau. **II.** 1214 *de Wettere*, 1273 *de Wetter*, 1274 *in Wetthere*. **III.** Der ON ist eine Ableitung mit *r*-Suffix. In Betracht kommt eine Deutung als GwN (möglicherweise als alter Abschnittsname der Ruhr) oder als Stellenbezeichnung. Die Lage an einer markanten Erhebung spricht dafür, die Basis eher zu asä. *-hwat* 'scharf' (in asä. *mēnhwat* 'frevlerisch', *nīdhwat* 'feindselig'; vgl. ahd. *was* 'scharf, spitz', ae. *hwæt* 'scharf, lebhaft, kühn') zu stellen als zu idg. **wed-* 'benetzen, befeuchten, fließen', wie es für gleichlautende ON und GwN in HE erwogen worden ist. Somit liegt eine Stellenbezeichnung für eine Anhöhe nach ihrer ausgeprägten Form vor, die zum

ON wurde. **V.** Reichardt 1973; Greule, A.: Wetterau. Namenkundlich. In: RGA 33 (2006); Udolph 1994, S. 194.

Wettingen mda. ['vɛtigə]   **I.** Gem. im Bezirk Baden, 19 430 Ew., ehem. Bauerndorf und Zisterzienserkloster an der Lägern im Limmattal, AG, CH. Römischer Silberschatz, heute bevölkerungsreichste Gemeinde des Kantons, mit kleineren und mittleren Gewerbe-, Handels- und Dienstleistungsbetrieben. Das ehemalige kantonale Lehrerseminar wurde zur Kantonsschule ausgebaut. **II.** 1045 (Kop. 16. Jh.) *Vuettingun, Wettingun, Wettingen*, 1227 *Wettingin* [Or], 1238 *Wetigen*. **III.** Der Name, ahd. **za diem Wettingum* 'bei den Angehörigen des Wetti', ist gebildet aus dem PN *Wetti* oder *Watto* und dem ahd. Suffix *-ingum*. Der PN muss von Anfang an eingliedrig gewesen sein, sonst wäre die Reduktion von *-ing-* auf *-ig-* nicht eingetreten (vgl. Kully, Solothurnisches Namenbuch I). *Wettingen* gehört zu den unzähligen deutschen ↗-*ingen*-Namen. **IV.** Tübingen, BW; Villingen, OT von Villingen-Schwenningen, Schwarzwald-Baar-Kreis, BW; Zofingen, AG, CH. **V.** Schweiz. Lex.; FP; Zehnder, Gemeindenamen Aargau; LSG. *RMK*

Wettringen   **I.** Gem. im Kr. Steinfurt, 7955 Ew., n Steinfurt, ö Ochtrup, Reg.-Bez. Münster, NRW. Im MA Kirchdorf im FBtm. Münster, 1803 Gft. Horstmar, 1806 Ghztm. Berg, 1810 Kaiserreich Frankreich, 1815 preußisch, 18. Jh. Kanalhafen. **II.** 838 *Uuateringas* [Or], 995 *Vuadiringas*; *Wettringen* (1163). **III.** Simplex mit dem App. asä. **wateringa*, mnd. *weteringe* 'Wässerung, Wasserlauf, Wassergraben'. Dies ist entweder als postnominale Bildung zu asä., mnd. *water* 'Wasser' oder als postverbale Bildung zu asä. **wataren*, mnd. *weteren* 'wässern, nass machen, tränken' zu bestimmen. Benannt wird eine Siedlung 'bei den Wasserläufen'. Anlass für die Namengebung war offensichtlich die Lage der Siedlung an der Steinfurter Aa und nahe der Vechte. Die Schreibung mit *-t-* ist trotz zweier Belege mit *-d-* (wie 995) fest. Es handelt sich um eine Pluralbildung, die sich auch in der h. amtlichen Schreibung noch zeigt. **IV.** Wettringhof, OT von Lüdenscheid, Kr. Lüdenscheid, NRW. **V.** WfUB I, II, III, VIII; Derks, Lüdenscheid. *kors*

Wetzikon   **I.** Politische Gem. im Bezirk Hinwil, 21 276 Ew. Größte Gem. des Bezirks, sechstgrößte Stadt im Kanton, am Pfäffikersee gelegen, Kt. Zürich, CH. Frühgeschichtliche Siedlungsspuren; aus mehreren kleinen Dorfgemeinden entstandene Ortschaft, im wesentlichen bäuerlich geprägt, doch frühe Textilindustrie und großer Aufschwung während der Industrialisierung; heute aufgrund der guten Verkehrslage bedeutender Bildungs-, Kultur- und insbesondere Industriestandort. **II.** 1044 *Weizenchovan*, 1217–22 *Wezinkon*, 1229 *Wecicon*. **III.** Primärer Siedlungsname des ↗-*inghofen*-Typs (Zugehörigkeitssuffix ↗-*ing* und alte Dativ-Plural-Form von ↗-*hofen*, ahd. *hof*) mit dem PN *Wazo/Wezo* im Bestimmungsglied; er ist zu deuten als 'bei den Höfen der Leute des *Wazo/Wezo*'. Die -*inghofen*-Namen, die in der Nord- und Ostschweiz in der Regel in der kontrahierten bzw. reduzierten Form -*ikon* erscheinen, gehören zu den häufigsten überhaupt und dokumentieren die Ausbausiedlungen des 7. und 8. Jahrhunderts. **IV.** Wetzikon, OT von Thundorf, Kt. Thurgau, CH. **V.** FP; LSG. *MHG*

Wetzlar   **I.** Kreisstadt des Lahn-Dill-Kreises, 51 780 Ew., an der Einmündung der Dill in die Lahn, zwischen Taunus und Westerwald, Reg.-Bez. Gießen, HE. Entwickelte sich in Anlehnung an das im 10. Jh. gegr. Marienstift unter Friedrich I. Barbarossa, 1180 Reichsstadt; Hessenkolleg; Wetzlarer Festspiele; Goethe-Stadt; erlebte durch die verkehrsgünstige Lage sowie durch Eisenhandel und Wollindustrie einen raschen Aufschwung; Geburtsstadt des Musikers Ludwig Erk (1807), August Bebel lebte zwischen 1846–58 in der Stadt. Marienstiftskirche („Dom", 9. Jh. mit mehreren Um- und Erweiterungsbauten), Hospitalkirche zum Heiligen Geist (1755–64), Ruine der staufischen Reichsburg Kalsmunt (um 1180) mit rom. Bergfried, Palais (1740 erbaut, Vierflügelanlage), Reichskammergerichtsmuseum, ehem. Deutschordenshof (13.–18. Jh.; Stadt- und Industriemuseum, Goethe-Gedenkstätte Lottehaus); feinmechanisch-optische Industrie (Leica Microsystems AG), Eisen- und Stahlverarbeitung, elektrotechnische und elektronische Industrie, Zementfabrik. **II.** 1141 *Witflariam*, 1180 *Weteflare*, 1232 *de Wepflaria*, 1271 *Wetflar*, 1285 *in Wetzflaria*, 1332 *ze Wephlaren*, 1340 *Wepflare*, 1341 *Wetflarn*, 1342 *Wppelaria*, 1344 *Weppflarn*, 1349 (Kop.) *zů Weczflar*, 1363 *Wesslar*; *Wetzlar* (1228). **III.** Komp. mit dem Gw. ↗-*lar* in der Bedeutung 'offene, waldfreie Stelle (in, an einem Wald)'. Die Bw. der -*lar*-Namen nehmen nie Bezug auf den Menschen, sondern beschreiben immer die natürlichen Charakteristika der Landschaft. Im vorliegenden Fall enthält das Bw. den FluN *Wetz* bzw. *Wetzbach* als l. Zfl. der Lahn. Die Überlieferung des FluN zeigt als Besonderheit sein Erscheinen mit zwei verschiedenen Suffixen (819? (Kop. 1183–95) *super fluuio Wettiffa*, 819? (Kop. 1183–95) *super fluuium Wetuffa*, 1250, 1268 *supra Wetfam*, 1262 *Wetsa*, 1268 *Wetfa*, 1271 *Wetfe*, 1300 *Wetzefe*, 1347 *ripam que vocatur dy Weczfe*, 1355 *Wetfe*, 1357 *Weczfe*, 1395 *Wetzfftbach*). Anzusetzen ist vielleicht eine Form **Wad-isa*, die sich durch Umlaut zu **Wed-isa* entwickelt hat bzw. eine Form **Wed-apa*. In diesem Fall könnte man den FluN zu einer Wortsippe um got. *watō*, anord. *vatn*, *vatr*, asä. *watar*, mnd. *water* 'Wasser' aus einem idg. r/n-Stamm *u̯édōr, *u̯ódōr, *udén(i)* 'Wasser' stellen. Im Bereich des Konsonantismus verschiebt sich -*d*- > -*t*- und -*p*- > -*f*- (-*apa* > -*affa*). **IV.** Nieder-, Oberwetz, OT der Gem. Schöffengrund, Lahn-Dill-Kreis, HE. **V.** Bach DNK II, 1; Greule, Gewässernamenschichten; NOB V. *DA*

Weyhe **I.** Gem. im Lkr. Diepholz, 30 316 Ew., s von Bremen an der Hache, Reg.-Bez. Hannover (bis Ende 2004), NI. Seit dem 14. Jh. in Hoyaer Besitz, später welfisch; Kirchspielort (Kirche in Kirchweyhe) und Sitz der Vogtei Weyhe; 1974 Vereinigung der Gem. Kirchweyhe, Leese und Südweyhe zur neuen Gem. Weyhe. **II.** 860 *Wege [Or]*, 1158 *Weie*, 1277 *Kerckweye*, um 1300 *Suthweige*. **III.** Verm. liegt eine -*ia*-Bildung zu asä. *wāc*, ahd. *wāg* 'Woge, hochflutendes Wasser' vor, das im Erstbeleg bereits Umlaut und dann Schwund des intervokalischen -*g*- zeigt. **V.** Möller 2000; GOV Hoya-Diepholz; HHS 2. *KC*

Wickede (Ruhr) **I.** Gem. im Kr. Soest, 12 113 Ew., an der Ruhr sw von Werl, Reg.-Bez. Arnsberg, NRW. 1969 mit mehreren umliegenden Dörfern zu einer Gem. zusammengeschlossen. **II.** 11. Jh. *in Vuikki*, zu 1036 *in Uuikki*, 14. Jh. *Wychkede*; *Wickede* (1543). **III.** Der ON beruht auf einer mit einem -*j*-Suffix gebildeten Stellenbezeichnung zu asä. **wika* 'Ulme, Rüster' (vgl. ae. *wice*), also etwa 'Stelle, wo es Ulmen gibt'. Das -*k*- wird durch das folgende -*j*- geminiert. Ein Suffix -*ithi* wird erst im 14. Jh. sekundär angefügt, wobei Einfluss der w gelegenen Orte ↗ Holzwickede und Wickede bei Dortmund vorgelegen haben kann. **V.** Derks, P./Goeke, E.: Die Siedlungsnamen der Gemeinde Wickede (Ruhr). Wickede 1988; WOB I. *Flö*

Wiefelstede **I.** Gem. im Lkr. Ammerland, 15 045 Ew., nö des Zwischenahner Meeres, Reg.-Bez. Weser-Ems (bis Ende 2004), NI. Die romanische Kirche im Ort ist die älteste im Ammerland und war Sitz eines Sendgerichtes; zur Gem. Wiefelstede gehören 22 Ortsteile. **II.** 1059 *Wivelunstidi* [Kop. 14. Jh.], 1059 *Wiuelstede* [Kop. 14. Jh.], 1382 *Wyvelstede*. **III.** Bildung mit dem Gw. ↗ -*stedt*. Das Bw. enthält den schwach flektierenden KN **Wivilo*. Durch Schwund des Vokals der Flexionsendung entsteht eine Konsonantenhäufung (-*lnst*-), die zum Verlust des -*n*- führt. **V.** HHS 2; Remmers, Ammerland. *UO*

Wiehl **I.** Stadt im Oberbergischen Kreis, 25 953 Ew., 40 km ö Köln an der Wiehl, Reg.-Bez. Köln, NRW. Eisenzeitliche Besiedlung in Bielstein mit Wallanlage, 1131 zum Bonner Stift St. Cassius, ab 1385 zur Grafschaft Sayn mit der Herrschaft Homburg bis 1806, 1563 zunächst lutherisch, ab 1605 reformiert, Erzbergbau bis Anfang 20. Jh., 1816 Wiehl und Drabenderhöhe (ab 1960 in Bielstein umbenannt) zu einer Bürgermeisterei vereinigt, 1969 mit dem Namen *Wiehl*, Stadt seit 1971, seit 1966 in Drabenderhöhe größte Siebenbürger Siedlung entstanden. **II.** 1131 *Wila*, 1138 *Wiel*, 1177 *Wele*. **III.** Nach dem FluN benannte Stadt. Nach Dittmaier wohl zu nl. *wiel* 'Rad' aus einer urgerm. Form **hwehwla*, die auch mnl. *wiel* M. 'Strudel' zugrunde liegen könnte. **V.** Dittmaier 1956; HHS 3. *Ho*

Wien [viːn], dial. [vẽẽn]. **I.** Statutar- und Bundeshauptstadt von Österreich, 1 687 271 Ew., im Wiener Becken an der Donau unweit des Wiener Waldes. Nach der röm. Eroberung von Noricum und Pannonien (15/9 v. Chr.) wurde im 1. Jh. n. Chr. zur Sicherung der Donaugrenze im heutigen 1. Bez. ein Militärlager angelegt. Sein kelt. Name *Vindóbona* geht entweder auf eine urspr. kelt. Siedlung zurück oder wurde von einer um 75 v. Chr. aufgegebenen, nicht befestigten kelt. Höhensiedlung auf dem Leopoldsberg (h. 19. Bez.) übertragen. S davon entstand im h. 3. Bez. (Rennweg) eine Zivilstadt. Nachdem Kaiser Marc Aurel (161–80) von hier und vom östlicheren größeren Carnuntum/Petronell aus erfolgreich die Kriege gegen die germ. Markomannen und Quaden geführt hatte (166–80) und hier gestorben war, kam es zum Aufschwung, doch erlangte Carnuntum am Schnittpunkt der w-ö Donaustraße und der s-n Straße von Italien zur Ostsee („Bernsteinstraße") größere Bedeutung, so dass Kaiser Trajan (98–117) bei der Teilung Pannoniens jenes zur Hauptstadt von Oberpannonien (*Pannonia superior*) machte und Kaiser Caracalla (211–17) zur *Colonia* erhob, während Vindobona nur *Municipium* wurde. Ständige Germaneneinfälle im 4./5. Jh. und das Eindringen der Hunnen aus dem Osten führten ab 433 zur Aufgabe Pannoniens, was auch den Niedergang von Vindobona herbeiführte, das 551 letztmalig genannt wurde. Während sein Name über germ. Vermittlung bei den Slawen weiterlebt, tritt 881 erstmalig der GwN *Wien* auf. Obwohl keine Namenkontinuität vorliegt, rechnen Archäologen und Historiker mit einer kontinuierlichen rom. Restsiedlung in den Ruinen des röm. Militärlagers Vindobona im Frühmittelalter. Im h. Stadtbereich entstanden nach vorübergehendem pannonischen Aufenthalt der germ. Langobarden bis 568 im 6./7. Jh. zunächst slaw. Siedlungen (13. Bez.: *Lainz* und FlN *Girzenberg*, 18. Bez.: *Währing*, 19. Bez.: *Döbling*, 23. Bez.: *Liesing*). Nach den Awarenkriegen Karls des Großen 791–803 und der Schaffung der *marcha orientalis*, die kirchlich Passau unterstellt war, kam es zur bair. Besiedlung. Obwohl im 9./10. Jh. aus dem Osten die Magyareneinfälle erfolgten und erst nach der Schlacht auf dem Lechfeld 955 mit der Übergabe des Gebietes bis zum Wiener Wald

976 an die Babenberger ein geordneter Neubeginn einsetzte, ist die Entstehung der ↗*ing*-Orte schon nach 800 oder erst nach 976 umstritten (11. Bez.: *Simmering*, 13. Bez.: *Hietzing*, 14. Bez.: *Penzing* und *Hacking*, 16. Bez.: *Ottakring*, 19. Bez.: *Sievering* und *Grinzing*). Dagegen gehören die ↗*dorf*-Orte erst der Babenbergerzeit seit dem beginnenden 11. Jh. an (5. Bez.: † *Reinprechtsdorf*, 12. Bez.: *Altmannsdorf*, 14. Bez.: *Hütteldorf* und *Hadersdorf*, 18. Bez.: *Pötzleinsdorf*, 19. Bez.: *Salmannsdorf* und *Nußdorf*, 22. Bez.: *Strebersdorf*). Nach Sesshaftwerdung der Magyaren im ehem. Pannonien entwickelte sich seit dem 11. Jh. von Regensburg aus ein zunehmender w-ö Handel, der wirtschaftl. Aufschwung brachte. Nachdem die Babenberger seit dem 11. Jh. das Wiener Becken, das Marchfeld und das Weinviertel sukzessive in ihr Territorium einbezogen und ihren Sitz von Melk über Tulln nach Klosterneuburg nach O vorgeschoben hatten und Heinrich II. 1156 Hz. von Österrreich geworden war, machte er Wien zur Hauptstadt, das bereits 1137 *civitas* genannt wurde. Unter Leopold V. (1177–94) und Friedrich I. (1195–98) blühte der Hof zum ritterlichen Kulturzentrum auf, eine künstlerische Bedeutung, die Wien fortan für den Donau- und Alpenraum behielt. Hz. Leopold VI. (1198–1230) ließ die aus einzelnen Siedlungsteilen nun zusammenwachsende Stadt mit einer Stadtmauer sichern und verlieh ihr 1221 das Stadt- und Stapelrecht. Nach dem österreichischen Interregnum übernahmen 1278 die Habsburger für 640 Jahre die Herrschaft. Besondere Verdienste um Wien erwarb sich Hz. Rudolf IV. der Stifter (1358–65) mit dem gotischen Bau der Stephanskirche und des Turmes ab 1359 und der Gründung der Universität 1365. Seit Erzherzog/König/Kaiser Ferdinand I. (1526/31/56–1564), der durch Erbanfall 1526 Böhmen und Ungarn gewonnen hatte und damit die Herrschaft der Habsburger nach Norden und Osten ausdehnen konnte, wurde Wien ständige kais. Residenzstadt. Nach Reformation, Gegenreformation und Türkenkriegen kam es seit ca. 1690 unter Kaiser Leopold I.(1658–1705) zu neuem Aufschwung, die h. Bez. 2–9 wurden als Vorstädte mit der Stadt (h. 1. Bez.) verbunden und es begann die Barockisierung. Unter Kaiser Franz Joseph I. (1848–1916) erfolgte nicht nur 1850 die Eingemeindung der Vorstädte, sondern 1857 die Schleifung der hindernden Stadtmauern und Basteien, was dann die Errichtung der Ringstraße und ihrer Prachtbauten ermöglichte. Am Ostrand der Stadt wurde 1868–75 die Donau reguliert und 1890 erfolgte die Einbeziehung der Vororte r. (Bez. 10–19) und 1900/04 l. der Donau (Bez. 20, 21). Nachdem 1938 in der nationalsozialistischen Zeit das gesamte nö Umland mit 97 Gemeinden zu Groß-Wien vereinigt worden war, wurde dies 1954 bis auf Teile der Bezirke 10, 11, 14, 21 und 22 wieder rückgängig gemacht sowie die Stadt Liesing (1905–38) und weitere Orte zum neuen 23. Bez. vereinigt. **II.** *Vindóbona*: 2.–4. Jh. *Vindobona* (Ptol., Tab. Peut., It. Ant.), *Vendobona* (Aurelius Victor: Liber de Caesaribus, It. Ant., Not. dig.), 4. Jh. *Vindomona* (It. Ant.), 5. Jh. *Vindomana* (Not. dig.); 551 *Vindomina*, *Vendomina* (Jordanes: Getica). Wien: 12. Jh. zu 881 *ad Weniam*, ca.1073 zu 1030 (Kop. 16. Jh.) *Vienni*, 1120–30 *de Wine*, 1120–36 *de Wienna*, 1137 *in Wiennensi loco*, 1161 *data Wienne*, 1161 *in territorio Favie, que a modernis Wienna nuncupatur*; 1162 *data Windopoli*, 1169 (Kop. 13. Jh.) *in civitate nostra Favianis, que alio nomine dicitur Wienna*; 1177–85 *in Wienne*. **III.** *Vindóbona*: Kelt. Komp. mit *bona* als kelt. Lehnwort aus einer idg. Sprache (vgl. albanisch *banë* 'Ort, Wohnung') und kelt. PN *Vindos* 'der Frohe, Glückliche' zum Adj. *vindos* 'licht, hell, weiß; froh, glücklich'(vgl. air. *find*, kymr. *gwyn*), 'Ort des Vindos', wohl auch als 'sichtbarer, weißer Ort' verstanden („Weißenburg") und vielleicht zunächst auf die Siedlung auf dem Leopoldsberg bezogen. Kelt./lat. *Vindobona* > vulgärlat. **Vindovona/Vendobona* > *Vindomona* mit regressiver Fernassimilation, volksetym. > *Vindomina*. Im 5. Jh. mit Synkope *Vendomna und Assimilation > *Vendonna. Übernahme ins Germ. als quasi Akk. Sg. der fem. *jō*-Stämme *Windunni und Umformung zum Nom. Sg. *Winduni. 6./7. Jh. Übernahme ins Slaw. als *Vědъnь, apoln. *Wiądeń*, slk. und atschech. *Viedeň*, ntschech. *Vídeň*. Wien: Im Gegensatz zum Sumpfland, lat. *Pannonia* zu idg. **pen-/pon-/pn̥-* 'Sumpf, Schlamm, Wasser' (vgl. apreuß. *pannean* 'Moor'), das w begrenzende Bergland pann. *Veidoniā, jünger *Vīdonia (vgl. lat. *Vīdasus*, eine pannonische Waldgottheit wie der röm. *Silvānus* und die BergN *Weidangst*, *Weidings* für das Günser Bergland und 860 *Witanesperc* für den Wechsel) zu idg. **u̯eidhu-/u̯idhu-* 'Baum, Holz, Wald' (vgl. ahd. *witu* 'Holz') als angenommener Name des Wienerwaldes und des dort entspringenden Wienflusses. Übernahme von pann. *Veidoniā ins Kelt. als **Vēduniā/Vēdiniā*, lat. *Vēdinia, im 5. Jh. mit Synkope *Vēdnia und Assimilation > *Vēnnia. Übernahme ins Bair.-Ahd. entweder von restlichen Romanen oder Langobarden als *Wēnnia, was in der 2. Hälfte des 9. Jh. zu *Wienna* führte, so dass die urk. Schreibung zu 881 historisierend ist. In der Zeit von Hz. Heinrich II. (1140–77), der mit der byzantinischen Prinzessin Theodora vermählt war, einerseits urk. Gräzisierung zu *Windopolis* und andererseits historisierende Fehldeutung als *Favianis* = Mautern bei Krems an der Donau nach der Vita Sev. von 511. **IV.** ↗*Bonn*, NRW. **V.** ANB 2; Wiesinger (1985, 1990); HHS Lechner; ÖStB 7. *PW*

Wiener Neustadt [ˈnæːʃdɔd̥] **I.** Statuar- und Bezirksstadt, 40 564 Ew., ca. 50 km s von WI im Steinfeld, zweitgrößte Stadt in NÖ, A. Planmäßig durch Babenberger Ende des 12. Jhs. rasterförmig angelegte und befestigte Stadt, Stadtpfarrkirche im Kern spätromanisch (mit frühen gotischen Kreuzrippengewölbe), diverse weitere Sakralbauten; landesfürstliche Residenzstadt im 15. Jh. (Kaiser Friedrich III.); Theresianische Militärakademie von 1742 bis 1918 (in der ehemaligen habsburgischen Burg, in deren Georgskirche sich die Grabstätte Kaiser Maximilians I. befindet), seit 1952 (nach Wiederaufbau und Beseitigung der Kriegsschäden) Offiziersschule. Haupteinnahme war Handel (Salz, Wein, Eisen) und Gewerbe (Papiermühle, Tuchfabrik); mit Ausbau der Südbahn Mitte des 19. Jh. Wandel zur Industriestadt (samt starkem Bevölkerungswachstum), vorerst Fahrzeugfabrikation, später auch Flugzeug- und Rüstungsindustrie (folglich massive Bombardierungen im 2. Weltkrieg). H. Schul- und Einkaufsstadt, Industriestandort (Metallverarbeitung, Chemie-, Kunststoffbetriebe, Kartonagenproduktion), Klaviererzeugung seit 1828 (Bösendorfer), Technologie- und Wissenschaftsstandort. **II.** 1194 *de nova ... civitate*, 1244 *Niwenstat*. **III.** Lat. *nova civitate* (Dat.) ist die Übersetzung von mhd. *Niuwenstat 'bei der neu(erbaut)en Stadt'; dem ON liegt eine Zuss. aus dem Gw. mhd. *stat, stete* mit der Bed. 'Ort, Stelle, Stätte, Stadt', ↗*-statt*, und dem Bw. mhd. *niuwe* Adj. 'neu', ↗*Neu(en)-*, zugrunde (das auf die planmäßige Anlage Bezug nimmt). Der h. Zusatz *Wiener* bezieht sich auf die Lage in der Nähe von WI. **V.** ANB 2; Schuster 3; ÖStB 4/3. *ES*

Wiesbaden I. Landeshauptstadt (seit 1945) und kreisfreie Stadt, 276 742 Ew., in einer Gebirgsrandmulde des Maintaunusvorlandes zwischen s Taunusausläufern und dem Rhein gelegen, Reg.-Bez. Darmstadt, HE. Röm. Gründung aus der Zeit des Kaisers Caligula (37–41); Kastelle seit claudischer Zeit (Funde auf dem Heidenberg). Thermalanlagen in Tallage, 120 als *vicus* Mittelpunkt eines kleineren Verwaltungsbezirkes. Sitz eines Königshofs und Mittelpunkt eines Königssondergaus, seit dem späten MA Ort der Grafen von Nassau, 1242 Reichsstadt, ab 1744 Regierungssitz des Fürstentums Nassau-Usingen; 1806–66 Hauptstadt des Hztm. Nassau, nach 1866 Verwaltungssitz des gleichnamigen preuß. Reg.-Bez. in der Provinz Hessen-Nassau. H. Sitz von Landesregierung und Landtag sowie vieler Landes-, Bundes- u. a. Behörden; Fachhochschule, Verwaltungsfachhochschule, Hessenkolleg; Staatstheater, Museum Wiesbaden, Hess. Landesbibliothek, Hess. Hauptstaatsarchiv, Kongresszentrum, Spielbank, Filmbewertungsstelle Wiesbaden, Freiwillige Selbstkontrolle der Filmwirtschaft; Landesstudio des ZDF; Sitz der Gesellschaft für deutsche Sprache und der d. Gesellschaft für Innere Medizin, Deutsche Klinik für Diagnostik; internationaler Kurort (19. Jh.); Stadtbild geprägt vom 19./20. Jh. (Brand 1547 vernichtete die ma. Bausubstanz); chemische Baustoff-, elektrotechnisch-elektronische Industrie, Maschinen- und Fahrzeugbau, Nahrungs- und Genussmittelindustrie; Verlagswesen. **II.** 122/123 *Aquae Mattiacorum*, 829 *Wisibada*, 882 *Wisibad*, 965 (Kop. Ende 11. Jh.) *Wisibadun*, 1043 *Wesebadon*, 1123 *Wisibad*, 1215 *Wisebaden*, 1218 *Wisbaden*, 1355 *zů Wysebadin*, 1379 *Wissebaden*, 1386 *geyn Wesebaden*; *Wiesbaden* (1364). **III.** Der Name erscheint als Zusammensetzung mit einem Gw. *-bad(en)*, zu ahd. *bad*, asä. *bath*, mhd. *bat* (*-des*), aus germ. **baþa-* n. 'Bad', auch in anord. *bađ* 'Dampfbad', ae. *bæþ*, afranz. *be(i)th*. In ON bezeichnet das Wort wohl Heilquellen. Der Dat. Pl. *-baden*, *-badon* entstand verm. unter Einfluss von lat. *aquae* fem. Pl.; die Form markiert den Lokalkasus und benennt die naturräumlichen Gegebenheiten. Auffällig ist, dass der ON *Wiesbaden* als Komposition und die übrigen *Baden*-Orte als einfache Bildungen erscheinen (Baden-Baden erst seit Mitte des 19. Jh.). Die Deutung des Bw. *Wisi-* geht bisher von einem Ansatz ahd. *wisa*, mhd. *wise* zu germ. *wisōn 'Wiese' aus und meint urspr. wohl 'feuchte Fläche'. Das *-i-* in der Kompositionsfuge ist möglicherweise durch den Einfluss des vorhergehenden *-i-* entstanden (progressive Assimilation) oder als Kollektiv zu erklären. Der Versuch, das Bw. von einem FluN *Wisjō herzuleiten (Greule), scheidet wohl wegen der Akzentverhältnisse aus. Der Typus FluN + Gattungswort ist immer endbetont (vgl. Osnabrü´ck, Paderbo´rn usw.). Bei dem ON Wie´sbaden hingegen liegt die Betonung auf der ersten Silbe. Der ältere röm. Name *Aquae Mattiacorum* bezeichnet den Ort der *Mattiaker*. Der ON ist als appellativische Zusammensetzung 'zu den Bädern im (feuchten) Wiesengelände' zu deuten. **V.** LAGIS; Bach DNK II, 1; Berger 1999; Greule, A.: Wiesbaden. In: Etymologische Studien zu geographischen Namen in Europa. Ausgewählte Beiträge 1998–2006, hg. von W. Janka und M. Prinz (Regensburger Studien zur Namenforschung 2). Regensburg 2007. *DA*

Wiesloch I. Große Kreisstadt im Rhein-Neckar-Kreis, 25 959 Ew., zusammen mit Dielheim VVG der Stadt Wiesloch, 34 879 Ew., ca. 13 km s Heidelberg, Reg.-Bez. Karlsruhe, BW. Gehörte zum Lorscher Besitz, seit 965 Lorscher Markt, ab 1225 an die Pfalzgrafen, 1410–1499 zu Pfalz-Mosbach, 1689 Zerstörung durch Franzosen, 1803 an Baden. Psychiatrisches Landeszentrum, Weinbau. Freihof, Wieslocher Schloss, Hohenhardter Hof. **II.** 801 (Kop. 12. Jh.) *Wezzinloch*, 1157 *Vvizzenloch* [Or], 1231 *Wishenloch*, 1490 *Wislach* [Or]. **III.** Es handelt sich um eine Zuss. mit dem PN *Wizzo* und dem Appellativ ahd. *lōh* 'Hain', mhd. *lōch* 'Gebüsch, Wald, Gehölz' (↗*-loh(e)*).

Im Auslaut sind -h und -ch reguläre Schreibungen des velaren Frikativs. **V.** FO 2; FP; Krieger; Kaufmann 1968; LBW 2 und 5. *JR*

Wiesmoor **I.** Stadt im Lkr. Aurich, 13 261 Ew., sö von Aurich, sw von Wilhelmshaven, bis 2004 Reg.-Bez. Weser-Ems, seit 2005 Regierungsvertretung Oldenburg, NI. 1907 am neu errichteten Nordgeorgsfehnkanal gegründet. Stadtrechte am 16. 3. 2006. Jährliches Blütenfest. **III.** In dem 1806 als *Hochmoor* überlieferten Gebiet entsteht die junge Siedlung, die als Gw. ↗ *-moor* enthält. Nö liegen Wiesederfehn und die ältere Siedlung Wiesede (1435 *Wisede*). Entweder ist diese direkt namengebend oder beide ON enthalten das gleiche Element. Dieses ist zu mnd. *wēse* 'Wiese', ahd. *wisa* 'Wiese' zu stellen, wobei diese mit anord. *veisa* 'Schlamm' etym. verwandt sind, sodass eine Bedeutung 'feuchter Erdboden' zu erschließen ist (vgl. ahd. *waso* 'Rasen, Erdscholle', asä. *waso*, mnd. *wase* 'feuchter Erdgrund, Schlamm; Rasen'). **V.** HHS 2490; Remmers, Aaltukerei. *TK*

Wietmarschen **I.** Gem. im Lkr. Grafschaft Bentheim, 11 273 Ew., 10 km nö Nordhorn, NI. Benediktiner-Doppelkloster Wietmarschen 1152 gegründet, seit 1209 Nonnenkloster; klein- und mittelständische Unternehmen; überwiegend agrarisch geprägte Gem. **II.** 1152 *Witmarschen*, 1154 *paludem quandam inter villas Backlo et Loen sitam, Withmerss dictam*. **III.** Der ON stellt ein Kompositum aus dem Bw. *Wiet-* und dem Gw. *-marsch* im Dat. Plur. dar. *-marsch* gehört zu mnd. *marsch, mersch*, vgl. mnl. *maersche*, ae. *mer(i)sc* 'Niederung, flaches feuchtes, morastiges, mooriges Land, fruchtbarer Landstrich', im Bw. findet sich entweder mnd. *wīt, wīde* 'weit, breit, geräumig' oder mnd. *wīde* 'Weide' (als Baumart). Der ON benennt demzufolge eine Marsch von großer Ausdehnung (vgl. nd. FlN wie *wīt-velt*, *wīde-velt*) oder eine mit Weiden bestandene, feuchte Fläche. **V.** HHS 2. *MM*

Wietze **I.** Gem. im Lkr. Celle, 8139 Ew., an der Wietze w von Celle, Reg.-Bez. Lüneburg (bis Ende 2004), NI. Bei der kleinen Bauerschaft Wietze sind schon seit der frühen Neuzeit die „Teerkuhlen" als Öllieferant bekannt, 1859 erste Tiefbohrung, seit 1885 maschinelle Ausbeutung der Ölvorkommen; vor dem 1. Weltkrieg Deckung von 80 % der Inlandserdölnachfrage aus Wietze; h. Standort des Deutschen Erdölmuseums. **II.** Um 1226 *Witzene* [Kop. 14. Jh.], um 1322 *Wysen*, 1381 *Wytzene*; *Witze* (1667). **III.** Der ON beruht auf dem GwN des Flusses *Wietze*, der längs des Ortes fließt. Dieser ist eine Ableitung mit *-n-*Suffix. Basis ist entweder das in ae. belegte *wice* 'Ulme', oder der Name gehört wie andere europäische GwN zu idg. **ueig-, *ueik-* 'biegen, krümmen', was bei einer *-n*-Ableitung mehr überzeugt. Ursprüngliches *-k-* wird vor *-i-* palatalisiert, so dass *-tz-* entsteht. Auslautender Vokal und das *-n-* des Suffixes fallen später aus. **V.** HHS 2; Möller 1998. *UO*

-wik / -wiek. Asä. *wīk* 'Wohnstätte, Dorf', mnd. *wīk* 'Ort, Siedlung, (See-)Bucht', ahd./ mhd. *wīch* M. 'Wohnsitz, Stadt' ist nach Herkunft und Bed. kontrovers diskutiert worden. Während die ältere Forschung von einer Entlehnung aus lat. *vīcus* 'Quartier / Stadtviertel, Gehöft, Vorwerk, Flecken' ausging oder mit Bezug auf nord. *vīk* 'Bucht' die Bed. 'Handels-, Stapelplatz' annahm, ist *wīk* neuerlich auf ein mit lat. *vīcus* wurzelverwandtes germ. Wort mit der urspr. Bed. 'Zaun' zurückgeführt worden, die sich in verschiedenen Kontexten inhaltlich weiterentwickelte, z.B. zu 'Herrenhof' oder 'Kleinsiedlung' bis hin zu 'Sonderrechts-, Immunitäts-Bezirk' (mit Bez. wie *wikbelde / -greve*). *-wīk-*Namen begegnen in den nord. Ländern, in England, besonders im niederländisch-flämischen Bereich, dazu im niedersächsisch-westfälischen Gebiet (↗ Braunschweig, NI) und in SH (↗ Schleswig; Wyk auf Föhr, Lkr. Nordfriesland, beide SH). Dieser Bildungstyp reicht in seiner produktiven Phase wohl in die Zeit des Landesausbaus zurück, in den w Niederlanden war er noch bis ins 12./13. Jh. aktiv. Literatur: Bach DNK II, 2; Schütte 1976; Debus / Schmitz, H.-G. *FD*

Wil **I.** Politische Gem. und Hauptort des gleichnamigen Wahlkreises (früher: Bezirk), 17 678 Ew., Kt. St. Gallen, CH. Kleinstädtischer Mittelpunkt eines interkantonalen Wirtschaftsraumes in der Thurebene. Evtl. römischer Gutshof, Siedlung von überregionaler Bedeutung allerdings erst seit dem hohen MA, gefördert von den Grafen von Toggenburg, Stadtrecht um 1200, 1226 als Schenkung an das Kloster St. Gallen übergegangen, jahrhundertelange Residenz der St. Galler Fürstäbte. 1855 ans Eisenbahnnetz angeschlossen, bis heute Verkehrsknotenpunkt an der Achse St. Gallen-Zürich und mit den umliegenden Gemeinden zweitgrößter Ballungsraum der Ostschweiz. **II.** 796 *Wila*, 1216 *Wile*, 1234 *apud Wilam*, 1315 *Wil*. **III.** Aufgrund des Erstbelegs 796 *in villa qui dicitur Wila* und auch der jüngeren Namenformen ist wohl – anders als bei den *-wil-*Namen desselben Raums, die einen frühen Überlieferungsschwerpunkt mit Formen auf *-wilare* u. ä. aufweisen – von lat. *villa* 'Gutshof' als Namengrundlage auszugehen. Wenngleich eine Kontinuität des Namens seit römischer Zeit spekulativ bleibt, ist sie doch, auch in historischer Hinsicht, durchaus denkbar. **IV.** Die meisten der schweizerischen *Wil*-Namen gehen auf das Lehnwort ahd. *wīlāri* (lat. *villare*, ↗ *-weil / -wil*) zurück, doch ist bisweilen auch mit Namen zu rechnen, denen wie im vorliegenden Fall lat. *villa* zugrundeliegt, etwa beim Gemeindenamen *Wila*, ZH. **V.** LSG. MHG

Wildau **I.** Gem. im Lkr. Dahme-Spreewald, 9911 Ew., s Berlin, BB. Hervorgegangen aus der Springziegelei; Gut, erworben Ende des 19. Jh. durch die Berliner Maschinenfabrik Schwartzkopf; Aufbau einer Lokomotivfabrik; Maschinenbauindustrie. Technische Fachhochschule. **II.** *Wildau* (1855). **III.** Der Name *Wildau* 'wilde Aue' ist eine Neubildung, da Belege für einen älteren FlN fehlen. **V.** Boeckh; BNB 3. *EF*

Wildbad, Bad **I.** Stadt und gleichnamige VVG im Lkr. Calw, 13 559 Ew., etwa 22 km wsw Calw im n Schwarzwald im Tal der Enz gelegen, Reg.-Bez. Karlsruhe, BW. Wahrscheinlich im 12. Jh. gegr., und schon im 15. Jh. bedeutender Badeort. 1990 erhielt der bis dahin Wildbad im Schwarzwald genannte Ort das Prädikat Bad. Heilquellenkulturbetrieb, Sommerbergbahn Bad Wildbad, Palais Thermal, Königliches Kulturtheater. **II.** 1260 *im Swarzwald das Wilpad [Or]*, 1376 *Wiltbade [Or]*; *Bad Wildbad* (1990). **III.** Das Kompositum *Wildbad* besteht aus dem Adjektiv ahd. *wildi*, mhd. *wilde, wilt* 'wild' und dem Gw. ahd. *bad*, mhd. *bat* '(Heil-)Bad' und bezeichnet eine natürliche, warme Quelle bzw. den Ort, wo sich eine solche Quelle befindet. Der zweite Beleg zeigt den alten Plural *bade*. **V.** Bach DNK 2; Grimm DtWb 14, 2. *JR*

Wildberg **I.** Stadt im Lkr. Calw, 9974 Ew., ca. 10 km s Calw, Reg.-Bez. Karlsruhe, BW. 13. Jh. Ministeriale von Wildberg, 1377 Eigentumsrechte an Kurpfalz, 1390–93 Verpfändung der Hälfte des Ortes an die Markgrafschaft, 1410 an Pfalz-Mosbach, 1440 Verkauf an Württemberg, 1442–73 an Württemberg-Neuffen, dann im Austausch für Mömpelgard an Graf Eberhard von Württemberg-Urach. Schlossruine, Hexenturm, Kloster Reuthin, Lützenschlucht. **II.** 1237 *Wilpberg*. **III.** Wildberg ist eine hochmittelalterliche Burgsiedlung über einer Nagoldschleife. Der Name ist zusammengesetzt aus ahd. *wildi*, mhd. *wilde, wilt* 'nicht bebaut, wild' und dem Gw. ↗ *-berg*. Das Adjektiv bezeichnet unfruchtbare, unbewohnte Berge. Der Beleg aus dem Jahr 1237 beruht wohl auf Assimilation von *-tb-* zu *-pb-*. **V.** Bach DNK 2; LBW 5. *JR*

Wildeshausen **I.** Kreisstadt im Lkr. Oldenburg, 18 766 Ew., an der Hunte gelegen, Sitz der Kreisverwaltung, Reg.-Bez. Weser-Ems (bis Ende 2004), NI. Im Ort ein im 9. Jh. gegründetes Säkularkanonikerstift; das auch bereits im 9. Jh. erwähnte *oppidum* (10. Jh. *villa*) nimmt schon im 10. Jh. stark an Bedeutung zu (Zollprivileg) und erhält 1270 Bremer Stadtrecht; seit dem 12. Jh. häufiger Besitzerwechsel (Welfen, Oldenburger, Bremer, Münsteraner), seit 1826 oldenburgisch. **II.** 851 *Wigaldinghus [Or]*, 871 *Wialteshus* [Kop. 14. Jh.], 980 *Uuigildeshuson*, 1209 *Wildeshusen* [Kop. 15. Jh.]. **III.** Bildung mit dem Gw. ↗ *-hausen*. Nur der Erstbeleg hat ↗ *-ing*, das nicht zu berücksichtigen ist, da alle weiteren Belege *-es-* zeigen. Das Bw. enthält den stark flektierenden PN *Wigbald*. Durch Assimilation des *-gb-* entsteht *-g-*, das intervokalisch spirantisiert wird (*Wijald-*) und später schwindet (*Wiald-*). Durch Ausfall des *-a-* entsteht bereits früh *Wildes-*. Deutung also: 'Siedlung des Wigbald'. **IV.** Wickbolsen, OT von Hessisch Oldendorf, Lkr. Hameln-Pyrmont, NI. **V.** Eckhardt, A.: Wildeshausen. Oldenburg 1999; HHS 2; Nds. Städtebuch. *KC*

Wildungen, Bad **I.** Stadt im Lkr. Waldeck-Frankenberg, 17 524 Ew., ca. 35 km sw von Kassel am Rand des Kellerwalds an der Wilde (Zufluss zur Eder) gelegen, Reg.-Bez. Kassel, HE. Früher Hersfelder Besitz. Das Anfang des 9. Jh. genannte Dorf Wildungen, ö der heutigen Stadt gelegen, fiel im 14. Jh. wüst. Um 1200 Errichtung einer Burg (an der Stelle das heutige Schloss Friedrichstein), um die sich der Ort Alt-Wildungen entwickelte. Das südlich der Wilde gelegene Nieder-Wildungen wird 1259 erstmals als Stadt genannt. 1263 an die Grafen von Waldeck. Ein Sauerbrunnen ist bereits im Mittelalter nachweisbar. 1906 Erhebung von Nieder-Wildungen zum Bad. 1940 Zusammenschluss der beiden Orte Alt- und Nieder-Wildungen. **II.** 9. Jh. (Kop.) *in Wildungun*, 1247 *Wildungen*, 1359 *aldin Wildungen*; seit ca. 1350 *Niederstadt zu Wildungen*, seit ca. 1500 *Nieder-Wildungen*, seit Mitte des 15. Jh. *Obere Stadt Wildungen*. **III.** Abl. mittels eines Suffixes (↗ *-ungen*) zum GwN *Wilde*: 'der bei der Wilde gelegene Ort'. Der GwN setzt sich zusammen aus dem Adj. ahd. *wildi, wilde* 'wild' und ↗ *-aha* 'Wasser, Fluss'. Eine Differenzierung der beiden Siedlungen erfolgte zunächst nach dem Alter (nur bei Alt-Wildungen), etwas später nach der Lage (*Ober-, Nieder-*). **V.** Keyser. *TH*

Wilhelmsdorf **I.** Gem. und (mit Horgenzell) gleichnamige VVG im Lkr. Ravensburg, 9653 Ew, 17 km wnw Ravensburg, Reg.-Bez. Tübingen, BW. Wilhelmsdorf wurde 1823/4 von der pietistischen Brüdergemeinde Korntal aus gegründet; der Baugrund, der der königlichen Hofkammer gehörte, wurde von König Wilhelm I. zur Verfügung gestellt; seit 1850 selbstständige politische Gemeinde. Pfrunger Ried, Betsaal, Marienkapelle, St. Antoniuskirche. **II.** *Wilhelmsdorf* (1823/4) **III.** Namengebend war König Wilhelm I. als Stifter des Baugrundes. **IV.** Wilhelmsdorf, Lkr. Neustadt a.d.Aisch-Bad Windsheim, BY; Wilhelmsdorf, Saale-Orla-Kreis, TH. **V.** LBW 2 und 7. *JR*

Wilhelmshaven I. Kreisfreie Stadt, 81 411 Ew., Reg.-Bez. Weser-Ems (bis Ende 2004), NI. Große petrochemische Anlagen, mehrere wissenschaftliche Forschungseinrichtungen. II. *Wilhelmshaven* (1869). III. Der Plan, einen preuß. Kriegshafen an der Jade einzurichten, wurde 1854 durch Ankauf von oldenburgischen Ländereien bei Heppens und Eckwarden in Angriff genommen. 1869 wurde der Kriegshafen durch König Wilhelm I. von Preußen eingeweiht und ihm zu Ehren *Wilhelmshaven* benannt; 1873 erhielt der Ort das Stadtrecht und wurde 1937 mit der 1911 gegründeten Stadt Rüstringen vereinigt. Noch h. ist Wilhelmshaven ein bedeutender Marinehafen und seit jüngerer Zeit Deutschlands größter Ölhafen. V. HHS 2; Nds. Städtebuch. *KC*

Wilkau-Haßlau I. Stadt im Lkr. Zwickau, 11 304 Ew., in einem Talkessel s Zwickau an der Zwickauer Mulde, SN. Um 1200 d. Bauerndorf Wilkau in asorb. vorbesiedelter Gegend, seit dem 16. Jh. entstand dicht dabei das Rittergut und Gutssiedlung Haßlau, vor 1850 zusammenwachsen beider durch Steinkohlebergbau und Industrialisierung, Standort der Textilindustrie, 1934 Stadt. H. Sitz kleiner Unternehmen, z. B. der Automobilzulieferindustrie. II. Wilkau: 1432 *Wilkaw*, 1551 *Wilckaw*, 1699 *Wilcka*. Haßlau: 1540 *die Hasel*, 1555 *die Haßel*, 1791 *Nieder-, Ober Haßlau* oder *Hasel*. III. Wilkau: Zu asorb. **vil'k* 'Wolf', erweitert mit dem Suffix *-ov-*, somit Gf. **Vil'kov-*; ein an sich möglicher PN **Vil'k*, der in vielen slaw. ON steckt, ist in diesem Gebiet weniger wahrscheinlich. *Haßlau*: Zu mhd. *hasel* 'Haselstrauch', sekundär ist ⁊ *-au* angefügt worden. IV. † Hasela, bei ⁊ Wilsdruff, Lkr. Sächsische Schweiz-Osterzgebirge, SN; Haselberg, OT von Wriezen, Kreis Märkisch-Oderland, BB; Haselbrunn, OT von Plauen, SN; Haselrain, OT von Triebel, Vogtlandkr., SN. V. HONS I, II; SNB. *EE, GW*

Willebadessen I. Stadt im Kr. Höxter, 8649 Ew., ö Rand des Eggegebirges, s Bad Driburg, Reg.-Bez. Detmold, NRW. Ersterwähnung 1066, 1149 Benediktinerinnenkloster (1473 Bursfelder Reform, 1810 Aufhebung und Erwerbung durch Freiherren von Spiegel-Borlinghausen, seit 1871 im Besitz der Freiherren von Wrede); 1317 Anlage einer befestigten Stadt (1318 Stadtrecht). 1975 Zusammenschluss mit der Stadt Peckelsheim und elf Gem. II. 1066 *Wilbotissun*, 1146 *Wilbodessun*, 1149 *Wilbodessin*, 1156 *Wilbodessen*, [1207–1215] *in Wilbodesen*, 1685 *in Wilbasen*; *Willebadessen* (1221). III. Bildung mit dem Gw. ⁊ *-hausen*. Im Bw. erscheint der im Gen. Sg. st. flektierte zweigliedrige germ. PN *Willebod* (Erstglied zum PN-Stamm WILJA- zu asä. *willio* 'Wille', ahd. *will(i)o*; Zweitglied *-bod* am ehesten zum PN-Stamm BOD/BŌD- (zu germ. **bauđa-, baudiz* 'Gebieter'; sekundär auch nach ags. afries. *boda*, asä. *bodo*, ahd. *boto* 'Bote, Gesandter' umgedeutet; weniger urspr. *-bad* zu asä. *-badu* 'Streit', ags. *beadu, beado*). Die st. flektierten Formen sprechen für das hohe Alter des Namens. Der ON bezeichnet die Siedlung als 'bei den Häusern des Willebad'. IV. Wilbasen, Wohnplatz bei Blomberg, Kreis Lippe, NRW. V. Schneider; WOB II Kr. Lippe; Westfälisches Klosterbuch II; HHS 3. *BM*

Willich I. Stadt im Kr. Viersen, 51 856 Ew., Reg.-Bez. Düsseldorf, NRW. 1970 durch den Zusammenschluss der Gemeinden Willich, Anrath, Schiefbahn und Neersen entstanden. II. 1152 *Wileche* [Or], 1186 *de Wilike, de Wiliche* [Or]. III. Die von Kaufmann vertretene Auffassung, dass eine zweigliedrige KF eines PN **Wil(l)-ik(o)* mit lat. Gen.-Endung vorläge, ist wenig glaubhaft. Keiner der alten Belege zeigt *-ll-*. Unwahrscheinlich sind ferner lat. Gen.-Formen, zudem für zwei verschiedene Orte, denn der Name erscheint noch einmal für eine Bauerschaft am Niederrhein. Dieses *Willich* ist nw von Xanten im Kr. Kleve belegt, 1159 *in Wileka* [Or]. Eine klare Unterscheidung der beiden *Willich*-Orte in den Quellen ist bisweilen schwierig. Beide liegen im Nichtschiebungsgebiet; die *ch*-Graphien entstammen der Kölner Überlieferung. Die Existenz zahlreicher GwN mit der Basis *Wil-* (Krahe, H.: Einige Gruppen älterer GwN. In: BNF 16, 1965) lässt eher an einen voreinzelsprachlichen FluN denken, der im vorliegenden Fall mit *-k*-Suffix abgeleitet ist. V. HHS 3; Wirtz, Verschiebung; Kaufmann 1973. *Tie*

Willstätt I. Gem. im Ortenaukreis, 9088 Ew., ca. 9 km nw Offenburg, Reg.-Bez. Freiburg. 1288 als Lehen der Herren von Lichtenberg bezeugt, 1372 Verpfändung an Straßburger Bürger, 1395 teilweise an Kurpfalz, 1450 an die Stadt Straßburg, 1803 an Baden. BASF, Barockkirche, Kinzigpfad, Moscherosch-Denkmal. II. 1254 (Kop. ca. 1500) *Willstetten*, 1284 *Willstete*, 1416 *Wilstetten*. III. Es handelt sich um eine Zuss. aus dem PN *Willo* und dem Gw. ahd. mhd. ⁊ *-stat* 'Stelle, Ort, Wohnstätte', hier zunächst im Dat. Pl. *stetten*, nhd. *-stätt*. V. Krieger; FP; LBW 6. *JR*

Wilnsdorf I. Gem. im Kr. Siegen-Wittgenstein, 21 042 Ew., in den s Ausläufern des Rothaargebirges sö von Siegen an der Grenze zu HE, Reg.-Bez. Arnsberg, NRW. Eisenherstellung bereits in den letzten vorchristlichen Jh., Rittersitz, Bergbau (seit Ende des 13. Jh. bezeugt), Land- und Waldwirtschaft. II. 1255 *Willandisdorp* [Or], 1257 *Willandisdorf*, 1277 *Willantstorph; Wylnstorff* (1417–1419). III. Der ON ist mit dem Gw. ⁊ *-dorf* gebildet. Erstglied ist nach dem Zeugnis der meisten Belege der PN *Willand* im Gen. Sg. (1264 *Hermannus de Willelmestorf* ist ein Versehen oder eine Umdeutung zu *Willehelm*). Da für den PN vor der Kontraktion *Willandis-* > *Wilns-* durchweg

-*ll*-Schreibungen vorliegen, ist der PN als Partizipialbildung mit kurzem Stammvokal zu ahd. *willan*, asä. *willian*, got. *wiljan* 'wollen' zu stellen. Die häufig angenommene Identität mit dem PN *Wieland* (Heinzerling) ist unwahrscheinlich, da dieser zu anord. *vél* 'List, Kunstwerk; Tücke, Betrug' mit Langvokal gehört. **V.** HHS 3; Heinzerling; Naumann, H.-P.: Völundarkviða. In: RGA 32 (2006). *Flö*

Wilsdruff **I.** Stadt im Lkr. Sächsische Schweiz-Osterzgebirge, 13 710 Ew., im ö mittelsächsischen Bergland, an der Wilden Sau w Dresden, SN. Zum Ende des 12. Jh. d. Bauerndorf mit Herrensitz, Stadtanlage um 1260, Entwicklung zum Landwirtschaftszentrum und Zentrum der Möbeltischlerei. **II.** 1259 *Wilandesdorf*, 1298 *Wilansdorf*, 1428 *Willissdorff*, 1466 *Wilstorff*, 1468 *Wilsdruff*. **III.** Im Bw. ist der d. PN *Wieland*, in germ. Sagen ein Schmied, enthalten, verkürzt zu *Wils*-. Das Gw. ↗-*dorf* unterlag durch die starke Anfangsbetonung des Bw. *Wils*- der Kürzung und erscheint dann als -*druff*, ähnlich *Ohrdruf* (bei Gotha), *Mühltroff* (bei Plauen). **V.** HONS II; SNB. *EE, GW*

Wilstermarsch **I.** Amt im Kr. Steinburg mit vierzehn Gem., 7163 Ew., Verwaltungssitz in der amtsfreien Stadt Wilster, an der Stör, der Elbe und dem Nord-Ostsee-Kanal, SH. 1970 durch Zusammenlegung dreier Ämter entstanden. Vorwiegend Viehhaltung. **II.** 1139 *Wilstra*, 1141 *Wilstera*, 1212, 1319 *Wilstria*, 1350 *a paludensis terre Wylstere* [Or]; *de Wilstermarsch* (1397). **III.** Die Bezeichnung des Amtes geht zurück auf den FlN der Marsch an der Wilsterau. *Wilster* hängt dabei wahrscheinlich mit der Bezeichnung mnd. *wilt 'öd, wüst' zusammen, da wilde Seen und Moore die Landschaft prägten. Gw. ↗-*au* später hinzugefügt. Stammform *yil des FluN nicht mit Sicherheit zu klären. Vorgerm. -*str*-Suffix 'fließen, strömen' (vgl. *Elster, Alster*). **IV.** Wilster, † Wilstermunde (1408), beide im selben Amt, Kr. Steinburg, SH. **V.** Berger; Laur. *GMM*

Wiltz lux. *Wolz*, mda. *Woolz* **I.** Stadt und Hauptort des gleichnamigen Kt., 4 571 Ew., an der Wiltz im Ösling, ca. 55 km nw von Luxemburg, Distr. Diekirch, L. Nach dem Ort nannte sich ein Rittergeschlecht, seit dem MA zu Luxemburg, während der Ardennenoffensive 1944 fast vollständig zerstört, Industrie- und Handelszentrum im Ösling. **II.** (768–769) (Kop. ca. 1222) *Wiltæ*, 790 (Kop.) *Viltis*, (775–797, Kop. ca. 1222) *Wiltz*. **III.** Benennung des Ortes nach dem GwN *Wiltz* (l. zur Sauer). Der GwN wird als ein Vertreter der alteurop. Hydronymie angesehen und mit einer rekonstruierten Form alteurop. *Uelkia zu idg. *yelk 'feucht, nass' gestellt (Greule). Die frühen SiN-Belege beziehen sich evtl. auf Wilwerwiltz (s. u. IV.). Die Entlehnung aus dem Rom. ins Ahd. erfolgte bei Annahme dieser Etymologie auf der Stufe der rom. Assibilierung ($k > ts$) vor hellen Vokalen. Probleme bereiten dabei jedoch die *t*-Schreibungen der ältesten Belege. Die lux. Namenform *Wolz* lässt sich kaum auf der Grundlage der heutigen Eigenheiten des wmoselfr. Öslingdialektes aus der Form *Wiltz* herleiten. Es handelt sich wohl um Senkung des oberen Vorderzungenvokals *i* zu *a* mit anschließender Hebung zum Hinterzungenvokal *o*, wie man sie in ähnlicher Lautumgebung reliktbaft w von Wiltz antrifft: lokal wmoselfr. *Molch/Moolch* versus lux. *Mëllech* 'Milch'. **IV.** Wilwerwiltz (< *Willibrordwiltz), lux. *Wëlwerwolz*, Hauptort der Gem. Kiischpelt, Kt. Wiltz, Distr. Diekirch, L (am Mittellauf der Klerf, GwN < SiN ↗ *Clerf*, früher ebenfalls Wiltz genannt; ein Quellbach der Klerf heißt noch *Woltz*, lux. *Wolz*). **V.** Greule, Gewässernamen; Gysseling 1960/61; Vannérus. *AS*

Windeck **I.** Gem. im Rhein-Sieg-Kreis, 20 670 Ew., ö Bonn am Oberlauf der Sieg, Reg.-Bez. Köln, NRW. Aus den ehem. Gem. Dattenfeld, Herchen und Rosbach 1969 neu gebildete Gem., Verwaltungssitz Rosbach, mit 67 Ortschaften. 1174 Bestätigung des Lehnsbesitzes der Grafen von Berg an der Burg Windeck, h. mit Dorf und Gemeindeteil Altwindeck, Naherholungsregion im Siegtal. **II.** 1167 *Windeke*; 895 *Dateleveld*, 1131 *Dattenuelt*; 1131 *Herchlingen*, 1256 *Herchingen*; 1191 *de Rosbach*, ca. 1300 *Rospe*. **III.** *Windeck*: Appellativisches Kompositum aus dem Gw. ↗-*eck(e)* M./Fem. 'Abzweigung, Ecke, Kante' aus germ. *agjō Fem. und dem Bw. *Wind*- M. 'Wind' aus germ. *wenda- M. nach der Lage der Burg. *Dattenfeld*: Aus einem germ. PN-Stamm *Dad*- und dem Gw. ↗-*feld*. *Herchen*: Aus dem germ. PN *Hericho*, *Herichilo und dem Suffix ↗-*ingen* gebildet. *Rosbach*: Wohl späterer Gw.-Wechsel von ↗-*apa* zu ↗-*bach*, das Bw. ist nach Dittmaier 1955 wohl zu ahd. *rōr* Ntr., germ. *rauza '(Schilf)Rohr' zu stellen. Die ON sind insgesamt im Bergischen öfter vertretene Typen. **V.** FP; Dittmaier 1955; Dittmaier 1956; Kluge; HHS 3. *Ho*

Windsheim, Bad **I.** Stadt im Lkr. Neustadt a. d. Aisch-Bad Windsheim, 11 951 Ew., Reg.-Bez. Mittelfranken, BY. Ab dem 13. Jh. Reichsstadt, 1810 Einverleibung ins Kgr. Bayern. **II.** 791 (Kop. des 12. Jh.) *Winedesheim*, 822 *Uuinidesheim*, 1115 (Kop. des 12. Jh.) *Windesheim*, 1347 *Windsheim*, 1964 *Bad Windsheim*. Eine frühe Mundartform scheint im Beleg 1506 *Wynssem* enthalten zu sein, während die heutige *winsǝ* lautet. **III.** Bereits 1656 begegnet eine Erklärung des Bestimmungswortes: *Winßheim / Windsheim … es auch einen stattlichen Weinwachs hat / von deme theils deß namens Ursprung herführen*; in Wirklichkeit liegt aber der PN *Winid* vor. Als Grundwort ist ahd. *haim, ↗-*heim* zu erschließen, das wohl eine neutrale KF zu *heima* 'Wohnung, Behausung, Heimstatt, Aufenthaltsort' ist. **V.** HHS 7/2; Reitzenstein 2009. *WvR*

Winnenden **I.** Große Kreisstadt im Rems-Murr-Kreis, 27 543 Ew., bildet zusammen mit den Gem. Leutenbach und Schwaikheim den GVV Winnenden, 47 748 Ew., 8 km nö Waiblingen, Reg.-Bez. Stuttgart. 1277 an die Herren von Weinsberg, die Winnenden 1325 an Württemberg verkauften, 1665 Verkauf des Ordensbesitzes an Herzog Eberhard III. von Württemberg. Schwaikheimer Torturm, Schloss Winnental, Stadtkirche St. Bernhard. **II.** 1181 *Wineden* [Or], 1189 *Winiden* [Or], 1210 *Windin*, 1292 *Winidin* [Or]; *Winnenden* (1727). **III.** Der Name *Winnenden* ist ein Siedlername: 'bei den Winden (Slaven)'. Auch wenn ein archäologischer Nachweis fehlt, so scheint der Volksname der Winden, ahd. *winid, winida*, mhd. *wint, wende* 'Slave' vorzuliegen. Es handelt sich bei den Winden-Namen in der Regel um Siedlungen slawischer Kriegsgefangener. **IV.** Wennenden, OT von Blaubeuren, Alb-Donau-Kreis, BW. **V.** Reichardt 1993; LBW 2 und 3. *JR*

Winnweiler **I.** Gem. und gleichnamige VG (seit 1972) im Donnersbergkreis, 13 600 Ew., im Nordpfälzer Bergland am Fuße des Donnersberges, RP. 13 Gem., die früher zu verschiedenen Herrschaften gehörten, darunter zur Kurpfalz, zu Nassau-Weilburg, zu Leiningen, zum Kloster Hornbach u. a. 1124 Errichtung der hier gelegenen Reichsburg Falkenstein als nördlichster Grenzpunkt des Reichslandbezirks Kaiserslautern, 1647 Sprengung durch Franzosen und Verfall. H. Abbau und Verarbeitung von Kupfer- und Eisenerz sowie Tourismus. **II.** 891 *Winidowilary* (Kop. 17. Jh.), 1187 *Windewiler*; *Winnweiler* (1824). **III.** Das Bw. geht verm. auf den Völkernamen *Winida* 'Wenden, Slawen' zurück, das Gw. ist ↗-*weiler*. Winnweiler könnte – wie verm. auch Winden in Rheinhessen – aufgrund dieses Namens eine slaw. Gründung infolge von Umsiedlung und Kolonisierung sein. Der ON könnte somit als 'Hof, Vorwerk slaw. Kolonisten' gedeutet werden. Ähnlich ↗ *Winnenden* und der Zweitname von ↗ *Oberhaching* (1003–13 *Hachinga, que aliter Winidun nuncupatur*), Lkr. München, BY. Für ↗ *Bad Windsheim* (791 *Winedesheim*), Lkr. Neustadt a.d. Aisch-Bad Windsheim, BY, dagegen liegt wohl ein PN *Winid* vor. **IV.** Winnenden, Rems-Murr-Kreis, BW; Winden, Rhein-Lahn-Kreis, RP. **V.** Bibliothèque Royale Bruxelles; Haubrichs, W.: Der Prestarievertrag des Bischofs Theotelach von Worms mit dem Grafen Erinfrid vom Jahre 891. In: Jahrbuch für westdeutsche Landesgeschichte 16 (1990); Vogt, P.: Die Ortsnamen im Engersgau. Neuwied 1890; HSP. *JMB*

Winsen (Aller) **I.** Gem. im Lkr. Celle, 12 913 Ew., nw von Celle an der Aller, Reg.-Bez. Lüneburg (bis Ende 2004), NI. Hier Ende des 14. Jh. eine Burg, endgültige Zerstörung 1459; Mittelpunkt der lüneburgischen Vogtei Winsen an der Aller. **II.** 1315 *Wensen* [Or], 1318 *Wynsen*; *Winsen* (1392). **III.** Bildung mit dem Gw. ↗-*hausen*, das im ersten Beleg bereits zu -*sen* verkürzt wurde, und einem in got. *winja*, anord. *vin*, ahd., mnd. *winne* 'Weide(platz), Wiese' belegten Appellativ. **IV.** ↗ Winsen (Luhe), Lkr. Harburg, NI. **V.** HHS 2. *UO*

Winsen (Luhe) **I.** Kreisstadt im Lkr. Harburg, 33 830 Ew., Sitz der Kreisverwaltung, Reg.-Bez. Lüneburg (bis Ende 2004), NI. 1293 Nennung als *oppidum*, 1299 erste Erwähnung der Burg; 1322 Lüneburger Stadtrecht; Sitz einer Vogtei bzw. eines Amtes. **II.** 1158 *Winsen* [Kop. 17. Jh.], 1233 *Winhusen*, 1315 *Winsen*; *Winsen-Luhe* (1791). **III.** Bildung mit dem Gw. ↗-*hausen*, das dann zu -*sen* verkürzt wurde, und dem in got. *winja*, anord. *vin*, ahd., mnd. *winne* 'Weide(platz), Wiese' belegten App. Deutung also: 'Siedlung an der Weide, Wiese'. **IV.** ↗ Winsen (Aller), Lkr. Celle, NI. **V.** HHS 2; Nds. Städtebuch. *KC*

Winterbach **I.** Gem. im Rems-Murr-Kreis, 7709 Ew., bildet zusammen mit Schorndorf den VVG der Stadt Schorndorf, 47 055 Ew., ca. 12 km osö Waiblingen, Reg.-Bez. Stuttgart, BW. 1080 Schenkung des salischen Hausguts Winterbach von Heinrich IV. an das Domstift Speyer, ab 1101 nicht mehr in speyerischer Hand, in der ausgehenden Stauferzeit von den Staufern an die Grafen von Württemberg. Versandhandel. Michaelskirche, Bürgerhaus Kelter, Winterbacher Brunnenfest. **II.** 1046 (Kop. 1170/75) *Winterbach*, 1080 *Uvinterbach*. **III.** *Winterbach* (zu ahd. *wintar*, mhd. *winter* 'Winter', für Bäche, die den Nordhang hinabfließen) ist der alte Name des Lehnenbachs, der auf die Siedlung übertragen wurde. **IV.** Winterbach, u.a. Lkr. Günzburg, BY; Lkr. Bad Kreuznach, RP. **V.** Reichardt 1993; LBW 2 und 3. *JR*

Winterberg **I.** Stadt im Hochsauerlandkr., 13 941 Ew., auf der Winterberger Hochfläche im nö Rothaargebirge, Reg.-Bez. Arnsberg, NRW. Zwischen 1263 und 1271 zur Territorialsicherung des kölnischen Hztm. Westfalen gegen die Grafen von Waldeck gegründet. Bis ins 19. Jh. vorwiegend Holzwirtschaft, Haferanbau, Viehhaltung, Kleinhandel, besonders Hausiererhandel, seit dem 20. Jh. Wintersporttourismus. **II.** 1276 *Wynterbergh*, 1293 *Wyntergerg*, 1326 *Winterberg*. **III.** Der ON enthält das Gw. ↗-*berg* und das Bw. aszh. *wintar*, mnd. *winter* 'Winter'. Motivation für den ON sind die von Bergen umgebene Lage und die klimatischen Bedingungen der Höhenlage an der Ostseite des Kahlen Asten mit geringer Jahresdurchschnittstemperatur und früh einsetzenden, harten, schneereichen Wintern. **V.** Hömberg; HHS 3. *Flö*

Winterlingen **I.** Gem. und (mit Straßberg) gleichnamige VVG im Zollernalbkreis, 9325 Ew., ca. 22 km osö Balingen, Reg.-Bez. Tübingen, BW. Herrschaftliche Rechte um 1200 in Händen der Grafen von Veringen und Nellendorf, vor 1387 an Württemberg, danach mehrmalige Verpfändungen. Textil- und Metallverarbeitungsindustrie. Pfarrkirche und Wasserturm Benzingen, Winterlinger Winkele. **II.** 793 *in alia Filisninga* (?), 842 *Wintarfulinga*. **III.** Ausgehend vom ältesten Beleg handelt es sich wohl um eine ⁊-*ing(en)*-Ableitung zu einem PN, der von Förstemann als *Filisin* angesetzt wird; der Name bedeutet dann 'bei den Leuten des Filisin'. Vielleicht ist jedoch die Schreibung verderbt und das „andere" (= *in alia*) *Filisninga* bezieht sich auf Villingen (817 *ad Filingas*: 'bei den Leuten des Filo'). Beide ON können daher auf den gleichen PN zurückgehen. Der differenzierende Zusatz *Wintar-* gehört wohl zu ahd. *wintar*, mhd. *winter* 'Winter' im Sinne von 'der Sonne abgewandt, nördlich'. In der weiteren Entwicklung ist die schwachtonige Mittelsilbe *-fu-* ausgefallen. **V.** Bach DNK 2; FO 2; LBW 2 und 7. *JR*

Winterthur **I.** Hauptstadt des gleichnamigen Bezirks, 98238 Ew., an den Flüssen Töss und Eulach, Kt. Zürich, CH. Offiziell 1180 gegründet, doch bereits römisch (heutiger Stadtteil Oberwinterthur), 1264 Stadtrecht durch die Habsburger, ehemalige Industriestadt (Sulzer AG, SLM, Rieter Holding AG), h. vermehrt Dienstleistungszentrum, reiches Kulturleben von internationaler Ausstrahlung, wichtiger Bahnknotenpunkt. **II.** ca. 280 *Vitudoro*, 294 *murum Vitudurensem*, 886 *Wintartura*. **III.** Der keltische Name *Uitóduro* enthält im Bestimmungswort kelt. *uitu-* 'Weide, Weidenzweig' oder einen PN *Uito*, das Grundwort ist zu kelt. *durōn* 'Tür, Tor' > 'Umfriedung, Marktplatz' zu stellen; der Name ist somit als 'Weidentor, Weidenhof' o.ä. bzw. 'Marktflecken des *Uito*' zu deuten. Die heutige Namenform ist im Erstglied volksetymologisch an das Appellativ *Winter* (möglicherweise über eine frühere Angleichung an den ahd. PN *Winithar* o.ä.?), im Zweitglied an den Namen der ca. 10 km entfernten *Thur* (Fluss) angeglichen. **IV.** ⁊ Solothurn, CH. **V.** LSG. *MHG*.

Wipperfürth **I.** Stadt im oberbergischen Kreis, 23503 Ew., 40 km nö Köln an der Wupper, Reg.-Bez. Köln, NRW. Älteste Stadt im Bergischen (Stadtwerdung wohl zwischen ca. 1185 und 1283) an einer Kreuzung frühgeschichtlicher Straßen (Köln > Westfalen, Siegerland > Wuppertal), Handelsstadt bis in die Neuzeit, mittelständische Industrialisierung erst im 20. Jh., Bevölkerungswachstum nach dem II. Weltkrieg wegen eines Hauptdurchgangslagers für Vertriebene und Flüchtlinge. **II.** 1131 *Weperevorthe*, 1222 *Wipperfurde*. **III.** Namengebung nach einer Furt über die Wipper, wie der Fluss Wupper bis h. an seinem Oberlauf heißt. ⁊ *Furt* ist auf ahd. *vurt* wohl M., germ. *furdu-*, idg. *prtu-* 'Durchgangsmöglichkeit, Zugangsmöglichkeit, Furt' zurückzuführen. Der FluN 973 und 1166 *Wippere* ist wohl zu nd. *wippen*, mhd. *wipfen* 'springen' zu stellen, das mit lat. *vibrare* 'zittern, schwingen' zu vergleichen ist. Die Variante *Wupper*, ⁊ *Wuppertal*, ist nach Dittmaier im 15. Jh. entstanden. Der Umlaut in *-fürth* findet sich z.B. auch im ON ⁊ *Fürth*, BY. **V.** Dittmaier 1956; Kluge; HHS 3. *Ho*

Wirges **I.** Stadt und gleichnamige VG (seit 1972) im Westerwaldkreis, 18636 Ew., mit zwölf Gem. nö von Koblenz im Engersgau bzw. im sö Westerwald, RP. Das Gebiet gehörte im MA vor allem zum Erzstift bzw. dann zum Kurstaat Trier. Anf. 19. Jh. kamen die Gem. mit dem Amt Montabaur an das Hztm. Nassau und schließlich 1866 an das Kgr. Preußen. Seit dem 19. Jh. ist die Region ein Industriestandort. 1975 erhielt Wirges Stadtrecht. **II.** 958 *Uuidhergis*, 1220 *in widingis*, 1235 *Widergis*, 1607 *Wirgis*. **III.** Der ON ist schwer zu deuten. Bisher wurde er als Abl. von einem ahd. PN *Withar*, *Wither(i)* und einem PN-Stamm *Gis-*, zu ahd. *gîsal* 'Geisel', bzw. als GwN gedeutet, der mit mhd. *gîs*, zu ahd. *gësan* 'gären, brodeln, schäumen', gebildet ist. **IV.** Würges, OT von Bad Camberg, Lkr. Limburg-Weilburg, HE. **V.** MGH DO I; FP; Bach, A.: Die Siedlungsnamen des Taunusgebiets. Bonn 1927; Gensicke. *JMB*

Wismar, Hansestadt **I.** Kreisfreie Stadt, 44730 Ew., an der Südspitze der Wismarer als Teil der Mecklenburger Bucht (Ostsee), zwischen Lübeck und Rostock, MV. Vorslaw. und slaw. Besiedlung, zur Stadt (1266 Bestätigung des Stadtrechts) ausgebauter Marktort, von 1257–1358 mecklenburgische Residenzstadt, Mitglied der Hanse, ab 1648 unter schwed. Herrschaft, 1672–1700 Ausbau Wismars zur größten Festung Europas, 1803 wird Wismar für 100 Jahre an Mecklenburg-Schwerin verpfändet, 1903 volle Eingliederung in Mecklenburg-Schwerin, 1969 Gründung einer Ingenieurhochschule (1988 Status einer Technischen Hochschule, h. Hochschule), seit 1990 Zusatz: *Hansestadt*. 2002 Altstadt UNESCO-Weltkulturerbe. Haupterwerbszweige waren und sind Hafen- und Seewirtschaft sowie h. außerdem Chemie- und Holzindustrie. **II.** 1211 *in portu ... Wissemer*, 1229 *Wissemariam*, 1285 *Vysmar*, 1294 *Huissemaire*; *Wismar* (1258). **III.** Die Herleitung des ON ist nicht eindeutig zu klären. Dem ON liegt verm. ein apolb. PN *Vyšeměr* mit einem poss. Suffix *-j* zugrunde, das bei der Eindeutschung des Namens verloren ging. Die Bedeutung des ON lässt sich als 'Ort des Vyšemĕr' rekonstruieren. Der PN ist ein zweigliedriger VN, der aus *vyše- 'höher', zu *vysoki 'hoch', und *-mir 'Friede, Ruhe' gebildet wurde. Dem steht entgegen, dass frühere, nicht unmittelbar auf diese Stadtfläche bezogene Erwähnungen mit gleicher Wurzel (z. B. GwN 1167 ad aquam Wissemaram) nicht auf den oben abgeleiteten Lokator zurückgeführt werden können. Deshalb ist durchaus auch an eine Herleitung aus germ. *wisu 'gut' und *mari 'See, Meer' (in anderem Zusammenhang auch 'berühmt') zu denken. **V.** MUB I–IV; HHS, Bd. 12; EO; Trautmann ON Meckl.; OSE; Eichler/Mühlner. *MN*

Wissembourg ↗Weißenburg

Wissen **I.** Stadt und gleichnamige VG im Lkr. Altenkirchen (Westerwald), 15 450 Ew., im sog. Wildenburger Land an der Sieg, RP. Ersterwähnung im 11. Jh. als Rodungssiedlung am Rande der Kölner Erzdiözese. Im MA geteilte Besitzverhältnisse: das l. Siegufer gehörte zum Kölner Erzstift, das r. Siegufer einer Nebenlinie der Wildenburger Grafen. 1803 kommen beide Hälften zunächst an Nassau, 1815 an Preußen. 1969 Stadtrecht. **II.** 1048 *Wisnerofanc* ('der eingehegte Raum der Wissener'), 1299 *Wissene*, 1550 *Wissen*. **III.** *Wissen* ist identisch mit dem Namen des h. *Wisser-Bach* genannten und in Wissen in die Sieg mündenden Flusses (*Wisna* > *Wissne* > *Wissene*). *Wisna* ist eine *n*-Ableitung von germ. *wis- (in FluN), ablautend *waisōn (awn. *veisa* 'Schlamm, Sumpf'), idg. *u̯eis- 'fließen'. **V.** Barth, E.: Die Gewässernamen im Flussgebiet von Sieg und Ruhr. Gießen 1968; Greule, DGNB. *AG*

Witten **I.** Stadt im Ennepe-Ruhr-Kr., 99 126 Ew., an der Ruhr sö von Bochum am Duchbruch der Ruhr durch das Ardeygebirge, Reg.-Bez. Arnsberg, NRW. Anfang des 13. Jh. Pfarrsiedlung, seit 16. Jh. Kohlebergbau (bis 1925), Vieh- und Getreidehandel. Seit Anfang des 19. Jh. Stahlindustrie, später chemische Industrie und Maschinenbau. 1825 Stadt, 1899 bis 1974 kreisfrei. 1983 Universitätsstadt. **II.** 1214 *in Wittene*, um 1230 *de Wittene*, 1263 *de Witthene*; *Witten* (1308). **III.** Der ON ist zu asä. *hwīt*, mnd. *wit* 'weiß' zu stellen (vgl. ae. *hwīt* 'hell, glänzend', got. *eits* 'weiß'; daneben mnd., mnl. *witte* mit wohl erst spät eingetretener Gemination). Die ersten Belege zeigen noch vokalischen Auslaut, was für eine Ableitung mit Nasalsuffix auf *-ina* spricht. Eine Suffixbildung mit der entgegengesetzten Farbbezeichnung ist ↗Schwerte, rund 16 km ö an der Ruhr gelegen. Bezeichnet wurde somit zunächst ein 'helles, glänzendes' Gewässer – dann läge ein alter Abschnittsname der Ruhr vor – oder eine 'Stelle, an der sich etwas Weißes, Helles, Glänzendes befindet', dessen Sachbezug nicht mehr zu ermitteln ist. Zu denken wäre etwa an vergleichsweise hell gefärbten Boden. **IV.** ↗Schwerte, Kr. Unna, NRW. **V.** Kluge, S. 981; Berger. *Flö*

Wittenbach **I.** Politische Gem. im Wahlkreis (ehem. Bezirk) St. Gallen, 8 986 Ew., bestehend aus den Gemeindeteilen Wittenbach, Kronbühl und Bruggwaldpark sowie mehreren Streusiedlungen und der Exklave Hinterberg, Kanton St. Gallen, CH. Im frühen MA Lehen des Klosters St. Gallen, bis 1798 Teil des fürstäbtischen Landeshofmeisteramtes. Bis in die Neuzeit landwirtschaftlich geprägt, Obst- und Flachsbau, ab dem 19. Jh. Gras- und Milchwirtschaft, daneben textile Heimindustrie, ab 1869 auch Fabrikindustrie. Nach dem 2. Weltkrieg industrielle Diversifizierung. H. moderne Wohngemeinde der Agglomeration St. Gallen mit einem überwiegenden Anteil Wegpendlern. **II.** 1297 *Witebach* (Kop.), 1303 *Witabach* [Or], 1309 *Wittabach* [Or], 1489 *Wittembach*. **III.** Sekundärer Siedlungsname (nach einem urspr. Gewässernamen) mit dem Grundwort ↗*-bach*, ahd. *bah*, mhd. *bach* 'Bach'. Im Bestimmungsglied ist mit einiger Sicherheit das Adj. ahd. mhd. *wīt* 'weit, von großer Ausdehnung' zu isolieren, wenngleich ein PN *Wido* oder *Witto* nicht ganz ausgeschlossen werden kann. Nach Brandstetters Akzentgesetz erscheint auch der Langvokal von *wīt* im vorliegenden Fall regelgemäß gekürzt. Als Gesamtdeutung wäre etwa 'weitläufiges, ausgedehntes Fließgewässer' anzusetzen. Der Namentyp *Wittenbach, Weitenbach* ist im deutschen Sprachraum recht verbreitet. **V.** FP; LSG; LUNB I. *MHG*

Wittenberg, Lutherstadt **I.** Kreisstadt, 45 788 Ew., in der Mitte zwischen Berlin und Leipzig, an der Elbe, ST. Entstehung von Burg und zugehöriger Siedlung wohl im 12. Jh., 1293 Stadtrecht. Seit dem 14. Jh. Residenzort der sächsischen / askanischen Herzöge und dann Kf., später der ernestinischen Wettiner. Nach der Universitätsgründung 1502 enormer kultureller und wirtschaftl. Aufschwung im Gefolge der Reformation seit 1517, bald wieder zurückgehend, aber bis h. nachwirkend (Bildungseinrichtungen, Tourismus, UNESCO-Weltkulturerbe). Seit 1815 zu Preußen, ab 1873 Entwicklung zur bedeutenden Industriestadt. 1922–1952 kreisfrei. **II.** 1187 (12. Jh.) *Wittenburg*, 1190 *Wittenberg*, 1292 *Wittenberch*. **III.** Bildung aus nd. *wit* 'weiß', also Ort '(am) weißen Berg' oder '(bei der) weißen Burg', ↗*-berg*, ↗*-burg*. Die Benennung wird im Allgemeinen mit sandig-hellen Ablagerungen der nahe gelegenen Elbe in Verbindung gebracht. Im Zusammenhang mit dem Reformationsgedenken wurde dem Namen 1922/38 *Lutherstadt* als offizieller Namenszusatz vorangestellt, in Namenverzeichnissen (Telefonbuch usw.) daher häufig Einordnung unter L. Bemerkenswert (und leicht zu Verwechslungen führend) ist die Koexistenz von *Wittenberg* und ↗ *Wittenberge* sowie des im Prinzip gleichbedeutenden *Belgern* (aus asorb. *běla gora* 'weißer Berg') an der Elbe. Ähnliche Namen sind häufig wie z. B. *Wittenburg*, Lkr. Ludwigslust, MV sowie zahlreiche Orte Weißenberg, z. B. im Lkr. Bautzen, SN oder z. B. ↗ Weißenburg i. Bay. in hochdeutscher Lautung. **V.** DS 38; SNB. *ChZ*

Wittenberge **I.** Stadt im Lkr. Prignitz, 19 023 Ew., an der Mündung der Stepnitz in die Elbe, nw Berlin, BB. Vordeutsche Burg an altem Elbübergang aus der Altmark nach Norden; d. Burg der Herren Gans von Putlitz, im dreißigjährigen Krieg zerstört; Stadtanlage errichtet nach 1200 durch den Mgf. von Brandenburg (1264 *civitas*). Elbschifffahrtsplatz und Umschlaghafen; ehem. Nähmaschinenproduktion, h. Nähmaschinenmuseum. **II.** 1239 *uittenberge*, 1375 *Wittemberge*; *Wittenberg*. **III.** Eine Zuss. zum. Adj. mnd. *wit* 'weiß, leuchtend' und mnd. *-berch*, hd. ↗ *-berg*, hier in der Bedeutung 'Burg' (die Stadt liegt nicht auf einer hervorstehenden Erhebung). Ein schmückender Name 'eine helle, leuchtende Burg'. **IV.** ↗ Wittenberg, ST. **V.** Riedel A I; Landbuch; BNB 6; SNB. *EF*

Wittenburg **I.** Stadt und (mit Körchow, Lehsen und Wittendörp) gleichnamiges Amt im Lkr. Ludwigslust, 9041 Ew., ca. 30 km sw von Schwerin, ca. 10 km sö vom Schaalsee, MV. Slaw. Vorbesiedlung, ab ca. 1150 d. Burg samt Siedlung, 1226 als Stadt erwähnt, 1282 Sitz einer selbst. Grafschaft für ca. 70 Jahre, 1358 an Mecklenburg, im 16. Jh. Eisenschmelz- und Hammerwerke durch Raseneisenerz, 1735–1768 an Braunschweig-Lüneburg verpfändet, Landwirtschaft und Obstanbau, in der DDR Herstellung von Milchkonserven und Süßwaren, h. mittelständische Betriebe der Nahrungsmittel- und Elektroindustrie, Dienstleistungsgewerbe. **II.** 1154 *prouinciis … Wittenburg* (Landschaftsname), 1194 *de Wittenburgh*, 1226 *Witenburc*; *Wittenburg* (1230). **III.** Der ON ist ein typischer Wunschname aus der Zeit der Besiedlung des Landes ö der Elbe durch d. Kolonisten. Das Bw. geht auf mnd. *wit* (asä. **hwīt*) 'weiß, glänzend, leuchtend' zurück. Das Gw. ist ↗ *-burg*. **IV.** ↗ Wittenberge, Lkr. Prignitz, BB; ↗ Lutherstadt Wittenberg, Lkr. Wittenberg, ST. **V.** MUB I; HHS, Bd. 12; Eichler/Mühlner. *MN*

Wittingen **I.** Stadt im Lkr. Gifhorn, 11 980 Ew., NI. Schon früh erwähnter Ort, ebenso wie der Wittingau. Halberstädtisches Archidiakonat, Stadtrechte zu Beginn des 13. Jh., 1340 in den Besitz der Welfen zu Celle. Verlagerung des Amtssitzes nach Knesebeck, 1852 innerhalb der Gografschaft Wittingen dem Amt Isernhagen zugeordnet, 1859 Zusammenfassung der Ämter Isernhagen und Knesebeck zum Amt Isernhagen, 1885–1932 Lkr. Isernhagen, dann mit dem Lkr. Gifhorn zusammengeschlossen, seit Gründung Niedersachsens 1946 Ort im Lkr. Gifhorn. **II.** 1196/97, nach 1209, 1235. *Witinge*, 1202 (Kop. 13./14. Jh), 1311, 1369 *Witinghe*; Gauname (nach Annal. Saxo u.a.): 11./12. Jh. (zum Jahr 781) *Witingaos* (mehrfach erwähnter Stammesname, Akkusativ Pl.) **III.** Man wird in der Deutung dem schon von FO II vorgeschlagenen Weg einer ↗ *-ing(en)*-Bildung zu asä. *hwīt* 'weiß' zustimmen können, zumal entsprechende Ableitungen von Appellativen gerade im ostfälischen Gebiet sehr häufig sind, man denke an *Gröningen* (zu *grön* 'grün'), *Hehlingen* (zu *hel-* 'schräg'), *Hesslingen* (zu *Haselnuss, Haselstrauch*), *Liedingen* (zu *lith* 'Abhang') u. a. Das Motiv der Namengebung dürfte wie auch bei *Gröningen* eine bestimmte auffällige Färbung des Bodens oder der Landschaft gewesen sein. Möglich ist auch, dass sich die Namengebung urspr. auf eine größere Fläche bezogen hat, wofür der früh bezeugte Gauname sprechen könnte. **V.** FO II; GOV Gifhorn; Nds. Städtebuch. *JU*

Wittlich **I.** Kreisstadt des Lkr. Bernkastel-Wittlich, 17 763 Ew., in der Südeifel an der Grenze zur Moseleifel und nahe dem Moseltal, RP. In röm. Zeit befindet sich hier zunächst eine kelt. Fliehburg der Treverer und bis ca. 350 n. Chr. einer der größten röm. Herrensitze n der Alpen, der dem späteren ma. Königshof den Namen gegeben hat. Vom 7. Jh. bis 1794 ist die daraus entstandene Siedlung Teil des Trierer Erzstifts bzw. Kurfürstentums. 1300 erhält Wittlich Stadtrechte. Seit 1815 ist die Stadt preuß. und wird 1938 Garnisonsstadt. 1969 werden die Lkr. Bernkastel und Wittlich zusammengelegt, Wittlich wird Sitz des neuen Kreises. **II.** 1065 *in marca Uilliacensi super fluvium Lesuram*, 1114 *in villa Witeliche*; *Wittlich* (1171). **III.** Dem ON liegt ein röm. PN *Vitelius* mit einem lat. besitzanzeigenden Suffix ↗ *-acum* zugrunde, verm. vor zu ergänzendem *fundus* 'Hofgut' im Akkusativ: 'zum Hofgut des Vitelius'. Im Beleg von 1065 wird *-tl-* zu *-ll-* angeglichen. **V.** MRUB I; Kaspers, W.: Die -acum-Ortsnamen des Rheinlandes. Halle 1921; Gysseling 1960/61; Kaufmann 1973. *JMB*

Wittmund **I.** Stadt und Sitz des gleichnamigen Lkr., 21 031 Ew., NI. Um 1200 war Wittmund der zentrale Ort des Wangerlands; 1454 Vereinigung der Gebiete um Esens, Stedesdorf und Wittmund durch Sibet Attena, Vorsitz des Harlingerlandes, erst ab 1600 Zusammenschluss mit Ostfriesland; 1567 Stadtrecht, später verloren, erneuert 1929. Seit dem frühen 18. Jh. als Amt Wittmund erwähnt, seit 1815 in das Kgr. Hannover eingegliedert, 1866 preuß., 1885 Entstehung des Lkr. Wittmund. 1977 Auflösung des Kreises und Zusammenschluss zum neuen Lkr. Friesland mit Sitz in Wittmund, 1980 Rückgliederung zum urspr. Lkr. Wittmund. **II.** 1400 *Wytmunde*, 1431 *Wytmunde*, 1589 *Menso van Wytmunde*, 1719 *Wittmund*. **III.** Die gelegentlich herangezogenen Belege der Fuldaer Traditionen wie *Widimuntheim* und frühe Belege des Typs *Witmundi* u. ä. bleiben fern. Der ON ist bisher nicht überzeugend erklärt worden. Die Annahme, es liege ein PN *Widimind* zugrunde, kann wegen eines fehlenden Grundwortes nicht überzeugen. Mit Recht wird auch der Versuch zurückgewiesen, eine Verbindung von afries. *wedma*, *witma* 'Wittum, Brautgabe' mit dem altertümlichen -*nt*-/-*nd*-Suffix anzunehmen. Eine weitere Erklärung, im Bw. nd. *witt* 'weiß' und im Gw. eine suffixale Bildung zur Wz. *meu- / *mū- / *mŭ- 'feucht, modrig; unreine Flüssigkeit' zu sehen, ist aber ebenfalls sehr strittig. Wichtig ist der Hinweis darauf, dass der ON mit 'Mund, Mündung' nichts zu tun haben kann, denn dieses Wort hat im Friesischen eine Form ohne -*n*- (↗ Emden). Man muss daher einen anderen Weg gehen, der *Wittmund* als Kompositum mit einem Gw. -*mund* ansieht. Durch den Vergleich mit *Dortmund*, *Pyrmont*, *Hedemünden* und weiteren Namen ist es inzwischen gelungen, in -*mund* eine frühe, im Auslaut abweichende Variante zu lat. *mont*- 'Berg' zu ermitteln. Das Bw. darf dann mit nd. *witt* 'weiß' identifiziert werden. Die Bedenken, dass in den frühen Belegen anlautendes *h*- erscheinen müsste, sind angesichts der spät einsetzenden Überlieferung unbegründet. Der ON wäre als 'weißer Hügel' zu verstehen, seine Lage am erhöhten Geestrand stimmt damit auch vom Motiv her überein. **V.** NOB IV; NOB V; NOB VI; Nds. Städtebuch; Remmers, Aaltukerei; Udolph, J.: Der Ortsname *Dortmund* – Neues zu einem alten Namen. In: Beiträge zur Geschichte Dortmunds und der Grafschaft Mark 100/101 (2010). JU

Wittstock/Dosse **I.** Stadt im Lkr. Ostprignitz-Ruppin, 15 650 Ew., an der Autobahn Berlin-Rostock, nw Berlin, BB. Im 9./10. Jh. slaw. Burg, Zentrum des slaw. Stammes der Dossanen; seit etwa 1150 Burg der Bischöfe von Havelberg (bis 1548); 13. Jh. Stadt (1248 *civitas*). Stadtmauer mit Wiekhäusern, Pfarrkirche (13. Jh., Anbauten 15. Jh.), Heiliggeist-Kapelle (14. Jh.). Im 18. Jh. Tuchgewerbe. **II.** 948 (946) *Wizoka*, 1150 *wizoka* [Or.], 1271 *wizstoc*; *Wittstock* (1606). **III.** Slaw./apolb. *Vysoka, eine einfache deappellativische Namenbildung zum Adj. *vysoka* fem. 'hoch', also ein hoch gelegener Ort, wegen der Lage am Scharfenbergrand über der Dosseniederung so benannt. Früh belegt ist die volksetymologische Angleichung an mnd. *stock* 'Stock, Sumpf' und *wit* 'weiß'. Der Zusatz bestimmt die Lage an der Dosse, ↗ Neustadt (Dosse). **IV.** In Brandenburg sind elf zu apolb. *vysok*-zugehörige ON belegt, z. B. Wittstock, OT von Schönermark, Lkr. Uckermark, BB. **V.** Riedel A I, II.; BNB 6; SNB. EF

-witz. ↗ **-itz.**

Witzenhausen **I.** Stadt im Werra-Meißner-Kreis, 15 548 Ew., an der unteren Werra am Ostrand des Kaufunger Waldes gelegen, Reg.-Bez. Kassel, HE. Lehen der thüringischen Landgrafen. 1232 in der Auseinandersetzung zwischen Mainz und Thüringen zerstört. Seit 1264 im Besitz der hess. Landgrafen. Seit 1361 Amtssitz, 1821 gleichnamiger hess. Kreis, der 1974 mit dem Lkr. Eschwege zum Werra-Meißner-Kreis vereinigt wurde. **II.** Um 850 *Wizzanhuson* (F.), 1225 *Witczenhusin*, 1231 *Wezenhusen*, 1270 *Wizinhusen*, 1271 *Wittinhusin*, 1320 *Wyssenhusen*, 1575–1585 *Witzenhausen*. **III.** Zum Gw. ↗ -*hausen*. Bw. ist der PN *Wiz(z)o*, eine Ableitung mit dem Suffix ahd. -*(i)zo* zu einem PN mit *Widu*- (zu ahd. *witu* 'Holz, Wald') bzw. *Wig*- (zu ahd. *wīg* 'Kampf, Streit, Krieg') im Erstglied. Wegen der Kürze des Stammvokals kommt eine Anknüpfung an ahd., mhd. *wīz* 'weiß, glänzend' nicht in Betracht. **V.** FP; Eckhardt, K.A.: Quellen zur Rechtsgeschichte der Stadt Witzenhausen (Veröffentlichungen der Historischen Kommission für Hessen und Waldeck 13,4). Marburg 1954; Küther 1973. TH

Wohlen bei Bern Mda. ['ʋɔlə] **I.** Gem. im Amtsbezirk Bern, 8986 Ew., am rechten Ufer der zwecks Nutzung der Wasserkraft zum Wohlensee gestauten Aare, 7 km nw von Bern, Kt. Bern, CH. Früh begangenes und besiedeltes Gebiet. Nekropolen-Grabhügel, röm., frühma. und hochma. Funde. Gehörte im MA zur Gft. Oltigen; ein Teil kam 1410/12 an Bern, verwaltet in der bern. Vogtei Oltigen, von 1483–1798 in der Landvogtei Laupen. 1803 dem neu geschaffenen Amtsbezirk Bern zugeschlagen. H. eine nach Bern ausgerichtete, vorstädtisch, aber weitgehend auch noch bäuerlich geprägte Pendlergemeinde. **II.** 1275 *plebanus in Wolun* [Or], 1275 *Hugo de Wolon*, 1316 *kilchherrn ze Wollen*, 1375 *Chůnradus von Wolen*. **III.** Zurückgehend auf einen lokativischen Dat. Pl. ahd. **(ze) Walhun* 'bei den Walchen, Romanen, Welschen', im Lautlichen mit Hebung (und Rundung) von -*a*- zu -*o*- vor -*l*- und Assimilation von -*lch*- zu -*l*-. Mit *Walchen* bezeichneten die Alem. ihre rom.-sprachigen Vorsiedler und Nachbarn. Der Name dürfte ein Hinweis darauf sein, dass die Siedlung einst länger als ihr Umland „welsch" geblieben ist. **IV.** ↗ Wohlen, AG; Wahlen, BL; Waldenburg, BL; Walenstadt, SG, alle CH. **V.** BENB; HLS; LSG. *eb, tfs*

Wohlen mda. ['volə] oder ['volːə] **I.** Gem. im Bezirk Bremgarten, 14 120 Ew., im Bünztal, AG, CH.

Grabhügelfeld aus der Hallstattzeit, ein römischer Gutshof wird vermutet. Vom 16. bis ins 20. Jh. geprägt durch die Strohflechterei (um 1850 55 Fabriken mit 5000 Arbeitsplätzen und 20000 Heimarbeitern). Heute vor allem Eisen- und Kunststoffverarbeitung, Verpackungsindustrie, Instrumentenbau und Mühlenbetriebe. **II.** 12. Jh. (Kop 14. Jh.) *Wolen*, 1178 (Kop 16. Jh.) *Vuolon*, 1248 *de Wolhovin*, 1415 *ze Wolen*. **III.** Primärer alemannischer SiN, ahd. **za diem Walhun* 'bei den Welschen (Romanen)', der sich auf die ansässige vordeutsche Bevölkerung bezog. Der velare Reibelaut [x] konnte nach Liquiden *l* oder *r* schwinden: mhd. *wëlcher* > schweizerdeutsch *wele*, mhd. *durch* > schweizerdeutsch *dur*, mhd. *furche* > *Fure*. **IV.** Wohlen bei Bern, BE, CH. **V.** Schweiz. Lex.; Zehnder, Gemeindenamen Aargau; LSG. *RMK*

Woldegk **I.** Stadt und (mit weiteren neun Gem.) gleichnamiges Amt im Lkr. Mecklenburg-Strelitz, 7492 Ew., ca. 25 km sö von Neubrandenburg und 30 km nw von Prenzlau, MV. In der 1. Hälfte des 13. Jh. planmäßige Stadtgründung durch Markgrafen von Brandenburg, 1292 zu Mecklenburg, seit Ende des 15. Jh. Bau zahlreicher Windmühlen erwähnt, Landwirtschaft, ab Ende des 19. Jh. zwei Ziegeleien, im 2. Weltkrieg zu 70 % zerstört, anschließend Wiederaufbau mit Kleinindustrie, h. Handel und Kleingewerbe. **II.** 1230 *Woldegen*, 1298 *Woldegh*, 1304 *stat tů Woldekke*, 1317 *Waldecke*, 1317 *Woldegge*. **III.** Der ON ist ein typischer Name aus der Zeit der Besiedlung des Landes ö der Elbe durch d. Kolonisten. Das Bw. geht auf mnd. *wold* 'Wald, Holz' (↗-*wald*) zurück. Das Gw. ist *egge*, *egke*, ↗-*eck* 'Schneide; Spitze, Kante, vorspringender Fels', das im MA in Süd- und Mitteldeutschland zu einem häufigen Gw. für Burgnamen geworden ist. Deshalb ist auch eine Namensübertragung nicht ausgeschlossen. **IV.** ↗Waldeck, Lkr. Waldeck-Frankenberg, HE; Waldeck, Saale-Holzlandkreis, TH. **V.** MUB I–VI; HHS, Bd. 12; Eichler/Mühlner. *MN*

Wolfach **I.** Stadt und gleichnamige VVG im Ortenaukreis, 8606 Ew., die sie seit 1974 zusammen mit Oberwolfach bildet, 28 km sö Offenburg, Reg.-Bez. Freiburg, BW. Sitz der seit 1084 belegten Edelfreien von Wolfach, 1410 vorübergehend Straßburger Lehen, 1806 an Baden. Fürstenberger Schloss, Burgruine Wolfach, Pfarrkirche St. Laurentius. **II.** 1084 (Kop. 17. Jh.) *Wolfhacha*, 1101 *Wolva*; *Wolfach* (1328). **III.** Dem ON liegt der GwN *Wolfach* (vor 1095 *Wolvache*) zu Grunde, namengebend waren wohl in der Umgebung des Gewässers lebende Wölfe. **IV.** ↗Hausach, Ortenaukreis, BW. **V.** Greule 2007; Krieger; Bach DNK 2; FO 2; Bad. Städtebuch; LBW 2 und 6. *JR*

Wolfenbüttel **I.** Kreisstadt im Lkr. Wolfenbüttel, 53797 Ew., an der Oker s von Braunschweig, Reg.-Bez. Braunschweig (bis Ende 2004), NI. Zunächst Niederungsburg der Herren von Wolfenbüttel-Asseburg, nach Zerstörung 1253 seit 1283 Wiederaufbau durch Braunschweiger Herzöge und seit dem 14. Jh. bis 1753–54 Hauptresidenz der Herzöge; seit dem 16. Jh. planmäßiger Ausbau der Siedlung zur Stadt; Sitz der berühmten Herzog-August-Bibliothek. **II.** 1118 *Wlferesbutle* [Kop. 14. Jh.], 1345 *Wulferbutle*, 1448 *Wulfelnbuttel*; *Wolffenbüttel* (1644). **III.** Bildung mit dem nur im norddeutschen Raum vorkommenden Gw. ↗-*büttel*, das als Dentalerweiterung und Kollektivbildung zum Wortstamm von *bauen* gehört. Bw. ist der stark flektierende PN *Wulfheri* im Gen. Sg. Die Flexionsendung -(*e*)*s*- schwindet durch Konsonantenhäufung im 13. Jh., -*r*- und -*l*- im PN-Zweitglied variieren, bedingt durch ähnliche Artikulation und das -*l*- der anderen Silben. Schließlich wird der Name an die einen schwach flektierten PN enthaltenden ON angeglichen (*Wolfel* > *Wolfeln* > *Wolfen*). Deutung also: 'Siedlung des Wulfheri'. **V.** GOV Braunschweig; Nds. Städtebuch; NOB III; Casemir, -büttel. *KC*

Wölfersheim **I.** Großgem. im Wetteraukreis, 9883 Ew., zwischen Vogelsberg und Taunus, nö von Bad Nauheim, Reg.-Bez. Darmstadt, HE. 1128 Ersterwähnung, doch verm. bei fränk. Landnahme im 7./8. Jh. gegr.; im MA im Besitz der Herren von Falkenstein (die den Ort wohl um 1300 zur Stadt erhoben, was aber ohne Bed. blieb), später zu Solms-Braunfels, 1806 zu Hessen-Darmstadt. 1970/71 Eingliederung weiterer 4 Gem. **II.** 1128 *Vulfersheim*, 1141 *Weluersheim*, 1142 *Woluersheim*, 1525 *Wolfferßheim [alle Or]*. **III.** Die Belege 1 und 3 zeigen ein Schwanken zwischen -*u*- und -*o*-, das wohl noch mit der ahd. Brechung (**wulfa-z* > *wolf*) zusammenhängt, die in diesem wie anderen Fällen orthografisch nicht immer durchgeführt wurde. Das bis ins Frnhd. dann dominierende -*o*- dürfte für den im Md. im Allgemeinen nicht eigens gekennzeichneten Umlaut -*ö*- stehen (ebenso wie das -*u*- des Erstbelegs für -*ü*-). Dass der h. Umlaut alt ist, dafür spricht gelegentliches -*e*- (s. Beleg 2), das wohl als Reflex der mda. Entrundung -*ö*- (!) > -*e*-, die sich schriftsprachlich nicht durchsetzen konnte, anzusehen ist. Daher wäre als Bw. der PN *Wolffrid(es)* (-*frid* 'Friede') oder *Wolfrīt* (-*rīt* 'der Reitende') /rhfr. -*d(es)* (jeweils mit umlautbewirkendem -*i*-) anzusetzen, wobei das vor dem Gw. ↗-*heim* tonschwach gewordene flektierte Zweitglied zu -*res* > -*ers* [*r*-Metathese] kontrahiert wurde. Bed.: 'Heimstätte eines Wolffrids (-rīts)'. **IV.** Uelversheim, Lkr. Mainz-Bingen, RP; Wolfersheim, OT von Blieskastel, Saarpfalz-Kreis, SL. **V.** Mainzer UB I; Clemm; Kaufmann 1965. *HGS*

Wolfhagen I. Stadt im Lkr. Kassel, 12 937 Ew., w von Kassel am Naturpark Habichtswald, Reg.-Bez. Kassel, HE. Um 1226 unter dem Landgrafen Ludwig IV. von Thüringen erbaut; 1232 Mainzer Lehen, 1264 Stadtrechte, 1302 Vollendung der Stadtbefestigung. 1778 Gründung der Siedlungen Philippinenburg, -dorf und -thal. Kreisstadt 1945–1972. **II.** 1231 *Wolfhain* [Or], 1235 *Wlfhagen* (!), 1239 *Wolfhagen*, 1269 *Vulfhagen*, 1293 *Wolfhagin*. **III.** Bw. ahd. mhd. *wolf* 'Wolf'. Zum Gw. vgl. ↗-*hagen*. **V.** Reimer 1926; Keyser. *TH*

Wolfratshausen I. Stadt im Lkr. Bad Tölz-Wolfratshausen, 17749 Ew., Reg.-Bez. Oberbayern, BY. Ca. 1100 Burgbau durch Grafen von Dießen-Andechs, 1248 Übergang an die Wittelsbacher, 1280 Markt. **II.** 1003 *Wolueradeshusun*, 1121–1126 *Wolfratehusen*, 1155 *Wolfrateshusen*, 1279–1284 *Wolfrathvsen*, ca. 1285 *Wolfrathovsen*, 1293 *Wolfrathavsen*, 1310 *Wolfrathausen*, 1321 *Wolfratshausen*, 1519–1521 lat. *Voliphorathusium*. **III.** Grundwort ist eine Pluralform von ahd. *hûs* 'Haus, festes Gebäude, Hütte, Behausung', ↗-*hausen*, Bestimmungswort der PN *Wolverad*, *Wolfrat*. **V.** HHS 7/1; Reitzenstein 2006. *WvR*

Wolfsberg I. Stadt, 25316 Ew., Pol. Bez. Wolfsberg, am Fuß der Koralpe gelegen, KÄ, A. Wirtschaftliches Zentrum des Lavanttales, Bestätigung des Stadtrechts 1331; im Mittelalter Weinbau (vgl. FlN *Weinebene* auf der Koralpe). Die erste urk. Erwähnung 1178 bezieht sich auf die bambergische Burg; die Stadt war bis 1759 bambergisches Gebiet. Nach archäologischen Funden seit der Bronzezeit besiedelt. **II.** 1178 *Wolffsperch*. **III.** Der Name ist entweder als 'Berg, wo Wölfe vorkommen' zu deuten oder er ist von *Wolfsberg* bei Bamberg hierher übertragen worden. Er kann auch einen Personennamen mit *Wolf-* enthalten, also 'Berg des Wolf'. Dass ↗-*berg* auf ↗-*burg* zurückgeht ist möglich, aber nicht zwingend. **V.** ANB; HHS Huter; Kranzmayer II. *HDP*

Wolfsburg I. Kreisfreie Stadt, 120538 Ew., Reg.-Bez. Braunschweig (bis Ende 2004), NI. 1938 Gründung mit Errichtung des Volkswagenwerks durch Zusammenschluss der Gem. Rothehof und Heßlingen als „Stadt des KdF-Wagens", 1946 Übertragung des Namens der früheren Burg an der Aller, der Wolfsburg (13. Jh. Gründung durch Familie von Bartensleben zum Schutz der Handelswege am Allerübergang, ab 1746/47 Besitz der Familie von Schulenburg), Schloss (1947 im Besitz des Landes Niedersachsen, 1961 der Stadt Wolfsburg) und einstige Vorburg bilden Stadtteil Alt-Wolfsburg. **II.** 1302 *Wluesborch* [Or], 1345 *in der Wulfesborch* [Or], 1352 *Wolvesborch* [Or]. **III.** Bildung mit dem Gw. ↗-*burg*. Die Schreibung des Bw. im Erstbeleg ist als *Wulves-* zu interpretieren, ab dem 14. Jh. tritt -*o*- in die Schreibung ein. Das Bw. kann sowohl auf dem stark flektierenden PN *Wulf* als auch auf dem mnd. Appellativ *wulf* 'Wolf' in starker Flexion basieren. Es gilt aber als wahrscheinlich, dass der Wolf im Wappen der Burggründer, der Familie von Bartensleben, namengebend war. **V.** Nds. Städtebuch; HHS 2; NOB VII. *FM*

Wolfstein I. Stadt und gleichnamige VG (seit 1972) im Lkr. Kusel, 8543 Ew., 15 Gem. im Nordpfälzer Bergland und im sog. „Königsland" zwischen Idar-Oberstein und Kaiserslautern, RP. Wolfstein wurde 1275 gegr. und mit Stadtrecht versehen, seit Mitte 14. Jh. im Besitz der Kurpfalz. Die Ursprünge der Burgen Alt- und Neu-Wolfstein liegen im Dunkeln. Im OT Reipoltskirchen steht der Wehrturm einer Tiefburg, zwischen den OT Ess- und Oberweiler die Ruine der Sprengelburg und auf dem Kreimberg Reste einer kelt. Fliehburg. Bis 1967 wurde das Kalkbergwerk am Königsberg betrieben. Die VG ist Teil des sog. „Kuseler Musikantenlandes". **II.** 1275 *castrum nostrum dictum Woluistein*, 1282 *sub Wolvenstein*, *sub castro Wolvestein*; *Nuwen-Wolffstein* (1380). **III.** Dem Bw. liegt der ahd. PN *Wolfo*, Gen. Sg. *Wolfen-*, zugrunde, auf den die Flexionsendung -*e(n)*-: *Wolui-*, *Wolven-*, *Wolve-* hinweist, das Gw. ist ↗-*stein*. Favorisiert wird eine Deutung des ON als 'Burg des Wolfo'. Die Burg könnte jedoch auch nach einem FlN (Felsnamen, mit einer Deutung als 'Fels des Wolfo') benannt worden sein. **V.** Stadtarchiv Wolfstein; FP; HSP. *JMB*

Wolgast I. Stadt und Sitz der Verwaltung des Amtes Am Peenestrom im Lkr. Ostvorpommern, 12 061 Ew., am Peenestrom (zur Ostsee), nw der Insel Usedom, ca. 30 km ö von Greifswald, MV. Slaw. Vorbesiedlung mit Burg und Kultstätte, 1123 Eroberung durch Pommernherzog, mit Christianisierung um 1128 erste christliche Kirche, 1257 Stadtrecht, ab 1295 Sitz der Herzöge von Pommern-Wolgast, Bau des Herzogsschlosses bis 1625, 1648 an Schweden, mehrfach Kriegszerstörungen, 1815 zu Preußen; Seefahrt und Handel, h. Fortsetzung des Schiffsbaus, Hafenwirtschaft, kleinere Gewerbebetriebe. **II.** 1127 *Hologost*, 1140 *Wologost*, 1184 *Wologastum*; *Wolgast* (1189). **III.** Dem ON liegt verm. ein apoln. PN *Vologost, *Vologast mit einem poss. Suffix -*j* zugrunde, das bei der Eindeutschung des Namens verloren ging. Die Bedeutung des ON lässt sich als 'Ort des Vologost' rekonstruieren, wobei der PN aus *volo-*, zu **vol'*, apoln. *wola* 'Wille' (vgl. russ. *volja* 'Wille') und *-*gost* 'Gast' (vgl. russ. *gost'*, poln. *gość*, 'Gast') besteht. **V.** PUB 1; Berghaus, H.: Landbuch von Neu-Vorpommern und der Insel Rügen, 4, 2. Anklam 1868; HHS, Bd. 12; EO; Trautmann ON Meckl.; Eichler/Mühlner; Niemeyer 2001b. *MN*

Wöllstein I. Gem. und gleichnamige VG (seit 1972) im Lkr. Alzey-Worms, 11 912 Ew., im N der rheinhessischen Schweiz, vor den Toren von Bad Kreuznach, RP. Acht Gem. im sog. „Wonnegau", das ein volksetym. umgedeutetes *Wangengau* ist, den die Römer nach dem hier ansässigen Stamm der Vangionen so benannten. Im frühen MA entstanden hier einige fränk. Königshöfe. Im ausgehenden MA gehörte die Gegend zu unterschiedlichen, teilweise auch anteilig zu mehreren Herrschaften. Großen Einfluss hatten hier Kurmainz und die Kurpfalz. Seit 1815 sind die Gem. Teil Rheinhessens. II. 855 *Welthistein* (Kop. 12. Jh.), 1023 *Weldinstein*, 1140 *Wildestein*, 1375 *Wellnstein*, 1421 *Wellstein*. III. Das Bw. ist mit dem fränk. PN **Wilthio* > *Wildo*, Gen. Sg. *Wilthin-* > *Wildin-*, *Weldin-* gebildet worden, dem der ahd. PN-Stamm **Wilþja-*, zu germ. *wilþja-* 'wild', zugrundeliegt. Das *-n-* der Kasusendung konnte vor anlautendem *-st-* ausfallen. Puhl führt die PN *Welti, Welto* an, die ebenfalls dem Bw. zugrunde liegen konnten. Das Gw. ist ↗ *-stein* (Puhl denkt hier an ein röm. Burgus). Der urspr. ON bedeutete demnach 'Burg des Wildo'. V. CL; FP; Kaufmann 1976; Puhl 2009. *JMB*

Wolmirstedt I. Stadt und gleichnamige VG im Lkr. Börde, 11 017 Ew., am Südrand der Colbitz-Letzlinger Heide, an der Ohre kurz vor deren Mündung in die Elbe, ST. Frühmittelalterlicher befestigter Ort an Ohre- und Elbübergängen, 1009 deutsche Reichsburg, Sicherung des Zugangs zur nördlichen Altmark, Stadtrecht 1590; bis 1994 Kreisstadt. Alter Handelsplatz, ehemals Textil- und Lederproduktion, h. Standort eines großen Umspannwerkes des innerdeutschen Stromverbundes. II. 1012–18 *Walmerstidi, Sclavonice autem Ustiure, eo quod Ara et Albis fluvii hic conveniunt*, 1159 *de Wlmerstede*, 1217 *de Wolmerstede*, 1297 *Wolmirstede*. III. Der ON ist mit dem Gw. ↗ *-stedt* und einem asä. PN gebildet. Dieser kann entweder als *Waldemār* oder *Walahmār* (zu asä. *waldan* 'herrschen' bzw. germ. *walh* 'Romane' und germ. *māri* 'berühmt') beschrieben werden. Dabei ist *Waldemār* zu bevorzugen, da bereits in mnd. Zeit der Wandel von *-a-* zu *-o-* vor *-l-* + Dental erkennbar ist, der zur heutigen Form Wolmirstedt führt. Demnach kann eine Bedeutung 'Stätte des *Waldemār* oder *Walahmār*' angenommen werden. Der im 11. Jh. erwähnte slaw. Name *Ustiure* ist auf *ust'e* 'Mündung' und *Ure* 'Ohre' zurückzuführen. V. Thietmar; SNB; Udolph 2005. *GW*

Wolmünster // Volmuster dial. ['vɒlmɪnʃtə] I. Gem. und Hauptort des gleichnamigen Kantons im Dép. Moselle, 884 Ew., 21 km ö Saargemünd, LO, F. Dorf der Herrschaft Bitsch; 1871 zum Reichsland Elsass-Lothringen, 1918 wieder zu Frankreich. II. 11. Jh. Anfang *Wilmonstre*, um 1150 *Wilmunster*, 1139/76 *Wilmunstere*, 1275 *Wilemustre*, 1323 *Wolmunster*. III. Bildung mit dem Gw. ahd. *munistiri*, mhd. *münster* < lat. *monasterium* 'Kloster' und dem PN ahd. *Wilo* als Bw.: Ausgangsform **Wilen-munistiri* 'Kloster des Wilo'; das *-n* des Gen. assimiliert an den Anlaut des Gw.; seit 14. Jh. Velarisierung des Stammvokals des PN unter dem Einfluss des dunklen Vokals des Bw. V. Reichsland III; Hiegel; Haubrichs 2000. *Ha*

Wolnzach I. Markt im Lkr. Pfaffenhofen a. d. Ilm (mit 7 Ortsteilen seit 1971 sowie 4 weiteren Ortsteilen seit 1978), 11 013 Ew., Reg.-Bez. Oberbayern, BY. 2005 Eröffnung des Deutschen Hopfenmuseums. II. 814 (Kop. 824) *Uuolamotesaha*, vor 1089 *Wolmōtesaha*, 1157 *Wolmutsa*, 1225 *Wolndsa*, 1237 *Wolntsahe*, 1310 *Wollentsach*. III. Die ahd. Belege (aus den Traditionen des Hochstifts Freising) geben zu erkennen, dass formal eine Zusammenrückung aus ahd. *aha* (↗ *-ach¹*) 'Fluss' und dem Genitiv eines PN *Wolamuot* 'wohlgemut' vorliegt. Zur heutigen Namensform führen eine Reihe von Lautwandlungen, vor allem die Tilgung unbetonter Vokale. Das Gewässer, an dem Wolnzach liegt, ist ein r. Nfl. der Ilm (870 *fluvio Uuolamuotesaha*). V. Reitzenstein 2006. *AG*

Woltersdorf I. Gem. im Lkr. Oder-Spree, 7 831 Ew., sö Berlin, BB. Im MA Dorf, seit Anfang des 20. Jh. Ausflugsziel und Stadtrandsiedlung Berlins. II. 1375 *Walterstorf slavica, Waladstorf slavica*, 1416 *czu Wendischen Wolterstorp; Woltersdorf* oder *Waltersdorf* (ab 1624). III. Eine Zuss. mit dem PN *Wolter/Walter* (zu asä. *waldan* 'herrschen' und *heri* 'Heer') und dem Gw. mnd. *-dörp*, hd. ↗ *-dorf* 'Dorf', also 'Dorf eines Wolters'. In der Schreibung *Waladstorf* ist möglicherweise der PN *Valata*, eine slaw. Form des d. Namens *Wolter* enthalten. Diese Vermutung wird durch den Zusatz *slavica, wendisch* unterstützt. V. Landbuch; Riedel C 1; BNB 5. *EF*

Wongrowitz // Wągrowiec [wɔŋg'rɔvʲets] I. Stadt in der Woi. Wielkopolskie (Großpolen), Kreis- und Gemeindesitz, 24 947 Ew., PL. In den Jahren 1975–1998 zur Woi. Piła (Schneidemühl). Ca. 1300 gegr., dann durch den Zisterzienserorden in Łekno gekauft, seit dieser Zeit eng mit den Zisterziensern und der Pałuk-Sippe verbunden. Während der Teilung Polens an Preußen, Reg.-Bez. Bromberg. Herstellung landwirtschaftlicher Maschinen und Tourismus. II. 1381 *Wangrovecz, Wangrovecensi*, 1393 *Wangrowec*, 1579 *Wągrowiecz*, 1618–20 *Wągrowiec*, 1893 *Wągrowiec*, 1921 *Wągrowiec*, d. *Wongrowitz*, 1982 *Wągrowiec*. III. Die Bed. ist nicht ganz klar. Vielleicht kommt sie vom poln. App. *wągry* 'Pickel', mit Suffix *-owiec*. Der ON bedeutet wahrscheinlich eine 'Höhe über dem Wasser', denn die Stadt liegt zwischen zwei

Flussarmen der Wełna // Welna. Der Name wurde phonetisch als *Wongrowitz* verdeutscht und während der deutschen Besatzung (1939–45) wurde als neue Ben. *Eichenbrück* eingeführt. **IV.** Das App. **wągr* in der Bed. 'Hügel' ist nicht oft in der poln. Toponymie anzutreffen. Wągrodno, Woi. Mazowieckie (Masowien); Wągry, Woi. Łódzkie (Łódź), beide PL. **V.** Rymut NMP, RymNmiast; Malec. *BC*

Worb Mda. ['ʊoːrb] **I.** Gem. im Amtsbezirk Konolfingen, 11 359 Ew., im oberen Worblental, 9 km s von Bern, Kt. Bern, CH. Einzelfunde aus dem Neolithikum, hallstättischer Grabhügel, latènezeitliches Gräberfeld, röm. Villa (2.–3. Jh. n. Chr.) sowie frühma. Gräber mit Beigaben. Vor 1130 erbaute Burg auf Felssporn, in mehreren Etappen zum heutigen Schloss ausgebaut. Spätgot. Kirche mit reicher Innenausstattung. Wechselhafte herrschaftliche Verhältnisse (Freiherren *de Worwo*, von Kien, von Seedorf, von Diessbach, Bernburger von Graffenried und Sinner) bis zum Hinfall der Herrschaftsrechte (1798). Bildet h. in wirtschaftl. und kultureller Hinsicht ein Regionalzentrum in der Agglomeration Bern. **II.** 1146 *apud Worwo* [Or], 1236 *plebani de Worwo*, 1237 *plebanus in Worwe*, 1371 *in der dorfmarch von Worwa*, 1387 *die vest Worw*, 1389–1460 *Worb*. **III.** Urspr. wohl ein bereits in vord. Zeit auf die Siedlung übertragener GwN, der h. in der Mda. *Worble* lautet. Dieser ist verm. kelt. Ursprungs (**worw-*), zuzuweisen dem idg. Stamm **uer-/*uor-/*ur-* 'Wasser, Regen, Fluss', erweitert mit dem in der alteurop. Hydroymie weit verbreiteten Suffix *-(a)vā*. Der GwN ist dann später, d. h. nach der Übertragung auf die Siedlung, mit ahd. *-ala, -ila, -ula, -ilja* (> schwzd. *-(e)le*) zum heutigen *Worble* suffigiert worden. **IV.** Üerkheim, AG; Urtenen, BE; Versoix, GE, alle CH. **V.** BENB; HLS; LSG; Burri. *eb, tfs*

Wörgl **I.** Am Schnittpunkt zwischen Inntal, Brixental, der Wildschönau und dem Sölllandl gelegene Stadt im Pol. Bez. Kufstein, 12 118 Ew., TR, A. 1911 Markterhebung, 1951 Verleihung des Stadtrechts, Schulstadt, Verkehrsknotenpunkt, wichtiges Handelszentrum, im MA zum Hztm. Bayern gehörig, 1504 an Tirol. **II.** ca. 1120 *Uuergile*, vor 1141 *Wergel (ca. 1200)*, 1231–1234 *Wergel*, 1255 *Wergel*, 1279–1284 *Wergel*. **III.** *Wörgl* ist ein d. Name, auszugehen ist von ahd. **dwergila*, einer Weiterbildung von **dwergi* 'Quere, Querverlauf', angespielt wird dabei auf den Wörgler Bach, der geradlinig in übersichtlicher Querlinie die breite Talsohle bis zum Inn durchmisst und in diesen nahezu orthogonal einmündet. IV. Folgende Namen zeigen dasselbe Benennungsmotiv: *Wörglbreite* (Gemeindegebiet Baumkirchen bei Hall in Tirol), *Wörgetal* (im Sellraintal), *Wörgltal* (bei Zirl w von Innsbruck), alle A. **V.** Finsterwalder, K.: Die Orts- und Flurnamen *Wörgl, Wörge-* in Tirol und die Entwicklung des Wortes mhd. *twerch* 'quer'. Österreichische Namenforschung 5/2. 1977; Ölberg, H.: Die Besiedlung des Plateaus von Häring-Schwoich in namenkundlicher Sicht. Tiroler Heimat. Band 50. Innsbruck 1986; ANB; HHS Huter; ÖStB 5. *AP*

Wörishofen, Bad **I.** Stadt seit 1949, Lkr. Unterallgäu, 13 938 Ew., am Westrand des mittleren Wertachtales, Reg.-Bez. Schwaben, BY. Aus urspr. Adelsbesitz an das Kloster St. Katharina in Augsburg mit Ortsherrschaft, 1802 an BY. Durch Pfarrer Kneipp seit 1855 Aufstieg zum Kneipp-Heilbad. Status und Namenzusatz *Bad* seit 1920. **II.** 1067 (Konzept 11. Jh.) *Uverineshoua/Uverneshoua*, 1243 *Werneshouen*, 1436 *Weríßhoffen*; *Wörishofen* (1751). **III.** Gw. *?-hofen*, Bw.: PN *Warin, Werin*. Gesamtdeutung: 'Höfe des Werin'. **V.** Heimrath: HONB Mindelheim; Reitzenstein 1991. *TS*

Wörlitzer Winkel **I.** VG im Lkr. Wittenberg mit Sitz in Oranienbaum, 9 082 Ew., ö von Dessau, dicht s der Elbe, ST. Wörlitz zunächst slaw. Burg, seit dem 11. Jh. in askanischem Besitz und ab dem 15. Jh. als Stadt bezeugt. Unbedeutend, dann aber im 18. Jh. von Fürst Franz initiierte Parkanlagen, die schnell europaweite Berühmtheit erlangten und zum Vorbild der mitteleuropäischen Landschaftsparks im englischen Stil wurden. Geistiges Zentrum des sog. Dessau-Wörlitzer Gartenreichs. **II.** 1004 *Vuerlazi* [Or], 1196 *Worgelez* [Or], 1323 *in Worlicz* [Or]. **III.** Der Name ist nicht mit Sicherheit zu erklären und bietet verschiedene Ansatzpunkte zur Deutung: von einem asorb. PN **Vorg-l-* o. ä., asorb. **vredlo* 'Quelle' u. a. oder asorb. **Vech̆ač-*, gebildet aus **vech̆* 'Hügel, Erhebung' und **ač-* 'Krümmung, Schlinge'. Hierfür spräche auch die Lage in der Talauenlandschaft der Elbe mit zahlreichen Flusswindungen und Altarmen. Ein neuer plausibler Vorschlag geht von asorb. **Verchłazy* aus. In der Bedeutung '(Siedlung der) nach oben Kletternden' steht dies in Verbindung mit der im slaw. Frühmittelalter verbreiteten Waldbienenzucht, indem die Kletterer den Honig sammelten. Später erfolgte eine lautliche Angleichung an die in der Umgebung nicht seltenen Namen auf *?-itz*, und in die somit urspr. slaw. Namen wurden möglicherweise d. Worte wie mhd. *wergel* 'Würger' hineininterpretiert, was aber undeutlich bleibt. Die heutige Bezeichnung *Wörlitzer Winkel*, schon im 18. Jh. belegt, bürgerte sich nach der Kreisgebietsreform von 1994 ein, als die urspr. anhaltischen Orte um Wörlitz und Oranienbaum zwischen der Kreisgrenze zu Wittenberg und zu Dessau vom Rest des Kreises Anhalt-Zerbst durch die Elbe getrennt waren und damit einen „Winkel" bildeten; mit der erneuten Änderung der Kreisgrenzen 2007 und der Zuordnung zu Wittenberg besteht diese Lagesituation nicht mehr. Im Umkreis von etwa 40 km liegen einige Namen vor, die beide (Werkleitz, OT von Tornitz, Salzlandkr., ST) oder eines der Namenelemente (Wergzahna, OT von Niedergörsdorf, Lkr. Teltow-Fläming, BB; Leetza, Lkr. Wittenberg, ST) aufweisen. **V.** DS 38; SNB; SO 4; Wenzel, W.: Treblitzsch und Wörlitz – einst Siedlungen altsorbischer Waldbienenzüchter. In: BNF N.F. 45 (2010), Heft 2. *ChZ*

Wormditt // Orneta [ɔrnɛta] **I.** Stadt im Lkr. Heilsberg, seit 1999 Woi. Warmińsko-Mazurskie (Ermland-Masuren), 9260 Ew., PL. Im N des Ermlands, an der Drewenz // Drwęca Warmińska und am Oberteich // jezioro Mieczowe. 1308 Stadtrecht, 1466 zu Polen, 1772 an das Kgr. Preußen, 1945 an Polen, 1945–1975 Woi. Allenstein, 1975–1998 Woi. Elbląg (Elbing); das 1351 erbaute Rathaus ist das wichtigste architektonische Kulturdenkmal der Stadt, Industriezentrum, Dienstleistungen, Gastronomie und Hotellerie. **II.** 1308 *Wurmdit, Wormedith*, 1313 *Wurmedyten*, 1682 *Horneta, Orneta*. **III.** Der d. ON leitet sich vom apreuß. ON **Wōrmedīts* ab, das aus apreuß. *wōrs/urs* 'alt' und 'Wald' mit dem Suffix *-it-* gebildet wurde. Die poln. Variante wurde von demselben ON gebildet: W- im Anlaut wurde ausgelassen, -m- > -n- (Assimilation), die fem. Endung -a wurde zugegeben. Der ON wird auch auf den apreuß. Wortstamm **wormyan* 'rot' zurückgeführt. **V.** RymNmiast. *IM*

Worms I. Kreisfreie Stadt, 82 040 Ew., am linken Ufer des Rheins und der Grenze zu Hessen, zwischen Mainz und Mannheim, RP. Eine der ältesten Städte Deutschlands. Seit 7. Jh. Entwicklung zu einem der wichtigsten Bistümer; im 9. Jh. machte Karl der Große Worms zu seinem Sitz, 1122 Wormser Konkordat, 1184 Begründung der Reichsstadt, 1689 Zerstörung durch Ludwig XIV. 1792–1814 franz., um 1800 Auflösung des Bistums, ab 1816 zum Ghztm. Hessen. H. Industriesowie Dienstleistungssektor. **II.** Römerzeitlich *Borbētómagos, Borbitomago*, 496/506 (Kop. um 700, Kop.13./14. Jh.) *Gormetia* (**Gwormetia*), 9. Jh. *Warmacia, Wormazfeld*, um 1200 *Wormez*. **III.** Kompositum mit kelt. **borbēto-* 'Sumpfgegend' als Bw. und kelt. *-magos* 'Ort in der Ebene' (↗Remagen), Kurzformen **Borbētia, *Bormētia*, eingedeutet als germ. **Wormatja-* 'Gegend mit Würmern' > ahd. *Wormaz* usw. **V.** Greule, A.: Worms. In: RGA 34, 2007. *AG*

Worpswede I. Gem. im Lkr. Osterholz, 9 496 Ew., ö von Osterholz-Scharmbeck auf einer Erhöhung inmitten von Feuchtgebieten, Reg.-Bez. Lüneburg (bis Ende 2004), NI. Überregional bekannt wurde der Ort durch die seit 1889 gegründete Künstlerkolonie sowie durch den Barkenhoff, der als Mittelpunkt der Künstlerkolonie als Kommune, Arbeitsschule und Kinderheim der Roten Hilfe diente. **II.** 1218 *Worpensweede* [Kop. 16. Jh.], 1244 *Worpswede* [Kop. 19. Jh.], 1336 *Worpswede* [Kop. 19. Jh.], 1516 *dorpe uppen Worpeswede*. **III.** Der ON ist insofern problematisch, als bis in das 16. Jh. hinein nur jüngere abschriftliche Belege existieren. Als Gw. ist das in asä. *widu-*, mnd. *wēde* 'Wald' belegte App. anzusetzen. Bw. ist der GwN *Wörpe* (1324 *Worpena*). Dieser erscheint in einer Reihe von ON der näheren Umgebung (*Wörpedahl, Worpheim, Worphausen, Wörpedorf*), wobei nicht alle Orte direkt an dem Fluss liegen. Er scheint namengebend für das gesamte Gebiet gewesen zu sein. Bei *Worpswede* ist der GwN im Gen. Sg. anzusetzen. **V.** HHS 2. *KC*

Wörrstadt I. Gem. und gleichnamige VG (seit 1972, mit 13 Gem.) im Lkr. Alzey-Worms, 28 188 Ew., s von Mainz und dem rheinhessischen Hügelland, RP. Im MA ist hier sowohl weltlicher als auch kirchlicher Besitz belegt. Schließlich wurde Wörrstadt als Vogtei der nördlichste Vorposten der Wild- bzw. als deren Erben der Rheingrafen. Seit 1702 im Besitz von Kurmainz. 1798 bis 1814 franz. Kantonssitz. Danach an das Ghztm. Hessen. **II.** 772 *Wesistater marca*, 774 *Werstat*, 788 *Wasistat*, 784–804 *Wesistat*, 963 *Weristat*, 1140 *Werstat*. **III.** Die Gf. ist wohl **Wasinstat* mit dem ahd. PN **Wāso* als Bw. Der Gen. Sg. auf -*in* bewirkte den Umlaut -*a*- zu einem -*e*-, das später zu -*ö*- gerundet wurde. Zwei aufeinander folgende Silben mit anlautendem -*s*- verursachten die Dissimilation zu **Werin-*, das -*n*- der Kasusendung konnte vor anlautendem -*st*- ausfallen. Das Gw. ist ↗-statt. Eine Deutung als 'Siedlungsplatz des Wäso' wird favorisiert. Wenn die Erwähnungen o.J. *Wergestatt, Wergistatt* (CL II, III zu einem „Werstatt" in Widder, J.G.: Versuch einer vollständigen geographisch-historischen Beschreibung der Kurfürstlichen Pfalz am Rheine, III. Frankfurt, Leipzig 1786) zu unserem ON gehören, dann wäre zu überlegen, ob nicht die Deutung zu ON wie ↗Wirges, Westerwaldkreis, RP, gehört. Dazu würde auch 774 *Werstat* besser passen. **IV.** ↗Wallmerod, Westerwaldkreis, RP. **V.** CL; FP; Kaufmann 1976. *JMB*

-wörth. ↗-werth.

Wörth am Rhein I. Stadt im Lkr. Germersheim, 17 377 Ew., gegenüber von Karlsruhe am linken Rheinufer, Südpfalz, RP. 1628 wurde das ma. Wörth durch das Rhein-Hochwasser weggespült und 1651 anstelle einer Wüstung aus dem 30-jährigen Krieg wiederaufgebaut. Raffinerie und seit 1960 Fahrzeugbau mit dem größten LKW-Montagewerk Europas. 1977 Stadtrechte, 1979 Vereinigung der Gem. einer aufgelösten VG mit Wörth zur verbandsfreien Stadt auf freiwilliger Basis. **II.** 1280 *Cûnrat muller von Werde*, 1309 *in Werde*, um 1600 *Werth*; DORFF WÖRTH AN VORLACH (ein Siegel von vor 1750). **III.** Dem ON liegt mhd. *wert* 'Insel, Halbinsel, Ufer' (↗*-werth, -wörth*) zugrunde. Durch das anlautende W- wurde der Vokal gerundet. Mit diesem Simplex ist demnach eine 'Siedlung auf einer Halb-, Insel, einem Werder' gemeint. Es existieren mehrere Städte und Gem. mit dem Namen an Donau, Isar, Main und Sempt (BY), an der Lafnitz und am Wörthersee (beide A) sowie im Elsass (F). Hierher gehören außerdem ON mit ↗*-werth, Werth, -werd, Werd,* ↗*-werder, Werder* und *Warder*. **V.** Hauptstaatsarchiv München, Rhpf. Urk.; HSP. *JMB*

Wreschen // Września ['vʒɛɕɲja] **I.** Stadt in der Woi. Wielkopolskie (Großpolen), Kreis- und Gemeindesitz, 29 055 Ew., an der Wreschnia // Wrześnica gelegen, PL. Die erste Erwähnung des Namens stammt aus dem Jahr 1256. Die Lokation der Stadt erfolgte in der Mitte des 14. Jh. Infolge der Teilung Polens 1793 an Preußen, Reg.-Bez. Posen. 1918 wieder an PL. In den Zwischenkriegsjahren Handels- und Handwerkerstadt, bewohnt von Polen, Juden und Deutschen. 1975–1998 zur Woi. Poznań. **II.** 1256 *de Wresc*, 1317 *Wressna*, 1357 *Wrzesna*, 1424 *Wrzessnya*, 1578 *Września*, 1620 *Września*, 1895 *Września*, d. *Wreschen*, 1921 *Września*, 1982 *Września*. **III.** Der GwN *Wrzesień, Września,* h. *Wrześnica* (1520 *torrens qui dicitur Vrzeschyen*, 1588–1605 *fluvius Wrzesna*) wurde auf den Ort übertragen, ist vom poln. App. *wrzos* 'Heidekraut' abgeleitet und bezeichnete einen Fluss, der durch ein mit Heidekraut bewachsenes Gebiet floss. Die d. Form *Wreschen* ist eine grafisch-phonetische Adaptation des poln. Namens. **IV.** Września, Wrzos, Wrzoski, alle Woi. Mazowieckie (Masowien); Wrześnica, Wrzesno, beide Woi. Zachodniopomorskie (Westpommern); Wrzosowisko, Wrzosy, beide Woi. Kujawsko-Pomorskie (Kujawien-Pommern), alle PL. **V.** Rymut NMP; RymNmiast; Malec. *BC*

Wriezen **I.** Stadt im Lkr. Märkisch-Oderland, 7 809 Ew., am Westrand des Oderbruchs, ö Berlin, BB. Aslaw. Siedlung Altwriezen am Übergang ins Oderbruch; dabei Stadtanlage durch die Mgf. von Brandenburg (1247 *oppidum*, 1303 *civitas*); h. ländliches Siedlungszentrum. **II.** 1247 *Wrecne*, 1300 *wricenne, Wricna*, 1343 *Wrycen [Or.]; Wrietzen* (1656). **III.** Slaw./apolb. **Vres'n(a)*, eine Bildung mit dem adj. Suffix -*'n*- zu *vres* 'Heidekraut', nach der für diese Gegend typischen Flora so benannt. Wahrscheinlich war Altwriezen die urspr. slaw. Siedlung, deren Name auf die Stadt übertragen wurde. **V.** Riedel A XII; BNB 5. *EF*

Wrocław ↗**Breslau**

Września ↗**Wreschen**

Wschowa ↗**Fraustadt**

Wülfrath **I.** Stadt im Kr. Mettmann, 21 530 Ew., im Bergischen Land, Reg.-Bez. Düsseldorf, NRW. **II.** Um 1100 *in Woluerothe*, 1265 *in Wulfrode*, 1308 *Wilfroide*. **III.** Rodungsname (↗*-rode*); *-rothe* ist lokativischer Dat. Sg. 'bei/auf dem Rodungsland'. Im Erstglied erscheint wohl der PN *Wulf*, offenbar zunächst mit unterschiedlichen Bindevokalen, wie aus dem Wechsel zwischen *o* und *u* gefolgert werden könnte. Durchgesetzt hat sich nach Ausweis des Umlauts die -*i*-haltige Form, schwerlich allerdings, wie Kaufmann meinte, aus einem sw. flektierten Gen. Sg. auf -*in*, der nur im Obd. gebräuchlich ist. Die KF eines PN *Wulfi* in eigentlicher Komposition bietet nach wie vor die nächstliegende Erklärung. Eine solche Form ist (in der Schreibung *Wulffi*) als Nachtrag des 11. Jh. im Reichenauer Verbrüderungsbuch belegt. **V.** HHS 3; RhStA XII/68; Kaufmann 1973. *Tie*

Wünnenberg, Bad **I.** Stadt im Kr. Paderborn, 12 359 Ew., zwischen Marsberg und Büren, unterhalb des Aabachstausees, Reg.-Bez. Detmold, NRW. Um 1300 Gründung von Burg und (Ober-)Stadt auf einem Bergsporn über dem Aftetal in einem Altsiedelraum (über 180 bronzezeitliche Grabhügel), von nachgewiesenen 27 Siedlungen sind im Hochmittelalter nur noch sechs Ansiedlungen vorhanden, die zugunsten der Neugründung aufgegeben werden, 1355 an Hochstift Paderborn. Seit Beginn der Neuzeit Sitz des Amtes Wünnenberg (bis 1974; Fürstenberg seit 1844 Sitz der Verwaltung, seit 1975 Stadtverwaltung). 1975 Zusammenlegung mit sechs weiteren Gem. des Altkreises Büren. Fremdenverkehr. Seit 2000 Bad. **II.** 1305 (Druck 1764) *Bertoldo de Buren, dicto de Vinnenberg* [!], 1308 (Kop. 16. Jh.) *Wunnenberg*, 1307 *Bertoldo de Buren dicto de Wunnenberch, Wůnnenberg*, 1317 *in Wunnenbergh; Wünnenberg* (1665). **III.** Bildung mit dem Gw. ↗*-berg*. Das Bw. führt auf germ. **wun-jō* (zu asä. *wunnia* 'Freude, Lust', ahd. *wunn(i)a* auch '(wirtschaftl.) Ertrag', mnd. *wunne, wünne*, auch Bez. für Grasland; im Ablaut verbunden mit got. *vinja*, altisländisch *vin* 'Weide', ahd. *winn(i)a*, mnd. *winne* 'Weide, Wiese', ae. **winn, *wynne* 'Weide' (in engl. ON). Der ON kann als 'Weideberg' paraphrasiert werden. **IV.** WfUB IX; HHS 3. *BM*

Würselen **I.** Kreisangehörige Stadt im Kr. Aachen, 37 839 Ew., n von Aachen, Reg.-Bez. Köln, NRW. Erste Erwähnung 870. Königsgut des Hofes zu Aachen. Später Quartierort im Aachener Reich. Seit 1924 Stadt. Steinkohlenbergbau bis 1969. Gewerbe- und Dienstleistungsstandort. **II.** 870 *UUormsalt*

[Kop. 10. Jh.], 1242 *Worsolida*, 1440 *Wurseln*; *Wuerselen* (1777). **III.** Der Erstbeleg zeigt ein Kompositum mit dem GwN *Worm-* als Bw. und *-salt* als Gw. Die Wurm entspringt südlich von Aachen und durchfließt windungsreich (daher volksetymologisch oft Anlehnung an den Wurm) den Würselener Außenbereich. Der GwN *Wurm* dürfte seinen Ursprung im Vorgerm. haben und einer erschlossenen Form **gwermo* mit der Bedeutung 'warm' zuzuordnen sein. Die Entwicklung des Stammvokals zu *-ü-*, *Wor(m)-* > *Wür(m)-* ist nicht das Ergebnis einer Umlautung, sondern erfolgte unter dem Einfluss des Anlautlabials *W-*. Das Gw. *-salt*, zu ahd. *salida*, ist Dentalableitung von ahd. *sal* (vgl. nhd. *Saal*). Ahd. *salida* (mhd. *selde*, ↗ *-selden*) ist der Name für das germanische Einraumhaus, den „Salhof". Somit ist *Wormsalt* der 'Salhof im Gebiet der Wurm'. Aus *Wormsalt* wurde infolge Tilgung der Dreierkonsonanz zunächst *Worsoldia*. Anschließend schwand der nachkonsonatische Dentallaut > *Wurseln, Würselen*. **V.** Kaufmann 1973; Breuer, G.: Würselener Siedlungsnamen. Eine namenkundliche Untersuchung. Würselen 1987 (Schriftenreihe des Heimatvereins Würselen; 1). *Br*

Würzburg. **I.** Kreisfreie Stadt, 133 501 Ew., Reg.-Bez. Unterfranken, BY. Sitz eines mainfränkisch-thüringischen Herzogtums im 7. Jh. Um 689 Martyrium des Heiligen Kilian und seiner Gefährten in Würzburg. 742 Gründung des Bistums. Verlagerung des Siedlungsschwerpunktes mit dem dominierenden Marienberg von der linken auf die günstigere rechte Mainseite. Bis zum Ende des Alten Reiches Hauptstadt des gleichnamigen Fürstbistums. 1802–1806 bayerisch, 1806–1814 zum Ghztm. Toskana, 1814 endgültig bayerisch und Verlust der Residenzfunktion. Hauptstadt des Untermainkreises, h. Sitz der Regierung von Unterfranken; 1945 fast vollständige Zerstörung der Kernstadt durch alliierte Luftangriffe. **II.** Ca. 700 (Kop.) *Uburzis*, 704 *in castello Virteburch*, 741/42 *Wirzaburg*, 820 *Uuirziburg*, 10 Jh. *ad Herbipolim, quae a rusticis Wirciburg vocatur*, 1019 *Wirzburch*, 1073 *Werzebvrc*, 1493 *Wrtzburg*, 1515 *Marcoburgum*, 1515 *Peapolis*, 1546 *Mustoburgum*, 1601 *Marcopolim*. **III.** Gw. ↗ *-burg*. Bereits im 10. Jh. wurde in der Form *Herbipolis* eine Etymologie (lat. *herba* '(Heil)kraut') vorgenommen, die lange Zeit gültig war, z. B. in der Erklärung 'Burg auf dem kräuterreichen Platz'. Das Bw. stellt Wagner zu ahd. **wirz* in der angenommenen Bedeutung 'zugesetztes Würzkraut zur Bierherstellung, wilder Hopfen'. Aus dem daraus abgeleiteten Kollektivum **wirzi* (< germ. **wirtja-*) sei ein Bachname (h. der Kühbach) entstanden, der über eine Klammerform **Wirti-(baki-/aha-)burg* namengebend für die Siedlung geworden sei. Greule erwägt wegen des Alters des Marienberges als Höhensiedlung einen vorgerm. Namen. Als Erstglied wird **Vertia-* / **Vertio-* angesetzt und eine Anknüpfung an das Keltische gesucht, etwa zu gall. **vertamos* 'der Höchste'. **V.** Schnetz, J.: Herkunft des Namens Würzburg. Würzburg 1916; Wagner, N.: Wirziburg 'Würzburg'. In: BNF NF 19 (1985); Greule, A.: Würzburg, in: RGA, Bd. 34 (2007). *TH*

Wunsiedel. **I.** Kreisstadt im Lkr. Wunsiedel i. Fichtelgebirge, 9859 Ew., ca. 30 km ö von Bayreuth im Fichtelgebirge an der Röslau, Reg.-Bez. Oberfranken, BY. 1285 erwirbt der Burggraf von Nürnberg die Burg Wunsiedel, 1326 Verleihung des Stadtrechts, ab 1613 Hauptort des Sechsämterlandes, Luisenburg mit Felsenlabyrinth und Festspielen. **II.** 1163 Kop. 12. Jh. *Wnsidil*, 1220 Kop. Ende 13. Jh. *Wunsidil*, 1223 *Wonsedele [Or]*; *Wunsiedel [Or]* (1499). **III.** Gw. ist ahd. *sidil* 'Sitz', hier in der Bed. 'Wohnsitz'. Das Bw. wird auf den Gen. **Wōnes* des asä. PN **Wōn(i)*, einer KF zu zweigliedrigen PN wie *Wōnlēf, Wōnrād*, zurückgeführt. Mit den ältesten Schreibungen *Wn-* (*W-* steht hier für *Wu-*) und *Wun-* eher vereinbar (1223 *Wonsedele* zeigt mit *o* und *e* statt *u* und *i* md. Einfluss) erscheint jedoch der Ansatz einer ahd. KF **Wun*, **Wun(n)i* im Gen. **Wun(n)es* zu zweigliedrigen PN wie *Wunnigēr, Wunimār*. Die Tatsache, dass *Wun-* in der Mda. mit Diphthong gesprochen wird, weist nur scheinbar auf einen urspr. Langvokal; vor *n* konnte sich im Nordbair. auch der Kurzvokal *u* zu einem steigenden Diphthong entwickeln. Daher kann auch eine Herleitung von dem in Toponymen seltenen App. mhd. *wunne* 'Wiesenland' nicht völlig ausgeschlossen werden. **V.** Keyser / Stoob I; Reitzenstein 2009; Gütter, A.: Sachsensiedlungen in Mittel- und Oberfranken. In: Archiv für Geschichte von Oberfranken 70 (1990). *WJ*

Wunstorf. **I.** Stadt in der Region Hannover, 41 332 Ew., sö des Steinhuder Meeres, Reg.-Bez. Hannover (bis Ende 2004), NI. Um 865 gegründetes Kanonissenstift, 1553 reformiert, im 19. Jh. aufgehoben; Siedlung erhält früh Markt-, Münz- und Zollrecht, 1261 Mindener Stadtrecht; bis 2001 im Lkr. Hannover. **II.** 871 *Uuonherestorp* [Kop. 10. Jh.], 1038 *Wongeresthorph*, nach 1124 *Wnnestorp*; *Wunstorf* (1599). **III.** Bildung mit dem Gw. ↗ *-dorf* und einem PN als Bw., der nach dem Erstbeleg als *Wun(ni)her*, nach den weiteren Belegen als *Wun(ni)ger* anzusetzen ist. Das Zweitelement des PN fällt bereits im 12. Jh. aus, teils zeigen sich vor *-n-*Verbindung *-o-*haltige Formen. Im 16. Jh. erscheint das Gw. in hd. Form. Deutung also: 'Siedlung des Wun(ni)her oder Wun(ni)ger'. **V.** Bonk, A.: Urkundenbuch der Stadt Wunstorf. Wunstorf 1990; HHS 2; Hodenberg, W. von: Archiv des Stiftes Wunstorf. Hannover 1855; NOB I. *UO*

Wuppertal I. Kreisfreie Stadt, 353 308 Ew., im Bergischen Land an der mittleren Wupper, Reg.-Bez. Düsseldorf, NRW. Seit 1930 durch kommunale Neuordnung mit Zusammenschluss selbständiger Städte (Barmen, Elberfeld, Cronenberg, Ronsdorf, Vohwinkel, Beyenburg) neu entstanden. 1972 Universitätsstadt. III. Der Name wurde bei der Vereinigung aus dem Gw. ↗ -*tal* und dem FluN *Wupper* geschaffen. Der h. auf den Oberlauf beschränkte FluN *Wipper* galt in älterer Zeit für den ganzen Fluss: 973/4 *Wippera* (mit dem nach heutigem Namengebrauch an der *Wupper* gelegenen Ort Leichlingen/Rheinland, Rheinisch-Bergischer Kr.). Formen mit -*u*- sind seit dem 14. Jh. belegt: 1390 *up der Wupperen*; ↗ *Wipperfürth*, Oberbergischer Kreis, Reg.-Bez. Köln. Der FluN ist Bildung mit dem hydronymischen -*r*-Suffix, das bindevokallos an die Basis **wip*- angetreten ist und so Gemination bewirken konnte. Zugrunde liegt offenbar eine im heutigen Verb *wippen* (seit dem 16. Jh. aus dem Niederd. übernommen) vertretene Basis, die zur Bezeichnung schneller Auf- und Abbewegungen dient, hier wohl motiviert durch die Bewegung des Wassers. FO 2 (*Wipper*) mit parallelen FluN aus dem nd. Raum. **V.** HHS 3; Schmidt, Rechtsrhein. Zfl.; Kaufmann 1973. *Tie*

Wurzach, Bad I. Stadt im Lkr. Ravensburg, 14 373 Ew., ca. 25 km nö Ravensburg zwischen Allgäu und Oberschwaben gelegen mit dem Wurzacher Ried im Stadtgebiet, Reg.-Bez. Tübingen, BW. Verleihung des Memminger Stadtrechts im Jahre 1333, 1806 unter württembergische Oberhoheit, seit 1950 Prädikat Bad. Heilquellenkulturbetrieb, Moorheilbad, Glasfabrik, Schloss Bad Wurzach, Kloster Maria Rosengarten, Friedrich-Schiedel-Literaturpreis. **II.** 1273 *Wrzun [Or]*, 1275 *Wurtzun; Bad Wurzach* (1950). **III.** *Wurzach* stellt sich wohl als Dat. Pl. zu ahd. *wurza* 'Wurzel, Pflanze', mhd. *wurze* 'Pflanze, Kraut, Heilkraut'. Das Gw. ↗ -*ach¹* wurde sekundär eingefügt. **IV.** Bad Zurzach, AG, CH. **V.** FO 2; LBW 7. *JR*

Wurzen I. Stadt im Lkr. Leipzig, 16 992 Ew., an der Mulde, am Wermsdorfer Forst, SN. Vor 929 asorb. Burg und Burgsiedlung, danach d. Burgward, Stadtanlage nach 1150, altes Handelszentrum, industrialisiert seit dem 19. Jh. **II.** 961 *Vurcine*, 1012/18 *Vurcin, Vurzin*, 1050 *Wrcin*, 12.–13. Jh. *Worzin, Wurzin*, 1539 *Wurzen*. **III.** Bisher aus einem asorb. PN **Vorc*-, **Vorč*-, **Vork*- bzw. **Vurč*- usw. erklärt, der zu slaw. **vorčeti* 'knurren' gehören soll. Doch müssen für den Namen dieser Siedlung noch weitere Erklärungen, vor allem im Vergleich zu südslawischen Namen mit *Vrč*-, verfolgt werden. **V.** Thietmar; HONS II; SNB 302f. *EE, GW*

Wustermark I. Gem., zu der 2002 die bisher selbstständigen Gem. Buchow-Karpzow, Elstal, Hoppenrade und Priort hinzutraten, Lkr. Havelland, 7727 Ew., nw Potsdam, BB. Im Dorf eine mittel- und spätslaw. Wehranlage bezeugt. 1906/08 entstand hier der damals größte Verschiebebahnhof. **II.** 1212 *Wustermarke; Wustermark* (1412). **III.** Eine Zuss. zu mnd. *wöste* 'öde, nicht bebaut oder bewohnt, verlassen' und *mark(e)* 'Grenze, Landgebiet', also auf einer unbebauten Gemarkung angelegtes Dorf. Das Motiv für die Namengebung war vielleicht eine verlassene slaw. Siedlung. Die Dativendung auf -*er* bei fem. Gw. rührt in BB von niederländischen Siedlern her. **V.** Riedel A X, C 1; BNB 4. *EF*

Wutha-Farnroda I. Gem. im Wartburgkreis, 6 846 Ew., im Vorland des Thüringer Waldes am Fuße der Hörselberge, TH. Ersterwähnung von Wutha 1349, entstanden aus zwei Siedlungen (Eichrodt und Wutha), 1922 nach Eisenach eingemeindet, 1924 wieder ausgemeindet. Farnroda: seit dem 15. Jh. im Besitz der Burggrafen von Kirchberg, 1572/ 1640 Farnroda mit Wutha an Herzogtum Sachsen-Eisenach, 1799 an Herzog Carl August von Sachsen-Weimar-Eisenach, 1987 Zusammenschluss der Gemeinden Wutha und Farnroda. **II.** Wutha: 1349 *Wuathaha*. Farnroda: 1260 *Helmericus de Varnrod*, 1524 *Farnrodt*. **III.** Der ON *Wutha* wurde mit dem Suffix eines GwN -*aha* (↗ -*ach¹*) 'fließendes Wasser, Bach' gebildet: *Wuathaha* 'wütender rollender Bach'. Mit dem Suffix ↗ -*roda*, bezugnehmend auf Rodungstätigkeit, wurde *Farnroda* gebildet: 'Rodungssiedlung'. **V.** Riemann, R.: Siedlungsgeschichte und Ortsnamen in Thüringen. Hornburg 1981; UB Kloster Frauensee 1202–1540, hg. v. W. Küther. Köln/Graz 1961; Kahl. *GR*

Wutöschingen I. Gem. und gleichnamige VVG (mit der Gem. Eggingen) im Lkr. Waldshut, 8 335 Ew., ca. 50 km n Zürich und ca. 70 km ö Basel nahe der Grenze zur Schweiz, am sö Rand des Schwarzwaldes, Reg.-Bez. Freiburg, BW. Vorgeschichtliche Siedlungsfunde; Aluminiumwerke Wutöschingen. **II.** 1151 *Essinun*, 1323 *Eschingen*, 1481 *Öschingen*. **III.** Bei dem SiN handelt es sich um eine ↗ -*ing(en)*-Ableitung. Als Ableitungsbasis fungiert der PN **Asko*, der zu germ. **askaz* 'Esche' gehört. Der SiN bedeutete damit urspr. 'bei den Leuten des **Asko*'. Später wurde der SiN genauer bestimmt durch Bildung eines Kompositums mit dem Namen der *Wutach*, dem Fluss, an dem der Ort liegt. Der FluN *Wutach* ist ein Kompositum mit dem Gw. ↗ -*ach¹* und mit dem Bw. ahd. *wuot* 'Raserei, Wahnsinn'. Die ältesten Belege für den FluN sind [796–954/973] *Wûttach*, 1122 *Vutahe*. Der h. amtliche SiN ist also eine Klammerform aus **Wut(ach)öschingen*, der Name bezeichnet das 'Eschingen an der Wutach'. Die Schreibung -*ö*- lässt sich erklären als die Verschriftung der Rundung von /e/ zu /ö/, die in der Mundart kurzzeitig auftrat, sich jedoch nicht erhalten hat, oder als eine hyperkorrekte Schreibung. **IV.** ↗Donaueschingen, Schwarzwald-Baar-Kreis, BW; Bergöschingen, OT von Hohentengen am Hochrhein, Lkr. Waldshut, BW. **V.** Reichardt, L.: Ortsnamenbuch des Kreises Tübingen. Stuttgart 1984 (Veröffentlichungen der Kommission für geschichtliche Landeskunde in Baden-Württemberg. Reihe B. Forschungen. Bd. 104); Seidelmann, E.: Die Namen der Wutach. In: Bauer, W./Scheuringer, H. (Hg.): Beharrsamkeit und Wandel. Festschrift für Herbert Tatzreiter zum 60. Geburtstag. Wien 1998; LSG. *SB*

X / Y

Xanten, nl. Zanten, mda. ['santə]   **I.** Stadt im Kr. Wesel, 21 531 Ew., Reg.-Bez. Düsseldorf, NRW. Die ma. Stadt erwuchs in Nachbarschaft des ehem. röm. Militärlagers *Colonia Ulpia Traiana*, das in den letzten Jahrzehnten als Rekonstruktion teilweise wieder errichtet worden ist. Die Deutung der zugehörigen Gräber als Beisetzungen des Heiligen Viktor und der Märtyrer der „Thebäischen Legion", über denen der Dom und die ma. Stadt erbaut wurden, ist schon für die Merowingerzeit belegt. Das bis 1802 bestehende Kanonikerstift zählte zu den bedeutendsten der alten Erzdiözese Köln. Eine Xantener Münzstätte ist seit dem 11. Jh. nachweisbar. 1228 Erhebung zur Stadt. **II.** Nach 843 *Sanctos*, zu 863 *ad Sanctos*, 1104 *de Xancto [Or]*. **III.** Zugrunde liegt lat. *sanctus* 'heilig', das in den ältesten Bezeugungen im Akk. Pl. auftritt, später auch im Dat. Pl. und anderen Kasus. Namengebend sind die Heiligengräber unter der Stiftskirche ('bei den Heiligen'). Die Schreibung *x* erscheint im 10. Jh., vielleicht befördert durch das Interesse der Zeit für Griechisches, doch ist *x* (zur Sicherung der stl. Aussprache von [s], meist im Inlaut und Auslaut) auch im Mittellat. nicht ohne Parallelen. Die heutige [ks]-Aussprache beruht auf dieser Graphie. Schreibungen mit *S* oder nach nl. Gebrauch *Z* sind noch lange in Gebrauch (*ze Santen* im Nibelungenlied). Die Dreierkonsonanz *-nkt-* wurde erleichtert, ob schon im 10. Jh., ist ungewiss, da die Überlieferung dieser Graphien jünger ist. Auf Münzen des 11. Jh. wird Xanten als *Troia* bezeichnet, was mit der angeblichen Abstammung der Franken von den Trojanern zusammenhängt und vielleicht auf *Traiana* zurückweist. Im frühmhd. Annolied wird die Stadt *lüzzele Troie* am Bach *Sante* genannt (nach dem *Xanthos*). Auch hier könnte die *x*-Schreibung angeknüpft haben. **V.** HHS 3; Stoob, H. (Hg.): Deutscher Städteatlas. Lfg. 5: Xanten. Dortmund 1993; RGA 34. *Tie*

Yutz ↗ **Jeutz**

Z

Zabern // Saverne mda. ['dsâvərə], franz. [sa'vɛʀn] I. Hauptort im gleichnamigen Bezirk, 11 966 Ew., Sitz der Bezirksverwaltung, Département Bas-Rhin, Region Elsass, F. Besitz der Bischöfe von Straßburg mit Residenz, seit 1680 zu Frankreich, 1871–1918 zu Deutschland, im 19. Jh. Bau des Rhein-Marne-Kanals und der Eisenbahnlinie Straßburg-Paris, an der Zaberner Steige gelegen. II. 4. Jh. *Tabernis* (Itinerarium Antonini), zu 841 *ad Zabarnam* (Nithard). III. Aus lateinisch *taberna* 'Schenke an der Straße Straßburg-Metz', also 'bei den Schenken'. Die Verschiebung *t-* > *z-* lässt auf Übernahme ins Germanische vor dem 6. Jh. schließen. V. Langenbeck, F.: Vom Weiterleben der vorgermanischen Toponymie im deutschsprachigen Elsass. Bühl/Baden 1967, I. WM

Ząbkowice Śląskie ↗Frankenstein

Zabrze ↗Hindenburg (Oberschlesien)

Żagań ↗Sagan

Zarrentin I. Amt (mit der namengebenden Stadt und weiteren vier Gem.) im Lkr. Ludwigslust, 9375 Ew., Sitz der Amtsverwaltung in der Stadt Zarrentin am Schaalsee, an der Südspitze des genannten Sees („Naturpark Schaalsee") und an der Grenze zu Schleswig-Holstein, ca. 15 km nw von Wittenburg, MV. Zunächst als Kirchdorf zu Ratzeburg, 1201 an Grafen von Schwerin, 1246 Gründung des Zisterzienser-Nonnenklosters, im 17. Jh. Marktflecken, Landwirtschaft, Anfang des 20. Jh. wird Zarrentin Luftkurort und erhält 1938 das Stadtrecht, h. vor allem kleine und mittelständische Unternehmen, seit 2004 Zusatz: *am Schaalsee*. II. 1194 *Zarnethin*, 1230–34 *Tsarnetin*, 1252 *in Tsernetin*, 1279 *Tzarnetin*, 1282 *Zarntin*. III. Dem ON liegt ein apoln. ZN **Čarnota* (vgl. apoln. *Czarnota*) mit einem poss. Suffix -*in* zugrunde. Das *č-* im Anlaut unterlag bei der Eindeutschung des Namens einem Konsonantenwechsel zu *c-*. Die Bedeutung des ON lässt sich als 'Ort des Čarnota' rekonstruieren, der charakterisierende ZN geht auf apoln. **čarny* 'schwarz' (vgl. poln. *czarny*, tschech. *černý* 'schwarz') zurück. Das Suffix -*ota* ist als sekundäre Diminutivbildung des ZN zu deuten. IV. Zarnewanz, Lkr. Bad Doberan, Zarnekow, OT von Glewitz, Lkr. Nordvorpommern, beide MV. V. MUB I–III; HHS, Bd. 12; EO; Trautmann ON Meckl.; Eichler/Mühlner. MN

Żary ↗Sorau

Žatec ↗Saaz

Zehdenick I. Stadt im Lkr. Oberhavel, 14 090 Ew., an der oberen Havel, n Berlin, BB. Aslaw. Burg an einem Havelübergang; Stadtanlage durch die Mgf. von Brandenburg (1281 *civitas*); mit Zisterzienserkloster (1249). Schloss, Klosterruine, Wohnhäuser des 18./19. Jh. Industrialisierung seit 19. Jh.: Holzverarbeitung, Baustoffwerke. II. 1216 *Cedenik [Or.]*, 1257 *Cedenik*; *Zehdenick* (1653). III. Wahrscheinlich slaw./ apolb. **Čěd'nik* zu Wurzel **čěd-* aus urslaw. **čěditi* 'seihen, filtrieren, rinnen, sickern', dabei wird von einer Bildung aus einem deverbalen Adj. *čěd'n-* und dem Suffix -*ik* ausgegangen (wie urslaw **grěšiti* 'sündigen' > **grěšьnъ* > **grěšьnikъ* 'Sünder'), also 'Ort, wo Wasser rinnt, sickert', möglicherweise wegen der Lage an der Havel so benannt. Appellativisch nicht belegt und auch kein direkter Vergleichsname bekannt. Der zum Vergleich herangezogener ON *Zehden*, poln. *Cedynia* (PL) wird jüngst als *Siedzina* 'besiedelter Ort' erklärt. V. Riedel A VIII; BNB 9; Rymut NMP 2. EF

Zeitz I. Stadt im Burgenlandkreis, 26 883 Ew., n von ↗Gera, an der Weißen Elster, ST. Mitte des 10. Jh. wurde die deutsche Königsburg *Cici* erbaut, auf der Otto I. 968 ein Sorbenbistum gründete, dessen Sitz 1028 nach Naumburg verlegt wurde. Gerichtsbarkeit durch den Markgrafen von Meißen, bis die Naumburger Bischöfe 1268 ihre Residenz nach Zeitz verlegten. 1542 wird Nikolaus von Amsdorf erster ev. Bischof. Ab 1564 ist Zeitz Teil des Kurfürstentums Sachsen, 1656–1718 Residenz der Herzöge des Fürstentums Sachsen-Zeitz, nach 1718 kursächsisch, ab 1815 preußisch. II. 968 *Citice*, 976 *Itaca civitas*, 995 *Zitizi*, 1172 *Ziza*, 1287 *Cice*, 1372 *Cicz*, Diphthong ab: 1468 *zu Czeicz*, 1541 *Zeitz*. III. Die Deutung ist nicht vollständig geklärt. Wahrscheinlich gehört der ON in der Gf. **Cit-ьcь* zu asorb. *sit* 'Binse' für 'Gelände, Ort mit Binsen, Riedgras'. Das Graphem C- im Anlaut weist allerdings mehr auf den Laut -c- als auf -s- hin. Möglicherweise liegt dem ON eine vorslaw. Wurzel zugrunde. **IV.** Landschaftsname *Zitice* um Zörbig; † *Zeitz*, w Barby, beide ST. **V.** DS 35; SNB; Berger. *MH*

Zell (Mosel) **I.** Stadt und gleichnamige VG (seit 1970) im Lkr. Cochem-Zell, 16 362 Ew., in einer Moselschleife (Zeller Hamm), zwischen Koblenz und Trier, RP. Um 940 Ersterwähnung, nach 1124 Errichtung eines Augustinerinnenklosters, 1222 Stadtrecht, 1339 Verwaltungssitz eines kurtrierischen Oberamtes; im Dreißigjährigen Krieg zeitweilig von Schweden besetzt, ab 1794 franz., seit 1816 preuß. Kreisstadt. Tourismus und Weinanbau, außerdem Handel und Handwerk. **II.** 1098 *Zincella* (lies ahd. *zi In cella*), 1123 *in cellis*, 1143 *Cella*, um 1200 *Cella*, 1229 *Celle*, 1335 *zů Celle yn deme hamme* ('in Zell am Steilhang'), 1469 *zu Celle in dem Hamme*, 1503 *Zelle*, 1761 *Zell im Hamm*. **III.** Ahd. *cella*, mhd. *zelle* entlehnt aus lat. *cella* 'Vorratskammer, Mönchsklause' ↗ Zell am Harmersbach, Ortenaukreis, BW. **V.** Jungandreas; Kaufmann 1973. *AG*

Zell am Harmersbach **I.** Stadt im Ortenaukreis, 8 086 Ew., ca. 16 km sö Offenburg, zusammen mit den Gem. Biberach, Nordrach und Oberharmersbach VVG der Stadt Zell am Harmersbach, 16 033 Ew., Reg.-Bez. Freiburg, BW. Gründung des Klosters Gengenbach, 1218 an die Staufer, um 1366 Unabhängigkeit vom Kloster, 1803 an Baden. Historische Druckerei, Wallfahrtskirche, Storchenturm, Keramikmuseum. **II.** 1139 (Kop. 13. Jh.) *Cella*, 1454 *Tzell Halmerspach [Or]*, 1456 *Obercelle in Harmersbach*; *Zell am Harmersbach* (1566). **III.** Der Name geht auf ahd. *cella* 'Zelle, Kloster', eine Entlehnung aus lat. *cella*, zurück und bezieht sich auf eine geistliche Niederlassung des Klosters Gengenbach. Der häufige Name *Zell* wird durch den Zusatz des GwN *Harmersbach* verdeutlicht. **IV.** ↗ Bad Liebenzell, Lkr. Calw, BW. **V.** Krieger; FO 2; LBW 2 und 6. *JR*

Zell am See [mda. tsöi] **I.** Stadtgemeinde im Pinzgau, 9 666 Ew. Pol. Bez. Zell am See, SB, A. Zunächst zu Bayern, 14.–18. Jh. zum Erzstift Salzburg, seit 1816 zu Österreich, Pfarre zum Heiligen Hippolyt. 1357 Marktgemeinde, seit 1928 Stadt. **II.** 926 *in loco Cella*, ab dem 13. Jh. *Celle*, *Zell(e)*. **III.** *Zell am See* setzt lat. *cella* 'Mönchszelle' fort. Der Name *Zell* bezieht sich urspr. nur auf die *cella* der Ortschaft, die (*in loco*) *Bisontio* hieß, ebenso (*in pago Pinuzgave loca*) *Pisonzio* (*et Salafelda*) und noch später *Pisontia* (was auf *Isonta*, den alten Namen der Salzach, zu beziehen ist). Der Zusatz *am See* tritt seit dem Beginn des 14. Jh. auf. **IV.** Inzell, Lkr. Traunstein, BY, etc. **V.** ANB; SOB; HHS Huter; Reitzenstein, W.-A. Frh.

v.: Die Ortsnamen mit 'Zell' in Bayern. In: Blätter für oberdeutsche Namenforschung 32/33 (1995/96). *ThL*

Zella-Mehlis **I.** Doppelstadt, Lkr. Schmalkalden-Meiningen, in Talkessel am Südhang des Thüringer Waldes, n Suhl, 11 910 Ew., TH. 11. Jh. Burg auf dem Ruppberg n Zella-Mehlis, von dort aus kurz nach 1100 an alter Straße über den Thüringer Wald Gründung einer Einsiedelei des Klosters Reinhardsbrunn (bei Friedrichroda); in Nachbarschaft Entstehung der Wald- und Bergbausiedlung Mehlis, 1440 Eisenhammer zu Mels; Zella 1645 Marktflecken, in Mehlis seit 16. Jh. bedeutendes waffenproduzierendes Gewerbe; 1894 Stadtrecht; h. metallverarbeitende Kleinindustrie. 1919 zur Doppelstadt Zella-Mehlis erhoben. **II.** Zella: 1111/12 *Cella Sancti Blasii*, 1357 *zu der Celle sannct Plasius*; *Zella* (1642). Mehlis: 1111 *(Wald) Elisis*, 1210, 1250 *de Mels*, 1357 *Meles*, 1440 *zu Mels*, 1512 *Meliß*; *Melis* (1642). **III.** Der ON *Zella* beruht auf mhd. *cella* 'Klause, kleines Nebenkloster' < kirchenlat. *cella* 'Mönchszelle, Klause', konkret benannt nach dem Heiligen und Nothelfer Blasius. Der ON *Mehlis* ist wohl gebildet zu dem auf **ali-* 'fremd' basierenden mhd. *eli-* 'fern, abseits' und mhd. *siz* 'Sitz', also etwa 'abseits gelegener Wohnsitz', hier in einem Waldgebiet. Anlautend *M-* erklärt sich durch Agglutination aus verkürztem *ze dem* 'zum', wobei diese mda. weiter verkürzt gesprochene Präposition als *m* also mit dem ON zusammengewachsen ist. Urspr. Form und Bedeutung somit 'am/beim/zum abseits gelegenen Wohnsitz'. **IV.** ↗ Celle, NI; Zella (für Klöster) bei Bad Salzungen und bei Mühlhausen, Probstzella, Lkr. Saalfeld-Rudolstadt, und Paulinzella; Elsaß, 953 *Elisaza*; Neusiß, sw Arnstadt, und † Neusiß sö Arnstadt, Ilm-Kreis, alle TH. **V.** Dob. I; SNB; Berger. *KH*

Zellingen **I.** Markt und gleichnamige VG im Lkr. Main-Spessart, 11 151 Ew., Reg.-Bez. Unterfranken, BY. **II.** Vor 847 (Druck von 1626, zu 838) *Zellinga*, 889 (Druck von 1607) *Cellinga*, 9. Jh. (Kop. des 12. Jh.) *Cellingen*, 1014 *Cellingun*, 1184 *Cellingen*, 1199 *Cellinge*, 1365 *Zellingen*, 1367 *vnser stifts dorff Cellingen gnant gelegen am Meun*. **III.** Ein Beleg 744–747 *Ellingen* ist Bestandteil einer mutmaßlichen Fälschung des 12. Jh. und offensichtlich eine Verschreibung für **Zellingen*. Dem ON liegt der PN *Cello*, *Zello* zugrunde, der durch das Zugehörigkeitssuffix ↗ *-ing* abgeleitet ist. **V.** Reitzenstein 2009. *WvR*

Zerbst **I.** Stadt im Lkr. Anhalt-Bitterfeld, 14 954 Ew., zwischen Dessau und Magdeburg rechts der Elbe am Rand des Flämings, ST. Urspr. slaw. Siedlungsmittelpunkt, dann Burgward, seit etwa 1300 unter anhaltischer Herrschaft. Bedeutendste Stadt Anhalts, zeitweise Residenz einer anhaltischen Linie (Familie der späteren Zarin Katharina II.). 1850–2007 Kreisstadt. **II.** 948 *Cieruisti* [Or], 973 *Kiruisti* [Or], 1003 *in teritorio Zerbiste* [Or]. **III.** Der Name bezeichnete urspr. nicht nur einen Ort, sondern auch die ganze umliegende Siedlungskammer. Asorb. Bildung **Čiŕvišče* aus **čiŕv* 'Made, Wurm'. Dieses App. bezeichnete insbesondere die Schildläuse, aus denen der rote Farbstoff Karmin gewonnen wurde. Welche Umstände dieses Insekt in die Benennung von Orten eingehen ließen, ist nur zu vermuten. Gleich gebildet sind die Namen einiger kleinerer Siedlungen im deutsch-slawischen Kontaktgebiet, z.T. als Kleinzerbst mit Bezug auf den Namen der bedeutenderen Stadt **V.** DS 38; SNB; SO 4. *ChZ*

Zetel **I.** Gem. im Lkr. Friesland, 11 682 Ew., 12 km w Varel, NI. Kontinuierliche Besiedlung seit der Steinzeit auf den Geestzungen von Zetel und Driefel, ältestes Bauwerk ist die 1243 errichtete St.-Martins-Kirche, urk. erwähnt erstmals 1423; wirtschaftl. von Bedeutung war die Weberei, die Baumwollindustrie und in jüngerer Zeit die Klinkerindustrie. **II.** 1423 *Sethle*, 1428 *to Zetele*, 1436 [Or] *to Tzetele*. **III.** Der ON ist ein Simplex, basierend auf afries. *sedel* 'Sitz', vgl. asä., ahd. *sedal* 'Sitz', mnd. *sedel*, ostfries. *sedel*, *setel* 'Sitz, Wohnort, Siedlung', vgl. ae. *sedl* 'Wohnstätte'. Die heutige Schreibung mit anlautendem *z-* entspricht nicht dem urspr. Lautwert, sondern basiert auf lokalen Schreibertraditionen. **IV.** Anzetel, OT von Wilhelmshaven; Brockzetel, Lkr. Aurich, beide NI. **V.** HHS 2; Lohse. *MM*

Zeulenroda-Triebes **I.** Stadt und Erfüllende Gem. im Lkr. Greiz, s Gera, im nw Vogtland, 17 814 Ew., TH. Zwei d. Rodungsdörfer um 1200 in seit 9. Jh. schwach slaw. besiedelter Gegend; Zeulenroda: 1438 Stadt (Marktort); Triebes mit Rittersitz, erst 1919 Stadt; 19./20. Jh. Textil- und Möbelindustrie; h. Kleinindustrie. Zeulenroda war bis 1994 Kreisstadt; seit dem 1. 2. 2006 sind die beiden Städte mit Verwaltungssitz in Zeulenroda vereinigt. **II.** Zeulenroda: 1325 *in Zulenrode*, 1387 *Czewlnrode*, 1415 *zcu Czewlinrode*, 1438 *Czeullenrode*, 1501 *Ulenrode*, 1510 *Zewlrode*, 1553 *zu Zeilenrode*, 1627 *Zeulnroda*. Triebes: 1122 *Striboz* (Bachname), 1209 *de Tribuz*, 1407 *Tribis*; *Triebes* (1757). **III.** Der ON *Zeulenroda* ist gebildet aus mhd. *iule* 'Eule' und Gw. ↗*-roda/e*. Wahrscheinlich urspr. ein Klammername zu vielleicht *Eulenbach* oder *Eulenwald*, also als ON 'Rodungssiedlung zum/am/im Eulen(bach/-wald)'. Bereits im 14. Jh. ist die Präposition *zu* als *z* bzw. *cze* in mda. Form im ON fest geworden (Agglutination). In Zwickau ist der ON als Herkunftsname ohne *Z-* belegt: 1420 *Katherina Eulenrodi[n]*, 1475 *Michel Vlenroder* (Hellfritzsch). Im Schriftbild des ON erscheint das *u* von mhd. *iule* als *u* oder *w*. Im 15. Jh. tritt die Diphthongierung wie bei *Eule* auch im ON in Erscheinung mit *ew* und *eu*. 1533 Zeilenrode zeigt den Diphthong *-eu-* schließlich mda. entrundet als *ei*. Triebes beruht sehr wahrscheinlich auf dem asorb. Götternamen *Stribog*, der mit *j*-Suffix bei dem GwN zu **Striboź* führte. In der d. Anlautgruppe *Str-* kam es zum Abfall des *s-*, vielleicht in Analogie zu d. *Trieb*, *Trift*. Der schwankende Vokal in der unbetonten zweiten Silbe wurde wie in manch anderem ON letztlich mit *e* fest. **IV.** Eulendorf, OT von Hainichen, Lkr. Mittelsachsen, SN, 1284 *Ulendorf*, 1368 *Ulyndorf*; ON mit *Trieb-* und anderer Etymologie im Vogtland wie *Trieb* n Plauen und *Triebel*/Vogtland, Vogtlandkreis, SN. **V.** UB Vögte I; Eichler, E.: Die slawischen Ortsnamen des Vogtlandes. In: Lětopis, A 14 (1967); Hellfritzsch, V. : Personennamen Südwestsachsens. Die Personennamen der Städte Zwickau und Chemnitz bis zum Jahre 1500 und ihre sprachgeschichtliche Bedeutung. Leipzig 2007; SNB; Berger. *KH*

Zeuthen **I.** Gem. im Lkr. Dahme-Spreewald, 10 272 Ew., am Zeuthener See, s Berlin, BB. Im MA Fischerdorf. Wohnsitz des Komponisten Paul Dessau nach seiner Rückkehr aus dem Exil. **II.** 1375 *Czyten*, *Czuten*; *Ziethen an der Spree oder Zeuthen* (1775). **III.** Slaw./apolb. **Sit'n(o)*, eine Bildung mit dem Suffix *-'n-* zu *sit(o)* 'Binse, Riedgras', also 'Ort, wo Binsen wachsen' wegen der Flora, verbunden mit der Nähe des Gewässers, so benannt. Die Erklärung als slaw./apolb. **Sut'n-* zu *sut-* 'gerüttelt voll' ist wegen des unklaren Benennungsmotivs abzulehnen. **IV.** Ziethen, BB, MV und SH. **V.** Landbuch; Büsching; BNB 3. *EF*

Zeven **I.** Stadt und gleichnamige Samtgemeinde im Lkr. Rotenburg (Wümme), 22 570 Ew., NI. Früh erwähnter Ort, durch die Überführung der Gebeine des heiligen Vitus aus dem Kloster Corvey wurde Zeven zum Wallfahrtsort; die Reformation erreichte den Ort spät (1632); im 17. Jh. schwedisch, nach kurzer dänischer Herrschaft 1719 zum Kurfürstentum, ab 1815 Kgr. Hannover, 1866 preuß. (Provinz Hannover), Sitz eines Landratsamtes, ab 1885 regierte in Zeven ein kgl.-preuß. Landrat; 1929 städtische Verfassung, 1932 Auflösung des Lkr. Zeven (Zusammenlegung mit dem Lkr. Bremervörde); 1939 Lkr. Rotenburg (Hann.), seit 1969 Lkr. Rotenburg (Wümme); 1965 Gründung der Samtgemeinde Zeven; 1977 Auflösung des Lkr. Bremervörde, seitdem zum Lkr. Rotenburg (Wümme) gehörend, 1978 Reg.-Bez. Lüneburg. **II.** Vor 971 (verschiedene Kop.) *Kiuinaná*, *Kevena*, *Kyvena*, 986 *Kiuinana*, 1142 *Scivena*, 1158 *Cyvena*, 1189 *in Zcuena*, 1199 *in Tzeuena*, 1223 *de Scevena*, *in Tzevena*, 1242 *Zevena*, 1357 *In Tzeuena*, 1476 *Tzevena*. **III.** Man ist sich einig, dass im Anlaut die Wirkung des Zetazismus (vgl. ↗Elze, ↗Sarstedt, ↗Selsingen) zu erkennen ist. Für die Deutung wird ein Ansatz *Kivena oder *Kivana erwogen. Die bisherigen Erklärungsversuche gehen von einem urspr. GwN, wahrscheinlich Teilabschnittsnamen der den Ort durchfließenden Aue und einer Bildung mit-*n*-Suffix aus. Die Ableitungsgrundlage war bisher unklar. Es bietet sich aber eine Anschlussmöglichkeit vor allem in den nordgermanischen Sprachen an: norwegisch dial. keiv 'schief, gedreht, verkehrt', keiva 'linke Hand', keiv 'linkische, unbeholfene Person', in ON und GwN offenbar zu verstehen als Hinweis auf 'Biegung, Krümmung'. Wenn man annehmen darf, dass die h. im Stadtzentrum von Zeven erkennbare Biegung der Aue auch schon zur Zeit der Namengebung bestanden hat, liegt hier das Motiv vor. Der ON wäre dann als germ. Bildung mit -*n*-Suffix zu verstehen. V. Berger; HG 16; Möller 1998; NOB III; Nds. Städtebuch; Udolph 2004a. *JU*

Ziębice ↗Münsterberg

Ziegenhals // Głuchołazy [gwuxɔ'waʑi] I. Stadt
und gleichnamige VG im Kr. Nysa, Woi. Opole, 25 468 Ew., Luftkurort und Erholungsort am Nordhang des Altvatergebirges, PL. Um 1230 durch den Bischof von ↗Breslau gegr. und blieb bis 1810 in dessen Besitz; 1263 Stadtrecht; bis 1945 im Lkr. Neisse, Reg.-Bez. Oppeln, 9772 Ew. (1939). Fremdenverkehr und Kurbetrieb. II. 1249 Cyginhals, 1263 Cigenals, 1268 Czegenhals, 1285 Ziegenhals. III. Dem urspr. d. Namen liegt das Gw. -hals 'fortlaufende schmale Anhöhe' zugrunde. Das Bw. Ziege vom ahd. ziga 'Ziege'. Vielleicht erinnerte die Form des Höhenzuges an den Rücken und lang gestreckten Hals einer Ziege, dann wäre es eine 'Siedlung am Ziegenhals'. Die poln. Benennung von 1945 ist eine Zusammensetzung aus głuchy 'stumm' und łazić 'gehen, umherstreichen, aber auch im Wald roden'. Der neue Name knüpft an die tschech. Bezeichnung Hlucholazy an, die in der tschech. Literatur und auf Landkarten der Zwischenkriegszeit vorkommt. Die tschech. Benennung wurde mit dem Wechsel h > g an die poln. Schreibweise angepasst. IV. Ziegenrück, TH; Ziegenhain, RP; Ziegenwerder // Kozikowo und Ziegenberg // Kozia Góra in Pommern, beide PL. V. SNGŚl; Rymut NMP. *MCh*

Zielona Góra ↗Grünberg in Schles.

Ziesar I. Stadt und gleichnamiges Amt im Lkr. Potsdam-Mittelmark, 6 656 Ew., im n Flämingvorland, sw Potsdam, BB. Im 10. Jh. slaw. Burgwall und Burgsiedlung, später d. Burgward (1216), Burgflecken; seit etwa 1350 Bischofsresidenz; markgräflicher Vogtsitz. Zisterziensernonnenkloster (Gebäude 14./17. Jh.), spätromanische Stadtkirche Sankt Crucis. Seit 18. Jh. starkes Töpfergewerbe, nach 1870 Tonwarenfabriken. II. 948 Ezeri, 1204 Segesere, 1216 Jesere, 1254 Seyezere, 1459 Ziegesar, Zieser. III. Ursprünglich slaw./apolb. *Jezer(o), eine einfache Bildung zu jesor(o) 'See', dann *Zajezer(o), eine Bildung vom Typ Podgóra, Zalas mit der Präposition za- 'hinter' im Anlaut oder *Zajezer'e, eine Bildung mit dem Suffix -je (wie poln. Podgórze, Zalesie), also ein 'Ort hinter dem See', wegen der Lage am Südrand des Fiener Bruches (damals wohl noch seeartig) so benannt. Da mda. g- wie j- gesprochen wurde, konnte es auch hyperkorrekt für j- geschrieben werden. V. SNB; OBB; SNB. *EF*

Zirndorf I. Kreisstadt des Lkr. Fürth, 25 546 Ew., im Verdichtungsraum Nürnberg-Fürth-Erlangen im und am Biberttal, Reg.-Bez. Oberfranken, BY. Wohl frühmittelalterliche Gründung, im Spätmittelalter unter den Großdörfern des Nürnberger Raumes, wohlhabende Pfarrkirche, bischöflich-eichstättisches Lehen, im 14. Jh. Erwerb eines Teils des Dorfs und der Alten Veste von den Reichsministerialen von Berg durch die Burggrafen von Nürnberg, große Verluste im Dreißigjährigen Krieg 1632 durch Wallensteins Lager, 1792 an Preußen, 1806 an Bayern, Sitz der Playmobil-Fabrikation Brandstätter. Seit 1912 Stadt. II. 1297 Zirendorf [Or], 1306 Zirndorf [Or]. III. Im ON verbindet sich wohl ein slaw. PN Čiŕna (864 als Zirna belegt) in der Form eines d. Gen. Sg. der schwachen Flexion mit dem Gw. ↗-dorf. IV. Zirndorf, Lkr. Ansbach; Zirndorf, Lkr. Donau-Ries; Zirnberg, OT von Wiesenfelden, Lkr. Straubing-Bogen, alle BY. V. Wießner, W.: Stadt- und Landkreis Fürth (HONB, Mittelfranken 1). München 1963; Reitzenstein 2009. *DF*

Zittau I. Große Kreisstadt im Lkr. Görlitz, 28 906 Ew., am Fuße des Zittauer Gebirges, an der Mündung der Mandau in die Neiße, SN. Asorb. Siedlung an dem Fernweg Böhmen-Ostsee, mit böhm. Herrenburg und Burgflecken, um 1250 Stadtgründung, Fernhandelsplatz, Metall- und Textilindustrie, nach 1990 Abwanderung und Umstrukturierung. II. 1238 Sitavia, 1250 Sittaw, um 1326 in der Sytow, 1343 die Sithe, 1355 Zittae. III. Wohl asorb. Žitava o. ä. zu *žito 'Getreide'. Der Anlaut Z- im D. wird als Einwirkung des d. Artikels die erklärt, da in der Mda. der ON die Sitte f. lautet. V. HONS II, SNB. *EE, GW*

Złocieniec ↗Falkenburg

Złotoryja ↗Goldberg

Znaim // Znojmo ['znojmo] I. Kreisstadt, 34 759 Ew., in Südmähren, Südmährischer Bezirk (Jihomoravský kraj), CZ. Für die Geschichte und Politik der Přemysliden war Znaim von strategischer Bedeu-

tung. Um die von ihnen angelegte Grenzburg (im 11.–12. Jh. Sitz der Teilfürsten) entstand eine 1226 erwähnte deutschrechtliche (königliche) Stadt. Vorgänger war ein die Furt über die Thaya am Handelsweg Böhmen-Donauraum beschützender Burgwall aus dem 9. Jh. Rom. Sankt-Katharina-Rotunde (11. Jh., nationales Kulturdenkmal). Schloss. Got. Sankt-Wenzel-Kapelle. Mehrere Klöster. Ökonomisches und kulturelles Zentrum der Region. Weinproduktion. Obst- und Gemüseanbau, Tonindustrie. Theater, mehrere Schulen. **II.** (F. 12. Jh.) 1046 *Znoiem*; 1100 *Znoyem, Znogem [Or]*; 1222 *Znoym [Or]*; 1248 *Znaym*; 1633 tschech. *Znojmo*. **III.** Der ON ist slaw. Herkunft, eine befriedigende Erklärung steht bisher jedoch aus. Ansichten, der ON entstamme einem germ. *Ginahaima 'Siedlung an einer Schlucht' (Steinhauser, W.: Zs. für slav. Philologie, Bd. 18 [1942/1943]) sind aus lautlichen Gründen abzulehnen. Verbindung mit einem kelt. *Medoslanium ist eine Gelehrtenetymologie. Höchstwahrscheinlich könnte *Znojmo* zum urslaw. *gnojь, atschech. *znoj* 'Glut, Glühhitze', evtl. 'Eiter' gestellt werden, Schwierigkeiten bereitet jedoch die *-m*-enthaltende Struktur der Namenbildung. **V.** HŠ II; SchOS; LŠ; HSBM. *RŠ*

Znamensk [Знаменск] ↗**Wehlau**

Znojmo ↗**Znaim**

Zofingen mda. [ˈtsɔfigə] **I.** Stadt und Hauptort des Bezirks Zofingen, 10 580 Ew., im Wiggertal, AG, CH. Großer römischer Gutshof. Urspr. bäuerliche Siedlung im Besitz der Grafen von Lenzburg, 1145 durch Heirat an die Froburger, Ende 13. Jh. an das Haus Habsburg, Stadtrecht 1363. 1415 mit dem Aargau an Bern unter Wahrung der hergebrachten Rechte. 1803 zum Kanton Aargau. Im 19. Jh. wirtschaftlicher Aufschwung durch Textilindustrie, Mühlen, chemische Industrie und eine Druckerei. Kantonsschule, Höhere Pädagogische Lehranstalt, zwei Berufsschulen. **II.** 1044 *de Zuvingen [Or]*, 1184–1190 *Zuoving[ensis]*, 1201 *de Zouingen*, 1253 *Zovingen*, 1266 *Zouigen; Zofingen* (1390). **III.** Primärer SiN, ahd. *za diem Zofingum 'bei den Angehörigen des Zofo', gebildet aus einem ahd. PN *Zofo < germ. *Tufa* und dem ahd. Suffix *-ingun*. Der PN muss von Anfang an eingliedrig gewesen sein, sonst wäre die Reduktion von *-ing-* auf *-ig-* nicht eingetreten (vgl. Kully, Solothurnisches Namenbuch I). Die von Zehnder erwogene und vom LSG übernommene Annahme einer frühen Agglutinierung der Präposition *za* an den PN *Ovo* oder *Obo* möchten wir aus Mangel an Parallelen ausschließen. *Zofingen* gehört zu den unzähligen deutschen ↗*-ingen*-Namen. **IV.** Tübingen, BW; OT von Villingen-Schwenningen, Schwarzwald-Baar-Kreis, BW; Wet-

tingen, AG, CH. **V.** Schweiz. Lex.; FP; Zehnder, Gemeindenamen Aargau; LSG. *RMK*

Zollikofen Mda. [ˈtsɔlikχɔfə] **I.** Gem. im Amtsbezirk Bern, 9780 Ew., am rechten Aareufer, auf zwei Terrassen über der großen Flussschleife n von Bern, Kt. Bern, CH. Bronzezeitliche Gräber und röm. Siedlungsreste in der seit prähist. Zeit begangenen Aarefurt zwischen Engehalbinsel und Reichenbach. Auf Gemeindegebiet stand eine Gerichtsstätte der ma. Grafschaft Kleinburgund, die 1406 von den Kyburgern an Bern überging. Die hist. Wurzeln der Gem. liegen in der 1343 geschaffenen Herrschaft Reichenbach, welche u.a. den Familien von Erlach und von Fischer gehörte. H. vorstädtische Agglomeration mit großem Pendlerverkehr. Wichtiges Gewerbe- und Industriezentrum sowie landwirtschaftl. Ausbildungsstätte von schweizerischer Bed. **II.** 1257 *in Zollinchoven [Or]*, 1275 *in dem dorfe zi Zollenchofen*, 1279 *gegen dem dorf Zollikofen gelegen*. **III.** Primärer SiN aus der sog. alem. Ausbauzeit des 7./8. Jh., gebildet mit dem ahd. PN *Zollo* (Gen.-/Deminut.-Form *Zollin*), welcher entweder zu einem mhd. Stamm *zol* m. 'Knebel, Baumklotz, -stamm, zylinderförmiges Stück' oder zum germ. Stamm **Tul-* (mit schwieriger Abgrenzung gegen den PN-Stamm *Thol-/Tol-*) gestellt wird. Die Endung ↗*-inghofen* blieb im Berner SiN unabgeschliffen erhalten: 'bei den Höfen der Leute des *Zollo*'. **IV.** ↗Zollikon, ZH; Zullwil, SO, beide CH. **V.** BENB; LSG; FO 1. *eb, tfs*

Zollikon **I.** Politische Gem. im Bezirk Meilen, 12 154 Ew. Gem. am unteren rechten Zürichseeufer, Kt. Zürich, CH. Jungsteinzeitliche, hallstattzeitliche und römerzeitliche Funde. 1445 wird Zollikon im sog. Alten Zürichkrieg geplündert und abgebrannt. Bis in die Neuzeit im Wesentlichen landwirtschaftlich geprägt (insbesondere Weinbau), daneben auch (wenig) Seiden- und Baumwollgewerbe, h. jedoch vorwiegend moderne, vorstädtische Wohngemeinde. **II.** 946 *Collinchouin [Or]*, 1145 *Zollinchoven* (Kop.), ca. 1150 *Zollinchofa [Or]*, 1223 *Zollincon [Or]* **III.** Zollikon ist ein primärer Siedlungsname des ↗*-inghofen*-Typs (Zugehörigkeitssuffix ↗*-ing* und alte Dativ-Plural-Form von ↗*-hofen*, ahd. *hof*) mit dem PN *Zollo* im Bestimmungsglied; er ist zu deuten als 'bei den Höfen der Leute des *Zollo*'. Die *-inghofen*-Namen, die in der Nord- und Ostschweiz in der Regel in der kontrahierten resp. reduzierten Form *-ikon* erscheinen, gehören zu den häufigsten überhaupt und dokumentieren die Ausbausiedlungen des 7. und 8. Jahrhunderts. **IV.** Ebikon, LU, Bellikon, AG, Riniken, AG, alle CH. **V.** FP; LSG. *MHG*

Zolling **I.** Gem. und gleichnamige VG im Lkr. Freising, 12 159 Ew., Reg.-Bez. Oberbayern, Bayern **II.** 744

(Kop. von 824) *Zollinga*, 773 (Kop. von 824) *Zollingas*, 1098–1104 *Zollingen*, 1242–1264 *Zolling*. **III.** 1874 begegnet auch die Differenzierung *Unterzolling* zur Unterscheidung vom Dorf Oberzolling in derselben Gem. nach der Höhenlage. Es liegt der PN *Zollo* zugrunde, der durch das Zugehörigkeitssuffix ⁊-*ing* abgeleitet ist. **V.** Reitzenstein 2006. *WvR*

Zoppot // Sopot [sɔpɔt] **I.** Kreisstadt, seit 1999 in der Woi. Pomorskie (Pommern), 38 821 Ew., PL. An der Danziger Bucht, zwischen Danzig und Gdingen gelegen. Herzog Mściwuj schenkte die Siedlung 1283 dem Zisterzienserkloster in Oliva, Stadtrecht 1901, bis 1919 preuß., 1919–1939 in den Grenzen der Freien Stadt Danzig, 1945 poln., 1975–1998 Woi. Gdańsk (Danzig), populärer Kurort an der Ostsee. **II.** 1238 *Sopoth*, 1291 *Sopot*, 1890 *Zoppot*. **III.** Der ON leitet sich vom urslaw. *sopotъ* 'Bach, Quelle' ab, aus dem vor allem GwN und die Namen an Gewässern liegender Ortschaften gebildet wurden. Die d. Variante ist eine phonetische Adaptation, entstanden durch Substitution: *Z-* für *S-* und Verdoppelung des Konsonanten *p*. **IV.** Sopotnica, Mazedonien. **V.** Malec; Rospond 1984; RymNmiast. *IM*

Zörbig **I.** Stadt im Lkr. Anhalt-Bitterfeld, Stadt, 9377 Ew., w von Bitterfeld, ST. Urspr. slaw. Burganlage, in wechselndem Besitz, schließlich seit der Mitte des 14. Jh. wettinisch, im 17./18. Jh. zeitweise Nebenresidenz und Witwensitz der Sekundogenitur Sachsen-Merseburg, Landstädtchen. **II.** 961 (11. Jh.) *Zurbici*, 1015 *Curbici* [Or], 1207 *Zurbeke* [Or]. **III.** Asorb. **Surbici* oder **Sorbici*, patronymische Bildung zu **surb* oder **sorb* 'Sorbe', zu verstehen als 'Diejenigen des **Surb*'. Später, wohl unter d. Spracheinfluss, anstelle von -*c*- nur noch -*k*-, wahrscheinlich eine etym. falsche Angleichung an nd. ⁊-*beke* 'Bach'. Das zugrunde liegende Ethnonym **sъrb*, das in der slaw. Welt mehrfach begegnet (vgl. Sorben und Serben), findet sich schon in frühmittelalterlichen Quellen zur Bezeichnung der slaw. Bewohner der Gebiete ö der Saale. **IV.** Zörbitz, OT von Zorbau, Burgenlandkr., ST, u.a. **V.** DS 14; SNB; SO 4. *ChZ*

Zorneding **I.** Gem. im Lkr. Ebersberg, 8855 Ew., Reg.-Bez. Oberbayern, BY. **II.** 813 (Kop. von 824) *Zornkeltinga*, 821 (Kop. von 824) *ad Zorngeltingas*, ca. 1050 *Orongoltingin*, ca. 1080 *Zorongoltingon*, ca. 1250 *Zorngolting*, 1324 *Zorngelting*, 1416 *Zornolting*, 1580 *Zornoting*, 1671 *Zorneting*, 1797 *Zornȯding*, *Zornolting*, 1811 *Zorneding*. **III.** Es liegt der zu erschließende PN **Gelto* zugrunde, der durch das Zugehörigkeitssuffix ⁊-*ing* abgeleitet ist. Der Ort wurde bereits im frühen MA vom im selben Landkreis liegenden Pfarrdorf Gelting mittels des Namensbestandteils *zorn* unterschieden; als dessen Bedeutung wird 'Rasenland, Rodeland' angenommen. Vielleicht lässt sich aber auch bairisch *zoren* 'vertrocknen, abzehren' heranziehen, was dann die trockene, weniger fruchtbare Lage bezeichnen würde. In der Form von ca. 1050 wurde die irrtümlich angenommene ahd. Präposition *zi*, *ze* 'zu' deglutiniert, d.h. abgetrennt. **V.** Reitzenstein 2006. *WvR*

Zossen **I.** Stadt im Lkr. Teltow-Fläming, 17 477 Ew., an der Nottenniederung, s Berlin, BB. Slaw. Siedlung am Rande großer Heidewaldgebiete; Anfang des 13. Jh. mit d. Herrenburg; im 14. Jh. Städtchen (1355 *stat und hus*). Bastion des 16. Jh. und spätgot. Torhaus, Burggelände h. Park. Nach 1800 entstanden Gartenbau, Ziegeleien und Kalkwerke. **II.** 1320 *Sossen*, *Szosne*, 1349 *Zcossen* [Or.], 1355 *Czosen*. **III.** Slaw./ asorb. **Sosny*, eine einfache Namenbildung im Pl. zu *sosna* 'Kiefer' oder **Sos'ne*, eine Ableitung mit dem Kollektiva bildenden Suffix -*je*, benannt nach der Flora dieser Gegend. **V.** Riedel A XI, B II; BNB 3, SNB. *EF*

Zschopau **I.** Große Kreisstadt und gleichnamige VG im Erzgebirgskreis, 14 648 Ew., am Mittellauf des gleichnamigen Flusses, SN. Seit Mitte des 12. Jh. Burg zum Schutz der Furt der Salzstraße von Halle und Leipzig nach Böhmen und Prag. Stadtanlage kurz nach 1200, seit dem 14. Jh. Bergbau, Handwerkerort, seit dem 19. Jh. Textilbetriebe. **II.** GwN: 1150 *Scapha*, 1226 *Scapa*, 1292 *Schapa*. ON: 1286 und 1292 *Schape*, 1383 *Czschapa*, 1406 *Czschope*, 1495 *Tzschopa*. **III.** Der ON nimmt den GwN *Zschopau* auf, 'Siedlung an der Zschopau'. Die Erklärung des GwN ist schwierig, da ein unmittelbarer Anschluss an eine asorb. Wurzel fehlt, auch asorb. *ščapati* 'spalten' bietet keine Lösung. Evtl. zu germ. **skap-* 'Felsen' wie in den hd. GwN *Schaff* und *Schefflenz* (?). Der frühere Vokal -*a*- wurde zu -*o*- gehoben, ⁊-*au* kam erst sekundär zu anderen ON auf -*au* auf. Erst seit dem 14. Jh. wird der Anlaut *tsch*- deutlich, sodass man ihn nicht auf asorb. *č* zurückführen kann. **V.** HONS II; SNB. *EE, GW*

Zschorlau **I.** Gem. und gleichnamige VG (mit der Gem. Bockau) im Erzgebirgskreis, 8200 Ew., im Westerzgebirge, am Zschorlaubach, SN. Seit dem 13. Jh. Bergbau, seit dem 18. Jh. bis h. Herstellung von Ultramarinblau. Sitz der VG ist Zschorlau. **II.** Um 1460 *Schorel*, 1464 *die Schorle*, 1553 *Schorlau*. **III.** Schwieriger ON, der am ehesten auf einen alten Waldnamen zurückzuführen ist, der 1378 als *Schorlholtz*, 1395 als *Zchorlins* bezeugt ist und in dessen Bw. mhd. *schor*, *schorre* 'schroffer Fels, Felszacke' mit verkleinerndem -*l*-Suffix steht, demnach 'Ort am/im Wald mit kleinen Felsen'. **V.** HONS, DS 41. *EE, GW*

Zuchwil mda. ['tsʊx:u] **I.** Gem. im Bezirk Wasseramt, 8 682 Ew., an Aare und Emme, SON, CH. Römischer Gutshof, frühmittelalterliche Gräber. Urspr. im Besitz des St. Ursenstifts in Solothurn, seit der 1. Hälfte des 14. Jh. einbezogen in das Burgerziel der Stadt Solothurn. Ehem. Bauerndorf, heute Industrieagglomeration, mit Solothurn verwachsen, aber nicht eingemeindet. Im 20. Jh. Waffenfabrik, Patronenfabrik, Webmaschinen, Werkzeugmaschinen. Heute Zulieferungsbetriebe für Automobil- und Flugzeugbau, Elektrowerkzeuge für Handwerk, Industrie und Heimwerker; Bauunternehmen; zentrale Kehrichtverbrennungsanlage. **II.** 1286 *Zuchwile[Or]*, 1306 *zuchele; zuchwil* (1341). **III.** Primärer SiN, ahd. **za dëmu Zuchowīlāre*, gebildet aus dem ahd. PN *Zucho* und dem ahd. Lehnwort *wīlāri* < gallorom. *vīllāre* 'zu einer vīllā gehöriges Vorwerk', 'beim Gehöft des Zucho'. Das Gw. mhd. *wil* wurde mda. schon im 14. Jh. zu *-el* gekürzt und später durch *l*-Vokalisierung auf *u* reduziert. Den zahlreichen ↗*-wil*-Namen der deutschen Schweiz entsprechen die ↗*-weiler*-Namen in Deutschland, *Appenweiler, Badenweiler, Rheinweiler*, und die *-willer*-Namen im Elsass, *Guebwiller, Hartmannswiller, Wattwiller* etc. **IV.** Allschwil, BL; Flawil, SG; Hinwil, Richterswil, beide ZH; alle CH. **V.** Schweiz. Lex.; Grossenbacher Künzler, B.: Wasseramt; Kully, Solothurnisches Namenbuch I; LSG. *RMK*

Züllichau // Sulechów [su'lɛxuf] **I.** Stadt und Gemeindesitz im Kr. Zielona Góra (Grünberg), Woi. Lubuskie (Lebus), 17 647 Ew., PL. Die Anfänge der Stadt reichen bis in die Zeiten der ersten Piasten zurück. Sulechów war Teil des Staates von Mieszko I. Im 12. Jh. ging die Stadt an das Ftm. Glogau (Głogów) über. Seit Ende des 15. Jh. zur Mark Brandenburg, später Preußen, Reg.-Bez. Frankfurt. Nach dem 2. Weltkrieg an Polen. 1950–1998 gehörte die Stadt verwaltungsmäßig zur Woi. Zielona Góra (Grünberg). **II.** 1329 *Sulchow*, 1397 *Czolchaw*, 1409 *Czulchow*, 1416 *Tzulchaw*, 1501 *Czulch*, 1880 *Cylichów*, d. *Züllichau*, 1982 *Sulechów*. **III.** Der ON ist vom apoln. PN *Sulech* (KF eines apoln. Vornamens vom Typ *Sulimir*, vgl. aslaw. *suliti* 'zusagen, versprechen'), mit dem Suffix *-ów* abgeleitet, der eine Siedlung bezeichnete, die einem *Sulech* gehörte. Die Form *Züllichau* ist eine phonetisch-morphologische Adaptation des slaw. Namens. **IV.** Sulechowo // Groß Soltikow, Sulechówek // Züllichswerder, Sulechówko // Klein Soltikow, alle Woi. Zachodniopomorskie (Westpommern), PL. **V.** Rymut NMP; RymNmiast; Malec. *BC*

Zülpich I. Stadt im Kreis Euskirchen, 20 092 Ew., in der niederrheinischen Bucht, Hauptort der Zülpicher Börde, Reg.-Bez. Köln, NRW. Entstanden an der Kreuzung röm. Fernstraßen, kontinuierlich besiedelt (röm. Thermen), wahrscheinlich Ort der Alemannenschlacht Chlodwigs (496); 881 von Normannen zerstört, Stadtwerdung um 1280 abgeschlossen, territorial zwischen Hztm. Jülich und Erzbistum Köln strittig bis 15. Jh., dann kölnisches Amt. **II.** Zu 70 (Tacitus, Historien IV 79) *Tolbiaci in finibus Agrippinensium*, ca. 3. Jh. (Itinerarium Antonini) *Tolbiaco*, 975 (Kop. 13. Jh.) *in comitatu Zulpiche*, 1592 *Zuilch* [Or]. **III.** Zu einem gallo-röm. PN **Tolbius* oder *Tulfius* mit gallo-röm. Zugehörigkeitssuffix, ↗*-(i)acum, -ich*, 'Gut des Tolbius'. Die antike Lautgestalt ist vollständig nach Regeln der hd. Lautverschiebung ins Mfr. überführt: Initiales /t/ zur Affrikate, postvokales /k/ zum Frikativ, dazu kommt Umlaut vor /i/. Die antike Schreibung wird noch lange im frühen MA tradiert. Spätmittelalterliche Schreibungen (s.o.) verraten Mundartnähe [ts'øl(ə)ʃ]. **V.** RhStA, Lfg. I Nr. 5; HHS Bd. 3. *Ne*

Zürich I. Politische Gem. und Hauptort des gleichnamigen Bezirks und Kantons, CH. 365 132 Ew. Größte Stadt der Schweiz, am Nordende des Zürichsees, an Limmat und Sihl, zwischen den Höhenzügen von Üetliberg und Zürichberg gelegen. Urgeschichtliche Funde, keltische Siedlungen auf dem Lindenhof und dem Üetliberg, römischer *vicus* und Hafen, Zollstation an der Grenze zur Provinz *Raetia*; wohl bereits im Früh-, sicher jedoch seit dem Hochmittelalter im Rang einer Stadt (castellum, civitas) mit mehreren Zentren im Bereich von Groß- und Fraumünster, Peterskirche und Pfalz. 1250 Stadtrecht, 1262 Reichsstadt. Zunftverfassung im 14. Jh. Im 15. Jh. Konflikte mit Habsburg, Schwyz (Alter Zürichkrieg) und den Eidgenossen, fortan Zürich als Vorort der Eidgenossenschaft bis 1798. Bedeutende Stätte der Reformation (Zwingli, Bullinger). Seit den sechziger Jahren des 19. Jh. Entwicklung zur Großstadt, h. Dienstleistungs- und Industriestandort, insbesondere Finanzplatz von internationaler Bedeutung. Universitätsstadt (Universität 1832, ETH 1855). **II.** 185 *sta[tionis] Turicen[sis]*, 601–700 *Ziurichi*, 807 *Turigo*, 924 *Zurich*. **III.** Kelt. SiN, Deutung umstritten, von Müller als **Túrikum* (kelt. *-ikon*) zu einem FluN **Tura* oder **Turos* erklärt, einem mutmaßlichen Seitenarm der Sihl. Die traditionelle Forschung favorisiert Paenultima-Betonung und einen kelt. PN *Tūros* von der adjektivbildenden Abl. ('Siedlung des Tūros'); die heutige Form reflektiert hochdeutsche Lautverschiebungsprodukte und Umlaut. Die Namenform *Tigurum* ist ein humanistisches, nach dem Ethnonym *Tigurin* (Caesar) gebildetes Konstrukt. **V.** LSG; Müller, W.: Turikum – Turegum – Zürich. In: Gedenkschrift Reichardt, 2011. *MHG*

Züssow I. Gem. und (mit der Stadt Gützkow und 14 weiteren Gem.) gleichnamiges Amt im Lkr. Ostvorpommern, 13 014 Ew., w von Usedom, ca. 20 km sö von Greifswald, MV. Slaw. Vorbesiedlung, zunächst zu Pommern, nach 1648 schwedisch, ab 1815 preußisch, vor dem 20. Jh. rein landwirtschaftlich geprägt und erst danach auch Kleinhandwerk, in der DDR landwirtschaftliches Entwicklungszentrum, h. Handwerk, Gewerbe, Landwirtschaft, Diakonie (seit 1945). II. 1404 *to sussow*, 1472 *tzissow*, 1521 *to Zissow*, 1584 *Süssow*; *Züssow* (1631). III. Dem urspr. slawischen ON liegt ein apolb. Zuname *Suš* (vgl. apoln. PN *Susz*,) mit einem poss. Suffix *-ov*, ↗*-o(w)*, zugrunde, dessen auslautendes *-v* in der Aussprache verloren ging. Die Bedeutung des ON lässt sich als 'Ort des Suš' rekonstruieren, der charakterisierende ZN geht auf apolb. **suš* 'Dürre, Trockenheit' (vgl. russ. *suša* 'trockenes Land, Festland', tschech. *souš(e)* 'trockenes Land'), metaphorisch auch für 'trockener Mensch', zu poln. *suchy*, polb. *sauchie*, zurück. V. Dähnert, J. C.: Sammlung gemeiner und besonderer Pommerscher und Rügischer Landes-Urkunden, Gesetze, Privilegien, Verträge, Constitutionen und Ordnungen, 2. Stralsund 1786; Berghaus, H.: Landbuch von Neu-Vorpommern und der Insel Rügen, 4, 2. Anklam 1868; Witkowski 1978; EO; Trautmann ON Meckl.; Niemeyer 2001b. *MN*

Zug I. Stadt und Gem. im und Hauptort des gleichnamigen Kt., 25 778 Ew., in der Zentralschweiz, am Nordostufer des Zugersees, 425 m über dem Meeresspiegel, CH. Archäol. Siedlungsspuren im Stadtbereich seit der Jungsteinzeit, frühmittelalterliche Grabfunde (7./8. Jh.), wahrscheinlich vor 1000 Bau der Pfarrkirche St. Michael. Im 11./12. Jh. befestigte Anlage im Bereich der so genannten Burg (außerhalb der späteren Altstadt), um 1200/50 Bau der ersten Stadtmauer, 1326 Zollprivileg durch Herzog Albrecht II. von Österreich, zwischen 1478 und 1528 Bau einer neuen Stadtmauer mit bedeutender Erweiterung des ummauerten Stadtgebiets. 1799 kurzzeitig Hauptort des helvetischen Kt. Waldstätten, 1864 Anschluss an die Eisenbahn, Gründung größerer Industriebetriebe (1880 Metallwarenfabrik Zug, 1896 Landis & Gyr). H. Standort auch international bedeutender Handels- und Dienstleistungsunternehmen mit rund 20 000 Arbeitsplätzen. II. 1092 *Ziuge* [oder *Zuige*] [Or], 1240 *Zuge* [Or], 1324 *Zug* [Or]. III. Zu mhd. *zuc*, *zug-* 'Fischereigerechtigkeit, ufernaher Gewässerteil mit rechtlich geregelter Nutzung', mit Übertragung auf die am Ufer gelegene Siedlung. Die seit 1514/15 überlieferte „lateinische" Namenform *Tugium* ist eine Neubildung des Glarner Humanisten Heinrich Loriti (genannt Henricus Glareanus). V. Dittli, 5; LSG. *BD*

Zweibrücken I. Kreisfreie Stadt, 34 535 Ew., direkt an der Grenze zum SL und nahe der Grenze zu Frankreich, s Westpfalz, RP. Zur Sicherung des Klosters Hornbach entstand im 12. Jh. zwischen dem Schwarz- und dem Hornbach eine Burg mit einer Siedlung. Diese erhielt 1352 Stadtrechte. Seit Mitte des 15. Jh. war die Stadt Residenz- und Hauptstadt des Hztm. Pfalz-Zweibrücken, unter den Bayern Garnisonsstadt und Sitz des Pfälzischen Oberlandesgerichts. Gilt h. als kleinste kreisfreie Stadt in Deutschland. II. 1174–79 *Wicherus de Zveinbruchken*, 1180 *Bertoldus de Zweinbrüke*, 1555 *Zwayenbrücken*; *Stat Zweibrucken* (1590). III. Dem Bw. liegt das mhd. Zahlwort *zwei*, Dat. *zwein-*, *zweien-*, zugrunde, das Gw. ist ↗*brücke/-bruck-/brücken*, lat. auch *Biponte*, *Geminoponte*, *Duobus Pontibus*. Die Siedlung entstand zwischen zwei Brücken über den Schwarz- und den Hornbach. Somit ist auch die Deutung klar: 'Siedlung zwischen den zwei Brücken oder Flussübergängen'. 1190 wurde ein Grafengeschlecht nach der Herrschaft Zweibrücken benannt. V. Molitor, L.: Urkundenbuch zur Geschichte der ehem. Residenzstadt Zweibrücken. Zweibrücken 1888; Pöhlmann, C.: Regesten der Grafen von Zweibrücken aus der Linie Zweibrücken. Bearb. und ergänzt durch A. Doll. Speyer 1962; HHS 5; HSP. *JMB*

Zwenkau I. Stadt im Lkr. Leipzig, 8820 Ew., in der Leipziger Tieflandsbucht zwischen Weißer Elster und Pleiße, am Landschaftsschutzgebiet „Elsteraue", SN. Asorb. Burgwall und Burgsiedlung, seit Mitte des 10. Jh. d. Burg und Burgflecken, 1195 Markt, 1475 Stadtrecht erneuert. Ehemaliger Wohnort des Braunkohlebergbaus, nach Flutung des Tagebaus mit dem Zwenkauer See Anteil am entstehenden Leipziger Neuseenland. II. 974 *Zuenkouua*, 1012/18 *Zuencua*, 1195 *in Zwencowe*. III. Es liegt wohl eine asorb. Gf. **Zvěkov* zu *zvěk* 'Laut, evtl. Geläut' vor, im Zusammenhang mit der Burg, in der bei Gefahr die Glocken geläutet wurden. IV. Zvíkov, CZ. V. Thietmar; HONS II; SNB. *EE, GW*

Zwettl-Niederösterreich [dsvedl] I. Bezirkshauptstadt, 11 430 Ew., im Waldviertel am Zusammenfluss von Zwettl und Kamp, 125 km nw von WI, NÖ, A. Flächenmäßig drittgrößte Gemeinde Österreichs. Gründung der Kuenringer um 1100/20 als Burgkirchenanlage, 1200 Stadtrechtsprivileg, mittelalterliche Stadtbefestigung (weitgehend erhalten); 1138 Gründung des gleichnamigen Zisterzienserstifts 10 km außerhalb des Zentrums mit bemerkenswerter Bausubstanz; Ackerbürgerhäuser; mittelalterliches Handelszentrum, bis h. mittelständische Handels- und Gewerbebetriebe, Brauerei, Holzverarbeitung; diverse Bildungseinrichtungen, Einkaufsstadt; Verwaltungs-, Schul- und Sommerfremdenverkehrszentrum des Waldviertels. Infolge Talkessellage extrem niedrige Wintertemperaturen. **II.** 1139 *predium Zwetel dictum in Nordica silva situm* [Or], 1139 *ad fluvium ... Zwetel*. **III.** Der ON beruht auf dem gleichnamigen GwN *die Zwettl*, der auf slaw. **světla* 'die Lichte' zurückgeführt wird. Formal liegt eine Abl. vom slaw. Adj. **světly* 'licht, hell' vor. **V.** ANB 2; Schuster 3; ÖStB 4/3. *ES*

Zwickau **I.** Kreisstadt im gleichnamigen Kr., 94 887 Ew., im nw Erzgebirgsvorland, an der Zwickauer Mulde, SN. Im 10. /11. Jh. Zentrum eines sorb. Kleingaues an altem Übergang einer böhm. Straße über den Fluss, 1118 Zollstätte, Burg und Burgmarkt, städtischer Ausbau seit 1140/50, Stadtrecht zwischen 1192–1212, später markmeißnische Stadt. Geburtsort von Robert Schumann. Seit 1904 Automobilbau (Horch, Audi), später Trabant. Bis 1978 wirtschaftl. bedeutend durch Steinkohleabbau, in der DDR Versorgungszentrum für die sowjetische Atomindustrie bis 1990, Aufbereitungsanlage für Uranerz bis 1989. H. neben Chemnitz Kern der „Wirtschaftsregion Chemnitz-Zwickau". Standort der Westsächsischen Hochschule Zwickau, Fachhochschule und des Robert-Schumann-Konservatoriums. **II.** Zuerst als Landschaftsname bezeugt: 1118 *Zcwickaw*. ON: 1121 *Zwiccowe*, 1464 *Czwigke* (Mundartform). **III.** Man nimmt an, dass ein sorb. Name, der sich wohl auf einen Teil der Zwickauer Mulde bezog (etwa **Cvikava* zu *kvičati, cvikati* 'rauschen') die Grundlage war, in die dann das d. Wort *Zwick* 'Abzweigung, Flussgabelung' eingedeutet wurde (verwandt mit d. *Zwickel*). Weitere Forschungen sind erforderlich. **IV.** *Cvíkov* // Zwickau, in Nordböhmen, CZ. **V.** HONS II; SNB. *EE, GW*

Zwiesel **I.** Stadt, 9 973 Ew., ca. 35 km nö von Deggendorf, ca. 30 km nw von Grafenau, ca. 15 km s von Bayerisch Eisenstein (Grenzübergang zur Tschechischen Republik) und ca. 10 km nö der Kreisstadt Regen, in einem weitläufigen Talkessel zwischen den höchsten Bayerwaldbergen Großer Arber (1456 m), Großer Falkenstein (1315 m) und Großer Rachel (1453 m) am Zusammenfluss des Großen und Kleinen Regens zum Schwarzen Regen im mittleren Bayerischen Wald, Kr. Regen, Reg.-Bez. Niederbayern, BY. 1904 Stadterhebung, seit 1972 staatlich anerkannter Luftkurort. Traditionelle Holz- und bes. Glasindustrie („Glasstadt"), Kristallmanufakturen und Glasfachschule (Staatliches Bildungszentrum für Glas), Knotenbahnhof der Bayerischen Waldbahn. Regionales Tourismuszentrum, Waldmuseum, Haus zur Wildnis im Nationalpark Bayerischer Wald (Ludwigsthal). **II.** 1224 *Vlricus Zwiselar* [Or], 1242/43 *Zwisel* [Or], 1500 *Zwisl* [Or]; *Zwiesel* (1832). **III.** Dem urspr. Stellen- bzw. Flurnamen liegt das App. ahd. *zwisila* 'zweizackige Gabel, gabelförmiger Zweig', mhd. *zwisel(e)* 'Gabel, etwas Gabelförmiges' zugrunde. Damit dürfte in diesem Fall im übertragenen Sinn die Stelle des Zusammenflusses des Großen und des Kleinen Regens bezeichnet worden sein. **IV.** Zwiesel, OT von Bad Gottleuba-Berggießhübel, Reg.-Bez. Dresden, SN, und Böhmzwiesel sowie Erlauzwiesel, beide Reg.-Bez. Niederbayern, BY. **V.** Janka, Wolfgang: Ortsnamenartikel „Zwiesel". In: Die ältesten Ortsnamen im bayerisch-tschechischen Grenzraum. Passau 2010 [Typoskript]; Reitzenstein 2006. *StH*

Zwischenahn, Bad **I.** Gem. im Lkr. Ammerland, 27 350 Ew., am Zwischenahner Meer, Reg.-Bez. Weser-Ems (bis Ende 2004), NI. Sitz eines gräflich oldenburgischen Gogerichtes und eines kirchlichen Sendgerichtes, von 1814–1858 auch Sitz eines oldenburgischen Amtes; im 19. Jh. starker Aufschwung des Fremdenverkehrs wegen des nahegelegenen Zwischenahner Meeres; seit 1919 Bad, seit 1964 staatlich anerkanntes Heilbad. **II.** 1194 *Gerlagus de Tuschenan* [Kop. 14. Jh.], um 1280 *Twischena* [Kop. 16. Jh.], 1332 *Thvischenna*; *Zwischenahn* (1802). **III.** Bildung mit dem Gw. ↗*-ach¹* in der nd. Form, mnd. *ā*, das teils im Plural (*-an*) erscheint. Bw. ist die Präposition mnd. *twisken, twischen*. Der Name kennzeichnet den Ort als zwischen zwei Gewässern liegend. Gemeint sind wohl die aus dem Zwischenahner Meer abfließenden Aue und Speckener Bäke. **V.** HHS 2; Nds.-Lexikon; Remmers, Ammerland. *UO*

Zwittau // Svitavy ['svɪtavɪ] **I.** Kreisstadt, 17 177 Ew., in Nordwestmähren, Zentrum des d. Schönhengstes, Bezirk Pardubice (Pardubický kraj), CZ. Von Deutschen um 1256 am Oberlauf der *Zwittawa // Svitava* neben einer älteren slaw. Siedlung (*Antiqua Zuitawa*) im Rodungsgebiet im mähr.-böhm. Grenzwald gegründet. 1330 Stadt. Im 16. Jh. Pferde- und Viehmarkt. 1643 Plünderung der Stadt, 1781 und 1818 Großbrände. Im 19. Jh. Textilindustrie. Der hier geborene Unternehmer O. Schindler bewahrte 1940–45 mehr als 1200 Juden vor der Vernichtung (verfilmt). **II.** 1256 *oppidum ubi Antiqua Zuitawa sita* [Or]; 1412 *Czwittaw* [Or];1517 *Czwitta* 1525 *Switawy* 1718 *Zwittau*. **III.** Der ON entstand durch Übertragung des GwN *Svitava*, d. *Zwittawa*, einer von *svit-* (atschech. *svitati* 'licht werden') mit dem typischen GwN-Suffx *-ava* gebildeten Benennung des örtlichen Flusses mit 'lichtem, sauberem, durchsichtigem Wasser'. Vgl. in Dial. Ostmährens *svit'aca voda* 'durchsichtiges Wasser'. *Sv-* am Anfang > d. *Zw-*. Um die Stadt vom Fluss zu unterscheiden, ist der d. GwN *Zwittawa* als Entlehnung vom tschech. *Svitava* homonym geblieben, der Name für die Stadt an die ON auf ↗*-au* angepasst worden: *Zwittau*. Im Tschech. wurde der Stadtname pluralisiert: *Svitavy* (vgl. Fluss *Odra* – Stadt *Odry*). Vorslaw. Erklärungen überzeugen nicht. **IV.** Orte an der Zwittawa: Svitávka, Svitavice, CZ. **V.** HŠ II; LŠ; SchOS; HSBM. *RŠ*

Zwönitz **I.** Bergstadt und gleichnamige VG im Erzgebirgskreis, 12 940 Ew., im mittleren Erzgebirge, am gleichnamigen Bach und Kühnhaider Wasser, SN. Um 1200 angelegtes d. Bauerndorf an alter böhm. Straße, 1300 Stadtrecht, 1545 Marktrecht, Aufkommen des Bergbaus im 15. Jh. mit Abbau von Eisenerz, Bergstädtchen seit 1458, im 19. Jh. stark industrialisiert. Nach 1945 Schuhherstellung, Textilindustrie, Messgerätefertigung. H. verschiedene Handels- und Handwerks- sowie Industriebetriebe. **II.** GwN: 1286 *Zwenicz*, 1475 *Zcwenicz*. ON: 1389 *B. v. Zcwenicz*, 1546 *Zwenitz*. **III.** Offenbar führte der Oberlauf der Chemnitz den Namen *Zwönitz*. Aus asorb. *Zvenica zu *zvěneti* 'tönen, tosen', verwandt mit *zvon* 'Glocke', bezogen auf das schnell fließende Wasser. Die ö-Schreibung ist schriftsprachlich und kam erst im 17. Jh. auf. ON-Bildungen mit *Zven-* gibt es in verschiedenen slaw. Sprachen. **V.** HONS II; SNB. *EE, GW*

4. Autoren und Kürzel

Kürzel	Autor
AG	Prof. Dr. Albrecht Greule, Regensburg
alb	lic. ès lettres Anne-Lore Bregy, Brig
AP	Prof. Dr. Peter Anreiter, Innsbruck
AS	Andreas Schorr M.A., Kreuztal-Buschhütten
BA	Dr. Beata Afeltowicz, Szczecin
BC	prof. dr hab. Barbara Czopek-Kopciuch, Kraków
BD	Dr. phil. Beat Dittli, Zug
BE	Diplom-Umweltethiker Univ. (postgrad.) Bernd Eigenmann, Augsburg
BM	Dr. Birgit Meineke, Münster
Br	Günter Breuer, Aachen
ChZ	Dr. phil. Christian Zschieschang, Leipzig/Köthen
cjg	Dr. Christa Jochum-Godglück, Saarbrücken
DA	Diana Ascher M.A., Leipzig
DD	Doz. Dr. Daiva Deltuvienė, Kaunas
DF	Dr. phil. Dorothea Fastnacht, Marloffstein
DG	Dr. phil. Dieter George M.A., Forchheim
eb	Dr. phil. Erich Blatter, Bern
EE	Prof. Dr. Ernst Eichler, Leipzig
EF	Dr. Elżbieta Foster, Berlin
ES	Dr. Elisabeth Schuster, Wien
EW	Dr. phil. Erika Waser, Luzern
FD	Prof. Dr. Friedhelm Debus, Schierensee/Kiel
Flö	Dr. Michael Flöer, Münster
FLvH	Prof. Dr. Fritz Frhr. Lochner von Hüttenbach, Graz
FM	Franziska Menzel M.A., Leipzig
GMM	Prof. Dr. Christina Gansel, Greifswald Marina Meißner, Greifswald Karoline Müller, Berlin
GR	Priv.-Doz. Dr. Gisela Ros, Greifswald
gras	Prof. Dr. Grasilda Blažienė, Vilnius
GS	Dipl.-Ing. Günter Schneeberger, München
GW	Dr. Gundhild Winkler, Leipzig
Ha	Prof. Dr. Wolfgang Haubrichs, Saarbrücken
HDP	Univ.-Prof. i.R. Dr. Heinz-Dieter Pohl, Klagenfurt an Wörthersee
HGS	Prof. Dr. Heinz-Günter Schmitz, Kiel
Ho	Dr. Walter Hoffmann, Bonn
hp	Hans Peter Eckart, Pfronten
HS	Prof. Dr. Hans Stricker, Grabs
IM	Dr. Iza Matusiak-Kempa, Olsztyn
JCF	Dr. Jan Claas Freienstein, Augsburg
JMB	Dr. Joern-Martin Becker, Greifswald
JR	Prof. Dr. Jörg Riecke, Heidelberg
JS	Judith Schwanke M.A., Leipzig
JU	Prof. Dr. Jürgen Udolph, Rosdorf
KC	Dr. Kirstin Casemir, Göttingen
ke	Dr. Regina Kempter, Augsburg
KH	Univ.-Prof. Dr. Karlheinz Hengst, Leipzig und Chemnitz
Kö	Dr. Michael Köck, Kaufbeuren
kors	Dr. Claudia Maria Korsmeier, Münster
kun	Ruth Kunz, Saarbrücken
lei	Nina Denise Leinen, Homburg
LK	Prof. Dr. Ludger Kremer, Roetgen/Eifel
MB	Priv.-Doz. Dr. Maria Besse, Kaiserslautern
MCh	Dr. Monika Choroś, Opole
MH	Margit Hartig M.A., Leipzig
MHG	Dr. Martin Hannes Graf, Zürich
MM	Marko Meier, Dresden
MN	Prof. Dr. Manfred Niemeyer, Greifswald
MP	Dr. Michael Prinz, Leipzig
mr	Dr. phil. Markus Ramseier, Pratteln
MW	Martina Winner M.A., Regensburg
Ne	Dr. Elmar Neuß M.A., Münster
Ny	Dr. Eugen Nyffenegger, Kreuzlingen
Plg	em. o. Univ.-Prof. Dr. Dipl. Dolm. Guntram Plangg, Innsbruck
PW	em. Univ.-Prof. Dr. Peter Wiesinger, Wien
RB	em. Univ.-Prof. Dr. Rolf Bergmann, Bamberg/Mannheim
RMK	em. Univ-Prof. Dr. Rolf Max Kully, Solothurn
RP	Dr. Roland Puhl, Kaiserslautern
RŠ	Prof. PhDr. CSc. Rudolf Šrámek, Brno/Brünn
SB	Sabina Buchner M.A., Regensburg
schü	Dr. Leopold Schütte, Münster
StH	Stefan Hackl B.A., M.A., Regensburg
spe	Dr. Sabine Penth, Saarbrücken
SW	Dr. Sophie Wauer, Berlin
Sz	Dr. Reinhard H. Seitz, Neuburg a.d. Donau

Autoren und Kürzel

tfs	Dr. Thomas Franz Schneider, Bern	TS	Dr. Thaddäus Steiner, Lindau/B.
TH	Dr. Thomas Heiler, Fulda	UO	Uwe Ohainski, Göttingen
ThL	ao. Univ.-Prof. Dr. Thomas Lindner, Salzburg	VW	Dr. phil. Viktor Weibel, Schwyz
		Wh	Prof. em. Dr. phil. Walter Haas, Freiburg/Fribourg
ThM	Priv.-Doz. Dr. Thomas Menzel, Oldenburg	WJ	Dr. Wolfgang Janka, Regensburg
Tie	Prof. Dr. Heinrich Tiefenbach, Regensburg	WM	Dr. Wulf Müller, Neuchâtel
		WvR	Dr. Wolf-Armin Frhr. von Reitzenstein, München
TK	Tim Krokowski M.A., Münster		

5. Abkürzungen[1]

A	Österreich	bayer.	bayerisch
abair.	altbairisch	BB	Brandenburg
Abl.	Ableitung	Bd.	Band
abrit.	altbritisch	BE	Bern
AbschnittsN	Abschnittsname	Bearb./ bearb.	Bearbeiter/ bearbeitet
abulg.	altbulgarisch	Bed.	Bedeutung
Adj./ adj.	Adjektiv/adjektivisch	Beibd.	Beiband
ae.	altenglisch	BeiN	Beiname
afläm.	altflämisch	Beitr.	Beiträge
afranz.	altfranzösisch	Beiw.	Beiwort
afries.	altfriesisch	Ben.	Benennung
AG	Aargau	BergN	Bergname
ags.	angelsächsisch	bern.	bernisch
ahd.	althochdeutsch	bes.	besonders
AI	Appenzell Innerrhoden	Bez.	Bezeichnung
ai.	altindisch	bfl.	bischöflich
air.	altirisch	BGL	Burgenland
Akk.	Akkusativ	Bibl.	Bibliothek
aksl.	altkirchenslawisch	BiD	Biedenkopf
alb.	albanisch	BL	Basel-Landschaft
alem.	alemannisch	Böhm./böhm.	Böhmen/böhmisch
alteurop.	alteuropäisch	brb.	brandenburgisch
and.	altniederdeutsch	bret.	bretonisch
Anf./anf.	Anfang/anfangs	BS	Basel-Stadt
anfrk.	altniederfränkisch	bulg.	bulgarisch
angebl.	angeblich	BurgN	Burgname
anord.	altnordisch	BW	Baden-Württemberg
apolb.	altpolabisch	Bw.	Bestimmungswort
apoln.	altpolnisch	BY	Bayern
App.	Appellativum	bzw.	beziehungsweise
apreuß.	altpreußisch	ca.	circa
AR	Appenzell Außerrhoden	CH	Schweiz
archäol.	archäologisch	CZ	Tschechien
Art.	Artikel	D	Deutschland
aruss.	altrussisch	d.	deutsch
asä.	altsächsisch	dän.	dänisch
aslaw.	altslawisch	Dat.	Dativ
asorb.	altsorbisch	Deminut.	Deminutivum
atschech.	alttschechisch	Dép.	Département
Aufz.	Aufzeichnung	dial.	dialektal
aung.	altungarisch	Diphth.	Diphthongierung
awn.	altwestnordisch	Distr.	Distrikt
B	Belgien	E.	Ende
bair.	bairisch	ebd.	ebenda
baltoslaw.	baltoslawisch	Ebf.	Erzbischof

[1] incl. aller grammatischen Formen

Abkürzungen

ehem.	ehemalig	hess.	hessisch
eingeg.	eingegangen	Hg./ hg.	Herausgeber/ herausgegeben
eingem.	eingemeindet	HH	Hansestadt Hamburg
engl.	englisch	hist.	historisch
EL	Elsass	HN	Herkunftsname
etym.	etymologisch	Hz.	Herzog
europ.	europäisch	hzgl.	herzoglich
ev.	evangelisch	Hztm.	Herzogtum
evtl.	eventuell	I	Italien
Ew.	Einwohner	ib.	ibidem, ebenda
F	Frankreich	ident.	identisch
F.	Fälschung	idg.	indogermanisch
f. / ff.	folgende /fortfolgend	incl.	inclusive
FBtm.	Fürstbistum	insbes.	insbesondere
Fem./fem.	Femininum/feminin	isl.	isländisch
festlandkelt.	festlandkeltisch	It. Ant.	Itinerarium Antonini
FL	Fürstentum Liechtenstein	ital.	italienisch
FlN	Flurname	Jh.	Jahrhundert
FluN	Flussname	JU	Jura
FN	Familienname	KÄ	Kärnten
fol.	Folio	kais.	kaiserlich
FR	Freiburg	Kap.	Kapitulare
fränk.	fränkisch	kasch.	kaschubisch
franz.	französisch	kath.	katholisch
fries.	friesisch	kelt.	keltisch
frnhd.	frühneuhochdeutsch	KF	Kurzform
frprov.	frankoprovenzalisch	Kf.	Kurfürst
frühahd.	frühalthochdeutsch	kftl.	kurfürstlich
frühma.	frühmittelalterlich	kgl.	königlich
Ftm.	Fürstentum	Kgr.	Königreich
galiz.	galizisch	KN	Kurz-, Kosename
gall.	gallisch	Komp.	Kompositum
gallorom.	galloromanisch	Kop.	Kopie
GE	Genf	Kr.	Kreis
gegr.	gegründet	kroat.	kroatisch
Gem.	Gemeinde	kslaw.	kirchenslawisch
Gen./gen.	Genitiv/genitivisch	Ksp.	Kirchspiel
geogr.	geografisch	Kt.	Kanton
germ.	germanisch	KUNM	Komisja Ustalania Nazw Miejscowych
Gf.	Grundform	kymr.	kymrisch
Gft.	Grafschaft	L	Luxemburg
ggf.	gegebenenfalls	l.	links
Ghztm.	Großherzogtum	LA	Landesarchiv
GL	Glarus	landsch.	landschaftlich
got.	gotisch	langob.	langobardisch
GR	Graubünden	lat.	lateinisch
gr.	griechisch	lett.	lettisch
gramm.	grammatisch	lit.	litauisch
GVV	Gemeindeverwaltungsverband	Lkr.	Landkreis
Gw.	Grundwort	LO/lo.	Lothringen/lothringisch
GwN	Gewässername	Lok./lok.	Lokativ/lokativisch
H.	Heft	LT	Litauen
h.	heute/heutig	LU	Luzern
HB	Hansestadt Bremen	lux.	luxemburgisch
hd.	hochdeutsch	LV	Lettland
HE	Hessen	M./m.	Maskulinum/maskulin

MA/ma.	Mittelalter/mittelalterlich	Ofr.	Oberfranken
mähr.	mährisch	ofranz.	ostfranzösisch
Mart. Hier.	Martyriologium Hieronymianum	omd.	ostmitteldeutsch
mazed.	mazedonisch	ON	Ortsname
md.	mitteldeutsch	OÖ/oö	Oberösterreich/oberösterreichisch
Mda./mda.	Mundart/ mundartlich		
meckl.	mecklenburgisch	Opf.	Oberpfalz
Mfr./mfr.	Mittelfranken/mittelfränkisch	Or	Original
Mgf.	Markgraf	Ord.Fol.	Ordensfolianten
mhd.	mittelhochdeutsch	OS	Oberschlesien
mir.	mittelirisch	osorb.	obersorbisch
mlat.	mittellateinisch	OT	Ortsteil
mnd.	mittelniederdeutsch	OW	Obwalden
mnl.	mittelniederländisch	pann.	pannonisch
moselfr.	moselfränkisch	Part.	Partizip
moselrom.	moselromanisch	Paul. Diac.	Paulus Diaconus
MR	Marburg	PL	Polen
Mtbl.	Messtischblatt	Pl.	Plural
MV	Mecklenburg-Vorpommern	PN	Personenname
n. Chr.	nach Christus	Pol. Bez.	Politischer Bezirk
N/n	Norden/nördlich	polb.	polabisch
Nd.	Nachdruck, Neudruck	polb.-pom.	polabo-pomoranisch
nd.	niederdeutsch	polit.	politisch
NE	Neuenburg	poln.	polnisch
NF	Neue Folge	polon.	polonisiert
Nfl.	Nebenfluss	pom.	pomoranisch
nhd.	neuhochdeutsch	pommerell.	pommerellisch
NI	Niedersachsen	poss.	possessiv
NIW	Nidwalden	Präp.	Präposition
NL	Niederlande	Präs.	Präsens
nl.	niederländisch	preuß.	preußisch
NM	Neumark	Ptol.	Ptolemaeus
nnl.	neuniederländisch	r.	rechts
NO	Nordosten	rätorom.	rätoromanisch
NÖ	Niederösterreich	RaumN	Raumname
nö	nordöstlich	Red.	Redaktion
Nom.	Nominativ	reg.	regional
nord.	nordisch	Reg.-Bez.	Regierungsbezirk
Not. dig.	Notitia dignitatum	rhein.	rheinisch
Nr.	Nummer	rhfr.	rheinfränkisch
NRW	Nordrhein-Westfalen	rhpf.	rheinland-pfälzisch
NS	Niederschlesien	rom.	romanisch
nsorb.	niedersorbisch	röm.	römisch
Ntr./ntr.	Neutrum/neutral	RP	Rheinland-Pfalz
ntschech.	neutschechisch	RUS	Russland
NW/nw	Nordwesten/nordwestlich	russ.	russisch
O	Osten	S.	Seite
o.	oder	s.	siehe
ö	östlich	s. o.	siehe oben
o. ä.	oder ähnlich	s. v.	sub voce
o. g.	oben genannt	S/s	Süden/südlich
o. J.	ohne Jahr	sächs.	sächsisch
o. O.	ohne Ort	sanskr.	sanskrit
o. Sig.	ohne Signatur	SB	Salzburg
obd.	oberdeutsch	Schles./schles.	Schlesien/schlesisch
ofäl.	ostfälisch	schwäb.	schwäbisch

Abkürzungen

schwed.	schwedisch	urslaw.	urslawisch
schwzd.	schweizerdeutsch	urspr.	ursprünglich
selbst.	selbstständig	v.	villa, Dorf
serb.	serbisch	v. Chr.	vor Christus
SG	Sankt Gallen	VatN	Vatersname
Sg.	Singular	VD	Vaud/Waadt
SH	Schleswig-Holstein	Verkl.	Verkleinerung
SiN	Siedlungsname	verm.	vermutlich
skand.	skandinavisch	VG	Verbands-/Verwaltungsgemeinde, Verwaltungsgemeinschaft
skr.	serbokroatisch		
SL	Saarland	vgl.	vergleiche
slaw.	slawisch	vid.	vidimiert
slk.	slowakisch	Vita Sev.	Vita Severini
slovz.	slovinzisch	VN	Vollname
slowen.	slowenisch	VO	Vorarlberg
SM	Steiermark	volksetym.	volksetymologisch
SN	Sachsen	vorahd.	voralthochdeutsch
spätahd.	spätalthochdeutsch	vorgerm.	vorgermanisch
SO	Südosten	vorslaw.	vorslawisch
sö	südöstlich	VS	Wallis
sog.	sogenannt	vspr.	voreinzelsprachlich
SON	Solothurn	vulgärlat.	vulgärlateinisch
sorb.	sorbisch	VVG	Vereinbarte Verwaltungsgemeinschaft
spätslaw.	spätslawisch		
ST	Sachsen-Anhalt	W/w	Westen/westlich
st.	stark	wallon.	wallonisch
StA	Stadtarchiv	westslaw.	westslawisch
sth.	stimmhaft	Wf	Westfalen
stl.	stimmlos	wfl.	westfälisch
STR	Südtirol	WgN	Wüstungsname
Subst.	Substantiv	WI	Wien
sw.	schwach	wirtschaftl.	wirtschaftlich
SW/sw	Südwesten/südwestlich	wmd.	westmitteldeutsch
SZ	Schwyz	wmoselfr.	westmoselfränkisch
T.	Transsumpt	Woi.	Woiwodschaft
Tab. Peut.	Tabula Peutingeriana	wruss.	weißrussisch
TG	Thurgau	Wz.	Wurzel
TH	Thüringen	z. B.	zum Beispiel
TI	Tessin	z. Zt.	zur Zeit
TR	Tirol	Zfl.	Zufluss
tschech.	tschechisch	ZG	Zug
u.	und	ZH	Zürich
u. a.	unter anderem	ZN	Zuname
UB	Urkundenbuch	Zs.	Zeitschrift
Ubibl.	Universitätsbibliothek	Zuss.	Zusammensetzung
Ufr.	Unterfranken	↗	vgl./siehe
ukr.	ukrainisch	<	entsteht aus
ung.	ungarisch	>	wird zu
UR	Uri	†	abgegangene Siedlung/Wüstung
Urk./urk.	Urkunde/urkundlich	*	erschlossene Form
urkelt.	urkeltisch		

6. Verzeichnis der abgekürzt angeführten Quellen und Literatur

Abels	Abels, H.: Die Ortsnamen des Emslandes. Paderborn 1927
Adam	Adam von Bremen: Gesta Hammaburgensis Ecclesiae Pontificum. Hg. von J.H. Lappenberg. In: Monumenta Germaniae Historica. Scriptores VII. Hannover 1846
Aebischer 1968	Aebischer, P.: Linguistique romane et histoire religieuse. In: Biblioteca filologica historica. Bd. 24. Barcelona 1968
Althochdeutsches Wörterbuch	Althochdeutsches Wörterbuch. Hg. von E. Karg-Gasterstädt/Th. Frings/R. Grosse/G. Lerchner. Berlin 1968ff.
Amtl. OV BAY	Amtliches Ortsverzeichnis für Bayern. Gebietsstand 25. Mai 1987. Hg. vom Bayerischen Statistischen Landesamt (Beiträge zur Statistik Bayerns 450). München 1991
ANB	Altdeutsches Namenbuch. Die Überlieferung der Ortsnamen in Österreich und Südtirol von den Anfängen bis 1200, bearb. von I. Hausner und E. Schuster. Wien 1989ff.
Andrießen	Andrießen, K.: Siedlungsnamen in Hessen. Verbreitung und Entfaltung bis 1200 (Deutsche Dialektgeographie 88). Marburg 1990
Ann. Saxo	Annalista Saxo, ed. Georg Waitz (=MGH SS VI, ed. G. H. Pertz)
Anreiter 1997	Anreiter, P.: Die Besiedlung Nordtirols im Spiegel der Namen. In: Onoma 33 (1997)
Anreiter, Breonen	Ders.: Breonen, Genaunen und Fokunaten. Vorrömisches Namengut in den Tiroler Alpen. Innsbrucker Beiträge zur Kulturwissenschaft. Im Auftrag der Innsbrucker Gesellschaft zur Pflege der Geisteswissenschaften, hg. von W. Meid. Sonderheft 99. Innsbruck 1997
AO	Acta onomastica. Prag
Apian	Philipp Apian's Topographie von Bayern und bayerische Wappensammlung … in der Bearbeitung des Edmund Freiherrn von Oefele. (Oberbayerisches Archiv 39) München 1880
APSz	Archiwum Państwowe Szczecińskie
Ar	Słownik geograficzny Państwa Polskiego i ziem historycznie z Polską związanych, red. S. Arnold, t. I: Pomorze Polskie. Pomorze Zachodnie. Prusy Wschodnie. Warszawa 1936–1939
Arnold	Arnold, W.: Ansiedelungen und Wanderungen deutscher Stämme. Zumeist nach hessischen Ortsnamen, Nd. der Ausg. Marburg 1875 (Mitteldeutsche Forschungen 4). Nachdruck Köln-Wien 1983
Arnpeck	Arnpeck, V.: Sämtliche Chroniken. Hg. von Georg Leidinger. (Quellen und Erörterungen zur bayerischen Geschichte N.F. 3) München 1915
ASFSL	Archiv für Siedlungs- und Flurnamen des Saarlandes und des germanophonen Lothringen (Universität des Saarlandes)
Aventin	Johannes Turmair's genannt Aventinus sämmtliche Werke. Auf Veranlassung Sr. Majestät des Königs von Bayern herausgegeben von der k. Akademie der Wissenschaften. München 1881. 1882. 1883. 1884. 1886. 1908
Bach DNK	Bach, A.: Deutsche Namenkunde. I. Die deutschen Personennamen, 1 und 2. Heidelberg 1952f. II. Die deutschen Ortsnamen, 1. und 2. Heidelberg 1953f. III. Registerband, bearb. von D. Berger. Heidelberg 1956
Bach, Theodissa	Ders.: Theodissa > Diez, Saltrissa > Selters und andere Ortsnamen nach Mineralquellen in Hessen und Nassau. In: BzN 6 (1955), S. 209–236
Bad. Städtebuch	Badisches Städtebuch, Band IV, 2. Teilband aus: „Deutsches Städtebuch. Handbuch städtischer Geschichte". Hg. E. Keyser. Stuttgart 1959
Bad.Wb.	Badisches Wörterbuch, hg. mit der Unterstützung des Ministeriums für Wissenschaft und Forschung Baden-Württemberg v. Kluge, F./Ochs, E./Müller, K.F./Post, R. Bde. I–III, Lahr 1940–1997; Band IV, München 2009

Verzeichnis der abgekürzt angeführten Quellen und Literatur

Balzer — Balzer, M.: "De Rehtbergi" – von Rietberg? Zur Nennung des Ortsnamens in der Translatio S. Alexandri und zum Namenwechsel „Rietbike"-„Retberg". In: 700 Jahre Stadt Rietberg 1289–1989. Beiträge zu ihrer Geschichte. Im Auftrage der Stadt Rietberg hg. von Alwin Hanschmidt. Rietberg² 1989

BańkSE — Bańkowski, A.: Etymologiczny słownik języka polskiego, t. I–II. Warszawa 2000

Barth 1968 — Barth, E.: Die Gewässernamen im Flußgebiet von Sieg und Ruhr. Gießen 1968

Bathe, Hassegau — Bathe, M.: Sprachgeschichtliches zum Hassegau. In: DS 5. Halle/Saale 1957

Bathe, Herkunft — Ders.: Die Herkunft der Siedler in den Landen Jerichow, erschlossen aus der Laut-, Wort- und Flurnamen-Geographie. Halle 1932

Bathe, Jerichow — Ders.: Die Ortsnamen des Jerichower Landes. Unveröffentlichtes Manuskript

Bathe, -leben — Ders.: Die Ortsnamen auf -leben. Unveröffentlichtes Manuskript, ca. 600 S.

Bauch: Biographien — Bauch, A.: Quellen zur Geschichte der Diözese Eichstätt. Bd. 1: Biographien der Gründungszeit. (Eichstätter Studien Neue Folge 19, 1) Regensburg 1984

Bauch: Mirakelbuch — Ders.: Ein bayerisches Mirakelbuch aus der Karolingerzeit. Die Monheimer Walpurgis-Wunder des Priesters Wolfhard. (Eichstätter Studien Neue Folge 12) Regensburg 1979

Bayer. Geograph — Horák, B./ Trávníček, D.: Descriptio civitatum ad septentrionalem plagam Danubii. Rozpravy Československé Akademie Věd, H. 2. 1956

BayHStA — Bayerisches Hauptstaatsarchiv

Beck — Beck, Chr.: Die Ortsnamen des Pegnitztales. Nürnberg 1909

Becker — Becker, P. (Hg.): Notitia de servitio monasteriorum. In: Corpus consuetudinem monasticarum. Hg. v. K. Hallinger. Bd. 1, Siegburg 1963

BENB — Ortsnamenbuch des Kantons Bern (alter Kantonsteil). Begr. von P. Zinsli. Bd. I: Dokumentation und Deutung. 1. Teil: A–F. Hg. von P. Zinsli in Zusammenarbeit mit R. Ramseyer und P. Glatthard. Bern 1976; 2. Teil: G–K/CH. Hg. von P. Zinsli und P. Glatthard in Zusammenarbeit mit R. J. Ramseyer, N. Bigler und E. Blatter. Bern 1987; 3. Teil: L–M. Hg. von Th. F. Schneider und E. Blatter. Basel und Tübingen 2008; 4. Teil: N-B/P. Hg. von Th. F. Schneider und E. Blatter. Basel und Tübingen 2011

Berger — Berger, D.: DUDEN. Geographische Namen in Deutschland. Herkunft und Bedeutung der Namen von Ländern, Städten, Bergen und Gewässern (= DUDEN-Taschenbücher 25). Mannheim/ Leipzig/ Wien/ Zürich² 1999

Besse — Besse, M.: Namenpaare an der Sprachgrenze. Eine lautchronologische Untersuchung zu zweisprachigen Ortsnamen im Norden und Süden der deutsch-französischen Sprachgrenze. Tübingen 1997 (= Beihefte zur Zeitschrift für romanische Philologie 267)

Bethke — Bethke, G. S.: Main-Taunus-Land. Historisches Ortslexikon (Rad und Sparren, Bd. 26) Kelkheim 1996

Bischoff, Magdeburg — Bischoff, K.: Magdeburg. Zur Geschichte eines Ortsnamens. In: Probleme der Namenforschung im deutschsprachigen Raum. Darmstadt 1977

BNB — Brandenburgisches Namenbuch.
- Teil 1: Fischer, R. E.: Die Ortsnamen der Zauche. Weimar 1967;
- Teil 2: Ders.: Die Ortsnamen des Kreises Belzig. Weimar 1970;
- Teil 3: Schlimpert, G.: Die Ortsnamen des Teltow. Weimar 1972;
- Teil 4: Fischer, R. E.: Die Ortsnamen des Havellandes. Weimar 1976;
- Teil 5: Schlimpert, G.: Die Ortsnamen des Barnim. Weimar 1984;
- Teil 6: Wauer, S.: Die Ortsnamen der Prignitz. Weimar 1989;
- Teil 7: Schlimpert, G.: Die Ortsnamen des Kreises Jüterbog-Luckenwalde. Weimar 1991;
- Teil 8: Willich, C.: Die Ortsnamen des Landes Lebus. Weimar 1994;
- Teil 9: Wauer, S.: Die Ortsnamen der Uckermark. Weimar 1996;
- Teil 10: Die Gewässernamen Brandenburgs, begründet von G. Schlimpert, bearb. von R. E. Fischer. Mitautoren: E. Foster, K. Müller, G., Schlimpert, S. Wauer, C. Willich. Weimar 1998;
- Teil 11: Foster, E.: Die Ortsnamen des Landes Ruppin. Weimar 1998;
- Teil 12: Wauer, S.: Die Ortsnamen des Kreises Beeskow-Storkow. Stuttgart 2005

BNF — Beiträge zur Namenforschung. Heidelberg 1949 ff. Neue Folge. Heidelberg 1966 ff.

Bödeker	Bödeker, J. D.: Das Land Brome und der obere Vorsfelder Werder. 2. Aufl., Braunschweig 1986
Boeckh	Boeckh, R.: Ortschafts-Statistik des Regierungsbezirks Potsdam mit der Stadt Berlin. Berlin 1861
Boesch	Boesch, B.: Kleine Schriften zur Namenforschung 1945–1981. (Beiträge zur Namenforschung. Neue Folge, Beiheft 20, hg. v. Rudolf Schützeichel). Heidelberg 1981
Böhmer	Böhmer, J. F. / Lau, F.: Urkundenbuch der Reichsstadt Frankfurt. Bd. 1, 2. Frankfurt 1901–1905
Boos	Boos, H.: Urkundenbuch der Stadt Worms. Bd. 1 (627–1300). Berlin 1886
Borek, -ьn-	Borek, H.: Zachodniosłowiańskie nazwy toponimiczne z formantem -ьn-, Wrocław 1968
BorOp	Borek, H.: Opolszczyzna w świetle nazw miejscowych. Opole 1972
Bosl	Bosl, K.: Die bayerische Stadt in Mittelalter und Neuzeit. Regensburg 1988
Boxler	Boxler, H.: Die Burgnamengebung in der Nordostschweiz und in Graubünden. Frauenfeld und Stuttgart 1976 (Studia Linguistica Alemannica. Forschungen zum alemannischen Sprachraum, hg. von Stefan Sonderegger)
Bratring	Bratring, F. W. A.: Statistisch-topographische Beschreibung der gesamten Mark Brandenburg. Bd. 2: Mittelmark und Uckermark. Berlin 1805
Brechenmacher	Brechenmacher, J. K.: Etymologisches Wörterbuch der Deutschen Familiennamen. 2 Bde. Limburg a.d. Lahn 1957–1963
Brev. Lulli	Breviarium sancti Lulli. Ein Hersfelder Güterverzeichnis aus dem 9. Jahrhundert. Faksimileausgabe besorgt von T. Franke. Bad Hersfeld 1986
Brückner	Brückner, A.: Die slavischen Ansiedelungen in der Altmark und im Magdeburgischen. Nachdruck der Originalausgabe 1879. Köln-Wien 1984
Brückner 1929	Brückner, H.: Das Freigericht Wilmundsheim vor der Hart [...]. In: Archiv des historischen Vereins von Unterfranken und Aschaffenburg. 68 (1929), S. 143–185
Brusch	Monasteriorum Germaniae Praecipuorum ac maxime illustrium: Centuria prima ... Authore Gaspare Bruschio ... Ingolstadt 1551
Buchmüller-Pfaff	Buchmüller-Pfaff, M.: Siedlungsnamen zwischen Spätantike und frühem Mittelalter. Die -(i)acum-Namen der römischen Provinz Belgica Prima (= Beihefte zur Zeitschrift für romanische Philologie 225). Tübingen 1990
Buchmüller/ Haubrichs/Spang	Buchmüller, M./Haubrichs, W./Spang, R.: Namenkontinuität im frühen Mittelalter. Die nichtgermanischen Siedlungs- und Gewässernamen des Landes an der Saar. In: Zeitschrift für die Geschichte der Saargegend 34/35 (1986/1987), S. 24–163
Büsching	Büsching, A. F.: Vollständige Topographie der Mark Brandenburg. Berlin 1775
BuK Oldenburg III	Die Bau- und Kunstdenkmäler des Herzogtums Oldenburg III: Amt Cloppenburg und Amt Friesoythe. Oldenburg 1903
Burri	Burri, A.: Die Siedlungs- und Flurnamen der Gemeinde Worb. Ein Beitrag zur Namengrammatik. Bern/Stuttgart/Wien 1995 (= Sprache und Dichtung. N.F. 42)
Casaretto	Casaretto, A.: Nominale Wortbildung der gotischen Sprache. Die Derivation der Substantive. Indogermanische Bibliothek. Dritte Reihe, Heidelberg 2004
Casemir, -büttel	Casemir, K.: Die Ortsnamen auf -büttel. (Namenkundliche Informationen Beiheft 19). Leipzig 1997
Casemir/Ohainski	Casemir, K./ Ohainski, U.: Niedersächsische Orte bis zum Ende des ersten Jahrtausends in schriftlichen Quellen. Hannover 1995
CDRM	Günther, W.A. (Hg.): Codex diplomaticus Rheno-Mosellanus. Urkundensammlung zur Geschichte der Rhein- und Mosellande, der Nahe- und Ahrgegend und des Hundsrückens, des Meinfeldes und der Eifel. Koblenz 1822–1826
CDS I 1–3	Codex diplomaticus Saxoniae regiae. Erster Haupttheil. Reihe A: Urkunden der Markgrafen von Meißen und Landgrafen von Thüringen. Bd. 1–3 (948–1234). Hg. von O. Posse. Leipzig 1882–1898
CE	Der Codex Eberhardi des Klosters Fulda. Hg. von H. Meyer zu Ermgassen. Bd. I–III. Marburg 1995, 1996, 2007 (= Veröffentlichungen der Historischen Kommission für Hessen Bd. 58)
Christmann	Christmann, E.: Die Siedlungsnamen der Pfalz. Teil 1. Die Namen der Städte und Dörfer der Pfalz. Speyer 1952

Verzeichnis der abgekürzt angeführten Quellen und Literatur

CL	Codex Laureshamensis, hg. von K. Glöckner, Darmstadt 1929–1936. Nd. 1975
Clemm	Clemm, L.: Die Urkunden der Prämonstratenserstifter Ober- und Nieder-Ilbenstadt. In: Archiv für hessische Geschichte und Altertumskunde NF XIV und XV (1925 /1928)
CPD	Codex Pomeraniae Diplomaticus oder Sammlung der die Geschichte Pommerns und Rügens betreffenden Urkunden, hg. von F. W. Hasselbach, J. G. L. Kosegarten und F. von Medem, Bd. I. Greifswald 1843–1862
Cramer-Fürtig	Cramer-Fürtig, M.: Landesherr und Landstände im Fürstentum Pfalz-Neuburg. Staatsbildung und Ständeorganisation in der ersten Hälfte des 16. Jahrhunderts. (Schriftenreihe zur bayerischen Landesgeschichte 100) München 1995
CTW	Codex Traditionum Westfalicarum
	I: Friedlaender, E.: Die Heberegister des Klosters Freckenhorst nebst Stiftungsurkunde, Pfründeordnung und Hofrecht. Münster 1872. Nd. Münster 1956
	II: Darpe, F. (Bearb.): Die ältesten Verzeichnisse der Einkünfte des Münsterschen Domkapitels. Münster 1886. Nd. 1960
	III: Ders.: Die Heberegister des Klosters Ueberwasser und des Stiftes St. Mauritz. Münster 1888. Nd. 1964
	IV: Ders.: Einkünfte- und Lehns-Register der Fürstabtei Herford sowie Heberollen des Stifts auf dem Berge bei Herford. Münster 1892. Nd. 1960
	V: Ders.: Verzeichnisse der Güter, Einkünfte und Einnahmen des Ägidii-Klosters, der Kapitel an St. Ludgeri und Martini sowie der St. Georgs-Kommende in Münster, ferner der Klöster Vinnenberg, Marienfeld und Liesborn. Münster 1900. Nd. 1958
	VI: Ders.: Güter- und Einkünfte-Verzeichnisse der Klöster Marienborn und Marienbrink in Coesfeld, des Klosters Varlar sowie der Stifter Asbeck und Nottuln (CTW 6). Münster 1907. Nd. 1961
	VII: Ders.: Güter- u. Einkünfte-Verzeichnisse der Stifter Langenhorst, Metelen, Borghorst, sowie der Klöster Gross- und Klein-Burlo / im Auftr. Der Historischen Kommission der Provinz Westfalen. Münster 1914
	VIII: Hücker, W. (Bearb.), Güter- und Einkünfteverzeichnisse des Katharinenklosters zu Dortmund. Münster 1985
Curschmann	Curschmann, F.: Die Diözese Brandenburg. Untersuchungen zur historischen Geographie und Verfassungsgeschichte eines ostdeutschen Kolonialbistums. Leipzig 1906
Czopek-Kopciuch	Czopek-Kopciuch, B.: Adaptacje niemieckich nazw miejscowych w języku polskim. Kraków 1995
Daisenberger	Daisenberger, J. M.: Geographisches Handlexicon vom ganzen dermahligen Königreich Baiern ... Augsburg und Regensburg 1811
Dannhauser	Dannhauser, K.: Topographische Geschichte der Stadt Aichach und ihrer Umgebung. In: Topographische Geschichte der Städte Oberbayerns. Erster Band. München 1860. S. 1–42
Debus	Debus, F.: Zu slawischen und slawisch-deutschen Siedlungs- und Flurnamen Wagriens. In: Dieter Stellmacher (Hg.): Sprachkontakte ... (=Wittenberger Beiträge zur deutschen Sprache und Kultur 3). Frankfurt a. M. u. a. 2004
Debus / Schmitz, A. 1990	Debus, F. / Schmitz, A.: Die slawisch-deutschen Mischnamen im ost- und südholsteinischen Siedlungsgebiet. In: Onomastica Slavogermanica XIX. Hans Walther zum 70. Geburtstag (= Abhandlungen der Sächsischen Akad. d. Wiss. zu Leipzig. Phil.-hist. Klasse 73, H. 2). 1990
Debus / Schmitz, A. 2001	Debus, F./Schmitz, A.: (Mikro-) Toponyme im slawisch-deutschen Kontaktgebiet Norddeutschlands. In: Onoma 36 (2001)
Debus / Schmitz, H.-G.	Debus, F. / Schmitz, H.-G.: Überblick über Geschichte und Typen der deutschen Orts- und Landschaftsnamen. In: Sprachgeschichte. Ein Handbuch zur Geschichte der deutschen Sprache und ihrer Erforschung. 2. Aufl. 4. Teilband, hg. von W. Besch, A. Betten, O. Reichmann, St. Sonderegger. Berlin, New York 2004
Demandt	Demandt, K. E.: Regesten der Grafen von Katzenelnbogen. Bde. 1–4. Wiesbaden 1953–1957
Demattio	Demattio, H.: Kronach. Der Altlandkreis. München 1998 (Historischer Atlas von Bayern. Teil Franken I, 32)

Verzeichnis der abgekürzt angeführten Quellen und Literatur

Denkmaltopographie	Lehmann, F.: Kulturdenkmäler in Hessen. Landkreis Limburg-Weilburg. Band I (Bad Camberg bis Löhnberg), hg. vom Landesamt für Denkmalpflege Hessen (Denkmaltopographie Bundesrepublik Deutschland), Wiesbaden 1994
	Ders.: Kulturdenkmäler in Hessen. Landkreis Limburg-Weilburg. Band II (Mengerskirchen bis Weinbach), hg. vom Landesamt für Denkmalpflege Hessen (Denkmaltopographie Bundesrepublik Deutschland), Wiesbaden 1994
	Söder, D.: Kulturdenkmäler in Hessen. Rheingau-Taunus-Kreis II. Altkreis Untertaunus, hg. vom Landesamt für Denkmalpflege Hessen, Wiesbaden 2003
Derks, Aplerbeck	Derks, P.: Die Siedlungsnamen des Dortmunder Stadtbezirks Aplerbeck. In: Geschichtsblätter des Aplerbecker Geschichtsvereins, Sonderheft November 2000. Dortmund 2000
Derks, Keldaggouue	Ders.: Im Lande Keldaggouue. Beiträge zur niederfränkischen Siedlungsnamen-Forschung im Umkreis der Stadt Meerbusch (= Im Rheinbogen. Schriftenreihe des Heimatkreises Lank. Beiträge zur Lanker und Meerbuscher Geschichte, 8). Meerbusch 1999
Derks, Lüdenscheid	Ders.: Die Siedlungsnamen der Stadt Lüdenscheid. Sprachliche und geschichtliche Untersuchungen. Lüdenscheid 2004
Derks, Moswidi	Ders.: In pago qui dicitur Moswidi. Beiträge zur Ortsnamenkunde der Nordheide, Buchholz/Nordheide 1999
Derks, Weeze	Ders.: Die Siedlungsnamen der Gemeinde Weeze am Niederrhein. Sprachliche und geschichtliche Untersuchungen. Mit einem Ausblick nach Geldern und Goch. Weeze 2006
Derks, Wesel	Ders.: Uuisilli – Lippeham – Matena. Beiträge zur frühen Geschichte und zur Namenkunde der Stadt Wesel. In: M. W. Roelen (Hg.): ecclesia Wesele. Beiträge zur Ortsnamenforschung und Kirchengeschichte. Wesel 2005
Dertsch: HONB Kaufbeuren	Dertsch, R.: Stadt- und Landkreis Kaufbeuren (Historisches Ortsnamenbuch von Bayern, Schwaben Bd. 3). München 1960
Dertsch: HONB Kempten	Ders.: Stadt- und Landkreis Kempten (Historisches Ortsnamenbuch von Bayern, Schwaben Bd. 4 [recte: 5]). München 1966
Dertsch: HONB Marktoberdorf	Ders.: Landkreis Marktoberdorf (Historisches Ortsnamenbuch von Bayern, Schwaben Bd. 1). München 1953
Dertsch: HONB Sonthofen	Ders.: Landkreis Sonthofen (Historisches Ortsnamenbuch von Bayern, Schwaben Bd. 7) München 1974
Dittli	Dittli, B.: Zuger Ortsnamen. Lexikon der Siedlungs-, Flur- und Gewässernamen im Kanton Zug. Lokalisierung, Deutung, Geschichten. Band 1–5 und Kartenband. Zug 2007
Dittmaier 1952/53	Dittmaier, H.: Brühl, Bruch, Bracht. In: Zeitschr. f. deutsches Altertum 84 (1952/53), S. 174–178
Dittmaier 1955	Ders.: Das APA-Problem. Untersuchung eines westeuropäischen Flussnamentypus (= Bibliotheca Onomastica I). Louvain 1955
Dittmaier 1956	Ders.: Siedlungsnamen und Siedlungsgeschichte des Bergischen Landes, Neustadt/Aisch 1956 (Zeitschrift des Bergischen Geschichtsvereins 74)
Dittmaier 1963a	Ders.: die (h)lar-Namen. Sichtung und Deutung. Köln/Graz 1963
Dittmaier 1963b	Ders.: Rheinische Flurnamen. Bonn 1963
Dittmaier 1979	Ders.: Die linksrheinischen Ortsnamen auf -dorf und -heim. Sprachliche und sachliche Auswertung der Bestimmungswörter (Rheinisches Archiv 108). Bonn 1979
DO	Długosz, J.: Opera omnia, t. I, X–XIV. Ed. A. Przezdziecki, Kraków 1873 i nn.
Dob. I–IV	Dobenecker, O.: Regesta diplomatica necnon epistolaria historiae Thuringiae. Bd. I–IV. Jena 1885 ff.
Domański	Domański, J.: Nazwy miejscowe dzisiejszego Wrocławia i dawnego okręgu wrocławskiego. Warszawa 1967.
Dronke Cod. Dipl. Fuld.	Traditiones et antiquitates Fuldenses. Hg. von E.F.J. Dronke. Neudr. Der Ausgabe von 1844: Osnabrück 1966
DS	Deutsch-slawische Forschungen zur Namenkunde und Siedlungsgeschichte. Halle, später Berlin, 1954 ff.
	Bd. 13: Naumann, H.: Die Orts- und Flurnamen der Kreise Grimma und Wurzen. Berlin 1962;

Bd. 14: Freydank, D.: Ortsnamen der Kreise Bitterfeld und Gräfenhainichen. Berlin 1962;
Bd. 16: Wenzel, W. Die Ortsnamen des Schweinitzer Landes. Berlin 1964;
Bd. 22: Crome, E.: Die Ortsnamen des Kreises Liebenwerda. Berlin 1968;
Bd. 28/29: Eichler, E./Walther, H.: Ortsnamenbuch der Oberlausitz. Berlin 1975–1978;
Bd. 35: Eichler, E./Walther, H.: Untersuchungen zur Ortsnamenkunde und Sprach- und Siedlungsgeschichte des Gebietes zwischen mittlerer Saale und Weißer Elter. Berlin 1984;
Bd. 36: Körner, S.: Ortsnamenbuch der Niederlausitz. Berlin 1993;
Bd. 38: Bily, I.: Die Ortsnamen des Mittelelbegebietes. Berlin 1996;
Bd. 39: Hengst, K.: Ortsnamen Südwestsachsens: Die Ortsnamen der Kreise Chemnitzer Land und Stollberg. Berlin 2003

EEW	Frühneuhochdeutsches Wörterbuch. Hg. Goebel, U./ Reichmann, O. Berlin/ New York 1989 ff.
Eichler	Eichler, E.: Slawische Ortsnamen zwischen Saale und Neiße, Bd. 1–3. Bautzen 1985–1993
Eichler Beiträge	Ders.: Beiträge zur deutsch-slawischen Namenforschung (1955–1981). Mit Vorwort und Namenregister. Leipzig 1985
Eichler/Mühlner	Ders./Mühlner, W.: Die Namen der Städte in Mecklenburg-Vorpommern. Rostock 2002
Einnahmenbuch	Rothenfelder, L.: Ein Einnahmen- und Ausgabenbuch des Klosters St. Ulrich und Afra in Augsburg von 1527/1528. (Schriften des Bayerischen Landesvereins für Familienkunde 11) München 1940
Eisenträger/Krug	Eisenträger, M. / Krug, E.: Territorialgeschichte der Kasseler Landschaft (Schriften des Instituts für gesch. Landeskunde von Hessen und Nassau 10). Marburg 1935
Encyklopedia	Encyklopedia powstań śląskich. Opole 1982
Enders UM	Enders, L.: Die Uckermark. Geschichte einer kurmärkischen Landschaft vom 12. bis zum 18. Jahrhundert. Weimar 1992
EO	Trautmann, R.: Die elb- und ostseeslavischen Ortsnamen, 2 Teile, Berlin 1948–49. Teil 3: Register, bearb. von H. Schall, Berlin 1956 (Abhandlungen der Deutschen Akademie der Wissenschaften)
Erhard	Erhard, A.: Regesta Historiae Westfaliae s. WfUB I u. II
Erhart / Kleindinst	Erhart, P. / Kleindinst, J.: Urkundenlandschaft Rätien. Wien 2004
ESSJ	Trubačov, O.N.: Etymologičeskij slovar' slavjanskich jazykov, t. I i nn. Moskva 1974 i nn.
Etym. Wb. Nl.	Philippa, M./ Debrabandere, F./ Quak, A.: Etymologisch woordenboek van het Nederlands. Bd 1ff. Amsterdam 2003 ff.
EWAhd	Lloyd, A. L./ Lühr, R./ Springer, O.: Etymologisches Wörterbuch des Althochdeutschen, 1 ff., Göttingen 1988 ff.
EWD	Etymologisches Wörterbuch des Deutschen, bearb. unter der Leitung von W. Pfeiffer, 1–3. Berlin 1989
Falck	Falck, L.: Mainzer Regesten. Bd. 1 und 2. Mainz 2007
Faust	Faust, M.: Rechtsrheinische Zuflüsse zwischen den Mündungen von Main und Wupper. (Hydronymia Germaniae Reihe A, Lieferung 4). Wiesbaden 1965
Fellmann	Fellmann, R.: Das Zinktäfelchen vom Thormebodewald auf der Engehalbinsel bei Bern und seine keltische Inschrift. Sonderdruck aus: Archäologie im Kanton Bern 4 (1999).
FEW	Wartburg, W. v.: Französisches etymologisches Wörterbuch. Basel 1928ff.
Finsterwalder	Finsterwalder, K.: Tiroler Ortsnamenkunde. Gesammelte Aufsätze und Arbeiten. 3 Bde. Hg. von H. M. Ölberg und N. Grass. Innsbruck 1990–1995
Fischer/Pfleiderer	Fischer, H. / Pfleiderer, W.: Schwäbisches Wörterbuch. Tübingen 1904 ff.
FLNB I	Liechtensteiner Namenbuch, Teil I: Die Orts- und Flurnamen des Fürstentums Liechtenstein, bearb. unter d. Ltg. von Hans Stricker. 1–6. Vaduz 1999
FNB	Naumann, H.: Familiennamenbuch, Leipzig 1987
FO	Förstemann, E.: Altdeutsches Namenbuch: Die Ortsnamen. Hg. von H. Jellinghaus. 3. Auflage. Halbband 1 und 2. Bonn 1913–16
Foltz	Foltz, M: Urkundenbuch der Stadt Friedberg, Marburg 1904

Font	Towarzystwo Naukowe w Toruniu, Fontes I-LXVI, Toruń 1897 i nn.
FP	Förstemann, E.: Altdeutsches Namenbuch. Personennamen. Bonn 1900
Frank 1975	Frank, H.: Stadt- und Landkreis Amberg. München 1975 (Historisches Ortsnamenbuch von Bayern)
Frank 1977	Frank, I.: Namengebung und Namenschwund im Zuge der Gebietsreform. In: Onoma 21 (1977), 323–337
Franke	Franke, H.: Die -borstel-Namen. Mag.-Arbeit Münster 1972; auch Ders.: Die -borstel-Namen (mit einer Karte). In: Niederdeutsches Wort 15 (1975)
Freydank/Steinbrück	Freydank, D. / Steinbrück, K.: Die Ortsnamen des Bernburger Landes. Halle (Saale) 1966
GA	Galli Anonymi, Cronica et Gesta ducum sive principum polonorum, wyd. K. Maleczyński, „Monumenta Poloniae Historica", t. 2, Kraków 1952
Gallée	Gallée, J.H.: Altsächsische Grammatik, Tübingen³ 1993
GBON	Greifswalder Beiträge zur Ortsnamenkunde. Bde. I–VII, hg. von M. Niemeyer. Greifswald 2001ff.
Gensicke	Gensicke, H.: Landesgeschichte des Westerwaldes (Veröffentlichungen der Historischen Kommission für Nassau 8). Wiesbaden 1958
George: HONB Lichtenfels	George, D.: Lichtenfels. Der Altlandkreis (Historisches Ortsnamenbuch von Bayern, Oberfranken Band 6). München 2008
Georges	Georges, K. E.: Ausführliches lateinisch-deutsches Handwörterbuch. Aus den Quellen zusammengetragen und mit besonderer Bezugnahme auf Synonymik und Antiquitäten unter Berücksichtigung der besten Hilfsmittel ausgearbeitet. Achte verbesserte und vermehrte Auflage von Heinrich Georges. Hannover und Leipzig 1913. 1918
Germania Benedictina Hessen	Die Benedektinischen Mönchs- und Nonnenklöster in Hessen. Bearb. von R. E. Schwerdtfeger / F. Jürgensmeier / F. Büll (Germania Benedectina, Bd. VII Hessen) München 2004
Geuenich	Geuenich, D.: Die Personennamen der Klostergemeinschaft von Fulda im früheren Mittelalter. München 1976
GGZ	Geschichte des Geschlechts von Zitzewitz. Hg. von M. v. Stojentin, Stettin 1900
Gillessen	Gillessen, L.: Die Ortschaften des Kreises Heinsberg. Ihre Namen, Topographie und Geschichte. (Schriftenreihe des Kreises Heinsberg; 7). Geilenkirchen 1993
Gotzen	Gotzen, J.: Die Ortsnamen des Kreises Geilenkirchen im Zusammenhang mit der Siedlungsgeschichte. In: Beiträge zur Heimatgeschichte des Kreises Geilenkirchen. Geilenkirchen 1925, S. 193–225
GOV Braunschweig	Kleinau, H.: Geschichtliches Ortsverzeichnis des Landes Braunschweig. (Veröffentlichungen der Historischen Kommission für Niedersachsen und Bremen XXX, 2). 3 Tle. Hildesheim 1968/1969
GOV Gifhorn	Rund, J.: Geschichtliches Ortsverzeichnis des Landkreises Gifhorn. (Veröffentlichungen der Historischen Kommission für Niedersachsen und Bremen XXX, 5). Hannover 1996
GOV Hoya-Diepholz	Dienwiebel, H./Streich, B.: Geschichtliches Ortsverzeichnis der Grafschaften Hoya und Diepholz. (Veröffentlichungen der Historischen Kommission für Niedersachsen und Bremen XXX, 4). 2 Tle. Hildesheim/Hannover 1988–1993
GOV Osnabrück	Wrede, G.: Geschichtliches Ortsverzeichnis des ehemaligen Fürstbistums Osnabrück. (Veröffentlichungen der Historischen Kommission für Niedersachsen und Bremen XXX, 3). 3 Tle. Hildesheim 1975–1977
GOV Peine	Boetticher, A. v.: Geschichtliches Ortsverzeichnis des Landkreises Peine. (Veröffentlichungen der Historischen Kommission für Niedersachsen und Bremen XXX, 6). Hannover 1996
GOV Schaumburg	Husmeier, G.: Geschichtliches Ortsverzeichnis für Schaumburg. (Veröffentlichungen der Historischen Kommission für Niedersachsen und Bremen 239). Bielefeld 2008
GPSR	Gauchat, L. et al.: Glossaire des patois de la Suisse romande. Bd. 1. Genève et Neuchâtel 1924
Greule 1980	Greule, A.: Neues zur Etymologie von nhd. *Pfad*, KZ. 94 (1980)
Greule 1995	Ders.: Namen von Flußsystemen am Beispiel des Mains. In: Namenforschung. Ein internationales Handbuch zur Onomastik. Hg. v. E. Eichler u. a. Berlin 1995, S. 1548–1553

Greule 2007	Ders.: Etymologische Studien zu geographischen Namen in Europa: Ausgewählte Beiträge 1998–2006. Hg. von W. Janka und M. Prinz. Regensburg 2007
Greule, DGNB	Ders.: Deutsches Gewässernamenbuch. Berlin. Erscheint 2012
Greule, Flußnamen	Ders.: Vor- und frühgermanische Flußnamen am Oberrhein. Ein Beitrag zur Gewässernamengebung des Elsaß, der Nordschweiz und Südbadens (= Beiträge zur Namenforschung. Neue Folge. Beiheft 10). Heidelberg 1973
Greule, Gewässernamen	Ders.: Gewässernamen (= Geschichtlicher Atlas der Rheinlande, Beiheft 10,3). Köln 1992
Greule, Gewässernamenschichten	Ders.: Gewässernamenschichten im Flussgebiet der Lahn. In: Die Welt der Namen. Sechs namenkundliche Beiträge, hg. von Norbert Nail, Marburg 1998
Greule/Kleiber	Greule, A./Kleiber, W.: Zur ältesten Sprachgeschichte im Moseltal. In: Florilegium Linguisticum. Festschrift für W.P. Schmid. Frankfurt a. M. u. a. 1999
Grimm	Weisthümer. Gesammelt von J. Grimm. Bd. 1–6 (u. Registerbd.) Göttingen 1840–1878
Grimm DtWb	Grimm, J. u.a.: Deutsches Wörterbuch. 33 Bände. Leipzig 1854–1971
Grohsmann	Grohsmann, L.: Die Ortsnamen des Landkreises Friedberg in Schwaben. Diss. Masch. München 1956
Gröhler	Gröhler, H.: Über Ursprung und Bedeutung der französischen Ortsnamen. Bd. 1. Heidelberg 1913
Grossenbacher Künzler, B.: Wasseramt	Grossenbacher Künzler, B.: Die Namenlandschaft des Wasseramtes. Namenschwund und Namenwechsel in einer veränderten Landschaft. (= Solothurnisches Orts- und Flurnamenbuch. Beiheft 3). Solothurn 1999
Guden	Guden, V. F. v.: Codex Diplomaticus. Bd. 1–5. Göttingen, Frankfurt, Leipzig 1743–1768
GUSt	Główny Urząd Statystyczny: Powierzchnia i ludność w przekroju terytorialnym w 2005 r. Warszawa 2005
Guth Kassel	Guth, W.: Kassel an der Fulda. Überlegungen zur Bedeutung des Ortsnamens. In: ZHG 115 (2010)
Guth Mattium	Ders.: Mattium – Onomastische Überlegungen zu einem historischen Problem, in: Zs. d. Ver. f. hess. Geschichte und Landeskunde 113, 2008, S. 1–16
GV 1940	Amtliches Gemeindeverzeichnis für das Deutsche Reich auf Grund der Volkszählung von 1939 (Statistik des Deutschen Reiches, Bd. 550). Berlin 1940
Gysseling 1960/61	Gysseling, M.: Toponymisch Woordenboek van België, Nederland, Luxemburg, Noord-Frankrijk en West-Duitsland (vóór 1226), Bd. 1–2. Tongeren 1960/61
Hackl	Hackl, St.: Ortsnamenbuch des Enzkreises und des Stadtkreises Pforzheim. Überlieferung, Herkunft und Bedeutung der bis 1400 erstbelegten Ortsnamen (Veröffentlichungen der Kommission für geschichtliche Landeskunde in Baden-Württemberg, Reihe B: Forschungen). Stuttgart [in Vorbereitung]
Hackl 2011	Ders.: Die Ortsnamen *Keltern*, *Neulingen*, *Remchingen* und *Straubenhardt* im Enzkreis. In: Der Südwesten im Spiegel der Namen. Gedenkschrift für Lutz Reichardt, hg. von A. Greule und St. Hackl (Veröffentlichungen der Kommission für geschichtliche Landeskunde in Baden-Württemberg, Reihe B: Forschungen, 184. Band). Stuttgart 2011, S. 53–72
Haefs	Haefs, H.: Ortsnamen und Ortsgeschichten in Schleswig-Holstein: zunebst dem reichhaltigen slawischen Ortsnamenmaterial und den dänischen Einflüssen auf Fehmarn und Lauenburg, Helgoland und Nordfriesland. Woraus sich Anmerkungen zur Landesgeschichte ergeben. Norderstedt 2004
Hänger	Baslerische Ortsnamen bis 1400. (Baselbieter Heimatblätter Bd. 7), Liestal 1967, S. 100–108 und 124–134
Haubrichs 1980	Haubrichs, W.: Basenvillare – Königsort und Heiligengrab. Zu den frühen Namen und zur Frühgeschichte von St. Wendel. In: Zeitschrift für die Geschichte der Saargegend 28 (1980), S. 7–89
Haubrichs 1990	Ders.: Der Codex Laureshamensis als Quelle von Siedlungsnamen. In: Ortsname und Urkunde. Hg. von R. Schützeichel (BNF, Beiheft 29) Heidelberg 1990
Haubrichs 2000	Ders.: Die ekklesiogenen Siedlungsnamen des frühen Mittelalters als Zeugnisse der Christianisierung und der Kirchenorganisation im Raum zwischen Maas, Mosel und Saar. In: L'évangélisation des régions entre Meuse et Moselle et la fondation de l'abbaye d'Echternach (Ve-Ixe siècle). Actes des 10es Journées Lotharingiennes, 28.–30

	octobre 1998, Centre Universitaire de Luxembourg (= Publications de la Section Historique de L'Institut Grand-Ducal, t. CXVII = Publications du CLUDEM 16). Hg. von M. Polfer. Luxemburg 2000
Haubrichs 2000a	Ders.: Das palatium von Thionville/Diedenhofen und sein Umland im Spiegel frühmittelalterlicher SiN und Siedlungsgeschichte. In: Septuaginto Quinque. Festschrift für H. Mettke. Heidelberg 2000
Haubrichs 2000b	Ders.: Romanische, romanisierte und Westfränkische Personennamen in frühen Ortsnamen des Mittelrheingebiets. In: Tiefenbach, H./Löffler, H (Hg.) Personennamen und Ortsnamen. Basler Symposium 6. u. 7. 10. 1997, Heidelberg 2000
Haubrichs 2003	Ders.: Der Weg eines Heiligen. Die Ortsnamen in der Vita des am 1. Juni 1066 ermordeten Trierer Erzbischofs Kuno. In: Václav Bok/Frank Shaw (Hg.): Magister et amicus. Festschrift für Kurt Gärtner zum 65. Geburtstag. Wien 2003, S. 315–330
Haubrichs 2004	Ders.: Frühe alemannische Personennamen. In: Naumann, H.-P. u. a. (Hg.): Alemannien und der Norden: Internationales Symposium vom 18.–20. 10. 2001 in Zürich. = RGA, Bd. 43. Berlin u. a. 2004
Haubrichs/Pfister	Ders./Pfister, M.: Tholey – Name und Geschichte. In: Tholeyer Brief 11 (1983), S. 13–18
Haubrichs/Stein	Ders./Stein, F.: Frühmittelalterliche Siedlung im Saarbrücker Raum. In: Geschichte der Stadt Saarbrücken. Bd. 1. Hg. von R. Wittenbrock, M. Hahn. Saarbrücken 1999
Heimrath: HONB Mindelheim	Heimrath, R.: Landkreis Mindelheim (Historisches Ortsnamenbuch von Bayern, Schwaben Bd. 8). München 1989
Heinzerling	Heinzerling, J.: Die Siedlungen des Kreises Siegen, Siegen 1920
Helbok	Helbok, A.: Regesten von Vorarlberg und Liechtenstein bis zum Jahre 1260, Lieferung 1–3. Bregenz 1920, 1923, 1925
Helmold	Helmold von Bosau: Slawenchronik. Neu übertragen und erläutert von H. Stoob, Berlin o. J.
Hess	Hess, W.: Hessische Städtegründungen der Landgrafen von Thüringen, (Beiträge zur hess. Geschichte 4). Marburg 1966
Hess.-Nass. Wb.	Hessen-Nassauisches Volkswörterbuch. Bearb. v. L. Berthold. Bd. 2 und 3. Marburg 1943 u. 1967
Heßler	Heßler, C.: Hessische Landes- und Volkskunde. Marburg 1907
HG	Hydronymia Germaniae, hg. W. P. Schmid, Bd. 1–18. Wiesbaden (-Stuttgart) 1962–2005
HHS	Handbuch der historischen Stätten Deutschlands. Stuttgart.
	Bd. 1: Klose; O.: Schleswig-Holstein und Hamburg[3]. 1994;
	Bd. 2: Brüning, K./Schmidt, H.: Niedersachsen und Bremen[5]. 1986;
	Bd. 3: Groten, M./ Johanek, P./ Reininghaus,W./ Wensky, M.: Nordrhein-Westfalen[3]. 2006;
	Bd. 4: Sante, G.W.: Hessen[3]. 1976
	Bd. 5: Petry, L.: Rheinland-Pfalz und Saarland[3]. 1988;
	Bd. 6: Miller, M./ Taddey, G.: Baden-Württemberg. 1980[2];
	Bd. 7/1: Körner, H.-M. / Schmid, A.: Bayern 1 (Altbayern und Schwaben)[4]. 2006;
	Bd. 7/2: Körner, H.-M. / Schmid, A.: Bayern 2 (Franken) [4]. 2006;
	Bd. 8: Schlesinger, W.: Sachsen[3]. 1990;
	Bd. 9: Patze, H.: Thüringen[2]. 1989;
	Bd. 10: Heinrich, G.: Berlin und Brandenburg[2]. 1995;
	Bd. 11: Schwineköper, B.: Provinz Sachsen-Anhalt[2]. 1987;
	Bd. 12: bei der Wieden, H./ Schmidt, R.: Mecklenburg, Pommern. 1996;
	Huter, F.: Handbuch der historischen Stätten. Österreich, Band 2, Alpenländer mit Südtirol[2]. 1978;
	Lechner, K.: Handbuch der historischen Stätten. Österreich, Band 1, Donauländer und Burgenland. 1970. (Nd. als 2. Auflage 1985);
	Reinhardt, V.: Handbuch der historischen Stätten. Schweiz und Liechtenstein. 1996;
	Roth, H.: Historische Stätten. Siebenbürgen. 2003;
	Weczerka, H.: Handbuch der historischen Stätten. Schlesien[2]. März 2003;
	Weise, E.: Handbuch der historischen Stätten. Ost- und Westpreußen. 1981

Verzeichnis der abgekürzt angeführten Quellen und Literatur

Hiegel	Hiegel, H.: Dictionnaire étymologique des noms de lieux du département de la Moselle. Sarreguemines 1986
Hilble	Hilble, F.: Landkreis Krumbach. (Historisches Ortsnamenbuch von Bayern. Schwaben 2) München 1956
HKPom	Veröffentlichungen der Historischen Komission für Pommern. Reihe 1. Ältere Reihe: Bd. 1, H. 1–5, Stettin 1913–1937
HKS	Panske, P.: Handfesten der Komturei Schlochau. Quellen und Darstellungen zur Geschichte Westpreussens 10. Danzig 1921
HLS	Historisches Lexikon der Schweiz. Hg. von der Stiftung Historisches Lexikon der Schweiz. Bd 1 ff. Basel 2002 ff.
Hoche	Hoche, J. G.: Reise durch Osnabrück und Niedermünster in das Saterland, Ostfriesland und Gröningen, Bremen 1800. Unveränderter Nachdruck der Ausgabe Bremen 1800 mit einer biographischen Notiz und einer Bibliographie. Meisenheim/Glan 1977
Holder	Holder, A.: Alt-celtischer Sprachschatz. 3 Bde. Unveränderter Nachdruck der Ausgabe Leipzig 1896–1907. Graz 1961/62
Höllerich	Höllerich, R.: Rehau-Selb. Ehemaliger Landkreis Rehau und ehemals kreisfreie Stadt Selb. München 1977 (HONB, Oberfranken 3)
HOLNL	Historisches Ortslexikon der Niederlausitz, bearb. von R. Lehmann, 1. und 2. Marburg 1979
Holthausen	Holthausen, F.: Altsächsisches Elementarbuch. Heidelberg² 1921
Hömberg	Hömberg, A. K.: Siedlungsgeschichte des oberen Sauerlandes. Münster 1938
HONB	Historisches Ortsnamenbuch von Bayern
HONB/NÖ	Historisches Ortsnamenbuch von Niederösterreich. Verfasst von H. Weigl unter Mitarbeit von R. Seidelmann und K. Lechner. 7 Bde. Wien 1964–1975. Bd. 8: Ergänzungen und Berichtigungen von F. Eheim und M. Weltin. Wien 1981
HONS	Historisches Ortsnamenbuch von Sachsen. Hg. von E. Eichler und H. Walther. Bearb. von E. Eichler, V. Hellfritzsch, H. Walther und E. Weber. Bd. I–II. Berlin 2001 (= Quellen und Forschungen zur sächsischen Geschichte, Bd. 21)
Honselmann	Honselmann, W.: Hövelhof, Meier zu Hövel, Hövelmeier und Hövelmann, Genealogie 35 (1986), Bd. 18, H. 9
HŠ	Hosák, L. / Šrámek, R.: Místní jména na Moravě a ve Slezsku, Bde. I–II. Prag 1970, 1980
HSBM	Böhmen und Mähren. Handbuch der historischen Stätten. Hg. von J. Bahlcke, W. Eberhard, M. Polívka. Stuttgart 1998
HSP	Dolch, M./Greule, A.: Historisches Siedlungsnamenbuch der Pfalz. Speyer 1991
Hubschmied 1943	Chur und Churwalhen. In: Sache, Ort und Wort, FS Jakob Jud (= Romanica Helvetica 20). Zürich-Erlenbach, Genf 1943
Hye	Hye, F.-H.: Die Städte Tirols. 2. Teil: Südtirol. Innsbruck 2001 (Schlern-Schriften 313)
INA Wf	Inventare der nichtstaatlichen Archive der Provinz Westfalen
	Bd. I: Regierungsbezirk Münster. Heft II. Kreis Borken. Münster 1901. Heft IVa. Kreis Coesfeld (Nachträge). Münster 1908
	Bd. II: Regierungsbezirk Münster. Heft 2. Kreis Warendorf. Münster 1908
	Bd. III: Regierungsbezirk Paderborn. Heft 2. Kreis Paderborn. Münster 1923
INA Wf NF	Inventare der nichtstaatlichen Archive Westfalens, Neue Folge Bd. 1.–17. Münster 1961–2003
Jacob	Jacob, G.: Arabische Berichte von Gesandten an germanische Fürstenhöfe aus dem 9. und 10. Jahrhundert. Berlin/Leipzig 1927
Jellinghaus	Jellinghaus, H.: Die westfälischen Ortsnamen nach ihren Grundwörtern, Osnabrück³ 1923 (Nachdruck 1930). Neudruck Hildesheim/New York 1971
Jochum-Godglück	Jochum-Godglück, Ch.: Die orientierten Siedlungsnamen auf -heim, -hausen, -hofen und -dorf im frühdeutschen Sprachraum und ihr Verhältnis zur fränkischen Fiskalorganisation. Frankfurt / Berlin / Bern / New York / Paris / Wien 1995
Jochum-Godglück 2002	Dies.: Industrialisierung und Siedlungsnamen im saarländisch-lothringischen Raum. Die (früh)neuzeitliche Besiedlung des Warndts. In: Ernst, P./Hausner, I./Schuster, E./Wiesinger, P. (Hg.): Ortsnamen und Siedlungsgeschichte. Heidelberg 2002

Jossen 2000	Jossen, E.: Naters. Das grosse Dorf im Wallis. Visp 2000
Jungandreas	Jungandreas, W.: Historisches Lexikon der Siedlungs- und Flurnamen des Mosellandes (Schriftenreihe zur Trierischen Landesgeschichte und Volkskunde). Trier 1962
Jungandreas 1937	Ders.: Zur Geschichte der schlesischen Mundart im Mittelalter. Breslau 1937
Kahl	Kahl, W.: Ersterwähnung Thüringer Städte und Dörfer. 4., erw. Aufl. Bad Langensalza 2005
Kalesse	Kalesse, C.: Bürger in Augsburg. Studien über Bürgerrecht, Neubürger und Bürgen anhand des Augsburger Bürgerbuchs I (1288–1497). (Abhandlungen zur Geschichte der Stadt Augsburg 37) Augsburg 2001
Kannenberg	Kannenberg, E.-G.: Die neuen Gemeindenamen im Rahmen der Gemeindereform in Baden-Württemberg. Beiträge zur Volkskunde in Baden-Württemberg, Bd. 2, Stuttgart 1987
Kaspers	Kaspers, Wilhelm: Die Ortsnamen der Dürener Gegend in ihrer siedlungsgeschichtlichen Bedeutung. (Beiträge zur Geschichte des Dürener Landes; 5). Düren 1949
Kaufmann 1958	Kaufmann, H.: Westdeutsche Ortsnamen mit unterscheidenden Zusätzen. Mit Einschluß der Ortsnamen des westlich angrenzenden germanischen Sprachgebietes. Heidelberg 1958
Kaufmann 1965	Ders.: Untersuchungen zu altdeutschen Rufnamen. München 1965
Kaufmann 1968	Ders.: Ernst Förstemann: Altdeutsche Personennamen. Ergänzungsband. München 1968
Kaufmann 1971	Ders.: Pfälzische Ortsnamen. München 1971
Kaufmann 1973	Ders.: Die Namen der rheinischen Städte. München 1973
Kaufmann 1976	Ders.: Rheinhessische Ortsnamen. München 1976
Kaufmann 1977	Ders.: Die mit Personennamen zusammengesetzten Fluß- und Ortsnamen auf „aha". München 1977
KD	Klempin, R.: Diplomatische Beiträge zur Geschichte Pommerns aus der Zeit Bogislafs X. Berlin 1859
KD Gandersheim	Die Kunstdenkmale des Kreises Gandersheim, bearb. von K. Steinacker. Wolfenbüttel 1910 (Nd. Osnabrück 1978)
KD Hadeln und Cuxhaven	Die Kunstdenkmale des Kreises Land Hadeln und der Stadt Cuxhaven, bearb. von O. Kiecker u. a. München/ Berlin 1956 (Nd. Osnabrück 1980)
KD Helmstedt	Die Kunstdenkmäler des Kreises Helmstedt, bearb. von J. Meier. Wolfenbüttel 1896 (Nd. Osnabrück 1978)
KD Rheinprovinz	Die Kunstdenkmäler der Rheinprovinz, hg. im Auftrage des Provinzialverbandes der Rheinprovinz von P. Clemen. Bd. 1–20 (versch. Bände und Bearb.). Düsseldorf 1866–1947
KD Wesermünde	I: Der frühere Kreis Lehe, bearb. von O. Kiecker und E. v. Lehe. Hannover 1939 II: Die Kunstdenkmale des Kreises Wesermünde: Der frühere Kreis Geestemünde, bearb. von O. Kiecker. Hannover 1939
Keinath	Keinath, W.: Orts- und Flurnamen in Württemberg. Stuttgart 1951
Kettner, Flußnamen	Kettner, B.-U.: Flußnamen im Stromgebiet der oberen und mittleren Leine. (Name und Wort 6). Rinteln 1972
Keyser	Keyser, E. (Hg.): Hessisches Städtebuch (Deutsches Städtebuch, Bd. IV/1). Stuttgart 1957
Keyser / Stoob	Keyser, E. / Stoob, H.: Bayerisches Städtebuch. Bd. 1–2. Stuttgart u. a. 1971, 1974 (Deutsches Städtebuch. Handbuch städtischer Geschichte. Bd. V: Bayern)
KK	Klempin, R./Kratz, G.: Matrikeln und Verzeichnisse der Pommerschen Ritterschaft vom XIV bis in das XIX Jahrhundert. Berlin 1863
Kleberger	Kleberger, E.: Territorialgeschichte des hinteren Odenwaldes (Quellen und Forschungen zur hessischen Geschichte 19) Marburg² 1987
Kleiber 2000	Kleiber, W.: Das Ortsnamenmorphem -heim am Oberrhein in diachron-synchroner und sprachgeographischer Sicht. In: Raum. Zeit. Medium. Festschrift für Hans Ramge. Darmstadt 2000
Kluge	Kluge, F.: Etymologisches Wörterbuch der deutschen Sprache. 24. Aufl., bearb. von E. Seebold. Berlin/New York 2002
Knappe	Knappe, R.: Mittelalterliche Burgen in Hessen. 800 Burgen, Burgruinen und Burgstätten. Gudensberg-Gleichen 1994

Verzeichnis der abgekürzt angeführten Quellen und Literatur

König/ Rabe/Streich	König, A./ Rabe, H./Streich, G. (Hgg.), Höxter. Geschichte einer westfälischen Stadt. Band 1. Höxter und Corvey im Früh- und Hochmittelalter, Hannover 2003
Krabbo	Regesten der Markgrafen von Brandenburg aus askanischem Hause, bearb. von H. Krabbo und G. Winter. Berlin-Dahlem 1955
Krahe	Krahe, H.: Unsere ältesten Flußnamen. Wiesbaden 1964
Kramer	Kramer, P.: Lound und Noomen. Die saterfriesischen Orts- und Flurnamen in der Landschaft, Bd. 1–2, Mildaam 1994
Kramer, W.	Kramer, W.: Das Flussgebiet der Oberweser. Bearb. von Wolfgang Kramer (Hydronymia Germaniae. Reihe A. Lieferung 10). Wiesbaden 1970
Kranzmayer II	Kranzmayer, E.: Ortsnamenbuch von Kärnten II. Klagenfurt 1958
Kratz UGGK	Kratz, G.: Urkundenbuch zur Geschichte des Geschlechts von Kleist. Berlin 1862
Kretschmann	Kretschmann, H.H.: Die -heim-Ortsnamen und ihre Bedeutung für die Siedlungsgeschichte des Landes östlich der oberen und mittleren Weser, Hamburg 1937
Krieger	Krieger, A.: Topographisches Wörterbuch des Großherzogtums Baden, 2 Bde., Heidelberg 1904–1905
Krummel	Krummel, W.: Die hessischen Ämter Melsungen, Spangenberg, Lichtenau und Felsberg (Schriften des Instituts für gesch. Landeskunde von Hessen und Nassau 20). Marburg 1941
KSP	Die Städte der Provinz Pommern. Abriss ihrer Geschichte, zumeist nach Urkunden. Bearb. von G. Kratz und R. Klempin, Berlin 1865
Kühebacher	Kühebacher, E.: Die Ortsnamen Südtirols und ihre Geschichte. Bd. 1: Die geschichtlich gewachsenen Namen der Gemeinden, Fraktionen und Weiler. 2. überarb. Aufl. Bozen 1995. Bd. 2: Die geschichtlich gewachsenen Namen der Täler, Flüsse, Bäche und Seen. Bozen 1995
Kuhn	Kuhn, H.: Vor- und frühgermanische Ortsnamen in Norddeutschland und in den Niederlanden. In: Westfälische Forschungen 12 (1959), S. 5–44
Küther 1973	Küther, W.: Historisches Ortslexikon des Kreises Witzenhausen (Historisches Ortslexikon des Landes Hessen, Heft 1). Marburg 1973
Küther 1980	Ders.: Historisches Ortslexikon Fritzlar-Homberg. Ehem. Landkreis (Historisches Ortslexikon des Landes Hessen, Heft 2). Marburg 1980
Kudorfer	Kudorfer, D.: Nördlingen. (Historischer Atlas von Bayern, Schwaben 8) München 1974
Kully	Kully, R. M.: Solothurn und andere duron-Namen. In: Personenname und Ortsname. Basler Symposium 6. und 7. Oktober 1997. Hg. von Heinrich Tiefenbach u. Heinrich Löffler. Heidelberg 2000, S. 53–80
Kully, Solothurnisches Namenbuch I	Ders.: Solothurnisches Namenbuch I: Solothurnische Ortsnamen. Die Namen des Kantons, der Bezirke und der Gemeinde. Solothurn 2003
KUNM	Komisja Ustalania Nazw Miejscowości i Obiektów Fizjograficznych przy Ministrze Spraw Wewnętrznych i Administracji
KW	Kodeks dyplomatyczny Wielkopolski, obejmujący dokumenta tak już drukowane, jak dotąd nie ogłoszone, sięgające do roku 1444, t. I–IV: wyd. [I. Zakrzewski]; t. V: wyd. F. Piekosiński, Poznań 1877–1908; t. VI: wyd. A. Gąsiorowski, H. Kowalewicz, t. VII: wyd. A. Gąsiorowski, R. Walczak; t. VIII–X: wyd. A. Gąsiorowski, T. Jasiński. Warszawa-Poznań 1982–1993
LAGIS	Landesgeschichtliches Informationssystem Hessen (www.uni-marburg.de/hlgl/lagis)
Landbuch	Das Landbuch der Mark Brandenburg von 1375, hg. von J. Schultze. Berlin 1940
Landkreis Unterallgäu	Landkreis Unterallgäu. Hg. Landkreis Unterallgäu, Landrat Dr. Hermann Haisch. Redaktionsleitung: Aegidius Kolb. Ordo Sancti Benedicti. Bd. I und II. Mindelheim 1987
Lasch 1939	Lasch, A.: Palatales k im Altniederdeutschen. In: Neuphilologische Mitteilungen 40 (1939), S. 241–318, 387–423
Laur 1992	Laur, W.: Historisches Ortsnamenlexikon von Schleswig-Holstein (= Veröffentlichungen des schleswig-holsteinischen Landesarchivs 28). 2. Aufl. Neumünster 1992
Laur 1993	Ders.: Die Ortsnamen in Schaumburg, Rinteln 1993
Laur 2001	Ders.: Germanische Heiligtümer und Religion im Spiegel der Ortsnamen. Schleswig-Holstein, nördliches Niedersachsen und Dänemark. Neumünster 2001

LBW	Das Land Baden-Württemberg. Amtliche Beschreibung nach Kreisen und Gemeinden. Hg. von der Landesarchivdirektion Baden-Württemberg. Bd. I: Allgemeiner Teil. Stuttgart 1974 Bd. II: Die Gemeinden vor und nach der Gebietsreform – landeskundlich-statistische Grunddaten. Stuttgart 1975 Bd. III: Regierungsbezirk Stuttgart – Regionalverband Mittlerer Neckar. Stuttgart 1978 Bd. IV: Regierungsbezirk Stuttgart – Regionalverbände Franken und Ostwürttemberg. Stuttgart 1980 Bd. V: Regierungsbezirk Karlsruhe. Stuttgart 1976 Bd. VI: Regierungsbezirk Freiburg. Stuttgart 1982 Bd. VII: Regierungsbezirk Tübingen. Stuttgart 1978 Bd. VIII: Register. Stuttgart 1983
Lexer	Lexer, M.: Mittelhochdeutsches Handwörterbuch. Leipzig 1872. 1876. 1878
Lex. Nl. Topon.	Künzel, R. E./ Blok, D. P./ Verhoeff, J. M.: Lexicon van nederlandse toponiemen tot 1200. Amsterdam² 1989
LIV	Lexikon der indogermanischen Verben. Die Wurzeln und ihre Primärstammbildungen. Unter Leitung von Helmut Rix. Wiesbaden 2001
LK Northeim	Kämmerer, C./ Lufen, P. F.: Landkreis Northeim. Südlicher Teil. Hameln 2002
LKL	Der Landkreis Lörrach. Hg. von der Landesarchivdirektion in Verbindung mit dem Landkreis Lörrach. 3. Bde. Sigmaringen 1993–1994
LNB	Waser, E.: Luzerner Namenbuch 1. Entlebuch. Die Orts- und Flurnamen des Amtes Entlebuch. 2 Bände. Hitzkirch 1996
Löffler, Falkenstein	Löffler, A.: Die Grafen und Herren von Falkenstein. 2 Bde. Darmstadt 1994
Löffler: HONB Lindau	Löffler, H.: Stadt- und Landkreis Lindau (Historisches Ortsnamenbuch von Bayern, Schwaben Bd. 6). München 1973
Lohse	Lohse, G.: Geschichte der Ortsnamen im östlichen Friesland zwischen Weser und Ems. Wilhelmshaven² 1996
LorSNH	Lorentz, F.: Slawische Namen Hinterpommerns, bearb. von F. Hinze, Berlin 1964
LŠ	Lutterer, I. / Šrámek, R.: Zeměpisná jména v Čechách, na Moravě a ve Slezsku. Havlíkův Brod² 2004
LSG	Lexikon Schweizerischer Gemeindenamen. Hg. vom Centre de Dialectologie an der Universität Neuchâtel unter der Leitung von A. Kristol. Frauenfeld 2005
Ludność	Ludność. Stan i struktura w przekroju terytorialnym. Stan w dniu 30. VI 2008 r. Główny Urząd Statystyczny. Warszawa 2008
Lübben	Lübben, A.: Mittelniederdeutsches Handwörterbuch. Darmstadt 1980
Luwlkp	1659–1665. Lustracja województw wielkopolskich i kujawskich, t. III (1559–1565). I, wyd. C. Chryzko-Włodarska. Wrocław 1978
Mader	Mader, B.: Die Alpenslawen in der Steiermark. Wien 1986
Maier	Maier, P.: Waidhofen an der Ybbs. Spuren der Geschichte. Von den Anfängen bis zur Gegenwart. Hg. vom Magistrat Waidhofen an der Ybbs (2006)
Mainzer UB I	Mainzer Urkundenbuch. Bd. I, hg. von M. Stimming. Darmstadt 1932. Bde. II,1 und II,2, hg. von P. Acht. Darmstadt 1968 und 1971
Malec	Malec, M.: Słownik etymologiczny nazw geograficznych Polski. Warszawa 2003
Malec I	Malec, M.: Budowa morfologiczna staropolskich złożonych imion osobowych. Wrocław/Warszawa/Kraków/Gdańsk 1971
Malec II	Malec, M.: Staropolskie skrócone nazwy osobowe od imion dwuczłonowych, Wrocław/Warszawa/Kraków/Gdańsk/Łódź 1982
Marzell	Marzell, H.: Wörterbuch der deutschen Pflanzennamen. 5 Bde. Leipzig/Stuttgart/Wiesbaden 1943–1979
Matr	Matricularum Regni Poloniae summaria. Contextuit indicesque adiecit T. Wierzbowski, t. I–V/1, Varsoviae 1905–1919, t. V/2, red. J. Sawicki, Warszawa 1961
Matr Altdorf	Die Matrikel der Universität Altdorf. Hg. von Elias von Steinmeyer. Erster Teil: Text. (Veröffentlichungen der Gesellschaft für fränkische Geschichte 4, 1, 1). Würzburg 1912

Verzeichnis der abgekürzt angeführten Quellen und Literatur

Matr Ingolstadt	Die Matrikel der Ludwig-Maximilians-Universität. Ingolstadt-Landshut-München. ... hg. von Götz Freiherrn von Pölnitz. München 1937. 1939. 1941
Melchinger	[Melchinger, Johann Wolfgang:] Geographisches Statistisch-Topographisches Lexikon von Baiern. Ulm 1796. 1797
Menke	Menke, H.: Das Namengut der frühen karolingischen Königsurkunden. Ein Beitrag zur Erforschung des Althochdeutschen. Beiträge zur Namenforschung NF, Beiheft 19. Heidelberg 1980
Metzner	Metzner, E. E.: Die alten Heidenschlacht-Erinnerungsstätten […]. In: Unsere Heimat. Mitteilungen des Heimat- und Geschichtsvereins Bergwinkel e. V. Schlüchtern. Bd. 26 (2009), S. 4–20
Meyer	Meyer, F. (Hg.): Bad Salzuflen. Epochen der Stadtgeschichte. (Beiträge zur Geschichte der Stadt Bad Salzuflen 6). Bielefeld 2007
Meyers	Meyers, J.: Studien zur Siedlungsgeschichte Luxemburgs (Beiträge zur luxemburgischen Sprach- und Volkskunde 5). Berlin u. a. [1932]
MGH	Monumenta Germaniae Historica. Hannover 1826 ff.
	MGH Capit. I: Capitula episcoporum. Teil 1: Kirchenprovinzen: Köln, Trier, Sens, Besançon, Bourges. Hg. von P. Brommer. Hannover 1984
	MGH DArnolf: Die Urkunden Arnolfs. Bearb. von P. Kehr. 2., unveränd. Aufl. Berlin 1955
	MGH DD: Monumenta Germaniae Historica, Diplomata
	MGH DD Reg. et Imp. Germ.: MGH DD Regum et Imperatorum Germaniae
	MGH DF I: Die Urkunden Friedrichs I. Hg. von H. Appelt. Hannover 1975
	MGH DH II: Die Urkunden Heinrichs II. und Arduins. Hg. von H. Bresslau, 2., unveränd. Aufl. d. Ausg. 1900–1903. Berlin 1957
	MGH DH III: Die Urkunden Heinrichs III. Hg. von H. Bresslau und P. Kehr (= Die Urkunden der deutschen Könige und Kaiser 5). 2. unveränderte Auflage. Berlin 1957
	MGH DH IV: Die Urkunden Heinrichs IV. Hg. von D. v. Gladiss und A. Gawlik. Weimar 1952
	MGH DK II: Die Urkunden Konrads II. mit Nachträgen zu den Urkunden Heinrichs II. Hg. von H. Bresslau unter Mitw. von H. Wibel und A. Hessel. Berlin 1909
	MGH DK III: Die Urkunden Karls III. Hg. von P. Kehr. Berlin 1937
	MGH DKO III: Die Urkunden Konrads III. und seines Sohnes Heinrich. Bearb. v. F. Hausmann. Wien/Köln/Graz 1069.
	MGH DKdG: Die Urkunden Pippins, Karlmanns und Karls des Großen. Unter Mitw. von A. Dopsch/J. Lechner/ M. Tangl bearb. von Engelbert Mühlbacher. Hannover 1906
	MGH DLdD: Die Urkunden Ludwigs des Deutschen, Karlmanns und Ludwigs des Jüngeren. Bearb. von P. Kehr. Berlin 1934
	MGH DLdK: Die Urkunden Zwentibolds und Ludwigs des Kindes. Bearb. von Th. Schieffer. Berlin 1960
	MGH DO I: Die Urkunden Konrad I., Heinrich I. und Otto I. Hg. von Th. Sickel. Hannover 1879–1884
	MGH DO II: Die Urkunden Otto des II. Hannover 1888
	MGH DO III: Bd. 2, 2. Teil. Die Urkunden Ottos III. Hg. von Th. v. Sickel. Hannover 1893
	MGH Epp. Sel. I: Epistolae selectae in usum scholarum. Teil I. Die Briefe des heiligen Bonifatius und Lullus. Hg. von Michael Tangl. Berlin 1916. Nachdruck München 1989
	MGH SS: Monumenta Germaniae Historica, Scriptores
	MGH SS VI: Annalista Saxo, ed. G. Waitz. Hannover 1892
	MGH SS XXIII: Gesta episcorum Halberstadensis 1324–1349, ed. L. Weiland
MHVS	Mitteilungen des Historischen Vereins des Kantons Schwyz. Hg. vom Historischen Verein des Kantons Schwyz. Einsiedeln 1882 ff.
Mitzka SchlWb	Mitzka, W.: Schlesisches Wörterbuch. 3 Bände. Berlin 1963–1965
Möhn	Möhn, D.: Wittgensteins Ortsnamen als Zeugnis seiner Geschichte. In: Krämer, Fritz (Hg.): Wittgenstein. Bd. 1. Balve 1965, S. 159–184

Möller 1979	Möller, R.: Niedersächsische Siedlungsnamen und Flurnamen in Zeugnissen vor dem Jahre 1200 – Eingliedrige Namen. (Beiträge zur Namenforschung N.F.; Beiheft 16). Heidelberg 1979
Möller 1992	Ders.: Dentalsuffixe in niedersächsischen Siedlungs- und Flurnamen in Zeugnissen vor dem Jahre 1200, Heidelberg 1992
Möller 1998	Ders.: Nasalsuffixe in niedersächsischen Siedlungsnamen und Flurnamen in Zeugnissen vor dem Jahre 1200. (Beiträge zur Namenforschung Neue Folge, Beiheft 50). Heidelberg 1998
Möller 2000	Ders.: Niedersächsische Siedlungsnamen und Flurnamen mit k-Suffix und s-Suffix in Zeugnissen vor dem Jahr 1200, Heidelberg 2000
Mon. Boica	Monumenta Boica. München 1763 ff.
Mon. Erph.	Monumenta Erphesfurtensia: saec. XII. XIII. XIV. Hg. von O. Holder-Egger. In: MGH SS 42. Hannover und Leipzig 1899
Mon. Wittelsbacensia	Monumenta Wittelsbacensia. Urkundenbuch zur Geschichte des Hauses Wittelsbach. Hg. von Fr. Mich. Wittmann. (Quellen und Erörterungen zur bayerischen und deutschen Geschichte 5. 6) München 1857. 1861
Mon. Zollerana	Monumenta Zollerana. Urkunden-Buch zur Geschichte des Hauses Hohenzollern. Hg. von Rudolph Freiherr von Stillfried und Traugott Maercker. Berlin 1852 ff.
Montfort	Montfort. Vierteljahrsschrift für Geschichte und Gegenwart Vorarlbergs, hg. von Karl Heinz Burmeister und Alois Niederstätter. Bregenz 1946ff
MP	Monografie Pomorskie. I: Chludziński, A.: Toponimia powiatu białogardzkiego. Pruszcz Gdański 2008
MpGillyPom	Karte des Königl. Preuss. Herzogthums Vor- und Hinter-Pommern nach Speciellen Vermessungen, entworfen von D. Gilly, Königl. Preuss. Geheimen Ober-Baurath in Kupfer ausgeführt im Jahre 1789 von D. F. Sotzmann, skala 1 : 150 000, Berlin 1789. Mapa ze zbiorów kartograficznych Archiwum Państwowego w Szczecinie, sygn. Zb. Kart. 320
MpGüssPom	Mapa części szwedzkiej i pruskiej Księstwa Pomorskiego Franza Ludwiga Güssefelda, opracowana zgodnie z opisem Pomorza Brüggemanna i Gadebuscha w 1792 r., Norymberga 1792. W.: A. M. Bielak, K. Borówka, P. Gut, M. Stelmach, B. Wolny: Mapy historyczne Pomorza Zachodniego od XVI do XXI wieku. Szczecin 2005
MPH	Monumenta Poloniae Historica. Pomniki Dziejowe Polski, t. I–VI, wyd. A. Bielowski. Lwów 1864–1893. Przedruk wydania: Warszawa 1960–1961
MpLub	Lubinus, E: Nova illustrissimi Principatus Pomeraniae Descriptio cum adjuncta Principum Genealogia et Principum veris et potiorum Urbium imaginibus et Nobilium Insignibus. Amsterdam 1618, skala 1 : 227 000, AP w Szczecinie, sygn. Zb. Kart. 1639
Mpol	Monitor Polski. Dziennik Urzędowy Rzeczypospolitej Polskiej. Warszawa 1946 i nn.
MpPiscator	Haec Tabula nova Poloniae et Silesiae, Sigismondo Tertio, dei Gratia Regi Poloniae, Magno Duci Lithuaniae, Russiae, Borussiae, Masoviae, Samogetarum, Livoniae, nec non Suecorum, Gotthorum Haereditario Regi D. D. D. A Nicolao Johannide Piscatore. Anno 1630
MpSchm	Schmettausche Karten von Pommern um 1780 (Mapa Pomorza F. W. C. von Schmettau'a), etwa 28 Blätter, skala 1 : 50 000, (w:J Historischer Atlas von Pommern, Köln/ Graz 1963. Mapa ze zbiorów kartograficznych AP w Szczecinie, sygn. Zb. Kart. 1246
MpSeutterPom	Mapa Księstwa Pomorskiego z częścią południowego wybrzeża Bałtyku Matthäusa Seuttera, po 1733 r. W: A. M. Bielak, K. Borówka, P. Gut, M. Stelmach, B. Wolny: Mapy historyczne Pomorza Zachodniego od XVI do XXI wieku. Szczecin 2005
MpUMbl	Urmeßtischblätter. Mapy z lat 1822–1856 sporządzone przez oficerów armii pruskiej. Mapy ze zbiorów kartograficznych Deutsche Staatsbibliothek w Berlinie, skala 1 : 25 000, sygn. Nr. 729
MRR	Goerz, A. (Hg.): Mittelrheinische Regesten: Von den Anfängen bis zum Jahre 1300. Koblenz 1876–1886
MRUB	Urkundenbuch zur Geschichte der mittelrheinischen Territorien. Bearb. von H. Beyer, L. Eltester und A. Goerz in 3 Bänden. Aalen 1974
MUB	Meklenburgisches Urkundenbuch. Bde. 1–25. Schwerin 1863 ff., Bd. 25.2. Leipzig
Müller, W. 2001	Müller, W.: Le toponym bas-valaisan Vouvry. In: Vallesia 66 (2001)

Müller, Chr.	Müller, K. Th. Chr.: Das Aschaffenburger Kopialbuch des Klosters Hirzenhain in Regesten. In: Archiv für hessische Geschichte und Altertumskunde. NF 11 (1916)
Müller, Starkenburg	Müller, W.: Hessisches Ortsnamenbuch. Bd. 1: Starkenburg (Arbeiten der Historischen Kommission für den Volksstaat Hessen) Darmstadt 1937
Müller, Trier	Müller, M.: Die Ortsnamen im Regierungsbezirk Trier. In: Jahresbericht der Gesellschaft für nützliche Forschung zu Trier. Trier 1906–1909
Mürkens	Mürkens, Gerhard: Die Ortsnamen des Kreises Jülich. (Heimatkundliche Schriftenreihe des Jülicher Landes; 2). Jülich 1958
Nds. Städtebuch	Niedersächsisches Städtebuch. Hg. von Karl Keyser. (Deutsches Städtebuch III, 1). Stuttgart 1952
Nds.-Lexikon	Niedersachsen Lexikon. Hg. von Rudolf Klein. Frankfurt 1969
NGBL	Ramseier, M./ Krieg, D./ Wiggenhauser, B.: Namenbuch der Gemeinden des Kantons Basel-Landschaft. Ortsmonographien 1–86. Liestal 2003–2007
Niemeyer 2001a	Niemeyer, M.: Ostvorpommern I. Quellen- und Literatursammlung zu den Ortsnamen. Usedom. In: GBON. Bd. I. Greifswald 2001
Niemeyer 2001b	Ders.: Ostvorpommern II. Quellen- und Literatursammlung zu den Ortsnamen. Festland. In: GBON. Bd. II. Greifswald 2001
Niemeyer 2001c	Ders.: Rügen I. Quellen- und Literatursammlung zu den Ortsnamen. A – M. In: GBON. Bd. III. Greifswald 2001
Niemeyer 2002	Ders.: Rügen II. Quellen- und Literatursammlung zu den Ortsnamen. N – Z. In: GBON. Bd. IV. Greifswald 2002
Niemeyer 2003	Ders.: Kreis Uecker-Randow. Quellen- und Literatursammlung zu den Ortsnamen. In: GBON. Bd. V. Greifswald 2003
Niemeyer 2005	Ders.: Siedlungsnamen in Vorpommern – regionale und relative Differenzierungen. In: Nazewnictwo na pograniczach. Szczecin 2005
Niemeyer 2007	Ders.: Kreis Nordvorpommern. Quellen- und Literatursammlung zu den Ortsnamen. In: GBON. Bd. VII. Greifswald 2007
NIL	Wodtko, D. S./ Irslinger, B./ Schneider, C.: Nomina im indogermanischen Lexikon. Heidelberg 2008
Nistahl	Nistahl, M.: Studien zur Geschichte des Klosters Schlüchtern im Mittelalter. Darmstadt und Marburg 1986
NmiastPG	Nazwy miast Pomorza Gdańskiego, red. H. Górnowicz, Z. Brocki, wyd. 2 pod red. E. Brezy i J. Tredera. Gdańsk 1999
NOB	Niedersächsisches Ortsnamenbuch I: Ohainski, U./Udolph, J.: Die Ortsnamen des Landkreises und der Stadt Hannover. Bielefeld 1998 (= Veröffentlichungen des Instituts für Historische Landesforschung der Universität Göttingen Band 37) II: Ohainski, U./Udolph, J.: Die Ortsnamen des Landkreises Osterode. Bielefeld 2000 (= Veröffentlichungen des Instituts für Historische Landesforschung der Universität Göttingen Band 40) III: Casemir, K.: Die Ortsnamen des Landkreises Wolfenbüttel und der Stadt Salzgitter. Phil. Diss. Bielefeld 2003 (= Veröffentlichungen des Instituts für Historische Landesforschung der Universität Göttingen Band 43) IV: Casemir, K./Ohainski, U./Udolph, J.: Die Ortsnamen des Landkreises Göttingen. Bielefeld 2003 (= Veröffentlichungen des Instituts für Historische Landesforschung der Universität Göttingen Band 44) V: Casemir, K./Menzel, F./Ohainski, U.: Die Ortsnamen des Landkreises Northeim. Bielefeld 2005 (= Veröffentlichungen des Instituts für Historische Landesforschung der Universität Göttingen Band 47) VI: Casemir, K./Ohainski, U.: Die Ortsnamen des Landkreises Holzminden. Bielefeld 2007 (= Veröffentlichungen des Instituts für Historische Landesforschung der Universität Göttingen Band 51, zugleich Schriftenreihe des Heimat- und Geschichtsvereins für Landkreis und Stadt Holzminden e. V. Band 11) VII: Casemir, K./ Menzel, F./ Ohainski, U.: Die Ortsnamen des Landkreises Helmstedt und der Stadt Wolfsburg. Bielefeld 2011 (= Veröffentlichungen des Instituts für Historische Landesforschung der Universität Göttingen Bd. 53)

Verzeichnis der abgekürzt angeführten Quellen und Literatur

Nordsiek	Nordsiek, M.: Brühl und Fischerstadt. Untersuchungen zur mittelalterlichen Siedlungsgeschichte der Stadt Minden. In: Vom Heerlager zur Hansestadt. Untersuchungen zur Mindener Geschichte 798–1648. Im Auftrag des Mindener Geschichtsvereins hg. von Hans Nordsiek. Minden 1998
NPrUB	Neues Preußisches Urkundenbuch, 2 Bde. Danzig 1885 ff.
NUB	Nürnberger Urkundenbuch, bearb. vom Stadtarchiv Nürnberg, hg. vom Stadtrat Nürnberg (Quellen und Forschungen zur Geschichte der Stadt Nürnberg 1). Nürnberg 1959
NWOF	Hug, A./ Weibel, V.: Nidwaldner Orts- und Flurnamen. Lexikon, Register, Kommentar in 5 Bänden. Red. Hansjakob Achermann und Urspeter Schelbert. Hg. Historischer Verein Nidwalden. Stans 2003
OBB	Fischer, R. E.: Die Ortsnamen der Länder Brandenburg und Berlin. Berlin 2005
Oculus Memorie	Der Oculus Memorie, ein Güterverzeichnis von 1211 aus dem Kloster Eberbach im Rheingau. Bearb. von H. Meyer zu Ermgassen. 3 Teile (Veröffentlichungen der Historischen Kommission für Nassau 31) Wiesbaden 1981–1987
Önf	Österreichische Namenforschung. Wien 1973 ff.
Onoma	Onoma: Journal of the International Council of Onomastic Sciences. Leuven: International Centre of Onomastics. 1950 ff.
ONSt	Lochner von Hüttenbach, F. Frh.: Ortsnamen in der Steiermark. Graz 2008
OÖONB	Ortsnamenbuch des Landes Oberösterreich. Hg. von P. Wiesinger Bd. 1: Berthol-Raffin, E. / Wiesinger, P.: Die Ortsnamen des Politischen Bezirkes Braunau am Inn (Südliches Innviertel) Wien 1989 Bd. 2: Berthol-Raffin, E. / Wiesinger, P.: Die Ortsnamen des Politischen Bezirkes Ried im Innkreis (Mittleres Innviertel). Wien 1991 Bd. 3: Wiesinger, P. / Reutner, R.: Die Ortsnamen des Politischen Bezirkes Schärding (Nördliches Innviertel). Wien 1994 Bd. 4: Reutner, R. / Bito, H. / Wiesinger, P.: Die Ortsnamen des Politischen Bezirkes Vöcklabruck (Südliches Hausruckviertel). Wien 1997 Bd. 5: Wiesinger, P. / Hohensinner, K.: Die Ortsnamen der Politischen Bezirke Eferding und Grieskirchen (Nördliches Hausruckviertel). Wien. Erscheint 2012/13 Bd. 6: Reutner, R. / Wiesinger, P.: Die Ortsnamen des Politischen Bezirkes Gmunden (Südwestliches Traunviertel). Wien 1999 Bd. 7: Hohensinner, K. / Reutner, R. /Wiesinger, P.: Die Ortsnamen der Politischen Bezirke Kirchdorf an der Krems, Steyr-Land und Steyr-Stadt (Südöstliches Traunviertel). Wien 2001 Bd. 9: Paichl, T. / Hohensinner, K. / Wiesinger, P.: Die Ortsnamen des Politischen Bezirkes Rohrbach (Westliches Mühlviertel). Wien. Erscheint 2013/14 Bd. 10: Hohensinner, K. /Wiesinger, P.: Die Ortsnamen des Politischen Bezirkes Urfahr-Umgebung (Mittleres Mühlviertel). Wien 2006 Bd. 11: Hohensinner, K. / Wiesinger, P.: Die Ortsnamen der Politischen Bezirke Perg und Freistadt (Östliches Mühlviertel). Wien 2003
OSE	Foster, E./Willich, C.: Ortsnamen und Siedlungsentwicklung. Das nördliche Mecklenburg im Früh- und Hochmittelalter, mit einem siedlungsgeschichtlichen Beitrag von T. Kempke. Stuttgart 2007
Osnabrücker Urkundenbuch	Osnabrücker Urkundenbuch I–III, hg. von F. Philippi, Osnabrück 1892 ff., Nd. Osnabrück 1969; IV, hg. von M. Bär, Osnabrück 1902, Nd. Osnabrück 1977; VI, hg. von H.-R. Jarck, Osnabrück 1989
Ostallgäu Einst u. Jetzt	Ostallgäu Einst und Jetzt. Hg. A. Kolb/ E. Kohler im Auftrag des Landkreises Ostallgäu. Bd. I u. II. Marktoberdorf 1984
ÖStB	Österreichisches Städtebuch. Hg. von A. Hoffmann und O. Pickl. Bd. 1: Knittler, H. (Hg.): Die Städte Oberösterreichs. Wien 1968 Bd. 2: Déak, E. (Hg.): Die Städte des Burgenlandes. 2. überarb. und erweit. Aufl. Wien 1996 Bd. 3: Baltzarek, F.: Die Städte Vorarlbergs. Wien 1972 Bd. 4: Goldmann, F./Berthold, W./Déak, E./Oberhammer, E./Pradel, J.: Die Städte Niederösterreichs. 3 Teile. Wien 1976–1988

	Bd. 5: Hye, F.-H.: Die Städte Tirols. Teil 1: Bundesland Tirol. Wien 1980
	Bd. 6: Goldmann, F.: Die Städte der Steiermark. Teil 3 (J–L), Wien 1990, Teil 4 (M–Z), Wien 1995
	Bd. 7: Csendes, P. / Oppl, F. (Hg.): Die Stadt Wien. Wien 1998 (Nachdruck als 2. Aufl. 1999)
Otto	S. Ottonis episcopi Babenbergensis vita Prieflingensis, wyd. J. Wikarjak, K. Liman. „Monumenta Poloniae Historica", t. 7. Warszawa 1966
Pampus	Pampus, K.: Urkundliche Erstnennungen oberbergischer Orte. Gummersbach 1998
PDzP	Pomniki Dziejowe Polski, Seria II. I–X:
	VII/1: Św. Ottona biskupa bamberskiego żywot z Prufening (1140–1146). Warszawa 1966
	VII/2: Żywot św. Ottona biskupa bamberskiego (1151–1159). Warszawa 1969
Perl	Perlbach, M.: Pommerellisches Urkundenbuch, hg. vom Westpreussischen Geschichtsverein. Danzig 1882
Petran-Belschner	Petran-Belschner, M.: Die Ortsnamen des Main-Taunus-Kreises. In: Zwischen Main und Taunus 2 (1994), S. 11–16
Pf	Profous, A.: Místní jména v Čechách, jejich vznik, původní význam a změny. Bd. I-IV(mit J. Svoboda), V (von J. Svoboda und V. Šmilauer). Prag 1947–1960
Pfeifer	Pfeifer, W.: Etymologisches Wörterbuch des Deutschen. 6. Auflage, Berlin 2003
Philippi	Philippi, H.: Territorialgeschichte der Grafschaft Büdingen. Marburg 1954
Piroth	Piroth, W.: Ortsnamenstudien zur angelsächsischen Wanderung, Wiesbaden 1979
Pistorius	Pistorius, J.: Rerum Germanicarum veteres iam primum publicati scriptores IV. Franfurt 1607
Pitz	Pitz, M.: Siedlungsnamen auf -villare (-weiler, -villers) zwischen Mosel, Hunsrück und Vogesen. Untersuchungen zu einem germanisch-romanischen Mischtypus der jüngeren Merowinger- und der Karolingerzeit (= Beiträge zur Sprache im Saar-Mosel-Raum 12. 2 Teile). Saarbrücken 1997
Plangg	Plangg, G.: Zwei historische Dokumente zu Bartholomäberg (Urbar, Jahrzeitbuch). In: Montafon I, Mensch – Geschichte – Naturraum, hg. von Judith Maria Rollinger und Robert Rollinger. Schruns 2005
Planta	von Planta, R.: Nochmals der Name 'Davos'. In: Bündner Monatsblatt 1924 (Chur), S. 163–167
PMT	Pomorskie Monografie Toponomastyczne:
	I: Breza, E.: Toponimia powiatu kościerskiego. Gdańsk 1974
	II: Kęsikowa, U.: Nazwy geograficzne Pomorza Gdańskiego z sufiksem -ov-. Gdańsk 1976
	III: Treder, J.: Toponimia byłego powiatu Puckiego. Gdańsk 1977
	IV: Górnowicz, H.: Toponimia Powiśla Gdańskiego, Gdańsk 1980
	V: Łuszczyńska, J.: Nazwy geograficzne Pomorza Gdańskiego z sufiksem -in-. Wrocław/Warszawa/Kraków/Gdańsk/Łódź 1983
	VI: Bugalska, H.: Toponimia byłych powiatów gdańskiego i tczewskiego. Wrocław/Warszawa/Kraków/Gdańsk/Łódź 1985
	VII: Górnowicz, H.: Toponimia powiatu starogardzkiego. Wrocław/Warszawa/Kraków/Gdańsk/Łódź 1985
	VIII: Jakus-Borkowa, E.: Toponimia powiatu świeckiego. Wrocław/Warszawa/Kraków/Gdańsk/Łódź 1987
	IX: Surma, G.: Toponimia powiatu bytowskiego. Wrocław/Warszawa/Kraków 1990
	X: Biolik, M.: Toponimia byłego powiatu ostródzkiego. Gdańsk 1992
	XI: Iwicki, W.: Toponimia byłego powiatu słupskiego. Gdańsk 1993
	XII: Szcześniak, K.: Toponimia byłych powiatów gołdapskiego i oleckiego. Gdańsk 1994
	XIII: Belchnerowska, A.: Toponimia byłych powiatów kołobrzeskiego i koszalińskiego. Gdańsk 1995
	XIV: Treder, J.: Toponimia powiatu wejherowskiego, Gdańsk 1997
Pohl, H.-D.	Unsere slowenischen Ortsnamen – Naša slovenska krajevna imena. Klagenfurt/Celovec, Hermagoras/Mohorjeva 2010

Pokorny	Pokorny, J.: Indogermanisches etymologisches Wörterbuch. 2 Bde. Bern/Frankfurt² 1989
PomKirch	Heyden, H.: Protokolle der pommersches Kirchenvisitationen, Heft 1: 1535–1539. Köln/ Graz 1961; Heft 2: 1540–1555. Köln/ Graz 1963; Heft 3: Anlagen und Register (1500–1555: Anlagen zu den Kirchenvisitationsprotokollen). Köln/ Graz 1964.
Primbs	Primbs, K.: Die altbayerische Landschaft und ihr Güterbesitz unter Herzog Albrecht V. von Bayern 1550–1579. In: Oberbayerisches Archiv für vaterländische Geschichte 42 (1885), S. 1–73
Prinz 2007	Prinz, M.: Regensburg – Straubing – Bogen. Studien zur mittelalterlichen Namenüberlieferung im ostbayerischen Donauraum, I: Unkomponierte Namen (Materialien zur bayerischen Landesgeschichte 20). München 2007
Projekt SZNB	Projekt Orts- und Flurnamenbuch des Kantons Schwyz, Datei
PrUB	Preußisches Urkundenbuch, Bde. 1–6. Marburg 1882 ff.
Przybytek	Przybytek, R.: Ortsnamen baltischer Herkunft im südlichen Teil Ostpreußens. Hydronymia Europaea. Stuttgart 1993
PUB	Pommersches Urkundenbuch, Bde. 1–11. Stettin 1868 ff., ab Bd. 8 Köln 1961 ff.
Puhl 1999	Puhl, R. W. L.: Die Gaue und Grafschaften des frühen Mittelalters im Saar-Mosel-Raum. Philologisch-onomastische Studien zur frühmittelalterlichen Raumorganisation anhand der Raumnamen und der mit ihnen spezifizierten Ortsnamen. Saarbrücken 1999 (= Beiträge zur Sprache im Saar-Mosel-Raum Bd. 13)
Puhl 2009	Ders.: Burgnamen des pfälzischen Burgenlexikons. Etymologie und Typologie. In: Mitteilungen des Historischen Vereins der Pfalz. Bd. 107. Speyer 2009, S. 549–613
Rasch	Rasch, G.: Antike geographische Namen nördlich der Alpen. Mit einem Beitr. von H. Reichert: „Germanien in der Sicht des Ptolemaios". Hg. von S. Zimmer unter Mitwirkung von H. Heiland. Ergänzungsbände zum Reallexikon der Germanischen Altertumskunde. Band 47 (2005)
Raumer	Codex diplomaticus Brandenburgensis continuatus, hg. von G. W. v. Raumer. 1. 2, Berlin, Stettin und Elbing 1833
REB	Knipping, R./ Kisky, W./ Janssen, W./ Andernach, N./ Oediger, F.W. (Hg.): Die Regesten der Erzbischöfe Köln im Mittelalter. Publikationen der Gesellschaft für Rheinische Geschichtskunde, 21. Köln/ Bonn (Bd. 1–6), Düsseldorf (Bd. 7–12) 1901–2001
Reg. Boh.	Regesta Bohemiae et Moraviae
Reg. Eichstätt	Die Regesten der Bischöfe von Eichstätt. Bearbeitet von Franz Heidingsfelder. (Veröffentlichungen der Gesellschaft für fränkische Geschichte 6) Erlangen 1938
Reg. Weißenburg	Die Regesten der Reichsstadt Weißenburg. Bearbeitet von Ute Jäger. (Veröffentlichungen der Gesellschaft für fränkische Geschichte 3, 9) Neustadt a. d. Aisch 2002
Reichardt	Reichardt L.: Eck in Flurnamen und Burgnamen. In: Beiträge zur Namenforschung, Neue Folge 22 (1987)
Reichardt 1973	Ders.: Die Siedlungsnamen der Kreise Gießen, Alsfeld und Lauterbach in Hessen. Namenbuch (Göppinger Arbeiten zur Germanistik 86),Göppingen 1973
Reichardt 1982a	Ders.: Ortsnamenbuch des Kreises Esslingen. Stuttgart 1982
Reichardt 1982b	Ders.: Ortsnamenbuch des Stadtkreises Stuttgart und des Landkreises Ludwigsburg. Stuttgart 1982
Reichardt 1983	Ders.: Ortsnamenbuch des Kreises Reutlingen. Stuttgart 1983
Reichardt 1984	Ders.: Ortsnamenbuch des Kreises Tübingen. Stuttgart 1984
Reichardt 1986	Ders.: Ortsnamenbuch des Alb-Donau-Kreises und des Stadtkreises Ulm. Stuttgart 1986
Reichardt 1987	Ders.: Ortsnamenbuch des Kreises Heidenheim. Stuttgart 1987
Reichardt 1989	Ders.: Ortsnamenbuch des Kreises Göppingen. Stuttgart 1989
Reichardt 1993	Ders.: Ortsnamenbuch des Rems-Murr-Kreises, Stuttgart 1993
Reichardt 1998	Ders.: Siedlungsnamen. Methodologie, Typologie und Zeitschichten (Beispiele aus Hessen). In: Die Welt der Namen. Hg. von Norbert Nail. Marburg 1998, S. 18–62
Reichardt 1999a	Ders.: Ortsnamenbuch des Ostalbkreises 1: A-L. Stuttgart 1999
Reichardt 1999b	Ders.: Ortsnamenbuch des Ostalbkreises 2: M-Z. Stuttgart 1999
Reichardt 2001	Ders.: Ortsnamenbuch des Kreises Böblingen. Stuttgart 2001
Reichsland III	Das Reichsland Elsass-Lothringen. Teil III: Ortsbeschribung. Strassburg 1901–1903

Verzeichnis der abgekürzt angeführten Quellen und Literatur

Reimer 1891	Reimer, H.: Urkundenbuch zur Geschichte der Herren von Hanau u. der ehemaligen Provinz Hanau. Bd. 1–4. Leipzig 1891–97
Reimer 1926	Ders. (Bearb.): Historisches Ortslexikon für Kurhessen. Marburg 1926
Reitzenstein 1991	Reitzenstein, W.-A. Frhr. v.: Lexikon bayerischer Ortsnamen. Herkunft und Bedeutung. Zweite, verbesserte und erweiterte Auflage. München 1991
Reitzenstein 2006	Ders.: Lexikon bayerischer Ortsnamen. Herkunft und Bedeutung. Oberbayern, Niederbayern, Oberpfalz. München 2006
Reitzenstein 2009	Ders.: Lexikon fränkischer Ortsnamen. Herkunft und Bedeutung. Oberfranken, Mittelfranken, Unterfranken. München 2009
Reitzenstein Schwaben	Ders.: Lexikon schwäbischer Ortsnamen. Herkunft und Bedeutung. Regierungsbezirk Schwaben. München. Erscheint voraussichtlich 2012. Quellenbelege beim Verfasser (WAvReitzenstein@aol.com)
Remling	Remling, F.X.: Urkunden zur Geschichte der Bischöfe zu Speyer. Mainz 1852–54
Remmers, Aaltukerei	Remmers, A.: Von Aaltukerei bis Zwischenmooren. Die Siedlungsnamen zwischen Dollart und Jade. Leer 2004
Remmers, Ammerland	Ders.: Die Siedlungsnamen des Ammerlandes. Oldenburg 2008
Reuling 1968	Reuling, U.: Historisches Ortslexikon Biedenkopf. Ehemaliger Landkreis (= Historisches Ortslexikon des Landes Hessen, Heft 4). Marburg 1968
Reuling 1979	Ders.: Historisches Ortslexikon Marburg. Ehemaliger Landkreis und kreisfreie Stadt (= Historisches Ortslexikon des Landes Hessen, H. 3.). Marburg 1979
Reuling 1991	Ders.: Historisches Ortslexikon Ziegenhain. Ehem. Landkreis (Historisches Ortslexikon des Landes Hessen, Heft 5). Marburg 1991
Revue	Revue de linguistique romane. Paris Bd. 1ff. (1925ff.)
RGA	Reallexikon der Germanischen Altertumskunde. Von J. Hoops. Zweite, völlig neu bearbeitete und stark erweiterte Auflage, hg. von H. Beck, D. Geuenich, H. Steuer, Bd. 1–35 + Register. Berlin/ New York 1973–2008
RWB	Rheinisches Wörterbuch. Berlin 1923ff.
RhStA	Rheinischer Städteatlas, hg. vom Landschaftsverband Rheinland. Amt für Rheinische Landeskunde Bonn. Köln/ Weimar/ Wien 1972ff.
RhUB	Rheinisches Urkundenbuch, bearb. von E. Wisplinghoff, I: Aachen-Deutz, II: Elten-Köln, St. Ursula. Bonn-Düsseldorf 1972/1994
Riedel	Codex diplomaticus Brandenburgensis, bearb. von A. Riedel, Hauptteile A-D und Supplementband. Berlin 1838–1869
RN	Rätisches Namenbuch. Bearb. u. hg. von R. v. Planta und A. Schorta. Bd. 1. Zweite, um einen Nachtrag erweiterte Auflage Bern 1979; Bd. 2. Bern 1964
Roden UB Hilden	Roden, G. v.: Quellen zur älteren Geschichte von Hilden, Haan und Richrath. I. Hilden 1951
Rosenthal	Rosenthal, D.: Zur Diskussion über das Alter der nordwestdeutschen Ortsnamen auf -heim. Die Ortsnamen des ehemaligen Kreises Hildesheim-Marienburg, BNF NF 14(1979), S. 361–411
Rospond 1951	Rospond, S.: Słownik nazw geograficznych Polski Zachodniej i Północnej. Według uchwał Komisji Ustalania Nazw Miejscowych pod przewodnictwem Stanisława Srokowskiego, Wrocław-Warszawa 1951.
Rospond 1969	Ders.: Autentyzm toponimii śląskiej w „Officina ferraria". In: Pogadanki o śląskim nazewnictwie. Wrocław 1969 (Biblioteczka Towarzystwa Miłośników Języka Polskiego 19)
Rospond 1984	Ders.: Słownik etymologiczny miast i gmin PRL. Wrocław 1984
Rospond, -ьsk-	Ders.: Słowiańskie nazwy miejscowe z sufiksem -ьsk-, Wrocław 1969
Rossel	Rossel, K.: Urkundenbuch der Abtei Eberbach im Rheingau. Wiesbaden 1862
Rozwadowski	Rozwadowski, J.: Studia nad nazwami wód słowiańskich. Kraków 1948
RWB	Rheinisches Wörterbuch, bearb. und hg. von J. Müller, 9 Bde. Berlin u.a. 1928–1971
RymNmiast	Rymut, K.: Nazwy miast Polski, wydanie drugie uzupełnione. Wrocław 1987
Rymut NMP	Nazwy miejscowe Polski. Historia, pochodzenie, zmiany. Hg. v. Kazimierz Rymut, Kraków 1996ff.
RzDuma I	Rzetelska-Feleszko, E./ Duma, J.: Dawne słowiańskie nazwy miejscowe Pomorza Środkowego. Wrocław/Warszawa/Kraków/Gdańsk/Łódź 1985

Verzeichnis der abgekürzt angeführten Quellen und Literatur

RzDuma II	Dies.: Dawne słowiańskie nazwy miejscowe Pomorza Szczecińskiego, przy współudziale H. Pustoły-Ryżko. Warszawa 1991
Sauer	Sauer, W.: Codex diplomaticus Nassoicus. Nassauisches Urkundenbuch. Bd. I, 1–3. Wiesbaden 1885–1887
Saxo Grammaticus	Saxonis Grammatici Gesta Danorum, hg. von A. Hodler. Straßburg 1886
Schäfer, Eppstein	Schäfer, R.: Die Herren von Eppstein. Herrschaftsausübung, Verwaltung und Besitz eines Hochadelsgeschlechts im Spätmittelalter (Veröffentlichungen der Historischen Kommission für Nassau 68) Wiesbaden 2000
Schaus	Schaus, E.: Stadtrechtsorte und Flecken im Regierungsbezirk Trier und im Landkreis Birkenfeld, bearb. von R. Laufner und K. Becker. Trier 1958
Schellhase	Schellhase, K.: Territorialgeschichte des Kreises Rotenburg an der Fulda und des Amtes Friedewald (Schriften des Hess. Landesamtes für gesch. Landeskunde 33). Marburg 1970
Scherg	Bavarica aus dem Vatikan 1465–1491. Unter Benutzung von Josef Schlechts Vorarbeiten veröffentlicht von Theodor J. Scherg. (Archivalische Zeitschrift, 4. Beiheft) München 1932
Scheuermann 1966	Scheuermann, U.: Die Ortsnamen des Kreises Rotenburg/Hann. In: Rotenburger Schriften 16 (1966), S. 34–67
Scheuermann 1971	Ders.: Die Flurnamen des westlichen und südlichen Kreises Rotenburg (Wümme). Rotenburg (Wümme) 1971
Scheuermann 1975	Ders.: Sottrum und Konsorten. Die Geschichte eines Ortsnamens. In: Rotenburger Schriften 42/43 (1975), S. 100–112
Scheuermann 1992	Ders.: 'Barsinghausen – Elliehausen'. Zu den ostfälischen Orts- und Wüstungsnamen auf '-inghusen'. In: Braunschweigisches und Ostfälisches. Gedenkschrift für Werner Flechsig. Braunschweig 1992, S. 87–106
Scheuermann 1995	Ders.: Flurnamenforschung. Melle 1995
Schilp	Schilp, Th.: Die Reichsburg Friedberg im Mittelalter. Regesten und Urkunden 1216–1410. Marburg 1987
Schlaug 1955	Schlaug, Wilhelm: Studien zu den altsächsischen Personennamen des 11. und 12. Jahrhunderts. Lunder Germanistische Forschungen 30). Lund/Kopenhagen 1955
Schlaug 1962	Ders.: Die altsächsischen Personennamen vor dem Jahre 1000. Lunder Germanistische Forschungen 34. Lund-Kopenhagen 1962
Schmid	Schmid, W.P.: Linguisticae Scientiae Collectanea. Ausgewählte Schriften. Berlin – New York 1994
Schmidt	Schmidt, D.: Die rechten Nebenflüsse des Rheins von der Wupper bis zur Lippe. (Hydronymia Germaniae. Reihe A, Lieferung 6. Akademie der Wissenschaften und der Literatur Mainz). Wiesbaden 1968
Schmidt Rechtsrhein. Zfl.	Dies.: Die Namen der rechtsrheinischen Zuflüsse zwischen Wupper und Lippe, unter besonderer Berücksichtigung der älteren Bildungen (Phil. Diss. Göttingen 1970). Stuttgart 1970
Schmitz 1981	Schmitz, A.: Orts- und Gewässernamen des Kreises Ostholstein. Neumünster 1981
Schmitz 1987	Dies.: Orts- und Gewässernamen des Kreises Plön. Neumünster 1987
Schmitz 1990	Dies.: Ortsnamen des Kreises Herzogtum Lauenburg und der Stadt Lübeck. Neumünster 1990
Schmitz 1999	Dies.: Die Siedlungsnamen und Gewässernamen des Landkreises Lüchow-Dannenberg. Lüchow-Dannenberg, Neumünster 1999
Schneider	Schneider, H.: Die Ortschaften der Provinz Westfalen mit Ausnahme der beiden Kreise Siegen und Wittgenstein bis zum Jahre 1300 nach urkundlichen Zeugnissen und geschichtlichen Nachrichten [Münstersche Beiträge zur Geschichtsforschung. III. Folge, XII. Heft]. Münster 1936
Schneider, Ortschaften	Ders.: Die Ortschaften der Provinz Westfalen bis zum Jahre 1300 nach urkundlichen Zeugnissen und geschichtlichen Nachrichten, Dissertation, Münster 1936
Schnelbögl	Schnelbögl, F.: Lauf – Schnaittach. Eine Heimatgeschichte. Lauf a. d. Pegnitz 1941
Schomburg	Schomburg, D.: Geschichtliches Ortsverzeichnis des Landes Bremen. Hildesheim 1964
Schönwälder	Schönwälder, B.: Die -leben-Namen (= Beiträge zur Namenforschung, Neue Folge, Beiheft 37). Heidelberg 1993

Schorr	Schorr, A.: Mit Bach gebildete Siedlungsnamen im Saar-Mosel-Raum. In: Ernst, P./ Hausner, I./Schuster, E./Wiesinger, P. (Hg.): Ortsnamen und Siedlungsgeschichte. Heidelberg 2002
SchOS	Schwarz, E.: Die Ortsnamen der Sudetenländer als Geschichtsquelle. München² 1961
Schröder	Schröder, E.: Deutsche Namenkunde. Gesammelte Aufsätze zur Kunde deutscher Personen- und Ortsnamen. 2. Aufl., besorgt von L. Wolff. Göttingen 1944
Schütte 1976	Schütte, L.: Wik. Eine Siedlungsbezeichnung in historischen und sprachlichen Bezügen. (= Städteforschung. Reihe A: Darstellungen Bd. 2). Köln/Wien 1976
Schütte 1992	Ders.: (Bearb.): Die alten Mönchslisten und die Traditionen von Corvey. Teil 2. Indices und andere Hilfsmittel. Paderborn 1992
Schütte 2007	Ders.: Wörter und Sachen aus Westfalen 800 bis 1800. (Veröffentlichungen des Landesarchivs Nordrhein-Westfalen 17). Münster 2007
Schützeichel	Schützeichel, R.: Althochdeutsches Wörterbuch. 6. Auflage, überarbeitet und um die Glossen erweitert. Tübingen 2006
Schultes	Schultes, L. A.: Directorium Diplomaticum oder chronologisch geordnete Auszüge von sämmtlichen über die Geschichte Obersachsens vorhandenen Urkunden. Bd. I: Altenburg 1820/21, Bd. II: Rudolstadt 1822–1825
Schulz	Schulz, E.: Ortsnamen in Mecklenburg-Strelitz von 1170 bis 1572. In: GBON VI. Greifswald 2004
Schunder	Schunder, F.: Der Kreis Fritzlar-Homberg. Geschichte der Verwaltung vom 13. Jahrhundert bis zur Gegenwart. Marburg u. a. 1960
Schuster	Schuster, E.: Die Etymologie der niederösterreichischen Ortsnamen. Historisches Ortsnamenbuch von Niederösterreich. Reihe B. 1. Teil: Einleitung, Abkürzungsverzeichnisse, Ortsnamen A bis E. Wien 1989 2. Teil: Ortsnamen F bis M. Wien 1990 3. Teil: Ortsnamen N bis Z. Wien 1994
Schwarz	Schwarz, E.: Sprache und Siedlung in Nordostbayern (Erlanger Beiträge zur Sprach- und Kunstwissenschaft, Band IV). Nürnberg 1960
Schwarz 1931	Ders.: Die Ortsnamen der Sudetenländer als Geschichtsquelle. München, Berlin 1931
Schwarz 1950	Ders.: Deutsche Namenforschung II. Göttingen 1950
Schweiz. Lex	Schweizer Lexikon in zwölf Bänden. Korrigierte, verbesserte, ergänzte und aktualisierte Ausgabe vom Schweizer Lexikon in 6 Bänden. Visp 1998/1999
SEBr	Brückner, A.: Słownik etymologiczny języka polskiego. Kraków 1927. Wyd. IV. Warszawa 1985
Seibertz, UB	Seibertz, J. S.: Urkundenbuch zur Landes- und Rechtsgeschichte des Herzogthums Westfalen, Bd. I. und II. Arnsberg 1839 und 1843
Seitz	Seitz, R. H.: Holzheim, Horb am Neckar und eine Schenkung an Bamberg vom Jahre 1007 ... In: Blätter für oberdeutsche Namenforschung 44 (2007), S. 5–48
SG	Słownik geograficzny Królestwa Polskiego i innych krajów słowiańskich, red. F. Sulimierski, B. Chmielowski i W. Wasylewski, t. I–XV. Warszawa 1880–1902
SGB	Sello, G.: Geschichtsquellen des burg- und schlossgesessenen Geschlechts von Borcke. Band. I.-IV. Berlin 1901–1912
SHGPn	Słownik historyczno-geograficzny województwa poznańskiego w średniowieczu, red. J. Wiśniewski/A. Gąsiorowski. Wrocław/ Poznań 1982 i nn.
Simon	Simon, G.: Die Geschichte der Dynasten und Grafen zu Erbach und ihres Landes. Frankfurt 1858
SJPD	Słownik języka polskiego, red. W. Doroszewski, t. I–XI. Warszawa 1958–1971
Sl. Occ.	Slavia Occidentalis
SłSE	Sławski, F.: Słownik etymologiczny języka polskiego, t. I–V. Kraków 1952–1975
Snazw	Rymut, K.: Słownik nazwisk współcześnie w Polsce używanych, t. 1–10. Kraków 1992–1994
SNB	Eichler, E./Walther, H.: Städtenamenbuch der DDR. Leipzig² 1988
SNGPZ	Słownik współczesnych nazw geograficznych Pomorza Zachodniego z nazwami przejściowymi z lat 1945–1948, red. T. Białecki. Szczecin 2002

SNGŚl	Nazwy geograficzne Śląska. Słownik etymologiczny nazw geograficznych Śląska, red. S. Rospond, H. Borek, S. Sochacka, t. I–XIII. Warszawa-Wrocław, Opole 1970 i nn. (i kartoteka)
SO	Eichler, E.: Slawische Ortsnamen zwischen Saale und Neiße. Ein Kompendium, 1: A-J, Bautzen ²1987, 2: K-M, Bautzen 1987, 3: N-S, Bautzen 1993, 4: T-Z, Bautzen 2009
SOB	Hörburger, F.: Salzburger Ortsnamenbuch (bearb. von I. Reiffenstein und L. Ziller). Salzburg 1982
Sonderegger	Sonderegger, St.: Die Ausbildung der deutsch-romanischen Sprachgrenze in der Schweiz. In: Rheinische Vierteljahrsblätter. Jahrgang 31, Heft 1/4. Bonn 1966/67
Sonderegger 1983	Ders.: Grundsätzliches und Methodisches zur namengeschichtlichen Interferenzforschung in Sprachgrenzräumen. In: Zwischen den Sprachen. Siedlungs- und Flurnamen in germanisch-romanischen Grenzgebieten, hg. von Wolfgang Haubrichs/ Hans Ramge. Saarbrücken 1983, S. 51
Spang	Die Gewässernamen des Saarlandes aus geographischer Sicht. Saarbrücken 1982
Sperber	Sperber, R.: Das Flussgebiet des Mains (Hydronymia Germaniae Reihe A, Lieferung 7). Wiesbaden 1970
Spsł	Słownik prasłowiański, red. F. Sławski, t. I i nn. Wrocław/Warszawa/ Kraków/Gdańsk 1974 i nn.
SRP	Scriptores Rerum Prussicarum, Hg. von T. Hirsch und M. Toeppen, Bde. I–IV. Leipzig 1861–1874
SSNO	Słownik staropolskich nazw osobowych, red. W. Taszycki, t. I–VI. Wrocław 1965–1981; t. VII: Suplement, pod kier. M. Malec. Wrocław 1985–1987
SSpol	Słownik staropolski, red. S. Urbańczyk, t. I i nn. Warszawa 1953–1955 i nn.
StAAm	Staatsarchiv Amberg
Staatsarchiv Münster	Westfälisches Urkundenbuch [WfUB], Bd. VII [Kölnisches Westfalen]. Bearb. vom Staatsarchiv Münster. Münster 1908
StABa	Stadtarchiv Bamberg
Starck/Wells	Starck, T. / Wells, J. C.: Althochdeutsches Glossenwörterbuch (mit Stellennachweis zu sämtlichen gedruckten althochdeutschen und verwandten Glossen) Heidelberg 1971ff.
StB	Städtebuch Brandenburg und Berlin, hg. von E. Engel, L. Enders, G. Heinrich und W. Schich. Stuttgart/ Berlin/ Köln 2000
Steiner: HONB Füssen	Steiner, Th.: Füssen. Ehemaliger Landkreis Füssen (Historisches Ortsnamenbuch von Bayern, Schwaben Bd. 9). München 2005
Stengel, UB	Stengel, E. E. (Bearb.): Urkundenbuch des Klosters Fulda. Die Zeit der Äbte Sturmi und Baugulf (Veröffentlichungen der Historischen Kommission für Hessen und Waldeck X, 1). Marburg 1958
Stojanowska	Stojanowska, T.: Bibliografia onomastyczna Śląska. In: Stan i potrzeby badawcze w zakresie językoznawczej i historycznoliterackiej problematyki śląskiej (Materiały z konferencji językoznawczej z dnia 14 listopada 1958 r.). Opole 1960
Stöwer	Stöwer, H.: Lippische Ortsgeschichte. Handbuch der Städte und Gemeinden des ehemaligen Kreises Detmold. Mit Fotografien von Annette Fischer (Lippische Studien 23), Bielefeld 2008
Stramek	Stramek, B.: Nazwy miejscowe obecnego powiatu stargardzkiego. Cz. I: Nazwy słowiańskie, Stargardia, Rocznik Muzeum w Stargardzie, t. I. Stargard 2001
Stühler	Stühler, C.: Die 'Gründungsnamen' der mittelalterlichen Klöster, Burgen und Städte in Hessen, Frankfurt 1988
SU	Schlesisches Urkundenbuch, hg. von H. Appelt, 6 Bde. Köln 1971ff.
Südhess. FlNB	Südhessisches Flurnamenbuch. Hg. Hans Ramge, bearb. von Jörg Riecke, Herbert Schmidt, Gerd Richter, unter Mitarbeit von Jasmin S. Rühl und Gerda Weigel-Greilich (Arbeiten der Historischen Kommission. NF 23), Darmstadt 2002
Südhess. Wb.	Südhessisches Wörterbuch. Begr. von F. Maurer. Nach den Vorarbeiten von F. Maurer, F. Stroh und R. Mulch bearb. v. Rud. Mulch. Bd. 1–6. Marburg 1968–2010
Sültmann	Sültmann, H.: Die Ortsnamen im Kreise Salzwedel. In: Unsere Altmark, 48/1931, Nr. 5
Suck	Suck, F.: Ein etymologisches Ortsnamen-Lexikon für Kurhessen und Waldeck. In: Heimatbrief. Vereinsschrift des Heimatvereins „Dorothea Viehmann". Kassel-Niederzwehren 1989–2007

Suter	Suter, P.: Ausgewählte Schriften zur Namenforschung. (Quellen und Forschungen zur Geschichte und Landeskunde des Kantons Basel-Landschaft, Bd. 34), Liestal 1989
Ter Meer	Ter Meer, Paul: Ortsnamen des Kreises Erkelenz. Ein Versuch zu ihrer Deutung. Erkelenz 1924
Thietmar	Thietmar von Merseburg, Chronik. Neu übertragen und erläutert von W. Trillmich. Berlin o. J. (Ausgewählte Quellen zur deutschen Geschichte des Mittelalters 9)
Thissen, Bistum Münster	Das Bistum Münster. Band 3: Die Pfarrgemeinden. Hg. von W. Thissen. Münster 1993
Tiefenbach 1984	Tiefenbach, H.: Mimigernaford-Mimigardeford. Die ursprünglichen Namen der Stadt Münster, BNF. NF. 19 (1984)
Tiefenbach 1989	Ders.: Furtnamen und Verwandtes. In: Untersuchungen zu Handel und Verkehr der vor- und frühgeschichtlichen Zeit. Teil V (Abhandlungen der Akademie der Wissenschaften zu Göttingen; Philologisch-Historische Klasse Nr. 180). Göttingen 1989
Timmermann	Timmermann, U.: Der nordfriesische Rufnamenschatz. Teil I. Kopenhagen 1997
TNB	Thurgauer Namenbuch.
	Nyffenegger, E./Bandle, O.: Die Flurnamen des Kantons Thurgau: Etymologisches Flurnamenlexikon, Verzeichnis und Dokumentation der Flurnamen des Kantons Thurgau. Thurgauer Namenbuch Bände 1.1 und 1.2. Frauenfeld 2003.
	Nyffenegger, E./Graf, M. H.: Die Flurnamen des Kantons Thurgau: Etymologisches Flurnamenlexikon, Verzeichnis und Dokumentation der Flurnamen des Kantons Thurgau. Thurgauer Namenbuch Bände 2.1, 2.2, 3.1 und 3.2. Frauenfeld 2007
Trad. Augsburg	Die Traditionen und das älteste Urbar des Klosters St. Ulrich und Afra in Augsburg. Bearbeitet von Robert Müntefering. (Quellen und Erörterungen zur bayerischen Geschichte N. F. 35) München 1986
Trad. Baumburg	Walko, Martin Johann: Die Traditionen des Augustiner-Chorherrenstifts Baumburg an der Alz. (Quellen und Erörterungen zur bayerischen Geschichte N.F. 44/1) München 2004
Trad. Berchtesgaden	Schenkungsbuch der ehemaligen gefürsteten Probstei Berchtesgaden, hg. von Karl August Muffat. In: Quellen und Erörterungen zur bayerischen und deutschen Geschichte I. München 1856. S. 225–364. Datierungen nach Stefanie Uhler
Trad. Corb.	Traditiones Corbeienses. Honselmann, C. (Bearb.): Die alten Mönchslisten und die Traditionen von Corvey. Teil 1. Paderborn 1982
Trad. Corb. Ind.	Traditiones Corbeienses, Indices. Schütte, L. (Bearb.): Die alten Mönchslisten und die Traditionen von Corvey. Teil 2. Indices und andere Hilfsmittel. Paderborn 1992
Trad. Freising	Die Traditionen des Hochstifts Freising. Hg. von Theodor Bitterauf. (Quellen und Erörterungen zur bayerischen und deutschen Geschichte N. F. 4. 5) München 1905. 1909
Trad. Regensburg	Die Traditionen des Hochstifts Regensburg und des Klosters S. Emmeram. Hg. von Josef Widemann. (Quellen und Erörterungen zur bayerischen Geschichte N.F. 8) München 1943
Trad. Schäftlarn	Die Traditionen des Klosters Schäftlarn. Bearb. von Alois Weißthanner. (Quellen und Erörterungen zur bayerischen Geschichte N.F. 10, 1) München 1953
Trad. Tegernsee	Die Traditionen des Klosters Tegernsee. Bearb. von Peter Acht. (Quellen und Erörterungen zur bayerischen Geschichte N.F. 9, 1) München 1952
Trad. Weihenstephan	Die Traditionen des Klosters Weihenstephan. Bearb. von Bodo Uhl. (Quellen und Erörterungen zur bayerischen Geschichte N. F. 27,1) München 1972
Trad. Wessobrunn	Die Traditionen des Klosters Wessobrunn. Bearb. von Reinhard Höppl. (Quellen und Erörterungen zur bayerischen Geschichte N.F. 32, 1) München 1984
Trautmann ON Meckl.	Trautmann, R.: Die slavischen Ortsnamen Mecklenburgs und Holsteins. Berlin² 1950
UB Altenburg	Altenburger Urkundenbuch. Bd. I (976–1350). Bearb. von H. Patze. Jena 1955
UB Arnstadt	Urkundenbuch der Stadt Arnstadt 704–1495. Hg. von C. A. H. Burkhardt. Jena 1883
UB Dobr.	Urkundenbuch des Klosters Dobrilugk und seiner Besitzungen, hg. von R. Lehmann. Leipzig/Dresden 1941–1942 (Urkundenbuch zur Geschichte des Markgraftums Niederlausitz V)
UB Düren	Urkundenbuch der Stadt Düren 748–1500, von W. Kaemmerer, I.1/2, Düren 1971/1978
UB Eichsf. I	Urkundenbuch des Eichsfeldes. Teil I. Bearb. von A. Schmidt. Magdeburg 1933

Verzeichnis der abgekürzt angeführten Quellen und Literatur

UB EM	Urkunden des Erzstifts Magdeburg, I, bearb. von F. Israel und W. Möllenberg. Magdeburg 1937 (Geschichtsquellen der Provinz Sachsen und des Freistaates Anhalt, Neue Reihe 18)
UB Grafschaft	Wolf, M. (Bearb.): Das Archiv des ehemaligen Klosters Grafschaft. Arnsberg 1972
UB Hersfeld	Urkundenbuch der Reichsabtei Hersfeld. Erster Bd., bearb. von H. Weirich (VHKH 19,1). Marburg 1936
UB Host. Halberstadt	Urkundenbuch des Hochstifts Halberstadt und seiner Bischöfe. Bd. I–IV, hg. von G. Schmidt (Publikationen aus den Preußischen Staatsarchiven 17, 21, 27, 40). Leipzig 1883–1889. Neudruck Osnabrück 1965
UB Kaufungen	Urkundenbuch des Klosters Kaufungen, hg. von H. von Roques, Bd. 1. Kassel 1900
UB Lübb. III	Urkundenbuch der Stadt Lübben, Bd. III: Die Urkunden der Stadt und des Amtes Lübben, der Herrschaften Zauche, Pretschen und Leuthen, hg. von W. Lippert. Dresden 1933 (Urkundenbuch zur Geschichte des Markgraftums Niederlausitz IV)
UB Naumburg	I: Urkundenbuch des Hochstifts Naumburg. Teil I (967–1207). Bearb. von F. Rosenfeld. Magdeburg 1925. II.: Urkundenbuch des Hochstifts Naumburg. Teil II (1207–1304). Hg. von H. K. Schulze. Köln/ Weimar/ Wien 2000
UB Neuz.	Urkundenbuch des Klosters Neuzelle und seiner Besitzungen 1, hg. von E. Theuner. 2, hg. unter Mitwirkung von R. Lehmann und W. Lippert. Lübben 1897 und Dresden 1924
UB NRh	Lacomblet, Th. J.: Urkundenbuch für die Geschichte des Niederrheins. I–IV. Düsseldorf 1840–1858
UB St. Blasien	Urkundenbuch des Klosters Sankt Blasien im Schwarzwald: von den Anfängen bis zum Jahr 1299. Bearb. von J.W. Braun. 2 Bde. (= Veröffentlichungen der Kommission für geschichtliche Landeskunde in Baden-Württemberg. Reihe A, 23. Band. Stuttgart 2003
UB Stavelot-Malmédy	Recueil des Chartes de l'Abbaye de Stavelot-Malmédy, publ. par J. Halkin et C.G. Roland, I. O.O. 1909
UB Steinfeld	Urkundenbuch der Abtei Steinfeld, bearb. von I. Joester, Köln-Bonn 1976
UB Vögte Weida	Urkundenbuch der Vögte von Weida, Gera und Plauen. Bd. I und II. Bearb. von B. Schmidt. Jena 1885, 1892
Udolph 1979	Udolph, J.: Studien zu slavischen Gewässernamen und Gewässerbezeichnungen. Heidelberg 1979
Udolph 1990	Ders.: Die Stellung der Gewässernamen Polens innerhalb der alteuropäischen Hydronymie, Heidelberg 1990
Udolph 1991	Ders.: Die Ortsnamen auf -ithi. In: Probleme der älteren Namenschichten. Hg. von E. Eichler (= Beiträge zur Namenforschung, Neue Folge, Beiheft 32). Heidelberg 1991
Udolph 1994	Ders.: Namenkundliche Studien zum Germanenproblem (= Ergänzungsbände zum Reallexikon der Germanischen Altertumskunde 9). Berlin/New York 1994
Udolph 1998	Ders.: Fränkische Ortsnamen in Niedersachsen? In: Festgabe für D. Neitzert zum 65. Geburtstag (= Göttinger Forschungen zur Landesgeschichte, Bd. 1). Bielefeld 1998, S. 1–70
Udolph 1999a	Ders.: Baltisches in Niedersachsen? In: Florilegium Linguisticum. Festschrift für W. P. Schmid zum 70. Geb. Frankfurt/Main usw. 1999, S. 493–508
Udolph 1999b	Ders.: Ortsnamen des Osnabrücker Raumes. In: Rom, Germanien und die Ausgrabungen von Kalkriese. Osnabrück 1999
Udolph 1999c	Ders.: Hallstatt. In: RGA 13, 1999
Udolph 1999d	Ders.: Hall- in Ortsnamen. In: Reallexikon der Germanischen Altertumskunde. Bd. 13. Berlin/New York 1999, S. 433–442
Udolph 2001a	Ders.: Die Namenlandschaft der Deuregio Ostfalen. In: Studien zum Ostfälischen und zur ostfälischen Namenlandschaft. Hg. von D. Stellmacher, Bielefeld 2001, S. 9–33
Udolph 2001b	Ders.: Gedanken zu den Ortsnamen des Oldenburger Münsterlandes. In: Jahrbuch des Heimatbundes für das Oldenburger Münsterland 2002. Cloppenburg 2001, S. 130–140

Udolph 2002	Ders.: Ortsnamen und Siedlungsgeschichte in Ostfalen. In: Ortsnamen und Siedlungsgeschichte. Akten des Symposiums in Wien vom 28.–30. September 2000. Heidelberg 2002, S. 285–320
Udolph 2004a	Ders.: Suffixbildungen in alten Ortsnamen Nord- und Mitteldeutschlands. In: Suffixbildungen in alten Ortsnamen. Uppsala 2004, S. 137–175
Udolph 2004b	Ders.: Alemannien und der Norden aus der Sicht der Ortsnamenforschung. In: Alemannien und der Norden. Berlin/New York 2004, S. 29–56
Udolph 2005	Ders.: Der Ortsname Magdeburg. Und: Ortsnamen des Magdeburger Landes. In: Magdeburger Namenlandschaft. Onomastische Analysen zu Stadt und Region in Geschichte und Gegenwart. Frankfurt a. M. 2005
UI	Urkundeninventar zur Geschichte der Niederlausitz bis 1400. Köln/Graz 1968
UNB	Hug, A./ Weibel, V.: Urner Namenbuch. Die Orts- und Flurnamen des Kantons Uri. Band 1–4. Altdorf 1988–1991
Urb	Heeg-Engelhart, I.: Das älteste bayerische Herzogsurbar. Analyse und Edition. (Quellen und Erörterungen zur bayerischen Geschichte N.F. 37) München 1990
Urk Augsburg-Hochstift	Die Urkunden des Hochstifts Augsburg 769–1400. Bearb. von Walther E. Vock. (Schwäbische Forschungsgemeinschaft bei der Kommission für bayerische Landesgeschichte 2 a, 7) Augsburg 1959
Urk Augsburg-St. Ulrich	Die Urkunden des Reichsstiftes St. Ulrich und Afra in Augsburg 1023–1140. Bearb. von Richard Hipper. (Schwäbische Forschungsgemeinschaft bei der Kommission für bayerische Landesgeschichte 2 a, 4) Augsburg 1956
Urk Augsburg-Stadt	Urkundenbuch der Stadt Augsburg. Hg. von Christian Meyer. Augsburg 1874. 1878
Urk Bächingen	Die Urkunden des Schloßarchivs Bächingen a. d. Brenz 1360–1814. Freiherrlich vom Stain'sches Gemeinschaftsarchiv Bächingen – Niederstotzingen. Bearb. von Reinhard H. Seitz. (Schwäbische Forschungsgemeinschaft bei der Kommission für bayerische Landesgeschichte 2 a, 12) Augsburg 1981
Urk Feuchtwangen-Stadt	Die Urkunden der Stadt Feuchtwangen 1284–1700. Bearb. von Willi Hörber. Feuchtwangen 1979
Urk Indersdorf	Die Urkunden des Klosters Indersdorf. Gesammelt und regestirt von Friedrich Hector Grafen Hundt. (Oberbayerisches Archiv für vaterländische Geschichte 24 f.) München 1863 f.
Urk Kaisheim	Die Urkunden des Reichsstiftes Kaisheim 1135–1287. Bearb. von Hermann Hoffmann. (Schwäbische Forschungsgemeinschaft bei der Kommission für bayerische Landesgeschichte 2 a, 11) Augsburg 1972
Urk Kronburg	Die Urkunden des Schloßarchivs Kronburg 1366–1829. Bearb. von Klaus Frh. von Andrian-Werburg. (Schwäbische Forschungsgemeinschaft bei der Kommission für bayerische Landesgeschichte 2 a, 8) Augsburg 1962
Urk Oberschönenfeld	Die Urkunden des Klosters Oberschönenfeld. Bearb. von Karl Puchner. (Schwäbische Forschungsgemeinschaft bei der Kommission für bayerische Landesgeschichte 2 a, 2) Augsburg 1953
Urk Oettingen	Die Urkunden der fürstl. Oettingischen Archive in Wallerstein und Oettingen. Bearb. von Richard Dertsch und Gustav Wulz. (Schwäbische Forschungsgemeinschaft bei der Kommission für bayerische Landesgeschichte 2 a, 6) Augsburg 1959
Urk Scheyern	Die Urkunden und die ältesten Urbare des Klosters Scheyern. Bearb. von Michael Stephan. (Quellen und Erörterungen zur bayerischen Geschichte N. F. 36,2) München 1988
Urk Württemberg	Wirtembergisches Urkundenbuch. Stuttgart 1849 ff.
Vallesia	Vallesia: Revue annuelle des Archives d'Etat, de la Médiathèque Valais, des Musées cantonaux, des Monuments et de l'Archéologie du canton du Valais. Sion 1946 ff.
Vannérus	Vannérus, J.: Noms romans de châteaux en pays de langue germanique. In: Mélanges de linguistique offerts à Albert Dauzat. Paris 1951
Venema	Venema, J.: Zum Stand der zweiten Lautverschiebung im Rheinland. Diatopische, diachrone und diastratische Untersuchungen am Beispiel der dentalen Tenuis (voralthochdeutsch /t/) (Mainzer Studien zur Sprach- und Volksforschung; 22). Stuttgart 1997

Vetter	Vetter, F.: Der Name Bern und die deutsche Heldensage. Berner Taschenbuch 1880, 189–211; Ders., Und noch einmal: Bern ist Deutsch-Verona. Bl. für bern. Geschichte 4, 1908, 1–35
Vincenz	Vincenz, V.: Die romanischen Orts- und Flurnamen von Buchs und Sevelen. (= St.Galler Namenbuch, Romanistische Reihe Band 3). Buchs 1983
Vita Bonifatii	Vitae sancti Bonifatii archiepiscopi Moguntini. Recognovit W. Levison. Hannover und Leipzig 1905. Nachdr. Hannover 1977
Vita Meinwerci	Das Leben des Bischofs Meinwerk von Paderborn. Hg. von Franz Tenckhoff. (Scriptores rerum Germanicarum in usum scholarum ex monumentis Germaniae historicis separatim editi [59]). Hannover 1921. Unveränderter Nachdruck Hannover 1983
Volckmar	Volckmar, E.: Die Ortsnamen des Kreises Höxter. Jahresberichte des Gymnasiums Ostern 1896. Höxter 1896
VPr	Codex diplomaticus Prussicus, Bd. I–VI. Hg. von J. Voight. Urkunden – Sammlung zur ältern Geschichte Preussens aus dem Königlichen Geheimen Archiv zu Königsberg. Königsberg 1836–1861
Wagner	Wagner, P.: Die Eppsteinischen Lehensverzeichnisse und Zinsregister des 13. Jahrhunderts. Wiesbaden 1927
Walch	Walch, G.: Orts- und Flurnamen des Kantons Glarus. Bausteine zu einem Glarner Namenbuch. Schaffhausen 1996
Walther 1971	Walther, H.: Namenkundliche Beiträge zur Siedlungsgeschichte des Saale – und mittleren Elbegebietes bis zum Ende des 9. Jahrhunders. Berlin 1971
Waser	Waser, E.: Lutzeren-Lucern. Die zwei Überlieferungsformen des Namens Luzern. In: Interferenz-Onomastik. Namen in Grenz- und Begegnungsräumen in Geschichte und Gegenwart. (Veröffentlichungen der Kommission für Saarländische Landesgeschichte und Volksforschung). Saarbrücken (im Druck).
Weibel 1972	Weibel, V.: Suittes – Schwyz – Schweiz. Geschichte und Deutung des Namens Schwyz. In: MHVS 65 (1972), S. 1–10
Weibel 1973	Ders.: Namenkunde des Landes Schwyz. Die Orts- und Flurnamen in ihrer historischen Schichtung und dialektologischen Relevanz. Studia Linguistica Alemannice. Forschungen zum alemannischen Sprachraum 1. Hg. Stefan Sonderegger. Frauenfeld und Stuttgart 1973
Wenck	Wenck, H. B.: Hessische Landesgeschichte. Bd. 1–3. Gießen 1783–1803
Wenzel NL	Wenzel, W.: Niederlausitzer Ortsnamenbuch. Bautzen 2006
Wenzel PN	Ders.: Niedersorbische Personennamen aus Kirchenbüchern des 16. bis 18. Jahrhunderts. Bautzen 2004
Werdener Urbare	Die Urbare der Abtei Werden a. d. Ruhr. Hg. von R. Kötzschke, Nachdruck der Ausgabe Bonn 1906/1917, Düsseldorf 1978 (= Publikationen der Gesellschaft für Rheinische Geschichtskunde, XX. Rheinische Urbare, 2/3) A. Die Urbare vom 9.–13. Jh. [= I.]. B. Lagerbücher, Hebe- und Zinsregister vom 14. bis ins 17. Jh. [= II.].
Westf. Flurnamenatlas	Westfälischer Flurnamenatlas. Bearb. von Gunter Müller. Lieferung 1 ff. Bielefeld 2000 ff.
Westfälisches Klosterbuch	Westfälisches Klosterbuch. Lexikon der vor 1815 errichteten Stifte und Klöster von ihrer Gründung bis zur Aufhebung. Teil 1. Ahlen – Mülheim. Teil 2. Münster – Zwillbrock. Teil 3. Institutionen und Spiritualität. Hg. von Karl Hengst (Quellen und Forschungen zur Kirchen- und Religionsgeschichte. Band 2). Münster 1992.1994.2003
WfUB	Westfälisches Urkundenbuch Band I–II = Regesta Historiae Westfaliae accedit Codex diplomaticus, bearb. und hg. von H. A. Erhard, Münster 1847–1851, Nd. Band I o. J., Band 2 Osnabrück 1972; Index Münster 1861, Nd. Osnabrück 1972; Band III–XI, Münster 1871–2005; Nd. Band III–VIII Osnabrück 1973–1980; Additamenta zum Westfälischen Urkunden-Buche bearb. von R. Wilmans. Orts- und Personen-Register von E. A. Heyden. Münster 1877, N. Osnabrück 1973; Westfälisches Urkunden-Buch. Supplement bearb. von W. Diekamp. Lieferung I (bis 1019) Münster 1885

Widukind	Widukindi Monachi Corbeiensis Rerum Gestarum Saxonicarum libri tres, editio quarta post G. Waitz recognovit K. A. Kehr. Hannover/Leipzig 1904 (MGH)
Wiesinger 1985	Wiesinger, P.: Probleme der bairischen Frühzeit in Niederösterreich aus namenkundlicher Sicht. In: Wolfram, H. / Schwarcz, A. (Hg.): Die Bayern und ihre Nachbarn. Teil 1. Wien 1985 (Österreichische Akademie der Wissenschaften, Phil.-hist. Kl., Denkschriften 179)
Wiesinger 1990	Ders.: Antik-romanische Kontinuitäten im Donauraum von Ober- und Niederösterreich am Beispiel der Gewässer-, Berg- und Siedlungsnamen. In: Wolfram, H. / Pohl, W. (Hg.): Typen der Ethnogenese unter besonderer Berücksichtigung der Bayern. Teil 1. Wien 1990 (Österreichische Akademie der Wissenschaften, Phil.-hist. Kl., Denkschriften 201)
Wiesinger 1994	Ders.: Die Ortsnamen Österreichs in makrotoponymischer Sicht. In: Friedhelm Debus (Hg.): Zu Ergebnissen und Perspektiven der Namenforschung in Österreich (= Beiträge zur Namenforschung, Neue Folge, Beiheft 41). Heidelberg 1994
Wiesinger 1995	Ders.: Zur Frage von Herkunft und Bedeutung des Namens *Krems*. In: Ofitsch, M. / Zinko, Ch. (Hg.): Studia Onomastica et Indogermanica. Festschrift für Fritz Lochner von Hüttenbach zum 65. Geburtstag. Graz 1995
Wilmans	Wilmans, R. (Bearb.): Westfälisches Urkundenbuch, Bd. III [Bistum Münster]. Münster 1871
Wirtz, Verschiebung	Wirtz, J.: Die Verschiebung der germ. p, t und k in den vor dem Jahre 1200 überlieferten ON der Rheinlande. Heidelberg 1972
Witkowski 1965	Witkowski, Th.: Die Ortsnamen des Kreises Stralsund. Berlin 1965
Witkowski 1978	Ders. u. a.: Die Ortsnamen des Kreises Greifswald. Weimar 1978
Wittwer	Fr. Wilhelmi Wittwer Catalogus Abbatum monasterii SS. Udalrici et Afrae Augustensis. Herausgegeben von Anton Steichele. In: Archiv für die Geschichte des Bisthums Augsburg 3 (1860), S. 10–437
WOB I	Flöer, M./ Korsmeier, C. M.: Die Ortsnamen des Landkreises Soest. (Westfälisches Ortsnamenbuch I). Bielefeld 2009
WOB II	Meineke, Birgit: Die Ortsnamen des Kreises Lippe (Westfälisches Ortsnamenbuch II). Gütersloh 2010
WUNM	Wykaz urzędowych nazw miejscowości w Polsce, oprac. przez Ministerstwo Administracji, Gospodarki Terenowej i Ochrony Środowiska oraz Główny Urząd Statystyczny, t. I–III. Warszawa 1980–1982
Zehnder, Gemeindenamen Aargau	Zehnder, B.: Die Gemeindenamen des Kantons Aargau. Historische Quelle und sprachwissenschaftliche Deutungen (= ARGOVIA. Jahresschrift der Historischen Gesellschaft des Kantons Aargau, Bd. 100/II). Aarau 1991
Zehrer	Zehrer, J.: Die Ortsnamen von Vorarlberg I/II. In: Jahrbuch des Vorarlberger Landesmuseumsvereins 100 (1954) ff.
Zehrer Diss	Ders.: Vorrömische Ortsnamen in Vorarlberg, Diss. Innsbruck 1949 (Ms., ungedruckt)
Zeiller Bayern	[Zeiller, Martin:] Topographia Bavariae ... In Truck gegeben v. Verlegt Durch Matthaeum Merian. 1657
Zeiller Franken	[Zeiller, Martin:] Topographia Franconiae ... An tag gegeben vnd verlegt durch Matth. Merian. Franckfurt 1656
Ziegelhöfer/Hey	Ziegelhöfer, A./Hey, G.: Die Ortsnamen des ehemaligen Hochstifts Bamberg. Bamberg 1911
ZierhNmiast	Zierhofferowie, Z. i K.: Nazwy miast Wielkopolski. Poznań 1987
Zoder	Zoder, R.: Familiennamen in Ostfalen, Bd. 1–2, Hildesheim 1968
Zych	Zych, E.: Nazwy miast i gmin województwa jeleniogórskiego. In: Rocznik Dolnośląski 12, 1989, S. 253–282

www.ingramcontent.com/pod-product-compliance
Lightning Source LLC
Chambersburg PA
CBHW080116020526
44112CB00037B/2752